中国民事审判年鉴

（2012~2013）

最高人民法院民事审判第一庭　编
奚晓明　主　　编
杜万华　执行主编

中国民事审判年鉴
编辑委员会

主　　编：奚晓明

执行主编：杜万华

编委会主任：张勇健

编委会副主任：（按姓氏笔画排序）

王兆元　王明达　冯小光　达　瓦　吕洪民　吕　瑶
朱　明　刘爱卿　许永达　孙洪山　李后龙　李思明
汪沪平　沈秋媛　张　兰　张　勉　张家慧　陈　彬
阿克拜尔.艾克拉木　林　一　金　柱　姚　辉　骆　源
袁治云　聂瑞平　柴学伟　郭　兵　唐　林　曹建国
盛勇强　覃文萍　程新文　谢开红　谢德安　甄树清
谭　玲　戴红兵

编委会成员：（按姓氏笔画排序）

王友祥　王玉砚　王世华　王永起　王彦博　文则俊
司晓森　吉瑞田　朱春涛　刘仁献　刘　莉　刘维新
关　丽　次旦央宗　祁得春　李　明　李明义　李晓晔
李　涛　吴　薇　辛正郁　张　仁　张兴全　张进先
张译允　张临伟　范　忠　林　立　赵　君　胡华军
胡国运　段思明　凌　云　麻新铎　彭亚东　彭　贵
蒋卫宇　韩延斌　韩　玫　戴佛明

执行编辑：司　伟

执行编辑助理：王冬颖

目 录

第一部分 全国法院民事审判工作概况

第二部分 各省、自治区、直辖市人民法院民事审判工作概况

第三部分　民事立法、司法解释和指导意见

第四部分　全国法院民事审判工作领导讲话、文稿

第五部分　全国法院民事审判优秀调研课题

第六部分　全国法院民事审判系统对外交流情况

第七部分　民事审判大要案及新类型案件

一、北京市法院2012年度大要案及新类型案件

(一)物权类

(二)合同类

(三)执行异议类

第八部分　民事审判工作大事记

第九部分　全国各高级人民法院分管领导负责人名单

第十部分　各级法院受表彰的民事审判工作先进集体和个人

第十一部分　全国法院民事审判工作统计资料

第一部分　全国法院民事审判工作概况

最高人民法院民一庭2012年民事审判工作概况

2012年，最高人民法院民一庭（以下简称民一庭）在院党组和奚晓明副院长、杜万华专委的正确领导下，深入学习贯彻党的十八大以及中央经济工作会议、全国政法工作会议精神，切实落实全国高级法院院长会议所作出的工作部署，按照全国民事审判工作会议要求，紧密结合今年形势发展，紧紧围绕"稳中求进"工作总基调，认真贯彻王胜俊院长对民一庭工作作出的"正确把握经济社会发展新形势，正确把握人民群众对民事审判的新期待，正确把握新时期社会矛盾发生、发展、化解的新特点"重要批示精神，充分发挥民事审判职能作用，在化解矛盾、促进发展、维护稳定、保障民生等方面取得了新进展。

一、抓好执法办案第一要务，审判质效进一步提升

一年来，民一庭更加注重办案的法律效果与社会效果有机统一，个案公正与社会公正有机统一，调解裁判与案结事了有机统一，案件数量与案件质量有机统一，狠抓执法办案第一要务，立足社会矛盾化解，实现全年办案效率、办案质量、办案效果新的提升。

2012年，民一庭共审理案件178件，其中新收案件141件。在178件案件中，有二审案件92件，再审案件53件，请示案件30件，申诉2件，复议1件。其中提交审判长联席会议讨论32件，提交民事行政专委会讨论2件。与去年相比，今年新收案件呈现出两个突出的特点：一是二审案件基本持平，但再审案件明显下降。近年来，我庭通过制定出台各类司法解释、召开民事审判工作会议、开展庭审评查等举措，有效推动了各级法院一、二审民事案件审判质量和办案效果的整体提升。今年再审案件的大幅下降，充分说明了我庭不断加强对下监督指导工作的成效已经显现。二是案件普遍较为复杂，整体难度普遍较高。许多案件涉及法律关系非常复杂、法律问题非常疑难。如阜新万安农牧业养殖中心与辽宁省高等级公路建设局、原审第三人阜新市细河区四合镇黄家沟村民委员会占地补偿纠纷再审案，在我院再审前，已经经过两次一审、两次二审，案件涉及征地补偿、相邻关系、侵权责任等关系的认定以及民事法律关系与行政法律关系的区分，该案经过审判长联系会议讨论以及合议庭先后三次合议，才基本形成较为成熟的处理意见。

2012年，在人员不整、有关职能工作任务繁重等情况下，全庭同志加班加点，兢兢业业，通过同志们的共同努力，实现了案件质量和效果的有机统一，截至2012年12月31日，结案155件，结案率为87.08%。为配合结案，民一庭全年开庭、合议、调解共计近500次，归档案卷800余宗；召开审判长联席会30余次，讨论二审案件、请示案件、司法解释及其指导性案例70余件。

在案件审理过程中，民一庭始终坚持正确的调判关系理念，最大限度地实现"案结事了"的目的。同时，避免脱离实际设定调解率指标，违背当事人意愿强调硬调或以拖促调；注意对调解经验的总结，提高调解工作能力和效果。在今年案件普遍较为复杂、矛盾突出，许多案件当事人甚至产生极端情绪，调解工作难度大大加大的情况下，全庭同志通过努力，仍然实现调解、撤诉11件，取得了良好的社会效果。例如，孙志军与吉林省华银典当行、原审被告王俊华典当借款合同纠纷一案，纠纷缘起于王俊华开办的华大水泥厂向典当行借款2300万元，王俊华、孙志军及其亲属为借款做了担保，并用孙志军名下的几处房产作抵押，后华达水泥厂因连续亏损未能按期还款，而典当行由于多笔大额欠款未追讨回来，也濒临倒闭，典当行遂起诉华达水泥厂和王俊华、孙志军等人，一审判决分别判决一审被告支付欠款、综合费以及违约金共计4600万元。孙志军因多处房产被法院扣押冻结，多次抬着棺材去找王俊华拼命。在这种情况下，我庭在审理过程中，为了避免矛盾激化，酿成命案，果断采用调解方式处理，积极制定调解方案，耐心做各方当事人的工作，分清是非责任，促使当事人达成了调解协议。但王俊华未能兑现调解协议约定的首付300万元，又使调解陷入僵局，典当行也不再相信王俊华。此时，承办的合议庭迎难而上，不断调整调解思路，重点做好王俊华的工作，先后组织四次调解，化解当事人的"心结"，当事人的强烈对立情绪终于得到缓解，最终达成了分期支付欠款的调解协议。双方当事人握手言和，避免了一起恶性事件的发生。

一年来,民一庭大力强化案件审判管理,努力实现均衡结案,狠抓《民一庭审理民事案件均衡结案的具体规定》及"五个尽快"等规定的落实,提高办案质量效率,优化均衡结案目标,将目标任务分解落实到合议庭,确保分工到位,落实到人,责任明确,取得了良好的效果。一年来,民一庭还积极按照要求开展庭审评查、裁判文书评查活动,通过对裁判文书进行总结点评、对庭审进行观摩旁听等活动,促进民一庭办案质效的进一步提升。2012年,民一庭两篇裁判文书被《最高人民法院公报》刊登。

二、深化能动司法,服务经济社会科学发展更加有力

一年来,民一庭始终围绕党和国家工作大局,充分认识经济社会发展对民事审判工作的新要求,牢牢把握"稳中求进"总基调,找准民事审判工作与党和国家中心工作的结合点,认真部署工作、处理问题、出台政策,积极服务经济社会发展。

针对今年我国经济社会发展变化新形势,民一庭积极研究、探讨民事审判工作出现的各种新情况、新问题,在年初就召开了全国高院民一庭庭长座谈会,对全国法院民一庭系统2012年工作作出总体部署,要求按照中央经济工作会议、全国政法工作会议、全国高级法院院长会议精神,为经济社会发展"稳中求进"提供司法保障,强调各级法院密切关注扩大内需、保持物价总水平基本稳定等宏观调控政策实施中遇到的新情况、新问题,在审理房地产、民间借贷、其他合同纠纷、劳动争议等各种与经济发展密切相关的案件中,坚持以稳为主,围绕"稳"来化解矛盾,维护好经济发展秩序,促进经济发展方式转变。

为更好落实为人民司法工作主题,依法保障改善民生,为党的十八大胜利召开营造和谐稳定的生活环境,民一庭起草了《关于当前形势下加强民事审判切实保障民生若干问题的通知》(法[2012]40号)。通知下发后,社会各界给予普遍肯定,媒体纷纷作出正面报道,民生审判的理念和尺度更加统一。针对当前民间借贷纠纷日益突出,甚至引发群体恶性事件,对国家金融安全造成冲击,成为影响社会稳定重要因素的形势,我们积极进行调研,完成了《建立和完善我国民间借贷法律规制的报告》,对当前经济生活中民间借贷的热点和民事审判中的难点问题进行了深入分析并提出相关解决建议,召开了民间借贷司法解释起草工作座谈会,为下一步制定司法解释、指导审判实践打下了良好的基础。

三、深化为民司法,保障改善民生、促进社会和谐成绩显著

一年来,民一庭始终坚持以人为本的理念,不断深化为民司法举措,指导各级法院妥善处理各类民生案件,化解社会矛盾更好地保障和改善民生,为党的十八大胜利召开创造和谐稳定的社会环境作出了应有的贡献。

在2012年年初召开的全国高院民一庭庭长座谈会上,奚副院长就强调,民事审判工作涉及劳动争议、房屋拆迁、土地征收、农村土地承包、房地产、建设工程等社会生产和生活的方方面面,直接关系到整个社会的发展、和谐和稳定,要求全国法院民一庭系统要善于把握社会矛盾发生、发展的规律,善于寻找化解矛盾的方法和措施,始终把化解社会矛盾作为贯穿民事审判工作的主线,作为一项基础性工作抓紧抓好,努力为维护社会和谐稳定提供有力的司法保障。

一年来,民一庭先后起草并发布了《关于充分发挥审判职能作用进一步公正高效审理拖欠农民工工资纠纷案件的紧急通知》(法明传[2012]5号)、《关于充分发挥民事审判职能,依法维护妇女、儿童和老年人合法权益的通知》(法[2012]57号)等重要司法文件,对于全国法院民事审判系统找准工作着力点,准确把握社情民意对民事审判的要求起到了积极作用。

今年以来,针对婚姻法司法解释(三)公布后社会上以及法院系统内产生的一些误读,我们做了大量的解释和指导工作。在全国"两会"前,我们通过大量调研,形成了给院党组及中央政法委报送的《福建省婚姻法司法解释(三)适用情况调研报告》等专项调研报告;经过认真讨论研究,形成了向全国人大法工委报送的《关于婚姻法司法解释(三)第七条父母为子女买房问题的报告》、向中央政法委报送的关于婚姻法司法解释(三)相关问题的报告等重要报告,详细解读了该司法解释有关条款正确涵义,有效解答了代表、委员的疑惑。此外,我们还通过专题调研、座谈会等多种方式,向全国各级法院宣传婚姻法司法解释(三)的正确精神实质,要求全国各级法院在审理婚姻家庭纠纷案件时一定要注意全面准确理解婚姻法及其司法解释的规定,尤其要加强对民事法官的培训,防止因理解偏差、适用法律不当而导致极端个案的发生。从今年婚姻家庭案件审理的效果看,婚姻法司法解释(三)适用的法律效果和社会效果良好,这与我们的上述大量工作是分不开的。

四、强化监督指导,基层基础建设扎实有效

2012年,民一庭采取多种措施,强化监督指导,有力推动了全国法院民一庭系统民事审判工作积极、稳妥、健康、有序发展。

一是召开了两次全国性的会议,有针对性地进行指导，部署相关工作。

——召开了全国高级法院民一庭庭长座谈会。年初，民一庭在福建厦门召开了全国高级法院民一庭庭长座谈会，紧密结合今年形势发展，围绕“稳中求进”工作总基调，确定了今年民事审判工作的重心。奚晓明副院长出席会议并做了题为《把握总基调　找准结合点　最大限度发挥民事审判在促进经济稳中求进和社会和谐稳定中的积极作用》的重要讲话。会议还对当前今年民事审判工作中需要重点注意的热点难点问题进行了深入探讨。此次会议对指导全国各级人民法院开展好全年的民事审判工作，为经济社会发展、保障和改善民生具有重要意义，取得了良好的社会效果。

——召开了人民法庭调解工作经验交流座谈会。8月9日至10日，我庭在江苏省无锡市组织召开了人民法庭调解工作经验交流座谈会。会上，江苏等6个省市高院和上海浦东新区法院周浦法庭等6个人民法庭分别做了经验介绍，与会代表围绕如何更好贯彻落实“调解优先，调判结合”工作原则，进一步做好人民法庭审判工作进行了深入讨论。杜万华专委做了题为《全面提升调解工作水平、推动人民法庭审判工作再上新台阶》的讲话，围绕与会代表关注的“如何做好新形势下人民法庭调解工作”发表了意见，并就如何通过贯彻“调解优先，调判结合”工作原则，进一步做好人民法庭审判工作提出具体要求。此次会议对进一步推动人民法庭更好地落实“调解优先，调判结合”工作原则，全面提升法院调解工作水平、推动人民法庭审判工作再上新台阶起到了重要作用。

二是起草制定司法解释，统一裁判理念和标准，指导案件审判。2012年，我庭司法解释、司法文件起草工作取得了显著进展，并负责完成了大量司法解释的清理工作。

——出台了最高人民法院《关于审理道路交通事故损害赔偿案件适用法律若干问题的解释》。近年来，道路交通事故损害赔偿案件在民事案件中的比重逐年上升，2011年全国法院共审结道路交通损害赔偿案件75万件，比2010年上升了27%，约占全国法院审结民商事案件总数的10%，今年上半年新受理的案件更是达到403476件，位居增幅最快的民生类案件的前列。基于此，我庭从2007年起即启动了本司法解释的起草工作。在起草过程中，我们多次认真听取了全国人大法工委、国务院法制办、公安部、交通运输部、保监会、农业部、各级人民法院以及相关专家学者的意见，并于2012年3月21日至4月21日通过《人民法院报》和中国法院网向全社会公开征求意见。在总结、归纳、吸收这些意见的基础上，经过院审委会认真讨论、仔细研究，最终于2012年9月17日第1556次会议通过了该解释。该解释在征求意见期间和出台后，均受到了社会各界的积极评价，解释的出台对于各级法院依法妥善审理此类案件，保护道路交通事故各方当事人尤其是受害人的合法权益起到了积极作用。

——劳动争议司法解释（四）、物权法司法解释、民间借贷司法解释等的起草工作也稳步推进，取得了较大进展。其中，劳动争议司法解释（四）已经提交审委会讨论通过，将在根据审委会意见进一步修改的基础上择机正式公布；物权法司法解释在召开了专家论证会并征求了各高级法院意见的基础上，完成了向本院相关庭室征求意见的工作；民间借贷司法解释起草了初稿，并召开了座谈会、征求了部分法院意见；医疗损害赔偿司法解释也已在广泛调研的基础上，形成了初稿。

——完成大量基础性前期调研论证工作，交办任务及重点调研项目取得阶段性成果。按照院领导指示和全国人大常委会的要求，扎实开展涉及调解协议纠纷案件和《农村土地承包调解仲裁法》实施相关问题的调研工作，目前均已形成初稿，并已申报2013年院司法解释立项。建设工程施工、矿业权纠纷等重点调研项目也已形成初步对策意见，并已申报2013年院司法解释立项。规范民事诉讼秩序的司法文件也在前期征求意见的基础上，做了进一步的修改完善。对土地使用权、商品房买卖、消费者权益司法保护等问题的调研工作也在稳步推进中。

——积极完成了承担的司法解释清理工作。在司法解释集中清理工作中，我庭具体承担的任务最为繁重。民一庭严格按照院党组要求和院司法解释集中清理工作领导小组办公室的安排，在第一时间制订完善的工作方案和具体措施，全庭参与，高质高效圆满完成了所承担的工作任务。在第二阶段和第三阶段清理工作中，针对近500件司法解释及司法解释性文件提出详细的清理意见，质量效率在全院名列前茅，得到院领导及院司法解释集中清理工作领导小组办公室的高度肯定。

三是及时对下级法院办理的社会公众关注度高、社会影响大的民事案件进行指导监督，取得良好效果。今年以来，我庭先后对天津许云鹤道交侵权案、广东紫金矿业溃坝侵权系列案、福建乔丹公司侵犯乔丹姓名权案、河北杜双华诉宋雅红离婚案、独立候选人涉及的选民名单案、陕西药家鑫故意杀人案引发的相关遗赠纠纷和名誉权侵权纠纷案等重大案件进行指导。这些案件要么涉及当事人众多，要么社会影响巨大,要么属于敏感案件,从而使案件的处理面临极大的难度,也给法院的处理工作带来前所未有的考验。面对考验,我庭加强审判指导力度,做了大量细致的调研工作,并多次向中央领导同志以及中央政法委进行了专题汇报,确保最大限度地实现有关重大案件的法律效果和社会效果的有机统一。如广东紫金矿业溃坝侵权系列案,由于茂名市信宜紫金矿业有限公司银岩锡矿高旗岭尾矿库以及信宜市石花地水电站相继溃坝,造成重大人员伤亡和财产损失,死亡22人,房屋全倒532户,受损815户,交通、水利等公共基础设施以及农田、农作物等严重损毁,直接经济损失数亿元;共涉及案件2502宗,诉讼标的约3.96亿元,被告一方当事人就涉及设计单位、施工单位、监理单位、验收单位等29家企业或个人;案件如不能妥善处理,将极有可能造成当地社会的不稳定,后果不堪设想。在这种情况下,我庭多次就该系列案涉及的程序和实体问题认真研究,严把程序关,指导下级法院切实保障当事人的程序权利,在诉讼程序的推进、庭审方式、审理技巧以及结案方式等诸多问题上提出了合理的意见和建议,同时督促下级法院与我院建立日常的沟通协调机制,确保相关信息的畅通。最终,在我庭的有力指导以及广东省委的领导下,在广东省三级法院的积极落实下,经过近两年艰难曲折和坚持不懈的努力,全部案件以调解或和解方式解决,取得了良好的法律效果、社会效果和政治效果。

四是牵头对全国法院民事审判部门开展庭审评查和裁判文书评查活动,有效促进民事审判质效的提升。民一庭认真贯彻落实《2012年"人民法官为人民"主题实践活动实施方案》的部署安排,督促全国各级人民法院民事审判部门开展好庭审评查活动,提高法官审判能力、促进庭审规范化、提升司法公信力,6月28日,我庭起草并以最高人民法院的名义印发了《关于对全国法院民事审判部门开展庭审评查活动进行督促、检查的通知》(法明传[2012]427号),同时制定下发了《民商事案件庭审评查标准》,对各级人民法院民事审判部门开展好评查活动提出了明确、详细的要求。杜万华专委亲自率评查小组赴湖南、广东等省进行庭审评查,通过召开工作座谈会、深入基层法院观摩庭审等方式,对庭审程序、庭审驾驭、法官形象等方面逐项进行评价,提出改进建议。庭审评查有力推动了地方法院民事审判部门庭审评查活动的深入,有效促进了庭审质量的提升。在裁判文书评查方面,我庭牢牢把握"消除裁判文书瑕疵,提高裁判文书质量"的评查目标,进一步落实最高人民法院关于裁判文书制作的规定要求,指导督促全国各级人民法院民事审判部门积极开展裁判文书制作的业务培训,强化裁判文书质量管理,引导广大民事法官增强裁判文书说理的针对性、准确性、透彻性。此外,我庭还牵头负责承担了全国法院优秀裁判文书评选中的民事裁判文书评审工作,协调民二庭、民三庭、民四庭完成对170份参选文书的评审。

五是出版专业刊物,打造业务指导的长效平台。2012年,在办案压力大、司法解释调研起草、文稿材料起草等任务繁重的情况下,我庭仍然组织人员编写、出版了一系列专业刊物:

——出版了《民事审判指导与参考》4辑,录入总字数约90万字。在保持原有特色之外,突出了相关栏目的重点,及时解答民事审判实践中遇到的疑难复杂问题,内容既有深度又贴近实务,受到广大读者尤其是民事审判法官的欢迎。

——在道路交通损害赔偿司法解释发布施行后,为使各级法院以及法律工作者正确理解该司法解释规定的内涵,我庭组织了业务水平较高的法官编写了理解与适用书籍,介绍了起草背景和各种不同观点的碰撞以及取舍的理由,对条文内容逐条进行了详细解读,对审判实践中应当注意的问题进行了专门说明。

——组织业务骨干,对2008年至2011年间刊登在《民事审判指导与参考》"指导性案例"栏目中的民事典型案例进行了精选,并根据法律、行政法规、司法解释的修订进行了重新编写和修改,按照物权、合同、侵权、婚姻家庭继承、劳动争议等民事案件类型进行了分类,汇集成《最高人民法院民一庭民事典型案例精选》一书,为广大民事法官审判民事案件提供有益的指导和参考。

——承担我院"案例教程"系列《物权法》、《劳动法》的写作工作。我们多次召集参与撰写任务的单位召开工作会议,细化分工,强调质量,精心修改,确保工作按时整体推进,目前编写工作进展顺利。

六是组织开办专题培训班,培训民事法官。我庭负责指导的全国民事审判工作,点多面广量大,热点难点层出不穷,新问题新情况不断涌现。为更加直接指导下级法院民事审判法官精准理解和正确适用法律、司法解释,更好统一民事审判实践,我庭在充分调研基础上,归纳了民事审判实践中亟待解决的八大类问题,在国家法官学院举办了两期最新民事司法解释培训班,共计培训学员近600人,取得了良好的效果。全国各地方法院特别是中基层法院及人民法庭的民事法官参加了培训,对专项培训给予了高度评价。

五、有效统筹兼顾，各项职能工作同步推进

在坚持执法办案第一要务的前提下，我庭也非常重视其他有关工作的开展，实现各项工作的协同推进。

一是认真接受立法机关监督，报告有关工作情况，办好人大代表、政协委员的议案。今年以来，我庭按照要求，起草了《最高人民法院贯彻执行残疾人保障法情况的报告》（法［2011］144号）、奚晓明副院长向全国人大常委会残疾人保障法执法检查组做了汇报；完成了向全国人大常委会法工委提交的关于《最高人民法院关于适用〈中华人民共和国婚姻法〉若干问题的解释（三）》相关问题的报告，进一步阐释了婚姻法司法解释三第七条，分析了其符合婚姻法及其司法解释的精神，提出了进一步做好舆情应对、指导下级法院正确适用司法解释的意见和建议；贯彻落实中央司法体制改革领导小组文件精神，对2011年4月以来在全国部分基层人民法院开展的小额速裁试点工作进行总结，已初步完成向全国人大常委会法工委报送的小额速裁试点的工作总结报告。此外，2012年，我庭承办全国人大代表、全国政协委员建议、提案54件（其中建议42件、提案12件），督办事项10件，均已办结。

二是加强与有关机关的交流与协作，促进民事纠纷处理机制的完善。今年以来，主要做了以下工作：

——与全国妇联在宁夏银川联合召开妇女维权合议庭工作经验交流会。杜万华专委、全国妇联副主席、书记处书记甄砚出席会议并讲话。会议对法院妇女维权先进单位进行了表彰，对进一步完善法院与妇联的沟通联络机制、共同推进妇女合法权益保护工作的经验进行了总结，并对进一步推进工作提出了要求。

——积极承担我院国务院农民工工作联席会议的成员单位办公室职责，我庭派员参加了国务院农民工工作联席会议全体会议和办公室成员、联络员全体会议以及全国农民工工作办公室主任会议等会议，报送《关于2012年农民工工作情况和2013年的工作思路》等各类书面材料十余份，推动劳动争议司法解释等的起草，为联席会议的工作部署提供了许多重要和有价值的信息，立足法院的职能为维护农民工合法权益做了大量扎实的工作。

——起草了向全国妇联报送的《关于妇女儿童权益司法保护有关情况的报告》、向中政委报送的《关于婚姻法司法解释三第七条父母为子女买房问题的报告》等重要报告；对民事诉讼法修改（第二次审议稿）证据、一审程序、简易程序、小额速裁、督促程序、公示催告程序、特别程序七部分提出修改意见后送院民事诉讼法修改研究小组汇总，向全国人大常委会法工委提出立法建议。

三是起草了多份重要文稿。除了上面提到的文件、讲话、报告外，我庭还负责起草了奚副院长出访土耳其在该国宪法法院成立50周年论坛上的演讲稿《宪法指引下公民权利与自由的保护》、奚副院长出访黑山演讲稿《我国“普法及审判信息化”方面的基本情况》、奚副院长在全国法院第20次工作会议上的专题讲话、关于反家暴网络就婚姻法司法解释三致代表委员信有关情况的报告、中政委主编《中国的司法改革》白皮书中加强基层人民法庭建设和完善简易程序开展小额速裁试点两部分、《人民法院工作年度报告（2011）》民事审判部分、“2008年以来人民法院司法改革丛书”《民事审判分册》第一至三章并负责整个分册写作的协调工作、全国法院第20次工作会议材料之“司法为民”、“基层基础”专题材料等。

此外，我们还认真做好院内外各单位征询意见的回复工作，今年共办理全国人大内司委、法工委、国务院法制办、民政部、外交部等机关及本院各单位的征求意见409余件。

六、加强教育培训，队伍素质进一步提高

2012年，民一庭在工作任务繁重的情况下，按照全院部署，采取了多种方式，加强全员培训，牢固树立社会主义法治理念，进一步改进司法作风，有效地推动了民一庭队伍素质、审判质量、司法公信力的提升。在推进活动过程中，民一庭注重科学安排，协调推进，做好结合文章，把活动的着力点聚焦在解决突出问题、推进队伍建设、促进审判工作上，实现学习教育与审判工作两不误、两促进。

一是开展革命传统教育，强化宗旨意识。今年，民一庭党支部在井冈山组织了“忠诚、为民、公正、廉洁”主题教育实践活动专题学习活动。活动期间，党支部组织大家重读井冈山斗争时期的经典著作，重温革命先辈奋斗历程，重走朱毛红军挑粮小道，重唱红军革命歌曲，参观了革命博物馆、革命烈士陵园、红军烈士墓、会师纪念馆、黄洋界哨口，以及茨坪、大井等地毛泽东、朱德革命家旧址。通过学习，全庭同志情感上受到震撼、在思想上深深感悟，更加坚定了忠诚于中国特色社会主义司法事业的信念和以人为本、执法为民、精心细致地做好群众工作的决心。

二是开展专题学习，坚定理想信念。一年来，根据院党组的统一部署，民一庭以两项活动为抓手，以岗位练为契机，采取集中培训、个人自学、领导宣讲等形式，深入学习党的十八大精神，牢固树立社会主义法治理念。通过学习，全庭人员的社会主义法治

理念进一步强化,"公正、廉洁、为民"司法核心价值观更为牢固,能动司法的理念进一步增强,为保质保量完成全年工作任务奠定了重要基础。

三是开展两项活动,推进法院文化建设。一年来,民一庭通过学习、座谈等多种形式,组织全庭人员进一步把握法院文化的基本内涵,大力培育和弘扬公正、廉洁、为民的司法核心价值观,摸排制约审判工作发展的热点、难点问题,制定切实有效的制度措施,进一步促进"三个提升";进一步加强廉政风险防范,健全廉政教育长效机制,完善维护司法廉洁的制度规范,认真执行关于落实廉政准则防止利益冲突的规定,严格执行"四个一律"要求和"五个严禁"规定。通过学习,全庭同志的工作作风进一步改进,司法素养进一步提高,廉洁自律的意识进一步增强。

2012年,民一庭在任务重、事务杂、头绪多、压力大、人员少的情况下,全面出色完成了院党组部署的各项任务,保持了良好的发展势头。在充分肯定成绩的同时,我们也冷静地看到工作中还存在一些问题和差距,在新的一年里,我们将在院党组的坚强领导下,以邓小平理论、"三个代表"重要思想、科学发展观为指导,紧紧围绕中心、服务大局,努力维护公平正义,维护人民权益,维护社会稳定,以倍加努力的工作和一流的业绩谱写民事审判谱新篇章,为全面建成小康社会提供更加坚强有力的司法保障!

全国高级法院民一庭庭长座谈会在厦门召开

2012年2月16日至17日,全国高级法院民一庭庭长座谈会在厦门召开。此次座谈会的主要任务是深入学习贯彻党的十七届六中全会、中央经济工作会议和全国政法工作会议精神,切实落实全国高级法院院长会议所作出的工作部署,按照全国民事审判工作会议要求,紧密结合今年形势发展,围绕"稳中求进"工作总基调,确定今年民事审判工作重心,充分发挥审判职能作用,依法促进我国经济社会平稳较快发展,着力保障和改善民生,努力推进社会主义文化大发展大繁荣,为党的十八大胜利召开营造和谐稳定的社会环境。

奚晓明副院长出席会议并作了题为《把握总基调、找准结合点,最大限度发挥民事审判在促进经济稳中求进和社会和谐稳定中的积极作用》的重要讲话。

奚晓明副院长指出,今年是实施"十二五"规划承上启下的重要一年,我们党将迎来举世瞩目的十八大。今年民事审判工作面临的形势更加严峻,任务更加艰巨。经济增长下行压力和物价上涨压力并存,民事审判保障经济社会平稳较快发展的任务更加艰巨;保障和改善民生,维护社会和谐稳定的责任更加重大;促进社会主义文化大发展大繁荣的职能作用更加凸显;提升基层民事审判工作质效的要求更加紧迫。

奚晓明副院长要求,要按照全国高级法院院长会议提出的"六个深化"、"六个提高"总体工作部署以及全国民事审判工作会议提出的"八个始终坚持"主要任务要求,以王胜俊院长在最高法院民一庭2011年工作总结上所作的"三个正确把握"重要批示精神为指导,深化能动司法,切实保证民事审判为经济社会科学发展服务;深化和谐司法,为党的十八大胜利召开营造和谐稳定社会环境;深化文化建设,进一步提高为社会主义文化大发展大繁荣服务的水平;深化基层建设,力争基层民事审判工作取得新突破。

奚晓明副院长强调,要进一步抓好全国民事审判工作会议精神的贯彻落实,今年尤其要重点关注房地产、民间借贷、劳动争议、涉农、消费者权益保护以及道路交通等侵权案件的审理工作。要正确适用婚姻法司法解释三,充分保护妇女、儿童和老人的合法权益。积极推动社会诚信建设、弘扬良好道德风尚,建立健全敏感重大案件舆论引导工作体制机制,高度重视虚假诉讼问题,注意维护民事诉讼秩序,进一步提高基层民事审判工作质效,继往开来,锐意进取,努力实现民事审判工作新发展,以优异成绩迎接党的十八大胜利召开。

与会代表认真学习和讨论了奚副院长重要讲话和最高人民法院《关于当前形势下加强民事审判切实保障民生若干问题的通知》。大家一致认为,奚副院长的讲话和最高人民法院的通知深刻分析了今年民事审判工作面临的新形势、新任务,并针对今年民事审判热点、难点问题,明确了理念、统一了思路,主旨明确、内容丰富、重点突出、指导性很强,是理论联系实际、宏观微观结合的重要文件,体现了最高法院党组对全国民事审判工作的总体部署、殷切希望。大家纷纷表示，这次座谈会及时、务实、高效，对今年全国民事审判工作具有重要的指导作用，一定要贯彻落实好奚副院长讲话和最高人民法院通知精神，充分发挥民事审判职能作用，着力服务经济社会平稳较快发展，依法保障和改善民生，维护社会和谐稳定、促进社会主义文化大发展大繁荣，努力提升基层民事审判工作质效，以优异成绩迎接党的十八大胜利召开。

杜万华庭长做了总结讲话，他充分肯定了这次座谈会所取得的成果，他强调，要认真贯彻王胜俊院长“三个正确把握”重要批示精神，切实落实奚副院长重要讲话和最高人民法院通知精神。同时，杜万华庭长还从婚姻法司法解释三的实施、道路交通损害赔偿案件的审理、促进社会主义道德建设、加大小额速裁试点工作力度、加强对下监督指导以及适应新兴网络媒体发展变化等几个方面提出了具体明确要求。

人民法庭调解工作经验交流座谈会召开
杜万华出席会议并讲话

2012年8月9日至10日，全国部分法院人民法庭调解工作经验交流座谈会在无锡召开。最高人民法院审判委员会专职委员杜万华出席会议并做了题为《全面提升调解工作水平推动人民法庭审判工作再上新台阶》的讲话。

杜万华指出，不断加强人民法院基层基础建设，是人民法院服务大局、保障民生、维护社会公平正义的重要保证，是人民法院全部工作的根基。人民法庭是“基层中的基层、基础中的基础”，最高人民法院始终高度重视。这次会议的召开，正是最高人民法院坚持重基层、打基础的具体体现，对进一步提高人民法庭工作水平，促进新的历史阶段人民法庭工作更大发展具有积极意义。近年来，人民法庭工作取得了显著成绩。调解工作能力水平有了新提高；调解工作体制机制建设有了新进展；调解工作中便民利民措施有了新进步；调解工作的整体面貌有了新变化。

杜万华指出，要深刻认识在我国经济增长下行压力加大和党的十八大即将胜利召开的宏观背景下，加强人民法庭调解工作的重要性。深刻认识加强人民法庭调解工作对巩固党执政基础、增进党同人民群众血肉联系的重要意义；深刻认识加强人民法庭调解工作对依法保障改善民生，促进社会和谐稳定的重要意义；深刻认识加强人民法庭调解工作对提升司法公信力，促进人民法院科学发展的重要意义；深刻认识加强人民法庭调解工作对正确贯彻落实“调解优先，调判结合”工作原则的重要意义。

杜万华要求，做好新形势下人民法庭调解工作，应当准确理解“调解优先”，最大限度发挥调解的优势；准确理解调判结合，正确处理调判关系；准确理解案结事了，切实妥善化解矛盾纠纷；积极探索调解工作方法，进一步提升调解工作水平。

杜万华强调，一定要站在局部与全局协调一致的高度、当前与长远有机统一的角度来正确认识案结事了的科学内涵。千万不能仅站在一事一案的角度，狭隘地理解案结事了。案结事了至少要“了”在四点上：要“了”在有利于社会公平正义的坚守上，要“了”在党和国家工作大局的服务上，要“了”在社会主义法治秩序的维护上，要“了”在社会主义道德和善良风俗的弘扬上。

杜万华强调，务必明确当前及今后一段时期人民法庭审判工作的重点；要着力将人民法庭审判工作打造成社会主义道德建设的重要阵地；切实提高巡回审判工作水平；充分发挥人民陪审员在推进司法民主、提升司法公信力上的独特作用；高度重视虚假诉讼问题；大力推进多元矛盾纠纷解决机制建设；全面提升人民法庭审判管理工作水平；进一步拓展对下监督指导。

江苏省高级人民法院院长公丕祥出席会议并致辞。

部分高院民一庭庭长、人民法庭指导办主任及部分人民法庭庭长参加会议。

全国法院民事审判工作概况

2012年,全国各级人民法院正确把握经济社会发展新形势和社会矛盾新特点,积极回应人民群众对司法保护民事权益的新期待,充分发挥民事审判职能作用。

1. 案件审判情况

——妥善审理婚姻家庭和继承纠纷案件。注重保护妇女、老人和未成年人的合法权益,保障老有所养、幼有所教,促进家庭和睦,维护社会稳定。全年共审结婚姻家庭和继承纠纷案件1,647,464件,同比上升2.34%。其中,离婚纠纷案件1,243,877件,同比上升3.71%;赡养、抚养和扶养纠纷案件69,662件,同比下降3.97%;继承纠纷案件146,649件,同比上升11.23%。

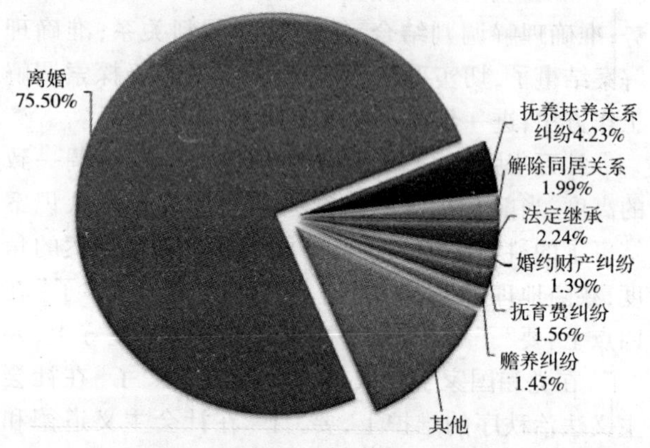

2012年人民法院审结一审婚姻家庭和继承案件情况

——依法审理劳动争议案件。坚持保护劳动者权益与用人单位生存发展并重的理念,促进企业健康发展,促进劳动关系和谐稳定。全年共审结劳动争议案件345,177件,同比上升13.46%。

——依法审理涉农案件。注重保障农民合法权益,维护农村社会稳定,促进农业健康发展,全年共审结涉农案件207,687件,同比下降7.22%。其中,农村承包合同纠纷案件27,457件,同比下降20.76%;宅基地纠纷案件2925件,同比下降7.82%。

——依法审理侵权案件。依法制裁侵权行为,保障人民群众生命健康权和财产权,全年共审结侵权类纠纷案件1,588,864件,同比上升8.22%。其中,道路交通事故赔偿案件792,001件,同比上升7.74%;财产损害赔偿案件115,619件,同比下降20.96%;财产权属纠纷案件42021件,同比下降14.14%;医疗损害赔偿纠纷案件16,999件,同比下降1.61%;产品责任案件7690件,同比上升10.16%;环境污染损害赔偿案件2306件,同比上升22.46%。

——依法审理房地产案件。保障人民群众的居住权益,促进城镇化建设稳步推进,全年共审结房地产开发经营合同纠纷案件138,222件,同比上升7.94%;商品房预售合同纠纷案件93,298件,同比上升14.60%;建设工程合同纠纷案件83448件,同比上升7.69%;房屋拆迁合同纠纷案件17,092件,同比下降0.21%;土地使用权出让合同纠纷案件887件,同比下降38.40%;土地使用权转让合同纠纷案件1662件,同比上升27.04%。

——依法审理民间借贷纠纷案件。贯彻落实国家经济、金融政策,制裁非法金融活动,保护合法民间融资和当事人的合法权益,促进实体经济健康发展,全年共审结民间借贷纠纷案件728,814件,同比上升22.68%。

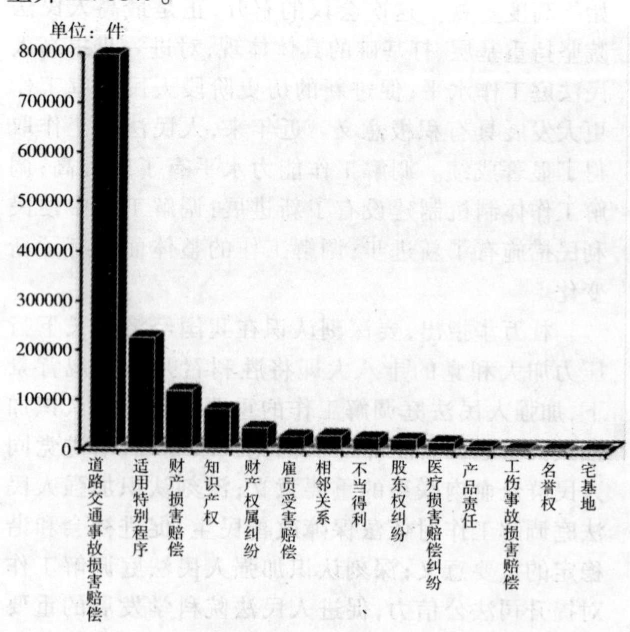

2012年人民法院审结一审权属侵权及其他民事案件情况

2. 制度建设和落实情况

——针对经济社会发展和民生领域的新情况、新问题及时制定司法解释和规范性文件。发布《关于审理道路交通事故损害赔偿案件适用法律若干问题的解释》，统一和规范各级人民法院对此类案件的审理，最大限度保障道路交通事故各方当事人尤其是受害人的合法权益。发布《关于军事法院管辖民事案件若干问题的规定》，进一步明确军事法院管辖民事案件的有关问题。印发《关于当前形势下加强民事审判切实保障民生若干问题的通知》、《关于充分发挥审判职能作用进一步公正高效审理拖欠农民工工资纠纷案件的紧急通知》和《关于充分发挥民事审判职能依法维护妇女、儿童和老年人合法权益的通知》，进一步统一民生案件审判的理念和尺度。

——进一步加大对民事审判工作的监督指导力度。2012 年年初，最高人民法院召开全国高院民一庭庭长座谈会，紧密结合 2012 年政治经济新形势，坚持以稳为主，对全国法院民一庭系统 2012 年工作作出总体部署，统一裁判标准，提高一、二审案件审理质量。加大对人民法庭工作的指导力度，召开人民法庭调解工作经验交流座谈会，提升调解工作水平。与全国妇联联合召开妇女维权合议庭工作经验交流会，完善人民法院与妇联组织的沟通联络机制，进一步推进妇女合法权益的保护工作。加大对重大、疑难案件的指导力度。对天津许云鹤道交侵权案、广东紫金矿业溃坝侵权系列案、河北杜双华诉宋雅红离婚案等重大案件进行指导，最大限度地实现了有关案件法律效果和社会效果的有机统一。牵头对全国法院民事审判部门开展庭审评查和裁判文书评查活动，有效促进民事审判质效的提升。最高人民法院加大对全国民事审判法官的培训指导力度，专门举办两期最新民事司法解释培训班，共计培训学员近 600 人，取得了良好的效果。

第二部分　各省、自治区、直辖市人民法院民事审判工作概况

北京市人民法院2012年民事审判工作概况

2012年，北京市三级法院立足首都民事审判工作新形势，牢牢把握"稳中求进"的总基调，以保障当事人在首都法院打一个"公正、明白、便捷、受尊重的官司"为目标，公正、为民、能动司法，切实提高审判质量和效率，强化审判队伍建设，充分发挥民事审判的职能作用，为促进首都社会和谐稳定提供了坚实的司法保障。

一、依法公正、高效完成繁重的民事审判任务

全市法院民事审判人员克服案多人少、重大疑难新类型纠纷不断出现、转型期间社会深层矛盾不断显露等诸多困难，圆满完成了全年的审判工作。2012年全市法院共受理民事案件215,747件，审结213,842件，占全市法院全部结案总数的52.2%；其中受理一审案件190,762件，审结188,920件，结案率为99.03%；受理二审案件24,985件，审结24,922件，结案率为99.74%。

2012年，全市法院依法审理了一大批涉及稳定、关系民生和有可能影响到经济安全、社会安全和舆论安全的敏感案件、群体性纠纷案件，如中建国际建设有限公司与北京京润房地产有限公司建设工程纠纷案、"钢铁大王"杜双华离婚案等。在审理关系社会经济发展的重点工程、重点项目的案件中，我们坚持依法办案和考虑社会效果，如西城区人民法院圆满审结了涉金融街46号院、三十五中、丰盛C区、中央警卫局拆迁等案件，妥善处置西保工程及"629"工程拆迁善后工作。丰台区人民法院稳妥高效地处理了73件涉中国(北京)国际园林博览会、世界种子大会筹备，丽泽金融商务区、地铁十号线及十四号线建设等重点案件。房山区人民法院妥善审结了东羊庄村征地许可和拆迁等涉重点工程、重大项目的合同类、拆迁类纠纷1093件。通过对这些服务社会经济发展案件的审理，既有效保护了普通群众的合法权益，又保障了市、区重点工程的顺利推进，体现了民事审判工作"服务大局"的要求。

二、有效化解涉诉信访纠纷，圆满完成十八大维稳任务

全市法院高度重视民事案件的涉诉信访工作，尽最大努力把矛盾解决在基层。市高院制定出台《关于完善民事案件审理程序中信访工作机制的意见》，坚持源头治理。高院会同一、二中院、铁中院对全市在审重大敏感民事案件进行逐院逐案重点排查，共排查重大敏感案件203件，其中具有不稳定因素的118件，各院就上述案件建立台账，制定应对措施，及时化解，圆满完成了十八大安保维稳任务。

全市法院民事法官与其他部门密切配合，积极做好挂账督办案件和"骨头案"的递进式化解工作。在广大民事法官共同努力下，"骨头案"得到了妥善有效的化解。如海淀区人民法院共办结挂账督办信访案件193件，成功化解递进式案件68件。丰台区人民法院共办理各类挂账督办案件68件，办结骨头案16件，成功化解递进式案件32件。一年来，因民事案件引发的涉诉信访，无论在数量上还是比重上都有所下降。

三、强化审判质效考核，扎实开展长期未结民事案件清理活动

2012年，全市法院民事审判质量指数为67.68，较2011年的63.31有明显提升，其中一审服判息诉率、二审开庭率、法定审限内结案率、结案均衡度等薄弱指标得到明显改善。市第一中级人民院制定了《关于加强二审案件开庭审理管理办法》，2012年民事二审开庭率达到31.6%。市第二中级人民法院进一步严格控制延审案件，2012年四个民庭全年共报批延审仅45件。朝阳区人民法院建立和完善二级审判管理制度体系，构建双向管理机制。大兴区人民法院开展"开庭时间零误差"活动，推行文书校核"3+1"核查机制。2012年，由市高院牵头督导，全市三级法院共化解长期未结民事案件148件，占全部化解案件的90.8%，高效地完成了全年的清积任务。

四、调研督导不断加强，执法尺度进一步统一

市高院充分发挥自身的服务督导职能，大力加强调研工作和业务指导。市高院民一庭制定下发了《关于审理建设工程施工合同纠纷案件若干疑难问题的解答》；召开全市三级法院参加的民事审判疑难问题研讨小组会议，下发了《食品安全法相关问题研讨会会议纪要》；就劳动争议、房屋租赁、司法鉴定中的疑难问题进行专项调研，对全市法院再审改判民事案件进行评查；研究协调各院重大疑难案件100余件，答复下级法院的案件请示20余件。市第一、第二中级人民法院充分发挥审级监督功能,通过召开片会、发布实务问答、典型案例汇编等方式统一辖区内的执法尺度。

五、充分发挥调解职能,社会管理创新落在实处

全市三级法院认真贯彻执行"调解优先,调判结合"工作原则,将调解工作贯穿于民事审判工作各个环节。东城区人民法院提出"诚信调解四项机制五步走",全年彻底化解案件1812件,其中当庭或现场交付的现金高达1.2亿元。密云县人民法院推行"四通五融"矛盾纠纷化解法。延庆县人民法院建立快审快结机制及农民工讨薪案件优先审理制度,确保该类案件调解率达到100%并全部自动执行。

各院积极探索建立类型化案件诉调对接工作平台,参与并推进社会管理创新,巩固人民调解、行政调解、司法调解各司其职、相互协调的"大调解"格局。西城区人民法院与区人保局、西城工商分局、中国贸促会调解中心等二十多家单位合作构建了诉调对接机制体系。海淀区人民法院在全市基层法院中首创与北京市医疗调解委员会的诉调对接机制。东城区人民法院与区司法局、北新桥街道联合制定了全国首例《社区居委会制定监护人工作程序操作指南》。

六、队伍建设促进审判,司法能力得以提升

全市三级法院坚持"以党建带队建,以队建促审判",深入开展十八大报告精神学习、宣传活动,力促法官牢固树立"忠诚、为民、公正、廉洁"司法核心价值观。朝阳区人民法院采用"整体规划,因材施教"的队建工作方法。大兴区人民法院开展"当服务开发区发展的法律参谋、做保障开发区发展的司法卫士"主题活动。北京铁路运输法院开展"法正风清"青年干警廉洁主题教育活动。一年来,全市民事审判队伍中涌现了一批先进集体和个人,如门头沟区人民法院被评为"全国优秀法院",海淀区人民法院李红星被授予"全国优秀法官",市第二中级人民法院白松、东城区人民法院岳秀玲、房山区人民法院赵洪波被授予"全国法院办案标兵"。

天津市人民法院2012年民事审判工作概况

2012年是实施"十二五"规划承上启下的重要一年,也是天津市法院争创一流最为关键的一年。全市法院民事审判系统全面学习贯彻党的十八大会议精神,深入贯彻落实科学发展观,始终坚持"三个至上"、积极践行"两为"主题,紧紧围绕市委构筑"三个高地"、打好"五个攻坚战"的决策部署,按照"争一流、树公信、上水平"的工作思路,继续深化三项重点工作,积极服务"调结构、惠民生、上水平",着力在案件审理上下功夫,在审判质效上见成效,在审判创新中求提高,在铸造精品中谋发展,努力实现全市法院民事审判各项工作再上新水平、新台阶。

一、2012年全市法院民事审判工作基本情况和主要特点

2012年,全市法院受理民事案件继续上升,共新收一审、二审、再审民事案件129,761件,同比增加9.5%。其中,新收一审民事案件118,864件,同比上升10.3%;新收二审民事案件10,617件,同比上升1.2%;新收民事再审280件,同比下降15.23%;申请再审(含全部)案件2411件,同比下降19.15%。

2012年新收一审案件继续呈上升趋势的主要原因在于:一是转型社会的格局调整。由于我国城乡区域发展不协调,收入分配差距较大,涉及医疗卫生、教育就业、婚姻家庭、食品安全、道路交通、环境保护等社会矛盾明显增多,由此引发的民事纠纷保持持续增长态势。二是宏观经济政策的影响。2011年、2012年国家出台了稳定房地产市场、货币市场、房屋拆迁等方面的较多政策,由于政策变动导致相应案件的产生。三是新法出台的效应。《中华人民共和国民事诉讼法》修改、最高人民法院《关于审理买卖合同纠纷案件适用法律问题的解释》的出台,对相关社会关系、诉讼程序进行调整和规范,引起社会大众高度重视,导致相关案件数量迅速增长。

2012年全市法院几大类民事案件升降特点如下:

一是交通事故损害赔偿案件数量再创新高。2012年,全市法院新收交通事故损害赔偿案件14,102件,同比上升18.55%。反映了我国机动车消费的快速发展,而相应的道路交通设施完善及管理以及机动车驾驶员的素质并没有同步提高,导致交通事故损害赔偿案件持续增长。

二是房地产案件收案持续大幅上涨。受房地产调控政策及国内外宏观经济形势趋紧的持续影响,房地产市场出现新的情况和问题，由此引发的涉房地产矛盾纠纷在司法领域有了明显反应，其一是商品房销售纠纷大幅上升，全市共新收一审商品房销售纠纷案件4641件，同比上升81.64%。而且呈现群体性、关联性、聚合性案件增多，新老矛盾相互影响、传统案件与新类型案件相互交织等特点。有的是购房户集体要求逾期入住违约金，有的是因房价下跌开发商资金链断裂导致集体退房等。其二是建设工程案件持续高位上升，新收一审建设工程案件1774件，同比上升31.07%。建设工程合同案件增多的主要原因是，建筑市场监管未能及时到位，未取得规划许可证、施工许可证，或者未进行合法的招标程序，或者挂靠资质、非法转包、违法分包等情形仍然较为普遍，一旦建设过程中发生争议，由于当事人法律意识淡薄，前期的种种不规范导致其自身无法妥善解决，诉到法院，导致建设工程案件增多。以及受银根紧缩影响，资金链断裂难以支付工程款，产生纠纷诉至法院。

三是民间借贷标的额急剧增长。受宏观经济形势的影响，民间借贷案件呈小幅上升，全市法院共新收一审民间借贷案件6166件，同比上升9.95%，涉案标的达15.27亿元，上升604%，达到有史以来的最高点。民间借贷加剧了企业和个人债务清偿风险，有待进一步规范化、阳光化。

四是劳动争议案件三年来首次反弹上升。2012年，全市法院新收一审劳动争议案件4815件，同比上升3.66%，这是继2009年以来四方联动机制建立发挥巨大作用、劳动争议案件持续三年以20%左右比例下降以来的首次反弹，但是从全市劳动就业人口比例来看，案件数量还是较低的。分析原因：其一是企业用工不规范现象仍然普遍存在，中小民营企业，建筑企业用工不规范现象仍然较为普遍；其二是企业改制、破产等遗留的群体性劳动争议尚未完全解决；其三是诉讼成本的过低导致部分劳动者过度维权，一些代理人为了获得代理费用怂恿甚至招揽劳动者提起诉讼。

五是传统的婚姻家庭继承案件案件数量持续居高，并呈小幅攀升趋势。长期以来，婚姻家庭纠纷案件数量一直处于高位，总体呈现出小幅上升趋势。2012年，新收婚姻家庭继承纠纷17,013件，同比上升0.16%，占所有新收一审民事案件的14.5%，仍是民事案件中数量最多的案件类型。其中新收离婚案件13112件，同比下降0.76%。财产问题日益成为离婚案件中的核心焦点问题，离婚案件诉讼标的总额达1.7亿多元。特别是对房屋拆迁后的利益分配，企业产权、股权、经营权、土地承包权等财产的分割成为离婚案件的焦点和难点，反映了现代社会家庭财富的增长和积累对婚姻家庭关系的影响；此外，离婚诉讼中虚假债务现象增多值得注意，一方伪造借条随意主张虚假共同债务，债务数额往往远远超过财产总额，且债务多为亲戚朋友之间的白条，给法院在事实认定上增加难度。另外，新收继承纠纷1390件，同比上升10.8%。

六是含物业纠纷的服务合同升幅较快。共新收一审案件19,878件，同比上升46.7%。随着我国城市化进程的不断推进和房地产市场的迅猛发展，物业服务作为一种新兴产业，在改善业主生活环境、提高城市生活品质和促进社会管理水平等方面都起到了不可替代的作用，已经成为广大市民日常生活中不可或缺的组成部分。与此同时，与之相关的物业服务合同纠纷也呈快速上升趋势。由于司法统计口径问题，没有物业纠纷的单独统计，但是总体上是大幅上升趋势。

七是部分案件收案下降：其一是医疗纠纷，2012年新收414件，同比下降20.38%。其二是农村承包合同，受理179件，下降56.13%，表明农村集体组织法律意识增强，随意侵犯农村承包经营权的行为日益减少。其三是房屋拆迁补偿安置案件下降，受理166件，下降56.08%。

二、2012年全市法院民事审判工作主要做法和取得的成效

2012年全市法院共审结民事案件127,971件，同比上升7.53%。其中一审审结107,565件，同比上升8.79%；二审审结10,638件，同比下降5.06%；审结民事再审311件，同比上升27.46%；审结申诉复查案件2334件，同比下降22.87%。总的结案率92.07%，同比基本持平。

（一）深化能动司法，服务经济发展大局

1. 全市各级法院围绕围绕“调结构、惠民生、上水平”中心工作开展司法保障服务活动，紧贴重大工程、重点项目、重点企业，积极加强司法调研、延伸法律服务、解决司法难题，有力促进了滨海新区开发开放和三个层面联动协调发展。如天津市高级人民法院（以下简称市高院）组织召开服务发展楼宇经济座谈会，了解楼宇经营活动中存在的法律问题和司法需求。天津市南开区人民法院、天津市河北区人民法院、天津市河东区人民法院等积极服务地铁施工重大项目，帮助动员长期滞留户自动履行搬迁义务。天津市津南区人民法院、天津市静海县人民法院等加大涉农案件的审判力度，加强农村普法工作，提高农村基层组织化解纠纷的能力，加强对人民调解委员会及其他基层自治性组织的指导，最大限度将农村纠纷化解在基层。

2. 化解群体性、敏感性诉讼，维护社会稳定繁荣。2012年是十八大换届之年,维稳形势严峻,全市各级法院加强对敏感性、群体性案件的风险评估和协调化解工作,杜绝任何影响稳定事件的发生。天津市东丽区人民法院审理的500多位业主起诉朗钜地产有限公司商品房预约合同纠纷的集团诉讼案件,经过多方协调做工作,调撤率达到90%;天津市滨海新区人民法院功能区审判区妥善审结了涉天津海运公司的87件群体性劳资纠纷案件、天津市滨海新区人民法院塘沽审判区妥善处理了远洋城退房纠纷群体性案件;市高院和一中院共同努力,妥善审理了受到社会舆论广泛关注的许云鹤案件,取得了较好的社会效果。

(二)加强系统业务指导,努力提升全市各级法院审判水平

1. 坚持公正与效率并重,审判质效进一步提高。2012年年初召开了全市法院提高民商事审判质量与效率工作座谈会,对全市民商事二审改判、发回重审、申请再审案件分析研究,找出工作存在的薄弱环节,提出有针对性的改进措施。各级法院通过完善案件流程管理制度、案件质量和效率评价体系、开展“两评查”活动,进一步加强了民商事审判流程管理和质量监督,从制度上规范了审判行为,案件审理质量和效率进一步提高。结案率为92.07%,同比基本持平。审判质量明显提高,一审民商事案件被改判发回率为10.89%,同比下降1.35%。一审服判息诉率为90.91%,同比上升1.33%。一审调撤率为63.27%,同比上升4.76个百分点。二审调撤率为23.46%,同比上升2.34个百分点。上述数字均表明我们的执法水平和执法能力都有了明显提高。

2. 坚持三级法院协调沟通,系统指导作用不断强化。一是针对三级法院审理中遇到的共性问题及时开展指导。高院民一庭先后起草并下发了《关于民事审判疑难问题解答》、《关于审理涉及公证民事案件的若干问题的解答》、《关于审理医疗损害纠纷案件委托鉴定程序问题的通知(试行)》及《关于人身损害赔偿案件确定误工费标准的通知》等文件,统一规范了各级法院针对相关案件的审判尺度,极大地避免了同案不同判情况的出现。二是为贯彻民事诉讼法及时起草制定《关于小额诉讼程序的实施意见》和《关于适用调解协议司法确认程序的实施意见》。三是积极指导答复下级在审判中遇到的重大疑难问题和个案请示。通过深入中级法院和基层法院实地指导、召开协调研讨会议等方式,加强对疑难案件、群体案件、敏感案件的宏观协调和指导。

3. 强化调研工作力度,以调研成果助推审判进步。一是对2011年二审案件发回改判情况、申请再审案件情况进行分析,形成书面调研报告并在全市法院民事审判座谈会进行讲评。二是针对新形势下民间借贷纠纷案件出现新情况新问题,就审理民间借贷案件过程中遇到的突出问题和具体建议进行调研,总结此类案件在事实认定和法律适用中亟待解决的问题和初步对策,该课题被评为天津市重点司法统计优秀课题。三是分别对全市交通事故巡回法庭基本情况、2010～2011年院劳动争议纠纷案件审判情况、小额速裁试点一年以来工作的进展情况进行调研,调研报告得到最高人民法院、天津市委、政法委等多部门转发。四是根据最高人民法院调研要求,分别针对消费者权益纠纷、小产权房纠纷、人民调解协议的有关问题、国有土地使用权合同以及房屋买卖合同纠纷问题、建设工程施工合同纠纷案件审理中遇到的有关问题、全市法院贯彻实施残疾人保障法的情况、天津市民事审判系统开展庭审评查活动的情况等进行调研,撰写相关调研报告十余篇,并及时向最高人民法院报送相关情况。同时积极参与天津立法工作,针对《天津市住房保障管理办法》、《天津市直管公产房屋管理办法》、《建筑市场管理条例》等提出意见和建议。

(三)加大案件调解力度,推进大调解格局日臻成熟

1. 狠抓诉讼调解,案件调撤率明显提高。2012年全市法院民事审判系统大力强化诉讼调解,以“案结事了”为目标,积极推进“诉调对接”工作,民事案件以调解和撤诉结案的案件明显上升。全市法院民事一审调撤率为63.27%,同比上升4.76个百分点;二审调撤率为23.46%,同比上升2.34个百分点。其中商品房销售合同纠纷案件调撤率达56.48%,同比上升12.2个百分点;人身损害赔偿案件调撤率达57.79%,同比上升9.64个百分点;医疗损害赔偿案件调撤率达63.18%,同比上升3.28个百分点;婚姻家庭继承案件调撤率达64.63%,同比基本持平。

2. 深化大调解格局,参与社会管理创新。继续充分发挥原有的劳动争议、物业、医疗、交通、消费者权益等联动调解机制作用,积极探索构建新的联动调解机制。一是继续深化劳动争议四方联动机制,制定出台了《关于开展建立劳动人事争议巡回法庭试点工作的意见》、《关于聘请工会组织人员担任劳动人事争议特邀调解员的意见》。二是积极探索与律师联动调解新机制,市高院与司法局会签《关于充分发挥律师调解作用,建立法官与律师良性互动工作机制的意见》,构建法官和律师共同参与的大调解工作新格局。三是与天津市妇联研讨建立婚姻家庭纠纷联动调解机制,向全市法院下发《关于在全市法

院系统深入开展“妇女儿童维权岗”创建活动的通知》，起草《关于建立婚姻家庭纠纷联动调解工作机制的若干意见》。代表天津法院参加最高人民法院、全国妇联组织的全国妇女维权合议庭工作经验交流会，并在大会作经验介绍。四是与天津市交通管理局、天津市司法局、天津市保监局召开交通事故损害赔偿纠纷调处联动机制联席会议，全面总结全市交通事故巡回法庭工作情况。五是各区县法院结合自身实际，卓有成效地构建大调解机制。如天津市蓟县人民法院在别山、上仓、下营三个基层法庭分别设立库区、洼区、山区“便民诉讼服务站”、“旅游假日法庭”，凡是辖区内的矛盾纠纷全部在服务站内调解、开庭，极大地满足了山区、库区、洼区人民群众的强烈司法需求。天津市和平区人民法院为了帮助百姓护好“房屋养老钱”，联合市国土资源和房管部门，明确房屋维修基金管理部门的权责，依法妥善化解了数个小区追缴房屋维修基金的纠纷。

（四）加强民事审判队伍建设，树立“公正、廉洁、为民”的司法形象

1. 加强审判队伍业务知识学习，不断提高民事审判技能水平。将日常专业知识学习和审判技能学习相结合，将自我学习与互相学习相结合。不断创新学习的形式和模式，定期举办全市法院“民事审判实务论坛”，分别以建设工程、交通肇事损害赔偿、医疗损害赔偿等为主题，分别邀请市高院、中院、基层院在相应领域具有审判经验的法官主讲，全市三级法院法官共同参与，在全市民事审判系统营造出独立思考、勤于钻研、善于表达的研讨氛围。为应对新民事诉讼法实施，举办全市法院学习落实新民诉法系列活动，邀请参加民事诉讼法修改工作的最高人民法院法官来津对全市干警进行专题培训，并由市高院主管副院长及相关业务庭庭长担任授课讲师对全市法院法官进行多期民诉法培训。同时扎实开展裁判文书和庭审“两评查”活动，把着力点放在解决审判工作中的问题和薄弱环节上，有力推动了民事法官庭审驾驭能力和裁判文书质量不断提升。

2. 加强队伍廉政建设，树立民商事审判队伍的良好形象。全市各级法院不断深化对“公正、廉洁、为民”的司法核心价值观的教育，使之切实成为广大民商事法官共同的理想信念、价值追求和行为准则。全市法院涌现出以蓟县法院石玉波法官为代表的多名优秀民事法官典型，通过对优秀法官弘扬和宣传，广大人民群众切实感到人民法院公正司法、廉洁司法、为民司法的良好形象。

河北省人民法院2012年民事审判工作概况

2012年，全省各级法院民事审判部门深入学习实践科学发展观，紧紧围绕“为大局服务，为人民司法”工作主题，坚持“巩固、提高、创新”工作思路，以“整体工作上水平、单项工作出亮点、争当全国法院排头兵”为工作目标，以为党的十八大胜利召开营造和谐稳定的社会环境为首要任务，深入推进三项重点工作，扎实开展政法干警核心价值观教育实践活动，全面履行审判职能，切实加强自身建设，各项工作取得新进展。

一、能动司法、服务大局，司法保障的功能得到新发挥

全省各级法院自觉把民事审判工作置于党和国家工作大局中去谋划，紧紧围绕科学发展主题和加快转变经济发展方式主线，牢牢把握“稳中求进”总基调，坚持服务大局，实施能动司法，为推进“经济强省、和谐河北”建设提供了有力司法保障。

一是服务经济发展。各级法院认真落实省法院制定的关于为科学发展、富民强省，为全省加快经济发展方式转变，以及为优化“两个环境”提供司法保障和服务等一系列指导意见，牢牢把握主题主线和“稳中求进”总基调，及时调整工作重点，主动整合司法资源，着力在服务经济平稳较快发展、服务经济发展方式加快转变、服务文化大发展大繁荣等方面下功夫、求实效。二是服务社会和谐稳定。各级法院立足本职，积极、稳妥地审理好各类民事纠纷案件，在处理每一起案件的各个环节中，都把对社会效果的考量放在重要位置，特别是对社会矛盾集中、易引发影响社会稳定事件的民事案件，注重发挥调解功能，努力实现案结事了，从根本上化解纠纷。三是服务社会管理创新。各地法院不仅认真履行解决纠纷的基本功能，更充分发挥司法的延伸职能，积极推动建立健全“党委领导、政府负责、社会协同、公众参与”的社会管理新格局，通过提司法建议、加强法制宣传、引导社会舆情等方式，大力推进社会管理创新。如唐山市开平区法院在深入调查研究的基础上

建立了"诉讼协调服务机制",多方位、多渠道开展司法服务,取得了良好的社会效果。

二、立足本职,加强管理,案件审判的质效实现新飞跃

2012年1月至12月,全省法院共新收各类民事案件450,211件,同比上升8.52%;共审结案件446,602件,同比上升8.09%;尚有未结案件12,337件,同比上升41.35%。(见图一)

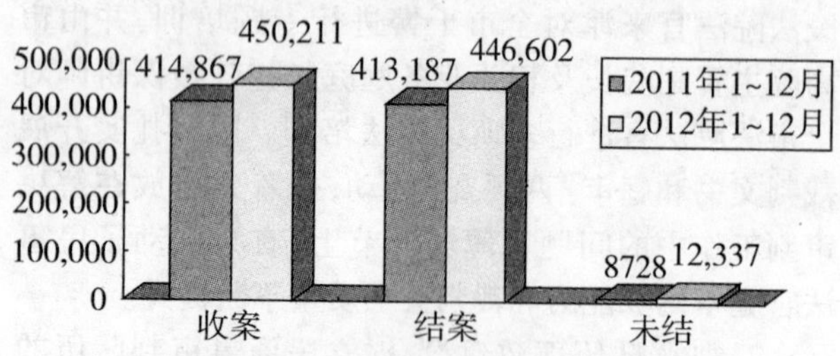

图一:2012年1月至12月与去年同期全省法院民事案件收结情况对比图

其中,全省法院共新收一审民事案件422,463件,同比上升9.92%,共审结418,940件,同比上升9.24%;尚有未结案件9841件,同比上升55.76%。(见图二)

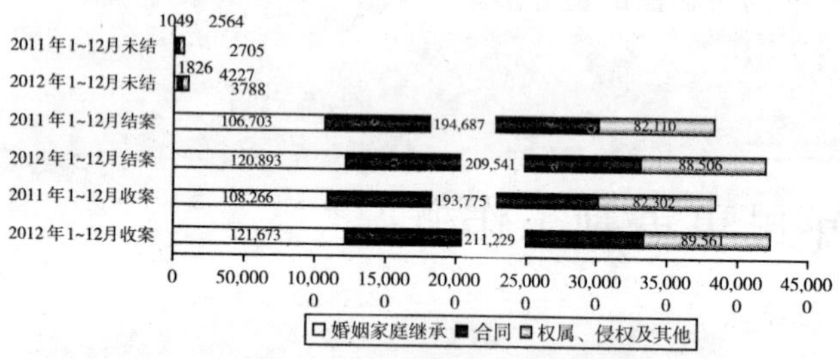

图二:2012年1月至12月与去年同期全省法院一审民事案件收结情况对比图

其中,全省法院共新收二审民事案件25,975件,同比下降7.23%;共审结25,921件,同比下降5.13%;尚有未结案件2007件,同比上升2.76%。(见图三)

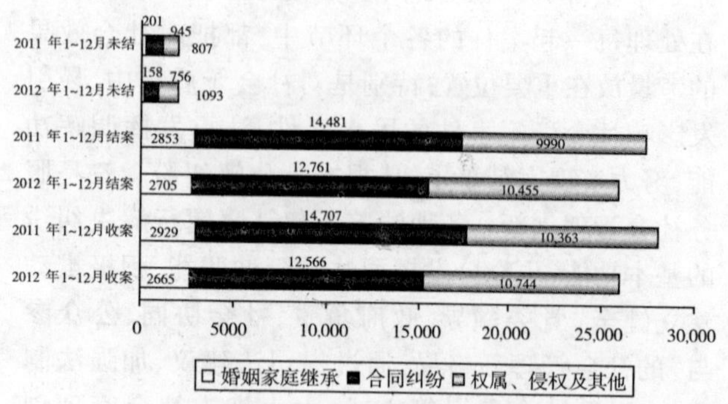

图三:2012年1月至12月与去年同期全省法院二审民事案件收结情况对比图

三、以人为本,司法为民,服务民生的意识得到新加强

全省各级法院始终高度重视司法领域的民生保障问题,倾力解决群众合法合理诉求,强化司法为民宗旨意识,努力把关爱、理解和体恤融入司法全过程。

一是司法为民的理念进一步强化。全省各级法院结合开展"人民法官为人民"等主题教育活动,使广大民事审判人员的司法为民意识不断增强,在民事审判工作中始终坚持走群众路线,积极开展"民生审务",努力满足人民群众对司法工作的新要求、新期待,彰显司法人文关怀。二是便民利民措施进一步丰富和完善。全面落实司法便民利民"二十条措施",公开向社会作出司法服务承诺。大力推进"立案信访窗口"建设,认真落实日常接待、院长接访、首问负责、服务承诺等制度,推行立案"一站式"服务。积极采取预约办案、巡回审判、远程立案等举措,依法适用简易程序和速裁程序,加大司法救助力度,降低群众诉讼成本。三是深化司法公开与司法民主。制定了《关于进一步加强和规范审判公开工作的实施意见》,通过强化审务院务公开、实行院长接访日制度、设立公众开放日、推行裁判文书上网、定期举办新闻发布会、在法院网站设立院长邮箱、开通24小时群众监督举报电话等措施,进一步畅通民意沟通渠道,及时让社会了解法院工作,广泛听取社会各界和基层群众意见。四是加强与人大代表、政协委员的沟通和联系。坚持采取登门走访、邀请视察、举行座谈会、寄送《法院要讯》等方式,加强与人大代表、政协委员联络工作,认真办理代表建议和关注案件,更加自觉地接受人大及各界监督,有效改进法院工作。

四、强化调解,创新机制,促进和谐的效果实现新延伸

各级法院民事审判部门以高度的历史责任感和对人民负责的态度,认真做好调解工作。

一是诉前调解不断强化。各地法院充分发挥主观能动性,将化解矛盾的关口前移,使大量纠纷在诉前得到有效疏导和解决。唐山市开平区和迁安市法院开展诉前调解成效显著,省法院将他们的经验下发全省法院学习推广,中政委、最高法院分别转发全国,省委张云川书记做出重要批示给予了充分肯定。二是诉内调解效果显著。广大民事审判人员不断改进调解方法,创新调解机制,一批重大敏感案件得以圆满解决。如省法院审理的保定建业集团公司和河北省天主教保定教区拖欠工程款纠纷一案、王辉等11人诉承德供电公司侵权赔偿纠纷系列案、江苏弘盛建设工程集团有限公司就建设工程施工合同纠纷一案，以及在省法院指导下邢台沙河法院审理的沙河194名农技工与沙河市水务局、沙河市东石岭水库库渠管理处劳动争议一案等，均取得良好的社会效果。三是诉内和诉外调解机制的衔接更加完善。2007年省法院出台了《关于进一步加强和规范民事案件委托调解和协助调解工作的若干意见》，使委托调解和协助调解工作更加规范，各地法院不断加强对民调组织的培训和指导，努力提升民调组织以及基层政府化解矛盾纠纷的能力，同时认真做好人民调解协议的司法确认工作，促进了多元化纠纷解决机制的建立和完善。

五、严格管理，加强培训，审判队伍的素质实现新提升

全省法院始终把队伍建设作为根本任务来抓，以扎实开展政法干警核心价值观教育实践活动为载体，坚持教育、培训、管理、监督并重，努力打造一支政治坚定、业务精通、作风优良、清正廉洁的干警队伍。

一是加强思想政治建设。以开展社会主义法治理念再学习再教育活动为载体，大力加强政治理论学习和政治思想教育，确保法院工作正确的政治方向。以领导干部和一线干警为重点，深入开展政法干警核心价值观教育实践活动。二是加强司法能力建设。深入开展岗位大练兵，不断加大教育培训力度。从2012年3月开始，全省法院部署开展了庭审评查和裁判文书评查“两评查”活动，规定每一名法官都要接受庭审评查，对2011年、2012年所有裁判文书全部进行评查。活动中，认真查找问题，深刻剖析原因，有针对性地加强整改，推动了严格规范司法。三是积极推进各类业务培训工作。2012为面对民事诉讼法修改，省法院成立贯彻实施民事诉讼法修改决定领导小组，组织召开了全省法院贯彻落实民事诉讼法修改决定电视电话会和全省法院新民事诉讼法培训班。另省法院制定出台了《关于进一步加强全省法院教育培训工作的指导意见》和《关于全省法院高层次人才培养实施方案》，努力培养和造就一批高层次人才，带动全省法院司法能力不断提升。四是建立信息月报制度。为及时掌握全省各地民事审判工作动态，加强对下指导与交流，省高院民一庭专门下发通知决定建立民事审判信息月报制度，第一期《民事审判信息》于2月顺利刊发，为全省各级法院信息沟通交流建立新平台。五是加强反腐倡廉建设。深入推进惩治和预防腐败体系建设，探索建立审务督查和廉政档案制度，认真落实领导干部上廉政党课制度，强化廉洁自律意识。省法院出台了《瑕疵案件责任追究办法》，建立部门廉政监察员制度，加强了对审判权和执行权的内部监督。认真贯彻执行中央政法委“四个一律”和最高法院“两个规定”、“五个严禁”等廉政纪律，促进公正廉洁司法。严格落实违法违纪审判责任追究制度，认真查处违法违纪干警，促进了队伍清正廉洁。

六、加大力度，狠抓基层，民事审判工作的基础得到新巩固

省法院认真贯彻“面向基层、服务基层、建设基层”的方针，把基层工作放在更加重要的位置。全省法院民事审判部门在党委、人大和政府的大力支持以及法院相关部门的配合下，积极努力，狠抓基层，使全省法院民事审判工作的基础得到了进一步巩固和发展。

一是切实强化对下监督指导。为加强对基层法院的工作指导，省法院和各中级法院均建立了院领导定点联系基层法院制度，规范和强化上级法院的监督指导作用，及时发现和纠正下级法院司法过程中的不当行为，促进了案件公正处理，减少了涉诉信访案件的发生。通过审理二审和再审案件、案件质量评查通报、组织庭审观摩、下发参阅性案件等方式，促进了法律适用和裁判尺度的统一。二是切实强化人才和职业保障。推进适合审判工作发展要求的编制增补机制，加大对中央关于解决提前离岗离职问题若干问题的执行力度，建立并完善法官择优遴选制度和有利于基层干警成长的选拔机制，进一步完善和落实基层人员招录政策，推进解决基层法官短缺和断层问题。省法院会同省财政厅制定了基层法院公用经费保障标准，并积极争取中央补助人民法院办案专款、省配套资金，以及“两庭”建设专项资金，全省法院经费保障善得到较大改善。与省委政法委联合下发了《推进法官审判津贴、法院办案人员岗位津贴落实的通知》，确保法院“两项津贴”落实到位。三是切实强化科技和政务保障。制定并实施全省法院基层建设和信息化建设规划，不断改善基层司法环境和条件。着力规范法院基础设施建设，确保地方投资按分担比例及时足额到位。积极推进政法网管理应用和“天平工程”项目的实施，努力提高信息化建设与应用水平，全省三级法院网络全部建成，并在审判流程管理、案件质量评估、视频会议系统方面广泛应用。

七、全省法院民事审判工作面临的困难和问题

在看到成绩的同时，全省民事审判工作还有一些薄弱环节，还存在一些亟待解决的问题：

一是有些审判人员的大局意识、服务意识、对社会风险的评估意识还不够牢固，不够自觉，在一定程度上仍存在机械办案、就案办案的现象；二是民事审判人员的业务素质有待进一步提高,部分法官知识结构老化,对新的法律、政策不能及时掌握并熟练运用,使民事案件的质量受到影响;三是个别审判人员工作作风有待进一步改进,有的所办案件存在重大程序瑕疵,有的裁判文书说理性差、文字错误多,甚至有的仍存在办"人情案"、"关系案"的现象;四是有的法院基层基础工作还比较薄弱,一些基层法院审判力量不足,物质装备、信息化建设亟待加强;等等。这些问题仍有待于我们在今后的工作中进一步努力加以解决。

山西省人民法院2012年民事审判工作概况

2012年,在最高人民法院、省委和省高院党组的正确领导下,在省人大及其常委会的有力监督下,面对错综复杂的形势和繁重艰巨的任务,山西省法院系统广大民事法官深入贯彻落实科学发展观,以党的纯洁性教育和政法干警核心价值观教育为基点,坚持为大局服务,为人民司法,围绕"三三一"工作主线,有效践行"办三案,促四化,求五新"的工作目标,忠实履行宪法法律赋予的职责,在攻坚克难中奋进,在改革创新中发展,圆满完成了全年各项审判工作任务,为维护社会稳定、调节经济关系、促进全省转型跨越发展提供了有力的司法保障。

一、审理民事案件的基本情况

做好审判工作是民事审判庭的第一要务,按照省高院左世忠院长提出的办"铁案、精品案、和谐案"的要求,全省民事审判法官既注重案件质量,又讲求办案效率,坚持又快又好地审结每一个案件。

据统计,2012年全省法院受理刑事、民事、行政一审案件143,520件,其中民事案件居首位,共计117,179件,占81.65%,同比上升7.96%。在民事一审案件中,婚姻家庭、继承案件42,620件,同比上升4.25%,结案41,898件,同比上升4.56%,结案率为98.3%;合同纠纷案件43,848件,同比上升9.53%,结案41,481件,同比上升9.49%,结案率为94.61%;权属、侵权等其他民事一审案件30,711件,同比上升11.17%,结案29,016件,同比上升11.7%,结案率为94.48%。民事一审案件共审结112,395件,同比上升8.14%,结案率为95.92%。

2012年,全省中、高级法院共受理各类二审案件19,648件,其中民事二审案件13,970件,占71.10%,同比上升2.41%。在民事二审案件中,婚姻家庭、继承案件1613件,同比下降7.61%,结案1456件,同比下降5.76%,结案率为90.27%;合同纠纷案件7089件,同比上升3.47%,结案6287件,同比上升3.78%,结案率为88.7%;权属、侵权等其他民事二审案件5268件,同比上升1.18%,结案4781件,同比上升3.91%,结案率为90.74%。民事二审案件共审结12,524件,同比上升2.62%,结案率为89.65%。

2012年,全省法院共受理各类再审案件933件,其中民事再审案件812件,占87.03%,同比上升0.25%。在民事再审案件中,婚姻家庭、继承案件38件,同比下降40.43%,结案29件,同比下降30.95%,结案率为76.32%;合同纠纷案件505件,同比上升17.57%,结案430件,同比上升14.36%,结案率为85.15%;权属、侵权等其他民事再审案件269件,同比下降17.32%,结案224件,同比下降11.46%,结案率为83.27%。民事再审案件共审结683件,同比上升1.79%,结案率为84.11%。

2012年,全省法院共受理民事再审申诉案件2343件(含旧存案件1364件),结案1457件,结案率为62.19%。

从民事案件占各类案件总和的比重可以看出,民事审判在法院审判工作中具有重要的职能作用。在法院各项审判工作中,不论过去或现在,民事案件所占比例最大。换句话说,每审理三个案件,就有两个民事案件。从所受理民事案件的类型看,民事案件多是和人民群众生产、生活密切相关的,涵盖了人民群众最直接、最关心、最根本的利益诉求。因此,如果忽视或削弱民事审判工作,就不能全面完成法院审判工作的任务,就不能充分发挥法院审判工作的职能作用。可见,民事审判工作做得如何,是与法院整个审判工作紧密相关的。即使其他审判工作做好了,民事审判工作做得不好,也会削弱人民法院在国家和社会中的地位。

二、对民事案件审理情况的分析

2012年全省法院民事一审案件服判息诉率达到88%的较高水平。民事一审判决案件改判发回重审率为8.87%,也就是说,在以判决方式审结(不含以调解撤诉方式审结案件）可以上诉的民事一审案件中，仅有不到9%的案件经过二审法院审理后予以改判或发回重审。针对当前人民内部矛盾突显、处理难度加大的情况，省高院通过召开经验交流会，评选表彰“调解能手”，制定出台民事调解工作意见等，积极引导各级法院，坚持调解优先、调判结合，努力实现案结事了人和。2012年民事一审结案中调解率为44.76%，撤诉率为20.32%，调解撤诉率达到65.08%。可以看出，全省法院审结的民事一审案件中，有将近三分之二的案件是经过调解撤诉方式结案的。近年来，全省法院在民事审判工作中，强化民事案件特别是民事一审案件的调解撤诉工作，民事一审案件调解撤诉率逐年提高，2010年民事一审调解撤诉率为62.91%，同比提高6.37个百分点；2011年民事一审调解撤诉率为63.61%，同比提高0.7个百分点；2012年民事一审调解撤诉率则达到了70.37%。

从所受理民事案件的类型看，目前，全省基层法院的民事案件有如下特点：第一是婚姻家庭纠纷案件居高不下，占民事案件总数的40%左右，成为民事案件的“重中之重”。此类案件处理的最大特点是：夫妻关系易处理，家庭关系难协调；婚姻关系易处理，财产关系难认定；法官判决易处理，裁判内容难执行。第二是侵权和损害赔偿纠纷案件占有相当比例。此类案件虽然总量不多，但屡屡发生，其中以道路交通事故损害赔偿、医患纠纷、人身损害赔偿纠纷为主体，双方或多方当事人往往矛盾突出。审理此类案件难度较大，原因主要是：一是时过境迁举证较难，当事人往往不能准确理解法律事实与客观事实的内涵；二是证人证言大多从亲情义气出发，利益驱动明显；三是因不同地区和城乡居民的经济、生活差距很大，造成赔偿数额、标准权衡难；四是当事人有负气诉讼乃至缠讼的现象。尤其是在精神损害赔偿方面，权利人往往提出过高赔偿要求，因而往往得不到裁判的全部支持。第三是煤矿承包、转让、关闭补偿纠纷占了相当比例。山西省是煤炭资源大省，近年来进行的几轮煤炭资源整合在全国具有示范性作用，很大程度影响着全省的产业格局和社会经济结构。但山西省的煤炭资源整合在国内煤炭行业发展过程中尚属首次，没有完整的经验可以借鉴。这其中涉及诸多的法律问题。从政府宏观调控战略的制定到具体行政行为的实施，从企业间并购重组合同的签订到规范商业组织形式的建立，从国有资产的维护到私有产权的保护，从社会整体利益的保护到地方群体利益的考虑。这类型案件的处理既影响到不同主体的利益，也影响到煤炭资源整合的全局利益。且因为标的数额较大及煤炭资源的炙手可热，当事人之间往往针锋相对，剑拔弩张。第四是房地产纠纷案件、拆迁安置补偿案件呈现出显著的周期性。全省法院在审理建筑工程合同纠纷案件中，从解决该类纠纷中比较突出的问题出发，依法引导建筑市场的健康发展；在审理房屋拆迁合同纠纷案件中，注意加强政策引导，既能够积极推动全省的经济建设，又注意对拆迁户权益的保护，依法平衡拆迁双方的利益；在审理商品房买卖纠纷案件中，既注意保护购房者的合法权益，又注重依法维护交易安全，促进商品房市场的健康有序发展。第五是劳动争议和社会保障纠纷案件成为新的热点。这类案件因其涉及面广人多，法律政策对现实生活的“盲区”较多，且多系“敏感性”案件，处理起来往往很棘手。重点对因企改等原因引起的整体拖欠工资、保险等而引发的群体性纠纷，注意依靠有关方面的支持协调，注意对劳动者合法权益的保护，注重建立和维护适应社会主义市场经济体制的劳动制度，注重较多地从社会效果上加以考虑，力求法律效果和社会效果的有机统一。

三、调研工作的开展完成情况

进行专题调研对搞好民事审判乃至法院其他相关工作具有重要意义。对于省高院及中级人民法院来讲，更是一项重要工作。

1. 省高院朱明副院长在深入朔州市中、基层法院进行调研时要求，深入贯彻落实十八大精神，重在破解难题，贵在优化机制，体现在执法办案的社会效果上。一是确实把握人民法院的正确方向，立足全局，做好法院工作。二是确实以科学发展观统领法院工作。三是坚持能动司法。强化职能，拓展方式，延伸服务，依法推进转型跨越，在依法改善民生、创新社会管理、保障文化建设、推进生态文明上有新作为。四是加强司法公信力建设，突出公信立院、质效建院、人才兴院、科技强院、科学管院。五是加强队伍建设，建好班子，带好队伍。他强调，要以培训为抓手，做好新修改的刑事诉讼法、新修改的民事诉讼法的学习、培训、衔接、落实。以审判管理为抓手，优化机制，强化考核，科学运转，提高案件质效。主动作为，建立大调解格局。三年之内，把“三调联动”大调解，变成政策和工作机制。

2. 省高院吴秋霞副院长在山西省大同市铁路法院调研指导时指出，2013年就要到了，新修改的刑事诉讼法、民事诉讼法将要实施，希望审判业务部门加强学习，科学研判，提早应对，积极做好各项准备工作，为两大诉讼法的顺利实施奠定坚实基础，确保司法办案工作再上新台阶，为山西转型综改试验区建设做出更大贡献。

3. 省高院张炜副院长在临汾、运城长治等地进行调研过程中,通过采取召开座谈会、听取汇报、走访基层、实地考察等形式,对贯彻落实最高法院"四个必须、五项制度"要求,努力实现涉诉信访工作良性发展情况有了具体的了解。同时指出十八大召开在即,化解涉诉信访案件的形势仍然严峻,各级法院一定要以高度的政治责任感,做好信访工作,做到"三个确保不发生"。

4. 省高院王文娅副院长在运城督办中央政法委交办的信访案件时强调,党的十八大即将召开,要高度重视信访工作,严格按照中央对交办案件的要求抓好落实,尽力化解涉诉信访矛盾纠纷,为党的十八大顺利召开创建和谐稳定的社会环境。

5. 2012年,按照最高人民法院和省高院的安排部署,结合全省法院的实际情况,省高院民一庭组织各中院和基层法院完成了8项主要调研任务,分别是:(1)向最高人民法院报送了山西省高级人民法院《关于建设工程施工合同纠纷案件的调研报告》;(2)向最高人民法院报送了山西省各级法院审理民间借贷案件中所遇到问题及具体建议的报告;(3)向最高人民法院报送了《关于人民调解协议有关问题的调研报告》;(4)向全国人大和最高人民法院报送了山西省法院《关于贯彻落实残疾人保障法情况的报告》;(5)向最高人民法院报送了《关于国有土地使用权合同纠纷、房屋买卖合同纠纷案件调研情况的报告》;(6)向最高人民法院报送了《关于消费者权益纠纷案件审理情况的调研报告》;(7)向最高人民法院报送了山西省法院《关于小额速裁试点工作总结的报告》;(8)向最高人民法院报送了《关于适用小额诉讼程序审理民事案件相关问题的指导意见征求意见汇总的报告》。

6. 对于课题调研,2012年以来,全省法院以全国法院研究室工作"济南会议"精神为指导,给力调研工作,坚持"五到位":一是思想认识到位;二是党组重视到位;三是组织领导到位;四是经费保障到位;五是表彰奖励到位。为确保调研质量,全省法院的调研工作始终坚持"五个结合":一是坚持重点课题调研与日常调研相结合;二是课题组人员强强结合;三是领导挂名与挂帅相结合;四是中期检查与指导相结合;五是成果评选与课题讲评相结合。针对全省进行煤炭资源整合先行先试中出现的一些矛盾纠纷以及可能引发的法律后果,省高院党组和左世忠院长高度重视,及时组织民事、行政等部门法官成立课题组,对这类法律纠纷专题调研。课题组先后用三个多月的时间,深入到太原、吕梁、临汾、长治、晋城等市县的煤炭生产企业和相关政府部门,召开座谈会,深入探讨煤炭资源整合后存在的矛盾纠纷以及可能引发的法律后果,梳理出十个方面的矛盾纠纷和可能引发的五个方面的法律后果,在认真研究的基础上,及时向省委、省政府提出解决这些矛盾纠纷的法律对策和建议。该调研报告引起了省委、省政府的高度重视,省委书记、省长、副省长分别作出批示,对这项调研成果给予了充分肯定。

四、会议召开情况及文件出台情况

1. 2012年2月10日,全省中院院长会议在山西省太原召开。会议的主要任务是:深入落实全国、全省政法工作会议和全国高级法院院长会议精神,进一步贯彻省第十次党代会、省委十届二次全会暨全省经济工作会议、全省"两会"精神,回顾总结去年工作,研究部署今年和今后一个时期全省法院工作。省委常委、政法委书记王建明对法院工作给予了充分肯定,并指出了存在的问题,对下一步工作提出了四点意见:一是对形势认识要到位,进一步增强忧患意识和责任意识;二是突出重点,做好2012年工作;三是坚持不懈的抓好法院的队伍建设;四是要关心支持法院建设。省高院党组书记、院长左世忠讲话中从六个方面回顾了2011年全省法院的工作:以服务转型跨越发展为主线,各项审判职能作用较好发挥;以实现案结事了为目标,社会矛盾化解工作深入推进;以维护社会和谐稳定为己任,主动参与社会管理创新;以改革创新为动力,审判管理更加科学化、规范化;以提高司法能力为核心,队伍建设和司法廉洁工作进一步强化;以解决突出问题为重点,基层基础工作实现新进展。对2012年工作他提出了"六个新提升"要求:一是全面深化能动司法,在服务全省转型跨越发展上实现新提升;二是全面给力为民司法,在保障民权民生上实现新提升;三是全面参与社会管理创新,在维护社会和谐稳定上实现新提升;四是全面深化司法改革,在创新审判工作体制机制上实现新提升;五是全面强化司法能力,在队伍整体素质上实现新提升;六是全面夯实基层基础,在提高司法保障水平上实现新提升。

2. 2012年8月2日至3日,全省法院第20次工作会议在山西省太原市晋祠宾馆召开,来自全省各市和各县区及铁路法院的负责人、省法院各部门领导参加了大会,省委书记、省人大主任袁纯清,省委常委、副省长高建民,省委常委、省政法委书记王建明,省委常委、省委秘书长杜善学,省人大副主任王雅安,省政协副主任张茂才到会视贺和出席会议。会议由省高院党组副书记、副院长朱明主持,省高院政治部主任张学俊宣读表彰决定,省高院党组副书记、副院长刘冀民传达全国法院大法官研讨班精神，省高院党组书记、院长左世忠做了题为《推进三大战略打造三项工程努力实现全省法院工作的新跨越》的工作报告。王建明书记在讲话中对省法院过去五年的工作给予了充分肯定。他表示，五年来，全省各级人民法院在各级党委的正确领导下，自觉接受人大监督，紧紧依靠政府支持，突出“为大局服务，为人民司法”工作主题，确立并坚持了“抓三案、促四化、求五新”的总体工作思路，坚持统筹谋划，狠抓工作落实，有力推动了全省法院工作的科学、健康发展，为维护社会和谐稳定、服务经济社会发展、保障人民合法权益、促进社会公平正义发挥了重要的作用。左世忠院长在报告中，全面总结了五年来全省法院在各级党委领导、人大监督、政府政协和社会各界关心支持下，坚持正确方向，围绕服务大局、为民司法，办“三案”、促“四化”、求“五新”，各项工作取得的新成效；客观分析了当前全省法院存在的问题和困难及面临的形势、任务；明确提出了今后五年在全省法院推进“精进、赶超、创优”三大战略，打造“审判质效、队伍素质、基础保障”三项工程，实现全省法院“执法办案水平、司法改革与管理、法院队伍素质、基层基础保障、司法公信力建设”新跨越的奋斗目标。

3. 2012年12月6日、7日，全省法院民事调解工作会议暨贯彻新民事诉讼法座谈会在山西省太原市迎泽宾馆举行。这次会议是在全省上下深入学习贯彻党的十八大精神的新形势下，省法院召开的一次重要会议。会议的主要任务是，总结交流全省法院民事调解工作成绩和经验，表彰在近年来调解工作中事迹突出的先进集体和个人，研究和部署进一步搞好民事调解工作；同时，针对修改后的《民事诉讼法》将于2013年1月1日开始施行的情况，举行全省法院学习贯彻新民事诉讼法座谈会，并组织相关的培训、讨论，作出安排、部署，确保新法在各项审判工作中得到正确的贯彻执行，更好地为我省转型跨越发展和综改试验区建设提供司法服务和保障。这次会议时间最短，但内容丰富，意义重大。该次会议由省高院党组副书记、副院长朱明主持，省高院政治部张学俊主任宣读全省法院民事审判调解工作先进集体、先进个人表彰决定，省委常委、政法委书记王建明到会并做重要讲话，省政协副主席张茂才出席会议，标兵单位和调解能手代表发言，省高院吴秋霞副院长传达最高院会议精神，省高院党组书记、院长左世忠做重要讲话。参加会议的还有各市中级人民法院主管民事审判的副院长、民一庭庭长、部分县（区）法院人民法庭代表及省法院相关业务庭室负责人。会议对全省法院民事调解先进集体和先进个人进行了表彰，并对参会人员进行了培训。会议上出台了两个文件：一个是山西省高级人民法院《关于进一步加强全省法院民事调解工作的指导意见》，按照最高人民法院的有关规定，吸收采纳了省内外的经验，结合山西省实际，经多次讨论，征求意见成稿。该指导意见的印发对进一步搞好全省法院的民事调解工作具有重要作用。另一个是山西省高级人民法院《贯彻民事诉讼法修改决定座谈会会议纪要》，在深刻领会法律条文，采纳专家观点，征求讨论意见，结合山西省实际形势，对确保新民事诉讼法的贯彻实施具有重要作用。

五、创新审判工作体制、提升审判工作质效的多样性举措

1. 为实现审判工作质量、效率、效果三者统一，省高院要求全省各级法院进一步规范审判流程管理，加强对各类案件的排期开庭、审限跟踪、结案归档等各个环节的全程跟踪管理和监督。确立承办人—审判长—副庭长—庭长层层严把文书质量关的制度，严格规范各类文书的制作，加强层级管理，提高裁判文书质量，在案件质量上下功夫，力争使每一份裁判文书都达到格式规范、语言精确、说理充分，进一步提升文书制作水平。为了进一步落实最高院“提升队伍素质、提升审判质量和提升司法公信力”要求，扎实推进办“铁案、精品案、和谐案”，2012年，全省法院用半年时间，对2009年至2011年已生效的24万余份裁判文书开展了评查评比“双评”活动，省院党组召开专题会议研究方案，具体分工。左世忠院长亲自过问，先后五次做出批示，要求“拟制可行方案，提出规范要求，明确评判标准，尽快抓好落实，公平公正评审”。三级法院全面开展“双评”活动，从省院、中院、基层法院到派驻法庭全参加，从院领导、庭领导到其他法官办理的案件全评查，从判决书、裁定书、决定书、驳回通知书、双方证据认定、阅卷笔录到判后释疑全过“筛”，从格式、程序到实体全程查，使裁判文书“双评”活动变成了加强司法能力建设的过程，变成了提升审判质量的过程。省劳动竞赛委员会对获奖裁判文书的法官给予了记功表彰。该举措有效地促进了全省法院裁判文书制作质量和水平的进一步提升。

2. 从2012年4月开始，省高院在全省范围内率先开展“开规范庭，办精品案”的庭审观摩活动。为确保实效，省高院成立了由各民事审判庭庭长组成的活动领导小组，并制定了切实可行的活动实施方案和评分细则，与院质量管理办公室联合共同对庭审效果进行评判，并邀请全院干警对合议庭和承办法官的庭审进行点评。有效提升了审判人员的审判业务技能和水平。

3. 根据建设"学习型"人民法院的要求和提高法官队伍司法能力、水平的需要,全省法院系统全年共安排民事干警参加国家法官学院、中国政法大学等机构组织的专项业务培训几千人次;邀请全国人大常委会、中国人民大学和最高人民法院的专家学者为全省各级法院民事审判人员进行专题讲座;定期检查广大公务员干警"干部在线学习"计划的贯彻落实情况,全面提升干警的综合素质。

4. 根据中央提出的"党委领导、政府支持、各方参与、司法推动"的总体要求,最高人民法院确定朔州市怀仁县人民法院为山西唯一一家扩大诉讼与非诉讼相衔接的矛盾纠纷解决机制示范法院,怀仁县人民法院紧紧依靠党委领导,积极争取政府支持,以全县"网格化管理"为依托,以社区法官为基础,以流动法庭为桥梁,以诉调对接中心为中枢,充分发挥司法推动作用,引导社会各界积极参与,实现调解主体和调解方式的多元化和立体化,诉讼和非诉讼纠纷解决方式的全程化和整体化,通过聚合调解资源、完善对接机制、改进调解方式、搞好社区服务,促进了司法调解与人民调解、行政调解、行业调解的良性互动,营造了和谐稳定社会环境。2012年以来,怀仁县人民法院诉前调解各类案件2186件,占民商事案件总数的77.7%,非诉调解成功率达到了91.4%。2012年6月27日,全省法院扩大诉讼与非诉讼相衔接矛盾纠纷解决机制改革试点工作推进会在怀仁县法院召开。省高院党组成员、副院长吴秋霞出席会议并做了重要讲话。吴秋霞指出,建立多元化矛盾纠纷调解机制,是建立社会和谐的有效方式,能够有效节约社会资源和司法资源,是满足人民群众对矛盾纠纷解决选择路径多元化的需求。扩大诉讼与非诉讼相衔接的矛盾纠纷解决机制,对于推进"社会矛盾化解、社会管理创新、公正廉洁执法"三项重点工作,维护社会和谐稳定,具有十分重要的现实意义和历史意义。2012年8月,全国扩大诉讼与非诉讼相衔接的矛盾纠纷改革工作会议对怀仁县"党委牵头确保诉调对接"的工作经验予以充分肯定。

5. 太原市中级人民法院创新开展了全市审判工作"月评"活动,制定了《全市法院开展"月评"活动的实施方案》,对基层法院审判质量情况逐月考核通报。开展了未结诉讼案件专项清理活动,对全市两级法院的长期未结案件进行督导,通过管理方式的创新,有效提高了审判工作的质量和效率。

六、如何进一步加强民事审判工作

1. 充分认识到民事审判工作的重要性,增强做好民事审判工作的使命感

要充分认识到民事审判工作在促进改革和发展、维护经济和社会稳定、落实司法为民中的重要作用。随着市场经济的发展,市场主体之间越来越多的利益矛盾和冲突要通过司法途径加以解决,民事审判职能介入社会经济生活的广度、深度日益扩展,民事审判不可避免地成为各种社会矛盾的焦点和群众关注的重点之一。民事审判的质量、效率乃至审判作风已成为衡量人民法院是否实现司法为民的重要衡量标尺之一。民事审判工作面广量大,民事案件涉及的领域和市场主体较为广泛,与人民群众利益关系非常密切。可以说,民事案件的质量和民事审判人员的素质,对于人民法院的整体形象具有相当重要的影响。要进一步增强做好民事审判工作的使命感和责任感,把民事审判作为人民法院的一项基础性工作抓紧抓好。

2. 进一步加强基层基础建设

根据《民事诉讼法》的规定,绝大多数一审案件是由基层法院和其派出法庭审理的,占人民法院各类一审案件的85%以上。而基层法院和人民法庭办理的案件,80%以上是民事案件。民事审判工作成效如何,关键在基层。今后,应进一步贯彻落实最高人民法院确立的"面向基层,服务基层,建设基层"的基层工作方针,着力完善基层工作机制,提高基层司法能力,改善基层司法环境,确保基层法院、人民法庭成为化解矛盾、维护稳定、促进和谐的重要防线。

3. 要加强业务学习和培训,提高审判人员的业务能力

民事案件涉及的领域非常广泛,案件类型众多,这就决定了民事审判人员不仅要有丰富的法学理论知识,还要涉猎其他社会科学和自然科学,这样才能得心应手地处理任何疑难复杂案件。应坚持业务培训和实践提高相结合,千方百计地提高审判人员的业务素质。加强培训,要把拓宽培训的知识面和提高培训的针对性放在重要位置,既要培训法律知识,还要培训政治、经济、外语等其他知识。广大民事审判人员还要树立终身学习的理念,不仅要向书本学习,更重要地是要向司法实践学习,在司法实践的过程中,不断提高自己的执法水平。及时学习新出台的法律、法规及司法解释,以妥善解决不断涌现的民事案件。

内蒙古自治区人民法院2012年民事审判工作概况

内蒙古自治区位于祖国北部边疆，由东北向西南斜伸，东西直线距离2400公里，南北跨度1700公里，横跨东北、华北、西北三大区，总面积118.3万平方公里，占全国总面积的12.3%，在全国各省、市、自治区中名列第三位。东南西与8省区毗邻，北与蒙古国、俄罗斯接壤，国境线长4200公里。在这辽阔富饶的内蒙古草原上，居住着49个兄弟民族，总人口数2489.85万人。内蒙古旅游资源丰富，“天苍苍，野茫茫”的内蒙古大草原与“大漠孤烟直，黄河落日圆”的大漠风光极富魅力，是理想的旅游观光胜地。内蒙古矿产资源丰富，在全国已发现的172种矿产资源中内蒙古就有143种，其中查明资源储量的有98种，资源储量居全国之首的有12种，稀土查明资源储量居世界首位。

内蒙古自治区共有118个法院、315个民事审判机构、351个人民法庭；从事民事审判工作人员1650名，其中法官1207名。2012年全区法院民事审判工作坚持以科学发展观为指导，重点强化能动司法、强化第一责任、强化司法为民、强化审判管理。充分发挥民事审判职能作用，为促进自治区经济社会又好又快发展、维护和谐稳定、保障改善民生、实现富民强区，提供了有力的司法保障和法律服务。

一、民事审判业务情况

2012年，全区法院的民事审判工作再创佳绩，衡量民事审判工作业绩的重要指标取得突破性进展，主要表现为“三多”，即收案多、结案多、调撤多。全区法院新收各类民事案件192,445件（其中一审178,653件），比上一年多收12,751件，同比增长7.1%，审结183,979件（其中一审170,415件），比上一年度增加11,935件，同比增长6.94%；其中调解结案78,541件，撤诉结案50,892件，调撤率为70.35%，占全区法院刑事、民事、行政、申诉、赔偿、执行结案的50.49%。民事案件数量呈现逐年上升趋势，且上升幅度较大，民事审判工作任务繁重，民事审判法官工作压力大，案多人少的矛盾短期不能得到缓解。

二、对下监督指导工作

（一）强化业务培训和司法政策指导

3月22日至25日举办了全区法院民事审判工作会议暨民事审判培训班。深入贯彻学习全国民事审判工作会议精神和全国民一庭庭长会议精神，全面总结全区民事审判工作成绩、经验，部署当前和今后一个时期民事审判工作的重点任务，推动全区民事审判工作开创新局面。培训班紧密结合全国民事审判会议纪要精神，就当前民事审判工作热点、难点问题，邀请专家授课，各中院分管民事审判领导和民庭庭长等340余人参加培训，提高全区民事法官司法能力。

抓好新《民事诉讼法》贯彻实施。修改后的《民事诉讼法》将于明年1月1日起实施。10月召开了全区法院贯彻《民事诉讼法》电视电话会议，向全区法院传达了9月最高法院在上海召开的全国法院贯彻实施《民事诉讼法》修改决定的座谈会议精神，提出贯彻实施意见。

（二）加强调研指导，增强时效性

一是加强民事审判工作的调研，及时掌握民事审判工作中存在的普遍适用法律等问题，及时转化调研成果，形成全区以及各地区的指导意见。二是充分利用各种平台和载体指导和交流各地民事审判工作和经验，利用全区三级法院联网建立民商裁判网等载体加强指导和交流；编辑案例分析等加强案例指导作用；以及其他论坛等有效形式。

（三）开展“两评查”活动，提高庭审能力和文书质量

按照最高法院的要求，在全区范围内开展了庭审观摩和裁判文书评查，并将以通报的形式下发全区，加强上级法院对下级法院的监督指导。

三、强化能动司法，服务改革发展大局

（一）关口前移，促进劳动争议纠纷化解

自治区高院与自治区人力资源和社会保障厅，经过反复研究联合制定，向全区各级法院和劳动部门正式下发了《劳动争议调解仲裁与劳动争议审判工作会议纪要》，就处理劳动争议案件几个方面适用法律问题形成共识。

（二）充分发挥民事审判职能，加强弱势群体保护

为进一步做好残疾人法律服务工作，切实维护残疾人的合法权益，自治区高院与自治区残联共同

制定了《关于做好残疾人法律救助服务工作,切实维护残疾人合法权益的意见》,指导各级法院残疾人维权工作,强调对弱势群体的法律保护;按照内蒙古自治区政府妇儿工委要求,就全区妇女儿童维权工作进行调研,形成调研报告,总结工作成绩,提出存在问题及解决办法。

(三)加强与有关部门协调,妥善处理敏感案件

民事案件数量大、涉及房地产、工程、煤矿、合伙案件多,争议标的大,容易引发突发事件,影响稳定大局。为此,全区法院民事审判部门要求法官积极排查,发现问题隐患及时向组织汇报,及时与有关部门协调沟通,形成合力妥善处理几起影响稳定的敏感案件,化解社会矛盾。

四、坚持抓好民事审判队伍建设,确保队伍总体素质不断提高

(一)深入开展"人民法官为人民"主题实践活动

坚持把人民性作为人民法院的核心价值和本质属性,努力增强群众观点和群众感情,切实转变作风,突出实践特色,推广"法官进社区、诉讼零距离"活动,受到人民群众的普遍欢迎。

(二)加强民事法官司法能力建设

以提高广大干警认识和把握大局、社会矛盾、社情民意、法律精神的能力为重点,着力增强干警化解社会矛盾、解决实际问题的能力。一是强化教育培训。广泛采取专家讲座、巡回授课、网络教育和知识竞赛等形式,努力构建"大培训"格局。二是继续深化岗位练兵活动。精心组织庭审观摩、文书评比、速录竞赛、法警技能等训练,开展"人民法官为人民"主题论坛活动,努力实现从学历向能力、从文凭向水平的转变。三是完善法官业绩考评制度。通过建立业绩档案,奖优罚劣,完善符合法院工作规律的绩效考评办法。

(三)加强司法廉政建设

民事审判涉及当事人利益冲突较大,对法官诱惑较大,加强民事审判队伍廉政建设任重道远。为此,全区各级法认真贯彻最高人民法院"五个严禁"规定,坚持标本兼治、综合治理、惩防并举、注重预防的方针,扎实推进人民法院内部的惩治和预防腐败体系建设。一是加强廉政教育。深入开展价值观、人生观、世界观教育,把公正、廉洁作为干警职业道德底线和基本政治标准,坚持不懈地加强廉政警示,做到防微杜渐,警钟长鸣。二是强化廉政监督。完善和落实党风廉政建设责任制,强化审委会、院长和民事庭庭长对审判执行工作各环节的监督,在民事审判庭设立廉政监察员,完善和落实违法办案责任追究制度,构建符合人民法院特点的惩防腐败体系,防止滥用审判权。

五、存在的问题与困难

近年来,全区各级法院努力履行审判职责,为社会发展、稳定、和谐提供司法保护,但人民群众对司法工作的要求越来越高与人民法院自身司法功能不足的矛盾更加凸显,体现在民事审判工作中的突出问题、困难:

(一)适用法律方面

随着社会主义市场经济法律体系的不断健全完善,人民群众对法院工作越来越关注,人民法院越来越处在社会矛盾的风口浪尖上。但由于地域发展的差别,现行法律难以全面而普遍进行调整,并存在缺陷,法官自由裁量范围较大,造成适用民事法律方面存在裁判尺度不一的问题。

(二)民事审判管理方面

从人员管理上看,主要存在内部挖潜不够、资源配置不科学现象,导致部门之间、法官之间忙闲不均、苦乐不均。从审判质量和效率上看,还没有建立起完善、统一、科学的审判工作管理体系,导致整个审判流程缺乏层层把关、相互制约的监督制度,特别是审判管理责任得不到有效落实。

(三)民事法官队伍方面

一是最突出司法廉洁问题,人民群众对法院工作最不满意的是司法不公、执法不廉、作风不实,这是司法缺乏公信力和权威的重要原因。二是法官短缺问题。全区法院普遍面临收案数量持续上升、案多人少矛盾突出,法官队伍出现"断层"现象。三是法官司法能力问题。个别干警对指导人民法院工作的新思想、新理念和新的工作思路了解不多,特别是对人民性这一新时期人民法院的核心价值取向理解不深,能动司法、为民司法、和谐司法的意识不强,做群众工作、化解矛盾纠纷、解决实际问题的能力有待进一步提高。

(四)司法环境和保障方面

由于法院司法公信力不强,对法院和法官产生较大压力,表现在:个别地方为了地方利益对司法施加压力;各种协会为了个案对司法施加压力;当事人威胁法官对司法施加压力等。法官职业成为高危职业,法官人身安全存在危险,尤其民事法官思想波动较大,不愿从事民事审判工作。

六、几点建议

一是建议对民诉法进一步修改,包括级别管辖问题、审级问题以及再审制度,解决最高法院、高级法院案件任务较重影响对下指导问题;建议对法院组织法进行修改,科学设置法院民事审判机构,解决上下级法院不对口的问题。

二是建议建立科学的法官任用和遴选制度，切实将最优秀的法律人才选拔或任用到法官岗位，解决社会对法官司法努力的高需求。

三是建议改善法院执法环境，在法院自身努力的情况下，帮助提高法院公信力，解决影响裁判不公因素问题。

四是建议提高法官政治和物质待遇，对法官在高强度、高压力情况下，给予更多关心，解决法官队伍不稳定，法官流失问题，调动法官对法律事业追求的积极性。

辽宁省人民法院2012年民事审判工作概况

2012年，在省委的正确领导和最高人民法院的有力指导下，全省各级法院充分发挥民事审判化解矛盾纠纷、维护社会稳定、促进经济发展的重要职能，为促进辽宁老工业基地全面振兴做出了积极贡献。全省民事审判工作在以下方面取得了新发展：

一、坚持能动司法，主动为辽宁经济社会发展大局提供有力司法保障

2012年，全省法院民事审判工作始终坚持“三个至上”指导思想，牢固树立社会主义法治理念，紧紧抓住执法办案第一要务，公正高效审理了315,707件各类民商事案件，为促进辽宁经济发展和社会稳定提供了有力司法保障。在全省法院开展的促进社会主义新农村建设“十百千万”活动和“千名法官进百企”、“万名法官走基层”调研服务活动中，各级法院能动开展民事审判工作，积极构建和谐的医患关系、劳动关系、土地承包关系、家庭邻里关系。在维护妇女儿童、残疾人、军人军属、农民工合法权益等方面，在应对国际金融危机，服务东北老工业基地振兴等方面主动提供司法保障和法律服务。省法院深入调研，统一部署，各中级、基层法院精心组织，积极落实，为辖区企业事业单位和基层群众提供司法帮助。全省法院围绕大局开展民事审判工作，得到了省委王珉书记、省政府陈政高省长等领导同志的批示肯定。2012年，省法院民一庭被评选为全省农民工工作先进集体。

二、践行司法为民，积极为人民群众提供高效、便捷的诉讼服务

2012年，全省各级法院结合“人民法官为人民”主题实践活动，大力推进司法为民，积极推出多种形式的诉讼便民制度和利民措施。在立案环节，推出了上门立案、电话立案、网上立案、预约立案等便民服务措施；在庭前准备环节，通过印发诉讼须知、诉讼风险告知书、面对面释明等形式，指导当事人诉讼，提示诉讼风险；在案件审理环节，积极推进“巡回审理、就地办案”和“妇女儿童维权合议庭”、“涉军维权合议庭”、“农民工维权合议庭”、“消费者维权合议庭”等专门合议庭建设。辽宁法院的司法便民举措受到了广大群众的普遍欢迎，主流媒体给予充分报道，相关工作经验得到了最高人民法院的充分肯定和推广。

三、改进工作方法，着力提高民事审判的司法公信力和社会满意度

2012年，针对民事案件群众接触面广、社会关注度高、“案多人少”矛盾比较突出的特点，全省各级法院从实际出发，不断改进和完善民事审判工作的方式方法。一是强化审判公开。充分利用互联网这一开放式信息平台，推行庭审活动网上直播和裁判文书上网公开并逐步走向常态化，以“阳光审判”的理念主动接受社会监督。二是加强督办案件管理。切实增进与有关人大代表、政协委员的沟通交流，邀请人大代表、政协委员参加案件的听证和庭审，认真听取意见和建议。三是强调服判息诉和判后答疑，推行裁判文书当面送达，先向败诉方送达，对当事人提出的疑问及时解答，对有瑕疵的裁判方案及时调整等息诉措施。四是探索民事案件繁简分流。提倡优先适用简易程序审理简单民事案件，提倡普通程序的适度简化，积极推进民事案件小额速裁试点工作，努力减轻当事人诉讼负担。

四、强化诉讼调解，努力化解矛盾纠纷，维护社会和谐稳定

2012年，全省各级法院认真贯彻落实“调解优先，调判结合”的工作原则，探索推出“全程调解”、“全员调解”、“全面调解”、“梯次调解”、“协助调解”、“委托调解”等调解工作新方法，充分发挥诉讼调解的优势作用，尽最大努力化解诉讼矛盾，维护社会和谐。按照省法院《关于开展“调解年”活动实施方案》的要求，全省法院集中开展了全省规模的调解经验交流活动，邀请两个中级法院、两个基层法院和三名调解能手介绍了开展诉讼调解、推进大调解工作格局建设的好经验、好方法。2012年8月,最高法院在浙江无锡组织召开了全国人民法院调解工作经验交流座谈会,省法院民一庭代表辽宁法院系统做了主题发言和经验介绍,得到了最高法院及与会兄弟法院的一致好评。

五、加强对下指导,不断夯实基层民事审判业务的基础

2012年,省法院高度重视民事审判的基层业务建设,针对全省民事审判工作中的热点、难点问题,组织三级法院审判力量,先后开展了医疗纠纷、劳动争议、土地承包、侵权责任、人民调解、简易程序等多项专题调研活动。在先期调研成果的基础上,省法院召开了全省法院民事审判工作座谈会,就传统民事、房地产和审判程序方面的专业问题进行了集中研讨,研讨意见形成《会议纪要》,经省法院审判委员会讨论通过后,以省法院文件形式下发各级法院参照执行。

六、注重队伍建设,进一步改进审判作风,增强司法能力

2012年全省各级法院更加注重民事审判队伍的纪律作风建设和司法能力建设。结合民事审判工作实际,有针对性地开展"人民法官为人民"主题实践活动、"创先争优"活动、"执法大培训"活动和无积案、无错案、无违纪、无上访的"四无"竞赛活动,贯彻落实《法官职业道德基本准则》、《"五个严禁"规定》和《辽宁省人民法官守则》,建立和完善审判长随机产生、合议庭成员定期轮换、案件回访和审判庭廉政监察员制度,进一步规范自由裁量权的行使和法官与律师的相互关系。

在取得上述成绩的同时,全省民事审判还积累了一些宝贵的工作经验:第一,始终坚持党的领导,自觉接受人大监督,是做好民事审判工作的政治保障;第二,始终坚持"三个至上"指导思想,牢固树立社会主义法治理念,是做好民事审判工作的正确方向;第三,始终坚持能动司法,充分发挥审判职能,是做好民事审判工作的必然要求;第四,始终抓好审判管理,是不断提高案件质效的有效手段;第五,始终坚持"调解优先,调判结合",是妥善化解矛盾纠纷的主要方法;第六,始终关注基层建设和队伍建设,是促进民事审判科学发展的重要保证。

2013年辽宁法院将以深入学习贯彻党的十八大会议精神为重点,以新民事诉讼法实施为契机,全面落实省委和最高人民法院的各项工作部署,充分发挥民事审判职能,全力维护社会公平正义,全力促进社会和谐稳定,力争各项审判绩效指标再上一个新台阶!

吉林省人民法院2012年民事审判工作概况

2012年全省法院民事审判系统忠实履行宪法法律赋予的职责,全面加强审判工作,深入推进司法改革,大力加强自身建设,着力提升司法公信,充分发挥了保障人民权益、维护公平正义、促进社会和谐、服务改革发展的司法职能,为建设法治吉林、和谐吉林、美好吉林做出了积极贡献。

一、坚持依法办案,审判工作质效不断提升

全省法院民事审判系统紧紧围绕执法办案第一要务,依法审理了大量民事案件,涉诉矛盾纠纷化解工作取得了显著成效。受理民事一、二审案件(以最高法院和省法院民一庭业务分工的案件统计)约11万件,年结案率接近94%,一审案件的息诉服判率达到92%,二审依法改判和发回重审的案件仅占一审结案总量的2.5%,结案均衡度逐步好转,审判工作质效呈现良性运行的态势。坚持公正是审判工作的生命线,普遍注意并尽最大努力实现法律效果与社会效果的有机统一,及时化解了大量社会纠纷,依法保护了各类民事主体的合法权益。

二、坚持调解原则,努力促进社会和谐稳定

深刻把握调解优先的科学内涵和基本要求,坚持自愿、公平、依法和"事了"原则,把调解作为处理各种社会矛盾纠纷的首选方式。2012年,一审民事案件调撤率为63.5%,二审民事案件的调撤率达23%。省高院先后召开全省法院调解工作经验交流会、全省法院调解理论研讨会等,诉讼调解工作的规范化、科学化水平大大提升。

为进一步推动诉讼调解与非诉调解的有效衔接,省高院出台了《关于贯彻实施最高人民法院〈关于人民调解协议司法确认程序的若干规定〉的指导意见》,并与有关部门联合出台了《关于推进全省交通事故处理"六位一体"工作的意见》、《关于在全省推广长春市经验打造"妇女儿童维权服务直通车"的通知》等。基层法院采用"请进来,走出去"的调解工作方式,一方面聘请一定数量的人民调解员常驻法院、法庭,开展委托调解、协助调解和庭前调解工作;另一方面在基层组织、行业组织、特定单位设立调解点,开展巡回调解、审外调解、指导调解。基层法院分别审理涉非诉调解协议案件、人民调解协议司法确认案件100余件,对非诉调解协议的支持、确认率超过80%。已经形成了诉讼调解与人民调解、行政调解相互配合、多元调处的工作格局,对"吉林调解模式"的形成,做出了重要贡献。

三、坚持能动司法,依法服务大局成效明显

全省法院民事审判系统紧紧围绕党和国家的工作大局,针对国内外经济社会形势的发展变化,充分认识国际金融危机、农村改革发展、房地产宏观调控等给民事审判工作带来的新挑战、新任务,通过政策应对、化解纠纷等措施,为经济社会发展提供了坚实的司法保障和优质的法律服务。省高院及时出台了《关于充分发挥司法职能为农村改革发展服务的若干意见》,以及当前形势下审理劳动争议案件、农村土地承包案件的指导意见。各级法院妥善处理了在调结构、促转变、扩内需中发生的社会保障、劳动就业、房地征用等与民生问题息息相关的大量民事案件。及时处理了与高速公路、高速铁路、水利枢纽等重点工程、重点建设项目有关的一批民事案件,并发挥司法专业优势,协助有关部门预防和破解建设中遇到的难题。认真贯彻落实全国维护国防利益和军人军属合法权益工作会议精神及最高法院有关涉军维权工作通知的要求,召开全省法院维护国防利益和军人军属合法权益工作会议,全面部署涉军维权工作。全省法院普遍建立了涉军维权工作领导小组、合议庭等,工作机制日益完善,得到了省军区等军事单位的充分肯定。

四、坚持为民司法,全面落实司法为民措施

扎实推进了司法为民制度化、长效化、普遍化建设,进一步创新完善了司法便民、利民、惠民措施。全省民事法官为民意识进一步增强,切实履行对当事人诉讼权利义务、诉讼风险、举证期限等告知义务,依法及时行使释明权,解疑释惑。全面实行案件繁简分流,适用简易程序的案件已经占结案总量的66%,宽城法院、延吉法院的小额速裁试点工作全面启动。大力推行巡回审判工作,实行"巡回立案、巡回调解、巡回开庭、巡回送达"的工作模式,目前基层法院共设巡回审判、调解点8300余个,设立交通事故巡回法庭、劳动人事争议仲裁巡回法庭、消协巡回法庭、医疗机构巡回法庭290余个,年巡回审理案件1万余件,满足了广大基层群众的诉讼需求。各地人民法庭还探索开展电话立案、预约立案、假日法庭等多种形式,最大限度地为当事人起诉、开庭提供便利。

五、坚持服务基层,加强民事审判监督指导

省高院负有指导下级法院在审理案件过程中正确、统一适用法律,实现两个效果统一的重要职责。省高院民一庭按照最高法院的要求,将民事审判监督调研指导工作置于与庭内审判工作同等重要的地位,不断采取措施加强调研指导。先后出台了《关于开创人民法庭工作新局面的若干意见》、《关于审理人身损害赔偿案件若干问题的指导意见》等规范性文件。先后召开了"中国侵权责任法立法研讨会"、"民事审判工作研讨会"等专题会议,并完成了二十余个专题的调研工作。各中级法院相关民事审判庭也都多次召开专题会议、进行专题调研、出台规范性文件,解决民事审判工作中存在的问题。2012年全省人民法庭共审结民事案件58,384件,结案标的额达15亿元,案件调撤率达69%。认真开展"公正、廉洁、为民"的人民法庭庭训学习宣传活动,努力使之成为广大法庭干警的思想准则和行动指导。人民法庭专项建设工作基本完成,共建设人民法庭113个,建筑面积超过7万平方米,物质装备建设的"瓶颈"已经打破。人民法庭的审判工作、司法为民、装备建设等都上了一个新台阶,人民法庭指导工作实现了新突破。

六、坚持队伍建设,审判队伍素质不断提升

全省法院民事审判系统以增强民事司法能力,提高民事司法水平为目标,不断强化民事审判队伍建设。认真学习社会主义法治理念,扎实开展政法干警核心价值观教育实践活动和"人民法官为人民"主题教育活动,民事审判队伍的思想政治水平有了一定提高。不断加强司法能力建设,民事审判队伍化解矛盾纠纷、开展群众工作、解决实际问题的能力和水平有了一定提高。大力加强司法作风建设,倡导民事法官深入基层、深入群众、调查研究,及时发现新情况,解决新问题。大力加强廉政建设,落实"五个严禁"的规定,建立健全对民事审判工作的监督制约机制。近年来,全省法院民事审判系统涌现出了以翟树全、王宝胜为代表的一批先进人物、优秀法官。

黑龙江省人民法院2011年至2012年民事审判工作总结

2011年以来,全省法院民事审判工作深入落实科学发展观,紧紧围绕“三项重点工作”,找准民事审判与我省发展转型、增长提速的结合点与突破口,积极应对经济社会发展出现的新情况、新问题,为保障“八大经济区”、“十大工程”建设的顺利实施提供有力的司法保障。

——公正高效审理案件,为经济社会更好更快发展创造良好的秩序和环境。全省法院民事审判部门始终把执法办案放在各项工作的首位,严抓审判管理,推行审判公开,确保审判质效不断提高。2011年至2012年,共审结各类民商事案件315,292件(统计报表中无法完全区分出民事和商事),结案标的额达274亿元,维护了公序良俗,依法调整了经济关系,保障了科技创新,营造了良好的社会环境。

——主动延伸审判职能,为服务经济大局提供司法保障。为保障我省“十二五”战略规划顺利实施,省法院制发了《关于服务和保障我省非公有制经济更好更快发展的意见》、《关于依法办理金融债权纠纷案件促进我省经济发展的若干意见》及《关于共建保险纠纷化解机制 促进我省保险业健康发展的意见》等。加强与省妇联、省老龄委和省农民工办的联系沟通,定期反馈情况,及时提供动态信息。深入开展“访企业、提建议、促发展”活动,采取实地走访、召开企业代表座谈会、提司法建议等多种形式,着力化解企业经营风险。

——强化诉讼调解和释法解疑,为彻底实现案结事了奠定坚实基础。全省各级法院一审民商事案件调撤率基本保持在较高水平,去年一审民商事案件调撤率为81.9%,今年1月至11月为80.2%。各级法院不断创新调解机制和手段,省法院建立了主审法官、审判长、主管庭长、庭长层层递进的调解机制和有约必谈、庭长约谈制度。大庆中院狠抓规范调解工作,对一些易出现上访苗头的案件提前介入,通过层级并案和同级并案,既提高了调解效果也避免了激化矛盾。

——加大调研和监督指导力度,为实现民商事审判工作科学发展提供有力支持。以省法院为主导,各中院积极创新对下监督指导的机制和方法。省法院先后研究制定了《关于审理民事涉农纠纷案件若干问题的解答》、《关于各民商事审判庭业务分工的指导意见》等一批参考性文件。省法院民一庭建立调研信息传递网络,研究解决民事审判中热点、难点问题;民二庭定期出版《黑龙江民商审判》电子网刊;民三庭编印《黑龙江省知识产权、涉外民商事审判参考》。哈尔滨和农垦中院也分别下发了《关于审理执行金融不良债权转让案件的指导意见》和《二审法院拟重审、改判案件与一审法院沟通协调的若干规定》。

——着力抓好队伍建设,为满足人民群众司法需求提供人才保障。通过开展评选办案标兵、调解能手活动,共评选出办案标兵、调解能手137人,促进了法官素质的提高;通过开展三评查活动,规范庭审行为,提高裁判文书质量,其中庭审评查了1500余件案件,着力提升了案件质效;通过开展定期培训、疑难案例研讨会、传帮带等方式,加强了上下级法院沟通交流。

两年来,全省各级法院的民商事审判工作取得了新的进展,但也存在一定的不足,具体表现在:为大局服务、为人民司法的主动性、积极性有待进一步增强;民商事案件审判质效有待进一步优化;调研监督指导工作的针对性有待进一步加强;民商事审判队伍的整体素质有待进一步提高。

当前和今后一个时期,全省法院民商事审判部门要以党的十八大精神为指导,以“为大局服务,为人民司法”为指针,以化解社会矛盾为主线,认清形势任务,明确职责目标,积极能动地回应广大人民群众的司法需求,为全面建成小康社会提供坚强有力的司法保障。全省民商事审判工作应努力在以下几方面取得实质性进展:

——紧紧围绕科学发展主题,更加注重发挥审判职能作用

一要依法维护群众合法权益。要积极回应人民群众在衣、食、住、行、就业、教育、医疗等方面的司法需求。涉民生案件的审理应当尊重生活,符合生活情理,对于当事人因知识、经验和价值取向等方面的差异,导致忽视正当程序,仅根据实体结果对审判过程进行评价的现象要做好释法解疑和正面引导工作。

二要依法调节经济关系。要抓好省法院为服务和保障大局制发的金融服务意见、保险纠纷化解机制意见、企业法律风险防范化解机制意见以及重点产业项目建设意见等工作意见的贯彻落实。尤其要抓好《关于依法办理金融债权案件 促进我省经济发展的若干意见》的落实工作，加大涉金融债权案件的审理力度，探索建立金融债权案件集中受理、集中审理制度，依法维护各级金融机构的合法权益。

三要加大知识产权保护力度。要精心组织“4·26”世界知识产权日活动，发布年度知识产权司法保护十大案例，积极宣传知识产权司法保护成果，扩展裁判社会影响。要推进科学技术专家咨询，充分利用好省法院建立的科技咨询专家库，就专业问题听取咨询建议，邀请专家参加纠纷调处斡旋，谋求从多层次、多角度化解纷争。

——紧紧围绕提高审判质效，更加注重提升司法公信力

一要严格落实合议共同责任机制。要落实合议庭职责，切实解决合而不议的现象，加强合议庭评议笔录的规范化管理，使案件程序和实体决策以及法律文书制作从主审法官回归于合议庭，纳入集体研究决定的轨道。要实行合议庭成员共同审理、共同研究、共同负责的运行模式，淡化主审法官对案件的决定性作用，防止合议庭虚化。

二要严格落实终审案件反馈机制。对拟改判、发回重审的案件要事先与原审法院进行沟通，全面了解案件背景、案件事实、一审判决依据等情况作为参考。基层法院与中院，中院与省院要定期对类型化案件的审判思路进行交流沟通，总结经验，统一裁判标准。

三要严格推行司法公开制度。要依法保障当事人和诉讼参与人对审判活动的参与权，社会公众对司法活动的知情权和监督权。落实好新民事诉讼法关于裁判文书说理公开、生效裁判文书的公众查阅等司法公开的各项措施，尤其要加强裁判文书的说理性，针对当事人提出的诉求和理由，对决定案件法律关系的关键问题进行说理，不能事实认定模棱两可，理由阐述牵强附会。

——紧紧围绕加强调解工作，更加注重提高纠纷化解能力

一要端正调解思想，规范调解行为。全省各级法院要始终坚持“调解优先，调判结合”工作原则，坚持合法自愿调解原则，切实避免强调硬调、以拖促调、以判压调，不能片面追求调解率。在调解中注重维护司法活动的公正性，维持权利义务基本均衡，使调解活动和调解结果具有正当性。要积极引导当事人自觉、及时履行调解协议，降低调解案件申请执行率。

二要积极探索裁判式调解方式。裁判式调解是江苏省苏州市吴中区法院近年来探索的一种民商事案件审理方式，是在查明事实、分清是非的基础上，依法引导当事人自愿达成调解协议，并在调解书中载明调解确认理由（即“本院认为”部分），对案件事实认定、法律适用及协议内容进行评判，据以确认调解协议的法律效力。裁判式调解的最大优点就是克服了传统“和稀泥”式调解模糊法律评判、弱化法律规则的缺陷。各级法院可以探索采取这种调解模式，对于事实认定、法律适用上争议较大、有必要进行释法明理的可调解民商事案件，将辨法说理贯穿调解全过程，引导当事人在知悉法律规则情况下达成公正的调解协议。

三要做好调解协议司法确认工作。新民事诉讼法对于调解协议确认程序规定较为原则，具体案件审理程序、案号确定、诉讼费收取、委托调解等可以按照最高法院《关于人民调解协议司法确认程序的若干规定》的规定具体操作。但新民事诉讼法将确认调解协议的文书类型由司法解释中规定的决定书变更为裁定书，审判实践中应予以注意。同时要明确民事诉讼法规定的调解协议确认案件不限于依《人民调解法》由人民调解委员会组织下所达成的调解协议，只要是依法成立的具有调解职能的组织主持下达成的具有民事合同性质的调解协议，法院均可以适用确认程序予以确认。

——紧紧围绕开展调查研究，更加注重提升审判工作水平

一要深化对调研工作重要性的认识。要摒弃为调研而调研、重审判轻调研的错误思想，不断加强和规范调研工作；要增强敏锐性和洞察力，善于从案件审判中发现新情况、新问题；要注重专人调研和全员调研相结合，各中、基层法院的民商事审判部门有条件的要成立综合组主要负责调研工作，没有条件的也要指定专人负责调研。

二要注重对调研方法的创新。要不断创新调研工作方法，注重运用网络等通讯工具，提高调研工作的效率；采取建立课题组及与下级法院联合调研等形式，带动基层民商事审判调研工作的开展；通过定期与政府等相关部门沟通联络，建立稳定的沟通联络渠道。要安排专人负责接收、处理省法院的各类调研通知和调研成果，保持三级法院网络畅通和工作畅通，发挥好通过调研网络指导审判工作，统一裁判尺度，提高工作质效的作用。

三要开展好对新民事诉讼法重点问题的调研。

各中、基层法院在审理小额诉讼、公益诉讼、第三人撤销之诉等新类型案件时,要注意认真开展调研工作,摸索审理方式,总结审判经验。对于新民事诉讼法颁布以后出现的其他新情况、新问题,亦应认真应对研究。调研中遇到的问题及好的做法应及时层报省法院,便于最高法院及省法院根据审判实践,适时研究制定相应措施。

——紧紧围绕加强队伍建设,更加注重提升队伍战斗力

一要不断提高法官素质。要把学习好、贯彻好、落实好党的十八大精神体现在践行政法干警核心价值观上,切实提高民商事法官的能力水平,努力培养一批高水平、有权威的精英法官。要组织法官深入学习新民事诉讼法和其他新出台的司法解释,加强民商事审判业务培训,正确把握和熟练运用新的裁判规则。

二要加强廉政建设和作风建设。要注意探索廉政监督的新方法,不断扩大监督面,要将案件审中监督与审后监督相衔接,将单位内的监督与单位外的监督相衔接。要狠抓作风建设,着力解决程序不严谨、工作不细致、言行不文明等审判作风问题。

三要加强文化建设。要把文化建设作为加强队伍建设的新平台、新途径,充分发挥文化活动的舆论作用、熏陶作用。要不断丰富法官的文化生活,坚持以人为本,充分体谅民商事审判法官的艰辛,注重对法官的人文关怀和心理疏导,缓解法官的心理压力,提升法官的身体和心理素质。

上海市人民法院2012年民事审判工作概况

2012年,全市法院民事审判部门紧紧"服务大局、保障民生、公正司法、促进和谐"的民事审判指导思想,切实发挥民事审判职能作用,各项工作取得了新的进展。

一、围绕服务保障大局,充分发挥民事审判职能作用

(一)全面完成审判任务

2012年1~12月,全市各级法院共受理一审民事案件218,485件,同比上升1.6%;共审结一审民事案件219,191件,同比上升1.8%;一审民事案件存案共计19,721件,同比下降1.2%。2012年1~12月,共受理二审民事案件16,933件,同比上升1.5%;共审结二审民事案件16,964件,同比上升1.7%,其中,维持原判10,163件,维持率为59.9%;改判1019件,发回重审233件,二审改判发回率为7.3%;调解1481件,调解率为8.7%;撤诉3013件,撤诉率为17.7%;存案共1597件,同比无变化。

(二)稳妥处理大案要案

2012年,全市法院依法稳妥审理了乔丹姓名权纠纷案、东航飞行员集体跳槽引发的劳动争议案、商家"一元网络团购"未兑现引发的消费者维权案等重大、敏感案件,以及因资金链断裂等引发的合同违约、劳动争议和其他涉民生案件。依法稳妥处理韩寒诉方舟子等人侵犯名誉权、作品署名权纠纷系列案件,积极做好当事人息诉化解工作,该系列案件当事人均已撤诉。对于上述社会影响较大、公众普遍关注的案件,提前谋划,切实做好舆情应对工作,确保不发生社会矛盾在审判环节积聚激化,不发生重大群体性事件和个人极端事件、不发生引发社会炒作的司法个案。

(三)进一步加强审判管理

为进一步提高民事审判质量和效率,全市法院多措并举加强审判管理。上海高院每月对全市法院民事审判工作进行数据和态势分析。2012年7月~8月,开展了庭审和裁判文书"两评查"活动,对全市法院民事审判条线的庭审质量和裁判文书进行了抽查和自查,使全市法院民事审判的庭审规范化水平和裁判文书质量得以进一步提升。按照最高法院要求深入开展小额速裁试点工作,四个试点的基层法院进一步完善和细化操作规范,使各项基础建设能够适应小额速裁工作的性质和特点,同时也为新民事诉讼法中小额诉讼制度的探索积累了有益的经验。针对近年来在诉讼领域愈演愈烈的虚假诉讼现象,结合高院党组重大调研课题《虚假诉讼的防范与规制之策研究》,认真调研分析,切实规范诉讼当事人及其他诉讼参与人的诉讼行为。为加强对大标的民事案件的审判管理,2012年6月18日,上海高院下发了《关于进一步加强基层人民法院大标的民商事案件审判管理工作的通知》,对大标的民事案件的审判程序、内控机制、流程管理、考核评查等进一步

予以规范。

二、狠抓制度落实，深入推进诉调对接中心建设

2012年，全市法院诉调对接中心受理案件149,915件，占全市基层法院一审民事收案数的71.32%，调解成功85,985件，委托调解成功率达57.40%，调解成功案件占一审民事结案数的41%。

（一）认真贯彻领导指示精神

为推动矛盾纠纷的多元解决，全市法院积极开展诉调对接中心建设。2012年2月23日，时任上海市市委书记的俞正声同志视察了长宁区人民法院诉调对接中心，并在“平安上海”建设推进大会上对法院的诉调对接作出重要指示。为贯彻俞正声同志的重要讲话精神，上海高院于2012年3月6日制定了《关于进一步加强和创新社会管理，推进上海法院诉调对接工作的通知》，并召开专题会议进一步部署推进诉调对接工作，推进诉调对接工作健康持续发展。

（二）加大独立建制的推进力度

全市法院高度重视诉调对接中心组织机制建设，进一步完善和明确机构职能、管理部门。截至2012年12月底，全市已有14个法院的诉调对接中心实现了独立建制。

（三）加强诉调对接中心的规范化建设

全市法院按照高院党组提出的诉调对接工作要进一步在做大做强、促进规范上下功夫的工作要求。2012年7月10日，上海高院下发了《关于统一上海法院诉调对接案件收费标准的通知》，就经诉调对接中心诉前调解成功后，当事人请求人民法院出具法律文书案件的收费标准予以规范。同时，各法院也结合各自区情、院情，制定相应的工作规程，统一规范诉调中心的工作权限、调解委托程序、案件档案移交程序等，为诉调对接中心工作有序开展提供了制度保障。

（四）开展扩大诉讼与非诉讼相衔接的矛盾纠纷解决机制改革试点

为有效预防和化解社会矛盾，根据最高人民法院下发的《开展扩大诉讼与非诉讼相衔接的矛盾纠纷解决机制改革试点总体方案》的要求，从2012年4月起，浦东新区法院和普陀法院作为上海地区开展试点工作的两家法院，结合各自实际，积极稳妥地探索开展试点工作，通过在区联调委、各行业调委会、各街道（镇）调委会设立专职联络员制度等，参与诉调对接中心案件调解，合力化解行业性和地区性的重大疑难矛盾纠纷。

（五）对全市法院诉调对接工作开展集中评查

为进一步推进上海法院诉调对接中心规范化建设，促进上海法院诉调对接工作健康平稳发展，上海高院于2012年7月至8月对全市区、县法院诉调对接中心的工作情况进行评查。评查工作主要围绕各法院诉调对接中心案件流程管理情况、工作机制建设情况、软硬件建设情况，以及人员配置情况等，采用各法院自查与高院检查相结合的形式开展。通过评查，发现上海法院诉调对接工作已取得阶段性成果的同时，但也存在一定的问题。针对存在的问题，提出了进一步改进和完善此项工作的意见和建议。

三、强化调研指导，着力推进法律适用统一

全市法院立足于三级法院功能定位，强基固本，把更多精力、注意力放到基层，切实解决基层工作中的突出问题，不断提高全市法院民事法官的司法能力和水平。

（一）提前筹谋应对民诉法修改

《民事诉讼法》修正案正式通过后，上海高院专门成立了贯彻实施新民事诉讼法领导小组，负责对新法实施后可能出现的新情况、新问题进行应对。经过梳理汇总、调研论证，对小额诉讼、公益诉讼、公民代理等一些急需明确的问题，制定了切实可行的应对方案。特别是对影响较大的小额诉讼制度，上海高院于2012年12月19日下发了《上海法院开展小额诉讼审判工作实施细则（试行）》、《小额诉讼案件金额标准的通知》以及小额诉讼文书格式。

（二）加强审判实务研讨

全市法院针对审判实践中争议较大的问题，召开了相邻相关纠纷、网络名誉侵权纠纷、职务侵权疑难问题等专题研讨会。通过研讨，进一步厘清了相关法律概念，加深了对法律条文的理解，对大部分争议问题达成了共识。

（三）出台规范指导文件

针对审判实践中反映比较集中的外国企业常驻中国代表机构的诉讼主体资格、共有房屋分割、无争议建设工程部分的先行结算等问题，高院编写了民事法律适用问答两期。高院还下发了《对道路交通事故纠纷案件疑难问题研讨会会议纪要的相关问题进行解读（一）、（二）》，并召开专门的解读会，制定了《涉94方案房屋纠纷及同住人相关问题的说明》，对此类纠纷的诉讼时效、未成年人同住人的诉讼主体资格、登记产权人擅自将房屋售予第三人的处理等问题予以明确。续编劳动合同纠纷办案要件指南，并加强培训，确保民事条线法官正确理解和适用。高院通过发布《建设工程施工合同中“黑白合同”的司法认定》、《共同侵权中公证机构的过错及责任范围的认定》、《微博侵犯名誉权行为的判断标准及举证责任适用》等典型案例，统一具体问题适法标准。

(四)加强与相关部门的沟通协调

全市法院注重加强与相关部门、行业协会的交流互动,就医疗鉴定、劳动争议的审裁衔接、消费者权益保护、保险理赔等方面存在的问题,与卫生局、医学会、劳动仲裁、保险公会、消保委等有关部门、行业协会沟通协调,并达成一定共识,推动解决制约民事审判工作发展的突出问题。

四、加强队伍建设,提升能力素质

全市法院高度重视民事审判队伍的思想政治、司法能力、司法作风和党风廉政建设,不断提高广大民事法官的综合素养和能力。

(一)以党建带队建,加强对法官的核心价值观教育

深入开展"忠诚、为民、公正、廉洁"的政法干警核心价值观教育,结合社会主义法治理念再学习再教育和最高法院所确定的主题实践活动中突出法院文化和司法能力建设两个重点,立足民事审判工作实际,不断拓展教育的广度、深度和效果,切实做到人人都参与、人人受教育、人人有提高。

(二)加强教育培训,提高司法能力

深入开展"忠诚、为民、公正、廉洁"的政法干警核心价值观教育,立足民事审判工作实际,不断拓展教育的广度、深度和效果。通过上挂下派轮岗锻炼,提升民事法官、特别是青年法官的司法能力。开展针对全市诉调对接中心的调解员和人民法庭庭长的专题业务轮训,进一步提升人民调解员和法庭庭长的业务能力。顺利完成了《法官智库丛书之侵权审判精要》、《房屋纠纷一百例》两书的编撰工作,就相关案件的审理思路进行精要提炼,充分展现了上海法院民事条线法官的审判智慧和调研成果。

(三)坚持从严管理,确保队伍公正廉洁

严格落实"四个一律"、"五个严禁"和"十条纪律"等规定,坚决杜绝"关系案、人情案"。全面落实合议庭评议、审判长联席会议等制度,切实规范法官自由裁量权的行使。运用"上海法院廉政风险环节监督提示系统",全程监控预警可能出现的问题苗头,切实做到防患于未然。通过加强廉政教育,提高干警自律意识,筑牢防线,守住底线,确保全市民事审判队伍的清正廉洁。

五、工作中存在问题和不足

(一)民事审判法官的能力水平有待进一步提高

有的法官掌控司法程序、妥善化解矛盾的能力不够强,应急处置突发事件的水平有待提高。有的案件法律效果和社会效果兼顾不够好,法律适用不统一和不规范的问题还没有真正解决。

(二)工作机制尚需进一步规范完善

诉调对接工作在流程管理、信息录入、案卷归档等方面存在需要改进的地方,涉外案件在送达、法律适用、裁判文书撰写等方面有待进一步规范。

(三)民事审判队伍的作风作有待进一步改进

有的法官群众观念不强,用群众语言和方法做好新形势下群众工作的能力不强,深入实际、密切联系群众的作风有待进一步养成。个别法官未严格遵守审判纪律,擅自泄露不宜公开的审判信息,造成工作被动。

江苏省人民法院2012年民事审判工作概况

一、全省法院民事审判工作运行态势基本情况

(一)收结案基本情况

2012年,全省法院共新收民事案件(包括一审、二审、申诉复查、再审案件)520,299件,同比增加4%,是全省新收商事案件(148,030件)的3.51倍,占全省法院新收案件总数的54.29%。在新收案件中,一审案件数量大幅上升,达到492,799件,同比上升4.42%;而二审案件数量有较大幅度的下降,为23,867件,同比下降5.82%。申诉复查案件数量大幅下降,为2442件,同比下降19.59%。

全省法院共审结民事案件502,538件,同比上升6.49%。其中一审审结475,150件,同比上升2.62%;二审审结23657件,同比下降6.49%。申诉复查案件审结2582件,同比下降17%。民事案件结收案比为96.59%,同比下降3.33个百分点。基层法院新收一审民事案件490,872件,占全省新收一审案件总数的99.6%;中级法院新收二审民事案件23,502件,占全省新收二审案件总数的98.47%。省法院新收民事申诉复查案件1265件,占全省新收民事申诉复查案件总数的51.8%。据此,民事案件基层重一审、中院重二审、省院重申诉复查的格局基本确定。其中,基层一审案件占新收案件总数的94.34%,成

为民事案件的重中之重。

（二）质效运行情况

1. 审判效率稳步上升。2012年，全省法院民事案件平均审理天数36.91天，同比减少1.25天。“四项”未结案件数5686件，同比减少16.52%。18个月以上未结案件数37件，同比减少75.82%。

2. 审判质量逐步提高。2012年，全省中级法院民事审判系统申请再审率4.82%，环比下降1%。中级法院案件进入再审率6.55%。全省中级法院一审民事案件被改判发回率为4.63%，同期下降2.74个百分点。其中镇江中院没有被改判发回的案件。

3. 审判效果显著改善。2012年，全省法院民事审判系统上诉率为4.7%，同比下降0.4个百分点，一审服判息诉率95.48%。其中，无锡、泰州、扬州等八个地区均超过96%。全省法院民事一、二审调撤率71.54%，同比上升2.08个百分点。其中徐州市基层法院调撤率达82.54%，扬州、南京、徐州、淮安和泰州中院的调撤率超过50%。全省法院一、二审调解案件申请执行率4.54%，同比下降2.82个百分点，调解案件的效果不断提升。全省民事案件二审开庭审理率85.14%，同比上升18.33%。

4. 类案化解效果显著。2012年，全省法院民事审判系统将类案化解工作作为工作重点，加大了道路交通损害赔偿、婚姻家庭、民间借贷、劳动争议四类发案数最多的案件的化解工作，取得显著成效。交通事故损害赔偿案件调撤率达77.92%，同比上升3.34个百分点；婚姻家庭继承案件调撤率达76.24%，同比上升1.85个百分点；民间借贷案件调撤率达62.80%，同比上升1.23个百分点；劳动争议案件调撤率达81.37%，同比下降1.65个百分点。

（三）新收案件类型情况

2012年新收一审案件中，传统四大类案件交通损害赔偿案件、婚姻家庭继承、民间借贷和劳动争议仍然占主要地位，占新收一审案件总数的71.77%。上升幅度较快的案件类型包括房地产开发经营合同纠纷、劳动争议和民间借贷纠纷等。房地产开发经营合同纠纷增长速度较为迅猛，新收案件10,091件，同比上升33.1%，其中商品房预售合同增长速度最快。劳动争议新收案件47,306件，同比上升28.07%；民间借贷纠纷新收案件96510件，同比上升22.46%。婚姻家庭继承纠纷收案数相对稳定。环境污染、权属纠纷出现了下降态势，分别下降了48.35%和27.76%。

1. 受房地产新政影响的房地产案件迅猛增长。2012年，受房地产调控政策及国内外宏观经济形势趋紧的持续影响，房地产市场出现新的情况和问题，由此引发的涉房地产矛盾纠纷在司法领域有了明显反应。全省共新收一审房地产开发与经营合同纠纷10,091件，同比上升33.13%。无锡地区新收一审房地产案件比2011年超过了2倍多，常州、镇江地区同比超过了一倍。苏州、淮安、无锡地区收案数均超过1000件。其中全省法院受理商品房预售合同纠纷7150件，占房地产开发经营合同纠纷的70.86%，同比上升61.40%。

2. 民间借贷收案创历史新高。受宏观经济形势的影响，2012年民间借贷危机爆发，借款人携款跑路事件频出，导致民间借贷案件急剧上升，全省法院共新收一审民间借贷案件96,510件，同比上升22.47%，涉案标的达260.54亿元，上升100%，达到历史最高点。省法院受理了十年来第一起一审民间借贷案件，标的额达3.35亿元。全省13个地区民间借贷案件全部上升，无锡地区上升幅度最大，达44.63%。徐州、盐城地区案件数量较大，分别达12,550件和11,543件。苏州地区因钢贸市场资本运作泡沫破灭引发批量民间借贷纠纷。苏州中院2012年受理一审民间借贷案件65件，同比上升225%。民间借贷加剧了企业债务清偿风险，有待进一步规范化、阳光化。

3. 企业资金链断裂引发的劳动争议案件剧增。2012年，全省法院新收一审劳动争议案件47,306件，同比上升28.07%，创历史同期收案最高值，维护稳定压力增大。除常州地区外，其他12个地区劳动争议案件全部上升，淮安、泰州、宿迁、无锡收案数同比均超过50%，其中淮安收案数最多，达6784件，增幅也最大，增幅率达92.62%。

4. 建设工程施工合同纠纷化解难度较大。2012年全省法院新收建设工程一审案件10,364件，同比上升9.0%。常州、镇江、扬州等地建设工程案件上升幅度较大，超过了20%。苏州、南京地区数量较多，分别新收案件1388件和1255件。建设工程合同案件呈现以下特点：(1)违反资质要求进行施工的情形较多。随着建筑业的蓬勃发展，建筑市场监管未能及时到位，未取得规划许可证、施工许可证，或者未进行合法的招标程序，或者挂靠资质、非法转包、违法分包等情形仍然较为普遍，导致建设工程案件增多。(2)建设工程案件事实认定较为复杂。在建筑过程中，出现大量的工程签证、业务往来单、工程变更单等单据，由于当事人法律意识淡薄，此类证据往往具有瑕疵，导致事实认定较为困难。(3)案件审理周期长。当事人对于工程量和工程款的支付往往各执一词，有的当事人出于种种目的故意拖延提供关键证据、不配合庭审活动以拖延诉讼，法院为查清事实只能启动鉴定程序。有的当事人故意提供虚假证据,需要多次启动鉴定程序,使此类案件审理周期偏长。

5. 交通事故损害赔偿案件数量居高不下。2012年,全省法院新收交通事故损害赔偿案件110,510件,与去年基本持平,成为收案数量最多的案件类型。最高人民法院《关于审理道路交通事故损害赔偿案件适用法律若干问题的解释》出台后是否会对交通损害赔偿案件数量产生一定影响还有待实践证明,但交通损害赔偿案件审理理念和审理方式的变化会对案件质量产生一定影响。

6. 物业纠纷案件增长较快。各地法院均反映物业纠纷案件大幅上升。如扬州、南通等地区分别受理一审物业纠纷766件、589件,同比分别上升91%、38.37%。主要原因为:一是部分物业管理合同过于笼统,权利义务约定不明;二是部分物业公司服务不到位,内部管理存在缺陷,有的物业公司私设收费项目、擅自调整收费标准,有的物业从业人员素质有待提高,导致业主拒交管理费引发纠纷;三是少数业主物业费缴纳意识淡薄,对定期缴纳管理费不以为然,有的认为不需要物业服务,有的看到别人不交自己也拒绝交纳,业主对物业管理的正确消费理念尚在形成中。物业纠纷相对面广,群体诉讼多,群众影响大,矛盾化解难度较大。此外,物业纠纷中还出现业主撤销权等新型案件类型。

7. 婚姻家庭案件基本持平。2012年,全省法院一审新收婚姻家庭案件99,367件,同比下降0.06%,占所有新收一审民事案件的19%。最高人民法院《关于适用〈中华人民共和国婚姻法〉若干问题的解释(三)》出台并未引发案件数大幅上升,但婚姻家庭纠纷呈现出新的特点,财产分割问题日益成为离婚案件中的核心焦点问题,导致婚姻家庭案件审理难度加大。

此外,实践中还出现一些"亲吻权"、"安宁权"、"祭奠权"等新型人格权纠纷案件。

二、民事审判工作主要成效和面临的形势

(一)主要成效

1. 依法服务大局的理念进一步深化。今年以来,全省法院民事审判系统不断强化能动司法、服务大局理念,出台了一系列服务经济社会发展的工作举措。积极回应国家宏观经济政策,妥善审理好与房地产调控政策相关的商品房买卖合同、建设工程施工合同、土地使用权出让转让合同纠纷案件,确保房地产调控政策得到有效落实,撰写了《关于政策调控背景下涉房地产矛盾纠纷新情况的调查报告》,受到最高人民法院和省政府有关领导的批示肯定。加强对民间借贷、劳动争议等类型案件的分析研判,严厉打击高利贷等非法活动,着力规范用人单位的用工行为,有力地促进了实体经济发展。全面启动环境保护案件"三审合一"审判机制试点工作。制定了《关于在我省部分法院开展环境保护案件集中化审判试点工作的通知》,成立了试点工作领导小组和办公室,统一了环境保护案件案号和统计报表,设立了环境保护案件合议庭,指导南京、徐州、无锡中院及相关基层法院开展试点工作。《人民法院报》头版头条、《法制日报》、《中国环境报》等媒体对江苏法院开展环境保护案件集中化审判试点工作进行了专题报道。认真贯彻落实省法院与省军区政治部共同下发的《关于深入推进维护国防利益和军人军属合法权益工作的实施意见》,省法院与省军区政治部共同下发了《关于在全省广泛开展"法官进军营"活动的意见》,联合召开了涉军维权新闻发布会。全省各级法院全部成立了涉军维权工作领导小组和涉军维权合议庭,"一组、一庭、一站"的涉军维权工作机制日趋完备,工作效果不断提升。连云港中院与市公安局、妇联出台了《关于涉家庭暴力婚姻家庭案件"人身安全保护裁定"指导意见(试行)》,维护家庭秩序稳定。

2. 民生权益保护工作效果进一步加大。在全国"两会"召开前和"五一劳动节"先后召开新闻发布会,向社会发布《民生权益司法保护工作报告》、《劳动争议案件审判工作报告》,并同时公布了江苏法院2011年度十大民生案例、十大劳动争议案例,《新华日报》等多家新闻媒体进行了报道,使社会和广大人民群众更加了解民生案件审判工作,取得了良好的社会效果。全力推进和有效规范了巡回审判工作,2012年,民事审判系统共开展巡回审判305,963次,化解矛盾纠纷264,062件。深入推进司法公开,民一庭制定下发了《全省法院民事审判系统司法公开十项规定》,从公开开庭、庭审直播、代表联络、巡回审判、文书公开、文书上网等多个方面对全省法院民事审判系统司法公开工作作出部署。2012年,省法院民一庭共上网文书117篇,庭审直播案件4件,条线司法公开工作也取得初步成效。

3. 有效化解矛盾纠纷的水平进一步提高。2012年,全省民事审判系统以"涉诉矛盾纠纷集中化解工作巩固提高年"活动为载体,以案结事了人和为目标,狠抓责任分解落实,涉诉矛盾纠纷化解工作成效进一步显现。省法院民一庭审结案件数和人均结案数均位居全院第一。认真做好全国"两会"和省"两会"期间的民事案件维稳工作,做好矛盾易激化案件排查和预案工作,省法院民一庭下发了《关于认真做好"两会"期间的民事案件审理工作、切实维护社会稳定的紧急通知》。同时,建立健全案件风险评估台

账，要求各合议庭在案件合议阶段对案件的信访因素进行评估，将评估结果记入合议庭笔录。进一步推进民事案件调解工作，制定出台了《关于开展工会组织特邀调解员选聘工作的通知》、《关于委托和邀请工会组织和特邀调解员调解劳动纠纷案件的意见》，重新选聘了劳动争议案件特邀调解员，苏州中院与苏州市综治办、人社局、仲裁委、司法局、总工会六部门出台了《关于建立劳动人事争议联动化解机制的意见》，劳动争议案件联动化解成效凸显。制定出台《关于人民法院邀请建设行政主管部门或特邀调解员调解建设工程施工合同纠纷案件的意见》，完善了审理建设工程施工合同纠纷诉调对接机制。泰州中院与市卫生局联合制定了《关于切实加强诉调对接工作妥善调处医疗纠纷的指导意见》，完善了医疗纠纷的诉调对接工作。

4. 对下监督指导力度进一步加大。按照《省法院审判业务部门负责人深入开展"三解三促"活动实施方案》的工作部署，扎实开展"三解三促"专项活动。制定《全省法院民事审判系统庭审评查和裁判文书评查工作方案》和《民一庭庭审评查和裁判文书评查的工作方案》，组织开展中级法院二审案件质量评查和全庭案件质量评查。通过对二审发改案件、提起再审案件专题分析，深入开展业务培训、巡回培训，对下业务指导的针对性、实效性显著增强。2012年，省法院民一庭还专门对全省中级法院2011年审结的二审案件、省法院二审改判发回重审等民事案件进行全面复查，并在全省法院民事审判业务培训班上进行分析讲评，进一步提高了全省法院民事审判质量和水平。不断加强业务培训工作。省法院民一庭借助现代通讯手段，创新培训方法地，组织全省122家法院、274个人民法庭、3049名民事法官开展视频春训活动，邀请最高法院院法官解读民事审判中的疑难问题，首次实现了全省法院民事审判系统全员同时进行培训。盐城中院出台了《关于审理商品房买卖合同纠纷案件若干问题的指导意见（试行）》，统一了该市的裁判尺度。

（二）面临的形势

1. 审判工作压力进一步加大，案多人少矛盾突出。一方面，服务经济社会发展、维护社会和谐稳定的压力加大。当前，国际市场环境依然复杂严峻，国内经济企稳回升的基础尚不稳固，经济增长动力结构不协调、能源资源和生态环境约束趋紧、生产要素成本持续上升、小微企业困难重重的问题较为突出，稳增长的压力依然很大。同时，经济增速放缓、中小企业经营困难的影响可能会从经济问题转变为就业、欠薪等社会稳定问题，因民间借贷、非法集资、劳资纠纷、物业纠纷等引发的矛盾纠纷处理难度不断加大，人民群众诉求多元化的特点更加鲜明，妥善化解矛盾纠纷、维护社会稳定的压力依然很大。另一方面，执法办案的压力加大。2012年，全省民事案件收案520,299件，同比增加4%。2013年，受国家宏观调控、经济下行压力较大等因素影响，案件量预计仍将呈现上升趋势。与此同时，民事纠纷呈现出类型多样化、诉求多元化等特点，诸如婚姻家庭、民间借贷、土地承包等传统民事纠纷也出现了新情况、新问题，夫妻共同财产涉及公司股权、有价证券、知识产权分割的案件日益增多。全省各地法院均反映民事法官存在减少现象，审判力量严重不足，很多法官长期高负荷工作，身体处于亚健康状态。而且受信访压力等干扰，严重影响办案效率。如扬州中院审理的许金平与永诚保险公司人格权纠纷案，许金平的丈夫徐成信扬言要杀小孩报复社会。

2. 审判工作中仍然存在一些薄弱环节。少数法院还未能处理好调解和判决的关系，强制调解、不调不立、以拖压调的现象仍然存在。少数案件没有做到"简案快审"，少数"四项案件"被"束之高阁"，审限变更事由结束不及时恢复审理，导致案件审理周期过长、隐形超审限的现象较为突出。少数法官判决的能力不强，不愿、不会、不敢出判决书，或者一味追求调解而轻视判决。裁判文书还不同程度地存在着事实认定不清、证据罗列不全、说理不充分、文字格式错误等现象，民事裁判文书的质量不高。二审案件公开开庭和裁判文书上网的力度还不大。

3. 民间借贷案件将持续上升，审理难度加大。2012年是民间借贷危机大规模爆发的一年，也是法院系统民间借贷案件爆炸式增长的一年，民间借贷案件数量大、标的额大、事实认定难、化解难度大，成为审理中的难点，预计2013年案件数量将继续上升。而且名为个人借贷实为企业借贷的案件增多，以票据作为借贷方式的情形较为普遍，为此需要高度关注。实践中民间借贷主要存在以下难点：(1)送达难。民间借贷案件中债务人恶意躲债情形较为普遍，给法院查明事实和送达带来较大难度，需要公告的案件增多。(2)事实认定难。一是关于借据真实性的认定。实务中原告往往凭一纸借据提起诉讼，而被告否认借据上签名或盖章的真实性，又缺乏其他相关证据的印证，一方又不同意司法鉴定。二是高利贷的认定。不少债务人主张借款存在高利贷，此类案件的债权人通常将高息部分在借款时预先扣除，或是以本金的形式要求债务人另行出具借据，借据上根本反映不出高利率的存在，从而规避法律对高利贷的禁止规定。三是真实借贷关系的认定。实践中存在房屋买卖合同、工程款等与民间借贷相交叉的案件。另外,民间借贷中虚构债权债务的案件开始增多。(3)法律适用难。一是夫妻一方的借款是否认定为共同债务。二是借款人涉嫌非法集资犯罪后起诉保证人的应否处理。另外,民间借贷的专业化程度越来越高,实践中有的放贷人了解法院的处理思路后,采取措施予以规避。如出借人通过银行转账将借条写明的借款交付给借款人,制造出借款已全部交付的证据。但据借款人反映,出借人要求借款人在进账后立刻提取事先约定的利息,以现金方式返还出借人,从而达到提前扣息的不法目的,而借款人仍要按照借条写明的借款数额返还出借"本金"并支付利息。

4. 审判工作地区间发展不平衡的现象值得进一步关注。少数法院民事一审判决案件改判发回重审率、申请再审率居高不下,案件质量有待进一步提高。少数地区一些重点质效指标同比明显下滑且在排名靠后,应当引起足够的重视。

三、2013年全省法院民事审判工作的总体思路

2013年是全面贯彻落实党的十八大精神的开局之年,是实施贯彻"十二五"规划承前启后的关键一年,是为全面建成小康社会奠定坚实基础的重要一年。2013年全省民事审判工作的指导思想是:深入贯彻落实党的十八大和省委第十二届四次全会精神,始终坚持"三个至上"指导思想和"为大局服务,为人民司法"工作主题,以贯彻实施修订后民事诉讼法为重点,以提高民事审判工作质量和效率、增强人民群众满意度为目标,不断加强民事案件审理工作,突出司法公正和效率,将执法办案第一要务的要求落到实处;不断完善民事审判工作机制,有效提升民事审判质量和效率,将维护人民群众合法权益的要求落到实处;不断加强民事审判队伍建设,大力开展五项能力建设,将提升司法公信力的要求落到实处。

(一)以依法保障当事人诉权为目标,进一步规范民事审判程序,将民事诉讼法的要求贯彻落实到实处

民事诉讼法是中国特色社会主义法律体系中的基本法律之一,是人民法院受理、审理和执行民事案件在程序方面的基本法律依据。民事诉讼法修改决定增加了诚实信用原则,新设了公益诉讼、第三人撤销之诉、小额诉讼、行为保全等重大诉讼制度,对调解制度、证据制度、一审程序、二审程序、审判监督程序等均有重大修改完善。全省各级法院要紧密结合修改的民事诉讼法的贯彻落实工作,充分发挥民事审判工作职能作用,强化程序意识、诉权意识、公平意识、证据意识、效率意识,依法审理各类民事案件,进一步加强民事审判工作的专业化、规范化建设,切实保障当事人的诉权,维护公平正义。一是要加强审判管理。要健全案件分流机制,进一步加强审判流程管理,确定合理的案件流程,缩短程序转换周期,有效提高诉讼效率。二是要认真执行证据规则。对于电子数据等新证据形式,要结合相关法律,健全调查取证、质证等操作规程,确保庭审有序进行,裁判结果公证合理。三是要认真落实公开审判制度。要大力推进司法公开,以公开促公正、树公信。要狠抓二审案件公开开庭审理工作,2013年年底,各市中级法院民事审判庭二审案件开庭率要力争达到100%。要按照最高人民法院和省法院的要求,积极稳妥地推进民事裁判文书上网发布工作,不断提高裁判文书上网数量,实现看得见的公正。四是要加强裁判文书工作。要进一步规范裁判文书制作,做到证据审查全面客观,事实认定准确清楚,说理部分内容透彻明白,裁判依据明确充分,增强裁判文书的说理性,切实促进当事人服判息诉,实现案结事了。五是要循序渐进地开展工作。要在小额速裁试点工作经验基础上,贯彻小额诉讼程序的法律规定,切实降低诉讼成本,快捷、及时、有效地维护当事人合法权益。积极、稳妥地审理公益诉讼案件,妥善处理私益诉讼和公益诉讼的关系,切实保护社会公共利益。要加强法官释明权的行使,规范自由裁量权。

(二)以提高公信力为目标,依法审理好各类民事案件,切实增强人民群众满意度

要积极回应人民群众司法关切,依法公正对待人民群众的诉求,让人民群众在每一个案件中感受到公平正义。要按照中央经济工作会议的精神,妥善处理民间借贷纠纷,维护国家金融安全和稳定。要在国家房地产调控政策下,妥善审理房地产纠纷,引导建立健康有序的房地产秩序,促进房地产业的健康发展。要妥善审理旅游纠纷,促进旅游业的发展。要积极应对土地承包案件职能调整,加强土地承包案件的调研和审判,保障三农工作持续发展,保护农民的合法权益。要妥善审理新型消费纠纷,通过消费者权益的充分保护,保障消费安全,助推消费需求的释放。要妥善审理城镇房屋征收、房屋拆迁、建设工程和合资合作开发等纠纷,保障城镇化建设的顺利推进。要妥善审理好医疗卫生、教育就业、婚姻家庭、食品安全、道路交通、物业服务、房屋拆迁、劳动争议等与民生息息相关的民事案件,保障人民群众的合法权益,切实改善和保障民生。要进一步加强环境保护集中化审判工作,将党的十八大提出

的"五位一体"总布局的要求落到实处，全力服务和保障中国特色社会主义生态文明建设和省委"八项工程"的顺利实施，健全环境保护案件沟通协调机制，完善环境公益诉讼机制，继续推行环境保护案件三审合一机制，建立适应生态文明建设要求的江苏特色的环境保护审判工作机制。要加强对建设工程、房地产、民间借贷、物业服务、劳动争议等典型案件的调研，及时总结实践中存在的问题，提出有针对性的对策建议。

（三）以维护司法公正与高效为目标，不断完善民事审判机制，有效提升民事审判质量和效率

全省民事审判系统要围绕绩效指标，突出工作重点，找准薄弱环节，促进审判质效水平进一步提升。一是要统筹处理好审判质量、效率、效果的关系。坚持多办案、快办案、办好案，尤其要强化案结事了意识，在提升审判效果上下功夫。重点抓好一审案件质量管理，落实好定案把关的相关规定，强化二审裁判的纠错功能，着力提升一审案件实体裁判水平。要严格审限变更审批，加强"四项案件"的跟踪管理，防止"一扣了之"，有效避免长期未结案件和隐性超审限案件的产生。二是要进一步坚持"调解优先，调判结合"。要正确处理好调解与判决的关系，区分不同的案件类型适用不同的裁判方式，对于商事性质的案件或者判决效果更好的案件，应优先适用判决手段。要进一步规范调解工作，坚决纠正以判压调、以拖压调、脱离工作实际设定调解率指标的错误做法。要完善交通事故、土地承包、婚姻家庭等多发易发案件类案联动化解机制。三是要进一步加大审判监督指导力度。健全和完善一、二审沟通交流机制，准确把握二审改判原则。健全多发案件类型和疑难复杂问题收集、分析、总结、指导机制，加强基层新情况、新问题的调研分析，完善改判发回重审案件分析通报制度，认真开展案件复查和案件质量分析讲评工作，通过开展调研座谈、业务培训、编写类案审理指南、发布典型案例等形式，提高审判业务指导的质量和效果。

（四）以提升"五项能力"为目标，大力推进民事审判队伍建设，不断提升民事审判队伍整体素质

全省法院民事审判条线要紧紧围绕提升"五项能力"的要求，采取多种方式切实加强司法能力建设，努力造就一支政治坚定、能力过硬、作风优良、奋发有为的民事审判队伍。要将学习贯彻党的十八大精神和习近平总书记对政法工作的重要指示精神作为贯穿全年始终的一项重要工作，全面、深入、系统地学习、宣传、贯彻好党的十八大精神，把民事审判条线广大干警的思想统一到党的十八大精神上来，不断增强民事法官对中国特色社会主义理论的理论认同、感情认同、实践认同，在民事审判工作中始终坚持中国特色社会主义司法制度不动摇。要大力加强司法作风建设，着力提升做好新形势下群众工作的能力。坚持在情感上贴近群众、作风上深入群众、工作上依靠群众，将群众工作贯穿于民事审判各个阶段。要大力加强反腐倡廉建设，建立健全廉政教育长效机制，构建廉政风险防控机制。大力加强审判业务学习，着力提升队伍维护社会公平正义的能力。紧紧围绕修改后的民事诉讼法和最高人民法院新出台的买卖合同、道路交通损害赔偿等司法解释施行的大背景，扎实开展审判业务学习月、业务培训、基层巡回培训等活动，及时更新民事审判条线广大干警的知识储备，并着重培养民事法官查明事实的能力、适用法律的能力、调判结合的能力、情法并用的能力、群众工作的能力，切实增强有效解决纠纷的本领。

2012年，全省民事审判系统较好地完成了预期的工作任务。2013年全省法院民事审判系统将进一步学习贯彻党的十八的精神，统一思想、认清形势，把握大局、扎实工作，努力推动全省法院民事审判工作再上新台阶，为构建江苏和谐稳定示范区、法治建设先导区作出新的、更大的贡献。

浙江省人民法院2012年民事审判工作概况

2012年，全省民事审判工作紧紧围绕"为大局服务，为人民司法"工作主题，积极贯彻落实"八项司法"，充分发挥审判职能，为全省经济发展、社会和谐稳定做出了积极的贡献。

一、公正高效审理好各类民事案件，有力促进了社会和谐稳定

在案多人少矛盾日益突出的情况下，全省法院以化解矛盾纠纷为主线，以案结事了为目标，依法审

理好各类民事案件,审判质效明显提高,有力保护了各类民事主体的合法权益,维护了社会的和谐稳定。2012年,全省法院共受理一审民事案件244,491件,约占全部民商事案件的50%强,同比增长16.5%;共审结一审民事案件结案241,283件,同比增长17.65%;共受理二审民事案件13,957件,同比增长12.31%;共审结二审民事案件结案13,768件,同比增长9.53%。同时,民事案件的上诉率由6.06%降低到5.81%,调撤率由70.51%上升到70.78%,一审裁判的正确率由99.47%提升到99.58%。

省高院民一庭积极采取有效措施,认真抓好民事审判工作。一是狠抓审判质效,初步形成归档报结审判流程管理机制。2012年新收各类案件158件,结案179件。同期结案率达到112.9%,月均存案工作量为2.18,实现案件收结良性循环。严格按照院党组"真正落实严格的归档报结质效评估制度"的要求,狠抓归档报结工作,将案件归档报结指标确定到个案、个人,实现归档率100%。二是摸索总结工作经验,进一步适应再审案件占比持续加大的工作格局。2012年民一庭新收再审案件109件,结案127件,占总结案数的70.9%。在总结前两年再审工作经验的基础上,做好再审案件的调解工作,加大了实地调查、上门调解力度,借用当事人亲友、基层党政等各种调解力量,从源头上做好当事人工作,平衡利益,理顺情绪,确保案结事了。全年再审案件调撤率达到27%。三是关注涉案民生,妥善处理重大疑难复杂案件。深化民本司法,强化保障民生意识,加大协调力度,妥善处理劳动争议、婚姻家庭、人身损害、房地产等关乎群众切身利益的民生案件,切实做好省十三次党代会、十八大维稳工作。如"一揽子"妥善化解信访老户周菊妹三起纠纷,促成其承诺息诉罢访。注重案件风险评估工作,对敏感性案件、可能引发上访信访案件以及重大房地产案件等案件,采取一周一报形式,层层上报,有效管控案件风险。2012年所结案件中未发生不良事件。

二、积极开展调研指导,民事审判的社会影响力进一步扩大

各级人民法院积极围绕党和国家工作大局,针对审判工作中出现的新情况、新问题,广泛开展调查研究。省高院民一庭加强民事审判调研指导工作,一是针对审判实践需要,及时出台相关指导意见。共进行了7项专题调研,分别为劳务派遣、集体土地征收补偿、劳动争议诉裁衔接、直管公房租赁、涉军审判、劳动争议审判和小额诉讼程序适用,并在此基础上制定了《关于审理劳动争议纠纷案件若干疑难问题的解答》、《关于审理建设工程施工合同纠纷案件若干疑难问题的解答》两个指导性意见,统一法律适用标准和裁判尺度,促进我省经济社会的发展和社会管理创新。另外,还联合省劳动仲裁委召开新闻发布会,发布了(2008～2012)劳动争议审判白皮书。二是成立民事审判专项调研组,整合调研资源,培养专家型法官。民一庭在中院和基层法院挑选精干审判调研人才,划分研究领域,集中调研精力,成立了建设工程、房地产、损害赔偿、劳动争议等11个专项调研组,作为收集探讨问题、吸纳总结经验、发布研究成果的调研新平台。三是召开民事审判例会和专题研讨会。召开了两次全省民事审判工作例会,研究部署全省民事审判工作。与嘉兴中院共同承办最高院医疗损害赔偿司法解释研讨会,还分别与省劳动仲裁院、浙江军事法院、省医学会、省保监局、省建筑业协会、省国土厅、省建设厅等联合召开专题研讨会。四是注重舆情应对,积极开展法宣。积极指导应对,及时妥善处理了"金华彭宇"吴俊东案的再审申请一案;与院办公室紧密配合,举办了公布建设工程解答和公布劳动争议审判白皮书的2次新闻发布会;组织了1次"公众开放日",接待西溪街道综治委员参观省高院,并进行座谈。

宁波、温州、嘉兴等中院也根据要求,开展了卓有成效的调研活动,完成了《医疗纠纷的多元化解决机制之建构》、《关于建设工程施工合同纠纷案件法律适用问题的调研报告》、《当前温州房企的困境及司法层面的应对》、《涉二轮电动车交通事故损害赔偿案件的调研报告》、《关于道路交通事故责任纠纷案件适用法律问题的调研报告》、《关于房地产纠纷情况的调研报告》等诸多优秀调研报告,扩大了民事审判的社会影响力、彰显了民事审判的职能作用、促进了民事审判的健康发展。舟山、湖州中院积极开展涉军审判业务指导,有效维护了国防利益和军人、军属的合法权益。

三、夯实基层基础,加强人民法庭建设,基层司法能力进一步得到增强

一是召开第五次全省人民法庭工作会议。会议规模大、规格高、内容实。省高院民一庭抽调精干力量策划制作人民法庭工作巡礼宣传片《基石》,编印《全省人民法庭概览》,组织策划会议经验交流,圆满完成各项任务。二是恢复、增设了6个人民法庭。从方便群众诉讼和服务当地经济社会大局的需要出发,2012年全省恢复、增设6个人民法庭,法庭总数达到228个,进一步壮大了基层司法力量。三是完成第四次模范五好法庭考评工作。经基层法院自荐、中级法院考核推荐、沈高远牵头组织各中院交叉实地考评,共授予60个人民法庭"省级模范五好法庭"

荣誉称号，有力带动了全省人民法庭的各项工作。四是开展全省法庭检查回访活动。首次采用各地区交叉检查方式，对全省57个法庭进行了检查回访，并形成书面报告通报全省，督促落实整改。五是实现人民法院党支部全覆盖。为贯彻全省人民法庭工作会议精神，全省人民法庭积极开展基层党支部建设，将支部建在人民法庭，将党旗插在人民法庭。

四、高度重视队伍建设，民事审判队伍整体素质不断提高

全省法院通过深入开展“人民法官为人民”等主题教育实践活动，强化社会主义法治理念的再学习、再教育，大力弘扬公正、廉洁、为民的司法核心价值观，民事审判队伍的政治素养不断加强，审判作风不断改善。通过形式多样的业务培训、专题研讨等，着力提高民事审判法官善于化解矛盾纠纷、善于做群众工作、善于解决实际问题的能力和水平，民事审判队伍的业务素质和司法能力不断加强。认真开展廉政教育，落实法官职业道德准则和“五个严禁”等规定，严格规范审判活动，约束业外活动，严肃查处违法违纪事件，民事审判队伍的廉政建设不断加强。全省法院多个民事审判庭和多名民事法官受到省部级以上表彰，涌现出以“全国模范法官”徐步茜、全国优秀法官周峥僔、沈阿水、陈晨、全国法院办案标兵王军宇等为代表的一大批服务大局、一心为民、秉公执法、清正廉洁的优秀民事法官。

省高院民一庭创新工作方式方法，认真抓好队伍建设。一是抓好廉洁司法。加强审判管理，积极开展警示教育、主题教育实践活动，签订庭内《党风廉政建设责任书》和《廉洁司法公约》。二是注重培养团队精神。每月定期举办“我是共和国法官”的宣讲活动，由法官讲述从业经历，增强法官职业荣誉感，2012年共有8位法官进行了宣讲；举办微型党课，开拓视野，增加知识面；打造庭室文化，建设富有本庭特色的“支部墙”和宣传栏；每周发送一条“民一庭心语”，传播警世醒言。三是重视党支部建设，提高干部素质。2012年8月，民一庭支部被评为“省直机关党建工作示范点”，努力建设“学习型党支部”。

安徽省人民法院2012年民事审判工作概况

一、各类案件受理、审结数

全年全省共受理劳动争议一审案件8708件，审结8120件；民间借贷纠纷一审案件29,770件，审结27,448件；侵权纠纷一审案件56,493件，审结51,602件；房地产开发经营合同纠纷一审案件3257件，审结2948件，二审案件605件，审结583件；建设工程合同纠纷一审案件5031件，审结4150件，二审案件1041件，审结976件；婚姻家庭纠纷一审案件74,214件，审结71,505件，二审案件1846件，审结1752件；继承纠纷一审案件1051件，审结901件，二审案件137件，审结124件。与2011年相比，民间借贷纠纷、房地产案件不仅数量大幅增长，且案件审理难度进一步加大，呈现出许多新的特点：(1)持续的宏观调控使民间借贷、建筑市场一些不规范的深层次问题充分暴露，涉及违法犯罪行为的案件增多。(2)当事人规避法律的形式更加多样，法律关系更加复杂，适用法律难度进一步加大。(3)当事人诉求更加细化，争议焦点增多，审理范围进一步扩大。(4)当事人缺乏诚信，证据真假难辨，查明事实的难度进一步加大。(5)当事人玩弄诉讼技巧，通过提出管辖权异议、反诉、申请追加当事人、不配合鉴定等手段拖延诉讼，导致程序推进步步维艰。(6)当事人采取缠访、无端举报承办法官、邀约媒体采访等各种方式给法院施加压力，案件处理信访压力加大。

二、强化调研和监督指导

认真开展调研，完成《关于加强人民法院基层建设促进公正司法工作情况的报告》，并先后撰写了《关于〈省人大常委会审议省法院省检察院加强基层建设促进司法公正公正执法工作情况报告的意见〉贯彻落实情况的报告》、《法院基层建设存在问题与解决方案》等文字材料，努力推动省人大常委会审议意见的贯彻落实。完成最高人民法院重大司法调研课题《关于民间借贷纠纷案件法律规制问题研究》的准备工作等多项调研任务。抓好小额速裁试点和小额诉讼制度的实施准备工作，向最高人民法院报送了《小额速裁试点调研报告》，拟订了《关于正确实施小额诉讼程序有关问题的通知》，已下发全省各中、基层人民法院执行。

积极推进人身安全保护裁定工作，至2012年12月20日，全省16个中级法院都已试点这项工作，试点的基层法院达82个(为全国人身保护令试点法院最多的省份),共发出人身安全保护裁定20份。做好维护妇女、儿童、老人权益工作,2012年5月,应省妇联要求,组织了全国妇联在我院召开的"安徽省妇女土地权益保护情况调研座谈会",向全国妇联调研组报告了我省三级法院涉妇女土地权益纠纷案件审理和执行情况,就有关问题提出了意见和建议,受到充分肯定和认同。做好人民法庭指导工作,总结研究全省优秀人民法庭创建评比工作的成绩经验,研究修改全省优秀人民法庭评审条件、评比办法,为下一届全省优秀人民法庭创建评比工作做好准备。办好民事审判业务培训班,2012年4月举办了全省民事审判业务培训班,就《全国民事审判工作会议纪要的理解与适用》、《婚姻法司法解释三的理解与适用》、《农村土地纠纷案件的审理》、《民事裁判文书制作》等专题对各级民事审判法官进行培训。

福建省人民法院2012年民事审判工作概况

2012年,福建法院民事审判工作坚持以邓小平理论、"三个代表"重要思想和科学发展观为指导,着力"为大局服务,为人民司法",紧紧围绕经济社会发展大局,落实公正为民司法要求,狠抓执法办案第一要务,积极参与社会管理创新,有效化解矛盾纠纷,切实保护人民群众合法权益,为推进福建科学发展跨越发展提供有力司法服务保障。

一、坚持执法办案第一要务,充分发挥司法职能作用

(一)妥处民生案件,服务发展大局

2012年,全省法院民一庭系统收案88,025件,审结85,830件,结案率达97.5%,调撤率同比上升6.76个百分点,民事审判质效进一步提升。党的十八大召开之前,全省法院认真领会贯彻《最高人民法院关于当前形势下加强民事审判切实保障民生若干问题的通知》精神,将保障和改善民生、维护社会和谐稳定作为2012年的重要工作任务来抓,下大力气开展判后答疑、释法息诉工作,突出抓好婚姻家庭、劳动争议、房产物业、民间借贷、损害赔偿、土地权益等民事案件审理,全面落实便民诉讼、司法为民措施,服务保障民生的司法工作机制不断完善,民事审判紧贴人民生活、彰显人文关怀的特质进一步凸显,为党的十八大胜利召开创造良好的社会环境。

(二)注重案件调解,有效化解矛盾

为实现息诉止讼、化解矛盾纠纷的最终目标,全省法院民一庭在完成繁重审判任务的同时始终坚持调解优先,不因案难而退缩,不以案小而草率,在民事审判法官的不懈努力下,全省全年共调撤案件54,029件,调撤率同比上升6.76个百分点,大量的矛盾纠纷得到化解,众多的单位、家庭和个人从纠纷中解脱,实现了案结事了人和。积极创新调解机制,取得良好成效。2012年,全省法院民一庭系统有两件调解案件入选当年"100件全国法院优秀调解案例",分别是厦门海沧法院[2009]海民初字第1969号厦门立德置业管理有限公司诉江群如物权确权纠纷案和泉州鲤城法院[2010]鲤民初字第428号史禹诉泉州市第十五中学、吴为琦等侵害健康权纠纷案。其中前一案件还入选"全国法院十大调解案例",该案创新采用增量调解方法,既平衡保护双方当事人利益,又妥善处理新类型案件法律适用与民俗习惯的关系,充分证明了"调解是高质量审判"。莆田城厢法院民一庭创立宗亲调解机制,聘请各姓氏宗亲委员会的委员为特邀调解员,邀请同姓氏的特邀调解员参与调解,或将涉及同姓之间的适宜调解的案件委托相关特邀调解员进行调解,2012年通过宗亲调解机制成功化解矛盾纠纷159件次。

(三)狠抓绩效管理,提升审判质效

2012年,为贯彻落实《最高人民法院关于加强均衡结案的意见》的要求,解决"年底不收案,人为控制收案"问题,全省法院民一庭通过规范制度、加强管理等一系列措施,努力推进均衡办案。省法院民一庭制定《关于均衡办案的规定》、《提高办案效率的规定》和《绩效考评量化标准》等,规定办案人员的阶段办案进度,实行结案情况阶段通报和年度量通报,每月摸排存案情况,逐案查找未结原因,研究提高办案质效的方式方法。加强专业合议庭建设,最大限度地发挥审判人员的专业优势,提高办案的质量与效率。严格规范案件审判流程管理,切实遵守审理案件计划报送、流程登记以及延缓送签报批制度,掌握办案流程,控制案件审理时限,定期统计干警绩效考评得分。面对长年任务多、难度大、压力强、责任重的民事审判态势,广大民事审判法官发扬奉献精神,

兢兢业业，任劳任怨，平时自觉加班加点，确保实现均衡办案，保护当事人诉讼权利，提升审判效率。

（四）推进小额速裁，满足群众需求

根据全国高级法院民一庭庭长座谈会精神以及最高人民法院审判委员会委员、民一庭杜万华庭长来闽调研指导要求，3月，省法院民一庭及时部署，要求各中院在本辖区内确定两个基层法院作为小额速裁试点单位，并组织人员深入福州、宁德、厦门、漳州等地基层法院、人民法庭开展调研指导，汇总整理数据，征求对《最高人民法院关于适用小额诉讼程序审理民事案件相关问题的指导意见（征求意见稿）》的修改意见和建议，全面梳理总结福建省小额诉裁试行情况，为最高人民法院推进小额速裁工作提供详尽参考素材。

二、持续深化司法品牌建设，不断推动社会管理与创新

全省法院坚持继承发展创新，通过品牌创建、特色引领，增强民事审判工作创先争优的系统合力和内生动力，经过长期努力，在民事审判领域开创了一批独具福建特色，又有典型示范、辐射带动作用的司法品牌，产生了良好反响。

（一）进一步深化涉军维权“福建经验”，切实提高涉军维权工作水平

一是加大与解放军人大代表的沟通力度。为增进解放军人大代表对法院工作的理解和支持，推动军地融合发展，省法院在“八一”节前组织三级法院开展向解放军人大代表大走访活动。省法院民一庭领导及院涉军维权合议庭成员走访省人大代表、解放军61,716部队政委，向其通报全省法院涉军维权工作情况，听取意见和建议。全省各中院及基层法院亦结合当地实际和特色同步开展此项工作，会同当地解放军代表团牵头单位（省军区、各军分区及人武部）联合走访对应级别的解放军人大代表，汇报法院系统支持部队建设及开展涉军维权工作的情况，听取意见，改进工作。二是积极筹备参与全省司法拥军工作座谈会。10月31日，省法院会同省双拥办、省司法厅和省军区政治部在三明永安市联合召开全省司法拥军工作座谈会，省军区、解放军军事法院、南京军区军事法院等部门相关领导同志出席会议，对省法院的涉军维权工作给予了高度肯定。省军区、省委政法委、省法院、省司法厅、省双拥办、驻闽部队各大单位政治部等130人参加会议，福州中院、三明永安法院等4个单位在会上做典型经验交流。会议期间，组织与会代表参观部队军史馆、全省司法拥军图片展等。三是各地继续开展“八一”送法进军营活动。通过赠送法律书籍，宣讲法律知识，提供咨询服务，与基地官兵就涉军维权工作等相关问题进行座谈，了解部队官兵涉法问题的新情况、新动向，拓宽涉军维权法律服务覆盖面。四是组织省法院司法拥军主题公众开放日活动。8月10日，省法院举办以司法拥军为主题的公众开放日活动，150余名部队官兵代表参加开放日活动，代表们听取了全省法院涉军维权工作情况通报，并就民间借贷、征地补偿、婚姻继承等问题进行法律咨询。通过交流，代表们对全省法院长期以来为维护国防利益和军人军属合法权益所做的卓有成效的工作表示感谢，并希望继续加强联系，促进军地融合发展。

（二）进一步拓展涉妇儿司法维权工作领域，涉妇儿维权工作再上新阶

一是积极作为，开展婚姻家庭案件相关调研。结合办理省政协委员《关于开展“幸福婚姻计划”的建议》提案，开展全省法院婚姻家庭案件审理情况调研，研究制定《福建省高级人民法院关于婚姻家庭案件调解指导性意见》，围绕离婚、涉家暴、离婚后财产、抚养、婚约财产等不同类型的婚姻家庭纠纷案件，提出具体的调解方法。二是拓展服务，开展主题维权活动。以“三八”妇女节为契机，在全省法院系统开展以“迎接党的十八大，巾帼送法促和谐”为主题的维权服务月活动，努力在社会上营造“关爱妇女儿童”的良好氛围。关爱流动儿童，参加省法院机关组织的“爱心妈妈”看望流动儿童学生活动，与孩子们亲切交谈、真情互动，并送上羽毛球拍等“六一”儿童节礼物。三是多方沟通，交流推广经验。9月，在最高人民法院与全国妇联联合召开的全国妇女维权合议庭工作经验交流会上作典型发言，省法院妇女维权合议庭工作经验受到各方肯定和关注，并接受有关电视台采访。10月，在省法学会婚姻家庭研究会年会上作《婚姻家庭审判中的妇女权益保护》专题发言，介绍全省各地法院将社会性别意识引入婚姻家庭审判实践，推进妇女司法维权工作等情况。

（三）进一步完善涉劳维权工作机制，涉劳维权工作有序推进

与省总工会、省人力资源和社会保障厅联合开展调研，推进《关于构建劳动争议处理机制的指导意见》的贯彻落实。依托省法院民一庭成立省法院维护职工合法权益合议庭，专门审理劳动争议案件，促进审判专业化建设。截至11月底，全省三级法院全部设立了维护职工合法权益合议庭，主动与当地劳动行政及总工会等部门配合沟通，成为妥善处理各类劳动争议纠纷，全力维护社会安定稳定的重要力量。如南平中院与南平市人力资源和社会保障局、市司法局、市总工会联合下文，建立“三员一代理”劳

动争议处理制度,有效衔接不同部门之间的调解及信息交流机制。龙岩中院与该市总工会建立"一庭一室四制度"的维护职工权益新机制,利用职工维权110联动机制、法律咨询服务台、劳动争议调解室等平台,宣传法律,调处纠纷,取得良好效果。自8月新机制建立以来,共启动113次,解决劳动争议纠纷94起,维护职工权益137人次,涉案金额达113.4万元。此外,省法院民一庭和福州中院民一庭还参与最高人民法院组织的《劳动法案例教材》撰写工作,现已完成撰稿任务;组织省法院机关以劳动者权益司法保护为主题的法院公众开放日活动及新闻发布会,通报工作情况,展示图文资料,解答有关问题等。

(四)进一步开拓新的司法品牌,着力扩大民事审判影响力

一是利用地缘优势建立涉侨维权工作机制。泉州中院与该市归国华侨联合会共同制定《关于建立涉侨维权工作衔接互动机制的实施意见》,建立涉侨维权工作联席会议,完善涉侨案件特邀调解员制度,开设涉侨诉讼"绿色通道",开展侨法宣传月等活动,为侨胞、侨企提供全面有效的法律服务。二是与房产中介协会共建二手房买卖诉调衔接机制。厦门中院民五庭开展专项调研,规范二手房买卖合同范本,向该市房地产中介协会提出司法建议,制定并实施《厦门市中级人民法院、厦门市房地产中介行业协会关于建立诉调衔接工作的若干意见》,将诉前调解、委托调解、邀请调解作为二手房买卖合同纠纷的重要解决机制,构建大调解格局,促进矛盾化解关口前移,缓解案件激增压力。

三、夯实基层基础,持续推进人民法庭工作全方位开展

一是通报并部署全省人民法庭工作。下发《2011年全省人民法庭工作情况通报》,要求各中院对照检查、互相学习、及时整改。制定《2012年全省人民法庭工作意见》,分析、总结2011年全省法庭工作情况,在强化政治责任、能动司法、民生保障、公正司法等六个方面提出明确要求,全面推进全省人民法庭工作的发展进步。二是积极回应人大代表关切问题。根据省十一届人大六次会议中有关代表提出的《关于开展巡回法庭进社区的建议》和《关于增设人民法庭适应社会司法需求的建议》等,省法院民一庭认真开展调研后形成书面报告答复人大代表,代表们均表示满意。开展代表建议办理工作"回头看",对巡回法庭进社区工作情况及新增设人民法庭情况及时函复人大代表,持续做好跟进指导。三是持续加大巡回法庭进社区工作指导力度。在福州中院先行开展试点工作的基础上,通过多次调研,不断总结、完善工作,制定相应的指导意见,从强化思想认识、规范运作机制、明确目标要求等方面进行规范,满足人民群众对司法便民利民的新要求和新期待。四是做好人民法庭设立审查工作。经报请省法院党组研究同意新设一批法庭,对个别法庭进行更名迁址,对各中院申报的其他法庭进行实地考察和可行性研究,完成前期设立审查工作。五是强化对人民法庭调解工作的指导。组织参加全国人民法庭调解经验座谈会,漳州长泰法院岩溪法庭在会上做调解典型经验介绍,获得好评。为落实本次座谈会精神,省法庭民一庭在精心搜集汇编全省法庭调解经验以及漳州诏安法院四都法庭巡回审判工作经验的基础上,编制《人民法庭调解工作经验汇编》暨《福建民事审判参考》第四期供全省法院民一庭及人民法庭借鉴参考。

四、加强队伍建设,着力打造民事审判过硬队伍

全省法院按照最高人民法院、省法院的部署安排,扎实开展民事案件庭审和裁判文书"两评查"活动,坚持人人都要参与、案案接受评查,找差距、补短板、练技能、推先进、带后进、促中间,通过严格规范司法行为,有效提高民事法官审判业务能力和办案质量效率。积极参加主题教育实践活动,提升队伍素质,增强司法公信力。全省法院民一庭以学习贯彻党的十八大精神为主线,以政法干警核心价值观教育实践活动和"人民法官为人民"暨司法公信建设活动、保持队伍纯洁性活动等为载体,高举旗帜,忠诚履职,扎实推进党建队建,取得积极成效,全省民一庭系统先进集体和先进个人不断涌现,一支高素质的民事审判队伍正在形成。

江西省人民法院2012年民事审判工作概况

2012年,江西法院在最高人民法院的正确指导下,在江西省委、省政府、省人大的领导、支持和监督下,坚持"三个至上"指导思想,围绕"为大局服务,为人民司法"的工作主题,紧密结合"政法干警核心价

值观”教育实践活动，以庭审评查和裁判文书评查活动和“案件质量提升年”活动为契机，狠抓审判管理创新和队伍建设，大力提升案件质量，不断提高调研指导水平，为推动江西实现“科学发展，进位赶超，绿色崛起”提供了有力的司法保障，圆满地完成了各项工作任务。现将一年主要工作总结如下：

一、以审判工作为中心，妥善审理各类民事纠纷案件

2012年江西法院共审结民事纠纷案件（不含买卖合同、融资租赁合同、金融机构企业借款、金融信用期货保险、知识产权、涉外纠纷等案件，以下同）122,161件，其中一审案件112,709件，二审案件9452件，案件标的金额134.3亿元人民币，以简易程序审理91,123件，占审结案件的74.59%。以案由划分，审结的案件中婚姻家庭继承纠纷35,695件、权属侵权纠纷31,616件、房地产开发经营合同纠纷2027件、民间借贷纠纷17,266件、建设工程施工合同纠纷1879件、劳动争议和劳务合同纠纷4625件。一年来，江西法院妥善审理涉及土地、工程、民间融资借贷等各类民事纠纷，有效应对各类市场要素非正常波动引发的新情况、新问题，着力保障和服务“稳中求进”的总基调，促进了全省经济平稳较快发展，在服务大局上作出了重要贡献；加强对拖欠农民工工资、劳动争议、工伤赔偿、交通肇事赔偿、医疗赔偿等案件的审理工作，维护好群众特别是弱势群体的切身利益，着力保障和改善民生，在司法为民上取得了明显成效；法理、情理兼顾，依法调处婚姻继承、赡养抚养、相邻关系等案件，着力保障和实现和谐稳定，在倡导风尚上形成了良好示范。

二、以“两评查”等专项活动为抓手，不断提升审判质效

2012年省法院按照最高人民法院的统一部署，从全省法院队伍建设和审判工作实际出发，围绕进一步提升队伍素质、审判质量和司法公信力，结合深入推进政法干警核心价值观教育实践活动和“人民法官为人民”主题实践活动，在全省法院系统部署开展了民事审判庭审评查和裁判文书评查活动。省法院及时制定了《关于开展庭审评查和裁判文书评查活动的实施方案》，扎实组织开展民事裁判文书评查和庭审评查活动。2012年5月至10月，全省法院共评查各类裁判文书67,445件，庭审3936次（均含刑事和其他案件），推出了许多高水平、高质量的庭审和裁判文书，其中5个民事案件庭审、8个民事案件裁判文书分别被省法院评为优秀庭审和优秀裁判文书，2个民事案件庭审和3篇民事案件裁判文书被最高人民法院分别评为优秀庭审和优秀裁判文书。在这次活动中，全省各级法院认真组织，扎实推进“两评查”工作，以“两评查”活动为抓手，坚持实事求是，通过深入细致开展评查，查找出庭审和裁判文书中的各种问题和瑕疵，并有针对性地开展讲评、整改和业务培训，健全完善相关制度规范，达到了找差距、补短板、练技能、提质效的目的。

三、以矛盾有效化解为目标，着力完善多元纠纷解决机制

为了切实解决各类纠纷案件特别是民事案件中的矛盾化解难题，统一全省法院审理相关案件思路和妥善处理案件方法，加大全省法院社会矛盾化解力度，省法院专门出专门出台了江西省高级人民法院《关于加强社会矛盾化解工作、维护社会和谐稳定的若干意见》，就妥善化解农村集体土地、城市国有土地上房屋征收拆迁纠纷、涉农纠纷、环境污染纠纷、医疗纠纷、婚姻家庭纠纷、民间借贷纠纷等群众关心、社会关注的疑难问题提出了的指导性原则和具体方法。《意见》出台后，对全省法院审理类似案件起到了积极指导作用。江西法院始终坚持“调解优先，调判结合”原则，建立覆盖立、审、执审判全过程的调解机制，2012年全省法院审结的民事案件中有86,704件以调解撤诉方式结案，占审结案件的70.97%，绝大部分案件实现了案结事了。同时继续完善“三调联动”、诉调对接、司法协理工作机制，强化立案调解和诉前调解，全省法院在诉前和立案阶段调解案件10,053件，12,748名司法协理员协助法院工作39,955人次。

四、坚持司法为民宗旨，着力创新便民利民举措

开展小额速裁试点是最高人民法院2011年创新推进的一项重要司法改革，是人民法院推进社会管理创新，切实践行司法为民宗旨，强化便民利民的务实举措。2011年5月，江西作为最高人民法院小额速裁试点工作省份，确定安福县人民法院、南昌市青山湖区人民法院、新余市渝水区人民法院和万年县人民法院为试点单位。一年多来，各试点法院按照最高人民法院的指导意见，根据各地实际情况，积极探索，创造性开展工作，截至2012年年底，试点工作结束，四个试点法院共受理小额速裁案件1137件，审结1040件。试点工作得到了试点法院辖区广大群众的认可和支持，群众打官司程序更简便了，时间更短了，费用更低了。各试点法院充分利用小额速裁程序优点，积极打造程序简便的审理方式。小额案件受理后，快于一般案件，当日移交给承办法官，若原告、被告能到场，可当即进行调解，若当事人放弃法定答辩期，法官也可当即审理，庭审简化，判决书制作也相对简化。小额速裁程序审判效率明显提高了是各试点法院的直接感受。根据统计,各试点法院适用小额速裁程序审理案件平均结案率为7天左右,很多案件在3天内审结完毕。案件审理效果好、调解撤诉结案率高、主动履行率高是小额速裁试点的另一个显著特点。小额速裁追求的不仅是速度,维护群众合法权益,确保案件公正审理,切实化解矛盾纠纷才是根本目标。在四个试点法院审结的1040件案件中,有1029件通过调解撤诉方式结案,调解撤诉率达98.9%。由于调解率高,加之案件标的小,很多案件调解结束时当场就履行完毕,绝大部分案件当事人能够自动履行。四个试点法院以判决方式结案仅11件,当事人都服判息诉,无一复议申诉。由于小额速裁实行诉讼费减半收取,加之审理时间短效率高,群众打官司各种费用也少了,诉讼负担也更轻了。2013年1月1日,修改后的民事诉讼法正式实施,小额诉讼制度正式实施,试点法院作为小额诉讼先行先试者,继续发挥优势为群众提供更高效便捷公正的司法服务,其积累的经验和好的做法可以为全省法院全面开展小额诉讼提供有益借鉴。

五、加强调研指导,提升全省民事审判整体水平

2012年3月19日至21日,省法院在南昌召开了全省民事审判工作会议。此次会议首次采用现场和视频同时进行的方式在全省举行,各中级法院分管副院长及民一庭、相关业务庭庭长共33人在现场参会,各中、基层法院从事民事审判工作的法官通过三级专网参与了视频会议。郭兵副院长全程参与会议并作了重要讲话。会议传达了2011年全国民事审判工作会议精神,就目前民事审判工作中存在的热点、难点问题进行了全面细致学习探讨,同时对自2009年以来全省民事审判工作中存在的典型问题进行分析,总结了经验教训,初步解决了各地在类似案件审理上的差异性,就民一庭管辖的传统民事案件在审判中的法律适用问题进行了统一。除了会议外,省法院还在2012年10月28日至11月2日举办了全省法院民事审判业务培训班,就房地产及相关物权纠纷、婚姻家庭纠纷、建设工程施工合同纠纷、劳动争议及侵权损害赔偿纠纷、道路交通事故损害赔偿纠纷等审判实务中常见问题进行了讲解和解答,同时邀请了专家学者就合同法理论与实践、民事诉讼法修改中的问题进行了理论探讨,全省各中、基层法院从事民事审判的法官共120余人参加了培训班。培训班的举办对于促进全省民事法官学习最新理论成果、增进对法律、司法解释的理解、统一裁判理念和法律适用,发挥了重要作用。为解决道路交通事故救助基金管委会的诉讼主体地位问题,及时对交通事故中身份不明的受害人、赔偿义务人无履行能力的受害人开展救济。自2011年起省法院多次与省财政厅召开座谈会、共同调查研究,反复讨论,几经修改,于2012年10月经本院审判委员会讨论,通过《关于道路交通事故社会救助基金垫付费用追偿及相关事项的通知》,与省财政厅联合发文下发至全省各级法院、各市县财政局。该《通知》是《道路交通安全法》及《侵权责任法》实施后,我省对道路交通事故损害赔偿纠纷所做的有益探索,有利于受害人得到及时救助和赔偿。省法院还按照最高人民法院的要求,在全省各级法院的支持和共同努力下,完成了对建设工程施工合同纠纷案件审理情况、民间借贷纠纷案件审理情况、消费者权益波爱护案件审理情况、农村承包地征收补偿费的调研,这些调研对全省各级法院解决相关案件审理中的疑难问题起到了一定作用。

六、创设网事审判庭,进一步探索网络侵权纠纷案件审理

2011年4月江西法院出台了审理网络侵权纠纷案件适用法律若干问题指导意见,对网络侵权案件的审理进行规范,走在全国法院前列,引起了新华社等媒体和社会的广泛关注。2012年4月在省法院的指导下,青山湖区法院、莲花县法院、都昌县法院、鄱阳县法院、井冈山市法院先后设立"网事审判庭",网事审判庭与民一庭合署办公,专门审理网络侵权案件。2012年4月7日,全省第一起以网络虚拟名称"老虎娘"为被告的网络侵权案件在青山湖法院受理,经协调江西省公安厅网监处确定"老虎娘"的现实真实身份后,"老虎娘"主动删帖道歉,与原告达成和解。2012年4月16日,"江西微博侵权第一案"在抚州市中级人民法院二审开庭,大江网、江西日报、江西新闻法制频道等媒体全程跟踪报道。江西法院"网事审判庭"的创设乃全国首创,是续2011年我庭出台江西省高级人民法院《关于审理网络侵权纠纷案件适用法律若干问题的指导意见(试行)》后又一创举。在全国范围内引起了较大反响,人民网、中国法院网、新华网、新浪网、法制网等新闻媒体进行了广泛的报道和肯定。

七、以主题教育实践活动为导向,抓队伍建设,树立司法公信

2012年江西法院以"发扬传统、坚定信念、执法为民"、"人民法官为人民"、"政法干警核心价值观"和社会主义法治理念再学习再教育等一系列主题教育活动的开展,转变审判作风,大力提高队伍素质和司法廉洁,增强民事审判司法公信力,取得了良好成效。一是抓主题教育活动,提高队伍素质,树立司法公信。省法院按照中央、最高人民法院、省委政法委的要求,统一部署开展"发扬传统、坚定信念、执法为民"、"人民法官为人民"和"政法干警核心价值观"等主题教育活动,江西各级法院民事审判法官深入学习落实党的十八精神,结合各项主题教育活动,进行政治思想教育,进一步增强民事审判法官政治敏锐性、大局意识、群众观点和立场,提高了民事审判队伍政治素质。二是各级法院不断转变审判工作作风,抓好廉政建设,确保民事审判司法廉洁,树立司法公信。江西各级法院民事审判法官严格落实《中华人民共和国法官职业道德基本准则》、《法官行为规范》、《人民法院文明用语基本规范》等规范准则,切实改进审判作风,树立良好的职业道德,提高为民司法的服务水平。同时认真执行中央政法委"四个一律"、最高法院"五个严禁"和其他廉政纪律规定,全年未发生重大违法违纪事件。

河南省人民法院2012年民事审判工作概况

2012年,全省法院认真履行职能,全面加强公正司法,不断加强审判管理,审判质效有明显提升,全年共受理各类民事案件402,042件,审结案件340,638件,诉讼标的金额384.8341亿元。其中,调解、撤诉220,096件,调撤率为64.61%。省法院共审结各类民事案件912件,诉讼标的金额18.6028亿元。

一、公正司法,妥处矛盾,有力维护社会和谐稳定

(一)强化民事审判管理,严把案件质量关

建立严格的审判质效管理制度、考核制度,充分利用联席会制度、审委会制度、案件请示制度解决重大、疑难、复杂案件。如平顶山中院加强审判节点管理,实行结案临期提示,对即将到期的案件,由审判管理系统自动向承办法官发送短信提醒。安阳中院制定并严格落实《关于开展集中清理超审限案件实施方案》、《关于贯彻〈安阳市中级人民法院关于二审再审案件发回重审的有关规定〉的实施意见》、《关于民商事案件释明权暨判后答疑若干问题的指导意见》。周口中院制定并认真落实《"四无"办案目标奖惩办法》、《案件发回改判责任追究办法》、《错案责任终身追究办法》。郑州中原区法院实行案件四级把关制,先由承办案件的民庭庭务会研究;形不成一致意见的,交由院法官咨询小组研究;仍未能形成一致意见的,由主管副院长、专职审委会委员、民庭庭长、人民法庭庭长组成民商审判联席会,重点研究;必要时,再提请院审委会讨论解决。该院还制定《民商事审判岗位职责(试行)》,规范对法官、书记员的管理,科学分工。

(二)创新矛盾化解方式,全力破解信访难题

全省法院始终坚持"息诉罢访、群众满意"工作目标,开展集中接访、"万名法官回访万名当事人"活动,实行院长定期接访、庭长天天接访,确保来访群众人人受接待、件件有回音。全省涉诉进京访、进京集体访、进京越级访同比均有大幅下降。进京上访量全部退出全国50名,基层法院全部退出前100名。各地法院认真总结出了化解信访案件、破解信访难题的工作方法。如郑州中院创造出以下破解信访难题的方法:一是通过案件听证论证会的方式破解信访难题。对重大、疑难复杂信访案件,召开听证论证会听取各方意见。二是实行"三三制"工作法化解信访难题。首先,"三见面"约谈当事人,审判长、庭长、主管副院长分别与一、二、三级网格长,到当事人所在地进行逐案回访、约谈当事人,倾听诉求、释法明理。其次,通过与当地网格长、基层法院、上级法院的"三联动",探求解决矛盾、化解纠纷的综合解决机制。最后,"三依靠"融入网格管理,整合资源,维护稳定。对于集团案件、疑难复杂案件、敏感案件等,及时向党委政法委汇报,寻求党委政法委的支持;依靠当事人所在县、市、区的党委、政府,寻求司法层面之外的纠纷解决机制;依靠网格长,做好当事人的稳控工作。

(三)以"两评查"活动为契机,提升民事审判质效

一是多措并举开展"两评查"活动。采取全员参与评查,扩展评查对象的范围,对裁判文书和卷宗实行自查、交叉评查和抽查相结合,创新庭审评查方式等措施开展两评查活动。最高人民法院"两评查"活动检查组到郑州法院进行庭审评查时,高度评价郑州两级法院开展两评查活动所做的各项工作,并表示一些经验要在全省乃至全国推广。二是积极指导全省法院开展评查活动。省法院评查组深入各地,观摩示范庭,指导两评查活动的开展。评查组成员

对案件的庭审过程进行观摩并现场打分,庭审结束后,与合议庭成员进行面对面的点评。三是对庭审和裁判文书评查情况进行通报。评查结束后,对全省民事审判庭审的案件选题、庭审礼仪、庭审焦点归纳、庭审节奏控制等逐一进行点评,并指出庭审中存在的礼仪不规范、庭审控制能力差、合议庭分工不明确等问题。对照最高人民法院下发的裁判文书制作规范评查民事裁判文书,指出裁判文书存在的说理不清楚、不充分的等13类问题。并对庭审和裁判文书评查情况予以通报。郑州等中院出台《普通民事案件庭审规范及裁判文书制作模板》,印发至全院及各基层法院民事审判庭,加强对民事庭审活动及裁判文书制作的规范和管理。

二、司法为民,保障民生,不断满足人民群众的新要求和新期待

(一)继续开展拖欠农民工工资案件集中办理活动,维权讨薪、捍卫正义

近年来,恶意拖欠农民工工资已成为扰乱经济秩序、影响社会和谐的突出社会问题。特别是年末岁尾,欠薪纠纷高发多发。为此,自2010年以来,河南法院连续开展四次"拖欠农民工工资案件集中办理"活动,共审结此类案件9513件,为26,098名农民工当事人追回劳动报酬5.65亿元,有力维护了农民工的合法权益,解决了一批影响社会和谐稳定的突出问题,赢得了社会各界的普遍赞誉,受到最高人民法院、河南省委省政府有关领导的充分肯定。第四次活动还被省委政法委和河南法制报联合评选为"2012年度河南十大政法新闻"之一。主要做法:一是成立专门机构。设立专门审判庭、合议庭,对讨薪案件集中审理。三级法院院长作为第一责任人,带领广大法官深入建筑工地、厂矿企业调查取证,就地办案。二是提高维权效率。对讨薪案件快立、快审、快结、快执,优先立案、优先审理、优先执行,试行小额诉讼速裁机制,推行"工棚法庭"、"假日法庭"、"灯光法庭",对经济确有困难的农民工,依法为其办理诉讼费减、缓、免手续,并免收执行费。三是构建长效协调联动机制。与人力资源社会保障、住房城乡建设、工会、仲裁等部门建立联席会议制度,定期沟通信息、集中协商、联合执法,共同构筑起保护农民工的铜墙铁壁。河南高院向省建设厅发出司法建议,分析欠薪案件频发的成因并有针对性地提出建议,制定《关于进一步加强拖欠农民工工资案件审判执行工作的意见》,规范欠薪案件办理工作。平顶山中院发布《劳动争议案件审判情况白皮书》,对劳动争议案件审理工作进行分析研判,提出建议,提高用工单位和劳动者守法经营和依法维权意识。四是果断动用刑罚。在第四次活动中,对使用民事、行政等多种手段仍不能解决的欠薪案件,借助"拒不支付劳动报酬罪"入刑的契机,在公安、检察机关工作的基础上,对9名恶意欠薪的企业主追究刑事责任。《人民日报》、中央电视台、《法制日报》、《人民法院报》和省内多家媒体进行了专题报道。

(二)扎实开展劳动者权益保护审判庭试点工作,实现劳动者权益保护案件集中化、专业化、精品化审理

为扩大"拖欠农民工工资案件集中办理"活动的效果,根据院党组的决定,河南高院通过调研,确定在郑州等5个中院及金水区法院等10个基层法院开展劳动者权益保护审判庭试点工作。2012年2月15日,组织召开各中院主管院长参加的试点工作座谈会,进行安排部署,明确了受案范围、机构设置及职能。2012年4月20日,省法院与郑州中院、郑州市总工会、市人社局、市劳动人事争议仲裁委员会、市劳动人事争议仲裁院等相关部门共同组织召开研讨会,研究解决劳动者权益案件审理中的疑难问题。会后,郑州中院出台了《劳动者权益保护暨劳动争议审判实务研讨会会议纪要》,目前已在郑州市两级法院执行。2012年10月26日,省法院在郑州市二七区法院召开全省劳动者权益保护审判庭试点工作座谈会,总结成绩,交流经验和做法。

(三)认真开展保护妇女儿童合法权益工作,切实维护弱势群众的权利

2012年3月1日,省高院下发《关于在全省法院成立妇女儿童维权合议庭的通知》,要求全省各级法院在2012年6月30日前成立妇女儿童维权合议庭,主要审理涉及妇女儿童合法权益的民事案件。截至2012年10月,全省三级法院共建立妇女儿童维权合议庭180个;维权合议庭共有法官682人。全省法院按照全面保护、特别保护、优先保护、延伸保护的原则,采取多项措施,妥善审理涉及妇女儿童等弱势群体的案件,延伸法律服务职能,拓展维权思路,为妇女儿童维权构筑了坚固的司法防线。截至2012年10月,维权合议庭共审理各类案件13,734件,其中家庭暴力引起的婚姻家庭案件1779件、侵犯妇女儿童人身权利案民事案件3603件、侵犯妇女儿童财产权案件2449件、母亲对子女监护权案件748件、侵犯妇女劳动权益案件1018件、儿童抚养权、教育权等合法权益受侵害案件792件、农村土地承包纠纷外嫁女征地补偿纠纷案件649件。2012年11月2日,河南高院、河南省妇联、共青团河南团委、郑州中院联合举办"维护妇女儿童合法权益暨婚姻家庭纠纷案件审判实务研讨会",并印制《婚姻家庭纠纷案件论文

集》、《婚姻家庭纠纷案件案例集》，对婚姻家庭纠纷案件中的疑难问题深入进行研讨，统一裁判尺度。

（四）全面落实司法便民利民措施，让人民群众在每一个司法活动中都感受到司法的关怀和温暖

始终以方便群众诉讼为出发点，积极探索、创新、落实司法便民措施，确保人民群众合法权益及时有效地得到保护和实现。一是坚持弘扬马锡五审判精神，把法庭开到离老百姓最近的地方。弘扬深入群众、巡回审判，依靠群众、化解矛盾的优良司法传统，秉承"让法官多走路、让群众少跑腿"的工作理念，深入乡村、社区、企业，就地开庭审理案件，就地化解矛盾纠纷，让老百姓免受诉讼奔波之苦。不少地方设立车载巡回法庭、旅游纠纷巡回法庭、道路交通事故巡回法庭等，增加巡回审判点，扩大司法服务范围。二是认真落实"便民小黑板"制度。全省大部分法庭都在显著位置悬挂"便民小黑板"，公布法官工作动态和联系方式，方便群众诉讼。三是落实"一校一法官"、"一村一法官"、"一企业一法官"制度。广大民事法官深入村（社区）、企业、学校，开展以案释法、回访帮教、法制讲座等活动。部分民事法官担任大学、高中、初中、小学等学校的法制副校长，为在校老师和学生提供法律咨询。

三、围绕中心，服务大局，全力护航中原经济区建设

（一）切实做好涉军维权工作，为部队官兵解除后顾之忧

1996年，汤阴县法院成立全国首家"维护军人军属合法权益巡回法庭"。近年来，省法院制定了"汤阴经验"发展规划，建立涉军巡回法庭161个，在兵员大市和驻军要地建立维军社会法庭。完善各级法院、军队、党政机关、社会团体共同参与的"一组一庭一站一所一岗"工作机制，合力化解涉军纠纷，确保人民子弟兵安心服役，促进军民融合发展。中央军委领导称赞："汤阴经验"，功在当代，利在三军，利国利民。河南高院民一庭被济南军区政治部和豫鲁两省法院联合表彰为"2012年度送法进军营先进集体"。

2012年主要开展了十项工作：一是河南高院与济南军区政治部联合召开学习宣传推广"汤阴经验"工作部署会，10余位省军级领导首长应邀出席，央视和人民日报、解放军报等媒体给予报道。二是举行了"法院开放日送法进军营"活动，张立勇院长带领院领导及各部门负责人赴部队驻地，召开军地座谈会，征求部队对法院涉军维权工作的意见，为部队官兵提供法律咨询。三是河南高院联合山东高院出台支持军事法院工作的意见，在全国法院系统是第一家。四是6个试点中院挂牌成立维军社会法庭。五是积极向省双拥办汇报协调，推荐汤阴县人民法院参评全国"爱国拥军模范单位"并获批准。六是开展"新兵入伍法院送法"活动，为入伍新兵发放法律宣传单，提供法律服务。七是河南高院年万红副院长为省军区400余名官兵作了法律知识辅导报告受到好评。八是到鹤壁中院和驻新乡某集团军组织召开军地座谈会，了解官兵司法需求，提高维权针对性。九是建立涉军案件统计月报制度，督办涉军维权案件53件，有效保护了军人军属的合法权益。十是在央视《和平年代》栏目宣传河南法院涉军维权工作绿色通道的建立，编发涉军信息和《河南省涉军维权工作资料汇编》，宣传涉军维权工作。

（二）创新工作机制，服务城乡统筹发展

如洛阳中院制定《关于支持城市征迁改建和新型农村社区建设的实施方案》，全市法院460多名干警深入城乡征迁第一线，送法入户，辨法析理，化解各类征迁改建纠纷589起，促进依法征迁、阳光征迁、和谐征迁。出台《龙门大道改造提升工程专项司法服务实施方案》，洛阳中院和洛龙区法院分别成立专门合议庭和法律服务小组，帮助疏导群众情绪，审结项目建设中的征迁诉讼案件37件，保障了重点工程的顺利进行。平顶山中院出台《关于积极参与流动人口服务管理的实施意见》，维护城市流动人口的合法权益，提高城市管理水平。信阳中院制定《服务保障农村改革发展综合试验区和中原经济区建设的意见》，助推城乡一体化建设，加大对特色优势农业的司法保护，审结涉粮、果、茶、渔业纠纷307件。

（三）创新服务措施，支持企业发展

注重维护市场交易秩序，保护诚实守信，制裁违约欺诈，妥善审理商品房买卖、股权转让、借贷担保等合同纠纷案件。对涉及小微企业的小标的额案件，适用速裁方式快速化解；对涉及国有重点企业、民营骨干企业的复杂疑难案件，抽调优秀法官妥善处理。洛阳中院开展"千名法官进千企"活动，选派两级法院院长、庭长担任155家重点企业的法官联络员。鹤壁中院开展"百名法官走访百家企业"活动，出台《服务保障"三化"协调科学发展意见》，助推企业发展。

四、立足实际，改革创新，不断完善民事审判工作机制

（一）积极推进阳光司法

为增加司法透明度、提高司法公信力，河南法院全力推行裁判文书上网，截至2012年年底上网文书达39万余份，居全国法院第一；实行庭审网络视频直播，直播案件29,966件。开通"豫法阳光"微博，创

立“网评法院”、“网上调解室”、“网上诉求合议庭”,及时回复办理网民诉求。如洛阳两级法院全面开通政务网站,发布政务微博15,734条,编发《洛阳法院手机报》50期。推行公民自由听审,不用事先预约,老百姓就能走进任何一个法庭,旁听公开审理的案件。开展“公众开放日”活动,数万名群众来到法院,与法官零距离沟通,零距离感受司法。

(二)全面落实小额诉讼制度

坚持“小额案件快速审、简单案件简易审、复杂案件精细审”的原则,在依法保障当事人诉权的前提下,实现庭审方式的繁简分流。为保障修改后民诉法的实施,全面落实小额诉讼制度,河南高院民一庭与省统计局沟通联系,报经院审委会研究,确定了全省法院小额诉讼案件标的金额和承办法官选用条件,并就相关事项下发通知,指导全省法院小额诉讼程序的正确适用。

(三)大力推行社会法庭

为解决困扰法院的案多人少、案结事不了两大难题,河南法院创新思路,从人民群众中寻求解决问题的新力量,动员和组织36,308名德高望重、熟悉社情民意、热心公益的基层老党员、老干部担任社会法官,根据法律法规、乡规民约、道德伦理,专门调处赡养扶养、婚姻家庭、邻里关系等民间纠纷。目前全省建立社会法庭2249个,成功化解矛盾纠纷156,842件。不少地方还成立了特色社会法庭。如信阳中院在罗山尤店蔬菜产区、固始九华山风景区、光山羽绒产区、商城工业园区等地建立特色社会法庭11所。济源法院成立了交通事故、产业集聚区、医患纠纷、涉军维权、克井镇北辰社区5个特色社会法庭。

(四)加强与代表委员的沟通联络

三级法院均成立专门联络机构,开通24小时专线电话、专用电子信箱,推出代表委员“联络专刊”、网络专栏、“豫法阳光报告”彩信,及时通报工作。法院干部与每位省人大代表结对联络。聘请代表委员担任监督员,邀请代表委员视察法院、旁听庭审、评查案件。对代表委员提出的意见、建议和提案,统一交办、专人承办、跟踪督办。对代表委员关注的案件,实行领导包案、提级审查、专门合议庭审理,特别是对办理结果与代表委员意见不一致的案件,通过当面答复代表委员,做好释法析理工作,争取代表委员对办理结果的认同。办结率和代表委员满意率都在98%以上。

五、注重调研,加强指导,提升全省民事审判质量

(一)召开全省民事审判工作座谈会

2012年9月26日,河南高院组织召开全省法院民事审判工作座谈会。河南高院党组副书记、副院长谢德安、副院长史小红等出席了会议。会议就全省民事实践中的若干热点、难点问题统一了认识,并对全省法院学习和贯彻修改后的民事诉讼法提出明确要求。会前,民一庭梳理了近年来的民事审判工作中的热点、难点问题,初步形成了会议纪要讨论稿,会上进行了讨论。

(二)加强对下级法院的业务指导

一是规范对下级法院的指导监督。如郑州中院出台《加强上下级法院互动暨对基层法院民事审判业务指导的若干规定》、《关于发回重审案件沟通指导的意见》、《加强对所辖基层法院民事信访工作监督指导意见》等一系列制度,从规范基层法院案件请示制度、发回重审案件交换意见、办理程序以及信访案件监督指导方式、信访责任归属等方面,进一步完善对下级法院的有关业务指导监督机制。二是完善案件请示制度。对下级法院请示的涉及法律理解和适用的问题,提交审判长联席会扩大研究,帮助其理顺思路、正确理解和适用法律。对下级法院反映的有共性的疑难复杂案件,通过开展典型案例分析会、疑难问题探讨会等形式,统一法律适用和裁判尺度。三是每季度对发回改判案件进行通报。省高院每季度对各中院及基层法院发回改判案件情况进行通报。各中院也定期对辖区基层法院发回、改判案件情况进行通报,指出基层法院在民事审判工作中存在的问题,统一裁判尺度。

(三)加强专项调研指导

河南高院民一庭组织全省法院先后开展了民间借贷、国有土地使用权合同和房屋买卖合同纠纷案件等调研工作。针对近年来劳动争议案件数量大幅上升,群体性纠纷增多,法律适用难等问题,河南高院民一庭编印了《劳动者权益保护审判手册》,下发全省法院,指导劳动争议案件处理;并从近几年来的调研成果中筛选出与审判实务密切相关的调研报告,汇编成册,下发全省法院,指导民事审判工作。

(四)加强对人民法庭的指导

基于人民法庭独特的地位和职能,我们对人民法庭的业务指导坚持做到突出重点、有针对性。推行中院、基层法院党组成员联系人民法庭制度,定期到联系的人民法庭指导工作。周口中院还设立人民法庭管理处专门负责对人民法庭的指导和管理。加强法庭文化建设,建设学习型法庭,强化对法庭法官的业务技能培训,提高基层法官的业务素质。积极开展精品案件评选、办案竞赛、优秀裁判文书评选、庭审观摩竞赛等业务竞赛活动,营造比学赶超的良好工作氛围。建立法庭庭长联席会议制度,由主管副院长定期召集并主持各法庭庭长对审判业务、工

作难题进行集体研究，集思广益、群策群力。加强对人民法庭审判业务的监督管理，根据法庭工作实际，设置全面合理的工作目标任务，完善激励机制，制定人民法庭绩效考核制度。加强法庭信息化建设，巩义市法院等部分基层法院实现了派出法庭与全院并网，使法院局域网覆盖到每一个部门，确保全部案件纳入监管范围。人民法庭开通网上立案功能，实行远程电子签章，方便群众诉讼。2012 年 7 月，最高院副院长江必新到巩义市法院永安中心法庭视察工作后，对法庭的信息化建设予以高度评价。

（五）加强业务培训

省法院加大集中培训力度，提高培训的针对性和实效性，注重落实向基层倾斜的政策，扩大基层法官参加上级法院培训的比例，不断提高广大法官特别是基层法官的司法能力。省法院先后举办人民法庭庭长轮训班、基层民事法官培训班，基层法官业务素质、职业素养有了明显提升。鹤壁法院推行“文明大讲堂”和“一周一课”，聘请专家学者举办新修订民事诉讼法专题讲座。

湖北省人民法院 2012 年民事审判工作概况

2012 年，湖北省法院认真贯彻落实中央、省委和最高人民法院的工作部署，全面加强审判工作和自身建设，克难奋进、锐意进取，充分发挥职能作用，积极参与社会管理，不断深化改革创新，切实加强自身建设，努力推动审判质量、队伍素质、司法公信有效提升，为推进湖北科学发展、跨越式发展作出了应有贡献。

一、服务发展大局，充分发挥民事审判职能作用

2012 年全省各级法院共受理民事案件 385，723 件、审结 368，795 件，分别较去年同比大幅上升 39.18%、38.79%；其中省法院机关受理民事案件 1423 件，审结 1379 件，结案率 96.90%。全省法院共审结案件标的额 257.6 亿元，为湖北经济发展提供了强有力的司法保障。

1. 全省法院 2012 年共受理婚姻家庭民事案件 60，089 件：2012 年省法院民一庭编制了《2009 年度—2011 年度民事（民生）案件审判蓝皮书》，集中对涉及妇女儿童维权审判工作的概况和审判规律进行专项分析，并面向社会各界召开新闻发布会，介绍我省各级法院在维护妇女儿童权益方面做出的积极贡献，社会反响十分热烈；全省各级法院认真总结司法实践中的好做法好经验，着重维护妇女的婚姻自由权、对子女的抚养监护权、家庭共同财产的平等分割权以及作为弱势方在离婚后应得的物质帮助权；继续深入开展妇女儿童维权岗创建活动，进一步拓展活动空间，努力把涉及妇女儿童的社会矛盾纠纷化解在基层、解决在萌芽状态；深化拓展妇女儿童维权岗领域，扩大活动覆盖面，以妇女儿童维权岗为平台，充分发挥各级审判、检察、公安、司法、劳动人事等部门的作用，扎实做好涉及妇女儿童的社会矛盾纠纷排查调解工作，坚持依法依规处理涉妇涉童侵权案件；开通绿色诉讼通道，对追索抚养费、赡养费、医疗费等涉及妇儿维权案件，坚持优先立案、优先审理。

2. 全省法院 2012 年共受理权属、侵权及其他类民事案件 136，405 件：针对道路交通事故人身损害赔偿适用法律不统一问题，省法院组织开展专项调研，加强业务指导，统一裁判尺度；针对劳动争议案件复杂多发的特点，积极建立多元化劳资纠纷解决机制和群体性劳资纠纷化解机制，坚持维护劳动者权益与保障企业生存发展并重的原则，督促企业履行法定义务、承担社会责任，仅武汉法院就累计为职工追索劳动报酬 5919 万元；为进一步应对湖北经济发展带来的日益复杂的财产关系，全省法院坚持以人为本的司法理念，加大维权力度，切实保护人民群众、私营业主及各种市场主体通过辛勤劳动积累的合法财产。

3. 全省法院 2012 年共受理各类合同案件 189，229件：为充分把握加快转变经济发展方式对司法工作的新要求，妥善化解经济结构调整中出现的各类纠纷，如荆州法院构建联系企业平台，畅通联系企业渠道，组成 10 个联系企业工作小组，征集工作意见，提出司法建议；妥善审理房地产纠纷、股权纠纷、企业破产、重组改制等案件，依法促进市场经济平稳运行。如鄂州市中院顺利终结鄂州市玉泉自来水公司破产重整程序，帮助化解企业债务近 2 亿元，关系全市百万人民用水的公用企业得以重生；高度重视民间借贷案件的审理，防范和化解信贷融资风险，如省高院成功处理了原告中国工商银行股份有限公司十堰东汽支行诉被告十堰荣华东风汽车专营有限公司等九公司、标的额过亿元的借款担保合同纠纷案，实现了各方共赢和社会利益最大化；武汉铁路运输中级法院发挥专门法院的审判职能作用，为铁路运输事业发展提供了司法保障。

二、积极参与社会管理，落实司法为民根本宗旨

全省法院以保障群众权益、化解矛盾纠纷为切入点，依托审判工作，积极推动社会管理创新。

（一）关注民生案件，落实司法为民

全省各级法院始终坚持把群众满意作为法院工作的出发点和落脚点，着力解决好人民群众最关心、最直接、最现实的利益诉求，全力保障当事人打一个公正、明白、便捷、受尊重的官司。一是司法举措上便民：十堰法院为方便群众诉讼，专门设立诉讼引导台、温馨调解室、庭长接待室，并开通咨询热线，及时为当事人提供热情周到的接待服务；宜昌法院组建速裁法庭，扩大简易程序适用范围，对案情简单、争议不大和小额纠纷案件，依当事人的申请实行即收即调、即调即结，尽量减轻当事人诉累。二是司法作风上亲民：全省各级法院为实现便民服务常态化、制度化和实效化，2012年努力推动巡回审判常态化，对符合规定的证据保全、财产保全、先予执行申请及时办理，方便群众"少跑一次路、少等一分钟、少费一份心、少误一天工"，如武汉法院在武汉经济技术开发区设立全省首家产业经济巡回法庭，十堰法院巡回就地开庭2160次，仅此一项就为当地民众减少直接诉讼支出近10万元。

（二）推行诉调对接，努力化解纠纷

2012年省法院强化诉调对接机制建设，努力将民事纠纷化解在基层，消灭在萌芽状态，成效十分明显，省法院民事再审审查案件调解工作经验受到最高人民法院肯定和推广。一是省高院加大对人民调解的支持、指导力度，在全省范围内进一步规范司法确认案件的日常管理。湖北汉江法院制定了《诉调对接流程示意图》、《司法确认案件整卷归档办法》等多部管理制度，全年确认了10,199份非诉调解协议。二是针对劳动争议、医患纠纷、交通事故、婚姻家庭等多发、易发案件，加强与工会、卫生、交管、民政等部门的衔接配合，形成共同化解社会矛盾的整体合力，积极推动构建"大调解"工作格局。如湖北恩施州宣恩县法院2012年增加410名村小组长为法庭联络员，联动调处各类纠纷，实现民事诉讼与人民调解、行政调解、行业组织调解的无缝对接。三是加大诉调对接的社会宣传力度，采取向诉讼当事人发放《诉前调解告知书》等方法，扩大诉调对接的社会知晓度和支持率，同时针对广大群众关心的现实问题，全省各级法院根据辖区内的实际情况，采取法律宣讲、发放宣传资料、公开调解、法律咨询、法制讲座等形式，向群众宣传诉调对接机制，使人民调解工作赢得群众信任和社会认同，诉调对接机制深入民心。

（三）加强司法救助，帮扶弱势群体

一是强化在坚持诉讼地位平等原则的同时，对追索抚养费、赡养费、赔偿金、劳动报酬等经济上确有困难的以及农民工、孤寡老人、残疾人等特殊诉讼群体采取诉讼费减、缓、免制度，如十堰法院为2708名困难当事人减、免、缓交诉讼费281.6万元。二是确保对经济困难、有诉讼要求的群众做到应援尽援，让当事人切实感受到司法人文关怀。2012年省法院为270名生活确有困难的当事人发放司法救助金461.8万元，鄂州法院对43名特困当事人给予司法救助82.4万元。三是积极构建司法救助与社会救助的衔接机制。在省高院指导下，明确司法救助与社会救助的衔接范围、操作程序和责任部门，确保最低生活保障对象、五保对象、重点优抚对象和其他确需救助的案件当事人及其相关人员将在得到司法救助的基础上，通过社会救助获得基本生活保障，实现司法救助与司法救助的有效衔接。

三、完善工作机制，大力推进公信法院建设

2012年，全省法院进一步创新工作机制，规范司法权运行，以公正促公信，争创一流业绩，建设公信法院。

（一）深化审判质量管理，提升审判质效

2012年全省法院认真开展"深化审判质量管理年"活动，积极参加、配合审判管理工作，进一步强化上下联动、齐抓共管格局。在省法院指导下，各级法院着力加强审判流程管理、案件质量评查、审判运行态势分析、案件质量责任机制等审判管理机制建设，不断深化审判管理内容，推进"精细化、常态化、规范化"管理。如汉江中院出台《贯彻落实审判流程管理的具体办法》，通过加强审判流程管理，从分案、阅卷、确定开庭时间、调解时间、合议时间、作出判决时间等方面进行合理分配，把握好每个审判节点，确保案件及时迅速结案，提高审判效率。通过加强和创新审判管理，全省法院整体审判质量、效率、效果持续向好，案件质量显著提升。

（二）抓好案件评查，加强质量监管

2012年全省各级法院坚持将案件质量评查作为发现问题、纠正偏差的重要手段，采取定期评查与涉诉信访案件专项评查相结合，逐案评查与针对改判发回案件重点评查相结合，自我评查与邀请人大代表、政协委员、法学专家参与的开门评查相结合，实现案件质量评查工作的常态化、规范化。如武汉市法院全年累计对9万余份文书和1万余次庭审进行了评查，该市法院还荣获全国法院“两评查”活动先进单位，武汉市江夏区法院等4个单位荣获“三评查”先进单位。通过坚持边评查边通报边整改，纠正了一批确有差错的裁判，推动相关工作的常态化和规范化，达到了找差距、补短板、促提高的预期效果。

（三）坚持司法公开，推进司法民主

2012年全省法院更加注重以公开促公正，全面推行立案、庭审、执行、听证、文书、审务“六公开”。省法院进一步推行生效裁判文书上网发布制度，要求除不宜公开的情形外，各类裁判文书都应当及时在法院的互联网站上予以公布。恩施中院充分利用官方网络、微博等网络阵地做好对社会影响大的民事案件的庭审直播、判后释疑，十堰中院组织开展“千名代表、委员听百案”活动，鄂州法院则充分发挥人民陪审员参与、监督司法的重要作用，该市法院一审案件陪审率达95%。完善人民陪审员制度，发挥人民陪审员参与、监督司法的重要作用。

四、强化班子队伍建设，全面提升民事审判队伍执法办案水平

2012年，全省法院始终牢记政法干警核心价值观，始终把队伍建设作为推进法院工作的根本和保证，始终致力于不断提升法官政治业务素质。

（一）开展创先争优，弘扬司法正气

2012年在省法院的动员组织下，各级法院坚持“以党建带队建、以队建促审判”，通过举行传统教育报告会、参观党史展览、重温入党誓词等多种形式，增强广大干警的党性观念，打牢思想政治基础。通过深入学习宋鱼水、詹红荔等先进人物事迹活动，发挥先锋模范的带头作用，引导干警争创一流业绩。通过认真组织开展“保持党的纯洁性教育”、“喜迎十八大、争创新业绩”等主题实践活动，在全省各级法院系统中牢固树立了“忠诚、公正、廉洁、为民”的司法核心价值观，坚定政治意识和大局观念不动摇。

（二）强化教育培训，提升综合素质

省法院民事审判庭2012年进一步强化对全省法院的调研指导工作，就医疗损害责任纠纷、机动车侵权损害赔偿纠纷、劳动争议纠纷等多发、疑难案件，及时对全省法院审判工作中的经验进行了归纳总结。武汉法院以学术研究为切入点，2012年共有数十篇论文在国家核心期刊上发表。武汉中院连续两年在最高法院审判理论重大课题招标中中标，2012年又承担国家社科基金重大科研项目，4项研究成果被评为部级科研成果。

（三）狠抓反腐倡廉，促进司法廉洁

2012年省法院配合湖北省的治庸问责活动，继续严格执行“四个一律”、“五个严禁”规定，认真落实“执法问责六条”。十堰中院随案发放“案件监督明信片”，共寄（送）明信卡6238张，收回458张，96.8%的当事人对法官表示满意。该院还率先制定出台《关于严禁领导干部违规过问案件的暂行规定》，明确要求严禁向无关人员泄露所掌握的自己分管案件的情况。武汉中院坚持“制度加科技”的反腐思路，精心确定23个廉政风险节点，依托网上流程管理平台，研发廉政风险预警防控软件，将廉政监督融入立案、审判、执行全过程，实现审判管理与廉政管理的无缝对接。

湖南省人民法院2012年民事审判工作概况

2012年，湖南法院民事审判工作在最高法院民一庭的正确指导下，在省委、人大、政府、政协的领导、监督和支持下，深入贯彻落实科学发展观，坚持“三个至上”指导思想，践行“为大局服务，为人民司法”工作主题，着力破解制约湖南法院民事审判工作科学发展的各种困难和问题，努力开创湖南法院民事审判工作新局面，取得了一定成效。

一、全省法院民事审判工作基本情况

2012年，全省法院共受理一审民事案件214,768件，审结187,671件，结案率为87.38%；共受理二审民事案件15,009件，审结12,786件，结案率为85.19%。从受理案件的数量和类型分析，主要呈现出以下特点：

一是近三年湖南法院受理的一审民事案件数量呈逐年上升态势，而受理的二审民事案件数量则有所下降。从一审情况看，2012年受理一审民事案件214,768件，同比增加17,116件，增幅为8.66%，较2011年的7.8%略有提高。而从二审情况看，2012年受理二审民事案件15,009件，同比减少731件，降幅为4.64%。究其原因，主要是因为各级法院加大

了调解力度,一审民事案件的调解率有明显增长。据统计,2012年全省法院一审民事案件的调撤率达61.90%。(见表一)

表一:全省民事案件审理基本情况

	受理案件			审结案件		
	一审	二审	合计	一审	二审	合计
2010年	183,296	17,135	200,431	115,970	15,415	131,385
2011年	197,652	15,740	213,392	174,822	13,902	188,724
2012年	214,768	15,009	229,777	187,671	13,354	201,025

二是基本类型民事案件的增长保持平稳态势,个别类型案件增幅较快。从民事案件基本类型看,各类型案件均保持了较为平稳的发展态势。值得注意的是,前几年呈井喷式增长的劳动争议案件近三年呈逐年下降趋势,2012年全省法院共受理劳动争议案件5813件,同比下降299件,降幅为4.9%。这与《劳动合同法》、《劳动争议调解仲裁法》的普法宣传以及用人单位用工的逐渐规范不无关系。与此同时,因中小企业、个人正常融资渠道不足,过于依赖民间借贷甚至进行非法集资,而受金融危机不断蔓延影响,难以正常偿还债务甚至恶意逃债的增多,民间借贷纠纷明显增长。2012年全省法院共受理民间借贷纠纷案件37,763件,同比增加4656件,增幅为14.06%。(见表二)

表二:湖南法院受理一审民事案件基本类型表

	房地产开发经营合同纠纷	劳动争议纠纷	民间借贷纠纷	婚姻家庭纠纷
2010年	5637	6474	29,329	52,137
2011年	5194	6112	33,107	54,264
2012年	3826	5813	37,763	56,489

三是案件类型日益多样,纠纷化解难度日益增大。民事案件中,纠纷发生原因日益复杂,当事人的诉讼请求也日益多样。以劳动争议纠纷案件为例,纠纷不再局限于因劳动合同的一般履行而起,因历史遗留问题,企业改制、破产和经营转型以及各项社会保险的缴纳和待遇给付等而起的越来越多。案件中也随之出现了有关确认劳动关系、补办社会保险手续或退休手续、签订无固定期限劳动合同、依据同工同酬的原则给付工资及福利待遇、确认解除劳动合同或辞退开除决定无效并恢复工作等新的诉讼请求内容。且劳动者在一案中往往同时提出多项诉讼请求,涉及的部分问题已超出了民事审判的处理范围。随着交强险制度的施行,道路交通事故人身损害赔偿纠纷案件也普遍呈现出损害赔偿与交强险保险金给付两类纠纷相互交织的特点,给案件的审理程序和实体裁判带来了新的难题。在商品房预售合同纠纷中,发生纠纷的原因不再局限于逾期交房、交房面积与合同约定不一致等情形,实践中还出现了交房面积与合同约定一致,但交付房屋的结构形式、户型、层高、朝向与合同约定不一致的情况。随着经济社会的不断发展,一些法律法规规定不明的新类型民事案件开始出现,也给纠纷化解带来了一定困难。比如因农村人口流动性的提高以及身份的复杂化,农村集体经济组织成员资格的认定问题日益复杂和突出,引发了一些新类型征地补偿费分配纠纷。随着对外交往的不断深入,外国人人身损害赔偿案件在我省开始出现,但损害赔偿的标准,法律没有明确规定。

四是案件审判质量总体比较平稳。在加大审判力度,充分发挥民事审判职能的同时,全省法院民事审判工作质量也保持平稳发展态势。从全省范围看,2012年,省法院和各市州中级法院共审结二审案件12,786件,其中维持5360件,维持率为41.92%;改判发回重审2715件,改判发回率为21.23%;调解撤诉4711件,调解撤诉率为36.84%,均与2010年、2011年基本持平。这说明全省法院民事审判工作一直保持有较高的审判质量和水平。(见表三)

表三:2010年至2012年全省法院民事二审案件结案方式对比表

	合计	维持	维持率	改判发回	改判发回率	调解撤诉	调解撤诉率
2010年	15,476	6764	43.71%	2940	19%	5772	37.3%
2011年	13,357	5828	43.63%	2691	20.15%	4834	36.22%
2012年	12,786	5360	41.92%	2715	21.23%	4711	36.84%

2012年,省法院民一庭共审结二审案件140件,其中维持52件,维持率为37.14%;改判44件,改判率为31.43%;发回重审17件,发回重审率为12.14%;调解撤诉15件,调解撤诉率为10.71%。与2011年同期相比,维持率和改判率有所下降,调解率和发回重审率有所上升。(见表四)

表四:2010年至2012年省法院民一庭二审案件结案方式对比表

	合计	维持(维持率)	改判(改判率)	发回重审(发回重审率)	调解撤诉(调解撤诉率)	其他
2010年	90	26(28.89%)	41(45.56%)	9(10%)	14(15.56%)	0
2011年	113	51(45.13%)	40(35.39%)	11(9.73%)	11(9.73%)	0
2012年	140	52(37.14%)	44(31.43%)	17(12.14%)	15(10.71%)	12

二、基本做法

（一）切实履行职责，发挥审判职能

一是狠抓审判效率不放松。2012年，全省民事案件收案数较去年同期相比呈上升趋势，在收案数量逐年上升的情况下，全省民事审判法官顶住压力，迎难而上，依法公正高效地审理了一大批案件，全省一、二审案件结案率为88.32%。怀化市鹤城区法院强化审判管理，对超节点未结案件情况进行详细通报，对超审限案件采取处罚制度，实现审限管理的有效激励。

二是狠抓审判质量不放松。全省法院将案件质量和效果作为提高司法水平的基本要素之一，依照《案件质量评查办法》等规章制度，切实把好案件事实关、程序关、法律适用关和裁判文书关，力争做到"五提高"、"两降低"，即提高案件开庭率、当庭宣判率、上诉案件维持率、调解率和裁判文书正确率，降低案件发改率和申诉率。省法院民一庭进一步落实合议庭工作制，要求合议庭成员必须对证据的认证、事实的认定、焦点问题的分析、判决的具体内容以及诉讼费的数额及负担等各个方面全面发表意见，并进一步规范裁判文书制作，力争每一份裁判文书都做到格式规范、说理充分、零差错。

三是狠抓诉讼调解不放松。全省法院坚持"调解优先，调判结合"的要求，全面规范和加强诉讼调解，将调解工作贯穿于案件审理的全过程，不断扩大诉讼与非诉讼相衔接的纠纷解决机制，着力构建和谐审判。2012年全省法院审结的214,768件一审案件中，调解撤诉的为132,941件，调解撤诉率达到61.90%。泸溪县法院结合辖区特点和工作实际，创新"三调联动"工作机制内容，建立"朋友—村组（社区）—乡镇（单位）—法院"诉前调解机制，进一步发挥社会管理作用，拓宽大调解格局。2012年，泸溪县法院所结民事案件中30%左右都是在社会力量参与下完成调解的。长沙市岳麓区法院作为全省唯一一家最高院"扩大诉讼与非诉讼相衔接的矛盾纠纷解决机制"改革试点的法院，与岳麓区司法局、驻区医院合作，通过设立"法院诉调对接中心驻医院医患纠纷专项调解室"的方式，开辟一条集人民调解、法律援助、专家鉴定、法官指导、司法确认为一体的"医疗纠纷第三方解决渠道"，力求为妥善化解医患纠纷，增强医患互信，促进社会和谐作出积极的贡献。

四是狠抓专项审理不放松。省院民一庭高度重视涉民生案件审理，着重指导好全省法院审理劳动合同纠纷、医疗事故纠纷、道路交通事故损害赔偿纠纷及涉农民工权益纠纷案件的审理，要求全省法院对涉及农民工利益的案件实行"双从双优"，即时间从快、利益从上，优先审理、优先执结。近三年省院民一庭指导全省法院年均审理涉农民工权益案件年均在1万件以上，有力地维护了农民工的合法权益。由于在维护农民工权益方面成绩突出，我庭在省政府组织的2012年农民工工作评选中获得"全省农民工工作先进单位"的殊荣。继续抓好反家暴案件专项审判工作。自2008年9月长沙市岳麓区法院在最高法院法研所的指导下开展家庭暴力司法防治试点工作以来，全省各级法院努力争取党委、政府的支持，建立法院、公安、妇联、基层组织多方参与、多方协作的工作机制，积极推动该项工作的开展。省高院设立了妇女权益司法保护领导小组，长沙、株洲中院，长沙县、桃江县、新田县等法院在民事庭内设立了维护妇女儿童合法权益合议庭，岳麓区法院还在民一庭成立了全国首个"涉家庭暴力婚姻案件合议庭"，安排专人审理。由于组织工作突出，省院民一庭被授予"全省维护妇女儿童权益先进集体"的光荣称号。

（二）完善工作机制，强化业务指导

一是进一步完善业务指导工作机制。积极开展"两评查"（庭审评查和裁判文书评查）活动。省院民一庭结合自身工作实际制定了《民一庭开展庭审评查和裁判文书评查活动的实施方案》，并在全省下发《关于对全省法院民事审判部门开展庭审评查活动进行督促、检查的通知》，深入中、基层法院观摩民事案件开庭，加大对中、基层法院"两评查"活动的指导力度。省院民一庭（2012）湘高法民一终字第96号案件在全省法院优秀庭审评查活动中获得一等奖，同时，我省的"两评查"工作也得到了最高法院专委杜万华的高度评价。进一步畅通上下级信息沟通渠道。为解决因自身审理案件类型相对单一，对民事审判工作的全局掌握不够的问题，省院民一庭进一步畅通与中、基层法院的信息沟通渠道，发挥内网的信息平台作用，及时发布指导信息，推荐有关典型经验，组织在线研讨，加强了业务指导信息的发布及上下级法院间的互动，收到了较好的效果。

二是强化审级监督指导。省法院民一庭和各中院民一庭均规定二审案件在重大改判和发回重审前要与一审法院进行沟通，充分听取一审法院意见，既有利于一审法院及时发现并改进审判工作的不足，也规范了发改行为。省法院民一庭和各中院民一庭每年坚持开展案件质量评析，针对二审改判、发回重审的原因进行分析，提出相应的对策，将个案的审级监督有效地转化为对下级法院的业务指导。选择具有普遍性、典型性的案件，撰写案例分析，指导同类案件的审理,较好地统一了相关案件的裁判方法和裁判尺度。

三是积极贯彻落实修改后的《民事诉讼法》。为确保修改后的《民事诉讼法》顺利实施,省法院民一庭积极配合培训中心,对全省从事民事审判的法官进行了新《民事诉讼法》的培训学习。认真总结分析长沙市岳麓区法院和湘潭市雨湖区法院两个小额速裁试点法院在小额速裁试点工作中取得的经验及存在的问题,结合我省的实际情况,制定并下发了《关于确定我省小额诉讼程序标的额的通知》,在全省统一了小额诉讼程序标的额。

四是切实加强法庭指导。5月,我们赴永州中院及新宁县回龙法庭和东安县大庙口法庭进行调研指导。通过实地调研,详细了解基层工作情况,掌握了大量的第一手资料,为做好法庭指导工作打下了坚实的基础。为进一步完善我省法庭设置,加强司法便民、利民,根据株洲中院和衡阳中院关于法庭更名和新设法庭的申请,我庭会同政治部赴株洲、衡阳等基层法院法庭进行考察,经报院领导批准同意,株洲县法院白关法庭及三门法庭分别更名为株洲市芦淞区法院白关法庭和株洲市天元区法院三门法庭,在株洲市荷塘区法院新设云龙示范区法庭,在衡东县法院新设草市法庭。

(三)加强队伍建设,提高司法能力

一是抓好思想政治建设。全省法院民事审判系统以党的十八大精神为指导,深入贯彻科学发展观,积极开展各项专项整改活动。广大干警始终将"公正司法,一心为民"作为自己思想和行动的指针,努力解决好"为谁掌权、为谁服务"这个根本问题,强化服务大局意识。民事审判队伍的思想政治素质得到提高,审判作风和工作作风得到改进。

二是抓好廉政建设。全省法院民事审判系统以"忠诚、为民、公正、廉洁"的政法干警核心价值观教育活动为载体,狠抓党风廉政建设,加大廉政教育力度,强化廉政监督管理。要求全省民事审判法官认真学习十八大精神、《中国共产党党员领导干部廉洁从政若干准则》等相关文件,严格遵守最高法院"五个严禁"和省委政法委"六个严禁"。民事审判队伍廉洁司法的意识和能力得到有效增强。

三、民事审判工作中存在的主要问题

(一)宏观层面的问题

一是案多人少的矛盾日益突出。近年来,我省法院受理的民事案件每年均以一定比例增长,但民一庭审判人员的数量却没有随案件数量相应增长,案多人少的矛盾日益突出。长沙、株洲、岳阳等地的部分基层法院,民事法官人均结案数达到了200件,平均每个工作日就要审结一件,加上参与合议的案件有的多达400余件,工作任务繁重,不仅影响身体健康,而且还挤占了学习时间,影响了业务素质和司法能力的提高。在工作任务繁重的情况下,我省法院法官的政治待遇和经济待遇还相对偏低,尤其是偏远基层法院和农村人民法庭工作条件艰苦,使不少有能力的年轻法官都将法院作为一个过渡、一个跳板,一旦有机会就考取外地法院或本地别的机关,造成法院工作人员年年招、年年走、年年人不够,民事审判系统人员流失现象严重。

二是基层基础建设落后,不能满足工作的需要。目前,我省大部分人民法庭存在办公用房老化的情况,个别法庭还没有独立的办公用房。部分法庭未配备机动车,有的还没有配备电脑、打印机等办公设备,更谈不上远程立案便民惠民。湘西北边远地区基层法院和人民法庭因当地财政困难,还普遍存在办案、办公经费不足问题。物质装备建设和经费保障的不足,不仅制约了基层法院民事审判工作质效的提高,也影响了审判人员的工作积极性。

三是司法环境不尽如人意,民事法官普遍感到职业风险高,心理压力大。一方面,部分基层民众由于对客观事实与法律事实的差异、当事人举证责任的分配、法官地位的中立等无法理解,对法律规范本身理解不深透,因此他们对法院裁判活动的认知程度比较低,往往以判决是否对自己有利来评价法官能否为民做主。再加上受"法官不如公关,信法不如信访"等不健康观念的影响,不少当事人在诉讼活动中经常想方设法通过各种渠道来影响案件的公正判决,或是通过集体上访来对法官施加压力。特别是互联网的发展,为某些当事人恶意炒作提供了方便。同时,少数媒体、记者为追求新闻效应,对个案进行负面报道,或对案件的报道断章取义,一定程度上削弱了司法公信力,损害了司法权威。另一方面,法律虽然规定对扰乱法庭秩序、妨碍诉讼顺利进行等行为可以采取拘留、罚款等司法强制措施,但其严厉程度和实际运行情况不足以对藐视法庭、法官的行为造成威慑。同时,由于基层法院受经费和人员紧张限制,严重缺乏必要的安保设施,均在某种程度上削弱了司法权威,无法有效防止辱骂、伤害法官行为的发生。

四是民事审判队伍的司法能力建设还需要进一步加强。由于基层法院办案任务重,化解矛盾纠纷压力大,因而就案办案的多,理论研究的少,特别是对一些因法律本身的缺陷和滞后而造成的矛盾没能深入研究,或理解和适用法律不够准确,自由裁量权行使不规范,导致一些不同法院、不同审判庭适用法律标准和裁判尺度不够统一。同时，审判作风还存在不严谨的情况。主要表现在：少数法官宗旨意识不强，对待当事人态度生硬冷漠，工作方法简单粗糙；少数法官庭审活动不规范，导致一些不必要的上诉上访；个别法官不能廉洁自律，办案受到利益、关系、人情的影响，甚至裁判不公。这些问题都影响了民事审判工作的健康发展。

（二）微观层面的问题

一是简易程序、普通程序转换随意性较大。最高人民法院《关于适用简易程序审理民事案件的若干规定》对于简易程序转普通程序的规定过于原则、笼统，对当事人提出异议的期限以及如何审核异议是否成立也没有可操作性的细则，造成在实际操作中法官的职权色彩过于浓厚，操作随意性过大。有的法官在认识上有误区，造成程序选择的差异性，出现同一类型的案件适用不同程序审理的现象。有的法院因为案多人少的压力，将简易程序作为缓解矛盾的手段，对几乎所有案件一律适用简易程序，一旦三个月内无法审结，则一概转为普通程序。这种随意性不仅不利于案件质量的监督管理，也容易导致诉讼的拖延和程序的滥用，损害了当事人的诉讼利益，降低了司法效率。

二是合议不规范的现象还比较突出。有的案件虽组成了合议庭，但合议庭成员没有充分发挥各自在合议庭中的应有作用，仅是凑人数，走过场，合议时简单附和承办法官的意见。特别是在有人民陪审员参审的案件中，表现得尤为明显，很多情况是审判员一人说了算，合议制实质上演变为了独任审判。有的合议庭为了逃避承担责任，对一些案件形成几种方案或解决意见，把矛盾上交，由庭务会或是审判委员会对案件做出决定。由于庭务会或审委会并不直接参与审理案件，仅通过案件承办人的汇报来对案件进行分析讨论，难免出现不周全的地方。

四、对今后工作开展的意见和建议

一是要高度重视民事审判工作的基础地位和重要作用。民事案件大多涉及最基层人民群众的切身利益，关乎当事人最基本的生存和生活问题，反映的是婚姻、家庭、邻里等最基础的社会关系，这些最基层、最基本、最基础的问题，与民生息息相关，对社会稳定关系重大，对人的全面发展至关重要，是构建和谐社会的基石，是科学发展的关键，如果这些问题得不到及时处理或处理不当，必然会影响到社会的稳定和谐，甚至会导致矛盾激化，阻碍经济社会的进步和发展。因此我们希望，各级法院领导要充分认识民事审判工作的基础性地位，经常过问民事审判工作，妥善解决民事审判工作中的问题和困难，关心民事审判队伍建设，为民事审判工作的发展创造一个良好的外部环境。

二是要革新司法保障机制，树立司法权威。改革创新司法保障机制，对构建良好的司法环境具有重要意义，司法实践中应建立起一整套有效的司法保障机制。一方面，要改革法官工资制度，使之形成与法官职位、身份相适应的收入制度，为法官廉洁执法提供经济保障；要加强法庭秩序维护，健全安全检查设施，最大限度地降低和防范危害法官行为的发生，为法官提供人身安全保障。另一方面，要针对部分当事人依法维权意识强，履行义务意识弱，对胜诉的期望值过高、对败诉的承受力过低等现象，在全社会进一步加大宣传力度，提高公民的法律意识，让更多的群众了解、理解人民法院的审判工作，增强诉讼权利与诉讼义务相统一的意识，尊重和自觉履行人民法院的生效裁判，在全社会营造重视、支持人民法院工作的良好氛围。

三是要积极探索和谐主义诉讼模式。和谐主义诉讼模式的根本目的，不仅仅是为了在法律程序上解决纠纷，而是让当事人之间的民事纠纷从产生它的环境中彻底消除，并让社会关系恢复到或者达到一种真正的和谐状态，是一种恢复性司法。构建和谐主义诉讼模式，要从和谐主义诉讼理念出发，重新构建诉讼基本原则体系，确立当事人诉讼地位平等原则、处分原则、辩论原则和诚实信用原则在诉讼中的基础性原则地位；要以强化当事人诉讼主体地位为基础，形成科学合理的案件事实探明机制，充分肯定当事人的自治性和主体性，在纠纷解决过程中尊重当事人的意愿；要建立法律观点开示制度，保障法院和当事人就法律适用问题展开对话与交流，确保法官与当事人之间的互动与协作；要加强诉讼调解，构建多元化纠纷解决机制，将调解工作贯穿于审判工作的全过程，积极探索多元化纠纷解决机制的工作保障和激励机制，实现诉讼调解与人民调解、行政调解的对接与互动。

四是要大力加强队伍建设，提升民事审判司法能力。首先要着力解决“案多人少”的矛盾。随着社会的不断发展以及人民群众法律意识的增强，民事案件每年都在增长，有限的审判资源已经无法满足人民群众的司法需求已是一个不争的事实，单纯靠加大民事审判法官的工作压力只会导致审判队伍的不稳定，因此我们建议最高法院能多到基层走访，根据各地的实际情况优化民事审判队伍结构，逐步改善外部环境。其次要加大培训力度。现有审判人员素质总体上参差不齐，知识结构有待优化，法律理论有待加强,而且法治进程对审判的法律效果和社会效果要求越来越高,新类型案件也在不断增加,法官的社会知识和理论知识能否与时俱进将直接影响案件的处理结果。因此,在提高法官新进人员准入门槛的同时,要加强对在职法官的定期培训。

广东省人民法院2012年民事审判工作概况

2012年,广东各级法院认真贯彻中央、最高法院和广东省委的工作要求,认真落实“改革创新、领潮争先、当好法院科学发展排头兵”的整体工作部署,狠抓司法办案第一要务,强化科学管理,努力提高民事审判质量与效率。全年民事审判工作运行态势良好,当好排头兵的各项主要质效指标显著提升,为全省经济发展与社会和谐稳定提供有效的司法保障。

一、充分发挥审判职能作用,妥善化解各类矛盾纠纷

(一)狠抓第一要务,公正高效审理案件

2012年全省法院新收各类民事口案件(广东高院民一庭归口管辖)418,068件(其中一审案件358,929件,二审案件59,139件,不包含旧存案件37,180件),同比下降1.6%。在所收案件中,婚姻继承纠纷案件59,132件、人身损害赔偿纠纷案件71,986件、劳动争议纠纷案件79,244件,婚姻继承、劳动争议、人身损害赔偿纠纷等传统型民事案件仍占所受理民事案件的近半成。

2012年全省法院共审结上述民事案件420,506件,同比增长2.6%;存案34,742件,同比下降6.5%;结案率为92.36%,同比增长1.4%。总体而言,民事案件收案稳中有降,但审理效率有所提高,存案有所下降。

(二)强化诉讼调解,实现案结事了

深入推进社会矛盾化解是人民法院维护社会和谐稳定的重要抓手。为此,全省各级法院深入践行“调解优先,调判结合”原则,不断创新调解新方法,努力实现案结事了。2012年全省法院共调撤上述民事案件243,188件,调撤率达到57.83%。上半年,省高院民一庭成功调解一宗涉及2.5亿元标的的案件,另外,省高院民一庭成功调解的珠江电影制片有限公司部分职工与中铁十六局集团有限公司、广州市地下铁道总公司房屋损害赔偿系列案被评为“全国法院优秀调解案例”。下半年,省高院民一庭协调指导信宜法院成功调解了“9·21”紫金矿业溃坝事件引发的损害赔偿纠纷系列案,得到了最高法院和广东省委的高度肯定。时任中共中央政治局委员、广东省委书记汪洋同志专门批示:“案子调解得非常漂亮,省委、省政府十分满意。请明国同志与人保厅再商量一下,可否以两办的名义通报表彰,并请媒体宣传紫金矿业勇于承担社会责任的态度和做法。”此外,省高院民一庭大力提倡和推行的“诉讼红绿灯”调解模式被多地法院积极试行,并取得了很好的效果,江门中院、潮州中院、汕尾中院均运用该模式调解了大批案件。

(三)稳妥处理敏感案件,维护稳定大局

全省各级法院紧紧围绕服务经济平稳较快发展的工作大局,充分发挥司法能动性,稳妥处理了一系列缠诉时间长、涉及面广、维稳难度大的重大敏感纠纷。对于重大、敏感案件,省高院民一庭实行大合议庭制度,认真积极办理。2012年,省高院成功化解了2011年第四季度中央政法委交办的3宗涉诉信访案件,圆满完成了中央政法委交办的任务。在十八会议期间,全省各级法院细致扎实做好案件维稳情况研判与应对,未出现办理案件的当事人进京、到省上访影响人大会议平稳进行的情况。

二、积极开展调查研究,增强对下培训和指导

一是重视基础调研,提高审判质效。全省法院密切关注司法领域出现的新情况、新问题,通过调查研究和信息研判,建立前瞻性的新思维,牢牢把握工作的主动权。年初,在省高院民一庭的主持下,全省各级法院民事审判工作主管领导及民事法官就民事审判工作中存在的突出问题集中展开研究和探讨,共收集到各类民事审判业务问题近200个,为增强民事审判工作指导的针对性和有效性奠定了良好基础。此外,对热点、难点以及具有代表性的法律额问题进行分类调查研究,并提出规范性意见,统一办案标准,最大限度实现“同案同判”。积极配合最高法院,相继就审理民间借贷纠纷案件、建设工程施工合同纠纷案件、国有土地使用权合同纠纷案件、房屋买卖合同纠纷案件,以及小额速裁试点工作、人民调解协议等当前民事审判工作中的热点、难点问题开展

调研,为审判业务指导工作打好基础。

二是及时总结,部署条线工作。全省各级法院高度重视审判信息传递及法律适用的协调统一,及时进行全省法院系统内部审判信息的沟通和有效利用。2012年4月,省高院在惠州组织召开了全省民事审判工作会议,重点学习、贯彻去年全国民事审判工作会议和今年全国高级法院民一庭庭长座谈会精神,回顾和分析广东民事审判工作情况,部署今后一段时期民事审判工作任务。各中级法院和部分基层法院做了工作汇报和经验交流并就当前民事审判工作的热点、难点问题交换意见,并对省高院起草的《全省民事审判工作会议纪要》和《广东省高级人民法院、广东省劳动人事争议仲裁委员会关于审理劳动争议案件若干问题的会议纪要》两个讨论稿进行了深入讨论。在多次研讨和完善的基础上,将上述两份会议纪要印发全省法院贯彻执行。

三是举办业务培训,加强司法能力建设。(1)举办全省法院民事审判业务培训班。为贯彻落实好全省民事审判工作会议精神,进一步提高全省法院民事审判队伍的业务素质和司法水平,6月28日至30日,省高院举办了全省民事审判业务培训班,邀请最高法院、省高院民一庭业务骨干进行授课,对婚姻家庭、交通事故损害赔偿纠纷、房地产纠纷、建设工程施工合同纠纷、医疗损害赔偿纠纷、民间借贷纠纷、涉农纠纷、执行异议之诉纠纷等案件审理中的热点、难点问题进行了讲解;并将培训班授课情况制作成光碟,下发全省各地法院,强化培训成果,以统一案件裁判尺度,提高全省民事审判队伍司法水平。(2)开展新民诉法调研培训工作。为更好地贯彻执行修改后的《民事诉讼法》,省高院民一庭于12月25日至26日牵头组织召开了全省法院贯彻实施新民诉法视频培训班,邀请相关业务部门的专家授课,对本次民诉法修改涉及的新制度,包括第三人撤销之诉、小额诉讼、公益诉讼、实现担保物权、检察建议、执行监督等进行了全面解读,统一同类案件的处理思路。关于小额诉讼问题,全省法院按照最高法院通知要求,先行开展了小额速裁试点工作。在2012年4月,试点工作已经覆盖珠三角地区各市基层人民法院。在认真调研的基础上,省高院完成了《广东法院开展小额速裁试点工作有关情况的报告》。同时,结合前期试点工作取得的有益经验,在进一步征求各试点法院和相关部门意见的基础上,制定下发了广东法院《关于适用小额诉讼程序审理案件的操作指引》,为全省法院审理小额诉讼案件提供了规范指引。(3)举办家事审判业务培训班。为认真总结家事审判试点工作的经验,解决当前试点工作的难题,突破前期试点工作的“瓶颈”,推动试点工作的进一步发展,6月28日至30日省高院民一庭在东莞举办了家事审判业务培训班,分别邀请婚姻家庭问题的心理学专家、法律专家开展家事心理学理论、法律理论培训。此次培训活动,不仅强化了各试点法院的业务培训,提高司法水平,同时提供了经验交流平台,有力地推动了试点工作向纵深发展。

四是抓好专项调研,完成成果转化。(1)继续加强审理劳动争议案件工作的调研。广东是经济大省,也是用工大省,每年新收和审结的劳动争议案件占所有民事案件的25%左右,而我国调整劳动关系的规范法出多门的现象较为普遍,政策性强,法律适用难度大。在相继出台多份审理劳动争议案件指导意见的基础上,2012年省高院民一庭完成了《关于我省法院2011年审理劳动争议案件情况的报告》,并出台了广东省高级人民法院、广东省劳动人事争议仲裁委员会《关于审理劳动争议案件若干问题的会议纪要》。(2)全面总结家事审判合议庭试点工作。自2010年3月省高院与省妇联联合启动家事审判合议庭试点工作以来,该项试点工作已推行近三年。为全面总结家事审判合议庭试点以来的开展情况,解决试点工作开展中存在的问题,推广新经验、新做法,省高院民一庭开展了家事审判合议庭试点工作的调研,完成《关于深入推进家事审判合议庭试点工作的调研报告》。制定下发《广东法院家事审判工作规程(试行)》,从家事审判指导原则、受案范围、审判组织、证据规则、诉前调解、诉讼调解、心理辅导及案后跟踪回访等问题做了系统详细的规定,进一步规范了家事审判程序。根据今年新修订的《民事诉讼法》的有关规定,修订了2012年下发的《广东省人身安全保护裁定适用指引》,增加了受害人信息保密的规定,新增维持复议裁定书格式。此外,还出版了《南粤家事审判》一书。(3)加强涉军审判调研工作。长期以来,全省法院认真贯彻落实党中央、国务院、中央军委和最高人民法院关于加强军政、军民团结的指示精神和相关文件要求,通过不断提升涉军案件审判质效,完善司法服务体系,持续推进涉军维权工作发展,为维护军人军属合法权益、保障国防利益、促进军民团结作出了积极努力。定期选派法官参与和协助广州军区“送法下基层”、“巡回送法”等活动,取得良好成效。2012年4月25日至27日,谭玲副院长代表省高院参加了中南五省(区)涉军维权工作协作中心第三次联席会议,并作了题为《加强涉军审判、落实司法拥军——切实维护国防利益和军人军属合法权益》的经验交流发言,全面介绍了广东法院开展涉军审判的基本情况及经验做法。(4)加大司法建议力度。立足“为大局服务,为人民司法”工作主题,全省法院充分发挥能动司法作用,积极向各级党委、政府建言献策,为广东经济、社会平稳健康发展提供有力司法保障。针对广东建筑市场中挂靠施工、非法转包、违法分包、发包方长期拖欠工程款、承包方逾期竣工等违法违规现象,省高院向省委、省政府提交了《关于建议进一步强化我省建筑市场监管体系建设的报告》,对进一步规范我省建筑市场秩序,促进建筑行业转型升级提出了许多建议,得到省委、省政府领导及相关部门的高度重视。针对“三旧”改造中存在的诸多问题,今年6月向省委报送了《关于稳妥处理我省“三旧”改造纠纷的报告》,并向省政府提出了关于稳妥处理此类纠纷的相关意见与建议,得到省委、省政府的高度重视。同时制定下发了《关于依法稳妥处理涉“三旧”改造纠纷案件的通知》,规范了全省法院的做法,维护了社会的和谐稳定。

三、全面推进司法公开,促进民事审判公平公正

2012年是广东法院“司法公开推进年”,司法公开工作是全省法院工作的重中之重。各级法院高度重视,结合民事审判工作实际,部署落实各项司法公开举措。

一是广泛倾听民意,以公开促公正。为贯彻落实司法公开,增强司法公开透明度的生动实践,省高院召开了民事审判实务研讨会。此次研讨会邀请了中山大学、暨南大学法学教授以及本院相关部门业务骨干参加。与会代表分别就房地产纠纷、建设工程施工合同纠纷、建筑物区分所有权和物业服务合同纠纷、交通事故责任纠纷、医疗损害赔偿纠纷、民间借贷纠纷、婚姻家庭与继承纠纷、涉农纠纷、执行异议之诉纠纷以及矿业权纠纷等十类案件中存在的疑难问题进行深入讨论,提出了许多宝贵的意见和建议,并对不少问题达成了共识。

二是积极部署落实,细化工作安排。全省各级法院稳步推进裁判文书上网制度。目前,省高院民一庭已将2000年以来涉及我省民事审判工作的规范性文件和2008年以来已宣判裁判文书通过省高院外网平台予以公开,该项工作在各级法院也正逐步开展。此外,省高院民一庭每年坚持编印一本《民事审判法律政策文件选编》,除了收集每年更新的法律法规外,还将省高院每年下发的有关审判业务文件整理收录,向社会公开发行。

三是响应“双百”活动,深化联络工作。人大代表联络工作作为法院推行司法公开的一种重要形式,是提升司法公信力的重要突破口。全省法院一直把人大代表、政协委员联络工作作为接受监督的有效途径,坚持长期性、制度化、经常化。同时采取主动走出去的办法,积极开展与代表、委员的沟通联络工作,注重联络群众感情、树立亲民司法作风,充分满足人民群众对司法工作的新要求、新期待。2012年10月19日,谭玲副院长带队赴汕尾开展以“法院工作百场评查、改革创新百场座谈”为主题的“新双百”活动。这也是省高院今年首次由院领导率所分管部门领导赴定点联络的代表团驻地开展人大代表联络活动。

四、重视政治理论学习,确保队伍廉洁公正

全省法院高度重视理想信念教育和廉洁自律教育,努力打造“风清气正、荣辱与共、包容和谐、开拓奋进”的民事审判队伍,为全省法院实现“改革创新,领潮争先,当好法院科学发展排头兵的目标”夯实基础。

一是明确职责分工,落实党风廉政建设责任制。将加强党风廉政建设、开展廉政教育摆在首要位置。除了要求各级法院民事审判人员逐级签署廉政建设责任书外,还要求各级法院民事审判部门,把党风廉政建设责任的分解与庭领导班子成员、审判人员的职责分工相结合,切实落实“一岗双责”,狠抓党风廉政建设责任制的落实。

二是推行“一案一承诺一提示”制度。为引导民事审判法官树立正确的世界观、人生观、价值观,通过提升法官内心的职业认同感、荣誉感和使命感,增强法官的自我道德约束,促进公正廉洁司法,倡导当事人诚信参与诉讼,由省高院民一庭于年初开始试行“一案一承诺一提示”制度。在前期试点的基础上,民一庭制定了《关于“一案一承诺一提示”制度的试行规范》,并在公开开庭审理的案件中全面推行“一案一承诺一提示”制度。清远、江门、潮州、韶关等地法院亦均全面推行,在实践中取得了良好的效果。

三是加强文化建设和反腐倡廉制度建设。今年来,各级法院不断加强文化建设和反腐倡廉制度建设,让每位干警牢固树立司法为民理念,把司法岗位作为为人民服务的平台,真正带着对人民群众的深厚感情执法,本着对群众利益高度负责的精神办案,始终把维护人民利益作为审判工作的出发点和落脚点。

广西壮族自治区2012年民事审判工作概况

2012年广西各级人民法院民事审判部门始终坚持为民司法，围绕三项重点工作，坚持执法办案第一要务，忠实履行审判职责，创造性开展小额诉讼、妇女儿童维权等审判工作，不断推进多元矛盾纠纷解决机制建设，稳妥处置各类涉诉信访敏感案件，慎重审理各类涉及经济民生的民事案件，办案质量和司法公信力不断提高。2012年广西法院共受理民事一审、二审案件148,842件，其中一审案件136,064件，审结132,824件，二审案件12,778件，审结12,254件。坚持"调解优先，调判结合"，及时化解社会矛盾，2012年广西法院共调解结案83,449件，其中一审调解结案81,808件，一审调解率达61.6%，二审调解结案1641件，二审调解率为13.4%。

召开全区民事审判工作会议。2012年3月15日，广西高院召开全区民事审判工作会议。会议传达了全国民事审判工作会议和全国高级人民法院民一庭庭长会议的有关精神，转发了《全国民事审判工作会议纪要》、最高人民法院关于依法妥善审理民间借贷案件的通知，以及当前形势下加强民事审判切实保障民生若干问题的通知等文件，听取和讨论了下级法院反映的民事审判工作有关问题。会议全面分析了当前民事审判工作面临的形势和任务，要求进一步增强忧患意识和机遇意识，认清形势，迎接挑战，稳中求进，进一步推动全区民事审判工作的创新和发展，并对当前及今后一段时期民事审判工作进行了具体部署：一是深入推进司法能力建设，切实提高民事审判工作水平。二是深入推进社会管理创新，全力维护社会和谐稳定。三是深入推进司法改革，优化民事审判体制机制。四是建立健全重点敏感案件防范和舆论引导工作机制。五是进一步创新人民法庭审判管理机制。

积极推进联动司法工作，与多部门建立沟通协调机制。依照最高人民法院《关于建立健全诉讼与非诉讼相衔接的矛盾纠纷解决机制的若干意见》的要求，广西高院注重协调配合更新理念，主动与多部门双向互动，发挥诉调对接社会功能。一是继续加强与劳动仲裁部门的"裁审"衔接机制建设。广西高院与广西人力和社会保障厅联合印发《建立劳动人事争议仲裁与审判衔接工作机制的意见》，进一步细化裁审联席会议的相关机制，并增加了建立案件追踪制度、通报交流制度以及案例旁听制度等内容。二是继续强化与保险行业协会的沟通交流。广西高院与广西保监局在原有《合作备忘录》基础上，会签下发《关于建立保险合同纠纷调判对接工作机制的意见》，进一步确立了构建调解司法确认、联席会议、通报交流、建议书等调判对接工作机制。三是积极与工商行政管理部门探索建立多元矛盾调解机制。广西高院与广西工商行政管理局召开联动建立多元化解决纠纷机制的座谈会，双方开启合作，共同研讨建立联合调解机制，并参照劳动、保险部门的联动模式建立调判对接机制、联席会议机制、案件通报交流机制、建议书机制以及联系人制度。

结合审判工作实际进行司法建议。广西高院组织广西司法厅、卫生厅有关部门召开联席座谈会就《侵权责任法》颁布后如何开展司法鉴定问题展开讨论，并在调研基础上向区人民政府提出《司法建议书》，建议在广西逐步进行医疗事故司法鉴定制度改革。司法建议得到广西人民政府的重视，有关领导批转广西发改委、卫生厅等部门研处。

扎实推进小额速裁试点工作。自去年5月以来，小额速裁试点工作在广西扎实稳步推进，截至2012年12月31日，广西试点法院小额速裁法庭共审理各类民商事案件5364件，审结5361件，其中判决10件，调解4372件，撤诉979件，调撤率达99.81%，平均审理期限1.99天。试点法院在开展试点活动中也逐渐形成了比较成熟的工作机制，积累了丰富的工作经验，同时对如何构建和健全小额速裁法律制度和运行机制亦作出有益地思考和探索，取得了高收案率、高结案率、高调解率、无异议率的"三高一无"的喜人成效，既方便了群众诉讼，又合理配置了审判资源，既追求了公正又兼顾了效率，有效的促进司法工作的和谐发展。地方党委、政府及对小额速裁试点工作均给予了高度评价，社会各界和人民群众反映良好。

认真履行指导监督职责。广西高院通过审理各类民事纠纷案件，对事实和适用法律问题进行了认真把关。在案件审理过程中，注意与下级法院交换意见、指导案件的审理。为统一裁判尺度，针对民事审判工作的热点、难点问题专门到下级法院召开座谈会,进行专题调研。

完成对全区人民法庭的检查工作。为强化对人民法庭的动态管理,并为2013年召开全区人民法庭工作表彰会做摸底准备,广西高院对全区人民法庭的规范化法庭建设工作情况进行了检查、调研,进一步摸清了全区人民法庭的设置及案件审理情况。目前,全区共设有人民法庭257个,管辖乡镇共1324个,人口约4175万人,审理案件数量占全区民事一审案件65%以上,每年结案率为95%,调解率达70%以上。近年来,基层人民不断完善管理制度,推行调解方式解决纠纷,落实便民措施,大力推广巡回审判,针对农忙时节开展便民诉讼,加强信息化网络基础建设,延伸法院文化建设,构建跨区域联动工作机制,积极创建"无诉讼社区、村屯",各项工作取得突出成绩,为全区社会和谐稳定和经济发展提供了有力司法保障。

深入开展审判调研工作。针对民间借贷纠纷、建设工程施工合同纠纷、道路交通事故人身损害赔偿纠纷以及小额速裁试点中出现的新情况、新问题,广西高院民一庭深入开展调研工作,在此基础上独立完成了《广西道路交通事故损害赔偿纠纷案件调研报告》,与南宁市中级人民法院、西乡塘区人民法院共同完成了《关于试行小额速裁的调研报告——以广西南宁市西乡塘区人民法院试点探微为主要研究样本》,其中,前者在第六届全区法院优秀调研成果评比中荣获二等奖;后者被评为2011年度全区法院优秀调研成果特等奖。

开展"妇女儿童维权岗"的创建工作。创建妇女儿童维权,是维护妇女儿童合法权益,深入推进三项重点工作的重要举措,是人民法院履行保障和改善民生的重要职责。广西高院和广西妇联通过联合召开全区推进"妇女儿童维权岗"创建工作现场会,总结交流全区妇女儿童维权岗创建工作经验,安排部署当前和今后一段时期妇女儿童维权工作。2012年8月,两家单位联合派出督查组,对全区各地"妇女儿童维权岗"的达标建设情况和开展主题实践工作情况进行重点督察。

海南省人民法院2012年民事审判工作概况

2012年,海南全省法院民事审判工作坚持"三个至上"指导思想,全面落实科学发展观,牢固树立社会主义法治理念,紧紧围绕"为大局服务,为人民司法"的人民法院工作主题,认真履行民事审判职责,积极推进民事审判机制改革创新,大力加强民事队伍建设,充分发挥民事审判职能作用,为促进国际旅游岛建设发展提供了有力的司法保障,为海南绿色崛起奠定了坚实基础。

一、坚持公正高效,依法审理各类民事案件

2012年,海南各级法院受理民商事案件3.72万件,同比上升17.72%;审结3.62万件,结案率为97.32%,同比提高0.62个百分点,结案标的额138.9亿元。(1)妥善审理涉民生案件。审结婚姻、家庭、继承、邻里纠纷案件6352件,促进家庭邻里关系和睦。审结人身损害赔偿案件2113件,制裁侵权行为,保护公民人身权利。坚持保护劳动者与促进企业生产发展并重,审结劳动争议案件2846件。(2)加强房地产审判工作。针对国际旅游岛和国家调控背景下房地产纠纷出现的新情况,及时出台审理商品房买卖合同纠纷案件指导意见,规范同类案件裁判尺度,引导海南房地产业健康可持续发展。审结房地产纠纷3251件,同比上升29.94%,标的额19.26亿元。(3)加强金融审判工作。审结借款合同纠纷案件6490件,维护金融秩序,保障金融安全,促进经济发展方式转变。(4)加强知识产权、海事海商和涉外、涉港澳台案件审判工作。审结知识产权纠纷案件479件,同比上升2.27倍;审结海事海商案件313件,同比上升1.97倍;审结涉外、涉港澳台民商事案件306件。(5)坚持"调解优先,调判结合"原则,指导基层法院尤其是人民法庭根据本地实际,坚持从社情民意出发,创新调解方法,丰富调解手段,发挥激励机制作用,调处纠纷,化解矛盾,促进和谐。各级法院一审民事案件调撤率为53.83%,同比提高1.84个百分点。

二、多种举措,全面推动全省民事审判工作的发展

在民事审判工作中,全省各级人民法院注意把握形势,围绕中心,服务大局,与时俱进,尊重社会主义市场经济规律,严格依照法律规定规范权利,衡平利益关系,调解矛盾纠纷,示范规则,惩罚违法,依法保障和维护海南诚信有序的经济秩序,促进社会和谐，推动经济发展。

（一）适时出台若干指导意见，规范民事审判行为

2012年8月，海南高院出台《关于加强环境审判工作服务和保障海南绿色崛起的若干意见（试行）》、《关于审理农村集体经济组织土地补偿费分配纠纷案件若干问题的意见（试行）》、《关于在民事审判中依法接受检察监督的意见（试行）》、《关于公开确认民事诉讼证据的意见（试行）》和《关于审理网吧侵犯影视作品信息网络传播权纠纷案件若干问题的意见（试行）》五个业务文件，对进一步规范全省法院民事审判行为，提升民事司法能力起到了积极作用。

（二）召开全省民商事审判工作会议，促进发挥民事审判职能作用

2012年6月7日，海南高院召开了全省民商事审判工作会议。会议传达贯彻了2011年全国民事审判工作会议和全省法院院长会议精神，回顾和总结了2008年以来全省民事审判工作的成绩和经验，并对当前及今后一个时期的民事审判工作任务作了安排和部署。原海南省人民政府副省长、现海南省人大副主任符跃兰莅临会议并发表了重要讲话，海南高院党组书记、院长董治良在会上发表了题为《充分发挥民事审判职能作用为国际旅游岛绿色崛起提供有力的司法保障》的讲话。

（三）组织开展全省法院民事、环保审判庭审观摩示范庭活动

为贯彻落实最高法院关于在全员岗位大培训中开展庭审评查的重要部署，加强干警司法能力建设，进一步有效提升队伍素质、审判质量和司法公信力，省高院民事审判庭根据最高法院《关于在全员岗位大培训中开展庭审评查和裁判文书评查活动的通知》和省高院《关于开展庭审评查活动的实施方案》的要求，通力协作于8月15日~16日组织开展了全省法院民事、环保审判庭审观摩示范庭活动。审观摩示范庭活动起到了有效提高民事审判队伍素质的作用，也得到了社会各界特邀代表的充分肯定。

（四）注重调解，强调调解优先，实现两个效果的统一

全省各级法院在民事审判中高度重视案件的调解工作，坚持“调解优先，调判结合”原则，将化解矛盾、定分止争，最大限度增加和谐因素，最大限度减少不和谐因素作为工作目标，促进了民事审判工作健康发展。一是强化调解意识，完善调解机制，创新调解方法，通过强化庭前、庭中和庭后调解工作，有效促使双方当事人达成调解协议。二是实行量化管理，把调解结案纳入审判绩效考核，并采取奖励措施，提高民事调解工作积极性。三是探索建立诉讼与非诉讼相衔接解决纠纷机制。加大对人民调解委员会的指导，加强与相关行政部门、工会、妇联等有关组织调解工作的协调，形成多种调解机制并举的工作格局。

（五）强化审判队伍业务培训，提升司法能力

为了使全省广大审判人员尽快领会新民事诉讼法精神，做好新民事诉讼法实施前的准备工作，按照海南高院领导指示，根据《海南省高级人民法院贯彻实施新民诉法工作方案》，有步骤、有计划开展了新民事诉讼法的培训工作。此次培训由最高人民法院专职委员杜万华对全省法院视频讲授新民事诉讼法，提高了民事审判工作人员准确适用新民事诉讼法裁判案件的能力。

（六）积极开展业务指导工作，切实提高全省法院民事审判水平

（1）上级法院充分发挥审判指导职能，正确、及时地指导下级法院审判一些疑难案件。上级法院民事审判庭与下级法院民事审判庭及时联系、沟通，搜集、掌握他们在审理案件中遇到什么疑难法律问题，并及时地研究、解答。（2）全省法院积极开展对口包点业务指导工作。海南高院民事审判各庭以及各中级人民法院均成立了对口包点业务指导组，经常采用召开座谈会、庭审观摩、查阅案卷、案例研讨等方式对对口单位进行业务指导，及时帮助下级法院解决民事审判工作中遇到的疑难问题，切实提高对口单位的司法能力。（3）积极指导开展小额速裁试点工作。为贯彻落实最高院《关于部分基层人民法院开展小额速裁试点工作的指导意见》，海南高院继续做好小额速裁试点工作，加强对海口市龙华区人民法院和三亚城郊人民法院小额速裁试点单位的业务指导，并及时上报了经验总结材料，为民事诉讼法修改时增设小额诉讼程序积累了审判实践经验。

（七）重视基层基础，做好人民法庭指导工作

2012年海南高院继续以多种形式抓好人民法庭工作，促使全省人民法庭的各项工作有了积极进展。（1）为了深入开展制度落实推进年活动，海南高院法庭工作办公室人员先后赴全省各人民法庭，就队伍和业务建设、硬件设施和基础管理等方面的情况进行了专题调研，并形成关于全省人民法庭落实有关人民法庭规章制度情况的调研报告。（2）在海南高院行装处等部门的配合下，做好统一人民法庭标识工作。根据最高人民法院《关于统一人民法庭标识工作的实施意见》精神，为进一步加强和改进人民法院基层基础工作，完善司法便民设施建设，对全省人民法庭标识作出了新要求，起到“见标识即知人民法庭”的作用。（3）在海南高院人事处、行装处等部门

的配合下,做好新设法庭挂牌工作。2012年3月8日,海口市琼山区法院云龙法庭在琼山区云龙镇司法所挂牌办公,极大地方便了群众诉讼。及时完成三亚市城郊人民法院藤桥人民法庭更名为海棠湾人民法庭、申请恢复琼海市人民法院中原人民法庭名称请示的批复工作。(4)指导基层法院做好旅游法庭、瓜菜法庭、夜间法庭、渔排法庭、医疗法庭、交通巡回法庭以及海口海事法院派出法庭等特色法庭的工作,提升上述法庭干警巡回办案、就地解决纠纷的能力。

(八)坚持改革创新,切实做好环境保护审判工作

(1)实现了环境公益诉讼案件零的突破。海南省首例环境公益诉讼案件于2012年9月7日在海口市中级人民法院于庭前达成调解协议,海南高院环境保护审判庭对该案的审理进行了全程监督指导,为继续探索环境公益诉讼审判工作,贯彻实施修订后的民事诉讼法积累了宝贵经验。(2)2012年9月下旬,海南高院对民事审判第一庭、环境保护审判庭、行政审判庭的受案范围作出调整,将原由民事审判第一庭受理的建设工程合同纠纷案件调整为环境保护审判庭受理;将原由行政审判庭受理的收回国有土地使用权纠纷案件调整为环境保护审判庭受理。(3)召开全省法院环境保护审判庭、海口海事法院海事庭庭长座谈会,研究和探讨新形势下全省法院做好环境审判工作的对策。会议对我省法院环境审判工作取得的进展、存在的问题以及面临的形势和任务进行了总结、分析和研讨。

2012年,全省法院民事审判工作人员坚决贯彻海南高院党组的工作意图,围绕党和国家工作大局,围绕省委省政府中心工作,克服审判任务繁重、新类型案件增多、审理难度加大、工作条件艰苦等困难,立足增强司法能力、提高司法水平,精心审判和调处各类民事案件,依法妥善化解各类矛盾纠纷,很好地发挥了民事审判职能作用,为海南国际旅游岛建设提供了有力的司法保障。

四川省人民法院2012年民事审判工作概况

2012年,四川省民事审判工作紧紧围绕“打造一流队伍,争创一流业绩”战略目标,狠抓执法办案第一要务,大力加强民事审判队伍建设,充分发挥民事审判职能,竭力化解社会矛盾,为维护社会和谐稳定、促进四川经济社会又好又快发展作出了贡献。

一、民事审判工作基本情况

(一)狠抓执法办案第一要务,强化均衡结案成效显著

2012年全省共受理民商事一审案件427,180件,同比上升28.71%,涉案标的662亿元,其中共审结406,447件,调解结案的153,216件,撤诉结案的126,749件,全省共受理民商事二审案件26,426件,同比上升5.98%,其中审结24,578件,调解结案3869件,撤诉3059件。省法院民一庭2012年共受理案件307件,审结231件,超过办案基数32件。结案率为74.92%。其中调解、撤诉31件,调撤率为13.36%。全省法院同时依托“大调解”工作机制,全程推进调解工作,强化均衡结案成效显著,取得良好的社会效果。

(二)积极安排部署工作,“两个一流”争创工作取得良好开端并稳步推进

2012年2月10日,全省中级法院院长会议以“打造一流队伍,争创一流业绩”为战略目标,对当前和今后一个时期全省法院工作作出全面部署。省法院民一庭积极行动,与省法院民二庭于4月27日通过全省法院民商事审判工作视频会议回顾2011年全省民商事审判工作,分析当前全省民商事审判工作面临的形势与任务,部署对下一阶段工作,并分析民商事审判中需要注意的几个法律适用问题。省法院民一庭切实贯彻全省法院民商事审判工作视频会议精神,下发了《关于贯彻全省法院民商事审判工作视频会议精神和推进争创“两个一流”的意见》,对由民一庭负责牵头的四项工作进行细化安排,要求各中基层法院民一庭按该意见要求积极稳妥推进争创“两个一流”工作,并定期报送情况。各中院民一庭积极贯彻落实,多措并举凝结共识,积聚力量;认真分析自身特点,结合实际制订方案,明确具体目标,找准了着力点和突破口,争创“两个一流”工作取得良好开端。全省各级法院深入房产买卖案件调研,审慎处理房产买卖合同,及时掌握国家经济政策,准确认定民间借贷行为效力;积极开展涉民生案件专项审判活动,建维权“绿色通道”;小额速裁试点法院建专刊、扩宣传,狠抓试点工作;采用繁简分流、进行类型化指导、落实“调解优先,调判结合”工作原则、

强力推行巡回审判、完善诉调对接等方式，为提高法庭审判质效、便民利民建一流法庭夯实基础，一些法庭巡回审判率达80%。

（三）强化调研，服务全省工作大局

一是力争统一交强险裁判尺度。李佐洪委员在政协省十届委员会第五次会议期间提出第42号提案《关于全省法院尽快统一"交强险"涉案司法裁判标准的建议》后，省法院民一庭迅速在全省范围召开交强险裁判尺度座谈会，邀请人大代表、政协委员、保监局、公安厅、人民调解员、保险行业代表、专家学者等参会，为统一交强险裁判尺度建言献策。目前会议纪要讨论稿已经过4次修改，即将出台。二是出台发改分析报告。4月，省法院民一庭出台了《2011年省法院民一庭发改案件分析报告》，对发回重审和改判的案件进行分析，梳理去年两级法院民商事案件审理中存在的问题，分析产生问题的原因，强调案件审理中应注意的问题，提出提高案件审理质量的要求。各中院和基层法院也对其被发回重审和改判的案件进行定期分析、及时总结并切实采取措施，不断提高案件质量。三是打造《四川民事审判》信息交流平台。2012年1月开始，省法院民一庭以《四川民事审判》为载体，扩大指导工作覆盖面，已出台10期《民事审判信息月报》，对全省法院民事审判实践中的热点、难点问题进行指导，对典型案例、争创"两个一流"的工作进行全方位通报。四是加强热点、难点问题调研。2012年，省法院民一庭对民间借贷纠纷、国有土地使用权和房屋买卖合同纠纷、人民调解等问题进行深度调研，形成调研报告；协助最高人民法院和本院研究室等进行环境污染纠纷案件、消费者权益保护等方面的调研。完成《"三项举措"促调解，打造"一流法庭"》报告，代表省法院在东、西部地区部分法院人民法庭调解工作经验交流座谈会上发言。

（四）积极稳妥推进、总结小额速裁试点工作，为实施新民诉法小额诉讼程序作准备

1月20日上午，最高人民法院民一庭杜万华庭长到四川省调研小额速裁试点工作，省高院民一庭组织全省各试点法院及相关中级法院的负责同志在蓉召开四川省小额速裁试点工作座谈会，总结省小额速裁试点工作开展情况，部署下一步工作方案。今年5月，省法院民一庭制定了《四川省高级人民法院关于进一步开展小额速裁试点工作方案》，在去年4个小额速裁试点法院基础上，今年经最高人民法院批准，并报告省委政法委、省人大，院党组增加成都市龙泉驿区等19个基层法院为小额速裁试点法院。10月25日至26日，省法院党组书记、院长王海萍到眉山两级法院调研考察诉讼与非诉讼相衔接的矛盾纠纷解决机制试点工作情况，先后视察了眉山市东坡区人民法院、洪雅县人民法院，听取了工作汇报，实地考察了东坡区大石桥街道办、市交警支队二大队以及洪雅县矛盾纠纷排查调解中心开展"诉非衔接"试点工作的情况。全省各试点法院积极探索小额速裁的程序、文书格式、向普通或简易程序转换的情况等，积累了丰富的经验，撰写了大量的报告，为小额案件的一审终审做好铺垫，为明年小额诉讼程序的正式实行做好积极稳妥的准备。

（五）重视队伍建设，提升司法能力

全省法院深入开展"发扬传统、坚定信念、执法为民"主题教育实践活动，加强政法干警核心价值观教育，严格落实"五个严禁"、"两个规定"，大力加强廉政建设，结合"警民亲"活动，加强社会主义法治理念教育，改进司法作风，规范司法行为，高度重视司法能力提升工作。4月6日，省高院组织对全省200多名民事审判法官进行审理劳动争议纠纷案件法律适用疑难问题专题培训，12月6日，省高院开展全省法院新民事诉讼法培训，邀请最高人民法院审委会专职委员、最高人民法院贯彻实施修改后民事诉讼法领导小组副组长、民一庭庭长杜万华专题授课，9月8日，省高院举办全省三级法院民商事审判骨干法官买卖合同司法解释专题培训班，邀请最高人民法院民三庭副庭长、买卖合同司法解释起草人王闯博士授课，实现了全省法院民事审判法官业务能力和综合素质进一步提升。

二、2013工作举措

（一）突出狠抓执法办案第一要务

办案压力进一步增大的情况下，要妥善审理好各类涉及民生的案件，要密切关注物价上涨以及房价调控等形势政策变化对民生的影响，妥善审理好涉及老百姓住房、社会保险、日常消费、劳动就业领域的案件，审理好医疗损害赔偿、道路交通事故等侵权损害赔偿案件以及婚姻家庭案件，切实维护群众的切身利益；尤其强调对妇女、儿童和老人权益的保护；研究"强农惠农"工作中出现的法律问题，妥善审理城镇化进程中的农村土地流转、土地承包经营权互换、转让、出租等纠纷案件，维护农民合法权益；妥善处理涉及农村土地征收、城市房屋拆迁等纠纷案件，规范和维护土地征收和房屋拆迁秩序。要强化案件质量和办案效率，进一步提高均衡结案水平。

（二）积极稳妥推进"两个一流"争创活动

按《关于贯彻全省法院民商事审判工作视频会议精神和推进争创"两个一流"的意见》要求，把督促、落实与"创先争优"工作有机结合起来，积极稳妥

推进"两个一流"争创活动,确保今年各项任务顺利完成,各项工作有明显提升。

(三)推进"阳光司法",提高司法公信力

开展审判开放日活动,邀请人大代表、政协委员参加庭审;开展公开调解日活动,邀请特邀调解员参与调解。

(四)狠抓能力提升,着力作风改善,打造一流民商事审判队伍

一是要狠抓司法能力提升。要切实加强政法干警的核心价值观教育,全省法院民事审判法官要按照省委政法委的统一部署,加强学习,在思想认同的基础上实现知行合一,把核心价值观贯穿执法办案的全过程,并以实实在在的工作业绩检验教育实践成果;要着力加强司法能力培养,加强部门之间、上下级法院之间的轮岗挂职锻炼,拓展视野、积累经验。要利用信息化平台,开展远程培训,积极为基层法官的培训与学习创造条件,民商事审判法官轮训工作,今后还要继续推进。二是要强力推动作风转变和改善。要结合"警民亲"活动,进一步增强自律意识和规范意识,严格约束自身职业行为,彻底根除对待当事人"冷硬横推"、司法活动不规范、纪律作风涣散等顽症,促进司法文明、规范高效。三是抓好队伍廉政建设。通过开展"每月一学习、每季一案例"专项活动、以"零违纪法院"创建活动为载体,通过正面典型的引领和反面教材的警示教育,进一步提升队伍廉洁自律意识。四是认真开展"两评查"活动,有效提升民事审判法官庭审能力、庭审规范化水平和裁判文书质量。

(五)进一步规范完善督促指导工作

一是统一裁判尺度。加强对新情况、新问题以及热点、难点问题调研,有计划、有步骤解决裁判尺度不统一的问题。二是畅通信息沟通渠道。进一步发挥好《四川民事审判》、《信息月报》等在上下级民事审判庭信息沟通方面的作用,利用好信息沟通平台扩大对下指导的广度和深度。三是定期通报各项工作进展情况。重点通报"两个一流"、定期通报改发案件情况。四是加强司法宣传,重视舆论引导。坚持提前谋划,主动掌控,善于借助媒体维护审判、宣传法治,防止媒体不当干预、炒作个案,对敏感或负面舆情,要尽量在事前、事中及时妥善处置。

贵州省人民法院2012年民事审判工作概况

2012年,贵州省高级人民法院认真贯彻中央和省委的重大决策部署,在最高人民法院的监督指导下,围绕年初全省法院院长会提出的"五个始终坚持,五个再上新台阶"总体工作要求,充分发挥民事审判职能作用,在促进经济社会发展、保护人民群众切身利益和维护社会公平正义等方面发挥了重要作用。2012年,全省法院审理一、二审民事案件124,136件(其中旧存2529件),审结一审案件110,929件,二审案件10,899件,结案率98%,其中调撤率为60%,诉讼标的1129亿元。

——着力服务主基调、主战略,努力促进经济跨越式发展。全省法院充分发挥民事审判职能作用,依法推进省委各项重大决策部署的贯彻落实,确保实现经济持续健康发展和社会和谐稳定。依法审理城镇化建设中的土地征收、流转、房屋拆迁等各类案件,促进城镇化进程。特别是妥善处理人口城镇化过程中发生的教育、医疗、住房、就业、消费、养老等领域的民事纠纷,着力研究解决民事纠纷中的"城乡二元化"。

——着力保障民生,深入推进"和谐贵州"建设。全省法院始终坚持把改善民生作为一切工作的出发点和落脚点,依法支持"十大民生工程"、扶贫生态移民工程等政策的实施,努力实现好、维护好、发展好最广大人民群众的根本利益。依法妥善审理好医疗卫生、婚姻家庭、食品安全、道路交通、环境保护、人身损害赔偿等与民生息息相关的民事案件,切实保护群众权益。积极落实党的农村政策,妥善处理好涉农民事案件,严厉打击制售假冒伪劣农资等坑农害农行为,依法维护农民合法权益,使其分享改革发展成果。

——着力化解社会矛盾,深入推进"平安贵州"建设。全省法院紧紧围绕省委建设"平安贵州"的要求,始终坚持把做好社会矛盾化解工作作为巩固党的执政基础的重大政治任务抓紧抓实抓好。强化对审判运行态势的分析研究和案件质量评查,建立完善规范立案审查、开庭审理、审查报告、案件评议、文书制作、裁判把关、风险评估的工作机制,有效提高案件质量和文书质量,让人民群众在每一个案件中

都感受到公平正义。充分发挥调解化解社会矛盾的作用，积极总结和交流调解经验，进一步加大诉讼案件调解工作力度，在自愿的基础上，努力做到“案结事了”，实现“法、理、情”的有机统一，积极推进党委领导下“三位一体”大调解机制、多部门联动处理机制、风险评估机制的建立，努力拓宽化解矛盾纠纷渠道。

云南省人民法院2012年民事审判工作概况

2012年，云南省人民法院坚持以邓小平理论、“三个代表”重要思想、科学发展观为指导，坚持“三个至上”工作指导思想和“为大局服务，为人民司法”工作主题，忠实履行宪法和法律赋予的职责，充分发挥民事审判职能作用，为全省经济平稳较快发展和社会和谐稳定做出了积极贡献。

全省各级人民法院2012年共新收婚姻家庭、继承，合同，权属侵权纠纷等民事案件133,453件，同比上升4.37%，审结134,139件，上升3.82%，结案率91.9%，比上年同期增加0.72个百分点。全省法院在民事审判中大力倡导和推行巡回审判。基层法院巡回审理的案件占民事案件总量的50%以上，有的人民法庭巡回办案率高达80%，让山高路远、交通不便不再成为基层群众寻求司法解决问题、维护合法权益的障碍。在基层法院探索小额民事案件速裁机制，采用远程电子签章等便民措施。发挥民族法官通晓少数民族语言的优势，积极开展“双语审判”。坚持“调解优先，调判结合”工作原则，将调解贯穿于审判全过程，全省法院调解撤诉民事案件75,648件，民事一审案件调解撤诉率达60.52%，同比增加1.14个百分点，服判息诉率达89.35%，呈现“案件调撤率、服判息诉率提高”的局面。

重庆市人民法院2012年民事审判工作概况

2012年，全市法院民事审判部门围绕“跨越式发展、争创全国一流”的总体目标，以促进审判质效管理为核心，以审判实务调研为突破，以探索机制创新为动力，在发挥民事审判职能，切实践行司法为民、大力夯实基层基础、扎实抓好队伍建设上狠下功夫，积极推动民事审判工作跨越发展品质的提升，顺利完成全年民事审判工作各项任务。2012年，全市民事审判部门受理民事案件217,783件，结案196,875件，结案率为90.40%；调解结案结案75,014件，调解率为38.10%；撤诉结案50,241件，撤诉率为25.52%。

一、以审判质效管理为核心，指导民事审判全局工作

（一）抓谋篇布局立足审判质效管理

根据最高法院《2012年民事审判工作要点》、全国高级法院民一庭庭长座谈会、《关于当前形势下加强民事审判切实保障民生若干问题》的通知精神，结合重庆法院实际和特点，制定并下发了《2012年重庆法院民事审判工作要点》，全面深入分析了重庆法院民事审判工作面临的新形势，统一部署2012年民事审判工作任务，明确提出了深化审判管理，在提高审判工作质效下功夫的工作要求，坚持以审判质效指导审判业务、以绩效考核完善内部管理、以“条线指标”加强业务调控，以规范定型总结成功经验，以创新机制提高管理水平，真正将绩效指标管理贯穿到审判业务管理流程中，形成了办案指标稳中有升、业务指导有有的放矢、司法为民亮点突出、队伍建设稳步发展的良好工作态势。市四中院院长孙海龙被邀请在国家法官学院讲授“审判管理的理论、制度和实践”，系统介绍重庆法院的做法。

（二）抓条线考核强化质效指标调控

坚持以审判质效指标为导向，充分发挥民事审判系统“条线指导”、“条线考核”作用，进一步加强审判质效评估调控。下发《关于加强民事审判质效评估调控系统优化、督办工作的通知》，选取与民事审判质效工作联系紧密的12个“重点指标”，定期分析质效数据,找出"薄弱指标",下达调控指令。制定《中基层人民法院"其他民商事审判工作"考核办法》,进一步完善审判业务条线考核机制,制定"其他审判工作"考核实施细则,明确"其他审判工作"侧重于对大要案通报、条线年度重点工作、规范性文件贯彻落实、条线审判质效数据管理等内容的考核,制发条线考核细化标准,扩充条线考核指标,初步建立起业务条线考核制度。2012年10月底11月初,由市高法院陈彬副院长带队,分别组织协调召开了五个中院及辖区部分基层法院民事条线审判质效推进会,明确提出了要强化民事审判条线质效管理机制建设,进一步建立健全分庭统计、定案负责、沟通协调、人才保障、奖惩激励机制,促进民事审判条线指导作用的发挥,逐步改善民事审判业务条线薄弱指标,切实提高民事审判工作质效。2012年全市法院民事审判条线质效提升明显,其中民事案件简易程序适用率、撤诉率、平均审理时间指数、裁判自动履行率、调解案件申请执行率等指标均优于全市法院均值。调解率、生效案件改判发回重审率也有小幅增长,基本与全市法院均值持平,为重庆法院审判质效继续稳居"全国法院第一方阵"作出了重要贡献。

(三)抓矛盾化解大力促进案结事了

重庆法院针对审判质效指标中调撤指标偏低的问题,认真贯彻最高法院人民法庭调解工作经验交流座谈会议精神,进一步强化调解工作意识,丰富调解工作手段。通过建立健全调解激励机制,不断提升调撤工作指标。2012年全市法院调解结案125,255件,调撤率达到63.62%,与2011年相比增幅达到6.67%。其中以调解方式化解了多件社会影响重大的案件。如市高法院民一庭承办的某公司起诉的林权财产损害赔偿纠纷案,争议标的额达1亿余元,市政府多次主持协调均未能达成一致。合议庭认真分析案情、厘清关键症结的基础之上,既组织双方当事人进行十多次调解,还两次前往异地勘查现场,协调当地党委政府,最终促成双方达成调解协议,创造该案双赢局面。至此,这起长达十年、涉及多部门、多区县,影响甚大的国有林地转让纠纷案终于画上了句号。当地区委、区政府还亲自向我院寄来了感谢信。该案在我院《大要案件专报》第一期进行了通报。陈屹副庭长也因此荣立个人三等功。还有外地某分公司起诉的建设工程施工合同纠纷案,属全国人大督办的案件,双方矛盾尖锐,情绪对立。合议庭高度重视,多次组织双方调解,最终通过艰苦细致的工作,成功化解双方矛盾,实现调案结事了。沙坪坝法院在一件监护权纠纷案中探索"五步调解法",被最高法院评为"全国百例优秀调解案例"。江津区法院李厚平同志因审判工作业绩突出,被授予"全国法院先进个人"荣誉称号。

二、以审判实务调研为突破,强化民事审判工作指导

(一)注重典型案例调研

重庆法院把加强典型、代表案件审判实务调研作为民事审判调研工作的重点,结合"大调研、大讨论"活动,制定下发了《关于民事审判调研任务分类分解的实施意见》,明确类型案件调研方向、调研重点、调研任务及组织分工,形成三级法院联动。2012年主要针对建设工程施工承包合同纠纷中的利润、税金处理、建设工程价款优先权的适用范围、涉农民事纠纷中的成员权资格的认定问题、落户小城镇的原农村人口享受征地补偿费、安置补偿费问题、转非安置划拨用地使用权转让合同效力认定问题、正在筹建中、尚未办理营业执照的用工主体作为被告的主体资格认定问题、关于经济适用房逾期办证违约责任应认定、劳动争议案件中挂靠运输企业的驾驶人员劳动关系认定、赔偿金条款的适用期间等问题等行了专题调研,并形成倾向性意见在部门园地等栏目进行了公布,为中、基层法院办案提供指导和帮助。

(二)注重疑难重点问题调研

梳理农村土地承包等涉农案件中的诸多疑难问题,经过认真调研、讨论,形成《当前涉农民事案件若干法律适用问题的解答》,进一步统一裁判尺度,积极引导和帮助化解涉农民事审判实践中的重大疑难复杂问题。考虑到2013年1月1日新修订的民诉法实施的实际,市高法院积极牵头做好《民事诉讼法修改决定》的学习贯彻和广泛宣传工作。下发了《关于深入学习宣传民事诉讼法修改决定为施行决定做好充分准备的通知》,积极开展小额诉讼、第三人撤销诉讼、公益诉讼等新制度调研工作,结合民诉法新修改的内容,与立案部门联合制作修订新版《诉讼指南》。2012年10月、11月,先后与重庆市仲裁委员会等单位联合,组织了两次较大规模的新民诉法培训,邀请全国人大、最高法院相关人员进行权威解读,三级法院约400余人次参加了培训。2012年12月12日,市高法院牵头组织了宣传民事诉讼法修改决定的新闻发布会,重庆电视台、重庆日报、晚报、晨报、商报、华龙网、大渝网等媒体对新闻发布会及民诉法的修改情况进行了报道。2012年重庆法院民事审判部门荣获全国法院第24届学术讨论会论文二等奖1篇,三等奖2篇,获得《人民司法》"山城杯"等有奖征文一等奖4篇、二等奖1篇,在《人民日报》发表学术文章1篇,在《人民司法》、《法制日报》、《人民法院报》、中国法院网共发表调研文章38篇。

（三）注重各级法院沟通交流

一是注重案件指导，发挥类型化案件指引作用。2012年9月，市高院民一庭根据九龙坡区法院的通报情况，到该院协调指导了张某与某公司商品房预售合同纠纷、某公司与该公司62名职工劳动争议案件的审理，对案件涉及的经济适用房法律适用问题及企业改制中职工安置补偿问题进行并提出了具体意见，帮助解决新类型案件中的疑难问题。二是注重沟通协调，强调对敏感案件的督导。如杨某与某公共场所管理人责任纠纷一案，市高院协同市一中院加大对渝北区法院监督指导力度，促进双方当事人调解，使该起涉及网络舆情的民事纠纷得以圆满化解。三是加强案例指导，统一司法尺度。及时撰写参考性案例，指导类似案件审理，并向最高法院《民事审判指导与参考》报送了3篇指导性案例。2012年重庆法院民事审判部门在《人民司法（案例）》、《人民法院报》发表典型案例6篇。2012年7月，市四中院与《人民司法》杂志社和人民法院报社联合举办了"涉农土地案件审判实务与理论研讨会"，就土地案件审理程序、涉农土地权属保护与涉农土地流转等疑难、复杂问题进行研讨，较好地提升了这类案件的审判水平。市一中院、沙坪坝区法院、铜梁县法院、丰都县法院办理的民事纠纷案件入选"全国法院践行能动司法理念优秀案例"。

三、以探索机制创新为动力，延伸民事审判工作触角

（一）抓司法为民突出便民网络实效

不断丰富司法为民内涵，拓展诉讼便民功能。2012年10月，在垫江组织召开全市法院涉农民事审判工作座谈会，明确新一轮便民诉讼网络建设的指导思想，优化对便民诉讼网络的管理，进一步发挥便民诉讼联络员的作用，解决便民诉讼网络建设存在的"肿"、"虚"、"杂"等问题。目前全市法院便民诉讼网络在不影响功能发挥和正常运行的前提下进行了"瘦身"，联络站由原来的300个减为272个，便民联系点由1735个减为1142个，便民联络员由7991人减为6227人。人民法院报在2012年10月11日头版对此作了信息报道。最高法院民事审判工作简讯2012年第5期也作了相应报道。市高院还结合便民诉讼网络工作实际，组织人员编写《便民诉讼知识读本》，并统一印制20,000册，统一下发给便民联系员。重庆法院的便民诉讼网络建设情况，在2012年召开的重庆市社会管理综合治理工作经验交流会上作了交流发言。2012年10月，重庆晚报、商报等媒体还对重庆法院便民诉讼网络建设情况做了专题采访和报道。

（二）不断完善民生法庭创建工作

经过督促、检查与认真评比，沙坪坝区陈家桥法庭等26个法庭顺利通过第三批民生法庭验收。通过三年民生法庭创建活动的开展，全市法院共计117个法庭通过验收，民生法庭创建工作目标基本实现。

（三）加强诉讼与非诉讼衔接机制建设

2012年，重庆法院积极推进建立类型化案件诉调对接平台构建，进行了有益的探索。市高院先后制定下发了《关于进一步健全处理劳动争议案件诉讼与非诉讼衔接机制的意见》、《关于健全消费者权益诉调衔接机制的意见》，建立、健全处理劳动争议及消费者权益保护纠纷案件的诉讼与非诉讼衔接机制。目前，重庆法院辖区内，江北区和沙坪坝区法院均成立了专门的劳动争议审判庭；5个中院及27个基层法院成立了劳动争议合议庭负责审理各类劳动争议民事案件；9个基层法院相对固定审判人员，承办各类劳动争议民事案件。最高法院民事审判工作简讯2012年第3期作了相应报道。铜梁县法院劳动争议案件调撤率达88.12%，促成324起劳动者诉当地某水泥厂劳资纠纷案调解结案。2012年6月，市高院民一庭还受聘成为重庆市汽车消费维权委员成员单位。渝北区法院积极探索与交通事故、物业纠纷人民调解委员会的衔接机制建设，强化委托调解、邀请调解，完善司法确认制度，增强化解矛盾纠纷合力。全年通过诉调对接审结物业服务纠纷案件1792件，同比增长58.2%；审结交通事故人身损害赔偿纠纷案件3701件，同比增长94.9%。北碚区法院建立交通事故巡回法庭和消费纠纷案件合议庭，完善"四调结合"模式，被最高法院指定为"扩大诉讼与非诉讼相衔接的矛盾纠纷解决机制改革"试点法院。同时重庆法院还利用已经搭建的全市三级法院涉军合议庭平台，协调处理涉军案件，化解军地矛盾。2012年8月，市五中院涉军合议庭受理了重庆某房地产开展有限公司等房地产项目转让纠纷案，由于该案涉及部队资产的分配处理，受到解放军总参保障部、营房部的高度关注。市高院通过涉军合议庭这个平台，与五中院多次沟通协调，最终促成案件当事人达成调解协议，保护了军地双方的合法权益。解放军总参相关部门还给陈彬副院长寄送了感谢信。同时重庆法院继续深入探索反家庭暴力人身保护令试点工作，不断完善妇女儿童维权机制建设，通过基层法院设立妇女儿童维权合议庭，加强与同级妇联的联系沟通和紧密合作，加大对妇女、儿童、老人及婚姻家庭中无过错方的保护力度，依法扩大婚姻案件"人身安全保护令”适用范围,有效预防和制止家庭暴力,并尽量修复受损的家庭关系。重庆市九龙坡区人民法院民事审判第一庭被中华全国妇女联合会、全国维护妇女儿童权益暨平安家庭创建协调组授予“全国维护妇女儿童权益先进集体”荣誉称号。市高院民一庭第二合议庭,被推荐表彰为重庆市实施妇女儿童发展纲要(规划)先进集体。

(四)抓好十八期间的维稳工作

重庆法院还把做好十八大期间维稳工作中,作为民事审判促进和谐重庆构建的重要举措,定期排查案件隐患,有针对性地加强化解、疏导、教育、稳控、关怀、帮扶工作,促进了“六个零目标”的实现。2012 年 8 月,市高院收到市信访联席办交办的《关于交办影响社会稳定突出问题的函》,将永川区落户小城镇的原农村人口享受征地补偿费等问题引发的群体性事件,作为影响社会稳定突出问题情况通报我院。我院高度重视,钱锋院长作了重要批示。在陈彬副院长牵头组织下,迅速组织工作组到永川进行了专题调研,及时形成《关于审理落户小城镇的原农村人口要求享受征地补偿费、安置补偿费案件纠纷的情况报告》报送市信访联席办。市高院民一庭承办的某国有银行与重庆某行政机关等执行分配方案异议之诉一案,涉及 100 多户购房人的利益,关系我市维稳重点工作。鉴于案情特殊,情况紧急,合议庭采取特案特办,由黄灿波副庭长亲自担任审判长,组织合议庭,快审快结,仅用十余天时间就审结了案件,化解了重大群体性事件的不稳定因素。

四、以提升法官司素能为重点,全面推进为民公正廉洁执法

(一)扎实开展“两评查”活动

根据最高院法院部署,市高院及时制订了《在全员岗位大培训中开展民商事案件庭审评查和裁判文书评查活动的实施方案》,通过开展全市法院民事案件“两评查”活动,以提高民事审判法官素能为核心,以提高庭审驾驭功夫、法律文书写作功夫为抓手,以庭查评查、文书评查为载体,灵活运用观摩交流、自查自评、抽查点评等多种形式,将评查与整改有机结合,实现评查与整改的同步进行,促进法官司法能力提升。先后督促辖区两级法院开展示范庭审 107 件、庭审评查 268 件,评查法律文书 1800 篇,从中评选出全国法院优秀庭审 4 个、全市法院优秀庭审 12 个,评选全国法院优秀裁判文书 5 篇、全市法院优秀裁判文书 12 篇。全市法院民事审判部门有 2 人撰写的裁判文书被评为全国法院优秀裁判文书,4 人主持的庭审被评为全国法院优秀庭审。

(二)不断加强司法能力建设

重视民事审判教育培训工作,三级法院民事审判部门参加各类案件专业培训、等专题培训 10 余次,参加心理咨询师培训班,北京大学、清华大学、中国人民大学举办的法院干部素能提升高级研修班等,全年参加培训人数达到 700 余人次,较大提升了民事审判法官综合素养。上下级法院间定期召开审判实务讨论会,针对审判实践中调研收集的疑难、复杂问题和改发案件中集中反映的重点问题,通过座谈、调研等形式征求意见,形成倾向性指导意见,统一裁判尺度,指导审判工作实务。

(三)重视推进文化建设

以中标最高法院“法院文化建设研究”重点课题为契机,结合实践开展理论研究,认真落实法院文化建设要求,将法院文化建设与“忠诚、为民、公正、廉洁”政法干警核心价值观教育实践活动、“创先争优”等活动紧密结合,通过召开“法院文化建设座谈会”,深刻认识“崇法秉正、厚德为民”的重庆法院精神内涵;积极开展先进法院文化建设实践,已经启动全国法院文化建设示范单位创建活动,通过广泛参与、积极原创,突出法院文化建设的司法性、针对性和创造性。加强以提高法官职业尊荣感为核心的法官文化建设,以提高司法公信为目标,即加强审判的“依法说理”和调解的“依理说法”的诉讼文化建设,以服务审判、弘扬法治为宗旨的环境文化建设。目前重庆法院民事审判部门整体良好的精神风貌初步形成,为各项工作齐头并进发展提供了不竭动力。

(四)着力防控廉政风险

树立“法官的良知是最好的法律,法官的人品决定司法产品,司法廉洁是司法公信的基石”的理念,大力加强商事审判法官思想品德和职业道德教育。按照市纪委统一部署,各级法院认真开展“党性党风党纪教育月”活动,深入推进廉政风险防控工作,梳理廉政风险点,编制职权目录、业务运行流程图,制作民事审判部门廉政风险一览表,建立起较完备的廉政风险防控体系。全市民事审判部门法官牢固树立廉洁司法的自觉意识,不折不扣落实好“五个严禁”和“四个一律”,续保持全年违纪违法“零目标”。

陕西省人民法院2012年民事审判工作概况

2012年,全省法院民商事审判工作认真贯彻党的十七大和十七届六中全会精神,紧紧围绕省委十一届八次会议和最高人民法院工作部署,把为十八大胜利召开营造和谐稳定社会环境作为首要政治任务,继续深入推进三项重点工作,扎实开展"工作创新推进年"、"司法公信提升年"和"忠诚、为民、公正、廉洁"政法干警核心价值观教育实践活动,全年共受理各类民商事案件148,082件,审结147,652件,同比分别上升6.76%和6.27%,实现了民商事审判工作的新发展,为建设西部强省提供了更加有力的司法保障和法律服务。

一、坚持能动司法,为经济社会发展提供有力司法保障

全省法院自觉紧紧围绕大局,认真履行维护稳定第一责任,主动服务经济发展第一要务,依法履行审判职责,为陕西经济社会发展提供了有力司法保障。

依法促进经济发展。全省法院密切关注经济发展变化对法院受理诉讼案件造成的影响,研究动态趋势和难点问题,及时制定指导性意见,不断增强审判工作保障和服务大局的针对性。高度重视经济结构调整、资源开发、环境保护引发的矛盾纠纷,着力服务我省经济发展方式转变。牢牢把握促进实体经济发展这一要求,对因企业资金链断裂引发的劳动争议、合同违约等案件,尽可能协调解决,做到既保障企业正常运转,又保护职工合法权益。对一些符合国家产业政策的企业因经营困难引发的破产案件,争取运用重整或和解程序妥善解决,努力实现债权人和企业互利双赢。对因房地产价格波动可能带来的房屋买卖合同违约、拖欠工程款等纠纷,认真研究国家调控政策,依法稳妥审理,促进房地产市场健康发展。认真贯彻最高人民法院关于依法妥善审理民间借贷纠纷案件的指导意见,正确认定民间借贷合同效力,规范和引导民间借贷健康发展,促进中小企业生产经营活动顺利进行。

依法保障和改善民生。牢牢把握保障和改善民生这一根本目的,解决好人民群众最关心最直接、最现实的利益问题。对医疗、教育、劳动争议、损害赔偿、婚姻家庭、消费者权益保护等与民生紧密相关的民事案件,加大调解和执行力度,维护群众合法权益。对涉及农村土地征收、城市房屋拆迁等行政案件,推行"裁执分离"强制拆迁模式,加大与行政机关协调力度,促使行政纠纷实质性解决。对涉诉的困难群众加大了司法救助力度,解民忧、化民怨、帮民困。

依法促进文化强省建设。认真贯彻省委关于建设文化强省的战略部署,依法妥善审理文化企业转制、破产、兼并重组等案件以及涉及公益性文化事业的案件,支持文化产业跨越式发展。依法处置著作权、专利权、商标权等知识产权确权、转让、侵权类纠纷,推动文化市场健康发展。积极弘扬社会主义法治文化,把司法审判不仅仅当作一个办案解纷的过程,更将其作为发挥其维护社会公平正义、促进人心教化、引领社会风尚、促进文明进步的过程。把法律思维与政治思维、道德思维结合起来,使得尊老爱幼、扶危济困、扶弱助残、见义勇为、礼让宽容等道德信念贯穿于执法办案,融法、理、情于一体,办好每一个案件,推动在全社会形成守信光荣、失信可耻的风尚。

积极推进涉军维权。省法院与省军区政治部、省武警总队政治部联合建立涉军维权案件沟通协调机制,安东院长亲自主持召开了涉军维权工作专题会议,向全省下发《关于进一步加强涉军维权工作的通知》和《涉军维权工作专题会议纪要》。全省法院认真贯彻落实省法院开展"五进"活动的要求,加强与辖区武装部、驻军单位的密切配合,充分利用新兵入伍、老兵退伍、民兵整组、八一建军节等时机,通过发放"维权联系卡"、制作宣传栏、开展法律咨询、邀请官兵参加庭审观摩、在部队开展法制讲座、给官兵赠送法律书籍等多种形式开展"送法进军营"活动。2012年省法院民一庭被兰州军区政法委员会和陕西省委政法委员会评为"涉军维权工作先进单位"。

重视维护妇女儿童权益。全省法院一直把维护妇女儿童权益工作纳入工作计划之中,并以每年推出服务亮点形式具体做好维权工作。省法院民一庭为及时有效审理涉及妇女儿童合法权益的诉讼案件,专门成立了维护妇女儿童权益合议庭。将审判与扶贫帮困相结合,注意加强对基层人民法院审理

涉及妇女儿童权益保护的离婚、侵权等案件和校园人身损害赔偿纠纷案件的指导，从制度上和实践中切实保护妇女儿童的合法权益。2012 年省法院民一庭被中华全国妇女联合会评为“全国妇女创先争优先进集体”。

二、传承优良传统，践行司法为民，着力提升司法公信力

切实推动调解机制创新。坚持不懈地把“调解优先，调判结合”原则贯穿于立案、审判、执行全过程，落实到一审、二审、再审各阶段，加大民商事案件调解力度，有效化解社会矛盾，促进社会和谐。坚持自愿、合法原则，规范调解行为，提高调解质量。进一步完善诉讼与非诉讼相衔接的矛盾纠纷解决机制，加大诉前调解力度，将诉前调解工作全部纳入了司法统计，更多地动员和组织社会力量参与矛盾化解，实现纠纷解决的“关口前移”。延安中院“以便民诉讼在一线、查明案情在一线、化解纠纷在一线”为主要内容的“一线审判模式”，商洛中院在推广化解社会矛盾的“丹凤模式”中均取得了良好的社会效果。

大力加强审判管理。调整健全了全省各级法院审判管理机构和职能，基本实现了案件评查、流程管理和质效评估三项职责对口一致，省法院和中级法院实现了审判管理人员专职化，案件评查常态化。省法院对全省 50 个基层法院 2011 年审执结的案件进行了全面评查，针对评查出来的问题，分片召开通报分析会，对案件整体质量较差、涉诉信访问题突出的法院提出限期整改意见，切实增强了办案人员的责任意识。贯彻最高人民法院要求，在全省法院进行了长期未结诉讼案件清理活动，对调解撤诉率、服判息诉率、上诉案件发改率、执行到位率、申诉申请再审率、案访比、信访案件化解率等重点指标，增加评估分值，督促各级法院横向比位次、纵向找差距，及时落实改进措施。

切实落实司法便民措施。继续把阳光立案与均衡分案结合起来，推进民商事案件判后答疑工作，促进息诉服判。充实“巡回收案（办案）点”、“法官工作室”等便民联系网点，将巡回审判、预约立案、假日法庭、网上查询案件信息等各项便民举措落到了实处，2012 年仅省法院民一庭就开展审判“五进”活动 26 件次，下访次数 43 次，下访天数 42 天，帮扶困难群众 21 户。

三、加强队伍建设，不断提升司法能力和水平

全省法院始终把队伍建设作为推进法民商事审判工作的根本，扎实开展政法干警核心价值观主题教育实践活动，加强思想、能力、作风和廉政建设，提高队伍整体素质。

切实加强思想政治建设。举办了全省三级法院院长“提升司法公信力”研讨班，坚持党组中心组学习制度，领导干部带头学党章、讲党课，加强党性锻炼。开展社会主义法治理念再学习再教育，牢固树立“忠诚、为民、公正、廉洁”的政法干警核心价值观。开展了向优秀法官华县人民法院王兴民同志学习活动，组织先进事迹报告团巡回报告，强化典型引导，弘扬清风正气。

努力提高司法能力。大力推进学习型法院建设，年初举办了全省中级、基层法院民一庭庭长培训班，来自全省中级、基层法院 100 多名庭长参加了《合同法》、《民事审判实务》、《婚姻关系中的财产纠纷》等课程培训。12 月 14 日，在商洛组织召开全省法院民事审判工作座谈会。会议专题分析研究了民事审判诉调对接工作，丹凤县法院作了诉调对接工作经验介绍，与会代表赴丹凤县法院和龙驹法庭进行了参观学习并就诉调对接工作进行了广泛深入的讨论。

大力夯实基层基础。坚持重心下移，面向基层，帮助解决实际问题。对中级法院实行年度目标责任考核，加强监督指导，提高基层法庭司法能力。省法院加大了对下级法院的业务指导力度，民一庭对发回重审或改判的案件，都要与中院办案人及庭领导进行座谈，有针对性地加强个案指导，以点带面，提高审判案件质量。

四、着力加强反腐倡廉建设，确保公正廉洁司法

自觉接受人大及社会各界监督。党委领导、人大监督是人民法院做好工作的根本保证。全省法院认真贯彻执行党的路线方针政策和省委重大决策部署，在民商事审判工作中自觉接受人大监督，回应社会关切，争取理解支持。省法院定期向省人大常委会专题报告了全省法院申诉、申请再审案件办理情况，认真落实审议意见改进工作；全面推行人大代表、政协委员定向联络工作责任制，主动加强与人大代表、政协委员联络，通过邀请代表视察法院、旁听案件、参与调解、监督执行，寄送《法院工作情况通报》，赠阅《人民法院报》等方式，保障人大代表、政协委员的知情权、参与权、监督权。8 月至 10 月开展了集中走访人大代表、政协委员活动，走访各级人大代表 20，784 名、政协委员 15，926 名，针对收集到的意见建议，研究落实了改进措施。

深入推进反腐倡廉建设。针对法院工作特点，健全惩治和预防腐败工作机制。省法院开展了集中警示教育活动，强化职业道德，增强反腐倡廉意识。充分发挥面向社会聘请的廉政监督员和法院内设的廉政监察员作用，强化内外监督。对4个中级法院开展了司法巡查，对70个法院、28个基层法庭进行了作风暗访，16名干警受到警示训诫，针对违纪违法案件暴露出的问题，举一反三，完善制度，堵塞漏洞，促进了公正廉洁司法。

甘肃省人民法院2012年民事审判工作概况

2012年，全省各级法院民事审判工作人员始终坚持“三个至上”工作指导思想和“为大局服务，为人民司法”工作主题，紧紧围绕全省工作大局，努力践行司法为民宗旨，充分发挥审判职能作用，妥善化解各类矛盾纠纷，为我省经济发展、社会稳定提供了有力的司法保障。

一、公正高效审理案件，依法履行审判职能

2012年，全省法院共受理各类民事案件116，597件，已经审结114，481件，受案数占到全省法院受案数的63.8%。面对民事审判中案件数量不断增大、新类型案件层出不穷、重大复杂和群体性案件大幅上升、司法环境日益严峻、法律适用相对滞后的复杂形势，全省各级法院坚持按照法律规定的原则和精神，从服务大局出发，积极探索并创造性地开展工作。通过依法审理婚姻家庭案件、邻里纠纷案件、房地产案件、涉农案件、消费者权益案件、劳动争议案件，化解了社会矛盾，促进了社会和谐；通过依法审理环境侵权案件、企业改制破产案件、金融案件、民间借贷案件、知识产权纠纷案件以及涉外、涉港澳台案件，维护了公平竞争、诚实守信、合法有序的市场经济秩序，保障了经济社会又好又快地发展。各级法院扎实有效的工作，有力地保护了各类民事主体的合法权益，使当事人的诉讼权利得到充分保障，使合法有据的诉讼请求获得公正裁判，使有利于社会和谐的行为得到司法裁判认可，在保障公平正义、促进经济发展、构建社会和谐方面发挥了积极的、不可替代的作用。

二、建立健全审判机制，推进审判方式改革

全省民事审判部门在坚持社会主义法治理念和法律基本精神的基础上，建立了“管人、管事、管案”相统一、“责任制、考核制、追究制”相结合的审判工作长效机制，强化了程序公正、保证了实体公正。一是普遍建立起案件流程信息管理系统。通过对案件流程时间段的监控和审理期限的跟踪管理，控制案件审理周期，有效避免了案件久拖不决、久审不结和超审限问题。二是坚持公开审判制度，通过公开审理实现审判公开。省法院各民事审判庭均制定了严格的案件排期开庭规定，将受理的案件进行排期开庭、公开审理。各中级法院和基层法院也制定了相应的排期开庭制度和庭审规范，通过当庭举证、质证、辩论，保证案件的审理在阳光下运行，在公开中公正。三是注重裁判文书的质量和公开性。民事裁判文书上网工作已从省法院向全省推开。至2012年12月底，省法院和各中级法院上网公布民事案件裁判文书502，341份，占全省法院上网裁判文书的近80%。四是邀请人大代表、政协委员参加庭审观摩已经成为各级法院实现审判公开的一项常态化工作。五是积极探索、试行符合审判规律的新方式、新方法。由我省法院首先试行的人民调解协议司法确认制度，得到了省委和最高法院的高度认可。我省法院小额速裁试点工作也取得了明显成效。自试点工作正式实施以来，四试点法院共受理一审民事案件12，063件，符合小额速裁受理条件的1604件，当事人选择适用小额速裁的案件数占一审案件数的3.7%。适用小额速裁程序处理案件的平均审限为7.51天。平均调撤率为97.45%。判决率为2.55%。上述新方式、新方法的实施，对案件进行了繁简分流，缓解了人民法院的工作压力；对当事人体现出高效便捷，减轻了当事人的诉累；以调解为主的结案方式，最大限度地实现了案结事了。

三、切实关注民生问题，积极践行司法为民

全省法院民事审判以“发扬传统、坚定信念、执法为民”、“人民法官为人民”等主题教育实践活动为契机，牢固树立司法为民的理念，把维护人民的根本利益作为审判工作的出发点和落脚点。一是加强便民设施建设。设立调解室、速裁室、接待室，方便群众诉讼。二是建立诉讼指导、诉讼风险告知和举证责任通知制度。印制了诉讼指导材料，指导当事人正确行使诉讼权利。同时向当事人提示因诉讼请求不当、超诉讼时效、不按时交纳诉讼费、举证不能、举证过时限、被诉人无履行能力等原因可能导致的不利法律后果，帮助当事人避免或者降低诉讼风险和

成本。三是畅通维权绿色通道。对涉及"三农"、残疾人、老年人等特殊群体案件做到"优先立案、优先审理、优先执行"。四是建立和完善繁简分流机制,依法扩大简易程序的适用范围。一年来,全省各基层法院适用简易程序审理案件 80,955 件,占基层法院一审案件数的 76.1%。对"事实清楚、证据充分、法律关系单一、无争议或争议不大的案件"试行小额速裁程序,经双方当事人同意后,实行一审终审,减轻了当事人诉累。五是积极开展巡回审判和法律宣传工作,将矛盾纠纷化解在初始状态、化解在基层。六是做好法律释明和判后答疑工作,将法律释明工作贯穿于整个诉讼过程。七是慎用财产保全措施,对于有挽救希望的企业,鼓励运用破产重整、和解共生制度,尽可能维持有发展前景企业的生存。对于挽救无望的企业,优先保护职工权益。八是在审理劳动争议案件中,妥善处理企业正常生产和劳动者合法权益的关系,维护和谐的劳资关系。在审理征地、拆迁补偿等可能涉及群体性纠纷的案件中,防止损害群众合法权益的情形发生,维护社会稳定。九是加强人民陪审员工作,保障人民陪审员依法行使审判权。

四、调解优先能动司法,有效化解矛盾纠纷

全省各级法院高度重视民事案件的调解工作,积极探索调解工作的新机制,坚持"调解优先,调判结合"的工作原则,将调解工作贯穿于案件审理的全过程。通过强化庭前、庭中和庭后调解工作,有效地促使当事人达成调解或和解,实现了案结事了,维护了社会稳定,促进了社会和谐。2012 年全省法院共调撤民事案件 78,038 件,调撤率为 73.3%;2012 年前三个月的调撤率更是达到 80.37%。

在强化诉讼调解的同时,全省各级法院充分发挥人民法院在构筑"三位一体"大调解格局中的主导作用,积极探索、创新诉调对接模式,整合各界力量,共同做好社会矛盾纠纷的化解工作。继续深入实施人民调解协议司法确认工作,有效地实现了人民调解与司法活动的相互衔接。根据省法院、省公安厅、省司法厅联合下发的《关于建立道路交通事故损害赔偿纠纷大调解工作机制的意见》,将道路交通事故损害赔偿纠纷大调解工作向全省铺开,使大量纠纷通过"三调联动"的方式化解在基层、化解在萌芽状态。2012 年上半年,省法院与省消协联合出台《甘肃省消费者权益纠纷诉调对接工作实施意见》,消费者权益保护诉调对接工作进入了有序运行的轨道。我省各级法院还积极与劳动和社会保障部门、仲裁部门加强联动,规范、拓宽劳动合同纠纷案件的处理方式和途径。这些措施的实施是我省法院贯彻落实中央、最高法院"积极推动诉讼与非诉讼相衔接的矛盾纠纷解决机制建设"的创新举措,在形成化解社会矛盾合力、维护社会稳定方面已经并将继续显现出其积极的作用。

五、加强调研强化指导,全面提升审判质效

2012 年,全省法院继续加强对民事、商事、知识产权审判中出现的新情况、新问题的调查研究,抓好对下监督指导工作,不断提升审判工作质效。一是认真总结审判实践中的经验,梳理存在的突出问题,提出解决问题的意见和建议,为最高法院司法解释的出台、人大等相关部门法规政策的制定提供翔实的资料。共向各级人大及最高法院等部门报送了《关于民事审判疑难问题的调研报告》、《关于"积极推进民事案件审理全程调解"工作的情况总结》、《关于涉港澳台民事审判调研工作的报告》、《甘肃省家庭暴力案件审理的相关调研汇报材料》、《审理医疗损害纠纷案件相关情况的报告》、《基层法院工作情况调研报告》、《劳动合同法执行情况报告》、《关于贯彻落实农村土地承包法、农村土地承包经营纠纷调解仲裁法情况的报告》等多份高质量的调研报告。二是针对审判工作中出现的突出问题和法律适用难点展开调研,定期公布一些精选案例,统一裁判思路、加强业务指导,提升了人民法院司法公信力。三是推行上级法院对上诉案件的改判、发回重审分析通报和沟通制度。积极建立上下级法院沟通机制,对发回重审及改判的案件与下级法院进行交流,交换裁判思路,提高了办案质量。

2012 年,我省民事审判始终坚持以"为大局服务,为人民司法"为主题,充分发挥审判职能作用,强化权利保护意识,保障和改善了民生;始终坚持以深入化解社会矛盾为主线,妥善审理各类民事案件,提升了审判质效;始终坚持以积极参与社会管理创新为途径,能动司法,推动了"大调解"工作体系的建立;始终坚持以强化监督指导、加强调查研究为抓手,提升了民事审判整体工作水平;始终坚持以基层基础建设为基石,坚持重心下移,推动了基层工作再上新台阶;始终坚持以司法能力建设为核心,坚持加强审判队伍建设,提高了民事法官的综合素质。

宁夏回族自治区人民法院2012年民事审判工作概况

2012年，全区法院民事审判工作在各级党委、人大、政府、政协及社会各界的领导、监督、支持和帮助下，在最高人民法院的监督指导下，以邓小平理论、“三个代表”重要思想为指导，深入贯彻科学发展观，始终坚持“三个至上”指导思想，始终坚持“为大局服务，为人民司法”工作主题，认真学习贯彻党的十八精神、自治区第十一次党代会精神，深入推进《“十二五”时期宁夏法院发展规划》，按照年初高院党组确定的“12357”工作思路，紧紧围绕“审判监督年”工作主线，凝心聚力、负重拼搏、扎实苦干，全区法院民事审判整体工作有了明显推进，各项工作取得了明显成绩。共受理各类民商事案件50,408件，审结46,546件，结案率为92.34%。一是妥善审理转变经济发展方式过程中发生的土地开发、建筑工程、房屋买卖、民间借贷等纠纷案件，维护了正常的市场和金融秩序。二是继续坚持“调解优先，调判结合”原则，探索推进了三方联调、四位一体、特邀调解等诉讼与非诉讼相衔接的矛盾纠纷化解机制，大力开展调解工作，把调解作为化解纠纷的首选方法，建立覆盖立案、审判、执行全程的调解长效机制。共调撤民商事案件25,159件，调撤率为56.2%。三是认真落实全国、全区民商事审判会议精神，继续推进民商事审判改革。认真总结小额速裁试点工作经验，主动加强与妇联、工会、劳动保障、交通管理、司法所、乡镇村组等部门的联系配合，探索设立生态移民法庭、妇女维权、劳动争议、农民工维权、道路交通事故等巡回法庭，集中力量调解、快审、快结此类案件，有效保护了当事人的合法权益，为我区经济社会发展提供了有力司法保障和优质法律服务，为党的十八大和自治区第十一次党代会的胜利召开营造了和谐稳定的社会环境。

西藏自治区高级人民法院2012年民事审判第一庭工作总结

2012年，我庭在院党组的坚强领导及分管院长的具体指导下始终坚持以科学发展观为指导，牢固树立社会主义法治理念，紧紧围绕“为大局服务，为人民司法”工作主题，认真落实司法便民、利民、护民的各项举措，按照年初党组确定的工作思路，紧密结合本庭工作实际，全庭干警团结一致、迎难而上，奋力拼搏，积极进取，各项工作都取得了新进展。现将全年开展的主要工作汇报如下：

一、扎实开展主题教育活动

按照院统一部署结合本庭工作实际，我庭制订了学习计划、教育活动方案，在既定的时间、地点、在岗全员，认真学习了中央、区党委、最高人民法院一系列重要会议和指示精神。特别是党的十七届六中全会精神、胡锦涛总书记在庆祝党成立90周年大会上的讲话、中央第五次西藏工作座谈会和自治区第八次党代会精神、自治区经济工作会议和政法维稳工作会议精神、全区法院院长会议精神，自治区第八次党代会精神、第十八次党代会精神。扎实开展“政法干警核心价值观教育活动”、“岗位大练兵活动”、“创先争优强基惠民活动”、“基层组织建设年活动”等教育活动，为充分践行“为大局服务，为人民司法”的工作方针，打下了坚实的思想政治理论基础。特别是党的十八大胜利召开，确定了以习近平主席为领导的党中央新一届领导班子，大家备感鼓舞，对我们党和国家的未来发展充满信心。大家又以饱满的热情，投入到学习和贯彻党的十八大精神的活动中，力求用十八大确定的新思想、新观点指导审判工作，密切关注人民日益增长的法律需求，努力提升自身司法能力和水平，以满足新形势、新任务和人民群众的更高期望，全面推动以审判为中心的各项工作。

二、全面开展审务工作

（一）全区民一庭案件审理概况

2012年元月至11月，我区受理婚姻家庭、继承类案件1393件，结案1309件；合同纠纷案件3550

件,结案3208件;权属纠纷案件865件,结案783件。总收案5808件,结案5300件,综合结案率为91%。

(二)我庭受理案件情况及案件特点

2012年我庭受理案件21件,全部新收。其中,一审案件5件,二审案件16件。结案20件,1件中止,结案率95%。调撤3件,调撤率15%。标的额216,642,079元。与去年同期相比,案件数及相关数据基本持平。

审理结果为:21件中一审案件5件(中止1件),其余4件判决;二审案件16件,调撤3件,发回重审3件,维持5件,改判4件,裁定继续审理1件。

三、案件特点

1. 案件类型相对单一,仍以传统案件类型居多,其中在五年里建设工程施工合同纠纷案件58件,占案件总数44%,租赁合同纠纷案件11件,占案件总数8%,房地产纠纷案件11件,案件总数8%。

2. 占数量最大的建设工程施工合同纠纷案件,反映出建设施工领域挂靠经营、非法转包、违法分包等破坏建筑市场管理秩序的违法违规行为仍大量存在,层层转包而实际施工的农民工的权益得不到保障时有发生。我们一方面通过审理来纠正个案中的违法违规现象,以点带面,引导建筑市场的日渐规范。另一方面试图源头治理,多次向有关建设部门提出司法建议,并已与建设厅综合监督处建立了互通联系机制。

3. 二审案件中拉萨中院上诉案件占总数50%以上,其他地区的案件相对分散和量少。由此反映了我区各地市社会、经济、公民法律意识发展不平衡的现状,拉萨作为我区首府城市和政治经济中心,国家建设投入力度大、市场因素相对活跃,当事人法制观念也相对较强,社会经济活跃程度决定了拉萨市三级法院受理案件数在我区法院遥遥领先。

4. 二审案件经我庭审理后判决维持率较小,而改判率达40%以上。主要原因:(1)各中院在审理民事案件中,运用民事法律尺度不统一,适用法律上存在明显不当,对新的法律法规及司法解释的学习、对民事审判领域中一些新的立法精神领会不够。存在对发回重审的案件,审查不严,对上级法院在内部函中点到的问题重视不够,一些案件重审走形式,判决换汤不换药,尤其是适用法律上不作统一。(2)各中院在审理民事案件中,自由裁量权的运用扩大,二审审理后维持原判难度大。(3)一些中院在适用证据规则时采取"一刀切"导致案件事实调查不清,息诉工作做得不扎实。

四、工作亮点

1. 加强案件调解工作,要求法官要敢于肯硬骨头案,努力做到案结事了。一年来,我庭始终贯彻"调解优先,调判结合,案结事了"的民事审判工作要求,从多方位、多角度充分开展诉讼调解、庭外和解工作,努力在本庭审理阶段缓解、化解矛盾纠纷,以实现案结事了为最高追求。在狠抓调解工作的同时,把当事人"主动履行调解协议"作为调解工作的具体方案和调解应实现的目标对待,由我庭调解结案案件,因当事人主动给付率达到95%以上,实现了案结事终了和审执一体,有效防止了结案不执结问题的出现。因案施略,对有些疑难复杂案件我们还邀请分管院长或其他院领导、相关专业人士参与案情分析、沟通协调工作以促成调解,我们要求主审法官及合议庭工作要细之又细、耐心再耐心,透彻了解案情及相关法律,拓宽思路,多层面、多角度做当事人工作,争取把当事人引到调解路线,发挥当事人的主观能动性,使当事人积极诉讼。我庭的调解结案率虽不是很高,但是调解效果达到了法律、社会、政治效果的三效统一。

2. 多种形式开展对下业务指导,努力提高全区民事案件审判质量。我庭把服务大局,引导主流价值导向,构建和谐社会,全面正确理解法律和政策精神,作为对下级法院指导的重点内容,每年派出合议庭专门携卷下地区开庭、调解、办案、召开座谈会,采取以案指导的方式。同时每次下地区办案,注重听取和收集当地法官对审理民事审判工作中热点、难点问题的处理和把握,提出具体的意见和建议,实现了以案代训,以点带面的指导效果。另外,我庭法官担任了法官学院的培训授课任务,注重与基层法院法官进行沟通、协调,就案件事实的认定、证据分析认证及适用法律、庭审操作方面存在的问题进行面对面的交流、探讨,为提高下级法院民事审判法官的业务能力,统一我区法院民事审判尺度,减少和杜绝同案不同判,起到了积极的推动作用。

五、服务大局,积极参与社会管理创新

面对尖锐复杂的我区反分裂斗争形势,紧紧围绕区党委、党组中心工作大局,竭力做好审判职能的延伸,助推社会管理工作深入开展。

——服从服务大局参与社会管理。自去年10月,我庭先后有2名同志分别被抽调到驻村工作组、3月我庭唯一的1名书记员被长期抽调到区政法委"核心价值观"活动办工作,被抽调人员克服一切困难,服从组织安排,全力开展工作,维护好高级人民法院法官形象,并为当地老百姓做了大量惠民工作,体现了我庭干警能吃苦、能工作的精神风貌。

——参与自治区维稳专项工作。我庭3位干警自2月1日至6月1日期间,分别在昌都地区、拉萨地区参加了回流人员管控教育工作及督察工作。上述三位干警夜里12点半接到紧急通知立即开会,第二天迅速出发。因服从大局、动作迅速,得到了高院党组副书记、常务副院长汪留国同志高度肯定。经过他们长达4个月的艰苦工作,他们的工作表现及成绩得到了自治区及拉萨市一线指挥部的高度赞扬。

——维稳工作常态有序开展。按照院里的统一安排坚持敏感节点、节假日值班带班制度,我庭高度重视这项工作,同时对审理的案件有上访、闹事苗头的,庭里采取特别关注和特别措施。全年,我庭参加值班、带班、夜班100余/人次,无一脱岗漏岗事件发生。尽管有两件案件被自治区信访办定为十八大重点上访隐患案件,经过全庭共同努力,保障了十八大期间无我庭案件当事人上访事件发生。

——深入开展"法律七进"活动。为全面贯彻自治区第八次党代会精神,全面落实陈全国书记在全区经济工作会议上提出的"着力维护社会稳定"要求,忠实履行"为大局服务,为人民司法"宗旨,能动司法,促进我区各类经济实体的健康发展,高院选派我庭三位庭领导参加"法律进社区"、"法律进企业"等宣讲活动。先后多次到拉萨、昌都等县区及自治区国资委、区工商联宣讲相关法律知识。宣讲效果得到了有关部门肯定。

——担任法官学院民事审判授课任务。全力配合法官学院法官培训计划安排,认真备课提高讲课水平,做好新老法官传帮带工作。我庭选派四位干警负责担任了法官学院组织的基层法院民商事法官的培训授课工作,即《民事诉讼证据规则的适用》、《侵权责任法》、《公司法热点难点问题的法律适用》、《法律文书的制作》等课程。

六、加强调查研究总结审判经验

尽管今年我庭在岗人员少,工作量大,最高人民法院民一庭下达的调研任务重,但全庭同志克服困难,组成相关问题的课题组,确定执笔人、收集材料人员,细化分工,精诚协作,保质保量完成了相关课题的调研任务。一是按照院党组的要求,我庭在几易其稿后,完成了西藏自治区高级人民法院《关于充分发挥民商事审判职能,为我区非公有制企业发展提供司法保障的意见》,并下发到各中级法院。二是以援藏干部的视角,起草了《对西藏法院解决纠纷方式的观察、体验与感悟》上报到了最高院,并在人民法院报上全文发表。三是撰写了《合作开发协议的性质、效力及其他》,并发表在《西藏审判刊物》。四是依据最高院的通知要求起草了《我区小额速裁工作开展情况的总结》、《民间借贷纠纷案件中存在的问题和建议》、《有关建设施工合同纠纷案件司法解释适用情况及建议》、《关于人民调解协议有关问题的调研报告》、《关于我区贯彻实施残疾人保障法情况》及《关于国有土地使用权和房屋买卖合同纠纷案件的调研报告》并及时上报到最高院民一庭。五是完成了院里指定的自治区有关单位多个征求意见稿的修改和反馈意见任务、最高人民法院多项征求意见稿的修改和反馈工作。

七、完成其他工作情况

(一)协助其他庭室办理案件

在自身工作任务繁重的情况下,我庭还按照分管院长的指示,积极选派7人次以参加合议、担任审判长、担任法庭记录及担任法庭翻译的方式参与到审监、民三、刑三庭的案件审理中,相关部门对我庭选派人员的工作能力都给予了充分认可。

(二)积极派员参会参训

我庭选派2人分别参加了"全国基层党支部书记培训班"、"全国高级法院民一庭庭长座谈会",并及时将培训及会议情况进行了总结,向院党组、分管院长进行了汇报,相关精神也及时下发到了各中院。11月底又派两名法官到昆明参加最高人民法院主办的学习适用新民诉法的培训班。

(三)召开拉萨三级法院民一庭座谈会

在我庭倡议下,8月份由拉萨中院组织召开了拉萨三级法院民一庭审判工作座谈会,就近几年民事审判中存在的问题,进行了推心置腹的交流,形成了共识。以法官培训学院对全区民事法官进行培训为契机,召开了所有参训学员参加的民事审判工作座谈会,对全区民事法官在审判中遇到的疑难问题进行了答疑解惑,起到了良好的业务指导效果。

(四)启动拉萨三级法院法律问题探讨机制

鉴于拉萨三级法院案件量相对集中,我庭在实践中突破了须经下级法院审委会程序才受理请示的固有模式,就具体个案中涉及的法律问题应下级法院的要求,随时开展法官之间的研讨,谈法官个人的意见和想法,通过集思广益试图打破审判人员的思维"瓶颈",以促使法官拓宽思路,多角度、全方位的审视案件,从而更有利于提高案件审判质量。

另外,严格控制案件发回重审。对于拟发回重审的案件,庭里要求提前与下级法院的具体办案人员进行沟通,就发回的理由,询问下级法院的意见,下级法院也可以对发回的理由提出质疑,由我庭合议庭进行答复,以消除下级法院的抵触情绪,同时实现了以案代训。

八、加强廉政,增进廉洁自律意识提高

我庭严格按照院里有关党风廉政建设责任制的

规定,庭领导认真按照“一岗双责”的要求,主持工作期间认真负责,注重团队精神,以身作则投入各项工作,同时严格要求全庭同志恪守“五个严禁”、“六条禁令”、“十三个不得为”等有关廉政纪律、组织纪律,进一步规范民事审判工作活动的各个环节,加强审判透明度,力求提高司法公信力。庭里无一人因违纪受到处分,无一人接收当事人吃请,无一人因案件审理被当事人投诉。

第三部分　民事立法、司法解释和指导意见

最高人民法院关于审理道路交通事故损害赔偿案件适用法律若干问题的解释

（2012年9月17日最高人民法院审判委员会第1556次会议通过
2012年11月27日公布 2012年12月21日起施行 法释[2012]19号）

为正确审理道路交通事故损害赔偿案件，根据《中华人民共和国侵权责任法》、《中华人民共和国合同法》、《中华人民共和国道路交通安全法》、《中华人民共和国保险法》、《中华人民共和国民事诉讼法》等法律的规定，结合审判实践，制定本解释。

一、关于主体责任的认定

第一条 机动车发生交通事故造成损害，机动车所有人或者管理人有下列情形之一，人民法院应当认定其对损害的发生有过错，并适用侵权责任法第四十九条的规定确定其相应的赔偿责任：

（一）知道或者应当知道机动车存在缺陷，且该缺陷是交通事故发生原因之一的；

（二）知道或者应当知道驾驶人无驾驶资格或者未取得相应驾驶资格的；

（三）知道或者应当知道驾驶人因饮酒、服用国家管制的精神药品或者麻醉药品，或者患有妨碍安全驾驶机动车的疾病等依法不能驾驶机动车的；

（四）其它应当认定机动车所有人或者管理人有过错的。

第二条 未经允许驾驶他人机动车发生交通事故造成损害，当事人依照侵权责任法第四十九条的规定请求由机动车驾驶人承担赔偿责任的，人民法院应予支持。机动车所有人或者管理人有过错的，承担相应的赔偿责任，但具有侵权责任法第五十二条规定情形的除外。

第三条 以挂靠形式从事道路运输经营活动的机动车发生交通事故造成损害，属于该机动车一方责任，当事人请求由挂靠人和被挂靠人承担连带责任的，人民法院应予支持。

第四条 被多次转让但未办理转移登记的机动车发生交通事故造成损害，属于该机动车一方责任，当事人请求由最后一次转让并交付的受让人承担赔偿责任的，人民法院应予支持。

第五条 套牌机动车发生交通事故造成损害，属于该机动车一方责任，当事人请求由套牌机动车的所有人或者管理人承担赔偿责任的，人民法院应予支持；被套牌机动车所有人或者管理人同意套牌的，应当与套牌机动车的所有人或者管理人承担连带责任。

第六条 拼装车、已达到报废标准的机动车或者依法禁止行驶的其他机动车被多次转让，并发生交通事故造成损害，当事人请求由所有的转让人和受让人承担连带责任的，人民法院应予支持。

第七条 接受机动车驾驶培训的人员，在培训活动中驾驶机动车发生交通事故造成损害，属于该机动车一方责任，当事人请求驾驶培训单位承担赔偿责任的，人民法院应予支持。

第八条 机动车试乘过程中发生交通事故造成试乘人损害，当事人请求提供试乘服务者承担赔偿责任的，人民法院应予支持。试乘人有过错的，应当减轻提供试乘服务者的赔偿责任。

第九条 因道路管理维护缺陷导致机动车发生交通事故造成损害，当事人请求道路管理者承担相应赔偿责任的，人民法院应予支持，但道路管理者能够证明已按照法律、法规、规章、国家标准、行业标准或者地方标准尽到安全防护、警示等管理维护义务的除外。

依法不得进入高速公路的车辆、行人，进入高速公路发生交通事故造成自身损害，当事人请求高速公路管理者承担赔偿责任的，适用侵权责任法第七十六条的规定。

第十条 因在道路上堆放、倾倒、遗撒物品等妨碍通行的行为，导致交通事故造成损害，当事人请求行为人承担赔偿责任的，人民法院应予支持。道路管理者不能证明已按照法律、法规、规章、国家标准、行业标准或者地方标准尽到清理、防护、警示等义务的，应当承担相应的赔偿责任。

第十一条 未按照法律、法规、规章或者国家标准、行业标准、地方标准的强制性规定设计、施工，致使道路存在缺陷并造成交通事故，当事人请求建设单位与施工单位承担相应赔偿责任的,人民法院应予支持。

第十二条 机动车存在产品缺陷导致交通事故造成损害,当事人请求生产者或者销售者依照侵权责任法第五章的规定承担赔偿责任的,人民法院应予支持。

第十三条 多辆机动车发生交通事故造成第三人损害,当事人请求多个侵权人承担赔偿责任的,人民法院应当区分不同情况,依照侵权责任法第十条、第十一条或者第十二条的规定,确定侵权人承担连带责任或者按份责任。

二、关于赔偿范围的认定

第十四条 道路交通安全法第七十六条规定的"人身伤亡",是指机动车发生交通事故侵害被侵权人的生命权、健康权等人身权益所造成的损害,包括侵权责任法第十六条和第二十二条规定的各项损害。

道路交通安全法第七十六条规定的"财产损失",是指因机动车发生交通事故侵害被侵权人的财产权益所造成的损失。

第十五条 因道路交通事故造成下列财产损失,当事人请求侵权人赔偿的,人民法院应予支持:

(一)维修被损坏车辆所支出的费用、车辆所载物品的损失、车辆施救费用;

(二)因车辆灭失或者无法修复,为购买交通事故发生时与被损坏车辆价值相当的车辆重置费用;

(三)依法从事货物运输、旅客运输等经营性活动的车辆,因无法从事相应经营活动所产生的合理停运损失;

(四)非经营性车辆因无法继续使用,所产生的通常替代性交通工具的合理费用。

三、关于责任承担的认定

第十六条 同时投保机动车第三者责任强制保险(以下简称"交强险")和第三者责任商业保险(以下简称"商业三者险")的机动车发生交通事故造成损害,当事人同时起诉侵权人和保险公司的,人民法院应当按照下列规则确定赔偿责任:

(一)先由承保交强险的保险公司在责任限额范围内予以赔偿;

(二)不足部分,由承保商业三者险的保险公司根据保险合同予以赔偿;

(三)仍有不足的,依照道路交通安全法和侵权责任法的相关规定由侵权人予以赔偿。

被侵权人或者其近亲属请求承保交强险的保险公司优先赔偿精神损害的,人民法院应予支持。

第十七条 投保人允许的驾驶人驾驶机动车致使投保人遭受损害,当事人请求承保交强险的保险公司在责任限额范围内予以赔偿的,人民法院应予支持,但投保人为本车上人员的除外。

第十八条 有下列情形之一导致第三人人身损害,当事人请求保险公司在交强险责任限额范围内予以赔偿,人民法院应予支持:

(一)驾驶人未取得驾驶资格或者未取得相应驾驶资格的;

(二)醉酒、服用国家管制的精神药品或者麻醉药品后驾驶机动车发生交通事故的;

(三)驾驶人故意制造交通事故的。

保险公司在赔偿范围内向侵权人主张追偿权的,人民法院应予支持。追偿权的诉讼时效期间自保险公司实际赔偿之日起计算。

第十九条 未依法投保交强险的机动车发生交通事故造成损害,当事人请求投保义务人在交强险责任限额范围内予以赔偿的,人民法院应予支持。

投保义务人和侵权人不是同一人,当事人请求投保义务人和侵权人在交强险责任限额范围内承担连带责任的,人民法院应予支持。

第二十条 具有从事交强险业务资格的保险公司违法拒绝承保、拖延承保或者违法解除交强险合同,投保义务人在向第三人承担赔偿责任后,请求该保险公司在交强险责任限额范围内承担相应赔偿责任的,人民法院应予支持。

第二十一条 多辆机动车发生交通事故造成第三人损害,损失超出各机动车交强险责任限额之和的,由各保险公司在各自责任限额范围内承担赔偿责任;损失未超出各机动车交强险责任限额之和,当事人请求由各保险公司按照其责任限额与责任限额之和的比例承担赔偿责任的,人民法院应予支持。

依法分别投保交强险的牵引车和挂车连接使用时发生交通事故造成第三人损害,当事人请求由各保险公司在各自的责任限额范围内平均赔偿的,人民法院应予支持。

多辆机动车发生交通事故造成第三人损害,其中部分机动车未投保交强险,当事人请求先由已承保交强险的保险公司在责任限额范围内予以赔偿的,人民法院应予支持。保险公司就超出其应承担的部分向未投保交强险的投保义务人或者侵权人行使追偿权的,人民法院应予支持。

第二十二条 同一交通事故的多个被侵权人同时起诉的,人民法院应当按照各被侵权人的损失比例确定交强险的赔偿数额。

第二十三条 机动车所有权在交强险合同有效期内发生变动,保险公司在交通事故发生后,以该机动车未办理交强险合同变更手续为由主张免除赔偿责任的,人民法院不予支持。

机动车在交强险合同有效期内发生改装、使用性质改变等导致危险程度增加的情形,发生交通事故后,当事人请求保险公司在责任限额范围内予以赔偿的,人民法院应予支持。

前款情形下,保险公司另行起诉请求投保义务人按照重新核定后的保险费标准补足当期保险费的,人民法院应予支持。

第二十四条 当事人主张交强险人身伤亡保险金请求权转让或者设定担保的行为无效的,人民法院应予支持。

四、关于诉讼程序的规定

第二十五条 人民法院审理道路交通事故损害赔偿案件,应当将承保交强险的保险公司列为共同被告。但该保险公司已经在交强险责任限额范围内予以赔偿且当事人无异议的除外。

人民法院审理道路交通事故损害赔偿案件,当事人请求将承保商业三者险的保险公司列为共同被告的,人民法院应予准许。

第二十六条 被侵权人因道路交通事故死亡,无近亲属或者近亲属不明,未经法律授权的机关或者有关组织向人民法院起诉主张死亡赔偿金的,人民法院不予受理。

侵权人以已向未经法律授权的机关或者有关组织支付死亡赔偿金为理由,请求保险公司在交强险责任限额范围内予以赔偿的,人民法院不予支持。

被侵权人因道路交通事故死亡,无近亲属或者近亲属不明,支付被侵权人医疗费、丧葬费等合理费用的单位或者个人,请求保险公司在交强险责任限额范围内予以赔偿的,人民法院应予支持。

第二十七条 公安机关交通管理部门制作的交通事故认定书,人民法院应依法审查并确认其相应的证明力,但有相反证据推翻的除外。

五、关于适用范围的规定

第二十八条 机动车在道路以外的地方通行时引发的损害赔偿案件,可以参照适用本解释的规定。

第二十九条 本解释施行后尚未终审的案件,适用本解释;本解释施行前已经终审,当事人申请再审或者按照审判监督程序决定再审的案件,不适用本解释。

最高人民法院关于军事法院管辖民事案件若干问题的规定

(2012年8月20日最高人民法院审判委员会第1553次会议通过
2012年9月17日起施行 法释[2012]11号)

根据《中华人民共和国人民法院组织法》、《中华人民共和国民事诉讼法》等法律规定,结合人民法院民事审判工作实际,对军事法院管辖民事案件有关问题作如下规定:

第一条 下列民事案件,由军事法院管辖:

(一)双方当事人均为军人或者军队单位的案件,但法律另有规定的除外;

(二)涉及机密级以上军事秘密的案件;

(三)军队设立选举委员会的选民资格案件;

(四)认定营区内无主财产案件。

第二条 下列民事案件,地方当事人向军事法院提起诉讼或者提出申请的,军事法院应当受理:

(一)军人或者军队单位执行职务过程中造成他人损害的侵权责任纠纷案件;

(二)当事人一方为军人或者军队单位,侵权行为发生在营区内的侵权责任纠纷案件;

(三)当事人一方为军人的婚姻家庭纠纷案件;

(四)民事诉讼法第三十四条规定的不动产所在地、港口所在地、被继承人死亡时住所地或者主要遗产所在地在营区内,且当事人一方为军人或者军队单位的案件;

(五)申请宣告军人失踪或者死亡的案件;

(六)申请认定军人无民事行为能力或者限制民事行为能力的案件。

第三条 当事人一方是军人或者军队单位,且合同履行地或者标的物所在地在营区内的合同纠纷,当事人书面约定由军事法院管辖,不违反法律关于级别管辖、专属管辖和专门管辖规定的,可以由军事法院管辖。

第四条 军事法院受理第一审民事案件,应当参照民事诉讼法关于地域管辖、级别管辖的规定确定。

当事人住所地省级行政区划内没有可以受理案件的第一审军事法院,或者处于交通十分不便的边远地区,双方当事人同意由地方人民法院管辖的,地方人民法院可以管辖,但本规定第一条第(二)项规定的案件除外。

第五条 军事法院发现受理的民事案件属于地方人民法院管辖的,应当移送有管辖权的地方人民法院,受移送的地方人民法院应当受理。地方人民法院认为受移送的案件不属于本院管辖的,应当报请上级地方人民法院处理,不得再自行移送。

地方人民法院发现受理的民事案件属于军事法院管辖的,参照前款规定办理。

第六条 军事法院与地方人民法院之间因管辖权发生争议,由争议双方协商解决;协商不成的,报请各自的上级法院协商解决;仍然协商不成的,报请最高人民法院指定管辖。

第七条 军事法院受理案件后,当事人对管辖权有异议的,应当在提交答辩状期间提出。军事法院对当事人提出的异议,应当审查。异议成立的,裁定将案件移送有管辖权的军事法院或者地方人民法院;异议不成立的,裁定驳回。

第八条 本规定所称军人是指中国人民解放军的现役军官、文职干部、士兵及具有军籍的学员,中国人民武装警察部队的现役警官、文职干部、士兵及具有军籍的学员。军队中的文职人员、非现役公勤人员、正式职工,由军队管理的离退休人员,参照军人确定管辖。

军队单位是指中国人民解放军现役部队和预备役部队、中国人民武装警察部队及其编制内的企业事业单位。

营区是指由军队管理使用的区域,包括军事禁区、军事管理区。

第九条 本解释施行前本院公布的司法解释以及司法解释性文件与本解释不一致的,以本解释为准。

最高人民法院关于充分发挥审判职能作用进一步公正高效审理拖欠农民工工资纠纷案件的紧急通知

(2012年1月5日 法明传[2012]5号)

各省、自治区、直辖市高级人民法院,解放军军事法院,新疆维吾尔自治区高级人民法院生产建设兵团分院:

岁末年初,农民工讨薪问题再次成为全社会关注的热点问题。为充分发挥审判职能作用,依法维护农民工合法权益,维护社会稳定大局,现就进一步妥善解决拖欠农民工工资纠纷案件有关问题紧急通知如下:

一、进一步提高思想认识

1. 做好农民工工作是党和国家"三农"工作的重要组成部分。站在改善农村民生和推进城镇化发展的高度,进一步妥善解决拖欠农民工工资纠纷案件,是人民法院坚持科学发展观和"三个至上"指导思想,牢固树立社会主义法治理念的重要体现。各级人民法院要充分重视此项工作,认真解决涉及农民工切身利益的各类诉讼案件,全面提高"为大局服务,为人民司法"工作水平。

二、进一步提升工作质效

2. 对案件事实清楚,法律关系明确的拖欠农民工工资或者劳务报酬纠纷以及有财产给付内容的涉及农民工的劳动争议纠纷,要在确保公正的前提下,着力提高司法保护的效率,务必做到快立、快审、快结。符合先予执行法定条件的,应当及时裁定先予执行。充分发挥简易程序和小额速裁机制及时、简便、快捷解决纠纷的功能。凡开展小额速裁试点工作的法院,对于符合条件的案件,一律适用小额速裁机制审理。切实降低诉讼成本、提高诉讼效率,及时保护农民工合法权益。

3. 依法全面落实诉讼、执行费用的缓、减、免等救助措施,最大限度满足农民工当事人的司法服务需求。要在法律、司法解释规定框架内,综合考虑双方当事人举证能力的强弱和距离证据的远近,根据诚实信用、公平原则合理分配举证责任,符合法定条件的,要主动依职权进行调查,最大限度维护农民工当事人的合法权益。

4. 认真研究工作策略,积极探索灵活多样的方式、方法,集中投入人力、物力,强化执行措施,加大执行力度,提高执行效率,增强执行效果。严格落实执行款、物管理有关规定,及时将执行到位的款项和物品交付申请执行人,不得截留或挪作他用。

5. 对矛盾激化可能性大的案件,尤其是群体性、敏感性案件,要着眼化解社会矛盾和维护社会稳定,尽可能多地运用调解、和解等方式。不宜调解或者调解不成的,要及时作出裁判,避免因案件久拖不决影响农民工当事人的基本生计。符合刑法修正案(八)规定的拒不支付劳动报酬罪构成要件的,要加大审判力度,依法严惩"恶意欠薪"行为。

三、进一步健全长效机制

6. 对于各地在执行拖欠工程款和农民工工资工作中的典型做法或案例,要及时予以总结,巩固和扩大已有成果。要加强正面引导和宣传,扩大声势,营造良好舆论环境和社会环境。需要有关部门予以解决的,要及时向有关部门提出司法建议。进一步完善信访处理工作制度,在可能发生集体上访或者突发事件时,要提前化解、及时处理、及时解决。

7. 紧紧依靠党委领导,支持政府在化解重大风险方面的主导地位,建立多层次、全方位的协同联动化解机制,形成合力,避免风险扩散和失控。建立畅通的预警机制,及时发现重大涉诉信息;完善指导机制,强化对重大案件的审判指导;健全应急预案,妥善化解敏感性和群体性纠纷。

春节在即,各级人民法院要按照本通知的要求,在春节前集中审判和执行一批拖欠农民工工资案件,把确保农民工过一个安定、祥和的春节,作为当前维护社会和谐稳定的首要任务抓好、抓实。要尽快研究司法环节破解农民工"讨薪难"问题的应急措施和长效机制,避免要求年年提、问题年年有的现象出现。要认真分析研究新情况、新问题,有针对性地提出对策,必要时及时层报我院。

特此通知

关于当前形势下加强民事审判切实保障民生若干问题的通知

(2012年2月15日 法[2012]40号)

各省、自治区、直辖市高级人民法院,解放军军事法院,新疆维吾尔自治区高级人民法院生产建设兵团分院:

今年是我国发展进程中具有特殊重要意义的一年,是实施"十二五"规划承上启下的重要一年,我们党将迎来举世瞩目的十八大。当前,我国经济社会发展整体态势良好,但也面临着复杂的局面。在新形势下,人民法院民事审判工作保障经济社会平稳较快发展的任务更加艰巨,保障和改善民生、维护社会和谐稳定的责任更加重大,促进社会主义文化大发展大繁荣的职能作用更加凸显,全面提升基层民事审判工作质效的要求更加紧迫。为积极应对当前经济社会发展的新形势,为党的十八大胜利召开创造良好的环境,现就当前形势下如何做好民事审判工作的若干问题,通知如下:

一、妥善审理房地产纠纷,促进国家房地产调控政策贯彻落实。要站在维护法律严肃性、落实国家调控政策,以及维护经济社会平稳较快发展的高度,结合案件具体情况,准确界定合同效力,依法确定当事人的权利义务。要严格适用情事变更原则,正确认定变更的情事与正常的市场风险、交易风险之间的界限,提高市场行为的可预见性和合同利益的确定性与可信赖性,促进房地产市场健康发展。要注意通过民事审判引导当事人树立正确的市场风险意识,维护诚信的市场交易秩序。要在平衡当事人利益、着力化解矛盾上下功夫,确保案件处理取得良好的法律效果和社会效果。

二、妥善审理民间借贷案件,维护合法有序的民间借贷关系。要从维护国家金融安全、保障经济健康发展的高度,统一审判理念和裁判思路,全面、准确、及时了解和掌握国家经济、金融政策精神;要依法准确认定民间借贷行为效力,正确划分合法的民间借贷与集资诈骗、非法吸收公众存款等犯罪行为的界限;要正确分析当事人诉讼请求的实质,判断当事人有关约定的效力,保护合法的民间借贷行为以及当事人的合法权益,促进实体经济发展。要加强对借据真实性的审查,进一步明确举证责任的分配,加大对各种形式高利贷的排除力度和对虚假债务的审查力度。

三、妥善审理劳动争议案件,维护和谐稳定的劳动关系。要始终坚持保障企业生存发展和维护劳动者合法权益并重的理念,把保护劳动者的眼前利益同保障劳动者的长远利益和根本利益结合起来,在依法维护劳动者合法权益的同时,努力促进企业生产的健康发展。对暂时存在资金困难但有发展潜力的企业特别是中小微企业,要尽量通过和解、调解等方式,鼓励企业与劳动者共渡难关。对于生存完全无望且以恶意欠薪等形式损害劳动者权益的企业,要加快审理进度和财产保全的力度,依法保障劳动者的权益。

四、妥善审理涉农民事案件,维护农村社会稳定。要站在稳定农村社会和保障农民生存权的高度,依法坚决制裁侵害农民特别是农民工群体土地承包经营权和宅基地使用权的违法行为。要注意统筹协调维护土地承包经营权与促进土地承包经营权流转之间的关系,促进土地承包经营权有序流转和规范流转。要继续强化返乡创业、就地就业农民工合法权益的司法保护工作,结合各地实际积极探索、稳步推进返乡创业、就地就业农民工合法权益司法保护制度措施,为农民工返乡创业、就地就业创造有利司法环境。

五、妥善审理道路交通事故损害赔偿纠纷案件,依法惩恶扬善,确保公平公正。要统一裁判思路,从方便诉讼和有利审理的角度出发,对侵权纠纷和相关的交强险合同纠纷案件要合并审理;在醉酒驾驶、无证驾驶等违法情形的责任承担上,应当在确定保险公司承担相应的赔偿责任的同时,赋予保险公司追偿权;在未投保情形下的责任承担上,应当由机动车一方先承担交强险限额内的赔偿责任,其余部分按照侵权责任认定和划分。要依法鼓励和保护见义勇为等好人好事,坚决制止利用媒体恶意炒作、谎称见义勇为逃避民事责任的行为。

六、妥善审理医疗损害赔偿纠纷案件,促进平等、和谐、互信的医患关系的形成。要积极探索医疗损害赔偿纠纷案件审理的新思路,针对当前存在的医疗鉴定难、鉴定乱的问题,要在实践中进行探索,努力寻找妥善的解决方案,尤其要避免因重复鉴定久拖不决,激化医患矛盾。要注重委托鉴定的统一化,严格执行只有经人民法院统一委托后作出的鉴定结论才能作为定案依据的规则。对于人民法院委托作出的鉴定,当事人申请重新鉴定的,要根据《关于民事诉讼证据的若干规定》等严格把关。要注意通过案件审理,充分保护患者的合法权益,保障医疗机构的正常运转、医学发展和医疗水平的提高。

七、妥善审理婚姻家庭案件,依法保护婚姻当事人的合法权益,维护家庭关系的和睦与稳定。要充分认识到审理好婚姻家庭案件对于维护社会稳定的重要意义,切实执行好婚姻法及其相关司法解释。在审理婚姻家庭案件中,应当在整体上全面准确地理解和把握婚姻法及其相关司法解释的精神,不能机械理解,孤立适用。在涉及财产权属的认定、共同财产的分割等问题上,要按照婚姻法及有关司法解释规定,依法保护当事人特别是妇女、儿童和老人的合法权益。

八、妥善审理消费者权益纠纷案件,促进诚信、有序、健康、繁荣的消费市场环境的形成。要严格执行侵权责任法、消费者权益保护法等法律以及有关司法解释的规定,对涉及产品质量、流通服务、旅游消费、食品药品安全等纠纷案件,要及时受理、及时裁判。对容易形成热点的网络电信服务、网购团购、婴幼儿用品消费、文化产品消费与服务等领域的损害消费者权益纠纷案件,要加大审判力度,着重依法制裁以利诱、误导等方式欺诈消费者,设置消费陷阱或者霸王条款损害消费者权益等不法行为。要注意加强与政府有关部门和消费者权益保护等组织的沟通与交流,提高消费者权益保护审判工作的针对性、实效性及辐射效应。

九、切实发挥司法裁判的引导作用,依法促进社会诚信建设,弘扬良好道德风尚。在审理合同、物权等民事纠纷过程中,要注重通过适用缔约过失责任、违约责任等制度,加大对违背诚信行为制裁力度,保护诚实守信者合法权益,促进社会诚信文化建设。要严格遵守民事诉讼法的相关程序规定,认真分析双方当事人的诉讼意愿,依法制裁虚假诉讼、商业欺诈等不诚信行为。在审理婚姻家庭、侵权以及相邻关系等民事纠纷时,要注重倡导相互忠诚、尊老爱幼、互帮互助、互谅互让等善良风俗。要把裁判说理作为裁判的重要组成部分,把裁判理念思路、法律适用过程清晰、充分地反映出来,既要体现出高超的法律、法理智慧,更要体现出符合社会主义良好风尚和核心价值观的文化内涵和道德光辉。

特此通知

最高人民法院关于充分发挥民事审判职能依法维护妇女、儿童和老年人合法权益的通知

（2012年2月28日　法[2012]57号）

各省、自治区、直辖市高级人民法院，解放军军事法院，新疆维吾尔自治区高级人民法院生产建设兵团分院：

今年是实施“十二五”规划承上启下的重要一年，也是党的十八大召开之年，人民法院的民事审判工作在保障民生和维护社会和谐稳定发展方面的责任更加重大。为应对当前新形势对民事审判工作的要求，现就如何充分发挥民事审判职能，依法保护妇女、儿童和老年人的合法权益问题，通知如下：

一、要妥善审理婚姻家庭案件，维护家庭关系的和睦与稳定。要充分认识审理好婚姻家庭案件对于维护社会和谐稳定的重要意义，全面、准确地理解和把握婚姻法及其相关司法解释的内容和精神实质，不能机械地理解、孤立地适用。在涉及财产权属的认定、共同财产的分割等问题上，要按照婚姻法及其司法解释的规定，依法保护当事人特别是妇女、儿童和老年人的合法权益。

二、要通过对婚姻家庭案件的审理，倡导男女平等、夫妻互相忠诚、尊老爱幼、和睦文明的社会主义婚姻家庭观。通过裁判文书，旗帜鲜明地对婚姻家庭领域中实施家庭暴力、有配偶者与其他人同居、虐待遗弃儿童、不赡养老人等损害妇女、儿童和老年人合法权益的违反法律和社会主义道德的行为，给予否定性评价，促进社会主义社会精神文明建设，弘扬良好的道德风尚。

三、积极推动民事审判工作机制创新，有条件的基层人民法院，在民事审判第一庭内可以设立妇女维权合议庭，及时审理涉及妇女儿童权益的婚姻家庭案件。认真研究探索妇女维权合议庭的职责和工作方式，不断总结经验。要以《关于建立健全诉讼与非诉讼相衔接的矛盾纠纷解决机制的若干意见》为指导，采取灵活多样的形式，加强与妇联、人民调解委员会等相关组织的联系、配合，动员多层次、多部门的力量参与婚姻家庭案件的调解工作，形成社会矛盾化解合力，在维护妇女、儿童和老年人合法权益，化解矛盾上下功夫。

四、上级人民法院要加强对下级人民法院审理婚姻家庭案件的指导。结合婚姻法及其相关司法解释的学习、宣传和贯彻，一手抓审判，一手抓调研，及时总结审判工作中出现的新情况、新问题，有针对性地提出新对策。要高度重视防范婚姻家庭纠纷案件引发的矛盾激化问题，主动加强与有关部门、媒体的沟通、协调，力争将矛盾化解在萌芽状态。

特此通知

北京市高级人民法院关于印发《关于完善民事案件审理程序中信访工作机制的意见》的通知

（2012年2月28日　京高法发[2012]62号）

市第一、第二中级人民法院，北京铁路运输中级法院；各区、县人民法院，北京铁路运输法院：

为畅通当事人诉求渠道，妥善处理民事案件审理程序中的来信来访问题，从源头上预防和减少信访案件的发生，市高级人民法院制定了《关于完善民事案件审理程序中信访工作机制的意见》，现印发给你们，自2012年3月1日起执行。执行中如有问题，请及时报告市高级人民法院民一庭。

特此通知

北京市高级人民法院关于完善民事案件审理程序中信访工作机制的意见

为畅通当事人诉求渠道,妥善处理民事案件审理程序中的来信来访问题,从源头上预防和减少信访案件的发生,市高级法院就进一步完善民事案件审理程序中信访工作机制提出如下意见:

一、指导原则

1. 坚持源头治理的原则,把案件审理中的信访问题解决在初始阶段,避免矛盾进一步扩大和激化。

2. 坚持及时有效处理的原则,积极主动解决当事人在案件审理期间反映的问题,不敷衍、不推脱、不回避。

二、受理范围

3. 民事案件审理程序中信访工作机制受理范围,主要是指我市法院受理的一、二审民事案件(不包括再审程序)审理期间发生的信访事项,内容包括审理程序中案件当事人以信件、来访等形式提出的意见、批评和建议。具体内容如下:

(1)对案件审理中相关法律问题的咨询;

(2)询问、催办案件进度;

(3)对案件审理工作的意见、批评和建议;

(4)对审判人员审判纪律、审判作风的批评和意见;

(5)上级法院、主管领导交办、转办的审理程序中的信访事项;

(6)其他属于审理程序中的信访事项。

三、机构设置

4. 各级法院应分别设立以主管院长为负责人的审理程序中信访工作协调小组,民事审判庭庭长为信访工作协调小组成员,并确定一个具体联系人。

四、工作制度

5. 各基层法院应根据自身实际情况进一步完善民事主管院长、庭长接待来访当事人制度,主管院长应每两周安排半天时间专门接待来访当事人,民事审判庭庭长应每周安排半天时间专门接待来访当事人。接待来访当事人,应当制作笔录并建立台账。上级法院在特殊时期对接访工作有专门安排的,按照专门安排办理。

6. 信访工作协调小组联系人应对上级法院交办的信访事项进行登记,建立台账,以便于上级法院及时了解进度和督办。上级法院要求报告处理结果的,联系人应督促承办人在指定期限内将处理情况向上级法院汇报。

7. 市高级法院信访工作协调小组定期对全市法院落实本《意见》情况进行检查。对所涉问题重大、复杂、需要上级法院协调解决的信访事项,下级法院可以提请上级法院组织相关责任部门负责人共同会商。

五、工作要求

各级法院应当做好审理程序中信访评估预判工作,对有信访苗头的案件,要做到早发现、早预防。对审理程序中的信访问题,要认真分析信访的原因、反映的问题是否属实、当事人的要求是否合理、法院的工作有无疏漏、是否涉及不稳定因素等情况,并拿出解决方案,切实化解矛盾。针对不同情况,可按以下要求解决:

8. 对咨询案件审理相关法律问题的,应当在不违反法律规定的前提下,耐心细致做好释法答疑工作。

9. 对询问、催办案件进度的,应当立即查明并如实告知当事人。案件审理确有延误的,应当及时予以纠正。

10. 对案件审理工作提出批评建议的,应当认真听取,对于确有道理的要及时改进并告知当事人。

11. 对反映审判人员违反审判纪律或审判作风存在问题且内容属实的,要责令审判人员及时改正,并将相关情况告知当事人,取得当事人的理解和认可。对于当事人反映问题不实的,应通过耐心细致的思想工作,促使当事人罢访。

12. 对案件审理中发生的重大、复杂、疑难信访问题,要逐案由主管院长或庭长亲自处理,及时予以解决。

13. 因审理程序中信访问题引发紧急突发情况或群体性事件的,应及时控制事态发展,做好当事人的思想教育工作,告知其采取合法的方式反映诉求。对不听劝阻,坚持以非正常方式信访的,要与本院相关部门共同协调处置。

14. 本《意见》自2012年3月1日起在全市法院施行,由北京市高级人民法院民一庭负责解释。

北京市高级人民法院关于印发《关于在民事审判工作中贯彻执行〈民事诉讼法〉的参考意见》等文件的通知

(2012年12月26日　京高法发[2012]413号)

市第一、第二中级人民法院,北京铁路运输中级法院;各区、县人民法院,北京铁路运输法院:

北京市高级人民法院《关于在民事审判工作中贯彻执行〈民事诉讼法〉的参考意见》、《关于审理人民调解协议司法确认案件若干问题的意见》、《关于适用小额诉讼程序审理民事案件若干问题的意见(试行)》,已于2012年12月24日由市高级法院审判委员会第1次(总第315次)会议讨论通过,现予以印发,请认真贯彻执行。执行中有何问题,望及时报告市高级法院。

特此通知

北京市高级人民法院关于在民事审判工作中贯彻执行《民事诉讼法》的参考意见

2012年8月31日,第十一届全国人民代表大会常务委员会议作出修改《中华人民共和国民事诉讼法》的决定。根据决定,修改后的《民事诉讼法》将于2013年1月1日起施行。此次修法对进一步完善社会主义法律体系,加强和改进民事审判工作,保障人民群众的合法权益意义重大。为全面准确的贯彻《民事诉讼法》,确保立法意图的实现,保证民事审判工作平稳开展,现就在民事审判工作中贯彻落实《民事诉讼法》提出如下意见,供全市法院民事审判部门参考。

一、总体要求

此次修改《民事诉讼法》涉及多个条文,从基本原则到具体程序规定都有较大幅度改动,并新增公益诉讼、小额诉讼程序等多项程序制度。这些修改对民事审判工作带来较大影响,主要表现在:此次修法涉及内容多,新增制度多,但实施准备时间比较短;对于一些新增审判制度和重大修改,人民法院缺乏甚至没有相关审判经验积累;准确贯彻新法是一项长期的工作任务,而随着新法的实施,更多新的问题会逐渐暴露出来。为此,全市法院要做到:

1. 高度重视新法的贯彻落实工作。一是要采取多种方式加强学习培训,全面掌握新法内容,准确把握立法精神,为贯彻落实好新法打下坚实基础;二是要加强研判,认真研究新法对民事审判工作产生的影响和挑战,做到心中有数,未雨绸缪;三是要提前谋划应对措施,合理调配审判力量,把准备工作做在前面。

2. 积极稳妥贯彻落实新法。要把握好三个原则,一是全面原则。这次《民事诉讼法》修改是一次全面修改,既有对当事人诉权保护的内容,也有规范人民法院审判执行工作程序的内容,还有加强对审判执行工作法律监督的内容。全市法院广大民事法官,应当全面把握这次《民事诉讼法》修改的指导思想和各项内容,深刻理解每一项新制度、新规定,全面贯彻落实好修改后《民事诉讼法》。二是区分原则。对于新增加的诉讼制度和修改内容,要区分实践中的不同情况,把握好适用的原则和要求:对于促进民事诉讼顺利开展,有利于当事人诉权保障,并具备执行条件的内容,要坚决贯彻执行,努力维护司法权威,提升司法公信;对于新增加的诉讼制度和修改的重大制度,需要进一步细化操作程序,明确适用标准的,要按照谨慎把握,先行先试,逐步推开的思路,不断积累经验,妥善适用;对于涉及到其他有关部门工作职责的内容,要加强事先沟通,完善工作机制,平稳推进,共同落实。三是统筹原则。《民事诉讼法》修改涉及立案、一审、二审、再审和执行等各项制度，涉及案件的各个环节，也涉及各民事审判庭室和立案、审监、执行等部门，因此要做好与相关审判部门的协调、统筹工作。

3. 加强调查研究。一是要及时发现和总结工作中的问题，加强问题的收集和整理；二是要加强请示汇报，对于新法适用中出现的重大问题，要加强一、二审的沟通，必要时及时请示高级法院，避免追求“轰动效应”；三是要开展有针对性的调研工作，高级法院将根据修法内容把相关调研工作委托给全市法院，集中全市法院力量做好适用新法的调研工作。

二、关于诚实信用原则及虚假诉讼

4. 诚实信用原则的适用（第 13 条第 1 款）。积极引导当事人依法行使诉讼权利和履行诉讼义务，维护正常的诉讼秩序；加强对当事人如实陈述义务、促进诉讼义务等诚实信用原则要求及相关法律后果的告知，依法指出并纠正当事人违反诚实信用原则的诉讼行为；诚实信用原则一般应借助具体规定来落实，依照相关规定确定违反诚实信用原则的法律后果，不宜直接依据诚实信用原则处理相关诉讼行为。

5. 准确把握合谋虚假诉讼的认定标准（第 112 条）。虚假诉讼是严重违反诚实信用原则的行为。首先必须是诉讼双方当事人之间存在恶意串通行为，二是通过诉讼或者调解的方式，三是必须目的在于侵害他人的合法权益。

6. 罚款的运用（第 115 条）。《民事诉讼法》大幅度提高了对妨碍民事诉讼行为罚款的数额，适用中要综合考虑妨碍民事诉讼行为的性质、主观过错程度、行为后果、被处罚人的经济能力以及制裁效果，合理确定罚款数额，做到罚款数额与被处罚行为相适应，避免畸轻畸重；对大额罚款要慎重使用，严格审批程序。

三、关于小额诉讼程序（第 162 条）

小额诉讼程序是新增诉讼程序。根据初步统计，适用小额诉讼程序的案件（限定于金钱给付之诉）预计将占全部一审案件的三分之一左右，因此小额诉讼程序将对全市法院民事审判格局产生重大影响。

7. 总体原则。适用小额诉讼程序审理民事案件应当遵循平稳过渡、逐步推进的原则。小额案件适用简易程序审理，注意保障当事人的诉讼权利，确保案件的审判质量，在不断积累审判经验的基础上，逐渐简化诉讼程序，发挥小额诉讼程序的制度功能。

8. 适用对象。小额诉讼程序的适用对象是事实清楚、权利义务关系明确、争议不大的民事案件中，标的额为本市上年度就业人员年平均工资百分之三十以下的单一金钱给付民事案件。涉及身份关系争议、财产确权争议的案件以及追加当事人或者提起反诉的案件，暂时不适用小额诉讼程序。

9. 受理标准。2013 年 1 月 1 日开始实施后，至本市 2012 年度城镇单位就业人员年平均工资数额公布前，按已公布的本市 2011 年度城镇单位就业人员年平均工资数额折算小额诉讼程序适用案件标的金额。本市 2012 年度城镇单位就业人员年平均工资数额公布后，按 2012 年度标准计算。具体变更时间由高级法院统一通知。

10. 加强释明工作。要加强对诉讼当事人的释明工作，以小额诉讼相关事项告知书、小额诉讼须知等方式向当事人告知小额诉讼程序的适用条件、审判组织、审理方式、审理期限、裁判方式、诉讼费用收取标准、申请再审权利等相关程序性安排。对原告应当在立案阶段告知，对被告应当在送达起诉书时告知。

11. 严格程序转换。小额诉讼程序案件在审理中发现确实不符合小额诉讼程序适用条件，或者案情发生变化不再符合小额诉讼程序适用条件的，可以依法转换程序，但应严格审批手续，避免因信访等因素随意把符合小额诉讼程序案件转换适用其他程序。

12. 工作要求。一是确保案件审判质量。小额诉讼程序案件实行一审终审，缺乏二审的审级监督，对案件审判质量和一审息诉服判工作提出更高的要求。为此，要加强案件质量管理，提高小额诉讼程序案件审判质量；要避免一味求快的倾向，在小额诉讼程序适用的前期，还是要重点突出审判质量。二是加强调解工作。要避免一审终审可能带来的“一判了事”、不愿意花气力做调解工作的倾向，要坚持贯彻调解优先、调判结合的原则，追求案结事了的效果，防止案件通过审判监督程序向上级法院聚集。三是合理调配审判力量。各院要按照本市法院受理小额诉讼程序案件标准，测算本院可能受理的案件数量，并据此作出相应的审判力量调整。原则上指定相对固定的法官审理小额诉讼程序案件，有条件的可以设立专门的审判机构。中级法院也要测算相应减少的上诉案件数量，并作出相关调整。

四、关于公益诉讼程序（第 55 条）

13. 总体思路。公益诉讼案件涉及面广，社会关注度高，审理难度大，但法律规定比较简单。因此，适用公益诉讼制度的总体思路是：既能适度开展，又能有序进行，要按照立法机关限制案件范围、限定原告范围，先行先试，逐步推开的立法思路，严格把握。

14. 从严掌握公益诉讼受案范围。目前仅限于法律明确规定的污染环境和侵害众多消费者权益两类案件,其他案件原则上不予受理,待有关法律修改明确后,或结合今后的司法实践,再逐步放宽。

15. 从严掌握公益诉讼的原告范围。目前也限于法律明确规定的机关,法律没有明确规定的机关提起公益诉讼的,不予受理。至于有关组织,目前也应严格掌握,除法律明确规定的组织外,还有哪些组织可以提起公益诉讼,需要统一把握,各院不要轻易放开。

16. 公益诉讼应当是侵害社会公共利益的公损案件。如果是受害人个人或其他法人单位提起的相关诉讼,应当作为普通民事案件受理,不能按照公益诉讼案件处理。

17. 公益诉讼程序应以现有程序为基础。除法定起诉主体不受《民事诉讼法》第119条一般起诉条件规定的"与本案有直接利害关系"的限制外,应尽可能按照《民事诉讼法》的一般规定执行。此外还应当注意根据《民事诉讼法》第121条关于起诉状的规定,要求起诉人提供初步证据证明环境污染或者侵害众多消费者合法权益等侵权行为及其对社会公共利益的危害性,并说明其诉讼请求的合理性。有关管辖、案由、诉讼费用和裁判方式等问题需进一步研究规范,并在实践中逐步探索完善。

五、关于管辖

18. 协议管辖的扩大(第34条)。新法将协议管辖适用案件的范围由合同纠纷扩大到合同或者其他财产权益纠纷,将协议管辖的法院范围扩大到被告住所地、合同履行地、合同签订地、原告住所地、标的物所在地等与争议有实际联系的地点的人民法院。需注意问题:一是在案件类型上必须是合同或者其他财产权益纠纷提起的诉讼,对其他民事关系,如人身关系纠纷提起的民事诉讼,不适用协议管辖的规定;二是对"与争议有实际联系的地点"要从严把握;三是协议管辖只适用于一审民事案件,不得违反级别管辖和专属管辖的规定。

19. 管辖权转移(第38条)。为解决有管辖权的人民法院由于特殊原因不能或者不宜行使管辖权的问题,《民事诉讼法》确定了管辖权转移制度。从适用情形上,对下交管辖权进行"确有必要"的限制,主要考虑民事案件的广泛性和复杂性,应当严格限制下交管辖。从下交管辖权的程序上,增加报请上级法院的报批程序,应当严格执行。

20. 应诉管辖的适用(第127条)。应诉管辖的适用主要需要解决三个问题:一是应诉管辖适用范围由涉外案件扩大到全部案件。对于原告向无管辖权人民法院起诉,被告在答辩期内不提出管辖权异议并应诉答辩,视为受诉人民法院有管辖权,但需注意不得违反级别管辖和专属管辖;二是被告在答辩期内既提出应诉答辩,又同时提出管辖权异议的,应当认为被告对管辖问题提出了争议,不再适用应诉管辖的规定;三是应诉管辖法院应限定为"被告住所地、合同履行地、合同签订地、原告住所地、标的物所在地等与争议有实际联系的地点的人民法院"。

六、关于诉讼参加人

21. 依法通知和追加第三人(第56条第1、2款)。案件审理中,第三人主动申请参加诉讼,经法院审查符合法律规定,或者法院发现可能存在有独立请求权第三人或者无独立请求权第三人的,要及时将诉讼进行的事实书面通知该第三人,并告知其可以参加诉讼以及不参加诉讼可能产生的法律后果,以便该第三人知晓本诉讼的进行并决定是否参加诉讼。第三人不参加诉讼的,人民法院应当在全面审查证据、综合考虑案情的基础上作出判决,防止造成第三人撤销诉讼。

22. 诉讼代理人(第58条)。对诉讼代理人的审查注意以下几个问题:一是诉讼代理人范围发生变化,公民代理仅限于当事人的近亲属或者工作人员,当事人所在社区、单位以及有关社会团体推荐的公民;二是对诉讼代理人的审查坚持主动审查原则,对于不符合《民事诉讼法》第58条规定的诉讼代理人,应告知委托当事人更换诉讼代理人;三是当事人近亲属的范围,以《最高人民法院关于贯彻执行〈中华人民共和国民法通则〉若干问题的意见(试行)》第10条规定为准,即配偶、父母、子女、兄弟姐妹、祖父母、外祖父母、孙子女、外孙子女。没有上述近亲属或者虽然有但没有诉讼行为能力的,可以由与当事人有抚养、赡养关系的其他亲属担任诉讼代理人。四是有权推荐诉讼代理人的社区,在城市是指居民委员会,在农村是指村民委员会。

七、关于证据

23. 电子数据证据的运用(第63条)。电子数据是本次修法确定的一种新的独立的证据类型。电子数据证据与传统证据类型区别较大,法律对电子数据证据的运用未作具体规定,司法实践中也缺乏足够的审判经验总结。对于电子数据证据的审查判断,关键是要解决对电子数据原件的识别和对电子数据完整性的认定,具体的判断规则还需要在审判实践中进一步探索。

24. 举证期限的确定(第65条)。从以往的司法实践看,当事人自行协商确定举证期限的可行性较小,根据修改后的《民事诉讼法》,举证期限应当由人民法院根据举证的实际情况和当事人的举证能力,以及具体审理情况依职权来确定,也可以由当事人协商确定。

25. 举证期限的延长(第65条)。当事人在该确定的期限内提供证据确有困难,向人民法院申请延长期限的,人民法院经审查后应适当延长。

26. 逾期举证的后果(第65条)。对于逾期举证后果的把握,要根据当事人逾期提交证据的具体情况,从当事人的理由、过错程度、该证据在认定案件事实中的地位和作用等方面把握,区分不同情况适用采纳该证据但不予处罚,采纳该证据但予以训诫、罚款处罚以及该证据不予采纳等措施,对逾期证据不予采纳的适用,基于我国国情和现阶段当事人诉讼能力情况,要审慎严格把握,主要应当适用于当事人出于极端恶意,故意逾期提交证据的情况。

27. 收取证据材料出具收据(第66条)。人民法院收取当事人提交的证据材料应加强对证据材料的核对,提示当事人根据审理需要提交相应的份数,并规范出具收据的行为,在收据中应当有证据名称、页数、份数、原件或者复印件以及收到时间等情况,并由经办人员签名或者盖章。收据应一式两份,在交予当事人的同时,在案卷中也应备份。

28. 法院在鉴定前的审查(第76条)。当事人就专门性问题向人民法院申请鉴定,或者人民法院依职权鉴定时,人民法院应首先对委托鉴定是否必要进行审查,然后对委托鉴定事项是否准确清楚,委托鉴定材料是否齐备以及鉴定材料的真实性进行审查,以保证鉴定工作的顺利开展。委托鉴定机关鉴定时,应明确告知鉴定人出庭义务及违反该义务的法律后果。

29. 有专门知识的人出庭(第79条)。根据《民事诉讼法》,当事人可以申请人民法院通知有专门知识的人出庭,就鉴定人做出的鉴定意见或者专业问题提出意见。适用本规定应注意以下问题:一是当事人可以申请有专门知识的人出庭,是否准许由人民法院审查后决定;二是有专门知识的人出庭,相关权利义务按照《最高人民法院关于民事诉讼证据的若干规定》第61条执行;三是有专门知识的人出庭就鉴定意见提出意见,经人民法院审理,区别情况依法对鉴定意见予以采信或者补充鉴定、重新鉴定,不得直接以有专门知识的人的意见直接作为定案依据。

八、关于送达

30. 正确适用"采用拍照、录像等方式记录送达过程"的留置送达(第86条)。留置送达的前提是受送达人或者他的同住成年家属拒绝接受诉讼文书,对于非因前述原因导致的送达不成功,如多次送达未见到受送达人的,不得采用将需要送达文书直接张贴于受送达人住所并拍照、录像等方式留置送达。受送达人同住成年家属为无行为能力人、限制行为能力人的,不得留置送达。

31. 慎重适用电子送达(第87条)。适用电子送达应当注意以下问题:一是坚持自愿原则。适用电子送达须经受送达人同意,原则上应取得受送达人的书面同意,并由受送达人书面确认电子送达的具体方式以及具体的网站、邮箱、电话号码等电子送达所必需的路径;二是电子送达只能送达判决书、裁定书和调解书以外的诉讼文书;三是明确当事人收到送达文书后的确认方式和时间,对当事人否认收到送达文书的,应当对理由进行审查并作出相应处理。四是积极探索电子送达中的问题,如通过电子邮件送达的,法院是否设定统一的送达邮箱,电子签章问题,以及送达后的归档问题。五是涉外案件适用电子送达时要加强对送达文书涉密问题的审查。

32. 涉外案件邮寄、公告送达期间(第267条第6、8项)。根据新法,涉外案件邮寄、公告送达期间均由原来的六个月调整为三个月。

九、关于保全

33. 行为保全的适用(第100条)。行为保全与财产保全既有相近之处,又有一定的区别,在适用条件的把握上既要参照法律关于财产保全的规定,同时还可以参照司法解释中关于诉前禁令的相关规定,在审判实践中逐步探索行为保全的适用条件。

十、关于审前准备

34. 诉讼程序向督促程序的转换(第133条第1项)。按照《民事诉讼法》的规定,人民法院可以决定将当事人没有争议的一审程序案件转入督促程序,考虑到债务人异议可能导致支付令不能生效等情况,人民法院应告知当事人相关风险,并取得当事人同意。

十一、关于简易程序

35. 约定适用简易程序(第157条第2款)。适用普通程序审理的案件,当事人约定适用简易程序的,须当事人提交书面确认书。当事人就双方之间纠纷概括性约定适用简易程序的,仍应责令当事人就本次诉讼提交申请。发回重审案件、按照一审程序审理的再审案件,在司法解释做出另行规定之前,暂不允许当事人约定适用简易程序。

36. 简易程序转普通程序(第163条)。人民法院在审理过程中,发现案件不宜适用简易程序的,裁定转为普通程序。应注意转换程序的两种情形,一种是法院依职权裁量,另一种是当事人提出异议,确有必要转换的,法院审查决定转换。注意在《最高人民法院关于适用简易程序审理民事案件的若干规定》中法院转换程序使用决定形式，而修改后的《民事诉讼法》规定以裁定形式作出程序转换。在审判中准确理解不宜适用简易程序的内涵，应当是经审理发现具有案情复杂、权利义务关系不明确，查明事实或适用法律困难，当事人争议大，属于新类型案件等因素，转换的目的在于维护当事人合法权益，保障审判公正，避免因出于规避审限而进行程序转换。

十二、关于判决和裁定

37. 判决理由（第152条、第154条第3款）。修改后《民事诉讼法》增加了判决书应当写明判决结果和作出该判决的理由，强调判决书的说理性。法官必须为裁判提供事实认定和法律适用的理由，这是确保司法公正的基本要求。当前一些判决书中确实存在认定事实缺少分析过程，对证据的取舍不作具体分析、认证不阐明理由，法律论述过于概括，只引法律条文，不阐明适用法律理由，法理分析不深入，缺乏说服力，各院应针对上述现象研究对策，提升判决书质量，以使法院判决书能够体现司法权威，获得公众信服，最大限度适应社会实际需求。对于适用简易程序、小额诉讼程序案件进一步探索简化。

38. 裁判文书公开（第156条）。民事裁判文书公开是审判公开的重要内容，是保障公民知情权的重要举措，对于促进审判公开的实现，增强法院的公信力具有重要作用。但是民事裁判文书公开也对裁判文书质量提出了更高的要求，必须进一步提高裁判文书写作水平。

十三、关于二审程序

39. 二审审理方式和审理地点（第169条）。二审中对于案情比较复杂，双方争执不一，事实不清楚，或者当事人又有新的事实和证据提出，应当开庭审理。对于不开庭审理的案件，应当全面审查案卷，充分听取当事人意见，核实证据，查清事实。二审法院审理上诉案件，为方便当事人，方便人民法院审理，提高办案效率和维护当事人权益，可以根据实际情况在本院审理，也可以到案件发生地或者原审人民法院所在地进行，在条件成熟的情况下也可以采取远程视频等科技手段进行庭审。

40. 准确把握发回重审的条件（第170条第1款）。新法规定的发回重审只有两种情况：一是原判决认定基本事实不清，二审查清事实有困难，发回一审法院有利于查清事实的，可以发回重审，如果二审可以查清的，也可以直接改判；二是原判决遗漏当事人或者违法缺席审判等严重违反法定程序的，可以发回重审。除以上两种情况外，二审法院不得发回重审。

41. 发回重审次数（第170条第2款）。根据法律规定，二审法院不得重复发回案件，因此必须注意以下问题：一是一审法院要加大查明事实力度，尽量查清案件事实后再行判决，避免给二审造成被动；二是对于发回案件，二审法院要详细阐明发回的理由和依据，三是要加强上下级法院之间的联系沟通。

十四、关于确认调解协议

42. 确认对象（第194条）。申请司法确认的调解协议，根据《人民调解法》第33条的规定，依据该法达成的调解协议可以向人民法院申请确认。此外，根据最高法院相关精神，经行业调解组织调解达成的具有民事合同性质的协议，当事人申请人民法院确认的，可以参照《民事诉讼法》第194条的规定处理。

43. 适用程序（第194条）。修改后《民事诉讼法》将申请司法确认调解协议程序规定在第15章特别程序一章，因此人民法院审理申请司法确认调解协议应当适用特别程序的规定，不再按照最高法院司法解释中“参照简易程序”的规定审理。

十五、关于检察监督

44. 自觉规范审判行为。依法行使审判权，规范各项审判行为，充分保护当事人诉讼权利。既要杜绝违反法律规定的审判行为，还要防止消极不作为、怠于作为引发的渎职行为。

45. 高度重视检察建议（第203条第3款）。按照《民事诉讼法》第203条第3款的规定，人民检察院对审判监督程序以外的其他审判程序中审判人员的违法行为，有权向同级人民法院提出检察建议。对于检察机关在一审、二审程序中提出的检察建议，要高度重视，慎重对待，并将处理结果上报高级法院。

十六、关于新旧法实施衔接

46. 新旧法实施的总体原则。修改后《民事诉讼法》施行时尚未审结的一审、二审案件，施行后新受理的案件，原则上按照修改后的《民事诉讼法》执行。

47. 诉讼代理人问题。修改后《民事诉讼法》进一步规范了诉讼代理制度，删除了“其他经人民法院许可的人”可以担任诉讼代理人的规定，对2013年1月1日之前人民法院已经许可诉讼代理的，2013年1月1日之后于本次诉讼仍然可以继续代理，但在后续的二审程序或发回重审程序中不能继续代理。

48. 鉴定人出庭问题。修改后《民事诉讼法》规定实施后，案件正在审理当中，法庭辩论尚未结束，当事人要求鉴定人出庭，原则上准许。

49. 举证时限。已经依以往司法解释确定期限的,不再改变,尚未确定的,按照新法确定。

50. 涉外送达。修改后《民事诉讼法》施行时邮寄或者公告送达期限尚未届满的,按照原规定执行,施行后开始邮寄或者委托送达的,按照新法执行。

北京市高级人民法院关于审理人民调解协议司法确认案件若干问题的意见

为进一步规范人民调解协议司法确认案件的审理,促进执法尺度的统一,更好地实现人民调解与诉讼的相互衔接,根据《中华人民共和国民事诉讼法》、《中华人民共和国人民调解法》等法律及最高人民法院的相关精神,结合我市审判实际,提出以下参考意见:

一、当事人在人民调解组织的主持下达成调解协议后,应自调解协议生效之日起三十日内,共同向调解组织所在地基层人民法院申请确认调解协议。

二、人民法院审理确认调解协议案件,适用《中华人民共和国民事诉讼法》规定的特别程序,实行一审终审,由审判员一人独任审理。

人民法院受理确认调解协议申请后,根据调解协议所涉及法律关系的类型交由相应审判庭审理。

三、人民法院在审理确认调解协议案件中发现有下列情形的,应当认定不符合受理条件,裁定驳回起诉:

(一)不属于人民法院受理民事案件的范围或者不属于接受申请的人民法院管辖的;

(二)确认身份关系的;

(三)确认收养关系的;

(四)确认婚姻关系的;

(五)涉及人民法院适用其他特别程序、公示催告程序和破产还债程序审理的纠纷。

四、人民法院应当要求当事人提交下列材料,并予以审查:司法确认申请书、调解协议、身份证明或营业执照、与调解协议相关的财产权利证明等证明材料、双方当事人的送达地址、联系方式、双方当事人签署的承诺书等。

五、人民法院应当通知双方当事人同时到庭,当面询问当事人是否理解协议内容以及相应的法律后果,并从实体和程序两方面对调解协议进行审查。人民法院根据审查的需要可以要求当事人补充陈述、提供证据、作出解释。

六、人民法院在审理确认调解协议案件时,应加强对当事人双方法律关系真实性的审查,告知当事人应当遵循诚实信用原则,不得恶意串通,通过调解方式侵害他人合法权益。

七、在人民法院受理确认调解协议申请后,尚未做出裁定之前,一方当事人就调解协议的履行或者调解协议的内容另行提起诉讼的,人民法院应当告知当事人可以选择确认调解协议的特别程序或普通民事诉讼程序主张权利,经告知后,如果当事人坚持起诉的,人民法院应当裁定终结特别程序。

八、人民法院在司法确认程序中对调解协议主要审查以下内容:

(一)调解协议当事人主体资格;

(二)调解协议是否违反自愿原则;

(三)调解协议是否违法;

(四)调解协议是否内容明确;

(五)调解协议是否损害社会公序良俗。

九、人民法院经审查认为调解协议符合法律规定,应当作出确认调解协议有效的裁定。

人民法院经审查,发现有下列情形之一的,不予确认调解协议效力,裁定驳回申请:

(一)违反法律、行政法规强制性规定的;

(二)侵害国家利益、社会公共利益的;

(三)侵害案外人合法权益的;

(四)损害社会公序良俗的;

(五)内容不明确,无法确认的;

(六)其他不能进行司法确认的情形。

十、人民法院经审查发现当事人之间恶意串通,企图通过调解方式侵害他人合法权益的,应作出驳回申请的裁定,并可依据《中华人民共和国民事诉讼法》第一百一十二条规定,根据情节轻重予以罚款、拘留;构成犯罪的,依法追究刑事责任。

十一、人民法院经审查作出驳回申请裁定时,应当在裁定中写明原因和理由,对于因调解协议内容存在不明确、无法确认等情形而驳回申请的案件,裁定中不宜对调解协议效力作出评价。

人民法院作出驳回申请裁定后,可根据情况告知当事人有权再次通过人民调解方式变更原调解协议或者达成新的调解协议，也可以向人民法院提起诉讼。

十二、人民法院确认具有履行内容的调解协议，应当在裁定上写明或口头告知当事人不依协议履行的法律后果，督促当事人自动履行调解协议。

十三、人民法院在确认调解协议过程中发现人民调解存在不规范情况，可将相关情况及时通报给该人民调解委员会。

十四、当事人经行业调解达成调解协议后，当事人申请对调解协议进行确认的，可以参照本意见办理。

十五、本意见自2013年1月1日起施行。

执行中有何问题，可及时向市高级法院对口业务庭反映。

北京市高级人民法院关于适用小额诉讼程序审理民事案件若干问题的意见(试行)

为妥善适用小额诉讼程序审理民事案件，根据《民事诉讼法》及最高人民法院有关精神，结合本市法院审判实际，提出以下参考意见：

第一条(指导原则)

适用小额诉讼程序审理民事案件应当遵循平稳过渡、逐步推进的原则。目前，对该程序的适用范围应适当从严掌握；要充分保障当事人的诉讼权利，切实保证案件的审判质量。

第二条(适用条件)

适用小额诉讼程序审理的案件应当同时具备下列条件：

(一)事实清楚、权利义务关系明确、争议不大，可以适用简易程序的；

(二)标的额为本市上年度城镇单位就业人员年平均工资百分之三十以下(包括本数)的；

(三)属于单一金钱给付之诉的下列案件：

1. 买卖合同纠纷、借款合同纠纷、租赁合同纠纷和服务合同纠纷案件；

2. 身份关系清楚，仅在给付的数额、时间上存在争议的抚养费、赡养费、扶养费纠纷案件；

3. 责任明确，原告主张的损失金额确定的机动车交通事故责任纠纷和其他人身损害责任纠纷案件；

4. 供用水、电、气、热力合同纠纷案件；

5. 银行卡纠纷案件；

6. 劳动关系清楚，仅在劳动报酬、工伤医疗费、经济补偿金或者赔偿金等案件的给付数额和给付时间上存在争议的劳动合同纠纷案件；

7. 劳务关系清楚，仅在劳务报酬的给付数额和给付时间上存在争议的劳务合同纠纷案件；

8. 其他金钱给付纠纷。

第三条(除外情形)

虽然符合前条规定，但具有下列情形之一的案件，暂不适用小额诉讼程序：

(一)涉及人身关系争议、财产确权争议的案件；

(二)追加当事人或者提起反诉的案件；

(三)涉及知识产权的案件。

第四条(标的额的标准及调整)

自2013年1月1日起新受理的案件，是否适用小额诉讼程序，暂以标的额不超过本市2011年度城镇单位就业人员年平均工资的百分之三十(即22750.2元)为标准。待2012年度相关统计数据发布后，自市高级法院通知确定的日期统一执行新的标准。以后各年，依此类推。

2013年1月1日之前受理的案件不适用小额诉讼程序。

第五条(标的额的计算)

案件标的额根据原告在起诉时提出的全部诉讼请求金额之和确定。

对原告主张的利息、违约金、金钱损失等，如果其提出确定金额的，将该金额计入案件标的额；如果其仅提出计算方法的，将按照其方法计算至立案之日的金额计入案件标的额。

对于抚养费、赡养费、扶养费纠纷案件，如果原告主张过去或者将来确定期间的费用的，按照其诉讼请求总额计算案件标的额；如果原告主张定期给付而仅提出费用标准的，将按照其标准计算一年的金额视为案件标的额。

第六条(案号及统计)

适用小额诉讼程序审理的案件，案号立“初”字号；立案及审判人员应当在审判业务管理系统中准确、完整地填写相关项目，以便于进行数据统计分析。

第七条(告知)

对于适用小额诉讼程序审理的案件,除告知当事人一般诉讼权利义务外,还应当以书面形式特别告知该程序的适用条件、审判组织、审理方式、一审终审、申请再审权利等重大事项,并要求当事人对相关书面材料进行签收。原告在立案受理时告知,被告在送达起诉书时告知。

上述书面材料可以是专门制作的《小额诉讼须知》,也可以在《受理通知书》、《应诉通知书》等文书中增加相关内容。

确定适用小额诉讼程序或者程序发生转换后,应当及时向各方当事人告知。

第八条(异议处理)

当事人对适用小额诉讼程序有异议的,可在法庭辩论终结之前提出,审判人员应当认真听取其意见,并及时做出裁定。异议成立的,可以裁定按简易程序的一般规定审理或者将案件转入普通程序;异议不成立的,裁定驳回其异议申请。口头裁定的,应当记入笔录。

第九条(专业化审判)

各院应当指定专门的法官审理适用小额诉讼程序的案件,有条件的也可以设立专门的审判机构。

第十条(程序转换)

对于适用小额诉讼程序的案件,在审理中发现不符合本意见第二条规定的条件或者具有本意见第三条所列情形之一的,应当裁定按照简易程序的一般规定审理或者将该案转入普通程序。口头裁定的,应当记入笔录。

依据前款及本意见第八条的规定转换程序,应当报所在审判庭领导批准,并对审判业务管理系统中的相关项目进行修改。

案件按简易程序的一般规定审理的,如各方当事人均未提供新证据且案件已经开庭审理,则无须另行开庭;转入普通程序的,应组成合议庭,重新开庭,继续审理。

立案时未确定适用小额诉讼程序的案件,不再转入该程序审理。

第十一条(答辩期)

当事人明确表示不放弃答辩期的,人民法院可在普通程序规定的15天答辩期基础上,视情况缩短至7天以内。

第十二条(举证)

当事人明确表示不放弃举证期限的,则可以由当事人自行约定或者由人民法院指定不超过10天的举证期限。

已放弃举证期限的当事人又提出延期举证申请的,一般不予准许。

对于开庭之后新发现的证据,可根据相关规定决定是否准许当事人提交。

第十三条(开庭审理)

适用小额诉讼程序审理案件,可以简便方式送达开庭通知,但应将相关证明材料入卷;可以灵活确定开庭的时间、地点、方式,不受《民事诉讼法》第一百三十六条、第一百三十八条、第一百四十一条的限制;可以要求当事人在开庭时携带所有证据并通知证人出庭,争取做到一次开庭、当庭宣判、当庭送达裁判文书。

第十四条(审理期限)

适用小额诉讼程序审理的案件,一般应当在立案之日起一个月内审结。如因当事人申请延期举证、案件排期等原因导致在一个月内不能审结的,经所在审判庭领导批准,可以延长至三个月。经延审后仍不能按期审结的,应当按照本意见第十条的规定转换程序,但因当事人对管辖权异议裁定提起上诉而扣除审限的除外。

第十五条(调解)

适用小额诉讼程序审理案件要尽可能在各个诉讼环节组织当事人调解,要注意调解方法的灵活性、正当性和可操作性,努力实现案结事了,充分发挥诉讼调解的职能作用。

第十六条(裁判文书简化)

对于适用小额诉讼程序审理案件,裁判文书可以适当简化,载明当事人姓名、案件事实要点,裁判基本理由、给付金额及期限等必要事项即可。各院可积极探索裁判文书的进一步简化。

第十七条(判决书要件)

适用小额诉讼程序的案件,判决书应当特别援引《民事诉讼法》第一百六十二条;判决书尾部应当写明"本判决为终审判决"。

第十八条(裁定上诉)

适用小额诉讼程序审理案件,做出不予受理、驳回起诉和管辖权异议裁定的,应当允许当事人上诉。

第十九条(附则)

本意见自2013年1月1日起施行。

执行中有何问题,可及时向市高级法院对口业务庭反映。

附件：

小额诉讼须知

（样本）

________：

你（单位）与________________（2013）×民初字第×××××号________________一案，经初步审查，符合《民事诉讼法》第一百六十二条的规定，应适用小额诉讼程序进行审理。为保证当事人诉讼权利的正确行使及诉讼程序的顺利开展，现将有关事项告知如下：

一、同时具备下列条件的民事案件，应适用小额诉讼程序进行审理：

（一）事实清楚、权利义务关系明确、争议不大，可以适用简易程序的；

（二）标的额为本市上年度城镇单位就业人员年平均工资百分之三十以下（包括本数）的（现行标准为22,750.2元）；

（三）属于单一金钱给付之诉的下列案件：

1. 买卖合同纠纷、借款合同纠纷、租赁合同纠纷和服务合同纠纷案件；

2. 身份关系清楚，仅在给付的数额、时间上存在争议的抚养费、赡养费、扶养费纠纷案件；

3. 责任明确，原告主张的损失金额确定的机动车交通事故责任纠纷和其他人身损害责任纠纷案件；

4. 供用水、电、气、热力合同纠纷案件；

5. 银行卡纠纷案件；

6. 劳动关系清楚，仅在劳动报酬、工伤医疗费、经济补偿金或者赔偿金等案件的给付数额和给付时间上存在争议的劳动合同纠纷案件；

7. 劳务关系清楚，仅在劳务报酬的给付数额和给付时间上存在争议的劳务合同纠纷案件；

8. 其他金钱给付纠纷。

二、虽然符合上述条件，但具有下列情形之一的案件，暂不适用小额诉讼程序：

（一）涉及人身关系争议、财产确权争议的案件；

（二）追加当事人或者提起反诉的案件；

（三）涉及知识产权的案件。

三、适用小额诉讼程序的案件由审判员一人独任审理；可以简便方式送达开庭通知；可以灵活确定开庭的时间、地点、方式；被告的答辩期可以缩短至7天以内；当事人的举证期限一般不超过10天。

四、当事人在开庭时应当携带所有证据并通知证人出庭，确保案件尽快审结。

五、适用小额诉讼程序审理的案件，实行一审终审。除对不予受理、驳回起诉和管辖权异议裁定不服外，当事人不得上诉。

六、当事人对已经发生法律效力的判决、裁定，认为有错误的，可以依照《民事诉讼法》第一百九十九条的规定申请再审。

七、当事人对本案适用小额诉讼程序有异议的，可在法庭辩论终结之前向审判人员提出，法院将依法做出裁定。

八、如果在审理中发现本案不符合小额诉讼程序的适用条件，而需要按简易程序的一般规定审理或者将案件转入普通程序的，审判人员会及时通知各方当事人。

九、当事人有何疑问，可及时向审判人员咨询或者反映。

特此告知

北京市×××人民法院（院印）

年　月　日

北京市高级人民法院关于印发《北京市高级人民法院关于审理建设工程施工合同纠纷案件若干疑难问题的解答》的通知

(2012年8月6日　京高法发[2012]245号)

市第一、第二中级人民法院,北京铁路运输中级法院;各区、县人民法院,北京铁路运输法院:

近年来,我市法院受理的建设工程施工合同纠纷案件中出现了一些新情况、新问题。为妥善处理好此类纠纷,经深入调研,并广泛征求意见,形成了《北京市高级人民法院关于审理建设工程施工合同纠纷案件若干疑难问题的解答》,现将该解答下发给你们,供你们审理案件时参考。审理中有何问题,请及时报告市高级人民法院民一庭。

特此通知

北京市高级人民法院关于审理建设工程施工合同纠纷案件若干疑难问题的解答

一、建设工程施工合同效力的认定

1. 未取得建设审批手续的施工合同的效力如何认定?

发包人就尚未取得建设用地规划许可证、建设工程规划许可证等行政审批手续的工程,与承包人签订的建设工程施工合同无效。但在一审法庭辩论终结前发包人取得相应审批手续或者经主管部门批准建设的,应当认定合同有效。

发包人未取得建筑工程施工许可证的,不影响施工合同的效力。

2.《最高人民法院关于审理建设工程施工合同纠纷案件适用法律问题的解释》(以下简称《解释》)第一条第(二)项规定的"没有资质的实际施工人借用有资质的建筑施工企业名义"承揽建设工程(即"挂靠")具体包括哪些情形?

具有下列情形之一的,应当认定为《解释》规定的"挂靠"行为:

(1)不具有从事建筑活动主体资格的个人、合伙组织或企业以具备从事建筑活动资格的建筑施工企业的名义承揽工程;

(2)资质等级低的建筑施工企业以资质等级高的建筑施工企业的名义承揽工程;

(3)不具有施工总承包资质的建筑施工企业以具有施工总承包资质的建筑施工企业的名义承揽工程;

(4)有资质的建筑施工企业通过名义上的联营、合作、内部承包等其他方式变相允许他人以本企业的名义承揽工程。

3. 如何认定是否属于必须招标的建设工程?

《解释》第一条第(三)项规定的"必须进行招标"的建设工程的认定应当依据《中华人民共和国招标投标法》第三条的规定、《中华人民共和国招标投标法实施条例》和原国家发展计划委员会《工程建设项目招标范围和规模标准规定》的相关规定予以确定。法律、行政法规有新规定的,适用其新规定。

4. 劳务分包合同的效力如何认定?

同时符合下列情形的,所签订的劳务分包合同有效:

(1)劳务作业承包人取得相应的劳务分包企业资质等级标准;

(2)分包作业的范围是建设工程中的劳务作业(包括木工、砌筑、抹灰、石制作、油漆、钢筋、混凝土、脚手架、模板、焊接、水暖、钣金、架线);

(3)承包方式为提供劳务及小型机具和辅料。

合同约定劳务作业承包人负责与工程有关的大型机械、周转性材料租赁和主要材料、设备采购等内容的，不属于劳务分包。

5. 如何认定建筑企业的内部承包行为？

建设工程施工合同的承包人将其承包的全部或部分工程交由其下属的分支机构或在册的项目经理等企业职工个人承包施工，承包人对工程施工过程及质量进行管理，对外承担施工合同权利义务的，属于企业内部承包行为；发包人以内部承包人缺乏施工资质为由主张施工合同无效的，不予支持。

6. 小型建筑工程及农民低层住宅施工合同、家庭住宅室内装饰装修合同的效力如何认定？

施工人签订合同承建小型建筑工程或两层以下（含两层）农民住宅，或者进行家庭住宅室内装饰装修，当事人仅以施工人缺乏相应资质为由，主张合同无效的，一般不予支持。对于当事人确实违反企业资质管理规定承揽工程的，可以建议有关行政主管部门予以处理。

前述合同对质量标准有约定的，依照其约定，没有约定的，依照通常标准或符合合同目的的特定标准予以确定。当事人有其他争议的，原则上可以参照本解答的相关内容处理。

二、建设工程价款的确定和支付

7. 当事人在诉讼前已就工程价款的结算达成协议，一方要求重新结算的，如何处理？

当事人在诉讼前已就工程价款的结算达成协议，一方在诉讼中要求重新结算的，不予支持，但结算协议被法院或仲裁机构认定为无效或撤销的除外。

建设工程施工合同无效，但工程经竣工验收合格，当事人一方以施工合同无效为由要求确认结算协议无效的，不予支持。

8. 承包人项目经理在合同履行过程中所施行为的效力如何认定？

施工合同履行过程中，承包人的项目经理以承包人名义在结算报告、签证文件上签字确认、加盖项目部章或者收取工程款、接受发包人供材等行为，原则上应当认定为职务行为或表见代理行为，对承包人具有约束力，但施工合同另有约定或承包人有证据证明相对方知道或应当知道项目经理没有代理权的除外。

9. 当事人工作人员签证确认的效力如何认定？

当事人在施工合同中就有权对工程量和价款洽商变更等材料进行签证确认的具体人员有明确约定的，依照其约定，除法定代表人外，其他人员所作的签证确认对当事人不具有约束力，但相对方有理由相信该签证人员有代理权的除外；没有约定或约定不明，当事人工作人员所作的签证确认是其职务行为的，对该当事人具有约束力，但该当事人有证据证明相对方知道或应当知道该签证人员没有代理权的除外。

10. 工程监理人员在签证文件上签字确认的效力如何认定？

工程监理人员在监理过程中签字确认的签证文件，涉及工程量、工期及工程质量等事实的，原则上对发包人具有约束力，涉及工程价款洽商变更等经济决策的，原则上对发包人不具有约束力，但施工合同对监理人员的授权另有约定的除外。

11. 固定总价合同履行中，当事人以工程发生设计变更为由要求对工程价款予以调整的，如何处理？

建设工程施工合同约定工程价款实行固定总价结算，在实际履行过程中，因工程发生设计变更等原因导致实际工程量增减，当事人要求对工程价款予以调整的，应当严格掌握，合同对工程价款调整有约定的，依照其约定；没有约定或约定不明的，可以参照合同约定标准对工程量增减部分予以单独结算，无法参照约定标准结算的，可以参照施工地建设行政主管部门发布的计价方法或者计价标准结算。

主张工程价款调整的当事人应当对合同约定施工的具体范围、实际工程量增减的原因、数量等事实承担举证责任。

12. 固定价合同履行过程中，主要建筑材料价格发生重大变化，当事人要求对工程价款予以调整的，如何处理？

建设工程施工合同约定工程价款实行固定价结算，在实际履行过程中，钢材、木材、水泥、混凝土等对工程造价影响较大的主要建筑材料价格发生重大变化，超出了正常市场风险的范围，合同对建材价格变动风险负担有约定的，原则上依照其约定处理；没有约定或约定不明，该当事人要求调整工程价款的，可在市场风险范围和幅度之外酌情予以支持；具体数额可以委托鉴定机构参照施工地建设行政主管部门关于处理建材差价问题的意见予以确定。

因一方当事人原因导致工期延误或建筑材料供应时间延误的，在此期间的建材差价部分工程款，由过错方予以承担。

13. 固定总价合同履行中，承包人未完成工程施工的，工程价款如何确定？

建设工程施工合同约定工程价款实行固定总价结算，承包人未完成工程施工，其要求发包人支付工程款，经审查承包人已施工的工程质量合格的，可以采用“按比例折算”的方式，即由鉴定机构在相应同一取费标准下分别计算出已完工程部分的价款和整个合同约定工程的总价款，两者对比计算出相应系数,再用合同约定的固定价乘以该系数确定发包人应付的工程款。

当事人就已完工程的工程量存在争议的,应当根据双方在撤场交接时签订的会议纪要、交接记录以及监理材料、后续施工资料等文件予以确定;不能确定的,应根据工程撤场时未能办理交接及工程未能完工的原因等因素合理分配举证责任。

14. 承包人依据《解释》第二十条的规定要求按照竣工结算文件结算工程价款的,如何处理?

建设工程施工合同约定发包人应在收到承包人提交的竣工结算文件后一定期限内予以答复,但未明确约定逾期不答复即视为认可竣工结算文件,承包人依据《解释》第二十条的规定要求按照竣工结算文件结算工程价款的,不予支持。

建设工程施工合同对此未作明确约定,承包人仅以原建设部《建筑工程施工发包与承包计价管理办法》第十六条的规定,或者《建设工程施工合同(示范文本)》(GF-1999-0201)通用条款第33.3条的约定为依据,要求按照竣工结算文件结算工程价款的,不予支持。

15. "黑白合同"中如何结算工程价款?

法律、行政法规规定必须进行招标的建设工程,或者未规定必须进行招标的建设工程,但依法经过招标投标程序并进行了备案,当事人实际履行的施工合同与备案的中标合同实质性内容不一致的,应当以备案的中标合同作为结算工程价款的依据。

法律、行政法规规定不是必须进行招标的建设工程,实际也未依法进行招投标,当事人将签订的建设工程施工合同在当地建设行政管理部门进行了备案,备案的合同与实际履行的合同实质性内容不一致的,应当以当事人实际履行的合同作为结算工程价款的依据。

备案的中标合同与当事人实际履行的施工合同均因违反法律、行政法规的强制性规定被认定为无效的,可以参照当事人实际履行的合同结算工程价款。

16. "黑白合同"中如何认定实质性内容变更?

招投标双方在同一工程范围下另行签订的变更工程价款、计价方式、施工工期、质量标准等中标结果的协议,应当认定为《解释》第二十一条规定的实质性内容变更。中标人作出的以明显高于市场价格购买承建房产、无偿建设住房配套设施、让利、向建设方捐款等承诺,亦应认定为变更中标合同的实质性内容。

备案的中标合同实际履行过程中,工程因设计变更、规划调整等客观原因导致工程量增减、质量标准或施工工期发生变化,当事人签订补充协议、会谈纪要等书面文件对中标合同的实质性内容进行变更和补充的,属于正常的合同变更,应以上述文件作为确定当事人权利义务的依据。

17. 无效建设工程施工合同中的工程价款如何确定?

建设工程施工合同无效,但工程经竣工验收合格,当事人任何一方依据《解释》第二条的规定要求参照合同约定支付工程折价补偿款的,应予支持。承包人要求发包人按中国人民银行同期贷款利率支付欠付工程款利息的,应予支持。发包人以合同无效为由要求扣除工程折价补偿款中所含利润的,不予支持。

18.《解释》中"实际施工人"的范围如何确定?

《解释》中的"实际施工人"是指无效建设工程施工合同的承包人,即违法的专业工程分包和劳务作业分包合同的承包人、转承包人、借用资质的施工人(挂靠施工人);建设工程经数次转包的,实际施工人应当是最终实际投入资金、材料和劳力进行工程施工的法人、非法人企业、个人合伙、包工头等民事主体。法院应当严格实际施工人的认定标准,不得随意扩大《解释》第二十六条第二款的适用范围。对于不属于前述范围的当事人依据该规定以发包人为被告主张欠付工程款的,应当不予受理,已经受理的,应当裁定驳回起诉。

建筑工人追索欠付工资或劳务报酬的,按照工资支付的相关法律、法规规定及《北京市高级人民法院关于依法快速处理建设领域拖欠农民工工资相关案件的意见》妥善处理。

19. 违法分包合同、转包合同的实际施工人主张欠付工程款的,诉讼主体如何确定?发包人的责任如何承担?

实际施工人以违法分包人、转包人为被告要求支付工程款的,法院不得依职权追加发包人为共同被告;实际施工人以发包人为被告要求支付工程款的,应当追加违法分包人或转包人作为共同被告参加诉讼,发包人在其欠付违法分包人或转包人工程款范围内承担连带责任。发包人以其未欠付工程款为由提出抗辩的,应当对此承担举证责任。

20. 不具有资质的挂靠施工人主张欠付工程款的,如何处理?挂靠人又将工程分包、转包给他人施工,施工人主张欠付工程款的,如何处理?

不具有资质的实际施工人(挂靠施工人)挂靠有资质的建筑施工企业(被挂靠人),并以该企业的名义签订建设工程施工合同,被挂靠人怠于主张工程款债权的,挂靠施工人可以以自己名义起诉要求发包人支付工程款，法院原则上应当追加被挂靠人为诉讼当事人，发包人在欠付工程款范围内承担给付责任。因履行施工合同产生的债务，被挂靠人与挂靠施工人应当承担连带责任。

挂靠人承揽工程后，以被挂靠人名义将工程分包、转包给他人施工，施工人主张欠付工程款的，按照《北京市高级人民法院审理民商事案件若干问题的解答之五》第四十七条规定处理。

21. 发包人主张将其已向合法分包人、实际施工人支付的工程款予以抵扣的，如何处理？

承包人依据建设工程施工合同要求发包人支付工程款，发包人主张将其已向合法分包人、实际施工人支付的工程款予以抵扣的，不予支持，但当事人另有约定、生效判决、仲裁裁决予以确认或发包人有证据证明其有正当理由向合法分包人、实际施工人支付的除外。

22. 分包合同中约定总包人收到发包人支付工程款后再向分包人支付的条款的效力如何认定？

分包合同中约定待总包人与发包人进行结算且发包人支付工程款后，总包人再向分包人支付工程款的，该约定有效。因总包人拖延结算或怠于行使其到期债权致使分包人不能及时取得工程款，分包人要求总包人支付欠付工程款的，应予支持。总包人对于其与发包人之间的结算情况以及发包人支付工程款的事实负有举证责任。

23. 发包人以工程未验收或承包人未移交工程竣工资料为由拒绝支付工程款的，如何处理？

建设工程施工合同约定工程竣工验收合格后再支付工程款，发包人收到承包人提交的工程竣工验收资料后，无正当理由在合同约定期限或合理期限内未组织竣工验收，其又以工程未验收为由拒绝支付工程款的，不予支持。

发包人以承包人未移交工程竣工资料为由拒绝支付工程款的，不予支持，但合同另有约定的除外。

三、建设工程工期和质量责任的认定

24. 当事人就工程款结算达成一致后又主张索赔的，如何处理？

结算协议生效后，承包人依据协议要求支付工程款，发包人以因承包人原因导致工程存在质量问题或逾期竣工为由，要求拒付、减付工程款或赔偿损失的，不予支持，但结算协议另有约定的除外。当事人签订结算协议不影响承包人依据约定或法律、行政法规规定承担质量保修责任。

结算协议生效后，承包人以因发包人原因导致工程延期为由，要求赔偿停工、窝工等损失的，不予支持，但结算协议另有约定的除外。

25. 工程开竣工日期如何确定？

建设工程施工合同实际开工日期的确定，一般以开工通知载明的开工时间为依据；因发包人原因导致开工通知发出时开工条件尚不具备的，以开工条件具备的时间确定开工日期；因承包方原因导致实际开工时间推迟的，以开工通知载明的时间为开工日期；承包人在开工通知发出前已经实际进场施工的，以实际开工时间为开工日期；既无开工通知也无其他相关证据能证明实际开工日期的，以施工合同约定的开工时间为开工日期。

发包人、承包人、设计和监理单位四方在工程竣工验收单上签字确认的时间，可以视为《解释》第十四条第（一）项规定的竣工日期，但当事人有相反证据足以推翻的除外。

26. 工期顺延如何认定？

因发包人拖欠工程预付款、进度款、迟延提供施工图纸、场地及原材料、变更设计等行为导致工程延误，合同明确约定顺延工期应当经发包人签证确认，经审查承包人虽未取得工期顺延的签证确认，但其举证证明在合同约定的办理期限内向发包人主张过工期顺延，或者发包人的上述行为确实严重影响施工进度的，对承包人顺延相应工期的主张，可予支持。

27. 施工合同约定的工程质量标准与国家强制性标准不一致的是否有效？

建设工程施工合同中约定的建设工程质量标准低于国家规定的工程质量强制性安全标准的，该约定无效；合同约定的质量标准高于国家规定的强制性标准的，应当认定该约定有效。

28. 发包人主张工程质量不符合合同约定的，应按反诉还是抗辩处理？

承包人要求支付工程款，发包人主张工程质量不符合合同约定给其造成损害的，应按以下情形分别处理：

（1）建设工程已经竣工验收合格，或虽未经竣工验收，但发包人已实际使用，工程存在的质量问题一般应属于工程质量保修的范围，发包人以此为由要求拒付或减付工程款的，对其质量抗辩不予支持，但确因承包人原因导致工程的地基基础工程或主体结构质量不合格的除外；发包人反诉或另行起诉要求承包人承担保修责任或者赔偿修复费用等实际损失的，按建设工程保修的相关规定处理。

（2）工程尚未进行竣工验收且未交付使用，发包人以工程质量不符合合同约定为由要求拒付或减付工程款的，可以按抗辩处理；发包人要求承包人支付违约金或者赔偿修理、返工或改建的合理费用等损失的，应告知其提起反诉或另行起诉。

(3)发包人要求承包人赔偿因工程质量不符合合同约定而造成的其他财产或者人身损害的，应告知其提起反诉或另行起诉。

29. 如何认定承包人对建设工程质量缺陷存在过错？

承包人具有下列情形之一的，应当认定其对建设工程质量缺陷存在过错：

(1)承包人明知发包人提供的设计图纸、指令存在问题或者在施工过程中发现问题，而没有及时提出意见和建议并继续施工的；

(2)承包人对发包人提供或指定购买的建筑材料、建筑构配件、设备等没有进行必要的检验或经检验不合格仍然使用的；

(3)对发包人提出的违反法律法规和建筑工程质量、安全标准，降低工程质量的要求，承包人不予拒绝而进行施工的。

前述情形下，因工程质量存在缺陷造成第三人损失的，由发包人与承包人承担连带责任。

30. 发包人以工程质量不符合合同约定为由，要求承包人承担修复费用的，如何处理？

因承包人原因致使工程质量不符合合同约定，承包人拒绝修复、在合理期限内不能修复或者发包人有正当理由拒绝承包人修复，发包人另行委托他人修复后要求承包人承担合理修复费用的，应予支持。

发包人未通知承包人或无正当理由拒绝由承包人修复，并另行委托他人修复的，承包人承担的修复费用以由其自行修复所需的合理费用为限。

31. 施工合同约定工程保修期限低于法定最低期限的条款是否有效？承包人要求返还质量保修金的，如何处理？

建设工程施工合同中约定正常使用条件下工程的保修期限低于法律、行政法规规定的最低期限的，该约定无效。

当事人就工程质量保修金返还期限有约定的，依照其约定，但不影响承包人在保修期限内承担质量保修责任；没有约定或约定不明的，工程质量保修金返还期限为工程竣工验收合格之日起二十四个月。

建设工程施工合同无效，但工程经竣工验收合格并交付发包人使用的，承包人应依据法律、行政法规的规定承担质量保修责任。发包人要求参照合同约定扣留一定比例的工程款作为工程质量保修金的，应予支持。

四、工程造价鉴定

32. 当事人申请对工程造价进行鉴定的，如何处理？

当事人对工程价款存在争议，既未达成结算协议，也无法采取其他方式确定工程款的，法院可以根据当事人的申请委托有司法鉴定资质的工程造价鉴定机构对工程造价进行鉴定；当事人双方均不申请鉴定的，法院应当予以释明，经释明后对鉴定事项负有举证责任的一方仍不申请鉴定的，应承担举证不能的不利后果。

鉴定过程中，一方当事人无正当理由在规定期限内拒绝提交鉴定材料或拒不配合，导致鉴定无法进行，经法院释明不利后果后其仍拒绝提交或拒不配合的，应承担举证不能的不利后果。

33. 当事人在诉前共同委托鉴定的效力如何认定？

当事人诉前已经共同选定具有相应资质的鉴定机构对建设工程作出了相应的鉴定结论，诉讼中一方当事人要求重新鉴定的，一般不予准许，但有证据证明该鉴定结论具有《最高人民法院关于民事诉讼证据的若干规定》第二十七条第一款规定情形除外。

34. 工程造价鉴定中法院依职权判定的事项包括哪些？

当事人对施工合同效力、结算依据、签证文件的真实性及效力等问题存在争议的，应由法院进行审查并做出认定。法院在委托鉴定时可要求鉴定机构根据当事人所主张的不同结算依据分别作出鉴定结论，或者对存疑部分的工程量及价款鉴定后单独列项，供审判时审核认定使用，也可就争议问题先做出明确结论后再启动鉴定程序。

五、民事责任的承担

35. 发包人无正当理由拒绝结算工程款的，欠付工程款利息的起算点如何确定？

发包人在施工合同约定的审核结算期限内无正当理由拒绝结算或故意拖延结算，在审核期限届满后也未支付工程款，承包人要求发包人从合同约定的审核结算期限届满的次日起计算欠付工程款利息的，可予支持，但合同另有约定的除外。

36. 承包人同时主张逾期支付工程款的违约金和利息的，如何处理？

建设工程施工合同明确约定发包人逾期支付工程款，承包人可以同时主张逾期付款违约金和利息的，依照其约定，发包人主张合同约定的违约金和利息之和过分高于实际损失请求予以适当减少的，按照《最高人民法院关于适用〈中华人民共和国合同法〉若干问题的解释(二)》第二十九条的规定处理；没有约定或约定不明的，对承包人的主张，一般不应同时支持，但承包人有证据证明合同约定的违约金或利息单独不足以弥补其实际损失的除外。

37. 施工合同约定对承包人违约行为处以“罚款”的条款的性质如何认定？

建设工程施工合同约定承包人存在工期迟延、质量缺陷、转包或违法分包等违约行为，发包人可对承包人处以罚款的，该约定可以视为当事人在合同中约定的违约金条款，应依据《中华人民共和国合同法》第一百一十四条的规定予以处理。

38. 承包人以发包人拖延结算或欠付工程款为由拒绝交付工程的，如何处理？由此造成的损失如何承担？

工程竣工验收合格后，承包人以发包人拖延结算或欠付工程款为由拒绝交付工程的，一般不予支持，但施工合同另有明确约定的除外。

承包人依据合同约定拒绝交付工程，但其拒绝交付工程的价值明显超出发包人欠付的工程款，或者欠付工程款的数额不大，而部分工程不交付会严重影响整个工程使用的，对发包人因此所受的实际损失，应由当事人根据过错程度予以分担。

39. 合作开发房地产项目中，承包人主张欠付工程款的，如何处理？

两个以上的法人、其他组织或个人合作开发房地产项目，其中合作一方以自己名义与承包人签订建设工程施工合同，承包人要求其他合作方对欠付工程款承担连带责任的，应予支持。

承包人仅以建设工程施工合同发包人为被告追索工程款的，应依承包人的起诉确定被告。

40. 发包人承租建筑物后以自己名义对外签订施工合同，承包人应当如何主张权利？

发包人（承租人）与建筑物所有权人签订租赁合同租赁该建筑物后，以自己的名义对外签订施工合同，承包人主张工程款的，应当以施工合同的发包人为被告提起诉讼。

发包人下落不明或丧失支付能力，且建筑物所有权人与发包人之间的租赁合同已经终止，承包人以建筑物所有权人为被告主张权利的，建筑物所有权人在其实际受益范围内承担赔偿责任。

北京市高级人民法院民一庭
关于发布《食品安全法相关问题研讨会会议纪要》的通知

（2012 年 12 月 24 日）

市第一、第二中级法院民庭，北京铁路运输中级法院民庭；各区、县法院民庭，北京铁路运输法院民庭：

为妥善处理相关案件，促进执法尺度统一，我庭于 2012 年 11 月 7 日组织召开了“食品安全法相关问题研讨会”，全市三级法院的法官代表共 18 人参会。与会人员对相关问题进行了认真充分的讨论，就部分问题的处理取得了基本一致的意见。此后，我庭根据与会人员的讨论意见，并在向全市法院民庭征求意见的基础上，整理形成了《食品安全法相关问题研讨会会议纪要》（详见附件）。我们认为，该纪要中的一致意见或者多数意见是正确的。现将该纪要予以发布，供大家在审判中参考执行。今后遇有相关问题，可及时向我庭反映。

特此通知

食品安全法相关问题研讨会会议纪要

自《食品安全法》（以下简称该法）施行以来，全市法院受理了许多消费者因购买不符合安全标准的食品而要求生产者或者销售者承担赔偿责任的案件。此类案件主要涉及该法第九十六条的理解与适用问题，在审判实践中存在诸多分歧。为妥善处理相关案件，促进执法尺度统一，市高院民一庭于 2012 年 11 月 7 日组织召开专题研讨会，全市三级法院的法官代表共 18 人参会。与会人员对相关问题进行了认真充分的讨论，就部分问题的处理取得了基本一致的意见，现纪要如下：

一、关于审理此类案件的指导原则

与会人员一致认为，食品安全事关公众身体健康和生命安全,在当前形势下,应当正确理解该法的立法原意,站在司法为民、保障民生的高度,充分保护广大消费者的合法权益,从严追究生产者和销售者的违法责任。

二、关于"不符合食品安全标准"的认定问题

多数意见认为,判断食品是否安全标准,应当以"形式审查"为原则,以"实质审查"为补充,亦即:只要消费者证明食品存在违反该法第二十条任何一项的情形,即可初步认定该食品"不符合食品安全标准";除非生产者或者销售者能够证明食品完全符合该法第九十九条关于"食品安全"的定义,即"无毒、无害,符合应当有的营养要求,对人体健康不造成任何急性、亚急性或者慢性危害",并且能够证明其对食品的形式瑕疵不存在故意或者重大过失。

少数意见认为,判断食品是否安全标准,应当采用"形式审查"的原则。

三、关于"十倍赔偿"的问题

1."十倍赔偿"是否以损害发生为前提条件

一种意见认为,该法第九十六条第一、二款是递进关系,"十倍赔偿"应当以损害发生为前提条件。其中,多数人认为,对"损害"应从宽解释,故"不符合安全标准的食品"本身也是一种损害;少数人认为,对"损害"应从严解释,故损害仅指"食品以外的人身、财产等损害"。

另一种意见认为,该法第九十六条第一、二款是并列关系,故"十倍赔偿"不以损害发生为前提条件。

综上,大多数与会人员的观点是,"十倍赔偿"不以发生"食品以外的人身、财产等损害"为前提条件。

2."十倍赔偿"与《消费者权益保护法》中的"双倍赔偿"的关系

与会人员一致认为,《食品安全法》第九十六条与《消费者权益保护法》第四十九条是特别法与普通法的关系,二者不可同时适用。

多数人认为,在消费者主张"十倍赔偿",但经初步审查认为案件事实仅符合"双倍赔偿"条件的情形下,人民法院应当进行释明,并告知其可以变更诉讼请求。

3."十倍赔偿"能否酌情降低

与会人员一致认为,该法第九十六条第二款中的"十倍"系刚性规定,立法者并未赋予法官自由裁量权。

四、关于销售者"明知"的问题

多数人认为,在认定食品不符合安全标准的前提下,应当由销售者对其"非明知"承担举证责任。

在下列情形下,应当认定销售者属于"明知":未建立食品进货查验记录制度,不能提供进货渠道的;以不合理的低价从非正规渠道进货的;未查验供货者的许可证和相关证明文件的;未及时清理变质或者超过保质期的食品的;等等。

少数人认为,只要食品不符合安全标准,销售者即应承担"十倍赔偿"责任。

五、关于"食用农产品"的问题

与会人员一致认为,虽然根据该法第二条第二款,食用农产品(供食用的源于农业的初级产品)的"质量安全管理"遵守《农产品质量安全法》的规定,但其仍属于该法第九十九条定义的"食品"范围,故消费者购买不符合食品安全标准的食用农产品,仍可依据该法第九十六条要求生产者或者销售者承担责任。

六、关于"消费者"身份的问题

多数人认为,"消费者"的范围并不仅限于自然人;法人或者其他组织如非出于生产经营需要,而是为了相关自然人的生活消费需要而购买食品,亦可认定为"消费者"。

生产者或者销售者以对方当事人"明知食品不符合安全标准"或者"非为生活消费需要"而购买食品作为抗辩事由的,应由其承担相关举证责任。

以上意见,供大家在审判中参考执行。

关于开展建立劳动人事争议巡回法庭试点工作的意见

天津市高级人民法院民一庭

(2012年11月29日　津高法[2012]245号)

为及时公正高效处理劳动人事争议纠纷,维护当事人合法权益,充分发挥人民法院、劳动人事争议仲裁部门、工会组织、司法行政部门的职能作用,营造和谐稳定的劳动人事关系,推动社会管理机制创新,为我市经济社会和谐发展营造良好的法治环境,经联动四方研究决定,在全市开展建立劳动人事争议巡回法庭的试点工作。现提出如下实施意见。

一、充分认识建立劳动人事争议巡回法庭的重要意义

设立劳动人事争议巡回法庭,有利于充分发挥联动四方的职能作用,将大量劳动人事争议化解关口前移,实现劳动人事争议裁审程序的无缝对接,统一裁审尺度,提高劳动人事争议调处效率,降低当事人维权成本,切实保护当事人合法权益。各部门要坚持立足基层、方便群众、平衡利益、协调联动的工作原则,拓宽工作思路,创新工作方法,充分发挥劳动人事争议巡回法庭联动社会资源的载体作用,以诉前调解、就地审判和法制宣传教育为切入点,从源头上预防、分流、化解矛盾纠纷,真正实现预防纠纷、化解矛盾、维护稳定、促进和谐的目标。

二、劳动人事争议巡回法庭的设置和职能

(一)根据方便群众诉讼、及时有效化解劳动人事争议纠纷的原则,各区县人民法院、劳动人事争议仲裁部门可以根据处理劳动人事争议纠纷的需要,结合案件数量、人员配备等实际情况,在区县劳动人事争议仲裁委员会设立劳动人事争议巡回法庭,配备法官,及时、便捷、妥善审理劳动人事争议案件。

(二)劳动人事争议巡回法庭的主要职能:

1. 接受当事人就劳动人事争议方面的法律咨询;

2. 应劳动仲裁委员会邀请或当事人要求,参与仲裁调解,提供法律指导和帮助,以提高仲裁调解成功率。但不得干预仲裁委员会对案件实体处理结果;

3. 对不服劳动仲裁裁决的当事人进行法律释明,诉讼风险提示,进行诉前调解;

4. 现场依法审查和受理劳动人事争议纠纷案件;

5. 对当事人达成的和解协议、仲裁调解协议、人民调解协议进行司法确认;

6. 对劳动人事争议纠纷就地开庭审理。

(三)巡回法庭应当根据劳动人事争议纠纷诉讼的特点,简化劳动人事争议民事诉讼受理手续。可设计出专供劳动人事争议纠纷使用的填充式诉状,方便当事人填写。

(四)当事人已到巡回法庭提起诉讼的,劳动仲裁委员会应及时把劳动仲裁的卷宗材料提供给巡回法庭。

巡回法庭可以根据案件审理需要向劳动人事争议仲裁委员会了解情况、提取材料,并在案件审理终结后,将相关法律文书副本抄送劳动仲裁委员会。

(五)巡回法庭审理劳动人事争议纠纷,一般应当适用简易程序。审理时首先应当进行调解,在查清事实基础上按照相关法律法规规定引导当事人达成调解协议。必要时可邀请企业劳动人事争议调解委员会、工会组织、劳动人事争议仲裁委员会协助调解。

调解工作应贯穿于巡回法庭案件审理的全过程,调解不成的,应当及时作出判决。

(六)巡回法庭开庭审理案件时,选取部分发生劳动人事争议的当事人参与旁听,了解法院审理程序和判决标准,促进纠纷调解解决。

(七)区县司法局可根据辖区内具体情况尝试在劳动人事争议仲裁委员会设立劳动人事争议人民调解工作室,选派人民调解员依法调解劳动人事争议纠纷。

(八)区县工会视情况可指派专人参与劳动人事争议仲裁委员会、劳动人事争议巡回法庭、人民调解工作室的劳动人事争议纠纷的日常联动调解工作。

三、劳动人事争议巡回法庭的协调、配合与保障

(一)联动四方要高度重视建立劳动人事争议巡回法庭的重要意义,积极创造条件,加强协调配合,在物质、人员、政策等方面予以大力支持。劳动人事争议巡回法庭可以在劳动人事争议纠纷化解任务较重的地区先行试点,待条件成熟会向全市推广。

(二)人民法院要选派精通劳动人事法律法规和政策的法官充实到劳动人事争议巡回法庭。人力资源和社会保障部门应当为劳动人事争议巡回法庭调解或审理案件提供相应的工作条件。

(三)劳动人事争议仲裁委员会和劳动人事争议巡回法庭应结合各自案件就法律适用问题及时进行沟通研讨,统一裁审尺度。同时,联动四方应定期通报关于案件裁审情况、劳动人事争议的司法解释、劳动政策、行政规范性文件、示范性案例等文件信息,以便联动四方及时掌握案件审理动态,及时对重点案件、重要法律政策适用等问题进行沟通协调。

关于聘请工会组织人员担任劳动人事争议特邀调解员的意见

天津市高级人民法院民一庭

(2012年11月29日 津高法[2012]246号)

为充分发挥工会组织在处理劳动人事争议纠纷案件中的独特作用,依法及时审理劳动纠纷案件,稳妥化解劳动人事争议纠纷,市高级人民法院和市总工会经研究决定,在工会组织中聘请相关工作人员担任劳动人事争议特邀调解员,协助人民法院开展劳动人事争议案件诉讼调解工作。现制定以下实施意见:

一、特邀调解员一般应符合以下条件:

(一)一般应为各区县工会、行业工会的工会工作人员;

(二)熟悉相关劳动法律、法规及政策,并具有较强的调处劳动纠纷的工作能力和经验。

二、特邀调解员选聘的程序

(一)基层人民法院会同同级工会组织根据本辖区劳动人事争议案件受案数量、企业数量等因素,并结合上级法院从基层法院抽取特邀调解员的需要,确定选聘名额。

(二)区县工会初步确定人选,并征得本人同意后,以书面形式向当地基层法院推荐,基层法院审查后,报高级法院审核。

三、人民法院审理劳动人事争议案件,可以根据案件审理需要,邀请特邀调解员参与调解。一般应当在调解3日前通过电话、信函等方式进行邀请,并简要告知基本案情和矛盾焦点,使特邀调解员能够有针对性做好调解准备工作。

四、特邀调解员参与调解时,可旁听依法公开审理案件。在调解过程中,可提出调解方案供主审法官参考,并协助主审法官进行调解,或受主审法官委托直接主持双方当事人进行调解。

五、特邀调解员参与调解的,人民法院应当告知各方当事人有申请回避权利。当事人申请回避的,由负责案件审理的审判组织决定。

六、人民法院应当组织专门人员在劳动人事争议调解员上岗前和任职期间进行业务知识和技能培训,提高化解劳动人事争议的能力。

七、人民法院在选任人民陪审员时,应当优先录用符合人民陪审员选任条件的劳动人事争议调解员。

天津市高级人民法院 天津市总工会
天津市人力资源和社会保障局 天津市司法局
关于建立群体性劳动人事争议纠纷应急协调处理机制的若干意见

天津市高级人民法院民一庭

(2012年11月29日 津高法[2012]247号)

为进一步深化社会管理创新,积极预防和及时妥善处理群体性劳动人事争议纠纷,维护劳动关系和谐稳定,天津市高级人民法院、天津市总工会、天津市人力资源和社会保障局、天津市司法局决定建立群体性劳动人事争议纠纷应急协调处理机制,特制订如下意见。

第一条 【适用范围】

本意见所称群体性劳动人事争议纠纷是指劳动者一方为20人以上,与用人单位发生劳动人事争议,在事实或法律上具有相同或类似的诉求和利益,通过群体性仲裁或者诉讼,或者通过集体停工、上访、静坐、围堵单位或国家机关、破坏公共设施、扰乱公共秩序等方式表达和实现诉求的劳动人事争议纠纷形式。

劳动者一方人数虽然少于20人,但是造成较大社会影响,严重影响用人单位生产和社会秩序的,也适用于本意见的规定。

第二条 【处理原则】

处理群体性劳动人事争议纠纷,应当遵循以下原则:

(一)预防为主、调解优先原则

联动各方应当在履行自身职责时注意发现群体性劳动人事争议纠纷的隐患,积极研究对策,及时启动联动机制,妥善消除隐患。在处置群体性劳动人事争议纠纷时,把握好介入时机和介入程度,坚持调解优先,综合运用各种方法,通过各种途径,立足于创造条件积极引导劳资双方自主协商。

(二)快速处理、控制局面原则

联动各方应当积极配合、及时了解掌握群体性劳动人事争议的主要原因,采取果断措施,迅速控制局面,防止群体性劳动人事争议纠纷事件恶化和蔓延,将事件的消极影响降低到最低程度。

(三)积极疏导、化解矛盾原则

联动各方在控制局面的基础上,应当联合各有关部门,采取积极措施,最大限度拓宽纠纷化解渠道,创新工作方法,从心理、程序、法理和事理等多个角度对纠纷双方进行疏导,切实维护双方合法权益,力求在互利共赢的基础上引导纠纷双方通过平等协商或者其他合法程序彻底化解矛盾,杜绝一切有可能积攒矛盾、激化矛盾的思想和做法。

(四)标本兼治、统筹兼顾原则

联动四方在处理群体性劳动人事争议纠纷时,既要注重当前矛盾、表层矛盾的化解,更要注重通过建立和厉行长效机制化解深层次的、根本性的矛盾,引导劳资双方形成健康和谐并具有自我调整能力的劳资关系。联动四方还应当特别注意处理好共性矛盾和个性矛盾的关系,优先处理和解决大多数人的共性矛盾,对于少数人的个性矛盾应当将其与共性矛盾分离出来,引导其个别解决。

(五)平衡保护、促进发展原则

联动四方在处理群体性劳动人事争议纠纷时,应当在合法公正的前提下平衡保护劳动者和用人单位的利益。一方面,要确保劳动者合法权利得到保护,促进劳动者自身的发展;另一方面,也要防止因劳动人事争议纠纷处理不当而恶化用人单位合法经营环境。

(六)分工负责、联动处置原则

联动四方在处置群体性劳动人事争议纠纷时,应当在忠诚履行各自职责的前提下,确定主要负责机关,大力进行联动,形成合力。

第三条 【职能分工】

联动四方应当分别制定本部门的处理群体性劳动人事争议纠纷的预案。发生群体性劳动人事争议纠纷后,联动四方应当按照属地原则和首问负责制原则确定负主要责任的机关,并首先在各自职权范围内率先处置,同时向四方联动调解机制领导小组进行汇报。能够单独处理完毕的,在处理完毕后将处理情况上报四方联动调解机制领导小组备案。无法单独处理完毕的,要及时启动四方联动调解机制。

第四条 【工作程序】

联动四方首先要在日常工作中做好群体性劳动人事争议纠纷的预警工作,做到心理有准备,行动有预案,结果有预期,效果有预判。当群体性劳动人事争议纠纷事件发生时,要坚持汇报启动、沟通协调、现场处理、善后处置和总结提高的基本程序和要求,注重舆论导向,有条不紊、协力配合地化解矛盾纠纷。

第五条 【预警机制】

四方联动调解机制领导小组要站在全市高度及时进行舆情分析和形势分析,及时进行预警,根据分析结果迅速调整工作部署和工作重点,对可能发生群体性劳动人事争议纠纷的领域采取必要措施,力争将矛盾纠纷化解在萌芽状态。

联动四方应当充分发挥基层机关和部门的作用,充分利用人民调解委员会、法律援助中心、用人单位劳动争议调解委员会、区域和行业劳动争议调解组织、基层工会组织、劳动人事争议仲裁机构、劳动监察机构、社会保险征缴机构、劳动争议审判机构等各种劳动纠纷调处机构,在各自职责范围内及时发现群体性劳动人事争议苗头和隐患,迅速摸清情况和原因,充分评估隐患性质和等级,形成处理方案,并第一时间上报四方联动调解机制领导小组,启动四方联动机制。

第六条 【汇报启动】

联动四方任何一方在发现了解群体性劳动人事争议情况、需要启动四方联动机制进行处理时,应在第一时间将有关情况向四方联动调解机制领导小组汇报。汇报的内容应当包括:基本情况(发生的地点、单位名称、发生时间、涉及人数等)、影响程度和趋势、已采取的措施、对处理的建议意见、需要联动机制协调配合的工作等。

第七条 【联动处置一】

四方联动调解机制领导小组接到汇报后,应当立即成立专案组对事件进行研究,并与用人单位上级主管部门进行沟通,视需要赶赴用人单位或事件发生现场,及时了解情况,并在此基础上形成处理方案,处理方案中应当包括应对矛盾激化时的处理预案。

第八条 【联动处置二】

处理方案形成后,应当立足于引导劳资双方自主协商解决纠纷。劳资双方经自主协商达成一致的,专案组应当督促劳资双方将协商结果制作成书面文件向全体劳动者公布,并报联动四方留存。

劳资双方不能协商一致的,专案组应当视情况分别处理:

(一)劳资双方情绪稳定,一方仍然表现出协商意愿的,专案组应当继续引导双方进行协商,直到事件处理完毕。

(二)劳资双方情绪恶化,拒绝继续协商,矛盾纠纷有进一步激化趋势的,专案组应当积极介入,分头做好劳资双方调解疏导工作,防止矛盾激化。同时,要迅速向用人单位上级主管部门通报情况,并通过用人单位上级主管部门联系公安、安监、信访、工商等相关部门,分别从维护正常秩序、防止安全事故、处理上访、防止用人单位违法转移财产等方面进行监控。对于属于劳动人事仲裁机构和人民法院受案范围的纠纷,可以引导劳资双方通过法律程序解决纠纷,劳动人事仲裁机构和人民法院要及时做好审理准备。

第九条 【联动处置三】

对于已经进入劳动仲裁程序和诉讼程序的群体性劳动人事争议纠纷,劳动人事仲裁机构和人民法院应当立足于维护劳资双方合法权益、维护稳定大局的立场,坚持调解优先原则,最大限度化解双方矛盾。在劳动人事仲裁机构和人民法院依法审理时,联动四方要继续密切配合,研究调解处理方案,努力拓展化解渠道,促使纠纷妥善化解。

第十条 【舆论引导】

在处理群体性劳动人事争议纠纷过程中,需要对外发布消息的,要坚持信息及时和信息真实原则。联动四方应当整合各种资料,统一发布口径,及时披露真实信息。严密监控各种媒体平台发布的相关信息,及时进行舆论引导,防止出现不实或者误导性报道和消息。

第十一条 【善后处置和总结】

群体性劳动人事争议纠纷化解后,联动四方应当首先督促劳资双方兑现各自承诺。同时,应当立即召开联络会议,对本次群体性事件进行分析总结,向用人单位提出整改意见,并督促和检查整改情况,定期回访。

联动四方应当根据掌握的信息,召集具有类似情况的用人单位通报情况,防止再次发生同类群体性劳动人事争议纠纷事件。

联动四方应当对本次群体性劳动人事争议纠纷事件的处理进行分析评估。评估的内容应当包括:事件发生原因、纠纷表现、处理过程、事件影响、经验教训、善后措施等。

联动四方应当积极引导用人单位建立和完善包括集体协商制度、信息公开制度等在内的各种沟通协商制度,调动劳资双方积极性,畅通劳资双方沟通交流的渠道,在有效保障劳动者合法权益的基础上促进用人单位健康发展。

第十二条 【研讨培训】

联动四方应当建立定期培训交流机制,邀请有关专家建立专家库,共同探讨群体性劳动人事争议纠纷事件调处的途径方法。加强调查研究,积极总结实践,升华理论,努力为上级机关和组织决策提供政策参考。

联动四方应当加强预防和处理群体性劳动人事争议纠纷事件的培训,提高快速反应、应急处置、协调沟通能力。

第十三条 【信息网络建设】

联动四方应当积极推进信息网络建设,尝试建立包括劳动人事争议形势动态、法规政策、调研分析、经验教训、培训交流等信息在内的数据库,推动联动四方信息资源的交流、共享和协调。

天津市高级人民法院民一庭关于人身损害赔偿案件确定误工费标准的通知

(2012 年 7 月 16 日　津高法民一字[2012]13 号)

第一、二中级人民法院、各基层人民法院(审判区)相关民事审判庭：

为解决我市法院在审理人身损害赔偿(人格权纠纷、侵权责任纠纷)案件中确定受害人误工费的标准不统一问题，高院民一庭召开三个专题座谈会，就如何准确确定误工费、统一执法尺度问题进行深入研讨，初步达成共识。现将有关意见整理如下，望各院在案件审理过程中参照执行。

一、误工费属于受害人如未遭受人身侵害本应获得却因侵权人的侵害行为而丧失的利益。误工费的赔偿以受害人具有劳动能力为前提，在确定赔偿标准时主要根据受害人所从事的行业、收入等因素确定。

二、对于有证据证明受害人有固定收入的，误工费按照实际减少的收入计算。受害人无固定收入的，误工费按照其最近三年的平均收入计算。受害人不能举证证明其最近三年平均收入状况的，误工费参照其实际从事行业的在岗职工平均工资计算。

三、对于受害人具有劳动能力但未就业或不能举证证明其实际从事的行业的，误工费参照天津市居民服务和其他服务业在岗职工平均工资计算。

四、对于农村居民误工费问题，如果受害人成规模地承包土地、鱼塘、果园等，从事农业、林业、牧业、渔业生产经营的，误工费按照农、林、牧、渔行业在岗职工平均工资计算。其他人员按照其实际从事的职业确定误工费标准。不能举证证明其实际从事的行业的，根据本通知第三条规定确定误工费标准。

五、受害人(不分性别)年龄超过六十周岁的，一般不支持误工费的请求。但是有证据证明其有固定收入的，误工费按照实际减少的收入计算。

本通知自发布之日起施行，尚未审结的一审案件参照本通知执行。各法院在参照执行过程中如有其他情况，请及时反馈至天津市高级人民法院民一庭。

特此通知

天津市高级人民法院关于审理医疗损害纠纷案件委托鉴定程序问题的通知

(2012 年 8 月 1 日　津高法[2012]174 号)

第一、二中级人民法院、各基层人民法院(审判区)相关民事审判庭：

根据《中华人民共和国侵权责任法》(以下简称《侵权责任法》)、《全国人民代表大会常务委员会关于司法鉴定管理问题的决定》、《最高人民法院关于民事诉讼证据的若干规定》、《关于适用〈中华人民共和国侵权责任法〉若干问题的通知》、《人民法院对外委托司法鉴定管理规定》，参照相关行政法规及规章的规定，对医疗损害鉴定相关问题提出如下意见：

一、2010 年 7 月 1 日以前发生的医疗损害纠纷适用当时的法律法规处理。2010 年 7 月 1 日以后发生的医疗损害纠纷适用《侵权责任法》等相关规定处理。

二、经双方当事人协商一致，可委托医学会或具有资质的司法鉴定机构进行医疗损害鉴定。无法达成一致的，委托医学会进行鉴定。

医学会不予受理的，人民法院可依照《人民法院对外委托司法鉴定管理规定》另行委托具有资质的司法鉴定机构进行医疗损害鉴定。

三、人民法院委托医学会进行的医疗损害鉴定，经双方当事人协商可在医疗机构所在地之外的本市各医学会范围内确定相应的鉴定机构。

无法达成一致的，由人民法院采用随机选择程序在上述医学会范围内确定相应的鉴定机构。

四、人民法院在委托鉴定前，应组织当事人对证据材料进行质证，质证程序仅对证据材料的真实性予以确认，并告知当事人可针对医疗损害鉴定提交书面陈述材料。

人民法院委托鉴定时应出具《医疗损害鉴定委托书》，同时将已经质证的证据材料移交医学会。

五、医学会应在收到《医疗损害鉴定委托书》后10日内决定是否受理，并书面通知人民法院；不予受理的，应在《不予受理通知书》中说明理由。

六、医学会认为需要补充证据材料的，应自受理之日起15日内书面告知人民法院并附相关证据材料清单，由人民法院依法调取相关证据材料并确认证据材料的真实性。医学会不得直接收取当事人提供的证据材料。

七、医学会应结合人民法院对病历等证据材料真实性的认定结论，对下列问题予以认定：

1. 病历等证据材料的形成过程是否符合相关法律、行政法规、规章等规范性文件的规定；

2. 病历等证据材料被认定为涂改的部分与鉴定结论的关联性。

八、因当事人不依照法定程序行使权利、履行义务影响鉴定继续进行的，医学会应在3日内告知人民法院，由人民法院向当事人释明相应的法律后果。因当事人的前述行为导致鉴定无法进行的，医学会与人民法院协商后可终止鉴定程序，由行为人承担不利的法律后果。

九、医学会应在召开医疗损害鉴定会7日前通知当事人，当事人拒绝参加的，不影响医疗损害鉴定程序的进行。

审判人员可列席医疗损害鉴定会，但不参加评议讨论。

十、医学会接受委托后一般应在45日内组织鉴定并出具医疗损害鉴定书。

医学会在前款规定的期限内不能完成医疗损害鉴定，经协商人民法院认为不能延长鉴定期限的，终止鉴定程序。人民法院可另行委托其他相应医学会或具有资质的司法鉴定机构进行鉴定。

十一、医学会出具的医疗损害鉴定书的结论应具体明确，并详细说明以下问题：

1. 医疗行为是否违反相关法律、行政法规、规章、标准和诊疗护理规范、常规；

2. 患者的人身损害后果及伤残等级；

3. 医疗过错行为与患者的人身损害后果之间是否存在因果关系；

4. 医疗过错行为在人身损害后果中的作用，如人身损害后果涉及多种因素，则应明确分析各种因素与人身损害后果的关联程度，并根据原因力大小确定责任比例；

5. 人民法院委托的其他鉴定事项。

十二、医疗损害鉴定书应由鉴定专家签名或盖章，并加盖医学会医疗损害鉴定专用章。

十三、医学会作出医疗损害鉴定书后，由人民法院组织当事人进行质证。

当事人对医疗损害鉴定结论提出异议的，医学会应委派相关鉴定专家出庭接受质询。因特殊原因无法出庭的，经人民法院允许，医学会可书面答复当事人的质询。

十四、对医疗损害鉴定书存在的缺陷，可以通过补充鉴定、重新质证或补充质证等方法解决的，一般不予重新鉴定。

当事人有证据证明医疗损害鉴定书存在《最高人民法院关于民事诉讼证据的若干规定》第二十七条第一款规定的情形之一的，由人民法院另行委托其他相应医学会或具有资质的司法鉴定机构重新鉴定。

关于审理涉及公证民事案件的若干问题的解答

天津市高级人民法院民一庭

(2012年3月)

目前，一些因公证争议而提起的民事诉讼逐渐增多，由于对《公证法》有关条款理解存在差异，审判实践中对于哪类案件应当受理、诉讼主体如何确定、公证机构是否应当承担责任等问题有不同的认识和做法，亟须规范统一。为此，2011 年 9 月 27 日，市高、中级人民法院相关民事审判庭、研究室与市司法局相关部门召开座谈会，围绕审理涉及公证民事案件的若干问题进行了深入研讨，达成初步共识。在此基础上，市高院民一庭根据《侵权责任法》、《公证法》等相关规定，结合我市实际情况，起草了《关于审理涉及公证民事案件的若干问题的解答》，供各级法院在审理涉及公证民事案件时参考，并结合案件具体事实和相关法律依法裁判。

一、公证当事人或公证事项的利害关系人提起民事诉讼请求撤销或更正公证书，法院是否受理？

公证当事人或公证事项的利害关系人认为公证书有错误的，根据《公证法》第 39 条规定，可以向出具该公证书的公证机构提出复查。公证书的内容违法或者与事实不符的，公证机构应当撤销该公证书并予以公告，该公证书自始无效；公证书有其他错误的，公证机构应当予以更正。但是，如果公证机构不予撤销或更正，当事人向人民法院提起民事诉讼请求撤销或更正的，因法律并未赋予人民法院该项权力，人民法院不予受理。

二、公证当事人或公证事项的利害关系人对公证书涉及的基础法律关系有争议向人民法院提起民事诉讼的，人民法院是否受理？

公证是公证机构根据自然人、法人或者其他组织的申请，依照法定程序对民事法律行为、有法律意义的事实和文书的真实性、合法性予以证明的活动，公证书仅是对原已存在的法律关系或法律事实采用公证的形式所进行的固定。根据《公证法》第 40 条规定：当事人、公证事项的利害关系人对公证书的内容有争议的，可以就该争议向人民法院提起民事诉讼。因此，如果公证当事人、公证事项的利害关系人认为公证书所证明的事实，对他们之间的权利义务关系产生了不当影响，且该争议属于民事性质的，可以以其他公证当事人、利害关系人为被告提起民事诉讼解决争议，人民法院对此应当受理。

经审理，如果有相反证据足以推翻公证书认定的事实，人民法院应当依据上述证据对相关事实予以认定，公证书自然失去证明效力。公证当事人、公证事项的利害关系人可以依据人民法院生效裁判文书向公证机关申请撤销或变更公证书。如果没有相反证据推翻公证书所证明的事项，公证书仍应作为可采信的证据使用。

诉讼中当事人申请追加公证机构参加诉讼的，因公证机构对公证书所涉及的基础法律关系内容没有任何权利义务关系，人民法院一般不予准许。

三、公证当事人或公证事项的利害关系人与公证机构因公证赔偿发生争议提起民事诉讼的，人民法院是否受理？

根据《公证法》第四十三条第二款规定，公证当事人、公证事项的利害关系人认为公证机构的错误公证导致其遭受损害，向人民法院提起民事诉讼，要求公证机构予以赔偿的，人民法院应予受理。

公证事项的利害关系人仅以公证机构为被告起诉要求承担赔偿责任，但公证机构申请追加公证申请人参加诉讼的，人民法院可以准许。

四、如何确定公证机构是否应当承担赔偿责任？

根据《公证法》第四十三条规定，公证机构及其公证员因过错给当事人、公证事项的利害关系人造成损失的，由公证机构承担相应的赔偿责任。因此，确定公证机构承担赔偿责任应符合如下要件：

（一）公证机构必须存在过错。公证机构对基于自己的过错而给当事人或公证事项的利害关系人造成的损失承担赔偿责任。对于非因自己的过错而造成的损失，公证机构不负赔偿责任。

判断公证机构是否存在过错，一般应当以公证机构是否存在因故意或过失违反法定职责的行为或是否履行了尽职义务为标准进行判断，对此应依照《公证法》、《公证程序规则》、相关办证细则及参照公证行业规范综合认定。

（二）公证当事人及公证事项的利害关系人必须有实际损失且该损失与公证书错误有必然的因果联系，即公证当事人和公证事项的利害关系人是基于对公证书的信赖行事却导致利益受损。赔偿的范围，原则上仅限于因公证书错误给公证当事人或公证事项的利害关系人造成的直接经济损失。

五、在因公证书错误给他人造成损失的情况下，如何确定公证机构和公证当事人的民事责任？

按照《公证法》和《公证程序规则》的规定，提供真实、合法、充分的证明材料是申请办理公证的当事人的义务。如果当事人提供虚假证明材料，骗取公证书，给他人造成损失的，根据《公证法》第四十四条规定，由公证当事人依法承担民事责任。因此，对于因公证书错误给他人造成损失的，应从以下方面确定公证机构和公证当事人的民事责任：

（一）因公证当事人自己的过错如提供错误材料、遗漏事实或陈述不实等，导致公证机构出具错误公证书并造成损失的，公证当事人应承担赔偿责任。公证机构已尽审查、核实义务仍不能发现的，不承担赔偿责任；公证机构在审查、核实中存在过错的，承担相应的赔偿责任。

（二）公证机构与公证当事人恶意串通，出具错误公证书并造成损失的,由公证机构与公证当事人承担连带赔偿责任。

六、人民法院与公证机构在相互沟通和配合中应注意哪些问题?

(一)人民法院审理涉及公证的民事案件,需要查阅、调取相关公证案卷的,应当向公证机构出具相关调卷证明,公证机构应当给予积极配合;

(二)人民法院在审理民事案件中,对公证书的证明力不予认定的,应当将有关情况通报给相关公证机构。

天津市高级人民法院、天津市司法局关于充分发挥律师调解作用建立法官与律师良性互动工作机制的意见

(2012年7月16日 津高法发[2012]5号)

为进一步促进诉讼调解活动的顺利开展,建立法官与律师良性互动工作机制,共同化解社会矛盾,营造我市和谐稳定的法治环境,根据《中华人民共和国民事诉讼法》、《律师法》、最高人民法院、司法部《关于规范法官和律师相互关系维护司法公正的若干规定》,结合我市实际,制定本意见。

一、提高思想认识,明确工作目标

1. 我国正处于经济社会发展的重要战略机遇期和社会矛盾凸显期,司法领域维护社会和谐稳定的任务日益繁重。法官和律师作为法律职业共同体的成员,共同担负着维护当事人合法权益、化解矛盾纠纷、服务保障发展的社会责任。法官与律师应加强在诉讼调解领域的协同配合,充分发挥律师的专业素养和易获当事人信赖的职业优势,形成化解社会矛盾纠纷的合力。

2. 法官与律师同为中国特色社会主义司法理念和司法制度的践行者,畅通职业间正常交流渠道对营造良好职业形象、维护司法廉洁公正、实现社会公平正义有着重要意义。要着力完善法官与律师间资源共享、工作协调、职能互补的工作机制,增进双方理解信任,建立健康、透明、规范、有序的良性互动关系。

二、明确工作职责,共同促进调解

3. 人民法院在各类案件审理、执行过程中要充分发挥律师在沟通人民法院与当事人之间的桥梁纽带作用,主动与律师就案件事实认定、法律适用、诉讼风险等方面依法进行沟通,共同引导当事人达成调解协议。

4. 律师在接受当事人委托参加诉讼过程中,要援引明确的法律依据和事实依据,从诉讼成本、证据利弊、胜诉几率等方面分析案情,依法客观公正地引导当事人进行诉讼调解,达到以调解方式化解诉讼矛盾的效果。

5. 律师工作管理处要积极指导律师协会发挥诉讼调解工作的引领作用,必要时可组织律师就诉讼调解中的专业问题提供预防性法律建议和专家法律意见,对于突发性或重大疑难的诉讼案件,律师协会可根据具体情况推荐专家律师配合法院进行应急调解。

6. 对于当事人自愿申请律师协会调解中心进行调解达成调解协议的案件,当事人可就所达成的协议申请人民法院进行司法确认,人民法院应当及时进行立案。经审查确认调解协议书有效的,人民法院直接出具民事调解书。

7. 对于专业性强、涉案人数众多、公众关注度高等案件,可采取以下形式加大调解力度:

(1)根据当事人申请,经法院同意,由律师协会调解中心组织双方律师进行庭外调解,双方达成调解协议的,法院可以依法制作调解书;

(2)经当事人同意,由法院委托有利于案件调解解决的律师协会调解中心主持调解;

(3)经当事人同意,由法院邀请律师协会调解中心推荐的律师协助人民法院进行调解。

三、畅通交流渠道,健全互动机制

8. 建立稳定、长期、有效的互动交流平台,解决正常交流渠道不畅问题。市高级人民法院研究室、律师工作管理处、律师协会秘书处作为各方常设机构,负责日常联络、信息沟通等工作。对于案件审判、代理以及执法、执业纪律中存在的问题,法官和律师通过各自的常设机构进行反映或提出建议,由常设机构在部门间协调解决。

9. 建立联席会议制度。市高级人民法院、市司

法局要定期通报工作情况，分析总结诉讼调解工作中法官、律师执法执业存在的问题，总结成功案例和经验，共同提高依法处理矛盾纠纷的能力和执法、执业水平。联席会议原则上每半年召开一次，亦可根据需要临时召开，双方分管领导轮值会议并确定时间和地点，临时会议由提出会议动议方主持召开。

10. 建立信息共享机制。双方应及时交换各自领域的业务资料刊物、信息（保密信息除外），形成资源共享的信息通报制度。对于各自遇到的新类型、疑难纠纷，要及时通过常设机构向对方通报和反馈，统一对相关问题的认识和处理思路。

11. 建立业务研讨交流机制。通过开展专题讲座、法律法规解读、案例示范、互相培训等形式进行司法业务研讨和调解经验交流，提高法官的司法能力与律师的执业能力。法官应谢绝律师事务所或律师个人组织的研讨、座谈等活动。

12. 法官与律师在构建良性互动工作机制中应当依照《中华人民共和国法官法》、《中华人民共和国律师法》等法律和有关规定，严格遵守办案回避、信息保密等纪律规定，坚决杜绝介绍案件、单独会见、行贿受贿、吃请送礼等违规现象，着力构建法官和律师良性互动关系，共同维护法律尊严和司法权威。

天津市高级人民法院关于印发《天津市高级人民法院关于适用小额诉讼程序审理民事案件相关问题的实施意见（试行）》、《天津市高级人民法院关于适用调解协议司法确认程序相关问题的实施意见（试行）》的通知

（2012年12月31日　津高法[2012]270号）

第一、第二中级人民法院，海事法院，各区县人民法院（审判区），铁路运输法院，本院有关部门：

新修改的《中华人民共和国民事诉讼法》将于2013年1月1日起正式施行，为全面贯彻落实新修改的民事诉讼法，进一步规范天津法院小额诉讼审判工作和调解协议司法确认工作，合理配置纠纷解决资源，提高诉讼效率，方便当事人诉讼，及时维护当事人合法权益，我院制定了《天津市高级人民法院关于适用小额诉讼程序审理民事案件相关问题的实施意见（试行）》、《天津市高级人民法院关于适用调解协议司法确认程序相关问题的实施意见（试行）》以及小额诉讼文书格式和调解协议司法确认文书格式。现将上述实施意见印发给你们，请参照执行。对于在执行中遇到的问题，请及时向我院民一庭反馈。

附件：

一、《天津市高级人民法院关于适用小额诉讼程序审理民事案件相关问题的实施意见（试行）》

二、小额诉讼文书格式

三、《天津市高级人民法院关于适用调解协议司法确认程序相关问题的实施意见（试行）》

四、调解协议司法确认文书格式

附件一：

天津市高级人民法院关于适用小额诉讼程序审理民事案件相关问题的实施意见（试行）

为全面贯彻实施新修改的《中华人民共和国民事诉讼法》，积极稳妥地适用小额诉讼程序，最大限度地满足人民群众的司法需求，方便人民群众诉讼，降低当事人诉讼成本，提高审判效率，维护司法公

正,现结合我市小额速裁试点法院的审判实践,提出下列实施意见,供各基层人民法院参照执行:

一、关于适用小额诉讼程序案件的诉讼标的和范围

适用小额诉讼程序的案件主要是事实清楚、权利义务关系明确、争议不大、标的额为本市上年度就业人员年平均工资百分之三十以下的金钱给付案件。

(一)适用小额诉讼程序的案件类型:

1. 买卖合同纠纷、借款合同纠纷、租赁合同纠纷案件;

2. 电信服务合同和物业服务合同纠纷案件;

3. 供用水、电、气、热力合同纠纷案件;

4. 银行卡纠纷案件;

5. 身份关系清楚,仅在给付的数额、时间上存在争议的抚养费、赡养费、扶养费案件;

6. 责任明确,原告主张的损失金额确定的机动车交通事故责任纠纷和其他人身损害责任纠纷案件;

7. 劳动关系清楚,仅在劳动报酬、工伤医疗费、经济补偿金或者赔偿金等案件的给付数额和给付时间上存在争议的劳动合同纠纷案件;

8. 劳务关系清楚,仅在劳动报酬的给付数额和给付时间上存在争议的劳务合同纠纷案件;

9. 其他金钱给付纠纷。

下列案件不适用小额诉讼程序:

(1)涉及人身关系争议、财产确权争议案件;

(2)追加当事人或者提起反诉的案件;

(3)一方当事人下落不明需要公告送达的案件;

(4)涉及知识产权的案件;

(5)涉外、涉港澳台案件;

(6)其他不宜适用小额诉讼程序的案件。

(二)适用小额诉讼程序的案件诉讼标的:

在我市2012年度城镇单位就业人员年平均工资数额公布前,按照已公布的我市2011年度城镇单位就业人员年人均劳动报酬58,635元的百分之三十确定适用小额诉讼程序案件的诉讼标的,即诉讼标的在17,590元以下的上述第(一)项内的金钱给付案件适用小额诉讼程序。

我市2012度城镇单位就业人员年平均工资数额公布后,按2012年标准计算。以后年度依此类推。

2013年1月1日前已适用简易程序审理但尚未审结的符合小额诉讼程序审理的案件,在新修改的民事诉讼法施行后应适用简易程序继续进行审理。

二、关于适用小额诉讼程序的确定和释明问题

1. 各基层人民法院应当在立案大厅或诉讼服务中心内设置小额诉讼专题宣传栏,放置小额诉讼程序指南,广泛宣传小额诉讼程序的立法目的和意义。

2. 人民法院对当事人起诉符合适用小额诉讼程序条件的案件,一般应在收到起诉材料之日起三日内立案,并向当事人释明,同时发送《小额诉讼告知书》。

3. 适用小额诉讼程序的案件,仍按照现行案号编列案号。但承办人结案时应当在"法综"系统"结案信息"中填写"是否适用小额诉讼程序"(新增数据项)。

4. 适用小额诉讼程序的案件,一般应于立案当日将案件移送至相关审判庭,最迟不超过两个工作日。

5. 当事人对人民法院受理的适用小额诉讼的案件提出管辖权异议的,人民法院应当进行审查,并根据异议是否成立作出相应裁定。当事人对该裁定不服的,可以上诉。

6. 当事人对适用小额诉讼程序提出异议,人民法院应当审查,如果异议成立,经报庭长同意,将案件转为适用简易程序一般规定处理;异议不成立的,口头告知其异议不成立,并记入笔录。

三、关于适用小额诉讼程序案件的审理问题

1. 适用小额诉讼程序审理民事案件,应由审判经验丰富、业务素质全面的审判人员一人独任审理。

2. 适用小额诉讼程序审理案件,人民法院可以采取简便方式与双方当事人联系,但通知当事人开庭时间、地点应有已通知当事人的具体书面材料入卷。

3. 适用小额诉讼程序审理案件,对于人民法院告知当事人放弃答辩期和举证期法律后果后双方当事人明确表示放弃的,可以直接开庭审理。

如果当事人不放弃答辩期,人民法院可视情况缩短至7日以内。

如果当事人不放弃举证期限,可由当事人自行约定或人民法院指定不超过10日的举证期限。

对于当事人申请延长举证期限的,人民法院可视其是否具有正当理由决定是否准许。

4. 适用小额诉讼程序审理案件,可以不进行开庭前公告,庭审过程可以不受法庭调查、法庭辩论、最后陈述、法庭调解的顺序限制,由审判人员根据案情需要进行取舍,尽可能简化不必要的诉讼环节。争取做到一次开庭,当庭宣判,当庭送达裁判文书。

5. 适用小额诉讼程序审理案件,可以根据当事人的申请并经人民法院同意后,在晚间、休息日或法定节假日进行开庭，还可以到当事人工作场所所在地、住所地或争议发生地进行开庭。

6. 适用小额诉讼程序审理案件，应坚持"调解优先，调判结合"原则，尽可能通过庭前、庭审、庭后各环节引导、组织当事人进行调解。调解结案的，应当庭制作调解书或调解结案笔录，当庭送达。有给付内容并且可以当庭履行的，应当即制作调解笔录并执行完毕。调解不成的，应及时做出判决并宣判。

四、关于小额诉讼程序的审理期限及向其他程序的转化问题

1. 适用小额诉讼程序审理的案件，一般应在立案之日起一个月内审结。

2. 适用小额诉讼程序审理的案件，因当事人申请延期举证、当事人要求继续调解等原因导致一个月内不能审结的，经庭长批准，可以延长审限至三个月。

3. 适用小额诉讼程序审理的案件，应严格控制向其他程序的转化。如出现下列情形，应将案件转为按照简易程序的一般性规定处理或普通程序：

（1）当事人在案件审理过程中增加诉讼请求，其总诉讼标的超过规定标准的；

（2）当事人在案件审理过程中提出反诉或要求追加当事人的；

（3）经审理发现当事人诉请涉及人身关系争议、财产确权争议等金钱给付之外的争议，案情复杂，不宜适用小额诉讼程序的。

案件转为按照简易程序的一般性规定处理的，应由庭长批准，并向双方当事人释明，记入笔录备案。如双方均未提供新证据且案件已经开庭审理的，无须另行开庭。

案件转为适用普通程序审理的，应由分管院长批准，书面裁定转为普通程序。并应组织合议庭，重新开庭，继续审理。

五、关于小额诉讼程序的裁判文书问题

1. 适用小额诉讼程序审理的案件，可简化裁判文书，在裁判文书中只记载当事人姓名、案件事实要点、裁判基本理由、给付金额及期限等。

2. 市高院结合小额诉讼案件的特点，制作适用于小额诉讼程序案件的部分法律文书样式，各基层人民法院可结合案件具体情况参照使用。

六、关于适用小额诉讼程序的再审问题

1. 当事人对适用小额诉讼程序审理案件所作的裁判不服的，应当通过申请再审途径解决。

2. 当事人申请再审，人民法院应通过主动释明、积极引导等方式，引导当事人选择向原审人民法院申请再审。

七、关于本指导意见的实施时间问题

本指导意见自2013年1月1日起施行。此后，最高人民法院如出台新的司法解释，按照最高人民法院司法解释执行。

附件二：

小额诉讼文书格式

（一）判决书

天津市______区（县）人民法院

民事判决书

（20××）×民初字第××号

原告：……（写明姓名或名称等基本情况）

被告：……（写明姓名或名称等基本情况）

（当事人和其他诉讼参加人的列项和基本情况的写法，与一审民事判决书相同）

原告　　诉被告　　（案由）一案，本院于　　年　月　日立案受理。依法由审判员　　适用小额诉讼程序公开（或不公开）开庭进行了审理。原告、被告到庭参加诉讼。本案现已审理终结。

原告诉请：1. ……；2. ……

本院经审理查明，（注：简明扼要地概括本案的主要事实）。

本院认为，（注：简明扼要写明判决理由）。依照《中华人民共和国××法》第××条第××款、《中华人民共和国民事诉讼法》第一百六十二条之规定，判决如下：

……

如未按本判决指定的期间履行给付金钱义务，应当依照《中华人民共和国民事诉讼法》第二百五十三条之规定,加倍支付迟延履行期间的债务利息。

案件受理费　　元,由　　负担。

本判决为终审判决。

审判员

年　　月　　日

书记员

(二)调解书

天津市______区(县)人民法院

民事调解书

(20××)×民初字第××号

原告:……(写明姓名或名称等基本情况)

被告:……(写明姓名或名称等基本情况)

(当事人和其他诉讼参加人的列项和基本情况的写法,与一审民事判决书相同)

本院于　　年　　月　　日受理原告　　诉被告　　(案由)一案。依法由审判员　　适用小额诉讼程序公开(或不公开)进行了审理。原告诉请:1. ……;2. ……

本案在审理过程中,经法院主持调解,双方当事人自愿达成了如下调解协议:

……(写明协议的内容)。

……(写明诉讼费用的负担)。

上述协议,符合法律规定,本院予以确认。

本调解书经双方当事人签收后,即具有法律效力。

审判员

年　　月　　日

书记员

(三)撤诉裁定书

天津市______区(县)人民法院

民事裁定书

(20××)×民初字第××号

原告:……(写明姓名或名称等基本情况)

被告:……(写明姓名或名称等基本情况)

(当事人和其他诉讼参加人的列项和基本情况的写法,与一审民事判决书相同)

本院于　　年　　月　　日受理原告　　诉被告　　(案由)一案,依法由审判员　　适用小额诉讼程序审理。原告于　　年　　月　　日向本院提出撤诉申请,经审查,原告　　所提撤诉申请,符合法律规定,可予准许。依据《中华人民共和国民事诉讼法》第一百五十四条第一款之规定,裁定如下:

准许原告　　撤回起诉。

案件受理费　　元,由原告负担。

审判员

年　　月　　日

书记员

(四)小额诉讼告知书

天津市______区(县)法院

小额诉讼告知书

根据新修改的《民事诉讼法》第一百六十二条规定,本案适用小额诉讼程序,现将小额诉讼程序的相关问题释明如下:

一、小额诉讼的意义:

小额诉讼程序是基层人民法院在审理标的金额较小的简单民事案件时所采用的比简易程序更为简便的一种诉讼程序,其目的是为了提高诉讼效率,减少当事人讼累,及时维护当事人合法权益,快速稳定民事关系,促进社会和谐。

二、小额诉讼的特点:

1. 小额诉讼程序只能在基层人民法院及其派出法庭审理案件时适用。

2. 小额诉讼程序只适用事实清楚、权利义务关系明确、争议不大的简单民事案件。

3. 小额诉讼案件的诉讼标的额为本市上年度就业人员年平均工资百分之三十即17,590元以下的案件,以后根据市统计部门公布的数据逐年调整。

4. 小额诉讼实行一审终审,当事人不能提起上诉。如果当事人对于已经发生法律效力的小额诉讼判决、裁定、调解书认为有错误的,可以通过审判监督程序申请再审。

5. 小额诉讼案件,由审判人员独任审判,审理程序相对简化、灵活,不受开庭三日前通知等规定限制。当事人应携带所有证据参加开庭,争取案件在一个月内审结。

附件三：

天津市高级人民法院关于适用调解协议司法确认程序相关问题的实施意见（试行）

为全面贯彻实施新修改的《中华人民共和国民事诉讼法》，积极稳妥地适用调解协议司法确认程序，最大限度地满足人民群众的司法需求，方便人民群众诉讼，降低当事人诉讼成本，建立健全推进多元化纠纷解决机制，现结合我市法院的审判实践，提出下列实施意见：

一、关于司法确认程序的案件管辖和收费问题

1. 根据《民事诉讼法》第一百九十四条规定，申请司法确认调解协议，由主持达成调解协议的调解组织所在地人民法院管辖。

2. 人民法院办理司法确认案件，不收取诉讼费用。

二、关于司法确认案件的申请程序问题

1. 当事人应当在调解协议生效之日起三十日内共同向有管辖权的基层人民法院提出确认申请。一方当事人提出申请，另一方表示同意的，视为共同提出申请。

2. 当事人提出确认申请，可以采用书面形式或者口头形式。当事人口头提出申请的，人民法院应当记入笔录，并由当事人签字或盖章。

3. 当事人提出申请时，应当向人民法院提交下列材料：

（1）司法确认申请书；

（2）调解协议；

（3）身份证明或营业执照；

（4）与调解协议相关的财产权利证明等证明材料；

（5）双方当事人的送达地址、联系方式；

（6）双方当事人签署的承诺书等。

三、司法确认案件的受理程序

1. 基层人民法院收到当事人司法确认申请后，应当对确认申请进行审查，对于符合受理条件申请，人民法院应当编立“调确字”案号，确定案由为“申请确认调解协议效力”，并及时向当事人送达受理通知书。

2. 对于下列情形的司法确认申请，人民法院不予受理：

（1）不属于人民法院受理民事案件的范围或者不属于接受申请的人民法院管辖的；

（2）确认身份关系的；

（3）确认收养关系的；

（4）确认婚姻关系的；

（5）涉及人民法院适用特别程序、公示催告程序和破产还债程序审理的纠纷。

对于上述情形的申请，人民法院应当在三日内作出不予受理的决定，并及时向当事人送达不予受理通知书。

四、关于司法确认案件的审查问题

1. 各基层人民法院根据实际情况确定相关业务部门负责司法确认案件的审查工作。司法确认案件可由审判人员独任进行审查。

2. 对于调解协议的审查采取书面审查与庭审结合的审查原则。对于案情简单、诉讼标的较小的案件，在审查当事人申请、调解协议、有关证明材料基础上，如认为调解协议符合确认条件的，可直接作出确认调解协议有效的裁定。对于案情复杂或者涉案标的额较大的案件，应当通知当事人到庭进行询问，在对证据和事实核实认定基础上决定是否确认调解协议的效力。

3. 人民法院对调解协议主要审查以下内容：

（1）调解协议是否违反自愿原则；

（2）调解协议是否违反法律或者行政法规强制性规定，是否侵害国家利益、社会公共利益、案外人合法权益；

（3）调解协议是否内容明确；

（4）调解协议是否损害社会公序良俗。

五、关于司法确认案件裁判的问题

1. 经审查，调解协议符合法律规定的，人民法院裁定调解协议有效；

2. 经审查，调解协议不符合法律规定、不符合确认条件的，人民法院裁定驳回申请；

3. 人民法院作出确认有效裁定书或驳回申请裁定书，送达双方当事人后发生法律效力，当事人不得上诉、申请复议、申请再审。

六、关于司法确认案件裁定后的法律后果

1. 人民法院作出的确认调解协议有效的裁定具有强制执行力。如果一方当事人拒绝履行或者未全部履行的,对方当事人可以向人民法院申请执行。

2. 调解协议经审查后不符合法律规定的,裁定驳回当事人申请。当事人可以通过调解组织重新对纠纷进行调解,在当事人自愿的基础上变更原调解协议或就有关争议达成新的调解协议;也可以就原纠纷向人民法院提起诉讼。

七、关于本指导意见的实施时间问题

本指导意见自 2013 年 1 月 1 日起施行。此后,最高人民法院如出台新的司法解释,按照最高人民法院司法解释执行。

附件四:

(一)裁定调解协议有效的民事裁定书

天津市______区(县)人民法院
民事裁定书

(20××)×调确字第××号

申请人:(申请人的姓名或名称等基本情况)

申请人:(申请人的姓名或名称等基本情况)

本院于　　年　月　日受理了申请人　　关于确认调解协议的申请。本院依法指定审判人员　　审查此案,现已审查完毕。

申请人　　与　　因　　纠纷,于　　年　月　日经　　(调解组织)主持调解,达成了如下调解协议:

(写明调解协议内容)。

本院现依法确认上述协议有效。双方当事人应当按照调解协议的约定自觉履行义务。一方当事人拒绝履行或者未全部履行的,对方当事人可以向人民法院申请强制执行。

本裁定自即日起发生法律效力。

审判员

年　月　日

书记员

(二)裁定驳回申请的民事裁定书

天津市______区(县)人民法院
民事裁定书

(20××)×调确字第××号

申请人:(申请人的姓名或名称等基本情况)

申请人:(申请人的姓名或名称等基本情况)

本院于　　年　月　日受理了申请人　　关于确认调解协议的申请。本院依法指定审判人员　　审查此案,现已审查完毕。

经审查,申请人　　与　　于　　年　月　日关于　　纠纷达成的调解协议,因　　(写明不予确认理由),不符合人民法院确认调解协议的条件。据此,本院裁定如下:

对申请人　　与　　于　　年　月　日达成的调解协议效力不予确认。当事人可以通过调解方式变更原调解协议或者达成新的调解协议,也可以就相关纠纷向有管辖权的人民法院提起诉讼。

审判员

年　月　日

书记员

河北省高级人民法院关于审理矿业权纠纷案件若干问题的指导意见

为了统一我省审理矿业权纠纷案件的法律适用问题,妥善处理矿业权纠纷案件,规范并促进矿业市场的健康发展,根据《中华人民共和国合同法》、《中华人民共和国矿产资源法》、国务院《探矿权采矿权转让管理办法》以及有关法律法规的规定,结合法院审判工作实际,制定本意见。

一、对于符合《中华人民共和国矿产资源法》第六条、国务院《探矿权采矿权转让管理办法》第三条规定的情形,即探矿权人在完成规定的最低勘查投入后、已取得采矿权的矿山企业,因企业合并、分立,与他人合资、合作经营,或者因企业资产出售以及有其他变更企业资产产权的情形而需要变更采矿权主体的,当事人签订转让合同并经过审批管理机关批准的,应当认定转让合同有效。

二、对于符合《中华人民共和国矿产资源法》第六条、国务院《探矿权采矿权转让管理办法》第三条规定的情形,且当事人签订的转让合同是当事人的真实意思表示,只是没有经过审批管理机关批准的,按照《探矿权采矿权转让管理办法》第十条规定,应当认定转让合同未生效。转让合同起诉前未经过审批管理机关批准,但一审法庭辩论终结前当事人已办理批准手续的,根据最高人民法院关于适用《中华人民共和国合同法若干问题的解释(一)》第九条规定,应认定合同有效。

三、转让合同符合《中华人民共和国矿产资源法》和《探矿权采矿权转让管理办法》所规定的采矿权转让条件,且合同已经实际履行的,由于一方恶意违约故意不办理批准手续,又向法院起诉要求确认合同无效的,人民法院审理后认为合同存在继续履行的条件,继续履行合同的社会效果明显优于解除合同的社会效果,也不损害国家、社会及第三人利益的,可以不支持原告要求确认合同无效的诉讼请求。根据最高人民法院关于适用《中华人民共和国合同法若干问题的解释(二)》第八条的规定,法院可以认定合同未生效并判令当事人履行报批手续,促成合同生效,并继续履行;转让合同符合《中华人民共和国矿产资源法》和《探矿权采矿权转让管理办法》所规定的采矿权转让条件,未办理批准手续,但已经不具备继续履行的基础时,可以认定合同未生效,适用缔约过失责任,判决当事人相互返还,过错方应赔偿由此给相对方造成的信赖利益损失。

四、对于不符合《中华人民共和国矿产资源法》第六条、国务院《探矿权采矿权转让管理办法》第三条规定的情形,当事人签订转让合同转让探矿权、采矿权的,应当认定违反了《中华人民共和国矿产资源法》第六条的强制性规定,按照《中华人民共和国合同法》第五十二条第(五)项规定,认定转让合同无效。

五、采矿权人与他人以签订承包、股权转让、合伙份额转让、联营、租赁、抵押、合股、转投资等方式再行处分矿业权的,人民法院要注意从合同的条文内容、当事人的履行情况以及争议的标的等方面进行综合审查。经审查能够确认当事人以上述名义变相转让采矿权的,应根据《中华人民共和国矿产资源法》、《探矿权采矿权转让管理办法》、《中华人民共和国合同法》第五十二条的规定认定合同无效。

矿山企业的使用期限约定为永久期限的,视为矿业权的变相转让。

矿业权出租、抵押符合《矿业权出让转让管理暂行规定》规定的矿业权转让条件,并经审批管理机关批准的,可以认定有效。

六、当事人签订的承包合同中约定将采矿许可证下的矿山全部或者部分承包他人进行采矿,由承包人交纳一定数额的承包费,开采出来的矿产品由承包人享有所有权并自行处分,发包人收取承包费后放弃对矿山企业的管理,可以视为以承包方式擅自转让全部或部分采矿权,人民法院应当认定合同无效。

七、当事人签订的股份转让、合伙份额转让合同中约定了转让全部或绝大部分股份、合伙份额,明确了涉及矿山企业财产及相关权证的移交,在实际经营中原来的探矿权人、采矿权人已经完全退出了矿山的经营管理,由新的经营者进行管理,诉至法院后争议的主要标的系矿山企业及相关权证的归属、投资及收益等,在审理中能够认定实际是变相转让探矿权、采矿权的合同,应认定为无效;如在合同中仅约定了部分股份、合伙份额进行转让,不涉及矿山企业财产及相关权证的移交,在实际经营中探矿权人、采矿权人未发生变更,在审理中不能认定实际是变相转让探矿权、采矿权的合同,可以认定有效。

八、公务员违反《中华人民共和国公务员法》第五十三条第十四项规定投资、入股或合伙经营矿业的行为应认定无效。公务员提起诉讼要求分红或者分配合伙利润的主张不应予以支持,根据案件具体情况,法院可以判令返还本金和相应利息,其他不当得利应予以收缴。

九、探矿权、采矿权转让合同被认定为无效后,人民法院可以根据案件的具体情况,根据《中华人民共和国合同法》第五十八条规定判决双方当事人相互返还财产以及投资、收益和其他费用,有过错的一方应当赔偿对方因此所受到的损失。

十、人民法院审理矿业权转让纠纷案件时,应当认真审查合同的效力,及时对当事人进行释明,引导当事人对需要返还的投资、收益等进行举证,并告知当事人举证不能的法律后果。一审法院对有关合同效力的认定与当事人的主张不一致,经释明后当事人仍不变更主张的,可根据具体情况判决驳回其诉讼请求。一审法院未予以释明,或二审法院对有关合同效力的认定与当事人主张不一致的,可以对有关纠纷予以调解,调解不成的,发回一审法院重审。

十一、对于多次转让探矿权、采矿权均未经批准,当事人要求返还探矿权、采矿权相关证件的纠纷,人民法院应全面审查当事人取得探矿权、采矿权的程序是否合法。如果要求返还的当事人本身取得探矿权、采矿权不符合法律规定,人民法院不能判决返还探矿权、采矿权的相关权证,而应驳回当事人的起诉,并向行政主管部门发出司法建议书,由行政主管部门按照相关规定的内容进行处罚,责令当事人改正。在行政主管部门作出了相应的处罚决定后,当事人就投资等损失问题提起诉讼的,人民法院可以受理,根据个案实际情况,按照过错责任进行判决。

十二、人民法院在审理有关案件中,发现无证开采、破坏性开采、存在不安全生产隐患、非法转让探矿权、采矿权等情形的,应当向有关行政主管部门提出司法建议,由有关机关按照相关规定进行处罚。

十三、因越界开采引起的纠纷,应先由有关行政主管部门进行处理。行政主管部门进行处理后,当事人向人民法院起诉请求民事赔偿的,人民法院应予受理,并参照行政主管部门认定的事实,结合案件实际情况,依法做出处理。

本意见自印发之日起执行。如法律和司法解释有新的规定,以法律和司法解释为准。

河北省高级人民法院关于在民事审判中严格司法切实维护食品安全的指导意见

当前一段时期,食品安全事件时有发生,严重危害人民群众生命健康安全。为此,党和国家高度重视,采取了一系列监管和整治措施。结合当前形势,根据相关规定,现对全省涉食品安全民事审判工作提出如下指导意见。

一、全省各级法院在民事审判工作中,要充分认识当前及今后相当长一段时期内食品安全形势的严峻性,以及做好食品安全工作的必要性、紧迫性,把涉及食品安全的审判工作摆在更加突出的位置抓紧、抓好。

二、审理涉及食品安全的民事案件,要站在关注民生、维护社会稳定和促进中国特色社会主义事业长远发展的高度,坚持严格司法,快审快结,切实、充分保护受害人的合法权益。

三、全省各级法院要积极调查研究,准确掌控当地食品安全形势,积极与当地农业、质监、工商、消协等相关部门建立食品安全信息共享和沟通协调机制。对消协调处食品消费纠纷,人民法院要主动进行法律指导,并从消协、工商、质监等相关部门选择优秀人才作为人民陪审员参与涉食品安全案件的审判工作。

四、各级法院要在当地党委领导下,积极参与探索建立大规模食品安全事故的赔偿机制,综合考虑是否符合诉讼经济、是否能高效及时化解纷争等因素,认真审查受理条件,积极引导当事人采取最佳救济方式维护自身合法权益,形成多渠道、全方位的多元化纠纷解决机制,努力促进社会和谐稳定。

五、要加大对涉食品安全民事侵权案件的调解力度。对起诉到法院的涉食品安全民事纠纷,立案前要争取消协、工商、质监等部门的支持、配合,积极探索民事纠纷的行政替代解决方式;法院已经受理的此类案件,要坚持调解优先和全程调解的原则,充分发挥“三位一体大调解”的优势作用,及早化解社会矛盾。

六、各级法院要加强调研,充分掌握辖区内涉食品安全案件的底数,并努力确立与经济社会发展水平相适应、有效填补受害人损害的裁判标准。上级法院要指导下级法院做好涉食品安全案件的审判和矛盾化解工作。本意见下发后,全省各级法院要将受理的涉食品安全民事案件相关情况层报省法院。

七、全省各级法院要选择典型案例,通过公开开庭、公开审判信息、裁判文书上网等多种形式做好审理涉食品安全民事案件的宣传工作,努力营造打击危害食品安全行为的社会氛围。

八、要充分发挥审判职能作用,坚持能动司法,对在审理涉食品安全案件的过程中,发现有犯罪线索的,应当及时移送公安机关侦查办理,发现食品安全监管存在漏洞的,要向有关行政部门提出司法建议,积极促进社会管理创新。

九、各级法院审理涉食品安全民事案件,应当从有利于维护食品安全、促进实体正义的角度,根据公平和诚实信用原则,结合当事人的举证能力,合理分配当事人的举证责任。对于举证困难、诉讼能力低下的当事人,人民法院应当进行指导和释明。

十、要准确掌握案件事实的证明标准。一般情况下,消费者要对购买相关食品、受到损害以及损害与食用相关食品存在"可能的"因果关系进行举证;食品生产者、销售者要对免责事由及相关食品与损害结果之间不具有因果关系进行举证。食品是否存在缺陷,一般应以符合食品安全标准,是否包含可能损害或威胁人体健康的有毒、有害物质或不安全因素,是否导致急性、慢性或潜在性的危害进行判断;食品中存在消费者依据通常知识无法判断的不合理危险的,可根据案件具体情况认定其存在缺陷;对于损害与不安全食品之间是否存在因果关系,一般宜通过专业机构进行鉴定,也可根据具体案情采用盖然性标准、经验法则等原则合理确定。

十一、各级法院审理涉食品安全民事案件,应当准确界定食品消费者和生产经营者的概念。顾客购买、使用、食用食品,只要不用于再销售,均可认定为食品消费者。取得餐饮服务许可的餐饮服务提供者制作加工食品的,可以视为食品生产经营者。

十二、要准确界定食品生产者、销售者、广告代言人等相关机构和人员的民事责任。生产者生产的食品造成消费者损害的,应根据《食品安全法》等相关法律规定承担严格责任。销售者应当按照《产品质量法》第33至39条,《侵权责任法》第42、43条的规定,承担侵权责任。社会团体或者其他组织、个人在虚假广告中向消费者推荐食品,使消费者的合法权益受到损害的,应与食品生产经营者承担连带责任。集中交易市场的开办者、柜台出租者、展销会举办者未履行《食品安全法》第52条规定的义务,发生食品安全事故的,应承担连带责任。

十三、要认真把握《食品安全法》的精神,准确理解"十倍赔偿"的适用范围。不符合安全标准的食品未对消费者造成实际损害,或者未依法取得许可,从事食品生产、销售、餐饮服务,消费者要求食品生产者、销售者、餐饮服务提供者支付十倍价款的赔偿金,均应适用"十倍赔偿"。消费者有实际损害后果的,"十倍赔偿"不影响消费者主张其他损失。

十四、审理涉食品安全民事案件,可以合理适用精神损害赔偿。食品生产者、销售者经营的不符合安全标准的食品造成消费者人身严重损害的,食品生产者、销售者应当支付消费者一定数额的精神损害抚慰金。

十五、要准确把握食品生产经营者"假一赔十"承诺的性质,生产经营者在店堂公示的"假一赔十"的承诺,是生产经营者与消费者食品消费合同的有效组成条款,经营者应当受其承诺的约束,消费者要求经营者兑现承诺的,人民法院应予支持。

十六、本指导意见自印发之日起施行。今后颁布的法律和司法解释有新规定的,以新颁布的法律和司法解释为准。

附件一:

《产品质量法》

第四十一条 因产品存在缺陷造成人身、缺陷产品以外的其他财产(以下简称他人财产)损害的,生产者应当承担赔偿责任。

生产者能够证明有下列情形之一的,不承担赔偿责任:

(一)未将产品投入流通的;

(二)产品投入流通时,引起损害的缺陷尚不存在的;

(三)将产品投入流通时的科学技术水平尚不能发现缺陷的存在的。

第四十二条 由于销售者的过错使产品存在缺陷,造成人身、他人财产损害的,销售者应当承担赔偿责任。

销售者不能指明缺陷产品的生产者也不能指明缺陷产品的供货者的,销售者应当承担赔偿责任。

第四十三条 因产品存在缺陷造成人身、他人财产损害的,受害人可以向产品的生产者要求赔偿,也可以向产品的销售者要求赔偿。属于产品的生产者的责任,产品的销售者赔偿的,产品的销售者有权向产品的生产者追偿。属于产品的销售者的责任,产品的生产者赔偿的,产品的生产者有权向产品的销售者追偿。

《食品安全法》

第九十六条 违反本法规定,造成人身、财产或者其他损害的,依法承担赔偿责任。

生产不符合食品安全标准的食品或者销售明知是不符合食品安全标准的食品,消费者除要求赔偿损失外,还可以向生产者或者销售者要求支付价款十倍的赔偿金。

第九十七条 违反本法规定,应当承担民事赔偿责任和缴纳罚款、罚金,其财产不足以同时支付时,先承担民事赔偿责任。

第五十二条 集中交易市场的开办者、柜台出租者和展销会举办者,应当审查入场食品经营者的许可证,明确入场食品经营者的食品安全管理责任,定期对入场食品经营者的经营环境和条件进行检查,发现食品经营者有违反本法规定的行为的,应当及时制止并立即报告所在地县级工商行政管理部门或者食品药品监督管理部门。

集中交易市场的开办者、柜台出租者和展销会举办者未履行前款规定义务,本市场发生食品安全事故的,应当承担连带责任。

《侵权责任法》

第四十一条 因产品存在缺陷造成他人损害的,生产者应当承担侵权责任。

第四十二条 因销售者的过错使产品存在缺陷,造成他人损害的,销售者应当承担侵权责任。

销售者不能指明缺陷产品的生产者也不能指明缺陷产品的供货者的,销售者应当承担侵权责任。

第四十三条 因产品存在缺陷造成损害的,被侵权人可以向产品的生产者请求赔偿,也可以向产品的销售者请求赔偿。

产品缺陷由生产者造成的,销售者赔偿后,有权向生产者追偿。

因销售者的过错使产品存在缺陷的,生产者赔偿后,有权向销售者追偿。

山西省高级人民法院关于印发《全省法院贯彻民事诉讼法修改决定座谈会会议纪要》的通知

(2012年12月24日　晋高法发[2012]22号)

为了认真学习,深刻把握民事诉讼法修改决定的立法精神和基本要求,确保民事诉讼法的正确贯彻实施,统一全省司法尺度,促进我省民事审判工作的进一步开展,省法院于2012年12月6日至7日,在太原召开了全省法院贯彻民事诉讼法修改决定的座谈会,参加会议的有各市中院主管民事审判的副院长、民一庭庭长、部分县(区)法院人民法庭代表及省法院相关业务庭室负责人。在会议上,大家认真学习了最高人民法院贯彻民事诉讼法修改决定上海会议精神,结合我省民事审判实际,就如何贯彻实施民事诉讼法修改决定,统一我省司法尺度,进一步提高我省民事审判工作进行了认真、充分的讨论。现将会议的讨论情况纪要如下,供全省法院参考执行。

一、充分认识民事诉讼法修改决定的重要性

2012年8月31日,11届全国人大常委会第28次会议审议通过了《关于修改〈中华人民共和国民事诉讼法〉的决定》,并将于2013年1月1日起正式施行。这次民事诉讼法修改是继2007年民诉法部分修改后的第一次全面修订,修改条文100多处,创设了许多新的诉讼制度,如诚实信用原则、公益诉讼制度、第三人撤销之诉制度、先行调解制度、小额诉讼制度、调解协议确认制度、担保物权实现制度、检察建议制度、民事执行检查监督制度等;且修改的内容广,修改条文涉及民事诉讼法各个部分,从总则到基本制度,从民事诉讼原则、立案、管辖、调解、证据、简易程序、特别程序、审监程序、执行程序和涉外程序等均有重大修改完善。所以,认真学习、深刻把握此次民诉法修改的立法精神和基本要求,确保民事诉讼法正确贯彻实施,是当前和今后一段时期民事审判工作的重要任务。

二、关于诚实信用原则

诚实信用原则是民事诉讼制度的帝王原则。该项原则在适用中应注意:(1)诚实信用原则对诉讼当事人及其他诉讼参与人的适用:①禁止滥用诉讼权利。当事人应当依法善意地行使法律赋予的诉讼权利,不得滥用起诉权、管辖异议权、回避申请权、提出证据等权利,或者不按照规定的程序行使权利,意图拖延诉讼,或者阻扰诉讼的进行。②诉讼权利失效。当事人一方怠于行使诉讼权利,长期没有行使的意思表示和实施相应的行为,致使对方当事人误认为不会行使后,再开始行使该权利,并导致对方利益受损的行为,法院不予支持。③真实陈述义务。当事人不得在诉讼中提供虚假证据,不得在诉讼中作虚假陈述,证人不得提供虚假证言,鉴定人不得出具虚假鉴定结论等。④禁反言。构成禁反言,应当具备当事人及其他诉讼参与人实施了前后相互矛盾的诉讼行为,前一诉讼行为已经得到对方的承认或者信任,因为前后矛盾的诉讼行为损害了对方当事人的利益。(2)诚实信用原则对法院的适用:①不得滥用审判权。在案件管辖方面,不得管辖无管辖权的案件,也不得拒不管辖应当管辖的案件。在认定证据和适用法律时,要依法行使自由裁量权。在调解案件时,应当尊重当事人的意愿,不得强迫调解等。②充分尊重当事人的诉讼地位,不得实施突袭性裁判。要给予当事人提出证据、陈述意见、进行庭审辩论的平等机会,不得在当事人未充分表达意见时就作出裁判。要充分考虑当事人的举证能力,合理分配举证责任。要对欠缺诉讼能力的当事人进行适当的释明和诉讼指引,平衡当事人之间的诉讼地位等。(3)在民事审判中,诚实信用原则不得单独适用,应当与民事诉讼法的其他具体规则相结合。

三、关于协议管辖

关于协议管辖,实施中应从以下几方面把握:(1)当事人协议管辖的案件,只限于第一审民事经济纠纷中合同案件和其他财产权益纠纷案件。就合同纠纷订立管辖协议的,可认定由该合同产生的违约纠纷和侵权纠纷均由所选法院管辖。(2)管辖协议的独立性。尽管管辖协议是合同的一部分,但其作为争议解决机制与合同其他内容相比具有独立性。合同的变更、解除、终止或者无效,不影响管辖协议条款的效力。当事人以合同未生效或无效为由,主张管辖协议未生效的,人民法院不予支持。(3)管辖协议无效的情形:①针对身份关系纠纷订立管辖协议。对婚姻、收养、监护、扶养、继承纠纷等身份关系纠纷,因涉及社会公共利益和人格权领域的法律范畴,当事人不得自由处分;②无诉讼行为能力人订立的管辖协议;③针对不特定法律关系纠纷订立的管辖协议,当事人不得预先就不特定的法律关系或者一切诉讼订立管辖协议;④约定不明确的管辖协议。

四、关于公益诉讼

司法实践中需把握好如下几点:(1)受案范围。目前应掌握在污染环境和侵害众多消费者合法权益这两类案件,其他类型案件不予受理。在最高法院作出明确规定前,各地法院均不得突破。如果污染环境、侵害消费者合法权益的行为涉及的某些个体利益,基于维护个体利益提起的诉讼,则不属于本条公益诉讼的范围,而属于一般普通民事诉讼。(2)起诉的主体资格。“法律规定的”限制的是“机关”,而不限制“有关组织”,但“有关组织”应当与起诉事项有一定的关联。目前人民法院可受理具备以下条件的有关组织所提起的民事公益诉讼:①依法登记成立的非营利性环境保护组织或者消费者协会;②按照其章程长期实际专门从事环境保护或者消费者权益保护公益事业;③有专职环境保护、消费者权益保护专业技术人员和法律工作人员10人以上;④提起的诉讼符合其章程规定的设立宗旨、服务区域、业务范围。(3)民事公益诉讼原则上应由侵权行为地或者被告住所地中级人民法院受理,就同一损害社会公共利益的行为,同一原告或者不同原告向两个以上有管辖权的人民法院提起民事公益诉讼的,后立案的人民法院应将案件移送先立案的人民法院。(4)诉讼程序应以现有程序为基础。除法定起诉主体不受现行《民事诉讼法》第108条一般起诉条件规定的“与本案有直接利害关系”的限制外,应尽可能按照民事诉讼法的一般规定执行。(5)人民法院审查受理民事公益诉讼时,应要求起诉人提供初步证据证明环境污染或者侵害众多消费者合法权益等侵权行为及其对社会公共利益的危害性,并说明其诉讼请求的合理性。对不具备起诉条件的,应裁定不予受理。(6)民事公益诉讼的性质决定了原告不能通过诉讼获得私利。原告代表国家提起诉讼,人民法院判决责任人承担赔偿责任的,一并判决原告受领赔款后向国库交纳。原告申请人民法院执行有关生效判决时,人民法院应当要求其提供财政部门指定的收款账户。

五、关于案外人撤销之诉制度

关于第三人撤销之诉制度,审判实践中应注意:(1)提起撤销之诉的主体,除了新《民事诉讼法》第56条规定的有法律上利害关系的第三人情形外,司法实践中还应当包括遗漏的必要共同诉讼人的情形。(2)从严把握立案标准。案外人撤销之诉是依据事实提起的新诉,法院应当依法受理,但在立案时要相对严格的审查,特别在起诉主体的资格、提供的证据材料等方面要严格把握,如应当提交证明生效判决、裁定、调解书的内容部分或全部错误的证据,损害其合法民事权益的证据,非因本人原因未参加原诉讼的理由和证据等,在这些问题上,应不同于普通案件的一般性形式审查,要适度进行实质审查。(3)在案外人提出撤销之诉时,将诉讼主体称为撤销申请人与被申请人,在诉讼文书中予以列明。(4)正确处理案外人撤销之诉与案外人申请再审的关系。依据现有规定,有可能会出现案外人同时享有上述几种程序权利的问题。在现有规定下,案外人同时享有两种程序权利来保护自己的权利,但不能同时适用两种程序,不能既提起再审之诉,又提起撤销之诉,两者之间只能选择其一行使,不得并用。一旦选定,则不允许反悔。(5)撤销之诉仅审理申请人提出的撤销诉讼请求是否成立,若成立的,仅撤销妨碍案外人权利实现的生效裁判相关判项,若所有判项均不当的,全部撤销,不对被撤销判项的实体权利义务作出界定。

六、关于证据制度

修改后的民事诉讼法对证据制度进行了完善,贯彻适用时重点要注意以下问题:

1. 关于举证期限制度。在适用举证期限制度时,应当把握以下几点:(1)根据修改后的民事诉讼法举证期限一般应当由法院根据案件的具体情况、当事人的举证责任和能力,以及具体审理情况依职权来确定,也可以由当事人协商确定;(2)当事人在确定的期限内举证有困难,向法院申请延长期限的,法院审查后应适当延长;(3)对于当事人逾期提供证据的理由,应当以是否存在客观原因作为理由是否正当的标准。要正确把握逾期举证的法律后果,区分三种不同的情况正确地进行决策,即采纳该证据不予处罚、采纳该证据但予以训诫、罚款处罚和不予采纳该证据。需要注意的是,罚款处罚应严格程序,审慎适用。基于我国国情和现阶段当事人的诉讼能力情况,对逾期、不予采纳的适用,要审慎严格把握,只有当事人目的在于恶意拖延诉讼,或者是存在故意或重大过失情况下逾期提交证据,才可以适用证据失权。

2. 关于证据种类。修改后的民事诉讼法将电子数据列入了证据范围。作为一种新的证据形式,其保存方式需要借助一定的电子介质,具有无形性、客观真实性、可修改性、易破坏性、可复制性。在表现形式、真实性判断和证明力等认定上也和传统证据形式上存在很多不同之处。因此,要特别注意电子证据原件的识别和电子证据完整性的识别,电子数据以电子介质存储的信息为特征,凡具备这一特征的证据材料,无论其输出形式为打印文件或者试听资料等,均归属于电子证据,同时还要注意在司法实践中逐步探索和把握电子证据的认证规则。

3. 关于对当事人提交的证据材料出具收据问题。修改后的民事诉讼法将法院对当事人提交的证据材料出具收据规定为法定义务,也就是说,当事人向法院提交证据,法院经办人应当向当事人出具收据。贯彻这一条规定时应当注意:(1)此处的经办人员既可以是法院的审判人员、书记员,也可以是法院负责接收当事人诉讼材料的其他工作人员。(2)收据要详细载明证据的名称、页数、份数、原件或复印件及收到的时间等事项,各级法院都要为贯彻好这项规定提前做好应对准备工作,如制定制式的收据样本,确保证据收据格式的统一和规范等。

4. 关于证人出庭作证。首先应当明确,证人出庭作证的证据与证人证言的效力不同,证人证言仅为补强证据。在实践中应注意:证人可以通过其他方式作证的情形,均为存在客观原因致使证人无法出庭的情况,证人不能基于任何主观上的原因以其他方式替代出庭作证。修改后的民事诉讼法对证人出庭作证义务和证人出庭作证的费用最终由败诉方负担等问题也进行了规定,实施中应当注意:(1)证人出庭作证而支出的必要费用,以满足证人正常生活状态和履行出庭作证义务而支出的交通、住宿、就餐等必要费用和误工损失为限;(2)当事人申请证人作证时,所需垫付的费用应当缴付给人民法院,由人民法院支付给证人,当事人不能向证人直接支付费用;(3)证人不能向当事人请求支付出庭作证的费用,费用未及时支付的,证人应当基于其公法上的请求权向人民法院提出请求;(4)法院通知证人作证的,由法院先行垫付证人的相关费用;(5)证人为出庭所支付费用的数额由案件受诉法院依当地实际情况合理确定。

5. 关于鉴定制度。修改后的民事诉讼法完善了鉴定制度,贯彻实施过程中,应注意研究和把握好以下四个问题:(1)要正确把握好当事人申请鉴定和举证期限的关系。一般情况下,当事人申请鉴定应当在举证期限内提出,但是有时候当事人是在诉讼进行到一定阶段后,根据举证、质证、辩论的进展才提出鉴定申请,此时如果以已经超出举证期限为由简单地拒绝当事人的鉴定申请,未免失之轻率,这不符合诉讼的逻辑规律和当事人对诉讼的认识规律,因此对鉴定申请的时间要结合具体案情灵活把握;当然,如果当事人出于故意或重大过失,在规定期限外提出鉴定申请的,可不予准许。(2)要把握好法院依职权启动鉴定与举证责任分配的关系。申请鉴定与当事人的举证责任密切联系,一般不宜由法官依职权主动进行。对于"确有必要"由法院启动鉴定程序的情形,要严格按照法院依职权调查取证的范围确定。(3)对于修改后的民事诉讼法实施时尚未审结的案件,在新法施行后,有关鉴定人出庭作证问题,适用新法规定,对于施行前的有关鉴定人出庭作证的问题,则应采取从旧的原则。(4)要严格掌握重新鉴定的条件,对于《最高人民法院关于民事诉讼证据的若干规定》明确限定重新鉴定的四种情况之外的其他情形,不易再行启动鉴定。

七、关于专家辅助人

审判实践中,对于专家辅助人应当注意:(1)专家辅助人基于当事人聘请、委托行为参与到民事诉讼之中,其有关费用和报酬由聘请、委托的当事人负担,并不作为诉讼费用在当事人之间分担;(2)专家辅助人能否参与到法庭审理,取决于人民法院的决定;如果人民法院认为当事人申请专家辅助人出庭没有必要，可以驳回当事人的申请；人民法院准许当事人申请的，应当通知专家辅助人出庭，通知书应当载明出庭时间、地点及专家辅助人的权利义务等；(3)“有专门知识的人”的诉讼地位是诉讼辅助人，其出席法庭审理时不能被视为证人；(4)专家辅助人是否具备相应的资格和能力，取决于当事人的认识，人民法院对专家辅助人不作资格上的审查；(5)专家辅助人在法庭上的活动限于与专门性问题相关的范围，在此范围内，专家辅助人可以代表当事人提出对于鉴定意见的意见，经人民法院许可对鉴定人进行询问，双方当事人均申请了专家辅助人时可以由双方的专家辅助人进行对质，在案件没有委托鉴定时就专门性问题发表意见等。专门性问题之外的其他问题，专家辅助人不能参与。

八、关于先行调解

修改后的民事诉讼法第一次在立法上确立了先行调解制度。对于此项制度，首先要严格把握先行调解的适用条件，能够进行先行调解的民事纠纷的条件有二：第一，必须是起诉到人民法院的民事纠纷，先行调解的时间点，可以理解为人民法院收到当事人起诉状或者口头起诉后直到立案受理、诉讼终结之前的时间内。第二，必须是适宜调解的民事纠纷。根据现有法律、司法解释等有关规定，不适宜调解的民事纠纷有以下两种情形：一是法律或者司法解释规定不得调解的民间纠纷，如适用特别程序、督促程序、公示催告程序、破产还债程序的案件，婚姻关系、身份关系确认案件等。二是根据案件的性质和当事人的实际情况不能调解或者显然没有必要调解的。意即，对于起诉到人民法院的民事纠纷，除了依照法律规定不得调解、其他依案件性质不能进行调解或者显然没有调解必要的，以及当事人拒绝调解的民事纠纷之外，人民法院应当首先适用调解这一处理案件的方式，按照自愿合法原则进行调解，努力促成当事人达成协议，实现案结事了。

九、关于小额诉讼

贯彻实施小额诉讼程序应注意：(1)小额诉讼程序是简易程序的再简化，适用的对象是事实清楚、权利义务关系明确、争议不大，标的额为各省、自治区、直辖市上年度就业人员年平均工资30%以下的民事案件。对符合这一要求的下列单一金钱给付案件应当适用小额诉讼程序：①买卖合同纠纷、借款合同纠纷、租赁合同纠纷和服务合同纠纷案件；②身份关系清楚，仅在给付的数额、时间上存在争议的抚养费、赡养费、扶养费纠纷案件；③责任明确，原告主张的损失金额确定的机动车交通事故责任纠纷和其他人身损害责任纠纷案件；④供用水、电、气、热力合同纠纷案件；⑤银行卡纠纷案件；⑥劳动关系清楚，仅在劳动报酬、工伤医疗费、经济补偿金或者赔偿金等案件的给付数额和给付时间上存在争议的劳动合同纠纷案件；⑦劳务关系清楚，仅在劳务报酬的给付数额和给付时间上存在争议的劳务合同纠纷案件；⑧其他金钱给付纠纷。(2)对于下列案件，暂时可不适用小额诉讼程序：①涉及人身关系争议、财产确权争议的案件；②追加当事人或者提起反诉的案件；③涉及知识产权的案件。(3)新修改的民事诉讼法于2013年1月1日开始施行后，在各省、自治区、直辖市2012年度城镇单位就业人员年平均工资数额公布前，按已公布的各省、自治区、直辖市2011年度城镇单位就业人员年平均工资数额作为当地小额诉讼程序适用案件标的金额。各省、自治区、直辖市2012年度城镇单位就业人员年平均工资数额公布后，按2012年标准计算。2014年及其以后年度依此类推。至于2013年1月1日前已适用简易程序审理但尚未审结的案件，基于程序的安定性考虑，在新民事诉讼法施行后可适用简易程序继续进行审理。(4)在确定适用小额诉讼程序审理案件后，对当事人提出适用小额诉讼程序的异议，如果异议成立，可以裁定按简易程序的一般性规定处理或将案件转入普通程序。异议不成立的，裁定驳回其异议申请。(5)适用小额诉讼程序审理的民事案件，应在立案之日起一个月内审结。(6)适用小额诉讼程序的案件实行一审终审，当事人不得提出上诉。可以向原审人民法院申请再审。

十、关于二审案件发还次数的限定

修改后的《民事诉讼法》规定“原审人民法院对发还重审的案件作出判决后，当事人提起上诉的，第二审人民法院不得再次发还重审”，这就对二审发还次数进行了明确限定，即只能发还一次。这一制度对二审案件的审理和发还重审案件的审理提出了更高的要求。在今后的审判工作中要把握好如下几点：(1)新民事诉讼法实施后，在最高法院相关司法解释出台前，全省法院一律按照民诉法规定坚持只能发还一次。(2)为提高案件质量，减少当事人诉累，对二审案件发还重审一定要从严掌握。对原判决、裁定认定事实不清，或者部分事实认定不清，或者适用法律错误，或者适用法律不全面、欠妥当，但判决或者裁定结果正确的案件，不得以事实不清为由发还重审，可在维持原判决、裁定主文的同时，对原判决存在的问题进行纠正。(3)二审法院对拟发还的案件要切实把握发还的必要性，明确案件发还后需要解决的问题，在发还意见函中要将重审时需要注意的问题讲清、讲透、讲全，避免有歧义。(4)对发还重审的案件，一审法院要高度重视，要在重审中严格按照上级法院发还意见函的内容进一步查明事实,补正疏漏,尤其是程序方面的问题,比如鉴定、勘验、追加诉讼当事人等,一定要避免出现程序瑕疵;对坚持错误而导致程序上出现重大问题的,要追究相关人员责任。(5)对发回重审案件在二审中发现存在重大程序瑕疵,将严重损害当事人的程序权利或实体权利的,应报上一级人民法院研究解决。

十一、关于调解协议司法确认程序

实践中应注意:(1)司法确认案件的启动前提是纠纷双方当事人在调解组织的主持下达成了调解协议。(2)司法确认案件由调解组织所在地基层人民法院管辖。(3)关于司法确认案件的申请及受理:①申请主体:当事人应当共同向有管辖权的基层人民法院提出确认申请。一方当事人提出申请,另一方表示同意的,视为共同提出申请。当事人可以委托他人代为申请,但必须向人民法院提交由委托人签名或者盖章的授权委托书。②申请期限:调解协议达成后,上方当事人认为有必要的,应当在调解协议生效之日起30日内向调解组织所在地基层人民法院申请司法确认。调解协议书自各方当事人签名、盖章,并由调解员签名或者调解组织盖章之日起生效。口头调解协议自各方当事人达成协议之日起生效。③申请形式:当事人提出确认申请,可以采用书面形式或者口头形式。(4)申请审查:基层人民法院收到当事人司法确认申请后,应当在3日内决定是否受理。人民法院办理司法确认案件,不收取费用。(5)审查方式和期限:审查方式可以为书面审查与到庭审查相结合的方式。人民法院司法确认案件的审理期限参照《最高人民法院关于人民调解司法确认程序的若干规定》,为15天。因特殊情况需要延长的,经本院院长批准,可以延长10日。(6)人民法院不受理司法确认申请的情形:①不属于人民法院受理民事案件的范围或者不属于接受申请的人民法院管辖的;②确认身份关系的;③确认收养关系的;④确认婚姻关系的。(7)法律后果:人民法院受理司法确认案件的申请,经审查后认为申请确认的调解协议符合法律规定的,裁定调解协议有效。如果一方当事人拒绝履行或者未全部履行的,对方当事人可以向人民法院申请执行。调解协议经审查后不符合法律规定的,裁定驳回当事人申请。人民法院做出确认有效裁定书或者驳回申请裁定书,送达双方当事人后发生法律效力。当事人收到确认有效裁定书或者驳回申请裁定书后,不得上诉,不得申请复议,也不应申请再审。

十二、关于实现担保物权程序

理解与适用该程序应注意:(1)根据我国物权法相关规定,有权向人民法院申请实现担保物权的主体限于"抵押权人"、"出质人"和"财产被留置的债务人"。(2)除物权法规定的三类申请主体外,我国《合同法》第286条规定的建设工程承包人也可以作为申请主体;我国海商法、民用航空器法等法律中规定的船舶抵押权人、民用航空器抵押权人,也可以作为实现担保物权案件的申请人。(3)实践中,对于担保物为多个物且分散在数个法院辖区内的,应当根据民事诉讼法的现有规定确定管辖法院,即如果各个法院都有管辖权的,申请人可以选择向其中一个有管辖权的法院提出申请。(4)人民法院受理实现担保物权人的申请后,经审查符合法律规定的,即可裁定对抵押财产进行拍卖或变卖。不符合法律规定的,则驳回实现担保物权申请人的申请。申请被驳回的,当事人可以向人民法院提起诉讼。(5)对于人民法院受理的申请实现担保物权的案件,原则上采用独任审理的方式进行审理,但对于重大、疑难案件,则应当由审判员组成合议庭进行审理。关于审限,应当在立案之日起30日内审结,有特殊情况需要延长的,须经本院院长批准。对于此类案件,实行一审终审。

十三、关于裁判文书公开

修改后的民事诉讼法首次明文规定裁判文书公开制度,实践中应注意:(1)裁判文书公开的途径:可通过互联网公开、通过法院专门出版物公开、通过报纸、刊物等公开媒体公开。(2)要进一步强化裁判文书的规范性。裁判文书的制作要更加规范、说理更加透彻、质量要更高。要做到认定事实清楚、适用法律准确。论理详尽充分、文字语言规范无误。裁判文书审核、签发的各个环节都要认真负责,确保文书质量。重大、疑难、复杂案件的裁判文书,更要有严格的审核签发程序。(3)要制定好便于社会公众公开查阅法律文书的实施细则。各级法院要研究制定公开办法,指定专门机构负责裁判文书公开工作。年底前,各法院对公众查阅裁判文书的时间、场所、方式、负责人员等情况都要出台明确具体的制度性规定。(4)要注意对个人信息的保护。裁判文书承载着大量的信息,有些信息虽不能构成国家秘密、商业秘密或个人隐私,但也可能属于不能公开或不宜公开的个人信息,应当进行相应的技术处理。(5)人民法院应当在诉讼须知中写明关于在互联网公布裁判文书的相关内容,并在送达裁判文书时告知当事人在互联网公布裁判文书的事宜。当事人明确请求不在互联网公布的,应当书面提出意见。人民法院经审核认为理由正当的,不在互联网公布。

十四、关于申请再审案件的级别管辖

修改后的民事诉讼法对申请再审的管辖法院一

律"上提一级"的规定进行了修改,即当事人一方人数众多或者当事人双方为公民的两类案件,可以向原审法院申请再审。这对于将矛盾化解在基层,减轻当事人诉累具有积极意义。按照最高法院要求,适用时要注意把握四点:(1)这两类案件当事人申请再审的,一般由原审法院受理,当事人选择上一级法院的,可以引导当事人向原审法院申请再审;(2)这两类经过二审终审的、调解结案的以及一审后放弃上诉权的案件,当事人坚持向上一级人民法院申请再审的,上一级人民法院应当依法审查,决定再审的,一般情况下可以指定原审人民法院审理;(3)案件系经原审人民法院审判委员会讨论过的,经审查决定再审的,一般由上一级人民法院提审或指定其他法院审理;(4)当事人认为生效裁判"有错误的"标准,应理解为符合修改后《民事诉讼法》第200条规定的再审理由,当事人未依据法定事由提出再审申请的,应告知当事人补正。

十五、关于检察监督

此次民事诉讼法的修改,加强了检察院对诉讼和执行活动的法律监督,这对法院相关工作会产生多方面的影响。对于解决当事人在申请再审过程中的重复申请,多头审查以及"终审不终"等问题都具有积极作用。贯彻当中要注意把握好四个问题:(1)本次修改增加了当事人向法院申请再审在先、向检察院申请抗诉在后的规定,即当事人对于已经发生法律效力的判决、裁定、调解书,应当首先依法向法院申请再审,这是前置程序。只有在以下三种情况下,才可以转而向检察院申请检察建议或抗诉,即法院驳回再审申请的,法院逾期未对再审申请作出裁定的,再审裁判裁定有明显错误的。(2)对已经再审过的案件,当事人继续申诉或再向上一级法院申请再审的,法院不再受理。应当告知当事人依法向检察机关申请检察建议或者抗诉。(3)要严格执行检察监督一次性原则,对于检察机关已经提出过检察建议或者抗诉的案件,当事人又申请的,检察机关不能再次提出检察建议或者抗诉,也就是说,这种情形下,法院不再受理。(4)为了防止出现当事人申请检察机关抗诉不能后又重回法院缠诉的情况,一定要从严把握法院依职权启动再审。

十六、关于虚假诉讼

修改后的民事诉讼法针对虚假诉讼、恶意诉讼现象,增设了多个条款予以遏制。除将"诚实信用原则"明确列入总则外,还规定:当事人之间恶意串通,企图通过诉讼、调解等方式侵害他人合法权益的,法院应当驳回其诉讼请求,并根据情节轻重予以罚款、拘留;构成犯罪的,依法追究刑事责任。审判实践中,虚假诉讼、恶意诉讼都具有很强的隐蔽性,一定要加强识别和防范:(1)当前比较典型的虚假诉讼主要有:案件双方当事人恶意串通,虚构民事法律关系,捏造案件事实,达成虚假协议,骗取法院调解书;当事人恶意串通,在诉讼中对相关事实作出虚假自认,骗取法院判决书;夫妻虚假离婚,利用离婚诉讼转移财产,逃避债务,侵害债权人利益;在离婚诉讼中,一方当事人与亲友串通,以假借条等形式虚构夫妻关系存续期间的共同债务,侵害对方利益等。各级法院民事审判人员在审理上述几类案件时应高度注意,防止当事人通过虚假诉讼,达到不法目的。(2)虚假诉讼往往具有一些共性的表现形式,如双方当事人之间存在较为亲密的特殊关系,达成调解协议异常容易或者调解协议内容明显违背常理;群体性案件的立案及审理过程中,只有个别当事人或代理人之间到庭参加诉讼;一方当事人在本院或其他法院有其他诉讼或执行案件,其又另行提起诉讼或由他人起诉,案件诉讼标的相关联;诉讼中当事人主张的事实不合常理,且与诉讼中其他事实与证据明显不一致;诉讼中当事人提供的证据材料有伪造、变造、涂改等痕迹,并与案件事实或其他证据不一致等。

司法实践中应审慎判断,准确把握,一旦认定为虚假诉讼,应直接驳回其诉讼请求,并可对相关人员予以制裁。同时,各地法院要坚决杜绝审判人员直接参与或为当事人制造虚假诉讼、恶意诉讼提供便利条件,一旦发现,要严格追究相关人员的责任,决不姑息。

十七、关于执行制度

为进一步规范执行行为,加大执行力度,修改后的民事诉讼法从多个方面对执行程序进行了完善。

1. 关于执行通知制度。为防止被执行人隐匿、转移财产,修改后的民事诉讼法完善了执行通知制度,即执行员接到申请执行书或者移交执行书,应当向被执行人发出执行通知,并可以立即采取强制执行措施、实践中要注意以下问题:(1)由于民事诉讼法执行措施部分的条文并未相应变更,条文之间可能会产生冲突。根据设立执行通知制度的目的,对于修改后的《民事诉讼法》第241~244条应作扩大解释,即可将采取相关执行措施的前提条件扩大为修改后《民事诉讼法》第240条规定的"接到申请执行书或移交执行书"。(2)正确处理修改后的民事诉讼法和相关司法解释的关系。相关司法解释中凡是以执行通知中的履行期限及履行期限内不能采取强制措施为基础的条文都不能再予适用。但是有关执行通知的时间要求、内容要求(除履行期限外)等内容的司法解释仍是现执行通知制度的重要组成部分,应严格遵守。

2. 关于制裁逃避执行行为。为防止被执行人通过另行起诉等方式逃避执行,修改后的民事诉讼法规定,被执行人与他人恶意串通,通过诉讼、仲裁、调解等方式逃避履行法律文书确定的义务的,法院应当根据情节轻重予以罚款、拘留;构成犯罪的,依法追究刑事责任。司法实践中应注意:(1)罚款、拘留的适用没有先后顺序,可以单独适用,也可以并用,由法院根据被执行人逃避执行行为的情节轻重决定。(2)适用罚款、拘留必须经院长批准,并出具罚款、拘留决定书。被执行人不服罚款、拘留决定的,可以向上一级法院申请复议一次,但复议期间不停止执行。

3. 关于协助执行制度。修改后的民事诉讼法扩大了协助执行主体的范围。加重了协助执行主体的责任。实践中应注意:(1)要注意适用罚款、拘留措施的顺序。相对于罚款而言,拘留是一种限制人身自由的强制措施,要慎重实施,应当首先使用罚款,如果罚款后,有关单位纠正了违法行为,对单位的主要负责人和直接负责人员就不能再予以拘留。(2)执行程序中,负有协助义务的主体并不局限于单位,也有个人。而修改后的民事诉讼法规定的适用范围仅限于"有义务协助调查、执行的单位",并不涉及个人,因此在目前情况下,对于拒不履行协助义务的个人,不能根据修改后的《民事诉讼法》第114条的规定使用拘留、罚款等措施。

4. 关于罚款额度。修改后的民事诉讼法将罚款金额由原来规定的对个人罚款1万元以下提高到10万元以下,对单位罚款1万元以上30万元以下提高到5万元以上100万元以下,罚款额度大幅度提升。司法实践中必须注意:(1)慎用罚款。是否适用罚款要审慎把握,只有在事实比较清楚,情节比较严重的情况下才能适用。(2)罚款的额度要适当。罚款数额不能超过案件标的,避免权利滥用、处罚畸重。(3)适用罚款要有严格的审批程序,相关过程如合议、签发等必须记录在卷。

十八、关于申请再审期限的问题

根据新《民事诉讼法》第205条的规定,当事人申请再审应当在判决、裁定发生法律效力后6个月内提出,而2007年民事诉讼法规定的申请再审期限为2年。这就会产生2013年1月1日生效裁判不满2年的案件如何衔接的问题。根据法不溯及既往的法理,到2013年1月1日裁判生效时间不满2年,2013年1月1日以后当事人申请再审的,剩余时间不超过6个月的,申请再审期限为所剩余时间;剩余时间超过6个月的,申请再审期限为6个月。

十九、全省法院在新民事诉讼法的实施过程中,对新设定的民事诉讼制度要从严掌握,在最高人民法院没有出台明确规定前,各地法院不能随意开口子,对实施中出现的问题特别是重大问题,要逐级上报

民事诉讼法修改决定的出台,对于人民法院加强和改进民事审判执行工作,既是重大机遇,也面临诸多挑战。各级人民法院在学习、适用新民事诉讼法的过程中,应当注意总结审判实践经验,加强调查研究,把学习、调研、审判、执行等工作结合起来,切实保证修改后的民事诉讼法的有效实施。

山西省高级人民法院关于印发《关于加强全省法院民事调解工作的指导意见》的通知

(2012年12月25日山西省高级人民法院审判委员会第35次会议通过
晋高法发[2012]23号)

为进一步加强我省法院民事纠纷调解工作,促进当事人息讼止争,维护社会和谐稳定,根据《中华人民共和国民事诉讼法》(2012年8月31日修订)、《最高人民法院关于适用〈中华人民共和国民事诉讼法〉若干问题的意见》、《最高人民法院关于人民法院民事调解工作若干问题的规定》、《最高人民法院关于进一步贯彻"调解优先,调判结合"工作原则的若干意见》、《最高人民法院关于建立健全诉讼与非诉讼相衔接的矛盾纠纷解决机制的若干意见》、《最高人民法院关于人民调解协议司法确认程序的若干规定》,结合我省法院民事调解工作实际,制定本意见。

第一章 非诉讼纠纷解决机制和诉前调解

第一条 【业务指导】基层人民法院对人民调解委员会调解民间纠纷进行业务指导，帮助其完善工作程序，规范调解行为。

人民法院鼓励和支持行政机关依当事人申请或者依职权进行调解、裁决或者依法作出其他处理。

人民法院鼓励和支持行业协会、社会组织、企事业单位等建立健全调解相关纠纷的职能和机制。

第二条 【调解组织和调解员名册】有条件的地方人民法院可以按照一定标准、准入条件和工作程序建立调解组织名册和调解员名册，以便于引导当事人选择合适的调解组织或者调解员调解纠纷。人民法院可以根据具体情况及时调整调解组织名册或者调解员名册。

第三条 【诉前调解】诉前调解是指对于当事人提起诉讼的案件在立案前，通过人民调解、行政调解、司法调解等途径解决纷争，化解矛盾纠纷的调解方式。

有条件的基层人民法院特别是人民法庭应当设立诉前调解工作室或者人民调解窗口，充分发挥诉前调解的案件分流作用。诉前调解工作由人民法院立案或审判业务部门负责。

第四条 【诉前调解程序】人民法院在当事人起诉后、正式立案之前，对适宜通过调解方式解决的纠纷，可以委派调解组织或者积极引导当事人先行就近、就地选择调解组织和调解员申请调解，解决纠纷。当事人不同意调解或者在商定、指定期限内不能达成调解协议的，人民法院经依法审查后，符合受理条件的应在7日内立案。

当事人经上述调解达成调解协议，要求人民法院制作调解书的，人民法院应当在审查后办理立案登记手续并制作调解书，送达双方当事人。调解书经双方当事人签收后，即具有法律效力。

第五条 【期限】诉前调解的期限从当事人同意诉前调解之日起计算，一般为20日。调解期限届满未达成调解协议的，经各方当事人同意，可以延长10日。

诉前调解期限不计入立案审查期限。

当事人申请诉前保全的，调解期限从法院在采取保全措施之日起计算，但不得影响诉前保全的起诉期限。

第六条 【时效中断】诉前调解不影响当事人之间纠纷的诉讼时效中断，该纠纷的诉讼时效期间从当事人向人民法院递交起诉状之日起中断。当事人以邮寄方式向人民法院递交起诉状的，从当事人邮寄之日起诉讼时效中断。

第二章 调解协议效力的司法确认

第七条 【申请范围】经行政机关、人民调解组织、行业调解组织、商事调解组织、村（居）民委员会、仲裁委员会专门设立的调解组织及其他依法成立具有调解职能的组织（以下统称为调解组织）调解后达成的具有民事权利义务内容的调解协议，经双方当事人签字或者盖章后，具有民事合同性质，当事人可以申请有管辖权的人民法院确认其效力。

当事人申请确认的经行政机关调解达成的调解协议应当限于平等民事主体之间达成的具有民事权利义务内容且不涉及可诉具体行政行为的处理的民事争议。

经《中华人民共和国劳动争议调解仲裁法》规定的调解组织调解达成的劳动争议调解协议，由双方当事人签名或者盖章，经调解员签名并加盖调解组织印章后生效，对双方当事人具有合同约束力。当事人可以不经仲裁程序，直接向人民法院申请确认调解协议效力，但因支付拖欠劳动报酬、工伤医疗费、经济补偿或者赔偿金事项达成的调解协议除外。申请确认之日起仲裁时效中断。人民法院对协议效力不予确认的，应告知当事人可以向劳动争议仲裁委员会申请仲裁。

第八条 【管辖】当事人可以在书面调解协议中选择由当事人住所地、调解协议履行地、调解协议签订地、标的物所在地的基层人民法院管辖，但不得违反《中华人民共和国民事诉讼法》第三十三条对专属管辖的规定。当事人没有约定的，除专属管辖的情形外，由当事人住所地、调解协议履行地或调解组织所在地基层人民法院或者其派出的法庭管辖。

人民法院在立案前委派有关机关或者组织调解达成调解协议，当事人申请司法确认的，由委派人民法院管辖。

第九条 【申请形式】双方当事人应当自调解协议生效之日起三十日内共同向有管辖权的人民法院提出确认申请。一方当事人到法院申请司法确认的，人民法院应当告知该当事人在征得对方当事人同意后，才可视为双方共同提出申请。

当事人申请确认的，应当向人民法院提交以下材料：

（一）司法确认申请书。口头提出申请的，由人民法院记入笔录，当事人签字确认；

（二）调解协议原件，如当事人达成的是口头调解协议，应当提供已经达成调解协议的有效证明，如调解组织制作的调解笔录等；

(三)当事人身份证明或企业(法人)营业执照等资格证明;

(四)与调解协议相关的财产权利证明等证明材料;

(五)各方当事人的送达地址、联系方式;

(六)各方当事人共同签署的承诺书,承诺书应当明确载明以下内容:1. 各方当事人出于解决纠纷的目的自愿达成协议,没有恶意串通、规避法律的行为;2. 如果因为该协议内容而给他人造成损害的,愿意承担相应的民事责任和其他法律责任,当事人系口头提出申请的,应当承诺以上内容并由人民法院记入笔录,并由当事人签字确认;

(七)人民法院要求提交的其他材料。

当事人委托他人或者调解组织代为申请的,应当说明合理理由,并提交由委托人签名或者盖章的授权委托书。

第十条 【受理条件】人民法院受理确认调解协议案件,应当符合下列条件:

(一)各方当事人的身份明确;

(二)有明确的确认请求;

(三)符合本意见第九条规定的申请形式;

(四)属于民事诉讼受案范围且属于接受申请人民法院管辖。

第十一条 【不予受理范围】有下列情形之一的,人民法院不予受理:

(一)不属于人民法院受理民事案件的范围或者不属于接受申请的人民法院管辖的;

(二)确认和解除婚姻关系、收养关系、身份关系的;

(三)涉及不动产物权确认的;

(四)涉及人民法院适用特别程序、公示催告程序和破产还债程序审理的纠纷;

(五)调解协议内容不明确且无法补正的;

(六)调解协议不具有可执行内容或者无法执行的;

(七)其他不宜由人民法院受理和确认的。

当事人请求履行调解协议、请求变更、撤销调解协议或者请求确认调解协议无效的,人民法院应告知当事人在诉讼时效或法律规定的相关权利行使期限内另行提起诉讼。

第十二条 【受理期限和不予受理的告知义务】人民法院在收到申请后应当及时审查,应当在三日内决定是否受理。人民法院在作出决定后三日内向当事人送达受理通知书或不予受理通知书。各方当事人同时到人民法院申请确认的,人民法院可以当即受理并作出是否确认的裁定。

人民法院决定不予受理的,不予受理通知书上应当载明不予受理的理由并告知当事人如何补正或正当行使权利的程序。对于不属于本院管辖的,人民法院应当告知当事人向有管辖权的人民法院提出申请。

第十三条 【审查部门】司法确认案件,应当编立“调确字”案号,案由为“申请确认调解协议效力”。并根据案件类型,由立案部门、各审判部门或专门的审查部门负责进行审查。

第十四条 【适用程序】人民法院审查申请确认调解协议案件,参照适用《中华人民共和国民事诉讼法》有关简易程序的规定,由审判员一人独任进行。

第十五条 【回避】人民法院进行审查时,应告知双方当事人及其代理人享有审判人员回避的权利。审判人员如果具有《中华人民共和国民事诉讼法》规定的回避情形的,参照《中华人民共和国民事诉讼法》有关回避的规定执行。

第十六条 【审查期限】人民法院应当自受理司法确认申请之日起十五日内作出是否确认的裁定。因特殊情况需要延长的,经本院院长批准,可以延长十日。

第十七条 【审查形式】人民法院审查确认调解协议案件,对于调解协议符合确认条件的,可以经审查当事人申请、调解协议、有关证明材料基础上作出确认调解协议有效的裁定。

对于案情复杂或者涉案标的较大的,应当通知双方当事人到庭进行询问。除涉及个人隐私的之外,应当公开进行,双方当事人应当同时到庭,必要时也可以邀请主持调解的调解组织和调解人员到庭,听取其对相关情况的说明。人民法院应当当面询问双方当事人是否理解所达成的协议内容,是否接受因此而产生的后果,是否愿意由人民法院通过司法确认程序赋予该协议强制执行的效力。

第十八条 【审查内容和不予确认情形】确认调解协议案件,人民法院应当着重审查下列内容:

(一)当事人是否具有民事行为能力,代理人是否有代理权;

(二)调解协议是否是当事人的真实意思表示,是否自愿,是否受欺诈、胁迫,协议内容是否显失公正;

(三)调解协议内容是否违反法律、行政法规的强制性规定,是否以合法形式掩盖非法目的,是否侵害国家利益、社会公共利益或者案外人的合法权益,是否违背社会公序良俗;

(四)调解协议内容涉及是否追究当事人刑事责任的;

(五)调解过程是否合法,调解组织、调解员是否存在强迫调解、与案件有利害关系或者其他严重违反职业道德准则的行为；

（六）调解协议内容是否明确、规范、具体和便于执行；

（七）调解协议是否涉及人民法院正在审理或者执行的案件；

（八）其他需要审查的内容。

有以上情形之一及其他不应当确认情形的，人民法院不予确认调解协议效力。调解协议内容不明确或者不具有履行可能，且当事人拒绝补正，无法确认和执行的，人民法院不予确认调解协议效力。

对适用专属管辖的纠纷，当事人选择异地调解组织调解的，人民法院应当审查当事人选择异地调解的合理性。

第十九条　【当事人撤回确认申请】在人民法院作出是否确认的裁定前，一方或双方当事人撤回司法确认申请的，人民法院应当准许，并裁定终结确认程序。

第二十条　【按撤回确认申请处理的情形】人民法院在审查中，认为当事人的陈述或者提供的证明材料不充分、不完备或者有疑义的，可以要求当事人补充陈述或者补充证明材料。当事人无正当理由拒不接受询问或者未按时补充的，可以按撤回司法确认申请处理。

人民法院在审查中，应明确告知当事人恶意申请确认可能要承担的法律后果，如认为当事人可能存在恶意串通、意图采用虚构、隐瞒法律关系和案件事实等方式获取非法利益的情形的，应当要求当事人到庭接受询问或者提供相应证明材料。当事人无正当理由未到庭或者未按时提供材料的，可以按撤回司法确认申请处理。

补充证明材料的时间由人民法院根据案件情况自行确定，一般不超过七天，不计入审查期限。

在人民法院审查确认调解协议案件程序终结前，一方当事人就调解协议的履行或者调解协议的内容另行提起诉讼的，人民法院应当告知当事人只能够选择确认程序或者诉讼程序主张权利，不得同时启动两种程序。如果当事人坚持起诉的，应视为双方当事人未就申请司法确认事宜达成一致意见，人民法院可以按撤回司法确认申请处理。

当事人拒绝签收确认裁定书或驳回申请裁定书的，可以按撤回司法确认申请处理。

第二十一条　【撤回后的重新申请】在撤回确认申请或者按撤回申请处理的，双方当事人仍可以在协议生效三十日内重新申请司法确认。

第二十二条　【补正】案件审查过程中，发现调解协议内容存在数额计算错误、表达不明确等瑕疵的，经双方当事人同意，在不改变权利义务基本内容前提下，人民法院可以对调解协议内容进行补正，相关情况应当记入笔录，由当事人签字确认。

第二十三条　【审查结果和告知义务】经审查，认为调解协议符合确认条件的，人民法院应当裁定调解协议有效。不予确认调解协议效力的，应当裁定驳回申请，并告知当事人可以通过调解方式变更原调解协议或者达成新的调解协议，也可以向人民法院提起诉讼。

第二十四条　【部分确认】调解协议中部分内容的无效不影响调解协议整体效力的，只对有效的部分作出确认，如部分内容无效影响到调解协议整体效力的，人民法院裁定驳回申请。

一方请求确认调解协议中部分内容效力，另一方请求全部确认的，应对调解协议整体效力进行审查。

如发现调解协议中部分内容不宜确认的，应当征询双方当事人的意见。双方当事人同意部分确认的，可以仅就适宜确认的部分进行确认。当事人不同意部分确认的，人民法院裁定驳回申请。

第二十五条　【内容变更的处理】在审查确认调解协议案件过程中，当事人合意变更调解协议实质内容的，人民法院可以按照变更后的调解协议进行确认，也可以按照诉讼调解处理。

第二十六条　【变更为调解书形式】人民法院经审查确认调解协议合法有效，如果当事人请求以调解书的方式确认调解协议的，经立案程序，人民法院可以出具调解书。

第二十七条　【不予确认的表述】人民法院经审查不予确认调解协议效力的，应当在驳回裁定中写明不予确认的原因和理由，但不宜一概认定调解协议无效。

第二十八条　【生效】人民法院应当在裁定书作出后三日内向双方当事人和主持调解的调解组织送达。确认裁定书和驳回申请裁定书送达双方当事人后发生法律效力。

确认裁定书发生法律效力后，一方当事人拒绝履行的或者未全部履行的，对方当事人可以向作出确认裁定书的人民法院申请强制执行。

第二十九条　【对案外人物权被侵害的救济】确认裁定书作出后，与确认的调解协议中处理的涉案财物具有直接利害关系的案外人针对确认裁定书中涉及的财物提出确认、给付之诉并由人民法院通过该案诉讼得到确认并予以支持的，经案外人申请，人民法院应根据该案判决结果撤销确认裁定书中对案外人不利的部分。

案外人认为经人民法院确认的调解协议侵害其合法民事权益的,可以自知道或者应当知道其权益被侵害之日起一年内,向作出确认裁定的人民法院申请撤销该裁定。

第三十条 【对案外人利益受损的救济】当事人之间达成的并得到司法确认的调解协议涉及或者处分了案外人的利益,人民法院在收到案外人请求撤销确认裁定的申请后,应当告知案外人和双方当事人共同到人民法院接受询问。如双方当事人均对案外人的主张无异议,人民法院可以撤销对该调解协议的司法确认裁定;如双方当事人对案外人的主张有异议,或者案外人以调解协议的双方当事人恶意串通损害其合法利益作为申请理由的,人民法院应告知案外人作为原告,以调解协议的双方当事人作为被告,按照诉讼程序处理其争议。

利益受损的案外人向作出裁定的人民法院申请撤销确认裁定的,期限为该调解协议确认裁定书作出后一年内。

第三十一条 【对确认裁定提出撤销申请的审查】人民法院在收到撤销申请后,经审查认为调解协议确实存在本意见第十八条不予确认情形或者其他应当撤销情形的,应当作出撤销确认的裁定。

撤销确认裁定案件由审判监督部门办理,作出原确认裁定的审判人员应当回避。

申请撤销确认裁定案件编立"调撤字"案号。

如人民法院发现本院作出的确认裁定确有错误,应当依照审判监督程序进行再审。

第三十二条 【诉讼费用】人民法院办理调解协议司法确认案件和申请撤销司法确认案件,不收取费用。

第三十三条 【撤销确认裁定后的财产回转】确认裁定被撤销后,对依据该裁定执行的财产可以按照《中华人民共和国民事诉讼法》第二百三十三条的规定申请执行回转。

第三十四条 【当事人对调解协议反悔提起诉讼的处理】当事人对调解协议反悔又提起诉讼的,如双方是在争议标的的诉讼时效期间内已开始调解行为的,则双方的调解行为视为诉讼时效的中断事由,调解协议达成次日起诉讼时效期间重新计算;如已超过双方争议标的的诉讼时效期间,双方才开始调解行为,则达成调解协议属当事人自愿履行。

第三章 调解协议的申请执行

第三十五条 【公证执行】当事人可以按照《中华人民共和国公证法》的规定申请公证机关依法赋予调解协议强制执行效力。债务人不履行或者不适当履行具有强制执行效力的公证文书的,债权人可以依法向有管辖权的人民法院申请执行。

第三十六条 【适用督促程序申请支付令】以金钱、有价证券为给付内容的调解协议,一方当事人不履行的,作为债权人的当事人一方可以根据民事诉讼法第二百一十四条规定向有管辖权的基层人民法院申请支付令。

因支付拖欠劳动报酬、工伤医疗费、经济补偿或者赔偿金事项达成调解协议,用人单位在协议约定期限内不履行的,劳动者可以持调解协议书向人民法院申请支付令。

第三十七条 【申请书应载明内容】当事人的申请书中应当写明给付金钱或者有价证券的数量和所根据的事实、证据,并附调解协议书原件。

第三十八条 【管辖】当事人向人民法院申请支付令的民事案件,由有管辖权的基层人民法院及其派出的法庭管辖。

第三十九条 【申请条件】当事人向人民法院申请支付令应当符合下列条件:

(一)调解协议的内容以一方当事人负有金钱、有价证券为主要给付义务,且当事人双方之间没有其他债务纠纷的;

(二)被申请人在协议约定的期限内没有自动履行的;

(三)支付令能够送达给被申请人的。

第四十条 【法院审查】人民法院受理当事人的申请后,经审查当事人提供的调解协议书是合法有效的,且债权债务关系明确、给付数额具体的,应当在受理之日起15日内向对方当事人发出支付令;申请不成立的,裁定予以驳回。

第四十一条 【被申请人异议的处理及申请执行】调解协议的被申请人在法定期限内对支付令提出书面异议的,人民法院应当裁定终结督促程序,支付令自动失效。

调解协议的被申请人在法定期限内不提出异议又不履行支付令的,申请人可以向人民法院申请执行。

第四十二条 【支付令与申请确认协议效力并存的处理】一方当事人向人民法院起诉请求确认调解协议效力,而另一方当事人向人民法院申请支付令的,人民法院优先适用督促程序进行审查;支付令失效的,债权人可以向有管辖权的人民法院起诉。

第四十三条 【未尽规定的适用】其他未尽事宜适用《中华人民共和国民事诉讼法》和《最高人民法院关于适用〈中华人民共和国民事诉讼法〉若干问题

的意见》的相关规定。

第四章 诉讼调解

第四十四条 【应当事人请求不经诉讼的调解】对双方当事人同时到庭要求调解处理纠纷的，应当即立案，可由立案庭组织调解。起诉前当事人已达成和解协议，要求法院出具调解书的，可以在办理立案手续后，依法进行审查，符合条件的制作民事调解书。

第四十五条 【调解建议书】人民法院可以制作调解建议书，与诉讼文书一并送达给当事人，当事人应在3天内明确答复是否同意接受庭前调解。

第四十六条 【委托调解】经双方当事人同意，或者人民法院认为确有必要的，人民法院可以在立案后将民事案件委托给有利于案件调解解决的调解组织或具有一定名望的个人主持调解或者协助进行调解。调解人可以由双方当事人共同选定，也可以经双方当事人同意，由人民法院指定。

人民法院委托调解人调解，应当制作委托调解移交函，附送主要案件材料，并明确委托调解的注意事项和当事人的相关请求。

调解结束后，调解组织或调解人应当将调解结果告知人民法院。达成调解协议的，当事人可以申请撤诉、申请司法确认，或者由人民法院经过审查后制作调解书。调解不成的，人民法院应当及时审理。

第四十七条 【委托调解的期限】在案件审限内，当事人可以协商确定民事案件委托调解的期限，一般不超过30日。经双方当事人同意，可以顺延调解期间，但最长不超过60日。延长的调解期间不计入审限。

第四十八条 【邀请调解】人民法院可以邀请与当事人有特定关系或者与案件有一定联系的企业事业单位、社会团体或者其他组织，和具有专门知识、特定社会经验、与当事人有特定关系并有利于促成调解的个人以及技术专家、律师等协助调解工作。

第四十九条 【调解参与人】有权签订调解协议的人员包括：

（一）当事人本人；

（二）法人的法定代表人；

（三）其他组织的负责人；

（四）无诉讼行为能力人的法定代理人；

（五）经特别授权可参与调解的委托代理人；

（六）在集团诉讼中，经特别授权可参与调解的诉讼代表人。

一般授权的委托代理人参加调解时，其达成的调解协议应征得被代理人的书面同意。

第五十条 【第三人】有独立请求权的第三人参加诉讼的案件，调解必须有第三人参加。无独立请求权的第三人参加的诉讼，在调解时需确定由第三人承担义务的，应当经第三人同意。

第五十一条 【调解人员的注意事项】主持调解的人员应遵守法律和审判工作纪律，恪守法官职业道德，并应做到：

（一）调解前应告知主持调解人员及书记员姓名及是否申请回避等有关诉讼权利和诉讼义务；

（二）平等地为双方当事人的合法权益和实际生产生活需要考虑；

（三）态度诚恳，尊重当事人，耐心细致地听取各方当事人的意见；

（四）言行谨慎，避免当事人对其公正性产生合理的怀疑；

（五）不得违背当事人的意愿，以不正当的手段迫使当事人接受调解；

（六）进行明法析理，依法行使法官释明权，充分说明和分析诉讼风险和法律后果，引导当事人正确认识自身权利义务，平等自愿地解决纠纷；

（七）不得因当事人不愿调解而故意拖延审理，不得明示或暗示不接受调解将承受不利的裁判结果，不得因歧视或偏见而影响裁判的公正性；

（八）不得泄露当事人的隐私或商业秘密，保障当事人在调解时提供的信息不被滥用。

第五十二条 【调解内容的引导】在调解过程中，要关注义务履行人的履行能力和履行诚意，在确保调解协议内容具体、明确并具有可执行性的同时，注重引导当事人适用《最高人民法院关于人民法院民事调解工作若干问题的规定》第十条、第十一条规定的督促条款和担保履行条款，提高调解协议的自动履行率。

对一方当事人因质疑另一方当事人履行调解协议的诚意而不愿调解的案件、争议标的额较大的案件，以及调解协议确定的履行期较长或者分期履行的案件，可以通过适用督促条款、担保履行条款，促进调解协议的达成，促使义务履行人自动履行调解协议。

调解案件时，应注意在不违反法律、行政法规强制性规定和公序良俗以及不侵害案外人合法权益的前提下，可以参考行业惯例、村规民约以及当地善良风俗，引导当事人达成调解协议。

第五十三条 【终结调解程序的情形】对在调解过程中发现案件涉及国家利益、社会公共利益和案外人合法权益的，案件需要审计、评估、鉴定的，或者需要人民法院调查取证的，应当终结调解程序，及时进行审理。

第五十四条 【立案阶段的调解期限】适用简易程序的一审民事案件,立案阶段调解期限原则上不超过立案后10日;适用普通程序的一审民事案件,立案阶段调解期限原则上不超过20日,经双方当事人同意,可以再延长10日。延长的调解期间不计入审限。

第五十五条 【不得影响其他程序】立案阶段的调解工作不得影响案件流程管理及财产保全、证据保全的正常进行。

第五十六条 【证据交换阶段的调解】需进行庭前证据交换的案件,可在证据交换前或在证据交换结束时由主持证据交换的法官组织调解。

第五十七条 【可以先行调解的案件类型】下列民商事案件,除根据案件的性质和当事人的实际情况不能调解或者显然没有调解必要的以外,可以在开庭审理前先行调解:

(一)婚姻家庭纠纷、继承纠纷、追索抚养费、扶养费、赡养费纠纷;

(二)亲属间的财产纠纷;

(三)共有财产纠纷、建筑物区分所有权纠纷;

(四)劳动争议纠纷和劳务合同纠纷;

(五)交通事故、工伤事故及医疗事故引起的权利义务关系较为明确的损害赔偿纠纷;

(六)宅基地和相邻关系纠纷;

(七)合伙、合作合同纠纷;

(八)教育、物业服务合同纠纷;

(九)拖欠水、电、煤气(天然气)、电信费纠纷;

(十)消费者权益保护纠纷;

(十一)关系明确的借款纠纷和小额债务纠纷;

(十二)可能影响社会稳定的群体性纠纷、集团诉讼纠纷;

(十三)事关民生和群体利益、需要政府和相关部门配合的案件;

(十四)依案件性质能够优先调解的其他案件。

第五十八条 【审理中注重调解的案件类型】以下类型的案件,在审理中应注重调解:

(一)案情复杂、难以形成证据优势的案件;

(二)当事人之间情绪严重对立的案件;

(三)相关法律法规没有规定或者规定不明确、适用法律有一定困难的案件;

(四)判决后难以执行的案件;

(五)社会关注的敏感性案件;

(六)当事人情绪激烈、矛盾激化的再审案件、信访案件。

第五十九条 【调解协议的内容要求】调解协议内容应具备规范性的表述方式、明确条款的生效条件,防止调解结案后双方对协议条款内容的理解产生歧义。

第六十条 【生效的情形】当事人同意在调解协议上签名或盖章后生效,经人民法院审查确认后,应当记入笔录或者将协议附卷,并由当事人、审判人员、书记员签名或盖章后即具有法律效力。除根据《中华人民共和国民事诉讼法》第九十八条可以不制作调解书的情形之外,人民法院应当制作调解书送达当事人。当事人拒收调解书的,不影响调解协议的效力。一方不履行调解协议的,另一方可以持调解书向人民法院申请执行。

当事人不同意在调解协议上签字生效的,人民法院制作调解书后送达双方当事人,调解书经双方当事人签收后,即具有法律效力。

人民法院送达调解书时,应当由当事人本人、其他有权签收调解协议的人员或者经当事人书面指定的其他人员签收。当事人或指定代收人反悔拒绝签收的,调解书不发生法律效力,人民法院应及时通知对方当事人。

调解书不适用公告送达和留置送达。

第六十一条 【不出具调解书】经调解达成书面协议,对双方当事人和好的离婚案件、维持收养关系的案件、能够即时履行的案件,可以不制作调解书。经调解人员询问,双方当事人或代理人明确表示不需要制作调解书的其他案件,可以不制作调解书。

调解人员应告知当事人,上述案件的调解协议经调解人员和双方当事人签字或盖章后即生效,具有强制执行效力,并记入笔录和调解协议。

第六十二条 【不得作为证据】调解不能达成协议或者调解书送达前当事人反悔的,当事人为达成调解协议而作出的对相关案件事实的认可,未经审理不得在诉讼中作为对其不利的证据。

调解不成应当及时判决,不得以当事人在调解过程中提出的调解方案或未生效的调解协议内容作为裁判依据。

第六十三条 【当事人义务】对当事人虚假诉讼或者假借调解拖延诉讼的,人民法院应依法终止调解并及时判决。

当事人在达成的调解协议中不得伪造证据,虚构或歪曲、隐瞒事实。人民法院经审查发现后应责令当事人另行达成调解协议或立即进行审理,及时判决。

当事人的行为给其他当事人或者案外人造成损失的,应当承担相应的法律责任。

第六十四条 【继续调解的期限】当事人愿意进

行调解，但审理期限即将届满的，可以由当事人协商确定继续调解的期限，经人民法院审查同意后，由承办法官记录在卷。案件有达成调解协议的可能，当事人不能就继续调解的期限达成一致的，经本院院长批准，可以合理延长调解期限。

第六十五条　【调解书的性质】人民法院制作的调解书是对案件当事人达成调解协议的行为及协议内容的认可。人民法院仅对调解协议所涉及案件事实和证据进行形式上的合法性审查，并非是对调解协议所涉及事实是否真实的司法确认，不得在其他诉讼中以该调解书载明的调解协议内容作为确认案件事实的依据。

第六十六条　【申请再审条件】除在调解离婚的案件中对解除婚姻关系和子女抚养的内容不得申请再审外，当事人、当事人的法定代理人对调解结案的案件，提出证据证明调解书有下列情形之一的，应当在调解书生效后六个月内申请再审：

（一）调解协议内容违反法律、行政法规强制性规定的；

（二）调解违反自愿原则的。

有利害关系的案外人认为调解书损害其合法权益的，在自知道或者应当知道之日起六个月内提出再审申请。

第六十七条　【执行时间及效力】本意见自公布之日起执行。如与新颁布实施的法律和司法解释不一致的，以新颁布的法律和司法解释为准。

第六十八条　【解释机关】本意见由山西省高级人民法院负责解释。

山西省高级人民法院关于印发《“人民法院预防援助化解医患纠纷”活动实施方案》的通知

（2012年8月21日　晋高法［2012］83号）

全省各中级人民法院、太原铁路运输中级法院：

为了贯彻落实全省构建和谐医患关系会议精神，省法院党组决定在全省法院开展“人民法院预防援助化解医患纠纷”活动。现将《“人民法院预防援助化解医患纠纷”活动实施方案》发给你们，请组织辖区内基层法院认真学习文件精神，严格贯彻执行。

为了贯彻落实全省构建和谐医患关系会议精神和山西省预防和化解医患纠纷工作领导组办公会议的安排部署，充分发挥人民法院的职能优势，努力构建和谐医患关系，省法院党组决定在全省法院开展“人民法院预防援助化解医患纠纷”活动。具体方案如下：

一、指导思想

充分发挥人民法院职能优势，主动与有关部门联络配合，逐步推进“人民法院预防援助化解医患纠纷”的工作格局，积极预防和妥善处理医患纠纷，维护正常的医疗秩序。

二、基本原则

（一）预防为主。把活动的重点放在预防上，防、调、判相结合，以防为主，调解优先，最大限度减少医患纠纷。

（二）教育疏导。在处理医患纠纷过程中，坚持教育疏导为主，引导医患双方通过正当渠道和合法途径解决纠纷。

（三）重在调处。坚持实事求是，查明事实，提出对策，明确调处责任，及时化解纠纷。

（四）依法裁判。对无法调处的医患纠纷，应依法及时地果断裁判。

三、组织机构

省法院设立“人民法院预防援助化解医患纠纷”活动领导组。领导组定期召开会议，研究解决“人民法院预防援助化解医患纠纷”活动遇到的情况和问题；协调相关部门就医患纠纷引发的群体性事件进行处置。

组　长：吴秋霞

副组长：刘润山　吉瑞田　方剑锋　白险峰
邓一峰　任生林　翟瑞卿　李新民

成　员：郭志荣　车俊娥　徐尚勇　卜文礼
牛向宏　韩德荣　张建康　宁和平
凌　宇　宋政富　赵　斌　王永胜
武全敬　方建霞　刘晓芬　石春英
张向东　王啸虎

领导组下设办公室。办公室设在民二庭，负责日常事务和医患纠纷方面重大事件处置工作的联络协调事宜;向领导组报告"人民法院预防援助化解医患纠纷"活动进展情况及重大事件的处置情况。

主　任:马振国

副主任:韩德荣　张建康

成　员:郭民贞　彭素云　任君虹　宋　霞
韩红斌　赵　凯　王国平　张闻晋

四、工作意见

(一)加强对医患纠纷诉讼案件的公正高效审理

1. 坚持"保护患者、保护医疗机构、有利于医疗事业和医学科学发展"的审判原则。

2. 人民法院在审理医患纠纷案件时,要统一适用《侵权责任法》及相关法律关于赔偿范围和标准的规定,同时各级法院在审判实践中要积极探索总结解决这一问题的经验和做法。

3. 建议相关部门尽快完善医疗事故技术鉴定体制,将医疗事故技术鉴定纳入司法鉴定体系,保持中立性。同时,完善鉴定人员出庭作证制度,使法官能够对鉴定结论的真实性、合法性和关联性作出正确的判断。

4. 积极探索尝试选择有一定医学知识或者有志于学习、研究医学知识的法官成立医患纠纷专业合议庭,由他们负责医患纠纷的审判工作。

(二)建立医疗纠纷人民调解与诉讼调解对接机制

1. 医患纠纷调解主要由山西省医疗纠纷人民调解委员会(简称医调委)组织进行,必要时,人民法院可以派员参与调解。

2. 对于当事人提起诉讼的医患纠纷案件,人民法院可以依职权或者经当事人申请后,通过委派、委托、特邀医调委等形式进行调解,化解纠纷。

3. 人民法院收到当事人起诉状后,对于未经医调委调解的医患纠纷,人民法院在立案前可向当事人释明医调委的职能和作用,并引导当事人自愿选择医调委先行调解。

4. 经当事人同意,人民法院在案件受理前决定委派省医调委进行诉前调解的,要填写《委派调解确认书》,由人民法院向医调委出具《委派调解函》,医调委以人民法院的委派对医患纠纷进行调解。

当事人不同意调解的,人民法院应依法及时审理。

5. 人民法院在审理医患纠纷案件过程中,可以邀请医调委人员或其医学专家进行诉讼调解,医调委接到人民法院《邀请调解函》后,应指定专门人员参加诉讼调解。

6. 医调委受委派或委托进行调解的,人民法院应加强跟踪,进行指导。必要时,人民法院可以派员参与调解。

(三)加强对医疗纠纷人民调解委员会的业务指导

1. 人民法院内部要有明确分工,积极协助司法行政部门定期不定期对医调委人员进行培训,由人民法院派员授课指导。

2. 人民法院对有普遍性的医患纠纷案件,可组织医调委的调解人员到庭审现场观摩学习,以案代训。庭审结束后,由主审法官现场讲评。也可根据实际情况,从医调委选配部分调解员担任人民陪审员,依法参加庭审活动,在审判实践中增长知识和经验。

3. 人民法院对与医患纠纷有紧密联系的法律法规及司法解释,要及时召集医调委调解员一起学习,及时掌握最新法律信息,增强调解员的依法调解意识。

4. 人民法院要定期不定期召开医患纠纷联席会议,会上要互通信息,共同研讨分析医患纠纷的现状、原因、发展趋势及对策措施,增强医调委调解员的分析问题和解决问题的能力。

5. 人民法院内部要建立指导调解工作的激励机制和更加科学合理的绩效考核评价机制。

(四)积极推进司法确认机制

1. 经医患双方当事人同意,人民法院在案件受理后,决定委托医调委进行调解的,要填写《委派调解确认书》,由人民法院向医调委出具《委托调解函》及移交主要材料复印件。

2. 借助国家强制力,提高由医调委组织调解达成的协议的执行力。人民法院在审理涉及医调委组织调解的案件,要严格进行诉讼审查。对该调解达成的协议,当事人提起诉讼要求履行、变更、撤销和确认的,人民法院要及时通报医调委。对调解结果不正确、不合法的案件,人民法院不能简单通过司法程序纠正了事,须向其告知纠正的理由,并提出建议和改进措施。对调解结果合法有效的案件,人民法院依法予以确认,确保其约束力,并通过法院的执行力保障权利义务的实现,提高医疗调解的公信度。

(五)为医患双方提供诉前法律服务

1. 全省各级人民法院应积极走进医院,对医患双方进行法制宣传。各级人民法院应在今年10月底之前,派出法官对所辖区域内的医院讲授有关法律知识,并定期到医院进行法律服务。

2. 全省各级人民法院应积极走进医院,为医患双方提供诉前法律咨询。对发现的医患纠纷和医患矛盾隐患及时化解。

3. 要针对典型案例对医院进行相关法律培训和预防指导。

4. 要依法维护医务工作者的合法权益，对使用暴力或威吓医院工作人员，或聚众哄闹医院的行为，要协助相关部门及时劝阻，防止事态扩大。充分利用法律武器，为医院创设一个良好的医疗环境。

各级法院必须在年底之前向省法院“领导组”办公室汇报此项活动的进展情况。

内蒙古自治区高级人民法院　内蒙古自治区人力资源和社会保障厅关于劳动争议调解仲裁与劳动争议审判工作座谈会会议纪要

2011年10月26日，自治区高级人民法院、自治区人力资源和社会保障厅在呼和浩特市召开劳动人事争议调解仲裁与劳动争议审判工作座谈会。自治区高级人民法院和部分中基层人民法院代表，自治区人力资源和社会保障厅和部分盟市和旗县人社局代表参加了研讨。应邀出席会议还有自治区劳动关系三方机制代表。

会议期间，自治区高级人民法院于雪峰副院长、自治区人力资源和社会保障厅王永明副厅长出席会议并分别作了重要讲话。与会代表在介绍经验的基础上，围绕审理劳动争议案件中经常遇到的难点、热点问题进行了深入细致的讨论，共同研究解决目前劳动争议案件中遇到的主要问题，并在几方面形成了共识。会议纪要如下：

一、全区各级法院、人力资源和社会保障部门应加强劳动人事争议裁审衔接工作

(一)裁审衔接工作的指导原则。要以提升案件裁审工作效能为目的，积极推进同级辖区内劳动人事争议案件裁审衔接工作，共同维护和谐稳定的劳动人事关系。

(二)建立定期联席会议制度。自治区高级人民法院和自治区人力资源和社会保障厅每年召开一次联席会议，中级人民法院和盟市人社部门每半年召开一次联席会议，基层人民法院、旗县(区、市)人社部门每季度召开一次联席会议，对劳动人事争议案件受理、仲裁和审理等程序性、实体性问题以及重大、疑难案例进行双向沟通和研讨。

(三)建立长效联系机制。加强联系与沟通，是做好裁审衔接工作的基础，同辖区内法院、人社部门应加强处理劳动人事争议案件的联系机制建设。

1. 建立联络员制度。同级法院、劳动人事争议仲裁委员会应指定专人负责法院与劳动人事争议仲裁委员会的联系与沟通。

2. 建立疑难案件研讨制度。仲裁委在受理重大、疑难案件后，应主动与同级法院加强联系与沟通，共同对重大、疑难案件进行分析并统一执法尺度。

3. 建立信息互通制度。法院应对因裁决结果不服而提起诉讼的案件及时反馈至仲裁委并加强与仲裁委的沟通。加强对因裁决结果不服而提起诉讼的案件受理、审理、判决等情况的统计与分析，至少每季度统计一次，并及时反馈至仲裁委。

4. 建立相互建议制度。法院与仲裁委之间应建立相互提交建议书制度，就裁审工作中的程序、实体、适法及工作制度、服务态度等方面提出有效建议，共同提高劳动人事争议案件裁审工作的质量和效果，共同维护劳动人事争议案件司法的权威与形象。

5. 建立派驻仲裁院调解制度。同级法院应在有条件的劳动人事争议仲裁院设立派驻调解室(要求挂牌)，对重大或群体性争议应邀请法院有关人员参与调解，及时化解矛盾以维护社会稳定。

(四)开展“巡回法庭”试点工作。各盟市人社局、中级法院选择1至2个县区劳动人事争议仲裁委员会与基层法院搭建裁审衔接平台，由仲裁委提供专门办公场所和审判法庭，由法院组成劳动争议巡回法庭审理劳动争议案件。

二、审理劳动争议原则

人民法院、劳动人事争议仲裁委员会审理劳动争议案件应遵循以下原则：

(一)平等保护劳动者和用人单位合法权益；

(二)充分利用劳动仲裁资源和合理配置审判资源；

(三)合法、公正、及时；

(四)法律效果与社会效果相统一的原则。

三、关于审理劳动争议案件的具体问题

(一)关于用人单位、劳动者代签劳动合同的效力问题。用人单位或他人代替劳动者签订劳动合同,用人单位有证据证明代签劳动合同经劳动者本人同意,或者劳动者以实际行为表明接受所代签劳动合同内容,如果劳动合同并不违反法律、行政法规效力性强制性规定,当事人主张劳动合同无效的,不应予以支持。

(二)关于用人单位和劳动者在竞业限制协议中约定的违约金调整问题。用人单位和劳动者在竞业限制协议中约定的违约金过分高于或者低于实际损失,当事人请求调整违约金数额的,可予支持。违约金支付后,当事人请求继续履行竞业限制协议的,一般应予以支持。

(三)关于用人单位通过"末位淘汰"或"竞争上岗"等形式单方解除合同的赔偿问题。用人单位在劳动合同期限内通过"末位淘汰"或"竞争上岗"等形式单方解除合同,劳动者以用人单位违法解除劳动合同为由,请求用人单位继续履行劳动合同或者支付赔偿金的,应予支持;但劳动合同另有约定的除外。

内蒙古自治区高级人民法院关于进一步加强民事审判工作继续保持良好态势的通知

全区各中级人民法院、呼铁运输中级法院:

今年以来,全区法院充分发挥民事审判职能作用,为促进自治区经济社会又好又快发展、维护和谐稳定、保障改善民生、实现富民强区,提供了有力的司法保障和法律服务。全区法院的民事审判工作在去年的基础上再创佳绩,衡量民事审判工作业绩的重要指标取得突破性进展,主要表现为"三多":即收案多、结案多、调撤多。依据10月司法统计资料,1~10月,全区法院民事案件收案162,150件,比去年同期多收10,282件;结案133,900件,比去年同期多结15,274件;其中调解、撤诉结案97,408件,调撤率达到72.74%。为了进一步提升全区法院民事审判工作质效,保持良好发展态势,不断夯实涉诉矛盾纠纷化解工作的基础,现针对岁末年初的民事审判工作提出以下要求:

一、全区各级法院要以学习贯彻党的十八大会议精神为契机,进一步增强司法能力,提高司法水平,扎扎实实抓好审判执行"第一要务",圆满完成今年民事审判工作的各项任务,推进民事审判质效进一步提升。

二、坚持"调解优先,调判结合"原则,切实把调解工作摆在更加突出的位置。进一步完善诉讼与非诉讼相衔接的矛盾纠纷解决机制,进一步完善专门领域的诉调对接机制,进一步加强与相关部门的沟通与协调,增强相关部门参与调解工作的积极性和主动性。加强诉前、诉中调解,使绝大多数纠纷解决在一审,矛盾化解在基层,不断提高民事案件的调撤率,确保今年全区法院民事一审案件的调撤率保持在70%以上,努力促进案结事了人和,实现法律效果和社会效果相统一。

三、继续保持民事审判良好发展势头,妥善化解各类矛盾纠纷,依法审慎处理重大敏感性民事案件和群体性纠纷,以及背景复杂的民事案件,高度关注因经济形势变化引发的各类民事案件,确保经济社会平稳较快发展。要进一步激发广大民事法官干事创业的热情,多结案、快结案、办精品案,为2012年收好尾,为2013年开好头,努力推动全区法院民事审判工作科学发展。

四、进一步充实民事审判队伍,加强民事法官后备队伍培养。全区各级法院要根据审判工作实际,合理确定民事法官、法官助理、书记员的配置比例,将民事审判队伍配齐配强配到位。充分发挥资深法官经验丰富的优势,进行"传帮带",帮助年轻法官积累审判经验,尽快成长为民事审判工作的骨干。

二〇一二年十一月二十二日

吉林省高级人民法院关于二〇一二年度人身损害赔偿执行标准的通知

（吉高法[2012]60号）

全省各级人民法院：

根据最高人民法院《关于审理人身损害赔偿案件适用法律若干问题的解释》的有关规定和吉林省统计局公布的二〇一一年度统计数据，现将我省二〇一二年度人身损害赔偿执行标准公布如下：

一、死亡赔偿金、残疾赔偿金计算标准为：

2011年度吉林省城镇居民人均可支配收入为17,796.57元；2011年度吉林省农村居民人均纯收入为7509.95元。

二、被扶养人生活费计算标准为：

2011年度吉林省城镇居民人均消费性支出为13,010.63元；2011年度吉林省农村居民人均年生活消费支出为5305.75元。

三、误工时间以日为单位，计算公式：误工费=误工天数×日误工费计算标准。

四、丧葬费标准为17,098.50元。

五、住院伙食补助费计算标准为每人每天50.00元。

以上赔偿标准于2012年9月1日至2013年8月31日期间执行。

供各级人民法院在审判中参照，如遇到问题请及时向省法院反馈。

附：2011年度国民经济各行业职工平均工资

二〇一二年八月十四日

附件：

2011年度国民经济各行业职工平均工资

行　业	年(元)	月(元)	日(元)
总　计	34,197.00	2849.75	131.02
一、农、林、牧、渔业	19,785.00	1648.75	75.80
二、采矿业	36,057.00	3004.75	138.15
三、制造业	35,526.00	2960.50	136.11
四、电力、燃气及水的生产和供应业	35,974.00	2997.83	137.83
五、建筑业	26,579.00	2214.92	101.84
六、交通运输业、仓储和邮政业	38,975.00	3247.92	149.33
七、信息传输、计算机服务和软件业	39,172.00	3264.33	150.08
八、批发和零售业	27,259.00	2271.58	104.44
九、住宿和餐饮业	21,721.00	1810.08	83.22
十、金融业	56,576.00	4714.67	216.77
十一、房地产业	28,011.00	2334.25	107.32
十二、租赁和商务服务业	32,372.00	2697.67	124.03
十三、科学研究、技术服务和地质勘查业	46,579.00	3881.58	178.46
十四、水利、环境和公共设施管理业	21,907.00	1825.58	83.93

续表

行　业	年(元)	月(元)	日(元)
十五、居民服务和其他服务业	26,822.00	2235.17	102.77
十六、教育	36,605.00	3050.42	140.25
十七、卫生、社会保障和社会福利业	35,023.00	2918.58	134.19
十八、文化、体育和娱乐业	30,605.00	2550.42	117.26
十九、公共管理和社会组织	33,378.00	2781.50	127.89

注:1. 农民误工费参照"农、林、牧、渔业"误工费标准计算;

2. 非医护人员的护理费参照"居民服务和其他服务业"的误工标准计算。

黑龙江省高级人民法院印发《关于审理民事涉农纠纷案件若干问题的解答》的通知

全省各级法院:

涉农纠纷案件的妥善审理与人民群众的生产生活息息相关,目前,全省法院在审理涉农纠纷案件中司法标准不统一的问题比较突出。为统一司法标准、提高涉农案件审理质量,省法院对审判实践中亟待解决的问题进行了调查研究,制定了《黑龙江省高级人民法院关于审理民事涉农纠纷案件若干问题的解答》,经省法院审判委员会讨论通过,现予印发。执行中如遇有问题,请及时层报省法院民一庭。

二〇一二年六月二十五日

关于审理民事涉农纠纷案件若干问题的解答

为规范涉农纠纷案件的审理,切实保护农民的合法权益,维护社会和谐稳定,依据《土地管理法》、《农村土地承包法》、《担保法》、《物权法》、《合同法》、《婚姻法》及最高法院《关于审理涉及农村土地承包纠纷案件适用法律问题的解释》(以下简称《农村土地承包纠纷案件解释》)等有关法律和司法解释的规定,结合我省审判工作实际,对审理涉农纠纷案件的若干问题解答如下:

一、关于农村土地承包纠纷

本解答所称的家庭承包方式是指按照国家有关农村土地承包政策和地方人民政府有关规定以农户为单位,按照每户家庭的人口、劳动力数量等计算其承包地面积,确保集体经济组织成员人人有份,具有社会保障和福利性质的承包方式。

1. 不予受理的案件范围如何确定?

依据《土地管理法》第十六条第一款和《农村土地承包纠纷案件解释》第一条第二款的规定,农村土地承包纠纷具有下列情形的,当事人提起民事诉讼,人民法院不予受理:

(1)涉及土地所有权或使用权权属争议而引发的纠纷;

(2)两个以上的农村集体经济组织、村民委员会或村民小组等因土地的发包权权属产生争议所引发的纠纷;

(3)发包方在二轮承包中将农户在一轮承包中的承包土地另行发包给本集体的其他农户,丧失原承包土地的农户请求继续承包的。

2. 土地承包经营权是否可以继承?

依据《农村土地承包法》第十五条、第三十一条第二款和《农村土地承包纠纷案件解释》第二十五条的规定,以家庭承包方式取得土地承包经营权的,土地承包经营户成员死亡,不发生土地承包经营权继承,承包地为林地的除外。

通过招标、拍卖等其他方式承包的,承包方的继承人可以在承包期内继续承包。

3. 土地征用补偿费用如何继承?

依据《农村土地承包法》第十五条和第三十一条第一款的规定,以家庭承包方式取得土地承包经营权的，土地承包经营户成员死亡，在其他成员继续经营期间，因土地征用而发生补偿费用的，死亡成员的继承人要求继承补偿费用的，人民法院不予支持。但如果土地承包经营户成员死亡之前，已经发生补偿费用的除外。

4. 土地承包经营权抵押合同效力如何认定？

依据《担保法》第三十七条第（二）项和《物权法》第一百八十四条的规定，以通过家庭承包方式取得的土地承包经营权设立抵押权的，应认定抵押合同无效。

5. 离婚案件中土地承包经营权是否可以分割？

依据《婚姻法》第三十九条的规定，夫妻共同享有承包经营权，在离婚时应当进行分割；如果离婚时未进行分割，离婚后一方主张确认其承包经营权的，应予支持。

在离婚案件审理中，夫妻双方自愿达成协议将一方享有承包经营权的土地交由对方有偿耕种的，法院可以一并处理，并在法律文书中对此予以阐述和确认。

6. 离婚案件中土地承包经营权分割的原则如何把握？

依据《婚姻法》第三十九条的规定，在处理离婚案件分割土地承包经营权时，应在分清夫妻共同份额与其他家庭成员共有份额的基础上进行处理。以保障家庭成员享有均等的土地承包经营权为原则，同时不能损害其他家庭成员的权利。对可以确认为夫妻共同财产的土地承包经营权，应按照夫妻双方享有平等权利的原则进行分割。

在分割土地承包经营权时，除双方当事人自愿且不违反法律规定外，应注意以下问题：

（1）在涉及距离远近等耕种方便程度不同的情况时，应依据方便女方耕种的原则分割；

（2）可以将夫妻共同承包经营的土地按份划分，由各自经营至合同期满为止；

（3）土地承包经营权不能因一方的过错少分割；

（4）不宜判决将土地由一方承包，仅给予另一方适当的经济补偿；

（5）交回土地的时间应当在农作物收获期结束后或者下一耕种期开始前。

7. 农村土地承包合同纠纷中损失范围如何确定？

依据《合同法》第一百一十三条第一款的规定，农村土地承包纠纷中，损失的赔偿范围应当以补偿实际损失为主要原则。对当事人主张农作物的可得利益损失的，有参照农作物的，可以参照当地当年同种作物的单位平均年产值乘以实际种植面积减去其成本计算；无参照农作物的，根据当事人提供的证据，结合往年平均收益情况酌定。

8. 农村土地承包纠纷中涉及地上建筑物、构筑物等附属物如何处理？

依据最高法院《关于贯彻执行〈中华人民共和国民法通则〉若干问题的意见》（试行）第86条的规定，承包方对承包经营过程中在承包地上建造的建筑物、构筑物等地上附属物要求发包方予以补偿的，该附属物如确属承包经营所必须，而在承包合同终止时又无法拆除或拆除将严重影响其价值的，人民法院应予支持。但当事人另有约定或该地上附属物按照相关法律、行政法规或行政规章规定必须履行建造审批手续而未经审批的除外。

二、关于农村私有房屋买卖纠纷

9. 农村私有房屋买卖合同效力如何认定？

依据《土地管理法》第八条、第十条、第六十二条的规定，农村私有房屋买卖合同效力的认定，应当以认定无效为原则。但买卖双方都是同一集体经济组织成员，且买受人取得了宅基地审批手续的，可以按有效处理。

10. 农村私有房屋买卖合同被确认无效后如何处理？

依据《合同法》第五十八条的规定，农村私有房屋买卖合同被确认为无效后，审理中要全面考虑到合同无效对双方当事人的利益影响，尤其是出卖人因土地升值或拆迁、补偿所获利益，以及买受人因房屋现值和原买卖价格的差异造成的损失等因素，注意平衡买卖双方的利益，必要时可以委托评估机构对房屋现值进行评估。因房屋增值或者贬值所造成的损失，由双方按过错程度承担。

对于买受人已经翻建、扩建房屋的情况，应对其添附价值进行适当补偿；判决返还、腾退房屋时应注意为其留出合理的时间。

三、关于种子、化肥、农药引起的产品责任纠纷

11. 种子、化肥、农药引起的产品责任纠纷的责任主体如何确定？

依据《侵权责任法》第四十三条第一款的规定，被侵权人因使用存在质量缺陷的种子、化肥、农药造成经济损失，请求生产者或销售者赔偿的，人民法院应予支持。

12. 种子、化肥、农药引起的产品责任纠纷案件举证责任如何分配？

依据最高法院《关于民事诉讼证据的若干规定》第四条第（六）项的规定，被侵权人应向人民法院提供购买种子、化肥、农药及经济损失等基本证据。生产者、销售者主张减轻或免除责任的，应就其行为与损害结果之间不存在因果关系以及受害人有过错承担举证责任。

13. 种子、化肥、农药引起的产品责任纠纷案件可否申请鉴定?

依据《民事诉讼法》第七十二条第一款和最高法院《关于民事诉讼证据的若干规定》第二十六条的规定,当事人对种子、化肥、农药的质量或者造成的经济损失发生争议申请鉴定的,人民法院应当委托有相应资质的鉴定机构进行鉴定。

14. 如何确定种子、化肥、农药引起的产品责任纠纷的损失赔偿范围?

因使用存在质量缺陷的种子、化肥、农药所造成经济损失的赔偿范围,包括实际损失和可得利益损失。

农作物的可得利益损失按照本解答第7条第二款的规定确定。

林木的可得利益损失,按照当地种植同种林木的单位平均年产值乘以实际种植面积减去其成本计算;当地没有种植同种林木的,参照种源地种植同种林木的单位平均年产值乘以实际种植面积减去其成本酌定。

上海市高级人民法院关于进一步加强和创新社会管理推进上海法院诉调对接工作的通知

(沪高法[2012]108号)

市第一、第二中级人民法院、海事法院、铁路运输中级人民法院,各区、县人民法院,铁路运输各基层法院:

近日,市委俞正声书记在视察长宁法院诉调对接中心和"平安上海"建设推进大会上指出,诉调对接是中国特色社会主义法律体系的重要特点,法院审判不能单纯依靠司法判决,更多的还是要通过互相协商争取把问题解决在审判之前,使大家高高兴兴地处理一些纠纷,减少社会矛盾,这是适应中国文化的重要办法。上海法院这项工作走在了全国前列,特别像长宁区法院运作规范的诉调对接工作机制,把一半左右的案件通过诉调结合来化解,很不容易,工作特色很明显,我们要加强大调解机制的建设,注重源头预防,化解社会矛盾,加强社会管理,维护社会和谐稳定。

为全面贯彻俞正声书记在视察长宁法院诉调对接中心和"平安上海"建设推进大会的讲话精神,加强和创新社会管理,坚持从源头上预防和化解矛盾,推进诉调对接中心建设,现提出如下意见:

一、进一步深化对法院诉调对接工作重要性的认识

当前,我国正处于发展的重要战略机遇期,改革开放的关键时期,社会矛盾凸显期,加强和创新社会管理、促进社会和谐的任务更为艰巨。随着"十二五"规划和上海"创新驱动、转型发展"战略的实施,伴随着发展方式转变,必然会带来社会结构、社会组织形式、社会利益格局的深刻变化,新情况、新问题将会不断出现,各类民事纠纷将会日益凸显。面对新形势新要求,我们必须坚持"调解优先,调判结合"的原则,通过法院诉调对接工作,实现诉讼解决与诉讼外解决的联动与协调,不断满足人民群众对多层次、多途径及低成本、高效率解决纠纷的需求,切实将大量的矛盾纠纷化解在源头、化解在基层、化解在诉前。这不仅是维护社会和谐稳定的现实需要,也是推进平安上海建设的必然要求,更是人民法院参与加强和创新社会管理的重要举措。

二、大力加强诉调对接中心软硬件建设,进一步健全完善参与社会管理创新的平台

诉调对接中心作为大调解工作格局的重要组成部分,是在党委统一领导下,促进社会矛盾化解、参与社会管理创新的一个重要平台,要充分发挥其整合力量、诉调对接、分流案件、平息纠纷、化解矛盾等重要功能。全市法院要在党委、政府的支持下,大力推进诉调对接中心独立建制工作,并以此来带动组织机构、人员配备、经费保障等机制的健全、落实和完善,有力提升诉调对接工作的地位,使之发挥更大的作用。全市法院要努力按照市委政法委提出的1500~2000平方米面积的场地建设要求,因地制宜地加强中心的硬件建设,实现中心建设的规范化、规模化、标准化。要在政府及财政等部门支持下,进一步落实好诉调对接中心的经费保障，确保诉调对接中心的正常运转，推进诉调对接工作进一步做大、做实、做强。要进一步加强诉调中心调解员的队伍建设，切实做到人员保证、素质保证、经费保证。增加调解员人数、保障和提高调解人员报酬，稳定调解人员队伍。要进一步将更多退休法官等热心调解工作的专业人员吸收进中心调解员队伍。

三、大力推进诉调对接中心功能发挥，确保涉案社会矛盾化解实效

全市法院要坚持以“诉为背景、诉为引导、诉为保障、诉为管理”为原则，充分发挥诉调对接中心规范引导、终局保障的作用，推进从源头上化解纠纷。对当事人来法院起诉的，要积极引导和释明，让更多的案件分流到诉调对接中心进行调解，或者在征得双方当事人同意后，委派、委托具有调解职能的组织进行调解，尽可能以调解方式结案，做到案结事了。要根据经济社会的发展需要和法院受理案件的实际情况，拓宽诉调对接中心调解纠纷的类型，引导、鼓励老百姓将相邻、借贷、婚姻家庭、继承、劳动争议等各类民事纠纷通过诉调中心以经济、便捷的方式调解解决。充分发挥司法终局的保障功能，让更多的人民调解协议，经法院司法审查，转化为司法文书，以确认效力。人民法院要运用司法的力量、发挥司法的特性，实现司法的“诉”与人民调解的“调”的效力对接，使调解协议的效力能够得到司法的及时确认，使调解不成的纠纷能够得到司法的及时裁判。通过审查、确认、执行等各环节工作的有效衔接，更快地维护当事人的合法权益。做好诉调对接工作向人民法庭等基层组织的延伸，推进矛盾纠纷就地解决。全市法院要在人民法庭、社区巡回审判点等基层组织设立诉调对接工作窗口或分中心，进一步使诉调对接工作向基层延伸，实现功能前移，重心下沉。要主动加强同当地派出所、司法所、居委会和村委会等基层组织的联系，密切协作配合，融合法官、人民陪审员、退休法官、基层人民调解组织、社区组织等多方力量，建立纠纷化解联动协作网络，加强从源头上化解社会矛盾，把不稳定因素化解在萌芽状态。

四、大力加强诉调对接中心规范管理，促进诉调对接工作健康持续发展

全市法院要全面落实关于“将中心受理的纠纷如同法院日常案件一样进行管理”的工作要求，切实加强管理，推进诉调对接中心规范化建设，促进上海法院诉调对接工作健康持续发展。要健全各项管理制度，认真贯彻落实各项规定。认真贯彻落实最高法院和上海高院的相关规定，结合辖区实际情况，进一步健全、完善各项工作规程，通过建章立制、加强管理，实现诉调对接工作的规范化、制度化。要完善工作机制，切实有效防止虚假诉讼。严格按照法律、法规、司法解释以及高院《司法确认实施细则》的规定，从立案、审查、确认等各个环节把好关，以制度加科技的手段，着力构建防控虚假调解、虚假诉讼的工作机制。同时，加强与公安、检察等部门协同构建虚假调解、虚假诉讼的制裁威慑机制，加大民事制裁、行政处罚、刑事责任的力度，严厉打击虚假调解、虚假诉讼等不法行为，要做到发现一起，查处一起，遏制虚假诉讼行为。

二〇一二年三月五日

民事法律适用问答（2012 年第 1 期）

（上海市高级人民法院民一庭　调研与参考[2012]16 号）

一、关于外国企业常驻中国代表机构的诉讼主体资格问题

外国企业常驻代表机构（以下简称代表机构），是指外国企业依照规定，在中国境内设立的从事与该外国企业业务有关的非营利性活动的办事机构。如果代表机构以外国企业名义从事业务活动，如代表外国企业签定交易合同，该情形下代表机构不具有诉讼主体资格，相关纠纷应由外国企业作为当事人参加诉讼。如果代表机构并非从事业务活动，而是出于确保代表机构正常运转目的，进行的相关民事活动，如租赁房屋、购买办公用品、用水用电等，该情形下代表机构可以视为《民事诉讼法》第 49 条规定的“其他组织”，具有诉讼主体资格。

二、关于疑似精神病人法定代理人的指定问题

审判中若发现个别当事人疑似精神病人，但该当事人本人及利害关系人，如该当事人的近亲属或者对方当事人,均不主张该当事人为限制行为能力人或无行为能力人,也不愿提起司法鉴定申请,此时为切实保障疑似精神病人的诉讼权利,法院要坚持慎重对待、灵活处理的原则,可以通过交谈、问话、走访等各种形式,来确定当事人的精神及智力状况。发现确实存在异常情况,利害关系人又确实不愿提出鉴定申请的,可以依据最高人民法院《关于适用〈中华人民共和国民事诉讼法〉若干问题的意见》第67条的规定,根据个案具体情况,直接指定当事人的近亲属或者所在单位、住所地的居民委员会、村民委员会等为本次诉讼的法定代理人,确保程序上的公平、公正,充分保护当事人的诉讼权利。

三、关于高收入夫妻离婚子女抚育费的问题

对于离婚子女抚育费,最高人民法院《关于人民法院审理离婚案件处理子女抚养问题的若干具体意见》(法发[1993]30号)(下称《意见》)第7条第2款、第3款规定,有固定收入的可按其月总收入的20%~30%的比例给付,无固定收入的可依据当年总收入或同行业平均收入,参照前述比例确定。长期以来审判实践也依此标准处理,但随着社会经济不断发展,一些当事人的收入也不断大幅提高,如果仍机械执行上述标准,可能会远超过子女的实际需要,偏离了抚育费制度的设计目的。

我们认为,对于离婚子女抚育费,应综合考虑子女的实际需要、父母双方的负担能力和当地的实际生活水平,对于给付抚育费的当事人收入确实较高,按"收入的百分之二十至三十的比例"给付明显超出子女实际需要的,可以根据最高法院《意见》第7条第4款关于"有特殊情况的,可适当提高或降低上述比例"的规定,酌情适当调整抚育费的支付比例。

四、关于已届退休年龄人员与用人单位的关系认定问题

最高人民法院《关于审理劳动争议案件适用法律若干问题的解释(三)》第7条规定,"用人单位与其招用的已经依法享受养老保险待遇或领取退休金的人员发生用工争议,向人民法院提起诉讼的,人民法院应当按劳务关系处理",这一规定改变了过去退休人员用工按特殊劳动关系处理的做法。但是对于已届退休年龄人员劳动合同关系何时终止的问题,相关规定还不尽一致,《劳动合同法》第44条规定"劳动者开始依法享受基本受养老待遇的,劳动合同终止",而《劳动合同法实施条例》第21条规定"劳动者达到法定退休年龄的,劳动合同终止"。

我们认为,对于劳动者开始依法享受基本养老待遇的,严格按前述司法解释的规定,劳动者与用工单位发生争议,按劳务关系处理;对于达到法定退休年龄,用人单位又未与其解除劳动合同继续留用,未办理退休手续的,按劳动关系处理;对于达到法定退休年龄的,用人单位与其解除劳动合同,因缴费年限不够,而未享受养老保险待遇,应根据《社会保险法》的规定,劳动者只要补缴社保费就可享受养老保险待遇,其与再就业用工单位发生争议的,按劳务关系处理。

五、关于测谎在民事审判中的启动和采信问题

在2005年第3期的《法律适用问答》中,我们曾经对测谎结论的效力进行了说明,认为测谎作为一种类似于鉴定结论的辅助证据手段,其本身并非绝对可靠的证据,要结合其他证据综合判断测谎结论是否成立。但是,对于启动和采信所应坚持的具体原则未作进一步说明。

我们认为,为确保案件公正处理,合理认定案件事实,审判中应正确认识测谎结果的主观性特点,正确对待测谎申请和结论。要坚持审慎的启动原则,严格把握测谎的启动条件和程序,在穷尽当事人举证、法院主动取证等方式仍无法查明案件事实时,方可启动测谎程序。要坚持测谎的自愿原则,切实尊重当事人意愿,不能仅以当事人拒绝参加测谎为由,作出对当事人不利的裁判。要坚持测谎结果与其他证据相结合的使用原则,把测谎结果作为定案的参考依据之一,与案件证据、经验常识、当事人诚信品格等结合起来综合认定案件的法律事实,而不能将测谎结果孤证作为定案的唯一依据。故在民事审判中,对测谎应坚持审慎启动、测谎自愿、谨慎采信的原则,科学利用测谎措施查明案件事实。

二〇一二年六月七日

上海市高级人民法院关于进一步加强基层人民法院大标的民商事案件审判管理工作的通知

（沪高法[2012]235号）

根据《关于试行上海各级法院第一审民商事案件管辖标准的通知》，本市各级法院第一审民商事案件管辖标准作了调整，为进一步加强大标的民商事案件的审判管理，确保大标的民商事案件的审判质量和效率，充分发挥人民法院审判职能作用，现就进一步加强大标的民商事案件审判管理工作，通知如下：

一、充分认识加强大标的民商事案件审判管理工作的重要性

基层人民法院受理大标的民商事案件是本着强化上级法院的审判监督和指导职能、统一法律适用和裁判标准、方便群众诉讼和就地解决纠纷的原则，科学合理定位法院审判功能的重要举措之一。因此，全市基层人民法院必须充分认识基层人民法院受理大标的民商事案件的重要意义，认真分析大标的民商事案件审判工作所面临的形势和任务，切实增强大标的民商事案件审判工作质量、效率的管控意识，以“严控关键环节、防范审判风险、促进审判绩效”为目标，进一步规范审判程序，有效控制审判重点环节；进一步强化内控机制，全面提升监督管理实效；进一步明确管理职责，确保大标的民商事案件的审判绩效。

二、进一步规范审判程序，严把大标的民商事案件审判重点环节

1. 基层人民法院管辖的诉讼标的额在1000万元以上一审民商事案件，应由基层人民法院的相关民事审判庭负责审理。人民法庭、巡回审判法庭、诉调对接中心承办民商事案件时，发现争议标的额在1000万元以上的，应及时移交相关民事审判庭审理。

2. 各民事审判庭审理诉讼标的额在1000万元以上的一审民商事案件，应依法组成合议庭适用普通程序。

适用简易程序审理的案件，因当事人变更、增加诉讼请求，致诉讼标的额在1000万元以上的，应及时变更诉讼程序，组成合议庭进行审理。

3. 大标的民商事案件，应由民事审判庭资深骨干审判人员担任审判长进行审理。诉讼标的额3000万元以上的案件，应由副庭长以上领导参加合议庭，并担任审判长进行审理。

4. 应建立大标的民商事案件审判工作预评估机制，审理前应拟定庭审方案、梳理争议焦点，并针对审理中可能出现的情况，制订工作预案，确保审判工作平稳开展。

大标的民商事案件的审理，除涉及国家秘密、个人隐私或法律另有规定的以外，应公开进行。庭审应进行全程录音录像，全面真实地记录庭审活动全过程，强化对审判程序的监督。

5. 坚持“调解优先，调判结合”的原则，把调解贯穿于审判工作全过程。

三、进一步强化内控机制，提升大标的民商事案件的监督管理实效

1. 强化合议庭评议机制，发挥合议庭集体把关机制。合议庭全体成员应对案件所涉及的证据、事实的认定、法律的适用以及案件事实与法律构成要件的对比情况等问题进行评议，并提出裁判意见。

2. 强化审判长联席会议制度，健全完善大标的民商事案件审判质量的管理机制。对于合议庭意见存在分歧的，或诉讼标的额在3000万元以上的案件，应提交审判长联席会议讨论。

审判长联席会议讨论意见与合议庭结论不一致，庭长可建议合议庭进行复议；如合议庭复议后仍坚持原来意见的，应报请分管院长决定是否提交审判委员会讨论。

3. 强化裁判文书的审核签发机制，提高裁判文书制作质量。裁判文书应全面反映案件审理过程，充分阐述裁判结果形成的事实和法律依据。

大标的民商事案件的裁判文书，一般应由审判长审核后，报庭长签发。经审委会讨论决定的，应由庭长审核后，报分管院领导签发。

4. 强化审判流程管理，提高大标的民商事案件审判工作的效率。庭领导要密切关注大标的民商事案件的审判进程，及时跟踪、发现、研判、处置异常数据；严格审查大标的民商事案件延长审限的原因，杜绝无正常理由拖延审限，督促审判进程有序推进。

大标的民商事案件延长审限的情况应通过信息系统及时向高院相关民事审判庭报备。

5. 强化大标的民商事案件的信息管理,加强案件登记、信息输入、统计、归档等工作,提高案件信息数据输入的规范性、准确性,便于汇总情况,加强审判管理,及时总结经验。

各民事审判业务庭在受理大标的民商事案件后,应及时通过审判管理系统向高院相关民事审判庭报备。

四、进一步明确管理职责,确保大标的民商事案件的审判绩效

1. 各民事审判庭应大力推进大标的民商事案件的专项合议庭建设,选调具有丰富审判经验、扎实理论功底的业务骨干,优化专项合议庭的人员配备,完善合议庭运行机制,凸显集约化审理对大标的案件质量管控功能和审判经验传承的实效。

2. 各民事审判庭应严格执行审判纪律,严禁泄露合议庭评议、审判委员会讨论案件的具体内容,严禁泄露案件请示情况和其他审判秘密。对违反审判纪律的,应依纪依规严肃查处。

3. 各民事审判庭应结合本庭实际,完善大标的民商事案件审判的工作机制,加强指导、协调和监督,注重外部监督与自我监督的有机结合,自觉促进和保障大标的民商事案件质量的提高。

各民事审判庭应及时总结大标的民商事案件的审理情况,每半年向高院报告一次。

4. 高院将适时开展大标的民商事案件审判的评查工作,重点针对审判程序适用、延长审限审批、庭审录音录像、合议庭评议、裁判文书制作、案件发改情况等进行讲评,督促加强对大标的民商事案件审判绩效的有效管控。

二〇一二年六月二十六日

上海市高级人民法院
关于统一上海法院诉调对接案件收费标准的通知

(沪高法[2012]260 号)

市第一、第二中级人民法院,海事法院,市铁路运输中级法院,各区、县人民法院及铁路运输法院:

为了统一上海法院诉调对接案件的收费标准,推进上海法院诉调对接中心规范化建设,促进诉调对接工作健康有序发展,现就经诉调对接中心诉前调解成功后,当事人请求人民法院出具法律文书案件的收费标准通知如下:

1. 经诉调对接中心诉前调解成功后,当事人向人民法院申请撤诉,如裁定准予撤诉的,免收案件受理费。

2. 经诉调对接中心诉前调解成功后,当事人请求人民法院出具民事调解书的案件,诉讼标的额在 5 万元人民币以下的,免收案件受理费。

诉讼标的额在 5 万元人民币以上的,案件受理费按不高于规定标准的 1/4 收取。

3. 各基层法院应积极争取区财政予以支持,逐步实现诉调对接案件免收案件受理费。

二〇一二年七月九日

物权民事纠纷办案要件指南(总则部分)

(上海市高级人民法院)

第一条 【**适用范围**】本指南所指物权民事纠纷,是指所有权、用益物权、担保物权等物权人行使物权保护请求权产生的民事法律纠纷,以及占有人行使占有请求权产生的民事法律纠纷。

【**说明**】物权,是指权利人依法对特定的物享有直接支配和排他的权利,包括所有权、用益物权和担保物权。其中，所有权包括国家所有权、集体所有权、私人所有权。用益物权包括土地承包经营权、建设用地使用权、宅基地使用权、地役权，以及海域使用权、探矿权、采矿权、取水权和使用水域、滩涂从事养殖、捕捞等自然资源使用权。担保物权包括抵押权、质权和留置权。因上述物权保护产生的纠纷，是典型的物权纠纷，处理时自应适用本指南。

占有，是指对物事实上的控制和支配。物权法既调整有权占有，也调整无权占有，根据民法通说，占有从本质上讲是一种事实而非权利，但该占有事实却有一定的法律保护效力。因占有人请求返还原物、排除妨害或者消除危险、损害赔偿所产生的纠纷，作为广义的物权纠纷，相关纠纷的审理也适用本指南。

第二条 【处理原则】在物权纠纷的处理中，应坚持平等保护、物权法定、物尽其用、公序良俗、禁止权利滥用等基本原则。

【说明】物权法的基本原则，蕴含着物权法调控社会生活所欲实现的目标，集中体现了物权立法的基本价值取向。审理物权纠纷时，遇有物权法未规定或规定不明确的问题时，要严格遵循物权法的基本原则妥善处理。

第一，遵循平等保护原则。物权法第四条规定："国家、集体、私人的物权和其他权利人的物权受法律保护，任何单位和个人不得侵犯。"该规定即为平等保护原则的体现。所谓平等保护原则，是指物权的主体在法律地位上是平等的，其享有的所有权和其他物权在受到侵害以后，应当受到物权法的平等保护。对物权法的平等保护原则，可以从以下几个方面来理解：(1)物权主体平等。各类物权人都属于民事主体的范畴，我国民法制度一直贯彻民事主体平等原则，确认公民在法律上具有平等的人格，并对各类民事主体实行平等对待，因而物权主体也必然具有这种平等性。无论是国家、集体，还是私人，在法律地位上均为平等。(2)物权主体遵守的规则平等。任何物权主体在设定、行使和转移物权时，应当遵循共同的规则。在物权发生冲突的情况下，各个主体都适用平等的规则解决纠纷。(3)在物权受到侵害后，各物权主体都受到平等保护。各物权人在其物权遭受侵害以后，都可以平等地享有物权请求权、侵权请求权以及其他请求权，使自己遭受侵害的权利得到补救。各个权利人无论是在保护范围还是在保护力度上，都应当是一致的。

第二，遵循物权法定原则。对于该原则的含义，物权法第五条规定，物权的种类和内容，由法律规定。由于物权种类和内容的法律规范属于民事基本法律组成部分，物权法定原则之"法"，应指狭义上的法律，不包括法规、规章等。

物权不同于债权，债权的权利义务发生在当事人之间，遵循自愿原则，而物权是一种对世权、绝对权，如许其以契约或习惯创设，不利于维护市场交易秩序，需要物权法定原则，使物权关系明确化，维护物权关系的稳定性。(1)物权种类法定，是指物权类型除法律明确规定的外，不得随意创设。这与合同法的规则不同，合同法实行合同自由，因此存在所谓有名合同和无名合同的区分。如果当事人为了自身的利益而创设了新类型物权，那么这种创设不具有物权法上的效力。例如，不允许当事人在他人的动产上创设用益物权，不得创设担保法所未规定的不动产质权等。(2)物权内容法定，即物权权能的法定，是指物权主体的权利义务的内容由法律明确规定，当事人不得创设与物权的法定内容相悖的物权。例如，买卖合同中当事人约定买受人取得标的物的所有权，但该所有权不包含处分权，此即创设物权的内容，为法律所不许。

需要特别注意的是，当事人创设物权的民事行为，虽不发生物权效果，但是该创设行为如果符合其他法律行为的要件，则当事人之间仍然产生该法律行为的法律效果。例如，当事人通过合同设定了居住权，由于居住权在物权法中没有予以规定，那么这种创设就不具有物权的效力，但是依双方约定，当事人一方享有在约定的期限内，在相应房屋内居住的权利，在对方不同意居住时，其可以提出债权之诉，保护其居住权利。另要注意，当事人即使不享有物权，但基于与物权主体之间的特殊法律关系等重要事实，以及保障当事人生存权利等需要，也应当通过类似保护物权的方法，保护当事人的基本权利，如婚姻关系中，房屋即使为一方所有，其也不得以行使所有权为由，擅自要求另一方搬离，因为其负有夫妻之间相互扶助的法律及伦理义务；还如售后公房，承租人购买公房虽然获得产权，性质上属于私有产权，但是不能完全按照私房的标准处理，因为获得公房购买本身，包含着一定的社会福利性质，售后公房的产权人对非产权人的共同居住人，应当承担相应的居住保障义务。

第三，遵循物尽其用原则。所谓物尽其用，是指物权关系的设立、变更、消灭都要以发挥物的最大效用与最大经济效益为主要目标，从而使有限的资源得到最充分的利用。在现代民法中，无论是大陆法系的民法，还是英美法系的财产法，以物的"所有"为中心的物权观念，已经被以物的"利用"为中心的物权观念所取代。因为物权法作为一种解决因资源有限性与需求无限性而引发的紧张关系的法律手段，其功能不仅仅在于界定财产归属，达到明晰产权、定分止争的效果，更在于使有限的自然资源效益得到充分发挥。物权法通过规定空间利用权、地役权，扩大担保物的范围等，充分体现了物尽其用的立法政策导向。同样，在司法处理中，要在坚持依法保护的前提下，通过合情、合理、灵活的司法裁判，实现有效保护物权与促进物尽其用之间的平衡兼顾。

第四，遵循公序良俗原则。该原则是物权法一项重要的法律原则，是指一切受物权法调整的民事活动应当遵守公共秩序及善良风俗，违反该原则的物权处分行为，应认定为无效。物权法第七条规定：“物权的取得和行使，应当遵守法律，尊重社会公德，不得损害公共利益和他人合法权益。”这就是公序良俗原则在物权法中的体现。公序，即公共秩序，是指外部的社会秩序，包括整个法秩序的规范原则及价值体系，在我国现行法上包括国家利益、社会经济秩序和社会公共利益。良俗，即善良风俗，一般指为社会、国家的存在和发展所必要的一般道德，是特定社会所尊重的起码的伦理要求。

公序良俗原则与诚实信用原则不同，前者并不强制物权主体积极地实现特定的道德要求，它只是消极地设定了不得逾越的道德底线；诚实信用原则则强制物权主体积极地实现特定的道德要求，它设定了必须满足的道德标准。但是，二者相同之处在于，均较大程度地包含了法官的自由裁量因素，具有极大的灵活性，具有重要的填补法律漏洞的功效。

在判断公序良俗是采用普通人标准，还是采用专家标准的问题，历来存在争论。其实，在公序良俗内容的判断上，无论是尊重普通人的感受还是听从专家的意见，都具有相应的优势和不足。我们认为，对公共秩序、善良风俗分别运用不同的判断标准，可以较好地解决这个矛盾。(1)公共秩序的判断。与善良风俗不同，公共秩序主要反映了存在于政治和经济领域中的社会一般利益，其内容往往带有全局性、整体性的特征，并不是个人凭借其日常生活经验可以感受得到的。同时，人们对部门利益、地区利益和国家利益的认识有时并不相同乃至截然相反，因此在判断公共秩序的内容时，有必要重视有关领域的专家的意见，因为他们对那些涉及社会公共利益的问题往往有着专门的研究，通常具有全局性的、更为长远的眼光，因而更适于判断于哪些是社会公共利益。当然，专家们在进行判断时，也应当尽可能地考虑和吸收普通人中间的流行意见，因为公共秩序的维护，最终是为每一个普通人正常生活服务的。(2)善良风俗的判断。就善良风俗的内容来看，通常是指一般道德观念，主要包括婚姻家庭等私人生活领域中的伦理道德，所反映的内容与普通人的生活密切相关，往往是人们在长期的社会生活中达成的最低限度的共识，所以在善良风俗的判断上，采用普通人的标准而非专家的标准，应当更能够贴近并反映人们的生活。

第五，遵循禁止权利滥用原则。禁止权利滥用原则也称为权利不得滥用原则、权利正当性原则，是指民事主体在行使民事权利时不得超越正当的界限，不得损害他人利益，否则将构成权利滥用，不受法律保护。权利虽然表现为一定的行为自由，但任何一种自由都不是绝对的，其本身都包含着某种界限和限制，否则可能会导致对他人自由的否定，破坏稳定的法律秩序，因此为了协调和平衡个体之间，以及个体与社会之间的利益冲突，并提高整个社会对资源的利用效率，有必要对物权的行使予以适度限制。例如，物权法第七条规定物权的取得和行使不得损害他人合法权益外；第七十一条规定业主对其建筑物专有部分行使权利不得危及建筑物的安全，不得损害其他业主的合法权益；第八十四条规定，不动产的相邻权利人应当按照有利生产、方便生活、团结互助、公平合理的原则，正确处理相邻关系。物权人在行使权利时，应根据这些规定，尽到必要的容忍和注意义务，避免因权利的恣意行使，对他人造成不合理损害。在判断是否构成权利滥用时，可以采取主客观相结合的方法，即通过行为人的主观过错状态和客观损害后果来综合判断，即权利主体行使权利具有损害他人利益的故意或重大过失等主观过错，同时权利主体行使权利的行为客观上已经或可能造成他人利益的损害。

第三条　【主张预告登记权利的要件事实】预告登记权利人以不动产物权人未经其同意为由，主张不动产处分行为不发生物权效力的，应当举证证明物权变动合同确已进行了预告登记的要件事实。

【说明】预告登记，指为保全一项以将来发生不动产物权变动为目的的请求权而进行的不动产登记。物权法第二十条对预告登记的内容进行了规定。

预告登记是与本登记相对应的一项登记制度，二者有着明显区别。本登记是已经完成的不动产物权的登记，是现实物权的登记，实质是终局登记，当事人所期待的物权变动效果得以实现。预告登记所登记的不是现实的不动产物权，它是在确定的物权登记条件还不具备时，所进行的预先保全登记，预告登记并不导致不动产物权的设立或变动，只是取得一种请求将来发生物权变动的排他性权利。

从性质上讲，经预告登记后的物权变动请求权仍然是一种债的请求权，但客观效果上具有类似物权的效力，也就是说，对后来发生的与该项请求权内容相同的不动产物权的处分行为，具有对抗的效力。具体来讲，预告登记权利包括两个方面：(1)对物权权利人的限制性效力。预告登记之后，不动产物权人对不动产所为的物权处分行为，不得妨害已经进行预告登记的未来物权，否则预告登记权利人可以请求确认物权人的处分行为不发生物权效力。此处所说的"处分行为"，主要是指不动产物权人将所有权转移至他人名下，或者在不动产上设定抵押权等物权变动行为。(2)对第三人的排他性效力。由于预告登记在先，基于该登记所具有的公示、公信效力，向之后第三人的交易安全发出预警，第三人在明知存在预告登记的情况下，仍进行的交易将被认定为具有主观恶意，不能以善意第三人为由主张取得相应的不动产物权。

如果当事人主张预告登记权利，认为不动产权利人未经其同意处分不动产，相应的处分行为不发生物权效力，应当举证证明物权变动合同确已进行了预告登记的要件事实。这里需要注意三个方面的问题：(1)"不发生物权效力"具有相对性。即不动产物权人的处分行为，在妨害登记请求权的范围内不发生物权效力，如果预告登记权利人的请求权不存在或嗣后消灭，或权利人对义务人的处分表示同意，那么不动产物权人的处分行为便会发生物权效力。(2)预告登记权利人不能主张不动产物权人与第三人之间的合同无效。预告登记后，不动产物权人与他人签定的物权处分合同是否有效，存在不同认识。我们认为，预告登记主要限制的是不动产物权人的处分行为，但是物权人与第三人之间的合同，系包含债权债务内容的负担行为，该合同效力的判断关键是看双方是否已达成真实一致的意思表示，由于预告登记权利的限制，即使该合同不能得以履行，只是在双方之间产生违约责任的问题，而不能据以得出合同无效的结论，也就是说，要将合同效力与合同履行区分开来。需要注意的是，如果不动产物权人与第三人之间恶意串通的，则违反了合同法第五十二条的规定，预告登记权利人则有权主张相应的物权处分合同无效。(3)债权人单方申请的预告登记具有登记效力。对于物权法第二十条所称的："按照约定可以向登记机构申请预告登记"如何理解，存在不同认识，有的认为是指按照双方有关预告登记相关事项的约定，来申请预告登记，即预告登记需债权债务人双方之合意，否则债权人不可单方提起申请；有的认为是指按照当事人有关转移物权的内容、期限等约定向登记机构申请预告登记，即预告登记不需双方合意，债权人可单方提出登记申请，只是预告登记的具体内容和事项受限于物权变动合同约定的范围。我们认为后一种观点较为合理，如果以双方就预告登记达成合意为前提，则一旦债务人不同意，则债权人就无法通过预告登记来保全其权利，不符合预告登记制度的设立精神，其实在实践中，一般亦多认可单方申请登记的效力，如上海市人常委会制定的《上海市房地产登记条例》第五十一条第二款规定："当事人为保障将来实现房地产权利，可以持预告登记的约定文件单方申请预告登记。"

第四条　【抗辩预告登记权利人转移物权请求的要件事实】针对预告权利人转移不动产物权的请求，不动产物权人予以抗辩的，应当举证证明其依据约定享有相应履行抗辩权的要件事实。

【说明】针对预告权利人转移不动产物权的请求，不动产物权人予以抗辩的，应当举证证明存在相应的要件事实，即不动产物权人或者其依据约定享有相应履行抗辩权的要件事实，以证明对方请求不成立。建立预告登记制度的目的是保全物权变动请求权提供法律保障，但并不改变该物权变动请求权本身，也就是说享有预告登记权利，并不代表可以径行要求对方无条件协助履行过户手续。预告登记中的义务人仍可基于原债权债务关系，享有对该请求权人的抗辩权，并通过该抗辩权的行使而使预告权利人的请求权受到限制，甚至可能会使预告登记的效力消灭。如在商品房预售合同中，虽然预售合同已进行了预告登记，但是购房人违约未付清房款，出卖人有权对购房人要求产生过户的请求提出抗辩；如果购房人事后又履行了合同义务，补清了房款，可以请求转移物权；如果购房人明确表示不再支付余款，不愿意继续履行合同，致使合同目的无法实现，出现解除合同或终止履行的局面，则出售方不再负有交房义务，预告登记亦无继续存在的必要，此时预告登记效力即告消灭。

第五条　【辩称预告登记失效的要件事实】针对预告登记权利人请求确认不动产物权人处分行为不发生物权效力的主张，不动产物权人或第三人予以抗辩的，应当提供证据证明自能够进行不动产登记之日起三个月内，预告登记权利人未申请登记，预告登记已失效。

【说明】针对预告登记权利人请求确认不动产物权人处分行为不发生物权效力的主张，不动产物权人或第三人予以抗辩的，应当提供证据证明自能够进行不动产登记之日起三个月内，预告登记权利人未申请登记，预告登记已失效。预告登记要发生请求权所指向的物权变动,请求权人还必须在约定或者规定的时间行使其请求权,并以自己的行为实现物权变动。否则,请求权人届时不积极行使自己的请求权,对原来希望发生的物权变动持消极的态度,法律没有必要保护权利上的睡眠者,应当使该权利消灭,以促使请求权人积极行使请求权。并且,预告登记权利人迟迟不进行登记,必然会导致不动产的流通性受到限制,也不利于物尽其用。至于预告登记所保护请求权的行使期间,物权法规定为自能够进行不动产登记之日起三个月,该期间为除斥期间,不得中止、中断或延长。

这里所谓的"能够进行不动产登记之日",需要注意从三个方面来理解:第一,要看不动产本身是否具备了转移登记的法定条件,如预购的商品房已建成且办理了所有权初始登记的,预告登记权利人就能够将预告登记转为本登记。第二,要看权利或义务主体是否具备了转移登记的现实条件,如自然灾害等不可归责于双方的事由,导致客观上无法办理转移登记的,则不属于"能够进行不动产登记"。第三,要看合同履行是否符合双方的约定条件,如一方是否已尽通知义务,款项是否付清等,如未尽到合同义务,导致转移登记无法进行的,也不符合"能够进行不动产登记"的要求。

当然,如果物权变动基础法律关系已消灭,预告登记失去其存在的意义,如买受人在购买现房且办理了预告登记之后又与出卖人协商终止合同;再如因出卖人交付的房屋不符合合同约定的条件构成严重违约,买受人解除买卖合同,作为预告登记的基础法律关系丧失,预告登记也应随之注销,这也是预告登记附随性特征的体现。

第六条　【主张物权变动的要件事实】当事人一方主张物权变动的,应当举证证明存在物权变动基础法律关系的要件事实。

【说明】物权变动有两种形式:第一种是基于法律行为而进行的物权变动,是指以一方当事人的单方意思表示或双方当事人共同的意思表示为基础进行的物权变动,这种变动方式在实践中较为常见和典型,其遵循的是物权法第九条和第二十三条的规定,即不动产经依法登记发生效力,动产自交付时发生效力。第二种是基于非法律行为而进行的物权变动,指基于法律行为以外的原因引起的物权变动,物权法的第二十八条至第三十条对此作了相应的规定,其遵循的是法律的直接规定,即只要法定原因发生,物权就直接发生变动,不经登记或交付,直接发生效力。

对于基于法律行为的物权变动,需要通过两个阶段的行为来完成:一是物权变动基础法律关系的设立,通常是指签订以发生、变动、消灭债权债务关系,从而引发物权变动为主旨的债权合同,学理上称之为物权变动的原因行为,如买卖双方签订房屋买卖合同;二是物权变动行为,该行为以设定、变动和消灭物权为目的,如双方至房产交易登记机构办理产权过户手续。物权变动的基础法律关系,在当事人之间仅产生债的权利义务关系,在债法意义上具有约束力,合同成立生效并不意味着物权就当然地发生了变动,但是该基础法律关系是物权变动的重要基础和原因,无此基础关系,当事人要求物权变动的请求权亦就失去了权源根基,无法请求对方履行交付或协助登记等变动义务。这里的"物权变动",包括所有权转移、用益物权设定、担保物权设定等法律行为,当事人主张相应的物权变动时,应当提供证据证明双方之间存在买卖合同、用益物权设定合同、抵押设定合同、质权设定合同,以债务人不履行到期债务而债权人可以留置合法占有的动产等要件事实。

这里要注意的是,一般情形下,物权变动请求权的诉讼时效,仍适用二年的时效,因为在物权变动结果发生前,物权未发生转移或设定,请求人只能基于债权请求权要求对方交付或协助登记。

另应注意的是,对于基于非法律行为的物权变动,如依人民法院、仲裁委员会的法律文书或者人民政府的征收决定等引发的物权变动,因继承或者受遗赠引发的物权变动,因合法建造、拆除房屋等事实行为引发的物权变动,当事人无须主张物权变动,因为法定的非法律行为一旦出现,相应的物变动便依据法律规定自行完成,无须他人协助,如果当事人对物权归属有争议的,可以提起物权确认之诉,对此后文将详述。不过应予注意的是,虽然非法律行为能够直接引起物权变动,但是后续的变动登记、交付等行为,可能仍需他人的协助或配合,他人亦应积极履行前述义务,当然这种义务不是协助进行物权变动的义务。

第七条　【主张恢复物权变动原状的要件事实】当事人一方举证证明存在如下要件事实之一的,有权主张恢复物权变动原状。

(一)物权变动基础法律关系已经解除的;

(二)物权变动基础法律关系被确认无效的;

(三)物权变动基础法律关系被撤销的;

(四)引起物权变动的人民法院、仲裁委员会的法律文书或者人民政府的征收决定等被撤销的;

(五)其他应予撤销物权变动结果的情形。

【说明】在不动产登记章节中,物权法第十五条规定,当事人之间订立有关设立、变更、转让和消灭不动产物权的合同,除法律另有规定或者合同另有约定外,自合同成立时生效;未办理物权登记的,不影响合同效力。本条规定的内容,理论上称之为物权变动结果与其原因行为之间的区分原则。物权法上能反映区分原则的规范不只第十五条,还应包括第二十三条、第三十一条等规定,也就是说物权区分原则同样适用于动产物权的情形。

物权法的物权区分原则,主要包括两个方面的含义:(1)明确合同行为与物权变动之间的相对独立性。作为物权变动原因的合同行为,是指以产生债权债务为内容的法律行为,亦称负担行为,主要以意思表示为要件,适用合同法调整;作为处分结果的物权变动,是指直接使权利发生、变更或消灭的行为,包括不动产的转移登记,以及动产的交付等行为主要以法定要素为要件,适用物权法调整。合同行为与物权变动的相对独立表现在两个方面,从物权变动独立于合同行为的角度讲,由于我国的物权变动模式采取债权形式主义,因此物权变动效果的发生,不是合同行为的当然和直接结果,物权变动需要凭籍不动产物权的变动登记以及动产的交付方可完成;从合同行为独立于物权变动的角度讲,除法律另有规定或者合同另有约定外,旨在设立物权变动的债权合同,一经双方意思表示一致,合同成立并生效,而物权变动是否已经实现,并不影响合同的效力。这对原有的相关规定,进行了较大的改变,如过去将抵押权的成立和抵押合同的效力混为一谈,物权法则进行了相应区分。(2)坚持物权变动的有因性。物权变动是坚持无因性,还是坚持有因性,对于当事人的请求权确定,以及法院的处理思路有着重大影响。在坚持物权行为理论的德国,以无因性作为其原则,物权行为的效力不受债权行为左右,债权合同不成立、无效或者被撤销,而物权行为仍为有效,出卖人只能依不当得利请求买受人返还原物,不能以物权人的身份请求返还原物。但与之相反,在我国的物权法体系下,仍坚持了以往的做法,合同行为与物权变动之间的独立性并非绝对,在一定程度上,物权变动的效力受到作为变动原因的合同行为的影响和支配,即债权行为不成立、不生效、被撤销或无效,其物权状态也应被随之变动,原权利人可以要求恢复物权。

在司法实践中,基于合同行为与物权变动之间的相对独立性,当事人不得以物权变动未进行登记的要件事实,以主张物权变动合同未生效,从而拒绝履行合同。同时,基于物权变动的有因性,在当事人一方举证证明存在如下要件事实之一,有权要求恢复物权原状:(1)物权变动基础法律关系已经解除的。基础法律关系即合同解除后,双方应恢复至合同成立之前,故物权变动结果亦应恢复,这里的“解除”包括法定解除和约定解除。(2)物权变动基础法律关系被确认无效的。以欺诈、胁迫的手段订立合同损害国家利益,恶意串通,损害国家、集体或者第三人利益,以合法形式掩盖非法目的,以及其他损害社会公共利益、违反法律和行政法规的强制性规定的,以物权变动为内容的债权合同应确认为无效,此时物权变动的基础关系不复存在,合同双方应相互返还已履行的给付,相应的物权变动结果亦应随之无效。(3)物权变动基础法律关系被撤销的。因重大误解订立或订立时显失公平,或者以欺诈、胁迫的手段或者乘人之危,使对方在违背真实意思的情况下订立的物权变动合同,且当事人请求撤销该合同的,一旦撤销合同的理由成立,双方的法律关系应恢复至合同成立之前,物权变动结果自然也当恢复。(4)引起物权变动的人民法院、仲裁委员会的法律文书或者人民政府的征收决定等被撤销的。根据物权法第二十八条的规定,人民法院、仲裁委员会的法律文书可以导致物权变更,但是在这类生效法律文书在事实认定、法律适用或程序上存在严重瑕疵时,就会被撤销或变更,此时物权变动相应的变更基础,自审判监督监督程序结束后,原权利人可以请求恢复物权。(5)其他应予撤销物权变动结果的情形。只要能够证明物权变动的原因,不具有相应的合法性基础,便可请求撤销物权变动结果。如无权处分情形下,第三人明知无权处分的事实,仍实施购买行为,不属于善意第三人,即使其不动产已过户至其名下,但是原权利人仍可以请求撤销该项物权变动。

第八条　【主张确权的要件事实】在物权归属和内容不明或发生争议时,当事人一方主张其享有某项物权的,应当提供证据证明存在如下要件事实之一:

(一)通过合同协议等法律行为取得了标的物物权;

(二)通过法院、仲裁的裁决等取得了标的物物权;

(三)通过继承或者受遗赠等行为取得了标的的物权;

(四)通过合法建造等事实行为取得了标的物物权;

(五)自己系实际的隐名物权人;

(六)其他能够证明享有物权的事实。

另一方否认上述诉讼主张的,应当证明存在相应的要件事实予以反证。

【说明】物权确认,是指在物权归属不明或者发生争议时,利害关系人请求有关国家机关确认物权归属、解决物权争议的行为。物权确认不仅包括对物权是否存在进行确认,还包括对物权支配范围的确认。前者是指当事人一方对另一方是否享有物权发生争议,包括对所有权和他物权的确认;后者是指当事人对物权的内容发生争议,请求对物权的内容进行确认,如登记机构将抵押权所担保的债权数额记载错误,登记机构又不同意变更的,可请求法院确认其相应的物权内容。

当事人在主张确认物权时,需要证明其已基于法律行为,或者非法律行为取得了争议物权的要件事实。具体来讲,当事人需要举证证明通过以下方式之一,证明其系争议物权的权利人:

(1)通过合同协议等法律行为取得了标的物物权

与不动产物权的登记公示方法不同,动产主要采取占有和交付的公示方法,因此在动产物权产生争议时,除了应证明存在取得标的物物权的合同协议等法律行为外,还应证明存在交付行为。因此,在实践中应注意如下问题:

第一,证明享有动产物权时,不仅要证明存在相应的动产物权变动合同,还要证明物权变动合同确已得到了实际履行,即动产确已进行了交付,交付方式既可以是典型的直接交付,还可以是物权法第二十五条、第二十六条、第二十七条分别规定的简易交付、指示交付、占有改定等观念交付形式。

第二,所有权保留问题。合同法第一百三十三条、第一百三十四条规定,标的物的所有权自标的物交付时起转移,“但法律另有规定或者当事人另有约定的除外”,当事人可以在买卖合同中约定买受人未履行支付价款或者其他义务的,标的物的所有权属于出卖人,即在动产所有权转移上留有当事人自由约定的处分空间。但是,物权法第二十三条规定,除法律另有规定外,动产物权的设立和转让自交付时发生效力,未规定“当事人另有约定”的内容。对此,所有权保留的规定是否仍可适用产生不同争议,有的认为应严格遵循物权法的新规定,不再承认所有权保留制度,有的则认为仍需尊重当事人意思表示,承认该制度的有效性。我们认为,表面看来,物权法第二十三条作为强制性规范,排除了当事人自由约定的可能,但由于该条所谓“法律另有规定”,包括了物权法第二十五条至第二十七条确认的简易交付、指示交付以和占有改定三种替代交付方式。因此,所有权保留即可视为当事人特别约定的一种类型,即尽管出卖人已将标的物交付给买受人,但在买受人履行完毕合同义务之前,所有权不发生转移,此时出卖人向买受人进行的标的物之现实交付,并非是在履行转移标的物所有权的义务,而是服务于买受人对于标的物直接占有、提前使用的需要;待买受人履行合同义务完毕后,方发生所有权的转移,由于买受人已提前取得标的物的直接占有,这时标的物所有权的转移只需借助简易交付的方式即可完成。故所有权保留的相关规定仍应予适用。

第三,对于特殊动产,如物权法第二十四条规定的船舶、航空器和机动车,交付即发生物权转移的效力,但未经登记不得对抗善意第三人。实践中,由于当事人交易不够规范,存在交付且登记、交付未登记、登记未转移占有等多种变动形式,根据物权法第二十三条规定,动产物权的设立和转让自交付时发生效力,交付且登记、交付未登记这两种形式能够引起物权变动应无疑问,关键是登记未转移占有是否导致物权变动的问题,存在不同认识。我们认为,登记未转移占有是否会引起物权变动,不能一概而论,主要是看双方的意思表示,如果双方同意登记即为交付,并由出让人继续占有该准不动产的,说明双方愿意通过占有改定的方式交付,此时应认为物权已发生变动;如果双方无前述意思表示,说明双方未进行实际交付,依据物权法第二十三条关于动产物权转让自交付时发生效力的规定,此时应认为物权未发生变动。

第四,部分不动产物权的取得并非以登记为前提。如物权法第一百二十七条规定的土地承包经营权自土地承包经营权合同生效时设立,第一百五十三条规定的宅基地使用权的取得、行使和转让以土地管理部门批准为条件,第一百五十八条规定的地役权自地役权合同生效时设立。这些用益物权的设立和取得,不以登记为必需,而是以合同生效或行政部门批准为要件,在判断这些不动产用益物权的权利主体时,可以结合合同法的相关规范进行确认。

(2)通过法院、仲裁的裁决等取得了标的物物权

物权法第二十八条规定:“因人民法院、仲裁委员会的法律文书或者人民政府的征收决定等,导致物权设立、变更、转让或者消灭的,自法律文书或者人民政府的征收决定等生效时发生效力。”此规则与物权变动的一般规则不同,其不以登记或交交付为物权变动的要件,而是以有关机关作出的裁决或决定生效为变动要件。

人民法院、仲裁委员会的法律文书包括判决、裁定、决定、调解书以及各种命令、通知等,其中判决又可分为给付判决、确认判决和形成判决,但并不是人民法院作出的所有法律文书都可以直接引起物权变

动。一般认为，只有形成性的法律文书才属于物权法所规定引发物权变动效力的法律文书，即法院、仲裁委员会作出的具有形成力的判决书、调解书、裁定书等。所谓形成力，指的就是可以使既存的法律关系发生消灭或变更的效力，该形成力改变的是动产或不动产上物权的归属和内容，一旦生效便发生物权变动。这里需要注意三个问题：

第一，确认性法律文书、给付性法律文书不会直接导致物权变动。通过确认性的民事法律文书，只能达到确认某个民事法律关系的存在或不存在的目的，本身并不会直接导致物权的变动，例如，房屋本为甲所有，但是登记簿上错误地将乙记载为所有权人，甲请求法院归其所有，法院作出确认归甲所有的判决后，所有权没有发生变动，因为房屋本来就是归甲所有，法院确认判决只是证明登记簿记载错误的证据而已。给付性的民事法律文书仅仅是为了实现已经存在的法律关系或法律状态，而非改变既存的法律关系或状态，其不会引发物权的设立、转让、变更或者消灭，如出卖人未履行将房屋过户登记的义务，买受人要求协助登记过户，在法院作出应履行该义务的给付判决后，此时房屋所有权并未发生转移，待出卖人自愿履行或强制执行后，方发生转移。

第二，具有形成力的民事法律文书的主要类型。一是确认物权变动行为无效或撤销该行为的判决书、调解书或裁决书，该情形下除非该动产或不动产已为他人善意取得，否则出卖人、转让人无须登记或交付，自判决生效时就重新成为该动产或不动产的物权人。二是共有动产或不动产的裁判分割，作出的分割共有动产或不动产的判决书、调解书等，无须登记或交付即发生物权变动之效力。

第三，因不同判决生效的时间不同，其所引起的物权变动的具体时间也存在差异。依照民事诉讼法的规定，地方各级法院作出的、法律允许上诉的一审判决，当事人未在上诉期内提起上诉的，上诉期限届满，判决即发生法律效力。因此，因该类判决引起的物权变动生效的时间应为上诉期限届满之日。最高法院作出的判决、中级以上法院作出的二审判决和地方各级法院作出的不准上诉的一审判决，一经作出立即生效。因此，因该类判决引起的物权变动生效的时间应为判决作出之日。此外，根据最高人民法院《关于人民法院民事执行中拍卖、变卖财产的规定》第二十九条的规定，不动产、有登记的特定动产拍卖成交或者抵债后，该不动产、特定动产的所有权自拍卖成交或者抵债裁定送达买受人或者承受人时起转移。

(3)通过继承或者受遗赠等行为取得标的物物权

物权法第二十九条规定："因继承或者受遗赠取得物权的，自继承或者受遗赠开始时发生效力。"这里继承或者受遗赠的发生，自被继承人死亡或受遗赠开始时开始，均不以继承或者受遗赠的意思表示必备要素，而是依法律规定产生法律后果，继承人或者受遗赠人不需要具有相应的民事行为能力，因此继承或者受遗赠属于事件引发的物权变动。对于上述规定，关键是要正确认识物权变动的时间如何确定。

第一，在继承情形下，物权变动节点为被继承人死亡之时。根据我国继承法第二条的规定，继承开始的时间为被继承人死亡时的时间。因此，被继承人死亡时即发生物权的变动效力。所谓"死亡"，既包括事实死亡，也包括宣告死亡，宣告死亡的自判决所确定的死亡之时继承开始。

第二，在遗赠的情形下，对物权变动节点存在不同认识。一种观点认为，物权变动则始于遗赠人死亡之后、受遗赠人作出接受遗赠的意思表示之时；如果受遗赠人不愿接受遗赠，则不发生物权变动。另一种观点认为，被继承人死亡时即发生物权变动的效果，变动后的权利人是被继承人的法定继承人，之后在受遗赠人表示接受遗赠时，法定继承人已经继承的财产权利再一次发生变动，即从法定继承人处转移到受遗赠人处。我们认为，在第一种观点之下，会导致自遗赠人死亡之后到受遗赠人表示接受期间，遗赠物及孳息权利主体缺位的状态，不利于对物权的固定和保护；在第二种观点之下，从法定继承人到受遗赠人的所谓"二次物权变动"，既无法律依据，又无法理基础，并且会徒增法定继承人与受遗赠人之间的矛盾纠纷。根据我们的理解，遗赠作为一种单方法律行为，只要遗嘱的形式及内容合法，即可发生法律效力，无须受遗赠人同意。由于遗赠是一种死因行为，遗赠在遗赠人死亡时发生法律效力，故受遗赠开始的时间通常为遗赠人死亡的时间。此外，继承法第二十五条第二款规定："受遗赠人应当在知道受遗赠后两个月内作出接受或者放弃受遗赠的表示，到期没有表示的，视为放弃受遗赠。"据此规定，即使受遗赠人已经依物权法的规定取得遗赠的物权，但如果其在两个月内未明确表示接受遗赠，则应视为放弃已取得的物权，归法定继承人继承。

(4)通过合法建造等事实行为取得标的物物权

物权法第三十条明确规定："因合法建造、拆除房屋等事实行为设立或者消灭物权的，自事实行为成就时发生效力。"本条是关于事实行为引发物权变动的规定。所谓事实行为，是指行为人主观上不一定具有发生、变更或消灭正常民事法律关系的意思,但客观上能够引起这种后果的行为,如建造房屋、拆除房屋等。与法律行为必须有意思表示不同,事实行为的行为人虽然也有内心意思,但行为人只要事实上实施了一定行为,无须将内心意思表示出来,即可发生一定的法律效果,如建造房屋,属于取得权利的事实行为,房屋建成之时就是事实行为成就之时,房屋建好后即在事实上产生了房屋的所有权,建造人亦因此取得该房屋的所有权。这种所有权属于事实上的所有权,所以不以登记和交付作为权利取得的要件。

对于合法建造等事实行为取得物权的情形,应注意两个问题:其一,该规定既适用于不动产,亦适用于动产。上述条款虽然以列举规定的方式,表明合法建造、拆除房屋等可引发物权设立或消灭,但并不表明排除对动产物权变动的规制,事实行为同样可以导致动产物权的设立或消灭,如打造桌椅、制作衣服等,可产生相应的动产物权。其二,违法行为如违法建造等,不能产生设立物权的法律效果。物权具有支配性、排他性、绝对性等特征,现代民法理论普遍认为不自由或者不完全的物权就不是物权,违法行为产生的物,由于其先天的违法性,其使用效能及处分权能受到严重限制,故不能取得物权。对此,物权法亦强调事实行为的"合法"基础。对于建筑物的合法建造,主要是强调完成了特定的审批手续,取得了合法的土地权利,符合规划要求。当然,对于违法建筑虽然不能享有物权,但建造人对建筑材料仍享有所有权。

(5)自己系实际的隐名物权人

现实中存在较多的隐名物权现象,即本人出于特定考虑,让受托人在享有代理权的前提下,不表明本人的委托人身份,或者披露受托人的受托人身份,直接以受托人名义与第三人进行交易,所取得物权形式上亦为受托人所有。这种委托关系而为的代理行为,按照合同法第四百零四条的规定:"受托人处理委托事务取得的财产,应当转交给委托人",受托人基于代理行为所取得的财产也应当为委托人所有,也就是说,一旦产生权属争议,还是应查明真实的物权状态,而不能简单以表面的物权公示状态为准,确定由隐名物权人享有物权。如买房时,甲委托乙以乙的名义购买,并登记在乙名下,并私下约定房屋产权为甲所有,甲应为房屋所有权人。

(6)其他能够证明享有物权的事实

除上述要件事实外,当事人一方能够提供其他要件事实,证明自己系物权的实际权利人,法院应支持其确权请求,如通过政府部门的救助、他人赠与等行为,取得相应物权。

物权确权案件除可能涉及上述六个方面外,还要另外注意如下三个方面的问题:(1)确认物权纠纷不适用诉讼时效。一方面,物权是对世权、是绝对权,任何人均负有不妨碍权利人行使权利的义务,如果确认物权适用诉讼时效,则物权的保护就失去了根基,从而使标的物得不到正常的利用,不利于交易秩序和社会公共利益,显然与诉讼时效制度的立法本旨相背离;另一方面,假设法院驳回一方确认物权的请求,这就等于从实质上承认另一方享有相应物权,变相承认了取得时效的实践运用,但是我国物权法并未承认和规定取得时效制度,故确认物权适用诉讼时效亦没有法律依据。(2)依非法律行为取得不动产物权的权利人,处分物权时,如果处分前未进行宣示登记的,不产生物权效力。所谓宣示登记,是指登记不作为权利得丧变更的依据,其作用仅在于向外宣示标的物的权利状态,即向公众昭示不动产的权利和负担情况。根据物权法第二十八条至第三十条非法律行为所取得的物权,属于物权公示原则的例外,实践中可能导致实际权利状态与登记所载的权利状态不尽相同,造成所谓事实物权与法律物权的分离,所以不动产物权取得人在处分该不动产时,容易妨害善意第三人的利益,对交易秩序和交易安全带来隐患,故物权法对这类不动产物权的处分行为进行限制,即必须以先行宣示登记。未宣示登记虽然不产生物权效力,但是处分行为仍具有债权效力,如甲继承其父死亡之后遗留的房屋,但尚未办理变更登记,此时甲将房屋赠与乙,尽管甲已取得房屋所有权,由于未经宣示登记,其赠与房屋的处分行为不发生所有权转移的效力,但双方的赠与合同仍为有效。(3)土地权属争议不属于民事案件的受理范围。土地权属争议是指土地法律关系的当事人双方因土地所有权和土地使用权的归属等而发生的争议。土地管理法第十六条规定:"土地所有权和使用权争议,由当事人协商解决;协商不成的,由人民政府处理。单位之间的争议,由县级以上人民政府处理;个人之间、个人与单位之间的争议,由乡级人民政府或者县级以上人民政府处理。当事人对有关人民政府的处理决定不服的,可以自接到处理决定通知之日起30日内,向人民法院起诉。"据此,土地权属争议应以行政解决为前置程序,对行政决定不服的,方可再提起行政诉讼。

第九条 【主张返还原物的要件事实】当事人一方认为物权受到侵害,主张另一方返还原物的,应当举证证明享有相应物权权利,以及另一方无权占有该物的要件事实。

【说明】物权法第三十四条规定:“无权占有不动产或者动产的,权利人可以请求返还原物。”本条是关于返还原物请求权的规定,该请求权是物权请求权的一种。所谓物权请求权,是指当物权的圆满状态受到妨害或有可能发生妨害时,物权人为了使其物权恢复到圆满状态,请求妨害人为一定行为或不为一定行为的权利,包括返还原物请求权,排除妨碍、消除危险请求权等。物权请求权的行使,不需要证明相对人是否具有主观过错,只要证明存在物权受到行使妨害或危险的客观事实即可。

返还原物请求权的行使,必须满足如下要件事实:(1)当事人一方享有涉案标的物的相应物权。对此,可参考上述第六条关于确认物权要件事实的相关内容,不再赘述。(2)另一方是现在占有涉案标的物之人。占有人必须是现在占有物的人,即在提出请求时仍然占有物的人。如果曾经的占有人现在已经不再占有该物,或者物已经灭失,就不应再请求其返还原物,他也无法返还。现在占有人可以是直接占有人,也可以是间接占有人。(3)另一方的占有构成无权占有。依据占有人对物的占有是否有法律依据和合同约定,将占有分为有权占有和无权占有。这种划分是按照占有是否有本权划分的。所谓本权,是指基于法律上或合同约定的原因,可以对物进行占有的权利。本权可以是物权,如所有权、质权等,也可以是基于债权,如租赁、借用等。有权占有即指有本权的占有;无权占有是指无本权的占有,通过犯罪对财物的占有,购买非所有权人的物品,拾得遗失物、漂流物以及对物主不明的埋藏物、隐藏物的占有等均为无权占有。对于无权占有,占有人是否具有过错、占有人是否善意、占有人是自始无本权还是嗣后无本权、占有人如何获得占有,都不影响返还原物请求权的行使。考虑到举证责任分担的一般原理,“无权占有”是消极事实,提起诉讼的一方不负举证责任;如果另一方抗辩其为有权占有,应由其负举证责任。

原物返还请求权的纠纷中,需要注意如下五个方面的问题:

(1)原物返还请求权是否适用于货币。由于货币的本质在于流通,货币具有共通性,无个性之分,系具有高度替代性的物,一般认为认占有即为谁所有,即适用占有推定为所有的规则,故原则上货币应当不适用原物返还的法律规则,当事人只能要求归还同类物。但是,如果货币具有特殊的个性化因素,难以通过其他货币所取代的,如特殊号码的纪念币,则当事人可以要求返还原物。

(2)所有人将其物设定了用益物权、租赁权等,第三人侵害了占有,所有人是否可以向第三人请求原物返还请求权。对此,存在不同的观点,一种观点认为,所有人应当可以行使该项权利,因为他仍然是所有人。另一种观点认为,所有人不得请求向自己返还,只可以请求向用益物权人或租赁权人等返还,否则,就会导致所有人侵夺他物权人或债权人的占有。我们认为第一种观点较为合理,通常来讲所有权所受到他物权、债权的限制,仅限于后者为正常的履行情形,如果后者受到侵犯,则需要通过救济恢复该履行状态,在主张救济时会产生请求权主体的竞合,所有人及他物权人、债权人应当均有权主张返还原物,因为所有人主张返还原物,不仅不会妨害他物权人、债权人的后续占有,反而会帮助物尽快回复到他物权人、债权人的控制之下,对后者是一种有利行为,应给予支持。

(3)在遗失物被无权处分时,物的所有人向买受人请求返还,是否属于原物返还请求权。我们认为,既然物权法第一百零七条确立了遗失物原则上不能善意取得的规则,那么遗失物的处分并不导致所有人丧失其所有权,因此,其请求返还原物的权利应当是物权请求权之中的原物返还请求权。只不过,第一百零七条的规定应当属于原物返还请求权的特殊规定,该条中的权利要受到二年的诉讼时效的限制。

(4)孳息及相关费用的处理。物权法第二百四十三条规定:“不动产或者动产被占有人占有的,权利人可以请求返还原物及其孳息,但应当支付善意占有人因维护该不动产或者动产支出的必要费用。”这里涉及两个方面:第一,关于孳息的返还问题。根据“孳息物随原物”的基本法则和对所有权的完整保护的要求,以及物权法第二百四十三条的具体规定,纵使无权占有人为善意,原则上亦需返还孳息。第二,关于必要费用的问题。根据占有人的主观心理状态,可将无权占有分为善意占有和恶意占有。善意占有是指占有人不知道或者不应当知道自己没有合法根据而从事的无权占有;恶意占有则与此相反。对于善意占有人因维护该不动产或者动产支出的必要费用,请求返还原物的权利人应当支付;对于恶意占有人支出的必要费用,则不必支付。所谓必要费用,分为通常必要费用和特别必要费用,前者是在通常情况下为维持物的原有状态而支出的费用,而后者是在特殊情况下所支出的费用,如占有物因火灾受损而支出的修缮费用等。

(5)原物返还请求权是否适用诉讼时效。无论是物权法,还是最高人民法院出台的《关于审理民事案件适用诉讼时效制度若干问题的规定》,对物权请求权是否适用时效,均未予规定,对该问题的认识不一。有的认为,已登记的不动产物权所产生的物上请求权不宜适用诉讼时效,未登记的不动产、动产则适用;还有的认为,物上请求权均不适用诉讼时效。我们认为,不动产或动产的物权请求权均不适用诉讼时效,从反面来讲,如果适用诉讼时效限制,就会导致物权可能处于一种非常不确定的状态,即所有权人无法请求返还,而占有人又没有取得占有物的所有权,却有权拒绝返还。同时,物权请求权是物权效力的体现,是附属于物权而存在的,物权本质是一种支配权,物权请求权则应同物权一样适用同一时效,即不适用诉讼时效,否则会出现权利及其救济体系衔接不合理的情况。此外,在我国仍然应大力提倡私权保护的社会主义初级发展阶段,侧重保护权利人的权利仍为必要。至于有人担心,如不适用诉讼时效,不利于督促物权人及时行使权利,其实物权法所规定的关善意取得等制度,即可以促使物权人尽早行使权利,否则标的物会被善意第三人取得,从而不能要求返还原物。

第十条　【抗辩返还原物主张的要件事实】针对当事人一方提出的返还原物主张,另一方提出抗辩的,应当证明存在如下要件事实之一:

(一)自己基于法律或合同依据,有权占有标的物;

(二)标的物已灭失,原物不复存在,只能以其他责任形式代替返还原物;

(三)标的物已由善意第三人取得;

(四)其他不能或不应返还原物的情形。

【说明】针对当事人一方提出的返还原物主张,另一方提出抗辩,否定返还原物主张的,应当证明存在如下要件事实之一:

(1)自己基于法律或合同依据,有权占有标的物。根据占有取得的方式不同,可将有权占有分为法定占有、约定占有。法定占有是指对物的占有权来自法律规定,如国家机关、国有企事业单位对其管理的国有资产的占有、监护人对被监护人财产的占有、法定继承人对被继承人遗产的占有、所有权人对其所有物的占有等均属于法定占有。约定占有是指当事人通过签订合同或其他合意,将一方对物的占有转移给另一方占有,如租赁权人对租赁物的占有、质权人对质物的占有、承包人对承包物的占有、仓储保管人对保管物的占有等均为约定占有。

(2)标的物已灭失,只能以其他责任形式代替返还原物。返还原物请求权的内容为请求相对人为一定行为或不为一定行为之给付,而给付形式相当于债权中的给付,在给付不能的情形下,典型情形如标的物已灭失,原物不复存在,相对人可对返还请求提出抗辩,但因可归责于相对人事由的,所致给付不能时,相对人须对请求权人负损害赔偿之责。

(3)标的物已由善意第三人取得。依物权法规定的动产善意取得规则,占有人将动产转让给第三人,第三人善意受让该动产,即占有人无处分权利,第三人仍取得该动产之物权,阻隔了原物权的追及力,限制其返还原物请求权的行使。

(4)其他不能或不应返还原物的情形。如返还请求的对象错误,被请求人可以请求对象错误抗辩,还比如请求人实际不享有物权,行使请求权的主体不适格。

第十一条　【主张排除妨害或消除危险的要件事实】当事人一方认为物权受到侵害,要求另一方排除妨害或消除危险的,应当举证证明存在如下要件事实之一:

(一)另一方行为已对物权造成妨害,现实地阻碍了物权人行使权利;

(二)另一方行为尚未对物权行使造成妨害,但是造成妨害的危险可以合理预见,可能导致一定的妨害。

【说明】物权法第三十五条规定:“妨害物权或者可能妨害物权的,权利人可以请求排除妨害或者消除危险。”此条规定的是排除妨害或消除危险请求权。行使该请求权时,应分别举证存在如下要件事实之一:

(1)要求排除妨害的,要证明另一方行为已对物权行使造成除占有消灭或物权消灭以外的妨害,现实地阻碍了物权人行使权利。所谓排除妨害,是指当所有权的圆满状态受到占有以外的方式妨害时,所有人对妨害人享有请求其排除、使自己的权利恢复圆满状态的权利。此处的“妨害”,是指已经实施了某种妨害所有人行使物权的行为,现实地造成了权利行使的阻碍,如以危险方法危害物权标的物安全,以不正当方法妨害他人正常行使物权等。

(2)要求消除危险的,要证明另一方行为可能会对物权行使造成妨害。对于未来妨害的排除,则应适用“消除危险”的请求权。对于一般抽象的危险,法律不加以保护,此处所说的“危险”,应为具体的事实的危险,必须是可以合理预见和感知确实存在着某种危险,而不是主观臆测的危险,主要是指他人的行为或者设施可能造成自己物权行使的妨害,此种损害尚未发生但又确有可能发生,对此种危险所有人有权请求排除,如请求邻居拆除可能倒塌的建筑物。这里需要理清消除危险与排除妨害之间的区分,二者之间既有关联又有差异。从关联性的角度讲，消除危险是从排除妨害中派生出来的，二者都是因为相对人妨害物权的行为导致的。从差异性角度讲，排除妨害要求相对人积极地采取措施排除现实已经发生了的妨害，而消除危险则要求相对人积极地消除将来发生妨害或损害的可能性，换言之，妨害必须是已经发生的，而危险则是尚未发生的。

在处理排除妨害或消除危险的纠纷中，需要注意如下几个方面的问题：

(1)排除妨害或消除危险请求权的相对人，包括行为妨害人和状态妨害人。所谓行为妨害人，是指通过自己行为导致妨害发生的妨害人，行为妨害人须对自己行为所导致的妨害负排除责任。所谓状态妨害人，是指因其控制之下的物而导致妨害发生的妨害人，包括物件持有人、设施经营人、设施管理人等，状态妨害人须对自己有支配力的妨害状态负排除责任即使妨害状态系由他人行为所造成。如甲、乙、丙宅基地相邻，丙将拆除房屋的垃圾堆放于乙宅基地上，堵塞了甲的出行通道，甲既可以行为妨害为由对丙提起诉讼，又可以状态妨害为由，对乙提起诉讼，要求其排除妨害。

(2)“妨害”不能等同于“损害”。妨害是一种干扰和侵犯他人物权的行为，泛指对他人物权强行施加了一种广义上的不利影响，从而破坏了他人物权的完好性和他人行使物权的顺畅性，也就是说，妨害状态并不必然要求存在实际损害，实际损害是侵权损害赔偿的要件之一，不是排除妨害请求权的要件。如大风吹倒某人的树，拦住了邻居的出口，该行为显然未造成房屋价值的减损，义务人不负有赔偿之责，但其仍负有及时排除妨害的义务。

(3)注意把握排除妨害与相邻纠纷的关系。物权法第七章的相邻关系规定，是对相邻方行使物权权利相互冲突时关系的调节，其既有对一方自由支配力的限制，也有对一方排他力的限制，是具体衡量行为限度的标准，当一方行为超越限度，对另一方物权构成妨害或危险，则权利人可根据物权法总则赋予的排除妨害请求权，请求排除妨害或消除危险。

(4)排除妨害或消除危险费用的分担原则。相关费用原则上应由排除妨害或消除危险的义务人负担。但是，若引起妨害或危险的原因力系由不可抗力等特殊情形所致，则应在参酌个案具体情况的前提下，可以由义务人与请求权人合理分担。

第十二条 【主张恢复原状的要件事实】当事人一方主张对物进行修理、重作、更换或恢复原状的，应当举证证明不动产或动产存在毁损的要件事实。另一方不同意通过该形式承担民事责任，认为应由其他责任形式代替的，则应当举证证明存在如下要件事实之一：

(一)标的物已灭失，无法进行修理、重作、更换或恢复原状；

(二)标的物对当事人没有特殊意义，且修理、重作、更换或恢复原状的费用过高，不符合经济效率原则；

(三)其他不宜修理、重作、更换或恢复原状的情形。

【说明】物权法第三十六条规定：“造成不动产或者动产毁损的，权利人可以请求修理、重作、更换或者恢复原状。”这是通常所简称的恢复原状请求权。其中，修理是指对受到毁损的物，或者不符合约定质量的物，进行相应修复使之具有应当具备的功能、质量。重作是指重新加工、制作标的物。更换是指以符合质量要求的标的物替代已受毁损的标的物。恢复原状是指恢复权利被侵害前的原有状态。从种属关系上看，恢复原状为种概念，其余三者为属概念，恢复原状包括修理、重作、更换。

对于修理、重作、更换或者恢复原状，在不同法律中以不同形式出现。民法通则第一百三十四条中以民事责任方式进行了规定，之后物权法、侵权责任法又分别以物权保护方式、侵权责任承担方式进行了规定，物权法从物权人的角度设计，偏重于说明物权的保护，目的是使人们了解自己的权利受到侵害后，可以采用何种方式救济；侵权责任法则从义务人角度设计，其目的是使人们明确自己一旦实施侵权行，将带来何种对自己不利的法律后果。由于同样的内容出现于不同类型的法律，导致对恢复原状性质产生争议。一种观点认为，恢复原状属于物权请求权，因为该请求的存在目的是使物回复到原来的圆满状态。另一种观点认为，恢复原状是指有体物遭受损坏，将该物修复到原来的价值状态，是损害赔偿的一种特别实现形式，属于债权请求权；如果认为是物权请求权，则适用无过错归责原则，责任由义务人全部承担，在一些情形下可能会有失公允。我们认为，将恢复原状定性为物权请求权较为妥当，因为物在毁损而未灭失的情况下，物权虽然受到一定侵害，但物权仍存在，在此之上的请求权，仍应称为物权请求权；此外，恢复原状并非一定是以回复物的价值状态为主，在更多的情况下，被害人之所以请求加害人恢复原状，是基于一种对物的特别的感情，或者是基于一种对物的占有、支配的意愿，恢复物的物理、生化等性质上的原有状态，从而恢复对物的圆满支配状态，与债权实现价值保障的主要目的有所不同。既然将恢复原状确定为物权请求权，其自然应适用无过错责任，只要证明物被行为人毁损即可，无须证明行为人有无主观过错。

在恢复原状的诉讼中,如果义务人一方提出抗辩,认为权利人主张不成立的,应证明如下要件事实之一:(1)标的物已灭失,无法进行修理、重作、更换或恢复原状。物只有受到了毁损,才有恢复原状的必要和可能。这里的"毁损"是指致使物部分或全部丧失原有的功用、价值的行为,但不并包括灭失,如果物确已灭失的,应适用物权法第三十七条关于损害赔偿的规定。(2)标的物对当事人没有特殊意义,且修理、重作、更换或恢复原状的费用过高,不符合经济效率原则。一般来说,财产造成毁损后,权利人可以继续利用,且恢复等费用不会过高时,应当予以修理、重作、更换或恢复原状,但是如果修复费明显不符合经济效率,则应以损害赔偿方式予以代替。当然,如果物对权利人有特殊意义,如祖辈遗留下来的纪念物品、字画等,由于其上包含着较多的情感寄托,难以单纯地以金钱衡量,通常不能以修复费用过高为由而驳回权利人的恢复请求。(3)其他不宜修理、重作、更换或恢复原状的情形。如在现有技术条件下,确实无力修复使物恢复原状,也只能以赔偿来代替。

在处理恢复原状纠纷时,应注意如下问题:(1)关于原状的查明问题。要恢复原状,必须首先确定当初原状的具体情况。但是,在物被损坏前,物权人一般很少去为预防财物被损而刻意去留存财物原状的证据,因此物之原状如何证明往往存在一定困难。对此,可以通过同规格的种类物来进行推断,也可以从整体的统一协调推断局部损坏状况,然后参考相应的说明书、设计图、证人证言等证据认定。(2)关于判决主文的表述问题。物权人要求恢复毁损的财产形状和性能,可能包括修理、更换、重作、拆除等,故判决不能用恢复原状等笼统语言作为主文,而是要明确用何种具体方式恢复原状。同时,为避免执行后双方进一步争执,一般应在主文中明确恢复后所应达到的状态。

第十三条 【主张损害赔偿的要件事实】当事人一方主张物权损害赔偿的,应当根据侵权责任法的相关规定,举证证明物权已受到的损害、对方行为与损害之间的因果关系、对方的主观过错等侵权要件事实。

【说明】物权法第三十七条规定:"侵害物权,造成权利人损害的,权利人可以请求损害赔偿,也可以请求承担其他民事责任。"损害赔偿请求权只能使受害人在经济利益上获得一种替代性补偿,而不能使其物权本身恢复原状,所以这种损害赔偿请求权在性质上与物权请求权不同,故其性质为一种债权。

由于物的损害赔偿性质为债权,在确定构成要件时,应根据侵权责任法规定的归责原则进行判断。(1)适用过错归责原则的情形。一般情形下,物权人主张物权损害赔偿的,除了要举证证明物已受到的损害、对方行为与损害之间的因果关系之外,还要基于过错归责原则,证明侵害人存在过错的要件事实。(2)适用过错推定归责原则的情形。所谓过错推定,是指根据法律规定推定行为人有过错,行为人不能证明自己没有过错的,应当承担侵权责任。如侵权责任法规定的部分机动车交通事故责任、物件损害责任,适用过错推定原则。(3)适用无过错归责原则的情形。无过错责任原则是指不以行为人的过错为要件,只要其活动或者所管理的人或者物损害了他人的民事权益,除非有法定的免责事由,行为人就要承担侵权责任。侵权责任法就环境污染侵权、高度危险责任等规定适用无过错责任。当然,无过错责任原则并不是绝对责任,行为人可以向法官主张法定的不承担责任或者减轻责任的事由。无论是过错推定,还是无过错责任,均应在法律已明确规定的情形下方可适用,不得擅自适用。

审理物权损害赔偿纠纷时,需要注意如下问题:(1)损害赔偿的范围包括直接损失和间接损失。直接损失是物权人已有财产的减少,包括受害人实际减少的、在法律上可以补偿的财产利益,以及为恢复受到侵害的权利已经支出的费用,对此应予以完全赔偿。间接损失是虽受害时尚不存在,但受害人在通常情况下如果不受侵害,必然会得到的利益。间接损失不能无限扩大,应予以严格限制适用,应界定在损害行为所能直接影射所及的范围,通常不得超过加害人在实施侵害行为时应当预见的损失范围。(2)损害赔偿可与其他民事责任方式共同适用。侵害物权,造成权利人损害的,权利人可以请求损害赔偿,也可以请求承担其他民事责任。这里的"其他民事责任",包括前面所说的确认物权、返还原物、排除妨害、消除危险,修理、重做、更换或是恢复原状等;除此之外,还包括侵权责任法规定的停止侵害等民事责任。上述这些保护方式可以单独使用,也可以根据权利被侵害的情形合并使用。

二〇一二年七月十日

民事法律适用问答(2012年第2期)

(上海市高级人民法院民一庭　调研与参考[2012]29号)

一、关于共有房屋分割纠纷中,判决确认各方使用权的问题

在共有房屋的产权分割纠纷中,只有分割后的各个部分均满足构造上的独立性、利用上的独立性、登记上的可行性三个要件时,方可就涉案房屋进行产权分割。

若不具备分割条件的,一般应首先引导共有人通过拍卖、变卖、平等竞价、折价补偿等方式,就拍卖、变卖款进行分割,或者由部分共有人取得房屋产权,其余共有人获得折价补偿款,尽量简化房屋的共有产权关系,避免日后再生纠纷。

如果上述处理方式可能导致矛盾激化,或者可能导致当事人居住困难的,以及其他不宜以分割方式处理的,法院可裁决确认各方所应享有的产权份额。

在确认产权份额后,只有共有人各方均居住困难,需要将争议房屋作居住使用,且共同居住不会导致矛盾激化的,才可以进一步就房屋各部位的使用权进行确认区分。此种情形只能作为特例。

二、涉及装修物处理的租赁合同纠纷中,承租人单方违约的认定问题

2009年下发的最高人民法院《关于审理城镇房屋租赁合同纠纷案件具体应用法律若干问题的解释》规定,如果房屋租赁合同已解除且承租人单方违约的,除非出租人同意利用,否则相关装修损失由承租人单方承担。

当时,我们在2010年第1期《法律适用问答》中指出,对于承租人单方违约或过错责任的认定要严格把握,特别是存在装饰装修价值较大,客观上对出租人确有利用价值而出租人又不同意利用等情形时,更应慎重处理。但是,在司法实践的理解和适用中,出现了一些偏颇,个别法官将这里的"严格把握"理解成了一概不认定承租人单方违约。

我们认为,即使装饰装修物价值较大,但租赁合同已履行期限较长,其所占约定租期的比例较大,则一般可以推定承租人在较大程度上实现了合同利益,依通常情理来讲,取得的合同利益基本上能够接近、折抵乃至超过装修成本,既使让承租人单方承担装修损失,也不会引起利益明显失衡,并且装修物经过长期使用,剩余残值相对较小,在这种情形下,可以根据一般的违约判断尺度,直接根据合同约定及客观事实,判定承租人是否存在单方违约行为。

三、关于承租人违约致租赁合同解除,合同约定免租期租金的处理

一些法院反映,为满足承租人搬运、装修等时间需要,房屋租赁合同中常约定承租人在合同签订后一定期限内免于支付租金。若因承租人违约导致租赁合同提前解除后,出租人往往要求承租人赔偿免租期的租金损失,审判实践中,对于承租人是否应承担赔偿责任存有一定争议。

我们认为,免租期通常是出租人与承租人为了履行租赁合同,而约定免除一定时间租金将房屋等交给承租人进行装修、改建等活动。租赁合同中免租期的约定构成合同双方的权利义务,当事人应严格遵守。由于租赁合同是以使用、收益标的物为目的继续性合同,合同性质决定了合同解除不能溯及既往,承租人按免租金约定进行装修或改建等,其享用了标的物的利益是不能返还的,故出租人要求承租人返还免租期利益应不予支持,但当事人另有约定的除外。

至于承租人单方违约导致租赁合同解除的,承租人应承担相应的违约责任。合同对违约责任有约定的,按约定处理;合同没有约定的,出租人主张赔偿损失的,法院可综合考虑免租期对出租人租金收入损失的影响,公平合理确定承租人赔偿额。

四、关于私房动迁中配套商品房的购买权利问题

私房拆迁中哪些人享有购买配套商品房权利的问题,实践中存在两种不同意见:一种意见认为,非居住共有产权人、实际居住的产权人均为被拆房屋产权人,故享有相等的权利,均有权购买配套商品房;另一种意见认为,配套商品房主要是为了实际居住人的生活保障,所以非居住共有产权人无权购买配套商品房,应由实际居住的产权人购买。

我们认为,在实际处理时,要结合案件的具体情况，灵活判断哪些人享有购买配套商品房的权利，而不宜采取“一刀切”的处理方式。首先要尊重当事人的意思表示，如果当事人之间对动迁房购买有约定的，应从约定。如果当事人没有约定的，则应就如下情形加以区分处理：第一，若动迁部门给予配套商品房额度时，考虑了非居住产权人的居住困难等因素，并明确给予住房安置的，该非居住产权人具有购买相应配套商品房的权利。第二，虽然动迁部门未明确给予非居住产权人住房安置，但实际购买配套商品房数量或面积，超过了实际居住产权人家庭户数或面积的安置需要，则可以由非居住产权人就多余的商品房进行购买，当然如果同时存在多户非居住产权人，应由居住困难者优先购买。第三，若实际购买配套商品房数量，未超过实际居住产权人家庭户数或面积的安置需要，则非居住产权人无权购买，因为一般来讲，动迁后实际居住产权人已无其他居所，需要解决的首要问题是居住问题，涉及生存权的保障，而非居住产权人在此之前已在他处有房，居住保障非其所急，最主要的是如何获得充分的财产补偿，即如何实现财产权的有效保护，依通常法理而言，当两者相冲突时，生存权应当优先于财产权。另外需要说明的是，因被动迁房屋居住困难而另行在外居住的产权人应视为居住产权人。

五、关于无争议建设工程部分的先行结算问题

在建设工程施工合同纠纷中，由于实际施工中经常发生变化，往往导致双方对工程结算无法达成一致，对此法院一般通过委托评估鉴定的方式进行确定。但是，涉案建设工程又通常包括两部分，一是双方均予认可的部分，二是存在一定争议的部分，我们发现有些法官不对此加以区分，待评估鉴定结果作出之后，再将两部分一并处理。这样的处理方式虽然在形式上并不违反审判程序规定，但实质上存在欠妥之处，因为如果不对双方一致认可的部分先行结算处理，既会无故加重当事人的利息损失赔偿等负担，又不利于营造矛盾化解的良好氛围，还有可能引发农民工工资纠纷等，影响社会稳定和谐。

因此，我们认为在处理涉及工程款结算的纠纷时，应将双方无争议、可以先行结算的工程部分，与存在争议、需要评估鉴定的部分区分清楚，并积极释明引导当事人就前者尽早进行结算，以减少损失，缓解双方矛盾。

六、关于逾期支付工程款违约责任的计算问题

建设工程合同中，当事人往往约定在竣工验收后一定期间内，完成工程结算，并约定在结算后数天内由发包人支付剩余工程款，逾期不付的要赔付对方相应的违约金。实践中，由于种种原因致使工程结算未能及时进行，并继而导致工程款未能在约定期限内支付，双方因此产生纠纷。法院处理时会遇到两个方面的问题：一个问题是发包方是否一律承担违约责任，另一个问题是如承担违约责任，违约责任的起算节点如何掌握，即到底是从逾期付款之日起算，还是从审价结果作出之日起计算。对此，有些法官仅审查发包方是否存在逾期付款的情形，而忽视了逾期付款背后的原因，径行判令发包方从逾期付款之日起承担违约责任。这种做法看似尊重了当事人的意思表示，实际上属于机械理解合同约定，导致裁判结果失当。

我们认为，发包方逾期付款是否承担违约责任，何时承担违约责任，应当结合双方过错情况处理。如果建设工程已经竣工并结算完毕的，发包人应当及时支付工程款，否则应自逾期之日起承担违约责任。如果建设工程竣工后并未能进行及时结算，并且未结算系由发包人故意拖延等原因造成的，发包人也应自逾期之日起承担违约责任；但是，若未结算系由承包人不配合等原因造成的，则导致无法付款的过错在于承包人，故发包人不应承担逾期付款的违约责任。

七、关于最高人民法院《关于审理劳动争议案件适用法律若干问题的解释(三)》(以下简称《劳动争议司法解释(三)》)第八条的溯及力问题

根据沪高法民一[2003]38 号的规定，对于协保、内退、停薪留职等人员再就业，与新的用人单位形成特殊劳动关系。而 2010 年 9 月 14 日开始实施的《劳动争议司法解释(三)》第八条规定：“企业停薪留职人员、未达到法定退休年龄的内退人员、下岗待岗人员以及企业经营性停产放长假人员，因与新的用人单位发生用工争议，依法向人民法院提起诉讼的，人民法院应当按劳动关系处理。”即该司法解释改变了上海法院之前的处理规定，承认上述人员与原用人单位、新用人单位存在双重劳动关系。

我们认为，根据法不溯及既往的原则，对于 2010 年 9 月 14 日之前已与新用人单位建立特殊劳动关系，且该特殊劳动关系目前仍处于持续状态的，则按 2003 年 4 月 25 日上海市劳动和社会保障局下发的《关于特殊劳动关系有关问题的通知》有关精神执行，即此类人员与新单位之间在工作时间、劳动保护、最低工资这三面适用相关劳动法律的规定，其他劳动权利义务则视双方约定。

对于 2010 年 9 月 14 日之后上述人员与新用人单位签订新的劳动合同或新建立劳动关系的，应适用《劳动争议司法解释(三)》第 8 条的规定，即上述人员与原用人单位和新用人单位形成双重劳动关系，相关权利义务可依照《劳动法》、《劳动合同法》的有关规定执行。具体如何处理，我们与相关部门沟通协调后，再另行制定规范意见。

二〇一二年十二月十二日

涉94方案房屋纠纷及同住人相关问题的说明

（上海市高级人民法院民一庭 调研与指导[2012]30号）

一、关于诉讼时效问题

对94方案房屋问题，我们于《物权法》实施前，在下发的《审理公有住房出售后纠纷的若干意见》、《关于审理分家析产案件若干问题的意见》、《几类民事案件的处理意见》（沪高法[1999]528号）等文件中明确，按94方案购买的房屋，产权证登记为一人的，在诉讼时效内，相关同住人及出资人可以主张确认房屋产权共有，诉讼时效从发生争议时起算；按94方案购买的房屋，登记权利人死亡后，可以起诉要求确认产权共有条件的人，应在知道或应当知道其死亡之日起2年内提出。

《物权法》实施后，该类纠纷是否仍适用诉讼时效制度，不无争议。有人认为，对此类纠纷实质上为物权确权纠纷，依学理通说，该类纠纷不适用诉讼时效制度。还有人认为仍应适用诉讼时效制度。

我们认为，涉及94方案房屋的确权纠纷，属于特定历史阶段的产物。当初1994年的房改方案（简称“94方案”）规定，售后公有住房的产权只能登记为一人（即登记产权人），而1995年之后的房改方案对产权登记人数不再限制。正是由于“94方案”对产权登记的特殊限制，导致产权登记无法真实反映实际的房屋产权共有状况，引发了不少确权的民事纠纷。

由于94方案具有极强的政策性，而高院的相关意见也是在此特殊条件下出台的。解决历史问题，还是应结合该类房屋纠纷的历史状况及现实需求，适用诉讼时效制度。另外，94方案实施至今，已近二十年，其屋内的人员往往发生了较大变化，如果不适用时效，则随着时间的长期推移，家庭人员结构更为复杂，房价波动幅度可能更大，也将导致矛盾更为激烈，不仅影响到个案的公正处理，还会影响到社会稳定。只有通过时效的适用，督促当事人尽早解决争议，方可在屋内人员更迭较少、尚存亲情维系的情形下，较好地查清案件事实，有效化解矛盾纠纷。此外，按94方案购买的房屋，购买时价格较低，但历经多年之后，房价已翻涨数十倍，于是不少房屋进入市场交易，出于促进交易流转、物尽其用的考虑，也应通过诉讼时效的适用，促使当事人尽早厘清权属纷争。综上，涉及94方案房屋的确权纠纷，其诉讼时效仍应按照高院以前下发文件的指导精神进行操作。

另外，如果从房屋登记至产权登记人名下之日，至案件起诉之时已超过20年的，应认为已超过20年的最长保护时效，根据《民法通则》第一百三十七条的规定，驳回其关于确认上述房屋产权的诉请。

二、作为被告的登记产权人，反诉要求确认产权共有的原告支付房款的，应否支持？如果支持，何种计算标准？

权利与义务应当具有对等性，要取得售后公房的共有产权，需要对房屋产权的取得支付相应对价。因此，在按94方案购买房屋时已付款的登记产权人，可以要求未付款的其他共有人支付相应的款项。房款的计算标准应以购买房屋之时的价格为准，具体承担的付款份额，可以均摊的方式处理。

三、按94方案购买的房屋，确权请求人是只能要求确认共同共有，还是可要求确认按份共有？

由于当事人间一般存在家庭关系，根据法律规定，应视为家庭成员对房屋共同共有。此时，如果法院再确认各方按份共有，实质上是对房屋产权进行了分割，然而共同共有与按份共有不同，共同共有人只能在共有基础丧失或者有重大理由需要分割时可以请求分割，因此一般情形下法院应确认当事人共同共有，而非按份共有，否则不利于维护家庭财产共有关系、促进家庭关系稳定和睦。同时，应将其他所有的共有人追加为第三人参加诉讼，以便于查明事实，保障其他共有人的合法利益。

四、按94方案购买公有住房、可以主张产权共有的人，如果其生前未主张房屋产权共有，则死者的产权份额，是归为继承人，还是登记的名义产权人，或者是除死者之外的所有共有人？

我们在2003年第1期《民事法律适用问答》中

已明确指出,如果其生前未主张房屋产权共有,则视为同意房屋产权归于产权登记人,继承人不能主张权利。关键问题是,如何理解此处的"产权登记人"。

我们认为应理解为除死者之外的所有共有人。因为限于94方案的缺陷,许多欲成为共有产权的人,无法登记为共有产权人,故在某一共有人死亡后,所放弃的产权份额,应归于其他所有的共有人。此外,死者近亲属也不能以夫妻共同财产为由,主张相应权利。

在此类诉讼中,为了明确其他共有人的范围,以及共有形式、份额大小,全面解决相关纠纷,应追加所有的其他共有人参加诉讼。如果经法院释明,共有人仍坚持拒绝对权利主张表态,则应视为放弃对系争房屋的产权份额。

五、在继承案件中,按94方案购房时的未成年同住人是否应作为案件当事人?是否应在继承案件中考虑、保护其居住权益?

有法院反映,在继承纠纷中,如果继承人提出要求分割遗产,而未成年同住人又不是案件中的继承人,这势必会影响其居住利益,因此存在是否需要将未成年同住人列为第三人参加诉讼的问题。

在2003年第1期《民事法律适用问答》中,我们指出,根据1993年上海市政府《关于出售公有住房的暂行办法》,未成年人的同住人不是国家这种优惠政策的当然享受者,不被赋予购房资格,不能确权为售后公房的产权人;未成年的同住人居住使用的权益,主要是基于父母对未成年子女的抚养等义务形成的,而不是基于其对公有住房的权利。因此,我们认为,基于抚养等人身义务产生的纠纷,与基于售后公房继承所产生的纠纷,属于两个不同层面的法律关系,具有相互独立性,在继承纠纷中一般不应将未成年同住人列为当事人参加诉讼;当事人主张居住使用权益的,应当另行提起诉讼。

六、登记产权人擅自将房屋售予第三人的处理

登记产权人擅自与第三人签订房屋买卖合同,将所购买房屋出售的,其他共有人提起诉讼时,一般需要将第三人列为诉讼当事人之一,以查明房屋的产权转移情况。

如果第三人受让房屋时为善意、价格合理,且房屋已过户登记至其名下的,则第三人可依据《物权法》第一百零六条之规定,善意取得系争房屋所有权,其他共有人可向擅自出售房屋的登记产权人提出赔偿的诉讼请求。

如果存在第三人受让时主观上并非善意、交易价格歧高或歧低等情形的,即使房屋已过户至第三人名下,其也不符合善意取得规定,其他共有人可以主张第三人返还房屋,并继而可要求对房屋进行确权。

如果房屋尚未过户至第三人名下,因登记产权人未经其他共有人同意,无权擅自对房屋进行物权处分,此时第三人不能以主张继续履行买卖合同为由要求房屋过户,其他共有人可以直接主张对房屋进行确权;但其他共有人明示或默示同意出售等情况除外。

七、获得其他福利性分房后能否再主张产权共有

如果系争公房按94方案出售时,有购房资格的同住人未成为房屋登记产权人,其后该同住人又在他处购买了公有住房,该同住人是否可以再要求确认对系争公房的共有权。

对此类案件的处理,存在不同意见。有人认为,该同住人有权主张,理由是在当初购买系争房屋后,该同住人即已成为共有人,物权取得与嗣后再次获得福利分房无任何关联,也不应因此发生物权的丧失。还有人认为,该同住人无权主张,因为多次获得福利性购房,有违公平原则。

我们认为,由于公有住房的房改工作具有较强的政策性,因此处理时要结合相关的政策精神,确保裁判结论具有较好的社会效果。对于公房出售,国务院1994年出台的《关于深化城镇住房制度改革的决定》、上海市政府发布的《关于出售公有住房的暂行办法》均明确规定,职工按成本价或标准价购买公有住房,每个家庭只能享受一次。因此,有购房资格的同住人后来又获得其他福利性分房,其住房需求已经得到保障,如果仍确认其作为房屋产权共有人,既不符合公房房改制度的本意,又有违社会公平原则,导致公共福利的分配明显不公,此时可视为其已放弃了对系争房屋的共有产权,对其确权诉请不予支持。

需要注意的是,根据1995年《公有住房出售后再套配、增配的若干规定》等相关文件的规定,如果职工家庭购买公房后,因居住困难或者控制标准内面积增补等原因,仍可以在保留原购房屋的前提下,再享受住房分配和购买住房,即增配房屋。显然,增配房屋不属于重复享受福利政策,而是前者房屋分配的延续,故在他处获得增配房屋的同住人,仍可就94方案售后公房的产权主张确权。

八、关于同住人的认定及不同出处"同住人"适用范围问题

部分法院反映,根据历年公有住房的房改办法,按标准价购买公有住房的对象为符合分房条件的职工和具有本市常住户口的公有住房承租人或其同住成年人。对于所谓的"同住成年人"如何理解,标准如何掌握,存在不同认识。

我们认为,涉及公有住房同住人概念的领域,包括公房房改、公房租赁、公房拆迁等,不同领域的概念含义不尽相同,不可混淆混用,应严格根据各自的具体规定进行理解和操作。

对于公有住房出售中的同住人,上海市住房制度改革办公室、上海市房产管理局《〈关于出售公有住房的暂行办法〉的问题解答之二》(沪房改办发[1994]第45号)第5条规定,“同住人”是指本处有常住户口且实际居住三年以上(除特殊情况除外),他处无住房或他处虽有住房而居住困难的;对于新分配住房居住不到3年的租赁户,则以住房调配单和户口簿上同住人为准。该规定不仅适用于94年房改方案,为之后历年来认定公房出售中同住人的认定标准和依据。

对于公房租赁、公房拆迁中的同住人,在《上海市房屋土地资源管理局关于贯彻实施〈上海市房屋租赁条例〉的意见(二)》(沪房地资公[2000]98号),以及《上海市城市房屋拆迁管理实施细则》(2001年上海市人民政府令第111号)、《上海市国有土地上房屋征收与补偿实施细则》(2011年上海市人民政府令第71号)等文件对其分别进行了界定,可根据这些规定进行认定。

二〇一二年十二月十七日

上海法院开展小额诉讼审判工作实施细则(试行)

(2012年12月19日上海市高级人民法院审判委员会通过　沪高法(审)[2012]10号)

2012年8月31日,第十一届全国人民代表大会常务委员会第二十八次会议审议通过了修改《民事诉讼法》的决定,2013年1月1日起正式实施。修订后的《民事诉讼法》第一百六十二条规定了小额诉讼程序。为了进一步规范全市法院小额诉讼审判工作,我院根据《民事诉讼法》的相关规定,结合本市开展小额速裁的审判试点经验及审判实际,制定了本实施细则。

一、总则

1.【指导思想】

开展小额诉讼应当立足于通过简化民事诉讼程序,公正高效审理小额案件,减少当事人讼累,及时维护当事人合法权益,快速稳定民事关系,促进社会和谐。

2.【适用标准】

当事人起诉事实清楚、权利义务关系明确、争议不大且争议标的额低于当年公布的小额诉讼案件金额标准的单一金钱给付之诉的民事案件,适用小额诉讼。

3.【案件类型】

(1)权利义务关系明确的小额民间借贷、借款合同及金融借款合同纠纷;

(2)权利义务关系明确的电信服务合同、物业服务合同纠纷;

(3)权利义务关系明确的,因拖欠水、电、燃气费用引起的供用电合同纠纷、供用水合同纠纷、供用气合同纠纷;

(4)责任明确、损失金额确定的机动车交通事故责任纠纷;

(5)身份关系清楚,仅在给付的数额、时间上存在争议的抚养费、赡养费、扶养费纠纷;

(6)劳动关系清楚,仅在劳动报酬、工伤医疗费、经济补偿金或者赔偿金的给付数额和给付时间上存在争议的劳动合同纠纷;

(7)欠款数额明确的信用卡纠纷。

4.【排除适用】

以下案件不适用小额诉讼:

(1)涉及身份关系的案件;

(2)涉及确权的案件;

(3)一方当事人下落不明需要公告送达的案件;

(4)涉外、涉港澳台的案件;

(5)需要评估、鉴定的或者诉前虽进行过评估鉴定但对方有异议的案件;

(6)涉及集团诉讼或涉及众多当事人权益的案件;

(7)辖区内有重大社会影响的案件;

(8)矛盾有可能激化的案件;

(9)其他不宜适用小额诉讼审理的一审民事

案件。

5.【约定适用】

对于符合本细则其他条件,仅是诉讼标的额超过当年度小额诉讼金额标准的案件,当事人双方协商一致要求适用小额诉讼的,如诉讼标的额低于当年小额诉讼金额标准两倍的(含两倍),人民法院可予准许,并制作笔录备案。

当事人在案件审理过程中变更诉讼请求的,对于仅是针对诉讼标的额变更的,如变更后的标的额超过当年度小额诉讼金额标准但在两倍以下的(含两倍),人民法院应向对方当事人释明,如对方当事人没有异议的,人民法院应制作笔录,双方签字确认后可继续适用小额诉讼。

对于上述两种约定适用小额诉讼的情形,如当事人在宣判前明确表示不愿意继续适用小额诉讼的,人民法院应予准许,并将案件转为按简易程序的一般性规定处理。

二、立案

6.【辅助立案】

各基层人民法院应在立案大厅内设置小额诉讼专题宣传栏,放置小额诉讼指南。有条件的基层人民法院还可设立小额诉讼专项立案窗口,建立小额诉讼绿色通道,负责立案、咨询工作。

7.【起诉状】

原告可自行书写起诉状,也可使用表格化起诉状。

8.【立案】

人民法院对当事人起诉符合适用小额诉讼条件的案件,一般应在收到起诉材料之日起三日内立案,并向当事人释明,同时发送《小额诉讼须知》。人民法院应当在立案之日起五日内将起诉状副本、《小额诉讼须知》发送被告。

9.【案号】

人民法院对于符合小额诉讼条件的案件,仍按照现行案号编列方式编列案号,但应当在审判流程管理系统中按照统一模式标注“小额”。

10.【管辖异议】

当事人对人民法院受理的适用小额诉讼的案件提出管辖权异议的,人民法院应当对异议进行审查,并根据异议是否成立作出相应裁定。当事人对该裁定不服的,可以上诉。

11.【诉调衔接】

各基层人民法院应做好诉调对接中心与小额诉讼审判的衔接工作。对进入诉调对接中心的符合小额诉讼条件的纠纷,如符合以下情形的,应即予立案,适用小额诉讼:

(1)经诉前调解达成协议,当事人要求人民法院出具调解书的;

(2)当事人在诉前调解过程中明确表示不愿意继续调解或自纠纷受理之日起三十日仍未调解成功的。

12.【审理部门】

小额诉讼案件,立民事案号的一般由诉调对接中心、派出法庭负责审理,立商事案号的一般由对应的民事审判庭负责审理。

13.【内部移送期限】

适用小额诉讼的案件,一般应于立案当日将案件移送至指定的审判人员,最迟不超过两个工作日。

三、庭审

14.【审判人员】

适用小额诉讼审理民事案件,应由审判经验丰富、业务素质全面的审判员一人独任审理。

15.【举证期、答辩期】

适用小额诉讼审理的案件,对于经人民法院告知放弃答辩期、举证期的法律后果后双方当事人明确表示放弃的,可立即开庭。

对于当事人明确表示不放弃举证期的,可以由当事人双方自行约定举证期或由人民法院指定举证期,一般不超过十天。

对于当事人明确表示不放弃答辩期的,法官可根据案件具体情况指定答辩期,指定的答辩期一般不超过七天。

16.【当事人及证人的传唤】

适用小额诉讼审理民事案件,可以采用电话、传真、电子邮件、手机短信等简便方式随时传唤当事人和证人,并可以灵活安排询问证人的时间。当事人申请利用视频系统等方式询问证人的,人民法院经审查认为适当的,可予准许。

17.【庭审】

适用小额诉讼审理民事案件,应加强诉讼指导,要求当事人在出庭时携带所有证据并通知证人到庭。对庭审程序可予以适度简化,可不区分法庭调查、法庭辩论阶段,原则上一庭审结。

四、裁判

18.【审限】

适用小额诉讼审理民事案件,应在立案之日起一个月内审结。因客观原因,如当事人因特殊原因申请延期开庭、当事人要求继续调解等,不能在一个月内审结,经所在庭庭长书面批准,可延长审限至三个月。

19.【调判结合】

适用小额诉讼审理民事案件,应当贯彻调解优先原则,可在庭前、庭审、庭后各环节组织当事人调解，促使当事人选择判决以外的结案方式，达到法律效果和社会效果的统一。但对调解不成的或者当事人明确拒绝调解的，要及时作出裁判。

20.【裁判文书】

适用小额诉讼审理的案件，所作的裁判文书可予以简化。判决书事实及理由部分应载明要点；调解书、撤诉裁定书，可省略诉辩称及法院查明事实部分。

21.【宣判】

适用小额诉讼审理民事案件，一般应当庭宣判、当庭送达法律文书，但人民法院认为不适合当庭宣判的除外。确有特殊情况不能当庭送达法律文书的，应在宣判后七日内发送法律文书。

22.【诉讼费】

适用小额诉讼审理民事案件，诉讼费按件收取，每件10元。以调解方式结案或者当事人申请撤诉的，予以免交。

五、程序转化

23.【基本原则】

各基层人民法院适用小额诉讼审理民事案件，应严格控制向其他程序的转化，除发生特殊情况外，一般不允许程序转化，保证程序适用的稳定性。

对于特殊情况需要进行程序转化的，各基层人民法院应严格按照本细则规定的标准选择将案件按照简易程序的一般性规定处理或转为普通程序。转化后，审限连续计算。

一般不允许将小额诉讼案件先转为按简易程序的一般性规定处理后再转为普通程序。

24.【转为按简易程序的一般性规定处理】

人民法院适用小额诉讼审理民事案件的过程中，发生如下情形时，应将案件转为按照简易程序的一般性规定处理：

（1）当事人在案件审理过程中变更诉讼请求的，如是针对诉讼标的额变更的，变更后的标的额超过当年小额诉讼金额标准但在两倍以下的（含两倍），人民法院应向对方当事人释明是否同意继续适用小额诉讼。如对方当事人明确表示异议的，应转为按照简易程序的一般性规定处理；

（2）当事人在案件审理过程中变更诉讼请求的，如是针对诉讼标的额变更的，变更后的标的额超过当年小额诉讼金额标准两倍的，应转为按照简易程序的一般性规定处理；

（3）当事人在案件审理过程中变更诉讼请求的，如变更后的诉讼请求中增加了非金钱给付类请求的，案件符合简易程序适用条件的，应转为按照简易程序的一般性规定处理；

（4）当事人在案件审理过程中提出反诉的或者要求追加当事人的，案件符合简易程序适用条件的，人民法院应将该案转为按照简易程序的一般性规定处理。

案件转为按照简易程序的一般性规定处理的，如双方当事人均未提供新证据且案件已经开庭审理的，无须另行开庭。

25.【释明备案】

人民法院对于小额诉讼转为按简易程序的一般性规定处理的案件，应经所在庭领导书面批准后，向双方当事人释明，并且制作笔录备案。

26.【转化为普通程序】

人民法院适用小额诉讼审理民事案件的过程中，发生如下情形时，应将小额诉讼转为普通程序，并应组成合议庭，重新开庭审理：

（1）人民法院未能在三个月内审结的，应在案件审限到期五个工作日之前书面报分管院长审批，经分管院长批准，书面裁定转为普通程序；

（2）人民法院在案件审理过程中，发现案件事实复杂，权利义务关系不明确、争议较大，不宜适用小额诉讼的，应书面报分管院长审批，经分管院长批准，书面裁定转为普通程序。

六、审判监督

27.【申请再审受理法院】

当事人对于已经发生法律效力的小额诉讼判决、裁定、调解书认为有错误的，可以按照《民事诉讼法》审判监督程序的有关规定，向人民法院申请再审。人民法院要从将矛盾“化解在基层、化解在当地”出发，通过主动释明，引导当事人向原审法院提出再审申请，由立案庭负责审查申请再审案件。

28.【再审审理】

人民法院按照审判监督程序对小额诉讼案件再审的，应当由审监庭组成合议庭审理。经审理，原审适用小额诉讼程序确有错误的，应当按照第一审程序审理，所作的判决、裁定，当事人可以上诉。

七、附则

29.【小额诉讼指导小组】

上海市高级人民法院设小额诉讼指导小组，负责本市法院小额诉讼工作的统筹规划、统一管理、综合协调等工作。

小额诉讼指导小组由研究室、立案庭、民一庭、民二庭、民五庭、申诉审查庭、审监庭、审管办等部门的负责人组成，组长由高院分管院长担任。小额诉讼指导小组下设办公室，驻民一庭办公。

各基层人民法院应加强对小额诉讼工作的组织和领导。

30.【小额标准的公布】

上海市高级人民法院每年上半年根据上海市统计局发布的上一年度全市就业人员年平均工资标准公布自当年7月1日起至次年6月30日司法年度的小额诉讼的金额标准。

31.【原试点工作截止日期】

小额速裁试点工作至2012年12月31日截止,《上海法院小额速裁试点工作实施细则(试行)》于2013年1月1日失效。

32.【指引】

本细则所称《民事诉讼法》是指全国人大常委会于2012年8月31日第二次修正后的《民事诉讼法》。

33.【生效日期】

本细则自2013年1月1日起试行。对于2013年1月1日前已适用简易程序审理但尚未审结的案件,应按照简易程序一般性规定继续进行审理。

附件:

小额诉讼文书格式

一、判决书:

上海市××区人民法院

民事判决书

(小额诉讼案件)

(20××)×民一(民)初字第××号

原告×××(身份情况)

委托代理人×××(身份情况)

被告×××(身份情况)

委托代理人×××(身份情况)

原告×××诉被告×××(案由)一案,原告诉请:1. ……;2. ……。本院于20××年×月×日受理,依法适用简易程序(小额诉讼),由审判员×××独任审判,于20××年×月×日公开开庭进行了审理。原告、被告到庭参加诉讼。本案现已审理终结。

本院基于庭审查明的事实,被告拖欠电费××元属实(注:简明扼要地概括本案的主要事实),依照《中华人民共和国××法》第××条第××款,《中华人民共和国民事诉讼法》第一百四十二条、第一百六十二条之规定,判决如下:

一、××。

二、××。

如未按本判决指定的期间履行给付金钱义务,应当依照《中华人民共和国民事诉讼法》第二百五十三条之规定,加倍支付迟延履行期间的债务利息。

本案适用简易程序(小额诉讼)审理,案件受理费10元,由××负担。

本判决为终审判决。

审判员 ×××

二〇××年××月××日

书记员 ×××

二、调解书:

上海市××区人民法院

民事调解书

(小额诉讼案件)

(20××)×民一(民)初字第××号

原告×××(身份情况)

委托代理人×××(身份情况)

被告×××(身份情况)

委托代理人×××(身份情况)

原告×××诉被告×××(案由)一案,原告诉请:1. ……;2. ……。本院于20××年×月×日受理,依法适用简易程序(小额诉讼)。

双方当事人在法院的主持下达成了如下调解协议:

1. ××。

2. ××。

案件受理费予以免收。

上述协议,符合法律规定,本院予以确认。

本调解书经双方当事人签收后,即具有法律效力。

审判员 ×××

二〇××年××月××日

书记员 ×××

三、撤诉裁定书：

上海市××区人民法院
民事裁定书
（小额诉讼案件）

（20××）×民一（民）初字第××号

原告×××（身份情况）
委托代理人×××（身份情况）
被告×××（身份情况）
委托代理人×××（身份情况）

原告×××诉被告×××（案由）一案，原告诉请：1. ……；2. ……。本院于20××年×月×日受理，依法适用简易程序（小额诉讼）。

原告于20××年×月×日向本院提出撤诉申请，经审查，原告××所提撤诉申请，符合法律规定，可予准许。依据《中华人民共和国民事诉讼法》第一百五十四条第一款之规定，裁定如下：

准许原告××撤回起诉。

案件受理费予以免收。

审判员　×××
二〇××年××月××日
书记员　×××

江苏省高级人民法院　江苏省总工会关于委托和邀请工会组织和特邀调解员调解劳动纠纷案件的意见

（苏高法［2012］73号）

各市中级人民法院、各基层人民法院，各市、县（市、区）总工会：

为了依法及时审理劳动纠纷案件，充分发挥工会组织在处理劳动纠纷案件中的独特作用，加强对劳动者合法权益的保护，维护社会稳定，构建和谐社会，依据中央综治委、最高人民法院、全国总工会等十六部委《关于深入推进矛盾纠纷大调解工作的指导意见》、《中华人民共和国劳动法》、《中华人民共和国劳动争议调解仲裁法》、《中华人民共和国民事诉讼法》、《最高人民法院关于人民法院民事调解工作若干问题的规定》（以下简称《调解司法解释》）、《最高人民法院关于建立健全诉讼与非诉讼相衔接的矛盾纠纷解决机制的若干意见》等，结合审判实践，制定本意见。

一、特邀调解员的担任资格、名额确定及聘请

1. 从工会组织中选聘特邀调解员的工作，由全省各级人民法院会同同级工会组织，遵循公开、公平、公正的原则进行。

2. 特邀调解员应当符合以下条件：

（1）一般应当为工会工作人员；

（2）一般应当具有大学专科以上文化程度，熟悉相关法律、法规及政策。对于年龄较大，群众威望较高的工会组织工作人员，选聘文化条件可以适当放宽。

3. 工会组织聘用的专业法律人员也可以担任特邀调解员。

4. 全省各级人民法院会同同级工会组织根据劳动纠纷案件受案数量、企业数量、地方经济发展状况等因素，确定特邀调解员的名额。

5. 省、市、县（市、区）总工会按照本意见第2条规定的担任特邀调解员的条件确定初步人选，并征得本人同意后，以书面形式向同级人民法院推荐。同级人民法院审查后，报上一级人民法院审核。

6. 经审核的特邀调解员，由同级人民法院聘请，并报省高级人民法院和省总工会备案。全省各级人民法院应当在其辖区内将特邀调解员名单以适当方式予以公布。

二、工会组织和特邀调解员参与调解的程序

7. 人民法院审理劳动纠纷案件，可以根据审理案件的需要，邀请特邀调解员参与调解，或委托工会组织和特邀调解员进行调解。

对于劳动纠纷案件，尤其是群体性和在当地有重大影响、疑难复杂的案件，人民法院应当在立案前引导当事人到同级工会组织进行调解；或者经各方当事人同意后，委托同级工会组织进行调解；或者邀请工会组织或特邀调解员协助参与调解。

8. 工会组织和特邀调解员进行诉前调解的，适用《江苏省高级人民法院关于诉前调解工作的若干意见》、《江苏省高级人民法院关于诉前调解案件流程管理规定（试行）》。

9. 人民法院邀请特邀调解员协助调解的，特邀调解员可以旁听依法公开审理的案件，并协助人民法院进行调解。

10. 工会组织和特邀调解员受托进行调解的，人民法院应当在调解 3 天前将诉状及证据材料的复印件送交特邀调解员或者其他调解人员（以下简称调解人员），并针对具体案情做好调解的指导工作。

11. 特邀调解员受托调解劳动纠纷案件的，书记员应当配合特邀调解员开展调解工作。

12. 人民法院委托工会组织和特邀调解员调解正在审理的案件，适用普通程序的，调解期间为 15 天；适用简易程序的，调解期间为 10 天。

调解期满未达成调解协议的，经各方当事人同意，可以继续调解一次，延长的调解期间不得超过 7 天。

调解期间和延长的调解期间不计入审限。

13. 当事人申请不公开进行调解的，调解人员应当准许。

调解时当事人各方应当同时在场，调解人员根据需要也可以对当事人分别作调解工作。

14. 当事人可以自行提出调解方案，调解人员也可以提出调解方案供当事人协商时参考。

15. 当事人未达成调解协议的，工会组织或者特邀调解员应当向人民法院出具调解终结书，并将调解笔录等调解期间形成的相关材料一并移交人民法院。

16. 特邀调解员参加审判活动，应当遵守法官履行职责的规定，保守审判纪律，注重司法礼仪，维护司法形象。

三、特邀调解员的回避

17. 工会组织或者特邀调解员参与调解的，人民法院应当在调解 3 天前通知当事人，同时告知当事人有关调解人员的姓名以及申请回避等有关诉讼权利和义务。

18. 调解人员有下列情形之一的，应当自行回避；当事人有权以口头或者书面形式申请他们回避：

（1）是本案当事人或者当事人、诉讼代理人的近亲属；

（2）诉讼前参与过本案的调解、仲裁活动；

（3）与本案当事人有其他关系，可能影响对案件公正审理的。

调解人员具备人民陪审员资格的，除法律规定外，适用前款第（2）项的规定。

19. 当事人申请调解人员回避的，应当在调解前提出。

人民法院邀请特邀调解员协助调解的，当事人可以在开庭审理前或者庭审中提出。

20. 被申请回避的调解人员在人民法院作出是否回避的决定前，应当暂停参与本案的调解活动。

21. 调解人员的回避，由负责案件审理的审判组织决定。

四、调解协议效力的确认

22. 当事人在立案前经工会组织或特邀调解员调解达成调解协议，当事人向人民法院申请司法确认或者要求出具民事调解书的，人民法院应当及时立案审查。人民法院应当根据《调解司法解释》和《江苏省高级人民法院关于调解协议司法确认程序若干问题的意见》对调解协议效力进行审查，依法出具民事调解书或者确认调解协议效力决定书。

23. 劳动纠纷案件审理过程中，工会组织或者特邀调解员受托调解达成调解协议的，人民法院应当根据《调解司法解释》的规定对调解协议效力进行审查，依法出具民事调解书。

24. 工会组织或者特邀调解员进行调解的，当事人各方根据《中华人民共和国民事诉讼法》第九十条第一款第四项规定，同意在调解协议上签名或盖章后生效，经人民法院审查确认后，应当记入笔录或者将协议附卷，并由当事人、特邀调解员或者其他调解人员、审判人员、书记员签名或盖章后即具有法律效力。

25. 调解协议具有下列情形之一的，人民法院不予确认：

（1）侵害国家利益、社会公共利益的；

（2）侵害案外人利益的；

（3）违背当事人真实意愿的；

（4）违反法律、行政法规禁止性规定的。

26. 经工会组织或者特邀调解员调解，当事人就主要诉讼请求达成调解协议，请求人民法院对未达成协议的诉讼请求提出处理意见并表示接受该处理结果的，工会组织或者特邀调解员可以向人民法院提出处理意见，经人民法院审查确认后，可以作为调解协议的一部分内容，制作调解书的记入调解书。

五、特邀调解员的任免、管理、培训

27. 特邀调解员的聘期一般为五年。聘期届满后可以续聘。

28. 全省各级人民法院和同级工会组织建立特邀调解员名册。

人民法院审理劳动纠纷案件需由特邀调解员参与的，可以由当事人从名册中选择确定；当事人不能达成一致意见的，由人民法院根据最有利于调解的原则在名册中抽取确定。

上级人民法院必要时，可以从下级人民法院的特邀调解员名册中抽取特邀调解员参与案件调解。

29. 高、中级人民法院应当会同同级工会组织对特邀调解员进行培训。培训内容应当符合特邀调解员参加审判活动的实际需要。

30. 特邀调解员有下列情形之一的，应当由人民法院征求同级工会组织意见后免除其特邀调解员职务：

（1）本人离开工会组织的；

（2）无正当理由不配合人民法院进行调解活动，影响审判工作正常进行的；

（3）违反与审判工作有关的法律及相关规定，造成工作失误或其他严重后果的。

六、考核和表彰

31. 全省各级人民法院会同同级工会组织对特邀调解员开展调解工作的情况进行年终考核。

32. 对特邀调解员的考核内容包括调解工作实绩、思想品德、审判纪律、工作作风和参加培训情况等方面。

上级人民法院在下级人民法院特邀调解员名册中抽取特邀调解员参与本院调解工作的，应当将特邀调解员参与调解工作的情况通报相关的下级人民法院，作为对其考核的依据之一。

33. 考核结果作为对特邀调解员进行表彰和奖励的依据。

考核结果应及时书面通知特邀调解员本人。特邀调解员对考核结果有异议的，有权向相关的人民法院或工会组织申请复议。

34. 对于在参与调解活动中有显著成绩或者有其他突出事迹的特邀调解员，由人民法院会同同级工会组织给予表彰和奖励。

35. 各市中级人民法院和各市总工会应当每半年将辖区内两级人民法院邀请工会组织和特邀调解员参与调解和委托工会组织和特邀调解员进行调解的案件数量、调解成功案件的数量进行汇总，分别上报省高级人民法院诉调对接工作办公室和省总工会法律工作部

七、其他

36. 特邀调解员因参加培训而支出的交通、就餐等费用，由所在的工会组织参照当地差旅费支付标准给予补助。

特邀调解员因参加审判活动而支出的交通、就餐等费用，由人民法院给予补助。

37. 本意见中的"劳动纠纷案件"，指因劳动纠纷引起的民事案件，包括劳动争议案件、劳务（雇佣）纠纷案件以及人身权纠纷中的工伤事故损害赔偿纠纷案件等。

38. 本意见由江苏省高级人民法院和江苏省总工会负责解释。

39. 本意见自公布之日起施行。

江苏省高级人民法院　江苏省住房和城乡建设厅关于印发《关于人民法院邀请建设行政主管部门或特邀调解员调解建设工程施工合同纠纷案件的意见》的通知

（2012年11月5日　苏高法［2012］426号）

各市中级人民法院、各市住房和城乡建设局：

为妥善化解建设工程施工合同纠纷，进一步完善诉调对接工作机制，江苏省高级人民法院与江苏省住房和城乡建设厅共同制定了《关于人民法院邀请建设行政主管部门或特邀调解员调解建设工程施工合同纠纷案件的意见》，现予印发，请遵照执行。

附件：关于人民法院邀请建设行政主管部门或特邀调解员调解建设工程施工合同纠纷案件的意见

附件:

关于人民法院邀请建设行政主管部门或特邀调解员调解建设工程施工合同纠纷案件的意见

(2012年11月5日印发)

为建立健全建设工程施工合同案件多元纠纷调处机制,维护社会和谐稳定,促进经济社会又好又快发展,依据《中华人民共和国民事诉讼法》、《最高人民法院关于人民法院民事调解工作若干问题的规定》、《最高人民法院关于建立健全诉讼与非诉讼相衔接的矛盾纠纷解决机制的若干意见》,结合工作实践,制定本意见。

第一条 人民法院审理建设工程施工合同案件,可以根据案件具体情况,邀请建设行政主管部门或特邀调解员协助参与调解。

建设行政主管部门或特邀调解员要大力支持人民法院依法调处建设工程施工合同纠纷案件,与审判人员加强沟通联系,努力促成当事人以和解、调解方式解决纠纷。

第二条 人民法院邀请建设行政主管部门或特邀调解员协助参与调解建设工程施工合同纠纷案件的,可以在立案、审判和执行的各个阶段进行。

第三条 建设行政主管部门或特邀调解员在调解过程中应当遵循自愿、合法、公正、诚实信用的原则。

第四条 特邀调解员应当符合以下条件:

(一)遵纪守法,品德良好,责任心强;

(二)一般应当具有大学专科学历以上文化程度;

(三)熟悉建筑法律、法规和政策,具有较强的建筑专业知识,有一定的群众工作经验和调解工作经验。

第五条 特邀调解员的选聘工作,由江苏省高级人民法院会同江苏省住房和城乡建设厅,按照公开、公平、公正的原则进行。

第六条 特邀调解员的选聘,由江苏省住房和城乡建设厅按照本意见第四条规定的条件确定初步人选,在征得本人同意后,以书面形式向江苏省高级人民法院推荐。

江苏省高级人民法院对于江苏省住房和城乡建设厅推荐的特邀调解员人选进行审核,经审核符合条件的,予以聘任并颁发聘书。

第七条 特邀调解员的聘期一般为三年。聘期届满后可以续聘。

第八条 人民法院邀请建设行政主管部门或特邀调解员协助参与调解的,应当向受邀请的建设行政主管部门或特邀调解员发出邀请函。

建设行政主管部门或特邀调解员主动向人民法院申请参与案件调解的,应当出具相应函件。

第九条 特邀调解员有下列情形之一的,应当主动提出回避申请;当事人也有权以口头或者书面形式申请回避,并说明理由:

(一)是本案当事人或者当事人、诉讼代理人的近亲属;

(二)与本案当事人有利害关系;

(三)与本案当事人、诉讼代理人有其他关系,可能影响案件公正审理的;

(四)有其他违反执业道德准则的行为,可能影响案件公正处理的。

特邀调解员的回避,由人民法院诉调对接工作办公室负责人或者相关审判业务庭的庭长决定。被申请回避的人员在人民法院作出是否回避的决定前,应当暂停参与调解活动。

第十条 调解人员可以根据案件情况提出调解方案供当事人协商时参考,当事人也可以自行提出调解方案。

调解达成协议的,应当制作书面调解协议,当事人和调解人员应当在调解协议上签名或盖章。

第十一条 建设行政主管部门和特邀调解员协助参与调解一般应当在人民法院进行,经当事人一致同意,也可以在人民法院以外的场所进行。

第十二条 特邀调解员参与案件调解,应当保持公正、中立,对于案件审理中的审判秘密、当事人的商业秘密、隐私以及人民法院、当事人要求保密的其他信息,应当承担保密义务。

第十三条 人民法院应当为建设行政主管部门或特邀调解员的调解工作提供必要的条件。

经人民法院审查批准，建设行政主管部门或特邀调解员可以查阅相关案件材料。人民法院应当主动向建设行政主管部门或特邀调解员介绍案件基本情况及相关法律知识，可以邀请其参与旁听庭审、听证。

第十四条　建设工程施工合同纠纷在立案前经建设行政主管部门或特邀调解员调解达成调解协议，当事人向人民法院申请司法确认或者要求出具民事调解书的，人民法院应当及时立案审查。

人民法院应当根据法律、司法解释的规定，严格审查调解协议的效力，依法出具确认裁定书或者民事调解书。

第十五条　特邀调解员有下列情形之一的，江苏省高级人民法院在征求江苏省住房和城乡建设厅意见后予以解聘：

（一）本人离开建筑行业工作的；

（二）无正当理由不配合人民法院调解工作，影响审判工作正常进行的；

（三）违反与审判工作有关的法律及相关规定，造成工作失误或其他严重后果的；

（四）有其他不适合继续担任特邀调解员情形的。

第十六条　江苏省高级人民法院和江苏省住房和城乡建设厅应当加强沟通联系，进行建筑法律知识等领域的培训和研讨工作。

第十七条　本意见由江苏省高级人民法院会同江苏省住房和城乡建设厅负责解释。

第十八条　本意见自发布之日起施行。

浙江省高级人民法院民事审判第一庭关于审理建设工程施工合同纠纷案件若干疑难问题的解答

（2012 年 2 月 23 日印发　浙法民一［2012］3 号）

近年来，随着经济和社会的迅猛发展，建设工程施工合同纠纷案件频发，新情况、新问题层出不穷。为正确审理此类案件，省高院民事审判第一庭经深入调研，并广泛征求意见，现就此类案件审理中的一些突出问题作出解答，供办案时参考。

一、如何认定内部承包合同？如何认定其效力？

建设工程施工合同的承包人与其下属分支机构或在册职工签订合同，将其承包的全部或部分工程承包给其下属分支机构或职工施工，并在资金、技术、设备、人力等方面给予支持的，可认定为企业内部承包合同；当事人以内部承包合同的承包方无施工资质为由，主张该内部承包合同无效的，不予支持。

二、如何认定未取得“四证”而签订的建设工程施工合同的效力？

发包人未取得建设用地规划许可证或建设工程规划许可证，与承包人签订建设工程施工合同的，应认定合同无效；但在一审庭审辩论终结前取得建设用地规划许可证和建设工程规划许可证或者经主管部门予以竣工核实的，可认定有效。

发包人未取得建设用地使用权证或建筑工程施工许可证的，不影响建设工程施工合同的效力。

三、如何认定当事人就工程价款计价方法所约定的条款的效力？

建设工程施工合同约定的工程价款的确定方法虽然与建设工程计价依据不一致，但并不违反法律、行政法规强制性规定的，该约定应认定有效。

四、如何认定当事人约定的保修期低于法律规定的最低保修期限的条款的效力？

建设工程施工合同中约定的正常使用条件下工程的保修期限低于国家和省规定的最低期限的，该约定应认定无效。

五、如何认定开工时间？

建设工程施工合同的开工时间以开工通知或开工报告为依据。开工通知或开工报告发出后，仍不具备开工条件的，应以开工条件成就时间确定。没有开工通知或开工报告的，应以实际开工时间确定。

六、如何认定工期顺延？

发包人仅以承包人未在规定时间内提出工期顺延申请而主张工期不能顺延的，该主张不能成立。但合同明确约定不在规定时间内提出工期顺延申请视为工期不顺延的，应遵从合同的约定。

七、发包人已经签字确认验收合格，能否再以质量问题提出抗辩，主张延期或不予支付工程价款？

发包人已组织验收并在相关文件上签字确认验

收合格,后又以工程质量存在瑕疵为由,拒绝支付或要求延期支付工程价款的,该主张不能成立。但确因承包人施工导致地基基础工程、工程主体结构质量不合格的,发包人仍可以拒绝支付或要求延期支付工程价款。

八、如何把握工程质量鉴定程序的启动?

要严格把握工程质量鉴定程序的启动。建设工程未经竣工验收,发包人亦未擅自提前使用,发包人对工程质量提出异议并提供了初步证据的,可以启动鉴定程序。

九、发包人以工程质量为由提出的对抗性主张,究竟是抗辩还是反诉?

承包人诉请给付工程价款,发包人以工程质量不符合合同约定或国家强制性的质量规范标准为由,要求减少工程价款的,按抗辩处理;发包人请求承包人赔偿损失的,按反诉处理。

十、哪些证据可以作为工程量、工程价款的结算依据?

双方当事人在建设工程施工过程中形成的补充协议、会议纪要、工程联系单、工程变更单、工程对账签证以及其他往来函件、记录等书面证据,可以作为工程量计算和认定工程价款的依据。

十一、施工过程中谁有权利对涉及工程量和价款等相关材料进行签证、确认?

要严格把握工程施工过程中相关材料的签证和确认。除法定代表人和约定明确授权的人员外,其他人员对工程量和价款等所作的签证、确认,不具有法律效力。没有约定明确授权的,法定代表人、项目经理、现场负责人的签证、确认具有法律效力;其他人员的签证、确认,对发包人不具有法律效力,除非承包人举证证明该人员确有相应权限。

十二、能否调整总价包干合同的工程量、工程价款?

建设工程施工合同采用固定总价包干方式,当事人以实际工程量存在增减为由要求调整的,有约定的按约定处理。没有约定,总价包干范围明确的,可相应调整工程价款;总价包干范围约定不明的,主张调整的当事人应承担举证责任。

十三、建设工程施工合同无效,但工程竣工验收合格的,谁有权利请求参照合同约定确定工程价款?

建设工程施工合同无效,但工程竣工验收合格,按照最高人民法院《关于审理建设工程施工合同纠纷案件适用法律若干问题的解释》第二条的规定精神,承包人或发包人均可以请求参照合同约定确定工程价款。

十四、承包人能否直接请求按照竣工结算文件结算工程价款?

建设工程施工合同明确约定发包人应在承包人提交竣工结算文件后一定期限内予以答复,且逾期未答复则视为认可竣工结算文件的,承包人可以请求按照竣工结算文件进行工程价款结算。

建设工程施工合同虽约定发包人应在承包人提交竣工结算文件后一定期限内予以答复,但未约定逾期不答复则视为认可竣工结算文件的,承包人不能请求按照竣工结算文件确定工程价款。

建设工程施工合同约定发包人在承包人提交竣工结算文件后未答复则视为认可竣工结算文件,但未约定答复期限,且经承包人催告后,发包人仍不予答复的,人民法院可根据实际情况确定合理的答复期限,但答复期限不应超过60天。

建设工程施工合同中对此未明确约定,承包人不能仅以GF-1999-0201《建设工程施工合同(示范文本)》通用条款33.2条为依据,要求按照竣工结算文件结算工程价款。

十五、如何认定"黑白合同"?

认定"黑白合同"时所涉的"实质性内容",主要包括合同中的工程价款、工程质量、工程期限三部分。对施工过程中,因设计变更、建设工程规划指标调整等客观原因,承、发包双方以补充协议、会谈纪要、往来函件、签证等洽商纪录形式,变更工期、工程价款、工程项目性质的书面文件,不应认定为《中华人民共和国招标投标法》第四十六条规定的"招标人和中标人再行订立背离合同实质性内容的其他协议"。

十六、对"黑白合同"如何结算?

当事人就同一建设工程另行订立的建设工程施工合同与中标合同实质性内容不一致的,不论该中标合同是否经过备案登记,均应当按照最高人民法院《关于审理建设工程施工合同纠纷案件适用法律问题的解释》第二十一条的规定,以中标合同作为工程价款的结算依据。

当事人违法进行招投标,当事人又另行订立建设工程施工合同的,不论中标合同是否经过备案登记,两份合同均为无效;应当按照最高人民法院《关于审理建设工程施工合同纠纷案件适用法律问题的解释》第二条的规定,将符合双方当事人的真实意思,并在施工中具体履行的那份合同,作为工程价款的结算依据。

十七、启动工程量和工程价款鉴定程序,应该注意哪些问题?

当事人对工程价款存在争议,不能协议一致,也无法采取其他方式确定的,可以根据当事人的申请,对工程造价进行鉴定;双方当事人均不申请鉴定的,应向负有举证责任的当事人一方进行释明，其仍不申请鉴定的，由其承担举证不能的法律后果。

诉讼前已经由当事人共同选定具有相应资质的鉴定机构对工程价款进行了鉴定，诉讼中一方当事人要求重新鉴定的，不予准许，但确有证据证明鉴定结论具有最高人民法院《关于民事诉讼证据的若干规定》第二十七条第一款规定的情形除外。

一审诉讼期间对工程价款进行了鉴定，当事人在二审诉讼期间申请重新鉴定或补充鉴定的，不予准许，但确有证据证明鉴定结论具有最高人民法院《关于民事诉讼证据的若干规定》第二十七条第一款规定情形的除外。

二审诉讼期间，双方当事人均同意鉴定的，可予准许，但可能损害社会公共利益或第三人利益的除外。

人民法院应避免随意、盲目委托鉴定和不必要的多次、重复鉴定。根据双方当事人的合同约定或者现有证据，足以认定工程量和工程价款的，不应再就工程价款委托鉴定。

十八、工程因发包人的原因未及时竣工验收，发包人能否以工程未竣工验收为由拒绝支付工程款？

发包人收到承包人竣工验收报告后，在合理期限内无正当理由不组织竣工验收的，不能以工程未验收合格为由，拒绝支付工程价款。

十九、如何认定建设工程施工合同关于工期和质量等奖惩办法约定的性质？

建设工程施工合同关于工期和质量等奖惩办法的约定，应当视为违约金条款。当事人请求按照《中华人民共和国合同法》第一百一十四条第二款以及最高人民法院《关于适用〈中华人民共和国合同法〉若干问题的解释（二）》第二十七条、第二十八条、第二十九条的规定调整的，可予支持。

二十、合同无效是否影响关于工程质量的约定、承诺的效力？

建设工程施工合同无效，不影响发包人按合同约定、承包人出具的质量保修书或法律法规的规定，请求承包人承担工程质量责任。

二十一、承包人能否一并请求逾期支付工程款的违约金和利息？

承包人不能按照建设工程施工合同的约定，既请求发包人承担逾期支付工程款的违约金，又同时请求支付相应利息。

二十二、建设工程施工合同无效情形下，谁有权行使优先受偿权？

建设工程施工合同无效，但工程经竣工验收合格，承包人可以主张工程价款优先受偿权。分包人或实际施工人完成了合同约定的施工义务且工程质量合格，在总承包人或转包人怠于行使工程价款优先受偿权时，就其承建的工程在发包人欠付工程价款范围内可以主张工程价款优先受偿权。

二十三、实际施工人可以向谁主张权利？

实际施工人的合同相对人破产、下落不明或资信状况严重恶化，或实际施工人至承包人（总承包人）之间的合同均为无效的，可以依照最高人民法院《关于审理建设工程施工合同纠纷案件适用法律问题的解释》第二十六条第二款的规定，提起包括发包人在内为被告的诉讼。

浙江省高级人民法院民一庭关于审理劳动争议纠纷案件若干疑难问题的解答

（2012年12月24日印发　浙法民一［2012］4号）

近年来，劳动争议纠纷案件增幅较大，出现了一些新情况、新问题。为正确审理此类案件，省高院民一庭经与省劳动仲裁院联合调研，并广泛征求意见，就此类案件审理中的一些突出问题作出解答，供办案时参考。

一、如果确系不可归责于用人单位的原因导致未签订书面劳动合同，劳动者能否要求用人单位支付二倍工资？

签订书面劳动合同系用人单位的法定义务，但确系不可归责于用人单位的原因导致未签订书面劳动合同，劳动者因此主张二倍工资的，可不予支持。下列情形一般可认定为“不可归责于用人单位的原因”：

用人单位有充分证据证明劳动者拒绝签订或者利用主管人事等职权故意不签订劳动合同的；工伤职工在停工留薪期内的，女职工在产假期内或哺乳假期内的，职工患病或非因工负伤在病假期内的，因其他客观原因导致用人单位无法及时与劳动者签订劳动合同的。

二、用人单位超过一个月未与劳动者订立书面劳动合同,但在一年内又补订了劳动合同的,是否应该向劳动者支付二倍工资?

用人单位超过一个月未与劳动者签订书面劳动合同,后在一年内又与劳动者补订了劳动合同,用人单位应向劳动者支付用工之日起满一个月的次日至补订劳动合同的前一日期间的二倍工资。实际补订日期,应根据补订的劳动合同落款日期及其他情形综合认定。

三、未订立书面劳动合同的,二倍工资的最长支付期限是多少?

依据《劳动合同法》第十四条第三款和《劳动合同法实施条例》第七条的规定,用人单位自用工之日起满一年未与劳动者订立书面劳动合同的,视为双方已订立无固定期限劳动合同。因此,未订立书面劳动合同情形下二倍工资的支付最长不超过11个月。劳动者请求用人单位支付一年届满后的二倍工资的,不予支持。

四、二倍工资的仲裁时效应该如何理解?

《劳动合同法》第八十二条所称的"二倍工资"中加付的一倍工资并不属于劳动报酬,劳动者申请仲裁的时效为一年。用人单位自用工之日起超过一个月未与劳动者订立书面劳动合同,劳动者要求用人单位支付二倍工资的,仲裁时效应从用人单位与其补订劳动合同之日或者视为双方已订立无固定期限劳动合同之日起计算。

五、劳动合同期满,但因特殊情形延续导致劳动者在同一用人单位连续工作满10年的,劳动者能否请求与用人单位订立无固定期限劳动合同?

劳动合同期满,因劳动者有下列情形之一而续延,因此达到劳动者在同一用人单位连续工作满10年,劳动者提出订立无固定期限劳动合同的,用人单位应当与劳动者订立无固定期限劳动合同:从事接触职业病危害作业的劳动者未进行离岗前职业健康检查,或者疑似职业病病人在诊断或者医学观察期间的;患病或者非因工负伤,在规定的医疗期内的;女职工在孕期、产期、哺乳期的。

六、劳动合同期满后,依照《劳动合同法》第四十二条的规定双方合同关系依法延续,劳动者能否请求用人单位支付延续期间未签订劳动合同的二倍工资?

按照《劳动合同法》第四十二条的规定劳动合同关系依法延续的,在延续期间双方未订立书面劳动合同,劳动者请求用人单位支付二倍工资,不予支持。

七、劳动合同期满后,劳动者继续在用人单位工作,用人单位超过一个月不与劳动者订立书面劳动合同的法律后果是什么?

签订书面劳动合同系用人单位的法定义务,用人单位应该规范用工。劳动合同期满后,劳动者继续在用人单位工作,用人单位超过一个月不满一年未与劳动者订立书面劳动合同,劳动者请求用人单位支付二倍工资的,应予支持。用人单位超过一年未与劳动者订立书面劳动合同的,视为双方已订立无固定期限劳动合同。

八、对保安、门卫、仓库保管员等特殊岗位劳动者主张加班工资的,加班事实应如何把握?

对于全天24小时吃住在单位的保安、传达室门卫、仓库保管员等人员,其工作性质具有特殊性。如确因工作所需和单位要求,不能睡眠休息的,应认定为工作时间;如工作场所中同时提供了住宿或休息设施的,应合理扣除可以睡眠休息的时间,即劳动者正常上班以外的时间不应计算为工作时间,对超出标准工作时间上班的,用人单位应支付加班工资。审判实践中,可以综合考虑以下因素:用人单位是否就该岗位向劳动行政部门申请办理过综合计算工时工作制、不定时工作制的审批手续(应注意审批的有效期和审批人数);用人单位是否在工作场所内为劳动者配备必要的休息设施;用人单位的工作制度或规章制度中对劳动者具体工作内容、工作强度的要求(以判断劳动者按照该制度工作是否将导致事实上无法休息);用人单位安排值班的人数(即考虑同一时段劳动者是否有轮换休息的可能性)。

九、实行计件工资制的加班工资如何认定?

用人单位实行计件工资制,劳动者主张加班工资的,认定加班事实应主要审查计件工资劳动定额是否合理。劳动合同对计件工资劳动定额有约定的按照约定的定额审查,无约定的按行业规定审查。对劳动定额明显不合理或无行业规定的,按标准工时折算定额后再计算加班工资。

十、用人单位一次性向劳动者支付了竞业限制经济补偿,劳动者违反竞业限制义务时,用人单位能否向劳动者主张违约金?

《劳动合同法》第二十三条仅规定了用人单位"在竞业限制期限内按月给予劳动者经济补偿"的补偿方式。用人单位如果在解除或终止劳动合同时,一次性向劳动者支付了竞业限制补偿金的,劳动者违反竞业限制义务时,用人单位可以向劳动者主张违约金。

十一、劳动者不愿意缴纳社会保险费,并书面承诺放弃参加社会保险费的法律后果是什么?

劳动者不愿意缴纳社会保险费,并书面承诺放弃参加社会保险费的,该书面承诺无效。劳动者可以此为由解除劳动合同,但要求用人单位支付经济补偿金的,不予支持。

十二、用人单位违法解除劳动合同,劳动者要求撤销解除劳动合同的决定,继续履行劳动合同的,应如何处理?

如果在一审宣判前,原劳动合同期限已经届满的,则一般不支持劳动者关于继续履行劳动合同的请求。对劳动者主张停发工资日至劳动合同届满日期间的工资损失,应按劳动者被停发工资前十二个月的平均工资确定。

如果在一审宣判时,原劳动合同期限尚未届满的,则对劳动者主张继续履行劳动合同的请求予以支持。对停发工资日以后的工资损失,应按劳动者被停发工资前十二个月的平均工资确定。

十三、用人单位未及时、足额支付劳动报酬或未依法缴纳社会保险费的,能否作为劳动者单方解除劳动合同的理由?

用人单位因过错未及时、足额支付劳动报酬或未依法缴纳社会保险费的,可以作为劳动者解除劳动合同的理由。但用人单位有证据证明确因客观原因导致计算标准不清楚、有争议,或确因经营困难、具有合理理由或经劳动者认可,或欠缴、缓缴社会保险费已经征缴部门审批,劳动者以用人单位未"及时、足额"支付劳动报酬或未依法缴纳社会保险费为由解除劳动合同,要求用人单位支付经济补偿金的,不予支持。

十四、用人单位与劳动者就工伤待遇、加班工资、经济补偿金等达成和解或经调解组织调解后,劳动者能否再以数额过低要求用人单位补足差额?

用人单位与劳动者协商或经调解组织调解,就工伤待遇、加班工资、经济补偿金等达成和解或调解协议后,劳动者以数额过低要求用人单位补足差额的,不予支持。但劳动者有证据证明协议签订存在受胁迫、欺诈而违背自己真实意思表示,或协议内容显失公平等情形的除外。

十五、因第三人侵权导致工伤的,采用何种赔偿模式?

《社会保险法》实施后,因第三人侵权导致工伤的,仍继续适用浙政发[2009]50号通知的规定。职工因劳动关系以外的第三人侵权造成人身损害,同时构成工伤的,依法享受工伤保险待遇。如职工获得侵权赔偿,用人单位承担的工伤保险责任相对应项目中应扣除第三人支付的下列五项费用:医疗费、残疾辅助器具费、工伤职工在停工留薪期间发生的护理费、交通费、住院伙食补助费。

十六、《工伤保险条例》第三十三条规定的工伤职工在停工留薪期内"原工资福利待遇不变"的计算标准是什么?

工伤职工在停工留薪期内,原工资福利待遇不变,其中"原工资"按照工伤职工因工作遭受事故伤害或者患职业病前12个月的平均月工资计算,包括计时工资或者计件工资、奖金、津贴和补贴等,但不包括加班工资。

十七、职工在同一用人单位多次发生工伤并形成多个伤残等级的,应该如何确定一次性工伤保险待遇的等级标准?

职工在同一用人单位多次发生工伤,形成多个伤残等级,在与用人单位解除或终止劳动关系时,应按最高伤残等级确定劳动者应当享受的工伤保险待遇。

安徽省高级人民法院关于审理房屋买卖合同纠纷案件适用法律问题的指导意见

(安徽省高级人民法院审判委员会民事执行专业委员会
2012年3月5日第1次会议通过)

为正确审理房屋买卖合同纠纷案件,根据《中华人民共和国民法通则》、《中华人民共和国合同法》、《中华人民共和国物权法》、《中华人民共和国民事诉讼法》、《最高人民法院关于审理商品房买卖合同纠纷案件适用法律若干问题的解释》(以下简称《解释》)等法律法规和司法解释的规定,结合本省民事审判实际,制定本意见。

一、关于新建商品房买卖合同纠纷

1. 当事人签订的认购书、购房意向书等协议虽然不具备《解释》第五条规定的条件,但已经明确了拟购商品房的位置、面积、价款且能够实际履行的，可以认定为商品房买卖合同。但当事人明确约定认购书、购房意向书等协议仅为预约合同的除外。

人民法院对认购书、购房意向书等协议性质作出的认定，不影响一方当事人根据协议中定金条款的约定，向可归责的另一方当事人主张适用定金罚则。

2. 当事人以期房不能转让为由请求确认转让合同无效的，一般不予支持；转让人在转让合同履行期限届满时仍未取得房屋所有权，致使受让人不能办理房屋所有权转移登记，受让人请求解除合同并要求转让人承担违约责任的，应予支持。

3. 出卖人就同一房屋分别与数个买受人签订买卖合同，在合同均为有效且买受人均主张出卖人履行合同转移房屋所有权的情况下，一般应按照以下顺序确定买受人的权利保护顺位：

(1)已经办理房屋所有权转移登记的；

(2)已经办理房屋所有权转移预告登记或合同备案手续的；

(3)已经合法占有房屋的；

(4)合同实际履行在先的；

(5)均未履行，合同成立在先的。

签订房屋买卖合同在先的买受人已经合法占有了房屋，出卖人又与后买受人签订合同并办理了房屋所有权转移登记，除非先买受人能够举证证明后买受人在签订合同及办理房屋所有权转移登记时知道或应当知道房屋已被其他买受人先行占有，仍应优先保护已经办理了房屋所有权转移登记的买受人。

4. 房屋买卖格式合同约定以"该商品房经验收合格"作为交付条件，一般应以出卖人(建设单位)组织勘察、设计、施工、监理等单位进行工程竣工验收并出具验收合格的意见作为认定房屋经验收合格的依据。但规划、公安消防、环保、城建档案管理等专门管理部门尚未出具认可性意见的，不应认定房屋已经验收合格。

5. 出卖人交付的房屋不符合本意见第4条规定的交付条件，买受人接收了房屋后以出卖人交付房屋时"未经验收合格"为由主张逾期交房违约责任的，在一审法庭辩论终结前出卖人能够提供完整的《工程竣工验收报告》，对买受人的诉讼请求一般不予支持。

6. 房屋买卖合同约定出卖人在交付房屋时须提供《住宅质量保证书》、《住宅使用说明书》等文件，出卖人实际交付房屋时未能提供上述文件的，买受人有权拒绝接收房屋，但买受人接收房屋后又以出卖人未能依约提供上述文件为由主张逾期交房违约责任的，一般不予支持。

7. 买受人以出卖人逾期办证为由主张违约责任的，出卖人举证证明其已于房屋买卖合同约定或《解释》规定的办理房屋产权证的最后期限30个工作日前向产权登记机构报送了办证所需的文件和资料的，对买受人的诉讼请求一般不予支持。

8. 房屋买卖合同的当事人以约定的违约金过高为由请求对违约金进行调整，但双方当事人均未举证证明守约方因违约所造成的实际损失，人民法院可以根据《最高人民法院关于适用〈中华人民共和国合同法〉若干问题的解释(二)》第二十九条的规定，结合案件具体情况，在中国人民银行发布的同期同类贷款利率四倍的范围内，对约定的违约金进行调整。

二、关于城镇"二手房"买卖合同纠纷

9.《中华人民共和国城市房地产管理法》第三十八条第(六)项"未依法登记领取权属证书的"房屋不得转让的规定，在性质上不属于《最高人民法院关于适用〈中华人民共和国合同法〉若干问题的解释(二)》第十四条规定的"效力性强制性规定"，买受人仅以出卖人签订合同时未取得房屋权属证书为由请求确认合同无效的，不予支持。

《中华人民共和国城市房地产管理法》第三十九条第一款第(二)项的规定在性质上也不属于上述司法解释第十四条规定的"效力性强制性规定"，不应作为认定房屋买卖合同无效的法律依据。

10. 房屋抵押权存续期间，出卖人(抵押人)未经抵押权人同意转让抵押房屋的，不影响房屋买卖合同的效力。

在合同约定的履行期限届满时因抵押登记仍未涂销，导致无法办理房屋所有权转移登记，买受人请求解除合同的，可予支持。买受人要求出卖人承担违约责任的，可综合考虑合同双方过错、所造成的损失等因素，确定应予承担的责任。

11. 当事人之间就同一房屋分别签订数份买卖合同，因该数份合同中关于房屋价款、履行方式、履行期限等实质性内容的约定不一致而产生争议的，人民法院应当综合考虑合同签订时间的先后、实际履行情况、同类房屋市场交易价等因素，确定当事人的真实意思，认定应予履行的合同。

12. 房屋中介机构违反忠实居间义务，严重损害委托人利益的，委托人拒绝支付中介服务费用或请求房屋中介机构赔偿因此造成的损失的，应予支持。

三、关于农村房屋买卖合同纠纷

13. 城镇居民、法人或其他组织购买农村集体所有土地上建设的房屋签订的房屋买卖合同，应当根据《中华人民共和国合同法》第五十二条和《中华人民共和国土地管理法》第四十三条的规定，认定为无效合同。

农村房屋买卖合同被认定为无效的，可以根据当事人的过错、所获利益、赔偿能力等情况，判令其承担相应的缔约过失责任。

14. 非同一农村集体经济组织成员之间签订的房屋买卖合同，应当认定为无效合同。但买受人在一审法庭辩论终结前取得出卖人所属的农村集体经济组织成员资格且符合其他购买条件的，可以认定合同有效。

四、其他问题

15. 共有房屋的部分登记权利人转让房屋，属于无权处分行为，其他登记权利人以转让房屋未经其同意为由主张买卖合同无效的，一般予以支持。但买受人有理由相信出卖人有代理权的除外。

共有房屋登记在一人或部分共有人名下，登记权利人转让共有房屋，亦属于无权处分行为，其他共有人主张房屋买卖合同无效的，人民法院应根据《中华人民共和国物权法》第一百零六条第一款的规定进一步审查买受人是否构成善意取得。

16. 房屋买卖合同签订后，买受人已交付了全部价款并合法占有了房屋，在申请登记机构办理房屋所有权转移登记期间，该买受人对转移登记尚未完成没有过错，或者因出卖人原因无法办理转移登记，出卖人的债权人请求人民法院查封、拍卖、变卖该房屋，买受人提出异议的，应予支持。但有证据证明买受人与出卖人恶意串通损害债权人利益的除外。

17. 房屋买卖合同签订后，出卖人未依约协助买受人办理房屋所有权转移登记，买受人提起确权之诉，请求确认房屋归其所有的，人民法院应当对买受人进行释明，告知其变更诉讼请求为主张出卖人协助办理房屋所有权转移登记，买受人坚持不予变更的，应当驳回其诉讼请求。

买受人请求出卖人履行协助办理房屋所有权转移登记义务的，不受法律规定的诉讼时效期间的限制。

18. 本意见自下发之日起施行。

福建省高级人民法院印发《2012年全省人民法庭工作意见》的通知

全省各级人民法院、厦门海事法院：

现将《2012年全省人民法庭工作意见》印发给你们，请认真贯彻执行。

二〇一二年二月二十日

2012年全省人民法庭工作意见

为深入学习贯彻党的十七大、十七届四中、五中、六中全会和中央经济工作会议，省第九次党代会、省委九届一次、二次全会和全国、全省政法工作会议，全国、全省法院院长会议暨队伍建设会议精神，营造和谐稳定的社会环境，为建设更加优美更加和谐更加幸福的福建，提供有力司法服务和保障，现就2012年全省人民法庭工作提出以下意见：

一、强化政治责任，切实提升服务大局、维护稳定的能力

1. 人民法庭处在化解矛盾纠纷、维护社会安定稳定的第一线，必须全面增强政治意识、大局意识、忧患意识和责任意识，千方百计把矛盾纠纷化解好，千方百计把安全漏洞堵塞住，千方百计把基层工作搞扎实，确保社会的安定稳定，营造和谐稳定的社会环境迎接党的十八大胜利召开。

2. 人民法庭是展示国家司法权威和提高司法公信力的前沿阵地，必须紧紧围绕服务福建科学发展跨越发展，密切关注《海峡西岸经济区发展规划》实施提出的司法需求，坚持能动司法，加强执法办案工作，积极为加快转变经济发展方式提供司法保障，着力从司法领域保障和切实提升队伍素质、审判质量和司法公信力。

3. 人民法庭是党通过司法途径联系人民群众的桥梁和纽带,必须始终坚持"为大局服务,为人民司法"的工作主题,坚持群众观点,着力维护社会公平正义,着力维护人民群众的合法权益,全力满足人民群众的司法需求。

4. 人民法庭是人民法院工作的根基,是人民法院设在基层的窗口,是人民法院工作的活力和源泉,各级人民法院必须重心下沉、坚持固本强基,强化基层基础,壮大基层力量,全面提升人民法庭化解矛盾、解决纠纷能力,充分发挥人民法庭作用,推进社会管理创新。

二、强化能动司法,积极推进社会管理创新

5. 增强责任感。社会管理是中国特色社会主义事业总体布局中社会建设的重要组成部分,加强和创新社会管理,事关党的执政地位的巩固,事关国家长治久安,事关人民安居乐业。人民法庭必须从全局和战略的高度,进一步深化对加强和创新社会管理重要性和紧迫性的认识,切实增强责任感和使命感。

6. 构建大调解体系。人民法庭要坚定不移地贯彻"调解优先,调判结合"工作原则;完善全面、全程、全员"三全"调解机制。加强矛盾纠纷调解机制建设,健全诉讼与非诉讼相衔接的矛盾纠纷解决机制,推动完善人民调解、行政调解、司法调解衔接互动的大调解工作体系,形成化解社会矛盾的合力。

7. 参与社会管理制度建设。人民法庭通过执法办案参与社会管理的同时,要注重发挥司法的能动作用,积极推进社会管理制度体系不断完善。要大力加强司法建议工作,对在审判、执行、信访等工作中发现的社会管理方面的问题,及时向党委、人大、政府及相关部门提出有价值的司法建议。

8. 参与社会治安综合治理和平安建设。人民法庭要积极参与重点地区、重点场所的社会治安综合治理。开展法官进社区、进乡村、进企业等巡回审判活动,加强在农村、社区、校区、林区、景区、港区、海区、厂区等"无讼"建设,与居委会、村委会等基层组织协力共建,促进"化讼"、"少讼"、"无讼"。大力开展以案释法和法制宣传工作,提升人民群众的法律意识和社会道德水平。加强矛盾纠纷排查,及时化解矛盾消除隐患。要深入调查研究,广泛听取群众意见,及时发现社会管理领域存在的苗头性、倾向性、普遍性的问题,堵塞管理漏洞。

9. 推动完善社会管理格局。坚持民生优先、服务为先、基层在先,统筹发展、民生、稳定三大任务,延伸司法职能,推动完善党委领导、政府负责、社会协同、公众参与的社会管理格局。

三、强化民生案件审判,努力保障、提高人民群众幸福指数

10. 坚持党的群众路线。人民法庭要始终坚持以人为本、司法为民理念,牢固树立群众观点,始终站稳群众立场,在思想上尊重群众,在感情上贴近群众,在工作上依靠群众,把群众观点渗透到立案、接访、开庭、执行等每一个环节,并真正转化为司法为民、便民、利民的实际行动。积极向群众学习,努力提高新形势下做群众工作的能力和水平,以扎实有效的工作赢得人民群众的支持和信任。

11. 依法促进保障和改善民生。人民法庭要始终把民生摆在优先位置,着力改善民生福祉,深入研究事关民生的利益问题、法律问题与政策问题,着力构建事关民生的案件审判、法律指导与延伸服务机制,推动落实党和政府的各项惠民富民政策。

12. 妥善审理与人民群众切身利益密切相关案件。按照"改善民生,建立健全基本公共服务体系"的要求,妥善审理劳动就业、社会保障、医疗卫生、教育、住房、消费等领域的纠纷案件,妥善审理婚姻家庭、民间借贷、相邻关系、人身损害赔偿等案件,切实维护人民群众的根本利益。

13. 服务保障加快社会事业发展。以改善民生为重点,以司法服务为手段,促进各项社会事业大力发展,切实做到学有所教、劳有所得、病有所医、老有所养、住有所居,促进经济社会协调发展,形成人民幸福安康、社会和谐进步的良好局面。

14. 服务保障生态文明建设。促进加强环境保护和生态建设,大力发展循环经济,推进资源节约型和环境友好型社会建设,努力建设人居环境优美、生态良性循环的可持续发展地区。

15. 完善便民诉讼机制,方便群众诉讼。通过建立诉讼服务中心、推广网上立案、远程立案等服务功能,探索建立信息化法庭,实行预约庭审、做好诉讼引导等措施,不断满足人民群众方便快捷地参与诉讼活动,享受优质高效的法律服务需求。着力加强公正效率与均衡结案,降低当事人的诉讼成本,减轻群众诉讼负担。

四、强化司法能力建设,确保公正高效司法

16. 加强法律实施工作。中国特色社会主义法律体系的形成,为人民司法事业奠定了坚实的法律基础,为建设公正高效权威的社会主义司法制度提供了有力的法律保障,为人民法庭公正高效地审理案件提供了明确的法律依据。人民法庭必须坚持实体公正与程序公正并重,严把案件事实关、证据关、程序关和法律适用关，从源头确保案件质量，切实维护司法公正。

17. 加强司法能力建设。高度重视人民法庭党支部建设和思想政治建设，认真落实"抓党建带队建促审判树形象创一流"总体工作思路，大力加强基层党的建设，为人民法庭各项工作的顺利开展提供有力的思想政治保证和组织保障。加强人民法庭法官培训，着力提高人民法庭法官正确适用法律，做群众工作的能力和水平，做调解工作的能力和水平。

18. 加强司法廉洁建设。深化"好作风、好绩效、好形象"和"零差错"活动，加强司法廉洁教育、法官职业道德教育、纪律作风教育，筑牢拒腐防变的思想道德防线，构建廉政风险防控机制，不断提高人民法庭队伍的司法形象和公信力。

19. 加强人民法庭基础建设工作。要按照"三个面向"和"两便"要求，科学合理地做好边远地区、民族地区及其他群众诉讼不便地区人民法庭恢复或新建工作。要进一步合理配置人民法庭人力资源与办公设施，建立健全人民法庭的保障机制和激励机制，进一步完善人民法庭的工作环境与职业保障，使人民法庭干警身心健康，提高人民法庭干警的工作积极性。

20. 加强信息化建设。加强人民法庭信息化基础设施建设，全面应用司法审判信息管理系统，健全人民法庭司法审判信息管理填报制度，将人民法庭的队伍管理、物质装备、审判情况等数据及时录入，形成完整的电子档案，推进信息化在人民法庭审判管理、质量评估、绩效考核等方面的应用。

五、强化政法核心价值观教育，促进社会主义文化大发展大繁荣

21. 深刻认识深化文化体制改革，推动社会主义文化大发展大繁荣的重大现实意义和深远历史意义；深刻认识人民法院在丰富和发展社会主义先进文化，依法服务文化改革发展中的地位和作用。人民法庭要在基层第一线积极推进先进文化的传播。

22. 着力推进社会主义法治文化建设，全面落实依法治国基本方略，结合执法办案，通过加强辩法析理、判后答疑、以案释法等工作，大力加强法治宣传教育，弘扬社会主义法治精神，树立社会主义法治理念，推动人人学法遵法守法的良好氛围。

23. 促进社会诚信和谐文化建设。要通过审判活动，惩戒失信行为，保护诚实守信者合法权益，推动在全社会形成守信光荣、失信可耻的氛围；弘扬"和为贵"的传统文化，加强诉调对接工作，加强对敏感案件和热点问题的正面舆论引导，最大限度地增加和谐因素，最大限度地减少不和谐因素。

24. 扎实开展"忠诚、为民、公正、廉洁"的政法核心价值观教育实践活动。政法核心价值观是社会主义核心价值体系在政法领域的集中表现，是政法干警应有的政治本色、宗旨理念、神圣职责、基本操守。要在强化思想认同上下功夫，在实现知行统一上下功夫，在确保活动实效上下功夫。

25. 培育典型引领先进文化。要以深入开展创先争优和创建"省级优秀人民法庭"活动为载体，以时代先锋詹红荔同志先进事迹为榜样，不断激发工作热情，全面提高自身素质，切实增强为大局服务、为人民司法的自觉性和坚定性，不断培育先进典型，引领健康向上的文化氛围。

26. 加强自身文化建设。人民法庭应重视审判和办公场所的文化形象塑造。要重点加强门面、宣传栏、大厅、立案室、信访室、当事人休息室、调解室、陪审员室、走廊等窗口文化建设，努力营造尊重、和谐和方便人民群众诉讼的文化氛围。要积极开展丰富多彩的文化活动和学术交流，陶冶法官情操，丰富文化生活。要按照最高人民法院要求两年内完成所有人民法庭的统一标识的安装工作。

福建省高级人民法院关于全面推进巡回法庭进社区工作的意见

（闽高法[2012]500号）

全省各级人民法院、厦门海事法院、福州铁路运输法院：

为全面贯彻落实党的十八大精神，进一步发挥人民法院在依法服务保障改善民生和创新社会管理中的职能作用，妥善处理好民生领域和社会管理中出现的矛盾纠纷，不断创新和完善司法便民措施，大力弘扬法治精神,促进加快形成党委领导、政府负责、社会协同、公众参与、法治保障的社会管理体制,努力推动形成办事依法、遇事找法、解决问题用法、化解矛盾靠法的良好法治环境,落实依法治国基本方略,加快建设社会主义法治国家,在更高起点上服务保障福建科学发展跨越发展,结合我省法院工作实际,就全面推进巡回法庭进社区工作提出如下意见。

一、强化思想认识,把巡回法庭进社区工作摆上重要日程

1. 推进巡回法庭进社区工作是坚持以人为本、司法为民的重要举措。党的十八大报告深刻指出"必须更加自觉地把以人为本作为深入贯彻落实科学发展观的核心立场",进一步强调"为人民服务是党的根本宗旨,以人为本、执政为民是检验党一切执政活动的最高标准"。随着基层社会结构变化,城乡社区越来越成为社会生活的支撑点、社会成员的聚集点、各种利益的交汇点、各种矛盾的聚焦点。巡回法庭进社区是人民法院大力推广巡回审判工作的重要方式,是"马锡五审判方式"的继承和发展,是人民法院延伸拓展司法职能,是呼应人民群众需求,服务基层、服务大局、服务群众、服务民生的重要举措。要以巡回法庭进社区为载体,提高做好新形势下群众工作能力,不断满足人民群众对司法的新要求新期待,彰显司法为民亲民、服务保障民生民利。

2. 推进巡回法庭进社区工作是人民法院提升司法公信力的重要举措。党的十八大报告把"司法公信力不断提高"作为全面建成小康社会和全面深化改革开放的重要目标,明确提出加强司法公信建设并第一次提出了司法公开的要求。推进巡回法庭进社区,组织广大法官走进城乡社区,通过就地开庭、就地调解、就地宣判等巡回审判活动,是人民法院贴近基层、深入群众、有效化解矛盾纠纷的能动司法方式,是落实司法走转改、加强和改进司法作风的重要措施。要以巡回法庭进社区为载体,坚持走群众路线,听民声、访民意、察民情,改进司法作风,提高审判效率,完善司法公开,深化法制教育,让群众有序参与司法、监督司法、信任司法,扩大审判法律效果和社会效果,提升司法公信力和影响力。

3. 推进巡回法庭进社区工作是人民法院加强和创新社会管理的重要举措。党的十八大报告强调指出"必须从维护最广大人民群众根本利益的高度,加快健全基本公共服务体系,加强和创新社会管理,推动社会主义和谐社会建设"。巡回法庭进社区是人民法院参与基层社会管理和服务体系建设,建立健全党政主导的维护群众权益机制,完善人民调解、行政调解、司法调解联动工作体系,畅通和规范群众诉求表达、利益协调、权益保障渠道的重要途径。要以巡回法庭进社区为载体,通过公开审判、以案释法、法制宣传教育等方式,增强全社会学法尊法守法用法意识,推进基层单位无讼建设和综治平安建设,构建大调解工作体系,强化法治在创新社会管理中的保障作用和群众参与社会管理的基础作用,提升基层社会管理科学化、法治化、规范化水平。

二、规范运行机制,推进巡回法庭进社区工作依法有序开展

4. 明确主体。全省各基层人民法院要以各审判业务庭、人民法庭、交通巡回法庭、车载法庭、社区法官工作室等为依托,全面开展巡回法庭进社区工作。各审判业务部门和人民法庭均负有开展巡回法庭进社区的工作职责。

5. 合理设点。基层人民法院所在地附近未设立人民法庭的,应在每个街道至少设立一个固定的巡回审判点或人民法官工作室,开展定期、不定期的巡回法庭进社区活动。设有城区人民法庭的,应在人民法庭所管辖的每个街道设立一个固定巡回审判点,并以人民法庭巡回审判点为依托,开展定期、不定期的巡回法庭进社区活动。根据需要,可以组织交通巡回法庭、车载法庭或其他专业巡回法庭开展进社区活动。

6. 提前告知。定期巡回的应当在巡回审判点或人民法官工作室公布巡回活动的具体时间、巡回工作的主要事项;巡回审理案件的,应当提前三日公布当事人名称、案由、巡回审理的时间、地点,并邀请群众旁听。不定期巡回的应当提早在固定的巡回审判点或人民法官工作室公布巡回的工作事项或巡回审理案件的相关信息,并邀请群众旁听。

7. 公开审判。巡回法庭进社区审理案件,应当向人民群众公开,要积极邀请基层组织负责人、人民陪审员、人大代表、政协委员以及普通群众参与或旁听庭审,自觉接受人民群众的监督。有人民陪审员参加合议庭的案件,原则上应当邀请巡回审判当地的人民陪审员参加。

8. 完善设施。固定巡回审判点或人民法官工作室应有相对固定的审判办公场所,审判办公场所可以是人民法院的自身用房,也可以借用社区居委会、服务站等其他单位用房,并配备必要的办案设施,包括公告栏、开庭桌椅、庭上人员身份标志牌、旁听席等,有条件的应当配备手提电脑、打印机等,方便审判,提高效率。同时,应设置固定或移动的宣传栏,公开必要的规章制度,印发便民联系卡,免费提供便民诉讼指导小册子等,达到宣传法制、利于监督、方便联系、指导诉讼的目的。

9. 工作记录。基层人民法院开展巡回法庭进社区工作应当有专门的工作记录，包括巡回工作的时间、参与人员、工作情况、意见建议、社会效果等；巡回审理案件的除案卷中有审判记录外，还要在专门的工作记录中体现案件当事人的基本情况、案由、巡回审判点、巡回审理过程、处理结果、风险评估、巡回法官和书记员、旁听人员情况等。要推广录音、摄影、录像等设施的运用，力求真实直观。

10. 绩效考评。基层人民法院各审判业务庭每年进社区巡回审理的案件不低于当年度受理案件总数的1%，城区人民法庭每年进社区巡回审理的案件不低于当年度受理案件总数的3%。巡回法庭进社区的工作情况，纳入基层人民法院院长抓队伍建设责任制和法官年度绩效考评范围。

三、明确目标要求，确保巡回法庭进社区工作取得实效

11. 着力保障民生。巡回法庭进社区工作必须以保障和改善民生为重点，依法解决好人民群众最关心、最直接、最现实的利益问题，着力保障学有所教、劳有所得、病有所医、老有所养、住有所居。应定期选择一些在社区具有普遍性、典型性，具有教育意义和示范意义的婚姻、继承、赡养、抚养、债务、买卖、拆迁、赔偿、相邻、劳动争议、业主委员会权益；重婚、轻伤害、盗窃、抢劫、赌博、诈骗等案件到社区开庭，适用普通程序审理的民事案件应尽可能选聘人民调解员担任陪审员参与案件的审理。通过公开审理，以案释法等活动，培育知荣辱、讲正气、作奉献、促和谐的良好风尚。

12. 优化便民服务。开展巡回法庭进社区活动，可以利用节假日、休息日或夜间时间进行，巡回法庭进社区可以就地立案、就地审理、就地调解、就地宣判、就地执行、就地以案释法、就地宣传法律、就地提供法律咨询、就地提供司法救助、就地调查研究、就地摸底排查矛盾纠纷、就地指导人民调解、就地提出司法建议等。建立社区法官制度，指派能力强、业务精、熟社情、懂民意、善协调的法官担任社区法官，定期联络社区，依法排查和调处矛盾纠纷，指导人民调解，开展法制宣传，了解社情民意，社区法官应当在社区公布自己的身份和联系方式、联系电话，确保工作到位、时间到位、服务到位。

13. 坚持调解优先。开展巡回法庭进社区活动，应当贯彻“调解优先”原则，注重发挥司法引导推动和促进保障作用，发挥“三级调解网络”的联动作用，主动将诉讼调解与人民调解、行政调解、行业调解等非诉纠纷解决机制对接，完善“大调解”工作体系建设，推动多元纠纷解决机制的建立和完善。巡回法庭进社区审理的案件，可以视情委托当地司法所、人民调解委员会、妇联组织、居委会等进行调解。也可以邀请人大代表、政协委员、司法协理员、人民调解员、妇联干部、居委会干部，以及律师、当事人近亲属和当地有威望的群众参与调解。

14. 强化法制宣传。开展巡回法庭进社区活动，应注重选取涉及人民群众普遍关注的热点法律问题或者当地多发、易发的矛盾纠纷开展巡回开庭、巡回调解工作，将普法工作融入巡回审判全过程，达到“审理一案，教育一片”的社会效果。要把巡回法庭进社区活动与司法走转改活动结合起来，广泛开展法制宣传，采取举办法制专题讲座、开展法律咨询、选择典型案件以案释法、设置法律宣传栏、选派法官担任中小学法制副校长、发放法律宣传手册和书籍等灵活多样形式，弘扬社会主义法治精神，不断提高人民群众的法制意识和法律素质。

15. 深化无讼建设。开展巡回法庭进社区活动，要与推进基层单位无讼建设结合起来，在党委统一领导下，把传统的“无讼”理念与社区、乡村、校区、林区、港区、厂区等现代社会生活单元结合起来，整合基层服务管理资源，强化城乡社区依法自治，加大社会矛盾纠纷的前端防范、萌芽抑制和源头消除的力度，依法协调社会关系、规范社会行为、化解社会矛盾、促进社会公正，努力把居民日常生活中的矛盾和问题消解在社区，实现“小事不出社区、大事不出街道、重大疑难纠纷不出市区”，做到化讼、止讼、息讼、少讼，力争在局部单元实现“无讼”目标。

四、加强组织领导，促进巡回法庭进社区工作制度化常态化

16. 强化组织保障。巡回法庭进社区工作由各级人民法院人民法庭工作领导小组组织实施，上级法院加强指导，要认真研究制定开展巡回法庭进社区工作制度，并在人员配备、业务指导、后勤保障等方面满足巡回法庭进社区工作的需要。

17. 争取各方支持。力争把巡回法庭进社区工作纳入当地党委总体工作布局，主动接受党委领导、人大监督，争取政府、政协支持，加强与社区各方面力量协调配合，努力构建党委领导、政府负责、社会协同、公众参与、法治保障的社会管理体制。充分征求当地群众、人大代表、政协委员、人民陪审员、人民调解员的意见，积极争取当地党委、政府的政策支持和财力支持。

18. 提升司法能力。巡回法庭进社区是人民法院坚持以人为本、司法为民，提高做好新形势下群众工作能力的具体实践。要用当事人“听得懂、看得见、信得过、靠得住”的方式解决纠纷,不断提高调解撤诉率、服判息诉率,降低申诉信访率、申请再审率,实现案结事了。要在巡回法庭进社区的实践中不断提升司法能力,特别是运用通俗易懂的语言进行辩法析理的能力、深入浅出的群众思想工作的能力、切实有效地调解和化解矛盾的能力、群众喜闻乐见的法制宣传能力。

19. 总结推广经验。各级人民法院要结合实际情况,认真总结巡回法庭进社区工作的有益经验和先进典型,及时分析和解决工作中存在的困难与问题,不断创新工作方式方法和品牌,将巡回法庭进城市社区,逐步推广至农村社区、工业社区、商业社区、教育社区、港口社区、旅游社区、行政社区、渔民集中区、少数民族聚居区、外来人口集中区、偏远山区、林区,实现网络化管理服务。

20. 扩大舆论宣传。各级人民法院要重视巡回法庭进社区工作宣传,充分利用报刊、广播、电视、网络等传媒,对巡回法庭进社区工作进行多角度、多渠道宣传报道,提高社会各界对开展巡回法庭进社区工作做法、意义、效果等的认识,形成全社会高度认同、积极支持、广泛参与巡回法庭进社区工作的良好氛围。

福建省高级人民法院

二〇一二年十二月十四日

江西省高级人民法院
关于印发《江西省高级人民法院关于加强社会矛盾化解工作、维护社会和谐稳定的若干意见》的通知

(赣高法[2012]140 号)

全省各级人民法院、南昌铁路运输两级法院:

现将《江西省高级人民法院关于加强社会矛盾化解工作、维护社会和谐稳定的若干意见》印发给你们,请认真贯彻执行。执行中有何问题,请及时向我院反映。

二〇一二年七月五日

江西省高级人民法院关于加强社会矛盾化解工作、维护社会和谐稳定的若干意见

为积极应对我省经济社会发展新形势,促进和维护社会和谐稳定,结合我省法院司法审判实际,现就当前形势下加强全省法院社会矛盾化解工作,提出如下意见。

一、充分认识当前形势下加强社会矛盾化解工作的重要性和艰巨性,增强维护社会和谐稳定的使命感和责任感

1. 充分认识当前形势下加强社会矛盾化解工作的重大意义。近年来,我省经济总量连续保持高速增长,各项社会事业全面进步,但从总体上看,欠发达情况尚未完全改变,加快经济发展,保障和改善民生的任务仍然十分艰巨。当前和今后一个时期,我省既处于发展的重要战略机遇期,又处于社会矛盾凸显期。社会矛盾能否得到妥善化解事关社会稳定,事关发展大局。全省各级法院一定要从维护社会稳定和服务经济发展的大局出发,充分认识加强社会矛盾化解工作,维护和谐稳定的社会环境,对于保持安定团结的政治局面,促进经济社会又好又快发展,推进富裕和谐秀美江西建设,实现我省全面建设小康社会目标的重大意义。

2. 充分认识当前形势下人民法院社会矛盾化解工作的复杂性和艰巨性。随着社会转型、经济转轨的加速和深化,新形势下改革发展带来的社会结构变动、利益关系调整、利益分配失衡等问题引发的各种社会矛盾大量增长,影响社会和谐稳定的因素明显增多,特别是在农村土地征收、城市房屋拆迁、环

境污染、医疗服务、民间借贷和企业破产重组等领域尤为明显，群体性事件和恶性事件时有发生。这些矛盾成因更复杂，表现形式更加多样，激烈程度和敏感性更强，社会媒体的关注度更高，处理不当对社会危害更大。社会矛盾的复杂性决定了人民法院在审理相关案件时承担的化解社会矛盾的任务更为艰巨，面临的压力更加巨大。

3. 充分认识当前形势下人民法院在社会矛盾化解中的职能和使命。人民法院作为审判机关，承担着依法审理各类案件、化解矛盾纠纷，维护社会和谐稳定的重要职能。全省各级法院在审判工作中能否妥善化解各类社会矛盾不仅关系到自身法定职能履行，更关系全省经济社会发展环境的优化。中国共产党第十八次全国代表大会即将召开，为党的十八大顺利召开营造和谐稳定的社会环境是人民法院的首要任务和重大政治责任。全省各级法院要深刻理解人民法院在维护社会稳定中所担负的历史使命，始终把维护社会稳定放在审判工作的突出位置，牢固树立责任意识和使命意识，增强做好社会矛盾化解工作的决心和信心，大力弘扬“忠诚、为民、公正、廉洁”的政法干警核心价值观，勇于担当，进一步加强社会矛盾化解工作，为维护社会和谐稳定做出新贡献。

二、依法履行审判职责，妥善化解各类矛盾纠纷，全力维护社会稳定

4. 妥善化解农村集体土地、城市国有土地上房屋征收拆迁纠纷，避免群体性、恶性事件的发生，切实维护被征收人合法权益。要深刻认识依法保护被拆迁人的拆迁安置补偿权利，对于保障被拆迁人的生存权所具有的重要意义。要依法受理农村集体土地、城市国有土地上房屋征收拆迁案件，畅通诉讼渠道，引导失地农民和城市房屋被征收人运用合法、理性的途径维护自身利益，避免因救济渠道不畅进一步激化社会矛盾。要延伸审判职能，对征收关系中各方当事人及相关利害关系人之间的利益进行平衡，强化实体保障，落实安置补偿，对土地征收和房屋拆迁补偿标准明显偏低或者因立法滞后造成相对人合法权益不能得到充分保护的，综合运用多种方式进行合理补偿。要依照《最高人民法院关于办理申请人民法院强制执行国有土地上房屋征收补偿决定案件若干问题的规定》要求，严格审查征收补偿决定的事实根据、法律依据、程序合法性，在确保被征收人获得公平补偿的前提下决定是否准许强制执行，慎用强制手段，坚决防止因强制执行违法或者不当而导致矛盾激化。

5. 妥善化解涉农纠纷，切实保障农民合法权益，维护农村社会稳定。要站在稳定农村社会和保障农民生存权的高度，依法坚决制裁侵害农民土地承包经营权和宅基地使用权的违法行为。要在裁判前认真研究裁判的可执行性，对没有集体土地可供执行的土地承包经营权确认纠纷案件，要积极寻求替代性解决方案，防止判决无法执行，致使农民合法权益无法得到有效保护的情形发生。要按照最高人民法院有关会议纪要精神，慎重认定土地补偿费分配纠纷中相关权利主体资格的丧失条件，依法保护妇女、儿童以及农民工等群体的合法权益，保障其基本生活条件。要坚持法律标准与政策规定相结合，结合建国以来历次林业土地法律法规政策的调整和权属争议产生的具体背景正确分析证据的效力及其相互印证关系，确定案件事实，促进林业、土地行政争议的实质性解决。要重视对林业、土地行政争议中善意第三人合法权益的保护，避免引发新的社会矛盾和不稳定因素。要充分借助当地党委、政府和基层单位的力量形成办案合力，注重运用协调、和解等措施解决涉农纠纷。

6. 妥善化解环境污染纠纷，保护人民群众生命健康和财产权益，维护良好生态环境。要高度重视环境污染纠纷的矛盾化解工作，认真贯彻落实省法院《关于加强环境司法保护的若干意见》，加大对资源环境保护的力度，服务鄱阳湖生态经济区建设。要依法保护人民群众的生命权、健康权和财产权，及时受理各类因环境污染引起的损害赔偿纠纷案件，对被侵权人人数众多的案件，做好相应调查工作，明确具体被侵权人的范围，做好集团诉讼的审理应对工作。要根据《侵权责任法》的规定正确适用环境侵权案件举证责任分配规则，对专业技术问题，参考环境保护行政部门意见，必要时委托有资质的鉴定机构进行鉴定，准确认定环境污染与损害后果之间的因果关系，合理确定侵权企业的民事责任，保障受损害群众获得民事赔偿的权利。要注意统一赔偿标准和司法尺度，同一案件有多个被侵权人或者同一类型案件，各被侵权人获得的赔偿要基本一致。要与环境保护行政部门密切沟通，属于行政执法范畴的环境污染问题，要及时通报环境保护行政部门介入，或者以司法建议书的形式督促环境保护行政部门介入，通过行政途径化解矛盾。

7. 妥善化解医疗纠纷，维护良好医患关系和正常的医疗秩序。要大力支持医疗纠纷人民调解委员会的调解工作，已经成立医疗纠纷人民调解委员会的地区，当事人未经医疗纠纷人民调解委员会调解直接起诉的，受案法院应当建议当事人到医疗纠纷人民调解委员会调解或委托医疗纠纷人民调解委员会先行调解。经调解后达成协议，当事人申请司法确认的,人民法院要依法审查确认调解协议效力。要注意委托鉴定的统一性,只有经人民法院统一委托后作出的鉴定结论才能作为定案依据。对于人民法院委托作出的鉴定,当事人申请重新鉴定的,要根据《关于民事诉讼证据的若干规定》严格审查把关,避免因重复鉴定导致案件久拖不决,激化医患矛盾。要按照《侵权责任法》的规定和最高人民法院有关会议纪要精神,合理分配医患双方的举证责任。要注意通过案件审理,充分保护患者的合法权益,保障医疗机构的正常运转,有效化解医患矛盾,维护正常医疗秩序。

8. 妥善化解婚姻家庭纠纷,维护家庭关系的和睦与稳定。要充分认识审理好婚姻家庭案件对于构建和谐的家庭伦理关系,维护稳固的社会伦理基础具有重要意义。要正确理解和全面贯彻落实好《婚姻法》及相关司法解释的内容和精神实质,不能机械地适用有关规定,将《婚姻法》及相关司法解释割裂理解。要注意观察离婚案件当事人做出的伤害感情、激化矛盾的行为,注重综合运用情、理、法等手段,多做说服教育和矛盾化解工作,对于矛盾激化无法调和或者当事人情绪激烈有报复倾向的,要加强防范,避免因当事人情绪失控演变成恶性事件甚至刑事犯罪。要按照《婚姻法》及其司法解释、《妇女权益保障法》、《未成年人保护法》、《老年人权益保护法》等法律的规定,在财产权属的认定、共同财产的分割问题上,依法保护妇女、儿童和老年人的合法权益。

9. 妥善化解劳动争议和工伤认定纠纷,维护和谐劳动关系。要重视劳动争议案件矛盾纠纷的化解工作,坚持保障劳动者合法权益和用人单位生存发展并重,充分认识和谐的劳动关系不仅关系到每个劳动者及其家庭的切身利益,而且关系到社会的发展和国家的稳定。要通过司法手段倡导稳定的劳动关系,依法制裁用人单位不签订合同的行为,严格审查用人单位施行的“末位淘汰”、“竞争上岗”等做法的合法性和效力。要通过裁判支付加班费、经济补偿金、赔偿金等手段,切实维护劳动者的人身权益。要加强对劳动争议调解委员会和劳动仲裁的支持,引导劳动者选择非诉渠道化解劳动争议纠纷。要根据《社会保险法》的规定,依法受理社会保险纠纷,切实维护劳动者社会保障权益。要注重形成合力化解重大群体性劳动争议纠纷,加强与政府相关部门沟通联系,建立多层次、全方位的协同联合化解机制,避免风险扩散和失控。要加强工伤认定行政案件的审理,防止审理时间过长损害劳动者合法权益激化矛盾。要从工伤保障制度的建立目的和现实需要出发,在工伤保障的覆盖范围、认定条件、补偿标准等方面,努力寻求平衡,关注受伤职工的合理诉求,确保受伤职工可以得到及时的医疗、必要的康复以及基本的生活需要。

10. 妥善化解民间借贷纠纷,慎重处理非法集资案件,规范和引导民间借贷健康有序发展,维护正常的金融秩序。要认真贯彻《最高人民法院关于依法妥善审理民间借贷纠纷案件促进经济发展维护社会稳定的通知》要求,把握国家政策精神,建立健全民间借贷纠纷防范和解决机制,注重综合运用经济、行政、法律等措施进行化解,防止引发群体性事件、个人极端事件。要在保护债权人合法权益的前提下,从有利于企业生存发展,有利于保障员工生计出发,对暂时资金周转困难但仍正常经营的借款人和企业,依法慎用查封、冻结、扣押等措施,尽量减少对企业正常生产经营活动的影响。要加强对借贷事实和借据真实性的查证,合理分配借贷双方的举证责任,必要时可以依职权进行调查取证,加大对各种形式高利贷的排除力度和对虚假债务的审查力度,保护合法的借贷利息。要防止当事人通过虚假诉讼恶意侵害国家、集体或者第三人的合法权益,对借款人自认存在借贷关系并收到借款本金的,仍应审查借贷关系及借款本金交付的真实性,发现涉嫌虚假诉讼的民间借贷纠纷案件,应根据省法院《关于预防和惩处虚假诉讼的暂行规定》的相关规定处理。要充分发挥刑事审判职能,及时审理非法集资犯罪案件,正确把握惩处与保护的关系,既要坚决依法惩处非法集资、暴力催收导致人身伤害等违法犯罪活动,又要防止把经济、金融纠纷当作犯罪处理。要紧紧依靠党委领导和政府支持,积极配合做好相关预案和司法应对措施,妥善化解非法集资引起的各种纠纷,依法保护人民群众的合法财产权益,维护社会稳定。

11. 妥善化解涉及国企的各类纠纷和因资金链断裂、企业破产引发的纠纷,保障职工合法权益,维护企业正常生产经营秩序。要审慎稳妥处理涉国企的各类案件,继续严格执行省法院《关于依法保障和促进国有企业改革的指导意见》的规定,妥善审理企业债权债务、企业国有产权或者资产转让、企业职工安置补偿以及企业破产等纠纷。要注意协调利益关系,切实维护职工合法权益,注重做好当事人思想疏导和矛盾排查化解工作,加强与政府部门协调配合,指导企业依法依规变现资产,积极预防破产中可能出现的不稳定因素,维护企业的安定和社会稳定。要合理运用破产清算、重整及和解制度,妥善处理企业破产、强制清算案件,既依法保护债权人利益,又注重维护企业职工的合法权益。要保障实现淘汰落后、过剩产能,推动实现产业转型升级的经济发展目标。对有挽救可能、具有一定核心竞争力和自主创新能力的企业，鼓励采取破产重整、和解方式化解企业尤其是上市企业的资金链断裂风险，帮助企业恢复清偿能力。

三、努力加强自身建设，完善与创新社会矛盾化解的内部机制，增强预防和化解社会矛盾能力

12. 提高案件审理质效，加强源头预防。要充分认识提高案件审理质效是从源头上预防社会矛盾升级、有效化解社会矛盾和减少申诉信访案件的有效途径。要切实在提高案件质量上下功夫，把好案件事实关和法律适用关，正确处理案件。要切实提高裁判文书质量，杜绝裁判文书不应有的差错。要注意把正确的道德判断和社会主流价值观有机融入司法裁判全过程，增强裁判文书的社会认同感。要重视案件审理程序的公正与合法，防止因程序疏漏引起当事人对裁判结果公平的质疑，致使缠诉信访矛盾升级。要提高案件审判效率，做好均衡结案，防止案件久拖不决，加重困难群众的负担和不满，引发新的矛盾。

13. 加大教育培训力度，提升司法公信，增强审判队伍化解社会矛盾司法能力。要充分认识审判队伍不廉、司法作风不正、案件裁判不公、司法公信不立对人民法院化解社会矛盾工作的消极影响，切实采取有效措施加强审判队伍廉政建设、作风建设、业务建设，大力提高审判队伍廉洁司法、文明司法、公正司法能力，促进司法公信力提升，打牢化解案件矛盾纠纷的基础。要加大教育培训力度，以提高化解矛盾纠纷的司法能力为重点，适时举办专题培训班和各种形式的经验交流会，邀请专家学者、经验丰富的一线法官、矛盾化解业务能手教学授课和交流经验，加强对全省各级法院领导干部、立案信访工作人员、审判执行法官的培训工作，切实提高全省各级法院化解社会矛盾的司法能力。

14. 建立涉及社会稳定案件报告制度，落实案件社会矛盾预警措施。对可能影响社会稳定的集团诉讼案件、可能引发群体性事件、恶性事件的案件，相关业务部门要及时报告院长，重大的案件要及时向当地党委和上级法院报告，并及时通报政府有关部门。要严格按照最高人民法院有关要求，对案件立案、审判各环节中可能存在的社会矛盾进行风险评估，提前预警，认真研究矛盾化解方法和措施。对集团诉讼案件，可能引发群体性事件、恶性事件的案件和社会舆论关注的案件，院领导要亲自审查、指导制定案件矛盾化解预案，确保不因工作疏忽引发影响社会稳定的事件。

15. 完善立案分流和诉前化解矛盾纠纷引导机制。要坚持依法受理的原则，对属于法院受案范围，符合立案条件的，要依法立案；不属于法院受案范围的矛盾纠纷，不予立案，防止不该立案的进入诉讼程序。对一些法律规定不明确、政策性强的复杂案件，既要严把立案关，防止盲目受理，致使矛盾纠纷难以化解，又要有针对性地进行法制宣传教育和解释，积极联系政府有关部门协调处理，切实帮助群众化解矛盾纠纷，防止一推了之，引发群众对法院工作的不满。

16. 建立和完善部门间协调互动机制。要完善法院内部各部门之间协调互动化解矛盾纠纷的机制，立案信访部门、审判执行部门、安全保卫部门和宣传部门要确定联络人员，明确责任，相互之间及时沟通相关案件情况，加强配合与协作，统一立场，形成化解社会矛盾的合力，避免因部门之间沟通不畅，对案件解释答复不一致或者接访处置不当，造成当事人对法院的误解和不信任致使矛盾激化。

17. 强化诉讼调解化解矛盾的功能。要认真贯彻“调解优先，调判结合”的司法工作原则，按照省法院《关于加强全省法院调解工作的指导意见》的要求，切实加大民事案件、行政案件、刑事附带民事案件诉讼调解力度，对可能影响社会稳定的案件要争取以调解方式结案。要将诉讼调解贯穿于立案、审判、执行各个环节，贯穿于一审、二审、再审、申诉、信访全过程，建立覆盖各审判领域的全程调解机制。要创新诉讼调解方式方法，各级法院院长、庭长要根据案件审理情况，适时亲自主持参与或者指导案件调解工作，灵活运用司法资源，发挥诉讼调解有利于平衡各方利益、疏导当事人情绪的优点，有效化解案件矛盾纠纷。

18. 落实矛盾纠纷化解首办责任制、考核考评制和责任追究制。要按照“谁主办、谁负责”的要求，明确办案人员和庭长、院长的的各自责任，采取规定案件办理时限，妥善制定矛盾化解方案，签订矛盾化解责任书等办法，尽量使案件矛盾纠纷首次化解成功，切实把矛盾纠纷解决在首办环节，不留后遗症。要将案结事了和社会矛盾化解作为衡量审判质量的重要因素，作为全省各级法院、法院各部门、办案干警考核考评的重要指标。要对违法办案导致矛盾激化，引发恶性事件，造成不良影响的相关办案人员和负有领导责任的庭长、院长进行责任追究。

四、大力争取多方支持，积极营造有利外部环境，完善多元社会矛盾化解机制

19. 大力争取党委、人大和政府对化解案件矛盾纠纷的支持。党委领导、人大监督、政府支持是人民法院依法履行审判职责，妥善化解矛盾纠纷的重要保证。全省各级法院要紧紧依靠党委的领导,主动接受人大监督、争取政府及社会各界的广泛支持,在审理矛盾激烈、可能影响社会稳定的案件时要及时向当地党委、人大汇报有关情况,做好与政府的沟通工作。要与有关部门适时通报交流信息,实现信息资源共享,并建立相应的协调机制,确保化解矛盾的应对措施有效落实。

20. 依靠社会力量和群众舆论做好矛盾化解工作。要在审判工作中积极引入村民委员会、居民委员会等基层群众自治性组织和工会、妇联、法律援助机构等社会各方力量参与解决案件中的社会矛盾,发挥群众组织密切联系群众的优势,促进矛盾化解。对于可能影响社会稳定的案件,当事人矛盾激烈的婚姻家庭、劳动争议案件和其他与当地人民群众利益密切相关案件,可以组织公开听证会,邀请当地人大代表、政协委员、基层政府代表、律师、社会各界人士、当事人单位代表及其近亲属参加,听取社会各界和群众意见,引导形成有利于矛盾化解的群众舆论氛围,依靠群众舆论做好矛盾纠纷化解工作。

21. 注重运用多元纠纷解决机制化解社会矛盾。要积极推动建立以党委领导、政府主导、各方参与,人民调解、行政调解、司法调解各司其职、相互协调的"大调解"格局,引导、动员社会力量化解矛盾纠纷。要积极构建多元纠纷解决机制,继续深入推进司法协理、三调联动工作机制等经验做法,积极引导当事人就近、就地选择人民调解、行政调解、行业调解等方式化解纠纷,力争把矛盾化解在诉前。要完善诉讼与非诉讼相衔接的矛盾纠纷化解机制,以人民调解法为依据,主动加强对人民调解的指导力度和协调配合,积极开展对人民调解协议的司法确认工作,做好"诉调对接",促进人民调解制度更加有效地发挥预防和及时化解矛盾纠纷、维护社会和谐稳定的功能。

22. 加强舆论引导、舆情应对和宣传报道工作。要切实做好对可能影响社会稳定案件的舆情收集、分析、应对工作,开展舆论风险评估,增强防范和化解舆论危机的意识和能力,减少负面舆论导向对化解矛盾纠纷的不利影响。要主动向媒体公开重大案件审判情况,及时公开事实真相,发布权威信息,防止混淆视听。要争取主动,创新与媒体互动平台,正面宣传法院化解矛盾纠纷的亮点和先进典型,提高与媒体沟通能力,积极争取媒体对法院工作的理解与支持,营造有利的外部环境和舆论环境。

江西省高级人民法院　江西省财政厅关于道路交通事故社会救助基金垫付费用追偿及相关事项的通知

(2012年10月9日印发　赣高法[2012]192号)

全省各级法院、各市、县财政局:

按照《江西省道路交通事故社会救助基金管理实施细则(试行)》规定,江西省已成立了省、市、县三级道路交通事故社会救助基金(以下简称"救助基金"),同时在当地人民政府领导下成立了救助基金管委会,管委会办公室设在同级财政部门,并已开展了对道路交通事故受害人的救助工作。为进一步促进该项工作的开展,现就救助基金垫付费用追偿及相关事项通知如下:

一、省、市、县三级道路交通事故社会救助基金管委会系在同级人民政府领导下设立的救助基金主管部门,其根据《中华人民共和国道路交通安全法》第七十五条、《机动车交通事故责任强制保险条例》第二十四条等有关规定提起民事诉讼追偿垫付费用的,人民法院应予受理。各地救助基金管委会可授权同级救助基金管委会办公室全权处理相关民事诉讼事项。

二、人民法院在审理道路交通事故损害赔偿纠纷案件过程中,发现提起诉讼的受害人曾接受救助基金垫付的费用,并且诉请赔偿义务人赔偿的费用包括该垫付费用的,应当及时书面告知垫付费用的救助基金管委会。该救助基金管委会申请以有独立请求权第三人身份参加诉讼的,人民法院应予准许。

三、道路交通事故中受害人身份不明的,垫付费用的救助基金管委会行使追偿权,按本通知第一条规定处理。救助基金管委会代已故身份不明人员主张死亡赔偿金等费用提起诉讼,在其承诺对取得的赔偿费用妥善管理并在权利人出现后及时返还的,人民法院可予以受理。

四、垫付费用的救助基金管委会在诉讼中申请保全、先予执行的，依照民事诉讼法的有关规定办理。

五、救助基金追偿垫付费用诉讼裁判生效后，赔偿义务人确无履行能力，救助基金管委会申请终结执行，并要求出具终结执行裁定书作为销账依据的，人民法院应予支持。

六、人民法院在执行道路交通事故损害赔偿纠纷案件时，对于赔偿义务人确无履行能力，难以执行，造成申请执行人生活非常困难的，可告知申请执行人向当地救助基金管委会申请救助。救助基金管委会在收到申请执行人申请和人民法院执行机构出具的书面意见后，经审查属实，应给予一次性救助，补充作为救助基金的其他救助方式。

法院出具书面意见参照民事执行救助程序，须附上当事人身份证明、申请书、当事人家庭生活困难情况证明（村委会、居委会或当地政府派出机构出具）、生效法律文书及法院执行机构审查意见。

七、本通知自下发之日起实施。实施中有何问题，请分别向省高级人民法院和省财政厅反映。

山东省高级人民法院
关于印发《全省民事审判工作会议纪要》的通知

（鲁高法[2011]第297号）

全省各中级人民法院、济南铁路运输中级法院：

2011年8月31日至9月1日，全省民事审判工作会议在济南召开。省法院周玉华院长到会发表了重要讲话，省法院刘爱卿副院长出席会议并讲话。会议传达贯彻了全国民事审判工作会议精神、第二十三次全省法院工作会议精神，对加强今后一个时期全省民事审判工作进行了全面安排和部署。会议还就当前民事审判工作中存在的一些疑难问题和民事法律政策的适用问题进行了认真讨论，对相关问题达成了基本共识并形成会议纪要。现将《全省民事审判工作会议纪要》印发给你们，请在审判工作中参照执行。执行中有什么问题请及时报告省法院。

二〇一一年十一月三十日

全省民事审判工作会议纪要

2011年8月31日至9月1日，全省民事审判工作会议在济南召开。各中院分管民事审判工作的副院长、与省法院民一庭审判业务对口的民庭庭长，省法院民事审判工作基层联系点法院院长以及济南军区军事法院的负责同志参加了会议。省法院院长周玉华发表了重要讲话，省法院副院长刘爱卿出席会议并讲话。这次会议是在我国社会主义市场经济制度确立和中国特色社会主义法律体系形成的新形势下召开的。会议传达贯彻了全国民事审判工作会议精神、第二十三次全省法院工作会议精神，对加强今后一个时期全省民事审判工作进行了全面安排和部署，明确提出在新形势下，要牢固树立社会主义法治理念，更好地落实“为大局服务，为人民司法”工作主题，更加充分发挥民事审判职能作用，为全面实施“十二五”规划、全面建设小康社会提供有力的司法保障。与会人员经过认真讨论，就当前民事审判工作中存在的一些疑难问题和民事法律政策的适用问题达成了基本共识。现就有关问题纪要如下，供全省各级人民法院参考。

一、关于物权纠纷案件

会议认为，物权法是规范社会主义基本经济制度和社会主义市场经济秩序的基本民事法律，对于确认物的归属，明确所有权、用益物权和担保物权的内容，保障各类市场主体平等法律地位和财产权利，具有不可替代的作用。当前，针对后金融危机的影响，我国加快转变经济发展方式和实施宏观调控政策，注重保护各类市场主体的财产权利和发挥其创造社会财富的积极性，但经济发展方式的转变和宏观调控政策的调整,必然使民事主体的静态财产权利处于动态变化中,由此相应地引发物权纠纷案件。人民法院在审理物权纠纷案件中,要及时关切经济形势的发展变化对各类物权关系的影响,根据党和国家的经济发展大局调整审判思路,确定审判原则,确保物权纠纷案件审判工作符合"为大局服务"的主题要求。在当前的经济形势下,要特别注重对物权的平等保护,平等保护原则既反映了我国经济制度的现实要求,又符合我国民法平等保护的基本原则,对国家、集体和个人财产权进行平等保护是市场经济内在要求在法律上的具体体现,是维护我国社会主义基本经济制度的现实需要。要注重充分发挥司法的物权确认功能,既要准确把握物权登记的制度功能,严格贯彻物权公示和公信制度,又要根据案件类型充分发挥司法的物权确认功能,合理确定物权的归属和内容。在一房多卖的案件中,要分别根据登记、占有、价款交付以及合同成立的时间等确定房屋所有权的归属。在房屋拆迁补偿纠纷中,要重视拆迁补偿权利的特殊性,合理解决与其他民事权利的冲突。要合理协调物权关系和合同关系,正确认识物权变动与合同效力的不同功能,贯彻落实好不动产物权变动的原因与结果相区分的原则,从维护市场交易安全出发,一般不宜轻易否定物权转让合同的效力,切实保护守约一方的合法权益,维护市场经济条件下交易的基本规则。对于当前司法实践中比较典型的共有物单方处分、一物多卖等合同效力,在依法认定合同有效的同时,要通过违约责任等制度实现当事人之间利益的平衡。

(一)关于不动产权属证书记载的权利人与实际权利人不一致的情形如何处理的问题

根据《物权法》第17条的规定,不动产权属证书是权利人享有该不动产物权的证明。不动产权属证书是不动产物权的外在表现形式,是确定不动产物权归属和内容的基本依据,对不动产物权的归属具有推定的证据效力,在没有充分反驳证据的情况下,应当依据不动产权属证书确定不动产物权的权利人,但实践中不动产权属证书记载的权利人与实际权利人不符的情形比较普遍。如果一方当事人认为不动产权属证书记载的权利人有错误,向法院起诉对该不动产物权请求确认归属的,有义务提供证据加以证明,如证据足以证明不动产物权的实际权利人的,应依法确定讼争不动产物权的权利人。

(二)关于人民法院生效法律文书与不动产登记的关系

依据《物权法》第28条的规定,人民法院作出的生效法律文书可以直接引起物权变动,无需进行不动产登记而变动物权。换言之,人民法院作出的法律文书生效之时,即应认定不动产物权已经发生转移,生效法律文书确定的不动产物权的权利人可以持该法律文书办理不动产物权的变更登记手续,登记机关是否办理不动产变更登记手续,均不影响不动产物权的变动。

(三)关于部分共有人擅自处分共同共有房屋的处理问题

根据《物权法》第97条的规定,处分共有房屋应当经三分之二以上份额的共有人或者全体共同共有人同意。该规定据此确定了按份共有和共同共有两种共有财产的处分规则,即按份共有采取"多数决"的处分原则,而共同共有则采取"一致决"的处分原则。质言之,部分共有人未经全体共有人的同意不得擅自处分共同共有的房屋,否则处分行为应属无效。但部分共有人处分共同共有房屋涉及到第三人利益保护问题,应根据物权法、合同法的相关规定,结合处分行为的不同情形加以处理:部分共有人与第三人就共同共有房屋的处分仅意思表示一致并达成协议,尚未发生物权变动的,此协议应为效力待定的合同;部分共有人与第三人处分共同共有房屋符合《物权法》第106条规定,其他共有人主张追回房屋的,不予支持。

(四)关于典当的法律性质问题

典当权在我国传统民法理论中视为一种用益物权,是财产所有权人将自己的不动产或者动产抵押给典当权人,获取相应的财物或者款项,并约定在一定期限内回赎。典权是以不动产标的物设定的物权,而当权是以动产标的物设定的物权。依据《物权法》第5条物权法定的原则,物权法没有将典当权规定为一种用益物权,因此,财产所有权人或者使用权人将财产抵押给典当企业获取借款所签订的典当合同,具有抵押借款合同的性质,属于债权的范畴,应适用合同法的相关规定处理。

(五)关于相邻关系中妨害建筑物采光、日照的认定标准问题

依据《物权法》第89条的规定,建造建筑物,不得违反国家有关工程建设标准,妨碍相邻建筑物的通风、采光和日照。据此规定,认定相邻关系中妨害建筑物采光、日照的主要依据是国家颁布的有关工程建设规范,目前,涉及建筑物采光、日照标准的主要工程建设规范有:2001年7月31日建设部发布的《建筑采光设计标准》、2002年8月30日建设部发布的《工程建设标准强制性条文》(房屋建筑部分)、2002年3月11日建设部发布的《城市居住区规划设计规范》、2005年11月30日建设部发布的《住宅建

筑规范》。省及各中院辖区的地市颁布的工程建设规范中高于国家规定的采光、日照标准的，可以参照适用。

（六）关于物业服务中发生的机动车损害或者人身伤害如何处理问题

业主将机动车辆停放在住宅小区内，发生机动车辆丢失或者毁损的，应按照业主或者业主委员会与物业服务企业签订的物业服务合同中有关机动车辆服务管理的约定确定物业服务企业的赔偿责任；业主或者业主委员会没有与物业服务企业签订机动车辆服务管理协议的，机动车辆发生丢失或者毁损的，可以根据物业服务企业在物业服务合同约定中所承担的安全保障义务，结合其过错程度、物业服务费收取标准等因素确定物业服务企业应当承担的赔偿责任。

因物业服务企业的过错导致住宅小区内的公共设施等物件造成业主财产或者人身损害的，物业服务企业应当承担相应的赔偿责任。

在物业服务区域内，因第三人侵权造成业主人身或者财产损害的，受害人请求物业服务企业承担赔偿责任的，可根据物业服务企业是否履行相应职责或者履行职责是否存在过错确定物业服务企业应当承担的相应赔偿责任。

（七）关于违法建筑的认定和处理问题

依据城乡规划法的规定，违法建筑是指未取得建设工程规划许可证或者未按照建设工程规划许可证规定进行建设的建筑物和构筑物。根据《物权法》第30条的规定，因合法建造房屋等事实行为设立或消灭物权的，自事实行为成就时发生效力。违法建筑因建设行为的违法性，不能发生设立物权的法律效果，建造人对违法建筑也不享有物权权益，因此，因违法建筑的归属和内容发生争议的，人民法院不予受理，告知当事人向有关行政主管部门申请解决。

当事人之间以违法建筑为标的物签订的买卖、租赁合同发生的争议，人民法院应当依法受理，并依法确认以违法建筑为标的物的买卖、租赁合同无效。

违法建筑是夫妻共同财产的，离婚时，婚姻当事人请求分割违法建筑的，原则上不予支持，但对违法建筑产生的收益，应当作为夫妻共同财产进行分割。

（八）关于不动产物权权属争议中的民行交叉问题

不动产物权权属争议中的民行交叉问题，是指当事人对不动产物权权属据以成立的具体行政行为的合法性存在争议而引发的不动产物权权属确认争议与不动产登记行为相互交织的纠纷，主要表现为民事纠纷与具体行政行为相关联。民事诉讼与行政诉讼所审理的对象不同，民事诉讼主要是对不动产物权的归属进行实质性审查，并据实作出确认权利归属的判决。至于不动产物权的登记行为是否真实合法，不属于民事诉讼的审理范围。

（九）关于业主委员会的诉权范围问题

依据物权法和国务院《物业管理条例》的规定，业主委员会作为业主大会的执行机构，依法有权维护住宅小区全体业主的合法权益，在住宅小区业主的共同利益遭受损害时，有权代表全体业主向人民法院提起诉讼，即业主委员会具有民事主体和诉讼主体资格。依据《物权法》第78条、第83条的规定，业主委员会的诉权范围仅限于住宅小区内业主的共有权和共同管理权遭受损害的情形，业主的专有权受到侵害，应由业主主张权利。

二、关于房地产纠纷案件

会议认为，近年来，为稳定房地产市场，保障房地产业的健康发展，我国加强了对房地产市场的宏观调控，先后采取了紧缩银根、提高商品房首付比例、限制按揭贷款和控制购房数量等调控政策。这是党和国家应对国际金融危机的影响，促进经济平稳较快发展的重大战略决策，也是人民法院房地产纠纷案件审判工作面临的全局大局。全省各级人民法院要深刻认识当前形势下做好房地产纠纷案件审判工作的重要意义，准确把握宏观经济形势发生的客观变化，在法律和国家政策规定的框架内，妥善审理好各类房地产案件，为国家宏观调控政策的实施提供司法保障。会议认为，对国家房地产宏观调控政策实施中发生的房地产纠纷，要依法受理、妥善处理，对目前部分法院采取的因房地产宏观调控政策实施引发的房地产纠纷案件不受理、受理后不审理等作法要认真纠正，防止矛盾激化；对于因国家信贷政策变化导致买受人丧失履约能力、因限购措施导致合同无法履行的情形，应依据合同法的规定和合同的约定，依法变更或者解除合同，并根据案件的具体情况，辅之以返还原物、折价补偿和赔偿损失等，切实保护当事人合法权益；对于因买卖在集体所有的土地上开发的"小产权房"而引发的纠纷案件，要严格贯彻国家的公共政策和诚信交易秩序，依法确认"小产权房"买卖合同无效，并通过出卖人承担缔约过失责任等方式避免当事人之间利益关系失衡。在国际金融危机影响尚未完全消退、房地产市场宏观调控不断强化的背景下，应当准确把握宏观经济形势对房地产市场的客观变化，依法保护守法履约行为，制裁违约行为，保护消费者合法权益；依法规制房地产开发行为，制裁哄抬房价、捂盘惜售、欺诈消费者等违法行为。要充分发挥人民法院权利保障和纠纷终结的审判职能作用，注重运用原则性与灵活性相结合、社会效果与法律效果相结合、调解与判决相结合的方法,妥善化解房地产市场中发生的矛盾纠纷,促进房地产市场健康持续发展。要加强对当前形势下房地产纠纷案件审判工作中新情况、新问题的调查研究,密切关切国内外经济形势的发展变化对房地产业的影响以及可能引发的纠纷案件,及时提出应对的司法对策。

(一)关于以协议方式签订的土地使用权出让合同的效力问题

依据《城市房地产管理法》第12条的规定,土地使用权出让,可以采取拍卖、招标的方式,也可以采取双方协议的方式。根据这一规定,协议是土地使用权出让的一种法定方式。2002年7月1日,国土资源部发布的《招标拍卖挂牌出让国有土地使用权规定》第11条规定,商业、旅游、娱乐和商品住宅等各类经营性用地,必须以招标、拍卖、挂牌等公开的方式出让,禁止以协议方式出让经营性用地。《物权法》第137条第2款也作了相似的规定。国土资源部的规定属于国家政策的范畴。根据上述规定,结合最高人民法院有关会议精神,2002年7月1日之后,凡是以协议方式签订的经营性建设用地使用权出让合同应依法认定为无效,但7月1日之前已经政府有关部门前置审批或者签订土地使用权出让合同的除外。

(二)关于集体土地以租代征合同的效力问题

所谓以租代征,是指土地使用者与农村集体经济组织直接签订土地租赁合同,以承租的方式占有使用农村集体土地进行开发建设。以租代征是名为租赁,实为征收的违法行为,违反了我国土地管理法的强制性规定,除符合《土地管理法》第63条规定的情形外,应依法认定土地租赁合同无效。

(三)未取得不动产权属证书的房屋买卖合同的效力问题

《城市房地产管理法》第38、39条的规定是法律限制未依法登记取得权属证书的房屋转让的管理性规范,而非效力性规范,未取得权属证书的房屋买卖合同不违反法律的强制性规定,应依法认定有效,如果第三人主张房屋所有权导致房屋买卖合同不能履行的,出卖人应当承担权利瑕疵担保责任。

(四)关于因信贷政策变化导致商品房买卖合同不能履行的处理问题

国家为遏制房地产价格的过快上涨,先后采取一系列宏观调控政策,其中以提高商品房款首付比例和贷款利率为主要内容的信贷政策的变化对商品房买卖合同的履行影响比较大。对于买受人以按揭贷款方式支付购房款的商品房买卖合同履行中,如买受人有证据举证证明确因信贷政策的变化而不能办理合同约定的按揭贷款,且双方对付款方式无法协商变更,而请求解除商品房买卖合同的,可予以支持。但合同有明确约定的除外。

(五)关于因限购政策导致商品房买卖不能发生物权效力的处理问题

为控制房地产价格的过快上涨,许多地方人民政府根据2010年4月17日国务院颁布的《关于坚决遏制部分城市房价过快上涨的通知》(国发[2010]10号)的规定,出台了相应的限购政策,对购房人购买房屋的套数进行限制,因此,在审理商品房买卖合同纠纷案件中应当注意对限购政策的适用。商品房买卖合同签订后,对于房屋买受人有证据证明确因限购政策的实施无法办理房屋所有权变更登记的,而请求与出卖人解除合同的,可予以支持,但合同有明确约定的除外。

地方人民政府没有出台相应限购政策的,房屋买受人不得以限购政策的实施为由请求解除合同。

(六)关于房屋交付条件中验收合格的理解与适用问题

依据《城市房地产管理法》第27条和国务院《城市房地产开发经营管理条例》第17条的规定,房地产开发项目竣工,经验收合格后,方可交付使用。根据上述规定,验收合格是房屋出卖人将房屋交付给买受人的法定条件,但对验收合格的标准,司法实践中认识不尽相同。根据我国现行房地产法律、行政法规的规定,房地产开发项目竣工后,房地产开发企业应当向当地行政主管部门提出竣工验收申请,由房地产开发主管部门对涉及公共安全的内容,组织工程质量监督、规划、消防、环保等有关单位进行验收,因此,商品房交付时的验收合格应以有关行政主管部门完成综合验收为标准。因为,房屋的验收合格,除要求房屋的质量符合国家规定的强制性安全标准或者合同约定的标准外,还需要满足买受人或者房屋使用人正常的居住和生活需要,因此,出卖人交付的房屋应是完成了工程竣工验收、消防、配套设施、绿化、环保等综合验收。

(七)未取得商品房预售许可证明的商品房认购书的效力问题

依据城市房地产管理法和最高人民法院相关司法解释的规定,出卖人预售商品房必须取得商品房预售许可证明,未取得预售许可证明的商品房买卖合同应依法认定为无效。商品房认购书是一种预约合同,是双方当事人为将来签订作为本约合同的商品房买卖合同所作出的一种承诺,并非正式的商品房预售行为。由于商品房认购书并非商品房买卖合同，故出卖人未取得商品房预售许可证明，不影响商品房认购书的法律效力。但依据最高人民法院《关于审理商品房买卖合同纠纷案件适用法律若干问题的解释》第5条的规定，如商品房认购书已经具备了商品房买卖合同的实质性内容，此种情形下，商品房认购书不应当认定为预约合同，而是商品房买卖合同，出卖人未取得预售许可证明的，该商品房认购书应依法认定无效。

（八）关于商品房买卖合同解除后的损失赔偿问题

依据《合同法》第97、113条的规定，合同解除后，当事人有权要求赔偿损失。当事人一方不履行合同义务或者履行合同义务不符合约定，给对方造成损失的，损失赔偿额应当相当于因违约所造成的损失，包括合同履行后可以获得的利益。商品房买卖合同因一方违约被解除的，守约方有权要求违约方赔偿因合同解除造成的损失，损失的范围包括积极损失和可得利益损失。如因出卖人的原因导致合同解除的，买受人请求出卖人赔偿损失的范围是纠纷发生时讼争房屋的现实价值与合同约定价格之间的差价。

（九）关于出租人出租抵押房屋合同的效力认定问题

在房屋上设定抵押权后，能否进行出租，我国现行法律、行政法规没有明确规定，一般认为，房屋被抵押后，抵押权实现之前，出租人将抵押房屋租赁给承租人使用不违反法律、行政法规的强制性规定，且不影响房屋的正常使用，完全可以实现签订租赁合同的目的，应当认定出租人与承租人签订的房屋租赁合同是有效的，但出租人负有对租赁物的权利瑕疵担保义务，如出租人未履行该义务，承租人有权行使合同解除权，并要求出租人承担违约责任。

（十）关于房屋买卖中"黑白合同"的认定问题

房地产交易中，有些当事人为规避国家税收法律和税收监管，出卖人和买受人通常签订两份价格不同的买卖合同，其中用一份价格较低的合同到有关行政主管部门备案，另一份价格较高的合同为真实的交易价格并实际履行的合同。出卖人与买受人签订两份价格不一致的房屋买卖合同，应以双方实际履行的合同确定各自的权利义务。

（十一）关于以房抵债合同的效力问题

在房地产开发或者建设工程施工中，由于无力支付开发费用或者工程价款，开发商以已经建成或者在建的房屋抵偿所欠的债务。以房抵债的协议既是当事人之间履行债务的一种方式，也是双方就如何履行原债务达成的新协议，只要该协议不具有《合同法》第52条规定的无效合同的情形，应依法认定有效，双方应诚信履行协议。抵债的房屋是否办理所有权变更手续不影响以房抵债协议的效力。

三、关于建设工程施工合同纠纷案件

会议认为，建筑业是我国国民经济的基础性产业和支柱产业之一。近年来，随着国民经济和社会的快速发展，基本建设投资规模的不断扩大，特别是房地产业近年来的持续热涨，拉动建筑市场和建筑行业呈现出迅猛发展的繁荣景象。建筑业基础庞大、从业人员众多，是典型的劳动密集型产业，建筑业的发展吸纳了大量的进城务工的富余农民工就业，同时也拉动了建筑材料、机械设备制造等相关行业的发展，使建筑业成为我国国民经济的新的增长点。在建筑市场和建筑业快速发展的同时，也暴露出许多突出问题，可以说，建筑行业与其他行业相比，违法违规的现象更普遍，如建筑市场的管理不规范导致的借用资质、转包和违法分包建设工程等行业通病普遍存在；建设资金的投资不到位以及垫资施工导致的工程价款拖欠恶性循环；建设工程竣工验收程序和标准的不规范造成大量的未经验收的工程交付使用；建筑施工队伍监管的混乱导致建设工程质量低劣，严重危害人民群众的生命安全等。这些问题严重扰乱了建筑市场的正常秩序，破坏了建筑市场主体之间的公平竞争环境，阻碍了建筑行业的持续健康发展。近年来，国家采取了一系列综合整治措施，整顿和规范建筑市场秩序，加强对建筑市场的监管，建筑市场中存在的突出问题得到显著改善。从司法审判的角度看，随着国家加强了对房地产市场的宏观调控，相应地波及到建筑市场及相关行业，造成建设工程领域中的纠纷案件不断增多，案件审理难度不断加大，且呈现出涉猎主体多、法律关系复杂、专业技术性较强、法律适用难度增大的发展趋向。面临经济形势的发展变化，人民法院要坚持"为大局服务，为人民司法"的工作主题，坚持保障发展与促进规范并重，维护诚信与提高效率并重，确保质量与实现公平并重，切实做好建设工程施工合同纠纷案件的审判工作。在司法实践中，要坚持规范和引导建筑市场健康发展的原则，坚持确保建设工程质量的原则，坚持依法维护进城务工农民工合法权益的原则，积极稳妥地化解建设工程领域的矛盾纠纷，为规范建筑市场，促进建筑业的健康发展发挥应有的职能作用。

（一）关于项目经理的法律地位问题

根据建设部《建筑施工企业项目经理资质管理办法》第2条的规定，建筑施工企业项目经理是指受企业法定代表人委托对工程项目施工过程全面负责的项目管理者，是建筑施工企业法定代表人在工程项目上的代表人。按照建设部、国家工商行政管理总局制定的《建设工程施工合同(示范文本)》(GF-1999-0201)第1.5款的规定,项目经理是指承包人在专用条款中指定的负责施工管理和合同履行的代表。根据上述规定,在法律层面上,项目经理是建设工程承包人在履行建设工程施工合同中的全权代理人,项目经理部是承包人履行建设工程施工合同的肢解责任部门,不属于承包人的分支机构,不具有独立的法人资格,也无需办理工商登记,领取营业执照。在建设工程施工中,项目经理的行为视为承包人的行为,项目经理在建设工程施工中与发包人、分包人或者实际施工人发生的争议,应当由承包人作为诉讼主体并承担相应的责任。

(二)关于“黑白合同”认定的有关问题

对不属于《招标投标法》第3条规定的强制招标的建设工程所签订的建设工程施工合同,是否适用最高人民法院《关于审理建设工程施工合同纠纷案件适用法律问题的解释》第21条的规定,即是否存在着“黑白合同”的问题。不论是自愿招标发包还是强制招标发包的建设工程,只要按照招标投标法的规定,通过招投标方式签订的建设工程施工合同,就应当符合法律的规定,发包人和承包人应当根据中标通知书签订建设工程施工合同,不得另行签订与中标合同实质性内容不一致的合同,即“黑白合同”。

建设单位直接发包的工程,即建设工程无需招标的,但当事人双方自愿将签订的建设工程施工合同到建设行政主管部门备案的,此后又签订与备案合同实质性内容不一致的合同,此种情形不适用“黑白合同”的认定规则。

关于“黑白合同”的法律效力问题,最高人民法院《关于审理建设工程施工合同纠纷案件适用法律问题的解释》第21条并未对“黑白合同”的效力作出评判,只是规定将“白合同”作为结算工程价款的依据,因此,在审判实践中不宜对“黑白合同”的法律效力进行认定。

依据《招标投标法》第46条和最高人民法院《关于审理建设工程施工合同案件适用法律的解释》第21条的规定,招标人和中标人按照中标文件签订建设工程施工合同后,中标人单方出具让利承诺书,承诺对建设工程予以让利,实质了变更了中标合同中的价格条款,构成对中标价格的实质性背离,故属于“黑合同”的性质,因其违反了招标投标法的强制性规定,应当认定让利承诺书无效。

(三)关于固定价格合同未履行完毕而解除的,工程价款如何结算的问题

根据建设部《建筑工程施工发包与承包计价管理办法》第12条规定,建设工程合同价可以采用固定价、可调价和成本加酬金三种形式。建设部、财政部联合发布的《建设工程价款结算暂行办法》第8条的规定,固定价格又分为固定总价和固定单价两种形式。最高人民法院《关于审理建设工程施工合同纠纷案件适用法律问题的解释》第22条对于固定价格合同已经完全履行完毕情形下的工程价款结算问题作了明确规定,而对固定价格合同未履行完毕情形下的工程价款结算问题未明确。对于建设工程施工合同约定按固定单价结算的,则应根据固定单价核算出已完工程的实际工程量,据实结算工程价款;如果建设工程施工合同约定按固定总价结算,则按照实际施工部分的工程量占全部的工程量的比例,再按照合同约定的固定价格计算出已完部分工程价款。

(四)关于建设工程施工合同无效情形下发包人能否请求参照合同约定支付工程价款的问题

依据最高人民法院《关于审理建设工程施工合同纠纷案件适用法律问题的解释》第2条的规定,建设工程施工合同无效,但建设工程经竣工验收合格,承包人请求参照合同约定支付工程价款的,应予支持。该规定确立了合同无效情形下的工程价款结算与建设工程的质量直接挂钩的基本原则。对于合同无效情形下经竣工验收合格的建设工程,发包人能否请求参照合同约定进行工程价款结算,司法解释未规定,会议认为,建设工程施工合同虽然依法确认无效,但只要建设工程经竣工验收合格,按照权利义务相一致的原则,发包人亦有权请求参照合同约定支付工程价款。

(五)关于固定价格合同在履行中能否适用情势变更原则的问题

建设工程施工合同约定工程价款实行固定价格结算,在合同履行中,发生建筑材料价格或者人工费用过快上涨,当事人能否请求适用情势变更原则变更合同价款或者解除合同。如果建筑材料价格或者人工费用的上涨没有超出固定价格合同约定的风险范围,当事人请求适用情势变更原则调整合同价款的,不予支持;如果建筑材料价格或者人工费用的上涨超出了固定价格合同约定的风险范围,发生异常变动的情形,如继续履行固定价格合同将导致当事人双方权利义务严重失衡或者显失公平的,则属于发生了当事人双方签约时无法预见的客观情况,当事人请求适用情势变更原则调整合同价款或者解除合同的,可以依照最高人民法院《关于适用〈中华人民共和国合同法〉若干问题的解释(二)》第26条和最高人民法院《关于当前形势下审理民商事合同纠

纷案件若干问题的指导意见》的相关规定，予以支持，

(六)关于实际施工人的诉讼地位和发包人责任的性质问题

最高人民法院《关于审理建设工程施工合同纠纷案件适用法律问题的解释》第26条规定的实际施工人，是指工程转包合同的转承包人、违法分包合同的承包人、借用资质(资质挂靠)的承包人。司法实务中应当严格实际施工人的认定标准，不得随意扩大实际施工人的适用范围。实际施工人可以是法人、其他组织、个人合伙，也可以是自然人(俗称"包工头")，但从事建筑业劳务作业的农民工不属于实际施工人。

依据最高人民法院《关于审理建设工程施工合同纠纷案件适用法律问题的解释》第26条的规定，实际施工人直接起诉发包人请求支付欠付工程价款的，为查明案件事实，应当追加转包人、违法分包人为共同被告；实际施工人直接起诉转包人或者违法分包人请求支付工程价款的，不得追加发包人为诉讼当事人。

依据最高人民法院《关于审理建设工程施工合同纠纷案件适用法律问题的解释》第26条的规定，实际施工人起诉发包人请求支付欠付工程价款的，发包人在欠付工程价款的范围内对实际施工人承担直接支付欠付工程价款的责任，发包人与转包人或者违法分包人承担支付工程价款的连带责任没有法律依据。

(七)关于质量保修金返还时间的确定问题

建设工程质量保修金是发包人与承包人在建设工程施工合同中约定，从应付的工程款中预留，用以保证承包人在保修期内对建设工程出现的质量缺陷进行维修的资金。其主要功能在于担保建设工程竣工验收并交付使用后在保修期限内出现的质量缺陷问题。与质量保修金相联系的是质量保证金。依据建设部《建设工程质量保证金管理暂行办法》的规定，建设工程质量保证金(保修金)是发包人与承包人在建设工程承包合同中约定，从应付的工程款中预留，用以保证承包人在缺陷责任期内对建设工程出现的缺陷进行维修的资金。从上述规定来看，建设工程质量保修金和保证金属于相同性质的费用，功能也是相同的。由于质量保修金对应的是质量保修期，而质量保证金对应的是缺陷责任期，导致司法实务中对于保修金或者保证金的返还时间发生争议。会议认为，质量保修期与缺陷责任期是两个不同的概念，质量保修期是指建设工程在正常使用条件下的法定最低保修期限，在此期限内承包人对建设工程出现的质量问题负有保修义务。而缺陷责任期是指质量保证金的预留期限，最长为2年，缺陷责任期满，发包人应当将保证金返还给承包人。因二者期限不同，质量保修期长于缺陷责任期。因此，当事人对质量保修金返还期限有约定的，从其约定；没有约定或约定不明的，缺陷责任期满后，发包人应当将质量保修金返还给承包人，即发包人应当自接受建设工程之日起2年内将质量保修金返还给承包人。

(八)关于建设工程施工合同约定的工程质量标准与国家强制性标准不一致的处理问题

建设工程质量关系到人民群众生命财产安全，关系到国家利益和社会公共安全。因此，国家对建设工程质量要求十分严格，建筑法、合同法在立法上均对建设工程质量作出明确规定，并确定了建设工程质量的强制性国家标准。但建设工程质量作为建设工程施工合同的核心内容，是建设工程施工合同履行过程中纠纷频发、争议激烈的问题。因此，对于建设工程质量争议，必须坚持质量第一的审判原则，依法通过司法手段确保建设工程质量符合国家规定的强制性安全标准。当事人在建设工程施工合同中约定的建设工程质量标准低于国家颁布的建设工程质量强制性标准的，该约定无效，建设工程发生质量缺陷的，承包人应当按照国家强制性标准承担修理或者返工、改建等责任；对于当事人约定的建设工程质量标准高于国家规定的强制性安全标准的，如约定获得"鲁班奖"等，应当认定该约定有效，承包人的工程质量不符合合同约定质量标准的，应当按照合同约定承担违约责任，但合同另有约定的除外。

(九)质量保修期间质量缺陷的责任承担问题

建设工程在保修范围和保修期限内发生质量缺陷的，施工单位应当履行保修义务，否则应承担相应的法律责任。但施工单位承担保修责任与建设工程质量缺陷责任不是同一概念，施工单位负有保修责任并不意味着承担建设工程的质量缺陷责任。对于在建设工程保修期间出现的质量问题，虽由施工单位负责保修，但保修所发生的费用应当由造成质量缺陷的责任方负担。实务中，对于保修期间的质量责任划分和损失承担原则根据以下情形确定：(1)施工单位未按国家有关工程建设规范、标准和设计要求施工，造成质量缺陷的，应当履行保修义务，并对造成的损失承担赔偿责任。(2)属于勘察、设计方面的原因造成的质量缺陷，由施工单位负责返修，费用由建设单位支付，建设单位可向勘察、设计单位追偿。(3)因建筑材料、建筑构配件和设备质量不合格引起的质量缺陷，属于施工单位负责采购的，由施工

单位承担民事责任;属于建设单位负责采购的,但施工单位提出异议而建设单位坚持使用的,由建设单位承担民事责任,如果施工单位没有验收或者验收不合格仍然使用的,由建设单位与施工单位共同承担责任。(4)因建设单位或者建筑物所有人使用不当造成的质量缺陷,由建设单位或者建筑物所有人自行负责。(5)因自然事故、社会事件等不可抗力造成的质量事故,由建筑物的所有人或者使用人承担责任。(6)对发包人提出的违反法律法规和建筑工程质量、安全标准,降低工程质量的要求,承包人不予拒绝而进行施工的,由建设单位与施工单位共同承担责任。

(十)关于建设工程施工合同中约定以政府文件作为工程价款结算依据,现政府文件被撤销或者失效的情形如何处理的问题

当事人双方在建设工程施工合同中约定以地方人民政府的文件作为工程价款的结算标准和依据的,该政府文件已经构成合同的内容,该约定并不违反法律、行政法规的强制性规定,应当依法认定约定有效。在建设工程施工合同履行中,如果合同所依据的政府文件被撤销或者失效,但该政府文件已经转化为合同约定,仍应按照政府文件的规定作为结算工程价款的依据。当地人民政府出台新的文件对原文件的规定进行调整和修改的,除当事人另有约定的外,仍应以原政府文件的规定作为结算工程价款的依据。

四、关于农村土地承包纠纷案件

会议认为,农村土地问题是事关广大农民社会保障、农村社会稳定、农业经济发展的重大问题。近年来,党和国家站在全局的高度陆续出台了一系列加大农业投入、扩大农村内需、促进农民增收的政策措施,调动了广大农民群众发展农业生产的积极性,农村经济出现了持续向好的发展形势。稳定和完善土地承包关系是党的农村政策的基石,是保障农民权益、促进农业发展和保持农村稳定的制度基础。农村土地承包经营权等土地权利是广大农民安身立命的根基,关系到广大农民的生存权和发展权等基本人权,也关系到我国政权的稳固。保护和稳定农民的土地承包经营权是保障农民安居乐业、维护农村社会稳定和促进农业经济发展的关键。因此,全省各级人民法院一定要站在政治和全局的高度,深刻认识当前形势下妥善化解农村土地承包纠纷的重要意义,牢固树立为大局服务、为人民司法的意识,充分发挥好人民法院权利确认、公权制约和纠纷终结的职能作用,认真做好农村土地承包纠纷案件的审判工作,确保党和国家有关“三农”政策措施的正确落实,切实维护广大农民最现实、最直接的土地权益。在审理农村土地承包纠纷案件中,要特别注意的是,农民依法享有长期而稳定的土地承包经营权,法定承包期内,任何组织和个人不得干预农民的生产经营自主权,不得违法调整和收回承包地,不得违背农民意愿强行流转承包地,不得非法侵占农民承包地。

(一)关于以其他方式承包取得的土地承包经营权的性质和法律适用问题

依据物权法和农村土地承包法的规定,农村土地承包有家庭承包和其他方式承包两种情形,两种承包方式均可以创设用益物权,即土地承包经营权。家庭承包方式取得的土地承包经营权自土地承包合同生效时设立,无需进行登记。对于以其他方式承包农村土地取得的土地承包经营权,不涉及集体经济组织成员的资格问题,其土地承包合同不具有创设物权的效力,而是属于一般的债权合同,承包人的承包经营权遭受侵害的,承包人只能基于合同行使债权请求权主张权利,发包人收回承包地的,视为解除土地承包合同的行为。依据《农村土地承包法》第49条的规定,以其他方式承包农村土地,经依法登记取得土地承包经营权的,该权利具有物权性质,因此,以其他方式承包取得的土地承包经营权未经依法登记不发生物权效力。

(二)关于村民小组是否具有诉讼主体资格的问题

依据《物权法》第60条、《土地管理法》第10条、《农村土地承包法》第12条的规定,土地分别属于村内两个以上农民集体所有的,由村内各该集体经济组织或者村民小组代表集体行使所有权。换言之,农村集体土地由村内的村民小组管理的,可以由村民小组作为土地承包合同的发包方,因履行土地承包合同或者行使土地承包经营权发生纠纷的,村民小组可以作为诉讼当事人参加诉讼。

(三)关于集体经济组织在土地延包或者依法调整承包地重新发包后,丧失承包地的农户请求返还的处理问题

依据物权法、农村土地承包法的规定,以家庭承包方式取得的土地承包经营权自土地承包经营权合同生效时设立。承包地在土地二轮承包或者被集体经济组织依法调整、收回后重新发包给本集体经济组织内部的其他承包农户,并签订土地承包合同的,应当依法认定承包农户合法取得相应承包地的土地承包经营权。原承包人要求返还原承包地发生的纠纷,属于最高人民法院《关于审理涉及农村土地承包纠纷案件适用法律问题的解释》第1条规定的土地承包经营权取得纠纷,此类纠纷不属于人民法院民

事案件的受理范围，告知当事人向有关行政主管部门申请解决。

（四）关于发包方违法侵占、收回、调整家庭承包地的情形下，承包方请求返还承包地是否适用诉讼时效的问题

以家庭承包方式取得的土地承包经营权存续期间，发生发包方违法侵占、收回、调整承包方承包地的情形下，承包方请求发包方返还违法侵占、收回、调整承包地的请求权，是基于物权发生的返还原物请求权，此种请求权属于物权请求权的范畴，不受诉讼时效的限制，承包方请求返还承包地的，应当予以支持。

（五）关于土地承包经营权流转合同的效力问题

土地承包经营权的流转是指具有物权属性的土地承包经营权的转包、出租、转让、互换、入股和抵押，而以其他方式承包农村土地，未经依法登记取得土地承包经营权所发生的流转，属于合同权利义务的转让。

依据《农村土地承包法》第 37 条和最高人民法院《关于审理涉及农村土地承包纠纷案件适用法律问题的解释》第 13 条的规定，土地承包经营权以转让方式流转的，应经发包方同意。承包人未经发包方同意，采取转让方式流转其土地承包经营权的，转让合同无效。但发包方无法定理由不同意或者拖延表态的除外。根据上述规定，结合《农村土地承包法》第 41 条的规定，发包方不同意转让土地承包经营权的法定理由是承包方不具有稳定的非农职业或者稳定的收入来源。换言之，只要承包方有稳定的非农职业或者稳定的收入来源，发包人无法定理由不同意或者拖延表态，都不影响土地承包经营权转让合同的效力。农村土地承包法规定的“经发包方同意”，应理解为明示同意。

土地承包经营权采取出租、转包方式流转的，土地承包经营权未发生转移，承包地被征收的，享有土地补偿权利的主体仍是土地承包经营权人，而非承租人或者接受转包的承包方。

（六）承包人未按承包合同约定种植特定农作物的，发包方是否有权请求解除合同的问题

为了发展地方经济，形成规模化种植效益，有的承包合同中约定承包方只能种植某种农作物，否则发包方有权解除承包合同。由于该约定限制了承包方的经营自主权，所以实践中对于如何认定该约定的效力存在争议。会议认为，不同承包经营方式的功能存在重大差异，因此对于上述约定的处理原则也应有所不同。家庭承包方式下签订的承包合同，土地承包经营权具有社会保障功能，承包方对于经营承包地具有自主权，因此，对于家庭方式承包签订的土地承包合同中，发包方以未按约定种植指定农作物为由请求解除合同的，不予支持；对于其他方式承包签订的土地承包合同中，发包方在合同中约定承包方未种植指定农作物时享有解除权的约定有效，发包方以此请求解除承包合同的，原则上应予支持。

五、关于民间借贷纠纷案件

会议认为，随着我国宏观调控政策不断实施，国家对金融政策进行了调整，银行贷款的规模不断收缩。在现行金融政策的制约下，中小企业、个体工商户以及农户信用贷款难的矛盾不断凸显，严重影响了中小企业的正常生产经营活动，由此民间借贷市场异常活跃，对经济和社会的发展的影响不断加深。民间借贷在一定程度上缓解了中小企业和“三农”的资金困难，有利于促进多层次信贷市场的形成和发展，但是民间借贷市场的自发性、自主性和不规范性，使其潜在的风险无法防控，不仅引发了大量的民事纠纷，而且容易滋生非法融资甚至洗钱犯罪等现象，影响了社会的和谐稳定。近一个时期，民间借贷市场呈现出借贷规模扩大化、借贷用途多样化、借贷利息高额化的鲜明特点，与此相应反映到诉讼中的民间借贷纠纷和矛盾亦呈现出数量多、增长快、难度大的发展态势，民间借贷案件逐渐成为民事审判工作中波及范围广、敏感程度高、案结事了难的纠纷案件类型。审理民间借贷纠纷案件，人民法院要充分发挥权利保障和纠纷终结的审判职能作用，积极践行“为大局服务，为人民司法”的工作主题，服务和服从于国家宏观调控金融市场的大局，严格按照法律、行政法规和司法解释的规定，积极稳妥地审理好涉及民间借贷的纠纷案件，为规范和引导民间借贷行为，防范和化解民间借贷金融市场风险，促进民间金融市场的健康发展提供有力的司法保障。

（一）关于民间借贷的范围问题

依据最高人民法院《民事案件案由规定》的规定，民间借贷纠纷属于借款合同纠纷。根据合同法的规定，民间借贷与其他借款合同之间的区别主要体现在借贷主体的差异。通常理解的借款合同关系主要是指国家依法批准的金融企业与借款人之间发生的资金借用关系，而民间借贷法律关系主要是自然人之间、自然人与非金融企业以及其他经济组织之间发生的资金借用关系。就民间借贷合同的标的物而言，一般限于货币借用，不包括有价证券的借用。

（二）关于民间借贷的生效条件问题

正确认定民间借贷的生效条件是审理此类纠纷

案件的前提和基础,是规范民间借贷行为、推动民间借贷市场合法有序发展的保障。对于民间借贷合同的生效条件,现行法律没有明确规定,根据《合同法》第 210 条的规定,自然人之间的借款合同,自贷款人提供借款时生效。原则上应认为民间借贷合同为实践性合同,即民间借贷合同以出借人和借款人之间达成货币借用合意,并以出借人实际给付借款为生效条件。出借人与借款人之间仅达成借款合意,而未实际给付借款标的物的,可以认定合同成立而未生效,借款人不承担偿还借款的责任。

(三)关于民间借贷纠纷的举证责任分配以及证据审查和采信问题

审理民间借贷纠纷案件的难点在于证据审查和认定难,实践中对于民间借贷纠纷案件中的证据,应从各证据与案件事实之间的关联程度以及各证据之间的逻辑联系等方面进行综合审查判断。

民间借贷的出借人行使债权请求权,要求借款人偿还借款本息的,应对是否存在借贷关系、借贷内容以及是否已将款项交付借款人等事实承担举证责任;借款人主张已经偿还借款的,应当承担偿还借款的举证责任。对于出借人提供的"借据"等书证,应结合其他相关证据(包括借贷金额的多少、支付凭证、支付能力、交易习惯、当事人之间的关系等)认定是否存在民间借贷关系。

(四)关于民间借贷纠纷中利息、违约金争议的处理问题

民间借贷的利息是指从借款人借款之日至还款之日之间产生的利益,而民间借贷的违约金是指借款人逾期偿还借款本金应承担的违约责任。对于民间借贷合同明确约定借贷利息的,应当按照约定支付利息,但借贷利率不得违反国家有关限制借款利率的规定;对于支付利息没有约定或者约定不明确的,视为不支付利息;出借人与借款人在民间借贷合同中既约定利息又约定逾期付款违约金的,最终收取的利息和违约金的总额不得超过中国人民银行同期同类贷款利率的四倍。

原则上应以民间借贷书证上记载的借款金额为本金,当事人约定利息预先扣除或者有证据证明实际扣除的,应当按照实际出借金额认定本金。

(五)关于个人借贷单位使用的民间借贷处理问题

对单位工作人员为本单位的生产经营需要,以自己名义与出借人发生资金借用行为而发生民间借贷纠纷,应首先审查借贷法律行为是否符合《合同法》第 49 条规定的表见代理,其次审查借款的实际用途和实际借款人。如果借款人的资金借用行为构成表见代理,且借款由单位实际使用,应当认定单位为实际借款人,由单位承担偿还借款的责任;如果借款人的行为不构成表见代理,且出借人并不明知借款人是履行单位的职务行为、有充分理由认为其是在同借款人个人发生借贷关系时,即使出借人与借款人的单位实质上存在借贷关系,应依据合同法的相关规定,支持出借人向借款人主张权利。

(六)关于民间借贷的诉讼时效问题

依据《合同法》第 206 条的规定,民间借贷合同中没有约定借款日期和还款期限的,出借人可以随时请求借款人偿还借款,借款人也可以随时偿还。出借人没有提出还款请求,借款人也未主动偿还借款的,为保护出借人的合法权益,原则上适用《民法通则》第 137 条规定的 20 年最长诉讼时效。

六、关于侵权纠纷案件

会议认为,近年以来,随着社会经济的发展和生活形态的日趋丰富,民事主体维护自身权益的意识不断增强,侵权损害赔偿案件数量不断增长,各种特殊侵权、新型侵权案件不断出现,医疗损害赔偿纠纷案件、道路交通事故损害赔偿案件、产品责任损害赔偿案件、环境污染损害赔偿案件、物件损害赔偿案件等特殊、新型案件日益成为侵权损害赔偿案件的主要类型。目前,侵权损害赔偿纠纷案件日益呈现出法律关系复杂化、诉讼主体多元化、赔偿数额高额化、纠纷发生群体化的鲜明特点,成为所有民事案件中社会敏感程度高、波及范围广、审理难度大的纠纷案件类型,因此,做好侵权损害赔偿纠纷案件的审判工作已经成为人民法院维护受害人合法权益、化解社会矛盾纠纷、构建社会主义和谐社会的重要任务。侵权责任法作为保护民事主体合法权益,明确侵权责任的基本民事法律,对于统一侵权损害赔偿案件的法律适用,预防并制裁侵权行为具有重要意义,同时也对侵权损害赔偿纠纷案件的审判工作提出了新的挑战和要求。全省各级人民法院要以维护社会公平正义为己任,促进社会和谐稳定为目标,化解社会领域的侵权纠纷为主线,维护受害人合法权益为核心,切实做好侵权损害赔偿案件的审判工作。

(一)关于侵权责任法与其他法律、行政法规和司法解释的衔接问题

侵权责任法在归责原则、责任主体、承担责任方式等方面与以前有关侵权的法律、行政法规、司法解释的规定存在诸多冲突,因此,要正确处理好侵权责任法与其他法律、行政法规、司法解释之间的适用关系问题。对于侵权责任法实施之后,之前与该法内容存在冲突的法律、行政法规和司法解释的相关规定,不应再继续适用;对于侵权责任法未明确规定,且之前法律、行政法规和司法解释的规定与侵权责

任法的立法原则相一致的内容，可以作为对侵权责任法的有益补充，继续适用。按照特别法优于一般法的原则，其他特别法对侵权责任另有规定的，依照其规定；按照新法优于旧法的原则，侵权责任法与其他侵权法律规范相冲突的，应当适用侵权责任法。

（二）关于无赔偿权利人或者赔偿权利人不明的情形下，有关部门能否行使损害赔偿请求权的问题

因道路交通事故等侵权行为造成流浪乞讨等身份不明的人死亡，无赔偿权利人或者赔偿权利人不明的情形下，民政部门等有关单位向赔偿义务人提起民事诉讼，主张侵权损害赔偿的，没有法律依据，人民法院应不予受理；已经受理的，应驳回起诉。

（三）关于侵权损害赔偿的范围和标准问题

《侵权责任法》第16条规定了侵权致人损害的赔偿范围，但没有明确规定各项损害赔偿项目的具体标准。在最高人民法院司法解释没有明确规定的情形下，侵权致人损害的赔偿标准仍适用最高人民法院《关于审理人身损害赔偿案件适用法律若干问题的解释》的相关规定。

（四）关于受害人被扶养人生活费的赔偿问题

最高人民法院《关于适用〈中华人民共和国侵权责任法〉若干问题的通知》第4条规定，人民法院适用侵权责任法审理民事纠纷案件时，如受害人有被扶养人的，应当依据最高人民法院《关于审理人身损害赔偿案件适用法律若干问题的解释》第28条的规定，将被扶养人生活费计入残疾赔偿金或者死亡赔偿金。依据该规定，在裁判说理中，被扶养人生活费和残疾赔偿金、死亡赔偿金应分别计算，但在判决主文中将被扶养人生活费和残疾赔偿金、死亡赔偿金合并计算作为一个判项，被扶养人生活费在判项中不再出现。

（五）关于医疗损害赔偿案件的法律适用问题

在侵权责任法实施之前，医疗损害赔偿纠纷案件存在法律适用二元化的现象。侵权责任法实施之后，患者请求医疗机构承担医疗损害赔偿责任的，不论构成医疗事故还是医疗差错，均应统一适用《侵权责任法》以及最高人民法院《关于审理人身损害赔偿案件适用法律若干问题的解释》的相关规定，并以“医疗损害赔偿纠纷”确定案由；患者请求医疗机构承担违约责任的，以“医疗服务合同纠纷”确定案由。

（六）关于医疗损害赔偿案件的举证责任分配问题

根据最高人民法院《关于民事诉讼证据的若干规定》第4条的规定，因医疗行为引起的侵权诉讼，由医疗机构就医疗行为与损害结果之间不存在因果关系及不存在医疗过错承担举证责任，实行的是因果关系推定和过错推定，侵权责任法明确规定了医疗损害责任的归责原则是过错责任，在举证责任的分配上实行“谁主张谁举证”的原则，即患者应当就医疗机构的过错承担举证责任，只有在《侵权责任法》第58条规定的如医务人员有违规治疗行为或者隐匿、拒绝提供与纠纷有关的医疗材料、伪造、篡改、销毁病历资料等情形下，才适用过错推定的原则，实行举证责任倒置。

因伪造、篡改、涂改或以其他不当方式改变病历资料内容、遗失、销毁、抢夺病历等情形导致医疗行为与损害后果之间是否在因果关系及医疗机构、医务人员是否有过错无法认定的，由改变、遗失、销毁、抢夺病历一方当事人承担不利的法律后果；病历制作方对病历资料的内容存在明显矛盾或错误不能作出合理解释的，应当承担不利的法律后果；病历仅存在错别字、未按病历书写规范书写等形式瑕疵的，不影响病历的真实性的认定。

（七）关于产品责任的赔偿责任主体、赔偿责任问题

依据《侵权责任法》第41条的规定，产品责任对产品的生产者实行严格责任，即无过错责任，而对产品的销售者实行过错责任。因产品存在缺陷致人损害的，受害人可以行使选择权，请求产品的生产者或者销售者承担赔偿责任；选择销售者承担赔偿责任的，如果销售者有证据证明自己无过错，产品缺陷是由生产者造成的，销售者承担赔偿责任后，有权向生产者追偿；选择生产者承担赔偿责任的，如果生产者有证据证明销售者存在过错，承担赔偿责任后，可以向销售者追偿。

受害人选择产品生产者和销售者作为共同被告的，应当判决共同承担损害赔偿责任，共同被告中的一方有证据证明其不应承担责任的，可明确其依法享有追偿权。

（八）关于产品侵权责任的惩罚性赔偿的问题

依据《侵权责任法》第47条的规定，惩罚性赔偿仅限于因缺陷产品致使他人死亡或者健康受到严重损害的人身损害，而不适用财产损害。在确定惩罚性赔偿的具体数额时，应当综合考虑侵权行为的性质、过错程度、损害后果、侵权人的赔偿能力、获利状况、受害人遭受的损失、社会影响等因素确定。

（九）关于精神损害抚慰金的赔偿标准问题

侵权致人损害，未造成严重后果的，受害人请求精神损害抚慰金赔偿的，一般不予支持；侵权致人损害，造成严重后果的，可以根据受害人一方的请求判令侵权人赔偿相应的精神损害抚慰金。精神损害抚慰金的赔偿数额应当根据侵权人的过错程度、侵权方式、侵权情节、影响范围、侵权获利情况、承担赔偿

责任的能力等因素综合确定。精神损害抚慰金赔偿请求权的主体为受害人或者近亲属。

近年来,随着经济社会的发展变化,人民群众生活水平的不断提高,会议认为应对精神损害抚慰金的赔偿标准予以适当调整。具体调整标准如下:侵权人是自然人的,一般精神损害,赔偿标准为1000元-5000元;严重精神损害,赔偿标准为5000元-10000元。侵权人是法人或其他社会组织的,一般按照自然人赔偿标准的五至十倍予以赔偿。损害后果特别严重的,可在上述基础上适当提高赔偿标准。

(十)关于机动车之间发生交通事故造成同一损害的赔偿责任问题

依据《道路交通安全法》第76条的规定,机动车之间发生交通事故的,实行过错责任,而机动车之间发生交通事故致第三人损害的,机动车之间如何承担赔偿责任没有明确规定。机动车之间发生交通事故造成同一损害,如果能够明确各自责任的,适用《侵权责任法》第12条的规定处理,由机动车之间各自承担赔偿责任;如果无法明确责任,且每个机动车的肇事行为都足以造成全部损害的,适用《侵权责任法》第11条的规定,由各机动车承担连带责任。

(十一)关于机动车第三者责任强制保险中第三者的认定问题

机动车第三者责任强制保险中的"第三者"的范围应严格按照国务院《机动车交通事故责任强制保险条例》第21条的规定确定,被保险机动车发生交通事故时,如本车人员因机动车颠覆、倾斜等脱离了被保险机动车辆造成损害的,不宜视为受害人为机动车第三者责任强制保险中的"第三者",受害人请求保险公司承担限额赔偿责任的,不予支持。

(十二)关于机动车未参加机动车第三者责任强制保险的处理问题

机动车未依照道路交通安全法和国务院《机动车交通事故责任强制保险条例》的规定参加机动车第三者责任强制保险,发生道路交通事故致人损害的,参照适用《山东省实施〈道路交通安全法〉办法》第65条的规定,由赔偿义务人在相应的机动车交通事故责任强制保险限额范围内承担赔偿责任。不足部分,依照《道路交通安全法》第76条的规定确定赔偿责任。

(十三)关于因交通事故造成的机动车贬值损失是否予以赔偿的问题

机动车贬值损失一般是指机动车发生交通事故后,其使用性能虽已恢复,其本身经济价值却会因发生交通事故而降低所造成的损失,其实质为民法理论上所称的纯粹经济损失。对于因交通事故造成的机动车贬值损失是否予以赔偿,我国现行法律没有明确规定。由于没有相应的法律依据,且机动车贬值损失的认定受机动车本身状况、机动车的用途、市场价格等多种因素的影响,具有多变性和不可确定性。因此,不宜支持交通事故受害人要求赔偿义务人赔偿机动车贬值损失的诉讼请求。

七、关于婚姻家庭纠纷案件

会议认为,婚姻家庭关系是最基础的社会关系,婚姻家庭问题关乎人民群众切身利益和社会弱势群体的利益保护,影响家庭和谐和社会稳定。近年来,婚姻家庭纠纷案件始终保持高位运行,案件总量已经占到全省法院各类诉讼和执行案件的10%以上,且逐渐呈现出案件增幅快、适用法律难、审理难度大的特点。全省各级人民法院必须高度重视婚姻家庭纠纷案件的审判工作,通过公正裁判依法保护婚姻当事人的合法权益,切实维护家庭关系的和睦与稳定。婚姻法司法解释(三)已颁布实施,各级人民法院要认真组织学习,准确理解适用。一要注重保护妇女、老人和未成年人合法权益。要重视由于城市化进程导致的老人赡养问题,要通过案件的审理,实现老有所养。在离婚案件中,要关注对生活来源较少、谋生手段较弱的妇女的扶养义务的落实。要切实保护未成年人尤其是农村留守儿童的生活、教育、医疗等方面的权益。二要根据家庭财产类型的发展变化处理好财产关系。家庭财产已经从较为单一财产类型,逐步发展到股权及其他投资等多种财产类型并存。审理婚姻家庭财产案件时,要重视婚姻法与公司法、合伙企业法以及其他法律相协调,既要保护夫妻双方对共同财产的平等处分权,也要重视发挥财产的整体效用,通过不同的财产分割方式,实现两者和谐并存。要认识"买断工龄款"、养老保险金等财产形态的特征,合理确定其财产性质。在涉及第三人交易的情形下,要重视市场经济秩序的建立和交易安全的维护等因素,注意保护善意第三人的合法权益。三要充分体现社会主义道德和善良风俗。通过案件的审理,倡导夫妻的婚姻忠诚义务、亲属间的扶养、赡养义务以及我国民间各种良好的风俗习惯,避免因案件的审理对长期以来形成的具有规范普通民众道德与行为的良好民俗、习惯造成冲击,通过制裁婚姻违法行为,引导善良风俗的巩固与确立。

(一)关于离婚案件因被告下落不明而公告送达,能否缺席判决的问题

最高人民法院《关于适用〈中华人民共和国民事诉讼法〉若干问题的意见》第151条规定:"夫妻一方下落不明,另一方诉至人民法院,只要求离婚,不申

请宣告下落不明人失踪或死亡的案件，人民法院应当受理，对下落不明人用公告送达诉讼文书。”依据婚姻法的规定，只要婚姻当事人之间的夫妻感情确已破裂，人民法院应当准予当事人离婚。如果婚姻一方当事人起诉与对方离婚，而对方下落不明的，可以采取公告送达的方式送达诉讼文书，并采取缺席判决的方式判决双方离婚。但考虑到现实生活中人口流动性比较强，公告送达的覆盖面相对有限，且关系到婚姻当事人的人身权利，因此，公告送达应在穷尽其他送达方式的情形下方可适用，缺席判决离婚应从严掌握。

（二）关于夫妻共同债务的认定问题

依据《婚姻法》第41条的规定，离婚时，原为夫妻共同生活所负的债务，应当共同偿还。由上述规定的立法本意理解，“为夫妻共同生活”所负债务，是构成夫妻共同债务的本质特征。夫妻一方以个人名义举债所负的债务是否构成夫妻共同债务，除根据最高人民法院《关于适用〈中华人民共和国婚姻法〉若干问题的解释（二）》第24条的规定认定外，还要从夫妻双方是否具有共同举债的合意和所负的债务是否用于夫妻共同生活等加以判断认定，不能简单地将婚姻关系存续期间，夫妻个人一方的举债推定为夫妻共同债务。在举证责任的分配上，夫妻一方在婚姻关系存续期间以个人名义举债并主张属于夫妻共同债务的，举债人应当承担举证责任，即证明举债用于夫妻共同生活或夫妻有共同举债的合意，否则其主张不予支持。如夫妻一方以与债权人发生纠纷的生效民事法律文书为证据，主张夫妻共同债务要求另一方共同偿还的，在一方未能举证证明债务为夫妻共同生活所负或夫妻有共同举债的合意，则认定生效法律文书确认的债务为个人债务。

（三）关于婚姻关系存续期间夫妻之间达成的财产分割协议的效力问题

一般而言，婚姻当事人之间达成的财产分割协议是以离婚作为附条件的，但法律未禁止夫妻双方在婚姻关系存续期间就财产问题自愿达成某种协议。对这种财产分割协议的性质和效力，目前审判实务上存在着一定的争议，主要焦点在于在我国实行夫妻法定共同财产制的模式下，如果婚姻关系存续期间签订这种协议，客观上无法实际履行，因为，就夫妻财产的归属而言，夫妻是一体的，在双方未解除婚姻关系的前提下，支持一方支付给另一方相应的财产，并不改变夫妻共同财产的性质和归属。会议认为，夫妻在婚姻关系存续期间签订的涉及财产问题的协议，经审查，只要不存在着欺诈、胁迫的情形，系双方当事人的真实意思表示，不违反法律、行政法规的禁止性规定，应当认可其合法性。夫妻双方解除婚姻关系时一方主张按照财产协议分割共同财产的，应当予以支持；在既没有解除婚姻关系也未实行分别财产制的情形下，一方当事人请求按照协议约定支付相关费用的，对该主张不应予以支持。

关于财产分割协议是否适用“显失公平”的问题。夫妻共同财产在离婚时应当平均分割，这是处理夫妻共同财产的基本原则，但是婚姻当事人之间的财产分割毕竟不是单纯的市场交易，财产分割协议亦不同于一般的民事合同，财产分割中充满着复杂的情感因素，婚姻当事人之间的财产分割协议很难完全用公平来衡量，亦无从判断是否显失公平。因此，人民法院在审理婚姻家庭案件中，对于一方当事人以财产分割协议显失公平为由请求变更或者撤销协议的，只要签订协议时不存在欺诈、胁迫的情形，对当事人的诉讼请求原则不予支持。

（四）关于夫妻婚前个人财产婚后产生的孳息的归属问题

夫妻婚前个人财产婚后所产生的孳息，一般有两种情况，一是在金融机构存款或者购买债券产生的利息收入；二是投资实业从事生产经营活动所取得的收益。《婚姻法》第17条规定，夫妻在婚姻关系存续期间所得的工资和奖金、从事生产和经营的收益、知识产权的收益、因继承或者赠与所得的财产（但遗嘱或赠与合同中明确，只归夫与妻一方所有的除外）归夫妻共同所有。该条规定还有一个兜底条款，即其他应当归夫妻共同所有的财产。婚姻法以及最高人民法院的相关司法解释对“投资取得的收益”并无明确界定，造成在审判实务中产生一些分歧。对于夫妻一方婚前的财产存入银行或者购买债券等所产生的自然孳息，属于债券或者储蓄本金产生的法定孳息，依照物权法相关规定，应认定为夫妻个人财产比较适宜。对于夫妻一方以婚前个人财产投资进行经营活动在婚后产生的收益，应认定为夫妻共同财产比较适宜。

八、关于劳动争议纠纷案件

会议认为，受国际金融危机和世界经济衰退的影响，我省许多企业持续出现经营困难、亏损、欠薪和关闭等情形，由此引发各种劳动争议案件大幅攀升。劳动争议纠纷案件呈现出涉及数量膨胀化、内容复杂化、区间多样化、诉讼群体化和难度增大化的特点。近年来，国家加大了劳动立法的力度，最高人民法院加大了制定劳动争议案件司法解释的力度，劳动合同法、劳动争议调解仲裁法、社会保险法等劳动和社会保障法律相继颁布实施，具有中国特色的社会主义劳动法律体系基本形成。劳动立法的完善,将极大地拓展劳动争议案件的受理范围,劳动争议案件仍将保持持续增长的发展态势,但劳动关系协调发展的难度亦逐渐增大,劳动争议纠纷案件仍将是当前和今后民事审判工作中社会敏感程度最高、涉及范围领域最广、案结事了压力最大的纠纷案件类型,因此,全省各级人民法院要以维护劳动者合法权益为核心,构建和谐劳动关系为目标,切身做好劳动争议案件的审判工作。为充分发挥人民法院服务经济社会发展与社会和谐稳定的职能作用,积极应对宏观经济形势变化,在审判工作中要以“保增长、保民生、保稳定”为根本目标,坚持以既要依法维护劳动者合法权益,又要促进用人单位的生存发展,实现互利共赢作为劳动争议案件审判工作的基本司法理念,准确把握立法宗旨,把个案的公正与社会公正结合起来,正确处理个人利益与社会利益、局部利益与全局利益之间的关系。一要坚持依法保障劳动者合法权益和用人单位的生存发展并重。要充分认识到单纯地保护劳动者合法权益并非是劳动合同法立法的终极目的,构建和发展和谐稳定的劳动关系才是劳动合同法的最终价值取向。劳资双方具有根本利益的高度一致性和具体利益的相对差异性,二者相互依赖不可分割。在审理劳动争议纠纷案件时,必须坚持和谐发展、互利共赢的理念,不能强调保护一方而忽视另一方利益,要“放水养鱼”,切忌“竭泽而渔”。二要通过司法手段倡导稳定的劳动关系。目前,劳动合同签订率低、劳动合同短期化是当前劳动关系领域普遍存在的现象,也是劳动争议大量发生的主要原因之一,要通过民事手段依法制裁用人单位不签订劳动合同的行为。要以维护稳定的劳动关系为价值依归,对用人单位施行的“末位淘汰”、“竞争上岗”等做法,要严格审查其合法性及其效力。三要切实保护劳动者的人身权益。目前我国产业结构调整正处于关键阶段,最低工资标准制度、法定节假日制度、最长加班时间等制度,都具有强烈的保护劳动者人身权益的立法目的。在审理劳动争议案件中,要通过依法裁判用人单位支付加班费、经济补偿金、赔偿金等手段,切实维护劳动者的合法权益。

(一)关于建筑行业中实际施工人直接招用的人员劳动关系的认定问题

建设单位将建设工程发包给施工单位后,施工单位又转包或者违法分包给不具有相应建筑施工资质条件的实际施工人,这是当前建筑行业的普遍现象。对于实际施工人直接招用的从事建筑施工的劳动者,因实际施工人不具有合法的劳动用工资格和经营资格,不宜认定实际施工人为用人单位与招用的劳动者形成劳动关系,而应追溯到具有合法劳动用工的用人单位,如总承包单位、合法分包单位、劳务作业承包单位等与劳动者形成劳动关系,但不宜认定劳动者与建设单位形成劳动关系。但由于发包人没有提供安全生产条件或者将工程发包给不具备施工资质的单位和个人,造成劳动者在转包、非法分包的工程施工中受到伤害的,可以参照适用《劳动合同法》第94条的规定,由发包人和实际施工人对劳动者的损害承担连带赔偿责任。

(二)关于未签订书面劳动合同的情形下双倍工资的支付问题

依据《劳动合同法》第10条、第82条的规定,建立劳动关系,应当订立书面劳动合同。用人单位自用工之日起超过一个月不满一年未与劳动者订立书面劳动合同的,应当向劳动者每月支付二倍的工资。用人单位向劳动者支付的二倍工资,是基于用人单位没有按照劳动合同法规定与劳动者签订书面劳动合同所产生的法律后果,并非是劳动者提供劳动的对价给付,因此,二倍工资不属于劳动报酬的范畴,具有惩罚性赔偿金的性质。

关于双倍工资的仲裁时效问题。由于二倍工资具有惩罚性赔偿金的性质,劳动者请求用人单位支付未签订书面劳动合同的双倍工资不适用《劳动争议调解仲裁法》第27条第4款关于劳动关系存续期间因拖欠劳动报酬发生争议仲裁时效的规定。用人单位支付劳动者未签订劳动合同双倍工资的责任可视为同一合同项下约定的具有整体性和关联性的定期给付之债,仲裁时效期间从最后履行期限届满之日起算。

(三)关于工伤停工留薪期的确定问题

《山东省工伤职工停工留薪期管理办法》规定停工留薪期的确认主体为用人单位,而对于停工留薪期异议的确认应由劳动能力鉴定委员会来确定。因此,若诉讼中双方就停工留薪期发生争议,应当中止诉讼,由劳动能力鉴定委员会对工伤职工的停工留薪期予以确定,人民法院不能直接确定劳动者的停工留薪期。

(四)关于劳动者违法解除劳动合同,用人单位请求劳动者赔偿损失应否支持的问题

劳动合同法规定除有服务期和竞业限制约定的以外,用人单位不得与劳动者约定由劳动者承担违反劳动合同的违约金。劳动合同法对于用人单位违法解除劳动合同的赔偿问题作了明确规定,而对劳动者单方解除劳动合同不符合劳动合同法规定的情形下,如何承担责任没有明确规定。除劳动合同法规定的应由劳动者承担约定违约金的特殊情形外,

如果劳动者违反诚实信用原则,在劳动合同约定期限届满前单方解除劳动合同或者违法行使辞职权,给用人单位造成损失的,用人单位可以依据《劳动合同法》第90条的规定向劳动者主张赔偿直接经济损失。

(五)关于非法用工单位伤亡人员的保险待遇问题

劳动部《非法用工单位伤亡人员一次性赔偿办法》规定非法用工单位应向受到事故伤害或患职业病的伤残职工或死亡职工的直系亲属、伤残童工或死亡童工的直系亲属给予一次性赔偿。虽非法用工单位伤亡人员是在劳动过程中发生的伤害事故,但劳动行政主管部门对此不进行工伤认定,不存在工伤认定的前置程序。因此伤残职工或死亡职工的直系亲属、伤残童工或者死亡童工的直系亲属就赔偿数额与单位发生争议的,经劳动争议仲裁后,人民法院应按照劳动争议案件处理。

(六)关于独生子女父母一次性养老补助纠纷案件的受理问题

《山东省人口与计划生育条例》第30条第1款规定,独生子女父母为企业职工的,退休时由所在单位按照设区的市上一年度平均工资百分之三十发给一次性养老补助。根据《中华人民共和国劳动争议调解仲裁法》第2条第6款、《中华人民共和国人口与计划生育法》第27条、《山东省人口与计划生育条例》第31条的规定,独生子女父母一次性养老补助纠纷属于劳动争议案件,应属于人民法院劳动争议案件的受理范围。

(七)关于基本生活费是否适用仲裁时效的问题

依照《山东省企业工资支付规定》第31条的规定,非因劳动者原因造成企业停工、停产、歇业时,劳动者可以要求用人单位支付基本生活费。基本生活费并非是劳动者付出劳动的对价,而是用人单位依法承担的一种社会责任。同时,在司法实践也存在着用人单位与劳动者长期“两不找”,时隔多年以后劳动者要求用人单位支付几年甚至十几年的基本生活费的案件,若对这类案件中劳动者的主张全部支持,不符合社会公平原则。而且这种案件中的企业大多经营状况很差,濒临破产边缘,若对于劳动者的主张全部支持,尤其是一些群体性案件,则很可能使这些企业难以为继,不符合既要保障劳动者合法权益,又要维护用人单位生存发展的审判原则。因此,劳动者请求用人单位支付基本生活费的,在劳动争议调解仲裁法实施之前,适用《劳动法》第82条规定的仲裁申请期限,劳动争议调解仲裁法实施之后,应适用该法规定的仲裁时效。

(八)关于加付赔偿金的处理问题

依据《劳动合同法》第87条的规定,用人单位违法解除或终止劳动合同的,应支付二倍经济补偿金的赔偿金。劳动者依据《劳动合同法》第87条规定诉求用人单位支付赔偿金的,人民法院应予受理。

用人单位未履行《劳动合同法》第41条、第43条规定的向工会或者全体职工说明情况、听取工会或职工的意见等程序性义务的,应认定其解除劳动合同的行为违法,劳动者请求用人单位支付赔偿金的,应予支持。用人单位在已经具备解除条件的情况下,劳动者以用人单位存在未提前30天通知等程序瑕疵为由要求用人单位支付赔偿金的,人民法院不予支持。

劳动部《违反和解除劳动合同经济补偿办法》第3条、第10条规定的用人单位应当向劳动者支付额外经济补偿金,与《劳动合同法》第85条、第87条规定的赔偿金具有相同的法律性质,劳动合同法实施后,劳动部《违反和解除劳动合同经济补偿办法》规定的额外经济补偿金不再适用。

(九)关于双重劳动关系的认定问题

依据最高人民法院《关于审理劳动争议案件适用法律若干问题的解释(三)》第8条的规定,企业停薪留职人员、未达到法定退休年龄的内退人员、下岗待岗人员以及企业经营性停产放长假人员,因与新的用人单位发生用工争议,依法向人民法院提起诉讼的,人民法院应按劳动关系处理。该规定肯定了双重劳动关系的合法性,但由于最高人民法院《关于审理劳动争议案件适用法律若干问题的解释(三)》没有规定适用的时间效力,对于司法解释实施之前存在的双重劳动关系是否可以依据司法解释的规定予以认定未明确。会议认为,按照法不溯及既往原则,在司法解释出台之前,对于最高人民法院《关于审理劳动争议案件适用法律若干问题的解释(三)》第8条所列情形均按照劳务关系处理。但该司法解释实施之后,尚未审结的一、二审劳动争议案件均应适用司法解释的规定认定双重劳动关系。

(十)关于用人单位被吊销营业执照后与劳动者的劳动关系是否终止问题

依据《劳动合同法》第44条第5项的规定,用人单位被吊销营业执照的,劳动合同终止。用人单位被吊销营业执照是国家工商行政主管部门对于用人单位违反工商行政管理法规的行政处罚措施,并不意味着用人单位终止其经营活动,如果用人单位继续从事生产经营活动,劳动者继续在用人单位工作的,按事实劳动关系处理。

(十一)关于解除劳动合同的举证责任分配问题

依据劳动合同法的规定,用人单位依照法律规定与劳动者解除劳动合同的,应当向劳动者支付经济补偿金。实践中,用人单位与劳动者往往对解除劳动合同无异议,但因何种原因或者由哪一方提出解除劳动合同各执一词,用人单位主张因劳动者的原因导致劳动合同的解除,应免除其支付经济补偿金的义务,而劳动者则主张是用人单位违法解除劳动合同。这种情形下,为维护劳动者的合法权益,应以用人单位对劳动者负有管理责任为由,由用人单位承担相应的举证责任,证明因劳动者的原因导致劳动合同的解除,否则即推定用人单位单方解除劳动合同。

九、关于民事诉讼程序问题

会议认为,程序公正是实体公正的保障,民事诉讼程序是人民法院审理民事案件必须遵循的基本操作规程。要正确处理好审判程序与实体处理的辩证关系,坚持程序与实体并重,防止和克服重实体、轻程序的思想和倾向;要强化民事诉讼的程序意识,严格按照民事诉讼法的规定规范审判程序,杜绝程序瑕疵;要正确处理判决与调解的关系,坚持"调解优先,调判结合"的工作原则,对于传统民事纠纷,要注重运用调解方式终结纠纷,而对于涉及市场运行规则和导向的民商事案件,要善于运用判决方式,引导合理的市场运行规则的建立和完善;要根据最高人民法院的安排部署,积极开展小额速裁审判程序的试点工作,进一步提升试点工作的成效,为民事诉讼法的修改提供必要的实践素材;要进一步健全完善诉讼与非诉讼相衔接的矛盾纠纷解决机制,贯彻落实好中央综治办等16部委关于建立大调解工作的意见,以人民调解协议效力司法确认为契合点,完善诉调对接机制。

(一)关于执行异议诉讼案件的审理问题

依据《民事诉讼法》第204条和最高人民法院《关于人民法院执行工作若干问题的规定(试行)》关于案外人异议处理的相关规定,执行异议诉讼是在执行程序中,当事人或者案外人对执行标的物的所有权发生异议,诉求人民法院依照普通审判程序确认执行标的物的所有权而发生的诉讼。根据民事诉讼法和最高人民法院相关司法解释的规定,案外人对执行标的物的所有权持有异议的,应先向执行机构提出执行异议,对执行机构的异议处理不服的,才能另行提起执行异议的民事诉讼。异议人未经执行异议的前置程序直接就确认执行标的物的所有权直接提起民事诉讼的,应驳回其起诉。人民法院审理执行异议诉讼,以确认执行标的物的所有权为审理对象,通过审理确认执行标的物的所有权归属,但不涉及执行程序中采取的相关执行措施。

(二)关于释明权的行使问题

依据最高人民法院《关于民事诉讼证据的若干规定》第35条的规定,人民法院对民事行为的效力或者法律关系的性质认定与当事人的诉求不一致的,应当行使释明权,告知当事人变更诉讼请求。当事人坚持不变更诉讼请求的,人民法院应依法驳回其诉讼请求。二审程序中,一审法院未按上述规定行使释明权的,视为违反法定程序,可以发回重审。

当事人依据《合同法》第114条第2款的规定请求调整违约金数额的,人民法院可以根据当事人的诉辩主张及案件事实,对当事人是否请求调整违约金行使释明权。经释明后,当事人仍未明确请求调整违约金的,人民法院不得依职权主动调整。二审程序中,当事人申请人民法院调整违约金的数额,如一审法院未予释明,二审法院可以根据案件的实际情况直接进行调整,无需发回一审法院重审。

(三)关于公告送达的问题

人民法院只有在《民事诉讼法》第84条规定的受送达人下落不明,穷尽其他方式无法送达的情形下,才可以采用公告送达的方式,杜绝随意采取公告送达的做法。

对于民事调解书能否公告送达的问题。依据我国《民事诉讼法》第84条的规定,判决书等相关诉讼文书在其他送达方式无法送达的情况下,可以采取公告送达的方式,但没有规定民事调解书能否适用公告送达。根据最高人民法院相关司法解释的规定,如果调解达成协议并经审判人员审核后,双方当事人同意该调解协议经双方签名或者捺印生效的,调解协议书自双方签名或者捺印之日起发生法律效力,这种情况下在采取其他送达方式无法送达的情况下,可以采取公告送达的方式。如果民事调解协议书约定必须由双方当事人签收才能生效的情况下,则不能采用公告送达的方式送达。

(四)关于人民法院对诉讼时效是否释明的问题

依据最高人民法院2008年9月1日颁布实施的《关于审理民事案件适用诉讼时效制度若干问题的规定》的规定,诉讼时效是当事人依法享有的一种抗辩权,而非请求权,在诉讼过程中,如果当事人未行使该项权利,法官不得在案件审理中主动援引法律有关诉讼时效的规定进行裁判,即在当事人未就时效予以抗辩的情况下,人民法院不得以当事人的请求超过诉讼时效为由,判决驳回当事人的诉讼请求,同时法官也不得在案件审理中就相关诉讼时效问题进行释明,当事人以人民法院未就时效抗辩权进行释明为由在二审程序中主张权利的,人民法院不予支持。

(五)关于当事人向人民法院起诉申请撤销或者变更公证文书的诉讼是否受理的问题

公证机构做出的公证文书主要包括具有强制执

行力的公证文书和一般公证文书两种。前者,法律赋予了债权人可以直接依据公证债权文书向人民法院申请强制执行的权利,即使债务人对于公证文书的内容持有异议,亦不得享有诉权,向人民法院提起诉讼。如果具有强制执行力的公证文书确有错误,人民法院可以不予执行。一般的公证文书虽然不具有强制执行的效力,但具有较强的证据证明力。如果公证机构做出的公证文书确有错误,需要依法撤销或者变更的话,应当由公证机构行使撤销权或者变更权,当事人向人民法院起诉请求撤销或者变更公证文书的,不属于人民法院民事审判的主管范围。

(六)关于重新鉴定的问题

鉴定结论的过多过滥,以鉴代审是当前民事审判工作中的一个突出问题。要切实解决好鉴定结论过滥、鉴定程序启动随意化的问题,特别对于当事人申请重新鉴定或者重复鉴定的,一定要严格按照最高人民法院《关于民事诉讼证据的若干规定》第27条的规定,决定是否准许当事人的鉴定申请。一审程序中的鉴定结论符合最高人民法院相关司法解释的规定,并经当事人之间相互质证后加以采信的,二审程序中原则上不再准许当事人提出重新鉴定申请。

湖南省高级人民法院
关于确定我省小额诉讼程序标的额的通知

(2012年12月24日印发　湘高法[2012]109号)

全省各级人民法院:

新修改的《中华人民共和国民事诉讼法》将于二〇一三年一月一日起施行。该法第一百六十二条规定了小额诉讼程序,对于事实清楚、权利义务关系明确、争议不大的简单民事案件,标的额为各省、自治区、直辖市上年度就业人员年平均工资百分之三十以下的,实行一审终审。

结合我省实际情况,经审判委员会讨论决定,我省适用小额诉讼程序审理案件的标的额暂定为8000元人民币以下(含本数)。

以上通知,请认真遵照执行。

二〇一二年十二月二十四日

广东省民事审判工作会议纪要

(2012年6月26日　粤高法[2012]240号)

2012年4月23日至25日,广东省高级人民法院在惠州召开全省民事审判工作会议。全省各级人民法院主管民事审判工作的副院长、民一庭(含房地产、劳动争议和交通事故审判庭)庭长参加了会议。通过讨论,与会同志对民事审判中存在的若干具体问题提出了许多意见和建议,形成如下会议纪要:

一、关于房地产纠纷案件

(一)关于合同效力问题

1. 要准确理解和适用法律、行政法规的强制性规定,依法维护合同效力。《物权法》第一百九十一条第二款并非针对抵押财产转让合同的效力性强制性规定,当事人仅以转让抵押房地产未经抵押权人同意为由,请求确认转让合同无效的,不予支持。受让人因抵押登记未涂销无法办理物权转移登记而请求解除合同的,应予支持;受让人要求转让人承担相应的民事责任的,应考虑当事人的过错程度等因素进行处理。

2. 当事人订立转让不动产的合同后,该不动产被依法查封,不能因该不动产被查封而否定该转让合同的法律效力,但受让人要求解除合同并赔偿损失的,可予支持。买受人请求判令出卖人在解封前办理过户登记手续的,人民法院应向其释明可以变更诉讼请求为解除合同或在解封后办理过户登记手续;买受人坚持不变更的,驳回该项诉讼请求。

3. 不动产被依法查封后,当事人订立转让该不动产的合同,可认定有效。但转让合同约定在该不动产解封前办理过户登记手续的条款无效。出卖人不能依约履行合同,买受人要求解除合同的,应予支持;买受人要求出卖人继续履行合同并在该不动产解封后办理过户登记手续的,应予支持。出卖人故意隐瞒不动产被查封的事实与他人签订转让合同,买受人请求撤销转让合同的,应予支持。

4. 出租人就未取得建设工程规划许可证或者未按照建设工程规划许可证的规定建设的房屋与承租人订立租赁合同,当事人以工商行政管理部门已核准该房屋为经营场所为由主张租赁合同有效的,根据最高人民法院《关于审理城镇房屋租赁合同纠纷案件具体应用法律若干问题的解释》第二条的规定,人民法院不予支持。

5. 出租人未经行政主管部门批准改变房屋用途,并与承租人订立租赁合同,当事人请求确认租赁合同无效的,根据最高人民法院《关于审理城镇房屋租赁合同纠纷案件具体应用法律若干问题的解释》第八条的规定,人民法院不予支持。当事人要求解除合同的,应予支持。

6. 房屋买卖合同或房屋租赁合同对房屋的交楼标准有约定的,按约定办理;如该约定违反《城乡规划法》第四十五条、《建筑法》第六十一条、《消防法》第十三条等法律、行政法规的强制性规定的,应认定该条款无效,但不影响合同其他部分的效力。出卖人交付的商品房应满足基本的安全条件和买受人的基本居住要求,具体把握标准可审查房屋电梯、水电、煤气等是否可以正常使用。

(二)关于善意取得问题

7. 转让人转让登记在其名下的房地产不符合法律规定或者当事人约定的转让条件,如果受让人是善意,且支付了合理对价并已经办理了房地产过户登记手续的,可以依据《物权法》第一百零六条第一款的规定办理。

(三)关于房屋买卖合同的履行问题

8. 商品房买卖合同约定按套内建筑面积计算单价,公共部位和公用房屋分摊建筑面积的建设费用计入套内建筑面积销售单价内,不再另行计价,如交付房屋时建筑面积少于合同约定的,出卖人应依最高人民法院《关于审理商品房买卖合同纠纷案件适用法律若干问题的解释》第十四条的规定承担违约责任。具体赔偿数额可参照如下方式计算:总房价÷(套内面积+分摊面积)×减少面积。

(四)关于一房数卖的合同履行及违约责任问题

9. 在审理一房数卖纠纷案件时,如果数份合同均为有效且各买受人均要求履行合同,一般应按照已经办理房屋所有权变更登记、合法占有房屋以及买卖合同成立先后等顺序确定权利保护顺位。恶意办理登记的买受人,其权利不能优先于已经合法占有该房屋的买受人;变更登记、合法占有发生在预告登记有效期内的,登记权利人或占有人的权利不能对抗预告登记权利人。对于买卖合同的成立时间,应综合合同在主管机关的备案时间、合同载明的签订时间以及其他证据证明的合同签订时间等因素进行确定。

10. 在二手房交易中,出卖人在订立房屋买卖合同后,又将房屋出卖给第三人,无法取得房屋的买受人请求解除合同,并要求出卖人赔偿房屋差价损失、履约费用等损失的,可予支持。但买受人依据最高人民法院《关于审理商品房买卖合同纠纷案件适用法律若干问题的解释》第八条的规定,要求出卖人承担不超过已付购房款一倍的赔偿责任的,不予支持。

(五)关于房地产调控政策问题

11. 商品房买卖合同签订后,如政府部门出台限购限贷政策的,人民法院应查明买受人是否属于限购或限贷范围。确因限购限贷政策无法办理房屋所有权变更登记,或者不能订立商品房担保贷款合同并导致商品房买卖合同不能继续履行,当事人请求解除合同的,人民法院可参照最高人民法院《关于审理商品房买卖合同纠纷案件适用法律若干问题的解释》第二十三条的规定予以支持。买受人请求判令出卖人办理过户登记手续的,人民法院应向其释明可以变更诉讼请求;买受人坚持不变更的,驳回其诉讼请求。

12. 要注意发挥司法审判在规范和引导房地产居间合同市场中的作用。房屋买卖双方当事人确因居间人的居间行为订立合同,如果房屋买卖合同明确约定以按揭贷款方式付款,且买受人因不能办理约定的按揭手续,或买受人由于相应住房限购政策的实施而无法办理房屋所有权变更登记,居间人以已经促成合同订立为由请求支付居间报酬的,一般不予支持,但居间人要求委托人支付从事居间活动支出的合理费用的,应予支持。居间人故意隐瞒真实情况、违规操作,恶意促成买卖双方订立合同,如果房屋买卖合同不能履行,严重损害委托人利益的,对居间人请求委托人支付报酬的,不予支持;委托人请求居间人赔偿所造成损失的,应根据当事人的过错程度处理。

(六)关于合作开发房地产合同的性质认定问题

13. 审判实践中对名为合作开发房地产实为其他性质的合同进行转性认定时,应当注意不拘泥于合同具有明确的"不承担经营风险"的约定,而应以当事人双方权利义务内容的实质作为认定的依据。如根据合同约定,提供土地一方仅分得固定数量或固定比例房屋,且在房屋无法建成的情况下,相对方仍然需要支付与约定分得房屋相对应的价款或赔偿金的,则应认定为建设用地使用权转让合同。

14. 当事人签订名为合作开发房地产实为建设用地使用权转让等其他性质的合同,第三人有理由相信当事人之间为合作开发房地产合同关系的,转让人应对受让人因该房地产项目产生的对外债务承担连带责任。

二、关于建设工程施工合同纠纷案件

(一)关于民事责任主体问题

15. 对实际施工人向与其没有合同关系的转包人、分包人、总承包人、发包人提起的诉讼,根据最高人民法院《关于审理建设工程施工合同纠纷案件适用法律问题的解释》第二十六条第二款的规定,实际施工人以发包人为被告主张权利的,人民法院可以追加转包人或者违法分包人为案件当事人。审判实践中应注意要严格依照法律、司法解释的规定进行审查;不能随意扩大最高人民法院《关于审理建设工程施工合同纠纷案件适用法律问题的解释》第二十六条第二款的适用范围,并且要严格根据相关司法解释的规定,明确发包人只在欠付工程价款范围内对实际施工人承担责任。

16. 借用资质的实际施工人以自己的名义独立向第三人购买建筑材料等商品的,出借资质方无需对实际施工人的欠付货款承担民事责任。

(二)关于合同效力问题

17. 要依法维护通过招投标方式所签订的中标合同的法律效力。对以低于工程建设成本的工程项目标底订立的施工合同,应当依据《招标投标法》第四十一条第(二)项的规定认定无效;当事人违反工程建设强制性标准,任意压缩合理工期、降低工程质量标准的约定,也应认定无效。对于约定无效后的工程价款结算,应依据最高人民法院《关于审理建设工程施工合同纠纷案件适用法律问题的解释》的相关规定处理。

18. 建设工程没有取得建设工程规划许可证,属于违法建筑,就该违法建筑所签订的施工合同无效。但在一审法庭辩论终结前取得建设工程规划许可证或者经主管部门批准建设的,应当认定该施工合同有效。

19. 承担村庄、集镇规划区内建筑工程施工任务的单位,没有相应的施工资质等级证书或者资质审查证书,可根据《村庄和集镇规划建设管理条例》第二十三条的规定认定合同效力。

(三)关于建设工程质量问题

20. 建设工程竣工验收合格后,发包人请求承包人承担质量问题的民事责任,应依法承担举证责任。经鉴定,建设工程在合理使用寿命内确实存在地基基础工程或主体结构质量问题的,承包人应依法承担民事责任;存在其他质量问题的,承包人应在保修期限内承担保修责任。

(四)关于工程价款结算问题

21. 招标人和中标人另行签订改变工期、工程价款、工程项目性质等中标结果的协议,应认定为变更中标合同实质性内容;中标人作出的以明显高于市场价格购买承建房产、无偿建设住房配套设施、让利、向建设方捐献等承诺,亦应认定为变更中标合同的实质性内容。对于变更中标合同实质性内容的工程价款结算,应按照最高人民法院《关于审理建设工程施工合同纠纷案件适用法律问题的解释》第二十一条规定,以备案的中标合同作为结算工程价款的根据。协议变更合同是法律赋予合同当事人的一项基本权利。建设工程开工后,因设计变更、建设工程规划指标调整等客观原因,发包人与承包人通过补充协议、会谈纪要、往来函件、签证等洽商记录形式变更工期、工程价款、工程项目性质的,不应认定为变更中标合同的实质性内容。依法有效的建设工程施工合同,双方当事人均应依约履行。除合同另有约定,当事人请求以审计机关作出的审计报告、财政评审机构作出的评审结论作为工程价款结算依据的,不予支持。

22. 合同所涉工程不属于强制招投标的范围,当事人之间也没有进行招投标,但按当地建设行政主管部门的要求进行了备案,该备案合同与当事人另行签订的合同不一致的,以当事人实际履行的合同作为结算工程价款的依据。

23. 工程款的结算和支付,原则上应当在合同相对人之间进行,并符合合同约定。如果没有合同依据或者承包人的授权,发包人直接向没有合同关系的转包人、违法分包人、实际施工人结算和付款,一般不构成有效的结算和支付。

24. 当事人依照无效的建设工程施工合同就工程价款签订了结算协议,且工程经竣工验收合格的,可参照结算协议认定工程价款。

25. 承包人与发包人就工程价款有争议,人民法院认为应当委托进行造价鉴定的,应当向当事人释明。承包人经释明后仍不申请鉴定的,可依据证据规则判令其承担相应的不利后果。

26. 当事人在合同中对建筑材料价格变动的风险有约定的,按约定处理。没有约定的,约定工期内的建筑材料价格变动的风险由承包人承担;逾期竣工的,延误工期期间的建筑材料价格变动的风险,由对工期延误有过错的一方承担;双方均有过错的,按过错大小分担损失。建筑材料价格大幅变动,当事人以情势变更为由请求调整工程价款的,应从严把握。

(五)关于建设工程价款优先受偿权问题

27. 非因承包人的原因,建设工程未能在约定期限内竣工,承包人依据《合同法》第二百八十六条规定享有的优先受偿权不受影响。承包人请求行使优先受偿权的期限,自建设工程实际竣工之日起计算;如果建设工程合同由于发包人的原因解除或终止履行,承包人行使建设工程价款优先受偿权的期限自合同解除或终止履行之日起计算。

28. 建设工程价款优先受偿的范围仅限于建设工程价值,不包括建设工程范围内的建设用地使用权价值。

29. 承包人应当通过行使建设工程价款优先受偿权等合法途径追索工程欠款,不得留置建设工程或施工资料。施工合同终止或工程完工后,承包人以发包人拖欠工程款为由,继续占有工程、拒绝撤场或者移交施工资料,发包人请求承包人赔偿损失的,应予支持。

(六)关于违约责任问题

30. 建设工程施工合同同时约定迟延付款的利息和违约金的,可以同时适用,但二者之和不得过分高于迟延付款的损失,过分高于的认定标准,按照最高人民法院《关于适用〈中华人民共和国合同法〉若干问题的解释(二)》第二十九条的规定把握。

31. 在承包人延误工期或发包人迟延付款的情况下,双方签订补充协议,承包人重新承诺完工时间或发包人重新承诺付款期限,不能视为守约方对违约方放弃主张违约责任,但补充协议明确约定放弃追究违约责任或当事人明确达成谅解的除外。

32. 建设工程施工合同履行过程中,出现了合同约定的迟延支付工程预付款、进度款、设计变更、工程量增加、停水、停电等导致顺延工期的情形,承包人主张顺延工期的,按照施工过程中形成的签证等书面文件确认。没有顺延工期的签证文件,人民法院可以根据当事人提供的会议纪要、往来函件等其他证据认定应否顺延工期。

三、关于建筑物区分所有权和物业服务合同纠纷案件

(一)关于合同效力问题

33. 业主委员会违反《物业管理条例》第十二条第三款的规定,未取得业主大会的授权决定或未按业主大会授权决定的内容签订物业服务合同,且在起诉前未取得业主大会或者专有部分占建筑物总面积过半数同时占总人数半数以上的业主追认的,该物业服务合同或合同条款应当认定为无效。

34. 根据《物业管理条例》第二十四条第二款以及《广东省物业管理条例》第三十六条的规定,住宅物业的建设单位应当通过招投标的方式选聘具有相应资质的物业服务企业。建设单位违反上述规定签订物业服务合同的,应当认定为无效。但建设单位在《物业管理条例》出台前已签订物业服务合同且合同履行期限尚未届满的,可依据当时的有关规定执行。

(二)关于物业服务企业未依约履行合同的责任问题

35. 物业服务企业未完全履行合同义务,业主请求降低物业费的,可根据当地政府制定的物业服务指导价和合同履行情况对物业费标准予以适当调整。

(三)关于既有住宅增设电梯纠纷问题

36. 既有住宅增设电梯应根据《物权法》第七十六条的规定,经专有部分建筑面积占建筑物总面积三分之二以上的业主且占总人数三分之二以上的业主同意,并报请政府主管部门审批。其他业主因对行政主管部门的审批有异议提起民事诉讼的,不予受理。如其他业主认为增设电梯的行为侵害其合法权益,请求作出增设电梯决定的业主予以赔偿的,人民法院应予受理。

四、关于道路交通事故责任纠纷案件

(一)关于归责原则和抗辩权问题

37. 要充分认识交强险设立目的在于保障受害人依法及时得到赔偿,具有较强的社会保障性质。根据《道路交通安全法》第七十六条的规定,无论机动车一方对交通事故的发生是否有过错,包括存在《机动车交通事故责任强制保险条例》第二十二条规定的情形,保险公司均应在交强险责任限额内先予赔偿,除非交通事故损失是由受害人故意造成的。

(二)关于保险合同条款的效力认定问题

38. 对于保险合同中有关免除保险人责任的条款,要严格依照《保险法》第十七条的规定予以审查,要求免责条款必须内容明确、具体,没有歧义,并使用黑体字等醒目方式或以专门章节予以标识、提示;

同时要求在签订保险合同时保险公司要履行明确说明义务,从而使普通人在通常情况下能够明白地知晓免责条款的内容、涵义和法律后果。如保险公司未能充分履行提示和说明义务,则相关免责条款不具有法律效力。

39. 商业第三者责任保险合同当事人的权利义务主要应依据保险合同的约定确定。如商业第三者责任险保险合同明确约定"扣除交强险应赔部分再行赔付",且保险公司已尽到合理的提示和说明义务,即使机动车所有人或管理人因自己的原因未投保交强险的,仍应认定该约定有效。

(三)关于责任主体问题

40. 因租赁、借用等情形致机动车所有人与使用人不是同一人时,发生交通事故后造成第三人损失的,应根据《侵权责任法》第四十九条的规定,由保险公司在交强险责任限额范围内先予赔偿。不足部分,由机动车使用人依照《道路交通安全法》第七十六条的规定承担赔偿责任;机动车所有人对损害的发生有过错的,应根据过错大小承担相应的赔偿责任。

41. 挂靠机动车发生交通事故造成他人损害,由挂靠车主承担损害赔偿责任,被挂靠单位承担补充赔偿责任。

42. 两辆或两辆以上的机动车发生交通事故造成损害,根据各侵权人的过错和原因力等因素能够合理分开各自造成的损害,由各赔偿义务人各自承担相应的赔偿责任;不能合理分开各自造成的损害的,应区分不同情况,依据《侵权责任法》第十条、第十一条的规定确定责任。但是,侵权行为发生在《侵权责任法》施行前的,应依据最高人民法院《关于审理人身损害赔偿案件适用法律若干问题的解释》第三条的规定,由各侵权人承担连带责任。

43. 交通事故发生后,支付被侵权人医疗费、丧葬费等合理费用的人请求保险公司在交强险责任限额范围内赔偿医疗费、丧葬费的,人民法院应予支持。如该部分费用已经超出交强险责任限额的,根据《道路交通安全法》第七十六条的规定,由责任方承担。

44. 由于驾驶人未取得驾驶资格、醉酒、吸毒、滥用麻醉药品或者精神药品后驾驶机动车发生交通事故或被保险人故意制造交通事故的,保险公司应在交强险责任限额范围内对人身损害损失予以赔偿。保险公司自向赔偿权利人赔偿之日起,有权向被保险人追偿。追偿权自保险公司实际赔偿之日起计算诉讼时效。保险公司在同一诉讼中向被保险人主张追偿权的,人民法院应当一并审理。

(四)关于车辆损失的认定问题

45. 发生交通事故后,被保险人应根据保险合同的约定,及时通知保险公司勘察现场,保险公司应在合理期间内提供车辆本身的修复方案。如保险公司未在合理期间提供修复方案,被保险人自行委托有资质的鉴定机构定损且车辆已经修复的,对被保险人的定损及修复可予认可,但保险人提供充足证据推翻鉴定机构的定损结论的除外。如保险公司已在合理期间提供修复方案,但被保险人擅自委托第三方鉴定机构定损及修复的,对被保险人的主张不予采信。

46. 案件审理过程中,经当事人双方协商仍无法确定车辆修复方案的,人民法院可根据《最高人民法院关于民事诉讼证据的若干规定》的有关规定,委托具备相关鉴定资质的鉴定机构对车辆进行定损。

(五)关于责任承担问题

47. 未按照国家规定投保交强险的机动车,发生交通事故造成损害,赔偿权利人请求由该机动车的投保义务人在交强险责任限额范围内先予赔偿的,应予支持。投保义务人和侵权人不是同一人,赔偿权利人请求由投保义务人和侵权人在交强险限额内承担连带赔偿责任的,应予支持。不足部分,按照《道路交通安全法》第七十六条和《侵权责任法》的有关规定承担赔偿责任。

48. 机动车交通事故造成人身伤亡的,对于基本医疗保险范围外的诊疗项目支出,赔偿权利人请求机动车第三者责任强制保险的保险公司在责任限额范围内按照基本医疗保险的同类诊疗项目费用标准赔付的,应予支持。如确需使用基本医疗保险费用标准外的诊疗项目,赔偿权利人主张列入交强险赔付范围的,人民法院亦应予支持,但保险公司能够举证证明上述诊疗项目不属于必需诊疗行为的除外。

(六)关于交强险赔偿款的分配问题

49. 同一事故的多个被侵权人同时起诉的,应当按照各被侵权人的损失占全体被侵权人总损失的比例确定其从交强险责任限额范围内应获得的赔偿数额。如仅有部分被侵权人起诉的,人民法院应通知其他被侵权人参与诉讼。对于人民法院通知后仍不愿意参与诉讼的部分被侵权人,可不考虑预留份额,以实际查明的被侵权人损失分配赔偿数额。

(七)关于被扶养人生活费的计算问题

50. 根据最高人民法院《关于适用〈中华人民共和国侵权责任法〉若干问题的通知》第四条的规定,应将被扶养人生活费计入残疾赔偿金或死亡赔偿金,即《侵权责任法》规定的残疾赔偿金或死亡赔偿金数额包括最高人民法院《关于审理人身损害赔偿案件适用法律若干问题的解释》规定的残疾赔偿金或死亡赔偿金与被扶养人生活费两部分。

如果受害人是农村居民但经常居住地在城镇的,被扶养人生活费可按照城镇居民人均消费性支出标准计算。

五、关于医疗损害责任纠纷案件

(一)关于案件受理问题

51. 因美容医疗机构或者开设医疗美容科室的医疗机构实施的医疗美容活动受到损害要求医疗机构承担赔偿责任的,人民法院应当作为医疗损害责任纠纷受理。非医疗机构实施的美容活动引起的损害赔偿纠纷按照《侵权责任法》等相关规定处理。

(二)关于当事人的诉讼地位问题

52. 因医疗机构使用的药品、消毒药剂、医疗器械存在缺陷或输入不合格血液造成患者损害的,患方同时起诉药品、消毒药剂、医疗器械的生产者、销售者,血液提供机构以及医疗机构请求赔偿的,人民法院应予准许;患方仅起诉其中部分责任主体,人民法院向患方释明后,患方明确表示不起诉其他责任主体的,人民法院可以根据案件审理需要通知其他主体作为第三人参加诉讼。

53. 患者在两个以上医疗机构接受诊疗受到损害,以就诊的医疗机构为共同被告提起诉讼的,人民法院应予准许。患者起诉部分医疗机构后,申请追加其他医疗机构作为被告的,人民法院应予准许。患者起诉部分医疗机构,被诉医疗机构申请追加其他医疗机构为案件当事人的,人民法院经审查可以通知其他医疗机构作为第三人参加诉讼。

(三)关于举证责任的分配问题

54. 患方主张医疗机构承担赔偿责任的,应证明与医疗机构之间存在医疗关系及受损害的事实,并提供医疗机构及其医务人员有过错的初步证据。但患者能够举证证明医疗机构存在《侵权责任法》第五十八条规定的情形的,不再就医疗机构及其医务人员有过错承担举证责任。

55. 医疗机构主张具有《侵权责任法》第六十条规定的免责事由的,应当承担举证责任。

56. 患者依照《侵权责任法》第五十九条的规定请求赔偿的,适用《最高人民法院关于民事诉讼证据的若干规定》第四条第(六)项的规定。

(四)关于医疗产品责任纠纷、输血责任纠纷案件的责任承担问题

57. 医疗产品责任纠纷、输血责任纠纷案件中,患方可根据《侵权责任法》第五十九条的规定请求生产者、销售者,血液提供机构和医疗机构对其承担连带责任(即学理上所称的不真正连带责任)。以上责任人作为共同被告或者第三人参加诉讼时,如其对其他责任人行使追偿权的,人民法院可合并审理。

六、关于民间借贷纠纷案件

(一)关于证据的认定问题

58. 审判实践中对于民间借贷纠纷案件的证据认定,应从各证据与案件事实的关联程度、各证据之间的联系等方面进行综合审查判断。对于存在借贷关系及借贷内容等事实,出借人应承担举证责任;对于已经归还借款的事实,借款人应承担举证责任。对形式有瑕疵的“借条”,出借人应对交付款项给借款人承担举证责任。对形式有瑕疵的“欠条”或“收条”等,应结合其他证据认定是否存在借贷关系。对当事人主张通过现金交付的借贷,应根据交付凭证、借贷金额大小、出借人的支付能力、资金来源、交易习惯、当事人关系以及当事人陈述的交付细节经过等因素综合判断是否存在借贷关系。

(二)关于高利贷问题

59. 一般应将民间借贷借据上记载的借款金额认定为本金,但当事人约定利息预先在本金中扣除的,应按照实际出借金额确定本金。

60. 民间借贷既约定利息又约定违约金,当事人同时请求支付利息和违约金的,可予以支持,但二者之和不能超过依据最高人民法院《关于人民法院审理借贷案件的若干意见》第六条规定的利率限度所计算的数额;对于超出该数额的部分,一般不予保护。

(三)关于利息问题

61.当事人仅约定借期内利率,未约定逾期利率,出借人以借期内的利率主张逾期还款利息的,应予支持。当事人既未约定借期内利率,也未约定逾期利率,出借人主张自逾期还款之日起的利息损失,其计算标准不超过中国人民银行规定的同期同类贷款基准利率的,应予支持。

62. 民间借贷合同约定的利息计算标准不明确,可根据《合同法》第六十一条和第一百二十五条的规定予以认定,不宜简单适用《合同法》第二百一十一条的规定,视为不支付利息。

七、关于婚姻家庭、继承纠纷案件

(一)关于离婚案件中对没有产权证的农村房屋能否作出处理的问题

63. 人民法院在离婚案件中,对当事人在宅基地或者建设用地上合法建造的没有领取产权证的农村房屋的归属可以作出处理。当事人请求对违法建筑进行分割的,可以根据实际情况对建筑物的使用或收益、残值作出处理。

（二）关于离婚案件中如何处理夫妻一方与案外人合伙投资的财产的问题

64. 人民法院审理离婚案件，对夫妻一方与案外人合伙投资财产的分割，应先由夫妻双方协商解决；协商不能达成一致的，可在征求合伙人意见的情况下，按最高人民法院《关于适用〈中华人民共和国婚姻法〉若干问题的解释（二）》第十七条规定的不同情形对财产或者合伙份额一并作出处理。如确实难以一并审理的，可告知当事人另行提起财产分割诉讼。

（三）关于夫妻一方婚前个人出资购买的房屋，但登记在另一方名下，离婚时如何处理的问题

65. 以结婚为目的，夫妻一方婚前个人出资购买的房屋登记在另一方名下，如果没有证据证明出资方明确表示归登记一方个人所有，离婚时对该房屋一般应按夫妻共同财产处理。

（四）关于离婚案件中子女抚养费标准的确定问题

66. 对子女的抚养费应根据父母生活所在地（城镇或农村）的标准确定，具体数额应依据最高人民法院《关于人民法院审理离婚案件处理子女抚养问题的若干具体意见》第7条和最高人民法院《关于适用〈中华人民共和国婚姻法〉若干问题的解释（一）》第二十一条的规定确定。

（五）关于判决不准离婚案件中，判决主文如何表述的问题

67. 关于判决不准离婚的案件，判决主文应表述为“不准×××与×××离婚”。如原告同时要求分割财产、子女抚养的，如不支持原告要求分割夫妻共同财产请求的，判决主文应同时加判“驳回×××（原告）的其他诉讼请求”。

八、关于涉农纠纷案件

（一）关于案件受理问题

68. 当事人因农村宅基地使用权权属引发的纠纷，根据《土地管理法》第十六条的规定，应由人民政府处理。当事人就此提起民事诉讼的，不予受理。

69. 当事人因农村宅基地或房屋买卖合同引发的纠纷，属于平等主体之间的民事法律关系，应作为民事案件受理。但如当事人的诉讼请求涉及违法用地或违法建筑，需先由行政主管部门处理后才能确定其财产权益关系的，不予受理，告知当事人先向行政主管部门申请处理。

（二）关于诉讼主体问题

70. 发包方所属的半数以上村民，以发包方签订承包合同时违反民主议定原则，或者其所签合同内容违背多数村民意志，损害集体和村民利益为由，以发包方为被告，要求确认承包合同无效提起诉讼的，人民法院应予受理。如当事人未将承包方列为被告的，人民法院应通知承包方作为第三人参加诉讼。

发包方所属的半数以上村民应理解为十八周岁以上村民的半数以上。

（三）关于合同效力问题

71. 要准确把握民主议定程序与承包合同效力的认定。对于半数以上村民起诉主张农村集体经济组织对外签订的承包合同无效的案件，如该承包合同系2008年12月18日最高人民法院废止《关于审理农业承包合同纠纷案件若干问题的规定（试行）》之前订立的，且承包合同自订立之日起至起诉时已超过一年，或者虽未超过一年，但承包人已实际做了大量投入的，对原告方要求确认该承包合同无效或者要求终止该承包合同的，不予支持。如经人民法院释明后，原告方变更诉讼请求为申请对承包合同的有关内容进行调整的，人民法院可根据实际情况，依照公平原则予以处理。如该承包合同系2008年12月18日之后订立的，应严格按照《物权法》、《土地管理法》和《村民委员会组织法》及司法解释的相关规定予以认定。

72. 不同集体经济组织的承包方经双方所在集体经济组织同意，互换土地承包经营权，一方请求确认互换合同无效的，不予支持。

（四）关于土地承包经营权的收回和分割问题

73. 因国家施行农业税减免、农业补贴等政策，承包方弃耕抛荒后又依据土地承包合同要求重新获得土地承包经营权，如有证据证明其已自愿交回承包地的，按照《农村土地承包法》第二十九条的规定处理。不属于承包方自愿交回承包地的，按照最高人民法院《关于审理涉及农村土地承包纠纷案件适用法律问题的解释》第六条的规定处理。

74. 农村土地承包合同履行期间当事人解除婚姻关系，且双方均具有承包经营主体资格的，人民法院在处理离婚案件时，可按照家庭人口、老人赡养、未成年子女抚养等情况，对其承包经营权进行分割。

（五）关于承包费的问题

75. 承包方将土地承包经营权以转包或出租方式进行流转，次承包人或承租人以农业税减免为由主张减少承包费用或租金的，不予支持，但流转合同另有约定的除外。流转合同约定由次承包人或承租人缴纳农业税，承包方主张次承包人或承租人按农业税减免数额增加承包费用或租金的，可予支持。

九、关于执行异议之诉纠纷案件

（一）关于程序问题

76. 案外人对人民法院因先予执行、诉中财产保全而采取查封、扣押、冻结措施的标的有异议的，可

依照最高人民法院《关于执行权合理配置和科学运行的若干意见》第十七条的规定,参照《民事诉讼法》第二百零四条的规定处理。相关诉讼由采取先予执行或诉讼保全措施的人民法院管辖。

77. 同一执行标的被多个法院轮候查封、扣押、冻结,案外人对该执行标的提起执行异议诉讼的,由起诉时采取查封、扣押、冻结措施生效的法院管辖。

78. 执行异议诉讼案件审理过程中,如执行标的被解除查封、扣押、冻结措施,异议人要求人民法院对执行标的的实体权利作出判定的,人民法院应继续审理。

79. 关于执行分配方案异议之诉的当事人的确定问题。债权人或者被执行人对分配方案提出书面异议的,执行法院应当通知未提出异议的债权人或被执行人。未提出异议的债权人、被执行人对异议人的异议提出反对意见的,应当通知异议人。异议人可以自收到通知之日起十五日内,以提出反对意见的债权人、被执行人为被告,向执行法院提起诉讼。

(二)关于实体处理问题

80. 案外人执行异议之诉案件中,如查明案外人是真正的所有权人或共有人,或对执行标的享有建设工程价款优先受偿权等实体权益且足以阻碍执行行为的,可判决确认案外人对执行标的享有该实体权益,并停止对该标的的执行。如查明案外人虽然对执行标的享有承租权等实体权益但不足以阻碍执行行为的,可判决确认案外人对执行标的享有该实体权益,并驳回其他诉讼请求。

十、关于矿业权纠纷案件

81. 探矿权、采矿权转让未经相关行政主管部门审批,但符合矿产资源法等法律、行政法规规定的条件,应认定探矿权、采矿权转让合同未生效,该合同不具有履行力,但不影响转让合同中当事人履行报批义务条款及因该报批义务而设定的相关条款的效力。当事人仅以探矿权、采矿权转让未经相关行政主管部门审批为由,请求确认探矿权、采矿权转让合同无效的,不予支持。

广东省高级人民法院　广东省劳动人事争议仲裁委员会 关于审理劳动人事争议案件若干问题的座谈会纪要

(2012年7月23日　粤高法[2012]284号)

为公正、高效处理劳动人事争议纠纷,统一劳动人事争议案件的裁判标准,广东省高级人民法院与广东省劳动人事争议仲裁委员会于2012年6月21日在佛山召开了关于审理劳动人事争议案件若干问题的座谈会,对《中华人民共和国社会保险法》(以下简称《社会保险法》)、《中华人民共和国劳动法》(以下简称《劳动法》)、《中华人民共和国劳动合同法》(以下简称《劳动合同法》)、《中华人民共和国劳动争议调解仲裁法》(以下简称《劳动争议调解仲裁法》)的适用以及进一步加强裁审程序衔接问题进行了讨论,形成如下会议纪要:

一、适用《社会保险法》的若干意见

1. 用人单位为劳动者建立了社会保险关系,劳动者垫付用人单位未依法缴纳的社会保险费用后,请求用人单位返还的,作为劳动争议处理。

劳动者请求用人单位为其建立社会保险关系或缴纳社会保险费的,不作为劳动争议处理,劳动人事仲裁机构或人民法院应告知劳动者向社会保险行政部门或社会保险费征收机构寻求解决。

2. 劳动者以基本养老保险费的缴纳年限、缴纳数额不足为由,请求用人单位赔偿基本养老保险待遇损失的,不作为劳动争议处理。

按照省人力资源和社会保障厅、省地方税务局《关于妥善解决企业未参保人员纳入企业职工基本养老保险问题的通知》(粤人社发[2011]237号)的规定,可纳入我省城镇企业职工基本养老保险统筹的劳动者请求用人单位赔偿基本养老保险待遇损失的,不作为劳动争议处理,劳动人事仲裁机构或人民法院应告知劳动者向相关社会保险经办机构寻求解决。

劳动者以用人单位未为其办理基本养老保险手续,且社会保险经办机构不能补办导致其无法享受基本养老保险待遇为由,请求用人单位赔偿损失的,应同时符合以下条件:

(1)用人单位未为劳动者参加基本养老保险;

(2)社会保险经办机构明确答复不能补办;

(3)劳动者达到法定退休年龄。

3. 用人单位未依法为劳动者参加基本医疗保险或者缴纳基本医疗保险费,但劳动者符合享受基本医疗保险待遇的条件,劳动者请求用人单位参照基本医疗保险待遇标准报销医疗费用的,应予支持。

4. 用人单位未为劳动者建立工伤保险关系,且用人单位以及受到事故伤害或者被诊断、鉴定为职业病的劳动者或者其近亲属、工会组织均未在法定期间申请工伤认定,以致社会保险行政部门不受理工伤认定申请,劳动者或者其近亲属请求用人单位支付工伤保险待遇的,劳动人事仲裁机构或人民法院应驳回劳动者或者其近亲属的申请或起诉,并告知其可另行主张人身损害赔偿,但用人单位对构成工伤无异议的除外。

5. 劳动者因生产安全事故发生工伤或被诊断患有职业病,劳动者或者其近亲属已享受工伤保险待遇,又依据《最高人民法院关于确定民事侵权精神损害赔偿责任若干问题的解释》的规定向人民法院请求用人单位承担精神损害赔偿责任的,应予支持。

6. 劳动者工伤由第三人侵权所致,第三人已承担侵权赔偿责任,劳动者或者其近亲属又请求用人单位支付工伤保险待遇的,用人单位所承担的工伤保险责任应扣除医疗费、辅助器具费和丧葬费。

7. 用人单位未依法为劳动者缴纳工伤保险费,在劳动者发生工伤事故且与用人单位解除或终止劳动关系后,经劳动能力鉴定委员会确认需安装辅助器具,工伤职工请求一次性支付辅助器具更换费用的,应予支持。辅助器具更换费用的确定应以《广东省工伤康复服务项目及支付标准(试行)》规定的标准为依据,辅助器具更换周期的确定应以与统筹地区社会保险经办机构签订服务协议的辅助器具配制机构出具的意见为依据,计至工伤职工70周岁止。

8. 无营业执照或者未经依法登记、备案的单位和被依法吊销营业执照或者撤销登记、备案的单位的职工以及用人单位使用的童工发生工伤事故,确需安装辅助器具,除《非法用工单位伤亡人员一次性赔偿办法》规定的一次性赔偿金外,职工及童工请求一次性支付辅助器具安装和更换费用的,应予支持。辅助器具安装和更换费用的确定应以《广东省工伤康复服务项目及支付标准(试行)》规定的标准为依据,辅助器具更换周期的确定应以与统筹地区社会保险经办机构签订服务协议的辅助器具配制机构出具的意见为依据,计至职工或童工70周岁止。

9. 用人单位未依法缴纳工伤保险费,劳动者或者其近亲属依法获得工伤保险基金先行支付的工伤保险待遇后,又请求用人单位支付其他工伤保险待遇的,作为劳动争议处理。

10. 用人单位未依法为劳动者参加失业保险或者擅自停止缴纳失业保险费,劳动者依法向用人单位主张一次性赔偿的,应予支持。

二、适用《劳动合同法》的若干意见

11. 用人单位招用已达到法定退休年龄但尚未享受基本养老保险待遇或领取退休金的劳动者,双方形成的用工关系按劳务关系处理。

12. 下列争议,作为劳动争议处理:

(1)劳动者与用人单位因应休未休年休假额外支付的工资产生的争议;

(2)劳动者与用人单位因发放高温津贴产生的争议;

(3)劳动者与不具备合法经营资格的用人单位因用工关系产生的争议。

13. 发包单位将建设工程非法发包给不具有用工主体资格的实际施工人或者承包单位将承包的建设工程非法转包、分包给不具有用工主体资格的实际施工人,实际施工人招用的劳动者请求确认其与具有用工主体资格的发包单位或者承包单位存在劳动关系的,不予支持,但社会保险行政部门已认定工伤的除外。劳动者依照《广东省工资支付条例》第三十二条、第三十三条或《劳动合同法》第九十四条与《非法用工单位伤亡人员一次性赔偿办法》直接主张由发包单位或者承包单位与实际施工人连带承担相应法律责任的,应予支持。

14. 用人单位自用工之日起超过一个月不满一年未与劳动者签订书面劳动合同,或者虽通知劳动者签订书面劳动合同但劳动者无正当理由拒不签订,用人单位未书面通知劳动者终止劳动关系的,应当按照《劳动合同法》第八十二条的规定向劳动者每月支付二倍工资。二倍工资差额的计算基数为劳动者当月应得工资,但不包括以下两项:

(1)支付周期超过一个月的劳动报酬,如季度奖、半年奖、年终奖、年底双薪以及按照季度、半年、年结算的业务提成等;

(2)未确定支付周期的劳动报酬,如一次性的奖金,特殊情况下支付的津贴、补贴等。

劳动合同期满后,劳动者仍在原用人单位工作,超过一个月双方仍未续订劳动合同,劳动者根据《劳动合同法》第八十二条第一款规定要求支付二倍工资的,应予支持。

用人单位自用工之日起满一年不与劳动者订立书面劳动合同,视为已订立无固定期限劳动合同,用人单位无须再支付用工之日起满一年后未订立书面劳动合同的二倍工资。

15. 劳动者请求用人单位支付未订立书面劳动合同二倍工资差额的仲裁时效,依照《劳动争议调解仲裁法》第二十七条第一款、第二款和第三款的规定确定。用人单位应支付的二倍工资差额,从劳动者主张权利之日起往前倒推一年,按月计算,对超过一年的二倍工资差额不予支持。

16. 劳动者依法请求用人单位与其订立无固定期限劳动合同的,劳动人事仲裁机构或人民法院应告知其将仲裁或诉讼请求变更为确认双方已存在无固定期限劳动合同。劳动者拒不变更的,劳动人事仲裁机构或人民法院不得直接判令双方当事人签订无固定期限劳动合同,但可以依法确认双方当事人已存在事实上的无固定期限劳动关系,并参照原劳动合同确定双方的权利义务内容。

17. 劳动者虽然符合《劳动合同法》第十四条第二款规定的可签订无固定期限劳动合同的条件,但与用人单位签订了固定期限劳动合同,在该固定期限劳动合同履行过程中又请求与用人单位重新签订无固定期限劳动合同的,不予支持。

18. 劳动合同期限届满后,因符合《劳动合同法》第四十二条第(一)、(三)、(四)项规定情形而续延,致使劳动者在同一用人单位连续工作满十年,劳动者提出签订无固定期限劳动合同的,应予支持。

19. 用人单位与劳动者已连续订立二次固定期限劳动合同,第二次固定期限劳动合同期满后,且劳动者没有《劳动合同法》第三十九条和第四十条第一项、第二项规定的情形,劳动者提出续订劳动合同并要求订立无固定期限劳动合同的,用人单位应当与劳动者订立无固定期限劳动合同。

20. 劳动关系符合《劳动合同法》第十四条第二款第(一)、(二)、(三)项规定的情形,用人单位在与劳动者协商订立无固定期限劳动合同时提出的劳动报酬、劳动条件、福利待遇等事项不低于订立无固定期限劳动合同前的标准,劳动者拒不接受的,用人单位可以终止合同,且无须向劳动者支付经济补偿。

21. 劳动合同解除或者终止后,劳动者请求用人单位支付竞业限制经济补偿或以用人单位未按约定支付竞业限制经济补偿为由要求不履行竞业限制义务,对用人单位以其在劳动关系存续期间向劳动者支付的劳动报酬已包含竞业限制经济补偿提出的抗辩,不予支持。

22. 用人单位调整劳动者工作岗位,同时符合以下情形的,视为用人单位合法行使用工自主权,劳动者以用人单位擅自调整其工作岗位为由要求解除劳动合同并请求用人单位支付经济补偿的,不予支持:

(1)调整劳动者工作岗位是用人单位生产经营的需要;

(2)调整工作岗位后劳动者的工资水平与原岗位基本相当;

(3)不具有侮辱性和惩罚性;

(4)无其他违反法律法规的情形。

用人单位调整劳动者的工作岗位且不具有上款规定的情形,劳动者超过一年未明确提出异议,后又以《劳动合同法》第三十八条第一款第(一)项规定要求解除劳动合同并请求用人单位支付经济补偿的,不予支持。

23. 劳动者依据《劳动合同法》第八十五条的规定请求用人单位支付赔偿金的,应提供劳动行政部门责令用人单位限期支付劳动报酬、加班费、经济补偿或低于最低工资标准的差额部分的限期整改指令书和用人单位逾期未履行该指令书的证据。

24. 劳动者依照原劳动部《违反和解除劳动合同的经济补偿办法》第三条、第四条和第十条的规定,请求用人单位支付经济补偿金或额外经济补偿金的,不予支持。

25. 用人单位与劳动者约定无须办理社会保险手续或将社会保险费直接支付给劳动者,劳动者事后反悔并明确要求用人单位为其办理社会保险手续及缴纳社会保险费的,如用人单位在合理期限内拒不办理,劳动者以此为由解除劳动合同并请求用人单位支付经济补偿,应予支持。

26. 用人单位违法解除劳动合同,劳动者以用人单位未提前三十日以书面形式通知劳动者本人或额外支付劳动者一个月工资为由,向用人单位主张一个月工资赔偿的,不予支持。

27. 用人单位未按照法律规定或劳动合同的约定及时足额向劳动者发放年休假工资或高温津贴,劳动者以用人单位未及时足额支付劳动报酬为由主张解除劳动合同的,不予支持。

28. 劳动者以其他理由提出辞职,后又以用人单位存在《劳动合同法》第三十八条规定情形迫使其辞职为由,请求用人单位支付经济补偿的,不予支持。

29. 劳动者与用人单位均无法证明劳动者的离职原因,可视为用人单位提出且经双方协商一致解除劳动合同,用人单位应向劳动者支付经济补偿。

30. 用人单位经营者欠薪逃匿,劳动者依照《劳动合同法》第四十六条请求用人单位支付经济补偿的,应予支持,经济补偿的支付年限从用工之日起算。

31. 用人单位支付劳动者解除或终止劳动合同

经济补偿或赔偿金时，经济补偿或赔偿金的基数为劳动者在劳动合同解除或者终止前十二个月的平均工资，不再以《劳动合同法》施行之日为界分段计算。劳动者月工资高于用人单位所在地上年度职工月平均工资三倍的，经济补偿或赔偿金的基数按用人单位所在地上年度职工月平均工资的三倍计算。

32. 劳动关系建立于《劳动合同法》实施以前，但在《劳动合同法》实施后解除或终止的，经济补偿按以下方式计算：

(1)按《劳动合同法》实施以前的有关规定，用人单位无须支付经济补偿的，劳动者工作年限自《劳动合同法》实施之日起计算。

(2)按《劳动合同法》实施前后的有关规定，用人单位均需支付经济补偿的，劳动者的工作年限自用工之日起计算。用人单位与劳动者协商一致解除劳动合同或因劳动者不能胜任工作、经培训及调整岗位仍不能胜任工作为由解除劳动合同的，劳动者在《劳动合同法》实施以前计发经济补偿的工作年限最多不超过12年。劳动者月工资高于用人单位所在地上年度职工月平均工资的三倍，非因协商一致或劳动者不能胜任工作为由解除劳动合同的，劳动者在《劳动合同法》实施以前计发经济补偿的工作年限自用工之日起计算，不受最多不超过12年的限制。

33.《劳动合同法》实施后，用人单位违法解除或终止劳动合同，劳动者不要求继续履行劳动合同或劳动合同已经不能继续履行的，用人单位应按《劳动合同法》的规定向劳动者支付赔偿金，但无须另行支付经济补偿。赔偿金的计算年限自实际用工之日起计算，应包括劳动者在《劳动合同法》实施前的工作年限。

34. 不具备合法经营资格的用人单位或者其出资人承担责任的范围应以《劳动合同法》第九十三条规定的内容为限，即劳动报酬、经济补偿、赔偿金和损害赔偿责任，但不包括未签订书面劳动合同的二倍工资差额。劳动者因不具备合法经营资格的用人单位未为其参加社会保险导致的医疗费、失业待遇及生育待遇等损失属于损害赔偿责任范围。

三、适用《劳动争议调解仲裁法》的若干意见

35. 因申请人无正当理由拒不到庭或者未经仲裁庭许可中途退庭，劳动人事仲裁机构按自动撤回申请处理后，申请人又提起仲裁申请，劳动人事仲裁机构作出不予受理的决定或通知，申请人不服该决定而向人民法院起诉的，人民法院应予受理。人民法院经审查认为确属无正当理由拒不到庭或者未经仲裁庭许可中途退庭的，应裁定驳回起诉。

36. 当事人不服劳动人事仲裁机构以不符合《劳动争议调解仲裁法》第二十一条第二款有关地域管辖的规定为由作出不予受理的决定或通知，向人民法院提起诉讼的，人民法院不予受理。

37. 劳动者依据《劳动合同法》第四十条或第八十二条的规定请求用人单位支付代通知金或二倍工资的，作为《劳动争议调解仲裁法》第四十七条第一项规定的追索赔偿金争议处理。

劳动者请求用人单位支付工伤保险待遇，属于《劳动争议调解仲裁法》第四十七条第二项规定的因执行国家的劳动标准在社会保险方面发生的争议，劳动人事仲裁机构对此作出的仲裁裁决为终局裁决。

38. 劳动人事仲裁机构作出的裁决书应当载明该裁决是否属于终局裁决。

劳动人事仲裁机构作出的裁决书已载明该裁决是否属于终局裁决，当事人在诉讼中又对有关终局裁决、非终局裁决的认定提出异议的，人民法院不予审查。

39. 除《劳动争议调解仲裁法》第四十九条第一款第(四)、(五)项规定的情形外，用人单位以认定事实错误为由申请撤销终局裁决的，人民法院不予支持。

劳动人事仲裁机构违反法定程序足以影响裁决结果的，用人单位可以依据《劳动争议调解仲裁法》第四十九条第一款第(三)项规定申请撤销仲裁裁决。

40. 劳动人事仲裁机构以当事人的仲裁申请超过法定时效期间为由作出不予受理的决定，当事人不服该决定而向人民法院起诉的，人民法院应当对当事人的仲裁申请是否超过法定时效期间进行审查。

当事人在仲裁阶段未提出超过仲裁申请期间的抗辩，劳动人事仲裁机构对此进行了实体性裁决，应视为当事人在仲裁阶段放弃了申请仲裁期限的程序性抗辩权利。当事人在诉讼阶段以此为由进行抗辩的，人民法院不予支持。

41. 劳动人事争议仲裁机构、人民法院审理人事争议案件适用《劳动争议调解仲裁法》、《劳动人事争议调解仲裁办案规则》的规定，《劳动争议调解仲裁法》、《劳动人事争议调解仲裁办案规则》未作规定的，依照《人事争议处理规定》有关规定执行。

劳动人事争议仲裁机构、人民法院审理人事争议案件，应当以国家有关人事法律、行政法规和国家有关人事政策为依据，国家法律、行政法规没有规定或者规定不明确的，可以参照部门规章、地方性法规、政府规章及人事管理规范性文件处理。规章及规范性文件没有规定或者规定不明确的，且纠纷性质与劳动争议类似的，可参照《劳动法》、《劳动合同法》等规定处理。

42. 工作人员对事业单位主管部门作出的辞退、除名、辞聘、提前解除聘用合同、按自动离职处理、不批准辞职(离职)等人事处理决定不服而申请仲裁或提起诉讼的,应当将事业单位及其主管部门作为共同当事人。

43. 当事人申请人事争议仲裁的时效期间为一年,法律、行政法规或者国务院另有规定的,依照其规定。

44. 本纪要自下发之日起,供全省各级人民法院、劳动人事争议仲裁机构参照执行。本纪要下发前的有关指导意见与本纪要规定不一致的,以本纪要为准。法律法规、司法解释有新规定的,按法律法规、司法解释的规定执行。

广东省高级人民法院关于适用小额诉讼程序审理民事案件的操作指引

(2012年12月24日 粤高法发[2012]46号)

为进一步规范小额诉讼程序,优化审判资源,提高审判效率,及时维护当事人的合法权益,根据《中华人民共和国民事诉讼法》、最高人民法院《关于适用〈中华人民共和国民事诉讼法〉若干问题的意见》等有关规定,结合我省民事审判工作实际,现就适用小额诉讼程序审理民事案件提出具体的操作指引。

1.【适用范围】事实清楚、权利义务关系明确、当事人争议不大,案件标的额为立案时上一年度广东省城镇就业人员平均工资百分之三十以下的下列民事案件,可适用小额诉讼程序审理:

(1)借款、买卖、租赁、借用、承揽、农村土地承包、储蓄存款和服务合同等合同纠纷案件;

(2)身份关系明确的继承纠纷、不涉及子女抚养的离婚后财产纠纷案件;

(3)身份关系明确,仅在给付数额、时间上存在争议的抚养费、赡养费、扶养费纠纷案件;

(4)交通事故损害赔偿、产品质量损害赔偿等人身和财产侵权案件,不当得利和无因管理纠纷案件;

(5)劳动关系清楚,仅在劳动报酬、工伤医疗费、经济补偿金或赔偿金等给付数额、时间上存在争议的劳动合同纠纷案件;

(6)劳务关系清楚,仅在劳务报酬给付数额、时间上存在争议的劳务合同纠纷案件;

(7)其他适宜适用小额诉讼程序审理的案件。

对于上述第(5)项规定的劳动合同纠纷案件,根据最高人民法院《关于审理劳动争议案件适用法律若干问题的解释(三)》第十三条规定的精神,如当事人请求的单项数额均符合本条第一款规定条件的,可适用小额诉讼程序审理。

已经适用小额诉讼程序审理的案件,当事人变更诉讼请求、追加当事人,如当事人变更后的诉讼请求仍符合本条第一款规定条件的,可继续适用小额诉讼程序审理。

2.【排除适用】下列民事案件不得适用小额诉讼程序审理:

(1)最高人民法院《关于适用简易程序审理民事案件的若干规定》第一条规定的不适用简易程序审理的案件;

(2)已适用简易程序、普通程序审理的案件;

(3)涉及人身关系争议的案件;

(4)涉及财产确权争议的案件。

3.【程序优先】对符合小额诉讼条件的民事案件,人民法院应优先立案、优先排期、优先审理,发挥小额诉讼程序便捷、高效的功能。

4.【程序知情权】人民法院决定适用小额诉讼程序审理的,应及时以《小额诉讼须知》等方式,书面告知当事人程序适用条件、审判组织、审理方式、审理期限、裁判方式、诉讼费收取标准及申请再审权利等程序安排,保障当事人的程序知情权。

5.【对当事人异议的处理】当事人对适用小额诉讼程序审理案件有异议的,可在案件开庭审理前,以口头或书面形式向受理案件的人民法院提出异议。

如当事人异议不成立的,主审法官可当庭或在收到异议之日起三日内,以口头或者书面形式作出裁定,驳回其异议申请。如当事人异议成立的,应以口头或书面形式作出裁定,将案件转入简易程序或普通程序审理,并及时告知各方当事人。口头裁定的,应记入笔录。当事人对该裁定不服的,不得提出上诉。

6.【审理时间、地点及期限】适用小额诉讼程序审理的案件，开庭的具体时间和地点一般由人民法院确定，亦可根据当事人的申请并经人民法院同意后确定，案件基本信息不必在开庭前三日公布。对适用小额诉讼程序审理的案件，一般应在立案之日起一个月内审结。

7.【调解和判决】适用小额诉讼程序审理的案件，人民法院应坚持“调解优先，调判结合”的原则，做好案件的调解工作；调解不成的，应及时作出裁判。

人民法院应尽量对小额诉讼案件当庭调解或当庭宣判，并全程进行录音录像。如未能全程录音录像的，应做好相关记录工作，笔录经当事人签字确认后随案卷归档。

8.【举证与答辩】当事人均已到庭，且明确表示放弃答辩期和举证期限的，人民法院可在告知放弃答辩期和举证期限的法律后果后，将有关情况记入笔录，立即开庭审理。

当事人明确表示不放弃答辩期或举证期限的，可由人民法院指定或当事人自行约定不超过7天的答辩期或举证期限。

9.【开庭审理】人民法院审理小额诉讼案件，可采取电话、电子邮件、传真、手机短信等简便方式传唤或送达诉讼文书，但送达判决书、裁定书、调解书除外。当事人或证人有正当理由不能到庭的，经对方当事人同意或人民法院许可，可运用视听传输技术等方式开庭审理或询问。有证据证明当事人已经简便方式合法传唤，无正当理由拒不到庭的，人民法院可按撤诉处理或缺席判决。采取简便方式无法传唤或送达的，应依据《民事诉讼法》等有关规定传唤或送达。

小额诉讼案件开庭审理可不受法庭调查、法庭辩论、最后陈述以及法庭调解等程序限制，庭审过程可灵活安排，争取做到一次开庭，当庭宣判，当庭送达裁判文书。

10.【鉴定、评估、勘验及管辖权异议】案件审理过程中，当事人申请委托鉴定、评估、勘验或提出管辖权异议的，可继续适用小额诉讼程序审理，委托鉴定、评估、勘验期间和管辖权异议审理期间不计入案件审理期限。但人民法院认为不宜继续适用小额诉讼程序审理的除外。

11.【裁判文书简化】人民法院可适当简化小额诉讼案件裁判文书，重点载明当事人姓名、事实要点、裁判基本理由、给付数额及期限等内容；亦可采取表格式文书，或者仅记载当事人基本情况、争议事项、裁判主文的令状式文书，以进一步简化裁判文书，提高审判效率。

12.【审理中程序转换】人民法院适用小额诉讼程序审理案件过程中，如发现不宜继续适用小额诉讼程序审理或者因同意当事人延期举证等原因导致案件无法在三个月内审结的，主审法官应以口头或书面形式作出裁定，将案件转入普通程序审理。

13.【程序衔接】案件转入简易程序审理的，如当事人均未提供新证据且案件已经开庭审理的，人民法院可视情况决定不再开庭审理；案件转入普通程序审理的，人民法院应组成合议庭，重新开庭审理。

14.【裁判及再审】人民法院适用小额诉讼程序作出的判决为生效裁判，当事人不得上诉，但可依照《民事诉讼法》第199条之规定，向有关法院申请再审。

人民法院按照审判监督程序对小额诉讼案件再审的，应依照《民事诉讼法》第207条的规定，决定适用的程序。如由原审法院审理的，按照第一审普通程序审理，所作出的判决、裁定，当事人可以上诉。如由上级法院提审的，按照第二审程序审理，所作出的判决、裁定是发生法律效力的判决、裁定。

15.【诉讼费】根据国务院《诉讼费用交纳办法》第16条规定，适用小额诉讼程序审理的案件应减半收取案件受理费。

16.【案号及统计】为操作方便，小额诉讼案件案号采用普通一审案件案号，即表述为“(××××)××法民×初字第××号”。各级法院应如实在审判系统中录入小额诉讼的有关数据，并做好有关数据的统计工作。

17.【其他事项】本指引未规定的其他事项，应适用《民事诉讼法》及有关司法解释对简易程序的有关规定。

广东省高级人民法院关于依法稳妥处理涉(三旧)改造纠纷案件的通知

(2012年6月8日 粤高法[2012]217号)

全省各级人民法院、广州海事法院、广州铁路运输两级法院:

近年来,随着我省"三旧"改造工作的推进,因土地征收、房屋拆迁引发的纠纷大量增加。这些案件事关人民群众的切身利益和社会稳定大局,社会关注度高,影响面广,也是当前法院审判执行工作的难点。全省各级法院要高度重视,依法、慎重、妥善处理此类案件,努力实现法律效果、社会效果和政治效果的统一。

一、正确处理依法审判和服务大局的关系

为党和国家工作大局服务是人民法院工作的职责所在,这与人民法院依法审判是相统一的。我省"三旧"改造主要立足于市场运作,通过土地公开出让招商融资的方式进行。在"三旧"改造中,无论采用何种形式进行土地征收,当事人争议的本质往往是拆迁补偿问题。对于此类纠纷,在当事人达成拆迁补偿协议后,因协议的效力、履行等发生争议的,人民法院可以作为民事案件受理;当事人未达成拆迁补偿协议的,人民法院不能作为民事案件受理,而应引导当事人依据《土地管理法实施条例》第二十五条或《国有土地上房屋征收与补偿条例》第十四条、第二十六条的规定,依法通过"行政裁决—行政复议—行政诉讼"的程序救济。土地所有权人或土地使用权人同意签订拆迁补偿协议,但房屋所有权人不同意签订拆迁补偿协议的,应作为当事人未达成拆迁补偿协议的情况进行处理。

二、稳妥处理已受理或审结案件

当前,我省部分法院在审判实践中,因各种原因将不应作为民事案件受理的案件予以受理,并进行尸体处理。鉴于以此种方式处理的案件数量较多,本着稳妥处理的原则,对于在本通知下发之前已审结的案件,如当事人申请再审的,各级法院立案审查部门和审监部门要慎重稳妥处理,防止引发大规模申诉和信访;对于尚未审结的案件,应立足于调解解决,调解不成的则裁定驳回起诉。

三、切实执行重大案件报告制度,畅通沟通渠道

全省各级法院在处理涉及"三旧"改造纠纷案件中,遇到重大、突发情况的,必须及时向上级法院和当地党委、人大、政府等有关部门报告,以畅通沟通协调渠道,稳妥处理有关纠纷。

执行中如遇到问题,请及时层报省法院民一庭。

广西壮族自治区高级人民法院关于审理案外人和申请执行人执行异议之诉案件若干问题的解答

(2012年12月11日广西壮族自治区高级人民法院审判委员会第24次会议通过
2013年1月8日颁布 桂高法[2013]40号)

一、案外人和申请执行人执行异议之诉案件如何确定管辖?

案外人和申请执行人执行异议之诉案件由执行法院管辖。提级执行、指定执行、委托执行的,由提级执行法院、被指定法院、受委托法院管辖。

二、受理案外人和申请执行人执行异议之诉案件一般应符合哪些条件?

受理案外人和申请执行人执行异议之诉案件,

一般应当具备以下条件：1. 针对执行标的的强制执行程序尚未终结；2. 自执行异议裁定送达之日起十五日内提起诉讼；3. 提出的诉讼请求应当包含请求停止或许可对执行标的的强制执行。

三、案外人和申请执行人执行异议之诉案件应如何列当事人？

案外人提起执行异议之诉，应以申请执行人为被告，其他当事人可以列为第三人；被执行人反对案外人对执行标的所主张的实体权利的，应当以申请执行人和被执行人为共同被告，其他当事人可以列为第三人。

申请执行人提起执行异议之诉，应以案外人为被告，其他当事人可以列为第三人；被执行人反对申请执行人请求的，应当以案外人和被执行人为共同被告，其他当事人可以列为第三人。

四、如何确定案外人和申请执行人执行异议之诉案件审理范围？

审理案外人和申请执行人执行异议之诉案件，应当重点审查案外人是否对执行标的享有所有权等足以阻止执行标的转让、交付的实体权利，对应否停止或许可强制执行特定标的作出裁决。

当事人提出要求对方当事人承担违约、侵权责任等诉讼请求的，可告知另行解决。

五、案外人同时提起执行异议之诉和确权之诉，人民法院应否合并审理？

案外人执行异议之诉和确权之诉一般不宜合并审理。案外人同时提起执行异议之诉和确权之诉的，人民法院应告知当事人可就确权问题另行起诉，但经人民法院审查认为符合合并审理条件的，可以合并审理。

六、案外人和申请执行人执行异议之诉案件判决主文应如何表述？

案外人和申请执行人执行异议之诉案件，案外人或申请执行人执行异议诉讼请求成立的，应当撤销原执行异议裁定，停止或许可对执行标的的强制执行。诉讼请求不成立的，应当判决驳回案外人或申请执行人的诉讼请求。

七、案外人和申请执行人执行异议之诉案件应如何计收案件受理费？

案外人和申请执行人执行异议之诉案件，一般应按非财产案件计收案件受理费。

海南省高级人民法院关于加强环境审判工作服务和保障海南绿色崛起的若干意见（试行）

（2012 年海南省高级人民法院审判委员会第 25 次会议讨论通过
琼高法发［2012］3 号）

为充分发挥环境审判职能，服务和保障海南科学发展、绿色崛起，全面加快国际旅游岛建设，制定本意见。

1. 省第六次党代会提出了坚持科学发展，实现绿色崛起，全面加快海南国际旅游岛建设的战略任务。实现以人为本、环境友好、集约高效、开放包容、协调发展、绿色崛起的发展目标，必须坚持生态立省，强化全民生态自觉，实施可持续的生态保护工程，努力建设全国生态文明示范区。严格依法加强环境保护，既是建设国际旅游岛的战略任务，也是造福子孙后代的历史责任。

全省各级人民法院要以高度的自觉和饱满的热情，积极投身到坚持科学发展、实现绿色崛起、全面加快海南国际旅游岛建设中来。要正确分析和缜密判断人民法院环境审判工作所面临新的形势和考验，努力克服环境审判案件集中化审理、机构专门化起步晚，编制少，审判人员专业化程度不高，利用司法手段维护国家利益和社会公共利益意识不强，社会法律意识、环境意识、公共意识有待提高等诸多困难和问题。坚持能动司法，充分发挥环境审判职能，正确处理政策和法律的关系，确保宪法法律法规关于保护和改善生活环境和生态环境，防治污染和其他公害的规定的有效实施，依法保护国家利益和社会公共利益以及人民群众的合法权益，支持和监督政府依法行政，推动社会提高公共意识、环境意识和法治意识，实现法律效果与社会效果的统一，为实现海南科学发展、绿色崛起，全面加快海南国际旅游岛建设提供良好的司法服务和有力的司法保障。

2. 创新工作方式,做好环境公益诉讼试点工作,中院是关键,要尽快与本级财政沟通协商,建立市级环境公益诉讼资金管理制度,有效破解环境公益诉讼难题。各中院对已经或即将起诉的环境公益诉讼案件,应当克服困难,先予受理,遇有难题,加强请示报告。通过环境公益诉讼案件审理,依法严格保护自然保护区、生态核心区、重点水源地、重点海域、热带雨林,控制地下水源、地热温泉开采,坚决禁止乱挖滥采矿产资源,保障国家利益、社会公共利益和人民群众的根本利益。

3. 坚持"调解优先,调判结合",加强环境普通民商事案件审理,推动社会矛盾化解。第一,通过审理环境侵权责任纠纷案件,有效保障和改善民生,为海南绿色崛起创造和谐的社会环境。第二,通过审理环境资源合同纠纷案件,全力支持环境资源有偿使用制度的建立,稳定我省资源能源市场秩序,推动节能减排措施的落实,支持集约、集群、园区化、高科技发展新型工业的战略部署,促进我省战略新型产业和环保产业的健康发展。第三,通过审理建设工程勘察、设计、施工合同纠纷案件,监督和保障重点项目、重大项目"三同时制度"的落实,确保项目的质量。第四,通过审理环境资源物权纠纷案件,贯彻落实资源节约型社会建设政策,有效保护环境资源产权。

4. 依法审理环境普通行政案件、环境非诉行政审查案件,支持和监督环境执法部门依法行政,确保行政强制法、行政处罚法与大气污染防治、水污染防治、固体废物污染环境防治、环境噪声污染防治、放射性污染防治以及环境影响评价等法律的有效衔接,确保公民、法人和其他组织严格遵守环境保护法,推动社会管理创新,促进社会和谐。

5. 加强破坏环境资源保护犯罪案件的审理,依法运用刑罚手段惩处和威慑重大环境污染事故、非法处置进口固体废物、非法捕捞水产品、非法猎捕、杀害珍贵、濒危野生动物、非法收购、运输、出售珍贵濒危野生动物、珍贵、濒危野生动物制品、非法占用农用地、非法采矿、破坏性采矿、非法采伐、毁坏国家重点保护植物、非法收购、运输、加工、出售国家重点保护植物、国家重点保护植物制品、盗伐林木、滥伐林木、非法收购、运输盗伐、滥伐的林木的犯罪活动,全力维护社会稳定,为实现海南绿色崛起创造平安的社会环境。

6. 加强海事海洋环境污染纠纷案件的审理,支持海洋经济强省建设。通过对陆源污染物污染损害海洋环境、海洋工程建设项目污染损害海洋环境、海洋石油勘探开发污染海洋环境、海洋倾废、船舶污染海域损害纠纷案件以及其他海事海洋环境侵权、合同纠纷案件的审理,有效保护海洋环境,全力支持我省加强海域综合管理和保护,加快南海资源开发,扶持提升壮大海洋渔业、海洋船舶工业、海洋交通运输业、海洋生物医药等特色海洋产业,推动海洋经济跨越式发展,建设海洋经济强省的发展战略,维护国家南海权益。

7. 依法审理农村、农业领域的环境污染纠纷案件,支持加强农业面源污染防治,加快提升农村的基础设施水平,村庄集中布局,集中建设,发展有特色的种养业,农产品深加工,支持文明生态村建设。

8. 以"制度落实推进年"活动为契机,加强审判管理创新,规范环境司法行为,确保环境司法公正。落实审判管理制度,完善审判绩效管理机制,充分发挥绩效考评的约束、激励、引导作用,确保环境案件质量,确保均衡结案。

9. 转变观念,树立执法办案是做环境审判工作,抓监督指导也是做环境审判工作的理念。按照依法监督、审级独立、上下互动的原则,通过下发指导规范、组织业务培训、召开业务研讨会等方式,加强对下级法院环境审判工作的监督指导。

10. 加大调研工作力度,增强环境保护审判工作的预见性。要深入基层,广泛收集我省近年环境审判案件相关数据,综合分析环保诉讼的现状、存在问题以及解决问题的思路。

积极开展环境行政审判调研活动,研究制定"海南省高级人民法院环境普通行政诉讼案件管辖和受案范围的指导意见",理顺环境普通行政审判与其他行政审判的工作关系。

11. 加强各业务庭室之间的沟通、交流、协调工作。科学界定环境案件、管辖和受案范围,要加强各业务庭室的交流活动,统一程序,统一工作职能。

12. 加强与辖区政府环境执法部门、自然保护区、社会公益团体以及社会各界的沟通、交流和协调。充分发挥环境行政执法主动性功能,对环境污染行为依法采取行政强制、行政处罚,及时制止违法行为;有效发挥环境司法的补偿和威慑功能,通过环境司法,挽回因环境污染行为造成的危害和损失,制裁严重破坏环境的犯罪行为。加强环境行政执法和环境司法的互动结合,共同服务于海南绿色崛起的发展目标。

13. 加强环境司法的境内外交流,拓展环境审判的国际视野,吸纳外地法院的先进司法经验,提高我省环境审判工作水平。

14. 落实司法公开、司法民主,发挥媒体宣传监督作用,提升服务海南绿色崛起的公信力和影响力。

认真贯彻落实最高人民法院印发的《关于全面加强接受监督工作的若干意见》、《关于加强和规范人大代表、政协委员旁听案件庭审工作的若干意见》，自觉接受人大、政协、检察院及社会各界的监督。

切实执行《关于完善人民陪审员制度的决定》和《关于加强人民陪审员工作的决定》，认真落实人民陪审员制度，充分发挥人民陪审员的桥梁纽带作用，发挥他们来自群众、贴近群众、服务群众的优势，通过他们了解民情、宣传环境保护法律法规及相关政策，确保环境审判工作的公开性和民主性。

继续贯彻落实最高人民法院《关于司法公开的六项规定》，扩大环境审判工作的司法公开范围，拓宽司法公开渠道，建立健全有序开放、有效管理的旁听和报道庭审的规则，消除公众和媒体监督的障碍，除依法不能公开审理的环境案件外，一律实行公开审判，切实保障公众的知情权、监督权和当事人的诉讼权利。

按照最高人民法院《关于人民法院接受新闻媒体舆论监督的若干规定》、《人民法院新闻发布制度》以及《关于进一步完善最高人民法院新闻发布制度的补充规定》，重视新闻媒体的舆论导向，加强与新闻媒体的联系沟通，为新闻媒体采访报道环保审判工作提供便利，自觉接受媒体的监督，以及时、准确的信息引导社会各界理解支持环境保护审判工作。

15. 加强对环境审判工作的领导，一把手负总责，主管领导负分管责任，环境保护审判庭负具体责任，层层抓落实。环境保护审判庭要充分发挥党支部的战斗堡垒作用和党员先锋模范作用。高、中级法院环境保护审判庭庭长作为第一任庭长，要认真履行一岗双责，站好第一班岗，为环境审判工作打好基础，确保基层党的建设与环境审判工作的有机结合，坚持用社会主义核心价值体系引领环境保护审判庭的文化建设，进一步提高司法能力，增强环境审判队伍的凝聚力、战斗力和创造力。

16. 要落实好廉政建设各项方针政策和廉政风险防控机制，确保环境审判队伍不出问题，确保廉洁公正司法。开展好司法作风转变、司法廉洁教育、违法违纪典型案例警示教育和廉洁奉公示范教育，严格执行最高人民法院“五个严禁”规定，落实签订廉政责任书和“廉政监督卡”等各项廉政建设的具体举措，确保廉洁司法。

17. 加强环境审判队伍业务建设，有效应对服务海南绿色崛起的挑战。现有环境保护审判庭人员专业结构不够合理，现任法官和庭长均没有环境法教育背景，难以适应环境审判工作的需要，在今后岗位交流和人员招录中应适当选任具有环境法和国际法专业背景的人员，充实环境审判队伍。环境审判人员培训范围与工作职责要相适应，民商事审判、行政审判培训班，要适当选派环境审判人员参加，不能仅限于培训环境法。环境审判是民商事审判、行政审判的组成部分，也要运用民事、行政审判手段审理案件。

18. 健全环境审判体制机制，服务海南绿色崛起大局。要积极推进环境保护审判庭的后续建设工作，除了批准琼山法院设立环境保护审判庭外，推动有条件的基层人民法院成立环境保护审判庭或专门合议庭，落实并配齐编制力量，提升环境审判机构专门化水平。

二〇一二年八月六日

海南省高级人民法院关于在民事审判中依法接受检察监督的意见(试行)

(2012 年海南省高级人民法院审判委员会第 25 次会议讨论通过
琼高法发[2012]4 号)

为了提高自觉接受检察监督的意识，依法接受检察监督，正确适用法律，提高民事案件审判的质量和效率，维护当事人的合法权益，根据《中华人民共和国宪法》、《中华人民共和国民事诉讼法》、《最高人民法院 最高人民检察院关于对民事审判活动与行政诉讼实行法律监督的若干意见(试行)》等法律及相关司法解释的规定，特制定本意见。

一、提高对检察监督的认识，树立依法接受监督的意识，自觉接受检察监督，全面正确履行被监督者的职责。

二、纠正重实体轻程序的错误思想，树立程序公正意识。在民事审判中，严格依照《中华人民共和国民事诉讼法》等法律及相关司法解释的规定办理案件，杜绝程序上的随意性，避免程序违法情况的发生，切实保护当事人行使诉讼权利。

1. 案件受理后，应当依法组成审判组织，严格执行回避制度。参加案件审理的审判人员及书记员，凡是符合《中华人民共和国民事诉讼法》规定的回避情形的，应当及时主动地自行回避。对当事人以口头或者书面方式提出回避申请的，应当进行认真审查。凡是符合法律规定的应当回避的情形的，应当及时回避。

2. 切实保障当事人依照法律规定享有的起诉权利。对符合《中华人民共和国民事诉讼法》第一百零八条的起诉，必须受理。符合起诉条件的，应当在七日内立案，并通知当事人；对不符合起诉条件的，应当在七日内作出裁定。原告对裁定不服的，可以提起上诉。

3. 切实充分保护无诉讼行为能力人的诉讼权利，其法定代理人必须代为诉讼，才能对案件进行审理。

4. 应当参加诉讼的民事案件当事人，因不能归责于其本人或者其诉讼代理人的事由，无法参加诉讼活动的，不应对案件进行审理并作出裁决。

5. 充分保障当事人在民事诉讼活动中的辩论权，不得随意剥夺或限制当事人行使辩论的权利。

6. 应当以传票方式通知当事人到庭参加诉讼的案件，未经传票传唤，不得缺席审判。

三、树立和增强民事审判法律效果和社会效果的关注意识，避免作出有损国家利益、社会公共利益和他人合法权益的判决、裁定和调解书。

在民事审判中，无论当事人诉辩是否涉及国家利益、社会公共利益和他人合法权益，都应当将是否损害国家利益、社会公共利益和他人合法权益作为认定民事关系效力的主要因素之一，对案件作出裁判应充分考量是否有损国家利益、社会公共利益和他人合法权益。

在民事调解过程中，应当将是否存在恶意串通损害国家、集体或者他人合法利益的情形，以及是否存在民事活动的目的及结果违反了国家的政治、经济利益，有损国家主权，违反社会秩序、公序良俗，严重污染环境，破坏生态平衡等损害社会公共利益的情形作为对其合法性审查的重要内容。

四、提高对“证据必须查证属实，才能作为认定事实的根据”的认识，高度重视民事审判活动中的举证、质证和认证环节。

1. 案件受理后，在向当事人送达相关法律文书时，应当着重向当事人说明举证的要求及法律后果，促使当事人在合理期限内积极、全面、正确、诚实地完成举证。

2. 规范接收当事人提交证据材料的手续。收取当事人提交的证据材料，应当出具收据，写明证据名称、页数、份数以及收到时间，并由经办人员签名或者盖章。

3. 凡是符合《最高人民法院关于民事诉讼证据的若干规定》第十五条规定情形的，都应当主动调查收集证据，以使与案件事实有关的证据最大限度地得以呈现，避免认定案件事实遗漏主要证据。

4. 高度重视当事人调查收集证据的申请，严格履行依申请调查收集证据的职能。对凡是符合《最高人民法院关于民事诉讼证据的若干规定》第十七条规定的范围和条件的，应当依当事人申请调查收集证据。

5. 当事人因客观原因不能自行收集证据向人民法院提出调查收集证据申请的，经审查，只要阻碍当事人自行收集证据的客观原因存在，无论该客观原因如何形成、难度大小，一般应当依申请调查收集证据。

6. 民事判决、裁定中所认定的案件基本事实必须有相应的证据予以证明。

7. 应当充分听取当事人围绕证据的真实性、关联性、合法性以及证据证明力有无、证明力大小所作的质疑、说明与辩驳意见。即使当事人就证据的真实性未提出质疑，人民法院也要主动进行严格审查，防止将伪造的证据作为认定事实的依据。

认定民事案件事实的主要证据应当在法庭上出示，并由当事人质证。未经质证的证据不得作为认定案件事实的证据。

五、当事人就专门性问题提出鉴定申请，凡对查明案件事实或作出裁决确有需要的，无特殊情况不得拒绝。当事人未申请鉴定的，应当向对需要鉴定的事项负有举证责任的当事人予以释明，以使其在指定期限内提出鉴定申请、预交鉴定费用以及提供相关材料。

当事人对鉴定意见有异议或者鉴定人员确有必要出庭的，审理法院应当通知鉴定人出庭作证。

六、审理民事案件必须坚持公开原则，以事实为根据，以法律为准绳，及时作出公正的判决。

1. 在查明案件事实的基础上，应当综合案情、法律关系的性质、责任归属等情况，准确适用作出判决、裁定所依据的法律。

2. 应当紧紧围绕当事人提出的诉讼请求进行审理，并作出裁决。作出的判决、裁定不得遗漏当事人的诉讼请求,亦不得超出当事人的诉讼请求。

3. 应进一步提高裁判文书质量。规范裁判文书格式,增强裁判文书的说理性,做到格式规范、结构严谨、层次清晰、内容全面、说理充分。

4. 判决书的内容应当包括:当事人及其诉讼代理人的基本情况;案由、诉讼请求、争议的事实和理由;认定事实的理由、依据;案件判决的依据;判决结果和诉讼费用的负担以及上诉期间和上诉法院。

5. 裁判文书除涉及国家秘密、商业秘密和个人隐私的内容外,应当在作出后及时向社会公开,并为公众查阅提供必要的条件。

七、在民事审判活动中,人民检察院以存在违反法律规定的情形为由提出检察建议的,人民法院应当在一个月内作出处理,并将处理情况书面回复提出检察建议的人民检察院。

八、人民法院收到再审检察建议后,应当在三个月内进行审查并将审查结果书面回复提出再审建议的人民检察院。

九、人民检察院提出抗诉的案件,接受抗诉的人民法院应当自收到抗诉书之日起三十日内作出再审的裁定;有《中华人民共和国民事诉讼法》第一百七十九条第一款第(一)项至第(五)项规定情形之一的,可以交下一级人民法院再审,但下一级人民法院已经再审的除外。

十、人民法院审理民事抗诉案件,应当通知人民检察院派员出庭。人民检察院派员参加的,在再审庭审活动中,人民法院应当保障其履行下列职责:

(一)宣读抗诉书;

(二)出示依职权调查收集的相关证据,并对当事人提出的问题予以说明;

(三)发表对案件的处理意见、理由和法律依据;

(四)其他履行职责的相应权利。

十一、审判人员应当依法秉公办案,严格遵守最高人民法院"五个严禁"及《中华人民共和国法官法》有关"十三个不得有行为"的规定,不得违反规定会见当事人、诉讼代理人,不得接受当事人及其诉讼代理人请客送礼,不得利用职权贪污受贿、徇私舞弊、枉法裁判。

十二、人民法院应当与当地同级检察院积极沟通协商,逐步建立健全联络协调机制,及时解决实践中出现的相关问题。

二〇一二年八月六日

海南省高级人民法院关于公开确认民事诉讼证据的意见(试行)

(2012年海南省高级人民法院审判委员会第25次会议讨论通过
琼高法发[2012]5号)

为贯彻落实司法公开原则,保证民事案件审判的公平、公正,防止暗箱操作,统一全省民商事审判中证据确认、采用的司法尺度,根据《中华人民共和国民事诉讼法》、《最高人民法院关于民事诉讼证据的若干规定》的有关规定,结合海南民事审判实际,制定本意见,供全省各级人民法院在民事审判工作中参考。

一、公开确认民事诉讼证据是指合议庭或独任审判员对当事人在庭审中举证、质证的证据的真实性、关联性、合法性及证明力有无、证明力大小进行判断和认定,并将判断和认定的结果和理由公开告知各方当事人的一种审判行为。

二、对当事人在民事诉讼中所举出的所有证据,均必须经过庭审中公开质证,才能作为认定案件事实的依据。合议庭或独任审判员应当对经当事人庭审中公开质证的证据进行公开确认。

三、公开确认民事诉讼证据包括当庭确认和庭后确认。

对证据的真实性、关联性、合法性应当当庭确认。

对证据证明力的有无及证明力的大小一般也应当当庭确认。当庭难以确认的,应当在庭后进行确认,即应在合议庭评议或独任法官制作判决书时确认,并在判决前或在判决书中向当事人公开说明确认的结果和理由。

四、一审案件的主审法官和审判长在开庭前应认真审阅当事人提交的所有证据材料,厘清当事人间产生争议的民事法律关系,基本把握当事人间的争议焦点,在此基础上确定法庭调查的总体思路和重点。

二审案件的主审法官和审判长在开庭前应认真审阅卷宗和当事人提交的证据,弄清当事人对一审确认的证据的意见,明确当事人间争议的民事法律关系的争议焦点,确定二审法庭调查的总体思路和重点。对当事人提交的证据,要清楚是否属于新证据,并决定开庭时是否对此进行举证、质证和认证。

五、一审法院调查时,当事人对其所举证据一般应逐一或分组当庭出示,并说明证明的对象和证明的目的。

主持庭审的法官应逐一或者分组征询其他各方当事人对这些证据的意见,并在与其他合议庭成员合议后(独任审判除外)就其真实性、关联性、合法性、证明力的有无及大小作出确认。无法当庭确认的,应当庭说明需要庭后确认的理由。

他方当事人拒绝对证据发表质证意见的,不影响合议庭或独任法官当庭确认。

六、二审法庭调查时,主持庭审的法官应先征询各方当事人对一审确认的证据和事实的意见。对各方当事人均无异议的证据和事实应直接进行确认,并宣布对此不再举证、质证。对当事人有异议的证据和事实,主持庭审的法官应详细记录,并根据当事人的意见修改庭审前确定的争议焦点,修订原定的法庭调查的总体思路和重点。然后按修订后的思路和重点对当事人有争议的证据和事实逐一调查。

对当事人提交的证据,首先依据《最高人民法院关于民事诉讼证据的若干规定》的规定告知当事人该证据是否属于新证据,并征求各方当事人的意见。属于新证据的再逐一进行举证、质证和认证。

七、法律关系复杂、证据较多的一审案件,承办法官应主持各方当事人在开庭前进行证据交换。

证据交换时,对当事人无异议的证据应当记录在卷。开庭时,主持庭审的法官应对无异议的证据进行说明,并进行公开确认,当事人无须在庭审时再行举证、质证。

证据交换时,对当事人有异议的证据、应一一记录在卷,并记载异议的理由。庭审时主持庭审的法官应对这些证据组织当事人一一举证和质证,然后由合议庭或独任法官进行公开确认。

八、合议庭或独任法官应对当事人提供的全部证据进行确认,并在裁判文书中具体写明确认的结果和理由。当庭确认的,裁判文书应与其保持一致。

合议庭或独任法官确认证据时,应当从各证据与案件事实的关联程度、各证据之间的联系等方面进行综合审查判断。

九、对于符合《最高人民法院关于民事诉讼证据的若干规定》第七十、七十一、七十二、七十四、七十五、七十六条规定情形的证据,应当当庭予以确认。

十、符合下列情形之一的,可以不当庭确认:

1. 仅对单一证据进行审查难以确认其证明力,需要结合其他证据综合审查判断的;

2. 一方当事人开庭时提交的新证据、需要给对方当事人合理期限进行举证的;

3. 合议庭对证据判断的结果和理由,不能形成多数意见的;

4. 其他难以当庭判断证据证明力的有无及证明力大小的。

十一、对证据证明力的有无及证明力大小的判断和认定,除了应结合案件的具体情况外,还应严格按照《最高人民法院关于民事诉讼证据的若干规定》第七十、七十一、七十二、七十三、七十四、七十五、七十六、七十七条的规定进行。

十二、公开确认证据在公开确认时或在裁判文书中应当进行充分的说理。此外还应注意:

1. 适用推定认定案件事实的,应当说明推定的过程及依据;

2. 按照高度盖然性证明标准认定案件事实的,应当说明各个证据的证明力的大小及理由;

3. 当事人对举证责任的承担有争议需要人民法院分配、确定举证责任的,人民法院应当说明分配、确定举证责任的理由和依据。

二〇一二年八月六日

海南省高级人民法院关于审理农村集体经济组织土地补偿费分配纠纷案件若干问题的意见(试行)

(2012年海南省高级人民法院审判委员会第25次会议讨论通过
琼高法发[2012]6号)

为妥善处理农村集体经济组织土地补偿费分配纠纷案件,根据《中华人民共和国土地管理法》、《中华人民共和国农村土地承包法》、《中华人民共和国妇女权益保障法》、《最高人民法院关于审理涉及农村土地承包纠纷案件适用法律问题的解释》等法律和司法解释的规定,结合海南民事审判实际,制定本意见,供全省各级人民法院参考执行。

关于案件的受理

1. 当事人以农村集体经济组织成员权益受到侵害为由起诉农村集体经济组织,请求分配集体经济组织土地补偿费,符合《中华人民共和国民事诉讼法》第一百零八条所规定的起诉条件的,人民法院应当受理。

2. 当事人就农村集体经济组织收到的土地补偿费应否分配以及用于分配的土地补偿费数额提起民事诉讼的,人民法院不予受理。

关于农村集体经济组织成员资格的认定

3. 对农村集体经济组织成员资格的认定,以人民政府的征地补偿安置方案确定时是否以本集体经济组织的土地为基本生活保障为基本依据,兼顾是否具有本集体经济组织户籍以及是否在本集体经济组织形成较为固定的生产、生活作为判断标准。

4. “外嫁女”及随其生活的未成年子女农村集体经济组织成员资格的认定:

(1)“外嫁女”婚后户籍虽仍在原集体经济组织,但其在嫁入地已分配到承包地或虽未分配到承包地,但在嫁入地已分配到征地补偿费的,应当认定其不再具有原集体经济组织成员资格;随其生活的未成年子女亦不具有原集体经济组织成员资格。

(2)“外嫁女”嫁入城镇,但户口未迁出的,也未被纳入城镇居民社会保障体系的,应当认定其具有原集体经济组织成员资格;随其生活的未成年子女未取得非农业户口的,亦应当认定具有原集体经济组织成员资格。

(3)“外嫁女”嫁入城镇,已取得非农业户口并被纳入城镇居民社会保障体系的,应当认定其不再具有原集体经济组织成员资格;随其生活的未成年子女已转为非农业户口的,亦应当认定不具有原集体经济组织成员资格。

5. 离婚、丧偶妇女及随其生活的未成年子女农村集体经济组织成员资格的认定:

(1)农村妇女婚后户籍仍在原集体经济组织,其离婚、丧偶后回到原集体经济组织居住的,应当认定其具有原集体经济组织成员资格;随其生活的未成年子女亦具有原集体经济组织成员资格。

(2)农村妇女离婚、丧偶后与其他农村集体经济组织成员再婚,但其在嫁入的集体经济组织未分配到承包地也未分配到土地补偿费的,应当认定其具有原夫所在集体经济组织成员资格;随其生活的未成年子女亦应认定具有其父所在的集体经济组织成员资格。

(3)农村妇女离婚、丧偶后与非农户口男性再婚,如其户口仍未迁出的,应当认定其具有户口所在地集体经济组织成员资格;随其生活的未成年子女未取得非农业户口的,亦应认定具有其母户口所在地集体经济组织成员资格。

(4)农村妇女离婚、丧偶后与非农户口男性再婚且户口已转为非农业户口,应当认定其不再具有原夫所在集体经济组织成员资格;其未成年子女已转为非农业户口的,亦应认定不再具有其父集体经济组织成员资格。

6. 嫁到港澳台地区及国外的“外嫁女”农村集体经济组织成员资格的认定:

“外嫁女”嫁到港澳台地区及国外的,应当认定其不再具有嫁出地集体经济组织成员资格。

7. “入赘女婿”及随其生活的未成年子女农村集体经济组织成员资格的认定:

“入赘女婿”及随其生活的未成年子女农村集体经济组织成员资格的认定依据“外嫁女”的相关规定处理。

8. 服兵役人员农村集体经济组织成员资格的认定:

义务兵、士官在部队服役期间应当认定其具有户口迁出地集体经济组织成员资格。已纳入军官系列的,应当认定其不再具有户口迁出地集体经济组织成员资格。

9. 考上大、中专院校学生农村集体经济组织成员资格的认定:

考上大、中专院校学生在校学习期间应当认定其具有户口迁出地集体经济组织成员资格;已毕业的,应当认定其不再具有户口迁出地集体经济组织成员资格。

10. 外出务工人员农村集体经济组织成员资格的认定:

外出务工人员在外务工期间,凡未被纳入城镇居民社会保障体系的,应当认定其具有户口所在地集体经济组织成员资格。

11. 政策性"农转非"人员农村集体经济组织成员资格的认定:

因土地征收或其他原因,户口虽被政策性"农转非",但未被安排就业,也未被纳入城镇居民社会保障体系的,应当认定其具有原集体经济组织成员资格。

12. "空挂户"人员农村集体经济组织成员资格的认定:

仅户口登记在集体经济组织,但不在集体经济组织实际生产、生活的,应当认定其不具有集体经济组织成员资格。

13. 回村退养人员农村集体经济组织成员资格的认定:

(1)国家公务员或城镇企、事业单位职工等,因被开除、除名等将户口迁至集体经济组织,且长期在集体经济组织实际生活,也没有其他社会保障和生活来源的,应认定其具有该集体经济组织成员资格。

(2)因退休、离职将户口迁至集体经济组织,已享有其他社会保障的,不应认定其具有该集体经济组织成员资格。

14. 劳教服刑人员农村集体经济组织成员资格的认定:

劳教服刑人员在劳教、服刑期间,其集体经济组织资格不因劳教、服刑而丧失。

15. 养子女、继子女农村集体经济组织成员资格的认定:

对于依法成立收养关系的养子女和依法成立继子女关系的继子女,其农村集体经济组织成员资格的认定,与亲生子女相同。

关于案件的处理

16. 农村集体经济组织的土地,属于该组织的全体成员共有。人民法院在审理农村集体经济组织土地补偿费分配纠纷案件时,应当审查原告是否具有农村集体经济组织成员资格。原告具有集体经济组织成员资格的,应当与其他集体经济组织成员均等分配土地补偿费;不具有集体经济组织成员资格的,判决驳回其诉讼请求。

17. 被征地农户已经获得了安置或全额安置补偿费仍请求多分征地补偿费的,一般不予支持。

本意见由本院审判委员会负责解释,自发布之日起试行。试行之日起,本院审判委员会2008年12月29日第917次会议讨论通过的《海南省高级人民法院关于处理"外嫁女"请求分配农村集体经济组织征地补偿款纠纷案件若干问题的意见》不再执行。

本意见相关内容与法律、法规、司法解释等规定不一致的,从法律、法规、司法解释的规定。本意见施行前,案件业已审结的,不依此为据启动再审;施行后尚未审结的一、二审案件,执行本意见。

二〇一二年八月六日

海南省高级人民法院关于审理网吧侵犯影视作品信息网络传播权纠纷案件若干问题的意见(试行)

(2012年海南省高级人民法院审判委员会第25次会议讨论通过
琼高法发[2012]7号)

为妥善审理网吧侵犯影视作品信息网络传播权纠纷案件,根据《中华人民共和国民事诉讼法》、《中华人民共和国民法通则》、《中华人民共和国侵权责任法》、《中华人民共和国著作权法》、《中华人民共和国公证法》、《信息网络传播权保护条例》及《最高人民法院关于审理著作权民事纠纷案件适用法律若干问题的解释》等法律、法规及相关司法解释的规定，结合我省法院知识产权审判工作实际，制定本意见，供各级法院在审判工作中参考。

关于诉讼主体的认定

1. 人民法院应依职权对起诉人的主体资格进行审查。经审查如发现起诉人提供的权利主体证据尚不足以证明其是权利人时，人民法院应行使释明权，要求起诉人提供补充证据。经释明，起诉人不能进一步提供补充证据的，应裁定驳回其起诉。

2. 影视作品有两个以上著作权人，一个或部分著作权人可以就不可分割使用的著作权利提起诉讼，但需提交其他权利人明确表述不起诉或授权其起诉的证据。

3. 被诉网吧申请追加第三方为共同被告，且提交了第三方的详细信息的，人民法院一般应予追加；如原告不同意追加的，人民法院可以不予追加，但不追加第三方为共同被告可能使原告败诉的，人民法院应当向原告释明不同意追加的法律后果。

关于侵权行为的认定

4. 作品通过信息网络传播，且公众通过与信息网络相连接的终端设备可以在其选定的时间、地点获取作品、表演或录音录像制品的为信息网络传播行为。

以计算机、电视机、手机等各类电子设备为接受终端的互联网、移动通信网、局域网等数字信息网络以及向不特定公众开放的局域网络，人民法院应当认定为《中华人民共和国著作权法》第十条第一款第（十二）项所规定的“信息网络”。

5. 证据材料不足以证明作品系通过信息网络进行传播的，不认定构成侵害信息网络传播权。

网络服务提供者通过信息网络按照事先安排的时间表向公众提供作品的在线播放的，因不具备侵害信息网络传播权所要求的“在选定的时间获取作品的特征”，如构成侵权，应认定侵犯了《中华人民共和国著作权法》第十条第一款第（十七）项所规定的“应当由著作权人享有的其他权利”。

人民法院如认为不构成侵犯信息网络传播权，而是侵犯了《中华人民共和国著作权法》第十条第一款第（十七）项所规定的其他权利的，应向原告进行释明，要求其依据《中华人民共和国著作权法》第十条第一款第（十七）项的规定主张权利。经释明，原告不变更诉讼请求的，判决驳回其诉讼请求。

6. 未经权利人许可，网吧将影视作品等上传至其局域网服务器供用户在终端计算机上点播的，该行为构成对权利人信息网络传播权的直接侵权。

7. 网吧主张侵权影视作品系通过协议由第三方提供，但未能提供第三方的详细信息以及其与第三方之间的具体协议的，可以推定影视作品由网吧提供，侵权责任由网吧承担。

8. 网吧提供的证据能够证明侵权影视作品确由与网吧存在协议的第三方提供，人民法院应依据网吧与第三方有关责任分担的约定确定侵权责任。

网吧与第三方协议中未约定责任分担，如网吧向第三方支付的费用中包括作品信息网络传播权的购买费用，则侵权责任由第三方承担；如网吧向第三方支付的费用只包括一般的技术支持费用，未包括作品信息网络传播权的购买费用，则可以认定网吧与第三方构成共同侵权，侵权责任由网吧和第三方共同承担。

9. 网吧对与其不存在协议关系的第三方互联网站内容的合法性不负有主动审查义务，网吧将第三方互联网站在终端计算机上设立链接，如第三方互联网站构成侵权，不应认为网吧构成共同侵权，但下列情形除外：

（1）权利人在起诉前以书面方式通知网吧第三方互联网站传播的影视作品属于侵权作品后，网吧继续对该第三方互联网站设立链接引导用户访问的；

（2）快捷方式直接指向侵权影视作品的。

公证证据的审查和采信

10. 异地公证取证而出具的公证文书原则上应作为认定事实的依据，但下列情形除外：

（1）证据系以侵犯他人合法权益或者违反法律禁止性规定的方式取得的；

（2）有相反证据足以推翻的；

（3）违反《中华人民共和国公证法》第二十五条、第二十六条之规定的。

11. 当事人提交的域外证据一般应当经过公证、认证，但对于能够在境内登录境外网站获得的公开出版物等证据材料，则无需公证、认证；另一方当事人仅以未办理公证认证等证明手续为由主张该证据材料不应采信的，不予支持。

12. 公证人员在公证机构场所外以及在公证机构场所内进行网络公证，未经对公证申请人或其利害关系人的计算机及其他外接存储设备的清洁性进行审查即在该计算机上保全的证据，人民法院不予采信，但有其他证据予以佐证的除外。

13. 公证人员在网吧、开放性会所等公共场所内虽未检查计算机清洁性及互联网接入情况，但所使用的计算机系公证人员自行选定或网吧、开放性会所随机分配的，其所保全的证据人民法院可以采信。

赔偿标准的确定

14. 权利人可以在起诉时或法庭辩论终结前明确赔偿标准，权利人未明确的，人民法院应予释明，要求权利人明确；权利人不予明确的，由人民法院依照《中华人民共和国著作权法》第四十九条第二款的规定确定赔偿标准，但下列情形不适用法定赔偿标准：

(1)权利人请求人民法院适用法定赔偿标准确定赔偿数额，侵权人以其他损害赔偿标准进行抗辩，经人民法院审查，该抗辩成立的；

(2)权利人虽主张适用法定赔偿标准，但经审理能够查清权利人因侵权所受的实际损失或侵权人因侵权而获得的违法所得的；

(3)权利人和侵权人就损害赔偿标准或数额达成有效协议的；

(4)其他不宜适用法定赔偿标准的。

15. 人民法院应当在诉讼中指导权利人对因被侵权所受到的实际损失、侵权人因侵权所获得的利益、权利人为制止侵权而支付的合理费用等进行举证。

16. 权利人以实际损失或侵权人的侵权获利主张赔偿的，应当就有关实际损失和侵权获利进行举证；权利人主张适用法定赔偿标准，侵权人以侵权获利进行抗辩的，应就有关侵权获利进行举证。

17. 权利人坚持请求以被侵权所受到的实际损失或侵权人因侵权获得的利益确定赔偿标准，但缺乏证据支持的，人民法院应当进行释明，询问权利人是否变更赔偿标准。经释明，权利人仍坚持原诉求的，人民法院应当依法判决驳回其赔偿诉讼请求，不主动适用法定赔偿标准确定赔偿数额。

赔偿数额及范围

18. 确定网吧侵犯影视作品信息网络传播权赔偿数额，应当综合考虑以下因素：

(1)侵权作品的市场影响、知名度、上映档期、投资成本、票房收益、取得信息网络传播权的成本、侵权作品信息网络传播权的一般许可费用等因素；

(2)网吧的经营规模及注册金额、收费标准、侵权行为的性质、持续时间、点击或下载数、地域范围、主观过错等因素。

19. 网吧在经营过程中侵犯权利人享有的影视作品信息网络传播权，但没有证据证明权利人因侵权所受到的损失，以及侵权人因侵权所获得的利益，人民法院依据法定赔偿标准确定赔偿数额的，可以综合考虑权利人的合理维权费用以及侵权性质及程度，判决网吧就每部影片或整部电视剧在 2000 – 5000 元范围内进行赔偿。

20. 合理费用可以包括调查取证费和律师费。调查取证费包括公证费、侵权产品购买费、当事人及其委托代理人为调查取证而产生的必要交通住宿费等。律师费应考虑收费是否符合《律师服务收费管理办法》的规定和律师执业所在地价格管理部门确定的律师行业收费标准。此外还需考虑案件的复杂程度、律师的工作量、判赔数额等具体因素。但在关联的案件中，对于权利人为制止侵权行为而共同支付的合理费用已在其他案件中获得赔偿的，不再重复判决赔偿。

21. 对于权利人已在前案中起诉向网吧提供侵权作品的第三方网站，第三方网站承担的侵权责任中已包含了网吧的侵权责任，权利人又在后案中起诉网吧侵权的，对于构成侵权的情形，除合理维权费用外，不宜再判令网吧承担侵权赔偿责任。

其他相关问题

22. 影视作品在中国大陆虽未获得播映行政审批，但权利人所主张的影视作品信息网络传播权受到侵犯的，如侵权行为成立，人民法院对权利人停止侵权的诉讼请求应予支持，并保护其合理维权费用，但对合理维权费用以外的赔偿请求，则不予支持。

23. 影视作品有两个以上著作权人，一个或部分著作权人就不可分割使用的著作权利提起诉讼的，如构成侵权，人民法院应依据原告的权利份额判决网吧承担赔偿责任，其他权利人的相应份额应予留出。

24. 著作权人许可第三人享有独占信息网络传播权，除第三人与著作权人签订的许可合同明确约定第三人可以转授权外，第三人许可原告行使同一权利，必须取得著作权人的许可，否则人民法院不予支持原告依据其与第三人签订的信息网络传播权转让或许可协议主张他人侵犯其信息网络传播权的诉讼请求。

通过许可方式取得著作权的，许可期满后，被许可人对许可期内的侵权行为提起诉讼的，如侵权行为成立且未超过诉讼时效，人民法院应当支持原告有关停止侵权和赔偿损失的诉讼请求。

25. 案件审理过程中所涉影视作品的信息网络传播权已经超过权利人的权利期限的，判决主文中不再写明要求网吧移除和禁止播放被诉作品，但可劝告网吧自行删除该作品。

二〇一二年八月六日

海南省高级人民法院关于贯彻落实2012年《民事诉讼法》的座谈会纪要(试行)

(2012年海南省高级人民法院审判委员会第49次会议讨论通过
琼高法发[2012]9号)

为正确贯彻落实2012年《民事诉讼法》(以下称新民诉法),统一我省法院的司法尺度和裁判标准,按照最高人民法院的总体工作部署,海南省高级人民法院于2012年12月3日在该院组织召开了实施新民诉法座谈会,海南省高级人民法院、全省各中级人民法院、海口海事法院及部分基层人民法院分管民事审判工作的副院长、各相关业务庭庭长参加了座谈会。与会代表经充分讨论,就新民诉法相关问题的贯彻落实达成了一致意见,现纪要如下,供全省法院在审判工作中参照执行。

一、关于第十三条第一款诚实信用原则问题

(一)民事诉讼中诚实信用原则的基本含义

民事诉讼中的诚实信用原则就是在民事诉讼中要讲究信用、恪守诺言、诚实不欺,在不损害他人利益和社会利益以及当事人合法权益的前提下行使自己的诉讼权利和审判权力,履行自己的诉讼义务和审判职责。

(二)民事诉讼中诚实信用原则适用的主体范围

民事诉讼中的诚实信用原则不仅适用于诉讼当事人及其他诉讼参与人,而且适用于行使审判权的人民法院。

(三)民事诉讼中违反诚实信用原则的情形及其处理

诉讼中,当事人及其他诉讼参与人不得滥用诉权,包括虚假诉讼和恶意诉讼;不得滥用诉讼程序权利,包括滥用管辖权、回避申请权、申请再审权、申请抗诉权和调解权等;不得恶意违反举证时限的要求;不得恶意串通规避执行。对于虚假诉讼、恶意诉讼以及恶意串通规避执行的行为,要严格依照法律规定予以处理;对于滥用程序权利的,要根据法律和司法解释的规定,予以相应的制裁;对于故意违反举证期限要求以及利用证据进行诉讼突袭的,要适时适用证据失权的规定。

人民法院在审判和执行工作中也要遵守诚实信用原则,不得在管辖、调解、执行等工作中滥用审判权和执行权,不得进行裁判突袭,侵害当事人合法权利。对于违反者,应当严格依法、依规处理。

二、关于第十四条人民检察院法律监督问题

人民检察院不仅有权对民事审判活动进行法律监督,而且有权对民事执行活动进行法律监督,同时对于审判人员在审判程序中的违法行为,也有权进行监督。

三、关于第三十八条管辖权移转问题

(一)"确有必要"的把握

该条款中的"确有必要",就是指所涉案件数量较大、社会影响面较广、被告人数较多且住所地相对集中的案件,如破产案件中的衍生诉讼案件,涉及某些特别业务领域的案件,如金融领域风险的案件,以及涉及某些特别地域的民事群体性纠纷案件等。

(二)下级法院报请上级法院批准的形式

下级人民法院报请上级人民法院批准,应当采用书面请示的形式,上级人民法院批准同意或不同意,均应采取"批复"的形式。

(三)上级法院将案件交由下级法院审理的方式

上级人民法院将本院管辖的第一审民事案件交由下级人民法院审理的,一律适用裁定。当事人对裁定不服的,可以依法提起上诉。对当事人的上诉,第二审人民法院应当依法审理并作出裁定。

四、关于第五十五条公益诉讼问题

(一)可提起公益诉讼的案件范围

目前可提起公益诉讼的仅限于环境污染和侵害众多消费者合法权益两类案件,对其他损害社会公共利益的案件暂不受理。

(二)可提起公益诉讼的主体

能够提起公益诉讼的原告,目前仅限于两类:一是法律规定的机关,二是有关组织,其他主体暂不能提起公益诉讼。其中法律规定的机关目前只有《海洋环境保护法》第九十条第二款"对破坏海洋生态、海洋水产资源、海洋保护区,给国家造成重大损失

的,由依照本法规定行使海洋环境监督管理权的部门代表国家对责任者提出损害赔偿要求。"中的海洋环境监督管理部门,其他机关依法不能提起公益诉讼。有关组织则主要是指在我国依法登记设立、旨在保护相关社会公共利益的组织,如消费者权益保护协会、环境保护协会、野生动物保护协会等,且这些组织只能提起与其职责相符或相关的公益诉讼,对其所提起的与其职责不符或无关的公益诉讼,人民法院依法不予受理。

(三)提起公益诉讼的条件

提起公益诉讼必须同时具备下列条件:

1. 有明确具体的侵权人;

2. 侵权人必须实施了侵权行为并造成了损害后果或可能造成损害后果,且损害后果或可能造成的损害后果与侵权行为之间具有因果关系;

3. 侵权行为必须损害了社会公共利益(包括不特定社会群体的利益);

4. 提起的主体只能是法律规定的机关或有关组织。

(四)公益诉讼案件的管辖及审理部门

海南省一审公益诉讼案件均由各中级人民法院和海口海事法院管辖,中级人民法院管辖的由环境保护庭审理,海事法院管辖的由海事庭审理。

五、关于第五十六条第三人撤销之诉问题

(一)提起主体

提起第三人撤销之诉的原告依法只能是原诉中的第三人,包括有独立请求权的第三人和无独立请求权的第三人,原诉中的原告和被告在第三人撤销之诉中应作为共同被告参加诉讼。

(二)受理法院

第三人撤销之诉只能向作出原生效判决、裁定或调解书的人民法院提起。

(三)提起事由

第三人提起撤销之诉是有不能归责于其本人的事由未参加到原诉中去。不能归责于第三人本人的事由主要包括:

1. 不知道或者不应当知道原诉的存在或进行;

2. 虽知道或应当知道原诉的存在或进行,但由于客观原因使其无法参加原诉。

(四)提起对象

第三人提起撤销之诉必须是针对已经发生法律效力的判决、裁定或调解书,且该判决、裁定或调解书的部分或全部内容错误,这些错误并损害了其民事权益。

(五)提起时效

第三人提起撤销之诉必须是其知道或者应当知道其民事权益受到损害之日起六个月内,超过六个月提起的,人民法院应当判决驳回其诉讼请求。

(六)提起第三人撤销之诉的条件

提起第三人撤销之诉,必须同时具备下列条件:

1. 提起第三人撤销之诉的原告必须是原诉中的第三人(包括有独立请求权的第三人和无独立请求权的第三人);

2. 原诉中的第三人没有参加原诉是有不能归责于他本人的事由;

3. 第三人要有证据证明原生效判决、裁定或调解书存在错误且这些错误损害了其民事权益(包括直接损害和必然会损害);

4. 第三人提起撤销之诉必须是在知道或者应当知道其民事权益受到损害之日起六个月内;

5. 第三人系向作出生效判决、裁定或调解书的人民法院提起撤销之诉。

(七)第三人提起撤销之诉受理后相关问题的处理

1. 对原生效判决、裁定和调解书的处理

作出生效判决、裁定或调解书的人民法院受理第三人撤销之诉后,应当裁定中止原生效判决、裁定或调解书的执行。

2. 第三人撤销之诉适用的审理程序及相关问题的具体处理

作出生效判决、裁定或调解书的人民法院对于第三人撤销之诉应当按照分工由相关业务庭依照第一审程序进行审理。有独立请求权的第三人在提起的撤销诉讼中,在提出改变或撤销原生效判决、裁定或调解书请求的同时,还可以提出自己独立的实体请求,人民法院对此应当一并进行审理并作出裁决;无独立请求权的第三人在提起的撤销之诉中,只能提出改变或撤销原生效判决、裁定或调解书的请求,不能提出自己独立的实体请求。已生效判决、裁定、调解书原由第二审人民法院作出的,第二审人民法院应当在撤销已生效判决、裁定、调解书的同时,指令原一审法院对案件进行重新审理。

(八)第三人撤销之诉与执行异议之诉及申请再审交叉时的处理

第三人已就其受到损害的民事权益提起执行异议之诉或已对原诉申请再审且人民法院已立案受理,又提起撤销之诉的,人民法院应当告知其通过执行异议诉讼或通过再审获得救济,对于其所提起的撤销之诉人民法院不再受理;第三人已提起撤销之诉且人民法院已经立案受理后,又提起执行异议之诉或申请再审的,人民法院应当告知其通过撤销之诉获得救济,对于其所提起的执行异议之诉或再审申请,人民法院不再受理。

六、关于第五十八条公民代理的问题

凡经当事人所在社区、单位以及有关社会团体推荐的公民,无须经人民法院许可,均可作为当事人的诉讼代理人,未经这些单位推荐的公民,不能作为代理人参加诉讼。

七、关于第六十五条证据失权问题

(一)人民法院确定当事人提供证据的时间点及方式

人民法院确定当事人应当提供的证据应根据当事人的主张和案件的具体审理情况而定,既可以在向当事人送达的举证通知书中予以明确,也可以在证据交换或开庭之后的补充举证通知书中予以明确。

(二)举证期限的限定

确定当事人提供证据的期限也应当根据当事人的主张和案件的具体审理情况而定。适用普通程序审理的案件,举证期限一般不应少于30日,适用简易程序审理的则不应少于15日。

(三)举证期限延长的次数

当事人申请延长举证期限一般以一次为限,最多不超过两次,每次延长的期限普通程序不能超过15天,简易程序不能超过7天。

(四)证据失权的具体把握

1. 当事人逾期提供证据,只要能说明理由且经人民法院审查认定该理由正当的,人民法院应当接受。

2. 当事人逾期提供证据且拒不说明理由或虽说明了理由,但该理由不能成立或不正当,但不采纳该证据会导致案件基本事实不清或导致案件裁判结果错误的,人民法院可以考虑采纳,但同时须对该当事人予以训诫、罚款;不采纳该证据并不影响查清案件基本事实和导致裁判结果错误的,可以考虑不予采纳。

八、关于第一百条行为保全问题

(一)行为保全的条件及保全程序的启动

对于可能因当事人一方的行为或者其他原因,使判决难以执行或者造成当事人其他损害的,根据对方当事人的申请,人民法院不仅可以采取财产保全措施,而且可以采取行为保全措施,即责令其作出一定行为或者禁止其作出一定行为;对方当事人虽没有提出申请,但人民法院认为必要时,亦可采取保全措施。

(二)担保

人民法院采取保全措施,可以责令申请人提供担保,申请人不提供担保的,裁定驳回其申请。

九、关于第一百一十二条、第一百一十三条恶意诉讼、恶意串通逃避执行问题

(一)恶意诉讼案件的处理及对当事人的处罚

当事人恶意诉讼的,人民法院除对案件本身应判决驳回其诉讼请求外,还应当根据情节轻重分别予以罚款、拘留;构成犯罪的,依法追究刑事责任。罚款、拘留由案件受理法院决定(需报请院长批准),需追究刑事责任的,由案件受理法院转由该法院所在地的公安机关侦查,同时将情况通报该法院所在地的检察机关。

(二)恶意串通逃避执行的处罚

恶意串通逃避执行的,人民法院亦应根据情节轻重分别予以罚款、拘留;构成犯罪的,依法追究刑事责任。罚款、拘留由执行案件受理法院决定(需报请院长批准),需追究刑事责任的,由执行案件受理法院转由该法院所在地的公安机关侦查,同时将情况通报该法院所在地的检察机关。

(三)对妨碍民事诉讼行为的处罚

对于实施第一百一十条、第一百一十一条妨碍民事诉讼行为需进行罚款、拘留和追究刑事责任的,依照本条第(二)项办理。

十、关于第一百二十一条起诉状记载事项不全的处理

对当事人提交起诉状的诉讼指导

对当事人所提交的起诉状记载的内容不符合本条规定的,人民法院应当进行指导,指导应尽可能一次性完成。

十一、关于第一百二十七条应诉管辖问题

(一)应诉管辖的确定

只有当事人未提出管辖异议且应诉答辩的,受诉人民法院才能对案件行使管辖权。当事人在答辩状中虽就案件实体问题进行了答辩,但同时也对管辖提出异议的,应视为其提出了管辖异议。受诉人民法院应当先就管辖异议是否成立进行审查,并作出裁定。当事人对裁定不服的,可以依法提起上诉。

(二)应诉管辖的例外

当事人虽未提出管辖异议并应诉答辩,但案件本身违反级别管辖和专属管辖规定的,受诉人民法院对案件不能行使管辖权,应当将案件移送有管辖权的人民法院审理。

十二、关于第一百五十四条第三款对裁定书的书写要求

对于依据该条作出的裁定,不仅应当写明裁定的结果,而且还应当写明支持裁定结果的具体理由。

十三、关于第一百五十七条第二款当事人约定适用简易程序的问题

(一)约定适用简易程序的法院

当事人约定适用简易程序的法院只能限于基层人民法院和它的派出人民法庭。

(二)约定适用简易程序的案件

当事人约定适用简易程序的案件为该条第一款规定以外的案件,即不受该条第一款规定的案件范围的限制。

十四、关于第一百六十二条小额诉讼问题

(一)小额诉讼程序适用的案件范围

小额诉讼程序是对简易诉讼程序的再简化,适用于事实清楚、权利义务关系明确、争议不大,且标的额在我省上年度就业人员平均工资百分之三十以下的简单民事案件。

1. 小额诉讼程序通常应适用于金钱给付案件,主要包括:

(1)事实清楚、权利义务关系明确、争议不大的买卖、借款、租赁及服务合同纠纷案件;

(2)身份关系清楚,仅在给付数额和时间上有争议的赡养、抚养和扶养纠纷案件;

(3)责任明确,仅是赔偿数额有争议的交通事故损害赔偿纠纷案件;

(4)供水、供电、供气等纠纷案件;

(5)物业管理费纠纷案件;

(6)银行卡纠纷案件;

(7)劳动关系明确,仅是工资、经济补偿金等数额有争议的劳动纠纷案件;

(8)劳动报酬纠纷案件;

(9)其他符合条件的金钱给付案件。

2. 对下列案件不能适用小额诉讼程序:

(1)涉及身份关系的案件;

(2)确权纠纷案件;

(3)起诉时被告下落不明的案件;

(4)当事人一方或双方当事人人数众多的案件;

(5)被告提出反诉的案件;

(6)其他不宜适用小额诉讼程序的案件。

(二)适用小额诉讼程序的法院

只有基层人民法院和它的派出人民法庭才能适用小额诉讼程序。

(三)小额诉讼案件的审级

对小额诉讼案件,实行一审终审。就小额诉讼案件所作出的判决,应在尾部写明"本判决为终审判决"字样。

(四)小额诉讼程序向普通诉讼程序的转化

小额诉讼案件审理过程中,出现原告增加或变更诉讼请求以及被告提出反诉等情形,致使案件不能适用小额诉讼程序审理的,可以转为普通程序审理,但应从严把握,并经本院主管院长批准。

(五)小额诉讼案件的审限

小额诉讼案件通常应在一个月内审结,确因客观原因不能审结的,可以经本院主管院长批准予以延长,但延长期限最多不能超过一个月,延长次数最多不能超过两次。经两次延长审限仍不能审结,且无法定扣除审限情形的,经本院主管院长批准,可以转为普通程序审理。

(六)小额诉讼的其他相关问题

1. 我省上年度就业人员平均工资百分之三十的具体数额由省高院立案一庭每年根据国家统计部门公布的数据计算后予以公布,在新一年度数额未公布之前,依照上年度的数额标准确定小额诉讼案件的标的额。

2. 应否适用小额诉讼程序,由受诉人民法院立案部门审查决定,立案部门决定适用小额诉讼程序审理的,在向当事人送达《案件受理通知书》和《应诉通知书》时,应一并送达《适用小额诉讼程序审理告知书》,告知当事人小额诉讼程序适用的条件、审判组织、审理方式、审理期限、裁判方式、诉讼费收费标准等事项。《适用小额诉讼程序审理告知书》由省高院立案一庭统一制发。

3. 小额诉讼程序系在简易诉讼程序的基础上的再简化,各基层人民法院(含派出人民法庭)在适用过程中可积极探索,同时可积极探索小额诉讼案件裁判文书的简化。

4. 当事人对依小额诉讼程序作出的裁判不服申请再审的,作出该裁判的人民法院应当积极引导其向本院申请。

十五、关于第一百九十四条、第一百九十五条确认调解协议案件问题

(一)申请确认调解协议的条件

1. 申请确认调解协议通常须双方当事人共同提出,但一方当事人申请,另一方当事人表示同意的,可以视为双方共同申请;

2. 申请只能向调解组织所在地的基层人民法院(含派出人民法庭)提出;

3. 申请须于调解协议生效之日起三十日内提出,超过三十日才提出的,人民法院不予受理,当事人可以另行达成调解协议后再依法申请确认,也可以就所涉纠纷直接向人民法院提起诉讼。

(二)其他调解协议的确认

对于经行政机关、商事调解组织、行业调解组织或者其他具有调解职能的组织调解达成的协议,当事人申请确认其效力的，可以参照对人民调解协议的确认办理。

十六、第一百九十六条、第一百九十七条实现担保物权问题

（一）担保物权的界定

担保物权是指以担保债务清偿为目的，在债务人或者第三人的特定物或权利上设定的、就担保财产优先受偿的物权，包括抵押权、质权和留置权。

（二）实现担保物权案件的受理条件

1. 须是担保物权人或其他有权请求实现担保物权的人提出申请；

2. 申请须向担保财产所在地或者担保物权登记地基层人民法院提出；

3. 申请人需提供担保物权存在以及担保物权实现条件业已成就等相关证据。

（三）应注意的相关问题

1. 担保物权人或其他有权请求实现担保物权的人申请实现担保物权，不以担保物权人与担保人就担保物权的实现方式达成协议为前提，也不必先经诉讼程序，只要符合申请实现担保物权的条件，人民法院就应当予以受理。

2. 尽管担保物权人应当提供担保物权存在及实现条件成就的相关证据材料供人民法院审查，但由于申请实现担保物权属非讼程序，本身适用职权主义，因此，人民法院对于担保物权是否存在及担保物权实现条件是否已成就等相关事实均有权进行职权调查，并不限于当事人提供的证据材料。

3. 对申请人提出的实现担保物权申请，被申请人提出异议的，人民法院应当进行审查，异议成立的，裁定驳回申请人的申请；异议不成立的，告知被申请人，并继续对案件进行审理。

十七、关于第一百九十九条再审审级问题

当事人对于已经发生法律效力的民事判决、裁定，认为有错误的，一般应该向上一级人民法院申请再审，但当事人一方人数众多或者当事人双方均为公民的案件，也可以向原审人民法院申请再审。

对于当事人一方人数众多或者当事人双方均为公民的案件，当事人向上一级人民法院申请再审的，上一级人民法院应当做好释明工作，尽量引导其向原审人民法院申请。经释明和引导，当事人仍不同意向原审人民法院申请的，上一级人民法院应当依法对其再审申请进行审查。

十八、关于第二百零八条检察院抗诉及检察建议的问题

（一）对抗诉的审查

1. 抗诉的对象必须是已经发生法律效力的判决、裁定或调解书；

2. 生效判决、裁定必须具有《中华人民共和国民事诉讼法》第二百条规定的情形之一，生效调解书必须具有损害国家利益或社会公共利益的情形；

3. 提出抗诉的必须是最高人民检察院或作出生效判决、裁定或调解书的人民法院的上级人民检察院。

（二）对案件检察建议的审查及处理

1. 检察建议的对象必须是已经发生法律效力的判决、裁定或调解书；

2. 生效判决、裁定必须具有《中华人民共和国民事诉讼法》第二百条规定的情形之一，生效调解书必须具有损害国家利益或社会公共利益的情形；

3. 提出检察建议的必须是作出生效判决、裁定或调解书的人民法院的同级人民检察院；

4. 对同级人民检察院提出的检察建议，人民法院应当在自收到检察建议之日起三个月内作出书面答复，逾期不能答复的，应当向人民检察院说明情况。

（三）对审判人员违法行为检察建议的审查及处理

1. 须是审判人员在审判监督程序之外的其他审判程序中存在违法行为；

2. 提出检察建议的须是该审判人员所在人民法院的同级人民检察院；

3. 对同级人民检察院提出的检察建议，人民法院应当在自收到检察建议之日起三个月内作出书面答复，逾期不能答复的，应当向人民检察院说明情况。

十九、关于第二百零九条当事人申请检察建议或抗诉的问题

对相关问题的把握：

1. 当事人对于已经发生法律效力的判决、裁定和调解书，认为有错误的，应当首先依法向人民法院申请再审；未经向人民法院申请再审而直接向人民检察院申诉，人民检察院向人民法院提出检察建议或抗诉的，人民法院不予受理。当事人已向人民法院申请再审，人民法院已立案复查尚未作出是否再审的裁定前又向人民检察院申诉，人民检察院向人民法院提出检察建议或抗诉的，人民法院不予受理，但人民法院超过法定期限未就是否再审作出裁定的除外。

2. 当事人向人民检察院申诉，人民检察院就是否提出检察建议或抗诉作出决定后，又再次向人民法院申请再审的，人民法院不予受理。

二十、关于第二百一十七条支付令失效的问题

(一)支付令失效的把握

1. 债务人须以书面形式提出异议。

2. 对债务人提出的书面异议,人民法院应当进行审查,只有异议成立的,才可以裁定终结督促程序,支付令同时自行失效,不得不经审查,直接裁定终结督促程序。终结督促程序的裁定应当写明理由。经审查,异议不成立的,裁定予以驳回。

3. 支付令失效后,直接转入诉讼程序,无须支付令申请人另行起诉,但应告知申请人补充相关材料和证据;支付令申请人不同意提起诉讼的,不得转入诉讼程序,人民法院应当裁定终结督促程序。

(二)对债务人书面异议的审查

人民法院对债务人的书面异议主要从以下几个方面进行审查:

1. 双方债权债务是否明确、合法;

2. 双方之间是否还有其他债务纠纷;

3. 债务人提出异议的理由;

4. 其他需要审查的情况。

二十一、关于第二百六十七条涉外送达的相关问题

(一)邮寄送达及公告送达期限的把握

邮寄送达和公告送达的期限均为三个月。

(二)邮寄送达的把握

1. 只有受送达人所在国的法律允许邮寄送达的,人民法院才可以邮寄送达。

2. 具备下列情形之一的,可以视为"足以认定已经送达":

(1)受送达人书面向人民法院提及了所送达司法文书的内容;

(2)受送达人已经按照所送达司法文书的内容行使相关权利或履行相关义务;

(3)其他可以视为已经送达的情形。

二十二、其他相关问题

1. 凡本纪要未涉及的新民诉法的其他规定,全省法院必须不折不扣地贯彻落实。

2. 全省法院自2013年1月1日起参照执行本纪要。至2013年1月1日尚未审结的一、二审民事案件参照执行本纪要,但此前已经依法完成的程序事项和诉讼行为合法有效;2013年1月1日前已经审结的案件不以本纪要为据提起再审。本纪要与法律、法规和司法解释的规定不一致的,以法律、法规、司法解释的规定为准,最高人民法院关于适用新民诉法的司法解释出台后,本纪要不再参照执行。

附件:

1. 关于小额诉讼程序案件立案标准有关问题的通知

2. 适用小额诉讼程序审理告知书(范本)

二〇一二年十二月二十六日

附件一:

海南省高级人民法院关于小额诉讼程序案件立案标准有关问题的通知

全省各级人民法院、海口海事法院:

根据《中华人民共和国民事诉讼法》(2012年修订)第一百六十二条的规定和海南省统计局公布的2011年度相关统计数据,现就我省基层人民法院及其派出的法庭适用小额诉讼程序审理简单的民事案件的立案标准有关问题明确如下:

一、2013年1月1日起,我省基层人民法院及其派出的法庭依据《中华人民共和国民事诉讼法》第一百六十二条的规定适用小额诉讼程序审理简单的民事案件的立案标准为诉讼标的额人民币11,000元以下(含11,000元);

二、上述标准自2013年1月1日起执行。在省高院公布新一年度立案标准之前,依照省高院上年度公布的标准立案。

二〇一二年十二月二十六日

附件二：

海南省××人民法院适用小额诉讼程序审理告知书（范本）

（2013）××民小额字第××号

××、××：

本院受理你们××纠纷一案，依据《中华人民共和国民事诉讼法》第一百六十二条之规定，决定适用小额诉讼程序审理，实行一审终审，现将有关事项告知如下：

一、基层人民法院和它派出的法庭审理事实清楚、权利义务关系明确、争议不大，且诉讼标的额为本省上年度就业人员年平均工资百分之三十以下的简单的民事案件，适用小额诉讼程序。

二、适用小额诉讼程序审理的案件，由审判员一人独任审理，并不受《中华人民共和国民事诉讼法》第一百三十六条、第一百三十八条、第一百四十一条规定的限制。

三、适用小额诉讼程序审理的案件，原告可以口头起诉，当事人双方可以同时到基层人民法院或者它派出的法庭请求解决纠纷，基层人民法院和它派出的法庭可以当即审理，也可以另定日期审理，可以用简便方式随时传唤当事人、证人、送达诉讼文书等。

四、适用小额诉讼程序审理的案件，通常在一个月内审结。确因客观原因不能审结的，可以延长，但延长期限最多不超过一个月，延长次数最多不超过两次。

五、适用小额诉讼程序审理的案件，实行一审终审。受诉人民法院所作的裁判即为发生法律效力的裁判，当事人不服的，不能提起上诉，但可以申请再审；任何一方不履行的，对方即可依据受诉人民法院所作的裁判依法申请强制执行。

六、适用小额诉讼程序审理的案件，标的额不超过人民币10,000元（含10,000元）的，每件交纳50元诉讼费；超过10,000元的部分，依据《诉讼费用交纳办法》的规定另行计算交纳。

特此告知

二〇一二年××月××日

四川省高级人民法院关于进一步开展小额速裁试点工作方案

（2012年5月15日　川高法［2012］66号）

一、指导思想和工作目标

根据我院“巩固、提升、创新、突破”的工作基调和“打造一流队伍、争创一流业绩”的战略目标，民事审判工作应有新突破。小额速裁试点工作自去年5月部署以来，推进顺利、成效明显，得到最高人民法院充分肯定。为了进一步探索处理小额纠纷简便快捷、方便群众的诉讼程序，省法院决定在全省扩大小额速裁试点范围，力争在今年内全面完成试点工作，为民事诉讼法修改提供科学的参考依据。

二、工作原则

（一）依法实施原则。小额速裁试点是在现有民事诉讼制度框架内，根据我国基本国情和司法实践经验，对民事诉讼简易程序进行简化的有益探索。试点工作要在现行法律框架下，按照最高法院的指导意见和省法院的具体要求，充分保障当事人对小额速裁的程序选择权和其他基本诉讼权利。

（二）便民利民原则。小额速裁试点工作是落实中央司法体制和工作机制改革的重要任务，是满足人民群众对人民法院民事审判工作新期待的现实需要,小额速裁试点工作是"司法为民"在审判实践中的创新,核心是便民利民。

(三)积极稳妥原则。本次确定的试点法院要有计划、有步骤、积极稳妥推进工作。小额速裁试点工作的政策性强、涉及面广、工作复杂,要及时向当地党委、人大汇报,做好宣传动员工作,争取社会各界理解和支持。

(四)质效并重原则。审判质量是小额速裁的生命线,没有审判质量,小额速裁试点工作就不能顺利推进,甚至面临失败。在追求快捷解决纠纷的同时,要确保审判质量和效果。要认真规范小额速裁相关文书样式,健全对小额速裁法律文书的审查和批准制度,严把小额速裁审判质效关,保证小额速裁试点工作顺利进行。

(五)工作衔接原则。要重视小额速裁试点工作与诉前调解、审判监督、司法统计、信息调研、涉诉信访等方面的衔接协调,防止因配合不力而影响试点工作顺利开展。

三、工作要求

1. 确定增加试点的基层法院

各中院应高度重视小额速裁试点工作,及时向当地党委、人大汇报,拟定试点法院上报批准后,组织开展试点工作。

2. 制定和完善试点工作实施意见或方案

新确定的试点法院要根据《中华人民共和国民事诉讼法》、最高人民法院《关于部分基层人民法院开展小额速裁试点工作的指导意见》及相关司法解释,省法院的要求,结合当地审判工作的实际,制定工作实施意见、具体操作规程等,规范推进小额速裁试点工作。

已经开展试点工作的法院应注意及时总结经验,不断改进、完善相关做法和规定。

3. 是见法院法护群众合法利益上考虑。性和保障性障碍,配备优质审判力量

各试点法院应当配备政治素质高、办案经验丰富、审判作风过硬的审判人员从事小额速裁试点工作。

4. 加强小额速裁宣传和动员工作

小额速裁是新生事物,开展小额速裁试点工作需要得到社会各界的理解和支持,各试点法院应采取有效措施加强宣传和动员,营造良好的舆论氛围。

5. 定时报送信息

自2012 年6 月起,各中院和试点法院每月10 日前以电子版的形式向省法院报送小额速裁试点工作进展情况。包括试点运行数据、热点调研、规范性意见以及新问题、新情况等。

辖区内有多个试点法院的中院,应对各试点法院的情况进行汇总、分析。

6. 定时通报

省法院从6 月起将按月通报各试点法院开展试点工作的进展和情况,同时通报各中院指导试点工作的情况。

7. 组织召开现场会

根据试点工作推进情况,省法院将适时选择在工作推进有力、试点成效突出的法院召开现场会。把试点工作不断引向深入。

四、工作步骤

(一)第一阶段:确定增加试点的基层法院

时间:2012 年5 月1 日至15 日

具体要求:

1. 综合考虑辖区人口数和民事案件收案数,确定成都市龙泉驿区等19 个基层法院作为第二批试点法院;

2. 已经开展试点的基层法院,可以选择在人民法庭扩展试点工作。

(二)第二阶段:全面开展试点工作

时间:2012 年5 月15 日至10 月31 日

具体要求:

各试点法院应制定试点方案、具体实施意见,全面开展试点工作。

(三)第三阶段:检查总结

时间:2012 年5 月至11 月

7～8 月,省法院组织召开现场指导会或经验交流会,邀请试点效果突出的法院介绍经验,并作现场指导。

11 月,省法院组织全面检查和总结,邀请相关领导机关和部门参加。

五、设立领导机构和工作机构,加强试点指导

省法院和各中院要把进一步开展小额速裁试点,作为"两个一流"重点工作抓实抓好,指导到位。省法院成立专门领导小组,负责指导全省小额速裁试点工作。各中院也应成立领导小组,由分管民事审判的院领导任组长,有多名分管院领导的,应当确定一名担任组长;同时,设立领导小组办公室,并确定一名联系人,负责数据统计、信息报送等日常工作。

贵州省高级人民法院　贵州省人力资源和社会保障厅 关于印发《关于劳动争议案件若干问题的会议纪要》的通知

（黔高法[2012]136号）

各市（自治州）、县（市、区、特区）人民法院、人力资源和社会保障局：

现将《关于劳动争议案件若干问题的会议纪要》印发给你们，请认真贯彻执行。执行中遇到的问题请及时报告省高级人民法院、省人力资源和社会保障厅。

二〇一二年七月九日

关于劳动争议案件若干问题的会议纪要

为正确审理劳动争议案件，2012年7月9日，省高级人民法院与省人力资源和社会保障厅在贵阳联合召开了劳动争议案件若干问题研讨会议。会议着重围绕我省当前劳动争议案件的热点、难点问题进行分析研究，并对如何理解和适用法律若干问题达成了共识。现纪要如下：

一、建立劳动争议纠纷多元解决机制

1. 建立由党委领导，司法、行政机关多方参与，协同配合，信息资源共享，分流渠道畅通，人民群众受益的纠纷多元解决机制。

2. 坚持诉外化解的原则。严格执行“一调、一裁、两审制”的劳动争议纠纷处理制度。除法律法规、司法解释规定劳动者可以直接起诉到人民法院的案件外，对不经过劳动争议仲裁直接起诉的案件，人民法院不予受理。

二、劳动关系的确认及劳动争议主体

3. 与原用人单位保留劳动关系的停薪留职人员、下岗待岗人员、未达到法定退休年龄的内退人员、以及企业经营性停产放长假人员，与新用人单位建立用工关系的，可按劳动关系处理。劳动者请求在新用人单位享受法律规定的劳动报酬、劳动保护、工作时间、休息休假、福利待遇的合法权利，应予支持。

4. 劳动者与不具备合法经营资格的用人单位因用工关系产生争议，应当将该单位或出资人列为当事人，按照《劳动合同法》第九十三条的规定支付相关费用或承担赔偿责任。

5. 不具备合法经营资格的用人单位借用他人营业执照经营的，可将用人单位和营业执照出借方列为当事人。

6. 在挂靠关系中，如挂靠人以被挂靠人的名义招用劳动者，被挂靠人未提供证据证明其已提出异议并将挂靠事实告知劳动者，挂靠人不具有用工主体资格的，由被挂靠人承担用工主体责任；挂靠人具有用工主体资格的，由挂靠人承担责任，被挂靠人承担连带责任。

7. 在非全日制用工形式下，劳动者可与不同的用人单位同时建立劳动关系，但后一劳动合同的订立不得影响先订立的劳动合同的履行。

8. 非法人单位与劳动者产生劳动争议的，如非法人单位不属于法律规定可以独立承担民事责任的组织或不具有清偿能力的，可将其上一级法人单位列为共同仲裁、共同诉讼主体参与仲裁、诉讼，上一级法人单位承担补充清偿责任。

9. 劳动者与起字号的个体工商户发生劳动争议，应以营业执照上登记的字号作为当事人，但应同时注明该字号业主的自然情况。

业主与实际经营者不一致时，可将实际经营者作为共同当事人。

10. 用人单位合并前发生的劳动争议，以合并后的用人单位作为一方当事人；用人单位分立前的劳动争议，分立后分担分立前用人单位劳动权利义务明确的，由承受劳动权利义务的单位作为一方当事人；承受劳动权利义务不明确的，将分立后的各单位共同列为当事人。

11. 在建设工程层层转包、分包中，作为实际施工人的自然人与其招用的劳动者发生劳动争议的，应将最近的上一层转包、分包关系中具备合法用工主体资格的单位列为当事人；也可根据案情需要，将实际施工的自然人、转包人、违法分包人列为共同当事人。

12. 双方当事人对是否存在劳动关系发生争议时，举证责任的分配：

（1）劳动者主张劳动关系存在的，应当提交相应的劳动合同或工资领取、社会保险、福利待遇、工作管理等方面的证据材料；

（2）劳动者举证证明存在劳动关系，如用人单位主张劳动关系不成立的，用人单位应当举证证明。

13. 用人单位未与劳动者签订劳动合同，认定双方是否存在劳动关系时可审查以下证据，并可根据证据的来源、占有等因素，确定当事人的举证责任：

（1）工资支付凭证或记录，缴纳各项社会保险费的记录；

（2）用人单位向劳动者发放的“工作证”、“出入证”等能够证明身份的证件；

（3）劳动者填写的用人单位招聘“登记表”、“报名表”等招用记录；

（4）考勤记录、奖惩记录；

（5）其他劳动者的证言等。

14. 在校学生在实习期间，因履行实习单位指派的工作任务而受到伤害产生争议的，按雇佣关系处理。

三、仲裁与诉讼的工作衔接

15. 当事人在劳动争议仲裁或诉讼中未提出仲裁时效抗辩的，人民法院不应对仲裁时效问题进行释明及主动适用仲裁时效的规定进行裁判。

16. 在一裁终局案件中，如果用人单位不服仲裁裁决向中级人民法院申请撤销，审理中双方当事人自愿达成和解协议的，人民法院可以按照双方达成的和解协议出具民事调解书，但其中应当写明双方当事人不再履行原劳动争议仲裁裁决的内容。

四、劳务派遣

17. 劳动者与劳务派遣单位或者用工单位发生劳动争议的，劳动者可以向劳动合同履行地、劳务派遣单位所在地或者用人单位所在地的劳动争议仲裁委员会申请仲裁。劳动者向两个以上有管辖权的劳动争议仲裁委员会申请仲裁的，由最先立案的劳动争议总裁委员会管辖。

劳动争议仲裁委员会作出裁决后，当事人不服的，可向作出裁决的劳动争议仲裁委员会在地的基层人民法院提起诉讼。

18. 根据《劳动合同法》第九十二条和《劳动合同法实施条例》第三十五条规定，劳务派遣关系中，用工单位违反其法定义务，造成劳动者损害的，由用工单位承担赔偿责任，劳务派遣单位承担连带赔偿责任；劳务派遣单位违反其法定义务，造成劳动者损害的，由劳务派遣单位承担赔偿责任，用工单位承担连带赔偿责任。

五、工资争议

19. 用人单位依照《劳动法》第四十四条的规定应向劳动者支付延长工作时间工资报酬的，劳动者的加班工资计算基数应为正常工作时间工资；用人单位与劳动者约定奖金、津贴、补贴等项目不属于正常工作时间工资的，从其约定。但约定的正常工作时间工资不得低于当地最低工资标准。

20. 劳动者与用人单位对是否支付加班工资的事实发生争议的，用人单位有证据证明已支付的工资包含正常工作时间工资和加班工资的，可以认定用人单位已支付的工资包含加班工资。但用人单位已支付的工资具有以下情形的，可认定其中不包含加班工资：

（1）折算后的正常工作时间工资低于当地最低工资标准的；

（2）计件工资中没有劳动定额或者有劳动定额但劳动定额明显不合理的。

21. 经劳动保障行政部门批准实行不定时工时制度的劳动者，不执行有关支付加班工资的规定，对实行不定时工时制度的劳动者在法定节假日的在岗行为，不需支付加班工资。

22. 劳动者与用人单位就加班工资发生争议，劳动者主张加班工资的，对加班事实负举证责任。如果证明劳动者加班事实的相关证据由用人单位持有的，应责令用人单位提供，用人单位不提供的，应由其承担不利的法律后果。

23. 工资争议案件中的举证责任分配：

（1）用人单位应就劳动者已足额领取工资的情况进行举证；

（2）因用人单位减少劳动报酬发生争议，由用人单位就减少劳动报酬的原因负举证责任；

（3）劳动者主张用人单位拖欠劳动报酬的，用人单位应对劳动者申请劳动仲裁之日前两年内的工资支付情况承担举证责任；

（4）劳动者追索两年前的劳动报酬的，由劳动者对劳动报酬未足额支付的情况负举证责任，如超过两年部分的劳动报酬支付情况无法查证的，对超过两年部分的劳动报酬的请求不予支持。

24. 用人单位自用工之日起超过一个月不满一年未与劳动者签订劳动合同的，用人单位应自用工之日起满一个月的次日起支付两倍工资至双方签订劳动合同前一日止。但用人单位有足够证据证明未签订劳动合同的原因完全在劳动者，其自身无过错的，用人单位无须支付两倍工资。

劳动合同期满后劳动者继续在用人单位工作的，用人单位在劳动合同期满之日超过一个月不满一年未与劳动者签订劳动合同的，参照前款处理。

25. 劳动者主张未签订书面劳动合同两倍工资时，其申请仲裁的时效计算方式为：

（1）未签订书面劳动合同两倍工资的仲裁申请时效的期间为一年，自用人单位不签订书面劳动合同的违法行为结束之次日起计算；如劳动者在用人单位工作已经满一年的，劳动者申请仲裁的时效从一年届满之次日起计算；

（2）未签订书面劳动合同两倍工资的仲裁时效期间的中断、中止情形，应适用《劳动争议调解仲裁法》第二十七条第二款、第三款的规定予以确定。

26. 未签订书面劳动合同支付两倍工资的期间：

（1）在2008年1月1日前用工的，应自2008年2月1日起支付两倍工资，至签订书面劳动合同时止，但最长支付11个月；

（2）在2008年1月1日后用工的，自用工期满一个月的次日起支付两倍工资，至签订书面劳动合同时止，但最长支付11个月；

（3）已有的书面劳动合同在2008年1月1日后到期，仍继续用工的，自合同到期的次日起至签订新的书面劳动合同时止，作为计算支付两倍工资的期间，但最长支付11个月。

27. 在用人单位未安排劳动者工作期间，如果用人单位未与劳动者签订书面劳动合同，因劳动者未提供劳动，劳动者请求支付未签订书面劳动合同两倍工资的，不予支持。

28.《劳动合同法》第四十条规定的用工单位需额外支付劳动者的“一个月工资”，应按劳动者上一个月的应发工资标准予以确定。上一个月工资不能反映正常工资水平的，可按劳动合同解除前劳动者十二个月的平均工资确定，不满十二个月的，按实际月平均工资确定。

六、关于社会保险问题

29. 下列社会保险争议不属于人民法院受理劳动争议案件的范围，应告知劳动者向社会保险行政管理部门申请解决：

（1）用人单位未为劳动者建立社会保险关系，劳动者要求用人单位补办社会保险关系的；

（2）用人单位已经为劳动者建立了社会保险关系，但欠缴社会保险费或未按规定的工资基数足额缴纳社会保险费，劳动者要求予以补缴的；

（3）劳动者请求用人单位增加社会保险险种、补足缴费基数、变更参保地的；

（4）劳动者与用人单位因养老保险缴费年限发生的争议。

30. 劳动者以用人单位未依法为其缴纳社会保险费导致其损失为由，要求用人单位赔偿其工伤、失业、生育、医疗待遇损失的，应当作为劳动争议案件受理。

31. 劳动者遭受工伤后，因用人单位及劳动者均未及时申请工伤认定，导致没有行政部门工伤认定的，人民法院不宜按照《工伤保险条例》处理，应告知当事人按照人身损害赔偿纠纷处理。

32. 用人单位未给劳动者缴纳社会保险，劳动者自己补缴后，如果劳动者支付了应由单位支付的保险费，可以要求单位赔偿该部分保险费。

七、劳动合同的终止和解除

33. 自用工之日起一个月内，劳动者与用人单位就签订劳动合同事项协商不一致，用人单位提出终止劳动关系的，无须支付经济补偿金，但应当依法向劳动者支付其实际工作时间的劳动报酬。

34. 劳动者依据《劳动合同法》第三十八条、最高人民法院《关于审理劳动争议案件适用法律若干问题的解释》第十五条规定解除劳动合同时，用人单位应当支付劳动者经济补偿金。但劳动者同时要求按照《违反和解除劳动合同的经济补偿办法》第十条的规定请求支付50%额外经济补偿金的，不予支持。

35. 用人单位在合同期限内通过“末位淘汰”或者“竞争上岗”等形式单方解除与劳动者的劳动合同，属违法解除劳动合同。

36. 用人单位经营期限届满不再继续经营，双方劳动合同终止，劳动者要求用人单位支付经济补偿金的，不予支持。

37. 用人单位变更名称、法定代表人、主要负责人或者投资人，不影响劳动合同的履行，劳动者的工作年限应连续计算。

38. 用人单位未依法为劳动者缴纳社会保险费的，劳动者应当依法要求用人单位缴纳，用人单位未在劳动者要求之日起一个月内按规定缴纳的，劳动者有权提出解除劳动合同，用人单位应支付经济补偿金，但经济补偿金的支付年限应从2008年1月1日起计算。

39. 劳动者达到法定退休年龄，劳动合同终止，用人单位无须支付经济补偿金。

40. 用人单位违法解除或终止劳动合同，劳动者不要求继续履行劳动合同或劳动合同已经不能继续履行的，用人单位应按《劳动合同法》的规定向劳动者支付赔偿金，但无需另外支付经济补偿金。赔偿金的计算年限依照《劳动合同法实施条例》第二十五条的规定计算。

41. 当事人因劳动合同的订立与解除发生争议的,举证责任分配如下:

(1)当事人主张订立无固定期限劳动合同的,应就订立无固定期限劳动合同的条件成立承担举证责任;

(2)当事人主张已解除劳动合同或存在解除事实劳动关系事实的,应就此主张承担举证责任;

(3)用人单位就解除劳动合同或事实劳动关系的原因承担举证责任;

(4)用人单位主张劳动者严重违反劳动纪律或企业规章制度的,应就劳动者存在严重违反劳动纪律或企业规章制度的事实以及企业规章制度制订程序及已向劳动者公示的事实承担举证责任。

与上述争议事项有关的证据属于用人单位掌握管理的,应由用人单位提供;用人单位不提供的,应当承担不利法律后果。

42. 用人单位以劳动者严重违反企业规章制度为由解除劳动合同的,应当审查用人单位规章制度的制定程序是否合法、劳动者违反劳动纪律的行为在用人单位规章制度中是否有明确规定、用人单位规章制度对劳动者严重违反劳动纪律行为的规定是否公平合理等,以判断劳动者是否属于严重违反用人单位规章制度、用人单位解除劳动合同的行为是否合法有效。

43. 对劳动者无正当理由未办理请假手续,擅自离岗,用人单位规章制度已有明确规定的,按相关规定处理;劳动者的擅自离岗行为严重影响用人单位正常生产经营活动的,用人单位可以劳动者严重违反劳动纪律为由,解除劳动合同。

用人单位以劳动者擅自离岗为由,作出解除劳动合同决定,但确因劳动者的原因无法将该决定直接送达给劳动者本人,用人单位已在报纸、电台、电视台等公开媒体公告送达的,可以视为解除劳动合同决定已送达劳动者本人。

贵州省高级人民法院关于印发《贵州省高级人民法院关于为引导和扶持百万农民工、百万青年、百万妇女创业带动就业和为开展百万职工奋勇当先活动提供司法保障的意见》的通知

(黔高法[2012]64号)

各市、自治州、县(市、区、特区)人民法院:

现将《贵州省高级人民法院关于为引导和扶持百万农民工、百万青年、百万妇女创业带动就业和为开展百万职工奋勇当先活动提供司法保障的意见》印发给你们,请认真组织学习,抓好贯彻落实。

二〇一二年四月五日

贵州省高级人民法院关于为引导和扶持百万农民工、百万青年、百万妇女创业带动就业和为开展百万职工奋勇当先活动提供司法保障的意见

为贯彻党中央、国务院促进以创业带动就业的战略部署,落实省委十届会议、十一次全会关于大力实施农民工就业和创业工程,把扩大就业作为最根本的民生的要求,充分发挥在推进经济社会又好又

快、更好更快发展中的重要作用，千方百计助农增收，加快全面小康社会建设步伐的会议精神；为鼓励和帮助有创业意愿和创业能力的广大青年、妇女成功创业，吸纳和带动更多的劳动者实现就业，充分发挥广大职工奋勇当先和爱岗敬业精神，促进广大青年、妇女和职工为我省经济社会又好又快、更好更快发展贡献力量，根据《中华人民共和国就业促进法》、《国务院办公厅关于促进以创业带动就业工作的指导意见》、《中共贵州省委办公厅、贵州省政府办公厅关于引导和扶持百万农民工创业带动就业的意见》和《中共贵州省委办公厅、贵州省政府办公厅关于开展百万青年、百万妇女创业就业和百万职工奋勇当先活动的意见》等文件，结合全省人民法院工作实际，制定本意见。

1. 扩大国内需求，最大潜力在农村；实现经济平稳较快发展，基础支撑在农业；保障和改善民生，重点难点在农民。就业是民生之本，创业是就业之源，抓好农民工就地就近创业带动就业，有利于推进农村经济结构调整，统筹城乡发展和区域协调发展；有利于推动民生问题和社会问题的解决，促进社会和谐。全省各级人民法院要认真学习和深刻领会党中央、国务院、省委方针政策的精神实质，充分认识农民工创业带动就业工作的重要意义；要站在确保我省经济社会稳定发展的高度，不断强化为农民工创业提供有力司法保护的责任感，积极探索、稳步推进创业农民工合法权益司法保护工作制度措施，为创业带动就业创造有利司法环境。

2. 促进青年、妇女创业就业，开展职工奋勇当先活动，对于化解我省劳动力供求矛盾和就业结构性矛盾，激发创新活力，从而改善民生维护社会和谐稳定有重要意义。全省人民法院要把思想和认识统一到中央和省委、省政府的要求上来，在青年、妇女创业就业工作和职工奋勇当先活动中要有所作为，充分发挥司法能动性，利用审判引导功能，为优化创业环境，激发创业活力，促成全省形成创业、就业、敬业的良好局面提供司法保障。

3. 要依法从重从快惩处非法垄断、欺行霸市、寻衅滋事、合同诈骗等扰乱农民工、青年、妇女所创办企业生产经营秩序，侵害创业农民工、青年、妇女和职工人身、财产权益的犯罪行为，努力创造良好的社会治安环境，维护安定团结的生产生活秩序，切实保护好创业农民工、青年、妇女和职工的合法权益、人身及财产安全。

4. 妥善处理农村土地承包经营权，征地补偿费用分配等纠纷。对创业农民工、青年、妇女依法享有的对承包土地的占有、使用、收益、处分权能实施全方位的司法保护。要高度重视及时制止、纠正侵害创业农民工、青年、妇女特别是外出创业人员土地承包经营各项权益的违法行为，切实避免因其成为失地农民所导致的社会风险，免去其创业的后顾之忧。严格执行法律、国家政策规定，规范和保护土地承包经营权流转，促进土地承包经营权流转市场的建立健全，审理好土地承包经营权的转包、租赁、互换、入股等相关纠纷案件，保障创业农民工、青年、妇女融资畅通。

5. 妥善处理在职业中介、职业培训过程中产生的纠纷，引导职业中介机构、职业培训机构遵循合法、诚实信用、公平、公开的原则，依法保护创业农民工、青年、妇女和职工在职业中介活动、职业培训活动中的合法权益。

6. 用人单位在招用人员，职业中介机构在从事职业中介活动过程中因实施就业歧视而引发诉讼，特别是用人单位以性别为由拒绝录用妇女或者提高对妇女的录用标准，在劳动合同中规定限制妇女职工结婚、生育的内容等原因导致诉讼的，人民法院应当及时立案，妥善处理，为创业农民工、青年、妇女和职工提供平等的就业机会和公平的就业条件。

7. 妥善审理好农民工、青年、妇女所创办企业的产品，尤其是农业生产资料和农产品在生产、加工、包装、运输、销售等各环节的纠纷案件，均衡确定产品交易过程中各方当事人的权利义务。注意做到维护农民工、青年、妇女所创办企业正常生产与保护交易秩序并重，切实落实平等保护的法制原则，在依法维护交易各方合法权益的基础上，促进企业的健康发展。

8. 充分运用人民法院速裁审案程序，快捷、有效采取诉讼保全措施，加大小额贷款纠纷案件调解力度，在案件审理中兼顾执行，提高创业农民工、青年、妇女的自觉履行率，增强其诚信意识，以使此类纠纷得到切实有效的解决，维持信贷安全及良好的信贷秩序，促进农村金融生态环境的良性运转。人民法院要探索建立与金融部门的联席会议制度，摸索如何针对审判、执行过程中发现的小额贷款管理方面的问题，通过司法建议的形式向各专业银行、信用社、小额贷款公司等金融机构反馈，以促进金融机构的信贷制度的健全，防范金融风险，从而更好地引导金融机构加大对创业农民工、青年、妇女的金融支持力度。

9. 要重点审理在行政审批、工商登记、税费征收等环节中发生的行政案件，遏制行政机关该报不报、该批不批或者违法提高创业门槛，变备案为核准、变核准为审批以及以各种借口不受理或者拖延受理创业申请的不作为或者乱作为;要坚决禁止行政机关的乱收费、乱罚款、乱摊派、乱检查以及违法吊销营业执照、违法责令停业停产等干扰农民工、青年、妇女所创办企业正常生产经营的违法行为,严格行政执法程序,促进依法行政,确保农民工、青年、妇女所创办企业正常经营加快发展。

10. 探索建立党委政法委组织协调、人民法院主办、有关部门联动、社会各界参与的执行工作长效机制。对因经济利益和民生等问题引发的劳资、债务等敏感性和群体性纠纷,要从有利于促进农民工、青年、妇女所创办企业生存发展、有利于职工生计保障、有利于维护社会和谐稳定的高度出发,尽可能采取调解、和解等方法,竭力寻找各方利益的平衡点,实现互利共赢,全力消除因不当采取强制执行措施引发的经济、社会风险。

11. 要加强审判组织保障,集中审判资源,探索有利于创业农民工、青年、妇女和职工所涉纠纷化解的立案、协调、审理、执行的联动组织形式。要探索建立创业农民工、青年、妇女和职工所涉纠纷速立、速裁、速结、速执的快速审理机制。要建立案件受理绿色通道,以简便快捷为目标,不断完善诉讼程序,在当事人自愿的前提下,力争诉前协调化解,协调不成则立即转入诉讼程序,在不违反诉讼程序规定的前提下,除了法定程序、期限要求之外,要能快则快,实现收案手续从简、审理程序简化、审理期限缩短。

12. 加大司法救助力度,强化诉讼提示和指导,对经济上确有困难的创业农民工、青年、妇女和职工,特别是处于创业初期或边远地区的困难群体,要尽可能地采取缓、减、免交诉讼费的措施,确保符合救助条件的创业农民工、青年、妇女和职工打得起官司。人民法院要主动走访大专院校、产业园区、创业主体实践活动基地、工矿企业,通过法律咨询、法制讲座、法律培训、以案释法等形式宣传法律知识,为创业农民工、青年、妇女和职工提供法律咨询服务,提高其自我保护的能力,预防交易风险和其他矛盾纠纷发生。应当加大巡回办案力度,努力做到就地立案,就地审判,当即调解,当即结案,就地执行,切实方便创业农民工、青年、妇女和职工诉讼。

13. 积极探索稳步推进多元化矛盾纠纷解决机制,支持政府在化解重大风险方面的主导地位,注重与村民自治组织、教育劳动行政机关、大专院校、妇女保护组织、工矿企业等其他纠纷解决主体的联动协作,着力推动建立多层次、全方位的协同联动化解机制,形成合力,构建纠纷解决的全覆盖网络。在自愿的前提下,鼓励创业农民工、青年、妇女和职工利用农村土地承包仲裁、人民调解、行业协会调解等方式解决纠纷,切实减少纠纷解决的层次和环节,降低化解矛盾的成本支出,争取将矛盾化解在诉前,消除在萌芽状态。

贵州省高级人民法院关于印发《关于贯彻落实〈国务院关于进一步促进贵州经济社会又好又快发展的若干意见〉的实施意见》的通知

(黔高法[2012]67号)

各市、自治州、县(市、区、特区)人民法院:

《贵州省高级人民法院关于贯彻落实〈国务院关于进一步促进贵州经济社会又好又快发展的若干意见〉的实施意见》已经中共贵州省高级人民法院党组2012年第11次会议讨论通过,现印发给你们,请认真组织学习,抓好贯彻落实。

二〇一二年四月十三日

贵州省高级人民法院关于贯彻落实《国务院关于进一步促进贵州经济社会又好又快发展的若干意见》的实施意见

为深入贯彻落实《国务院关于进一步促进贵州经济社会又好又快发展的若干意见》(以下简称《意见》),充分发挥职能作用,服务经济社会发展大局,为推进我省经济社会又好又快发展提供有力的司法保障和优质的法律服务,结合全省法院工作实际,提出如下实施意见:

一、深入学习领会《意见》出台实施的重大意义。《意见》是首个从国家层面全面系统支持我省的综合性文件,是指导当前和今后一个时期我省经济社会发展的纲领性文件,对于我省紧抓西部大开发战略机遇,加速发展、加快转型、推动跨越,坚定不移地实施工业强省和城镇化带动战略,大力推进工业化、城镇化、农业现代化"三化同步",与全国同步建成全面小康社会,具有重大而深远的意义。全省法院要从全局和战略的高度,进一步加强组织学习,深刻领会《意见》的精神实质,充分认识贫困和落后是贵州的主要矛盾、当前我省最重要的问题是发展问题这一基本省情,关注党委和政府的中心工作,熟悉经济,加深对我省发展思路和主基调、主战略的理解,增强把握大局的能力,围绕中心,自觉服务,扎实做好审判执行各项工作,为《意见》所明确的各项目标任务和政策措施不折不扣地落到实处提供优质的法律服务和有力的司法保障。

二、正确认识人民法院在促进经济社会发展中的地位和作用。法治作为一种上层建筑,对生产力的发展具有很大的反作用,良好的法治环境可以有力促进生产力的发展。全省法院要立足执法办案第一要务,遵循司法规律,坚持法治原则,做好本职工作,为我省经济社会可持续发展营造良好的环境。要处理好司法能动和被动的关系,既要注重充分发挥裁判的规范和引导功能,并努力延伸保障和服务的领域,推动经济社会的发展,又要注意不能脱离审判职能,直接涉足经济活动和行政管理领域;要处理好执法办案与服务经济社会发展之间的关系,通过执法办案,维护社会安定,稳定生产关系,维持良好的市场交易秩序,推进生产要素合理分配,服务经济社会可持续发展;要处理好严格依法办案与维护社会稳定、促进和谐之间的关系,在化解矛盾纠纷的过程中,要注意严格依法办案,坚持法律原则,做到不迁就、不姑息、不和稀泥;要处理好坚持法治原则与回应人民群众的新要求、新期待之间的关系,辩证看待人民群众的要求和期待,要注意区分合理的诉求与不合理的要求,在依法的前提下,运用法律政策等手段,化解矛盾纠纷,满足人民群众不断增长的司法需求;要处理好个案和类案之间的关系,既要坚持法律适用的统一性,严格依法办事、依法办案,不能为解决暂时问题而牺牲法律原则,又要坚持原则性和灵活性相结合的原则,承认一些个案所具有的特殊性,在不违背法律规定的前提下,追求法律效果和社会效果的有机统一。对于人民法院依法不能受理或受理后处理起来社会效果不好的案件,要主动向党委请示汇报,争取政府支持,力争运用大调解机制化解。

三、依法打击各类刑事犯罪,全力维护社会稳定。全面贯彻宽严相济刑事政策,依法严厉打击危害国家安全犯罪、危害公共安全犯罪,努力创造政治稳定、国家安全的良好环境;坚决遏制刑事犯罪高发势头,依法严厉打击黑社会性质等有组织犯罪以及爆炸、杀人、抢劫、绑架、毒品等严重危害人民群众人身和财产安全的刑事犯罪,提高群众安全感;依法从严惩处各种破坏市场经济秩序和破坏企业正常生产经营的犯罪,积极营造有利于经济社会发展的治安环境;另一方面,对具有法定或酌定从轻情节的,要充分体现政策和法律的宽宥精神,依法从轻处理;对于罪与非罪的界限一时难以划清的案件,要从有利于促进经济社会发展、有利于维护社会和谐稳定出发,依法妥善处理,防止因机械办案而影响经济社会发展的大局。认真落实社会治安综合治理各项措施,积极参与社区矫正工作,尽力减少社会对立面,预防和减少犯罪,维护社会秩序。充分发挥司法能动性,积极探索参与社会管理创新的新路子、新方法,为经济社会发展营造良好的司法环境。

四、依法保障空间布局优化,构建区域协调发展新格局。今后一段时期,我省将按照"黔中带动、黔北提升、两翼跨越、协调推进"的要求,推动区域协调发展。全省各级人民法院要充分发挥自身工作优势,勇于实践、勇于创新,切实履行好、运用好司法职能,依法支持、鼓励和引导有利于区域经济协调发展的经济和社会活动,从司法角度协助有关部门预防和破解区域经济建设工作中遇到的难题,依法保障政府的各项规划工作顺利推进;要妥善审理好在区域经济发展过程中涉及水利、交通、生态、环保、城建等项目建设的各类案件,依法促进和保障区域发展新格局的形成。

五、坚持服务重点工程,保障和服务基础建设。按照《意见》提出的"加强交通基础设施建设、提高发展支撑能力"及"城镇化带动战略"的要求,把保障重点交通项目工程建设和城市基础设施建设的顺利推进作为服务发展大局的重要切入点,妥善审理因交通基础设施和城镇公共设施建设等引发的案件,既要依法支持交通基础设施建设和城镇化发展,又要依法保护被征收人或被拆迁人的合法权益,防止因处置不当引发群体性事件;依法严厉打击在交通、水利重点工程项目和城镇化建设过程中发生的贪污、贿赂、挪用公款、渎职等犯罪,确保重大工程资金安全和建设项目顺利进行。

六、依法推进"三位一体"综合规划,促进经济社会可持续发展。要紧紧围绕"三位一体综合规划",保障水利建设顺利进行,推进生态保护与建设,依法支持石漠化综合治理。加强对环境、资源的司法保护力度,严格执行最高人民法院《关于审理环境污染刑事案件具体应用法律若干问题的解释》,依法严厉打击污染环境、破坏林业、草原、生物资源等违法犯罪行为;要高度关注经济社会发展过程中所产生的环境保护法律问题,着力研究处理好环境保护公益诉讼案件以及因环境破坏而引发的民事损害赔偿纠纷案件,正确适用环境侵权案件举证责任分配规则,准确认定环境污染与损害后果之间的因果关系,确保环境侵权受害人得到及时全面的赔偿;及时审理环保行政诉讼案件,加大对环保非诉行政案件的审查执行工作力度,支持和监督环保行政执法机关依法履行环保职能,促进社会经济可持续发展。

七、壮大特色优势产业,推动现代产业体系构建。准确把握《意见》精神实质,积极配合全省产业结构调整,密切关注在加快构建现代产业体系,壮大特色优势产业的过程中在司法领域反映的各种新情况和新问题,及时提出应对措施;要加大对自然资源合法开发利用的司法保护力度,依法大力推进节能减排,推进能源产业和资源深加工产业发展;妥善审理在加快发展装备制造业、特色轻工业和培育新能源、电子信息、生物医药等战略性新兴产业发展过程中引发的新型及疑难案件,依法支持和引导战略性新兴产业有序健康发展;审慎处理企业破产改制案件,积极推动传统产业改造升级,壮大特色优势产业;全面强化知识产权的司法保护,促进自主品牌的形成和品牌经济的发展;依法支持文化和旅游产业发展,充分发挥审判职能作用,鼓励和引导资本向战略性新兴产业转移,保障经济发展方式的加快转变,加快构建现代产业体系。

八、关注城镇化和新农村建设,支持城乡协调发展。大力实施中心城市带动战略,依法妥善处理加快城镇基础设施建设及产业园区发展的各类纠纷案件,努力减少和化解矛盾纠纷,保障城镇化建设顺利实施;依法保障新农村建设,妥善审理涉及农村道路交通、供水、供电、供气、商贸、消防等基础建设的案件,加快推进城乡统筹发展;鼓励支持现代农业发展,提高农业产业化水平,推进特色优势农产品良种繁育基地、商品生产基地及农村市场、农产品现代流通体系建设,依法保护生态农业、休闲农业和外向型农业的发展,促进农业发展方式转变和农业转型升级;及时审理农村第二、三产业和农民外出务工、返乡创业中出现的各类纠纷案件,切实保障农民合法权益;着力研究处理好农业现代化过程中所产生的与集体土地使用权有关的法律问题,严格执行耕地保护制度,妥善审理农业承包、转包、租赁等合同纠纷案件,依法保护土地承包经营权的自愿、合法流转,依法维护农民合法权益。

九、妥善审理涉及民生的案件,着力保障和改善民生。加强民事审判调研,着力解决经济社会发展过程中出现的一些新类型民事问题,依法保护人民群众的合法权益。依法妥善处理服务领域纠纷和案件,规范和引导服务提供者不断完善经营管理、提高服务水平;妥善处理好基础设施建设和城镇发展过程中出现的土地征收征用、房屋拆迁等矛盾纠纷案件,既要依法保障基础建设和城镇发展的顺利进行,又要切实保障人民群众的合法权益;依法妥善审理涉及人民群众切身利益的矿群矛盾、劳动争议、社会保障、教育医疗、交通事故等案件,积极引导企业切实承担社会责任,积极回应人民群众的关切,努力满足人民群众的新期待、新要求。

十、妥善审理各类投资、金融纠纷案件,营造良好的投资环境。着力研究解决企业投资融资、民间借贷、企业破产、股份转让过程中所产生的新的法律问题,为企业在黔投资提供良好的司法保障;妥善审理各类投资纠纷案件,促进社会投资主体多元化。要加大创业投资、风险投资所形成股权的司法保护措施,加强投资者权益保护,鼓励和引导资本向战略性新兴产业转移,促进资本投入和流转。强化对中小投资者特别是民间投资者权益的保护，促进民间投资健康发展。健全金融纠纷案件的审判和执行工作机制，加大金融纠纷案件审判和执行力度，维护金融秩序和金融安全。妥善审理非金融借贷纠纷案件，正确认定非金融借贷合同效力，维护债权人合法权益，拓宽企业融资渠道；准确把握民事借贷纠纷与金融经济犯罪的界限，依法稳妥处理相关刑事案件，维护金融安全和社会稳定。

十一、充分发挥行政审判职能，监督和促进行政机关依法行政。充分发挥行政审判对行政机关依法行政的监督作用，严格依法办案，推动行政机关依法行政。畅通救济渠道，引导当事人依法合理表达诉求，建立与行政机关的协调机制，推进行政首长出庭应诉。坚持保护与监督并重原则，着力解决影响投资环境的突出问题，增强社会投资信心，不断优化经济发展所需要的政务环境。妥善审理涉及土地征收征用、房屋拆迁、劳动争议、项目审批、核准、备案等行政争议案件，监督行政机关依法行政，保护公民、法人和其他组织的合法权益，推进建设和谐的行政关系。切实维护群众诉权，加大行政案件协调解决力度，力求从实质上妥善化解行政争议，促进官民关系和谐。

十二、进一步加强执行工作，保障和服务经济社会发展大局。积极探索灵活多样的执行方法，强化执行措施，加大执行力度，提高执行效率，既要确保生效裁判所确认的合法权益得以实现，又要维护好经济社会秩序的稳定；进一步巩固集中清理执行积案活动成果，深入开展创建“无执行积案先进法院”和反规避执行专项活动；对涉案众多或暂时出现资金困难但运转正常或有发展前景的被执行企业，在采取财产控制性强制措施后，要加大执行和解工作力度，审慎采取处置性强制措施，尽可能维持企业经营，帮助其逐渐恢复清偿能力，争取实现双赢。

十三、加强理论调研工作，牢牢把握为加快经济社会发展提供司法保障和服务的前瞻性和主动权。认真研究贯彻落实《意见》提出的各项重大举措对审判工作提出的新问题、新任务和新要求，准确把握司法政策导向，依法保障、引导、支持有利于推动经济社会又好又快发展的活动和行为；加强对社会经济发展过程中可能涉及的法律问题的分析和研判，在各级党委的领导和有关部门的配合下，及时提出为加快经济发展提供司法保障和法律服务的司法应对措施和司法建议；充分重视调研成果的转化和利用，及时总结和推广各地的好经验和好做法，不断提高为加快经济发展方式转变提供司法保障和服务的工作实效。

十四、建立健全矛盾化解机制，践行司法为民宗旨。建立健全立、审、执“绿色通道”机制，依法保障党委、政府各项宏观经济政策的顺利实施；建立健全诉讼与非诉讼相衔接的矛盾纠纷化解机制，准确理解“调解优先，调判结合”的要求，坚持调解自愿、合法原则，尊重当事人意愿，切实保障当事人合法权益，坚决避免强迫调解、违法调解和片面追求调解率；加强和改进涉法涉诉信访工作，完善重大疑难信访案件终结办法，建立健全依法有序表达诉求、及时有效解决问题的机制，最大限度预防和减少社会不稳定因素，全力维护社会稳定；进一步完善司法便民工作机制，牢固树立全心全意为人民服务的宗旨，加强立案信访窗口建设，认真落实便民诉讼措施；加大对弱势群体的司法救助力度，确保经济困难的群众打得起官司。

十五、加强教育培训，不断提高服务发展的能力和水平。牢牢把握队建工作这个重点，进一步加强对法官的社会主义核心价值观、社会主义法治理念、政法核心价值观和职业道德教育；着力提升法官运用法律解决实际问题的能力，加强对法官准确把握法律精髓、法学基础理论、公正司法能力和化解矛盾纠纷能力的培训；努力增强法官的职业修养，树立“尚法”理念，坚定法官的法治信念，强化法官对司法事业的执着和追求，促进全省法院文明规范公正司法水平；扎实推进社会管理及其创新工作，进一步完善法院的各项工作机制，抓好社会矛盾化解机制建设，大力推进以执法办案为重点的审判管理制度建设，提高维护和保障我省经济社会发展的能力和水平。

十六、加强基础设施和保障能力建设，夯实基层基础。全省各级法院要把确保经济社会又好又快发展与加强法院自身建设紧密联系起来，准确把握《意见》要求，吃透政策，用好用活政策，在着力提高法官队伍服务经济社会发展大局的能力与水平的同时，主动向党委、人大和政府汇报和报告法院工作中面临的各种具体困难和问题，积极争取支持，努力解决全省特别是基层法院普遍存在的“进人难、留人难”、“两庭”建设资金缺口、法院信息化及其他物质装备保障条件等制约法院发展的突出问题，夯实保障和服务经济社会又好又快发展的基础。

云南省高级人民法院　云南省国土资源厅关于印发《关于人民法院在涉矿民事诉讼及执行案件中向国土资源部门查询相关矿业权信息的规定》的通知

(云高法[2012]73号)

全省各级人民法院、铁路运输法院,全省各级国土资源局:

现将《关于人民法院在涉矿民事诉讼及执行案件中向国土资源部门查询相关矿业权信息的规定》印发你们,请遵照执行。

二〇一二年三月二十七日

关于人民法院在涉矿民事诉讼及执行案件中向国土资源部门查询相关矿业权信息的规定

根据《中华人民共和国民事诉讼法》第六十四条第二款的规定,为查明案件事实、避免错误执行,人民法院有时必须自行到国土资源部门调查收集有关证据。为确保人民法院调查收集证据工作能顺利进行,同时不影响国土资源部门的正常工作,云南省高级人民法院与云南省国土资源厅联合制定规定如下:

一、人民法院到国土资源部门查询矿业权信息的形式要求人民法院原则上应当到国土资源部门现场查询,查询时应当向国土资源部门出示以下证件和资料:

(一)查询人员本人的工作证原件;

(二)查询人员所属人民法院出具的介绍信或查询函;

(三)需要查询的相关材料;

介绍信、查询函和调查材料需载明案由、案号、基本检索信息及需要国土资源部门提供的具体信息内容。

二、国土资源部门可向人民法院提供查询的矿业权信息

(一)矿业权权属信息

1. 基本权属信息

矿业权证所载明的相关信息(如证书编号、矿权人名称、勘查项目或矿山名称、区块或矿区面积、勘查或开采矿种、矿业权证有效期、开采规模等);

2. 权利限制信息

是否存在被司法机关查封、冻结的情形,是否存在抵押、合作备案、出租审批的情形。

以上信息由人民法院向矿业权证的发证机关查询。

(二)费用缴纳信息

1. 矿业权出让金或矿业权价款(包括采矿权价款和探矿权价款);

2. 矿业权使用费(包括采矿权使用费和探矿权使用费);

3. 矿产资源有偿使用费;

4. 地质环境恢复治理保证金;

5. 矿产资源补偿费。

以上所列费用中第1-3项由人民法院直接向矿业权证的发证机关查询,第4-5项向矿区所在地县级国土资源部门查询。资源税的缴纳情况由人民法院向矿区所在地的地方税务部门查询。

(三)其他有关信息

1. 矿业权权属是否存在争议;

2. 矿山是否被当地政府责令关闭;

3. 矿业权是否通过上一年度的年检;

4. 矿业权人是否存在非法转让、违法出租、非法承包、越界开采、破坏性开采、以探代采等违法行为。

上述信息由人民法院向所涉及的勘查区块或矿

区所在地的县级国土资源部门查询。

三、人民法院到云南省国土资源厅查询相关信息的，可到云南省国土资源厅办证大厅的咨询窗口，由当日值班的矿产开发管理处人员办理。人民法院拟查询的信息，不需要书面形式答复的，由值班人员当场回复；需要书面形式答复的，由矿产开发管理处在接到查询函件之日起10个工作日内予以书面回复。

四、本规定中的"国土资源管理部门"，系指云南省国土资源厅矿产开发管理处，各州（市）、县（市、区）国土资源管理局矿产开发管理机构。

五、在执行本规定时，如当地人民法院和国土资源部门发生争议，由双方协商解决；如协商不成的，可以各自报至云南省高级人民法院民事审判第二庭和云南省国土资源厅矿产开发管理处进行协商处理。

六、本规定自发布之日起生效。

云南省高级人民法院
关于印发《云南省高级人民法院关于统一全省保险合同纠纷案件裁判标准的会议纪要》的通知

全省各级人民法院、铁路运输法院：

《云南省高级人民法院关于统一全省保险合同纠纷案件裁判标准的会议纪要》经云南省高级人民法院2012年第16次审判委员会研究讨论后完成，现印发你们，请全省各级法院及时传达会议纪要精神，并在在审判工作中认真贯彻执行会议纪要，执行中遇到的问题及时报告本院。

各中级法院可从《云南省高级人民法院内网公文传输平台》上下载会议纪要并转发辖区基层法院。

附：《云南省高级人民法院关于统一全省保险合同纠纷案件裁判标准的会议纪要》

二〇一二年五月十五日

云南省高级人民法院关于统一全省保险合同纠纷案件裁判标准的会议纪要

2009年，新修订的《中华人民共和国保险法》发布实施后，全省法院对如何认定保险人是否履行其明确说明义务、保险合同条款解释、交强险赔偿是否分项、是否应预留份额给未参加诉讼受害人、无证驾驶或醉驾保险人应否在交强险责任范围内赔偿受害人等问题存在争议，案件裁判不尽统一，社会各界对此反映强烈。

为统一裁判尺度，公正、及时审理保险合同纠纷案件，云南省高级人民法院组织人员对有关问题进行充分调研后，根据《中华人民共和国合同法》、《中华人民共和国保险法》、《中华人民共和国道路交通安全法》、《机动车交通事故责任强制保险条例》等法律、行政法规规定，提出了统一全省保险合同纠纷案件裁判标准的的若干意见。云南省高级人民法院2012年第16次审判委员会对意见进行了充分研究讨论，达成以下共识，现纪要如下：

一、关于保险人的明确说明义务及投保人的如实告知义务问题

《中华人民共和国保险法》第十七条规定的"明确说明"是指保险人在与投保人签订保险合同时，应当对保险合同中格式条款所约定的有关免除保险人责任的条款作明确说明。会议认为，保险人是否履行其明确说明义务应从以下几方面判断：

（一）保险人应于保险合同签订之前或签订之时，向投保人提供保险合同格式条款，否则格式条款中免除保险人责任的条款不生效。保险人应当证明，其向投保人提供投保单的同时也提供了保险合同格式条款。

（二）保险人应当在保险单或者其他保险凭证上对免除保险人责任的条款做出足以引起投保人注意

的提示,并且应以书面或口头形式对有关免除保险人责任的条款向投保人做出能够使其明白该条款真实含义和法律后果的解释。是否以书面或口头形式对免除保险人责任的条款的内容向投保人做出解释,由保险人承担举证责任。

(三)投保单或其他保险凭证应记载投保人已领阅保险条款,保险人对全部条款已作明确说明,投保人已知悉免除保险人责任的条款的含义,同意投保等内容。投保人声明栏应由投保人本人签字。

(四)保险人明确说明的范围至少应包括:责任免除条款、免赔额或免赔率或者绝对免赔率、投保人违反保证条款导致的免责、援引法律规定导致的免责等内容。

(五)保险人对是否履行了明确说明义务承担举证责任。保险合同中免除保险人责任的条款本身,不能证明保险人履行了说明义务。

会议认为,保险合同是一种民商事合同,应遵循合同相对性原则及其他民商事活动原则。保险代理人代理保险人与投保人签订保险合同的,应依照《中华人民共和国民法通则》相关规定处理。保险人与法人或其他组织签订的团体险合同,保险人应向与其签订保险合同的投保人履行明确说明义务。保险人与同一投保人再次或多次签订同类保险合同时,保险人仍应履行《中华人民共和国保险法》第十七条规定的明确说明义务。

会议认为,《中华人民共和国保险法》第十六条规定的是询问告知制,保险人以投保人违反如实告知义务为由请求解除合同,投保人证明该告知内容不在保险人询问范围的,人民法院对保险人的请求不予支持。

二、关于保险合同条款解释问题

会议认为,根据《中华人民共和国保险法》第三十条的规定,保险人与投保人、被保险人以及受益人对保险合同的条款存在争议时,应当按照通常理解予以解释。即按保险合同的有关词句、有关条款、合同的目的、交易习惯以及诚实信用原则,确定条款的真实意思,并可以按照以下规则予以认定:

(一)书面约定与口头约定不一致的,以书面约定为准;

(二)投保单与保险单或者其他保险凭证不一致的,以保险单或者其他保险凭证载明的内容为准;

(三)格式条款与非格式条款不一致的,应当采用非格式条款;

(四)保险合同的条款内容因记载方式或者时间不一致的,按照"批单"优于"正文"、"后批注"优于"前批注"、"加贴批注"优于"正文批注"、"特别约定"优于"合同文本"的原则进行解释。

对合同条款有两种以上理解的,则应当按照《中华人民共和国保险法》第三十条的规定,作出有利于被保险人、受益人的解释。

三、关于机动车交通事故责任强制保险(以下简称交强险)相关问题

(一)会议认为,关于涉及交强险的机动车交通事故责任纠纷案件的当事人应按下列方式确定:1. 受害第三者起诉被保险机动车一方,同时将保险人作为被告或者第三人起诉的,应当按照起诉状列明;2. 受害第三者仅起诉被保险机动车一方,被保险机动车一方申请追加保险人参加诉讼的,应将保险人列为第三人,但保险人已经在交强险责任范围内予以赔偿的除外;3. 受害第三者仅起诉保险人或被保险机动车一方的,人民法院应当告知受害第三者可以申请追加被保险机动车一方或保险人参加诉讼。

(二)会议认为,交强险的分项赔偿限额应按照中国保监会公布的死亡伤残赔偿限额、医疗费用赔偿限额、财产损失赔偿限额以及被保险人在道路交通事故中无责任的赔偿限额进行计算赔偿,其中部分赔偿分项实际数额超过分项赔偿责任限额,但其余赔偿分项实际数额尚未达到分项赔偿责任限额,受害第三者请求保险人在交强险赔偿责任总限额内承担责任的,不予支持。受害人同时请求保险人承担交强险赔偿责任和第三者商业险赔偿责任的,人民法院可以根据案件情况决定是否合并审理。

(三)会议认为,一起交通事故造成多人损害,其中一人或部分受害人提起诉讼,人民法院应当通知其他受害人或死亡受害人的继承人参加诉讼。人民法院通知后明确表示不参加诉讼的,应当记录在案,其应享有的赔偿金份额分配给其他受害人。人民法院应当按照各受害人的损失占全体受害人总损失的比例确定其从机动车第三者责任强制保险限额范围内应获得的赔偿数额。确实无法通知的交通事故责任认定书确定的受害人,人民法院根据个案实际判决是否向其预留份额。

(四)会议认为,符合《机动车交通事故责任强制保险条例》第二十二条第一款规定的情形,被保险机动车一方请求保险人在交强险限额范围内承担赔偿责任的,不予支持;被保险机动车一方未赔偿受害人的或赔偿不足损失的,受害第三方诉请保险人在交强险限额范围内承担赔偿责任的,应予支持。保险人在交强险限额范围内承担赔偿责任后,有权向交通事故责任人追偿。人民法院判决保险人在交强险赔偿限额内承担赔偿责任后,可直接判决保险人对交通事故责任人享有追偿权。

四、关于综合性人身保险合同中包含的死亡保险合同效力问题

会议认为，含有死亡、疾病、伤残以及医疗费用等保险责任的综合性人身保险合同，未经被保险人同意并认可死亡责任保险金额的，该合同死亡给付部分无效。

五、关于会议纪要的执行问题

会议要求，保险合同纠纷案件的审理，应严格执行国家法律、行政法规和司法解释的规定，依法保护保险合同当事人合法权益。全省法院应按照本次审委会纪要要求，统一裁判标准，确保司法统一，平等保护保险活动参与人的合法权益。2009年11月4日下发的《云南省高级人民法院关于审理保险纠纷案件适用法律若干问题的会议纪要》自本会议纪要下发之日起不再执行。

会议研究决定，根据最高人民法院《关于当前形势下加强民事审判、切实保障民生若干问题的通知》要求，2012年2月12日之前，因醉酒驾驶、无证驾驶等违法情形发生交通事故，受害第三人向人民法院提起诉讼，请求保险人承担交强险赔偿责任的，不予支持。2012年2月12日之后（包括当日），因醉酒驾驶、无证驾驶等违法情形发生交通事故，受害第三人向人民法院提起诉讼，请求保险人承担交强险赔偿责任的，按本会议纪要规定处理。

会议强调，根据最高人民法院、最高人民检察院《关于地方人民法院、人民检察院不得制定司法解释性质文件的通知》要求，地方人民法院不得制定在本辖区普遍适用的、涉及具体应用法律问题的“指导意见”、“规定”等司法解释性质文件，制定的其他规范性文件不得在法律文书中援引。全省法院必须按照最高人民法院的通知要求，严格依法审理保险合同纠纷案件，全面提高案件裁判质量。

重庆市高级人民法院关于进一步健全处理劳动争议案件诉讼与非诉讼衔接机制的意见

近年来，随着经济形势的深刻变化和劳动法律制度的日益完善，劳动争议案件已经成为民事案件中增长速度最快、解决难度最大的案件之一。面对新的形势，全市法院要不断优化劳动争议案件审判力量，充分发挥司法能动作用，进一步健全处理劳动争议案件的诉讼与非诉讼衔接机制，最大限度地维护劳动者合法权益，促进企业持续健康发展，构建和谐稳定的劳动关系。

一、实行劳动争议案件专门审判

劳动争议案件不仅具有量大面宽的特点，而且具有较强的专业性。审理劳动争议案件，需要审判人员掌握查明案件事实的能力、途径和方法，熟悉劳动法律制度、政策的历史、现状和发展走向，保持与劳动争议仲裁机构、劳动争议调解组织、劳动社保部门、工会和工伤行政审判机构的密切联系。因此，在劳动争议案件数量比较大的中、基层人民法院实行劳动争议案件专门审判十分必要。

劳动争议案件年收案数达到800件或占民事案件总数（不含商事和知识产权案件）20%以上的中、基层人民法院，在2012年9月以前，要设立专门的劳动争议审判庭或者劳动争议合议庭，负责审理各类劳动争议民事案件。其他法院也要相对固定审判人员，承办各类劳动争议民事案件。专门的劳动争议审判庭、劳动争议合议庭，要不断提高劳动争议案件审判能力，积累劳动争议案件审判经验，努力优化劳动争议案件审判质效；要不断强化与劳动争议仲裁机构、劳动争议调解组织、劳动社保部门、工会和工伤行政管理机构的联系，充分发挥诉讼与非诉讼衔接机制在化解劳动争议案件中的作用；要注意分析研究劳动争议发生、变化的规律和突出问题，就预防、控制劳动争议向劳动社保部门、工会和企业适时提出建议。

针对劳动争议诉讼中存在的法律政策变化快、费用计算烦琐等实际情况，劳动争议审判部门要建立“劳动法律政策信息库”，收集整理劳动法规废止、政策更新等信息，为司法裁判提供准确依据；要加强对计算“五金”、加班工资等费用的专门培训，派遣工作人员到劳动社保部门学习锻炼，熟悉计算方法，掌握软件使用，将承办法官从纷繁复杂的计算公式中解脱出来。

设立了劳动争议审判庭、劳动争议合议庭的人民法院，要充分体察审理劳动争议案件的繁杂、辛苦，采取各种行之有效的措施，激励审判人员爱岗敬业、优化审判质效。经过共同努力，力争达到一审劳动争议案件结案率不低于95%、调解(撤诉)率不低于70%、服判息诉率不低于95%的目标。

二、搭建诉讼与仲裁衔接工作平台

处理劳动争议实行"一裁两审制",有机衔接诉讼与劳动争议仲裁的关系,不仅能够增强仲裁机构的办案水平,提高仲裁办案质量,而且能够有效减少人民法院受理案件的数量,有利于从根本上减轻司法负担和压力。因此,全市法院要充分发挥司法能动作用,主动、积极地加强与劳动争议仲裁机构的业务联系,建立衔接工作平台,共同促进劳动争议案件化解水平的提升。

一是对劳动争议案件审理中发现的普遍性问题,人民法院要定期与仲裁机构进行研讨,增强仲裁与诉讼之间的一致性,提高当事人对于案件处理结果的可预期性,减少进入诉讼案件的数量。二是对仲裁过程中做了大量调解工作的劳动争议案件,人民法院要在仲裁调解的基础上进一步做工作,继续发挥仲裁组织的调解作用,巩固和发展仲裁调解的成果。三是人民法院与仲裁机构在劳动争议案件事实认定、法律适用等方面存在的差异,可能导致一方当事人以仲裁裁决为"依据",不理解、不服从诉讼处理,审判人员要及时向仲裁组织阐明理由,积极争取仲裁组织出面做当事人的服判息诉工作。四是要建立半年一次的联席会议制度,相互交流案件数据信息,相互通报重大案件处理结果,互相掌握裁审动态,密切仲裁机构与法院之间的业务交流。

三、建立劳动争议调解工作长效机制

人民法院审理劳动争议案件,要努力寻求劳动者权益保护与企业生存发展的最佳平衡点和结合点,最大限度地化解双方在具体利益上存在的矛盾,在依法维护劳动者合法权益的同时,努力维护企业的生存和健康发展。因此,审理劳动争议案件必须坚持"调解优先,调判结合"的工作原则,积极探索调解工作的新机制。

基层人民法院要充分发挥司法能动作用,按照"应建尽建"原则,积极推动当地工会、劳动、司法行政和其他社会力量,建立、健全劳动争议调解组织。一是在区(县)工会设立劳动争议调解委员会。二是在企业相对集中的街道、乡镇和劳动争议易发、多发的工业园区、大型企业内部设立劳动争议调解小组。三是在其他地方设立劳动争议调解员。

2012年9月以前,基层人民法院要统一建立劳动争议调解员名册,载明劳动争议调解员的姓名、性别、年龄、职业、联系方式、照片等基本情况,以适当方式在立案大厅、劳动争议案件审判部门公告。立案庭、劳动争议案件审判部门应当明确审判人员固定联系劳动争议调解员,掌握劳动争议调解员的基本情况和能力特点,充分发挥其作用。中、基层人民法院要配合工会、劳动、司法行政等部门,加强对劳动争议调解员的培训、指导。采取赠阅法律文件、发布典型案例、开展业务讲座等灵活多样的方式,帮助调解员掌握劳动法规、政策和开展调解工作的实际技能,增强调解劳动争议的合法性、提升调解成功率;要建立激励机制,对在调解和协助法院的其他工作中做出了实际成绩的调解员给予物质奖励和精神鼓励,保障劳动争议调解员的正当权益,充分调动其工作积极性。

四、充分发挥调解组织作用

(一)适时引导诉前调解

在一审法院收到起诉状或者上诉状之后,对依法可以调解的劳动争议,尤其是法律关系明确、法律事实清楚、争议不大的劳动争议,立案庭可以先登记起诉、上诉,引导当事人在劳动争议调解员名册中协商选择调解员进行诉前调解。诉前调解的期限一般不超过10日。诉前调解不成的,再依法决定立案。当事人在法定期间内提出起诉、上诉并进行了登记的,不得作为逾期起诉、上诉处理。

对一审起诉案件,诉前调解达成协议后,双方当事人申请人民法院进行司法确认的,立案后由人民法院立案庭依法予以确认;双方当事人申请人民法院出具诉讼调解书的,立案后要及时移送劳动争议案件审判部门进行审理。调解协议符合法律规定、不违反自愿原则的,应当按照调解协议制发诉讼调解书;在移送劳动争议案件审判部门审理之前,原告明确表示撤回起诉且符合自愿、合法原则的,由立案庭迳行裁定予以准许。

当事人提出上诉后、案件移送二审法院前,一审法院应当根据实际情况进一步开展诉前调解工作。诉前调解达成协议的,一审法院立案庭应当及时移送二审法院立案庭审查立案。立案后,及时移送劳动争议案件审判部门进行审理。诉前调解协议符合法律规定、不违反自愿原则的,应当按照诉前调解协议制发诉讼调解书;在移送劳动争议案件审判部门审理之前,上诉人明确表示撤回上诉且符合自愿、合法原则的,由二审法院立案庭迳行裁定予以准许。

(二)充分利用委托调解

在一、二审法院审理劳动争议案件过程中,审判人员应当注意把握劳动争议的诱因、诉求、主要争议焦点,分析化解争议的症结和突破口。对由劳动争议调解组织出面调解更有利于化解、更有利于平和当事人对立情绪的劳动争议案件,要充分发挥劳动争议调解组织的优势,委托其进行调解。

对委托调解的案件，一、二审法院劳动争议案件审判部门应当向劳动争议调解组织出具《委托调解函》，并附相关案件材料的复印件。对适用简易程序审理的劳动争议案件，委托调解的期限一般不超过10日；对适用普通程序和二审程序审理的劳动争议案件，委托调解的期限一般不超过20日。承办合议庭或者独任法官与受托调解组织要保持密切联系，及时掌握调解动态，引领、策应调解工作。经委托调解达成协议的，承办合议庭或独任审判员应当对协议进行审查。调解协议符合法律规定、不违反自愿原则的，应当按照调解协议制发诉讼调解书；当事人明确表示撤诉且符合自愿、合法原则的，承办合议庭或独任审判员应当裁定予以准许；没有依法达成调解协议或者当事人没有依法申请撤诉的，承办合议庭或者独任审判员应当及时审理、裁判。

人民法院应当充分挖掘劳动争议调解组织的潜力，全面发挥劳动争议调解组织在协助司法工作方面的作用。除诉前调解、委托调解以外，还可以邀请劳动争议调解员参加诉讼调解，委托劳动争议调解员送达法律文书、协助调查、协助执行和配合开展其他工作。

重庆市高级人民法院　重庆市工商行政管理局
重庆市消费者权益保护委员会关于
健全消费纠纷诉调衔接机制的意见

近年来，随着消费者与经营者交易的频繁，消费纠纷日渐增多，影响了社会的和谐与发展。为了进一步发挥工商行政管理部门、消费者权益保护委员会调解纠纷的作用，促进诉讼外调解与人民法院审理消费纠纷案件诉讼活动的有机衔接，推动消费纠纷的多元化解，根据《中华人民共和国民事诉讼法》、《中华人民共和国消费者权益保护法》、最高人民法院《关于建立健全诉讼与非诉讼相衔接的矛盾纠纷解决机制的若干意见》等规定，结合我市实际，制定本意见。

一、消费者权益保护委员会对消费纠纷的调解

1. 区、县消费者权益保护委员会应当根据本地区消费纠纷状况，建立、健全消费纠纷调解委员会（简称调委会）。调委会应当通过说服、疏导等方法，促使纠纷当事人在平等协商基础上自愿达成调解协议，解决消费纠纷。

调委会设委员3人至9人，由各区、县消费者权益保护委员会推选产生。调委会设主任1人，必要时，可以设副主任若干人。

2. 调委会调解纠纷，应当遵循下列原则：

（1）在当事人自愿、平等的基础上进行调解；

（2）不违背法律、法规和国家政策；

（3）尊重当事人的权利，不得因调解而阻止当事人依法通过仲裁、行政、司法等途径维护自己的权利。

3. 调委会调解纠纷，不收取任何费用。

4. 区、县消费者权益保护委员会对调委会所需办公条件和工作经费应当给予充分保障，当地工商行政管理部门应当给予必要的支持。

5. 当事人可以向调委会申请调解，调委会也可以主动调解。当事人一方明确拒绝调解的，不得调解。

6. 调委会调解纠纷时，在不违反法律、法规强制性规定的前提下，可以参考行业惯例和当地善良风俗等行为规范，引导当事人达成调解协议。

7. 调委会应当建立调解工作档案，将调解登记、调解工作记录、调解协议书等材料立卷归档。

8. 经调委会调解达成协议的，可以制作调解协议书。不需要制作调解协议书的协议，应当记入笔录。调解协议书载明下列事项：

（1）消费纠纷当事人的基本情况；

（2）消费纠纷的主要事实、争议事项以及各方当事人的责任；

（3）消费纠纷当事人达成调解协议的内容、履行的方式、期限。

9. 调解协议书、记入笔录的调解协议自双方当事人签名、盖章，调解员签名并加盖调委会印章之日起生效。

以民事权利义务为内容的调解协议，具有民事合同性质，消费纠纷当事人应当按照约定履行。

二、工商行政管理部门对消费纠纷的调处

10. 工商行政管理部门（简称工商部门）受理消

费纠纷当事人的申诉后,应当按照《工商行政管理机关受理消费者申诉暂行办法》,组织消费纠纷双方当事人进行调解。

11. 工商部门对消费纠纷进行调解后达成的调解协议,经双方当事人签名、盖章,调解员签名并加盖工商部门调解工作印章之日起生效。

以民事权利义务为内容的调解协议,具有民事合同性质,消费纠纷当事人应当按照约定履行,但法律另有规定的除外。

12. 当事人一方对工商部门就消费纠纷进行调解后达成的调解协议反悔,并以对方当事人为被告向法院起诉的,由法院作为民事案件处理。

13. 消费者权益保护委员会转送工商部门处理的消费者投诉,有关工商部门应当自收到之日起5日内就是否受理该投诉予以答复,并书面通知消费者权益保护委员会。

三、人民法院对消费纠纷的处理

14. 一审法院收到起诉状之后,对依法可以调解的消费纠纷案件,尤其是法律关系明确、案件事实清楚、争议不大的消费纠纷案件,立案庭可以先登记起诉,引导当事人向调委会申请调解。调解的期限一般不超过10日。调解不成的,再依法决定立案。

当事人在法定期间内提出起诉并进行了登记的,不得作为逾期起诉处理。

15. 经调委会、工商部门调解达成协议后,双方当事人申请法院进行司法确认的,自调解协议生效之日起三十日内,共同向调解组织所在地基层法院提出。

法院受理申请后,经审查,符合法律规定的,裁定调解协议有效,一方当事人拒绝履行或者未全部履行的,对方当事人可以向法院申请执行;不符合法律规定的,裁定驳回申请,当事人可以通过调解方式变更原调解协议或者达成新的调解协议,也可以向法院提起诉讼。

16. 在审理消费纠纷案件过程中,审判人员应当注意把握消费纠纷案件的诱因、诉求、主要争议焦点,分析化解纠纷的症结和突破口。对由调委会出面调解更有利于化解、更有利于平和当事人对立情绪的消费纠纷案件,要充分发挥调委会的优势,委托其进行调解。

17. 对委托调解的案件,法院应当向调委会出具《委托调解函》,并附相关案件材料的复印件。对适用小额诉讼程序、简易程序审理的消费纠纷案件,委托调解的期限一般不超过10日;对适用普通程序和二审程序审理的消费纠纷案件,委托调解的期限一般不超过20日。

18. 承办合议庭或者独任法官与受委托的调委会要保持密切联系,及时掌握调解动态,引领、策应调解工作。

经委托调解达成协议的,承办合议庭或独任审判员应当对协议进行审查。调解协议符合法律规定、不违反自愿原则的,应当按照调解协议制发诉讼调解书;当事人明确表示撤诉且符合自愿、合法原则的,应当裁定予以准许。

19. 在审理消费纠纷案件过程中,审判人员可以邀请工商部门、调委会派员协助、配合审判组织进行调解。

20. 法院审理的消费纠纷案件,当事人不愿意接受调解、调解未达成协议或者调解书送达前一方反悔的,应当及时判决。

四、消费纠纷诉调工作联系制度

21. 区、县消费者权益保护委员会应当向当地工商部门、基层法院通报调委会的设立情况和调解员的姓名、性别、年龄、职业、联系方式等基本情况。

22. 调委会在业务上受当地工商部门的指导。

基层法院应当确定立案庭和民事审判庭对口联系调委会,建立消费纠纷调解员名册,对调委会进行业务指导,建立消费纠纷诉调衔接工作台账。

23. 基层法院可以联合当地区、县消费者权益保护委员会采取调委会现场调解、法院同步确认等新形式开展工作,积极探索法院便民诉讼工作与消费者权益保护委员会维权工作紧密结合的新途径。

24. 对符合人民陪审员选任条件的优秀调解员,基层法院可以依法提请同级人民代表大会常务委员会任命为人民陪审员。

25. 中、基层法院应当配合消费者权益保护委员会和工商行政管理、司法行政管理等部门,加强对调解员的培训;应当建立激励机制,对在调解和协助法院的其他工作中做出了实际成绩的消费纠纷调解员给予物质奖励和精神鼓励。

26. 区、县消费者权益保护委员会、工商部门、基层法院每季度应当召开消费纠纷诉调衔接工作座谈会,沟通情况,推进消费纠纷多元化解。

关于最高人民法院新颁全国民事审判工作《纪要》和《通知》的理解与适用

重庆市高级人民法院民一庭

(2012年4月28日)

最高人民法院近期颁布了《全国民事审判工作会议纪要》(简称《纪要》)和《当前形势下加强民事审判切实保障民生若干问题的通知》(简称《通知》),请各级法院组织相关审判庭和人民法庭的同志认真学习,并贯彻执行。《通知》提出的要求是我们当前及今后一段时间民事审判工作重点,《通知》的精神和会议纪要的规定基本原则是一致的,但大家要注意会议《纪要》是内部文件,不能在相关法律文书上直接引用,也不能随意外传。现就贯彻执行中应注意的问题提出我们的意见,请各中基层法院结合实际,正确理解与适用。在贯彻执行中有什么问题,请及时反馈我们。

一、保障民生《通知》方面的主要要求

今年是我国发展进程中具有特殊重要意义的一年,是实施"十二五"规划承上启下的重要一年,我们党将迎来举世瞩目的十八大。为积极应对当前经济社会发展的新形势,为党的十八大胜利召开创造良好的环境,需特别注意以下几个方面的工作:

(一)注重保障民生。我们审理的案件,不论是婚姻家庭、劳动争议、损害赔偿、房屋买卖,还是涉及物权、消费者权益、农民利益的,都与民生息息相关。我们要求每一个审判人员树立保障民生的意识,正确处理好每一个案件。

(二)继续坚持调解原则。一是在审判中继续坚持贯彻"调解优先,调判结合"原则,进一步加大调解力度,做好"案结事了"工程;二是要注重加强与各方面的沟通协调,以《关于建立健全诉讼与非诉讼相衔接的矛盾纠纷解决机制的若干意见》为指导,推动多元矛盾纠纷解决机制建设的创新与完善。除继续坚持已建立机制外。各法院还可以在医疗纠纷、物业纠纷、消费者权益保护等领域积极探索多元矛盾纠纷解决新机制。

(三)建立健全敏感重大案件舆论引导工作体制机制和敏感重大案件上报机制。要注意认真研究新形势下的舆情应对工作,注重审判工作法律效果和社会效果、政治效果的有机统一。要注意捕捉容易引发舆论炒作的案件信息,建立健全工作责任制度,在各级政法委领导下,加强与有关部门的沟通联络,建立健全舆情监测、舆论炒作风险评估、舆论引导预案、舆论引导预案口径报告、舆论引导沟通协调、舆论引导提醒、舆情引导专办等制度。不要出现南京"彭宇"案。

二、《纪要》的理解与适用

总的来说,《纪要》规定是比较清楚明确的,已经清楚的不再重复,现主要就《纪要》规定与我们过去指导意见或习惯做法不一致,以及可能产生歧义和应注意的问题,谈一点意见。

(一)关于房地产纠纷案件

1. 关于合同效力问题

《纪要》认为,城市房地产管理法第三十九条第一款第(二)项规定并非效力性强制性规定,当事人仅以转让国有土地使用权未达到上述规定的条件为由,请求确认转让合同无效的,不应予以支持。

我们的意见是,本规定即25%投入与否,对合同效力的影响,这是一个长期争议的问题,最高人民法院也出现过反复,这次《纪要》有了一个明确的意见。不过,需要注意的是,这次虽然只规定了这一条,应理解为并不代表仅第一款第(二)项如此处理,我们过去审判实践中掌握的,在没有取得权属证书时签订的房屋买卖合同有效的做法,仍应继续,即将城市房地产管理法第三十八条第一款第(六)项理解为并非效力性强制性规定。

2. 关于一房数卖的合同履行问题

《纪要》认为,在审理一房数卖案件纠纷时,如果数份合同均为有效且各买受人均要求履行合同,一般应按照已经办理房屋所有权变更登记、合法占有房屋以及买卖合同成立先后等顺序确定权利保护顺位。恶意办理登记的买受人,其权利不能优先于已经合法占有该房屋的买受人;变更登记、合法占有发生在预告登记有效期内的,登记权利人或占有人的权利不能对抗预告登记权利人。对于买卖合同的成立时间,应综合合同在主管机关的备案时间、合同载明的签订时间以及其他证据证明的合同签订时间等因素进行确定。

我们的意见,本规定与我院过去出台的指导意见不完全一致,我们是按照办理商品房登记手续、已经合法取得商品房、先行支付购房款、依法成立在先的买卖合同的顺序来确定优先保护顺序的。现在我们不能再将支付购房款作为认定优先履行合同的条件了。另应注意预售登记的问题,预售登记应是预告登记的一种,目前登记机关实行的网签也应是预售登记,应与前文表述的合同在主管机关的备案时间意思不同,不能理解为仅是证明合同签订时间的作用。

3. 关于在民事审判中贯彻落实房地产调控政策的问题

《纪要》认为,房屋买卖合同约定以按揭贷款方式付款,买受人以房贷政策变化不能办理按揭贷款导致无履约能力为由,请求解除合同,并要求出卖人返还所收受的购房款或定金的,经审查,买受人的确因房贷政策变化而不能办理约定的按揭贷款,对其请求可予支持。房屋买卖合同签订后,由于相应住房限购政策的实施,当事人无法办理房屋所有权变更登记,买受人请求解除合同,并要求出卖人返还所收受的购房款或定金的,如果经审查,当事人的确因住房限购政策的实施而不能办理房屋所有权变更登记,对其请求可予支持。

《通知》认为,妥善审理房地产纠纷,促进国家房地产调控政策贯彻落实。要站在维护法律严肃性、落实国家调控政策,以及维护经济社会平稳较快发展的高度,结合案件具体情况,准确界定合同效力,依法确定当事人的权利义务。要严格适用情事变更原则,正确认定变更的情事与正常的市场风险、交易风险之间的界限,提高市场行为的可预见性和合同利益的确定性与可信赖性,促进房地产市场健康发展。要注意通过民事审判引导当事人树立正确的市场风险意识,维护诚信的市场交易秩序。要在平衡当事人利益、着力化解矛盾上下功夫,确保案件处理取得良好的法律效果和社会效果。

我们的意见,要正确掌握国家房地产调控政策对合同的影响,当事人订立合同后,如出现了纪要规定的情形,则应支持买受人要求返还购房款或定金的请求,即一般不再按合同约定承担相应的违约责任。对此,在《纪要》的讨论稿中曾规定炒房(投机)的应按合同承担违约责任,因为投资(投机)也应承担风险。当然,审判实践中一般买房和炒房不好区分,但买好几套、甚至几十套的可能不能被认为是自住房,那么根据《通知》的精神,要按照《合同法解释(二)》的条件,严格适用情事变更原则,同时国家调控政策不是在当事人订立合同后出台,也应按《通知》的精神处理,可以在审判中考虑区别对待。

(二)关于其他物权纠纷案件

4. 关于违法建筑相关纠纷的处理问题

《纪要》认为,对于未取得建设工程规划许可证或者未按照建设工程规划许可证规定内容建设的违法建筑的认定和处理,按照城乡规划法等法律、行政法规的规定,属于国家有关行政机关的职权范围,应避免通过民事审判变相为违法建筑确权。当事人请求确认违法建筑权利归属及内容的,人民法院不应予以受理;已经受理的,应驳回起诉。

我们的意见是,本规定没有争议,审判实际中也是如此掌握。但在婚姻案件中出现的长期存在的违法建筑仍在实际使用,其使用争议在婚姻家庭案件中有时要明确才能解决问题时,可以考虑,当事人确实无房居住的,可阐明在相关行政机关未处理前,明确谁使用,但不能对该违法建筑进行确权。

5. 关于矿业权相关纠纷处理问题

《纪要》认为,探矿权、采矿权转让未经相关审批管理机关批准,但符合矿产资源法等法律、法规规定的条件,应认定探矿权、采矿权转让未生效,但不影响转让合同中当事人履行报批义务条款及因该报批义务而设定的相关条款的生效及效力。当事人仅以探矿权、采矿权转让未经相关审批机关批准为由请求确认探矿权、采矿权转让合同无效的,不应予以支持。

我们的意见是,过去审判中只是简单地把审批与否作为判断效力的标准,现在应注意有变化,当然报批而没批准应判决合同无效,没报批的可以请求按约定的报批程序履行。

6. 关于土地补偿费分配纠纷处理问题

《纪要》认为,在审理土地补偿费分配纠纷中涉及界定相关权利主体范围的,要在现行法律规定框架内,综合考虑当事人生产、生活状况、户口登记状况以及农村土地对农民的基本生活保障功能等因素予以认定。要以当事人是否获得其他替代性基本生活保障为重要考量因素,慎重认定其权利主体资格的丧失,依法保护妇女、儿童以及农民工等群体的合法权益。

我们的意见是,本规定与我院2009年《关于农村集体经济组织成员资格认定问题的会议纪要》精神一致,成员权资格是否丧失不唯户口论。需要注意的是,我院《纪要》第七条要正确理解适用,该条的制定系参照《重庆市土地承包法实施办法》第四十五条："承包期内，承包方全家迁入本市各区县（自治县）所辖街道办事处或区县（自治县）人民政府驻地镇转为非农业户口的。承包地予以收回"。该条适用不能机械化、绝对化，仍应以第一条确定的基本原则来判断。例如，户口虽然迁入上述地区，没有稳定职业和收入，没有纳入社会保障体系的，以土地为基本生活条件的，仍应认定具有农村集体经济组织成员资格，因为土地是其基本生活保障，必须要考虑是否获得其他替代性基本生活保障。我院审委会最近就相关请示案件通过决议，认为在当事人仅将户籍外迁的情形下，其在原集体经济组织的成员权资格是否丧失，要以是否获得其他替代性基本生活保障为重要考量因素。

（三）关于建设工程合同纠纷案件

7. 关于工程价款结算问题

《纪要》认为，要依法维护通过招投标方式所签订的中标合同的法律效力。对以低于工程建设成本的工程项目标底订立的施工合同，应当依据招标投标法第四十一条第（二）项的规定认定无效。

我们的意见是，本条需注意关于"工程建设成本"的理解，"工程建设成本"并不是我们通常认为的定额价（或扣除税金、利润后）。据招投标办的介绍，他们在审查投标合同时，没有以定额以及其他标准来确定一个工程建设成本，只是评标专家凭经验判断。因此在审判实际中，不要任意以本条为依据，以定额价（或扣除税金、利润后）为标准，去认定中标价低于"工程建设成本"，认定中标合同无效。当然确实低于工程建设成本被认定无效后，应按什么标准结算工程价款需进一步研究。

8. 关于建设工程价款优先受偿权问题

《纪要》认为，非因承包人的原因，建设工程未能在约定期间内竣工，承包人依据合同法第二百八十六条规定享有的优先受偿权不受影响。承包人请求行使优先受偿权的期限，自建设工程实际竣工之日起计算；如果建设工程合同由于发包人的原因解除或终止履行，承包人行使建设工程价款优先受偿权的期限自合同解除或终止履行之日起计算。

我们的意见是，本条规定是清楚的，另需要注意的问题是，承包人请求行使优先受偿权的期限是否以向法院提起诉讼作为计算点。我们过去曾有类似案件经我院审委会讨论，其决定为承包人只要是在优先受偿期限内向发包人提出要求行使优先受偿权即可，在没有新的意见前可照此办理。

9. 关于实际施工人的权利行使对象问题

《纪要》认为，对实际施工人向与其没有合同关系的转包人、分包人、总承包人、发包人提起的诉讼，要严格依照法律、司法解释的规定进行审查；不能随意扩大《关于审理建设工程施工合同纠纷案件适用法律问题的解释》第二十六条第二款的适用范围，并且要严格根据相关司法解释规定明确发包人只在欠付工程价款范围内对实际施工人承担责任。

我们的意见是，这是对《关于审理建设工程施工合同纠纷案件适用法律问题的解释》第二十六条第二款中发包人含义理解的规定，发包人在建筑领域一般特指建设方，实际施工人突破合同相对性要求支付工程款时，只能向建设方提出。不能将转包人、分包人、总承包人从广义的角度理解为第二十六条第二款中的发包人。

（四）关于侵权责任纠纷案件

10. 关于侵权责任法实施中的相关问题

《纪要》认为，鉴于侵权责任法只明确规定被侵权人死亡，其近亲属有权请求侵权人承担侵权责任，没有赋予有关机关或者单位提起请求的权利，故侵权行为造成身份不明人死亡时，如果没有赔偿权利人或者赔偿权利人不明，有关机关或者单位提起民事诉讼主张死亡赔偿金的，应不予受理；已经受理的，应驳回起诉。

我们的意见是，这是关于替代无名死者请求赔偿的规定，与去年唐庭长在全市民商事审判工作会上的讲话不一致，因为全国与重庆一样成立了真正意义上的交通事故救助基金不多，而出现救助站、福利院、交警部门、检察院等多单位提起诉讼的情况，故作此规定。我们应以《纪要》施行的时间开始，执行新的规定。

《纪要》认为，残疾赔偿金或死亡赔偿金的计算标准，应根据案件的实际情况，结合受害人住所地、经常居住地、主要收入来源等因素，确定应适用的标准。在计算被扶养人生活费时，如果受害人是农村居民但经常居住地在城镇，且其被扶养人经常居住地也在城镇的，被扶养人生活费也应按照受诉法院所在地上一年度城镇居民人均消费性支出标准计算。

我们的意见是，此规定在计算被扶养人生活费时，与我们的习惯做法不一致。可以理解为城镇居民仍按过去的做法，即不考虑被扶养人的情况，按城镇标准计算，但农村居民如按城镇标准赔偿了死亡赔偿金（残疾赔偿金）后，计算被扶养人生活费时，要考虑被扶养人的经常居住地来确定被扶养人生活费的标准。

《纪要》认为，职工遭受工伤事故后非因自身原因未进行工伤认定，赔偿权利人请求侵权人承担民事赔偿责任的,应予受理。

我们的意见是,过去我们也出过类似的意见,但执行得不好,可能与分属两个审判庭管辖有关。对这个问题我们首先要坚持行政机关的工伤认定是按工伤赔偿的前提,没有工伤认定当事人又坚持要求工伤赔偿的应驳回。经释明当事人表示变更请求,应照此办理,也不要移送另外的审判庭。

《纪要》认为,挂靠机动车发生交通事故造成他人损害,由挂靠车主承担损害赔偿责任,被挂靠单位承担补充赔偿责任。

我们的意见是,此规定与本院过去的指导意见不一致。全市法院过去长期按照被挂靠单位承担连带赔偿责任处理,在社会上也形成了共识,对受害人的救济也比较到位,按本规定执行后,受害人可能不理解,社会上也可能不认可,要注意做好说服工作。

《通知》认为,妥善审理道路交通事故损害赔偿纠纷案件,依法惩恶扬善,确保公平公正。要统一裁判思路,从方便诉讼和有利审理的角度出发,对侵权纠纷和相关的交强险合同纠纷案件要合并审理;在醉酒驾驶、无证驾驶等违法情形的责任承担上,应当在确定保险公司承担相应的赔偿责任的同时,赋予保险公司追偿权。

我们的意见是,本条注意两个问题:一是侵权纠纷和交强险合同纠纷必须合并审理,从方便诉讼和有利审理的角度出发,当事人请求将商业第三者责任险合同纠纷合并审理的,可以合并。合并审理的要在认定侵权责任的基础上,根据保险法的相关规定及保险合同约定,判令保险公司承担责任,但保险公司的责任要明确具体,不能只是简单表述为保险公司在保险合同限额内承担责任。二是在因醉酒驾驶、无证驾驶发生交通事故后,保险公司应在交强险范围内承担医疗和死亡、伤残费用的责任,即《交强险条例》第二十二条中的财产损失不包含涉及人身损失部分。

11. 关于医疗损害赔偿责任问题

《纪要》认为,患者一方请求医疗机构承担侵权责任,应证明与医疗机构之间存在医疗关系及受损害的事实,并提供医疗机构及其医务人员有过错的初步证据。对于是否存在医疗关系,应综合挂号单、交费单、病历、出院证明及其他能证明存在医疗行为的证据加以认定。

医疗机构以损害是由于患者或者其近亲属不配合医疗机构进行符合诊疗规范的诊疗造成,或者医务人员在抢救生命垂危的患者等紧急情况下已经尽到合理诊疗义务,或者限于当时的医疗水平难以诊疗等为由,主张不承担赔偿责任的,应承担举证责任。

我们的意见是,《侵权责任法》出台后,医疗损害赔偿采用过错原则,举证责任改由患者或者其近亲属承担,审判中效果不是太好,本规定是对举证责任分配进一步细化,根据不同的情况明确医疗机构也有举证责任。

关于解决当前涉农民事审判若干疑难法律问题的意见

重庆市高级人民法院民一庭

(2012年10月10日)

近年来,全市法院贴近农业、农村、农民实际,依法、妥善解决了一大批涉农民事案件,为农村的稳定与发展做出了积极贡献。在涉农民事审判中,广大法官也遇到了许多疑难问题。对于这些问题,市高级人民法院民一庭广泛听取中、基层法院的意见,组织进行了调研。由于这些问题往往涉及法律与政策、历史与现实、稳定与发展等复杂因素,而我们提出的指导意见又主要以涉农民事案件的普遍性情况为背景,所以大家在涉农民事审判中应当注意三点:一是要具体情况具体分析,正确地理解与运用我们提出的指导意见。二是要审慎受理涉农民事案件。民事审判庭与立案庭应当保持密切的沟通,要按照“收得进,判得出,效果好”的基本精神指导涉农民事案件受理工作。对于通过基层党政组织解决效果更好的涉农民事纠纷,要主动向党政组织分析利弊关系,耐心向当事人做释疑疏导工作,促其通过其他途径解决。三是要始终坚持“调解优先,调判结合”的原则,紧紧依靠基层党政组织和便民诉讼联络员,不断加大调解工作力度,审慎确定裁判内容、选择裁判时机,努力争取案结事了的效果。另外,在涉农民事审判中，对一些问题的解决目前仍存在较大分歧，未能形成共识。为了有助于大家进一步思考，我们将解决这些问题的主要观点及理由进行了梳理。在涉农民事审判实践中，如果遇到重大疑难复杂案件，要按照请示、咨询制度处理。

下面，向大家报告解决涉农民事审判疑难法律问题的意见：

一、集体经济组织与成员资格

在涉农民事审判中，许多法律问题均涉及同一集体经济组织、集体经济组织成员资格的认定等基础问题。厘清这些问题，对于依法、妥善处理涉农民事案件具有重要作用。

1. 关于同一集体经济组织的界定

农村集体经济组织是指村、社（组）全体农民以生产资料集体所有制形式建立的独立核算的经济组织，具有为本集体经济组织成员提供基本社会保障和经营管理本集体经济组织内农民集体所有的资产的职能。在《土地管理法》第10条①、《物权法》第60条②、《农村土地承包法》第12条③的规定中，对目前农村集体经济组织最重要财产（土地）的归属及经营、管理进行了明确，也为我们理解农村集体经济组织提供了两个维度：第一，从纵向看，农村集体经济组织是分级所有，包括村或村民小组及其对应的集体经济组织。相应的，同一村民委员会的村民并不一定属于同一集体经济组织的成员。第二，从横向看，要注意村民委员会与村集体经济组织的关系。在村民委员会依法管理村农民集体所有的土地与其他财产时，容易与集体经济组织相混。对此，全国人大常委会法制工作委员会于1992年1月曾答复，“集体所有的土地依照法律规定属于村农民集体所有的，应当由村农业合作社等农村集体经济组织经营、管理，没有村农业集体经济组织的，由村民委员会经营、管理”。目前仍可照此理解。④

对同一集体经济组织的认定，最重要的判断标准有两点：一是看谁在对该集体所有的土地及其他财产行使所有权；二是看谁是土地的发包主体。同时，应结合案件的类型与个案的具体情形，具体分析并认定。如在土地征收补偿收益分配纠纷中，也可将土地补偿费的持有者和收益分配方案的制定者作为判断标准。据此，建立和采用村集体经济组织形式或者村民委员会行使集体土地及其他财产所有权的，该自然村为同一集体经济组织，此状态下的村内不同组、社的村民均属同一集体经济组织成员；村内存在两个以上集体经济组织，且集体土地及其他财产分别由该集体经济组织或者村民小组、社行使所有权的，该集体经济组织或者村民小组、社为同一集体经济组织。此状态下的同村不同组、社的村民分属不同的集体经济组织，即当然与其他组、社的村民不属同一集体经济组织成员。

2. 关于农村集体经济组织成员资格的认定

农村集体经济组织成员资格意义重大，关乎成员的根本利益。对成员资格的认定（包括取得与丧失），最高人民法院一直持谨慎的态度，亦曾建议全国人大常委会做出立法解释，但至今未有结论。

2009年5月31日，经与市财政局、市人力资源与社会保障局、市国土与房屋管理局、市农业委员会等部门会商，重庆市高级人民法院出台了《关于农村集体经济组织成员资格认定问题的会议纪要》（渝高法[2009]160号）。该纪要第1条规定：“农村集体经济组织成员资格的认定，应当以是否形成较为固定的生产、生活，是否依赖于农村集体土地作为生活保障为基本条件，并结合是否具有依法登记的集体经济组织所在地常住户口，作为判断农村集体经济组织成员资格的一般原则。”第7条规定：“迁入本市各区县（自治县）所辖街道办事处或者区县（自治县）人民政府驻地镇，转为非农业户口的，自取得非农业户口之日，其原有的集体经济组织成员资格丧失。”第9条规定：“农村集体经济组织成员资格丧失的确

---

① 《土地管理法》第10条规定，农民集体所有的土地依法属于村农民集体所有的，由村集体经济组织或者村民委员会经营、管理；已经分别属于村内两个以上农村集体经济组织的农民集体所有的，由村内各该农村集体经济组织或者村民小组经营、管理；已经属于乡（镇）农民集体所有的，由乡（镇）农村集体经济组织经营、管理。

② 《物权法》第60条规定，对于集体所有的土地和森林、山林、草原、荒山、滩涂等，属于村农民集体所有的，由村集体经济组织或者村民委员会代表集体行使所有权；分别属于村内两个以上农民集体所有的由村内各该集体经济组织或者村民小组代表集体行使所有权；属于乡镇农民集体所有的，由乡镇集体经济组织代表集体行使所有权。

③ 《农村土地承包法》第12条规定，农民集体所有的土地依法属于村农民集体所有的，由村集体经济组织或者村民委员会发包；已经分别属于村内两个以上农村集体经济组织的农民集体所有的，由村内各该农村集体经济组织或者村民小组发包。

④ 对二者关系的理解，还可见《村民委员会组织法》相关规定。该法第8条规定，村民委员会应当支持和组织村民依法发展各种形式的合作经济和其他经济，承担本村生产的服务和协调工作，促进农村生产建设和经济发展。村民委员会依照法律规定，管理本村属于村农民集体所有的土地和其他财产，引导村民合理利用自然资源，保护和改善生态环境。村民委员会应当尊重并支持集体经济组织依法独立进行经济活动的自主权，维护以家庭承包经营为基础、统分结合的双层经营体制，保障集体经济组织和村民、承包经营户、联户或者合伙的合法财产权和其他合法权益。

认，应当遵循以人为本的原则，在农村集体经济组织成员未改变户籍性质和退出承包地之前，一般不宜认定农村集体经济组织成员资格丧失。”对前述规定，要结合《全国民事审判工作会议纪要》（法办[2011]442 号）关于“要以当事人是否获得其他替代性基本生活保障为重要考量因素，慎重认定其权利主体资格的丧失，依法保护妇女、儿童以及农民工等群体的合法权益”的规定，予以全面、正确的理解。在实践中，要防止仅以渝高法[2009]160 号纪要第 7 条为据，以农村集体经济组织成员“取得非农业户口”为理由，认定其丧失成员资格。今年 3 月，市高法院在《关于黄昌连、李芯芮与重庆市永川区中山路街道办事处三星村柏树园村民小组土地补偿款纠纷请示案件的答复》中，亦要求：“关于集体经济组织成员权资格的认定问题，应当综合当事人在征地补偿安置方案确定时的生产、生活状况、户口登记情况以及农村土地对其是否具有基本生活保障功能等因素予以考虑。至于在当事人仅将户籍外迁的情形下，其在原集体经济组织的成员权资格是否丧失，还要以是否获得其他替代性基本生活保障为重要考量因素，从而慎重认定其成员权资格的丧失与否”。

3. 关于法办[2011]442 号批复规定的“替代性基本生活保障”的理解

为了确保“转户”农民的基本生活，对于“替代性基本生活保障”应当从严掌握。现阶段，符合下列情形之一的，可判定农民“转户”后在居住、生活的城镇获得了“替代性基本生活保障”：（1）已录用为国家公务员或事业单位编制人员的；（2）与用人单位订立固定或者无固定期限劳动合同，并已建立城市社会保障关系的；（3）私营企业主、个体工商户、自由职业者等从业人员，已建立城市社会保障关系的。

4. 关于渝高法[2009]160 号纪要所规定“城镇”的理解

本市各区、县人民政府住所地的城镇及其所辖各街道办事处所在地的城镇，以及已被城市社会保障体系所覆盖的乡、镇人民政府住所地的建制镇，属于该纪要所规定的“城镇”范围。

5. 关于几类特殊人员的成员资格认定

（1）违反计划生育政策所生子女，应认定其基于出生已取得父母所在集体经济组织成员资格。

（2）被依法宣告失踪的集体经济组织成员，在失踪期间，其集体经济组织成员资格并不丧失。

（3）复员军人选择返乡务农，并将户口迁入集体经济组织的，应认定其已取得该集体经济组织成员资格。

（4）父母已转为非农业人口，但仍属集体经济组织成员的，其户籍登记为非农业人口的未成年子女，具有其父母所在集体经济组织成员资格。

（5）父母非同一集体经济组织成员，若未成年子女户籍在农村的，以其户籍登记为准；若未成年子女户籍在城镇的，以其父或母首次主张权利时的选择为准。

6. 关于仅诉请确认成员资格是否受理的问题

由于目前尚无明确的法律、法规对农村集体经济组织成员进行界定，法院受理此类案件后将面临法律适用上的困窘。因此，当事人仅就成员资格提起确认之诉的，法官应释明，告知其可以依法以具体的成员权益存在纠纷为由提起诉讼；当事人坚持不改变请求的，法院应不予受理。

在审理土地承包经营权确认、承包地征收补偿费分配、土地承包经营权继承、宅基地使用权等纠纷时，需要对集体经济组织成员资格作出认定的，应当作为“案件事实”予以认定，但不能在判项中载明。

二、农村土地承包经营权纠纷

7. 关于土地承包经营权取得纠纷应否受理的问题

在《农村土地承包经营纠纷调解仲裁法》于 2010 年 1 月 1 日生效后，对法院能否受理农村土地承包经营权取得纠纷存在分歧。我们认为，目前法院不应将其作为民事案件受理，仍应告之其向有关行政主管部门申请解决。主要理由是：

第一，最高人民法院《关于审理涉及农村土地承包纠纷案件适用法律问题的解释》第 1 条第 2 款明确规定：“集体经济组织成员因未取得土地承包经营权提起民事诉讼的，人民法院应告知其向行政主管部门申请解决。”目前该司法解释仍有效。

第二，虽然根据《农村土地承包经营纠纷调解仲裁法》第 2 条、第 4 条规定，农村土地承包纠纷包括订立农村土地承包合同纠纷，对该纠纷不愿、不能达成和解或调解协议时，可以向农村土地承包仲裁机构申请仲裁，也可直接向人民法院起诉。但此处订立土地承包合同纠纷，应指双方已订立合同，但对合同的内容或效力存在争议；或者一方认为在订立合同的过程中受到欺诈、胁迫，要求变更或解除合同而产生的纠纷；或者一方认为对方在缔约过程中存在有违诚实信用原则而产生的纠纷等，而不包括集体经济组织成员或自认为具有成员资格的当事人并未实际取得土地承包经营权，要求法院确定其承包经营权的情形。

第三，虽然《农村土地承包法》规定集体经济组织成员享有“平等的承包土地的权利”，但根据《物权法》第 127 条的规定，土地承包经营权自土地承包合同生效时设立，故成员资格的权益在土地承包合同生效时才演变为实在的权利，在未取得之前，还不具有民事纠纷的可诉性。

第四，承包经营权取得产生的纠纷，不仅涉及起诉的集体经济组织成员与相应的集体经济组织，往往还牵涉其他一户甚至多户承包经营户的利益，此类纠纷由行政主管部门处理而不是交由法院裁判，更有利于纠纷的实际解决。

8. 关于取得土地承包经营权的判断

农村土地承包经营权的取得①，不以取得农村土地承包经营权证为生效要件，故在判断是否享有土地承包经营权时，不能仅将土地承包经营权证②作为确权的唯一依据，应结合土地承包合同和实际耕种情况予以确定。土地承包经营权证载明内容与承包合同内容不一致的，人民法院可以直接以承包合同记载内容予以认定，不必要求和等待登记部门作出说明或变更；若当事人认为登记部门的登记有误的，可以告之其向原登记部门申请变更，或者提起行政诉讼。

9. 关于土地承包纠纷案件中农户代表人诉讼地位的承担与农户的名称

(1)农户代表人诉讼地位的承担。《关于审理涉及农村土地承包纠纷案件适用法律问题的解释》(法释[2005]6号)第4条规定，"农户成员为多人的，由其代表人进行诉讼。农户代表人按照下列情形确定：(一)土地承包经营权证等证书上记载的；(二)未依法登记取得土地承包经营权证等证书的，为在承包合同上签字的人；(三)前两项规定的人死亡、丧失民事行为能力或者因其他原因无法进行诉讼的，为农户成员推选的人"。据此，在农户代表人死亡、丧失民事行为能力或者因其他原因无法进行诉讼的情况下，由农户成员推选的成员承担原代表人的诉讼地位。在实践中，如果农户成员拒绝推选或在法院指定的期间内没有推选，可以将土地承包经营权证或承包合同上记载的其他农户成员列为当事人。

(2)关于农户的名称。在发生农户代表人诉讼地位承担的情况下，不宜再以"原农户代表人"来称呼该农户，而应以承担诉讼地位的"新代表人"称呼该农户。

10. 关于承包方"交回承包地"的处理

《农村土地承包法》第29条规定："承包期内，承包方可以自愿将承包地交回发包方。承包方自愿交回承包地的，应当提前半年以书面形式通知发包方。承包方在承包期内交回承包地的，在承包期内不得再要求承包土地。"在《农村土地承包法》实施后，承包方交回承包地未提前半年以书面形式通知发包方的，如发包方未以实际行为表示接受，承包方单方面交回承包地的行为不产生解除土地承包合同的效力；如发包方以实际行为表示接受，且能够证明承包方自愿交回承包地、具有解除土地承包合同的真实意思，土地承包合同因双方当事人的实际行为达成了新的合意而解除。

11. 关于承包经营户成员请求分割承包土地份额的处理

在农村土地承包经营户内部，成员因分户、离婚等原因，请求对承包土地份额进行分割，在实践中常常引发纠纷。此类纠纷涉及到承包土地的调整，而承包土地能否调整，既与我国农村土地政策密切相关，又与农村集体经济组织或者村民委员会对农村公共事务的管理相关，宜由发包人依照法律、政策等规定作出相应处理，法院对分割承包土地份额的起诉不宜受理。

12. 关于违法调整承包地的认定及处理

《农村土地承包法》第27条③规定了发包人在因自然灾害毁损承包地等特殊情形的，可以调整承包地。但该法第28条④随即对应当用于调整承包的土地范围予以了界定，仅包括集体经济组织依法预留的机动地，通过依法开垦等方式增加的、承包方依法、自愿交回的等三种情形。从该两条规定的衔接上看，该法第27条是明确发包人可以调整土地的特殊情形，第28条是规定用什么类型的土地进行调整。表明发包人可以调整承包土地的事由及可用于调整

① 《农村土地承包法》第22条规定："承包合同自成立之日起生效。承包方自承包合同生效时取得土地承包经营权。"

② 《农村土地承包法》第23条规定："县级以上地方人民政府应当向承包方颁发土地经营权证或者林权证，并登记造册，确认土地承包经营权。"

③ 《农村土地承包法》第27条规定："承包期内，发包方不得调整承包地。

承包期内，因自然灾害严重毁损承包地等特殊情形对个别农户之间承包的耕地和草地需要适当调整的，必须经本集体经济组织成员的村民会议三分之二以上成员或者三分之二以上村民代表的同意，并报乡(镇)人民政府和县级人民政府农业等行政主管部门批准。承包合同中约定不得调整的，按照其约定。"

④ 《农村土地承包法》第28条规定："下列土地应当用于调整承包土地或者承包给新增人口：

(一)集体经济组织依法预留的机动地；

(二)通过依法开垦等方式增加的；

(三)承包方依法、自愿交回的。"

的土地均受到严格的规制。因此,不宜在实务中对“因自然灾害毁损承包地等特殊情形”之处的“等”作扩张性解释,否则,会导致发包人以公益事业为由,随意调整承包地,从而对“承包期内不得调整土地”的基本原则产生冲击。况且,农村集体经济组织的公益事业,如同社会公共利益一样,难以界定。在个案审理中,应认定发包方据此调整承包地的行为违法。对于承包人返还被调整的承包地的请求,应予支持;对于返还不能的,应判决赔偿损失。

三、土地流转合同纠纷

13. 关于改变承包土地农业用途的土地流转合同的效力

目前,关于该问题主要有两种观点:

一种观点认为:对因改变承包土地农业用途而产生的土地流转合同效力纠纷,仍应按照市高法院《关于钟术贵等82名村民与重庆市九龙坡区白市驿镇牟家村1社、郭军、蒋德轩租赁合同纠纷一案的复函》([2007]渝高法民示字第72号)精神处理。亦即,凡纠纷“涉及事项包含农用地的转用及是否擅自将农民集体所有的土地的使用权出让、转让或者出租用于非农业建设的行政管理事项,根据《中华人民共和国土地管理法》第81条的规定,该事项属行政主管部门主管范围,不属人民法院民事案件受理范围,故人民法院不宜以民事案件受理;已经受理的,应裁定驳回起诉,并告知当事人向行政主管部门申请处理。同时,对当事人应注意做好说服疏导工作,并与相关政府部门及时沟通情况,妥善做好稳定工作”。

另一种观点认为:对因改变承包土地农业用途而产生的土地流转合同效力纠纷,应当依法予以受理。受理后,在效力认定上应当遵守《土地管理法》第3条、第4条和《农村土地承包法》第8条第1款等规定。

《农村土地承包法》第八条第一款规定:“农村土地承包应当遵守法律、法规,保护土地资源的合理开发和可持续利用。未经依法批准不得将承包地用于非农建设。”对改变承包土地农业用途的土地流转合同,是否因违背法律、法规的禁止性规定而无效,涉及前述规定的属性。我们认为,根据《土地管理法》第3条、第4条规定①,我国实行十分严格的耕地和基本农田保护制度,以确保国家的粮食安全;《农村土地承包法》第17条也将维持承包土地的农业用途作为承包方的主要义务②。从前述立法意图审视,《农村土地承包法》第8条第1款的规定应为效力性强制规范,违反此规定的流转合同应属无效。

需要注意的问题是:

(1)用于非农建设的判断。一般可按照《土地管理法》第36第2款规定的“禁止占有耕地建窑、建坟或者擅自建房、挖沙、采石、采矿、取土等”情形作出认定。另外,根据《土地管理法》第36条③之规定,若流转的承包地属基本农田,实施了发展林果业、挖塘养鱼等行为,也属于将承包地用于非农建设。

(2)在承包人以转包、出租等形式将土地承包经营权流转给第三人的情况下,如果发包人发现第三人将土地用于非农建设,其虽与第三人并不存在合同关系,但作为对集体土地代表行使所有权的管理者,仍然有权以享有土地所有权的集体经济组织的名义,对承包人、实际使用承包土地的第三人提起诉讼,请求确认流转合同无效并承担相应民事责任。

(3)发包人以原承包人与第三人订立的流转合同因用于非农建设致合同无效为由,请求解除原承包合同的,应否支持?流转合同无效,原承包人或者第三人即负有将承包地恢复原状、改良土壤的责任,发包人因此可能会获得一定的赔偿,但为维护原承包人的生存利益及原承包合同承包期的稳定,不宜支持发包人解除原承包合同的主张。

14. 关于情势变更原则在土地流转合同纠纷案件中的适用

前几年,以转包、出租、互换、转让或者其他方式流转土地的当事人,在订立流转合同时,往往采用了“零流转价”、“负流转价”方式。近年来,随着党和国家有关农村政策的调整变化,特别是惠农力度的加大,土地承包经营权带来的收益日渐显现。部分承包经营户因此以情势变更为由,请求变更或者解除土地流转合同。处理此类纠纷的主要依据,一是最高人民法院《关于审理涉及农村土地承包纠纷案件

① 《土地管理法》第3条规定:“十分珍惜、合理利用土地和切实保护耕地是我国的基本国策。”第4条规定:“国家实行土地用途管制制度。”

② 《农村土地承包法》第17条规定:“承包方承担下列义务:
(一)维持土地的农业用途,不得用于非农建设;
(二)依法保护和合理利用土地,不得给土地造成永久性损害;
(三)法律、行政法规规定的其他义务。”

③ 《土地管理法》第36条规定:“非农业建设必须节约使用土地,可以利用荒地的,不得占用耕地;可以利用劣地的,不得占用好地。
禁止占用耕地建窑、建坟或者擅自在耕地上建房、挖砂、采石、采矿、取土等。
禁止占用基本农田发展林果业和挖塘养鱼。”

适用法律问题的解释》(法释[2005]6号)第16条①的规定;二是《合同法司法解释(二)》(法释[2009]5号)第26条②的规定。前者属可参照适用情势变更原则的解释,后者则是关于合同履行中有关情势变更的解释。在一般的商事合同纠纷中,能否直接适用情势变更原则,最高法院亦持谨慎态度。这一点从最高法院在《合同法司法解释(二)》出台后,即以通知形式对如何适用进行了严格的程序要求中不难看出,其明确要求:需在个案中适用的,应由高级法院审核,必要时应报请最高法院进行审核。情势变更虽与商业风险、不可抗力、可撤销的合同存在一定的区别,但实务中较难判断,而农村土地流转明显不同于商事行为,仅依据"零流转价"、"负流转价"尚不能认定原土地流转合同约定的条款内容显失公平。

倾向把握三点:第一,若在个案中发现继续履行合同将使得一方当事人获得的利益明显大于合同正常履行所取得的收益,而该种收益的取得完全是当事人意志以外的因素所致,如"退耕还林"政策带来的补偿利益,可认定为继续履行合同显失公平,参照适用情势变更原则处理。但应报市高法院审核。第二,参照适用情势变更原则变更流转合同的,只涉及是否继续履行问题,已经履行完毕的不涉及。第三,对于对方当事人的合理投入,承包方须给予适当补偿。

15. 关于转让承包经营权是否经发包人民主议定的问题

最高法院《关于审理涉及农村土地承包纠纷案件适用法律问题的解释》第13条规定:"承包方未经发包方同意,采取转让方式流转其土地承包经营权的,转让合同无效。但发包方无法定理由不同意或者拖延表态的除外。"即承包人转让承包经营权应经发包人同意,否则无效。进而,如发包人的同意未经过民主议定程序,能否以未经民主议定程序而认定合同无效?《农村土地承包法》只规定发包方在确定承包方案、决定调整承包地、明确以其他方式承包作出决定时,需要"经本集体经济组织成员的村民会议2/3以上成员或者2/3以上村民代表的同意",未包括转让承包地的行为。《土地管理法》、《村委会组织法》的相应规定,均未将转让经营权列入需民主议定的事项。从利益角度考量,转让与否,亦不涉及集体经济组织全体成员的重大利益。因此,未经过民主议定程序,不影响转让合同的效力。

16. 关于互换承包经营权

互换承包经营权是农村土地承包经营权流转的方式之一,为方便承包方耕作或者各自的需要,法律允许农村土地承包经营权以互换方式移转。

(1)不同集体经济组织成员之间互换承包经营权。《农村土地承包法》第40条③仅明确"可以对属于同一集体经济组织的土地的承包经营权进行互换",未对非同一集体经济组织的土地承包经营权能否互换作出规定。而《重庆市实施〈中华人民共和国农村土地承包法〉办法》(重庆市人大常委会[2007]6号公告)第34条第2款规定:"经双方所在集体经济组织同意,不同集体经济组织农户的承包土地可以互换。"在上位法无明确规定时,对于不同集体经济组织成员互换土地承包经营权的,只要能够证明已经双方所在集体经济组织同意,可根据重庆市的地方性法规认定互换有效。由于此种承包经营权的互换并未改变集体土地所有权的权属关系,互换者亦不因此而取得对方集体经济组织成员资格,倘若在互换履行的过程中发生征用土地的行为,导致互换者以及双方的集体经济组织为征收补偿费发生纠纷的,人民法院可以"继续履行合同不能"为由,判决解除互换合同。

(2)互换承包经营权与互换耕种的区别。承包人之间确定承包地的耕种权利互换,是一种方便生产的以互换耕种的方式获取收益的行为,约定期限一般较短,不产生土地承包经营权互换的法律后果。仅有耕种其他承包人所承包土地的事实,未有明确的互换土地承包经营权的意思表示、发包人同意或者备案方面的证据,不能认定为承包经营权的互换。

四、土地承包经营权和宅基地使用权的继承

17. 关于准许继承的土地承包经营权的范围

按照最高人民法院《关于审理涉及农村土地承包纠纷案件适用法律问题的解释》第25条④规定,除林地外的家庭承包中,承包经营权不发生继承问题。

---

① 《关于审理涉及农村土地承包纠纷案件适用法律问题的解释》第16条规定:"因承包方不收取流转价款或者向对方支付费用的约定产生纠纷,当事人协商变更无法达成一致,且继续履行又显失公平的,人民法院可以根据发生变更的客观情况,按照公平原则处理。"

② 《合同法司法解释(二)》第26条规定,合同成立以后客观情况发生了当事人在订立合同时无法预见的、非不可抗力造成的不属商业风险的重大变化,继续履行合同对于一方当事人明显不公平或者不能实现合同目的的,当事人请求人民法院变更或者解除合同的,人民法院应当根据公平原则,并结合案件实际情况确定是否变更或者解除。

③ 《农村土地承包法》第40条规定,承包方之间为方便耕种或者各自需要,可以对属于同一集体经济组织的土地的土地承包经营权进行互换。

④ 《关于审理涉及农村土地承包纠纷案件适用法律问题的解释》第25条,林地家庭承包中,承包方的继承人请求在承包期内继续承包的,应予支持。其他方式承包中,承包方的继承人或者权利义务承受者请求在承包期内继续承包的,应予支持。

承包期间取得的收益,可以作为遗产继承。农村土地承包经营权不能通过继承取得。荒山、荒沟、荒丘、荒滩等"四荒"地,按照《农村土地承包法》确定的原则,允许采取不同于家庭承包的其他方式承包,承包方可以是个人或者单位,承包方是个人的,还可以是非集体经济组织成员。因此,该种性质的土地承包经营权可以通过继承方式取得继续承包的权利。鉴于目前土地承包经营权的继承引发的纠纷较多,修订后的最高法院《民事案件案由规定》已将土地承包经营权继承纠纷作为第四级案由予以了增加,但这并不表明土地承包经营权都可以继承。可以通过继承方式取得继续承包的范围仍应限定在林地、"四荒"地两种土地承包经营权之内。

18. 关于宅基地使用权继承问题

对该问题尚未形成共识,倾向性意见认为:

依照《土地管理法》的规定,宅基地使用权系农村集体经济组织成员无偿取得,遵循"一户一宅"、"宅基地面积符合规定"、"属于本集体经济组织成员"等基本原则,同时,禁止非集体经济组织成员取得农村宅基地使用权。《物权法》第153条也明确,"宅基地使用权的取得、行使和转让,适用土地管理法和国家有关规定"。尽管现行法律没有明确规定不能通过继承取得宅基地使用权,但从前述规定和原则要求上看,若继承人与被继承人并非同一集体经济组织成员,基于其身份因素,仍不能继承被继承人生前取得的宅基地使用权;若继承人与被继承人系同一集体经济组织成员,对于其继承宅基地使用权的请求,仍不应支持。因为如果允许,就会导致一户多宅的后果出现,明显违反《土地管理法》有关"一户一宅"、"宅基地面积符合规定标准"等原则规定。

需要注意的是,对继承宅基地上农房所有权的诉请,绝不能因为宅基地使用权不能继承,以"房随地走"为理由而予以否定。由于房屋与宅基地事实上的不可分性,要确保农房所有权的权能得以实现,必然会导致"房在地随,地不侵房"的结果。所谓"房在地随,地不侵房",就是指在法律上不享有宅基地使用权的农房所有权人,虽不能主张宅基地使用权,但其行使农房所有权的行为必然延伸至对宅基地的使用,因而有权排除宅基地使用权人对其行使农房所有权的妨碍;在农房毁损灭失、不复存在的情况下,当事人不能基于自己的农房所有权,要求补给宅基地重建,或基于宅基地享受其他权利。总之,在前述情况下,农房所有权人对农房宅基地的使用,是一种事实行为,并非法律上的权利。在实践中,如果当事人既诉请继承农房所有权又诉请继承宅基地使用权,法院对"继承农房所有权"的诉请应当依照审理查明的情况依法处理,可以调解解决;对"继承宅基地使用权"的诉请,则应当以《土地管理法》为据判决驳回,并不得允许达成"同意继承宅基地使用权"的调解协议。

五、其他问题

19. 关于购买其他集体经济组织成员农房的效力

由于控制宅基地使用权的需要,现行法律法规、司法解释对农房买卖有严格限制,仅允许在同一集体经济组织内部流转。但是,这些限制与社会生活的实际需求存在一定冲突。而且,随着经济社会的发展,这种冲突日益突出。如"高山移民"基于生产、生活的需要,购买了其他集体经济组织成员的农房。如简单否定其效力,势必影响当事人的生产、生活,阻碍经济社会的发展。面对立法与现实需求的冲突,法院既要坚守法律底线又要能动司法。在处理此类合同的效力时,只要当事人在一审法庭辩论终结前,取得了出卖人所在集体经济组织同意,或者补办了农村集体建设用地手续及房屋登记手续,均可按效力得以补正处理,认定房屋买卖合同有效。

20. 关于不服农村土地承包仲裁裁决向法院起诉后又撤诉的处理

当事人不服农村土地承包仲裁委员会的仲裁裁决,向法院起诉后又申请撤诉,经法院裁定准许撤回起诉的,仲裁裁决发生法律效力。当事人就同一请求再次起诉的,不予受理;已经受理的,裁定驳回起诉。需要注意的是,如果法院已经查明农村土地承包仲裁委员会的仲裁裁决确有错误,应当裁定不准许撤回起诉。

陕西省高级人民法院　陕西省军区政治部武警陕西省总队政治部印发《涉军维权协调工作会议纪要》的通知

（陕高法[2012]14 号）

全省各中级、基层人民法院，西安铁路运输中级法院，各军分区政治部，各武警支队政治部、处：

《涉军维权协调工作会议纪要》已经相关领导批准，现印发给你们，望结合本地实际，认真贯彻执行。

涉军维权协调工作会议纪要

2011 年 12 月 9 日，省法院召开了涉军维权工作协调会，省法院主管涉军案件审判工作的副院长、省军区军事法院院长、省法院民一庭和军事法院负责涉军维权工作的相关人员参加了座谈会。

会议就近年来陕西军地法院开展涉军维权工作做了总结；对陕西省高级人民法院、陕西省军区政治部、武警陕西省总队政治部建立涉军维权纠纷案件沟通协调机制进行了研究。认为近年来，全省各级法院认真贯彻落实中央和省委关于加强涉军维权工作的要求，积极与省委政法委、驻陕部队等有关部门协作配合，采取切实措施，拓展审判领域，延伸法律服务，深入推进涉军维权工作，取得了良好的政治效果、法律效果和社会效果。与会同志结合我省目前涉军维权工作情况和审判实践，对建立军地涉军维权工作协调机制的进行了讨论，并形成了关于建立涉军维权案件沟通协调机制纪要：

1. 根据涉军维权工作的新形势和新要求，要进一步完善涉军案件审判工作机制，进一步发挥人民法院审判职能，维护国防利益和军人军属合法权益，为人民军队有效履行新的历史使命提供有力司法保障。为此，陕西省高级人民法院、陕西省军区政治部、武警陕西省总队政治部建立涉军维权纠纷案件沟通协调机制非常必要，有关各方应当共同努力，使之切实发挥作用，并不断完善。

2. 按照中央关于加强涉军维权工作长效机制建设的总体要求，建立健全涉军案件审判工作组织机构，建立信息沟通平台，坚持公平公正执法与保护国防利益相统一，依法独立行使审判权与军地协调配合相统一，促进军地双方沟通协调机制的规范、长效、良性运行。三方均同意于 2012 年上半年成立省高级人民法院、省军区政治部、省武警总队政治部涉军维权纠纷案件协调小组，下设办公室。涉军维权纠纷案件协调小组由省高级人民法院院长任组长，省高级人民法院主管涉军维权审判工作的副院长、省军区军事法院院长和武警西安军事法院院长任副组长，成员由省高级人民法院和省军区军事法院、省武警总队军事法院相关部门负责人组成。办公室设在省法院民一庭，主要负责落实协调小组的各项决定、涉军案件监督指导和统计、涉军维权日常事务处理、会议召集及其他协调工作。

3. 全省各级人民法院、省军区各单位、省武警总队各单位要切实按照《涉军维权纠纷案件沟通协调机制》要求，加强联系沟通，共同调处军队、军人军属的民事纠纷，妥善处理涉军群体性事件和军地重大利益纠纷，加强涉军维权工作区域协作，共同推动涉军维权工作创新发展。

附：陕西省高级人民法院　陕西省军区政治部武警陕西省总队政治部涉军维权纠纷案件沟通协调机制

附件:

陕西省高级人民法院 陕西省军区政治部 武警陕西省总队政治部涉军维权纠纷案件沟通协调机制

(2012年2月1日印发)

为认真贯彻落实西北五省(区)涉军维权工作座谈会议精神和最高人民法院关于进一步加强人民法院涉军案件审判工作的通知精神,根据涉军维权工作的新形势和新要求,进一步完善涉军案件审判工作机制,进一步发挥审判职能,维护国防利益和军人军属合法权益,为人民军队有效履行新的历史使命提供有力司法保障,陕西省高级人民法院、陕西省军区政治部、武警陕西省总队政治部关于建立涉军维权案件沟通协调机制进行座谈,就有关问题达成共识。

一、各级人民法院和驻军政治部门应统一思想认识,进一步增强维护国防安全、保障社会稳定的责任感、使命感,充分认识涉军案件审判工作的重要意义。按照中央关于加强涉军维权工作长效机制建设的总体要求,建立健全涉军案件审判工作组织机构,建立信息沟通平台,坚持公平公正执法与保护国防利益相统一,依法独立行使审判权与军地协调配合相统一,对涉案军人军属的动态信息及法院审理的涉军案件情况进行通报并就有关问题进行协调,促进双方沟通协调机制的规范、长效、良性运行,切实履行好维护国防利益和军人军属合法权益的重要职责。

二、省高级人民法院和省军区政治部、省武警总队政治部成立涉军维权纠纷案件协调小组,建立沟通机制。涉军维权纠纷案件协调小组由省高级人民法院院长任组长,省高级人民法院主管民事审判工作的副院长、省军区军事法院院长和武警西安军事法院院长任副组长,成员由省高级人民法院和省军区军事法院、武警西安军事法院相关部门负责人组成。办公室设在省法院民一庭,主要负责落实协调小组的各项决定、涉军案件监督指导和统计、涉军维权日常事务处理、会议召集及其他协调工作。

三、省高级人民法院和省军区政治部、省武警总队政治部建立军地联席会议、涉军案件信息通报制度,研究交流涉军审判事宜。通报会原则上每半年召开一次,由协调小组办公室负责具体实施。省高级人民法院负责通报其辖区内涉军维权纠纷案件的受理、审理及执行情况,提出该部分案件审理中遇到的疑难问题及需要省军区、省武警总队和其他政府职能部门协调配合的问题。省军区政治部、省武警总队政治部负责协调军分区、人民武装部、各支队及驻军部队,在涉军案件确认、文书送达、调查取证、诉外协调、诉讼调解、裁判执行等方面,支持配合地方人民法院,并就人民法院在案件审理中需要酌情考虑的问题提出交换意见,共同做好涉军案件审判工作。

四、畅通诉讼绿色通道。各级人民法院在涉军案件审判中要做到优先立案、优先审理、优先执行,尽快消除因涉军纠纷案件给部队建设带来的消极影响。在立案大厅设立涉军案件立案窗口,引导当事人理性对待诉讼,合理选择纠纷解决方式,提高部队和军人军属依法诉讼的能力。积极开展巡回审判,对于地处边远、交通不便的部队,可采取信函、互联网等方式立案,借助互联网、视频系统等进行案件审理,为驻地偏远部队及军人军属提供诉讼便利。

五、突出抓好重大案件的审理,建立重大涉军案件督办制度。各级法院要依法严厉打击危害国防利益的犯罪行为;依法妥善处理涉及部队战备执勤、演习训练、国防工程建设、军事设施保护、军用土地权属、军事禁区管理等纠纷案件,保障部队正常的战备、训练和工作秩序;依法惩处侵犯军人军属人身权、财产权案件,切实保障军人军属的合法权益;审慎解决可能导致群体性事件以及因历史遗留问题引发的重大纠纷案件,维护军队的良好声誉。重大疑难涉军案件,应层报省高级人民法院。省高级人民法院要加强与驻军政治机关的沟通交流,争取部队理解支持,协调小组做好案件督办工作。省军区政治部、省武警总队政治部要积极协调下属单位及相关驻军政治机关,共同做好调解工作,最大限度地实现法律效果、社会效果和政治效果的统一。

六、共同深入扎实做好调解工作。涉军案件审判要更加注重调解，切实把调解优先原则贯穿于审判工作全过程。要充分运用诉讼与非诉讼相衔接的纠纷解决机制，努力把涉军纠纷化解在诉讼之前。在认真做好地方当事人调解工作的同时，人民法院可通过驻军政治机关做好军队一方当事人的思想工作，引导军地双方当事人达成共识、消除纷争。

七、共同积极开展司法救助和法律援助。对经济困难的军人军属，请求给付赡养费、抚养费、扶养费、抚恤金、优待金、社会保险金、劳动报酬和经济补偿金、人身损害赔偿等案件，各级人民法院依法决定诉讼费的缓、减、免交。军人军属合法财产权益因不能执行兑现、生活困难的，人民法院和驻军单位应积极协调有关部门，给予必要救助。军人军属需要法律援助的，人民法院和驻军政治部门应积极协调有关法律援助机构，及时提供法律援助。

八、协力扩大审判效果，延伸法律服务领域。各级人民法院应结合涉军案件审判工作，积极扩大办案效果，拓展司法服务领域。选择危害国防利益和军人军属合法权益的典型案例，开展法制宣传教育，增强广大人民群众的国防法制观念。可通过开设涉军纠纷法律咨询热线电话、网站专栏、向部队及军人军属发放"维权服务联系卡"、设立军人军属信箱等方式，为部队和军人军属依法维权提供司法服务。各级人民法院应积极开展庭审观摩进军营、法律咨询进军营、法律培训进军营，适时邀请部队官兵到法院参加庭审，增强官兵依法办事意识和解决涉法涉诉问题的能力，驻军政治部门应积极做好协调配合工作。

九、加强审判队伍建设。各级人民法院要选派政治过硬、业务精通、经验丰富、作风优良的业务骨干，充实涉军案件审判队伍。优先安排涉军案件合议庭或审判庭成员参加相关业务培训，每年原则上应保证一次参观走访、参加"国防教育日"等活动，激发爱国热情，增强国防观念，掌握必要的国防知识，准确把握部队和官兵维权需求，提高涉军案件审判水平。

十、建立通报制度。省高级人民法院应将涉及军人军属案件的有关法律、法规，最高人民法院制定的相关司法解释及相关会议精神及时通报给省军区政治部和省武警总队政治部。省军区政治部和省武警总队政治部应将部队的条令、条例和相关政策通报给省高级人民法院。双方在接到通报后，应及时传达给本系统基层单位，以便及时、准确地掌握处理案件的法律、法规和相关政策。在涉军维权案件审理中，若发现可能出现涉案群体上访或者其他可能出现的不稳定因素的，各级人民法院可层报或报省高级人民法院，省高级人民法院应及时将此情况反馈给省军区政治部和省武警总队政治部，由省军区政治部和省武警总队政治部协调做好涉案军人军属的稳定工作，必要时省高级人民法院应会同省军区政治部和省武警总队政治部将此情况通报给政府职能部门，做好维稳防控工作。军地双方应注意总结经验，及时改进工作方式方法，提高工作效率。对于一些复杂疑难问题，应积极探索尝试，双方可视情组织人员交流学习外省市的先进经验做法。

十一、建立检查监督和奖惩制度。各级人民法院和省军区、省武警总队各单位要把涉军维权工作纳入单位和个人业绩考核，作为创先争优的硬指标。协调小组每年对全省法院和驻军单位涉军维权工作开展情况进行一次综合检查，加强监督指导，积极解决工作中遇到的困难和问题，保障涉军维权工作顺利进行。对涉军维权工作成绩突出的单位和个人予以表彰奖励。对工作不力，造成重大影响和损失的，各单位通报批评。

十二、全省各级人民法院和驻军单位开展涉军维权工作，参照执行。

二〇一二年二月一日

陕西省高级人民法院关于印发《涉军维权工作专题会议纪要》的通知

（陕高法[2012]142号）

各市中级人民法院、西安铁路运输中级法院：

《涉军维权工作专题会议纪要》已经相关领导批准，现印发给你们，望结合本地实际，认真贯彻执行。

附：涉军维权工作专题会议纪要

二〇一二年五月三十日

附件:

涉军维权工作专题会议纪要

2012年5月3日,省法院召开了涉军维权工作专题会议,省法院安东院长、张其富副院长、兰州军区陕西军事法院贾胜军院长以及省法院办公室、宣教处、民一庭和军事法院负责涉军维权工作的相关负责同志参加了会议。

会议就近年来陕西军地法院开展涉军维权工作做了总结,认为全省各级法院认真贯彻落实中央和省委关于加强涉军维权工作的要求,积极与驻陕部队等有关部门协作配合,采取切实措施,拓展审判领域,延伸法律服务,深入推进涉军维权工作,取得了良好的政治效果、法律效果和社会效果。与会领导和同志结合我省目前涉军维权工作情况和审判实践,对下一步开展涉军维权工作进行了讨论,对有关工作进行了部署。现纪要如下:

一、加强领导,建立健全组织机构,确保军地双方沟通协调机制的规范、长效、良性运行。成立陕西省高级人民法院涉军维权工作领导小组,下设办公室。涉军维权工作领导小组由省高级人民法院院长任组长,主管涉军维权审判工作的副院长、兰州军区陕西军事法院和武警西安军事法院院长任副组长,成员由省高级人民法院和省军区军事法院、武警西安军事法院相关部门负责人组成。办公室设在省法院民一庭,编制3-4人,负责落实领导小组的各项决定、涉军案件监督指导、涉军维权日常事务处理、会议召集及其他协调工作。同时,下发《陕西省高级人民法院关于进一步加强涉军维权工作的通知》,对有关工作进行部署。

二、完善涉军维权工作制度,规范涉军案件审判流程,促使涉军维权工作规范化、制度化、常态化。

三、畅通涉军维权绿色通道,设立"涉军案件立案窗口",选任现役军人、退役军人、军属担任陪审员,参与涉军案件审判,不断增强审判的法律效果和社会效果。

四、更加突出司法服务职能,建立"涉军维权法律工作站",提升维权服务效果,积极开展"五个一"活动。

五、努力创新工作,发挥司法能动性,实现法律服务的延伸。

六、认真总结并推广先进经验,加大宣传力度,营造良好的维权氛围,大力弘扬人民法院司法拥军的时代精神。

会议要求,全省法院要积极适应新形势、新任务的要求,创新工作机制,坚持能动司法,进一步丰富维权工作内容,以行之有效的方式解决部队涉法涉诉问题,努力化解矛盾纠纷,积极为广大官兵和军属排忧解难,促进军政军民团结,维护部队稳定与社会和谐,维护国防利益和军人军属合法权益,为人民军队履行使命提供有力的司法保障。

宁夏回族自治区高级人民法院关于印发《关于民商事上诉案件改判和发回重审若干问题的意见(试行)》的通知

(宁高法[2012]7号)

全区各中、基层法院,本院各部门:

宁夏回族自治区高级人民法院《关于民商事上诉案件改判和发回重审若干问题的意见(试行)》已经高级法院审判委员会2012年第2次会议研究通过,现印发你们,请认真贯彻执行。

二〇一二年一月十日

关于民商事上诉案件改判和发回重审若干问题的意见(试行)

为保证宁夏回族自治区各级人民法院审理民商事纠纷案件裁判原则的统一性,保障司法审判程序与案件实体处理的公正、合法,规范法官的审判行为,进一步提高全区各级人民法院对民商事纠纷案件的审判质量,依照《中华人民共和国民事诉讼法》、《最高人民法院关于适用〈民事诉讼法〉若干问题的意见》、《最高人民法院关于民事诉讼证据的若干规定》(以下简称《证据规定》)、《最高人民法院关于人民法院合议庭工作的若干规定》(以下简称《合议庭规定》)等有关法律及相关司法解释的规定,结合全区各级人民法院对民商事纠纷案件的审判经验和实际情况,制定本意见。

一、因一审法院违反法定程序,二审法院应当发回重审的情形

第一条 《最高人民法院关于适用〈中华人民共和国民事诉讼法〉若干问题的意见》第181条规定的情形。

第二条 严重违反法定程序的相关情形:

(一)诉讼手续不符合法律规定的;

(二)更换合议庭成员未告知诉讼当事人的;

(三)开庭审理程序严重不符合法律规定的;

(四)审判人员自审自记,或者书记员充当审判人员自审自记的;

(五)将未经质证的证据作为定案依据的;

(六)适用简易程序审理的案件转为普通程序审理后,未重新开庭即作出判决的;

(七)违反《合议庭规定》第十一条、第十五条、第十六条、第十七条规定,未经合议庭复议或者未经审判委员会讨论决定即以少数人意见对案件作出处理的;

(八)一审判决遗漏案件当事人的;

(九)一审法院违法缺席判决的;

(十)其他严重违反法定程序的情形。

第三条 必须参加诉讼的当事人在一审中未参加诉讼,二审法院可以根据当事人自愿的原则予以调解,调解不成的,发回重审。

二、对一审裁判的实体方面予以改判或者发回重审的情形

第四条 一审判决认定事实错误或者认定基本事实不清、证据不足,二审法院能够查明案件事实的,直接依法改判;一审判决认定基本事实不清的,二审法院无法查明案件事实的,应当发回重审。

第五条 对不属于《证据规定》第四十一条第一款第(一)项规定的新证据的证据,当事人因其自身过错在法定举证期限内或者法院指定期限内无正当理由在一审程序中未提交,在二审程序中才提交的,二审法院不予采纳。一审判决在原有证据条件下并无不当的,二审法院应当维持原判。

第六条 对不属于《证据规定》第四十一条第一款第(一)项规定的新证据的证据,当事人因其自身过错在法定举证期限内或者法院指定期限内无正当理由在一审程序中未提交,在二审程序中才提交的,二审法院经审理,认为必须对一审判决予以改判,否则将导致显失公平,且二审法院能够查明案件事实的,应当直接改判,并判令提供上述证据的当事人负担相关的合理费用以及由此扩大的直接经济损失。

二审法院经审理后,认为无法直接改判的,应当发回重审。

第七条 当事人在二审程序中依法提交了《证据规定》第四十一条第一款第(二)项规定的新证据,二审法院能够据此查明案件事实的,应当直接改判,并判令提供上述证据的当事人负担相关的合理费用以及由此扩大的直接经济损失。

二审法院无法查明案件事实的,应当发回重审。

第八条 一审判决认定的案件事实,无相应证据证明,当事人对全部案件事实不予认可的,二审法院应当发回重审。

当事人仅对案件的部分事实不予认可,二审法院应当在查明该部分案件事实后,直接依法改判。

第九条 当事人对其在一审质证中已经认可的证据,在二审程序中又予否认的,如无新证据支持其否认的主张,已有的其他证据又不足以确定一审判决有误的,二审法院应当维持原判。

依据已有的证据查明的案件事实与一审判决认定事实不一致的,二审法院应当直接改判。

第十条 两审法院对适用法律认识不一致时,二审法院能够认定一审判决适用法律确有错误的,应予改判。否则,应当维持原判。

三、对一审法院行使自由裁量权的民商事上诉案件的处理原则

第十一条 在既无法律、法规规定,又无相关司法解释的情况下,审理案件应当按照下列顺序检索参照有关规定:

(一)最高人民法院已经明确的统一的指导意见;

(二)最高人民法院公布的生效判决及案例中体现的审判原则;

(三)自治区高院的书面指导性意见或自治区高院推荐的参阅案例。

在无法律、法规、相关司法解释及上述有关规定的情况下,可以适当行使自由裁量权。

第十二条 一审法院行使自由裁量权后,二审法院对上诉案件经过审理,按照下列情形,分别处理:

(一)一审法院行使自由裁量权,既未违反法律、法规规定幅度,又未违反法律规定的基本原则的,二审法院应予维持原判;

(二)因一审法院行使自由裁量权,导致一审判决违反法律、法规规定幅度或者违反法律规定的基本原则的,二审法院应当直接改判。

第十三条 两审法院对一审自由裁量结果存在不同认识时,二审法院能够确定一审判决的自由裁量结果确有错误或显失公平的,应予改判。否则,应当维持原判。

四、对一审法院行使释明权的民商事上诉案件的处理原则

第十四条 一审法院认为需经审计、鉴定等工作才能查明案件事实,而各方当事人均未提出申请的,一审法院应当充分释明,并询问和要求各方当事人对是否申请审计、鉴定等工作予以明确。

对此类上诉案件,二审法院按照下列情形处理:

(一)经一审法院充分释明并询问后,各方当事人虽均未提出审计、鉴定等申请,但上诉人仅以一审法院未进行此类查证工作即径行判决为由提起上诉,二审法院经审理认为确需进行此类查证工作的,应当询问并要求各方当事人对是否提出申请予以明确;

(二)经二审法院依本条第(一)项规定询问后,当事人依法定程序提出申请并办理相关诉讼手续的,二审法院在查明案件事实后,应当直接判决;

(三)经二审法院依本条第(一)项规定询问后,各方当事人仍未提出申请的,二审法院应当维持原判。

第十五条 各方当事人在一审中未提出审计、鉴定等申请,一审法院亦认为无审计、鉴定等调查工作之必要,但在案件审结后,当事人仅以一审法院未进行此类查证工作即径行判决为由提起上诉的,二审法院对上诉案件经过审理,按照下列情形,分别处理:

(一)二审法院经审理认为无需进行审计、鉴定等调查工作的,且一审判决在原有证据条件下并无不当,二审法院应当维持原判;

(二)二审法院认为必须进行此类查证工作,否则将导致案件的主要事实不清的,应当询问并要求各方当事人对是否提出申请予以明确;

(三)经二审法院依本条第(二)项规定询问后,当事人依法定程序提出申请并办理相关诉讼手续的,二审法院在查明案件事实后,应当直接判决;

(四)经二审法院依本条第(二)项规定询问后,各方当事人仍不提出申请的,二审法院应当维持原判。

第十六条 当事人依照法定程序主动向一审法院提出审计、鉴定等申请,并办理了相关诉讼手续的,一审法院未进行此类查证工作即径行判决,上诉人以此为由提出上诉后,二审法院认为审计、鉴定与否不影响对案件事实的认定,且一审判决在原有证据条件下并无不当的,应当维持原判。

二审法院认为必须进行此类查证工作方能查明案件事实,否则将导致案件的主要事实不清的,应当发回重审。

第十七条 一审诉讼过程中,当事人主张的法律关系的性质或者民事行为的效力与一审法院根据案件事实作出的认定不一致的,一审法院应当告知当事人可以变更诉讼请求,并依照《证据规定》第三十五条的规定处理。

经一审法院行使释明权后,当事人对一审法院裁判提起上诉的,二审法院经审理,按照下列情形,分别处理:

(一)当事人虽然变更了诉讼请求,但法律、法规或者相关司法解释已明确规定了对上述法律关系的性质或者民事行为效力的认定条件,而一审判决未依此正确认定的,二审法院应当改判;

(二)当事人变更了诉讼请求,但法律、法规或者相关司法解释对上述法律关系的性质或者民事行为效力的认定并无明确规定,且一审裁判并无不当的,二审法院应当维持原判;

(三)经一审法院告知后,当事人仍未变更诉讼请求,当事人主张的法律关系的性质与一审法院根据案件事实作出的认定不一致的,一审法院应当裁定驳回原告的起诉;

（四）经一审法院告知后，当事人仍未变更诉讼请求，当事人主张的民事行为（或者合同）的效力与一审法院根据案件事实作出的认定不一致的，一审法院应当判决驳回原告的诉讼请求。

第十八条　一审法院未行使本《意见》第十七条规定的释明权，当事人仅以一审裁判对法律关系的性质或者民事行为的效力认定错误为由提起上诉，二审法院对上诉案件经过审理，按照下列情形，分别处理：

（一）二审法院认为一审裁判并无不当的，应当维持原裁判；

（二）二审法院认为一审判决对法律关系的性质或者民事行为的效力的认定确有错误，需要予以部分改判，否则将导致裁判显失公平的，应当直接改判；

（三）二审法院认为一审法院对法律关系的性质或者民事行为的效力的认定错误，二审必须对一审裁判认定的全部案件事实予以推翻，否则将导致案件的主要事实不清的，应当发回重审。

第十九条　在一审诉讼过程中，当事人在起诉状、答辩状、陈述及其委托代理人的代理词中承认的对己方不利的事实和认可的证据，一审法院应当予以确认。

当事人既未承认也未否认的，一审法院应当充分释明，并询问和要求当事人对承认或者否认予以明确。

经一审法院充分释明并询问后，当事人仍不明确表示肯定或者否定的，视为对该项事实的自认。

第二十条　当事人在起诉状、答辩状、陈述及其委托代理人的代理词中自认，在一审或者二审中又对此自认予以反悔的，一审法院和二审法院对其反悔应不予认定。但下列情形除外：

（一）当事人在一审或二审的法庭辩论终结前撤回承认并经对方当事人同意的；

（二）当事人有充分证据证明其承认行为是在受胁迫或者重大误解情况下作出且确与案件事实不符的；

（三）当事人依法定程序提供了足以推翻其自认的相反证据和事实的。

第二十一条　一审法院依本《意见》第十九条第三款视为一方当事人自认，在二审审理中，另一方当事人对此自认的案件事实明确表示有争议的，视为该自认予以撤回。二审法院应当在查明事实后依法直接作出裁判。

第二十二条　一审法院未行使本《意见》第十九条第二款所述释明权，直接采用一方当事人陈述或者列举的不利于另一方当事人的事实或证据作为定案依据，另一方当事人以此事实认定有误提起上诉的，二审法院应当在查明事实后依法直接作出裁判。

五、对涉及法院审理范围的民商事上诉案件的处理原则

第二十三条　一审法院应当在当事人的诉讼请求范围内，对案件事实和证据进行审理。

对于当事人在一审中已依法定程序提出的或者增加的诉讼请求，一审法院遗漏审理、判决的，二审法院可根据当事人自愿的原则进行调解，但调解不成的，应当发回重审。

第二十四条　一审法院以补正裁定形式更改一审判决主文实体内容的，二审法院应当在查明案件事实后，直接依法改判。

第二十五条　二审法院应当对当事人上诉请求的有关事实和适用法律进行审理，不应超出一审判决认定事实和判决主文内容，或者超出当事人在一审的诉讼请求进行审理。

第二十六条　二审法院在对上诉人上诉请求的有关事实和适用法律进行审理时，发现在上诉请求以外，一审裁判结果确有违反法律禁止性规定、损害国家利益、社会公共利益或者第三人利益的情形的，应当予以改判或发回重审。

六、对二审法院拟改判、发回重审案件的处理程序

第二十七条　拟改判、发回重审的上诉案件，合议庭在合议后，应当与原审法院进行沟通，在法律允许的范围内通报二审审理过程中出现的新情况和一审存在的问题，充分听取一审法院意见，制作工作笔录，并将此过程记入合议笔录。

第二十八条　裁定发回重审的上诉案件，可以使用内部指导函；具备条件的案件，也可以将发回重审的具体理由和指导意见一并写入裁定书，不再另发内部指导函。

第二十九条　工作笔录及内部指导函应装入重审案件副卷中。

第三十条　原审法院对发回重审的案件作出判决后，当事人提起上诉的，二审法院应当依法作出判决。

七、附则

第三十一条　本《意见》适用于宁夏回族自治区各级人民法院审理的民商事纠纷案件。审判监督程序按照二审程序审理的案件，根据案件性质，参照本《意见》规定执行。

第三十二条　今后如与法律、法规、司法解释和最高人民法院及自治区高级法院有关规定有抵触时，本《意见》自行废止。

第三十三条　本《意见》由自治区高级法院审判委员会负责解释。

第三十四条　本《意见》自下发之日起施行。

第四部分　全国法院民事审判工作领导讲话、文稿

认真贯彻党的十八大精神　大力加强民事审判工作

——在第二十次全国法院工作会议上的专题讲话

最高人民法院副院长　奚晓明

(2012年12月27日)

这次全国法院工作会议,是在党的十八大刚刚胜利闭幕的历史背景下召开的。党的十八大精神和王胜俊院长在本次会议上所做的报告,对我们客观总结五年来的工作,科学部署当前和今后一个时期工作,具有重要指导意义,必须认真学习领会,切实贯彻落实。按照会议安排,下面我就民事审判工作讲两个问题。

一、五年来民事审判工作的主要成绩

2008年以来,各级法院在中央和最高法院党组的正确领导下,坚持以邓小平理论、"三个代表"重要思想、科学发展观为指导,坚持社会主义法治理念和"三个至上"指导思想,紧紧围绕执法办案第一要务,充分发挥民事审判职能作用,在促进经济社会发展、保护人民群众切身利益和维护社会公平正义等方面,发挥了重要作用。

(一)执法办案取得显著成绩。2008年至今年11月,全国法院共受理民事案件3069.99万件,审结3004.88万件。民事审判所审理的各类案件,占人民法院全部诉讼案件的86.47%。其中,审结婚姻家庭继承纠纷案件721.40万件,各类合同纠纷案件1574.58万件,侵权及权属类纠纷案件708.90万件。这些案件中,包括保险、证券、票据、借款等金融类案件70.35万件,股东权纠纷案件10.76万件,专利、商标、著作权、技术合同和反不正当竞争案件22.01万件,涉外及涉港澳台民事和海事海商案件12.42万件。各级法院通过公正高效地审理各类民事案件,及时化解了大量社会矛盾,有力地保护了各类民事主体的合法权益,促进了经济健康有序发展,维护了社会和谐与稳定。

(二)服务大局作出积极贡献。各级法院秉持能动司法的理念,采取各种措施,保障党中央经济社会发展战略部署的贯彻落实,积极应对国际金融危机。最高法院制定和公布民事审判司法解释和指导性文件近70件,指导各级法院稳妥处理新形势下出现的各种案件。各级法院多方采取措施,妥善审理涉及企业相互拖欠资金、民间借贷、小微企业资金链断裂、房地产调控、金融改革等案件,为维护市场秩序和国家金融安全、促进经济结构调整和产业升级、推动深化改革和对外开放,为经济社会发展作出重要贡献。积极采取措施应对汶川地震、婴幼儿奶粉事件等重大突发事件,保障北京奥运会、上海世博会等重大活动顺利进行,为党和国家工作大局提供了有力的司法服务。

(三)保障民生获得明显成效。各级法院坚持司法为民的根本宗旨,维护人民群众的合法权益,满足人民群众的司法需求,维护社会公平正义。高度重视与人民群众切身利益密切相关案件的审理,努力构筑保护民生权益的司法防线。积极回应民生关切,采取多种形式,创新司法便民利民措施。坚持"调解优先,调判结合"的工作原则,积极探索和完善民事调解工作新机制,有力推进了"大调解"工作机制的建立。实现了调解结案率和服判息诉率"两上升",涉诉信访率和强制执行率"两下降",维护保障民生良好效果不断显现。

(四)基层基础更加扎实巩固。各级法院按照"面向基层、服务基层、建设基础"工作方针和"以审判工作为中心、队伍建设为根本、物质装备为保障"总体思路,大力夯实基层基础。围绕审判工作这个中心,在推进经费保障体制改革,调整人民法庭合理布局,加强基层法官职业保障,提高基层法官司法能力,规范上下级法院监督指导等方面取得了全面进展,人民法院基层履职基础更加扎实,已经并将继续成为化解矛盾、维护稳定、促进和谐的重要防线。

在总结成绩的同时,我们必须清醒地看到,党的十八大对我国经济社会发展做出了全面部署,也对人民法院民事审判工作提出了新的历史要求。贯彻落实科学发展观,实现全面建成小康社会的宏伟目标,还需要全国各级法院坚持不懈地努力奋斗。

二、今后一段时期民事审判工作的主要任务和要求

根据党的十八大和不久前召开的中央经济工作会议精神,进一步做好当前及今后一段时期民事审判工作,重点应当把握以下几个方面:

(一)依法保障宏观经济政策落实。要审慎处理民间借贷和企业间借贷等融资纠纷,支持实体经济特别是中小微企业的发展。在审理金融、保险、证券等纠纷时,要注意依法处理好鼓励金融创新与防范和化解金融风险的关系,要特别注意中央经济工作会议提出的要求,配合相关部门,坚决守住不发生系统性和区域性金融风险的底线,维护国家金融安全和稳定。要在国家房地产调控政策下,依法妥善审理房地产纠纷案件,引导建立健康有序的房地产市场秩序,促进房地产业的健康发展。要坚持物权和其他合法权益的平等保护原则,保障各类市场主体的平等法律地位和公平发展权利。

(二)依法保障"三农"工作持续发展。要妥善处理好涉农民事案件,依法维护农民土地承包经营权、宅基地使用权和集体收益分配权等合法权益。要加大对违法收回、调整承包地等案件的审判力度,规范土地承包经营权流转秩序,依法制裁非法转让土地使用权、非法占用耕地等行为。依法审理农产品流通中发生的纠纷,严厉打击制售假冒伪劣农资等坑农害农行为,保护农民财产权益。加大对新型农业经营体系的司法支持,依法推进农业现代化进程。依法保护广大农民的财产权益,使其共同分享现代化成果。

(三)依法保障产业结构加快调整。要妥善审理各类股权转让、股权确认纠纷案件,依法保护投资者合法权益,发挥投资对经济增长的关键作用,保障企业资产和投资权益的正常流通。要有效运用企业清算、破产等法律制度和重整、和解等法律程序,对于符合国家产业政策、具有发展前景、暂时陷入困境的企业,依法保障其生存发展;对于不符合产业政策的企业实行破产清算,实现企业优胜劣汰,促进化解产能过剩矛盾,推进企业产业结构升级。要通过消费者权益的充分保护,保障消费安全,助推消费需求的释放。

(四)依法保障创新驱动发展战略深入实施。要加大知识产权司法保护力度,积极推动创新驱动发展战略实施,加强重点领域的技术成果保护,推动自主创新。加强战略性新兴文化产业领域的著作权保护,推动发展新型文化业态,积极促进网络环境下的产业组织和商业模式创新。严厉制裁重点领域的不正当竞争行为,依法制止各类垄断行为,促进垄断行业加快改革,增强市场活力。大力加强商标权保护,促进品牌创新和品牌经济发展。要加大驰名商标保护力度,发挥知名品牌在刺激消费需求、培育新的经济增长点、优化产业结构方面的引领作用。

(五)依法保障城镇化顺利推进。要在国家新型城镇化建设的整体战略部署下,妥善审理城镇土地征收补偿、房屋拆迁等民事纠纷,依法保护当事人的合法权益,提高土地集约利用水平。在审理涉及城市建设的重点工程招标投标、建设工程施工、合资合作开发等纠纷案件时,要加快审理进度,确保城市基础设施建设顺利推进。立足维护社会公平正义的高度,配合有序推进农业转移人口市民化进程,妥善处理所涉及的住房、就业、消费等领域的民事纠纷。要从保障新型城镇化高质量发展的角度,依法审理城镇化进程中因产业转移、资源开发等引发的民事纠纷,积极引导城镇化健康发展,切实发挥城镇化在扩大内需方面的作用。

(六)依法保障深化改革、扩大开放。要支持创业者,保护改革者,营造稳定、公平的良好法治环境。要通过科学规划、合理设置法院管辖权,探索在案件集中的领域,建立专门的审判庭或合议庭,不断满足改革开放对司法专门性和便利性提出的新要求。要依法审理各类涉外民事案件,认真解决法律适用协调与衔接问题,平等保护中外投资者合法权益。深入开展"中国企业走出去"风险防范司法机制以及在创建新的对外开放竞争优势中发生的新的法律问题的研究,为全面提升开放型经济水平、提高国际竞争力提供司法保障。要妥善审理涉港澳台民事纠纷案件,不断完善区际冲突规范,注重通过加强区际司法互助,共同提高案件的审理效率,促进两岸四地经济的共同发展。

(七)依法保障和改善民生。要把谋民生之利、解民生之忧,作为审理相关民事案件的出发点和落脚点,审理好医疗卫生、教育就业、婚姻家庭、食品安全、道路交通、环境保护等与民生息息相关的民事案件,保障人民群众特别是低收入群众的基本生活,保障国家保障和改善民生重点工作的顺利开展。要进一步创新便民利民措施,加大司法救助力度,及时有效解决群众合法合理诉求。要通过劳动争议、知识产权等案件审理,倡导勤劳致富、创业兴业的价值取向,注重民事责任的裁判与经济社会发展和居民福利水平相适应。要充分发挥民事审判职能作用,为人民群众共享和谐社会建设成果提供坚实的司法保障,保障人民安居乐业和社会安定有序。

（八）依法保障社会管理和社会建设。要着力强化司法在创新社会管理中的基本保障地位，注重发挥好民事裁判的引领作用，积极推进社会管理法治化建设。要研究人口大规模流动等形势下的社会管理规律，在审理民事案件中发现的社会管理方面的问题，要及时提出司法建议，促进提升社会管理科学化水平。要积极参与和依托社会管理，从源头上减少矛盾、从根本上化解纠纷。要始终坚持基层基础是民事审判的重中之重，采取多种形式监督指导基层法院的民事审判工作。要切实改进工作作风，说真话、做实事，着眼于基层亟须解决的实际困难，努力把各项工作落到实处。要着力提高基层法院的司法履职能力和纠纷化解能力，畅通和规范群众权益保障渠道，真正实现将矛盾化解在当地、化解在基层。

（九）依法保障文化强国建设。要切实加大著作权和非物质文化遗产保护力度，促进全民族创造源泉充分涌流，增强文化整体实力和竞争力。要在审理民事案件中，注重通过过错的分析、责任的认定等，树立公平正义的价值理念，引导群众遵守法律和社会公德。在依法保护权利、制裁侵权的基础上，积极倡导互谅宽容。要通过缔约过失和违约责任等制度的运用，保护诚实守信者的合法权益，防止实质违法的行为人籍形式合法获得不正当利益，促进社会诚信建设。要通过调解和民事裁判说理，重视和强化夫妻间的忠实义务，亲属间的扶养、赡养义务等家庭责任的承担，努力培育和谐友善的良好风尚。要充分尊重和考虑社会主义道德和伦理，充分考量个案裁判对整个社会公共道德体系的影响，避免因错误理解和孤立片面适用法律规定，作出违背公序良俗的裁判。

（十）依法保障生态文明建设。要按照节约资源和保护环境的基本国策，审慎处理矿产、土地、水资源、新能源等资源开发利用、环境保护治理方面的民事纠纷。通过环境损害赔偿制度的合理运用，加强环境监督保护力度，推动生态文明建设。进一步完善海事法院管理体制与审判运行机制，提高海事法院跨区域司法能力和重大纠纷调处能力，适时拓展海事法院的管辖范围，全面服务海洋经济发展，坚决维护国家海洋权益。要积极敦促沿海各地建立健全海洋环境损害鉴定评估机构，加强对渔民等用海群体的法制宣传和诉讼指引，努力改善海洋环境保护的法治软环境。要努力形成稳定有效的调处机制，更加高效地处理大规模环境污染索赔案件。

（十一）认真落实新民事诉讼法规定。民事诉讼法是人民法院审理民事案件的基本程序法律依据。能否全面正确贯彻落实新民事诉讼法的规定，关系到人民法院民事审判工作的水平、质量和效率能否得到真正提高，各项司法保障职能能否得到真正落实，并将最终影响司法公信力的有效提升，因此必须认真抓好。要在小额速裁试点工作经验基础上，贯彻小额诉讼程序的法律规定，切实降低诉讼成本，快捷、及时、有效地维护当事人合法权益。积极、稳妥地审理公益诉讼案件，妥善处理私益诉讼和公益诉讼之间的关系，切实保护社会公共利益。积极解决担保物权实现程序与物权法实体规范间的协调问题，落实具体程序规范。切实落实诉前证据保全和诉前行为保全制度，提高司法救济的及时性和便利性。要按照新民事诉讼法的规定，严格规范案件管辖权转移、举证期限和证据认定、鉴定结论的审查与质证、二审开庭审理、裁判文书制作、诉讼文书送达等民事诉讼各个环节，及时与相关部门沟通协调，形成实施民事诉讼法新规定的合力和机制。

同志们，党的十八大为我们描绘了未来经济社会发展的宏伟蓝图，在新的形势下，民事审判工作面临的任务更加艰巨，责任更加重大。让我们以更加昂扬的精神和更加扎实的作风，积极开展民事审判工作，为人民幸福、民族复兴和国家昌盛，作出新的更大的贡献！

把握总基调 找准结合点 最大限度发挥民事审判在促进经济稳中求进和社会和谐稳定中的积极作用

——在全国高级人民法院民一庭庭长座谈会上的讲话

最高人民法院副院长 奚晓明

(2012年2月17日)

同志们:

这次座谈会的主要任务是,深入学习贯彻党的十七届六中全会、中央经济工作会议和全国政法工作会议精神,切实落实全国高级法院院长会议所作出的工作部署,按照全国民事审判工作会议要求,紧密结合今年形势发展,围绕"稳中求进"工作总基调,确定今年民事审判工作重心,充分发挥审判职能作用,依法促进我国经济社会平稳较快发展,着力保障和改善民生,努力推进社会主义文化大发展大繁荣,为党的十八大胜利召开营造和谐稳定的社会环境。下面,我讲两个问题。

一、今年民事审判工作面临的新形势新任务

今年是我国发展进程中具有特殊意义的一年,是实施"十二五"规划承上启下的重要一年,我们将迎来举世瞩目的党的十八大。党和国家将面临更加繁重的任务,人民法院将承担更加重大的责任。作为人民法院审判工作的重要组成部分,民事审判工作也必将面临新的挑战。

一是保障我国经济社会平稳较快发展的任务更加艰巨。近年来,面对国际金融危机带来的冲击,在党中央的正确领导下,我国保持了经济平稳较快发展,取得了很大成绩。但是,我国经济社会发展中不平衡、不协调、不可持续问题依然突出,今年经济增长下行压力和物价上涨压力并存。随着房地产调控政策、稳健货币政策和扩大内需政策的继续实施,房地产和民间融资领域中的结构性问题将进一步凸显,鼓励、保护消费的要求更加迫切。房地产、民间借贷、劳动争议、消费者权益保护等案件数量必然大幅攀升,审理难度也将进一步加大。妥善解决好经济社会发展中出现的新情况新问题,需要我们积极应对。

二是保障和改善民生,维护社会和谐稳定的责任更加重大。目前,我国人均GDP已经超过4000美元,"中等收入陷阱"问题越来越突出,保障和改善民生、彰显社会公平正义的紧迫性日益显现。医疗卫生、教育就业、婚姻家庭、食品药品安全、道路交通、环境保护等与民生息息相关的案件,将继续保持增长态势。这些案件涉及面广,容易被各种势力利用,有向政治性、群体性、敏感性事件转化,影响社会和谐稳定的可能。最大限度满足人民群众新要求新期待,维护社会和谐稳定,需要我们认真谋划。

三是促进社会主义文化大发展大繁荣的职能作用更加凸显。改革开放以来,我国经济取得了举世瞩目的成就,但文化建设相对滞后,加之国际敌对势力持续对我进行文化侵入和渗透,个人主义、拜金主义盛行,理想信念淡化,社会诚信缺失,道德滑坡,民主法治意识不强,社会主义核心价值观淡薄。保障意识形态安全、传承优秀传统文化、维护诚实守信市场环境、弘扬见义勇为等良好道德风尚的必要性和重要性,从未像今天这样成为摆在我们面前的重大课题。适应社会主义文化大发展大繁荣新形势新任务,需要我们审慎考量。

四是提升基层民事审判工作质效的要求更加紧迫。近年来,涉诉信访数量居高不下,进京访、越级访、集体访持续增多,加强源头治理、加大多元纠纷解决机制建设,提高案件审判质量,成为民事审判工作的重中之重。去年十月,十一届全国人大常委会第23次会议审议通过了最高法院关于加强基层建设的专项报告,同时提出了许多很好的意见建议,今年需要采取更加切实有效的措施,落实全国人大常委会审议意见。进一步提升基层民事审判工作质效,夯实社会和谐稳定根基,需要我们周密部署。

王胜俊院长不久前在最高法院民一庭2011年工作总结上作出重要批示:"去年,民一庭紧紧围绕'为大局服务、为人民司法'工作主题,正确把握经济社会发展新形势,正确把握人民群众对民事审判的新期待,正确把握新时期社会矛盾发生、发展、化解的新特点,克服困难,挖掘潜力,充分发挥审判职能,为促进发展、维护稳定、保障民生作出了重要贡献!望总结经验,发扬成绩,再接再厉,继续坚持'三个正确把握',提高新水平,作出新贡献,以更大的成绩迎接党的十八大胜利召开!"王院长这一批示,不仅是对最高法院民一庭工作,也是对全国民事审判工作的充分肯定和殷切期望,我们一定要认真学习。特别是王院长提出的"三个正确把握",我们一定要深刻领会,并将其贯彻到今后的民事审判工作中去。

结合今年新形势,按照全国高级法院院长会议提出的"六个深化"、"六个提高"总体工作部署以及全国民事审判工作会议提出的"八个始终坚持"主要任务要求,以王胜俊院长"三个正确把握"重要批示精神为指导,今年民事审判工作的主要任务是:

一是深化能动司法,切实保证民事审判为经济社会科学发展服务。要紧紧抓住科学发展这个主题和转变经济发展方式这条主线,把握好"稳中求进"总基调。密切关注扩大内需、保持物价总水平基本稳定等宏观调控政策实施中遇到的新情况新问题,适时出台司法政策,切实加强司法建议工作。密切关注房地产调控政策对楼市价格变化的影响,依法妥善审理房地产纠纷案件,保障房地产业在"去泡沫"与"稳增长"的平衡中健康发展,促进经济发展方式转变。密切关注因企业资金链断裂引发的民间借贷、劳动争议纠纷案件新动向,有效发挥民事审判职能作用,防范民间金融风险,构建和谐稳定劳动关系,促进实体经济发展。

二是深化和谐司法,为党的十八大胜利召开营造和谐稳定社会环境。稳定的基础在民生,要高度重视侵权、房屋拆迁、农村土地承包、追索劳动报酬、消费者权益保护、婚姻家庭等矛盾容易激化的民事案件审判工作,打牢社会和谐稳定的民生基础。继续科学准确贯彻执行"调解优先,调判结合"工作原则,依法全面衡量案件处理的法律效果和社会效果,充分发挥调判组合优势。

三是深化文化建设,进一步提高为社会主义文化大发展大繁荣服务的水平。人民法院是社会主义文化大发展大繁荣的建设者和保障者,要综合运用各种审判手段,全力支持社会主义文化建设。要深刻理解法律规范中蕴含的基本道德要求,将民事审判全过程作为弘扬社会主义道德的一个平台。充分发挥民事审判职能作用,全力支持文化产业发展壮大,确保文化大发展、大繁荣的产业载体健康运行。进一步做好司法便民利民工作,加大司法公开力度,促进司法公信建设,推动建立良好的社会主义法治环境。

四是深化基层建设,力争基层民事审判工作取得新突破。要以落实好最高法院《关于进一步加强新形势下人民法院基层基础建设的若干意见》为抓手,以落实好全国人大常委会审议意见为重点,紧密结合新形势,全面加强对基层民事审判工作的监督指导,着力提高一审裁判质效,着力提高为大局服务为人民司法工作水平,着力提高化解矛盾和维护社会和谐稳定的能力,努力形成"基层稳,天下安"的良好局面,真正将矛盾化解在当地、化解在基层。

二、今年民事审判工作需要重点关注的几个问题

(一)关于全国民事审判工作会议精神的贯彻落实问题。去年召开的全国民事审判工作会议,全面分析了民事审判工作面临的新形势,确定了今后一段时期的总任务。现在看来,我们当时对形势的总体判断是正确的,会议提出的各项任务、作出的各项部署,对做好今年工作具有重要指导意义,要进一步抓好会议精神的贯彻落实。同时,也要注意在实践中深入探索,总结经验,对发现的问题,要及时层报。

(二)关于房地产案件的审理问题。要按照中央关于适时调整产业结构,继续稳控房地产市场的目标开展好今年的房地产案件审判工作。第一,要通过案件的审理引导建立健康有序的房地产市场秩序。目前,房地产调控效果已经初步显现,但一些新情况、新问题也反映在审判工作中。我们既要看到房地产调控政策实施给民事审判带来的一些压力,更要清醒认识到,这也是通过审判工作引导建立诚实守信市场交易秩序的契机。依法维护各方当事人权益,促进房地产业健康发展,应当成为审理此类案件的基本理念和思路。第二,要准确界定合同对当事人的约束力。去年下半年以来,我国一、二线城市房地产市场开始走低,在一些地方,出现了"退房潮"等现象,对经济社会稳定造成一定影响。从审判角度看,关键是要把握好合同对当事人的约束力问题。要站在维护法律严肃性和落实国家调控政策的高度,充分发挥合同效力多层次性特点,依法运用合同全面履行、违约制度、解除制度、无效制度等,提高市场行为的可预见性。第三,要严格适用情势变更原则。情势变更的适用是一个重大的法律政策问题,适用不当,会带来较大系统性风险。要严格区分变更的情势与正常的市场风险、交易风险,准确界定情势变更与显失公平的界限。全面准确衡量当事人之间利益失衡的严重程度以及继续交易的可能性等因素,在变更和解除间优先选择最有利于促进交易和稳定经济秩序的调整手段。对已经或者有可能引发辐射效应的案件,要在当地党委领导下,加强与政府相关部门的沟通协调,依法妥善审理,避免引发消极后果。

(三)关于民间借贷案件的审理问题。近几年来,民间借贷案件持续上升。仅以去年为例,案件数量已高达608,477件,占到了全部民事案件的10%左右,涉案金额高达1143亿元,比2010年上升38.27%,估计今年案件数量和涉案金额还会上升。在民事审判工作中,审理好民间借贷案件,关系到中小微企业生存和发展,关系到社会稳定,一定要扎实稳妥。第一,要通过案件的审理促进民间借贷发挥积极作用。实体经济始终是整个国民经济健康发展的基石。当前,融资难、融资贵已经成为实体经济发展运行的突出问题,这在中小微企业中表现得更为明显。作为正规金融的补充,民间借贷有一定积极作用。要依照法律和国家相关经济、金融政策精神,准确界定民间借贷行为效力。依法保护合法的民间借贷行为,以拓宽融资渠道,促进实体经济发展。对涉及非法集资、地下钱庄等严重干扰金融秩序、危及金融安全的非法金融活动,也要严格按照有关法律、司法解释规定处理,并注重与刑事审判、行政审判和国家行政管理相配合,共同维护国家金融安全。第二,要在案件审理过程中处理好相关热点难点问题。从实践看,除合法性问题外,目前存在的突出问题是:证据认定问题、举证责任分配问题、利息计算及保护范围问题等。对这些问题,会议纪要提出了较为详细的指导性意见,要注意学习领会并切实执行好。此外,我认为,法律关系性质的确定问题也要引起足够重视。要正确理解当事人诉讼请求的实质,在表示行为与隐藏行为不一致的情况下,要严格依据合同法有关规定,准确认定合同性质和效力。要特别注意辨别是否存在变相高利贷行为,防止通过法院判决将非法利益合法化。

(四)关于劳动争议案件的审理问题。今年我国经济下行压力较大,中小微企业的生存和发展面临很大困难。在此情况下,今年的劳动争议案件有可能上升。如果这类案件处理不当,会影响劳动者合法权益的维护,影响企业的生存和发展,并进而影响整个社会和谐稳定,必须高度重视。第一,要继续坚持依法保障劳动者合法权益与企业生存发展并重理念。近年来,特别是国际金融危机爆发后,最高法院多次提出,审理劳动争议案件要坚持这个理念。对此,我今天还要再强调一下。劳动者和企业是一个利益共同体,不能将劳动者权益保护与企业生存发展对立起来。要努力寻求两者之间的最佳平衡点和结合点,把保护劳动者眼前利益、现实利益同保障劳动者长远利益、根本利益结合起来,最大限度化解双方具体利益上的相对差异。第二,要区别案件不同情况,采用不同处理方法。要注意全面审视劳动争议案件的裁判效果,对暂时存在资金困难但有发展潜力的企业特别是中小微企业,尽量通过和解、调解等方式,鼓励劳动者与企业共渡难关,避免杀鸡取卵、竭泽而渔。对生存无望且以恶意欠薪等形式损害劳动者权益的企业,要加大审判和财产保全力度,最大限度保护劳动者权益。第三,要注重形成合力化解重大群体性纠纷。劳动争议最容易演变为群体性纠纷,对社会和谐稳定的潜在破坏力很强。要注重多管齐下,主动接受党委领导,加强与政府相关部门沟通联系,着力推动建立多层次、全方位的协同联动化解机制,避免风险扩散和失控。

(五)关于涉农民事案件的审理问题。农业是国民经济的基础,农村的稳定是社会和谐稳定的前提。“三农”问题的核心是农民问题,农民问题的核心是土地问题,要牢牢把握住土地这个核心,妥善处理好涉农民事案件。第一,要切实维护好农民土地承包经营权和宅基地使用权。“两地”是实现“耕者有其田、居者有其屋”的重要载体,是关系农村社会稳定和国家长治久安的重要基础。加大对农民土地权益的保护力度,是涉农民事审判工作中必须始终坚持的基本原则。要站在稳定农村社会和保障农民生存权的高度,依法坚决制裁侵害土地承包经营权和宅基地使用权的违法行为,充分发挥好“两地”作为经济发展、社会稳定“储水器”和“解压阀”的重要作用。要注意统筹协调土地承包经营权维护与流转之间的关系,促进土地承包经营权有序流转和规范流转。第二,要加大对农民工返乡创业、就地就业的司法保障和支持力度。今年我国经济增长下行压力加大,西方主要发达经济体债务危机持续,广大企业尤其是中小微企业面临经营困难。我们要对可能引发的农民工离城返乡问题有前瞻性认识,注重吸收借鉴国际金融危机爆发后的处理经验,继续强化对返乡创业、就地就业农民工合法权益的司法保护工作,为农民工返乡创业、就地就业创造有利司法环境。第三,要努力化解农民工“讨薪难”。每逢岁末年初,农民工“讨薪难”就会成为社会关注的热点。最高法院连续两年就此下发了紧急通知。我们既要公正高效审理好此类案件,更要注意发挥司法能动作用,研究司法环节破解这一难题的应急措施和长效机制。要考虑从顶层制度设计上着手,切实避免“要求年年提、问题年年有”的情况出现,这既是为农民工兄弟办好事、做实事,更是为党和政府排忧解难。

(六)关于侵权案件的审理问题。近些年,侵权纠纷一直呈逐年上升趋势,尤其是道交和医疗损害赔偿案件,影响范围广,关注度高,疑难问题多,已经成为民事审判的重点领域,审理好此类案件对保障和改善民生具有重要意义,要高度重视。第一,关于道路交通事故损害赔偿案件的审理。有关司法解释将在今年"两会"后向社会公开征求意见。这里,我着重强调两点:一、侵权纠纷和相关保险合同纠纷的竞合问题。为最大限度实现案结事了,应以合并审理为原则,但要注意保护保险公司的合同权利。对于醉酒驾驶、无证驾驶等违法情形。在确定保险公司赔偿责任的同时,要注意保护其追偿权;二、对机动车主未投保情形的处理。为最大限度保护受害方合法权益,要首先明确机动车一方承担交强险限额内的赔偿责任,其余部分再按照侵权责任划分。第二,关于医疗损害赔偿案件的审理。目前,鉴定乱、鉴定滥问题依然是审理此类案件的瓶颈问题,对此,最高法院已经与司法部、卫生部就医疗损害鉴定统一化问题初步达成一致,即医疗损害鉴定机构、鉴定人员、鉴定程序、鉴定标准以及认定标准都要统一。在相关制度出台前,要严格适用民事诉讼法和最高法院《关于民事诉讼证据的若干规定》,妥善处理。既要充分保护患者的合法权益,也要保障医疗机构的正常运转、医学科学发展和医疗水平的提高,引导建立平等、和谐、互信的医患关系。

(七)关于婚姻家庭案件的审理问题。近三年来,婚姻家庭案件每年均达到120万件到130万件,占一审民商事案件总数的五分之一强,且数量呈逐年上升趋势。审理好此类案件对于维护社会稳定,提升人民群众幸福指数具有重要意义。这里,我主要强调一下《婚姻法司法解释(三)》的有关问题。该解释公布后,引起社会各界广泛关注,尤其是其中的父母为子女出资购房和一方婚前购房问题,成为舆论热点,引起了社会大讨论。对此,我们要历史地、全面地、客观地看待,这既有婚姻家庭涉及千家万户、社会影响面广的原因,也是经济社会发展到一定阶段在婚姻家庭领域的必然反映。《婚姻法司法解释(三)》的主要目的就是适应社会发展新形势,明晰财产权属、推动树立正确社会主义婚恋观。要看到,父母为子女购房凝结着十分浓厚的伦理、亲情因素,这既是家庭财产基于血亲关系传续的需要,也是子女更好履行扶养赡养义务的物质保障。离婚诉讼中,不仅要保护婚姻双方当事人利益,也要保护双方老人的合法权益,这在当前闪婚闪离现象增多和老龄化问题加剧的社会背景下,对于全面贯彻执行好婚姻法确立的保护妇女、儿童和老人合法权益基本原则,具有十分重要的现实意义。对于一方婚前贷款购房婚后取得房产证的,要特别注意,婚后双方共同还贷款项及相应的财产增值部分仍须作为共同财产分割。同时,还要按照《婚姻法》第四十二条和《婚姻法司法解释(一)》第二十七条规定,对生活困难一方给予帮助,要绝对防止困难一方因离婚被"扫地出门"的现象发生。在适用《婚姻法司法解释(三)》时,一定要把《婚姻法》及其司法解释作为一个有机整体,全面准确把握其规定精神。

(八)关于消费者权益保护案件的审理问题。要站在促进社会主义市场经济体制完善和落实国家扩大内需政策的高度,妥善审理好此类案件。要严格执行侵权责任法、消费者权益保护法等法律及相关司法解释规定,对产品质量、流通服务、旅游消费、医疗卫生、教育、食品药品安全等纠纷案件,要及时受理、及时裁判,为消费者权益保护提供高质高效的司法服务。对以利诱误导等方式欺诈消费者,设置消费陷阱或者霸王条款损害消费者权益等不法行为,要依法制裁,以推动建立诚信、健康、有序和舒心、放心的消费市场环境。要加强与政府工商行政主管部门以及消协组织等的沟通交流,扩大民事审判的实效性及辐射效应。此外,正在修改中的民事诉讼法已经将公益诉讼模式引入消费权益保护领域,大家要密切关注法律修订工作动态,做好预先研究和探索,为实施打下良好基础。

(九)积极推动社会诚信建设、弘扬良好道德风尚。诚实守信既是中华民族的传统美德,也是社会主义市场经济的内在要求,在审理合同、物权等民事纠纷过程中,要注重通过缔约过失责任、违约责任等制度,加大对违背诚信行为制裁力度,保护诚实守信者合法权益,促进社会诚信文化建设。正确适用法律的过程,本身就是弘扬良好道德风尚的过程,在审理婚姻家庭、侵权以及相邻关系等民事纠纷时,要注重倡导相互忠诚、尊老爱幼、互帮互助等善良风俗。要把裁判说理作为裁判的重要组成部分,不能事实认定模棱两可,理由阐述牵强附会。既要做到让法律人理解,更要做到取得社会公众认同,最大限度实现司法裁判在教化人们心灵、净化社会空气方面的独特作用。已有的教训告诉我们,说理不当所引起的负面效果有时甚至更加难以估量。结合当前形势,我要特别强调,在"道交"等侵权纠纷中,要正确分配举证责任,查清案件事实,对见义勇为等好人好事,要依法鼓励和保护;对利用媒体恶意炒作,谎称见义勇为逃避责任的,也要坚决予以制裁。同时,还要注意严格区分履行法定救助义务与见义勇为,做到善恶有辨,奖惩分明。

(十)高度重视虚假诉讼问题。当前,以民间借贷、离婚等为表现形式的虚假诉讼现象在全国都不同程度地存在。去年，最高法院向北京等七省市高院下发了开展虚假诉讼现象调研工作的通知。我们一定要高度重视这个问题，并在审判工作中注意加以识别和防范，防止通过民事审判将非法利益合法化。据了解，北京市为了治理交通拥堵问题实施"摇号"政策后，一些地方出现了用"以物抵债"形式规避摇号购车的问题。我们一定要及时敏锐捕捉有关政策在本地区司法上的反映，对政策实施过程中出现的司法问题保持清醒认识，认真分析成因，研究其中涉及的法律问题，并加大横向沟通交流和纵向汇报通报力度。

（十一）进一步提高基层民事审判工作质效。去年是人民法院基层建设年，最高法院出台了多项制度措施，着力提高基层建设水平，王胜俊院长还向全国人大常委会作了专题报告。今年的主要任务是抓好贯彻落实，取得实实在在的成效。第一，要继续加大小额速裁试点工作力度。小额速裁既是司法体制和工作机制改革的重要任务，也是民事诉讼制度的实践创新，更是民事诉讼法修改的重要内容，对及时化解矛盾、提高司法效率具有重要作用。相关法院一定要按照小额速裁试点工作指导意见要求和全国小额速裁试点工作座谈会精神，认真总结实践经验，具备条件的要继续加大试点力度和范围。各高院也要注意全面掌握本辖区试点工作动态，对发现的新情况新问题，及时上报最高法院，为今年民事诉讼法修改奠定坚实的实践基础。第二，要继续加大对下监督指导力度。提高基层审判质量，上级法院责无旁贷。王胜俊院长在全国高级法院院长会议上就加强和改进对下监督指导工作提出了明确要求，大家要认真学习领会。今年，最高法院将下大气力强化有针对性的调查研究工作，通过制定司法解释、召开座谈会、发布指导性案例等多种方式，加强对下级法院的业务指导。各高院也可以就本地区集中存在的热点难点问题进行专题调研，收集新问题，总结新经验，采取多种形式指导审判工作。第三，要注重形成化解社会矛盾合力。社会矛盾化解，人民法院责无旁贷，但也难以独当。一定要注重加强与各方面的沟通协调，以最高法院《关于建立健全诉讼与非诉讼相衔接的矛盾纠纷解决机制的若干意见》为指导，积极推广诉调对接中心建设，完善人民调解协议司法确认机制，进一步推动大调解工作机制建设。这些工作尽管有些时候需要花费更多的时间和精力，但从长远来看，付出的司法成本和社会成本还是最低的。

同志们，今年的民事审判工作任务十分艰巨，责任十分重大。让我们以更加执著的奋斗精神、更加扎实的工作作风，继往开来，锐意进取，努力实现民事审判工作新发展，以优异成绩迎接党的十八大胜利召开！

全面提升调解工作水平　推动人民法庭审判工作再上新台阶

——在人民法庭调解工作经验交流座谈会上的讲话

最高人民法院审判委员会专职委员　杜万华

（2012年8月10日）

在举国上下喜迎党的十八大胜利召开前夕，我们在美丽富饶的无锡召开人民法庭调解工作经验交流座谈会。不断加强基层基础建设，是人民法院服务大局、保障民生、维护社会公平正义的重要保证，是人民法院全部工作的根基。作为人民法院基层基础建设中具有举足轻重地位的组成部分，人民法庭是"基层中的基层、基础中的基础"，最高人民法院始终高度重视。这次会议的召开，正是最高人民法院"重基层、打基础"的具体体现。下面，我讲四个方面的问题：

一、近年来人民法庭调解工作取得的成绩

全国有近1万个人民法庭，人员共计3.7万人，占全国法院总人数的11%左右；每年审理大约250万件案件，占人民法院各类一审案件总数近30%；在人民法庭每年审结的案件中，调解结案和调解撤诉的案件比例逐年稳步上升，已经达到70%左右。这些数字背后，凝聚着广大人民法庭法官和其他工作人员紧紧围绕执法办案第一要务、切实贯彻落实"调

解优先，调判结合”工作原则的艰辛努力，成绩斐然，来之不易。

一是调解工作能力水平有了新提高。高度重视案件审理的法律效果、社会效果和政治效果的有机统一，化解矛盾纠纷能力、群众工作能力显著提升，参与和推进社会管理创新的自觉性明显增强；针对各类民生案件的具体特点和当地社情民情，综合运用多种调解方式方法及时化解大量矛盾纠纷，维护人民群众合法权益的实效不断提高；对“调解优先，调判结合”工作原则的认识更加深刻，调解工作已经成为人民法庭化解矛盾、维护稳定、促进和谐的重要司法手段。

二是调解工作体制机制建设有了新进展。“调解优先，调判结合”工作原则的考核评价和激励机制日益完善，调解工作制度化、规范化水平显著提高；人民陪审员参与调解工作的积极性得到有效调动，调解工作的民意基础更加坚实；诉讼与非诉讼相衔接的矛盾纠纷解决机制更加健全，人民调解协议司法确认程序更加规范，委托调解人协助调解工作取得新进展，多层次、全方位的“大调解”工作体系建设不断推进。

三是调解工作中便民利民措施有了新发展。以“发扬传统、坚定信念、执法为民”和“人民法官为人民”等主题实践活动为依托，便民利民措施不断丰富并贯穿于调解工作之中，更加符合民情，体现民意，服务民生，赢得民心；通过与交警部门联动，在交通事故处理中心设立调解室以及与公安派出所、司法所“庭所共建”等方式，为当事人提供“一站式”服务的积极效果不断显现；法律援助和司法救助工作力度不断加大，人民群众实现权益更加及时，感受司法公正高效更加真切。

四是调解工作的整体面貌有了新变化。严格落实最高人民法院《关于进一步贯彻“调解优先，调判结合”工作原则的若干意见》，秉持法律规定的合法和自愿原则，调解工作作为审判权行使方式之一的本质特征得到充分彰显；人民法庭和人民法庭法官及其他工作人员的整体精神风貌得到了社会各界的普遍赞誉，人民法庭调解工作已经成为新时期人民司法的重要标志。

上述成绩的取得，是各级人民法院切实贯彻落实最高人民法院部署要求的结果，广大人民法庭法官及其他工作人员肩负重任、不计得失、艰苦奋斗、默默奉献、居功至伟！在这里，我代表最高人民法院，对参会的各位同志，特别是来自人民法庭的同志致以崇高的敬意，并通过你们向工作在人民法庭一线的法官和其他工作人员致以亲切的问候！

二、深刻认识新形势下加强人民法庭调解工作的重要性

在我国经济增长下行压力加大的宏观背景下，如何把握好稳中求进总基调，为党的十八大胜利召开营造和谐稳定的社会环境，是摆在人民法院面前的重要课题。作为化解社会矛盾纠纷的最前沿，进一步加强调解工作，人民法庭面临的考验尤其严峻，遇到的问题尤其复杂，承担的任务尤其艰巨。

——深刻认识加强人民法庭调解工作对巩固党执政基础、增进党同人民群众血肉联系的重要意义。党的执政基础最关键的是群众基础。加强基层建设，党中央始终高度重视。人民法庭与人民群众接触最为直接、联系最为紧密，是党通过司法途径保持同人民群众密切联系的桥梁和纽带，是国家政权的重要标志和基层政权的重要组成部分，尤其是西部边远民族地区，更承担着维护国家统一与民族团结，维护地区和谐稳定的重任。加强人民法庭调解工作，真心实意地想群众所想、急群众所急，在调解中弘扬司法为民的情怀，在调解中展示司法的公平正义、在调解中倡导良好道德风尚，从群众希望的地方做起，从群众不满意的地方改起，确保人民法庭工作牢牢扎根于人民群众之中，是稳固党执政基础的重要方式和手段。党的十八大召开在即，同志们对加强人民法庭调解工作的现实意义务必保持更加清醒的认识。

——深刻认识加强人民法庭调解工作对依法保障改善民生，促进社会和谐稳定的重要意义。中国的问题，压倒一切的是稳定。当前，医疗卫生、婚姻家庭、劳动就业、食品药品安全、道路交通、“三农”等与民生息息相关的案件，多发频发，且容易被各种势力利用，有向政治性、群体性、敏感性事件转化，影响社会和谐稳定的可能。人民法庭处在保障改善民生、维护社会和谐稳定的第一线。切实维护人民群众利益，保障和改善民生，维护社会和谐稳定，重点在人民法庭，难点在人民法庭，关键点也在人民法庭。加强人民法庭调解工作，最大限度维护广大人民群众切身利益，最大限度增加和谐因素、减少不和谐因素，就是为依法保障改善民生、维护社会和谐稳定奠定坚实基础，就是为“基层稳、天下安”的和谐社会提供司法保障。

——深刻认识加强人民法庭调解工作对提升司法公信力，促进人民法院科学发展的重要意义。党的十七届六中全会明确提出推进司法公信建设，这既是对全党全社会的要求，更是对人民法院的殷切期望。司法公信力的提升，不是空洞的口号，对人民法院自身来讲，它体现在每一个案件的公正审理中，体现在每一起纠纷的及时化解中,体现在与人民群众的每一次面对面接触中。人民法庭作为化解社会矛盾纠纷的最前沿,是展示国家司法权威和司法公信力的重要窗口。人民法庭工作人员的一言一行、一举一动,人民法庭每一起纠纷的正确处理都关系到人民法院的形象、关系到人民群众对司法的判断和认知,对提升人民法院整体工作水平,提升司法权威和司法公信力意义重大。

——深刻认识加强人民法庭调解工作对正确贯彻落实"调解优先,调判结合"工作原则的重要意义。最高人民法院将"调解优先,调判结合"作为一项工作原则提出来,是站在党和国家大局以及人民法院工作全局的高度,继承人民司法优良传统、尊重司法审判规律所作的重大决策部署,是人民法院更好发挥审判职能作用,更好落实"为大局服务,为人民司法"工作主题的重要举措。全国法院每年一审诉讼案件的三分之一左右在人民法庭,其中70%左右是通过调解方式结案。开展好人民法庭调解工作,对贯彻落实好"调解优先,调判结合"工作原则,无疑将起到极其重要的作用。

三、如何做好新形势下的人民法庭调解工作

人民法庭审理的案件,基本发生在百姓群众之间,大多属于小矛盾、小纠纷,但如果处理不好,将极有可能向大矛盾、大纠纷转化,向群体性、敏感性案件转化,不仅影响社会和谐,还有可能危及社会稳定。提升人民法庭调解工作水平,对妥善化解矛盾纠纷、维护社会和谐稳定具有重要意义。做好新形势下人民法庭调解工作,应当着重把握以下几个方面。

——准确理解调解优先,最大限度发挥调解优势。有着深厚传统基础和文化内涵的调解,被称为富有法治魅力、闪烁民族智慧的"东方经验"。强调调解优先有其深厚的理论和社会基础:从社会学角度看,人具有社会属性,每个个体都不能离开他人而独立存在。在解决基层群众矛盾纠纷时,之所以强调调解优先,是由人民群众在生产和生活中所具有的相互帮助、相互依赖的社会特性决定的。俗话说"远亲不如近邻",是这种互补性社会特征的最好注解。正是这种互补性的社会特征,为调解优先奠定了坚实的社会基础。从矛盾的性质看,人民法庭审理的案件基本上都是发生在基层群众间的不具有根本利益冲突的一般性矛盾纠纷,属于人民内部矛盾,它具有纠纷小、频率高、易于化解的特征,采用调解方式符合该类纠纷的自身特点。从传统文化角度看,法律作为上层建筑,必然根植于一国的传统文化中,中国传统文化素有"厌诉耻讼"、"和为贵"的内容,讲究中庸之道,不愿结世仇。强调调解优先,让大量矛盾纠纷通过更为缓和的方式得以化解,符合我国传统文化的价值取向。这是调解优先的社会文化基础。作为人民法院服务社会主义和谐社会构建的重要手段,调解理应被赋予应有的时代高度和崭新内涵。认为强调调解优先无助于甚至有损于司法权威的观点,是对人民法院审判职能作用的片面解读。

——准确理解调判结合,正确处理调判关系。调解优先无疑在目前我国社会有其存在的巨大社会价值,但并不意味着调解是我们解决矛盾纠纷的唯一方式。这主要是因为:当调解可能损害社会公共利益和国家利益的时候,当调解可能导致社会主义道德被破坏的时候,当调解可能损害第三方的合法权益的时候,当另一方当事人不愿意选择调解解决矛盾纠纷的时候,司法裁判就应当是我们解决人民群众矛盾纠纷的另一选择。因此,要充分实现审判的法律效果和社会效果,必须做到调判结合,处理好调判关系。我们应该认识到,调解和判决同为人民法院行使审判权的方式,不存在优劣高下之分,要注重"两手抓、两手硬",不能"一手软、一手硬",切不可存偏废之念。一个好的裁判,在引导群众树立规则理念和秩序意识方面,具有其独特的价值,它与调解一样,都能达到案件审理法律效果和社会效果的有机统一。要注意甄别不同类型案件的特点,准确把握运用调判方式处理案件的基础和条件,实现调判有机结合:在婚姻家庭、抚养赡养等案件以及相邻关系、邻里纠纷等"熟人社会"案件中,由于往往涉及情感、心理等复杂因素,调解有助于形成和睦和谐的家庭关系和社会关系,要首选调解方式;对于案件事实真伪不明,或者当事人之间的争议无关是非黑白,而是具体利益此消彼长的案件,要加大调解力度,调解不成的,应该综合运用举证责任分配等方法尽快判决,及时维护当事人合法权益;在涉及身份关系和权属确认等法律规定不能调解或案件性质不适宜调解的案件中,均不能适用调解方式。

应该说,在处理调判关系问题上,我们是有教训的。新中国成立以后,由于法律制度不健全,民事审判工作主要依靠司法政策,案件的处理主要依靠调解。到20世纪90年代,为贯彻落实民事诉讼法,解决民事审判工作不规范的问题,全国法院开始推行民事审判方式改革。这次民事审判方式改革,客观讲,对于全国法院民事审判工作规范化水平的提高,民事司法裁判公正和效率的提高,发挥了重要作用。但是也应当看到,这场改革的开展也出现了一些负面影响。这就是一些法院的法官由于没有完全准确领会改革目的，不分情况地片面强调一步到庭、当庭宣判，使调解工作职能的发挥受到影响。到21世纪初，为克服只重视裁判而忽视调解的现象，我们开始强调调解工作的重要性。在此情况下，有些同志又走向另一个极端，全力抨击裁判的重要性，把调解提高到万能的地位。为克服这种形而上学的思维方法，最高人民法院党组特别是本届党组进一步明确提出了“调解优先，调判结合”工作原则，强调了应当根据案件实际情况灵活运用调判方式解决案件纠纷。这一工作原则的提出，对于克服调判问题上的片面性发挥了重要作用。但是，在个别地方，一些法官还没能够准确把握该原则的科学内涵，出现了将调解绝对化的倾向，甚至产生了“零判决”、“强迫调解”、“以拖促调”等违反我党实事求是思想路线和审判工作客观规律的错误观念和做法。这是不能允许的。以史为鉴，可以知兴衰。我们要摈弃那些对调解和判决或左或右的认识，正确处理两者关系，这对民事审判工作的顺利开展十分重要。

——准确理解案结事了，切实妥善化解矛盾纠纷。无论判决还是调解，目的都是实现案结事了，但对案结事了的科学内涵应当有正确把握。目前，在审判实践中，还不同程度地存在对案结事了的错误认识。比如，在案件的处理上，有些同志认为“搞定就是能力，摆平就是水平”、“调解就是案结事了”、“判决就是案结事不了”。应当看到，搞定的方式有多种，摆平的手段也千差万别：有合法非法之差，有局部全局之别，有当前长远之分。如果搞定了局部、摆平了当前，但全局和长远却受到了损害，搞定了个案，却引发了众多同类案件，摆平了一方当事人，却伤害了另一方当事人的合法权益，这不仅不是案结事了，反而会损害司法权威和司法公信力，有百害而无一益！因此，我们一定要站在局部与全局协调一致的高度、当前与长远有机统一的角度来正确认识案结事了的科学内涵。千万不能仅站在一事一案的角度，狭隘地理解案结事了。案结事了至少要“了”在四个点上：一是要“了”在有利于社会公平正义的坚守上。二是要“了”在党和国家工作大局的服务上。三是要“了”在社会主义法治秩序的维护上。四是要“了”在社会主义道德和善良风俗的弘扬上。对此务必保持清醒认识。只有按照这个要求去实现案结事了，才是准确理解和把握住了最高人民法院提出“调解优先，调判结合”工作原则的根本目的和精神实质。

——积极探索调解工作方法，进一步提升调解工作水平。在这次会议上，十几个高级人民法院和人民法庭通过发言或书面的方式介绍了各自的调解经验，交流了各自心得，很多好的经验做法对我启发很大。比如江苏法院深入开展“大排查、大调解、大调研”专项活动，建立健全矛盾纠纷预警机制、化解机制和考评机制，以总结和推广陈燕萍工作法为契机，以点带面，形成了南通的叠加式调解法、徐州的六心调解法、无锡的谈心六法等调解工作百花齐放的良好局面。再如内蒙古赤峰市喀喇沁旗法院王爷府法庭总结归纳的全程全员促调解、借助外力促调解、找准根源促调解、赢得信任促调解、善用技巧促调解等调解方法。调解工作需要我们扎扎实实、一步一个脚印地去做，没有好的工作方法，就无法取得好的效果。探索创新调解工作方法，一是要总结不同案件的情况特点。离开具体案件，什么方法都是纸上谈兵、无源之水，调解方法必须要有针对性和操作性；二是要立足当地社情民意。不同地方的民风习惯差异很大，这一点在西部边远民族地区表现得更为明显，根植于当地社情民意的工作方法往往能够取得事半功倍的效果；三是要严格遵守法律规定。调解是在行使审判权，审判权的行使要统一在人民法院，要在法律规定的框架内探索和创新调解工作方法，不能抛开法律规定，片面强调地方个性，无原则地“探索”和“创新”。除此以外，各地在不断完善符合“调解优先，调判结合”工作原则根本目的的考核评价和激励机制方面，也作了不少有益探索。比如江苏法院采用分段计分考评，超过考评值上限，加分值越小，既强调了调解优先、着重调解工作导向，又努力克服了盲目攀比、片面追求调解率指标数据的不当做法。

四、如何通过贯彻“调解优先，调判结合”工作原则，进一步抓好人民法庭审判工作

任何事物的发展有主要矛盾，也有次要矛盾，要善于抓住主要矛盾。前些年，人员短缺、物质装备落后等问题是制约人民法庭工作的主要矛盾。随着中央投入和地方配套力度不断加大，这些困难已经得到较大缓解。当前，审判工作水平与人民群众日益增长的司法需求之间的矛盾，已经成为人民法庭工作的主要矛盾。2005年，最高人民法院在总结新中国成立几十年来经验的基础上，经过广泛调研论证，制定出台《关于全面加强人民法庭工作的决定》，提出了“三个面向”和“两便”原则，即人民法庭工作要“面向农村、面向基层、面向群众”、“既要方便人民群众诉讼，也要方便人民法院公正高效权威地行使审判权”。2008年，王胜俊院长在全国高级法院院长会议上提出，要坚持“面向基层、服务基层、建设基层”，切实解决基层基础工作中的突出问题。此后，最高人民法院于2010年和2011年陆续出台了《关于大力推广巡回审判方便人民群众诉讼的意见》、《关于进一步加强新形势下人民法院基层基础建设的若干意见》等一系列重要文件,明确提出"以审判工作为中心、队伍建设为根本、物质装备为保障"的基层基础建设总体思路。这些重要文件的陆续出台,标志着有关人民法庭工作的制度机制体系已经建立,人民法庭工作有了科学的政策指导,下一步的工作重点,就是如何更好地推进人民法庭审判工作。

在以上形势发展的基础上,对当前人民法庭工作,我们应当有这样的基本判断:一是指导人民法庭工作的总体思路和基本政策依据已经到位。我们认为,经过最高人民法院历届党组的共同努力,地方各级人民法院的共同支持,人民法庭工作的总体思路和基本政策已经形成,下一步的工作是如何贯彻落实的问题。因此,对最高人民法院出台的一系列文件精神,一定要吃透,坚决贯彻落实,而不能将其抛开,自行其是。这一点十分重要,是我们司法统一的重要条件。二是当前人民法庭工作应当围绕"以审判工作为中心、队伍建设为根本、物质装备为保障"来开展。按照这一思路,当前人民法庭工作的重心应当放在审判工作上,离开审判工作这个中心抓队伍建设和物质装备建设,这两项工作就会成为无源之水、无本之木,工作的目的性和适用性都会模糊不清。如果在当前不以审判工作为中心抓人民法庭工作,分不清主要矛盾和次要矛盾,抓不住主要矛盾方面和次要矛盾方面,我们的工作就很难做好。

——务必明确当前及今后一段时期人民法庭审判工作的重点。当前,我国经济增长下行压力加大,部分中小微企业生产经营困难,据了解,部分地区又出现了农民工大量返乡现象。这种复杂的经济社会环境将会不可避免地导致民间借贷、劳动争议、涉农等纠纷的显著增加。同时,我国正处于改革发展的关键时期,社会矛盾多样多发,医疗卫生、教育就业、婚姻家庭、食品药品安全、道路交通等涉及民生的案件继续保持增长态势,并呈现出许多新的特点。人民法庭作为化解社会矛盾纠纷的最前沿,当前及今后一段时期的审判工作应当主要围绕两个方面来展开:一是要按照中央经济工作会议、全国政法工作会议、全国高级法院院长会议精神,为落实"稳中求进"总基调提供司法保障。这就要求我们在房地产、民间借贷、其他合同纠纷、劳动争议等各种与经济发展密切相关的案件审理中,以稳为主,围绕"稳"来化解矛盾,维护好经济发展秩序。二是要按照中央的部署,为党的十八大胜利召开创造一个和谐稳定的社会环境。这就要求我们在处理各类民生案件的过程中,要以"和"为主,化解社会矛盾。

——着力将人民法庭审判工作打造成社会主义道德建设的重要阵地。社会主义道德建设是社会主义文化建设的重要组成部分。一个民族是否能够发展强大,不仅要看它能否创造物质财富,更重要的是,要看其有无强大的道德力量。道德是一个民族的精魂,如果没有凝聚全民族的共同道德信念,这个民族的经济、政治和文化都不可能具有持续发展能力。我们中华民族之所以能从华夏族发展成强大的民族,共同的道德发挥了巨大作用。在已经取得巨大经济成就的今天,为保证这种成就的可持续发展,加强社会主义道德建设是我们的重要任务。同时,从法律与道德的关系看,法律是重要道德价值理念的规范化、制度化,严格司法的重要任务,包含着社会主义道德建设的基本要求。因此,审判权的依法行使,既要体现法治的要求,也要挖掘出法律规范背后蕴含的道德文化内涵。人民法庭审理的案件与人民群众的生产生活息息相关,将人民法庭审判工作打造成弘扬社会主义良好道德风尚的主阵地,作用更加直接,效果更加明显。在审理婚姻家庭、侵权以及相邻关系等民事纠纷时,要着力倡导相互忠诚、尊老爱幼、互帮互助、互谅互让等善良风俗;在审理民间借贷、买卖合同等领域的纠纷时,要注重引导建立诚实守信的市场交易秩序;采用调解方式结案时,不能无原则的"和稀泥",将案件审结作为唯一目的;在判决时应当注重说理,不能简单一判了之;要着力发挥好调解和判决在弘扬法治精神、倡导良好道德、引导广大民众方面的独特作用。如果既能坚守法治精神,又能彰显出道德和文化的力量,那么人民法庭审判工作的公众认可度和信服度将大大增强,社会基础将更加厚重和坚实。

——切实提高巡回审判工作水平。巡回审判是我党在根据地时期所创立的为民司法的重要成果。目前,我党已经成为执政党,执法环境和条件均有了很大变化,在此情况下,如何搞好巡回审判工作是值得我们认真思考的问题。首先,巡回审判的本质是什么?当年毛主席在给马锡五的题词中写到:"一刻也离不开群众。"这是对马锡五精神的一个高度概括和浓缩。这就告诉我们巡回审判的本质是司法为民,即依法维护人民群众合法权益。在今天,无论采用巡回审理方式,还是采用坐堂问案方式,司法为民都是我们的宗旨。其次,在执法环境和执法条件都有巨大变化的今天,是采用巡回审判好,还是采用坐堂问案好,需要对两者进行分析,巡回审判的主要优势是便民,但所占用的审判资源和物质成本较高;坐堂问案所占用的审判资源和物质成本较低,但有不够便民的因素存在。在此情况下,如何将巡回审判和坐堂问案有机地结合起来呢？我认为，将两者结合起来的结合点就是司法为民。只要心中装着群众，有为人民服务的诚心，就可以灵活运用这两种方式，就会最大限度实现两者的优势互补。东部经济发达和较为发达地区的人民法庭，因其交通便利，其巡回审理应主要放在对社会和谐稳定影响较大，对社会主义法治秩序维护和社会主义道德弘扬有重要作用，且通过一案教育一片效果较好的案件上；西部边远民族地区以及其他群众诉讼不便地区的人民法庭，应当逐步确立巡回审判为主的工作机制。通过点、线、面的结合，实现变被动等待为主动出击，最大化地发挥和实现人民法庭的司法审判职能作用，巩固和加强基层政权，满足人民群众日益增长的司法需求。巡回审判不仅仅是一种案件审理方式，也是一项审判制度，一定要站在制度的高度充分认识巡回审判的重要性，着力提高巡回审判的针对性和时效性，千万不要为了巡回而巡回，浪费有限的司法资源和物质资源。

——充分发挥人民陪审员在推进司法民主、提升司法公信力上的独特作用。人民陪审员制度是人民群众在司法领域依法参与管理国家事务的一种重要的、直接的形式，是我国社会主义司法民主的重要体现，也是我党的群众路线在人民司法工作中的具体体现。要准确认识人民陪审员制度的功能和目的。人民陪审员制度不是为了解决法院案多人少的矛盾而设立的，而是通过人民陪审员这个窗口使广大人民群众走进司法、理解司法、宣传司法，从而提高司法的权威和公信力，推进司法民主。应当看到，人民陪审员制度是在司法与人民群众之间所搭建的一座桥梁，要运用好这座桥梁。目前，在审判工作中，要纠正人民陪审员职业化、法官化的倾向，进一步健全充分发挥人民陪审员作用的体制机制，确保人民陪审员履职规范化。

——高度重视虚假诉讼问题。当前，以民间借贷、离婚等为表现形式的虚假诉讼现象在全国都不同程度地存在。我在不同场合也多次强调这个问题，大家一定要高度重视。人民法庭适用简易程序审理的案件多、以调解方式结案的案件多，是虚假诉讼的易发、多发区，对此要重点予以识别和防范，防止通过民事审判将非法利益合法化。实践中，由于机械片面理解“调解优先，调判结合”工作原则，有些同志对一些可能存在的虚假诉讼失去了判断的能力和应有的警惕，必须高度重视这个问题。对存在诉讼理由明显不合常理、当事人均认可的案件事实和证据存在虚假和伪造可能、双方当事人没有实质性对抗甚至配合十分默契，以及异常容易达成调解协议等现象的案件，一定要保持高度警惕，切实提高对虚假诉讼的识别能力并加大排除和制裁力度。

——大力推进多元化矛盾纠纷解决机制建设。2009年，最高人民法院下发《关于建立健全诉讼与非诉讼相衔接的矛盾纠纷解决机制的若干意见》，明确了主要目标和任务要求。三年来，各地结合本地实际情况，采取多种行之有效的措施，丰富了矛盾多元纠纷解决机制的内涵和外延。大家要继续在实践中深入探索，总结经验，对发现的问题，要及时层报，为完善相关制度提供实践基础。要准确界定人民法庭包括基层人民法院在多元矛盾纠纷解决机制中的定位问题。一是对人民调解工作的指导要继续坚持“不缺位、不越位、不错位”的原则。所谓“不缺位”，就是对人民调解工作的业务指导不缺位，不能“自己只扫门前雪，岂管他人瓦上霜”，对人民调解工作不闻不问。对人民调解工作的业务指导，是人民调解法赋予人民法院的工作职责，人民法庭要认真履行好这一职责。所谓“不越位”，就是人民法院只能依法对人民调解工作进行业务指导，不能超过业务范围，对其组织管理进行干预。组织管理工作是司法行政管理部门的职责，我们不能取而代之。所谓“不错位”，就是人民法院只能就人民调解工作进行一般性的业务指导，不能陷入个案，直接取代人民调解工作。在此问题上，要保持司法相对的独立性和终局性。二是要搞好诉调对接。在诉调对接问题上，首先，要做好司法确认工作。对经过人民调解达成的调解协议，双方依法向人民法院提出司法确认的，要依法审查，并依法作出司法确认。其次，对当事人经人民调解委员会调解达成的调解协议，要依法认可其具有民事合同的性质，当事人对达成的调解协议不服，向人民法院起诉的，应当按照最高人民法院《关于审理涉及人民调解协议的民事案件的若干规定》，准确认定该调解协议的效力。最后，对当事人达不成人民调解协议，向人民法院起诉的，要及时立案，及时审理，依法维护当事人合法权益。三是要做好委托调解工作。委托调解是人民法院受理案件后，将案件委托给人民调解组织和其他社会团体组织进行调解的案件处理方式，是多元化纠纷解决机制的一种形式。在委托调解时，应当委托合适的调解人员和组织，并监督指导其依法进行调解活动，不能放任自流。

在委托调解方面，各地都摸索出了不少好的经验和方法，但是也存在一些问题。一些西部边远民族地区法院的法官存在就案办案的狭隘观念，在案件处理遇到困难的时候，将案结事了的希望寄托在宗教组织和宗教人士身上，不仅对宗教人士参与调解持支持态度,甚至主动邀请宗教人士参加陪审工作并把这种做法当成经验进行总结。这个问题值得我们重视。从我国的宗教组织和宗教人士来看,绝大多数是拥护党的领导、拥护社会主义制度、维护国家统一和民族团结的。但就历史和现实来看,从制度安排上让宗教组织和宗教人士介入世俗政权事务,特别是国家行政和司法领域,危害极大。从历史看,欧洲中世纪曾出现过政教合一,教权高于世俗政权并控制世俗政权的时代。在这个时代中,宗教裁判所的存在,对人的基本权利和自由给予了极大的压抑和扼杀。为解除宗教的横行,十七、十八世纪的西方资产阶级革命的重要任务之一,就是实行政教分离,摆脱宗教对国家政权和法制的控制。我国历史上总体未出现政教合一,教权高于世俗政权的制度,但在局部地区,如西藏地区却出现过这种制度。西藏民主改革之前,在政教合一的制度下,西藏百万农奴生活在水深火热之中,毫无权利和自由可言。新中国成立以来,我国坚定不移的建立了政教分离的国家基本政策和制度。在这一政策和制度下,既保证了信教群众信仰宗教的自由权利,也避免了宗教干预国家行政和司法事务,维护了社会的和谐稳定。几十年来的实践证明,政教分离这一基本国家政策和制度是正确的,是不容改变的。但是在当前社会中,如果允许宗教组织和宗教人士介入司法活动,就有可能软化甚至动摇国家这一基本政策和制度。从个案来看,委托宗教组织和宗教人士调处案件,可能会解决纠纷、息事宁人。但从长远看,如果将这一做法作为多元纠纷解决机制的经验加以推广,并将其制度化,就会使群众的法律意识不断弱化,司法权应由国家审判机关统一行使的观念不断弱化。因为宗教组织和宗教人士对民间纠纷的调处,主要利用群众对宗教教义的信仰。久而久之,群众之间有了纠纷,首先去找宗教组织和宗教人士,而不是依靠国家司法机关。这样,群众特别是信教群众对宗教的依赖会逐渐加强,对党和国家的信任会逐渐削弱。国家的政权基础就会被逐渐掏空。同时,随着宗教对群众的控制越来越强,重新恢复或者走向政教合一的可能性会越来越大,宗教奴役或者扼杀人的权利和自由的悲剧有可能重演。这不是危言耸听,目前在一些国家发生的动乱已经证明了这一点;新疆的"三股势力"和达赖喇嘛利用宗教渗透与我们争夺群众的所作所为也已经充分证明了这一点。对此,我们不能放松警惕。绝不可以为了解决个案的方便,忘了根本,要防微杜渐、警钟长鸣。绝不能采用饮鸩止渴的方法来换取个案纠纷的解决。对这个问题,我们一定要从长远和全局的高度来看待、来思考,决不能仅看一时一事。民族地区的法院和人民法庭一定要保持高度的政治敏锐性。

——全面提升人民法庭审判管理工作水平。按照"以审判工作为中心、队伍建设为根本、物质装备为保障"总体思路,加强人民法庭审判工作,强化审判管理是关键。目前,人民法庭审判管理的难点在"两头"即立案和执行环节。我想,这里要把握一个总的原则,就是"两便"原则。立案环节,要进一步巩固和完善人民法庭直接立案工作机制,着力解决当事人立案不便困难。同时,要注意人民法庭与所在基层人民法院在案件信息管理上的协调统一。在技术条件允许的地区,尽量实现网上立案,达到基层法院和人民法庭信息共享。目前,相当一部分法庭审结的案件仍放在基层法院执行,这在很大程度上给群众增加了不便。对于人民法庭审结的案件,只要条件允许,可以交由人民法庭执行,这对于案件纠纷的及时解决,矛盾的及时化解有很大好处。加强业务培训是人民法庭队伍管理的重要方面,要在创新业务培训思路上下功夫。上级人民法院在提高法庭人员思想水平、业务能力上责无旁贷。但在具体方式上,当前尤其要注意的问题是,不能将教育培训机械理解为参加几次上级法院组织的培训班。人民法庭审判工作任务很重,频繁举办培训班本身就不现实,一定要戒除等靠思想,充分利用好人民法庭处理案件多、接触新问题新情况多的优势,充分利用好人民法庭现有审判力量和实践资源,多搞法官教学、案例教学和现场教学。要立足自身工作实际,将司法能力提升工作常态化,切实拓宽培训思路,树立终身学习的理念,就近就地学习,自我培训提高,努力做一名学习型的法官。

——进一步拓展对下监督指导。要把对下监督指导工作摆在提升人民法庭审判工作质效治本之策的高度,将做好、做实对人民法庭审判工作的监督指导,作为上级人民法院日常工作的重要内容和绩效考核的重要指标。要完善问题的发现、反馈、分析和解决机制,建立重大敏感案件风险评估机制。着力开展有针对性的调查研究,综合利用适用法律疑难问题请示、审级监督、发改案件通报分析以及典型案例指导等制度,拓宽监督指导途径,不断增强监督指导的针对性、时效性、规范性和权威性。下大气力解决个案指导多、类型案件总结少,事后监督多、事前指导少等问题。强化横向沟通平台建设,为人民法庭之间互通信息、交流经验、共同提高提供后台支持。

同志们,通过这次会议,大家就人民法庭调解工作中积累的成功经验和行之有效的做法进行了充分交流，这对于进一步做好人民法庭审判工作大有裨益。让我们以本次会议为新起点，再接再厉，扎实工作，不断提高人民法庭调解工作水平，推动人民法庭审判工作再上新台阶，为党的十八大胜利召开创造良好的社会环境！

在全国高级人民法院民一庭庭长座谈会上的总结讲话

最高人民法院审判委员会委员、民事审判第一庭庭长　杜万华

（2012年2月17日）

同志们：

为期一天的全国高级法院民一庭庭长座谈会马上就要结束了。在与会同志的共同努力下，会议实现了预期目标。现在我就会议情况作一个总结，并对会议精神的贯彻落实和今年民事审判工作的有关问题讲几点意见。

一、会议取得的主要成果

这次座谈会是在"十二五"规划实施进入承上启下的重要一年，党的十八大即将在下半年召开的新形势下召开的重要会议。会议的主题是结合今年的新形势，按照全国高级法院院长会议提出的"六个深化"、"六个提高"总体工作部署以及全国民事审判工作会议提出的"八个始终坚持"主要任务要求，以王胜俊院长"三个正确把握"重要批示精神为指导，明确今年民事审判工作的主要任务。可以说，这次座谈会既是党的十七届六中全会、中央经济工作会议、全国政法工作会议、全国高级法院院长会议精神以及全国民事审判工作会议要求的一次落实会，又是今年民事审判工作的一次部署会，对于今年全国民事审判工作的开展具有非常重要的指导意义。

上午，奚晓明副院长作了重要讲话。奚副院长在讲话中传达了王胜俊院长"三个正确把握"重要批示精神，客观、深刻地分析了当前民事审判工作面临的新形势，指出当前民事审判工作保障经济社会平稳较快发展的任务更加艰巨，保障和改善民生、维护社会和谐稳定的责任更加重大，促进社会主义文化大发展大繁荣的职能作用更加凸显，全面提升基层民事审判工作质效的要求更加紧迫。在此基础上，明确提出了今年民事审判工作的主要任务，即深化能动司法，切实保证民事审判为经济社会科学发展服务；深化和谐司法，为党的十八大胜利召开营造和谐稳定社会环境；深化文化建设，进一步提高为社会主义文化大发展大繁荣服务的水平；深化基层建设，力争基层民事审判工作取得新突破。奚副院长还结合当前形势，从今年审理房地产、民间借贷、劳动争议、侵权等民事案件中应当着重注意的问题等方面对当前民事审判工作中的若干重大问题进行了归纳和分析，并提出了对策和要求。与会同志对奚副院长的重要讲话进行了学习、讨论，大家一致认为，奚副院长的讲话主题鲜明、求真务实、内涵丰富、点面结合、针对性强，讲话立足于今年的新形势，站在党和国家工作大局与人民法院工作大局的高度，着眼民事审判工作的科学发展，体现了最高人民法院党组对今年全国民事审判工作的总体部署和殷切希望，所提出的工作任务和具体要求，对做好今年全国民事审判工作具有重要的指导作用。我们必须高度重视落实好奚副院长讲话精神的重要意义，按照奚副院长提出的"四个深化"的要求，充分发挥民事审判职能作用，积极应对当前经济社会发展新形势，努力为"十二五"规划顺利实施提供有力司法保障，为党的十八大胜利召开营造和谐稳定的社会环境。

会上，与会同志还学习了最高法院《关于当前形势下加强民事审判切实保障民生若干问题的通知》，并就当前民事审判中值得特别注意和研究的问题进行了充分研讨，就审判实践中积累的成功经验和行之有效的做法进行了充分交流，这对于大家进一步做好民事审判工作大有裨益。

二、今年民事审判工作中需要重点注意的几个问题

同志们，今年是实施"十二五"规划承上启下的重要一年，党的十八大又将在下半年召开，人民法院民事审判工作的责任更加重大，任务更加艰巨。奚晓明副院长的重要讲话对今年民事审判工作面临的新形势新任务和要求已经讲得十分明确。大家又结

合学习奚副院长的重要讲话和《关于当前形势下加强民事审判切实保障民生若干问题的通知》精神,对今年民事审判工作中值得特别注意和研究的问题进行了充分研讨。下面,根据奚副院长讲话精神,结合大家的学习、讨论情况,我就今年民事审判工作中还需要重点注意的几个问题谈点个人意见,供大家参考。

(一)要认真贯彻王胜俊院长"三个正确把握"重要批示精神,做好今后的民事审判工作

奚副院长在上午的讲话中已经传达了王胜俊院长不久前在最高法院民一庭2011年工作总结上作出的重要批示:"去年,民一庭紧紧围绕'为大局服务、为人民司法'工作主题,正确把握经济社会发展新形势,正确把握人民群众对民事审判的新期待,正确把握新时期社会矛盾发生、发展、化解的新特点,克服困难,挖掘潜力,充分发挥审判职能,为促进发展、维护稳定、保障民生作出了重要贡献!望总结经验,发扬成绩,再接再厉,继续坚持'三个正确把握',提高新水平,作出新贡献,以更大的成绩迎接党的十八大胜利召开!"王院长的重要批示不仅是对最高法院民一庭工作的肯定,也是对全国法院民一庭系统民事审判工作的肯定,同时也是对全国民事法官今后工作的期望。因此,全国民事法官一定要以"三个正确把握"为指导开展民事审判工作:一是要始终围绕党和国家工作大局,充分认识经济社会发展对民事审判工作的新要求,找准民事审判工作与党和国家中心工作的结合点,认真部署工作、处理问题、审理案件,积极推动经济社会发展。二是要始终坚持以人为本的理念,了解人民群众对民事审判工作的新期待,通过民事审判工作更好地保障和改善民生,让人民群众真正感受到人民司法的公正、便捷和效率。三是要根据我国社会转型时期的特点,认真研究、了解社会矛盾发生、发展、化解的新特点,掌握规律,采用有针对性的方法和手段,及时化解矛盾,维护社会秩序。民事审判工作涉及劳动争议、房屋拆迁、土地征收、农村土地承包、房地产、建设工程等社会生产和生活的方方面面,直接关系到整个社会的发展、和谐和稳定。如果我们在民事审判工作中不善于去把握社会矛盾发生、发展的规律,不善于寻找化解矛盾的方法和措施,我们就难以履行好应当履行的职责。因此,我们必须始终把化解社会矛盾作为贯穿民事审判工作的主线,作为一项基础性工作抓紧抓好,努力为维护社会和谐稳定提供有力的司法保障。总之,对王胜俊院长的重要批示,大家回去后一定要认真学习,深刻领会,并切实认真贯彻到今后的民事审判工作中去。

(二)要认真贯彻落实奚副院长重要讲话、最高法院"通知"和民事审判工作会议精神,为经济发展和社会稳定的大局提供高质效的司法服务

当前,我国经济社会发展整体态势良好,但也面临着复杂的局面。经济上,一方面,世界一些主要经济体经济增速下滑,一些国家主权债务问题突出,国际金融市场动荡不已,新兴市场国家通胀压力仍然较大,多个地区局势持续动荡紧张,世界经济复苏的不稳定性不确定性突出,风险挑战增多。另一方面,我国当前经济增长下行压力和物价上涨压力并存,部分中小微企业生产经营困难,民间金融和房地产领域中的结构性问题进一步凸显,经济金融等领域也存在一些不容忽视的潜在性风险,经济发展中不平衡、不协调、不可持续的矛盾愈发突出。这种复杂的经济环境将会不可避免地导致民间借贷、房地产、劳动争议等纠纷的显著增加,并进而对社会稳定带来不利的影响。同时,我国正处于改革发展的关键时期,社会矛盾多样多发,医疗卫生、教育就业、婚姻家庭、食品药品安全、道路交通、环境保护等民事纠纷继续保持增长态势,并呈现出许多新的特点。因此,今年人民法院民事审判工作的任务主要应当围绕两个方面来展开:一是要按照中央经济工作会议、全国政法工作会议、全国高级法院院长会议精神,为"稳中求进"的经济社会发展提供司法保障。这就要求我们在房地产、民间借贷、其他合同纠纷、劳动争议等各种与经济发展密切相关的案件审理中,以稳为主,围绕"稳"来化解矛盾,维护好经济发展秩序。二是要按照中央的部署,为党的十八大胜利召开创造一个和谐稳定的社会环境。这就要求我们在处理各类民生案件的过程中,要以"和"为主,化解社会矛盾。完成今年民事审判任务的具体做法,奚副院长重要讲话和最高法院《关于当前形势下加强民事审判切实保障民生若干问题的通知》已经阐述得十分清楚,大家一定要认真贯彻执行。

(三)关于婚姻法司法解释三的实施问题

婚姻法司法解释三出台已经半年多了,大家都知道,这部司法解释引起了社会各界的广泛关注和热议。这其中大多数人的观点是肯定的,但是也有一些不同的看法,虽然这些看法主要源于误读,但也给我们一些民事法官适用法律、司法解释造成了一些困惑。因此,借这次会议的机会,我想就婚姻法司法解释三的实施问题谈几点意见。

第一,婚姻法司法解释三遵循了婚姻法基本原则,符合中国婚姻领域风俗民情,在正确审理婚姻家庭类案件、倡导社会主义道德风尚方面能够发挥积极作用。从婚姻法司法解释三的内容来看,无论是

对一方婚前贷款所购不动产性质的认定、父母为子女结婚买房、结婚登记瑕疵处理，还是一方个人财产在婚后的收益等有关问题的规定，都完全符合婚姻法的基本原则和精神，同时对于增强婚姻法有关原则规定的可操作性，统一人民法院审理婚姻家庭案件适用法律标准和裁判尺度有着非常重要的意义。而且从长远看，婚姻法司法解释三通过对相关问题予以明确规定，也能够对人们婚恋观和家庭观念产生积极的引导作用，进一步彰显婚姻和家庭的本来意义，从而有利于弘扬我国的传统美德和社会主义良好道德风尚。

第二，要正确认识婚姻法司法解释三与婚姻法以及婚姻法司法解释一、二之间的关系，它们之间是相容关系、补充关系，而不是排斥关系、矛盾关系。婚姻法是关于婚姻家庭关系的基本法，婚姻法司法解释是根据婚姻法对适用婚姻法某一方面的问题的具体操作的细化，因此，婚姻法所确立的基本原则、所做的具体规定是指导婚姻家庭案件审理的"纲"，司法解释是审理婚姻家庭案件的"目"，纲举才能目张。同时，婚姻法司法解释一、二、三所要解决的问题也是各有侧重，是互相配合、相辅相成的关系。比如这次的婚姻法司法解释三就是在坚持、尊重婚姻法所确立的男女平等原则，夫妻双方在婚姻家庭关系中的财产独立和经济自由权利的基础上，更多地涉及了在财产关系上落实物权法与婚姻法的衔接问题。因此，在司法实践中，要把婚姻法以及婚姻法司法解释一、二、三作为一个整体来理解和适用，切忌片面、孤立地适用婚姻法司法解释三去判案。

第三，关于妇女、儿童和老人的合法权益保护问题。我想强调的是，不能把婚姻法司法解释三对财产关系的明晰与具体案件中对财产的分割等同起来，具体个案中的财产分割要结合案情适用婚姻法及其司法解释一、二、三的规定综合加以确定。以《婚姻法司法解释三》第7条为例，该条明确了父母为子女出资买房且产权登记在一方名下，离婚时视为对一方个人的赠予，但是这里所指房屋产权归一方与房屋在离婚诉讼中的最终归属是两个完全不同的问题。对此，婚姻法及其司法解释已对女方可获得房屋的情形作了规定。按照《婚姻》法第42条和《婚姻法司法解释一》第27条的规定，离婚时，如果女方生活困难，可以请求将男方个人住房判给女方所有或居住作为经济帮助。按照《婚姻法》第46条规定，当男方因有重婚、与他人同居、实施家庭暴力和虐待、遗弃家庭成员等法定过错情形时，女方可在离婚时请求获得男方房屋作为对自己的离婚损害赔偿。按照《婚姻法司法解释二》第22条第二款的规定，父母为婚后的子女出资买房，未明确表示赠与一方时，女方可以该购房出资为夫妻共同财产为由要求分割。因此，即便按《婚姻法司法解释三》第7条规定房屋产权归男方，在具体进行财产分割时，依据上述司法解释，最终也不可能存在少数人所担心的女方离婚时会被"扫地出门"的局面。另外，还有农村妇女权益的保护问题，有人担心农村妇女嫁到夫家以后，夫家婚前修了房屋，十多年后，一旦离婚，女方连瓦都分不到一片。这种担心也是没有真正理解《婚姻法》第42条和《婚姻法司法解释一》第27条的规定。如果农村妇女在离婚的时候没有住房，那就要按照《婚姻法》第42条和《婚姻法司法解释一》第27条的规定来处理，男方要以其个人财产对女方进行经济帮助，所以这种担心完全没有必要。可见，婚姻法及其司法解释在综合考量婚姻家庭各方主体合法权益的基础上，形成了一张对妇女、儿童和老人合法权益的周密保护网。因此，各级法院在审理婚姻家庭纠纷案件时一定要注意全面准确理解婚姻法及其司法解释的规定，尤其要加强对民事法官的培训，防止因理解偏差、适用法律不当而导致极端个案的发生。

（四）要适应新兴网络媒体发展变化，把民事审判工作做精做细

奚副院长在上午讲话中讲到了这个问题，我这里再强调一下，因为这也是我们召开这次座谈会的一个重要动因。最高法院党组也非常重视民事审判工作出现的一些新动向、新问题，我们对此必须高度重视。大家知道，我们的民事审判工作与人民群众的利益息息相关，法官的一举一动都受到社会的高度关注。而随着近年来互联网、移动通信数字技术等新电子信息技术的迅猛发展，网络报纸、博客、微博等新媒体形态已日益成为舆论传播和热点聚集的重要源头。因此，在某种程度上可以说，当今的社会公众对民事审判工作的监督是全方位、全天候的。在这种形势下，民事审判工作必然面对更加复杂的舆论环境，我们必须习惯于在"全民关注"的舆论环境下工作，这就给民事审判工作提出了更高要求，民事审判工作要经得起考验，就必须自己练好"内功"，把工作做得更加精细，我想，主要在以下几个方面要有新的提高：

一是在程序的严谨周密上要有新提高。程序公正是司法公正最为直观的体现，因此，大家一定要改变思想上对程序不够重视的错误观念，高度重视民事诉讼程序的严谨和周密。从开庭传票的送达，到庭审程序的完备，从案件开庭的准备，到庭审中法官的仪态言行，从裁判文书的说理，到裁判文书的送

达,都要严格依法进行,要一丝不苟,高标准严要求,程序上绝对不能出现瑕疵,要经得起人民群众用"显微镜"来审视。要充分保障当事人的诉讼权利,尤其是要注意平等对待当事人,使其平等地参与诉讼活动。要增强审判活动的公开性和透明度,自觉把审判活动置于广大群众和新闻媒体的监督之下。

二是在审判秩序的维护上要有新提高。近期以来,出现了当事人为逃避民事责任,虚构事实并利用互联网以及其他媒体进行炒作等妨碍民事诉讼行为的现象。这些妨碍民事诉讼的行为扰乱了人民法院的民事审判工作,侵害了诉讼当事人的诉讼权利和民事权益。因此,针对这种情况,我们有必要进一步规范诉讼参加人的民事诉讼行为,建立公正、合法、诚信、有效的民事诉讼秩序,保证民事审判活动的顺利进行。希望大家根据各地实际情况,积极探索有效的方法,为今年民事审判工作的顺利开展创造一个良好有序的环境。

(五)要进一步防范、治理、打击虚假诉讼

当前,以民间借贷、房屋买卖、婚姻家庭等案件类型为表现形式的虚假诉讼现象,在全国都不同程度地存在,给民事诉讼活动的正常进行和人民群众合法权益的保护造成了极大危害。今天上午奚副院长讲话中提到了河北廊坊购车摇号的虚假案件,我们在审理一些民间借贷案件中也发现有人利用虚假诉讼方式,损害第三人合法权益。因此,虚假诉讼如果不能被有效制止,对诉讼秩序的维护影响极大,因此,各级法院要高度重视新形势下如何防范、治理、打击虚假诉讼行为的问题。一是要统一思想,深刻认识防范、制裁虚假诉讼的重要性。防范、制裁虚假诉讼,是维护案外人合法利益的需要,是维护社会公平正义的需要,是维护司法权威、提升司法公信力的需要。要充分认清虚假诉讼行为的危害性,充分认清防范、制裁虚假诉讼行为的重要性,切实转变虚假诉讼行为与已无关、多一事不如少一事等错误的思想认识,切实增强防范、制裁虚假诉讼的自觉性、责任感。二是要采取有力措施,有效防范、治理虚假诉讼行为。各级法院要积极进行深入调研,出台防范和打击虚假诉讼的指导意见。要正确理解虚假诉讼行为的内涵与外延,准确把握虚假诉讼行为具有的违法性、危害性、趋利性、趋同性等规律性特点。要坚持全程、全面、全员的原则,每一个法官及其司法工作人员都要把防范、治理虚假诉讼行为的要求贯彻落实到民事审判的每一个环节上。三是要严查重处,加大力度打击虚假诉讼行为。要做到发现一起、查处一起、通报一起。对制造虚假诉讼案件的当事人,应当依照民事诉讼法的规定,根据情节轻重,依法予以训诫、罚款、拘留;构成犯罪的,依法追究刑事责任。对参与制造虚假诉讼案件的诉讼代理人或其他诉讼参与人,应当同时向司法行政机关提出建议,依法对其进行处理。对审判人员在工作中明知案件存在虚假诉讼可能而不闻不问、造成裁判错误的,以及故意参与制造虚假诉讼案件的审判人员,一经查实,应追究其违法审判的责任。要探索建立防范、治理、制裁虚假诉讼的审查机制、认定及处置程序,明确认定的主体,统一认定的标准,确保把打击、制裁虚假诉讼行为的各项要求落到实处。

(六)重视查清事实,妥善审理道路交通损害赔偿纠纷案件

道路交通损害赔偿案件涉及道路交通各方当事人以及保险行业和其他群体的切身利益,与人民群众的利益密切相关。近年来,这类案件在民事案件中的比重逐年上升,去年全国法院共审结道路交通损害赔偿案件75万件,比2010年上升了27%,约占全国法院审结民商事案件总数的10%。随着我国汽车工业和道路交通的发展,这类案件数量还可能进一步上升,因此,做好道路交通损害赔偿纠纷案件的审判工作非常重要。结合近几年来发生的引起社会广泛反响的许云鹤案和吴俊东案的情况,我在这里想特别强调一下在审理道路交通损害赔偿纠纷案件时对案件事实的查明问题。道路交通状况复杂多变,因此,道路交通损害案件的有关证据灭失的可能性很高,而关键证据一旦灭失,将给案件事实的查明带来很大困难,也给少数不诚信的当事人以可乘之机。因此,各级法院一定要高度重视证据的收集和认定。一是要充分利用各种方式收集证据。要注意通过司法建议等多种形式,与公安交通管理部门充分沟通协调,使公安交通管理执法人员在处理交通事故时能够在第一时间固定证据,从而最大限度分清责任,为民事案件的审理奠定良好基础。要注意通过查清案件的细节,形成有效的证据链条,最大限度查清案件事实。二是要充分利用各种手段审查证据。一般而言,交警部门作出的交通事故认定书,载明了案件的基本事实,并对各方应承担的责任作出了认定,这是交警部门通过现场勘查、调查取证后作出的认定,该证据的效力较高,在庭审质证中,除非对此提出异议的当事人举出足够充分的证据,一般应当作为据以定案的证据。但是,对于确实存在疑点的案件,我们也不能仅简单凭交警部门的有关鉴定就草率下结论,而是要正确运用证据规则,对包括公安机关出具的鉴定在内的有关鉴定结论,综合案件的具体情况,充分运用各种技术手段判定是否可以采信。最近天津市第一中级人民法院在许云鹤案

上处理比较成功，其中最关键的就是做了伤情成因鉴定，从而对案件事实的查清起到了决定性作用，这一点值得大家借鉴。

（七）要注意抑恶扬善，通过民事审判促进社会主义道德建设

法律承载着维护道德、教育人们的使命。司法是适用法律的过程，通过法律的适用对社会生活产生影响。从某种意义上讲，抑恶扬善是司法机关自身所应具有的品格，也是司法权威得以树立的前提。正确的司法裁判过程本身就是一个抑恶扬善的过程，不但有助于人们法律意识的形成，而且有助于社会道德的培养。由于民事纠纷同人民群众的日常生活密切相关，因此民事审判在促进社会主义道德建设中的作用不容忽视。奚副院长在今天上午的讲话中已经对发挥司法裁判的引导作用，依法促进社会诚信建设，弘扬良好道德风尚进行了充分的阐述，我今天在这里再特别强调一下民事审判在促进社会主义道德建设上的作用，希望各级法院民事审判部门在审理案件时，一定要综合考察案件事实和证据，充分重视裁判文书的说理，充分重视审判的社会效果，充分考量裁判对整个社会公共道德体系的影响，使裁判成为良善的导向，把民事审判打造成弘扬社会主义良好道德风尚的重要阵地，绝不能让个案成为负面的标杆，导致普通老百姓不敢、不愿做好事。此外，对于那些为逃避民事责任而谎称做好事的当事人和诉讼参与人，我们也要依据事实和证据予以批驳，构成妨碍民事诉讼的，要依法给予制裁惩戒，促进遵纪守法、诚实守信的社会主义道德风尚的弘扬。

（八）加大小额速裁试点工作力度，为民事诉讼法的修改提供依据

小额速裁试点工作开展半年多了。从目前的情况看，各地推进的情况参差不齐，有的地方工作抓得紧，小额速裁工作推进较快，但有些地方则推进力度不大，试点工作进展缓慢。此外，由于小额速裁实行一审终审的特点，一些程序问题如立案与审判、受案范围等还需要在实践中进一步摸索，以便于这一程序的运行更加科学合理。各高院要提高对小额速裁试点工作重要性的认识。民事诉讼法修改已经确定把小额诉讼作为独立的一审终审程序增加进去，但对这一程序如何规定的具体问题仍有待于进一步论证，这就需要我们的试点工作来提供依据。鉴于民事诉讼法已经确定要增加小额诉讼程序，那么现在开展试点工作，对新民事诉讼法生效后实施这个程序是有帮助的。因此，相关高院一定要在认真总结试点经验的基础上，加强对试点法院的监督指导，进一步加大试点工作力度。要指导试点法院以专业化的速裁机构为依托，选任经验丰富、业务素质全面的法官担任速裁法官，建立高素质的速裁队伍；要重视指导试点法院严格保证当事人对于小额速裁的知情权、程序选择权，保护当事人选择小额速裁的积极性；要指导试点法院积极探索速裁程序的适用范围，进一步优化速裁程序的受案标准；要进一步探索完善监督机制，确保速裁程序的规范审慎运行。此外，我在调研中发现，各地在处理程序选择权的问题上有不同做法。有些法院把程序选择权放在立案阶段由当事人决定是否选择小额速裁程序，如果当事人不选择小额速裁程序，那么案件就进入两审终审的简易程序或普通程序；有些法院为了增加当事人选择小额速裁程序的概率，则把程序选择权放宽到整个诉讼程序。这样一来，当事人在判决作出之前都可以选择适用小额速裁程序。后者通过放宽程序选择的期限，使适用小额速裁程序的案件数量更多。我举这个例子的目的是想说明，大家在下一步加大小额速裁试点工作力度的过程中可以多想些办法，在不违反法律规定的情况下，争取使适用小额速裁程序的案件数量进一步增加，这样试点工作才能为民事诉讼法的修改积累更多的经验，提供更充分的依据。总之，各高院在试点工作中胆子还要再大一点，步子还要再快一点，力度还要更强一点，并通过努力，让试点效果更好一点，为今年民事诉讼法修改奠定坚实的实践基础。

（九）加强对下监督指导力度，为做好民事审判工作提供有力的“后台”保障

由于今年的经济社会发展形势对民事审判工作提出了更高要求，对此，各高级法院加强对下监督指导力度就显得更加重要。奚副院长在讲话中已经提出了要求，我在这里再补充几点：一是各高院民一庭要转变观念，克服重案件审理、轻监督指导的倾向，高度重视到对下监督指导工作，为基层法院和中级法院的民事审判工作提供全方位的支持。要认识到通过对下级法院的指导，提高一、二审案件的质量，对于公正司法、减少涉诉上访是有极大好处的，这是真正釜底抽薪的办法，是在更高层次上坚持办案是第一要务的原则。相反，在一些地方忽视对下指导工作，案件处理不统一，案件质量不能提高，涉诉上访很难压下去。对此，我们要有清醒的认识。二是要立足基层，扎实有效地做好调研和指导。人民法院80%的案件在基层，基层的问题解决得好坏直接影响着人民法院整体工作的开展。这一点在民事审判工作中体现得更加鲜明。因此，各高院民一庭要深入到基层人民法院和人民法庭，深入到审判一线进行调查研究，通过调研及时摸清情况，发现各类案

件中存在的突出问题,并找出解决问题的办法和措施,有针对性地做好对下指导。三是要规范管理,建立健全监督指导工作机制。要认真研究对下监督指导工作的特点和规律,总结管理经验,逐步形成制度,提升监督指导科学化、规范化水平。近年来,许多高院和中院在这方面做了有益探索和尝试。各地要在总结实践经验的基础上,因地制宜,尽快构建覆盖全面、沟通便捷的对下监督指导工作网络。

三、会议精神的贯彻落实

(一)及时汇报会议情况,传达会议精神

希望大家回去后,要认真学习领会这次会议的精神,及时向院党组汇报,重点是汇报奚副院长的重要讲话和最高法院《关于当前形势下加强民事审判切实保障民生若干问题的通知》精神。要准确理解和把握这次会议的主题和精神实质,尽快把奚副院长重要讲话和《通知》精神传达到各级法院民事审判部门,传达到每一位民事审判工作人员,把做好今年民事审判工作的思想和行动统一到这次会议的部署上来。

(二)要结合本地实际,做好会议精神的贯彻落实

这次会议为今年民事审判工作确定了基本思路和主要任务,提出了具体要求,各高级人民法院要根据会议精神,结合本地实际,提出有针对性的贯彻落实措施,要加强监督指导,及时发现辖区内民事审判工作的新情况、新问题,有针对性地拿出科学、合理的解决方案,真正把这次会议的精神落到实处。

同志们,今年的民事审判工作责任重大,任务艰巨。会议结束后,大家将返回各自的工作岗位。希望大家回到工作岗位后,能够同各自辖区内民一庭系统的法官和工作人员一道,振奋精神,埋头苦干,不辱使命,为推动民事审判工作新发展,促进经济健康发展、维护社会和谐稳定和人民群众合法利益提供更加有力的司法保障而努力,以优异的成绩迎接党的十八大的胜利召开!

提升民事审判质效,促进社会矛盾化解为十八大胜利召开营造和谐稳定社会环境

——在全市法院民事审判工作座谈会上的讲话

北京市高级人民法院党组成员、副院长　周继军

(2012年4月19日)

同志们:

这次会议的主要任务是:深入贯彻落实全国民事审判工作会议、北京法院院长会议精神,回顾总结2011年全市法院民事审判工作,研究部署2012年的工作任务。下面我讲四个问题。

一、2011年工作的简要回顾

2011年,全市法院民事审判工作深入贯彻落实科学发展观,紧紧围绕"为大局服务,为人民司法"的工作中心,以保障当事人在首都法院打一个"公正、明白、便捷、受尊重的官司"为目标,大力创新工作机制,不断破解审判难题,在化解矛盾、促进发展、保障民生、维护稳定等方面取得了新进展。

——依法公正审理大量案件,较好完成繁重的民事审判任务。2011年,全市法院审结各类民事案件228,938件,法官人均结案数达到243件。均衡结案工作进一步落实,季度结案数量逐步平衡。大兴法院实行季度结案率指标精细化管理,密云法院完善均衡结案考核制度,将结案率由按季考核改为按月考核。各院多措并举提升案件质量与效率。一中院开展差错案件讲评活动,差错案件及时整改。二中院总结民事审判风险类型并提出控制对策;海淀法院积极探索科学有效的审判资源配置方式,将原有的庭之间的"繁简分流"拓展至庭内,实现"人案匹配";朝阳、丰台等法院积极推进专业审判,丰台法院制定了《关于加强专业审判工作的指导意见(试行)》;石景山、房山、平谷、北京铁路等法院相继出台制度,加强审判规范化建设。

——加大调解力度,努力构建民事纠纷大调解工作机制。各院坚持"调解优先,调判结合"的基本工作思路,强化"息诉服判才是最大效益"的观念,落实全程、全员、全面调解,充分利用一切调解机会,化解矛盾纠纷,全市法院民事案件的调撤率达到54%。

东城法院探索彻底化解纠纷工作法，建立即调即执和督促履行两项机制，门头沟法院采取“四个三”调解工作法妥善化解涉及老年人权益的纠纷，顺义法院加大释法明理和判后答疑工作力度，均取得较好效果。同时，各院注重发挥综合治理的优势，与相关部门、组织协作配合，共同构建非诉讼调解和诉讼相衔接的民事纠纷大调解机制。高院积极参加全市大调解格局的构建工作，为建设领域纠纷调处机制、解决卫生医疗纠纷协调工作机制、调处劳动争议五方联动机制等多项调解机制的构建提供法律服务和支持；铁中院做好审判延伸工作，参与社会综合治理；西城法院进一步完善“四点一线”多元化纠纷解决机制；通州法院与区劳动争议仲裁委、区人事争议仲裁委协商建立了劳动、人事争议案件协作机制。

——加大调研督导力度，统一执法尺度。针对民事审判领域出现的新情况新问题，高院制定了《北京市高级人民法院关于审理执行异议之诉案件适用法律若干问题的指导意见》；下发了《关于妥善处理涉及住房限购政策的房屋买卖合同纠纷案件若干问题的会议纪要》；起草完成了《北京市高级人民法院关于审理建设工程施工合同纠纷案件若干问题的指导意见》；指导下级法院研究处理案件上百件，其中包括一批重大、疑难、典型案件，正式答复下级法院请示二十余件。一中院、二中院坚持严把二审终审关，认真履行中级法院承担的职责，有效发挥上诉审的监督作用，推动辖区法院统一裁判尺度。各基层法院之间，尤其是东西片法院之间业务交流、案件信息沟通工作进一步加强。

——创新审判工作机制，完善便民利民举措。继续推行远程视频庭审系统，对远程庭审工作进行审判业务跟踪监督，便利当事人诉讼。根据最高法院安排部署，我市法院选择西城、丰台、平谷和门头沟四家法院作为试点单位开展民事审判小额速裁试点工作，速裁案件调撤率达到96%，平均审理期限仅10.5天，取得了初步的成效，得到了最高法院的充分肯定。昌平法院东小口法庭打造“和谐、共建、服务”的社区型法庭，受到辖区群众的普遍认可和赞扬。海淀法院制定“2+1”的责任模式与“多点波浪式”跟踪调研方式，确保“民声热线”工作及时妥善处理。怀柔法院在法官下乡活动中结合实际开展以“五访五谈”为核心的走访群众活动。

——加强司法能力建设，提升审判队伍整体素质。各院结合开展“社会主义法治理念再学习再教育”等一系列活动，大力提升民事审判队伍政治素质。一中院结合队伍新特点，对照新的工作形势展开讨论，提高干警贯彻群众路线的能力和水平。二中院举办庭审观摩及“百案百庭示范活动”，切实提升法官的素质和能力。朝阳法院与区司法局共同开展“公开审判进社区、进乡村”活动。延庆法院以青年法官沙龙成立为契机，搭建“五个平台”创新青年干警培养工作。同时，各院普遍加强业务培训。高院先后组织了执行异议之诉法律适用问题、劳动争议纠纷的处理、《婚姻法司法解释三》的理解和适用以及房地产案件法律适用问题等四次大规模培训，受训法官达六百多人次。

——发挥司法能动作用，服务首都经济发展和社会稳定。为国家重点项目建设及大兴区重大火灾事故解决提供法律支持。妥善办理各级人大代表、政协委员提案，取得代表、委员的理解与肯定。高院与市住建委研究协调房屋买卖、房屋新政以及房屋查封等问题；与北京市卫生局等单位联合召开医疗纠纷调解工作座谈会，并制定了《关于加强医疗纠纷人民调解工作的意见》。昌平法院回龙观法庭制定定期巡回开庭、定期培训开课、定期召开例会、定期联动咨询等“四定期”制度服务基层，取得良好效果。怀柔法院推出“三调一回访”工作制度和“一分二聚三滚动四巡回”工作法，采取多种措施全力为辖区物业纠纷试点工作提供司法保障。

同志们，过去的一年，民事审判工作取得了可喜成绩。这些离不开全市法院民事审判队伍的顽强拼搏、无私奉献，离不开各级主管领导的以身作则、真抓实干。在此，我代表高院党组，向全市法院奋斗在民事审判战线上的各级领导和全体干警表示崇高的敬意和衷心的感谢！

二、当前首都法院民事审判工作面临的形势

2012年是实施“十二五”规划承上启下的重要一年，也是党的十八大胜利召开之年，首都法院民事审判工作面临着新形势新任务，需要准确把握和积极应对。

（一）民事案件基数大、要求高，审判任务更加繁重。当前，我国正处于社会矛盾高发期，相当长一个时期内，民事案件会继续保持居高不下的态势。去年，全市法院审理民事案件23万件左右，约占全部案件的55%，而民事审判人员占全市法院审判人员的比例仅为33%，“案多人少”的矛盾仍然比较突出。民事案件信访压力较大，在审结案件的同时，还要做大量的信访化解工作，以确保案结事了。因此，如何圆满完成繁重的审判任务，始终是摆在民事审判面前的突出问题。

（二）民事审判与民生密切相关，服务保障和改善民生的任务更加艰巨。一方面，首都经济社会高速发展引发的一些问题，如征地拆迁、农村房屋买卖、小产权房等,短期内难以消除,这些案件的产生有其特定的背景,在处理上既要兼顾法律和政策、历史和现实,又要切实维护当事人的合法权益,需要较高的司法艺术;另一方面,受大的经济形势和宏观调控政策的影响,民事案件有了新的变化。如在经济下行压力下劳动争议案件将会在一定程度上增加;随着房地产市场调控政策效果的显现,与此相关的房地产纠纷会呈现出很多新情况、新问题,案件审理难度增大。在贯彻落实好中央和北京的相关调控政策的大背景下,如何服务保障和改善民生,是民事审判面临的重大挑战。

(三)民事审判社会关注度大,人民群众期望值高,提升审判质效的要求更加迫切。网络、博客、微博等媒体形态的普及应用,使民事审判的社会关注度空前提高,同时也被更加透明地展示在人民群众面前,民事审判工作将面对越来越广泛的监督和越来越复杂的舆情环境。在网络环境下,一次不当司法行为可能被迅速传播甚至放大,造成难以挽回的负面影响;一件普通案件可能会被全社会关注,如涉及社会道德的道路交通损害赔偿纠纷,人民群众不仅要求依法审判,还要求人民法院在更高的层次上发挥惩恶扬善的道德建设功能。回应社会的关注和人民群众的期待,民事审判必须做精做细,不断提升审判质量和效率。

(四)随着新的审判质量考核管理体系的实施,审判管理的要求更加严格。今年,新的审判质量考核管理工作规范将在全市法院试行。新的审判质量考核管理体系中,考核指标更加细化,其中针对民事审判的指标近20个,设置更加科学,要求也更加严格。目前有些指标的考核情况并不理想,如一审服判息诉率、二审开庭率均低于全国平均水平,能否切实提高上述考核指标,在很大程度上取决于民事审判,这对民事审判管理工作提出了更高的要求。

(五)迎接党的十八大胜利召开,民事审判维护首都社会和谐稳定的责任更加重大。为党的十八大胜利召开营造和谐稳定的社会环境,是今年全市法院第一位的政治任务。民事案件事关社会民生,牵一发而动全身,处理不慎会直接影响社会和谐稳定。彻底化解矛盾纠纷,实现案结事了人和,为十八大胜利召开营造和谐稳定的社会环境,首都民事审判工作的责任尤为重大。

三、2012年首都民事审判工作的主要任务和基本要求

面对新形势、新任务和新要求,今年首都法院民事审判工作的总体思路是:深入贯彻落实科学发展观,牢牢把握“稳中求进”的总基调,紧紧围绕“为大局服务,为人民司法”的工作中心,以保障当事人在首都法院打一个“公正、明白、便捷、受尊重的官司”为目标,大力提升审判质效,彻底化解矛盾纠纷,为十八大胜利召开营造和谐稳定的社会环境。

根据中央精神,“稳中求进”既是工作总基调,也是工作总要求。具体到首都法院民事审判工作,所谓“稳”,就是指要把为党的十八大营造和谐稳定的社会环境作为首要的政治任务;要树立大局意识,各项审判工作都要立足于维护首都稳定的大局;要始终把依法办案、维护人民群众合法权益作为根本出发点和落脚点。所谓“进”,就是指要不断破解审判难题,重点解决审判工作中的难点、热点问题以及群众反映的突出问题,不断提高民事审判质效,充分发挥民事审判职能作用。

围绕民事审判工作的总体思路和“稳中求进”的总要求,今年要重点抓好以下几项工作:

(一)重点审理好与经济社会发展密切相关的案件。深刻理解中央“稳中求进”的要求,切实审理好与经济社会发展密切相关的案件,维护好经济发展秩序。

——审理好房地产案件。受北京房屋限购政策的影响,房屋买卖合同纠纷案件出现了一些新情况、新问题,高院就此类案件的审理下发了会议纪要,就该纪要的贯彻落实,我再强调以下几点:一是要确保司法审判与中央和北京对房地产市场宏观调控政策的导向相一致。对房地产市场加强和完善宏观调控,是党和国家为维护房地产市场健康有序发展,遏制部分城市房价过快上涨的重大决策部署。各院在案件审理中必须确保限购政策得到切实执行。二是要正确认识住房限购政策的法律性质。实践中,有当事人以住房限购政策属于不可抗力为由提出抗辩,对此必须明确,中央和北京对于房地产市场的宏观调控经历了一个从限贷到限购逐步加强和完善的发展过程,房屋买卖合同作为一种标的额相对较大、与买卖双方切身利益密切相关的合同,当事人在签订合同时,对合同订立后可能出现的房地产市场风险及各种履行障碍,均应当有一定程度的预见和判断。因此,住房限购政策在司法实践中不宜认定为不可抗力。三是要注意衡平买卖双方的利益关系。住房限购政策虽然不属于不可抗力,但是具有公共政策的属性,确实会对房屋买卖合同能否继续履行造成重大影响。因此,因住房限购政策导致合同解除的,由于双方当事人并无过错,原则上不适用违约责任和定金罚则;但合同解除确实导致当事人之间利益失衡的,损失方可以要求对方补偿其合理损失。

——审理好劳动争议案件。受经济增长下行压力影响，因企业融资困难而引发的劳动争议纠纷可能大幅增长。劳动争议案件不仅事关劳动者合法权益，而且关系到企业的正常生存和发展，应当高度重视。一是坚持依法保障劳动者合法权益与企业生存发展并重的理念。在目前形势下，既要充分保护劳动者合法权益，又要考虑企业的现实困难，在劳动关系认定、劳动合同解除和终止、工资、加班费等问题上，要把保护劳动者眼前利益、现实利益同保障劳动者长远利益、根本利益结合起来，努力寻求劳动者和企业之间最佳的平衡点和结合点。二是努力维护和谐稳定的劳动关系。坚持多渠道、多方式化解劳动争议矛盾纠纷，一方面加大诉讼调解力度，对于暂时存在资金困难但有发展潜力的企业特别是中小微企业，要尽量通过和解、调解等方式，鼓励企业与劳动者共渡难关。另一方面加强与司法局、工会等相关单位的交流和沟通，健全和完善劳动争议多方联动机制，充分发挥相关单位在稳定劳动关系方面的积极作用。三是妥善处理社会保险争议纠纷。《社会保险法》已于去年7月1日开始实施，北京的社会保险政策也有一些新的变化，社会保险争议纠纷审理中出现了很多新问题，如社会保险争议的受理范围、仲裁时效、损失计算标准等，需要大家认真研究。高院要会同中院对社会保险法实施后出现的新情况新问题进行调研，制定指导意见，统一裁判标准。

——审理好消费者权益保护案件。消费者权益保护案件关系到正常市场秩序的维护和国家扩大内需政策的落实，应妥善处理。一是严格执法。在切实保护消费者合法权益的同时，着重制裁以利诱、误导等方式欺诈消费者，设置消费陷阱或者霸王条款损害消费者权益等不法行为，促进诚信、有序的消费市场环境的形成。二是加强对新类型消费纠纷的研究。因网上直购、网上代购、团购等新兴消费形式引发的纠纷，与传统消费纠纷有很大不同，当事人维权成本更高，举证更难，在法律适用方面还需要进一步研究。三是慎重处理涉及行业规则、产品质量标准的消费纠纷案件。消费纠纷案件中涉及行业规则、产品质量标准的，原则上不要轻易对行业自身规则或者现有质量标准做出否定性评价。

（二）依法审理涉及社会民生的案件。保障和改善民生始终是首都各项工作的重中之重。各院在审理涉民生案件中必须重视民意，注重民生，赢得民心，做到案结事了，打牢社会和谐稳定的民生基础。

——审理好婚姻家庭案件。一是要正确理解和适用婚姻法及其司法解释，在司法实践中，要把婚姻法及其三个司法解释作为一个不可分割的整体，不能片面、孤立地去理解和适用。二是在具体进行财产分割时，要以婚姻法及其相关司法解释确立的分割原则及意见为依据，从照顾子女、女方的权益及无过错一方的原则出发，根据双方当事人的实际情况合理加以分割，杜绝因理解偏差、适用法律不当而导致女方离婚时被"扫地出门"的极端个案发生。

——审理好医疗纠纷案件。北京医院比较集中，医疗纠纷相对突出，甚至引发恶性事件，因此要高度重视医疗纠纷案件。一是要注意做好矛盾化解工作，加强与双方当事人之间的沟通，平复当事人情绪，引导当事人理性维权，避免矛盾激化。二是要依法尽快审结案件。医疗纠纷往往涉及鉴定问题，导致案件审理周期偏长，因此要引导当事人积极配合鉴定，加强与鉴定机构的沟通协调，尽快审理案件，同时将鉴定情况及时告知当事人，取得当事人的理解。三是要合理分配举证责任，既要严格依照法律，同时要考虑医患双方的举证能力，平等保护双方当事人的合法权益，引导建立平等、和谐、互信的医患关系。

——审理好相邻关系纠纷案件。一审法院审理相邻关系纠纷原则上应当进行现场勘验，以便于保全证据和查明案情。二审法院如果认为原判认定事实错误并准备改判的，也应当进行现场勘验。审理中要充分考虑和尊重当地习惯，坚持有利生产、方便生活、团结互助、公平合理的原则，并注重以司法职能促进社会和谐与诚实信用。

（三）稳妥审慎处理好重大敏感案件。大要案多、敏感案件多是首都法院民事审判的重要特点，一旦处理不慎，就会造成负面影响，甚至被敌对势力所利用。民事诉讼是重大敏感案件的易发领域，当前，要高度重视以下案件：一是有政治敏感性的案件，如涉及网络管理的纠纷；二是涉及首都社会稳定的案件，如人数众多的群体性纠纷；三是涉及社会道德评价的案件，如道路交通损害赔偿纠纷；四是有重大社会影响的案件，如涉及首都建设重大工程项目的纠纷、涉及产业政策行业规则的纠纷、涉及历史遗留问题的纠纷等；五是涉及特定主体的案件，如涉及特定人员的名誉权纠纷等；六是新类型案件。重大敏感案件的处理，要把握好以下几个方面：一是院、庭长亲自把关，认真研究，不能完全交由承办法官自行处理；二是要加强请示汇报，对社会关注度高或者案件处理可能引发重大社会反响、影响社会稳定的，要及时向当地党委政法委和高院汇报；三是要建立健全重大案件舆论引导工作机制，对于具有政治敏感或涉及重大稳定因素的案件绝对不能报导；对于有较大社会影响或者属于新类型案件，但审判思路尚不成熟的，要慎重报导。不要为抢新闻炒点急于报导，坚决防止个案成为舆论恶炒的热点。

(四)严格落实各项审判制度,强化对民事审判工作的管理。按照今年院长会的要求,严格落实各项民事审判制度,促进民事审判的规范化建设。一是着力完善审级监督制度。针对民事案件改判和发回标准不统一、以发代改等问题,进一步明晰改判和发回的界限,规范案件改判和发回的具体标准和内部工作程序。二是着力提高二审开庭率。目前,二审开庭率较低的现象仍然比较突出。今年,高、中院要共同研究,拿出切实可行的办法提高二审开庭率。三是着力发挥合议制度、陪审制度的作用。合议庭审理的案件,合议庭成员都要阅卷、都要参加庭审、合议时都要独立发表意见,发挥合议制度维护司法公正的作用。落实陪审制度,充分发挥人民陪审员的优势,特别是对于一些社会关注程度较高的案件,邀请人民陪审员参加案件审理,提高司法判决的社会认可度。要切实保障人民陪审员在开庭审理、合议中与法官平等行使审判权。四是着力促进送达等程序要求的落实。进一步规范送达工作,严格公告送达的条件;落实宣判制度,一般不得以邮寄裁判文书方式代替宣判程序;严格遵守案件延审报批程序;及时纠正简易程序案件超过三个月期限没有转为普通程序的不规范行为;落实延审、简易程序转换为普通程序告知当事人的工作要求。

(五)认真开展庭审和裁判文书"两评查"活动。为规范裁判文书制作和庭审行为,增强广大民事审判人员的文书制作和庭审驾驭能力,有效促进民事案件审判质量的提高,根据最高法院和高院关于"两评查"活动的相关安排,今年高院将组织开展民事裁判文书和庭审评查活动,对于优秀的裁判文书和庭审将给予表彰,对于评查中发现的问题将集中讲评。高院制订的活动方案已经正式下发,请各院高度重视,认真组织参加。

(六)继续扎实开展长期未结民事案件专项清理活动。今年第一季度,全市法院对153件三年以上未结民事案件开展了专项清理活动,截至3月31日,共审结68件,专项清理活动取得阶段性成效。在此我想强调三点,一是对于尚未审结的三年以上案件,各院要继续逐案跟踪、督促,尽早予以审结;二是要认真查找案件长期未结的原因。案件长期未结,有评估鉴定、涉外送达等客观原因,但也确实存在管理松懈、个别法官责任心不强等问题,如有些法官把案件委托鉴定后,消极等待,不积极催办,今后承办法官要加强与本院诉讼服务部门、鉴定机构的沟通,及时督促;对于摇号选定的机构,无正当理由未能在规定时限内做出鉴定结论的,及时向高院鉴拍部门反映;三是要建立清理长期未结案的长效机制,原则上对于一年半以上的未结案件,各院要及时制定台账予以清理,院、庭长要加强管理,随时掌握长期未结案情况,争取工作主动。

(七)加强对不诚信诉讼行为的防范与制裁。实践中,当事人编造债权债务、提供虚假证据、逃避送达等不诚信诉讼行为严重扰乱诉讼秩序,造成不良后果,应当引起各院的重视。目前,因房地产调控、车辆限购等政策引发的虚假诉讼尤为突出。各院在审理此类案件时,应认真核实当事人身份,分析当事人的真实意愿,即使是双方当事人自愿达成调解的情况下,也要查明基本事实和基础法律关系,必要时主动依职权收集和调取证据,防止恶意当事人利用诉讼损害他人的权益。高院拟对民事案件审理中的不诚信诉讼行为进行调研,制定有针对性的防范措施,加大制裁力度,依法保护诚信当事人的合法权益,维护司法权威与尊严。

(八)彻底化解矛盾纠纷,提高一审服判息诉率。目前,我市法院一审服判息诉率偏低,既有工作不到位的原因,也有统计方法的原因。我们将建议有关部门进行研究,将诉前调解案件纳入统计范围,同时采取有针对性的措施,切实提高一审服判息诉率。一是加大诉讼调解力度。进一步贯彻"调解优先,调判结合"的原则,不断总结各类案件的调解方式和方法,推广好的调解经验和做法,不仅提高调解率,还要提高调解案件自动履行率,同时,规范诉讼调解行为,杜绝以判压调等现象。二是提高审判人员的辨法析理能力。实践中,相当一部分上诉、申诉案件是由于当事人对裁判结果不理解导致的,因此必须加强裁判文书的说理性,积极探索判前释明,严格落实判后答疑,避免因当事人误解引发信访。三是积极推行专业化审判。继续稳步推进专业化审判工作,总结和推广类型化案件的审理思路和处理经验,提升专业审判庭、专业法官的专业审判水平,通过切实提升审判质量,促进案结事了。四是认真落实《关于完善民事案件审理程序中信访工作机制的意见》。畅通当事人诉求渠道,妥善处理民事案件审理程序中的来信来访问题,从源头上预防和减少信访案件的发生。

(九)加强调研督导,促进执法统一。执法统一问题一直是民事审判工作的重点和难点问题。围绕促进执法统一,重点做好以下调研督导工作:一是完善调研指导工作机制。高院要在充分挖掘自身调研力量的同时,探索建立三级法院协调联动的调研工作机制,充分发挥中院和基层法院的优势,统筹三级法院的力量共同参与,形成调研合力,提高调研质量。二是加强案件请示、研究工作。对于案件审理中遇到的具有普遍性的法律适用问题,承办法院可以向高院进行请示,高院应当组织人员进行研究并在一定期限内作出答复。高院将进一步发挥疑难案件研究指导组的作用,定期召开会议,对案件审理中遇到的疑难法律问题进行研究。三是加强对新情况新问题的调查研究。民事审判随着经济社会的发展不断发生变化,新情况新问题不断涌现,要紧紧抓住这些问题开展调查研究,及时统一执法尺度。

四、围绕核心价值观教育,提升民事审判队伍素质

队伍素质是做好审判工作的根本,首都法院民事审判任务能否圆满完成,关键在于队伍建设。

(一)加强政法干警核心价值观教育。目前,青年法官已经成为民事审判队伍的主力军,他们知识储备充足,有活力有热情,但缺乏经验,同时也面临各种现实困难和诱惑,因此必须加强“忠诚、为民、公正、廉洁”的核心价值观教育。一是要牢固树立忠诚意识。忠于党、忠于国家、忠于人民、忠于法律是政法干警的政治本色,在民事审判工作中必须讲政治、讲大局、讲法律,实现法律效果与社会效果的有机统一。二是要牢固树立为民意识。依法保护人民群众的切身利益,解决人民群众反映强烈的突出问题,当前,各院特别要突出加强便民、利民措施,让人民群众和诉讼当事人切实感受到司法的人文关怀。三是要牢固树立公正意识。要进一步树立严格执法的意识,自觉维护法律尊严,严把事实关、证据关、法律关,严格落实审判制度和程序规定,公正办理好每一起案件。四是要牢固树立廉洁意识。民事案件量大面广,一些案件涉及利益巨大,存在一定的自由裁量空间,而司法环境相对复杂,因此全市法院民事审判人员必须筑牢反腐倡廉的思想防线,坚决落实“五个严禁”和各项廉政制度,确保司法廉洁。

(二)加大业务培训力度。在业务培训方面要注重灌输执法理念和法律适用的方法。为不断创新民事审判业务培训方式、拓展培训内容,除现有的集中脱产培训外,高院民一庭拟采用视频会议的方式,定期开展专题业务讲座。讲课师资将从全市法院的民事审判人员中选任,增强业务培训的针对性和实效性。继续维护好民事审判网页,为全市法院提供有效的交流平台。

(三)爱护关心干警。民事审判任务繁重,审判人员长期工作在一线,承受较大的身心压力,因此我们在从严管理的同时,必须真心爱护干警,关心青年干警的成长,努力为他们解决实际困难,争取有利条件,营造和谐融洽的工作气氛。

同志们,2012年全市法院民事审判工作任务重,责任大,人民群众期望值高。让我们凝心聚力,奋发有为,扎实做好各项民事审判工作,为十八大胜利召开营造和谐稳定的社会氛围。

准确把握立法精神　确保法律贯彻执行
推进首都法院民事审判工作稳步向前发展

——在全市法院贯彻实施民事诉讼法专题工作会议上的讲话

北京市高级人民法院党组副书记、副院长　周继军

(2012年12月6日)

同志们:

今年8月31日,第十一届全国人大常委会第二十八次会议审议通过了《关于修改〈中华人民共和国民事诉讼法〉的决定》,并将于明年1月1日起正式施行。为正确理解和适用该决定,最高人民法院于9月11日和19日先后召开了全国法院贯彻落实民事诉讼法修改决定电视电话会议和座谈会。会上,最高人民法院奚晓明副院长和贺荣专委作了重要讲话,要求全国各级人民法院深刻把握这次民事诉讼法修改的立法精神,确保民事诉讼法贯彻实施,并就适用中的一些重要问题提出了方向性的指导意见。为落实最高法院会议精神,我们决定召开本次专题工作会,目的在于进一步统一思想、提高认识、对修改后民事诉讼法适用中亟须解决的一些重要问题进行研讨,集思广益,为在北京法院正确贯彻实施民事诉讼法修改决定做好充分准备,共同推进民事审判

工作稳步向前发展。下面我就贯彻实施工作谈几点意见:

一、充分认识此次民事诉讼法修改的重大意义和影响,确保民事诉讼法的正确贯彻执行

民事诉讼法是中国特色社会主义法律体系中的基本法律,是人民法院审理民事案件在程序方面的基本法律依据。此次民事诉讼法修改是继2007年民事诉讼法部分修改后的第一次全面修订,涉及民事审判的方方面面,既对原有的管辖、调解、证据、简易程序、二审程序、特别程序等制度进行了重大的修改完善,又增加了诚实信用原则、新设了公益诉讼、小额诉讼、第三人撤销之诉、行为保全、调解协议司法确认等多项重要的诉讼制度和程序,对人民法院的民事审判工作影响巨大。此次民事诉讼法修改权威、全面、指导性强,对于建立和完善公正、高效、权威的民事诉讼制度,切实保障当事人诉讼权利,有效化解社会矛盾纠纷,维护社会和谐稳定,具有重大现实意义和深远历史意义。

近年来,北京法院民事审判工作存在案件绝对数量居高不下与审判力量相对不足、案件审判压力未见缓解与信访矛盾化解压力日益增大、法官执业环境未见改善与内外部监督力度不断加大等诸多矛盾。此次民事诉讼法修改对于北京法院民事审判工作无疑将产生巨大影响,处理应对不好可能会加剧前述矛盾。具体而言:一是重大诉讼程序和制度,主要小额诉讼程序的设立对于全市法院民事审判格局,特别是中级法院和基层法院工作产生较大影响。主要表现为:1. 根据统计数据,本市2011年度城镇单位就业人员年平均工资的百分之三十为22,750.2元。据此测算,北京市法院适用小额诉讼程序的金钱给付案件预计将占全部一审民事案件的三分之一左右,涉及全市所有的基层法院民庭和派出法庭审理的各种类型的金钱给付案件,影响面非常大。与之相对应的是全市基层法院及民事法官普遍缺乏审理该类案件的经验。2011年,市高级法院根据最高法院的统一要求和部署,选择西城区法院等四家法院作为试点单位,开展小额速裁试点工作,积累了一定的经验。但此次民事诉讼法规定的小额诉讼程序在适用范围、案件类型和标的限额、是否允许当事人选择适用等方面与小额速裁程序又有较大不同,因此即使是小额速裁试点法院对如何适用该程序也经验不足,审判难度明显增大。2. 由于小额诉讼案件实行一审终审,当事人丧失了上诉救济途径,这就对基层法院审判工作质量提出了更高的要求,并且小额诉讼案件多涉及基层人民群众的切身利益,处理不好容易引发信访,基层法院承担的信访压力将进一步增大。3. 小额诉讼程序的设立将使中级法院民庭受理的二审民事案件有所减少,二审审判压力得到一定缓解,职能定位需要作相应调整。4. 小额诉讼程序的设立可能导致基层法院和中级法院现有审判资源的配置与实际需要不再相符,需要重新整合。二是公益诉讼、第三人撤销之诉、行为保全等一系列具体诉讼程序和制度的设立,对于保护当事人诉讼权利,实现程序公正起到了很好的作用,但上述程序均缺少具体操作程序,实践中也无先例可循,这对全市法院民事法官的大局意识和业务素质均提出了更高的要求。三是修改后民事诉讼法规定检察机关对民事诉讼有进行法律监督的权力,有权提出检察建议。这就要求各级法院对于检查监督要有正确的认识,更加自觉规范各项审判行为,尽快建立与检察机关的沟通协调机制。

因此,全市三级法院要充分认识到此次修法对民事审判工作的重大意义和深刻影响,要学习好、理解好、贯彻实施好修改后的民事诉讼法,在民事审判中进一步强化程序意识,确保民事诉讼程序公正,使正义能够以看得见的方式实现,真正做到程序公正与实体公正的有机统一;强化诉权意识,切实保障当事人的诉讼权利;强化公开意识,确保司法权依法在阳光下运行,提高审判的公正权威;强化证据意识,完善举证时限制度,合理分配举证责任,切实保障审判质量;强化调解意识,坚持"调解优先,调判结合"的工作原则,推动和完善调解与诉讼相衔接的矛盾纠纷解决机制;强化效率意识,根据案件具体情况实行繁简分流,合理配置和利用司法资源,提高审判效率;强化监督意识,自觉接受检察机关的法律监督;强化大局意识,注意案件处理的社会导向和影响,实现"为大局服务,为人民司法"的宗旨,积极稳妥的实现民事诉讼法修改前后的平稳过渡,确保北京法院民事审判工作的稳步推进和科学发展。

二、贯彻实施民事诉讼法修改决定的几个重点问题

根据民事诉讼法修改决定和最高法院奚晓明副院长、贺荣专委的讲话精神,市高院民一庭召集全市法院民庭部分庭长及审判骨干先后召开了两次专题座谈会,并通过北京法院网向全市法院民庭法官征集意见,结合各院提出的意见和建议,就全市法院贯彻实施民事诉讼法修改决定的一些重要问题形成了基本共识,并提出以下意见:

(一)贯彻实施民事诉讼法修改决定的总体思路

最高法院贺荣专委在全国法院贯彻实施民事诉讼法修改决定座谈会上提出,贯彻实施民事诉讼法应当把握全面、区分和统筹三个基本原则。全市三级法院应当认真学习原则内容,准确把握原则精神,在适用修改后民事诉讼法的过程中坚持“积极探索、预先研判、稳步推进、妥善适用”的总体思路。具体而言:一是全市三级法院广大民事法官,应当全面把握此次民事诉讼法修改的指导思想和各项内容,深刻理解每一条款的具体含义,做到熟练运用,融会贯通,在贯彻执行中不得因对新法不熟悉、不理解而打折扣。特别是对于法律规定明确具体、有利于保护当事人诉讼权益,并具备执行条件的内容,应当坚决用好、用足、用透。二是对于新增设的诉讼程序和制度,如小额诉讼、公益诉讼、第三人撤销之诉等,由于法律规定比较原则,实践中缺乏相应审判经验,因此在适用中应当严格把握、先行先试、不断积累经验,细化操作程序,杜绝盲目放开、一哄而上、追求“轰动效应”等不良倾向。三是对于实践中可能出现的新问题、新情况,应当做到预先研判、加强沟通、未雨绸缪、妥善应对、协调解决。

(二)需要重点研究的几个问题

第一,关于诚实信用原则。此次民事诉讼法修改将诚实信用原则作为民事诉讼的基本原则规定在总则中,对于保障当事人实现诉权、维护正常的诉讼程序、遏制当事人滥用诉权甚至虚假诉讼具有明显的导向和规范作用。诚实信用原则的适用首先应当借助民事诉讼法的具体规定来落实,在法律已经有具体规定的情况下,应当依据该规定确定违反诚实信用原则的法律后果,而不应直接适用诚实信用原则。例如《民事诉讼法》第56条规定案外人受侵害可以提起撤销之诉、第65条规定当事人逾期举证的法律后果、第113条规定被执行人与他人恶意串通逃避执行的法律责任等。只有在法律没有具体规定的情况下,才可以考虑直接依据诚实信用原则平衡当事人之间的诉讼权利和义务。

修改后《民事诉讼法》第112条规定的合谋虚假诉讼属于当事人严重违反诚实信用原则的行为。在适用中注意以下三点:一是准确把握认定标准。当事人双方必须存在恶意串通企图通过诉讼、调解等方式侵害他人合法权益的行为。二是容易出现虚假诉讼的案件类型。虚假诉讼主要集中于房屋买卖纠纷、房屋权属纠纷、离婚中的财产分割纠纷、离婚纠纷中一方作为被告的财产纠纷、拆迁区划范围内的自然人作为诉讼主体的分家析产、继承纠纷等,法官审理中应当特别注意、谨慎审查。三是各级法院应当积极探索和建立虚假诉讼的防范机制、处理机制、处罚机制和信息共享机制,完善和细化操作程序,降低法官办案风险,杜绝虚假诉讼的发生。

第二,关于小额诉讼程序。此次民事诉讼法修改在简易程序中增设了小额诉讼程序。适用小额诉讼程序审理民事案件应当遵循平稳过渡、逐步推进的原则,通过简化诉讼程序,公正高效审理案件,减少当事人诉累,及时维护当事人合法权益。在具体适用中应注意以下五点:一是适用条件。小额诉讼程序适用于事实清楚、权利义务关系明确、争议不大,且标的额为本市上年度城镇单位就业人员年平均工资百分之三十以下的简单民事案件。二是适用范围。现阶段对于小额诉讼程序的适用范围应当谨慎把握,目前仅限于单一金钱给付之诉的案件,涉及人身关系争议、财产权属争议、追加当事人或者提起反诉的案件,暂不适用小额诉讼程序。三是加强释明工作。各基层法院应当通过小额诉讼须知、受理通知书、应诉通知书等书面方式向当事人特别告知小额诉讼程序的适用条件、审判组织、审理方式、一审终审、申请再审权利等重大事项。四是确保案件审判质量。小额诉讼程序案件实行一审终审,对案件审判质量和一审息诉服判工作提出更高的要求,要特别防止办案法官对此类案件存在麻痹心理和漫不经心、一味求快的倾向,要注意加强案件质量管理,提高案件审判质量。五是整合司法资源、合理调配审判力量。各基层法院要按照本市法院受理小额诉讼程序的案件标准,测算本院可能受理的案件数量,并据此作出相应的审判力量调整,可以指定思想作风好、业务能力强、擅于做群众工作的法官相对固定审理小额诉讼程序案件,有条件的可以设立专门的审判机构。中级法院也要测算因此可能减少的上诉案件数量,并作出相应调整。

第三,关于公益诉讼。公益诉讼案件涉及面广,社会关注度高,审理难度大,但法律规定比较原则。因此,适用公益诉讼制度的基本思路是:既能适度开展,又能有序进行,要按照立法机关限制案件范围、限定原告范围,先行先试,逐步推开的立法思路,严格把握。在适用中应注意以下四点:一是从严掌握公益诉讼受案范围。目前仅限于法律明确规定的污染环境和侵害众多消费者权益两类案件,其他案件原则上不予受理,待有关法律修改明确后,或结合今后的司法实践,再逐步放宽。二是从严掌握公益诉讼的原告范围。从现行法律看,目前可以提起民事公益诉讼的机关,仅有《海洋环境保护法》第90条第二款规定的“依照本法规定行使海洋环境监督管理权的部门”。法律没有明确规定的机关提起公益诉讼的,不予受理。至于有关组织,目前也应严格掌握,除法律明确规定的组织外,还有哪些组织可以提起公益诉讼,需要人民法院在司法实践中逐步探索确定,各院不要轻易放开。三是公益诉讼应当是侵害社会公共利益的公损案件。如果是受害人个人或其他法人单位提起的相关诉讼,应当作为普通民事案件受理,不能按照公益诉讼案件处理。四是要防止当事人滥用提起公益诉讼的权利。人民法院审查受理民事公益诉讼时,除审查起诉人是否具备《民事诉讼法》第 119 条第(二)至(四)项规定的条件外,还应当注意根据《民事诉讼法》第 121 条关于起诉状的规定,要求起诉人提供初步证据证明环境污染或者侵害众多消费者合法权益等侵权行为及其对社会公共利益的危害性,并说明其诉讼请求的合理性。对不具备起诉条件的,应裁定不予受理。

第四,关于举证时限。此次民事诉讼法修改在总结司法实践经验的基础上规定了举证时限制度,与之前最高法院《关于民事诉讼证据的若干规定》等司法解释的规定有较大的区别,在适用中应当特别注意,并把握以下三点:一是举证期限的确定。当事人对于自己提出的主张负有及时提供证据的法定义务,人民法院应当根据当事人的举证能力和举证的实际情况,以及案件具体审理情况依职权确定举证期限,当事人能够自行协商确定的,人民法院可予准许。二是举证期限的延长。当事人在该确定的期限内提供证据确有困难,向人民法院申请延长期限的,人民法院经审查后应适当延长。三是逾期举证的法律后果。对于逾期举证后果的把握,要根据当事人逾期提交证据的具体情况,从当事人的理由、过错程度、该证据在认定案件事实中的地位和作用等方面把握,区分不同情况处理:当事人逾期提供证据有正当理由的,人民法院应当采纳该证据;当事人逾期提供证据情节较轻的,可以采纳该证据但对该当事人予以训诫、罚款;当事人故意逾期提供证据的,对该证据不予采纳。对逾期证据不予采纳的适用,基于我国国情和现阶段当事人诉讼能力情况,要审慎严格把握,主要适用于当事人出于极端恶意,故意逾期提交证据的情况。并且,对当事人逾期提供证据确无正当理由,但该证据对案件事实认定和法律适用有重大影响的,仍可以采纳该证据并对当事人予以训诫、罚款。

第五,关于二审程序。此次民事诉讼法修改对于二审程序有一些新的规定,在适用中应注意以下三点:一是二审审理方式。二审法院审理上诉案件应当提高开庭审理的比例。对于案情比较复杂,双方争议较大,事实不清,或者当事人提出新的事实和证据的,应当开庭审理;经过阅卷、调查和询问当事人,对没有提出新的事实、证据或者理由的,可以不开庭审理。二是准确把握发回重审的条件。修改后民事诉讼法规定二审法院发回重审只包括两类情况,一类是原判决认定基本事实不清,二审查清事实有困难,发回一审法院有利于查清事实的,可以发回重审,如果二审可以查清的,也可以直接改判;另一类是原判决遗漏当事人或者违法缺席审判等严重违反法定程序的,可以发回重审。除以上两种情况外,二审法院不得以其他理由将上诉案件发回重审。三是发回重审的次数。修改后民事诉讼法规定,原审法院对发回重审的案件作出判决后,当事人提起上诉的,二审法院不得再次发回重审。因此一审法院应当加大查明事实的力度,尽量查清案件事实后再行判决;二审法院在发回重审案件时应当依法慎重,并且要详细阐明发回的理由和依据;两审法院之间应当加强联系沟通,保持执法统一。

第六,关于司法确认调解协议。司法确认调解协议是修改后民事诉讼法增设的程序,在适用中注意把握以下两点:一是申请确认的调解协议范围。从目前立法来看,依据《人民调解法》达成的调解协议属于《民事诉讼法》第 194 条规定的申请确认范围。除此之外,在目前多元纠纷解决机制改革迅速推进的大背景下,其他法律、行政法规、地方性法规、行政规章以及中央批准的司法改革方案中明确规定可以确认的调解协议,也可纳入该条规定的司法确认范围,具体范围还需要在司法实践中继续探索。二是适用程序。修改后民事诉讼法将申请司法确认调解协议程序规定在第十五章特别程序中,因此人民法院审理申请司法确认调解协议应当适用特别程序的规定,不再按照之前最高法院司法解释规定的“参照简易程序”审理。

第七,关于新旧法实施衔接。新旧法实施衔接的总体原则是修改后民事诉讼法施行时尚未审结的一、二审案件,施行后新受理的案件,原则上按照修改后的民事诉讼法执行。在具体适用中注意以下四点:一是诉讼代理人身份。修改后民事诉讼法删除了“其他经人民法院许可的人”可以担任诉讼代理人的规定,对施行前人民法院已经认可该种诉讼代理人身份的,其可以继续代理至本次程序终结,在后续的法律程序中不能继续代理。二是鉴定人出庭。修改后民事诉讼法施行时案件正在审理中,法庭辩论尚未结束,当事人对鉴定意见有异议要求鉴定人出庭作证的,原则上应予准许。三是举证时限。人民法院已经依据之前司法解释的相关规定确定举证期限的,不再重新指定,尚未确定的,按照修改后民事诉讼法予以确定。四是涉外送达期限。修改后民事诉讼法施行时邮寄送达或公告送达期限尚未届满的,按照原规定确定送达期限,施行后进行邮寄送达或公告送达的,按照修改后民事诉讼法执行。

三、做好会议的贯彻落实工作，推动民事审判工作的稳步科学发展

第一，要把这次会议的精神领会好、传达好、学习好。一是切实加强组织领导，与会同志应当准确领会本次会议精神，回去后及时向所在法院转达会议精神，做好贯彻实施民事诉讼法修改决定的各项准备工作，完善相应的配套工作机制。二是加强学习和培训，市高院明年将组织贯彻实施民事诉讼法的专题培训，中级法院和基层法院也要积极发挥主观能动性，采用灵活多样的方式进行学习和培训，使所有民事法官能够领会法律修订的背景和目的，准确理解和掌握立法原意，理论联系实际，切实提高审判业务能力。

第二，切实更新执法理念，落实程序公正，保护当事人的合法诉讼权益。程序公正是司法公正的重要内容，是实现实体公正的基础和保障。需要注意以下两点：一是强化程序公正意识首先要从人民法院自身做起，全市法院民事法官要更新执法理念，秉持司法中立，平等保护双方当事人利益，充分行使释明权，引导当事人依法参与诉讼程序、重视程序的公开透明，严格落实审判人员回避制度、执行证据签收制度、正确适用留置送达、增强裁判文书的说理性，将修改后民事诉讼法规定的各项程序和诉讼制度落到实处，让当事人亲身体会到程序的公正性和司法的公信力。二是在引导当事人依法行使诉讼权利的同时，也要防止当事人滥用权利。发现当事人一方有妨碍民事诉讼的行为，或者双方采用恶意诉讼的手段损害他人合法权益、逃避执行的行为，应当坚决予以制裁，依法予以处罚，以维护正常的诉讼秩序。在处罚中要依据适度原则，综合考虑妨碍民事诉讼行为的性质、主观过错程度、行为后果、被处罚人的经济能力以及制裁效果，合理确定处罚措施，特别是罚款数额，避免畸轻畸重。

第三，切实做好调研督导，完善工作机制，统一执法尺度，稳步推进民事诉讼法修改中新制度的落实。此次民事诉讼法修改新增设了小额诉讼、公益诉讼、虚假诉讼、行为保全等重大诉讼程序和制度，修改内容多，而施行过渡期限短，对于适用新程序审理案件有哪些特点及规律，各级法院缺乏相关审判经验和操作程序，对于适用中可能出现的新问题、新争议，各级法院也缺乏有效的应对措施。基于此，市高院民一庭要尽快组织专门力量，开展有针对性的调研工作，加强对相关问题的预测、调研和指导，统一全市法院的执法尺度；中级法院和基层法院在执行民事诉讼法过程中应当积极探索，积累经验，遇到新法适用中的新情况和新问题，应当认真研究解决方案，加强一、二审沟通，必要时应及时报告市高级法院统一研究协调解决；为充分发挥中级法院和基层法院的优势，形成调研合力，市高院民一庭明年拟将涉及修法相关内容的调研工作分项委托给全市法院，统筹三级法院的力量共同参与，认真做好适用新法的调研工作和新制度的落实工作。

第四，积极开展和推动对民事诉讼法修改的宣传工作，创造良好的社会舆论环境。民事诉讼法修改的全面贯彻实施，离不开广大人民群众的理解和支持。全市三级法院在学习、适用过程中，应当通过具体的民事审判活动，以案讲法，并积极配合有关部门大力宣传民事诉讼法修改的立法宗旨和重要意义，特别是做好新程序、新制度的普法工作，提高公民的法律意识，引导公民依法行使诉讼权利。

同志们，本次会议既是统一思想、部署工作的工作会，也是研究问题、形成共识的座谈会。市高院民一庭起草了《关于在民事审判工作中贯彻执行〈民事诉讼法〉的参考意见》和《关于适用小额诉讼程序审理民事案件若干问题的意见》两个文件的征求意见稿，已经下发给大家，明天上午对这两个文件进行分组讨论，希望大家积极发言，献言献策、提出具有建设性的意见和建议。会后市高院民一庭在此基础上，综合大家意见，形成正式文件予以下发，指导全市三级法院的民事审判工作。

同志们，民事诉讼法修改决定的贯彻实施是人民法院一项长期的工作任务，对于改进和加强北京法院的民事审判工作，既是机遇，又是挑战。目前离民事诉讼法修改决定正式施行还有不到一个月的时间，时间紧、任务重、要求高，全市三级法院应当抓紧时间，以贯彻实施民事诉讼法修改决定为契机，进一步强化程序公正意识，推动民事审判工作的规范化、制度化、科学化，积极、稳妥、扎实、有序地推进修改后民事诉讼法的贯彻执行。

创新审判管理 提高审判质效 努力开创全市法院民商事审判工作新局面

——在全市法院进一步提高民商事审判质量与效率座谈会上的讲话

天津市高级人民法院副院长 张 勉

(2012年4月6日)

同志们:

这次全市法院进一步提高民商事审判质量与效率座谈会的任务是:总结2011全市法院民商事审判工作取得的成绩,对过去一年二审改判和发回重审以及申请再审案件进行讲评分析,结合当前民商事审判质量和效率存在的问题,对全市法院进一步提高民商事审判质量与效率工作进行要求部署,下面,我讲三个方面的问题。

一、去年全市法院民商事审判工作取得的成绩

2011年全市法院民商事审判在各级法院党组的领导下,坚持"为大局服务,为人民司法"工作主题,紧紧围绕"三项重点工作",通过依法、公正审理各类民商事案件,充分发挥了民商事审判化解社会矛盾纠纷、促进经济社会发展、保障社会和谐稳定的职能作用,较为圆满地完成了民商事审判工作任务。

(一)案件受理总量创历史新高,审判工作任务超额完成

2011年全市法院受理民商事案件总数持续保持较强增长势头,受理案件数量达到历史峰值,共受理民商事案件118,499件,同比上升9.46%;收案增幅明显的案件类型包括:房地产开发经营类案件,一审新收3793件,同比上升102.51%;保险合同纠纷案件,一审新收2238件,同比上升70.57%;道路交通事故人身损害赔偿案件,一审新收11,895件,同比上升32.09%;医疗损害赔偿案件,一审新收520件,同比上升30.33%;证券、票据纠纷案件,一审新收73件,同比上升65.9%。

面对案件数量高位运行、案件处理难度不断加大的严峻形势,全市法院坚决落实执法办案第一要务,在办案法官人数基本未变的情况下,较圆满地完成了全年审判工作任务。全年审结各类案件审结民商事案件119,014件,同比上升9.03%;其中一审结案107,565件,同比上升10.6%;二审结案11,205件,与2010年基本持平。全市民商事案件结案率为92.8%,同比上升1个百分点。其中,一审案件结案率达92.98%,同比上升0.52个百分点;二审案件结案率达91.85%,同比上升4.68个百分点。全市法院民商事案件的收结数量的升降幅度基本趋同,这说明我们在民商事审判方面基本实现了案件的收结平衡,实现了良性运转。

(二)加强审判管理和规范化建设,案件质量明显提高

2011年全市各级法院采取多种措施,加强审判管理和规范化建设,提高案件质量,提高司法公信力。去年九月,高院召开了了全市法院提升民商事审判质量与效率工作座谈会,并制定出台了《关于进一步提高全市法院民商事审判质量与效率的指导意见》,重点对审判实践中准确理解和把握举证期限、法官自由裁量权的正确行使以及规范诉讼程序、如何启动司法鉴定等问题进行了规定,这对于强化审判管理、提高审判质效起到了重要推动作用。各级法院在此基础上积极查找审判工作中存在的突出问题和薄弱环节,认真剖析问题进行源头治理,依法纠正差错案件和问题案件,建立完善案件质量监督长效机制,进一步提高了法官质量意识、法院审判质量的全面提升。2011年全市民商事二审案件,改判714件,同比下降4.4%;发回重审611件,同比下降19.8%;发改率11.83%,同比降低1.1个百分点。

(三)深入开展专项清积工作,审判效率显著改善

2011年全市法院民事审判系统案件审判效率的各项指标均大幅提高,全市民事案件结案率为92.96%,同比上升0.5个百分点。法定审限内结案

率98.92%,同比上升0.47个百分点。去年以来先后两次在全市法院开展长期未结诉讼案件专项清理活动,定期通报清理进度,深入基层法院进行督办指导,逐案研究解决办法,使大量积案得以化解。对于因委托鉴定、审计、评估、公告等法定情形未结的案件进一步明确承办庭、承办法官快审快结、限期结案的硬性要求。共清理审结积案808件,清积率达81.04%。与此同时,针对民商事案件总量大、增速快、办案压力大的状况,完善民事案件繁简分流机制,2011年全市法院一审简易程序适用率高达80.34%,远远高于全国法院的平均值。积极推进小额速裁试点工作,确定红桥、蓟县、河北、滨海新区法院为试点单位,制定《关于开展小额速裁试点工作的实施方案》,充分发挥小额速裁机制程序简捷、审理周期短、解决纠纷彻底的特点,对事实清楚、证据充分并能直接送达的农民工工资、供热费、物业费、赡养费等案件,适用小额速裁程序,促进办案效率的提高。

(四)充分发挥调解作用,社会认同度全面提升

全市法院牢固树立调解是高质量、高效益审判的理念,将调解工作作为所有民商事案件审判工作的必经程序,并贯穿于一审、二审、申请再审审查、再审的全过程,积极构建承办人、合议庭、庭长、院长全员参与、分层推进、合力调解的全员调解工作机制,从而在全市法院形成了横向到边、纵向到底、上下齐心、内外结合的调解工作新格局。2011年全市一审民商事案件调解率28.88%,同比提高3.38个百分点。但由于撤诉率29.96%同比下降3.75%,导致全市法院一审民商事案件的调撤率58.84%,同比下降了0.37个百分点。但是,58.84%的调撤率应当讲也很不容易,因为大调解机制的建立,使大量矛盾纠纷化解在诉前,进入法院的诉讼案件调解难度相对增加,能够实现近60%案件的调解,广大民商事法院付出了艰苦的努力。特别是交通事故调解一直是民事案件的瓶颈问题,但自去年全市建立交通事故联动调解机制及派出交通法庭以来,交通事故案件调撤率达到46.38%,同比上升6.22个百分点。尤其可喜的是,一审民商事案件息诉服判率90.23%,同比上升1.43个百分点,说明广大民商事法官在审理案件中,能够坚持公平、公正原则,注重个案裁判的利益衡量,对群体性和矛盾易激化案件,精心组织审理,耐心做好判前判后的说服引导工作,不简单"一判了之"。使绝大多数案件实现案结事了,提升了社会认同度。去年一中院妥善审理裁判了被全国媒体关注热炒的许云鹤案,取得较好社会效果。

(五)坚持能动司法服务大局,多项工作亮点纷呈

各级法院紧紧围绕"调结构、增活力、上水平"的中心工作开展司法保障服务活动,贴紧重大工程、重点项目、重点企业,积极加强司法调研、延伸法律服务、解决司法难题。市高院先后制定了《天津市高级人民法院关于审理融资租赁物权属争议案件的指导意见(试行)》、《关于构建防范金融经营风险司法协调机制推动我市金融创新的实施意见》、《关于开展"加强知识产权司法保护促进经济发展方式加快转变"年度主题活动的实施意见》,在全国率先建立促进融资租赁市场发展、防范金融经营风险司法协调机制,为加快转变经济发展方式提供有力司法支持。同时,多方联动大调解格局日益完善,矛盾纠纷较为突出的劳动争议、物业、医疗、交通四大领域联动调解机制初步建立并取得良好效果,将大量矛盾纠纷化解在萌芽状态。并组织召开了全市深化劳动争议"四方联动调解机制"交流推动会,系统总结2009年以来四方联动调解机制建设、化解劳动争议取得的成绩、经验,受到市委、市政府和国家有关部委高度肯定。

(六)对下指导工作更加有力,系统建设步伐更加坚实

高、中级法院各民商事审判部门不断强化对下级法院业务指导力度,统一执法尺度。通过定期召开例会、疑难案件研讨会、建立审判工作联系点等方式,深入了解基层审判实践中遇到的普遍性、倾向性、疑难性问题,认真研究,及时制定审判业务指导性文件,有效解决实践中存在的法律理解、裁判尺度不统一问题,促进全市各级法院整体民商事审判水平的提高。2011年先后召开民商事审判业务研讨会,对劳动争议、交通事故、房屋买卖、商业秘密、融资租赁等审判实践中突出问题提出指导意见,统一规范执法尺度。对全市民商事二审改判、发回重审、申请再审案件分析研究,找出工作存在的薄弱环节,提出有针对性的改进措施。同时,及时组织婚姻法司法解释三、等专题培训,举办民事审判实务论坛等形式,加强资深法官对年轻法官的传、帮、带,不断拓宽民商事审判法官视野,提高干警解决实际问题、创造性开展工作的能力。

同志们,过去一年的成绩,是全市法院全体民商事审判人员共同奋斗,辛勤工作的结果,凝聚着全体民商事审判人员的心血和智慧。成绩的取得,来之不易,应当给予充分肯定。

二、目前民商事审判质量与效率存在的问题和原因

虽然多年来全市民商事审判工作取得了很大成绩,但在审判理念、审判质量、审判效率、审判效果以及管理机制、司法作风等方面还不同程度地存在一些问题。主要表现在:部分同志大局意识、司法为民

意识和群众观点还不强;案件质量和效率还有待提高,均衡结案还有待加强;管理机制还需适应新形势的要求进一步改进和完善;司法能力还需要加强,特别是要提高做群众工作的能力和案件审理法律效果与社会效果相统一、实现案结事了的水平;司法作风还需要进一步改进,有的同志存在作风散漫、对当事人冷漠和不注重细节的现象,个别案件还存在人情案、关系案的情况。同时,一些长期沉积下来的矛盾仍然十分突出。主要是:案件数量居高不下和审判力量相对不足的矛盾;对案件的审判调处要求和部分人员政治与业务素质不能完全适应的矛盾;法律适用的统一性要求和"同案不同判"的矛盾;人民群众对公正司法的需求与部分司法行为不规范的矛盾;送达难、鉴定难与审判效率之间的矛盾,等等。这些问题和矛盾都制约着民事审判的持续发展,成为瓶颈。我们就以2011年高院四个民庭审理的民商事二审案件和申请再审案件为例,分析研究我市民商事审判的质量与效率存在的问题。

2011年,高院四个民庭共受理二审案件384件,同比上升19.6%。审结二审案件(新收加旧存)385件,同比上升11.6%。已审结的案件中,维持原判239件,维持原判率62.08%;改判46件,其中,建设工程施工合同纠纷案件19件,占全部改判案件的41.3%。买卖合同纠纷9件,股权转让5件。在改判的46件案件中,一中院26件,占56.52%;二中院20件,占43.48%。发回重审9件,一审法院为一中院的6件,二中院的2件,海事法院的1件。指令审理1件,一审法院为二中院。发回改判率14.55%,较之去年下降1.68个百分点;调解51件,撤诉37件,调撤率22.86%,比去年下降个1.78个百分点。

2011年共受理申请再审案件1236件,2010年收案1236件,与2010年持平。高院的申请再审案件压力没有明显减少,从案由分布来看,劳动合同纠纷285件,房屋买卖合同纠纷107件,买卖合同纠纷83件,交通事故纠纷74件,租赁合同纠纷65件,借款合同纠纷63件,建设工程合同纠纷53件,物权确认纠纷52件,房屋拆迁安置补偿合同纠纷40件,侵害集体经济组织成员权益纠纷36件。全年共审结案件1211件,按结案方式分类:其中裁定驳回1073件,占88.6%;撤诉120件,占9.91%;提审后调解40件,占3.3%;申请再审案件全年调撤率为13.21%,同比上升3.43个百分点。说明各庭在化解申请再审案件纠纷的能力进一步增强,庭前庭后的息诉服判工作更加细致到位。指令再审14件,占1.15%。

通过上述数据,可以看出,全市法院民商事审判质量与效率总体上是比较好,绝大多数案件审判程序比较规范,定案把关比较严格,文书说理比较充分,调解成效比较好。但是,这并不能说明其余维持原判或驳回再审申请的案件绝对没有问题,应当说,有一部分案件在审理程序和裁判文书表述中仍或多或少的存在问题,高院主要是基于维护生效判决的既判力和稳定性的裁判理念,认为原审虽存在瑕疵,但没有影响当事人的实体权益,为避免引发当事人新的涉诉信访问题,而没有裁定进入再审程序。下面我们就根据高院对二审发改和申请再审案件的总结归纳,对目前民商事案件主要存在的问题和原因进行深入分析。

(一)审判程序存在瑕疵,损害当事人诉讼权利

众所周知,案件的公正处理不仅要做到实体公正,而且要求做到程序公正,依法审判首先就应做到依据法定程序进行审判,程序公正不仅是保障案件审理有序进行的重要基础,也是实体公正的重要保障。在司法过程中,程序上任何一个环节出现一个小问题,都有可能被当事人作为上访的口实,并可能导致对司法过程的全盘否定。通过分析,我们发现近一年来,我市各级法院程序违法现象较之于上一年度大幅减少,这是一个可喜的进步,但在个别审判人员中仍存在忽视程序规范的思想,在案件审理的部分环节,如送达、合议庭组成、程序转换等方面依然存在这样或那样的问题。

一是合议庭组成不合法。比如判决书上署名的合议庭成员与庭审笔录中告知当事人的合议庭成员不一致,严格地讲,这是一个很低级的错误。即使案件的实体结果处理非常正确,根据《民事诉讼法》第179条的规定,该案符合应当进入再审程序的法定情形,这种程序性错误让上级法院很难予以弥补。如某混凝土公司与某水泥公司买卖合同纠纷案,就由于该问题被发回重审。

二是判决内容与诉讼请求不对应。不告不理是民事诉讼的固有特点和基本原则,自古以来国人就有"民不告,官不纠"的历史传承。没有当事人的诉讼请求,就不可能启动民事审判程序,同时当事人诉讼请求的范围也限定了民商事审判的审理范围,人民法院应当围绕当事人的诉讼请求展开审理,而不能超越当事人的诉请审理案件。但是,可能是由案件数量多,"萝卜快了不洗泥"的原因造成的,更重要的原因是由于承办法官工作不细致,导致原审遗漏当事人诉讼请求、超越当事人诉讼请求的范围等问题依然存在。例如在财产损害赔偿纠纷中,原告要求赔偿损失,一审在没有进行任何释明的情况下,直接判决进行维修。有的法院在被告没有提出反诉的情况下,却在判决主文中表述"驳回双方当事人诉讼请求"。

三是开庭传票送达不规范。未经传票传唤即缺席判决的问题，剥夺了当事人参加诉讼的权利，属于明显违法裁判，当事人一旦得知与人民法院的对立情绪极为严重，如王某与马某侵权纠纷案，马某诉请王某侵权赔偿，一审法院未向王某送达开庭传票即开庭审理并缺席判决，王某上诉至一中院，王某在其上诉主张中明确提出了一审法院未经传票传唤缺席判决的问题，二审法院未置可否，依然维持原判，王某向高院申请再审，高院对该案指令再审。

（二）案件认定事实不清，导致判决基础错误

以事实为依据是司法活动应当遵循的基本准则之一。全面准确地认定事实是正确裁判的前提和基础，是案件能否经受住历史检验的决定性因素，也是法官司法能力的重要体现。特别是在当前情况下，人民群众的诉讼风险意识和证据意识还不强，对于诉讼中的事实问题仍持有朴素的正义观。一旦裁判认定事实与客观真相不符，当事人第一选择就是向上一级法院寻求法律救济。据统计，在二审和申请再审案件中当事人不认同一审事实认定的所占比例最大，达到70%以上。

一是工作责任心不强、简单机械办案。例如有的宅基地纠纷，没有深入勘察现场、掌握真实情况，就轻易下判，不但引起了上诉，还酿成了信访。有的案件，在证据形式、证明对象、证据形成的背景等方面存在诸多疑点的情形下，就贸然认定。例如某商贸公司与某食品公司买卖合同纠纷，原审法院仅依据《补充合同书》认定某食品公司应按照《补充合同书》约定的计算标准给付某商贸公司经济报酬补偿金。但经二审庭审调查，《补充合同书》虽然加盖了双方当事人的印鉴，却缺乏对签订时间的记载。在内容上，也不能体现是对双方此前哪一份合同书的补充约定。某商贸公司对于《补充合同书》形成的时间、具体经办人员等重要背景情况均不能予以充分说明。《补充合同书》从形式到内容，既不符合正常的商业签约规则，也不符合双方以往的交易习惯。原审法院依据《补充合同书》认定事实欠妥，二审依法予以纠正。还有的借贷纠纷，仅凭有瑕疵的借据进行裁判，而不综合考虑其他佐证，使诚信者吃亏、投机者得利。还有的案件，该鉴定的不鉴定，该调查取证的不调查取证，错误认定事实，使得当事人上诉、二审发改，既浪费司法资源，又激化扩大矛盾。

二是机械适用证据规则，事实不清盲目下判。民商事案件的多样性和复杂性，就要求审判人员要根据不同类型案件的特点，具体情况具体分析，在案件审理过程中发现合理的疑点，适时引导当事人举证和质证，必要时应依职权调查，确保查明案件事实。结合当前民事诉讼的特点，在适用举证责任制度和查明客观事实之间，应当首选后者。只有当穷尽一切手段仍无法查明事实的情况下才可以通过适用举证责任制度分配败诉的风险。在这个过程中，法院不仅应当对当事人的举证义务和责任尽到释明义务，还要从能动司法的角度，积极、合理地使用法律赋予的职权，最大限度查明客观事实。但实践中，有的审判人员在案件审理中片面强调当事人举证，不区分案件类型案件特点，一概被动任由当事人陈述事实和列举证据，导致案件事实不能查清查透。例如，某建设工程施工合同纠纷案中，因一审中当事人未申请鉴定，法院也没有依照职权启动鉴定，导致原判决认定的重大设计变更增项款事实不清，证据不足，二审法院裁定发回重审。

三是鉴定环节把握不准，以鉴定替代审判。因事实认定不准确而被改判的案件中，原因很多在于原审法院对鉴定程序的启动、鉴定结论的采信出现偏差。经总结分析，鉴定环节的主要问题体现在以下三点：

第一，鉴定单位必须具有相应的鉴定资质才能委托鉴定。鉴定结论准确合法的前提是鉴定机构及鉴定人员具备相应的资质。如果承担相关工程鉴定的鉴定机构、鉴定人员缺乏相应资质，那么其作出的鉴定结论将无法作为证据使用。例如，（2010）津高民一终字第27号中铁建设集团有限公司与天津爱家投资有限公司建设工程施工合同纠纷案中，一审法院委托的鉴定单位不具备现场勘察的资质，该鉴定单位出具的鉴定报告仅完成了法院委托鉴定事项中的部分内容，对于其他委托鉴定事项未予回复，而且双方当事人均对该鉴定结论提出诸多异议。在一审鉴定结论无法采信的情况下，二审法院只得进行重新鉴定，导致该案二审的审理时间较长。如果一审法院委托鉴定之时能够依法仔细审查鉴定单位的资质，则必然会大大减少因鉴定单位资质瑕疵而引发的鉴定结论不准确、重新启动鉴定程序、审理期限过长等问题。

第二，鉴定结论必须经过依法质证和审查后方可作为定案依据。实践中，依法作出的鉴定结论往往在项目核对、数字计算、计价和计量标准采用等方面仍存在偏差。这就需要法院在审查鉴定结论时，不能将其当然作为定案依据，而必须结合当事人提出的异议对鉴定报告严格进行逐项审查，并依法要求鉴定单位出庭接受当事人质询和法庭询问。这样操作虽然会加大法院的工作量，但是只有如此审查鉴定报告，才能最大限度还原事实真相，才能在案件事实认定上做到最大限度的扎实准确。例如，某建设工程施工合同纠纷案中，二审法院结合当事人对

鉴定报告提出的增减项造价、质量问题扣款等异议,多次组织鉴定单位和当事人针对上述问题逐项进行质证和审查,二审法院自身也对鉴定报告进行了更加详细全面地审核,促使鉴定单位最终对原鉴定结论的错误部分进行了修正。同时,通过充分质证,减少了当事人之间的分歧,当庭即对部分项目工程款的调整达成了一致。此外,经过详细审查,二审法院在纠正鉴定结论的错误、驳回当事人提出的异议等方面,说理过程更加充分明确。

第三,鉴定单位不能利用其专业知识和技能替代法院行使审判权。法院在鉴定前应当组织各方当事人对准备移交鉴定单位的鉴定材料的真实性、关联性、合法性进行质证,严格筛选进入鉴定程序的鉴定材料范围,这是杜绝鉴定结论出现偏差、鉴定单位在鉴定中"以鉴代判"等现象的有效措施。从被改判的案件分析,鉴定材料不经质证即移交鉴定单位的现象时有出现,这是导致鉴定结论出现偏差的主要原因之一。例如,某建设工程施工合同纠纷案件中,部分增项工程没有签证等书证的原件或其他证据予以证实。但是由于一审法院未组织当事人就增项部分的证据进行充分有效地质证,导致无原件部分的签证材料在移送鉴定单位前未被发现并剔除,反而进入了鉴定程序,导致了鉴定结论的偏差。

(三)法律适用出现偏差,导致裁判结果不公

一是对于法律法规理解不透,导致案件定性不准。部分审判人员对基本的法律、法规没有进行深入的学习、理解和分析,只是停留在简单地文义理解的层面,对新的法律法规不熟悉,导致适用法律出现偏差。如商标法和反不正当竞争法的规定,对于假冒他人注册商标的行为,从保护商标专用权和保障市场竞争秩序的角度,分别进行了规制。对于这种法条重合的情况,在适用法律时应当选择具有专门性、保护力度更强的法律规范。就假冒他人注册商标的行为而言,应当适用商标法的规定进行调整,而不能同时适用商标法和反不正当竞争法的规定对商标权人给予叠加保护。例如,某株式会社与某公司侵害商标专用权纠纷。某株式会社主张某公司在其生产的汽车轮胎上使用了与其注册商标相同的商标,侵犯其商标权同时构成不正当竞争行为。一审判决认定某公司的行为既构成商标侵权也属于不正当竞争行为,依照商标法和反不正当竞争法的规定,均应承担停止侵害、赔偿损失的法律责任。二审判决认为,某公司属于在同种商品上使用与注册商标相同的商标,构成商标侵权。但一审判决适用反不正当竞争法的规定认定同时构成不正当竞争属于适用法律错误。二审法院做出部分改判,并调整了赔偿数额。

二是滥用法官自由裁量权,对重大误解、显失公平等问题把握不准。民事案件的多样性、复杂性和法律规定的原则性要求法官在法律原则基础之上适度行使自由裁量权。民事法官要运用自己的法律知识和社会经验,充分考虑个案情况和社情民意,深入发掘案件所涉法律的立法宗旨,从有利于诉讼的经济和便利角度对程序性事项进行裁量,从公平正义和诚实信用出发对实体性事项进行裁量。我们审查中发现的主要问题是:有些法官不愿行使自由裁量权,有的则行使不适当。分析其原因:有的是对法律规范错误理解或错误选择,有的是违反程序行使裁量权,还有就是滥用自由裁量权。如我国合同法关于重大误解和显失公平的规定,从内涵、外延到判断标准都较为弹性,法院在适用此制度的时候宜采取严格态度,一方面需要考察现有证据是否足以证明有上述客观情况,另一方面也要特别注意考察标准的统一性问题,避免因标准不统一导致对同一情形的认定不一致。例如,某建设工程施工合同纠纷案中,一审法院以一审诉讼中的鉴定结论与当事人之间签订的工程总结算书的价款相差数百万元为由,认定总结算书显失公平予以撤销。但是,鉴定结论和工程总结算书在工程资料、认定工程量方法等方面并不一致,导致两者在最后的结论上没有可比性,从而无从得出"显失公平"的结论。此外,发包公司作为专业的房地产开发企业,在工程结算方面一般不存在没有经验和被对方利用优势的情形,构成"显失公平"的前提条件并未成就。故,二审法院改判认为总结算书并未构成订立合同时显失公平的情形。又如,某建设工程施工合同纠纷案中,一审法院认为,依照发包人单方委托专业机构出具的《工程造价审核报告》,应当核减工程款 1500 多万元,应核减数额占双方订立的建设工程施工合同总价款 19%、占补充协议约定工程款的 13.5%,严重背离市场价格,显失公平,故上述两份协议应予撤销。二审法院综合两审查明的事实,发现在结算协议达成前,双方当事人已经多次磋商,并对工程的不同施工部位分别进行了结算,上述分部结算的价款汇总后与补充协议确定的工程总价基本一致,补充协议实质上是在诉争工程多份分项分部结算协议的基础上进行汇总最终形成的结算文件。这一过程体现了当事人真实的意思表示,发包人也按照上述协议履行了绝大部分的付款义务,而且没有其他充分的相反证据推翻上述事实,故一审法院支持发包公司关于补充协议等合同属于重大误解、显失公平的主张,即属于法律适用错误,应予纠正。

三是同案不同判问题突出，影响司法公信力。同等情况同等对待是法律适用的一项原则。由于多方面的复杂原因，司法实践中同案不同判的现象还依然存在，并且成为当事人质疑裁判结果、持续上诉、申诉的主要理由。比如，有的审判人员在新法已经实施的情况下，依然适用旧法裁判案件。有的案件由同一小区的不同业主分别提起，纠纷类型、诉求内容都相同，但同一法院前案和后案的处理结果却大相径庭。甚至两个案情基本相似的案件在同一审判庭审理，承办人不一样，处理结果就不一样，导致高院再审。这些相互矛盾的判决不仅损害了当事人对司法公正的信赖，还扰乱了当事人对裁判结果的预期，加大了一审服判息诉工作的难度。目前，随着司法公开的深入和社会资讯的发达，当事人可以较为轻易地获得类似或者关联案件的裁判结果，并且将其与自身案件进行对比。这在客观上对我们确保法律统一适用、实现司法公正提出了更高的要求。分析导致同案不同判的原因主要有：第一，法律规范不明确或者出现的新类型案件，不同法院和不同法官对同一问题的理解和认识不同；第二，虽然有明确的法律规范或者指导性文件，但是仍不按照统一执法尺度执行；第三，法律规范明确，法官认识统一，但是由于法院审查标准不统一，证明标准不统一等导致认定案件事实不一致，判决结果不一致；第四，同一个法院或者同一个庭中不同合议庭之间因为缺乏必要的沟通造成的。对于第一种需要统一认识的问题，应当及时汇报、调研，出台规范性文件，统一认识。对于其他几种情况应当坚决避免。尽管我们不是判例法国家，然而我们的判决加盖的是人民法院的公章，它表达的是人民法院而不是简单的某个合议庭对某个案件是非曲直的看法和意见。必须坚决杜绝此类问题的发生。

（四）裁判文书说理不明，导致当事人持续缠诉缠访

我市法院的大部分案件的审判质量是有保证的，当事人选择上诉、申诉的主要原因并不是裁判结果不公，而是对裁判结果不理解。现在很多案件虽然洋洋洒洒长达数千字，但只是按照原被告顺序将所有证据罗列，对如何认证不做论述，甚至对当事人的质证意见也避而不谈。有些裁判文书说理性不强，判决理由格式化，对当事人的诉讼理由和抗辩主张回应性差，简单、武断，难以服人，如有的判决书直接表述“原告的诉讼请求没有事实和法律依据，本院予以驳回”，却只字不提驳回的理由；有的二审判决在论理部分经常表述为“针对上诉人的其他项诉讼请求，原审人民法院已逐项进行分析和评论，阐明了不予支持的理由，论据充分，本院不再赘述”。很多当事人对判决结果不满意的原因之一就是不知道为什么这样判，总认为打了一场不明不白的官司，有些案件不执行公开宣判的规定、判后答疑工作难落实，法官在判决后不愿意见当事人，往往以送达代替宣判、以书记员代替审判员，当事人的疑问无人解答、情绪无法疏导，最终可能会导致缠诉缠访。

三、进一步提高民商事审判质量与效率的部署与要求

今年是实施“十二五”规划承上启下的重要一年，党的十八大又将在下半年召开，人民法院民商事审判工作的责任更加重大，任务更加艰巨。当前，我国经济社会发展整体态势良好，但也面临着复杂的局面。经济上，一方面，世界一些主要经济体经济增速下滑，一些国家主权债务问题突出，国际金融市场动荡不已，新兴市场国家通胀压力仍然较大，多个地区局势持续动荡紧张，世界经济复苏的不稳定性不确定性突出，风险挑战增多。另一方面，我国当前经济增长下行压力和物价上涨压力并存，部分中小微企业生产经营困难，民间金融和房地产领域中的结构性问题进一步凸显，经济金融等领域也存在一些不容忽视的潜在性风险，经济发展中不平衡、不协调、不可持续的矛盾愈发突出。这种复杂的经济环境将会不可避免地导致民间借贷、房地产、劳动争议等纠纷的显著增加，并进而对社会稳定带来不利的影响。同时，我国正处于改革发展的关键时期，社会矛盾多样多发，医疗卫生、教育就业、婚姻家庭、食品药品安全、道路交通、环境保护等民事纠纷继续保持增长态势，并呈现出许多新的特点。不久前，王胜俊院长在最高法院民一庭2011年工作总结上作出“正确把握经济社会发展新形势，正确把握人民群众对民事审判的新期待，正确把握新时期社会矛盾发生、发展、化解的新特点”的重要批示，这不仅是对最高法院民一庭工作的要求，也是对全国法院民商事审判工作的期望。因此，今年全市法院的民商事审判工作，要以邓小平理论和“三个代表”重要思想为指导，深入贯彻落实科学发展观，按照全国和全市法院院长会议的部署，始终坚持“三个至上”、积极践行两为主题，按照“争一流、树公信、上水平”的工作思路，以政法干警核心价值观教育为契机，以切实保障民生为重点，以提高民商事审判工作质效为核心，充分发挥民商事审判的职能作用，深入推进三项重点工作，促进天津科学发展和谐发展率先发展，为党的十八大和市第十次党代会胜利召开营造和谐稳定的社会环境。具体讲，今年民商事审判工作主要应当围绕以下几个方面来展开：

一是要始终围绕党和国家工作大局,坚持能动司法。充分认识经济社会发展对民事审判工作的新要求,找准民事审判工作与党和国家中心工作的结合点,认真部署工作、处理问题、审理案件,积极推动经济社会发展。要大力开展"调结构、惠民生、上水平"司法服务活动,密切关注滨海新区开发开放过程中出现的民商事司法问题,深入开展调查研究,根据"稳中求进"的经济社会发展方略,不断完善司法应对措施,在房地产、民间借贷、其他合同纠纷、劳动争议等各种与经济发展密切相关的案件审理中,以稳为主,围绕"稳"来化解矛盾,努力维护好经济发展秩序。

二是要创新和加强审判管理,进一步提高民商事审判质量和效率。要认真学习贯彻《天津市高级人民法院关于进一步提高全市法院民商事审判质量与效率的指导意见》,严格按照《指导意见》所确定的"案件事实清楚、证据认定准确、审判程序规范、调解合法自愿、法律适用正确、利益平衡妥当、文书说理充分、判后答疑到位、社会认同度高"这九项基本要求去审理民商事案件,真正做到严格认定事实确保实体公正,规范诉讼程序保障诉讼权利,下大力气减少案件瑕疵,努力将案件办成有公众说服力的精品案件。同时,要牢固树立均衡结案意识,着力提高审判效率。推行繁简分流机制、简易案件速裁机制、专业审判庭和专业合议庭机制,实现难案精审、简案快审,同类案件快速审结。强化对案件审限的实时监控和跟踪管理,加大预警、催办和督办力度,防止和杜绝超审限与隐形超审限问题,进一步提高正常审限内结案比例。强化均衡结案责任,合理分配办案时间,形成收案与结案的良性循环。要牢固树立案结事了意识,全力抓好一审民事案件审判质量,及时稳妥处理各类敏感案件和事件,运用法律智慧和政治智慧,讲究策略方法,最大限度地提高一审案件服判息诉率。要适应新兴网络媒体发展变化,切实抓好舆情应对工作,进一步提高处置突发事件能力,树立民事审判司法公信力。

三是要进一步提高审判人员的责任意识和辨法析理能力。我们认为提高审判质效工作,强化责任心是源头、案件质量是关键、加强说理是重点、科学管理是保障,各个工作环节,必须统筹兼顾,协调发展。审判人员只有本着对当事人高度负责的态度,在公正裁判的基础上,把法理、事理、情理说清楚、讲明白,才能减少当事人的疑惑、误解,使当事人服判息诉。要增强裁判文书的说理性,在文书中对关键证据采信与否要进行说明,对当事人未被采纳的诉讼主张要有所回应。要严格落实公开宣判制度,凡是具备公开宣判条件的,承办法官都要在宣判程序直接面对当事人,及时解答当事人的疑问,疏导当事人的情绪。天津法院与北京、上海法院横向相比,案件数量压力还是比较低的,这就要求我们的工作标准要比其他省市高。

四是要进一步加强对审判工作的宏观指导和协调。提高案件审判质效不单纯是一审的工作,而是全市三级法院共同的任务,一二审不能脱节,必须注重工作的整体性。目前基层法院非常重视发改率等审判管理指标,对当事人双方矛盾激烈、法律关系复杂,适用法律存在争议、改判发回风险较大的案件都加大了向上级法院口头或书面请示的力度,客观上造成下级法院办案的依赖性增强,上交矛盾的情况突出,一定程度上影响了一审法院独立审判功能的发挥。所以当前高、中级法院民事审判部门要进一步规范和完善上下级法院之间的业务指导机制,增强监督指导的针对性和实效性,有效发挥上级法院在指导类案审理、统一裁判尺度方面的监督指导作用,通过召开定期例会、疑难案件研讨会、建立审判工作联系点等方式,深入了解基层审判实践中遇到的普遍性、倾向性、疑难性问题,认真研究,及时制定审判业务指导性文件,有效解决实践中存在的法律理解、裁判尺度不统一问题。要建立完善关联案件和群体性案件审理中的沟通联络机制,避免出现合议庭之间、承办人之间因信息不畅导致判决结果相互矛盾。

五是要大力加强队伍廉政建设,树立民商事审判队伍的良好形象。公正是司法的灵魂,廉洁是公正的基石。要真正实现民事审判的公平、公正,使民事审判队伍受到人民群众的应有尊重,就必须加强司法廉政建设。在当前利益格局深刻调整、思想观念深刻变化、价值取向日趋多样的新形势下,要认真研究民商事司法廉政建设中存在的问题,民商事所审理的案件最主要的特点是利益之争。因为利益之争,手段会更加剧烈,金钱引诱更为频繁。当事人想方设法、甚至不择手段拉拢、引诱法官,以谋取自身利益最大化。法官因此面临的诱惑更大,危险更大。这就决定了廉政建设的严峻性和紧迫性。司法是社会纠纷解决的最后一道屏障,人民法院是社会矛盾的集中地,而法官每天都面临着这样或那样的诱惑和威胁,在这种环境下,法官的职业风险非常大。如果没有足够的认识,没有清醒的头脑,不加强廉政建设,不洁身自好,就容易出问题。因此,必须保持清醒的头脑,常抓不懈,一抓到底。要进一步深化对"公正、廉洁、为民"的司法核心价值观的教育和研究,使之渗入民商事法官的思想和灵魂深处,融于言行之中,切实成为广大民商事法官共同的理想信念、价值追求和行为准则;要进一步加强对司法核心价值观的实践,将司法核心价值观与抓好执法办案第一要务紧密结合起来,用以指导审判工作;要进一步加强对司法核心价值观的弘扬和宣传,让广大人民群众切实感到人民法院公正司法、廉洁司法、为民司法的良好形象。

同志们,2012年的民商事审判工作,任务更加艰巨,责任更加重大。做好民商事审判各项工作,离不开各级主管领导和全体民商事审判人员的共同努力。让我们立足岗位,振奋精神,真抓实干,充分发挥民商事审判职能作用,为全市经济社会发展提供更加有力的司法保障,以优异成绩迎接党的十八大胜利召开!

突出工作重点 找准薄弱环节 进一步提升全市法院民商事审判质效水平

——在全市法院民商事案件审判质量与效率讲评会上的讲话

天津市高级人民法院副院长 张 勉

(2013年3月21日)

同志们:

这次全市法院民商事案件审判质量与效率讲评会是根据少平院长指示召开的。这次会议的任务是:总结2012全市法院民商事审判工作取得的成绩,对过去一年二审改判和发回重审以及申请再审案件进行讲评分析,结合当前民商事审判质量和效率存在的问题,对今年全市民商事审判工作进行要求部署。下面,我讲三个方面的问题。

一、2012年民商事审判工作的回顾总结

2012年,面对民商事案件继续攀升、疑难复杂问题层出不穷、审判任务日益繁重、审判力量相对不足的情况,全市法院民商事审判工作紧紧围绕市委构筑“三个高地”、打好“五个攻坚战”的决策部署,按照“争一流、树公信、上水平”的工作思路,继续深化三项重点工作,积极服务“调结构、惠民生、上水平”,着力在案件审理上下功夫,在审判质效上见成效,在审判创新中求提高,在铸造精品中谋发展,圆满完成全年民商事审判任务,各项工作水平有了新提高。

(一)坚持发挥职能作用,收结案数量大幅上升

2012年,全市法院受理民商事案件继续上升,共新收一、二、再审民商事案件129,761件,同比增加9.5%,占全市法院受理的各类案件的三分之二。其中,新收一审民商事案件118,864件,同比上升10.3%;所收一审民商事案件数量占全市法院全部一审收案的91.34%。新收二审民商事案件10,617件,同比上升1.2%;新收民商事再审280件,同比下降15.23%。全市法院共审结民商事案件127,971件,同比上升7.53%。其中一审审结107,565件,同比上升8.79%;二审审结10,638件,同比下降5.06%;审结民商事再审案件311件,同比上升27.46%。通过依法、公正审理各类民商事案件,有力地保护了各类民商事主体的合法权益,维护了社会的和谐稳定,为推动我市经济社会的科学发展做出了应有贡献。

(二)坚持公正与效率并重,审判质效进一步提高

2012年,全市法院民商事案件的收结数量的升降幅度基本趋同,说明我们在民商事审判方面基本实现了案件的收结平衡,民商事审判整体运行形势良好。各级法院通过完善案件流程管理制度、案件质量和效率评价体系、开展“两评查”活动,进一步加强了民商事审判流程管理和质量监督,从制度上规范了审判行为,案件审理质量和效率进一步提高。结案率92.07%,同比基本持平。尤其可喜的是,审判质量明显提高。一审民商事案件被改判发回率为10.89%,同比下降1.35%。一审服判息诉率90.91%,同比上升1.33%。一审调撤率63.27%,同比上升4.76个百分点。二审调撤率23.46%,同比上升2.34个百分点。上述数字均表明我们的执法水平和执法能力都有了明显提高。

(三)坚持能动司法,服务大局工作成效显著

全市法院围绕“调结构、惠民生、上水平”中心工作,贴紧重大工程、重点项目、重点企业,加强司法调

研、延伸司法服务,解决司法难题,制定下发《关于为我市小型微型企业健康发展提供法律服务的指导意见》、《天津市科技小巨人企业知识产权司法保障和服务措施》,召开"服务楼宇经济座谈会"、"天津市科技小巨人企业知识产权保护座谈会",妥善审理了一大批与重大项目、经济发展密切相关的房地产开发、建设工程施工、企业破产、劳动争议等涉及经济发展和民计民生等案件,为全市加快转变经济发展方式提供有力司法保障。

(四)坚持和谐司法,多元化矛盾纠纷解决机制不断健全

坚持"调解优先,调判结合"的工作原则,积极加大调解力度,丰富调解方法。2012年全市一审民商事案件调撤率达63.27%,二审调撤率达23.46%。各级法院还充分发挥司法引导、推动和保障作用,采取有力措施,推进大调解工作纵向延伸、横向拓展。全市14家法院建立了专门交通事故审判庭和巡回法庭,交通事故纠纷联动调解机制成效显著。继续深化劳动争议四方联动调解机制,组织四部门会签有关群体性劳动人事争议纠纷、特邀调解员、巡回法庭试点等操作性文件,增强四方联动调解机制的可操作性,促进我市劳动争议四方联动调解机制完善发展。与司法局会签《关于充分发挥律师调解作用,建立法官与律师良性互动工作机制的意见》,构建法官和律师共同参与的大调解工作新格局。

(五)坚持三级法院协调沟通,系统指导作用不断强化

一是召开全市法院提高民商事审判质量与效率工作座谈会,对全市民商事二审改判、发回重审、申请再审案件分析研究,找出工作存在的薄弱环节,提出有针对性的改进措施。二是针对三级法院审理中遇到的共性问题及时开展指导。各业务庭先后起草并下发了《关于民事审判疑难问题解答》、《关于审理涉及公证民事案件的若干问题的解答》、《关于审理医疗损害纠纷案件委托鉴定程序问题的通知(试行)》及《关于人身损害赔偿案件确定误工费标准的通知》等文件,指导三级法院统一执法尺度。三是举办全市法院学习落实新民诉法系列活动,邀请参加民事诉讼法修改工作的最高法院法官来津对全市干警进行专题培训,为贯彻民事诉讼法及时起草制定《关于小额诉讼程序的实施意见》和《关于适用调解协议司法确认程序的实施意见》。四是积极指导答复下级在审判中遇到的重大疑难问题和个案请示。通过深入中级法院和基层法院实地指导、召开协调研讨会议等方式,加强对疑难案件、群体案件、敏感案件的宏观协调和指导。

同志们,过去一年的成绩,是全市法院全体民商事审判人员共同奋斗,辛勤工作的结果,凝聚着全体民商事审判人员的心血和智慧。成绩的取得,来之不易,应当给予充分肯定。

二、2012年民商事审判工作中存在的问题

虽然2012年全市民商事审判工作取得了很大成绩,但在审判理念、管理机制、司法作风等方面还不同程度地存在一些问题。主要表现在:部分法官大局意识、司法为民意识和群众观点还不强;在民商事审判理念、机制、制度、方法上创新的能力不足;审判效果和审判质量有待进一步提高;管理机制还需适应新形势的要求进一步改进和完善;司法能力和司法作风有待进一步改进。下面我们以2012年高院审理的民商事二审案件和申请再审案件为例,分析研究我市民商事审判工作存在的问题。

(一)二审案件发回改判的基本情况

2012年,高院四个民庭共受理二审案件396件,同比上升3.12%;审结412件,同比上升7%。已审结的案件中,维持原判277件,维持原判率67.23%,同比上升5.15个百分点。改判48件,发回重审11件(含指令审理1件),发回改判率为14.32%,较去年下降0.2个百分点。调解54件,撤诉22件,调撤率18.4%,较去年下降4.42个百分点,其主要原因是涉及部分群体诉讼,不宜调解解决,但是通过依法判决亦实现了案结事了的效果。

(二)申请再审案件基本情况

2012年共受理申请再审案件1498件,与2011年同比上升21.19%。从案由来看,劳动争议案件仍居申请再审案件首位,共有321件,占21%;房屋买卖、房屋租赁纠纷233件,占15%;其他案件类型依次为:买卖合同63件,建设工程纠纷51件,交通事故损害赔偿42件,民间借贷40件,医疗纠纷35件。

共审结案件1482件。按结案方式分类:其中裁定驳回1155件,占77.9%;撤诉202件,提审后调解93件,申请再审案件调撤率为19.9%,同比上升6.69个百分点。说明高院在申请再审案件中的化解纠纷能力进一步增强,庭前庭后的息诉服判工作更加细致到位。指令再审和提审改判共32件,同比上升了128%,占2.1%。

(三)二审和申请再审案件存在的问题

通过上述数据可以看出,全市法院民商事审判质量与效率总体上是比较好的,二审案件维持原判率提高5个百分点,二审发改率下降0.2个百分点,说明绝大多数案件审判程序比较规范,定案把关比较严格,文书说理比较充分,调解成效比较好。但是,仍有一部分案件在实体认定、审理程序和裁判文

书表述中仍或多或少地存在问题。特别是今年指令再审和再审改判案件32件,同比上升了128%,值得高度注意。应当说,高院二审发回改判和裁定指令再审的案件,均为原审裁判在程序或者实体上存在无法弥补的瑕疵或者问题的案件,只能通过发回改判和指令再审予以纠正。

根据高院对二审发改和申请再审案件的总结归纳,我们认为目前民商事案件审理中仍存在不少亟待解决和规范的突出问题,需要引起足够的重视。

1. 程序意识明显增强,但仍然存在因违反法定程序而发改的极少数案件

程序公正不仅是保障案件审理有序进行的重要基础,也是实体公正的重要保障。几年来通过对程序公正理念的强调,原来普遍存在"重实体、轻程序"的问题明显减少。在二审发回改判和申请再审指令再审的案件中,因违反法定程序的仅有1件,即权某与冯某、燕某民间借贷申请再审一案,原审法院明明知晓债务人刘某已失踪4年之多,且有法院生效判决宣告刘明为失踪人,本应根据《民诉法实施意见》第32条规定,将其财产代管人权某列为被告进行审理,但是原一审法院却遗漏该诉讼主体,迳行判决,原二审法院未发现该问题又直接改判导致一错再错,故高院以违反法定程序为由指令再审。

2. 查明认定事实方面的水平不高,对于证据的把握能力不强

对案件事实的调查和认定是审理案件的核心,事实是否清楚系一个案件是否得到正确处理的基本前提。但从目前发改案件和指令再审案件看,事实认定不清仍是最主要的问题,共35件。具体分析,存在以下五类问题:

一是对证据审查不细,缺乏深入细致的调查核实,导致事实认定错误。共有18件案件存在此类问题。比如,某医院与张某、冯某医疗服务合同纠纷一案,冯某就医于某医院进行手术,当日其配偶张某签署了由该院提供的《告知书》。原一审期间,该医院提交了《告知书》原件。该份证据记载有5项内容,其中第4项内容为"患者治疗期间射频切肝需自费,约2万元",该医院以此证明其已履行了告知义务。但一审法院对此未予认定。二审法院仅根据复印件即认定《告知书》中第四项内容书写于该医院病案室加盖的印章之上,对此该医院没有作出合理说明,鉴于张某、冯某在一、二审期间均主张在签署时《告知书》中仅载有3项内容,故对该份《告知书》的证明力不予确认。但是,在申请再审审查阶段,主审法官通过调取《告知书》原件发现,《告知书》中第四项内容书写内容并非是在医院病案室加盖的印章之上,只是复印不清导致二审法院如此认定。另该医院提交了《住院72小时内病情告知书》的原件,与原两审卷宗中所附复印件一致,亦可以证明该医院已履行了告知义务,且患者已签字确认。最终本案指令进入再审。

二是对举证责任分配把握不当,导致案件当事人不当承担败诉责任。存在此类问题的案件共5件。举证责任直接决定着案件当事人在案件事实真伪不明时败诉风险的负担,对案件实体处理至关重要。审理中发现,个别法官在举证责任分配和转移上存在认识错误,违反谁主张谁举证的基本规则,在当事人中任意分配举证责任,或强行将举证责任转移给对方当事人。如某买卖合同纠纷一案,甲公司作为原告主张乙公司返还货款,根据"谁主张、谁举证"原则,甲公司应当对此承担相应的举证责任。但原审法院却以乙公司没有尽到举证责任为由判决其败诉,高院为此指令再审。

三是对证据证明力的认定不准确。我们对证据的审查与分辨,主要在于确定证据真实性和证据效力。有的法院在辨别证据的过程中过于武断,比如弃用鉴定意见自己盲目分析;还有的法院又过于放任,不加判断地依赖鉴定意见,这两种极端的证据认定方式都不科学,也容易造成错案。在一起交通事故损害赔偿纠纷案件中,交管局道路交通事故认定书认定,钟某负事故全部责任,王某不负事故责任。但一、二审法院却认为,根据三份证人证言,钟某驾驶机动车左转弯时,未尽到注意避让其他车辆和行人的义务,王某在未注意观察来往车辆的情况下突然加速横穿马路,对于此次交通事故的发生,王某及钟某均有过错。鉴于王某未能举证反驳钟某所提交证人证言所证明的事实,故不予采信道路交通事故认定书关于双方责任的认定,认定钟某作为机动车驾驶人应承担事故的主要责任,王某应承担事故的次要责任。这个案件就属于典型没有分析好证据效力的案件,用证人证言推翻事故责任认定书。道路交通事故认定书是行政专业部门在综合分析包括当事人站位在内的各种因素后作出的专业技术分析文书,且作为公文书证具有比私文书证更高的证明力。只有当事人所提供的证据应当达到证明交通事故认定书不真实的状态,才可推翻其认定结论。虽然本案双方当事人达成调解协议并撤诉,但是本案反映出部分法院对于证据证明力大小的把握还存在许多问题。

四是机械适用举证期限规定,导致案件事实无法查清。类似案件有5件。虽然最高法院证据规则规定,当事人逾期举证的,可能导致证据失权。但

是,由于现实的原因,许多当事人并不具备相应的法律常识,诉讼能力相对较差,简单地以证据失权进行认定、判决,可能导致案件基本事实无法查清,当事人权益无法得到公正保护。在当事人故意隐匿证据的情况下,法院可以运用证据失权也可以对当事人进行训诫罚款。如某建设工程纠纷一案,原审法院以某建筑公司提出鉴定申请在举证期限届满后为由就判决驳回诉讼请求。其实,该建筑公司已提供增项变更签证,即使当事人没提出鉴定申请法院也应进行释明。但由于当事人超过举证期限提出鉴定申请,原审法院简单地以逾期申请鉴定判决驳回诉请。二审法院认为当事人提交的变更签证能够证明其具有增项事实,还是应当本着实事求是的态度对此予以认定,因此将该案发回重审,通过鉴定确定当事人增项工程量。

五是忽视或盲目启动以及过度依赖司法鉴定,导致案件事实基本依据缺乏或不实,共有7件案件。司法鉴定是一个老生常谈的问题,高院近几年来多次在民商事系统会上强调该问题,但是司法鉴定方面依然存在这样或那样的问题。在二审发回改判和指令再审案件中,有3件案件是因为鉴定问题而被发回改判的。主要问题是,盲目启动司法鉴定程序或过度依赖鉴定,在专业性比较强的案件尤其是建设工程案件中此问题尤为突出。建设工程中涉及总包合同、分包合同、总造价、增项、变更等各类专业性问题,当事人不会对工程中的所有问题均有意见,而仅是对部分问题有意见,而争议的核心问题可能只牵涉总体工程中的一小部分。有的法院在处理建设工程案件时不是着眼于解决当事人的争议问题,而是不当审查甚至对整个工程过度鉴定,打破当事人的缔约规则,废弃结算结果。比如对于当事人之间的材料款争议,可以直接以送、收料票据定案,但是有的法院还是启动鉴定,这样的鉴定就是多余的过度鉴定。还有的法院不当采用鉴定意见,比如某医疗事故纠纷案件中,共存在区级、市级和中华医学会三级鉴定部门的三个不同的医疗事故鉴定,某法院认为医疗事故只能做两级鉴定,中华医学会的鉴定突破了两级的限制所以弃而不用,这明显与医疗事故处理条例相矛盾。在鉴定的问题上,我们要把握不用鉴定的不鉴定,能局部鉴定的不整体鉴定的原则。另外,对于专业性问题还可以征询专家意见。

3. 法律关系定性不准,法律适用能力不强

在二审发改和申请再审案件中,有26件是由于法律适用错误而被发改或指令再审的。主要表现:一是对有关法律规定理解偏颇,导致法律适用错误。部分审判人员对基本的法律、法规没有进行深入的学习、理解和分析,只是停留在简单的文义理解的层面,导致适用法律出现偏差。如某借款纠纷一案,原审法院已经认定双方之间的借款纠纷并非自然人之间的借款,但仍然适用《合同法》第211条进行判决,导致法律适用错误被指令再审。二是对于法律关系定性不准,致使当事人权益无法得到保护。如某百货商店与某房管站房屋租赁合同纠纷案中,原审法院认为,某百货商店起诉某房管站主张的款项实质为拆迁补偿款,应向实施拆迁的拆迁人主张,以诉讼主体不适格而驳回起诉。但实际上在涉诉房屋拆迁之前,该房管站已诉该百货商店腾房并达成调解协议,意味双方的房屋租赁关系已经解除,该百货商店与拆迁人之间已不再具有拆迁补偿法律关系,一审中,该百货公司明确表示其是基于房屋租赁关系主张被解除租赁合同并腾房的经济补偿款。因此,本案性质系房屋租赁合同纠纷,而非拆迁补偿纠纷,二审法院据此裁定指令审理。三是在责任判定上考量不够全面、妥当,裁量结果不够公平。最突出问题就是违约金问题,有3件案件因为违约金调整不当而改判。如某建设工程合同一案,施工方在向发包方主张拖欠工程款400万元的同时,要求发包方承担逾期支付工程款的违约责任,原审法院依据合同约定逾期付款按合同总价支付违约金的规定,判决发包方承担1200万元的违约责任。二审法院认为该案自由裁量过当,根据《合同法司法解释二》第29条规定,判断违约金是否过高,应当以当事人的实际损失为基础,兼顾合同履行情况、当事人过错程度以及预期利益等综合因素,根据公平原则和诚实信用原则予以衡量。二审根据当事人损失情况对违约金进行了调整予以改判。

4. 裁判文书制作水平不高,释法说理能力有待提高

民商事裁判文书的质量不高,文书制作不够规范,总的来说,商事、知产、海事方面的裁判文书质量较好,民事审判的裁判文书整体制作水平有待进一步提高,还不同程度地存在事实认定不清、证据罗列不全、说理不充分、文字格式错误等现象。尤为突出的是判决主文存在遗漏判项、表述不准确、不妥当等问题。例如,某通讯器材市场管理有限公司与某通讯设备发展有限公司虚假宣传不正当竞争纠纷案,一审判决认定某通讯器材公司采取发放宣传彩页、出租车后挡风玻璃广告、天津广播电台交通台广告等方式,宣称原海光寺世博手机城商户已全部迁至某器材公司的经营地址,使手机用户产生误解,具有针对某通讯设备公司进行不正当竞争的故意,是以损害同业竞争者利益为前提的虚假宣传行为,但在

一审判决主文中却判令某通讯器材公司在一定时间内继续采取前述各种方式发布更正声明，以消除影响。二审判决将该判项调整为“某通讯器材公司立即停止通过发放宣传彩页、出租车后挡风玻璃粘贴广告、天津广播电台交通台做广告等方式对某通讯设备公司的侵害行为”。

5. 个别法院案件立案把关不严，导致当事人滥诉浪费司法资源

人民法院的职能是定分止争、维护公平正义，我们在切实保障当事人诉权的同时，更要注意通过对当事人的立案申请依法进行审查，最大限度杜绝少数当事人滥用诉权、重复诉讼的行为进入诉讼大门，以节约诉讼成本，将宝贵的司法资源配置到更需要的地方，解决更多切实需要法院解决的纠纷，避免有限司法资源的无谓浪费。这一问题集中体现在李某诉某针织厂和刘某诉某工业公司的系列案件中。李某以荣誉权和一般人格权纠纷为案由，数次起诉某针织厂，其依据的总体事实是相同的，只是在诉讼请求和诉讼理由上体现为要求经济赔偿列入破产债权、赔礼道歉、精神损害赔偿等不同形式，但是实质问题都是关于认定老干部待遇以及老干部参加革命工作时间的问题。在李某诉某针织厂一系列福利待遇、劳动争议纠纷案件中，其所依据的总体事实与前述人格权案件依然一致，诉讼请求在形式上依然略有不同（要求针织厂支付拖欠其夫未报销医药费、住房补贴、住房补助、工资等），但是究其实质问题仍然是认定老干部待遇以及老干部参加革命工作时间。类似情形还有刘某与某工业公司之间的系列劳动争议纠纷。自2008年至今，刘某先后七次提起诉讼，每次诉讼均历经一审、二审、申请再审程序。其诉讼请求涉及工资、加班费、福利待遇、经济补偿等内容。刘某在不同诉讼中均是基于同一基础事实主张权利，且不同案件中的诉讼请求存在相互包含或重合的情形。李某和刘某的行为实质是通过变换、拆解诉讼请求和理由，变换案由和角度，反复诉讼，极大浪费了诉讼资源，属于滥用诉权的行为。对此类滥用诉权的行为，各级法院要给予重视，严把立案关口，避免重复诉讼。

6. 缺乏大局观念和责任意识，对已发现的问题为推卸信访压力而姑息迁就，导致一错再错

在目前信访压力较大的社会形势下，各级法院本应同心协力共同化解纠纷矛盾，才能取得案结事了的社会效果。但个别法院缺乏整体观念，对矛盾尖锐、当事人信访情绪激烈的案件，未严格进行质量把关，甚至为回避矛盾故意做出与法律规定相悖的裁判，将矛盾上交到上级法院，推卸信访压力。如某工伤保险待遇纠纷案件，二审法院在已经发现一审法院裁判存在问题的情况下，为避免改判可能引起当事人到二审法院闹访，维持了一审判决。该做法掩盖了一审判决中的明显错误，又将社会矛盾和上访压力全部转移给上级法院。既违背了以事实为根据的基本审判原则，也无助于纠纷的彻底解决，实不可取。

（四）原因分析

1. 司法能力不强是影响案件质量的根本原因

当前正处于社会转型期和矛盾凸显期，各种新情况、新问题层出不穷，特别是近年来《物权法》、《侵权责任法》、《劳动合同法》等新法律、法规相继颁布，既给民商事审判工作带来新的挑战，也对民商事法官更新业务知识，加强自身业务修养和对新情况、新问题的研究，提升司法能力提出了更高的要求。但与此同时，客观上，案多人少的矛盾相对突出，民商事法官长期超负荷工作，挤占了学习钻研业务的时间，导致法官司法能力不能完全适应新形势的要求；主观上，个别审判人员思想上不重视法学理论的更新学习和司法能力的培养，凭经验办案，凭感觉办案，缺乏统一的法律思维，庭审驾驭能力不强，证据意识缺乏，事实认定与适用法律的能力欠缺，文书制作水平良莠不齐，司法能力上的不足与司法需求之间的矛盾日益显现，从根本上影响了案件的裁判质量。

2. 司法行为不规范是影响案件质量的外在原因

诸多案件质量问题集中表现为程序上、形式上、细节上等不规范的司法行为导致的瑕疵，如庭审程序不规范、文书格式不规范，对待当事人态度不中立、不亲和，文书存在错字、漏字等，虽然这些问题对案件实体处理一般不产生实质性影响，但却直接反映出审判人员的审判作风不过硬，责任意识不强，为当事人所直观感受，往往比案件实体问题更能引起当事人的关注。从高院审理的申请再审案件来看，由于司法行为不规范引发的当事人申诉、信访的不在少数，需要引起足够的重视。

3. 审判管理机制不完善是影响案件质量的突出原因

案件质量把关机制执行不严格。在开庭或合议过程中，普遍存在合议庭评议不充分的问题，进而影响到案件的审判质量。部分法院分管院长、庭长对案件的管理不到位，一定程度上削弱了案件质量把关机制的功能。

4. 缺乏责任意识、大局意识是影响案件质量的主观原因

通过对二审发改和申请再审案件的调研分析，

我们发现部分法院的个别法官缺乏责任意识、大局意识,审理案件时敷衍了事,不充分听取双方当事人诉辩意见,基本事实尚未查清就草率下判。一旦当事人提出质疑,就将当事人推向上级法院,导致本能在基层就化解纠纷未能化解而逐级上移。这种做法将案件压力一推了之,严重缺乏三级法院整体一盘棋的大局意识,不利于及时有效地化解矛盾纠纷,另一方面也不同程度地加大了息诉服判的工作难度。

5. 上级法院的监督力度不够和业务指导不足是影响案件质量的重要原因

一是下级法院依赖心理严重,随着民商事审判案件数量和类型的不断增多,以及新的法律、司法解释出台,中、基层法院在办案实践中必然面临更多法律适用方面的热、难点问题,尤其是现在基层法院非常重视发改率等审判管理指标,对当事人双方矛盾激烈、法律关系复杂、适用法律存在争议、改判发回风险较大的案件都加大了向上级法院口头或书面请示的力度,客观上造成下级法院办案的依赖性增强,上交矛盾的情况突出,一定程度上影响了一审法院独立审判功能的发挥。

二是审级监督力度不够。如上所述,由于近年来加大审判质效指标力度,发改率指标对各法院质效排名、评先评优有着重要影响,部分法院还将发改案件直接问责到人,与晋职晋级挂钩。基于上述原因,上级法院在发改案件方面多比较谨慎。极个别原审判决明显有瑕疵的案件,二审法院予以了不当维持,未充分发挥审级监督的作用。

三是业务指导不足。全市法院民商事审判系统人员多、案件量大、法律涉猎面广,因此进行全员、全程、全方位的业务培训比较困难,仅能对院庭领导、重点内容以会代训,培训覆盖面有限。同时,当前民商事审判领域新情况、新问题不断出现,但由于对相关问题的研究不足,导致业务培训不及时,无法满足日益高涨的司法需求。

6. 审判力量不足是影响案件质量的客观原因

近年来,全市法院受理民商事案件数量以年均10%比例增长。与此同时,从事民商事审判的法官数量却没有明显增加。案件多、任务重、压力大的工作状态已成为民商事法官的工作常态,导致民商事审判系统呈现三个特点:一是常年超负荷工作;二是案件多、风险大,审判人员多不愿意到民庭工作;三是人才流失、人员流动加快,新兵比较多,无论从审判经验还是做群众工作的能力上来看,都存在欠缺。

三、2013年民商事审判工作总体思路和部署要求

民商事案件基数大、要求高,审判任务更加繁重。当前,我国正处于社会矛盾高发期,相当长一个时期内,民商事案件会继续保持居高不下的态势。"案多人少"的矛盾仍然比较突出。民商事审判与民生密切相关,服务保障和改善民生的任务十分艰巨,与之相关的是民商事案件信访压力较大,在审结案件的同时,还要做大量的信访化解工作,以确保案结事了。因此,如何圆满完成繁重的审判任务,始终是摆在民商事审判面前的突出问题。

2013年,全市法院民商事审判工作总要求是:紧紧围绕加快实现天津城市定位的战略任务,以全面贯彻落实党的十八大精神为主线,以服务改革发展稳定大局、保障人民群众合法权益为己任,以提高民商事审判质量效率为核心,充分发挥民商事审判职能作用,不断提高司法公信力,为天津实现经济持续健康发展和社会和谐稳定提供坚强的司法保障。

(一)进一步在提升服务大局针对性、实效性上下功夫

全市民商事审判要牢固树立能动司法理念,紧紧围绕市委确定的各项决策部署,密切关注实体经济发展、扩大内需、稳定物价、保障改善民生等宏观调控政策实施中遇到的新情况新问题,分析研判,抓住与区域经济发展、社会稳定密切相关的关键问题,开展前瞻性调研,为党委政府提供切实可靠的决策依据。审慎处理经济下行压力下劳动就业、民间借贷纠纷,尽最大努力保障企业的正常运转,支持中小企业和民营经济加快发展。妥善审理项目用地、建设工程等合同案件,促进大项目好项目顺利实施。

(二)进一步在加强和改善民生上下功夫

要高度重视民生案件的审判工作。认真贯彻落实最高人民法院《关于当前形势下加强民商事审判切实保障民生若干问题的通知》,及时妥善处理好涉及民生的各类民商事案件,充分保障当事人的合法权利和利益。要妥善处理好婚姻家庭、劳动报酬、医疗损害赔偿、交通事故损害赔偿、教育就业、消费者权益保护、商品房买卖、物业管理等纠纷案件,切实保障当事人的基本的民计民生需求,努力促进社会和谐。

(三)进一步在提高审判质效水平上下功夫

全市法院要围绕审判质效指标,突出工作重点,找准薄弱环节,促进审判质效水平进一步提升。一是统筹处理好审判质量、效率、效果的关系。重点抓好一审案件质量管理,落实好定案把关的相关规定,强化二审裁判的纠错功能,着力提升一审案件实体裁判水平。继续强化均衡结案管理,严格审限变更审批,坚决避免隐性超审限案件发生。二是要强化案结事了意识,进一步加强民商事诉讼调解工作。完善交通事故、劳动争议、医患纠纷、物业纠纷、婚姻家庭等多发易发案件类案联动化解机制,形成类案

化解的规模效应。三是要扎实开展好庭审评查和裁判文书评查活动，以评查促公开、提能力、树公信。

（四）进一步在完善上下级法院沟通指导机制上下功夫

全市民商事审判系统要进一步建立健全上下级法院沟通交流机制，加强上下级法院之间的协调力度，达到规范司法行为，统一执法标准的目的。一是高、中法院要进一步加强对下级法院民商事审判工作的调研力度，及时发现下级法院在司法实践中遇见的难点、热点问题，通过认真分析、系统研究、集体研讨，形成具有操作性的指导意见下发，以便对特定法律问题形成统一的认定事实和适用法律标准。二是要进一步完善改判发回重审案件分析通报制度，通过开展调研座谈、业务培训等形式，提高审判业务指导的质量和效果。三是要规范案件请示程序和方法。目前高中院对下级法院请示的案件十分重视，千方百计挤时间研究答复，但是有些基层法院对上级法院依赖性较大，对当事人双方矛盾激烈、法律关系复杂、改判发回风险较大的案件都采取请示方法上交矛盾，而且个别法院在三级法院研究达成统一意见后又拒不执行，严重影响三级法院执法的统一性。所以当前高、中级法院民商事审判部门要进一步规范和完善上下级法院之间的案件请示研究机制，案件请示范围应当限于新类型案件或涉及的法律问题较为典型、需统一处理意见的案件，三级法院研究后有明确意见的要认真落实，情况变化，不能全面执行的，要及时沟通。

（五）进一步在提高民商事审判队伍素质上下功夫

全市法院民商事审判系统要深入开展“忠诚、为民、公正、廉洁”的政法干警核心价值观教育实践活动，使民商事审判队伍在思想政治、业务能力、纪律作风等方面得到全面提高。要继续深化社会主义法治理念教育，培养群众意识，深刻认识矛盾纠纷的性质，深刻认识执法办案的目的，坚决克服就案办案、孤立办案和机械办案的错误倾向。要进一步改进司法工作作风，换位思考，多用群众听得清、听得懂、听得明、听得进的语言和易于接受的方式审理案件，让人民群众真切地感受到司法的温暖和司法的公正。要大力加强反腐倡廉建设，民商事案件是媒体和大众关注的重点，广大民商事审判人员一定要注意廉洁自律，各级法院院长、庭长也要发挥好领导作用，确保民商事审判队伍的纯洁性。共同推动民商事审判工作的健康发展。

同志们，新的一年，全市法院民商事审判工作任重道远。做好民商事审判各项工作，离不开各级主管领导和全体民商事审判人员的共同努力。让我们立足岗位，振奋精神，真抓实干，为推进全市法院民商事审判工作的科学发展作出新的贡献！

全面总结民事审判工作　认真研究当前形势任务
推动全市民事审判工作不断实现新的跨越

——在全市法院民庭庭长座谈会上的讲话

天津市高级人民法院民一庭庭长　刘　莉

（2013 年 5 月 16 日）

同志们：

这次民庭庭长座谈会的主要任务是：总结 2012 年以来全市法院民事审判工作情况，分析民事审判工作面临的形势和任务，部署当前以及今后一段时期民事审判重点工作，并就民事纠纷案件审理过程中存在的部分疑难问题统一裁判尺度，推动全市民事审判工作不断实现新跨越新进展。

主要讲三个方面的问题：

一、2012 年全市民事审判工作情况的简要回顾

2012 年，全市民事审判工作按照“争一流、树公信、上水平”的工作思路，继续深化三项重点工作，充分发挥民事审判职能，努力服务“调结构、惠民生、上水平”经济发展大局，着力在案件审理上下功夫，在审判质效上见成效，在自身建设上促提高，圆满完成各项审判任务，为促进我市经济发展和社会稳定提供了有力司法保障。

(一)切实履行执法办案第一要务,妥善审理大量民事纠纷案件

全年共受理各类一审民事案件 118,864 件,同比上升 10.3%;审结 107,565 件,同比上升 8.79%;婚姻家庭、交通事故、民间借贷、房地产纠纷、劳动争议等纠纷仍然是民事纠纷案件的主要类型,其中婚姻家庭继承纠纷仍居民事案件收案数量之首,新收 17,013 件,占所有新收一审民事案件的 14.5%,同比基本持平。交通事故损害赔偿案件 14,102 件,同比上升 18.55%;民间借贷案件 6166 件,同比上升 9.95%;房地产纠纷案件 5260 件,同比上升 36.6%;劳动争议案件 4815 件,同比上升 3.66%。此外,含物业纠纷的服务合同案件 19,878 件,同比上升 46.7%。全市民事审判法官忠于职守,克服困难,妥善审结了大量民事案件,取得了显著成绩。

(二)坚持能动司法,积极服务经济发展大局

全市各级法院围绕经济发展大局,加强调查研究,健全司法服务机制,加大帮扶力度。如市高院组织召开服务发展楼宇经济座谈会,了解楼宇经营活动中存在的法律问题和司法需求。南开法院、河北法院、河东法院等积极服务地铁施工重大项目,帮助动员长期滞留户自动履行搬迁义务。津南法院、静海法院等加大涉农案件的审判力度,加强农村普法工作,提高农村基层组织化解纠纷的能力,最大限度将农村纠纷化解在基层。津南法院还创先实行审理涉农案件经费预算制度,由财政部门列入经费预算,减轻法院经费压力。

同时针对去年十八大召开维稳形势严峻的问题,全市各级法院加强对敏感性、群体性案件的风险评估和协调化解工作,杜绝任何影响稳定事件的发生。市高院和一中院共同努力,经过艰难工作,妥善处理了美乐里 50 户业主所有权确认纠纷案件。东丽法院审理的 500 多位业主起诉朗钜地产有限公司商品房预约合同纠纷的集团诉讼案件,经过多方协调做工作,使绝大部分案件妥善解决,取得了较好的社会效果。

(三)积极参与社会管理创新,深化大调解格局

2012 年全市法院民事审判系统大力强化诉讼调解,积极推进"诉调对接"工作,以"案结事了"为目标,民事案件的的调解撤诉率均有所上升。全市法院民事一审调撤率 63.27%,同比上升 4.76 个百分点;二审调撤率 23.46%,同比上升 2.34 个百分点。同时在继续充分发挥原有的劳动争议、物业、医疗、交通等联动调解机制作用的基础上,积极探索构建新的联动调解机制。如市高院与司法局会签《关于充分发挥律师调解作用,建立法官与律师良性互动工作机制的意见》,构建法官和律师共同参与的大调解工作新格局,许多案件经过律师协助调解得以妥善解决。(本月准备组织部分法院与律协召开座谈会,就联动调解机制操作细化进行研究。最高法院也把构建法官与律师的和谐关系作为今年的重点工作,我们这个联动调解机制应当是构建法官与律师的和谐关系的重要举措。)同时我们与妇联研讨建立婚姻家庭纠纷联动调解机制。蓟县法院在基层法庭分别设立库区、洼区、山区"便民诉讼服务站",极大地满足上述地区人民群众的司法需求。

(四)加强审判业务指导,全力提升民事审判质量效率

市高院通过对上一年度二审案件发回改判情况分析、申请再审案件情况进行分析,在此基础上,今年一季度召开全市民商事案件质量与效率讲评会,由张勉院长对全市质效情况进行讲评。同时根据审判实践中突出问题,制定《关于审理医疗损害纠纷案件委托鉴定程序问题的通知(试行)》、《关于人身损害赔偿案件确定误工费标准的通知》等规范性文件。高院还通过积极研究答复基层法院和中院在审判中遇到的重大疑难问题和个案请示,加大业务指导力度。第一、二中院也通过召开辖区法院座谈会,专题问题研讨会、"走进法庭、服务基层"等多种形式,强化上下级法院之间的沟通,全市审判质效有了明显提升。2012 年全市法院一审民事案件被改判发回率为 10.89%,同比下降 1.35%。一审服判息诉率 90.91%,同比上升 1.33%。

(五)加强审判队伍业务技能建设,全面提高法官司法能力素质

按照最高人民法院和市高院党组部署,扎实开展裁判文书和庭审"两评查"活动,把着力点放在解决审判工作中的问题和薄弱环节上,有力推动了民事法官庭审驾驭能力和裁判文书质量不断提升。新民事诉讼法颁布后,及时组织召开全市法院贯彻落实民事诉讼法修改决定会议,多次进行专题培训,及时起草制定《关于小额诉讼程序的指导意见》和《关于适用调解协议司法确认程序的指导意见》等,积极应对新民事诉讼法的实施。

这些成绩是全市民事法官在各级法院党组的正确领导下,在各位主管院领导亲自指导以及各位庭长带领全体民事审判人员克服困难共同奋斗、辛勤工作取得的,凝聚了大家的心血和智慧。成绩的取得,来之不易,应当给予充分肯定。

二、当前民事审判工作面临的形势和任务

2013 年,民事审判工作面临的经济形势复杂多变,肩负的任务更加艰巨,社会公众的期待越来越高,自身存在的问题和困难不容忽视。

(一)民事审判面临着复杂多变的经济形势

刚刚过去的2012年,国际经济环境继续充满复杂性和不确定性,欧债危机反复恶化,全球经济增长明显放缓;国内经济运行仍然处在寻求新的平衡过程中,经济增速创13年以来新低,2013年国内经济增长面临内生动力不足的挑战,“稳增长”任务十分艰巨。如何在当前宏观经济形势下,通过采取更加有效的司法应对措施,努力化解各类民事矛盾纠纷,维护社会和谐稳定,是全市民事审判工作面临的首要任务。

(二)民事审判面临更加繁重的审判任务压力

今年一季度,全市受理的一审民事纠纷案件31,844件,同比上升13.04%;二审3520件,同比上升12.97%,数量较去年同期增幅较大。因新国五条出台,房屋买卖纠纷明显增多,一审受理1240件,同比上升53.06%。与此同时,其他案件也呈上升趋势,一季度新收一审交通事故案件3993件,同比上升23.77%;劳动争议案件1485件,同比上升9.6%。新修改劳动合同法将于今年7月1日实施,亦将引发大量劳动派遣方面的争议,等等。这些都说明民事审判今年所遇到的重点案件将明显增多。如何妥善审理好这些与区域经济发展和社会稳定利害攸关的重点案件,有效化解经济社会矛盾,是民事审判所必须面对和解决的重点任务。

(三)民事审判面临着越来越高的社会期望值

人民群众对司法过程、司法公信力、司法权威等提出了一系列新要求新期待,对民事案件中存在的审理不公与效率不高现象的社会容忍度越来越低,进入诉讼渠道的案件敏感性进一步增强。依托于互联网的各类新媒体以及微博等自媒体,正在急剧地改变着社会生活生态,我们工作中出现的各种问题和瑕疵,一旦处理不慎,就可能被成倍放大,成为社会舆论关注焦点。这对民事审判工作提升案件质量、提高审判效率、贯彻司法公开和群众路线的水平提出更高要求,对全市民事审判法官庭审驾驭能力、文书撰写能力、矛盾化解能力提出更高标准。如何通过各项案件质量把关机制,遏制民事审判工作中的裁判不公现象,改进司法审判作风,努力消除少数法官的违法违纪行为,确保这支队伍力争不出问题,成为摆在我们面前的长期任务。

(四)民事审判自身仍然存在不容忽视的各种问题

一是服务经济社会发展大局的有效性有待进一步增强,部分法院服务大局工作形式主义内容过多,缺乏能收到实效的工作内容;二是部分法院案件发改率、申诉率居高不下,审判水平有待进一步提高;三是部分类型案件裁判尺度不统一现象比较突出,对新情况、新问题调研指导工作有待进一步强化;四是裁判文书质量有待进一步改进,个别判决书差错率高、说理不到位问题突出,去年两评查活动评比阶段,民事方面证据分析和裁判说理精彩深刻的文书还不是很多;五是司法作风有待进一步改进,对待当事人生、冷、横、硬、推现象虽有所减少但仍然存在,少数案件审理期限过长、对当事人的程序要求回应不及时,庭审中生硬对待甚至嘲笑讽刺当事人和律师现象仍有发生;六是民事审判基层基础建设有待进一步加强,与目前基层法院承担的任务量和重要性相比,基层法官队伍创新意识和司法能力存在反差,上级法院的业务指导存在盲区;七是民事审判队伍廉政建设有待进一步强化,民事审判工作直接涉及当事人经济利益,不可避免地面临各种干扰甚至拉拢腐蚀,极少数审判人员违法违纪现象时有发生。采取有效措施,尽快解决这些有损民事审判司法公信力的问题,是摆在我们面前的紧迫任务。

三、当前民事审判工作应当重点做好的几项工作

民事审判工作在面临复杂形势和艰巨任务的同时,也面临着重大发展机遇。为此,必须从以下方面加强和改进民事审判工作:

(一)找准民事审判职能发挥的切入点,开创民事审判工作新局面

围绕党和政府的中心任务开展审判工作,是民事审判的显著特色。以怎样的指导思想去服务大局,通过什么途径、用什么方法去服务大局,是一个需要我们不断思考的问题。有人说,只要严格依法办案,就是服务大局。这句话是对的,但是不全面。一方面,服务大局的途径应当主要通过案件审判,应力戒不解决实际问题的空话套话,杜绝形式上轰轰烈烈、实质上空洞贫乏的无效劳动和花架子。另一方面,我们要认识到,民事审判面临的情况纷繁复杂,需要化解的矛盾往往牵一发而动全身,如房地产案件、群体劳动争议案件、涉农案件等,必须统筹兼顾,综合衡量。在审理案件过程中,怎样平衡各方利益,怎样促进区域经济发展,如何扩大案件审理结果的积极意义,控制和消除对经济发展和社会稳定的不利影响,把鼓励创新和防范风险结合起来,应当是我们时刻需要考量的因素。我们不是要求民事审判脱离当前的司法资源现状去承担我们无力承担的任务,而是要求大家在遇到民事审判职责范围内的问题时,不畏难、不推诿,肩负起、履行好法律赋予我们的工作职责。从某种意义上说,化解区域经济发展中的突出矛盾、解决阻碍中心工作顺利推进的司法难题,就是服务大局的典型体现。各地要结合实际情况,选准工作重点、抓住重点案件做好文章,努力拓展民审判工作新领域、新空间。

(二)立足实现公平正义的目标,采取多种措施努力提升审判质效

案件质量不仅是法律权威和司法公正的直观体现,也是衡量人民法院司法为民的重要标准。我们要按照习总书记关于“努力让人民群众在每一个司法案件中都感受到公平正义”的要求,将强化质量意识、提高案件质量、深化司法公开、提高司法公信力作为民事审判工作的重要内容和目标,抓好抓实,力争审理的每一起案件都经得起法律和历史的检验。从全市法院二审案件发改率来看,2012年是10.89%,同比下降1.35个百分点,今年一季度发改率为8.6%,同比下降2个百分点。说明我们全市法院案件质量有了很大提升。但是仍然不容乐观,离总书记的要求还有很大距离。因此,各级法院还要切实采取措施继续提高案件审判质量。一要认真结合前不久召开的全市法院民商事审判质效讲评会上张勉院长的讲话精神,对民事审判中存在的问题进行分析总结。要认真纠正被发回重审案件中存在的质量问题,并引以为戒。二要抓好业务学习,法律规范更新速度很快,既不能满足已有的知识吃老本儿,也不能一味等待依赖上级法院的组织培训,必须要增强主动学习的意识,自觉充电,解决好知识更新的问题。三要加强审判管理。目前实行的审判质效指标对于审判管理提出更高的要求,尽管存在某些指标不够科学合理的问题,但总的来说对于我们实时监督案件审判流程、保证办案效率、提升司法效能、消除管理盲区还是有很大促进作用的。院庭长们要学会运用审判管理的手段和方法,分析、研判新情况新问题,有针对性地改进我们的工作。比如说,对审判流程节点监督和控制问题的认识。节点控制并非一味求快,而是为了保持案件审理各环节的正常节奏,合理分配各环节的有效工作时间,督促审判人员在各环节工作做到位,避免无谓拖延。案件有这样那样瑕疵的,往往源于节点控制不当,受理后不阅卷不做必要调查,庭前不阅卷,庭审时对证据不熟悉,在审判台上胡乱翻卷宗,调查询问缺乏重点,该问的问题没问到或者问不到位,该查的事实遗漏查,庭后不及时合议,案件卷宗束之高阁,审限快到才急急忙忙拉合议庭评议赶文书,这样出来的判决书,没有各种语句不通和错别字现象、不出现各种瑕疵,才是不正常的。希望院庭长能在运用审判管理方式方法上多动脑筋多想办法,使审判管理工作真正发挥促进提升审判质效的作用。

(三)端正矛盾化解指导思想,坚守法治底线要求

修订后的民事诉讼法实施后,法院涉诉矛盾化解工作进入新的阶段。在实现诉访分离目标的同时,我们也要看到,今后在案件审理阶段遇到的上访信访缠访问题,以前那种通过法律程序以外途径化解矛盾的解决方式,将受到一定限制,这就要求涉诉矛盾化解工作要有新思路。一段时期以来,在遇到矛盾较大的案件时,部分法官首先考虑的不是如何严格遵循法律规定和诉讼程序审理好案件,不是把诚信原则和法律规定作为权衡裁判结果的首要因素,而是看哪一方当事人缠访闹访,就牺牲法律原则迁就这一方的不正当利益、满足不合理要求,不仅造成涉诉矛盾化解工作的被动,更损害了司法公信。审判实践反复证明,在矛盾尖锐对立的案件中,办案程序、处理结果都无懈可击的,我们面对情绪激烈的当事人就会有自信有底气,当事人的闹访缠讼也很难对我们施加真正的压力,矛盾也相对容易被钝化、平息。相反,案件存在这样或者那样瑕疵和问题的,涉诉矛盾化解工作就会十分被动,问题解决难度也会被成倍放大。因此,坚守法律底线,按照法律规定的方向和要求去做,应当是今后化解涉诉矛盾的基本方法。应当杜绝那种在闹访缠讼面前背离法律原则不断退守防线、迁就不合理要求的绥靖政策。同时,我们仍然需要强调继续提高民事法官的群众工作能力。要深刻理解民事纠纷案件中调解工作的效能与局限。建立在合法自愿原则下的诉讼调解是我们化解涉诉矛盾的重要手段,但不能片面追求调解率而进行压调、诱调甚至骗调。调解应当是建立在对案件事实形成内心确信基础上的调解,是围绕案件最终可能的实体处理结果进行的调解,是引导当事人对自身利益理性权衡后作出的调解。

(四)进一步理顺三级法院之间的关系,加强三级法院的沟通协调配合

提高案件审判质效是全市三级法院共同的任务,一二审不能脱节,必须注重工作的整体性。三级法院民事审判工作是一盘棋,要团结协作,相互理解、相互支持、相互配合。作为基层法院,审理的一审民事案件占全部案件的90%以上,任务量最重,压力最大,上级法院对此要予以充分理解和尊重。但是基层法院作为化解矛盾纠纷的第一道防线,也要切实提高责任意识,确保从法院出产的裁判案件的产品质量合格、不存瑕疵。从去年审判质效来看,绝大部分基层法院案件质量是好的,但存在个别现象仍需引起重视,一是个别案件审判人员责任意识不强,出现低级错误;二是对当事人双方矛盾激烈、社会影响范围广,信访维稳压力大的案件没有大局意识,机械执法、就案办案,简单地一判了之,将矛盾上交,给案件的妥善解决造成很大困难。这些都需要基层法院予以重视。

同样，作为二审法院，应当理解基层法院的压力和难处，但是不能无原则地迁就。由于上诉率指标和二审改发率指标是考核一审法院干警执法业绩的重要依据。因此，二审法院和再审审查法院有时会相互迁就，对能不改判的案件不改判，能不发回的就不发回。这虽然表面上维护下级法院裁判的稳定性，不损害法官的实际利益，但实际上损害了当事人合法权益，损害了司法公平正义的宗旨。二审盲目维持而导致申请再审率和改判率的上升，并非是对一审法院支持和爱护。指令再审后的结果可能比二审发改的成本要高得多。因此，全市各级法院都要有清醒的认识。二审法院审理案件时要严格把关，对于原审事实认定不清、证据采信不当、法律适用错误的案件，该改判的要坚决依法改判，该发回的要依法予以发回。同时，我们也要强调，二审法院严格把关的同时，也要注意掌握发改案件的尺度和标准，避免两个极端。一个极端是对稍有瑕疵，一律发改。另一个极端是上级法院不能因为案件存在信访问题或其他压力不好处理，为了推卸责任而发改，发回重审的案件必须有理有据，应当为一审法院指明发回后的审理方向和裁判方法，不能简单地一发了之。今年全市质效讲评会上张勉院长对存在问题的案件点名讲评，并将发改案件明细印发各院主要领导，对各院震动很大，我们的本意并非是向各院领导告状，而是要提请各院引起重视，因为前几年讲评笼统讲评的效果并不明显，指出的错误一犯再犯，甚至有的法院在对被发改的案件评查时，个别业务庭为了推卸责任，隐瞒真实情况指责上级法院无理发改，引发上下级法院不必要的误解。更主要的这不利于案件整体水平的提高。因此，高院的通报制度今后会继续坚持，希望各级法院以此为契机，建立相应的改判、发回重审案件的评查、分析机制，及时发现问题，提出意见，制定整改措施。

作为高中院肩负审判指导和二审监督的双重职责，在做好二审监督的同时，重点要加大对下业务指导力度，着力统一裁判标准。裁判尺度不统一的问题是影响民事审判质效的重要因素。高中院这几年通过多种方式，尽可能地将所发现的问题能够统一的统一起来，但是经济社会在不断发展进步，经济创新层出不穷，上级法院的业务指导意见更不可能超前。这就需要我们的基层法官不能有等靠要思想，要善于运用民事案件裁判方法思考问题，运用法律解释的各种方法适用法律。高、中院要更多地与基层法院、一线法官联系接触，及时了解掌握基层法院和一线法官实务中遇到的各种问题，通过各种方式及时回应解答；今年我们尝试与基层法院建立联络员制度，设立专人与基层法院联系和沟通，及时答复请示的疑难问题。同时，重新修订了案件请示答复的意见，进一步规范和完善上下级法院之间的案件请示研究机制，希望大家共同遵照执行。同时，高中级法院还要通过定期召集庭长座谈会，类案疑难问题研讨会、审判实务论坛等，深入了解审判实践中遇到的存在的普遍性、倾向性、疑难性问题，及时加以研究，提出对策，及时制定审判业务指导性文件，提高指导工作的实效性，从而提高全市各级法院整体司法水平。会前，高院民一庭起草了《民事审判疑难问题指导意见（讨论稿）》，会后各院要认真讨论，及时提出修改意见。

（五）认真贯彻新修改的《民事诉讼法》，准确适用新司法解释

今年1月1日，新修改的《民事诉讼法》正式实施。同时最高人民法院又出台了多个与民事审判相关的司法解释，包括审理道路交通事故损害赔偿案件、劳动争议案件司法解释四等，这些法律和司法解释是我们审理相关民事案件的重要法律依据。各级法院一定要组织民事审判法官认真学习新修改的民事诉讼法和司法解释内容，正确理解适用。高院去年和今年年初也多次培训，同时还将邀请最高法院对交通事故司法解释进行培训。这里重点讲讲贯彻民诉法的小额诉讼问题。据了解，大部分法院运行较好，绝大部分适用小额诉讼案件通过调解方式解决，实现了小额诉讼一审终局、方便当事人诉讼、提高审判效率的目的。但是也发现部分法院出于怕麻烦、担心当事人质疑、担心影响申诉率等种种心理，对实施小额诉讼持观望、犹疑态度，这是不可取的。既然民诉法已把小额诉讼作为一项诉讼制度确定下来，作为法院必须执行，否则就是有法不依。当然，作为一项新的诉讼制度，在实施过程中不可避免地会出现这样或那样的问题，高院已经及时下发小额诉讼实施意见，有了一个审理的初步依据。各院可以在此基础上结合审判工作实际，积极探索，使之更为完善。对于自己难以解决的，可以及时向高院反映，大家共同研究解决，但这不是拒绝适用小额诉讼的理由。其实，据一些法院反映，适用小额诉讼程序，有助于法院整体审判质效的提升。高院将对上半年各院审理小额诉讼情况进行汇总，必要时采取适当形式向全市进行通报。另外，大家反映较多的公民代理问题，我们也提出初步意见，供大家参考。

（六）加强民事审判队伍建设，全面提高司法能力

目前全市民事审判队伍日趋年轻化，三十岁到四十岁之间的年轻法官，是审判中坚力量。新的形势下，如何针对队伍现状和特点，引导好、带领好队

伍,是我们院庭长非常重要的任务。一是要始终抓好理想信念教育。理想信念教育并不空洞。在当前信息来源网络化、价值观念多元化的新形势下,培养和锻造年轻法官对法治社会的理想树立、对法律至上的崇高信念、对实施法律的坚定决心,对于锻造一支有战斗力的民商事法官队伍,意义十分长远。这种教育,不仅要通过思想政治学习和先进典型示范来进行,更要通过院庭长在具体案件中对程序规范的遵从、对法律原则的坚守、对非法干预的抵制,去熏陶感染年轻法官。二是要加强队伍的业务建设。关于业务培训问题,各地法院都在呼吁高院扩大培训面,增加培训次数。我们年初与法官学院配合进行了四期培训。但由于培训条件所限,高院不可能把培训面和规模扩大很多,对于基层法官的培训,更多地要依靠各院自身的培训,在培训中需要高院支持的,及时和高院联系。更重要的是,要强化法官自我学习意识和能力。对于很多司法技能而言,授课式的培训,只能起到提纲挈领的引导提示作用,最重要的还是要每位法官通过办一个或者一类案件,精通或者基本精通案件所涉及的基本知识。比如建设工程案件,要学会阅读建设工程招投标文件,理解工程术语,是不可能通过短短一天半天的培训授课解决的,只能靠法官在办案中学习积累。要进一步在年轻法官中发现和培养专业化法官,鼓励和嘉奖钻研业务知识提升执法办案能力的专家型法官,带动整个队伍业务能力的提高。三是要继续提高法官群众工作能力。审判工作是与人群打交道的工作,一个不善于与人打交道的法官,审判质量一定不可能很高。学会耐心倾听当事人意见陈述、分辨当事人意见的合理程度、体察当事人内心真实所思所想、了解当事人诉讼心理变化、把握当事人利益诉求关键点,无论是对查清案件事实还是进行诉讼调解、乃至对当事人的心理疏导工作,都具有非常重要的作用。要让法官多接触各种不同类型的案件,丰富法律知识以外的其他社会知识,培养年轻法官的耐心、修养、素质,让他们在与当事人打交道中更加得心应手。四是要始终抓好廉政教育,扎扎实实地做好保持民事审判队伍纯洁性的各项工作。要以全市开展的转变司法作风教育活动为契机,积极探索行之有效的反腐倡廉教育的形式和途径,不断增强自我净化、自我完善、自我革新、自我提高的能力,努力使司法公信力有一个质的提升。

希望全体民事审判法官为提升民事审判司法公信力、为实现民事审判新发展新跨越而努力!

在全省法院贯彻实施
民事诉讼法修改决定电视电话会议上的讲话

河北省高级人民法院党组副书记、常务副院长　穆思山

(2012年10月18日)

同志们:

这次全省法院贯彻实施民事诉讼法修改决定电视电话会议,是经省法院党组研究决定召开的一次重要会议。会议的主要任务是,全面部署我省法院贯彻实施民事诉讼法修改决定的各项工作,确保修改后的民事诉讼法得到全面、正确实施。一会儿,甄树清副院长还要对这项工作进行具体安排、部署。下面,我受高勇院长委托,代表省法院党组就我省法院贯彻落实民事诉讼法修改决定的相关工作讲几点意见:

一、深刻认识修改民事诉讼法的重大意义,努力适应新要求

此次对民事诉讼法的修改,是自1991年民事诉讼法正式实施以来第一次全面大修,修改条文涉及一百多处,增加了诚实信用原则,新设了公益诉讼、小额诉讼、第三人撤销之诉、担保物权实现、检察建议、民事执行检察监督等多项重大诉讼制度,对民事诉讼原则、立案、管辖、调解、证据、一二审程序、审判监督程序、执行程序和涉外程序等均有重大修改完善。这次民事诉讼法修改,是适应我国经济社会发展形势,落实党、国家和人民对民事诉讼新要求,妥善解决民事审判实践中迫切需要解决的现实问题的重要立法工作。在中国特色社会主义法律体系形成后进行的此次修法,对于加强法律实施,完善"公正、高效、权威"的民事诉讼制度,保障人民群众民事权

益和社会公共利益,促进经济社会发展,维护社会和谐稳定,具有重大现实意义和深远历史意义。

这次民事诉讼法修改也对人民法院进一步加强和改进民事审判以及执行、立案、审监等工作,提出了新的、更高的要求,我们必须要在司法理念、工作机制与方法等方面与之相适应:一要在司法理念上相适应。要认真贯彻新增加的诚实信用原则,通过倡导诚信诉讼、惩戒失信行为,确保民事诉讼功能的实现;要更加注重对当事人诉权的保障,重视诉讼程序的公开、透明,提高民事诉讼保障和实现民事权利的功能;要以开放的心态接受检察监督和社会监督,把各种监督方式都当做人民法院规范诉讼程序、提高诉讼效率、促进诉讼公平的助推器。二要在工作机制上相适应。此次修改中增设了多项新的诉讼制度,要把这些从无到有的新制度真正贯彻落实好,要求我们在完善已有工作机制的基础上,不断推进工作机制创新。要建立和完善修改后民事诉讼法统一适用机制,上级法院要通过下发指导性意见及典型案例等方式,加强对下指导;对于修改部分在适用中遇到的新问题、疑难问题,各中院及基层法院要建立报告上级法院制度,便于上级法院及时发现问题和解决问题;在同级法院之间及法院内部各庭室之间要建立审判信息传递机制、法律观点沟通机制和法律适用协调统一机制,互相借鉴有益做法和经验,确保修改后民事诉讼法适用标准统一。三要改进工作方法。各级法院要从保护当事人诉权、保障程序公正的角度出发,进一步推动审判、执行工作的规范化,根据新规定、新制度,调整和改进审判、执行工作方法,保证修改后的民事诉讼法得以顺利实施。

二、加强学习培训,切实把修改后的民事诉讼法学深、学透

现在距修改后民事诉讼法的实施只有两个多月,时间很紧迫,各级法院要结合各自工作实际,广泛采取多种形式的学习培训工作,掀起一个学习民事诉讼法的高潮,确保广大干警对新民事诉讼法的精神、法理、法条等做到烂熟于心、融会贯通。一要认真谋划部署。全省各级法院要高度重视修改后民事诉讼法的学习培训工作,不进要把民事诉讼法修改决定的学习、培训作为当前一项重要工作,而且要当做今后相当长一段时期内的重要任务,要制订出具体的学习培训方案,明确分管领导,明确专人落实,切实把这项工作抓紧抓好。二要做好保障工作。全省法院要按照制定的学习、培训计划,不折不扣地抓好落实,要舍得时间,舍得物力,舍得财力,为学习、培训提供各项保障。要努力为干警提供并创造学习机会,对上级法院举办的培训班要积极鼓励和支持干警参加,对于学习、培训需要的教材及其他学习资料要尽快配备到干警手中。要抓好层级培训,省法院将选派优秀法官参加最高法院组织的相关培训,并且还将组织我省的专项培训,重点培训各中院的法官,各中院要抓好本院及辖区内基层法院的培训,要确保一级抓一级,层层抓落实。三要保证学习效果。要切实增强学习、培训的针对性、实效性,要把学习、培训的过程变成统一思想认识、端正执法观念、提高执法能力的过程。要通过学习培训,使广大干警能够深刻理解和把握这次民事诉讼法修改的立法精神和基本要求,进一步强化程序意识、诉权意识、公开意识、效率意识和监督意识,切实把修改后的各项制度和规定熟练运用到审判和执行工作中去。

三、加强预研预判,切实做好修改后民事诉讼法实施前的各项应对准备工作

修改后的民事诉讼法涉及诸多制度创新和程序调整,尤其是新增加的小额诉讼程序、第三人撤销之诉、民事执行检察监督、公益诉讼等重要诉讼制度,很多条文规定的还比较原则,法院又缺乏实践经验,要做到全面准确地贯彻执行,必须做好预研预判工作。一要把握理论基础和立法本意。准确理解民事诉讼法修改的理论基础和立法本意是进行预研预判的前提,法官不仅要理解条文的字面意义,更重要的是深入解读制度、条文的内涵,准确把握立法的理论基础、价值取向、背景以及动因等多方面的因素,深刻把握每个条文的修改对民事审判执行工作可能带来的影响、对社会生活带来的影响变化,从而把握住民事审判制度的前后沿革和由此带来的工作思路的变化。二要结合审判经验预研预判。民事案件千差万别,民事诉讼实践纷繁复杂,各地面临的实际情况差异也很大,各级法院要结合本地实际,深入开展研讨,对适用中可能出现的新情况、新问题进行充分的预先梳理和调查研究,尤其是对于新增加和有重大修改的诉讼制度,更要提前准备实施思路和操作方案;对于已进行过试点的小额诉讼,试点法院要及时总结经验,并尽快完成经验转化工作;对于仅有原则性规定的,最高法院在具体实施过程中还将通过司法解释加以明确和具体化,在此之前各级法院可根据立法精神和相关法律原则稳步开展尝试性的实施工作。三要确保研判方案审慎稳妥、切实可行。要深入把握民事司法运行工作规律,对于修改后的新制度、新规定,要本着条件充分则用好用足、条件不充分则审慎稳妥的原则进行。对于那些含义明确、理解一致、可操作性强的内容,要充分利用,坚决落实,更好地促进审判工作,努力维护司法权威,提升司法公信力;对于那些原则性较强、理解上有分歧、在具体操作和把握上存在困难的内容，要采取积极探索、稳步推进的方式，绝不能盲目实施，可采取先行先试，逐步推开的思路，先经过试点，积累足够经验后再逐步推开，正确适用；要注意多向上级法院进行请示、沟通，在条件成熟的基础上尽可能细化操作程序，明确适用标准。总之，要通过预研预判工作，切实保证新法实施工作起步稳、工作细，努力做到积极、稳妥、扎实、有序地推进。

四、加强宣传工作，为修改后民事诉讼法全面实施创造良好舆论环境

民事审判执行工作既事关老百姓人身、财产实体权益，又关涉老百姓诉讼权益等民主权利保障，是人民群众关注的热点。修改后的民事诉讼法要想得到全面、有效的贯彻实施，除做好法院自身的工作之外，还必须大力提高全社会对这部法律的认知度和接受度。全省法院要将修改后民事诉讼法作为实施“六五”普法规划的重点内容，切实加强与新闻媒体及有关社会组织的沟通、合作，充分利用广播、电视、报纸、杂志以及网络等多种媒体形式，积极引导社会舆论。一要把握好宣传重点。要围绕老百姓所关注的焦点、热点问题，有针对性地突出宣传重点，特别要做好对新制度、新规定，尤其是关涉老百姓诉讼权益保障的相关制度、规定的普法宣传工作，如合同纠纷外其他财产权益纠纷当事人也可以书面选择管辖法院，公众可以查阅法律文书，法院须对提交的证据出具收据等，一方面坚定人民群众相信法律、依靠法律、积极投身法治建设的信念，另一方面最大限度地使广大群众熟悉、了解修改后的新内容，为修改后民事诉讼法顺利实施创造良好的外部条件。二要发挥好个案引导作用。修改后民事诉讼法正式施行后，各级法院要把法律适用过程作为法制宣传的重要手段和途径，注意通过具体案件的审判和执行活动，以案释法，引导当事人全面理解民事诉讼制度，树立正确的诉讼观念，有效地运用修改后的民事诉讼法维护自己的合法权益，增强人民群众学法、守法、用法的自觉性。

五、加强组织领导，切实把修改后民事诉讼法贯彻实施工作抓紧、抓实、抓好

贯彻落实修改后的民事诉讼法，涉及工作与学习、对内与对外、准备与实施等各项工作的协调和落实，特别是新增加的相关制度和内容，对法院与其他部门之间、法院内部各部门之间的相互协调、配合提出了新的要求。为统筹做好贯彻实施工作，省法院已经成立了领导小组统揽这项工作，下设办公室，立案、民事审判、审监、执行等业务部门及相关综合部门主要负责人为成员，并且就修改后民事诉讼法的学习、培训、宣传、沟通、汇报等各项工作进行了部署。各中级法院和基层法院也要成立专门的领导小组，明确分工，落实责任，对修改后民事诉讼法贯彻实施工作进行统一安排部署。对涉及机构调整、经费保障等方面的困难和问题，要积极争取各级党委、人大、政府的理解和支持，切实加以解决；对于涉及到其他有关部门工作职责的内容，要加强与相关部门的沟通协调，也可采取联席会议、联合制定规范性文件等方式，完善相关工作机制，确保工作顺畅；对于涉及到法院内部立案、审判、监督、执行等部门之间协调配合的内容，各部门都要以大局为重，做到既不推诿，也不越权，各司其职，各负其责，共同推进修改后民事诉讼法的顺利实施。

同志们，民事诉讼法修改决定的出台，对于人民法院加强和改进民事审判和执行工作，既是重大机遇，也面临诸多挑战。全省法院要以贯彻实施民事诉讼法修改决定为契机，统一思想，扎实工作，努力实现我省审判和执行工作的新突破、新发展。

在全省法院贯彻落实民事诉讼法修改决定电视电话会议上的讲话

河北省高级人民法院副院长　甄树清

（2012 年 10 月 18 日）

同志们：

刚才省法院党组副书记、常务副院长穆思山同志发表了重要讲话，重点阐述了此次民事诉讼法的修改对民事审判及执行工作即将产生的深远影响，并对全省法院下一步贯彻落实工作进行了全面部署，内容丰富、重点突出，具有很强的思想性、指导性。全省各级法院务必高度重视，认真学习领会并坚决贯彻落实。为了把修改后的民事诉讼法切实贯彻好、实施好，下面我再就这项工作应当把握的总体方向及几个重点问题谈几点意见。

一、贯彻落实修改后的民事诉讼法应把握的总体方向

（一）进一步强化程序公正意识

程序公正是司法公正的重要内容，也是实现实体公正的基础和保障，其本质在于限制法官的随意性，依法保障当事人的诉权。通过此次民事诉讼法的修改，诉讼程序更加民主化、科学化，这对民事审判和执行工作提出了新的更高的要求。为此，必须进一步强化程序公正意识：一是要做到独立、居中。独立就是要排除各种不当干扰，杜绝金钱案、关系案、人情案；居中就是要在双方当事人之间保持中立立场，在工作和业外活动中都要严格自律，避免因言行不当引发当事人对法官中立性的合理怀疑。二是要做到程序公开透明。按照修改后的民诉法，二审案件原则上应组成合议庭开庭审理，只有经过阅卷、调查和询问当事人，确认没有提出新的事实、证据或者理由的才可以采取不开庭审理的方式。三是要认真贯彻举证期限的规定。要正确认识举证时限对促进民事审判公正和效率的重要意义，合理确定举证期限，正确把握逾期举证的法律后果，对逾期提交的证据根据不同情形依法做出相应处理。四是要贯彻落实好关于送达的规定。既要充分利用传真、电子邮件等新的便捷送达方式，提高送达效率，又要进一步规范送达程序，避免送达瑕疵。留置送达在没有基层组织或所在单位见证的情况下，要采取拍照、录像等送达方式记录送达过程并将相关材料及时入卷；公告送达方式一定要在穷尽其他送达手段仍不能送达的情况下审慎适用。

（二）依法保障当事人的各项诉讼权利

依法保障当事人各项诉权，是实现司法公正的重要保证，是提升人民法院司法水平和司法公信力的重要途径。为此，要切实做好以下几方面的工作：一是进一步完善立案程序，依法保障当事人享有的起诉权。对普通案件，要依法审查，符合立案条件的及时立案，不符合立案条件的及时出具书面裁定；对新类型案件，要及时向上级法院请示汇报；对新设诉讼制度相关案件应严格审查，慎重受理，同时要注意加强上下级法院的沟通，统一立案标准。二是严格落实管辖规定，尊重并依法保障当事人对合同或其他财产权益纠纷案件的管辖选择权。三是要依法保障当事人申请回避的权利。要按照关于回避范围的新规定，在做好自行回避的同时，及时并依法处理当事人提出的回避申请。四是严格落实裁判文书公开的规定，依法保障当事人的知情权。要建立健全公众查阅生效裁判文书的制度；要强化裁判文书的说理性，特别是裁定书也要写明理由。五是要及时受理、审查申请再审案件，依法保障当事人申请再审的权利。要严格程序和审限，坚持依法纠错，对裁判正确的案件也要做好息诉工作。

（三）认真贯彻诚实信用的司法原则

（四）严格规范民事审判和执行活动

修改后的民事诉讼法对民事审判执行活动的要求更为严谨、科学，在规范化和公开透明性方面提出了更高更新的要求。全省各级法院要以此为契机，进一步推动民事审判和执行工作的规范化，提升民事审判和执行工作的水平。一是要严格把握好管辖下移制度。对确有必要将本院管辖的第一审民事案件交由下级法院审理的，应当报请其上级法院批准，以减少管辖争议和异议，避免地方保护主义。二是要正确适用证据规则。要从保护当事人合法权益、有利于查明事实和程序公正的角度，合理分配举证责任，全面、客观、准确地认定证据。三是要正确行使自由裁量权。自由裁量权是法官根据法律规定和立法精神，秉持正确司法理念，依法有据、公平公正、合情合理裁判的权力。自由裁量权的行使一定要合法、合理、公正、审慎。四是要进一步完善证据材料签收制度。要依法规范证据提交和接收的程序，制定证据签收的统一制度和格式。五是要进一步规范简易程序的适用。要注意防止为延长审限而随意将简易程序向普通程序的转换，符合转为普通程序条件时也要依法出具裁定。六是要进一步规范对妨害民事诉讼或执行行为的强制措施，修改后的民事诉讼法对罚款等强制措施进一步扩大了幅度，要根据行为性质、主观过错程度和危害结果依法进行综合评估，切实做到依法、有理、有节地适用，防止主观随意性，同时要进一步规范处罚的审批和执行程序，相关过程要完整记录在卷。

（五）正确面对检察监督和社会监督

此次民事诉讼法的修改进一步完善并强化了对民事诉讼活动的监督，一是扩大了检察监督的范围和力度，由事后监督延伸到审判全过程监督，由对生效裁判的监督延伸到执行监督，检察监督方式也由抗诉扩展到了检察建议；二是强化了社会公众对法院工作的监督，如公众可查阅生效法律文书，裁判文书要写明具体理由等。首先，全省法院干警在思想上要正确认识并高度重视监督的强化和扩展。要正

确理解民诉法修改决定的立法精神并严格贯彻落实,以减少或防止错案、瑕疵案件的出现。随着近年来互联网、移动通信数字技术等新电子信息技术的迅猛发展,民事审判执行工作要经得起考验,就必须做到更加精细,否则,很有可能原本内部监督的问题会转为外部监督,原本容易纠正的问题会转为难以弥补的问题,原本微不足道的问题会转化为社会热点。因此,民事审判执行活动要习惯在"全民关注"的监督环境下工作,必须要经得起社会用"显微镜"来审视。其次,在工作实践中,要严格依法接受检察监督和公众监督。一方面,在今后的民事审判和执行过程中要更加注重严格程序,更加注重自身言行;另一方面,也要认识到检察监督和社会监督同样需要依法进行,不能超越法律规定的范围,因此在司法实践中要注意审查检察监督、社会监督是否符合法律规定的情形和条件。

二、关于几个重点问题的把握标准

民事诉讼法的大面积修改,特别是众多新制度的设立,在今后的贯彻落实中必然会出现许多新问题。由于最高法院很难在短时间内作出全面的司法解释,为了统一全省司法尺度,正确适用各项新制度、新规定,下面我再就几个重点问题讲一下应把握的标准:

(一)关于公益诉讼

公益诉讼是此次民事诉讼法修改新增设的一项诉讼制度,对于这项新制度,我们的原则是严格依法,不开口子,逐步推开。在相关司法解释出台前,一定要把握好以下几点:一是关于受案范围。目前要仅限于法律明确规定的污染环境和侵害众多消费者权益这两类案件。二是关于原告范围。目前应当仅限于法律明确规定的机关,有关组织也应限于法律明确规定的组织。三是关于案件类型。只有是侵害社会公共利益的公损案件,才能作为公益诉讼案件受理。受害人个人或者其他法人单位提起的相关诉讼,应当作为普通民事案件受理。四是诉讼程序应以现有程序为基础。除起诉主体不受现行民事诉讼法第108条规定的"与本案有直接利害关系"的限制外,应尽可能按照民诉法的一般规定执行。此外,公益诉讼还涉及管辖、案由、诉讼费收取和裁判方式等等重要问题,都需要进一步研究和规范,大家可以对这些问题先进行研讨,相关做法一定要层报省法院研究同意后再行实施。

(二)关于第三人撤销之诉

第三人撤销之诉也是一项新设的诉讼制度,其立法目的是防止当事人通过诉讼,特别是恶意诉讼等手段侵害他人的合法权益。对此,我们既要看到该项制度对保护案外第三人权益的积极意义,又要高度重视这项新设制度对法院生效裁判的稳定性可能带来的影响,防止该项权利被滥用。一是要从严把握立案标准,对于原告在立案阶段提交的证据要进行适度的实质性审查,审查是否有证据证明生效判决、裁定或调解书内容部分或全部错误、损害其合法民事权益、非因本人原因未参加原诉讼等要素;二是一定要把原诉讼当事人列为案件的被告,以便充分听取各方当事人的意见。

由于现行民事诉讼法已经在执行程序中规定了执行异议之诉和在再审程序中的案外人申请再审制度,这些都可能与第三人撤销之诉在某些情况下发生权利竞合。因此,如何贯彻落实好第三人撤销之诉制度需要我们进行充分地调研,确保得到正确实施。省法院已经确定专门人员开展这项工作,各中院和基层法院也要抓紧进行调研,在最高法院或省法院出台统一指导意见前一定要严格限定立案标准,谨慎处理。

(三)关于证据制度

修改后的民事诉讼法对证据制度进行了完善,贯彻适用时重点要注意以下问题:

1. 关于举证期限制度。在适用举证期限制度时,应当把握以下几点:(1)根据修改后的民事诉讼法举证期限一般应当由法院根据案件的具体情况、当事人的举证责任和能力,以及具体审理情况依职权来确定,也可以由当事人协商确定;(2)当事人在确定的期限内举证确有困难,向法院申请延长期限的,法院审查后应适当延长;(3)要正确把握逾期举证的法律后果,区分三种不同情况正确地进行决策,即采纳该证据不予处罚、采纳该证据但予以训诫、罚款处罚和不予采纳该证据。这里需要注意的是,罚款处罚应严格程序,审慎适用。基于我国国情和现阶段当事人的诉讼能力情况,对逾期证据不予采纳的适用,要审慎严格把握,只有当事人目的在于恶意拖延诉讼,或者是存在故意或重大过失情况下逾期提交证据,才可以适用证据失权。

2. 关于证据种类。修改后的民事诉讼法将电子数据列入了证据范围。作为一种新的证据形式,其保存方式需要借助一定的电子介质,具有无形性、客观真实性、可修改性、易破坏性、可复制性等特点。在表现形式、真实性判断和证明力等认定上也和传统证据形式存在很多不同之处。因此,要特别注意电子证据原件的识别和电子证据完整性的识别,同时还要注意在司法实践中逐步探索和把握电子证据的认证规则。

3. 关于对当事人提交的证据材料出具收据问题。修改后的民事诉讼法将法院对当事人提交的证据材料出具收据规定为法定义务,也就是说,当事人向法院提交证据，法院经办人应当向当事人出具收据。贯彻这一条规定时应当注意：(1)此处的经办人员既可以是法院的审判人员、书记员，也可以是法院负责接收当事人诉讼材料的其他工作人员。(2)收据要详细载明证据的名称、页数、份数、原件或复印件及收到的时间等事项；全省每个法院都要为贯彻好这项规定提前做好应对准备工作，如制定制式的收据样本，确保证据收据格式的统一和规范等。

4. 关于证人出庭作证。修改后的民事诉讼法对证人出庭作证义务和证人出庭作证的费用最终由败诉方负担等问题也进行了规定，实施中应注意两点：(1)证人出庭作证而支出的必要费用，以因履行出庭作证义务而支出的交通、住宿、就餐等必要费用和误工损失为限，各中院要在年底前根据本地实际情况出台相关文件，统一辖区内证人出庭作证费用的计算标准；(2)法院通知证人作证的，由法院先行垫付证人的相关费用。各级法院要贯彻好这项规定，必须积极与当地财政部门沟通，争取财政支持。省法院正与省财政厅进行沟通协商，以推动这项工作尽快落到实处。

5. 关于鉴定制度。修改后的民事诉讼法完善了鉴定制度，在鉴定程序的启动、鉴定人的闻讯权及签章义务、鉴定人出庭作证义务及相应的法律后果等方面都作了更为细致的规定。贯彻实施过程中，应注意研究和把握好以下四个问题：(1)要正确把握好当事人申请鉴定和举证期限的关系。一般情况下，当事人申请鉴定应当在举证期限内提出，但是有时候当事人是在诉讼进行到一定阶段后，根据举证、质证、辩论的进展才提出鉴定申请，此时，如果以已经超出举证期限为由简单地拒绝当事人的鉴定申请，未免失之轻率，这不符合诉讼的逻辑规律和当事人对诉讼的认识规律，因此，对鉴定申请的时间要结合具体案情灵活把握；当然，如果当事人出于故意或重大过失，在规定期限外提出鉴定申请的，可不予准许。(2)要把握好法院依职权启动鉴定与举证责任分配的关系。申请鉴定与当事人的举证责任密切联系，一般不宜由法官依职权主动进行。对于“确有必要”由法院启动鉴定程序的情形，要严格按照法院依职权调查取证的范围确定。(3)对于修改后的民事诉讼法实施时尚未审结的案件，在其施行后，有关鉴定人出庭作证问题，适用新法规定，对于施行前的有关鉴定人出庭作证的问题，则应采取从旧的原则。(4)要严格掌握重新鉴定的条件，对于《最高法院民事证据规定》明确限定重新鉴定的四种情况之外的其他情形，不宜再行启动鉴定。

此外，在证据制度中，修改后的民事诉讼法还增加了专家辅助人制度、证据保全制度等内容，由于证据制度变化较大，会给审判实践带来重大影响，应特别注意提前做好学习和应对工作。

（四）关于小额诉讼

小额诉讼程序的设立彻底改变了我国二审终审制的格局。据估计，适用小额诉讼程序的案件，将会占到我省一审民事案件的20%～30%，如贯彻实施不好，会对我省整个民事审判工作产生重大影响。审判实践中，应注意掌握好三个问题：(1)关于受案范围。根据小额诉讼的性质，应当限定为金钱给付，一定不能扩大到身份关系，如涉及离婚、收养等人身性质的案件不能使用小额诉讼；此外，确认之诉案件也不能适用小额诉讼程序。(2)关于受理标准，根据规定，小额诉讼适用的标的额为各省上年度就业人员年平均工资的30%以下，省法院立案庭要及时与我省统计部门进行沟通，掌握相关数据，每年要提前向全省法院公布，确保全省小额诉讼案件立案标准的统一。(3)省法院应做好试点经验的推广和对下指导工作，邢台市威县法院和石家庄裕华区法院作为我省确定的小额速裁试点法院，已经积累了很多成功做法，他们的先进经验和成功做法要在全省予以推广，确保全省基层法院有所借鉴。省法院还要密切配合最高法院，做好在全省法院对小额诉讼案件指导性意见的贯彻落实工作，以及在贯彻落实中相关问题的收集、研究等工作。最高法院已出台征求意见稿，准备年底前正式颁布实施。另外，根据最高法院要求，当前，我省两个试点法院还要继续按照既定的要求开展好试点工作，直到明年1月1日修改后的民事诉讼法实施。

（五）关于二审案件发还次数的限定

修改后的民事诉讼法规定“原审人民法院对发回重审的案件作出判决后，当事人提起上诉的，第二审人民法院不得再次发回重审”，这就对二审发还次数进行了明确限定，原则上只能发还一次。对于该规定如何适用，目前一种观点认为如果是“事实原因”就不能再次发还，而应通过二审程序查明事实后作出判决；如果是因“程序原因”须发还的，则不应受发还一次的限制，这种观点与最高人民法院2010年12月28日制定并下发的《关于规范上下级人民法院审判业务关系的若干意见》第7条内容是一致的。虽然这一规定的准确理解和适用有待于最高法院出台统一的解释或规定，但对于我们二审案件的审理和发还案件的审理提出了更高要求。全省各级法院在今后的审判工作中应切实做好以下工作：一是如果修改后的民诉法实施后，在最高法院出台相关司法解释前，全省法院一律要按照法律规定坚持只能发还一次;如果最高法院做出新的解释,按照最高法院规定办理。二是为提高审判效率和减少当事人诉累,对二审案件的发还应从严把握,坚决杜绝因人情、结案率等原因随意发还。对拟发还案件可适度扩大研究范围,切实把握好发还的必要性,明确案件发还后需要解决的问题,主管庭领导或主管院长也应加强把关。三是二审法院在发还函中要将重审时需要注意的问题讲清、讲透、讲全,避免意思传达不全面、有歧义。四是应加强上下级法院的沟通,对决定发还的案件,在出判前二审法院应与一审法院进行沟通,充分讲明发还的理由和重审时需要注意的问题,一审法院如认为发还有问题也可以与二审法院进行沟通。五是对已发回重审的案件,一审法院要予以高度重视,既要分析被发还的原因,更要在重审中严格按照上级法院发还函的内容进一步查明事实或纠正原有问题,尤其是需要在一审程序中进行的鉴定、勘验等工作。这里需要特别强调一点的是,一审法院在审理发回重审案件时一定要避免出现程序瑕疵,如果出现相关问题,相关人员则难辞其咎,对坚持错误、敷衍塞责的人员一定要严格追究责任。

(六)关于裁判文书公开

修改后的民事诉讼法进一步完善了裁判文书公开制度,面对新的要求,提高裁判文书质量和落实各项公开制度迫在眉睫:(1)要进一步强化裁判文书的规范性。裁判文书的制作要更加规范、说理更加透彻,质量要更高。要做到认定事实清楚、适用法律准确、论理详尽充分、文字语言规范无误。裁判文书审核、签发的各个环节都要认真负责,确保文书质量。重大、疑难、复杂案件的裁判文书,更要有严格的审核签发程序。(2)要制定好便于社会公众公开查阅法律文书的实施细则。各级法院要研究制定公开办法,指定专门机构负责裁判文书公开工作。年底前,各法院对公众查阅裁判文书的时间、场所、方式、负责人员等情况都要出台明确具体的制度性规定。(3)要注意对个人信息的保护。裁判文书承载着大量的信息,有些信息虽不能构成国家秘密、商业秘密或个人隐私,但也可能属于不能公开或不宜公开的个人信息,应当进行相应的技术处理。

(七)关于申请再审案件的级别管辖

修改后的民事诉讼法对申请再审的管辖法院一律"上提一级"的规定进行了修改,即当事人一方人数众多或者当事人双方为公民的两类案件,可以向原审法院申请再审。这对于将矛盾化解在基层,减轻当事人讼累具有积极意义。按照最高法院要求,适用时要注意把握四点:(1)这两类案件当事人申请再审的,一般由原审法院受理,当事人选择上一级法院的,可以引导当事人向原审法院申请再审。(2)当事人认为生效裁判"有错误的"标准,应理解为符合修改后民事诉讼法第200条规定的再审事由,当事人未依据法定事由提出再审申请的,应告知当事人补正。(3)要正确把握"当事人人数众多"这类案件的标准。关于如何界定"人数众多",省法院在调研基础上将于年底前出台指导性意见,以明确标准。(4)修改后的民事诉讼法实施后,基层法院和中院受理的申请再审案件可能会大幅增加,可能需要相应恢复或增加审监部门的审判力量,对此各中院和基层法院要认真研究,尽快提出具体方案。

(八)关于检察监督

此次民事诉讼法的修改加强了检察院对诉讼和执行活动的法律监督,这对法院相关工作会产生多方面的影响。对于解决当事人在申请再审过程中的重复申请、多头审查以及"终审不终"等问题都具有积极作用。贯彻当中要注意把握好四个问题:(1)本次修改增加了当事人向法院申请再审在先、向检察院申请抗诉在后的规定,即当事人对于已经发生法律效力的判决、裁定、调解书,应当首先依法向法院申请再审,这是前置程序,只有在以下三种情况下,才可以转而向检察院申请检察建议或抗诉,即法院驳回再审申请的、法院逾期未对再审申请作出裁定的、再审裁判裁定有明显错误的。(2)对当事人已向法院申请过的案件,当事人继续申诉或再向上一级法院申请再审的,法院不再受理,应当告知当事人依法向检察机关申请检察建议或者抗诉。(3)要严格执行检察监督一次性原则,对于检察机关已经提出过检察建议或者抗诉的案件,当事人又申请的,检察机关不能再次提出检察建议或者抗诉,也就是说,这种情形下,法院不再受理。(4)一定要从严把握法院依职权启动再审。从调研情况看,一些法院对依职权启动再审的尺度比较松弛,适用起来相对随意,修改后的民事诉讼法实施后,一定要从严把握。否则,很可能出现当事人申请检察机关抗诉不能后又重回法院缠诉的情况。

另外,修改后的民事诉讼法规定,各级检察机关对审判监督程序之外的其他审判程序中审判人员的违法行为,有权向同级法院提出检察建议。也就是说,检察机关对民事审判的监督不仅仅是对再审程序的监督,而且包含了对所有民事诉讼程序的监督。检察机关不仅可以提出再审检察建议,还可以发出纠正审判人员违法行为的检察建议。同时,修改后的民事诉讼法还首次将民事执行活动纳入检察监督的范围。就这一问题,最高法院与最高检察院曾确定在全国十二个省、自治区、直辖市进行试点,我省为非试点省份,没有这方面的实践,但修改后的民事诉讼法实施后必然遇到此问题。为此,各级法院要有充分的认识和思想准备,要加强与当地检察机关的沟通,既积极又稳妥地落实有关法律规定。根据最高法院的有关意见,省法院也将适时出台指导意见。上述一系列新规定对法院审判和执行人员的执法水平提出了更高的要求,广大民事和执行法官务必引起高度重视,自觉规范审执行为。

(九)关于虚假诉讼

修改后的民事诉讼法针对虚假诉讼、恶意诉讼现象,增设了多个条款予以遏制。除将"诚实信用原则"明确列入总则外,还规定:"当事人之间恶意串通,企图通过诉讼、调解等方式侵害他人合法权益的,法院应当驳回其诉讼请求,并根据情节轻重予以罚款、拘留;构成犯罪的,依法追究刑事责任。"审判实践中,虚假诉讼、恶意诉讼都具有很强的隐蔽性,一定要加强识别和防范:(1)根据调研的情况,当前比较典型的虚假诉讼主要有下面几类:案件双方当事人恶意串通,虚构民事法律关系,捏造案件事实,达成虚假协议,骗取法院调解书;当事人恶意串通,在诉讼中对相关事实作出虚假自认,骗取法院判决书;夫妻假离婚,利用离婚诉讼转移财产,逃避债务,侵害债权人利益;在离婚诉讼中,一方当事人与亲友串通,以假借条等形式虚构夫妻关系存续期间的共同债务,侵害对方利益等。各级法院民事审判人员在审理上述几类案件时应高度注意,防止当事人通过虚假诉讼,达到不法目的。(2)虚假诉讼往往具有一些共性的表现形式,如:双方当事人之间存在较为亲密的特殊关系,达成调解协议异常容易或者调解协议内容明显违背常理;群体性案件的立案及审理过程中,只有个别当事人或代理人实际到庭参加诉讼;一方当事人在本院或其他法院有其他诉讼或执行案件,其又另行提起诉讼或由他人起诉,案件诉讼标的相关联;诉讼中当事人主张的事实不合常理,且与诉讼中其他事实与证据明显不一致;诉讼中当事人提供的证据材料有伪造、变造、涂改等痕迹,并与案件事实或其他证据不一致等。

全省法官在司法实践中要不断总结和研究,切实掌握虚假诉讼的特点,在具体案件中审慎判断,准确把握,一旦认定为虚假诉讼,应直接驳回其诉讼请求,并可对相关人员予以制裁。需要指出的是,对于罚款、拘留处罚手段应严格程序,审慎适用。这里还强调一点,要坚决杜绝审判人员直接参与或为当事人制造虚假诉讼、恶意诉讼提供便利条件,一旦发现,要严格追究相关人员的责任,绝不姑息。

(十)关于执行制度

为进一步规范执行行为,加大执行力度,修改后的民事诉讼法从多个方面对执行程序进行了完善。

1. 关于执行通知制度。为防止被执行人隐匿、转移财产,修改后的民事诉讼法完善了执行通知制度,即执行员接到申请执行书或者移交执行书,应当向被执行人发出执行通知,并可以立即采取强制执行措施。实践中要注意以下问题:(1)由于民诉法执行措施部分的条文并未相应变更,条文之间可能会产生冲突。根据设立执行通知制度的目的,对于修改后的民事诉讼法第241~244条应做扩大解释,即可将采取相关执行措施的前提条件扩大为修改后的民事诉讼法第240条规定的"接到申请执行书或移交执行书"。(2)正确处理修改后的民诉法与相关的司法解释的关系。相关司法解释中凡是以执行通知中的履行期限及履行期限内不能采取强制措施为基础的条文都不能再予适用。但是有关执行通知的时间要求、内容要求(除履行期限外)等内容的司法解释仍是现行执行通知制度的重要组成部分,应严格遵守。

2. 关于制裁逃避执行行为。为防止被执行人通过另行起诉等方式逃避执行,修改后的民事诉讼法规定,被执行人与他人恶意串通,通过诉讼、仲裁、调解等方式逃避履行法律文书确定的义务的,法院应当根据情节轻重予以罚款、拘留;构成犯罪的,依法追究刑事责任。司法实践中应注意:(1)罚款、拘留的适用没有先后顺序,可以单独适用,也可以并用,由法院根据被执行人逃避执行行为的情节轻重决定。(2)适用罚款、拘留必须经院长批准,并出具罚款、拘留决定书。被执行人不服罚款、拘留决定的,可以向上一级法院申请复议一次,但复议期间不停止执行。

3. 关于协助执行制度。修改后的民事诉讼法扩大了协助执行主体的范围、加重了协助执行主体的责任。实践中应注意:(1)要注意适用罚款、拘留措施的顺序。相对于罚款而言,拘留是一种限制人身自由的强制措施,要慎重实施,应当首先适用罚款,如果罚款后,有关单位纠正了违法行为,对单位的主要负责人和直接责任人员就不能再予以拘留。(2)执行程序中,负有协助义务的主体并不局限于单位,也有个人。而修改后的民诉法规定的适用范围仅限于"有义务协助调查、执行单位",并不涉及个人,因此,目前,对于拒不履行协助义务的个人,不能根据修改后的民事诉讼法第114条的规定适用拘留、罚款等措施。

4. 关于罚款额度。修改后的民事诉讼法将罚款金额由原来规定的对个人罚款一万元以下提高到十万元以下,对单位罚款一万元以上三十万元以下提高到五万元以上一百万元以下，罚款额度大幅提升。司法实践中必须注意：(1)慎用罚款。是否适用罚款要审慎把握，只有在事实比较清楚、情节比较严重的情况下才能适用。(2)罚款的额度要适当。罚款数额不能超过案件标的，避免权力滥用、处罚畸重。(3)适用罚款要有严格的审批程序，相关过程如合议、签发等必须记录在卷。

(十一)关于新旧法实施衔接问题

新旧民事诉讼法的衔接适用，是当前亟须解决的首要问题，最高法院正在抓紧调研并准备在年底前出台正式司法解释或者指导意见，全省各级法院也要加强预研预判。在过渡期内，要注意把握以下几点：(1)对现行司法解释已有规定，民事诉讼法新增加的制度，过渡期内相互不冲突的，可以继续执行司法解释规定；不一致的，可以参照修改后的民事诉讼法执行。(2)现行民事诉讼法和司法解释没有规定，修改后的民事诉讼法增加的诉讼制度，在过渡期内不得适用民事诉讼法的新规定。(3)对有利于民事诉讼顺畅进行，有利于实现案结事了的新规定，在没有增加当事人诉讼义务和责任的前提下，过渡期内可以参照执行。

各级人民法院在学习、适用新民事诉讼法的过程中，应当注意总结审判实践经验，加强调查研究，把学习、调研、审判、执行等工作结合起来，切实保证修改后的民事诉讼法有效实施。如遇到新情况和新问题要注意积累、收集相关的典型案例，在认真研究解决方案的同时，及时报送省法院。

同志们，认真学习修改后的民事诉讼法，是当前和今后一段时期各级法院，特别是广大民事审判和执行法官的重大责任和重要任务。各级法院必须采取切实有效措施，确保修改后的民事诉讼法得到正确、全面、有效的贯彻落实，为推动民事审判和执行工作科学发展作出应有的贡献。

谢谢大家！

在全省法院民事调解工作会议暨学习贯彻新民事诉讼法座谈会上的讲话

山西省高级人民法院党组书记、院长　左世忠

(2012年12月11日)

同志们：

这次民事调解工作经验交流会，是在全省上下深入学习贯彻党的十八大精神的新形势下，省法院召开的一次重要会议。会议的主要任务是，总结交流全省法院民事调解工作成绩和经验，表彰先进，学习贯彻新修订的民事诉讼法，研究部署进一步加强司法调解工作，更好地为我省转型跨越发展和综改试验区建设提供司法服务和保障。省委、省人大、省政府的领导对这次会议十分重视，专程莅临指导，等一会儿，同志还将做重要讲话，对我们进一步做好调解工作提出明确要求，我们一定要认真贯彻落实。刚才，我们表彰了近年来在民事调解工作中涌现出来的先进集体和先进个人，希望全省各级法院认真弘扬他们的经验与精神，在大调解工作体系中创新发展，发挥新的更大的作用。下面我讲四点意见：

一、认真总结成绩经验，在新的实践中不断丰富和发展

近年来，特别是2009年全省法院重调息诉和谐司法经验交流会召开以来，全省各级法院深入学习实践科学发展观，坚持“三个至上”指导思想，围绕“为大局服务，为人民司法”的工作主题，把加强调解工作作为服务山西转型跨越发展、落实司法为民的重要途径，化解矛盾纠纷、促进社会和谐的重要举措，大力度推进，全方位落实，取得了显著成效，实现了新的发展。

一是调解理念进一步深化。根据形势任务的发展变化，省法院深入分析、全面部署、反复强调调解工作，进一步引领全省法院提高对新时期调解工作的认识，使全体干警深切体认司法调解是深深植根于中国传统文化，是中国特色社会主义司法制度优越性的重要体现，是坚持人民法院人民性的生动实践，是确保高质量、高效益、高水平司法的正确路径。在全面总结经验的基础上，确立并实施“调解优先、调判结合、重调息诉、和谐司法”的基本原则和总体要求，促进了思想观念和审判方式的积极转变，进一步形成了对调解工作的理论认同、感情认

同、实践认同。

二是调解机制进一步创新。深入贯彻落实“三全调解”方针，构建全面、全程、全员调解模式。着力推进“大调解”工作格局，加强司法调解与人民调解、行政调解的衔接配合，推动形成“三调衔接”机制。着力调解工作规范化、科学化，健全和完善质效考评机制，把调解作为整体评价执法办案的重要范畴，以“一率”带“多率”，提升审判综合效益。省法院制定出台《关于加强全省法院民事调解工作的指导意见》，总结实践经验，固化创新机制。

三是调解力量进一步聚合。各级法院把更多更强的审判力量投入调解，以调解进一步提升队伍素质、能力、作风、形象，通过强化学习培训、加强实践锻炼、调研交流研讨、先进典型引导等，不断激发全体法官学调解、钻调解、精调解的内在动力，干警定分止争息诉的能力和水平明显提高。与此同时，全省法院积极整合借助各方力量，一大批热心公益的退休返聘老法官、人民陪审员、人民调解员、特邀调解员、司法联络员走进法院、走进矛盾，协助法院化解了一大批矛盾纠纷，推动了司法资源、行政资源和社会资源的有机结合。

四是调解成效进一步凸显。2009 年至 2012 年 10 月，全省法院以调解撤诉方式审结一审民商事案件366,663件，调撤率为 62.13%。调撤率持续上升，其中 2011 年调撤率达 63.61%，分别比 2009 年、2010 年上升 7.07 和 0.7 个百分点。2012 年 1 月至 10 月达 69.02%，比去年同期上升 4.27 个百分点。通过加强调解，从根本上化解了一大批事关经济发展、民生改善和社会稳定的纠纷案件，从源头上减少了上诉、信访、执行案件，从整体上带动了司法作风、审判方式不断改进，从衔接上加强了对非诉调解的指导与支持。

五是“大调解”格局进一步推进。全省法院积极报告、通报调解工作情况，努力为形成与发展“大调解”格局贡献智慧和力量，得到了党委、人大、政府、政协及有关方面的重视、关心和支持。党政主导的“大调解”工作格局逐步形成。一些法院还把调解机制建设纳入当地经济建设发展规划。各级法院密切与基层调解组织、有关行政机关和群团组织的联系沟通，法律手段、行政措施、道德力量多管齐下，促进了“大调解”格局的进一步形成。

近年来，全省法院在加强和创新调解工作中，探索积累了许多有益的经验，归纳起来主要有：把握调解价值、强化调解理念，是做好调解工作的前提；始终围绕大局、回应群众需求，是做好调解工作的根本；定分止争息诉、案结事了人和，是做好调解工作的目标；遵循调解规律、创新调解机制，是做好调解工作的动力；提升调解能力、积聚调解合力，是做好调解工作的基础；坚持党的领导、发挥政治优势，是做好调解工作的保证。这次会议我们专门编印了各地调解工作经验材料，并将安排受表彰的部分单位和个人做典型交流。希望大家结合实际，认真学习借鉴，不断丰富发展我省法院化解矛盾纠纷工作的经验和做法。

这些年来，人民法院的调解工作得到了广泛的认可、支持和帮助。在此我代表全省法院向各级党委、人大、政府、政协和社会各界、广大人民群众表示衷心的感谢！向直接参与、热情协助司法调解工作的各级人大代表、政协委员和人民陪审员、人民调解员、特邀调解员、司法联络员等表示崇高的敬意！

在总结成绩和经验的同时，我们也要清醒的看到，全省法院化解社会矛盾的工作离新形势、新期待、新要求还有差距，司法调解距构建“大调解”工作体系的要求还存在不少薄弱环节：有的法院和法官对调解工作重要性的认识不足，调解水平和能力有待进一步提高；不同地区、不同审级法院的调解工作发展不够平衡，特别是案多人少地区法院以及二审案件调解工作有待进一步加强；一些法院调解工作规范化和制度化水平有待进一步提升；等等。我们要紧紧依靠党委领导、人大监督，依靠政府、政协支持和社会各界帮助参与，依靠全体法院干警共同努力，克服困难改进不足，加大调解工作力度，提高调解工作水平，推动全省法院化解矛盾纠纷工作迈上新台阶。

二、正确分析形势任务，从更高视野来认识和把握调解工作

调解是人民司法的优良传统，是我国民事诉讼法规定的一项重要制度，也是各级人民法院依法行使审判权的重要方式。新形势下加强人民法院调解工作，事关全局，意义重大。

加强调解工作，是中国特色社会主义民主政治建设的应有之义。调解工作具有鲜明的人民性、能动性、优越性，是司法民主的重要实现形式，是中国特色社会主义司法制度和民主政治建设的重要内容。应对复杂多变形势，缓和冲突化解纠纷，离不开灵活简便、易被接受的调解办法。我们要毫不动摇地坚持调解工作正确的政治方向，调解矛盾，调顺民心，调稳执政根基。

加强调解工作，是深入推进三项重点工作的必由之路。深入推进三项重点工作，是解决影响社会和谐稳定的源头性、根本性、基础性问题的战略举措。我们必须把化解社会矛盾放在更加突出位置，大力通过引导、协商等办法,把矛盾纠纷掌握在可控的范围内,使受损的社会关系得以修补、归于和谐,坚决防止矛盾激化变质。尤其要优先加强调解发挥调解优势,最大限度地理顺利益关系,消弭社会矛盾,减少冲突对抗,增加和谐因素,确保社会大局稳定。

加强调解工作,是回应人民群众关切期待的重要之举。随着经济社会发展,人民群众的司法需求日益增长。调解作为化解纠纷的一种重要方式,具有纠纷解决的合意性、经济型、开放性和彻底性。它通过法官能动的思想疏导,释明法理、讲明事理、阐明情理,引导当事人自主平衡自己的程序权利和实体权益,自由选择最为有利的纠纷解决方式,更加符合当事人的诉讼利益和心理精神需求,更加接近当事人所追求的程序公正和实体公正。

加强调解工作,是服务保障山西转型跨越发展和综改试验区建设的迫切之需。从长远来看,坚持先行先试、加快转变、民生优先,实现山西转型跨越发展,必将更好地满足全省人民日益增长的物质文化需求,从根本上减少社会矛盾纠纷。但同时也要看到,在推动转型跨越发展的过程中,各类矛盾易发多发、碰头叠加的现象将更加突出,涉及转型综改实验区建设、重点项目建设、民生保护等方面的矛盾纠纷随之增多。我们只有高度重视,大力加强调解工作,在党政主导下全力构建"大调解"工作体系,切实把各种矛盾纠纷化解在初始阶段、萌芽状态,才能最大限度地消除不和谐因素,最大限度地激发社会创造活力,为转型发展、跨越发展和综改试验区建设提供良好的社会法治环境。

三、准确把握目标要求,以更宽思路加强和创新调解工作

司法调解是低成本、高效率化解社会矛盾纠纷的重要途径。我们要进一步解放思想,拓宽思路,在更高起点上推进调解工作不断创新发展。

在工作原则上,要坚持"调解优先,调判结合"。要认真贯彻落实最高人民法院《关于进一步贯彻"调解优先,调判结合"工作原则的若干意见》,正确认识把握和实践运用好这一原则。要有"优先"的意识。充分认识调解与判决都是审判权行使的重要方式,两者相辅相成并不矛盾,强调调解优先、加强调解工作,符合现代法治精神和司法要求,是对审判的强化,绝不是削弱,从而打牢调解优先的思想基础。要有"优先"的举措。始终把调解作为审判案件、化解纠纷的首要选择,对于有可能调解解决的案件,要尽最大可能促成调解;对于可调可判的案件,优先采用调解方式解决。在案件审理的任何阶段、任何环节,只要有一线调解希望,都不轻易放过任何一次调解机会。要有"优先"的保障。健全和完善激励法官积极主持调解的有效工作机制,从审判管理、质效评估、绩效考评、人员配置、物质保障、树立典型等方面继续向调解倾斜;通过创新方式、优化服务、提供便利、借助外力等,进一步激发当事人自愿选择调解解决纠纷的积极性。要做好"结合"文章。要充分发挥调解与裁判两种手段的作用,既要注意纠正不顾办案效果、草率下判的做法,也要注意防止片面追求调解率、不顾当事人意愿强制调解的问题;不论是调解还是裁判,都立足于有效化解矛盾纠纷,使二者相得益彰、共同发展。

在工作要求上,要落实"全面、全程、全员"调解。民事诉讼法的修改进一步强化了调解的地位和作用,要以贯彻实施新修订的民事诉讼法为契机,进一步在"全面"上求拓展。除法律规定不得调解的案件外,各类案件都要尽可能开展调解、和解和协调工作。要进一步在"全程"上再深化。真正把调解作为一种办案理念、办案程序、办案方法,而不仅仅是一种结案方式,贯穿审判工作全过程。强化诉前调解、立案调解、庭前调解、委托调解、协助调解、二审再审调解、申诉信访调解和调解回访等工作,巩固、扩大调解成果。要进一步在"全员"上增合力。建立和完善承办法官、合议庭、庭长、院长、审委会分工负责,全员参与,上下级法院、审理关联案件法院协同作战、整体联动,一切有助于、有利于调解的社会力量联手协力、良性互动的工作体系,提高调解成功率。

在工作目标上,要突出"案结诉息,事了人和"。要提升调解效益。遵循合法自愿原则,依法公正调解纷争,不仅要看调解了多少案件,更要看解决了多少矛盾;不仅要看调解率的高低,更要看息诉率的大小;不仅要看案件是否了结,更要看当事人的怨气是否平息。要讲究调解艺术。始终带着为人民负责和为当事人解难题、办实事的真挚情感和愿望,切实转变工作作风,切实提高做群众工作的能力。真正让当事人戒备来、轻松走,怨愤来、满意走,误解来、理解走。要兑现调解成果。把提高调解协议兑现率,特别是当场兑现率,作为调解工作的一项重要任务来抓。一方面,要动员义务人尽量当场兑现承诺,即时调解、即时清结;另一方面,要加强调执衔接,强化履行保障,减少调解结案案件进入执行、再审程序的数量,促使纠纷圆满解决权益最终实现。

在工作重心上,要落在基层基础。要强化基层。基层法院和人民法庭要拓宽工作领域,做到哪里有矛盾纠纷,调解就在哪里发挥作用。既重视调处好起诉到法院的各类案件,又要侧重预防和化解社会矛盾、防止扩大成诉；既注重通过调解工作，降低司法成本，又要注意采取多种手段减少矛盾激化、问题恶变的风险，发挥基层第一道防线的作用。要夯实基础。高度重视一审源头，把好事实、证据、法律适用关，最大限度地调结案件；加强审判管理，完善调解工作统计指标体系，建立健全能够反映调解工作量和社会效果的考评激励机制；健全调解保障机制，优先解决调解经费不足、条件欠缺等问题，倾斜基层，加大投入。要尊重创造，重视基层首创精神和生动实践，积极鼓励，引导各地法院探索创新，不断推广成功做法和先进典型，扩大司法调解体系品牌效应，使调解工作更加贴近实际、富有成效。

四、加强司法引导保障，以更新定位发挥人民法院在“大调解”体系中的作用

全省法院要认真贯彻落实《人民调解法》、中央社会治安综合治理委员会、最高人民法院、司法部等16部门联合印发的《关于深入推进矛盾纠纷大调解工作的指导意见》和最高人民法院《关于建立健全诉讼与非诉讼相衔接的矛盾纠纷解决机制的若干意见》，推动构建党政统一领导，综治委综合协调，有关部门各司其职，社会群众广泛参与，人民调解、行政调解、司法调解既充分发挥作用又相互衔接配合的“大调解”工作体系，在“大调解”工作体系中发挥职能优势，有所作为。

要健全和完善人民法院在“大调解”格局中的体制机制。司法调解与人民调解、行政调解和其他非诉讼调解相互联系，要在党委政府统一领导下，全面对接、良性互动。要强化工作衔接。加强与人民调解、行政调解和其他非诉调解组织的网络化对接，密切与村委会、居委会、工会、共青团、妇联等的配合，通过设立诉讼服务中心、调解工作室、巡回调解点等，积极运用司法资源推进调解工作。要强化力量共用。建立以人大代表、政协委员、基层干部、人民陪审员及社会各界人士组成的覆盖各级、各部门、各行业的特邀调解员、调解志愿者人员库，及时充分的发挥他们在化解矛盾纠纷中的作用；注重发挥律师和法律援助机构在调解工作中的积极作用。要强化优势互补。完善人民法院与非诉调解组织间的资源共享、信息沟通、日常化工作联系制度，相互借力，共谋调处。

要有效发挥人民法院在“大调解”格局中的引导作用。要着力推动非诉调解组织健全和完善。发挥审判优势，积极推动引导有关部门和单位，按照一定标准分专业、行业设立调解组织，建立调解员队伍和建立健全纠纷调处机制。要着力加强非诉调解业务培训指导。通过选派审判业务骨干开展经常性业务指导。通过举办培训班、邀请旁听庭审、“跟班”调解等，不断提高调解人员的法律知识水平和调解技能。认真帮助指导非诉调解组织总结调解工作经验，健全制度，规范程序，完善流程，提高制度化、规范化、专业化水平。要着力引导群众选择非诉方式调解纠纷。主动向纠纷群众宣传非诉调解工作的特点、优势，教育引导人民群众选择理性表达、和谐方式行使权利。

要切实加强人民法院在“大调解”格局中的保障功能。各级人民法院要认真做好非诉调解协议的争议审理、司法确认和执行兑现工作，严格按照法律和最高法院相关规定，审查调解协议的合法性、有效性，既坚决维护合法调解协议的效力，又切实防止少数当事人恶意串通利用司法确认搞“虚假诉讼”，损害他人利益；对符合强制执行条件的协议，各级法院要依法及时采取有效的执行措施，确保当事人的合法权益得以顺利实现。

同志们，党的十八大胜利召开，使我们国家迎来了更加崭新和辉煌的历史发展新阶段。在新的形势下，全面加强人民法院调解工作，意义深远，责任重大。我们一定要认真学习贯彻党的十八大精神，进一步振奋精神，求真务实，开拓进取，不断加强和改进司法调解工作，不断创新和完善“大调解”工作格局，为构建社会主义和谐社会，推动我省转型跨越发展和综改试验区建设开创新的业绩和作出更大的贡献！

在全省法院民事调解工作会议暨贯彻新民事诉讼法座谈会上的讲话

山西省高级人民法院党组副书记、副院长 朱 明

(2012 年 12 月 7 日)

同志们:

我们召开这次全省民事调解工作会议暨贯彻新民事诉讼法座谈会,总结交流全省法院民事调解工作的成绩和经验,表彰在近年来调解工作中事迹突出的先进集体和个人,研究和部署进一步搞好民事调解工作;同时,针对修改后的民事诉讼法将于 2013 年 1 月 1 日开始施行的情况,举行全省法院学习贯彻新民事诉讼法座谈会,并组织相关的培训、讨论,作出安排、部署,确保新法在各项审判工作中得到正确的贯彻执行。这次会议时间最短,但内容丰富,意义重大。省委、省人大、省政协领导到会指导,省法院党组对开好这次会议非常重视。经过大家的努力,会议取得圆满成功,达到了预期目的。现在,我就这次会议精神的贯彻和新民事诉讼法的贯彻讲以下意见。

关于这次会议精神的贯彻

一、近年来民事审判工作中取得的经验、成绩,值得总结和肯定

1. 最高人民法院"调解优先,调判结合;能调则调,当判则判"的工作原则,得到了进一步的贯彻和执行。特别是 2009 年全省法院重调息诉和谐司法经验交流召开以来,全省各级人民法院落实司法为民,化解矛盾纠纷,促进社会和谐的举措,取得了一定成效。

2010 年 7 月 9 日,为贯彻落实中央关于深入推进社会矛盾化解、社会管理创新、公正廉洁执法三项重点工作的部署,最高人民法院发布了《关于进一步贯彻"调解优先,调判结合"工作原则的若干意见》。我省各级人民法院通过认真学习《若干意见》精神,深刻认识新时期加强人民法院调解工作的重要性。在工作中牢固树立调解优先意识,增强了贯彻"调解优先,调判结合"工作原则的自觉性;针对新时期矛盾化解的突出性和紧迫性,完善诉讼中的调解工作制度,建立健全了类型化调解机制、调解工作激励机制、调节能力培养长效机制和调解保障机制。各级法院的院、庭领导也在各类审判工作中强调并加强民事案件调解业务力量,积极探索各类涉及民事权益纠纷的调解工作,确立了诉前调解、立案调解、庭前调解、委托调解和协助调解等各项调解结案工作程序,并注重发挥律师和法律援助机构在调解工作中的积极作用,将"当事人自愿调解、合法调解"这一基本原则贯穿在调解工作的全过程,使最高人民法院的调解工作精神在我省调解工作中得到了贯彻落实。

2. 全省各级人民法院司法理念由追求简单司法公正向在公正、效率基础上案结事了转变。调解制度,作为一种人性化的司法制度,既立足于严格的法律条文,又灵活于当事人间的自身条件、履约能力、主观态度等因素,使司法最终解决制度因调解制度的施行而多了人文关怀的成分,调解结案增强了当事人的履约主动性,使另一方当事人受损的权益及时得到维护和救济,使诉讼各方尽快从诉讼阴影中解脱出来,振奋精神,投入新的经营和发展中,各类社会矛盾也因及时化解而使社会秩序和谐稳定运行。全省司法机关在各类诉讼中无不将调解结案作为首选的结案方式,各级人民法院及审判法官的司法理念也从例行调解转变为积极主动调解,以最终化解社会矛盾为己任,在查明案件事实的基础上,以公正、效率为宗旨,以案结事了为目标,使司法与时俱进,为国民经济的发展及社会进步作出了自己应有的贡献。

3. 从单纯司法调解向以多元化机制解决矛盾转变。在注重程序内调解、加大调解力度的基础上,进一步做好诉前调解工作。在正式立案之前,对于未经人民调解、行政调解、行业调解等非诉讼纠纷解决方式调处的案件,积极引导当事人先行就近、就地选择非诉讼调解组织解决纠纷,主动前移司法服务,将矛盾纠纷化解在诉前。建立健全类型化调解机制,形成涉诉案件分类化、调解法官专业化、调解方法特

定化的类型化调解机制，建立相应的调解模式，提高调解同类案件的工作效率和成功率。发挥司法能动性，积极主动参与大调解，对道路交通损害赔偿纠纷、医疗损害赔偿纠纷、劳动争议等案件试行多元化调解模式，与公安交通事故处理部门、卫生行政部门医疗纠纷处理机构、劳动仲裁部门等相关机构联系合作，发挥行政机关信息量大、政策性强、处理方式灵活的特点，使个案的调解结案形成示范效应，鼓励法官加强对类型案件调解理论和方法的梳理和研究，不断丰富和加强调解结案的形式和方法，从而形成多元化的矛盾和纠纷化解机制，为国民经济持续、健康发展提供和谐稳定的社会环境。

4. 调解结案率有了新提高。随着全省法院对调解工作重要性认识的提高，我省法院近年审结的一审、二审及再审民商事案件调解率呈逐年上升趋势，尤其是一审案件调解结案率，从我们此次为进行全省表彰所统计和收集的调解事迹先进材料看，平均达到50%以上。二审和再审案件的调解率也年年创新高，这里面，有我们各级法院领导和一线审判法官为追求案结事了的审判目标所做的努力，也有社会各界为司法调解所提供的协助和支持，但更重要的是，同志们对和谐司法、调解优先精神的领会和积极工作的态度，是我省民事审判由传统的重审判、轻调解向调解优先、和谐司法理念的转变，是人民法院顺应社会发展大趋势，为国家长治久安的勇于担当。

王建明书记和左世忠院长的讲话都从不同的角度对我省法院民事调解的经验和成绩予以了总结肯定，我们要做好先进事迹、先进经验的学习、宣传和推广工作。

二、形势发展对调解工作的要求及存在的问题

在总结经验、肯定成绩的同时，我们要看到形势发展对调解工作的新要求以及尚存在的差距和问题。一方面，随着我国社会主义市场经济的确立和完善，国民经济的发展正处于重要的战略机遇期和社会矛盾凸显期，可以说我国的政治经济发展到现阶段，每一步推进都会涉及各个阶层、各个群体的利益和矛盾冲突，在一些改革深入的领域，甚至出现利益冲突各方尖锐对立的现象。矛盾的及时有效化解不仅是社会稳定和发展的前提，也是司法机关在新形势下的重要任务。另一方面，我们要正视差距，认识到司法实践中还存在的诸多问题和不足。比如，个别法院领导和法官对调解工作重要性的认识仍然不足，还没有从根本上改变“重判轻调”的传统司法观念；片面追求调解率的现象在一些法院仍然存在；一些法官的调解能力还不够强、调解水平有待提高；由于诉讼费用、审限压力等原因导致有的法院和法官不愿做调解工作；案多人少的矛盾影响法官调解时间和精力的投入；人民法院在“大调解”工作体系建设中的司法引导和保障作用尚需进一步发挥，司法调解与人民调解、行政调解组织的沟通协调、相互衔接以及如何发挥司法的引导和保障作用，尚需进一步加强等。

三、今后一个时期民事调解工作的几点要求

我们召开全省民事调解工作会议，不仅仅是对已往调解工作的总结和表彰，更是为了鼓劲加油，进一步搞好我省今后的各项民事调解工作，以民事调解的成功经验和好的做法引导人民法院在行政案件、轻微刑事案件、刑事附带民事诉讼案件中的调解工作，起到化解社会矛盾纠纷，维护稳定大局的作用。

1. 进一步增强服务大局意识。党的十八大报告确立了到2020年实现全面建成小康社会的宏伟目标，从经济、政治、文化、社会和生态文明五个方面，对深化重要领域改革作出了全面部署。为全面建成小康社会保驾护航，是人民法院职能所系，是为大局服务，为人民司法的使命所在。人民法院审理的案件，涉及经济社会的方方面面。要高度关注国内外经济形势新变化，加强司法应对，妥善处理好我省深化经济体制改革、经济结构调整、转型跨越发展中发生的矛盾纠纷。

2. 进一步贯彻落实最高人民法院“调解优先，调判结合”的工作原则。要深刻认识新经济形势下司法调解工作对积极有效化解社会矛盾的巨大作用，进一步增强贯彻“调解优先，调判结合”工作原则的自觉性，将最高人民法院关于调解工作的精神灵活运用于审判实践，不为单纯追求案件调解率而调解，要以化解矛盾、定分止争为调解工作出发点。为了进一步做好民事调解工作，有法院准备制定出台《关于加强全省民事调解工作的指导意见》，该指导意见吸收了省内外好的做法，几经讨论和征求意见，形成了现在的稿子。经过这次会议的再讨论，将予印发，以期起到应有作用。王建明书记、左世忠院长就搞好今后的民事调解、民事审判乃至整个法院工作提出了明确要求，我们要认真学习领会，贯彻落实到工作中。

3. 进一步加强民事法官的学习培训。加强民事法官的学习培训，是提高调节能力和调节水平的有效措施。各级法院要有针对性的加强这方面的培训工作。据了解，我省在民事调解方面的培训，还存在薄弱环节，一些人认为，调解大家都懂，没啥好讲的和可学的。以后要总结和整理全省民事调解方面的经验，形成培训教材，将这次受表彰先进集体和个人的典型经验予以归纳、提炼和总结,可以为以后的培训积累素材,还可以直接邀请调解事迹突出、方法新颖独到、调解效果较好的同志来讲课,从三个方面加强调解业务培训:一是民事调解业务能力的培训,提高一线法官处理疑难、复杂案件的能力;二是认识上的培训,正确处理审限、诉讼费和调解结案创建和谐社会大局的矛盾,可以尝试对调解期间不记入案件审限,提高法官的服务大局意识,激发法官对国家利益、社会稳定的责任感和荣誉感;三是协调能力培训,提高法官运用行政调解、诉前调解、委托调解、人民调解等综合方法调解案件的能力,合理分配案多人少与调解案件所费精力大、耗时长之间的矛盾。通过培训争取用好的经验和做法以点带面,提高全省民事法官的调解水平,和案件调解的良好效果,避免使调解变成权利人的一再让步,要充分尊重当事人意思表示,在自愿调解的基础上最大限度保护诚信守约当事人的合法权益,用司法强制力提高违约者的履约主动性,加大对拒不履行调解协议违约者的执行力度,维护调解案件法律文书的严肃性,使案件真正案结事了。

4. 进一步加大涉及民生案件的调解力度。从近年来我省各类民事案件的受理情况看,劳动争议、婚姻家庭纠纷、遗产继承、宅基地侵权、土地承包合同、道路交通损害、医疗损害赔偿、房屋买卖等涉及民生的案件纠纷在诉讼中仍占多数,省院立案、信访部门近年所接收、审查的申诉和上访案件也多为此类纠纷。此类案件虽然标的小,但因为事关民生问题,所以对涉案民事主体的生产、生活影响很大,如果处理不好,容易引发其他社会矛盾,进而影响社会稳定。我们更加注重在调解涉及民生案件上下功夫,采用多元化纠纷解决机制,积极会同相关行政部门、民间组织联合调解,多渠道化解纠纷,缓和矛盾,使案件的处理无论调解还是判决,都能取得较好的法律效果和社会效果。

关于对新民事诉讼法的学习贯彻

新修改的民事诉讼法已于2012年8月31日经全国人大常委会第二十八次会议通过,并将于明年一月一日起正式施行。民事诉讼法的修改,是我国近年陆续出台物权法、侵权法及一系列实体法的司法解释后,对程序法进行的一次大修改,是我国法制建设的大事,更是我们民事审判工作的重要改革,新民事诉讼法共修改条文100多处,增加了诚实信用原则,新设了公益诉讼、小额诉讼、第三人撤销之诉、司法确认、担保物权的实现等多项重大诉讼制度,对民事诉讼原则、立案制度、管辖制度、调解制度、证据制度、简易程序、特别程序、审判监督程序、执行程序和涉外程序等均有重大修改完善。全国人大常委会这次对民事诉讼法的大范围、大篇幅、结构性的修改,是适应我国经济社会发展形势,落实党和国家关注民生,满足人民群众的诉讼要求,妥善处理各类民事诉讼的需要,是对我国社会主义法律体系的进一步完善,并将极大地提高人民法院的审判效率,方便司法机关对民事主体权利的保护。新民事诉讼法的施行,必将在保障当事人诉讼权利、维护司法公正、促进经济社会发展、维护社会和谐稳定方面发挥重要作用。全省各级法院要充分认识到新民事诉讼法的施行对改进民事审判工作的重要意义,要认真学习,全面理解,深刻领会,增强全面贯彻落实的主动性、自觉性。

下面,我就学习贯彻新民事诉讼法的有关内容作一下强调:

确保民事诉讼程序公正。针对立法机关对程序法的修改和完善,要进一步强化司法过程中的程序意识,确保诉讼过程的合法性和公正性。各级人民法院只有在民事诉讼活动中做到实体公正和程序公正的统一,才能得到诉讼参与人和社会公众的信赖、认可和尊重,才能保障案件的最终处理达到法律效果和社会效果的统一,才能通过诉讼活动树立司法权威,提升司法公信力。全国人大这次对民事诉讼法的修改,更注重当事人的诉讼权利平等,诉讼义务平衡,兼顾公正与效率,保障诉讼程序的公开和透明,使民事诉讼制度更加科学、规范,更利于司法机关的具体操作。我们在今后的民事审判工作中,要全面落实诚实信用原则,严格执行管辖规定,严格落实回避制度,严格执行案件移送制度,严格执行证据材料签收制度,依法规范证据提交和接收程序,严格执行二审开庭制度,严格限制发回重审,全力维护程序公正,为司法公正打好基础。

切实保障当事人的诉讼权利。新民事诉讼法增设的公益诉讼制度、第三人撤诉制度,及完善起诉制度、证据制度、送达程序、审前程序、审判程序、再审程序、执行程序等对当事人诉权的保障,要增强民事主体的诉权意识,对于符合法律规定的民事案件要依法及时受理,严格执行公益诉讼规定,受理环境侵权案件,加大对社会公共利益的保护,依法受理第三人撤诉案件,制裁恶意诉讼行为,切实保护案外人合法权益,认真贯彻诚实信用原则,平等保护诉讼各方权利。

增强民事诉讼的公开透明度。按照民事诉讼法增加的判决书应写明裁判结果和裁判理由,并允许公众查阅生效文书的规定,要强化审判人员的公开意识，努力扩大司法公开范围，拓宽司法公开渠道，确保审判权和执行权在阳光下运行；各级法院在具体工作中要进一步规范裁判文书的制作，做到证据审查认定全面客观，事实认定准确清楚，说理透彻明白，裁判依据明确充分，达到"辩法析理，胜败皆明"，以切实促进当事人服判息诉、实现案结事了为目的，提高裁判文书的制作水平和质量。增加生效裁判文书的公开范围和方式，方便当事人和社会公众查阅，同时也要注意对国家秘密、商业秘密和当事人隐私的保护。

更加重视诉讼证据的收集和使用。针对新民事诉讼法对证据制度的完善，要抓好对举证责任规则的理解和适用，强化证据观念，认真审核认定证据，准确把握举证时限制度的含义，用好专家辅助人以及鉴定人制度，充分考虑当事人的举证能力，合理分配举证责任，通过对举证责任的分配和证据的使用，最大限度地查明案件事实，为正确裁判打好证据基础。

进一步加强调解工作。新民事诉讼法增加了先行调解、庭前调解、诉外调解协议司法确认的规定，要不断增强调解意识，坚持调解优先原则，加大调解力度，将中央关于将矛盾纠纷解决在基层、解决在当地的部署落实在司法调解中，对于不适合调解的案件，也要及时依法裁判。同时，依法审查确认和执行诉外调解协议，充分支持社会各方力量调处矛盾，化解纠纷，积极推动诉讼与非诉讼解决矛盾的衔接，为有效化解矛盾、解决纠纷提供司法保障。

执行好新民事诉讼法对简易程序和小额诉讼程序的规定。要深刻领会最高立法、司法机关基于目前各级人民法院案多人少，审判、执行效率不高的实际，所进行的适应性司法改革。同时，本着方便当事人诉讼的原则，要充分保证当事人在诉讼中对于普通程序或简易程序的选择权，对小额诉讼严格执行一审终审制度，积极探索民事案件分流措施，做好立案阶段的繁简分流工作，完善立案制度；充分利用电子送达、留置送达、涉外公告送达等新的简捷送达方式缩短审理期限，合理配置和利用司法资源，减少当事人诉讼成本，提高审判效率。

自觉接受检察机关的法律监督。要正确理解新民事诉讼法赋予检察机关对民事审判进行法律监督的规定，强化接受监督意识，自觉接受检察机关的法律监督，深刻领会新法中有关法律监督的各项具体规定，依法审理各类抗诉案件，重视检察机关依照法律规定提出的检察建议，及时检查和纠正审判过程中存在的问题，确保案件的审理程序合法，裁判结果公正，执行措施到位，要在工作中积极探索并逐步完善接受检察机关法律监督的工作机制，通过审判权和检察权的互相监督和制衡，共同提高案件质量，维护司法公正。

为了贯彻好新民事诉讼法，我们起草了，贯彻新民事诉讼法的若干意见，提交会议讨论，经汇总整理，形成会议纪要，予以印发，供大家在实践中参考。另外，按照最高法院的安排，省法院和各中院的部分主管院长、民事庭长及业务骨干，已参加了国家法官学院组织的新民诉法的培训，从目前的情况出发，各中院要自行组织好所辖法院，尤其是对基层法院和人民法庭法官贯彻新民诉法的培训，以便新民诉法的顺利实施。

同志们，希望大家要把王建明书记、左世忠院长的讲话精神、上海会议和这次会议精神汇报好，传达贯彻好。时近年终，各项审判工作都很紧张，我们将这次会议在时间和日程上进行了最大限度的缩短，但会议的内容并没有减少，希望同志们认真学习推广先进典型经验，促进调解案件在数量和质量上的再提高；认真学习新民事诉讼法，领会立法精神，通过对新法的全面贯彻执行，使我省的民事审判工作达到一个新的水平。

谢谢大家!

全国法院贯彻实施民事诉讼法修改决定座谈会会议精神

山西省高级人民法院副院长　吴秋霞

（2012年12月6日）

同志们：

9月18日至20日，最高人民法院在上海召开了全国法院贯彻实施民事诉讼法修改决定座谈会。最高人民法院奚晓明副院长作了重要讲话，最高人民法院审判委员会专职委员贺荣、杜万华亦分别作了讲话。各高院分管副院长、相关部门负责人参加会议。此次会议,目的在于进一步统一思想,切实提高认识贯彻实施民事诉讼法修改决定对人民法院民事审判和执行工作所具有的意义;会议对贯彻实施民事诉讼法修改决定的重要问题进行了讨论,并就贯彻实施民事诉讼法修改决定形成许多共识。

一、奚晓明副院长讲话精神

奚晓明副院长在回顾了此次民事诉讼法修改近两年的历程之后,就当前贯彻新的民事诉讼法应当重点研究的几个问题,提出六点原则性意见:

第一,要认真贯彻诚实信用原则。将诚实信用原则确立为民事诉讼的基本原则,是立法上的一大进步。要坚持将诚实信用原则的贯彻与社会管理创新和建设社会诚信体系、提升司法公信力相结合,与人民法院的民事审判和执行工作的实际需要相结合。通过贯彻落实诚实信用原则的措施、方法和制度安排,进一步规范诉讼程序,提高诉讼效率,促进诉讼公平。

第二,要切实落实程序公正。在民事审判和执行工作中,要切实保障诉讼程序对每一方当事人的公正。要注意当事人诉讼权利的平等保护和诉讼义务的平衡负担,将法律中规定的各项程序制度真正落到实处,防止因程序上的疏漏造成对当事人不公正,影响其诉讼权利的行使,造成其实体权利的损害。

第三,要切实保障当事人的诉权。保障当事人的诉讼权利,是本次民事诉讼法修改的重要任务之一。贯彻落实新的民事诉讼法,要将切实保障当事人的诉权作为改进审判和执行工作的重要切入点,提高人民法院民事审判和执行工作的整体水平。

第四,要切实规范审判执行活动。规范人民法院的民事审判和执行行为,对于增强人民法院的司法公信力具有非常重要的意义。规范审判执行活动要以贯彻落实新民事诉讼法作为一个契机,提升民事审判和执行工作的层次、水平,增强人民法院的司法公信力。

第五,要准确把握检察监督的范围和条件。检察监督对于促进人民法院民事审判和执行工作公正、廉洁、高效,具有积极意义。要以开放的心态接受检察监督,认真对待检察机关的监督活动,规范此类案件的审理程序。

第六,要积极探索稳步推进新制度的落实。民事诉讼法修改决定中增加了一些新的制度和程序,如小额诉讼、第三人撤销之诉、公益诉讼、执行法律监督等程序和制度。对于贯彻实施过程中可能出现的情况和问题要预先研判,积极、稳妥、有计划、有层次地开展工作,避免工作上的被动。

二、会议形成的贯彻实施修改后民事诉讼法的几点方向性意见

根据修改后的民事诉讼法和奚副院长的讲话精神,会议期间,与会代表对全国法院贯彻实施修改后民事诉讼法有关重要问题,形成了一些共识和基本共识。主要在六个重点问题上,形成以下方向性意见:

第一,关于公益诉讼问题。要按照立法机关限制案件范围、限定原告范围,先行先试,逐步推开的立法思路,严格把握四点:一是要从严掌握公益诉讼受案范围,目前仅限于法律明确规定的污染环境和侵害众多消费者权益两类案件,其他案件原则上不予受理。二是要从严掌握公益诉讼的原告范围,目前也限于法律明确规定的机关,法律没有明确规定的机关提起公益诉讼的,不予受理。至于有关组织,除法律明确规定的组织外,还有哪些组织可以提起公益诉讼,需要全国法院统一把握,各地不要轻易放开。三是公益诉讼应当是侵害社会公共利益的公损案件,如果是受害人个人或其他法人单位提起的相关诉讼,应当作为普通民事案件受理,不能按照公益诉讼案件处理。四是公益诉讼程序应以现有程序为基础,除法定起诉主体不受现行民事诉讼法第一百零八条一般起诉条件规定的“与本案有直接利害关系”的限制外,应尽可能按照民诉法的一般规定执行。

第二,关于第三人撤销之诉问题。第三人撤销之诉制度旨在防止当事人通过恶意诉讼等手段侵害他人合法权益,其主要以撤销错误的生效裁判为目的,因此,既要充分认识设立第三人撤销之诉制度对于保护案外第三人权益的积极意义,更要高度重视这项新设制度对法院生效裁判稳定性带来的重大影响。为此,应慎重把握第三人撤销之诉的适用条件和审理程序:一是从严把握立案标准。立案时应采取不同于普通案件的一般性形式审查,要适度进行实质审查,在起诉主体的资格、提供的证据材料等方面要严格把握,如应当提交证明生效判决、裁定或调解书的内容部分或全部错误的证据,损害其合法民事权益的证据,非因本人原因未参加原诉讼的理由和证据等。二是在当事人问题上,要把原诉讼当事人列为案件的被告。三是要正确处理第三人撤销之诉与案外人申请再审的关系。现行民事诉讼法规定了执行程序中执行异议制度、案外人申请再审制度,现修改后的民事诉讼法又规定了第三人撤销之诉制度。这样一来,有可能会出现案外第三人同时享有上述几种程序权利的问题。因此，要进一步搞好调研，在研究具体适用时，鉴于是对生效裁判提起的诉讼，原则上应当比照审判监督程序的有关制度规定。

第三，关于举证期限问题。修改后的民事诉讼法总结审判实践经验，规定了举证期限制度。在适用举证期限制度时，应当把握以下几点：一是从以往的司法实践看，当事人自行协商确定举证期限的可行性较小，根据修改后的民事诉讼法，举证期限应当由人民法院根据举证的实际情况和当事人的举证能力，以及具体审理情况依职权来确定，也可以由当事人协商确定。二是当事人在该确定的期限内提供证据确有困难，向人民法院申请延长期限的，人民法院经审查后应适当延长。三是对于逾期举证后果的把握，要根据当事人逾期提交证据的具体情况，从当事人的理由、过错程度、该证据在认定案件事实中的地位和作用等方面把握，区分不同情况适用采纳该证据但不予处罚，采纳该证据但予以训诫、罚款处罚以及该证据不予采纳的措施。对逾期证据不予采纳的适用，基于我国国情和现阶段当事人的诉讼能力情况，要审慎严格把握，主要应当适用于当事人出于极端恶意，故意逾期提交证据的情况。

第四，关于再审案件的级别管辖问题。这次民事诉讼法修改对于申请再审的管辖法院一律“上提一级”的现行规定开了口子，即当事人一方人数众多或者当事人双方为公民的两类案件，可以向原审人民法院申请再审。这对于将矛盾化解在基层，减轻当事人讼累具有积极意义。适用时要注意：一是这两类案件当事人申请再审的，一般由原审人民法院受理，当事人选择上一级法院的，可以引导当事人向原审法院申请再审。二是这两类经过二审终审的、调解结案的以及一审后放弃上诉权的案件，当事人坚持向上一级人民法院申请再审的，上一级人民法院应当依法审查。决定再审的，一般情况下可以指定原审人民法院审理。三是案件系经原审人民法院审判委员会讨论过的，经审查决定再审的，一般由上一级人民法院提审或指定其他法院审理。

第五，关于检察监督问题。这次民事诉讼法对检察监督部分的修改，对解决重复申请、多头审查以及“终审不终”等问题具有积极作用。实践中要注意把握几点：一是本次修改增加了当事人向法院申请再审在先、向检察院申请抗诉在后的规定，即当事人对于已经发生法律效力的判决、裁定、调解书，应当首先依法向人民法院申请再审，只有在以下三种情况下，才可以转而向人民检察院申请检察建议或者抗诉，即人民法院驳回再审申请的、人民法院逾期未对再审申请作出裁定的、再审判决裁定有明显错误的。二是对当事人已向法院申请过的案件，当事人继续申诉或者向上一级人民法院申请再审的，法院不再受理，应当告知当事人依法向检察机关申请检察建议或者抗诉。三是要严格执行检察监督一次性原则，对于检察机关已经提出过检察建议或者抗诉的案件，当事人又申请的，检察机关不能再次提出检察建议或者抗诉。四是新法实施后，对于法院依职权启动再审的要从严把握；否则，很可能出现当事人申请检察机关抗诉不成后又重回法院缠诉的情况。

第六，关于新旧法实施衔接问题。新旧民事诉讼法的衔接适用，是当前亟须解决的首要问题。在过渡期内，要注意把握几点：一是对现行司法解释已有规定，民事诉讼法新增加的制度，过渡期内相互不冲突的，可以继续执行司法解释规定；不一致的，可以参照修改后民事诉讼法的规定执行。二是现行民事诉讼法和司法解释没有规定，修改后的民事诉讼法新增加的诉讼制度，在过渡期内不得适用民事诉讼法的新规定。三是对于有利于民事诉讼顺畅进行，有利于实现案结事了人和目的的新规定，在没有增加当事人诉讼义务和责任的前提下，过渡期内可以参照执行。

三、会议具体要求

为贯彻落实好会议精神，最高人民法院提出了五点要求：第一，要把这次会议精神汇报好、传达好、学习好，统筹安排民事诉讼法修改决定的学习、宣传和贯彻实施的准备工作。第二，要抓紧民事诉讼相关规范性文件的清理和制定工作，以利于新法在全国法院范围内的统一正确实施。第三，要切实做好相关制度的试点总结工作，为民事诉讼重要制度的顺利实施积累经验。第四，要切实做好与相关部门的沟通协调工作，为修改后民事诉讼法有关制度的顺利实施建立健全配套机制。第五，要切实做好法制宣传工作，为修改后民事诉讼法全面施行创造良好的舆论环境。

同志们，认真学习修改后的民事诉讼法，是当前和今后一段时期各级法院，特别是广大民事审判和执行法官的重大责任和重要任务。各级法院必须采取切实有效措施，确保修改后的民事诉讼法得到正确、全面、有效的贯彻落实，为推动民事审判和执行工作科学发展做出应有贡献！

在全区法院民事审判工作会议暨民事审判业务培训班上的讲话

内蒙古自治区高级人民法院副院长　于雪峰

(2012年3月22日)

同志们:

经高院党组研究决定,从今天起至本月25日,召开全区法院民事审判工作会议暨举办民事审判培训班。高院党组和胡毅峰院长对此十分重视,事前多次听取筹备工作汇报,并提出具体要求。一会儿,胡院长还将作重要讲话,充分体现了高院党组对民事审判工作的高度重视。

本次培训活动旨在落实胡毅峰院长年初在全区三级法院院长会议上提出的"以开展法院干警'大培训'为重点,以提高队伍素质为目标,全面开展领导干部培训,基层法官轮训,大力加强全区法院司法能力建设"的要求。通过培训,努力实现全区法院大培训工作方案提出的预期目标。即受培训人员"理想信念更加坚定,司法能力全面提高,司法作风明显改善,学习意识更加强烈"。

本次培训有四个特点:一是规模大,参加此次培训的民事审判法官311名,占全区法院民事审判法官的四分之一。二是层次高,高院民一庭全体人员、各中院和基层院分管民事审判领导、民事庭庭长、法庭庭长和部分业务骨干参加本次培训,高院其他业务部门都派员参加培训。这样的民事培训层次是前所未有的。三是师资强,本次培训,最高法院民一庭给予我们大力支持,杜万华庭长破例派出专家型法官承担了大部分讲授任务,全国著名侵权责任法专家中国人民大学杨立新教授也专程前来授课,这样强的师资,对全区法院民事法官充满吸引力。四是内容新,培训主要围绕最高法院2月12日刚刚下发的《关于当前形势下加强民事审判切实保障民生若干问题的通知》所提出的十二项具体要求和去年下发的全国民事审判会议纪要为主要内容进行培训,都是广大民事法官必须掌握的重点、难点、热点问题。

在当前民事审判工作非常紧张、压力很大的情况下,大家放下手头工作前来学习,下这样的决心很不容易,应当格外珍惜这次机会。培训过程也是检验各地法院民事法官素质、精神风貌的过程。为此希望大家严格执行各项培训管理规定,不出任何问题。法官学院和各教学班要加强考勤、考核,培训结束时评出优秀学员向各院通报。

借本次培训机会,我们一并召开全区法院民事审判工作会议。这次会议的主要任务是:深入学习贯彻全国民事审判工作会议、全国高级法院民一庭庭长会议精神,总结2008年以来全区法院民事审判工作的成绩和经验,部署当前和今后一个时期民事审判工作的重点任务,努力开创全区法院民事审判工作新局面。

下面,我讲三个问题:

一、近年来全区民事审判工作的回顾

2008年以来,全区法院始终坚持"三个至上"指导思想和"为大局服务,为人民司法"工作主题,围绕审判执行第一要务,充分发挥民事审判职能作用,为促进自治区经济又好又快发展、维护和谐稳定、保障改善民生、实现富民强区,提供了有力的司法保障和法律服务。

——坚持司法公正核心,充分发挥了民事审判职能作用。2008年至2011年,全区法院共受理民事案件696,828件,占全区法院同期受理案件总数的70.6%,审结657,102件。其中,依法妥善审理婚姻家庭纠纷案件、继承纠纷案件175,038件;农村牧区土地草牧场承包纠纷案件7001件;劳动纠纷案件36,910件;合同纠纷案件341,428件;侵权及其他纠纷案件96,725件。通过公正高效审理各类民事案件,及时化解了大量社会矛盾纠纷。

——坚持能动司法,服务改革发展稳定大局。全区法院增强民事审判工作能动性,努力找准服务大局的结合点,及时制定服务大局的规范性意见,确定服务方向,拓宽服务领域。自治区高院制定了《关于为十二五规划提供有力司法保障和法律服务的实施意见》,出台了《关于应对金融危机维护国家金融安全服务自治区经济发展的具体意见》、《关于为自治区农村牧区改革发展提供司法保障和法律服务的具体意见》等。全区各中基层法院也结合辖区情况，及时制定了相应的服务措施。

——坚持为民司法，推行巡回审判和法官进社区的"司法为民二元模式"。在农村牧区，形成了以法庭为中心、以村（嘎查）民调组织为主体、以乡镇（苏木）司法所为重点，覆盖村（嘎查）的司法服务网络。年均巡回审判案件近6万件。在城镇市区，推广兴安盟中院开展"法官进社区，诉讼零距离"活动经验，在街道社区设立便民工作站和便民联系点，法官直接进驻城镇街道社区，化解矛盾纠纷，为群众提供了便捷的司法服务。

——坚持"调解优先，调判结合"原则，努力构建大调解格局。全区法院强化诉讼调解，积极建立和完善诉讼与非诉讼调解对接机制。2008年以来，共调撤民事案件427,368件，占结案总数的65.04%，始终高于全国平均水平，其中，2011年民事一审调撤率达73%。自治区高院与自治区人社厅、道路交通管理部门协调，形成联席会议制度等机制，指导开展诉讼与非诉讼调解对接。各中院和基层院在构建大调解格局中也创造出许多成功的经验。

——坚持司法改革动力，民事审判体制机制进一步优化。自2008年以来，自治区高院出台了规范民事立案、巡回审判等多个指导意见。各中级法院针对本辖区存在的审判问题，也以会议纪要等形式强化了对基层法院的指导。认真完善人民陪审员工作机制，充分调动人民陪审员参与诉讼积极性，人民陪审员数量已达到1613人。三年来共参与审理案件47,094件。积极推行民事案件简易程序审，按照简易程序审理民事案件469,086件，占一审民事案件的78.06%。小额速裁试点工作顺利开展。2011年5月至12月，我区小额速裁两个试点法院适用小额速裁的241件案件，结案222件，调撤192件。

——坚持把握基层重心，加强基层基础建设。三年来，全区基层法院共审结民事案件596,408件，人民法庭共审结民事案件237,570件。自治区高院坚持"重心下移、警力下沉、保障下倾"的方针，下发了《关于加强全区法院基层基础建设的实施意见》。全区法院年均举办各类培训班达到120期，培训人数达到4500多人次，培训"双语"法官200多人次。

实践证明，牢牢把握民事审判政治方向、突出公正司法核心、坚持审判机制改革、狠抓司法能力提升、确保司法廉洁底线、落实基层基础重心，是全区民事审判工作取得成效的基本经验。

几年来，全区法院广大民事审判人员能够勇于承担社会责任，化解了大量社会矛盾，为自治区边疆和谐稳定，经济发展作出了较大的贡献，在这里，我代表自治区高院党组对大家表示衷心感谢。

全区民事审判工作还存在一些不容忽视的问题：

一是能动司法的实效性亟待强化。与全国先进省区相比，如何妥善解决好经济发展方式转变过程中涌现出的大量民事纠纷，如何提高民事审判工作服务大局的主动性、针对性、实效性和前瞻性，还存在较大差距。

二是全区民事审判工作质效亟待提升。全区各类案件改发率高于全国平均水平，其中民事案件占较大比例。以2011年为例，全国一审上诉改判率2.42%，全区为2.48%；全国发回重审率1.5%，全区为2.57%；全国生效案件改判率1.43‰，全区2.28‰；全国生效案件发回重审率0.74‰，全区1.61‰。上述数据表明，我区民事审判质量存在的问题还比较严重。

三是对下监督指导工作亟待加强。高、中级法院存在重办案、轻指导的不良倾向，对下监督指导不够有力，审判管理缺乏规范性，效果不明显。

四是全区民事审判队伍整体素质有待提高。部分法官存在司法能力不足、司法作风欠佳问题。廉政教育任重而道远，全区多名民事法官被查处，保持廉洁自律，消除消极腐败现象任务艰巨。

对于以上存在的问题，必须引起全区法院的高度重视，并努力采取有力措施加以解决。

二、当前和今后一个时期全区民事审判工作重点

在新的历史时期，人民法院民事审判工作任务将更加艰巨，面临更加严峻的挑战。保障经济社会平稳较快发展、保障和改善民生、保障人民群众安居乐业，都对民事审判提出了新的更高要求。

当前和今后一个时期全区民事审判工作要"正确把握经济社会发展新形势，正确把握人民群众对民事审判的新期待，正确把握新时期社会矛盾发生、发展、化解的新特点。"要以稳为主，围绕"稳"来化解矛盾，以和为重，围绕"和"来解决问题。主要任务是：

（一）深化能动司法，切实保证民事审判工作为自治区经济社会发展提供有力司法保障

一要深入贯彻落实《全区法院为自治区实施"十二五"规划提供司法保障和服务的意见》，要落实好重点优先的司法措施，要坚持服务保障和改善民生，妥善审理好教育、医疗、住房、就业以及食品药品安全、征地拆迁、劳动争议、社会保障等方面案件，保障人民群众安居乐业。二要牢牢把握"稳中求进"的总基调，充分认识复杂多变的经济环境对审判工作的影响，始终站在全局的高度，密切关注今年经济工作中的重大问题，密切关注经济发展和运行趋势的变

化,依法审理好与扩大内需、保持物价稳定、民间借贷、楼市价格相关的案件,全面发挥法律的规范、引导、惩罚、保障功能,确保经济社会平稳较快发展。三要进一步提高服务经济社会发展的前瞻性,我区近年来矿业权纠纷、土地草牧场纠纷、民间借贷等重大敏感案件频发,要切实加强调查研究,及时制定指导性意见,增强司法服务的针对性和有效性。

(二)狠抓第一要务,全面提升民事审判质量和效率

确保司法公正,是人民法院的生命线,是提升审判质量和效率的根本。全区各级法院要以降低改发率,提升一审服判息诉率为重点,狠抓民事案件审判质量效率。要坚持"以事实为根据,以法律为准绳",在查清每个案件实事基础上,正确适用法律,在每一起案件上体现司法的公平正义。要努力实现案件政治效果、法律效果和社会效果的统一。民事审判裁判取向要和党和国家政策、人民利益相一致,做到案结事了人和。要高度重视社会稳定问题,对一些敏感性案件,群体性纠纷以及背景复杂的案件,要时刻保持高度的警惕,坚持从稳定出发,从大局考虑,统筹兼顾,审慎处理。要强化内部民事案件监督制约机制,根据各自不同情况,按照审判规律要求,强化独任审判、合议庭、审判委员会审判功能,强化庭长、院长监督职能。

(三)贯彻"调解优先,调判结合"原则,形成多元化化解社会矛盾纠纷机制

化解社会矛盾是民事审判工作的本质所在。要继续贯彻"调解优先,调判结合"原则。调解优先是中华法律文化传统的传承和延续,有利于更好地化解矛盾,维护社会和谐,这个原则应坚定不移地贯彻执行。当前要在提高调解质量上狠下功夫,调解必须坚持合法和自愿原则,绝不能以拖促调,以判压调;决不能为片面追求调解率,最终背离调解优先原则的初衷。今后考核调解效果主要看调解案件自动履行率和申诉率如何而不单纯看调解率。对于依法不能调解、根据案情不宜调解或者以判决方式更有利于问题解决的,应当及时判决,以充分发挥判决在增强规则意识、引领社会风尚、推进法治建设方面的重要作用。要继续创新和完善多元化矛盾纠纷解决机制。积极与地方党委和政府社会管理和化解社会矛盾相关部门联系,加强沟通和交流,实现关口前移。自治区高院拟制定构建大调解工作格局若干意见,各地要在当地自治区党委、政法委的统一领导下,与各有关方面相互协调,进一步明确司法调解、人民调解和行政调解各自的规范要求和相互衔接配合的具体办法,构建组织有力、运行顺畅、作用凸显的调解工作新格局,发挥好化解矛盾的基础性作用。

(四)强化审判管理,加强对下监督指导工作

全区民事审判工作要进一步加强审判管理。要认真贯彻高院《全区法院加强审判管理工作的意见》,在制度建设方面,要以构建合议庭和独任审判负责制与庭长、院长层级把关相结合的审判管理模式为重点,完善审判流程管理和发改案件分析通报制度,建立清积工作的长效机制。要落实好全区院长会议提出的"从今年开始各级法院对所有发改案件要一律由分管领导把关,审管办评查,特别疑难复杂的案件要经审判委员会讨论"的要求。上级法院要加强对下监督指导力度。克服重案件审理、轻监督指导的倾向,为下级法院审判工作提供全方位的支持。

(五)坚持重心下移,加强人民法院基层基础建设

基层人民法院和人民法庭审理全区85.6%的民事案件,是化解社会矛盾的第一道防线。提高基层民事审判工作水平是提升全区民事审判整体工作水平的重点。要认真贯彻《最高人民法院关于进一步加强新形势下人民法院基层基础建设的若干意见》,着力加强基层法院和人民法庭的审判管理、队伍管理,着力提高基层民事审判质量和效率。要根据有关政策,进一步解决基层民事法官断层、职级待遇、经费保障问题,切实稳定基层民事法官队伍。要加强人民法庭以及巡回法庭化解社会矛盾"桥头堡"作用。在各农村牧区和社区建立健全巡回审判点、联系人,构建巡回审判服务网络,全面配置巡回审判专用车辆,配置电脑办案系统和远程电子签章系统,增强巡回审判的规范性。要充分发挥人民陪审员来自群众、代表群众的独特优势,建立健全人民陪审员各项工作机制,适当扩大人民陪审员数量,培训提高人民陪审员参审能力,评选一批优秀人民陪审员进行表彰,更好地实现司法民主。要继续积极推进小额速裁试点工作,适当扩大试点法院数量,充分发挥小额速裁机制在及时化解矛盾、提高司法效率中的重要作用,为我国民事诉讼法律制度的不断完善,积累更多更好的经验。

(六)多措并举,切实加强全区民事审判队伍建设

加强全区民事审判队伍建设,要重点抓好几个结合:一要与社会主义法治理念再学习再教育结合起来。必须用社会主义法治理念武装民事法官头脑。重点学习和领会好王胜俊院长提出的"十个深刻理解和正确把握"和胡毅峰院长提出的把握好法院工作十大关系,以此来统一思想并指导审判实践,切实把社会主义法治理念的原则和精神真正贯彻落实到民事审判中。二要与加强文化建设结合起来。认真开展"忠诚、为民、公正、廉洁"政法核心价值观

教育活动，民事审判系统要深入开展向全国、全区等先进典型的学习活动。三要与开展法院干警“大培训”结合起来。以中国特色社会主义法律体系形成对民事法官司法能力提出更高要求为动力，及时系统地强化对民事法官的培训工作，培训要由理论研究型向理论与实践结合型转变，由知识培训型向知识与能力结合型转变。四要与深入开展警示教育回头看活动结合起来。要进一步落实“五个严禁”和违法审判责任追究办法，加大违法违纪的查处力度。要改进司法作风，认真解决人民群众反映强烈的司法作风问题。五要将独立审判与自觉接受监督结合起来。民事审判权是国家的重要权力，是党和人民通过国家法律赋予的。一方面必须坚持用审判权为党和人民服好务，另一方面也必须增强自觉接受监督意识，不仅要自觉接受人大的工作监督、政协的民主监督、纪检部门的党内监督和检察机关的法律监督，也要自觉接受媒体的舆论监督、人民群众的社会监督，各种监督都有利于民事审判的健康发展，并且都是一种客观存在，人民法院的民事审判工作应当直面和欢迎各界监督。在这里要特别指出有关检察监督问题。去年3月10日，最高人民法院和最高人民检察院联合下发了《关于印发〈关于对民事审判活动与行政诉讼实行法律监督的若干意见（试行）〉的通知》，该通知细化了人民检察院抗诉规定，明确了人民检察院再审检察建议制度，规定了人民法院回复时限等要求。自治区高院和自治区检察院联合下发了我区实施意见，全区各级法院一定要高度重视，坚决贯彻执行，防止出现消极推诿，拒绝检察监督情形出现。

此外，最高法院将启动评选民事优秀示范庭审、优秀裁判文书、办案标兵等活动。我区法院要高度重视这一活动，精心组织，充分发挥其示范引领作用，各地要努力争取在全区、全国评选中榜上有名。

三、当前审理民事案件需要注意的问题

2011年10月，最高人民法院印发了《全国民事审判工作会议纪要》，纪要是对民事审判实践中热点难点问题的全面梳理，是全国民事审判队伍集体智慧的结晶，贯彻执行好会议纪要对当前和今后一段时间的民事审判工作具有要意义。也是此次培训的重点内容。下面结合自治区审判实际，强调以下几点：

（一）关于民间借贷纠纷案件的审理问题

众所周知，我区是全国民间借贷热点地区，近年来民间借贷案件持续上升，特别是去年，全区共受理借贷案件26,553件，占全部民事案件的14.19%，诉讼标的额达到27.7亿元。预计今年案件数量和涉案金额还会上升。审理民间借贷案件，要从维护国家金融安全、保障经济健康发展的高度，统一审判理念和裁判思路，全面、准确、及时了解和掌握国家经济动态、金融政策精神；要依法准确认定民间借贷行为效力，正确划分合法的民间借贷与集资诈骗、非法吸收公众存款等犯罪行为的界限，准确界定性质；要正确分析当事人诉讼请求的实质，判断当事人有关约定的效力，保护合法的民间借贷行为以及当事人的合法权益，促进实体经济发展。对于民间借贷纠纷案件的证据认定，应从各证据与案件事实的关联程度、各证据之间的联系等方面进行综合审查判断。要坚决控制复利及高利贷。

（二）关于房地产和建设工程承包合同纠纷案件的审理问题

全区房地产和建设工程承包合同纠纷案件呈上升趋势，而且审理难度加大，问题较多。在审理房地产纠纷中，我区法院尤其是要注意以下问题，一是有利于促进国家房地产调控政策贯彻落实。要站在维护法律严肃性、落实国家调控政策，以及维护经济社会平稳较快发展的高度，妥善审理此类案件。二是树立依法维护当事人权益，促进房地产业健康发展的基本理念。三是要严格适用情事变更原则，正确认定变更的情事与正常的市场风险、交易风险之间的界限，提高市场行为的可预见性，引导当事人树立正确的市场风险意识，维护诚信的市场交易秩序。四是要在平衡当事人利益、着力化解矛盾上下功夫，确保案件处理取得良好的法律效果和社会效果。

审理建设工程承包合同纠纷案件，重在维护建筑市场秩序，保证建筑工程质量，维护人民群众人身财产安全，保护农牧民工利益。要严格执行相关法律法规和司法解释的规定。注意对合同效力的审查、工程质量问题的审查。要按照会议纪要关于工程价款结算问题、建设工程价款优先受偿权问题、关于实际施工人的权利行使对象问题的精神处理相关案件。

（三）关于农村牧区土地和草牧场承包案件的审理问题

要站在稳定农村牧区社会和保障农牧民生存权的高度，切实维护好农牧民土地草牧场承包经营权和宅基地使用权。依法坚决制裁侵害农牧民土地草牧场承包经营权和宅基地使用权的违法行为。要注意统筹协调维护土地草牧场承包经营权与促进土地草牧场承包经营权流转之间的关系，促进有序流转和规范流转。要按照相关法律以及《内蒙古自治区实施〈中华人民共和国农村土地承包法〉办法》和《内蒙古自治区草原管理条例》的规定处理好相关案件。对于涉及集体成员资格界定问题，要综合考虑当事人生产、生活状况、户口登记状况以及农村牧区对农牧民的基本生活保障功能等因素予以认定。要以当事人是否获得其他替代性基本生活保障为重要考量因素，慎重认定其权利主体资格的丧失，依法保护妇女、儿童、老年人以及农牧民工等群体的合法权益。

(四)关于涉及矿业权案件的审理问题

我区矿产资源丰富，依法保护环境资源，促进科学发展，规范矿产资源市场秩序，保护矿业权权利人权利，维护交易安全，是民事审判重要任务。司法实践反映出，涉及矿业权的案件由于利益冲突较大，交易不规范，一些当事人诚信缺失，案件审理难度较大。在审理涉及矿业权案件中，要注意对行为性质的界定，对于涉嫌破坏国家矿产资源等行为要积极与相关部门协调，必要时依法移送主管部门处理。在案件调处中，一定要注意合法性审查。要慎重认定合同效力。对于矿业权转让未经相关审批管理机关批准，但符合矿产资源法等法律、法规规定的条件，应认定矿业权转让未生效，但不影响转让合同中当事人履行报批义务条款及因该报批义务而设定的相关条款的生效及效力。当事人仅以矿业权转让未经相关审批机关批准为由请求确认矿业权转让合同无效的，不应予以支持。

(五)关于防范虚假诉讼和敏感重大案件的舆论引导问题

当前，以民间借贷、房屋买卖、婚姻家庭等案件类型为表现形式的虚假诉讼现象在全国全区都不同程度存在，给民事诉讼活动的正常进行和人民群众合法权益的保护造成极大危害。因此，全区法院要高度重视新形势下如何防范、治理、打击虚假诉讼行为的问题。要统一思想，深刻认识防范、制裁虚假诉讼的重要性。要加大力度打击虚假诉讼行为。对制造虚假诉讼案件的当事人，应当依照民事诉讼法的规定，依法予以处理；构成犯罪的，依法追究刑事责任。对参与制造虚假诉讼案件的诉讼代理人或其他诉讼参与人，应当同时向司法行政机关提出建议，依法对其进行处理。对审判人员在工作中明知案件存在虚假诉讼可能而不闻不问、造成裁判错误的，以及故意参与制造虚假诉讼案件的审判人员，应追究其违法审判的责任。

敏感重大案件的舆论引导工作，事关人民法院司法权威和司法公信力。民事审判更要注意认真研究舆情应对工作，注重法律效果、社会效果和政治效果的有机统一。要准确捕捉容易引发舆论炒作的案件信息。按照"及时准确、公开透明、有序开放、有效管理、正确引导"的要求，坚持"属地管理、分级负责"原则，具体承办法院直接负责，上级法院要加强协调、指导、督办，可能在全区、全国范围内产生重大影响的案件，要及时向党委汇报，并层报高级法院。坚决避免出现信息报告沟通不及时、指导协调措施不得力、上下疲于应对但效果又不好的被动局面。要在各级党委政法委领导下，加强与新闻主管部门和各媒体之间的沟通联络，建立健全舆情监测、舆论炒作风险评估、舆论引导预案、舆论引导预案口径报告、舆论引导沟通协调、舆论引导提醒等制度。

同志们，新的时期，民事审判任务更加艰巨，认真履行好我们肩负的审判职责，意义深远，责任重大，全区各级法院的民事法官要坚定信念，扎实工作，审理好每起民事案件，树立人民法院公信力和司法权威，为自治区实现科学发展、富民强区、和谐稳定作出新的更大的贡献。

不断提高审判质效　妥善化解矛盾纠纷　努力开创全省法院民事审判工作新局面

——在全省法院民事审判工作暨调解经验交流会议上的讲话

辽宁省高级人民法院党组副书记、副院长　彭生富

(2012年6月8日)

同志们：

我们今天召开的这次会议，是贯彻落实最高人民法院全国民事审判工作会议和全国高级法院民一庭庭长座谈会精神的一次重要会议，也是自2007年以来，全省法院系统召开的一次重要的民事审判专业工作会议。为了推进民事审判部类的"调解年"和

“大培训”活动，会议还安排了调解工作经验交流和民事业务培训两项内容。这次会议的主要任务是：全面总结四年以来全省法院民事审判工作取得的成绩和经验，深入分析新时期民事审判工作面临的形势和任务，紧密结合我省民事审判工作实际，认真贯彻落实最高人民法院民事审判会议精神，对当前和今后一段时期的全省民事审判工作进行安排和部署。

下面，我讲四个问题：

一、四年来全省民事审判工作的回顾

2008年以来，在省委的正确领导和最高法院的有力指导下，全省各级法院充分发挥民事审判化解矛盾纠纷、维护社会稳定、促进经济发展的重要职能，为促进辽宁老工业基地全面振兴做出了积极贡献。全省民事审判工作在以下方面取得了新发展：

——坚持能动司法，主动为辽宁经济社会发展大局提供有力司法保障。2008年以来，全省法院民事审判工作始终坚持“三个至上”指导思想，牢固树立社会主义法治理念，紧紧抓住执法办案第一要务，公正高效审理了1,157,678件各类民事案件，为促进辽宁经济发展和社会稳定提供了有力司法保障。在全省法院开展的促进社会主义新农村建设“十百千万”活动和“千名法官进百企”、“万名法官走基层”调研服务活动中，各级法院能动开展民事审判工作，积极构建和谐的医患关系、劳动关系、土地承包关系、家庭邻里关系。在维护妇女儿童、军人军属、农民工合法权益等方面，在应对国际金融危机、汶川地震灾害、服务奥运安保等方面，主动提供司法保障和法律服务。省法院深入调研，统一部署，先后制定了《关于进一步加强妇女儿童维权案件审判工作，切实维护妇女儿童合法权益的指导意见》等五项指导性文件；各中级、基层法院精心组织，积极落实，为辖区企业事业单位和基层群众提供司法帮助。全省法院围绕大局开展民事审判工作，得到了省委王珉书记、省政府陈政高省长等领导同志的批示肯定。2010年，省法院获评全国维护妇女儿童合法权益先进集体和全省农民工工作先进集体。2008年以来，全省各级法院民事审判部门有84个先进集体和147名先进个人获得了省级以上表彰。

——践行司法为民，积极为人民群众提供高效、便捷的诉讼服务。2008年以来，全省各级法院结合“人民法官为人民”主题实践活动，大力推进司法为民，积极推出多种形式的诉讼便民制度和利民措施。在立案环节，推出了上门立案、电话立案、网上立案、预约立案等便民服务措施；在庭前准备环节，通过印发诉讼须知、诉讼风险告知书、面对面释明等形式，指导当事人诉讼，提示诉讼风险；在案件审理环节，积极推进“巡回审理、就地办案”和“妇女儿童维权合议庭”、“涉军维权合议庭”、“农民工维权合议庭”、“消费者维权合议庭”等专门合议庭建设。2011年，全省法院公正高效地审理了84,592件民生案件，设立了1309个巡回审判点，为人民法庭配发了100台巡回审判车，巡回审判案件22,426件。辽宁法院的司法便民举措受到了广大群众的普遍欢迎，主流媒体给予充分报道，相关工作经验得到了周永康同志、王胜俊院长的充分肯定和最高法院的推广。

——改进工作方法，着力提高民事审判的司法公信力和社会满意度。2008年以来，针对民事案件群众接触面广、社会关注度高、“案多人少”矛盾比较突出的特点，全省各级法院从实际出发，不断改进和完善民事审判工作的方式方法。一是强化审判公开。充分利用互联网这一开放式信息平台，推行庭审活动网上直播和裁判文书上网公开并逐步走向常态化，以“阳光审判”的理念主动接受社会监督；二是加强督办案件管理。切实增进与有关人大代表、政协委员的沟通交流，2011年共邀请人大代表、政协委员5794人次参加了1015件案件的听证和庭审，认真听取意见和建议；三是强调服判息诉和判后答疑，推行裁判文书当面送达，先向败诉方送达，对当事人提出的疑问及时解答，对有瑕疵的裁判方案及时调整等息诉措施。2011年民事一、二审案件服判息诉率为85.3%；四是探索民事案件繁简分流。提倡优先适用简易程序审理简单民事案件，提倡普通程序的适度简化，积极推进民事案件小额速裁试点工作，努力减轻当事人诉讼负担。2011年，全省适用简易程序审理的一审民事案件占比65.8%。

——强化诉讼调解，努力化解矛盾纠纷，全力维护社会和谐稳定。2008年以来，全省各级法院认真贯彻落实“调解优先，调判结合”的工作原则，探索推出“全程调解”、“全员调解”、“全面调解”、“梯次调解”、“协助调解”、“委托调解”等调解工作新方法，充分发挥诉讼调解的优势作用，尽最大努力化解诉讼矛盾，维护社会和谐。2009年，省法院制定了《关于全面加强诉讼调解工作，推动建立大调解工作格局的指导意见》，要求全省法院在抓好诉讼调解，着力解决诉讼难、执行难、息诉难问题的基础上，积极推动人民调解、行政调解和司法调解“三位一体”的大调解工作格局建设，努力构建调解工作长效机制。本溪法院聘请司法协理员627名，建立调解网点406个，参与诉前调解案件1352件，民事案件调撤率连续5年稳定在80%以上。

——加强对下指导，不断夯实基层民事审判业务基础。2008年以来，省法院高度重视民事审判的基层业务建设,针对全省民事审判工作中的热点、难点问题,组织三级法院审判力量,先后开展了医疗纠纷、劳动争议、土地承包、侵权责任、人民调解、简易程序等多项专题调研活动。在先期调研成果的基础上,省法院于 2009 年 4 月召开了全省法院民事审判工作座谈会,就传统民事、房地产和审判程序方面的 35 个专业问题进行了集中研讨,研讨意见形成《会议纪要》,经省法院审判委员会讨论通过后,以省法院文件形式下发各级法院参照执行。2009 年,省法院还制定了《民商事案件审判质量标准》和《民商事案件审判流程管理细则》,为加强民事案件的审判管理提供了政策依据和执行标准。

——注重队伍建设,进一步改进审判作风,增强司法能力。2008 年以来,全省各级法院更加注重民事审判队伍的纪律作风建设和司法能力建设。结合民事审判工作实际,有针对性地开展"人民法官为人民"主题实践活动、"创先争优"活动、"执法大培训"活动和无积案、无错案、无违纪、无上访的"四无"竞赛活动,贯彻落实《法官职业道德基本准则》、《"五个严禁"规定》和《辽宁省人民法官守则》,建立和完善审判长随机产生、合议庭成员定期轮换、案件回访和审判庭廉政监察员制度,进一步规范自由裁量权的行使和法官与律师的相互关系。经过努力,全省民事审判队伍的整体素质有了新的提高,涌现出了以刘锋、李晓龙、何经涛等为代表的一大批优秀民事审判干部。他们服务大局、一心为民、公正廉洁、勤奋敬业的感人事迹得到社会各界的普遍赞誉。

在取得上述成绩的同时,全省民事审判还积累了一些宝贵的工作经验:第一,始终坚持党的领导,自觉接受人大监督,是做好民事审判工作的政治保障;第二,始终坚持"三个至上"指导思想,牢固树立社会主义法治理念,是做好民事审判工作的正确方向;第三,始终坚持能动司法,充分发挥审判职能,是做好民事审判工作的必然要求;第四,始终抓好审判管理,是不断提高案件质效的有效手段;第五,始终坚持"调解优先,调判结合",是妥善化解矛盾纠纷的主要方法;第六,始终关注基层建设和队伍建设,是促进民事审判科学发展的重要保证。

同志们,上述这些成绩和经验的取得,是全省法院民事审判干部克服困难、团结奋战、辛勤工作、无私奉献的结果,为辽宁的改革、发展、稳定提供了有力司法保障,也为全省民事审判事业的进一步发展奠定了坚实基础。在此,我代表省法院党组,向战斗在全省民事审判一线的同志们表示衷心的感谢和崇高的敬意!

在肯定成绩和经验的同时,我们也必须清醒地认识到,全省法院的民事审判工作还存在一些与时代发展、大局要求和群众需求不相适应的地方,还存在一些亟待解决的突出问题和薄弱环节:在服务大局和司法为民方面,还需要进一步强化;在案件质量和审判效率方面,还需要进一步提高;在服判息诉和"案结事了"方面,还需要进一步加强;在调研指导和业务培训方面,还需要进一步推进;在裁判标准和执法尺度方面,还需要进一步统一。这些问题应当引起我们的高度重视,并切实采取措施加以解决。

二、新时期全省民事审判工作的形势与任务

2012 年是实施"十二五"规划承上启下的重要一年,举世瞩目的党的十八大也将胜利召开,以此为背景,最高法院先后召开了全国民事审判工作会议和全国高级法院民一庭庭长座谈会,对新时期的民事审判工作作出了统一部署。在第十一次党代会上,省委提出了建设富庶、文明、幸福新辽宁的奋斗目标。为贯彻落实最高法院和省委的重要会议精神,年初召开的全省法院院长会议以"七个深化"和"七个提高"为重点,对全省法院今年的审判工作提出了新要求。作为法院审判工作的重要组成部分,全省民事审判工作必将面临新的挑战和考验。

——面对建设富庶、文明、幸福新辽宁的奋斗目标和保障经济社会平稳较快发展的总体要求,民事审判服务大局的任务更加繁重。现阶段,辽宁全省生产总值已超过 2.2 万亿元,年均增长 14% 左右,人均 GDP 已超过 6000 美元,主要经济指标增速持续超过东部地区平均水平。但是同时,经济结构不尽合理,城乡、区域发展不够协调,资源环境约束日益突出,长期存在的体制性、机制性问题尚未完全解决。在劳动就业、收入分配、社会保障等领域,影响群众切身利益的问题仍然较多,维护社会稳定、创新社会管理的任务十分艰巨。妥善解决经济社会发展进程中必然产生的矛盾纠纷,已成为民事审判服务全省经济社会发展大局的一项重要任务。

——面对人民群众日益增长的司法需求和对司法公正的新要求、新期待,民事审判维护社会和谐稳定的责任更加重大。现阶段,劳动争议、土地承包、医疗损害、征地补偿、环境污染、食品药品安全等涉及广大人民群众切身利益甚至基本生存条件的民生案件,依然呈持续增长态势,民事诉讼已经成为人民群众维护利益、表达诉求的首选方式和主要渠道。这些诉讼案件涉及面广,政策性强,敏感度高,处理不好,容易被各种势力所利用,可能转化成影响社会稳定的政治性、群体性信访事件。尤其在迎接党的十八大胜利召开的关键时期,维护社会和谐稳定已经成为民事审判必须完成好的重大政治任务。

——面对中国特色社会主义法律体系形成和“三项重点工作”的新形势、新任务，民事审判改革创新的空间更加广阔。适应社会主义法律体系形成的新形势，民事审判精准把握法律体系，准确理解法律精神，确保国家法制统一，妥善平衡利益关系的要求进一步提高。中央对政法机关提出的“三项重点工作”中，“社会矛盾化解”要求民事审判必须充分发挥化解矛盾纠纷的重要职能，综合运用各种审判手段，尽最大努力化解诉讼矛盾，力争“案结事了”；“社会管理创新”要求民事审判必须努力构建诉讼与非诉讼相衔接的多元矛盾纠纷解决机制；“公正廉洁执法”要求民事审判必须切实加强纪律作风建设，从根本上遏制违法、违纪现象。

——面对民事审判体制机制相对滞后和民事案件质效不高的客观现实，民事审判科学发展的要求更加紧迫。现阶段，民事审判的体制机制与经济社会发展的现实要求相比，还存在许多不适应的问题：“案多人少”的矛盾尚未得到有效缓解；业务监督和对下指导仍然比较薄弱；专业调研和岗位培训还跟不上实践要求；民事审判的绩效考评机制还不够完善；裁判标准和执法尺度还不够统一。由此导致全省一、二审案件质量、调解结案率和服判息诉率等正向指标不够理想，2010 年的“案访比”为 155.6:1，全国排名第一，2011 年虽然下降为 221.7:1，但仍然排名第九。2011 年，由于服判息诉比例较低，内生案件占一审案件的比例接近 70%。上述这些问题，都需要我们尽快研究对策，切实加以解决。

适应新形势、面对新要求，当前和今后一个时期，全省民事审判工作的主要任务是：牢固树立能动司法的科学理念，始终坚持“为大局服务，为人民司法”的工作主题，紧紧抓住执法办案第一要务，不断提高审判质效，认真贯彻“调解优先，调判结合”工作原则，妥善化解矛盾纠纷，努力推动全省民事审判事业科学发展，为建设富庶、文明、幸福新辽宁提供有力司法保障。

为完成上述主要任务，当前和今后一段时期，全省民事审判工作必须认真把握好以下六个方面的总体要求：一是始终坚持党的领导，坚持服务大局和司法为民，确保民事审判正确的政治方向；二是紧紧抓住执法办案第一要务，切实加强审判管理，不断提高民事案件审判质效；三是进一步强化诉讼调解，切实贯彻“调解优先，调判结合”的工作原则，全力化解矛盾纠纷；四是高度关注队伍建设，不断增强司法能力，树立民事审判良好的工作形象；五是大力加强调研指导，确保三级法院民事审判工作协调发展；六是认真抓好基层建设，不断夯实民事审判工作基础。

三、现阶段全省民事审判的工作重点

根据当前形势和主要任务，针对目前存在的薄弱环节和突出问题，现阶段，全省民事审判要集中力量抓好以下几方面重点工作：

（一）以强化审判职能为重点，推动服务大局和司法为民工作进一步落实

“为大局服务，为人民司法”是人民法院的工作主题。党委的领导，人大的监督，政府的支持，是民事审判不可替代的政治环境和政治基础。经济社会发展的工作大局，主要由党委、政府领导和把握，民事审判就是秉持能动司法的科学理念，主动为党委、政府的中心工作提供有力的司法保障和法律服务，以此来赢得信任，赢得支持，赢得地位和权威，进而实现民事审判良好的法律效果和社会效果。

审理传统民事案件，要十分注重审理好政策性较强、影响面较广、敏感度较高的民生案件和群体性案件，确保人民群众的基本权益、合理诉求得到司法保障，全力维护社会的和谐稳定。一定要与有关职能部门密切协作，多方寻求支持，慎重采取措施，妥善化解矛盾。一定要防止因工作方法不当造成矛盾激化，引发不稳定事件。要进一步落实最高法院和省法院关于巡回审判、简易程序、司法救助、诉讼指导等一系列便民诉讼规定，努力为基层群众提供公正、高效、便捷的诉讼服务，让群众真正感受到，公正司法就在身边。今年年初，最高人民法院印发了《关于当前形势下加强民事审判切实保障民生若干问题的通知》，各级法院一定要深刻领会，认真落实。

审理房地产案件，要充分关注国家和地方宏观调控政策实施给房地产市场带来的新情况、新变化。妥善处理因市场价格波动和房地产金融政策、商品房限购政策调整等因素引发的商品房买卖、建设工程施工、合资合作开发房地产等相关案件。在有力保障国家宏观调控政策实施的前提下，平等保护各类市场主体的合法权益，妥善平衡利益关系。在审判工作中，要适当关注辖区房地产市场的整体运行状况。发现有一定影响的普遍性、倾向性问题，要认真研究司法对策和治理措施，及时向有关行政主管部门、行业管理部门提出司法建议。在重大和新类型案件审理工作中，在裁判标准的调研、制定过程中，要贴近工作实际，充分听取有关管理机关、中介机构、市场主体的意见和建议。

（二）以强化审判管理为重点，推动案件质量和审判效率进一步提高

公正高效地审理好每一起案件，始终是民事审判的硬道理。现阶段，我省民事审判的绩效考评在全国处于相对落后的位置。2011 年，在最高法院设

置的26项能够提取数据的考评指标中,辽宁仅有7项处于全国平均水平之上,有19项低于全国平均水平,并且每年都有大量的内生案件挤占有限的审判资源。民事案件占法院全部案件的80%,这说明我省的民事审判工作与辽宁在全国的经济社会发展地位很不相称。究其原因,“案多人少”、司法环境复杂和审理难度加大是一方面,全国情况基本相当,更主要是我们民事案件的审判管理,尤其是质量管理不到位、不细致,工作力度还跟不上形势要求。我们深知,大幅度提高审判质效是一项长期任务,一蹴而就不现实,一年两年也不够,必须奋起直追,长抓不懈。

近年来,审判管理工作越来越受到各级法院的高度重视,随着专门机构的设置和有关规章制度的实施,其与案件审理工作的关联性和契合度越来越高,相互之间的制约和影响也越来越明显。2009年,省法院统一制定了《民商事案件审判质量标准》、《民商事案件审判流程管理细则》、《辽宁省法院系统审判质量效率考评办法》和《辽宁省法院系统错案及瑕疵案件责任追究办法》,这一系列管理文件就是我们现阶段进一步强化民事案件审判管理的政策依据。全省各级法院一定要认真学习、全面掌握,并要结合自身工作实际,制定出行之有效的管理制度和落实措施,同时要在日常工作中对运行情况定期进行检查分析,发现问题,及时解决。

强化民事案件的审判管理,首先要抓好案件质量。第一要在强调庭审规范化的同时,进一步提高庭审工作质量,充分发挥庭审功能、实现庭审价值。第二要不断强化和完善裁判意见形成机制,确保最终形成的裁判意见经得起实践检验、法律检验和社会检验。第三要进一步提高裁判文书的整体质量,要充分阐述认定事实和解决纠纷的思路和理由。裁判文书的审核签发绝不能流于形式。第四要认真做好法官释明和判后答疑工作。裁判文书要当面送达,先送败诉方。针对当事人的不同意见,要认真研究,正确对待。第五要高度重视督办案件。领导机关、人大代表、政协委员关注的督办案件,一定要杜绝程序和实体瑕疵。第六要提倡院长庭长亲自办案。既发挥带头示范作用,又有利于提高业务水平、总结审判经验、发现管理漏洞。审判效率管理,要着重抓好审限控制和均衡结案。既要合理配置、有效利用现有的审判资源,又要积极探索案件的“繁简分流”和程序的“适度简化”。要克服“前松后紧”的习惯和做法,努力改变年底突击结案的状况。

(三)以强化诉讼调解为重点,推动矛盾纠纷化解工作进一步深化

妥善化解矛盾纠纷是民事审判的工作主线。现阶段,全省民事案件的信访压力比较突出,“案访比”一直居高不下,“案结事了”的工作目标没能很好实现。2011年全省民事一审案件的调撤率为58%,低于全国平均水平。从某种意义上讲,目前全省法院民事案件的服判息诉和矛盾纠纷化解工作正处于一个比较困难的“瓶颈”阶段,如果不能尽快走出困境,将长期陷入被动。今年是全省法院的“调解年”,民事部类是主力,民事审判是主场,我们必须力争有所突破、有所作为。

进一步强化诉讼调解,一定要在总结经验、巩固成绩的同时创造性地开展工作。在坚持全程调解的基础上,基层法院要重点抓好一审案件的立案调解和庭前调解,争取将矛盾纠纷化解在诉讼初始阶段;在坚持全员调解的基础上,要重点加强庭领导、院领导亲自参与的“梯次调解”;在坚持全面调解的基础上,要对“适合调解”和“需要调解”的案件重点进行调解;要积极探索开展“邀请调解”和“委托调解”的有效途径,不断拓宽工作思路;要注意根据不同案件类型的特点,分类总结相应的调解模式和调解技巧,推进诉讼调解的精细化和专业化;要结合不同审级、不同层级法院的实际情况,制定切实有效的调解工作运行机制,整合调解资源,形成工作合力。沈阳中院诉讼调解中心的建立就是一个很好的探索,值得学习和借鉴。

当前,民事审判与诉讼外调解仲裁机制的工作连接点相对较多,比较常见的就有人民调解、劳动仲裁调解、土地承包仲裁调解、道路交通事故行政调解等,这为我们建立和完善“诉调对接”工作机制提供了比较广阔的空间。近年来,民事审判与人民调解的对接工作开展得比较充分,很多法院在诉讼服务中心建立了人民调解工作室,在基层调解组织建立了联系点和工作站,相应的工作制度也在不断完善。下一步,我们要重点加强与劳动仲裁、土地承包仲裁和公安交警等部门的“诉调对接”工作,着力解决劳动争议、土地承包、交通事故等热点难点案件的矛盾化解问题。本溪中院的司法协理员制度,阜新和辽阳中院的交通事故专业法庭为我们提供了经验。

(四)以强化队伍建设为重点,推动司法能力和纪律作风进一步加强

没有一支过硬的审判队伍,就不可能实现民事审判事业的长远发展。民事审判的队伍建设,重点是司法能力和纪律作风建设。现阶段,由于案件压力大、信访责任重、职级待遇低和司法环境相对复杂,一些一线法官,尤其是一些基层审判人员的积极性和工作热情有所消减,纪律作风有所松懈,对此,我们必须给予高度重视并积极采取有效措施。要在

严格要求、严格管理、严整作风、严肃纪律的前提下，更加关心他们的身心健康和职业保障，努力为一线审判人员创造良好的工作氛围和工作环境，不断调动积极性，激发工作热情和工作活力。

司法能力问题，不仅仅是学历层次和理论水平问题，更重要的是综合运用法学理论、法律知识和司法审判手段，妥善调处具体案件、化解疑难复杂纠纷的实践能力问题。因此，提高审判队伍的司法能力，不能局限于学历教育和理论讲授，也不能局限于开讲座、办学习班。一定要将能力培养与实践锻炼紧密结合在一起，灵活采取多种形式，切实提高民事审判队伍的庭审驾驭、法律适用和裁判文书制作能力。尤其要注重在审判实践中锻炼和培养一线审判人员应对复杂局面、调处疑难纠纷、做好群众工作的综合司法能力。

近年来，人大代表、政协委员、代理律师和诉讼当事人，对民事审判队伍的总体评价是积极的、正面的，但对少数审判人员的工作纪律和工作作风仍然持比较尖锐的批评态度。同时，民事审判队伍中个别人员的违法违纪现象也仍然没有得到根本遏制。加强民事审判队伍的纪律作风建设，不能仅仅满足于完成政工纪检部门统一部署的规定项目和规定动作，一定要围绕审判权力运行机制，针对民事审判的关键环节和工作特点，结合本单位、本部门实际情况，制定切实有效的预防制约机制和监督管理措施，并坚决贯彻落实。力争尽快杜绝责任心不强、随意性较大、群众观念淡薄、司法形象不佳等不良现象，不断树立民事审判工作的良好形象。

（五）以强化调研指导为重点，推动全省民事审判工作进一步发展

调研指导是加强民事审判基层基础建设的重要手段。一段时期以来，全省民事审判的专业调研、对下指导和岗位培训工作开展得不够充分，始终是个短板。各级法院在交通肇事、医疗损害、土地承包、劳动争议等一些类型性案件上缺乏统一的裁判标准和执法尺度，导致“同案不同判”的现象比较突出；在一些疑难的法律适用问题上，下级法院得不到及时的培训指导，感到无所适从，意见很大；在一些复杂案件的处理上，上下级法院之间沟通不畅，各行其是，导致个别案件多次发回重审，当事人反响比较强烈。这些现象严重阻碍了全省民事审判工作的正常开展，应当立即着手加以解决。

近年来，一些中级法院根据自身案件特点，先后调整了各民事审判庭的业务分工，省法院民一庭与中院业务庭之间的对口关系变得比较复杂，客观上为省法院开展调研指导工作带来了一定难度。在中级法院和基层法院之间也不同程度地存在这个问题。省、市两级法院要尽快研究建立适应现有对口关系的调研指导工作机制，力争扬长避短，确保工作顺畅运行。近期，省法院民一庭根据实际需要重新划分了三个区域性审判组，建立了分片指导工作制度，这是个良好开端。现阶段，由于人员紧张，一些中级和基层法院的民事审判庭长期没有固定的综合调研人员，尤其是承上启下的中级法院调研指导力量相对不足，这种不利局面应当尽快扭转。

调研指导要有针对性。现阶段，房地产案件主要集中在中级和高级法院，传统民事案件主要集中在基层和中级法院，这种案件类型的不均衡分布短期内难以改变，仅仅依靠案件审理来进行对下指导也不能充分发挥作用。上级法院有效开展调研指导，必须首先掌握下级法院的案件情况和业务需求，才能对症下药、有的放矢。因此，必须在三级法院之间建立起畅通的审判信息交流渠道，确保全地区民事审判工作情况能够及时全面地汇总到中级法院和省法院。

岗位培训要注重实效。近年来，各级法院普遍重视法官培训工作，法官学院的续职培训每年都搞，宣教系统的专家巡讲已经开展了三年，受限于案件压力和经费、场所，民事审判的岗位培训不能完全另起炉灶，应当与现有培训机制有机结合起来。法官学院的培训内容要贴近审判实践；专家巡讲要重点解决疑难问题；民事审判中的普遍性问题，可以采取专题研讨、案例指导的方式解决；亟待解决的紧迫性问题，可以采用分片座谈、视频会议等比较灵活的方式。关键在于及时解决实际问题，有力指导审判实践。

四、当前审理民事案件需要注意的问题

2008年以来，全省民事审判工作遇到了许多新情况和新问题，需要在实践中逐步统一。下面，我就当前案件审理工作中亟待明确的法律政策问题讲几点意见：

（一）关于物权纠纷案件的审理问题

第一，要特别注意物权的平等保护。在依法保护国有资产、集体财产不受侵犯的同时，依法平等保护私有财产、个人财产不受侵害。避免以防止国有资产流失为借口，违法办案，损害其他民事主体的合法权益。

第二，要充分发挥司法的物权确认功能。在坚持物权登记、公示制度的前提下，合理解决权利冲突，依法确认物权归属。避免以存在有效的物权登记为由拒绝受理物权确认纠纷案件。

第三，要合理协调物权关系和合同关系。正确

认识物权变动结果与物权合同效力的不同功能,避免以物权转移尚未实现为由认定物权转让合同无效。

(二)关于合同案件的审理问题

第一,要全面认识合同效力。严格以《合同法》第52条及《合同法司法解释(二)》第14条为依据,结合强制性规范的立法目的,正确区分效力性强制性规定和管理性强制性规定,慎重认定合同效力。对于未经行政审批、尚未生效的用益物权转让合同,要注意其通过审批和实际履行的可能性;对于无效的小产权房买卖合同,要通过缔约过失责任等避免当事人利益失衡。

第二,要结合国家宏观调控政策,妥善审理房地产合同纠纷。因房贷金融政策和商品房限购政策调整而无法实际履行的商品房销售合同,应当准许当事人请求解除,并根据案件具体情况,通过返还财产、赔偿损失等措施,保护当事人合法利益。

第三,要及时解决建设工程施工合同纠纷案件中出现的新问题。一要结合招投标法和国家关于建设工程的强制性标准来确定"黑白合同"案件中的合同依据及合同条款效力。二要认真执行最高法院的相关司法解释,严格控制发包人对实际施工人直接承担工程款给付责任的具体情形。三要充分尊重当事人的合同约定来确定实际工程款结算数额,避免盲目委托鉴定。

(三)关于侵权案件的审理问题

第一,要正确处理侵权责任法与其他法律、司法解释的关系。之前制定的司法解释,与侵权责任法内容存在冲突的,不应再适用。侵权责任法未明确规定,且司法解释与侵权责任法立法原则相一致的内容,可以作为有益补充,继续适用。

第二,要妥善处理道路交通事故损害赔偿案件。有条件的地区要积极探索此类纠纷的联动调解机制;要继续坚持将受害人基于强制保险和商业保险的不同请求权纳入侵权诉讼一并解决的审理方式;要注意平衡保护受害人和保险公司的利益,区别强制保险和商业保险的不同特征,依法保护商业保险人的合同权益。

第三,要积极探索医疗损害赔偿案件审理的新思路。要注意研究医疗损害鉴定的统一化问题。及时研究举证责任、证明标准等新问题。既要充分保护患者权益,也要为医疗机构的正常运转、医学发展和医疗水平的提高提供司法保障。

(四)关于婚姻家庭案件的审理问题

第一,要注重保护妇女、老人和未成年人的合法权益。一要重视社会"老龄化"趋势下的老人赡养问题,实现老有所养的社会效果。二要关注生活来源较少、谋生手段较弱的妇女离婚后的扶养问题。三要切实保护未成年人尤其是农村留守儿童的生活、教育、医疗权益。

第二,要根据家庭财产类型的发展变化处理好财产关系。一要重视婚姻法与公司法、合伙企业法以及其他法律的衔接协调,既要保护夫妻双方对共同财产的平等处分权,又要注重发挥财产的整体效用。二要正确认识"买断工龄款"、养老保险金等财产形态的特征,合理界定财产性质。三要在涉及第三人交易的情况下,注意保护善意第三人的合法权益。

第三,要充分体现社会主义道德和善良风俗。注重通过制裁违约、违法行为来引导善良风俗的巩固和确立,避免案件审理结果对良好民俗、习惯造成冲击,引起负面的社会评价。

第四,要做好婚姻案件审理的风险管控。要加大调解力度,多做耐心细致的矛盾化解工作。对于矛盾已经激化或者有暴力倾向的,要切实加强防范,避免发生恶性事件或刑事犯罪。

(五)关于劳动争议案件的审理问题

第一,要坚持依法保障劳动者合法权益和用人单位的生存发展并重。认真贯彻执行省委政法委2010年劳动争议案件专项协调会的精神和要求,妥善处理好因政策性因素和历史遗留问题引发的群体性案件。

第二,要通过司法手段倡导稳定的劳动关系。依法制裁用人单位不签订劳动合同、滥用劳务派遣、随意解除劳动关系等侵害劳动者合法权益的违法行为。

第三,要切实保护劳动者的人身权益。严格执行最低工资标准、法定节假日、最长加班时间等制度,通过裁判支付加班费、经济补偿金、赔偿金等手段,维护劳动者的人身权益。

(六)关于民事诉讼程序问题

第一,要进一步加大小额速裁试点工作力度。沈阳沈河区法院和大连甘井子区法院两个试点单位要进一步积累和总结工作经验,对存在的问题要及时加以研究,争取为将来全面实施奠定基础。

第二,要进一步建立健全诉讼与非诉讼相衔接的矛盾纠纷解决机制。充分发挥人民调解、行政调解、行业调解、仲裁和诉讼调解的综合作用,努力将纠纷解决在萌芽,矛盾化解在基层。

第三,要进一步强调民事诉讼的程序意识,注重程序公正。一要避免轻易放弃其他法定送达手段,盲目采用公告送达,导致当事人丧失应诉权利。二要正确把握"调解优先,调判结合"的工作原则。既要防止"能调不调",又要防止片面追求调解率的绝对化倾向。三要严格遵守举证时限,防止诉讼突袭,确保程序公正。四要注意规范鉴定委托行为,提高鉴定效率和鉴定结论质量。

同志们!面对新形势和新任务,民事审判工作责任重大、使命光荣。我们要坚定信心、团结一致、求真务实、开拓进取,忠实履行法律职责,充分发挥审判职能,努力开创全省民事审判工作新局面,以优异成绩迎接党的十八大胜利召开,为建设富庶、文明、幸福新辽宁作出新的更大的贡献!

在全省法院深入贯彻民事诉讼法修改决定电视电话会议上的讲话

辽宁省高级人民法院副院长 彭生富

(2012年10月26日)

同志们:

今年8月31日,第十一届全国人大常委会第二十八次会议审议通过了《关于修改〈中华人民共和国民事诉讼法〉的决定》,并确定于明年1月1日起开始施行。这是民事诉讼法自1991年实施以来的第一次全面修改,将对人民法院的民事审判和执行工作产生重大影响。最高法院对民事诉讼法修改决定的贯彻落实工作非常重视,9月11日召开电视电话会议进行了动员部署,9月19日又在上海召开座谈会,征求了各省高院的意见和建议。经省院党组研究决定,今天我们召开这次电视电话会议,就是为了贯彻落实最高法院两次会议精神,对全省法院做好新民事诉讼法的实施准备工作进行动员和部署。

下面,结合民事诉讼法修改决定、最高法院会议精神和全省法院民事审判和执行工作实际,我讲三点意见:

一、此次民事诉讼法修改的重大意义及对民事审判执行工作的主要影响

民事诉讼法是中国特色社会主义法律体系中的基本法律,是人民法院民事审判和执行工作最为重要的法律依据。全国人大、最高法院对民事诉讼法的制定和修改非常重视也非常慎重。1982年《民事诉讼法(试行)》制定后,经过9年的实践检验,于1991年进行了第一次全面修订,正式形成了《中华人民共和国民事诉讼法》。16年后,为了更好地解决"申诉难"和"执行难"问题,全国人大常委会于2007年对民事诉讼法进行了局部修改,主要涉及审判监督程序和执行程序两个部分。今年完成的这次民事诉讼法修改,启动于2010年。最高法院专门成立了各相关审判和执行部门负责人参加的民事诉讼法修改研究小组,通过广泛深入的调查研究,充分征求各级法院和一线法官的意见,结合审判工作实际需要和理论研究成果,主动提出立法建议,全面参与、有力配合了立法机关的修法工作,为最终形成比较符合审判实践需要的修改决定做出了积极贡献。

这次民事诉讼法的修改,是该法实施21年后的第一次全面修改。以中国特色社会主义理论体系为指导,在深入贯彻落实科学发展观,全面推进小康社会建设的重要历史时期,在中国特色社会主义法律体系基本形成,政治体制改革和民主法治建设稳步推进的大背景下,在党的十八大即将胜利召开的重要时刻,民事诉讼法的全面修改将对进一步完善民事诉讼制度,促进形成中国特色的矛盾纠纷解决机制具有特殊重大的意义。现阶段,我国经济社会迅猛发展,利益格局日趋多元,公民的法律意识普遍增强,大量的矛盾纠纷涌入法院,形成诉讼案件。面对人民群众不断增长的司法需求,面对全社会对公平正义的殷切期待,人民法院的民事审判和执行工作面临着前所未有的压力和挑战。这次民事诉讼法的全面修改,通过设置新的诉讼制度、完善诉讼程序,着力解决当前民事诉讼活动中迫切需要解决的突出问题,为人民法院更好更快地解决民事纠纷、妥善化解诉讼矛盾、切实维护当事人合法权益提供了更加有力的制度保障,对促进司法公正、提高司法效率、树立司法权威具有十分重要的现实意义。

此次民事诉讼法的修改决定共计60条,涉及的

条文多、范围广,既有对原有制度的补充、修改,也增加了一些新的诉讼制度和诉讼程序。其中在民事诉讼的基本原则、管辖、回避、证据、送达、调解、保全、一二审程序、简易程序、特别程序、审判监督程序、督促程序、执行程序、涉外程序等方面,都在原有规定的基础上进行了程度不同的补充和修改。在公益诉讼、小额诉讼、第三人撤销诉讼等方面,增加了一些全新的诉讼制度和诉讼程序。虽然由于立法工作涉及众多部门,涉及许多复杂问题,一些法院系统比较关注的问题、比较重视的建议最终没有落实到具体的法律条文中,还需要通过司法解释来进一步解决,但经过最高法院和全国各级法院的共同努力,此次民事诉讼法修改决定的内容,集中体现了近年来民事审判方式改革和民事诉讼制度改革的成果,基本符合各级法院和一线法官对本次民事诉讼法修改的总体期待。

这次民事诉讼法的修改,对人民法院审判和执行工作的积极影响主要体现在以下几个方面:

一是进一步推动了民事案件的"繁简分流"。通过在简易程序中增设小额诉讼程序,首次实现了简单民事案件的一审终审;通过在特别程序中增设确认调解协议案件和实现担保物权案件,为当事人确认调解协议的法律效力和权利人实现担保物权提供了更加简便的诉讼渠道;基层法院和派出法庭,可以通过当事人约定的方式适度拓展简易程序的适用范围;当事人没有争议的案件,可以直接转入督促程序;适宜调解的案件,可以在受理阶段和开庭前先行调解;当事人没有提出新的事实、证据或者理由的二审案件,可以不再开庭审理。

二是进一步完善了证据制度。以现行证据规则为基础,强化了诉讼证据限时提出的规定。对无正当理由逾期提供证据的,人民法院可予以训诫、罚款或不予采纳该证据;当事人诉讼过程中可以申请证据保全,人民法院也可以依职权采取证据保全措施;当事人可以通过协商选择确定司法鉴定机构;需要出庭的鉴定人拒不出庭作证的,人民法院可以不采纳该鉴定意见,鉴定费用也可以要求返还;当事人还可以申请有关专家出庭,就鉴定结论或专业性问题发表意见。

三是增加了公益诉讼、第三人撤销诉讼、行为保全等新的诉讼制度。对环境污染、侵害众多消费者合法权益等损害社会公共利益的行为,法律规定的机关和有关组织可以提起公益诉讼;应当参加诉讼,但因不可归责于本人的原因而未能参加诉讼的第三人,可以提起诉讼,请求法院改变或者撤销已经生效的判决、裁定或调解书;对于可能因一方当事人的行为或其他原因,致使判决难以执行或造成当事人其他损害的,人民法院可以根据对方当事人的申请或者依职权责令当事人作出一定行为或者禁止其作出一定行为。

四是进一步规范了当事人的诉讼行为和人民法院的审判活动。对于恶意串通,企图通过诉讼、调解等方式侵害他人合法权益或者逃避履行生效法律文书确定义务的恶意诉讼的当事人,人民法院可以采取罚款、拘留、追究刑事责任等制裁措施;当事人申请再审的期限,由原来的两年修改为六个月;上级人民法院如果将本院管辖的一审案件交由下级审理,应当报请其上级人民法院批准;审判人员接受当事人、代理人请客送礼或者违反规定会见当事人、代理人的,当事人、代理人有权申请回避;人民法院收到当事人提交的证据材料后,应当出具收据;发回重审的案件再上诉的,二审法院不得再次发回重审。

五是进一步强化并规范了人民检察院的法律监督职能。人民检察院的法律监督对象由原来的民事审判活动修改为民事诉讼,同时规定人民检察院有权对民事执行活动实行法律监督;人民检察院的抗诉对象,在判决、裁定之外,增加了损害国家利益、社会公共利益的民事调解书;人民检察院的监督方式,在抗诉之外,增加了向同级人民法院提出检察建议;同时规定,当事人向人民检察院申请抗诉或检察建议之前,应当先向人民法院提出再审申请;另外规定,当事人就同一事由,不得再次向人民检察院申请抗诉或者检察建议。

这次民事诉讼法的修改,对人民法院的民事审判和执行工作带来上述积极影响的同时,也为我们提出了新的工作任务和更高的工作要求。全省法院一定要提高思想认识、准确把握立法精神,自觉增强贯彻落实民事诉讼法修改决定的积极性和主动性,切实做好新民事诉讼法实施的各项准备工作。

二、当前学习贯彻新民事诉讼法应当重点把握的几项原则

在审判实践中贯彻落实新民事诉讼法的有关规定,肯定会遇到各种具体的困难和问题,全省法院要充分认识这项工作的长期性和复杂性。当前,民事诉讼法的修改决定还没有正式实施,一些隐性的问题还没有充分显现,特别是有些新的诉讼制度,各级法院还没有实践经验,理论研究也比较薄弱,需要我们自己去积极探索。现阶段,各级法院贯彻落实新民事诉讼法的主要任务,就是加强学习,深入研究:一是对于新设立的诉讼制度和诉讼程序,要在深入学习的基础上认真研究实际操作的方法和标准,同时要积极预测实践中可能出现的问题和困难,提早

制订应对方案；二是对于已经作了修改的法律条款，要在深入学习的基础上全面了解修改原因和修改目的，准确把握立法精神，同时要认真研究新旧条款之间的衔接适用问题，避免产生矛盾冲突；三是对于涉及法院系统外其他部门工作职责和需要上下级法院之间以及法院内部各部门之间互相衔接配合的新制度、新规定，要做好事先沟通和统筹协调，进一步完善和理顺工作机制。

现阶段，全省各级法院学习贯彻新民事诉讼法，要重点把握好以下几项原则：

（一）要认真贯彻诚实信用原则

这次民事诉讼法修改决定的第一条，就将诚实信用原则确立为民事诉讼的基本原则，其目的在于使这一原则精神贯穿于民事诉讼程序的始终，统领整个民事诉讼程序和诉讼制度。我们学习、贯彻新民事诉讼法，首先要充分认识诚实信用原则对于民事审判和执行工作的重要意义，将诚实信用原则的贯彻与社会管理创新和建设社会诚信体系、提升司法公信力相结合，与人民法院的民事审判和执行工作的实际需要相结合，研究、探索依靠诚实信用原则规范审判和执行工作、规范诉讼秩序的方法。对于违反诚实信用原则、滥用诉讼权利拖延诉讼、扰乱诉讼秩序的行为，要提出相应的预防和治理措施；对于恶意诉讼、损害他人合法权益的行为，以及恶意串通逃避执行的行为，要严格依照法律规定予以制裁；要认真落实举证时限的规定，对于故意违反举证期限的要求、利用证据进行诉讼突袭的行为，要正确适用证据失权的规定；对于违反诚实信用原则，伪造证据、虚假陈述、妨害诉讼的行为，要根据法律和司法解释的规定，予以处理。同时，各级法院在审判和执行工作中也要遵守诚实信用原则，不能在管辖、调解、执行等工作中滥用职权，侵害当事人的诉讼权利。要通过研究贯彻落实诚实信用原则的措施、方法和制度，进一步规范诉讼秩序，提高诉讼效率，促进诉讼公平。

（二）要全面落实程序公正

程序公正是民事诉讼法的基本要求，是满足人民群众司法需求的直接体现，是实现实体公正的基础和保障，也是提升司法公信力的重要内容。诉讼程序虽然由当事人启动，诉讼方向也受当事人的诉讼请求所制约，但法院在诉讼活动中的主导地位不可否认。因此，强化程序意识，落实程序公正，首先要从法院和审判人员自身做起。各级法院在民事审判和执行工作中，要切实保障诉讼程序对每一方当事人的公正。要注意当事人诉讼权利的平等保护和诉讼义务的平衡负担，避免当事人对法院的公正性产生合理怀疑，影响法院民事审判和执行工作中的中立形象。同时，对于一方当事人故意损害对方权益、破坏民事诉讼秩序的违法行为，要坚决予以制止，以维护诉讼的严肃性和法院的司法权威。要认真贯彻举证时限的规定，正确认识举证时限对于促进民事诉讼公正与效率的重要意义，根据当事人逾期举证的主观过错程度确定相应的法律后果；要认真落实新民事诉讼法关于送达的规定，防止一方当事人利用送达问题恶意拖延诉讼、损害对方当事人合法权益，切实解决好送达难的问题；对于当事人一方人数众多或者当事人双方为公民的申请再审案件，从降低诉讼成本和有利于化解矛盾、解决纠纷出发，原则上由原审法院处理。要牢固树立程序公正的理念，切实将法律中规定的各项程序制度真正落到实处，防止因程序上的疏漏影响当事人诉讼权利的行使。

（三）要切实保障当事人的诉讼权利

保障当事人的诉讼权利，是程序公正的重要体现，是各级法院提高司法能力、司法水平和司法公信力的重要途径。当事人诉讼权利的保障和落实，能够有效制约审判权、执行权的滥用，对于规范审判和执行工作、提高工作的水平、促进诉讼和谐，具有积极意义。保障当事人的诉讼权利，是本次民事诉讼法修改的重要任务之一。我们贯彻落实新民事诉讼法，也要将这一问题作为重点内容。要注重诉讼程序的公开、透明，保障当事人发表意见、进行辩论的权利，平衡好程序公正与效率的关系；要认真贯彻新民事诉讼法关于起诉和受理的规定，进一步改进立案工作；在案件审理过程中，要根据案件的具体情况和实际需要做好释明工作，加强诉讼指导；在执行工作中，要注意对当事人权利的平等保护，认真处理当事人和案外人的执行异议。要研究如何将保障当事人诉讼权利作为改进审判和执行工作的重要切入点，不断提高各级法院民事审判和执行工作的整体水平。

（四）要严格规范审判执行活动

规范各级法院的民事审判和执行活动，对于增强司法公信力具有非常重要的意义。此次修改民事诉讼法，吸收了各地审判实践中的实际做法，增加了许多规范审判执行工作的内容。各级人民法院要以贯彻实施民事诉讼法修改决定为契机，进一步推动民事审判和执行工作的规范化，提升民事审判和执行工作的层次、水平。要严格执行管辖的规定，落实好案件移交的制度，减少管辖争议和异议，避免地方保护主义对民事审判和执行工作的干扰；要严格执行修改决定中关于起诉受理的规定，切实保障当事人依法享有的起诉权利;认真做好需要开庭审理的案件的审前准备工作,通过庭前证据交换、会见当事人等方式明确争议焦点,将审前准备工作与庭审评查、绩效考核相结合,努力提高庭审的质量和效率;认真落实回避的规定,杜绝关系案、人情案等损害司法公信力的现象;进一步完善证据材料签收制度,依法规范证据提交和接收程序;严格按照新民事诉讼法的要求,进一步规范裁判文书的制作,增强裁判文书的说理性,努力提高裁判文书的整体水平;要认真落实裁判文书公开的规定,建立健全公众查阅生效裁判文书的制度。要研究落实新民事诉讼法关于规范审判执行工作的新规定,切实提高审判执行工作水平。

(五)要正确对待检察监督

新民事诉讼法对检察监督部分做了一些修改,相应地对民事审判工作影响较大。民事诉讼法的修改规定了检察机关对民事诉讼进行法律监督的权力,将检察监督的范围扩展到执行监督,检察监督的方式也增加了检察建议。我们要正确认识检察监督对于促进法院民事审判和执行工作公正、廉洁、高效的现实意义,以积极的态度接受检察监督;同时,我们也应当看到,这次民事诉讼法的修改对解决重复申请、多头审查以及"终审不终"等问题具有积极作用。检察监督是依法监督,不能超越法律规定的范围。要严格执行新民事诉讼法的有关规定,进一步研究细化新民事诉讼法关于检察监督的范围和条件,切实规范相关案件的审理程序。

三、关于几项新制度、新规定的掌握标准

民事诉讼法修改决定中增加了一些新的制度和程序性规定,如小额诉讼、第三人撤销诉讼、公益诉讼等,这些新的制度和规定,对于改进和加强法院的民事审判和执行工作具有十分重要的意义。由于各级法院目前还缺乏审理这些新类型案件的成熟经验,贯彻新民事诉讼法中的新制度、新规定,要采取积极探索、稳步推进的方式,有些一时看不清的,要积极进行预测和研判,有些措施方法要逐步推开。要注意积极、稳妥、有计划、有层次地开展工作,一定要避免在准备不充分、预判不到位的情况下仓促行事,造成工作上的被动。

现阶段,贯彻落实新民事诉讼法的新制度、新规定,要按照以下标准稳妥掌握:

第一,关于小额诉讼问题。小额诉讼案件,金额小,数量大,影响大,直接关系普通群众的利益,必须引起高度重视。小额诉讼制度如果落实不好,对民事诉讼具有颠覆性意义。当前,要抓紧落实小额诉讼的配套措施。最高法院拟在11月底前完成指导意见的起草工作,全省各级法院的准备工作现在就应当动起来。目前有三个问题比较紧迫:一是收案范围问题。受案范围应以金钱给付之诉为限,涉及身份、确权的案件不宜适用小额诉讼。二是收案金额问题。以上一年度就业人员年平均工资的30%为标准,省法院要尽快研究小额诉讼立案标准的公布和实施工作。三是目前的试点问题。我省的沈阳市沈河区法院和大连市甘井子区法院是小额速裁的试点单位,现阶段要继续收案,同时要抓紧试点工作的收尾和总结。要从小额速裁的立案、送达、审理、裁判方式和救济程序等方面充分总结经验,并尽快完成经验转化,从明年起试点意见就不再适用。

第二,关于公益诉讼问题。为使公益诉讼制度既能适度开展,又能有序进行,要按照限制案件范围、限定原告范围,先行先试,逐步推开的立法思路,严格把握四点:一是要从严掌握公益诉讼受案范围,目前仅限于法律明确规定的污染环境和侵害众多消费者权益两类案件,其他案件原则上不予受理,待有关法律修改明确后,或结合今后的司法实践,再逐步放宽。二是要从严掌握公益诉讼的原告范围,目前也限于法律明确规定的机关,法律没有明确规定的机关提起公益诉讼的,不予受理。至于有关组织,目前也应严格掌握,除法律明确规定的组织外,还有哪些组织可以提起公益诉讼,要按照最高法院的意见统一把握,不要轻易放开。三是公益诉讼应当是侵害社会公共利益的公损案件,如果是受害人个人或其他法人单位提起的相关诉讼,应当作为普通民事案件受理,不能按照公益诉讼案件处理。四是公益诉讼程序应以现有程序为基础,除法定起诉主体不受现行民事诉讼法第一百零八条一般起诉条件规定的"与本案有直接利害关系"的限制外,应尽可能按照民诉法的一般规定执行,有关管辖问题,案由问题、诉讼费用收取问题和裁判方式问题等需进一步研究规范,并在实践中逐步探索完善。

第三,关于第三人撤销之诉问题。设立第三人撤销之诉的立法目的,主要为防止当事人通过恶意诉讼等手段侵害他人合法权益。第三人撤销之诉作为一种非常救济制度,其主要以撤销错误的生效裁判为目的,既要充分认识设立第三人撤销之诉制度对于保护案外第三人权益的积极意义,更要高度重视这项新设制度对法院生效裁判稳定性带来的重大影响,慎重把握第三人撤销之诉的适用条件和审理程序:一是从严把握立案标准。第三人撤销之诉是依据事实提起的新诉,法院应当依法受理,但在立案时要有相对严格的审查,特别在起诉主体的资格、提供的证据材料等方面要严格把握,如应当提交证明生效判决、裁定或调解书的内容部分或全部错误的证据，损害其合法民事权益的证据，非因本人原因未参加原诉讼的理由和证据等，在这些问题上，应不同于普通案件的一般性形式审查，要适度进行实质审查。二是在当事人问题上，要把原诉讼当事人列为案件的被告。三是要正确处理第三人撤销之诉与案外人申请再审的关系。现行民事诉讼法规定了执行程序中执行异议制度、案外人申请再审制度，现修改后的民事诉讼法又规定了第三人撤销之诉制度。依据现有规定，有可能会出现案外第三人同时享有上述几种程序权利的问题，由于这是一项新的制度，又对现行诉讼制度影响较大，因此要进一步搞好调查研究，在研究具体适用时，鉴于是对生效裁判提起的诉讼，原则上应当比照审判监督程序的有关制度规定。

第四，关于举证期限问题。修改后的民事诉讼法总结审判实践经验，新规定了举证期限制度。在适用举证期限制度时，应当把握以下几点：一是从以往的司法实践看，当事人自行协商确定举证期限的可行性较小，根据修改后的民事诉讼法举证期限应当由人民法院根据举证的实际情况和当事人的举证能力，以及具体审理情况依职权来确定，也可以由当事人协商确定；二是当事人在该确定的期限内提供证据确有困难，向人民法院申请延长期限的，人民法院经审查后应适当延长；三是对于逾期举证后果的把握，要根据当事人逾期提交证据的具体情况，从当事人的理由、过错程度、该证据在认定案件事实中的地位和作用等方面把握，区分不同情况适用采纳该证据但不予处罚，采纳该证据但予以训诫、罚款处罚以及该证据不予采纳的措施。对逾期证据不予采纳的适用，基于我国国情和现阶段当事人的诉讼能力情况，要审慎严格把握，主要应当适用于当事人出于极端恶意，故意逾期提交证据的情况。

第五，关于再审案件的级别管辖问题。这次民事诉讼法的修改对于申请再审的管辖法院一律“上提一级”的现行规定开了口子，即当事人一方人数众多或者当事人双方为公民的两类案件，可以向原审人民法院申请再审。这对学界和立法部门主张的再审应一律由上一级法院审的理论是个突破，对于将矛盾化解在基层，减轻当事人讼累也具有积极意义。适用时要注意：一是这两类案件当事人申请再审的，一般由原审人民法院受理，当事人选择上一级法院的，可以引导当事人向原审法院申请再审；二是这两类经过二审终审的、调解结案的以及一审后放弃上诉权的案件，当事人坚持向上一级人民法院申请再审的，上一级人民法院应当依法审查，决定再审的，一般情况下可以指定原审人民法院审理；三是案件系经原审人民法院审判委员会讨论过的，经审查决定再审的，一般由上一级人民法院提审或指定其他法院审理。

第六，关于检察监督问题。实践中要注意把握几点：一是本次修改增加了当事人向法院申请再审在先、向检察院申请抗诉在后的规定，即当事人对于已经发生法律效力的判决、裁定、调解书，应当首先依法向人民法院申请再审，这可以说是前置程序。只有在以下三种情况下，才可以转而向人民检察院申请检察建议或者抗诉，即人民法院驳回再审申请的；人民法院逾期未对再审申请作出裁定的；再审判决裁定有明显错误的。二是对当事人已向法院申请过的案件，当事人继续申诉或者向上一级人民法院申请再审的，法院不再受理，应当告知当事人依法向检察机关申请检察建议或者抗诉。三是要严格执行检察监督一次性原则。对于检察机关已经提出过检察建议或者抗诉的案件，当事人又申请的，检察机关不能再次提出检察建议或者抗诉，也就是说，这种情形下，法院不再受理。四是调解书只有在损害国家利益和社会公共利益的情况下，检察机关才能提出检察建议或者抗诉。五是从调研的情况看，不少法院对依职权启动再审的尺度掌握的比较松，适用起来相对随意。新法实施后，对于法院依职权启动再审的一定要从严把握。否则，很可能出现当事人申请检察机关抗诉不成后又重回法院缠诉的情况。

第七，关于新旧法实施衔接问题。新旧民事诉讼法的衔接适用，是当前亟须解决的问题，最高人民法院将出台正式的司法解释或者指导意见，请大家充分关注，并认真贯彻落实。在过渡期内，要注意把握几点：一是对现行司法解释已有规定，民事诉讼法新增加的制度，过渡期内相互不冲突的，可以继续执行司法解释规定；不一致的，可以参照修改后民事诉讼法的规定执行。二是现行民事诉讼法和司法解释没有规定，修改后的民事诉讼法新增加的诉讼制度，在过渡期内不得适用民事诉讼法的新规定。三是对于有利于民事诉讼顺畅进行，有利于实现案结事了人和目的的新规定，在没有增加当事人诉讼义务和责任的前提下，过渡期内可以参照执行。

同志们，这次民事诉讼法的全面修改，是人民法院民事审判和执行工作中的一件大事，是一种挑战，更是一个重大的发展机遇。让我们以贯彻实施新民事诉讼法为契机，振奋精神，统一思想，扎实工作，为推动全省法院民事审判事业科学发展做出新的更大的贡献，以优异成绩迎接党的十八大胜利召开！

求真务实　敢于担当　努力发挥民事审判在促进经济社会科学发展中的积极作用

——在全省民事审判工作座谈会上的讲话

吉林省高级人民法院副院长　于　兵

(2012年5月11日)

在全省上下深入学习、贯彻落实省十次党代会精神的新形势下,我们召开这次全省民事审判工作座谈会。会议的主要任务是:以科学发展观为指导,深入贯彻落实去年全国民事审判工作会议、今年年初全国高院民一庭庭长座谈会和全省法院院长会议精神,全面总结2008年以来全省民事审判工作的基本情况,深刻把握民事审判工作面临的形势,研究当前及今后一段时期民事审判工作如何实现科学发展、服务大局和司法为民,如何以化解社会矛盾纠纷、维护社会公平正义、促进社会和谐稳定、服务经济社会发展的优异成绩迎接党的十八大的胜利召开。

省高院党组对民事审判工作非常重视,对几年来民事审判工作取得的成绩给予了充分肯定,并专门研究决定召开本次座谈会。下面,我代表省高院党组讲三个问题。

一、2008年以来全省民事审判工作的基本情况

2008年以来,全省法院民事审判系统以党的十七大精神为指引,坚定不移地坚持"三个至上"指导思想和"为大局服务,为人民司法"工作主题,充分发挥民事审判职能,积极践行能动司法,深入推进三项重点工作,在服务大局、化解矛盾、保障民生等方面取得了显著成绩,为建设法治吉林、和谐吉林、美好吉林做出了积极贡献。

(一)坚持能动司法,依法服务大局成效明显。全省法院民事审判系统紧紧围绕党和国家的工作大局,针对国内外经济社会形势的发展变化,充分认识国际金融危机、农村改革发展、房地产宏观调控等给民事审判工作带来的新挑战、新任务,通过政策应对、化解纠纷等措施,为经济社会发展提供了坚实的司法保障和优质的法律服务。省高院及时出台了《关于充分发挥司法职能为农村改革发展服务的若干意见》,以及当前形势下审理劳动争议案件、农村土地承包案件的指导意见。各级法院妥善处理了在调结构、促转变、扩内需中发生的社会保障、劳动就业、房地征用等与民生问题息息相关的大量民事案件。及时处理了与高速公路、高速铁路、水利枢纽等重点工程、重点建设项目有关的一批民事案件,并发挥司法专业优势,协助有关部门预防和破解建设中遇到的难题。认真贯彻落实全国维护国防利益和军人军属合法权益工作会议精神及最高法院有关涉军维权工作通知的要求,召开全省法院维护国防利益和军人军属合法权益工作会议,全面部署涉军维权工作。全省法院普遍建立了涉军维权工作领导小组、合议庭等,工作机制日益完善,得到了省军区等军事单位的充分肯定。

(二)坚持依法办案,审判工作质效不断提升。全省法院民事审判系统紧紧围绕执法办案第一要务,依法审理了大量民事案件,涉诉矛盾纠纷化解工作取得了显著成效。平均每年受理民事一、二审案件(以最高法院和省法院民一庭业务分工的案件统计)约11万件,年结案率接近90%,一审案件的息诉服判率达到92%,二审依法改判和发回重审的案件仅占一审结案总量的2.5%,结案均衡度逐步好转,审判工作质效呈现良性运行的态势。坚持公正是审判工作的生命线,普遍注意并尽最大努力实现法律效果与社会效果的有机统一,及时化解了大量社会纠纷,依法保护了各类民事主体的合法权益。

(三)坚持调解原则,努力促进社会和谐稳定。深刻把握调解优先的科学内涵和基本要求,坚持自愿、公平、依法和"事了"原则,把调解作为处理各种社会矛盾纠纷的首选方式。2008~2011年,一审民事案件调撤率分别为60.8%、60.5%、62.4%和64.2%,案件调撤率逐年上升,二审民事案件的调撤率达23%。省高级人民法院先后召开全省法院调解工作经验交

流会、全省法院调解理论研讨会等，诉讼调解工作的规范化、科学化水平大大提升。

为进一步推动诉讼调解与非诉调解的有效衔接，省高院出台了《关于贯彻实施最高人民法院〈关于人民调解协议司法确认程序的若干规定〉的指导意见》，并与有关部门联合出台了《关于推进全省交通事故处理“六位一体”工作的意见》、《关于在全省推广长春市经验打造“妇女儿童维权服务直通车”的通知》等。基层法院采用“请进来，走出去”的调解工作方式，一方面聘请一定数量的人民调解员常驻法院、法庭，开展委托调解、协助调解和庭前调解工作；另一方面在基层组织、行业组织、特定单位设立调解点，开展巡回调解、审外调解、指导调解。基层法院每年分别审理涉非诉调解协议案件、人民调解协议司法确认案件100余件，对非诉调解协议的支持、确认率超过80%。已经形成了诉讼调解与人民调解、行政调解相互配合、多元调处的工作格局，对“吉林调解模式”的形成，做出了重要贡献。

（四）坚持为民司法，全面落实司法为民措施。扎实推进了司法为民制度化、长效化、普遍化建设，进一步创新完善了司法便民、利民、惠民措施。全省民事法官为民意识进一步增强，切实履行对当事人诉讼权利义务、诉讼风险、举证期限等告知义务，依法及时行使释明权，解疑释惑。全面实行案件繁简分流，适用简易程序的案件已经占结案总量的58%，宽城法院、延吉法院的小额速裁试点工作也已全面启动。大力推行巡回审判工作，实行“巡回立案、巡回调解、巡回开庭、巡回送达”的工作模式，目前基层法院共设巡回审判、调解点8300余个，设立交通事故巡回法庭、劳动人事争议仲裁巡回法庭、消协巡回法庭、医疗机构巡回法庭290余个，年巡回审理案件1万余件，满足了广大基层群众的诉讼需求。各地人民法庭还探索开展电话立案、预约立案、假日法庭等多种形式，最大限度地为当事人起诉、开庭提供便利。

（五）坚持服务基层，加强民事审判监督指导。省高院负有指导下级法院在审理案件过程中正确、统一适用法律，实现两个效果统一的重要职责。省高院民一庭按照最高法院的要求，将民事审判监督调研指导工作置于与庭内审判工作同等重要的地位，不断采取措施加强调研指导。先后出台了《关于开创人民法庭工作新局面的若干意见》、《关于审理人身损害赔偿案件若干问题的指导意见》等规范性文件。先后召开了“中国侵权责任法立法研讨会”、“民事审判工作研讨会”等专题会议，并完成了20余个专题的调研工作。各中级法院相关民事审判庭也都多次召开专题会议、进行专题调研、出台规范性文件，解决民事审判工作中存在的问题。2011年全省人民法庭共审结民事案件61,008件、执行案件3372件，以及少量的刑事和行政案件，结案标的额达15亿元。认真开展“公正、廉洁、为民”的人民法庭庭训学习宣传活动，努力使之成为广大法庭干警的思想准则和行动指导。人民法庭专项建设工作基本完成，共建设人民法庭113个，建筑面积超过7万平方米，物质装备建设的瓶颈已经打破。人民法庭的审判工作、司法为民、装备建设等都上了一个新台阶，人民法庭指导工作实现了新突破。

（六）坚持队伍建设，审判队伍素质不断提升。全省法院民事审判系统以增强民事司法能力，提高民事司法水平为目标，不断强化民事审判队伍建设。认真学习社会主义法治理念，扎实开展政法干警核心价值观教育实践活动和“人民法官为人民”主题教育活动，民事审判队伍的思想政治水平有了一定提高。不断加强司法能力建设，民事审判队伍化解矛盾纠纷、开展群众工作、解决实际问题的能力和水平有了一定提高。大力加强司法作风建设，倡导民事法官深入基层、深入群众、调查研究，及时发现新情况，解决新问题。大力加强廉政建设，落实“五个严禁”的规定，建立健全对民事审判工作的监督制约机制。近年来，全省法院民事审判系统涌现出了以翟树全、王宝胜为代表的一批先进人物、优秀法官。

同志们，全省法院民事法官和工作人员认真开展民事审判工作，为服务大局，保障民生，维护社会和谐稳定，作出了很大贡献。在这里，我代表省高院党组，向广大民事法官和工作人员表示衷心的感谢，并致以崇高的敬意。

在充分肯定成绩的同时，还必须清醒地认识到，民事审判工作还存在许多薄弱环节和不足之处：一是民事审判质量有待进一步提高。少数民事法官在行使自由裁量权中存在怠于行使、随意行使、甚至滥用的情形；裁判文书缺乏应有的严谨性、规范性、论理性，质量仍需提高；审判兼顾执行不够，存在诉讼保全不及时，判决主文不明确等问题。二是民事涉诉信访压力较大。除当事人自身原因外，少数民事案件质量和效率不高、司法不规范、办案不透明、程序不公正、裁判文书说理性不强、辨法析理工作不细，未能使当事人胜败皆服也是一个重要原因。三是民事法官队伍的司法能力尚待加强。部分民事法官业务素质不高，大局意识不强，存在孤立办案、就案办案、机械办案倾向，审判效果不佳；有的民事法官知识更新慢，法律适用水平低，驾驭庭审能力弱，对当事人的诉讼权利尊重不够；还有极少数民事法官贪赃枉法、徇私舞弊，造成恶劣影响。这些问题严重地影响了人民法院的形象和司法公信力,必须引起高度重视,并切实加以解决。

二、当前民事审判工作面临的形势和任务

在刚刚闭幕的省十次党代会上,省委书记孙政才同志指出"未来五年,是深化改革开放、加快转变发展方式的攻坚阶段,是全面建设小康社会的关键时期",提出"妥善应对矛盾凸显期,突出'发展'和'民生'两个关键"的要求。在全省政法系统学习贯彻省十次党代会精神会议上,省委政法委强调"为我省经济社会发展营造稳定的社会环境和良好的法治环境"。民事审判工作与全省工作大局,与经济社会科学发展,与人民群众的安康福祉联系得越来越紧密,这既给我们的民事审判工作提出了严峻挑战,也给民事审判工作实现新突破、取得新成效提供了更为广阔的空间。我们必须要深刻领会各级领导同志对当前国情省情,以及政法工作面临形势的研判,深刻把握文显院长对今年全省法院工作面临形势的分析,切实增强做好法院工作的使命感、责任感和紧迫感。结合当前民事审判工作的实际情况,充分认识到:经济社会发展中不平衡、不协调、不可持续的问题依然突出,房地产和民间融资领域中的结构性问题进一步凸显,民事审判保障经济社会平衡较快发展的任务更加艰巨;城乡、区域、行业发展不协调,收入分配差距较大,涉及民生的医疗卫生、婚姻家庭、食品安全、环境保护等矛盾明显增多,民事审判保障和改善民生,维护社会和谐稳定的责任更加重大;面对社会诚信缺失、民主法治意识不强的现实情况,通过民事审判弘扬社会主义道德、惩罚毁约失信行为,促进社会主义文化大发展大繁荣的职能作用更加凸显;针对涉诉信访案件频发,强调源头治理,提升民事审判工作质效的要求更加紧迫;随着法律调整社会关系范围日益拓展,社会矛盾成因和利益关系日益复杂,公民权利意识和法治意识日益增强,在民事审判中坚持社会主义法治理念,严格依法办案,确保法制统一的要求更加严格。

结合当前民事审判工作面临的新形势,按照文显院长提出的今年全省法院工作的总体思路和主要工作内容,当前民事审判的主要工作内容是:

(一)充分认识民事审判工作的重要地位,牢固树立社会主义法治理念,确保民事审判工作科学发展。充分认识民事审判工作在依法服务大局上的重要地位,经济转型升级、农业现代化、生态文明建设、文化建设无不与民事审判息息相关;充分认识民事审判工作在保障和改善民生上的重要地位,民事案件主要涉及婚姻家庭、人身财产安全、教育就业等民生领域的矛盾纠纷,审理好这些民生案件是民事审判的重要职责所在;充分认识民事审判工作在法律实施上的重要地位,民事审判主要适用婚姻法、物权法、合同法、劳动法等诸多基础性的民事法律,只有准确适用法律,审理好众多的民事案件,中国特色社会主义法律体系才能彰显其旺盛的生命力。因此,民事审判是法院审判工作的基础,必须要着力解决民事审判工作中存在的问题和困难,实现民事审判工作的科学发展。

为实现民事审判工作的科学发展,就必须牢固树立社会主义法治理念,努力践行"三个至上"重要指导思想,公正司法,能动司法、为民司法、和谐司法、文明司法、科学司法,确保民事审判工作的正确方向和价值取向,使民事审判工作更加有利于促进党的事业发展,更加有利于保护人民群众的根本利益,更加有利于宪法法律的正确实施。

(二)切实发挥民事审判职能作用,着力办妥各类民事案件,深化涉诉矛盾化解工作。加强民事审判工作就必须把审理好各类民事案件作为民事审判工作的第一要务。全省法院民事审判系统要深入研究经济社会发展和重大政策实施中遇到的民事法律问题,及时总结经验,并根据不同类型案件的特点,及时调整工作方法。要积极应对因受金融危机影响和企业经营困难而多发的劳动争议、社会保障、民间借贷案件,按照最高法院的要求,审慎、合法、合理地对涉案企业采取民事强制措施,尽量保障企业的正常经营和发展。要积极应对国家房地产宏观调控政策引发的法律问题,妥善审理好国有土地使用权转让、房地产合作开发、建设工程施工、商品房买卖等房地产案件,保障房地产市场健康发展和人民群众的居住权益。要积极应对我省农村改革发展对民事审判工作提出的新需求,始终把实现好、维护好、发展好广大农民的根本利益作为审理涉农案件的出发点和落脚点,特别是要依法处理好土地承包经营权流转、林权制度改革、农村土地征用过程中发生的相关民事案件。全省法院民事审判系统要充分认识到上述民事案件与国家政策调整和社会资源分配不平衡直接相关,因此极具社会敏感性,如果处理不当就会引发连锁反应。在具体工作中,对重点、敏感案件要落实维稳责任,强化风险评估,主动向地方党委和上级法院报告;要继续科学准确地执行"调解优先,调判结合"的工作原则,尽量寻求当事人双赢、多赢的处理方法,深化涉诉矛盾化解,全力维护大局稳定,确保社会安定、人民安宁。

(三)弘扬社会主义道德风尚,促进社会主义文化大发展大繁荣。人民法院是社会主义文化大发展大繁荣的建设者和保障者。要通过对具体案件的审理，综合运用各种审判手段，弘扬社会主义道德风尚，将民事审判建设成为弘扬社会主义道德的工作平台，支持社会主义文化建设。坚持诚实信用原则，注重保护重合同、守信用当事人的合法权益，制裁违背诚信的行为，积极推进社会诚信体系建设；审理婚姻家庭案件，倡导尊老爱幼、互敬互爱的家庭美德；审理相邻关系、共有关系等案件，倡导互相尊重、相互帮扶、邻里团结、和谐共处的道德风尚；审理人身侵权案件，倡导提高个人品德修养，推进公民道德建设；审理环境污染、资源开发等案件，倡导提高全社会维护生态、保护环境、爱护公物等社会公德的觉悟；审理产品质量、消费者权益保护案件，强化对各行业职业道德和责任意识的培养。近年来，因为某些个案的裁判问题，受到社会各方关注，成为舆论抨击的"靶子"，甚至因此在一定程度上引起了人们对社会道德滑坡的担忧，彭宇案就是教训，我省基层法院也曾出现过类似的案件，引起了省委舆情监督的密切关注，大家一定要以此为戒，按着奚晓明副院长提出的"主动考虑、敏锐捕捉、提前预案、及时应对、持续跟进、综合联动"的总体思路，最大限度预防、减少涉及民事审判的负面报道和舆论炒作。

（四）始终坚持服务基层的指导思想，继续做好民事审判监督指导，夯实民事审判工作基础。我省基层法院审理的民事案件占全部民事案件的90%以上。抓住了基层，就抓住了民事审判工作的关键和全局。省高院民一庭和各中级法院相关民事审判庭要切实加强民事审判监督指导工作，进一步丰富监督指导的途径和形式，提高监督指导的针对性和实效性。要强化类案审理指导，针对多发高发和发改较为集中的案件类型，通过调查研究、会议讨论、集中培训等方式进行指导。要进一步完善基层法院审判疑难、突出问题的发现、调研、解决机制，充分发挥基层联系点的作用，畅通上下级法院的沟通渠道，通过审判态势分析、发改案件分析等形式及时反映基层法院的审判工作情况，有效提升基层法院的审判工作水平。

人民法庭审理的民事案件占全省民事案件的55%以上，抓好对人民法庭的业务指导是民事审判系统的重要职责。目前，全省各中级法院普遍建立了人民法庭工作指导机构，有的与民事审判庭合署办公，有的则设在研究室、审管办等部门。不管人民法庭工作指导机构如何设置，民事审判系统都绝不能放松对人民法庭的业务指导。各中级法院要在人民法庭设置联系点，及时发现并解决人民法庭审判中的疑难问题，切实增强人民法庭化解矛盾纠纷，实现案结事了的能力。

（五）突出加强民事审判队伍建设，持续提升干部队伍整体素质，确保民事审判公正、廉洁、为民。民事审判工作的科学发展离不开一支政治坚定、业务精通、作风优良的民事审判队伍。要以大力开展政法干警核心价值观教育活动为载体，进一步深化社会主义法治理念教育，着力培养广大民事法官的政治素养、政治敏锐性和大局意识，始终保持民事审判工作正确的政治方向。要紧密结合民事审判工作实际，深入开展群众观点大讨论，不断增强民事法官的群众感情，提升民事法官坚持群众路线的自觉性和坚定性。要进一步加强对民事法官的职业道德教育和党性教育，增强民事法官的纪律观念，把纪律的外在约束力转为内在约束力。要针对容易滋生腐败的重点岗位、环节，进一步加强制度建设，完善监督机制，确保队伍不出问题。

要组织民事法官进一步加强对中国特色社会主义法律体系的学习，突出对不同类型案件所应适用的法律规则的学习。要将理论学习与审判实践相结合，要将知识学习与能力提升相结合。要鼓励民事法官走出法庭，深入基层，努力打造一支熟悉法律规则、知晓社情民意、了解风俗习惯、掌握群众心理，善于用群众听得懂、信得过的方式审理案件的民事法官队伍，更好地担负起中国特色社会主义事业建设者和捍卫者的神圣使命。当前要特别关注对年青民事法官的培养，通过老中青结合、传帮带、压担子、提供更多的实践、培训机会等方式方法，切实提升他们服务大局能力、廉洁司法能力、矛盾化解能力和为民司法能力，为民事审判事业奠定坚实的人才基础。

三、民事审判工作中需要注意的几个问题

在全国高院民一庭庭长座谈会上，奚晓明副院长、杜万华庭长就今年民事审判工作需要重点关注的几个问题，提出了意见，主要涉及房地产案件、民间借贷案件、劳动争议案件、涉农民事案件、侵权案件、婚姻家庭案件的审理问题，大家要认真学习，深刻领会，并在审判实际中贯彻落实。根据最高法院的要求，结合我省民事审判工作的情况，我就当前我省民事审判工作中需要注意的几个问题提出初步意见，供大家讨论。

（一）关于民事诉讼主管的问题。在每年处理的大量民事案件中，有一些案件表面上看似乎是民事纠纷，但纠纷的产生实际上是行政权行使的结果，纠纷的解决也与行政权的行使密不可分。妥善处理好这类纠纷的重要前提，就是要协调好民事司法权和行政权之间的关系。对于以下两种情况，一般不宜纳入民事诉讼主管：一是确实存在诸多民事因素，但争议双方之间未形成民事法律关系所要求的平等主体关系;二是行政权力的行使,制约和主导着纠纷的最终处理。如招商引资优惠政策未落实产生的纠纷、历史上因政策调整形成的纠纷、未达成拆迁补偿协议的补偿安置纠纷、行政行为引发的补偿纠纷等。这些纠纷虽然体现为当事人私权益的诉求,但并不具备受理民事案件所要求达到的民事可诉性。当前,要特别注意研究最高法院诸多司法解释中有关民事诉讼主管的规定,从应纳入主管的范畴和不应纳入主管的范畴两个方面来准确把握,主动与立案部门沟通协调,确保这些所谓的"民事纠纷"不进入民事诉讼程序。

(二)关于情势变更原则的适用问题。情势变更原则的适用是一个重大的法律政策问题,在适用时必须从诚实信用原则和公平原则出发,准确理解其制度目的和适用条件。在司法实践中,情势变更的类型有很多,在具体确认时应当采取具体问题具体分析的态度。判断是否构成情势变更,应以是否导致合同基础丧失,是否致使合同目的落空,是否造成对价关系障碍作为判断标准。总的来讲,情势变更主要针对经济形势、经济政策的巨大变化,与国家对经济生活干预有直接关系。

要严格区分情势变更与商业风险之间的区别。商业风险是指在商业活动中,由于各种不确定因素引起的,给商业主体带来获利或损失的可能性的一种客观经济现象。其性质属于商业活动所固有的风险,作为合同基础的客观情况的变化未达到异常的程度,继续履行合同不会对一方当事人明显不公平或者不能实现合同目的,只是造成一定条件下履行困难及履行费用的增加。这与情势变更存在本质上的区别。在把握二者的区别时,要结合特定行业审慎交易应尽的注意义务严格审查。

适用情势变更原则要履行严格的程序性审批。对确有必要适用情势变更原则处理的案件,应尽可能采用和解、调解方式,充分向各方当事人说明情况,讲清道理,最大限度地实现化解矛盾、平衡利益与维护行业发展、稳定经济秩序的互利共赢。确需判决的,应当经审判委员会讨论后,层报省高院审查。

(三)关于婚姻法司法解释三的适用问题。婚姻法司法解释三的出台引起了社会各界的广泛关注和热议,有少数人对这部司法解释有一些看法和非议,给许多民事法官适用司法解释造成了一些困惑。要正确认识婚姻法司法解释三与婚姻法,以及婚姻法司法解释一、二之间的关系。婚姻法是关于婚姻家庭关系的基本法,婚姻法司法解释是根据婚姻法对某一方面问题的具体操作的细化。同时婚姻法司法解释一、二、三所要解决的问题也是各有侧重,是互相配合、相辅相成的关系。因此要把婚姻法以及婚姻法司法解释一、二、三作为一个整体来理解和适用,切忌片面、孤立地适用婚姻法司法解释三来判案。在处理具体案件中,要注重对妇女、儿童和老人的合法权益的保护;要充分体现社会主义道德和善良风俗;要加强调解工作和风险管控,避免因当事人情绪过激而演变成恶性事件或刑事犯罪;对于适用司法解释存在的问题,以及可能引发社会不稳定的案件,要及时向省高院报告。

(四)关于违约金约定过高的调整问题。主要涉及违约金过高的主张方式、判断标准以及如何调整等具体问题。关于违约金约定过高的主张方式问题,在审判实践中存在提起反诉和提出抗辩两种做法,均应依法予以认可。由于审判实践中当事人的争议往往纠结于是否违约而非违约金是否过高,因此在当事人未主张调整违约金的情况下,可以就违约金是否过高的问题进行释明,即如果违约成立,是否认为违约金过高。关于违约金过高的认定标准问题,应当以实际损失为基础,兼顾合同的履行情况、当事人的过错程度,以及预期利益等因素,根据公平原则、诚信原则予以衡量。至于违约金过高的认定以及减少程度的确定,则应根据个案情况予以裁量。

(五)关于农村集体经济组织成员资格认定的问题。经过几年的不懈努力,大多数类型涉农土地纠纷,无论是在法律适用、认识统一方面,还是在矛盾化解方面,都得到了很好的解决。目前,困扰审判实践的主要是在农地征用补偿分配纠纷中的农村集体经济组织成员资格认定问题。对此,应当从我国农村集体经济组织所具有的自然共同体特征出发,以成员权理论为依据,以是否形成较为固定的生产、生活,并依法登记所在地常住户口作为判断取得和丧失集体经济组织成员资格的形式要件,以是否需要本集体经济组织农村土地作为基本生活保障来源为实质要件,进行判断。在此提出三个原则:一是户籍登记的原则,以此审查是否具备上述形式要件;二是成员权利义务相对应的原则;三是基本生活保障来源的原则,以此审查是否具备上述实质要件。因死亡、取得其他集体经济组织成员资格、取得设区市非农业户口,以及取得非设区市的城镇非农业户口,且纳入国家公务员序列或者城镇企业职工社会保障,被注销或者迁出本集体经济组织所在地常住户口的人,一般可以认定其丧失该集体经济组织成员资格。

在审判实践中,既要防止"两头占",更要避免"两头空",切实保护农村集体经济组织成员的合法权益。目前,我省的农村改革正在进行,农村社会保障体制改革也在稳步推进,这些都会对农村集体经济组织成员资格认定问题产生影响，大家要格外注意，认真研究。合理界定农村集体经济组织成员资格对保护广大农民基本权利至关重要，如果要认定资格丧失，应当慎之又慎。

（六）关于执行异议之诉的问题。执行异议之诉是民事诉讼法修改之后出现的一类新型案件。目前来看，案件数量呈现增多趋势，且情况比较复杂。对于当事人依《民事诉讼法》第204条提起的诉讼，要严格按照《民事案件案由规定》确定为“执行异议之诉”，而不宜再确定为确认合同效力纠纷、物权确认纠纷等；对当事人诉讼请求不明确的，应当进行释明，要求其明确其诉讼请求为“停止或许可对特定标的物的执行”，并依其诉讼请求进行裁判；对于执行异议之诉中含有确认合同效力、物权确认等其他诉讼请求的，可以一并进行审理；审理执行异议案件只应对当事人的诉辩主张进行审理，不宜对相关执行文书进行审查、评述；对争议标的物的执行程序已经终结后提起的执行异议之诉，不予受理，或裁定驳回起诉；由于执行异议之诉直接涉及执行案件的执行周期问题，因此对这一类案件应坚持优先审理、快速审理的原则。

（七）关于舆情应对的问题。“适应新兴网络媒体发展变化，把民事审判工作做精做细”是最高法院召开全国高院民一庭庭长座谈会的主要动议，大家要深刻领会，认真对待。在此我就舆情应对问题强调几点，一是提高舆情应对意识，积极应对、引导舆情；二是与院内宣传部门密切配合，做好相关工作预案，落实工作责任；三是加强与新闻媒体和社会公众的沟通，形成正面舆情环境；四是树立程序意识，确保当事人的诉讼权利，增强审判活动的公开性和透明度，为舆情应对打下坚实的审判工作基础。

（八）关于“慎重改判、严格发回”的问题。继续坚持“注重调解、依法维持、慎重改判、严格发回”的二审办案规则。对“注重调解、依法维持”的问题就不再多讲了，但对“慎重改判、严格发回”的问题有必要予以重申。慎重改判就是强调对那些可改可不改，改判依据不十分充分、把握不大的案件，如新类型案件、法律没有明确规定或者涉及自由裁量权的案件，二审法院应当慎重，以不改为宜。改判又可以分为修复性改判和颠覆性改判，要尽量避免颠覆性改判，以免诱发当事人的抵触情绪，对法院、法官失去信任。对那些可能因颠覆性改判造成案结事不了的案件，可以考虑通过调解或发回重审等方式予以解决。

严格发回就是强调二审法院的二审职责，对那些二审查不清，发回后一审法院也很难查清的案件，以及一审程序虽有不当，但并未严重违反法定程序，也未影响案件正确处理的案件，不宜发回重审，以免浪费审判资源，加重当事人诉累，增加案件审理难度。当然，对于在程序上难以补救或者由一审法院做工作比二审法院做工作效果更好的案件，则另当别论。

同志们，在全党上下喜迎党的十八大胜利召开的新形势下，民事审判工作的任务更重，责任更大，要求更高。让我们继续发挥求真务实、敢于担当的工作精神，凝神聚力、务实重行、奋发进取、创先争优，为全面推动法院工作取得新成效而努力奋斗。

准确把握形势　科学谋划发展
努力推动全省民事审判工作再上新台阶

——在全省法院民事审判工作座谈会上的讲话

黑龙江省高级人民法院副院长　王树江

（2012年3月28日）

同志们：

经省法院党组批准，我们召开这次全省法院民事审判工作座谈会。这次座谈会的主要任务是：落实全国高级法院民一庭庭长座谈会和第二十二次全省法院工作会议精神，紧密结合今年形势发展，服务“稳中求进”工作总基调，确定今年民事审判工作和人民法庭工作重心，充分发挥民事审判职能作用，着力保障和改善民生，为党的十八大和我省第十一次党代会胜利召开营造和谐稳定的社会环境。

一、当前民事审判工作面临的形势

十二五时期是我国加快经济发展方式转变,开创科学发展新局面的时期,也是我省加快经济发展的黄金期、改革开放的攻坚期、全面建设小康社会的关键期。日前,《东北振兴"十二五"规划》获批,民事审判工作要把握形势,抓住机遇,围绕"六大振兴目标",为实现"八大重点任务"提供优质高效的法律服务。同时要继续为大力推进我省"八大经济区"、"十大工程"建设,特别是抓好哈大齐工业走廊建设,抓好千亿斤粮食产能,重点产业大项目建设工程等提供更加有力的司法保障。目前中国特色社会主义法律体系形成后,越来越多的社会关系将由法律规范调整,人民群众的司法诉求将会不断增加,越来越多的社会矛盾纠纷将进入民事诉讼领域。进一步加强民事审判工作,有效化解社会矛盾,保护人民群众的合法权益,促进社会和谐稳定,人民法院肩负的任务将更加繁重,面对的挑战将更加艰巨。一是我省经济发展的新阶段对民事审判工作提出新要求。十二五期间,我省将进一步推进产业结构调整与优化升级,构建龙江经济增长的高速路,实现龙江全方位的战略新格局。新的经济发展阶段必然涉及个体利益的调整和重新分配,由此将引发生产生活、流通服务及旅游消费等方面新类型纠纷,民事案件高位运行将是今后一个时期民事审判工作的基本态势,人民法院服务发展的责任更加重大,民事审判法官肩负的职责更加艰巨。这就要求各级法院要增强大局意识、责任意识,充分发挥司法的能动性,以创造性的工作服务经济方式转变和结构调整所带来的新的挑战。二是加强社会管理创新对民事审判工作提出新课题。保障和改善民生、创新社会管理、协调各方利益关系、维护社会公平正义是人民法院参与社会建设的重要任务。要按照我省社会管理创新工作提出的新要求,在加强流动人口服务管理、积极推广"网格化"管理、认真落实社会稳定形势分析研判机制等方面发挥积极作用。民事审判工作涉及面广,审理的婚姻家庭、劳动争议、交通事故、医疗赔偿、房屋买卖、建设工程等案件无一不与人民群众的生产生活息息相关。依法及时公正地化解社会矛盾,为我省经济更好更快发展提供有力司法保障,民事审判工作任重而道远。三是人民群众对司法的新需求、新期待对民事审判工作提出新挑战。目前民事诉讼已经成为人民群众在司法领域诉求表达最主要的方式之一,近年来婚姻家庭、合同、权属纠纷案件疑难复杂程度日益加重,化解涉诉矛盾纠纷的压力依然巨大。宏观经济形势变化和国家宏观调控政策对房屋买卖、建设工程、房地产开发经营纠纷的影响将进一步显现;劳动争议、医疗损害、拆迁安置纠纷中当事人对立情绪较大,不稳定因素较多,极易引发群体性事件或极端事件;越来越多的民生案件可能受到媒体和网络的关注和炒作。民事审判人员一定要认清形势,妥善协调利益关系,切实维护人民群众合法权益,促进社会的和谐稳定。

二、今年民事审判工作中应重点注意的几个问题

(一)关于提高基层民事审判工作质效问题

民事案件涉及面广、数量多,受案量一直占全省各类案件总数的三分之二左右,而且主要集中在基层法院和人民法庭审理。基层民事案件审理质量、民事审判工作管理水平和民事审判人员能力素质在很大程度上决定着社会各界对法院工作的评价,影响着法院整体工作的层次和水平,进一步提高基层民事审判工作的质量和效率至关重要。一是要在提升一审案件质量上下功夫。全省一审民事案件占全部民事案件的90%以上,一审案件质量提高了,民事审判工作的整体质量也就提高了,所以说民事审判工作成绩大小、水平高低关键在基层。去年,全省法院一审民事案件的服判息诉率为94.1%,较上一年基本持平。如果去掉以调解、撤诉等方式结案的案件,以判决方式结案案件的上诉率达39.4%,其中权属、侵权纠纷上诉率为54.2%,合同纠纷上诉率为41.8%,一审判决案件的服判息诉率不够理想。全省各级法院要认真查找工作中存在的突出问题和薄弱环节,通过诉中释法与判后答疑,加强跟踪问询、督促履行等有效措施,将提升判决案件的服判息诉率、调解案件的自动履行率作为提升案件质量的一项重要任务,使大量的纠纷真正化解在基层。二是要在发挥二审程序的功能上下功夫。要有效发挥二审程序依法纠错和监督指导的重要功能。去年全省各类民事二审案件维持原判率为56.1%,调撤率为27.1%,以其他方式结案的为5.8%,发回、改判率为11.0%,其中合同纠纷和权属、侵权纠纷案件的发回重审率分别为6.3%和7.5%,说明这两类案件原审事实不清,证据不足问题较突出。对于应当发回、改判的案件,要依法及时发回、改判,避免久拖不决,确保在正常程序内化解矛盾纠纷。要防止因不当维持而将一审质量问题转化为二审质量问题、因错误改判而形成新的质量问题的发生。对于一审审理结果正确,但存在瑕疵的案件,要尽量通过技术上的手段进行补正,实在无法补正的不要勉强维持,防止案件带错出门,埋下信访隐患。三是要在加强对基层的监督指导上下功夫。各中级法院要进一步完善对下监督指导机制,帮助基层法院解决实际困难和问题,

确保基层工作始终充满生机与活力。要加强对基层法院民事审判的监督指导，推行发回、改判案件逐案分析制度，完善民事审判考核评价指标体系，促进基层办案水平的提高。要充分发挥涉农、劳动争议、妇女儿童权益、老年人权益等专门合议庭的功能，加强民事案件类型化研究，提高对多发性民事案件的处理能力，提高民事审判专业化水平。要定期深入调研联系点，认真研究分析宏观经济形势背景下民事审判中的新情况、新问题，及时提出司法对策，使裁判结果最大限度地符合案件的客观事实和社会公众的普遍认知。要积极推进小额速裁试点工作，各试点法院要整合资源、配强人员，并及时收集整理、分析上报统计数据和存在的问题，为上级法院决策提供第一手资料。四是要在加强审判管理上下功夫。要充分认识到审判管理工作对保障整个诉讼活动合法、有序、高效运行的重要意义，充分发挥其对审判工作进行分工、协调、规范、监督和指导的作用。要通过开展重点案件评查、优秀裁判文书评比、裁判文书上网等活动深化质量管理；要通过对分案、开庭、合议和送达等审判节点的跟踪问效深化流程管理；要通过对延长审限案件和长期未结诉讼案件进行定期通报和挂牌督办深化效率管理。省法院已经制定《对各中级法院审判管理工作考评实施细则》，请各中级法院结合《实施细则》的考评内容，提前做好相应的准备工作。五是要加强人民陪审工作，积极稳妥推进司法民主。要充分发挥人民陪审员来自群众、代表群众的独特优势，不断加大其参与案件审理的力度；要进一步明确人民陪审员参加审理案件的范围，提升一审案件陪审率；要建立健全人民陪审员各项工作机制，进一步强化人民陪审员参审能力，更好地实现司法民主。

（二）关于建立健全敏感重大案件舆论引导机制问题

民事审判工作与老百姓的切身利益息息相关，极易成为社会和媒体关注的热点。由于社会舆论，特别是网络舆论具有自由性、突发性、多元性乃至一定程度的片面性等特点，导致司法个案被炒作，审判工作被非理性舆论所干预的现象时有发生，如彭宇案、许云鹤案等被媒体和网络进行了不适当的报道和评论，对司法形象、司法权威和司法公信力都造成较大损害。因此，我们要认真研究新形势下舆情应对工作规律，切实增强处置突发事件的能力和水平。一是要正确发挥媒体的舆论引导作用。要提高对司法个案、突发事件的引导能力，对敏感、重大案件实行层报制度，及时采取应急措施，及时发布权威信息，统一发布口径。要定期通过媒体发布重大司法决策和重大案件审判活动等情况，对司法热点问题，通过正确的引导途径，形成社会主流意见，为人民群众提供及时准确的司法信息。二是要认真研究舆情应对工作。要认真评估舆情，特别是网络舆情对民事审判工作的影响，及时分析研判导向，切实提出应对措施，正确引导社会舆论。规范正在办理中案件的宣传报道工作，对重大、热点问题和敏感案件，要严明宣传导向，注意把握分寸，掌握尺度，及时答疑解惑，疏导群众情绪，表明立场态度，抢占舆论先机。三是要建立健全舆情应对工作责任制度。要加强与党委政法委、学术界、新闻界等各有关方面的沟通协调，形成应对舆情工作合力，避免孤军奋战。通过建立舆情风险预警机制，切实加强舆论风险评估，有组织、有计划、有步骤地积极开展好舆论引导工作。

（三）关于民间借贷案件的审理问题

近几年来，民间借贷案件的审理已经成为民事审判中的热点和难点问题。受国际经济危机的影响，民间借贷案件的数量将呈上升趋势，审理难度也将进一步加大，审理中要注意以下问题：一是要准确界定借贷行为的性质。要依法准确认定民间借贷行为的效力，正确划分合法的民间借贷与集资诈骗、非法吸收公众存款等犯罪行为的界限。二是要慎用合同无效。在认定民间借贷行为的性质和效力时，要着重从民间借贷法律关系的主体、客体以及借贷双方的权利义务等方面进行审查。如果民间借贷行为没有违反法律、行政法规的强制性规定以及国家的金融政策，不危及国家金融安全，又有利于满足人民日常需求和企业生产发展需要，就应当对当事人的合法权益依法保护。三是关于证据的审查判断问题。《全国民事审判工作会议纪要》已经对民间借贷纠纷案件的证据认定问题区分不同情况，分别作出规定，在审判实践中要结合个案的审理，准确适用。

（四）关于婚姻家庭案件的审理问题

婚姻家庭关系是最基础的社会关系，婚姻家庭问题关乎人民群众切身利益和社会弱势群体的利益保护，影响家庭和谐和社会稳定。目前，婚姻家庭案件总量已经占到民事案件总数的近40%，且逐渐呈现出案件增幅快、适用法律难、审理难度大的特点。尤其是《婚姻法司法解释（三）》出台后，引起了社会各界的广泛关注和热议，从一定程度上反映了社会各界对人民法院如何通过案件审理，倡导良好社会道德风尚、维护和谐稳定的婚姻家庭关系提出更高要求和更多期待。因此，我们要通过公正裁判依法保护婚姻当事人的合法权益，切实维护家庭关系的和睦与稳定。当前，在审理婚姻家庭案件中，要注意以下几个问题：一是要正确理解和适用《婚姻法司法解释(三)》。《婚姻法司法解释(三)》已颁布实施半年多,要组织民事审判人员认真学习,准确理解适用。婚姻法是有关婚姻家庭关系的基本准则,婚姻法中的夫妻财产制应与物权法、合同法中的基本规则保持一致。《婚姻法司法解释(三)》是夫妻共同财产的物权规则在审判实务中的具体体现,其遵循了婚姻法的基本原则,在规定婚姻关系、亲子关系以及夫妻财产关系中,都贯彻了权利平等原则,并且在一方婚前贷款所购不动产性质的认定、父母为子女结婚购房、婚姻存续期间分割共同财产等问题上作出较为明确的规定,便于审判实践中具体操作。婚姻家庭是情、理、法交织融合最为紧密的领域,我们要通过案件的审理,倡导夫妻间的婚姻忠诚义务、亲属间的扶养、赡养义务以及我国民间各种良好的风俗习惯,进一步彰显婚姻家庭的本来意义。二是要注意《婚姻法》以及《婚姻法司法解释(一)》、《婚姻法司法解释(二)》、《婚姻法司法解释(三)》的整体适用。要把《婚姻法》及其司法解释作为一个整体来理解和适用,切勿简单机械适用,更不能片面、孤立地单纯适用《婚姻法司法解释(三)》去审理案件。《婚姻法司法解释(一)》、《婚姻法司法解释(二)》、《婚姻法司法解释(三)》从不同的侧面对相应的问题进行了规定,是相互配合、相辅相成的关系。例如,《婚姻法司法解释(三)》第7条关于父母出资购买不动产的认定,是对《婚姻法司法解释(二)》第22条第2款中"父母明确表示赠与一方"的具体解释,在适用中应注意连续性,避免断章取义。三是要注重保护妇女、老人和未成年人合法权益。《婚姻法司法解释(三)》有关夫妻身份关系及财产关系的规定中贯彻了合同法的一般规则,体现了夫妻双方对有关身份关系和财产关系的协议所具有的合意性质,应当按照合同法的规则予以审理,确保夫妻在处理家庭财产上的平等性。例如《婚姻法司法解释(三)》第6条关于婚前或婚姻关系存续期间的房产赠与问题,应依据合同法的相关规定来予以认定,司法解释不能排除现行法的适用。另外,不能把《婚姻法司法解释(三)》对财产关系的明晰与具体案件中对财产的分割等同,具体个案中的财产分割要结合案情适用《婚姻法》及其司法解释的规定来综合确定。例如《婚姻法司法解释(三)》第7条规定父母出资为子女买房且产权登记在一方名下的,离婚时应视为一方个人赠与。这里所指"房屋产权归一方"与"房屋在离婚诉讼中的最终归属"是两个不同问题。按照《婚姻法》第42条和《婚姻法司法解释(一)》第27条的规定,离婚时,如果女方生活困难,可以请求将男方个人房屋判给女方所有或居住作为经济帮助。因此,该条的适用并不会造成像网络上炒作的会导致女方无家可归、流离失所的情况发生。

(五)关于机动车交通事故责任纠纷案件的审理问题

机动车交通事故责任纠纷案件涉及的法律关系复杂,相关法律规范不完善,审判实践中的问题较为突出。一是法律规范相冲突问题。《道路交通安全法》第76条规定机动车发生交通事故造成人身伤亡、财产损失的,由保险公司在机动车第三者责任强制保险限额范围内予以赔偿,并未规定保险公司在机动车驾驶人无驾驶资格、醉酒时享有免赔权利,但《机动车交通事故责任强制保险条例》第22条规定在机动车驾驶人未取得驾驶资格或者醉酒情况下,保险公司只垫付抢救费用,且明确规定对财产损失不承担赔偿责任。根据交强险的公益性质,交强险应当更多的倾向于受害人权利的保障。因此,我们不能简单、机械地理解《机动车交通事故责任强制保险条例》第22条的规定。如果把该条理解为保险公司无须承担人身伤亡赔偿责任,就意味着在机动车方存在严重过错、受害人无过错时,受害人反而得不到赔偿,这显然背离了交强险制度保护受害人利益、维护社会稳定的目的。因此,即使存在无证驾驶、醉酒驾驶等情形时,发生道路交通事故的,保险公司仍然应当按照《机动车交通事故责任强制保险条例》第21条的规定,对人身伤亡承担赔偿责任,只是在其承担赔偿责任后,可向致害人追偿。二是同一起交通事故中有多个受害人时的处理问题。在这种情形下,如果受害人均已起诉的,根据交强险的保险利益共同这一原则,应合并审理。如部分受害人起诉,部分受害人没有起诉的,应通知未起诉的受害人作为有独立请求权的第三人参加诉讼,并向其进行必要的释明,告知交强险保险赔偿款的处理原则,并征询其是否对被告提出具体诉讼请求。若其提出具体诉讼请求,应一并审理,否则视为放弃权利。三是机动车所有人或者管理人未参加交强险情形的处理问题。机动车的所有人或管理人投保交强险是法律规定的一项强制义务。如果机动车所有人或者管理人没有投保的,本应由保险公司在交强险限额内承担的责任,转由机动车一方承担,其余部分按侵权责任划分。四是要重视对证据的收集和认定。要加强与当地公安交通管理部门的沟通协调,尤其是要把握第一时间固定证据,确保最大限度地查清案件事实,形成有效的证据链条。交警部门作出的交通事故认定书作为民事证据,具有较强的效力,但其不是进行损害赔偿和确定当事人民事责任的当然依据,要结合案件的具体情况,综合进行分析。

（六）关于建设工程施工合同纠纷案件的审理问题

建设工程施工合同纠纷案件大多是因发包人资金周转困难拖欠工程款而引发，此类案件涉及众多主体利益，关系到多个企业的生存发展，很多案件还涉及到农民工的合法权益保护问题，处理不当容易引发群体性事件，处理时要注意以下问题：一是要明确发包人对实际施工人直接承担责任的情形。根据法律和司法解释的规定严格控制发包人对实际施工人直接承担责任的具体情形，切实防止随意扩大发包人承担民事责任的适用范围。除非是转包人和分包人没有向实际施工人支付工程款，也没有能力支付，而发包人还有其他的工程款没有支付完，在未支付工程款的范围内，承担向实际施工人支付工程款的直接责任。二是发包人对实际施工人承担责任的范围问题。《建设工程施工合同司法解释》第26条规定发包人只在欠付工程款范围内对实际施工人承担责任。因此，在审理实际施工人以转包人、分包人和发包人作为共同被告提起诉讼的案件中，如果不能查明发包人与转包人或分包人之间的工程款结算事实，或者他们之间的工程款尚未结算，或者对工程款数额有争议的情况下，在无法认定发包人应对实际施工人承担责任的范围时，不宜直接适用《建设工程施工合同司法解释》的规定。三是挂靠施工人与被挂靠人的责任分配问题。挂靠施工人以被挂靠人名义或以自己名义向第三人购买建筑材料等商品用于涉案工程的，被挂靠人责任承担问题在审判实践中掌握尺度不一。挂靠施工人以自己的名义向第三人购买设备、原材料的，由此产生的债务应由挂靠施工人自行承担；如有证据证明挂靠施工人是以被挂靠人的名义从事上述行为的，被挂靠人应承担责任。

（七）关于劳动争议案件的审理问题

一直以来，劳动争议案件呈现出内容复杂化、区间多样化、诉讼群体化和难度增大化的特点。劳动争议案件将是当前和今后民事审判工作中社会敏感程度高、影响范围广、案结事了压力大的案件类型之一。在审理中要坚持以下原则：一是必须坚持劳动者与用人单位和谐发展、互利共赢的理念。当前及今后一个时期，我国经济发展与社会稳定面临的最大压力仍将来自于缓解就业困难，因此保护劳动者合法权益的关键在于保障其就业，这就离不开企业的健康发展。必须树立劳动者和用人单位是一个利益共同体的观念，引导双方消除对抗情绪，寻求劳动者权益保护与企业生存发展的最佳平衡点和结合点，把劳动者眼前利益同长远利益结合起来，在依法维护劳动者合法权益的同时，努力维护企业的生存和健康发展。二是准确把握劳动争议诉裁关系。现行的劳动争议纠纷先裁后审模式中，诉讼不以仲裁为基础，法院在处理劳动争议纠纷时对仲裁卷宗不调阅，对案件进行全面审理。这就存在仲裁机构和法院在事实认定和法律适用等方面执法标准和尺度不统一的现象。今后要注意在严格遵循“一调、一裁、两审制”的基础上，密切与仲裁机构的业务联系，要建立经常性、制度性的联席会议机制，相互交流案件数据信息，通报重大案件处理结果，增强仲裁与诉讼之间执法标准的一致性，提高当事人对案件处理结果的可预期性，减少进入诉讼环节案件的数量。三是关于审理尺度问题。各级法院报送的无理访确认案件中，劳动争议案件占极大的比例，其中因解除或终止劳动关系而产生争议的陈年积案较难审理。在审理此类案件时，一定要把握程序性审查原则，即法院只审查用人单位解除或者终止劳动合同是否符合法律规定的相应程序。此外，要避免个案处理不当而对其他相类似案件的处理带来的负面影响，要警惕劳动争议案件演化为群体性纠纷。

（八）关于情势变更原则在房地产案件中的适用问题

由于国家房地产调控政策效果已经初步显现，部分城市的房地产价格开始回落。有些当事人为了避免损失，主张适用情势变更原则变更或者解除购房合同。在审判实践中要严格区分情势变更与正常的市场风险。市场风险属于商业活动中的固有风险，诸如尚未达到异常变动程度的价格涨跌、供求关系变化等。判断某种重大客观变化是否属于情势变更时，应当注意衡量风险类型是否属于社会一般观念上的事先无法预见、风险程度是否远远超出正常人的合理预期等因素，并结合市场具体情况，在个案中识别情势变更和市场风险。情势变更原则的适用是一个重大的法律政策问题，适用不当，会带来较大的系统风险，所以一定要严格适用。

三、今年人民法庭工作应重点抓好的几个问题

经省法院党组研究决定，在深化“人民法官为人民”主题实践活动中，今年以基层基础建设为重点，并已于年初下发了实施方案，全省各级法院要按实施方案的要求抓好各项工作的落实。

（一）以全面提升审判工作质效为核心，充分发挥人民法庭职能作用

人民法庭是人民法院民事审判工作的前沿和基础，在维护社会公平正义、保障民生发展、促进和谐稳定方面，发挥着不可替代的作用。要充分认识到人民法庭在民事审判工作中的基础地位，特别是审判质效的高低对全省民事审判工作成效的影响。因

此,各级法院都要将其放在核心地位来抓实抓好。要从坚持促进社会经济发展,弘扬社会主义道德风尚,妥善处理城镇化进程中侵害群众利益的案件出发,用法制手段促进人民群众生活的稳定和生活水平的提高。一是全面履行审判职能,全力维护社会稳定。全省70%左右的民事案件在人民法庭处理,人民法庭的作用不可低估,人民法庭最贴近人民群众,是保民生、维稳定、促和谐的主力军。人民法庭既要充分履行审判职能,又要认真落实便民、利民措施,加大司法参与社会治理力度,通过适用简易程序、巡回审判、速裁机制等有效手段,使权利人的合法权益得到及时有效的保护。二是深化大调解格局的构建,加强对人民调解组织工作的指导。全省人民法庭都要创造条件,设立人民调解窗口,做好诉调衔接工作,并可采取组织旁听庭审、专题培训、召开例会、通报相关案例、提出司法建议等多种形式,推动人民调解组织充分发挥化解纠纷的第一道防线作用。三是妥善处理事关民生、事关稳定的各类纠纷,创建优良的司法环境。人民法庭要通过走访辖区企业、个体工商户、土地承包经营户,主动为其提供法律咨询和法律帮助,发现问题及时解决,把纠纷化解在萌芽状态,消除不稳定隐患,从根本上减少纠纷案件的发生。

(二)以全面提升人民法庭法官素质为重点,开展岗位大练兵、大培训

结合全省人民法庭法官的实际,各基层法院在配齐配强人民法庭庭长和法官的基础上,开展岗位大练兵、大培训。要在人民法庭中开展政法核心价值观教育,树立共同价值追求和司法理念,养成良好的法官职业道德操守。通过讲解典型案例,树立公正的司法理念,促进审判工作质效提高;通过学习人民法庭典型人物事迹,树立坚定的信念,推动人民法庭形象建设的提高;通过"一帮一"、"老带新"的方式,建立起学习型、创新型人民法庭队伍,保障人民法庭的各项工作全面提升;通过"走出去,请进来"的方式,学习借鉴兄弟法庭的好经验,用"他山之石"以攻玉,整体上提升全省人民法庭工作水平;通过采取集中培训和逐级培训、庭审观摩、优秀裁判文书讲评等方式,促使法庭法官政治理论素养和审判业务技能的大提升,实现新时期、新形势对人民法庭法官的新要求。

(三)以全面提升人民法庭管理水平为保障,促进人民法庭工作迈上新台阶

全省人民法庭要在进一步深化审判工作、队伍建设、物资装备建设上下大功夫,不断深化管理,向管理要效率、要质量、要战斗力。各中级法院尤其是各基层法院,都要在深化人民法庭规范化管理上,做出卓有成效的业绩。一是按照省法院制发的《关于印发创新和加强审判管理"一个意见"、"四个规则"的通知》要求,细化规范,制定人民法庭的各项管理制度,使这些制度更具有科学性、可操作性;二是狠抓各项行之有效的规章制度的落实,要用制度管人、管事、管理审判工作,充分体现制度管理的优越性,要把制度的他律性,向制度的自律性转化,实现人人按制度办事,不走样;三是要建立和完善各项制度的考评监管机制,充分发挥院长、庭长、合议庭的职能作用,定期对各项指标进行考核验收,科学排序,作为对人民法庭绩效考评的依据,体现人民法庭工作的成效优劣。

(四)以全面加强对人民法庭工作的监督指导为突破口,开展好基层基础建设年活动

对人民法庭工作的监督指导,是各中、基层法院院长和各职能部门的重要职责,各中、基层法院都要建立起法庭工作联系点,通过开展"院长下基层,审判维稳定"调研指导活动,加大力度研究解决人民法庭在审判工作中存在的重点、难点问题,重大案件的政策法律把握问题,以及法庭物资装备困难等问题。各中级法院职能部门既要通过审理人民法庭上诉的二审案件进行监督指导,又要通过对类型案件的调研分析,制定参考性意见,指导人民法庭的审判工作。既要定期通报人民法庭审判工作情况,又要及时总结人民法庭工作典型经验,采取多种形式推广典型经验。这次会上卧里屯法庭、乘风法庭介绍的经验供学习借鉴。

(五)以科学的态度认真谋划,全面加强人民法庭的物质装备建设,实现人民法庭工作的可持续发展

"十一五"期间,国家发改委增加了人民法庭建设资金的投入,我省人民法庭物质装备建设基本达到了最高人民法院标准化人民法庭建设要求,全省法院现有的367个人民法庭中,已通过标准化验收的有347个,占全省人民法庭总数的94%,尚有20个人民法庭将在今年完成建设任务。"十二五"期间,按最高人民法院在边远地区、民族地区和诉讼不便地区恢复新建人民法庭的要求,省法院已报请省发改委、国家发改委拟恢复新建行政建制人民法庭50个、农垦系统人民法庭30个。这样,全省人民法庭总数将达到447个,实现总体布局基本合理,科学适用的目标。为此,全省各级法院都要加大监督检查力度,积极组织推进标准化人民法庭建设工作的步伐。要按照"感情向法庭倾注,经费向法庭投入,政策向法庭倾斜,资源向法庭聚集"的思路,力争把全省人民法庭建设成为装备建设标准化、法庭队伍精英化、

审判工作规范化、审判管理制度化的新时代人民法庭。

同志们，人民法院民事审判工作任务艰巨、使命光荣、责任重大。我们要更好地适应中国特色社会主义法律体系形成对于民事审判工作的新要求，再接再厉，扎实工作，努力推动全省民事审判工作实现新发展、新跨越，为我省经济建设发展提供有力的司法保障和良好的司法服务！

服务大局　保障民生　公正司法　促进和谐

——在2012年上海法院民事审判工作会议上的讲话

上海市高级人民法院副院长　盛勇强

（2012年2月15日）

同志们：

今天，高院召开2012年上海法院民事审判工作会议，主要任务是：回顾总结2011年民事审判工作，研究部署2012年民事审判工作。

2011年工作回顾

2011年，全市法院民事审判部门紧紧围绕服务保障经济社会发展大局，锐意进取、开拓创新、攻坚克难、无私奉献，切实发挥民事审判职能作用，各项工作取得了明显的进展，在此我代表高院党组向全市奋斗在民事条线的全体干警表示由衷的感谢。

一、立足于执法办案，有效提升上海法院民事审判的水平和形象

（一）优质高效依法履职

去年，全市法院共受理民事案件231，723件，同比上升6.1%，其中一审、二审分别收215，045件、16，678件，同比分别上升7.5%、下降12.8%。

审结民事案件231，986件，同比上升16.9%，其中一审、二审分别结215，309件、16，677件，同比分别上升8.0%、下降12.4%。

存案共21，317件，其中一审、二审分别存19，720件、1597件，与前年基本持平，确保了案件收结存的良性循环。

（二）稳妥处理大案要案

一年来，三级法院齐心协力、密切配合，积极稳妥地处理了一大批社会高度关注的敏感性、群体性大案要案，树立了上海法院司法公正的良好形象。

第一，突出工作重点，始终树立服务大局意识。各法院切实以维护稳定、促进和谐为出发点，把大案要案作为民事审判工作的重中之重。如在“11·15”火灾事故涉法涉诉应对方面，由高院、二中院、静安等法院组成的法律问题应对小组，就火灾事故中遇到的各类法律问题，数十次分析研究，向市委、市政府善后处理小组提供了具有重要参考价值的法律意见。

第二，上下协同合力，确保大案要案的办案质量。如涉及朱践耳、俞振飞等著名艺术家的名誉权纠纷案件，黄凌等诉东方医院心肺移植系列赔偿案，为《中央电视台》、《南方周末》等众多主要媒体高度关注和报道，三级法院齐心协力，做好前期的理论研究、中期的开庭审理、后期的服判息讼工作，社会反响较好。

第三，保持内外联动，充分利用各方资源合力化解矛盾。如涉及数百个承租户、矛盾极为复杂、市领导高度关注的“黎明花园”群体纠纷，严重影响到社会的稳定问题，相关法院与建交委、房管局等单位，反复沟通协调、共同化解，为纠纷的最终解决打下了良好的基础。

（三）竭力打造精品案件

各法院在提高民事审判质效的同时，着力打造精品案件。近日最高法院发布的首批四个指导性案例，二中院民二庭办理的“上海中原物业顾问有限公司诉陶德华居间合同纠纷案”名列其中；闸北法院民三庭审理的“夏浩鹏等诉被告上海市闸北区精文城市家园小区业主委员会”业主知情权纠纷一案，被《最高人民法院公报》采用，体现了上海法院民事审判工作的良好水平。去年高院组织的“四个一百”评选活动中，三级法院所办理的30件民事案件入选精品案件，24篇民事裁判文书被评为优秀法律文书、19个民事庭审被评为优秀示范庭审，民事审判质量得到进一步提升。

二、立足于规范建设,不断推进诉调对接工作纵深发展

去年11月,高院组织召开诉调对接工作推进暨表彰大会,进行了经验总结和工作部署。应该说,近年来上海法院诉调对接工作已取得明显的阶段性成效,2011年全市法院诉调对接中心共调解纠纷128,948件,占全市基层法院一审民事收案数的60.77%;调解成功78,915件,占一审民事结案数的37.3%,同比增长22.7%。总的来讲,去年工作主要有如下四个方面:

(一)进一步推进诉调对接工作组织机制建设。继杨浦、闸北法院之后,长宁、青浦法院诉调对接中心也已取得独立建制,全市诉调对接中心独立建制工作得以积极推进。

(二)进一步推进诉调对接中心工作制度建设。经过充分调研,上海市高级人民法院先后制定了《诉调对接中心调解员管理办法》、《诉调对接中心工作流程管理办法》、《关于民事调解协议司法确认程序的实施细则(试行)》、《关于印发司法确认文书样式的通知》、《关于进一步加强诉调对接中心工作流程管理的通知》五个规范性文件,有力推进了全市诉调对接工作走向规范化、标准化、制度化,调整了“委托/立案调解管理系统”,开发调解员名册管理软件。

(三)进一步推进行业联动化解矛盾工作。去年高院与市工商局、市消保委共同签署了《关于加强消费者权益保护 建立诉调对接工作机制的会议纪要》,与市妇联共同签署了《关于加强合作建立健全妇女权益保护工作机制的会议纪要》,进一步拓展了纠纷的行业化解机制。高院还两次召开医患纠纷诉调对接工作推进会议,共同推动第三方化解医患纠纷平台的建设。各基层法院也不断促进诉讼与非讼化解机制的衔接,如长宁等法院在诉调对接中心专门设立医疗纠纷调解室,聘请高资历退休医师参与调解。

(四)进一步推进诉调对接的队伍建设。目前全市各法院诉调对接中心共有调解员279人,其中退休法官130人,占调解员总人数的46.6%,分别较前年增加了114人和37人。在2010年全面轮训的基础上,去年高院又对全市诉调对接中心的调解员进行了两期业务轮训,并与立案庭、信息管理处共同举办“委托/立案调解管理系统”培训班,推动调解员队伍建设。浦东、普陀等法院不断开展专业培训,对各街道、镇的人民调解工作室调解员进行轮训,增强调解员的技巧和能力。

三、立足于服务改革,稳妥推进小额速裁试点工作

2011年5~12月期间,当事人自愿选择适用小额速裁的案件数为5514件,占符合小额速裁条件的案件数的21%,共审结小额速裁案件5480件,取得了较好效果,得到了最高法院的充分肯定。

(一)成立机构加强领导。最高法院在上海召开小额速裁试点工作座谈会后,及时成立试点工作领导小组,确定浦东、宝山、杨浦、金山四家法院为试点单位,并及时召开会议进行试点工作部署。

(二)快速制定操作规范。在试点启动时间较为紧迫的情形下,高院民一庭集中精力,用较短的时间起草了《上海法院小额速裁试点工作实施细则(试行)》,确保试点工作顺利进行。四家试点法院想方设法、克服困难,或制定更加具体的操作细则,或设计统一的文书格式,或加强试点培训,有力地确保了试点工作顺利进行。

(三)主动争取各方支持。试点工作伊始,高院即与市律协等单位协调,介绍试点工作安排,争取律师界的理解及共同参与,确保试点工作能顺利、稳步、有序地开展。为有效推动试点工作,高院民一庭加强与相关部门沟通、协调,在技术部门的支持配合下,仅一周时间就完成了对审判流程管理系统改造,试点法院如期用上了小额速裁案件信息化审理平台。

四、立足于就地化解,全面提升人民法庭服务机制

(一)法庭布局进一步优化。结合上海城效新镇建设的规划布局,2011年经批准增设了宝山的月浦法庭、嘉定的嘉中法庭,人民法庭的布局更加合理,顺应了区域发展的实际需要。

(二)服务举措进一步拓展。全市法庭不断强化法庭职能,积极完善便民、利民、为民措施。如浦东陆家嘴法庭坚持司法为民,在审理一起案件过程中,当得知被告因手术行动不便后,亲自到被告家中进行上门调解,努力促成双方握手言和。如青浦朱家角法庭实行下乡接待与指导人民调解、调解协议确认、巡回审判的“三结合”制度,将司法“高效、便民”原则落到实处。

(三)“三项延伸”进一步落实。全市法庭进一步强化“走进法庭就是走进法院”的意识,继续加强诉调对接、立案信访、执行等职能向人民法庭的延伸工作。如金山朱泾法庭,与社区联合开展“社区法律诊所”,为群众提供最方便的调解服务,受到新华社等中央媒体的关注和报道。

(四)队伍建设进一步加强。全市法庭以“公正、廉洁、为民”的庭训为指引,不断加强内部建设,切实营造良好的法庭氛围。如嘉定南翔法庭通过“增强群众观念、提高司法能力、公正廉洁为民”为重点的“群众观点大讨论”活动,努力将群众观点贯穿于审

判工作始终，切实提升法庭干警作风。

五、立足于适法统一，及时统一疑难问题的执法标准与处理思路

（一）加强理论研讨，破解统一适法难题

针对相关部门提供的适法不统一案例，我们多次召集中院和基层法院的相关同志，召开研讨会，并在此基础形成了《同案与不同案的识别》，《关于类案不同判相关案例的具体分析》（一）、（二），《类案不同判原因剖析（一）》，《类案不同判原因剖析（二）》，《关于民事审判执法不统一相关情况的汇报》五份调研报告，指导条线的执法统一问题。

针对各种新情况、新变化，诸如"套型保障"动迁新政、《侵权责任法》、《劳动争议司法解释（三）》等法律和政策的相继施行，对动迁款分割、交通事故、劳动争议等案件已往的处理思路产生较大影响，为此三次召开研讨会，就主要争议达成共识，形成统一的执法思路。

（二）主动开展调研，统一案件处理思路

我们坚持以问题和需求为导向的研判机制，制定有针对性的执法意见。

一是针对大家反映比较突出的11个方面的重要问题，通过3期《民事法律适用问答》，对尚未造成实际损失违约金可否调整问题，夫妻共同财产是否可与家庭其他成员进行分割问题，保险公司承担交强险垫付责任后的追偿范围问题，开发商自有车库是否可主张进行自我物业管理问题，房屋中介服务完成标准如何界定问题等共11个方面的问题，明确、统一了办案标准。

二是通过下发的38期《民一庭调研与参考》、39期《民一庭情况反映》，对事实劳动关系的判断问题、网络实名博客侵权的认定问题、继承案件处理中的注意问题等，进行及时指导。

三是在征询全市各法院意见的基础上，完成《物权民事纠纷办案要件指南（总则部分）》、《劳动争议纠纷办案要件指南（一）》的编写工作，近日将下发各法院。

（三）发挥机制效应，提升统一适法能力

第一，充分利用合力调研机制，群策群力促进适法统一。既发挥高中院立足高点、总揽全局的优势，又发挥中院、基层法院实战一线、经验丰富的优势，通过共同调研、协力参与等方式，共同促进统一适法，如针对公民代理的合同效力判断、共有房屋能否进行产权分割、合同解除异议期等问题，三级法院联合商讨、撰写案例，并以指引案例的形式，快速、有效指导实践。

第二，充分利用专业培训机制，增强审判业务水平。经过近几年的探索，已逐步形成了重能力、重实效的长效培训机制。针对新任民庭庭长多的实际情况，高院组织开展了为期一周的全市民庭庭长业务培训，提高审判质量管理意识，增强统一适法的把控能力。对于各类业务文件，如全国民事审判工作会议纪要、交通事故会议纪要等，及时召开解读会，确保正确理解和适用。

第三，充分利用会商沟通机制，理顺与院外机关之间的执法协调问题。高院会同市卫生局、医学会就医疗纠纷委托鉴定存在的问题，共同协调，统一处理模式；会同市人保局、劳动仲裁院就《劳动争议司法解释（三）》对上海案件的影响问题，共同研究，积极应对，对相关问题统一处理方法。

当前民事审判中存在的主要问题

一、审判管理工作有待进一步加强。有些法院未能严格遵守高院关于大标的案件组成合议庭审理的通知，存在审理程序不规范的现象。去年，对1000万元以上标的民事案件未组成合议庭审理情况的检查中，发现在高院多次强调下，仍有8件民事案件未依规组成合议庭审理。今年，大标的案件进一步下放后，各法院更要重视这类案件的管理工作。

二、适法统一工作有待进一步推进。目前，适法不统一问题的发现、收集、研判、指导等机制，还存在不够完善、不够顺畅、不够协调的现象，导致有的问题无法得到快速解决。同时，也有个别审判人员缺乏责任意识、全局意识，无视同类案件的处理标准或原则，也有个别审判人员在发现相关案件在审理或已处理的状态下，不顾全局、缺乏协调，人为造成适法不统一，不同法院之间、同一法院的不同业务庭之间，甚至同一业务庭的不同承办人之间适法不统一现象仍然存在。

三、诉调对接工作有待进一步规范。一些法院对诉调对接工作的认识还不到位，轻视对诉调对接的建设和管理，在对接机制、案件移送、场所安全等方面，存在不精细、不规范、不科学的现象，对案件的流程管控、立案审理、卷宗安全等诸多方面造成一定影响。

四、对妨害秩序违法行为的规制工作有待进一步加强。当前民事诉讼中，各类妨害秩序的违法行为有增长的趋势。反映最为突出的是两种现象，即虚假诉讼、违规公民代理，亟需加以防范和规制。

五、民事审判队伍建设有待进一步提升。有些法院民事审判人员流动频繁，队伍结构出现断层，导致民事审判的理念、经验和知识无法有序传承。有的法官的司法实务能力有待提高，存在机械适法、教条办案,乃至害怕办案等现象。有些人未严格遵守审判纪律、保密观念较差,擅自泄露不宜公开的审判信息,激化矛盾,造成工作被动。同时,民事法官的办案压力日趋上升,需要多加关心。

2012 年主要工作

2012 年是党的十八大会议的召开之年,是全国和上海“十二五”规划实施的关键之年,面对新形势、新任务,今年上海法院民事审判工作的主要任务是:认真贯彻全国民事审判工作会议和全市法院院长会议精神,始终坚持科学发展观和“三个至上”,紧紧围绕经济社会发展大局,以“服务大局、保障民生、公正司法、促进和谐”为民事审判指导思想,加强审判管理,依法履行审判职责,妥处各类民事纠纷;加强调研指导,促进法律适用统一;工作更加及时、有效;加强诉调对接中心的规范管理,促进诉调对接的健康发展;加强专业化建设,提升民事审判队伍能力,为推动上海“创新驱动、转型发展”,为党的十八大胜利召开营造和谐稳定的社会环境,提供有力的司法保障。

一、进一步认清形势、联系实际,深入落实“服务大局、保障民生、公正司法、促进和谐”的民事审判指导思想

(一)狠抓“落实”之策,真正将民事审判指导思想渗透到具体的审判工作

去年,结合当前的形势和要求,我们对今后一个时期民事审判工作进行了规划,提出了“服务大局、保障民生、公正司法、促进和谐”16 字民事审判指导思想。2012 年仍然是上海“创新驱动、转型发展”的关键时期,我们要根据全市法院院长会议“抓好落实”的主基调,切实将 16 字指导思想落至实处。首先,要为宏观经济平稳运行提供优质司法服务,认真贯彻最高法院关于依法妥善审理民间借贷纠纷案件的指导意见,依法正确认定民间借贷合同效力,妥善处理一些中小企业因资金链断裂引发的劳动争议、合同违约等案件,切实保障困难企业的正常运转,维护职工的合法权益;妥善审理房屋买卖纠纷案件,促进房地产市场健康发展。其次,要为经济发展方式转变提供优质司法服务,依法稳妥审理因经济结构调整引发的矛盾纠纷,对于审判中发现的经济社会发展中存在的问题,积极向党委、政府及相关部门提出司法建议。今年由所得税改交增值税的服务业将进一步扩围,我们要密切关注因此对民事审判带来的影响,切实为上海服务发展提供良好的司法服务。最后,要为保障和改善民生提供优质司法服务,加强涉民生案件审判工作,依法妥善审理医疗、教育、婚姻家庭等民事案件。

(二)紧绷“稳定”之弦,高度重视矛盾激化或敏感案件的妥处工作

今年,党的十八大将要召开,各法院的维稳任务更加繁重,要充分做好如下方面的工作,切实为顺利召开营造和谐稳定的社会环境。为此:第一,要提前谋划,切实站在服务大局高度,把化解矛盾、缓解、控制矛盾发展作为维护社会稳定的首要任务抓紧、抓好、抓早,彻底排查影响稳定的各类因素和苗头。第二,要及时上报,各法院应认真做好重大、敏感等紧急类信息的报送工作,进一步协调统筹、合力化解。第三,要妥善处理,各法院应研究建立司法决策和涉诉矛盾社会稳定风险评估机制,对可能产生重大社会稳定风险和舆论炒作的重大案件,做好事前风险评估,健全工作预案,完善妥处机制,做到明晰责任、规范措施、确保实效,从而充分发挥民事审判定分止争、促进和谐的社会功能,把各类重大矛盾尽量化解在前期萌芽状态,减少矛盾扩展风险。

二、进一步突出重点、提升质效,抓好执法办案第一要务

(一)增强审判质量的管控意识,做好大标的案件的审判、指导和监督工作

根据上海三级法院的功能定位要求,基层法院作为化解矛盾、案结事了的主体,要勇挑办案重担,将绝大部分矛盾化解在基层,中级法院作为二审终审、定分止争的主体,要做好社会矛盾的终极化解工作,高级法院作为申诉审查、监督纠错的主体,要切实担负起类案审理的指导工作,当好适法统一工作的领头羊。三级法院功能定位重新调整以后,大标案件将下放于基层法院管辖,各基层法院的责任和压力将更大,务必从五个方面做好相关审判工作:其一,要清醒认识面临的挑战,对于大标的案件,其法律关系无论是复杂还是简单,其纠纷矛盾无论是激化还是缓和,其案件类型无论是新颖还是传统,各法院院庭领导都要高度关注、审慎处理。其二,要严格规范审判程序,切实遵守高院关于大标的案件组成合议庭审理的通知要求,无论是判决结案,还是调撤、移送,只要标的在 1000 万元以上,都应当严格适用普通程序审理。其三,要加强审判管理,高院要及时研究制定规范大标的案件审理的指导文件,在此之前,各法院要率先建立大标的案件的内控制度。近日,松江法院结合自身实际,制定了《关于加强大标的民商事案件审判管理的若干规定》,从四个方面把好质量口:一是把好受理关,在大标的案件适用普通程序审理的基础上,明确人民法庭不受理 1000 万元以上的案件,相关案件由各民事审判庭办理,以提高此类案件的专业化水平;二是把好主审关,规定

1000万元以上不满2000万元的，由独任审判员主审，2000万元以上不满5000万元的，由审判长或副庭长主审，5000万元以上的，由庭长主审，标的额1亿元以上的由分管副院长担任审判长；三是把好讨论关，除标的额在2000万元以下，且经讨论无异议的除外，其余大标的案件均需经过审判长联席会议讨论决定，5000万元以上的拟判决案件还需经院审委会讨论；四是把好签发关，实行审签分离，独任审判员主审的案件法律文书由审判长签发，审判长或副庭长主审的由庭长签发，庭长主审的由分管副院长签发。松江法院的做法值得借鉴，也希望各法院也积极抓好大标案件的机制管理工作。此外，对于交办、督办的案件，要严格按照内部规定流程办理，防止"掉链子"的现象出现。其四，要开展案件评查，今年高院将重点就大标的案件的审判质量进行检查。各法院也要开展自查，将外部监督与自我监督有机结合起来，自觉促进和保障大标的案件质量。其五，要防范廉政风险，应本着敬畏法律、爱护法官的负责精神，不断完善大标的案件的廉政风险防控机制，做好对重点廉政环节的严格把控。各法院要十分注重审判纪律的教育和要求，确保民事审判工作人员从尊重职业操守，尊重法律职业共同体同仁的高度，严守审判秘密。

（二）增强重大风险的敏感意识，切实做好大案要案的全面指导工作

某些案件即使标的不大，但是案件的社会影响较大，公众普遍关注，涉及社会稳定，这也是需要我们多加注意的大案、要案。这类案件，稍有不慎容易引发广泛的热议和批评，导致法院被动，目前全国类似的案件已有不少，我们要以前车之鉴，切实落实大案、要案的妥处机制。首先，要严格遵守上报制度，以便上级法院进行同步的法律研究、审判指导、沟通协调。其次，要发挥好高中院的协调指导作用，对大案、要案中的热点、难点等问题，及时调研分析、协调指导，与基层法院同心协力、相互配合，共同化解好大案、要案。今年，高院要与相关法院共同继续做好"11·15"火灾等重大案件的跟踪指导和协调工作。最后，要充分利用好大要案本身所特有的放大效应，最大限度地发挥大要案的标杆性作用，更有效地传递司法公信力，在全社会积极倡导形成公正、包容、责任、诚信的价值取向。

（三）增强打造精品的战略意识，切实提高办案质量

精品案件是展示宣传和展示上海法院民事审判工作的良好水平的重要窗口，是有效提升民事审判质量的重要支点。今年，要做好如下几个方面的工作：第一，要完善精品案件的发现和培育机制，对于具有规范市场秩序、确立行为规则、倡导道德风尚等司法导向作用的案例，要深挖掘、早发现、多培育。第二，要确保精品案件真正符合"精"的要求，精品之"精"，贵在精良、经典，精品案件不仅要确保案件法律适用上的精确性、文书言辞上的严谨性，还要注意判决导向上的引领性、社会效果上的正面性，使案件真正具有高质量、高品位。第三，要加强精品案件的宣传和推荐工作，应当具有"酒香也怕巷子深"的竞争意识，不断总结提高，加强精品案件的整理，力争通过各个渠道和载体的宣传和推荐，有更多的案例入选上海法院的"四个一百"、《最高人民法院公报》、《最高人民法院指导性案例》等。第四，要发挥精品案件的带动作用，通过精品案件的培育和选拔，带动和促进案件质量在整体上有所提高，推动审判工作的全面发展。

三、进一步面向基层、回应需求，不断促进调研指导和适法统一工作

今年，我们将继续从审判实践中反映出的突出问题入手，坚持"问题导向、需求导向、项目导向"，加大调研力度，统一法律适用。

（一）做好案件处理机制的协调工作。对于影响审判绩效的机制障碍问题，高院将继续完善与相关部门的工作协调机制，推进影响审判绩效问题的解决，如与医学会建立异议病历的分析认定机制，与交警部门建立道交责任认定的沟通机制等。

（二）做好复杂疑难问题的研讨工作。针对计划开展的虚拟分割商铺租赁纠纷、劳动争议纠纷两个课题，拟召开业务研讨会，形成调研报告及指导性意见；针对相邻纠纷、安全保障义务等问题，拟召开季度例会，形成会议纪要指导审判实践；对于审判实践出现的其他问题，如对宏观调控下的房屋买卖纠纷、农村建房中产生的人身损害赔偿纠纷等案件的疑难问题开展调研，并及时形成指导意见。

（三）做好指导意见的编写工作。开展办案要件指南的续编工作，继续劳动争议办案要件指南（二）、（三）的编撰工作，修订医疗侵权办案要件指南，并加强对相关要件指南的培训工作，确保民事条线法官正确理解和适用高院业务文件。同时，还将开展涉外民事案件法律适用调研，加强涉外审判指导工作。

（四）做好专业书籍的编撰工作。今年，高院民一庭将依托民事条线的调研力量，计划完成《法官智库丛书之侵权审判精要》的编撰工作。本书将结合上海审判实践，就交通事故、医疗损害、安全保障义务、产品责任等多发类侵权案件的审理思路，进行精要提炼，着力展现上海法院民事条线法官的审判智

慧和调研成果,为侵权审判法官提供办案参考。

(五)做好审判资料的续编工作。结合民诉法等法律法规的修改情况,开展相关法律及司法解释的收集汇编工作;结合“四个一百”等活动,加强民事审判常用案例库建设,满足基层法院审判案例指导需求。

四、进一步精细管理、规范运作,确保诉调对接工作健康发展

(一)以提升平台作用为目标,推进诉调对接中心的独立建制

大力推进诉调对接中心独立建制工作,并以此为契机带动组织机构、人员配备、经费保障等的健全、落实和完善,有力提升诉调对接工作的地位,使之发挥更大的作用。

(二)以落实规范管理为关键,开展全市法院诉调对接工作的评查活动

加强对工作机制的评查,促使各法院严格执行高院下发的各项规范性文件,确保流程管理趋于规范、有序,避免将对接中心变成拖延处理、规避审限的蓄水池,从而影响了全市诉调对接工作整体的发展大局。加强对解员名册制度落实情况的评查,促进对调解员工作的监督管理,努力造就一支以退休法官为主体的调解员队伍,今年争取退休法官占到调解员总数的50%以上。加强诉调对接场所安全的评查,以确保对案件卷宗、工作人员的安全管理和保护。

(三)以调解协议司法确认为基础,有效防范虚假调解

要通过开展案件评查、质量讲评等方式,促使各法院进一步重视调解工作质量。要依法、审慎、稳妥、可控地推进人民调解协议的司法确认工作。严格控制对人民调解、行业调解等各类社会调解组织调解协议的司法确认,严格加强对协议真实性、合法性、可操作性的重点审查。要完善虚假调解等违法行为的防范机制建设,加大对调解的审查力度,依法、及时、严厉地制裁虚假调解行为。

(四)以专业化能力为抓手,扎实拓展行业纠纷诉调对接范围

要鼓励和支持行业协会、社会组织、企事业单位等建立健全相关纠纷的专业化调解组织和机制,促进行业自治的纠纷解决平台建设,尽可能使更多的行业内矛盾在行业机制内化解。对于已经设立运行的专业调解机构,要求各法院应对其调解工作给予大力支持,及时沟通,加强指导,建立工作对接机制。

(五)以诉调对接中心为基地,着力加强调解业务指导和考核

高院已连续两年举办全市诉调对接中心调解员的业务培训,这项工作今年还将继续开展下去,以提高调解员的业务能力和调解工作质量。同时,各法院也要认真做好调解员的考核工作,形成调解员良性激励机制。

五、进一步筑牢基础、深化机制,为群众提供经济、便捷的司法服务

(一)夯实基层基础建设,确保人民法庭服务职能有效落实

一是加强人民法庭的服务机制建设。全市人民法庭必须牢固树立“走进人民法庭就是走进人民法院”的意识,着力强化法庭职能,全面增强人民法庭为民司法的窗口功能作用,在已落实诉调对接、立案信访、执行等职能向人民法庭延伸的基础上,进一步提升延伸的实际效果。

二是加强人民法庭办案规范化建设。要不断探索完善行之有效的审判质效管理规范,特别是针对家事矛盾、邻里纠纷等案件,通过新方法、新措施,主动改进办案方式,进一步提升法庭的办案质量,提高自动履行率、服判息诉率。

三是加强人民法庭的科学配置。近年来,由于上海郊区的经济社会发展较快,有些法庭所辖区域人口、经济等发生了较大变化,原有法庭设置,已不能完全适应当前的形势需求,为了真正发挥便民、利民、为民的功能作用,可以在尽量维持现有建制的情况下,通过调整管辖区域、收案类型,以及增加人员等方式,解决就地司法服务的供需矛盾问题。

(二)总结经验稳中求进,不断深化小额速裁试点工作

第一,要在保障当事人权利的基础上,加强诉讼引导,让更多当事人选择小额速裁程序。目前,符合小额速裁的案件仅有五分之一左右实际进入小额速裁程序,从数量上讲还有较大的提升空间,要通过各种机制、措施和方法,提高小额速裁的办案质量和数量。

第二,要在确保速裁质效的基础上,加强理论调研,为民事诉讼法的修改作出贡献。当前,民事诉讼法正在修改之中,试点法院要在处理好小额速裁案件基础上,用心做好数据统计、调研分析、信息报送等工作,为修改民事诉讼法工作积累经验、提供素材。

第三,要在前期试点经验的基础上,完善工作机制,确保试点工作顺利推进。小额速裁试点工作具有政策性强、创新多等特点,对此绝不能轻视或忽视。下一步要通过召开推进会,总结试点经验,认真梳理不能适应当前工作的机制或措施,加以改进和完善。

六、进一步提高认识、坚定决心,有效防范和制裁妨害诉讼秩序的违法行为

近年来,各类妨害诉讼秩序的违法行为呈现增

多的趋势，但是各法院在防范和查处方面的机制和措施方面，还不尽完善，对违法行为的制裁方面也未及时跟进。今后，各法院要重点做好如下两个方面的相关工作：

（一）与相关部门形成打击合力，严厉防范和查处虚假诉讼

虚假诉讼既扰乱了正常的民事审判秩序，浪费了司法资源，又严重影响了司法公信力，需要严格防范和查处。今年，重点做三个方面工作：第一，制定查处和防范虚假诉讼的指导意见，2012年高院党组重大课题之一就是“虚假诉讼的防范与规制之策研究”，高院要在课题调研的基础上，形成具体的指导文件，构建有效的防范和查处机制。第二，强化法官防范虚假诉讼的意识和能力，要加强培训教育，切实让一线法官从维护法律的尊严、法院的形象的高度来审视虚假诉讼案件，切实提高职业敏感度和防范意识，增强识别技能、技巧。第三，加大虚假诉讼的制裁力度，适时与公安、检察、司法行政等机关积极沟通，确保各部门在制裁措施上的衔接、统一，形成多方位、多层次的制裁体系，形成打击合力。

（二）严格审查诉讼代理关系，切实规范公民代理行为

目前，以公民代理为名、行专业代理之实的代理行为，由于缺乏有效制约，有的擅自超越代理权限冒名签字，有的为获得经济利益教唆当事人上访、闹访，还有的直接侵害委托人的合法权益，已经严重影响了法院正常的诉讼秩序。对此，必须从三个方面规范和引导公民代理健康发展：第一，要严格审查公民代理人的实际身份，对于不符合法律规定的，坚决禁止其继续参与诉讼。第二，要依法处理公民代理的报酬纠纷，对于因公民代理报酬引发的纠纷，要根据《民事诉讼法》、《律师法》等相关法律的立法精神，对公民代理人要求报酬的主张一律不予支持，引导公民代理制度回归本源。第三，要压缩违规公民代理的生存空间，进一步加强与司法行政机关、律师协会等部门的沟通、协调，让民生类案件中经济确有困难的当事人，尽可能获得正规、便捷、经济的法律服务、法律援助。

七、进一步优化培训、人文关爱，促进事民事审判队伍建设

（一）以业务知识培训的“体系化”，拓展民事法官理念视野和司法能力

首先，要加强民事审判的理念教育，确保民事法官更加关注审判工作对核心价值体系的促进作用，对社会道德取向的引领作用，正确理解和适用诚实信用、意思自治、公平正义等民法基本原则。其次，要加强对青年或新进民事法官的业务培训，确保其全面掌握民事案件的矛盾特点、化解规律、处理技巧、执法口径。另外，要做好新法新规、高院业务文件的专业培训，通过菜单式培训、专题式培训等方式，确保民事法官知识体系及时更新，按惯例今年将开展法庭庭长轮训。

（二）以审判组织建设的“专业化”，促进民事审判经验的有序传承

目前，全市民事条线已基本全面配置了相对固定的专项合议庭。今年，要进一步从如下方面推进专项合议庭建设：第一，要加强专项合议庭的组织建设，各法院应结合各自收案及人员情况，既要合理调整专项合议庭的设置，有效实现案件的专业性分流，又要合理配置专项合议庭的人员组成，达到优势互补、以老带新、经验传承的良好效果，为培养民事法官、稳定队伍结构提供平台。第二，要完善专项合议庭的运行机制，避免使专项合议庭流于形式，而应确保名与实的有机统一，切实将专项合议庭建设成合聚智慧、汇集良策的实体组织；避免使专项合议庭的功能单一化，而应确保办案、培养与调研等功能的同步协调，及时总结专业案件的审判经验、所存问题、应对之策，提升审判的科学化、精细化、艺术化。第三，要加强专项合议庭建设的督促工作，高院要进一步对专项合议庭的专业配置、机制建设、实际运行等情况，进行检查调研，切实促进该项工作落至实处。

（三）以激励管理机制的“人性化”，激发审判队伍的战斗力

由于民事案件数量大、化解难，不少民事法官为了完成办案任务，超荷运转、加班加点成了家常便饭，也有不少法官受到了当事人的言语攻击、人身威胁，对民事法官的身心健康带来较大影响。为此，各级法院要本着“以人为本”的管理理念，不断建立和完善对民事法官的关心、爱护、帮助和支持机制，及时帮助解决现实困难；要本着“事实求是”的处理原则，对于蓄意诽谤、人身威胁民事法官的违法行为，要及时联合有关机关进行严肃处理，让民事法官能够“挺直腰杆”来办案；要本着“奖惩分明”的激励措施，不断完善对民事法官的奖惩机制，让民事法官的工作价值得到及时、客观、公正的认可，提升其使命感、尊荣感。

同志们，让我们同心同德、开拓进取，奋力开创民事审判工作的新局面，以优异成绩迎接党的十八大胜利召开！

立足审判职能　服务保障大局
便民利民司法　促进和谐稳定

——在 2012 年上海法院民事审判年中工作座谈会上的讲话

上海市高级人民法院副院长　盛勇强

（2012 年 7 月 30 日）

同志们：

下午好！今天，高院召开全市法院民事审判年中工作座谈会，回顾总结上半年工作，布置下半年任务，并对当前民事审判中需要明确的几个问题进行说明。

上半年工作情况

上半年，全市法院民事审判部门深入贯彻落实“服务大局、保障民生、公正司法、促进和谐”的民事审判指导思想，按照年初全市民事审判工作会议的部署，切实发挥民事审判职能作用，齐心协力、狠抓落实，开拓创新、奋发有为，各项工作都取得了新的进展。

一、围绕服务大局，充分发挥民事审判职能作用

1. 全面完成审判任务。上半年，全市法院共受理民事案件 116,035 件，同比上升 3.2%，其中一审、二审分别收 108,153 件、7882 件，同比分别上升 4.1%、下降 8.4%。

审结民事案件 113,362 件，同比上升 4.0%，其中一审、二审分别结 105,560 件、7802 件，同比分别上升 5.2%、下降 9.6%。

存案共 21,318 件，同比下降 1.1%，其中一审存 19,721 件，同比下降 1.2%，二审存 1597 件，与去年同期持平，确保了案件收结存的良性运行。

2. 精心审理大案要案。全市各法院对于社会影响较大、公众普遍关注的案件，切实做好舆情应对工作，做到提前谋划、从容应对，没有因处置不当形成社会热点，没有因应对不慎引发社会炒作。例如，普陀、金山法院依法稳妥处理韩寒诉方舟子等侵犯名誉权以及作品署名权纠纷案件，认真分析研究受理条件、案由、证据材料等，积极做好当事人息诉化解工作，该系列案件目前当事人均已撤诉。长宁、金山法院分别依法妥善审理了东航飞行员集体跳槽引发的劳动争议案、商家“一元网络团购”未兑现引发的消费者维权案等重大、敏感案件。

二、狠抓制度落实，深入推进诉调对接中心建设

全市法院充分发挥诉调对接中心规范引导、终局保障的作用，推进从源头上化解纠纷，取得较好成效。今年上半年，全市法院诉调对接中心共调解成功 69,950 件，占一审民事结案数的 41.4%。上海法院诉调对接工作的成功经验做法，被最高法院《法院情况反映》刊载，向全国法院推广。俞正声书记、韩正市长对上海法院诉调对接工作予以充分肯定。

1. 认真贯彻落实俞正声书记重要讲话精神。今年 3 月，市委书记俞正声在视察长宁法院诉调对接中心和“平安上海”建设推进大会上对法院诉调对接工作作出重要指示后，高院应勇院长高度重视，要求全市法院认真学习贯彻俞正声书记讲话精神，注重源头预防，化解社会矛盾，加强和创新社会管理，维护社会和谐稳定。为此，上海市高级人民法院及时制订了《关于进一步加强和创新社会管理，推进上海法院诉调对接工作的通知》，并召开会议进行专题部署，要求各法院进一步深化对法院诉调对接工作重要性的认识，进一步健全和完善参与社会管理创新的平台，确保涉案社会矛盾化解实效，促进诉调对接工作健康持续发展。

2. 积极开展扩大诉讼与非诉讼相衔接的矛盾纠纷解决机制改革试点。为有效预防和化解社会矛盾，今年 4 月，最高人民法院制定并下发了《开展扩大诉讼与非诉讼相衔接的矛盾纠纷解决机制改革试点总体方案》，通过构建诉调对接工作平台，完善和创新诉调对接工作机制，促进多元纠纷解决机制改革再上一个新台阶。《总体方案》中确定了浦东新区法院和普陀法院作为上海地区开展试点工作的两家法院。目前，上述两家法院已按照最高法院的改革试点要求，结合各自实际，制定细化落实了具体方案，明确了任务分工、时间进度和工作责任。

3. 深入推进诉调对接中心独立建制工作。各法院高度重视诉调对接中心组织机制建设，进一步完善和明确机构职能、管理部门，继去年杨浦、闸北、长宁、青浦之后，黄浦、普陀、嘉定、闵行、徐汇、崇明等六家法院在区委和区政府的支持下，实现了诉调对接中心的独立建制。

4. 继续加强诉调对接中心的规范化建设。全市法院按照高院党组提出的诉调对接工作要进一步在做大做强、促进规范上下功夫的工作要求，切实贯彻落实《上海法院推进诉调对接多元纠纷解决机制建设的若干意见》、《诉调对接中心调解员管理办法》、《诉调对接中心工作流程管理办法》及《关于非诉调解协议司法确认程序的实施细则》等规范性意见。同时，各法院也结合各自区情、院情，制定相应的工作规程，创新诉调对接工作方法。例如，杨浦法院精心打造"一个诉调对接中心、四个巡回审判点、十二个社区法官工作点"的网状诉调对接机制，在预防化解社会矛盾方面取得了较好的成效。此外，高院还与市政协共同开展"进一步推进上海法院诉调对接工作"的课题调研。通过与市政协委员、司法局、财政局、编办等部门人员展开座谈，并到相关法院进行实地调研，总结经验，分析问题，并提出改进诉调对接工作的相关对策和建议。

三、强化调研指导，促进法律适用统一确保法律有效实施

1. 开展专题研讨，统一类案处理。全市三级法院针对审判实践中争议较大的问题，积极开展业务研讨，统一类案的处理思路。一是召开了由二中院民一庭承办、长宁法院协办的相邻相关纠纷研讨会，就相邻纠纷的受理范围、不同类型不动产相邻纠纷的处理原则等九大类问题进行系统研讨。二是召开了由静安法院民一庭承办的网络名誉侵权纠纷研讨会，就网络名誉侵权的构成要件、责任承担等四大类问题进行讨论。三是一中院"法官沙龙"、二中、虹口等法院召开婚姻家庭、劳动争议、交强险等疑难问题研讨会，通过研讨，进一步厘清了相关法律概念，加深了对法律条文的理解，对大部分争议问题达成了共识。

2. 出台审判指引，解答疑难问题。针对审判实践中反映比较集中的测谎在民事审判中的启动和采信、外国企业常驻中国代表机构的诉讼主体资格等问题，编写了民事法律适用问答，有针对性地进行解答。下发了《对道路交通事故纠纷案件疑难问题研讨会会议纪要的相关问题进行解读(一)》，并召开专门的解读会。

3. 发布典型案例，发挥引领作用。发挥参考案例短、平、快的优势，通过《调研与参考》发布《美容美发机构无证提供医疗美容服务应认定为欺诈》、《建设工程施工合同中"黑白合同"的司法认定》、《共同侵权中公证机构的过错及责任范围的认定》、《商厦与入驻商家营业员劳动关系辨析》、《住宅小区物业管理中存在的问题、成因及对策分析》等案例分析，统一具体问题适法标准。

4. 系统梳理问题，推进适法统一。根据应勇院长在去年全市法院院长研讨会的要求，高院民一庭结合民事审判工作实际，以及三级法院的功能定位，有效落实院长会议精神，不断建立和完善民事审判适法统一机制，深入推进适法统一工作。上半年，撰写了《关于推进民事审判适法统一的情况报告》，下发了《物权民事纠纷办案要件指南(总则部分)》，对劳动纠纷、诉讼程序、离婚纠纷、物权纠纷中的适法不统一问题及办案思路进行梳理。同时，在浦东、徐汇、静安、闵行、长宁等法院的积极配合与热心支持下，还切实做好涉"94方案"房屋、建设工程、房屋买卖、国有土地使用权等纠纷热点难点问题的调研工作，为最高法院修改、完善相关司法解释提供意见和建议。

四、强化机制改革，进一步创新和加强审判管理

全市法院立足于三级法院功能定位，建立健全科学的审判管理工作机制，把更多精力、注意力放到基层，切实解决基层工作中的突出问题，不断提升全市法院民事审判工作水平。

1. 加强对大标的民事案件的质效管控。为进一步推进民商事案件管辖改革，一审民商事大标的案件进一步下放到基层法院审理。为加强大标的民事案件的审判管理，确保大标的民事案件的审判质量和效率，高院制定并下发了《关于进一步加强基层人民法院大标的民商事案件审判管理工作的通知》。进一步规范审判程序，规定诉讼标的额在1000万元以上一审民事案件，应由基层法院的相关民事审判庭依法组成合议庭适用普通程序审理，严把大标的民事案件审判重点环节。进一步强化内控机制，强化合议庭评议机制、审判长联席会议制度、裁判文书的审核签发机制，加强审判流程管理、案件的信息管理，提升大标的民事案件的监督管理实效。进一步明确管理职责，推进大标的民事案件的专项合议庭建设，进一步完善审判工作机制，加强考核评查，确保大标的民事案件的审判绩效。

2. 强化防范严厉查处虚假诉讼。针对近年来诉讼领域时有发生虚假诉讼的现象，结合党组重大调研课题《虚假诉讼的防范与规制之策研究》，认真调研分析，切实规范诉讼当事人及其他诉讼参与人的诉讼行为,维护司法权威。加强培训教育,让一线法官从维护法律尊严、法院形象的高度来审视虚假诉讼案件,切实提高职业敏感度和防范意识,增强识别技能、技巧。加强与公安、检察、司法行政等机关的协调沟通,确保各部门在制裁措施上的衔接、统一,形成多方位、多层次的制裁体系,形成打击合力。

3. 深入开展小额速裁试点工作。各试点法院切实结合区情、院情,进一步完善和细化操作规范,配好、配足审判力量,使各项基础建设能够适应小额速裁工作的性质和特点。上半年,当事人自愿选择适用小额速裁的案件数 2723 件,占符合小额速裁条件的案件数的 14.9%,共审结小额速裁案件 2727 件。通过充分发挥小额速裁一审终审、简便、快捷的优势,节约了司法资源,有效提高审判效率,使矛盾纠纷得以快速化解。

4. 加强与相关部门、行业协会的交流互动。就医疗鉴定、劳动争议的审裁衔接、消费者权益保护、保险理赔等方面存在的问题,进一步加强与卫生局、医学会、劳动仲裁、保险公会、消保委等有关部门、行业协会的沟通协调,并达成一定共识,推动解决制约民事审判工作发展的突出问题,努力破解影响审判绩效的“瓶颈”。例如,与市医学会共同制定了关于产科、肾内科医疗损害三期鉴定的标准等。

五、加强队伍建设,进一步提升民事审判法官的能力素质

1. 强化理念教育,弘扬核心价值观。深入开展“忠诚、为民、公正、廉洁”的政法干警核心价值观教育,结合社会主义法治理念再学习再教育和最高法院所确定的主题实践活动中突出法院文化和司法能力建设两个重点,立足民事审判工作实际,不断拓展教育的广度、深度和效果,切实做到人人都参与、人人受教育、人人有提高。

2. 抓好学习培训,提升司法能力。通过上挂下派轮岗锻炼,提升民事法官、特别是青年法官的认识和把握大局的能力、认识和把握社会矛盾的能力、认识和把握社情民意的能力、认识和把握法律精神的能力。《法官智库丛书》“侵权案件审判精要”分册的编写工作正在按计划有条不紊地进行中,目前已收集数百个案例,召开四次编写小组会议,邀请相关院校的专家学者进行评审,就编写细目的完善和调整进行讨论。

3. 坚持从严管理,确保队伍公正廉洁。严格落实“四个一律”、“五个严禁”和“十条纪律”等规定,坚决杜绝“关系案、人情案”。全面落实上海法院司法公开 35 条意见,让审判权在阳光下运行。通过“上海法院廉政风险环节监督提示系统”,做好对重点环节的监督管控。

当前民事审判工作中存在的主要问题:适法统一工作有待进一步推进。不同法院、同一法院的不同业务庭、同一业务庭的不同承办人之间适法不统一现象仍然存在。适法不统一问题的发现、收集、研判、指导等机制有待进一步健全完善。诉调对接工作有待进一步规范。有些诉调对接中心案件流程管理有待加强,案件过度滞留、登录时间节点不规范现象仍然存在。少数调解员业务水平不高,如将房屋买卖案件按照确权案件进行调解等。审判质量效率有待进一步提升。部分法官依然存在司法行为不够规范现象,庭审、适用法律和裁判文书制作能力有待进一步提升。个别法院 18 个月以上的未结案件较多,影响了审判效率。民事审判队伍专业化建设有待进一步加强。有的法官还一定程度地存在机械适法、教条办案等现象,做群众工作的能力有待提高。有的法院人员调动比较频繁,少数新任法官特别是年轻法官,对传统民事审判业务不熟悉,审判经验传承工作亟待加强。对于上述问题,全市法院要采取切实举措,努力加以解决。

下半年主要工作

下半年,我们党将召开举世瞩目的十八大。为党的十八大胜利召开创造和谐稳定的社会环境,是今年政法机关第一位的任务。全市法院民事审判部门要按照前不久召开的院长专题研讨班上,院党组对下半年工作的总体要求,紧紧围绕推动上海“创新驱动,转型发展”,紧紧围绕端正审判理念,优化裁判方法,提升司法能力,找准司法服务保障大局的结合点、着力点和切入点,努力使民事审判工作服务经济社会发展的职能作用得到充分发挥,为把上海建成法治完善、法治环境最好的地区之一提供有力的司法保障,为党的十八大胜利召开营造和谐稳定的社会环境。

一、坚持抓好执法办案第一要务,推动服务大局保障民生工作进一步落实

执法办案始终是人民法院的第一要务。下半年,全市法院民事审判部门要进一步发扬连续战斗的精神,不松劲,不懈怠,确保优质高效地完成全年民事审判任务,确保实现全年收结存良性运行。

1. 端正理念、优化方法、提升能力。要按照应勇院长在院长专题研讨班提出的要求,端正审判理念,优化裁判方法,提高司法能力,维护司法公正。要坚持宪法法律至上、居中平等审判、司法为民、公开民主、定分止争、责任司法、廉洁司法的理念,通过民事审判的司法实践,使社会主义法治理念、司法核心价值观获得普遍认同。要合理运用“释明引导”法、“多维推进”法、“综合分析”法、“利益衡量”法、“有理有据”法，努力提升民事审判工作的质量效率。要着力提升广大民事法官的程序掌控能力、法律运用能力、群众工作能力、沟通协调能力、舆情应对能力、服务发展能力、职业自律能力，确保司法公正。

2. 稳妥处理好社会关注的司法个案。全市法院要以维护稳定、促进和谐为出发点，把稳妥处理好大案、要案作为民事审判工作的重中之重。对可能产生重大社会稳定风险和舆论炒作的大要案，要注重提前谋划，做好案件的舆情风险评估，健全工作预案，保证信息畅通，完善妥处机制，做到明晰责任、规范措施、确保实效。有些敏感案件能够延期处理的，原则上推迟到党的十八大召开之后适时处理；确需及时处理的，要尽可能提前安排、淡化处理。要切实发挥民事审判定分止争、促进和谐的社会功能，为党的十八大顺利召开营造和谐稳定的社会环境。

3. 以办好精品案带动审判质量的整体提升。全市法院民事法官要进一步增强精品意识，切实提高办案质量。要重视民事审判精品机制建设，进一步健全和完善精品打造、精品考评及精品作用发挥机制。要结合“四个一百”评选及最高法院开展的庭审和裁判文书“两评查”活动，善于从疑难、复杂、新型、重大案件中发现“精品案”苗子，通过多办精品案，发挥好精品案的引领作用，促进全市法院民事条线总体办案能力和水平的提升。

4. 切实加大对大标的案件质效管控的力度。全市法院要切实贯彻上海市高级人民法院《关于进一步加强基层人民法院大标的民商事案件审判管理工作的通知》，严格规范程序，加强内部监督制约，把好大标的案件的立案关、主审关、讨论关、签发关、信息输入关。要进一步健全大要案上报和备案制度，及时开展大标的案件的质效评查，重点就大标的案件的审判质量进行检查，落实办案差错责任追究制度。

5. 进一步深化小额速裁试点工作。要严格落实最高人民法院《关于部分基层人民法院开展小额速裁试点工作的指导意见》和高院《上海法院小额速裁试点工作实施细则（试行）》的要求。要把“调解优先，调判结合”的原则贯穿小额速裁的全过程，充分利用立案、审判等各个诉讼环节开展调解。要加强诉讼引导，通过各种机制、措施和方法，提高小额速裁的办案质量和数量，让更多当事人选择小额速裁程序。要加强异议审查，严格纠错，确保异议审查在程序和实体上的纠偏功能。

二、不断健全诉调对接工作机制，推动矛盾纠纷化解工作进一步深化

全市法院要认真贯彻落实俞正声书记讲话精神，进一步深化对法院诉调对接工作重要性的认识。坚持“调解优先，调判结合”，通过诉调对接工作，实现诉讼解决与诉讼外解决的联动与协调，切实将大量的矛盾纠纷化解在源头、化解在基层、化解在诉前。

1. 深入推进扩大诉讼与非诉讼相衔接的矛盾纠纷解决机制改革试点，适应社会管理创新的需要。要按照最高法院要求，继续探索人民法院参与社会管理创新的新方式，在确保人民法院履行依法裁判职责的基础上，充分发挥司法审判解决纠纷的功能；进一步整合解决纠纷的各种力量，合理配置纠纷解决资源；进一步完善和创新诉调对接工作机制，为人民群众提供更多的可供选择的纠纷解决渠道。试点法院在全面落实试点总体方案的基础上，可以结合本院工作实际，选择部分内容作重点突破，体现自身特色。高院对此将加强监督指导和督促检查，并适时总结推广试点经验，确保试点工作顺利进行。

2. 大力加强诉调对接中心软硬件建设，进一步健全和完善参与社会管理创新的平台。要在党委、政府的支持下，大力推进诉调对接中心独立建制工作，并以此来带动组织机构、人员配备、经费保障等机制的健全、落实和完善，有力提升诉调对接工作的地位，使之发挥更大的作用。下半年，高院将组织对全市诉调对接中心的调解员进行业务轮训，增强调解员的技巧和能力，推动调解员队伍建设。

3. 充分发挥诉调对接中心功能，确保涉案社会矛盾化解实效。要坚持以“诉为背景、诉为引导、诉为保障、诉为管理”为原则，充分发挥诉调对接中心规范引导、终局保障的作用，推进从源头上化解纠纷。要让更多的案件分流到诉调对接中心进行调解，尽可能以调解方式结案，做到案结事了；要让更多的人民调解协议，经法院司法审查，转化为司法文书，以确认效力，及时维护当事人的合法权益。

4. 严格规范诉调对接中心管理，促进诉调对接工作健康持续发展。要全面落实关于“将中心受理的纠纷如同法院日常案件一样进行管理”的工作要求，认真贯彻落实最高法院和上海高院的相关规定，切实加强诉调对接中心规范化管理。要按照上海市高级人民法最近下发的《关于统一上海法院诉调对接案件收费标准的通知》要求，进一步规范收费，同时各基层法院要积极争取区财政支持，逐步实现诉调对接案件免收案件受理费。要着力构建防控虚假调解的工作机制，促进上海法院诉调对接工作健康持续发展。此外,要继续做好诉调对接工作向人民法庭等基层组织的延伸,实现功能前移,重心下沉,推进矛盾纠纷就地解决。

7月至8月,高院将对全市区县法院诉调对接工作基本情况、案件管理情况等进行评查,并将适时通报评查情况。望各单位高度重视评查工作,及时总结行之有效的成功经验与做法,对发现的问题要及时予以纠正,加强法院诉调对接工作的精细管理和规范运作。

三、强基固本夯实基础,推动调研指导和适法统一工作进一步加强

全市法院要着眼于确保法律有效实施,进一步完善适法不统一案件的发现、协调、研判机制,促进全市民事审判工作的执法统一,切实维护司法公正。

1. 进一步加强案件处理机制的协调工作。要切实建立和完善关联案件协调机制,确保法院之间、业务庭之间、合议庭之间、承办法官之间沟通协调的有序、便捷、高效,实现案件信息的及时互通、化解力量的共聚共合、法律观点的交流统一、裁判结果的兼顾协调,要坚决避免因沟通不畅而导致的同案不同判现象,确保关联案件适法统一。高院将继续完善与相关部门的工作协调机制,如与劳动仲裁委加强沟通,完善劳动争议审裁衔接机制等,进一步推进影响审判绩效问题的解决。

2. 继续开展复杂疑难问题的研讨工作。针对审判实践中争议较大的问题,召开"劳动争议案件疑难问题研讨会"、"职务侵权疑难问题研讨会",将讨论内容在会后进行综述,并适时出台相关解答,形成指导性意见。

3. 做好办案指南的编写工作。继续开展办案要件指南的编撰工作,续编劳动合同纠纷办案要件指南,并加强对相关要件指南的培训工作,确保民事条线法官正确理解和适用高院业务文件。

4. 开展审判资料的续编工作。结合民诉法等法律法规的修改情况,开展相关法律及司法解释的收集汇编工作;结合"四个一百"等活动,加强民事审判常用案例库建设,满足基层法院审判案例指导需求。

四、严格管理,推动民事审判队伍能力素质进一步提升

队伍建设是法院工作的重中之重。全市法院要进一步加强民事审判队伍建设,强化教育培训,规范司法行为,努力造就一支"忠诚、为民、公正、廉洁"的民事审判法官队伍。

1. 以党建带队建,以队建促审判。要精心组织好《社会主义法治理念学习读本》的学习,不断提高贯彻社会主义法治理念的自觉性。要认真贯彻落实市十次党代会精神,按照高院党组提出的"五个紧紧围绕"狠抓落实。引导广大民事审判法官自觉践行"忠诚、为民、公正、廉洁"的核心价值观,进一步端正理念、优化方法、提升能力、强化管理,使之渗透到执法办案的每个环节,转化为广大民事法官的自觉追求和具体实践,始终保持上海法院民事审判队伍的先进性和纯洁性。

2. 认真开展"两评查"活动,切实规范司法行为。庭审和裁判文书是体现司法公正、公信的重要载体,最高法院开展的庭审和裁判文书"两评查"活动,对于提高法官审判业务能力、提升审判质量和司法公信力具有重要意义。要按照全市法院推进"两评查"活动会议精神,正确把握评查的原则要求,坚持一线民事法官人人参与、争取人人达标。此次评查活动采取由各法院自查和高院条线评查相结合的方式,高院将对评查情况、问题及时予以通报,并对优秀庭审和法律文书予以示范和推广。各法院要注重通过评查活动找出短板、薄弱环节和普遍性问题,切实加以规范,从而提高全市法院民事法官的司法能力。

3. 加强学习培训,提高法官司法能力。要认真做好《法官智库丛书》"侵权案件审判精要"分册的编撰工作,按照既定计划和时间节点保质保量地完成好,充分展示上海法院民事条线法官的审判智慧和调研成果,为侵权审判法官提供办案参考。认真学习和研究正在修订中的民事诉讼法,及时做好应对准备工作。针对近年来部分基层法院新设人民法庭,新任人民法庭庭长较多、审判业务能力有待进一步提高的实际情况,下半年将开展针对人民法庭庭长的专题培训。

同志们,民事审判工作责任重大,任务艰巨。让我们在高院党组的领导下,振奋精神,求真务实,埋头苦干,不辱使命,为推动民事审判工作新发展,维护社会和谐稳定提供有力的司法保障而努力,以优异的成绩迎接党的十八大胜利召开!

在江苏法院民生权益司法保护报告新闻发布会上的讲话

江苏省高级人民法院党组成员、审判委员会专职委员　谢国伟

各位记者朋友们，

大家上午好！

民生幸福工程是省委确定的我省“十二五”时期重点实施的“八项工程”之一。2011年，全省各级法院认真贯彻中央和省委关于保障和改善民生的总体部署，始终坚持“三个至上”指导思想和“为大局服务，为人民司法”工作主题，高度重视民生案件的审判和执行工作，公正高效地化解了大量的涉及民生的矛盾纠纷，有力地维护了人民群众的合法权益，为建设人民安居乐业、社会和谐稳定的幸福江苏作出了积极贡献。

一、以保障民生为核心，依法妥善审理好各类民生案件

2011年，全省各级法院紧紧围绕执法办案第一要务，着力加强民生案件审判工作，全年共受理各类民生案件500,029件，同比上升9.31%，占全省法院所有案件总数的53.11%；审结各类民生案件499,639件，同比上升9.93%，占全省法院所有案件总数的52.92%。

依法审理好房屋买卖案件，保障国家房地产调控政策的有效落实。积极回应房地产宏观调控政策，妥善审理好与房地产调控政策有关的各类房屋买卖合同纠纷。对购房人因限购政策，导致无法办理产权变更登记，以及因限贷政策，导致无法取得银行贷款而无力支付购房款，请求解除房屋买卖合同的，依法予以支持。全年共审结房地产开发与经营合同案件7308件，同比上升0.42%，其中审结商品房预售合同纠纷4143件，同比上升7.42%。

依法审理好民间借贷案件，维护合法有序的民间借贷关系。全年共审结民间借贷案件77,902件，同比上升10.98%。坚决控制复利及高利贷，对当事人约定的超过银行同期贷款利率四倍利息的，超过部分依法不予保护；对当事人约定利息预先在本金中扣除的，按照实际出借金额确定本金；加强对证据材料真实性的审查，明确举证责任的分配，切实防止当事人以虚假债务损害国家利益、社会公共利益及第三人的合法权益。

依法审理好劳动争议案件，推动构建和谐稳定的劳动关系。全年共审结劳动争议案件37,271件，同比上升9.3%。省法院与省劳动人事争议仲裁委员会联合出台了《关于审理劳动人事争议案件的指导意见(二)》，明确用人单位应当支付劳动者双倍工资的期限、工资计算标准，切实保护劳动者的薪酬权，规范用人单位的用工行为。

依法审理好涉农案件，维护农村的社会稳定和农民工的合法权益。认真贯彻执行《物权法》和《农村土地承包法》，加强对农民依法获取的家庭承包经营权的物权保护，全年共审结土地承包合同纠纷、流转纠纷、承包地征收补偿费用分配纠纷案件4161件，审结农民工返乡后因土地、林地等承包经营权引发的行政案件431件。高度重视涉及农民工权益保护案件的审判执行工作，特别强化对建设工程领域农民工的权益保护，在岁末年初等重要时期，灵活运用先予执行等司法救济手段，最大限度地保护农民工合法权益。

依法审理好交通事故案件，切实维护交通事故受害人的合法权益。严格执行《道路交通安全法》和《侵权责任法》的有关规定，妥善化解好道路交通损害赔偿纠纷，全年共审结交通事故损害赔偿案件111,192件，同比上升23.99%。严格贯彻执行《刑法修正案(八)》，综合考虑案件情节、后果、社会危害性等情形，全年共审结危险驾驶犯罪案件2823件。

依法审理好医患纠纷案件，推动和谐互信的医患关系的形成。全年共审结医疗损害赔偿案件1408件，同比上升12.82%。认真贯彻执行《侵权责任法》，依法分配患者与医疗机构之间的举证责任，准确认定医疗机构的过错程度，切实维护患者的合法权益。加强与卫生行政部门的沟通协调，积极引导医患双方通过调解方式解决医患纠纷，医患纠纷的调解撤诉率达74.57%。

依法审理好婚姻家庭案件，切实维护妇女及无过错方的合法权益。全年共审结各类婚姻家庭纠纷87,048件，同比上升4.3%；其中离婚纠纷80,471件，同比上升4%。正确理解和执行《最高人民法院关于适用〈中华人民共和国婚姻法〉若干问题的解释(三)》

的相关规定,结合《婚姻法》关于夫妻共同财产的原则规定和“离婚时一方应以住房等个人财产帮助生活困难的一方”及离婚损害赔偿等制度,妥善处理好按揭房屋分割、父母出资购买不动产权属争议等案件,最大限度地保障妇女和无过错方的合法财产权。

依法审理好涉及未成年人和老年人合法权益案件,着力弘扬尊老爱幼的社会美德。不断加大对抚养费、赡养费案件的审判工作力度,全年共审结追索抚养费案件2248件,涉案标的967万元;审结追索赡养费案件2157件,涉案标的334.67万元,为未成年人健康成长、老年人老有所养提供了坚实的法律保障。

依法审理好消费者权益保护案件,推动诚信有序的消费市场环境的形成。全年共审结消费者权益保护案件58,481件,重点加大对消费领域的虚假宣传、价格欺诈、黑中介等侵犯消费者合法权益行为的制裁力度。审结电信、邮政,供水、电、热、气等涉及公众消费的纠纷13,462件,保证人民群众基本生活需求。加大对金融理财、保险等新兴热点消费市场中消费者权益的保护力度,促进人民群众的消费升级。审结保险合同12,472件,同比上升22.25%;审结信用卡合同纠纷8412件,同比上升17.03%,有效保护了人民群众的金融消费安全。

依法审理好征收补偿案件,保障社会公益利益和被征收人的合法权益。认真贯彻执行国务院《国有土地上房屋征收与补偿条例》,妥善审理涉及人民群众重大基本权益的城市房屋征收补偿、农村集体土地征收等案件,全年共审结房屋拆迁合同纠纷案件1402件、拆迁行政案件747件、土地行政案件424件。省法院下发了《关于印发涉及征地拆迁相关案件立案、审理和执行工作指导意见的通知》等文件,规范司法审查标准,依法履行司法审查职责,着力加大涉及土地征用、拆迁补偿矛盾纠纷的调解工作,稳妥实施强制搬迁工作,切实保护被征收人的合法权益。

依法审理好物业服务合同案件,推动构建和谐稳定的社区邻里关系。全年共审结物业服务合同纠纷23,083件,同比上升33.37%。合理界定业主、业主委员会、物业服务企业各自的权利义务,对于物业服务企业没有履行法定和约定义务,导致业主人身和财产损失的,根据物业服务企业的过错大小,依法判令物业服务企业承担相应的赔偿责任。积极引导各方当事人依法、理性地行使权利,避免因矛盾扩大影响大多数居民的正常生活。

依法审理好环境保护案件,为改善群众生产生活环境提供司法保障。省法院制定出台了生态环境司法保护二十条措施,为生态文明建设提供有力的司法保障。妥善审理与人民群众日常生活密切相关的因阳光、大气、水、噪音、电磁辐射污染引发的环境污染损害赔偿纠纷,正确分配当事人的举证责任,依法合理确定受害人的损失数额。

二、以民生优先为导向,建立健全便民利民的民生案件审判执行工作机制

一是大力开展巡回审判。全省法院普遍开展了以就地受理、就地调解、就地开庭、就地宣判和就地回访、接访为内容的巡回审判工作,为人民群众提供快捷、亲民和全方位的司法服务。2011年,全省法院民事审判系统共开展巡回审判138,815次,化解纠纷118,484件,巡回审判调解成功率85%。全省各级法院还针对各自工作实际建立交通事故、劳动争议、医患纠纷、老年人权益保护巡回法庭,最大限度地方便群众实现合法权益。二是健全民生案件繁简分流机制。提高简易程序的适用比例,全年基层法院一审民生案件简易程序适用率达到78.86%,大量事实清楚、法律关系明确、当事人争议不大的案件通过快速审理机制得到迅速化解。完善“普通程序简化审”的各项程序规范,不断提高二审案件审判工作效率,真正实现“简案快审、繁案精审”。三是扎实做好小额速裁试点。根据最高人民法院和省法院的统一安排,2011年5~12月,宜兴、东台、玄武、丹阳四家法院开展小额速裁试点工作。对于标的额在50,000元以下的案件,在征得各方当事人同意的情况下,实行一审终审,大大提高了审判效率,降低了当事人的诉讼成本。截至2011年12月,四家试点法院共受理小额速裁案件3153件,审结3025件,调解撤诉率达到98.05%,判决率仅为1.95%。在判决的案件中,仅有1件案件当事人提出异议,且该案在异议审查中当事人撤回异议。四是不断强化民生案件执行。切实加大交通事故损害赔偿案件、人身损害赔偿案件、拖欠农民工工资案件、劳动争议案件以及追索“三费”案件的执行力度,提高执行工作效率,及时有效地实现权利人的合法权益。全省法院共执结各类案件210,640件,执结标的达388.86亿元。开展了“反规避、保民生”执行积案集中清理专项活动,清理规避执行案件378件。建立了执行联动机制,省法院与工行、农行、建行、交行等八家商业银行江苏分行签订协议,开展点对点集中查询系统。加强对民生案件的统筹执行与执行救助,在被执行人的财产已被全部查封的情况下,统筹考虑被执行企业是否拖欠工人工资、医疗费、社保费等费用,防止出现企业倒闭后工人讨薪无望的局面。

三、以群众满意为标准,全力提升民生案件审判工作效果

全省各级法院将人民群众满意作为评判民生案

件审判工作的第一标准，使人民法院的工作更加符合民情、体现民意、服务民生、赢得民心。省法院委托国家权威机构进行的公众满意度调查显示，98.42%的被访者对人民法院化解矛盾的效果表示满意，其中认为“成效很大”的有51.85%，“成效较大”的有32.91%，矛盾化解满意度得分为86.69分，同比增加0.25分。对人民法院工作总体满意度得分为85.15分，同比增加2分。

一是不断完善诉讼服务。全省法院不断强化诉讼服务中心、诉讼服务站“一体化、规范化、标准化、品牌化”建设，打造“一站式”、“门诊式”诉讼服务机构。健全民生案件绿色通道，开展电话立案、口头立案、网上立案、预约立案、假日立案、上门立案等工作，方便当事人行使诉权。2011年，全省法院诉讼服务中心共开展各类诉讼服务884,368次，其中提供诉讼指导134,130次，法律咨询104,975次，判后答疑153,769次，执行督促50,339次，联系约见法官80,193次。完善司法救助机制，依法对城市低保人员、农村特困户、老、弱、病、残等弱势群体采取诉讼费减、缓、免措施，2011年诉讼费减、缓、免17,045件，金额达2866.5万元。二是不断深化诉讼调解和执行和解。始终坚持“调解优先，调判结合”原则，大力加强诉讼调解，积极推动诉调对接工作。2011年，全省法院民生案件调解撤诉率达71.33%，同比上升4.45个百分点。其中一审民生案件调解撤诉率达73.20%，同比上升5.48个百分点。执行和解力度不断加大，全省法院执行和解案件142,815件，占全部执结案件的67.80%，同比上升9.51个百分点。三是积极探索民生类案联动化解机制。全省各级法院针对交通事故损害赔偿、劳动争议等重点案件，积极构建交通事故损害赔偿案件联动处理机制和劳动人事争议联动化解机制。2011年，全省法院交通事故损害赔偿案件调解撤诉率达到74.58%，同比上升9.5个百分点；劳动争议案件调解撤诉率达82.02%，同比上升5.81个百分点。四是大力推进诉前调解和诉调对接。全省所有人民法院和派出人民法庭全部建立了调解工作室，配备了专职人民调解员。2011年诉前调解成功民事案件250,813件，诉前调解成功率达85.05%。省法院在与11个部门建立诉调对接工作机制的基础上，与省侨联联合下发了《关于侨联组织和特邀调解员协助调解涉侨民商事纠纷的意见》，形成了“1+12”的诉调对接网络。五是不断优化案件审判效果。全省法院积极践行群众工作路线，着力优化民生案件审判工作的质量、效率和效果，努力实现案结事了人和，民生审判的公信力和认同度不断提升。2011年，全省法院民生案件结收案比99.92%，案件平均审理天数38.09天，同比减少2.03天，审判效率不断提高；一审服判息诉率达94.97%，审判质量不断提高。加大未结涉及民生案件的执行清理力度，2011年清理率超过98%。全省法院初信初访总量同比减少10.70%，服判息诉效果逐步显现。

各位记者朋友，2012年是“十二五”规划承上启下的一年，是党的十八大召开的关键一年，民生案件审判工作机遇与挑战并存，全省法院将紧紧围绕省委确定的八项重点工程，以保障和改善民生为工作重点，最大限度地保护人民群众在教育、就业、医疗、养老、住房、环境等方面的合法权益，奋力开创民生案件审判工作科学发展的新局面。

谢谢！

充分发挥民事审判职能作用
奋力开创全省法院民事审判工作新局面

——在全省法院民事审判工作座谈会上的讲话

江苏省高级人民法院党组成员、审判委员会专职委员　谢国伟

（2012年6月8日）

同志们：

这次会议的主要任务是：认真贯彻落实全国民事审判工作会议、全省法院院长会议和全省法院审判管理工作电视电话会议精神，总结去年以来全省法院民事审判工作，分析当前民事审判工作面临的形势与任务，部署当前和今后一段时期民事审判工

作,推动全省法院民事审判工作再上新台阶。省法院党组对这次会议非常重视,公丕祥院长专门做出重要批示,对全省法院民事审判工作给予了充分肯定,为民事审判工作科学发展指明了方向。全省各级法院要深入学习领会公丕祥院长的重要批示精神,认真贯彻落实公丕祥院长对于民事审判工作"四个始终坚持"的工作要求,努力实现民事审判工作的新发展、新进步。

下面,我讲三点意见。

一、去年以来全省法院民事审判工作的基本情况

2011年以来,全省法院民事审判系统坚持能动司法,主动服务党和国家工作大局,积极回应人民群众的新要求新期待,深入推进三项重点工作,全面提升审判质效水平,为促进经济发展、保障民生幸福、维护社会稳定作出了积极贡献。

——积极服务经济社会发展大局。积极回应国家宏观经济政策,妥善审理好与房地产调控政策相关的商品房买卖合同、建设工程施工合同、土地使用权出让转让合同纠纷案件,确保房地产调控政策得到有效落实。加强对民间借贷、劳动争议等类型案件的分析研判,严厉打击高利贷等非法活动,着力规范用人单位的用工行为,有力地促进了实体经济发展。省法院制定出台《关于为加快推进生态省建设全面提升生态文明水平提供司法保障的意见》,向社会发布《生态文明司法保护状况报告》和典型案例,《人民日报》专题推介无锡法院探索环境民事公益诉讼做法,溧阳法院成立全省首个水资源保护巡回法庭,服务生态文明工程建设成效初显。全省各级法院全部成立了涉军维权工作领导小组和涉军维权合议庭,"一组、一庭、一站"的涉军维权工作机制日趋完备,工作效果不断提升。

——大力加强民生案件审判工作。省法院制定出台《关于深入推进民生案件审判工作的意见》,向社会发布《民生案件审判工作蓝皮书》和典型民生案例,民生案件审判工作机制进一步完善。建立和完善便民利民的各项工作机制,省法院制定出台《关于进一步加强巡回审判工作的实施意见》,全力推进和有效规范了巡回审判工作,全年,民事审判系统共开展巡回审判138,697次,化解矛盾纠纷109,088件。今年1月至5月,开展巡回审判85,299次,化解矛盾纠纷78,590件。深入推进司法公开,全面启动裁判文书上网和互联网庭审直播工作,截至目前,共有6451篇民事一、二审裁判文书上网发布。稳步推进小额速裁试点工作,截至5月,宜兴、东台、丹阳、玄武等四家试点法院共新收小额速裁案件5231件,审结4950件,调解撤诉4790件,调解撤诉率达96.77%,平均审理天数9.36天,小额速裁机制效果初步显现。

——努力提升民事审判质效水平。按照涉诉矛盾纠纷集中化解深化年和巩固提高年的要求,狠抓执法办案第一要务,多办案、快办案、办好案。2011年,全省法院民事审判系统共审结各类案件499,639件,同比增长9.93%;结收案比99.92%,同比提高0.57个百分点。今年1月至5月,共审结181,485件,同比增长7.84%;结收案比81.97%,同比提高2.54个百分点。截至目前,纳入今年集中清理范围的民事长期未结案件2889件,共清结2615件,清结率达90.52%;18个月以上民事长期未结案件数为79件,同比减少59.28%。认真贯彻落实"调解优先,调判结合"原则,不断加大调解工作力度,民事案件调解撤诉率达71.96%,其中,基层法院达73.20%,中级法院达49.91%。与省公安厅、人社厅、劳动仲裁委等部门分别建立了交通事故损害赔偿、劳动人事争议等联动化解工作机制,有效提升了矛盾纠纷化解效果,2011年全省交通事故损害赔偿、劳动争议案件的调解撤诉率分别达75.03%和79.56%,同比上升9.50和5.81个百分点。今年1月至5月,这两类案件的调解撤诉率分别达80.79%和83.53%。

——不断加强民事司法能力建设。深入贯彻落实《关于加强全省法院民事一审案件审判质量的指导意见》,一审案件审判质量稳步提升,一审案件服判息诉率达到94.97%。紧扣审判实践中的热点、难点问题,制定出台审理劳动争议案件的指导意见,编写婚姻家庭案件审理指南,进一步统一了全省法院执法尺度。通过对二审发改案件、提起再审案件专题分析,深入开展业务培训、巡回培训,对下业务指导的针对性、实效性显著增强。省法院和各中级法院还不断完善基层联系点制度,不断加大对联系点的调研指导力度,以点带面,进一步提升了基层法院和人民法庭的审判工作水平。今年上半年,省法院民一庭还专门对全省中级法院2011年审结的二审案件、省法院二审改判发回重审等民事案件进行全面复查,并在全省法院民事审判业务培训班上进行分析讲评,进一步提高了全省法院民事审判质量和水平。

二、全省法院民事审判工作面临的形势与任务

今年是实施"十二五"规划承上启下的重要一年,同时也是我省开启全面建成更高水平小康社会并向基本实现现代化迈进的重要一年,下半年我们还将迎来党的十八大胜利召开,作为人民法院工作的重要组成部分,民事审判工作面临的形势依然严峻,承担的任务更加繁重,肩负的责任更加重大。

一是保民生保稳定的工作任务更加艰巨。今年以来，国内外经济环境更为严峻复杂，不确定性、不稳定性上升，我省也面临着加快经济转型升级和保持经济平稳较快发展的"双重任务"，因经济发展的体制性、结构性矛盾引发的民事纠纷时有发生，民事案件的敏感性、关联性、对抗性和群体性明显增强。2011年，全省法院共新收婚姻家庭、教育、医疗、住房、交通、消费、劳动就业和社会保障、生态环境以及涉农等各类民事案件500,029件，同比增长9.31%。今年1月至5月，新收221,406件，同比增长4.50%。党的十八大即将召开，扎实做好当前和党的十八大前后的社会稳定工作，是全省法院最重要、最紧迫的政治任务。全省各级法院要牢固树立民生是第一目标、稳定是第一责任、保民生就是保稳定的指导思想，以非同寻常的决心、非同寻常的毅力、非同寻常的措施，全力以赴做好各类民事涉诉矛盾纠纷的化解工作，千方百计为党的十八大胜利召开营造和谐稳定的社会环境。

二是案多人少与案结事了的矛盾日趋加剧。长期以来，案多人少一直是全省法院民事审判工作的主要矛盾，并呈不断加剧的趋势。2009年至2011年，全省法院共新收民事案件分别达407,789件、435,827件、500,029件，基层法院民一庭法官人均结案数分别达219件、220件、240件。与此同时，民事纠纷呈现出类型多样化、诉求多元化等特点，诸如婚姻家庭、民间借贷、土地承包等传统民事纠纷也出现了新情况、新问题，夫妻共同财产涉及公司股权、有价证券、知识产权分割的案件日益增多；民间借贷案件有的涉及高利贷，案件事实认定难度越来越大。当事人的利益诉求以及对纠纷处理结果的心理预期普遍较高，民事案件化解难度不断加大。面对这些困难，全省各级法院唯有进一步挖潜增效、创新机制，创新和加强审判管理，才能有效应对这些压力与挑战。

三是司法能力还不能充分适应时代要求。主要表现为，少数法官群众工作能力不强，喜欢坐堂问案，就案办案、机械办案，"不愿、不会、不敢"深入群众、面对群众、依靠群众，将执法办案的过程单纯作为适用法律的过程，没有做到法律效果与社会效果相统一，有效化解纠纷的能力还不高。少数法官办案重效率、轻效果，庭审重走程序、轻实质化解，满足于案件尽快"出手"，不注重案件是否真正得到化解；少数案件没有做到"简案快审"，审理周期过长，临近审限突击结案、隐性超审限现象较为突出。全省各级法院要切实将民事司法能力建设摆上重要议事日程，加强岗位练兵，努力提高司法能力特别是群众工作能力，只有这样，才能有效满足人民群众的新要求新期待。

四是基层民事司法方式亟待改进和加强。主要表现在，一些优良司法传统在少数法院没有得到很好地传承，比如，少数法院、少数法官没有真正将调解作为化解纠纷的重要司法方式，而是作为单纯的司法技术；有的为了片面追求调解率而压调、骗调、为调而调，有的甚至不调不立，造成新的立案难；少数法官特别年青法官忽视群众路线，"机关"意识严重，重当事人举证、轻依职权调查取证，不注重巡回审判，不习惯"携卷调查"、"庭外理案"；有的案件不宣判，裁判文书喜欢邮寄送达，造成当事人不理解、不信服。人民陪审员陪而不审、走形式、走程序的现象在一定程度上还存在，有的对人民陪审员的意见不尊重、不重视。所有这些，都亟待我们认真检视，采取有效措施切实加以改进。

三、全力推动民事审判工作再上新台阶

今年是党的十八大召开之年，也是落实省第十二次党代会重大决策部署的第一年。在全省经济工作会议上，省委罗志军书记强调，今年全省经济社会发展的总基调是稳中求进，主抓手是推进"八项工程"，着力点是加快经济转型升级，工作重心是为党的十八大创造良好环境。全省各级法院要大力发扬敢于负责、勇于担当、狠抓落实的工作作风，充分发挥民事审判职能作用，全力化解涉诉矛盾纠纷，推动民事审判工作再上新台阶。

（一）充分认识民事审判工作的重要地位与作用

民事审判工作涉及人民群众生产、生活的方方面面，与民计民生息息相关，与改革发展和社会稳定紧密相连，比如，房地产、建设工程、劳动争议、民间借贷等案件的审理，直接关系着经济社会的平稳较快发展；婚姻家庭、人身损害赔偿等传统民事案件的审理，直接关系着对社会良好道德风尚和主流价值观的引领与弘扬，直接关系着人民群众的切身利益和社会的和谐稳定；环境保护案件的审理，直接关系着生态文明工程建设；等等。可以说，民事审判所适用的法律、调整的社会关系与权益范围比任何一项审判工作更为广泛，在人民法院审判工作全局中具有基础性地位。随着城市化、工业化和农业现代化进程的加快，社会转型引起的利益关系冲突大量显现，涉及市场要素和民生的房地产、民间借贷、劳动争议、消费者权益保护等纠纷案件数量大幅攀升。民事审判工作对于保障和改善民生、维护社会和谐稳定、落实国家经济调控政策、弘扬良好道德文化风尚、实现社会公平与正义的责任愈加重大。就全省法院而言，近年来，全省法院的民事案件数量一直占全省法院各类案件总量的一半以上，可以说，民事审判工作质效直接影响着全省法院审判质效，民事审判水平直接影响着全省法院审判工作整体水平。民事案件类型的不断丰富,也使民事审判工作发展的空间越来越大。全省各级法院要切实把加强民事审判工作摆在法院工作中更加重要的位置,从有效满足人民群众的司法需求出发,积极完善民事审判工作机制,全力提升民事审判质量、效率和效果,充分发挥民事审判工作服务大局、维护稳定、促进和谐的重要职能作用,为经济社会发展和社会和谐稳定提供坚强有力的司法保障。

(二)高度重视加强民生案件审判工作

民生幸福工程,是省委确定的我省"十二五"时期重点实施的"八项工程"之一,也是实施"八项工程"的出发点和落脚点。社会和谐稳定,基础在于民生得到保障。民事审判工作最重要的任务,就是要发挥好保障和改善民生的职能作用,让人民群众安居乐业。可以说,民生司法,就是全省法院系统的"民生幸福工程",这是民事审判系统最基础、最主要的职能,也是当前和今后全省法院民事审判工作最大的亮点。近年来,全省涉及医疗卫生、教育就业、婚姻家庭、食品药品安全、道路交通、人身损害赔偿、环境侵权等与民生息息相关的案件,呈现持续增长态势,这表明人民群众对民生司法的期盼日益增加,也对全省法院进一步加强和改进民生司法提出了新的更高的要求。全省各级法院要高度重视民生案件的审判工作,认真贯彻落实《最高人民法院关于当前形势下加强民事审判切实保障民生若干问题的通知》和省法院《关于深入推进民生案件审判工作的意见》,认真践行司法为民宗旨,深化以"当事人为本"的司法理念,及时妥善处理好涉及民生的各类民事案件,充分保障当事人的合法权利和利益。要切实保障基本民生,妥善处理好婚姻家庭、房屋拆迁、劳动报酬、社会保险等纠纷案件,依法保障党和国家惠及民生政策的实施,真心实意为当事人解决生产生活中的实际困难,切实保障当事人的基本的民计民生需求,努力促进社会和谐。要切实保障热点民生,妥善处理好医疗损害赔偿、交通事故损害赔偿、教育就业、消费者权益保护、商品房买卖、物业管理等纠纷案件,依法落实国家政策,全力维护社会稳定。要加强民生司法的宣传、统计、分析、总结工作,建立健全各类民生案件台账,及时发布涉民生的典型案例,进一步放大民生司法的审判效果。

(三)进一步健全和完善民事审判工作机制

当前和今后一个时期,全省各级法院要紧扣司法为民这一核心要求,进一步建立健全民事审判工作机制,优化基层司法方式,真正把实现法律效果与社会效果的有机统一作为办案的价值取向。要坚持群众路线,深入联系群众,进一步加大"陈燕萍工作法"的学习推广力度,特别要针对农村当事人法律认知和诉讼能力较弱的实际情况,重点加强诉讼指导、法律释明,必要时要依职权调查取证。要大力开展巡回审判、带案下访工作,通过选择与人民群众日常生活密切相关的案件就地开庭、就地调解,不断提高民事案件的调解撤诉率和服判息诉率。要完善繁简分流机制,积极推进小额速裁试点工作,建立健全交通事故损害赔偿、劳动争议、物业管理等多发类型案件快速联动化解机制,探索推行民事类案集中宣判机制,进一步提高民事案件审判质量、效率和效果。要大力推进司法公开,以公开促公正、树公信。要狠抓二审案件公开开庭审理工作,今年年底,各市中级法院民事审判庭二审案件开庭率要力争不低于70%,2013年上半年力争不低于85%,2013年年底力争达到100%。要按照最高人民法院和省法院的要求,积极稳妥地推进民事裁判文书上网发布工作,不断提高裁判文书上网数量。要切实加强案件社会稳定风险评估工作,省法院已经将社会稳定风险评估纳入案件审判流程管理,并开发出配套软件,实现实时、动态跟踪评估,全省各级法院要认真贯彻落实,最大限度地预防和减少案件审理过程中产生社会稳定风险。对有信访风险的案件,在审理过程中院、庭长要高度重视,层层强化定案把关,对于被评定为"较高"、"严重"等级的,要及时采取有效措施,做好化解、稳控工作,防止风险扩大、矛盾激化和事态升级。要切实加强和改进法律释明工作,强化法律释明的案件化办理,完善释明过程中的定案把关机制,增强法律释明的针对性和实效性,严禁释明工作走程序、走过场,切实压降法律释明后回诉率,确保法律释明后回诉率不超过30%。

(四)进一步加强和改进民事诉讼调解工作

从某种意义上讲,民事审判工作更主要是平衡当事人利益的工作。调解集法、理、情于一体,能较好地平衡当事人之间的利益,有效节省司法资源,是解决人民内部矛盾、减少社会对抗、促进社会和谐的最佳方式。周永康同志在全国政法工作会议上强调,对于进入执法司法渠道的矛盾纠纷案件,执法司法机关要尽可能采取调解等办法,努力寻求当事各方都能接受的解决办法,实现良好的法律效果和社会效果。全省各级法院要继续坚持"调解优先,调判结合"的工作原则,进一步加强和改进民事诉讼调解工作。一方面,要进一步强化"调解优先"的工作导向,加大调解工作力度。各级法院在处理民事案件时,要首先考虑用调解方式解决纠纷。要完善交通事故、劳动争议、医患纠纷、拆迁补偿、婚姻家庭等多发易发案件类型联动化解机制，形成类案化解的规模效应。要强化调解工作专项考评，认真落实《全省法院调解工作考评办法（试行）》和民事条线涉诉矛盾纠纷化解工作考评办法，鼓励调解与提升调解质量效果相结合，强化导向与严格管理相结合，全力提升调解工作的质量和水平。今年5月，省法院专门就调解率等考评指标进行了调整，取消了简易程序按30%、普通程序按70%的权重比例，对于"调解率"采用分段计分考评方法，这一调整旨在既要强化调解优先、着重调解的工作导向，又要尽量克服盲目攀比、片面追求指标数据的不当做法。全省各级法院要树立正确的司法政绩观，正确处理好工作实绩和指标数据的关系，努力通过办好每一起案件、做好每一个当事人的辨法析理工作来有效提升民事案件调解撤诉率，创造出经得起实践、人民和历史检验的审判业绩。另一方面，要进一步规范调解工作。要正确处理好调解与判决的关系。调解与判决都是人民法院行使审判权解决纠纷的方式，两者具有各自的特点和优势，总体上讲并没有优劣之分，哪种方式更有利于化解纠纷，就应当选择适用哪种方式。对于民事审判工作而言，婚姻家庭、人身损害等熟人社会的传统民事案件，更适宜用调解方式来化解纠纷，应当着重调解；房地产、建筑工程等领域的纠纷，则更多地具有商事纠纷的性质，这些案件在调解不成的情况，应当及时判决。要强化程序内化解纠纷的意识，树立"一盘棋"思想，对于调解后能够及时履行的，应当督促当事人自动履行，进一步提高调解案件自动履行率，降低调解案件进入执行的比例。要加强对民事调解书内容的审查，确保当事人在法院主持下达成的调解协议具有可执行性。需要注意的是，根据《全省基层人民法院批量案件监督管理办法（试行）》的规定，经人民法院预立案诉前调解成功后以及未经预立案而其他调解组织调解成功后当事人申请出具调解书的案件，立案受理后移送审判业务部门按照民事一审程序审理。各级法院民事审判系统审理此类案件时，尤其要加强对调解协议真实性、合法性的审查。

（五）进一步创新和加强民事案件审判管理

王胜俊院长指出，创新和加强审判管理，是人民法院的重要司法理念，是提升队伍素质、提升审判质量、提升司法公信力、确保司法公正的重大举措。在前不久召开的全国法院审判管理工作座谈会上，最高人民法院常务副院长沈德咏强调指出，要坚持多元化管理，切实加强审判业务庭的二级管理，强化审判庭、合议庭的审判管理职能，充分发挥主管院长、庭长、审判长依法监督指导办案的职能作用。在今年4月召开的全省法院审判管理工作电视电话会议上，公丕祥院长强调要求，要全面加强审判委员会、院领导、庭领导、审判长的审判管理职责，分管院领导要熟悉审判管理制度，经常听取工作汇报；审判业务部门的每一位负责人都要以提高审判质效水平为己任，切实履行好审判管理责任。对于这些要求，全省各级法院、各级法院民事审判系统要切实加以贯彻落实。面对日趋繁重的民事审判工作任务，全省各级法院要紧紧围绕执法办案第一要务，进一步创新和加强审判管理，只有这样，才能抓住审判工作的主动权。一是要进一步抓好一审案件质量管理。落实好《关于进一步提高全省法院民事一审案件审判质量的指导意见》等规范性文件，着力提升一审案件实体裁判水平，最大限度地提高一审案件服判息诉率。二是要强化审判监督指导。充分发挥二审的监督功能，准确把握二审改判原则，建立健全一、二审沟通交流机制。健全和完善改判发回重审案件分析通报制度，认真开展案件复查和案件质量分析讲评工作，通过开展调研座谈、业务培训、编写类案审理指南、发布典型案例等方式，提高审判业务指导的质量和效果。要落实好基层联系点制度，建立健全基层审判疑难复杂问题收集、分析、梳理、总结、指导机制，进一步加大对人民法庭民事审判工作的监督指导力度，全力提高基层审判绩效水平。三是要进一步抓好均衡结案管理和积案清理工作。认真落实省法院《关于加强均衡结案管理工作的实施意见》，建立健全收结案、办案进度月通报制度和结案目标管理，严格审限变更审批，继续深入开展长期未结案件清理活动，加强案件催办、督办，实现收结案良性循环。四是要扎实开展好庭审评查和裁判文书评查活动。要按照最高人民法院和省法院工作部署，做到一线法官全覆盖，以评查促公开、提能力、树公信。院领导、庭领导要以身作则，既要带头开示范庭接受观摩，又要带头进行评查点评。五是要严格庭长审判管理责任。要落实好省法院《关于进一步加强庭长审判管理工作的意见（试行）》，建立健全庭长审判管理工作台账制度，以台账促管理、强管理。要将庭长履行审判管理职责情况作为年终述职的重要内容，作为庭长兑现奖惩、奖先评优、晋级晋职的重要依据，对于审判绩效考核长期排名靠后的部门主要负责人，要根据实际情况进行问责。

（六）切实加强民事审判队伍建设

做好新形势下的民事审判工作，必须大力加强民事审判队伍建设。全省各级法院民事审判系统要深入开展"忠诚、为民、公正、廉洁"的政法干警核心价值观教育实践活动，使民事审判队伍在思想政治、业务能力、纪律作风等方面得到全面提高。要进一步更新司法理念,继续深化社会主义法治理念教育和人民法院人民性的教育,引导广大法官特别是青年法官向社会学习、向群众学习、向实践学习,在丰富多彩的社会实践中了解社情民意,培养群众意识,深刻认识矛盾纠纷的性质,深刻认识执法办案的目的,坚决克服就案办案、孤立办案和机械办案的错误倾向。要进一步提高有效解决纠纷的能力,深入学习和推广陈燕萍同志"用群众认同的态度倾听诉求,用群众认可的方式查清事实,用群众接受的语言诠释法理,用群众信服的方法化解纠纷"的工作法,切实增强司法的社会认同度。要进一步改进司法工作作风,将深厚的群众感情渗透在司法审判工作的每一个环节,多换位思考,多用群众听得清、听得懂、听得明的方式审理案件,让人民群众真切地感受到司法的温暖和司法的公正,赢得人民群众的信任。要加强岗位练兵,通过庭审观摩、文书评比、考核比武、办案标兵评选等方式,广泛开展业务技能竞赛活动,提高广大民事法官公正司法、严格司法、规范司法的本领。要大力加强反腐倡廉建设,深入开展"廉洁司法示范庭"创建活动,以最严格的监管措施,确保民事审判队伍的纯洁性。

在民事审判队伍建设中,庭长是关键。只有高素质的庭长,才能带出一流的队伍。民事审判庭庭长,既是一种职务,更是一种责任。作为庭长,必须增强使命感和责任感,树立正确的世界观、权力观、事业观,培养良好的社会公德、家庭美德、职业道德,勤于学习、加强修养,依法履职、锤炼作风,既要钻研法律知识和审判业务,又要认真学习公共管理、信息技术、市场经济等方面的知识,做到既有公正之心、为民之愿,又有廉洁之德、治庭之能,以自己的模范行动当好广大干警的表率。

最后,我再谈一谈环境保护案件集中化审判试点工作。刚才,省法院民一庭通报了全省法院试点工作开展情况。从目前进展情况看,试点工作总体情况良好,但也存在一些问题。下一步,各试点法院要着重做好以下几个方面的工作。

一是要进一步提高思想认识。各试点法院要站在依法服务和保障省委"八项工程"顺利实施的高度,从法院工作全局出发,充分认识到开展环境保护案件集中化审判工作的重要性和紧迫性,切实加强组织领导。各试点法院党组要经常听取情况汇报,及时研究解决问题。要建立健全试点工作领导机构,完善日常办事机构,明确各自的职能作用,做到任务明确、目标清晰、责任到人,省法院各相关部门要进一步加强监督指导,确保试点工作顺利开展、取得实效。

二是要进一步抓好工作落实。要配齐配强专业审判力量,按照试点工作要求,从刑事、民事、行政等部门抽调审判业务骨干从事集中化审判工作。要针对环境保护案件专业性强的特点,加强业务培训,以尽快适应审判工作需要。要积极探索和完善相关工作机制,如环境公益诉讼制度、环境保护临时禁令制度、专家咨询员、陪审员制度,进一步加强与检察、公安、环保等部门的沟通协调,建立健全联动化解工作机制,促进环境保护案件的妥善化解。不是试点范围的法院,也要积极做好环境保护案件的审理工作,创造条件开展集中化审判。

三是要进一步加强总结宣传。省法院试点工作办公室要密切关注试点工作的进展情况,适时开展检查,总结经验、发现问题、提出对策,不断提升试点工作成效。无锡、南京、徐州中院要加强经验总结,为全省深化环境保护案件集中化审判工作奠定坚实基础。各试点法院要充分利用主流媒体和网络媒体,通过发布典型案例等形式,广泛宣传环境保护案件集中化审判工作,增加社会各界的了解和支持,提高全社会的环境保护意识,不断提升环境保护案件集中化审判工作的社会影响力和公信力。

同志们,民事审判工作任务艰巨,责任重大,使命光荣。让我们进一步振奋精神,锐意进取,扎实工作,努力推动全省法院民事审判工作再上新台阶,为江苏全面建设小康社会、奋力开启基本实现现代化新征程提供有力的司法保障,以一流的司法业绩迎接党的十八大胜利召开!

在江苏省维护农村妇女土地权益工作经验交流会上的讲话

江苏省高级人民法院党组成员、审判委员会专职委员　谢国伟

（2012年7月10日）

同志们：

刚才，连云港市中院、妇联、民政、农办和灌南县妇联介绍了各自的工作经验，省民政厅侯学元副厅长发表了讲话，听了以后很受启发。待会儿，全国妇联甄砚副主席、省政府许津荣副省长、省妇联张京霞主席、省农委祝保平副主任还要发表重要讲话，全省各级法院要认真学习各位领导同志的重要讲话，切实抓好会议精神的贯彻落实。借此机会，我就做好全省法院农村妇女土地权益案件审判工作谈两点意见。

一、全省法院农村妇女土地权益案件审判工作情况

近年来，全省各级法院始终坚持“三个至上”指导思想和“为大局服务，为人民司法”工作主题，积极践行能动司法理念，主动服务党和国家工作大局，积极回应人民群众的新要求新期待，不断加强农村妇女土地权益案件审判工作。2008年以来，全省各级法院共审理农村土地承包合同纠纷11,672件，其中有相当一部分案件涉及到农村妇女的土地权益。

一是高度重视农村妇女土地权益案件的审判工作。全省各级法院从服务科学发展、促进社会和谐的高度出发，始终将维护农村妇女土地权益作为人民法院的一项重要职责，切实加强组织领导，夯实组织保障，制定指导意见，推动了农村妇女土地权益案件审判工作的有序开展。省法院制定出台了贯彻落实农村土地承包法及其司法解释的实施意见，统一了全省法院土地承包案件的执法尺度。

二是不断更新农村妇女土地权益案件审判工作理念。坚持全面保护理念，在刑事、民事、行政等各个审判领域，严厉打击各种侵害农村妇女合法土地权益的违法犯罪行为，维护农村妇女的合法权益。坚持优先保护理念，对于基层法院受理的农村妇女土地权益案件，原则上均适用简易程序，保证农村妇女合法权益得到及时有效的实现。坚持延伸保护理念，把农村妇女土地权益保护工作延伸到诉前、诉后，通过诉前调解、诉后回访等形式提升审判工作的法律效果、社会效果和政治效果。

三是公正高效地审理农村妇女土地权益案件。坚持男女平等保护原则，妥善审理涉及农村妇女的土地承包经营权、征地安置补偿、农村宅基地、集体收益分配等纠纷。对于侵害农村妇女土地承包经营权的，或以村规民约为借口侵害农村妇女土地权益的案件，严格依法予以纠正。积极将善良风俗习惯引入农村妇女土地权益案件审判工作中，注重情理与法理的融合。一些法院成立了专门的审判组织，专职审理涉及农村妇女合法权益的案件，加大了对农村妇女合法权益的司法保护力度。

四是建立健全农村妇女土地权益保护工作机制。始终坚持“调解优先，调判结合”工作原则，优先选择调解方式化解农村妇女土地权益案件，一大批涉及农村妇女土地权益的案件得到妥善化解。积极开展农村妇女土地权益案件诉调对接工作，省法院与省农委等部门出台了《关于加强农村土地承包纠纷调处工作的意见》，为农村妇女土地权益案件搭建了联合化解平台。

近年来，在省委的正确领导、省政府的大力支持以及妇联、民政、农委等社会各界的关心下，全省法院农村妇女土地权益案件审判工作取得了一定的成绩。但我们也清醒地看到，与经济社会发展和人民群众对司法工作的新需求相比，我省法院农村妇女土地权益案件审判工作还需要进一步推进，审判工作机制还需要进一步完善，审判队伍建设还需要进一步加强。这些都要求我们在今后的工作中进一步加强和改进农村妇女土地权益案件审判工作，不断提升对农村妇女合法土地权益的司法保护力度和效果。

二、全面推动全省法院维护农村妇女土地权益工作新发展

土地是农村妇女赖以生存发展的最基本的生产资料和生活资料，土地权益是农村妇女最为关切的

经济权利之一。切实加强对农村妇女土地权益的司法保护是当前和今后一个时期全省各级法院应当切实做好的一项重点工作。

一是要进一步加强农村妇女土地权益案件审判工作的组织领导。全省各级法院要始终站在保障农民权益、促进农业发展、维护农村稳定的高度,进一步统一思想,提高认识,将农村妇女土地权益案件审判工作摆上重要议事日程,切实抓紧、抓好、抓出成效。要进一步健全和完善组织领导、目标责任、审判执行、宣传教育等各项工作机制。要进一步加强农村妇女土地权益案件的调研工作,认真研究农村妇女土地权益案件审判工作中存在的突出问题,统一案件的受理范围、裁判原则和执法尺度。

二是要进一步创新农村妇女土地权益司法保障机制。要不断健全农村妇女土地权益案件"绿色通道",实行优先立案、优先审理、优先执行。要积极开展巡回审判工作。通过带案下访、就地开庭、就地调解等方式化解农村妇女土地权益纠纷。要积极开展"法官进乡镇"活动,提前发现并适时介入农村妇女土地权益纠纷的化解工作,使更多的矛盾纠纷化解在萌芽状态。

三是要进一步提升农村妇女土地权益案件化解效果。要始终坚持"调解优先,调判结合"工作原则,将全程、全员、全面的调解工作要求落实到农村妇女土地权益案件审判工作之中。要着力深化农村妇女土地权益案件诉调对接工作,积极争取党委领导、政府支持,加强与妇联、民政、农委、司法行政等部门的联系,建立健全联动化解工作机制,合力化解矛盾纠纷。要坚持能动司法,将农村妇女土地权益保护作为人民法院参与社会管理创新的重要内容,探索建立农村妇女土地权益纠纷源头治理机制。要大力推进农村妇女土地权益案件司法建议工作,对在审理过程中发现的苗头性、倾向性问题,及时向有关单位发出司法建议。

同志们,农村妇女土地权益司法保护工作责任重大,使命光荣。全省各级法院要始终坚持"三个至上"指导思想和"为大局服务,为人民司法"工作主题,锐意进取、扎实工作,全面加强和创新农村妇女土地权益案件审判工作,为江苏全面建设小康社会、奋力开启基本实现现代化新征程提供坚强有力的司法保障,以优异的司法业绩迎接党的十八大胜利召开!

传承接力　不懈开拓

——在全省人民法庭工作会议上的讲话

浙江省高级人民法院院长　齐　奇

(2012年5月15日)

同志们:

人民法庭工作是法院基层基础工作的重要组成部分,广大法庭干警是最基层的司法为民践行者,是最前沿的司法天平守护人。省高院历来重视人民法庭工作,始终把它作为基层建设的重中之重。这次全省人民法庭工作会议,是1991年以来省高院召开的第五次全省人民法庭工作会议,也是新中国成立以来我省法院系统召开的规模最大的专门会议。会议的主要任务是,认真贯彻中央、省委和最高法院的指示精神,总结2008年以来全省人民法庭工作取得的成绩和经验,分析形势,查找问题,研究部署新形势下全面加强人民法庭工作的各项措施,把基层夯实,把基础打牢,为党的十八大和省第十三次党代会胜利召开,为建设法治浙江,作出新的司法贡献。

最高法院和省委对这次会议高度重视,前不久,省编办正式批复省高院新设"基层工作处",专司全省人民法庭工作的调研指导。今天夏宝龙省长亲自到会看望勉励大家,奚晓明副院长和李强副书记出席会议并作了重要讲话,对进一步加强人民法庭工作提出了殷切希望和更高的要求。全省各级法院和人民法庭一定要认真领会,抓好贯彻落实。

一、近年来全省人民法庭工作取得的成绩和经验

2008年以来,在党委领导、人大监督和政府支持下,在最高法院的正确指导下,各级法院坚持面向基层、服务基层、建设基层,以抓好"八项司法"为切入点,在加强基层建设方面做了大量卓有成效的工作。

广大人民法庭干警在群众诉求明显增多、案件数量持续上升、司法难度日趋加大的情况下，兢兢业业，奋发有为，取得了令人瞩目的成绩。

(一)履行审判职能，化解纠纷水平显著提升

全省人民法庭忠实履行宪法和法律赋予的职责，狠抓执法办案第一要务。2008年以来，共依法审结一审民商事案件493,495件，占全省总数的31.5%，诉讼标的总金额550亿元；依法执结案件52,914件，占全省总数的6%，执结标的总金额24亿元。人民法庭法官年人均结案179件，有的人民法庭年人均办案达450余件。

各地人民法庭努力践行"公正、廉洁、为民"的庭训，实体公正与程序公正并重，法律效果与社会效果相统一，创新审判管理，运用信息技术，实现了审判执行流程的全程掌控和办案质效的实时分析评估，案件质量和效率有了新的提升。所办案件当事人的服判息诉率达到96.3%，二审改判发回率为8%，简易程序适用率达82.2%；平均审理天数为48.5天。

2009年省高院会同省司法厅联合召开"坚持发展'枫桥经验'，完善诉调衔接机制"电视电话会议，部署了《关于进一步加强诉调衔接机制建设的若干规定》26条指导意见，努力实现和谐司法、协同司法。各地人民法庭根据会议精神，认真贯彻"调解优先，调判结合"原则，着力推动人民调解、行政调解、司法调解"三位一体"大调解工作体系建设，有效构筑了维护社会和谐稳定的第一道防线。近年来，人民法庭的调解撤诉率逐年上升，2011年为70.33%，有的法庭达93%以上，使绝大多数矛盾纠纷化解在基层。

(二)践行能动司法，保障经济平稳较快发展

全省人民法庭紧紧围绕当地党政中心工作，认真落实省高院依法保障中小微企业创业创新发展和新农村建设的指导意见，充分发挥扎根基层、贴近企业的工作优势，广泛开展"进村入企"活动，认真排查经济领域矛盾纠纷和苗头隐患，注重帮扶涉案小微企业克难解困、转型发展，依法保障困难企业的有效生产力、职工的权益生计和社会大局的稳定。尤其是2008年国际金融危机发生以来，各地人民法庭走访企业6700余家(次)，帮助排查经营上的法律风险13,000多个，提出法律意见743项，编发典型案例1600多个，妥善化解欠薪纠纷8580件，审结涉企业和民间借贷纠纷案件24000余件。同时，密切关注当地经济社会发展中出现的新情况、新问题，深入调查研究，为上级法院和当地党政部门有效决策提供了大量有价值的参考信息，充分发挥了人民法庭为大局服务、为人民司法的前沿阵地作用。

(三)落实司法为民，便利群众诉讼

全省人民法庭坚持民本司法，结合当地实际制定实施了一系列便民、利民、护民的新举措。加强法庭立案窗口建设，为当事人提供诉讼引导、诉前调解、立案受理、诉调对接和判后答疑等低成本的司法服务；推行巡回审判、预约办案、远程立案，在边远地区或其他有诉讼需求的地方增设人民法庭10个，巡回审判站(点)333个，开展巡回审判41000余次；针对案件当事人多是农村普通群众，经济收入较少、诉讼能力较低的实际情况，注重依司法职权释明指导、补充取证等，着力公平保护实体权益。同时，高度重视保护涉案民生，不断完善涉民生案件快速处理机制，每年的岁末年初都要开展农民工讨薪维权专项审判执行活动，使群众切身感受到"人民司法为人民"。

(四)参与社会管理创新，提高公共服务管理水平

全省人民法庭认真贯彻中央、省委决策部署，主动延伸审判功能，积极投入社会治安综合治理和平安创建活动，推动基层社会管理完善和创新，形成了许多富有成效的特色做法。改进了基层调解联席会议制度，135个人民法庭设立了人民调解窗口，成为整合社会资源解决纠纷的平台、指导人民调解的平台、化解涉诉信访的平台。近五年来，共举办各类业务培训班1600余次，培训人民调解员近2万人次，有效提升人民调解员的法律素养和调解能力。积极参与当地"网格化管理、组团式服务"，主动与村居基层组织建立工作联系，健全与乡镇(街道)综治工作中心的对接机制，贴近人民群众，就地解决纠纷，被老百姓称为"法庭110"、"家门口的法庭"。重视拓宽人民法庭协作地区治理的新途径，在义乌国际商贸城、绍兴柯桥等流动人口多的地方建立巡回审判站(点)，配合有关部门加强流动人口服务管理。加强司法调研，预警社会风险，发出司法建议475份，一些人民法庭还为辖区乡镇(街道)制作了涉诉纠纷分类剖析的年报，提出基层社会服务管理存在的问题和改进建议，产生了积极的效果。

(五)倾力加强保障，人民法庭物质装备和科技水平加速提升

近五年来，省高院和各中院进一步加大扶持力度，共拨付人民法庭建设专项资金2.6亿元。基层法院也主动争取党委政府的关心支持，合力推进人民法庭物质装备建设，大多数地区特别是欠发达地区人民法庭的执法条件得到了令人瞩目的改善。共有59个人民法庭完成了新建，新增建筑面积142,064平方米，全省人民法庭平均建筑面积达到1605平方米，其中高于国家"两庭"建设基本标准的173个，占

人民法庭总数的 77.9%。不少法庭已建成了集审判法庭、调解室、办公室、档案室和接待室、图书室为一体的审判用房。目前,进入新一轮立项或在建人民法庭的有 78 个。2010 年,全省 222 个人民法庭全部配备了司法警察或安保人员,落实了安保设备。有效推进信息技术在人民法庭工作中的广泛应用,建立完善了电子局域网,实现了网上办案、电子签章,所有审判用法庭都完成了数字化配置,为提升最基层的审判管理和司法水平创造了有利条件。

(六)推进公正廉洁司法,队伍整体素质明显提高

坚持把思想政治建设放在法庭建设的首位,人民法庭法官的政治、业务和职业道德素质有了明显提高。目前,全省人民法庭共有干警和审判辅助人员 1847 名,比 2007 年增加了 12%,其中法官 845 名,占全省法官总数的 11.6%。干警中具有大学本科以上学历的占 89%,比 2007 年增长了 9.4 个百分点,其中具有研究生学历的 194 人。高度重视法庭党建工作,178 个人民法庭成立了党支部,成为引领人民法庭工作的战斗堡垒。坚持以社会主义法治理念为指导,广泛开展"规范司法行为、促进司法公正"专项整改等一系列教育活动和人民法庭文化建设,严格执行"五个严禁"和浙江法官"职业四要",人民法庭干警的违法违纪人数逐年下降,2011 年是零违纪,同时涌现出一大批先进集体和个人。诸暨法院枫桥法庭、慈溪法院周巷法庭、鄞州法院姜山法庭等 6 个人民法庭被授予"全国优秀人民法庭"、"全国青年文明号"、"全国法院先进集体"等荣誉称号;洪建良、陈瑞根、邵云娥、沈金汝等 120 人(次)被评为"全国人民法庭优秀法官"、"全国优秀法官"或受到省级以上表彰。加强法庭干警培训工作,共有 1900 余人次的人民法庭法官接受了培训,实现了法庭审判人员全员轮训的目标。2008 年以来,有 107 名法庭正副庭长被提拔为院领导,1101 名有法庭工作经历的审判人员走上了法院中层领导岗位。

上述成绩的取得,是各级党委正确领导、人大依法监督、最高法院有力指导和政府大力支持的结果,是全省法院共同努力的结果,更是广大法庭干警认真履职、辛勤奉献的结果。在此,我代表省高院,向奋斗在基层一线的广大法庭干警,致以崇高的敬意!向全心全意支持他们工作的家属,表示诚挚的感谢!

回顾近年来的丰富实践,我们不仅摔打磨炼了人民法庭队伍,创造了许多成功做法和宝贵经验,还进一步深化了对加强和改进新形势下人民法庭工作规律的认识,主要是:

——必须依靠党委人大政府的重视支持,自觉服从服务于党政中心工作。服从服务于党和国家工作大局,是谋划和发挥人民法院地位作用所必须遵循的现实要求。人民法庭根植于基层,处在化解矛盾纠纷、维护社会和谐稳定的最前沿,其工作与改革发展稳定的大局息息相关。实践证明,只有善于把握好人民法庭日常办案工作,与维护当地经济社会平稳较快发展的内在联系,自觉、敏锐地依法保障当地党政不同时期的工作重点,人民法庭才能更加有作为有地位,自身存在的问题和困难才能更加顺利地得到解决,人民法庭事业才能更具生命力和创造力。

——必须坚持司法为民,依法维护民众权益。人民性是人民法院的本质属性。坚持以人为本、司法为民,是做好法院工作的根本宗旨。人民法庭直接面向基层、面向群众,是法院联系民众最为紧密的窗口和纽带,是践行司法为民最为直接的平台和机构。只有牢固树立群众观点、群众立场、群众方法,采取符合审判规律和现实生活的各种便民惠民措施,通过更具亲和力的审判方式,贴近群众诉求和期待,才能实现好、维护好民众的合法权益,真正赢得人民群众对司法权威的尊重和认同。

——必须深化"八项司法",统筹推进人民法庭各项工作。统筹兼顾是我们党一贯倡导的工作方法,也是科学发展观的根本方法。"八项司法"是近年来浙江法院工作思路的总结,体现了对新时期司法规律的探索和把握,体现了浙江法院"为大局服务,为人民司法"的工作主题,是统筹兼顾这一科学方法在法院工作中的具体运用,已经成为浙江法院推进工作的有力抓手。各地人民法庭作为法院的重要组成部分,只有深化认识"八项司法",把推进办案工作与加强自身建设统筹起来抓,把诉讼调解与"大调解"工作格局统筹起来抓,把加强人民法庭的管理与实行分类指导统筹起来抓,才能适应当前法院所面临的新形势、新任务,进一步夯实法院的基层基础建设,更好地实现法院服务科学发展和自身科学发展。

——必须从省情乡情出发,因地制宜找准工作着力点。坚持一切从实际出发,是做好各地法庭工作的客观要求。我省自然环境和人文环境丰富多彩,民众勤奋聪慧、吃苦耐劳,自古以来就形成了别具特色的浙江乡土文化。改革开放后更是异军突起,呈现出民营经济发达、区域块状特色产业优势、市场化和外向度较高等显著特点。同时外来人口大量流入,新老居民杂处,社会结构日益多元,利益诉求日益多样,城市与乡村、内陆与沿海、山区与海岛之间各具不同特点。我们推进人民法庭工作,只有立足本地实际,找准工作的结合点、着力点,力求各

项举措简便、可行、有效。做到既符合审判工作规律,又适应当时当地的客观要求,充分运用本地乡土文化资源,有效发挥社会各方力量,才能最大限度地把问题解决在基层、化解在萌芽状态,让有限的审判资源发挥更大的作用,促进人民法庭的可持续发展。

——必须形成有效的工作载体,持之以恒地抓好基层基础建设。开展人民法庭争创活动,是我省的一个创举。1991 年,省高院根据人民法庭的实际,在全省部署开展了以“思想作风好、完成任务好、团结协作好、遵纪守法好、装备管理好”为主要内容的争创“省级五好法庭”活动。2002 年,又决定在已达标法庭中开展争创“省级模范五好法庭”活动。2009 年,开始在“省级模范五好法庭”之间,依托审判质效评估等充实争创内容,采用“流动红旗制”,实行“固定基数、优胜劣汰”的争创机制,有力推动了人民法庭的规范化、制度化建设,一大批优秀人民法庭脱颖而出。目前,除新设人民法庭外,其余 212 个人民法庭均已达到了“省级五好法庭”软、硬件标准。今天,我们隆重表彰了第四批 60 个“省级模范五好法庭”。实践证明,开展争创活动是加强基层基础建设、做好人民法庭工作的有效载体,只有一以贯之地抓下去,才能推动法庭建设不断迈上新台阶。

这些宝贵经验和有益启示,是全省法院和人民法庭长期传承接力、不懈开拓的积淀和结晶,凝结了一代又一代法庭干警的汗水和智慧。我们一定要在今后的工作中一如既往地坚持,在实践中继续丰富发展。

二、人民法庭工作面临的形势

当前,浙江与全国一样,经济社会发展形势总体良好,经济发展的有利条件、内在优势和长期向好的趋势没有改变,仍然处于可以大有作为的重要战略机遇期,做好法院工作也有较多有利条件和发展机遇。同时,我们也必须清醒地认识到,我国正处于经济社会转型的特殊阶段,人民内部矛盾凸显、刑事犯罪高发和对敌斗争复杂的基本态势没有改变。特别是随着我国改革开放进入攻坚时期,社会生活进入网络信息时代,国内影响社会和谐稳定的阶段性因素明显增多,既有矛盾和新的矛盾相互交织,现实社会与虚拟社会相互影响,人民法庭工作面临一系列挑战和考验。突出的有以下三个方面:

社会矛盾日趋复杂敏感,给人民法庭预防化解纠纷、维护稳定带来了新挑战。与过去相对个体、分散的特点相比,当前矛盾纠纷的敏感性、关联性、对抗性和聚集性明显增强,依法协调各种利益关系的难度加大。近年来,一些地方劳资、土地、环境、村级治理等领域的纠纷多发,阻断交通、围堵党政机关等群体性过激行为时有发生。此外,随着民众心理和维权心态日益复杂,人民法庭受理的量大面广的婚姻家庭、邻里、轻微伤害等民间纠纷,一旦有所疏忽或处理失当,也易引发暴力、恶性事件。有的法官人身受到谩骂、威胁、跟踪甚至暴力伤害,人民法庭的安全保卫不时面临严峻局面。有的当事人、代理律师利用网络媒体炒作司法个案,混淆视听,扩大事态,制造压力,内外敌对势力从中推波助澜。在这种新形势下,如何做到既紧紧依靠党政,又充分发挥人民法庭的职能作用,有效维护群众合法权益,实现法律效果和社会效果的有机统一,需要我们认真研究、妥善应对。

基层社会管理中薄弱环节增多,给人民法庭能动司法、参与社会管理创新带来了新课题。近年来,随着我国全社会开放性、流动性的日益增强,社会管理面临许多新情况、新问题。其中,以流动人口和刑释解教人员、社会闲散青少年为重点的人口服务管理问题突出。当前,我省共有常住的省外流动人口 1180 余万,占全部常住人口的 21.7%,其中外来务工和经商人员 990 万,有的地方外来人口已超过本地人口。从法院审判的刑事案件看,目前农民(包括农民工尤其是二代青年农民工)犯罪人数已占生效判决罪犯总人数的 58% 左右。还要看到,随着村委会选举及农村税费的改革推行,新型村居自治或中介、合作组织的服务、管理、协调一时难以到位;有些村民对村委会等基层组织的认同感、依赖性逐渐淡化;一些地方基层组织权威性减弱,管理服务方式陈旧;一些地方的农地征收、流转或者乡村集资、民间借贷等涉及众多农民,由于他们的抗风险能力较低,一旦利益协调处置不周或资金链断裂,极易引发关联性纠纷和群体性事件。这些矛盾和问题,使基层社会潜在诸多风险隐患,对人民法庭如何能动地发挥职能作用,推进相关部门加强和创新社会管理,带来了前所未有的挑战。

法律体系的形成,给人民法庭确保涉案法律和政策的正确实施、维护社会公平正义带来了新考验。中国特色社会主义法律体系形成后,人民群众对法院严格公正司法的关注度越来越高,对司法效果的追求呈现多样化态势,司法裁判在引领良好道德风尚方面的作用也日益凸显。随着城镇化建设的发展和人口结构变化的加快,维系乡土族群、人情社会的传统正在日渐解析,采用法律途径解决纠纷已经成为现代人的普遍选择,越来越多的纠纷以诉讼的形式涌入人民法庭。需要关注的是,改革开放 30 多年给中国城乡社会结构带来了巨大变化,即使在农村,不同社会群体的诉求也存在明显的差异,社会经济地位较高的群体,更看重自我成就、被人尊重,而社会经济地位较低的群体，迫切需要改善的是衣食住行等基本生存问题。如何正确适用法律，解决好农民之间的纠纷，特别是根据乡村社会结构变化，积极探索多样化的群众工作方法，依法妥善协调不同群体的诉求利益，维护好社会的公平正义，是摆在各地人民法庭面前的重要任务和考验。

同时，我们还要清醒地看到法庭工作中存在的问题和困难：一是全省人民法庭发展还不够平衡，有的法院领导对人民法庭工作用心不多，疏于管理指导，工作措施落实不具体不得力，影响了人民法庭的形象和职能作用的发挥。二是一些法庭干警不注重学习，不善做群众工作，把握社情民意、准确适用法律、化解较复杂案件的能力不高。有的司法言行不文明、作风简单粗暴，少数案件裁判不公、效率不高，一旦被诉诸网络炒作，极易迅速放大，而严重损害司法公信力。三是有些法庭队伍不稳定的问题依然存在。一些资深的法官不愿来，或难以留住，造成有的法庭人员调动频繁，影响了法庭工作的连续性。四是物质和人员保障水平仍待提高。在全省法院中，法庭干警工作往往任务更重、压力更大、条件更差，有的法庭本来可以改善的工作、生活条件迟迟不到位，有的地方还未按规定配备、落实法庭庭长的职级待遇。一些法庭的安保设施配备还不到位，预防和处置突发事件的联动效能有待提高。五是监督指导培训工作仍需加强，上级法院监督指导方式有待进一步改进，培训范围和途径有待进一步拓展，监督指导的针对性、实效性、权威性有待提高。以上问题的存在，直接影响了人民法庭的可持续发展，必须引起高度重视，在今后的工作中认真加以解决。

三、深化“八项司法”，推进人民法庭工作全面发展

基层稳则全局安。当前和今后一段时期，全省人民法庭工作的总体要求是：遵循“公正、廉洁、为民”的庭训，面向农村、面向基层、面向群众，以“八项司法”为抓手，着力提高预防纠纷、化解矛盾、便民利民、服务发展的能力水平，维护群众合法权益，保障社会公平正义，为党的十八大和省第十三次党代会胜利召开，为我省经济社会平稳较快发展提供有力的司法保障。

(一)不断创新发展“枫桥经验”，深化能动司法、和谐司法、协同司法，预防化解社会矛盾、促进社会管理创新

“枫桥经验”是全国政法工作的一面旗帜，也是浙江司法战线的传承之宝。全省人民法庭要牢记“枫桥经验”的基本精神，发挥政治优势，坚持专群结合，创新服务方式，努力把矛盾纠纷解决在基层和萌芽状态，确保一方平安，保障一方发展。

重视保障民生，努力从源头上预防和减少社会矛盾。人民法庭办理的案件，绝大多数都是人们日常生产生活中的矛盾和纠纷，都涉及群众最关心、最直接、最现实的利益问题。全省人民法庭要认真研究“三农”工作中出现的涉案法律问题，妥善审理好婚姻家庭、继承、民间借贷、相邻、人身损害等案件，努力调处好农产品买卖、农民工追索劳动报酬、农村土地山林承包等矛盾纠纷，切实维护农民权益。要贯彻好省高院《关于为推进农村土地流转和集体林权制度改革提供司法保障的意见》，依法支持农村耕地、林地、宅基地、建设用地流转的改革，制止损害农民的合法土地权益。要加大对农村小额贷款公司、村镇银行等金融合法债权的保护力度，支持和促进农村金融服务体系建设，拓宽农村融资渠道。当前，我省经济下行压力依然较大，乡村小微企业的生存和发展还面临着诸多困难。各地人民法庭要深化能动司法理念，及时预警经济领域的不稳定因素，注重帮扶有市场有订单的涉案小微企业调解纠纷、维持生产、渡过难关。

走群众路线，着力推进联动衔接的大调解工作新机制。就地解决社会矛盾纠纷，人民法院责无旁贷，但也难以独当。人民法庭一定要深化和谐司法、协同司法的理念，注重加强与当地党政有关部门的沟通协调，建立健全与乡镇(街道)综治工作中心的对接机制，加强诉调衔接的平台建设，完善人民调解协议的司法确认机制，尚未建立人民调解窗口的人民法庭，具备条件的要给予设置，形成化解纠纷的最大合力。要注重发挥农村专业合作社、村老年协会等乡土人才参与调解的积极性，增强人民调解工作的针对性实效性。这里，还要强调一下正确理解执行“调解优先，调判结合”的原则。一方面，办案要带着对人民群众的深厚感情，优先考虑能否做调解工作，善于根据纠纷的性质、难易程度和当事人的背景情况，因人制宜地开展调解，努力达到调解一案、教育一片的效果。另一方面，也要重视发挥司法裁判对农村道德风尚和价值取向的引导作用，对有些不适合调解或者裁判效果更好的案件，也要当判则判，通过判案说法，引领公民道德诚信建设，促进乡村和谐、乡风文明。

增强人民法庭参与社会管理创新的实效性。基层是一切工作的落脚点，人民法庭要充分发挥地处基层一线的优势，善于立足办案，把涉案工作延伸到当地的社会治安防控体系建设，延伸到“两排查一促进”专项活动，注重对接“网格”、参与指导“团组”，掌握社情动态，及早预警不稳定因素，配合地方党政合力把矛盾纠纷化解在源头、解决在当地，

努力维护好农村和社区的治安秩序。开展送法上门、送法下乡活动,扩大法律宣传教育,剖析生动的案例让群众了解和遵守法律,依法生产经营,理性表达诉求。发现基层管理中的问题,要及时提出司法建议,帮助有关部门完善社会服务和管理,促进当地平安建设。

(二)围绕执法办案第一要务,深化阳光司法、规范司法,提升司法公信建设

总的来看,我省人民法庭审理的案件质量效率是好的,对此应予充分肯定,但是,极少数案件久拖不决、裁判不公、执行不力的现象也客观存在,有的地方反映还比较强烈。为此,要更加重视以公开促公正,以监督管理促公信。

在拓展司法公开、司法民主的广度深度上下功夫。人民法庭要针对自身实际,深化《阳光司法实施标准》达标活动取得的成效,进一步规范各类审务公开、诉讼须知的上墙上网和发放等明示制度,落实好庭审旁听、录像、裁判文书上网等公开制度,有条件的人民法庭也可尝试开展"公众开放日"活动,不断完善司法公开的长效机制。采取多种方法,建立健全在人民法庭层面的民意沟通表达机制,推动基层群众对司法活动的有序参与,充分发挥人民陪审员、人民调解员更多地参与、监督法庭审判执行活动的作用,以公开促公正。

在完善审判管理上下功夫。自2009年起,省高院对46家"省级模范五好法庭"进行了审判执行质效评估,推动了法庭的办案管理和质量效率效果的全面提升,八成数据均保持逐年向上态势,平均审理天数、平均执行天数、上诉案件移送天数同比分别减少了7天、31天和18天。但是,全省仍有少数法庭的数据明显滞后,还有较大的提升空间。今年,省高院还将对人民法庭的调解案件自动履行率、申诉信访率等数据也实行评估,各地人民法庭要借此推进办案管理,依托信息化手段实时地掌握本法庭办案运行的强项和弱项。注意内部挖潜,合理调配力量,审判与辅助事务适度分工等,确保办案公正高效的良性运转。案量少的法庭,更要在扩大办案效果上下功夫,抓出自己的亮点。

在推进人民法庭规范化上下功夫。人民法庭直接面向群众,远离法院机关,工作任务杂,干扰因素多,规范化建设更需加强。经过全省三级法院的共同努力,目前,各地人民法庭审判办公用房已大为改观,硬件物质装备有了长足进步,但部分法庭"软建设"仍存在较大反差,一些庭长也自以为天高皇帝远,单位小,区区几个人,有些脏乱差在所难免。自我放松,庭务管理松懈、纪律松弛,着装不规范,场所杂乱脏,安保措施不到位等问题突出。对此,各基层法院院长和人民法庭庭长要增强责任感,着力落实人民法庭内部管理的各项规章制度,切实解决改变极少数法庭"脏乱差"所必需的后勤保障问题。即使是暂时条件差一些的人民法庭,也必须做到干净整洁、规范有序。我们都要牢记,人的精神面貌、自身素质总是第一位的,物质装备条件毕竟是第二位的。要进一步加强车辆、档案管理,严格执行财务和诉讼费管理制度,消除管理漏洞和廉政隐患。要重视法庭警务保障建设,健全与当地公安机关的联防机制,落实安保措施,确保法庭干警的人身安全,维护法庭的正常秩序。最高法院于今年3月就统一全国人民法庭标识、指示牌,方便群众诉讼,彰显法庭庄严,作出了专门部署,目前正在按照新修改的法徽图案,确定生产厂家,省高院将下发具体实施方案。各地要严格按照要求,确保今年有条件的法庭先安装,至2013年全部法庭完成安装,充分展示新时期人民法庭建设的崭新风貌。

要继续改进"模范五好法庭"综合评选工作,发挥争创活动的激励作用。高、中院要进一步加强人民法庭日常检查回访,该通报的通报,该表扬的表扬,该摘牌的摘牌。

(三)坚持为民、利民、便民,深化民本司法,尽力便利群众诉讼

人民法庭是落实司法为民的重要环节,也是探索司法为民新途径的前沿阵地。要强化简易程序、速裁机制、繁简分流等审判工作机制,对事实清楚、标的额不大的案件,尽量做到当天立案审理,当天结案。要加大巡回审判力度,加强巡回审判站点建设,依托人民法庭与人民调解组织、基层司法所、村民自治组织等的联系网络,努力扩大巡回审判的实效和社会效果。可以为人民法庭配备巡回审判车、巡回审判箱、便携式数字法庭设备和其他业务专用设备。要有针对性地开发符合人民法庭便民服务实际的应用软件。省高院已对电子化签章系统进行了更新升级,该软件下发安装后,各地可充分利用电子签章的便捷特点,进一步缩短办案周期。

经过多年来的调整,我省人民法庭的布局日趋完善。随着各地经济社会的发展,有的地方提出了调整或增设法庭的需求。对此,各地仍要按照"确有需要和条件"的原则,统筹规划人民法庭撤并、恢复、新建等调整工作。可以在群众诉讼不便的地方和部分国家级、省级以上重点经济开发区,有序适度地增设或调整人民法庭及巡回审判站点,进一步完善人民法庭布局,尽可能为民众提供优质高效便捷的司法服务。

(四)落实"公正、廉洁、为民"的庭训,深化廉洁司法,苦练"内功",大力加强人民法庭队伍建设

以"公正、廉洁、为民"的庭训为价值指引,苦练"内功",提升素质,努力打造一支党和人民可以信赖的人民法庭队伍。

抓好思想政治建设。要在创先争优和"忠诚、为民、公正、廉洁"的核心价值观主题教育实践活动中,提高人民法庭自身的思想觉悟。推进法庭党建工作,有条件的都要建立党支部,以党建促队建。重视法庭文化建设,因地制宜搞好法庭的场地文化布置,传承或开创本法庭的历史和荣耀,深化法文化的修养,弘扬浙江法官"职业四要",激发团队的凝聚力、向心力和战斗力。

抓好司法作风建设。在人民群众尤其是广大农民群众眼中,人民法庭和法庭法官的形象,就代表了国家和法院的形象。但是,极少数法庭干警责任心不强、群众感情不深、个人形象不端、纪律作风不严等现象仍然存在,有的还比较突出。去年,省高院剖析通报的12个司法作风问责案例中,就有涉及法庭的案例。各地要充分运用正反典型、案例和法文化的教育,狠抓司法作风的改进。勉励法庭法官既当司法工作者,又当群众工作者,带着感情把人民法庭打造成联系群众、服务群众、匡扶正义的一线"窗口"。

抓好司法能力建设。改进法庭干警的能力培养模式,努力使他们成为定分止争的裁判员、辨法析理的宣传员、社情民意的调查员。要有针对性地加强对婚姻家庭、人身损害、房屋租赁、相邻关系、民间借贷、土地山林承包以及简易程序等方面的法律法规、司法解释和调判实务技能的培训,提高法庭法官正确理解把握法律、政策的能力,做到坚守法律底线,把好政策界限,会做群众工作,力求良好效果。通过下乡走访、资深法官传帮带等,引导法官既向书本学,更向实践学、向群众学,不断提高化解社会矛盾纠纷的能力,在执法办案中更好地实现法、理、情的统一,维护乡村和谐稳定。

抓好反腐倡廉建设。廉洁司法是人民法院的生命线。近年来,我省人民法庭反腐倡廉建设取得了明显成效。应当看到,人民法庭身处最基层,无时无刻不在乡土人情、关系的包围中,所办理的纠纷又是与群众切身利益息息相关,可以说,说情多、诱惑多、干扰多,面临的廉政风险大。要按照"教育、机制、查处"三管齐下的反腐思路,坚持从严治庭、从严治警不动摇。各中院对基层法院开展司法巡查,也应把人民法庭纳入巡查范围。要认真贯彻《人民法院审务督察工作暂行规定》,注意核查群众投诉或媒体舆情反映的违法违纪线索和司法作风问题,既要及时查纠侵害群众利益、伤害群众感情的违法违规行为,又要及时澄清不实失实举报,保护法官、干警的权益,确保人民法庭声誉和队伍纯洁。

(五)固本强基,深化基层司法,共创人民法庭工作新局面

人民法庭是基层法院的派出机构,加强对人民法庭的指导监督,是基层法院和上级法院的共同职责。要牢固树立固本强基的思想和基层司法的理念,切实把领导精力、注意力更多地投向法庭,舍得把人力、物力、财力更多地投入法庭。

加强组织领导。各级法院要从加强基层政权建设的高度,每年都要专题研究、定期检查本辖区的人民法庭工作,加强与有关部门的协调,切实解决人民法庭工作的梗阻和难题,及时总结推广人民法庭工作的好经验、好做法。要设立指导人民法庭工作的专门机构或明确专人负责,加强工作指导交流,推动人民法庭工作不断实现新的发展。

完善保障机制。各级法院党组要时刻把人民法庭干警的冷暖安危放在心上,带着感情为人民法庭解决实际困难。当前,要继续把解决少数法庭人员不足、配置不合理等问题作为重点,省高院决定,今年新增的735名中央政法专项编制,77%将分配给基层法院。各基层法院在具体分配中,要舍得将这些编制适度充实法庭的一线办案力量。要积极落实《基层法院基本业务装备配备实施标准》,抓好人民法庭的基本保障建设,加大对欠发达地区人民法庭建设所需资金的转移支付力度。目前,我省人民法庭的基建工作已经基本完成,尚未完成的,要积极争取党政支持,加大协调力度,一项一项予以落实。要把法庭作为审判骨干的成长基地、领导干部的选拔基地、新进人员的培训基地,搭配好法庭力量,协调解决好少数法庭庭长的职级等问题,努力把一批有经验、有水平的法官稳定在法庭。这次会议,专门对在法庭工作20年以上的老同志进行隆重表彰,就是要学习发扬他们扎根一线、甘于奉献、守望相约的赤子之心。

加大监督指导力度。高、中院要进一步增强责任意识,建立健全定点挂钩联系法庭制度,加强分类指导,及时研究破解法庭审判执行工作的难题。坚持党的领导,自觉接受人大监督,善于运用上下级法院的监督指导关系,协助人民法庭排除干扰,为人民法庭干警依法履职撑腰打气。要加大对人民法庭工作的正面宣传,传播人民法庭干警感人的先进事迹,增进社会各界的理解和支持。

最后,还是要强调配好配强人民法庭的庭长。各位庭长就是所在法庭的旗帜,法庭干警是以你们

为标杆为尺度的。每一位庭长都必须旗帜鲜明，率先垂范，才能带出好队伍。省高院决定召开本次大会，把你们都请到杭州来，济济一堂，共商法庭工作，就是关心看重你们肩上的担子重，责任大。愿同志们振奋精神，锐意进取，扎实工作，团结带领法庭干警，积极应对各种挑战，更好地履行审判职责，不断开创全省人民法庭工作新局面，不辜负党和人民的信任和重托！

在全省民事审判工作例会上的讲话

浙江省高级人民法院副院长　林　一

（2012年8月23日）

同志们：

今天我们在这里召开全省民事审判工作例会，主要是总结分析当前民事审判工作的情况，部署下一阶段的工作任务。今年以来，我省经济下行压力仍然较大，社会矛盾集聚的挑战仍然严峻，民事审判肩负促进经济回升和转型升级的任务艰巨。党的十八大召开在即，我们在这样一个关键、重要的阶段，分析研究民事审判工作中的情况和问题，意义重大。下面，我讲两点意见：

一、当前民事审判工作面临的形势

（一）收案数量持续上升。从今年1～6月全省法院民事案件统计数据看，收案总量较上年同期明显上升。其中，劳动争议一审案件收案12,224件，上升了67.38%；权属、侵权类纠纷收案65,638件，同比上升了12.76%。这些数据印证了年初齐院长在全省法院院长会议上“在经济下行态势与社会矛盾更加集聚的形势下，全省法院受理案件数量将在高位运行”的判断。随着欧债危机的影响以及我省经济总体呈下行趋势，对涉及企业、劳动者、借贷、建设工程、房屋买卖等民商事纠纷，影响将更加深刻，这类纠纷的数量预计还将持续增长，民事审判任务也将会持续加大。对此，大家要有充分认识，早作准备，早作谋划。

（二）审理难度进一步增大。民事案件涉及民生，与老百姓的切身利益息息相关。随着人民群众法律维权意识不断增强，对民事审判的要求也越来越高。近年来，随着互联网、移动通信数字技术等新电子信息技术的迅猛发展，网络报纸、博客、微博等新兴媒体对司法的关注越来越密集。这对我们审理民事案件提出了更高的要求，不仅要判得好，还要判得快，裁判文书不仅说理要充分，形式也要完美，容不得一点瑕疵和错误，稍有不慎就会引发舆论热议，处理不当就会引起轩然大波。

（三）维稳任务十分繁重。随着经济的快速发展，经济和社会发展不协调、不平衡问题越来越突出，社会矛盾的触点增多、燃点降低，法院受理的群体性、敏感性案件不断增多。民事案件面广量大，在影响社会稳定案件中所占比例较大，社会稳定风险等级也较高，民事审判条线维护社会稳定的任务相当艰巨。尤其是十八大召开在即，又到了群体性上访、越级上访特别是赴省进京上访的高发期、敏感期，有效妥处民事案件，有效防范可能引发的群体性事件、个人极端事件和危及安保事件，是目前我们面对的头等大事。

（四）审判格局进一步调整。今年7月省高院下发了《关于试行浙江省各级法院第一审民商事案件级别管辖标准的通知》，对全省法院一审民商事案件的级别管辖又进一步作了调整。原则上省高院受理的一审案件，是争议标的金额在人民币2亿元以上且为涉外和涉港、澳、台的纠纷。其余的案件均下放到中级法院和基层法院。今后，几乎所有的案件将由基层法院一审，各中院主要审理二审案件，省高院主要审理再审案件的审判格局将更加清晰明确。在此情况下，如何定位各自的功能和职责，更好地做好各项工作，是目前我们面临的一个重要课题。

二、当前民事审判工作中需要注意的几个问题

（一）积极妥善化解矛盾纠纷，全力维护社会稳定。党的十八大召开在即，为十八大的召开营造和谐稳定的社会环境是当前全省法院首要的政治任务。要进一步提高思想认识，将思想和行动统一到中央、省委和省高院党组的决策上来，切实做好矛盾化解和维护稳定安全工作，绝不能“捅娄子、出乱子”。

一是要进一步加强案件风险评估和排查。全力做好民事案件的风险评估和预警机制，避免在十八大前后出现恶性事件。尤其是对于群体性、敏感性、大标的额等案件,要及时、准确地做好预估工作。要做到彻底排查,不放过任何一个可能影响社会稳定的工作漏洞,确保排查工作不留死角、全面覆盖。要进一步完善工作机制,明确分管院领导、庭长、副庭长、审判长、承办人都是责任人,层层负责、层层抓落实,做到"人人心里都有数"。

二是要进一步做好敏感重大案件的审判和舆论引导工作。从目前来看,涉及社会道德的道路交通损害赔偿案件、涉及民主权利、涉及基本生存权的劳动争议纠纷等类型案件,是敏感案件的易发领域。要切实加强这类案件的审理和舆论风险研判评估工作,强化风险意识、忧患意识和责任意识,注重法律效果、社会效果和政治效果的有机统一,把工作做精做细,经得起检验。上级法院要加强对舆论应对工作的指导和监督力度,加强信息报告的及时沟通,防止"小事拖大、大事拖炸"。

三是要进一步做好调解息诉工作。要更加牢固地坚持调解优先的工作原则,更加牢固地强化调解意识,尽可能地用调解方式化解矛盾纠纷。要不遗余力地做好对劳动争议、征地拆迁、环境保护、民间借贷、人身损害赔偿、婚姻家庭等类型案件,以及当事人情绪激动、对立严重、矛盾突出的案件、群体性案件的调解工作,不能简单地一判了之、一驳了之。对虽已结案,但仍不肯息诉罢访的当事人,要尽量做好判后答疑、情绪安抚、跟踪了解等后续工作。

四是要进一步把握好工作节奏。要正确处理好案件质量、效果与效率之间的关系,绝不能一味为了追求结案率而草率结案,导致发生影响社会稳定和司法安全的事故。要合理选择案件的结案时间,做到当快则快、当缓则缓。对于涉及农民工、妇女、老人、未成年人合法权益、追索赡养费、抚养费、扶养费等案件要及时解决,而对于群体性、矛盾易激化、社会关注度高的案件则要合理选择结案时机,必要时可以暂缓处理、暂缓宣判,避免因工作不到位而产生不稳定因素。

五是要进一步积极争取党委、人大和政府的支持,发挥好合力的作用。要重点关注与经济形势下行相关的案件,以及农嫁女、土地征用补偿款分配等政策性强的案件的审理,尽量做到早有预案、处置及时、应对有方。对可能危及社会稳定或冲击当地经济社会发展的案件,要及时向党委、政府汇报,通过司法和行政的互动作用,充分调动各种社会资源,共同化解好此类案件,避免"孤军奋战、单打独斗"。

(二)始终坚持能动司法理念,积极推动经济社会科学发展。在民事审判工作中坚持能动司法,就是紧紧围绕党和国家工作大局,充分发挥民事审判职能作用,为促进经济社会又好又快发展提供有力的司法保障。这里强调两点:

一是要把握好裁判尺度,处理好重点案件。要按照齐院长在全省法院院长会议上的要求,重点处理好涉及企业、劳动者、建设工程、房屋买卖等纠纷。密切关注劳动争议案件的大幅上升态势,继续按照最高法院和省高院下发的加强涉及农民工和职工劳动报酬案件审判执行相关通知的要求,努力寻求劳资双方之间的最佳平衡点和结合点,把保护劳动者眼前利益、现实利益同保障劳动者长远利益、根本利益结合起来,努力争取多赢的办案效果,最大限度地引导劳企共渡难关,力求劳企关系和谐。要继续关注、做好房地产商和购房按揭者由于资金链问题可能引发的纠纷、房闹等问题的调研和处理,统一裁判尺度,避免矛盾激化和扩大。

二是要加强司法建议,积极建言献策。目前,民事审判条线的司法建议工作比较薄弱。要认真贯彻落实齐院长在全省法院院长读书会暨司法建议工作会议上的讲话精神,对民事审判、调研中所发现的问题、规律,积极通过"个案建议"、"类案建议"、"行业建议"、"综合建议"等方式,有针对性地提出司法建议,切实履行好司法的法律责任与社会责任,为党委、政府决策提供有价值的参考,为司法决策提供可靠的依据,共同维护好各地的市场经济和社会秩序的稳定。

(三)继续深化基层司法,贯彻落实全省人民法庭工作会议精神。今年5月,省高院召开了第五次全省人民法庭工作会议。会议规格之高、规模之大均是我省法院有史以来之最。落实这次法庭工作会议精神,重点做好以下几项工作:

一是要认真学习夏宝龙省长、奚晓明副院长、李强副书记、齐奇院长的讲话精神,进一步认清形势、明确任务。各级法院和人民法庭要在吃透会议精神的基础上,分阶段、分步骤,拿出符合本地区实际的工作措施,将各项工作任务扎扎实实地完成,真正把会议精神落到实处;同时,也要借这次法庭工作会议,真正落实人民法庭基本保障建设的要求和部署,及时梳理、总结人民法庭在人、财、物等方面的突出困难和问题,及时报告当地党政,积极争取有关方面的关心、支持,将人民法庭的一些"老大难"问题彻底解决。

二是要继续抓好"省级模范五好法庭"综合评选工作,以评先创优为载体,全面提高人民法庭整体工作水平。今年,我们在新修订的《省级模范五好法庭考评细则》基础上,开展了第四批省级模范五好法庭的评选工作,全省有60个“省级模范五好法庭”脱颖而出,被评为省级模范五好法庭,并在人民法庭工作会议上进行了表彰。总体上看,争创工作有效发挥了争先创优的激励作用,形成了“比学赶帮超”的良好竞争氛围。但作为一次新的尝试,此次考评有经验也有教训。尤其是《省级模范五好法庭考评细则》在指标设计、分值比重设计的合理性等方面还有待进一步完善。这些问题,需要大家群策群力,共同探讨解决,尽量发挥争创的积极作用,降低负面效应。被评上“省级模范五好法庭”的人民法庭,一定要珍惜和保持荣誉,再接再厉,不断争取新的更大成绩。

三是要进一步统筹规范人民法庭恢复、增设的调整工作,使人民法庭的布局更加合理。经过三批考察,目前省高院共批准恢复增设16个法庭,全省人民法庭总数达到228个,使全省人民法庭的分布更加合理,较好地方便了人民群众诉讼,有力地促进了当地经济社会的发展。这里,我再强调一下恢复和增设的原则:各地必须要坚持“实事求是”和“确有需要和条件”的原则,根据当地具体情况,决定是否增设法庭。要把是否有利于发挥法庭审判职能和服务功能、是否有利于满足群众司法需求、是否有利于促进当地经济社会发展,作为增设法庭的基本前提;把当地党政部门是否支持、当地群众是否赞成、是否符合“两便”原则,作为增设法庭的基本条件,对脱离实际情况,缺乏客观需要和必要条件的,坚决不予增设。同时,省高院、各中院要加强对已经恢复、增设法庭的检查监督力度,督促相关法院加快法庭的建设进度,坚决杜绝“设了不挂牌、挂牌不办公、后续无人管、迟迟不动工”以及纯粹为了解决职级等问题。

四是进一步发挥职能延伸作用,加强社会管理创新,维护社会稳定促进社会和谐。人民法庭参与社会管理创新,是维护农村社会和谐稳定的必然要求,是不断满足人民群众司法需求的必然要求,是坚持能动司法的必然要求。明年是毛泽东同志批示“枫桥经验”五十周年,大家要加强认识,采取有效措施,进一步继承发扬“枫桥经验”。要通过深入开展“两排查一促进”专项活动,主动对接“网格”、积极参与“团组”,经常进农村、进社区、进学校、进企业,加强诉调对接等形式,及时掌握社情动态,及早发现不稳定因素,从源头上预防和解决问题,努力促进社会管理的法治化、机制化和长效化,努力使“枫桥经验”老树开新花、结新果,为“枫桥经验”五十周年献礼。

(四)加强民事审判队伍建设,切实提升司法公信力。队伍建设是一个永恒的课题,是做好民事审判工作的基本前提。这里强调两点:

一是要警钟长鸣始终如一地抓好反腐倡廉建设。当前,司法不廉、司法不公的问题是人民群众对法院工作反映最强烈、最集中的问题。知法者、执法者成为违法者,可想而知会对司法公信力造成何等危害。目前,社会上充斥着形形色色的诱惑,拜金主义、权力干预和人情世故对审判工作的干扰也还较为常见。对此,我们一定要常怀忧患意识和责任意识,算好账,守住底线,认真落实《法官职业道德基本准则》、《法官行为规范》、最高法院“五个严禁”及省高院“约法十章”、“浙江法官职业四要”,坚决同不良风气作斗争,坚决抵制住各种诱惑,确保民事审判队伍不出问题,努力提高司法公信力。

二是要树立先进典型,加大对民事法官的宣传力度。要注意挖掘民事条线和人民法庭中的先进模范人物,加强正面宣传,用先进事迹鼓舞人,激励人。在这次全省人民法庭工作会议上,我们专门表彰了58名在人民法庭工作满20年的资深法官。其中,舟山市普陀区法院虾峙法庭的“拐杖法官”周峥傧同志,事迹非常感人,在海岛法庭一干就是28年,虽然积劳成疾,但忘我工作精神不减,是值得我们学习的好榜样。

同志们,民事审判工作任重道远,让我们振奋精神,再接再厉,奋发进取,以优异成绩迎接党的十八大胜利召开!

在福建省司法拥军工作座谈会上的讲话

福建省高级人民法院院长　马新岚

(2012年10月31日)

各位领导,同志们:

在喜迎党的十八大胜利召开之际,省双拥办、省法院、省司法厅和省军区政治部在永安市联合召开全省司法拥军工作座谈会,总结交流涉军维权经验,创新发展司法拥军工作,具有十分重要的意义。在此,我首先代表省法院,向长期以来关心支持人民法院工作的南京军区、省军区和军事法院的各位领导、驻闽部队广大官兵,全省双拥系统、司法行政系统的领导和同志们,表示衷心的感谢!向在涉军维权工作岗位上做出积极贡献的全体人员,表示诚挚的问候!

近年来,福建法院在省委领导、人大监督和最高法院指导下,深入贯彻落实科学发展观,坚持"三个至上"的工作指导思想,依法忠实履行审判职责,着力抓党建带队伍促审判树形象创一流,全力为大局服务,为人民司法。2008年以来,全省法院共受理各类案件2,122,454件,办结2,038,776件。特别是今年以来,我们紧密围绕为党的十八大胜利召开营造良好环境,积极服务保障福建科学发展跨越发展,不断提升队伍素质、审判质量和司法公信力,各项工作取得了新的进展。1月至9月,全省法院受理各类案件425,634件,办结358,343件,在前几年收结案总数持续增长的基础上,同比继续上升16.67%和21.42%。积极探索创新,推进并形成了能动司法、涉台、涉军、涉侨、涉林、涉少、"三全"调解、无讼建设、诉讼服务、典型培树、法院党建、廉政风险防控机制建设、司法走转改等在全国有影响的福建法院特色司法品牌,涌现出以全国重大典型詹红荔同志为代表的一大批先模人物,展现了新时期人民法院和人民法官的良好形象。

深入推进司法拥军工作,依法支持国防和军队建设,是人民法院的重要政治使命和司法职责。我省法院立足特殊区位,认真贯彻落实中央、省委、最高人民法院、解放军总政治部关于维护国家安全、支持国防军队建设和涉军维权工作决策部署,充分发挥司法审判职能作用,依法维护国防利益和军人军属合法权益,为推动军地融合发展、增强军政军民团结提供了良好司法服务保障。一是涉军维权机制进一步完善。福建高院党组高度重视涉军维权工作,要求各级法院将此项工作摆上全局工作的重要位置、列入年度工作计划和年终考核内容来抓。2008年全省三级法院均已成立"涉军维权工作领导小组",由"一把手"任组长;组建和完善了专门审理涉军案件的"涉军维权合议庭"或审判庭,开通了"军人军属维权热线电话",形成了"一组、一庭、一线"的涉军司法维权工作格局。二是涉军案件审判进一步强化。全省法院坚持把审判工作与支持国防建设、贯彻拥军优属政策结合起来,对涉军案件实行优先立案、优先审理、优先执行,力求快受理、快审结、快执行。2008年以来,共审结各类涉军案件1866件。坚持把调解工作贯穿审判全过程,加强诉前调解、委托调解等,涉军民事案件以调解撤诉方式结案的占73%。三是涉军司法服务进一步拓展。进一步推广远程立案、上门立案等做法,加大对军人军属的司法救助力度,全省法院每年减缓免交涉军案件诉讼费达100余万元。组织开展军人专场"法院开放日"、"送法到军营"活动,以及开设涉军维权网站、司法服务信箱等,及时向官兵提供有关保护军人军属合法权益的政策、法规和解决涉法问题的对策和建议。四是涉军维权合力进一步加大。不断健全涉军案件的通报制度,注重加强与部队政治部系统、驻军和人武部门的沟通联系,互相交流维权工作情况,充分发挥各自的职能和优势,共同协调处理重大涉军纠纷和案件,推动维权工作的落实。2011年,省法院在与省军区政治部经过共同调研协商,联合制定下发了《关于建立健全涉军纠纷案件调解衔接机制的意见》,解放军军事法院刘季幸院长专门作出批示予以充分肯定。五是涉军司法品牌进一步做优。2008年,福建法院涉军维权工作受到中政委和解放军总政治部等的充分肯定,并作为"福建经验"向全国推广。在此基础上,全省法院进一步确立了"抓特色、创优势、树品牌"的工作思路,加大探索创新力度,不断推动涉军司法维权工作的深化、提升和发展。永安法院构建"三创四建五共"司法拥军体系、东山法院服务保障军事演练、石狮法院加强涉军接待咨询、思明法院完善涉军案件逐案建档管理、福州法院深化共建互动等做法,取得了积极成效,获得了广泛好评。2008年以来,省法院民一庭、东山县法院和永安市法院院长杨泽民等3位法官分别被评为全国涉军维权工作先进集体和先进个人,8个法院和9位法官受到南京军区和福建省表彰,许多法院和法官被评为设区市"军民共建先进单位"、"爱国拥军模范单位"和先进个人,共同营造了依法维权、双拥共建、军民和谐的良好氛围。

近年来,我省法院涉军维权工作取得的成绩,得益于军地各方长期以来的探索实践和良好基础,不断形成和积累了"党委领导、司法能动、依法维权、拓展服务、军地协作、机制创新"的宝贵经验。(1)必须坚持党的领导,确保涉军维权工作的正确方向。切实从全局站位和战略高度,增强国防观念,主动适应国防和军队建设需要,把依法保障国防和军队建设作为人民法院义不容辞的责任,在党委统一领导下,充分发挥司法机关的独特作用,推动涉军维权工作向前发展。(2)必须坚持公正司法,积极能动服务国防和军队建设大局。积极主动搞好服务,不断探索服务国防和军队建设的新方法新路子,依法维护国防利益和军队军人军属合法权益，将办案法律效果、政治效果和社会效果有机结合起来，大力弘扬社会主义法治精神，为国防和军队建设提供有力服务保障。(3)必须坚持调解优先，促进纠纷和谐解决与军民团结。准确把握涉军纠纷案件特点和当事人诉求，着力把调解贯穿案件审判和纠纷化解的全过程，注重讲法讲理讲情，实现案结事了人和，最大限度地增加和谐因素、减少不和谐因素，促进部队稳定和军民团结。(4)必须坚持军地协作，形成依法维权护民的整体合力。着眼于更好地预防和化解矛盾纠纷，加强法院系统与驻地部队、军人军属等的沟通联系，建立健全联席会议、信息通报、案件督办等制度，促进互动协作，聚合各方力量，为做好维权工作打下厚实基础。(5)必须坚持机制创新，提高司法保障和法律服务水平。积极回应军队建设的司法需求和广大官兵的关切期待，加强实践创新和制度建设，完善规范顺畅、高效快捷、利军惠民的案件审判机制、司法服务体系和双拥共建机制，为做好维权工作提供制度保证。我们要倍加珍惜涉军维权工作的有益启示和宝贵经验，在新的更高起点上，着力传承发展，推动新时期维护国防利益和军人军属合法权益工作取得更大成效。

当前，随着经济社会加快发展和军队使命任务的拓展，军队建设和多样化军事任务中遇到的涉法涉诉问题日益增多，对包括案件审判、依法维权、纠纷预防和法律服务等的司法拥军工作提出了新任务、新要求。全省法院要站在维护双拥工作大局、维护社会和谐稳定、维护国家长治久安的战略和政治高度，紧密围绕福建科学发展跨越发展，深入贯彻落实科学发展观，忠实履行宪法和法律赋予的职责，着力以公正求公信、以调解求和谐、以协作求合力、以创新求发展，不断推动司法拥军工作的法治化、一体化、制度化、长效化，为加强国防和军队建设提供更加有力的司法服务保障。要紧密结合法院实际，切实抓好以下几项工作。

一要立足战略高度，大力开创司法拥军新局面。福建作为祖国东南沿海屏障、军事斗争准备的一线阵地，具有海防和军事斗争的特殊区位，驻军部队多、国防工程多、官兵和军人军属多。依法妥善处理涉及国防利益和军人军属权益的纠纷案件，加强和创新司法拥军工作，是人民法院保障国防和军队建设、服务祖国统一大业的重要职责，是人民法院新时期开展双拥工作的重要内容，也是人民法院深入推进社会管理创新，全力为大局服务、为人民司法的重要体现。全省法院要深刻认识司法拥军工作的重要意义，增强政治意识、政权意识、忧患意识、责任意识，把司法拥军工作摆上重要位置，纳入法院整体工作和双拥共建大局来谋划和推进，推动涉军案件审判、涉军维权、支持军事法院等各项工作的落实。省法院在充分调研和征求意见的基础上，将及时下发关于服务保障国防和军队建设的具体工作意见，促进全省法院司法拥军工作的规范化、常态化。

二要强化能动司法，大力提升司法拥军新成效。积极适应国防和军队建设的新形势新任务，充分发挥司法的能动性，拓展和延伸涉军案件审判职能，妥善解决涉及军事设施保护、训练演习保障、国防工程建设、军事秘密安全等各类矛盾纠纷，促进军政军民团结，维护社会和部队稳定。尤其要牢固树立“涉军案件无小事”的观念，依法严惩危害国防设施安全和损害军人军属人身财产权利的犯罪行为，正确处理涉及军人军属的婚姻、财产、人身损害赔偿等纠纷案件，保护好军人军属的合法权益。进一步把司法拥军工作纳入社会管理创新的整体布局，继续抓好落实省法院与省军区政治部联合下发的《关于建立健全涉军纠纷案件调解衔接机制的意见》，落实调解优先要求，充分运用诉讼与非诉讼相衔接的纠纷解决机制，更加注重矛盾纠纷的源头治理和前端预防，更好地把涉军纠纷化解在诉前、讼外，努力从源头上、根本上、基础上解决问题、减少矛盾。不断加强和改进涉军司法服务工作，更加贴近官兵、贴近实际，畅通军人军属诉讼“绿色通道”，在更大范围推行优先立案、优先审理、优先执行，以多种形式推进巡回审判工作，加大司法救助力度，为部队和广大官兵提供程序便捷、诉讼通畅、办事高效、文明温馨的司法服务。

三要密切军地协作，大力推动司法拥军新发展。针对维权工作的军地互涉性和涉军纠纷案件的复杂性、多样性和关联性，进一步密切法院系统与部队的沟通联系，加强与武装、民政、司法行政等部门的协调联络，邀请部队官兵、转业干部、退伍军人、军属担任人民陪审员、特邀调解员等参与审判和案件调解，充分发挥军人军属在参与维权、化解纠纷中的作用和优势，使涉军案件审判取得最佳的办案效果。建立健全涉军案件通报制度，定期通报案件信息和工作情况，特别是在受理、审判涉军案件尤其是重大敏感案件时，要及时通报情况，确保案件审判工作顺利开展。加强法院与部队之间多方位、多渠道的互动联动，广泛开展“送法到军营”活动，通过到部队讲法制课、开展法律咨询、举办模拟法庭、开通司法拥军网站和电话热线等方式，及时回应驻军部队和广大官兵的司法需求，增强部队官兵依法维权的意识和能力。进一步重视和支持军事法院工作，加大地方法院与军事法院之间信息互通、资源共享等工作力度,共同服务国防和军队建设大局。

四要积极创新拓展,大力完善司法拥军新机制。充分利用福建拥军支前的光荣传统和特殊优势,从理念上、方式上、制度上加强对司法拥军工作的探索创新,健全完善组织领导机构和各项工作机制,将单纯的依法维权拓展为宽领域的司法拥军,将维权工作部门化拓展为军地一体化格局,将涉军维权工作经验拓展为司法拥军新品牌。要进一步完善各级法院司法拥军领导小组工作机制,坚持党组统一领导,一把手亲自抓,部门分工负责,切实履行职责,加强监督指导,上下整体推进。进一步完善沟通联络和协调配合机制,通过召开联席会议、联合调研、综治考评等方式,及时研究解决维权工作中遇到的新情况、新问题,推动司法拥军工作深入发展。进一步完善法制宣传和国防教育机制,有针对性地选择危害国防利益和军人军属合法权益的典型案例,大力开展国防法律法规和政策的宣传教育,在全社会营造支持国防、拥军优属的浓厚氛围。进一步完善典型培树和品牌建设机制,继续把司法拥军工作作为创先争优、司法公信和品牌建设的一项重要内容,进一步突出和运用我省区域特色、传统优势和创新成果,提升司法拥军品牌的层次和水平。

五要切实抓好队伍,大力提高司法拥军新水平。进一步完善和优化司法拥军工作的组织机构和审判队伍,加强涉军维权合议庭或维军审判庭建设,注重选派政治过硬、业务精通、经验丰富、作风优良的业务骨干充实涉军案件合议庭队伍,加大各项工作保障力度。加强对审判队伍的思想政治教育和业务培训,牢固树立社会主义法治理念,深入开展忠诚、为民、公正、廉洁的政法干警核心价值观教育实践活动,始终保持队伍的先进性纯洁性。在"八一"建军节、国防教育日等重要节点,通过安排法院干警深入部队一线体验生活、组织参观部队军史馆、过军事日等方式,加强国防教育,掌握必要的国防知识,提高维权工作能力和水平。虚心学习人民军队的好传统好经验好作风,积极弘扬践行福建精神和詹红荔精神,大力培树和宣传司法拥军工作中涌现的先进典型,推动司法拥军工作持续深入向前发展。

同志们,做好司法拥军工作,维护军人军属权益,责任重大、使命光荣。我们要以这次会议为契机,进一步坚定信心、忠诚履职、团结奋进,更加扎实地做好人民法院司法拥军各项工作,更加有力地维护国防利益和军人军属合法权益,让军徽和法徽在八闽大地共同闪耀,为福建科学发展跨越发展提供有力司法服务保障,以优异成绩迎接党的十八大胜利召开!

立足实际 增强六种能力
努力开创全省民事审判工作新局面

——在全省法院民事审判工作会议上的讲话

江西省高级人民法院副院长 郭 兵

(2012年3月20日)

同志们:

今天我们在这里召开全省民事审判工作会,是经省法院党组研究决定召开的一次重要会议,今天上午的会议以视频形式召开,全省法院民事和人民法庭干警约2300人在各自的分会场参加会议。会议形式新,参会人员多,会议内容丰富是本次会议的显著特点。本次会议的主要任务是:传达贯彻2011年全国法院民事审判工作会议和2012年全国高级法院民一庭庭长座谈会精神,总结2009年以来全省法院民事审判工作成绩和经验,分析当前我省民事审判工作面临的形势,部署当前和今后一段时期全省法院民事审判工作任务,推进我省民事审判工作新发展。下面我就全省法院民事审判工作讲三个问题。

一、2009年以来全省民事审判工作的新进展

2009年以来,全省法院广大民事法官坚持"三个至上"指导思想,牢固树立社会主义法治理念,努力践行"为大局服务,为人民司法"工作主题,充分发挥民事审判化解矛盾、维护稳定的职能作用,克服困

难，积极进取，为我省经济社会又好又快发展提供了有力的司法保障。全省法院民事审判工作在以下方面取得新进展。

——充分发挥职能作用，服务大局意识进一步增强。2009～2011年，全省法院共受理一、二审民事案件368,745件，占全省同期受案总数的65.86%，案件标的金额达到365.5亿元；审结365,747件，结案率为99.1%。其中婚姻家庭、继承纠纷案件99,613件，合同纠纷190,464件，侵权、权属和其他纠纷79,380件。三年来，在民事案件新情况、新问题层出不穷、当事人利益冲突日益复杂的格局下，各级法院紧紧围绕省委关于建设鄱阳湖生态经济区等战略决策，能动司法，积极主动发挥民事审判职能作用，审理了一大批与重大项目、经济发展密切相关的房地产开发、建设工程施工、国有土地出让和转让合同纠纷，为我省科学发展、进位赶超、绿色崛起提供了坚强的司法保障。同时紧紧围绕构建和谐社会，审理了一大批关系民生、影响社会稳定的农村土地承包、劳动争议、婚姻家庭和人身侵权损害赔偿等纠纷，为维护社会稳定大局作出了贡献。

——大力加强审判管理，案件审理质效进一步提高。2009年在南昌召开的全省民事审判座谈会上，省法院对各中院上诉案件改判、发回重审等情况进行通报后，各中院高度重视，加强了对案件审理质效的管理，有的法院按照省法院模式对辖区民事审判工作进行通报和检查，取得了很好的效果。这是民一庭系统多年来的惯例，也是我们对全省法院民事审判质量进行审级监督的有效方式，这次会议我们要继续采取这种方式对中院审理的案件质量进行梳理通报。各中级法院还结合省法院对中级法院工作绩效考评等制度，通过完善案件流程管理制度、案件质量和效率评价体系、上诉案件审级监督机制、违法办案责任追究机制、实行均衡结案等制度机制，进一步加强了民事审判流程管理和质量监督，从制度上规范了审判行为，案件审理质量和效率进一步提高。2009～2011年，省法院和各中级法院审结二审民事案件25,988件，二审维持11,036件，平均维持率为42.5%。

——认真回应群众需求，便民利民措施进一步落实。全省各级法院围绕“为大局服务，为人民司法”工作主题，采取多种措施方便人民群众诉讼。一是各地人民法庭落实直接立案制度，方便法庭辖区的群众诉讼。2009年以来全省大部分人民法庭实现了直接立案，直接立案数量有较大提高。二是各基层法院进一步加大巡回审理力度。全省人民法庭共设立巡回审判点4000多个，法官走村入户，深入边远山区、林区牧场、工企厂矿，开展巡回审理案件数量有较大提高，三年多来共开展巡回审理3万多件次，既便利了群众，又取得很好的法制宣传教育效果。三是大力推行案件繁简分流，加快审判进度，减轻了群众诉累。2009～2011年全省基层法院适用简易程序审理民事案件208,887件，占同期基层法院审结民事案件的61.69%。四是各级法院积极落实司法救助，对弱势群体和特困群体依法缓、减、免交诉讼费，同时严格按照诉讼收费办法对劳动争议等纠纷收取诉讼费，确保经济困难的群众打得起民事官司，三年多来，全省法院民事案件减交诉讼费616件、金额43.44万元、免交诉讼费1386件，金额107.89万元、缓交诉讼费1698件、金额899.87万元。这些制度落到实处，是各级法院民事审判工作践行司法为民宗旨，回应群众司法需求，服务民生，实践“人民法官为人民”主题活动的重要体现。

——切实发挥调解优势，矛盾化解渠道进一步拓宽。全省各级法院坚持“调解优先，调判结合”的原则，发扬诉讼调解的优势，创新调解方式，有效化解了大量社会矛盾纠纷。各地法院还积极创新“诉调对接”模式，开展人民调解协议司法确认，探索建立多元主体参与的大调解机制，优化矛盾化解机制。婺源县法院的司法协理工作机制和崇仁县法院的“三联调动”工作机制取得了很好的效果，受到了省政法委的肯定。省法院2009年专门召开现场会在全省范围内深入推广这些做法。三年多来，两个机制推广建设取得明显成效，诉讼调解和人民调解的机制进一步优化，形成化解社会矛盾合力，为维护全省社会和谐稳定作出了贡献。2009～2011年，全省民事案件以调解和撤诉方式结案的200,482件，占同期审结民事案件54.81%，大部分案件实现了案结事了。

——努力推动改革创新，民事审判机制进一步优化。一是按照最高法院的统一部署，认真开展了小额速裁试点工作。去年5月省法院确定了南昌市青山湖区法院、吉安市安福县法院、上饶市万年县法院、新余市渝水区法院作为试点法院。各试点法院严格按照最高法院指导意见的要求，结合各地实际，创造性地开展工作，按时向省法院报送相关材料和统计数据，试点工作取得了比较好的效果和经验。截至今年2月底，四个试点法院共受理小额速裁案件353件，审结331件，其中万年县法院149件、安福县法院127件、新余市渝水区法院37件、南昌市青山湖区法院40件。各试点法院小额速裁调解撤诉比例普遍较高，小额速裁调解撤诉案件共314件，各地平均调撤率达到94.8%；同时审判效率也有较大提高，结案时间大部分不超过7天,很多案件是当日受理、当日调解结案,当日履行完毕。去年十月召开的全国人大常委会已经讨论了《民事诉讼法》的修改问题,其中一个重要内容就是增加了小额速裁程序,《民事诉讼法》修改后,全省基层法院都要适用这个程序。这四个试点法院的经验可以供其他法院参考。二是省法院积极与省人力资源与社会保障厅、省劳动仲裁院沟通联系,在加强劳动争议诉裁对接上取得了成果。去年7月两家还联合召开了座谈会,就全省劳动人事争议裁审衔接工作进行了研究,并形成了会议纪要,对今后全省法院审理劳动人事争议纠纷将起到积极作用。三是各地法院根据当地实际情况积极探索设立的专门审判庭、合议庭处理某一类纠纷,如交通事故速裁庭、物业速裁庭、劳动争议庭,取得了不错的效果。

——始终把握工作重心,基层基础建设进一步加强。全省396个人民法庭是全省法院民事审判工作的基础和前沿,承担着大部分民事案件审判任务,2009年以来,全省人民法庭共审结民事案件117,558件,占全省法院审结民事案件总数32.14%,案件标的金额46.68亿元。全省各级法院认真贯彻落实中央和最高法院关于加强基层基础工作的要求,始终坚持工作重心下移,从各方面加强基层基础建设,人民法庭硬件落后状况有了根本性改变,队伍素质明显提高,服务便利群众诉讼、化解社会矛盾纠纷能力明显增强。省法院积极按照最高法院关于做好在农村、山区、林区等边远地区恢复设立法庭、方便群众诉讼的要求,做好人民法庭恢复和新设工作。截至目前,经过实地考察批准恢复设立符合条件的人民法庭5个,办理合并人民法庭2个,办理人民法庭更名4个。省法院还专门开设人民法庭庭长培训班,两年来培训人民法庭法官260人,人民法庭法官适用法律能力有一定提高。

——高度重视队伍建设,法官整体素质进一步提升。全省各级法院加强人才引进和培养力度,这几年各地通过招录大学毕业生和鼓励法官参加在职培训、学历教育等措施,改善了民事审判队伍年龄结构,提高了全省民事审判法官的学历学位和专业素质,全省民事审判队伍整体素质进一步提升。各级法院结合自身实际,通过开展"人民法官为人民"主题实践活动,大力加强民事审判队伍的思想政治建设,引导广大民事法官自觉坚持"三个至上"指导思想,全省民事法官的大局意识、司法为民宗旨意识不断增强,司法作风有了较大转变和提高。各级法院还积极开展廉政教育,严格落实最高法院"五个严禁"的规定,加大查处力度,全省民事审判队伍司法廉洁有了新提高。

三年来,全省法院广大民事法官紧紧围绕党和国家工作大局,忠实履行职责,审理了大量民事纠纷案件,为地方经济又好又快发展,保障民生,维护社会和谐稳定,作出了重要贡献。在看到成绩的同时,我们也要清醒认识到我们的工作还有很多不足之处,少数案件审理效果不好;少数民事法官化解矛盾纠纷、处理敏感案件的司法能力还需要进一步提高;一些案件未能实现案结事了,民事案件申诉上访总量还比较大,民事审判质量和效率还有待进一步提高;一些法院民事审判部门人员配备不足、案多人少,民事队伍建设有待进一步加强。这些问题和困难需要引起我们的高度重视,应采取有效措施予以解决。

二、当前和今后一段时期全省民事审判工作的主要任务

当前民事审判工作面临难得的发展机遇,也面临严峻挑战和考验。从全国形势来看,2009年以来,在党中央的正确领导下,我国成功应对了金融危机的冲击,经济持续高速发展,社会和谐稳定,人民生活水平进一步提高,社会主义市场经济体制初步建立,中国特色社会主义法律体系形成,民事审判作为国家调节民事关系、经济关系的主要司法手段,必须同样与时俱进,从发展的观点和全局的高度,服务全局,服从大局,才能充分发挥职能作用,才能获得自身发展。这既为民事审判工作的发展提供了机遇,又是对民事审判工作的重大挑战。从我省形势来看,江西作为经济欠发达地区,最近几年在省委省政府正确领导下,奋起直追,经济总量连年保持高速增长,增速排名保持全国前列,2011年度作为"十二五"开局之年全省发展保持良好态势,全省生产总值已超过一万亿元的规模,各项社会事业也全面进步。省第十三次党代会上提出了建设富裕和谐秀美江西的奋斗目标,勾画了江西围绕科学发展,实现进位赶超、绿色崛起,全面建设小康社会的美好蓝图。十七届六中全会中央提出了推动社会主义文化大发展大繁荣,建设社会主义文化强国的战略。快速发展的形势给全省民事审判工作带来一些新情况、新问题,民事审判工作责任更加重大、挑战更加严峻。

一是民事审判承担的责任更重。经济增长是经济活跃的表现。随着我省经济社会快速发展,经济体制、社会结构、利益格局也在更加深刻调整,各种利益主体民事纠纷、矛盾冲突更加复杂尖锐,民事审判作为解决民事纠纷的主要手段,承担着更加重要的法律责任、政治责任、社会责任。法律责任要求人民法院依据宪法和法律正确履行民事审判职责;政治责任要求民事审判工作作为国家司法的重要组成部分发挥其政治属性，服务国家大局；社会责任要求民事审判工作围绕司法为民，化解社会矛盾，定分止争。如何使我们的民事审判工作真正承担好这些责任，实现法律效果、政治效果和社会效果的统一，是一个重大考验。

二是民事案件审理的难度更大。一方面，随着我省城镇化不断推进，各种项目用地、大型工程建设项目增多，同时受国家调控房地产市场政策的影响，土地出让转让纠纷、房屋买卖纠纷、房屋拆迁纠纷、建设工程合同纠纷等类型的案件数量持续上升。这些案件争议标的金额高、利益冲突大、政策性强、舆论关注度高，矛盾尖锐，审理难度大。如何妥善审理好这些经济发展中出现的这些纠纷，是我们面临的严峻挑战。另一方面，申请再审门槛放低，大量的民事案件终审后，案结并未事了，而是通过申诉信访或申请再审渠道进入再审。据统计，2009 年至 2011 年三年间全省法院受理申请再审案件共 2519 件，其中民事案件占 80% 以上，大部分又是民一庭系统的案件。申诉信访、申请再审案件过多给民事审判工作带来了巨大压力，当事人信访不信法，这在很大程度上增加了民事案件审理的难度。

三是人民群众对民事审判工作的要求更高。随着社会主义市场经济体制的初步建立，中国特色社会主义法律体系的形成，人民群众的法律意识大大提高，通过民事诉讼维护权利的意愿更强。近年来，与人民群众日常生活密切相关的婚姻家庭、人身损害赔偿、劳动争议、物业纠纷、环境保护等案件数量有较大增长就是这一社会变化在民事司法领域的体现。人民群众期待民事审判在保障社会公平正义方面发挥更好的作用，期待民事审判在维护民事权益方面有更好的表现，这对民事审判工作提出了更高的要求。

面对新机遇和新挑战下的新形势，当前和今后一个时期，我省民事审判工作的主要任务是：以邓小平理论和“三个代表”重要思想为指导，全面落实科学发展观，坚持“三个至上”，围绕“为大局服务，为人民司法”工作主题，适应中国特色社会主义法律体系形成要求，不断提升案件审理质效，充分发挥民事审判职能作用，依法支持全省经济社会发展，着力保障和改善民生，促进社会主义文化大发展大繁荣，为党的十八大召开营造和谐稳定的社会环境，为建设富裕和谐秀美江西提供坚强司法保障。

今后一段时期全省各级法院要围绕上述工作任务，着重增强六种能力。

一是坚持能动司法，依法审理好与经济发展相关民事案件，增强服务大局能力。今年是实施“十二五”规划承上启下的重要一年，也是我省加快转变经济发展方式，以鄱阳湖生态经济区建设为龙头，实现科学发展，进位赶超，绿色崛起的重要时期。前两年省法院围绕保障和服务全省社会经济发展大局出台了一系列政策和意见，2010 年，围绕鄱阳湖生态经济区建设的司法需求，出台了司法应对政策；2011 年年初，围绕服务、保障“十二五”规划的落实，出台了助推规划落实的具体意见；2011 年 9 月，召开了“全省法院服务‘十二五’规划、加强鄱阳湖生态经济区环境司法保护专题论坛”，对有关问题进行了研讨。这是省法院坚持能动司法的具体举措，这些意见和措施的很多内容都与民事审判密切相关，具体的贯彻落实很大程度上有赖于通过全省各级法院审理民事案件的形式实现。去年 10 月召开的省第十三次党代会上，省委提出了今后五年江西经济社会发展的总体要求，提出了在新的历史起点上进一步推进科学发展、加快绿色崛起，建设富裕和谐秀美江西的奋斗目标。民事审判是人民法院履行宪法赋予的职责，服务社会经济发展的重要手段和方式。全省各级法院要贯彻落实好省第十三次党代会精神，坚持能动司法，充分发挥民事审判职能作用，审理好关系地方经济发展的重大房地产纠纷案件、重点项目纠纷案件、大额民间借贷纠纷案件，进一步增强服务大局能力，为建设富裕和谐秀美江西提供坚强的司法保障。

二是坚持扬善抑恶，努力促进社会主义文化大发展大繁荣，增强服务文化建设能力。随着我国经济的快速发展，物质生活水平的不断提高，文化领域的一些突出矛盾和问题也日益显现。一些社会成员理想信念淡化、人生观、价值观扭曲，个人主义、拜金主义盛行，一些领域道德失范、社会诚信缺失。这些问题经常在民事案件中表现出来，有些案件如彭宇案、许云鹤案等经媒体网络报道后引起全社会关注。十七届六中全会通过的《中共中央关于深化文化体制改革推动社会主义文化大发展大繁荣若干重大问题的决定》，确定了建设社会主义文化强国的战略目标，是当前和今后一个时期我国社会主义文化建设的纲领性文件。人民法院是社会主义文化大发展大繁荣的建设者和保障者。人民法院通过审理民事案件对民事行为进行法律评判，阐释法律内涵和其中蕴含的道德要求，支持符合社会主义道德要求的民事行为，惩戒失信民事行为，从而引领诚信和公正的风气，弘扬社会主义道德风尚，促进先进文化的发展和繁荣。全省各级法院要不断增强民事审判服务文化建设能力，高度重视与社会道德密切相关容易引起社会关注的的民事案件审理工作，提高裁判文书的道德说服力和社会认同感。同时，要注意充分发挥民事审判职能作用促进文化产业载体的发展壮大和健康运行，为文化产业的发展提供有力司法保障。

三是坚持以人为本，深入推进民生案件的审判工作，增强保障和改善民生能力。最近几年，我国经济虽然快速发展但由于收入分配机制不合理，政府公共服务能力不强，社会保障制度不健全等导致的民生问题特别突出。同时，人民群众通过民事诉讼维护自身权益的法律意识不断增强，民事权益保护的范围都日益拓展，人民群众对民事审判服务民生提出了新的要求。民事审判事关民生大计，保障和改善民生是人民法院民事审判工作的根本出发点和落脚点。审理好各类与民生相关的民事案件是人民法院保障和改善民生的重要手段，也是回应群众关切，践行为人民司法工作主题的重要方式。最高法院上个月专门就加强民事审判保障民生工作下发了通知，对审理好各类民生案件提出了具体要求。全省法院要在思想上高度重视，将民生案件审理作为今后一段时期审判工作重点来抓，深入推进与民生相关案件的审判工作。基层法院和人民法庭要发挥密切联系群众的优势，完善为民司法工作机制，依法妥善审理劳动就业、社会保障、教育、交通事故、医疗、住房、消费等领域的纠纷，维护好人民群众切身利益。省法院和各中院要加强沟通，对一些近年来进入民事诉讼领域的新类型民生案件加强调研，及时提出对策，统一审理思路，提高民事审判保障改善民生的水平，不断满足人民群众对民事审判工作的新期待。

四是坚持和谐司法，精心做好容易引发恶性事件和群体性纠纷民事案件的审判工作，增强维护社会稳定的能力。民事审判定分止争，事关和谐稳定。当前，随着改革的不断深化和社会经济的快速发展，改革发展带来的社会结构变动、利益关系调整、利益分配失衡等问题也集中显现，由此引发的各种社会矛盾大量增长。最近几年我省发生的多起与拆迁有关恶性事件就是因为利益分配失衡没有得到妥善处理导致。尤以去年5月26日发生的钱明奇系列爆炸案最为典型。这些矛盾表现形式更加多样，激烈程度和敏感性更强，成因更复杂，社会媒体的关注度更高，处理不好负面影响更大。人民法院身处矛盾化解前沿，担负着更加重大的社会责任和政治责任。全省法院民事审判部门要精心处理好容易引发恶性事件和群体性纠纷的征地拆迁、林权纠纷等民事案件，把“案结事了”和矛盾有效化解作为判断审判质量高低的重要标准。要在民事审判工作中严格贯彻落实最高法院提出的“调解优先，调判结合”的指导原则，运用调解手段化解矛盾纠纷，同时要重视运用人民调解工作、行政调解、行业调解和其他组织调解，推进多元化解决社会矛盾纠纷的新格局，增强利用社会力量促进矛盾解决的能力，全力为党的十八大召开营造和谐稳定的社会环境。

五是坚持重心下移，夯实民事审判工作基础，增强基层民事司法能力。当前，增强基层司法能力，提高基层民事审判质量的任务非常紧迫。最近几年我省民事案件申诉信访居高不下与基层民事审判质量不高有很大关系。提高基层民事法官业务能力，提升基层民事审判司法水平，特别是一审案件审理质量和效果，是从源头上减少民事申诉信访案件、实现全省民事审判工作新发展的有效路径。今后一段时间，要将提高基层民事司法能力作为重点来抓。首先要加强高中级法院的指导能力。省法院自身一贯重视对下级法院审判工作的监督指导，通过对全省民事审判实践中的热点、难点问题进行调研，统一全省法院审理思路和裁判标准。同时通过审理二审案件，监督指导中级法院的民事审判工作。各中级法院作为承上启下的一级法院，连接上下两头，既受省法院指导和监督，同时又肩负对基层法院审判工作进行指导和监督的职责，加强和改进中级法院民事审判指导功能，对提升全省民事司法能力具有重要意义。各中级法院一方面要加强学习和贯彻最高法院有关司法解释、会议纪要和省法院具体指导的主动性，认真分析省法院发回改判案件中的问题，提高自身理论水平和司法能力；另一方面要通过审理二审案件抓好对辖区基层法院的指导工作。其次要加强对人民法庭工作的指导，提高人民法庭司法能力。最近几年，全省人民法庭硬件建设有了很大改善，但是我们也要清醒看到各地人民法庭工作也存在一些亟待解决的问题，少数法庭日常管理混乱，部分法庭审判人员配置不齐，一些法庭案件质量还不够高。这些法庭硬件上去了，但软件不行，与其承担的历史使命和责任还有较大差距，没有发挥人民法庭应有的作用，其中根本问题就是人民法庭的司法能力还不够强。今后一段时期，我们要重点加强人民法庭司法能力建设。要切实解决人民法庭人员配备问题和队伍建设问题，选好配强人民法庭法官和其他工作人员，争取达到“三审一书”的基本要求；要继续争取对人民法庭法官开展民事新法律专门培训，有条件的中级法院也可以组织对人民法庭法官进行培训，提高法庭法官业务素质；要切实加强对人民法庭的审判管理和监督，基层法院要按照“两便”原则依法合理确定法庭之间、法庭与法院民庭之间受理案件范围，完善人民法庭审理案件管理流程；要切实加强人民法庭的日常管理工作,坚决杜绝法庭空置,群众办事找不到人的现象发生。中央和各地投入大量资金建设法庭,如果建好了却没能利用好法庭开庭办公,会严重影响人民法院的形象。省法院今后还将适时组织抽查,不事先打招呼,发现问题的,要进行通报。

六是坚持反腐倡廉,大力加强民事审判队伍建设,增强廉洁司法能力。司法不廉、公信不立。前几年,在知识产权审判领域我省少数中院出现过一些违法违纪案件,影响很大,给全省法院司法公信造成了严重的不利影响。树立民事审判司法公信,必须切实抓好廉洁执法。最高法院去年编辑下发了两本《人民法院警示教育案例选编》,这里面的案例都是近几年全国法院系统内发生的违法违纪案件,有的就发生在我们身边,教训非常深刻。全省广大民事法官要认真学习,要从身边的这些违法违纪典型案件汲取教训,做到警钟长鸣。各级法院分管民事审判的院领导、民事庭庭长要以身作则,真正做到廉洁司法,为全省民事法官树立榜样。

树立民事审判公信力,归根结底要靠一支高素质的民事审判队伍来实现。当前,全省民事审判队伍总体是好的,经受了各种考验,作出了应有的贡献,但是也要看到我们的队伍建设中还存在一些薄弱环节和问题,比如一些民事法官宗旨意识责任意识不强,工作存在慵、懒、散,冷、横、推的现象;少数法官不爱学习,钻研不够,业务素质和能力有待提高;个别民事法官在办案过程中违法违纪。对此,全省各级法院要大力加强民事审判队伍建设,要以各种主题教育活动为载体,更加注重培养民事法官“忠诚、为民、公正、廉洁”的司法核心价值观,增强全省民事法官的宗旨意识、责任意识、大局意识;要以省委省政府开展干部作风突出问题集中整治活动为契机,大力纠正民事审判工作中存在的不良作风问题,切实转变审判作风;要加强对民事法官的在职培训和教育,及时更新法律知识,提升法律理论素养,提高解决实际问题的能力。同时,也要从多方面重视解决基层法院、人民法庭等最艰苦的民事审判岗位人才缺乏的问题,加强对年轻法官的培养和关心爱护,将真正懂民事审判业务、职业操守好、专业素质高、办案能力强的业务骨干配备到民事审判部门领导岗位,把好民事审判质量关。

三、当前民事审判中的几个具体问题

下面,我就当前全省民事审判中的几个具体问题讲点意见。

一是关于《全国民事审判工作会议纪要》的适用问题。去年6月在杭州召开的全国民事审判工作会的一个重要成果就是最高法院出台了《全国民事审判工作会议纪要》(以下简称《纪要》)。省法院去年下半年已经转发给了各中院。《纪要》内容很广,涉及房地产纠纷、其他物权纠纷、建设工程合同纠纷、民间借贷纠纷、侵权责任纠纷、婚姻家庭纠纷、劳动争议纠纷和民事诉讼程序等与民事审判相关的方方面面的问题。这些问题都是现行法律和司法解释没有明确规定,但民事审判实践中经常遇到的新情况、新问题。最高法院在《纪要》出台前向全国法院都广泛征求了意见,并反复进行了修改,应该说《纪要》是集中了全国法院民事法官的智慧,对统一全国法院的裁判思路、标准和尺度有重要意义。对于《纪要》的适用问题,这里我要强调三点:第一,各中院会后一定要组织辖区民事法官认真学习《纪要》内容,院领导和庭领导要带头学习,要结合最高法院奚晓明副院长、杜万华庭长在全国民事审判工作会和全国高级法院民一庭庭长座谈会上的讲话内容逐条学习,确保每位民事法官真正掌握《纪要》的内容和精神;第二,在法律和司法解释没有出台新的规定前,全省各级法院要严格按照《纪要》的规定进行裁判和说理,对于不按《纪要》内容和精神作出的裁判,上级法院应以适用法律错误为由予以改判,当然《纪要》不是司法解释,不能在裁判文书中直接引用;第三,这次最高法院下发的《纪要》标注了文件密级为“秘密”,所以各中院回去传达学习时要注意保密,不要将《纪要》扩散至法院系统外。

二是关于网络侵权纠纷案件的审理问题。言论表达自由和人格尊严不受侵犯,是公民的基本人权,都要切实加以保护,但当两者发生冲突时,需要小心谨慎地加以协调平衡,尽可能兼顾,既要防止因言论表达自由的滥用而侵害公民的人格尊严,也要防止因过度强调对公民私权的保护而影响表达自由权的行使。

在互联网等新兴媒体高度发达的今天,言论自由与人权保护的矛盾更加对抗、尖锐、普遍,已引起全社会广泛关注、忧虑。新华社、人民日报等权威媒体连续发表的系列评论明确告诉我们,扼制虚拟社会无序、混乱的局面刻不容缓。

必须纠正虚拟社会无法可依的错误认识和倾向。有中国特色的社会主义法律体系已经形成,它既适用现实社会,也适用网络虚拟社会。

必须明白,切实强化对虚拟社会的法律适用,是治国安邦的现实需要,是人民群众的强烈呼唤,是人权保护的坚强保障。

必须明确,对于网络违法侵权行为,光靠谴责和自律是不够的,没有司法的介入,严格的网络管理将苍白无力。

2011年4月,省法院在充分调研基础上出台了江西省高级人民法院《关于审理网络侵权纠纷案件适用法律若干问题的指导意见(试行)》(以下简称《指导意见》)。《指导意见》在新华社首发后,各官方媒体和网站都在显要位置刊发,在社会上引起强烈反响。《指导意见》引发关注是因为随着互联网的普及,我国网络侵权纠纷大量出现,而国内目前还没有对网络侵权纠纷案件进行规制的系统性法律规定,致使公民的合法权益遭受网络侵权行为侵害后不能得到很好维护。中央对互联网管理工作非常重视,去年中共中央办公厅、国务院办公厅专门下发《关于加强和改进互联网管理工作的意见》,在行政层面加强管理和规制。去年十月党的十七届六中全会通过了《中央关于深化文化体制改革若干重大问题的决定》,强调要发展健康向上的网络文化,要贯彻积极利用、科学发展、依法管理、确保安全的方针,加强和改进网络管理,加快形成法律规范、行政监管、行业自律、技术保障、公众监督、社会教育相结合的互联网管理体系,依法惩处传播有害信息行为,严厉打击网络违法犯罪,加大网上个人信息保护力度,维护公共利益和国家信息安全。可以说《指导意见》的出台是人民法院响应中央号召、回应群众关切,积极发挥能动司法作用,深入推进社会管理创新的具体体现,是讲政治、讲大局的具体体现。

网络侵权纠纷案件的审理是个新事物,没有经验可以借鉴,《指导意见》也是全国法院中率先对这类案件的审理进行规范的一个探索。制定过程中还书面征求了全国人大法工委民法室和最高法院有关部门意见并得到其支持。目前,南昌市青山湖区、抚州市临川区、新余市渝水区、鄱阳县等法院已受理审结了一些案件,取得了良好的法律效果和社会效果。为进一步抓好《指导意见》的贯彻实施:首先,全省各级法院要组织辖区法官认真学习《指导意见》,掌握《指导意见》内容和精神;其次,各地法院对网络侵权纠纷案件要积极大胆受理,不允许网络侵权案件有案不立,让被侵权人告状无门;再次,试点法院可以成立网事审判庭专司网络侵权案件,目前可与民一庭合署办公,实行“两块牌子,一套人马”。要充分考虑网络侵权纠纷案件审理的特殊性以及法官办理网络侵权纠纷案件付出的辛勤劳动和承担的各种压力,积极调动法官审理和研究网络侵权纠纷案件的积极性,提高法官对网络侵权纠纷案件审理的专业程度;最后,省法院成立审理网络侵权案件指导小组,以加强对全省法院审理此类案件的指导和协调。各级法院在贯彻实施《指导意见》中要注意收集相关问题、建议和案例。《指导意见》还是试行,意在边实践边完善。各地遇到新情况、新问题和典型案例,要认真研究,对适用法律把握不准的,要及时向省法院请示。

三是关于虚假诉讼的预防和惩处问题。最近几年,全省审判执行工作领域,虚假诉讼现象时有发生,且有愈演愈烈之势,不仅严重侵害当事人的合法权益,影响司法机关正常的司法秩序,还浪费宝贵的司法资源,损害司法权威,使人民群众对司法机关产生不信任感。司法实践中,对虚假诉讼行为难以预防,打击不力,处理失之于软,没有让虚假诉讼参与制造者承担相应的法律责任,其原因是多方面的。第一,司法机关未能形成防控体系,形成打击合力,司法追究的程序缺乏。第二,没有明确的法律依据,现行的《刑法》、《侵权责任法》、《民事诉讼法》都没有明确适用的条文,无法对之进行严厉惩处。第三,没有统一适用的规范,各地做法各不相同,有的追究了刑事责任,有的驳回起诉,没有追究民事侵权责任,缺乏统一的行之有效的适用标准。从实践中发现的情况来看,虚假诉讼大多发生在以下几类案件中:(1)民间借贷纠纷案件;(2)离婚案件一方当事人为被告的财产纠纷案件;(3)破产中的企业为被告的财产纠纷案件;(4)涉及驰名商标认定的案件;(5)涉及工程造价司法鉴定的案件;(6)房屋买卖合同纠纷案件。主要表现为当事人或案外人伪造证据,虚构案件事实,向法院提起诉讼,损害另一方当事人或第三人的合法权益。

从某种意义上讲,虚假诉讼就是一种司法造假,比社会生活中的其他制假、贩假行为性质更为恶劣,后果更为严重。如何有效预防和惩处虚假诉讼行为,让虚假诉讼行为人承担相应的法律责任,各地法院都在积极探索。去年省院民一庭在调查研究的基础上,起草了《关于预防和惩处虚假诉讼的暂行规定》,先后多次征求相关部门的意见,最终由省公安厅、省检察院、省法院、省司法厅会签后联合发文,2011年9月1日起在全省范围内贯彻执行。在省政法委的统一领导下,省政法四家就预防和惩处虚假诉讼联合发文,这在全国尚属首次,产生了积极的影响。《暂行规定》确立了公安、检察、法院、司法行政机关协调配合,共同承担打击责任的工作机制,就立案、受理的程序,在审判过程中如何加强司法审查,行为人应承担的民事、刑事责任,均作出了明确具体的规定。《暂行规定》的出台,意义重大,影响深远,对于预防和惩处虚假诉讼行为,引导当事人诚信诉讼,在全社会共同营造文明理性诉讼的司法环境,将发挥重要作用。

全省各级法院要组织民事法官认真学习《暂行规定》，充分利用好《暂行规定》，提高民事法官在审理一些虚假诉讼高发领域的案件时的敏感性，加强预防，对审理中发现的有充分证据证明当事人虚假诉讼的，要根据《暂行规定》，要及时采取措施，加大惩治力度，强化当事人的法律责任，以较重的罚款、拘留等强制措施，加重其违法成本，使潜在的违法者望而却步。

2012年2月17日，杜万华庭长在厦门会议总结时强调："要严查重处，加大力度打击虚假诉讼行为。要做到发现一起、查处一起、通报一起。对制造虚假诉讼案件的当事人，应当依照民事诉讼法的规定，根据情节轻重，依法予以训诫、罚款、拘留；构成犯罪的，依法追究刑事责任。"审判人员明知是虚假诉讼而故意违背事实和法律枉法裁判且情节严重的，则应承担枉法裁判罪的法律责任。对此，全国、全省法院代价沉重，教训深刻。

四是关于劳动人事争议纠纷裁审衔接的问题。根据我国法律规定，劳动争议案件遵循的是"一调、一裁、两审制"的处理模式。劳动争议仲裁是劳动争议案件进入诉讼程序审理的前置程序。据统计分析，约70%的劳动争议纠纷由劳动人事争议仲裁委员会化解，其余30%进入司法渠道。由于仲裁机构和法院在事实认定和法律适用等诸多方面存在差异，以及执法标准和尺度的不统一，大量进入司法渠道的劳动争议案件的最初仲裁结果被法院改判。裁审不一现象的存在，一方面增加了法院的办案压力，造成了对仲裁资源、司法资源和当事人人力、物力、财力的浪费。另一方面也使当事人和社会公众对仲裁裁决、法院裁判产生质疑，有损劳动仲裁和司法权威。处理好仲裁与审判的衔接协调，不仅能够增强仲裁机构办案水平，提高办案质量，而且能够有效减少人民法院受理案件的数量，有利于从根本上减轻司法负担和压力。为此，在去年6月召开的全国民事审判工作会议上，最高法院民一庭杜万华庭长要求全国各级法院加强与仲裁机构的业务联系，做好仲裁与审判的衔接工作。去年7月12日至13日，省高院与省人力资源和社会保障厅在铅山县联合召开了全省劳动人事争议裁审衔接工作座谈会，形成了《全省劳动人事争议裁审衔接工作座谈会纪要》。《纪要》就各级法院与人力资源和社会保障部门建立定期联席会议制度、重大疑难案件研讨制度、信息互通制度、相互建议制度等进行了规定，并要求有条件的基层法院开展劳动争议"巡回法庭"试点工作。全省各级法院要提高对做好裁审衔接工作重要性和必要性的认识，落实好《纪要》的各项要求，加强与仲裁机构的业务联系，尽快建立相应的工作机制，共同促进劳动争议案件质量的提高。为抓好落实，省法院民一庭将会同省人力资源和社会保障厅相关部门适时对此项工作的开展情况进行督促检查。

五是关于规范民事案件司法鉴定的问题。2005年《全国人民代表大会常务委员会关于司法鉴定管理问题的决定》颁布之后，人民法院司法鉴定业务均需对外委托社会鉴定机构。省法院在2009年出台了《关于民事案件对外委托司法鉴定工作的指导意见》，对规范人民法院对外委托司法鉴定工作起到了积极的作用，但就近两年我省法院对外委托司法鉴定工作的情况来看，仍然存在一些问题，有的还比较严重，如没有正当理由多次鉴定、重复鉴定等，需要引起我们的重视。这些问题既有社会鉴定机构的原因，也有法院的原因。就我们掌握的情况来看，社会鉴定机构的问题主要是无资质从事鉴定业务，超登记范围从事鉴定工作，不按法院委托事项进行鉴定，鉴定结论不明确、不科学，鉴定收费没有严格按照《司法鉴定收费管理办法》，收费乱且偏高，存在人情鉴定、违法鉴定现象，鉴定机构随意拒绝接受委托，鉴定结论不明确没有针对性，鉴定人员出庭接受质询的较少等。从法院方面来看，存在问题主要是审判人员和合议庭没有严格把关，对鉴定的启动随意性大，过分依赖于司法鉴定，存在以鉴代审现象。审判实践中，一些审判法官对于案件涉及的一些专门性问题，动辄委托司法鉴定，而事实上，有些案件只是涉及比较常规的专业常识、行业规则，不需要交付专业鉴定人进行复杂的分析、研究或者鉴定即可得出结论。对鉴定材料的审查不仔细，在启动鉴定时，没有组织当事人对鉴定材料进行质证，固定鉴定材料，确定鉴定的事项和范围，从而致使鉴定无法进行或者鉴定期限过长，最后引起重复鉴定。对鉴定结论的审查不严格，轻信鉴定结论等。这些问题造成了鉴定结论的可信度偏低，容易激发当事人的矛盾，增加案件的处理难度。

全省各级法院要加强管理，切实规范民事案件司法鉴定。第一，要严把鉴定启动关。对确需鉴定的案件，在对外委托之前合议庭应当召集各方当事人对鉴定材料进行质证。对当事人无异议或者达成一致的事实和证据予以确认；对有异议的证据，应进行审查，确定是否作为鉴定的材料，必要时可根据案件审理情况，要求鉴定机构依据不同条件作出相应的鉴定结论，或区别有无争议的证据材料分别作出鉴定结论。第二，要认真审查和正确对待鉴定结论。合议庭要认真审查鉴定结论作出的程序是否合法，鉴定结论依据是否充分，不能盲目采信鉴定结论，对有一定缺陷的,可以通过补充鉴定、重新质证等方式解决。第三,要加强与有关部门的协调配合,对在委托鉴定工作发现的社会鉴定机构违规、违法问题,要及时与司法技术部门沟通,必要时禁止其在全省法院系统承接鉴定业务,并以司法建议的形式向司法行政部门和价格部门反映。

六是关于强化民事制裁和民事强制措施的适用问题。为制裁民事交易活动中的违法行为,使民事交易活动依法规范进行,维护正常的交易秩序,我国《民法通则》和相关的司法解释设置了民事制裁制度,即人民法院在审理民事案件中,对存在违法行为的当事人可以予以训诫、责令具结悔过、罚款、拘留。对用于非法活动的财物和非法所得,可以收缴。为排除妨碍诉讼的行为,保障正常的诉讼秩序,确保争议案件及时正确的处理,维护司法权威,我国《民事诉讼法》及相关司法解释规定了对妨碍民事诉讼行为的强制措施,对民事诉讼中实施了妨碍诉讼行为的当事人或者其他诉讼参与人可以拘传、训诫、责令退出法庭、罚款、或者拘留。民事实体法和诉讼法的这些规定为法院对当事人的违法行为实施民事制裁、对妨碍民事诉讼的诉讼当事人和其他诉讼参与人采取强制措施提供了法律依据。近年来,由于种种原因,法院逐渐弱化了民事制裁和强制措施的适用。对非法所得该收缴的不收缴,该罚款的不罚款,放纵民事违法,损害国家和社会公共利益。对妨碍诉讼的行为,该采取强制措施而不采取,该处罚的不敢处罚,放任对民事诉讼秩序的破坏,损害法律尊严,损害司法权威。目前,建筑工程施工领域竞争无序,管理失范,非法转包、违法分包现象愈演愈烈,诉讼过程中当事人或者其他诉讼参与人炮制虚假证据、制造虚假诉讼,通过网络炒作个案、非议攻击法院或者对法官进行人身攻击、威胁谩骂,干扰案件的正常审理,以及有关单位和个人拒绝或妨碍法院财产保全或调查取证等情况时常发生。究其原因,弱化民事制裁和强制措施的适用便是其中一个重要因素。这些情况和现象的出现,必须引起我们高度重视,切实加以改进。全省各级法院要充分认识在民事案件审理中对民事违法行为实施制裁、对妨碍民事诉讼行为采取强制措施的意义和作用。实施民事制裁、采取强制措施既是法律赋予人民法院的权力,也是人民法院的职责所在。对该制裁的民事违法行为不制裁,对该采取的强制措施不采取,就是失职。法院审判工作不仅具有解决个案争端的功能,而且具有对社会行为进行引导、示范、评价和规制的功能,即具有社会管理职能。通过对民事违法行为进行制裁,有效制止民事活动中的违法行为,制裁和教育违法行为人,维护正常的交易秩序,促进相关行业规范管理,有序发展。通过对妨碍民事诉讼行为适用相应的强制措施,提高当事人及其他诉讼参与人的法治意识,有效规范当事人及其他诉讼参与人的诉讼行为,引导他们依法、依规、合理地表达诉求,促进良好诉讼秩序的形成。因此,无论从依法履职角度还是从社会管理创新角度,都需要强化民事制裁和强制措施的适用。既然法律赋予了人民法院对违法民事行为进行制裁和对妨碍民事诉讼行为采取强制措施的权力,那我们就要依法大胆地行使好,不要畏手畏脚、放任不管。如果任由行为人违反法律、藐视法庭、侮辱法官,那法官的尊严、法院的威信、法律的权威将会荡然无存。

当前,一些单位、个人,出于非法目的,利用微博、网络等新兴媒体恶意误导公众妨碍民事诉讼秩序的现象日趋严重,人民法院和承办法官面临前所未有的压力和挑战。对此,除应加强舆情应对、舆论引导外,人民法院还必须积极依照法律和相关规定,对民事违法行为和妨碍民事诉讼秩序行为不妥协、不退让、不迁就,该制裁的要坚决制裁,该处罚的要坚决处罚,并且在实体判决时要特别注重防止民事违法者从中获得非法利益。会议还印制了对发贴人、登贴网站、搜索引擎服务商等处罚决定书样式,供全省法院适用时参考。

同志们,新形势下,民事审判工作任务艰巨,责任重大,使命光荣,我们相信,在全省各级法院广大民事法官的共同努力下,全省民事审判工作一定能够不断取得新进步,为全省经济发展和社会稳定作出新的更大贡献。

在全省民事审判工作座谈会上的讲话

山东省高级人民法院副院长　刘爱卿

同志们：

这次全省民事审判工作座谈会是经省法院党组研究决定召开的，会议的主要任务是深入学习贯彻党的十八大、习近平总书记关于依法治国的一系列重要讲话和白泉民院长的重要讲话精神，认真传达贯彻全国高级法院民一庭庭长座谈会精神，分析当前全省民事审判工作面临的新形势、新变化，明确今后一个时期全省民事审判工作的总体思路和重点措施，以坚持公正司法、提高司法公信力为总抓手，以完善社会主义法治秩序、推进依法治国为目标，充分发挥民事审判职能作用，维护社会稳定，保障人民权益，为全面建成小康社会提供强有力的司法保障。下面，我讲三个问题，供大家参考。

一、全省民事审判工作面临的新形势和新任务

党的十八大提出的全面建成小康社会的战略目标和全面推进依法治国的重大部署，为人民法院工作指明了方向，提供了重大机遇，创造了有利条件。今年是全面贯彻落实党的十八大精神的开局之年，新的历史时期，新的经济发展形势和新时期人民群众的司法需求，对人民法院民事审判工作落实依法治国基本方略，坚持司法为民、公正司法、维护社会公平正义，保障全面建成小康社会，提出了新的更高的要求。因此，做好当前民事审判工作的前提和基础就是要深刻认识今年民事审判工作面临的新形势、新任务、新挑战，正确把握经济社会发展对民事审判工作的新要求，切实回应人民群众对民事审判工作的新期待、新关切。

民事审判工作推进依法治国、实现公平正义的任务更加艰巨。党的十八大提出了关于"全面推进依法治国"、"加快建设社会主义法治国家"的新要求。习近平总书记多次发表讲话、作出批示，明确提出要建设平安中国、法治中国，要坚持司法为民、公正司法，努力让人民群众在每一个司法案件中都感受到公平正义。随着经济社会的发展进步，人民群众更加期待平等参与、平等发展，对于社会的公平正义十分关心和关注。特别是在法治条件下，司法在消除社会不公、维护公平正义方面扮演着重要角色，责任神圣而重大。对于民事审判工作而言，民事纠纷的特点就是面广、点多、量大，不仅直接面对广大群众，而且裁判结果与群众切身利益密切相关，每一起民事案件的审理，都直接关涉司法公正、关涉司法公信力，这使民事审判工作既面临着难得的机遇，又面临巨大的挑战。

民事审判工作依法维护和完善社会主义法治秩序的责任更加重大。当前国际经济形势错综复杂，金融危机深层次影响不断显现，国内经济社会发展中存在的不平衡、不协调、不可持续的问题依然突出，房地产领域、农业领域、金融领域及环境保护和食品药品安全等领域形势严峻，民事审判为经济社会发展服务的任务更加繁重。在社会管理方面，加强社会建设、保障和改善民生，提高运用法治思维和法治方式治理国家和管理社会的能力，对民事审判工作提出了新考验；建设社会主义核心价值体系、维护主流意识形态、弘扬法治精神、保障诚实守信市场环境、传承优秀传统文化、发扬良好道德风尚、提高公民道德素质，对民事审判工作提出新要求；加强生态文明建设、保护资源环境，对民事审判工作提出了新期待；新民诉法实施后，公益诉讼、第三人撤销之诉、小额诉讼程序等新类型诉讼的出现，对民事审判工作如何正确适用法律，促进案件审理的公正与效率，提出了新课题。

民事审判工作促进司法公正、提升司法公信力的形势更加紧迫。当前我国的法治建设处在关键时期，全社会对法治建设的认识提到了一个新的高度，国家经济社会发展对法治建设的呼唤和要求越来越强烈，社会各界都认识到必须运用法律思维、法律手段来解决面临的各种问题。这对于人民法院推进公正司法、提升司法公信力是一个难得的历史机遇。当前形势下，基层人民法院及其派出人民法庭，作为人民法院审判工作的重心和依法维护社会和谐稳定的根基，化解社会矛盾纠纷、依法及时维护人民群众合法权益的基础前沿作用更加突出；民事审判改进工作作风，坚持司法为民，解决影响司法公正和制约司法能力的深层次问题，回应人民群众对司法公正

的关注和期待的目标更加明确;民事审判队伍全面提升司法能力,忠实履行宪法法律赋予的职责,提升司法公信力,推动经济社会发展、增进人民福祉、维护公平正义的要求更加迫切。

据统计,去年全省法院受理的一审民事案件411,003件,占全省各类一审案件的57.76%,而且涉及矛盾纠纷复杂、审理难度大。民事审判工作如何采取积极有效的措施,推动依法治国方略的全面落实和公平正义的实现,特别是确保为2020年全面建成小康社会提供优质高效的司法服务和保障,将是摆在我们面前重要而紧迫的重大课题。因此,在当前和今后一段时期,民事审判工作在规范司法程序、促进实体公正、改善司法作风等方面的各项工作任务将会更加艰巨。全省民事审判法官必须切实增强大局意识、责任意识和忧患意识,抢抓机遇,迎接挑战,积极顺应人民群众的新要求、新期待,努力破解影响司法公正和司法公信的难题,切实解决人民群众反映强烈的突出问题,不断推进人民法院工作实现新发展。

今年年初,省法院下发了全省民事审判工作要点,提出了今年全省民事审判工作的总体思路,全省法院要结合各自实际,抓好落实。根据全国高级法院民一庭庭长座谈会及白泉民院长有关讲话精神,今年全省民事审判工作的重点任务是,以提高审判质效为中心,充分发挥民事审判职能作用,进一步推动社会主义法治秩序的完善;以加强自身建设为抓手,全面提升民事审判司法能力,进一步保证司法公正的实现。

为完成好上述任务,要密切关注国内外政治经济形势的新变化,着力做好重点领域、重大敏感案件的司法研判,加强司法应对,依法保障宏观经济政策的调整和落实。要紧紧围绕执法办案第一要务,妥善审理各类民事案件,不断提高民事审判质效。要完善民事审判工作机制,规范审判权力运行,加强和改善诉讼权益保障,及时有效保护合法诉求,为公正司法构建制度保障。要全面加强对基层民事审判工作的监督指导,增强监督指导的针对性、科学性和权威性,着力提高基层化解矛盾纠纷、维护人民权益、促进和谐稳定的能力,为公正司法筑牢基础。要注重法官队伍的思想政治建设,加强司法能力建设,切实改进司法作风、严格工作纪律、规范司法行为,提高民事审判工作的亲和力和公信力,使民事案件的审理过程真正成为维护社会公平正义的生动实践。

二、充分发挥民事审判职能作用,坚持公正司法,着力提升司法公信力

民事审判做到公正司法、公信审判,不仅关系到人民法院审判事业的全局,也必将对真正完善和维护社会主义法治秩序,落实依法治国基本方略,推进社会主义法治建设,产生重大影响。民事诉讼活动,不仅是当事人行使诉讼权利的过程,同样也是人民法院司法为民、公正司法的过程,必须高度重视。为切实维护、促进和实现司法公正,应当做到以下八个方面:

(一)认真学习贯彻习近平总书记重要论述,牢牢坚持司法为民公正司法。党的十八大以来,习近平总书记多次就依法治国发表重要讲话,对如何推进科学立法、严格执法、公正司法、全民守法提出了明确要求,体现了党中央对形势任务的准确把握,明确了人民法院在实现中国梦中担负的重要职责,为人民法院工作指明了方向。特别是习总书记提出的"努力让人民群众在每一个司法案件中都感受到公平正义,所有司法机关都要紧紧围绕这个目标来改进工作"、"要坚持司法为民,改进司法作风,通过热情服务,切实解决好老百姓打官司难问题"、"司法工作者要密切联系群众规范司法行为,加大司法公开力度,回应人民群众对司法公正公开的关注和期待"等要求,顺应了人民群众对司法工作的关切和期待,完全符合法院工作实际,符合民事审判工作要求,为人民法院工作特别是民事审判工作指明了方向和道路。最高人民法院院长周强强调:"人民法院要紧紧围绕习近平总书记提出的'努力让人民群众在每一个司法案件中都感受到公平正义'这个目标要求,发扬优良传统,勇于改革创新,牢牢坚持司法为民公正司法。全省各级法院民事审判部门和民事法官都要把学习贯彻习近平总书记关于法治建设的重要论述作为当前和今后一个时期的首要政治任务,按照周强院长要求,不断深化认识,武装头脑,指导实践,推动工作。"

(二)切实做到严格依法办案,着力完善和维护社会主义法治秩序。我国的社会主义法律,是党领导人民通过国家立法程序制定的,是全国人民共同意志的体现。服务大局、保障民生,是民事审判工作的重要目标,是完善和维护社会主义法治秩序的核心价值取向。民事审判工作目标的实现要遵循民事审判工作规律。只有真正做到严格依法办案,才能真正实现司法公正,维护社会主义法治秩序。脱离审判规律、严格依法办案和社会主义法治秩序的维护来谈服务大局、保障民生,就极有可能维护了个别当事人利益而损害了法律的权威。如果不严格依法办事,即使能在个案中让个别当事人息事宁人,摆平了个别当事人的闹访却破坏了社会主义法治秩序,最终也必将会造成大局混乱、民生不保,就会在整体上和全局上违背人民的共同意志和共同利益，造成社会的不和谐不稳定，也背离了民事审判工作的根本目的。“让人民群众在每一个司法案件中都感受到公平正义”的目标要求，其中的核心是公平正义，是在完善和维护社会主义法治秩序前提下的社会公平正义，而不是脱离严格依法办案的法治轨道去满足个别当事人的利益诉求。因此，每一位民事法官应当将严格依法办案、完善社会主义法治秩序、坚持公正司法、维护司法公正作为自己的神圣使命和光荣职责，为实现这一目标而作出不懈的努力。

（三）注重实体与程序并重，促进案件审理的高质高效。我们一贯强调和重视案件处理的实体公正，随着新的法律和司法解释的不断出台，要注意准确把握民事实体法律规定的立法目的和内涵，正确理解和适用实体法律规范。追求实体公正非常重要，但程序公正也不能忽视。当前，一些地方和少数法官仍然存在轻视程序规定，损害当事人诉讼权利的现象，必须大力纠正。程序公正可以确保当事人诉讼权利的依法行使，是实体公正的有效保障。人民群众和社会各界对于司法公正的认知和感受，很大程度上来源于其所参与的诉讼活动，所以一定要树立民事诉讼的程序意识，注重程序公正。努力让人民群众在每一个司法案件中都感受到的公平正义，首先就是程序上的公平正义，没有程序正义，就没有司法公正。全省民事法官要认真学习、正确理解和全面贯彻新民事诉讼法以及最高人民法院相关司法解释关于民事诉讼程序的规定。在民事案件审理中，要从当事人的诉讼能力的实际情况出发，依法进行诉讼指导，行使好释明权，在公开、透明的诉讼程序进程中，合理引导当事人行使诉讼权利，实现程序公正并以程序公正保证实体公正。

这里特别强调一下民事审判案件信访问题。按照全国政法工作会议的要求，以新民事诉讼法贯彻实施为契机，将涉法涉诉信访从普通信访中分离出来，导入司法程序解决，实现司法权威与群众合法利益的统一，是今年全国政法机关的重要改革任务之一。这一改革任务的落实，有利于涉诉信访问题的解决，有利于法院信访压力的减轻，而在客观上也将对民事审判工作质量提出更高要求。因为只有高质量的审判才能从根本上维护当事人的合法权益，从源头上减少当事人的涉诉信访。因此，各中级、基层人民法院，要根据新民事诉讼法的要求，加大对民事审判工作的管理和监督，认真做好案件评查工作，加强程序规范，确保一、二审案件的办理质量，切实做到实体公正、程序公正。

（四）树立合理的纠纷化解理念，正确把握调判结合、案结事了。对于如何正确理解与运用调判方式的问题，一直是民事审判工作的重点。“调判结合、案结事了”的核心在于强调应当根据案件实际情况，灵活运用调判方式解决纠纷，目的在于实现司法公正。如果错误或片面的理解调判关系，必将对司法公正产生严重损害。在处理调判关系时，应当坚持“两手抓、两手都要硬”的原则，要站在局部与全局协调一致的高度，当前与长远有机统一的高度，准确理解案结事了的科学内涵，力戒从一事一案的角度，以损害全局和长远利益来满足局部和当前利益，以牺牲一方当事人合法权益的方式实现所谓的纠纷了结。要在有利于坚守社会公平正义、服务党和国家工作大局、维护社会主法治秩序、弘扬社会主义道德和善良风俗的基础上，实现案结事了，维护司法公正。要严格按照法律规定，遵循审判工作的客观规律，遵从当事人意愿，正确处理调解和判决之间的关系。要注意甄别不同案件类型和情况的特点，准确把握运用调判方式处理案件的基础和条件。对于案件情况适合调解，当事人愿意调解，且调解不违反国家法律、社会主义道德和善良风俗的，应该认真开展调解工作，及时解决案件纠纷；对于涉及情感、心理等复杂因素，调解有助于形成和睦和谐的家庭关系和社会关系的纠纷，首选调解方式；对于身份关系、权属确认等法律规定不能调解或案件性质不适宜调解的案件，不能适用调解方式；对于调解可能损害社会公共利益、国家利益或第三方合法权益的，以及调解可能违背社会主义道德或者一方当事人不同意选择调解的，要及时选择裁判方式解决纠纷；对于案件事实真伪不明，当事人之间的争议为具体利益此消彼长的案件，在调解不成的情况下，综合运用举证责任分配等方法进行裁判。需要注意的是，调解与判决都是人民法院解决民事纠纷的重要审理程序和结案方式，我们希望大量的民事案件通过调解结案，但决不能刻意追求调解率，为调解而调解。

（五）加强法律对社会风尚的引导与弘扬，深入理解法律与道德的辩证关系。要充分认识到，法律特别是民事法律规范，是社会基本道德的规范化，正确运用法律进行民事审判，本身就是弘扬社会主义道德风尚的过程。法律与道德绝对不应当对立起来。民事裁判的过程与结果，绝不能够仅仅满足于不违背法律规定，而且必须全面、准确理解法律精神和道德内涵，深入挖掘法律所蕴含的道德价值取向，在遵守社会公序良俗的原则下作出具体裁判。在民事案件审理中，要特别注重通过过错分析、责任认定等途径，树立社会公平正义的价值理念，引导群众遵守法律和社会公德；在依法保护权利、制裁侵权行为的基础上,积极倡导互谅宽容、和谐友善;通过缔约过失和违约责任等制度的合理运用,促进社会诚信建设;通过合理保护劳动者和创业者的合法权益,营造劳动光荣、创造伟大的社会氛围;通过劳动争议案件的审理,保护用人单位的合法权益,宣传爱岗敬业的职业道德;重视和强化夫妻间忠实义务,亲属间的扶养、赡养义务等家庭责任,增强公正司法的道德基础。要提高法官审理民事案件的道德敏感性,在处理涉及伦理道德以及可能引发社会广泛关注和深刻反思的案件时,更加注重对法律和道德关系的理解与把握,努力通过依法说理、以理释法的方式,体现司法公正。在审理涉及社会道德、民主权利、基本生存权利的案件时,在做好案件审理工作的同时,务必重视做好舆情研判和舆论引导,避免错误舆论误导人民群众对司法公正的感知。

(六)加强对下监督指导,统一法律适用。我省人口多、案件数量多,东西部、城市和农村之间也存在一定差异,加之法官法律素养有高有低,各地对部分法律适用问题的理解存在争议和不同认识。随着民事案件的日益增长,我省各级法院案件审理的压力逐渐增大,部分法院民事审判庭忙于办案,监督指导工作相对弱化。一些基层法院只能基于自己对法律的理解处理案件,由于认识不一致,同案不同判、同院不同判的现象大量出现,甚至个别类型案件在同一中院之间或不同中院之间判决不一致,造成不良影响。要克服这一弊端,就必须统一法律适用尺度,全面加强对下监督指导的力度,从源头上解决一、二审民事案件质量问题。省法院和各中院在审理好自身案件的基础上,要注重完善和理顺问题的发现、反馈、分析和解决机制,充分发挥对下监督指导的职能作用。省法院要在通过二审案件进行监督指导的同时,每年对发改案件进行通报分析,依托法官学院对新法和新颁布司法解释进行培训,通过审判长联席会议对新类型案件及普遍性法律适用问题进行研究解决,继续加强《民事审判指导》和"民事审判网"的发行建设,突出一网一刊的指导性、有效性和针对性。要依法加强敏感问题、重点案件的监督指导,努力实现"指导一件、规范一片、指导一片、带动全局"的效果。各中院要以办理好二审案件为主要手段,利用好审级监督和发改案件通报,实现对基层人民法院的监督指导,并紧密结合工作实际,对如何完善监督指导的有效机制进行积极探索。各中院和基层人民法院要紧紧围绕执法办案第一要务,切实提高一、二审案件裁判质量,从源头上降低上诉、申请再审和申诉比例。要下大力气做好类型案件总结和事前指导工作,提高法律理解适用和裁判尺度的正确性和统一性。

(七)继续加强基层建设,打牢民事审判工作的根基。基层工作是做好法院民事审判工作的根基。没有基层工作的全面发展,就没有全省法院民事审判工作的整体推进。基层民事法官的工作内容与社会生活联系紧密,办理案件过程与人民群众直接接触,因此应该成为维护司法公正的排头兵。要夯实工作基础,支持和帮助基层法院提高司法水平,解决实际困难,激励基层法官为民司法、公正司法。要健全对基层工作的监督指导机制,加大基层保障力度,支持和帮助基层法院提高司法水平。要通过内容丰富、形式多样的培训交流活动,着力提高基层民事法官的司法履职能力和纠纷化解能力,特别是做群众工作的能力。畅通和规范群众权益保障渠道,真正将矛盾纠纷化解在当地、化解在基层。要理顺工作机制,加强对人民法庭业务工作的管理和指导力度,加大对人民法庭指导人民调解工作的督导力度,不断完善人民调解协议司法确认机制,创新和完善诉讼与非诉讼相衔接的矛盾纠纷解决机制,为群众解决纠纷提供更多、更便捷的渠道。基层人民法院要充分发挥民事审判在社会管理法制化建设中的保障作用,从源头上减少矛盾纠纷,夯实维护司法公正的基层基础。

(八)着力改进工作作风,不断加强民事审判自身建设。加强和改进工作作风是我们党的一贯要求,特别是党的十八大以后,新一届中央领导集体率先垂范,得到了人民群众和社会各界的坚决拥护。中央、省委、最高人民法院、省法院印发改进工作作风的规定和意见以来,全省法院民事审判队伍严格执行上级要求,不断改进司法工作作风,取得了明显成效。最近,中央决定自今年下半年开始,在全党开展党的群众路线教育实践活动,最高人民法院决定集中开展改进司法作风教育活动,这是中央和最高人民法院深入落实党的十八大精神和中央"八项规定"的重要举措,我们要以开展系列教育实践活动为契机,以踏石留印、抓铁有痕的劲头,切实推进工作作风的进一步改进。白泉民院长深刻指出,改进司法作风,必须强化司法为民、服务群众的理念。在民事审判工作中,要把群众满意作为衡量法院民事审判工作的最高标准,教育引导广大法官进一步增强群众观念、增进群众感情,始终保持与人民群众的血肉联系,千方百计为群众办好事、办实事、解难事,特别是要用群众认可的方式处理纠纷,用群众听得懂的语言以案释法,让人民群众充分感受到司法的公正、便捷和温暖。要强化规范司法的意识,树立尊重法律、敬畏法律的理念,从依法规范审判权力行使和保障当事人诉讼权利的角度，进一步加强庭审规范化。要自觉遵守法官行为规范，以高度的责任感，按照“心正、事明、理顺、法清”的要求，提高庭审和裁判文书质量，努力让人民群众在每一起司法案件中都感受到公平正义。要深入推进司法规范化建设，加强内部监督制约，切实解决司法过程中的不严格、不文明、不规范问题，不断提高审判质量和司法公信力。要坚守廉洁自律的职业操守，正确对待自己手中执掌的审判权，毫不放松地加强自我教育、自我监督和自我管理，实现法官清正、法院清廉、司法清明的目标。要扩大司法民主，自觉接受群众和舆论监督，加强人大代表、政协委员联络工作，不断完善人民陪审员制度。要尊重和保障律师的权利，为律师依法履职提供最大的便利。要深化司法公开，在尊重司法规律的前提下，最大限度地提升司法活动的透明度。

三、做好当前民事审判工作需要重点关注的几类案件

根据最高人民法院有关会议精神，当前民事审判工作要重点关注以下几类案件。

（一）妥善审理房地产纠纷，确保国家宏观调控政策措施有效落实。今年以来，国家陆续出台了新的房地产宏观调控政策，要密切关注相关政策的变化，深入理解、全面把握相关法律法规、国家政策以及授权各地制定的具体实施细则，注意政策的连续性，坚持民事审判促进宏观政策落实和调控目标实现的价值取向。在审理此类案件时，要充分考量宏观政策调整与合同履行之间的关联度，区分具体案件情况，正确处理借名买房、隐瞒或虚构事实订立房屋买卖合同等规避国家政策的合同效力问题。准确区分变更的情势与正常的市场风险，严格适用情势变更原则，维护合同严肃性和市场秩序的稳定性，避免以政策变动为由，盲目否认合同效力、恣意免除合同责任。要准确把握宏观政策的颁布实施时点与合同签订、履行时间之间的关系。合同履行期跨越宏观调控政策变化时点，合同理解发生争议、合同履行遭遇障碍时，涉及限贷、限购政策变化的，要按照全国民事审判工作会议纪要的精神处理相关纠纷。要充分认识合同效力多层次性特点，依法综合运用合同解释、变更、撤销、解除以及违约责任等法律规定，在现有法律规范框架内，结合民法理论研究成果，探索国家调控政策与民事审判衔接的有效路径。要通过审判工作引导建立和规范诚实守信市场交易秩序，依法维护各方当事人权益，促进房地产业健康发展。

（二）审慎处理民间借贷纠纷，依法规范民间借贷行为。民间借贷纠纷已经连续几年成为我省增幅最快的民事案件。民间资本的市场化流动，对缓解公民、企业特别是中小微企业融资困难具有积极作用，要在统一规范的金融体制改革范围内，支持和保护民间金融创新，加强制度约束和行为规范，避免对国家金融体系和实体经济造成冲击，从而影响社会稳定和发展。在审查借贷合同效力时，要正确适用法律、行政法规的效力性强制性规定，准确界定民间借贷纠纷，特别是划清合法借贷与非法借贷的界限，依法为中小微企业融资需求提供有效的法律空间。要在具体案件中分析辨别不同当事人之间的法律关系性质，区分正常的借贷行为与利用借贷资金从事违法犯罪的行为，妥善处理民间借贷纠纷中的涉嫌刑事犯罪问题，避免因僵化理解和执行所谓“先刑后民”规则，损害合同当事人特别是债权人的合法权益。要严格按照法律、行政法规和司法解释的规定，通过正确分配当事人之间的举证责任，加强对借贷关系真实性的审查，特别要重视虚构债务损害第三方利益，以及借民间借贷之名实现非法利益的问题。

（三）认真审理涉农纠纷，切实维护农民合法权益。“三农”工作是党和国家工作的重中之重。要从促进农业发展的高度，重视处理农业生产和农产品流通中发生的纠纷，依法审理制售假冒伪劣农资产品等侵害农民财产权益的案件。要从尊重和保障农户生产经营主体地位，充分激发农村生产要素潜能的角度出发，审慎处理农村土地承包纠纷案件。在坚持不损害农民权益、不改变土地用途、不破坏农业综合生产能力的原则下，一方面加大对违法收回、调整承包地等案件的审判力度，稳定农村土地承包关系；另一方面坚持依法自愿有偿原则，规范土地承包经营权流转秩序，制裁非法转让土地使用权、非法占用耕地等行为，鼓励和支持承包土地向专业大户、家庭农场、农民合作社流转，发展多种形式的适度规模经营。充分发挥民事审判职能作用，健全农业支持保护制度，加大对新型农业经营体系的司法支持，依法推进农业现代化进程。在农村土地征用补偿纠纷案件中，要特别注重保护农民的基本生活和长远生计，严格按照中央关于农村集体非经营性建设用地不得进入市场的要求，坚决制裁侵害农民宅基地使用权的违法行为。要加大对农民工返乡创业、就地就业的司法保障和支持力度，继续努力化解农民工“讨薪难”问题。

（四）着力解决土地征收补偿、拆迁安置纠纷，推动新型城镇化建设。在审理新型城镇化进程中出现的土地征收补偿、房屋拆迁补偿等民事纠纷时，要注重眼前利益与长远利益相结合，依法保护当事人的合法权益与实现国家土地集约利用相结合。要充分认识到,土地征收、房屋拆迁补偿的基础和前提是社会公共利益的需要,这与一般民事交易之间存在很大差别。被拆迁人的安置补偿权益不仅表现为财产权,更是一种基本生存权,应当作为一种物权性质的权利,而不应当作为债权性质的权利来看待,应当受到法律的特别优先保护。在案件审理中,除按照商品房买卖司法解释的规定,依法确认被拆迁人的安置补偿权益优先于购房人权利外,还应依法赋予其对建设工程价款优先权、抵押权以及普通债权的优先地位。在审理重点工程招标投标、建设工程施工、合资合作开发等民事纠纷时,涉及关系城镇化建设进程重点项目的,要依法加快审理进度,确保城镇基础设施建设顺利推进。在民事审判中,要立足维护社会公平正义,配合有序推进农业转移人口市民化进程,妥善处理人口城镇化过程中发生的教育、医疗、住房、就业、消费、养老等领域的民事纠纷,切实维护好人民群众的合法权益。

(五)妥善处理其他各类涉及民生的案件,切实有效保障和改善民生。对民生的保障和改善,历来是人民法院民事审判工作重点,要继续抓紧抓好。这里主要强调三个方面:一是要依法审理好消费者权益纠纷。要严格按照侵权责任法、合同法、消费者权益保护法、产品质量法、食品安全法以及民事诉讼法、民事诉讼证据规定等相关法律、司法解释的规定,合理分配当事人的举证责任,准确认定侵权责任的主体、过错、因果关系和赔偿责任,依法适用法律规定的惩罚性赔偿等制度,切实保护广大消费者的合法权益。要积极探索通过民事审判职能作用的发挥,推动从根源上化解纠纷。要运用好司法建议手段,提示生产经营者主动修补经营管理漏洞,提示相关行政主管部门及时解决市场管理缺位、错位问题,预防矛盾纠纷的发生。要认真制定应对地区性、行业性重大突发食品药品安全事件的预案,紧紧依靠党委的领导和政府的支持,及时妥善化解此类群体性纠纷。二是要依法审理好劳动争议案件。当前在劳动争议纠纷的处理中,要继续坚持劳动者权益保护与企业生存发展平衡保护原则,把保护劳动者眼前利益、现实利益同保障劳动者长远利益、根本利益结合起来,最大限度化解双方具体利益上的相对差异。在产业结构调整的大背景下,要区别案件不同情况,采用不同处理方法,全面审视劳动争议案件的裁判效果。对暂时存在资金困难但有发展潜力的企业特别是中小微企业,尽量通过和解、调解等方式,鼓励劳动者与企业共渡难关,避免杀鸡取卵、竭泽而渔。对那些因产能过剩被倒逼退出市场的企业,要防止用人单位对劳动者权益的恶意侵害,加大审判和财产保全、先予执行力度,最大限度保护劳动者权益。要整体理解把握劳动法、劳动合同法、劳动争议调解仲裁法和最高人民法院颁布的四个劳动争议司法解释,全面、准确理解和适用法律、司法解释的规定,避免因对法条的孤立、片面理解而产生法律适用错误。三是要依法审理好网络侵权纠纷。在审理此类案件时,要按照侵权责任法的规定,确定侵权行为的责任主体。要全面理解侵权责任法对民事权益保护范围和归责原则的规定,认真研究确定网络侵权责任构成的司法认定标准,合理划定网络上的言论行为自由与保护他人合法权益之间的界限,对通过非法手段收集传播他人隐私以及虚构事实、肆意诋毁、散布谣言等恶意损害他人合法权益的行为,受害人依法主张民事赔偿的,人民法院应当予以支持,绝不能让网络成为"法外之地"。

(六)准确理解、正确实施、认真落实新民事诉讼法。民事诉讼法是人民法院审理民事案件的基本程序法律依据。在贯彻落实新民诉法的过程中,要注意维护好当事人的合法权益,维护司法公正。一是要积极稳妥审理公益诉讼。新民事诉讼法明确将公益诉讼纳入民事案件的受理范围,通过环境损害赔偿制度的运用,加强司法对于环境保护的监督力度,推动生态文明建设以及推动建立诚信、健康、有序的消费市场环境等,具有重要意义。要认真审慎做好公益诉讼案件的审理工作,在实践中逐渐摸索总结经验,为科学规范此类诉讼提供实践支持。要牢牢把握公益诉讼的公共性特点和公益性目的,区分涉及不特定多数人的公益诉讼与特定多数人的私益诉讼。将公益诉讼与行政行为、行政诉讼相区分,坚持公益诉讼裁判的公益性原则,避免一些人通过公益诉讼方式获取私利。二是要全面落实小额诉讼制度。小额诉讼制度作为法定诉讼程序今年已经进入全面实施阶段,这有利于快速化解纠纷、及时保护当事人合法权益、降低当事人诉讼成本、提高审判效率、优化审判资源配置,为提升民事审判工作的质量和水平提供了机遇和制度保障。但是小额诉讼制度的全面实施,也使全省基层人民法院及人民法庭的民事审判工作面临巨大挑战。根据我们初步估计,全省法院小额诉讼案件将占到全部民事案件的30%左右,总数将超过12万件。由于实行一审终审,当事人的救济渠道相对更少,因此对案件审理质量的要求也就更高。能否高质高效地审理好此类案件,关系到小额诉讼程序制度设立和运行能否成功,也会对人民法院民事审判工作格局产生重大影响。各级人民法院特别是基层人民法院,必须高度重视小额诉讼工作的开展。要从体制、机制、组织、人员和物质保障等多方面、全方位保证小额诉讼程序的健康运行。要将审判能力强、业务素质高、思想工作作风过硬的审判人员，充实到小额诉讼工作的第一线，切实提高小额诉讼案件的审理质量。关于各地小额诉讼工作的开展情况，各中院年底前要形成专题报告报省法院。

今年以来，全省民事审判法官在人员少、案件数量多、难度大的情况下，充分发挥主观能动性，踏实工作、积极进取，开创了民事审判工作的新局面。从司法统计数据上看，今年1～4月，全省法院共受理一审民事案件1376,00件，比去年同期增长了3.01%，其中审结96,687件。在所审结的案件中，一、二审案件服判息诉率为99.5%，同比上升0.15%；二审发改率为10%，同比下降0.4%；一审裁判正确率达到了99.06%。这些成绩的取得是全省各级法院广大民事法官奋力拼搏、无私奉献的结果。在这里，我代表省法院党组向全省广大民事法官及其他工作人员致以崇高的敬意和亲切的慰问！

同志们，让我们在党的十八大精神指引下，积极落实最高人民法院和省法院党组的工作部署，紧紧围绕全省经济发展大局，顺应新时期人民群众的新期待、新要求，充分发挥民事审判职能作用，牢牢坚持司法为民公正司法，脚踏实地、埋头苦干、转变作风、扎实进取，为全面开创全省民事审判工作的新局面而努力奋斗！

在全省法院第四次“拖欠进城务工人员工资案件集中办理”活动电视电话会议上的讲话

河南省高级人民法院院长 张立勇

（2012年11月15日）

同志们：

昨天，党的十八大刚刚胜利闭幕，现在正是学习贯彻十八大精神、全面抓好年底各项任务最繁忙的时刻，省住建厅党组成员、执法监察总队总队长林涵碧同志和尹志国代表专门抽出时间参加这次会议，充分体现了对清理进城务工人员工资工作的重视，和对全省法院的关心和支持。让我们以热烈的掌声，向他们的到来表示衷心的感谢！

2010年以来，我们先后开展了三次“拖欠进城务工人员工资案件集中办理”活动，共审结和执结此类案件6245件，为18,644名进城务工人员追回劳动报酬3.68亿元，有力维护了进城务工人员的合法权益，解决了一大批影响社会和谐稳定的突出问题，最高法院王胜俊院长和省委主要领导分别作出重要批示，给予充分肯定。

为认真贯彻落实党的十八大精神，进一步巩固和提高前三次活动成果，经省法院党组研究决定，第四次在全省法院开展这项活动。刚才，德安同志宣读了活动方案，涵碧同志介绍了省清欠办有关工作开展情况，尹志国代表谈了很好的意见和建议，对进一步做好进城务工人员合法权益司法保障工作具有重要启示，我们要认真学习借鉴，结合活动方案，抓好贯彻落实。

下面，我强调三点意见。

一要站在贯彻科学发展观指导思想的高度去认识这次活动的意义。刚刚闭幕的十八大正式把“科学发展观”写入党章，同马克思列宁主义、毛泽东思想、邓小平理论、“三个代表”重要思想一道，作为我党必须长期坚持的重大指导思想确立下来。报告提出，要更加自觉地把以人为本作为深入贯彻落实科学发展观的核心立场，对河南这样一个人口大省、外出务工人员大省来讲，必然要求以进城务工人员为本。开展“拖欠进城务工人员工资案件集中办理”活动，解决好进城务工人员的工资拖欠问题，抓住了进城务工人员最关心、最直接、最现实的利益问题，符合以人为本、执政为民的根本要求。报告提出，要更加自觉地把推动经济社会发展作为深入贯彻落实科学发展观的第一要义，经济社会发展，人力资源是第一要素。农村务工人员在城市建设和发展中扮演着十分重要的角色，为城市繁荣和现代化建设作出了重要贡献。在河南加快中原经济区建设的过程中，进城务工人员也必将发挥十分重要的作用。近段时期以来,我们经常在媒体上看到一些地方出现了"民工荒",一些地方为了吸引像富士康一样的大型企业转移投资,采用行政手段招工,有的地方公务员承担着招工的任务。人民法院提出要担当起中原经济区的建设者、护航者的重任,就要在营造良好的务工环境和秩序上下功夫,解决好进城务工人员的工资拖欠问题,实现农民与城市居民获得平等的生存与发展权利,提高他们对务工城市的认同感和归属感,为形成十八大报告提出"以工促农、以城带乡、工农互惠、城乡一体的新型工农、城乡关系"发挥重要作用。报告"在改善民生和创新管理中加强社会建设"中特别指出,"要解决好人民最关心、最直接、最现实的利益问题,在学有所教、劳有所得、病有所医、老有所养、住有所居上持续取得新进展。"进城务工人员收入较低,工资是他们养家糊口的基本来源,如果因恶意欠薪导致他们拿不到钱,就危及到他们的基本生存权利,极易产生暴力讨薪、用生命讨薪事件,甚至引发群体性事件。在春节前大批进城务工人员离城返乡之际,让他们及时拿到血汗钱,既是保障民生的重要举措,也是创新社会管理的重要手段。

二要倾注真情,改进作风。十八大报告提出,"要坚持以人为本、执政为民,始终保持党同人民群众的血肉联系。任何时候都要把人民利益放在第一位,始终与人民心连心、同呼吸、共命运。"前三次集中办理活动之所以能够取得较好的效果,关键是我们真正把进城务工人员看"亲"、看"大"、看"重",真正把进城务工人员的利益放在第一位,真正做到了以人为本。在这次活动中,我们每一名法官都要进一步提升为民意识,改进为民作风,以更加亲和的方式和态度对待进城务工人员,穷尽一切可能采取的方法和措施,帮助进城务工人员追讨工资。要满怀善良之心尊重进城务工人员。只有把进城务工人员放在心上,切实站在他们的立场上想问题、干工作、做事情,才能尊重和理解他们的诉讼需求,不论案件是大是小,是繁是简,不论当事人是外地还是当地,都要尽心竭力、采取一切能够采取的措施为他们排忧解难。同时,要重视他们的意见和态度,要把他们是否满意作为检验这次活动成效的根本标准。要满怀仁爱之心关爱进城务工人员。当前,进城务工人员文化素质不高、诉讼能力较弱,一些当事人甚至身患重病或残疾,我们如果一味地实行坐堂问案,就可能导致一些进城务工人员因举证能力薄弱等原因而败诉。要采取一切便民措施,方便他们参加诉讼,随时随地解决他们的困难。对不能书写诉状的当事人,要加强诉讼指导,耐心解答咨询,可以为其代写诉状,允许口头起诉;对行动不便的务工人员,推行预约立案、电话立案、上门立案、休息日立案;对因客观原因不能提供证据的,要依职权主动调取相关证据;要加大巡回审判力度,深入工地等进城务工人员较多的聚居区开展巡回审判,就地化解矛盾。要满怀同情之心帮助进城务工人员。进一步加大救助力度,绝不能让他们因经济困难而打不起官司。对生活特别困难的,一律不预收案件受理费、财产保全费和执行案件受理费;对申请缓减免交诉讼费的,要依法及时处理;对申请诉前保全但没有能力提供担保的当事人,依法积极果断采取保全措施;对被执行人没有履行能力而申请执行人确有经济困难的,要采取司法救助等方式予以必要的救助。

三要严格执法,务求实效。十八大报告用较大篇幅对民主法治建设进行了强调,着重提出,要全面推进依法治国,更加注重发挥法治在国家治理和社会管理中的重要作用,维护国家法制统一、尊严、权威,保证人民依法享有广泛权利和自由;要推进科学立法、严格执法、公正司法、全民守法,坚持法律面前人人平等,保证有法必依、执法必严、违法必究;进一步深化司法体制改革,确保审判机关、检察机关依法独立公正行使审判权、检察权。赋予人民法院更重的任务,对人民法院工作提出了新的更高的要求。在这次活动中,要坚持严格司法。全省法院要善用敢用司法强制手段,对必须到庭而拒不到庭的欠薪被告,对伪造、毁灭主要证据的当事人,对拒不支付劳动报酬的欠薪者、对逃避执行的被执行人,该拘传的拘传,该罚款的罚款,该拘留的拘留,用足用好强制措施予以惩戒,绝不手软。同时要运用媒体曝光、限制投资置产等联动制约手段,强制其履行义务。最高法院司法解释将恶意欠薪的罪名正式定为"拒不支付劳动报酬罪",目前,南京、沈阳等地已有拒不支付劳动报酬者被判刑的案例,一批欠薪者受到震慑自动履行了义务。全省法院各审判和执行部门要密切留意此类案件线索,一旦发现符合刑法规定拒不支付劳动报酬罪要件的案件,要按照最高人民法院、最高人民检察院、人力资源和社会保障部、公安部联合下发的《关于加强对拒不支付劳动报酬案件查处工作的通知》要求,及时移送相关司法机关,及时审判,形成对欠薪者的高压态势,迫使其履行义务。要坚持高效司法。要在开辟绿色通道、坚持"四快三优先原则"等措施的基础上,进一步畅通立案渠道,简化审查程序,做到当即审查,当即受理,当即立案,要进一步加快办案进度,扩大简易程序的适用范围,及时、简便、快捷解决纠纷。在前三次活动中,一些法院采取当日立案、当日调解结案及设立案件速裁、速执合议庭的做法,减轻了进城务工人员诉累。

新《民诉法》增加了小额诉讼程序和人民法院自行变卖被执行标的的规定。这些制度的完善，对提高诉讼效率，降低当事人诉讼成本，合理配置和利用司法资源具有重要的作用。要充分利用小额诉讼一审终审的优势，对符合小额诉讼程序的索要劳动报酬的案件，要严格按照相关规定从快办理；对于被执行人在指定期限内未履行义务的，人民法院要按照新《民事诉讼法》规定拍卖、变卖被执行人财产，以变价所得价款清偿债务，让进城务工人员尽快拿到劳动报酬。

四要统筹协调，形成合力。强化组织领导。目前，我们已经排查出拖欠进城务工人员工资类案件1052件，涉及当事人2395人，涉案金额8333万元，任务十分艰巨。各级法院党组要高度重视，精心组织，各级院长是第一责任人，要亲自带头办案、亲自带头协调执行，对活动负总责，分管领导作为直接责任人要具体抓，其他领导干部要结合分工协助抓，形成齐抓共管的工作局面。各级法院都要成立机构，制订方案，将任务明确到人，责任落实到人，一级抓一级、层层抓落实。加强督促检查。从前三次活动看，个别法院存在重视不够、消极应付、蒙混过关思想；一些法院误报、漏报、瞒报案件，有的地区两级法院共排查出案件一二十件，有将近一半地区在活动开展期间没有排查出新收执行案件，不符合客观规律，且省法院热线电话中反映的案件大多不在台账中。这次活动我们要采取电话举报与现场督查相结合，与正在开展的“一下二解三推进”和“万名法官回访万名当事人”活动相结合，各级法院领导干部在下基层解决突出问题、破解发展难题及回访的同时，要加强对所在地法院开展这项活动的督查指导力度，尤其是对案件基数过小的法院，要一一核实。对工作敷衍、措施不力的法院和个人要进行通报；对当事人反映强烈的案件，要跟踪督办、重点督办；对因案件办理不当引发不稳定因素和不良舆论的，要进行责任倒查；对故意瞒报案件、该立案不立案、办理拖延、处理不公、违法违纪的，要严肃追究责任。注重沟通协调。进城务工人员工资拖欠问题，之所以成为广泛关注的社会问题，既有法律政策层面的因素，也有社会管理方面的因素。解决好这个问题，全省法院要充分发挥职能作用，按照十八大提出的“建立健全党和政府主导的维护群众权益机制，畅通和规范群众诉求表达、利益协调、权益保障渠道”的要求，紧紧依靠党委领导，主动接受人大监督，积极争取政府、政协的支持，加强与劳动保障部门、建设主管部门、金融部门的沟通协调，强化互动联动，建立协作机制，实现信息共享、资源共用，整合好、利用好、发挥好各部门、各方面的优势，形成攻克难题的强大合力。营造良好氛围。拖欠进城务工人员工资问题的解决，最根本的是要靠每一个公民的自觉，这需要营造良好的社会风气和氛围，让欠债不还者经济上得不偿失，名誉上颜面扫地，最终在我们的身边无可遁形。我们要紧紧围绕“倡导富强、民主、文明、和谐，倡导自由、平等、公正、法治，倡导爱国、敬业、诚信、友善，积极培育社会主义核心价值观”的要求，持续加大宣传力度，对拒不支付进城务工人员工资的人员要公开曝光，对严厉打击的典型案例要进行报导。要通过宣传使全社会关注这一问题，通过宣传给进城务工人员信心，给拖欠工资的单位加压，在全社会形成守法诚信的良好氛围。省法院活动办与河南电视台民生频道和法制频道联合，开辟活动专栏，各法院一方面要及时报送好的线索，挖掘一些有深度的案例，在节目中全程展现欠薪的原因、法院的具体工作和最后取得的良好效果；另一方面要积极联系当地广播电视台、报纸、网络等主流媒体，把这次活动办得轰轰烈烈、有声有色，提高活动效果。

下面，我再就群众满意度调查工作提三点要求：

一要继续把群众满意度调查作为改进工作的突破口。群众满意度调查工作我们坚持了五年，最早是从中院开始的，去年开始对基层法院开展调查以来，成效更加明显。最显著的一点就是群众反映最集中、最突出的问题客观地暴露出来，在全省排排队，亮亮相，后进法院院长压力很大，这是个好事情。有压力才会有动力，这次有不少后进法院知耻而后勇，群众满意度有了比较明显的提升，这说明这项制度对于解决法院突出问题是能够起到重要作用的。近年来，人民群众对法院工作满意度不断提升，由五年前的80.5%上升至今年的85.26%，全省法院付出了很大的努力，做了大量的工作。但从调查结果看，基层法院达到非常满意的只有38个法院，仅占23.60%；中级法院达到非常满意的只有1个法院。这说明群众对我们的工作还有不少意见，还有很多需要改进和完善的地方。其中，对中级法院“涉诉信访”和“审判（执行）公正与效率”的满意度低于总体满意度，特别是“涉诉信访”满意度较低；对基层法院“审判执行工作公正与效率”的满意度最低，“法官形象与作风”满意度低于总体满意度，对“五除专项活动开展情况”和“接受当事人请客送礼”的不满意率较高，对法院是否存在“接受当事人请客送礼”、“与律师不正当交往”、“插手过问他人办案”三种不良现象的不满意率均有不同程度上升，反映出这些问题在基层法院有所反弹。省社情民意调查中心做得这个调查还是很客观的，如实反映了我们工作中存在的薄弱环节和突出问题。群众最不满意、意见最多的地方,正是我们做得最不够、最需要改进的地方。满意度调查结束了,不是句号,而是冒号,要把找出来的问题真正解决掉,不能置之不理、任其发展。全省法院要对满意度调查反馈结果进行深入分析,认真查找不足,有针对性地整改,要真正找到点子上,抓到根子上,不能敷衍塞责,更不能躲着问题走。要结合这次满意度调查,深入开展核心价值观教育、职业道德素养教育和廉洁司法教育,深化“五除”活动,切实解决法官形象与作风的满意度低,插手过问他人办案、与律师不正当交往、接受当事人请客送礼等“三种不良现象”多的问题;上级法院要认真履行指导、监督职责,加大帮扶协调力度,积极帮助解决基层法院存在的突出问题,树立法院的良好形象。特别是满意度排名后十位的基层法院所在地的中级法院,更要切实履行好监督、指导职责,确保这些基层法院整改及时到位。

二要继续把群众满意度调查作为践行群众观点的强大动力。党的十八大报告强调,要多谋民生之利,多解民生之忧,解决好人民最关心最直接最现实的利益问题。这就要求我们要时刻想着群众,心里装着群众,坚持走群众路线,切实纠正损害群众利益的问题。我们开展群众满意度调查,就是把法院的工作成效交给人民群众去评判,始终把人民高兴不高兴、拥护不拥护、赞成不赞成、满意不满意作为检验工作的最终标准。近年来,我们始终坚持党的群众路线,大力弘扬马锡五审判方式,积极推行社会法庭、人民陪审团工作和司法公开,特别是高度重视并认真做好人大代表、政协委员联络工作,收到了明显效果。我们所做的这些工作,包括当前全省法院正在开展的政法干警核心价值观教育实践活动、“一下二解三推进”活动、“万名法官回访万名当事人”活动、“送法进校园”活动以及今天部署的第四次“拖欠进城务工人员工资案件集中办理”活动,都是践行群众路线、坚持司法为民的具体行动,都是尊重民意、关注民生的集中体现。这次的调查结果显示,在各类被访人群中,人大代表、基层组织人员和政协委员的满意度均在90分以上,处于非常满意的层次;企业负责人和普通群众的满意度在80分至90分之间,处于比较满意的层次。这充分表明,只要我们认真倾听群众呼声,切实解决群众的问题,我们的工作就一定能够得到群众认同。今后,我们要继续开展群众满意度调查这项工作,正确处理自我评价与群众评价、上级评价与下级评价的关系,通过这种形式,引导我们在执法办案中牢固树立群众观点,听取群众最真实的反映,了解群众最关注的问题,回应群众最迫切的司法需求,把群众的意见作为改进不足的最强大动力,把群众的监督作为推动工作的最有力鞭策,真正把工作重心放到听民忧、解民难、济民困的实际行动上来,放到提高联系群众、服务群众的能力上来,时刻警醒“脱离群众的危险”,不断密切与群众的血肉联系,永葆人民法院政治本色。

三要继续把群众满意度调查作为提升司法公信的有力举措。开展群众满意度调查,是法院敞开大门,主动接受社会各界评判和监督的一项重要工作,也是法院内部开展创先争优的一项重要工作。我们主动把法院工作至于社会各界的监督之下,让社会上不同群体、不同界别的群众对法院工作各项指标进行量化打分,是人民法院畅通民意沟通渠道,接受舆论监督的集中体现,是人民法院对待自身问题不遮不掩,勇于面对、敢于担当的真实反映。我们只有主动把自己的问题找准找透,向广大群众和社会各界展示出我们改正问题的坚强决心和强大信心,群众才会理解我们、信任我们,才会支持和帮助我们解决问题,法院工作才能健康推进,法院形象才能不断改善,司法的公信才能更好地树立起来。同时,采用同样的标准、同样的程序对不同的法院进行评价,有利于全省法院之间查找差距,总结经验,形成比学赶超的良好氛围,推动全省法院工作的整体进步和法院形象的整体改善。因此,全省法院要正确看待满意度调查这项工作,不能把它错误地理解为就是来挑毛病、自己给自己揭短的,要把它当成督促我们改进和完善工作的有效举措,把精力放到自身整改上,以更好地工作业绩、过硬的工作作风和良好的精神面貌,赢得群众的认可,不断提升群众满意度。

同志们,十八大刚刚闭幕,让我们以认真学习贯彻落实十八大精神为契机,进一步密切和人民群众的血肉联系,扎实开展好人民法院各项工作,为中原经济区建设作出新的更大的贡献!

关于第三次“拖欠进城务工人员工资案件集中办理”活动的总结

河南省高级人民法院副院长　谢德安

（2012年1月10日）

各位新闻界的朋友：

大家好！2011年11月10日至2012年1月10日，全省法院开展了第三次“拖欠进城务工人员工资案件集中办理”专项活动。目的是，在岁末年尾进城务工人员返乡和“讨薪”高峰期，集中力量化解一批讨薪案件，使他们都能及时足额拿到工资，回家过一个美满祥和的春节。目前活动已临近尾声，下面我向大家通报一下活动开展的基本情况。

在本次活动中，全省法院在省委领导、人大监督和政府、政协支持下，按照张立勇院长提出的“提升认识、提升作风、提升举措、提升效果、提升合力”的要求，狠抓办案关键环节，采取有力举措，快立快审快执，共办结欠薪案件1583件，为6914名进城务工人员追回劳动报酬1.26亿元，有力维护了进城务工人员的合法权益，及时解决了一批影响社会和谐稳定的突出问题，较好服务了中原经济区建设。

一、加强组织领导，周密安排部署，强力推进活动扎实有效开展

（一）高度重视，周密部署。省法院成立活动领导小组，张立勇院长亲任组长，亲自安排部署，亲自指挥督导，多次作出批示，还亲赴郑州、驻马店为进城务工人员讨薪、发放工资款。各位副院长、党组成员也分赴各地调研督导。各中院均成立了领导小组，将本次活动与“执行攻坚月”、“万名法官回访万名当事人”、“法官村长”等工作，同安排，同部署，统筹兼顾，共同提高。许多中级法院和基层法院院长也亲临一线，亲自督导，带头办案。

（二）加强督查，严格问责。省法院要求对所有案件进行全面排查，摸清底数，逐案建立台账。省法院活动办实时跟踪案件进展，严格督查督办，每周汇总一次、每两周通报一次，确保案件及时办结。省法院和中院分别开通热线电话。对来电反映的案件或情况，经查属于漏报或隐瞒不报、超审限未结、办理不及时的，予以通报并扣除相应绩效考核分值。各级法院纪检监察部门高标准、严要求，对活动开展情况进行监督检查，对措施不力、工作敷衍的严肃查处。省法院共接听举报电话847个，接待进城务工人员来访179件（次），督办有关案件69件。

（三）大力宣传，营造氛围。广泛利用新闻媒体、信息专刊、微博、庭审视频直播等平台，通过开辟专栏、播发专题、安排专访等形式实时报道活动动态，突出实例报道，以案说法；对典型欠薪案件公开曝光。《人民日报》、《法制日报》、《河南日报》、《人民法院报》、《河南法制报》、《大河报》以及中央电视台、河南电视台、新华网、人民网等诸多媒体，都对活动进行了宣传报道。省法院以“青年微博”为信息平台，及时搜集和发布案件信息、吸纳网民建议。省法院与河南电视台开辟专栏，各级法院积极提供线索，不少线索被制作成电视节目，在“小莉帮忙”、“民生大参考”等栏目播出，引起社会强烈反响。郑州、驻马店、平顶山等中院召开执行款集中发放现场会，不断掀起活动高潮。共在市级以上媒体发表宣传报道860余篇，在河南电视台播出电视节目70余篇，编发专刊信息28期97篇，在全社会形成关心、关爱进城务工人员的良好氛围。

二、狠抓关键环节，快立快审快结快执，依法妥善化解大量矛盾纠纷

（一）密切关注典型案件，加大司法救助力度。省法院活动办按照张院长批示，密切关注媒体报道的“72名农民工渑池讨薪被打成重伤”等案事件，主动与当地法院联系，要求案件一旦诉至法院，坚决依法从快办理。推行节假日立案、电话立案和上门立案，缩短立案周期。为进城务工人员提供导诉、答疑、代写诉状等“一站式”服务。对讨薪案件，一律不预收财产保全费和执行案件受理费。对经济确有困难的进城务工人员，依法为其办理诉讼费减、缓、免手续，共减缓免诉讼费53.6万元。

（二）依法采取强制措施，保障诉讼活动顺利进行。对必须到庭而拒不到庭,伪造、毁灭重要证据的当事人,依法采取拘传、罚款、拘留等强制措施,保障诉讼活动及时开展。对进城务工人员申请财产保全的,迅速采取措施。如洛阳洛龙区法院,主动出击,迅速行动,立案当天立即查封被告财产,七天为50余名进城务工人员追回工资款96万余元。南阳宛城区法院立案当天,承办法官连夜赶到郑州,次日一早到银行冻结有关款项,敦促欠薪单位主动履行义务。

(三)整合资源、繁简分流,确保案件公正高效办结。案件较多的法院,抽调精干力量,成立专门合议庭,集中办案。坚持繁简分流,依法适用简易程序审理案件,郑州管城区法院、宜阳县法院适用小额速裁程序审结了大量案件。推行缩短举证期限、联席处理等措施,简化程序,提高效率。如商丘中院仅用八天时间就成功调解一起涉案标的额达301万元的讨薪案。义马法院启动快速维权通道,立案当天成功调解一起涉及19名进城务工人员的案件。

(四)加强巡回审判和调解力度,实现法律效果和社会效果的有机统一。利用午间、晚上、双休日到工地、工厂巡回办案,就地立案、就地审理、就地执行。坚持"调解优先,调判结合",因案施策,灵活开展诉前调解、多元调解。如永城市法院副院长曹爱民三进当事人家中,诉前成功化解一起涉及安徽、河南两省、15名务工人员的案件。充分发挥社会法官的作用,长葛市董村镇社会法庭当日受理并成功调解两起讨薪案;郑州高新区法院邀请社会法官联合入村调解,三天内为20名务工人员讨回工资款。

(五)穷尽各种执行手段,强力攻克执行积案。优先安排人力、物力,采取一切可行措施,穷尽一切执行手段,强力执行欠薪案件。如长垣县法院执行干警黎明时分果断出击,拘留躲避执行的被执行人,为13名进城务工人员成功追薪10万余元。采取责令申报财产、奖励举报等手段,加大查找被执行人财产力度。对查找到的财产,争分夺秒,火速采取查封、扣押、冻结等措施。对劳动部门申请执行的非诉执行案件,依法受理,从快执行。如济源中院受理某非诉执行案件后,火速赶往郑州,在各大银行展开拉网式排查,查到被执行人存款账户,当即划拨涉案存款,成功追回工资款。

三、注重能动司法,不断延伸服务,活动取得明显成效

(一)成功化解了一大批欠薪案件,有效维护了进城务工人员的合法权益。全省法院齐心协力、克难攻坚,成功办结一大批案件,妥善化解一些多年积案、群体性案件,有力维护了一方稳定,促进了当地经济发展。省法院立案二庭成功调解一起长达15年、历经七次裁判、涉及32名进城务工人员的讨薪案。汝南县法院主动受理及时办结一起38名进城务工人员集体上访案。

(二)怀着对进城务工人员的深厚感情办案,法官队伍司法为民意识进一步增强。广大干警按照张院长提出的把进城务工人员真正"看亲、看大、看重"的要求,用心体会他们的艰辛和不易,在年底任务重、时间紧、压力大的情况下,加班加点,忘我工作,尽心竭力办好每起案件,为进城务工人员排忧解难。涌现出许多感人事迹,如济源中院副院长翟宏伟亲自带领执行干警驱车两千多公里,为42名进城务工人员追回70万余元工资款。浚县法院干警李迎军带伤工作,倾力为进城务工人员讨回工资款。他们用实际行动践行了司法为民的承诺,展现了当代人民法官的风采。

(三)加强回访、延伸服务,人民群众的满意度进一步提升。除办结案件外,还通过案件回访、普法宣传等形式,解决进城务工人员的生活困难,提高他们的维权意识,赢得了普遍好评。平顶山中院对欠薪案件逐案回访,为生活困难的当事人申请司法救助。各地普遍采用送法到工地、举办维权知识讲座、发放宣传资料等形式,引导进城务工人员合法维权。郑州中院和市总工会联合举行进城务工人员维权法律知识讲座。西平县法院、汝州市法院等在乡镇集会,摆摊设点,为返乡务工人员提供法律咨询等服务。

(四)主动协调、多方联动,共同构建办理欠薪案件长效机制。依靠党委领导,接受人大监督,争取政府、政协支持,加强与劳动保障、建设主管等部门的沟通协调,多方联动追讨工资,形成长效机制。栾川县委召开专题会议,全力配合法院开展此项活动。鹤壁市淇滨区法院、永城市法院都与劳动监察大队等部门组成联动执法小组,共同构建拖欠进城务工人员工资"防火墙"。推行"法官村长"制度,变被动受理案件为主动上门化解矛盾,利用基层网络,逐村排查,一旦遇有欠薪情况,积极协调处理,减少诉讼案件发生。探索成立专门劳动者权益保护审判庭、合议庭。加强对欠薪纠纷源头性、根本性问题的调研,梳理成因,提出对策,向政府部门发出司法建议,从源头上解决欠薪问题。

尽管活动取得了明显成效,但是人民法院依法维护进城务工人员合法权益的使命依然艰巨。全省法院将认真总结经验,不断发扬成绩,在各级党委、政府以及最高法院的领导和支持下,凝神聚力,开拓进取,努力为广大进城务工人员营造和谐温暖的社会氛围,为中原经济区建设作出更大的贡献。

在全省部分法院劳动者权益保护审判庭试点工作座谈会上的讲话

河南省高级人民法院副院长 谢德安

(2012 年 2 月 15 日)

同志们：

新春伊始，万象更新。新年刚过，把大家召集到一起，安排部署在全省部分法院开展劳动者权益保护审判庭试点工作事宜，这是我省法院积极应对审判工作新形势，努力实践“为大局服务，为人民司法”工作主题，积极服务中原经济区建设的又一具体举措。在此，我代表省法院党组向大家表示感谢！下面，我讲几点意见。

一、高度重视，深刻认识开展劳动者权益保护审判庭试点工作的重要性和必要性

开展劳动者权益保护审判庭试点工作，是服务大局，为中原经济区建设保驾护航的重要举措。中原经济区建设已上升为国家战略。河南是劳动力大省，劳动力大军为城市繁荣、农村发展和国家现代化建设作出了重要贡献，也必将在加快中原经济区建设中发挥重要作用。随着中原经济区建设的深入，各种新型的劳动关系将不断出现，劳资纠纷也会大量增加，甚至会成为特定历史条件下的主要矛盾之一。1 月 20 日，河南省委、省政府下发了《关于构建和谐劳动关系的意见》。该《意见》指出，构建和谐劳动关系，是加快转变经济发展方式的迫切需要，是加强和创新社会管理的重要内容，是保障和改善民生的重要举措，是巩固党的执政基础的必然要求。建立专业的劳动者权益保护审判庭，审理好劳动争议案件，充分保护和调动广大劳动者参与和推动中原经济区建设的积极性、主动性和创造性，对于促进企业持续发展和劳动者的全面发展，推动我省经济社会全面协调可持续发展，加快中原经济区建设，实现中原崛起河南振兴具有重要意义。

开展劳动者权益保护审判庭试点工作，是贯彻最高法院民事审判会议和全省政法工作会议精神，落实好主题实践活动的具体体现。2011 年 6 月，最高法院奚晓明副院长在全国民事审判工作会议上的讲话中指出，“劳动争议纠纷已成为当前和今后民事审判工作的重点和难点，需要我们认真对待。”今年 1 月，省委书记卢展工在听取关于全国政法工作会议精神和我省贯彻意见汇报时指出，当前，我省正处在快速发展期，也处在各种社会矛盾凸显期，各种利益冲突易发多发，对各类社会矛盾要及时化解，妥善处置。建立专业的劳动者权益保护审判庭，集中化、专业化审理劳动争议案件，通过司法手段倡导稳定的劳动关系，既能够有效保护劳动者的合法权益，也能够依法保障用人单位的生存发展，更加符合全国民事审判会议上提出的始终坚持能动司法、坚持司法为民、坚持促进和谐、坚持改革创新等民事审判工作理念，同时也是人民法院努力践行“人民法官为人民”主题实践活动的具体体现。

开展劳动者权益保护审判庭试点工作，是深入推进社会矛盾化解、维护社会和谐稳定的客观需要。卢展工书记在省第九次党代会上指出，一定要坚持把稳定作为硬任务，在社会管理上求创新。近年来，受到国际金融危机的影响冲击，以及《劳动合同法》、《社会保险法》等法律的施行，较大地拓展了劳动争议案件的受理范围，全省法院受理的劳动争议案件从 2008 年开始呈现出“井喷”的态势，近三年全省法院平均每年受理劳动争议案件 12,000 多件，是 2006 年受理案件数的近三倍。与此同时，劳动争议审判工作面临的情况更加复杂，审理的难度日益增大，承担的任务更加艰巨，维护稳定的工作压力非常繁重。面对新形势，如何紧紧围绕改革发展稳定大局，积极探索劳动争议案件审判工作新机制，是当前面临的一项紧迫任务。在建立健全劳动争议纠纷处理平台、完善纠纷调处制度、创新纠纷化解方法的基础上，推行和推广专业化审判无疑是提升劳动争议案件审判工作质量和效率的有效途径。在当前形势下，省法院党组决定开展劳动者权益保护审判庭试点工作，在有条件的中院和基层法院完善劳动争议案件审判工作机制，进一步增强劳动争议案件审判工作的专业化水平，提升人民法院处理劳动争议案件的能力和效果,对构建和谐劳资关系,维护社会和谐稳定,促进经济发展,有着重要的创新意义和现实意义。

二、精心组织,将劳动者权益保护审判庭试点工作落到实处

基于目前劳动者权益保护工作呈现出的新情况、新问题,经省法院党组研究,决定在全省选择部分有代表性的地区法院开展“劳动者权益保护审判庭”试点工作,进一步加强对劳动者权益的保护力度。各试点法院要坚决贯彻执行省法院党组的决定,精心组织,周密部署,确保试点工作取得实效。一项工作开展能否取得预期效果,重在落实。不能够“传达了就等于贯彻了,要求了就等于完成了,规划了就等于实施了”。这项试点工作是我省法院司法改革创新的一项重要内容,任务重、要求高,仅靠口号解决不了问题,敷衍了事也绝出不了成绩。试点法院要抓住机遇,切实负起责任,真抓实干,组织好、开展好试点工作,绝不能走形式,走过场。

一要制订方案,健全机构。各试点法院要制订详细的试点工作方案,将试点工作列入重要工作日程。要以成立独立编制的劳动者权益保护审判庭为目标,积极向党委、人大、政府汇报,在人员编制、机构设置上寻求支持。试点初期可与审理传统民事案件的审判庭合署办公,但要按要求在3月1日前挂牌,挂牌时要加强宣传,向社会公示。

二要循序渐进、扎实开展。成立劳动者权益保护审判庭涉及机构设置、人员编制、人员调整甚至审判业务分工调整,工作中难免会遇到一些困难和问题。各试点法院要认真研究和应对试点中遇到的新情况、新问题,起步要稳,工作要细,效果要实。要分阶段、有步骤、循序渐进地开展好试点工作。要定期汇报、定期研讨座谈,抓好成果转化,确保试点工作取得预期效果。要以建立一支专业化劳动争议审判队伍为目标,对劳动争议案件实行集中审理,这既有利于审判人员集中精力、集中力量审理好劳动争议案件,也有利于审判人员在审判工作中及时发现审判难点,及时研究解决,推动劳动争议审判工作向集中化、专业化、精品化的方向发展。

三要加强督导,推动劳动者权益保护审判庭试点工作深入开展。各中院要带头搞好自身的试点工作,起到模范带头作用和示范作用,同时要充分发挥对下指导职能作用,定期对辖区试点法院检查指导,确保基层法院试点工作落实到位,齐头并进。省法院要定期不定期到试点法院检查试点工作开展情况,对工作不力的要取消试点,并在年终绩效考核中扣除相应分值。

三、勇于探索,不断完善劳动争议审判工作机制

设立专门的劳动者权益保护审判庭是加强劳动争议审判工作的一项探索性工作。劳动者权益保护审判庭成立以后,要勇于创新,在实践中积极探索符合劳动争议案件审判特点的工作模式和工作机制。

一要确立正确的劳动争议案件审判理念,着力化解劳动纠纷。劳动法律制度的终极目标是构建与发展和谐稳定的劳动关系。要站在社会和谐稳定的高度,对劳资双方在根本利益上的高度一致性和具体利益上的相对差异性有一个清醒和全面的认识。要牢固树立劳动者权益保护与企业生存发展并重的审判理念,努力寻求双方利益的最佳平衡点和结合点,在依法维护劳动者合法权益的同时,努力维护企业的生存和健康发展。要通过劳动争议案件审判工作,引导企业规范用工行为,引导劳动者规范诉讼行为,引导劳动关系从“水火不容”向“和谐双赢”转变,积极促成劳资互利共赢,进而促进社会和谐。

二要协调联动,探索建立劳资纠纷协同化解处理机制。要强化协作意识,充分整合各级法院和各种社会资源,建立健全集人民调解、行政调解、仲裁调解、司法调解于一体的劳资纠纷综合治理工作机制。在审理案件过程中要认真分析引发纠纷的根源,积极与劳动保障主管部门、行业协会、工会组织等进行沟通协调,充分发挥相关单位的职能作用,努力推动企业健全完善劳动合同、平等协商、职工民主管理和劳动法律监督等制度,进一步加大行政机关对劳动关系的监管力度,规范企业用工行为和行政机关的监管行为,促进社会管理创新与完善,变事后化解为事前预防,努力从源头上减少劳动争议纠纷的发生。

三要加强调研,认真总结,不断提升劳动争议案件审判质效。开展试点工作,就是要在不断摸索、不断创新的过程中积累成功经验,为下一步在全省法院全面设立劳动者权益保护审判庭提供可供借鉴的模板,起到良好的示范和推动作用。要认真调研,全面总结试点工作经验和存在的问题,及时向省法院上报。省法院要适时推广试点法院的工作经验,通过召开研讨会等形式研讨解决疑难问题,确保试点工作取得预期效果。

同志们,设立劳动者权益保护审判庭,虽然在兄弟省市有不少尝试,在我省尚没有多少成熟的经验可供参考借鉴。各试点法院要勤于探索、勇于创新、善于总结,不断推出新举措,走出新路子,创出新经验。同时,要进一步树立“品牌意识”,把劳动争议审判做大、做好、做出特色,打造全省乃至全国一流的司法品牌,并以此为抓手,推动民事审判工作全面发展,为服务中原经济区建设、加快河南振兴作出新的更大的贡献!

坚持依法服务大局　全力保障改善民生
奋力开创全省民事审判科学发展新局面

——在全省法院民事审判工作座谈会上的讲话

河南省高级人民法院副院长　谢德安

（2012年9月26日）

同志们：

为深入学习贯彻最高法院召开的全国高院民一庭庭长座谈会精神和修改后的民事诉讼法，研究解决当前民事审判工作中存在的突出问题，我们召开这次全省法院民事审判工作座谈会。座谈会的主要任务是：深入学习贯彻党的十七届六中全会、全国政法工作会议精神，切实落实全国高级法院院长会议所做出的工作部署，按照《全国高院民一庭庭长座谈会》、《全国法院学习贯彻民事诉讼法电视电话会》和《全国法院贯彻落实民事诉讼法修改决定座谈会》要求，紧紧围绕“一个中心、五个确保”工作目标，深刻把握形势发展对民事审判工作的新要求，研究和部署当前及今后一段时期民事审判工作的主要任务，为党的十八大胜利召开营造和谐稳定的社会环境。

一、认清新形势，明确当前民事审判工作新任务

今年是我国实施“十二五”规划承上启下的重要一年，举世瞩目的党的十八大即将召开。面对新形势、新任务，我们要着眼当前、立足长远，着眼本职、放眼全局，进一步充分认识时代赋予民事审判的新的内涵和使命，进一步充分认识民事审判面临的新的机遇和挑战。

（一）始终坚持以人为本，完成好维护社会和谐稳定对民事审判提出的新任务

当前，我国正处于社会转型的特殊历史时期，随着利益格局的深刻调整，市场主体在资源配置、市场占有、收入分配等方面的矛盾日趋尖锐，并在短时间内难以得到根本改变。随着经济社会的不断发展，征地补偿、房屋拆迁、房屋买卖、物业服务、农村土地承包、医疗纠纷、劳动争议等社会高度关注的案件持续增多，这些纠纷涉及人民群众切身利益，如果得不到及时妥善处理，极易转化为政治性、群体性、敏感性事件，成为当前影响社会稳定的突出问题。民事审判保障和改善民生、维护社会公平正义的紧迫性日益显现；人民法院深入社会矛盾化解、维护社会和谐稳定的任务更加艰巨。我们必须及时洞悉民事审判的新变化、新趋势，切实增强工作的前瞻性和主动性，坚决防止个案问题转化为社会问题，民事案件转化为刑事案件，普通纠纷转化为政治性事件，非对抗性矛盾转化为对抗性矛盾，全面保障社会和谐稳定发展。

今年5月，省委常委、省委政法委书记毛超峰在全省维护社会稳定工作会议上指出：“为党的十八大召开营造和谐稳定的社会环境，责任非比寻常，工作要求非比寻常。”今年，全省法院进京非正常访数量猛增，远超预定控制目标，处于严重失控状态，集体访、过激访、缠访闹访问题仍然突出，信访形势不容乐观。只有做好信访工作，民事审判维护社会稳定的职能作用才能得以体现。当前，我们必须增强忧患意识、责任意识和大局意识，全面贯彻落实案件信访风险评估制度，做到事先有评估、有对策，有预警、有汇报；全面提高案件质效，在提高服判息诉率、压降进京访上下功夫，做好源头预防工作；加大对不满意的当事人的回访力度，做好判后答疑释法工作，积极消除信访隐患。要把信访稳定工作贯穿于民事审判全过程，通过扎实有效的工作，坚决维护敏感时期社会稳定，绝不给中央添乱、绝不给大局添乱，在特殊时期为维护全省乃至全国社会稳定作出应有的贡献。

（二）始终坚持能动司法，履行好民事审判为“中原经济区建设”保驾护航的新使命

今年是贯彻落实省九次党代会精神，全面推进中原经济区建设的重要一年。中原经济区建设过程中涉及的产业转型，工业化、城镇化、农业现代化发展及区域协调发展等问题无不与民事审判息息相

关。民事审判工作能不能充分发挥定分止争功能，能不能充分发挥社会矛盾解压阀的作用，直接关系到中原经济区建设的质量与水平，直接关系到我省经济能否实现稳中求进。要引导建立有序、协调、规范、诚信的经济秩序，为中原经济区建设提供牢固的基础、持久的动力和良好的投资环境，人民法院责无旁贷。我们要按照中央"稳中求进"、省委"持续求进"的工作总基调，紧紧围绕中原经济区五大战略定位，为实现经济社会发展目标提供有力司法保障。要积极发挥民事审判职能作用，依法保护各类权利主体的合法权益，充分运用司法手段调节民事关系，规范经济活动，疏导、化解社会矛盾，平衡各种利益关系，更好地服务于中原经济区建设，服务于党和国家工作大局。

近日，最高人民法院专门出台了《关于支持河南省加快建设中原经济区重大战略部署的意见》，赋予我省法院一项特殊政策——先试先行，全力支持我省加快中原经济区建设。要全面贯彻落实最高法院《意见》精神和省法院出台的《关于贯彻落实〈最高人民法院关于支持河南省加快建设中原经济区重大战略部署的意见〉的意见》，按照张立勇院长提出的在公正司法上求先行，在司法为民上求先行，在改革创新上求先行和在基层基础上求先行的要求，充分发挥审判职能作用，大力促进平安河南、和谐河南、创新河南、文化河南和法治河南建设。

(三)始终坚持公正司法，适应好社会主义文化大繁荣大发展对民事审判提出的新要求

人民法院作为国家的审判机关，既是社会主义文化大繁荣大发展的积极建设者，又是有力保障者，任务艰巨，责任重大。民事审判要紧紧围绕国家文化发展目标和战略，找准法院工作与文化建设的结合点、着力点，增强依法保障和服务文化建设的能力。司法是弘扬法治、匡扶正义的最后一道防线。要把秉公办案作为文化建设的切入点，通过公正审理每一起案件，实现社会公平正义，大力推进社会主义法治文化建设。要切实发挥司法裁判的引领作用，在审理合同、物权、侵权、婚姻家庭等民事纠纷过程中，通过制裁商业欺诈、违约、不正当竞争等行为，保护诚实守信者合法权益。妥善审理因见义勇为、扶贫济困等公民救助行为引发的纠纷，大力倡导良好社会风尚，用司法的力量保护善举。人民法官作为社会主义文化大发展大繁荣的积极建设者，要率先垂范，以身作则，对党和国家尽忠心，对案件裁判用公心，对人民群众讲爱心，努力通过公正审判，推进社会主义诚信文化建设。要充分发挥司法宣传的导向和辐射功能，选取典型案例在新闻媒体上公布，广泛宣扬法治，增强全社会诚信守法的意识。

二、着重抓好六项重点工作，推动民事审判工作向纵深发展

(一)抓审判质效，提高为大局服务的水平

司法审判是人民法院的首要任务。努力提高审判质量和效率，是当前民事审判工作的重中之重。

一要在提高一审服判息诉率上下功夫。一审民事案件占全部民事案件的85%以上，一审案件质量提高了，民事审判工作的整体质量就提高了。一审案件做到了服判息诉，二审案件数量就会大幅度下降。2009年以来，全省法院一审民事案件的服判息诉率均在87%以上，但如果去掉调解撤诉结案的案件，以判决方式结案案件的上诉率分别为50.7%、51.5%、45.3%，几乎是每判决两件就上诉一件，服判息诉效果还不够理想。要认真查找审判中的薄弱环节，下大力气提升判决案件的服判息诉率，全力降低上诉率，使大量的纠纷真正化解在基层。要重视并加强合议庭建设。合议庭职能能否得到有效发挥直接关系到民事审判工作质量的高低。要按照新老结合、优势互补的原则配置合议庭，努力形成以老带新、相互协作、共同进步的工作氛围。要以"两评查"活动为契机，进一步规范开庭、合议程序，合议庭成员要各司其职，形成工作合力，确保案件质量。各民事审判庭庭长要认真履行审判管理第一责任人的职责，严把定案关、文书签发关，及时发现并解决审判工作中的突出问题，认真抓好案件质量管理工作。

二要在充分发挥二审依法纠错和监督指导功能上下功夫。要着力解决不当维持、错误改判的问题，坚决防止因不当维持而将一审质量问题转化为二审质量问题、因错误改判而形成新的质量问题。要按照修改后的民事诉讼法要求，严格控制案件发回重审率，除程序上有重大瑕疵必须发还的外，二审要在全面查清案件事实的基础上，依法公正做出实体处理，减轻当事人诉累；对必须发还的要与一审合议庭交换意见，指出存在问题，明确发回重审的理由，统一审理思路，指导一审法院正确处理，避免今后类似问题的再次发生。对发回重审的案件，一审法院要认真研判二审法院内部函提出的审理思路，严格按照内部函的要求，查明案件事实，纠正程序问题，做好矛盾化解工作。对于不按内部函要求，案件重审后仍存在重大程序问题或基本事实没有查清甚至原封不动再上来的，要定期通报，并建议进入案件评查程序。对于应当改判的案件，要依法及时改判，确保在正常程序内化解矛盾纠纷。

三要在均衡结案上下功夫。最高法院王胜俊院长指出，均衡结案首先是一种办案理念，既关乎公

正，又关乎效率。近年来，为完成年度绩效考核指标，不少法院存在年底人为控制收案、年底突击结案的情况，不利于收结案的良性循环。今年，均衡结案率将作为一项绩效考核指标。全省各级法院要在严格审限管理、努力提高审限内结案率的基础上，进一步优化资源配置，统筹安排办案计划，加强流程管理工作，努力提高均衡结案率。各级法院乃至各个民事审判庭都要按照绩效考核要求，根据自身办案人员、收案数量情况科学制定内部均衡结案管理办法，细化办案任务到每位法官和审判各环节，实现均衡结案常态化。

四要在清理长期未结案件上下功夫。今年，最高法院决定，要在全国法院建立起长期未结诉讼案件定期通报、督办制度，以进一步加强对长期未结诉讼案件的管理，有效避免案件久拖不决现象发生，提升司法公信力。根据省法院今年第一季度长期未结诉讼案件专项清理情况通报数据，全省法院长期未结民事案件共计599件，占所有长期未结案件的88.3%，其中，一审民事案件514件，占所有长期未结民事案件的85.8%；二审民事案件14件，占2.3%；民事审判领域清理积案的任务很重，压力很大。要高度重视民事积案清理和化解工作，尤其要加大对三年以上未结案件的清理力度；进一步强化法官责任意识，强化源头治理，切实防止人为拖延。要严格落实"定办案人、定结案时间、定清理方案、定督办领导"的四定要求，下大力气跟踪督办，切实防止"边清边积"。

（二）抓民事调解，提高维护社会和谐稳定的水平

实践证明，调解是化解社会矛盾、促进社会和谐的有效方式，具有广泛的社会基础和群众基础，符合中国国情和社会管理的客观规律。在当前社会矛盾凸显期，群体性热点、敏感事件频发，调解工作的作用和意义进一步彰显。这次民事诉讼法修改，在充分吸收全国法院调解工作经验的基础上，增加了先行调解、庭前调解、诉外调解协议司法确认的规定，是对调解在化解社会矛盾纠纷中优势作用的充分肯定。要深刻领会"调解是高质量审判，是高效益审判"的精神实质，不断总结经验，努力提高调解能力和水平。

一要坚持"调解优先，调判结合"原则。深刻认识调解在有效化解矛盾纠纷、促进社会和谐稳定中所具有的独特优势和重要价值，切实转变重裁判、轻调解的观念，把调解作为处理案件的首要选择，做到能调尽调，努力实现案结事了人和。同时，必须把握好调解工作的正确方向，绝不能以违反法律规定、牺牲公平正义为代价，片面追求调解率。要着力提高调解工作质量，积极引导当事人自觉、及时履行调解协议，提高调解协议的自动履行率。在坚持调解优先的前提下，要做到调判结合，对于确实无法调解、不宜调解或者判决更有利于解决纠纷的，应当及时判决，防止案件久调不决。

二要创新调解方式方法。实践中，没有一种调解方法是万能的。对不同案件类型，要有针对性地开展调解工作，从常见的案件类型入手，总结同类案件共性的调解方法，提高调解工作效率和成功率。要认真学习调解先进典型总结出的成熟调解经验，并在实践中不断完善提升，切实提高民事法官化解社会矛盾纠纷的能力。

三要完善诉调对接工作机制。建立人民调解、行政调解和司法调解"三位一体"大调解格局，是当前构建诉讼与非诉讼相衔接矛盾纠纷解决机制的工作重点。最高法院奚晓明副院长在《全国法院贯彻落实民诉法修改决定电视电话会》上要求："要依法审查确认诉外调解协议，充分支持社会各方面进行调处社会矛盾纠纷工作，积极推动诉讼与非诉讼相衔接的矛盾纠纷解决机制。"全省法院要积极探索与政府职能部门，特别是劳动、卫生、治安、交通等矛盾纠纷高发领域的相关主管部门联合建立类型化纠纷解决机制，形成化解矛盾纠纷的工作合力，拓宽诉调对接工作领域。要进一步加大对人民调解委员会和调解工作室的指导力度，不断增强人民调解员的调解能力，使更多的纠纷在诉前阶段得到化解。

（三）抓改革创新，提高民事审判科学化水平

"改革创新"是个永恒的主题，是推动一切工作不断向前发展的不竭动力源泉。

一要做好劳动者权益保护审判庭试点工作。面对新类型劳资纠纷增多，疑难复杂案件、群体性纠纷案件增多的新情况，今年2月，省法院党组研究决定，在全省开展劳动者权益保护审判庭试点工作。经充分调研，最终确定郑州、平顶山、鹤壁、焦作、周口等5个中级法院及郑州市金水区法院等10个基层法院为试点法院。目前，试点工作已开展半年，取得了初步成效，其中，焦作中院已成立了全省首家独立编制的劳动者权益保护审判庭，为建立专业化劳动争议审判队伍提供了组织保障。各试点法院要勇于创新，务求实效，在不断探索的过程中积累成功经验，为下一步在全省铺开起到良好的示范和推动作用。要着力构建和谐劳动关系。要始终坚持保障企业生存发展和维护劳动者合法权益并重的理念，把保护劳动者的眼前利益同保障劳动者的长远利益和根本利益结合起来，坚持"放水养鱼"，尽量通过和解、调解等

方式鼓励企业与劳动者共渡难关,避免出现“竭泽而渔”的不良后果。要协调联动,探索建立劳资纠纷协同化解处理机制。要积极与劳动保障主管部门、行业协会、工会组织等进行沟通协调,努力推动企业健全完善劳动合同、平等协商、职工民主管理和劳动法律监督等制度,变事后化解为事前预防,努力从源头上减少劳资纠纷的发生。要加强督促指导。各中院要带头搞好自身的试点工作,起到模范带头作用和示范作用,同时要充分发挥对下指导职能作用,定期对辖区试点法院检查指导,确保基层法院试点工作落实到位,齐头并进。

二要进一步完善庭审方式改革。要坚持“小额案件快速审、简单案件简易审、复杂案件重点审”的原则,在满足人民群众司法需求的基础上,积极探索民事案件分流措施,科学安排人民法院审判工作,努力提高审判效率,减少当事人诉累。2013年1月1日后全省法院都要按照修改后的民事诉讼法规定,积极落实简易程序和小额诉讼的规定,对符合小额诉讼条件的案件就必须按小额诉讼程序进行审理。要继续做好巡回审判工作。目前,全省法院已普遍开展了巡回审判工作,但还存在一些问题,如巡回审判辐射面小的问题;简易程序审理的案件巡回审判比率偏高的问题;宣传沟通不到位,旁听人员较少,巡回审判的教育引导功能发挥不畅等问题。今年,省法院出台了对中级法院巡回审判工作的绩效考核实施细则。各中级法院和基层法院要切实按照《河南省高级人民法院关于进一步加强和规范巡回审判工作的意见》要求,结合考评细则规定,进一步加大巡回审判工作力度,彰显巡回审判的价值功能。

三要试行裁判文书改革。裁判文书的制作要根据案情繁简,该繁则繁,当简则简。对简单、事实争议不大的案件,在按照修改后的民事诉讼法写明裁判结果和裁判理由的前提下,可根据案件的不同类型采取固定要素或表格的方式陈述案情,这符合当前裁判文书改革的方向,也有利于案件审理提速,使当事人尽快拿到裁判结果。对于案件事实、法律关系较为复杂的案件,可根据争议焦点进行针对性阐述,并以一事一议为宜,坚持“专业品质,大众表达”,提高裁判文书的可接受性。修改后的民事诉讼法增加了公众有权查阅发生法律效力的裁判文书的规定,我省法院先试先行,已实行裁判文书上网,这对裁判文书质量提出了更高的要求。要进一步规范裁判文书的制作,做到证据审查认定全面客观,事实认定清楚,说理透彻明白,裁判依据明确充分。要以辨法析理、胜败皆明为标准,以切实促进当事人服判息诉、实现案结事了为目标,切实提高裁判文书制作水平和质量。

(四)抓监督指导,提高基层司法能力和水平

我省80%以上的民事案件在基层。抓好了基层工作,就抓住了民事审判工作的全局和关键。要积极探索行之有效的对下监督指导方式,坚持综合指导和重点指导相结合,努力提高全省民事审判质量。

一要加强调查研究。民事审判涉及面广、新类型案件层出不穷,需要调研解决的问题很多,要大力开展调查研究工作,立足案件,着眼实务,重点解决审判实践中遇到的具体问题。上级法院要通过个案沟通交流、通报案件发还改判情况、召开研讨会或座谈会、集中培训等形式,统一法官对法律规定的理解,统一裁判标准。下级法院对所审理的案件,认为需要统一裁判标准的,要及时书面报告上级法院。

二要加强案例指导工作。建立案例指导制度是中央确定的司法改革举措之一。为此,最高法院专门下发了《关于案例指导工作的规定》,并于去年12月发布了第一批指导性案例。指导性案例所确定的裁判要点,对人民法院审理同类案件具有指导作用。各级法院在审理同类案件时应当参照适用,并可作为裁判文书的说理依据加以引用。今后最高法院将陆续发布指导性案例,全省各级法院民事审判部门要高度重视,及时归纳、总结典型性案例,逐级上报省法院。省法院也将适时发布“参考性案例”,希望各级法院在审理相关案件时,学会上下左右比对,保证裁判尺度的统一。

三要加强对人民法庭的指导。各级法院要切实履行职责,加大对人民法庭的监督指导力度,提高监督指导的科学性、针对性、有效性。要进一步健全联系点制度,省法院和各中院领导班子成员每人都要确定一两个联系点,每年都要抽出不少于一周的时间深入人民法庭开展调研,帮助解决问题。对人民法庭工作中遇到的问题,要及时逐级上报,以便上级法院掌握和指导。

(五)抓规范司法,努力构建和谐诉讼秩序

近年来,各类妨害诉讼秩序的违法行为呈增多趋势,在影响司法公正和效率的同时,也严重损害了司法权威。针对上述情况,今后我们要做好以下三方面工作:

一要严厉查处恶意诉讼。当前,通过假离婚、假调解等虚假诉讼方式转移财产或虚设债务等恶意诉讼行为时有发生,并呈日益增多趋势,既扰乱了正常的民事审判秩序,浪费了司法资源,又严重影响了司法公信力。修改后的民事诉讼法增加了对恶意诉讼采取强制措施的条文。民事法官要切实提高防

范意识，增强对恶意诉讼的识别能力。对当庭自认或双方自动达成调解协议的案件，对借条或欠条有瑕疵的借贷案件，要提高警觉性，认真加以识别和防范，不可轻易下判或调解，防止当事人通过民事审判将非法利益合法化。要加大对恶意诉讼的制裁力度，除善用修改后的民事诉讼法规定的强制措施之外，可及时按照有关规定与公安、检察、司法行政等机关联系沟通，形成多方位、多层次的制裁体系，有效遏制当事人通过虚假诉讼来转移财产、逃避债务。

二要建立和完善案件舆论引导机制。要建立和完善重大敏感案件舆论引导工作机制，掌握舆论引导主动权。要研究建立社会稳定风险评估机制，对可能产生重大社会稳定风险和舆论炒作的复杂敏感案件，事先进行风险评估，制定工作预案，把各类重大矛盾尽量化解在萌芽状态。建立完善新闻发布工作常态化机制，对重大案件审判情况以及涉及法院和法官的负面事件，要及时向社会通报情况，及时发布权威信息，防止各种谣言混淆视听；要切实做好舆情收集、报告、应对工作，要建立各业务部门与宣传部门信息沟通机制，做到明晰责任、规范措施、确保实效。

三要注意维护民事诉讼秩序。坚持司法和谐，必须注重创建和谐的诉讼秩序。当前，利用微博等网络手段恶意误导社会公众，公民代理人教唆当事人通过上访、闹访向法院施压等现象不断增多，有的还采取攻击、侮辱、谩骂等极端方式威胁法院和法官，严重影响了法院正常的工作秩序。修改后的民事诉讼法规定“民事诉讼应对遵循诚实信用原则”。在严格要求民事法官规范司法、文明司法的同时，要倡导当事人之间的诚信诉讼与文明诉讼，引导当事人通过行使诉讼权利合理表达诉求；严查公民代理人的真正身份，对滥用诉权、扰乱诉讼秩序的公民代理人，经查不符合法律规定的，坚决禁止其参加诉讼，压缩违规公民代理的生存空间。进一步加强与司法行政机关、律师协会等部门的沟通、协调，让民生类案件中经济确有困难的当事人，尽可能获得正规、便捷、经济的法律服务、法律援助。

（六）抓队伍建设，提高民事法官的职业素养

加强民事审判队伍建设，始终是加强和提升民事审判工作的根本保障。

一要着力培养民事法官公平正义的职业品格。要以“人民法官为人民”主题教育实践活动为抓手，扎实开展“忠诚、为民、公正、廉洁”政法干警核心价值观教育和党性党风党纪教育，使广大民事法官进一步坚定政治方向、强化宗旨意识、端正价值取向、保持廉洁作风，自觉做到忠于党、忠于国家、忠于人民、忠于法律。要认真学习尹应哲等先进人物的典型事迹，加强警示教育，切实增强民事法官的廉洁自律意识，确保队伍不出问题。

二要着力提高民事法官的司法能力。民事审判专业性强，面对的社会问题复杂，民事法官不仅要熟悉各类裁判规则，更要注意理解立法的目的、原则和精神；不仅要熟悉新的法律法规，更要注意新旧法律、司法解释的衔接与适用；不仅能熟练运用法律的逻辑分析方法，还要能够掌握法律的哲学、社会学分析方法，确保个案处理的妥当性和公正性。在社会生活的多变性和法律的稳定性矛盾日益凸显的今天，法官必须能够敏锐地洞察社会现实的方方面面，倾听不同利益主体的呼声，在现行法律规范的框架内，稳妥、巧妙地解决各类矛盾与纠纷。

三要着力培养民事法官良好的群众工作作风。群众路线不仅是工作方法问题，更是根本立场问题。要紧密结合民事审判工作实际，不断增强民事法官的群众感情，提升民事法官坚持群众工作路线的自觉性和坚定性。要深入了解人民群众对民事审判工作的新期待，积极回应人民群众对民事审判工作的新需求。要不断提高民事法官做群众工作的能力，让广大法官走出法庭，深入基层，努力打造一支知晓社情民意、熟悉群众语言、熟知风俗习惯、掌握群众心理，善于用群众听得懂、信得过的方式审理案件的民事法官队伍。

三、强化六类案件审理，更好地服务和保障经济社会发展

（一）妥善调处医患纠纷案件，促进构建和谐医患关系

针对医患纠纷多发频发、严重影响正常医疗秩序和社会秩序的现状，今年5月7日，省委政法委在驻马店召开全省医患纠纷调处工作经验交流会，省委常委、政法委书记毛超峰出席会议并作了重要讲话，对政法部门认真解决好医患纠纷提出了明确要求。全省法院要认真学习毛超峰书记重要讲话精神，从党和国家工作大局的高度，从保障民生、维护稳定、服务中原经济区建设的高度，充分认识医患纠纷调处工作的重要性，切实增强责任感和紧迫感，立足本职，勇于担当，主动作为，把医患纠纷调处工作作为当前法院工作的重中之重，抓紧抓好抓出成效。要适时开展集中办理医患纠纷案件专项活动，集中时间、整合力量，全力化解医患纠纷。要抓好医患纠纷调解体系建设，着力构建和完善人民调解、行政调解、司法调解三位一体的“大调解”工作格局，完善人民调解与司法诉讼衔接机制。要加强协调沟通，建

立畅通的医患纠纷调处工作衔接配合机制，确保这项工作有人抓、有人管、管得好、有成效。

(二)妥善化解房地产纠纷案件，促进房地产市场健康持续发展

在国际金融危机影响尚未完全消退、房地产市场宏观调控不断强化的背景下，应当准确把握宏观经济形势对房地产市场的客观影响，依法保护守法履约行为，制裁违约行为，保护消费者合法权益。对国家房地产宏观调控政策实施中发生的房地产纠纷，要依法受理、妥善处理，对目前部分法院采取的因房地产宏观调控政策实施引发的房地产纠纷案件不受理、受理后不审理等做法要认真纠正，防止矛盾激化。对因房价下调导致的“退房”纠纷，因国家信贷政策变化导致买受人丧失履约能力、因限购措施导致合同无法履行的纠纷，应依据合同法的规定和合同的约定，依法稳妥处理，切实保护当事人合法权益。要严格区分物权关系和合同关系，正确认识物权变动与合同效力的不同功能，认真把握物权变动的原因与结果相区分的原则，从维护市场交易安全出发，一般不宜轻易否定物权转让合同的效力，切实保护守约一方的合法权益，维护市场经济条件下交易的基本规则。要严格适用情势变更原则，合理区分情势变更与商业风险，情势变更与不可抗力；准确界定情势变更与显失公平的界限，注意衡量风险类型是否属于社会一般概念上的事先无法预见、风险程度是否远远超出正常人的合理预期、风险是否可以防范和控制、交易性质是否属于通常的“高风险高收益”范围等因素。如确需在个案中适用的，要按照最高法院要求，报请省法院审核批准，必要时报请最高法院审核批准，最大限度地避免对交易安全和市场秩序造成大的冲击。

(三)审慎处理民间借贷纠纷案件，维护国家金融安全

温州民间借贷危机发生后，在全国引起了较大震动。我省民间借贷也十分活跃，相关纠纷不断增多。对于该类纠纷，立案时要注意加强与相关职能部门的沟通协调，对于涉嫌非法集资、非法吸收公众存款等犯罪，政府或者公安机关已经组织清算或立案侦查的，暂不受理；对有高利贷、赌博、非法集资、经济诈骗等违法犯罪嫌疑的，应及时向公安、工商、人民银行等部门移送查处；对可能引发群体性事件的，应及时向党委政府汇报协调，共同做好化解工作；对可能引发金融风险或有监管漏洞的，应及时向人民银行、银监等部门提出司法建议，促使其完善对民间融资行为的监管。法院在审理民间借贷纠纷时，要依法保护合法的借贷利息，依法打击高利贷行为；除全面审查合同效力外，要注意审查借款用途是否合法，防止当事人通过法院的判决谋取非法利益。

(四)依法审理建设工程合同纠纷案件，维护建筑市场秩序

当前，建筑领域违法、违规现象普遍存在，相关纠纷不断发生，人民法院审理建设工程合同案件的难度进一步加大。贯彻落实好《建筑法》、《招标投标法》等法律、行政法规和最高法院司法解释的有关规定，审理好建设工程合同纠纷案件，对维护建筑市场秩序，保障建筑工程质量，维护人民群众人身财产安全，保护农民工等弱势群体的合法权益，意义重大。要充分认识到招投标制度和建设工程强制性标准的公共利益保护目的，依法维护通过招投标方式所签订的中标合同的法律效力，正确认定工程款结算的合同依据。实践中要准确界定目前建筑市场普遍存在的“黑白合同”。对于招标人和中标人另行签订改变工期、工程价款、工程项目性质等中标结果的协议，一般也可以认定为变更中标合同的实质性内容；中标人作出的以明显高于市场价格购买承建房产、无偿建设住房配套设施、让利、向建设方捐献等承诺，亦应认定为变更中标合同的实质性内容。

(五)妥善处理婚姻家庭纠纷案件，努力促进社会和谐

俗话说，“家和万事兴”。家庭和睦是社会和谐的基础。最高法院关于适用《婚姻法司法解释(三)》出台后，引起社会的广泛关注，也出现不少质疑。其实很多都是对该司法解释的误读。最高法院强调，在离婚案件中处理财产问题时，不能将该司法解释孤立起来，应将其与《婚姻法》及其他规定相结合，综合考虑。一要正确区分财产确权和分割问题。对于根据法律和司法解释规定财产属于一方的，离婚时如女方生活困难，可以请求将男方个人住房判给女方所有或居住以作为经济帮助；当男方存在法定过错情形时，女方还可请求获得男方房屋作为对自己离婚的损害赔偿。二要坚持妇女儿童优先原则。在同等条件下，优先考虑妇女儿童的利益。要切实保护未成年人尤其是农村留守儿童的生活、教育、医疗等方面的权益。三要灵活确定财产分割方式。既要根据日常生活需要、工作需要和喜好区分个人专用品，又要保护夫妻双方对共同财产的平等处分权。同时还要重视婚姻法与公司法、合伙企业法以及其他法律相协调，妥善处理股权及其他投资等形式的财产，充分发挥财产的整体效用，通过不同的财产分割方式，实现两者和谐并存。在涉及第三人交易的情形下，要重视市场经济秩序的建立和交易安全的

维护等因素，注意保护善意第三人的合法权益。四要充分体现社会主义道德和善良风俗。要通过案件的审理，倡导夫妻的婚姻忠诚义务、亲属间的扶养、赡养义务以及我国民间各种良好的风俗习惯，避免因案件的审理对长期以来形成的具有规范普通民众道德与行为的良好民俗、习惯造成冲击，要通过制裁婚姻违法行为，引导善良风俗的巩固与确立。

（六）妥善处理农村土地承包合同纠纷案件，加大服务“三农”工作力度

“三农”问题的核心是农民问题，而农民问题的核心则是土地问题。要牢牢把握住农村土地这个核心，妥善处理好农村土地承包合同纠纷案件，维护农村社会稳定和国家长治久安。《土地承包法》虽然也适用了《合同法》基本理论，但从立法目的来讲，主要是为了从法律上保证承包政策的长期稳定性，保护耕地，提高农民加大土地投入的积极性，突出了对承包经营权的保护。所以，对待农业承包合同不应完全等同于其他商事意义上的合同，应侧重于完善合同，保障合同的履行，以保护农民的承包经营权。在审理农村土地承包合同纠纷案件中，要特别注意的是，农民依法享有长期而稳定的土地承包经营权，法定承包期内，任何组织和个人不得干预农民的生产经营自主权，不得违法调整和收回承包地，不得违背农民意愿强行流转承包地，不得非法侵占农民承包地。

四、深入学习贯彻修改后的民事诉讼法，确保新法得到全面正确有效实施

今年8月31日，第十一届全国人民代表大会常务委员会第二十八次会议审议通过了《关于修改〈中华人民共和国民事诉讼法〉的决定》，新的民事诉讼法即将于明年1月1日起实施。这是民事诉讼法自1991年实施以来第一次全面修改。本次修改涉及条文多、范围广，既有对原有制度的补充、修改，也增加了一些新的诉讼制度和诉讼程序，对人民法院的民事审判工作影响很大。最高法院对修改后民事诉讼法的学习和贯彻高度重视，9月13日召开了全国法院学习贯彻民事诉讼法电视电话会议，紧接着又于9月19日在上海召开了全国法院贯彻实施民事诉讼法修改决定座谈会，对学习贯彻民事诉讼法提出了明确要求，对过渡时期的工作进行了安排。全省各级法院一定要充分认识到这次民事诉讼法修改对民事审判工作的重大影响，要把学习和贯彻民事诉讼法作为当前和今后一段时期的重大责任和重要任务，务必采取切实有效的措施，确保修改后的民事诉讼法在审判工作中得到正确全面有效的贯彻落实。下面，我就修改后民事诉讼法的学习贯彻讲几点意见。

（一）要加强学习培训工作，为修改后民事诉讼法的贯彻实施做好充分准备。做好新民事诉讼法实施后的各项准备工作，只有不到四个月时间，可谓时间紧、任务重、责任大。应该看到，新民事诉讼法的贯彻执行是人民法院一项长期的工作任务。民事诉讼法修改决定还没有正式实施，有些问题还没有充分显露出来，特别是有些新的诉讼制度，人民法院没有实践经验的积累，理论研究也非常薄弱。因此，当前的主要任务，更多的是要加强学习研究。对于已经作了修改的条文，要具体了解为什么要做这些修改，修改背后的具体原因是什么。对于新设立的制度，要探索这些制度在实践中应当如何把握，要积极预测实践中可能会遇到什么样的问题。比如小额速裁制度，新的民事诉讼法实施后，预计将有20%～30%的案件要通过小额诉讼程序解决，而民事诉讼法的规定又非常原则，对适用范围、程序转化、救济途径等都没有明确规定，实践中如何具体操作，需要我们在试点工作的基础上认真研究，提前做好准备。按照最高法院的要求，我省的小额速裁试点工作还要继续进行，一直到今年年底，目的也是为将来的正式实施摸索和积累经验。

（二）要强化程序公正意识，切实保护当事人的诉讼权利。程序公正是民事诉讼法的基本要求，是满足人民群众司法需求的直接体现，是实现实体公正的基础和保障，也是提升司法公信力的重要内容。这次民事诉讼法修改中，对诉讼程序的修改和完善都是围绕着如何更好地实现程序公正进行的。强调当事人诉讼权利平等，诉讼权利义务平衡，兼顾公正与效率，重视程序的公开透明，落实两便原则等，使民事诉讼制度更加科学和更具有操作性。在审判实践中，要贯彻落实好关于送达的规定，防止一方当事人利用送达问题恶意拖延诉讼、损害对方当事人合法权益，切实解决好送达难的问题；要严格落实审判人员回避制度等规定，杜绝人情案、关系案；要严格执行证据材料签收制度，依法规范证据的提交和接收程序；要严格执行二审开庭规定，严格限制二审发回重审等。要重视诉讼程序的公开、透明，保障当事人发表意见、进行辩论的权利，平衡好程序公正与效率的关系。总之，要切实提高程序意识，全力维护程序公正，真正实现司法公正。

（三）要强化证据意识，切实保证审判质量。证据制度是现行民事诉讼制度的基石。这次民事诉讼法的修改，立足于完善举证规则、提高当事人举证能力，充分吸收了审判实践经验。从增加诉讼证据种类，专家辅助人制度、证据时限制度到细化证人出庭义务、证据保全制度等方面都做了重要修改和完善。

各级法院要着重抓好对证据部分的理解和适用,不断强化证据观念,认真审查审核认定证据。要认真贯彻举证时限的规定,正确认识举证时限对于促进民事诉讼公正与效率的重要意义,根据当事人逾期举证的主观过错程度确定相应的法律后果,严格把握不予采信证据的情形;要用好专家辅助人以及鉴定制度,充分考虑当事人的举证能力,合理分配举证责任,努力提高办案的质量和效率。

(四)要强化效率意识,切实提高民事审判工作效率。诉讼效率与诉讼公正一样,是人民群众对民事审判工作的期待,也是人民法院审判工作的基本要求。这次民事诉讼法的修改重点之一是研究诉讼效率问题,并对相应的制度作出了重大的修改和完善。修改后的民事诉讼法完善了简易程序,规定当事人对普通程序的民事案件,也可以约定适用简易程序进行审理,规定了实行一审终审的小额诉讼制度,完善了送达制度,增加了留置送达的方式,增加了电子送达等简单送达方式,同时缩小了涉外公告送达的期间,由六个月转为三个月,并规定了不服一审裁定的案件二审需在一个月内审结。全省各级人民法院要积极探索民事案件分流措施,积极落实简易程序和小额诉讼的规定,加强审判流程管理,有效利用司法资源,科学安排审判工作,努力提高审判效率,减少当事人的诉累。

(五)要强化监督意识,自觉接受检察机关的法律监督。法律监督是重要的宪法原则,是正确实施法律的重要保障。王胜俊院长指出,审判权、执行权和其他权利一样,失去制约监督就会出现滥用甚至产生腐败。民事诉讼法修改决定规定了检察机关对民事诉讼进行法律监督的权力,将检察监督的范围扩展到执行监督,检察监督的方式增加了检察建议。对立法上的这些变化,我们要有正确的认识。检察监督对于促进人民法院民事审判工作公正、廉洁、高效,具有积极意义,要以开放的心态接受检查监督。同时,检察监督是依法监督,不能超越法律规定的范围。要严格贯彻执行民事诉讼法修改决定第四十八项的规定,认真审查检察机关对于调解书的检察监督是否符合法律规定的条件,调解书只有在损害国家利益和社会公共利益的情况下,检察机关才能提出检察建议或者抗诉,不符合法律规定的条件的,不能进行检察监督。总之,贯彻新民事诉讼法,要研究如何细化法律中关于检察监督的范围和条件,认真对待检察机关的监督活动,规范此类案件的审理程序。

同志们,中国特色社会主义法律体系形成后,民事审判工作任务更重、责任更大、要求更高。民事诉讼法修改决定的出台,是人民法院加强和改进民事审判工作的重要机遇,让我们以学习贯彻修改后的民事诉讼法为契机,进一步认清形势,把握大局,振奋精神,锐意进取,扎实做好各项工作,努力开创民事审判工作新局面,为推进中原经济区建设、实现河南振兴提供更加坚强有力的司法保障,以一流的司法业绩迎接党的十八大胜利召开!

在湖北省高级人民法院民事(民生案件)审判工作新闻发布会上的讲话

湖北省高级人民法院副院长　崔正军

(2012年5月3日)

各位记者、同志们:

大家上午好!

首先,我代表湖北省高级人民法院,向多年来关心和支持湖北法院民事审判工作的新闻界朋友表示衷心的感谢!今天新闻发布会的主题是发布2009~2011年湖北法院民事(民生案件)审判工作蓝皮书,通报全省法院审理涉民生领域民事案件的工作情况,并公布十起典型案件。近年来,湖北法院高度重视依法保障民生,民事审判工作呈现以下特点:

一、牢牢把握为民司法,充分发挥民事审判保护民生的职能作用

全省法院坚持"为大局服务,为人民司法"的总目标,把依法保障民生作为法院参与社会管理创新,回应群众期待,促进经济发展的重要工作,依法公正审理了大量与人民群众切身利益密切相关的教育培训、社会保障、医疗卫生、居民住房、劳动就业、民间借贷、损害赔偿、婚姻家庭、消费者权益等民事案件，加大了民生权益的司法保护力度。今天发布的蓝皮书和十起典型案例传达了我省法院审理民生领域民事案件的基本情况和基本理念。例如，在劳动争议案件审判过程中，坚持依法保障劳动者合法权益与企业生存发展并重的理念，既保护劳动者获得报酬、享受劳动保障的权利，又注意保护因暂时资金困难但有发展潜力的企业的再生能力，鼓励企业与劳动者共渡难关。在审理房地产纠纷案件时，以安定民心、改善民居为主旨，准确界定合同效力，依法确定当事人的权利义务，平衡调整房地产政策调控给房地产交易和群众生活带来的变化，引导当事人树立市场风险意识，维护诚实守信的市场交易秩序。对于近来受到广泛关注的医疗纠纷，全省法院坚持依法保护患者权益和兼顾医疗卫生事业健康发展的原则，充分发挥多元化纠纷解决机制的作用，促进和谐互信医患关系的形成，引导群众依法维权、理性维权。

二、切实保障诉讼权利，努力构建便民利民的审判工作机制

近年来，全省法院坚持司法便民利民原则，积极拓展司法服务范围，为维护人民群众的根本利益提供了有力保障。一是广设诉讼便民服务站(点)。全省法院深入乡村、社区、企业、厂矿、学校设立便民服务点2100余个，形成了联系到户、落实到人的司法服务网络，积极开展上门立案、上门调解、判后答疑等工作。二是大力发挥人民法庭的作用。坚持“马锡五审判方式”，依托人民法庭开展巡回审判，实行“点面结合、立审并行、就地办案”的工作机制，降低了群众参与诉讼的成本。三是推进小额速裁试点工作。根据最高人民法院的要求，省法院制定了《关于部分基层人民法院开展小额速裁试点的工作方案》和《小额速裁裁判文书样式》，我省4个小额速裁试点法院高效、快捷地审结了大量小额民事纠纷，取得了便民利民、快速化解纠纷的良好效果。四是完善维权合议庭工作机制。目前全省已有百家法院建立妇儿维权合议庭和农民工维权合议庭。三年来，全省维权合议庭共审结涉及妇女、儿童、老人、农民工等弱势群体权益案件17,221件，涉案标的额约5200万元，平均审理天数为31天。五是畅通民意联系渠道。全省各级法院通过印制发放“联系卡”、“反馈意见单”，设立“法官信箱”等多种渠道，架起了法官和民众之间的连心桥。上述便民利民工作机制的建立与推广，有力保障了人民群众快速及时地寻求司法救济，平等有效地分享司法资源。

三、大力推进和谐司法，努力完善多方参与的纠纷解决机制

全省各级法院进一步建立健全诉讼与非诉讼相衔接的矛盾纠纷解决机制，推动诉讼与仲裁、行政调解、人民调解、商事调解、行业调解的有效连接。省法院与省妇联、民政厅、省检察院等部门联合制定《湖北省预防和制止家庭暴力实施意见》，建立了以多方联动为依托、以司法维权为后盾的预防和制止家庭暴力长效机制。省法院作为平安医院创建活动成员单位，提前司法介入，加大对医疗纠纷人民调解的指导和支持，并与省卫生厅、司法厅等部门联合制定了《湖北省医疗纠纷民事赔偿人民调解工作的意见》，发挥了人民法院预防、处置医患纠纷的积极作用。省法院还与省工会共同制定了《人民法院支持和委托工会组织调解劳动争议纠纷的指导意见》，拓展了劳动争议的化解渠道。目前，在各地诉调对接经验的基础上，省法院与省司法厅正在酝酿制定规范诉调对接、司法确认工作的实施意见。在省法院的推动下，全省各级法院创新工作方式，努力探索以调解为中心的和谐司法方法，通过与社会机构的广泛合作，初步建立了多方参与、相互配合、有效协作的民事纠纷协调解决工作机制。

总之，我省法院民事(民生案件)审判工作取得了一定成效。但是，随着社会的发展，司法保护民生的内容、范围在不断拓展，涉及民生领域的民事审判工作还有待进一步加强，一些创新的工作举措、工作机制还需要接受实践的检验和社会的理解认同。今后，我们将继续贯彻落实省委的“六民要旨”，进一步推进各项为民司法举措，全面做好民生权益司法保护工作，为湖北经济社会的发展，为保障和改善民生，维护社会和谐稳定做出新的贡献！

谢谢大家！

锐意进取　创先争优
继续当好全国法院民事审判工作排头兵

——在全省民事审判工作会议上的讲话

广东省高级人民法院副院长　谭　玲

(2012年4月24日)

同志们:

这次会议是经省法院党组研究决定召开的一次重要会议,郑鄂院长十分重视,专门发来了致辞,对全省民事审判工作给予了充分肯定,同时也提出了殷切希望。刚才,佛明同志已经宣读了致辞,希望大家深刻领会、认真落实。这次会议的主题是:认真学习、贯彻去年全国民事审判工作会议和今年全国高级法院民一庭庭长座谈会精神,回顾和分析我省民事审判工作情况,部署今后一段时期民事审判工作任务。上述两个会议的材料已印发给大家,请认真学习好、领会好会议精神,结合工作实际,抓好贯彻落实。为筹备这次会议,省法院于上两个月赴全省各中院及部分基层法院、人民法庭进行了全面摸底调研,对工作中遇到的带有共性的疑难、热点问题作了较深入的分析研究,形成了两份《会议纪要》(讨论稿)。这两份材料已经提前发给了各中院,本次会议也专门安排时间进行讨论。希望大家能畅所欲言、充分讨论,切实将两份文件修改好。下面,我结合本次会议的主题,对今后工作谈三点意见,供大家参考。

一、深刻认识当前民事审判工作面临的新形势、新挑战

近年来,全省法院民一系统坚持社会主义法治理念,以树立司法权威为目标,以提升司法公信力为着力点,以争当全国法院排头兵为动力,以改革创新、完善管理为突破口,以队伍建设为根本,坚决贯彻"为人民司法、为大局服务"工作主题,全面落实"三项硬要求",工作的多个方面均取得了新的成效、展现出新的面貌。

一是审判效率大幅提升。2009年至2011年,全省法院一审民事案件结案率分别为93.72%、93.76%和95%,法定审限内结案率分别为97.31%、97.62%和99.53%,结案均衡度分别为37.67%、51.28%和72.49%,较前几年均有较大幅度的提高。

二是审判质量稳步上升。2009年至2011年,全省法院审结的各类一审民事案件,当事人不服一审判决提出上诉的比例分别为18.41%、13.85%和12.32%,同时,一审判决案件发改率分别为5.31%、5.35%和3.23%,均呈现出逐年下降的良好态势。

三是繁简分流进一步落实。三年来,全省法院一审民事案件适用简易程序比例分别为59.14%、65.32%和76.52%,呈现明显的上升态势,对于及时化解简单民事案件,缓解我省法院民事审判"案多人少"的矛盾发挥了积极作用。

四是纠纷化解机制不断创新。三年来,相继推出的家事审判、小额速裁审判改革,取得了良好的法律效果和社会效果,得到全国人大法工委、最高法院、全国妇联有关领导的充分肯定。同时,大力推进诉前联调工作,构筑多元化纠纷解决体系,力争将社会矛盾化解在诉讼之外、解决在诉讼之前。据统计,仅2011年,全省就受理诉前联调纠纷72,977宗,经过调解达成协议的53,288宗,调解成功率为73.02%。其中向法院申请司法确认的有45,023宗,占同期民商事一审收案数的9.98%;经司法确认后自动履行的有43,560宗,自动履行率为96.75%。

五是服判息诉工作成效显著。全省法院认真贯彻"调解优先,调判结合"原则,着力推动建立全程调解、多元化调解的制度,案件调解率、服判息诉率得到大幅提高。前三年,一审民事案件调撤率分别为52.18%、65.75%和64.85%(不含司法确认),全省法院一审民事案件服判息诉率分别为81.91%、86.78%和87.68%,为全省的社会和谐稳定作出重要和不可替代的贡献。

以上成绩得到了最高法院的充分肯定和好评。去年年底,最高法院奚晓明副院长作出重要批示,高度肯定我省民事审判在化解矛盾、促进发展、维护稳定等方面取得的成绩，要求我们继续当好全国法院排头兵。同时，还得到了社会各界的好评和肯定，去年全省法院获得95.1%的民意满意率，应当说与民事审判的贡献是密不可分的。这些成绩的取得，是全省法院争当全国法院排头兵活动结出的丰硕成果，是全省各级法院民事审判同仁艰苦努力和无私奉献的真实记载。成绩可喜可贺，经验弥足珍贵。在此，我谨代表省法院，向全省民事法官表示衷心感谢和亲切慰问！

今年是我国实施"十二五"规划承上启下的重要一年，举世瞩目的党的十八大即将召开。迎接党的十八大胜利召开，是党和国家今年的首要政治任务。今年也是我省法院"当好排头兵的出发年"、"强化司法公开的推进年"、"新一轮改革创新的起步年"，我们的思维方式、工作思路、管理手段、工作机制和工作方法等，必须除旧布新、与时俱进，必须随着经济和社会的转型升级，加快实现民事审判工作的转型升级，才能真正当好科学发展的排头兵。面对新形势、新任务、新要求，我们要着眼当前、立足长远，着眼本职、放眼全局，进一步充分认识时代赋予民事审判的新的内涵和使命，进一步充分认识民事审判面临的新的机遇和挑战。

（一）中国特色社会主义法律体系的形成对民事审判提出了新要求

去年，在第十一届全国人大第四次会议上，吴邦国委员长庄严地宣告中国特色社会主义法律体系已经形成。这标志着我国的政治、经济、社会生活已全面进入有法可依的时代。这一时代的到来，意味着人民群众拥有了比以往任何时候都要多的法律武器，意味着民众法治意识的觉醒比以往任何时候都更加广泛，意味着对有法必依的要求比以往任何时候都更为强烈。

由于民事法律在我国整个法律体系中占有极大的分量和极其重要的地位，整个法律体系能否在实践中得到全面、正确、有效地实施，在很大程度上取决于民事法律的实施情况。民事审判一直以来都是审判工作的重中之重。最近三年，全省一审民事案件在42万件以上，最多超过48万件，占所有一审案件的83%以上。这一客观状况凸显了民事审判工作在促进整个法律体系正确、有效实施，有力推进依法治国进程等方面的重要作用。对此，我们必须对民事审判工作的重要性有一个清醒的认识。

（二）维护社会和谐稳定对民事审判提出了新挑战

当前，我国正处于社会转型的特殊历史时期，随着利益格局的深刻调整，市场主体在资源配置、市场占有、收入分配等方面的矛盾日趋尖锐，并在短时间内难以得到根本改变；一些长期积累下来的深层次矛盾和问题，也可能在某种因素诱使下陡发，如最近发生的乌坎事件。加之，全球经济深刻重组，国际贸易保护主义普遍抬头，估计未来一段时期外需趋紧态势还将持续，这对外贸依存度高、加工贸易比重大、传统产业较集中的广东冲击比别的省区市更大，维护社会和谐稳定将面临更加严峻的挑战。对此，我们要有充分的思想准备和工作准备。

目前，征地补偿、房屋拆迁、房屋买卖、物业服务、农村土地承包、医疗纠纷、劳动争议等社会高度关注的案件持续增多；国家对房地产市场宏观调控持续加强，相关的房地产案件将有可能大量增加；涉及中小微企业和个人的民间借贷纠纷持续上升；产业结构调整，产业、劳动力"双转移"引发的劳动纠纷加剧；"三旧"工程改造的加快，一些城市进入"城中村"集中改建的高峰期，拆迁纠纷案件激增……这些都对民事审判工作提出了严峻的考验。我们必须及时洞悉民事审判的新变化、新趋势，准确研判应对策略，切实增强工作的前瞻性和主动性，尽最大努力实现个案问题不转化为社会问题，民事案件不转化为刑事案件，普通纠纷不转化为政治性事件，非对抗性矛盾不转化为对抗性矛盾，以促进社会的和谐稳定发展。

（三）"幸福广东"建设对民事审判提出新任务

加快转型升级，建设幸福广东，是省委深入贯彻落实科学发展、准确把握国际国内形势、结合我省实际作出的重大战略部署。我们要深刻领会具体内涵和精神实质，以服务保障"加快转型升级，建设幸福广东"作为政治任务和历史使命。建设幸福广东的一级评价指标共十项，其中与我们民事审判密切相关的就有五项，包括就业、医疗、社会保障、住房、权益保障等。可以说，民事审判工作能不能充分发挥定分止争功能，能不能充分发挥社会矛盾解压阀的作用，能不能充当好人民利益保护神的角色，直接关系到我省人民的幸福指数，直接关系到幸福广东建设的质量与水平。我们必须积极发挥民事审判职能作用，依法调节各种经济社会关系，依法保护各权利主体的合法权益，维护和促进社会和谐稳定，为建设"幸福广东"提供更加有力的司法保障。

同时，我们还应当深刻地认识到，建设法治广东是建设幸福广东的内在必然要求，没有法律作坚强后盾、不以法治作坚强保障的幸福是不可靠、不长久的，法治水平的高低本身就是幸福广东的一项核心指标。省委在提出建设幸福广东的同时，提出了《法治广东建设五年规划（2011～2015）》，法治广东建设成功与否，是幸福广东建设成功与否的重要标志，两者相辅相成,相得益彰。因此,我们的民事审判工作不仅要为幸福广东建设提供司法保障,同时,我们要把依法开展好民事审判工作,提升广东法治水平当做幸福广东建设的有机组成部分来看待。

二、着力抓好几项重点工作

面对严峻的形势和良好的发展机遇,我们必须勇于接受挑战,善于把握机会,不断开创我省民事审判工作新局面。根据全国民事审判工作会议精神以及郑鄂院长在第十六次全省法院工作会议上提出的要求,结合我省民事审判工作的实际情况,今年及今后一段时期全省法院民事审判工作的主要任务是:以社会主义法治理念和“三个至上”重要思想为指引,深化落实“三项硬要求”,紧紧围绕民事审判工作科学发展和司法公信力提升的目标,全面提高我省法院民事审判工作的质量与效率、效果与形象,巩固和提高我省法院民事审判工作的排头兵优势,为将我省法院打造成为全国法院改革创新的“先行区”、公正司法的“示范区”、科学发展的“引领区”提供坚实的基础,为建设和谐广东、幸福广东提供坚强有力的司法保障。当前要重点抓好以下六个方面的工作:

(一)树立正确的能动司法观,提高服务大局的能力

能动司法是关于司法理念的重大话题。提到能动司法,有的同志也许认为,司法只能是被动的,能动司法不符合司法规律。理论上,也的确争议很多。那么,我们到底应如何看待这一问题呢?答案恐怕还得到实践中去找。去年,郑鄂院长带领省法院班子和全省各中院院长到江苏、上海、山东等兄弟法院学习考察,使我们在工作观念、干劲、思路方面都产生了强烈的触动作用,尤其是上述三地法院能动司法作用的发挥引人深思。我认为,能动司法是以尊重司法被动性为前提的能动,是司法职能的合理延伸,使司法在更大范围、更高层面上发挥作用。苏、沪、鲁法院根据审判中发现的问题,向党委、人大、政府等有关部门提出司法建议,体现了正本清源、标本兼治、融医院和防疫站功能于一体的司法能动的价值功能,进一步提升法院在国家政治格局中的地位、作用,实现“有为才有位”的目标,他们的经验值得我们认真学习借鉴。

在民事审判中,要注意发现案件背后的矛盾和问题,特别是带有某类共性和倾向性的问题,而法院在职能范围内又无力解决的,通过摆情况、谈危害、析原因、提改进建议等,有针对性地向有关部门和单位提出司法建议。通过司法建议促进社会的源头治理,从根本上减少矛盾纠纷;促进政府有关部门落实自身的服务监管职责,提高政府的公共服务水平;促进立法不断完善,及时填补立法真空。近期,省法院在审理建设工程施工合同纠纷案件及调研中发现,我省建筑市场的监管混乱,亟须规范,我们将以全省开展的“三打两建”活动为契机,向省委、省政府提出加强建筑市场监管秩序的司法建议。下半年,省法院还将以司法建议为切入口,开展农村土地承包及医患关系的专题调研。各级法院发现有司法建议价值,需要省法院向相关部门提出的,可随时向省法院提出,省法院将会视具体情况积极稳妥的处理。需要注意的是,我省各级法院研究室是司法建议的归口管理部门,民事审判部门要加强与研究室的沟通与协调,提高司法建议的水平和质量。总之,我们要将司法建议作为化解社会矛盾、创新社会管理、发挥能动司法的重要切入点和有效方法,充分发挥司法建议在维护社会和谐稳定、推动社会建设中的重要作用。

(二)强化民事调解,促进案结事了

调解工作虽说是个老话题,但在当前我省社会经济转型升级,民生矛盾纠纷大量增加,群体性热点、敏感事件频发,人民内部矛盾日益凸显的重要时期,调解工作的作用及意义进一步彰显,我们必须进一步大力加强此项工作。一是必须坚持自愿调解原则。调解必须坚持合法自愿原则,绝不能强调硬调、以拖促调、以判压调,决不能片面追求调解率,更不能弄虚作假。实践证明,违背当事人意愿进行的调解,不仅调解协议难以自动履行,反而会严重损害法律权威和司法公信力。二是处理好调解和判决的关系。不能因为强调调解,就否定依法判决的重要作用。在坚持调解优先的前提下,对于确实无法调解、不宜调解或者判决更有利于解决纠纷的,应当及时判决。要高度重视依法判决的作用,充分发挥判决在增强规则意识、引领社会风尚中的重要作用。三是创新调解机制。各级法院可探索设立诉讼“红绿灯”装置,以最相类似的生效案例指引当事人理性评估诉讼风险,适当调整诉讼预期,促使当事人达成调解。

(三)进一步加强司法公开,树立和维护司法权威

省法院将今年确定为“司法公开推进年”,这表明了省法院党组对司法公开的高度重视和巨大决心。各级法院民事审判部门要把这项工作作为实现社会公平正义,树立和维护司法权威的重要工作认真抓紧抓好。

在民事审判中,要遵循“公开是原则、不公开是例外”的要求,严格按照省法院已制定下发的16个司法公开文件执行。在司法公开时,要选择一些社

会关注、可能引起炒作的案件公开。特别是目前社会诚信严重缺失，我们要结合“三打两建”活动，选择那些明显不讲诚信的当事人的案件，直播庭审，让他们在全社会亮相。要结合民事审判的特点，创新司法公开的方式方法，力求公开取得实效。只要对民事审判工作有促进、有提高的，均可大胆尝试。例如省法院民一庭在全国率先实行“一案一承诺一提示”制度，引起社会较大反响，为我们司法公开的改革提供了新的思路。

(四)强化调研和指导，进一步统一裁判尺度

统一裁判尺度，是“类似情况类似对待”的必然逻辑要求，也是衡量司法是否公正的重要标志。我国幅员辽阔、国情复杂、地区发展不平衡，维护司法的统一性面临巨大困难，“同案不同判”情况在全国都不同程度地存在，我省也毫不例外。但是，无论如何我们都必须认真面对，并想办法克服。一是优化三级法院的功能定位。按照目前司法改革的趋势，今后一段时期，基层法院的主要职能是及时、有效化解纠纷，重点解决好办案效率和办案效果的问题。中级法院的主要职能是审理二审案件和对下指导，树立精品意识，维护好终审判决的既判力。省法院的主要职能是办理再审案件和业务指导，侧重规范和指导功能，树立权威意识。通过优化三级法院的功能定位，明确统一裁判尺度的责任主体。二是增强业务指导的针对性、时效性。虽然根据最高人民法院的要求，今后全省各级法院不得再制定本辖区普遍适用的、涉及具体应用法律问题的“指导意见”、“规定”等具有司法解释性质的文件，但并不等于说我们不再需要调研与指导。上级法院要通过个案沟通交流、通报案件发改情况、召开研讨会或座谈会、集中培训等形式，统一大家对法律规定的理解，统一裁判标准。要积极探索建立分类指导和巡回指导制度。近两年来，我和省法院民一庭的同志分片对全省中院进行调研，取得了积极的效果。前阶段，省法院民一庭利用三级法院网络平台，在内部网页设置了“答疑信箱”，请大家充分利用该沟通平台，及时有效解决审判中的疑难问题。下级法院对所审理的案件，认为需要统一裁判标准的，要及时书面报告上级法院。三是加强案例指导工作。建立案例指导制度是中央确定的司法改革举措之一。为此，最高法院专门下发了《关于案例指导工作的规定》，并于去年12月发布了第一批指导性案例。指导性案例所确定的裁判要点，对人民法院审理同类案件具有指导作用。各级法院在审理同类案件时应当参照适用，并可作为裁判文书的说理依据加以引用。今后最高法院将陆续发布指导性案例，全省各级法院民事审判部门要高度重视，及时归纳、总结典型性案例，层报省法院，便于向最高法院推荐。省法院也将适时发布“参考性案例”，希望各级法院在审理类型案件时，学会上看下看、左比右对，保证裁判尺度的统一。

(五)坚定不移地推进民事审判工作机制的改革创新

“改革创新”是个永恒的主题，是推动一切工作不断向前发展的不竭的动力源泉。三年来争当排头兵的生动实践再一次证明，只有勇于改革创新，才能领航弄潮，再立潮头。

一是进一步加大小额速裁试点工作力度。小额速裁试点工作是在中央司法改革背景下，最高法院结合我国基本国情，经中央政法委和全国人大常委会同意，推进人民法院化解社会矛盾、创新保障服务民生而提出的改革措施。2011年4月，省法院及时确定广州番禺法院、深圳罗湖法院、佛山禅城法院和东莞第一法院作为试点单位，启动试点工作。2011年8月，经最高法院同意，又将深圳市的试点工作扩大至全市各基层法院。从当前各试点法院反映的情况来看，试点工作总体情况是好的，在全国处于领先地位，但同时也存在诸多不足，主要表现为“符合小额速裁条件的案件多、适用小额速裁审理的案件少”和“适用小额速裁调撤率高、实际一裁终局判决数低”等，小额速裁程序的功能并未得到真正检验。要充分认识小额速裁程序的发展前景。在《民事诉讼法》未对此作出规定之前，各试点法院要坚定信心、迎难而上，积极稳妥推进，确实拿出真实的试点成果出来，尤其要在小额速裁程序一裁终局案件数上有量的突破和质的保障，以增强立法机关在修改《民事诉讼法》时采纳小额速裁程序的信心，减轻基层法院的办案压力。要创新引导当事人选择小额速裁程序的方式方法。只要案件符合适用小额速裁条件的，即使立案时当事人未选择适用，人民法院在审理过程中至宣判前，均可引导当事人选择适用小额速裁程序。要进一步简化小额速裁案件的裁判文书。各试点法院可结合各种案件类型，创新清晰、简易的“表格式”、“清单式”等格式化裁判文书，以提高审判效率。

二是进一步完善家事审判的机制建设。我省家事审判的试点工作成效明显，舆论反响十分强烈，成为近年来我省法院创新工作的一大亮点，得到了全国人大法工委、最高法院的高度肯定，郑鄂院长要求将家事审判合议庭打造为广东法院的新名片。这里需要指出的是，为规范家事审判试点工作，虽然省法院已经出台了《家事审判合议庭工作规范指引》和《人身安全保护裁定适用指引》，对于家事审判的程

序性问题作了具体指引,但对于审理中的实体性问题缺乏规定,审判中存在很多困惑,亟需我们开拓思路、大胆创新。要针对家庭暴力案件,降低证明标准,合理分配举证责任。受害方需要举证证明受侵害事实;在受害人完成上述举证的情况下,由对方承担证明其并非侵权行为人的举证责任,如果无法证明的,可推定其为侵权行为人。要扩大法院依职权调查取证的范围。将未成年子女的证言和不愿出庭作证的证人证言,纳入法院依受害人申请调查取证的范围。依当事人申请或者依职权主动走访居委会、妇委会等组织,调取有关当事人房产、存款等证据,力求全面掌握案情,积极创造家事案件调解条件。要建立家事审判工作联席会议制度。当前重点要解决公安机关、妇联参与建立反家庭暴力联动机制的问题。

三是进一步完善庭审方式和裁判文书改革。近年来,我省民事案件数量一直处于高位运行,案多人少的紧张局面短期内无法得到根本缓解,我们必须在内部挖潜上下功夫、做文章。庭审方式和裁判文书改革,就是释放办案压力、挖掘审判潜力的有效途径。在庭审方式改革方面,要坚持"小额案件快速审、简单案件简易审、复杂案件重点审"的原则,在满足人民群众司法需求的基础上,实现庭审方式的繁简分流。省法院民一庭今年开始试行大要案"大合议庭"制度,即一审案件和重大疑难的二审案件均由5名审判人员组成的大合议庭审理,以更为妥当地处理重大疑难案件。同时,要注重以庭审为载体促进诚信司法和诚信诉讼,提高诉讼效率。在裁判文书改革方面,要该繁则繁、当简则简,并可在此基础上进一步进行创新。如深圳中院拟对小额速裁案件口头宣判、不出具书面的裁判文书,劳动争议案件、道路交通事故及人身损害赔偿案件采取固定要素或表格的方式陈述案情,这些尝试均符合当前裁判文书改革的方向。对于案件事实、法律关系较为复杂的案件,要坚持裁判文书"专业品质、大众表达",进一步增强裁判文书的说理性和可接受度。要尽量让当事人拿到裁判文书后,能够清晰看懂自己的官司赢是怎么赢的,输又是怎么输的。

(六)努力建设一支正义、为民、廉洁、智慧的高素养民事审判队伍

在一切因素中,人的因素是决定性因素。加强民事审判队伍建设,始终是加强和提升民事审判工作的根本保障。

一是要着力培养法官公平正义的职业品格。"法律借助法官之手降临人世"。主持公平正义是法官的神圣使命。因此,对于我们法官来说,拥有一颗正义的心、养浩然正气是第一要义。这既是职业道德的要求,也是法官人格的第一要素。所谓"木心不正,则脉理皆邪,弓虽刚劲而遣箭不直,非良弓也"。我们当法官正如一张弓,弓的纹理正不正,就正如我们有没有正义之心、浩然之气。法官如果没有公平正义的职业品格,从根本上就不应成为一名法官,更别说成为一名优秀法官。

二是要着力增长法官的能力和智慧。"法官是活着的法律宣示者"。民事审判专业性强,面对的社会问题复杂,民事法官不仅要熟悉各类裁判规则,更要注意理解立法的目的、原则和精神,确保民事审判符合法的目的性和原则性的统一;不仅要熟悉新的法律法规,更要注意新旧法律、司法解释的衔接与适用,确保案件处理的妥当性;不仅能熟练运用法律的逻辑分析方法,还要能够掌握法律的哲学、社会学分析方法,确保个案处理的公正性。在社会生活的多变性和法律的稳定性矛盾日益凸显的今天,法官必须能够敏锐地洞察社会现实的方方面面,倾听不同利益主体的呼声,在现行法律规范的框架内,稳妥、巧妙地解决各类矛盾与纠纷,努力把我们的法官队伍打造成为智慧型的队伍。

三是着力培养法官良好的群众工作作风。没有培养良好的群众工作作风,司法为民就只能成为一句口号。这个问题我们必须重视起来,认真地抓一抓。总的说来就是要做到"三个更贴近"。要在思维模式上更贴近群众。法官应走下高高的审判台,和群众心贴心,通过一朝一夕、一点一滴的努力,融人性的温情于冰冷的法律规则之中,使当事人能从思想上真正理解和接受法律。要在审判方式上更贴近群众。对许多当事人来说,他们无出庭经验和技巧,在庭审时提不出观点,抓不住重点,大多采取想到哪里就说到哪里的方法。此时法官要以平等宽容的心态,耐心倾听当事人的陈述和要求,不要随意打断当事人的陈述。要在案件处理方法上更贴近群众。对于当事人争议较大、矛盾激烈的案件,必须通过判决进行处理的,在判决送达前,可以采取适当方式与当事人进行沟通,告知其可能存在的诉讼风险,使当事人产生合理的心理预期。宣判时,法官要尽量用通俗易懂的语言答疑解惑,做深、做细当事人的思想疏导工作,增强审判的透明度和判决的可接受性。

三、准确把握几类重点类型案件的裁判标准

(一)转变司法理念,正确认定合同效力

对合同效力的正确认定是民事审判引导市场经济的重要方面。随着最高法院关于适用《合同法》两个司法解释的相继出台,对合同无效的认定渐趋严格,这对于维护正常的交易秩序、促进经济发展具有

十分重要的意义。审判实践中要转变以往那种只要违反了法律、行政法规强制性规定的合同即为无效的惯性思维，坚持从宽认定合同效力的原则，慎重认定合同无效。尤其是对于何为效力性强制性规定，审判实践中要准确区分和把握。一是看该强制性规定是否明确规定了违反的后果就导致合同无效；二是虽然法律、行政法规没有规定违反该规定将导致合同无效，但违反该规定将损害了国家利益和社会公共利益的，可认定为效力性强制性规定。如对于需要行政审批的合同，虽然有关法律、行政法规规定该合同约定事项须经相关行政主管部门审批，但该审批行为属于行政管理性规定，如合同未经审批的，应认定该合同未生效，且不影响合同中关于当事人履行报批义务条款及因该报批义务而设定的相关条款的效力。当事人仅以未经审批为由请求确认合同无效的，人民法院应不予支持。

（二）正确理解物权公示原则，充分发挥司法的物权确认功能

公示原则是物权法的基本原则。该原则要求不动产物权的设立和变动需依法通过登记的方式进行公示，《物权法》第六条对此作了规定。物权公示原则的实践意义在于明确交易前的推定效力，即不动产依法公示后，不动产登记簿记载的权利人在法律上被推定为不动产的权利人。但根据《物权法》第9条第一款、第28条和第33条的规定，对于这种推定，如果有充分的证据足以推翻的，人民法院可以通过司法裁判予以变更，不必以登记机构的变更或撤销登记为前提。最高法院奚晓明副院长在2011年全国民事审判工作会议上的讲话中也强调："在审理物权纠纷案件时，既要准确把握物权登记的制度功能，严格贯彻物权公示制度，又要根据案件类型充分发挥司法的物权确认功能，合理确定物权的归属。比如在一房多卖案件中，要分别根据登记公示、占有、价款交付以及合同成立的时间等确定房屋所有权的归属"。我们在审判实践中需要注意的是，对于恶意办理登记的买受人，其权利不能优先于已经合法占有该房屋的买受人。此外，在执行异议之诉案件中，法院必须对争议标的的权利归属作出判定，才能决定是否停止对该标的的执行。在审理执行异议之诉案件时，法院要着重审查的实际上就是物权公示原则的推定效力在此案中能否被推翻的问题。因此，我们既要依法保护在查封前已付款且合法占有不动产的真正权利人的利益，又要注意识别被执行人与其他主体恶意串通、虚构买卖事实以规避执行、逃废债务的行为。至于在判决主文中对所有权归属作出判定时，是表述为直接确认所有权还是办理过户手续的问题，目前存在较大争议，值得进一步研究。

（三）依法审理建设工程合同纠纷案件，维护建筑市场秩序

审理好建设工程合同纠纷案件，对维护建筑市场秩序，保证建筑工程质量，维护人民群众人身财产安全，保护农民工等弱势群体的合法权益，意义重大。审判实践中要贯彻落实好《建筑法》、《招标投标法》等法律、行政法规和最高法院司法解释的有关规定，充分认识到招标投标制度和建设工程强制性标准的公共利益保护目的，依法维护通过招投标方式所签订的中标合同的法律效力，正确认定工程款结算的合同依据。实践中要准确界定目前建筑市场普遍存在的"黑白合同"。对于招标人和中标人另行签订改变工期、工程价款、工程项目性质等中标结果的协议，应认定为变更中标合同的实质性内容；中标人作出的以明显高于市场价格购买承建房产、无偿建设住房配套设施、让利、向建设方捐献等承诺，亦应认定为变更中标合同的实质性内容。审判实践中需注意的是，如果争议工程不属于强制招投标的范围，当事人之间也没有进行招投标，但按当地建设行政主管部门的要求进行了备案，该备案合同与当事人另行签订的合同不一致的，应以当事人实际履行的合同作为结算工程价款的依据，这样处理即尊重当事人的意思自治，又不违反法律的规定。

（四）全面准确理解《婚姻法》相关规定，促进社会和谐

俗话说，"家和万事兴"。家庭作为社会的细胞，家庭和睦，社会自然和谐。最高法院关于适用《婚姻法司法解释（三）》出台后，引起社会的广泛关注，也出现不少质疑。其实其中很多都是对该司法解释的误读。最高法院强调，在离婚案件中处理财产问题时，不能将该司法解释孤立起来，应将其与《婚姻法》及其他规定相结合，综合考虑。以《婚姻法司法解释（三）》第七条为例，该条明确规定父母为子女出资买房且产权登记在一方名下，离婚时视为一方个人的赠予，但是这里所指房屋产权归一方所有与房屋在离婚诉讼中的最终归属是两个不同的问题。按照《婚姻法》第42条和《婚姻法司法解释（一）》第27条的规定，离婚时如女方生活困难，可以请求将男方个人住房判给女方所有或居住以作为经济帮助。按照《婚姻法》第46条规定，当男方存在法定过错情形时，女方还可请求获得男方房屋作为对自己的离婚损害赔偿。因此，即便按照《婚姻法司法解释（三）》的规定，将房屋产权认定为男方所有，但在具体分割时，依据上述规定，最终也不可能存在少数人所担心

的女方离婚时会被“扫地出门”的局面。因此,审判实践中一定要注意全面准确理解《婚姻法》及其相关司法解释的规定,以实现法律效果、社会效果和政治效果的统一。

(五)依循平等保护原则,依法妥善处理劳资纠纷

民事审判遵循的是对民事主体平等保护的基本理念,劳动争议案件审判亦然。大家要充分认识到,劳动者和企业是一个利益共同体,二者相互依赖不可分割。不能将劳动者权益保护与企业生存发展对立起来,要坚持依法保障劳动者合法权益与用人单位的生存发展并重的审判理念,积极促进劳动关系的和谐稳定,确保服务经济转型升级工作取得实效。如在对用人单位调整劳动者工作岗位问题的处理上,只要确实是出于生产经营的需要,不具有侮辱性或惩罚性,调整工作岗位后劳动者的工资水平与原岗位工资水平基本相当,又没有其他违反劳动合同或劳动法律法规情形的,应当认定用人单位调整劳动者工作岗位系合法行使用工自主权。当然,如果是劳动者依法享有的合法权益,实践中也要坚决予以保护。例如,依据《社会保险法》的规定,为劳动者办理社会保险登记并按时足额缴纳社会保险费是用人单位的法定义务。因此,对于当前劳动合同中普遍存在的约定用人单位无须为劳动者办理社会保险手续或将社会保险费直接支付给劳动者的情况,依法应认定该约定无效。劳动者以用人单位未为其缴纳社会保险费为由,请求解除劳动合同并支付经济补偿的,宜予以支持。

(六)妥善处理道路交通事故损害赔偿纠纷,保障民生利益

据统计,2007年至2011年,全省法院每年新收的一审道路交通事故损害赔偿案件分别为26,497件、28,758件、30,796件、49,873件和59,068件,呈逐年上升趋势,尤其是近三年呈“井喷式”增长,成为当前民事审判工作的重点领域之一。最高法院相关司法解释正处于广泛征求社会各界意见阶段,此次会议纪要也将进一步统一此类案件的裁判尺度。当前,全省各级法院要从保障和改善民生的角度重视此类案件的审理,尤其是要充分发挥交强险的社会保障功能,准确把握好“由交强险先承责再分责”的原则,由承保交强险的保险公司在责任限额范围内先承担无过错责任,其余部分再依法分责。如机动车方未投保交强险的,应明确由机动车一方在交强险责任限额范围内先承担责任。此外,为了最大限度地实现案结事了、息事宁人,及时保护被侵权人的合法权益,对于相关商业保险合同纠纷,可一并处理,以减少当事人讼累,提高裁判质量和效率。

(七)妥善处理医疗损害赔偿纠纷,保护医患双方合法权益

此类案件的审理重点、难点在于医疗损害鉴定问题。实践中应注意,《侵权责任法》取消了区分医疗事故鉴定和医疗过错鉴定的双轨制模式,新法施行后此类案件需委托鉴定的,应当委托医学会或司法鉴定机构进行医疗损害鉴定。在选择鉴定机构时,应当在充分尊重当事人意思的基础上,从具备条件的医学会或省法院印发的司法委托专业技术机构名册中选取,确保鉴定的科学性和权威性。对于当事人一方单方委托作出的鉴定结论要从严把握,确保鉴定结论的中立性。实践中可引导当事人申请专家出庭辅助质证,要求鉴定人员履行出庭质证义务,对鉴定结论进行形式、实质的双重审查,避免以鉴代审。此外,《侵权责任法》也取消了医疗事故损害赔偿和医疗过失损害赔偿标准二元化的模式。对于《侵权责任法》施行后发生的医疗损害赔偿纠纷,应统一适用最高法院关于人身损害赔偿司法解释的赔偿标准计算赔偿数额。

(八)妥善处理农村土地承包合同纠纷案件,切实保障农民的合法权益

“三农”问题的核心是农民问题,而农民问题的核心则是土地问题。要牢牢把握住农村土地这个核心,妥善处理好农村土地承包合同纠纷案件,维护农村社会稳定和国家长治久安。审判实践中要注重从我国农村实际情况出发,准确把握民主议定程序与农村土地承包合同效力的认定问题。对于半数以上村民起诉主张农村集体经济组织对外签订的承包合同无效的案件,如该承包合同系2008年12月18日最高法院废止《关于审理农业承包合同纠纷案件若干问题的规定(试行)》之前订立的,且承包合同自订立之日起至起诉时已超过一年,或者虽未超过一年,但承包人已实际做了大量投入的,对原告方要求确认该承包合同无效或者要求终止该承包合同的,不予支持。如经人民法院释明后,原告方变更诉讼请求为申请对承包合同的有关内容进行调整的,人民法院可根据实际情况,依照公平原则予以处理。如该承包合同系2008年12月18日之后订立的,则应按照《物权法》、《土地管理法》和《村民委员会组织法》及有关司法解释的规定予以认定。此外,对于因国家减免农业税引发的承包经营权流转费纠纷案件,在处理时要把握一个原则,即国家减免农业税的受惠者应当是农村土地的第一手承包人。如果承包人将承包经营权以转包或出租方式进行流转,且流转合同约定由次承包人或承租人缴纳农业税的,则第一手承包人可以农业税减免为由,要求次承包人

或承租人按农业税减免数额增加承包费用或租金，以确保国家农业优惠政策落到实处。

同志们，争当排头兵难，当好排头兵更难。面对新形势、新任务和新使命，让我们以昂扬向上的精神风貌、公正为民的法治理念、百蚀不侵的坚定意志，锐意进取，创先争优，努力开创我省民事审判工作新局面，为建设幸福广东、和谐广东做出新的更大的贡献，以更加优异的成绩迎接党的十八大胜利召开！

谢谢大家！

认清形势　迎接挑战　稳中求进　进一步推动全区民事审判工作的创新和发展

——在全区民事审判工作会议上的讲话

广西壮族自治区高级人民法院副院长　戴红兵

（2012年3月15日）

同志们：

正值全国两会召开之际，今天，我们召开全区民事审判工作大会，本次会议的主要任务是：以邓小平理论和“三个代表”重要思想为指导，紧紧围绕人民法院工作主题，全面总结2008年以来全区法院民事审判工作的成绩和经验，贯彻落实十七届六中全会精神，按照全国民事审判工作会议和全国高级人民法院民一庭庭长座谈会精神，切实落实全区法院院长会议所作出的工作部署，明确和部署当前及今后一段时期民事审判工作的新任务，依法促进我区经济社会平稳较快发展，着力保障和改善民生，努力推进社会主义文化大发展大繁荣，为党的十八大胜利召开营造和谐稳定的社会环境。下面，我讲几个问题。

一、全国民事审判工作会议精神和全国高级法院民一庭庭长座谈会精神

2011年6月22日至24日，最高人民法院在杭州召开了全国民事审判工作会议。最高人民法院副院长奚晓明出席会议并作了题为《适应中国特色社会主义法律体系形成新形势，在新的起点上谱写民事审判工作新篇章》讲话，奚副院长总结了本届党组以来民事审判工作的成绩和经验，分析民事审判工作面临的形势和任务，对当前审理民事案件需要注意的问题提出了意见。会议围绕民事审判九个方面问题提出了69条意见，形成了会议纪要。去年十月，最高人民法院以正式文件下发了会议纪要，会议纪要对当前和今后一段时期民事审判工作将起到重要的指导作用。

今年2月17日，最高人民法院在厦门召开可全国高级法院民一庭庭长座谈会，最高人民法院奚小明副院长作了《把握总基调，找准结合点，最大限度发挥民事审判在促进经济稳中求进和社会和谐稳定中的积极作用》讲话，奚小明副院长讲话要求，按照全国民事审判工作会议要求，紧密结合今年形势发展，围绕“稳中求进”总基调，确定今年民事审判工作重心，充分发挥审判职能作用，依法促进我国经济社会平稳较快发展，着力保障民生，努力推进社会主义文化大发展大繁荣，为党的十八大召开营造和谐稳定的社会环境。杜万华庭长作了总结讲话，强调了今年民事审判工作中需要重点注意的几个问题。

全国民事审判工作会议和全国高级法院民一庭庭长座谈会，是在社会主义市场经济确立和中国特色社会主义法律体系形成新形势下召开的，它对我国民事审判队伍始终坚持社会主义法制理念，更好落实“为大局服务，为人民司法”工作主题，更加充分发挥民事审判工作职能，为全面实施“十二五”规划、全面建设小康社会提供有力司法保障，对依法促进我国经济社会平稳较快发展，为党的十八大召开营造和谐稳定的社会环境具有重要意义。

二、2008年以来全区民事审判工作回顾总结

2008年以来，全区法院民事审判工作坚持“三个至上，指导思想，牢固树立社会主义法治理念，围绕执法办案第一要务，深入推进“三项重点工作”，在化解矛盾、促进发展、维护稳定等方面取得新进展。

——坚持能动司法，着力服务经济发展。2008

年以来,为积极应对国际金融危机,全区各级法院进一步发挥民事审判职能作用,公正高效审理各类案件,促进经济平稳较快发展。为确保党中央关于加快经济发展方式转变战略部署的贯彻落实,各级法院坚持能动司法,妥善审理了在调结构、促转变、扩内需中发生的大量民事纠纷,取得良好的社会效果。据统计,2008~2011年,全区法院共受理一审、二审和再审民商事案件562,059件,占全区法院同期受理案件总数的57.82%;审结553,130件,结案率为88.78%。其中,审结婚姻家庭继承纠纷案件119,248件,合同纠纷案件312,772件,其中劳动争议纠纷案件20,594件,道路交通损害赔偿纠纷41,197件。通过公正高效地审理各类民事案件,及时化解了大量社会纠纷,有力地保护了各类民事主体的合法权益,为维护社会和谐稳定发挥了积极作用。

——坚持和谐司法,化解社会矛盾。王胜俊院长强调指出,调解是高质量审判,是高效益审判,调解能力是高水平的司法能力。全面加强调解工作,是继承中华民族优秀文化和发扬人民司法优良传统的必然要求,是发挥中国特色社会主义司法制度优势的必然要求,是维护社会和谐稳定的必然要求,是充分发挥人民法院职能作用的必然要求。全区各级法院立足边疆民族地区实际,始终把维护民族团结和睦、促进社会和谐稳定作为硬道理、高要求,尽最大努力化解矛盾纠纷。从2009年开展"调解年"主题活动到目前的构建"大调解"工作格局,一直将调解作为人民法院能动司法的重要载体,扩展调解领域,集聚调解资源,构筑调解体系。全面贯彻"调解优先,调判结合"原则,不断探索边疆民族地区诉讼纠纷解决新路子。2009年,全区一审民事案件调撤率首次超过全国平均水平,达到64%,与2008年的45.39%相比,提高了19个百分点,2010年进一步提高到64.60%。2011年仍保持在65.72%的良好势头,其中,百色中院2011年一审民商事案件调撤率高达87%,有四个中院的一审民商事案件调撤率超过了80%。大力推进调解的同时,我们也坚持了依法、自愿、公正的原则,效果非常好,自动履行率很高,没有后遗症。特别是高院对一些重大案件的调解,得到了党委、政府、人大代表的高度肯定。如中国建筑第三工程局有限公司与广西龙门居房地产开发有限责任公司建设工程施工合同纠纷一案,就是一个成功的例子。大量的实践证明,通过调解的促成,有助于真真正正实现案结事了,实实在在化解纠纷矛盾,这对于当前正在面临案多人少纠纷长期不减的人民法院来说,无疑是最佳的解决纠纷方式。我们要认真总结经验,长期坚持。当然,调解也不能搞绝对化,对于不适合调解的、调解不成的案件,应当依法及时作出判决。

——坚持为民司法,切实保障民生。全区各级法院积极践行司法为民,结合"人民法官为人民"主题实践活动,采取多种形式,便民制度和利民措施进一步完善。建立"绿色通道",对民生案件实行优先立案、调解、审理、执行;设立交通事故、劳动争议、妇女儿童权益等专门合议庭或者法庭,对类型化民事案件集中审理;基层法院和人民法庭普遍推行电话、巡回、预约等多种民事案件立案形式,最大限度地为当事人起诉提供便利;各基层法院和人民法庭发扬"巡回审理、就地办案"的优良司法传统,把问题解决在田间地头,把矛盾化解在纠纷现场。同时,为困难群众缓、减、免诉讼费,继续抓好司法救助制度的落实,为生活陷入困境的当事人提供帮助,彰显司法人文关怀。通过这些切实可行的司法为民举措,民事审判工作更加符合民情,体现民意,服务民生,赢得民心。

——拓展联动司法,合力化解矛盾纠纷。近年来,我们一直在积极探索与公安、劳动、保险、环保、金融等部门建立民事纠纷联动调解机制,充分整合各行政部门、各行业的职能优势,扩大调解的主体,共同化解社会矛盾纠纷。全区各级法院与同级相关政府部门签署各种意见或文件,建立联席会议制度,共建多层次、全方位的化解矛盾纠纷机制平台。同时也为行政机关、行业主管部门充分发挥职能优势破解社会管理难题提供司法支持与保障。如区高院与区公安厅联合下发了《关于进一步推进交通事故损害赔偿纠纷调解工作的意见》,总结和推广玉林市交通事故纠纷调处行政调解、人民调解、司法调解、检察监督和保险理赔"五位一体、三调联动、一站式服务"工作经验,进一步推动了我区交通巡回法庭在处理交通事故损害赔偿纠纷的创新发展。目前全区已有64个基层法院在公安交警部门成立了交通事故巡回法庭或调解室。在人民法院和交警、保险等部门的协作下,使90%的交通事故纠纷不仅没有进入诉讼程序,而且得到及时化解,因交通事故引发的上访、投诉案件显著下降,群众满意率大幅提升,取得很好的社会效果;我们还与劳动部门联合,建立劳动人事争议调解仲裁与审判工作联席会议制度,共同化解急剧增长的劳动争议纠纷;与保险部门联合,建立多元化解决保险纠纷机制,联合化解保险纠纷;与环保部门联合,建立多元化解决环境纠纷机制,联动调解环境纠纷等。

——推行阳光司法,确保审判权正确行使。自治区高级人民法院提出55条阳光司法措施,实行庭审同步录音录像、裁判文书公开上网,对部分案件进行网络庭审直播，有30个法院成为“司法公开示范法院”。各级法院不断创新司法公开的形式，由原来的被动公开向主动公开转变，由单纯的审判信息公开向司法信息全方位公开转变，由过去的单一形式发展到定期举行新闻发布会、开展法院公众开放日活动、裁判文书上网、庭审网络视频直播、院长与网民互动交流等多种公开形式，司法透明度不断提高。在全区法院2011年“优秀示范庭审”评选活动中，在评选出的30个“优秀示范庭审”中有11个是我们民事诉讼案件，这说明我们的民事审判队伍具有较高的业务水平和娴熟的庭审驾驭能力，作风严谨，形象良好，体现了司法公开、公平、公正、高效的要求。

——推进司法改革，优化审判机制。一是小额速裁试点工作成效显著。从去年5月1日开始，我们确定南宁市西乡塘区人民法院和柳州市柳北区人民法院为我区两家小额速裁试点单位。据统计，截至2011年12月30日，西乡塘区法院小额速裁庭共收案639件，结案638件，结案率达99.84%，调撤案件637件，调撤率高达99.84%，很多案件立案当天即结案，所审结案件平均审限1.99天。案件的审理取得了“三高一无”（高收案率、高结案率、高调撤率、无异议）的喜人成效；柳北法院小额速裁庭共收案280件，结案280件，结案率达100%，平均审限7天，调撤率达99%，当事人满意率为100%。小额速裁以其高效快捷的审理方式，被当事人称赞为“方便又快捷、省心又省钱”。小额速裁试点工作试行以来，注重实效、注重宣传、注重研究和总结经验，两个试点法院已形成调研成果及经验材料汇编，大家要认真学习推广。目前，小额速裁工作已在南宁市、柳州市部分基层法院扩大试点。二是各级法院认真完善人民陪审员工作机制，充分调动人民陪审员参与诉讼积极性。2008～2011年，全区法院人民陪审员共参与审理民事案件76,463件。2010年全区法院民事案件陪审率为49.31%，2011年全区法院陪审率达到82.68%，同比提高33.37个百分点。三是实行民事案件繁简分流，做到当繁则繁，宜简则简，加快审判进度，减轻当事人讼累。2008年～2011年，全区法院按照简易程序快速处理民事案件307,868件，占一审民事案件的63.10%。四是进一步优化司法职权配置，调整民事案件管辖标准，强化上级法院指导职责，下移审判重心，把更多纠纷解决在基层。

——强化基层司法，夯实工作根基。2008～2011年，全区基层法院审结民事案件481,552件，结案标的额242.82亿元；其中，人民法庭审结民事案件165,449件，结案标的额28.81亿元。大部分法庭调解结案率达到70%以上，调解后自动履行率达80%以上，部分法庭在所管辖区域内还实现了“无判决、无上诉、无上访”和“结案率达100%、调解率达100%、独任审判达100%”。基层法院和人民法庭已经成为化解矛盾、维护稳定、健进和谐的重要防线。2010年12月，区高院对全区2006年首批达标的49个规范化人民法庭进行了“回头看”检查，经过检查，第一批达标的49个规范化法庭中，除武宣县马步人民法庭由于行政区划发生变更已经申请撤销外，其余48个人民法庭在精神文明建设规范化、组织建设规范化、审判工作规范化、管理制度规范化、物质建设规范化五个方面均通过了新标准的验收，在原来达标的基础上取得了很大进步。希望首批通过验收的人民法庭在保持成绩的基础上，不断创新工作机制，在审判执行工作上取得更大进展。为有效解决西部边远地区、民族地区法庭布局不合理问题，有序推进人民法庭恢复和新建工作，2011年我区确定恢复和新建法庭36个，定向为全区法院培养法律人才，缓解基层法院法官断层状况，逐步改善基层法院经费不足的状况。

——强化执法办案，先进典型不断出现。全区各级法院以执法办案为第一要务，通过深入开展“人民法官为人民”主题实践活动，努力打造一支政治坚定、业务过硬、一心为民、公正廉洁的法官队伍。全区法院通过“五项竞赛”、“五个一百”评比活动，激励广大法官比学赶超，增强能力，提高水平。百色市、崇左市等法院连续三年调解率超过全国平均水平，获得绩效考评一等奖。南宁市中级人民法院民事审判第一庭等16个民事审判庭获得先进单位，全国劳动模范、调解能手文惠新，连续多年创造了民事案件调解率99%的好成绩。江南区法院民一庭副庭长蓝彬，2009～2011年三年共审理案件1291件，裁判正确率99.8%。审判工作实现四无，无超审限、无发回重审、无再审、无改判，被评为南宁市劳动模范及全区法院办案标兵；兴宁区法院民一庭副庭长陈玉萍，撰写的多篇论文荣获了全国、全区及南宁市各级法院系统学术论文奖，其中，在全国法院系统第十九届、第二十届学术论文评比中分别获得优秀奖、二等奖，还荣获了第十四届广西青年“五四”奖章、第四届“广西杰出（优秀）青年卫士”等称号；百色市隆林各族自治县德峨法庭黄登林，他所在的法庭辖区范围居住着壮、汉、苗、彝、仡佬五个民族，是典型的少数民族聚居区，他充分发挥熟知各少数民族风俗习惯的优势，找出适合辖区各民族特点的调解技巧和方法，近年来，所审结案件调撤率均超过95%。去年被最高人民法院授予“全国优秀法官”称号。

在取得有目共睹的成绩同时，全区法院民事审判工作还积累了一些宝贵经验,值得今后继续保持和发扬光大:一是始终以"三个至上"为指导,确保民事审判工作正确的政治方向;二是始终以服务大局为宗旨,确保民事审判工作符合科学发展观的要求;三是始终以司法为民为关键,确保民事审判工作的人民性;四是始终以基层基础为重心,确保民事审判工作根固基牢;五是始终以队伍建设为保障,确保民事审判工作取信于民。

同志们,近年来,全区各级法院民事法官和其他工作人员认真开展民事审判工作,为服务党和国家工作大局,促进经济社会又好又快发展,保障民生,维护社会稳定,作出了很大贡献。实践证明,我们的民事审判队伍是一支值得党和人民信赖的队伍,是一支特别能战斗的从伍。在这里,我代表自治区高级人民法院,向战斗在民事审判工作中的民事法官和其他工作人员表示衷心的感谢,并致以崇高的敬意!

在充分肯定成绩的同时,我们必须清醒地认识到民事审判工作还存在诸多薄弱环节。还有许多与时代发展和人民群众需求不相适应的地方:民事审判为大局服务、为人民司法的主动性和积极性有待进一步增强;中国特色社会主义法律体系形成后民事法律的实施有待进一步落实;民事审判体制机制有待进一步优化;民事审判队伍整体素质有待进一步提高。这些问题必须引起高度重视,并切实加以妥善解决。

三、当前民事审判工作面临的形势和任务

"十二五"时期既是深化改革开放、加快转变经济发展方式的攻坚时期,又是贯彻落实科学发展观、全面建设小康社会的关键时期。这既对民事审判工作提出了前所未有的严峻挑战,也为民事审判工作实现历史性飞跃提供了更加广阔的发展空间。在新的历史起点上,人民法院面临的考验更加严峻,遇到的问题更加复杂,承担的任务更加艰巨。广西又是全国唯一集少数民族、边境、沿海、贫困地区及革命老区于一身的省区,民族团结进步、边疆巩固安宁、北部湾经济区加快开发建设、中国—东盟自由贸易区加大开放力度等艰巨繁重之任务,对广西法院化解社会矛盾、服务改革发展、保障边疆和谐稳定提出了新的更高的要求。作为人民法院审判工作的重要组成部分,民事审判也必将面临新的挑战。

一是保障我区经济社会平稳较快发展的任务更加艰巨。我国发展不平衡、不协调、不可持续问题依然突出,今年经济增长下行压力和物价上涨压力并存。随着房地产调控政策、稳健货币政策和扩大内需政策的继续实施,房地产和民间融资领域中的结构性问题将进一步凸显,鼓励、保护消费的要求更加迫切。房地产、民间借贷、劳动争议、消费者权益保护等案件数量必然大幅攀升;随着城乡统筹发展和城镇化稳妥推进,房屋拆迁、土地征收、农地承包等各类何题必将不断涌现,审理难度也将进一步加大。妥善解决好经济社会发展中出现的新情况、新问题,需要我们积极应对。

二是保障和改善民生,维护社会和谐稳定的责任更加重大。目前,我国人均CDP已超过4000美元,"中等收入陷阱"问题越来越突出。保障和改善民生、彰显社会公平正义的紧迫性日益显现。医疗卫生、教育就业、婚姻家庭、食品药品安全、道路交通、环境保护等与民生息息相关的案件,继续保持增长态势,并呈现出许多新的特点。这些案件涉及面广,很容易被各种势力利用,有向政治性、群体性、敏感性事件转化,影响社会和谐稳定的可能。近年来,涉诉信访数量居高不下,进京访、越级访、集体访持续增多,加强源头治理、加大多元纠纷解决机制建设,提高案件审判质量,成为民事审判工作的重中之重。充分发挥民事审判职能作用,进一步提升基层民事审判工作质效,切实维护人民群众合法权益,依法保障人民群众安居乐业,最大限度满足人民群众新要求新期待,夯实社会和谐稳定的根基,需要我们认真谋划。

三是中国特色社会主义法律体系的形成对民事审判工作提出的要求更高。社会主义法律体系形成后,有法可依的问题总体得到解决。仅近十几年来,合同法、物权法、劳动合同法、侵权责任法等许多重要的民本法律相继颁行,民事诉讼法也将于今年修订完成。法律越完备,规则越具体,要求我们法官正确适用法律的标准就越高。随着法律调整社会关系范围日益拓展,介入社会生活程度日益加深,社会矛盾成因和利益关系日益复杂,公民权利意识和法治意识日益增强,在此形势下,精准把握法律体系、准确理解法律精神的难度更高;严格依法办案,确保法制统一的责任更大;探究立法目的、权衡利益关系的要求更多。如何尽快适应中国特色社会主义法律体系形成这一新形势,是摆在我们面前亟待解决的重大课题,民事审判责任重大。

四是促进社会主义文化大发展大繁荣的职能作用更加凸显。我们要深入学习领会六中全会精神,进一步深化对人民法院在推动社会主义文化大发展大繁荣中重要作用的认识。改革开放以来,我国经济取得了世所瞩目的成就,但文化建设相对滞后,加之国际敌对势力持续对我文化侵入和渗透,在一定程度上,个人主义、贪拜金主义盛行,理想信念淡化,社会诚信缺失，道德滑坡，民主法治意识不强，社会主义核心价值观念淡薄。保障意识形态安全、传承优秀传统文化、维护诚实守信市场环境、弘扬风义勇为等良好道德风尚的必要性和重要性，从未像今天这样成为摆在我们面前的重大课题。适应社会主义文化大发展在繁荣新形势新任务，需要我们审慎考量。

五是民事审判体制相对滞后的现状对于民事审判工作提出了新的更高要求。近年来，审判体制机制改革虽然积累了一些成果，为民事审判工作科学发展提供了保障，但与中国特色社会主义法律体系形成后民事审判所承担的艰巨任务相比，民事审判体制还存在许多与之不相适应的问题：多年来“案多人少”的矛盾尚未从根本上得以缓解；民事诉讼程序以及相关证据制度固有缺陷尚未完全弥补；如何更好确定四级法院职能分工，科学配置司法资源尚未形成统一定论；怎样更加合理完善审判管理和考核机制尚未有效理顺，这些都是当前亟须解决的重要问题。在体制机制改革创新不断推进的情况下，人民法院履行司法职能的任务将会更加繁重，民事审判义不容辞。

王胜俊院长不久前在最高法院民一庭2011年工作总结上作出重要批示：“去年，民一庭紧紧围绕‘为大局服务、为人民司法’工作主题，正确把握经济社会发展新形势，正确把握人民群众对民事审判的新期待，正确把握新时期社会矛盾发生、发展、化解的新特点，克服困难，挖掘潜力，充分发挥审判职能，为促进发展、维护稳定、保障民生作出了重要贡献！望总结经验，发扬成绩，再接再厉，继续坚持“三个正确把握”，提高新水平，作出新贡献，以更大的成绩迎接党的十八大胜利召开！”王院长这一批示，不仅是对最高法院民一庭工作，也是对全国民事审判工作的充分肯定和殷切期望，我们一定要认真学习，特别是王院长提出的“三个正确把握”，我们一定要深刻领会，并将其贯彻到今后的民事审判工作中去。

面对新形势，新机遇，新起点，新挑战，我们一定要增进忧患意识和机遇意识，切实增强政治责任感和历史使命感，按照全国法院院长会议提出的“六个深化”、“六个提高”总体工作部署以及全国民事审判工作会议提出的“八个始终坚持”主要任务要求，以王胜俊院长“三个正确把握”重要批示精神为指导，全面贯彻落实罗殿龙院长在全区法院院长会议上提出的以“六个深入推进”抓好各项工作，不断提升司法能力和水平，为实现广西“翻两番、跨两步、三提高”的奋斗目标提供有力的司法保障。当前及今后一段时间，我区民事审判工作的主要任务是：

（一）深入推进司法能力建设，切实提高民事审判工作水平

自治区高院党组决定，今年在全区法院开展“司法能力提升年”活动，目的是着力查找在司法能力方面存在的问题和差距，建立健全提升司法能力建设长效机制，推动队伍建设和其他各项工作全面发展。我们要按照罗院长在全区法院院长会议上提出的要求，进一步认识提高提升司法能力和重要性和紧迫性；进一步提升能动司法、服务大局的能力；进一步提升科学管理的能力；进一步提升法官做群众工作、化解社会矛盾纠纷的能力；进一步提升基层严格执法能力；进一步提升广大干警事业心责任感。我们队伍的能力，是政治素质、业务水平和工作责任心的综合体现。政治素质是前提，业务水平是基础，责任心是保证。首先，要加强思想政治建设，确保正确的政治方向。其次，要通过加强培训提高队伍的司法业务本领。不断拓展民事审判业务培训的范围，丰富学习培训的形式和载体，提高学习培训的针对性和实效性。尤其要加强民事法官的培训，防止因理解偏差、适用法律不当而导致极端个案的发生。俗话说，“磨刀不误砍柴工”，各级法院在干警学习培训上要舍得投入，给干警提供必要的学习培训时间，为他们提供更多的学习培训机会。要结合开展争先创优活动，组织多种形式的岗位练兵活动，培养一批业务尖子，带动队伍整体业务能力的提高。最后，强化责任心教育。现在制约我们法院工作水平提高的一个重要因素就是一部分干警甚至领导干部的责任心不强，案件不认真办，拖拉轻浮，交代的任务、提出的要求、出台的制度不认真落实，结果正事办歪，好事办砸，没事拖出有事甚至大事。因此，要加强思想教育，切实增强干警的事业心，热爱这份事业才会对工作有责任心；要加强制度的约束，对因责任心不强造成工作被动、损害法院形象的，必须追究责任，真正做到令行禁止，确保各项工作任务的落实。

（二）深入推进社会管理创新，全力维护社会和谐稳定

一是提升能动司法、服务大局的能力。服务大局是人民法院的基本职责，必须持之以恒、一以贯之，并在实践中不断提升服务大局的能力和水平。要注重结合实际，引导法官自觉把每一个案件审理放到经济社会发展的大环境中去思考谋划，把服务大局的成效作为衡量工作成效的重要标准。各级法院要认真贯彻落实中央和全区经济工作会议、自治区第十次党代会精神，依法保护有利于转变经济发展方式、推动科学发展的经济活动和经济行为，积极探索实践有利于提升司法功能、扩大服务保障效果

的工作机制和方法途径。要正确处理司法权和行政权的关系。要在正确理解和把握好自身职能定位的情况下,努力拓展主动服务大局的空间,同时也要认真认识到司法不是万能的,司法权不能代替行政权,不能单打独斗,也不能包打天下,要和其他行政机关、社会自治组织等各就其位、各尽其职,协调配合,形成化解社会矛盾的合力。

二是提升和谐司法、化解矛盾的能力。我们要从大局出发,将司法调解作为高质量、高效益的审判不断总结深化,从弥补法律规则局限性来创新调解,从群众的根本利益角度来把握调解,从矛盾纠纷的彻底解决来促进整个社会的调解,积极谋划推动全区法院调解工作。稳定的基础在民生,要高度重视侵权、房屋拆迁、农村土地承包、追索劳动报酬、消费者权益保护、婚姻家庭等矛盾容易激化的民事案件审判工作,打牢社会和谐稳定的民生基础。继续科学准确执行"调解优先,调判结合"工作原则,依法全面衡量案件处理的法律效果的社会效果,充分发挥调判组合优势。

三是推进和创新联动司法新机制。全区各级法院要主动加强与相关部门沟通联系,充分依靠党委统揽全局、协调各方的政治优势,加大宣传力度,提高思想认识,让联动司法化解矛盾成为各部门、社会各界的共识,形成联动司法的浓厚氛围;加强汇报请示,坚持在党委的领导下,加强在自治区高院层面的统一协调,自上而下建立联动司法机制,形成化解矛盾的合力,减轻诉讼压力,缓解法院案多人少矛盾;建立完善联动司法保障机制,为各级法院和有关部门创造人财物等方面的条件,尽最大可能利用和激发有利于化解矛盾纠纷的各种元素和力量,探索建立更加有利于矛盾化解的联动司法新机制。

人民法院作为和谐稳定模范区建设的重要力量,我们必须积极主动贯彻落实好自治区党委政府的重大决策,充分发挥职能作用,不断创新服务基层人民群众的工作机制,提高保障和维护基层和谐稳定的能力。今年,我们要积极开展"和谐司法在基层活动",立足审判工作职能,延伸司法审判服务,以"四项和谐司法创先活动"(创建"无诉社区、村屯"、"和谐窗口"、评选"和谐司法"先进集体、先进个人)为载体,积极投身社会和谐稳定模范区建设。

(三)深入推进司法改革,优化民事审判体制机制

一是加大小额速裁试点工作力度。该项工作试行快一年了,我们也取得了较好的成绩,但由于小额速裁实行一审终审的特点,一些程序问题如立案与审判、受案范围等还需要在实践中进一步摸索,以便于这一程序的运行更加科学合理。因此,我们在认真总结试点经验的基础上,要加大对试点法院的监督指导,同时,进一步加大试点工作力度,争取在全区法院推广,在申请最高法院同意后,每个中院都要设立试点法院。要以专业化的速裁机构为依托,选任经验丰富、业务素质全面的法官担任速裁法官,建立高素质的速裁队伍;要重视指导试点法院严格保证当事人对于小额速裁的知情权、程序选择权,保护当事人选择小额速裁的积极性;指导试点法院积极探索速裁程序的适用范围,进一步优化速裁程序的受案标准;要进一步探索完善监督机制,确保速裁程序的规范审慎运行。

二是加强对下监督指导力度,为做好民事审判工作提供有力的"后台"保障。高院、中院民一庭要转变观念,克服重案件审理、轻监督指导的倾向,高度重视到对下的监督指导工作,为中院和基层法院的民事审判工作提供全方位的支持。要认识到通过对下级法院的指导,提高一、二审案件质量,对于公正司法、减少涉诉上访是有极大好处的,这是真正釜底抽薪的办法。要立足基层,扎实有效在做好调研的指导。人民法院80%的案件在基层,基层的问题解决得好坏直接影响着人民法院整体工作的开展。这一点在民事审判中就体现得更加鲜明。要规范管理,建立健全监督指导工作机制。要认真研究对下监督指导工作的特点和规律,总结管理经验,逐步形成制度,提升监督指导科学化、规范化水平。

三是发挥司法裁判的引导作用,依法促进社会诚信建设。希望各级法院在审理案件时,一定要综合考察案件事实和证据,充分重视裁判文书的说理,充分重视审判的社会效果,充分考量裁判对整个社会公共道德体系的影响,使裁判成为善良风俗的导向,把民事审判打造成弘扬社会主义良好道德风尚的重要阵地。

(四)建立健全敏感重大案件防范和舆论引导工作机制

民事审判事关当事人的人身、财产等权益生计,容易成为社会关注的热点。近年来,由于多种因素的影响,一些敏感重大案件如彭宇案、许云鹤案等被一些不适当的报道和评论,经互联网广泛传播和放大,对公正审判活动、对司法形象和司法权威造成了极大损害。这其中虽然有部分媒体不负责的报道和社会公众的误解等原因,但也反映出各级法院对敏感重大案件的舆情应对处置能力亟待加强。因此,我们要适应新兴网络媒体发展变化,把民事审判工作做精做细。在程序的严谨周密上要有新提高,在审判秩序的维护上要有新提高,在舆情应对上要有新提高。按照"主动考虑、敏锐捕捉、提前预案、及时

应对、持续跟进、综合联动”总体思路,建立健全敏感重大案件舆论引导工作机制,最大限度预防减少涉及民事审判的负面报道和舆论炒作。

(五)进一步创新人民法庭审判管理机制

最近,最高人民法院发布了《关于新形势下进一步加强人民法院基层基础建设的若干意见》,要求从保障和维护党和国家工作大局,维护国家政权安全高度,进一步加强基层基础建设。人民法庭工作是加强基层基础工作的重要组成部分,在今后民事审判中具有举足轻重的地位和作用。在全面总结五化法庭创建经验基础上,把对法庭的审判管理作为一项长效机制来抓。第一,要健全人民法庭管理机制。按照高院的要求,全区各级法院要建立和健全人民法庭工作领导小组,领导小组要有常设办事机构,配备常设人员,开展经常性管理工作。要建立审理案件和开展审判工作的台账和报表,及时反映人民法庭工作绩效。第二,按照法庭的特点,创新法庭审判管理机制,狠抓案件质量、效率和效果,加强对业务绩效的考核,进一步规范人民法庭的案件审理。第三,凸显法庭根植百姓,和谐化解矛盾纠纷的优势。以争创“无诉社区”、“无诉企业”、“无诉村屯”为抓手,建立和健全基层调解联系点,将调解工作向前延伸,真正把纠纷化解在基层。第四,要逐步建立案件维稳风险评估机制,采取有效的措施防止风险发生,努力将各种不稳定因素消融在萌芽状态。区高院去年决定今年年底在全区召开人民法庭工作会议,总结人民法庭工作经验,表彰先进,树立典型,提高化解矛盾和维护社会和谐稳定的能力,努力形成“基层稳,天下安”的良好局面,真正将矛盾化解在基层,化解在当地。

同志们,当前和今后一段时期我们的民事审判工作任务十分艰巨,责任十分重大。让我们以更加执着的奋斗精神、更加扎实的工作作风,继往开来,锐意进取,努力实现民事审判工作新发展,以优异的成绩迎接党的十八大胜利召开!

谢谢大家!

在全省法院民事审判工作会议上的讲话

海南省人民政府副省长　符跃兰

(2012年6月7日)

同志们:

在全省上下认真学习贯彻省第六次党代会精神,为推进国际旅游岛建设、实现绿色崛起而努力奋斗之际,省高院今天召开全省法院民事审判工作会议,这是我省近五年来召开的民事审判工作的一次重要会议,主要任务是总结交流2008年以来全省民事审判工作,分析当前民事审判工作面临的形势,研究部署当前和今后一段时期全省民事审判工作任务。刚才,治良院长作了一个很好的工作报告,全面总结了2008年以来全省民事审判工作成绩和经验,深入分析了新形势下民事审判工作存在的问题和困难,具体部署了当前和今后一段时期民事审判工作的新任务新要求,讲得很好,很到位,符合中央、最高法院和省委的要求,也符合省情院情,具有很强的针对性、指导性和可操作性,我完全赞同,希望与会同志认真学习领会好、贯彻落实好。会上还有文昌市人民法院等六个单位将作经验交流发言,他们的做法与经验各有特点,希望全省各级法院好好学习借鉴他们的好经验、好做法,总结和检查本单位的经验与不足,积极推进本单位的民事审判工作迈上新台阶。这次会议之前,省高院还通过开展调查研究,在广泛征求意见的基础上,研究起草了有关民事审判工作的6个业务文件提交会议讨论。这是省高院贯彻中央、最高法院有关工作部署和省第六次党代会精神,规范民事审判行为,提升民事司法能力的一项重要举措。希望大家认真讨论,提出可行的修改意见。文件出台后,各级法院务必认真组织学习,深刻领会,并抓好贯彻落实。下面,我就做好民事审判工作再强调三点意见:

一、进一步提高对民事审判工作重要性的认识,切实增强做好民事审判工作的使命感、责任感和紧迫感

民事审判担负着定分止争,化解矛盾,保障群众合法权益,弘扬社会公德,实现公平正义的重要职能,是党通过审判活动与广大人民群众联系的桥梁和纽带,是国家运用司法手段进行社会管理、保障人民建设幸福家园的重要方式。长期以来,全省各级法院在党的领导、人大监督和政府支持下,忠实履行民事审判职责,充分发挥民事审判职能作用,健全工作机制,加强队伍建设,全省法院民事审判工作取得了明显成效。特别是2008年以来,在国际金融危机持续影响、宏观经济环境复杂多变的形势下,全省法院民事审判战线始终坚持能动司法理念,坚持为大局服务、为人民司法,认真研究、及时出台了商品房销售、涉农垦劳动争议、环境公益诉讼等方面的多项司法政策,有效化解了海南大学与海南新宏兴公司合作办学纠纷、海航公司与飞行员劳动争议纠纷、东方"11·6"海底管道设施损害赔偿纠纷等一大批政府、社会和人民群众关注的案件,妥善化解各类矛盾纠纷,最大限度地挽回经济损失,保护了国有资产安全和人民群众的合法权益,为海南国际旅游岛建设提供了有力的司法保障,为促进海南经济社会发展和社会和谐稳定、为审判事业的科学发展做出了积极贡献,得到了党委、人大、政府、政协和社会各界的高度评价和充分肯定。实践证明,全省法院民事审判队伍是一支政治坚定、业务精良、素质过硬的队伍。在这里,我代表省委、省政府向辛勤战斗在全省法院民事审判岗位上的同志们,表示崇高的敬意和衷心的感谢!

在肯定成绩的同时,我们更要清楚地认识到,海南国际旅游岛建设要实现科学发展、绿色崛起的宏伟目标、中国特色社会主义法律体系的形成以及人民群众日益增长的司法需求,都对人民法院民事审判工作提出了新的更高的要求。全省各级法院要充分认清当前民事审判工作面临的形势和任务,把握发展机遇,进一步加强对民事审判工作的领导,进一步提高对民事审判工作重要性的认识。

第一,要充分认识民事审判工作对于推动经济发展、维护社会和谐稳定、践行司法为民的重要意义,切实增强做好民事审判工作的使命感。近年来,随着审判职能介入社会经济生活的广度、深度日益扩展,人民法院受理的民事案件的类型日益增多,民事审判越来越成为各种社会矛盾的焦点和群众关注的重点,民事审判的质量、效率乃至审判作风已成为衡量人民法院是否实现司法为民的重要衡量标尺之一。比如,受宏观经济环境变化和国家宏观调控政策的影响,部分抗风险能力较弱的企业以及产能过剩行业的企业经营困难,甚至面临破产关闭的风险,由此带来职工安置、债权人利益保护等问题;一些市场主体诚信缺失,违约失信现象时有发生;一些企业内部治理不规范,管理隐患比较多;少数企业社会责任意识淡薄,假冒伪劣产品泛滥,等等。这些都影响了社会的和谐稳定和市场经济的健康发展,需要全省各级法院切实增强做好民事审判工作的使命感,正确把握"稳中求进"的工作总基调对民事审判工作的新要求,充分发挥审判职能作用,着力保障经济平稳较快增长,着力保障经济发展方式加快转变,着力保障"项目建设年"的顺利推进,着力保障社会和谐稳定和民生改善,不断提高依法服务大局的能力和水平。

第二,要充分认识民事审判工作水平对于法院审判质量和队伍素质具有重要的影响,切实增强做好民事审判工作的责任感和紧迫感。民事案件数量占全省法院审理案件总数约70%,充分表明了民事审判工作是人民法院一项面广量大的工作,民事案件涉及的领域和市场主体较为广泛,与人民群众利益关系非常密切。更为重要的是,当前全省法院民事审判工作面临的形势还较严峻,民事审判工作水平与人民群众对司法的新期待还存在一定的差距;社会反映较多的司法不公问题、地方保护主义等问题相当部分集中在民事案件的审理过程之中,有的群众还不够满意;民事审判不断出现的新情况、新问题与立法、司法资源缺乏之间的矛盾日益突出,执法尺度还不够统一;司法环境不佳的问题依然制约着民事审判职能的发挥等。大家知道,民事案件的质量与民事审判人员的素质,关系到民事审判工作水平,关系到人民法院的整体形象。全省各级法院要进一步增强做好民事审判工作的责任感和紧迫感,关注群众和社会的呼声和反映,正视自身的不足,在提高办案质量和效率,增强裁判息诉功能上下功夫,把民事审判工作作为人民法院的一项基础性工作抓实抓好,不断提高民事审判工作的水平,努力提高民事法官队伍整体素质和整体形象。同时,要增强法官职业荣誉感,进一步增强干一行、爱一行、专一行的信心。

二、坚持为大局服务、为人民司法,确保民事审判工作正确的发展方向

当前,全省法院民事案件数量持续上升,新类型案件不断出现,案件审理难度日益加大。全省各级法院必须树立正确的司法理念,坚持为大局服务、为人民司法,才能确保民事审判工作正确的发展方向,促进民事审判工作水平不断提高。

一要坚持党的领导。党的领导是人民法院一切改革、发展顺利进行的根本保证,是人民法院依法独立公正行使审判权的政治保障,也是人民法院依法抵御各种干扰、切实维护和实现司法公正的坚强后盾。要注意把贯彻落实党的路线方针政策和严格执法办案统一起来,把加强和改进党对法院工作的领导与保障人民法院依法独立行使审判权统一起来。在受理带有普遍性和涉及多数群众利益的重大民事案件时,要主动向当地党委和上级法院汇报,必要时可以请政府相关部门先行调解处理,政府有关部门应当积极配合,防止互相推诿导致矛盾激化。要充分发挥人民调解、行政调解的积极作用,把矛盾纠纷化解在萌芽状态。同时,各级党委、政府要高度重视新形势下民事审判工作的重要性和紧迫性,及时研究解决民事审判中遇到的困难和问题,切实加强对民事审判工作的领导。各级政府要针对当前民事审判工作中案多人少的矛盾,在人员编制、办案经费、物质装备等方面给予充分保障,特别要关心和支持基层人民法院和人民法庭的基础建设,为开展巡回审判和方便人民群众诉讼提供必要的物质装备条件。要充分发挥政治优势,依靠各级党政组织、社会组织和广大人民群众化解矛盾纠纷,形成与人民法院民事审判工作有效衔接的工作格局。

二要坚持能动司法。要自觉把民事审判工作融入党委和政府的工作大局之中,把深入贯彻落实省第六次党代会战略部署、全力推进国际旅游岛建设与做好民事审判工作有机结合起来,找准切入点和着力点,充分发挥审判职能作用。要认真分析研判宏观经济环境变化在司法审判领域的具体表现,积极制定并落实司法应对措施,切实提高司法应对措施的前瞻性、科学性和针对性。特别是在具体案件审理中,要按照适度主动、适度弹性、适度干预、适度参与的要求,进一步明确相关法律规则的适用,进一步探索有效的审判方式,把能动司法理念落到实处。要依法延伸民事审判职能,大力加强司法建议工作,深入开展人民法院联系企业活动,促进社会管理创新,帮助企业完善内部治理。

三要坚持司法为民。司法为民是"以人为本、执政为民"理念在司法领域的具体体现,是人民法院本质属性的必然要求。全省各级法院要切实执行海南省高院"司法为民30条措施",继续拓宽和强化便民利民措施的广度和深度,及时回应人民群众对司法的新关切和新期待,满足人民群众对司法的新需求。要充分尊重人民群众的司法诉求,公正准确、审慎妥善地处理好每一起案件,最大限度地消除司法尺度不统一的问题,切实提高司法裁判的公信力。要加强立案信访窗口建设,继续推行、完善民事案件繁简分流机制和人民法庭简易案件速裁速调机制,抓紧处理与人民群众生产生活密切相关的案件,提高法定期限内结案率,最大限度地减轻当事人的诉累。要继续弘扬"马锡五审判方式"的内在精神,通过旅游法庭、交通法庭、瓜菜法庭、鱼排法庭、假日法庭、夜间法庭等多种便民法庭方式,积极开展巡回审判,为群众提供便捷、快速的司法服务。要加大司法救助力度,对符合条件的当事人予以缓、减、免诉讼费,确保经济困难的当事人打得起官司。

四要坚持和谐司法。全省各级法院要始终坚持和谐司法,妥善化解矛盾纠纷,努力创建和谐的诉讼秩序,着力维护和谐的司法环境。要积极创建当事人及其代理人与法院之间的和谐关系,切合实际地采取各项措施,推动形成当事人及其代理人与法院之间和谐的诉讼氛围。要坚持"调解优先,调判结合",将调解贯穿于诉讼的全过程,加大调解工作力度,提高调解能力和水平,最大限度地实现"案结事了、定分止争"。要注意上下级法院之间的衔接与协调,充分发挥不同审级法院的功能作用,避免互相推诿或矛盾上交,切实把民事纠纷化解在基层。要妥善处理民事诉讼与仲裁、人民调解、行政调解等之间的衔接关系,形成和谐的多元化纠纷解决机制。

三、以加强法院机关党建工作为契机,全面加强民事审判队伍建设

做好民事审判工作,关键在审判工作队伍。在上个月召开的全省法院党建工作会议上,省委常委、政法委若海书记出席会议并做了重要的讲话,提出了"抓党建带队建促审判"的工作思路,讲得很好。全省各级法院一定要认真贯彻落实好全省法院党建工作会议精神,结合民事审判队伍实际,以加强法院机关党建工作为契机,加强民事审判队伍的思想建设、制度建设和作风建设,进一步提高民事审判队伍的整体素质。只有这样,才能有效促进司法形象的提升。

第一,要加强思想政治建设。要深入开展"忠诚、为民、公正、廉洁"的政法干警核心价值观教育实践活动,在加强党性修养上下功夫,在强化思想认同上下功夫,在转变司法作风上下功夫,在实现知行统一上下功夫。要引导民事审判战线的广大干警始终保持高度的政治敏锐性和政治鉴别力,在原则问题上立场坚定,在大是大非上头脑清醒,在思想上、政治上、行动上坚决与以胡锦涛同志为总书记的党中央保持高度一致,切实贯彻落实中央和省委的重要决策部署,更加珍惜和维护改革发展稳定的大好局面。要引导民事审判工作战线的广大干警牢固树立社会主义法治理念,自觉抵制西方错误政治观点和法学观点的侵蚀,坚定民事审判工作的正确政治方向。

第二,要加强司法能力建设。要抓好民事法律法规、司法解释和相关政策法规的学习培训,切实提高民事法官正确理解、把握、运用法律法规和政策的能力。要深入开展"两评查"活动,切实提高民事法官的庭审能力和裁判文书制作能力。要引导民事法官增强群众观念,优化审判方式,改进司法作风,切实提高善于做群众工作、化解涉诉矛盾纠纷的能力。要适应民事审判工作发展需要,积极培养能够娴熟驾驭劳动争议、征地补偿款分配、商品房销售等涉民生案件和保险、公司、证券、信托等新类型案件审判的法官。要加强民事审判监督指导工作,上级法院要通过发回改判案件分析讲评、对口包点等方式加强审判业务指导,并根据民事审判实践需要,适时研究制定出台相关案件审理的指导性意见,统一司法尺度,切实提高审判质量。

第三,要加强反腐倡廉建设。民事审判法官直接面对公民、企业之间的利益冲突,很多案件标的额大,少数当事人与律师利用种种手段拉拢腐蚀法官,因此,加强民事审判队伍廉政建设尤为重要、尤为迫切。要深入学习贯彻中纪委七次全会精神,坚持不懈地开展反腐倡廉教育,深入推进反腐倡廉制度建设。要着力抓好廉政风险防控机制建设,针对重点岗位和环节,落实有效监督管理措施。特别是要切实解决好司法不规范、司法不廉洁、司法形象不佳、执法不力等突出问题,认真落实以"五个严禁"为核心的审判纪律,规范司法行为,严肃查处违纪违法行为,确保公正廉洁司法。要大力加强审判流程管理和案件质量评查,特别是对各方关注的案件、大标的额案件以及上诉、申诉、投诉案件,要着重加强监督管理,自觉接受人大、社会各界和人民群众的监督,确保案件不出问题、法官不出问题。

同志们,人民法院民事审判工作任务艰巨、责任重大、使命光荣。让我们更加紧密地团结在以胡锦涛同志为总书记的党中央周围,认清形势,胸怀大局,开拓进取,扎实工作,奋力推动全省法院民事审判工作再上新台阶,为推进国际旅游岛建设、实现海南绿色崛起提供坚强有力的司法保障,以优异的司法业绩迎接党的十八大胜利召开!

充分发挥民事审判职能作用
为国际旅游岛绿色崛起提供有力的司法保障

海南省高级人民法院党组书记、院长　董治良

(2012年6月7日)

同志们:

按照中央、省委、最高法院对人民法院工作的总体要求,高院党组决定召开全省民事审判工作会议,总结2008年以来全省民事审判工作,分析当前民事审判工作面临的形势,结合国情省情院情,研究部署当前和今后一段时期全省民事审判工作任务,以进一步发挥民事审判的职能作用,为推进国家法制建设和海南国际旅游岛建设提供有力的司法保障。

下面,我讲三个问题:

一、四年来的工作回顾

据统计,全省三级法院共设有104个民事审判机构,其中法院内设民事审判庭51个,派出人民法庭49个,海事派出法庭4个;从事民事审判业务人员共594人(其中法官429人,法官助理4人,书记员161人),分别占全省法院在编总人数和审判业务人数的22.2%和33.1%,其中党员占69.5%;民事法官中88.5%拥有大学本科以上学历。省高院本级有民事法官25人,占全省民事法官总数的2.8%。

2008年以来,全省法院民事审判工作坚持"三个至上"指导思想,全面落实科学发展观,牢固树立社会主义法治理念,紧紧围绕"为大局服务,为人民司法"的人民法院工作主题,因应国际金融危机带来的市场经济新形势和《民事诉讼法》修改实施后民事审判工作面临的新任务,认真履行民事审判职责,积极推进民事审判机制改革创新,大力加强民事审判队伍建设,充分发挥民事审判职能作用,为促进国际旅游岛建设发展提供了有力的司法保障,为海南绿色崛起奠定了坚实基础。回顾过去四年,全省法院民事审判工作在以下方面取得了明显成效。

(一)坚持公正高效,依法审理各类民事案件,维护和谐稳定的职能作用明显发挥

据统计,2008~2011年,全省法院共受理一审、二审、再审民事案件107,637件,较前四年增长了63.06%,占全省法院同期受理诉讼案件总数的66.27%(诉讼案件总数162,421件,不含执行案件33,576件、非诉案件31,336件);审结106,603件,结案率99.04%,结案标的额634.23亿元。其中,审结的婚姻家庭纠纷案件19,688件,占18.47%,审结

各类合同纠纷案件61,949件,占58.11%;审结权属、侵权及其他民事纠纷案件24,966件,占23.42%。今年1~5月,全省法院共受理一审、二审、再审民事案件18,233件,同比增长了33.6%,审结10,929件,结案率59.94%,结案标的额38.17亿元。通过公正高效地审理各类民事案件,及时化解了大量的社会矛盾纠纷,平等保护各类民事主体的合法权益,为保障人民群众安居乐业,促进市场经济健康发展,推动科技进步创新,维护海南经济社会和谐稳定发挥了积极作用。

(二)坚持能动司法,围绕中心工作,服务大局的能力明显提高

全省法院认真落实省高院《服务海南经济社会科学发展大局工作意见》、《服务海南国际旅游岛建设工作意见》,统一民事审判工作指导思想,转变审判观念,服务大局意识明显增强,能力不断提高,为国际旅游岛建设提供了有力司法保障和优质的司法服务。如通过新华社海南分社反映审判工作面临的金融不良资产处置难题,直接促成了最高法院和国家八部委出台《座谈会纪要》,为全国法院审理涉金融不良债权转让案件提供统一的司法尺度和处理依据,有效防止国有资产流失,维护了市场诚信和司法公信;围绕省委、省政府重大经济发展思路、改革措施、项目规划建设等中心工作,主动提出司法建议,出台涉农垦劳动争议、商品房销售、加强海洋权益维护等纠纷案件审理指导意见,集中开展依法清收农村信用社不良贷款活动,有力保障了海南农垦体制改革和海南农信社改制顺利推进,促进了房地产市场健康发展;加大企业破产、知识产权、海事海商案件审理指导,在中级以上法院成立环境保护审判庭并推动环境公益诉讼基金设立,服务海南国企改革重组、鼓励科技创新、建设海洋大省、实施生态立省绿色崛起战略等等服务大局措施有力,效果明显,得到省委、省政府的高度评价。

(三)坚持以人为本,落实各项司法为民措施,司法人民性明显体现

坚持司法的人民性,结合省情院情,出台《司法为民30条措施》,以贴近群众、贴近社情、贴近实际的方式为群众提供高效、优质的法律服务。一是强化诉讼指导,建立诉讼风险告知制度,统一编印《诉讼指南》、《诉讼风险提示》等便民诉讼法律手册,印发全省基层法院和人民法庭供当事人免费取阅。二是积极推行法院代为刷卡交纳诉讼费服务,解决困扰农村当事人多年、群众反映强烈的诉讼费缴纳手续烦琐问题。三是践行国家首席大法官王胜俊院长提出的一声亲切问候、一张椅子、一杯水的“三个一”要求,完善具有八大功能的立案信访窗口建设,开展亲民、便民服务。四是坚持到田间地头、黎村苗寨、厂矿企业巡回办案,速调速裁速执,对偏远地区或行动不便的当事人,实行预约立案、上门立案、电话立案,逐步形成旅游法庭、渔排法庭、瓜菜法庭、夜间法庭等便民法庭品牌;在海口各区法院设立交通法庭、医疗法庭、环保法庭等专业法庭,极大方便了群众诉讼,减少当事人诉累,深受人民群众欢迎。五是落实诉讼费减免规定,加大司法救助力度,充分体现司法人文关怀,深得社会认可。

(四)强调调解优先,实现案结事了,促进和谐的效果明显

全省法院认真贯彻执行最高人民法院《关于进一步贯彻“调解优先,调判结合”工作原则的若干意见》,把调解工作作为民事审判的重要环节来抓。强化调解意识,创新调解方法,强调立案调解,把调解工作贯穿案件审理始终;完善调解机制,实行量化管理,把调解工作效果纳入审判绩效考核,建立激励机制,提高调解工作积极性;探索建立诉讼与非诉讼相衔接解决纠纷机制,加大对人民调解委员会的指导,加强与相关行政部门、工会、妇联等组织的协调,建立健全了我省诉讼与仲裁相衔接工作机制,进一步促进了多种纠纷解决机制的发展。2011年人民调解法实施后,省高院及时出台《关于开展人民调解协议司法确认工作的意见》,规范人民调解协议司法确认程序,充分发挥司法引导、推动和保障作用,促进人民调解方式方法和工作机制创新。2008年以来,全省法院以调解方式结案和通过调解撤诉的一审民事案件共47,628件,调撤率54.66%;2011年比2008年提高了近10个百分点。其中成功调解的海航公司与飞行员间的25件劳动争议纠纷系列案、海南新宏兴公司与海南大学合作创办旅游学院合同纠纷案、山西晋泽酒店股东出资纠纷案、东方“11·6”火灾系列案等重大案件,较好地实现了两个效果的统一,充分体现调解定分止争、案结事了的积极作用。

(五)遵循司法规律,创新民事审判工作机制,审判质量效率明显提高

一是完善庭审质证规则,突出公开确证环节,建立优势证据胜诉裁判规则,有效防止“暗箱操作”。二是加强民事审判的管理创新,建立案件质量评查通报、审判流程管理、审判绩效考评制度,严格审限管理,强化审判委员会把关职能,从严规范再审案件的启动以及二审案件的改判和发回重审,确保审判质量。三是探索推行二审、再审改判或发回重审案件上下级法院沟通机制,维护既判力。四是强化对下监督指导,因应审判形势和案件审理需要出台指

导意见，统一裁判尺度；建立上级法院业务庭对下级法院对口包点业务指导制度，突出实务指导，效果明显。五是出台了基层法院民事案件实行案件繁简分流审理意见，人民法庭建立速调速执工作意见，在依法清收农信社不良贷款活动中大量适用简易程序取得经验基础上，在基层法院开展小额速裁试点工作。2008～2011年，全省法院适用简易程序审理的民事案件为58,825件，占一审民事案件总数的64.81%。开展小额速裁试点的案件，平均结案时间7天，审判效率明显提高，极大减轻了当事人诉累。六是改革审判机制，强调案件审理，实地勘察现场，适时适用依职权调取证据，区别纠纷类型对医疗事故、劳动争议等实行举证责任倒置，推进证据规则的适用，增强了公开性透明度，对转变工作作风、提高案件质量、提升司法公信起到了良好作用。七是强化审判公开，依法应公开开庭案件率达100%。邀请人大代表、政协委员和特邀监督员旁听庭审，参加“法院开放日”活动，大力推行生效裁判文书上网公布，自觉接受社会各界监督，民事审判工作的透明度明显提高。在2011年中国社会科学研究院中国司法透明度报告中，海南高院、海口中院多项指标名列前茅。

（六）加强调研宣传，努力营造良好司法环境，司法影响力明显提升

2008年以来，省高院主要领导亲自带头，各业务部门积极参与，针对民事审判领域出现的新情况新问题、影响审判质量效率的体制机制、制约服务党委政府中心工作的观念意识等对海南经济社会发展、对法院审判事业科学发展等有重大影响问题进行深入调研，及时转化调研成果，出台针对性措施，建立健全制度，强化检查落实，规范司法行为，提高审判质量效率，提升司法形象。不少中、基层法院还针对民事审判工作中的突出问题开展调研，出台指导性意见，强化了对所辖法院的业务指导。与此同时，全省各级法院还结合审判活动，运用多种传播手段，开展法制宣传，扩大办案社会效果，提高司法公信力和影响力，彰显法治。省法院先后召开了不良金融债权转让、知识产权保护、环境资源保护等方面案件审理的新闻发布会和媒体通气会。通过新闻媒体宣传报道首例环境保护侵权案、网络侵权系列案、省人民医院商标侵权案等典型案件，让人民群众和社会各界了解和支持法院依法公正独立审判，维护法院和法官的良好形象，倡导全社会增强法制观念，尊重司法裁判，让公正高效的司法权威根植于人民群众心中。

（七）大力加强法院基层建设，突出人民法庭桥梁纽带作用，民事审判工作基础不断夯实

高院党组始终把法院基层建设列入重要议事日程，把基层基础工作作为民事审判工作的重中之重，在人、财、物各方面向基层倾斜。2008年以来，指导和帮助协调全省基层法院争取中央和地方建设资金9834万元，新建扩建审判法庭、人民法庭6万平方米；争取省委、省政府支持，恢复了13个人民法庭建制，新设4个海事派出法庭，使我省派出法庭的数量由36个增加至53个，审判资源配置更加合理，群众诉讼更加方便；协助省财政厅拨付基层法院中央转移支付装备资金1.9亿元，2009年还争取到省长专项拨款350万元为每个人民法庭配备一台越野车，基层法院、人民法庭物质装备配置得到明显加强；基层法院政法专项编制也得到必要补充；大力推广基层法院旅游法庭、瓜菜法庭等品牌法庭及交通法庭、医疗法庭等海口地区专业特色法庭的建设发展，巡回审判、就地审理、速调速裁速执，及时化解矛盾纠纷。同时，注重发挥人民陪审员的作用，2008年以来共选任人民陪审员372人，组织培训5952人次，参与陪审的一审民事案件19,782件。近两年，人民陪审员参与法院工作范围也由单纯参与陪审案件扩大到申诉案件听证、执行听证、参与执行等范围，司法民主作用得到了进一步发挥。通过以上各项工作与措施，进一步增强了基层司法能力，密切了与人民群众的感情联系，扩大了基层司法民主。

（八）加强教育培训，民事审判队伍整体素质明显提高，司法能力和水平明显增强

全省法院因应经济社会和民事审判工作的发展新形势，深入开展“人民法官为人民”、“司法作风转变年”和群众观点大讨论活动，加强政法干警核心价值观教育，全省法院民事审判法官的党性宗旨意识、群众观念明显增强，工作作风明显转变，群众工作能力明显提高，司法廉洁、司法形象有了较大提升；通过以会代训、举办专题讲座、组织案例研讨、举办《物权法》、《民事诉讼法》、《侵权责任法》等培训班，加强民事审判法官学历教育和专业培训，及时实现了民事法官的知识更新；采取“资深法官教法官”、庭审观摩现场点评、对口业务包点指导等多项措施，突出培训的针对性和实战性，民事法官的庭审驾驭能力、审判实务能力和调解能力明显提高，队伍整体素质呈现良好的上升态势。2008年以来，全省法院共有17个民事审判集体和24人次民事审判法官受最高法院和省属机关以上表彰；有20个民事审判集体和22人次民事审判法官受到全省法院系统表彰；涌现出以一中院武雪丽、龙华法院朱庆雄为代表的一批服务大局、一心为民、秉公执法、清正廉洁的优秀民事法官，受到社会各界充分肯定。

四年多来，全省法院民事法官坚决贯彻省高院

党组的工作意图,围绕党和国家工作大局,围绕省委省政府中心工作,克服审判任务繁重、新类型案件增多、审理难度加大、工作条件艰苦等困难,立足增强司法能力、提高司法水平,精心审判和调处各类民事案件,依法妥善化解各类矛盾纠纷,很好地发挥了民事审判职能作用,为海南国际旅游岛建设提供了有力的司法保障,为海南审判事业的科学发展作出了积极的贡献。在此,我代表高院党组,向全省法院从事民事审判的法官和其他工作人员,表示诚挚的问候和衷心的感谢!

回顾这几年来的民事审判工作,我们也积累了一些宝贵的经验:

一是按照中央和最高法院要求,以“三个至上”指导思想和社会主义司法理念统一了全省法官和干警的认识,明确了人民司法的本质是适用国家法律、惩治犯罪、制裁违规、展示规则、实现社会公平正义,坚定了人民法院工作的政治方向和职业价值追求。

二是惩防结合,管控结合,建立了审判大业务的管理体系,规范了司法行为,从制度上堵住了产生司法不公的漏洞,统一了司法尺度,实现了法院从法官、书记员、法警、政务管理人员、技术人员、工人和聘用人员的全覆盖,通过四年不懈的检查落实,基本达到了规范化管理的目标。

三是依靠法官和干警的理解支持,创新司法体制机制,增强了工作责任心,调动了工作积极性,提高了审判工作质量和效率,提升了司法公信力,彰显了公平正义。

四是树立群众观点,转变司法作风,落实了司法为民措施,体现了人民司法的人民性和人民司法的人文关怀。

五是党委、政府和组织人事部门支持,新进了一批高素质人才,有效地缓解了建省以来第一个退休高峰期带来的法官断层困难;对内创新法官培训方式,建立上级法院对下级法院业务庭室的对口包点制度、青年法官锻炼基地,提高了法官的司法能力,基本满足了新时期人民司法的工作需要。

六是抓住国家转移支付支持“两庭”建设的机遇,在省委、省政府、财政、发改委支持下,建立了司法经费保障制度,改善物质装备建设,提升了司法保障能力。

但是我们也应清醒地看到,与社会主义法律体系基本建立后人民群众对司法公正的新要求相比,我们的民事审判工作仍然存在不足和困难:

一是以社会主义核心价值体系教育法官干警,坚定公平正义的职业价值理念,增强职业荣誉心和责任感工作还有待深入。

二是司法能力建设是一项长期的任务,办案质量和效率、调解率、执行到位率与先进地区和最高法院的要求相比还有不小差距,工作责任心和事业心仍需加强。

三是抵制市场经济的消极影响和诱惑,加强司法廉政建设、控制问题节点风险工作任重道远。

四是法官断层困难的根本性解决是一项长期艰巨的工作,今后 3 ~ 5 年仍是海南三级法院特别是中西部法院缓解人才青黄不接的关键时期。

五是人民司法形象的物化建设严重滞后,按照住建部和发改委联合批准下发的[2010]143 号两庭建设新标准文件要求,人民法院法庭建设达标仍需争取各级党政、财政、发改委支持进行长期的攻坚努力。

相信在党中央、最高法院、海南省委、省政府支持下,随着国家、地方经济实力的增强,司法环境的改善,国家法治建设和海南审判事业的发展是可期的。

二、民事审判工作的新要求

民事审判工作是党通过司法审判方式与广大人民群众联系的桥梁和纽带,是国家通过司法审判活动进行社会管理的重要方式,是化解社会矛盾、促进社会和谐稳定、保障改革开放和社会主义现代化建设顺利进行的一项重要工作,担负着定分止争,化解矛盾,制裁违规,示范规则,维护诚实信用,弘扬社会公德,保障群众利益,实现公平正义的重要职能。随着经济社会不断发展,越来越多的矛盾纠纷以民事案件的方式进入人民法院,进一步加强民事审判工作,及时有效化解社会矛盾,保护人民群众合法权益,对于促进社会和谐稳定,维护改革发展稳定大局和实现全面建设小康社会目标,意义深远而重大。因此,我们一定要进一步认识新形势下民事审判工作的重要地位和作用,增强使命感和责任感。

民事审判工作是保护人民群众切身利益、实现和维护好最广大人民根本利益的重要途径。民事审判涉及生产、流通、分配和消费等诸多领域,事关人与人、人与社会、人与自然等关系的方方面面。一些案件看是简单的民事案件,如离婚、继承、人身损害赔偿、医患纠纷、相邻关系、民间借贷、拖欠工资等纠纷,与人民群众的个人利益和家庭和谐息息相关,稍有处理不当,不仅会给当事人造成伤害,也会给社会和谐稳定留下隐患。群众利益无小事,凡是涉及老百姓的案件,更应格外重视,要通过程序公正和实体公正,通过良好的审判作风,让当事人感到司法的公正,才能更好地保护人民群众的合法权益。

民事审判工作是化解社会矛盾、维护社会和谐稳定的重要力量。当前,随着利益格局的深刻调整,人们在资源分配、市场占有、生产经营、收入分配、劳动关系等方面的矛盾不断增多,利益性、群体性、对抗性特点还会持续存在,解决难度也将不断增大。这些矛盾会越来越多地衍生为民事案件涌入人民法院。如果处理不当,个案问题可能转化为群体性问题,民事案件可能转化为刑事案件,非对抗性矛盾可能转化为对抗性矛盾,影响改革发展稳定的大局。只有依法公正高效地处理案件,进入法院的比较尖锐的矛盾才能得到及时有效化解,社会才能稳定、和谐。

民事审判工作是调节经济关系、促进经济社会全面协调可持续发展的重要保证。社会要和谐,首先要发展。依法调节经济关系,为改革开放和社会主义现代化建设服务,是民事审判的另一项重要职能。进一步加强民事审判工作,维护良好的社会主义市场经济秩序,才能确保改革发展稳定大局。通过平等保护各类民事主体的合法权益,制裁各种违约和侵权行为,有效调节社会财产流转关系,促进经济社会全面协调可持续发展;通过依法审理涉及"三农"问题的民事案件,保障农民土地承包经营权、宅基地使用权及其他各项民事权利,促进农业和农村工作的健康发展,促进社会主义新农村建设;通过审慎处理金融纠纷和国有企业改组改制案件,保障国有企业改革顺利进行,促进金融市场的稳定健康发展和基本经济制度的完善;通过审理知识产权案件,保障社会创造活力和创新能力,增强经济社会的发展动力;通过依法审理环境和资源方面的民事案件,加大对危害群众健康和影响可持续发展的环境侵权行为的处罚力度,促进人与自然的和谐;通过依法审理海商海事案件,维护国家海洋权益和建设海洋大省发展目标。

民事审判工作是维护社会公平正义、促进理性有序社会的重要手段。进一步加强民事审判工作,确保广大人民群众特别是社会弱势群体通过民事诉讼依法行使诉权,保证人民群众平等参与诉讼活动,确保有理有据的打得赢官司,确保一切有利于人民幸福和社会和谐的行为都能得到司法裁判的认可,一切有利于经济发展和社会进步的民事法律行为都能得到司法裁判的支持,一切有利于社会财富增加的创造才能和创造成果都能得到司法裁判的保护。通过人民法院的公正司法,向社会输送公平正义,维护并引导理性有序社会的建设发展。

"十二五"时期既是深化改革开放、加快转变经济发展方式的攻坚时期,又是贯彻落实科学发展观、全面建设小康社会的关键时期。综观国内外形势,国际金融危机持续影响,世界经济形势复杂严峻多变,全球资源能源供应趋紧,经济发展方式正在经历重大变革,绿色、低碳、包容性发展已经当今的时代潮流。我国仍处于重要战略机遇期,国内形势总体向好,但经济发展中不平衡、不协调、不可持续的矛盾和问题依然突出。从省内看,经过建省办经济特区20多年的发展,以人均生产总值4429美元为标志,海南已经站在一个新的历史起点上,但经济总量偏小、产业结构单一、生态环境压力加大等制约海南经济发展的因素仍然很突出。今年是"十二五"规划实施的关键之年,也是加快转变经济发展方式,实现经济平稳较快发展,推进国际旅游岛建设、实现海南绿色崛起的关键之年,民事审判工作任务十分繁重,全省各级法院民事审判为大局服务、为人民司法的工作将面临新形势和新要求。

(一)保障和服务海南绿色崛起对人民法院民事审判工作的新要求

在去年的全国民事审判工作会议上,最高法院奚晓明副院长强调,随着扩大内需长效机制构建和经济增长向依靠消费、投资、出口协调拉动的转变,生产生活、流通服务、旅游消费等矛盾纠纷必然大幅攀升;随着房地产业可持续发展和国家相关政策出台,合作开发、建设工程、房屋买卖等案件数量势必继续上行;随着城乡统筹发展和城镇化稳妥推进,房屋拆迁、土地征收、农地承包等各类问题将不断涌现。我省在推进国际旅游岛建设、实现海南绿色崛起目标过程中,也将面临上述在经济发展方式转变过程中出现的新问题,这些问题常常具有境外因素与境内因素相互交织、法律问题与社会问题相互交织、个体利益与社会公共利益相互交织的复杂性,处理不好容易导致系列性、群体性和敏感性案件发生,对海南经济社会发展的大局产生不利影响。在这种形势下,民事审判工作的任务更加艰巨,为社会稳定和谐发展保驾护航,我们责无旁贷。

(二)中国特色社会主义法律体系形成对人民法院民事审判工作的新要求

2010年年底,中国特色社会主义法律体系如期形成,对于推动人民司法事业发展、建设公正高效权威的社会主义司法制度和人民法院依法履行审判职责,具有极为重要的作用。人民法院在国际国内形势仍然十分复杂的情况下,正确运用法律手段妥善化解民事纠纷、服务海南经济社会发展大局的任务将更为艰巨。同时,仅这十年来,《合同法》、《物权法》、《侵权责任法》、《环境保护法》、《劳动合同法》等重要的民事法律相继颁布,已经修订的如《公司法》、《企业破产法》及即将进行修订的《民事诉讼法》等对民事审判领域具有深远影响的法律,将对我们民事审判法官正确适用法律的要求越来越高。在此形势下，精确把握法律、准确理解和适用法律，严格依法办案，确保法制统一的责任就更大了。正如王胜俊院长说的，近年来，确保法律实施的任务越来越重，确保公正司法的要求越来越高，维护社会公平正义的责任越来越大；去年8月，最高人民法院专门为此出台了《人民法院加强法律实施工作的意见》，对各级人民法院完善和加强法律实施工作机制，确保法律有效实施提出了具体的要求。因此，随着中国特色社会主义法律体系的形成，在总体上实现了有法可依之后，"有法必依、执法必严、违法必究"成为更加紧迫的任务，如何准确适用法律，确保宪法和法律正确实施，实现为"大局服务、为人民司法"是摆在全省民事审判法官面前亟待解决的重要课题，形势逼人，使命重大。

(三)新类型案件数量增多对人民法院民事审判工作的新要求

在我省，国际旅游岛建设使我们迎来了建省以来加快发展的第二次历史性机遇，建设国际旅游岛、实现海南绿色崛起需要一个安全、和谐、有序竞争的社会环境，全省法院在此进程中负有重要的、不可替代的司法保障职责。然而，随着海南经济社会的不断发展和改革的不断深入，民事审判领域中存在的新矛盾、新纠纷、新类型案件不断显现。特别是近两年，海南经历了启动国际旅游岛建设所带来的房地产价格急速上涨，又因国家宏观调控政策实施和不断深入，引发了与之相关的股权转让、土地承包及房地产买卖纠纷案件的大量增多，这些案件当中诸如股权转让合同、商品房买卖合同、承包经营合同的效力问题，以及征地补偿款的分配问题，都是当前民事法律的热点和难点问题，目前已有部分纠纷进入法院，对我们民事审判工作提出更高要求。同时，随着国际旅游岛、生态省、海洋大省建设进程的不断推进，与海南经济社会发展关系密切的旅游股权、旅游服务、旅游房地产纠纷、企业破产重组兼并纠纷、拆迁安置补偿纠纷、知识产权纠纷、海商海事纠纷及环境公益诉讼纠纷等案件不断涌现，并呈现出许多新的特点。在目前法律法规对很多问题没有规定或规定仍不明确的情况下，要求我们加大调研力度，更好地运用法律手段调节社会经济关系，解决民事纠纷中出现的这些新问题。

(四)人民群众日益增长的司法需求对人民法院民事审判工作的新要求

近年来，全省法院充分发挥民事审判职能作用，积极推动社会管理创新，在实现司法为民方面采取了有力措施，做了大量工作，但随着社会经济的发展，民事审判工作的职能和地位也在发生变化，民事审判体制和机制还存在许多与现实不相适应的地方。如科学合理的审判管理和考核机制仍未有效理顺，制度落实情况依然不尽如人意；信息化建设刚刚起步等。对法院加强自身建设、提高司法能力水平是严峻的挑战。要求我们要加大对制约我省民事审判工作科学发展中存在的新问题的调查研究力度，积极探索解决问题的方法和对策，努力提高队伍的素质，切实改变司法作风，为人民群众提供优质的司法服务，真正实现司法为民。

三、当前民事审判工作的主要任务

面对新形势和新要求，全省各级法院要深入贯彻落实科学发展观，紧紧围绕加快转变经济发展方式的主线和"为大局服务，为人民司法"的人民法院工作主题，科学探索民事审判发展规律，充分发挥审判职能作用，主动适应新形势的发展变化。

根据这一形势要求，高院党组研究，本次民事审判工作会议要有一些切实措施，规范民事审判行为，提升民事司法能力，要能管一段时期的工作。为此组织民事口四个业务庭经调研和广泛征求意见，起草了六个业务文件：一是由民一庭针对《民事诉讼法》修改加强审判公开和检察机关对民事审判工作监督的要求，起草了在民事审判中依法接受检察监督的试行意见。二是由民一庭针对国际旅游岛建设中较为突出的农村集体经济组织土地征用补偿费分配纠纷案件的审理起草了试行意见，目的是在国家法律的原则上，结合省情和社会善风良俗规范这类纠纷的审理，统一司法尺度，促进社会稳定，维护司法权威。省委政法委肖若海书记最近在琼海法院建议上批示要求省综治委组织专项研究，正好促进我们这一意见的研究修订工作。三是由民二庭起草民事诉讼证据的公开确认试行意见，目的是推进审判公开，提高法官驾驭庭审和确认证据的能力，在民事审判工作中推行优势证据胜诉原则，提升司法公信。四是由民三庭起草的关于网吧知识产权侵权纠纷的审理试行意见，目的是适应文化大发展大繁荣的要求，保障知识创新，保护知识产权，统一对新类型案件审理裁判的尺度。五是针对上级法院改判、发回重审民事案件引起的不同意见，起草了建立改判、发回重审案件上下级法院沟通交流的机制，增进案件处理的沟通、理解，使工作更符合案件处理的公正要求，增强民事审判不同审级之间工作的协调性、组织性。六是由环境保护审判庭起草的环境保护审判服务海南生态立省、绿色崛起的工作意见，目的是使环境保护审判工作更为社会各界理解支持，开辟案源，发挥作用，也是贯彻省第六次党代会的一项业务工

作措施。在此基础上,当前及今后一段时期,高院党组安排的民事审判工作的主要任务是:

(一)牢固树立社会主义法治理念,坚定民事审判正确的政治方向

要明确民事审判工作应当坚持的指导思想,坚持和发展中国特色社会主义民事司法传统,坚持和发展中国特色社会主义民事司法制度,牢固树立和全面践行社会主义法治理念,坚持"司法为民"的指导方针。继续深入开展社会主义核心价值体系学习,深入贯彻省委6月5日召开的整治"庸懒散贪"专项活动会议精神,教育民事审判法官转变司法作风,增强"为大局服务,为人民司法"意识,真正把重民生、排民忧、解民难作为人民法院工作的出发点和落脚点,实现人民群众对社会公平正义的新期待、新要求。

(二)坚持公正司法,着力抓好执法办案,切实保障宪法和法律的正确实施

执法办案始终是人民法院审判工作的第一要务,我们要正确认识和把握中国特色社会主义法律体系形成后每一位民事审判法官所肩负的重大历史使命,按照王胜俊院长"十个始终坚持"的要求,全面加强执法办案工作。各级人民法院要在审判工作中做到公正司法,处理好每一件民事案件,不仅要树立正确的法治理念,还需要对法律精神的正确理解,要在严格办案上下更大功夫,严格遵循程序法,准确适用实体法,不仅要求裁判的法律依据明确,而且遵循程序规则和证据规则;不仅要求实现个案公正,而且要求取得社会认同;不仅要求裁判结果合法,而且要求裁判的理由公开,实现法理与情理的兼容并蓄。为此,全省法院的各级民事审判法官,一是加强理论学习。要注重立法精神的理解与法律知识的更新,拓宽知识领域;要强化证据规则意识,坚持民事审判公开确证、优势证据胜诉原则,压缩自由裁量空间。二是加强经验总结。各级法官要在审判实践中对疑难问题进行探讨和总结,提高适用法律和解决问题的水平和能力,确保法律得到正确和有效的实施。三是强化队伍培训。要以提升司法能力为目标,紧密联系民事审判工作实际,加大业务培训力度,突出培训的实效性;继续开展庭审观摩竞赛活动,岗位练兵,不断提高民事法官驾驭庭审的能力、准确适用法律裁判案件的能力、制作裁判文书的能力和法律释明、裁判说理的能力。尤其是对社情民意的认识和把握的能力,做群众工作、做当事人思想工作和调解解决实际问题的能力。

(三)围绕经济社会发展大局,坚持能动司法,为海南国际旅游岛建设提供司法保障

"十二五"规划明确提出,坚持把经济结构战略性调整作为加快转变经济发展方式的主攻方向。法院的民事审判工作要准确把握科学发展的主题和加快转变经济发展方式的主线,充分发挥司法的能动作用,履行好审判服务经济发展的职责。要坚持能动司法,积极服务经济结构战略性调整,积极服务国家扩大内需和对外开放战略,积极服务科技进步和自主创新,积极服务资源节约型、环境友好型社会建设,为加快转变经济发展方式提供优质司法服务。要增强服务经济发展方式转变和经济社会平稳较快发展的大局意识、责任意识,全面落实省高院《服务海南经济社会科学发展大局工作意见》和《服务海南国际旅游岛建设工作意见》,维护国际旅游岛建设的市场秩序和经济安全,重点依法审理好与海南经济社会发展关系密切的各类民事案件:一是依法妥善审理好涉及"三农"案件。重点做好土地承包纠纷、拆迁安置补偿纠纷、劳动争议纠纷和拖欠工程款等涉及农民、劳动者合法权利的案件的审理,确保农村基层社会安定,避免群体性纠纷案件的发生,防止矛盾激化,维护社会稳定。二是妥善审理涉及旅游股权、旅游服务、旅游房地产等纠纷案件。依法保护广大游客的合法权益,净化旅游市场,支持海南旅游业改革创新,服务海南国际旅游岛建设。三是妥善审理涉及金融、投资和消费领域的纠纷。重点做好金融不良债权案件审理和支持农信社清收不良贷款的工作,稳妥处理涉及企业破产、重组和公司清算等纠纷,特别要处理好海南农垦系统企业的破产工作。维护市场秩序,保障和服务经济结构优化和调整,促进国家宏观调控政策落到实处。四是依法妥善审理涉及海洋、环境、对外经贸、知识产权等类型的案件,强化对环境资源的司法保护,保护创新和维护知识产权,推动科技强省战略,促进海南现代服务业、新兴工业、热带现代农业、海洋经济和高新技术产业发展,以良好的服务为海南国际旅游岛建设提供强有力的司法保障。

(四)始终坚持"调解优先,调判结合"的工作原则,适应构建和谐社会对民事审判工作的要求

继续创新和完善诉讼与非诉讼相衔接的多元化矛盾纠纷解决机制,积极推广诉调对接建设,将调解的工作原则贯彻落实到执法办案每个环节。近几年通过努力调解工作虽然上了一个台阶,但离要求还有不少差距,与全国平均数还相差10个百分点,调解撤诉率偏低的现状没有根本改变;调解协议确认工作虽有推动,但还未引起足够重视,各法院之间发展不平衡。为此,一是继续采取必要措施切实加强调解工作,特别是基层法院和人民法庭,要把调解工作列入党组重要工作内容,增加调解工作在绩效考核

中的比重，中院要加大督促指导力度，从维护社会和谐的高度来认识调解工作的重要性，推动调解工作再上台阶。二是继续提高调解质量，准确把握运用调判方式处理案件的基础和条件，调解必须坚持合法和自愿原则，依照法律可以调解、根据案情能够调解或者按照矛盾冲突特点调解处理效果更好的，要选择调解方式解决纠纷；对于不能调解、根据案件不宜调解或者以判决方式更有利于问题解决的，应当及时判决，以充分发挥判决在增强规则意识、推进法治建设方面的重要作用。三是以自动履行率作为衡量调解工作效果的重要标准，不能脱离实际设定调解率指标，避免为片面追求调解率而违背当事人意愿强调硬调、以拖促调、以判压调，损害司法权威和司法公信。四是完善人民调解协议司法确认机制，进一步推动调解协议司法确认工作。要执行好关于人民调解协议的司法确认、法官与律师互动机制、诉讼与仲裁衔接工作机制等方面的工作意见，推动人民调解工作更大发展，进一步健全人民调解、行政调解、司法调解联动的"大调解"工作体系。同时要把握好人民法院在"大调解"格局中的定位，充分发挥司法的引导、保障和推动作用，既要保持司法活动独立性和终局性，也要加强与各方面的协调配合，诉调对接，形成社会矛盾化解的合力。

（五）完善民事审判业务管理制度，促进均衡结案，提高司法质量和效率

加强民事审判业务的管理，有助于规范司法行为，提高工作的质量和效率。要贯彻大法官研讨班精神和最高人民法院《关于加强人民法院审判管理工作的若干意见》，进一步强化管理意识，加大工作力度，充分发挥审理管理规范、保障、促进、服务审判的作用。要加强审判管理的制度建设，充分发挥制度管理的功能和优势，要以加强审判流程管理制度为基础，切实加强审判质量管理和审判效率管理，强化监督制约，促进均衡结案。要重点做好以下工作：一是加强审判流程管理。要以全省法院信息化建设，建立健全全省统一的审判流程管理系统为契机，全省各级法院要在高院的统一领导下，加强管理制度的落实，明确分工，强化责任意识。二是完善案件繁简分流和审限动态监控机制，加强案件清理和审限管理工作，强化均衡结案意识。各级法院要严格对立案、分案、开庭、结案、归档等不同审理阶段进行跟踪管理，重点抓好审限管理，严格按照省高院有关各季度结案指标的规定，确保均衡结案。要严格控制延长审限的审批；认真落实审限督办制度，保证全省的民事审判工作在良性的轨道上运行。三是全面推行案件质量评查、法官审判业绩考核制度。要完善并严格落实案件质量评查制度，坚持定期评查机制，对法官的审判业绩进行科学的考核评比，奖勤罚懒，树立民事审判工作突出的典范。四是推行精品案例指导制度，落实上级法院对下级法院实行对口包点业务指导实施意见要求，要加强业务监督指导，发现问题、总结经验，着力提高基层法官司法能力和水平。五是进一步加大审判公开推行力度。要下决心推行民事审判当庭确证，确立优势证据胜诉原则，这不仅对法官的业务能力和水平提出考验，也是杜绝"暗箱操作"、增加服判息诉概率、树立法官形象的重要措施，是落实公开审判的最佳方式；要进一步落实民事裁判法律文书上网公示制度，增强民事审判透明度，确保审判"阳光公开"、判决"胜败皆明"。

（六）加强基层基础建设，坚持以人为本，彰显司法人民性

基层基础建设是民事审判工作的中心，"十二五"时期我省民事审判要立足新形势的变化，在保障和改善民生、化解社会矛盾、促进海南经济社会较快发展方面取得新进展、实现新突破，必须"将矛盾化解在当地、化解在基层"。为此，我们要着力做好以下几项工作：一是依"两便"原则合理布局人民法庭、环保法庭、海事法庭，加强中心法庭建设；要按最高人民法院部署，巩固和完善具有八项功能一条龙服务的三级法院立案大厅、信访窗口建设，进一步方便群众诉讼、就地化解纠纷；继续落实《司法为民30条措施》，体现司法人文关怀。二是继续落实民事案件繁简分流、速调速裁工作制度，进一步扩大小额速裁审判的试点范围，提高司法效率；完善远程立案、预约立案、代为刷卡缴费措施，提升司法服务水平，增强服务生态立省、海洋大省等经济社会建设大局能力。三是提高民生审判质量，海南国际旅游岛建设、国家宏观调控政策的进一步深化，与民生关系密切的案件将大量增加，民事审判部门特别是基层的法官，要依法妥善审理好劳动就业、社会保障、教育、医疗、住房、消费等领域的纠纷，注重维护弱势群体权益，着力解决群体性矛盾，切实维护人民群众切身利益。要认真研究、有效化解农民工追索劳动报酬、农产品买卖、农村土地承包等纠纷，保护农民权益，审慎处理农村集体土地征收、城镇国有土地上房屋拆迁案件，切实保障被征地农民、被拆迁人合法权益。四是加强落实最高院《关于大力推广巡回审判方便人民群众诉讼的意见》，大力推广巡回审判工作，发挥品牌法庭影响力和效应，切实增强巡回审判的针对性，努力追求巡回审判的高质量和高效率。

(七)以党建带队建,加强廉政建设,确保廉洁公正司法

公正廉洁执法是人民法院化解社会矛盾和推动社会管理创新的重要保障。今年年初召开的全省法院反腐倡廉工作会议和前不久召开的党建工作会议上都对当前廉政建设面临的复杂形势进行了深刻分析,并提出了具体要求。各级法院民事审判部门要认真贯彻两个会议的精神,结合当前的形势,主要抓好以下几项工作:一是以党建工作会议精神的贯彻落实契机,切实加强民事审判部门党建工作,发挥党员民事法官先锋模范作用,带动整个民事审判队伍公正廉洁审判,促进民事审判质量和效率。二是继续深入开展"司法作风转变年"活动,加强职业道德和司法作风建设,巩固群众观点大讨论成果,在民事审判法官当中牢固树立群众观念,践行群众路线,切实解决群众观念不强、大局意识不强、司法不规范、司法不廉洁、司法形象不佳、执行不力等问题。三是落实反腐倡廉建设各项制度,落实以"五个严禁"为核心的审判纪律,落实廉政监察员制度,扎实推进民事审判重要岗位、重点环节的制度化建设,规范司法行为。要量化标准,区分责任,实施违法审判责任追究制度,坚决查处违法违纪问题。四是结合近年来民事审判队伍中发生的典型违法违纪案例,认真开展好警示教育,逐步确立民事法官司法行为的边际界线,健全完善预防和惩处司法腐败的长效机制,确保廉洁公正司法。五是落实好省委刚刚部署的整治"庸懒散贪"专项活动的部署要求,按照高院活动小组即将下发的活动方案,切实贯彻,转变司法作风,提高司法效率,提升司法形象。

同志们,新的形势和新的任务,对人民法院民事审判工作提出了更高的要求,我们一定要按照中央、最高人民法院、省委要求,以省六次党代会精神的学习贯彻为指导,振奋精神,扎实工作,不断开创民事审判工作新局面,以优异的审判业绩迎接党的十八大胜利召开,为国际旅游岛绿色崛起的宏伟目标做出新的更大的贡献!

在全省民事审判工作会议上的总结讲话

海南省高级人民法院党组书记、院长　董治良

(2012年6月8日)

为了便于理解贯彻本次会议的精神,结合这两天参加和听取海口两级法院讨论组讨论的体会和前不久召开的全省法院党建工作会议精神,我讲三个方面的内容:

一、召开全省民事审判工作会议的思考

高院党组为什么要把全省民事审判工作会议作为今年工作的重中之重来统一安排、组织和部署。作为领导机关的海南高院党组,为了有利于工作的开展,每年在思考全年的工作时都要立足本职、突出重点来推进全局工作的安排和统一部署。对于今年的工作,高院党组是这么思考的:

第一,关于全省法院党建工作的思考。立足于我们法院系统党员占全省在编干警74%的实际,按照中央组织部和中央政法委关于2012年基层组织建设年的安排,结合首席大法官王胜俊院长提出的"以党建带队建促审判"的工作要求,海南高院党组部署了全省法院党建工作会议,目的就是把74%党员的先进性发挥出来。只要把全省法院党员干警的先进性发挥出来,我们工作就不会出现司法腐败、司法不公的现象。所以需要召开法院党建工作会议,把法院党建工作当做全局性的工作进行统一安排和部署。

第二,关于全省法院民事审判工作的思考。民事审判工作占审判工作业务量的三分之二,而我们配置的民事审判队伍力量只有三分之一,以三分之一的审判力量承担了整个审判工作量的三分之二。换个角度来说,如果把民事审判工作研究好、部署好,就等于完成了全省法院三分之二的工作。全省各级法院领导班子对每年工作抓什么、怎么抓、以什么为抓手,都要有一个清醒的认识。这样才能很好地履行自己的工作职责,圆满完成党和人民交给我们的工作任务。领导班子对平时的工作就是要抓重点,重点抓,抓住了重点就抓住了每年工作的核心,开展工作才会得心应手。因此,高院党组决定今年把党建工作会议和民事审判工作会议当做重点来研究,在前不久组织召开了全省法院党建工作会议后

立即召开全省民事审判工作会议。但从之前党建工作会后的情况来看,高院党组对党建工作的部署并未引起三级法院的足够重视。最高人民法院已经开始重视党建工作,人民法院报最近重点报道了最高人民法院民四庭的党支部会议,而此时我们的党建工作会议结束已经一个多月,各法院在贯彻落实方面都没什么动静,没有和高院党组形成默契。在此再次强调,全省三级法院要注意领会上级的精神,与上级保持一致形成默契,只有积极响应上级的部署和号召,工作才会实现效率。

二、民事审判工作的地位作用

从突出重点角度来理解民事审判工作地位和作用的三层含义:

第一,要通过这次会议的召开深刻地认识我们身在其中的民事审判工作的意义。人民法院作为适用国家法律裁断是非、示范规则、维护正义的国家公器,实际上是国家依法管理社会的一个重要的执政方式,而不能仅仅把它理解为一种工具。为此,我们要紧紧围绕党的十一届四中全会精神来理解法律的作用。从实际上来看,改革开放以来,在党的领导下,我们基本面临着建立社会主义市场经济制度和建立适应社会主义市场经济的法律。为什么这样说呢?市场经济本质上就是契约经济,契约必须依赖于公平,违约就要依法承担违约责任,所以,我们也可以说市场经济本质上就是法治经济。我们受理的民事案件,数量上占第一的是合同纠纷,占了全部民事案件总数的 58.3%;第二是权属纠纷,占了 23.3%;第三是婚姻家庭纠纷,占了 18.4%。从受理案件的类型数量看出,就体现了市场经济是法治经济。就法院本身来讲,市场经济条件下的审判方式和计划经济条件下的审判方式大为不同,计划经济下人、财、物没有流动,民商事案子只有离婚案子,而且计划经济条件下的离婚案子不涉及财产的分配,基本不需要法院对财产进行裁判,所以,计划经济体制下法院工作的特点是重刑轻民。但是,在市场经济条件下,法院的工作就体现出了重民轻刑的特点,民商事案件的数量和比例不断增长,突出了民事审判工作的作用和地位。就海南省来说,民事案件占了法院工作了三分之二,民事审判的工作量决定了法院工作任务的完成,因此,要抓住审判工作的重点,就要突出民事审判工作的重要性。民事审判工作决定着社会主义市场经济秩序的维护,通过民事审判保证示范规则,彰显公平正义。

第二,理解民事审判工作的作用。一是民事审判工作就是在案件中确认证据,分清是非,正确裁断,从而使民事案件裁判成为人民生产生活安定的守护神,成为经济运转有序的保证,成为社会公正的象征。如果导向不对,民事审判就起不到应有的作用。如果理都说不清,那当事人怎么可能没有意见。一些说理不清的"本院认为"把案件的理由弄得很简单,当事人看了裁判文书都弄不懂为什么会这么判,怎么可能服判息诉,怎么可能案结事了。因此,裁判文书要把说理的逻辑弄明白,不要草草了事,让人民群众失去对司法的信任。二是维护社会和谐。人民法院的判决裁断要树立法律权威,形成社会尊重法律的导向,达到维护社会秩序和社会和谐的目的,而不是通过裁判撕毁法律权威,这就需要我们坚持和谐司法。如果这些我们都不理解,怎么贯彻落实,贯彻落实什么?三是保护创新,维护发展。法院要制裁违规和失信,使不劳而获和剽取豪夺成为过街老鼠,保持国家的进步,形成社会各界诚信的导向。过去的计划经济是短缺经济,大家只要求解决温饱问题。改革开放三十年过去了,温饱基本不是问题,现在是要实现富裕,但是实现富裕不能建立在剽窃和假冒伪劣的基础上。从世界历史发展来看,每个国家的市场经济在发展的过程中都出现过假冒伪劣的阶段,我们国家经济的发展现在就处于这个阶段,因此需要规范社会行为,制裁剽窃和假冒伪劣,鼓励创新。如果付出一点代价就能剽窃别人的东西,那么国家的创新将置于何地?因此,法律要树立维护创新的导向,维护社会主义市场经济秩序。四是保障人权。宪法修正案和民事诉讼法的修改都体现了保证人权的原则,这是我们的一个进步。从马克思主义那里,中国共产党就懂得了社会主义最终就是要实现人的自由。但是目前我们在保障人权上却落后于西方国家,法治的重要作用就是保障人权,法治本质是保护权利,因此,我们要关注民生,维护公民合法的财产权利和人身权利,维护社会的安全性、法律的正义性和人的尊严性,彰显社会主义法律制度的优越性。

三、下一步做好民事审判工作的安排

第一,形成对"三个至上"重要思想和社会主义法治理念的内心确信。如果连干警自己都不信仰社会主义司法价值观,我们的社会主义司法价值如何能够实现。

第二,要具备履行司法职能的必要知识。要有法律知识的功底,有了知识还要不断地更新知识,只有树立终身学习的人才能满足法院工作的要求。

第三,要有娴熟的司法技能。没有娴熟的司法技能,就不能很好地引导举证、质证和进行确证。大家对公开确证有异议,就是因为公开确证对法官个体的能力和素质要求很高,很多法官驾驭不住。部分人认为公开确证的条件尚未具备,不适合现阶段推行,但是如果不树立目标,无限期的推迟下去,我们的目标永远都达不到。没有技能是不行的,调解案子要懂群众工作的方法,要学会群众工作的语言,要有对人民群众的感情。现代社会的特点之一就是权威的示弱,特权意识、阶级思想在审判工作中是行不通的。单纯靠人管人是起不到作用的,就是要靠制度来管理,制度面前人人平等,消除特权,发挥制度的作用。只有这样,社会才会有序,工作才会规范。另外,要注意提高裁判文书制作的技能,文书制作也需要很高的技能,不能语无伦次。只有娴熟的司法技能,才能适应社会对司法的要求。

第四,要有责任感。有责任感是办案质量和效率提高的保证。均衡结案就是责任心的问题,责任心强的法官按照审限办事,就不会出现超审限的问题。责任心不强的法官平时不管审限,审限快到时才应付了事。河南法院出台了个关于终身负责制的规定虽然有所争议,但是从强调责任心方面来说也具有一定的作用。有责任心司法效率和质量才能提高,司法效率和质量提高了司法公信才能建立起来,司法廉洁才能实现,法院和法官的形象才会得到认可。

第五,创新审判方式,研究新问题。一是要防止恶意诉讼,特别是调解案件。有些法院调解的案件中存在恶意诉讼的现象,双方当事人在调解中把案外人的财产确认为一方所有,恶意串通骗取法院的调解书,严重损坏了司法的公信力。二是注意处理好裁判和仲裁之间的关系。对仲裁的执行一定要引起高度重视,避免因为仲裁执行的问题让法院无因无故地背包袱。三是继续坚持审判专业化的方向。海口交通法庭、三亚的旅游法庭、中东部瓜菜法庭等特色法庭走的是审判专业化方向,符合我省的实际情况,对促进地方经济发展起了重要作用。但是,我们在改革中一定要注意制定配套措施,一定要适合国情,不能为了标新立异而超越国情。

第六,关于六个文件的制定和修改。制定这六个文件的目的是针对改革开放以来市场经济出现的新问题、新情况和热点、难点问题,反映社会本质变化,在维护国家法律的基础上,以司法文件规范司法活动,避免脱离司法实质。文件不够成熟,在讨论时大家的意见很激烈,这是好现象,对起草文件的人来说,被拍砖也不是什么坏事。本次会议的六个文件引起了大家的共鸣,这是文件的成功之处。关于六个文件修改的问题,我的基本看法是:

一是关于征地补偿款分配问题:在调研过程中,一中院辖区的几个法院看法都不一样。对"外嫁女"补偿费分配问题有这样那样争议,一些问题反映出了新中国成立60年连男女平等的基本原则都没落实,这让我们法院感到耻辱。征地补偿款问题是城市化进程中出现的普遍现象,海口案子比较多,中部地区还没有,这与经济发展程度有关。随着城市化的发展,到城市化后期,征地款案子就会消失。但是我们的经济发展在区域上呈现了不平衡的现象,各个地方城市化进程的进度是不一样的,近几年海口就会没有这类案子,但是随着中部地区经济的发展,中部地区又会走向城市化进程,又会出现这类案件。因此,需要法院在这类案子的审理上统一司法尺度。法院要有一个明确的目的和原则,明晰导向后才把意见稿放到网上,广泛征求民意,使文件内容更加科学、更加完善。

二是关于公开确证问题。公开确证是确立优势证据胜诉原则的重要前提保证,对法官素质能力要求高,目前法官的个体素质不高,我们只能慢慢来,但不能停下来。大陆法系讲究法律体系的严密性,把法律当做自动售货机,把案子当做货币,将案子投进去结果就出来。但是英美法系不同,英美法系是判例制度,法官一辈子的追求甚至就是为了出一个有象征意义的案例。

三是关于上下级法院对该判发回重审案件的沟通问题。加强对拟改判发回重审案件上下级法院的沟通,目的是使案件裁判更加准确,有利于体现司法尺度统一,因此要把意见稿制定得合理周严,要特别注意防止变相剥夺当事人的上诉权,防止因为一种现象而掩盖另一种现象。

总之,只要会议能引起社会的关注和各级法院的重视,我们的工作就成功了。

关于会议的贯彻要求。一是坚守自觉的自尊心和荣誉感;二是遵守审判制度和廉政纪律;三是研究新问题,规范司法行为,体现司法公信力;四是关注干警的成长和生活。法庭要当做培养法官的基地,而不是当成对不同意见的人发配的场所。只有提高司法保障能力,我们工作才能做得更好。一定要把法庭的伙食办好,只有伙食办好,干警才安心。

本次会议的重点是制定业务文件,统一司法裁判尺度,三级法院回去后要认真贯彻落实好本次会议的精神,为海南绿色崛起和建设美好家园提供有力的司法保障。

在全省法院民商事审判工作视频会议上的讲话

四川省高级人民法院党组书记、院长　王海萍

（2012 年 4 月 27 日）

同志们：

在全省法院深入贯彻全省中级法院院长会议精神，全面开展争创"两个一流"工作之际，省法院党组决定召开这次民商事审判工作会议，进一步研究推进民商事审判争创一流的工作，很有必要，也很及时。

民商事审判是人民法院整体审判工作的重要组成部分，在维护人民群众利益、化解矛盾纠纷、维护社会稳定、促进经济社会全面发展等方面发挥着十分重要的作用。当前，我省经济发展处于"稳定增势、高位求进、加快发展"的良好态势。与此同时，化解经济发展过程中的矛盾纠纷，维护好人民群众的利益，对民商事审判工作提出了新的更高的要求。民商事审判的任务会更加繁重，责任也更加重大。打造一流队伍、争创一流业绩，是全省法院适应经济社会发展需要，以科学发展观为统领，与时俱进提出的工作目标要求。稍后，世成同志将结合全省民商事审判面临的形势任务，作具体的工作安排部署。这里，我就全省民商事审判工作争创"两个一流"开好局、起好步讲三点意见。

一、围绕服务经济社会发展大局，充分发挥民商事审判职能作用

今年是国家实施"十二五"规划承上启下的重要一年，也是新一轮西部大开发关键之年。我省正抢抓机遇，积极实施成渝经济区建设、天府新区建设，推进"两化"互动发展，全省民商事审判工作要在服务全省经济社会发展大局中发挥积极的作用。

（一）要始终坚持能动司法。全省法院要按照最高法院《关于加强司法建议工作的意见》，主动与党委政府的中心工作对接，针对当前全省经济社会发展过程中的热点、难点问题，开展专题调研，要发挥司法机关对可能发生的诉讼风险看得准的有利条件，积极提供具有预见性、前瞻性的意见、建议，把因群众利益引起的矛盾纠纷处理好，保护好群众的利益，使重大群体性的矛盾隐患得到防患化解。这项工作做好了，既体现了对民生的关注，也必然会为当地经济社会发展的及时推进创造有利条件，也可以避免出现一些群体性的案件、矛盾化解难度增加的问题。所以我们讲能动司法，为大局服务，一定要从大局考虑，结合当地实际，善于从一些苗头性的问题、案件中，开展调查研究，提出司法建议，才能发挥好作用。在争创一流的要求方面，我们强调，提出司法建议要看是否被重视采纳，被重视采纳了，就说明司法建议是有分量、有价值的。另外，要结合审判实际，通过对类型案件的分析，总结发现存在的问题和漏洞，提出司法建议，推动建章立制，推动社会管理创新。在坚持能动司法这个问题上，要从两个方面做好司法建议工作：一是要从一些苗头性的问题去考虑，契合经济社会发展形势，做一些深度调研，提出建议；二是要从有一定量的类型案件中，看一些社会管理中有什么问题，来提出建议。我们的同志要认识到，提出司法建议不是为建议而建议，不是超越审判工作去做一些看起来与审判工作关联性不强的工作。我们所做的工作，既是服务大局，和党政中心工作对接，同时也与审判工作有紧密关联。我们一些可能成为群体性诉讼、群体性事件的案件，如果不去主动、积极地做一些调研，提出司法建议，把这些问题化解在初始状态，就可能产生比较多的案件。特别是在经济社会高速发展，我们很多大的项目、大的工程在推进过程中，就可能出现比较多问题，诉讼到法院后，解决起来就会比较难。如果我们积极地从一些苗头性情况中，主动开展调研，提出司法建议，既有利于做好我们的工作，也有利于服务大局。所以我们提出，争创一流在这个方面要有所作为。不仅要提出司法建议，而且司法建议要对当地经济社会发展起到作用，为当地党委政府所重视采纳。符合这些要求的主动作为、司法建议，才能真正体现能动司法的价值。

（二）要努力维护社会稳定。有效化解矛盾、维护社会稳定是民商事审判的重要职能。加大案件调解力度，是化解矛盾纠纷的主要方式。去年，全省法院一审民商事案件调撤率为 66.26%，但实际中，许多基层法庭的调撤率达到了 90% 以上，说明全省法

院民商事案件调撤率特别是基层法院民商事案件的调撤率是可以进一步提高的。我们为什么要强调提高调撤率,这样强调是否不符合审判规律?我认为在这个问题上,我们要始终坚持实事求是的态度:一是要看到基层法院、法庭受理的案件都是利益较小的讼争;二是要看到和谐和睦也是中国传统法治文化的价值追求;三是要看到群众对司法引导的信赖,这些都体现了调解率提高的实现基础。所以,对基层法院、法庭的案件,我们发扬司法为民利民爱民的思想作风,进一步做好工作,提高调撤率是有条件实现的。对于当事人双方讼争利益重大的案件,各级法院要贯彻“调解优先,调判结合”的原则,要在尊重当事人意愿的前提下,坚持“能调尽调”,把调解工作贯穿于民商事审判的每一环节。要充分依托“大调解”机制,创新调解方式方法,特别是要借用外力,注重发挥行业协会、社会组织在专业类型案件调解中的优势,积极开展委托调解、邀请调解和类型化调解,切实做到案结事了人和,促进社会和谐稳定。这两年“大调解”机制的形成,对全省法院化解矛盾纠纷、促进社会和谐稳定,起到了非常积极、非常重要的作用。我们全省法院民事案件30多万件,但我们在全国的进京信访排位是靠后的。这说明,我们的大调解工作机制、人民法院调解工作起到了积极促进稳定和谐的作用。但也有一些不同的看法提出来,我们提调解率、把调解工作贯彻始终,是不是与审判工作的规律性不尽一致,是不是影响了当事人要求迅速解决诉争纠纷的愿望?当然不是!总的说来,我们要尽量提高调解率,特别是在基层法院、人民法庭。去年我们的调撤率是66.26%。作为争创一流的要求,我们希望达到70%。这个调撤率,特别在基层法院、人民法庭,我认为是有条件达到的,也是应当达到的。人民法院是稳定社会的重器,要发挥好职能作用,切实把矛盾化解在基层,从基层抓好稳定。我们要进一步提高调撤率,这是社会发展的要求,也是我们有条件做好的。当然,我们也强调,既要把调解贯穿在诉讼每一个环节,也要尊重当事人意愿。调撤率提高了,实际上就反映了我们的工作能力和工作水平提高了、工作作风转变了。

(三)要抓好有影响案件的审理。全省经济社会加快发展,不可避免地会出现越来越多的有重大影响、新类型民商事大要案件。这些案件往往涉及标的金额大,案情复杂,专业性强,处理难度大,稍有不慎,就会影响当地经济社会发展大局或被媒体炒作。对有影响案件的审理,要在吃透案情的基础上,把握好社情民意,找到法律和政策的最佳契合点,实现办案“三个效果”的有机统一。要重视做好重大案件的社会稳定风险评估,把握好案件审理、宣判的时机,做好舆情应对,切实避免因处置不当引发不稳定。

二、围绕提升司法公信力,着力提高民商事审判质量和效率

民商事案件数量大,大多数涉及民生,与人民群众的切身利益密切相关。案件审理结果对司法公信力有着最直接、最明显的影响,是提升法院司法公信力的关键。因此,全省民商事审判部门要在“服判息诉率上升,投诉率、信访率不断下降”上下功夫,切实提升司法公信力。

(一)要进一步提高审判质量。从去年的改判发回重审率、信访投诉率、申请再审率等指标来看,民商事审判实现《争创“两个一流”实施意见》提出的进入全国前八名的目标,还需要下大功夫、下大力气。一是要努力实现案结事了。案结事了就是要做到服判息诉,服判息诉率是最直接体现案结事了、体现办案效果的指标。去年全省法院一审服判率是91.95%,全省每年审结民商事案件30多万件。如果我们将服判息诉率提高一个百分点,就意味着可能引发涉诉信访问题的案子少了几千件,信访维稳的压力就会大大减少。服判与信访是此升彼消的关系,服判率提高了,信访率必然下降。信访问题从源头治理,其根本就是要确保司法公正,提高服判息诉率。因此,提高服判息诉率是指标要求,提高司法水平、确保司法公正、实现案结事了是内在要求。在这方面,要解决好理念问题、思想作风问题、办案能力问题,坚决避免简单办案、片面办案、机械办案,努力实现“三个效果”的有机统一。服判息诉率是在争创一流目标中,是我到很多地方调研,对很多中基层法院提出的一个指标。人民群众满不满意,你的态度是重要的,你的作风是重要的。但最根本的落脚点就是对判决——你的司法产品满不满意。如果满意了,他就不会去上诉、进京访。法官的能力、作风、水平,也都体现在这个指标上。有同志说,民商事案件中,总有一方不满意。如果真的是这样,可能就不是百分之几的案子要上诉,而是90%多的案子要上诉。实际上,即使是一方败诉,并不意味着他必然不能接受判决。所以说,我们要争创“两个一流”,就是要从群众不满意的地方做起,从党和政府关心的地方做起,让他们能够接受我们司法裁判的结果。最重要的、最根本的就是要提高我们的审判水平,提高服判息诉率,尤其是一审服判息诉率。

二是要统一裁判尺度。“同案异判”是群众反映强烈的一个突出问题。同一个省、一个市,对类似的案件却作出不同的裁判结果,必然引起当事人和社会公众的合理怀疑。省法院要有重点地加强审判指导,切实发挥参考性案例、审委会快报、类型化案件分析报告等的指导作用,统一裁判尺度。要建立完善改判、发回重审等类型化案件的定期分析通报制度,发挥好二审、再审程序统一裁判尺度的审级功能。中基层法院也要抓好统一裁判尺度的工作。三是要落实好质效考评。目前,全省法院的审判质效考评体系已经初步建立。民商事审判要结合工作实际,有针对性地加强质效考评。调撤率、服判率、信访率是核心指标,要发挥这些指标的杠杆作用,抓住这几项指标,带动其他各项指标的全面提升。司法公信力、法律权威性的一个重要来源,就是人民群众对法院工作的评价。我们的司法产品就是对案件的裁判,所以我们抓住这些指标,从根本上说,就是以公正司法来打造司法的公信力和权威。在民商事审判工作中,核心指标是调撤率、服判率、信访率,再加上一个执行到位率。这些指标有带动作用,各方面工作做好了,这些指标才能提升。要把这些核心指标作为重要方面来考评。

(二)要进一步提高审判效率。近年来,全省民商事案件总量持续高位运行并不断上升,部分法院反映案多人少的压力在不断增大。各级法院要优化配置审判资源,根据案件数量均衡配备审判人员,缓解案多人少矛盾。同时,一定要注重通过提升效率来挖掘潜力。去年,全省法院人均结案53件,今年第一季度人均结案9.52件,人均结案率很低,还有很大潜力可挖。现在,从省法院到基层法院都反映比较多的就是人员的问题。有很多法院、很多审判人员任务确实很重,多的达到个人一年结案500件。在编制上我们尽量要向任务重的法院和岗位倾斜。但我们也要清楚认识,基本问题是编制问题还是效率问题,特别值得院长、院领导班子好好思考一下。实事求是地说,去年我们人均结案53件,在全国并不是处于人均办案数很重的状况。今年第一个季度人均结案率也并不理想。所以,在这个问题上,我们要从几个方面来思考。从法院整体人均办案并不高,但仍然形成了有的岗位办案任务非常重的情况来看,这就涉及到结构不太合理的问题,也有审判人员自身的主动性、积极性等问题。我认为,要从几个方面解决好提高效率的问题。一是要强化网上办案提升效率。目前,全省法院已实现四级联网,我们要利用好网络优势,严格进行审限管理。要严格控制审限延长、中止、扣减的审批,解决隐性超审限问题。要继续强力推行网上办案和案件全部报送电子档案,减少案件移送流转程序的占用时间。如果我们办案的科技化程度上台阶了,但办案效率没有提升,就要认真查找一下是什么问题。我感到网上办案对于院庭长来说,就是管理能力的考验。在网上办案的工作平台,存在的问题能够很直接、很迅速、很具体、很直观地反映给你,天天时时反映给你,你怎么解决?你必须要拿出措施,制定制度来及时解决存在的问题,否则就是失职。不能疏于管理,网上办案引入了科学、效率的管理平台,我们要用好这个工作平台。在网上办案,情况可以一览无遗,案件进度,存在的问题,好的或者不好的,可以很直观。你不去看,不去管理,就是失职。这就是管理最直接的一个东西。所以我们要用好这个平台。二是要推进小额速裁试点工作。从去年全省四个基层法院试点情况来看,小额速裁对于减轻当事人诉累、提高审判效率、维护法律权威具有重要意义。今年我们还要进一步扩大试点探索的范围。各试点法院一定要试行好,把经验总结好,为下一步《民事诉讼法》修改后的实施做好准备。三是要扎实推进民商事疑难案件专项审判活动。目前,全省仍有400件民商事老案未能审结。这些案件大多时间久远,审理期限一延再延。对这些案件,省法院要作为专项活动明确办理责任和办理时限,确保按要求全部化解审结。审判委员会和上级法院要加强督促,因失职造成长期拖延不能结案的,要进行责任追究。对这400件案件,省法院要有台账,各相关法院要将结果一案一报告。要看看是什么原因形成的,该追究的责任追究了没有。清理的结果今年年底前要向省法院报告。

(三)要进一步落实司法公开。全省法院要围绕“阳光司法年”各项工作要求,把司法公开内容从立案公开进一步向办案、执行、案件监督等环节拓展延伸,实现后台服务功能前台化,进一步增加民商事审判的透明度,让当事人赢得堂堂正正、输得明明白白。一是要建立诉讼服务中心为当事人提供“一站式”服务。各级法院要尽快按标准建成具备诉讼引导、立案审查、立案调解等功能的诉讼服务中心,充分发挥“一站式”诉讼服务的便民利民功能。要把法官以前在后台办理的事项,凡是符合公开条件的都尽可能推到前台,使当事人到法院办事也做到公开化、阳光化,更加便捷高效。对我们民商事案件特别重要的是,司法服务进一步体现人性化。我们把诉讼活动中的一些事项,如见法官、交材料等,都放在前台来做。尤其是我们院长,要关心这个事。像有的法院既有硬件也有软件,软硬兼备这样更好。硬件不怎么理想的,要把这个功能体现出来。二是要切实加大巡回审判力度。巡回审判是广受群众欢迎的司法工作方式,也是最有效的司法宣传平台。近年来,全省法院涌现了梁山、雷昌根、郭兴利等一批深入群众办案的全国模范法官和优秀法官。全国优秀法官郭兴利,20多年办了2000多件案子,大部分都是深入山区、乡村巡回审判,办案效果非常好,没有信访、举报、改判等问题。全省法院尤其是基层法院法官,要学习郭兴利的先进事迹,发扬"背篼精神",进一步加大巡回审判力度,不断提高巡回开庭率。现在人民法庭的条件有了很大改善,我们要加大以巡回审判方式进行法制宣传的力度,回应群众的司法需求,扩大法治影响。现在我们的基层法院、法庭都修得很好,这是党和政府、人民群众对法治、法律关心的体现。我们要好好做一些工作来回报党和人民对法院的关心和支持。在省"两会"期间,我和一些代表委员交流,他们提出了希望我们多到下面巡回开庭。这就是人民群众的司法需求。我们是有条件做好的,也应当做好。现在法庭都有车,路也修到了村上,要多下去开庭,解决纠纷,开展司法宣传。我们提出了巡回开庭率为20%的指标,这个指标是完全可以实现的,而且可以进一步提升。三是要进一步创新司法公开方式。要逐步扩大案件评查的公开力度,邀请人大代表、政协委员、律师等参与案件评查,从而把司法公开延伸到事后监督环节,提升监督的实效。比如说请人大代表、检察院同志和有责任心、政治意识强的律师去评查案件,那就和法院自身评查情况不一样。人家真的一是有水平,二是有责任心,三是你没看出问题,人家就能看出问题。我们现在基本自己在做评查,我们要用这种方式来提升审判水平,增强监督的效果。

三、围绕争创"两个一流",加强民商事审判队伍建设

全省民商事审判法官占法官总数的三分之一以上,民商事案件占了全省法院案件总数近70%,民商事方面"打造一流队伍、争创一流业绩"作出了成效,对全省法院的争创一流就是扛鼎之举。

(一)要强化对民商事审判工作的廉政监督。近五年,全省法院因违法违纪被查处的干警中,民商事审判法官和工作人员人数占了31.52%。群众反映强烈的上访、信访案件也多集中在民商事审判领域。民商事审判部门廉政建设形势严峻、任务艰巨,必须高度重视。法院做了很多工作,如果廉政方面出了一个问题,那就是一票否决。我们这么多法官,干了这么多工作,那百分之一的问题,就可能盖过了成绩。所以从院长到分管院长,都要看到廉政建设的形势。一是要落实廉政风险排查。要认真开展对案件的廉政风险评估,凡是正在办理的案件有不廉洁反映的,都要实时进行廉政风险评估,并及时采取措施防患于未然。要开展岗位廉政风险点排查。对排查出的民商事审判岗位廉政风险点,要从制度层面制定落实防控措施,建立长效机制,实现风险防控常态化,确保风险点不产生风险、不出现问题。二是要加强案件监督评查。要充分依托信息化审判管理平台,加大对案件的实时监督力度,寓监督于管理,强化院庭长对民商事案件的监督管理责任。院庭长的监督管理责任要定性定量具体落实,对当事人有不廉洁反映、代表委员关注、社会影响大等方面的案件,要了解案件办理情况,进行审判指导和监督。要把办案监督管理与合议庭依法行使职责有机结合,对哪些属于院庭长要加强指导监督的,要以制度规范明确。要建立多层次的案件评查机制,在开展案件常规评查的基础上,加大随机抽查力度,加强评查结果的转化运用。要通过评查发现问题,吸取经验教训,制定整改措施。各级法院要按照最高法院和省法院的统一部署,开展好"两评查"活动。三是要落实责任倒查机制。对评查中发现的错案、瑕疵案和法官的违纪违法问题,包括由于思想、作风、办案水平等方面导致了不良后果的,都要进行责任查究,并一查到底,坚决纠正"失之于宽、失之于软"教育追究不到位的现象。要将评查结果与干部成长进步相结合,对办案质量高、效果好的,要作为晋职晋级、提拔任用、评先评优的重要依据。

(二)要提高民商事审判队伍的履职能力。提升司法公信权威,必须提高民商事审判质量,而最为关键的是要提高民商事审判队伍素质和能力。一是要积极改进工作作风。民商事法官与人民群众接触最广泛、最直接,尤其需要加强作风建设。今年是全省法院"基层作风建设年",我们要以此为契机,切实转变工作作风。要牢固树立司法为民意识,增强群众观念,在民商事审判中落实好便民利民措施。要密切联系群众,亲切对待群众,坚决杜绝"门难进、脸难看、事难办"的衙门作风。特别是要带头落实好"五个严禁"、"三条禁酒令",在人民群众中树立人民法院、人民法官良好形象。二是要着力提升司法业务素质。一名优秀的民商事法官干警应当具备良好的法律素养和政策水平,还要善于做群众工作,化解社会矛盾纠纷。民商事法官既要加强岗位练兵、业务培训,也要加强培养做群众工作的能力。三是要为民商事审判工作创造良好环境。要树立出业绩才能出干部的思想,让民商事法官在争创一流中得到锻炼。对在争创一流中做出重大贡献的民商事法官,要予以记功表彰,要把工作实绩作为提拔任用的硬件要求,以良好的机制使法官始终保持争创一流的热情和劲头。要爱护民商事法官,为受到错告、诬告的法官澄清事实,还以清白,鼓劲打气,保护法官的积极性。在这里,我也借此机会,向长期以来为全省民商事审判工作做出积极努力和贡献的同志们表示衷心的感谢！

同志们，民商事审判工作任务艰巨、责任重大。只要我们始终坚持"为大局服务，为人民司法"的工作主题，始终坚持"打造一流队伍，争创一流业绩"的目标，始终坚持狠抓队伍建设、提升审判质效，不断争比进位，就一定能开创民商事审判工作新局面，以更加优异的成绩迎接党的十八大和省第十次党代会胜利召开！

在全省法院民商事审判工作视频会议上的讲话

四川省高级人民法院党组成员、副院长　李世成

（2012年4月27日）

同志们：

省法院党组和海萍院长高度重视民商事审判工作，今天，海萍院长亲自出席会议，并作了重要讲话。海萍院长的讲话围绕争创"两个一流"的战略目标，深刻分析了当前民商事审判工作面临的形势和存在的问题，从服务经济社会发展大局、提高审判质量和效率、加强审判队伍建设三个方面，对全省民商事审判工作提出了明确要求。讲话高屋建瓴、总揽全局、内容深刻，为我们争创"两个一流"鼓舞了干劲、指明了方向，体现了省法院党组对全省民商事审判工作和民商事审判法官的深切关怀和殷切期待。各级法院要认真学习，深刻领会，切实抓好贯彻落实。下面，我讲三点意见：

一、2011年全省民商事审判工作简要回顾

2011年，全省法院民商事审判部门始终坚持"三个至上"指导思想，紧紧围绕"两为"工作主题，立足审判，充分发挥职能作用，为我省经济社会发展和稳定提供了有力的司法保障。

（一）狠抓执法办案，服务大局收获新成绩。2011年，全省各级法院共审结各类民商事案件329,747件，同比上升15.8%；诉讼标的462.73亿元，同比上升18.9%。其中，审结房地产、建设工程、金融信贷、合同纠纷、公司纠纷等涉及经济转型、结构调整的商事纠纷案件12.4万余件；审结劳动争议、教育、医疗、住房、婚姻家庭、邻里纠纷等涉及广大人民群众切身利益的民生案件11.7万余件。全省各级法院成功开展了民商事疑难案件专项审判活动，清理出历年沉淀的各类疑难案件2142件，审结1742件，超额完成活动确定的目标，得到最高人民法院和省委政法委的充分肯定。

（二）坚持调判结合，矛盾化解开辟新通道。2011年，全省法院调解审结以及经调解撤诉结案的民商事案件209,349件，调撤率为66.26%；其中委托调解11,285件，邀请调解10,413件，比2010年翻了一番。全省法院不断深化大调解工作机制，与国土、卫生等20多个部门联合完善了物业、医疗、交通事故、拆迁安置、建设工程施工等纠纷调解衔接配合机制，下发了《关于加强司法调解与卫生行政调解衔接配合工作的指导意见》等相关指导意见；建立基层干部群众特邀调解员网点，设立道路交通事故、劳动争议、重点村镇、"三农"案件等专门调解室，充分发挥人民调解、行政调解作用，化解大量矛盾纠纷，努力做到案结事了。

（三）推进司法为民，审判延伸呈现新气象。全省民商事审判部门着眼于方便群众诉讼，不断深化审判方式改革。按照最高人民法院部署精神，在锦江区、峨眉山市等4个基层法院推行小额速裁试点，确定部分中、基层法院开展劳动争议、物业服务合同纠纷案件速裁试点。不断加强巡回审判，在全省设立135个道路交通事故巡回法庭，有效减轻当事人诉累。坚持能动司法，省法院与省国资委建立了涉及国有资产重大诉讼信息沟通联络机制，召开了工商联、侨联民营经济司法服务座谈会，加强与国有、民营企业行业的沟通和联系；各级法院民商事审判部门以"百篇司法建议"活动为平台，提出司法建议129篇。成都中院发布商事审判白皮书，提前预判经济领域内的矛盾纠纷，为党委政府科学决策建言献策，受到充分肯定。

（四）强化审判管理，案件质效迈上新台阶。全省法院民商事审判部门认真遵守和执行各项审判管理制度，充分运用信息化审判管理体系，积极推进网上办案，加强审判流程管理，有效缓解了因突击结案

而出现的低调解率、低息诉率的情况;省法院试点实施了二审改判、发回重审案件沟通、反馈、通报制度,实现了审判管理制度在上、下级法院之间的对接覆盖,加强了审判权运行的自我约束和双向监督;实施了民事审判信息月报、民商事审判季度通报制度,确保各级法院及时把握审判动态。在全省法院民商事法官的共同努力下,2011 年,全省法院民商事审判质量明显提高,各项审判质效指标持续向好。全省法院一审民商事案件服判息诉率为 91.95%,二审民商事案件改判发回重审率进一步下降,申请再审率为 5.11%,同比下降 3 个百分点;裁定进入再审率为 17.75%,同比下降 7 个百分点;从信访角度看,全省民商事案件案访比为 14.4:1,高于全国平均水平 4.5:1,位于全国第 28 位,实现了民商事审判健康平稳发展。

(五)加强业务指导,调研工作取得新进展。省法院制作了 2010 年民商事二审案件改、发分析报告,详细指出审理中存在的问题,并提出解决措施。不断完善"商事空间"网络平台,为全省法院商事审判提供了信息发布、交流指导的平台。民商事法官积极参与全国、全省学术讨论会,取得可喜的成绩,为四川法院获得全国学术交流第四名历史性突破做出了重要贡献。全省法院通力配合,顺利完成了 2010 年全国商事审判年鉴四川省部分的编纂工作;完成了最高人民法院交办的关于道路交通事故损害赔偿纠纷案件法律适用问题的报告、关于基层基础建设的报告、关于审理证券市场侵权民事赔偿案件的意见、关于受理行社脱钩遗留债务案件有关问题的意见、关于审理融资租赁合同纠纷的意见、关于银行卡纠纷及票据纠纷情况报告等一系列调研报告。

(六)重视队伍建设,司法能力实现新提升。全省法院民商事审判部门深入开展"发扬传统、坚定信念、执法为民"主题教育实践活动;严格落实"五个严禁"、"两个规定",大力加强廉政建设;结合"警民亲"活动,加强社会主义法治理念教育,改进司法作风,规范司法行为;突出创先争优主线,积极参与省法院"六竞赛一评选"活动,其中 6 个人民法庭荣获全国法院先进集体称号,40 余个民商事审判部门获得全省法院先进集体表彰,70 余名民商事审判干警荣获全省法院先进个人称号;高度重视司法能力提升工作,对 1000 余名中基层法院民商事审判法官进行了四期培训,实现了业务能力和综合素质进一步提升。

过去的一年,全省法院民商事审判部门奋发有为,求真务实,各项工作取得长足进步。但是,我省民商事审判工作还存在不容忽视的问题:一是少数法官大局意识、服务意识、创新意识不强,司法能力亟待提升;二是审判管理及审判指导监督工作仍需加强,审判质效有待进一步提高;三是队伍作风尚需改善,极少数法官和工作人员司法不公不廉的现象仍时有发生;四是民商事案件数量持续高位运行并不断上升,案多人少矛盾在一些法院民商事审判部门十分突出,基层法院人才缺口较大,法官断层突出。这些问题必须引起我们的高度重视,在今后的工作中切实加以改进和解决。

二、当前全省民商事审判工作面临的形势与任务

2012 年是我省发展进程中具有特殊意义的一年,是灾后重建任务胜利完成后的第一年和实施"十二五"规划承上启下的重要一年。我们将迎来党的十八大和省第十次党代会的胜利召开。与此同时,在世界经济下行、国内经济发展资源、环境以及生产要素约束加剧的背景下,人民群众诉求的多元性进一步显现,扩大内需、改善民生的社会刚性需求进一步增加;在中国特色社会主义法律体系形成之后,人民群众对法院准确理解法律、严格依法办案的期待进一步提高。因此,全省民商事审判工作在服务大局、促进经济加快发展方面将会面临更加繁重的任务;在保障民生、维护社会和谐稳定方面将会承担更加重大的责任;在确保法律实施、维护社会公平正义方面将要肩负更为艰巨的使命;在加强基层基础建设、提升审判质效方面将要回应更为紧迫的要求。

因应新形势,当前和今后一个时期,全省法院民商事审判工作的总体思路是:坚持"三个至上"指导思想和"为大局服务,为人民司法"工作主题,围绕"打造一流队伍、争创一流业绩"的战略目标,按照"巩固、提升、创新、突破"的工作基调,以执法办案为第一要务、深化"三项重点工作"为主线、开展政法干警核心价值观教育实践活动为支撑,延伸审判职能为突破,切实抓好重点、难点、热点工作,全面加强审判管理、监督指导、队伍建设等基层基础工作,不断提高审判质量和效率,为党的十八大和省第十次党代会胜利召开营造和谐稳定的社会环境,为我省"稳定增势、高位求进、加快发展"提供更加有力的司法保障和司法服务。我们的主要任务是:

(一)切实推进"两个一流"争创工作。在今年 2 月 10 日召开的全省中级法院院长会上,海萍院长代表省法院党组提出了"打造一流队伍、争创一流业绩"的战略目标。近日,省法院又下发了《关于"打造一流队伍、争创一流业绩"的实施意见》。争创"两个一流"是今后三至五年全省民商事审判工作的奋斗目标,是准确定位全省民商事审判工作的新要求、新坐标。各级法院民商事审判部门要认真学习、深刻领会"两个一流"的丰富内涵和具体要求,坚决响应,

扎实作为,为争创“两个一流”作出我们应有的贡献。省法院民商事审判部门将认真贯彻《实施意见》,制定全省法院民商事审判争创“两个一流”的具体方案,加强对全省法院对口部门争创工作的指导。各地民商事审判部门要因地制宜,跳起摸高,作好谋划和落实。要全力参与“司法服务”、“审判质效”、“阳光司法”、“素质提升”、“基层基础”五大工程,谋划好具体项目、载体,落实好具体工作步骤,强化统筹推动,狠抓监督指导,倾力打造兼具“一流的领导班子、一流的素质能力、一流的精神风貌”的民商事审判队伍,全力争创兼具“一流的审判质效、一流的审判管理、一流的司法服务”的民商事审判业绩,实现在3~5年内民商事审判质效综合指标排名进入全国前8位的战略目标。

(二)全力抓好执法办案第一要务。加强民商事审判工作,必须始终把审理好民商事案件作为第一要务,始终坚持公正司法、能动司法、和谐司法,始终坚持抓大头、抓难点、抓热点,努力实现办案的法律效果、政治效果和社会效果的有机统一。

1. 全力推动调解化解纠纷工作。维护社会和谐稳定是今年民商事审判工作的重中之重。全省法院要进一步加强调解工作,按照“两个一流”《实施意见》的要求努力实现在3~5年内调撤率达到70%的目标。一是必须进一步强化“调解优先,调判结合”意识。进一步增强运用调解方式解决纠纷的自觉性和主动性。二是必须进一步落实“调解优先,调判结合”工作原则。全省法院尤其是基层法院要把调解作为处理民商事案件的首选结案方式和基本工作方法,对依法和依案件性质可以调解的所有民商事案件都要首先尝试通过调解方式解决。三是要充分运用“大调解”平台推动调解工作。当前尤其要在委托调解、邀请调解、联合调解及指导人民调解、衔接行政调解上取得新突破,使民商事审判运用“大调解”平台最大限度地化解矛盾纠纷。同时,必须高度重视对调解工作的监督管理,坚决杜绝强迫调解、违法调解、恶意调解,对于不宜或不能调解的案件,要当判则判,彰显法治精神,维护司法权威。

2. 深入推进民商事疑难案件专项审判活动。去年,我们抓住了长期未结的民商事疑难案件这一难点,开展专项活动,取得了良好效果。但是,我们仍有400件案件未能审结,预防积案的工作机制尚需建立和健全。为此,经省法院党组决定,在今年3月至8月,全省民商事审判系统要继续深入开展民商事疑难案件专项审判活动,并将其纳入全省法院今年“警民亲”活动的四项重点工作之一。前期,省法院已下发通知进行了具体安排部署,请大家抓好贯彻落实。全力审结400件剩余案件;加强长效机制建设,探索化解民商事疑难案件的工作经验和规律,进一步完善预防积案形成长效机制。与此同时,要高度重视新增的法律关系复杂、利益争执巨大、社会广泛关注等重大敏感案件的审理,切实做好风险评估、预案制定、过程控制等工作,及时消除隐患苗头。要建立健全重大敏感案件的舆论引导工作机制,按照“主动考虑、敏锐捕捉、提前预案、及时应对、持续跟进、综合联动”的总体思路,最大限度预防和避免涉及民商事审判的负面报道和舆论炒作。

3. 积极参与社会管理创新。民商事审判中反映出的热点问题往往是参与社会管理创新的突破口。全省法院要牢固树立能动司法理念,紧密结合我省两化互动、天府新区建设、灾区振兴、藏区稳定等牵动全局的热点问题,密切关注中小微企业的生存发展、民间借贷的资金流向、金融领域的风险防范、调控政策之下的房地产走势以及农村集体土地征收动态,在围绕中心、服务大局中谋求更大作为。一是要拓展司法建议平台。要以审判基础数据和案例为切入点,注重梳理分析与人民群众利益攸关的各类民生问题,善于发现社会管理和企业经营中的“短板”,及时向党委、政府和相关企业、社会团体提出有价值的司法建议。二是要建立服务大局调研决策机制。要站位靠前,跳出个案局限,关注一定时期、系列案件中的普遍性、倾向性问题,准确预测影响社会秩序的苗头性、潜在性问题的演变和发展趋势,向党委政府提出有针对性的决策建议。今年,各法院民商事审判部门提出司法建议和决策建议应不少于3项,被采纳不少于1项。三是要构筑信息共享机制。要主动发挥司法资源优势,重点关注工程建设、金融、保险等专业性较强的领域,建立与相关监管部门的常态化联系;与重要行会建立司法诉讼信息联络机制;完善案例公开发布制度,探索风险提示及疑难问题协商机制,实现司法审判资源的社会共享。四是要推动形成公共政策。要针对新型案件、复杂案件中所暴露的立法问题、行政管理问题,审慎探索处理原则和方式,为立法、司法解释和行政管理积累经验,努力参与规则构建的顶层设计,充分发挥人民法院在社会管理创新中的积极作用。

4. 大力推动社会诚信建设。当前,诚信建设已成为我国社会发展、特别是意识形态和文化建设的重要主题,同时也是减少和缓解各类社会矛盾,维护社会稳定与安定,实现社会和谐以及科学发展的重要举措。司法审判是我国诚信建设体系中的基础环节之一,社会诚信的主要原则和基本规范需要在司法审判中得到维护和彰显;诚信行为的成本和收益关系需要通过司法审判加以配置;司法公信力本身也是社会诚信体系的重要组成部分。加强诚信建设,民商事审判部门责无旁贷。全省民商事审判部门要把维护诚信放在当前审判工作的突出位置上,把维护诚信作为重要的司法理念和司法取向,在审判实践中更加注重对实质公正的追求,合理配置诚信行为的成本与收益,加大对诉讼欺诈行为的制裁,推动全社会诚信建设的具体实践。各级法院要结合辖区民商事审判实际,积极探索发挥审判职能、深度推进社会诚信建设的具体措施,出实招,求实效,并认真总结和宣传。

(三)下大力气抓好基层基础工作。加强基层基础工作是人民法院充分发挥审判职能、争创"两个一流"的重要保障。

1. 进一步加强审判管理工作。近年来,我省民商事审判质效总体呈稳步上升态势,但是全省民商事案件二审改发率仍接近20%,再审改发率仍在55%左右,审判效率仍不够高,特别是每年一、二季度结案率不高的问题还十分突出,审判管理工作仍需加强。一是要加强审判质量管理。力争在3~5年内全省民商事案件一审服判息诉率达到93%,二审服判息诉率达到99%。当前,尤其要强化审判长、承办人责任意识;充分发挥合议庭、审判委员会保障审判质量的功能;进一步明确院、庭长的指导监督和审核管理职责,要按照海萍院长讲话要求,每月实时抽查监督一批案件;加强对改发案件的个案分析和审判态势、审判指标的定期分析,及时汲取经验教训。二是要加强审判效率管理。力争在3~5年内全省民商事案件全年结案率不低于96%。要注重均衡结案,着力解决前松后紧、年底人为阻滞收案和突击结案等问题。要不断完善繁简分流机制,加大简易程序适用力度,争取3~5年内简易程序适用率达到75%。要进一步推广小额速裁试点范围。我们已就扩大小额速裁试点向最高人民法院进行请示,还将做专项部署。要严格审限管理,规范审理流程节点,着力解决隐性超审限问题,力争在3~5年内法定审限内结案率不低于99.8%。三是要大力推进司法公开建设。要以"阳光司法年"为契机,以公开示范庭和庭审网络直播为切入点,扎实推进庭审、听证、文书、审务"四公开",提高裁判文书上网率。积极开展人大代表、政协委员旁听庭审活动,加强和规范代表、委员联络工作,认真回应各方关切,增强司法民主性与透明度。

2. 进一步加强指导监督工作。加强指导监督是提升民商事审判质效、统一裁判尺度的重要途径。要力争在3~5年内实现全省民商事一审案件上诉改判率低于1.5%、发回重审率低于0.5%的目标。首先,要准确定位三级法院功能,探索建立发现问题、汇总问题、解决问题三位一体的调研格局。基层法院要善于捕捉、及时上报适用法律疑难问题和执法不统一问题;中级法院应承上启下,分类处理相关问题,可通过案件指导、业务培训等方式,统一辖区内的认识,其中带全局性的重要问题须向省法院备案;省法院则要更加突出业务指导工作,坚持重心下移,定期对上报问题进行统筹指导和分类指导,并适时以恰当的形式在全省统一认识。省法院将通过"四川民事审判"和"商事空间"等有效载体,扩大指导工作的覆盖面;通过《民事审判信息月报》和《民商事审判通报》,加大通报督导力度。其次,要进一步落实审判监督指导的有关制度。一是要继续总结完善民事二审改判、发回重审案件沟通、反馈、通报试运行制度。二是坚持二审改发案件分析制度,通过改发分析,发现指导监督薄弱环节,切实提高一审案件的审判质量和裁判文书质量。三是发挥参考性案例的指导功能,发掘和推广体现先进工作理念、实现三个效果统一、确立裁判规则的优秀案例。四是规范大要案请示工作。省法院于1997年就制定了《关于请示答复工作的若干规定》,但实践中各级法院都不同程度地存在不按程序上报、上报材料质量不高、请示情况为当事人所知晓致使矛盾激化等需要认真克服和坚决纠正的问题。要特别强调的是,案件请示工作是法院内部工作程序,除工作需要并按程序批准的以外,不需也不应向当事人告知,这是审判纪律,请每位同志都务必遵守。

3. 进一步加强民商事审判队伍建设。刚才,海萍院长围绕争创"两个一流",加强民商事审判队伍建设作了非常精辟的阐述。按照海萍院长的要求,我们要加强民商事审判队伍建设,必须着力开展政法干警核心价值观教育活动,牢固树立社会主义法治理念,坚持坚定正确的政治方向。必须着力强化对民商事审判工作的廉政监督,切实落实廉政风险排查,对排查出的民商事审判岗位权力风险点,要从制度层面入手,制定落实防控措施,建立廉政风险防控制度,形成防范长效机制,实现防控常态化管理,确保风险点"零风险"、"零问题"。要切实加强案件质量评查,融监督、管理、责任于一体。加大对案件的实时监督力度,强化院庭长对案件的监督管理责任,坚持"从严管理、从严教育",纠正对办错案法官教育追究不力的现象,切实落实责任倒查机制,对评查中出现的错案、瑕疵案以及法官的违纪违法问题进行责任查究,并作为干部晋职晋级、提拔任用、评先评优的重要依据。必须着力提高民商事审判队伍的履职能力。要牢固树立司法为民意识，密切联系群众，增强群众观念，落实好便民利民措施，杜绝衙门作风，特别是要带头落实好“五个严禁”、“三条禁酒令”，树立人民法院、人民法官的良好形象。要切实提升司法业务素质。今年省法院已经举办了审理劳动争议纠纷案件等专项培训，省法院和各级法院还应继续加大培训力度，加强岗位练兵，规范司法行为，提升司法能力。要切实为民商事审判工作创造良好环境，在政策允许的范围内，对民商事法官多一份关心与厚爱，特别是要从政治上爱护民商事法官，关心民商事法官在工作、思想与政治上的进步，为受到错告、诬告的法官澄清事实，还以清白，为民商事法官提供优良的职业保障。

4. 进一步加强人民法庭工作，加大巡回审判力度。人民法庭民商事审判是化解矛盾、联系群众、服务社会的示范窗口，是加强基层基础工作的关键。当前要着力加强对人民法庭审判业务的指导；着力解决人民法庭特别是近年新建人民法庭的干部配备问题，解决人民法庭只有一人甚至根本没有人的问题；着力开展巡回审判，将巡回审判作为人民法庭重要的办案方式，力争实现每年巡回审判案件数不低于审结案件数的20%的工作目标。

三、当前民商事审判中需要注意的几个法律适用问题

近期，我们通过审判和调研发现民商事审判中存在一些分歧较大的具体问题。在此，我就其中一些问题讲点意见，供大家参考。

1. 关于合同解除的通知与诉讼的关系。一是当事人未通知对方而直接起诉要求解除合同是否发生解除效果。有观点认为：解除合同应通知对方，解除权人不能直接起诉，即使起诉，法院也应释明而不能直接受理并裁判解除合同。我们倾向于认为：通知适用于当事人采用私力救济的方式向对方当事人主张解除合同的情形，但不是向法院起诉进行公力救济的前置条件，当事人可直接向法院起诉请求解除合同，至于合同是否解除，应依照《合同法》第93条、第94条的规定进行认定。二是通知发出后，如当事人向法院起诉要求确认解除合同，合同何时解除。有观点认为：合同自判决生效之日起解除。还有观点认为：合同自解除通知到达对方时解除。我们倾向于认为：合同解除时间依当事人诉讼请求而定。当事人请求确认解除合同通知效力，经审查对方异议不成立的，合同自通知到达对方时解除；当事人起诉请求判令解除合同，经审查符合解除条件的，合同自判决生效之日起解除。

2. 关于合同解除与违约金条款适用的关系。主要问题是合同解除后能否要求支付违约金。有观点认为：合同解除导致合同权利义务关系消灭，违约金条款随之消灭，此时应通过损害赔偿制度解决违约和损失问题。我们倾向于认为：违约金是当事人预先确定的一种独立于合同债务履行之外的给付，属于《合同法》第98条规定的“结算和清理条款”，因此合同解除不影响主张违约金。

3. 关于违约金过高的举证责任分配。疑惑较多的问题是一方当事人提出违约金过高而请求调减时，如何分配举证责任。有观点认为：根据“谁主张，谁举证”的原则，主张违约金过高的当事人应提供相应证据。还有观点认为：受损方距离确定损失的证据更近，举证能力较强，故应由其承担举证责任。我们倾向于认为：根据“谁主张，谁举证”的原则，提出调整违约金主张的一方应承担举证责任，但鉴于衡量违约金过高的重要标准是违约造成的损失，而要求由违约方提供与损失相关的全部证据难度极大，相较之下，受损方更了解损失情况和相关证据。因此违约方所承担的举证责任应限于提供让法官对违约金公平性产生合理怀疑的初步证据，之后法官可将举证责任合理地分配给受损方。

4. 关于认定违约金过高的标准与调减违约金标准的关系。较为突出的问题是应按什么标准调减违约金。有观点认为：按照《合同法解释（二）》第29条第二款的规定，应以违约造成损失的1.3倍调减。我们倾向于认为：《合同法解释（二）》第29条是认定违约金是否过高的标准，不是违约金调减的标准。法院不能僵化地一律以实际损失的1.3倍为标准进行调减，而应全面、正确理解整个条文。该条第一款要求法院综合衡量多种相关因素判断违约金是否过高，是民商事审判多年来实践经验的积累，第二款则在前款基础上辅之以30%的比例，对该比例尤其要注重体系的理解。在认定违约金是否过高时，应以第一款为主，第二款为辅，30%不是绝对标准。不能机械地将“违约金超过造成损失的30%”的情形一概认定为过高，而应以实际损失为基础，兼顾合同履行情况、当事人过错程度以及预期利益等因素，结合公平和诚信原则综合判断。

5. 关于鉴定的问题。一是对需要通过鉴定才能查明的事实应当鉴定。我们倾向于认为：原则上应由当事人启动鉴定程序，当事人未申请的，应依法释明，引导其提出鉴定申请；必要时法院也可依职权启动鉴定程序。对应鉴定而未委托鉴定的，为避免“一审终审”，保障当事人的上诉权，二审法院可以将案件发回重审。但经一审法院释明后当事人拒不鉴定，二审时又同意鉴定的，属于出现新证据、新事实的情形,因此而导致案件被发回,不应视为一审裁判错误。二是当事人申请重新鉴定的,应依法严格审查。我们认为:除符合《证据规定》第27条规定的情形外,一般不宜启动重新鉴定程序。对有缺陷的鉴定结论,应尽量通过补充鉴定、重新质证、补充质证等方式加以补正,不轻易启动重新鉴定程序,避免出现多个鉴定结论矛盾或鉴定费用争议等情形。

6. 关于合同的审查和解释问题。一是要将当事人合同约定的内容作为审理基础。我们发现,一些法官在案件审理中未对合同内容仔细审查和认定,导致裁判脱离当事人的约定,这个问题在利息起算时间上尤为突出。二是要准确解释合同条款。我们认为:当事人就同一问题先后约定不一致的,应以在后约定为准;格式合同与手书内容不一致的,一般以后者为准;合同有多个组成部分或附件的,应根据全部合同文件进行解读,不能断章取义。

7. 关于工程款和借款的区分问题。工程款有时通过借款形式反映。我们认为:有证据证明款项用于工程且在合理范围内开支,一般应认定为工程款;如超出工程款总额,则应严格审查,根据借款人的权限、借款是否用于工程等案情综合考量。

8. 关于建设工程施工合同无效或终止的问题。一是合同无效是否存在违约的问题。有观点认为:无效合同中约定的违约责任条款属于《合同法》第57条规定的“解决争议方法的条款”,一方当事人应按约承担违约责任。我们认为:无效合同自始无效,违约无从谈起,不存在合同履行后的可得利益问题,此时应根据导致合同无效的双方过错认定各自应承担的责任。二是建设工程合同终止时当事人自行达成的解决纠纷协议的效力问题。我们认为:如不存在法定无效或可撤销情形,当事人于合同终止时,为“打包”处理双方权利义务,解决总金额、赔偿项目等问题而达成的协议应属有效,一方主张协议中有高息或其他不当利益的,应承担相应的举证责任。

9. 关于道路交通事故纠纷中车辆贬值损失应否支持的问题。这个问题在理论和实务界争议很大。有法院也对该问题进行了积极的尝试,个别法院支持了车辆贬损费用,大家勇于探索的精神值得肯定。但是,我们倾向于认为:目前,尚无法律、法规对此作出规定,支持该项费用缺乏明确的规范依据,且会引起当事人之间以及社会利益格局的深刻调整。因此,今后在相关法律、法规、司法解释出台之前,不宜将车辆贬值损失纳入赔偿范围。

我的讲话完毕,谢谢大家!

扎实工作　开拓创新　全面推进我省小额速裁工作

——在全省民事案件小额速裁推进会上的讲话

云南省高级人民法院副院长　李思明

(2012年6月5日)

同志们:

在全省法院系统深入开展“忠诚、为民、公正、廉洁”政法干警核心价值观和“阳光司法工程”活动之际,我们召开全省民事案件小额速裁推进会,主要任务是明确在我省基层法院全面推行小额速裁工作的目的,介绍我省前期小额速裁工作的推进情况,提高对小额速裁工作重要性的认识,研究解决工作中存在的突出问题,安排部署今后一个时期的工作任务。等一下,许院长将对推进小额速裁工作作重要讲话,请参会领导认真领会,回去以后抓紧落实。下面我讲几点意见:

一、召开小额速裁推进会的目的

推进小额速裁工作是中央司法体制改革和机制改革的重要任务,对于满足人民群众对司法工作的新期待、新要求,积极稳妥推进民事诉讼法的修改具有重要意义,是当前人民法院推进社会管理创新,践行司法为民宗旨,强化便民利民的务实举措。加大力度,拓宽范围,在我省基层法院全面推行小额速裁工作,是省法院2012年的工作重点,同时也是我们召开此次推进会的目的。

2011年4月,我们确定了昆明市西山区、五华区、官渡区、盘龙区和曲靖市麒麟区法院作为我省小额速裁的试点法院，并正式启动小额速裁工作。一年来，试点工作坚持以人为本、司法为民的理念，坚持“调解优先，调判结合”的原则，在小额速裁适用规定不明确、无经验可循、缺乏人员机构、时间紧、任务重、要求高等压力下，试点法院发挥敢打敢拼、勇于创新的精神，创新执法办案新路子，紧密结合工作实际，不断完善小额速裁程序的实施和发展，在能动司法、和谐司法、高效司法上取得了实效，不断满足人民群众对司法工作的新要求新期待，试点工作得到了基层组织和人民群众，特别是各级人大代表、政协委员的广泛认同，充分发挥小额速裁对区域经济和社会发展的能动服务作用。

2011年年底，省院党组决定在全省市州所在地基层法院全面推行小额速裁的试点工作，经近半年的试点实践，我们认为，我省基层法院开展小额速裁审判的条件基本成熟，省院党组决定在先期试点工作基础上，将小额速裁在全省基层法院全面推行，力争在小额速裁这项创新性工作上下功夫、出实招、见实效。

二、前期小额速裁推进情况

2011年4月至2012年5月，我省五家试点法院受理民事一审案件总数是25,073件，符合小额速裁条件的案件数为12,469件，占同期民事案件收案总数的49.73%，当事人选择小额速裁的案件数量为6857件，占同期民事案件收案总数的27.34%，占符合小额速裁案件数的54.99%。审结案件中，判决525件，占审结案总数的7.66%，调解2379件，占34.69%，撤诉3895件，占56.80%，调撤6274件，占91.49%，(部分试点法院还有驳回起诉56件，裁定移送2件)，平均结案周期11天。

（一）主要做法

1. 精心组织，确保小额速裁工作有序开展

根据最高法院在上海市召开的小额速裁试点工作座谈会的精神和《关于部分基层人民法院开展小额速裁试点工作的指导意见》的要求，省院高度重视、精心组织、迅速部署、扎实推进，先后召开小额速裁试点工作部署会议，确定了五家试点法院，之后制定下发了《关于开展小额速裁试点工作的实施方案》，明确了小额速裁试点工作的指导思想、目标要求、工作原则、组织领导、工作进程及具体要求。各试点法院建立了分管院长指导督促检查制度，做到了一把手亲自抓，主管院长具体管，各个部门相互配，有效整合了司法资源，确保了小额速裁试点工作的有序开展。

2. 选派高素质法官，保证小额速裁试点的成功

试点法院选配了德才兼备、业务过硬、司法为民服务意识较强、民事调解经验丰富、能吃苦耐劳的最精干审判力量，组成了专门的小额速裁审判机构。同时，为了充分体现小额速裁工作的便民性，部分试点法院采取在主管民事审判部门和派出法庭全面推开小额速裁的方式，将司法服务的触角延伸到最基层，每周由庭长到立案庭轮流坐班，向当事人宣讲速裁程序，由小额速裁法官送法进企业、进校园、进社区，加强法制宣传教育，妥善处理各类纠纷案件，为群众提供了快捷优质的司法服务，为保证小额速裁试点工作的成功做了大量艰苦的努力和工作。

3. 规范管理，在“速”字上下功夫

为突出小额速裁工作的“速”字，试点法院制定了切合各地实际的试点操作规范，相对统一了立案标准、审理流程、裁判尺度和文书格式，厘清了立案、送达、审理、异议审查、调研等各个环节的快速反应工作机制，进一步细化工作环节，规范操作流程，实现小额速裁工作的科学化、制度化、规范化和精细化，为试点工作的顺利开展提供了制度支持。

为体现小额速裁工作的“速”字，传唤当事人简便化，调解、开庭及询问证人的时间与方式灵活化，庭审环节简单化，裁判文书制作模板化，答辩和举证期限不得超过7日，审限20日，绝大多数案件实现当庭宣判，当庭送达法律文书，让当事人充分体验到法院对“速立、速送、速调、速审、速判、速结”的承诺及力度。

为展示小额速裁的“速”字，试点工作采用召开庭审观摩活动、新闻发布会、张贴宣传版面、发放宣传手册、立案庭值守速裁法官口头宣传等群众容易理解和接受的方式，通过电视、广播、报纸、网络等各种媒介，形成了全方位、多层次的宣传网络，做到了“电视有影、报刊有字、电台有声、网站有帖”，让人民群众广泛知晓、乐于接受并选择小额速裁，扩大了小额速裁的社会影响力。2011年12月13日、20日，省院分别在曲靖市麒麟区法院越州中心法庭，昆明市西山区法院召开小额速裁庭审观摩会，观摩会邀请了部分人大代表及政协委员参加，以小额速裁庭审及座谈交流的形式向人大代表、政协委员展示了小额速裁为民司法的程序价值，使人大代表、政协委员进一步了解并支持小额速裁试点工作，为我省城区所在地法院全面推行小额速裁工作奠定良好的舆论及社会基础。2011年12月20日召开了“云南省高级人民法院民事案件小额速裁试点工作新闻发布会”，向中央驻滇及省、市三十余家新闻媒体通报了我省小额速裁试点工作相关情况，通过新闻媒体向社会展示了我省小额速裁工作的成绩，使社会各界充分认识到了小额速裁的特点、优势及意义。

(二)主要成效

1. 三高一无,定分止争

适用小额速裁审理的案件,实行繁简分流,快速处理,平均结案周期11天,在一定程度上缓解了案多人少的矛盾。进入速裁通道的小额案件大多均为调解或在法院做被告思想工作后原告达到诉讼目的而撤诉,其中调解2379件,调解率34.69%,撤诉3895件,撤诉率56.80%,调撤6274件,调撤率91.49%,至今没有1件调解反悔案件,最大限度地让当事人理解并认同裁判结果。对少部分案件以判决方式结案,所结案件也均已自动履行完毕,或通过小额速裁的快速执行通道执行完毕,无当事人提起申诉信访的案件,真正实现了案结事了的目的。整个小额速裁工作呈现出高收案率、高结案率、高调撤率,无申诉信访的工作目标,达到了定分止争的目的。

2. 发挥优势,在服务大局中有所作为

借助小额速裁灵活机动、高效便捷等优势,试点工作坚持"服务性、主动性、高效性"的能动司法理念,深入群众、深入基层,积极创新司法为民的各项措施,通过最大限度地简化诉讼程序和司法服务方式,把"最后一道防线"的工作前移到"第一线"。通过与基层组织、人民群众的沟通交流,适时掌握基层矛盾纠纷的动向,对影响当地经济社会发展的苗头性、源头性的矛盾纠纷及时化解,切实做到了把矛盾纠纷化解在基层,消灭在萌芽状态,使矛盾纠纷得到及时、高效、圆满的化解,为有效防范矛盾纠纷风险、促进社会和谐稳定大局提供了有力的司法保障。

3. 形成共识,明确规范,回应人民群众的新期待

为回应人民群众关于进一步推进我省小额速裁工作的要求,统一我省基层法院在民事案件小额速裁审判实践中所涉相关问题的认识,2011年10月19日,省院审判委员会经过讨论,形成了《关于民事案件小额速裁的会议纪要》,于2011年11月8日下发执行。《会议纪要》总结提炼了小额速裁工作的成熟经验,吸收了我省各基层法院提出的宝贵意见,着重突出诉讼民主、诉讼成本与诉讼效率相统一的司法理念和司法为民的审判宗旨,为基层法院适用小额速裁的操作进行了统一规范。通过扎实工作、大力宣传,小额速裁试点工作得到基层组织以及普通群众的广泛认同。人大代表及政协委员通过对小额速裁工作的了解后认为,小额速裁既合理地分配了司法资源的配置,减轻了法官的工作压力,又缩短了诉讼周期,降低了当事人的诉讼成本,小额速裁审判方式的成功经验值得在全省推广。

三、努力实践,稳妥推进

小额速裁工作面向基层、服务基层、贴近群众,政策性强、创新性多,我们要统一思想、协调行动,明确任务、抓好落实,优化资源、努力实践,积极稳妥、有序推进,突出重点、注重实效。

(一)统一思想,协调行动

要把思想和行动统一到中央对司法改革大胆前瞻、稳步推进的决心和信心上来,统一到中央领导的重要批示和最高法院对小额速裁工作的基本要求上来,统一到省法院党组的安排部署上来,以思想认识的一致保证行动和工作的高度协调。

(二)明确任务,抓好落实

基层法院是小额速裁的主战场和生力军,小额速裁的创新模式开始于基层法院,小额速裁的经验来源于基层法院,我们制定的小额速裁会议纪要及各种方案要靠基层法院去论证、去检验,成熟的经验要靠基层法院推广。基层法院对省院党组全面推行小额速裁的工作部署,要高度重视,明确任务,精心组织,把小额速裁作为一项长期性工作来进行规划,作为当前各项工作的重中之重来抓好,要拿出以锐意改革的魄力和积极进取的精神来抓落实、促成效。

(三)优化资源、努力实践

一是挑选程序意识严格、调解技巧娴熟、处变能力敏锐、作风能力过硬的审判人员担任速裁法官,优化司法资源,确保在最短的时间内找准最适宜的人,以最适宜的处理思路取得最佳的办案效果。

二是成立小额速裁审判机构,提供必要的办公设备,加强小额速裁审判机构与立案庭、审监庭、执行局、研究室、办公室等相关部门的协调,厘清立案、送达、审理、异议审查、调研等各个环节的工作机制,争取全方位配合好小额速裁工作。

三是坚持司法为民、司法便民、司法利民,勇于开拓,认真谋划,大胆创新,为群众提供便民、亲民、利民、护民的工作机制,打造能动司法和为民司法的新平台,并将成功经验总结好、推广好、发展好,不断满足人民群众日益增长的司法新需求和新期待。

四是坚持速裁机制与速执机制相对接,配套相应的执行力量,跟案执行、快速执行,比如在确认调解(和解)协议的同时,告知义务一方必须履行义务,明确权利一方的执行请求权,只要义务一方逾期且不履行义务,可经权利一方申请而无须向义务一方送达执行通知,而直接进入执行程序的方式,使法院的立、审、执一条龙走上快速通道,并进一步健全和完善管理机制,以使各项审判工作全面提速。

五是强化宣传,营造良好工作氛围,采用通俗易懂的宣传方式,让人民群众看得明、听得懂、易接受,只有人民群众内心认同并支持了,才有利于小额速裁工作的开展。

六是加强调研，注重交流，共同探讨小额速裁的特点和规律，摸清民商事审判的运行规律，为小额速裁程序的立法提供和积累经验。

七是认真做好司法统计，及时向省院上报数据。作为一项专项工作，小额速裁在司法统计报表中并无反映，为方便小额速裁案件的司法统计，各院开展小额速裁的业务庭要及时做好台账登记，对原、被告均选择小额速裁正式启动小额速裁的案件以及原告选择小额速裁而被告不同意选择小额速裁而无法启动小额速裁的案件等情况认真做好登记，以期真实地反映小额速裁的开展情况，并按省院下发的案件统计表，实事求是向中院进行上报，并由中院确定专人，每半年向省院反馈一次。

（四）积极稳妥、有序推进

要积极组织，精心设计，周密部署，大胆探索，集中力量攻坚克难，把小额速裁各项措施落实到位，也要遵行民事审判规律，区分轻重缓急，突出重点，有计划、有步骤地稳妥推进，反对盲目行动。要统筹兼顾，集思广益，积极争取党委、人大、政协、政法各单位和社会各界的大力支持，广泛听取意见，充分协商沟通。要健全情况通报、请示报告、督促检查制度，做好检查评估、经验总结、督促协调、信息反馈等工作，统一调度，重点督查，保证全省小额速裁工作始终有序推进。

（五）突出重点、注重实效

要结合各地小额案件的特点，抓住小额案件审理中的突出问题，人民群众最关心、反映最强烈的突出问题，认真思考，确定方案，慎重处理，特别是对影响小额案件审理的重点部位和主要环节，如对于哪些案件能进入小额速裁通道的"入口"问题、当事人对小额速裁判决提出异议的"出口"问题等，要切实加强研究解决，从工作机制上制定有效措施。小额速裁不是作秀，不是追求轰动效应，要确保见实效，一切工作方案和措施必须有利于解决当前工作中的突出问题，有利于实现司法公正，有利于提高司法效率，有利于树立司法权威，有利于增强司法公信力。

四、开展此项工作需要注意的几个问题

小额速裁作为民事简易程序的一种创新审判模式，有别于民事普通程序，同时与民事简易程序又有很大的不同，是在目前简易程序无法完全满足审判实践的实际需要基础上创设，是对现行民事诉讼制度的一种大胆改良，但法律对此并没有明确规定。根据试点实践，我们认为开展小额速裁工作应注意以下几个问题。

（一）案件受理范围

如何科学地实现案件的繁简分流，如何科学地确定哪些案件能够被分配进入小额速裁通道，是充分发挥小额速裁功效的重要前提，也是司法实践中要需要认真总结的问题。

试点工作中，2011年4月至2012年5月，五家试点法院所结案件共涉及35个种类，其中服务合同纠纷5215件，占审结案件总数的76.05%，位居首位；离婚纠纷600件，占审结案件总数的8.75%，位居第二；买卖合同纠纷344件，占审结案件总数的5.02%，位居第三；生命权、健康权、身体权纠纷168件，占审结案件总数的2.45%，位居第四；借款合同纠纷133件，占审结案件总数的1.94%，位居第五。从受案标的金额分档看，在2000元以下的5987件，占审结案件总数的87.31%，2000～5000元166件，占审结案件总数的2.42%，5000～10,000元155件，占审结案件总数的2.26%，10,000－50,000元369件，占审结案件总数的5.83%，50,000元以上160件，占审结案件总数的2.33%。

省院下发的《会议纪要》在总结前期试点工作基础上，通过列举法的方式以案件的受案标的金额及种类为标准明确了六类小额案件可以适用小额速裁，另用排除法明确了五种情况不得适用小额速裁，但前期试点工作中的做法与此并不完全一致。小额速裁的推进工作原则上应以《会议纪要》确定的案件受理范围进行，但我省各地经济发展情况不一、基层法院受理的案件类型不一，为未雨绸缪，推进工作中应花大气力进一步科学规范、精细明确小额速裁的案件受理范围。

（二）对速裁程序作释明

小额速裁是一项创新性工作，部分当事人不理解，对小额速裁程序的认识尚存在误区，有些当事人认为彰显小额速裁优越性的相关配套制度缺位，小额速裁程序的适用会损害司法公正，有些当事人出于侥幸心理，出于拖延时间、拖延付款的考虑，往往拒绝选择小额速裁程序。由于小额速裁是一个新生事物、一种全新的审理模式，部分当事人对此有疑问、有想法都很正常，但我们必须有足够的准备，必须强化程序释明、诉讼引导和诉讼指导工作，保障当事人的诉权，让当事人有充分知情权，使当事人充分了解这项工作的优点，信任这项制度，由当事人自主作出选择。

一是必须赋予当事人对该程序的选择处分权，使我们关于小额速裁程序的做法获得合法性和正当性。我国民事诉讼立法中没有对小额速裁进行明文规定，有关小额速裁程序的规范化运作等一系列问题还处于司法实践的探索之中，若将小额速裁建立在当事人合意选择的基础之上，则不仅能避免于法无据的问题,同时也能体现对当事人程序选择权的一种尊重。

二是小额速裁法官必须强化程序释明、诉讼引导和诉讼指导工作,以避免不必要的诉讼迟延。小额速裁程序高效、快捷运转的一个重要原因在于该程序赋予了法官更多的管理诉讼的权力,对进入小额速裁程序的民事案件,权利义务关系明确、争议不大、事实清楚,相当一部分当事人都不会聘请代理人,这使法官对当事人的程序释明、诉讼引导和诉讼指导工作尤为重要,法官要用通俗易懂的方式介绍和释明有关法律,使当事人充分了解、信任小额速裁,从而引导当事人自愿选择小额速裁;要从举证质证、争议焦点归纳等方面加强指导,使当事人进一步了解与案件有关的法律规定,帮助当事人消除一些错误的理解。这样既能够保障当事人基本诉讼权利,也可以保证诉讼程序快速推进。

(三)当调则调,当判则判,避免久调不决

当调则调,当判则判,避免久调不决,既是司法理念问题,也是司法实践问题。要紧紧围绕"案结事了"这个目标,尽可能加大调解工作力度,努力实现调解结案率和服判息诉率的"两上升",实现涉诉信访率和强制执行率的"两下降",探索出一条"诉讼多、效果好"的良性循环路子。

一是当调则调。小额就决定了利益不太大,争议不太大,矛盾不太突出,这类案件具备了调解的基础和条件。因此,要根据小额速裁案件的特点,做好调解工作,真正发挥小额速裁作用,化解矛盾。不仅要在案件审理过程中实行调解前置,而且在接触当事人的第一时间就应该立即着手开始调解,对当事人有调解意愿以及案件情节反映有调解可能的都应该尽力促成当事人之间达成和解,将调解贯穿于案件审理的全过程。同时,以调解方式结案是当事人合意的结果,所以更容易实现"案结事了",减少上诉、申诉和执行难,也有利于修复因案件纠纷而遭受破坏的当事人之间的关系,从而更有利于实现社会和谐。

二是当判则判,避免久调不决。各类案件的性质不同,每个案件的具体情况不同,当事人的利益诉求不同,调解或者判决的效果会有明显不同。在选择适用调解或者判决方式审理案件时,首先要判断案件可不可以调解,有没有调解可能,调解结案的效果如何。对当事人不同意调解或调解不成的案件,法官应及时指导当事人举证质证、固定诉讼请求,并及时作出判决,不要无谓地拖延诉讼时间,不能不顾当事人意愿强迫调解,搞以判压调,以拖促调,久调不决。

同志们,全面推进小额速裁工作事关人民法院基层基础工作和司法体制改革全局,事关国计民生,事关社会稳定,搞好小额速裁工作任务艰巨,责任重大。我们要深刻认识全面推进小额速裁工作的意义,振奋精神,扎实工作,开拓创新,积极平稳开展好这项工作,确保这项工作取得实效,为云南经济建设和社会稳定大局提供强有力的司法保障!

谢谢大家!

在健全劳动争议案件诉讼与非诉讼衔接工作机制推进会上的讲话

重庆市高级人民法院副院长　陈　彬

(2012年4月28日)

同志们:

经钱锋院长同意,今天召开"健全劳动争议案件诉讼与非诉讼衔接机制推进会"。考虑到劳动争议案件相对集中地发生在各中级法院、区法院和个别县法院,在这些法院健全诉讼与非诉讼的衔接机制显得更为迫切,所以今天只通知了部分法院参会;沙坪坝区法院是全市第一家设立劳动争议审判庭的法院,一年来积累了许多宝贵经验,为市高法院出台《关于进一步健全处理劳动争议案件诉讼与非诉讼衔接机制的意见》(以下简称《意见》)提供了实践依据。所以,这次会议在沙坪坝区法院召开,以增强大家的实感。在这里,我提议大家以热烈的掌声感谢沙坪坝区法院!

今天的会议共有三个议程:一是沙坪坝区法院

介绍劳动争议案件的审判经验；二是唐亚林庭长就贯彻落实《意见》作动员部署讲话；三是黄灿波副庭长就理解与适用《全国民事审判工作会议纪要》及最高法院《关于当前形势下加强民事审判切实保障民生若干问题的通知》作指导发言。

刚才，亚林庭长、灿波副庭长和沙坪坝区法院分别作了讲话和发言。亚林庭长的讲话代表了市高法院的意见，请大家遵照执行；灿波副庭长的指导代表了市高法院民一庭的意见，请大家认真领会，结合实际，正确地理解与适用；沙坪坝区法院的发言，介绍了该院实行劳动争议专门化审判、开展劳动争议诉调对接的成绩和经验，给予了我们宝贵的启迪。请大家虚心学习、借鉴，在贯彻落实市高法院《意见》的实践中创造出更多的经验。

下面，我再强调两个方面的意见：

一、关于劳动争议案件审判

近年来，我市法院受理的劳动争议案件迅速增长。2011 年同比增长 27.42%（达到 20375 件）；2012 年一季度同比增长 50.8%（达到 6573 件）。劳动争议审判效果也不够理想，在市高法院立案二庭受理的申诉案件中，2010 年劳动争议申诉案件 650 件，占 33%，2011 年劳动争议申诉案件 335 件，占 26%。

面对大量涌入的劳动争议案件，我们需要从工作机制的层面考虑应对之策。市高法院出台的《意见》设计了三项机制，即专门化审判机制、诉讼与仲裁衔接机制、协同化解机制。这三项机制适应了劳动争议案件专业性强、程序特殊、协调化解需求明显等特点，抓住了处理劳动争议案件的根本，是在现行法律、政策框架下公正、高效、妥当地处理劳动争议案件的必要选择。

关于建立专门化审判机制问题，各相关法院一定要克服畏难情绪，加强组织领导，落实保障，建立健全制度，在今年 9 月以前设立专门的劳动争议审判庭或者劳动争议合议庭，使涉及劳动争议的各项工作有专门的组织、集中精力去办理。今年 10 月以前，今天参会的各家法院要向市高法院民一庭报送设立劳动争议审判组织的情况，包括组成人员、职责、待遇等内容，市高法院将组织进行检查。如果劳动争议收案数比较少，满足不了一个合议庭的基本任务数，也要相对固定审判人员承办各类劳动争议民事案件。存在这种情形的法院，在报告时要予以说明。

关于建立诉讼与仲裁衔接工作平台的问题，劳动争议审判组织要充分发挥司法能动作用，积极、主动地去联系、推动，使衔接工作平台成为“双赢”的平台。在与仲裁机构沟通联系的内容、方式上，《意见》从四个方面给予了指导。各法院可以不限于这些内容、方式，可以结合实际予以发挥、创造。

关于协同化解机制问题，《意见》第三、四部分作了规定。在建立、健全劳动争议调解组织上，劳动争议审判部门要发挥牵头作用，按照“有利于劳动争议审判工作”的原则物色、建立劳动争议调解组织、调解员名册，并管好、用好调解员；要建立培训、激励机制，使调解员有发挥作用的能力和积极性；要主动与立案庭沟通、协调，使一些劳动争议在立案环节得到化解；要充分利用委托调解、邀请调解，发掘劳动争议调解组织的潜力，协同化解矛盾，努力实现案结事了。劳动争议的协调化解，不仅限于《意见》第三、四部分规定的内容。全市法院要结合劳动争议案件的实际需求，积极探索与劳动社保部门、工会以及其他党政部门的协同方式，努力寻求劳动者权益保护与企业生存发展最佳平衡点和结合点，最大限度地化解双方在具体利益上存在的矛盾。《人民司法》2012 年第 7 期介绍了北京海淀区法院的作法和思考，可供大家学习、参考。必要时，也可组织大家去实地考查。

二、关于全年民事审判工作

今年，市高法院不召开综合性的民事审判工作会议，采取发布《民事审判工作要点》的形式部署全年民事审判工作任务，主要目的是将有限的精力投放到对具体问题的研究解决上。年内计划召开三个民事审判工作专题会，着重解决劳动争议处理诉讼与非诉讼的衔接、涉农民事审判、便民诉讼网络建设的规范化与实效性问题。

关于 2012 年的民事审判工作，最高法院奚晓明副院长、杜万华庭长的两次讲话作了分析阐述，市高法院下发的《民事审判工作要点》作了具体部署，请大家在工作中注意学习、消化，并贯彻落实。在这里，我再着重强调三点：

一要切实保障民生，促进经济社会平稳较快发展。2012 年是一个特别的年份，受“大气候”、“小环境”的影响，维护社会稳定的任务十分艰巨、责任十分重大。在人民法院内部，民事审判在最广泛的领域面临触发社会矛盾的风险。有时候，一件“不起眼”的小民事案件，如果处理不慎，也容易向群体性、敏感性事件转化。分析民事审判领域面临的社会矛盾，可以发现一个规律：这些矛盾基本上都导因于民生问题，相当一部分涉及与经济社会平稳较快发展目标的冲突与协调，基本都有一个“由小到大”的发展过程。

解决民事审判领域的社会矛盾，需要我们认真领会最高法院《关于当前形势下加强民事审判切实保障民生若干问题的通知》的精神,突出"保障和改善民生"的价值取向。对当事人的民生诉求,凡是有法律依据的,要坚决支持;法律没有规定或规定不明确的,要按照"有利于实现民生诉求"的原则予以处理。在法律依据上,最高法院《民事审判工作会议纪要》从多个方面作了"有利于保障和改善民生"的规定。大家一定要认真解读,善于从中寻找有利于实现较好法律效果和社会效果的依据。

此外,解决民事领域的社会矛盾,也需要我们进一步增强捕捉苗头性问题的敏感性,进一步增强从源头上化解矛盾纠纷的责任感,进一步加大调解工作力度,拓展协同化解矛盾纠纷的途径。近年来,重庆法院民事审判领域的调解工作有所削弱,这与"人案矛盾突出"、"法官队伍年龄结构变化"不无关系。但最根本的一点,主要还是我们对调解工作的重视不够,对调解工作机制的探索不够,对年轻法官调解工作能力的培养不够,对调解工作的激励不够。针对以上这些问题,希望各中基层法院贡献解决问题的智慧和经验。市高法院拟在明年召开全市法院民事审判调解工作经验交流会议,组织交流经实践证明行之有效的调解工作经验,表彰奖励调解工作先进。这个会议能否召开,取决于我们的调解工作是否有新的机制和举措,是否有新的成效。希望大家共同努力,促成这个会议的顺利召开。

二要推动社会诚信建设,弘扬良好道德风尚。民事审判不仅仅是一个适用法律的过程,民事审判的结果往往代表着法院、法官的道义取向。我们在寻找裁判依据时,一定要从善良风俗出发,全面、准确地理解法律;我们在作出裁判时,既要让"同行"理解,也要让公众认同,努力实现"法理"与"情理"的统一。在全面、准确理解法律问题上,最高法院奚晓明副院长、杜万华庭长对《婚姻法司法解释三》作了特别强调。大家一定要认真领会,避免理解与适用的片面,引发极端个案。

三要抓好民事审判条线管理,进一步提升审判质效。目前,评估指标体系还不能够具体到市高法院民一庭对应的下级法院审判庭。但我们每一个庭的工作都将影响到全院的质效,尤其是承办案件数量大的民事审判庭。因此,我们必须加强民事审判的条线管理,掌握审判质效数据,检测民事审判在公正、效率、效果方面的成效。

具体做法是:以各别民事审判庭为单位,以"审结率"、"一审案件陪审率"、"一审简易程序适用率"、"一审服判息诉率"、"一审判决案件改判发回重审率(错误)"、"二审开庭审理率"、"调解率"、"撤诉率"、"平均审理时间指数"、"生效裁判自动履行率"、"调解案件申请执行率"为指标,以各庭承办的各类案件为基数,按"一季度"、"上半年"、"一至三季度"、"全年度"统计分析并上报上一级法院对口业务庭。对"再审审查率"、"生效案件改判发回重审率",由于民事审判庭难以调取数据,可以不作要求,留由审管办去掌握。上一级法院评价下一级法院民事审判庭的审判质效,主要是看它纵向比较是否有进步;如果没有进步,要看它是否有客观原因;如果既没有进步,又没有客观原因,就要帮助它分析、整改。掌握数据、分析整改,就是进行条线管理。今年一季度,市高法院民一庭尝试着进行了掌握数据的工作,但还不够规范,数据也可能不够真实。希望从二季度开始,扎实、规范地把条线管理抓起来。另外,《审判流程管理办法(试行)》将于今年7月1日起施行,请民事审判庭认真学习、做好施行前的准备工作。对一些不牵涉其他部门的工作,可以先做起来。

同志们,民事审判量大面宽、头绪繁多、任务艰巨。同志们过去的工作很辛苦,取得了显著的成绩。我代表市高法院、钱锋院长感谢大家!希望大家再接再厉,以更加执著的奋斗精神、更加扎实的工作作风,努力实现民事审判工作的新发展,以优异的成绩迎接党的十八大胜利召开!

脚踏实地　务实求效 扎实推进便民诉讼网络新一轮建设

——在全市法院涉农民事审判工作座谈会上的讲话

重庆市高级人民法院副院长　陈　彬

(2012年10月10日)

同志们:

经市高法院党组同意,今天召开全市法院涉农民事审判工作座谈会。这次会议的主要任务是,传达、贯彻最高人民法院"人民法庭调解工作经验交流座谈会"精神,启动便民诉讼网络新一轮建设,指导解决涉农民事审判中的法律适用问题。下面,我就便民诉讼网络新一轮建设中的主要问题讲三点意见。

一、进一步明确便民诉讼网络建设的指导思想

自2008年以来,"庭、站、点、员"四位一体的便民诉讼网络在全市乡村逐步推开,渐趋成为重庆法院的一张"名片"。据统计,全市基层人民法院目前已经建成300个便民诉讼站、1882个便民诉讼联系点,聘任了7991位便民诉讼联络员,形成了覆盖全市乡村的网络,密切了人民法院与基层组织的联系,扩大了人民司法在乡村社会的积极影响,取得了令人瞩目的成绩。2011年9月,市高法院下发《关于规范便民诉讼网络工作的意见(试行)》之后,一些基层人民法院认真落实"便民诉讼联络员身份管理"、"便民诉讼站点设置与管理指导"、"便民诉讼站点标识"、"便民诉讼工作日志"等要求,在便民诉讼网络规范性建设方面又迈出了新的步伐。但是,一些基层人民法院的便民诉讼网络建设也存在"肿"、"虚"、"杂"等问题。所谓"肿",主要是指便民诉讼联络员队伍过于庞大、臃肿,基层人民法院难以对其发挥积极影响作用,难以对其实施有效的掌控;所谓"虚",主要是指便民诉讼网络发挥作用的情况缺乏实实在在的数据、台账支撑,有的甚至存在弄虚作假的现象;所谓"杂",主要是指人们将基层社会治安综合治理的许多事项都纳入便民诉讼联络工作,显得杂乱无章。虽然这些问题是便民诉讼网络发展过程中的问题,但如果不引起高度重视,放任其蔓延,最终必然会葬送重庆法院的便民诉讼事业;虽然解决这些问题是一个循序渐进的过程,不能毕其功于一役,但只要理清思路、真抓实干,就一定能够抓出实实在在的效果。追求实效,就是便民诉讼网络新一轮建设的中心任务。

要实现中心任务,必须首先从人民法院的职能作用出发,弄清楚人民法院建设便民诉讼网络的目的,明确建设便民诉讼网络的指导思想。

(一)方便群众诉讼

将方便群众诉讼作为建设便民诉讼网络的指导思想之一,体现了便民诉讼网络对人民法院本职工作的服务作用,有助于克服人民法院"关门办案"的消极性与被动性,对于解决广大农村地区撤并人民法庭后客观存在的"诉讼难"问题具有特别现实的意义。近年来,各基层人民法院结合实际、积极作为,在方便群众诉讼方面进行了富有成效的探索,取得了一定成绩。但是,对于便民诉讼网络如何方便群众诉讼,人们存在不同的认识和做法,影响了便民诉讼网络建设。

我们认为,方便群众诉讼就是通过便民诉讼联络员的工作,让符合起诉条件、确有诉讼必要的困难群众"打得了"官司。在这里,便民诉讼联络员帮助的对象应当满足以下三个要求:一是符合起诉的条件。实践中,许多当事人由于主体不适格、不属于法院受案范围、未经历诉讼前置程序等原因,其起诉并不符合法定条件,即使帮助其向法院提出,也不应当被受理。因此,便民诉讼联络员应当掌握起诉条件等诉讼知识,对不符合起诉条件的纠纷当事人做好解释疏导工作,绝不能盲目地一概施以"方便"。二是确有诉讼的必要。从纠纷当事人的角度考虑,符合起诉条件的案件未必有诉讼的必要。譬如,对已过时效、缺乏证据等"合理不合法"的诉求,便民诉讼联络员发现后就应当劝告当事人慎重考虑,避免寻求诉讼救济的盲目,防止酿成经久难息的涉诉信访。

又如,对许多纠纷,人民法院可以受理,但诉讼或者直接诉讼不一定是解决纠纷的最佳渠道。在多元化纠纷解决机制并存的情况下,人民法院应当通过便民诉讼联络员引导当事人选择最为经济的解决方法,尽可能帮助当事人降低维权成本。对于一般民事纠纷而言,“非诉讼调解”或者“非诉讼调解+司法确认”、“非诉讼调解+支付令”、“非诉讼调解+诉讼调解”的程序选择,更有助于维护双方当事人的根本利益。在实践中,有的基层人民法院片面追求案件数量,受理案件不仅不考虑诉讼的必要性,而且通过便民诉讼网络“开辟案源”,人为地“做大”案件数量,走向了便民诉讼的反面,值得警醒。三是确实存在诉讼困难。由诉讼平等原则所决定,只有当一方当事人存在利用诉讼机制的障碍时,人民法院才能通过便民诉讼网络给予其“方便”。否则,就是对另一方当事人的不公平。

实践中,当事人利用诉讼机制的障碍主要存在于三个方面:一是诉讼空间障碍,即纠纷当事人到人民法院、人民法庭起诉或者出庭诉讼存在难以克服的困难。针对这一障碍,人民法院、人民法庭要依托便民诉讼网络,采取上门立案或者“田间法庭”、“院坝法庭”等方式方便群众诉讼。此外,针对重庆外出务工人员多的实际情况,要探索在务工人员主要集中地设立便民联系点,拓宽方便群众诉讼的途径。目前,垫江县法院已在该县外出务工集中地的云南设立便民诉讼联系点,这对方便群众诉讼、解决“送达难”等问题具有积极意义。二是诉讼法律障碍,即纠纷当事人缺乏利用诉讼机制的法律知识。针对这一障碍,人民法院、人民法庭要通过便民诉讼网络发放《便民联系卡》、《诉讼指南》等资料,宣传诉讼法律知识,增强人民群众对诉讼程序的认知。需要注意的是,人民法院聘请的便民诉讼联络员,在帮助群众克服诉讼法律障碍时,不能成为一方当事人的诉讼代理人,尤其不能偏袒一方当事人。三是诉讼成本障碍,即纠纷当事人存在交纳诉讼费的经济困难。针对这一障碍,人民法院、人民法庭要通过便民诉讼网络,为符合条件的困难群众办理诉讼费缓、减、免手续提供方便,确保困难群众“打得了”官司。

(二)协助法院工作

人民法院是担负审判职能的国家机关,审理(执行)各类诉讼案件是人民法院的本职工作,人民法院考虑各项工作都应当以此作为出发点和归宿。便民诉讼网络是人民法院依托基层组织、发动群众骨干而组建的工作平台,协助人民法院完成本职工作、扩大人民法院的职能作用,应当成为建设便民诉讼网络的重要指导思想。

近几年来,一些基层人民法院紧扣自身工作主题,在工作中注重发挥便民诉讼联络员的作用,取得了一定成效。但从总体上看,仍然存在便民诉讼联络员与法院联系不紧、协助法院工作不够的问题。譬如,有的基层人民法院满足于表面的轰轰烈烈,聘任了很多便民诉讼联络员,但仅仅停留在颁发聘任书上,缺乏必要的情感联系和工作联系,致使这些便民诉讼联络员形同虚设。他们对法院的工作缺乏了解,不清楚法院的需求,因而也难以有所帮助。再如,有的基层人民法院忽略自身的职能作用,将一些与法院本职工作没有必然联系的事项,如计划生育、征地拆迁、普法宣传等,也纳入便民诉讼联络工作,记入台账,给予表彰、激励。这说明,这些法院还没有抓住便民诉讼网络工作的着力点和主要矛盾,甚至是“耕了人家的田,荒了自家的地”。

在不同的法院,便民诉讼网络的协助作用可以各有侧重、各具特色。但从总体上看,协助法院工作就是要通过便民诉讼联络员作用的发挥,减轻一线法官的办案压力。近年来,诉至法院的纠纷案件增幅较大,案多人少矛盾日益突出。便民诉讼网络可以为这些纠纷进入法院设置一道“减压带”,让一些纠纷在进入法院之前先经过便民诉讼联络员的调解,使之得到化解或者缓和,“不进入”或者“不立即进入”诉讼程序。此外,便民诉讼联络员具有人熟、地熟、情况熟等优势,通过便民诉讼联络员的工作,可以协助法院解决“送达难”、“调查难”、“执行难”和“巡回审理不便”等问题,让“一线法官”从纷繁杂芜的事务性工作中解脱出来,为提高办案效率、保证办案质量创造条件。需要特别强调的是,便民诉讼联络员协助作用发挥的好坏,不能由院、庭长“说了算”,应当由“一线法官”去评判。在有的基层人民法院,“一线法官”对便民诉讼网络兴趣不浓,缺乏感情,甚至厌恶。究其原因,主要也在于他们承受了便民诉讼网络建设工作的负担,但没有感受到便民诉讼联络员给自己的工作带来的帮助。这个问题应当引起院、庭长的高度重视,要充分体察“一线法官”的甘苦,从帮助其“减负”、“松绑”的角度,调整便民诉讼网络的建设思路。

(三)优化审判质效

审判质效是对人民法院履行审判职能的综合反映,分析、评估一个法院的审判质效数据,可以判断其发挥职能作用的情况,衡量其在同一层级法院中的地位。基层人民法院建设便民诉讼网络,应当注意分析其与审判质效的辩证关系,将方便群众诉讼、协助法院工作与优化审判质效有机地统一起来,使便民诉讼网络成为优化审判质效的促进力量。

目前，一些基层人民法院对便民诉讼网络在优化审判质效方面的作用还认识不足、发掘不够。有人认为，让便民诉讼网络担负优化审判质效的任务，是对方便群众诉讼的冲击，是对协助法院工作的“过当”要求。我们认为，这种认识没有全面、准确地理解人民法院建设便民诉讼网络的立场。方便群众诉讼只有落实到协助法院工作上，才能体现出便民诉讼网络区别于人民调解、法律服务等司法行政体系的特质。而协助法院工作只有达到优化审判质效的程度，才会有“看得见”、“摸得着”的实在效果。否则，评价便民诉讼网络的建设成效就没有客观标准，推进便民诉讼网络建设就会失去方向。

我市基层人民法院的审判质效指标包括审判公正、审判效率、审判效果三个方面的内容。其中，公正指标涵盖“一审判决案件改判发回重审率（错误）”、“生效案件改判发回重审率（错误）”等五个指标；效率指标涵盖“结案率复合指数”、“平均审理时间指数”、“平均执行时间指数”等十一个指标；效果指标涵盖“一审服判息诉率”、“调解率”、“撤诉率”、“调解案件申请执行率”等八个指标。便民诉讼网络与这些指标存在着不同程度的关联，如果加强建设、善加利用，就能够通过协助法院工作收到优化审判质效的效果。例如，通过便民诉讼联络员协助送达、协助调查被执行人财产、协助开展巡回审理，能够延伸法官的“手脚”，节约法官处理事务性工作的时间，提高审、执案件的效率，有助于优化“平均审理时间指数”、“平均执行时间指数”等指标；通过便民诉讼联络员对纠纷进行非诉讼调解，并以司法确认、督促程序、诉讼调解等方式将非诉讼调解结果与诉讼处理有机衔接，对于优化“一审服判息诉率”、“调解率”、“调解案件申请执行率”等指标具有积极作用；对法院判决的某些案件，通过便民诉讼联络员帮助开展说服疏导、协调化解等工作，引导当事人在其实际利益得到保护的情况下撤回上诉、再审申请或者达成调解协议，对于优化“一审判决案件改判发回重审率（错误）”、“生效案件改判发回重审率（错误）”等指标也大有裨益。

二、进一步发挥便民诉讼联络员的作用

便民诉讼联络员是便民诉讼网络的主体，对于便民诉讼网络作用的发挥具有决定性影响。目前，全市基层人民法院在综治干部、人民调解员、村（社）长等人员中聘任了7991位便民诉讼联络员，队伍可谓庞大。然而实际情况表明，便民诉讼联络员在方便群众诉讼、协助法院工作与优化审判质效方面的实际作用却不够理想，与庞大的队伍形成了较大的反差。这说明，便民诉讼联络员队伍建设任重道远，要实现“由大到强”的转变，还需要坚持不懈的努力。当前，面对庞大、松散的便民诉讼联络员队伍，基层人民法院要对其发挥实质影响作用、实施有效的掌控，客观上还存在许多困难。在这样的背景下，我们应当调整、充实便民诉讼联络员队伍，着力培养便民诉讼联络骨干，以骨干队伍的积极作用逐步影响和带动其他便民诉讼联络员，推进便民诉讼联络工作。

（一）调整、充实便民诉讼联络员队伍

调整、充实便民诉讼联络员队伍，既要做“减法”也要做“加法”。所谓做“减法”，就是要裁撤不合格的便民诉讼联络员；所谓做“加法”，就是要延揽优秀的便民诉讼联络员。无论做“加法”还是做“减法”，都要以能否方便群众诉讼、协助法院工作、优化审判质效作为基本依据。

在便民诉讼网络建设初期，便民诉讼联络员绝大多数都是由乡镇基层组织推荐、基层人民法院聘任的。由于乡镇基层组织对法院建设便民诉讼网络的指导思想不够清楚，基层人民法院对其推荐的便民诉讼联络员的能力、条件又缺乏具体了解，因此便民诉讼联络员队伍参差不齐，显得比较庞杂。经过几年的实践，有的便民诉讼联络员由于工作条件、工作能力等方面的原因，在方便群众诉讼、协助法院工作、优化审判质效等方面已经不能发挥作用。如果让这些人员继续留在便民诉讼网络中，对人民群众、人民法院都没有什么益处。因此，相关基层人民法院及其派出法庭要下决心清理、裁撤，对不合格的便民诉讼联络员予以及时解聘或不再续聘。同时，基层人民法院及其派出法庭的“一线法官”在工作中要善于发现、积极推荐“新人”，不断充实便民诉讼联络员队伍。对具有便民诉讼联络工作能力、能够满足便民诉讼联络工作条件、志愿从事便民诉讼联络工作的人士，要及时聘为便民诉讼联络员。

（二）着力培养便民诉讼联络骨干

便民诉讼联络骨干是便民诉讼联络工作的主力，在方便群众诉讼、协助法院工作、优化审判质效方面应当发挥主要作用。同时，便民诉讼联络骨干也是便民诉讼网络中的枢纽，对于沟通人民法院与其他便民诉讼联络员的关系应当具有承上启下的实际效能。基层人民法院及其派出法庭在每个乡镇都应当物色、建立便民诉讼联络骨干，由其统领、分解、指导、集纳、反馈本乡镇的便民诉讼联络工作。便民诉讼联络骨干应当“少而精”。一般而言，每个乡镇可确定2～3名。除乡镇便民联系点负责人以外，还可以在其他便民诉讼联络员中确定少量骨干。确定骨干后，基层人民法院应当建立便民诉讼联络员骨干名册，确定具体的工作人员与其保持经常性的情感联系与工作联系。

便民诉讼联络骨干通常在乡镇司法助理员、综治专干、优秀人民调解员中选定。相对于其他便民诉讼联络员而言，他们往往具有较高的素养和较强的能力。但是，他们的素养和能力可能更多地体现在司法行政、综合治理、人民调解工作等方面，与便民诉讼联络工作的需求往往还存在较大差别。因此，要加大便民诉讼联络骨干的培训力度，使其牢牢把握人民法院建立便民诉讼网络的指导思想，牢牢把握便民诉讼联络工作所需的各种知识和技能，真正成为便民诉讼联络工作的主力和枢纽。

对便民诉讼联络骨干的培训，主要涉及两个方面的内容：一是便民诉讼联络工作的业务，包括方便群众诉讼、协助法院工作、优化审判质效的相关知识、技能。二是便民诉讼联络工作的协调、管理，包括市高法院《关于规范便民诉讼网络工作的意见(试行)》第 6 条规定的五项工作，以及统领、分解、指导、集纳、反馈便民诉讼联络工作的其他事项。为了推动对便民诉讼联络员的培训，市高法院民一庭组织编写了《便民诉讼知识读本》，钱锋院长亲自为读本作序，对便民诉讼联络工作给予了巨大的鼓舞。这个读本根据便民诉讼联络工作的实际需求，围绕便民诉讼联络员法律素养、业务技能的提升，重点阐述了调解"户婚、田土、钱债"纠纷所涉民事诉讼法、民事实体法及相关司法解释的主要规定，讲解了诉前调解、协助调解、诉调衔接、协助送达等工作的基本要领，介绍了便民诉讼联络工作常见法律文书的格式和范例，为培训便民诉讼联络骨干提供了有益的参考。相关基层人民法院及其派出法庭应当以此为基础，紧密联系辖区实际情况予以补充、更新、完善；要采取灵活多样的方式，如开展便民诉讼联络业务讲座、解析便民诉讼联络事例、点评诉调衔接案例、赠阅法律文件等，帮助便民诉讼联络骨干掌握相关法律知识、工作方法、工作技巧，以影响和带动其他便民诉讼联络员，推进便民诉讼联络工作。

(三)扎实抓好诉调衔接工作

便民诉讼联络工作涉及面广，涵盖人民群众与人民法院打交道的方方面面，如诉调衔接、协助送达、协助调查、协助化访等。在这些工作中，基层人民法院及其派出法庭应当着力引导便民诉讼联络员扎实抓好诉调衔接工作。

在实践中，便民诉讼联络员通常由乡镇司法助理员、综治专干、人民调解员、村(社)长兼任，调解纠纷是他们完成本职工作、参与社会管理的重要方式。他们对纠纷的调解，是社会管理综合治理的第一道"防护网"，对于吸附矛盾、防范矛盾激化、化解纠纷具有特别重要的作用。然而，便民诉讼联络员对纠纷的调解属于非诉讼调解，其规范程度、效力层次存在一定局限性，要彻底解决纠纷，往往还需要与诉讼程序相衔接。这里所称的诉调衔接，就是对人民法院受案范围内的纠纷，便民诉讼联络员主持进行调解并达成调解协议或者调解意向后，依法通过司法确认程序、督促程序或者诉讼调解程序，以司法确认书、支付令或者诉讼调解书等形式巩固、提升便民诉讼联络员调解成果，使纠纷获得彻底解决的一种工作机制。

适用诉调衔接机制，需要满足三个基本条件：首先，便民诉讼联络员调解的纠纷属于人民法院受案范围。作为社会管理综合治理的第一道"防护网"，便民诉讼联络员调解的纠纷几乎不受限制。其中，有的纠纷不属于人民法院受案范围。如当事人建设违章建筑，因受他人阻挠，请求排除妨碍而产生的纠纷；索要赌债而产生的纠纷等。对此类纠纷，不适用诉调衔接机制。其次，经便民诉讼联络员调解，已经达成调解协议或者调解意向。诉调衔接意味着在调解成果的基础上进行诉讼处理，没有调解成果就谈不上诉调衔接。便民诉讼联络员对纠纷的调解成果包括两种形式，即调解协议或者调解意向。前者是符合自愿、合法原则，内容表达规范的调解成果；后者是符合自愿原则，但在调解的合法性、规范性方面存在瑕疵的调解成果。在前述第一种成果的基础上进行诉调衔接，实践中比较普遍。在前述第二种成果的基础上进行诉调衔接，基层人民法院多数持谨慎态度。实际上，后一种情形下的诉讼处理更为重要，对于减轻当事人讼累、法院负担都有积极意义。最后，双方当事人不满足于调解协议的民事合同效力，希望调解协议的内容有强制执行的保障。诉调衔接机制赖以运行的根本动因，是诉调衔接对于当事人有积极利益。根据最高人民法院《关于建立健全诉讼与非诉讼相衔接的矛盾纠纷解决机制的若干意见》(法发[2009]45 号)第 10 条规定，便民诉讼联络员调解后达成的具有民事权利义务内容的调解协议，经双方当事人签字或者盖章后，具有民事合同性质。然而，在调解协议未能当场兑现的情况下，绝大多数当事人都希望调解协议具有强制执行的效力。而要获得这种效力，申请司法确认、支付令或者诉请调解都是可供选择的诉调衔接途径。

需要强调的是，司法确认程序和督促程序都具有"被动性"，只能根据审查非诉讼调解协议的情况作出是否确认或是否发出支付令的结论，不能弥补、改变非诉讼调解的过程与结果。而实践中，便民诉讼联络员对许多纠纷的调解虽然符合自愿原则，但在合法性、规范性方面一般都存在瑕疵，法院不能直接确认其有效或据此发出支付令。针对这种情形，诉讼调解是比较适合的诉调衔接方式。通过法院的诉讼调解，既能够巩固便民诉讼联络调解的优势，又能够弥补、改变便民诉讼联络调解的过程、结果，使便民诉讼联络调解的成果得到最大程度的利用。对此，2012 年 8 月 31 日修改、2013 年 1 月 1 日起生效施行的《中华人民共和国民事诉讼法》第 195 条规定，人民法院受理司法确认调解协议效力的申请后，“经审查，符合法律规定的，裁定调解协议有效，一方当事人拒绝履行或者未全部履行的，对方当事人可以向人民法院申请执行；不符合法律规定的，裁定驳回申请，当事人可以通过调解方式变更原调解协议或者达成新的调解协议，也可以向人民法院提起诉讼”。各基层人民法院要从实际情况出发，分析便民诉讼联络员的调解能力，通过便民诉讼联络员积极引导纠纷当事人选择适宜的诉调衔接方式，实现方便群众诉讼、协助法院工作、优化审判质效的目的。

三、进一步优化对便民诉讼网络的管理

科学的管理是效率的保证。要充分发挥便民诉讼网络的作用，必须建立科学的管理制度。目前，一些基层人民法院建立了便民诉讼网络管理制度，并认真贯彻执行，取得了一定成效。但是，在多数基层人民法院，便民诉讼网络管理制度仍然“有名无实”，停留在“纸面”上。而且，一些基层人民法院的管理制度还不同程度地存在管理思路不够清晰、管理层次比较混乱、管理措施不够有力等问题，亟待进一步优化。在这里，针对多数基层人民法院存在的问题，从优化便民诉讼网络管理的角度，提出两点指导性意见。

（一）优化对人民法庭的质效考核

对二级部门进行考核，是基层人民法院严格内部管理的重要内容，对于推进二级部门建设、实现法院总体目标具有重要作用。便民诉讼网络建设作为基层人民法院的重要任务，必须落实到具体的二级部门承办，必须让承办的二级部门感受到建设效果的优劣对自身的影响。从我市基层人民法院的实际情况出发，我们认为：在不设人民法庭的极少数基层人民法院，便民诉讼网络建设应当由民一庭负责；在其他基层人民法院，便民诉讼网络建设应当由民一庭指导，由人民法庭负责并纳入人民法庭质效进行考核。

将便民诉讼网络建设交由人民法庭负责、纳入人民法庭质效进行考核，主要考虑了两个方面的因素：一是因为人民法庭具有优势。人民法庭建在乡村，对辖区乡村的情况比较熟悉，在物色、利用、管理便民诉讼联络员和搭建“庭、站、点、员”体系等方面具有“天然”优势。二是因为人民法庭具有利益。虽然便民诉讼网络可以为基层人民法院各审判业务部门提供帮助，但便民诉讼网络的作用范围主要在基层乡村，人民法庭始终是便民诉讼网络的主要利用者，利用便民诉讼网络的效果也集中地体现在人民法庭的审判质效上。

那么，在考核人民法庭质效时，怎样才能发挥考核机制的作用，促使人民法庭更好地履行建设便民诉讼网络的责任呢？我们认为，主要应当做到三点：首先，应当选择与便民诉讼网络建设紧密关联的质效指标。对此类指标，可以划分为直接指标、间接指标。前者是指直接反映便民诉讼网络建设状况的指标，如“建立便民诉讼联络骨干名册”、“培训便民诉讼联络骨干”、“推行便民诉讼联络台账”等指标。对此，各基层人民法院可以根据本院便民诉讼网络建设的阶段性工作重点选择确定。后者是指通过便民诉讼网络发挥作用，间接影响到的审判质效指标。如“平均审理时间指数”、“一审服判息诉率”、“调解率”、“调解案件申请执行率”、“一审判决案件改判发回重审率（错误）”、“生效案件改判发回重审率（错误）”等。对此，各基层人民法院可以根据本院便民诉讼网络建设的主要努力方向予以确定。其次，应当合理设定质效指标的指数。指数设定的合理性，是考核机制得以发挥实际作用的前提。无论是设定直接指标还是间接指标，都应当遵从循序渐进的原则，注意考察人民法庭相应指标的历史指数，着力推动人民法庭实现纵向比较的进步，避免“裹足不前”或者“揠苗助长”。最后，应当将质效考核结果与人民法庭的利益相结合。除便民诉讼网络建设的“基本费用”外，基层人民法院应当实行“以奖代补”的办法，将对便民诉讼网络的“其他投入”与质效考核结果挂钩，避免“干好干坏一个样”、影响人民法庭加强便民诉讼网络建设的积极性。关于“基本费用”与“其他投入”的比例，在便民诉讼网络建设的初期，“基本费用”可以多一些。但随着便民诉讼网络建设的深入，“基本费用”应当逐渐减少。

（二）优化对便民诉讼联络员的激励机制

便民诉讼联络员是人民法院之外的兼职工作人员，从事便民诉讼联络工作客观上会增加其负担，影响其从事其他工作的精力。如果希望便民诉讼联络员在方便群众诉讼、协助法院工作、优化审判质效方面做出持久的贡献，就必须对便民诉讼联络员实行激励，这是推进便民诉讼联络工作的根本措施。

首先，对便民诉讼联络员的激励应当由人民法庭负责。除不设法庭的极少数基层人民法院由民一庭负责以外,在其他基层人民法院,对便民诉讼联络员的激励都应当由人民法庭负责。在基层人民法院安排的"基本费用"、奖补的"其他投入"中,人民法庭应当主要用于对便民诉讼联络员的激励。其次,对便民诉讼联络员的激励应当以便民诉讼联络工作的实际效果为依据。人民法庭应当建立便民诉讼联络工作台账,准确记载便民诉讼联络员方便群众诉讼、协助法院工作、优化审判质效的具体情况,作为激励便民诉讼联络员的依据。如果便民诉讼联络员对法院工作没有帮助,即使他实施了有益于社会管理的行为,也不宜由法院出面给予激励。例如,便民诉讼联络员主持调解达成协议后,引导当事人申请赋予强制执行效力的公证,对这一行为就宜由公证处给予激励。反之,如果便民诉讼联络员对所属法庭的工作没有帮助,但有助于其他审判业务部门,相关法庭也应当记入台账并给予激励。

同志们,便民诉讼网络建设意义重大、任务艰巨。各基层人民法院党组要根据本次会议的精神,结合各自的实际情况,在今年11月底之前研究制定《便民诉讼网络新一轮建设工作方案》,报送上一级人民法院;各中级法院民一庭领导及分管院领导,要对辖区基层人民法院报送的方案仔细审查、悉心指导。要通过新一轮建设,切实解决"肿"、"虚"、"杂"等问题,促使便民诉讼网络在方便群众诉讼、协助法院工作、优化审判质效方面发挥实际作用。希望大家脚踏实地、真抓实干,以实实在在的建设成果,为重庆法院"争创一流、跨越发展"注入新的动力!

在全省法院民事审判工作座谈会上的讲话

陕西省高级人民法院党组成员、副院长 张其富

(2012年12月14日)

同志们:

今天,我们召开全省法院民事审判工作座谈会,专题分析研究民事审判诉调对接工作。上午,丹凤县法院作了诉调对接工作经验介绍,与会代表赴现场进行了参观学习。刚才,与会代表就诉调对接工作进行了广泛深入的讨论,西北政法大学的代表进行了发言。大家谈得都很好。这里,我再强调几点:

一、要高度重视诉调对接工作的重要意义

当前,我国正处于社会转型时期,社会主体之间的关系呈现复杂化,利益格局和利益冲突呈现多元化的特点,人民群众对多元化纠纷解决机制的需求日益强烈。在多元化纠纷解决机制建设方面,近年来,全国人大常委会颁布了《人民调解法》,最高人民法院先后出台了《关于建立健全诉讼与非诉讼相衔接的矛盾纠纷解决机制的若干意见》、《关于进一步贯彻"调解优先,调判结合"工作原则的若干意见》及《关于人民调解协议司法确认程序的若干规定》等司法解释,这些规定的颁布实施为多元化纠纷解决机制的确立和完善提供了法律依据和制度支撑。刚刚召开的党的十八大报告明确提出将完善人民调解、行政调解、司法调解联动的工作体系,作为加强和创新社会管理的举措之一。民事审判工作中的诉调对接,就是人民法院要积极践行能动司法,规范、引导人民调解,通过司法途径赋予人民调解结果司法效力,充分发挥司法审判与人民调解机制各自的优势,使司法审判与人民调解优势互补,形成合力,促使纠纷以更加便捷、经济、高效的途径得到解决,维护社会和谐稳定。从全国各地法院开展诉调对接工作的情况看,诉调对接工作机制在有效化解婚姻家庭纠纷、农村土地承包纠纷、村民宅基地纠纷、医患纠纷、劳动关系纠纷、道路交通事故纠纷等方面呈现出良好的社会效果。诉调对接是多元化纠纷解决机制的大胆创新和积极实践,对此,我们一定要有深刻的认识和高度的重视。

二、丹凤县人民法院的创新举措值得肯定

丹凤法院根据辖区实际情况,认真研究,大胆创新,积极实践,提出了"矛盾纠纷关口前置,法官工作阵地前移的工作思路",积极践行能动司法,实现司法与人民调解的有效对接。制定了"两书一卡一册制度",即《诉前调解提示书》、《建议诉前调解通知书》、《诉前调解情况跟踪登记卡》、《包片协调法官联系名册》,及《诉调对接联动机制实施意见》等制度措施,对诉前调解的范围、程序、与人民调解组织的关系定位、各自的职权职责和协作要求等作出明确并

具有实际操作性的规定，使诉调对接有章可循。设立了纠纷分流化解机制，根据纠纷的具体情况及当事人是否自愿接受调解的态度，将适宜由村、社区调解的纠纷分流到村、社区等基层组织，不宜由村、社区调解的纠纷法院及时立案，及时处理。将案件风险评估、纠纷排查化解、信访源头治理等工作环节，通盘考虑，统一解决。2008 年至 2012 年 11 月，丹凤法院通过立案审理及指导人民调解组织共化解民事纠纷 2737 件，其中通过诉调对接化解纠纷 855 件，占民事纠纷的 31%，通过诉调对接化解的纠纷没有发生一起信访现象，有效维护了当地社会和谐稳定。丹凤法院诉调对接工作的创新举措及取得的成绩值得肯定。

三、要学习丹凤县人民法院的成功经验，勇于创新，积极实践，不断完善诉调对接工作机制

近年来，我省各级法院开展的审判“五进”活动和“征询旁听庭审公民对案件裁判意见”活动，今年省委政法委、省综治办、省法院在全省推进“一村（社区）一法官”工作机制建设，是践行能动司法，对人民群众的诉求及时、积极、有效的回应，是多元化纠纷解决机制的创新和实践。诉调对接是人民法院与人民调解组织实现功能互补的有效途径，是定分止争、化解矛盾、构建和谐的有力举措。全省各级法院要积极学习、借鉴丹凤法院的成功经验，不断创新、完善民事审判诉调对接工作机制，规范、引导人民调解组织开展工作，使全省法院诉调对接工作再上一个新台阶。

这里，我再谈一下拖欠农民工工资纠纷问题。做好农民工工作是党和国家“三农”工作的重要组成部分。拖欠农民工工资问题的解决涉及到社会和谐稳定大局，体现了司法对弱势群体的关心和保护，我们一定要高度重视，加大力度，切实做好这项工作。省法院于 12 月 11 日专门下发了紧急通知，要求对拖欠农民工工资纠纷做到快立、快审、快结。对矛盾激化可能性大的案件，尤其是群体性、敏感性案件，要着眼化解社会矛盾和维护社会稳定，尽可能多地运用调解、和解等方式化解纠纷。各中级法院要对辖区拖欠农民工工资纠纷案件进行梳理，摸清底数，督促、指导尽快处理，切实保障农民工的合法权益。

最后，希望同志们以这次座谈会为契机，真抓实干、不断创新，进一步提高全省法院民事审判工作质量，为全省经济发展和社会和谐稳定做出应有的贡献！

谢谢大家！

主动应对形势变化　充分发挥职能作用
为建设幸福美好新甘肃提供有力的司法保障和服务

——在深入贯彻落实省第十二次党代会精神　全面推进全省法院民事商事知识产权审判工作会议上的讲话

甘肃省高级人民法院党组书记、院长　梁明远

（2012 年 5 月 8 日）

同志们：

今天会议的主要任务是：深入贯彻落实省第十二次党代会和全国民事、商事、知识产权审判工作相关会议精神，总结工作经验，分析研究形势，安排部署当前和今后一个时期全省民事、商事、知识产权审判工作，动员全省各级法院主动适应形势变化，大力加强民事、商事、知识产权审判工作，为服务转型跨越、建设幸福美好新甘肃提供有力的司法保障。这次会议，既是一次审判工作专题会议，也是贯彻落实省第十二次党代会精神的一次重要会议。

民事、商事、知识产权审判工作作为人民法院工作的重要组成部分，担负着定分止争、化解矛盾、维护权益、促进发展、实现公平正义的重要职能。近年来，全省法院、广大民事、商事、知识产权审判法官紧紧围绕全省工作大局，始终坚持“三个至上”指导思想，牢固树立能动司法、为民司法、平等保护等司法理念，注重“两个效果”统一，狠抓执法办案第一要务，认真践行“为大局服务，为人民司法”工作主题，

在促进经济社会有序发展、保护群众切身利益、维护社会公平正义等方面作出了积极贡献。全省法院审结民事、商事、知识产权案件近40万件,占诉讼案件的62.3%,平等保护了各类民事主体的合法权益;通过加强诉讼调解、在交通管理部门设立巡回法庭、与消费者协会、残联等有关部门建立诉调对接制度、率先在全省范围推行人民调解协议诉前司法确认等工作,推动了"大调解"工作体系的建立和健全;采取多种形式,积极健全完善司法便民、利民制度措施,践行司法为民宗旨,群众对民事、商事、知识产权审判工作的满意度不断提升;坚持加强审判管理、推进司法公开、深化审判方式改革、加大对下监督指导,提高了审判质量效率;深入开展"人民法官为人民"主题实践活动,转变司法理念,提升司法能力,改进司法作风,严格制度纪律,队伍整体素质明显增强。这些成绩的取得,是全省各级法院党组、广大民事、商事、知识产权审判工作人员无私奉献、扎实工作的结果。在此,我代表省法院党组对全体民事、商事、知识产权审判工作人员表示衷心的感谢和亲切的慰问!

"十二五"时期既是深化改革开放、加快转变经济发展方式的攻坚时期,又是贯彻落实科学发展观、全面建设小康社会的关键时期。为适应形势要求,去年以来,最高法院先后组织召开了全国法院民事审判工作会议、全国涉外商事审判庭长座谈会、全国法院知识产权审判工作会等七个会议。最高法院王胜俊院长对全国民事审判工作会议还做出了重要批示,要求各级民事审判部门和民事审判队伍"在新的历史起点上,更加注重社会主义司法理念的再学习、再教育、再实践,更加注重研究新情况、解决新问题,更加注重提高司法能力,大力推动民事审判工作再创新水平,再作新贡献"。如此密集的会议,虽然主题内容不同,但主旨目标都是一致的,就是动员各级法院、广大民事、商事、知识产权审判法官要准确把握经济社会发展对民事、商事、知识产权审判工作的新要求,切实做好各项工作,妥善化解各类矛盾纠纷,为服务经济社会发展、保障改善民生提供有力的司法保障。最近闭幕的省第十二次党代会,明确提出全省今后改革发展必须紧紧围绕"一项重大使命",坚持"八个发展取向",深入实施"十大重点行动",科学规划了与全国同步进入全面小康社会、建设幸福美好新甘肃的宏伟蓝图,对今后一个时期全省经济、政治、文化、社会建设及生态文明建设做出了全面的安排和部署。所有这些重要的会议精神,既对民事、商事、知识产权审判工作提出了新要求、新任务,也为民事、商事、知识产权审判工作指明了发展方向,提供了广阔的发展空间。全省法院、广大法官一定要增强责任意识、使命意识,认真学习领会相关会议精神,科学把握审判工作规律,主动适应形势变化,努力做好各项工作。

关于全省法院今后一个时期的民事、商事、知识产权审判工作,省法院党组成员、副院长杨丽萍同志后面还要做具体的部署和安排,这里,我先讲几点意见和要求:

一、主动适应全面履行审判职能的新要求,始终坚持正确的政治方向

民事、商事、知识产权审判工作与党和国家工作大局密切相关,与群众生产生活、安康福祉紧密相连,与确保法律正确实施关系重大。从审判实践看,当前的民事、商事、知识产权案件,不再是简单的一判了之,而要权衡考虑更多的因素、各方面的利益。不仅要平等保护自然人、法人和其他组织的合法权益,还要积极保障国家宏观经济政策的落实;不仅要切实维护各类民事主体的合法权益,还要做到"案结事了人和";不仅要坚持依法办案,还要大力弘扬良好道德风尚、尊重公序良俗、激发社会创新活力。民事、商事、知识产权审判工作承担着更多的政治、社会和法律责任。统筹这些矛盾,应对这些责任,就必须坚持"党的事业至上、人民利益至上、宪法法律至上"的指导思想,这是民事、商事、知识产权审判工作的政治方向。"三个至上"体现了党的领导、人民当家做主、依法治国的有机统一,体现了中国特色社会主义司法制度的政治性、人民性、法律性的有机统一。坚持"三个至上",就是要坚持做到三者统一。落实到工作实践中,就是要始终坚持在党的领导下,通过公正高效的审理民事、商事、知识产权案件,确保宪法和法律实施,为推动党的事业、为维护人民群众根本利益提供有力的司法保障。因此,全省各级法院要坚持不懈地组织、引导广大干警,进一步深化对"三个至上"指导思想的学习和实践,切实增强贯彻落实的自觉性和坚定性。广大民事、商事、知识产权审判法官在执法办案中,要牢固树立社会主义法治理念,使执法办案、化解矛盾的过程,成为积极服务改革发展稳定大局、切实维护人民群众根本利益、大力坚持和发展中国特色社会主义民事司法制度的生动实践,确保民事、商事、知识产权审判工作始终坚持正确的政治方向。

二、主动适应转型跨越发展的新要求,始终坚持能动司法理念

发展是第一要务,加快发展是全省最大的政治。最近召开的省第十二次党代会明确指出,未来五年是我省全面建设小康社会的攻坚阶段,是加快转变发展方式的关键阶段，也是实现后发赶超、跨越发展的黄金时期，我们面临的最大矛盾是发展不足、最大机遇是政策叠加、最大希望是开放开发、最大责任是富民安民，并把建设经济转型跨越发展、社会稳定和谐发展、民族共同繁荣发展、生态绿色持续发展的幸福美好新甘肃、与全国同步进入全面小康社会作为奋斗目标。为深入贯彻落实会议精神，省法院最近制定了《关于深入贯彻落实省第十二次党代会精神为建设幸福美好新甘肃提供有力司法保障的指导意见》，这些都给民事、商事、知识产权审判工作提出了更新更高的要求，赋予了光荣艰巨的使命。全省法院要围绕党代会确定的奋斗目标，紧紧抓住科学发展这个主题和加快转变经济发展方式这条主线，把握好“稳中求进、好中求快”的总基调，妥善审理在扩大内需、发展实体经济、加快改革创新等过程中发生的金融、信贷、投资、消费等领域的案件，依法维护国家经济安全和市场稳定；妥善审理企业破产、重组改制、强制清算、股权纠纷等案件，支持符合国家产业政策的企业发展壮大；妥善审理商标权、专利权、著作权等知识产权案件，加大对知名品牌、驰名商标以及高新技术产业的保护力度，提高产业核心竞争力，推进创新型国家建设；妥善运用调解等手段，正确处理企业因资金链断裂引发的各类违约纠纷，支持企业发展生产、渡过难关。要统筹兼顾各类市场主体、不同阶层、不同群体、不同方面的利益诉求，在确保司法公正的同时，更加讲求办案的方式方法，努力实现法律效果与社会效果的有机统一。要始终坚持能动司法理念，密切关注可能影响经济发展的新情况、新问题，及时提出司法建议，为党委、政府科学决策建言献策。

三、主动适应促进社会和谐稳定的新要求，始终坚持“调解优先，调判结合”工作原则

妥善协调各方利益关系，有效平息矛盾纷争，大力促进社会和谐稳定，是民事、商事、知识产权审判工作的重大责任。为促进社会和谐，省第十二次党代会提出要深入实施“和谐构建行动”，确保社会大局和谐稳定，确保人民群众安居乐业。长期的司法实践证明，根植于我国、蕴涵以“和为贵”、“息诉止争”等优良传统的诉讼调解，是化解社会矛盾、促进社会和谐的有效方式，具有广泛的社会基础和群众基础，符合我国国情，符合社会管理的客观规律。各级法院、广大民事、商事、知识产权法官要积极承担起促进社会和谐的重大责任，着眼“案结事了”，高度重视、充分运用诉讼调解这一重要方法，最大限度地增加和谐因素，最大限度地减少不和谐因素。要树立“调解是高质量的审判、高效益的审判，调解能力是高水平的司法能力”的理念，自觉把调解作为处理案件的首要选择，贯穿于立案、审判和执行的各个环节，贯穿于一审、二审、执行、再审、申诉、信访的全过程，建立覆盖全部审判执行领域的立体调解机制。要始终坚持合法、自愿的原则，绝不能片面追求调解率，背离调解优先原则的初衷。对于依法不能调解、根据案情不宜调解或用判决方式更有利于解决问题的，应当及时判决，发挥判决在增强规则意识、引领社会风尚、推进法治建设方面的重要作用。要认真总结我省法院在加强诉讼调解与非诉调解衔接方面的成功经验，积极推动建立人民调解、行政调解、司法调解各司其职、相互协调的“大调解”工作格局，形成化解社会矛盾的强大合力，全力促进社会和谐。

四、主动适应践行司法为民的新要求，始终坚持不断改进审判工作作风

在执法办案中体现以人为本、司法为民，是人民法院必须始终面对的一个重大理论和实践问题。省第十二次党代会也明确提出，要坚持惠民、利民、富民、安民的政策导向，更好地保障和改善民生，更好地维护社会公平正义。但在当前的民事权益保障中，群众的司法需求呈现多样化的趋势。群众对于自己的诉求，不仅要获得公正的判决、讨个说法，有效实现权益、真正解决问题，而且对司法程序、司法行为、司法公开、司法民主、司法作风等方面都极为关注；不仅用法律标准评判裁判结果，而且用社会道德、民俗习惯加以评判；不仅要行使知情权，还要求实现参与权、表达权、监督权。这些政策精神、多样需求，对全省法院司法作风提出了更高要求。各级法院、广大民事、商事、知识产权法官必须进一步增强对人民法院人民性的理论认同、感情认同和实践认同，始终坚持司法为民根本宗旨，把实现好、维护好、发展好最广大人民群众的根本利益作为审判工作的出发点和落脚点，把重民生、排民忧、解民难作为确立工作思路、加强审判工作的依据，使审判工作更加符合民情、体现民意、服务民生、赢得民心。要牢固树立便民理念，认真落实巡回审判等便民利民措施，大力弘扬“马锡五审判方式”，着力提高审判效率，着力方便群众诉讼，着力加大司法救助力度，充分彰显司法人文关怀。要牢固树立为民理念，密切关注物价上涨及房贷等政策变化对民生的影响，妥善化解劳动就业、社会保险、教育医疗、住房消费、食品药品安全、农民工权益保护等涉及民生的案件，更好地保障和改善民生。特别是在审理房屋拆迁、土地征收、农村土地承包、追索劳动报酬等矛盾容易激化的案件时，更要加大调解和说服引导工作，切实保护弱势群体权益，切实维护和谐稳定大局。要牢固树立群众观点,坚持不断完善司法民主机制,不断改进司法作风,密切联系人民群众,走出一条“司法依靠群众、群众参与司法,司法服务群众、群众认同司法”的新路子。要把省委安排部署的“联村联户、为民富民”行动作为锻炼培养干部、密切联系群众的重要载体,切实抓紧抓好,努力在深入基层、服务群众中转变工作作风、提升司法水平,在促进发展、帮助群众致富中增进与群众的血肉联系、彰显司法为民的良好形象。

五、主动适应提升司法能力水平的新要求,始终坚持加强队伍教育培训

能力建设始终是队伍建设的核心内容。近年来,随着经济社会的不断发展,民事、商事、知识产权审判工作呈现出涉及范围广、案件数量大、增长速度快、新型案件多、审理难度大等新特点,尤其是新类型案件和疑难复杂案件不断增多,审判工作的复杂性、专业性不断增强,相当多的案件法律关系复杂,审理难度加大。同时,合同法、物权法、劳动合同法、侵权责任法等重要民事法律和司法解释相继颁布施行,民事诉讼法也即将修订完成,如何准确把握法律精神,严格依法办案,确保法律统一实施,是对每个民事、商事、知识产权法官能力素质的严峻考验。因此,全省各级法院、每一个民事、商事、知识产权审判法官都要把司法能力建设摆在更加重要的位置,切实按照建设学习型法院的要求,建立常态学习机制,不断提高自身能力。要认真抓好《2011~2015年全省法院教育培训规划》的贯彻落实,推进全员培训、主题培训、专题培训,形成多层次、多渠道、多领域的培训格局。对新出台的民事、商事、知识产权法律、司法解释,要通过各种形式,确保每一位民事、商事、知识产权审判法官都能得到学习培训。要按照“立足岗位、服务实践、全员参与、注重实效”的原则,积极开展“全员岗位大培训”活动,适时组织开展优秀示范庭审、优秀裁判文书、办案标兵、岗位能手评选及干警双向交叉挂职、下基层锻炼等岗位练兵活动,提高实际能力。要以“强化庭审能力训练、促进庭审质量提高”和“消除裁判文书瑕疵、提高裁判文书质量”为目标,广泛扎实开展好庭审评查和裁判文书评查活动,找差距、补短板、练真功、求实效,进一步提高庭审规范化水平和裁判文书质量,提升司法综合能力。要把确保司法廉洁摆在更加突出的位置,始终坚持强化司法廉洁教育与加大惩处力度相结合,坚持完善反腐倡廉制度与提高制度执行力相结合,坚持抓好司法作风建设与解决人民群众反映强烈的突出问题相结合,狠抓“一岗双责”制和“四个一律”、“五个严禁”等廉洁司法制度规定的贯彻执行,树立公正、廉洁、为民的良好形象。各级法院分管民事、商事、知识产权审判工作的副院长及庭长,要把队伍建设工作牢牢抓在手上,切切实实地通过抓队伍促能力,抓队伍促审判。

六、主动适应加强基层审判工作的新要求,始终坚持强化民事、商事、知识产权审判基础工作

化解社会矛盾,重点在基层。全省法院80%左右的民事、商事、知识产权案件在基层,80%左右的民事、商事、知识产权审判工作人员在基层。因此,做好民事、商事、知识产权审判工作,首先必须做好基层工作。但从全省法院民事、商事、知识产权审判基层基础工作现状看,程度不同的存在队伍力量不足、人员年龄结构不合理、审判队伍不稳定、办案保障不足、信息化建设滞后、审判管理的一些措施落实不够到位等实际问题。特别是有些中院、基层法院没有严格按照最高法院的规定分配业务工作,还存在上下庭室业务不对口,监督指导渠道不畅、效果不好等问题。基层强,则全局强,全省各级法院要认真贯彻落实最高人民法院《关于新形势下进一步加强人民法院基层基础建设的若干意见》,结合自身实际,突出工作重点,切实提高民事、商事、知识产权审判基层基础工作水平。一要加强机构、力量配置。要按照“三个面向”和“两便”要求,坚持科学、务实、效能原则,科学规划好人民法庭恢复、新建和调整工作,在所辖乡镇地理位置偏远、交通不便及原有法庭服务半径过大、区域内经济活动较频繁、受理案件较多的地区,新建或恢复设立人民法庭;要加强对民事、商事、知识产权审判部门,尤其是人民法庭工作力量的配备,把实践经验丰富、善做群众工作的法官调整、充实到民事、商事、知识产权审判岗位、基层人民法庭。二要加强基层信息化建设。要以“天平工程”项目建设为契机,加强信息化基础设施建设,重点加快“科技法庭”等硬件设施和覆盖基层人民法院、人民法庭的局域网络建设,全面应用司法审判信息管理系统;进一步推广远程立案申诉、电子签章、信息查询等司法便民措施在基层人民法庭的广泛运用,提高基层信息化建设水平。三要加强审判管理工作。民事、商事审判工作案件数量多、机构多、人员多,加之在机关外又设置了派出法庭,可以说是点多、线长、面广,管理难度较大。因此,要把加强审判管理作为民事、商事、知识产权审判工的重要基础工作来抓。要坚持以人为本,注意保护和激发基层审判人员工作积极性和创造性;要尊重审判规律,科学设计考核指标,正确评估统计数据与审判业绩的关系,切实加强审判质量管理、效率管理、流程管理、层级管理、绩效管理,不断提高民事、商事、知识产权审判工作整体水平。四要加强监督指导。省法院和各中级法院要一手抓审判，一手抓指导，综合运用审级监督、发改案件通报分析、适用法律疑难问题请示、典型案例指导、案件质量评查和新法律法规、司法解释学习辅导等制度，不断增强监督指导的针对性、时效性、规范性和权威性。要注意解决个案指导多、类型案件总结少，事后监督多、事前指导少等问题。特别是对发改案件，要坚持附函说明，对重大、普遍性问题要分析通报，充分发挥纠错指导功能。要重视解决上下业务不对口的问题，在兼顾各地实际情况的基础上，逐步解决、逐步规范，努力实现归口管理。

同志们，与全国同步进入全面小康社会、建设幸福美好新甘肃的伟大目标，为全省各级法院赋予了更加光荣的使命、更加艰巨的任务、更加广阔的作为空间，全省法院、广大民事、商事、知识产权审判工作人员要以更加饱满的精神、更加扎实的作风，与时俱进，开拓进取，加倍努力，为建设幸福美好新甘肃做出新的更大的贡献！

全面贯彻落实省十二次党代会精神
努力提升民事商事知识产权审判质效

甘肃省高级人民法院党组成员、副院长　杨丽萍

（2012年5月8日）

同志们：

刚才，梁院长作了题为《主动应对形势变化，充分发挥职能作用，为建设幸福美好新甘肃提供有力的司法保障和服务》的重要讲话。梁院长在讲话中，充分肯定了近年来全省法院民事、商事、知识产权审判工作取得的实际成效，使我们备受鼓舞。对于当前和今后一个时期的工作，梁院长站在为建设幸福美好新甘肃提供有力司法保障和服务的高度，提出了“六个主动适应、六个始终坚持”的意见和要求，我们一定要认真学习领会，切实抓好贯彻落实。我们这次民事、商事、知识产权工作会议，省法院党组全体成员出席参加，充分体现了省法院党组对全省法院民事、商事、知识产权审判工作的高度重视和大力支持，我们一定要坚定信心，再鼓干劲，扎实做好各项工作。

下面，我就全省法院近年民事、商事、知识产权审判工作开展情况、当前面临的形势任务、审判中应注意的问题再讲几点意见：

一、2008年以来，我省民事、商事、知识产权审判工作的回顾

2008年以来，全省各级法院民事、商事、知识产权审判人员始终坚持“三个至上”工作指导思想和“为大局服务，为人民司法”工作主题，紧紧围绕全省工作大局，努力践行司法为民宗旨，充分发挥审判职能作用，妥善化解各类矛盾纠纷，为我省经济发展、社会稳定提供了有力的司法保障。

（一）公正高效审理案件，依法履行审判职能

2008年至2012年3月，全省法院共受理各类民事、商事、知识产权案件393,116件，已经审结378,513件，受案数及结案数均占到全省法院受案、结案数的62.3%。面对民事、商事、知识产权审判中案件数量不断增大、新类型案件层出不穷、重大复杂和群体性案件大幅上升、司法环境日益严峻、法律适用相对滞后的复杂形势，全省各级法院坚持按照法律规定的原则和精神，从服务大局出发，积极探索并创造性地开展工作。通过依法审理婚姻家庭案件、邻里纠纷案件、房地产案件、涉农案件、消费者权益案件、劳动争议案件，化解了社会矛盾，促进了社会和谐；通过依法审理环境侵权案件、企业改制破产案件、金融案件、民间借贷案件、知识产权纠纷案件以及涉外、涉港澳台案件，维护了公平竞争、诚实守信、合法有序的市场经济秩序，保障了经济社会又好又快地发展。各级法院扎实有效的工作，有力地保护了各类民事主体的合法权益，使当事人的诉讼权利得到充分保障，使合法有据的诉讼请求获得公正裁判，使有利于社会和谐的行为得到司法裁判认可，在保障公平正义、促进经济发展、构建社会和谐方面发挥了积极的、不可替代的作用。

（二）建立健全审判机制，推进审判方式改革

全省民事、商事、知识产权审判部门在坚持社会主义法治理念和法律基本精神的基础上，建立了“管

人、管事、管案"相统一、"责任制、考核制、追究制"相结合的审判工作长效机制,强化了程序公正、保证了实体公正。一是普遍建立起案件流程信息管理系统。通过对案件流程时间段的监控和审理期限的跟踪管理,控制案件审理周期,有效避免了案件久拖不决、久审不结和超审限问题。二是坚持公开审判制度,通过公开审理实现审判公开。省法院各民事审判庭均制定了严格的案件排期开庭规定,将受理的案件进行排期开庭、公开审理。各中级法院和基层法院也制定了相应的排期开庭制度和庭审规范,通过当庭举证、质证、辩论,保证案件的审理在阳光下运行,在公开中公正。三是注重裁判文书的质量和公开性。民事、商事、知识产权裁判文书上网工作已从省法院向全省推开。至2012年3月,省法院和各中级法院上网公布民事、商事、知识产权裁判文书8142份,占全省法院上网裁判文书的近80%。四是邀请人大代表、政协委员参加庭审观摩已经成为各级法院实现审判公开的一项常态化工作。五是积极探索、试行符合审判规律的新方式、新方法。由我省法院首先试行的人民调解协议司法确认制度,得到了省委和最高法院的高度认可。2009年5月,省综治委、省法院、省司法厅在定西市联合召开了现场会,向全省推行该项工作。四年来,全省法院共受理司法确认案件12,564件,依法确认12,439件,取得了良好的法律效果和社会效果。我省法院小额速裁试点工作也取得了明显成效。根据最高法院小额速裁试点工作座谈会议精神,我省小额速裁试点工作于2011年6月正式实施。截至今年3月,四个试点基层法院共适用小额速裁程序审理一审民事案件446件,小额速裁程序的平均审理期间为7天,平均调撤率为97.45%,判决率为2.55%,当事人不服判决提出复议的仅有一件。小额速裁对案件的繁简分流,缓解了人民法院的工作压力;对当事人的高效便捷,减轻了当事人的诉累;以调解为主的结案方式,最大限度地实现了案结事了。

(三)切实关注民生问题,积极践行司法为民

全省法院民事、商事、知识产权审判以"发扬传统、坚定信念、执法为民"、"人民法官为人民"等主题教育实践活动为契机,牢固树立司法为民的理念,把维护人民的根本利益作为审判工作的出发点和落脚点。一是加强便民设施建设。设立调解室、速裁室、接待室,方便群众诉讼;二是建立诉讼指导、诉讼风险告知和举证责任通知制度。印制了诉讼指导材料,指导当事人正确行使诉讼权利。同时向当事人提示因诉讼请求不当、超诉讼时效、不按时交纳诉讼费、举证不能、举证过时限、被诉人无履行能力等原因可能导致的不利法律后果,帮助当事人避免或者降低诉讼风险和成本;三是畅通维权绿色通道。对涉及"三农"、残疾人、老年人等特殊群体案件做到"优先立案、优先审理、优先执行";四是建立和完善繁简分流机制,依法扩大简易程序的适用范围。四年来,全省各基层法院适用简易程序审理案件256,011件,占基层法院一审案件数的74.52%。对"事实清楚、证据充分、法律关系单一、无争议或争议不大的案件"试行小额速裁程序,经双方当事人同意后,实行一审终审,减轻了当事人诉累;五是积极开展巡回审判和法律宣传工作,将矛盾纠纷化解在初始状态、化解在基层;六是做好法律释明和判后答疑工作,将法律释明工作贯穿于整个诉讼过程;七是慎用财产保全措施,对于有挽救希望的企业,鼓励运用破产重整、和解共生制度,尽可能维持有发展前景企业的生存。对于挽救无望的企业,优先保护职工权益;八是在审理劳动争议案件中,妥善处理企业正常生产和劳动者合法权益的关系,维护和谐的劳资关系。在审理征地、拆迁补偿等可能涉及群体性纠纷的案件中,防止损害群众合法权益的情形发生,维护社会稳定;九是加强人民陪审员工作,保障人民陪审员依法行使审判权。

(四)调解优先能动司法,有效化解矛盾纠纷

自2009年8月全省法院调解工作会议以来,全省各级法院高度重视民事、商事、知识产权案件的调解工作,积极探索调解工作的新机制,坚持"调解优先,调判结合"的工作原则,将调解工作贯穿于案件审理的全过程。通过强化庭前、庭中和庭后调解工作,有效地促使当事人达成调解或和解,实现了案结事了,维护了社会稳定,促进了社会和谐。自2008年以来,全省法院民事、商事、知识产权一审案件的调撤率逐年上升,从2008年的65.06%上升到2011年的68.95%,2012年前三个月的调撤率更是达到80.37%,调解工作取得了明显成效。

在强化诉讼调解的同时,全省各级法院充分发挥人民法院在构筑"三位一体"大调解格局中的主导作用,积极探索、创新诉调对接模式,整合各界力量,共同做好社会矛盾纠纷的化解工作。我省法院人民调解协议司法确认工作已实施数年,有效地实现了人民调解与司法活动的相互衔接。2010年11月,省法院、省公安厅、省司法厅联合下发了《关于建立道路交通事故损害赔偿纠纷大调解工作机制的意见》,将道路交通事故损害赔偿纠纷大调解工作向全省铺开。至2011年,全省各基层法院共建立道路交通事故巡回法庭81个,成功调解案件454件,调解率达到88%,通过人民调解委员会调解的道路交通事故损害赔偿案件也达到2116件,使大量纠纷通过"三调

联动”的方式化解在基层、化解在萌芽状态。今年，省法院与省消协联合签署的《甘肃省消费者权益纠纷诉调对接工作实施意见》也已经出台，消费者权益保护诉调对接工作进入了有序运行的轨道。我省各级法院还积极与劳动和社会保障部门、仲裁部门加强联动，规范、拓宽劳动合同纠纷案件的处理方式和途径。这些措施的实施是我省法院贯彻落实中央、最高法院“积极推动诉讼与非诉讼相衔接的矛盾纠纷解决机制建设”的创新举措，在形成化解社会矛盾合力、维护社会稳定方面已经且并将继续显现出其积极的作用。

（五）加强调研强化指导，全面提升审判质效

自2008年以来，全省法院不断加强对民事、商事、知识产权审判中出现的新情况、新问题的调查研究，抓好对下监督指导工作，不断提升审判工作质效。一是认真总结审判实践中的经验，梳理存在的突出问题，提出解决问题的意见和建议，为最高法院司法解释的出台、人大等相关部门法规政策的制定提供翔实的资料。共向各级人大及最高法院等部门报送了《关于民事审判疑难问题的调研报告》、《关于“积极推进民事案件审理全程调解”工作的情况总结》、《关于涉港澳台民事审判调研工作的报告》、《甘肃省家庭暴力案件审理的相关调研汇报材料》、《审理医疗损害纠纷案件相关情况的报告》、《基层法院工作情况调研报告》、《劳动合同法执行情况报告》、《关于贯彻落实农村土地承包法、农村土地承包经营纠纷调解仲裁法情况的报告》等多份高质量的调研报告。二是针对审判工作中出现的突出问题和法律适用难点展开调研，出台一些规范性文件和精选案例，统一裁判思路、加强业务指导。省法院针对“多头鉴定”的问题，制定了《关于规范鉴定程序的指导意见》，征求意见稿已送交部分中基层法院和相关部门。定西市等中级法院、张掖市甘州区等基层法院分别根据辖区审判实际出台了一系列指导意见，统一了裁判尺度，提升了人民法院司法公信力。三是推行上级法院对上诉案件的改判、发回重审分析通报和沟通制度。积极建立上下级法院沟通机制，对发回重审及改判的案件与下级法院进行交流，交换裁判思路，提高了办案质量。

四年以来，我省民事、商事、知识产权审判始终坚持以“为大局服务，为人民司法”为主题，充分发挥审判职能作用，强化权利保护意识，保障和改善了民生；始终坚持以深入化解社会矛盾为主线，妥善审理各类民事、商事、知识产权案件，提升了审判质效；始终坚持以积极参与社会管理创新为途径，能动司法，推动了“大调解”工作体系的建立；始终坚持以强化监督指导、加强调查研究为抓手，提升了民事、商事、知识产权审判整体工作水平；始终坚持以基层基础建设为基石，坚持重心下移，推动了基层工作再上新台阶；始终坚持以司法能力建设为核心，坚持加强审判队伍建设，提高了民事、商事、知识产权法官的综合素质。

同志们，一直以来，全省民事、商事、知识产权法官和其他工作人员认真工作、默默无闻、任劳任怨、无私奉献，为服务党和国家工作大局、服务我省经济社会又好又快发展、保障和改善民生做出了应有的贡献。实践证明，我们这支审判队伍是值得党和人民群众信赖的队伍，是特别能吃苦、特别能战斗的队伍。在这里，我谨向战斗在全省民事、商事、知识产权审判战线上的广大法官和其他工作人员表示衷心的感谢，并致以崇高的敬意！

二、当前我省民事、商事、知识产权审判工作面临的形势和任务

现阶段，我国经济社会发展正处于结构调整期，也处在社会矛盾凸显期。社会经济发展中不平衡、不协调、不可持续问题依然突出；保障和改善民生、彰显社会公平正义的要求日益紧迫；文化建设滞后的问题亟需解决。我省的社会经济发展也面临着与加快转变方式的要求不相适应，与人民群众的新期待不相适应，与大开放大发展的形势不相适应，与推动转型跨越发展的任务不相适应的形势和问题。今年是实施“十二五”规划承上启下的关键年，我们党也即将迎来举世瞩目的十八大。在实现与全国同步进入全面小康社会，建设幸福美好新甘肃的任务中，全省各级法院也将承担更加重大的责任。

民事、商事、知识产权审判是人民法院审判工作的重要组成部分。我们审理的案件数量和所从事的审判工作性质，决定了我们这支队伍是维护社会稳定、保障经济发展的中坚力量。民事、商事、知识产权审判工作责任重大、使命光荣。今后一个时期，全省民事、商事、知识产权审判面临的困难会愈加多样；保障经济平稳较快发展的任务会愈加艰巨；维系和改善民生、维护社会稳定的责任会愈加重大；促进我省文化大发展大繁荣的职能作用会愈加凸显；提升基层审判质效的要求会愈加紧迫。面对严峻的形势，我们一定要增强使命感和责任感，积极进取、奋发有为，忠实履行好审判职责。

根据全国高级法院院长会及全省中级法院院长会的总体工作部署，按照王胜俊院长对民事审判工作“三个正确把握”的重要批示以及梁院长今天的讲话精神，当前及今后一段时间内，我省民事、商事、知识产权审判工作的主要任务是：始终坚持“三个至上”的指导思想和“为大局服务，为人民司法”的工作

主题,坚持民事、商事、知识产权审判的正确政治方向,紧紧围绕党和国家以及全省工作大局,充分发挥审判职能作用。不断深化能动司法,保证民事、商事、知识产权审判为我省经济社会科学发展服务;不断深化司法为民,保证民事、商事、知识产权审判以人为本,走群众路线;不断深化改革创新,保证民事、商事、知识产权审判科学发展;不断深化和谐司法,营造和谐稳定的社会环境;不断深化文化建设,进一步提高为社会主义文化大发展大繁荣服务的水平;不断深化基层建设,力争我省基层民事、商事、知识产权审判工作取得新突破;不断深化队伍建设,保证民事、商事、知识产权审判的公正、廉洁、为民。

(一)坚持"三个至上"工作指导思想和"为大局服务,为人民司法"工作主题,牢固树立正确的司法理念

一是要树立公正司法的理念。公正司法是审判工作的生命和灵魂、是构建和谐社会的基础性保障、是实现社会公正最重要的一道关口。公正司法可以矫正和补救社会上的不公正现象,使社会公正得以恢复、公平正义得以伸张。实现公正司法首先要求从事民事、商事、知识产权审判的法官提高自身的道德修养和政治素养,具备公正之心。其次要求我们不断提高自己的业务素质和司法能力,具备公正之能。再次要求我们恪守职业操守,谨言慎行,做到公正、平等地对待案件的每一方当事人,具备公正之举。最后要加强内部和外部的监督机制建设,促使公正廉洁司法。

二是要树立为民司法的理念。为民司法是人民法院工作的出发点和落脚点。为民司法的根本目标是通过公正处理案件,平等保护各方当事人的合法权益,维护社会稳定。践行司法为民要求我们要克服"官本位"主义,树立"公仆意识"和"为人民服务"的思想,按照群众利益无小事的要求,从制度设置到审判、工作作风上体现出司法为民、司法利民、司法便民、司法服务于民的宗旨和要求。

三是要树立和谐司法的理念。和谐司法,就是修补受损的人际关系,实现人与人之间的和谐,做到"案结事了"。和谐司法要求我们的不仅仅是业务上的精通,更要具备一定的司法智慧。在审判工作中,处理案件本身可能并不难,但是能否做到"案结事了",就需要法官具备较高的综合素质。对那些婚姻、家庭、邻里纠纷案件,当事人众多、社会矛盾容易激化的案件,证据形不成优势、事实难以查清的案件,法律、政策规定不明确的疑难案件,需要充分运用调解手段,以"和"为主,化解矛盾纠纷。

四是要树立权威司法的理念。司法权威是当事人向法院提起诉讼的前提,如果当事人对司法权威缺乏最起码的认同,就不会到法院打官司,而会选择其他方式解决纠纷,其结果必然是私力救济大行其道,社会秩序荡然无存。同时,司法权威也是审判职能得以发挥的制度保障,如果没有司法权威作后盾,法院判决就会形同一纸空文。民事、商事、知识产权审判要树立权威,就必须维护司法公正,提高司法效率,确保司法廉洁,以审判的公正、高效来建立人民法院的司法权威。

(二)坚持服务大局,充分发挥审判职能作用,为维护和谐稳定、规范市场秩序、繁荣社会文化提供有力司法保障

今后一段时期,全省民事、商事、知识产权审判工作主要应当围绕两个方面来开展:一方面是为"稳中求进"的经济工作总基调提供司法保障,要以"稳"为主,围绕"稳"来解决矛盾,维护经济秩序;另一方面是为党的十八大胜利召开创造和谐稳定的社会环境,要以"和"为主,通过"和"来化解纠纷,保证社会稳定。

一是要做好涉及民生案件的审判工作,保障和改善民生,维护社会和谐稳定。稳定的基础在民生,要高度重视矛盾易激化案件的审理工作,筑牢社会和谐稳定的民生基础。审理婚姻家庭案件,要注意依法保护婚姻当事人的合法权益,维护家庭关系的和睦与稳定。要全面理解和执行好婚姻法及相关司法解释,避免机械、孤立地适用;审理房地产案件,要站在维护法律严肃性、落实国家调控政策以及保证经济社会发展的高度,处理好合同效力的界定、情势变更原则的适用等问题,引导当事人树立正确的市场风险意识,平衡当事人利益,确保两个效果的统一;审理劳动争议案件,要确立维护劳动者合法权益与保障企业生存发展并重的理念,在保障劳动者合法权益的同时,维系和促进企业的健康发展;审理涉农案件,要站在维护农村社会稳定、保障农民生存权的高度,处理好侵害土地承包经营权和宅基地使用权的案件,保障农民依法享有的土地承包经营权,促进土地承包经营权的有序、规范流转。要审理好农民工维权案件,为务工农民提供切实的司法保护;审理道路交通事故损害赔偿案件,要注意统一裁判思路,尤其是要注意与交强险相关的法律适用问题;审理医疗损害赔偿案件,要特别注意委托鉴定的统一化,避免多头鉴定和重复鉴定。要在保护患者合法权益的同时,保障医疗机构的正常运转、医学的发展和医疗水平的提高;审理消费者权益纠纷案件,要依法制裁欺诈消费者、设计消费陷阱、设置"霸王条款"等严重损害消费者权益的行为。

二是要做好商事案件的审判工作,公平保护各类市场主体的合法权益,着力保护诚实守信者的合法权益,促进经济社会又好又快发展。要紧紧围绕党和国家关于“保增长、保民生、保稳定”的战略决策,按照社会主义市场经济的内在要求,注重对交易安全和交易秩序的保护、对企业稳定的维护、对市场主体和交易行为营利性特点的尊重和对保障市场交易便捷的交易规则、惯例的尊重;要树立尊重意思自治和权利本位的理念,充分尊重当事人的合同自由权和公司的自治权利,不轻易否定合同效力;要树立促进交易效率与保障交易安全并重的理念,依法鼓励和保护市场主体通过正当交易、合法途径获取利益;要妥善审理金融、商贸、物流、消费等方面的纠纷,服务和保障经济结构优化和调整;要妥善审理各类投资纠纷案件,加强和规范投资行为,积极探索创业投资、风险投资所形成的投资权益的保护措施;要支持和保护符合国家经济发展方向、有利于经济结构调整的资本投入和流转行为;要严格审查国有资产处置程序的合法性,防止在结构调整中出现国有资产流失;要依法平等保护民营企业和国有企业的合法权益,妥善处理公司、企业内部治理引发的股东及投资者权益纠纷,依法保护中小投资者和企业职工的合法权益;要依法受理、稳妥处理企业破产和公司清算案件。积极受理符合法定条件的企业重整、和解申请,运用企业重整、和解制度,帮助遇到暂时困难但符合国家经济和产业结构要求、有发展前景的企业恢复生机。

三是要做好知识产权案件的审判工作,贯彻落实国家知识产权战略,服务党和国家工作大局。审理涉文化领域知识产权案件,要充分发挥知识产权审判对文化建设的规范、引导、促进和保障作用。要妥善处理保护著作权与促进信息网络产业发展和保障信息传播的关系。要增强政治和政策敏感性,妥善处理保障民事权益与维护国家文化安全和公共道德的关系,在依法保护著作权的同时,注意维护我国社会主义主流文化,促进社会主义文化大发展大繁荣;审理专利权案件,要正确运用专利侵权判定和证据规则,准确界定专利权的保护范围,依法认定专利侵权行为。要兼顾公平和效率,妥善处理好专利侵权与专利确权的关系,积极促进科技创新和经济发展方式加速转变;审理商标权案件,要依法规范驰名商标的认定和保护,切实加强驰名商标保护。要通过审理好商标侵权和商标授权确权案件,加大商标权保护力度,扩大我省商品的知名度,积极提升我省经济的综合竞争力;审理竞争案件,要依法规制不正当竞争行为,维护商业诚信和公平竞争,创造公平有序、充满活力的市场环境。

(三)坚持调解优先,努力促进社会和谐稳定,积极发挥人民法院在大调解中的主导作用

首先要继续贯彻“调解优先,调判结合”的工作原则。调解是一项具有中国特色的化解矛盾、消除纷争的纠纷解决方式。其优点是引导当事人平等、自愿、自主地解决纠纷,在调解的过程中,逐步化解当事人恩怨、平息矛盾纠纷。成功的调解既能满足当事人解决纠纷的需求,又可以缓解人民法院巨大的审判压力,因此,对调解优先的原则必须坚持不懈地予以贯彻。第二,要继续提高调解质量。调解必须坚持自愿和合法的原则,绝不能强迫调解、违法调解,不能片面追求调解率,不能以损害司法效率来换取调解率。第三,要正确处理好调解和判决的关系。要根据案件的具体情况,科学把握案件的事实基础及条件,对于依法不能调解、根据案情不宜调解或者以判决方式更有利于问题解决的案件,应当及时判决。第四,要继续抓好委托调解和协助调解工作。在案件受理后、裁判作出前,经当事人同意,可以委托有利于案件调解解决的人民调解、行政调解、行业调解等有关组织或者人大代表、政协委员、宗教界人士等主持调解,或者邀请有关单位或者技术专家、律师等协助人民法院进行调解。第五,要高度重视诉讼调解中可能出现的虚假诉讼问题,要在案件审理中注意加以识别和防范,防止通过诉讼调解的方式将非法利益合法化。第六,要坚持能动司法,积极发挥人民法院在诉讼外纠纷解决机制中的引导和司法保障作用,构建多层次、全方位、立体式、互补互助的纠纷解决机制。要主动将诉讼调解融入到大调解格局之中,努力实现诉讼调解与人民调解、行政调解、行业调解以及其他具有调解职能部门的科学对接,形成合力运行,将矛盾纠纷化解在基层、化解在萌芽状态。

(四)坚持司法为民,切实保证民事、商事、知识产权审判以人为本、服务人民

一是要继续做好民事、商事、知识产权审判的案件繁简分流工作和小额速裁试点工作。基层人民法院要继续依法扩大简易程序的适用范围,提高诉讼效率,减轻群众诉累。各小额速裁试点法院要建立起专业化的速裁机构,要在受案类型、受案标准、受案标的、监督机制上多做探索和尝试,要加大对小额速裁的宣传力度,切实保证当事人对小额速裁的知情权和程序选择权。二是要继续强化对当事人的诉讼指导和法律释明工作。强化庭前释明。告知当事人的各项诉讼权利义务、诉讼注意事项以及存在的诉讼风险,增强当事人对诉讼风险的承受能力。规

范庭审释明。引导当事人正确定位诉讼角色,尤其对相对弱势的一方,在确保中立的基础上,加强诉讼常识的指导,最大限度保障当事人的诉讼权益。严格判后释明。宣判后,应向当事人详细说明案件审理过程,裁判文书内容,裁判认定的事实,依据的法律条文以及证据采信原因,消除当事人疑虑,从源头上减少、预防涉诉信访,提高服判息诉率。三是要继续加大就地开庭、集中审理和巡回办案的工作力度。大力推广"马锡五审判方式",尽量做到"法官多下乡,群众少跑路",推行假日法庭、马背法庭、夜间法庭、田间法庭等方式,在交通不便且距法庭较远的乡镇设立巡回审判点,尽最大努力方便群众诉讼。四是充分关注弱势群体的司法需求,做好司法救助工作。要切实关注民生,积极开展司法救助,为弱势群体提供司法援助。五是强化诉讼调解和司法确认工作。通过诉讼调解实现定分止争、案结事了,从根本上减轻人民群众的诉讼负担和诉讼成本。通过对其他调解组织调解达成的协议依法予以确认,赋予其执行力,简化矛盾纠纷解决的程序,方便人民群众。

(五)坚持重心下移,筑牢矛盾纠纷化解的基层工作基础

夯实基层基础建设,提升基层法院民事、商事、知识产权审判人员整体素质,是人民法院服务大局、保障民生、维护社会公平正义的重要保证。基层法院和人民法庭要在化解社会矛盾、加强综合治理方面发挥积极的作用。一是要通过审理涉及民生案件,有效地化解矛盾纠纷,维护社会稳定。要继续妥善审理劳动就业、社会保障、教育、医疗、住房、消费等领域的纠纷,切实维护人民群众的切身利益;要继续依法处理涉农案件,保护农民权益,促进农业发展,维护农村稳定;要继续审慎对待农村集体土地征收、城镇国有土地上房屋拆迁案件,切实保障被征地农民、被拆迁人合法权益。二是注重人民陪审员的选任工作。在审判工作中,充分发挥人民陪审员来自群众、熟悉群众、代表群众的独特优势,不断提高司法裁判的公信力。三是继续加强人民法庭建设。除了在基础建设、人员配置等硬件上做好工作外,还应继续做好人民法庭的诉讼调解工作和对人民调解员的指导工作,力争做到将矛盾化解在当地、化解在基层。四是要继续创新司法便民措施。基层法院是法院工作的窗口,处于审判工作的前沿,与人民群众打交道最多,基层法院的便民措施是否务实有效,直接关系全省民事、商事、知识产权审判是否真正做到了权为民所用、情为民所系、利为民所谋,因此各基层法院要下大力气做好这项工作。五是上级法院要认真研究基层法院面临的各种问题,加大对基层法院的监督指导支持力度,提高基层法院的审判质效。

(六)坚持公正廉洁,抓好民事、商事、知识产权审判队伍建设,提升服务和谐社会建设的能力和水平

全省各级法院要认真分析我们这支队伍的现状,努力建设一支高素质的审判队伍。一是要以核心价值观教育实践活动为契机,进一步加强对民事、商事、知识产权法官的理想信念教育、职业道德教育,使广大法官自觉践行"忠诚、为民、公正、廉洁"的核心价值观;二是要履行好审判职能。我国民事、商事、知识产权法律体系博大精深,而社会矛盾又纷繁复杂,在有法可依的情形下执法办案,不只是简单的对号入座,而是对每一个案件的处理,都要求实现法理与情理的兼容并蓄。因此,从事这一职业的法官一定要静下心来,认真学习知识,注重知识的更新和拓宽,不断提升解决疑难、新类型案件的水平和能力。按照"人民法官为人民"主题实践活动的要求,积极参加全员岗位大培训,认真开展好庭审观摩和裁判文书无瑕疵活动,努力形成钻业务、练技能、提质效、比贡献的浓厚气氛,把审判工作做精做细做好;三是要按照最高法院的要求,规范和理顺民事、商事、知识产权审判中上下级法院的业务对口和归口管理工作,选拔政治坚定、业务精通、廉洁奉公的优秀人才充实到民事、商事、知识产权审判队伍中来;四是要始终坚持反腐倡廉,采取有效措施推动反腐倡廉建设,适应人民法院队伍建设对民事、商事、知识产权审判队伍纯洁性的新要求,切实做到"严格执法、公正办案、心系人民、服务群众、规范行为、廉洁自律"。

三、当前我省民事、商事、知识产权审判工作中应注意的几个问题

今年年初,省法院民事三个庭专门组织人员对全省民事、商事、知识产权审判情况进行了调研。在调研的基础上,三个庭分别召开了研讨会,梳理归纳了全省法院民事、商事、知识产权审判工作中存在纠结和需明确裁判思路的问题。这些问题在明天的会上将通过分组讲解和刘专委总结讲话的方式,以求达到共识。下面,我就调研及省院二审中发现的带有普遍性的几个问题,谈以下意见。

(一)关于举证时限与实体公正的关系问题

举证时限是与证据失权联系在一起的,逾期举证将被视为当事人自动放弃了举证的权利,法院对当事人逾期提出的证据不再组织质证,除非存在属于新证据和视为新证据的例外情形。证据失权实际上是一种证据排除制度,但排除重要证据既会使当事人通过诉讼保护自身合法权益的希望落空,也使人民法院无法实现以诉讼保护当事人合法权益的目

的，使人民法院通过诉讼维护民事法律秩序的目标严重受挫。

如何正确处理举证时限和实体公正之间的关系，最大限度地实现两者的统一，应从以下方面理解：

首先，法官应认真履行释明职责，依法指导当事人举证。法官在开庭审理中应归纳双方陈述一致的事实，对于当事人争议的事实应指导当事人有针对性地举证。在首次开庭中，发现有关事实证据不足，而当事人均未主动提出提供新证据申请的，应根据举证责任的分配原则，确定由谁负举证责任，询问该方当事人是否有新证据，是否申请延期举证。当事人对对方当事人提出的书证等证据有合理的异议但未明确提出鉴定申请的，应当主动询问当事人是否申请鉴定。

其次，适用《证据规定》时应采用原则性与灵活性相结合的原则。根据现阶段我省案件当事人诉讼能力普遍偏低的情况，适用举证时限制度，应做到以下两点：一是坚持程序公正与实体公正并重。程序公正是实现实体公正的保证，实体公正始终是司法的终极目标。当程序公正与实体公正产生明显冲突时，仍然应将实现实体公正作为民事诉讼的第一要务。二是坚持原则性与灵活性相结合。在适用证据规定时应当充分考虑当事人及社会的接受能力和适应状况，不能机械盲目片面地理解和执行某个条文，要根据案件的实际情况，发挥司法智慧，探求立法的目的和本意，灵活地掌握和适用证据规定，防止因片面理解和适用该规定而导致当事人之间权利义务关系失衡。

最后，最高法院《关于适用中华人民共和国民事诉讼法审判监督程序若干问题的解释》第10条第2款"当事人在原审中提供的主要证据，原审未予质证、认证，但足以推翻原判决、裁定的，应当视为新的证据"的规定，实质是对现阶段再审"新的证据"的适度扩张，只要是在原审中提交的重要证据，未经质证（包括逾期举证的情形）、认证，但不作为新的证据将严重影响当事人合法权益和司法公正的，均应"视为新的证据"。该条虽为再审程序的规定，但提起再审的条件应严格于一二审程序，故对此条规定可在一二审中予以参照。

（二）关于二审改判和发回重审的有关问题

虽然近年来，我省民事、商事、知识产权案件的审判质量明显提升，但二审改判、发回率仍占很大比重。据统计，四年以来，全省民事、商事、知识产权案件的平均二审改判率为10.72%，发回率为12.27%，改判发回的案件占到二审案件数的22.99%。经过调研，我们发现一方面部分改判、发回重审的案件，依据并不十分充分，有些案件，通过二审查清事实可以改判，却予以发回；另一方面上下级法院缺乏沟通，下级法院对上级法院发回、改判的案件有不同意见，不能完全按照发回指出的问题重审案件。为解决上面提到的问题，上级法院要做好以下几项工作：

第一，慎重改判。二审法院改判时应当持审慎的态度，切实做到依法改判。对那些改判依据不十分充足、可改可不改的案件，比如新类型案件、法律没有明确规定或者涉及自由裁量权的案件，二审法院应当慎重，以不改为宜。能够部分改判的，就不要采用全部改判。当然，慎重改判不等于不分是非，有错不纠，对那些认定事实或者适用法律错误甚至颠倒黑白，枉法裁判及人情案、关系案等明显不公的案件，要坚决改判。

第二，严格发回。二审发回重审的案件必须符合《民事诉讼法》第153条的规定。二审法院要切实担负起法律规定的二审职责，对可以在二审程序中查明事实径行作出裁判或者促成调解的案件，不要轻易发回重审。对那些二审查不清，发回后一审法院也很难查清的案件，应该在二审能够查明的事实基础上，依照举证责任分配等法律、司法解释规定的方法进行裁决。对原判程序虽有不当，但没有影响实体正确处理的案件，不宜发回重审。

第三，加强沟通。上下级法院之间均应建立起改判、发回重审案件的沟通机制。对拟进行改判、发回的案件，二审法院要主动通过约谈或电话的方式将审理的思路及改判、发回的原因、理由向一审法院予以说明，听取一审法院的意见。

（三）关于诉讼程序中的有关问题

程序公正是司法公正最为直观的体现，也是实现司法公正的必要保证。近年来，我省各级法院不断强化程序意识、注重程序公正，在保护当事人诉讼权利、增强司法公信力、提升审判质量上做了大量积极有效的工作。但是，我们也发现在审判实践仍然还存在一些程序方面的问题，主要表现在对程序公正的认识还不够深刻；因程序问题导致改判、发回的情况依然存在；送达难、送达不规范的问题较为突出；随意重复鉴定的问题还没有得到根本解决；法官在审判中的释明义务没有引起应有的重视等。这些问题的存在，在一定程度上给法院工作带来了不利影响，有的甚至酿成了信访案件。要解决好这些问题，我们应做好以下工作：

第一，要树立科学的程序公正观，重视程序的独立价值，以程序公正保证实体公正。要正确把握程序公正的标准：通过切实可行的措施，保障当事人的诉讼权利得到充分行使;通过程序公开,自觉接受当事人和社会的监督,防止司法擅断;通过程序文明,拉近与人民群众的情感联系,提高人民群众对司法裁判结果的认知度;通过公正中立的审理,公平对待各方当事人,客观地作出事实认定,准确地适用法律,实现程序公正。

第二,要高度重视诉讼程序的严谨和周密,认真解决诉讼程序中存在的问题。在案件的受理、庭前准备、开庭审理、裁判文书送达、判后答疑等各个阶段要做到严格依法进行,避免因程序上的问题导致案件的改判和发回,影响人民法院的公信力、增加当事人的诉累。要认真履行释明义务,保证当事人充分、合法行使诉权;要注重裁判文书的质量,从规范格式、准确用词、精炼语言、清晰说理等方面高标准、严要求,使裁判文书经得起推敲和审视;要严格重新鉴定的启动程序,对重新鉴定的申请要严格比照《证据规定》27条,从严掌握。对确有必要,但可以通过补充鉴定解决的问题,应通过补充鉴定的方式查明事实,不再重新鉴定;应杜绝随意采用公告方式送达法律文书的错误做法,只有在当事人下落不明,穷尽一切方式仍无法送达的情况下,才能进行公告送达。各级法院要针对送达难的问题,积极寻找解决问题的方式方法,在不违反程序规定的情况下,实现送达的高效、便捷,充分保护当事人的诉讼权利。

第三,要通过严格诉讼程序来识别和防范虚假诉讼,避免因程序上的疏漏,使部分当事人利用诉讼将非法利益合法化;针对最近一段时间,部分当事人利用媒体、网络炒作敏感案件、误导社会公众向司法施加压力、冲击诉讼秩序的情形,我们在做好对案件实体审查的同时,也可以毫无瑕疵的诉讼过程、合法有据的裁判结果增强社会公众对人民法院的信任度、减少由此给人民法院带来的负面影响。

(四)关于商事裁判理念的有关问题

商事审判与传统民事裁判相比,在价值取向和相关制度规则设计方面有其自身的特殊性,商事法官既要把握好民事裁判的基本理念,又要正确认识商事法律内在精神和商事审判特有规律,树立科学的商事裁判意识,并在审判工作中一以贯之。

第一,要树立交易效率与交易安全并重的理念。确保交易效率和保障交易安全是商法的灵魂。为保障交易便捷,商法确立了契约定型化、权利证券化、程序简单化、短期时效等制度。为保障交易安全,商法强调公示主义、外观主义、严格责任主义等规则。商事法官要善于把握和处理市场交易效率与交易安全之间的矛盾,既要促使交易行为便捷,提高交易效率,又要保障交易关系稳定,确保交易安全。

第二,要树立合同自由与合同正义兼顾的理念。要谨慎介入当事人自治领域,充分尊重当事人合同自由权利和公司的自治权利。特别是对市场经济发展过程中出现的新类型合同以及传统合同形式中新类型条款的约定,除非明显违反法律、法规的强制性规定;否则,尽可能不要认定合同无效。要防止滥用自由裁量权,充分尊重自治,保护权利,鼓励交易,维护交易的稳定性,最大限度地增进社会财富。同时,对因合同自由而引发的恶意竞争、追逐暴利及其所导致的当事人事实上的不平等、滥用权利等负面影响,人民法院应当依据法律规定予以适当的干预,以体现诚实信用、公序良俗和公平原则,实现合同自由与合同正义之间的平衡。

第三,要树立保护善意交易相对人的理念。商事审判在充分尊重当事人合同自由度的同时,要重视对商事主体资格的审查,注意外观主义的适用,尽可能维持商事主体及其内外部法律关系的相对稳定,加强对交易相对人权利的司法保护。

第四,要树立尊重商事交易规则和惯例的理念。基于商事交易实践中对商事交易习惯的高度依赖,商事交易习惯已经成为商事审判的法律渊源之一。商事法官在确定当事人权利义务和责任时,应当尊重并重视一些行业组织的章程,并可以将其作为审理商事案件的参考依据。

(五)关于知识产权审判中几个问题的把握

根据知识产权法律的基本精神、我国文化和科技创新的新要求以及知识产权自身的属性和特点,结合我国知识产权审判实践,最高法院总结出了"加强保护,分门别类、宽严适度"作为我国知识产权司法保护的基本政策。根据这个基本政策的定位,在加强保护时,必须根据不同知识产权的特殊属性、功能和特点,分门别类,区别对待,使各类知识产权的保护恰如其分,更好地服务于我国的科技进步、知识创新和文化发展。

第一,涉文化领域知识产权的司法保护问题。涉文化领域知识产权司法保护政策和理念应着重把握以下几点:一是强化利益平衡观念。要统筹兼顾文化创造者、商业利用者和社会公众的利益,协调好激励创作、促进产业发展与保障基本文化权益之间的关系,使各方共同受益,均衡发展。应重点关注促进产业发展和商业模式的创新。二是妥善处理作品的独创性与独创高度的关系,实现保护强度与独创高度的协调。要以利益平衡为重点,综合考虑作品的属性以及所属领域的作品现状、创作空间、产业政策、公众需求等,灵活把握独创性的高度,合理确定保护强度。三是妥善处理保护著作权与促进信息网络产业发展和保障信息传播的关系，在网络著作权的保护中，既要考虑著作权人维权的现实困难，依法加强网络环境下著作权保护，又要注意促进信息网络技术创新和商业模式发展，确保社会公众利益。四是高度重视和加大非物质文化遗产保护。

第二，科技类知识产权的司法保护问题。要适度加大专利权的保护力度，最大限度地促进我国的创新和发展。要合理界定专利权的保护范围。既要使专利权得到公平保护，又要使社会公众对专利权的保护范围有稳定的预期，避免专利保护范围的随意性。

第三，商标领域知识产权的司法保护问题。一要最大限度地划清商标之间的边界。特殊情况下也要允许构成要素近似的商标的适当共存，实现经营者之间的包容性发展。二要依法规范驰名商标保护，恢复驰名商标的本来面目。应避免驰名商标被片面神话、异化和对符合条件的驰名商标人为设置不应有的障碍两种倾向。

同志们，民事、商事、知识产权审判工作任务艰巨，责任重大，让我们进一步振奋精神，不断增强司法能力，提高司法水平，扎实工作、开拓创新，充分发挥审判职能作用，为建设幸福美好的新甘肃作出新的、更大的贡献。

在深入贯彻落实省第十二次党代会精神全面推进民事商事知识产权审判工作会议上的总结讲话

甘肃省高级人民法院审委会专职委员　刘兴魁

（2012年5月9日）

同志们：

这次全省深入贯彻省第十二次党代会精神、全面推进民事商事知识产权审判工作会议，在大家的共同努力下，实现了预期目标，取得了圆满成功。下面，我就会议精神的贯彻落实和树立正确裁判理念以及民事商事知识产权审判的相关问题，讲三方面意见。

一、深刻领会会议精神实质，全面抓好贯彻落实

这次会议是在深入贯彻省第十二次党代会精神，奋力建设幸福美好新甘肃的关键时期，省法院党组研究决定召开的一次重要的会议。省法院党组对会议十分重视，党组全体成员参加会议。党组书记、院长梁明远同志作了重要讲话。梁院长的讲话高屋建瓴、内容丰富、切合实际，其思想性、针对性和前瞻性很强，客观地定位了民事商事知识产权审判工作在服务经济转型跨越发展、社会和谐稳定发展、民族共同繁荣发展、生态绿色持续发展和建设幸福美好新甘肃中的重要地位和作用，明确了民事商事知识产权审判工作的指导思想、价值取向、奋斗目标，对建设公正高效权威的民事审判制度、充分发挥人民法院审判职能，提高司法公信力和司法能力具有十分重要的指导意义。党组成员、副院长杨丽萍同志所作的报告全面回顾了近年来全省民事商事知识产权审判工作，充分肯定了所取得的成绩、经验，客观和深刻地分析了当前面临的新形势、新任务，对审判实践中应当注意的若干重大问题进行了科学归纳和分析，紧扣服务建设幸福美好新甘肃这个大局，提出了下一步的工作任务和要求。杨丽萍副院长的报告立意高远、切合实际，既有指导思想、审判理念，又有具体方法、工作思路，点面结合，针对性强，鼓舞士气，对做好当前和今后一个时期民事商事知识产权审判工作具有重大的推动作用。

会议期间，省法院三个民庭分别传达了最高法院相关会议精神，天水、兰州、酒泉、定西四个中院，兰州市城关区、张掖市甘州区两个基层法院分别作了大会经验交流发言，大家还就审判实践中出现的热点、难点和焦点问题进行讨论研究，就审判实践中积累的成功经验和行之有效的做法进行了充分交流，拓展了思路，厘清了认识，达成了共识，明确了任务，对统一司法裁判尺度，进一步做好民事商事知识产权审判工作具有积极的促进作用。对前阶段的调研成果和会议讨论研究的审判工作中的诸多问题，以及大家提出的许多富有建设性的观点、看法，会后我们将组织人员逐一分析、论证，进行认真研究和吸收，以会议纪要的形式下发到各中院，指导审判实践工作。与会同志纷纷表示，这次会议会期虽短，但内容很重要，也很丰富，对提高思想认识、统一裁判尺

度、提升司法能力,推动民事商事知识产权审判工作再上新台阶,具有重大意义。全省法院要认真学习、深刻领会会议精神,并在今后的工作中全面贯彻落实。

一要及时汇报和传达会议精神。与会同志回去后要及时向党组汇报本次会议的有关情况,重点汇报梁明远院长讲话精神。要结合各地审判实际,制定具体的贯彻意见,尽快将会议精神传达到各基层法院、法庭、各审判业务庭室及每位民事商事知识产权法官。

二要抓住主线,加强指导,确保落实。这次会议紧扣民事商事知识产权审判实际,切实贯彻落实省第十二次党代会,全国、全省法院院长会议精神以及最高人民法院关于民事商事知识产权审判工作相关会议精神,紧紧围绕为大局服务、为人民司法工作主题,努力提高为建设幸福美好新甘肃提供司法保障能力这一主线,全面落实建设公正高效权威民事审判制度奋斗目标。要按照梁明远院长重要讲话及杨丽萍副院长报告要求,制订切实可行的落实方案。要切实强化对下指导和监督职能的发挥,重点放在夯实基础和务求实效上。通过前一段调研,发现部分法院、法庭实行的“便民服务联系卡”活动,开展的巡回办案、巡回调解的活动,加强了普法宣传,方便了群众诉讼,化解了大量矛盾和纠纷,值得学习和推广。要大力推行诉讼风险告知制度,引导当事人正确行使诉讼权利,履行诉讼义务,以理性、合法方式表达利益诉求,从源头上遏制涉诉信访案件及缠访、闹访问题发生。

三要分析研究和努力解决突出问题,切实提升审判工作水平。杨丽萍副院长在讲话中提到的当前民事商事知识产权审判中应当注意的若干问题,是紧密结合当前审判实际总结出来的。这些问题在司法实践中,程度虽有不同,却普遍存在。民事商事知识产权审判面对的案件纷繁复杂,类型多样,存在的问题当然也不尽于此。希望大家在日常工作中勤动脑,多思考,及时总结好的做法和经验,对新情况、新问题,特别是带有普遍性的问题,要注意归纳,找出规律,必要时层报省法院。梁明远院长和杨丽萍副院长分别在讲话和报告中专门谈了队伍建设问题,这是立院之本、立身之本。我们一定要自觉增强防御力和抵抗力,清正廉洁,公正司法。

二、遵循民事审判规律,牢固树立正确民事商事知识产权裁判理念

随着市场经济体制的不断健全,依法治国方略的逐步推进,以及人民群众日益增长的司法需求,均要求我们必须及时更新司法理念,树立更加符合民事商事知识产权审判工作规律的裁判理念。

一要树立权利为本理念。民事商事知识产权审判的重要职责是维护当事人的诉讼权利和合法的民事权益,一定要树立权利在民、权利为本理念,当事人的民事权利非经法定程序不得干预,对当事人的诉讼权利和实体权利均应予以充分的尊重。当前,在审理涉及下岗职工、孤寡老人、农民工、残疾人等社会低收入和弱势群体的案件时,要充分考虑他们实际情况,给予充分的法律救济。

二要树立意思自治理念。意思自治是民法的基石,是民事法律关系最为本质的特征。审判实践中,一定要树立尊重当事人意思自治的理念,谨慎介入当事人自治领域,充分尊重当事人的自治权利,维护交易的稳定性和安全性。凡民事主体所从事的民事行为只要不违反法律、法规的强制性规定和公序良俗,不能轻易否定其民事行为的效力。

三要树立诚实守信理念。诚实信用不仅是民事活动的道德标准,也是我国民事法律的一项基本原则,它不仅具有指导当事人正确行使权利、履行义务的功能,而且还能帮助法官正确评价当事人民事行为和诉讼行为。民事审判中,应根据诚实信用原则和公平原则,正确行使自由裁量权,充分保护诚实守信方的合法权利,注意通过判令承担违约责任等利益调整措施,制裁违反诚实信用的民事行为,促进社会诚信体系的建立和完善。

四要树立平等保护理念。民事法律关系的性质决定民事审判应当遵循平等保护原则,不能因为诉讼主体的身份、地位、民族、贫富等不同而区别对待。在审理涉及非公有制经济主体的各类纠纷案件中,各级法院要坚决消除片面强调保护国有经济,轻视或歧视非公有制经济的观念,依法维护非公有制经济主体的财产权利和其他权利。

五要树立尊重交易规则和惯例理念。我国《合同法》第61条已经赋予交易习惯以补充合同条款的一般解释性功能的效力,交易习惯可以说是民商审判的法律渊源之一。因此,在确定当事人权利义务和责任时,应当尊重并重视一些行业组织的章程和惯例,中介机构的业务规则,以及当地的民俗习惯,可以将它们作为审理案件的参考。

六要树立两个效果有机统一理念。我们有区别于西方国家的现实国情和法制文化传统,民事商事知识产权审判肩负的使命是立体和多元的。定分止争,化解矛盾,维护社会稳定与和谐,促进国家经济社会发展,是我们工作的终极目标。在司法实践中,只有从具体国情省情出发,从党和国家的大局出发,从定分止争、案结事了出发,才能将法律效果和社会效果有机地统一起来。在重视两个效果统一的问题上，要格外注意慎重处理一些敏感案件、新类型案件。随着权利意识的不断强化和法治化进程的深入推进，民事商事知识产权案件争议的类型和内容日新月异，而且一些案件的处理具有一定的典型和示范效应，在某一地区、某一领域甚至某一行业往往具有"里程碑"意义，所以引发了社会各界和媒体的关注与炒作。对诸如此类较为敏感和热点案件的处理，不能就案办案，必须慎重考虑案件处理的综合效果。千万不要因为个案处理考虑不周而陷入被动，更不能为了追求轰动效应而轻率下判。

三、加强调查研究，努力解决民事商事知识产权审判中的突出问题

随着经济社会发展与进步，民事商事知识产权案件涉及的新领域越来越广泛，审判中遇到的新情况和新问题层出不穷。为解决这些问题，前一阶段省法院组织三个民庭的同志针对当前审判工作存在的问题赴各地进行了调研，归纳梳理了司法实践中的一些热点、难点和焦点问题，下面仅就大家普遍反映的问题，讲几点意见，供同志们在工作中参考。

（一）关于审理涉及合同法案件的有关问题

一是关于合同的成立、有效、生效、无效的区分及处理问题。合同的生效与有效，皆以合同成立为前提，若合同根本不成立，则谈不上生效或无效的问题。在合同因所附条件、期限未成就，或者批准、登记等生效手续未完成的场合，应尽量促使当事人完成生效条件。在因未办理批准或登记手续等导致合同未生效的场合，相关违约责任、解决争议方式等条款，应当认定已经生效。对于合同无效的认定及处理，应按鼓励交易的原则，谨慎认定合同效力。应依据法律和行政法规认定合同无效，而不能直接援引地方性法规和行政规章作为判断合同无效的依据。如果违反地方性法规或者行政规章将导致损害社会公共利益，则可以根据《合同法》第52条第4项的规定，以损害公共利益为由确认合同无效。同时，也不能因合同违反法律、行政法规中管理性规范而随意否定合同的效力。二是关于违约金制度的适用问题。关于违约金的性质，《合同法》第114条等规定已经确定违约金具有"补偿和惩罚"双重性质，以赔偿非违约方的损失为主要功能，而非旨在严厉惩罚违约方。关于违约金过高的主张方式及标准问题，对主张的方式不宜过分严苛，当事人既可以通过反诉方式，也可以通过提出抗辩的方式主张。对双方当事人往往纠缠于是否违约而对违约金是否过高或过低，不主动申请调整时人民法院应当根据案件的具体情况，就违约金是否过高或过低的问题进行释明并记录在案，以防止判决生效后当事人就违约金问题反复申诉。违约金过高的认定标准应当以实际损失为基础，兼顾合同的履行程度、当事人的过错、预期利益、缔约地位强弱、是否使用格式条款等因素，根据公平原则、诚实信用原则予以衡量。三是关于违约损害赔偿中可得利益的问题。可得利益损失通常包括生产利润损失、经营利润损失、转售利润损失等。司法实践中，应按照最高人民法院民二庭宋晓明庭长提出的"四个规则"和"六个步骤"来综合掌握。

（二）关于审理民间借贷纠纷的有关问题

民间借贷客观上拓宽了中小企业的融资渠道，一定程度上解决了部分社会融资需求，增强了经济运行的自我调整和适应能力，促进了多层次信贷市场的形成和发展。但实践中民间借贷也存在着交易隐蔽、风险不易控制等特点，容易引发高利贷、中小企业资金链断裂甚至破产以及非法集资、暴力催收导致人身伤害等违法犯罪问题，对金融秩序乃至经济发展、社会稳定造成不利影响，也使得人民法院妥善化解民间借贷纠纷的难度增加。在司法实践中主要处理好以下两方面的问题：一是注意防范、制裁虚假诉讼。要依法全面、客观地审核双方当事人提交的全部证据，从各证据与案件事实的关联程度、各证据之间的联系等方面进行综合审查判断。对形式有瑕疵的"欠条"或者"收条"，要结合其他证据认定是否存在借贷关系；对现金交付的借贷，可根据交付凭证、支付能力、交易习惯、借贷金额大小、当事人之间关系以及当事人陈述的交易细节、经过等因素综合判断。发现虚假诉讼嫌疑的，要及时依职权或者提请有关部门调查取证，查清事实真相。经查证确属虚假诉讼的，驳回其诉讼请求，并对其妨害民事诉讼的行为依法予以制裁；对于以骗取财物、逃废债务为目的的虚假诉讼，构成犯罪的，依法追究刑事责任。二是加大对民间借贷纠纷的调解力度。要深入贯彻"调解优先，调判结合"的工作原则，对于涉及众多出借人或者借款人的案件、可能引发工人讨薪等群体性事件的案件、出借人与借款人情绪严重对立的案件以及判决后难以执行的案件等，要先行调解，重点调解，努力促成当事人和解。要充分借助政府部门、行业组织、社会团体等各方面力量，加强与人民调解、行政调解的程序对接，形成化解矛盾的最大合力，共同维护社会和谐稳定。

（三）关于审理建设工程案件的有关问题

一是无效施工合同中，建设工程经验收合格，对工程价款是参照双方合同约定确定，还是认定结算条款无效的问题。依照最高人民法院《关于审理建设工程施工合同纠纷案件适用法律问题的解释》第2

条规定“建设工程施工合同无效,但建设工程经竣工验收合格,承包人请求参照合同约定支付工程价款的,应予支持”。按照双方约定的标准结算工程价款,符合公平原则。二是无效施工合同,建设工程虽未经验收,但已实际交付并使用,能是否视为竣工验收的问题。工程虽已交付使用,但不能视为验收,验收需要经过一定的程序。发包人未经验收擅自使用,产生两个法律后果:一是推定发包人对使用部分的工程质量予以认可;二是使用时间为交付时间,风险责任自交付之日转移。未经验收实际使用涉及质量异议的处理、竣工日期的确定、利息起算日期等不同的法律后果。未经验收擅自使用后,又以使用部分质量不符合约定为由主张权利的,不予支持;对工程竣工日期有异议的,以转移占有之日为竣工日期,以交付之日计算利息。

(四)关于审理劳动争议案件的有关问题

建立和谐稳定的劳动关系有利于劳动者合法权益的保障和企业发展,也有利于社会稳定和经济发展。由于受到国际、国内经济形势的影响,我省各类企业,特别是中小微型企业面临着很大的生存挑战和发展困境。全省各级法院在审理劳动争议案件时应全面理解、严格贯彻最高法院提出的依法保障劳动者合法权益与企业生存发展并重的理念,不能将劳动者的权益保护与企业的生存发展对立起来,要辩证地理解保护劳动者眼前利益与保障劳动者长远利益和根本利益的关系,寻找劳动者合法权益和企业生存发展之间的平衡点、结合点,在维护劳动者合法权益的同时,努力促进企业的生存发展。要根据案件中的具体情况,采取不同的方式分别予以处理:对确因经济形势、市场因素等造成企业一时的经济困难,企业本身符合经济结构调整和优化需求,有发展潜力的,要多做劳动者的工作,尽量通过调解、和解的方式,缓和劳资双方的对立情绪,促使企业和劳动者同舟共济、共渡难关;对确已无生存可能的企业,要依法及时裁判,并在诉讼中加大财产保全的力度,以最大限度地保护劳动者的合法权益。在审理劳动争议案件时,要建立起涉诉信访及群体性事件的风险预估意识,对那些有可能引起群体性事件和申诉、上访的劳动争议案件,要在审理时主动加以疏导,避免双方矛盾激化,同时,要注意借助各种力量合力化解纠纷,要积极向党委汇报,主动与政府相关部门沟通,建立纠纷化解联动机制,避免不稳定因素的扩散与失控。

(五)关于审理侵权纠纷案件的有关问题

近年来,我省侵权纠纷案件数量呈逐年上升趋势,尤其是道路交通事故损害赔偿案件和医疗损害赔偿纠纷案件,成为民事审判中的重点领域。第一,关于道路交通事故损害赔偿案件的审理。一要注意道路交通事故损害赔偿纠纷与相关的保险合同的竞合问题。司法实践中应以合并审理为原则,机动车交通事故中的赔偿权利人起诉的,应当将赔偿义务人和承保机动车第三者责任强制保险的保险公司分支机构列为共同被告。对于商业第三者责任险,应当按照法律的规定和合同的约定,在保险人对被保险人保险赔偿金的请求不予核定等情形下,根据赔偿权利人或赔偿义务人的请求,将承保商业第三者责任险的保险公司分支机构列为共同被告,但商业第三者责任保险合同中约定了有效的仲裁条款的除外。二要注意对机动车未投保情形的处理问题。从《道路交通安全法》规定的交强险制度迅速填补损害的立法目的来看,承保机动车第三者责任强制保险的保险公司对第三人的责任是一种法定责任。故未按照国家规定投保机动车第三者责任强制保险的机动车,发生交通事故造成损害,为最大限度保护受害方合法权益,赔偿权利人请求机动车一方承担交强险限额内的赔偿责任,应予支持。不足部分,按照《道路交通安全法》第 76 条和侵权责任法的有关规定承担赔偿责任。三要注意挂靠机动车发生交通事故造成他人损害,由挂靠车主承担损害赔偿责任,被挂靠单位承担补充赔偿责任。四要注意“交通事故认定书”的性质问题。“交通事故认定书”是处理交通事故损害赔偿案件的重要证据之一,如当事人一方或双方无相反的证据或者足以推翻其结论的,“交通事故认定书”应当成为认定案件事实的依据。对于交警部门未作出交通事故责任认定的,双方过错无法判明,无法确定事故责任的,应当审查现场勘验笔录等交通事故案件的全部相关证据,按照《道路交通安全法》和《实施条例》的相关规定,综合运用逻辑推理和日常生活经验,对交通事故发生的事实和各方当事人有无过错进行判断并作出认定,以确定各方当事人的民事责任。

第二,关于医疗损害赔偿纠纷案件的审理。要注意保护患者的合法权益、保障医疗机构的正常运转、医学发展和医疗水平的提高。此类纠纷一般情形下实行的是过错责任,但是在特殊情况下,有条件地适用过错推定责任。医疗机构及其医务人员有过错的,医疗机构才承担赔偿责任,原则上由原告承担过错的初步证据的举证责任。只在特殊情况下如医务人员有违规治疗行为或者隐匿、拒绝提供与纠纷有关的医学资料,才适用过错推定责任原则。

第三,关于《侵权责任法》适用中的其他相关问题。一是注意侵权案件中人身损害赔偿标准的确认问题，最高人民法院及其相关司法解释从未将受害人户籍作为确定人身损害赔偿标准的唯一依据，而是应当根据案件实际情况，结合受害人住所地、经常居住地、主要收入来源地等综合因素确定应适用的赔偿标准。二是要注意在侵权案件的审理中，要联系《最高人民法院关于审理人身损害赔偿案件适用法律若干问题的解释》及《最高人民法院关于适用〈中华人民共和国侵权责任法〉若干问题的通知》的相关规定，准确理解侵权责任法有关规定精神，贯彻执行好侵权责任法。

（六）关于审理婚姻家庭案件的有关问题

《婚姻法》关系到千家万户、男女老少的切身利益，其普遍性是仅次于宪法的国家基本法律之一。审理好婚姻家庭案件对于维护家庭伦理关系，构建和谐社会具有重要意义。婚姻法司法解释一、二、三的相继出台，对审理此类案件提供了法律依据，应认真学习，准确把握。特别要强调的是《婚姻法》及三部司法解释之间是相容关系，而不是排斥和矛盾的关系，在司法实践中，要将他们联系起来作为一个整体来理解和适用。我重点强调两点：一是《婚姻法司法解释三》第7条的理解问题。该条体现了《婚姻法》第2条所确定的保护妇女、儿童和老人的合法权益的原则，凸显了对老人权益的保护。目前社会畸高房价和闪婚、闪离、离婚率居高不下并存，从房款来源来说，毕竟是父母的财产，子女并未付出劳动，如果认定为共同财产，因离婚导致父母付出的财产流失严重。所以该条款对于明晰产权关系，让婚姻回归爱情的本质具有重要意义。有人担心，现实生活中结婚男方家庭准备房子，离婚时房子归男方，那么妇女的利益如何保护的问题，在此要强调，明晰房屋产权与分割夫妻共同财产并不矛盾。适用本条款处理案件，如果出现女方无房居住的情形，应将《婚姻法》第42条和司法解释一、二结合起来考虑。二是结婚登记瑕疵问题。司法实践中，有些用他人身份证或虚假身份证登记，或者领取结婚证时自己未到场，或者他人代为领取结婚证的情形，当事人诉至法院，请求申请宣告婚姻无效的，首先，要审查结婚登记效力问题，如果存在瑕疵登记或虚假登记，即在结婚登记中存在上述程序违法或欠缺必要形式要件的情形，就涉及结婚登记这一行政行为的效力认定问题，不属民事案件的审查范围，应当依据《婚姻法司法解释三》第1条第1款的规定，判决驳回当事人的申请。其次，婚姻无效是欠缺结婚实质要件时的法定无效，法律对此有严格规定，并未规定程序违法是婚姻无效的法定事由，且《婚姻法》第10条关于无效婚姻只规定了四种情形，并无兜底条款。上述情形属结婚登记存在瑕疵，但结婚的实质要件已具备，有些法院对此以婚姻无效做了认定，扩大了无效婚姻的范围。需要强调的是，婚姻关系是有关身份关系的契约，不同于财产关系的合同，司法实践中注意不要出现“婚姻关系成立但未生效”的裁判。

（七）关于涉及公司诉讼的几个问题

一是公司解散问题。股东依据《公司法》第183条之规定提起的解散公司诉讼，属于公司组织方面的形成之诉，应以公司为被告，其他有关股东可以视需要列为第三人，案件由公司住所地人民法院管辖，如果公司解散清算中成立了清算组的，由清算组代表公司参加诉讼。对“经营管理发生严重困难”应严格把握，不可轻易判决解散公司，以维护市场秩序与交易安全。即使公司经营管理发生严重困难，且继续存续会使股东利益遭受重大损失，但通过其他途径能够解决的，仍不应判决解散。二是关于公司股权转让问题。第一，瑕疵出资股权转让协议的效力问题。在股权转让方具有出资瑕疵的情况下，股权受让方往往以欺诈或者显失公平为由，主张股权转让协议无效或请求撤销协议，或者以此为抗辩拒绝支付股权转让款，或者要求调整股权转让价款。根据《公司法》规定，补资责任的承担者首先是瑕疵出资的原始股东本人，其次是公司设立时的其他原始股东，所以一般情况下，股权受让人没有补足出资的责任，但根据《关于适用公司法若干问题的规定（三）》，知道该未尽出资义务事由仍受让股份的受让人应当与该股东承担连带责任。从这个角度看，出资瑕疵并不必然导致股权转让合同无效或可撤销。司法实践中在股权转让前先作股权评估的做法并不普遍，股权转让的价格应是受让人商业判断及其与转让人谈判的结果。转让人出资的瑕疵并不当然是股权转让的合理价格构成的关键性考量因素。所以，当事人意思自治约定的股权转让价格不宜轻易地因为转让人的出资瑕疵而被撤销。第二，工商登记、股东名册、公司章程对股权转让效力的影响。对于公司的成立而言，工商登记具有设权性效果；但是对于股东的资格而言，工商登记对股东资格的确认没有设权性效果，而只是公示性登记，只产生对抗第三人的宣示性效果。股东名册往往被认为是处理股东与公司之间关系的优势证据。股权转让行为除了应遵循《公司法》，还应符合公司章程的要求。在司法实践中，公司章程仍是处理公司纠纷的一个非常重要的依据。

（八）关于审理知识产权案件的有关问题

知识产权案件审判中主要存在对专利、商标、著作权及植物新品种等案件的证明标准掌握不准和同类案件侵权赔偿数额差异较大的问题。我省受理的知识产权案件绝大部分是侵权案件,其中科技类知识产权案件如侵犯专利和侵犯植物新品种权案件,保护范围相对较小,法律边界较为清晰,法定性色彩较强。对于专利侵权案件的认定,必须对被控侵权产品与专利产品的必要技术特征逐一进行比对,再按照全面覆盖原则、等同替换原则及公知技术抗辩等专门原则来判定是否构成侵权,在法官对技术比对有困难或难以把握时,也可以申请鉴定机构进行鉴定,以鉴定结论作为比对结果,来判断是否构成侵权。对植物新品种侵权案件来说,鉴定结论几乎是是否构成侵权的唯一直接证据,因此对被控侵权物的证据保全程序一定要合法,取证过程中要有法官参与,必要时要请当地的专业技术人员参加,对当事人自行取证所作的鉴定,对方有足够的证据予以推翻的,对该鉴定不应作为定案依据。商业标识类知识产权保护的是商业标识的区别性,其主要作用在于维护商业标识的声誉和显著性,制止不正当的搭车模仿行为。其保护范围有弹性,权利边界有延展性,为了尽最大努力使商业标识之间保持足够距离,法律标准往往具有裁量性,以限制模仿搭便车的空间。此类案件侵权判定是依普通消费者的通常识别能力和意识及消费习惯,从商标的图形、颜色及其组合等方面,以被控侵权商标与权利人的商标是否足以造成混淆为标准,这种标准的权利边界是比较宽泛的,主要依法官的自由裁量,而不适宜进行鉴定。《著作权法》保护的是具有独创性的表达,既有科技类知识产权的内容,也有文学艺术类作品,这类案件的侵权行为的绝大多数是直接侵权行为,只要未经著作权人许可,也没有法定的免责事由,擅自实施受专有权利控制的行为即构成侵权,至于主观过错,只影响损害赔偿数额或救济方法,并不影响对侵权行为的认定。但对侵害的程度的认定,有时也要依赖鉴定机构的鉴定结论。知识产权案件侵权赔偿,一般以侵权人获利和权利人受损害的数额来确定,但上述数额一般很难查清,权利人也没有证据来证明,实践中只能以法定赔偿来判赔。根据知识产权各专门法律的规定,侵犯著作权、商标权和植物新品种权在50万元以下酌定赔偿,侵权专利权在1万元以上100万元以下赔偿。但酌定时由于参考的因素不同,导致同类案件的判赔标准相差较大。著作权侵权案件的赔偿数额,应以被侵权作品的稿酬为主要参考依据,网络作品著作权侵权赔偿情况更复杂,但也可参照这一标准。专利权侵权案件的赔偿应参照专利许可使用费,植物新品种案件则既要考虑被侵权种子市场价格和种植面积,同时要考虑授权品种的使用年限,以十年为限,年限越长,则品种的价值越低。侵犯商标权案件要考虑侵权时间的长短,一般侵权时间越长,侵害程度越深,赔偿数额越高,同时要考虑侵权规模的大小,因为它直接决定侵害程度。

同志们,我们所从事的民事商事知识产权审判工作与社会生活的方方面面紧密相关,事关全社会所有利益主体的权利保护,不仅业务范围极其广泛,而且案件数量庞大,与广大人民群众的切身利益密切相关,与经济发展密切相关,与社会和谐稳定密切相关。做好民事商事知识产权审判工作,司法和谐就有了一个坚实、稳固的根基,社会稳定就有了一个强有力的保障。让我们振奋精神,深入贯彻省第十二次党代会及此次会议精神,统一思想,扎实工作,为建设幸福美好新甘肃,建设公正高效权威的民事审判制度,保障社会公平正义作出新的更大贡献。

充分发挥民商事审判职能 为建设和谐富裕的新宁夏提供有力司法保障

——在全区法院民商事审判工作会议上的讲话

宁夏回族自治区高级人民法院副院长 王兆元

(2012年4月9日)

同志们:

为认真贯彻落实最高人民法院民商事审判工作会议和全区法院院长会议精神,充分发挥民商事审判职能作用,经高院党组研究决定,今天我们在这里召开全区法院民商事审判工作会议。这次会议的主题是:深入学习贯彻党的十七届六中全会、中央经济工作会议和全国政法工作会议精神，认真落实全国高级法院院长会议所作出的工作部署；按照全国民商事审判工作会议要求，围绕“稳中求进”工作总基调，确定民商事审判工作的重心；回顾总结2008年以来全区法院民商事审判工作，认真分析“十二五”规划实施和全面建设小康社会对民商事审判工作的新挑战，研究部署当前及今后一段时期民商事审判工作的新任务，为党的十八大胜利召开营造和谐稳定的社会环境，为建设和谐富裕新宁夏、服务经济社会又好又快发展、保障和改善民生提供强有力的司法保障。

下面，我讲几个问题。

一、近年来全区民商事审判工作的成绩和经验

2008年以来，全区法院在各级党委、人大、政府、政协和上级法院的领导、监督、关心、支持和指导下，紧紧围绕“为大局服务，为人民司法”工作主题，强化能动司法，狠抓执法办案第一要务，深入推进三项重点工作，认真履行民商事审判职责，积极推进民商事审判方式改革，在化解矛盾、促进发展、维护稳定等方面取得新进展。

——以维护公平正义为目标，公正高效审理各类民商事案件，在民商事审判职能作用的发挥上有了新提高

全区各级法院狠抓执法办案第一要务，依法审结了一大批民商事案件。据统计，2008～2011年年底，全区法院共受理一审、二审和再审民事案件194,858件，占全区法院同期受理案件总数的57.93%；审结192,457件，结案率为98.77%，结案诉讼标的总额约291.2693亿元。在审结的民商事案件中，合同纠纷案件131,746件，婚姻家庭继承纠纷案件33,282件，侵权及其他纠纷案件27,429件，知识产权类案件230件，企业破产案件51件。审结的全部民商事案件中，有128,504件案件按照简易程序快速进行了处理，有67,945件案件以调解方式结案。通过公正高效地审理各类民事案件，及时化解了大量矛盾纠纷，为保障人民群众安居乐业，促进市场经济健康发展，维护社会和谐稳定发挥了积极作用。

——充分发挥能动司法作用，着力解决新的利益纷争，在服务经济社会发展大局上有了新突破

紧紧围绕服务大局，强化能动司法。认真贯彻执行中央和自治区重大战略决策以及最高法院的工作部署，积极转变司法理念，充分发挥能动司法作用，顺应形势发展对审判工作的新要求，密切关注全区经济社会发展的重大问题，准确把握大局，积极主动地把审判工作融入到服务大局中。针对经济环境和宏观经济政策的新变化而大量引发的房地产开发、建设工程施工、民间借贷、劳动争议等新型、疑难复杂以及群体性纠纷，全区各级法院按照最高人民法院制定的《关于为加快经济发展方式转变提供司法保障和服务的若干意见》以及高级法院制定的为沿黄经济区建设和生态移民攻坚工程建设提供司法保障和法律服务的两个《若干意见》，妥善处理在调结构、促转变、扩内需中发生的各类纠纷，促进了经济的繁荣和社会的稳定，取得良好的社会效果。

——坚持以人为本，积极践行司法为民，在便民利民诉讼上有了新举措

全区各级法院坚持以人为本，关注民生，认真落实各项便民、利民措施，充分体现司法的人文关怀。一是加大立案窗口规范化建设力度，在全区法院建立统一的诉讼服务中心，开展诉讼引导、风险告知、立案调解、查询咨询、司法救助、判后答疑等“一站式”服务。二是针对当事人的不同情况，完善巡回审判、预约办案、假日法庭等工作举措，为群众诉讼提供方便快捷的服务；一些法院还设立了劳动争议、妇女维权、农民工维权、道路交通事故等专门合议庭或者法庭，民商事审判更加专业化。三是出台了《关于设立便民诉讼服务点促进社会矛盾纠纷化解的意见》，在全区2656个行政村和社区设立便民诉讼点，就地提供诉讼服务，就地化解矛盾纠纷。四是开展小额速裁试点工作，确定了兴庆区法院和青铜峡市法院作为试点法院，高级法院成立协调小组，加强对试点工作的指导，确保试点工作顺利开展。五是加大司法救助力度，扩大司法救助范围，自2008年以来，依法缓、减、免交诉讼费1954.6864万元，涉及案件9123件。

——加大调解力度，完善调解机制，在构建多元纠纷化解机制上有了新亮点

全区各级法院进一步强化“调解优先，调判结合”的原则，把调解作为民商事审判的重要环节来抓，不断探索完善调解机制，建立健全全面、全程、全员调解工作格局，将调解工作贯穿于立案、信访、庭前、庭审、判前、判后等各个环节，提高调解结案率；创新调解方法，多措并举建立调解工作长效机制。高级法院出台了《关于进一步构建多元化纠纷解决机制的意见》，进一步建立健全诉讼与非诉讼相衔接的多元纠纷化解机制，以诉调对接中心建设为重点，着力推动人民调解、行政调解、司法调解“三位一体”大调解工作体系建设；探索建立庭前调解机制，将调解关口前移，使部分矛盾纠纷在立案环节就得到化解；探索建立了“庭、站、点、员”四位一体的便民诉讼调解机制以及特邀调解员制度，切实发挥调解所具有的定分止争、案结事了的作用，推动了多元矛盾纠

纷化解机制的完善;加大对人民调解工作的指导力度,在法院设立人民调解室,聘请调解员到法院协助化解纠纷。通过构建多元纠纷化解机制,调解工作取得了新发展。2008~2011年年底,全区法院共调解结案67,945件,占同期审结民商事案件的35.3%,案件审理呈现出调解结案率和服判息诉率“两上升”、涉诉信访率和强制执行率“两下降”的良好局面。

——创新工作机制,深化司法改革,在民商事审判管理工作上有了新进展

认真贯彻落实“三五”改革纲要,结合《宁夏法院五年(2008~2012)发展规划》五年目标要求,积极稳妥推进司法改革。一是加强司法公开和民主。全面推进审务公开,规范裁判文书上网,大力开展法院“公众开放日”和“法律六进”活动,全力解民情、顺民意,应民声;加强庭审装备标准化、信息化建设,对所有案件的庭审实现同步录音录像;完善案件速裁机制,提高审判效率。二是主动接受监督,增强司法透明度。建立与人大代表的长效联络机制,及时征求意见建议,对一些重大案件,邀请人大代表、政协委员旁听;认真落实自治区人大常委会制定的《关于加强检察机关法律监督工作的决定》,主动接受检察机关的法律监督,依法纠正审判工作中存在的问题;健全新闻发布制度,建立法院网站,及时通报重大案件审理情况,积极应对网络舆情,主动回应社会关切。三是创新完善机制,深化司法管理。健全智能化办案系统,形成了三级法院信息共享的统一平台;完善审判流程管理,利用现代科技手段和网络化监控方式,建立了审判管理信息化网络平台和审限监督机制,对审判活动各个阶段、各个环节有效实施动态监控;在全区法院推行审判质效评估工作,提高审判质量与效率;推行“繁简分流”,实现“简案快审,繁案精审”,减轻当事人讼累。2008~2011年年底,共有128,504件民商事案件适用简易程序审结,占结案总数的66.77%。

——坚持重心下移,大力加强基层基础建设,在民商事审判工作基础建设上有了新成效

高级法院按照“面向基层、服务基层、建设基层”的工作思路,坚持不懈地做好抓基层、打基础工作,在人、财、物各个方面向基层倾斜。通过制定全区规范性意见、审理二审和再审案件、发布典型案例、组织业务培训等方式,加大对下级法院业务工作指导力度;建立高院庭室联系基层法庭制度,对基层法庭人员进行全面轮训,提升了基层法官的司法能力;积极争取有关部门支持,加大对基层办公办案经费保障力度;利用中央和自治区财政安排的专项经费,全区中、基层法院车辆与计算机等物质装备的配备明显得到加强;完成了全区法院数字化法庭、数字化档案管理、审判流程管理建设;人民法庭的办案条件、工作条件和生活条件得到很大改善,多数人民法庭解决了办公无房、办案无庭的状况;抓住中央支持西部法院建设的有利时机,招录公务员和定向委托培养生,充实基层法院人员,缓解基层法院编制紧张、法官断层状况。

——强化公正廉洁司法,着力加强民商事审判队伍建设,在民商事审判队伍整体素质上有了新提升

各级法院始终把队伍建设作为人民法院工作的关键,以全面提高队伍整体素质为目标,以司法作风建设为抓手,突出抓好“人民法官为人民”主题实践活动。结合开展“发扬传统、坚定信念、执法为民”、“以人为本、执政为民”和“大学习、大讨论、大实践”等活动,狠抓队伍思想政治建设、司法能力建设和党风廉政建设,不断提高法院队伍的整体素质。各级法院在民商事审判工作中自觉贯彻执行党的路线、方针、政策,主动服务于党和国家工作大局,政治理论和思想觉悟有了新提高;注重结合审判需要加强培训,主动创新法官教法官、老法官带新法官、网上培训、庭审观摩等培训机制,不断提升民商事法官认定判断事实的能力、理解适用法律的能力、平衡利益关系的能力、服判息诉的能力以及司法实务操作能力,司法能力有了新提高;加大廉政风险点管控力度,认真查找易发生腐败的重点环节和关键部位,完善内控机制建设,有针对性地制定防范措施;建立了执法档案和廉政档案,积极探索符合司法特性的公正廉洁机制,建立健全民商事审判工作监督制约机制,司法廉洁有了新提高。

全区各级法院民商事审判工作在取得成绩的同时,也积累了一些宝贵的经验。一是民商事审判工作要始终围绕党和国家工作大局,充分认识经济社会发展对民商事审判工作的新要求,找准民商事审判工作与党和国家中心工作的结合点,积极保障稳定发展的社会环境。二是民商事审判工作必须始终坚持以人为本的理念,切实担负起司法为民的重任,始终把维护人民群众合法权益作为促进社会和谐的出发点和落脚点。三是民商事审判工作重点在基层,必须始终以基层基础为重心,切实保证民商事审判固本强基。四是民商事审判工作必须始终坚持加强队伍建设,大力加强司法能力建设、司法作风建设、司法廉洁建设,推进民商事审判方式改革,始终确保民商事审判工作的与时俱进。

四年多来,全区广大民商事法官围绕党和国家

工作大局，克服审判任务繁重、新类型案件增多、审理难度加大、工作条件艰苦等困难，公正高效地审理各类民事案件，依法妥善化解各类矛盾纠纷，切实维护当事人合法权益，为服务党和国家工作大局，维护社会稳定和保障民生，作出了突出贡献。在此，我代表高级法院党组，向全区法院从事民商事审判工作的法官和其他工作人员，表示衷心的感谢，并致以崇高的敬意！

二、当前民商事审判工作面临的形势、任务和存在的问题

今年是实施"十二五"规划承上启下的重要一年。"十二五"时期是我国经济社会发展的重要战略机遇期与矛盾凸显期，也为人民司法事业提供了难得的发展机遇。这既对民商事审判工作提出了更高的要求、赋予了更大的责任和更重的任务，也给民商事审判工作带来了新的压力和挑战。

——服务经济社会平稳较快发展的需要将民商事审判摆到更为重要的地位。当前，我国经济社会发展既处于重要战略机遇期和"黄金发展期"，同时又处在人民内部矛盾凸显期。人民法院的性质和职能，决定了人民法院既是和谐社会的建设力量，更是服务经济社会发展的保障力量。我国经济社会发展中不平衡、不协调、不可持续问题依然突出，随着扩大内需长效机制构建和经济增长方式的转变，服务经济社会又好又快发展，妥善解决好经济发展方式转变过程中涌现出的大量民商事纠纷，就成为当前和今后一个时期民商事审判工作最为紧迫的任务，同时也为民商事审判工作的发展创造了前所未有的发展机遇。

——中国特色社会主义法律体系形成为民商事审判创造良好的法制环境。随着中国特色社会主义法律体系的形成，充分运用法律手段，处理经济、社会、文化等事务，调节经济关系，促进社会发展，成为全社会的共同使命，也是我们党提高依法执政能力的客观要求。按照中国特色社会主义法律体系的基本要求，民商事审判工作必须确保各类民商事案件严格依照法律办理，各类民商事矛盾纠纷获得公正裁处，各类民商事主体合法权益受到平等保护，全社会也必须支持民商事审判公正、高效、权威地裁处案件。中国特色社会主义法律体系，既对民商事审判工作本身提出了更高的法治要求，同时也为民商事审判事业的发展创造了良好的法制环境。

——人民群众日益增长的司法需求对民商事审判提出更高要求。随着经济体制的深刻变革、社会结构的深刻变动、利益格局的深刻调整、思想观念的深刻变化，经济社会中不断出现新的矛盾与纠纷，民商事诉讼已经成为人民群众诉求表达最为主要的方式，是人民群众依法维权最为主要的渠道。大量民商事案件诉至法院，人民群众对民商事审判工作的能力提出了更高要求，对司法公正的期望和要求越来越强。目前，民商事审判工作还不能完全适应人民群众日益增长的司法需求，影响司法公正与效率等问题依然存在并不容忽视。大力加强和改进民商事审判工作，充分发挥民商事审判职能作用，切实维护人民群众合法权益，是时代发展的需要，是人民群众的强烈呼唤。

面对机遇和挑战，我们也必须清醒地看到，我们的民商事审判工作还存在一些问题与不足，一定程度上影响了民商事审判工作的健康有序发展，一定情况下影响了广大干警干事创业的士气和激情，一定范围内影响了司法公信力和法院形象。具体表现为：

一是民商事审判队伍的整体素质和司法能力有待进一步提高。少数法官司法观念陈旧，审判知识老化，解决新类型案件、复杂疑难问题的能力还不强；部分法官还存在不愿做、不会做、不敢做群众工作，机械办案、就案办案，说不清、调不成、判不公、执不了的问题。

二是民商事审判工作"案多人少"的矛盾有待进一步解决。近年来案件激增，法官的正常休息和休假得不到保证，健康状况令人担忧，培训学习也受到影响。这种状况不仅影响了审判效率，造成案件积压和少部分案件久拖不决，而且也影响了审判质量，影响了人民群众对民事审判的满意度和认可度。

三是民商事审判工作的司法环境有待进一步改善。个别媒体对民商事个案报道不准确，给民商事审判工作在客观上造成一些消极影响；极少数当事人以非诉讼渠道影响案件的公正判决，个别当事人以自伤、自残、自杀等威胁，或者攻击、伤害、侮辱、谩骂法官，使民商事审判法官面临更大的挑战和压力。

四是法院形象和司法公信力有待进一步提高。部分法官群众观念淡漠，对待当事人态度生硬；个别法官工作责任心不强，工作效率不高，有些案件久拖不结，"隐性"超审限问题较为严重；一些案件质效不优，瑕疵案件、问题案件、粗糙文书不能杜绝；极少数法官对自己要求不严，工作中还存在"吃、拿、卡、要"的现象，甚至有的走上了违纪违法的道路，严重损害法院的形象。

五是司法保障能力有待于进一步增强。受客观条件制约，全区绝大多数法院在信息化建设、基层基础建设、办公办案条件等方面与外省区法院、区内其他单位相比较，还存在较大差距，这都在一定程度上制约了法院工作的开展。

另外,全区法院还不同程度地存在开拓精神和创新意识不强,对新情况、新问题的调查研究不够,法官断层严重,书记员队伍极不稳定等问题。上述问题和困难,影响和制约着宁夏法院自身科学发展和服务经济社会又好又快发展能力、水平和境界的快速提升。在今后的工作中,需要我们高度重视,认真研究,切实加以解决。

面对新机遇、新挑战,当前和今后一个时期,人民法院民商事审判工作的主要任务是:坚持以邓小平理论和“三个代表”重要思想为指导,全面落实十七大和十七届六中全会精神,深入贯彻落实科学发展观,牢牢把握“为大局服务,为人民司法”工作主题,紧紧围绕党和国家的工作大局以及加快转变经济发展方式这条主线,深刻认识和把握中国特色社会主义法律体系形成后宁夏各级法院面临的新的历史使命和民商事审判工作的新要求,强化公正司法、能动司法,在依法履行民商事审判职能中着力实现“队伍整体素质新提高、法院整体工作新发展、法院整体形象新转变”的目标,为建设和谐富裕的新宁夏提供优质高效的司法保障。

三、把握形势,明确任务,推动我区民商事审判工作再上新台阶

李彦凯院长在听取全区法院民商事审判工作会议筹备情况汇报后,作出了重要批示,在对全区民商事审判部门及广大民商事审判法官的工作给予充分肯定的同时,对今后全区法院民商事审判工作提出了新的期望,指出“希望全区法院认真学习贯彻此次会议精神,进一步认清形势,明确责任,充分发挥审判职能,认真开展‘审判监督年’活动,更加注重服务发展大局,更加注重保障公平正义,更加注重矛盾有效化解,更加注重提高司法能力,更加注重公正廉洁司法,更加注重工作机制创新,在实现全区法院‘三新’目标中再出智慧,再立新功,再创佳绩,为建设和谐富裕新宁夏提供更加有力的司法保障,以优异成绩迎接党的十八大和自治区第十一次党代会胜利召开”。广大民商事法官一定要准确了解和把握我们所面临的形势和任务,认真学习领会李院长的批示精神,增强服务大局的前瞻性和能动性,切实增强政治责任感和历史使命感,主动适应形势的发展变化,扎扎实实把民商事审判工作做好。当前及今后一段时期,各级人民法院要注意从以下几个方面进一步加强民商事审判工作,着力保障和谐社会建设。

(一)坚持抓好民商事审判队伍建设,切实提升民商事法官队伍素质

要以培育良好的法官职业道德和提高司法能力为重点,围绕李彦凯院长“六个更加注重”重要批示精神,切实加强民商事审判队伍建设。加强思想政治建设,坚持审判工作的正确政治方向,牢固树立维护社会稳定、为经济建设服务的大局观念,立足本职,全面正确履行职责;加强队伍职业化建设,强化学习培训,提升培训效能,注重对司法实践中新情况、新问题的调查研究,提高司法能力和水平;加强作风建设,始终把保护人民群众的利益放到主导地位;狠抓廉政建设,完善廉政风险防范管理和司法巡查制度,加大督查问责力度,坚决克服和有效防止关系、人情、金钱和权力等各种因素的影响和干扰。

(二)始终抓好执法办案第一要务,充分发挥民商事审判职能作用,切实服务党和国家工作大局

人民法院通过调解或判决化解的每一个案件,都是化解或大或小的社会矛盾的过程。因此,各级法院要紧抓执法办案第一要务,把民商事审判工作自觉放到构建社会主义和谐社会,建设和谐富裕新宁夏的大局中去谋化和推进。充分发挥民商事审判化解社会矛盾,服务和谐社会构建的职能,妥善审理面广量大的婚姻家庭纠纷、乡村社区邻里纠纷案件,妥善审理就业、就学、就医、社会保障、赡养费、抚育费、抚养费等事关民生问题的案件,妥善处理因解除劳动合同、追索经济补偿以及因企业裁员引发的各类劳动争议纠纷,最大限度发挥民商事审判服务经济社会发展与社会和谐稳定的职能作用;充分发挥民商事审判规范市场秩序,促进诚信社会建立的职能作用,要依照公平、自愿、平等和诚实信用原则,妥善处理各类合同纠纷案件,依法制裁违约侵权行为,促进合同主体依法自觉履行义务,保障交易安全,促进诚信社会建设。

(三)大力加强诉讼调解工作,切实贯彻“调解优先,调判结合”原则,最大限度地化解矛盾纠纷

始终坚持“调解优先,调判结合”原则,将调解作为结案的首选方式,减少冲突对抗,增加和谐因素;积极推行诉调对接,做好诉前调解,创新调解方法,提高调解能力;继续提高调解质量,强化调解不是强迫调解、违法调解,绝不能以拖促调、以判压调,不能以损害司法效率换取调解率;做好调判结合,对于依法不能调解、根据案情不宜调解或者以判决方式更有利于问题解决的,要注意发挥调判结合优势,依法及时作出裁判,避免久拖不决;继续创新和完善多元化矛盾纠纷解决机制,注重发挥行政机关、复议机构、人民调解组织的作用,引导行业协会等社会组织参与调解工作,完善人民调解协议司法确认机制,在保持司法活动独立性和终局性的前提下,加强与各方面的协调配合,形成职责定位明确、程序衔接畅通

的社会矛盾化解合力。

(四)始终坚持群众路线,践行司法为民,最大限度地满足人民群众日益增长的司法需求

各级人民法院要切实改进司法作风,坚持群众路线,不断巩固、拓展、深化各项诉讼便民举措,满足人民群众诉求表达的愿望。结合实际做好诉讼指导工作,并尽可能地运用多媒体和信息技术传播诉讼知识;继续深化"立案信访窗口"建设,充分发挥其诉讼引导、立案审查、立案调解、救助服务、查询咨询、材料收转、信访接待、判后答疑等功能;认真落实司法救助工作,对符合条件当事人实行减、缓、免交诉讼费,在立案、审理、执行、信访接待等环节对弱势、困难群体的当事人给予适当照顾和关怀;进一步实现案件的繁简分流,推进巡回审理的审判方式,继续扩大简易程序审理案件的范围,进一步探索小额标的争议案件的速裁工作机制。

(五)强化审判管理,提高审判质效,健全完善更加科学的司法体制和工作机制

以"审判监督年"活动的开展为契机,强化审判管理,狠抓审判监督,以审判质量、效率和效果的提升树立司法公信。健全智能化办案系统,完善三级法院信息共享的统一平台;完善审判质效考评体系,加强对审判工作的动态分析,健全案件质量评查工作;以案件流程管理为中心,加强审限管理,健全警示、催办和通报制度,规范案件延期、中止等程序问题的审批手续,杜绝案件超审限;加快裁判文书改革,规范裁判文书制作,统一裁判文书格式,加强裁判文书说理,提高裁判文书质量;建立健全上下级法院之间的工作互动模式,切实加强上级法院对下级法院的指导;抓好小额速裁试点工作和劳动争议、妇女维权、农民工维权、道路交通事故等专业合议庭建设,确保民商事审判更加专业化;运用现代信息技术,继续加强庭审装备标准化、信息化建设,坚持裁判文书上网、庭审同步录音录像等举措。

(六)始终坚持重心下移,狠抓基层基础建设,进一步打牢法院工作根基

基层基础建设是人民法院工作的根基,基层强则全局强,基层活则全局活,抓好基层基础建设才能确保全区法院各项工作的大发展。扎实推进"两庭"建设,合理配置审判法庭和基层法庭,积极争取计划、财政部门的支持,确保建设资金到位;上级法院要加大对"两庭"办公设备、车辆配备、办案经费等物质支持;不断加强基层队伍建设,加强对基层法官的培训,建立定期培训制度,支持基层法院开展法官轮训工作,营造良好工作条件和司法环境;继续推行法官逐级遴选、上下级法院法官双向挂职锻炼,切实把基层打造成培养干部、锻炼干部、识别干部的前沿阵地;积极争取相关部门的支持,努力解决基层的实际困难和问题,解决基层法院经费不足以及从优待警等问题;通过鼓励基层干警参加司法考试、扩大基层招录人员名额等方式缓解案多人少、法官断层的状况。

(七)加大民商事审判调研指导力度,统一裁判尺度,及时回应社会发展新要求

正确把握民商事审判的发展态势,不断研究审判实践中遇到的新情况、新问题,有效把握审判工作的宏观大势。一要从思想上重视调研工作,增强敏锐性和洞察力,善于从案件审判中发现新情况、新问题。二要针对带有普遍性、倾向性和前瞻性的热点、难点问题开展调查研究,在全面调查、深入研究、缜密思考的基础上,提出解决问题的意见和措施。在选题上要结合国家政治经济领域重大变化,改革开放重大措施的出台,结合国家立法新发展,法律制度的新变化,结合法学理论的新进展,法学研究的新成果,来开展调研工作。当前民商事审判中建设工程施工合同、劳动争议、物业管理、土地承包、民间借贷、买卖合同、借款合同纠纷等案件呈上升态势,且裁判理念和尺度尚不统一,都必须进一步探讨和研究。三要重视调研成果转化,将有价值的调研成果转化为规范性文件、工作意见,指导审判工作。高级法院要逐渐将工作的重心转移到监督指导上来,尽早开展前瞻性调研。

(八)坚持抓好宣传信息工作,加大宣传力度,进一步营造人民法院公正司法的良好形象

司法宣传工作是法院工作的重要组成部分,对指导和促进法院工作,树立人民法院形象发挥着不可替代的作用。各级法院要把信息宣传工作作为一项重要工作安排部署,常抓不懈。要善于同媒体打交道,善待媒体,善用媒体,和媒体建立良好的互动合作关系,及时将我们的亮点性、创新性工作和先进性、时代性人物宣传出去。要严格落实最高人民法院出台的《司法公开的六项规定》、《关于人民法院接受新闻媒体舆论监督的若干规定》,落实司法公开,保障人民群众对法院工作的知情权、参与权、表达权和监督权。要借助网络舆论这个推手,把握社情民意,主动讲、及时讲,不失语、不妄语。要提升信息报送质量和层次,早报送、早站位,精提炼、精建议,使全区法院信息工作成为各级领导科学决策、正确部署、掌握动态、推广经验的"助推器"。

四、今年民商事审判工作需要重点关注的几个问题

(一)关于合同纠纷案件的审理问题

在建立和完善社会主义市场经济的今天,生产、

交易、生活和消费绝大多数是通过合同实现,处理好合同纠纷,对于促进国民经济又好又快发展意义重大。

首先,要严格遵守合同法及其司法解释(一)、(二)的明确规定,在此基础上,全面认识合同效力。合同效力具有多层次性,合同无效、部分无效、相对无效、效力待定和不生效制度分别具有不同功能。要以《合同法》第 52 条《及合同法司法解释(二)》第 14 条为依据,结合强制性规范的立法目的、合同的履行情况等因素,慎重认定合同效力。在采矿权等纠纷中,要根据不同的强制性规范来确定合同属于无效还是未生效,对于未生效的采矿权转让合同,要注意其继续履行的可能性。在农村小产权房纠纷案件中,要贯彻国家的公共政策和诚信交易秩序,对于无效的小产权房买卖合同,要通过运用缔约过失责任避免当事人利益失衡。

第二,要结合国家宏观调控政策,妥善审理房地产合同纠纷案件。要依法受理此类纠纷,及时纠正目前部分法院采取的对因房地产宏观调控政策出台引发的房地产纠纷案件不立案、立案后不审理等作法,防止矛盾激化。对于因国家信贷政策变化导致买受人无履约能力、因限购措施导致履行不能的情形,应当根据合同的不同约定,通过合同解除等制度,使当事人尽快从目的不能实现的合同中解脱出来,并根据案件的具体情况,辅之以返还原物、折价补偿和赔偿损失等,切实保护当事人合法权益。

第三,针对目前大量涌现的建设工程施工合同纠纷案件,要及时解决建设工程施工合同纠纷案件中出现的新问题。一是要充分认识到招标投标制度和建设工程强制性标准的公共利益保护目的,确定"黑白合同"案件中所应适用的合同依据以及相关合同条款的效力。二是要尽可能不突破合同相对性原理,依据法律和司法解释的规定严格控制发包人对实际施工人直接承担责任的具体情形,切实防止随意扩大发包人承担民事责任的适用范围。三是要注意此类纠纷中确定实际工程款的依据,充分尊重当事人的合同约定而避免盲目委托鉴定。

(二)关于婚姻家庭案件的审理问题

要充分认识到审理好婚姻家庭案件对于维护社会稳定的重要意义,妥善审理婚姻家庭案件,依法保护婚姻当事人的合法权益。要切实执行好婚姻法及其相关司法解释,在审理婚姻家庭案件时,应当在整体上全面准确地理解和把握婚姻法及其相关司法解释的精神,不能机械理解,孤立适用。在涉及财产权属的认定、共同财产的分割等问题上,要按照《婚姻法》及有关司法解释规定,依法保护当事人特别是妇女、儿童和老人的合法权益。

(三)关于房地产案件的审理问题

要妥善审理房地产纠纷,按照中央关于适时调整产业结构,继续稳控房地产市场的目标,促进国家房地产调控政策贯彻落实。要站在维护法律严肃性、落实国家调控政策,以及维护经济社会平稳较快发展的高度,准确界定合同效力,依法维护各方当事人的权利,通过案件审理引导建立健康有序的房地产市场秩序。要严格适用情势变更原则,严格区分变更的情势与正常的市场风险、交易风险,准确界定情势变更和显失公平的界限,提高市场行为的可预见性和合同利益的确定性与可信赖性,促进房地产市场健康发展。全面准确衡量当事人之间利益失衡的严重程度以及继续交易的可能性等因素,在变更和解除间优先选择最有利于促进交易和稳定经济秩序的调整手段。要注意通过民商事审判引导当事人树立正确的市场风险意识,维护诚信的市场交易秩序。要在平衡当事人利益、着力化解矛盾上下功夫,确保案件处理取得良好的法律效果和社会效果。

(四)关于民间借贷案件的审理问题

近几年来,民间借贷案件持续上升,如何审理好民间借贷案件,关系到中小微企业的生存和发展,关系到社会稳定,一定要扎实稳妥。要妥善审理民间借贷案件,通过案件的审理促进民间借贷发挥积极作用,维护合法有序的民间借贷关系;要从维护国家金融安全、保障经济健康发展的高度,统一审判理念和裁判思路,全面、准确、及时了解和掌握国家经济、金融政策精神;要依法准确认定民间借贷行为效力,正确划分合法的民间借贷与集资诈骗、非法吸收公众存款等犯罪行为的界限;要正确分析当事人诉讼请求的实质,判断当事人有关约定的效力,保护合法的民间借贷行为以及当事人的合法权益,促进实体经济发展;要加强对借据真实性的审查,进一步明确举证责任的分配,加大对各种形式高利贷的排除力度和对虚假债务的审查力度。

(五)关于劳动争议案件的审理问题

妥善审理劳动争议案件,维护和谐稳定的劳动关系,要始终坚持保障企业生存发展和维护劳动者合法权益并重的理念,把保护劳动者的眼前利益同保障劳动者的长远利益和根本利益结合起来,努力寻求二者之间的最佳平衡点和结合点,把保护劳动者当前利益、现实利益同保障劳动者长远利益、根本利益结合起来,在依法维护劳动者合法权益的同时,努力促进企业生产的健康发展。要注意区分案件的不同情况,采用不同的处理方法。对暂时存在资金困难但有发展潜力的企业特别是中小微企业,要尽量通过和解、调解等方式，鼓励企业与劳动者共渡难关。对于生存完全无望且以恶意欠薪等形式损害劳动者权益的企业，要加快审理进度和财产保全的力度，依法保障劳动者的权益。要注重多管齐下，主动接受党委领导，加强与政府相关部门沟通联系，注重形成合力化解重大群体性纠纷。

（六）关于金融纠纷案件的审理问题

要妥善审理金融纠纷案件，保障和服务现代金融业的发展。依法审理借贷纠纷案件，切实保护银行等金融机构的合法债权，防范逃废银行债务行为，维护金融秩序和金融安全；依法审理存款纠纷案件，切实维护存款人储蓄的安全和利益；做好金融票据纠纷案件审判工作，依法维护金融信用秩序和交易安全；依法审理保险纠纷案件，依法支持被保险人、保险受益人得到及时的保险赔付，维护保险行业的健康发展；依法审理证券纠纷案件，充分保护股东权益，促进证券市场的有序发展；妥善审理非金融借贷纠纷案件，正确认定非金融借贷合同效力，依法打击各种以合法形式掩盖的非法集资等违法犯罪活动，维护金融安全和社会稳定；依法保护合法的民间借贷和企业融资行为，维护债权人合法权益，拓宽企业融资渠道。

（七）关于破产案件的审理问题

今年破产案件的审理，要按照全国法院审理企业破产案件工作座谈会的目标和精神开展工作。我们必须牢固树立社会主义法治理念，紧抓“十二五”规划实施的战略机遇期，妥善运用破产制度机制化解大型企业经营危机，最大限度降低企业破产的各种负面影响，努力发挥法院在规范市场环境、调整产业结构、优化资源配置方面的职能作用。

第一，要深刻认识企业破产法的重要作用，积极做好破产案件的受理审理工作。要严格依法把握企业破产案件受理标准，完善审理规范，建立相关配套机制，依法稳妥推进破产案件审判工作。对符合破产原因，达到破产条件的企业要及时适用破产程序；对不符合破产条件，假借破产逃避债务的破产申请或者为达到不正当目的，恶意对他人提出的破产申请，要及时予以驳回并制止，以充分维护相关当事人的合法权益。

第二，要恰当运用企业重整或和解制度，妥善化解企业因一时经营失败而引发的矛盾纠纷。人民法院在审理破产案件时，要认真贯彻“调判结合”的工作原则，对当事人有和解可能或和解意愿的，要积极引导当事人和解；对双方没有和解可能但有挽救希望的债务人企业，要积极引导当事人适用重整程序；对没有挽救希望，必须通过破产清算退出市场的企业，要制定综合预案，统筹协调、稳步推进，切实将企业退市引发的不良影响降到最低。

第三，要建立健全各种配套机制，积极营造实施企业破产法的制度环境。人民法院要积极接受地方党委和人大的领导和监督，建立健全与政府的沟通协调机制。人民法院内部要协调好立案部门、审判部门、执行部门、司法技术辅助部门等的工作程序，确保破产工作有计划、有步骤、有层次地开展。

第四，要加强审判监督指导，着力打造高素质专业化法官队伍。有条件的法院可以根据受理破产案件的工作量，建立专业化的破产审判庭或者合议庭，将立案审查、实体处理、审判管理纳入专业化组织，通过制度规范权力运行。

同志们！在中国特色社会主义法律体系基本形成、“十二五”规划已经实施、全面建设小康社会进入关键时期的新形势下，民商事审判的工作任重道远，任务将更加艰巨，责任将更加重大。党和人民对人民法院的工作寄予了殷切期望，希望大家不负重托，不辱使命，振奋精神，以更加饱满的热情，更加负责的态度，扎实工作，开拓创新，不断开创全区法院民商事审判工作新局面，为建设和谐富裕的新宁夏提供有力的司法保障！

谢谢大家！

第五部分　全国法院民事审判优秀调研课题

建立和完善我国民间借贷法律规制的报告[①]

最高人民法院民一庭
杜万华[②]　韩延斌[③]　张颖新[④]　王林清[⑤]

随着我国社会经济的不断发展,企业和个人财富的逐步积累,产业资本向金融资本转化趋势明显;随着我国经济市场的不断深化,尤其是金融危机以来货币政策的连续调整,商业银行集约化经营趋势加强,中小企业特别是县域及以下中小企业取得银行贷款的难度增加,资金供需矛盾愈加突出。在此背景下,作为正规金融合理补充的民间借贷[⑥],因其手续简便、放款迅速而日趋活跃,借贷规模不断扩大。近年来,民间借贷已成为企业、其他组织或者自然人获得生产、生活资金来源的重要借贷渠道,在补充正规金融、推动经济较快发展方面发挥着积极作用。

然而,由于我国金融和法律体系相对不健全,民间借贷也存在一定负面影响:其粗放的发展模式一直游离于国家金融监管体系的边缘;其盲目、自发、隐蔽的特点,加上法律漏洞和一些长期积累的问题叠加显现;民间借贷纠纷日益突出,甚至引发群体恶性事件,对国家金融安全造成冲击,成为影响社会稳定的重要因素,引起社会各界广泛关注。当前,亟须建立和完善符合我国国情的、以法律规制为主的综合性监管体系,以规范民间借贷的合理发展,促进金融资源的优化配置,完善我国金融的市场体系。

第一部分:我国民间借贷的现实境况

民间借贷是社会经济发展过程中自发形成的一种民间信用形式,是社会经济发展到一定阶段的产物。与国家金融相对应,它是一种自发、内生的便利融资方式,其产生与发展具有浓厚的传统渊源,在我国早期社会就已存在。近年来,受国家宏观调控政策的影响,中小企业融资举步维艰,加上国际热钱渗透投机,民间借贷呈现出汹涌喷发的猛烈态势,并呈现出以下几种境况:

境况之一:借贷规模空前,参与主体多元

伴随着我国经济特别是民营企业的高速发展,公民收入大幅攀升,民间资本迅速积累,资金总量不断扩大。大量中小企业融资需求通过正规金融机构得不到满足,导致民间借贷市场规模增长空前迅速。[⑦] 据人行温州支行2011年7月发布的《温州民间借贷市场报告》,仅温州地区民间借贷市场规模就高达1100亿元;[⑧]温州民间借贷利率处于阶段性高位,年综合利率水平为24.4%;约89%的家庭、个人和59%的企业都参与了民间借贷。[⑨] 另根据相关监管部门测算,东莞民间融资规模大约有2000亿~3000亿元,[⑩]全国民间借贷规模可见一斑。据粗略估计,78%的私营企业参与过民间借贷,反映了借贷主体的广泛性和多元化。过去大多发生在基于血缘、地缘关系的熟人之间的民间借贷,而今放贷主体涉及职业放贷人、企业法人、个体经营者以及寄卖行、小额贷款公司、投资公司、担保公司、典当行等,借款人也从生活困难或资金周转需要的个人扩展到融资经营的个体工商户、中小企业。民间借贷市场的火爆发展导致了全国法院受理此类案件的数量急剧增

---

① 该调研课题经最高人民法院有关领导2011年批示并予立项。在调研过程中,得到了央行、银监会和南通市中级法院和其他有关法院的大力支持,在此谨致谢意。本调研课题组组长:杜万华;副组长:韩延斌;成员:张颖新、王林清。本课题报告撰稿人:王林清。

② 最高人民法院审判委员会委员、最高人民法院民一庭庭长。

③ 最高人民法院民一庭审判长,中国人民大学法学博士,中国社会科学院法学博士后。

④ 最高人民法院民一庭审判员,北京大学法律硕士。

⑤ 最高人民法院民一庭助理审判员,中国政法大学法学博士,中国社会科学院金融学博士后,中国人民大学经济学博士后。

⑥ 本报告所称的民间借贷,是指公民之间、公民与非金融企业之间以及非金融企业之间的资金借贷行为。

⑦ "当前金融形势下涉诉矛盾问题调查报告",载江苏省高级人民法院《院办通报》2011年第99期。

⑧ 张佳玮:"温州民间借贷规模约1100亿元",载《温州日报》2011年7月22日。

⑨ 张一君:"温州味道",载《中国经营报》2011年9月17日。

⑩ "民间借贷'草根'疯长　须防累及金融体系",载 http://www.chinanews.com/cj/2011/07-08/3166536.shtml,访问时间:2011年8月7日。

长(图一)。① 2011年,全国法院一审受理案件已突破60万件;个案借贷金额也从百万元以下显著上升到千万元以上,全年受理民间借贷案件标的额为1143.8亿元,同比增长38.27%。

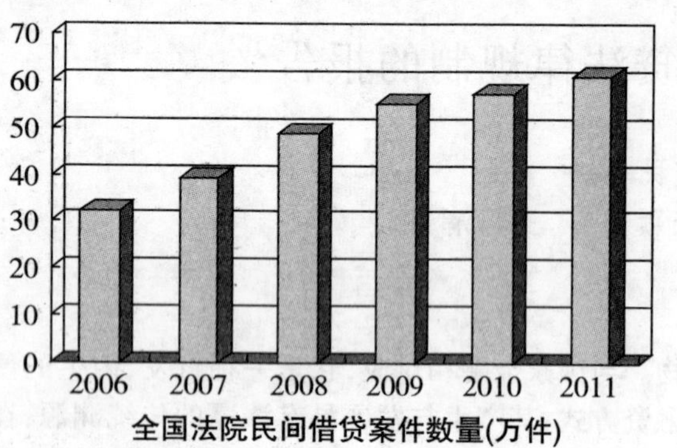

全国法院民间借贷案件数量(万件)

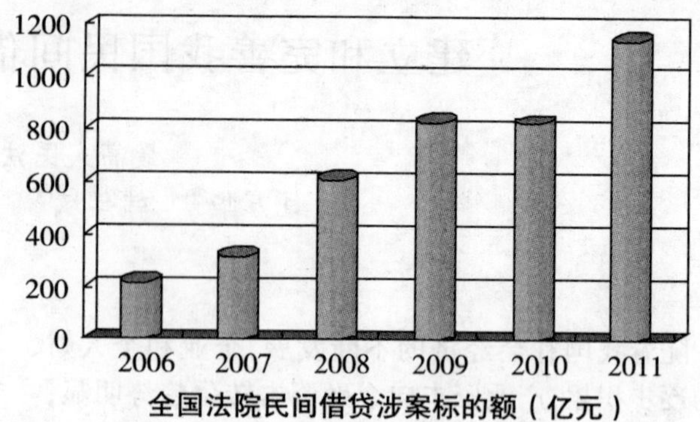

全国法院民间借贷涉案标的额(亿元)

图一

境况之二:职业经营明显,资金流向集中

由于银行贷款政策的紧缩和企业融资需求的增长,催生了民间融资市场的职业化。受到刺激的民间融资膨胀式发展,"散兵游勇"般的民间借贷行为已渐式微,取而代之的是典当行、寄售公司、民间借贷代理公司、抵押贷款中介公司、投资管理、咨询、担保公司等各种名目的机构,有的经过金融审批,有的则无证经营。他们通过聚集企业和个人的闲散资金②"化整为零"提供给借款人(图二),自己则从中赚取利差或获取其他好处。在过去的民间借贷中,多以生活急需性借贷为主,主要是为应急或者解决个人生活困难,其互助成分居多;而现在的民间借贷中,借款人多是为了融资经营,生产经营性借贷成为主流。③ 由于资本的天然逐利性,民间资金较为集中地流向了投资、经营和房地产等高利行业(见表一、表二)。④

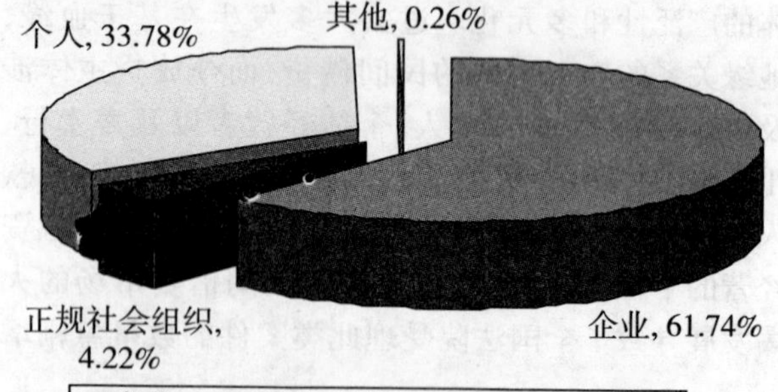

图二:企业民间借入资金来源结构图

表一:企业借入资金用途结构表

	解决流动资金不足	购建固定资产及投资新项目	创办新企业	投资开发房地产	其他用途
占比	42.80%	41.28%	3.83%	10.13%	1.96%

表二:个人借入资金用途结构表

	日常生活消费	孩子上学	医疗费	购买房产	生产经营性支出(购买设备、农具等)	投资	其他用途
占比	0.71%	1.29%	0.53%	16.36%	35.12%	38.48%	7.50%

境况之三:约定利率畸高,借贷方法隐蔽

近年来,民间借贷中高利贷现象较为普遍,借款利息远远超过银行利率。据相关报道,浙江省湖州市吴兴区法院受理的案件中超过90%的案件高于银行同期贷款利率,至少超过一半以上约定借款利率

① 从我们调研情况看,许多法院均反映,自2008年以来,民间借贷纠纷持续高位增长,如江苏省南通市通州区人民法院统计的数据为例,2006~2010年该院受理的民间借贷案件数量和涉案标的分别增长170%和606%;连云港市新浦法院2010年受理民间借贷案件同比增长409.52%。

② 资料来源梁冰、高峰:《〈放债人条例〉立法调研报告(一)——关于我国民间融资情况的调查分析及立法建议》,该报告系中国人民银行总行研究局《放债人条例》立法研究课题组组织撰写。

③ 据人民银行扬州分行监测的样本来看,2010年该市用于生产经营的民间借贷金额达6834.7万元,占全年融资总额的96.73%。

④ 资料来源梁冰、高峰:《〈放债人条例〉立法调研报告(一)——关于我国民间融资情况的调查分析及立法建议》,该报告系中国人民银行总行研究局《放债人条例》立法研究课题组组织的报告。

超过银行同期贷款利率的4倍。[①] 温州民间借贷的利率很少低于基准利率的4倍，一年以内短期借贷利率有的高达80%～100%，个案甚至达150%。[②] 据调查显示，珠三角地区的民间借贷中，几个月期限的月息为2%～4%，这意味年利率高达24%～48%。[③] 还有一些地方"月息4分已是底限，6分是正常要价，高者达到月息15分(年利率180%)，窜高的数字不停地刷新民间借贷利率的峰值"。[④] 这样的违法高息放贷行为，表现手段却非常隐蔽，一般不易发现。有的将利息计入本金计算复利、预先将利息在交付款中扣除、约定高额罚息；有的在借据上只载明借款数额，不区分本金和利息，用借据这一合法形式掩盖高利贷的实质；有的则表现为投资入股、委托理财等形式，与正常商业交易、民间借贷相混同，欺骗性极强。

境况之四：融资期限较短，手续灵活简便

在国家宏观经济调控作用下，银行的限制性贷款措施使一些中小企业获得贷款的难度进一步增大，从而导致中小企业尤其是私营企业因资金周转困难，不得不采取民间借贷形式进行短期融资。为降低利息负担和规避风险，期限约定一般为三个月，最多则半年。在以利益驱动为核心的民间借贷资本市场的形成和发展过程中，也形成了一些不成文的借贷行规和习惯，这些约定俗成的借贷形式灵活多样，手续便捷。有的注重信用，以信用关系为基础；有的方便快捷、服务灵活，所有程序当日办结，效率极高；有的采取实物抵押、第三者担保等多种方式，充分利用市场机制为导向。在任何稍具融资规模的地区，只需要件具备，数百万元融资随即聚齐。

境况之五：虚假诉讼蔓延，黑恶势力滋生

繁荣的民间借贷市场中，隐藏着大量披着合法外衣的非法甚至犯罪行为。一是恶意制造虚假诉讼，试图利用司法强制性的特点实现其不可告人的非法目的。实践中，有在利益追索中导致妻离子散、亲朋怨恨、兄弟反目的；有在公民离婚、企业破产改制过程中以民间借贷的方式转移财产或逃避债务的；有在制造虚假债务损害其他债权人利益以保全债务人财产的；有在以讨要农民工工资等为由恶意利用政策规定向第三方(如发包方)追索借款的；有在公司成立时虚假注册，后利用法院调解、执行中逃避银行资本金监管的。二是在筹措资金的过程中，涉嫌洗钱、非法吸储、集资诈骗、敲诈勒索等犯罪。三是一些竞息性"标会"、地下赌场等通过"放水钱"引发"问题借贷"，更因其诱惑性的高额利润，出现高息揽储、非法炒汇等犯罪活动。四是一些职业放贷人高度组织化和专业化，在追讨借款时采取恐吓殴打、非法拘禁、强制处置财产等违法犯罪手段，甚而威胁生命财产安全，成为黑恶社会势力滋生的土壤。

第二部分：我国民间借贷的问题分析

一、民间借贷的合理性分析

古往今来，没有一种正规金融服务体系能覆盖经济生活的方方面面。民间借贷作为一种产权，[⑤]是私人之间按照约定的条件转让实用资金的权利，其产生历史久远，即使在商品经济高度发达的现代社会，仍然大量存在。因此，民间借贷必然有其赖以存在的价值功能及其合理性。我们认为，至少包括以下几点：

一是遵循意思自治，发挥维系民事主体信用的作用。民间借贷最大限度地遵循了市场主体民事活动意思自治的原则。在市场经济中，当事人是自身利益的最佳判断者，自主进行民事活动并对自己的行为负责，享受利益，承担风险。作为一种自主自愿的民事活动，合法的民间借贷理应受到支持和保护。人们既根据自己的目的来进行行为选择，同时也承认和强调对于客观规律的遵从，使实用与理性相互交织在一起。而且，它与以儒家文化为核心的中国传统文化在实质上是一致的，从而长期以来深深地影响人们的日常行为。[⑥] 在一个固定范围的地域内，亲缘网络或熟人圈子往往具有安全可靠、风险共担、互惠互利等综合功能，以亲缘、地缘为中心的人际关系脉络成为民间经济活动最根本的信用基础，民间借贷风险的保障机制也依靠亲缘和熟人关系来维护。借款者和放贷人之间因长期和多次交易而建立起的相互信任与合作关系，不仅在抑制契约双方的道德风险方面具有效率，而且违规者还会因遭到社区排斥和舆论谴责而付出高昂代价。这种约束力越

---

① 袁定波："民间借贷案缺席判决突出'金融化'隐现"，载《法制日报》2011年9月13日第5版。

② "民间借贷链频断，或引爆'温州式'金融风暴"，载 http://www.nbd.com.cn/newshtml/20110908/20110908011543570.html，访问时间：2011年9月13日。

③ 谭方菊："民间借贷的法律分析与风险控制"，载《金卡工程·经济与法》2011年第2期。

④ "聚焦民间借贷热"，载《今日财富》2011年第4期。

⑤ 李卫玲、吴晓灵："民间借贷市场应予关注"，载《国际金融报》2005年2月21日。

⑥ 罗来军："浅议民间借贷的正当性"，载 http://finance.sina.com.cn/economist/xuezhesuibi/20070524/15273626364.shtml，访问时间：2011年9月10日。

强,成员之间合约的履行率就越高。借款者更加重视偿还民间金融贷款,以便与其保持长期稳定的借贷关系。

二是遵循互利互惠,发挥补充银行体系功能的作用。我国正规的金融机构、资本市场一向都很难满足非公有制经济强烈的资金需求,①即便是在货币政策宽松时期,个人急需的生活性借贷和中小企业的生产经营性借贷,也通常因为达不到银行的担保条件而难以获得金融支持。与此同时,富余的民间资金及其强烈的投资欲望却受限于狭隘的投资渠道。这种现实的金融运行现状,不可避免地为民间借贷的产生与发展提供了可能和条件。在贷款设计的范围、金额、利率的协商及方便程度等方方面面,民间借贷市场显现出独特的生存法则和价值优势,在银行体系顾及不到的中小企业、个体工商户及小型加工等项目上,民间借贷大显身手,从而与银行体系形成了互补的关系。

三是遵循简便快捷,发挥满足资本市场需求的作用。相对于银行过于烦琐的审批制度,民间借贷则充分发挥了具本身所具有的手续简洁、条件灵活、服务周全、动态跟踪的特点。企业通过民间借贷可能一两天之内就能够筹措到所需资金,而通过银行贷款则要经过层层审批,资金到手时可能已是数月之后,因而错过了企业的经营发展时机。民间借贷的放贷人更加看重资金的单位流量和中小企业的发展前景,一般而言,民间借贷组织对于个体私营企业和中小企业的经营状况和社会背景极为熟悉,在整个借贷交易过程中,更加注重当事人的品德、能力、资本、经营等因素,因而能够很好地适应小规模经营对资金需求量小、分散、季节性强的特点。

四是遵循随行就市,发挥促进金融市场改革的作用。我国的利率政策尚未完全放开,银行贷款利率尚不能根据市场情况及时作出反应。而民间借贷利率随行就市,一方面从侧面反映了市场资金供需状况,对官方确定利率具有参考价值;另一方面可以形成对正规金融的有效竞争,推动金融业特别是利率市场化改革。在我国金融管制的背景下,金融资源的配置不完全是由市场通过自由竞争来安排,而主要依靠政府公权力的选择与分配,这在一定程度上为权力寻租和腐败留下了空间。由于民间借贷的违约成本高于正规金融活动的违约成本,因此,民间借贷利率一般高于同期银行利率。当然,民间借贷利率除了由资金的供求情况决定,还受借款人的经济实力、资信信用、经营风险等因素确定。与正规金融贷款相比,民间借贷具有灵活方便自由、双方信息对称、契约成本较低等特征,因此其贷款回收率较高。

二、我国民间借贷的高发原因

近年来,全国范围内民间借贷市场空前活跃并异化发展,有多方面、深层次的原因。经调研,我们认为,主要包括以下几个方面:

一是投资渠道相对狭窄,民间资本寻求出路。由于我国金融行业发展滞后,居民投资渠道非常狭窄,雄厚的民间资本缺乏出路。近年来,我国股市期货低迷、楼市相继调控,民间资金在持续积累之后,需要合理的流向和释放。虽然国家近几年连续上调存款利率,但利率水平仍然远低于同期居民消费价格指数(CPI)的上涨幅度,利率倒挂现象导致民间资金不愿意进入储蓄市场。民间借贷的高额利润恰恰满足了资本逐利的要求,加之民间资本需求旺盛,资本的强烈逐利欲望和市场供应的有力推动是民间借贷发展的原始动力。

二是金融危机影响持续,企业资金供应断裂。受国际金融危机后续影响,国内通胀压力明显。国家信贷政策经历了高速扩张向适度紧缩的迅速调整,自2010年1月至今,国家12次上调存款准备金率,②使银行间资金流动性紧张达到高峰,银行信贷规模大幅收缩,导致企业特别是中小企业融资无门,再加上缺乏政策的有效支持,企业贷款难成为普遍现象。很多民营企业的经营陷入困境,需要充足的资金来维持企业正常运转。在此背景下,只能转向民间借贷寻求转机,正规金融退出的信贷市场已迅速被民间借贷占据。

三是金融体系很不健全,信贷需求难以满足。我国信贷市场是不完全竞争市场,融资担保体系不健全,具体体现为:商业银行贷款动力不足、金融机构贷款门槛过高、金融贷款品种创新不足等。目前,在我国,99%的企业是中小企业,他们对GDP的贡献超过60%,③却难获银行青睐。由于中小企业在抵押担保、资信条件等方面存在着天然劣势,这就使它们通过银行融资变得困难重重。与此相应的是,民间

① 北京大学国家发展研究院近期发布的《小企业经营与融资困境调研报告》显示,2011年,中小企业生存环境仍不乐观,半数小企业通过民间借贷完成融资,能从银行贷到款的公司只有15%,金额在100万元以下的贷款基本成为盲区,很难得到银行的重视。参见《民间借贷背后的风险与需求》,载http://business.sohu.com/20110906/n318530385.shtml,访问时间:2011年9月12日。

② 2011年6月20日,央行年内第六次上调存款准备金率,至此,大型金融机构的存款准备金率已达到21.5%的历史最高点。

③ 陆培法:"民间借贷为何火热异常?",载《人民日报》(海外版)2011年7月22日第10版。

借贷手续简便、期限灵活、成本低廉，且存在较为完善的隐性担保机制，能够满足企业资金的季节性需求，满足高风险和受限制行业的资金需求，这是民间借贷繁荣的根本原因和外在保障。①

四是监管职能规范缺失，非法借贷打击不力。在我国，只有当民间借贷出现重大社会问题进而影响社会稳定后，才会引起党委政府的重视并得到处理。这种事后追究式的管理模式，实际上并不符合金融业的监管原则。自人民银行与银监会重新分工后，人民银行不再规范管理民间借贷，而银监会对民间借贷的管理还有一段适应期，造成了"管理上的真空"。并且，现有法律中关于民间借贷的指导性规范过于原则、缺乏可操作性，对于出现的新情况、新问题一直没有回应，不能适应规范民间借贷市场的发展需求。另外，非法借贷的当事人报案后，多被公安机关以涉及民事经济纠纷为由不予立案，当事人无法获得相应救济，公权力的打击不力客观上助长了非法借贷的火爆与旺盛。

三、我国民间借贷潜在的社会风险

长期以来，民间借贷有效缓解了中小企业的融资难题，满足了部分小额信贷的资金需求，弥补了正规金融信贷的支持不足，推动了利率市场化的合理发展，对经济发展起到了重要的促进作用。但是，民间借贷存在双方信息不对称和监管缺位，极速发展的民间借贷市场潜在诸多社会风险，连续几年的全国"两会"期间，许多人大代表和政协委员对此表示了强烈关切，必须引起我们高度重视。

1. 民间借贷潜在扰乱市场秩序的风险。民间资本的自发性和无序性，容易造成大量资金短时期集中流向某行业或某地区，特别是流向一些国家政策限制的行业，如房地产业②和矿业，导致生产规模快速扩张，产生发展"过热"现象，扰乱了市场秩序，加大了经济结构性风险，对国家产业结构调整和经济发展方式转型升级造成冲击，很大程度上削弱了国家经济政策"软着陆"实施的效果，增加了宏观政策调控的难度。

2. 民间借贷潜在引发企业经营的风险。伴随着产业资本向金融资本转化趋势明显，商业银行集约化经营趋势加强，中小企业获得贷款难度增加，资金供需矛盾愈加突出。急需资金的企业通过民间借贷解了燃眉之急，却也无异于饮鸩止渴。民间借贷市场利率已远远高于实体经济利润率，企业高息举债后，进一步加大了经营成本，抵销了企业经营利润。导致企业资金使用恶性循环，使企业发展雪上加霜，从而蕴藏巨大经营风险。特别是当企业放弃实业经营转而谋取资金借贷利润时，大量公司和个人赚取了远超做实业利润的快钱，但是，没有实体经济支撑的高利息是击鼓传花的游戏，一旦最后一棒逃离了，整个游戏就会结束崩盘。实业空心化对国民经济可持续性发展产生严重损害，势必影响国民经济运行的健康稳定。

3. 民间借贷潜在威胁金融安全的风险。民间借贷资金规模以万亿计，如此大规模的资金游离于金融监管之外，资金来源和资金流向无法动态掌握，不仅使税收大量流失，更容易导致金融信号失真，冲击和破坏金融秩序，对金融安全产生极大的威胁。一些放贷人非法拆借、以贷养贷的违规行为，实际上使银行信贷资金异化为民间借贷资金，金融风险的关联性增强。银监会主席刘明康曾经指出，目前沿海地区约有3万亿元的银行贷款流入民间借贷市场，民间融资风险产生的蝴蝶效应会进一步向银行体系传递，③甚至可能造成中国式"次贷危机"。

4. 民间借贷潜在影响社会稳定的风险。民间借贷的高额利润吸引了无数家庭和企业涉足其中，许多放贷人文化水平不高，法律知识了解不多，缺乏风险防范意识，忽视对贷款人信用、资金用途和偿还能力的考察，增加了借贷的风险。特别是"标会"借贷、非法揽储等情形，主体涉及面广、资金总量大、交易关系复杂、隐蔽性较强，其中任何一个环节出现问题，极易崩盘牵出连锁性反应，并诱发打、砸、抢等恶性案件，甚至造成"羊群效应"引发集体性上访，带来一定范围的社会震荡，具有较大的社会危害性。民间借贷的"温床"上滋生的黑恶势力，严重扰乱社会治安，使借贷纠纷民刑交叉。一些虚假借贷诉讼移送公安难度较大，作为矛盾纠纷又不能得以迅速解决，影响社会稳定。部分地区一些党政机关干部以及银行工作人员积极参与民间借贷，充当了非法借贷的"保护伞"，一定程度上导致对非法借贷行为的打击不力。

由上可见，内生于体制机制之外、经济发展之中的民间借贷，已经成为我国金融制度变迁中的重要事件。民间借贷是在政府主导下的经济金融制度强制性变迁过程中产生的诱致性融资制度变迁，作为

① 李世新、张耀谋、李力、郑才林："我国当前民间借贷成因、问题与对策"，载《区域金融研究》2009年第5期。

② 据数据统计，在浙江，企业和自然人分别有高达61.2%和25.26%的民间融资比例用于投资房地产或者购置房产，这也部分解释了杭州等城市地区房价高企的原因。参见梁冰、高峰：《〈放债人条例〉立法调研报告（一）——关于我国民间融资情况的调查分析及立法建议》，该报告系中国人民银行总行研究局《放债人条例》立法研究课题组组织的报告。

③ 刘长雁："稳健货币政策背景下民间借贷风险探析"，载《西部金融》2011年第3期。

一种市场化的融资制度安排,它为我国渐进式经济改革提供了强大的体制外金融资源支持,但也不可避免地产生了前所未有的复杂矛盾和社会问题。对于民间借贷,必须从体制层面加以规划,从立法层面加以规定,从制度层面加以规范,从司法层面加以规制,以使其遁迹恶性,为民间资本市场的繁荣和兴旺发挥作用、贡献力量。

第三部分:我国民间借贷的法律梳理和评介

一、我国现行规范民间借贷的法律简引

一些学者认为,我国民间借贷缺乏法律保护,属于"灰色金融"或者"黑色金融"①。然而,我国现行法律体系中涉及民间借贷的具体规范并非不存在,而是为数众多,包括:

1. 法律:《民法通则》、《合同法》;

2. 行政法规:《非法金融机构和非法金融业务活动取缔办法》②;

3. 司法解释:《关于贯彻执行〈中华人民共和国民法通则〉若干问题的意见(试行)》》、《关于如何确认公民与企业之间借贷行为效力问题的批复》、《关于人民法院审理借贷案件的若干意见》、《关于审理联营合同纠纷案件若干问题的解答》;

4. 部门规章:《贷款通则》③;

5. 部门规范性文件:《村镇银行管理暂行规定》、《关于银行业金融机构大力发展农村小额贷款业务的指导意见》、《关于小额贷款公司试点的指导意见》。

此外,还有一些相关或间接的规定散见于《物权法》、《担保法》、《刑法》、《企业破产法》、《公司法》、《证券法》之中,分别对民间借贷行为主体、资金来源、利率、担保等关联问题进行了规范。

当然,我国缺少关于民间借贷的专门立法,但上述广义上的法律从不同角度对民间借贷进行了调整:有的认可民间借贷行为合法化地位,为其提供了一定的制度保障;有的对民间借贷行为进行了规范、引导;有的则对民间借贷违法行为严格限制甚至加以否定。我国在对待民间借贷的态度上,一直表现出极强的政策导向,但政策的原则性和随意性决定了难以为民间借贷提供稳定的制度支持,导致了民间借贷发展的混乱与无序。

2010年5月,国务院出台《关于鼓励和引导民间投资健康发展的若干意见》(简称"新36条"),明确规定"鼓励和引导民间资本进入金融服务领域","允许民间资本兴办金融机构",对民间资本开放了更多的领域,也显示出我国对民间资本前所未有的支持力度。在此背景下,市场亟须法律的完善为民间借贷提供一个稳定的制度预期,从而保障交易自由与营业自由。

二、上述法律规范存在的主要问题

有观点认为,我国规范民间借贷的上述法律是根据借贷主体的不同将借贷行为作出了合法与违法、有效与无效的二元划分,属于主体立法而非行为立法,严重违反了市场主体平等保护的民法基本原则,而不符合立法的发展趋势和潮流。④

我们赞同上述观点,并且认为,上述法律规范过于原则,甚至相互冲突,缺乏统一的指向性,已不足以对民间借贷行为进行很好的引导和规制,以致民间借贷活动中违法行为猖獗,给实体经济健康发展带来了严重损害。

一是立法可协调性差,不同法律规范的内容互相冲突。由于立法技术的欠缺,上述法律规范之间缺乏协调性、统一性和逻辑性。即使符合《民法通则》、《合同法》的民间借贷行为,按照《取缔办法》和《贷款通则》也可能被认定为非法金融业务活动遭到取缔,导致对同一行为可能因依据不同而评价结果大相径庭。⑤

二是立法可操作性差,民间借贷合法性判断标准模糊。缘于"宜粗不宜细"的立法指导思想,很多隐患性问题缺乏指导性规范,使非法借贷、犯罪行为有机可乘。实践中难以准确把握合法民间借贷与非法融资行为的界限,导致民间借贷存在制度性风险,成为悬在民间借贷者头上的"达摩克利斯之剑"。⑥

三是立法可指引性差,制约民间借贷良性发展。在我国,缺少健全的征信制度,加大了民间借贷风险的不确定性;⑦缺少民间借贷专门性立法,不能满足规范和引导民间借贷活动健康发展的迫切需要;缺少个人破产法律制度,无法解决借贷主体的市场退出问题,无法保障债权人的权益,不利于金融市场稳定。

---

① 杨颖:"我国民间金融发展的制度缺陷与思考",载《求索》2006年第8期。

② 本法规已被《国务院关于废止和修改部分行政法规的决定》(实施日期:2011年1月8日)部分修改。

③ 这部部颁规章的调整对象并不适用于民间借贷,因其第2条规定:"本通则所称贷款人,系指在中国境内依法设立的经营贷款业务的中资金融机构。"

④ 贾清林:"金融危机背景下中国民间借贷二元化法律认定探析",载《学理论》2010年第27期。

⑤ 例如,惠民吴云水集资案中,不同国家机关引用不同的规定,得出了截然相反的结论,严重影响了法律的权威性。

⑥ 轰动一时的孙大午案件中,法院对其行为的定性,就曾引起社会的极大争议。

⑦ 刘慧兰:"关于完善我国民间借贷法律体系的思考",载《金融发展评论》2010年第4期。

三、法律规范的滞后对民事审判工作的影响

由于立法的上述不足，导致了当前人民法院审理民间借贷案件中存在以下问题：

一是案件定性难。一类是以其他法律关系掩盖民间借贷关系。如实践中出现的类似"流质借贷"的情形，借贷双方通过买卖合同来掩盖实质为民间借贷的行为，最终产生矛盾纠纷时首先通过买卖关系反映出来，不仔细审查，容易对基础法律关系的认定产生偏差。另一类是以民间借贷关系掩盖其他法律关系。如有的境内钱庄将钱款汇至境外公司，境外公司作为投资款汇入境内借款人，借款人完成外资企业注册后，借款人提取资本金被银行拒付，双方转而通过法院调解、执行绕开资本金的监管，实际是以民间借贷之名行抽逃资本金之实，亦具有很强的欺骗性。这些案件表象纷繁复杂，给法院查清案件事实进而准确定性带来很大难度。

二是事实认定难。无息案件越来越少，高利贷普遍存在，但规避手段越来越高明。或不列明利息计算方式而是将利息预先在本金中扣除；或将未归还借款的利息计入本金，重新出具借条计算复利；或约定巨额违约金、其他费用，借款人对此往往举证困难，法院仅凭借条内容无法认定高利贷，很难否定借据的证明力。为了逃避法院的事实审查，有些债权人多次转让债权使法院无法查清借贷过程；有些则采取先通过签订买卖合同等方式转变法律关系来掩盖借贷事实；有些地区还出现了还息不打收条的借贷"潜规则"，加大了法院查明事实的难度。

三是法律适用难。审判实务中除了事实认定困难外，在法律适用上，同样存在亟待法律规范进一步明确细化的情形。譬如，由于民间借贷越来越专业化，借贷款项的交付经常经由第三者或中间人之手，致使债权人与债务人相互之间不了解情况，对是否存在债权债务产生易产生争议；中介机构或放贷公司在资金的流动以及利息等方面有很大操作空间，还可以收取高于放贷人约定的利息，对于利息认定带来难度；以企业法定代表人或股东个人名义融资借款案中，对法定代表人（合伙负责人）或职员签订的借条或借款合同，应认定为企业对外借款还是个人借款；借款主体目的不同，对夫妻关系存续期间，一方对外举债是否夫妻共同债务认定难度大；①对于"出借人明知借款人是为了进行非法活动而借款的，借贷关系不予保护"，但对如何界定"明知"难以操作。此外，还有部分当事人反复涉诉，互为原被告，或者具有专业放贷或黑社会背景，出现民刑交叉，在法律适用上难度较大。

四是送达调解难。民间借贷案件中缺席判决率高，当事人不出庭应诉阻碍了人民法院查明案件事实。一方面是因为民间借贷纠纷中人员流动大导致送达难，另一方面债务人为了躲债闭门不见或拒收诉讼材料或消极应诉，更有甚者搬家逃债下落不明。当事人不出席法庭审理，不参与质证及提供自己的辩解意见，给人民法院审理案件带来很大困难，法院不得不只根据原告提供的证据作出判决，导致有的法院缺席判决率高达50%以上。② 被告的缺席，还导致了案件调解、撤诉难上加难。与普通民事一审案件调撤率约68%相比，民间借贷案件调撤率仅为该比例的一半（图三）。

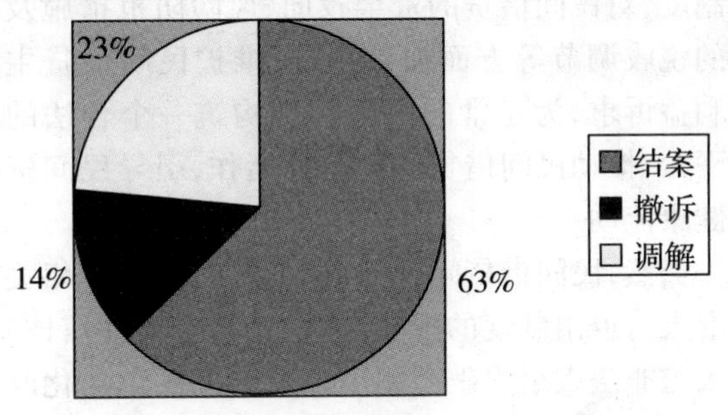

图三：2010年全国法院民间借贷案件结案方式

第四部分：构建民间借贷综合监管体系

民间借贷的产生与发展是市场主体自发进行制度创新的结果，它的活跃是整个社会投融资体制和金融结构矛盾在这一领域的集中表现。在客观评价民间借贷活动并试图对其规制时，我们必须将其置于提高融资效率、降低融资风险、优化融资环境的视野中去辩证地、通盘地考虑，通过综合性监管体系的构建，实现对民间借贷的良性引导和规范。

一、推动立法完善，规范民间借贷行为

长期以来，我国对民间借贷市场主要采取行政管制的模式，而当前"三农"与中小企业的融资难现实存在且需求旺盛，民间借贷异化发展的过程中存在的问题，大多是为了规避政府行政管制而出现的。因此，完善相关立法，明确民间借贷的法律地位，鼓

① 吕虹："当前民间借贷案件存在的问题及审理对策"，载《法制与社会》2011年第4期（下）。

② 管弦、刘艳燕："卢湾法院民间借贷案件情况分析"，载《上海审判实践》2009年第7期。

励合法守信、互利互助的"红色借贷"、规范适应经济发展需求的"灰色借贷"、打击违法犯罪的"黑色借贷",对于厘清混乱不堪的民间借贷市场,充分发挥民间借贷对正规金融有益的补充作用,无疑具有十分重要的意义。

需要摒弃与市场经济发展不适应的传统管制观念,加快立法速度,不论是制定出台《放贷人条例》,①还是修改现行《贷款通则》,都要修改或废除那些不符合金融市场内在发展规律的规定,合理界定合法与非法融资的界限,将民间金融活动尽可能纳入信用可控的范围,鼓励合法民间借贷弥补金融机构的不足、促进社会资金合理流动,并促使其逐步走向契约化和规范化。② 不能再对民间借贷持放任自流的态度,应当对放贷主体、放贷对象、利率以及放贷人索债方式、贷款宣传等作出具体规范,并健全相关金融制度,对民间借贷的资金投向、风险防范措施及收益的税收调节等方面加以规范,维护民间借贷主体的利益诉求,为正常的民间借贷构筑一个合法的活动平台,推动民间借贷的规范化运作,引导民间资金的健康流动。

当然,民间借贷问题的有效解决,还需要相关市场准入与退出制度的配套,如企业与个人征信体系、个人与非法人组织破产制度以及利率的市场化改革等。这样的立法完全可以使民间借贷有法可依、有章可循、有权可维,既能规范民间借贷行为,打击、遏制"高利贷"和非法集资行为的发生,又能合理引导社会资金的有序流动,有利于经济金融的稳健运行。在立法完善的过程中,国外发达国家的成功经验③和发展中国家的可行作法可以给我们以启示,④条件成熟时也可以考虑因地制宜的移植和借鉴。

我们建议,在我国,可以采取民商分立的思路,整合相关法律规范制定单行法规,规范专门从事放贷业务或以放贷业务为主的放贷人的行为,同时继续发挥其他有关法律规定的调整作用,规范企业、个人之间零散的自发性民间借贷活动。为了加强法律体系的协调性,还需要对有关配套规定进行修订,修改或废止那些不符合规范民间借贷市场需求的规范,尽快建立统一的担保登记制度,加快征信立法的步伐,健全征信体系,以及建立个人破产法律制度,健全借贷主体的市场退出机制。

二、加快金融创新,丰富投资融资渠道

目前我国金融业尚不发达,居民和企业的投融资渠道均显单一,民间资本需要合理的投资引导,企业特别是中小企业融资严重依赖银行贷款。有对南京500家民营企业的调查显示,56%的民企老总认为企业资金缺口很大,融资难是当前企业发展的最大障碍。由于中小企业资产规模较小且变动较大,且整体素质不高,加之确有一些中小企业把逃避债务作为资本原始积累的手段,因而在进行融资评估时,银行对中小企业偿债能力的信用信心普遍不足。尤其当国家实行紧缩的货币政策时,银行更是普遍收紧对中小企业的信贷规模,致使中小企业融资渠道萎缩,资金周转不良,企业发展面临困境。⑤

要引导和推动银行等金融机构继续深化金融改革,不能因为每轮宏观货币政策的收紧和调整而误伤中小企业和"三农"利益,尤其是政策性银行应充分发挥作用,加大金融产品创新力度,开发符合中小企业、"三农"发展需求的金融产品和金融服务,对他们给予更多的政策支持。此外,解决企业融资难,不能单单依赖银行,在特定时期,政府也应加大支持力度,解决中小企业融资难题。

2008年5月8日,银监会和人民银行总行联合发布了《小额贷款公司试点指导意见》,允许自然人、企业法人与其他社会组织投资设立以吸收公众存款、经营小额贷款业务的有限责任公司或股份有限公司,并鼓励小额贷款公司面向农户和微型企业提供信贷服务,着力扩大客户数量和服务覆盖面。此

① 早在2007年2月,中国金融学会召开"民间融资研讨会",会议代表来自全国人大法工委、国务院法制办、最高人民法院、银监会、中国社科院、中国政法大学、人民大学、中国人民银行总行有关司局、分支机构以及企业界代表。与会代表一致认为,制定起草《放贷人条例》非常迫切,非常及时,意义非常重大,应当尽快出台。此后的会议上,还针对《放贷人条例》立法技巧、立法宗旨、法律协调衔接、利率上限、监督管理、市场退出、法律责任等方面提出了一些意见和建议。遗憾的是,受宏观经济形势发展的影响,这部条例至今未出台。

② 翁钢粮、林沛、毛煜焕、邓兴广:"民间借贷、金融纠纷案件高发的原因、影响及对策",载《司法调研》2009年2月。

③ 发达国家和地区一般奉行"金融开放"政策,允许民间借贷存在,并立法进行规范。民间金融是整个金融体系重要、不可缺少的组成部分。例如,美国国会于1934年颁布《联邦信用社法》规范民间金融秩序,美国非吸收存款类放贷机构(简称NDTL)类型多样,主要业务对象是小型业主和消费者。参见刘慧兰:"关于完善我国民间借贷法律体系的思考",载《金融发展评论》2010年第4期。

④ 发展中国家普遍存在"金融抑制"现象,即政府利用金融管制、利率限制和配给信贷等非市场机制手段来管理金融行业,集中金融资源优先发展经济建设重大项目。但伴随着金融自由化进程,一些国家逐渐放松了对民间借贷的抑制。例如,南非的非吸收存款类放贷人形式多样,再借贷渠道也非常多元。根据《国家信贷法》的规定,手中有超过100份信贷协议或信贷提供余额超过50万兰特的"信贷提供者"必须经审批获得登记证书,《国家信贷法》只对消费信贷进行监管、规范,基本不涉及商业信贷,目的是保护处于弱势的消费者。参见刘萍、张韶华:"南非的非吸收存款类放贷人法律制度",载《金融研究》2008年第4期。

⑤ 翁钢粮、林沛、毛煜焕、邓兴广:"民间借贷、金融纠纷案件高发的原因、影响及对策",载《司法调研》2009年第2期。

政策的出台，犹如为目前环境下中小企业的生存与发展注入了一剂强心针。经过几年的试点发展，小额贷款公司规模迅速扩大，经营状况整体良好，贷款规模增长迅猛，但目前也遭遇了发展“瓶颈”：一是制度设计上存在缺陷；二是业务经营与商业银行呈现同质性；三是后续资金融入难、税费负担重；四是政策扶持缺位，监管力度不足。在制度设计之初，曾寄望于以小额贷款公司逐步引导民间借贷规范化，但小额贷款公司的试点尚未成熟，正处于发展的关键路口，亟待政策给予明确的指向和有力的推动。

三、加强综合监管，优化金融资源配置

目前，应着重从控制金融风险、维护金融安全与社会稳定的角度加强对民间借贷活动的监管力度，既要充分发挥契约治理机制等民间借贷在风险自控方面的作用，为民间借贷的自我发展和完善创造宽松的条件，也要深刻认识当民间借贷活动从“人格化交换”向“非人格化交换”时风险性质发生的变化，政府需要从维护全社会公众权益的角度审视民间借贷活动的中观风险和宏观风险，为民间金融活动的引导和规范工作指明方向。①

需要建立民间借贷监测网络，关注掌握实时发展动态，根据民间借贷的活跃程度对监测网点的密集度进行差异化设置，及时更换不符合监测条件的对象，保持动态监测；将发生形式、资金额度、利率水平、交易方式、资金用途、还款情况等一一纳入，定期汇总分析；建立民间借贷风险预警机制，适时向社会进行信息披露和风险提示。同时，加强对担保公司、信息中介等经营机构的日常监管，整顿超范围经营，对乘人之危而攫取暴利的高利放贷行为予以打击和取缔；严厉打击赌博犯罪、非法吸收公众存款等与高利贷相关的违法犯罪行为。

当前，大量参与民间借贷的非银行信贷机构实行的是多头分割管理，存在很高的系统风险，贷款担保公司由中小企业局管理，小额贷款公司由政府金融办管理，典当行由商务局管理，经营依据主要依赖于部门规章，均缺乏相应的法律约束和有效监管，一旦资金无法收回极易造成连锁反应，因此，应当加强统一监管。

利率是反应资金供求关系的重要指标，民间借贷的利率是最重要、最敏感的监测内容之一。由于利率的意思自治属性与国家监管之间天然构成了内在的紧张关系，如何准确监测民间利率水平，灵敏反馈并有效协助确定合理的资金利润空间，促进利率市场化改革，是值得探讨的问题。目前，贷款利率浮动空间已充分放开，商业银行贷款利率浮动也没有上限，应当结合利率市场化和民间借贷风险分布，根据不同地区、不同产业、不同行业、不同规模企业和个人经营的盈利空间确定利率合理范围，并在此基础上建立预警机制。② 应该说，利率的市场化是促使民间借贷规范有序发展的关键因素，它能够在银行业与民间借贷者、正常经济交往与危害社会的经济犯罪、强制性宣告无效与柔和的引导调整之间获得平衡。③

四、立足审判职能，能动司法保障民生

当前和今后一段时期，人民法院应当从自身审判职能出发，强化大局意识，及时创新金融司法理念，加强对民间借贷的监控，有效引导和规范民间借贷行为。

一是强化服务注重调解。涉及中小企业融资的案件，尽可能本着维持、优化有发展前景的困难企业、劳动密集型中小企业生存的原则，适当调整违约金，平衡各方利益，适当放宽重点行业、中小企业还款期限，满足企业正常生产流动资金的需要。在处理一时资金周转不灵的经济纠纷时，要慎用财产保全措施，坚持“放水养鱼”的原则，加大调解力度，力争以分期付款等方式解决纠纷，争取双赢、多赢，避免因形式合法的刚性手段搞垮本可生存和发展的企业。多适用司法重整与和解程序，支持优势企业以兼并、重组、控股等方式延伸产业链，增加核心竞争力。④ 对于一般生活性民间借贷，借贷双方多比较熟识，则应重视调解方式的运用。

二是创新理念统一裁判。金融交易处于市场经济的最前沿，金融业务、金融工具总是处于不断创新过程中，容易产生新类型的法律关系。法律总是相对落后于现实发展，针对当前民间借贷案件数量保持高位运行、疑难复杂案件不断增加的态势，人民法院要及时创新金融司法理念，合理配置审判资源，既要保护正当的民间借贷，又要抑制其中的非法行为，要通过审判职能的行使，回应市场经济发展的客观要求，创造良好的金融司法环境。在对整个民间融资市场的监管上，应当采取刑法和民事、商事相结合的体系。针对高利贷界定、虚假诉讼甄别等当前审判工作亟须解决的突出问题，要通过加强审判业务

---

① 中国人民银行杭州中心支行课题组：“民间金融活动的风险及规范化对策”，载《浙江金融》2008 年 3 月。

② 李世新、张耀谋、李力、郑才林：“我国当前民间借贷成因、问题与对策”，载《区域金融研究》2009 年第 5 期。

③ 李政辉：“论民间借贷的规制模式及改进——以民商分立为线索”，载《法治研究》2011 年第 2 期。

④ 翁钢粮、林沛、毛煜焕、邓兴广：“民间借贷、金融纠纷案件高发的原因、影响及对策”，载《司法调研》2009 年 2 月。

指导、发布典型案例等形式确定裁判规则,及时统一裁判标准、统一法律适用。坚持法官主动审查与当事人举证相结合的做法,防止通过法院判决将非法利益合法化。

在当前宏观经济形势下,法官要增强政治意识和大局意识,不能就案办案,要充分发挥司法的能动和服务职能。要兼顾保护民间资本融通与维护正常金融秩序之要求,既要保护出借人的合法利益,也要充分考虑借款人的生存和发展需要,合理平衡。面对纷乱繁杂的民间借贷表象,需要透过现象认清本质,应当立足不完全保护性、资金自有性、合同实践性的原则进行审理,同时,加大依职权主动审查的力度,以查明事实,清晰界定。

不完全保护性。民间借贷的资金来源、利率都有相应的制度限制,在遵从意思自治的基础上,资金的合法使用可以获得合理利润,民间借贷的高风险性也可以要求合理范围内的高利率,但超出法律限制外的借贷利益是不予以保护的。民间借贷是一种古老的、自发的非正规金融行为,我们倡导和保护的应当是其中合法的、具有互助性质的借贷行为,要使其成为一种合理的、补充式的融资方式,成为促进社会利益重新分配的辅助手段;而对一部分人以民间借贷之名牟取不正当利益的行为,应坚决予以遏制,不能使民间借贷成为投机分子攫取非法暴利的工具,更不能使民间借贷在客观上成为贫富悬殊进一步拉大、“富人更富、穷人更穷”的帮凶。案件审理中,法官要加强对较大金额经营性借贷的审查力度,尤其应加强对出借人出资能力和交付事实的审查,查明借贷关系的实质,把握借贷利益的保护范围,避免机械司法,努力实现法律效果和社会效果的统一。

资金自有性。党的十七大报告中“让更多的群众拥有财产性收入”的要求应当遵从,宪法、物权法等法律中保护市场主体运用自有资金借贷获利的立法精神应当维护,因为这符合人民群众的利益要求和价值取向。在当前非法借贷活动猖獗的情况下,洗黑钱、地下钱庄等犯罪活动和非法拆借、以贷养贷等违规行为大行其道,当广大普通民众都不顾一切筹钱放贷时,由此带来的金融和社会风险是不可估量的,而这些风险一旦变成现实,最终损害的必然是广大人民群众的切身利益。我们认为,坚持对出借资金自有性的审查,能够有效限制非法借贷行为,有利于降低金融风险,维护市场秩序,这种要求与社会大众根本的利益相一致。至于非银行信贷机构,本身具有金融机构的部分特性,虽然也存在多头管理、监督不力的问题,但毕竟也有一定的部门规章可循,也有主管部门在管理,若加大管理、监督力度,其放贷资金来源、流向等均可监管,从而确定资金的来源。

合同实践性。民间借贷合同作为实践性合同,在案件审理中,法官应当加强对资金交付时间、地点、实际金额、交付凭证等交付事实的审查,查明资金来源、借贷利率是否超出法律限制,其借贷利益是否超出了法律规定的保护范围,必要时可加强测谎、鉴定等辅助技术手段的应用,从而有力打击高利贷、利滚利等违法行为。实践中有的法官在审理民间借贷案件时,对其法理性质缺乏深层次的思考,忽视对借贷交付行为的审查,机械地适用证据规则,单纯把借条视为首要定案依据,某种意义上充当了非法借贷的“帮凶”和“枪手”。因此,对债务人下落不明或不到庭应诉的案件,因不利于查明事实,应慎用公告送达的方式,适用缺席判决时要严格掌握借贷关系明确这一前提,出借人对资金来源、交付事实等借贷事实难以证明或拒绝举证致使难以查明借贷关系的,应裁定驳回起诉。

三是增强联动提高防范。法院在做好自身审判执行工作的同时,加强与公安、检察、监察、税务、审计、工商、金融监管机构、司法行政管理等相关职能部门的情况通报和沟通协调,发挥各职能部门联动作用,共同促进金融市场有序、规范发展。发现有引发系统金融风险可能的,及时与政府金融监管部门沟通,把握金融监管秩序全局概况,统筹协调相关案件的处理和风险的防范。对于劳资矛盾可能激化的案件,加强与人力资源和社会保障等政府部门的联系与配合,最大限度减少因各方利益冲突导致的社会不和谐因素。① 对与洗钱、贿赂等违法行为相关联的非法融资,对有证据证明有高利贷、赌债或非法吸收公众存款嫌疑的,及时向公安机关、工商部门通报。应当与新闻媒体共同强化对民间借贷相关法律知识和风险的宣传,精心挑选典型案例针对不同情况宣传报道,提高公民防范意识和依法维权的能力,避免不必要的纠纷产生。

第五部分:完善民间借贷法律规制的具体建议

禁不如疏。在法律制度史上,国家对民间盛行行为的禁止往往并不成功,更为合理的法律态度是疏导,为社会关系中的各主体提供利益安排与纠纷解决。诸如小额贷款公司之类只是国家金融专营的另一种表现,可以填补某些需求领域,但不能替代民

① 翁钢粮、林沛、毛煜焕、邓兴广:“民间借贷、金融纠纷案件高发的原因、影响及对策”,载《司法调研》2009 年第 2 期。

间借贷本身。“法律按其真正的涵义而言，与其说是限制，还不如说是指导一个自有而有智慧之人去追求他的正当利益”。①

在经济的发展中，政府的首要职责应当是对公民权利的保护，而不是不合理地限制权利的行使，更不是通过与公民争夺利益来垄断金融市场，排斥民间借贷。民间借贷是一项财产权利，“合法权利的初始界定会对经济制度运行的效率产生影响，权力的一种调整会比其他安排产生更多的价值”。② 我们在承认民间借贷存在正当性的基础上，应当通过对现行法律法规的修改与完善明确合法与非法融资的界限，消除不合理的限制条款，保护借贷双方的正当权益，真正引导民间借贷从“地下”转入“地上”，从而将这类非正规金融活动尽可能地纳入信用可控的范围，促使其逐步走向契约化和规范化的轨道。③

在目前民间借贷市场发展泛滥无序的情况下，要根据不同形式的民间借贷活动，清晰界定其风险性质，本着“区别对待、分类指导、疏堵并举、促进规范、打击犯罪”的指导思想，④保护合法借贷行为、依法支持金融创新，制裁非法借贷行为、甄别各种合法形式掩盖的非法金融活动，从而维护金融安全和社会稳定。具体的法律规制内容可以考虑以下几方面：

一、关于民间借贷的合法性问题

对于实践中争议较大的非法转贷牟利、非法吸收公众存款、非法集资等罪与非罪的界限，“手拉手调解”损害第三方利益的虚假诉讼，⑤出借人、借款人相对集中涉及“地下钱庄”等职业放贷人的违法行为，以及赌债等非法、虚假债务的鉴别等合法性认定问题，应当通过法律规范的进一步明确细化、对借贷关系合法真实性审查力度的进一步加大进行界定，从而有效甄别、严厉打击虚假诉讼和“问题借贷”。

一是注意查明出借人与借款人的关系、借贷双方是否相识、彼此亲密程度等情况，排除存在合法形式掩盖非法目的的情况，是否有当事人为隐匿财产、逃避债务，故意与亲属串通的假借贷。

二是严格审查出借人的目的、借款人的目的及用途，且不能仅限于出借人承认与否，而应结合案件其他情况综合认定，如出借方明知对方借款用于赌博、嫖娼、走私、吸毒等违法犯罪活动仍出借，该债权非但得不到保护，还应将犯罪嫌疑人移送公安或相关部门处理。

三是注意审查借款人的相应借款能力、资金往来情况、借贷款项在会计账簿上记载的依据等证据，以审核借贷关系的真实性。巨额资金往来通常通过银行流转，借入资金作为公司债务的，借贷款项应在账簿或银行资金往来上有所体现。

四是加强对借据形成过程、利息计算标准及出借人资金来源的审查。⑥ 在加大审查力度的基础上，民间借贷的合法性可以结合其他证据综合判断：从资金来源看，合法借贷一般以自有资金或其他合法渠道获取的资金出借，非法借贷资金往往来源于国外热钱、非法集资、非法吸储或犯罪所得。从借贷形式来看，合法借贷大多表现为一对一、一对多，而多对一的借贷可能涉嫌非法集资或非法吸储。从借款用途看，合法借贷一般用于生活需求或生产经营急需，非法借贷的目的多为将资金据为己有、非法牟利。从偿还方式看，合法借贷一般以货币形式偿还，非法集资则借助实物或权利证券进行利益返还。

我们认为，下列民间借贷行为无效：

1. 以“标会”等形式向不特定多数人非法集资的，⑦在没有明确法律约束的情况下，不宜予以支持，其合法化问题可以借鉴我国台湾地区“民法债编”中关于合会的相关规定处理。⑧

2. 以向他人出借资金牟利为业的“地下钱庄”，非法投资融资的。

---

① [英]洛克：《政府论》（下篇），瞿菊农、叶启芳译，商务印书馆1983年版，第35页。

② [美]科斯：《企业、市场和法律》，盛洪等译，上海三联书店1990年版，第213页。

③ 张书清：“民间借贷的制度性压制及其解决途径”，载《法学》2008年第9期。

④ 中国人民银行杭州中心支行课题组：“民间金融活动的风险及规范化对策”，载《浙江金融》2008年3月。

⑤ 对于虚假诉讼的防范机制，有学者提出了完善发现机制、完善甄别机制和完善制裁机制的建议，我们认为，这对民间借贷案件同样适用。参见褚红军：“论虚假诉讼的防范与规制”，载《人民法院报》2011年9月14日第7版。

⑥ 吕虹：“当前民间借贷案件存在的问题及审理对策”，载《法制与社会》2011年第4期（下）。

⑦ 民间标会盛行，人数多，会钱额度大。因采用竞标利息的高低作为“得会”的手段，使其成为高速运转的吸钱机器，利率高，倒会风险大，一旦涉及抬会则一倒俱倒，易对金融和社会安全形成重大影响。参见冒俨、王平、沙楠：“当前民间借贷案件的特点、影响及对策——以江苏省南通市通州地区为例”，载奚晓明主编：《民事审判指导与参考》（总第39集），法律出版社2010年版，第93页。

⑧ 台湾经济长期高度依赖非正规金融，民间金融规模在绝对量和相对量上均为世界第一，合会在其中占据重要地位，由于合会的正面与负面作用并存不悖，台湾政府对合会的态度经历了鼓励、默许、压制直到纳入法制规范的对象。台湾地区1948年制定“台湾合会储蓄业管理条例”，建设遍布全台的合会储蓄公司体系，逐步将合会行为纳入已有的民事、刑事法律体系，1999年通过的“民法债编”第19节第709条中对民间合会的定义、契约条款、竞标程序、会员责任义务进行规范，合会自此成为法律明确规范并制约、并可在民法框架内依法发展的民间借贷行为。

3. 其他违反法律、法规强制性规定的借贷行为。

对于下列非金融企业开展的借贷行为应予保护:

1. 依照《公司法》等法律规定的条件和程序募集资金的。

2. 为企业生产经营需要向特定的自然人进行的临时性小额借款。

3. 企业非以获取高额利息为目的,临时向自然人提供的小额借款。①

对于未经社会公开宣传,在单位职工或者亲友内部针对特定对象筹集资金的,一般可以不作为非法集资;资金主要用于生存经营及相关活动,行为人有还款意愿,能够及时清退集资款项,情节轻微,社会危害不大的,可以免予刑事处罚或者不作为犯罪处理。对于罪与非罪界限一时难以划清的案件,要从有利于促进企业生存发展、有利于保障员工生计、有利于维护社会和谐稳定的高度,依法妥善处理,特别对于涉及中小企业法定代表人、技术人员因政策界限不明而实施的轻微违法犯罪,更要依法慎重处理。②

下列情形应当注意严格审查:

1. 原告提供格式化借款合同的(格式借款合同多为金融部门使用,在民间借贷过程中非常少见,也不符合民间借款的习惯做法,以此作为唯一证据起诉的,法官应当慎重处理,严格审查借贷关系的合法性,甄别是否涉及“地下钱庄”等非法行为)。

2. 原告提供的借据除签名外,均为出借方填写。

3. 借款人仅起诉担保人不起诉主债务人的(有串通损害担保人利益之嫌,还债主体不是债务人单方的同样应严格审查)。

4. 原、被告共同到庭请求立案调解、速裁(有串通损害第三方利益之嫌)。

5. 被告涉及离婚、分家析产、继承、房屋买卖、房屋权属纠纷。

6. 被告为资不抵债的自然人、法人、其他组织。

7. 被告为改制中的国有、集体企业。

8. 申请保全的不动产在拆迁区划范围内(第5~8项应注意查明是否损害第三方利益)。

9. 原告或被告在他案中曾有虚假诉讼、恶意诉讼的。

二、关于诉讼主体的认定问题

借据中明确的出借人为债权人,没有明确的,持有借据等债权凭证的当事人推定为债权人,具有原告主体资格。被告对原告主体资格提出异议,并提供证据足以证明债权凭证的持有人并非债权人或者债权受让人的,可以裁定驳回起诉。借据上署名的借款人推定为债务人,具有被告主体资格。在案件审理过程中,发现有行为人虚构借款人或者以已注销的法人或者其他组织的名义借贷等被告不适格情形的,法院应告知原告变更被告,原告拒不变更或无法变更的,可以裁定驳回起诉。如查明被告属被借名、冒名且无过错的,应当判决驳回诉讼请求。③

经依法批准开展借贷业务的小额贷款公司、农民资金互助组织等具有一定金融性质的非金融企业,在批准的范围内签订的借贷合同认定有效。典当企业依据《典当管理办法》签订的设定质押、抵押担保的典当合同,应认定为借贷合同性质。以建筑工程项目工程部、不具有法人资格的企业分支机构名义出具借据的,应强化对证据的综合分析,防止非法利益合法化。与身份不符的资金来源要严格审查,实践中一部分非银行信贷机构如担保公司,为了规避经营范围的限制,以法定代表人或职工个人名义对外放贷,应予规制。

1. 关于企业间借贷关系的认定。④ 我们认为,可以在坚持资金自有性的基础上有条件的放开,即企业将自有资金出借给其他企业帮助其解决生产经营所急需资金的,认定为有效,孳息按照银行同期同类贷款基准利率计算。企业将从金融机构获取的信贷资金出借给其他企业以及存在其他违反国家金融监管法律法规的,未经依法批准从事借贷活动的投资公司、担保公司等非金融企业签订的借贷合同,依据最高人民法院《关于审理联营合同纠纷案件若干问题的解答》第4条第2项的有关规定认定为无效。⑤

---

① 参见江苏省高级人民法院苏高法审委[2009]45号《关于当前宏观经济形势下依法妥善审理非金融机构借贷合同纠纷案件若干问题的意见》。

② 何勇、宋文明:“厘清罪与非:浙江松绑民间借贷呼应‘新36条’”,载《中国经营报》2010年8月16日。

③ 参见浙江省高级人民法院浙高法[2009]297号“关于审理民间借贷纠纷案件若干问题的指导意见”。

④ 有学者建议采用民商分立的思路,将民间借贷区分为生活性借贷与生产经营性借贷,凡进行工商登记的主体所为借贷皆为生产经营性借贷,特定主体可举证否定。在企业与企业间的借贷定性上,属于商事借贷,在无效与有效之间,企业间借贷合同的效力附有条件,即企业间所达成的合同应登记公示方可生效,由此平衡国家、企业与投资者等各方利益。参见李政辉:“论民间借贷的规制模式及改进——以民商分立为线索”,载《法治研究》2011年第2期。

⑤ 参见江苏省高级人民法院苏高法审委[2009]45号《关于当前宏观经济形势下依法妥善审理非金融机构借贷合同纠纷案件若干问题的意见》。

企业之间签订买卖合同,约定"买方"向"卖方"交付"货款",合同履行期限届满后再由"卖方"向"买方"购回统一标的物,分别依照上述规定处理。

2. 关于夫妻债务的认定。[①] 婚姻关系存续期间,以夫妻一方名义向他人借贷,债权人未将配偶列为共同被告的,法院应通知债务人配偶参加诉讼,以利查明事实。借贷行为发生于婚姻关系存续期间,诉讼时已经离婚的,原告可以申请追加其原配偶为共同被告。婚姻关系存续期间,夫妻一方以个人名义借贷用于家庭日常生活的,应认定为夫妻共同债务;超出日常生活需要范围的,认定为个人债务,但下列情形除外:(1)债权人能够证明负债所得的财产用于家庭共同生活、经营所需的;(2)夫妻另一方事后对债务予以追认的。[②]

一个值得关注的新情况是,在民间借贷泛滥高发的时期,产业资本向金融资本转化趋势更加明显。除了雄厚的民间游资,还有资金富余的上市公司也开始把资金投向民间借贷业务,有的贷款收益甚至超过主业,据市场公开资料显示,截至今年8月31日,有64家上市公司发放170亿元委托贷款,同比增长38.2%,其中35家超过银行同期利率,武汉健民等公司利息收入甚至超过主业利润,且大部分借款人都是房地产开发企业。[③] 对于上市公司的这种行为是否需要进行规制尚需要进一步的探讨。

三、关于借贷证据的认定问题

民间借贷具有当事人较少、法律关系简单、证据单一、法律关系中一般不涉及第三人等特点,其主要证据就是借据,正因如此,实践中通过虚构债务经诉讼程序达到规避法律、逃避债务目的从而损害国家、集体以及其他人合法权益的情况时有发生。在民间借贷乱象丛生的情况下,我们尤其要注意不能机械适用证据规则,对民间借贷案件的全部证据,应从各证据与案件事实的关联度、证据间的互相印证等进行综合判断,不能片面认定证据或根据个人主观臆断取舍证据。对于仅有借据而再无其他证据印证的情况下,一般不宜认定存在借贷关系。较大金额以上的民间借贷关系,应当结合借据、银行资金往来的交付证据、企业会计记录等材料予以综合认定。

1. 借据的认定。就借据的审查而言,应把握借贷关系实践合同的性质,全面细致了解和调查借据的形成过程、借款原因和借款目的、债权人资金的具体来源、借款与还款的时间等,加强对借据记载内容真实性和合法性的审查。债务人对借据内容的笔迹或签章的真实性提出异议的,双方当事人可以提供补充证据或者反驳证据,法院应当根据双方提供的有效证据,结合案件的其他证据及相关情况,对借据的真实性进行综合审查判断。

当事人之间对因买卖、承揽、股权转让等其他法律关系产生的债务,经结算后,债务人以书面借据形式对债务予以确认,债权人据此提起诉讼,而债务人或担保人对基础法律关系的效力和履行事实提出抗辩并有证据证明纠纷确因其他法律关系引起的,原则上按照基础法律关系审理,但借据仍可以作为基础合同履行的重要证据。[④]

对于审判实践中的一些"特殊"借据的认定问题,譬如,银行汇款或转账清单上虽然有汇出数额、收款人姓名,但并不能证明此笔款项正是被告向原告所借款项;借据中出现特殊语言或出现歧义,如故意写错名字、将"玖"写成"玫",或是对"还"字的理解,则应按通常的理解和现实的交易习惯予以综合认定,这里更多的不是靠法律的规定,而是依赖于法官的社会知识和审判经验,才能由表及里、去伪存真。

2. 本金的认定。审查借据本金数额的真实性应综合全案证据和事实进行分析判断,包括:借据的记载内容是否当地民间借贷市场的普遍习惯;债权人能否合理说明借款发生的具体情况;陈述内容是否存在矛盾;债权人是否曾有类似交易前例;庭审言辞辩论的情况是否导致对债权人陈述的合理怀疑等。[⑤]

债权人主张现金交付、有借据没有交付证明的,应提供履行合同交付义务的证明,法官要严格审查债权人自身的经济状况,债权人与债务人之间的关系,交易习惯及相关证人证言等综合判断当事人的

---

① 有的法院建议在审查是否夫妻共同债务时从以下四点把握:一是审查夫妻有无共同举债的合意;二是审查夫妻是否分享了债务所带来的利益;三是对债权人和举债一方设定严格举证责任;四要主动审查债权人与举债债务人的关系、债务形成时夫妻关系现状、借款用途等,如果经审查能够确认是夫妻共同合意形成并且确实用于共同生产、生活的债务,应当由夫妻共同偿还,反之,则由个人偿还。参见无锡中院民一庭:《无锡中院就夫妻离婚或关系恶化期间对因单方意思形成的债务的认定处理提出建议》,载江苏高院网"全省法院信息"栏2009年5月19日。

② 参见浙江省高级人民法院浙高法[2009]297号《关于审理民间借贷纠纷案件若干问题的指导意见》。

③ "民间借贷背后的风险与需求",载 http://business.sohu.com/20110906/n318530385.shtml,访问时间:2011年9月18日。

④ 参见浙江省高级人民法院浙高法[2009]297号《关于审理民间借贷纠纷案件若干问题的指导意见》。

⑤ 参见江苏省高级人民法院苏高法审委[2009]45号《关于当前宏观经济形势下依法妥善审理非金融机构借贷合同纠纷案件若干问题的意见》。

主张能否成立,加强测谎等技术辅助手段的应用。对于当事人主张现金交付的事实以及主张对方提供了非法证据等情形,法院应当扩大依职权调查的范围,特别是大额的现金交付一来不符合日常习惯,二来有逃避金融监管之嫌,对此应当严格把关。

四、关于举证责任的分担问题

借贷合同的订立和款项交付是两项不同的事实,债权人对于自己主张的这两项事实均应承担相应的举证责任。原则上,债权人应当对借贷合意、借贷金额、期限、利率以及款项交付等承担证明责任,债务人主张借款本金、利息等债务已经归还或部分归还的,应当承担证明责任。民间借贷案情复杂,法官应根据具体案情灵活分担举证责任。

1. 对债权人能证明给付事实但不能提供借款协议,双方对借贷关系存在争议的,债权人应当就双方存在借贷关系进一步提供证据。对能够查明双方存在借贷关系的,按照民间借贷纠纷审理;查明债务属于其他法律关系引起的,法院应向当事人释明,由债权人变更诉讼请求和理由后,按其他法律关系审理,债权人坚持不予变更的,判决驳回诉讼请求。①

2. 对债权人能提供借款协议但无法证明给付事实的,将举证责任分配给主张协议已实际履行的债权人;对债权人能证明给付事实,也能提供借款协议,但债务人对借款协议或签名的真伪提出异议的,将申请鉴定的举证责任分配给主张协议虚假的债务人;对借款属于债务人个人债务还是夫妻共同债务不明的,将借款用于夫妻日常共同生活或经营的举证责任分配给债权人。②

债权人以借据主张债权,债务人抗辩称借据载明的借款金额包含利息或仅为利息,且提供的证据足以使法官对借据载明的本金数额产生合理怀疑的,可以确定由债权人就借据本金数额的真实性承担举证责任。③

3. 对需要通过司法鉴定确认借据是否真实的,双方均可申请鉴定,双方均不申请的,法院可根据具体案情作出处理:如果债权人仅凭借据起诉,没有其他证据佐证或者借据的真实性存在合理怀疑的,由债权人申请鉴定,债务人应提供笔迹比对样本。如果债权人提供的借据以及其他证据材料具备一定的可信性,债务人对借据的真实性提出异议,但未提供反驳依据的,由债务人申请鉴定。经依法释明,债权人或债务人不申请鉴定或不提供笔迹比对样本导致案件事实无法查清的,法院依法裁判。④

五、关于借贷利息的认定问题

对于借贷利息的认定,我们认为,无论以何种形式表现,借贷本金所有的借期收益和逾期收益,均应当以银行同期同类贷款基准利率4倍为限。⑤ 超出部分或冲抵本金,或不予保护,应把握此限进行计算和重新调整。

1. 借期利息。借款合同约定应当支付利息,未约定利率或约定不明的,按照银行同期同类贷款基准利率计算利息;已偿还部分超过4倍利率的,根据债务人的主张,冲抵本金;还款时约定不明的,优先冲抵利息。有证据证明债权人出示的借据系双方对前期借款本金和利息进行滚动结算后重新出具,计算复利的,折算后的实际利率没有超出4倍利率的,超出部分的利息应当抵扣本金。

民间借贷被认定无效后,债务人应当返还债权人借款本金,无过错的债权人要求债务人赔偿资金占用期间损失的,可参照人民银行同期同类贷款基准利率予以支持。

2. 逾期利息。逾期利率有约定的从其约定,超出4倍基准利率的不予保护;逾期利率没有约定或约定不明的,区分下列不同情况处理:如果仅约定借期利率未约定逾期利率的,债权人参照约定利率或根据人民银行关于罚息利率的规定,以约定利率上浮30%-50%的利率,主张逾期还款利息的,可以支持,但均以不超出4倍利率为限。如果既未约定借期

---

① 参见浙江省高级人民法院浙高法[2009]297号《关于审理民间借贷纠纷案件若干问题的指导意见》。

② 吕虹:"当前民间借贷案件存在的问题及审理对策",载《法制与社会》2011年第4期(下)。

③ 参见江苏省高级人民法院苏高法审委[2009]45号《关于当前宏观经济形势下依法妥善审理非金融机构借贷合同纠纷案件若干问题的意见》。

④ 参见浙江省高级人民法院浙高法[2009]297号《关于审理民间借贷纠纷案件若干问题的指导意见》。

⑤ 有观点认为,民间借贷的利率规定应当吸纳民商分立的精神:民事借贷的保护重心在于债务人,消费借贷者为现代社会的弱者,应保护其基本生活不受借贷影响,因此对民事借贷,现行利率上限过高,调整为银行同期贷款利率的两倍,并注重合同缔结过程的主观状态,对欺诈、胁迫、乘人之危等意思瑕疵原因持扩大解释立场;商事借贷的保护重心在于双方利益的平衡,从而债务人须承受较重的利息约定与追偿责任,因而对商事借贷,同期贷款利率4倍上限作为商业社会"习惯法"可坚持。参见李政辉:"论民间借贷的规制模式及改进——以民商分立为线索",载《法治研究》2011年第2期。上述观点具有一定合理性,就利率问题而言,如果国家制定出台类似《放贷人条例》这样的民间借贷专门法,可以考虑采取商事借贷与民事借贷分立的思路,以同期贷款利率4倍上限作为商事借贷利率上限,同时,适当降低纯民事借贷利率上限,可降低至同期贷款利率2倍;如果国家不单独制定民间借贷专门法,只是出台一些司法解释进行操作细化,则应继续坚持同期贷款利率4倍上限的"习惯法"调整民间借贷行为。

利率也未约定逾期利率的，债权人参照人民银行同期同类贷款基准利率主张自借款逾期之日起或者自权力主张之日起的利息损失的，应当予以支持。

3. 违约金。既约定逾期利率又约定违约金的，债权人可以选择主张逾期利息或违约金，但均以不超过4倍利率为限；债权人同时主张逾期利息和违约金，折算后的实际利率没有超出4倍利率的，均可以支持。

六、关于借贷担保的认定问题

典当企业出借款项未依法设定抵押或质押的，性质上属于违法。《典当管理办法》规定典当企业"不得从事信用贷款"等违法金融活动，否则借贷合同无效，但因抵押登记机构、城市建设规划调整等非因当事人过错原因的除外。债务人仅向典当企业提供保证担保的，借贷合同和保证合同均认定为无效。①

实践中，担保公司超出经营范围的限制，擅自兼营放贷业务，在审查借贷合同及保证合同时，尤其需要严格，发现此类情况不予支持，并向中小企业局及时通报，加强监管。

保证合同是借贷合同的从合同，主合同债务人涉嫌犯罪并不必然导致保证合同无效，保证人以主合同债务人涉嫌犯罪为由主张不承担保证责任的，在依法认定主合同效力的前提下，确认保证人的责任。

七、关于诉讼管辖和时效的问题

1. 管辖。根据最高人民法院《关于如何确定借款合同履行地问题的批复》（法复[1993]10号），债权人住所地为合同义务履行地，当事人另有约定的除外。被告下落不明的，由被告住所地或者其财产所在地法院管辖。有关企业涉及多起民间借贷纠纷案件，相关法院可向上级法院申请集中管辖。

2. 时效。时效其间的起算点有两种：一种是从借贷合同规定的偿还本金及利息的期限起算；另一种是没有约定清偿债务期限的，则应从债权人主张权利时起算。我们认为，借据上没有注明还款时间的，在债权人没有要求债务人还款及债务人没有承诺还款之前，均不受两年诉讼时效限制。在诉讼时效认定方面，不应轻易认定超过诉讼时效，如果有一定的证据证明时效中断，应认定时效中断。

八、关于民刑交叉的问题

案件审理过程中，双方或一方当事人以案件涉嫌集资诈骗或者非法吸收公众存款犯罪为由提出抗辩，法院经审查认为抗辩理由不足或缺乏依据，而当事人坚持抗辩主张的，应告知当事人向侦查机关报案；侦查机关立案受理的，法院应裁定驳回民事案件的起诉并将案件移动侦查机关；侦查机关不予立案的，案件继续审理。法院在审理过程中发现案件涉嫌集资诈骗或者非法吸收公众存款犯罪的，应当向侦查机关移送案件，侦查机关立案的，应裁定驳回民事案件的起诉；侦查机关不予立案的，案件继续审理。案件审结后发现涉嫌犯罪且公安机关已经立案侦查的，应中止执行，等待刑事犯罪案件侦查与追赃结果。破产企业存在非法集资行为的，对该部分移送有关机关处理，最终认定的非法集资金额，在进入破产财产分配阶段时列入第三顺序清偿。

在借款方已构成非法吸收公众存款罪或集资诈骗等罪的情况下，其与自然人订立的借款合同是否有效，实践中，有些法院倾向于认定借款合同无效，认为借款人已构成了犯罪，合同不可能有效。但我们认为，在此类借贷合同纠纷中，违反强制性规定的仅为借款人一方，认定合同无效并不有利于相应强制性规定规范目的的实现，并且认定合同无效反而有利于犯罪的借款人，因此应当认定合同有效。

关于建立和完善人民调解协议司法确认制度的报告

北京市高级人民法院民一庭②

我国《人民调解法》的实施，最高人民法院《关于人民调解协议司法确认程序的若干规定》（以下简称《若干规定》）的出台以及《民事诉讼法》的修改，确立了人民调解协议的司法确认程序，健全了人民调

① 参见江苏省高级人民法院苏高法审委[2009]45号《关于当前宏观经济形势下依法妥善审理非金融机构借贷合同纠纷案件若干问题的意见》。

② 撰稿人马军，北京市高级人民法院民一庭副庭长。

解与诉讼的衔接机制,标志着我国多元化纠纷解决机制的发展进入了一个新阶段。2012年8月31日全国人民代表大会通过了关于修改《民事诉讼法》的决定,修改后的《民事诉讼法》(以下简称《民事诉讼法》)专门在特别程序中规定了确认调解协议案件,为确认调解协议案件的审理提供了程序法依据。实践中,我市法院积极落实和努力探索人民调解协议司法确认制度,积累了一定的经验。经过调研,我们发现在适用"确认调解协议案件"法律规定的审判过程中仍然存在诸多需要进一步规范、解释和细化操作的实践问题,这些问题直接影响着人民调解协议司法确认制度作用的发挥,也影响着审判实践中执法尺度的统一,亟须修改和完善。现结合我市法院审判实际,就人民调解协议司法确认制度贯彻落实中的相关问题总结报告如下:

一、人民调解协议司法确认制度的作用和特点

(一)人民调解协议司法确认制度对多元化纠纷解决机制的构建发挥着重要作用

中央和最高法院十分重视在创新社会管理层面发展非诉讼纠纷解决机制,并将重视转化为历年来多项举措的陆续出台。最高人民法院于2009年出台了《关于建立健全诉讼与非诉讼相衔接的矛盾纠纷解决机制的若干意见》,对各类调解与诉讼的衔接机制、各类仲裁与诉讼的衔接机制进行了规范,扩大了赋予合同效力的调解协议的范围,允许当事人申请确认和执行调解协议。全国人大常委会于2010年制定了《人民调解法》,确立了落实大调解格局下诉讼与非诉讼对接保障的"司法确认"制度。最高法院于2011年3月出台了《若干规定》,并于2011年7月发布了《人民调解协议司法确认程序文书样式》,为审判工作制定了较为具体的操作规范。《民事诉讼法》进一步促进了司法确认制度的使用和推广,有力地推动了诉讼与非诉讼衔接机制的建立,对多元化纠纷解决机制的构建发挥着重要作用。

(二)人民调解协议司法确认制度体现了"省钱、省力、省时"等诸多便民特征

人民调解协议司法确认制度是我国在推动建立健全诉讼与非诉讼相衔接的矛盾纠纷解决机制过程中取得的阶段性胜利成果,具有以下鲜明特点:第一,省钱。人民法院审理人民调解协议司法确认案件不收取当事人费用,降低了当事人的诉讼成本。第二,省力。一是当事人在达成调解协议后,如果认为有必要进行司法确认的,可以就近申请确认。基层人民法院与人民调解组织联系密切,地理位置也更近,当事人如果选择到基层人民法院申请确认,基层人民法院应当依法及时受理并审查。二是要求人民法院尽可能减少当事人往返法院的次数,在受理的时候,具备确认条件的,可以当场作出调解协议有效的裁定。当事人同时到法院的,如果条件成熟,法院应当立即予以审查确认。即使不能当即作出裁定,法院也应尽量当即决定是否受理,尽量减少当事人往返法院的次数。第三,省时。人民法院受理司法确认案件时的审查期限不超过3天,受理后的审查期限也比较短。为了在较短的时间内完成确认工作,当事人应当积极配合人民法院,按照要求及时提交有关材料,如司法确认申请书、调解协议和身份证明、资格证明,以及与调解协议相关的财产权利证明等证明材料,并提供双方当事人的送达地址、电话号码等联系方式。委托他人代为申请的,必须向人民法院提交由委托人签名或者盖章的授权委托书。

二、实践中人民调解协议司法确认制度遇到的困难和问题

实践中,由于法律和最高法院司法解释关于人民调解协议司法确认制度的部分规定不尽周延、缺乏操作性,加之法院系统现行绩效考核机制存在的弊端等因素,致使人民调解协议司法确认制度在贯彻执行中遇到了一些困难和问题。主要表现在以下几个方面:

1. 人民调解协议司法确认制度尚未真正发挥作用。据统计,2011年我市人民调解组织共受理案件263,174件,调解成功达成书面人民调解协议的44,832件,而我市法院实际受理的申请确认人民调解协议案件仅23件。分析而言,除因案由不规范导致的统计方面的原因及现行绩效考核机制导致的法院不愿意以人民调解协议确认案件结案原因外,法律规范中关于人民调解协议司法确认制度的部分规定不尽周延、缺乏操作性也在一定程度上影响着司法确认制度的发挥,下文中将具体论述。

2. 执法尺度不统一。由于《若干规定》的相关规定不明确,导致实践中不同法院的认识和做法不尽一致,影响此类案件的审判质量。比如,《若干规定》第6条规定,人民法院受理司法确认申请后,应当指定一名审判人员对调解协议进行审查。由于该条规定没有明确具体由哪个部门的审判人员负责审查,实践中,各院的做法不一,既有立案庭、审判庭,也有调解办等专门部门,需要进一步明确与规范。而《民事诉讼法》亦未对此作出明确规定。

3. 法律适用问题。《若干规定》制定在先,内容较为丰富,《民事诉讼法》修订在后,层级较高,内容较为原则,且与《若干规定》的有关规定并不一致。在审判实践中,如何适用《若干规定》和《民事诉讼法》的有关规定,需要加以规范和明确。

4. 相关救济程序规定的缺失。《人民调解法》和《若干规定》虽然赋予了案外人申请撤销权，但并未明确规定当事人认为生效裁定存在错误时如何救济。并且，上述规定与《民事诉讼法》亦存在如何衔接适用的问题。实践中有观点认为裁定仅是对调解协议效力的确认，无须赋予当事人救济途径。然而，由于裁定与当事人的利益密切相关，裁定一旦作出，即具有等同于判决书和调解书一样的执行效力，如果裁定存在错误，势必会损害当事人的合法权益，因此有必要为当事人提供一个救济渠道，这样才能更为全面地保护当事人的合法权益。

5. 法院对调解协议司法确认案件进行审查的规定过于笼统。《民事诉讼法》仅对确认调解协议案件规定了两条内容，《若干规定》也未对法院审查司法确认协议案件的内容进行详细的规定。司法确认中涉及当事人恶意串通，损害第三人利益的，法院如何处理；当事人要求出具调解书，法院如何处理；驳回申请的裁定如何论述等问题，都需要进一步明确与规范。

三、进一步完善人民调解协议司法确认制度的意见和建议

为规范人民调解协议司法确认案件的审理，促进执法尺度的统一，更好地实现人民调解与诉讼的相互衔接，现结合审判实际，就如何进一步完善人民调解协议司法确认制度提出如下意见和建议：

（一）人民调解协议司法确认案件的管辖问题

《人民调解法》对人民调解委员会的受案范围未做限制。《若干规定》第2条及第4条，对司法确认案件的管辖作出了相应规定，即司法确认案件的管辖受理，完全取决于出具该人民调解协议的人民调解委员会是否在该基层法院辖区范围内，同时该案属于人民法院处理的民事案件范围、属于该受申请人民法院管辖。根据民事诉讼法的规定，法院的受案范围有地域管辖等一般性受案条件，以及专属管辖等限制条件，各高级法院对某些案件也有标的数额等级别限制。实践中，如果人民调解协议确由辖区内的人民调解委员会出具，但司法确认案件的当事人条件、争议标的等均不符合该法院的一般性管辖条件，或者突破了专属管辖限制，应如何掌握？《若干规定》第4条的"不属于接受申请的人民法院管辖"是否仅指第2条所要求的人民调解委员会所在地条件？我们认为，司法确认程序对于确认调解协议案件的管辖法院已有明确的规定，因此，在目前的情况下，应当按照该规定，由调解组织所在地基层人民法院受理确认申请。并且，从调研的实际情况来看，经过人民调解组织调解达成协议的案件涉及的法律关系一般相对简单，涉及的金额较小，且案件类型也较为集中，即主要是婚姻家庭、相邻关系、物业纠纷、劳动争议以及损害赔偿等几大类，因此，将此类案件统一交由调解组织所在地的基层人民法院管辖，一般也不会与民事诉讼法中关于管辖的规定相冲突。

（二）人民调解协议司法确认特别程序与普通诉讼程序冲突问题的解决

《人民调解法》第32条和第33条分别赋予了调解协议当事人两种救济途径，即向人民法院提起诉讼或申请确认调解协议的效力。实践中存在当事人同时选择两种程序的可能。如果在人民法院受理确认调解协议申请后，尚未作出裁定之前，一方当事人就调解协议的履行或者调解协议的内容另行提起诉讼的，如何处理？我们认为，人民法院应当告知当事人可以选择确认程序或诉讼程序主张权利，但不能同时启动两种程序。经告知后，如果当事人坚持起诉的，可以视为双方当事人并未就申请司法确认事宜达成一致意见，人民法院应当裁定终结特别程序。

（三）人民法院审查确认调解协议案件的部门，审查的原则、方法和范围

就人民法院审查确认调解协议案件的部门问题，《若干规定》第6条规定，人民法院受理司法确认申请后，应当指定一名审判人员对调解协议进行审查。由于《若干规定》没有明确具体由人民法院哪个部门的审判人员负责审查，实践中，各院的做法不一，既有立案庭、审判庭，也有调解办等专门部门。我们认为：第一，应当坚持立审分离的原则，立案庭不应负责此类案件的审理；第二，应根据调解协议所涉及法律关系的类型交由相应审判庭审理。

就审查原则而言，根据《若干规定》第6条的规定，人民法院对调解协议的审查不应当仅仅限于程序审查，而且应当对实体处理是否公平作出判断。就审查方法而言，为确保调解协议在实体和程序方面没有瑕疵，人民法院应当通知双方当事人同时到庭，当面询问当事人是否理解协议内容以及相应的法律后果，同时可根据审查的需要要求当事人补充陈述、提供证据、作出解释。就审查范围而言，人民法院在审查调解协议时，还要考虑该调解协议是否侵害案外人的利益。如果人民法院认为调解协议可能侵害案外人的利益但现有证据又无法证明的，人民法院可以要求当事人提供该案外人对调解协议认可或无异议的相关证据，当事人不能够提供的，人民法院应当不予确认调解协议效力，裁定驳回申请。

（四）实践中，无法对人民调解协议效力进行确认的案件类型

虽然《民事诉讼法》对此未作出明确规定，但可以借鉴《若干规定》第7条的规定，人民法院经查审，对于违反法律、行政法规强制性规定的；侵害国家利益、社会公共利益的；侵害案外人合法权益的；损害社会公序良俗的；内容不明确，无法确认的；其他不能进行司法确认的情形的，不予确认调解协议效力，裁定驳回申请。

（五）人民法院书写驳回申请裁定的要求

人民法院经审查作出驳回申请裁定时，应当在裁定中写明原因和理由。

但是，对于因调解协议内容存在不明确、无法确认等情形而驳回申请的案件，裁定中不宜对调解协议效力作出评价。因为《若干规定》第7条列举了人民法院不予确认调解协议效力的六种情形，但这六种情形的性质并不完全相同，对调解协议效力的影响也不同。比如，如果调解协议侵害国家利益、社会公共利益的，人民法院应当在驳回裁定中明确调解协议无效；但如果仅是因调解协议内容不明确的，人民法院不应当对调解协议的效力作出评价。而实践中，有些法院一概将存在无法确认情形而驳回申请的案件确定为无效，这是不妥当的。

此外，人民法院作出驳回申请裁定后，可根据情况告知当事人有权再次通过人民调解方式变更原调解协议或者达成新的调解协议，也可以向人民法院提起诉讼。此种做法的目的在于明确当事人对驳回申请的救济途径，因为根据现有法律、司法解释的立法设计，人民法院不予确认调解协议效力的，当事人不能就此提出上诉或复议申请。当事人的救济途径包括以下两种：一是通过人民调解方式变更原调解协议或者达成新的调解协议后重新申请人民法院确认；二是就双方争议的纠纷向人民法院提起诉讼。

（六）人民调解协议司法确认的强制执行力问题

《人民调解法》规定："人民法院依法确认调解协议有效，一方当事人拒绝履行或者未全部履行的，当事人可向人民法院申请强制执行。"可见现行法律和司法解释，是通过裁定的方式赋予人民调解协议强制执行力。而审判实践中，由于现行的司法确认文书制作较为粗略，只对相关调解协议进行形式确认，没有进行具体内容的确认，可能导致执行操作困难。因此，建议对人民调解协议司法确认文书进行相应的规范和完善，对有履行内容的调解协议，在裁定上写明或口头告知当事人不依约履行的法律后果，督促当事人自动履行调解协议。对调解协议内容约定不明，难以或者不宜执行的，人民法院可以建议当事人变更调解协议内容，因为虽然协议内容不违法，但不能执行会使调解协议落空，如当事人不变更调解协议，则由其自行承担相应后果，人民法院可以内容不明确，无法确认为由裁定驳回申请。

（七）人民调解协议司法确认裁定书存在错误时的救济途径

《人民调解法》和《若干规定》并未明确规定当事人认为生效确认裁定存在错误时如何救济。实践中有观点认为确认裁定仅是对调解协议的确认，无须赋予当事人救济途径。我们认为，每一个程序的设置都应该有相应的救济途径作为补充，这样才能更为全面地保护当事人的合法权益。由于确认裁定与当事人的利益密切相关，裁定一旦作出，即具有等同于判决书和调解书一样的执行效力，如果确认调解协议裁定存在错误，势必会损害当事人的合法权益，因此有必要为当事人提供一个救济渠道。需要说明的是，鉴于确认调解协议的裁定系一类新型的司法文书形式，当事人不具有上诉权，因此撤销该裁定时，为保持程序上的一致性，宜同样采取裁定的形式，第三人可依《民事诉讼法》第56条提起第三人撤销之诉，当事人可依审判监督程序行使诉讼权利。

（八）人民法院审查并处理通过调解方式侵害他人合法权益的行为

由于出现一些当事人滥用诉权，导致虚假诉讼、恶意诉讼在司法实践中频繁发生，尤其通过调解合谋虚构债务，转移债务人财产，侵害他人合法权益等。在当事人经人民调解后自行达成的调解协议中，事实毫无争议，实际却违背诚实信用原则，虚假、恶意通过诉讼来达到侵害他人的目的。人民法院经审查发现当事人之间恶意串通，企图通过调解方式侵害他人合法权益的，应作出驳回申请的裁定，并可依据《民事诉讼法》第112条规定，根据情节轻重予以罚款、拘留；构成犯罪的，依法追究刑事责任。

（九）人民调解协议司法确认制度的扩大适用

人民调解和行业调解均属于非诉讼调解的重要内容。就性质而言，人民调解协议与行业调解协议并无不同，均具有民事合同的性质。这两种调解方式的主要区别在于调解的主体不同，但这并不影响调解协议的合同属性。因此，将人民调解协议的司法确认扩大适用于行业调解并无法理上的障碍。而且，这样有助于进一步提高人们利用行业调解解决纠纷的积极性，促进民事大调解机制的建立和完善。

关于审理建设工程施工合同纠纷案件适用法律问题的调研报告

北京市高级人民法院民一庭①

建设工程施工合同纠纷因其法律关系复杂、专业性强、审理周期长、与广大人民群众的基本人身和财产安全密切相关等特点，一直是民事审判中的难点所在。我国《合同法》第16章对建设工程合同进行单独的规定。最高人民法院《关于审理建设工程施工合同纠纷案件适用法律问题的解释》（以下简称《解释》）对建设工程施工合同的效力、结算依据及违约责任等问题均作出了详细的规定，起到了很好的定分止争的作用。由于我国建筑市场尚不完善，借用资质、违法分包、转包的现象屡见不鲜，相应法律制度亦不健全，其纠纷的处理又事关工程质量安全以及广大农民工的生存利益，矛盾尖锐容易激化，并且，由于级别管辖的调整，我市基层法院受理了大量大标的建设工程纠纷案件，审判该类案件的经验相对缺乏，上述诸多原因导致我市法院在审理此类纠纷中存在法律适用不统一，甚至“同案不同判”现象的发生，损害了司法的公正性与权威性，影响了民事审判质量和效率的提高以及“司法为民”服务宗旨的实现。

为妥善处理建设工程施工合同纠纷，统一审判标准和裁判尺度，维护社会和谐与稳定，市高院民一庭根据调查分析，将“建设工程施工合同纠纷案件中的疑难问题与司法对策”确定为2011年的重点调研课题。此后，民一庭根据审判和调研相结合的思路成立了课题组，调阅大量案卷，广泛收集了理论与实践资料，先后多次前往两个中院及多个基层法院进行了调研。在此基础上，根据合同法、物权法及有关法律、司法解释和民商法的基本理论，总结审判实践经验，吸收两个中院及外地法院已有研究成果，广泛向全市法院征求意见，与北京仲裁委员会、北京市住房和城乡建设委员会等相关部门进行座谈和沟通，最终形成《北京市高级人民法院关于审理建设工程施工合同纠纷案件若干疑难问题的解答》，并形成本调研报告。

一、建设工程施工合同纠纷案件的受理情况及特点

据不完全统计，2009年度（2008年12月21日—2009年12月20日），我市法院共受理一审建设工程合同纠纷案件3987件，审结3926件；受理二审建设工程合同纠纷案件958件，审结958件；2010年度（2009年12月21日—2010年12月20日），我市法院共受理一审建设工程合同纠纷案件3685件，审结3578件；受理二审建设工程合同纠纷案件911件，审结911件；2011年度（2010年12月21日—2011年12月20日），我市法院共受理一审建设工程合同纠纷案件3454件，审结3126件；受理二审建设工程合同纠纷案件859件，审结849件。从近三年受理案件的数量来看，建设工程合同纠纷案件在我市民事案件中绝对数量较大，收案数量整体呈稳中有降的趋势。

经调研，建设工程施工合同纠纷案件存在以下特点：

1. 案件诉讼标的大、法律关系复杂，审判争议大。建设工程施工合同案件中标的达到千万元以上的案件较多，在民事大标的案件中所占比例较高。该类案件法律关系复杂主要体现在合同的签订主体、承包方式及纠纷类型的多样化。建设工程施工合同签订的主体涉及发包人、总包人、分包人、转包人、挂靠人、被挂靠人，包括法人、非法人企业、个人合伙、包工头、个人等不同主体。从承包方式上有总包、联合承包、合法分包、违法分包、转包、劳务承包、内部承包等不同承包方式。从纠纷类型看包括合同效力争议、工程款结算争议、工程质量争议、工期争议、工程优先权争议等。因此对于该类案件如何处理实践中存在较大争议，不同法院甚至同一法院不同庭室之间也存在不同认识，因认识不同导致案件发回改判的数量较大。

2. 案件审理的专业性较强，审理周期相对较长。审判实践中经常涉及工程造价、工程是否存在质量

① 撰稿人陈旻，北京市高级人民法院民一庭法官。

问题、质量修复等专业性问题,需要委托司法鉴定机构进行评估、鉴定,导致审判周期在民事案件中相对较长,案件审理对鉴定的依赖性很强,甚至出现“以鉴代审”的情况。

3. 建筑市场不规范,涉及社会不稳定因素较多,给审理造成一定困难。我国建筑市场比较混乱,黑白合同、虚假招投标、违法分包、转包、挂靠现象普遍存在。因此,建设工程施工合同纠纷处理不当容易引发各种社会不稳定因素。如工程款纠纷案件,涉及农民工工资拖欠的问题,又如工程质量纠纷,涉及广大人民群众的人身财产安全等。

二、建设工程施工合同纠纷案件审理中的疑难问题

经调研发现,建设工程施工合同纠纷审理中的疑难问题主要包括以下几类:

1. 建设工程施工合同效力争议

建设工程施工合同效力问题是审理该类案件的首要问题。主要包括:涉及“三无”工程的施工合同的效力;借用资质签订合同的效力;违法分包、转包合同的效力;劳务分包合同和内部合同的效力;小额施工合同和住宅装饰装修合同的效力认定等。

2. 建设工程价款结算争议

建设工程价款的确定和支付是建设工程施工合同纠纷的核心争议。主要包括:结算协议的效力;固定价合同的结算;黑白合同的结算;无效合同的结算;实际施工人主张工程款的处理;挂靠施工人主张工程款的处理等。

3. 建设工程工期和质量责任争议

建设工程的工期和质量问题是该类纠纷的重要争议之一。主要包括:开竣工时间的认定;工期顺延的认定;发包人提出质量争议的处理;质量缺陷修复费用的承担;保修条款的认定等。

4. 工程质量和造价鉴定争议

建设工程施工合同纠纷专业性较强,审理中往往需要委托司法鉴定,由此产生的争议较多。主要包括:当事人申请鉴定的处理;拒不申请和配合鉴定的后果;诉前共同委托鉴定的效力;法院与鉴定机关的职权划分等。

5. 民事责任承担争议

民事责任承担是建设工程施工合同纠纷的常见争议。主要包括:当事人主张违约金和利息的计算;合同解除可得利益损失的赔偿;拒绝交付工程的处理;合作开发房地产合同的责任承担等。

三、审理建设工程施工合同纠纷案件的指导思想与对策

经调研,我们认为,审理建设工程施工合同纠纷应遵循以下的指导思想:一是坚持建设工程质量第一原则。“百年大计、质量第一”,应当始终将建设工程质量是否合格作为审理该类案件的核心,也是工程款给付的前提。经审查工程质量合格的,无论合同是否有效,发包人均应当支付工程款,质量不合格的,承包人无权主张工程款。二是坚持公平与诚实信用原则,维护和引导建筑市场的健康有序发展。一方面通过认定合同无效的方式对于建筑市场常见的挂靠、违法分包、转包、黑白合同等违法行为施以否定性的评价,另一方面尊重当事人的真实意思表示,不允许当事人无正当理由要求推翻已经签订的合同或达成的结算,使其不能从不诚信的行为中获利。三是在保护各方利益的前提下向相对弱势方适度倾斜原则。目前我国建筑市场上施工方在合同签订和结算中处于相对弱势的地位,拖欠工程款及农民工工资的情况比较严重,因此在诉讼主体的确定、举证责任的承担、结算标准的确定等方面应当对施工方予以适度倾斜性的保护,进而保护农民工的合法权益。

针对建设工程施工合同纠纷案件中的常见疑难问题,我们研究提出若干对策,主要如下:

(一)建设工程施工合同效力的认定

施工合同的效力问题是审理该类案件应当首要审查的内容。

1. 几类典型无效施工合同的认定

依据《城乡规划法》的相关规定,在规划区域内建设项目,建设单位应当取得建设用地、工程规划许可证等行政审批手续。未取得建设审批手续的建设项目性质上属于违法建筑,就违法建筑签订的建设工程施工合同违反了法律的强制性规定,规避国家监管,直接危及人民群众的生命财产安全,损害了国家和社会公共利益,发包人就尚未取得建设用地、工程规划许可证等行政审批手续的工程,与承包人签订的建设工程施工合同无效。

最高法院《解释》第1条第二款规定:没有资质的实际施工人借用有资质的建筑施工企业名义签订的施工合同无效。我们认为,实践中借用资质行为(俗称“挂靠”)主要包括四种类型:(1)不具有从事建筑活动主体资格的个人、合伙组织或企业以具备从事建筑活动资格的建筑施工企业的名义承揽工程;(2)资质等级低的建筑施工企业以资质等级高的建筑施工企业的名义承揽工程;(3)不具有施工总承包资质的建筑施工企业以具有施工总承包资质的建筑施工企业的名义承揽工程;(4)有资质的建筑施工企业通过名义上的联营、合作、内部承包等其他方式变相允许他人以本企业的名义承揽工程。

《解释》第1条第三款规定：必须进行招标的建设工程而未招标所签订的施工合同无效。实践中对于认定工程是否属于必须招标工程的法律依据存在争议，我们认为，前述《解释》规定的“必须进行招标”的建设工程的认定应当依据《招标投标法》第3条的规定和原国家发展计划委员会《工程建设项目招标范围和规模标准规定》的相关规定予以确定。法律、行政法规有新规定的，适用其新规定。

2. 劳务分包和内部承包合同的认定和效力

劳务作业分包，是指承包人将其承包工程中的劳务作业发包给劳务分包企业完成的活动。最高法院《解释》第7条规定：具有劳务作业法定资质的承包人与总承包人、分包人签订的劳务分包合同有效。实践中当事人经常采取扩大劳务分包等方式，变相规避法律、法规对于转包、违法分包的禁止性规定。我们认为，认定劳务分包合同有效应当同时符合承包人具备相应劳务作业资质、作业范围是规定中的十三种劳务作业，承包方式不是包工包料三个要件，不符合条件之一的，不属于有效的劳务分包。

实践中，承包人将工程交由企业的项目经理等职工个人承包施工的情形非常普遍。我们认为，承包人的上述行为属于企业的内部承包行为，内部承包是施工企业的重要经营方式，企业对工程施工过程及质量进行管理，对外承担施工合同权利义务，内部承包人根据内部约定上缴利润后提取一定比例的提成，不属于法律禁止的工程转包、挂靠行为，内部承包人没有施工资质也不影响施工合同的效力。

3. 小额施工合同的认定和效力

依据《建筑法》等相关法律规定，建设工程是指土木工程、建筑工程、构筑物工程、线路管道和设备安装工程及建筑装饰装修工程。实践中，当事人经常对就小额工程、农民低层住宅、家庭住宅装饰装修签订的施工合同的性质和效力存在争议。我们认为，《建筑法》第83条规定小额建筑工程、农民自建低层住宅不适用于该法，并且，上述工程具有建筑规模较小、价值较低、工程建筑难度不大，对施工人要求不高的特征，因此，将该部分工程归入《建筑法》规定意义上的建设工程，既与法律规定相悖，实践中也不必要。因此，上述工程性质上应属于承揽合同，当事人以施工人缺乏相应资质为由，主张合同无效的，不应支持。

（二）建设工程价款的确定和支付。

建设工程价款的确定和支付是建设工程施工合同纠纷的主要争议焦点。

1. 结算协议的效力

工程竣工后，当事人已就工程款的结算达成协议，我们认为，只要该结算协议不存在《合同法》第52条、54条规定的无效或可撤销的情形，该结算协议即具有法律约束力，任何一方不得反悔，要求重新结算，并且，即使施工合同被认定为无效，只要工程质量合格，依据最高法院《解释》第2条合同无效可以参照合同约定支付工程款的规定精神，施工合同无效并不影响结算协议的效力。

2. 当事人在签证文件上签字盖章的效力

施工合同的履行周期较长，双方当事人在此期间就工程量、价款洽商变更等问题会产生大量的签证文件，诉讼中当事人经常对签证上签字盖章的效力存在争议。我们认为，第一，不同的公章均有其通常自身功能的使用范围，在该范围内使用的对当事人具有约束力，反之则不具有约束力，如果公章是私刻、伪造的，原则上对当事人不具有约束力。第二，建设部《建筑施工企业项目经理资质管理办法》第2条的规定：“项目经理是指受企业法定代表人委托对工程项目施工过程全面负责的项目管理者，是建筑施工企业法定代表人在工程项目上的代表人”。因此，项目经理在结算报告及洽商变更等签证文件上签字确认或加盖项目部公章的，属于职务行为，对承包人具有约束力。第三，合同对有权签字确认的具体人员有约定的，依照其约定，没有约定的，只要双方人员的签字确认是其职务行为的，对当事人具有约束力。第四，对监理人员签字确认的效力应当作合理区分，一般而言，涉及工程量、工期及工程质量等事实确定的，对发包人具有约束力，涉及工程价款洽商变更等经济决策的，对发包人不具有约束力。

3. 固定价格合同的结算问题

固定价格合同，是指当事人双方在合同专用条款内约定合同价款包含的风险范围和风险费用的计算方法，在约定的风险范围内合同价款不再调整的合同。实践中，固定价格合同的结算争议主要体现在以下方面：一是合同履行过程中，工程发生设计变更或主要建筑材料价格发生重大变化，一方要求调整工程款的如何处理？我们认为，工程发生设计变更导致工程量增减或质量标准发生变化，或者主要建筑材料价格发生重大变化，超出了正常市场风险的范畴，合同对此没有特殊约定的，上述情况的发生均不包括在合同正常的风险范围内，依据公平原则，应当对工程价款予以适当调整，具体调整方式应当参照施工地的建设行政主管部门或行业协会的意见进行处理。二是“半截子”工程的结算如何处理？我们认为,施工合同采用固定总价的计价方式决定了通常无法直接依据合同约定计算已完工程的价款,因此,可以参考司法实践中的惯常做法,采取"按比例折算"的方式确定已完工程价款,即由鉴定机构在相应同一标准下分别计算出已完工程部分的价款和整个合同约定工程的总价款,两者对比计算出相应系数,再用合同约定的固定价乘以该系数确定发包人应付的工程款。

4."黑白合同"的结算问题

最高法院《解释》第21条规定:当事人就同一建设工程另行订立的建设工程施工合同与经过备案的中标合同实质性内容不一致的,应当以备案的中标合同作为结算工程价款的根据。对于必须招标的工程应当以备案的中标合同作为结算依据不存在争议,但对于不是必须招标的工程是否适用该规定,实践中存在争议。我们认为,对于不是必须招标的工程,应当根据当事人是否实际依法进行了招投标程序区别对待。依据《招标投标法》第46条的规定,招投标双方不得再行订立背离合同实质性内容的其他协议。因此,如果当事人依法自愿进行招投标程序并办理了备案手续,应当受到《招标投标法》的规制,双方另行签订的变更实质性内容的协议属于前述司法解释规定的"黑合同",不能作为结算依据。如果双方实际未进行招投标,只是根据当地建设行政管理部门的要求将签订的施工合同进行了备案,这里的"备案"属于行政机关的管理措施,备案与否并不影响施工合同的效力。因此,虽然当事人实际履行的合同与备案合同有实质性内容变更,也不属于黑白合同的问题,仍应当以当事人实际履行的合同作为结算依据。

关于"黑白合同"的实质性内容变更,我们认为,建设工程施工合同的实质性内容主要包括工程价款、计价方式、施工工期、质量标准几个方面,这也是施工合同中规范当事人权利义务的核心条款。招投标双方另行签订的变更上述内容的协议,属于最高法院《解释》第21条规定的实质性内容变更,否则即属于合同正常性的变更。

5.无效施工合同的处理

最高法院《解释》第2条规定承包人可以请求参照无效合同约定支付工程价款。我们认为,根据权利对等原则,发包人作为施工合同的相对方也当然有权要求参照合同约定支付工程款。另外,依据该司法解释的精神,工程价款可以参照施工合同的约定支付,同样作为合同实质性内容的工期、质量,当事人存在争议的,也可以参照合同约定予以确定。

6."实际施工人"的范围和结算依据

最高法院《解释》第26条规定:实际施工人可以发包人为被告主张权利。实践中对"实际施工人"的范围存在界定不清,甚至滥用的现象。我们认为,实际施工人是该司法解释创设的新概念,是指无效合同中实际进行施工的单位或者个人,其规定的目的主要在于当与实际施工人有合同关系的相对人因下落不明、破产、资信状况恶化等原因缺乏支付能力时,为实际施工人主张工程价款提供特殊救济途径,即准许实际施工人突破合同相对性,提起以发包人为被告的诉讼。因此,这里的"实际施工人"是指违法分包合同的承包人、转承包人,是最终实际投入资金、材料和劳力进行工程施工的法人、非法人企业、个人合伙、包工头等民事主体。对于不符合前述条件的当事人以"实际施工人"名义提起诉讼的,应当不予受理,已经受理的,应当裁定驳回起诉。

最高法院《解释》第26条规定:实际施工人以转包人、违法分包人为被告起诉的,应当依法受理。实际施工人以发包人为被告主张权利的,可以追加转包人或者违法分包人为本案当事人,发包人在欠付工程价款范围内对实际施工人承担责任。对于该条文如何理解,我们认为,实际施工人以违法分包人、转包人为被告要求支付工程款的,法院一般不应追加发包人为案件当事人;实际施工人以发包人为被告要求支付工程款的,法院一般应当追加违法分包人或转包人作为共同被告参加诉讼。发包人在其欠付转包人或违法分包人工程款本金的范围内承担连带责任。发包人以其未欠付工程款为由提出抗辩的,应当对此承担举证责任。

7.挂靠施工人主张权利的诉讼主体和结算依据

实践中,挂靠施工人借用有资质的建筑施工企业(被挂靠人)名义签订施工合同,发包人欠付工程款的,一般由被挂靠人作为原告主张权利,但对于被挂靠人怠于主张权利,如何保护挂靠施工人的权利存在争议。我们认为,挂靠施工人是投入资金、材料和劳力进行施工的实际施工人,在被挂靠人怠于主张工程款债权时,应当允许挂靠施工人以自己名义起诉要求发包人支付工程款,至于被挂靠人作为挂靠协议及施工合同的一方,应当根据当事人的主张作为案件当事人参加诉讼。关于结算依据,我们认为,应当参照挂靠协议约定的标准进行结算,没有约定的,可以参照施工合同约定的标准进行结算。

(三)建设工程工期和质量责任的认定

建设工程的工期和质量争议在建设工程施工合同纠纷中非常普遍。

1. 已签订结算协议的工期和质量问题

当事人已经签订结算协议，一方又主张对方存在工期和质量上的违约行为，要求索赔应如何处理？我们认为，结算协议是当事人双方在工程竣工验收合格后，就合同履行过程中发生的价款、工期、质量等所有争议一揽子解决所达成的协议，因此，在结算协议没有特殊约定的情况下，一方当事人在结算协议生效后再提起工期、质量等索赔要求的，与结算协议的目的和性质相悖，不应得到支持。

2. 建设工程工期的确定及顺延

工程日期是建设工程合同的履行期限。实践中，工程的实际开竣工时间与合同约定的时间往往不符，而实际开竣工时间的确定是认定承包人是否按期竣工的前提。我们认为，依据工程惯例，工程实际开工日期的确定，一般以发包人签发的开工令载明的开工时间为依据，对于工程未能按期开工的，应当根据开工迟延的原因确定开工时间，因发包人原因导致开工条件并不具备的，以开工条件具备的时间确定开工日期；因承包方原因导致实际开工时间推迟的，以开工令载明的时间为开工日期。关于实际竣工日期，应当依据最高法院《解释》第 14 条的规定予以确定。

《合同法》第 283 条规定，发包人未按照约定的时间和要求提供原材料、设备、场地、资金、技术资料的，承包人可以顺延工程日期。我们认为，因发包人拖欠工程预付款、进度款、迟延提供施工图纸、场地及原材料、变更设计等行为导致工程延误，合同明确约定顺延工期应当经发包人签证确认，经审查承包人虽未取得工期顺延的签证确认，但其在合同约定的办理期限内向发包人主张过工期顺延，或者发包人的上述行为确实严重影响施工进度的，承包人有权主张顺延相应工期。

3. 建设工程质量责任的认定

工程质量合格是承包人主张工程款的前提。承包人追索工程款的纠纷中，发包人一般都会主张工程存在质量问题，对于该主张是反诉还是抗辩，实践中一直存在争议，亟待统一。我们认为，应当根据工程是否已经竣工验收合格作相应的区分。对于已经竣工验收合格或实际使用的工程存在质量问题的，一般应属于工程保修的范围，发包人应当依据建设工程保修的相关规定要求承包人承担保修责任或者赔偿修复费用等实际损失，该诉求明确具体，具备民事诉讼法规定的“诉”的全部要件，属于独立的诉，应当通过反诉或另诉，而不是抗辩处理。对于尚未进行竣工验收也未实际使用的工程，则应当根据发包人主张的内容进行判断，如果发包人以工程质量不符合约定为由拒付或减付工程款，该主张不具备民事诉讼法规定的“诉”的全部要件，只是对承包人请求的一种对抗理由，应视为抗辩权的行使，发包人无须提起反诉；如果发包人要求承包人支付违约金或赔偿修理、返工或者改建的合理费用等损失的，则属于独立的诉，应当通过反诉或另诉处理。

（四）工程造价鉴定

建设工程施工合同纠纷中的工程价款涉及专业问题，需要通过工程造价鉴定予以确定。

1. 鉴定的申请和启动

实践中，建设工程价款经常需要通过工程造价鉴定的方式予以确定。工程造价鉴定结论属于证据的一种，因此鉴定的启动应当以当事人申请为原则。对于当事人对工程价款存在争议，也无法采取其他方式确定工程价款，当事人申请对工程造价进行鉴定的，法院应予准许。当事人双方均不申请鉴定的，应当由对鉴定事项负有举证责任的一方承担举证不能的不利后果。

2. 审判程序与鉴定程序的职权划分

关于审判程序与鉴定程序的职权划分，我们认为，鉴定机关作为专业机关，应当仅就工程造价的专业问题作出结论，而无权对当事人的法律争议作出判断，更不应“以鉴代审”。因此，当事人对合同效力、结算依据、签证文件的真实性及效力等问题存在争议的，应当由法院而不是鉴定机关进行审查并做出认定。

（五）民事责任的承担

1. 利息与违约金的确定

利息争议是工程款纠纷常见的争议之一。最高法院《解释》第 17、18 条对于工程款利息的计算标准和起算时间进行了规定。但对于承包人同时要求支付违约金和利息如何处理，司法解释未作规定。我们认为，利息和违约金都是承包人因发包人欠付工程款所受的损失，在合同没有明确约定承包人可以同时主张的情况下，承包人应当择一标准高的主张权利，同时主张的，法院不应支持。

2. 拒绝交付工程的责任承担

实践中，承包人经常以发包人欠付工程款为由拒绝交付工程。对此我们认为，《合同法》第 286 条规定发包人欠付工程款时，承包人享有建设工程优先权，有权就该工程折价或者拍卖的价款优先受偿。承包人可以依据法律赋予其的此项特殊权利追索工程款，而无权再拒绝交付工程。但如果合同明确约定承包人有权拒绝交付工程的，应当尊重当事人的合同约定。当然，承包人不得滥用该权利，即承包人拒绝交付工程的价值应与欠付工程款的数额基本相当，否则，承包人应当根据其过错程度承担相应的赔偿责任。

3. 合作开发房地产中的责任承担

实践中,两个以上的主体合作开发房地产项目,其中合作一方以自己名义与承包人签订建设工程施工合同的情况十分常见,承包人应当如何主张权利?我们认为,两个以上的主体合作开发房地产项目,共同投资、共享利润,在性质上近似于《民法通则》第52条规定的合同型合伙,合作一方虽然以自己名义,但实际上是代表合作各方对外签订施工合同,由此产生的权利义务应由合作各方共同承担。因此,承包人要求合作各方当事人对欠付的工程款承担连带责任的,应当予以支持。

北京市法院2011年至2012年度劳动争议案件的审理情况、问题和对策意见

北京市高级人民法院民一庭①

劳动争议案件是北京市法院民事审判中绝对数量较大、社会矛盾尖锐、涉及百姓切身利益的案件类型之一。2011至2012年度,北京市三级法院紧紧围绕“为大局服务,为人民司法”的工作中心,以“案结事了、诉息人和”为审判工作的基本目标,充分发挥劳动争议审判的司法能动性,大力提升审判质效,彻底化解矛盾纠纷,为“十八大”胜利召开营造和谐稳定的社会环境。

下面就2011年以来北京市法院审理劳动争议案件的基本情况、问题及对策意见作一简要介绍。

一、北京市法院2011年至2012年度劳动争议案件的基本情况

(一)案件数量同比呈下降趋势,但案件绝对数量依然较大,审判压力未见缓解,且部分法院收案数量有所反弹

2011年,全市法院共新收一审劳动争议案件18,054件,审结18,189件。一审案件收案数同比下降19.6%,调撤率为40.3%;全市法院共新收二审劳动争议案件7607件,审结7609件。二审案件收案数同比下降21.2%,调撤率为30.2%。

2012年1至7月,全市法院共新收一审劳动争议案件14,334件,审结9686件,调撤率为46.3%;全市法院共新收二审劳动争议案件3620件,审结3061件,调撤率为28.3%。

从以上数据可以看出,随着劳动法律法规出台叠加效应的逐渐减弱、劳动企业用工制度的进一步规范,当前劳动争议案件总数整体呈明显下降趋势,但案件绝对数量依然较大,法院案多人少、审判压力较大的局面并未得到根本改善。同时,由于地区发展差异等原因,部分法院今年劳动争议收案量有上升的趋势。例如朝阳区法院2011年收案3931件,2012年1至8月收案已达3980件,超过2011年全年收案量,审判形势非常严峻。

(二)新类型案件多发,案件复杂程度增加

虽然劳动争议案件总量呈下降趋势,但涉及群体性纠纷、社保领域纠纷、劳动者民主权利纠纷、公司高管等高端特殊人群纠纷案件逐渐增多。

1. 群体性纠纷案件数量居高不下

据市一中院统计,2010年和2011年,5人以上当事人的群体性案件占劳动争议案件总数的比例分别为32.6%、35.6%。今年以来,该院受理的5人以上的群体性案件比例为37%。从行业来看,群体性案件多集中在餐饮、建筑、中介机构等劳动密集型行业和服务性行业,发生群体以农民工为主,案件类型以劳动报酬和加班工资为主,约占60%,经济补偿金纠纷约占24%。在群体性案件中,当事人为获得对自己有利的判决结果,在案件审理中即通过直接上访、信访的方式反映给相关部门或新闻媒体,以引起社会关注,进而给案件审理施加压力。

2. 涉及劳动者民主权利的案件增多

随着国家劳动法律规范的不断完善和劳动者权利意识的不断提高,劳动者基于民主权利要求提出的诉求及相关理由日益增多。据市二中院统计,今年以来,该院共审结涉及劳动者民主权利方面的案件103件,占全部审结案件的6.9%,争议涉及用人单位规章制度、重大决策的制定及公示送达程序、工

① 撰稿人陈旻,北京市高级人民法院民一庭法官。

资和福利待遇民主协商、岗位调整、工作地点变更的依据及协商程序、知情权、工会民主程序等多个方面。

3. 社保领域纠纷不断增多

据市一中院统计，今年该院受理的案件中70%左右的案件都会涉及社会保险方面的诉求，主要涉及四种争议类型：未缴纳社保费用要求赔偿损失、迟延转移社保手续要求赔偿损失、工伤保险待遇争议以及有关生育保险类的争议。其中以单位未缴社保费用劳动者要求赔偿损失的诉求最为普遍，占到全部社会保险争议的60%以上。

4. 涉破产企业的劳动争议案件增多

受国际金融危机的影响，用人单位破产案件随之增多，涉破产企业劳动争议案件数量也呈上升趋势。由于该类纠纷涉及破产法和劳动法两个不同的法律部门，在审理上与传统的劳动争议案件相比有其自身的特点。据朝阳区法院调研，该类案件存在四大审理难点：一是未到期劳动合同终止与否确定难。二是破产案件受理后劳动争议案件审理程序处理难。三是高管人员经济补偿的计算标准确定难。四是破产案件受理后提起的劳动争议是否需要仲裁前置存在争议。

5. 涉及公司高管等高端特殊人群的纠纷增多

随着经济不断发展和劳动合同法等相关法律法规的不断落实，传统的追索劳动报酬纠纷开始下降，涉及公司高管的薪酬奖励和股票期权等争议不断出现。据市一中院调研，该类纠纷一般标的额比较大，法律关系复杂，而且部分高管是企业的创始人或股东，发生争议后的矛盾比较尖锐，调解难度较大。

（三）劳务派遣泛滥成为劳动争议频发的重要原因

《劳动合同法》规定的劳务派遣制度在满足用人单位灵活用工、促进就业方面确实起到了一定积极作用，但目前部分用人单位为降低用工成本、逃避法律责任采取一些变相的劳务派遣用工形式，损害了劳动者的合法权益，成为导致劳动争议频发的现实隐患。据市二中院统计，今年以来该院共审理涉及劳务派遣用工的劳动争议案件192件，其中5人以上群体性案件占49.5%。主要表现为：同工不同酬现象致使劳动者维权意识强烈；用工不规范导致劳动关系混乱；多方诉讼导致劳动争议矛盾重重；群体性诉讼激增导致社会影响广泛。

（四）劳动争议纠纷案件民事审判与行政执法交叉关联十分普遍，审判难度加大

劳动纠纷案件审理涉及工资纠纷、工时纠纷、社会保险纠纷、工伤赔偿纠纷、档案转移纠纷等各个领域，与行政执法相交叉，增加了法院的审理难度。据市一中院调研，其具体体现为：(1)行政执法权与民事裁判权的权限划分不明，主要体现在劳动监察与民事审判的职能划分问题。(2)行政政策、行政规范性文件在民事审判中的效力如何认定。(3)行政程序、民事程序相互交织、相互制约。例如在处理劳动者工伤赔偿的过程中，劳动关系确认的民事审判程序、工伤认定程序、工伤认定的行政诉讼程序、伤残等级评定程序、工伤赔偿民事审判程序如何衔接。(4)民事裁判尺度与行政执法、行政裁判尺度不一。例如在有关值班类岗位、销售行业、服务行业如何认定加班事实的问题中，是否以办理审批手续作为适用特殊工时制度的唯一标准等。

二、北京市法院2011年至2012年度劳动争议案件审判的主要工作和经验

2011年至2012年度，北京市三级法院深入落实科学发展观，坚持“调解优先，调判结合”的基本工作思路，妥善审理劳动争议案件，彻底化解社会矛盾，劳动争议案件的审判工作取得了新的进展。具体而言，主要做了以下工作：

（一）继续深入推进劳动争议专业化审判，探索符合劳动争议专业审判特点的工作机制和方法

一年来，我市法院继续深入推进劳动争议专业化审判，努力打造一支高质量的劳动争议案件审判队伍。目前，北京市三级法院在机构设置和人员配置上已经基本实现了劳动争议的专业化审判，既包括成立专门的劳动争议案件审判庭，也包括在民庭内安排专门合议庭具体负责劳动争议案件的专业化审理。在此基础上，各个法院继续探索符合劳动争议专业特点的工作机制和方法，通过开展专题讲座、专家释法、座谈研讨等专业化培训活动，加强劳动争议专业化审判队伍建设，不断提高法官的业务素质和审判能力，进而提升审判质量和效率。例如朝阳区法院建立和完善了主要工作机制，明确了七项重点工作，具体包括审判管理工作机制、审判业务培训机制、调研信息工作机制、参与劳动争议六方联动工作机制、党建带队建工作机制、干警廉政教育机制和信访接待处理机制。通州区法院积极探索劳动争议案件审判方式改革，力促劳动争议类案件专业化审判良性发展。具体包括：(1)推行“繁简分流”机制，提高案件审理速度。(2)建立标准化审判机制，提升案件审理精度。(3)建立沟通协调机制，强化部门联系广度。(4)建立“结案回访”机制，确保案件处理效果。

（二）坚持化解和预防并重，采取有针对性的措施切实加强劳动争议案件涉诉信访矛盾预防和化解工作

劳动争议案件涉及劳动者的切身利益，矛盾冲突尖锐，影响范围广，极易引发群体性的涉诉信访。

北京市三级法院从贯彻落实科学发展观、构建和谐社会的高度,牢固树立维稳大局观与矛盾化解前移意识,强化审判人员的调解意识,以保护弱势劳动者为出发点,寻求矛盾平衡点,最大限度地实现案结事了人和。例如海淀区法院结合中关村区域高新企业聚集、案件特点鲜明的区位特色,发布《劳动争议审判情况白皮书》,分析企业用工现状,督促用人单位规范用工,维护和谐的用工秩序,从源头上减少纠纷的发生。丰台区法院对于劳动争议案件的信访风险防控抓好三级评估。根据当事人在劳动仲裁时的表现情况以及立案后的诉讼态度、情绪反应等,及时对案件进行信访风险评估,划分三个风险等级,并在案件审理过程中随时动态修正评估结果,实现全程跟踪和实时化解。大兴区法院发挥专业审判优势,总结群体性劳动争议案件"三结合"调解法,即案件进展及时反馈与释法析理工作相结合、外部合力化解与内部重点突破相结合、细致庭审预案与控制审理节奏相结合,并推行"敦促用人单位即时偿付制度","一揽子"彻底解决纠纷。

(三)拓展矛盾化解渠道、积极参与推进劳动争议多方联动化解机制

北京市三级法院结合劳动争议专业审判特点,延伸审判职能,积极参与劳动争议多方联动化解机制,实现与联动机制各方的信息共享,切实形成合力化解矛盾构建和谐,推进工作科学发展。例如西城区法院与西城区人力资源和社会保障局共同建立了"西城区劳动纠纷行政调解与司法确认机制",并签署了《关于进一步加强劳动纠纷行政调解与司法确认对接工作的意见》。大兴区法院与大兴区总工会合作建立劳动争议调解中心法院调解室依托各种工会服务站、社保所、司法所、产业基地、企业劳动争议调解组织,形成了覆盖全区的劳动争议调解组织网络。

(四)强化裁审衔接工作机制

劳动争议案件"一裁两审"的特殊程序规定,赋予了劳动争议仲裁机关"仲裁前置"的特殊地位,凸显了"裁审衔接"的重要性和紧迫性,加之仲裁机关与劳动、社会保险行政部门天然的"血缘"优势,使加强法院与仲裁机关业务联系、统一执法尺度、构建高效、稳定的裁审衔接机制成为一种客观趋势。例如海淀区法院与海淀区劳动人事争议仲裁院建立"联席工作机制"强化裁审衔接,具体包括:一是建立定期沟通、研讨的"联席会"长效机制。二是利用网络平台建立"网络会商"及"互相通报"机制。三是针对突发、敏感案件建立"固定联络员"机制。四是理顺立案受理程序,设立"三方互动"机制。五是建立"诉讼结果全面反馈"机制,协助仲裁院形成内部评查体系。朝阳区法院与朝阳区劳动人事争议仲裁院建立具有"朝阳特色"的劳动争议仲裁与诉讼联动工作机制,主要包括五项内容:仲裁与诉讼信息资源共享机制、预警提示机制、业务研讨和庭审观摩机制、统计数据的相互反馈机制、调解联动机制,有效地加强了双方的协作关系。

(五)发挥专业化审判优势,加强专项业务调研工作,统一裁判标准和执法尺度

市高院民一庭集中全市法院劳动争议审判骨干力量,建立劳动争议疑难问题研究小组,就实践中的疑难问题进行研究,统一劳动争议案件的裁判标准。另外还组织两个中院的审判骨干参加最高法院劳动法教程的编写工作。

市一中院进一步完善西片法院劳动争议审判调研网,今年通过调研网研究处理疑难问题和复杂案例共计86件,交流信息和调研成果共计15个。并且,组织辖区各对口部门召开社会保险法问题研讨会,初步拟定了《社会保险研讨会纪要(草稿)》。市二中院于今年4月召开了辖区内法院参加的东片法院工作会,就签订无固定期限劳动合同诉求的处理、工伤纠纷中需要注意的若干问题、建筑行业劳动争议案件的处理、农民工未缴养老、失业保险赔偿等实践中争议较大的问题提出了指导意见。朝阳区法院就涉破产案件劳动争议相关问题召开研讨会,邀请有关专家、领导就有关问题进行研讨座谈,并形成了初步的处理意见。

三、当前审理劳动争议案件审理机制和适用法律的若干问题及初步意见

随着劳动法律法规及政策的不断出台,新情况、新问题不断出现,市高院对在审判中如何完善统一执法尺度和司法实践中亟需统一认识的部分问题提出了初步意见,供大家参考。

(一)用人单位利用合同损害劳动者权益问题

用人单位在签订劳动合同时免除自己的法定责任,排除劳动者权利,甚至通过规避法律,利用强势地位签订合同,合同中存在损害劳动者权益的内容,在审判中应当予以充分重视。如用人单位规避《劳动合同法》第14条规定,迫使劳动者辞职后重新与其签订劳动合同,通过设立关联企业与劳动者签订合同时交替交换用人单位名称等行为;一些行业存在转嫁行业风险,损害劳动者权益,如约定由劳动者对职务行为造成损害承担全部赔偿责任时,应当结合行业特点,劳动者过错程度和负担能力,用人单位经营和管理责任等具体情况公平慎重处理;如用人单位与劳动者约定工资中包括用人单位负担的养

老、医疗、失业等社会保险费，而不履行向社会保险经办机构缴纳社会保险费的义务，导致劳动者利益受损。遇到上述问题时，法院应当注意审查用人单位是否利用优势地位损害劳动者权利，在审判中坚持公平原则，充分考虑维护劳动者的合法权益，平衡劳动合同双方当事人利益。

（二）仲裁与审判衔接中的几个问题

对当事人向劳动人事争议仲裁委员会申请劳动仲裁后又撤回申请，向人民法院起诉，法院可不予受理，并告知其先向劳动人事争议仲裁委员会申请仲裁。当事人向劳动人事争议仲裁委员会申请劳动仲裁后又撤回申请，然后再次申请仲裁，取得劳动人事争议仲裁委员会不予受理通知书后起诉到法院的，法院对劳动人事争议仲裁委员会作出不予受理通知书的，一般应予受理。当事人申请仲裁后，无正当理由拒不到庭或者未经仲裁庭同意中途退庭，劳动人事争议仲裁委员会按照撤回仲裁申请处理的，法院可不予受理，并告知其先向劳动人事争议仲裁委员会申请仲裁，经劳动人事争议仲裁委员会作出裁决，或取得劳动人事争议仲裁委员会不予受理通知书，法院可以受理。仲裁裁决有多项内容，双方当事人仅就部分内容提起诉讼的，法院经过全面审理，认为未起诉部分的裁决内容并无不当，应当视为当事人均认可该部分内容，并应当在判决主文中进行相应的表述。仲裁裁决作出后，未起诉一方在答辩意见中提出仍然坚持仲裁时的全部请求，包括仲裁裁决未支持的请求，法院只需审理原告的请求，未起诉一方应在原告起诉的范围内进行答辩。仲裁裁决作出后未在法定期限内起诉，即视为认同裁决结果。在仲裁阶段，证人出庭作证并接受质询，诉讼中证人可不再出庭，但仍有需要质询的事实或当事人又提供反证的除外。在仲裁阶段当事人已经认可的相关案件事实，诉讼阶段当事人又否认的，除经对方当事人同意，或者有充分证据证明与事实不符的，对其否认主张不予支持。

（三）"二倍工资"涉及的几个问题

如何理解《劳动合同法》第82条"二倍工资"的性质，工资是用人单位依据劳动合同的规定，以各种形式支付给劳动者的劳动报酬，而增加一倍的工资的性质则是惩罚性赔偿金，是因用人单位未按法律规定与劳动者签订劳动合同而承担的法定责任，不属于劳动报酬。一般情况下起算点为自建立劳动关系之日满一个月的次日起开始计算"二倍工资"，截止点为双方补订书面劳动合同的前一日。如果劳动合同期满后，劳动者仍在用人单位工作，用人单位未与劳动者续订书面劳动合同的，起算点为自劳动合同期满的次日，截止点为双方补订书面劳动合同的前一日。对"二倍工资"的时效理解，"二倍工资"中属于劳动者正常工作时间劳动报酬的部分，适用《调解仲裁法》第27条第4款的规定；属于惩罚性赔偿的部分，不属于劳动报酬，适用《调解仲裁法》第27条第一款的规定，即一年的仲裁时效。对于双方当事人补签（倒签）劳动合同的，劳动者主张"二倍工资"，原则上可不予支持，但劳动者有证据证明补签（倒签）劳动合同并非其真实意思表示的除外。用人单位高管人员依据《劳动合同法》第82条规定向用人单位主张"二倍工资"的，应予支持。对用人单位的人事管理部门负责人依据《劳动合同法》第82条规定向用人单位主张"二倍工资"的，如用人单位能够证明订立劳动合同属于该人事管理部门负责人的工作职责，可不予支持。

关于天津市民间借贷案件的调研报告

天津市高级人民法院民一庭课题组①

民间借贷是我国传统的民间融资方式。近几年，我国经济发展形势的变化不断加剧，民间借贷市场愈发"繁荣"。一方面，企业和个人财富迅速积累和增加，但是由于通货膨胀率逐年增高等原因，企业和个人为避免财富的贬值，迫切要求产业资本向金融资本转化，以保证财富的持续增长。另一方面，由于国家货币政策的调整，央行持续地紧缩银根，中小企业融资难的问题逐渐凸显，资金供需矛盾日

① 课题组组长：景鸿；课题组成员：李斌英、丁琪。

益突出。伴随着资金供需双方的发展壮大,民间借贷已经从过去单纯的个体互助行为演变为复杂金融现象,既包括传统的保障性质的互助互济,也包括企业、个人间的直接融资,还包括金融中介参与的融资活动。与此同时,民间借贷市场发展的泛滥无序所暴露的种种经济和社会问题也逐渐浮出水面,大量的民间借贷纠纷涌入法院的大门。面对民间借贷地区性差异特征、不同层次和类型及不同主体之间差别化的利益诉求,我市法院如何依法正确审慎地适用法律,妥善化解矛盾,规范民间借贷市场秩序,不仅关乎成千上万个家庭的安宁和福祉,而且关乎和谐稳定的社会大局。为此,高院民一庭系统分析了近四年我市法院审理的民间借贷纠纷案件,对带有普遍性、典型性的问题进行深入探讨和归纳总结,并以此为基础提出自己的对策和建议,从而进一步规范民商事审判行为,提升我市法院系统的民商事审判工作的质量和效率,同时为维护天津又好又快发展的良好局面提供有力的司法支撑。

一、天津市各级法院审理民间借贷案件的现状和基本特点

(一)民间借贷案件上升速度不断加快

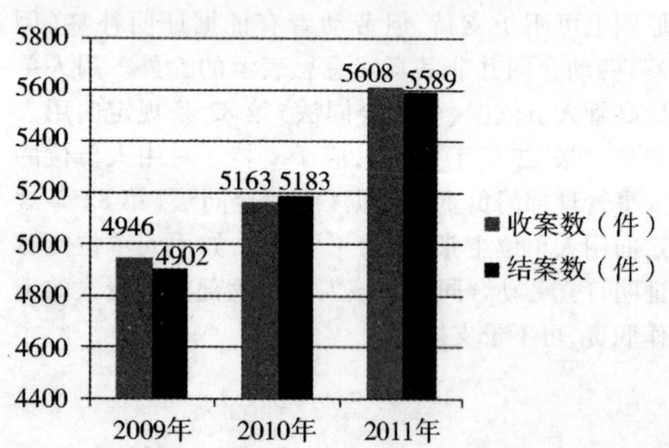

图一:2009年到2011年天津市民间借贷案件收结图

2009年到2011年,天津市法院受理的民间借贷案件数量逐年增加,且增长率呈不断加快趋势,2010年收案数相比2009年增长率为4.39%,2011年的收案数增长率为8.62%。这就说明我市法院系统受理的民间借贷案件数量在持续攀升。

(二)小标的额的民间互助性质借贷仍占重要比例

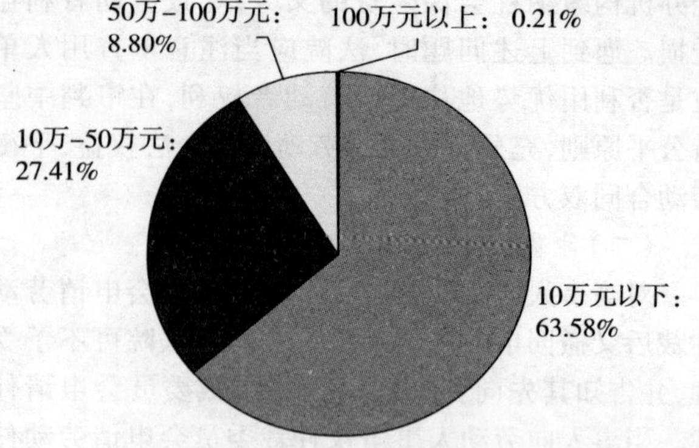

图二:2011年一审案件标的额分布图

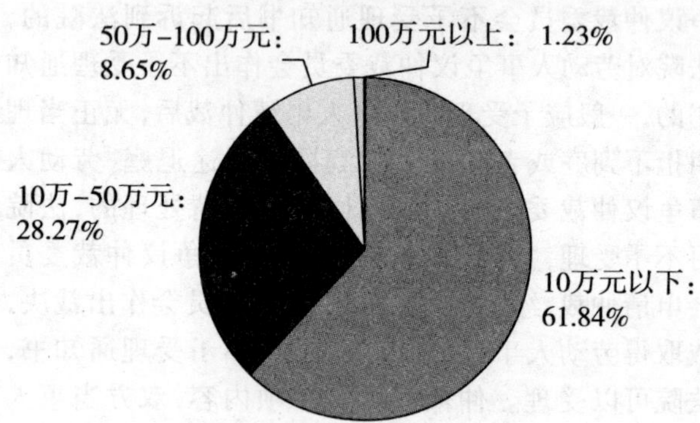

图三:2012年前三季度一审案件标的额分布图

从图二中可以看出,当前我市10万元以下的小额民间借贷仍占绝大多数。2012年前三季度的个案调研数据库显示,主体为自然人之间的借贷案件为3908件,其中借贷10万元以下款项用于"日常生活"的案件为3162件,占自然人借贷案件的80%以上,这类案件中借贷的款项多用于子女婚嫁、大学教育支出、购买自用房屋、大病医疗等突发性大额支出。此类案件中双方多为具有亲密关系的自然人,借贷款项目的仍为传统的互帮互助,当事人对于案件处理符合实质公平的需求很高,但案件多具有证据种类单一、当事人法律水平较低、矛盾极易激化等特点。

(三)大标的额民间借贷迅速增加,借贷目的呈多元化趋势

图四:民间借贷案件标的额折线图

从图一可以看出，我市近三年审理的民间借贷案件收案数一直稳步上升，与此相对的是案件标的额增长迅猛（见图三），2010年案件标的额相比2009年增长率为30%，2011年标的额增长率为89.68%。从图二中也可以得知，案件标的额构成比例向高标的倾斜，2012年前三季度100万以上的案件有65件，所占案件总数的比例是2011年的六倍以上。基层许多法院反映，他们审理的借贷案件中，小额借贷纠纷虽占主要地位，但其数量在借贷案件总体中所占比重有所减少，借贷金额动辄几十万元，甚至上百万的纠纷屡见不鲜。有的地区出现了类似于专业放贷人的角色，他们平均每年均有许多民间借贷纠纷案件诉至法院，这些案件所依据的借条在格式上非常类似；近两年的统计显示，借贷资金用于"企业经营"的占到18%以上，有的企业法定代表人或股东以个人身份向其他企业借贷大额款项用于企业生产经营，以规避法律关于企业间借贷的效力和利率的规定；有的地区出现了专门的民间借贷中介机构，帮助需要资金的企业与个人联系出借人，并提供借贷合同公证、诉讼法律服务、债务催缴等"一条龙服务"，中介机构参与的借贷案件往往有高利贷的隐患。这些新情况反映出民间借贷日趋专业化和盈利化，悄然偏离民间借贷建立之初的限于普通民众之间的民间自助初衷，现在的民间借贷已经成为民间融资的重要途径，亟须立法和司法的规范和引导。

（四）诉讼调解仍是主要结案方式

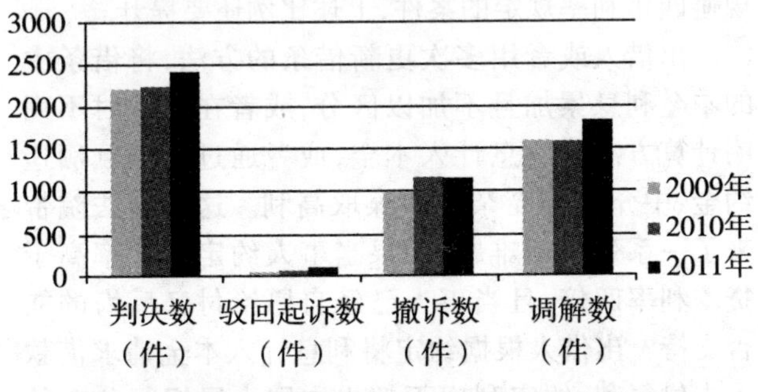

图五：2009年到2011年民间借贷案件结案方式图

近三年来，民间借贷案件的各类结案形式的比例没有明显变化，四种不同结案形式所结案件占全部结案数的比例大致如下：

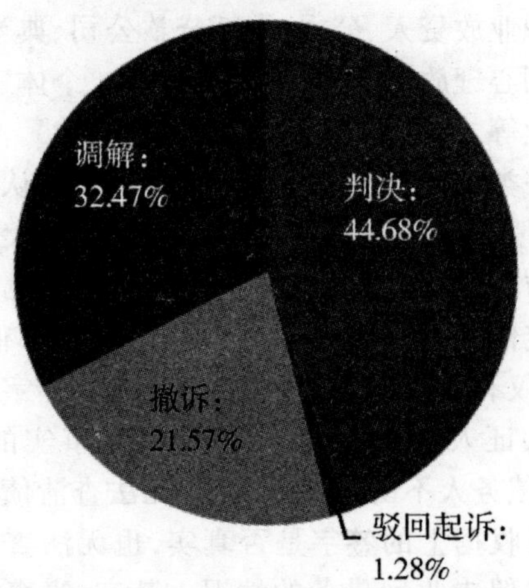

图六：民间借贷案件结案方式比例图

2009年到2011年，在全市审结的一万五千余件民间借贷案件中，判决结案数占到44.68%，调解和撤诉结案达到54.04%，可以说在民间借贷案件的审理中，诉讼调解仍然是化解矛盾纠纷、促进案结事了的有效途径，但是相比于我市其他民商事类型案件的平均调撤率，此类案件的调撤率并不算高，这也体现了民间借贷纠纷中双方的对立矛盾比较激烈，调解难度较大。另外，中高院审理的大标的民间借贷案件中，因案件可能涉及双方恶意串通进行虚假诉讼故判决驳回诉讼请求的增多。

二、民间借贷案件中存在的问题

（一）诉讼主体真实身份和范围难以确定

突出问题表现为共同被告范围的划定，即法院在何种情况下必须释明或通知追加被告。其一，婚姻存续期间以夫妻一方名义向他人借贷，债权人仅起诉夫妻一方还款，法院是否主动通知借款人配偶参加诉讼。其二，连带责任保证中，出借人仅起诉借款人或保证人，法院是否主动追加另一方为共同被告。实体上的问题则突出表现在，一方为企业法定代表人时如何列明当事人，有的法定代表人以个人名义借贷，但审理中往往发现借贷行为实质属于企业间拆借。部分案件在审理中发现当事人不一致。二中院反映部分案件中出现涉案主体不相符的现象。庭审中提交的借条（据）、银行打款记录、收款凭证、转账记录等与案件的原、被告当事人名称不相符，有的不是相同的自然人，有的是自然人与单位的交叉、有的不是同一单位等。

（二）借贷关系的真实性和合法性难以确定

从债权人和债务人的身份和借贷目的上进行区分，大致可将民间借贷案件分为以下两类：第一类案件的双方主体有较为亲密的关系，即发生在亲朋好友之间出于帮助心理的借款。第二类案件的债权人可能为职业放贷人、公司、小额贷款公司、典当行等,基于牟利心理放款给亟需融资的个人、个体工商户、中小企业等。

第一类案件存在借贷关系真实性难以认定的突出问题,债权人和债务人关系比较亲密且大多法律意识与防范意识淡薄,往往仅采用借条或见证人的形式确定借贷关系,证据形式和证据种类都很单一。其一,在仅有借款人签字的借条、借款人签字的收据或见证人证人证言时,难以认定借款事实的存在。其二,在债务人不出庭的情况下,无法查清债务人在借条或者收据上的签字是否真实,也无法查清是否存在还款但未收回借条的情况。其三,当事人一方或双方的亲密关系往往导致民间借贷纠纷和房屋买卖、赠与等纠纷相混杂,比如我市多地法院出现父母出钱给子女购婚房的行为,立案时难以确定案由,案件审理中也难以认定该类行为究竟属于赠与还是借款。由第二类案件引发的多为借款关系合法性问题。在一些以企业法定代表人或者股东个人名义借款、放款的案件中,对于法定代表人签字的借条或者借款合同究竟应认定为企业间借款还是个人借款存在争议,因此引发了民间借贷还是企业相互拆借的疑问,也有法院提出融资性担保公司和典当行违规对个人放贷的效力问题。有些职业放贷人通过民间"讨债公司"等方式回收欠款,在"讨债公司"进行讨债的过程中,可能存在胁迫债务人签订高于真实借款数额借据的情形。此外,还有还有个别债权人和债务人基于非法活动建立所谓"债权",如借据所指向的欠款可能为赌资、毒资等,由于借据上并未写明借款的由来或用途,当债务人以基础关系不合法进行抗辩时,法院对该基础关系难以审查。

(三)基础法律关系复杂导致事实认定困难

一方面,传统民间借贷主体之间是亲戚朋友关系,基于互相信赖在证据制定上较为随意,对于纠纷的产生缺乏风险意识,有的出示的"借条"要素表述有明显不足、缺失和漏洞,有的债权人只能出具证人证言作为借贷关系的证据。另一方面,民间借贷的标的物是作为种类物的货币,但以市场经济为基础的各种合法、非法交易基本均涉及金钱交付,例如买卖合同、劳务合同、委托合同、赌债给付等,民间借贷的基础关系较为复杂,一旦当事人有意无意以民间借贷纠纷为案由提起诉讼,那么案件中所涉及的证据则较为单一。以上两种情况,当事人能提供的主要证据形式就是借据或者借款协议。当主要证据即借据缺失的情况下,当事人双方往往会提出各式各样的凭证,作为证据提交法院,比如载有借款内容的手机信息、电子邮件、网络证据及银行划账等材料作为凭证诉讼,但这些材料均属于间接证据,如无其他证据佐证,难予认定,产生争议较大,且很多手机信息及电子网络证据可以通过程序制作,涉及此类证据真实性无法确认。还有法院反映在涉嫌虚假诉讼的案件中,当事人往往消极应对诉讼,被告甚至不出庭,极不配合法院的事实调查。

由此引申出借据真伪的鉴定问题。如果被告对原告提交的借据真实性不予认可,否认借据上的签名系本人所签时,原被告谁应承担进一步的举证义务,即谁申请对借据鉴定?实践中意见不同,有的法官认为,出借方不仅要对借贷内容负有举证责任,同时还应对借款人是谁负有举证责任。因此,在被告否认且确无其他证据印证的情况下,应由原告申请鉴定并承担由此引起的相应法律后果为宜。有的法官认为原告已经出示了被告签名的借据,即完成了初步的举证义务,被告对反驳原告的主张有义务提供证据。因此,对签字真伪的鉴定申请理应由被告提出。

(四)本金数额和利息问题

民间借贷的利率可以适当高于银行的利率,但最高不得超过银行同类贷款利率的四倍。传统基于民间互助关系的借贷案件,很少产生利息给付上的纠纷,但是近几年我市审理的借贷案件中约定利息逐年增高,要求给付约定利息、逾期利息或违约金的诉求也不断涌现,当事人约定的利息有时高于银行同期贷款利率四倍以上,2011年约定利息高于四倍利率的案件数量为298件,2012年前三季度为402件,约占当年案件总量的10%,若加上采用隐蔽手段规避四倍利率规定的案件,上述比例还要提升。

出借人或者用多次更新借条的方法,将借条中的本金利息累加且不加以区分,或者在借款时不列明计算方法将利息计人本金,或者通过约定巨额违约金、中介费等庞杂费用谋取高利。这也给法院带来了一系列审理难题:如果当事人约定的利率高于贷款利率四倍,且当事人已经自愿给付又反悔的能否支持?出借人根据约定将利息计人本金请求借款人支付复利,约定利率不超出中国人民银行公布的同期同类贷款基准利率四倍的,是否支持?违约金和逾期利息加起来不超过同期同类贷款利率四倍的,二者能否兼得?双方仅约定借款期内利息未约定逾期利息的,针对逾期利息确定应按双方约定利息还是按银行同期贷款利率计算?惩罚性违约金约定过高的,法院能否在债务人未应诉的情况下依照职权调整?

(五)新类型案件与疑难类型案件往往带来法律冲突难题

滨海新区法院功能审判区曾审理过名为货物买

卖实为民间借贷的案件,当事人约定的货物价格远低于市场平均水平,同时约定货物回购条款与逾期回购高额违约金。塘沽审判区2012年审理过以快钱公司为原告的一系列案件,快钱是国内的第三方支付企业,在天津市滨海新区成立了快钱(天津)金融服务有限公司并从事代付业务,即快钱公司为其他企业先行垫付款项,其他企业按时还款并支付手续费,若逾期还款需支付违约金。上述案件中均存在买卖合同、代付协议的性质确定与违约金法律适用的争议。如果认定当事人之间为其他合同关系,那么违约金的调整将适用合同法规则,认定违约金过高的能够量化的标准为《合同法解释二》第29条所规定的"超过造成损失的百分之三十";如果认定当事人之间为民间借贷,那么违约金的约定可能受到四倍利率的限制。银行贷款政策的紧缩和企业融资需求的增长,催生了民间融资市场的职业化,民间借贷形式已经发展到包括典当行、寄售公司、快钱公司等各种专业机构。典当企业一般依据《典当管理办法》第38条收取服务及管理费用,滨海新区法院所审理的涉典当企业案件中,有当事人抗辩认为典当合同约定的管理费用实质为使用当金的利息,也不应超过四倍利率标准。

(六)被告下落不明或拒不应诉情形日益普遍

辖区法院普遍反映,在近年受理的民间借贷案件中,依照原告提供的地址难以送达应诉材料、被告拒签应诉材料、为逃避债务下落不明情形十分普遍,公告送达难免浪费司法资源,延长案件的审结时间,影响审判效率。即使应诉材料可以合法送达,被告拒不到庭也影响了案件的正常审理,民间借贷案件最重要的证据即借据,原告往往仅当庭提供有被告签名的借据,在被告不出庭配合调查的情况下很难审查该签名的真实性。如果法院在被告缺席的情况下依照原告提供的证据进行事实认定,又避免不了部分原告恶意提供虚假证据,无形中增大了法院的审判风险和错案概率,影响了法院的公正形象与质效考评结果。

(七)虚假诉讼不断增加

虚假诉讼指各方当事人恶意串通,采用虚构法律关系、伪造变造证据、捏造案件事实等方式提起民事诉讼,使法院作出错误判决或执行,以获得非法利益的行为。虚假民间借贷诉讼则指债权人和债务人相互串通,虚构并未实际发生的债务,通过法院确认莫须有的债务,逃避法律责任,放大或增加被告负担,稀释案外人可以获得的债权。它主要表现为以下几种形式:一是原告为了帮助被告恶意逃债,双方恶意串通,虚构借款事实,提起诉讼;二是原告为了恶意侵占被告的合法财产,提供虚假的被告下落不明的证明和伪造借据而提起诉讼;三是为了对抗其他生效判决的履行、减少破产财产,或在离婚诉讼分的更多财产等原因,虚构债务,恶意诉讼规避法律,从而损害国家、集体、他人合法权益。比如大港审判区、塘沽审判区都反映,很多民间借贷案件都是父母在子女离婚诉讼进行的同时,起诉己方子女返还婚姻存续期间因购买房屋所借的款项,父母起诉所凭借的借据多为后补,夫妻间对于诉争款项是否为借款、性质是借贷还是赠与争议很大。

(八)民间借贷与刑事犯罪交叉的问题

《刑法》和《非法金融机构和非法金融机构业务活动取缔办法》禁止非法吸收或变相吸收公众存款行为以及集资诈骗行为,但是合法的民间借贷和非法集资等活动均有融通资金并给利益回报、双方当事人均为非金融企业和个人等共同特点,在主体、表现形式等方面具有较大相似性,实践中难以区分。另有法院反映,民间金融机构可能成为洗钱的途径,有可能滋生社会黑恶势力和暴力犯罪。某些法院有一批"固定原告",他们用以放贷的资金来路不明,不排除非法所得通过民间借贷这种合法途径进入正常流通领域,而这些"固定原告"又有可能是地下钱庄的成员,地下钱庄业务开展中的纠纷往往依靠自己的暴力力量解决,危害到了当地的正常生产生活秩序。民间借贷和犯罪问题交叉的处理程序也亟待统一。一是在原告和被告民间借贷诉讼的过程中,发现存在第三人或案外人犯罪情况的处理方式;二是案件中的犯罪线索达到什么程度可以移送,什么程度应当继续审理,公安机关不接收移送时法院怎样处理;三是对于集资诈骗、非法吸收公众存款罪刑事案件中的犯罪人,如果刑事判决中没有进行追缴或者责令退赔,受害人能否以刑事犯罪人为被告提起民事诉讼,民事诉讼的案由是民间借贷纠纷还是侵权纠纷,这类诉讼怎么确定当事人签订借款合同的效力,依照什么标准进行赔付;四是一旦借款人被以非法集资罪、非法吸收公众存款罪定罪,那么借款合同和担保物权的效力如何认定,保证人的责任如何承担。

三、对审判难点的具体应对

(一)关于诉讼主体

《合同法》第197条规定,自然人之间借款另有约定的可不采取书面借款合同形式,第210条规定自然人之间的借款合同从贷款人提供该借款时生效,故民间借贷中的借款合同为实践性合同,借款的交付对于借贷合同的生效意义重大。在民间习惯中,通常借款和借据是同时互相交付的,在债权人和债务人双方均为自由意志的情况下,极少出现债务人没拿到现金时先给付借条。因此借据是证明双方已经交付钱款的直接证据,一般而言,持有借据等债权凭证的当事人应推定为债权人,具有案件主体身份。

对于企业法定代表人以个人名义向其他企业出借款项的,原则上述个人为当事人,但是在案件审理中查明款项实质用于企业经营,则应按照企业间借贷处理。企业法定代表人以个人名义向其他企业借入款项的,该款项实质汇入企业并用于生产经营的,因出借方款项划转一般接受借入方指令,如果借入方对款项未收到抗辩的,为查明事实,可追加收款企业为当事人。对于案件实践中经常出现的借据、打款凭证等与原、被告当事人身份不符的情形,需要在审理中查明出借人与打款人的关系,是否存在委托他人转账收款事宜、是否存在债权转让事宜等,必要时必须追加债权转让的前手、出借账户的案外人、直接支付或收取款项的案外人为案件第三人,并要求其出庭接受法庭的调查。

对于是否通知借款人配偶参加诉讼,分为两种情况。以夫妻一方名义向他人借贷,诉讼时夫妻关系存续的,债权人仅列明一方为被告的,法院一般不主动通知借款人配偶参加诉讼;借贷行为发生于夫妻关系存续期间,诉讼时借款人一方已离婚的,原告或被告可申请追加其配偶为共同被告。关于夫妻共同债务的认定和处理。《婚姻法解释(二)》第24条规定:"债权人就婚姻关系存续期间夫妻一方以个人名义所负债务主张权利的,应当按夫妻共同债务处理。但夫妻一方能够证明债权人与债务人明确约定为个人债务,或者能够证明属于婚姻法第十九条第三款规定情形的除外。"第一,婚姻关系存续期间夫妻一方以个人名义所负债务原则上为夫妻共同债务,债权人仅对负债时间及婚姻状况承担举证责任。第二,若夫妻一方抗辩债务为个人债务,需举证证明夫妻双方无举债合意或债务不用于夫妻共同生活。第三,若确定债务不用于夫妻共同生活,出借人又援引表见代理规定要求夫妻共同承担债务清偿责任的,则对表见代理的构成要件承担举证责任。审判实践中我们发现,离婚案件中,一方为实现大量夫妻共同财产最终归属个人的目的,通过伪造证据,在夫妻关系关系存续期间向关系人大量"举债",双方串通后由关系人向法院起诉双方,产生虚假诉讼的行为。因此,夫妻共同债务的认定,应当慎重处理。原则上,婚姻存续期间,夫妻一方以个人名义借贷用于家庭日常生活的,认定为夫妻共同债务;超出日常生活需要的,认定为个人债务。对借款属于个人债务还是夫妻共同债务不明的,将借款用于夫妻共同生活经营的举证责任分配给债权人。

(二)关于借贷关系的真实性与合法性认定

第一,在审查中要细致调查借据形成过程、出借人借款原因与借款人借款目的、大标的出借人资金来源、给付方式等,以查明是否与其他基础法律关系存在交叉、是否有虚假债务诉讼、非法集资、赌债等非法情况。我市大港审判区对庭审方式提出了有利探索:审判人员要充分利用庭审询问环节。事先用心设计调查问题,并注意观察当事人对不同问题的不同反应,双方当事人对同一问题的回答特别是细节陈述是否前后一致、互相一致,当事人庭上能否形成实质争议。第二,法院审理后发现双方基础法律关系合法但并非民间借贷关系,应向当事人释明要求其变更诉讼请求,当事人坚持不变更的判决驳回诉讼请求。第三,现有民间借贷案件,以解决企业生产经营急需资金为目的的借款迅速增多。一些企业主为使企业间借贷行为和约定的四倍利率受到法律保护,借贷合同一般出借方为企业股东或法定代表人个人,借款方为企业。实际借款行为发生于企业之间。诉讼中,借款方抗辩因企业间拆借利息不予保护。裁判中,有些法院认为认定借款性质的认定不能突破合同相对性原则,应对借贷行为认定有效予以保护。有些法院认为给予合法保护规避了企业资金自有原则并且造成法定代表人与公司财产的混同,应当认定为企业间借款。我们认为,从平衡国家、企业与投资者各方主体利益的角度考虑,应当认定为企业间借款性质,对于以企业自有资金出借用于企业生产经营的借款行为不宜认定无效,但利率则应限制当事人的自由约定,以人民银行同期同类贷款基准利率(取消后以金融机构年平均贷款利率)计算为宜。第四,对于债务人抗辩债务因赌博等非法事由引起和出借人明知借款用途的情况,应首先查明借款已交付的事实,在证明借款已交付的前提下,由债务人对抗辩事由承担举证责任。如能查明双方借贷关系是由赌博等非法事由引起的,对借据效力依法作出无效认定并视案件情况向公安机关移送。第五,对当事人采用暴力、胁迫等非法手段获得的借据等证据,不作为定案依据。

根据个案调查,以下类型案件需要着重调查真实性与合法性:(1)夫妻离婚诉讼的同时,夫或妻一方父母起诉要求己方儿女偿还婚姻存续期间的大额借款(通常为购房款)。(2)原告或被告涉及多宗民间借贷诉讼,且提供的借据格式非常类似。(3)原、被告无实质争议的"手拉手"诉讼,通常要求快速调解或判决。(4)一方为企业的大额民间借贷只约定偿还本金,不约定利息和违约金。(5)大额民间借贷只有借条为证,当事人均不提交转账划款凭证,并声称借款方式为现金交付。(6)当事人无正当理由拒不接受法庭调查或者出庭参加诉讼,委托代理人对案件事实陈述不清。

(三)事实调查与举证责任分配

借据在民间借贷案件中的证据地位毋庸置疑,但是在当事人未确立借据或借据缺失的形式下,若其他间接证据之间能形成完整证据链,证明借贷事实的存在,也可以依照间接证据进行事实认定。审理中当事人对借款金额、时间、地点、见证人的具体陈述,借款时在场见证人的证言,债务人承认借款或者债权人承认还款的录像录音、银行转账单等经查证属实后,均可以作为认定事实的证据。

在一方持有借据的情况下,法院可以依此立案,并在实际审理中审慎审查借据真实性,不能轻易否定借据证明力。具体体现在证据分配上,债权人一方出示的借据可以视为初步履行了证明借贷事实存在的举证责任,债务人对借据真实性或基础关系合法性提出异议的应承担相应举证责任,双方当事人都可以提供补充证据或者反驳证据,法院根据证据情况综合审查。对需要司法鉴定确认借据真实性的,双方当事人均可申请司法鉴定,法院也可根据双方提供证据证明力大小确定鉴定申请人。

如果债权人仅提供交付款项的凭证,并未提供形成借贷关系凭证,债务人提出该款项并非借贷关系,或该款项为债权人偿还的先前借款的,对借贷合意的证明责任应由债权人承担。

如果债权人主张借贷方式为现金交付,且只出具借据作为证据的。如果该借款为小额借款,债权人可以说明现金交付的时间、地点、款项来源等具体事实的,按照交易习惯可以视为债权人完成了举证责任。如果该借款数额较大,则需综合审查债权人的经济实力、当事人双方之间的关系、相关证人证言、当事人庭审表现等,判断当事人主张是否成立。

(四)关于借贷利息的认定问题

对于利率标准和将利息计入本金问题。传统的为救一时生活之需发生的借贷,与现在广泛存在于商事领域为谋求发展和融资而发生的借贷相差甚远,利息和违约金的确认要建立在对民事借贷性质和作用的科学把握之上。利息带有一定的营利性因素,《关于人民法院审理借贷案件的若干意见》(以下简称《借贷意见》)第6条规定,民间借贷的利率最高不得超过银行同类贷款利率的四倍(以下简称四倍利率),超出此限度的,超出部分的利息不予保护。对于当事人约定四倍利率以上利率的,《借贷意见》的用语是"不予保护",体现的是法院在当事人积极要求保护四倍以上利率之后的态度,并非是对民间借贷约定四倍以上利率的禁止性规定,利息的约定从本质上看仍属于当事人的合同自由,因此如果确实查明债务人自愿支付超出四倍以上的利率,且不损害国家、社会共同利益或者他人合法权益的,法院并无主动干预、强制调低的必要。《借贷意见》第7条规定,出借人不得将利息计入本金谋取高利,利息计入本金计算复利的,利率超出四倍以上限度,超出部分利息不予保护。对于"不得将利息计入本金谋取高利"的理解应该和后面的处理方式结合起来,从"超出限度不予保护"的用语可以看出,"不得将利息计入本金谋取高利"并非禁止性规定,《借贷意见》希望规制的是利息计入本金并且利率超出限度的行为,因此在审理中发现利息计入本金但利率未超过四倍利率的,对该利息可以进行保护,但是超出四倍利率之外的利息不应计入本金。

对于违约金和逾期利息可否同时适用,以及逾期利息的确定问题。民间借贷的标的物主要为货币,别无约定的情况下,借贷合同中的违约形态基本为迟延履行,违约金和逾期利息都可以视为对债务人迟延履行的惩罚,显然一种违约情形只受一次或一种违约责任的追究更符合合同法基本原则,因此违约金和逾期利息由当事人择一主张更合适。当双方仅约定借款利息未约定逾期还款利息时,可以将借款利息和同期贷款利率进行比较,选择较高利率作为逾期还款利息,这样是基于对权利人权利平等保护和保护守约方的目的,也能一定程度上促使债务人及时还债。

对于法院能否依职权调整过高违约金问题。我国《合同法》第114条的规定除确认当事人意思自治出处分违约责任的权利外,还授予法官对过高或者过低违约金进行适当调整的权力,体现了国家尊重契约自由和限制滥用自由权利的原则立场。《合同法解释(二)》第29条进一步规定,当事人主张约定的违约金过高请求予以适当减少的,人民法院应当以实际损失为基础,兼顾合同的履行情况、当事人的过错程度以及预期利益等综合因素,根据公平原则和诚实信用原则予以衡量,并作出裁决。按照意思自治的契约精神,当事人可以在民间借贷中约定违约金以及违约金比例和额度。但在订立借贷合同时,借款方属弱势一方,为了得到急需贷款,特定时间内同意原告设定的违约条款是可能的,这给当事人利用违约金条款牟取不正当利益,损害合同交易安全和普遍公正利益提供了平台。现在很多债务人出于种种原因不出庭应诉,因此也不能提出调整违约金的请求,如果否认了法院依职权调整违约金的权利,对债务人的保护难谓公平。

(五)关于"送达难"问题

在应对送达难问题上,红桥法院建议充分利用现代化信息网络平台,探索设立短信送达方式,即对有意或恶意躲避法院通知电话的当事人,发送短信告知开庭等事项,其电话号码是实名登记的即视为有效送达。河东法院则加强了与居委会、公安机关和被告工作单位的各种合作,寻找被告可能的住址及联系方式。我市各级法院均严格规范了公告程序,规定对穷尽一切手段无法送达时方可进行公告,最大程度地保证通知到当事人本人。

(六)关于虚假诉讼的防范

虚假诉讼案件可以从涉诉主体、起诉事由、双方态度等方面发现异常之处:双方当事人之间关系较为亲密,存在近亲属或者同学、朋友等熟人关系;只能提供借据作为证据,难以提供银行转账材料或取款凭证,对现金交付的时间、地点、见证人等陈述不清;原告很少起诉借款利息、逾期付款利息,或要求被告承担违约责任,往往只起诉要求收回本金;原告、被告配合默契不存在实质性诉辩对抗,异常配合调解也容易达成调解协议。当法院审理的案件具备这几个特征时,就可能涉嫌虚假诉讼,此时对借贷关系的真实性审查异常重要。第一,严格把握当事人自认和当事人陈述等证据,对借贷关系的存在必须借助其他证据加以认定,如当事人自认缔结口头合同,应分别询问当事人缔结合同场合、时间、在场人员、约定内容等细节;如果当事人自认收到对方大额资金,要提供相关银行转账证明,现金给付的需要审查债权人提取现金的银行卡记录、回答大额现金来源,询问双方给付金额、时间、地点、次数等,必要时可以审查给付方的经济来源和收入状况。第二,调解要建立在事实清楚的基础上,当事人提出调解的,也应该依照第1条的规定审查好借贷事实的存在与否,对于和解协议要着重审查是否违反法律法规禁止性规定,是否损害公共利益和他人合法权益,个人是否有财产处分的权利。第三,要求当事人亲自出面接受询问,及时通知利害关系人或者依照职权追加第三人参加诉讼,将案情的真相通报给利害关系人,有其作出是否提起或参加诉讼。如果确实查明案件系虚假诉讼,审理中应视情况驳回起诉,有刑事犯罪嫌疑的依法移送;如果生效法律文书做出,则应通过审判监督程序撤销,并及时通知利害关系案外人申请再审的权利。

(七)关于民刑交叉问题

根据《关于取缔非法金融机构和非法金融业务活动中有关问题的通知》规定,非法集资是指单位或者个人未按法定程序经有关部门批准,以发行股票、债券、彩票、投资基金证券或者其他债权凭证的方式向社会公众募集资金,并承诺在一定期限内以货币、实物以及其他方式向出资人还本付息或给予回报的行为。最高人民法院会同中国银行业监督管理委员会等有关单位共同研究制定了《关于审理非法集资刑事案件具体应用法律若干问题的解释》,自2011年1月4日起施行。民间借贷的立法应该以以上这些法律法规为依据,进一步厘清民间借贷与非法集资、非法吸收公众存款罪的界限,给民间借贷明确的合法基础。关于民间借贷案件中涉及经济犯罪的处理程序,《最高人民法院关于在审理经济纠纷案件中涉及经济犯罪嫌疑若干问题的规定》有较明确的规定。在审理民间借贷案件中,发现他人犯罪线索的将犯罪线索、材料移送公安机关或检察院,民间借贷案件继续审理;案件存在明显的犯罪嫌疑需要全案移送的,裁定驳回起诉,将有关材料移送公安机关或者检察机关;当事人一方主张涉嫌犯罪,但没有提供证据证明的案件继续审理,但有关犯罪嫌疑的线索、材料可以移送公安机关或者检察机关查处。公安机关或者检察机关接到法院移送的涉案材料后不予立案侦查的,出借人再行提起民事诉讼法院应当受理,并根据审理认定的案件事实作出民事裁判。对于非法集资、非法吸收公众存款案件中没有得到赔偿受害人能否提起民事诉讼的问题,《最高人民法院关于刑事附带民事诉讼范围问题的规定》第5条规定:"犯罪分子非法占有、处置被害人财产而使其遭受物质损失的,人民法院应当依法予以追缴或者退赔。被追缴、退赔的情况,人民法院可以作为量刑情节予以考虑。经过追缴或者退赔仍不能弥补损失,被害人向人民法院民事审判庭另行提起民事诉讼的,人民法院可以受理。"因此对于受害人要求清退集资款等发生的纠纷,人民法院应当受理,但是对于受理的具体案由仍需统一。

四、对民间借贷案件立法和司法的建议

第一,在立法层面,对于民间借贷市场,从国家立法层面应采取可疏不可堵的观念,当前主要亟待解决民间借贷无序混乱的弊端,关键是如何规范化的问题。对于民间借贷存在着交易隐蔽、风险不宜监控以及容易滋生非法集资、洗钱犯罪等问题,需要国家通过修订与完善相应的法律法规予以引导和规范。同时,及时梳理现有法律司法解释修改和废止不符合金融市场内在发展规律的规定,合理界定合法与非法融资的界限。比如,目前对于民间借贷主体的规范和保护在法律和司法解释方面存在需要修改和规制的问题。最高人民法院《关于人民法院审

理借贷案件的若干意见》和《关于审理联营合同纠纷案件若干问题的解答》均颁布于20世纪90年代初，现阶段民营企业已经成为市场经济的重要主体，上述司法解释对于企业间拆借的规定已经不适应现有市场经济状况，建议立法对企业间借款的利率和效力进一步规制，实行有条件的放开。现有法律对于企业法定代表人以个人名义向企业出借款项实质用于企业经营行为，是否认定为企业间借款及利率如何保护，存在空白。建议立法中对上述行为性质认定为企业间借款，对于以企业自有资金出借用于企业生产经营的借款行为应予保护，但利率则应限制当事人的自由约定，以人民银行同期同类贷款基准利率（取消后以金融机构年平均贷款利率）计算为宜。另外，实践中，存在部分担保公司和典当行以法定代表人个人名义的放贷行为，以规避经营范围的限制，建议立法应当予以规制。

对于民间借贷案件利率的保护，从立法角度分析，我们建议对于民间借贷的利率上限的界定应以市场利率为依据，设定较高利率上限为过渡。待我国市场经济环境逐步完善后，再行取消，最终由市场决定。从现有案件裁判角度来看，在现行的法律框架之下，各级法院仍要严格适用《关于人民法院审理借贷案件的若干意见》关于借款利率的上限规定，尤其是针对个别民间借贷案件，既约定借款利率，又约定了逾期利息或违约金的情况，应当把握一个基本原则即本金之外所有利息性收入不应超过银行同期贷款利息的四倍，一旦超过，超过部分不予保护。

第二，完善民间借贷的法律适用规则，对于合理、合法的民间借贷依法予以保护。在案件事实认定方面，各级法院应在力所能及的限度内最大限度地还原客观真实。从近两年的案件情况来看，我市法院存在不同程度的法律规范混用、举证责任分配不均衡、法官释明权适用不恰当现象，欠缺对双方证据证明力的比较方法，在事实认定时未做到尽可能的还原客观真实，导致部分案件漏判、错判。因此我们要进一步加大对民间借贷案件中借贷关系和借贷事实的实质审查力度。准确认定合同的效力和利息的约定。进一步明确该类案件的举证责任分配，对于债务人轻易自认可能存在与债权人恶意串通情形时，应及时调整当事人的举证责任，防止为第三人不法增设债务的事件发生。进一步发挥法院调查取证的职能作用，对于涉嫌违法犯罪的案件要及时移送。

第三，加大调解力度，创新执行思路。坚持运用“调解优先，调判结合”原则，分类化解矛盾。对于发生在亲戚朋友或熟人之间的借贷纠纷，抓住一切有利条件，在审理中主动邀请双方亲朋好友出面协调纠纷。对于中小企业或个体经营者以民间借贷形式进行融资的案件，法院应从大局出发关心企业发展，鼓励双方通过分期还款、降息、延期等形式达成调解协议，避免中小企业资金链断链而倒闭破产，从而高效解决借贷纠纷。对于被告存在逃避债务、隐匿行踪可能性的案件，做到快审快结，及时查找被告财产，防止当事人转移资金和财产，规避债务。“如果说法院是社会公正的最后一道防线，那么执行就是这条防线战壕里的士兵”。针对当下借贷纠纷执行难的问题，执行部门要结合案件特点，不断创新执行思路和执行措施，灵活运用法律赋予的执行权能，使当事人实体权利由“纸质支票”及时兑现，使债权人的债权真正得到实现，恶意的欠债不还者受到相应的法律制裁。

第四，加强与相关部门的协调与合作机制。努力探索民间借贷纠纷化解联动机制建设。借鉴我市已经建立的劳动争议、交通事故、医疗纠纷联动机制建设的成功经验，加强与银监会、人民银行和地方政府职能部门密切协作，及时了解债务人的信用情况，建立民间借贷活动的共享数据库。案件审理中发现有犯罪线索及时与公安、检察部门通报。银监部门和相关政府部门也要不断创新金融服务平台，发展民间小额担保公司，拓宽投资、融资渠道，通过各部门的合力，共同维护好民间借贷的良性发展，维护社会的和谐稳定。

第五、要加强法制宣传教育，营造良好司法环境。加大法制教育宣传和诚信理念的宣传力度、努力消除诚信缺失导致的上述各种弊端存在的空间，树立“诚信为本”的信用理念。提高借贷双方的法律意识和风险防范能力。法院可以借助网络、电视、报纸等媒体，灵活采用“以案说法”、庭审直播等活泼形式，强化人民群众对民间借贷法律知识、证据保全的了解和认识。如大港审判区选取了民间借贷典型案例，在辖区电视台、报刊、广场大屏幕及审判楼内的诉讼服务中心刊登播放，以案释法，进一步增强了公民的法律意识和投资风险意识。积极引导人民群众对高利贷、非法集资等违法融资活动的自觉防范和抵制，净化民间融资环境。促使债权人提高借款过程中的事先调查和事后预防意识，有效维护自己的合法权益。

在农村集体土地上建房法律问题研究

山西省高级人民法院课题组①

第一部分:农村土地使用权的法律问题

改革开放以来,国有土地使用权的出让、转让不断刺激着集体建设用地所有者以让渡土地使用权获取收益的欲望,但在现行法律法规下,我国的农村集体建设用地使用权原则上是禁止入市流转的。但法律的规定并不等同于社会现实。现实中,在比较利益的诱惑下,农村集体建设用地使用权自发、私下的隐形流转市场巨大,被法律严密羁束却又在事实上逾越了制度框架的农村集体建设用地使用权问题值得我们认真的思考。这种隐形市场的存在,不仅严重干扰了国有土地市场的正常运行,而且造成集体土地收益大量流失,农民的利益得不到保护;大批耕地非农化,给我国粮食的持续供给造成压力;乡镇企业无偿或低偿使用集体土地,不仅利用效率低下,还使大量土地闲置。对此,一味地以现行法律为准绳加以禁止并不可取。基于这种情势,农村集体建设用地使用权必须进行相应的改革,以正视现实,认真审视使用权流转的合理"内核",调整相应的法律、法规,使之走上规范有序的轨道。

一、农村集体建设用地使用权的界定

根据土地利用总体规划,我国的土地可分为农用地、建设用地和未利用地三种。建设用地按照土地所有人的不同分为国有建设用地和集体建设用地两种。农村集体建设用地使用权是指民事主体以从事非农业建设为目的,依法对农民集体所有的土地享有占有、使用和收益的权利,有权利用该土地建造并保有建筑物、构筑物及其附属设施。该项权利强调:第一,使用土地的目的为非农业建设,直接服务于农业生产的农田水利用地等不在此列。第二,权利客体为农民集体所有的土地,而不是国有土地,即不改变土地为集体所有的现实。第三,使用权的主体主要并且必要的是农村集体经济组织和农民,与前者联营、入股、合作的其他公民、法人、个体工商户等任意民事主体则是次要和非必要的主体。

按照《中华人民共和国土地管理法》(以下简称《土地管理法》)的规定,集体建设用地使用权可分为三种,包括乡镇企业建设用地使用权、乡(镇)村公共设施和公益建设用地使用权、宅基地使用权。而2007年颁行的《中华人民共和国物权法》(以下简称《物权法》)中规定的建设用地使用权仅包括了国有建设用地使用权和集体建设用地使用权,但不包括宅基地使用权,宅基地使用权被《物权法》单列一章成为与建设用地使用权并列的一种独立的用益物权。国务院办公厅《关于严格执行有关农村集体建设用地法律和政策的通知》(2007年12月30日国办发[2007]71号文件)是最近一次下发的专门调整集体建设用地的行政法规层级的规范,该规范中,农村集体建设用地的范围与《土地管理法》的规定相一致。

在耕地保护形势日益严峻与建设用地需求迅速增长的背景下,庞大的农村集体建设用地资源是否发挥了其应有的作用、如何实现其更有效率的使用,这必然引起人们的注意和思考。

二、农村集体建设用地使用权的法律规制概况

有关农村集体建设用地使用权的规定主要集中于《土地管理法》和国务院的有关行政法规,还有一些规定散见于《中华人民共和国城乡规划法》(以下简称《城乡规划法》)、《中华人民共和国乡镇企业法》(以下简称《乡镇企业法》)、《中华人民共和国担保法》(以下简称《担保法》)等法律。另外,国土资源部等中央政府的土地管理部门和部分省、市人民政府以行政规章的形式出台了相关规定。上述规定涉及该使用权的申请和审批、使用权人的权利和义务、使用权的转让和消灭、政府的监管职责和权限等方面,其中最主要的内容是对农村集体建设用地使用权的流转问题进行了较详细的规范。

所谓农村集体建设用地使用权的流转,是指在保留农村集体土地所有权的前提下,通过一定的方式完成集体建设用地使用权属的转移或实际使用人

① 课题组组长:邓一峰;课题组成员:吴捷慧、丁勇虎。

的变更。流转问题是农村集体建设用地使用权的核心问题,因此也是法律规制的重点。按照权力运行的时间顺序,可以将农村集体建设用地使用权的流转分为取得、转让和消灭三个阶段,现行法律法规即对取得、转让和消灭各个阶段的条件、程序、结果等作出规定,明确了申请人、使用权人和主管部门的权利义务。按照权利源泉的不同,即以权利转出方是否是所有人或者其代表为标准,可以划分为初次流转和再次流转。农村集体建设用地使用权的初次流转,是集体土地所有人或者其代表与土地使用人之间的流转,即集体经济组织根据权能分离的原则,将集体建设用地使用权从集体土地所有权中分离出来,转移或者让渡给土地使用人。农村集体建设用地使用权的再次流转,是指已经取得集体建设用地使用权的土地使用人,再以一定的形式将该集体建设用地使用权转移给其他主体,如果再次流转的受让主体为集体土地所有人或者其代表,则将导致农村集体建设用地使用权因混同而消灭。相应地,现行法律法规对初次流转明确了申请条件、审批标准和程序等,对再次流转则作出了相当严格的限制条件,除某些例外情况外,基本上不允许再次流转,并对违反规定设定了罚则。

近年来,随着社会经济的发展,特别是市场经济的发展和城市化进程的加快,私下的农村集体建设用地使用权流转活动已经相当普遍,并且愈演愈烈。无论是经济发达地区,还是经济欠发达地区,农村集体建设用地使用权流转都已大量存在,特别是城乡结合部是流转的主要区域。在流转形式上,常见的包括出让、出租、抵押、作价入股、置换、继承等。农村集体建设用地使用权的自发流转逐步发展成为庞大的隐形市场,已经成为当前农村改革中的一个突出问题,也是完善现行法律规制面临的紧迫问题。

三、农村集体建设用地使用权的实际运行状况

法律规定的应然状态与社会的实然状态往往并不一致,就农村集体建设用地使用权而言,这种不一致表现的很明显,甚至是完全相反的。虽然有超标准使用宅基地、假乡镇企业、闲置用地收回不及时等问题,但总体上,有关农村集体建设用地使用权的初次流转和权利消灭方面的规定执行状况较好。而有关农村集体建设用地使用权再次流转的规定则没有被很好地遵守,当城乡建设用地市场一体化问题在理论界还存有争议时,现实中大量的农村集体建设用地使用权已突破法律的束缚实现了自发流转则是不争的事实,并由自发流转逐步发展为庞大的农村集体建设用地使用权隐形交易市场。据调查,农村集体建设用地使用权的流转方式主要有:

第一,使用权出租和转让。据不完全统计,通过这种方式进行流转的占农村集体建设用地流转的50%左右,有单纯建设用地使用权出租或转让的,也有连同地上附着物一起出租或转让的。

第二,使用权抵押。随着市场经济的发展,金融体制的改革,以土地资产抵押贷款已成为银行贷款信誉较高的一种担保形式,农村集体建设用地使用权当然具有担保价值,这种方式增强了金融资金的安全性,同时能够盘活土地资产。

第三,使用权作价入股。农村集体建设用地使用权的入股,也是村集体经济组织感兴趣的一种形式。村集体经济组织大多选择经济效益比较好、有发展的中小型企业,而这些企业为了减免征地的费用和生产成本,也很愿意接受这种方式。这种流转形式占农村集体建设用地使用权流转总量的5%~7%。

第四,使用权置换。通过农村集体建设用地置换进行流转也时有发生,有在相同性质土地之间进行交换的,如农村村民之间交换宅基地;也有在不同性质土地之间进行置换的,例如因高速公路或重点项目建设需要,拆迁部分村民的房屋,在城区空闲地作为宅基地重新安置,即农民的宅基地与国有土地的置换,这种流转形式可以缓解征地中的矛盾,降低征地成本。

第五,其他形式的流转。比如,有的商贩低价买进、高价卖出使用权,或将土地使用权经过加工(如建房、办厂等),再向社会出售;有的集体或个人以兴办乡镇企业为名,取得集体建设用地使用权之后转手出租、转让、参股;有的不经过任何流转手续,就将集体企业连房带地转让、出租;有的农民干脆在自己承包土地或空闲的宅基地上建房向社会出售等。

这些流转的形式、类型、主体各有差异,但仅极少数情况符合或者说不违反法律规定,绝大多数流转并未获得法律支持,有的交易径直采取法律禁止的方式,有的略作变通以规避法律,无论合法与否,行为的目的都是将农村集体建设用地使用权进行流转。

四、农村集体建设用地使用权实践中出现的问题

改革开放以来,我国国有土地得到了有效利用和流转,确保了国有土地资产的保值和增值。相比之下,农村集体建设用地使用权因受种种限制,仅能在本级集体范围内简单地流转。但随着形势的发展,现有法律规制被抛弃或规避,出现大量自发的使用权流转,加之我国农村资金和人才缺乏,基础设施和技术落后,交通不畅,信息闭塞等,产生了许多问题。

(一)擅自突破法律规定,违法用地屡禁不止,隐形交易市场大量存在

随着经济的发展,人口的逐渐增加,城镇建设的进一步扩张,对土地的需求越来越旺。在供给一定的条件下,获取国有土地使用权的费用越来越高。尽管集体建设用地一直游离于土地市场之外,国家立法对集体土地使用权入市存在种种限制,集体建设用地的资产属性与市场需求特征却日渐显露。由于利益的驱动和机会主义的存在,一些经济实力弱的企业便悄然与集体土地所有者代表私牵"红线",以出让、转让、出租等法律明文禁止的形式,或者以作价入股投资等形式变通规避法律的限制,以低廉的价格获取农村集体建设用地使用权,逐步形成自发的、可私下流转、可改变土地用途的建设用地使用权交易,并在数量上和规模上呈不断扩大趋势,演变为关系错综复杂而交易额庞大的农村集体建设用地使用权"隐形市场",这就突破了现有法律的规定,实现了使用权事实上的流转。这是不争的事实,其中,珠三角地区尤为典型。该地区的农村集体经济大多是以土地经营为主,即以土地出租或在土地上建厂房或商铺出租等形式获得土地非农收益,既是农村集体的主要收入来源,也是农民最直接稳定、最为长久的收益保障。

(二)削弱政府土地调控能力,国家财税大量流失

集体建设用地自发无序盲目大量地流转,使政府无法掌握建设用地的交易数量和金额,导致政府调控土地市场的能力被削弱,难以有效控制建设用地供应总量。集体建设用地通常缺乏合理规划,冲击土地利用总体规划和城乡规划的有效实施,造成土地利用混乱,土地市场秩序受到严重干扰。因为隐形交易未向国家申报,造成税收大量流失。

(三)耕地保护受到冲击,土地利用率低下

受流转利益的驱动,集体经济组织和农民耕地保护的意识淡薄,不愿意承担耕地保护的义务。未经批准随意占用耕地并出让、转让、出租用于非农建设,或低价出让、转让和出租农村集体土地行为增多,交易行为扭曲,工业用地以联营为名行转让、出租之实,住宅用地则借房屋出租或私自转让进行交易。耕地的减少,直接影响我国的粮食供给战略的实施,对经济安全提出了严峻的挑战。同时,乡镇企业和农民住宅本身是低偿或者无偿使用集体土地,多占地、占好地、大院套成为普遍现象,造成大量土地闲置,土地利用效率低下。

(四)交易不安全、不规范,极易引发复杂的权益纠纷

农村集体建设用地使用权流转因处于法律禁止的状态,难以依法进行土地登记,故当事人权利缺乏可靠保障,加之集体土地所有权主体的法律地位不明晰,流转程序失范,交易价格无参照,对建设用地投资者也不利,交易安全得不到保障,还会波及其他利害关系人。由于权利设定缺乏合法依据,由此引致流转法律纠纷不断,比如见诸报端的大量城市户口居民购买农村房产引发的诉讼等,一旦调处失当,极易酿成重大社会事件。

(五)流转收益分配关系混乱,农村干群矛盾复杂化

由于缺乏依法监管与市场机制,集体土地的市场价值和资产属性在流转中不能得到充分体现,加上农村土地产权关系不清、集体经济组织结构不完善,使本属于农民集体及农民的土地流转收益难以得到法律的切实保障,在分配环节呈现无序化,收支不透明,部分村干部中饱私囊,农民的社会保障建设进展缓慢,造成干群关系紧张,影响农村的安全和稳定。

五、农村集体建设用地使用权实践中出现问题的原因分析

造成上述问题的原因比较复杂,但主要的原因可以归结为五个方面,这些原因通过单独作用和相互作用,导致农村集体建设用地使用权出现了超出人们预想的复杂局面。

(一)法律的苛求

法律的苛求主要集中于有关法律规定的限制条件过多、设定标准过高。法律对农村集体建设用地限制过多主要表现在《土地管理法》,同样是建设用地,依照法律规定,国有的可以自由流转,集体的原则上禁止流转,造成同地不同权。同时,法律对村民住宅,仅允许在本集体成员内流转,禁止城市居民到农村买房,造成农民不能自由处分自己的房产,房产价格不能体现市场价值,为规避法律,融通资金,以租代售、私下交易等市场行为必然大量出现。法律对于乡镇企业,即依法使用集体建设用地达100多万公顷的主体的创立设定了过高的门槛。现行的1996年通过的《乡镇企业法》第2条规定:"乡镇企业,是指农村集体经济组织或者农民投资为主,在乡镇(包括所辖村)举办的承担支援农业义务的各类企业。""所称投资为主,是指农村集体经济组织或者农民投资超过百分之五十,或者虽不足百分之五十,但能起到控股或者实际支配作用。"该法第3条规定:"乡镇企业的主要任务是,根据市场需要发展商品生产,提供社会服务,增加社会有效供给,吸收农村剩余劳动力,提高农民收入,支援农业,推进农业和农村现代化,促进国民经济和社会事业发展。"法律对乡镇企

业从投资主体、投资比例、设立宗旨等方面进行严格约束,加上《担保法》禁止集体土地使用权单独抵押,导致农村融资渠道极其狭窄,使严格意义上的乡镇企业数量较少,而且难以成长为大型企业,客观上助长了假乡镇企业的泛滥。法律将农村集体建设用地定位于支农用地、成员用地,基本上否定了集体土地的商品价值,形成了法律规定与市场现实的巨大反差,由此出现突破法律约束的情况就可以理解了。

(二)比较利益的刺激

在计划经济时代,土地的资产属性被淡化,国有土地与集体土地相安无事。但在市场经济条件下,土地的价值越发高涨,国有土地与集体土地同地不同权的现实与市场配置资源的矛盾日益突出。国有土地实现了巨大的价值转换,而集体土地所有者和农民守着土地金饭碗却得不到看得见、摸得着的利益,而且大量集体土地被国家征收征用,国家从农民集体征收土地过程中所作的补偿和国家在出让土地使用权过程中从经营者那里得到的对价利益是不等的,后者远远高于前者。两者间的差额利益大部分应当归农民集体所有,因为,农民集体是土地的所有者,不能因处分上的转折而剥夺农民利益。而事实正相反,政府通过征收土地获得巨大收益,农民未得到实惠,在比较利益的刺激下,集体土地所有者和农民宁肯违反法律或者规避法律,也愿意自己支配土地,实现自身利益的最大化。同样地,使用集体土地的主体可以大幅度降低生产成本,保持充沛的流动资本,有利于扩大生产经营。

(三)市场经济的诉求

市场经济本质上是平等经济、交换经济,市场要对资源配置起决定性作用,但我国的农村集体建设用地作为数量极为巨大的资源却被人为隔离在市场外,不能正常流转交易,基本上不受市场规律的支配。同时,国有土地市场因供应量受限造成价格扭曲,市场的支配作用发挥得并不理想。在平等、交换等市场经济的诉求下,形成农村集体建设用地使用权的隐形市场难以避免。

(四)制度的缺失

尽管1988年的《宪法》修正案和同年修改的《土地管理法》规定国有土地和集体土地的使用权均可以依法转让,土地使用权的转让办法,由国务院另行规定。此后国务院出台了有关国有土地使用权流转的法规性文件《城镇国有土地使用权出让和转让暂行条例》(1990年国务院第55号令发布),土地承包经营权及其流转则由2002年颁布的《农村土地承包法》作了详尽规范。但二十年过去了,有关农村集体建设用地使用权流转的行政法规至今没有出台。没有规矩不成方圆,没有规则意味着混乱。因为制度的缺失,农村集体建设用地使用权流转一直处于无序状态,形成庞大的隐形市场,"小产权房"问题也随着全国城市房价的高涨而日益突出,尽管有关部门出台了一些规定,但出发点仍是"堵"而不是"疏",禁止性规定多于授权性规范,并未对有关问题提出根本性的解决办法。

(五)传统观念的影响

"买田置地"、"高宅深院"是我国百姓的传统观念。公有制下,"买田置地"已不可能,但"高宅深院"是可以实现的。虽然农民在申请宅基地时有关部门是按照标准批准的,但农民往往多占地,实现房子和院子最大化是普遍的心理。乡镇企业也是如此,占地多少成为企业实力的象征,形成盲目攀比之风。这样就必然导致农村集体建设用地的不合理增长和土地资源的浪费,加剧人地矛盾。而且,受传统观念、客观配套设施等多种因素的影响,我国农民普遍喜爱独居的院落式住宅,在农村推行集约化的公寓式住宅尚需时日。

从上述分析可以看到:当前农村集体建设用地使用权制度面临的最大问题是法律禁止流转的原则规定与自发形成的使用权流转之间的冲突。作为市场规律支配下的自发形成的交易,使用权流转的出现在一定程度上是必然的,但流转的现实与法律的禁止形成尖锐的矛盾,如何化解矛盾将决定使用权的未来。

六、农村集体建设用地使用权入市流转的可行性

一般来说,资源的配置方式主要有计划和市场两种,而市场是配置资源最有效的方式。依据我国经济发展和农村集体建设用地使用权的现状,集体建设用地作为一种重要的资源,用市场机制配置土地资源比现行法定配置方式更为优越,而且从制度变迁理论、产权理论、法律政策空间以及科学发展观等方面分析,农村集体建设用地使用权入市流转有其可行性。

第一,现存的农村集体建设用地使用权制度存在巨大的潜在利润。当前,由于农村集体建设用地的管理并不规范,农村集体建设用地使用权的自发流转没有评估等前期工作,也没有税收负担,流转的成本几乎为零,而农村集体建设用地流转后的经济效益却是巨大的,正是由于存在着巨大的潜在利润,导致目前农村集体建设用地使用权隐形市场的存在。由于集体土地产权权能残缺和土地法制不健全,使农村集体建设用地使用权流转无法可依、交易混乱,集体土地资源利用率低下,巨大的潜在利润依照现存制度无法实现,而农村集体建设用地使用权

市场化正是解决此问题的制度创新,它能够释放农村集体建设用地的巨大潜能。

第二,农村集体建设用地使用权市场化流转这一制度创新的潜在收益远大于成本。在这一制度创新中,中央政府、地方政府、集体经济组织、农民以及建设用地的使用者虽然形成不同的利益主体,扮演着不同的角色,但随着统一规范的城乡土地市场的逐步形成,他们均为新制度的受益者,只不过中央政府、地方政府侧重于长远利益,集体经济组织、农民及建设用地的使用者侧重于现实利益。如果维持现行制度,集体经济组织、农民以及建设用地的使用者则难以获取利益,因此,实现流转的潜在收益远大于成本。

第三,马克思的土地产权理论认为:土地产权具有商品属性,因此土地产权的配置应该市场化。由于土地不能移动,土地市场配置的实质是土地产权的市场配置,土地产权可以"借助于商品的各小部分的所有权证书,""一部分一部分地投入流通,"进入市场,通过市场机制与其他财产进行优化重组。马克思的土地产权理论为农村集体建设用地使用权市场化提供了理论依据。

第四,现代产权理论认为,产权作为一个权利的复合体,其内含的各项权利,可以根据具体情况逐项分解,并独立出来发挥作用。这种权能的分离并不意味着所有者丧失了所有权,恰恰相反,这正是所有者充分行使手中所有权的方式。现代土地产权与其他产权一样,具有排他性和可转让性,其内含的占有权、使用权、收益权、处分权都能分解,并独立出来发挥作用,因此农村集体建设用地使用权作为从所有权里派生出的一项独立的权能在市场中流转也就成为可能。

第五,从市场供求情况看,随着经济的发展,我国建设用地的需求市场是非常大的,单靠国有土地供给已无法满足市场需要,集体土地必然要参与到市场中来。限于法律规定,集体土地以国家征收后再入市的形式参与市场,这与隐形市场有合法性的差别,但从市场的角度看,只不过是形式和途径不同罢了,其实质都是集体土地进入市场,增加土地供给,满足市场需求。

第六,现行政策法规为农村集体建设用地使用权入市流转留有活动空间。虽然我国的政策法规对农村集体建设用地使用权流转的限制是相当严格的,但是并没有完全否定在现行政策环境下不可以发生流转。从法律层面来看,《宪法》第10条与《土地管理法》第2条都规定土地使用权可以依法转让,这里的"土地使用权"既包括国有土地使用权,也包括集体土地使用权。从行政法规看,国务院也多次肯定农村集体建设用地使用权可以入市流转,比如,国务院[2004]28号文件《关于深化改革严格土地管理的规定》中提出"在符合规划的前提下,村庄、集镇、建制镇中的农民集体所有建设用地使用权可以依法流转"。这些现行政策法规对我国农村集体建设用地使用权入市流转的规定虽然还不够具体,但从总体上看,这些规定为农村集体建设用地使用权市场化流转提供了方向和依据。

第七,社会主义市场经济体制的日趋完善为农村集体建设用地使用权入市流转提供了制度保障。我国经济体制改革的目标是建立社会主义市场经济体制。农村市场经济是我国社会主义市场经济的重要组成部分,要建立真正的社会主义市场经济,必然要求农村市场经济同步发展,而土地市场是农村市场的重要组成部分。因此,土地市场作为我国最重要的要素市场之一,是发展我国市场经济不可或缺的。随着我国市场经济体制的日趋成熟,良好的客观环境必然会推动土地使用权流转市场的完善,为农村集体建设用地使用权流转市场化提供制度保障。另外,国有土地使用权的成功流转也为农村集体建设用地使用权入市流转提供了有益的借鉴。

第八,保护耕地与农村集体建设用地流转并行不悖。不赞成农村集体建设用地使用权流转的一个重要理由是:建设用地与农用地的收益相差太大,如果允许农村集体建设用地使用权流转会刺激违法用地的发生,导致大量农用地非法入市,不利于保护耕地。其实,这个理由并不成立。建设用地与农用地的收益相差太大,是刺激违法用地发生的重要原因,这是事实,只要客观存在着巨大的收益差,不论是否允许农村集体建设用地使用权流转,违法用地的发生就是难以避免的,所以农村集体建设用地使用权流转会刺激违法用地发生的说法并不成立,隐形市场的存在就是证明。对违法用地,当然要说不,而且要积极依法进行制止、处罚,但没有必要因噎废食。农村集体建设用地本身就不是农用地,自身不生产一粒粮食,指望通过禁止农村集体建设用地使用权流转来减低利益刺激和保护耕地无疑是缘木求鱼了。相反地,允许农村集体建设用地流转,会加快农村繁荣农民致富的进程,通过村屯改造,建设小城镇,实现人口流动和城市化,改粗放型院落式宅基地为集约型公寓式宅基地,将极大的节约土地的使用,通过土地整理复垦,将原宅基地、未利用地改造,从而增加耕地面积,这反而有利于保护耕地。

第九,农村集体建设用地使用权流转符合科学发展观的要求。科学发展观的第一要义是发展,核心是以人为本,基本要求是全面协调可持续发展。当前,我国城市建设用地盲目扩张,土地利用效率不高,节约集约用地潜力巨大,特别是2.7亿亩农村集体建设用地,尚未得到充分合理的开发利用,因此,切实保护耕地,坚守18亿亩耕地保护红线,坚持市场化改革取向,允许农村集体建设用地使用权依法流转,促进节约集约用地和合理利用每一寸土地,还利于农民,尊重人民群众的首创精神,走一条建设占地少、利用效率高的符合我国国情的农村全面协调可持续发展的新路子,是关系民族生存根基和国家长远利益的大计,更是科学发展观的具体要求。

第二部分:农村土地上建设住宅楼买卖纠纷的法律问题

随着我国社会主义市场经济的快速发展和新农村建设的不断推进,农村集体土地上建设住宅楼的规模不断扩大,全国各大中小城市均不同程度的存在利用农村集体土地建设住宅楼的现象;另外,由于我国城市化进程速度不断加快和城市房价过高、过快上涨,城镇居民掀起了城镇居民购买农村住宅的热潮,由此导致发生在城镇居民和农村集体经济组织成员间的房屋买卖合同纠纷案件也越来越多,日益成为社会关注的焦点。因此,为了更好地化解这类纠纷,促进经济社会平稳、健康发展,对这类案件进行深入细致的研究,迫在眉睫。

一、集体土地建设住宅楼的背景及基本情况

(一)集体土地建设住宅楼的发展历程

1. 集体土地建设住宅楼发展的历史过程

集体土地建设住宅楼发展的历史过程,可以归纳为以下几个阶段:

第一阶段是改革开放前期,集体土地建设住宅楼首先在东南沿海开放地区出现。这些地区为吸引外资,大力发展乡镇企业,大量占用农村集体土地,其中很大一部分是占用耕地。此阶段中,地方政府在利益的驱动下,将农村集体土地随意转化为建设用地,从中获取大量收益。这一时期占地规模明显增大,也出现了少量住宅买卖的现象,可以说是集体土地建设住宅楼现象的萌芽阶段。

第二阶段是20世纪80年代,农村宅基地制度的设立为农民在农村集体土地上自主修建房屋提供了法律依据。随着社会经济的发展、城镇化进程的加快和户籍制度的松动,城乡人员之前交互流动成为可能。众多农村居民涌入城镇中,并有相当数量的农村居民在城镇安家落户,购买房屋。而其在农村的住房,虽然并不用于居住,但由于农村宅基地价值的存在,使农村居民不愿放弃农村宅基地,大量农村房屋搁置于社区之中,“空心村”现象浮现出来。农民为了赚取额外收益,将盖在宅基地上的房屋卖给他人,于是农村中房屋买卖的数量开始逐年增多,这一时期房屋买卖合同当事人的身份主要是本集体经济组织间和其他集体经济组织间的成员。

第三阶段是在当前经济突飞猛进的发展下,特别是房地产市场的崛起,掀起了一场新的“土地革命”。曾经被忽视的土地资源,一夜之间成为关系国家安全、社会稳定和经济增长的重要因素。土地经济、土地财政、高额房价和投资炒房已成为我们生活中不可回避的问题。从20世纪90年代末至今,随着我国城市化进程的加快和房地产市场的繁荣,商品房的价格节节攀升,严重超过了普通市民的购买力。日益庞大的住房需求和高不可攀的房价制造的巨大市场“刚需”为利用农村集体土地建造住宅楼提供了强大的利益驱动。这种利益驱动使房地产开发商、农村集体经济组织、购房者形成合作关系,他们共同变相地在农村集体土地上进行开发。这一阶段,集体土地建设住宅楼的利益主体凸显,现今意义上的集体土地建设住宅楼发展起来,这一时期农村房屋买卖的当事人主要集中在农村集体经济组织成员和城镇居民间。

2. 集体土地建设住宅楼发展的政策演变

(1)集体土地建设住宅楼的合法性

当前,非农村集体组织成员购买农宅的行为不符合法律规定,不受法律保护。但是否一直以来法律都明文禁止,答案是否定的。1982年2月由国务院制定的《村镇建房用地管理条例》第18条规定:“集镇内非农业户建房需要用地的,应提出申请,由管理集镇的机构与有关生产队协商……”1986年6月25日起通过的《土地管理法》第41条规定:“城镇非农业户口居民建设住宅,需要使用集体所有的土地的,必须经县级人民政府批准,其用地面积不得超过省、自治区、直辖市规定的标准……”1993年11月1日起施行的《村庄和集镇规划建设管理条例》第18条规定:“城镇非农业户口居民在村庄、集镇规划区内需要使用集体所有的土地建设住宅的,应当经其所在单位或者居民委员会同意后,依照相关程序办理。”这表明,曾经一段时间内,城镇居民有资格在农村土地上修建房屋,并取得产权证书。

(2)我国当前集体土地建房的法律、法规及政策

根据我国法律规定的“房随地走”、“地随房走”的“房地一体主义”原则,房屋所有权的转移必然引起房屋占用范围内的土地使用权的转移。目前理论和实务界对于城镇居民购买农村集体土地之上房屋合法性争议的焦点主要集中在农村房屋占用范围内

的集体土地使用权的转移上,而非买卖合同中的房屋交易本身。因此要了解我国法律、政策对城镇居民购买农村集体土地上的房屋的态度就需要考察我国当前法律、法规及其政策对于集体土地使用权流转的规制。

现行法律、法规对城镇居民购买农村集体土地上的房屋的规制:我国《宪法》第10条第2款规定:"农村和城市郊区的土地,除法律规定属于国家所有的以外,属于集体所有;宅基地和自留地、自留山,属于集体所有。"第4款规定:"任何组织和个人不得侵占、买卖或者以其他方式非法转让土地,土地的使用权可以依照法律规定进行转让。"由此可知,在我国,农村集体土地的所有权归农民集体所有,集体土地使用权可以依照法律规定进行转让。我国《物权法》第153条规定:"宅基地使用权的取得、行使和转让,适用土地管理法等法律和国家有关规定。"作为调整物的归属的基本法,《物权法》并没有明确规定宅基地使用权的转让问题,而只是作了一个衔接性的规定。我国《土地管理法》第43条第1款规定:"任何单位和个人进行建设,需要使用土地的,必须依法申请使用国有土地;但是,兴办乡镇企业和村民建设住宅经依法批准使用本集体经济组织农民集体所有的土地的,或者乡(镇)村公共设施和公益事业建设经依法批准使用农民集体所有的土地的除外。"第63条规定:"农民集体所有的土地的使用权不得出让、转让或者出租用于非农业建设"。由此可以得知,虽然城镇居民不可以申请集体土地建造房屋,但是《土地管理法》并没有明确禁止城镇居民通过购买农村集体土地上的房屋的方式获取集体土地使用权。

现行政策对城镇居民购买农村集体土地上的房屋的规制:相对于较为模糊的法律规定而言,国务院及其部委对于城镇居民购买农村集体土地上的房屋的态度则要明确的多,国务院及其部委发布的文件明确禁止城镇居民购买农村集体土地上的房屋。例如,1999年国务院办公厅发布的《关于加强土地转让管理严禁炒卖土地的通知》(国办发[1999]39号),其第2条明确规定:"严禁非法占用农民集体土地进行房地产开发","农民的住宅不得向城市居民出售,也不得批准城市居民占用农民集体土地建设住宅,有关部门不得为违法建造和购买的住宅发放土地使用证和房产证"。2004年国务院办公厅发布的《国务院关于深化改革严格土地管理的决定》(国办发[2004]28号)第2条再次明确规定:"禁止城镇居民在农村购置宅基地","禁止以建设'现代农业园区'或者'设施农业'等任何名义,占用基本农田变相从事房地产开发"。国土资源部于同年11月颁布了《关于印发〈关于加强农村宅基地管理的意见〉的通知》(国土资发[2004]234号),规定:"严禁城镇居民在农村购置宅基地,严禁为城镇居民在农村购买和违法建造的住宅发放土地使用证。"2007年6月18日,建设部发布了《关于购买新建商品房的风险提示》,明确要求城镇居民不要购买集体土地上建设的房屋,否则将会面临无法办理房屋产权登记,合法权益难以得到保护的风险。2007年12月发布的《国务院办公厅关于严格执行有关农村集体建设用地法律和政策的通知》(国办发[2007]71号)又重申,"农村住宅用地只能分配给本村村民,城镇居民不得到农村购买宅基地、农民住宅或'小产权房'。单位和个人不得非法租用、占用农民集体所有土地搞房地产开发"。2008年1月30日发布的《中共中央、国务院关于切实加强农业基础建设进一步促进农业发展农民增收的若干意见》(中发[2008]1号)再次要求城镇居民不得到农村购买宅基地、农民住宅或"小产权房"。国土资源部于2009年8月发布的《国土资源部关于严格建设用地管理促进批而未用土地利用的通知》中要求严肃查处违反土地管理法律法规新建"小产权房"项目用地。2010年国土资源部在全国范围内对"小产权房"开展了专项清理活动。2011年国土资源部和建设部等14个部委成立了小产权房清理小组。2012年2月18日,国土资源部相关负责人表示"今年全国将开始选择试点城市,妥善处理好现存小产权房的问题"。

从上述的分析中可以看出,我国现行法律、法规并没有明确禁止城镇居民购买农村集体土地上的房屋,而国务院及其部委制定的政策却对此作出了禁止性的规定,因此我国现行的法律、法规和政策在对待城镇居民购买农村房屋的态度上存在差异,这种法律和政策上的差异给法院的审判带来了难题:法院在遇到城镇居民与农村集体经济组织成员间的房屋买卖合同时如何认定其效力,法院若是认定该类房屋买卖合同无效,法律依据在哪里,合同无效后法院又当如何平衡双方当事人之间的利益关系,这都是亟待解决的问题。

(二)集体土地建设住宅楼发展的原因分析

1. 集体土地建设住宅楼发展的现实原因

(1)居高不下的房价刺激

在计划经济时代,我国城镇地区实行福利分房制度,房屋由国家提供,产权归于国家,居民拥有房屋的居住权。但到20世纪90年代,原先福利性分房制度开始向政策性与商业性住房制度转变。1994年7月,国务院发布《关于深化城镇住房制度改革的决定》,开启了城镇住房制度改革之路,目标是实现住房商品化、社会化。为此,把原先实物福利分配的方式改变为以按劳分配为主的货币工资分配方式;建立以中低收入家庭为对象,具有社会保障性质的经济适用住房供应体系和以高收入家庭为对象的商品房供应体系。而目前商品房畸形的价格,已经严重超过了普通市民的购买力,使大量城镇居民无力承担。因此,城镇居民即使明知购买集体土地建设住宅楼难以取得房产证,且在国家提出风险预警及明确禁止购买集体土地建设住宅楼的情形下,仍甘愿冒险一试,以改善居住条件。

(2)城镇化进程和新农村建设加快

自改革开放以来,我国城镇化进程不断加快,大量农村居民涌入城镇。目前我国城镇人口已达到5.8亿,城镇化水平已超过45%。根据国家有关部门的预期,按人口城镇化率每年增加1个百分点测算,到2020年还将从农村转移出3亿左右的人口。因此,拥有众多人口的大城市、超大城市必然需要更多的土地进行基础建设。城镇化的发展使得更多的集体土地,特别是城郊集体土地逐渐向国有土地转变。在城镇化过程中,城镇与农村之间的联系不断加强,农村地区交通、购物、教育、医疗等基础设施逐步完善,原先人们眼中陈旧不堪的农村面貌已大为改观。农村基础设施建设的完备及与城镇的密切联系,使越来越多的城镇居民愿意到农村定居,这使集体土地建设住宅楼的需求量逐渐扩大。

近年来,新农村建设的推进为集体土地建设住宅楼的规模发展创建了平台。国家要求的新农村建设,应该是让农民的房子连排建造,由一户一院式向公寓式转变。但是由于乡镇政府和农村集体组织资金匮乏,不能实现新农村建设的目标,在这种尴尬的局面下,乡镇政府和农村集体组织便同房地产开发商进行合作,在用于新农村建设的宅基地上建造房屋,将一部分房屋以低廉的价格卖给农民,余下的房屋作为集体土地建设住宅楼出售给城镇居民。这样一方面解决了农民的住房需求,另外一方面也完成了新农村建设的任务。

(3)多方主体经济利益驱动

在集体土地建设住宅楼开发过程中,主要存在以下几个利益群体:农村居民、购房者、房地产开发商、乡镇政府、农村集体组织。五个原本不属于同一利益圈子的主体,在中国特殊的国情下,自发组织起来,形成集体土地建设住宅楼市场的利益群体。在经济利益的驱动下,或提供土地,或建造房屋,或购买新居,促使集体土地建设住宅楼的产生与发展。

(4)社会保障性住房供给不足

社会保障性住房是指廉租房、经济适用房与限价房。社会保障性住房设置的目的在于缓解高额商品房价格对房地产市场的冲击,是国家为了解决城镇中低经济收入家庭住房困难而建的住宅,有社会公共福利和住房社会保障性质。1998年7月3日出台的《国务院关于进一步深化城镇住房制度改革加快住房建设的通知》规定:“对不同收入家庭实行不同的住房供应政策。最低收入家庭租赁由政府或单位提供的廉租住房;中低收入家庭购买经济适用房;其他收入高的家庭购买、租赁市场价商品住房。”在理论上说,商品房、经济适用房、廉租房应当相辅相成,满足不同阶层消费者的需要。但实际情况并不尽然,社会保障性住房存在严重供给不足的现象。社会保障性住房供给不足的原因主要是地方政府缺乏热情和房地产开发商动力不足。

(5)土地监察执法不力

集体土地建设住宅楼从产生到今天已有几十年的时间,虽然现行法律没有给予其合法地位,但其仍能够生存发展,与政府的土地监察执法不力有着密切关联:

首先,长期以来,我国土地实行城乡二元机制,对于土地和房屋的管理,有多个政府部门参与其中。以集体土地建设住宅楼为例,有权管理和监督的部门有国土资源部门、建设部门,甚至还有农业部门和国家相关立法、执法部门。由于集体土地建设住宅楼处于政府各职能管理部门的交叉点上,造成多头管理却无人管理的尴尬局面。

其次,部分地方政府和国土资源部门对于集体土地建设住宅楼问题还没有充分的认识,管理上还存在一些模糊的观念,在处理农村集体组织占用集体土地进行非农业建设的问题时,往往“心慈手软”,大事化小处之。这在一定程度上助长了集体土地建设住宅楼的发展。再者,虽然国家对于集体土地建设住宅楼地位的否定态度尚未改变,但对于现有集体土地建设住宅楼,除少数房屋由于占用农用地而被勒令拆除外,大量集体土地建设住宅楼依然矗立在农村土地之上,并且一直在进行着,其原因在于违规成本较低,现有土地监察部门经济或行政处罚难以起到警示作用。

2. 集体土地建设住宅楼发展的制度因素

我国实行城乡二元机制,在土地性质上,将土地分为国有土地和集体土地两种类型。《土地管理法》第8条规定:“城市市区的土地属于国家所有。农村和城市郊区的土地,除由法律规定属于国家所有的以外,属于农民集体所有;宅基地和自留地、自留山,属于农民集体所有。”这样的制度设计与我国地少人多、国家实行计划经济体制、社会经济发展缓慢等情况密切相关。新中国成立后直至今日,社会保障制度尚无法全面覆盖农村地区,我国将土地分为国有土地与农村集体土地,并规定后者的所有权为集体所有,目的在于保障农村居民生产及生活。这对于缓解政府财政压力,实现城镇与农村人口生活质量相对平衡,促进农业可持续发展具有重要的作用。但伴随市场经济的确立,原先在计划经济体制基础上和“一大二公”思想指导下所形成的农村集体土地所有权制度,在市场经济大潮的冲击下陷入了困境。这使集体土地建设住宅楼的现象能够在旧的土地制度尚未消亡,新的土地制度尚未建立的空隙中生存并发展开来。从法律制度层面上看,集体土地建设住宅楼发展的制度性因素,主要表现在以下几个方面。

(1)所有权主体虚位

所谓所有权主体虚位,是指农村集体土地所有权主体在法律上徒有虚名的境况。虽然,根据现行法律的规定,农村集体土地属于集体所有,并且是三级制的农民集体所有,即村农民集体所有、乡(镇)农民集体所有和村内两个以上的集体经济组织中的农民集体所有。《土地管理法》第 10 条规定:“农民集体所有的土地依法属于村农民集体所有的,由村集体经济组织或者村民委员会经营、管理;已经分别属于村内两个以上农村集体经济组织的农民集体所有的,由村内各该农村集体经济组织或者村民小组经营、管理;已经属于乡(镇)农民集体所有的,由乡(镇)农村集体经济组织经营、管理。”

虽然法律条文对于集体土地的权利主体作出了详细说明,但在实际操作过程中却存在很大的缺陷。仔细分析可以发现,在乡镇农民集体所有层面,由于乡镇政府是国家机关,同时也没有一个具体条款明确乡镇经济组织履行集体土地所有权职能,因此,谁为所有权主体并不明了。村民小组虽然存在于村集体组织,但其没有相应的法律地位,难以保证其具有集体土地所有权主体的地位。相反,由于乡镇政府与村委会行政权力的作用,使农民集体所有在很多地方演变成乡、村干部的小团体所有或者个别乡、村干部的个人所有;加之在司法实践中,司法机关也大多将农民集体所有的土地确认为村委会所有,更是加固了这一效果。因此,所有权主体虚位造成了农村集体土地由“内部人”控制。在全国绝大多数地区,集体土地建设住宅楼的开发与村委会、乡镇政府的参与密不可分,但真正的权利主体——农民自身却很少参与决策之中,只能被动地接受。

(2)集体土地权能不全

著名福利经济学家、诺贝尔经济学奖获得者阿马蒂亚·森对第三世界国家经济、社会发展状况的研究表明:政治自由和社会机会都是平等的内涵,权利的不平等才是真正的不平等,贫困在很大程度上来自于能力的剥夺。虽然,根据《民法通则》第 71 条规定:“财产所有权是指所有人依法对自己的财产享有占用、使用、收益和处分的权利。”集体土地所有权作为所有权的一种,理应享有上述四项权能。但现行我国法律法规对于农村集体土地权能做出过多限制性规定,使得集体土地的财产权属性缺失。

使用权能的残缺。使用权能是指,特定主体在保持农民集体土地原有用途、效能和性状的前提下,对其利用的权利内容。《土地管理法》第 43 条规定:“任何单位和个人进行建设,需要使用土地的,必须依法申请使用国有土地;但是,兴办乡镇企业和村民建设住宅经依法批准使用本集体经济组织农民集体所有的土地的,或者乡(镇)村公共设施和公益事业建设经依法批准使用农民集体所有的土地的除外。”因此,除了农业生产、农村居民住房及与农村集体关系密切的事项可以使用农村土地外,其他非农项目无法使用农村集体土地,作为高利润的房地产行业更是如此。可见,农民的自主经营权受到严重限制。

收益权能的残缺。收益权能是指收取在农村集体土地上获得的经济利益的权利。由于现行法律规定,房地产开发需要在国有土地上进行。而集体土地进入市场的途径,只能是国家征收,农民无法享受土地增值的优惠。据国家有关统计资料显示,土地收益分配中,农民只得 5% - 10%,村一级得 25% - 30%,政府及部门得 60% - 70%。国家以公共利益为名征收农村集体土地,给予农民的不是合理的补偿,而是象征性的补贴,这无疑侵害了农民土地收益的权利。

处分权能的残缺。处分权能是指所有人依法对物进行处置,从而决定物的命运的权能。现行我国法律的约束使得集体土地唯一的对外流转方式只能是国家征收。《城市房地产管理法》第 8 条规定:“城市规划区内的集体所有的土地,经依法征用转为国有土地后,该国有土地的使用权方可有偿出让。”集体土地只能通过征收的形式由集体流入国家,这种单向移转的后果必然是国有土地的范围不断增加,集体土地的范围不断减少。根据国务院发展研究中心 2006 年与世界银行就土地问题所做的调查显示,在东部沿海省份,每个省的年均建设用地量都高达 40 万至 50 万亩,征收土地占建设用地的比重高达 90% 以上,低至 75%。由于集体土地所有权的不完全性和转移的单向流出性,直接造成农村耕地大量流失,严重损害农村集体组织和农民个人的权益,使农村集体土地所有权真正的权利人不能自主决定如何使用土地,这一自主决定权常常受到行政权力的过分干预,行政管理权替代了所有权的行使。农村集体组织依法拥有土地的所有权,但实质上却由国家来控制;农村集体组织名义上拥有财富,但却不能去享用财富。在这个矛盾的命题中,农村集体组织运用自己的智慧间接地实现了其对土地的"处分"权利。

(3)土地征收制度的不合理性

土地征收是世界各国为发展社会公共事业而设置的一种法律制度,是指国家为了社会公共利益的需要,按照法律规定的批准权限和程序,并给予补偿后,将他人所有土地转变为国家所有。土地征收是保证国家公共设施和公益事业建设所需土地的一项重要措施,各个国家和地区都对土地征收制度作出规定。美国法律称之为"最高土地权",英国法律称之为"强制取得",法国、德国及我国台湾法律称之为"土地征收"。我国《宪法》第10条第2款规定:"国家为了公共利益的需要,可以依照法律规定对土地实行征收或者征用并给予补偿。"《物权法》第42条第1款规定:"为了公共利益的需要,依照法律规定的权限和程序可以征收集体所有的土地和单位、个人的房屋及其他不动产。"《土地管理法》第2条第4款规定:"国家为了公共利益的需要,可以依法对土地实行征收或者征用并给予补偿。"由于我国现行土地征收制度设置的缺陷性,使得土地征收机制饱受争议,其争议焦点主要体现在以下两个方面:第一,公共利益界定不清并有被扩大化的迹象;第二,土地征收补偿标准过低,补偿范围过窄。

二、纠纷的原因及解决此类纠纷的不同意见

(一)纠纷原因分析

1. 集体土地建设住宅楼无法获得权属登记

首先集体土地建设住宅楼无法取得房屋所有权证。房屋是一种不动产,世界各国对不动产一般都采取法定登记主义,即房屋只有经过国家法定的部门登记才能确认所有权。根据《物权法》第9条规定我国的不动产所有权登记制度是:"不动产物权的设立、变更、转让和消灭,经依法登记,发生效力;未经登记,不发生效力,但法律另有规定的除外。"负责房屋所有权登记的是房产管理部门,也就是说,房屋产权的确认、转让只有经过了房产管理部门的登记才能最终发生物权效力,没有经过房产管理部门登记确认,房屋的所有权将不发生转移的法律效力。我国于2008年7月1日起施行的《房屋登记办法》在登记这一环节对农村村民住房所有权转移登记说了"不"。根据《房屋登记办法》第82条的规定:"依法利用宅基地建造的村民住房和依法利用其他集体所有建设用地建造的房屋,可以依照本办法的规定申请房屋登记。"但是第87条规定:"申请农村村民住房所有权转移登记,受让人不属于房屋所在地农村集体经济组织成员的,除法律、法规另有规定外,房屋登记机构应当不予办理。"因此城市居民直接购买在宅基地上建成的房屋根据第87条的规定是不能进行登记的。

2. 集体土地建设住宅楼无法按揭贷款

中国人民银行和中国银监会联合发出通知,再次重申各商业银行不得向集体土地建设住宅楼发放任何形式的贷款。由于集体土地建设住宅楼不能按揭贷款,其销售速度较普通商品房慢。如果买受人是以预售方式购买,其对开发商的资信、项目的基本情况无法进行全面、准确的了解。一旦房屋预售款不够开发所需,就容易出现"烂尾楼"。此外由于其开发过程与普通商品房相比,缺少监管,没有行政机关对开发商行为进行必要审查,因此房屋的预售款不能保证用于该房屋的修建,很容易被挪用,一旦房屋不能按期交付或无法交付,买受人很难维护自身权利。

3. 集体土地建设住宅楼无法抵押

集体土地建设住宅楼无法抵押。虽然根据《物权法》相关规定只要是法律、法规没有禁止的物均可抵押,但是从抵押权实现的角度来考虑,集体土地建设住宅楼不符合抵押物的基本条件。根据担保法的相关理论,用于抵押的标的物只有保证其能够进行自由流通才能成为抵押物,限制流通的物在一定条件下也可以成为抵押物,而禁止流通的物则根本不能成为抵押物。具体到现行《物权法》所提及的抵押物也应该符合上述要求,以便在债务人不履行债务时,债权人能够将抵押的财物折价或者对该财产拍卖、变卖后的价款享有优先受偿的权利。但作为抵押物的集体土地建设住宅楼无法在房屋管理部门进行登记,在现实中是不适宜作为抵押物的,如果抵押权人无法顺利将其变现,就意味着最终影响了抵押权的实现。

4. 集体土地建设住宅楼被拆除

这种拆除区别于一般的房屋拆迁。如果该房屋属于农村宅基地之上的建筑或其他合法建筑物,补偿受益人也只能是名义上的合法持有人——农村集体组织及村民,土地及房屋的实际占有人即集体土地建设住宅楼的买受人则无法得到补偿,只能通过与原房主之间的买卖合同或协议获得赔偿;如果该集体土地建设住宅楼属于违章建筑,那么按照我国《房屋拆迁管理条例》第22条第2款的规定国家是不给予任何补偿的,这无疑将会给购房人带来巨大的经济损失。

(二)集体土地建设住宅楼买卖合同的效力问题

在我国目前的理论和审判实践中,通常依据买方身份的不同,把购买农村集体土地之上的房屋买卖合同划分为三类:第一类是同一个集体经济组织成员间的房屋买卖合同;第二类是不同集体经济组织成员间的房屋买卖合同;第三类是集体经济组织成员同城镇居民间的房屋买卖合同。

对于第一类合同,审判实践中法院通常将其认定为有效合同,即在本集体经济组织成员内部转让有效,房屋所有权和土地使用权同时转让。在北京市高级人民法院下发的《关于印发农村私有房屋买卖纠纷合同效力认定及处理原则研讨会会议纪要的通知》中,就明确指出,农村私有房屋买卖合同应当认定无效;此类合同的效力以认定无效为原则,以认定有效为例外,如买卖双方都是同一集体经济组织的成员,经过了宅基地审批手续的,可以认定合同有效。对于第二类合同,其性质虽然同第三类合同相似,但因为买方人的身份依然属于农村集体经济组织成员,所以有的法院将其认定为有效合同,有的法院将其认定为无效合同。对于第三类合同,因其买方人的身份是城镇居民而非农村集体经济组织成员,因而在理论和审判实践中引发了巨大的争议,对其的处理也存在较大分歧。

依据城镇居民所购买的建造在农村集体土地之上的房屋的不同性质,我们还可以把第三类合同区分为两小类:第一类是城镇居民所购买的农村房屋是村集体经济组织成员或者属于城镇居民本人通过自建、买卖、继承等方式合法获得的房屋;第二类是城镇居民购买的农村房屋属于乡镇政府、村集体组织单独或者同房地产开发商合作所建造的房屋,也即社会大众通常所说的"小产权房"。对于"小产权房",依据其自身是否合法,可以将其分为依法办理了审批手续后合法建造的房屋和没有依法办理审批手续而非法建造的房屋两种。对于第二种"小产权房"而言,由于没有办理任何审批手续,性质上属于违章建筑,双方当事人签订的房屋买卖合同当然无效,因此不在本文讨论的范围之内。本文所讨论的农村集体土地建造住宅楼买卖合同纠纷仅包括城镇居民购买农村集体经济组织成员房屋和城镇居民购买办理了审批手续后合法建造的"小产权房"两类。

从最近几年的审判实践来看,法院对于城镇居民同农村集体经济组织成员间的房屋买卖合同并没有形成一个统一的处理意见:有的法院将其认定为有效合同,而有的则将其认定为无效合同。

1. 有效说及其理由

北京市怀柔区人民法院组织的一项调研发现,近年来该院认定城镇居民同农村集体经济组织成员间的房屋买卖合同有效的判决比例呈逐年上升的趋势:2005年为14.3%、2006年为23.1%、2007年为30.7%。

法院将城镇居民同农村集体经济组织成员间的房屋买卖合同认定为有效合同的理由主要包括以下三个方面:第一,我国农村集体经济组织成员对其合法住宅享有完整的所有权,有权对其住宅进行占有、使用、收益和处分,农村集体经济组织成员的房屋所有权受法律保护。另外,我国现行的法律、法规并没有明确禁止农村集体经济组织成员出卖、转让、赠与其合法住宅,按照"法无明文禁止即为自由"的私法原则,农村集体经济组织成员当然有权依法将自己的住宅出售给本集体经济组织成员、非本集体经济组织成员和城镇居民。第二,国务院及其部委虽然多次明文禁止城镇居民购买在集体土地之上建造的住宅,但这些文件并不属于法律和行政法规的范畴,根据《最高人民法院关于适用〈中华人民共和国合同法〉若干问题的解释(一)》第4条的规定,"合同法实施以后,人民法院确认合同无效,应当以全国人大及其常委会制定的法律和国务院制定的行政法规为依据,不得以地方性法规、行政规章为依据",人民法院并不能依据国务院及其部委发布的文件认定农村集体经济组织成员和城镇居民签订的房屋买卖合同无效。第三,法院认定该类合同无效,将会大大降低农村集体组织成员违背诚实信用原则,请求法院认定房屋买卖合同无效的成本,其后果将会严重扰乱市场交易秩序,不利于我国社会主义市场经济健康、有序发展。

2. 无效说及其理由

司法实践中,法院通常将城镇居民同农村集体经济组织成员间的房屋买卖合同认定为无效合同,其理由主要包括以下几个方面:第一,农村集体土地使用权与村民的特定身份关系相联系,专属于农村集体经济组织成员,城镇居民不能成为农村集体土地的使用权人。而目前大量存在的城镇居民同农村集体经济组织成员间的房屋买卖合同,处分的标的不仅仅是住宅楼,还包括该住宅楼占用范围内的集体土地使用权。可以说在"房地一体主义"的原则下,集体土地之上住宅楼所有权的转移必然导致该住宅楼占有范围内的集体土地使用权的转移,这显然违背了我国《土地管理法》第63条:"农民集体所有的土地的使用权不得出让、转让或者出租用于非农业建设"的禁止性规定。第二,我国现行的《房屋登记办法》第87条规定:"申请农村村民住房所有权转移登记,受让人不属于房屋所在地农村集体经济组织成员的,除法律、法规另有规定外,房屋登记机构不予办理。"因此说在我国目前的不动产登记制度下,无法为农村集体土地之上建造的住宅楼办理产权变更登记,受让人不会取得该住宅楼的所有权。第三,法院认定城镇居民同农村集体经济组织成员间的房屋买卖合同有效将会损害农村集体经济组织成员的利益。在许多案件中,出卖人相对处于弱者的地位,其要求返还私有房屋的要求更关涉其生存权益。第四,法院如果认定此类合同有效将会产生一种导向作用,引导更多的城镇居民来购买建造在农村集体土地上的住宅楼,其结果必然加速我国耕地面积的减少,这显然不符合《土地管理法》等相关法律关于保护耕地的立法意图。第五,由于我国现行的法律、法规没有就城镇居民同农村集体经济组织成员间的房屋买卖合同问题作出明确规定,因此在审判实践中如果遇到这类问题时应当适用国家有关政策的规定进行裁判。由于国务院及其部委制定的政策明确禁止城镇居民购买农村房屋,因此理应将这类合同认定为无效合同。

三、对此类案件的处理情况及原因分析

(一)对此类案件的处理情况

1. 集体土地建设住宅楼的流转和处分问题

关于集体土地建设住宅楼的处分权,集体经济组织对集体土地的处分权受到限制,房屋的合法所有权人,即集体经济组织或村民个人,对房屋的处分权也仅限于集体经济组织成员内部,所以,集体土地建设住宅楼的购买者不能享有对房屋的处分权能,基于集体土地建设住宅楼的这种权利缺陷,其流转当然也受到限制。但根据所有权权能分离理论分析,集体土地建设住宅楼的购买者虽然不能行使核心的处分权能,但其拥有占有、使用、收益权能,而这些权能从所有权中分离出来后的独立行使是无须考虑物的处分权能的。换言之,集体土地建设住宅楼的购买者虽然不能通过买卖、赠与、抵押等方式对集体土地建设住宅楼进行实质上的处分,但其可以对合法获得的占有、使用、收益等权能充分享有,例如集体土地建设住宅楼的购买者可以将其使用权出租出去,出租收益同样可以转让给他人等。这正是我们希望通过所有权权能分离而达到的一种目的,即充分发挥物的利用效率,物尽其用。

2. 集体土地建设住宅楼的价值评估问题

现实中,集体土地建设住宅楼和大产权房在房屋形式和使用功能上是完全一样的,其作为不动产,并不因为处分权能受到限制而失去其使用价值,它的价值评估可以通过权能分离的方式为我们提供一种评估可能,即不对其处分权能评估,仅对其占有、使用、收益等权能进行评估;同时集体土地建设住宅楼价值的评估可以参照同地段大产权房的价格,由于集体土地建设住宅楼处分权能受到限制,其价值应当在合理范围内低于同地段的大产权房。

3. 集体土地建设住宅楼的拆迁补偿问题

通过权能分离,买卖双方均获得了对集体土地建设住宅楼的不同权能,或为占有、使用和收益权能,或为处分权能,那么,一旦出现国家出于公共利益的需要对集体土地进行征收,根据民法上的平等原则,各权利主体均应获得平等的对待,作为所有权人的集体组织或集体成员和作为部分权能享有者的购买者都应当得到适当的补偿。

(二)案件处理原因分析

随着城市商品房价格不断攀高,集体土地建设住宅楼正如火如荼的发展。但由于缺少相应的法律规制,使集体土地建设住宅楼的权利处于不确定状态,这使得房屋买卖双方的权益皆无法得到法律的有效保护,从而产生大量的矛盾和冲突。各地法院的司法判决及各地政府的态度也是无法得到统一。

相比商品房,集体土地建设住宅楼价格较低,所以购房者宁可承担房屋产权不受法律保护的风险去购买集体土地建设住宅楼。一旦发生纠纷诉至法院时,法院就处于尴尬局面。一方面集体土地建设住宅楼不属于商品房,因此商品房买卖的法律规定及司法解释也就不能适用;另一方面因国家及各地政府对集体土地建设住宅楼的禁止政策,法院通常会判决该房屋买卖合同无效。现今,在农村土地(房屋)价格不断攀高的背景下,农民被利益所驱,纷纷诉至法院要求确认房屋买卖合同无效,继而要求退还房款收回房屋,多数法院在处理此类集体土地建设住宅楼案件时,一般都在判决房屋买卖合同无效的同时,也要求卖方赔付一定的补偿金。2004年北京市高级人民法院发布一则通知,对此类房屋买卖合同的效力认定作出原则性规定,即以认定无效为原则,同时也对赔偿办法作出规定,以平衡双方当事人的经济利益。

2007年,北京市通州区宋庄画家村李玉兰农房买卖一案真实的将集体土地建设住宅楼的风险展现在公众面前。李玉兰于2002年7月在北京宋庄辛店村与村民马海涛签订了一份房屋买卖合同,合同中约定:马海涛将其建设在宅基地上的正房五间、厢房三间以及整个院落以4.5万元的价格卖给画家李玉兰,并将集体建设用地使用证交给了她。买卖合同除双方签字外,还有辛店村大队的盖章,以及见证人签名。但 2006 年 12 月,马海涛将李玉兰告上法庭,要求确认双方的房屋买卖合同无效,李玉兰返还已购的房屋。经审理,法院认定,李玉兰是城市居民,非本村村民,依法不具有买卖农村住房的资格,主体不适格,故而认定双方之间签订的房屋买卖合同缺少合同成立的有效要件,判决合同无效,同时要求李玉兰在判决生效 90 天内归还房屋,同时判决马海涛给付李玉兰夫妇 93,808 元作为房屋的补偿款。李玉兰不服一审法院的判决,遂向北京市第二中级人民法院提起上诉,2007 年 12 月,北京市二中院做出终审判决,维持本案一审判决,认定双方签署的房屋买卖合同无效,李玉兰必须在 90 天内腾房。但二中院同时认定,造成房屋买卖合同无效的理由在于农民事后反悔,画家基于此可另行主张经济赔偿。2008 年 1 月,李玉兰根据北京市第二中级人民法院终审判决书所认定的赔偿依据,向北京市通州区人民法院提起反诉,要求被告马海涛给付其经济补偿金共计 48 万元,依据是 2004 年的拆迁补偿标准。经审理,通州法院认为,购房者李玉兰并非是房屋的所有权人,所以其经济损失不应依据房屋拆迁标准而应依据出卖人因土地增值所带来的收益以及房屋现值和原值的价格差异予以确定。最后,法院判决马海涛赔偿李玉兰经济损失 185,290 元。本案中,一审和二审法院作出的判决理由类似。即都认为李玉兰系城镇居民,依法不得买卖农村农民集体组织成员的住房。宅基地使用权是只有农村村民集体组织成员享有的权利,与特定的身份相联系,非本村集体组织成员是无权取得的。因此,确认双方的房屋买卖合同无效。

法院的判决是否合适本文不做过多评述,此类案件中各级法院都倾向于认定合同无效,同时为了减少购房者的损失,也会考虑维护购房者的某些利益。上述案件中北京二中院把房屋买卖合同无效的理由归结为农民的事后反悔,但是我们知道,合同一旦确认无效则自始无效,农民是否反悔与合同的效力并无关联,法院在判决中由于缺乏相关法律的支持显得左右为难,一方面避免与政府政策相矛盾,另一方面又考虑维护购房者的权益,不得不做出"各打五十大板"的判决。但如此判决的结果是法律依据不充分、不严谨,不利于社会的稳定和发展。上述案例是农民将宅基地上的农村房屋出售后,随着房价的不断攀升或是由于政府拆迁补偿,卖方要求主张房屋买卖合同无效的情况。此类案件中,大多是售房者出现违约的情况,法院审理有关集体土地建设住宅楼买卖案件的前提和关键就是确认房屋买卖合同的效力问题。

如果要寻求解决我国城镇居民购买集体土地建设住宅楼的法律风险问题首先就要找到问题的主要矛盾。鉴于我国购买集体土地建设住宅楼的主体主要是城镇居民,地点主要集中在有较大居住价值和投资价值的城市郊区,因而法律纠纷也主要发生在城镇居民和城市郊区农民之间。如何解决我国城镇居民购买农村集体土地建设住宅楼的法律风险问题,保护交易的安全,减少相关的法律纠纷,值得我们继续思索。

人民法院构建社会矛盾化解协理机制的"本溪经验"

——关于本溪法院建设司法协理网络情况的调研报告

辽宁省高级人民法院课题组

本溪法院在推进社会矛盾化解、社会管理创新、公正廉洁执法三项重点工作中,积极面对压力和挑战,回应社会关切和群众期待,构建司法协理网络,探索联动社会力量化解矛盾的机制,受到了媒体的关注,引起了各级领导的重视。《人民法院报》以"小触角,大能量"为题予以报道,当地媒体称之为本溪的"制胜秘籍",本溪市委制发文件,批转本溪中院的报告。为深入了解和总结本溪法院构建司法协理网络的动因、做法、成效及经验,省法院组成课题组,对本溪法院构建司法协理网络的情况进行了专题调研。

一、起步与发展

面对现实的思考。本溪满族自治县人民法院是本溪司法协理工作的"发源地"。本溪县地处山区,面积3342.94平方公里,其中山地占到80.6%,境内山峦连绵,平地稀少,人称“八山一水一分田”。总人口约30万人,农村人口占到六成。近年来,随着全县经济的快速发展,各种矛盾纠纷也随之上升。由于全县地域较大,群众居住分散,加上山高路远,群众到法院来诉讼十分不便,有时为了递交一个诉状,就要翻山越岭几十里,有时一来一回需要一天的时间。不仅群众到法院来打官司不方便,而且也给法院的审判和执行工作带来了诸多的难题,一是司法文书送达难。由于群众距离法庭路途较远,且居住分散,有许多人外出务工,人户分离、离土离乡现象较多,给法院送达应诉通知、开庭传票、裁判文书带来了困难,经常找不到人,送不到手;二是判决执行难。由于上述原因,找不到被执行人、查不到可执行财产的问题也较普遍,影响了胜诉当事人权益的实现;三是息诉止访难。由于缺少面对面的沟通和释法说理工作,加之胜诉当事人申请执行案件迟迟不能结案,造成上诉、申诉和上访案件增加,给当事人增加了诉讼成本,给社会和谐稳定造成了影响,给法院的司法公信力造成了损害。本溪县法院下辖5个基层法庭,每个法庭管辖2到3个乡镇的案件。有的法庭甚至只有1名审判员,案多人少、结案率低、干警超负荷工作,一直困扰着本溪县法院,尽管已经采取了巡回审判、法官携卷下乡办案等多种措施,但在传统的办案模式下,这些问题也得不到根本缓解。

如何冲破传统办案模式的局限,创新思路,能动司法,以法院为主导,整合社会资源,调动社会力量协助法院化解矛盾纠纷,破解司法难题,引起了本溪县法院党组的深入思考。他们认为党委领导和政府支持,基层组织和人民群众参与是中国特色社会主义司法制度的一大优势,专门机关和群众路线相结合是中国特色的社会主义司法实践的一大特色,如何使这一司法制度优势转化为司法实践上的胜势,是破解司法难题的根本出路。经过深入调研,他们发现,乡镇、村,街道、社区的调解组织、综治人员和县乡的一些人大代表、政协委员、在群众中有影响力的村书记、主任等人员,其本身具有工作、地位、威望及其地缘、人缘上的优势,在调处社会矛盾、化解争议纠纷方面具有独特的作用。如何对这些资源进行整合,使其成为协助法院破解司法难题的重要力量?经过深入分析研究,本溪县法院决定采取聘请司法协理员的方法,在人民法院派出法庭进行试点,成功后再全面推广。思路确定后,他们选择在偏岭法庭先行试点。

在偏岭法庭试点:偏岭法庭辖区内有2个乡镇,面积680平方公里,有21个村,1个社区,人口4万左右,铁矿、加工及其他企业近300个。法庭距离最远的自然村有70多公里山路。近几年来,偏岭法庭辖区内的乡镇进行了工业园区建设和小城镇开发改造,土地征收补偿和房屋拆迁纠纷增加,连同婚姻家庭纠纷、土地承包流转纠纷、林权承包纠纷及相邻关系、债务纠纷等,2007年至2009年,偏岭法庭受理的案件逐年上升,审判执行工作遇到了诸多困难。2009年10月,司法协理网络建设开始在偏岭法庭试点。在县法院的指导下,在所在乡镇党委、政府的支持下,偏岭法庭在辖区各村、社区和较大企事业单位共聘请31名司法协理员,基本覆盖镇、村、社区和较大的企事业单位。法庭对他们进行了集中培训,还为他们提供了常用的法律法规资料。司法协理员主要开展以下工作:为群众提供法律咨询、审查立案、诉讼引导;接受法庭的委托参与诉前调解、立案调解、诉讼调解等工作;协助、配合人民法庭送达法律文书、调查取证、执行等工作;向法庭提供或协助调查当事人及有关人员的住所和其他线索;向法庭反映案件的争议背景、争议焦点,协助做好息诉服判和信访工作;协助做好司法救助工作;监督人民法院工作人员的职务行为;协助人民法院开展法制宣传工作及其他工作等。

偏岭法庭经过三个月的试运行,取得了较好的效果。各类民事案件收案稳中有降,月调解结案率由试点前的70%上升到90%,调解结案的案件全部自动履行,调解后无一件案件上访,当地党委和政府及人民群众对法庭的这种做法非常满意。

2009年12月,在试点取得成功的基础上,本溪县法院将偏岭法庭构建司法协理网络的做法在全县范围内推开。他们以5个人民法庭为组织单位,以98个行政村和30个社区及较大企事业单位巡回办案点为依托,聘请了139名司法协理员,建立了遍布全县的司法协理网络。网络运行半年后取得明显成效:一是在全市法院案件数量普遍上升的情况下,本溪县法院的收案数量同比下降了10%,特别是辖区基层法庭,受理案件数量大幅回落。二是民事案件调撤率和调解案件自动履行率明显提升,本溪县法院诉讼案件法定审限内审结率达到100%,民商事案件调撤率达到81%,在全市法院中均名列前茅。三是执行案件收案量下降了20%。

在全市推广:2010年8月,本溪市中级法院敏锐认识到司法协理员在化解矛盾纠纷、助力法院工作方面的重要作用后,在本溪县召开现场会,将司法协理网络经验在全市推广,这项工作得到了市委、市人大、市政法委的高度重视,时任市委副书记李景阳亲自到会并发表重要讲话,对本溪县法院构建司法协理网络取得的成绩给予充分肯定,并对全面做好这项工作提出要求。会后,市法院制定印发了《本溪市中级人民法院关于构建司法协理员网络的实施意见》,并向市委呈送了《本溪市中级人民法院关于在全市推广本溪县法院构建司法协理网络建设经验的报告》,本溪市委以本委办发[2010]28号文件转发这份报告,要求各级党委政府大力支持司法协理网络建设,为本溪法院全面构建司法协理网络奠定了坚实基础。目前本溪法院共建立司法协理网点393个,聘任司法协理员638名,形成了"党委领导、法院主导、政府支持、群众参与"的司法协理工作局面。

二、做法与成效

(一)主要做法

本溪市中级人民法院审时度势、因势利导,认真总结了本溪县法院构建司法协理网络建设的经验,制发了《关于在全市法院构建司法协理网络的实施意见》,对司法协理员的选聘、职责、管理和服务做了进一步的规范和完善,推动了全市司法协理员工作的健康有序发展。

1. 规范司法协理员的选聘

司法协理员的选聘在当地乡镇党委的领导下,按照基层组织推荐、本人自愿、群众认可的原则,主要从当地居民中担任人大代表、政协委员、人民调解员、陪审员、综治特派员、村(社区)书记、主任和那些热爱司法协理工作、社会经验丰富、善做群众工作、德高望重的人员中选聘,具体数额由各基层法院根据本地实际和工作需要确定,但至少每个行政村、每个城镇社区和中型以上企业要有1名。对聘任的司法协理员发聘书,并在所在住地或单位张榜公布,本溪市法院到目前600多名司法协理员都是按这样的规程产生的,这样既保证了协理员的质量,又增强了协理员的责任感和当地群众的参与度、认同度。

2. 明确司法协理员的职责

本溪市规定了司法协理员如下职责:(1)协助立案。协助审判人员上门立案、预约立案。对于交通不便,行动困难的当事人,委托司法协理员代收当事人的诉讼材料、代为当事人办理立案手续。(2)协助送达。协助审判人员查找当事人的准确住址和动向、引领审判人员向当事人当面送达应诉通知、开庭传票和裁判文书,对拒收司法文书或暂时找不到当事人的由司法协理员代为签收或见证送达。(3)协助审理。协助审判人员了解当事人的诉讼成因、案件背景、公众意见、诉求底线,协助安排就地开庭等有关事宜。(4)协助调解。发挥每位司法协理员的自身特点和优势,委托其进行诉前调解,协助审判人员进行诉讼调解,做当事人的劝说和解工作,用最适合社情民意、公序良俗,最接近实现公平正义、案结事了人和的方式调处纠纷。(5)协助执行。协助执行人员调查被执行人的去向与下落,了解掌握被执行人的财产状况、履行能力以及相关的执行信息,主持或协助执行和解。(6)协助息访。协助法院了解和掌握不服裁判或其他原因准备上访或正在上访的当事人信息与动态,协助法院做好接访和息诉止访工作。(7)协助开展法制宣传。协助法院解答群众法律咨询,宣传法律、法规、诉讼制度等,用群众听得懂的语言以案说法,增强群众的法律意识和依法维权能力,保证了司法协理工作沿着正确的方向健康发展。

3. 完善司法协理员的管理和服务

(1)加强对司法协理员的培训。针对司法协理员大多没有法律背景和司法实践的实际,法院组织编印了专供司法协理员学习培训所用的法律常识读本、典型案例汇编,组织司法协理员旁听案件庭审或到法庭跟班"学习",举办司法协理员业务培训班、经验交流会等,逐步提高司法协理员适应工作的能力。

(2)提出司法协理网络管理的"六要素":

①有责任人。基层法院有分管领导具体负责,人民法庭由庭长直接负责,审判人员分片负责,巡回审判法庭和审判联系点确定一个司法协理员为固定的联系人。

②有工作室。在基层人民法院、人民法庭均设置司法协理员工作室,保证司法协理员开展工作有平台、群众联系协理员有场所。

③有网络图表。各基层人民法院和各人民法庭绘制并张贴司法协理网络图,标明司法协理员姓名、住址、所在的工作区和联系方式。

④有网络结点。网络结点选定人民法庭、巡回审判点和较大的村或社区,三级结点的联络运行由人民法庭负责统筹协调。

⑤有联系卡。将人民法庭的工作职责、服务承诺及审判人员的姓名、职务、联系方式等制成卡片,放置于巡回审判点和司法协理联系点,发放给每位司法协理员和辖区群众。

⑥有标志牌。在各人民法庭、巡回审判点、联系点醒目位置悬挂标志牌,将法庭人员、司法协理员、联系方式、便民措施等明示其上,便于当地群众了解和利用。

(3)完善对司法协理员的工作保障和服务措施。本溪市规定,各县区政府要拨付一定资金用于司法协理网络建设,各基层人民法院可设司法协理网络工作专项经费,用于司法协理员培训、奖励和补助,对司法协理员在司法协理工作中支出的交通费、就餐费等，由辖区人民法院比照差旅费的标准予以补助。探索对司法协理员的考核办法，建立司法协理员工作台账，对成绩突出、表现优异的协理员予以奖励。对违反纪律或职业道德的司法协理员进行批评教育，对不胜任工作的解除聘任关系。司法协理制度运行近三年来，共有44名司法协理员受到表彰和奖励，有27名司法协理员被解除了聘任关系，从而保证了这支“编外法官”队伍与人民法院的编内法官优势互补、相得益彰。

（二）主要成效

本溪市法院实施司法协理员制度以来，妨碍法院公正、高效审执案件送达难、执行难、息诉止访难的现实性、机制性问题得到了有效的缓解。调撤率上升，诉讼收案件增长率、申请执行案件增长率、终审案件申诉上访率均下降，在落实司法利民措施、维护社会和谐稳定方面也取得了明显的成效，得到社会各界的认可和赞誉。

1. 在破解司法难题上取得了明显成效

本溪县法院探索建立司法协理员制度的初衷和现实出发点是解决由于主客观原因造成的基层人民法院在审判和执行工作中普遍存在的送达难、执行难和息诉止访难，实行司法协理员制度，构建司法协理网络的工作运行两年来，在破解“三难”问题上取得了明显成效，据统计，仅2011年本溪法院司法协理员协助法院为2770件民事诉讼案件送达了法律文书，占已审结民事案件的22.5%。极大提高了审判效率，提高了法定审限内的结案率。2010年司法协理员协助执结案件497件，2011年协助执结663件，分别占当年执结案件的10%和13.95%。使这些无头案有了“头”，无解案有了“解”。不仅提高了执结率，而且使许多申请执行人多年未实现的利益得到了实现。申诉、申请再审率、上访率均出现下降态势，2009年本溪市案件申请再审率为0.97%，2010年下降到0.62%，2011年又下降到了0.46%。

2. 在促进审判和执行工作良性循环上取得明显成效

多年来，法院受理案件数量持续增长，2009年以前本溪两级法院受理案件平均增长率为7.4%。这反映出了三个方面的问题：一是诉前化解量不高，使大量案件涌入法院；二是内生案件增长量较大，一审和二审的服判息诉率低，申诉、申请再审和上访案件较多；三是调解案件质量低，自动履行率不高，使相当多的调解案件进入执行程序，增加了执行难度。本溪法院构建司法协理网络以来带来的“一升三降”的新局面，促进了审判和执行工作的良性循环。

（1）调撤率稳中有升。本溪法院2009年调撤率为82.09%、2011年84.91%。而在农村人民法庭，司法协理员协助调解的作用发挥的更加突出。据统计，偏岭法庭2009年各类案件调撤率为82%，2010年、2011年均达到85%。有的法庭调撤率已超过90%。以前本溪县的附带民事赔偿部分，调解率基本在60%－70%左右；2011年司法协理员参与调解后，刑附民的调解率高达98.3%，赔偿款全部兑现，扭转了多年来“刑附民”赔偿打“法律白条”的现象。

（2）收案增长率下降。2009年以来本溪法院的收案增长率持续下降，甚至在2010年、2011年出现了负增长。2008年收案增长率为11.96%，2009年收案增长率为2.8%，2010年收案增长率为－9.5%，2011年收案增长率为－2.2%。大大缓解了法院的工作压力。

（3）申请执行案件增长率下降。2009年全市法院申请执行案件为5196件，2010年申请执行案件为5006件、2011年申请执行案件为4785件，分别下降了3.6%、4.4%，大大缓解了“执行难”。

（4）涉诉上访案件增长率下降。2009年本溪市案件上访率为3.38%、2010年为2.85%，2011年上访率为1.13%。今年一季度由于一审案件收案量下降，内生案件下降，本溪中院二审收案数下降了11.1%，申诉、申请再审案件下降15.62%，再审案件下降63.2%，上访案件下降12.4%。

3. 在落实司法利民措施、维护社会和谐稳定上取得了明显成效

以上数据表明，构建司法协理网络极大地提高了审判质量和效率，减少了当事人的诉讼时间和经济成本，使当事人的合法权益得到了公正及时的保护，有效地回应了社会的关切和群众的期待，使司法为民、利民、护民的措施得到了实质性的体现。同时推行司法协理员制度，通过600多名司法协理员和法官们的共同努力，使党委和政府依法治理、人民群众依法维权的意识和能力有了增强，整合了推进法治建设，构建和谐社会的各类资源，使建立多元化矛盾纠纷解决机制的任务落到了实处，推进了社会管理创新。2011年8月最高人民法院副院长景汉朝同志在到本溪市法院考察时，充分肯定了本溪法院联动社会力量抓源头化解，有效降低上访案件数量，促进社会和谐稳定的经验，称“特点鲜明，成效突出，值得向全国法院介绍和推广”。并决定本溪市中院在全国法院系统巡回报告，提高了司法公信力。

三、经验与启示

（一）主要经验

在调研中，我们深切感受到本溪法院构建司法协理网络之所以能够成为化解社会矛盾的“制胜秘

籍"、"小触角"之所以能够产生"大能量"是因为他们的做法顺应了时代要求,回应了群众期待,符合社会管理的规律和审判工作的规律,本溪经验主要体现在以下方面:

1. 善于把上级精神和本地实际相结合,探索切实有效的化解社会矛盾之路,是本溪司法协理制度的生命力所在

我国正处于经济社会发展的重要战略机遇期和社会矛盾凸显期。胡锦涛总书记曾指出:"政法工作在很大程度上就是解决矛盾纠纷、协调利益关系的工作。"作为政法机关之一的人民法院其最根本的职责和任务就是依法化解社会矛盾纠纷。因为进入法院的每一起案件,都是一对矛盾或者多种矛盾交织,有的已演化成对抗性矛盾,如何真正肩负起依法有效化解社会矛盾的法律和社会重任,不是结案了事,而是案结事了。本溪法院在面临相同的司法条件和环境下从本溪经济社会发展的实际状况和需求出发,他们认为本溪市既是一个正在走向振兴的老工业基地,面临的调结构、转方式的任务繁重和矛盾较多;又是一个山区面积较大、农村人口较多、居住较分散的地区,面临的土地征收、林权改革、人口转移的矛盾和问题也较多;同时法院又面临着审判资源配置不足,群众打官司存在诸多不便,司法力量难以触及到每个部位和环节的难题。审时度势,创造性的建立了司法协理制度,趟出了司法坚持群众路线,人民群众参与和协助司法的既符合司法规律,又体现政治优势的专群结合的化解社会矛盾的新路子,在一定程度上走出了司法的当前困境。

2. 紧紧依靠党委领导和政府支持,将司法协理制度纳入全市社会矛盾化解工作的总体布局之中,是司法协理制度得以发展的关键

多年来,本溪市、县(区)两级党委和政府对维护社会稳定,加强和创新社会管理非常重视,为构建多元化矛盾纠纷化解机制投入了很大的资源和力量。本溪市两级法院正是瞄准市委、市政府这样的一个思路和布局,从构建司法协理网络入手,助力党委和政府建设化解社会矛盾的新机制,形成了"党委领导、法院主导、政府支持、群众协理"的诉讼与非诉讼相衔接的矛盾化解机制。2009年司法协理制度在本溪县法院试点阶段,就得到了市、县(区)党委和政府的重视和支持。时任县委书记史凤友同志就亲自出席法院召开的会议,认为构建司法协理网络开创了"审判进村落、调解到农家、普法在基层、综治遍乡村"的新局面,并将司法协理员作用概括为是"六大员",即群众诉讼的"引导员"、社情民意的"信息员"、审判执行的"协助员"、矛盾纠纷的"调解员"、司法廉洁的"监督员"、法律知识的"宣传员"。现任县委书记李景玉表示,全县要把司法协理网络拓宽、范围扩大、在全县全面推广,架起一个行政机关、司法机关与百姓之间沟通的桥梁。并决定拨转10万元给县法院用于对司法协理员补助和奖励。时任市委副书记李景阳对本溪县法院试行司法协理员的经验高度评价,认为是推进三项重点工作的一个创新之举,"有利于各种资源的整合和利用,有利于及时发现和化解矛盾,有利于降低工作成本和社会成本,有利于提高法院公信力"。要求全市各级党委和政府要大力支持和配合司法协理工作,并决定将本溪县的试点经验在全市推广。市委书记江瑞在《人民法院报》的报道上批示"市法院构建全市司法协理网络的做法很好。对于推进全市的'三项重点工作'很有价值"。正是本溪市县(区)党委的敏锐认识、高度重视和大力支持,正是本溪两级法院准确把握大局,自觉将司法协理网络建设纳入了全市化解社会矛盾的总体布局之中,才有了今天的局面。

3. 尊重社情民意,建立分类指导、城乡有别的协理模式,是司法协理制度有效管用的重要保证

具体情况具体分析,是马克思主义活的灵魂。一些好的成功经验之所以在一些地方不能收到普遍成效,其重要原因就在于不切合实际的死搬硬套。在推行司法协理员制度的工作中,本溪市中院充分考虑到了城乡的不同特点,积极探索建立符合社情民意、城乡有别的协理模式。在农村地区,群众不仅居住分散,而且文化水平不高,法律意识不强。农村地区调处矛盾纠纷,除了法律以外,道德、习俗、乡规民约、人情等因素也起较大作用。因此本溪法院在农村地区聘请司法协理员,侧重于在当地有威望、有影响、见识广、有能力、有文化、有热心的各方面人员中选聘,也宜于建立以人民法庭为中心、以村级司法协理工作联系点为依托,以司法协理员为纽带,建立庭、点、员的协理网络。而城市地区则不同,人口居住比较集中,居民联系不紧密,多数人有工作单位和场所,但脱管现象也比较严重,文化水平相对高一些,但依法维权意识和能力不强也是共性问题,城区法院又基本上不设派出法庭,根据城乡差异,本溪法院在城区构建司法协理网络,除了在社区中选聘司法协理员建立联系点之外,他们还在较大的企事业单位、工会、妇联、共青团、工商联、消协以及行业协会等组织中选聘协理员,建立联系点,或作为协理单位。并加强与劳动、卫生、国土资源、城乡建设、交通等行政机构的联系和协调,建立协理机制,保证了司法协理网络全面建设和发展。

4. 完善管理协调和服务保障机制是协理员作用发挥的重要动因

司法协理员来自于各行各业、四面八方，他们都有各自的工作或职业。他们与人民陪审员不同，人民陪审员的选任、管理有法律依据，而司法协理员基本上是在工作之外尽义务，对于公职人员来说至多算得上一个兼职。对此，本溪法院从一开始就有清楚的认识，但任何一项举措如果缺少管理，保障和服务都不可能达到如期的目的。为此他们一是努力增强司法协理员的责任感和光荣感，他们通过公开选聘、广泛宣传、经常性走访、座谈、培训、表彰，激发司法协理员热情和干劲；二是对司法协理员的有效工作给予一定的补贴。市委规定："对司法协理员是因参加司法协理工作应当享受的补贴和人民法院为实施司法协理制度所必须的开支，应列入人民法院业务经费，由同级政府财政予以保证。"有的基层法院则参照人民陪审员参与庭审的标准给予补助。实施司法协理员制度以来，本溪市各基层法院共为司法协理员补贴和奖励支出43.2万元，在一定程度上，保证了司法协理员尽心尽力的工作；三是探索对司法协理员的工作绩效考评办法，建立从事司法协理工作与其原工作职位绩效考评挂钩，通过精神激励和服务保障，把司法协理员队伍建设好、作用发挥好。

（二）有益启示

本溪法院构建司法协理网络的做法是我省法院在推动建立多元化矛盾纠纷化解机制的典型，其经验具有创新性、可复制性、可推广性，其启示至少有以下三点：

1. 各级人民法院在构建社会矛盾纠纷化解机制中，必须着力实现"一提升三降低"的目标

本溪市法院以构建司法协理网络为切入点和突破口，探索审判机关与人民群众共同推动矛盾纠纷化解的新路径，收到了调解结案提升，诉讼案件增长率下降，申请执行案件增长率下降，申诉、申请再审和上访案件增长率下降的良好效果。这是人民法院推进社会矛盾化解成效最重要的标志，也是维护社会和谐稳定的最实际的贡献。做到这一点有两个重要的环节起到了作用，一是协助党委和政府，利用社会力量，将许多矛盾纠纷化解在了进入法院之前；二是最大限度地做到了案结事了人和，减少了内生案件。要破除每年收案增加多少不以为然、更以为荣的习惯思维，破除案件上诉、申诉、申请再审是当事人权利，法院无权干预的传统评价标准。将提升案件调撤率、协调结案率、执行和解率、调解案件的自动履行率，降低收案增长率、执行案件增长率、申诉上访率作为审判执行工作追求的目标。"本溪经验"的最大成效，给我们最深刻的启示就在这里。只要我们从本地区的实际出发，创造性的学习和借鉴"本溪经验"，全省法院实现这一目标是完全可能的。

2. 各级人民法院在构建社会矛盾纠纷化解机制中，必须坚持互助联动、互利共赢的价值取向

各类社会矛盾纠纷的产生及其原因是多元的，化解各类矛盾纠纷的责任也是多元的，即使矛盾纠纷在社会、在家庭、在单位化解不了而进入法院，法院对有的案件也是难以真正化解，难以做到案结事了人和的。因此，必须在依靠党委推动，依靠行政机关和社会各方面的支持，建立互助联动、互利共赢的化解机制。一方面，法院要充分利用社会资源和力量化解进入和可能进入法院的诉讼和执行案件，减轻自身压力；另一方面，法院作为党领导下的司法机关要积极能动地协助行政机关、企业、事业法人和各基层组织，化解由其产生的矛盾纠纷，减轻他们的压力。找到了需求的结合点和利益的共同点。通过创新机制、互助联动，实现互利共赢的目的。本溪法院构建的司法协理机制正是从这一目的出发，收到了党委满意，行政机关满意，基层组织和有关方面支持的良好效果。各级法院要准确把握这一价值取向，并通过制度设计和有效运作来自觉实现。

3. 各级人民法院解决司法资源紧缺的矛盾必须着力开发社会资源、探索专群结合的司法之路

当前大量矛盾纠纷涌入法院，且案件处理难度和复杂性不断增大，基层法院普遍陷入"过载"状态。人民法院要解决执法办案资源紧缺的瓶颈，必须改变法院"独立办案"、"孤军奋战"的局面，坚持群众路线，相信群众、依靠群众，善于开发和利用社会资源，探索专群结合的司法之路。虽然司法是维护社会公平正义的最后一道屏障，但在很多情况下并非最优的首选，法院也常常感到无能为力或心有余而力不足。实际上，各级党政机关、工、青、妇等群众团体、居委会、村委会、业主委员会、各类民间组织以及众多行业协会等自律性的社团组织，都有化解社会矛盾的优势和内在积极性。调动各级组织和社会力量共同化解矛盾纠纷当是缓解社会矛盾，减轻法院压力的必由之路。在这样的机制下法院要更加努力地提高审判质量和效率，提高审限内结案率和均衡结案率。本溪法院构建司法协理网络，其中的638名司法协理员起到了和660名法院司法人员优势互补，甚至法院司法人员起不到的作用。与此同时，由于司法协理员的参与，大大推进了司法公开，扩大了司法民主，拓展了人民司法之路。各级法院要深刻地认识这一点，认真学习"本溪经验"，突破资源限制的"瓶颈"，开创法院工作新局面。

关于工伤保险补偿与侵权损害赔偿竞合问题的调研报告

吉林省高级人民法院民一庭

工伤,又称职业伤害、工作伤害,当前国际上比较规范的“工伤”定义包括两个方面的内容,即由工作引起并在工作过程中发生的事故伤害和职业病伤害。工伤保险制度是指劳动者在工作中或法定的特殊情况下发生意外事故,或因职业性有害因素危害而负伤(职业病)、致残、死亡时,对本人或其供养亲属给予物质帮助和经济补偿的一项社会保障制度。它是随着大工业生产的不断发展,而逐步形成、完善的。

早期对工伤事故损害(工伤损害)受害人的救济主要是通过侵权法调整。但劳动者通过侵权诉讼主张损害赔偿,不仅诉讼过程漫长,而且还要面对举证不能、执行不能等诉讼困难和风险,遭受损害的劳动者往往无法获得及时的救济。随着经济社会的快速发展,因工伤事故引发的劳资冲突和社会问题日趋突出,由政府介入、向社会统筹保险资金的工伤社会保险制度应运而生。工伤保险制度的产生,使对工伤损害的救济,出现了侵权损害赔偿和工伤保险补偿两种途径以供选择,二者产生竞合问题。侵权损害赔偿与工伤保险补偿竞合,按侵权人的不同可分为两种情况:一是用人单位侵权损害赔偿与工伤保险补偿的竞合;二是第三人侵权损害赔偿与工伤保险补偿的竞合。在第一种情况下,适用的赔偿模式争议不大,存在争议的主要是在第二种情况下如何选择的赔偿模式。对此,我国法律法规、司法解释规定的并不明确,理论和实践领域均有不同的观点和认识,给用人单位和司法实践都带来一定的困惑。

一、审理涉侵权损害赔偿与工伤保险补偿竞合的侵权责任案件的基本情况

全省法院每年审理的涉侵权损害赔偿与工伤保险补偿竞合的工伤损害赔偿案件(以下简称涉竞合案件)的数量并不大,据不完全统计,近三年(2009~2011)平均每年的案件数量约为500~600件(该项统计未纳入司法统计范畴,且部分涉竞合案件在诉讼过程中体现不出来,因此该数据并不完全),约占全部人身损害赔偿案件的5%,而且主要体现在机动车交通事故责任纠纷中。

《最高人民法院关于审理人身损害赔偿案件适用法律若干问题的解释》(2004年)实施以后,在我省司法实践中,对涉竞合案件的赔偿模式的选择问题,先后出现与学界类似的三种模式之争。但是由于考虑到“选择模式”涉及限制当事人诉权的问题,因此虽有“声音”,但并没有出现过实际判例。

1. 兼得模式,指工伤劳动者可以获得双份赔偿,既可根据侵权责任法获得侵权损害赔偿,又能根据社会保险法获得工伤保险补偿,从而使工伤劳动者获得最大利益。

2. 补充模式,指发生工伤事故后,工伤劳动者对工伤保险待遇和侵权损害赔偿均可以同时请求,但是所获的总额不得超过其所受损失的总额。

3. 选择模式,指在工伤发生后,劳动者要在工伤保险与民事侵权损害赔偿之间择其一,或者向工伤保险基金请求给付,或者向加害的第三人请求赔偿。工伤劳动者一旦作出选择,就不得再从程序或者实体上寻求另一种救济。

但是,从近三年全省法院部分此类案件的审判情况来看,裁判标准已经基本统一,主要采取了“兼得模式”进行判决,这与最高人民法院的相关司法政策的出台直接相联。

二、我国工伤损害赔偿立法的演变

我国的劳动立法相对滞后,其中对工伤损害赔偿的立法尚处于探究、发展阶段,1996年前的劳动法律少有涉及工伤保险制度的规定,实践中大部分工伤事故(工伤损害)都被认定为侵权行为,通过民事诉讼来解释。1996年劳动部《企业职工工伤保险试行办法》的颁布实施,改变了以往企业自我保障的工伤福利制度,真正在我国建立起了工伤保险制度来。

1991年,国务院颁布的《道路交通事故处理办法》第43条规定:“职工因交通事故死亡或残疾丧失劳动能力的,按照本办法的规定处理后,职工所在单位还应当按照有关部门的规定给予抚恤、劳动保险待遇。”依据该规定,职工在交通事故中因侵权造成工伤,可以获得“双份利益”,即除获得民事赔偿之外,还可以领取工伤保险待遇,但这个“双份利益”要受到有关部门的规定的限定,按照劳动部门的规定,在民事赔偿后,员工领取的工伤待遇中是差额部分,因此事实上是“补充模式”。2004年该办法被《道路交通安全法》所替代,而道交法并没有延续上述第43条之规定,对此问题未予规定。

根据1994年劳动部办公厅《关于外派劳务人员因工伤保险待遇问题的复函》、1997年劳动部办公厅《对〈关于确认等问题的请示〉的复函》的内容和1996年的《企业职工工伤保险试行办法》第28条中交通事故引起工伤和第30条中职工在境外负伤的两情况情形的规定,对于因道路交通事故或因履行职责而造成的人身伤害,如果被认定为工伤,那么就应该先按照民事法律进行索赔,不足部分(低于工伤保险待遇的)再由工伤保险基金补足差额,对于工伤职工索赔有困难的,企业和工伤保险经办机构应帮助其追偿,获得赔偿前可以先垫付有关医疗、津贴等费用。从上述规定可以看出,理赔原则为“不重复享受、相互补充适用”,采用的是“补充模式”。

2004年1月实施的《工伤保险条例》替代了《企业职工工伤保险试行办法》,但对交通事故引发工伤方面的待遇删除了原有办法中的上述内容,未明确规定如何处理这种竞合关系。

2004年5月1日起施行的《最高人民法院关于审理人身损害赔偿案件适用法律若干问题的解释》第12条第2款规定:“因用人单位以外的第三人侵权造成劳动者人身损害,赔偿权利人请求第三人承担民事赔偿责任的,人民法院应予支持。”该条款其实未明确工伤劳动者依法享有民事赔偿外有无继续享有工伤保险待遇的权利,或获得保险金给付后是否还可以请求侵权损害赔偿的问题以及两者的关系,即没有规定工伤损害赔偿的救济模式,回避了这个问题。

但之后,最高法院又逐渐认可工伤损害可以获得双重赔偿的原则,即“兼得模式”。最高人民法院[2006]行他字第12号符合中明确表明了对工伤案件双重赔偿支持的意见,原文如下:“新疆维吾尔族自治区高级人民法院生产建设兵团分院:你院《关于因第三人造成工伤死亡的亲属在获得高于工伤保险待遇的民事赔偿后是否还可以获得工伤保险补偿问题的请示报告》收悉。经研究,答复如下:原则同意你院审判委员会的倾向性意见。即根据《安全生产法》第48条以及最高人民法院《关于审理人身损害赔偿案件适用法律若干问题的解释》第12条的规定,因第三人造成工伤的职工或其近亲属,从第三人处获得民事赔偿后,可以按照《工伤保险条例》第37条的规定,向工伤保险机构申请工伤保险待遇补偿。”载《最高人民法院公报》2006年第8期(总第118期)的《杨文伟诉宝二十冶公司人身损害赔偿纠纷案》,其裁判摘要表明如下意见:因用人单位以外的第三人侵权造成劳动者人身损害,构成工伤的,该劳动者既是工伤事故中的受伤职工,又是侵权行为的受害人,有权同时获得工伤保险赔偿和人身损害赔偿;用人单位和侵权人均应依法承担各自所负赔偿责任,即使劳动者已从其中一方先行获得赔偿,亦不能免除或减轻另一方的赔偿责任。

三、采用“兼得模式”的主要考量及注意问题

采用“兼得模式”必须要充分考量工伤保险制度和民事侵权损害赔偿制度的价值基础,遵循尊重人权、平等保护之基本理念和原则,才能有效平衡劳动者、企业和社会三方利益,有效发挥两种赔付方式各自功能作用,实现两者的协调和统一。

1. 工伤保险与侵权赔偿制度的价值基础。工伤保险作为社会保险制度的一个组成部分,是国家通过立法强制实施的,是国家对职工履行的社会责任,也是职工应该享受的基本权利,因此在进行工伤补偿时,不考虑受害人过错,赔偿的范围公限于物质损失。侵权损害赔偿属于民法范畴,其基本思想在于填补损害,使受害人能回复到损害发生之前的状态。故在确定损失负担时考虑受害人的过错,并以全面赔偿为原则,赔偿范围包括物质损害赔偿和精神损害,赔偿标准高于工伤保险补偿待遇。工伤保险和民事侵权损害赔偿属不同法律关系,二者的价值基础、赔偿主体不同,决定了二者赔偿责任并不重叠相斥。

2. 准确区分可补偿性损失和不可补偿性损失。《侵权责任法》规定的赔偿项目与《工伤保险条例》规定的工伤保险赔付项目多有重合或近似之处,但依据其赔付性质可将其区分为两类:一类是基于可补偿性损失所产生的费用,如医疗费、护理费、伙食补助费、交通费、误工费、残疾生活辅助器具费、后续治疗费、丧葬费等,这些费用有具体的物质载体体现,依据支出或相关票据凭证可以计算出来,是受害方实际支出的费用,故可以称之为可补偿性损失或具体财产损失;另一类是基于不可补偿性损失产生的费用,包含一次性伤残补助金、死亡赔偿金、供养亲属抚恤镏金和精神损失赔偿金等,这几项赔偿是针对人基本权利损害的赔偿,这些人身利益是不可恢复、不可估量的损失,故称之为可不补偿损失或抽象财产损失。对于可补偿性损失,劳动者可以择一而选,如果许可兼得,则违背了实际损失填平的基本的原则,也违反了《社会保险法》第42条规定(由于第三人的原因造成工伤,第三人不支付工伤医疗费用或者无法确定第三人的,由工伤保险基金先行支付。工伤保险基金先行支付后,有权向第三人追偿)所体现出的立法态度;对于不可补偿性损失,在生命健康无价、工伤补偿标准偏低、残疾人或死者家庭生活困难的情况下,允许兼得,有利于更好地救济受害人,抚慰受害人及其家属的精神伤害,更好地实现公平正义。

综上,我省法院系统目前处理涉竞合案件的通行做法,在法律法规、司法解释尚未明确规定的情况下,是可行的。对于个别法院在处理个案中存在的不尽统一的问题,需待审判实践中进一步统一。民事审判第一庭已将此问题作为明年做好民事审判监督指导调研工作的重点,将以适当形式统一观点,统一尺度。

关于人民调解协议相关问题的调研报告

吉林省高级人民法院民一庭

人民调解又称诉讼外调解,具有鲜明的中国特色。它是在人民调解委员会主持下,以国家法律、法规、规章和社会公德规范为依据,对民间纠纷双方当事人进行调解、劝说,促使他们互相谅解、平等协商,自愿达成协议,消除纷争的活动。

在全面建设小康社会、构建社会主义和谐社会的新形势下,我院充分认识通过审理好涉及人民调解协议案件,支持人民调解工作,构建多元化矛盾化解机制的重要意义,自2002年以来,连续多次与省政法委、省司法厅等单位联合召开"全省人民调解工作会议"、"全省调解工作会议",连续出台多份规范性法律文件,进一步加强和改进工作机制建设,支持和指导人民调解工作,取得了一定的成绩,得到了省委政法委的充分肯定。据初步统计,我省基层法院每年受理涉及人民调解协议案件120余件,案件主要涉及民间借贷、侵权损害赔偿、劳务、继承等小额民事案件,维持人民调解协议的达80%以上。我省基层法院全面受理人民调解协议司法确认案件的时间并不长,2011年共受理该类案件100余件,基本上全部予以确认。

一、人民调解协议案件受理中是否存在与专属管辖冲突的争议

《关于人民调解协议司法确认程序的若干规定》第2条规定"当事人申请确认调解协议的,由主持调解的人民调解委员会所在地基层人民法院或者它派出的法庭管辖。人民法院在立案前委派人民调解委员会调解并达成调解协议,当事人申请司法确认的,由委派的人民法院管辖"。在实践中,该条规定与"因不动产纠纷提起的诉讼,由不动产所在地人民法院管辖"和"因继承遗产纠纷提起的诉讼,由被继承人死亡时住所地或者主要遗产所在地法院管辖"存在冲突。为解决这一问题,我院制定的《关于贯彻实施最高人民法院〈关于人民调解协议司法确认程序的若干规定〉的指导意见》第3条规定"最高人民法院《关于人民调解协议司法确认程序的若干规定》第2条关于人民调解协议司法确认案件管辖问题的规定属于专属管辖,当事人协议约定管辖的无效"。明确了该种案件属于专属管辖,从而解决管辖冲突问题。

二、受理人民调解协议案件时,与人民调解组织的衔接是否顺畅,存在哪些问题

目前,人民调解协议案件尚属新型案件,对案件的管辖、受理、确认等各个环节尚属探索阶段,特别是与人民调解组织的衔接工作尚处磨合期,存在一些问题。

一是人民调解委员会在制作调解协议时缺少统一的模式,格式比较混乱,部分调解协议未明确告知当事人申请确认或提起诉讼的期限,以及不及时确认、诉讼的法律后果。

二是人民调解委员会对调解案件建立起规范的档案制度,在案件进入诉讼程序后,人民法院调取相关调解卷宗困难。

三、人民调解协议案件(包括就调解协议的履行和调解协议的内容发生争议的诉讼案件和人民调解协议司法确认案件)总体数量,两类案件各自特点如何,受理该类案件对人民法院现有工作(包括审判、执行、考评等)的影响

人民调解协议案件的类型主要集中于涉及给付

的案件，如合同、侵权、婚姻家庭等类型。《人民调解法》同时规定了诉讼与确认两种情形，“诉讼”与“确认”的最大区别在于“诉讼”解决当事人之间的权益之争，而“确认”并不存在当事人之间权益之争。人民调解协议应是已将当事人之间的争议化解，双方才达成协议意见的，那为何又存在诉讼呢？当事人诉讼调解协议无效的案件主要有两种类型。一种是当事人对协议内容产生歧义，双方对同一概念的理解不同，在履行时产生纠纷。另一种是当事人签订调解协议后因某种原因反悔，想通过诉讼程序撤销双方的协议内容。而当事人之所以对调解协议请求司法确认，主要是因为当事人想通过该程序固定双方权利义务关系，或者确保对方不能履行义务时可以申请法院强制执行，赋予调解协议以执行力，及时保护自己的合法权益。

受理该类案件表面上看似乎增加了法院的工作量，但从整个社会和谐来看，经确认的调解协议，双方产生争议的可能性变小，当事人提起诉讼的可能性亦减少，从而也使部分本应受理的诉讼案件化解在调解协议确认程序中，也减少了上诉、上访的可能性。人民调解协议案件列入审判员办案数、执行员执行案件数，在年底评先选优时同其承办的其他类型案件同时计入评分标准，也列入错案评查机制，从而促使法院干警不因该类型案件属简易案件而简单对待，要严格审查，确保案件质量，避免更大纷争。

四、人民调解协议司法确认案件在审查程序上与诉讼采取的方式是否相同，存在哪些问题，审限确定多长时间合理

人民调解协议司法确认案件在审查程序上与诉讼程序所采取的方式存在不同，审查程序是对人民调解协议的争议人在即将告诉时审查，包括是否为本院管辖，现在告诉人主体是否适格，是否有其他前置程序及立案条件是否具备等等审查范围，这种审查是粗线条的，目的是减少当事人诉累和节约审判资源。法院一旦受案则进入诉讼程序。人民调解协议司法确认程序是双方当事人到人民调解组织调解，化解双方矛盾，人民调解协议司法确认程序不可完全照搬我国一般的民事诉讼程序，只能在一定程度上参照适用民事诉讼法有关简易程序的规定。

关于司法确认案件的审查期限。从我省目前已审查的确认案件情况看，应自受理司法确认申请之日起7日内作出是否确认的决定。因特殊情况需要延长的，经本院院长批准，可以延长3日为宜。

五、如果人民调解协议侵害案外人合法权益，目前的救济途径是否合适，存在哪些问题

关于人民调解协议侵害案外人权益的救济措施就是《关于人民调解协议司法确认程序的若干规定》第10条，该条规定：案外人认为经人民法院确认的调解协议侵害其合法权益的，可以自知道或者应当知道权益被侵害之日起一年内，向作出确认决定的人民法院申请撤销确认。针对当前案件有关情况，对人民调解协议侵害案外人权益的救济措施是合适的，但存在以下两个问题：

一是救济途径单一。当前，人民调解机制正向着多元化发展，而对于侵害案外人权益的救济途径只有这一条，不利于案外人及时地行使权力以维护自身权益。在确认人民调解协议效力案件中，申请人出于解决纠纷的目的自愿达成协议，人民法院对于该协议进行审查，通知双方当事人同时到场，当面询问当事人。法官当面询问当事人，有利于防止当事人恶意申请确认。为避免确认的调解协议损害国家利益、社会公共利益和他人合法权益，人民法院可以在必要时要求当事人提交相关证明材料。当事人不提供的，应当承担相应后果。但人民法院的审查工作存在一定困难，因该为人民协议是双方当事人自愿达成的，如果侵害案外人权益双方当事人应该是明知的，这样，在人民法院审查时，双方当事人就会刻意隐瞒法官，造成案外人的权益受到损害。而对于案外人要想维权，就只有到审理确认调解协议案件的人民法院起诉。救济途径单一，造成案外人维权困难。

二是诉讼时效期间过短。《最高人民法院关于人民调解协议司法确认程序的若干规定》第10条明确规定了案外人起诉的时效为一年。而在人民调解协议确认案件中，达成调解协议的双方如果侵害案外人的权益，也是在案外人不知情的情况下发生的，这样案外人知道或应当知道自己权益被侵害就很难，不利于案外人维权。

六、实践中，人民调解协议司法确认案件的启动程序如何，存在哪些问题和隐患

人民调解协议司法确认案件的程序启动是人民调解协议司法确认的首要环节，实践中，主要存在以下问题。

1. 立案程序空缺。实践中，当事人申请司法确认的案件，基层法院不经过立案庭审查立案，一般由办理诉前调解案件的法官直接审查予以办理，导致该类型案件管辖权审查不严格，会出现超出管辖范围的情况，同时没能执行随机分案制度。

2. 确认程序的法律依据相互冲突。《最高人民法院关于建立健全诉讼与非诉讼相衔接的矛盾纠纷解决机制的若干意见》、《关于深入推进矛盾纠纷大调解工作的指导意见》、《人民调解法》、《最高人民法院关于人民调解协议司法确认程序的若干规定》都对可以申请司法确认的调解协议的范围、调解主体做了不同的规定,一定程度上造成司法确认程序依据的混乱。

3. 调解协议书方面存在的问题。调解协议内容表述不严谨。调解协议内容表述大多过于简单、模糊,难以执行,导致调解协议不能确认的居多。主要体现:(1)格式不统一。(2)主体存在错误。(3)内容不合法。(4)签名不一致。(5)未尽到告知义务。主要原因:一是调解组织对司法确认工作的认知和了解程度不一样,人民调解组织组成人员或调解员的准入标准太低,人民调解组织组成人员或调解员文化水平和综合素质有待提高。二是基层群众对司法确认程序的了解和接受程度不一样。由于各地开展宣传及学习、培训情况的不同,导致各地群众对司法确认程序的了解和接受程度有很大差异。当事人双方法律知识的欠缺,致使达成的调解协议存在主体错误或遗漏必要当事人的现象。又因当事人所处地域文化环境及文化水平不同等各方面的原因,致使当事人双方达成的调解协议,用语义模糊,甚至还有歧义及不规范等现象。

七、人民调解协议司法确认程序完善的建议

完善人民调解协议司法确认程序机制,主要是为了解决司法确认的操作规程问题,包括管辖、立案、收费、文书等一系列规则。为此,首先必须明确人民调解协议司法确认案件的非诉讼性质,并以民事诉讼特别程序理论为指导,以《民事诉讼法》中的特别程序规定为基础,才能创造出一套符合《人民调解法》和《若干意见》相关规定,能够凸显简约、高效、灵活、程式化特点,能够充分实现司法审判对人民调解的支持和保障作用的程序机制。

1. 确认申请。当事人应当于人民调解协议生效之日起三十日内共同向人民法院提出确认申请;一方当事人提出申请,另一方表示同意的,视为共同提出申请;申请人可以以书面形式或者口头形式提出确认申请;口头形式申请的,人民法院应当将当事人的基本情况、联系方式、申请事项及理由予以准确记录,将相关证据予以登记。人民法院应当将上述记录和登记的内容向申请人当面宣读,申请人认为无误后应当签名或者按印;当事人可以委托代理人代为申请确认,受托人应当持有委托代理手续。

2. 申请证据。当事人申请确认,至少应当向人民法院提交人民调解协议书和承诺书;人民调解协议应当由各方当事人签名、盖章或者按指印,并由人民调解员签名、加盖人民调解委员会印章;承诺书应当载明以下内容:当事人出于解决纠纷的目的自愿达成协议,没有恶意串通、规避法律的行为。如果因为该协议内容而给他人造成损害的,原意承担相应的民事责任和其他法律责任。

3. 立案审查。人民法院审查认为当事人提交的诉讼材料齐全,人民调解协议所解决的纠纷属于人民法院主管,受诉人民法院有管辖权,且人民调解协议内容具体、明确,具有给付内容的,应当立即受理,并向当事人送达受理通知书;交材料不齐全的,应予告知,并于材料补齐后及时受理;不符合受理条件的,予以释明后退回申请材料。

4. 案件管辖。司法确认案件由人民调解委员会所在地、调解协议履行地或者当事人住所地的基层人民法院管辖;当事人可以在书面调解协议中选择当事人住所地、调解协议履行地、调解协议签订地、标的物所在地基层人民法院管理;符合专属管辖的有关规定;经人民法院委派或委托人民调解委员会达成的调解协议的申请确认案件,由委派或委托人民法院管辖。

5. 部门分工。申请确认案件可以由民事审判庭(人民法庭)负责审理,也可以根据需要由立案庭负责审理,并实行独任制审判。

6. 案由案号。根据最高人民法院《民事案件案由规定》中关于"对适用民事特别程序等规定的特殊民事案件案由,根据当事人的诉讼请求直接表述"的规定,案件案由应为"申请确认人民调解协议效力";申请确认案件应当统一编立"民调确字"案号,也可根据工作需要编立"商调确字号"、"商外调确字号"、"知调确字号"案号。

7. 案件收费。应当同人民调解的相关规定保持一致,不宜收取任何诉讼费用,以利于鼓励当事人申请司法确认。

8. 审理期限。一般应当坚持当天开庭、当天决定、当天制作决定书、当天送达的原则;当庭不能决定的,应当在开庭后十个工作日内审查决定。

9. 申请撤回。在人民法院做出决定之前,当事人可申请撤回确认申请,人民法院应予准许,并记入案件笔录。当事人没有提出撤回申请,但明确表示不同意司法确认的,或者拒不到庭参加庭审,或者拒收司法确认决定书的,均应视为撤回申请,人民法院应当终结确认程序。

10. 文书形式。现行民事诉讼法规定适用特别程序审理案件,存在判决书、裁定书、决定书等文书形式,比较三者的优劣,笔者认为决定书最适用司法确认程序,最能体现其灵活便捷的特点。据了解,最高人民法院司法改革领导小组办公室考虑到决定书可突出司法确认程序的审查特点,更倾向于采取决定书方式。

八、人民调解协议司法确认风险防范机制完善的建议

人民调解协议司法确认风险防范，就是指通过有目的、有意识地设置各项工作机制等活动，来阻止防范部分申请人利用司法确认程序进行虚假诉讼，以实现侵害国家、社会或者第三人利益的目的，并削弱损失发生的影响程度，以获取司法确认程序的最大价值和利益。它主要包括两方面的内容：一是如何对人民调解协议进行实质审查；二是如何救济确已经发生错误的，需要进行更正的司法确认决定。

1. 人民法院对人民调解协议的审查。《最高人民法院关于审理涉及人民调解协议的民事案件的若干规定》第 1 条规定"经人民调解委员会调解达成的，有民事权利义务内容，并由双方当事人签字或者盖章的调解协议，具有民事合同性质。当事人应当按照约定履行自己的义务，不得擅自变更或者解除调解协议"。因此，对人民调解协议的审查主要要依据《合同法》、《人民调解法》的有关规定，并参照《民事诉讼法》关于司法调解的有关规定。

对人民调解协议的审查内容，主要应当包括以下七个方面：(1)人民调解协议当事人是否具备完全民事行为能力。代理人参加人民调解的，代理人是否有代理权及代理权限的范围；(2)人民调解协议是否是当事人的真实意思表示；(3)人民调解协议是否违反法律、行政法规的强制性规定；(4)人民调解协议是否损害国家利益、社会公共利益或者第三人合法权益；(5)人民调解协议是否违反公序良俗原则；(6)人民调解协议是否是以合法形式掩盖非法目的；(7)人民调解协议内容是否属于当事人处分权的范围。

对人民调解协议的审查可以根据需要采用公开开庭或者不公开开庭的方式进行，但不宜采用书面审理、调查审理的方式。在双方当事人同时到庭的情况下，至少应当向申请人询问、解决以下三个问题：一是是否理解人民调解协议的内容。要主动行使释明权，依据法律法规、事理、逻辑等解释协议内容的含义，确定申请人的理解与通常理解、法律理解是否一致；二是是否愿意接受人民调解协议内容所产生的法律后果；三是是否愿意由人民法院通过司法确认程序赋予该协议强制执行的效力。

对人民调解协议审查过程中，人民法院根据需要，可以调阅人民调解委员会的调解档案，可以要求人民调解员到庭说明调解过程等内容。对人民调解协议内容或者人民调解协议执行中可能涉及第三人利益的，可以要求申请人提供必要的相关证据，当事人拒不提交或者不能提交的，人民法院不予确认。

根据司法实践，人民法院对人民调解协议进行审查后，其结果一般有三种情形：一是人民调解协议符合上述立案审查、开庭审查内容的，协议有效，人民法院依法制发"司法确认决定书"。对人民调解协议用语不规范、内容存在瑕疵但不影响协议效力的，人民法院可以在向申请人释明后，根据申请人的共同申请予以相应补正，并根据补正后的协议内容制发"司法确认决定书"；二是人民调解协议不符合上述立案审查内容的，不纳入司法确认受案范围，人民法院依法制发"不予司法确认决定书"；三是人民调解协议不符合上述开庭审查内容的，协议无效，人民法院依法制发"不予司法确认决定书"。对协议部分无效的，人民法院可以在向申请人释明后，根据申请人的共同申请，对协议有效部分依法予以确认。

2. 错误的司法确认决定的救济。如上所述，司法确认案件为非诉讼案件，适用的程序是与普通程序、简易程序相对的特别程序，由此而产生的司法确认决定书只具有执行力，而不具备既判力，因此不能通过审判监督程序对确已发生错误的确认决定进行救济。但根据特别程序相关理论，人民法院根据有关人员的申请，查证属实之后，可以直接做出新的决定，撤销原确认决定。具体操作可以借鉴《最高人民法院关于支付令生效后发现确有错误应当如何处理的批复》的有关规定，即"人民法院院长对本院已经发生法律效力的支付令，发现确有错误，认为需要撤销的，应当提交审判委员会讨论通过后，裁定撤销原支付令，驳回债权人的申请"。

网络名誉侵权案件审理若干问题研究

上海市高级人民法院课题组①

内容提要:

随着信息化的快速发展,网络成为越来越重要的信息发布和传播渠道。根据中国互联网络信息中心(CNNIC)测算,截至2012年6月底,我国网民总数约为5.38亿,互联网普及率为39.9%,较2011年底提高了1.6个百分点。手机网民数量达3.88亿,在总体网民中的比例近70%②。微博用户数达到了2.73亿户,在网民中的渗透率超过了50%③。2009年,《侵权责任法》专门就网络侵权问题作出规定,但规定的较为原则,仅有一条,审判实践中如何适用该规定还需根据案件类型及具体案件情况进一步研究。从当前人民法院受理的网络侵权案件来看,主要类型之一是名誉权侵权案件。

为进一步研究网络名誉侵权案件的特点及存在的难点问题,我庭于年中召开网络名誉侵权案件疑难问题研讨会,就当前在审判实践中存在的问题进行了研讨。本课题在全面研究了《侵权责任法》在网络上的规定的基础上,结合了研讨会中达成的共识及一些主流观点,就当前网络名誉侵权的疑难问题做了分析。

在文章布局上,我们将全文分为三章:一是网络名誉侵权案件审理的基本情况;二是网络名誉侵权纠纷的成因、类型及其特殊性;三是网络名誉权侵权案件审理中的难点问题研究。

一、网络名誉侵权案件审理的基本情况

(一)案件审理情况

2009～2011年,全市法院共审理涉及网络的名誉侵权纠纷案件128件。其中,根据被告身份分类,被告为网络用户的有95件,被告为网络服务提供者的有32件,网络用户和网络服务提供者同为被告的有1件;

根据审结方式分类,以判决方式结案的有98件,以调解方案结案的有10件,以撤诉方式结案的有14件;上诉案件30件,上诉率为30.61%,调撤率为18.75%;

根据审理结果分类,认定构成侵权的有53件,认定不构成侵权的有45件,其中判决支付精神损害抚慰金的有22件,占认定侵权案件总数的41.51%;

在判决支付精神损害抚慰金方面,支持1000～5000元精神损害抚慰金的有11件,占支持抚慰金案件总数的50.69%,支持5000以上(不含本数)至10,000元的有3件,占总数的15.08%,支持10,000元以上(不含本数)的有8件,占总数的27.27%。

(二)网络名誉权案件审理工作的特点

1. 网络名誉权占名誉权纠纷比重不断提高

从全市统计情况来看,网络名誉权侵权案件已经成为名誉权侵权案件的主要类型之一,目前已占全部名誉权侵权案件一半以上。如徐汇法院近两年来共审理60余件名誉侵权案件,约有半数以上涉及网络名誉侵权。

2. 网络名誉权案件易引发社会关注

网络名誉权纠纷案件虽然数量不大,但每一件案件都引发社会热议,易成为社会关注的热点案件。多数是先在网络上成为热点事件以后再向人民法院起诉,如2012年韩寒与方舟子网络论战后,韩寒先后在我市两个基层法院提起不同的诉讼,引发社会广泛关注。有的案件本身涉及社会热点问题而引起争议,如"海运女"案件,因事涉恋爱不成反目成仇而为人瞩目。还有一些案件涉及到网络自由与名誉权侵权的界限而广为网民关注等。

3. 网络名誉权案件处理难度大

2009年《侵权责任法》对网络侵权责任作了规定,但规定过于原则,网络名誉权侵权案件审理中法律适用问题与普通案件相比,极为复杂,把握起来有很大困难,高院近年来接到下级法院的相关请示较多。从案件的管辖法院确定、证据收集、责任主体认

① 课题组成员:陈雪明、赵明华、洪波、王茜。

② 《第30次中国互联网络发展状况统计报告》,http://www.cnnic.net.cn。

③ 《2012年中国网民搜索行为研究报告》,http://www.cnnic.net.cn。

定到精神损害赔偿的标准等，都需要进一步研究和明确。

二、网络名誉侵权纠纷的成因、类型及其特殊性

（一）网络名誉侵权的基本成因

1. 涉及名人引发网络名誉侵权。名人本就是社会公众关注的焦点，在网络上名人更受关注，微博和网络的普及使得名人的一言一行被急速放大。基于网络的匿名性和隐蔽性，发帖人、跟帖人在发表观点时往往对名人作出不客观甚至是侮辱性的评价进而引发名誉侵权。具体表现有：名人与名人之间通过微博相互攻击引发骂战，对名人的死亡原因进行不实的揣测等。

2. 私人恩怨引发网络名誉侵权。此类纠纷的发生具有不可控制性，任何人都可能将日常生活中与他人产生的矛盾在网络上公开化，但在发泄不满时往往带有夸大其词的表述，进而引发网络名誉侵权。引发此类纠纷的起因较为多样化，具体表现有：将私人照片公诸于众、单位内部同事之间矛盾网络化等。

3. 新闻报道、纪实文学等被网站转载引发的网络名誉侵权。任何艺术创作都来源于生活又高于生活，新闻报道等应坚持客观、真实的表述，但报道者在主观上必然带有一定的倾向性意见；纪实文学以现实名人为素材，讲述其生前故事包括主要事迹和家庭生活等内容，新闻报道和纪实文学的网络化和快速扩大化已经成为名誉侵权的高发地。具体表现有：新闻报道中未根据客观事实如实报道或根本没有事实基础；纪实文学中对提炼和生活的内容表述不尽客观，涉嫌诋毁与侮辱内容。

4. 学术、观点争论引发的网络名誉侵权。学术禁止抄袭行为，但有少数学者存在学术不规范的现象并以此获得学术荣誉。在这些荣誉评比过程中，某些人举报学者的学术不端行为并将相关内容公布于网络。但在学术抄袭行为未被查证属实之前，提前公布于网络容易引发名誉侵权。

5. 劳资纠纷等社会矛盾引发的网络名誉侵权。在此类纠纷中，劳资双方发生劳动争议，当事人选择在网络上宣泄不满，将事态扩大化。具体表现有：员工被辞退后，将自身的不满发布于网络，内容涉及对公司的不客观评价等；公司因对员工的工作表现不满辞退员工，并同时在公司内部网络上发表言辞过激的处罚公告、开除公告等。

（二）网络名誉权案件的基本类型

1. 网络新闻名誉权侵权，主要是网站管理者在网站主页发布侵权消息或者链接其他网站的侵权消息。在网站主页上发布凭空捏造的事实或者散布他人隐私，这种侵权方式的特点是传播迅速，影响面广，特别是一些著名的门户网站。例如，2007年北京新浪互联网信息服务有限公司（以下简称新浪公司）与李亚鹏名誉权侵权纠纷。该年5月25日，新浪公司在其所属新浪网的娱乐频道发布了《李亚鹏背王菲“偷吃”引网民不满群起炮轰（图）》文章，同日于其网站上还开展题为“李亚鹏‘偷吃’，你相信吗”的网民调查。5月29日，新浪公司又在新浪网娱乐频道发布“李亚鹏王菲协议离婚？只因王菲不愿再产子”的消息，并进行热点调查：“传李亚鹏王菲已经协议离婚？”新浪网故意捏造虚假事实，并在调查中使用了“偷吃”、“花心”、“前科”等诋毁性词语。同时通过链接手段使该等虚假信息及诋毁性文字在互联网上及平面媒体迅速传播。李亚鹏向人民法院起诉该公司，新浪公司最终删除相关帖子并向原告赔礼道歉。

2. 个人在网上论坛和留言板（BBS）发表侵权信息。网络论坛的影响往往很大，成为网民发表信息最为集中的地方，也是特别容易侵害他人权益的网络空间。如在杨佳袭警案发后，郑啸寅在网上发帖诽谤上海闸北公安分局事件。郑啸寅编造了题为《上海袭警事件内幕》的文章，虚构杨佳因被闸北公安分局民警打伤生殖器、丧失生育能力而萌生报复袭警等内容，在网上多次发布、张贴，并被其他搜狐、天涯社区、西祠胡同等著名网站大量转载，严重损害了执法民警的名誉和公安机关的形象。上海市检察机关对编造、散布谣言的郑啸寅以涉嫌诽谤罪批准逮捕。

电子公告栏（BBS）是一种交互性强、内容丰富而及时的Internet电子信息服务系统。用户在BBS站点上可以获得各种信息服务：下载软件、发布信息、进行讨论、聊天等。在BBS侵权诉讼中，受害人往往将BBS版主告上法庭，要求其承担侵权责任。“深圳首宗BBS侵权案”即为“版主责任制”的典型。当然，在诉讼中，除了版主对自身的行为负举证责任外，原告也要拿出相关证据，在相互的质证中确认最后是否归责。BBS侵权责任首先指向版主是它不同于博客侵权的特征。互联网上有无数论坛供用户发言和谈论各种话题，用户可以将自己的意见或者文章张贴在论坛内，与其他网友进行交流。由于网络论坛和留言板具有公开性的特点，通过论坛或者BBS方式发布侵权信息，传播范围广、具有信息交互的特点，在线讨论某个话题的用户常常会不由自主的言辞过激，最后对个体进行人身攻击。侵权人就会借此机会，在论坛上做出各种侵权言论和张贴侵权文章，侮辱或诽谤他人，或者揭人隐私，并且通过在多个论坛上广为张贴以及“跟帖”等方式。而且，多数网络暴力事件都发源于各大论坛。

3. 通过电子邮件发表侵权信息。"北京首例电子邮件侵权案"、"郑州中业公司诉壳牌公司案"和"谷歌雅虎等10家网络公司涉嫌侵权诉讼案"等案件表明E-mail侵权现象较多,电子邮件对他人名誉的不当毁损或者隐私的非法披露不容忽视。E-mail最大的特点在于侵权的特定性,如名誉侵权中侵权主体特定,信息有明确的指向,在侵权认定时明显。从目前的技术来看,发送和转发电子邮件操作简单,尤其是群发电子邮件技术,能够实现在几分钟内发送出几百封甚至上千封电子邮件,侵权后果在短时间内就能够迅速扩散开去,其效果甚至连发送人也难以预测。例如广州市天河区法院受理的刘某诉陈某电子邮件侵犯名誉权案。原告刘某原是广州一家网络工程有限公司的员工,2004年5月19日离职,被告陈某是该公司的经理。2004年6月10日,原告通过其电子邮箱收到原公司的同事转发给她的《人不自爱,必自取其辱》的文章,后查明该文原件的发件人为被告,主题为《致公司全体同事的公开信》,发送对象为全体员工,在信中原告采取直接点名的方式,描述刘某"人不自爱……必自取其辱……一个心智不健全的人,其行为表现多么渺小可怜……"等等。刘某将陈某诉至法院,一二审法院审理后均认为,这篇文章已构成对刘某职业道德的诽谤,造成其个人诚信度的降低,影响了公众对刘某的社会评价,贬低了刘的人格,毁损其名誉,构成对其名誉权的侵害。

与传统的通信方式相比,电子邮件一旦点击发出,就没有办法收回。当侵权人利用电子邮件将这种不当言论进行广泛散播时,将信息发给与自己和受害人有关的第三人,导致受害者的名誉毁损,从而社会评价降低时,才构成对受害人名誉权的侵害。

4. 通过网络博客发表侵权信息。网络博客,最初是以私人网络日记的形式发展起来的,最初的时候网民们将自己的私人日记放到网上,并将其中部分进行公开,相互阅读,从中获得乐趣。近年发展起来的微博,已经成为网民发表网络言论更为方便的方式,用户量非常大。官方微博、私人微博、名人微博等大行其道,成为信息传播的重要平台。网络博客因发表侵权信息而引发的名誉权纠纷颇为常见。

例如,静安区法院审理的宋祖德侵害谢晋名誉权案件,著名导演谢晋去世后,宋祖德在新浪、腾讯、搜狐的公开博客里连续发表了《不要学谢晋这样死》、《谢晋和刘晓庆在海外有个重度脑瘫的私生子谢虞庆》、《中国电影家协会等四大协会应当给谢老垫棺材底》等五篇文章,诽谤谢晋性猝死,和刘晓庆有私生子,严重损害了谢晋的名誉,被法院判令承担侵权责任。

5. 网络小说侵权。正如有网站提倡的"阅读无止境,写作有明天",网络小说已经如火如荼地风行于互联网,各类网络开设了原创小说专区,网络小说专门网站数量众多。网络小说与传统的小说一样,也会引发侵权纠纷。

6. 网上日记引纷争。网上日记受到许多网民的喜爱,也成为网民传播和交流信息的重要渠道。与网上不爆出的"日记门"不同,网上日记侵害他人名誉权,主要是写日记者因公布了其具有涉及他人名誉的日记内容而引发的。如,顾某和夏某原本是一对让人羡慕的"80后"小夫妻,2010年年末双方离婚。2010年6月至8月间,夏某陆续在自己的开心网日记中发表了《呐喊》、《我的这八年》等文章,炮轰丈夫感情出轨,致使双方离婚。文中叙述了顾某与异性同事在酒店行为出轨,在家中电脑存储与异性的亲昵照片等情况,称其为"无耻之徒"、"无良男"、"恶魔"等,还上传了顾某的若干生活照。日记一发,随即引发了开心网好友的大量评论。顾某认为,前妻此举侵犯了自己的名誉权,因此向法院起诉要求小夏赔礼道歉、消除影响、恢复原告名誉,并赔偿精神损失费1万元、公证费2000元。

7. 网络即时通讯工具侵权。腾讯QQ正朝多元化方向发展,当然主要的功能仍是聊天。作为一种普及的聊天软件,它蕴涵着巨大的商业价值,知识产权受到侵犯不乏其例。在新近审结的"陈寿福珊瑚虫版QQ侵权案"中,据警方调查,2005年年底至2007年1月间,陈寿福从腾讯公司的网站下载腾讯QQ软件后,未经腾讯公司许可擅自对腾讯QQ软件进行修改,将腾讯QQ软件的广告、搜索功能进行删除,加上显示好友IP地址功能。检方依《刑法》第217条"侵犯著作权罪"对其行为提起公诉,并对行为造成的损失予以追究。

至于QQZone,它和博客的版面类似,但更显个性化。用户可对访问加以限制,从而"禁入"陌生的访问者。它处于私人管理状态,内容相当于用户个人的隐私,因而用户是对可能侵权的内容负责的"直接"主体。而QQ腾讯公司主要负对用户IP及其所知信息适时披露的义务。虽然现实操作中多少存有困难,但相对于博客而言其侵权较易认定。

(三)网络名誉侵权的特殊性

1. 作用媒介、作用环境的扩张性。互联网名誉侵权需以互联网为载体,直接作用环境为虚拟的网络环境,同时由于互联网世界源于现实世界又作用于现实世界。因此,互联网名誉侵权间接的作用环境必然会扩展到现实世界,其作用媒介、作用环境具有强烈的扩张性、延伸性。传统的名誉侵权则主要通过广播、电视、报纸杂志等媒介来进行,直接作用于受害人的现实生活环境。

2. 名誉形成基础的双重性。互联网名誉形成的基础既有因现实社会已然形成的一般性社会评价的延伸而形成,又有因互联网活动的特殊规则、互联网区域内的特殊身份形成的一般性评价而形成,名誉的形成基础包括了两个方面具有双重性。传统的名誉形成的基础则主要是基于现实社会的一般性社会评价而形成。

3. 侵权主体的多样性。互联网名誉侵权中,被侵权人可以是互联网参与者,也可以是非互联网参与者,但侵权行为人则必然是互联网参与者,包括网络用户和网络服务提供者。一方面,任何人或者单位都可能成为侵权信息的创作者和提供者,成为直接的侵权行为人;另一方面,网络服务提供者也可能因未尽到相应的管理、审查义务成为间接的侵权行为人。传统名誉侵权中,侵权行为较为直接,一般由直接侵权人承担侵权责任(这样提似乎不妥,传统的纸质媒介,一样有这个问题)。

4. 侵权信息传播的无国界性。互联网具有交互性、开放性和无国界性的特点。互联网名誉侵权以网络为媒介实施侵权行为,侵权信息通过互联网的传播,及于网络所能到达的世界各个角落。侵权信息的传播区域具有无国界性,传播速度、传播范围均较传统名誉侵权更快、更广。传统的名誉侵权往往通过广播、电视、报刊、杂志等渠道来实施,虽也在一定范围内传播,但相较而言,其传播速度、传播范围、传播的强度均较互联网弱。

5. 损害结果的严重性。传统的名誉侵权中,由于侵权信息受广播、电视的覆盖范围以及报刊、杂志的发行范围限制,其危害程度相对容易控制,危害范围相对比较小。网络名誉侵权中,网络信息传播速度之快,作用范围之广,社会影响之大使被侵权人根本无法控制侵权信息的浏览率、复制率、下载率和链接率,无法预测侵权信息的传播范围最终会达到怎样的广度。因此,在网络上实施名誉侵权行为,侵权言论的危害后果难以估计,危害程度难以控制,给被侵权人带来的不良社会评价和精神伤害也会更大、更深,其危害性较之传统名誉侵权行为更为严重。

三、网络名誉权侵权案件审理中的难点问题研究

由于网络名誉侵权案件在侵权行为人、侵权行为方式及损害结果等方面存在特殊性,加之立法相对滞后,司法实践中,在确定该类型案件的侵权主体、证据采集、要件构成、责任认定、损失确定等方面相对传统名誉侵权案件均出现了一些新的较为复杂的问题。

现有的审理依据有:《侵权责任法》、《民法通则》及其适用意见以及最高人民法院关于名誉权审理的两个解答、解释以外,另有行政法规性质的《互联网信息服务管理办法》和《计算机信息网络国际联网安全保护管理办法》(国务院发布)可依据,其他现仅能参照部门规章性质的《互联网电子公告服务管理规定》和《中国互联网域名管理办法》(信息产业部发布),并无针对性较强的法律依据可供适用,加之互联网本身的专业技术要求较高,大大增加了司法实践的复杂性。审理网络名誉侵权案件中的疑难问题较多。

(一)管辖法院的确定

涉嫌侵权的行为往往通过网络服务器、计算机终端等设备传播,行为人的位置变动性使被告的实际住所地较难掌握。当事人向人民法院起诉时,往往会遇到法院管辖权的争议。法院对此类案件的管辖,在级别管辖上一般不会存在问题,主要是地域管辖确定困难。对于网络名誉权侵权这一类侵权案件的地域管辖,最高人民法院《关于审理名誉权案件若干问题的解答》中,名誉权案件适用《民事诉讼法》第29条的规定,由侵权行为地或者被告住所地人民法院管辖。被告住所地在被告人明确的情况下,一般确定起来不是太困难,但由于网络的虚拟化和广泛性,查明侵权人身份及其住所相比一般案件更为困难。该问题,不仅在网络侵权中存在,在当前人口流动性增强和信息化普及其他领域,同样也存在这一问题。如经常遇到的通过手机短信进行诈骗的案件,受害人往往无法确定诈骗人,单独提起民事诉讼非常困难。

侵权行为地,在普遍的侵权案件中往往是明确的,的确可以很容易确定管辖法院。按照最高人民法院《关于适用〈中华人民共和国民事诉讼法〉若干问题的意见》的规定,侵权行为地,包括侵权行为实施地、侵权结果发生地。1998年,最高人民法院出台的《关于审理名誉权案件若干问题的解释》中的第1条明确规定,人民法院受理这类案件时,受侵权的公民、法人和其他组织的住所地,可以认定为侵权结果发生地。但除此之外的与案件有连接点的所在地是否有管辖权以及侵权行为实施地应当如何认定,是我们需要研究的问题。

由于网络并没有一定的空间和地域概念,网络名誉权侵权行为的实施地、侵权结果地发生均在网络上,网络上的言论又是广泛流传的,所以对于侵权实施地和侵权结果发生地(除原告住所地以外)的认定有一定的困难。一是一般无法通过侵权人具体行为地点来确定实施地。尽管每台拉入互联网的电脑终端都有自己的IP地址,但显示在各网络空间里的

信息多不显示发布信息者的IP地址,即使显示,也不完全。网络的互联性及接入点的广泛性,侵权人可以在全球任何能够上网的地方发布消息,受害人自己基本上无法确定侵权人实施侵权行为的地点。各网络管理者基于对网民的隐私的保护,普通民众无法借助于网络管理者确定侵权行为实施地。公安等主管机关,也不会为普通民事侵权案件通过专门技术手段确定侵权人接入互联网发布侵权信息的地点。因此,受害人按照侵权行为实施地来选择管辖法院,在法律上有依据,但在实践中很难实施。二是侵权结果发生地作为管辖联结点欠缺确定性。首先,网络上的信息传播本身已经超越了地域的范畴,信息一旦上传到网络,立即可以传遍信息网络,只要有互联网终端,任何人可以看到该信息,对于网络名誉权侵权而言,可以说每一个终端所在地都可以为结果发生地,因此,侵权结果发生地具有极大的任意性的不可控制性,给案件的管辖带来的是无约束的后果。其次,名誉权受到损害不仅要看信息的传播及其受众,还要看信息传播是否造成受众对受害人社会评价降低。所以在判决网络名誉权侵权结果的发生时,一定程度上要结合网络信息与接受信息人对信息涉及的受害人之间的特定社会关系,来确定是否对受害人的社会评价产生损害,所以在信息传播终端所在地与侵权结果发生地之间如何确定法院管辖,欠缺必要的明确的标准。

传统的地域管辖的连续点,无论是被告所在地还是侵权行为地,在网络名誉权侵权案件中,在多数情况下由于连续点不够清楚和连续点过于宽泛,造成当事人选择适用和法院判断上的较大困难。

在实践中,多数意见认为应当充分考虑网络名誉权侵权案件的特殊性,对当事人选择法院管辖进行必要的限制。一种做法是通过公证确定管辖,先由原告请公证机构对网络名誉权侵权事实进行证据固定,然后由公证固定证据所在地来确定地域管辖的法院。但此种做法,容易给予当事人过多的自由选择权,可以肆意选择法院进行诉讼。审判实践中,因东方公证处(原市公证处)地处静安区,导致静安区收案相对较为集中。另有意见认为,应当建立实质联系的标准,根据名誉权侵权案件的实际后果发生地,即以与原告工作生活直接相关的对当事人的社会评价进行有影响的地点,作为此类案件的法院管辖连续点。

我们认为网络名誉侵权案件作为网络侵权案件一种类型,其法院管辖问题在本质上与其他网络侵权案件没有区别。依据《民事诉讼法》的规定,从被告所在地和侵权行为地两方面来确定地域管辖是可行的。在适用侵权行为地确定管辖时,对于当事人的选择进行适度地限制是必要。即"以原告、被告住所地法院管辖为主,其他有权管辖地为辅"为此类案件受理的基本原则。

对于侵权行为实施地的确定,要注意名誉权侵权行为具有公开性、贬损性和即时性的特点。网络名誉权侵权行为从侵权信息上传到在网络上出现始为完成。一般的,上传侵权信息的地点,可以作为侵权行为实施地。网络名誉侵权行为就是以向网络空间上传侮辱、诽谤他人名誉的信息,降低他人的社会评价。因此,上传网络名誉侵权信息的地点,就是侵权行为地,当地法院有管辖权。网络管理者自行发布的侵权信息,网站的网络终端设备所在地是侵权行为地。当然,也会存在利用其他网络终端设备实际上传信息的情况,如果能够证明实际上传信息的网络终端设备的,则该网络终端设备所在地法院也可以管辖此类案件。网民在网络上发布名誉权侵权信息的,网民使用的上传侵权信息的计算机终端设备所在地为侵权行为实施地,所在地法院有管辖权。在网民上传侵权信息终端设备所在地不明时,是否可以以侵权信息发布的网站服务终端设备所在地为侵权行为地?从侵权人发布侵权信息的过程来看,上传设备是侵权人具体实施侵权行为的起点,而侵权信息从上传设备终端到达网络服务终端则为其终点,此时侵权行为才为完成。正如诉讼法对于在运动中的汽车、飞机等实施的侵权行为可以汽车、飞机等最先到达地法院可以管辖的规定一样,网络信息的传播,也可以信息到达地,即信息向公众公开的地点作为侵权行为地,以确定地域管辖。

(二)侵权主体的确定

网络侵权在主体上存在特殊性。《侵权责任法》出台之前,理论界和实务界对网络侵权的责任主体存在争议,主要在于网络服务提供者在网络用户自行发布侵权信息时是否应当对受害人承担相应的侵权责任,认识极不统一。《侵权责任法》第36条规定确立了网络侵权责任的基本规则①,首先,任何人利用网络侵害他人民事权益的,都应当承担侵权责任,

① 《侵权责任法》第36条规定:"网络用户、网络服务提供者利用网络侵害他人民事权益的,应当承担侵权责任。网络用户利用网络服务实施侵权行为的,被侵权人有权通知网络服务提供者采取删除、屏蔽、断开链接等必要措施。网络服务提供者接到通知后未及时采取必要措施的,对损害的扩大部分与该网络用户承担连带责任。网络服务提供者知道网络用户利用其网络服务侵害他人民事权益,未采取必要措施的,与该网络用户承担连带责任。"

不因网络的特殊性而有不同，确立了直接侵权责任规则，即利用网络侵权的行为人应当承担侵权责任。其次，确立了网络服务提供者的扩大损害的连带责任。网络用户利用网络侵害他人的权益，应当由网络用户承担侵权责任，网络服务提供者无须承担侵权责任。但受害人要求网络服务提供者采取删除、屏蔽、断开链接等必要措施以消除侵害时，网络服务提供者负有采取相应必要措施的法定义务，如果违反该法定义务，未及时采取相应的措施的，对于受害人因此而遭受的扩大损失，网络服务提供者与实施侵权行为的网络用户就扩大的损失部分承担连带责任。最后，确立了网络服务提供者的注意义务违反的侵权责任。网络服务提供者知道网络用户利用其网络实施侵权行为的，应当主动采取必要措施，未采取必要措施的，应当与侵权行为人承担连带责任。网络名誉侵权同样适用上述规则，在确定侵权责任主体时，要区分网络用户和网络服务提供者，根据侵权的具体情况，确定网络用户还是网络服务提供者作为责任主体。

对于网络服务的提供者，其设立和经营网站都经过备案和登记，所以一旦发生侵权，能够较为快速、准确的查找和确认这些主体的具体身份，在认定上不存在太大障碍。但是网络用户数量庞大，大家来自五湖四海，世界的每一个角落，完全是一个陌生的世界，彼此之间除非发生特别的联系，否则不可能掌握对方的真实身份。“在互联网上，没有人知道你是一条狗”。1993年彼得·斯坦纳在《纽约人》杂志上发表的漫画，是对网络匿名性的形象描述。因此，在网络侵权纠纷案件审判实践中，在确认网络用户的真实身份时经常遇到困难。

尽管一些国家包括中国，在特定的领域已经开始推行网络实名制，但在许多领域仍然采用隐名制。网络实名制下，网络服务提供者要求网络用户必须提供自己的真实的身份信息才能够在网络空间中活动，网络服务提供者能够准确掌握网络用户的真实身份。在出现侵权纠纷时，受害人可以要求网络服务提供者提供自己以及实施侵权行为的网络用户的身份信息，从而确认自己的网络身份和被告的网络身份及真实身份，实现网络争议到现实诉讼的转换，保证民事诉讼能够成立并顺利进行。

在网络隐名下，原告和被告的真实身份都需要确认。由于网络用户在网络活动中往往使用的是虚拟身份，具有较强的隐蔽性和虚拟性，在确定网络用户作为侵权主体时较为困难。尽管侵权行为通常需要通过登录并使用个人用户名、账号等进行，但在网络上申请新开设账号即便使用虚假的姓名、国籍、性别等，资料的真伪性也无法识别，且用户注册资料、上网时间、互联网IP地址和主叫号码等信息，网络服务提供者通常并不提供给被侵权人，导致被告的真实身份难以查明，被侵权人无法向法院起诉维护自身的合法权益。原告向人民法院提起网络名誉权诉讼时，首先应当提供证明自己网络用户身份和真实身份之间的对应关系，其次应当提供被告的网络身份和真实身份。在隐名制下，通常要依靠网络用户的IP地址、用户名及登录方式和密码等相关网络身份信息来确定。在受害人无法确认侵权人的身份，网络服务提供者也无法提供网络用户的真实身份信息的情况下，只能够借助于侦察机关才能确认。作为一般的民事案件，一般不会受理此类案件采用侦察手段确定网络用户的身份。

原告向人民法院提起网络名誉权侵权诉讼时，无法提供被告真实身份的情况下，人民法院如何受理案件以及进行诉讼，实践中争议较大。根据《民事诉讼法》第108条规定，民事诉讼应当明确的原告和被告，如果被告不明，无法形成一个诉讼，人民法院不应受理。在原告无法自行确定被告身份时，人民法院不受理起诉，原告的权利将无法得到救济。因此，有观点认为，网络名誉权侵权案件的原告无法对于侵权网络用户的身份时，可以考虑在立案的时候在受理之前由立案庭发调查令查明被告。也有的观点认为，是不是此类案件允许当事人先告网站，再将侵权人拉入。但从《侵权责任法》的规定来看，网络用户的侵权责任与网络服务提供者的侵权责任已经法定化，受害人能不能起诉网络服务提供者应当依据侵权责任法和民事诉讼法的规定办理。在网络服务提供者明确不构成侵权的情况下，一概允许受害人先起诉网络服务提供者，既要考虑其是否有诉权，还要考虑会不会助长恶意诉讼。

从近几年法院受理民事案件来看，有一些新型的案件都存在被告身份确定困难的问题，比如信息诈骗案件、流动性人口侵权案件等。对于这些案件，有的法院受理以后，往往出现送达难、诉讼难和执行难等问题，诉讼活动基本上无法正常进行。对于受害人来说，起诉后法院受理只是名义上提供了救济的渠道，由于被告人不明，诉讼活动无法进行，其权利还是未得到实际救济。对于网络名誉权案件，原告起诉时不能提供被告真实身份的，应当区别情况处理。对于采用网络实名制的，人民法院可以受理，然后发布调查令要求网络服务提供者或者网络服务提供者的主管部门提供被告的真实身份，固定诉讼当事人，进行诉讼活动。对于隐名制的，人民法院不宜受理，应当告知起诉人先向有关机关申请查明侵权人的真实身份再向人民法院起诉。尽管实践中,法院也受理了一些匿名制下提供了ID和IP地址的网络侵权案件,通过委托鉴定机构进行鉴定后确定被告的身份的。但目前,还没有法定的此类鉴定机构,依据无权机构出具的意见来确定被告身份存在较大的风险,不宜提倡。

(三)网络名誉权侵权责任的构成

网络自由与网络侵权的界线,自网络产生以来,即为广泛讨论。一种主流意见认为,网络自由应当给予充分的保护,在确定是否构成侵权时应当宽容①。一是因为过分情绪化的言论经不起具有一般常理的头脑的判断,不具备理性的言论所具有的杀伤力,按照一般常理不会信以为真的言论,不应该被认为是侵犯了名誉权的言论。二是因为"公共利益"与"公众兴趣"是构成舆论批评权利优先地位的基础,具备了这样的条件,同时又满足"真实"、"善意"、"合法"的要求,即使批评中的言辞有偏激、偏颇,都应得到法律的宽容,减免处罚或不予追究。从言论自由和舆论监督的角度言,这种观点无疑具有可取之处。但行使舆论监督权仍然要坚持正当性和客观性标准,绝对不允许借监督之名行侵权之实。网络有自由,言论受约束,否则网络将成为暴力场所,不仅不会对自由发展有益,还将损害自由发展。被称为我国"人肉搜索第一案"的王菲诉海南天涯在线网络科技有限公司名誉权、隐私权纠纷一案即是典型网络暴力事件。此种现象,美国法哲学家凯斯·斯坦利称之为"群体极化"现象,由于网络的虚拟性,网民的言行也将随之出现高度的趋同,这就导致了一群人欺负一个人的这种小范围的"多数人的暴政"式的悲剧一再上演。② 侵权责任法对于网络侵权的规定,并没有因为是网络上的侵权而区别于一般的侵权。人民法院在审理此类案件时,应当坚持法定的侵权标准,正确的确定侵权责任。在确定网络名誉权侵责任时,应当按照最高人民法院《关于审理名誉权案件若干问题的解答》第7条"是否构成侵害名誉权的责任,应当根据受害人确有名誉被损害的事实、行为人行为违法、违法行为与损害后果之间有因果关系、行为人主观上有过错来认定"来判断。在认定网络行为人是否侵害他人名誉权方面,同前第一节论述内容相一致的,在此不再赘述,本节主要从网络名誉侵权的特殊性加以分析:

1. 有名誉被损害的事实。名誉权损害程度的确定。网络名誉侵权,一方面是由于网络的全球性、公开性导致网络中信息的传播极其广泛、迅速,难以有效地限制和消除影响,其影响力在理论上具有无限性;另一方面是由于网络言论和报纸、电视上的言论相比,其真实性较低,一般人不会认真看待网络流传的言语,通常只把其当成玩笑,从这方面看所造成的危害相对较小。如何把握损害程度成为网络名誉权案件审理的难点。具体而言,根据网络信息的特点可以从以下几个方面确定损害大小:一是侵权信息的公开程度。侵权信息的公开程度可以根据具体情况确定。不同的网站,不同的网页都有不同的社会受众和社会影响力。如大型的门户网站比小型的网站的受众要大,网站主页信息要比其下一级栏目的信息更容易为网络用户知悉。加密的博客比公开的博客内容的受众一般要小,名人的博客比普通人的博客受众要大的多。被置顶的信息比一般的信息更易为人点击。一般的,网络用户的点击率和点击数,跟帖人数和跟帖量,转载的数量、评论的数量,都可以作为确定其公开程度的依据。二是信息的影响程度。网络信息发布后,知悉该信息的网络用户都会有自己的评价。许多网站信息都允许网民进行评论,根据网民的评价可以判断该信息在主导公众方面的影响力大小。多数情况下,大家会发表不同的意见,此时要看主流网民的意见或者主要评论的内容,据此可以认定对受害人的损害大小。三是受害人在现实受影响程度。网络信息的发布,了解该信息的网民既有与受害人关联密切的,自然会延伸到受害人的现实生活,网民与受害人无现实联系,对受害人的现实影响就会较小。在网络人肉搜索第一案王菲案中,对王菲造成了重大的现实影响。

2. 行为人行为违法。在网络空间里,许多网络用户设立了专属于自己的隐秘空间,如加密的网络日记、博客等。加密的网络日记、博客里的涉及到他人侮辱、诽谤性信息,已经构成了对他人名誉的潜在威胁,但是否构成对他人名誉的侵权,涉及名誉的人是否有权要求其承担侵权责任?从侵害名誉权行为要件上看,在个人加密的网络日记、博客里面存在的涉及他人名誉的信息,如果没有向第三人公开,则该信息处于个人自己的掌控之下,不会构成对他人名誉的侵害,不能认定已经构成侮辱、诽谤,自不能认定构成侵权。但加密的网络日记、博客的作者允许特定人员通过一定方式浏览里面的内容的,则该侮

① 魏永征:"言论自由和网上诽谤",载《环境法律评论》2001年第1期。学术界普遍认为,对于涉及舆论监督的言论,如有片面、偏激或者其他不当,应当予以适当的宽容。

② 田海、梁家平:"浅析网络言论自由的界限——对张殊凡事件的法律思考",载《经济与社会发展》2008年5月第6卷第5期。

辱、诽谤信息已经向第三人公开,构成侵权,应当承担侵权责任。

3. 行为人有过错。在网络名誉权侵权案件中,一般的网络用户实施侮辱、诽谤行为,要主观上都属于故意,一般情况下无须要举证即可以认定其有过错。但还要根据案件的具体情况来判断。徐汇区法院审理的一个网络名誉侵权案件,老公有外遇双方离婚后,前妻在开心网上公开了老公和小三的有关情况,经法院查明,被告提供的相关证据互相印证,足以证明原告在与被告的婚姻关系存续期间,与其他异性存在不正当的男女关系,违背了夫妻忠实义务。原告未能妥善经营家庭及婚姻关系,以致破坏了作为配偶的被告对婚姻制度的信赖及归属感。从被告发表的涉案文字来看,其内容基本属实,上传的原告照片,也只是一些生活照。上述文字及照片发表在被告网上个人空间中仅有好友才能看到,影响范围有限,故无论是发表内容及方式,均不足以认定被告有刻意宣扬原告隐私及侵犯原告名誉权的故意。

网络服务提供者在发布侮辱、诽谤他人名誉的信息时,按照一般的名誉权侵害行为人的过错认定标准认定。

网络服务者对网络用户自行在其网络平台上发布侵害他人名誉的信息,按照《侵权责任法》的规定,网络用户在违反了法定的采取必要的停止侵害的措施的义务时,才能认定网络服务提供者存在有过错。在受害人已经提出要求网络服务提供者采取必要措施,网络服务提供者拒不采取措施的,对扩大的损害,网络服务提供者有过错。网络服务提供者知道他人利用其网络平台实施侵害他人名誉时,应当自行采取措施而未采取的,也应当认定网络服务提供者对损害的发生有过错。尽管《互联网信息服务管理办法》第13条、第15条规定,行为人应当承担与社会一般人同样的注意义务,即法律所规定不得侵害他人合法权利的义务,但这种义务对于网络服务提供者而言,不是事先审查义务,而是事后采取措施的义务,这与一般的侵权过错认定的标准是明显不同的。

在认定侵权信息转发、链接、跟帖人的过错时,应当区别情况来判断。对于转发、链接侵权信息的网络服务提供者,认定其对损害有过错时,应当坚持网络服务提供者侵权过错认定的一般标准,网络服务提供者不负有事先审查义务,只要其不知道该信息侵害了他人名誉权,则转发、链接侵权信息的网络服务提供者对侵权损害无过错。转发、链接侵权信息的网络服务提供者在受害人要求采取必要措施或者已经知道侵权事实应当采取必要措施,而未采取必要措施的,则应当认定其有过错。对于转帖或者跟帖的网络用户,其对名誉权侵权有无过错在认定上应当采更为宽松的标准为妥。如果网络用户仅仅是转帖的一般不宜认定其有过错,但在受害人提供要求采取措施或者已经提起诉讼要求行为人承担侵权责任后,网络用户是否负有网络服务提供者同等的采取必要措施的义务,法律并未明确规定。在此情况下,原则上应当由网络服务提供者承担相应义务为妥,在其措施中一并对的网络用户的转帖中的侵权信息采取措施。对于网络用户的跟帖行为,跟帖人往往依据已有帖子里的内容进行发表意见,也会带有一些侮辱受害人的言论,但跟帖内容取决于原帖的内容,并非独立实施侵害他人名誉的行为,此时不宜认定跟帖人对侵权损害有过错。但跟帖人发表的超出原帖中侮辱、诽谤受害人的信息,能够独立构成对受害人名誉侵权的,则跟帖人应当对其独立的侮辱、诽谤行为承担责任,可以认定其侮辱诽谤行为有过错。如,跟帖人在原帖内容之外捏造了新的事实诽谤受害人的,则构成独立的侵权,可以认定其有过错。

4. 违法行为与损害结果之间有因果关系。因果关系即侵权行为与损害后果之间具有前因后果的关联性,损害结果的出现是由违法行为所引起的。侵权人实施的侮辱、诽谤他人的行为,为受害人之外的广大第三人所知悉,导致受害人的社会评价被降低,则侮辱、诽谤行为与受害人的名誉权损害之间即具备因果关系。

(四)证据的收集与认定

1. 原告的举证责任。网络名誉侵权案件中,当事人特别是原告提供证据比一般案件要困难:一是证明被告身份证据难。网络信息发布者通常不是以自己的真实身份而以是特定的ID发布信息,原告在提起诉讼时,要有明确的被告,需要向法院提交证明被身份的证据。普通的网民非常难提供此类证据。二是固定证据难。网络名誉权侵权案件中,涉及侵权信息的证据主要为电子证据。《民事诉讼法》规定了视听证据,通常把电子证据作为视听证据对待。但电子证据具体包括了书证和视听证据两类。《合同法》第11条规定的合同的书面形式,包括了电子数据形式。新修改的《民事诉讼法》考虑将电子证据作为单独的一类证据进行规定。网络信息储存于网络终端设备中,能够进入网络的各终端设备也能看到该信息。此种信息作为证据提交法院时,只能进行复制,证据收集过程也需要另外的形式加以固定,才能确定证据的来源、时间及其真实性。在审判实践中,对网络名誉侵权案件证据的收集和认定方面有些特殊要求。

第一,“谁主张,谁举证”的举证责任分配规则适用问题。按照民事诉讼法的规定,诉讼当事人应当对其诉讼主张提供证据。网络名誉侵权受害人向法院起诉请求侵权人承担侵权责任的,应当对其诉讼请求进行举证。原告起诉时应当提供其身份的证据、证明被告身份的证据、名誉权受到侵害的证据等。

第二,前面已经专门对网络名誉权侵权主体的确认问题进行了研究,原则上原告在起诉时应当提交被告身份相关的证据,如果无法确定被告身份的,人民法院不予受理。对于采用网络实名制特殊情况下,原告提供了被告实施侵权行为时的网络身份信息的,尽管此时还未确定被告的现实身份信息,但该网络身份与现实的身份是一一对应的,可以认定该被告是明确的。2001年9月25日国务院颁布的《互联网信息服务管理办法》规定了网络服务提供者协助司法机关调查提供相关信息的义务,但未规定网络服务提供者要向包括被侵权人在内的一般公民提供信息,而作为有可能成为被告的服务商,更不可能主动将信息提供给被侵权人,使被侵权人在证据收集方面较为困难。此时,人民法院可以受理,然后发布调查令要求网络服务提供者提供被告的真实身份,固定诉讼当事人,进行诉讼活动。

侵权信息的举证,可以适当放宽举证标准,原告可以提供复制的网络信息,不必一律要求经过公证机关的公证,不能因为提供的网络信息证据未经过公证而不予立案。但由于网络信息传播容易而删除也容易的特点,有必要提醒原告尽量以公证的方式将证据固定下来,避免在法庭上对证据进行认定时遇到困难。

2. 证据的审查认定:

第一,关于被告身份的认定。在实名制下,ID和IP地址可以指向确定的实施侵权行为的人,可以认定其侵权人身份。但也并非绝对,如果被告有充分的证据证明是他人使用其ID和IP发布的侵权信息,还是可以排除被告的侵权人身份的。如在宋祖德等侵害谢晋名誉权案件中,宋祖德提出其博客登录密码被黑客攻击的抗辩。如果能够提供有权机关的证明,被告的ID及密码被他人盗取后,密码恢复之前发布的该侵权信息,被告此种抗辩可以成立。再如,被告提出证据证明发布侵权信息的确为他人的,则该他人为侵权人,被告不应承担侵权责任。

第二,电子证据的审查认定。电子证据的内容较容易被删除和修改,因此固定电子证据非常必要。从实践来看,人民法院审查认定电子证据,要根据电子证据收集的不同情况区别对待。对于公证的电子证据,按照最高法院民事证据规定,法院可以直接认定该证据的效力,除非另一方当事人提出相反的证据予以推翻。对于当事人自行收集的电子证据,人民法院审查认定时应当采更严格的标准。如果另一方认可该电子证据,就需要进行相应的核对。可以进行当庭验证,按照当事人提供的网络链接方式,直接在庭上登录网络进行验证,如果网络上的信息与电子证据一致的,人民法院可以直接认定。如果不一致,或者查找不到的,应当进一步地调查取证。根据国家规定,人民法院可以要求网络服务提供者提供相关的信息,以进行证据认定。但根据国家规定,网络服务提供者应当将相关信息保存60日,提起诉讼时原告未对网络信息证据进行相应的保全的,可能会出现法院依法向网络服务提供者调查取证时已经超过记录备份的时间,无法对该网络信息证据进行证实的情况。如果从网络服务提供者处也不能查对到相关信息,原则上人民法院对于未经公证的电子证据,不宜认定其法律效力。

(五)网上搜索引擎是否构成侵权

网上搜索引擎就是提供查询、搜索的网站,或称查询站点、导航站点,即因特网上具有检索功能的网页的总称,是一些在Web中主动搜索信息并将其自动索引的Web网站,索引内容存储于可供检索的大型数据库中,为用户提供相应网站或者网页链接。Google和雅虎、百度等搜索引擎作为链接服务的提供商,为网络用户提供图像、文字等链接。链接通常分为“外链”和“内链”。“外链”又称为普通链接,链接对象主网站的主页或者不及具体网络内容的分类网页,链接后用户终端屏幕上显示的是被链接网站主页或者分类网页的全部内容,对于用户来说,就是从一个网站转入到另一个网站。典型的如HAO123等专门的网站地址提供网站。“内链”是一种深层次链接,它绕过网站首页直指载有特定内容的网页。用户点击该链接就能够直接看到相关网络内容。对搜索引擎链接到相关的侵权信息时,是否也承担相应的侵权责任,实践中争议较大。

第一,搜索引擎提供的是网络服务。搜索引擎作为一种链接服务提供者,搜索的结果根据外链和内链有所不同。就外链而言,只是提供一个链接其他网站的地址,与用户自行输入网址没有任何不同。就内链而言,搜索引擎提供的是具体到某一信息的特定网页,点击以后,用户就看到其搜索的内容。有观点认为,外链只是提供一种上网帮助式的服务,即使他人借助该服务点击了侵权信息,本身与侵权无关。内链由于其搜索引擎直接将侵权信息地址提供给了用户,该行为造成被链接方信息资源的非合法化利用,形成了实际损害,构成间接侵权,被称为“帮助侵权”。上述观点的划分有其积极意义,但对于搜索引擎服务提供者的法律义务及其责任承担,应当按照《侵权责任法》的规定认定。搜索引擎服务提供者为用户提供的也是一种网络服务,该网络服务与一般的非搜索引擎网络服务有所区别,但本质上相同。一般的网络服务主要是提供一个网络空间,供用户使用包括发布相应的网络信息。搜索引擎提供一个网络链接,供用户查找相关的网络信息使用。当用户用浏览器在网络链接的引导下访问链接对象,链接对象被载入用户的计算机内存,形成了外国投资对象的复制件,但这是在链接过程中仅存的复制件,网络链接服务提供者的服务器上并不形成复制件。网络链接提供者的服务器并没有对被链接内容进行复制、修改、改编、发布等任何方式的使用。因此,搜索引擎服务提供者不是侵权信息的发布者,只是侵权信息的展示平台,此与空间服务本质上相同。因此,单纯的网络搜索引擎提供者在法律上属于网络服务提供者,按照侵权责任法的规定承担相应的法律责任。只有在接到通知要求采取必要措施或者明知该链接信息为侵权信息应当采取必要措施而未采取时,应当承担侵权责任。

第二,网络搜索引擎在一定程度上会扩大侵权信息的传播。搜索引擎为用户查看侵权信息提供了便利,对于侵权信息的扩散起到一定的作用,因此称之为“帮助”侵权具有一定的道理。但这种“帮助”是在正常的网络服务时必然要产生的一种“负产品”,这种代价是网络发展的必然代价。此时,搜索引擎服务商所承担的注意义务仍然是事后审查义务。当然,在正常的搜索服务之外,有些搜索服务提供者还实施了一些非正常的服务。如近一段时间炒得沸沸扬扬的搜索引擎服务商“出卖搜索结果排名”的事件。法院审理的案件中也遇到过此种情况,某溜冰鞋的厂商购买了某搜索服务商的搜索排名,在该搜索引擎中搜索溜冰鞋,其搜索结果排名前两位的都是另一溜冰鞋公司的老总逃跑的侵权信息,以达到诋毁他商誉的目的。此时为了营利的目的,搜索服务商通过特定的人工干预扩大了侵权信息的传播,损害了他人名誉的,该搜索服务商是否应当承担侵权责任?此时还是仅依据《侵权责任法》的规定承担网络服务提供者的责任,还是作为侵权信息发布者承担责任?这关键看搜索服务商提供出卖此种搜索结果排名以后,其提供服务时的注意义务是否改变。有观点认为,搜索服务商提供服务时,应当根据营利与否进行区分,营利的必然有人工干预,不营利的基本上不会人工干预。以营利为目的进行人工干预的搜索服务商应该有更高的注意义务。另有观点认为,搜索服务商不管营利不营利,在本质上是一个网络服务的提供者,不能因为收费了就要承担更重的责任。如果仅仅从营利方面考虑,不能简单认为搜索服务商要承担更高的责任,但通过收费而将特定信息置于搜索结果的排名前列,人为的对特定信息的传播进行了干预,已经是故意地扩大了侵权的损害后果,此时仍然承担一般网络服务提供者的注意义务,显然不妥。对搜索服务商的此种行为,应当苛以比一般服务提供者更高的注意义务,可以适用侵权责任法关于网络服务提供者知道侵权信息应当自行采取措施的规定,搜索服务商在此种交易时,应当对该信息是否侵权进行事先审查,否则,应当承担侵权责任。

(六)网络名誉权侵权的责任承担

由于网络侵权的特殊性,在网络名誉权侵权责任方式的承担上有不同的要求。

第一,停止侵害。侵权人应当停止其侵害行为,以避免对受害人造成更大的损害。但网络名誉权侵权的停止侵害,在网络用户发布信息以后,侵权行为已经实施完毕,但侵权信息将在网络中长期存在。停止侵害对于网络服务提供者之外的侵权人来说,已经不具备停止侵害的能力和手段。此时,承担停止侵害的义务应当转由网络服务提供者来承担。作为案件的被告的网络服务提供者,人民法院可以在判决中直接确定其采取删除、屏蔽等必要的措施停止侵权。对于未成为案件当事人的网络服务提供者,人民法院不能在判决中确定其采取必要措施的责任,受害人可以根据法院确认判决的生效法律文书通知网络服务提供者采取必要的措施停止侵权。拒不采取措施的,受害人可以起诉相关网络服务提供者,并申请法院采取保全措施。对于搜索服务提供者来说,可以要求搜索服务提供者采取相应的措施停止对侵权信息的链接。但从技术角度来看,还不能完全做到屏蔽全部的相关链接。在“海运女”案件中,搜索服务提供者采取必要措施后,仍然能够搜索到一些相应的信息。此时,则不宜再认定该搜索服务提供者未尽到相应的责任。

第二,消除影响、恢复名誉责任的承担。消除影响、恢复名誉主要是针对受害人社会评价降低的后果应当承担的责任。为受害人恢复名誉、消除影响的范围,应与侵权所造成的不良影响的范围相当,即侵权的言论在一定范围和一段时间内传播的,应当相应地在一定范围和一段时间内在相应的网络载体上进行恢复名誉、消除影响,而不能像普通的侵犯名誉权那样一次性了结。

第三,赔礼道歉、精神损害赔偿责任承担。赔礼道歉和精神损害赔偿都在于安抚受害人,减轻或者弥补受害人精神痛苦。赔礼道歉责任,原则上由侵权人向受害人进行道歉。侵权人拒不道歉的,则由侵权人付费以侵权人名义在特定媒体上发表道歉信。精神损害赔偿责任的确定,要根据最高人民法院《关于确定民事侵权精神损害赔偿责任若干问题的解释》第10条规定,考虑互联网本身的地域广、传播快、覆盖面大等特点,可以适当提高赔偿数额。具体结合侵害情节轻重,并参照受害人的谅解程度和加害人的认错态度等予以确定。

第四,赔偿财产损失。对于自然人名誉权侵权一般不直接造成财产损害,但可能会有间接损失,如受害人为治疗严重精神损害而支出的医疗费用、咨询费用,受害人的可得收入的减少或丧失,受害人为维护自己名誉,针对加害人的侵权行为而澄清事实和进行诉讼所支出的必要费用等。在对于法人名誉权的损害,通常往往会造成相应的财产损害,主要是可得利益的损害。

关于政策调控背景下涉房地产矛盾纠纷新情况的调查报告

江苏省高级人民法院民一庭①

自2011年年初中央实施一系列宏观调控政策以来,全省多家法院陆续反映涉房地产纠纷案件呈现数量上升、矛盾加剧、新情况新问题频发的态势。为有效应对这一新课题,妥善化解调控政策影响下的涉房地产纠纷,促进我省房地产业的健康有序发展,保护各方当事人合法权益,维护社会和谐稳定,省法院就当前政策调控背景下涉房地产矛盾纠纷情况进行了专题调研,现将有关情况报告如下:

一、基本情况及主要特点

当前,全省法院受理的受宏观调控政策影响的涉房地产纠纷案件主要包括房屋买卖合同纠纷、商品房预售合同纠纷、国有土地使用权出让和转让合同纠纷、建设工程施工合同纠纷、(房产)居间合同纠纷、民间借贷纠纷等。特别是2011年第四季度,全省法院新收商品房预售合同纠纷、民间借贷纠纷、建设工程施工合同纠纷分别上升47.40%、34.75%、10.97%,上升幅度明显。2011年,全省法院共新收一审房地产开发与经营合同纠纷及民间借贷纠纷分别为7580件和78,803件,同比分别上升2.89%和11.32%。2012年1～5月,全省法院受理商品房预售合同纠纷2225件,同比上升47.84%。总体而言,目前诉讼至法院的与宏观调控政策相关的涉房地产纠纷数量上升,群体性、关联性、新类型案件增多,审理难度加大。主要呈现以下特点:

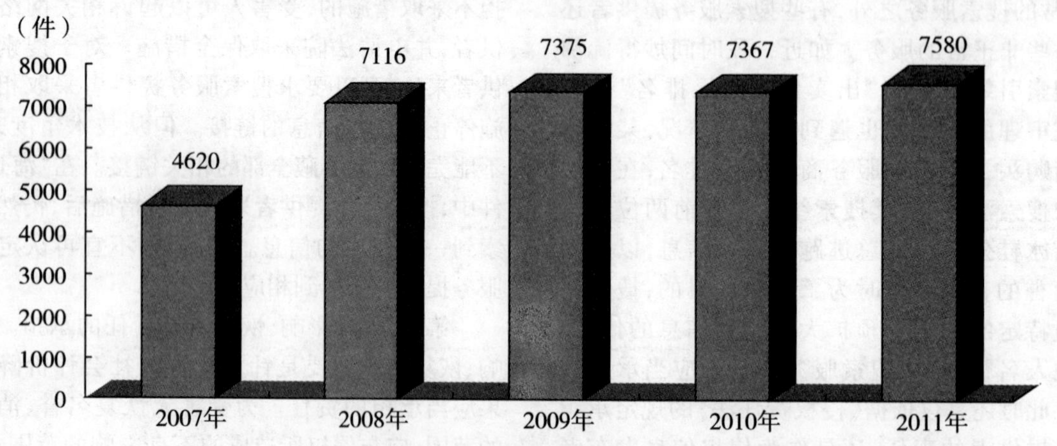

图一:2007～2011年江苏法院一审房地产案件收案情况

① 课题组牵头人:江苏省高级人民法院党组成员、审判委员会专职委员谢国伟;课题组成员:夏正芳、李亚林、潘军锋。

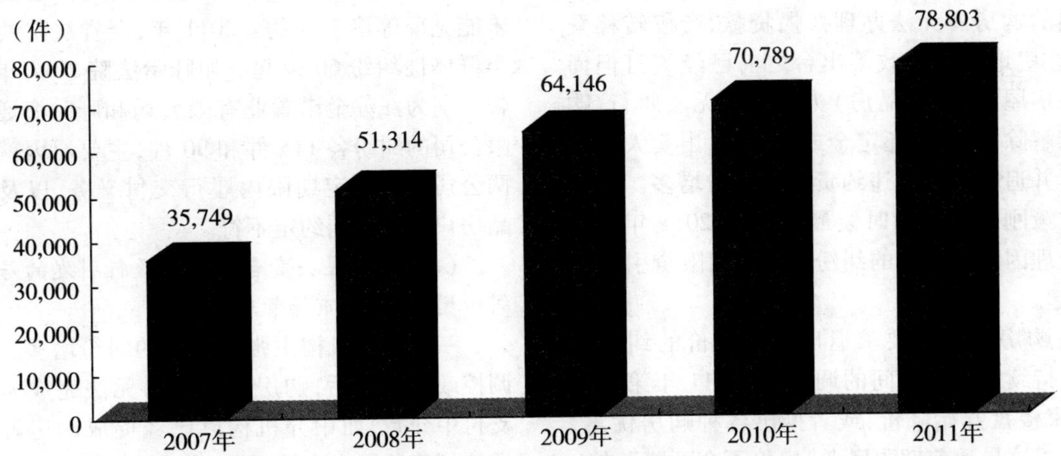

图二:2007~2011年江苏法院一审民间借贷案件收案情况

一是中小型房企涉案数量较多。从调研情况看,近期纠纷主要集中于少数房地产开发企业或项目,特别是营业额在4亿元以下的中小型房地产开发企业。大型房地产开发企业因融资能力强,资金回笼快,目前还未见明显影响。2011年,全省法院受理中小型房地产开发企业纠纷1890件,占所有案件的31.37%。南通、淮安、苏州地区分别受理涉中小型房地产开发企业的案件836件、616件和294件,分别占新收案件总数的69.72%、40.05%和38.99%。

二是群体性纠纷增多。由于房地产开发项目面对众多的购房者,且购房者在利益上相对一致,单个纠纷极易引发连锁反应,形成涉及面广、影响力大的群体性纠纷。2011年,全省法院新收的房地产纠纷中群体性纠纷达到2378件。如南通海门法院受理的被告为海门聚融房地产开发有限公司的案件就达751件,该公司因未在约定的交房期内履行商品房交付义务,导致购房户集体要求退房并主张违约责任。镇江、淮安法院受理了两起100人以上的群体性纠纷。此外,受房地产新政影响,部分房地产开发企业裁员、破产还引发了群体性劳动争议纠纷。2011年,全省法院共受理此类纠纷224件。

三是案件敏感度高。由于涉房地产纠纷既事关民生,更事关房地产开发企业生存发展,甚至对房地产市场乃至地方经济发展产生重大影响,社会关注度高,处理稍有不慎即可能带来负面后果。特别是对于普通购房者来说,购房属于大额支出,许多人为之倾其所有,甚至长期负债,加之风险意识、契约精神缺失,诚信意识不足,法制意识淡薄,诉求理性不足等因素,一旦房价下跌,就顿感吃亏,以至随意毁约,围堵、冲砸房地产开发企业。实践中已出现诸多购房户相互串联,采取过激行为给房地产开发企业施加压力的现象。如昆山世茂蝶湖湾房产项目因新售楼盘每平方米降价2000元,引发100多户老业主聚集冲击售楼处。南京城北的天正滨江售楼处也因每平方米降价3000元于2011年11月13日遭到老业主冲砸。南京下关世茂外滩城某个楼盘今年3月为防老业主冲砸,甚至筑造了4米多高的铁皮墙。

四是新情况新问题增多。除了传统的处于商品房预售、销售等典型交易环节的逾期付款、逾期交房、逾期办证、质量瑕疵等纠纷外,2011年第四季度以来,商品房买卖合同纠纷的争议焦点更多的集中于合同是否应当解除及解除后违约责任承担等,在案件类型上则扩展到居间合同、国有土地使用权出让转让、建设工程施工合同、民间借贷、劳动争议等与房地产市场及政策调控密切相关的领域。

五是区域性差异较大。房地产纠纷数量最多地区的是苏州、淮安、南京、南通四地,2011年分别新收房地产案件1621件、1538件、1251件和1199件,占全省新收房地产案件的66.17%。其中,苏州、南京因开发项目多、交易量大、前期房价涨幅大,受调控政策影响最为明显,共受理受新政中限购、限贷规定影响导致合同无法履行引发的买卖合同纠纷案件达109件,占全省同类案件的90.08%。2011年南通地区新收房地产案件1190件,同比上升168.62%,其中仅商品房预售合同纠纷就达922件,是2010年的4.66倍。原本房价不高的常州、泰州、扬州等地区,受调控政策影响不大,纠纷也不明显。

二、突出问题

(一)房屋买卖合同纠纷受政策影响呈现多发态势,违约失信现象突出

一是因限购、限贷导致已签合同无法履行的纠纷增多。房地产调控政策对房地产交易市场的调控主要表现在提高首套房及二套房首付比例,提高二套以上住房贷款利率,限制购买三套房、限制非本地

居民购房及购房套数等。由于限购、限贷等政策控制范围内的购房者无法办理按揭贷款、产权转移登记,导致在房地产调控政策出台之前已经签订但尚未履行的房屋(包括商品房)买卖合同无法履行,购房者要求解除合同、返还定金或购房款,出卖人要求继续履行并追究购房者违约责任的纠纷增多。此类纠纷在政策刚刚出台的时候最为明显,2011年全省法院共受理因限购引发的纠纷64起,因限贷引发的纠纷57起。

二是购房者集中要求退房或退差价的纠纷增多。经过持续一年多时间的调控,自2011年第四季度起,多家楼盘开始降价,或者推出各种购房优惠,变相降价。这导致前期购房者"房价不会下降"的心理预期被打破,要求开发商退还差价,乃至退房。而房地产开发企业则认为房价波动是正常市场风险,降价销售是响应政府调控政策,购房者要求退差价或退房的要求无理,反而应承担违约责任,导致矛盾进一步加剧。2011年,全省法院共受理购房者要求退房纠纷941起,虽然没有一起纠纷中购房者明确表示房价下降是退房的主要原因,但在调研中,大家反映至少有1/3的案件与房价下跌有关。

三是购房者单方违约情形增多。调控政策从紧,首付款比例及利率提高,购房成本明显上升,尤其是房价下跌,导致一些购房者宁愿放弃定金也不愿继续履约,或者不再继续偿还银行贷款从而引发了一些纠纷,给房地产市场造成了诸多不稳定因素。首先,在商品房买卖合同中,增加了房地产开发企业的经营风险。房屋买卖合同经过网签、备案后,不经注销该房屋无法再行对外销售,在购房者拒绝履行并拒不解除合同情况下,房地产开发企业只能通过起诉,凭法院解除合同的判决书办理备案注销手续,这就导致房地产开发企业经营成本和时间成本大大增加。其次,在按揭贷款合同中,按照按揭贷款的通常操作模式,房地产开发企业往往是按揭贷款合同的保证人,只有购房者办理了产权证并办理抵押登记后,房地产开发企业的保证责任才能解除,在购房者既不偿还贷款又不办理产权证、他项权证的情况下,房地产开发企业往往会被银行追究保证责任;而在房地产开发企业向购房者追偿时,由于购房者已经入住或者又转卖他人等因素,导致房地产开发企业无法收回房屋,加剧了房地产开发企业的经营风险和资金压力,又联动造成更大范围的金融债权风险。

四是房地产开发企业违规经营引发纠纷增多。有些房地产开发企业因资金链紧张延迟支付工程款等原因,引发逾期交房、逾期办理产权证、房屋存在质量问题、房屋面积短少以及合同约定的配套设施未能兑现等诸多纠纷。2011年,全省法院共受理此类群体性纠纷60余起。如盱眙法院2011年受理被告分别为江苏金诺置业有限公司和盱眙海通置业有限公司的纠纷各115件和90件,主要原因就是因为两公司未在约定期限内履行交付义务,以及交付商品房户型与合同约定不符。

(二)因房屋买卖合同无法履行引发的居间合同纠纷增多,中介市场管理失范

一是中介机构主张中介费的纠纷增多。房地产调控政策出台后,购房者以交易无法完成为由拒绝支付中介费,而中介机构以已经促成购房者与出卖人签订房屋买卖合同,居间行为已经完成为由,要求支付中介费或拒绝退还已收中介费,从而产生纠纷。2011年,全省法院共受理此类纠纷84件。如南京中院审理的南京天水房产经纪有限公司与江小冰居间合同纠纷案,购房人江小冰属于限购范围,致使房屋买卖合同无法履行,法院对中介机构主张中介服务费的请求不予支持,但对合理的居间费用予以支持。此外,一些当事人因房地产调控政策解除了房屋买卖合同,导致无人支付中介费用,中介机构扣留当事人交付的定金和房屋产权证书等资料也引发了一些纠纷。

二是中介机构规避政策情形显现。房地产中介机构和执业人员存在帮助购房者伪造缴纳社会保险费凭证以规避国家税收或限购政策的行为。

(三)与房地产调控政策相关的连锁纠纷增多,波及面较广

房地产调控政策实施后,部分房地产开发企业融资困难,商品房销售不景气,经营状况恶化,由此产生了延期交房、拖欠借款、工程款及农民工工资等纠纷,甚至引发企业倒闭。

一是与房地产有关的民间借贷纠纷案件隐患较大。2011年第三季度和第四季度,全省法院新收民间借贷纠纷21,349件和17,847件,同比分别上升了11.23%和34.75%。2012年1~5月,全省法院受理民间借贷纠纷40,739件,诉讼标的额741,708.28万元,同比分别上升20.50%和90.90%,其中有相当部分与房屋土地有关。如,苏州中院自2011年8月下旬至11月的受理13件一审民间借贷案件全部与房地产有关,借贷数额高达4亿多元。2011年12月以来,宿迁中院受理了4起被告为江苏中正置业集团有限公司及其法定代表人的借款纠纷,标的达9800万元。这些纠纷主要表现为:受民间高利诱惑,有的房地产开发企业不将资金投入房地产项目,而是参与民间借贷。还有个别房地产开发企业因资金链紧

张利用房地产项目向民间进行高息融资，由于商品房销售不畅，资金难以及时回笼，导致到期债务难以履行。目前这类纠纷呈现出以下趋势：

1. 利率暴利化现象严重。全省法院受理的民间借贷案件近50%涉及高利贷，其中涉房地产民间借贷利率明显高于一般借贷合同，月息从4%到20%不等，个别房地产开发企业为了短期周转资金，所借“过桥资金”月息高达50%以上。

2. 开发商“跑路”现象增多。这一情况在苏州较为严重。如在苏州、镇江两地出现借款人名为池万民的同一房地产开发企业主弃企逃债引发的多起案件，标的额达数亿元。苏州虎丘法院受理一起因企业主弃企逃债，购房者无法办理所有权转移手续而引发的诉讼涉及近60名购房者。常熟法院受理了因房地产投资人周思扬出逃引发的建设工程、民间借贷等案件27件，标的额达2.34亿元。

3. 名为房产买卖或股权转让，实为借贷关系的新型融资方式风险较大。出借人为还款安全和规避高利贷，要求借款人以房屋或者公司股权作为还款担保，并签订房屋买卖合同、委托卖房合同或股权转让合同，将借款和利息作为房款或股权转让款，并约定一定的回购期，超过回购期的，则由借款人协助出借人办理权利转移登记，个别合同甚至在签订的同时即办理了房屋、股权的权利转移登记。纠纷发生后，双方为法律关系性质、款项实际发生数额等产生争议。如南京中院受理的易艳、柏巍与马湛湛房屋买卖合同纠纷案中，当事人签订借款合同的同时签订了委托卖房合同作为担保。

4. 规避企业资金拆借现象增多。有的房地产开发企业以法定代表人名义对外借款，再由房地产开发企业进行担保，以规避企业间拆借的限制性规定。徐州新沂法院就受理了徐州新虞房地产集团公司作为担保人的案件达1000多起，全案涉嫌集资诈骗或非法吸收公众存款。

二是因房地产开发企业资金链断裂引发上下游产业连锁反应。

1. 建设工程领域拖欠工程款、材料款问题突出。建筑企业是房地产产业链的上游企业，房地产开发企业拖欠建筑企业工程款，导致建筑企业拖欠材料商材料款、建筑工人工资等，引发连锁反应，并容易引发停工集体讨薪等事件。常州市丰岛置业有限公司开发的丰臣蓝郡小区已经预售500多户，因资金链断裂无法支付工程款而停工，引发购房者的恐慌。

2. 国有土地使用权纠纷增多。2011年，全省法院共受理土地使用权出让、转让纠纷181起，同比上升110%。据省国土资源厅介绍，调控政策实施后，房地产开发企业因资金链紧张，出现了在签订土地使用权出让合同后不及时交付土地出让金，拖延办理土地交接手续，甚至退地的情形。有的房地产开发企业甚至宁愿放弃已缴纳的预付款，单方“毁约”解除土地使用权出让合同。

3. 房地产开发企业破产现象开始出现。南通崇川法院受理一起因房地产开发企业高息借贷引发的破产案件，涉案公司在多家法院因借款合同、商品房买卖合同纠纷等同时被诉，被申请执行的案件达30余件，金额逾1.5亿元。张家港法院受理了钱江实业有限公司破产案，该公司为房地产项目公司，涉及13件案件，涉诉标的达3.27亿元。

三、趋势分析

（一）涉房地产纠纷存在持续大量发生的可能

经过一年多时间的调控，2011年年底房地产市场出现了新的变化，突出表现在投资及销售逐步萎缩，房价开始出现下跌，有的降幅较大。虽然自2012年5月以来，央行存款准备金率下调，市场上出现房地产调控政策松动的传闻，对房地产市场产生一定影响，最近有一些持币观望的购房者陆续开始购房，房地产市场交易量有所回升。然而该货币政策的变化并非主要针对房地产市场，这些政策影响的也主要是刚性需求，对于投机性需求，中央的调控政策决心是坚定的，二套房、三套房的限贷、限购政策并未有所松动。对于房地产调控政策放松仅仅属于市场传闻，近日，住建部、中国人民银行、银监会等中央部门均表态并未放松房地产调控。综合分析各方面的情况，我们认为，在房地产调控政策持续的大背景下，涉房地产纠纷仍然存在大量发生的可能。

一是上轮政策调控的先例。自1998年住房体制改革以来，国家对房地产市场已经进行了多轮的政策调控，但房价总体上仍然呈现上升的基本态势。自2007年3月开始，央行一年内连续5次加息、10次提高存款准备金率，采取紧缩的货币政策，调控力度达到一个高峰，房地产市场出现了明显的调整，房价下跌，成交量逐步萎靡，但由于美国次贷危机引发的国际金融危机席卷全球，宏观调控政策转向，房地产市场再度出现房价大幅上涨的态势。在这一紧一松之间引发了大量的涉房地产纠纷。2008年，全省法院新收涉房地产案件达到7116件，比2007年同比上升54%。

二是房地产市场调控效应的滞后性。市场对房地产调控政策的反应存在滞后性，本轮调控的反应直至2011年第四季度才表现得较为突出。同样，诉讼与市场反应之间也存在一定的滞后性，2011年第四季度随着调控效果显现，涉房地产纠纷也随之增多。2011年第四季度新收商品房预售合同1303件,同比上升47.40%,2011年下半年环比上升49.58%。随着调控效果的全面显现,房地产纠纷极可能在2012年中不断出现。2012年1～5月全省商品房预售合同同比上升了近一半,也充分印证了这一点。

三是宏观调控政策的持续性。调控政策将进一步持续和深化,诸如房价下跌引发退房潮、中小房地产开发企业退出市场,对房地产相关产业链的影响所引发的纠纷将更多的显现出来。

(二)可能爆发的新类型案件

随着调控的持续深入,涉房地产纠纷将面临如下一些新类型案件及问题。

一是中小企业兼并、破产纠纷可能增多。当前的经济形势及房地产调控对房地产业已经产生深刻影响,特别是对资金少、融资渠道窄的中小企业影响较大。不少中小房地产开发企业迫于资金压力转让股权、债权,抛售房产、在建项目等实物资产,"断腕"求生。与此同时,一些大型房地产开发企业推出各种优惠进一步挤压中小房地产开发企业的生存和利润空间,创造利于兼并的条件,利用这一机遇在市场上开展兼并收购。不少律师反映,实施调控政策以来,我省房地产开发企业陷于困境、被迫转让项目、股权的现象较多,要求律师提供此类法律服务的案例增多。日趋活跃的兼并转让引起房地产业的新一轮洗牌,进而可能引发连锁反应,甚至会出现房地产开发企业破产的极端现象。

二是借名购房等规避房地产调控政策的行为可能酿成纠纷。房地产调控政策实施后,部分不符合购房条件的人为购房采取各种方法规避限购、限贷规定。有的购房者借用他人名义签订房屋买卖合同并办理产权过户,甚至直接伪造无房证明、缴纳社保证明或与相关部门串通开具内容不真实的证明,以"符合"购房条件;有的夫妻以假离婚等方式购房;有的投资者利用无房的亲戚朋友身份购房;有的采用将合同签订日期提前到政策出台之前的"倒签"方式规避房地产调控政策,再通过诉讼程序强制过户;有的则以借款合同约定以房抵债的形式,规避调控政策。在房价持续下跌态势日益明显的情况下,这些当事人可能会以合同虚假为由请求确认合同无效,从而避免房价下跌造成的损失,2011年,全省法院已经受理规避房地产调控政策的纠纷47起,其中仅苏州地区就有20起。

三是房地产集合理财信托产品可能引发纠纷。房地产信托投资基金(REITs)是为缓解房地产开发企业的资金压力,而推出的一种创新性的房地产集合理财信托产品,在房地产融资渠道收窄的情况下,此种信托产品迅速发展,在2010年下半年发行规模到达顶峰。由于此类房地产信托产品的兑付期多在1.5年期到3年期之间,多数产品在2012年到期。调研中,一些从事此项业务的律师事务所反映,由于房地产市场的持续低迷,房地产开发企业获利减少,一些房地产企业可能无法按期兑付基金,加大了投资基金的总付风险,因此,此类纠纷极有可能在年中集中爆发。

四、司法对策及建议

面对当前涉房地产纠纷的发展趋势,我们认为,无论是人民法院,还是相关部门都应该牢牢把握中央房地产调控政策不放松的总基调,突出保障民生,全力维护房地产市场的平稳健康发展,维护社会的和谐稳定。

一是树立大局意识,把握好案件审理的基本原则。要坚持执行法律与贯彻政策相统一。在审理涉房地产纠纷案件中,不仅要严格执行法律、行政法规和司法解释,而且要充分掌握中央及地方房地产调控政策的出台背景和具体规定,将政策精神与法律要求融会贯通,将政策精神切实贯彻落实到涉房地产纠纷案件的审判工作中,努力做到法律效果、社会效果与政治效果的统一。要坚持维护当事人合法利益与保障企业生存发展相结合。在涉房地产纠纷案件审理中,要始终关注民生利益和群众关切,综合当事人基本生活保障、经济能力、履约情况等情况,充分保护其居住权利和债权利益;同时也要注意结合市场形势、调控政策等情况,妥善维护房地产开发企业权益,不能顾此失彼;特别要注意为中小房地产开发企业度过危机、继续发展提供适当的司法保障,努力寻找各方当事人利益的共同点和平衡点,有效化解纠纷。要坚持严格规范与鼓励交易相结合。要正确区分正常的市场风险与履约客观条件变化的不同法律后果,严格适用情事变更原则。全面准确衡量当事人之间继续交易的可能性以及利益失衡的严重程度等因素,在履行、变更和解除间优先选择最有利于促进交易和维护房地产市场秩序的调整手段。要强化当事人的诚信守约意识,在法律规定与合同约定的范围内看待与分配市场风险,充分发挥合同效力多层次性特点,依法运用合同全面履行、违约制度、解除制度、无效制度、缔约过失制度等,提高市场行为的可预见性和合同利益的确定性、可信赖性,避免让司法裁判成为当事人违反诚信、牟取不当利益的途径和手段,引导当事人树立正确的市场风险意识,维护诚信的市场交易秩序。

二是加大调解力度,构建涉房地产纠纷多元化解机制。要强化涉房地产纠纷诉前调解。紧紧依靠党委、政府，引导当事人通过诉前调解方式化解纠纷，依法支持有关行政机关充分发挥行政调解职能，加强与人民调解、行政调解的程序对接，将矛盾纠纷化解在诉前，避免纠纷的蔓延与扩大。要加大涉房地产案件调解力度。深入贯彻“调解优先，调判结合”工作原则。对于涉及购房户人数众多的案件、可能引发农民工讨薪等事件的案件、当事人之间情绪严重对立的案件以及判决后难以执行的案件，要先行调解、着重调解，努力促成当事人和解。要加强群体性案件联动化解工作。针对涉房地产纠纷涉及人数众多、影响面广的特点，法院要及时协同有关部门有效应对房地产开发企业资金链断裂引发的企业停工、倒闭、欠薪、破产等社会不稳定问题，充分借助政府部门、行业组织、社会团体等各方面力量，着力推动建立多层次、全方位的联动化解机制，落实稳控措施，积极有效地做好各项工作，全力维护社会大局稳定。

三是巩固房地产政策效果，打击规避房地产新政的行为。加强房地产市场监测分析。要针对不同的地区建立风险评估及预防机制，密切关注房地产开发企业资金链情况，及时排查涉房地产矛盾纠纷，对潜在的纠纷予以规范引导，做好房地产相关政策的预调微调。要警惕自导自演群体性事件等意图施压调控政策的不当行为，加强鉴别处置，保证房地产调控政策效果及房地产市场的理性发展。尝试建立房地产项目开发风险基金制度。房地产开发企业在项目开发前，预交一定比例资金，由政府统筹管理，以分散资金断裂时的风险，开发商在完工后一定期限内可以申请退还，防止开发商“跑路”引发纠纷，保证调控政策实施效果。加强对保障房建设的监管。加强保障房建设是房地产调控政策的重要内容。要加大保障房的资金投入和用地保障，在贷款等方面给予适当的政策扶持，积极引导中小房地产开发企业进入保障房建设领域，拓宽中小房地产开发企业的生存空间。加强保障房的质量监督，对于不符合交付条件的，依法不予验收。强化房屋登记的审查。房屋登记机关要加强对房屋过户申请人资格的审查，要求购房户在房屋买卖合同备案时出具不违反新政条件的承诺书，加强对虚假交易的甄别，防止当事人借用他人名义签订买卖合同并过户。依法打击房产中介违规行为。对于中介机构帮助购房户伪造社会保险、签订阴阳合同等规避房地产调控政策，住建、工商等部门要加强监管，加大处罚力度，严重的，吊销中介服务资质。对于房屋中介机构及执业人员炒卖房号、恶意促成交易等违背房屋中介服务规范，以及未尽合同义务导致购房者权利受损等情形，要加强行业整顿，强化中介机构责任，促进中介服务规范化。

四是加强对涉房地产民间借贷的监管，拓宽房地产开发企业融资渠道。拓宽中小型房企融资渠道。高度重视中小型房地产开发企业融资难问题，加大对中小型房地产开发企业的支持力度。金融机构在贷款上应当适当向中小型房地产开发企业倾斜。建立民间借贷风险预警机制。建议金融监管部门要经常向社会大众提示民间借贷的风险，提醒广大人民群众提高风险防范意识，树立正确的投资观念。金融监管部门要加强对各商业银行资金流向的监管，严防资金流入非法金融市场。商业银行要加强对贷款流向的监管，防止贷款额度大的企业将贷款资金非法用于民间借贷，谋取高利。加强对民间借贷的引导。建议建立民间借贷平台服务机构，将民间借贷纳入监管范围，加强对民间借贷的资金投向、借款方式、利率范围、风险防范等的实时监控，引导民间资金的健康发展。对违规操作、违法经营、涉嫌犯罪的行为，坚决予以清理、取缔。建立涉房地产民间借贷信息收集、分析、研判、反馈机制，掌握民间借贷发展动向，对房地产开发企业民间借贷风向进行早预防、早控制、早化解，实现民间借贷的阳光化发展。加强对融资中介机构的管理。严格审查中小额贷款公司、担保公司等融资中介机构的设立，对组成人员、资金来源、经营范围等进行全方位规范。对于小贷公司超限额贷款的，要依法予以处罚。加强对公务员参与营利性借贷的监管。实践中，有的公务员从事民间借贷，投入房地产开发。相关职能部门要加强监管，严禁公务员进入营利性借贷市场。要加强对房地产信托产品的监管。银监、住建等部门要密切关注，详细了解我省房地产信托产品的规模及状况，加强研判分析，及时出台关于房地产信托的规范性文件，加强风险预测和防控，积极引导房地产信托产品的走向，防范集中兑付风险。

五是加强对中小型房企兼并破产的监管，切实维护中小企业合法权益。加大对房地产开发项目投资人的资信审查。对资金实力不强、自有资金不足的房地产开发企业，住建、工商等部门要从严审批，避免投资人因资金链问题停业倒闭。加强对房企并购的引导、规范。高度关注房企并购引发的纠纷，妥善应对因房企合并可能引发的中小企业破产、企业主弃企逃债、劳动者保护等问题，提前做好风险防控。对于房地产开发企业资金存在一时周转困难的，应提前介入，通过金融、财税政策措施，积极帮扶治理结构规范、有市场前景的中小型房地产开发企业盘活资产、渡过难关。关注房企兼并破产过程中可能引发的群体矛盾和社会稳定问题，及早评估、疏导、化解。

六是要加强调研宣传，提升化解房地产纠纷的效果。要加强对涉房地产纠纷的分析研判。强化能动司法，加强对房地产市场及纠纷未来走势的研判，分析存在的问题和潜在的风险，特别是要加强对南京、苏州等房价下降幅度较大地区纠纷的监测预判。要加强对新问题的调查研究。要及时总结涉房地产纠纷审判中的经验做法，适时出台规范性文件，积极回应政府部门发布的各项房地产政策。要加强对限购、限贷、资金链断裂等新情况的调查研究，加强对出售商铺使用权、包租销售等新投资模式的分析，及时提出有切实可行的对策建议。要加大司法建议工作。法院要当好党委政府的参谋助手，对房地产案件中出现的苗头性、倾向性问题，及时提出司法建议，发挥司法的规范和引导功能，抑制妨碍房地产调控政策效能的消极因素，保障房地产政策的科学合理。对于涉及房地产调控政策的重大典型案件、重大矛盾纠纷以及其他重要问题，要形成预防、跟踪、分析机制，及时向党委、人大汇报，向政府及相关部门通报，建立信息沟通与反馈机制。要加强法制宣传。要充分运用各种媒体和手段，结合法官进社区、进企业等活动，通过专题讲座、巡回审判、法律咨询、案例发布等方式，引导房地产开发企业、购房者、债权人通过合法的途径表达诉求，解决问题，维护社会稳定。

附表：

2011年江苏法院受理的与调控政策相关的房地产群体性纠纷表

地　区	房地产项目或企业	事　由	涉案情况
苏州吴中	招商小资城	无法贷款要求退定金	诉讼6起 群体性观望
苏州相城	国际服装城	烂尾楼引发纠纷	群体性退房
苏州相城	合景房地产公司	外地人无法贷款 要求退房	诉讼6起 群体性观望
苏州、镇江	房地产投资人池万民	投资人外逃引发民间 借贷等系列案件	在两地有十多起
苏州张家港	张家港钱江实业有限公司 （房地产项目公司）	破产	诉讼13起 金额3.27亿元
苏州常熟	房地产投资人周思扬	出逃引发建设工程、 民间借贷系列纠纷	诉讼27起 金额2.34亿元
无锡新区	开发商中瑞公司	帮助骗贷	诉讼8起
镇江地区	江苏金銮房地产开发有限公司	逾期交房	诉讼100余起
淮安盱眙	江苏金诺置业有限公司	逾期交房	诉讼115起
淮安盱眙	盱眙孩童置业有限公司	逾期交房	诉讼90起
淮安清河	淮安新苑房地产开发有限公司	逾期交房	诉讼57起
淮安清河	建湖县登达房地产开发有限公司	逾期交房	诉讼76起
盐城亭湖	盐城市成程职业发展有限公司	既卖又租	诉讼44起
南通崇川	南通侨鸿国际房地产开发有限公司	逾期交房	诉讼72起
南通海门	聚融（海门）商务城有限公司	逾期交房	诉讼751起
南通如皋	南通元泰置业有限公司	逾期交房	诉讼6起
南通启东	精亚置业有限公司	商铺纠纷	诉讼2起 群体性观望
扬州邗江	开发商凤凰房地产公司	为融资一房多卖	诉讼8起
徐州中院	徐州天成房地产开发有限公司	开发商违约	诉讼15起
徐州泉山	徐州同力创展房地产有限公司	认购后未签订本约	诉讼7起
连云港	连云港市盛邦房地产开发有限公司	逾期交房	诉讼5起

关于当前全省法院民间借贷纠纷案件审理中的突出问题及对策建议的调研报告

江苏省高级人民法院民一庭①

近年来,受宏观经济形势及信贷政策趋紧的影响,民间借贷市场呈现出异常活跃的景象。在此背景下,全省法院受理的民间借贷纠纷案件数量也呈现出迅猛增长的态势,民间借贷纠纷中所蕴含的矛盾日益复杂,对经济平稳较快发展和社会和谐稳定产生了巨大影响。为此,省法院组成调研组进行专题调研,分析全省有关数据,在民间借贷纠纷案件较为突出地区召开专门座谈会,与相关法院的法官进行了座谈交流,复查了1200多件典型民间借贷纠纷案件,并走访咨询了中国人民银行南京分行。现将调研情况报告如下:

一、当前我省民间借贷纠纷案件的基本态势及突出问题

(一)民间借贷纠纷案件呈现"三高"、"一低"的基本态势

1. 民间借贷纠纷案件发案数高且增长迅速。2007年至2011年,全省法院受理的民间借贷案件数量逐年增加且上升幅度较大。2007年全省法院受理民间借贷纠纷案件35,749件,到2011年达到78,803件,平均年增幅达33%,比同期全部民事案件平均增幅高出10个百分点。其中仅2011年第三季度和第四季度,全省法院新收一审民间借贷纠纷案件就达21,349和17847件,比2010年同期上升了11.23%和34.75%。(见图一)2012年上半年民间借贷危机爆发,借款人携款跑路事件频出,导致民间借贷案件急剧上升,全省法院共新收一审民间借贷案件48,876件,同比上升23.41%,达到2007年以来的最高点。

从各地区的情况来看,2011年徐州、盐城、连云港三地新收民间借贷纠纷案件最多,分别为10,406件、8786件、8210件。收案数最少的扬州地区也达3281件。案件增幅较大的地区为连云港、淮安、盐城地区,同比分别上升68.83%、24.02%、19.96%。

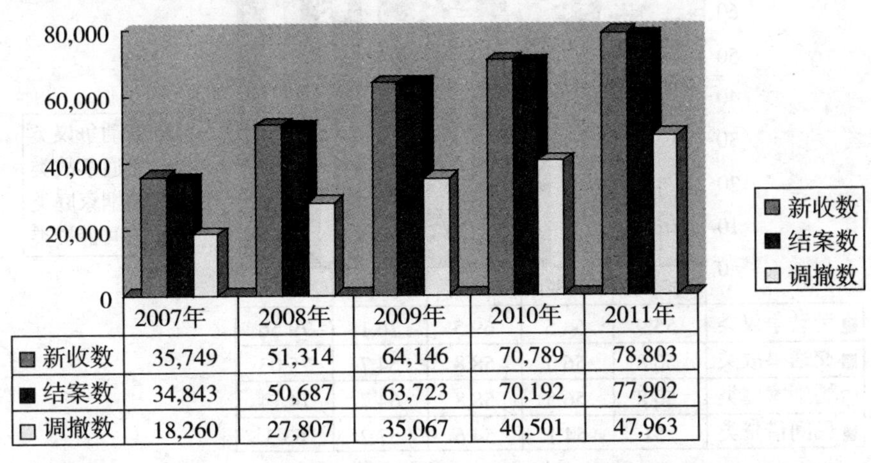

	2007年	2008年	2009年	2010年	2011年
新收数	35,749	51,314	64,146	70,789	78,803
结案数	34,843	50,687	63,723	70,192	77,902
调撤数	18,260	27,807	35,067	40,501	47,963

图一:全省法院一审民间借贷纠纷案件收结案数及调解撤诉数(单位:件)

2. 民间借贷纠纷案件标的额高且逐年攀升。2007年全省法院新收一审民间借贷纠纷案件标的额总计为25.7702亿元,2011年上升至129.7487亿元,在案件数量增加1.2倍的情况下,标的额激增了4.03倍(见图二)。2012年上半年涉案标的达98.88亿元,上升100%。无锡中院2012年1至3月受理的

① 课题组组长:江苏省高级人民法院党组成员、审判委员会专职委员谢国伟;课题组成员:夏正芳、李亚林、王淳、潘军锋、周杨明。

11件一审民间借贷案件中，以自然人为原告的达10件，总标的额逾5.5亿元，标的额最高的案件达到1.9亿元。

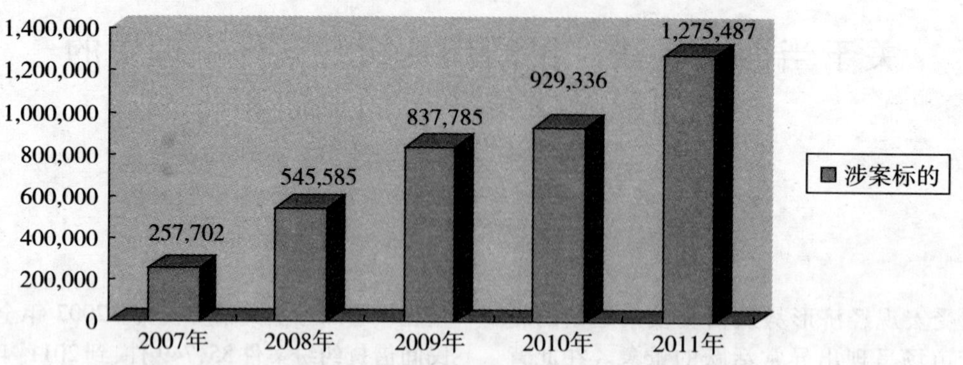

图二：全省法院一审民间借贷案件涉案标的年增长趋势图（单位：万元）

3. 民间借贷纠纷案件债务人应诉不积极、公告送达比例高。民间借贷纠纷案件中因被告无法当面或邮寄送达、甚至于下落不明而公告送达法律文书的比例明显高于其他类型的民事案件。在抽查的四家基层法院的400多件民间借贷案件中，公告送达的案件达到94件，比例高达23.5%。苏州中院反映，苏州地区法院审理的民间借贷案件主债务人下落不明的比例高达20%左右，其他地区法院也均反映债务人不到庭应诉，致使送达法律文书困难。究其原因，相当一部分民间借贷纠纷案件的被告由于丧失还款能力而举家外出避债，加之有的被告自知理亏，采取“出走”的回避策略，故意逃避债权人的追索，拒收法院传票，甚至断绝通讯联系给法院送达造成巨大障碍，迫使法院不得不进行公告送达，这部分被告开庭审理时基本上不到庭应诉。

4. 民间借贷纠纷案件调解撤诉率低。2011年1～12月，全省基层法院民间借贷案件结案74,633件，其中调解撤诉47,501件，调解撤诉率为63.65%，比基层法院平均调解撤诉率低了9.55个百分点，是民事案件中调解撤诉率较低的一种案件类型。（见图三）

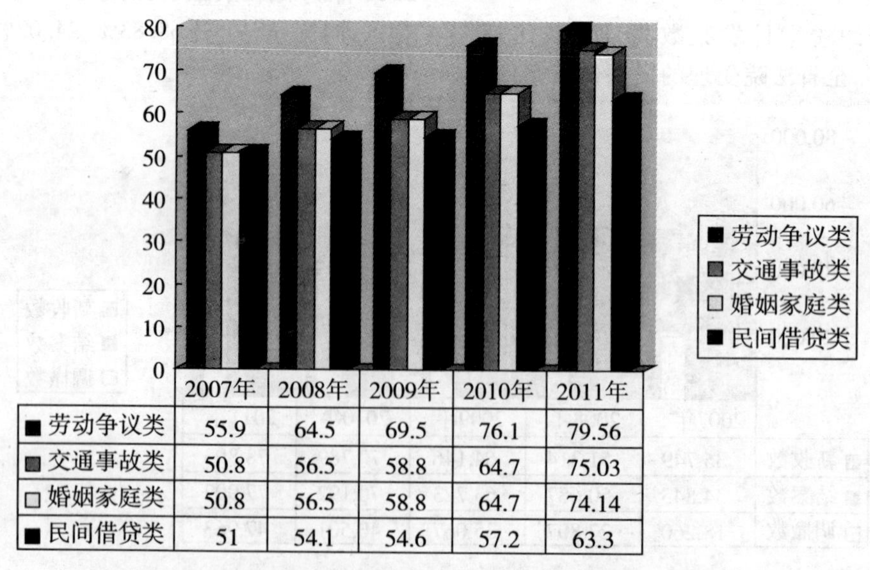

	2007年	2008年	2009年	2010年	2011年
劳动争议类	55.9	64.5	69.5	76.1	79.56
交通事故类	50.8	56.5	58.8	64.7	75.03
婚姻家庭类	50.8	56.5	58.8	64.7	74.14
民间借贷类	51	54.1	54.6	57.2	63.3

图三：全省法院部分类型民事案件一审调解撤诉率趋势图（单位：%）

（二）当前民间借贷纠纷案件审理中的突出问题

1. 借贷主体多元化，违规借贷现象严重。相较于传统的自然人之间的因生活救急、帮困产生的借贷关系之外，民间借贷市场上还充斥着大量放贷主体：一是非银行金融机构。金融机构中除银行之外，小额贷款公司、融资性担保机构等非银行金融机构也利用自身在贷款利率定价灵活、担保方式简便、放贷时限短等方面的优势参与民间借贷，且放贷规模日益扩大。从目前涉诉情况反映，小额贷款公司往往会采取“化整为零”的手段违规发放贷款，单笔贷款金额甚至于达到七八百万元，远远超过了《江苏省农村小额贷款公司财务制度》的规定小额贷款公司对单户小额贷款标准为“苏南 50 万元以下，苏中 30 万元以下，苏北 20 万元以下”的规定；部分小额贷款公司为规避国家政策约束，攫取高利，在收取利息的同时还额外收取风险评估费、财务顾问费等所谓的“管理费”，以致实际最高贷款利率超过 4 倍基准利率这一上限。二是企业。由于银行贷款与民间借贷之间利差较大，民间借贷的收益远高于实体经济的利润，部分企业利用自身的信息和资信优势从银行获得贷款后，再将贷款转投至民间借贷市场谋取不当利益。此外，还有一些所谓的咨询公司、投资公司已将民间借贷作为主业。如苏州中院受理的苏州市嘉协投资咨询有限公司与被告陈彩林、任湘清、汪涛民间借贷纠纷一案中，原告苏州市嘉协投资咨询有限公司就将其募集的资金违规放贷给自然人使用，从中牟取利益。三是互助会。近年来，建立在亲情、乡情、友情等血缘、地缘关系基础之上的互助会，作为小微企业和普通百姓的融资平台，也参与到民间借贷之中。如南通崇川法院就受理了南通市中小企业互助协会诉南通富士家纺服饰有限公司借款合同纠纷，该互助协会就是依据《南通市中小企业应急互助基金章程》和《南通市小企业应急互助基金管理办法》成立的为解决中小企业融资难的机构，具有零钱积整、资金筹措和获取利息收益等多重功能。然而，由于游走在法律之外，各地不断发生“倒会”卷款潜逃事件，如泰兴黄桥、南通通州均出现“抬会”事件，对当地金融安全和社会稳定均带来巨大冲击；四是部分公务员、教师、银行从业人员涉足民间借贷。近年来，公务员、教师因工资稳定，直接参与借贷或为他人借贷提供担保的案件也不断增多，约占民间借贷案件的 5%。据不完全统计，2011 年全省法院共受理涉及公务员参与的民间借贷纠纷案件 1130 余件，高邮市、新沂市甚至出现了公务员弃职避债现象。赣榆法院 2011 年审理、执行民间借贷纠纷案件中涉及教师达 65 人，涉及案件标的总额近千万元。个别金融机构的员工利用职务的特殊性，介绍客户或自身直接参与高利贷活动，或为完成考核任务向民间借取高利贷。例如启东法院审理的张英与启东农村信用合作社东海信用社、沈卫忠民间借贷纠纷一案中作为信用社负责人的沈卫忠借款后向企业放贷，并擅自使用信用社印章给进行担保，后因无力偿还债务引发诉讼。

与出借人主体多元化相对应的，民间借贷借款人也呈现出新特点：一是部分借款人本人就是放贷人。如各地均出现利用典当行、抵押贷款中介公司、投资管理公司等中介机构聚集民间闲散资金“化零为整”提供给借款人，自己则从中赚取利差或获取担保费、中介费等利益的现象，形成一个“食利”阶层；二是公司借款以个人名义出现。为规避企业间拆借的限制性规定，部分公司以其法定代表人或员工个人名义进行借款，再由由该公司进行抵押担保。如徐州新沂法院就受理的被告徐州新虞房地产集团公司作为担保人的案件达 1000 多起。此外，为赚取高额放贷回报，部分公司还以其法定代表人或员工个人名义进行放贷，如崇川法院审理的包荣贵与花伟民间借贷纠纷一案，原被告均为各自单位法定代表人，该笔 910 万元借款名为借贷，实为企业拆借；三是有意向低龄人群放贷案例出现。此次调研中放贷人有意向低龄人群放贷的案例初见端倪，放贷人有意针对青少年社会阅历不深、法律意识淡薄、消费欲望较强及父母有偿贷能力的特点进行放贷，出现无法偿还借款时通常要求其父母代为偿还。例如苏州中院受理的黄志吉与谈世君民间借贷纠纷一案，借款人谈世君在借款发生之日只有 19 岁，在不到 10 天内分两笔借款 4 万元，由于经济能力薄弱，基本没有偿贷能力，最终由谈世君父母代为偿还借款。

2. 民间借贷的投机性突出，呈现职业化特征。首先，民间借贷高利化现象越来越严重，且隐蔽性强。从民间借贷纠纷案件的审理情况来看，近年来利率高于银行同期贷款利率 4 倍的“高利贷”已经成为民间借贷纠纷的普遍现象，在审理的民间借贷纠纷案件中，约有 50% 的借款人会主张该借款为高利贷。而且，高利贷的利息也越来越高，如在吴江市民间就将年息 50% 以下的高利贷称为“低炮”，年息 50% ~100% 的高利贷称为“中炮”，年息 100% 以上的高利贷称为“高炮”，特别是岁末年初，类似“过桥资金”的民间借贷的年息通常会激增到 100% ~240%。在利息高涨的同时，为规避法律规定，放贷人通常会采用将将利息计入本金、在借款之时预扣利息或换据等方式，将高利贷隐性化，给法院查证带来极大困难。如苏州工业园区法院受理的何文钱与孙中华、朱萍萍民间借贷一案中，原告诉称借款金额 100 万元中 93 万元通过银行转账，另有 7 万元为现金给付，后经法庭审理，原告又自认 7 万元为还款。再如苏州中院受理的陶旭生与潘国忠夫妇民间借贷一案，陶旭生凭借总额 83 万元的三份借条起诉潘国忠夫妇，在审理过程中陶旭生自认借款本金为 46 万元，其余均为利息。如扬州中院审理的宋云峰、张丽华与焦胜海民间借贷纠纷案件中，法院通过审查认定双方当事人签订的 90 万元借条中仅有 36.8 万元为本金,其余部分为高利贷,有效打击了“高利贷”行为。

其次,民间借贷的短期性现象明显。调研中,凡是当事人提出存在高利贷可能的借款,其借期一般均在1个月至3个月,最短的仅为10天。

最后,民间借贷职业化特征凸显。职业化突出表现在民间借贷借据的规范化上。日常生活中普通民众之间通常使用的借条往往仅约定了借款金额,没有约定利息、担保、违约责任,甚至还款时间,呈现出不规范化的特征。而近年来的民间借贷纠纷中,相当一部分原告在诉讼中能提供格式规范、内容固定的借款合同。合同中除了出借人、借款人、借款数额、借款日期等常规内容手写外,其余都是打印的格式条款,部分借款合同还设定了房屋抵押或提供保证人作为担保等,规范化程度非常高。如苏州工业园区法院受理的何文钱与孙中华、朱萍萍民间借贷纠纷一案中,原告就提供了格式借款合同文本来主张债权。此外苏州中院受理的凌再荣与宋溢骐、苏州天洁钢结构工程有限公司、吴江中盛房地产开发有限公司民间借贷一案中双方不仅约定了债权本金与利息,还约定因借款人或担保人违约致使出借人采取诉讼方式实现债权的,借款人、担保人应当承担出借人为此支付的律师费、差旅费及其他实现债权的一切费用。与此同时,在纠纷案件审理过程中,出借人为应对司法审查的手段也日益更新,除了预扣利息或将利息算进本金的方式外,还出现以“管理费”、“财务顾问费”等来取代部分高息的新手段;为应对法院审查资金来源,一些出借人从银行账户中汇出借款金额,待借款人从银行取款后,再将当扣利息拿回。这种情况下,当事人举证更困难,法院也更难查证。调研中,许多法院均反映此类民间借贷明显有律师等专业人员参与其中。在徐州地区出现了一些以担保公司,投资顾问公司等名义对外挂牌经营,专门从事借贷融资业务,但实际上并未履行任何审批、注册登记手续的中介机构,民间借贷职业化特征凸显。

3. 民间借贷案件事实审查认定难度大。一方面,在民间借贷纠纷案件中,放贷人往往会采用预扣利息、银行转账加现金给付、额外收取咨询费、管理费等方式规避法律规定,掩盖其“高利贷”的本质。另一方面,民间借贷中虚假诉讼比例较高。在司法实践中,当事人出于种种原因,通过虚构债务以达到逃避债务、转移资产、侵占他人财产情形屡有发生。近年来,由民间借贷纠纷引发的虚假诉讼呈大幅增长趋势,包括主体虚假、借款事实虚假、案由虚假等,常有借贷双方“手拉手”前来立案,要求判决还款,甚至有部分非法债务以借条的形式试图通过审判程序谋求合法化。这类虚假诉讼集中体现在:一是夫妻离婚时,有多人起诉夫妻一方,以追债为名帮其转移财产;或者对夫妻共同债务,夫妻间以不知情为由,转移财产逃债。二是债务人多方欠债,无力偿还,制造虚假债务,调解结案,将财产迅速处理后外逃。三是因同居、不正当两性关系等行为或情感纠葛产生的有损社会公序良俗的“青春损失费”、“分手费”等非法债务也以民间借贷的形式出现。例如南通中院受理的李小华与曹汉清民间借贷纠纷一案,徐州中院受理的刘永新与孙静民间借贷纠纷一案均属此类,前者标的高达1500万元。四是因吸赌博等违法行为产生的非法债务以民间借贷的形式出现,例如苏州中院受理的赵永刚与陈晓东民间借贷一案即属此类。

4. 民间借贷与其他类型纠纷关联度较高。在案件数量日益增长的同时,民间借贷纠纷与其他类型纠纷案件相交叉的情况也逐渐增多。

一是与婚姻家庭纠纷相交叉。债权人主张债权发生在夫妻关系存续期间,夫妻双方应承担连带赔偿责任,夫妻一方抗辩借贷为非法债务或未用于家庭共同生活,不应认定为共同债务。例如,吴江法院受理的韩秀连与周彩花、张玉弟民间借贷纠纷一案,被告为夫妻,协议离婚时将财产转移至妻子名下,借此逃避债务,法院经过审理认定借款为夫妻共同债务。

二是与房地产纠纷相交叉。受民间高利的诱惑,有的房地产企业因资金链紧张利用房地产项目向民间进行高息融资,由于商品房销售不畅,资金难以及时回笼,导致到期债务难以履行。2011年12月以来,宿迁中院受理被告为江苏中正置业集团有限公司及其法定代表人的借款纠纷4起,标的达9800万元,到该院咨询的有9人次,标的超过2亿元。此外,还存在当事人签订了名为房屋买卖,实为民间借贷的买卖合同。此类合同中往往会约定一定的回购期,超过回购期的,则由借款人协助出借人办理房屋所有权转移登记,个别合同甚至在签订的同时即办理了房屋所有权转移登记。纠纷发生后,双方为法律关系性质、款项实际发生数额等极易产生争议。

三是民间借贷与担保案件相交叉。民间借贷不同于银行借贷,其风险控制能力相对较弱,民间借贷担保不规范,表现为出借人与借款人没有担保,或者担保手续不完善,或者担保人资信不足等情形,导致借款人无力偿还所借款项时,出借人向担保人主张权利时遇到障碍。同时,担保人亦缺乏对出借人与借款人的借贷关系的控制,借贷关系可能涉嫌犯罪,要求担保人担责。此外，为提供民间借贷担保，出现了职业的小额贷款公司、投资公司、担保公司等民间融资中介机构，由于缺乏相应的监管，此类公司出现超经营范围担保等情况。

四是民间借贷与合伙案件相交叉。在合伙纠纷中，出资的一方往往主张属于借款关系而非合伙关系，此种情形在隐名合伙、有限合伙中更为普遍。另外，在风险投资领域，投资项目一旦失败，风险投资人往往主张借款关系。

此外，实践中出现的民间借贷关联案件还包括买卖借条，以承兑汇票作为民间借贷标的，建设工程项目部施工人员以项目部名义对外借款等案件。

5. 民间借贷引发犯罪日益严重，但相关部门协作不畅。近年来，随着民间借贷的规模日益扩大，民间借贷领域涉嫌犯罪的情形越来越严重。如不具备吸储职能的企业或个人进行的大额吸储行为，可能涉及非法集资或非法吸收公众存款；部分资信较好企业从银行骗取、套取资金用于发放高利贷，涉嫌构成贷款诈骗；更有因高额利息致使借款人不能及时还贷，引发暴力讨债致使人身伤害等犯罪行为发生。例如扬州审理的孙玉明等9人自2005年以来，非法吸收公众存款并高利转贷，组织雇佣人员暴力追债逼债，形成带有黑社会性质的犯罪组织，涉案金额达1000余万元，2010年，扬州中院以组织领导黑社会性质组织罪判处孙玉明有期徒刑14年，并处罚金55万元。部分借贷纠纷背后隐藏着民间标会和非法吸收公众存款的风险。2007年以来，扬州公安机关破获的以民间借贷为形式的非法吸收公众存款案达59起，涉案总值达28,913万元。在人民法院审理民间借贷民事纠纷过程中，如果发现民间借贷行为可能涉及刑事犯罪的，根据最高人民法院的有关规定可以移送公安机关立案调查，但公安机关往往会以不能插手经济纠纷为由拒绝接受，造成了人民法院移送案件较难。有的法院在移送前会与公安机关协商，一旦公安机关不接收，就造成法院无法移送；有的法院则不与公安机关协商，直接进行移送，但公安机关是否接收则处于不确定状态，导致当事人难以获得正当救济，在一定程度上助长了非法放贷者的嚣张气焰。调研中，有法院反映一起民间借贷纠纷涉及已经审结的一起非法吸收公众存款案件，由于该刑事案件已审结，且该民间借贷纠纷的数额对于最终的定罪量刑不产生实质性影响，因此在移送公安补充侦查时遭到公安拒绝，使法院处于两难境地。

6. 民间借贷纠纷案件执行难。导致民间借贷案件执行难主要有以下几个方面的表现：一是许多民间借贷案件未设立抵押或重复抵押现象严重，个别案件虽然有直接交付房产证作为“抵押”的情形，但由于未办理抵押登记导致抵押不生效。二是借款人长期下落不明，导致案件执行困难。三是部分案件借款人以自住的唯一住房设定抵押，在债务到期无法偿还借款时，出借人也无法通过强制执行来实现债权。

二、当前民间借贷市场存在的突出问题

民间借贷是正规金融有益和必要的补充，具有制度层面的合法性，其对于活跃金融市场、优化资源配置，特别是在支持广大中小微企业成长中发挥了积极作用。但民间借贷纠纷案件存在的突出问题在一定程度上反映出我国目前庞大的、游离于政府有效监管的民间借贷市场存在种种乱象，亟待引起相关部门重视，并加以规范。

（一）小额贷款公司等非银行金融服务机构呈现高速扩容态势，但违规经营现象丛生

自2008年5月《关于小额贷款公司试点的指导意见》出台后，我省小额贷款公司发展迅猛。截至2011年年末，江苏省共有小额贷款公司327家，比年初增加133家；实收资本559.78亿元，比年初增加288亿元；贷款余额为805.16亿元，比年初增加430.9亿元，已经成为信贷市场上一支不可忽视的力量。但根据《指导意见》，小额贷款公司的业务是“只贷不存”。但从此次调研所掌握的情况看，部分小额贷款公司违规经营问题突出：就小额贷款公司的贷款投向来说，虽然有关部门要求小额贷款公司应严格控制向国家限制性行业或领域提供信贷支持，但部分小额贷款公司贷款投向严重偏离政府要求，大量资金投向房地产及其他限制性行业和企业。从借贷利息来看，虽然小额贷款公司的贷款利率一般均不超过同期银行贷款基准利率的4倍。然而，调研中也了解到，部分小额贷款公司为规避国家政策约束，在收取利息的同时额外收取风险评估费、财务顾问费等所谓的“管理费”，以致实际最高贷款利率超过4倍基准利率这一上限。

与小额贷款公司相类似，根据《融资性担保公司管理暂行办法》成立的融资性担保公司根据规定也不得从事吸收存款、发放贷款以及受托发放贷款等业务。据江苏省经信委的统计数据显示，截至2011年年末，全省共有融资性担保公司853家，注册资本903亿元，各类担保余额2800亿元。其中，国有控股的担保公司只有100多家，其余均为民营企业。从调查了解的情况看，国有控股的担保公司运作较为规范，但民营担保机构受自身利益的驱使，大多存在违规运作资金的现象。从此次调研所掌握的情况看，担保公司违规资金运作主要有以下几种方式：一是

提供过桥垫资,填补企业银行贷款借新还旧的时间差,或者提供资金以满足企业注册资金验资的需要。过桥资金期限较短、利率较高,借款期限一般在3~10天,日利率高达1‰~3‰。二是短期资金借贷,主要满足一些企业或个人短期生产经营需要,期限一般1~3个月。据调查,目前融资性担保公司所从事的各种拆借业务的资金多来源于自有资金,但也不排除有少量担保公司涉嫌吸收存款。除纳入经信委管理的融资性担保公司以外,社会上还存在大量的非融资性担保公司。以常州市为例,全市已发放特许牌照的融资性担保公司只有40多家,但经工商注册登记的各类担保公司多达200多家。这类担保公司没有经营融资性担保业务的许可,不受监管约束,只需要像普通公司一样经过工商注册登记就可以营业,经营较为混乱。据反映,此类公司非法吸收存款、发放贷款等现象较为普遍,但整体规模难以估算。

(二)民间借贷获利远大于实体经济,使大量资金脱离实体进入投机,不利于经济长远发展和发展方式的转变

实体经济是一国经济的立身之本,是最大的就业容纳器和创新驱动器,在转变经济发展方式、维持经济社会稳定中发挥着中坚作用。据国家统计局网站显示,2011年在规模以上工业企业中主营业务收入利润率仅为6.47%。而与之相对应,从上市银行公布的业绩看,银行的净资产收益率目前均在20%左右,比工业企业的主营业务收入利润率要高10多个百分点,而民间借贷的收益率,仅法律保护的范围即达到年利率25%以上,远高于工业企业的平均利润率。受此导向作用及资本本身的逐利性特性,大量的民间资本更倾向于进入资本市场进行投机。这一方面导致实体经济,特别是在实体经济中处于相对弱势地位的中小企业承受着巨大的融资难压力。另一方面,民间资本市场虽然有大量的资金,但比银行高出数倍的利率又进一步挤压了实体经济的利润空间,迫使许多中小企业开始脱离实体经济领域,甚至个别拥有较多资金的企业也进入到了民间借贷市场,使我国经济面临产业"空心化"的潜在风险。

(三)民间借贷对金融市场介入日深,形成产业链,任何一个环节出现问题,可能引发连锁反应,影响社会稳定

目前的民间借贷市场,已经不再是传统意义上的亲友之间"一对一"的借贷,而是形成了一个完整的产业链,利益链条长,网络面广是该产业链的显著特点。产业链的核心是非银行金融机构、担保公司、典当行、职业放贷人等出借方主体,产业链的上端是这些出借方的融资对象,这些人数量相对较多,如去年爆发出的"泗洪宝马乡"事件及新沂市的民间集资事件,几乎达到了"全民高利贷"的程度,涉及面甚广,他们把钱借给担保公司、职业放贷人等获取高利,再由这些人将钱借给需要的人。产业链的下端则是借款人。受高额利润的引诱和投机暴富思想驱动,部分出借人只考虑高息带来的高利润,忽视借款人的履约能力和法律风险,不顾一切放款,一旦产业链的核心或下端任何一方资金链断裂,无法归还错款,极易引发群体性事件,影响到社会的稳定。例如徐州地区张柏英艺术馆系列案件,目前法院受理案件4起,涉案标的1806万元,但据被告提供的信息,该公司债权人多达329人,债务高达1.4亿元。(徐州的)江苏伟杰塑料科技有限公司由于法定代表人孟杰突然死亡,引发案件153起,涉案金额4300多万元。常熟法院自2011年11月至今涉及民间借贷的当事人出走了4人,自杀1人。其中周思扬涉案27件,涉案标的2.34亿元;顾春芳涉案8件,涉案标的达4600多万元;袁伟良涉案7件,涉案标的3550万元,浙江人张建军涉案6000多万元。这些一旦集中爆发,不仅给法院案件审理工作带来巨大压力,更造成了巨大的社会安全隐患。

总之,目前民间金融市场"高利贷化"较为严重,影响到了整体金融市场的稳定。如果缺乏足够的引导和规范,民间借贷市场可能发生"异化",成为"高利贷"滋生的土壤。当缺少产业支撑的"传销式"高利贷发展到历史高位后,将加大民间借贷资金链瞬间断裂的潜在风险,扰乱民间金融市场正常秩序,对我国金融体系的有序运行和国民经济的稳定发展造成巨大隐患。

三、对妥善化解民间借贷纠纷、规范民间借贷市场的司法对策和建议

(一)坚持能动司法理念,妥善审理好民间借贷纠纷案件

1. 要严把案件事实关。审判人员应当在庭前和庭审过程中,对借据的形成过程、出借人的借款原因和借款目的,出借人资金的具体来源等进行细致的了解和调查,尽可能地查清案件的本来事实。对于民间借贷纠纷案件涉及夫妻、亲朋和同学关系的,要加大对案件事实的审查力度,涉及夫妻共同财产的,要尽量通知配偶参加诉讼;对于双方自认的事实,也要加以审查,防止当事人进行虚假诉讼。债务人下落不明的,要审慎适用公告送达及缺席判决,只有在穷尽一切送达方式仍无法送达的情况下,才能适用公告送达。

2. 要严把定案证据关。对于出借人提供的借条

存在瑕疵,或借款人提出合理质疑时,要加大出借人的举证责任,结合其他证据综合认定案件事实。对现金交付的大额借贷行为,可根据交付凭证、支付能力、交易习惯、交易过程等因素来判断真实性。对于实践中反映比较突出的以房屋买卖、股权转让等形式从事民间借贷,掩盖高利贷行为谋取不正当利益的案件,要准确认定民间借贷事实,正确适用法律。

3. 要严把高利认定关。要充分发挥法官的主观能动性,不能让非法债权通过审判程序合法化。可以通过技术手段的升级,重点监控一个地区内涉及多起民间借贷案件的当事人,特别是作为债权人的当事人,必要时可以认定其为“职业放贷人”,在审理过程中加重其举证责任。

(二)完善民间借贷相关立法,将民间借贷纳入法制化轨道

由于民间借贷的相关立法滞后社会实践,相关法律散见于民法通则、合同法等法律中,暴露出零散化缺陷;加之民间借贷市场监管缺位,其法律地位陷入尴尬境地,导致我国对于涉及民间高利借贷行为的处理措施,一直处于“民事无力、行政越位、刑事缺位”的尴尬境地。为进一步完善多层次信贷市场的建立,有效解决中小企业融资难的发展瓶颈,建议要在立法层面上规范民间借贷。通过立法,明确区别各种民间金融行为的合法性和非法性,界定民间金融的形式、运作模式、利率水平等,明确民间借贷的主管部门、制定民间资本入股或控股金融机构的实施细则、完善财务制度和风险控制制度、制定民间借贷的利率定价机制,结合利率市场化和民间借贷的风险分布,根据不同地区、行业、企业规模和个人经营的盈利空间来确定民间借贷合理的利率范围、颁布民间借贷的通用合同文本等,引导民间金融机构走向法制化轨道。

(三)降低保护利息程度,引导更多的资金流向实体经济

在民间借贷的立法完善之前,建议首先从法律层面降低民间借贷的利息保护程度。长期以来,法院对于民间借贷的利息保护都是参照同期银行贷款的4倍利息进行“顶格”保护,这种做法在有效保护债权人利益方面起到了积极作用。但从目前情况看,同期银行贷款利息的4倍已经超过了年利息25%,远远大于实体经济的利润率,这就导致大量资金脱离实体经济进行资本市场,从长远看,对于实体经济的发展是不利的。因此,我们建议,可以可以适当降低法律对于民间借贷最高利息的保护程度,将之降到不超过同期银行贷款利息的2倍,并赋予法官一定的自由裁量权,从而促使更多资金流向实体经济。

(四)进一步放开民间资本投资金融业,加快推进利率市场化改革,引导社会资金回归正规金融体系

一是培育和发展民间金融主体,允许和鼓励民间资金进入各类金融业,特别是允许创办小金融机构。从推进村镇银行、贷款公司等新兴金融组织开始,有步骤地让民间资金参股甚至控股银行、保险、证券、创投等金融企业。二是拓宽面向民间资本的金融服务渠道。健全担保体系,完善抵押制度,扩大信贷供给。积极引导支持网络融资等新业务,利用新技术、新手段来提高民间资金的利用效率。三是要加快推进利率市场化改革。由于导致官方利率与民间融资利率的双轨并存,使金融市场资源配置功能紊乱,也导致大量社会闲散资金游离于正规金融体系之外。因此,要加快推进利率市场化改革,放开金融机构存贷款利率管制,使存贷款利率水平能够真实反映市场资金供求状况,引导社会资金通过正规的金融市场和金融机构相互融通。

(五)加强对民间借贷市场的监管,及时发现纠纷苗头

一是要创新金融监管体制,建立分层次的依法监管体系。政府主管部门、金融部门、执行部门要联合形成监管合力,中央监管机构负责大金融机构监管,小微型金融机构则交由地方监管。二是建立健全民间融资监测体系,采集民间借贷数据,实行定期、定向监测,及时掌握民间借贷的资金量、利率水平、交易对象,特别是要将专业民间借贷机构和中介机构纳入金融宏观调控体系。明确小额贷款公司等机构的金融机构地位,并由银监会主导监管工作,由其余相关部门参与并成立联席会议制度,明确各自的监管职责。三是建立完善的统计监测指标体系。监测内容主要包括民间借贷中介基本情况、资金投向、利率水平、借贷期限、借款形式、抵押或担保形式、借款偿还情况等,定期向社会公布,引导民间资本的正确流向。四是建立民间借贷备案系统与央行征信系统的对接渠道。将民间借贷的有关情况纳入征信范围,使民间放贷人能够在放贷时更全面、准确地掌握借款人的信用状况。

(六)加强相关部门之间的协作,特别是公检法之间的协作

促进民间借贷市场的规范,需要相关职能部门的联动协调。一是要严格掌握合法借贷与非法借贷的界限,及时通报涉及高利贷和非法集资等犯罪活动情况,研究解决预防、打击该类犯罪工作中的重大问题,加强行政执法与刑事司法的衔接,构建执法协作快速通道,增强打击合力。二是要疏通案件移送

渠道,对审理民间借贷案件中发现涉嫌犯罪的要及时移送公安机关,公安机关应当按照规定进行处理。三是要加强与工商、金融监管部门之间的协作。与工商部门建立涉高利贷案件协查制度和不诚信单位名录,定期对社会公众发布;加强与金融监管部门协作,对大规模借贷案件及时向金融监管部门通报,由金融部门组织专门力量对大规模借贷活动进行监督,避免引发"金融风波"。

关于当前劳务派遣纠纷案件法律适用问题的调研报告

浙江省高级人民法院民一庭联合课题组①

劳务派遣是指派遣单位根据用工单位的要求,与用工单位签订派遣协议,将与之建立劳动合同关系的劳动者派往用工单位,被派遣劳动者在用工单位的指挥和管理下提供劳动,派遣单位从用工单位获取派遣费,并向被派遣劳动者支付劳动报酬的一种特殊劳动关系。劳务派遣起源于20世纪初的英国,20世纪90年代开始在我国出现并迅速发展。②伴随劳务派遣发展滋生的是实践中大量存在被派遣劳动者权益受到侵害的情形以及由劳务派遣法律关系衍生的诸多问题。③ 其中,我国法律对劳务派遣的立法过于笼统,缺乏对派遣单位和用工单位的有效规制以及对被派遣劳动者相关权益的充分保障,是劳务派遣纠纷产生的主要原因。如何正确适用现有法律妥善处理劳务派遣纠纷,把握好保障劳动者的合法权益与保护企业利益之间的度,成为审判实务中所亟须解决的现实问题。为此,我们成立专门课题组,通过采取组织相关法院分头调研④、查阅案卷、召开座谈会、走访相关单位等方式,收集归纳问题,进行综合分析研究,并形成以下报告。

一、我省劳务派遣纠纷案件基本情况

自从2008年1月1日《中华人民共和国劳动合同法》(以下简称《劳动合同法》)实施以来,我省劳动纠纷案件于当年出现井喷式增长,同比上升127%,2009年纠纷数量总体有所下降,全年收案22,071件,同比下降10.36%。2010年继续呈下降态势,全年收案17,544件,同比下降20.51%。2011年,受世界经济危机蔓延影响,又明显上升,共收劳动纠纷案件20,416件,上升16.37%。2012年上半年,经济危机影响加剧,劳动纠纷案件又迅猛增长,同比上升了60.16%。

伴随着《劳动合同法》的施行,另一个大量增长的数字就是国内劳务派遣的数量。根据全国总工会测算,全国被派遣劳动者人数2011年达到约3700万人。劳务派遣用工模式似乎已然成为企业规避《劳动合同法》规范的工具。劳务派遣单位过多过滥,许多用工单位长期大量使用被派遣劳动者,有的甚至把劳务派遣作为用工主渠道,被派遣劳动者的合法权益得不到有效保障,同工不同酬、不同保障待遇的问题突出。诸多问题不仅影响了劳务派遣的健康发展,更对常规的用工方式和劳动合同制度造成了较大冲击。

当然,由于《劳动合同法》实施时间并不算长,因劳务派遣所导致的纠纷如主张签订无固定期限劳动合同、续签劳动合同等尚未集中爆发,因此,较之一般劳动纠纷和劳务派遣的数量,劳务派遣纠纷案件

---

① 课题组组长:浙江省高级人民法院副院长林一。课题组成员:浙江省高级人民法院民一庭庭长蒋卫宇;浙江省高级人民法院民一庭副庭长叶向阳;浙江省高级人民法院基层工作处副处长兼民一庭副庭长亓述伟;浙江省高级人民法院民一庭助审员(主笔人)沈妙;杭州市中级人民法院民五庭庭长李骏;杭州市中级人民法院民五庭助审员陈晨;宁波市中级人民法院民五庭庭长孔华;嘉兴市中级人民法院民一庭庭长徐元芬;嘉兴市中级人民法院民一庭助审员陈远;萧山市人民法院民一庭庭长周全林。

② 根据宁波市劳动保障监察支队2012年4月制作"劳务派遣机构摸底情况汇总表"显示,宁波市劳务派遣机构总数达321家,其中以劳务派遣公司的名义和标准注册为234家,其余均为以人力资源、职业中介等其他组织但实际从事劳务派遣业务。以劳务派遣形式就业的劳动者总数达到了84,650人,主要集中在国有及国有控股企业、加工制造业以及商贸服务业,机关事业单位也占到了一定的比例(4717人,占劳务派遣用工总数的5.57%)。这其中,由劳务派遣单位招用后派遣(47,247人)和由用工单位直接招用后再以派遣形式用工(32,005)的数量基本相当,更有部分员工系曾经与用工单位存在劳动关系后转为劳务派遣形式用工的情况(5398人)。

③ 以社会保险缴费情况为例,在上述劳务派遣用工的总数中,96.31%均已签订了书面劳动合同,96.42%缴纳了社会保险,但按实际工资总额为基数计算社会保险费的仅为20,551人,而按最低缴费基数缴费的人数则占到了总人数的69.80%。

④ 杭州中院、宁波中院和嘉兴中院分别受托对本辖区内的劳务派遣纠纷审理情况进行了调研。

并不算多,年均占所有劳动纠纷案件的1%左右。以宁波市收案情况为例,宁波地区法院年收案都未超过50件,劳动仲裁的收案也相差不多。

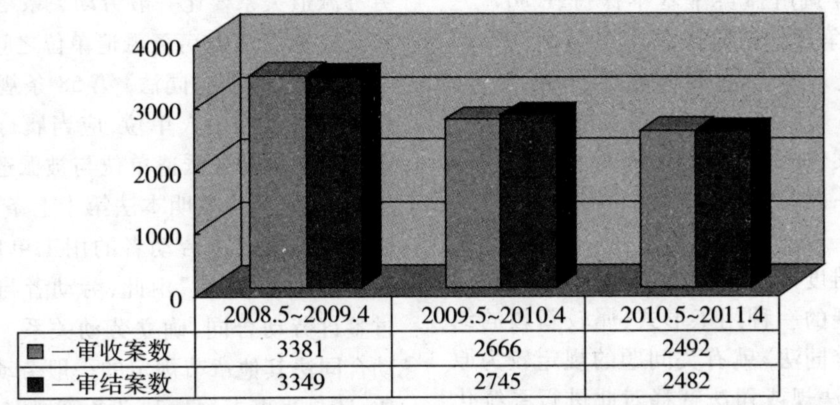

图一:宁波市法院劳动争议案件收结案情况(单位:件)

表一:宁波市各基层法院收结案情况(单位:件)

	收案	审结	调解	撤诉	判决
2009年	47	46	32	6	8
2010年	13	13	5	0	8
2011年	22	19	2	2	18

表二:宁波市劳动争议仲裁委员会收结案情况(单位:件)

	收案	审结	调解	撤诉	裁决
2009年	62	62	11	5	45
2010年	34	21	10	10	11
2011年	41	37	15	10	11

又如,根据杭州地区的不完全统计,自2008年1月1日至2012年3月31日,杭州中院二审1283件劳动纠纷中,仅20起涉及劳务派遣。

劳务派遣数量之巨与劳务派遣纠纷案件之少形成鲜明对比的具体原因,主要有以下四个方面:

第一,根据全国总工会的统计,国企是劳务派遣所谓的"重灾区",石油、化工、电信、金融、银行、铁路等系统最为严重,部分央企甚至有超过2/3的员工属于劳务派遣。① 而浙江省以民营企业居多,国企占比少。故此,我省劳务派遣占总体用工数量不多,相应的纠纷也就较少。

第二,我省劳务派遣多集中在建筑行业,而建筑行业的用工形式本身比较复杂。例如我们在调研中走访了一家建筑企业,该公司自认为采用了大量的劳务派遣用工,并提供了关联"劳务派遣公司"的信息及合同样本,而事实上,上述合同应定性为工程施工承包合同,而非劳务派遣。类似情况在审判实践中也有发现,当事人简单以合同名称为依据起诉劳务派遣纠纷,经审理查明实为劳务外包合同。

第三,诉讼中对劳务派遣法律关系的界定存在刻意模糊现象。因为劳务派遣属于相对较为新颖的法律关系,相应的法律规定也有所欠缺。同样情形,按照劳务派遣关系与按照一般劳动关系处理相比,对劳动者保护会有差异。因此在个案诉讼中,不管是起诉的劳动者一方还是裁判的法官,都有刻意模糊或回避劳务派遣界定的倾向,使本来应该界定为劳务派遣法律关系的纠纷都按照一般劳动关系予以处理。例如杭州中院梳理的劳动纠纷案件中,就发现其中有2件法官对劳务派遣采取回避态度的案件,未在判决书中明确劳动关系的特殊性,而以一般劳动关系作出裁判。

第四,由于我省劳务派遣企业和要派企业行业较为集中、做法成熟且规范,相关纠纷未进入仲裁和司法程序已自行解决,到法院送讼的案件数量较小,因此从法院台账反映的收案数也就较小。

尽管劳务派遣纠纷案件数量总体不多,但案件裁判却比较困难,主要体现在以下三方面:

1. 易发群体性纠纷。劳动者抱团诉讼是劳动争议案件的一大特点,劳务派遣纠纷也是如此。如杭州中院统计的20起涉劳务派遣纠纷,其中15起为一系列案,即劳动者集体起诉的案件。又如,据我们了解,仅杭州铁路劳务公司满10年工龄的派遣劳动者就有上百人,这些劳动者中但凡有一人提起诉讼,就可能引发上百人的群体性纠纷。

2. 调解难度大。由于劳务派遣关系涉及三方当

① "全国劳动派遣人员达6000万　国企和机关成重灾区",载http://money.163.com/11/0226/00/6TPG0F4H00253B0H.html,2012年6月23日浏览。

事人、两份合同,法律关系相对复杂,案件调解难度相对较大。从上面的图表三可看出,宁波劳动仲裁就有关纠纷近三年调解撤诉率基本保持在30%～40%之间,与劳动争议仲裁阶段总体60%～70%调解率相差甚巨。进入到法院,调解率的浮动则更大。从图表二宁波地区基层法院的收、结案情况看,2011年劳务派遣纠纷案件的调撤率为9.09%,2009年因为北仑法院调解一批32件的系列案,调撤率飙升至80%。

3. 法律适用难度大。劳务派遣是《劳动合同法》实施以来迅猛发展的一种用工形式,属较新颖的纠纷类型,而《劳动合同法》就有关问题的规定较为原则,亦无其他法律法规或司法解释对此进行系统化规范,因此司法实践中对此类纠纷的处理一直存在很多疑问和分歧。劳动仲裁部门和法院之间就许多问题认识也不统一,更加剧了此类纠纷处理的难度。

二、劳务派遣纠纷法律适用疑难问题及解决思路

综观我国目前的全国性立法,涉及劳务派遣法律关系的规定有:

(1)2008年1月1日实施的《劳动合同法》第57～67条、第92条共十二个条文对派遣单位的设立、派遣单位和用工单位的义务分担、派遣劳动者的权利保护、劳务派遣的类型及期限等做出了规定。

(2)2008年9月18日颁布实施的《劳动合同法实施条例》第28至32条、第35条以六个条文对劳务派遣的具体问题做出了规定。

(3)2010年7月1日起实施的《侵权责任法》第34条第2款,对被派遣劳动者因工作造成他人损害的责任承担做出了规定。

上述规定大多过于笼统,弹性较大,或者相对模糊,缺乏可操作性,缺乏对派遣单位和用工单位的有效规制以及对被派遣劳动者相关权益的充分保障,导致实践中劳务派遣乱象丛生,也给相关纠纷的处理带来法律适用难题。调研中,我们发现,劳务派遣纠纷案件的处理主要存在以下法律适用问题。

(一)劳务派遣法律关系的界定问题

如前所述,审判实践中存在法官刻意回避认定劳务派遣法律关系的情况:一是基于选择更有利于保护劳动者权益的关系考虑,二是源于劳务派遣法律关系界定本身的困难。

劳务派遣关系,存在三个当事人、两个单位和三方法律关系:三个当事人包括劳动者、派遣单位和用工单位;两个使用劳动者的单位,分别行使着雇佣劳动者和使用劳动者的职能;三个当事人之间分别存在不同的法律关系,形成三角形的关系格局。因此,劳务派遣关系要比一般劳动关系复杂得多。

1. 劳动者与劳务派遣单位之间的法律关系

根据《劳动合同法》第58条规定:"劳务派遣单位是本法所称用人单位,应当履行用人单位对劳动者的义务。劳务派遣单位与被派遣劳动者订立的劳动合同,除应当载明本法第十七条规定的事项外,还应当载明被派遣劳动者的用工单位以及派遣期限、工作岗位等情况。"由此,劳动者与派遣单位之间通过签订劳动合同,确立劳动关系。该劳动关系和劳动合同法其他章节规定的一般劳动关系无论是从性质,还是当事人的权利义务等规定,都是一致的。因此,劳动者与劳务派遣单位之间建立的是一般劳动关系,对此理论和实务界并无分歧。

2. 劳务派遣单位与用工单位之间的关系

劳务派遣单位与用工单位通过签订劳务派遣协议,在双方之间产生了劳动给付的法律关系。劳务派遣协议系两个独立且平等的民事主体之间,通过自愿协商签订的,故协议属于一般民事合同性质,派遣单位与用工单位之间也应为一般民事法律关系。

但是鉴于劳务派遣协议标的的特殊性,劳务派遣协议不能完全等同于一般民事合同。《劳动合同法》第59条要求,劳务派遣协议应当约定派遣岗位和人员数量、派遣期限、劳动报酬和社会保险费的数额与支付方式以及违反协议的责任。即劳务派遣协议内容涉及劳动报酬、劳动保障等劳动者的权益,使劳务派遣协议从内容上又具有劳动合同的性质。最高院《民事案件案由规定》中就有关"劳务派遣合同纠纷"的级别和类属规定就是突出了劳务派遣协议中的劳动性质。

最高院《民事案件案由规定》将"劳务派遣合同纠纷"作为第四级案由,从属于三级案由劳动合同纠纷,劳动合同纠纷则从属于二级案由劳动争议,也即将劳务派遣合同纠纷归属于劳动争议。按照《最高人民法院民事案件案由规定理解与适用》一书解释,本案由涉及三种类型的合同,即劳动者签订的两种合同和用工单位与劳务派遣单位签订的合同[①],从而将劳务派遣关系涉及的三种法律关系统一归在劳务派遣合同纠纷案由之下,作为劳动争议的一种计入法院诉讼台账。

劳务派遣单位与用工单位之间的法律关系不仅

① 曹建明主编:《最高人民法院民事案件案由规定理解与适用》,人民法院出版社2008年版,第232页。

要受《民法通则》、《合同法》的约束，还要受《劳动法》、《劳动合同法》等劳动法律的约束。这正是审判实践中容易被忽视的一点。调研中，有法官对最高院案由规定中将劳务派遣合同纠纷归入劳动争议提出异议，认为这不符合劳务派遣协议的本质。不可否认，劳务派遣协议从法律关系上应属于平等主体之间的合同关系，但是协议内容更富有劳动合同的性质。劳务派遣协议内容有否违反相关劳动法律、法规的规定，是有关纠纷审理中需要审查的重点。如因协议内容违反法律规定，给被派遣劳动者造成损害的，劳动者还可依据《劳动合同法》第92条的规定，要求劳务派遣单位和用工单位承担连带责任。

3. 被派遣劳动者与用工单位之间的关系

用工单位与被派遣劳动者之间到底属于何种法律关系，劳动合同法并未给予明确的规定，理论和实务界对此颇多争议。

目前，就劳动者与用工单位之间的关系性质存在两种理论：一是主张一重劳动关系，即劳务派遣单位，而不是用工单位与被派遣劳动者存在劳动关系。用工单位指挥监督劳动者，接受其劳动给付，是基于受派遣机构的权利或作为受益人等理由；二是主张双重劳动关系，即劳务派遣单位、用工单位分别与劳动者存在劳动关系。相应的，国际上存在两种立法模式。日本采用一重劳动关系模式。日本《劳动派遣法》第2条规定，派遣劳动，谓将自己雇用之劳工，于该雇用关系下，接受他人之指挥命令，为该他人从事劳动。其他如欧盟、德国、秘鲁等国家立法上都采用一重劳动关系。目前一重劳动关系是主流。美国主张双重劳动关系，但美国没有专门的劳务派遣立法，甚至没有劳务派遣这一提法，而是统一适用“雇主”的概念。由于派遣劳工是由派遣机构直接雇用，因此在几乎所有相关事项上，派遣机构皆须负担雇主责任。至于直接使用派遣劳工的要派机构，美国法称之为“共同雇主”（joint employer），因此要派机构有时亦须负担雇主责任。一般而言，要派机构是否需负担共同雇主责任的主要判定标准是“要派机构平时对派遣劳工行使监督管理权的程度”。[①] 两种立法模式比较，一重劳动关系模式法律关系简单明确，权利义务指向性强，便于审判适用；双重劳动关系的法律关系更为复杂，权利义务易生交错重叠，但利于劳动者权益的保护。

从我国《劳动合同法》规定的文义理解，我国劳动立法采用的应是一重劳动关系的理论。《劳动合同法》第58条规定，劳务派遣单位是《劳动合同法》意义上的用人单位，履行用人单位对劳动者的义务。第65条规定，被派遣劳动者可以依照本法有关规定与劳务派遣单位解除劳动合同。同时，在第62条有关用工单位的义务规定中则重在强调与使用劳动力相关的义务。《最高人民法院关于审理劳动争议案件适用法律若干问题的解释（二）》也将劳动者与派遣单位之间的关系作为基础劳动关系，规定：“劳动者因履行劳动力派遣合同产生劳动争议而起诉，以派遣单位为被告；争议内容涉及接受单位的，以派遣单位和接受单位为共同被告。”审判实践中主要也是按照一重劳动关系进行裁判。例如颇受关注的家乐福超市女工案[②]，劳动仲裁和法院均裁决家乐福与原告超市女工之间并不存在劳动关系。我省目前的裁判大多也是遵循这一思路。

但是《劳动合同法》第92条的规定却增加了我们对《劳动合同法》规定理解的困惑。该条规定，劳务派遣单位违反本法规定，给被派遣劳动者造成损害的，劳务派遣单位与用工单位承担连带赔偿责任。虽然有意见认为，第92条前两句规定的是劳动行政责任，在行政责任规定中规定民事赔偿责任不甚妥当。但“连带赔偿责任”应理解为劳动关系民事赔偿责任，应无歧义。尽管，所谓“损害”含义甚广，可以包括侵权造成的损害，也可能是因劳务派遣单位违约造成的损害。根据《劳动合同法》，劳务派遣单位主要就是用人单位的职责，结合用工单位的义务规定，劳务派遣单位的主要义务就是提供基本社会保障，如因劳务派遣单位未按照《劳动合同法》规定给劳动者提供社会保险，构成对劳动者的损害，如用工单位对此也承担连带责任，就意味着用工单位需要承担支付劳动报酬之外的用人单位责任。此外，根

① 孝东：“国内外劳务派遣立法比较”，载《中国劳动》2005年第6期。

② 案件背景：2008年3月1日，盛某从山东农村来到北京方庄家乐福超市上班，成为卖场内的一名销售女工。由于家乐福大多数的销售人员是由供应商“派驻”，盛某的身份是供应商威莱日化（威露士）有限公司（以下简称威莱日化）的销售人员。2008年12月23日，盛某被威莱日化要求和一家劳务派遣公司—广州南方人才资源租赁公司（以下简称南方人才）签订劳动合同。2009年4月21日，家乐福提出2008年年底怀孕的盛某已不适宜继续在家乐福工作，要求其“退场”，即要求供应商换人。盛某决心讨个说法。2009年6月，盛某将家乐福和南方人才诉至北京市劳动争议仲裁委员会。当年12月，仲裁委裁决认为盛某与家乐福之间不存在劳动关系，一切责任不应由家乐福承担，盛某与南方人才之间签有劳动合同，存在劳动关系。盛某不服仲裁裁决，遂向北京市丰台区人民法院提起诉讼，2010年12月15日，法院判决认为家乐福公司仅为盛某的实际工作地点，盛某主张与家乐福公司存在事实劳动关系“没有事实和法律依据”，法院认定南方人才与盛某存在劳动关系，要求双方继续履行劳动合同，驳回了盛玉其他全部诉讼请求。

据《侵权责任法》第34条第2款规定,劳务派遣期间,被派遣工作人员因执行工作任务造成他人损害的,由接受劳务派遣的用工单位承担侵权责任;劳务派遣单位有过错的,承担相应的补充责任。这里,用工单位承担的其实就是侵权法中的雇主替代责任。因此,从上述法律规定的体系解释看,我国似乎并未完全排除双重雇主理论。

4. 解决思路

基于对法条的不同解读可能导致完全不同的两种裁判结果。因此,我们需要寻找一个更合理的解释方式,寻求两种不同理解的最大公约数。

首先,《劳动合同法》的立法目的之一是保护劳动者的合法权益,2008年新实施的《劳动合同法》更是鲜明的体现了这一点,甚至被质疑对劳动者保护过度。《劳动合同法》任何规定的理解都需结合这一立法倾向。

其次,无论是一重劳动关系说还是双重劳动关系学说,均为理论归纳,在现实中并不是不可调和。从采取一重劳动关系的立法模式的国家和地区法律发展看,很多已经充分认识到一重法律关系的局限性,并通过立法弥补。例如我国台湾地区为了加强对劳动者收入保障,规定劳务派遣单位与用工单位对劳动者的收入承担直接的连带给付责任。①

最后,回到我国《劳动合同法》的有关规定。法律先赋予劳动者一个基本的身份归属,就是劳务派遣单位;然后,强调用工单位使用劳动者期间应履行的义务,四个字,即"同工同酬";最后,为了充分保障被派遣劳动者的权益,《劳动合同法》规定了用工单位与劳务派遣单位就用人单位对劳动者责任的连带赔偿责任。因此,《劳动合同法》规定的主旨是要给被派遣劳动者一个和其他一般劳动关系中的劳动者一样的完整的劳动权益。不管是一重还是双重劳动关系模式,劳动关系的外在形式表现如何并不重要,重要的是保障被派遣劳动者享有一个完整的劳动者权益的内核。

从裁判思路上可以这样解析:首先,用工单位应履行的义务是法律明确列举的,即《劳动合同法》第62条的规定;

其次,除第62条规定以外的劳动关系中用人单位应履行的义务一般应归属于劳务派遣单位。两者关系如图二;

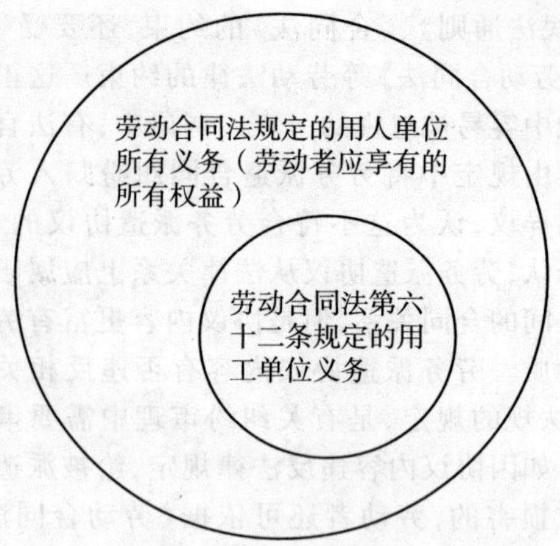

图二:派遣单位与用工单位的责任关系图

最后,如果作为用人单位的劳务派遣单位未按照《劳动合同法》的规定履行其他用人单位的义务,从而给劳动者权益造成损害,劳务派遣单位和用工单位需要对劳动者承担连带赔偿责任,两者共同把残缺的权益圆填补完整。

当然,我们也发现,我国近年来劳务派遣迅速发展的主要原因是用工单位想降低用工成本并逃避法律责任,如果要求用工单位对劳动者所有的合法权益承担连带责任,实际上否定了劳务派遣方式存在的利益根源,一定程度上会打击现行的劳动体系。另外,我们也必须看到,如果允许企业一方利用不规范的劳务派遣方式来逃避应尽的法律义务,不仅对劳动者不公平,对其他规范用工的企业单位也不公平。例如,在本次调研中我们走访了一家大型主营钢结构的建筑企业,该公司的人力资源部主管人员明确表示,从规范用工的角度考虑,使用劳务派遣用工除需支付与标准用工同样的劳动报酬、劳动保障费用外,还需额外支付给劳务派遣公司服务费,而公司所节省的只是人员招聘的成本以及退工的便利,因此劳务派遣用工并未比标准用工体现出更多的优势。该公司至今未使用过劳务派遣用工,且近期也没有使用这一用工模式的打算。市场经济需要激发企业的活力,更需要建设一个公平诚信的竞争环境。因此,这当中包含着劳动者合法权益保护与现实中多方利益的平衡问题。

鉴于此,审判实践中建议把握两个方面的准则。一方面,我们应坚持给予劳动者一个完整的劳动权益的基本理念,帮助劳动者实现权益最大化是促进劳动关系和谐稳定的根本;另一方面,我们可以适当

① 邱祁豪:《台湾劳动派遣法制化之研究:由日本派遣劳动法制度及政策之历史发展考察》,台北致良出版社2003年版,第13页。

限制用工单位连带责任。例如将用工单位的连带责任限于补充连带赔偿责任。即在劳务派遣单位无力赔偿、赔偿不足、或下落不明的情况下，根据用工单位的过错程度，要求其在能够防止或减少劳动者损害的范围内承担赔偿责任。适当照顾企业单位的利益，保护企业的竞争力。

（二）“三性”的认定问题

《劳动合同法》第66条规定了劳务派遣适用的岗位，要求：“劳务派遣一般在临时性、辅助性或者替代性的岗位上实施。”这一条规定是我国劳务派遣在适用范围上的法律依据，明确我国劳务派遣一般要临时性、辅助性或者替代性的岗位上实施，而不能在长期性，稳定性和专业技术性的工作岗位上采取这一用工方式。但是，《劳动合同法》的该条规定过于笼统，缺少可操作性。

1.“三性”的概念

《劳动合同法》第66条对“临时性、辅助性或替代性”相关概念界定不清，未对这“三性”的具体含义进行实质性的、可操作性的界定，且国务院的《劳动合同法实施条例》也未对此进行细化。

从《劳动合同法》立法过程看，征求意见稿时曾试图对“临时性、辅助性或替代性”的具体标准作出规定，如“劳动者被派遣到接受单位工作满1年，接受单位继续使用该劳动者的，劳务派遣单位与劳动者订立的劳动合同终止，由接受单位与劳动者订立劳动合同。接收单位不再使用该劳动者的，该劳动者所在岗位不得以劳务派遣方式适用其他劳动者。”而《劳动合同法实施条例（草案）》也规定：“用工单位一般在非主营业务工作岗位、存续时间不超过6个月的工作岗位，或者因原在岗劳动者脱产学习、临时休假不能上班需要他人顶替的工作岗位使用劳动派遣用工。”但上述内容最终未体现在成文法中。法无明文的后果就是给肆意延长劳务派遣用工期限以可钻的空子，导致劳务派遣用工模式的滥用。立法机关也已经认识到了这一问题，正着手填补这一法律漏洞。

而就目前的立法背景下的司法实践而言，在法无明文界定的时候，按照法律解释规则，我们首先考虑的是文字的字面含义。按照《现代汉语大词典》的解释，临时是指“暂时、非正式的”；辅助是指“非主要的”；替代是指“代替、替身”。对于上述含义的基本认识，审判实践不存在较大争议。顶多是在对“临时性”界定时，对可以持续期限的长短有分歧，6个月还是1年有不同认识，不管持续时间如何，均有期限，并无实质性差异。劳务派遣纠纷中争议的焦点在于如何认定违反三性用工的法律后果。

2. 违反“三性”用工的法律后果

违反“三性”用工，劳务派遣单位应该承担怎样的法律责任，这是司法实践中比较棘手的问题。其中最关键的是如果用工单位违反三性使用劳动力，有关劳务派遣协议的效力该如何认定？劳动者能否通过否定“三性”条件从而主张与用工单位存在一般劳动关系？

调研中发现在审判实践中，法官试图回避违反三性带来的法律后果问题，避免对违反三性问题进行法律评价。如宁波地区曾有一案例，劳动者吴某被派遣至某单位任班车驾驶员。前后长达两年。离职后，吴某申请劳动仲裁，请求派遣单位和用工单位补足“同工不同酬”的工资。对于用工单位而言，接送员工上下班的班车驾驶员属“辅助性”岗位无疑，但长达两年的连续用工无论如何也不符合“临时性或替代性”的要求。但在法院的判决中，技巧性地回避了这一点，没有对“临时性或替代性”作出司法上的判断。

我们认为，在对劳务派遣单位违反“三性”的行为进行法律评价之前，需要区分民事责任与行政责任。因为劳动法是一特殊的法律部门，因其调整的对象是不平等双方的劳动关系，涉及的是劳动力这一特殊社会资源。劳动法本身具有公法的性质，需要行政之手的介入来维护弱势劳动者的权益，保障劳动力市场的稳定和发展。如《劳动合同法》的规定，虽有合同方面的规定，但更多是强制性义务规则。其中第七章中的法律责任，不仅有民事责任，还有行政处罚规定。相应的，对于用工单位滥用劳务派遣用工模式的行为，我们需要就民事责任和行政责任分别进行探讨。

就民事责任层面，我们认为，尚不足以违反“临时性、辅助性或替代性”岗位为由判定劳务派遣合同无效而直接判决劳动者与用工单位之间存在劳动关系。第一，从《劳动合同法》第66条规定的用语看，法律使用的是“一般”，且未进一步明确三性的认定及其违法后果，立法者似乎允许“一般”之外的“例外”情形存在；第二，就算用工单位使用被派遣劳动者违反了临时性、辅助性或替代性的要求，但劳务派遣三方法律关系的本质内容并没有改变，只是扩大了劳务派遣的适用范围，因此不宜因违反三性而径行否认劳务派遣法律关系的存在；第三，从合同法的一般原理看，认定协议无效必须是违反法律的强制性规定，通常的理解是，强制性规定必须是效力性强制性规定，而效力性强制性规定一般是明确规定违反该条文应该认定合同无效。而《劳动合同法》中并没有关于违反三性的法律后果规定。因此，从法律依据看,尚不能仅以用工单位超出“三性”限制使用派遣劳务为由来认定劳务派遣协议无效。但是如果派遣单位违反限制签订劳务派遣协议,造成对劳动者的损害,可依据《劳动合同法》第92条的规定要求劳务派遣单位与用工单位承担连带赔偿责任。

就行政责任而言,因为肆意延长劳务派遣期限增加了企业劳动组织的不稳定因素,降低劳动者与企业的合作度和对企业的忠诚度,又不利于人力资本投资和劳动力素质提高,严重影响劳动关系的稳定。劳动行政部门有必要对此行为加强监管,及时查处。可以依据劳动法律、法规的规定,对劳务派遣单位进行行政处罚,要求相关单位承担违反三性用工的行政责任。只有民事、行政双管齐下才能有效遏制滥用劳务派遣用工模式,侵害劳动者合法权益的现象。

(三)“同工同酬”的理解

《劳动法》第46条规定:“工资分配应当遵循按劳分配的原则,实行同工同酬。”《劳动合同法》第63条规定:“被派遣劳动者享有与用工单位的劳动者同工同酬的权利。用工单位无同类岗位劳动者的,参照用工单位所在地相同或相近岗位劳动者的劳动报酬确定。”但上述规定均未明晰同工同酬的内涵及外延,也未规定如果不同工同酬,该如何救济。

对于被派遣劳动者主张补足“同工不同酬”的工资差异的请求能否予以支持,劳动仲裁和司法中有两种意见:一种意见认为,劳动者与用人单位、用工单位签订劳动合同及劳务派遣合同时并不知晓用工单位同岗位员工的工资情况,但作为单位方应当履行告知等义务,既然《劳动合同法》规定了同工同酬,那么单位不能以合同约定来规避法律的规定,因此单位应按照其他员工的工资情况补足劳动者的工资。另一种意见认为,《劳动合同法》第63条中规定的同工同酬应作为广义的理解,不能简单的认为同岗位的员工就应当有相同的工资,还应综合考虑劳动者的个人工作经验、工作技能、工作积极性等各种因素,不能简单地认为劳动者签订的合同约定工资违反规定,除非劳动者有充分证据证明单位的工资发放操作违反规定。

对此,我们认为,要慎重对待同工同酬的问题,同工同酬不能简单理解为“同岗同酬”而要求用工单位补足相应的工资差额。理由如下:

第一,从同工同酬规定的历史发展看,所谓同工同酬,本是以消除性别歧视而确立的男女之间的薪酬确定原则,更多是一种宣示性规定和政治经济学上的意义。有学者提出《劳动合同法》第63条之所以如此规定,其原因在于现有被派遣劳动者同工同酬保护立法的逻辑不是以劳动派遣法律关系的学理构建为基础的,而是以堵塞问题为基础的,针对的其实是因劳务派遣适用范围扩大化所引发的不当劳务派遣问题。① 由此,同工同酬能否简单适用于劳务派遣,还值得商榷。

第二,同工同酬的前提是“同工”,而非“同岗”。《劳动合同法》第63条规定的同工同酬,参照是用工单位同岗位的劳动者或者用工单位所在地相同或相近岗位,实际上是将“同工同酬”简单等同于“同岗同酬”,抛弃了薪酬的多元化体系,忽视了工作熟练程度、工作数量与质量、受教育程度等其他因素,同时在一定程度上也限制了企业的经营自由权。我们认为,按劳分配是我国宪法规定的基本分配原则,同工同酬是其派生原则,考虑同工同酬需要在按劳分配的前提下进行。② 何况被派遣的劳动者和用工单位非派遣员工在法律关系上存在区别,并非同样的用工方式,更非既定的、同样的法律关系。③

第三,在诉讼程序中可以适当降低劳动者就其同工应同酬的举证责任。在实体上从严把握同工同酬的认定情况下,在程序中可以从宽要求劳动者就其主张的证明责任。换言之,劳动者起诉要求补足同工不同酬的,只需证明存在同岗不同酬的事实,然后要求用工单位进一步举证证明被派遣劳动者与单位一般劳动者比较不存在“同工”的情形,例如工龄、学历、工作经验等方面不同,并由此导致工作质量和效率存在差异。

第四,鉴于个案监督本身的局限性和被动性,我们建议劳动行政监察部门能加强有关方面的督察,加大执法力度。从源头上遏制肆意侵害劳动者合法权益的行为。

(四)无固定期限合同

被派遣劳动者能否要求与派遣单位签订无固定期限合同,是劳务派遣纠纷案件中另一大疑难问题。

案例:2003年,陆某与某劳动服务部签订劳动合同一份,约定工作岗位为架线工,合同期限为2003年

---

① 李海明:《劳动派遣法原论》,清华大学出版社2011年版,第344页。

② 如前述被派遣劳动者吴某一案,一、二审法院均驳回了吴某关于同工同酬的请求。而此类裁判并不为宁波地区独有,以“同工同酬”为关键词搜索北大法宝,在73个搜索结果中,没有一例支持劳动者的请求,裁判理由多为“劳动者未提供证据证明其与单位正式职工具有相同的工作岗位、相同的工作内容、相同的工作量并取得了相同的工作业绩的证据”。

③ 李海明:《劳动派遣法原论》,清华大学出版社2011年版,第341页。

10月1日至同年12月31日。后双方多次续订和变更,将合同期限延长至2009年12月31日。2007年12月28日,劳动服务部与某电力发展有限公司、某电气安装有限公司签订劳务派遣协议书一份,约定由该服务部向公司派遣劳务人员从事有关工作,双方建立劳务派遣合同关系。2010年1月11日,陆某申请劳动仲裁,要求与劳动服务部签订无固定期限劳动合同,继而在上述两家公司工作。劳动仲裁驳回其仲裁请求,陆某向法院起诉。法院最终以两公司系独立法人,原告要求通过与劳动服务部签订无固定期限合同从而继续在两公司工作的请求,缺乏法律依据,遂驳回陆某的全部诉讼请求。而对于陆某能否要求与劳动服务部签订无固定期限的劳动合同问题,裁判实际上未给予明确说明。

根据《劳动合同法》第14条的规定,三种法定情形下用人单位必须与劳动者签订无固定期限劳动合同,上一案例正符合其中的第三项"连续订立二次固定期限劳动合同,且劳动者没有本法第三十九条和第四十条第一项、第二项规定的情形,续订劳动合同的"的情形。该种情形在劳务派遣关系中较为常见。调研中还发现另外一种情形,许多此前已经满十年的劳务派遣,也存在要求签订无固定期限劳动合同的可能。那么审判实践中,应该如何对待被派遣劳动者要求签订无固定期限劳动合同的诉请呢?

我们认为,与一般劳动合同相比,劳务派遣合同具有特殊性。该种合同不仅存在签订劳动合同的双方,还存在实际用工的第三方,因此,本质上,派遣单位与劳动者之间不存在用工的问题。同时,劳务派遣是针对临时性、辅助性和替代性的岗位和工种,因此,即使同一个劳动者与同一个派遣单位连续签订了派遣合同,劳动者也不能要求双方签订无固定期限的合同。否则,由此可能导致的商业风险就会超出派遣单位这一市场主体的预测范围,从而要求一个劳动力输出单位最终变成"用工单位",很可能拖垮派遣单位,导致这一市场行业不复存在。同样,同一个实际用工单位哪怕连续两次以上使用了同一个被派遣的劳动者,也不能承担与劳动者签订无固定期限劳动合同的义务,否则又变相的否定了劳务派遣只能适用于"临时性、辅助性和替代性"岗位的本质要求。

(五)劳务派遣与其他特殊用工形态的区别

审判实践中,有一种用工形态与劳务派遣比较相似,容易引起混淆,即实际用工单位与劳动合同签订单位不同,但又不属于劳务派遣的情形。常见情形如百货大楼化妆品营业厅的业务人员,通常与百货公司签订劳动合同,但是又是直接从其所代言的化妆品牌公司领取劳动报酬及相关奖励,且其间不存在百货公司向化妆品公司派遣的情形,百货公司也不具备派遣的资格。这种情形与劳务派遣有着类似的表征,但实质上又是不同的法律关系。因此,一旦发生纠纷,如何确定诉讼主体,权利义务关系如何界定就成为问题。

就该种特殊用工形态的定性,有的意见认为以劳动合同作为确定的标准,有的认为以实际用工关系作为确定的标准。对此,2009年经过调研后,在制定的《最高人民法院关于审理劳动争议案件若干问题的意见》中,我们采用了与劳务派遣相同的处理原则,即如果劳动者起诉实际用工单位或者劳动合同签订单位的,应当将二者作为共同当事人,同时规定劳动合同签订单位与实际用工单位承担连带责任。这样有利于劳动者最大限度的保护自己的合法权益,不因其中一方的经济困境而受损。

三、结语

在我们进行本课题调研期间,收到了人大常委会法工委下发征求意见的《中华人民共和国劳动合同法修正案(草案)》。修改的内容主要包括严格限制劳务派遣用工岗位范围,对"三性"岗位的具体含义作了进一步界定;设立了劳务派遣单位的行政许可制度;强调了被派遣劳动者的同工同酬权利;增加了相应违法行为的处罚等。但除了明确"三性"含义外,修正案(草案)并未涉及劳动者与用工单位关系的认定、违反"三性"的后果,"同工同酬"的具体适用等目前审判实践中存在的几大疑难问题。因此,有关问题仍然需要裁判法官理性分析,审慎处之。秉持既要依法维护劳动者合法权益,又要促进企业的生存发展的审判理念,妥善处理劳务派遣纠纷,为促进劳资双方互利共赢、劳动关系的和谐稳定提供充分的司法保障。

关于消费者权益纠纷案件的调研报告

安徽省高级人民法院民一庭

一、全省消费者权益纠纷及案件的基本情况

最高人民法院《民事案件案由规定》中没有消费者权益纠纷类专门案由,这类纠纷案件散见于人格权纠纷、买卖合同纠纷、运输合同纠纷、服务合同纠纷、滥用市场支配地位纠纷、侵权责任纠纷等案由的案件中,难以精准统计出各级法院审理的涉及消费者权益纠纷案件的数量。从各中级法院报告的情况看,近年来全省每年审理的涉及消费者权益纠纷案件的数量不大,在民事案件中所占的比例较小。同时,由于涉及消费者权益纠纷案件当事人多以其他法律关系提起诉讼,完全适用《消费者权益保护法》处理的案件数量更少。基于上述原因,难以对涉及消费者权益纠纷案件情况作出全面、客观的评价。但从总的态势看,全省消费者权益纠纷及案件有以下几个特点:

1. 消费者权益纠纷发生后诉讼到法院的相对较少。据不完全统计,全省法院每年受理的一审涉及消费者权益纠纷案件不超过1000件,而据省消费者协会提供的数据,2009年至2012年6月30日,全省消费者协会处理的消费者投诉纠纷数量总计144,895件,分别为2009年33,170件,2010年32,724件,2011年39,707件,2012年1至6月39,294件。由此可见,消费者权益发生纠纷后多通过工商部门或者消费者协会处理,当事人选择司法途径解决的比例较小。

2. 消费者不愿维权和过度维权的现象并存。综合分析消费者协会处理的消费者投诉情况及各级法院案件受理情况,有些消费者在合法权益受到侵害时出于种种考虑,选择"忍气吞声",不向工商部门、消费者协会投诉,也不向法院起诉;有些消费者在权益受到侵害时会选择向工商部门、消费者协会投诉,但在工商部门、消费者协会未能协调处理或者处理效果不好时,出于诉讼耗时耗力的担心,最终仍然选择放弃,不愿用法律手段维护权益。审判实践中也遇到部分消费者由于对法律的理解存在偏差或者维权观念存在误区,在权益损害不大时,坚持向生产者、销售者、经营者要求高额或巨额赔偿,存在过度维权现象。极端的案例是,一个损害很小的产品责任纠纷案件,当事人提出了100万元的精神抚慰金请求。

3. 案件类型涉及日常生活方方面面,但数量不均衡。从涉及消费者权益纠纷案件类型看,既有传统的消费者维权案件,如因假冒伪劣商品、产品质量、餐饮住宿服务、通讯服务、婚庆服务、医疗服务、商品房买卖等引发的案件;同时,一些新类型的消费者维权案件也开始诉诸法律,如因电视购物、网络购物、团购服务、美容服务、旅游度假服务等产生的纠纷。从各地报告的情况看,传统类型的案件中产品责任、医疗美容服务、商品房买卖等类型数量相对较多,新兴消费方式引发的案件数量很少。

4. 涉及食品安全类案件诉讼标的额不高,但容易引起舆论关注。从近几年全省各级法院审理案件的情况看,除阜阳"大头娃娃"奶粉事件(该事件中经法院处理的纠纷并不多)引发的赔偿外,涉及食品安全类的案件标的额不高,多在万元左右。但这类案件多带有"专业打假"、"选择性打假"、"知假买假"等特点,当事人诉讼对象选择为大企业、大型超市、大卖场等。这类案件容易引起新闻媒体和社会舆论关注,一经报道,即会引起社会公众的强烈关注,社会影响力不可忽视。

5. 当事人矛盾纠纷大,案件调解撤诉率相对较低。因商品质量、服务引起的纠纷中,消费者多认为经营者不诚信或故意欺诈,加之前期维权过程的艰难,加剧了他们与生产者、销售者、经营者的对立情绪,案件调解过程中一般不愿让步;而经营者一方,由于担心调解会引起连锁反应,对消费者主张的损失不认可,又顾及自己的商誉,经常抱着有一丝胜诉希望就不调解的侥幸心理。上述因素造成此类案件矛盾纠纷化解难度大,调解撤诉率较低。从各中级法院的调研报告看,这类案件的调解撤诉率普遍低于民事案件的平均调解撤诉率,低的不到20%,高的也仅在40%左右。

6. 案件审理周期相对较长。在涉及消费者权益纠纷的合同类、产品责任纠纷中,产品、房屋质量等是否合格、是否存在缺陷、损失数额的大小等事实,

通常需要通过委托评估或者鉴定来确认；此外，是否存在因果关系、当事人主张的免责事由是否成立，通常也需要借助司法鉴定和评估确定。因此，涉及消费者权益纠纷案件的审理周期相对其他民事案件更长一些。

7. 是否违反诚实信用原则和安全保障义务是案件的审理重点。一些产品生产者、销售者以及服务经营者在广告、产品销售、提供服务过程中夸大宣传，将普通产品、服务宣传成具有治疗功效，将普通商品“包装”为国家免检产品或者谎称产品质量在行业中领先等，消费者起诉要求认定欺诈的案件较为多发。随着公民法律意识的增强，以经营者侵犯其人身权、知情权的案件也日渐增多。如医疗服务合同案件中，原告以被告擅自实行或者改变手术方案但未履行告知义务，侵害其知情权，要求被告承担责任。此外，消费者越练越注重消费环境，对服务经营者这方面的要求越来越高，在购买商品或者接受服务中受到伤害的，经常会提出经营者违反安全保障义务的诉讼。据不完全统计，消费者因违反诚实信用原则和安全保障义务提起诉讼的纠纷约占消费者权益纠纷案件的40%左右，且这种情况呈进一步上升的趋势。

二、审理消费者权益纠纷案件的基本做法

消费者权益维护关系到千家万户，关系到各行各业，事关市场的繁荣稳定，事关社会的和谐稳定，影响面大、牵涉面广，全省法院坚持按照最高人民法院“调解优先，调判结合”的工作原则，充分运用调解手段，化解当事人之间的矛盾纠纷；在调解不能时，及时判决，维护当事人的合法权益，保证案结事了。其主要做法是：

1. 大力做好消费者维权法律知识宣传。全省各级法院注意利用各种途径和方式宣传消费者维权法律知识，一是在司法进社区、进乡村、进校园、进军营活动中向普通百姓宣传包括消费者权益保护在内的各项法律知识，借助“3·15”消费者权益保护日、“12·4”普法日等活动平台以及报纸、电台、网络等媒体，向广大消费者宣传法律，普及维权知识；二是在案件审理过程中向当事人宣传消费者权益保护的法律规定。

2. 积极推进多元化消费者权益纠纷解决机制的建立。在审理维护消费者权益纠纷案件中，全省各级人民法院普遍建立了与工商行政管理部门、消费者协会的诉调对接机制，发挥他们在处理消费者权益纠纷中的独特优势。2011年12月29日，在总结全省各级法院多年实践经验的基础上，省高级人民法院、省工商行政管理局、省消费者协会联合下发了《关于加强涉及消费者权益纠纷诉调衔接工作的意见》规定：消费者协会设立消费者权益纠纷诉调对接办公室，负责与法院在消费者权益纠纷方面的衔接工作。诉讼到人民法院的消费者权益纠纷案件，立案前应引导当事人申请消费者协会调解；案件审理过程中，人民法院可以委托消费者协会对当事人的争议进行调解；调解成功的当事人可以申请司法确认或者要求人民法院出具民事调解书；调解不成的，人民法院应及时立案、判决。消费者协会受理的有重大影响、群体性的投诉，可以邀请人民法院提供业务指导和帮助。人民法院、消费者协会建立联席会议制度，适时召开联席会议，研究解决消费者权益保护中的难点、热点问题等。除了建立与工商部门、消费者协会的联系外，各级法院还加强与公安、司法、质检以及人民调解组织等的交流与合作，建立消费者权益联席会议制度，相互通报情况，形成处理消费者权益纠纷的合力，推动多元化消费者权益纠纷解决机制建立。

3. 加强对下级法院的业务指导，提高各级法院的审判水平。省高级法院、各中级法院定期或者不定期以开展涉及消费者权益纠纷案件调研、召开座谈会等多种形式，随时掌握这类案件的审判动态，及时研究总结审判实践中出现的新情况、新问题。对普遍性、共性的问题，以座谈会、案例研讨会、发布典型案例等形式进行统一指导，保证全省法院执法尺度和裁判标准的统一，保证“同案同判”；对一些法院出现的个别性问题，有针对性地进行指导，帮助问题法院及时纠正错误，提高审判业务水平。

4. 注重新类型消费纠纷案件的研究。近年来，随着电子商务、网络购物、组团购物等新兴消费方式引发的消费者权益纠纷案件开始诉讼到法院，这些案件如何采信证据、认定事实和适用法律，没有现成的经验可以遵循，也无成功的案例可以借鉴。因此，这类案件审理中，我们采取了非常审慎的态度，通过咨询专家、学者，召开研讨会等方式，研究探讨案件事实证据认定中的疑难问题和法律适用问题，尽可能统一对相关问题的认识，对同类案件形成统一意见，以有效应对将来可能增加的新类型消费者权益保护诉讼，避免裁判尺度不一。

5. 支持理性维权，限制过度维权，维护正常的消费秩序。保护消费者合法权益仅是保护消费者法律体系的初级目标，以保护消费者权益来维护市场交易的正常秩序、市场经济的健康发展和社会的稳定才是消费者权益保护法律体系的终极目标和价值所在。全省各级法院在审理涉及消费者权益纠纷案件时，坚持以是否有益于维护市场经济秩序、是否有益

于经济发展、是否有利于社会的和谐稳定为判断标准和基本原则,在保护消费者合法、正当的权益的同时,维护生产者、销售者、经营者的正当权益,支持消费者理性维权;对消费者提出的超出法律规定的诉求,一般不予支持,引导消费者消费者理性维权。

三、消费者权益纠纷案件中亟须明确的几个问题

1. 案由是否应统一的问题。最高人民法院《民事案件案由规定》并未将消费者权益纠纷作为类别进行划分,因此,对是否应统一涉及消费者权益纠纷案件的案由,存在两种截然相反的观点。赞成的观点认为应当统一此类案件的案由,其理由是:其一,案由不同,则意味着不同的法律关系,审理时举证责任、归责原则、赔偿范围也不同,造成执法尺度的不统一。同一纠纷,往往因案由选择不同,而导致最终的裁判结果有所差异。其二,消费者并非法律专业人士,在主张权利时对选择法律关系往往存在迷茫,甚至无所适从,应统一案由加以引导。其三,审判实践中,对一些违约和侵权竞合的消费者权益纠纷案件,消费者诉讼时,多选择同时主张。为保护消费者,审理时往往定合同的案由,却依侵权审理,造成混乱。反对的观点认为,从我国现行法律体系来看,消费者权益并非一部《消费者权益保护法》可以囊括,消费者权益的保护同时还要依据《合同法》、《产品质量法》、《侵权责任法》等法律,消费者依据不同的法律维护其应有的权益,无疑应得到支持。如果仅仅为了便于审理或者进行司法统计,规定有涉及某种权利特点的案件必须适用同一案由,按某个专门的法律关系主张权利,显然缺乏法律规定,且会与《合同法》第122条"因当事人一方的违约行为,侵害对方人身、财产权益的,受损害方有权选择依照本法要求其承担违约责任或者依照其他法律要求其承担侵权责任"的规定相悖。我们同意后一种观点。

2. 几种特殊情形下的"消费者"身份认定问题。《消费者权益保护法》第2条规定:"消费者为生活消费需要购买、使用商品或者接受服务,其权益受本法保护;本法未作规定的,受其他有关法律、法规保护",但审判实践中在具体适用该条认定"消费者"身份时,在以下几种情况下会产生争议:

(1)知假买假者是否认定为消费者。一种观点认为,只有购买商品并加以使用的才是消费者,买了不用仅是购买者而不是事实上的消费者。知假买假的行为属于购物行为而不是消费行为。这种为了牟利而购假索赔不应得到法律保护。另一种观点认为,购买商品只要不用于生产,就应当视为生活消费。至于是"知假买假"、还是"不知假买假"并不重要,况且法律并无禁止性规定,司法实践中没有必要对此刻意区分。如果认定知假买假者不属于消费者,会产生这样一种情况:购假者没有资格退货只能自己使用,反过来他又成了消费者。我们同意第二种观点,理由有以下几点:第一,限于对商品专业知识的缺乏,消费者一般不可能对商品的真假、伪劣知道得一清二楚,往往是仅怀疑有假而无法判明确实有假,因为需要而不得不买,最终使用时才发现为假货。这也符合购物消费的一般规律。司法实践中大多数消费者往往诉称在将商品买回家或者使用过程中才怀疑或发现有假,商家对此又无法用事实进行抗辩。因此,认定消费者是否属于"知假买假"者并讨论是否应给予法律保护没有无实际意义。第二,顾客到商店购物有可能本人直接使用,也有可能由其家庭或者亲友使用,还有可能赠送给他人使用,只要不是用于生产流通领域就应视作生活消费。第三,相对于"经营"而言,凡是与生产者或经营者进行交易,从他们手中购买商品,除本身也是经营外,应被看做是生活消费。第四,即便消费者被证明为"知假买假",从制裁、打击违法经营者,建立健康、规范、有序的市场经济秩序考虑,也应认定"知假买假"者为一般的消费者,给予正常的法律保护。

(2)消费者是否包含单位消费者。消费者仅指公民个人,还是包括法人和其他组织,一直存有争议。一种观点认为,《消费者权益保护法》(草案)在审议时明确将单位排除在消费者之外,但有意见提出,单位购买生活资料最后也是由个人使用,保护消费者权益的范围可以不排除法人和其他组织,只要用于生活消费的,都可以适用本法。因此,草案中"前款所称消费者,是指消费者个人"被删去了。况且,现实生活中单位生活消费的现象大量存在,单位购买生活消品作为福利分发给职工个人是常见现象,有的虽非生活福利,但最终也归个人使用。在这种情况下,单位(法人或者其他组织)可作为生活消费的主体纳入消费者范围。相反的观点认为,国际标准化组织消费者政策委员会第一届年会曾明确指出"消费者"指为个人目的购买或使用商品和服务的个体社会成员。《消费者权益保护法》虽没有明确界定,但从保护在消费过程中处于经济弱者地位的往往是公民个人的角度出发,对消费者身份界定为公民个人为宜,这也符合国际惯例。我们认为,单位不应成为《消费者权益保护法》所指的消费者。首先,《消费者权益保护法》的立法宗旨是保护现代消费社会中的弱者。个体社会成员处于消费关系中的弱者,而单位并不是消费关系中的弱者,无须特别保护。从域外法的情况看,大多强化对个人消费者的保护,对法人或者组织消费一般没有特别的保护;第二,《消费者权益保护法》确定的消费者权益大多与个人享有的权利联系在一起,如知悉权、选择权、索赔权等;第三,《消费者权益保护法》指的消费是指个人消费,或者说是直接消费,而单位虽然也可以订立买卖合同而接受一定的商品,或订立有关服务合同而接受一定的服务,但就生活消费而言,单位本身不能直接使用某种商品或直接接受某种服务,也就是说不能从事某种生活消费。

3. 双倍赔偿时欺诈的认定标准问题。《消费者权益保护法》第49条规定,经营者提供商品或者服务有欺诈行为的,应当按照消费者的要求增加赔偿其受到的损失,增加赔偿的金额为消费者购买商品的价款或者接受服务的费用的一倍。司法实践中对欺诈如何认定有不同的观点。第一种观点认为,《最高人民法院关于贯彻执行〈中华人民共和国民法通则〉若干问题的意见(试行)》中对欺诈行为作出了解释:"一方当事人故意告知对方虚假情况,或者故意隐瞒真实情况,诱使对方当事人作出错误意思表示的,可以认定为欺诈行为。"据此,欺诈行为要求经营者主观上为故意,如果不是故意,不应认定为欺诈。第二种观点认为,国家工商行政管理局《欺诈消费者行为处罚办法》第2条规定,欺诈消费者行为是指经营者在提供商品或者服务中,采取虚假或者其他不正当手段欺骗、误导消费者,使消费者的合法权益受到损害的行为;且在第3条、第4条中用列举的方式规定了可以按欺诈处罚的行为。该部门规章的规定比较全面,审判实践中可以参照认定经营者是否存在欺诈。我们基本同意第二种观点,只要经营者的行为符合以下几个条件,就应当认为有欺诈行为:一是经营者有欺骗、误导消费者的行为;二是消费者的合法权益受到损害;三是经营者须有过错(包括故意或过失),不以经营者是否具有故意为前提条件;四是经营的过错行为与消费者的合法权益受到损害具有因果关系。

4. 附赠商品或服务发生争议是否适用《消费者权益保护法》。此问题有两种观点。一种观点认为,既然商品和服务是无偿赠送的,根据权利义务对等原则,经营者对此不负有质量担保责任。另一种观点认为,不管商品、服务是否是无偿赠送的,经营者仍承担一定的质量担保责任,应该负责包修、包换,致消费者损害的应当赔偿,若存在欺诈行为的,消费者还可以主张双倍赔偿。我们认为,《消费者权益保护法》第44条的规定:"经营者提供商品或者服务,造成消费者财产损害的,应当按照消费者的要求,以修理、重作、更换、退货、补足商品数量、退还货款和服务费用或者赔偿损失等方式承担民事责任。"从该条规定可以看出,只要是经营者提供的商品造成消费者损害的,消费者是可以要求经营者进行赔偿的,并未规定其他前提条件。因此,附赠商品或者服务发生争议应适用《消费者权益保护法》。

5. 商品房买卖是否适用《消费者权益保护法》第49条。商品房销售中的欺诈行为是否适用《消费者权益保护法》第49条,审判实践中极不统一。有些法院认为,房屋作为一种商品,购房系商品买卖行为,当经营者有欺诈行为时,适用双倍赔偿应无问题。因为,《消费者权益保护法》中规定的"商品"系指为人们日常物质生活或文化生活所需且于市场上流通买卖的物品,动产或不动产均包括在内,消费者以生活消费之目的购买商品房的,商品房应是《消费者权益保护法》规定的商品,因此产生的争议应适用该法;就消费者权益保护而言,消费者于商品房的交易过程中属于经济上弱者的地位,且购买商品房往往是消费者一身积蓄所得的成果,《消费者权益保护法》中规定的消费者权利,在商品房的交易中应该予以适用;从惩罚性赔偿金制度的立法目分析,如果商品房交易纠不适用该条文,开发商的欺诈行为不承担双倍赔偿的民事责任,一方面消费者得不到合理的补偿与鼓励,另一方面不能制裁、吓阻开发商的欺诈行为,难以建立规范有序、诚实守信的商品房交易市场。持相反观点的法院认为,商品房是大件商品,是不动产,不适用《消费者权益保护法》的该条规定;房屋经过验收合格,不会存在质量问题,不适用该条规定;房屋不属于产品质量法的调整范围,应当适用城市房地产管理法进行判决;对商品房即使采取"双倍赔偿"的惩罚手段对经营者远远不会造成"伤筋动骨",这种惩罚性赔偿责任对市场交易秩序的冲击力很小,一旦刻意强调按《消费者权益保护法》调整,将会给市场交易秩序带来难以想象的干扰和破坏,造成"公平"与"秩序"之间的严重失衡。我们认为,商品房买卖不适用《消费者权益保护法》第49条。首先,以历史解释的角度来看,《消费者权益保护法》制定时,针对的是普通商品市场存在的假冒伪劣和缺斤短两问题,其适用范围不包括商品房;《产品质量法》明文规定不包括建筑物;商品房作为不动产与作为动产的普通商品有差异,商品房买卖合同上即使出卖人隐瞒了某项真实情况或捏造了某项虚假情况,与普通商品交易中的欺诈行为不能等量齐观,商品房质量问题通过瑕疵担保责任制度可以得到妥善处理。其次,商品房买卖合同金额巨大,动辄数十上百万,如判决双赔,将导致双方利害关系的显失平衡,在一般人的社会生活经验看来很难说是合情合理合法的判决。

6. 医疗纠纷是否适用《消费者权益保护法》的问

题。对此问题有三种观点，第一种观点认为医疗纠纷不能适用《消费者权益保护法》，理由是我国卫生事业是政府实行一定福利政策的社会公益事业，决定了医院不能作为一般意义上的商品经营者，医院提供医疗、预防、保健、康复等服务不以盈利为目的，而是社会效益第一。医院的医疗行为也不是《消费者权益保护法》规定的普通消费行为，而是一种特殊消费行为。同时，患者也不是消费者，医院的医疗消费仍然坚持执行政府的指令性价格，不采取市场的随行就市，因此，患者交付的费用也与得到的诊疗服务不是等价交换。因此，医疗纠纷不能适用《消费者权益保护法》。第二种观点则相反，认为医院为人们提供的服务就是《消费者权益保护法》中的服务，其出售的药品也属于《消费者权益保护法》中的商品，并且医院提供的服务与出售的药品也都是有偿的，因此，认为医院纠纷不适用《消费者权益保护法》是没有法律依据的。第三种观点是折中说，认为从总体上说医患关系应适用《消费者权益保护法》规定，但我国当前医院并未完全推向市场，医疗服务实行政府指导价，而不是市场调节价，因此，同时也应适用其他专项法律或有关立法的规定。我们认为，《消费者权益保护法》规定其适用对象是以生活消费为目的消费者，而在以人体疾病为诊疗对象以及为社会公益而进行的计划生育、强制计划免疫等医疗行为中，就诊者并非出于生活消费的目的而主动、自愿接受相关医疗行为，医患双方所进行的不是等价有偿的市场交易行为，因此，因上述几类医疗行为所产生的法律关系中不能适用《消费者权益保护法》。而对于医学美容、健体（保健）服务等医疗行为，系患者出于美化容貌、健康体形的目的而主动接受医疗行为，具有较强的生活消费目的，此类医疗服务关系适用《消费者权益保护法》是适当的。

7. 消费者诉讼中举证负担过重，应予减轻

最高人民法院《关于民事诉讼证据的若干规定》第 4 条第 6 款规定："因缺陷产品致人损害的侵权诉讼，由产品的生产者就法律规定的免责事由承担举证责任。"由此可见，消费者首先要证明所购产品存在缺陷，且该缺陷与损害后果之间存在因果关系，之后才由生产者就免责事由举证。如何证明产品存在缺陷及因果关系，对消费者具有相当难度。《产品质量法》第 46 条规定："本法所称缺陷，是指产品存在危及人身、他人财产安全的不合理的危险；产品有保障人体健康和人身、财产安全的国家标准、行业标准的，是指不符合该标准。"一方面，"不合理的危险"的界定没有明确的标准；另一方面，产品没有保障人体健康和人身、财产安全的国家标准、行业标准的，依照《合同法》的规定，应"按照通常标准或者符合合同目的的特定标准履行"。显然，上述两个方面，理解具有主观性，有时需要依靠法官的自由裁量来确定，有时则必须借助科学的鉴定结论，因此，这类涉及消费者权益纠纷案件中消费者承担的举证责任过重，有必要予以减轻。

关于审理房屋买卖合同纠纷疑难案件适用法律问题的调研报告

安徽省高级人民法院民四庭

人民法院受理的各类房地产案件中，房屋买卖合同纠纷占了相当大的比重，妥善审理好此类案件，对于保护消费者合法权益、维护交易安全、促进社会和谐稳定具有重要意义。近年来，随着我国社会经济的进一步发展，特别是国家加大对房地产市场的宏观调控以来，我省法院房屋买卖合同纠纷案件数量呈现出较快增长趋势，适用法律难度不断加大。为总结全省房屋买卖合同纠纷案件审判工作经验，统一全省法院裁判标准，我院在法律、司法解释的基础上，结合我省审判工作实际，专门制定了《安徽省高级人民法院关于审理房屋买卖合同纠纷案件适用法律问题的指导意见》。为进一步做好房地产审判工作，我们就近年来出现的房屋买卖合同纠纷案件出现的热点、难点问题作出初步总结。

一、新建商品房买卖合同

（一）在工业用地上开发商品房并取得房屋预售许可证的商品房买卖合同的效力应如何认定

一般情况下，土地使用性质未变更前，是无法取得房屋预售许可证并对外销售房屋的。但实践中，一些开发区为了招商引资，违规操作，在土地使用性

质未变更前，即允许先行进行住房开发并办理预售许可证对外出售。

我们认为：土地是房屋建设的基础，虽然《解释》规定"未取得商品房预售许可证，订立的商品房预售合同无效"，但并非意味着取得了预售许可证，商品房买卖合同就一定有效。擅自改变土地使用性质违反《土地管理法》、《房地产管理法》的强制性禁止规定，违反了社会公共利益，所建房屋应属非法建筑，商品房买卖合同应认定无效。

（二）当事人在认购书中约定了房屋的面积、位址和价款，买受人支付了定金，但开发商事后不与买受人签订购房合同，而是将房屋出售与第三人，法院应如何处理？签订认购书后，买受人按认购书约定支付了全部购房款，但房屋竣工后一直未办理竣工验收手续，开发商也一直不与买受人签订商品房合同，买受人如何主张权利

我们认为：当事人签订的认购书、购房意向书等协议虽然不具备《最高人民法院关于审理商品房买卖合同纠纷案件适用法律若干问题的解释》（以下简称《解释》）第5条规定的条件，但已经明确了拟购商品房的位置、面积、价款且能够实际履行的，可以认定为商品房买卖合同，但当事人明确约定认购书、购房意向书等协议仅为预约合同的除外。

对于签订认购书后，买受人按认购书约定支付了全部购房款，依据《合同法》第36条"法律、行政法规规定或者当事人约定采用书面形式订立合同，当事人未采用书面形式但一方已经履行主要义务，对方接受的，该合同成立"之规定，应当认定为商品房买卖合同已经成立。出卖人未能按约履行的，应承担违约责任。

（三）出卖人就商品房开发规划范围外的房屋及相关设施所作的说明和允诺具体确定，并对商品房买卖合同的订立以及房屋价格的确定有重大影响的，能否视为要约，比如对学区的允诺、对交通条件的允诺等。违反该允诺，应承担什么性质的责任

《解释》第3条规定"出卖人就商品房开发规划范围内的房屋及相关设施所作的说明和允诺具体确定，并对商品房买卖合同的订立以及房屋价格的确定有重大影响的，应当视为要约。该说明和允诺即使未载入商品房买卖合同，亦应当视为合同内容，当事人违反的，应当承担违约责任"。我们不太倾向于将该条扩至于对诸如学区、交通条件等商品房开发规划范围外的设施所作的说明和允诺，虽然从实际生活中此类问题的产生更多的是出卖人的过错导致。与规划范围内的允诺不一样的，从合理的当事人角度考虑，此类允诺缺乏可执行性，大部分的此类允诺实际上只能构成要约邀请。

我们认为：（1）在作出具体确定的允诺的当时，如果允诺的学区、交通条件与实际的不一致，买受人应秉着"买者当心"的原则小心从事①；（2）允诺小区建成之后学区、交通条件达到何种条件的，由于买受人应合理期待出卖人不具有对该类条件的成就的控制力，允诺因缺乏可执行性而不能构成要约②。

（四）商品房买卖合同签订之后，因规划变更，导致增加或减少的面积远远超过3%，对此情况，法律和司法解释未作明确规定，应如何处理

此类问题常见于别墅的出售，面积增加部分往往远超过3%，部分达到50%甚至更多。买受人主张按照司法《解释》第14条第2③项的规定超过3%之内部分，按合同价购买，超出部分价格应由出卖人承担，产权归买受人所有。出卖人往往愿意承担违约责任，但主张已建成的房屋其实并非合同约定的房屋，合同不应也不能继续履行。

我们倾向于认为：（1）《解释》第14条之规定与上述情况有所区别，《解释》直接针对的是已交付的房屋，上述情况是未交付的房屋，且房屋面积大幅变化；（2）需查明造成面积巨大变化（规划调整）的根本原因，是政府行为导致的，还是出卖人为谋取经济利益自行申请的，规划变更时是否履行相应的告知义务④；（3）从已受理的案件来看，绝大部分都是出卖人为谋取巨大经济自行申请变更的且未能履行相应告

① 有效合同背景下，本案是否可以构成缔约责任有所争议。

② 广东省高级人民法院《关于合同法施行后认定房地产开发经营合同效力问题的指导意见》第24条规定，商品房售楼广告的内容没有在商品房预售合同中约定，但符合下列情形之一的，该广告内容具有法律约束力：（1）向购房者提供优惠条件或赠送礼品的许诺；（2）对商品房外墙或共用部分装饰标准的告示；（3）对商品房各组成部分或共用部分使用功能质量的陈述；（4）对商品房周围环境质量作出的具有明确的公建指标的说明；（5）其他载有明确指标的说明。该意见也仅仅扩展了周围环境质量。

③ 《解释》第14条"出卖人交付使用的房屋套内建筑面积或者建筑面积与商品房买卖合同约定面积不符，合同有约定的，按照约定处理；合同没有约定或者约定不明确的，按照以下原则处理：……（二）面积误差比绝对值超出3%，买受人请求解除合同、返还已付购房款及利息的，应予支持。买受人同意继续履行合同，房屋实际面积大于合同约定面积的，面积误差比在3%以内（含3%）部分的房价款由买受人按照约定的价格补足，面积误差比超出3%部分的房价款由出卖人承担，所有权归买受人；房屋实际面积小于合同约定面积的，面积误差比在3%以内（含3%）部分的房价款及利息由出卖人返还买受人，面积误差比超过3%部分的房价款由出卖人双倍返还买受人"。

④ 商品房买卖合同示范文本中有此约定。

知义务,出卖人的过错较为明显,应承担相应违约责任。至于买受人主张应依据《解释》之规定,面积误差比超出3%的部分的房价款由出卖人承担,所有权归买受人,因违背权利义务对等原则,不应支持。买受人主张按合同签订价继续购买面积误差比超出3%的部分,可予以适当支持①。

(五)对合同约定的商品房交付以验收合格为准,对验收合格的标准和时间有不同理解,应如何处理?买受人接受房屋之后又以所交付的商品房不符合合同约定的交付标准,如何处理

我们认为:商品房买卖格式合同约定以"该商品房经验收合格"作为交付条件,一般应以出卖人(建设单位)组织勘察、设计、施工、监理等单位进行工程竣工验收并出具验收合格的意见作为认定商品房经验收合格的依据。规划、公安消防、环保、城建档案管理、人防等专门管理部门未按照相关规定在出卖人组织工程竣工验收前就项目工程出具认可性的意见的,应以上述专门管理部门均出具的认可性的意见为准,认定房屋是否经验收合格。

房屋买受人在出卖人未满足前述规定的交付条件的情况下接收了房屋,后又以出卖人交付房屋时"未经验收合格"为由向其主张逾期交房违约责任,出卖人能够在在一审法庭辩论终结前提供完整的《工程竣工验收报告》,证明项目工程已经规划、公安消防、环保等专门管理部门检查或验收通过,出卖人已组织了工程竣工验收并合格,且建设工程质量监督部门也已予以认可,对买受人的主张一般不予支持。

(六)开发商履行通知义务的常见方式是在报纸上刊登交房公告,将交房的期限、逾期接收的责任等内容加以刊登,该交房公告的效力如何认定

我们认为:虽然法律法规没有对通知交房的方式作出明确规定,合同通常也没有约定,但从维护消费者合法权益的角度考虑,应对开发商履行交房通知义务的标准从严要求。原则上,开发商应书面通知买受人交房时间及其他相关事项,且要给买受人留下合理的准备时间。当然,如果出卖人能够举证证明其通过打电话、发短信等方式通知了买受人,不会影响买受人按时接收房屋也是可以的。所以,除非买受人认可,仅凭交房公告,不能证明出卖人履行了交房通知义务。

二、二手房买卖问题

(一)未办理移转登记的连环买卖合同的效力问题

一种意见认为:由于原买受人尚未办理移转登记,原买受人与新买受人签订房屋买卖合同时,房屋的所有权仍属原出卖人所有,原买受人并不具有案涉标的物的所有权,原买受人的转让行为属无权处分行为,原买受人与新买受人之间签订的合同应属效力待定合同。

我们不同意此种观点,我们认为:(1)虽然我国没有采取德国法律上"负担行为"和"处分行为"的划分,但我们认为,我国《物权法》仍采取了合同转让和物权变动区分原则;(2)我们认为此种情况下,原买受人与新买受人之间的转让行为并不属于《合同法》第51条规定的"无权处分"行为,原出卖人转让原买受人时,即可视为授予原买受人可以以合同方式转让的权利,只是由于未办理登记,不发生物权效力。因此,我们认为,连环买卖合同,无其他导致无效的情形,应认定为有效,在未办理转移登记的情形下,新买受人可以请求原买受人协助转移登记。

(二)国有划拨土地上的房屋转让合同效力问题

我们认为:在划拨国有土地上合法建设的房产应属当事人的合法财产,其合法流转应受法律的保护。一方就划拨国有土地上合法建设的房产进行转让并办理房屋产权移转登记②,当事人仅以该土地未经有批准权的政府批准或者无法办理土地使用权移转登记为由主张房屋转让无效的,不予支持。

(三)房改房、经济适用房买卖合同效力如何认定

关于房改房。根据《国务院关于进一步深化城镇住房制度改革加快住房建设的通知》及建设部1999年出台了《已购公有住房和经济适用住房上市出售管理暂行办法》规定的禁止出售的情形,我们认为可以把相应案件分为两类区别对待:第一类是在案件一审法庭辩论终结前成就交易条件的,可以认定合同有效;第二类是没有成就交易条件的,原则上可不否定合同的效力,但应判令解除合同。

关于经济适用房。由于经济适用房在获得土地的方式、成本结构、租售政策、价格政策等方面与普通商品房均不相同,是具有社会保障性质的住房,按照相关规定,经济适用房只能自住,不得出租或出借以及从事居住以外的任何活动。我们认为,对经济适用房买卖合同的效力需区分不同情况作出相应的认定。购买5年内擅自出让的,因违反了应由政府回购的强制性规定,应认定合同无效;购买5年后出售的,在一审法庭辩论终结前仍未按规定补交土地收益等价款的,可以参照《最高人民法院关于适用〈中华人民共和国合同法〉若干问题的解释(一)》第9条

① 受理的此类案件大部分是因为房价急剧上涨,开发商擅自变更规划,提高容积率,大幅增加面积。

② 此类房屋是能够办理房产证的,只是房产证上注明了土地的性质。

的规定，认定合同未生效。

(四)机关、企事业单位职工“团购房”资格转让的效力如何认定

我们认为：(1)从法律上而言，团购房是由房地产开发企业代建或名义上由房地产开发企业开发建设，该类房屋通常也是以商品房的名义进行出售的，应该说法律法规或国家政策并不禁止名义上的购房人购买这类房屋，这和经济适用房等保障性住房对购买人的资格有特定要求不同。(2)实际购房人借名义上的购房人之名购买房屋并支付一定的报酬，说明两者之间缔结了一种有偿的无名合同，现行法律和行政法规对此亦不禁止。故我们倾向于确认该类合同的效力。(3)名义上的购房人在取得房地产权证后，负有协助实际购房人办理产权过户手续的义务，相关费用的承担双方有约定的按约定办，没有约定的，按照“二手房”买卖情形处理。

(五)拆迁安置房“户头”买卖合同的性质及效力

此类案件事实多为在签订拆迁安置协议时，系以原房屋产权人为被拆迁人与拆迁人签订合同，但相关回迁购房款的交纳系由现购买人出资，安置房也实际由购买人占有、使用，但新的回迁房房地产权证办至原房主名下，现购买人作为原告主张过户。

对于此类合同的效力认定，存在两种观点：一种观点认为拆迁安置具有特定对象，且签订买卖合同时，出卖人不具有回迁房产权证书，双方间对回迁房户头的买卖合同违反法律禁止性规定，应认定为无效。另一种观点认为双方买卖意思真实，且实际交纳房款、交付房屋，现回迁房具有办理过户手续的条件，应认定合同有效。

我们认为，对拆迁安置房或者“户头”的转让效力，作统一性认定是困难的。可以结合案件具体情况，从以下几个方面寻找裁判思路：(1)案涉的标的物的土地属性，是否存在非同一集体经济组织购买农村土地的情形；(2)案涉标的物具备社会保障功能的程度，比如是否是出售人的唯一住房等；(3)是否存在“无权代理”的情形，拆迁安置房是对家庭成员的安置，是否存在个别家庭成员未能取得授权进行转让或者擅自转让之后未能得到有效追认的情形。

(六)农村宅基地上的房屋买卖，其合同效力如何？合同认定无效的，双方当事人应如何承担民事责任？对于大多数农村房屋由于未办理房屋登记，只有宅基地申请登记表，政府在该表上作了审批，该农村房屋是否适用善意取得制度

我们同意全国大多数法院的认识：(1)对于城镇居民、法人或其他组织购买农村集体所有土地上建设的房屋签订的房屋买卖合同，应当根据《合同法》第52条和《土地管理法》第43条的规定，认定为无效合同；(2)对于非同一农村集体经济组织成员之间签订的房屋买卖合同，原则上也应当认定为无效，但买受人在一审法庭辩论终结前取得出卖人所属的农村集体经济组织成员资格的，可以认定合同有效；(3)对于同一农村集体经济组织成员之间签订的房屋买卖合同，原则上认定为有效。

农村房屋买卖合同被认定为无效的，可以根据合同双方当事人的过错、所获利益、赔偿能力等情况，判令其承担相应的缔约过失责任。

我国《物权法》将善意取得制度扩大至不动产范畴，善意制度的实质在于维护当事人的合理期待和信赖，维护物权公示制度的公信力。由于现行体制下，农村居民之间在一定条件下可以转让房屋，但我国对农村房屋没有建立不动产登记制度，农村房屋的所有权转移时间亦不明确①，要求农村房屋的受让人通过办理完成登记才能善意取得案涉房屋是不现实的。至于农村房屋的合法占有人(非所有权人)将案涉房屋以合理价格转让善意第三人的，第三人能否取得案涉房屋的所有权②，尚需要进一步讨论，但可以肯定的是，此时对第三人的主观上的善意标准要求应比动产善意取得的所要求的主观标准高。

三、房屋买卖合同的其他问题

(一)借用他人名义购买房屋并登记在名义人下，或约定房屋共有但登记一人名下，发生争议，未登记人主张权利应提起给付之诉还是确认之诉

我们倾向于认为：(1)当事人约定一方以他人名义购买房屋，并将房屋登记在他人名下，借名人实际享有房屋权益，借名人可依据其与登记名义人之间的合同约定要求登记名义人办理房屋所有权转移登记的。(2)所有权是对世的权利，仅有双方之协议不具备对世效力。借名人并非登记簿上的权利人，借名人对登记名义人的权利不具有对抗社会一般人的效力，仅为请求办理所有权移转登记的权力。因此，未登记人主张权利应提起给付之诉③。

① 实践中可能倾向于依赖转移占有来确定所有权的转移时间。

② 转让人和受让人都符合农村房屋买卖有效的其他要件。

③ 该问题在实践中存有争议，部分法院直接判决确认借名人的所有权。

(二)共有房屋登记于共有人之一名下,登记名义人转让房产与第三人并办理产权移转登记手续,其他共有人请求确认转让合同无效同时提起行政诉讼的,如何处理?登记名义人与第三人之间的合同效力应如何认定

我们认为:就民事、行政诉讼并存问题,应当适用《最高人民法院关于审理房屋登记案件若干问题的规定》第 8 条"当事人以作为房屋登记行为基础的买卖、共有、赠与、抵押、婚姻、继承等民事法律关系无效或者应当撤销为由,对房屋登记行为提起行政诉讼的,人民法院应当告知当事人先行解决民事争议……已经受理的,裁定中止诉讼"。

至于登记名义人与第三方的合同效力,我们倾向于大多数法院的观点,为维护当事人的合理信赖和登记制度的公信力,在没有证据证明第三人与登记名义人恶意串通的情形下,应认定为有效。因此,即便是登记名义人与第三人之间尚未完成移转登记,亦可以要求登记名义人继续履行合同协助办理房屋转移登记。我们认为,仅有不动产善意取得制度对第三人的保护和登记制度的维护是不够的。

(三)房屋买卖合同的一方主张解除合同,另一方未在法定的异议期提出异议,一方起诉要求确认合同解除并主张违约责任,另一方提出抗辩,法院是否需实体审查解除理由是否成立

对于该问题,各地有不同认识,该问题的实质是当事人通知对方解除合同,对方没有在约定异议期间或者解除合同通知到达之日三个月之内向人民法院起诉的,当事人的合同解除通知是否当然产生合同解除的效力。

我们倾向认为:《合同法司法解释二》第 24 条规定解决的是合同一方当事人对于合同解除或债务抵销异议提出起诉的除斥期间,并未使本无合同解除权的当事人通过解除通知的方式当然取得合同解除的权利。因此,我们认为,一方起诉要求确认合同解除并主张违约责任,另一方抗辩,法院应实体审查合同解除权是否发生。

(四)非属同一集体经济组织成员的夫妻之间,就作为共同财产的农村房屋,在离婚时如何分割

我们认为:(1)从普遍意义上讲,对土地属集体经济组织且不便于实物分割的夫妻共有房屋,判令该房屋归所在地的集体经济组织的农村居民一方并由该方对对方作出补偿是适当的;(2)国家政策不允许城镇居民或其他集体经济组织成员的通过交易方式取得农村房屋所有权及其宅基地使用权,但城镇居民或其他集体经济组织成员并非完全不能取得农村房屋的所有权及其宅基地的使用权,如城镇居民可以合法继承农村房屋所有权;(3)离婚时的财产分割不属于交易方式取得农村房屋所有权,因此,可以在一定情形下判令作为夫妻财产的农村房屋归非房屋所在地的集体经济组织成员的夫妻一方,如一方另有房屋,而非该集体经济组织成员的夫妻一方无其他住所。

四、对现行最高法院司法解释的修改意见和建议

1. 涉及小区供暖、绿化、道路、电梯、外墙等公共设施的诉讼,是否是必要的共同诉讼,诉讼主体是业主个人、全体业主还是业主委员会①。

2. 将《商品房司法解释》第 13 条规定的房屋结构安全以外的其他"严重影响正常居住使用"的情形,更加细化。我们认为,质量问题达到何种程度方可认为"严重影响正常居住使用"则属于法官自由裁量的范畴。我院在审理过程中,一般从四个方面加以判断:一是房屋存在的影响正常居住使用的质量瑕疵实际上已不可修复的;二是房屋存在明显的质量瑕疵,如墙面空鼓、屋面渗水等,致使房屋不具备入住或装修条件,修复(包括返工)两次以上仍存在质量问题的;三是房屋存在的质量问题虽经修复得以解决,但影响了房屋的结构、使用功能的;四是买受人有证据证明房屋存在放射性、有毒气味、严重噪音等问题,危害居住人的人身安全的。出现上述四种情况中的任一种,即应允许买受人解除合同并主张赔偿损失。

---

① 我们认为,可以考虑参照公司法中股东直接诉讼和派生诉讼的区分,以对业主的利益的侵害是否直接为准。对业主的利益侵害属直接的,业主个人可以起诉;对业主的利益侵害属间接的,应由业委会或者全体业主起诉。

关于审理国有土地使用权合同纠纷疑难案件适用法律问题的调研报告

安徽省高级人民法院民四庭

国有土地使用权合同纠纷是房地产纠纷案件的重要内容之一。从我院近年来审理的二审案件情况来看，我院审理的国有土地使用权合同纠纷主要由出让、转让和合资、合作开发房地产合同纠纷等三部分组成。我院2009年审理合资、合作开发房地产合同纠纷5件，国有土地使用权出让合同纠纷1件；2010年审理合资、合作开发房地产合同纠纷1件，国有土地使用权出让、转让合同纠纷各3件；2011年审理合资、合作开发房地产合同纠纷13件，国有土地使用权出让合同纠纷4件，国有土地使用权转让合同纠纷1件；2012年至今受理合资、合作开发房地产合同纠纷3件，国有土地使用权出让、转让合同纠纷各1件。国有土地使用权合同纠纷分别占同期我院受理房地产二审案件的4.6%、5.3%、10.9%、4.8%。

近年来，随着国家对土地市场调控的加大，土地市场操作比以前更加规范。相对建设工程施工合同、房屋买卖合同纠纷案件而言，国有土地使用权合同纠纷案件数量相对较少，但由于国有土地市场政策性较强、各种规范性文件繁杂，审理过程中存在适用法律难的问题。下面就我省法院审理国有土地使用权合同纠纷案件常见的疑难问题作出初步总结。

一、国有土地使用权出让合同纠纷

近年来，随着土地出让的操作比以前更加规范、有序，因出让主体不适格导致的纠纷越来越少①。然而，其他类型案件有所抬头。

（一）政府在招拍挂公告中设置相应条件内定某单位中标，第三方主张中标无效或者在招拍挂公告中设置的条件明显不合理，起诉要求确认中标无效或者设置的相应条件无效

案例一：某厂商因生产规模扩大需在其厂房周边增加土地面积。从社会效益的角度考虑，将周边地块出让给该厂商比其他人更能实现规模效应，然而按照现有政策规定，经营性土地一律实行“招拍挂”，政府希望但无法保证该厂商取得该地块的使用权。故政府要求所有竞买人须在参与竞卖之前与该地块所在的管委会先行签订《确认协议》。后该厂商取得案涉地块，其他的竞买人诉至法院，请求确认政府设置的前置性条件不合理，应为无效。

对于此类问题应否受理及如何处理，各法院之间的认识并不一致，但大多数法院认为，对此类案件的受理应持审慎态度。

我们倾向于认为：我国《招标投标法》是以行政管理为主导的法律规范。《招标投标法》第51条“招标人以不合理的条件限制或者排斥潜在投标人的，……责任改正，可以处一万元以上五万元以下的罚款”，第65条“投标人或者其他利害关系人认为招标投标活动不符合本法规定的，有权向招标人提出异议或者依法向有关行政监督部门投诉”。《反垄断法》第51条“行政机关和法律、法规授权的具有管理公共事务职能的组织滥用行政权力，实施排除、限制竞争行为的，由上级机关责令改正；对直接负责的主管人员和其他直接责任人员依法给予处分。反垄断执法机构可以向有关上级机关提出依法处理的建议”。依据上述规定，对此类案件应由有关行政部门责令相关单位改正并可以给予相应行政处罚或行政处分，而不是由法院进行审判。

（二）个人或者外地公司参加投标、竞卖国有土地使用权，中标、竞得后在国有土地所在地另行成立公司进行开发，直接以新成立的公司名义与出让方签订出让合同，效力如何

我们认为：(1)对个人或者外地公司要求在本地成立新公司进行开发并由新公司直接签订出让合同是大多数招拍挂公告的内容之一，以新公司直接签订出让合同为本地保留税源且可以有效避免采用转让方式带来的限制性要求；(2)成立的新公司应当与中标人、竞得人具有实质同一性，主要是中标人、竞

① 出让合同纠纷案件数量较少的另一个重要原因可能是，受让人在很多方面仍需依赖于政府机关，导致其不愿意起诉。

得人依法成立的具有独立法人资格的子公司;(3)应招拍挂公告且与中标人、竞得人具有实质统一性的新公司与出让方签订的出让合同,无其他情形,应认定为有效。

(三)受让方经出让方和市县人民政府城市规划行政主管部门同意,改变出让合同约定的土地用途的,补交出让金的计算标准应如何确定

最高人民法院《关于审理涉及国有土地使用权合同纠纷案件适用法律问题的解释》(以下简称《解释》)第5条规定,当事人请求按照起诉时同种用途的土地出让金标准调整土地出让金的,应予支持。

我们认为:对该条的理解应视具体情形而论,多数情形下可以参照国土资源部《协议出让国有土地使用权规范(试行)》的规定以批准改变时的土地使用条件下土地使用权市场价格进行计算。因此,应当将《解释》第5条的规定设置为授权性审判规范,而不是强制性审判规范。

(四)应批准的土地出让、转让时,仅其中部分地块经批准权的政府批准,出让、转让合同效力应如何认定

我们认为,此类案件的取决于以下因素:(1)此类土地的出让、转让未经批准,是否会导致出让、转让合同必然无效;(2)如果此类土地的出让、转让未经有批准权的政府机关批准,并不导致出让、转让合同必然无效,需要看案涉宗地是否属于可分土地;(3)在确定案涉地块是否属于可分土地,可以从合同的目的角度分析交付部分土地是否会导致合同目的不能实现①。

(五)政府与自然人、法人或其他组织签订的招商引资合同中,涉及土地使用权出让,政府以对方没有完成合同中约定的税收或投资规模,诉至法院要求收回土地的案件,应如何定性

我们认为:认定案件属行政案件还是民事案件的关键在于作为一方当事人的政府在相应活动中行使权利(或者权力)是否具有隶属性和单方性。在大部分此类案件中,政府主张收回土地是依据合同约定的解除权。在合同中约定解除条件②,是当事人的合意的产物,行政机关在此过程中没有体现更多的单方性和隶属性。因此,此类案件应属民事案件。

(六)土地使用权出让合同中约定受让方将土地出让涉及的拆迁补偿安置费用直接支付给被拆迁人③。在该笔费用有未按时支付到位的情形时,被拆迁人能否直接起诉受让方

在正常的土地使用权出让合同中,土地收储机构与原土地使用权人签订收储协议并支付相应的补偿费用,然后将收储的土地(净地)按照国家规定通过招拍挂的形式出售。一些地方政府为了减轻自身的流动资金压力,规避相应政策,直接在原收储协议和后来的出让合同中均约定由出让合同的受让方对原土地使用权人进行直接的拆迁安置费用的补偿。

我们认为:政府对土地的征收决定属行政行为,但对征收土地作出补偿的协议可以作为民事案件处理。就收储协议和出让合同而言,其均属于涉他合同。其中,收储协议属为第三人(后来的土地使用权人)设定义务合同,出让合同属为第三人(原土地使用权人)利益合同。为第三人设定义务合同,未经第三人同意,该义务不对第三人生效。但为第三人利益合同,特别是为第三人直接设定权利的合同,依据一般理论④,第三人可以突破合同相对性,直接起诉合同一方当事人。我国《合同法》对第三人利益合同的效力约定不明确。司法实践中可以考虑在一定条件下允许直接取得合同利益的第三人起诉债务人。

(七)签订《国有土地使用权出让合同》之前,原土地使用权人与后来的出让土地受让人之间签订的补偿合同的效力,应如何认定

必须明确的是,此处指的合同并不完全等同于《解释》第12、13条规定的补偿性质的合同。此处的受让人往往通过后来的招拍挂并签订《国有土地使用权出让合同》方式原始取得国有土地使用权。在签订出让合同时,案涉土地的受让人实际支付了相应的土地对价——出让金。

我们认为:此类合同应视为国有土地使用权人对原土地使用权人的某种补偿。由于前土地使用权人付出相应的对价,或是向有关部门主动申请变更土地用途让其收储,或是提前完成拆迁工作,或是协助办理投标竞卖手续等,不一而足,至于支付对价(对价并不一定是金钱或者实物)的多少一般情形下并非法院审查的范畴。因此我们倾向于认为,在不具备《合同法》第52条规定的情形下,不应轻易否认

① 从合同目的能否实现的角度来确定标的物是否可分,可能不能涵盖全部问题。

② 我们审理的案件中签订的《国有土地使用权出让合同》都约定了相应的解除条件。

③ 如后所述,政府与原土地使用权人之间的收储协议约定,该笔费用由后来的土地使用权人支付。但原土地使用权人与后来的土地使用权人之间没有合同约定。

④ 为第三人利益合同,第三人是否可以直接起诉合同债务人,属世界性问题,但通说认为可以。

此类具有补偿性质的合同的效力。

（八）《国有土地使用权出让合同》格式文本第40条第2款中约定的“本合同项目下宗地出让方案尚需经××人民政府批准，本合同自××人民政府批准之日起生效”①对出让合同的效力产生何种影响，是否需要在宗地出让方案审批之余另行办理合同审批手续

我们认为：（1）约定的批准机关必须是法律和行政法规规定的有批准权的政府机关②；（2）从扩大意思自治的角度而言，有批准权的政府批准案涉合同项目下的宗地出让方案，合同即已生效，无须另行办理出让合同审批手续③。

二、国有土地使用权流转合同纠纷

（一）“房地分离”转让模式

我国物权法实行“房随地走、地随房走”的房地合一模式，但在实践中，仍不可避免存在一些房地分离的情形，主要表现在：

1. 由于我国土地和房产登记仍属不同登记部门，土地、房产分别抵押（查封）的情形仍有存在，房地分别抵押（查封）的效力，应如何认定？

我们坚持《物权法》出台之前的观点，肯定分别抵押（查封）的效力，即已经办理土地抵押（查封）登记的，对后来办理的建筑物抵押（查封）登记不产生影响；已经办理建筑物抵押（查封）登记的，对后来办理的土地抵押（查封）登记不产生影响。此时对土地的抵押权（查封）不应及于建筑物部分，对建筑物的抵押权（查封）不应及于土地部分。

2. 划拨土地上存在的房地分离的情形，按照现行法律，划拨用地的流转须经有批准权的政府批准，未经批准的，该划拨用地的转让应为无效，但对该划拨用地上合法的房产的流转的效力问题，应如何处理？

《最高人民法院关于破产企业国有划拨土地使用权应否列入破产财产等问题的批复》规定：国有企业以建筑物设定抵押的效力问题，应区分两种情况处理：……如果建筑物附着于以划拨方式取得的国有土地使用权之上，将该建筑物与土地使用权一并设定抵押的，对土地使用权的抵押需履行法定的审批手续，否则，应认定抵押无效。

我们认为：对上述司法解释的理解应采取目的限制解释方法。在划拨国有土地上合法建设的房产应属当事人的合法财产，其合法流转应受法律的保护，分述如下：

（1）在划拨国有土地上合法建设的房产上设定抵押并已办理房产抵押登记，当事人仅以该土地未经有批准权的政府批准为由主张就房产部分设定的抵押无效的，不予支持；

（2）一方就划拨国有土地上合法建设的房产进行转让并办理房屋产权移转登记④，当事人仅以该土地未经有批准权的政府批准或者无法办理土地使用权移转登记为由主张房屋合同转让无效的，不予支持。

（二）以国有划拨土地上建造的房屋作为标的的租赁合同

1. 合同效力。国有划拨土地上房屋具有特定的使用对象与功能，此类租赁合同以往多认定为无效，包括最高人民法院的相关案例亦有所体现。《土地管理法》第56条规定：需改变土地建设用途的，应当经土地行政主管部门同意，报原批准用地的人民政府同意。其中在城市规划区内的还应经规划部门同意。实践中当事人提供政府或规划部门批准同意的情形少见，因此，合同无效的还是大量存在，这给合同期内恶意违约的一方大开方便之门。

我们认为：可以比照前述国有划拨土地上房屋转让合同的认识，在不违反规划、不改变土地用途的前提，国有划拨土地上建造的房屋是可以租赁的；但擅自更改规划、变更土地用途的，由于损害了公共利益，仍应认定无效。

2. 土地租赁合同无效⑤，承租人主张出租人赔偿损失的，是否可以参照合同中约定的违约金数额加以确认。

我们认为：在无效租赁合同中，当事人主张参照合同约定的租金要求房屋使用费的，可以支持；但当事人主张参照合同约定的违约金计算赔偿损失的，不应支持⑥。法律允许当事人约定违约金的目的在于

---

① 由于出让土地时，双方当事人采用了国土资源部和国家工商行政管理局监制的标准合同。该标准合同在“使用说明”中指出：合同第40条关于合同生效的规定中，宗地出让方案业经有权人民政府批准的，按照第一款规定生效；宗地出让方案未经有权人民政府批准的，按照第2款规定生效。规范化之后，出让合同的约定均为“本合同项下的宗地出让方案业经××任命政府批准，本合同自双方签订之日生效”。

② 对此点的认识，理论上有不同的认识，理论上认为，法律规定的生效条件一般不作为约定条件。没有法律、法规、规章的规定，政府机关不能也不会行使批准权。

③ 实践中也很少甚至没有办理过单独的合同审批手续。

④ 此类房屋是能够办理房产证的，只是房产证上注明了土地的性质。

⑤ 大多是变更了土地用途之类。

⑥ 原则上，即便是合同有效，其他违约行为导致的损失亦不能参照合同约定的违约金来计算。对约定之外的违约行为导致的损失，守约方不能免除其举证责任。

减轻或者免除守约方就某项违约行为的举证责任。

在无效租赁合同中,一方主张按照过错分担的缔约损失,应为信赖利益的损失,当事人应就其信赖损失(如支出的成本费用、丧失的缔约机会等)的范围承担举证责任。

(三)非法转让土地使用权涉及的民事及刑事法律问题

《中华人民共和国刑法》第228条规定"以牟利为目的,违反土地管理法规,非法转让、倒卖土地使用权,情节严重的,处三年以下有期徒刑或者拘役,并处或者单处非法转让、倒卖土地使用权价额百分之五以上百分之二十以下罚金;……"《最高人民法院关于审理破坏土地资源刑事案件具体应用法律若干问题的解释》第1条规定"以牟利为目的,违反土地管理法规,非法转让、倒卖土地使用权,具有下列情形之一的,属于非法转让、倒卖土地使用权'情节严重',依照刑法第228条的规定,以非法转让、倒卖土地使用权罪定罪处罚:……(3)非法转让、倒卖其他土地二十亩以上的;(4)非法获利五十万元以上的;(5)非法转让、倒卖土地接近上述数量标准并具有其他恶劣情节的,如曾因非法转让、倒卖土地使用权受过行政处罚或者造成严重后果等。"当事人违反土地管理法规,以牟利为目的转让国有土地使用权性质如何界定?实践中,可能出现刑事、民事判决"抢先者优先"的现象,即当刑事法庭判决有关行为构成非法转让土地使用权罪后,民事法庭可能据此认定转让土地使用权的行为因违反社会公共利益应为无效;当民事法庭判决认定有关违反土地管理法规转让土地的行为仅仅是违反了"管理性规定"而不应认定转让合同无效时,对该违法的土地使用权转让行为启动刑事程序会变得比较困难。

我们倾向于认为:(1)《物权法》明定国有土地使用权是当事人可以支配的财产权,当事人可以自由转让。我国刑法对非法转让土地使用权犯罪定性过于宽泛化,可以考虑通过司法大幅解释缩小对此类犯罪的认定。(2)土地管理法规中禁止性规范应有"效力性禁止规范"和"管理性禁止规范"之分;在不违反公共利益①的前提下,违反管理性禁止规范的合同转让行为应为有效;违反法律的相应限制导致无法办理转移登记的,仅属事后的履行不能。(3)从一般角度而言,构成刑事犯罪的行为,绝大多侵害了国家公共利益,因而从民事角度应认定为无效,但并非所有构成的刑事犯罪的民事行为都是无效的,比如构成玩忽职守犯罪的某些合同行为在民事上可能会认定为有效。

(四)当事人以《城市房地产管理法》第37、38条主张国有土地使用权转让合同无效的,应与房屋买卖合同纠纷案件作同样处理

三、合资、合作开放房地产合同纠纷

(一)一方中途退出,利润分配问题

1. 地下车库、公共设施等剩余物业的处置能否分配。合资、合作开发房地产合同纠纷中,利润分配往往需要有专业资质的鉴定机构进行房地产价格评估。部分鉴定机构以无法鉴定为由对地下车库、车位及其他公共设施等剩余物业的利润不予鉴定。部分法院以此认定对部分的利润分配不予处理,待利润实现时再行处理。

我们认为该做法有可取之处,但在审理该涉及此类利润分配时应注意:(1)首先依据建筑物区分所有权的规定,区分哪些公共设施的收益权属开发商所有,哪些属于公共设施的受益权归业主共有。部分公共设施,比如人防设施,收益权归属不明确,通常认为,应当按照"谁投资、谁受益"的原则处理;(2)对于受益权属于开发商的,在利润实现时,可以按照相应比例在合资、合作者之间分配。

2. 房屋尚未销售完毕,当事人仅要求利润分配,并不要求实物分配的。对此,法院应如何处理?

我们认为,(1)在合同解除时②,一方要求分配利润是合理且可行的(法院在审理此类案件时,可以考虑按照夫妻财产分配方式来确定是选择分配实物还是分配利润);(2)解除合同时要求分配利润,实质上允许该方提前收回投资、分配尚未实现的利润。因此,在确定应分配的利润数额时,我们认为应当综合考虑合同约定分配比例、当事人双方过错、合同履行情况、合同预期利润、房屋销售难度等因素酌情确定。

(二)在合资、合作开发房地产中的税金承担

我们倾向于认为:(1)原则上应当是合同一方先行向税务机关缴纳,然后要求双方内部约定分摊;(2)交纳的一方应当提供相应完税凭证,并将应分摊的税目与己方应缴纳的其他税目分开,必要时可前往税收征管机关查询;(3)对于完税一方未能且税收征管机关亦无法区分的相应的税目,完税一方应承担不利后果,因为完税一方多大情况下控制着财务账册的管理、税收的缴纳等,其有义务保持合资、合作项目账册的独立完整性。

---

① 公共利益是个难以明确的概念,在土地这个国家干预最多的领域,公共利益更难以区分。

② 在未提出解除合同请求分阶段分配利润,不应支持。参见最高人民法院(2003)民一终字第47号。

(三)合资、合作开发房地产合同纠纷的其他形态

《解释》第24~27条对合资、合资开发房地产合同部分转换形态作出了规定,但实践中以合资、合作开发房地产名目出现的合同形式繁杂。很多情形下很难完全归结将此类合同认定为土地使用权转让、借款、房屋买卖、租赁等有名合同。

案例二:甲(个人)与乙公司签订合资、合作开发房地产合同约定:双方成立项目公司,其中甲占15%股份,乙公司占85%,合同履行到一定阶段,甲将其所占股份以原投资价转让给乙公司,再履行到一定阶段,甲还能分得相应或固定数额的金钱或浮动数额的利润。甲在案涉房地产项目的取得、规划、报批等各个环节都起到了相当作用。试问,甲乙签订的合资、合作开发房地产合同性质如何,是否是借款性质的合同?

我们认为:合资、合作开发房地产合同作为最高法院在《合同法》之外增补的一项有名合同,是以提供出让土地使用权、资金等作为共同投资、共享利润、共担风险合作开发房地产为基本内容的协议。对于不具备共同投资(提供相应土地使用权、资金)、共享利润、共担风险的名为合资、合作开发房地产合同均是其变种形式。

我们不赞同那种认为一方投入资金,随后收取固定数量货币的合资、合作开发房地产合同必然是借款合同的主张。我们认为,确定合同的性质,应从合同目的及合同约定的当事人的权利义务出发,不受合同名称拘束。合同约定的当事人的权利义务与何种有名合同最为类似,准用该有名合同之规定;无类似者,适用《合同法》的一般规定。以案例二为例,从合同的约定及随后的履行情况来看,甲主要提供的是为取得案涉土地项目、报批等服务行为,此亦为甲最主要的义务(在合同签订时甲投入相应资金并非合同的主要目的或者说是甲的主要义务),另一方对甲所提供的服务支付相应的报酬,报酬的形式可能是固定或者是浮动式的,以此而言,该案合同更类似于委托合同,处理该案时可类推委托合同的规定,在不符合有关委托合同的情形时,适用合同法一般规定。

四、对现有国有土地使用权司法解释的修正意见

1. 补正合同效力的时间,将《解释》中所有的补正合同效力的时间由“起诉前”修正为“一审辩论终结前”,进一步扩大有效合同的范畴,且与其他司法解释保持一致。

2. 对有关转让须批准等情形,引入中外合资、合作经营企业合同中“合同未生效”概念,缩小认定无效的范围。

3. 明确国有土地使用权登记的效力问题。特别是已支付全部出让金并善意占有案涉国有土地但未完成移转登记的,是否可以对抗第三人。登记土地使用权人破产时,该土地应否属于破产财产。

4. 明确合资、合作开发房地产合同纠纷中,隐名投资者与显名投资者以及隐名投资者与第三人之间的关系。我们认为,可以参照公司法及中外合资、中外合作经营企业合同的司法解释中对隐名投资人的处理;名义出借的,可以参照我国台湾地区法院的判决,准用委托合同的规定。

5. 就违反国家法律规定转让国有土地使用权的行为的性质,分别在刑事司法解释和民事司法解释的衔接上作出清晰的界定。

福建省法院关于审判拖欠农民工工资纠纷案件的调研报告

福建省高级人民法院研究室、民一庭课题组[①]

解决好拖欠和克扣农民工工资问题,对于维护农民工的合法权益,维护经济发展和社会稳定大局,具有十分重要的意义。作为审判机关,法院对于如何充分发挥司法职能,妥善化解农民工劳动工资纠纷,平衡保护劳动关系双方的利益,促进社会和谐稳定,责无旁贷。根据省委政法委关于开展2011年度

① 课题组组长:钟婴(福建省高级人民法院研究室主任)、段思明(福建省高级人民法院民一庭庭长);课题组成员:董碧仙(福建省高级人民法院民一庭副庭长)、江振民(福建省高级人民法院研究室副主任)、黄耀骥(福州罗源法院研究室法官,课题撰写时挂职于福建省高级人民法院研究室);课题执笔人:黄耀骥。

维稳调研工作的通知要求,我院成立了专题调研组,对全省法院几年以来受理的拖欠农民工工资案件情况进行了调研,总结了新时期该类型案件的特点、影响和审执工作中存在的困难问题,提出了对拖欠农民工工资纠纷规范化解对策。现将调研情况汇报如下。

一、近年来审理拖欠农民工工资案件的实证分析

农民工是一个特殊群体,他们是农民户口,在城市里从事着非农产业工作,农民工团体具有临时性、集散性特点,农民工的存在是我国由传统农业国向现代化工业国转变过渡时期出现的一个特殊现象。随着我国改革开放的深化和市场经济的进一步发展,企事业单位用工制度的改变,农民工已成为各行各业尤其是第三产业的生力军,涉及农民工的劳动关系纠纷也日益呈现复杂化、多元化的趋势。

(一)我省拖欠农民工工资案件的基本情况

从长远的趋势来看,全省法院受理的劳动争议类型案件在数量变化上基本呈现以2008年年初《劳动合同法》的实施时间为拐点,之前迅速上涨,之后缓慢回落的抛物线。2004年至2011年上半年,全省法院共受理了80,435件劳动争议案件,结案77,234件,其中2004年审结该类型案件5911件,2005年审结7778件,2006件审结7134件,2007年审结11,550件,2008件审结18,047件,2009年审结12,779件,2010年审结10,278件。《劳动合同法》关于签订书面劳动合同的硬性规定,使企业用工趋于规范化,加上受国际金融危机影响,2008年第四季度开始全国出现了农民工"返乡潮",致使劳资纠纷数量开始滞涨并开始减少,我省所受理的劳动争议案件数量2008年以来有一定幅度回落,但目前还是维持在高位。相对而言,2008年之前沿海地区的此类案件增长比较迅速,如厦门集美法院,2004年受理劳动争议案件25件,2005年达到65件,2006年增至83件,2007年猛增至1343件,2008年、2009年受理数开始回落,但均突破1000件。我们翻阅了相关的案卷,发现劳动争议类型案件中的劳动主体大部分是来自农村的农民工,据不完全统计,劳动争议案件所涉及的劳动者一方中农工民数量占80%以上,而且涉及工资报酬的劳动争议案件占涉及农民工劳动争议案件数额的80%以上,工资报酬争议(下文简称"欠薪"纠纷)的形式已由简单的克扣、拖欠工资争议,扩大到加班工资争议、工资总额的计算争议及最低工资争议等。全省范围内的农民工"欠薪"纠纷而言,沿海地区的该类纠纷存在停涨或回落,但经济一般发达的内地法院受理的该类案件还处在增长期,如地处闽西的龙岩市新罗区,2008年至2010年新罗法院所受理的涉及欠薪案件分别为82件、96件、128件,加上每年当地政府、司法所调处的和劳动保障监察部门投诉处理、劳动仲裁部门调解处理的"欠薪"纠纷都在百件以上,可以看出近几年农民工欠薪案件呈不断上升趋势,这与新罗区私营经济主体的增加不无关系。

(二)拖欠农民工工资案件的突出特点

1. 矛盾容易激发

农民工劳动工资纠纷一般诉讼标的都不大,但如果不及时处理,极易引发上访、请愿甚至更加严重的刑事犯罪案件,对企业和社会的稳定产生负面影响。特别是劳动者在面临失去职业就如同失去生存条件的困境时,绝不退让,为达到目的往往上访,甚至以死抗争或以制造恶性事件相威胁,并且一个纠纷往往隐含着、牵引着多起潜在的纠纷,极易引发突发事件和群体性事件,造成社会不稳定。有的法院近三年来受理的因拖欠农民工工资纠纷得不到及时、妥善的解决导致双方过激行为引发的刑事案件就达8件。

2. 群体性纠纷多

农民工为了共同的经济利益,主观上更愿意进行群体诉讼,以此给政府、法院施加压力,达到"小闹小解决,大闹大解决"的目的。与一般的民事案件相比,此类案件多人联合起诉的比较多,而且涉案总金额比较高。如新罗法院,2008年至2010年审理的152件单纯欠薪案件中,两人及两人以上联合起诉的有65件,占此类案件总数的42.86%,虽然有的个案的标的低至225.9元,但152件案件的涉案总金额达到3,133,519.12元。沿海地区如2009年至2010年间厦门集美法院处理的厦门捷盈制衣公司欠薪集体诉讼案的农民工达到860余名,厦门海沧法院受理的厦门星星系列公司"欠薪"纠纷涉及农民工2407人,共薪总额达1450万余元。

3. 调解难度较大

由于劳动工资的支付关系到农民工的切身利益,被欠薪农民工大多情绪激动,热衷于依法维权、讨说法,调解意愿较小;而用人单位担心个案处理结果对企业日后管理产生不良影响,不愿作出让步,或索性避而不见,导致此类纠纷双方当事人矛盾具有较强对抗性和不可调和性,特别在二审阶段更不愿调解,依赖司法判决,造成调解难度加大,调解工作中的司法投入成本加大。福州中院2010年共审结二审劳动争议案件501件,其中调解撤诉的仅53件,调撤率为10.58%。

4. 劳方举证困难

由于多数农民工教育水平相对偏低,流动性强,

收集证据的能力较弱。实践中,相当一部分的农民工在诉讼中无法向法庭提交其与用工单位签订的有效的劳动合同,有的甚至连被拖欠工资的凭据都无法提交。因为口说无凭,一部分被拖欠工资报酬的农民工在诉讼中败诉,无法获得法律救济。

5. 存在闹访现象

在群体性欠薪案件中,农民工一方因法律知识的缺乏,往往仅以裁判结果是否胜诉作为衡量司法是否公正的唯一标准,而不考虑司法运行中诸如程序欠缺、证据失效、时效超过等也会导致败诉等固有审判规律,一概认为法院存在司法不公及司法腐败现象。更有甚者在诉讼、执行过程中到人大、政府门口静坐、闹访,以期获取社会的同情,给政府、法院施加压力,使司法权威受到严重的挑战。

(三)拖欠农民工工资纠纷大量存在的原因

1. 劳方维权意识薄弱

农民工文化知识水平普遍偏低,处于社会的弱势地位,对于社会特别是城里人存在畏惧心理,缺乏基本的自我保护。对用工单位不签订劳动合同、签订不公平不明确合同条款、无故拖欠克扣劳动工资等侵权行为不敢大胆抵制,往往是离开单位了才投诉举报,既增加了劳动保障部门调处的难度,又助长了侵权资方的违法行为。

2. 资方用工管理不善

不少企业经营者劳动法制意识淡薄,用工管理行为相当不规范。一些企业不通过正规渠道来招聘员工,招工手续不齐全、不规范;一些企业利用农民工文化程度不高、法制意识淡薄的弱点,与其签订带有不平等条款的自定格式"合同",员工一旦提出辞职,就扣发工资,并要求承担"违约责任";还有一些企业为片面追求经济利益最大化而不惜以侵犯农民工的合法权益来达到降低成本的目的。加上一些规模较小的企业因生产经营状况不佳、经济效益低下,导致"欠薪"纠纷时有发生。

3. 行政监管尚未规范

我国现行法律法规的规定,劳动保障和工商、建设等行政部门应在各自职权范围内对用人单位录用农民工的条件、手续进行监管,以督促企业规范其用工行为。但现实中行政执法部门由于受机构编制和经费等条件的限制,执法力量薄弱,执法任务点多面广,造成监管松疏,对恶意拖欠、克扣农民工工资报酬等侵权行为的违法企业,缺乏强制性的手段,影响了对此类案件的快速查处。

4. 法律政策存在漏洞

对于农民工的投诉,处理渠道存在不畅,对一般的拖欠工资行为,法律规定仅用"责令"用工单位以支付工资、经济补偿或赔偿金的方式来承担责任,既无要求用人单位承担行政责任的规定,又无相应的行政强制手段迫使用工单位承担这些责任。另外,目前代表农民工的维权组织只有工会,但工会的维权现状不尽人意,特别是非公有制企业中,工会常常缺位或不到位。

5. 诉讼观念缺乏理性

诉讼收费制度改革后,劳动争议案件收费降低,最低仅收5元,有的农民工缺乏对诉讼成本效益的正确认识,主观认为诉讼成本低,对诉讼的期望过高,有的受诉讼代理人误导,盲目提起较高金额诉讼,且不愿调解。

二、拖欠农民工工资纠纷大量存在引发的问题

这些被侵犯合法权益的农民工,特别是被拖欠工资的农民工,是社会生活的一种边缘力量,若在国家、社会救济中得不到帮助,就可能转化为暴力纠纷甚至犯罪行为,成为社会安定稳定的隐患和经济健康发展的障碍。

(一)阻碍了小康社会的建设进程

目前,我国虽然完成了解决温饱的早期目标,但人均生活水平和经济收入还是处理低水平,个体之间存在不均衡,问题主要在于"三农",而"三农"问题的核心是农民问题,特点是农民工的工资水平低、增长速度慢。我国提出了2020年要建成全面小康社会的奋斗目标,也就意味着只有9亿农民都脱贫了,才能真正实现小康,而拖欠农民工工资报酬就严重影响了农民的生活、收入水平,阻碍了建设全面小康社会的进程。

(二)影响了社会的和谐稳定

农民工进城务工是农民工增收的有效途径,也是经济发展和社会进步的需要。近年来,农民工"欠薪"案件数量总在高位盘走,劳资关系的对抗正演变为社会的重大矛盾,农民工在走投无路时往往采取极端的方式。全国各地都发生过这样的案例,有的农民工在讨薪无果的情况下采取了自焚、跳楼、杀人、盗窃、抢劫、闹访、堵塞交通等方式,对社会稳定和发展造成了严重的影响。

(三)破坏了社会的诚信体系

用工方利用农民工的弱势,克扣、拖欠农民工的工资报酬,实际上是市场经济活动中的虚假、欺诈行为,严重扰乱了社会主义企业用工秩序和市场经济秩序,降低了农民对社会诚信的信念,影响了整个社会的诚信体系的建设。

(四)损害了农民工切身利益

许多农民工在城市里艰辛地生活、勤劳地工作是为了养家糊口,虽然打工多年,但他们始终生活在城市的边缘。对于这些农民工来说,打工的血汗钱是他们整个家庭生活的希望,拖欠农民工工资报酬,损害了农民工的切身利益,更是对农民工劳动的践踏。

三、法院审理拖欠农民工工资案件的相关措施

我省法院历来重视对拖欠农民工工资纠纷案件的审判工作和对农民工的权利维护。2009年以来,全国上下对农民工权益保护的呼声愈发强烈,我省各级法院认真贯彻落实福建省关于解决企业工资拖欠问题厅际联席会议精神和最高人民法院的部署要求,依法加大对农民工合法权益的保护。2010年省法院及时转发《最高人民法院关于进一步加强拖欠农民工工资纠纷案件审判工作的紧急通知》,采取多项措施,进一步强化关于拖欠农民工工资案件的审判工作。其中,主要措施有:

(一)构筑绿色诉讼通道

1. 落实诉讼便利措施

充分发挥诉讼指导的作用,在立案阶段告知农民工规范诉讼主体和诉讼程序,提供格式化的起诉状、诉讼指导材料和法律答询。落实司法救助制度,对经济确有困难、符合条件的农民工减、缓、免交诉讼费,让没钱的农民工也打得起官司。对农民工请求法院调查取证的申请,依法积极进行调查。同时根据双方当事人举证能力的强弱和距离证据的远近,根据诚实信用、公平原则合理分配举证责任。

2. 坚持快立快审快执

对涉及拖欠农民工工资的案件实行"优先立案、优先审理、优先采取保全措施、优先执行",特别对案件事实清楚、法律关系明确的案件,做到快立、快审、快结,对符合先予执行法定条件的,及时裁定先予执行。

(二)建立协调解决机制

1. 欠薪投诉法律预警

建立欠薪投诉法律预警机制,即在诉前介入"欠薪"纠纷进行法律宣传和联合调解,对来信来访来电的农民工进行疏导与法律宣传,提高工人自我维权意识;对情况紧急的来访者,与相关部门沟通联系,派人到企业实地了解情况,进行当场调解;对一般性的投诉,采取便捷方式,通过电话等方式了解情况或调解,同时做好落实回访反馈工作;对经法院调解未果的纠纷,及时向劳动监察部门通报,并指导农民工申请劳动仲裁或提起诉讼。石狮法院2005年3月出台欠薪投诉法律预警机制以来,把接受投诉中发现的矛盾隐患均化解在萌芽状态和基层前沿,收到了良好的社会效果。

2. 诉调对接加强调解

落实"调解优先、调判结合、多元并举、案结事了"的原则,对农民工"欠薪"纠纷加强协调和调解。在诉讼过程中,细化调解方案方法,讲究调解方法,力争通过全程说服教育疏导工作,调解化解矛盾,消除当事人间对立情绪,促使达成调解协议或主动履行生效裁判。针对企业"欠薪"案件牵涉面广的特点,坚持积极与综治委、劳动局、信访局、建设局、派出所、司法所等有关机关、部门配合,构建多元化、多层级的劳动争议调解组织网络,充分发挥劳动行政部门、企业调解委员会、人民调解委员会、工会组织、行业协会、企业家组织等调解力量的作用,促使劳动争议的调解工作社会化。目前,全省不少法院针对容易引发群体性纠纷的劳动争议案件,与信访局、劳动局、建设局、司法局等部门联合设立了"劳动纠纷调解中心"。莆田法院还针对当地外来务工人员较多的情况,尝试在非公有制企业成立"外来务工人员矛盾纠纷调处工作站",吸收外来劳工为志愿者,在审判人员挂钩指导和工会的配合下,参与调处外来劳工与企业之间的劳动争议。

(三)加强法律宣传引导

1. 加强法律宣传教育

加强农民工维权的法制宣传,是一项必须常抓不懈的工作,也是法院应当延伸的司法职责。目前,省法院已下发六五普法的实施方案,将提高农民工的维权意识和强化企业依法经营管理观念继续作为新一轮普法工作的主要内容。一方面,普及法律知识,使农民工懂得一些基本的法律常识和诉讼知识,加强农民工的维权意识和能力,使他们变被动为主动,勇于运用法律武器维护自己的合法权益。另一方面,通过法制宣传督促用工单位自觉规范自己的用工行为,这有利于减少拖欠农民工工资案件的发生,从根本上维护广大农民工的根本利益。

2. 加强涉诉信访处理

完善涉及农民工诉讼案件的信访工作机制,针对不同情况采取有效的措施,进一步规范涉诉信访的工作流程,建立预防、接访、处理信访工作制度,加强疏导、教育和宣传工作,引导上访农民工通过理性的途径表达诉求,对农民工反映的实际存在问题及时予以妥善办理,并加强对无理缠诉及闹访人员的教育稳控工作。

四、法院审执拖欠农民工工资案件中存在的问题

虽然,全国范围内针对拖欠农民工工资报酬的清欠工作一直没有停过,但"年年清欠,年年拖欠",欠薪的"顽症"总是难以根治,几乎形成一种恶性循环。"欠薪"难于解决的根源,有当事人双方的原因,也有目前审判执行工作中难以解决的客观情况和法律规定问题。

（一）欠薪是否优先偿还规定不一

在执行程序中，大多数人认为除企业破产程序明确规定工人工资可优先受偿外，工人工资不能优先受偿。理由是：1992 年最高院《关于适用〈中华人民共和国民事诉讼法〉若干问题的意见》第 299 条规定："……被执行人的财产参照民事诉讼法第二百零四条规定的顺序清偿……"即工人工资及劳动保障费用享有优先受偿权。但是 1998 年最高院《关于人民法院执行工作若干问题的规定（试行）》（以下简称《执行规定》）的"多个债权人对一个债务人申请执行和参与分配"一节中，则未规定有工人工资在执行程序中优先受偿的法律地位，导致法院在处理包括农民工在内的工人工资分配时，陷入复杂两难的困难。

（二）劳资双方利益如何平衡问题

由于农民工流动性大，企业对恶意跳槽的农民工无相应措施，只得采取扣发工资的不法措施，但在清理拖欠农民工工资的"一边倒"的形势下，企业主普遍反映他们的权益也应得到保护。所以如何保护企业的合法权益，以维护企业与农民工之间的利益平衡，也是当前妥善解决劳资纠纷的主要课题。

（三）欠薪案件执行情况不容乐观

不管是劳动仲裁机关的仲裁裁决还是法院的生效判决，拖欠农民工工资纠纷案件执行情况都不容乐观。如新罗法院 2008 年至 2010 年，共受理了 59 件申请执行的"拖欠民工工资纠纷"案件，现执行完毕的仅 12 件，执结率为 20%。据相关报道，这种情况在全国其他法院同样存在。拿建筑行业拖欠农民工工资的纠纷来说，由于建筑行业是一个特殊行业，每项建筑工程一般都事先预定了工期，而建筑工人大部分都是农民工，流动性大、临时性强，如果按时将工资发给工人，工人就可能会拿了钱就走人，导致不能及时找到其他合适工人接替的情况下影响建筑工程的进程。司法实践中常常由于用工单位负责人或包工头为了控制农民工故意押扣工资或下落不明、无支付能力，而使执行工作难以顺利开展。

五、拖欠农民工工资纠纷的化解对策

拖欠农民工工资报酬现象是社会诸多因素导致的结果，如何妥善解决拖欠农民工劳动报酬纠纷，是一个社会系统工程，需要各部门合力协作。如何通过审判执行工作妥善处理此类纠纷案件，减少不和谐的因素，切实践行"为大局服务、为人民司法"的宗旨，是法院必须思考的问题。在总结审执此类纠纷案件经验的基础上，我们就如何有效化解农民工"欠薪"纠纷、建立科学的维护农民工合法权益的工作机制进行了思考，并提出以下建议。

（一）加强资方用工行政监察

首先，建议规范用工备案制度。建立用工主体备案制度，加强行政监督，特别是对于非法用工现象的控制，对任何需要用工的主体，均要求在劳动行政管理部门备案登记。同时，建立劳动合同强制性备案制度，更好地规范用工企业的用工行为。

其次，建议构建用工保证金制度。要求用工单位在招录人员时，按规定向劳动管理部门缴纳一定比例的用工保证金，一旦用工单位出现拖欠农民工工资报酬的状况，劳动管理部门可以用工保证金向农民工支付工资，及时解决"欠薪"纠纷，保证农民工的正常生活。

再次，建议建立劳动保障诚信等级制。各行政执法部门对欠薪单位的处罚不应只是经济上的，还应包括企业信用、行业准入等一系列的降级限制措施。例如，在施工企业和房地产开发企业资质年检时，将是否拖欠民工工资作为年检条件之一。对无正当理由拖欠民工工资的企业，应记入黑名单；对长期拖欠工资的用人单位，可以暂缓企业年检直至吊销其营业执照。

最后，建议劳动保障监察部门积极开展拖欠民工工资专项执法大检查。政府部门要明确劳动保障监察机构的职责，对劳动保障监察机构要强化组织建设、完善制度配套、加大物质投入、强化执法手段，提高劳动保障监察队伍的整体素质，对违反劳动法律法规的案件，做到畅通渠道、及时受理、快速反应、依法查处。劳动保障部门要加强对劳动合同的管理，指导企业和农民工依法签订劳动合同，提高劳动合同的签订率，从源头上减少企业拖欠工资现象的发生。

（二）理清欠薪优先受偿问题

深刻理解执行工作对农民工实现合法权益所起的关键性作用，厘清"民工工资优先兑付"问题。民诉法在破产程序中已明确规定工资优先受偿顺序，1992 年最高院《关于适用〈中华人民共和国民事诉讼法〉若干问题的意见》的解释中，也确立了工人工资在执行程序中优先受偿的原则。虽然《执行规定》中未有工人工资在执行程序中优先受偿的明确规定，但从法律统一性的角度出发，工人欠薪优先受偿是符合立法的目的和社会稳定的需要。

（三）促进资方依法经营管理

采取切实有效的方法和形式，加强对企业负责人的法制宣传、教育以及培训工作，对农民工的劳动维权活动通过新闻媒体及时跟踪报道，形成正确的舆论导向，增强企业负责人的依法经营管理意识，提高农民工维护自身合法权益的能力。开展主题突出的专题、专栏宣传,及时解答农民工提出的各种问题。进一步畅通举报投诉渠道,开通投诉服务热线,对恶意拖欠劳动报酬的企业坚决予以曝光,以加大对违法行为的查处打击力度。

(四)加强专题调研实务交流

强调劳动争议案件审理的法律效果与社会效果的统一,以实现劳动法律关系的和谐发展。实施劳资关系的专题司法调研活动,全面加强审判指导工作和上下级法院的沟通协调,加强对复杂、疑难案件与问题的研究解决,及时形成指导性规范文件,以保障三级法院执法统一。健全司法与行政的良性协调沟通机制,行政权的主动性决定了防范纠纷重在政府和其他非司法部门,特别是对于带有一些政策因素的群体性农民工"欠薪"纠纷,应当特别注重审判职能的延伸服务功能,加强判后的司法建议工作,为相关部门规范行为提出法律意见,从源头上消除产生纠纷的因素。

关于侵权责任法对医患关系的影响的调研报告

福建省高级人民法院民一庭①

病有所医是群众最关心最直接最现实的民生问题之一。公正处理医疗损害责任纠纷,对建立和谐医患关系、推进依法治国进程、维护社会公平正义具有重要意义。通过调研,我们发现,由于医患纠纷具有内在的特殊性,案件审理往往呈现申请鉴定多、审理周期长、利益冲突大,矛盾难调和等特点。《侵权责任法》统一了医疗事故及其他医疗损害的赔偿标准和范围,但对委托什么机构进行医疗损害鉴定没有作出规定,鉴定二元化及鉴定难的问题依然是困扰法院的主要难点,也在一定程度上导致了医疗损害责任纠纷案件审理周期长、鉴定意见采信难、矛盾化解难等问题。本文力图通过对两个"二元化"问题的探索,以期对构建合理的医患矛盾化解平台,建立和谐医患关系有所裨益。

一、《侵权责任法》实施后医疗损害纠纷案件审理的基本情况

自《侵权责任法》实施至今年3月,我省法院系统共受理各类医疗损害责任纠纷案件1148件(其中一审924件,二审216件、审查再审申请6件、再审2件),审结988件。在一审已结794件案件中,调解结案363件、撤诉101件,判决330件。二审已结186件案件中,调解结案30件,撤诉4件,余下的为判决结案,其中维持原判的97件,发回重审20件,改判35件。审查再审申请6件中,5件驳回再审申请,1件提审后调解结案。另有1件检察院抗诉进入再审程序,判决维持原判。

从调研情况来看,此类案件争议焦点主要集中在以下两个方面:

1. 法律适用方面。当事人就适用《侵权责任法》还是《医疗事故处理条例》有争议,主要涉及赔偿标准和赔偿范围的问题。

2. 鉴定方面。(1)鉴定机构的选择。从我国目前的鉴定体制来看,医疗损害纠纷的鉴定仍然存在两种方式:一是医学会的医疗事故技术鉴定;二是司法鉴定机构的医疗过错鉴定。选择哪一类鉴定机构进行鉴定,多头鉴定采信哪个鉴定意见等,当前仍是医患双方争议的重点。(2)对送交鉴定的证据不服。现在许多医院的病历采用电子存档,在双方当事人对病历资料真实性存在争议的情况下,难以判断病历是否系原始病历。(3)对鉴定机构的鉴定结论不服。部分鉴定机构出具的鉴定报告说理性不强,当事人往往对鉴定报告中的分析说明提出病理学方面的质疑,但从证据审查角度,难以否定鉴定报告的证据效力,结果是当事人难以服判。

由于上述两大难点问题的存在,导致人民法院处理医疗损害纠纷案件具有如下特点:(1)审限内结案难。当事人一般对病历的真实性和完整性争议较大,因此需要询问证人、进行笔迹鉴定和书写时间鉴定,对两级医疗事故鉴定不服的情况下,患者一方往往还会提请中华医学会鉴定或司法过错鉴定,使此类案件事实调查占用大量时间,审理周期较长。(2)鉴定意见采信难。许多案件不同的鉴定机构得出不同的

① 课题执笔人:陈敏,福建省高级人民法院民一庭法官。

鉴定结论,有时结论可能完全相反,给法院审理带来困难。(3)矛盾化解难。法律适用的二元化,导致赔偿结果差异悬殊,医患双方往往根据不同的法律适用作出了不同的诉讼预期,双方基于切身利益很难作出让步,调解工作难度大。此外,部分患者或者家属参加诉讼时情绪激动,提出一些非理性的要求,也给纠纷的解决带来了很大困难。

二、《侵权责任法》对法院审理医疗损害纠纷案件的影响

(一)关于举证责任

《侵权责任法》实施之前,根据《最高人民法院关于民事诉讼证据的若干规定》第4条第1款第8项规定,因医疗行为引起的侵权诉讼,医疗机构要对医疗行为与损害结果之间不存在因果关系及不存在医疗过错承担举证责任。这一规定虽有利于保护受害患者的合法利益,但举证责任倒置的范围过于宽泛,强加给医疗机构过重的责任,可能造成"防御性医疗行为",使医生在采取相关治疗手段时无法向前看,而凡事优先考虑自保措施,这对医疗技术的改进实属不利,最终损害的将是全体患者甚至是全体国民的利益。

《侵权责任法》第54条规定,患者在诊疗活动中受到损害,医疗机构及其医务人员有过错的,由医疗机构承担赔偿责任。该条确定了医疗损害赔偿的归责原则是过错责任原则,过错责任原则的举证责任分配应当是"谁主张,谁举证",也就是说患者对于医疗过错、因果关系、损害后果都负有举证责任,基于医疗行为极强的专业性,患者完成上述举证责任的方法往往是通过申请相关鉴定,因此《侵权责任法》实施后申请鉴定的义务由医院转移到了患者。当然,医疗损害纠纷案件中,大量的医学资料都由医院掌握,鉴定过程中也需要以这些医学资料作为检材,所以医院同样负有提交医学资料的义务。由于《侵权责任法》实施后,举证责任主体发生变化,实践中往往出现,过去医院积极举证,充分调动其掌握的病历资源,提供相关资料,主动申请鉴定,防范举证不力所导致的法律后果,转变为消极等待患者申请鉴定,但部分患者不愿申请鉴定,有的是出于经济原因,不愿或无法垫付鉴定费,有的是认为仅凭病历材料就能判断诊疗过错。但是除了极少数案件医疗机构违反法律、行政法规、规章以及其他诊疗规范的事实十分清楚,具有一般医学知识的人都可以确信医疗机构有过错的,人民法院可以直接推定医疗机构存在过错的外,绝大多数案件仍需要经过鉴定,才能认定医院是否存在诊疗过错及过错大小、是否存在因果关系。这种情况下,出于化解矛盾纠纷,保护弱势群体的考虑,一般不宜直接以患者证据不足为由判决驳回诉求,而应根据修订后的《民事诉讼法》关于"当事人未申请鉴定,人民法院对专门性问题认为需要鉴定的,应当委托具备资格的鉴定人进行鉴定"的规定,依职权启动鉴定,先行垫付鉴定费,这就需要建立专门基金以解鉴定之需,确保公正审判。

(二)关于赔偿标准和范围

《侵权责任法》实施之前,根据最高人民法院《关于参照〈医疗事故处理条例〉审理医疗纠纷民事案件的通知》的规定及最高人民法院民一庭负责人《就审理医疗纠纷案件的法律适用问题答记者问》中的讲话精神,医疗事故引起的医疗赔偿纠纷,参照条例的有关规定办理;医疗事故以外的原因引起的其他医疗赔偿纠纷,适用民法通则及《最高院关于审理人身损害赔偿案件适用法律若干问题的解释》的规定处理。由于《医疗事故处理条例》与人身损害司法解释的规定相比,赔偿范围较窄,标准较低,尤其是《医疗事故处理条例》没有规定死亡赔偿金项目,于是可能产生以下结果,构成医疗事故往往过错程度高,损害严重但赔偿金额低;不构成医疗事故往往过错程度低,损害较轻而赔偿金额反而高。这种法律适用的二元化一方面导致法院对医疗损害纠纷的处理缺乏统一性,另一方面容易导致当事人错误的诉讼预期,也极大冲击了社会大众的公平价值观,许多案件的上诉、申请再审因此产生。例如我院2012年受理的赵桂书等与厦门大学附属第一医院医疗事故损害赔偿纠纷抗诉一案,医疗损害行为发生于2008年10月16日,经医学会鉴定构成一级甲等医疗事故,患方于2009年1月20日起诉,因该案侵权行为及结果均发生于《侵权责任法》实施之前,故应当适用最高人民法院《关于参照〈医疗事故处理条例〉审理医疗纠纷民事案件的通知》的规定,由于本案医疗行为构成医疗事故,应当按照《医疗事故处理条例》的规定确定赔偿数额,合计145,000多元,但该赔偿数额与按照人身损害司法解释规定计算的赔偿数额差额高达近40万元,因此患方十分不满,通过检察机关提起抗诉,经本院审理,原判决的处理是正确的,为解决矛盾,经多次做医院工作,为患方争取了11,000元的人道主义补偿,但该补偿仍难以消弭患方的心理落差。

《侵权责任法》虽然没有明确规定医疗损害赔偿范围和标准,但从法律解释学的角度,没有特别规定就意味着医疗损害赔偿范围和标准与其他侵权形式一样,具有相同的赔偿项目,适用相同的赔偿标准,不再区分医疗事故与非医疗事故,统一适用《侵权责任法》关于赔偿范围和标准的规定。因此,司法实践中赔偿标准和范围二元化的问题基本得到解决,对于过渡时期仍存在的二元化标准问题可以通过加强调解或释法说理得以解决。

(三)关于医疗损害鉴定

医疗损害纠纷案件具有高度的专业性,由具有专业知识的专家进行损害鉴定是审理绝大多数此类案件必经的程序。由于《侵权责任法》统一了医疗事故及其他医疗损害的赔偿标准和范围,区分是否医疗事故导致的医疗损害在民事案件审理中已不具有实际意义,通常法院不再委托医学会进行医疗事故鉴定,但委托什么机构进行医疗损害鉴定仍是一个亟须规范的问题。《侵权责任法》没有对医疗过错鉴定问题作出规定。2010年6月30日,最高人民法院发布的《关于适用〈中华人民共和国侵权责任法〉若干问题的通知》第3条规定:人民法院适用《侵权责任法》审理民事纠纷案件,根据当事人的申请或者依职权决定进行医疗损害鉴定的,按照《全国人民代表大会常务委员会关于司法鉴定管理问题的决定》、《人民法院对外委托司法鉴定管理规定》及国家有关部门的规定组织鉴定。由上述规定中可以看出司法鉴定在医疗损害鉴定中将起着举足轻重的作用,但同时该《通知》并未排除其他鉴定制度的存在。

目前存在医学会鉴定与司法鉴定机构鉴定两种鉴定体制,二者相较各有优势与劣势:医学会拥有医学鉴定的专家库,组成人员具有临床医师的执业资格和高级职称,具备丰富的临床工作经验,进行医疗损害鉴定有其他司法鉴定机构不可比拟的科学性优势,但医学会进行医疗损害鉴定的最大不足在于:(1)鉴定资质问题。医学会的鉴定资质是《医疗事故处理条例》赋予的,该条例规定医学会有进行医疗事故技术鉴定的资质,但没有规定其可以进行医疗事故以外的其他医疗损害鉴定的资质,目前医学会尚未被列入司法鉴定名录,故在相关规定出台前,医学会进行医疗损害鉴定尚无法律依据。(2)中立性问题。医学会由卫生行政部门组建,人员编制由卫生行政部门统一管理,其工作人员大部分来自各医疗机构,其独立性和中立性往往受到质疑,有“父子鉴定”或“叔侄鉴定”之嫌。(3)鉴定人出庭接受当事人质询问题。《医疗事故处理条例》中没有规定鉴定人出庭质证的义务,而且医学会鉴定实行合议制,鉴定专家没有在鉴定书上签名,应该由谁担任出庭质证的专家,法律没有规定,医学会很难找到一个愿意对鉴定书作出解释的专家。法院需要质询时只能以向医学会发咨询函的形式进行,而医学会往往简单重复鉴定书的内容以回复法院,法官缺乏获得专家意见的有效途径,所以鉴定意见的质证、认证过程无法得到鉴定人或其他医学专家专业意见的辅助。相比之下司法鉴定机构的鉴定则具有程序公正的优势。司法鉴定机构隶属于司法部,与医疗行政部门及患者均没有关联,决定了机构的超脱性和中立性,同时司法鉴定实行鉴定人负责制,鉴定人必须在鉴定意见上签名以示对整个司法鉴定过程负责,而且鉴定意见中能详细分析过错、因果关系,司法鉴定人能够出庭质证,因此司法鉴定制度更符合诉讼规律,更有利于医疗损害案件中过错责任的认定。但司法鉴定机构鉴定最大的不足在于医学专业性较差,有外行鉴定内行之嫌。医学是一门经验学科,临床医学内容复杂,性质特殊,加上现行医学分科越来越细,不是专科的医师很难精确评估疾病的演变过程。而目前司法鉴定人员的来源主要包括两类:法医学专业人员和具有一定实际工作经验的临床医生转行从事司法鉴定(或者挂名于某司法鉴定机构)。而法医学属于基础医学,不是临床医学,因此法医通常难以对临床诊疗行为作出准确判断,各司法鉴定机构又没有统一的专家库,拥有的临床医学专家人数有限,可能只是熟悉某些领域,不一定有能力对其所涉领域之外的医学专业性问题进行鉴定。因此,社会上又有了“警惕形式意义上的鉴定公正带来实质意义上的鉴定不公正”的呼声。

鉴于上述问题,《侵权责任法》实施之后,最高院与国务院法制办、卫生部等部门一直在共同研究制定与该法相适应的鉴定体制,在相关制度出台之前,为解决医疗纠纷案件审理的难题,各地法院都在积极探索二元归一的路径。

三、我省医疗损害鉴定制度的构建

据了解,目前我省辖区内多数法官认为,从查明事实的角度来看,医学会的科学性和权威性更值得信赖,因此更倾向于引导当事人申请医学会鉴定。但是部分案件患者一方对医学会鉴定不服再次申请委托司法鉴定机构重新鉴定,或自行委托司法鉴定机构另行鉴定,这样就容易出现多头鉴定、重复鉴定的问题,使审判工作陷入被动。

从外省法院的实践来看,多是采取医学会为首选鉴定机构,除非双方当事人同意委托其他司法鉴定机构。首次鉴定后,若符合重新鉴定条件的,委托省医学会进行鉴定。也有部分地方法院采取向当事人释明:选择医学会进行鉴定,可以享有向上一级医学会申请再次鉴定的权利;选择司法鉴定机构,只有一次鉴定机会,除非符合证据规则规定的重新鉴定的条件,在此情况下由当事人选择鉴定机构。从上述做法来看,有一个共同之处就是,都没有排除医学会的鉴定资格,甚至以医学会鉴定为首选。

据福建省医学会介绍,2002～2011年,我省各市级医学会完成首次鉴定2452例,不属于医疗事故的1622例,占66.2%;属医疗事故的772例,占31.5%;未做出鉴定结论的有58例,占2.4%。上述2452例案例在完成了首次鉴定后,其中964例向福建省医学会申请了再次鉴定,638例完成了再次鉴定。其中不属医疗事故的310例,占48.6%;属医疗事故的324例,占50.8%,未做出鉴定结论的4例。其中2011年,我省各市级医学会完成首次鉴定的268例,不属医疗事故的151例,占56.3%;属医疗事故的114例,占42.5%,未做出鉴定结论的3例。省医学会完成鉴定75例,不属医疗事故的21例,占28.0%;属医疗事故的54例,占72%。从上述统计数据可以看出,经医学会鉴定构成医疗事故的案例比例还是比较高的,而且近年来还有逐年上升的趋势,医学会通过改进鉴定程序努力朝着更加中立、更加客观的方向发展。

由上述情况分析,医学会仍是值得利用的鉴定资源,我们可以通过改革和完善现行的医疗事故鉴定制度,使其朝着符合审判规律的司法鉴定制度转变。为此,我院加强与省医学会沟通、联系,目前正在共同研究制定符合我省实际的医疗损害鉴定制度,供辖区内法院在国家相关部门医疗损害鉴定规定出台前参考适用。

我省医疗损害鉴定制度的构建拟主要考虑以下三点:

1. 医疗损害鉴定的性质应界定为司法鉴定。医疗损害鉴定的目的在于为审理医疗损害赔偿纠纷案件的法官提供专业性问题的帮助。而医疗事故鉴定是卫生行政部门决定是否追究医疗机构及其医务人员行政责任的判断,只有医院给患者造成医疗损害的过错达到一定程度时才被认为是医疗事故。由于行政责任与民事责任的追究理念和责任构成要件截然不同,只要医生的行为对患者的伤害有过错,虽然给患者造成的伤害没有构成医疗事故,不能追究有关人员的行政责任,但符合民事责任构成要件的,医院仍应承担损害赔偿责任。因此,判断医疗损害赔偿责任不能依据是否构成医疗事故而定,而是根据医院的行为是否符合民事侵权的要件,由上,医疗损害鉴定应定位于司法鉴定,这样的医疗损害鉴定才能有利于医疗赔偿案件中过错责任的确定,才符合诉讼规律,能够为判案法官提供依据。同时依照修改后的《民事诉讼法》关于"当事人对鉴定意见有异议或者人民法院认为鉴定人有必要出庭的,鉴定人应当出庭作证。经人民法院通知,鉴定人拒不出庭作证的,鉴定意见不得作为认定事实的根据;支付鉴定费用的当事人可以要求返还鉴定费用"的规定,将医疗损害鉴定的性质界定为司法鉴定,鉴定人依法应出庭接受质询,有针对性地回答双方当事人的异议及法庭的询问,也有利于平息医患双方不平衡的心态,有利于医疗损害案件的公正处理。

2. 医疗损害鉴定的机构应以医学会为首选。司法鉴定的本质是在诉讼活动中鉴定人运用科学技术或者专门知识对诉讼涉及的专门性问题进行鉴别和判断并提供鉴定意见的活动。而医疗损害司法鉴定的专门性和复杂性是其他任何类别的司法鉴定无法比拟的。因此,医疗损害的鉴定者拥有丰富的临床专业知识和经验,是保证鉴定结论的科学性的首要基础。在司法鉴定领域不存在任何通才,医学会作为鉴定机构,具有鉴定人都是专家、能保证鉴定结论科学性的优势,而且医学会积累了组织医疗鉴定的经验。实践也表明,医学会的鉴定确实基本上做到了公正和科学,人民法院也采纳了大量的医学会的鉴定。因此,医学会应是承担医疗损害鉴定的主力军,对于一般民众普遍担心的医学会鉴定不够客观公正问题,可以采取随机抽取鉴定的专家、鉴定人出庭接受质询、鉴定人必须签名等形式予以规范,相信通过这些公开的形式,鉴定结论也会更加公正,更加获得公众的信任。同时也可以吸纳具有相应鉴定能力的司法鉴定机构作为医疗损害鉴定机构,当然这就需要司法管理部门制定严格的准入条件。

3. 完善现行的医学会鉴定机制,提高鉴定水平和质量。原有的医学会鉴定结论往往过于笼统、抽象,未能具体分析医疗行为的对错原因是什么,因果关系为什么存在,责任比例为什么如此划分等。这样简单又具有一定神秘主义色彩的鉴定结论,的确很难让患者信服,同时也会大大削弱其公信力。因此要使医学会担当起医疗损害鉴定的重任,关键是要对医学会现行的医学鉴定制度本身进行改良和完善。(1)规范鉴定结论。医疗损害结论中应包括过错、因果关系、过错参与度等分析、对鉴定结论产生的依据加以说明,对于双方均能提供证据证明同时又存在较大争议的事实给出取舍的理由。(2)完善听证程序。为鉴定专家提供医疗病历之外的纠纷事实,使医患双方参与鉴定的需求成为可能。听证过程是医患双方发表自己的意见和主张,反驳对方的主张和证据的最佳时机,听证程序的设计应该体现对抗式辩论的基本原则。(3)引入异地鉴定制度。允许当事人选择医疗行为发生地之外的医学会进行鉴定,这样有利于消除当事人的疑虑,也有利于排除人情因素的干扰。(4)改革鉴定层级制度。原来的医疗事故鉴定程序实行省、市二级鉴定制度,初次鉴定只能委托市级医学会,只要当事人不服鉴定结论的,即可向上一级医学会申请再次鉴定,而医疗损害鉴定从本质上应定位于司法鉴定,司法鉴定就应当符合民事诉讼证据规定的有关要求,实行各鉴定机构平等、平行的鉴定,不应再实行等级鉴定。这样可以避免重复鉴定,也有利于提高审判效率。

四、创新我省医疗纠纷调处机制

由于诉讼相对于其他纠纷解决机制而言存在周期长、成本高的弊病,为了更加快速有效地处理医患纠纷,减轻当事人的讼累,我省各地法院积极探索诉讼外的医患纠纷解决机制,尤其是漳州地区率先引入医患纠纷诉前调解机制,医患纠纷调处中心诉讼前介入,许多医疗损害纠纷在医患纠纷调处中心就已调解解决,故该地区进入诉讼程序的案件并不多。《侵权责任法》实施至今,漳州地区一审共受理31件,审结17件,其中调解10件,二审受理5件,已经审结4件,其中调解2件、维持2件。2007年8月,漳州市中级法院与市综治委、市司法局在漳州市芗城法院内成立全省首个"诉讼调解与人民调解多元纠纷解决联动机制人民调解工作室",人民调解首次正式介入医患纠纷。2009年3月,"调解工作室"优化升级,成立了"漳州市诉讼调解与人民调解多元调处中心"、"漳州市医患理赔中心"、"漳州市医患纠纷调处中心"三个新机构,完善了医患纠纷调解网络,医患纠纷调解工作走上了规范管理、规范运作的轨道。三年多来,"多元调处中心"共调解医患纠纷71起,其中成功调解64件,调解成功率为90.14%,标的达1528.7万元,充分发挥了人民调解在预防纠纷、化解纠纷和法制宣传教育方面的功能,在调解同时积极向医患双方特别是患者一方提供法律咨询和法律服务,以一起"医患纠纷"教育一片原则,使当地医疗秩序和医患关系得到明显改善。漳州市开展医患纠纷调解所取得的成效,再一次表明人民调解工作在解决社会矛盾纠纷中的独特优势和巨大潜力,拓展人民调解工作新领域,建立具有公信力的"第三方"调解机制,是探索和谐处理医患纠纷新途径。我省其他地区大多也成立了医患调处中心、医患纠纷调解委员会等人民调解机构,法院通过定期沟通、提供法律咨询、指导服务,或在诉讼服务中心设立涉诉调解联动中心等方式,主动将司法服务延伸至诉前,建立简便快捷的调诉对接机制,对于经调解达成协议的,开辟确认人民调解协议法律效力的绿色通道;调解未果的,指导当事人通过诉讼方式理性解决纠纷。从而实现诉调有机衔接、功能互补、良性互动,更加高效、便捷、低成本地解决医患纠纷,达到法律效果和社会效果的统一。

五、下一步的工作

病有所医是群众最关心最直接最现实的民生问题之一。我们要努力发挥司法能动功能,积极搭建医患矛盾化解平台,为建立和谐医患关系而努力。下一步,我们将继续抓好以下工作:一是继续加强调研和审判指导,统一执法尺度。对适用《侵权责任法》审理医疗侵权纠纷案件中遇到的热点、难点加强调研,统一执法尺度,加强对下审判指导,把好案件质量关,不断提高全省各级人民法院审理此类纠纷案件的能力。二是探索医疗鉴定二元归一的路径,走出医疗鉴定采信难的困境。借鉴外省经验,加强与省医学会的沟通联系,探索建立符合我省实际情况的医疗损害鉴定制度。主要从以下几个方面考虑:(1)医疗损害鉴定的性质应界定为司法鉴定。(2)医疗损害鉴定机构以医学会为首选。(3)完善现行的医学会鉴定机制,提高鉴定水平和质量。目前此项制度正在制定中。三是加强司法救助,解决当事人的实际困难。对确因经济困难无力缴纳诉讼费的当事人,法院已有减、缓、免的司法救助制度。同时,法院亟须建立专门基金以解决患者无力预付鉴定费或法院依职权启动鉴定需先行支付鉴定费的问题,确保公正审判。四是创新医疗纠纷调处机制,借力化解医患纠纷。继续总结推广漳州地区医疗纠纷诉前调解经验,引入第三方调解机制,充分发挥人民调解在化解医患纠纷中的重要作用。

关于国有土地使用权合同及房屋买卖合同纠纷问题的调研报告

河南省高级人民法院民一庭

一、国有土地使用权合同纠纷问题

(一)以协议方式出让经营性用地使用权,出让合同是否有效

《招标拍卖挂牌出让国有土地使用权规定》第4条规定,商业、旅游、娱乐和商品住宅等各类经营性用地,必须以招、拍、挂方式出让。《物权法》第137条第2款规定,工业、商业、旅游、娱乐和商品住宅等经营性用地以及同一土地有两个以上意向用地者的,应当采取招标、拍卖等公开竞价的方式出让。违反以上法律及规定,以协议方式出让经营性用地使用权的,出让合同效力如何?

我们认为,由于《规定》系部门规章,依据《合同法》及司法解释,行政规章不能作为认定合同无效的依据。所以在《物权法》施行以前以协议方式出让经营性用地使用权的,出让合同应当认定为有效。但由于《物权法》将《规定》中关于土地出让方式的要求上升为法律,《物权法》施行后以协议方式出让经营性用地使用权的,应当认定为无效。

(二)国有土地使用权出让方不交付土地、不登记发证的,受让方如何进行权利救济

在出让方不履行交付土地义务、不履行登记发证义务时,受让方如何进行权利救济,是提起民事诉讼,请求出让方履行合同义务,还是提起行政诉讼?如果受让方提起民事诉讼,请求出让方履行交付土地、登记发证义务的,法院应否予以支持?

对此问题,理论、实务界一直存在分歧,根源在于,作为出让方的土地管理部门在国有土地使用权出让活动中扮演了两种角色:一是作为国有土地所有权的代表人与受让方签订出让合同;二是作为行政机关对土地出让行为进行监督管理。由此,对出让合同的性质,也形成了行政合同、民事合同两种观点。从《民事案件案由规定》和《关于审理涉及国有土地使用权合同纠纷案件适用法律问题的解释》看,出让合同应属民事合同,但是笼统的法律定性并不能解决审判实践中的困惑。对此,建议作出进一步明确的规定。

(三)出让土地使用权期限问题

出让土地使用权是有期限规定的,在出让合同期限届满后,未申请续展或续展未获批准,使用权即告消灭。对住宅建设用地,《物权法》已经规定期满后自动续期,但是未明确是有偿续期还是无偿续期?如果是无偿续期,则意味着土地使用权可以无限期享有,有所不妥;如果是有偿续期,法律目前并没有规定切实可行的操作性办法。实践中,一些地方已经遇到此类困惑,如作为改革前沿阵地的深圳,20世纪80年代初期竣工的某房产的土地使用权只有20年,对此,《深圳市到期房地产续期若干规定》第3条规定:"到期房地产,业主需继续使用该土地的,在不改变用途的情况下,按有偿使用土地的原则延长土地使用年限。延长方式包括补交地价签订土地出让合同或支付土地租金签订土地租赁合同。在国家规定的最长土地使用年限减去已使用年期的剩余年期范围内约定年期的,补交地价数额为相应用途公告基准地价的35%并按约定年限修正,补交地价一次性支付;土地租金按年支付,其标准由市国土管理部门定期公布。"我们认为:对住宅建设用地使用权的续期问题,应采取有偿续期制度,具体操作办法应参考各地已有做法,以立法形式予以明确统一。

对以出让方式取得的非住宅建设用地使用权期限届满后的续期问题,《物权法》规定,"……依照法律规定办理;该土地上的房屋及其他不动产的归属,有约定的,按照约定;没有约定或者约定不明确的,依照法律、行政法规的规定办理"。非住宅建设用地使用权在未申请续展或续展未获批准的,将面临使用权消灭的问题,该土地上的房屋及其他不动产的归属,没有约定或者约定不明确的,应当依照什么法律、行政法规办理?《城镇国有土地使用权出让和转让暂行条例》第40条规定,土地使用权期满,土地使用权及其地上建筑物、其他附着物所有权由国家无偿取得。而该条例第47条规定,无偿收回划拨土地使用权时,对其地上建筑物、其他附着物,市、县人民政府应当根据实际情况给予适当补偿。同划拨土地

使用权的收回相比较,出让土地使用权人的权益保护明显不足。我们认为,对收回土地使用权的地上附着物补偿问题,不应当以出让土地和划拨土地为区分标准,而应当依据地上附着物残余价值予以补偿,建议立法予以完善。

(四)转让人在未依法登记领取权属证书的情况下,转让国有土地使用权的,转让合同效力如何

《城市房地产管理法》第38条规定:"下列房地产,不得转让:……(六)未依法登记领取权属证书的;……"转让人违反此项规定,转让合同是有效、效力待定还是无效?

实践中,当事人受经济利益驱动,常以合同存在违反各种强制性规范为由主张合同无效,以设法收回土地使用权及房屋。那么,法院如何以裁判手段正确认定合同效力,以平衡各方利益,保障房地产市场的健康发展?

我们认为:鼓励交易、维护交易安全是合同法、物权法的重要精神,实践中要谨慎正确地认定房地产合同的效力,防止出现阻碍合法交易的后果。房产交易标的额普遍很大,不同的效力认定,对当事人之间权利义务关系有着深刻的影响。在认定合同效力时,法院只能依据法律和行政法规来认定合同效力,而不能直接援引地方性法规和行政规章作为判断合同效力的依据。理论、实务界普遍认为,强制性规定包括管理性的强制性规定和效力性的强制性规定,只有在违反法律和行政法规中效力性的强制性规定时,才能确认合同无效。此处,《城市房地产管理法》第38条的规定应为管理性规定,违反此规定并不必然导致合同无效。

下面,我们将未取得权属证书的房屋买卖合同效力问题与国有土地使用权合同效力问题分开讨论。

1. 未取得取得国有土地使用权证书的国有土地使用权转让合同,应属于无效合同。如果起诉前转让方已经取得出让土地使用权证书或者有批准权的人民政府同意转让的,应当认定合同有效,至于转让方是否已经交纳或全部交纳了土地出让金的,则属于土地管理部门与转让方之间的法律关系,不影响转让合同的效力。

2. 未取得权属证书的房屋买卖合同,应依法认定有效,如果第三人主张房屋所有权导致房屋买卖合同不能履行的,出卖人应当承担违约责任。房屋买卖合同出卖方有义务去获得标的房屋的所有权,出卖人以义务的无法履行作为合同无效的抗辩,是错误的。

同样是未依法登记领取权属证书,为何在效力认定上国有土地使用权合同和房屋买卖合同有所不同?由于国家实行严格的土地政策,相比房屋所有权流转,在土地使用权流转上行政管理色彩浓厚,在国有土地使用权合同效力认定上也就应当比房屋买卖合同效力认定更为严格。

(五)以国有土地使用权或资金出资合作开发,但以一方名义进行开发建设,因合作项目产生的债权债务问题

当事人提供国有土地使用权或资金合作开发房地产,对外以一方名义进行开发建设,对内约定共享利润、共担风险的,因合作项目产生的债权债务,是应当严格遵守合同相对性原则处理,还是应当按照《物权法》第102条"因共有的不动产或者动产产生的债务,在对外关系上,共有人享有连带债权、承担连带债务,但法律另有规定或第三人知道共有人不具有连带债权债务关系的除外;……"处理,我们认为,按照《物权法》第102条处理,较为妥当。

当事人提供国有土地使用权或资金合作开发房地产,对外以一方名义进行开发建设,对内约定一方不承担经营风险,只收取固定利益的,由于不符合合作开发房地产共享利润、共担风险的原则,此时双方之间不应当认定为合作开发房地产关系,而应当按照《最高人民法院关于审理涉及国有土地使用权合同纠纷案件适用法律问题的解释》认定为土地使用权转让合同、房屋买卖合同、借款合同或房屋租赁合同,因开发项目产生的债权债务应当按照合同相对性原则处理,但是不承担经营风险的一方收取的固定利益比例明显高于投入价值比例的,若按合同相对性原则处理将侵害第三人利益的,应当认定双方对项目产生的债务承担连带责任。

(六)国有土地使用权出资入股纠纷

依公司法规定,股东用土地使用权等可以用货币估价并可以依法转让的非货币财产作价出资是被允许的。以国有土地使用权出资,办理权属转让登记的,国有土地使用权由公司享有,国有土地使用权的处分权属于公司,公司以其全部财产对公司的债务承担责任,股东以其出资对公司债务承担责任,股东享有的是公司股权。但以国有土地使用权出资,未办理权属转移手续的,其出资效力如何认定?

从出资人和其他出资人的合同关系而言,合同已成立生效,但未办理权属转移手续,出资人是否应当承担违约责任?《公司法》第28条规定"以非货币财产出资的,应当依法办理其财产权的转移手续。股东不按照前款规定缴纳出资的,除应当向公司足额缴纳外,还应当向已按期足额缴纳出资的股东承担违约责任"。我们认为,在认定出资人是否承担违

约责任时,应当分析未及时办理权属转移手续究竟是谁的过错,不能一概认定出资人承担违约责任。

从出资人、公司与第三人关系看,存在以下三个方面的问题:(1)在公司已实际占有使用该宗土地的情况下,该出资人是否为公司股东,享有股东权利?(2)如果出资人的债权人申请执行出资人入股公司但尚未办理变更登记手续的国有土地使用权时,法院应否支持债权人主张?(3)公司的债权人能否申请执行该土地使用权?

我们认为:(1)对第一个问题,是否具有股东资格,首先要看公司章程如何规定,如果章程并不因此剥夺出资人的股东资格,且在该宗土地不存在第三人权益需要保护的情况下,法院可以认定出资人具有股东资格,判决出资人补办登记手续;在该宗土地出售或抵押给第三人的情况下,这时公司同第三人一样,对该宗土地仅享有债权请求权,按债法的一般原理加以确定后,再以公司能否取得土地使用权为标准判断出资人是否具有股东权利。(2)对第二个问题,由于公司对该宗土地仅享有债权请求权,所以,出资人的债权人可以申请执行该宗土地使用权。(3)同上分析,公司的债权人不能申请执行土地使用权,但是该出资人应当以约定的土地使用权作价为限对外承担债务。

二、房屋买卖合同纠纷问题

(一)《关于审理商品房买卖合同纠纷案件适用法律若干问题的解释》的适用范围问题

《解释》第1条规定,本解释所称的商品房买卖合同,是指房地产开发企业将尚未建成或者已竣工的房屋向社会销售并转移房屋所有权于买受人,买受人支付价款的合同。由此可见,法律意义上的商品房买卖合同一方主体特定,必须是房地产开发企业,这是与一般意义上的房屋买卖合同的不同之处,也是能否适用《解释》第8条、第9条惩罚性赔偿的关键。

司法实践中,对于村民委员会在集体土地上以“旧村改造”名义建设的房屋、房管部门以危房改造等名义开发建设的房屋、还有部分企事业单位在国家划拨土地上违规开发的商品房是否适用《解释》认识不一致,因为这些房屋往往也是以房地产开发企业的名义开发并向社会公开出售。第一种意见认为,只要满足房地产开发企业开发,且向社会公开销售这两个要件,即适用该《解释》。至于土地性质,不影响上述房屋属于商品房的属性。第二种意见认为,所谓的商品房买卖除满足上述两要件的同时,还应具备第三个要件,即开发建设用地为国有土地且已取得建设立项。对此问题,解释应当进一步予以明确。

(二)商品房认购书相关纠纷问题

1. 未取得商品房预售许可证明的商品房认购书的效力问题。依据《城市房地产管理法》和最高人民法院相关司法解释的规定,出卖人预售商品房必须取得商品房预售许可证明,未取得预售许可证明的商品房买卖合同应依法认定为无效。而商品房认购书是一种预约合同,是双方当事人为将来签订作为本约合同的商品房买卖合同所作出的一种承诺,并非商品房预售行为。由于商品房认购书并非商品房买卖合同,故出卖人未取得商品房预售许可证明,不影响商品房认购书的法律效力。但依据《关于审理商品房买卖合同纠纷案件适用法律若干问题的解释》第5条的规定,如商品房认购书已具备了商品房买卖合同的实质性内容,此种情形下,商品房认购书实为商品房买卖合同,出卖人未取得预售许可证明的,该商品房认购书应依法认定无效,但在起诉前取得预售许可证明的,应当认定有效。

2.《解释》第5条规定商品房的认购、预订等协议具备《商品房销售管理办法》第16条规定的商品房买卖合同的主要内容,并且出卖人已经按照约定收受购房款的,该协议应当认定为商品房买卖合同。实践中,如果买受人所认购房屋的位置、面积、购房款和交付日期确定,能否适用《解释》第5条将认购书认定为商品房买卖合同?只要缺少商品房买卖合同12项主要内容中任意一项的,是否就不能认定为商品房买卖合同?我们认为,《商品房销售管理办法》第16条规定的商品房买卖合同的主要内容多达12项,而认购书等协议一般为开发商拟定的简单格式合同,同时具备所有内容的可能性不大,若严格依照该条规定,认购书等协议很难认定为商品房买卖合同。为更好地维护交易安全,维护守约方的利益,即使预约合同未完全具备《商品房销售管理办法》第16条规定的商品房买卖合同的主要内容,只要标的物明确、价款确定,完全可以依据《合同法》的相关规定认定双方房屋买卖合同成立。如果机械适用该条司法解释的规定,就会导致依据《合同法》应当认定房屋买卖合同成立,而依据该条司法解释则不能认定合同成立。因此,对于《解释》第5条,我们认为可能导致实践中裁判尺度不一,出现偏差。

3. 在取得商品房预售许可之前,因商品房认购产生的纠纷。目前,开发商在取得商品房预售许可之前,一般以VIP贵宾卡、公开团购或与某单位合作进行内部认购等形式收取认购款。很多情况下,在取得商品房预售许可之前,开发商收取的认购款已达房屋总价的30%,变相进行了预售,预售时间也大大提前。由此产生两个问题:在取得商品房预售许可之前,认购、预订等协议是否有效?在取得预售许可之前,交付认购款超过总价款20%的,性质如何确定?

上海、郑州等多地房管局出台的规范预售行为的通知中,均明确指出,未取得商品房预售许可,不得有任何预售行为,不得向预购人收取任何预定性质的费用。各地房管局的通知,是从行政管理的角度出发,为强化市场监管。而从司法角度,为最大限度保护预购人权益,法院一般认为,法律不能让故意违法或违约者获利,也不能以地方性法规来否认合同效力,所以,应认定认购合同有效,在因开发商原因未能订立正式买卖合同的,开发商应当双倍返还定金。

在取得预售许可之前,交付认购款超过总价款20%的,对交付款项的性质应当如何确定?我们认为,应当依据《担保法》规定,定金的数额由当事人约定,但不得超过主合同标的额的20%。对于超过20%的认购款,不能认定为定金,在开发商违反认购合同将房屋另行出售的情况下,超过部分只能请求返还,并赔偿利息损失。

(三)预售登记备案与预告登记的关系

《城市房地产管理法》第45条第2款规定,商品房预售人应当按照国家有关规定将预售合同报县级以上人民政府房产管理部门和土地管理部门登记备案。商品房预售的登记备案是否属于《物权法》第20条规定的预告登记?预售登记备案的效力如何?有人认为,预售登记属于预告登记,其主要功能在于通过商品房的预售登记保护买受人所享有的权利。另有人认为,商品房预售合同虽然要求登记备案,但其更多的是行政管理要求,登记备案的启动主体是开发商,预告登记的启动主体是签订了买卖合同的当事人,《物权法》未明确预售登记就是预告登记。我们认为,商品房预售的登记备案不同于预告登记。预售登记备案是行政主管部门对预售行为进行行政监管的行为,不具有预告登记的法定效力,商品房预售合同是否进行登记本案,都不会产生对抗第三人的效力。商品房预售合同的买受人为确保实现房屋物权,按照《房屋登记办法》第67条的规定,其可以申请进行预告登记。

(四)未取得建设工程规划许可证、未按照建设工程规划许可证规定建设的房屋纠纷问题

因未取得建设工程规划许可证或者未按照建设工程规划许可证规定建设的房屋,应当属于违法建筑,相关纠纷主要有以下类型:(1)当事人请求确认权利归属及内容;(2)因违法建筑的占有受到侵害而产生的争议;(3)因该建筑及其搁置物、悬挂物倒塌或者脱落、坠落造成他人损害的赔偿请求问题;(4)违法建筑被拆除的,应否补偿的问题;(5)租赁该建筑的,租赁合同是否有效,请求支付租赁费的请求法院能否支持。

对前三个问题,《全国民事审判工作会议纪要》有讨论,不再赘述。对第4个问题,《国有土地上房屋征收与补偿条例》也明确规定,对认定为违法建筑和超过批准期限的临时建筑的,不予补偿。但是对第5个问题,实践中大量的违法建筑被用于出租,关于租金收入是否应当保护,形成了三种观点:违法所得、不当得利、合法收入。关于违法建筑,实践中的困惑在于:(1)因违法建筑的占有受到侵害而产生的争议,虽可以受理,但是应当如何审理?(2)违法建筑租金能否保护的问题。建议最高法院进一步予以明确。

(五)一房多卖的问题

目前,一房多卖现象时有发生。在数份房屋买卖合同均为合法有效且多个买受人要求履行合同的情况下,权利保护顺位如何确定?会议纪要对此有相应的确定办法,我们同意会议纪要的观点。

依据现有法律,商品房买卖合同与一般的房屋买卖合同,两者在损失赔偿问题上处理有所不同。依据《关于审理商品房买卖合同纠纷案件适用法律若干问题的解释》,商品房买卖合同订立后,出卖人未告知买受人又将该房屋抵押给第三人或商品房买卖合同订立后,出卖人又将该房屋出卖给第三人,无法取得房屋的买房人,其主张解除合同,对属于商品房买卖合同的,可以请求出卖人返还已付购房款及利息、赔偿损失及承担不超过已付购房款一倍的赔偿责任;而对不属于商品房买卖合同的房屋买卖合同,应当依据合同法请求出卖人返还已付购房款及利息、赔偿损失,出卖人因一房多卖构成违约,所赔偿的损失应为履行利益的损失,但是无法要求出卖人承担不超过已付购房款一倍的赔偿责任。问题是,以卖方人是否为房地产开发企业为区分,对一房多卖的赔偿范围作不同法律规定,是否合适?

(六)部分共有人处分共有房产的效力问题

《城市房地产管理法》第38条第1款第4项规定:"下列房地产不得转让:……(四)共有房地产,未经其他共有人书面同意的……"实践中,常见的纠纷是夫妻一方转让房屋,后又以未经另一方同意而主张转让无效,此时合同效力如何认定,物权权属如何确认?

我们分两种情况进行讨论:

1. 在一方未经另一方同意出售夫妻共同共有的房屋,第三人善意购买、支付合理对价并办理产权登

记手续,应当依据善意取得制度,认定第三人取得物权,《婚姻法解释三》对此作出了明确规定。我们认为,善意购买应当指的是,转让人与权属登记人一致的情况,非此不能认定为善意。

2. 夫或妻一方与第三人签订了以共有房屋为标的物的买卖合同,第三人已支付了部分或全部房款,房屋尚未交付;或者已支付全部房款并交付房屋,但尚未办理过户手续。在这种情况下,合同效力及物权归属如何认定?对此,2011年全国民事审判工作会议有两种讨论意见:一种是转让人转让登记在其个人名下的共有物不符合对共有物处分约定的,原则上应当认定该转让行为有效。受让人虽然知道转让标的物为共有,但其有理由相信转让人的处分是共有人共同意思表示的,可以认定转让行为有效。另一种是转让人转让登记在其个人名下的共有物不符合对共有物处分约定的,按照《物权法》第106条有关善意取得的规定处理。

我们的观点是:善意取得的适用前提是办理产权登记手续,未办理产权登记手续的,无法适用善意取得制度获得物权。但是虽无法获得物权上的保护,买卖合同效力如何,能否从债权上予以保护善意买受人?对此,应当结合物权公示公信原则以及无权代理、表见代理制度来分析代理行为的效力与买卖合同的效力的关系。(1)如果不动产是登记在该转让人一方名下的,应当依据不动产登记公示公信力来认定转让行为有效。(2)如果不动产是登记在双方名下或非转让人的另一方名下,则应当依据无权代理制度、表见代理制度来认定行为效力,即买受人有理由相信行为人有代理权的,可以认定代理行为有效,认定买卖合同有效,买受人可以请求进行变更登记。(3)在买受人无正当理由相信行为人有代理权的,应当认定代理行为无效,但是买卖合同原则上仍应认定为有效。理由:依据《物权法》第97条,处分共同共有的不动产,应当经全体共同共有人同意。在认定夫妻一方对另一方为无权代理的情况下,就意味着处分行为违反了《物权法》第97条的规定。那么,判定买卖合同是否有效就涉及《物权法》第97条是效力性规范还是管理性规范的问题?我们认为,该条系管理性规范,买卖合同应认定为有效,但是由于代理行为无效导致代理行为对被代理人不产生效力,应当由签订买卖合同的一方对买受人承担违约责任。否则,若认定合同无效,买房人只能请求信赖利益的损失,对诚信的买受人显失公平,不符合私法自治的精神,也不利于市场秩序的建立。

综上,在物权变动上,应当依据善意取得制度的适用条件来分析物权是否产生变动。在买卖合同效力上,我们主张,无论房屋登记在哪方名下,只要买卖合同不存在《合同法》第52条的情形,就应当认定为有效合同。不同的是,在不动产是登记在该转让人一方名下时或登记人与转让人不一致但适用表见代理的,买受人可以请求履行合同,请求变更登记;登记人与转让人不一致又不能适用表见代理的,代理行为无效,买卖合同对夫妻另一方不产生约束力,买受人不能请求履行合同,只能请求转让人承担违约责任。

(七)涉及房改政策的房屋买卖问题

由于我国住房制度改革是一项政策性强、涉及面广的系统工程,涉及房改政策的房屋买卖合同纠纷如何处理,应当结合当事人提出的诉讼请求作出判断。如果当事人争议的核心和焦点在于是否适用房改政策或者如何适用房改政策,则不属于民事权益之争,人民法院不作为民事案件受理。如果当事人争议的核心和焦点是房改房的买卖问题,属于平等主体之间的民事权益之争,处理时涉及房改政策的,人民法院应当受理,当事人仅以房屋未进行登记过户而主张协议无效的,法院不应当予以支持。

(八)关于本集体经济组织之外的人购买农村村民私有房屋和“小产权房”的效力问题

本集体经济组织之外的其他集体经济组织成员或城镇居民购买农村居民住宅的,由于农村宅基地具有极强的福利和保障性质,且是本集体经济组织成员无偿取得的,由此,取得宅基地使用权的主体应当限于本集体经济组织成员,否则将会扰乱现行的集体土地管理秩序和农村经济管理体制,因此,对本集体经济组织之外的村民或城镇居民购买本集体经济组织成员的宅基地和房屋的,应当认定无效。出售给本集体经济组织成员的,应当符合法律、行政法规和国家政策关于宅基地分配、使用条件的规定。

“小产权房”并非法律用语,是指在农村集体所有土地上开发的房屋,按照我国现行法律规定,集体所有的土地在未办理国家征收手续转为国有土地之前,禁止进入房地产市场,由此,开发“小产权房”的行为是不被法律允许的,买卖“小产权房”实质上变相侵犯了农村集体所有土地使用权,违反了《合同法》第52条和《土地管理法》第43条规定,因此,“小产权房”买卖合同应当认定为无效。

目前,国土部门正在清理“小产权房”,法院在审理此类纠纷时,难点在于确认合同无效后损失应当如何承担的问题?建议最高法院对此问题进一步明确。

(九)关于房屋买卖合同中违约金的问题

1. 房屋买卖合同中适用违约金的情形比较多,但审判实践中对于违约金的性质、违约金过高的主张方式、判断标准以及如何调整等问题认识不一。我们认为,对数额过高的违约金条款,人民法院可以根据当事人的请求适当进行调整,对于当事人未提出调整违约金请求的,人民法院不得主动援引合同法的规定干预合同的明确约定;关于当事人申请调整违约金的方式问题,人民法院对当事人主张的方式不宜苛刻要求,当事人可以通过抗辩的方式主张;关于违约金过高的认定标准问题,当事人约定的违约金超过造成损失的30%的,一般可以认定为"约定的违约金过分高于造成的损失"。此处的损失应当是履行利益损失,由人民法院根据公平原则、诚实信用原则予以衡量。

2. 逾期办证违约金诉讼时效的起算问题。一种观点认为,开发商逾期办证,但在买受人起诉之前已办理了房产证的,应从买受人收到房产证之日起算诉讼时效。当业主或买受人在超过两年诉讼时效期间才起诉的,法院应驳回其诉讼请求。另一种观点认为,逾期办证违约责任应适用诉讼时效,但不能一概而论。当事人在合同中明确约定逾期办证违约金数额的,为一时性债权,从约定期限届满之日起算诉讼时效;当事人在合同中约定以日或月为单位累积计算违约金数额的,属于继续性债权,以每个个别的债权适用诉讼时效;合同没有约定违约金或者损失数额难以确定的,可以按照已付购房款总额,参照中国人民银行规定的金融机构计收逾期贷款利息的标准计算,即《解释》第18条第2款的规定。对逾期办证违约金诉讼时效的起算问题,建议最高法院进一步予以明确。

(十)购房资格转让的问题

对购房资格转让问题,应当区分几种情况进行讨论:

1. 经济适用房购房指标转让效力。由于经济适用房是为保障特定人群的住房需求,经济适用房对购房人有严格的资格要求,所以,转让此种购房资格,违反了《合同法》第52条第4项"损害社会公共利益"和第79条第1项"根据合同性质不得转让"的规定,应认定为无效。

2. 集资房、团购房资格转让效力。资格转让是双方对权利义务的概括性转让,对此,法无明文禁止即自由,我们认为,应当认定为有效。

3. 棚户区、塌陷区安置房资格转让效力。由于此类安置房一般低于市场价格,含有部分社会福利性质,一些地方规定,严禁转让此类安置房。但是,由于部分安置对象连低于市场价格的房款也难以交付,安置房交易事实上确实大量存在。对此类资格转让纠纷,如何正确审理,建议最高法院予以明确规定。

(十一)出卖人在划拨土地上建房出售引起的房屋拆迁补偿问题

实践中遇到的案例是,出卖人在划拨土地上违规建房,并对外出售。出卖人与买受人(均为自然人)签订售房合同,约定房屋产权归买受人所有。买受人在付清房款后,出卖人就楼房整体办理了以案涉房屋的联合开发单位为登记所有权人的房产证,即所谓"大证"。出卖人与联合开发单位共同向买受人出具承诺书称:已出售给各购房户的房屋所有权归各购房户所有,承诺人保证为各购房户办理房屋产权证书,房屋如需拆迁,承诺人保证房屋的赔偿安置均归各购房户,保证各购房户参与拆迁谈判,并提供相应手续,对住房户一平方兑现一平方,多退少补。案涉房屋已由买受人占有使用。因房屋面临拆迁,在与开发商协商安置问题上,上述各方产生纠纷,买受人诉至法院,要求确认案涉房屋的所有权归买受人所有。

在上述案件中应当如何确定房屋权属,存在不同认识。一种意见认为,现在房屋所处土地已由政府部门挂牌出让,并由开发商摘牌后进行开发,所谓确权其实是确认房屋被拆迁所可能获得的补偿利益。买受人支付了价款,并已占有、使用房屋,且出卖人还为买受人出具了相应的书面承诺,故可以确认房屋权属归买受人所有,由买受人与开发商进行拆迁安置的协商。另一种意见则认为,房屋建于划拨土地之上,案涉房屋买卖合同应属无效,故应当向原告释明后,由原告按照无效合同的处理原则主张权利。我们认为,出卖人在划拨土地上建房出售引起的房屋产权归属问题,法院不应当受理。但案例中房屋买受人主张利益补偿可以通过以下方式实现,即在房屋产权登记的所有权人获得房屋拆迁补偿后,由房屋买受人向房屋出卖人及房屋产权登记所有权人主张权利。

二〇一二年五月二十二日

关于民间借贷问题的调研报告

河南省高级人民法院民一庭

一、民间借贷案件的新特点

(一)诉讼主体多元化

近年来,出借人多出于牟取高利的心理,通过中间人介绍向互不相识的借款人放贷,特别是以投资担保公司为中介的民间借贷纠纷增长较快,出借人主体呈现多元化的趋势,涉及职业放贷人、企业法人、个体经营者以及寄卖行、小额贷款公司、融资公司、典当行等;而借款人也从因生活困难或资金周转需要而借款的个人扩展到融资经营的个体工商户、中小微企业等,一些企业以法定代表人或者股东个人名义向社会融资,由此引发的民间借贷案件数量增多。

(二)诉讼标的额大,集团诉讼多

大标的案件及集团诉讼呈逐年上升的趋势,标的额从几万元发展到成百上千万元。大标的及集团诉讼案件数量的陡增,反映了民间借贷规模扩大化的趋势。职业放贷人或投资担保公司将社会家庭中闲散资金吸收进来集中放贷,放贷金额常常达到数百上千万元,有非法集资的嫌疑。

(三)借款用途多样化

在以往的民间借贷中主要是用于公民个人之间生活性、消费性短期小额借款,随着市场经济的不断发展,中小微企业越来越多,所需资金量也在增大,但国有商业银行的贷款多转向大型企业和效益好的行业,导致很多中小微企业得不到银行资金支持,转向民间借贷筹措资金。现在,民间借贷资金用于商品生产、经营的情况增多,如借贷用于开办工厂、销售、房地产、工程项目,也有部分民间借贷资金是用于非法目的,如赌博、恶意逃债,甚至是贩毒等。

(四)高利贷现象大量存在

无息借贷的案件比例逐年减少,而要求给付利息、逾期利息或违约金的比例则逐年增加,这两项利息走势的反差,明显反映了民间借贷案件的盈利性越来越强。利息的约定远高于银行贷款利率,从月利率1%至3%不等。但事实上这还只是表面现象,大部分借贷双方的利息约定远高于此,有的年利率高达到80%。

(五)风险高,危害大

涉及同一人或同一企业向多人借款的系列案件明显增多,此类案件涉案标的额巨大,表面上诉讼主体只有一个,但背后牵涉的人员众多,社会敏感度极高,如果处理不好,极易激化矛盾,影响社会稳定。如我省三门峡中级法院审理的董瑞清诉三门峡天元铝业公司民间借贷纠纷,双方当事人曾召集上百人互殴。

(六)借款人下落不明或拒不应诉现象普遍

借贷纠纷案件中,借款人或不愿面对出借人出庭应诉;或为消极避债于出借人起诉前举家外迁、下落不明等情形较为普遍。造成案件缺席判决,只能依出借人的主张和证据认定事实,不利于查明案件事实真相,甚至造成"错案"。

二、审理民间借贷案件遇到的具体问题及相应建议

民间借贷案件中的问题多种多样,有高利贷、无借据、借据约定不明、非法借贷等,下面就部分热点难点问题进行探讨。

(一)集资案件民事立案受理问题

2010年下半年,不规范的民间借贷演化为涉嫌非法集资问题在部分地区开始显现,政府迅速行动,采取多项措施,维护社会稳定。与此同时,部分出借人要求法院以民间借贷受理其借款纠纷。关于集资案件应否由法院受理为民事案件,是法院处理此类案件的当务之急。

受理集资案件的不利因素:(1)该类案件涉及人员数量庞大,资金额巨大,需长时间耗费法院大部分审判力量,案件的审理和执行涉及社会稳定,一旦处理不当,极易形成恶性群体性事件;(2)若法院对集资案件立案审理,客观上会对社会造成一定影响,使部分群众侥幸发大财心理和赌徒心理增强,因为他们在决定是否参加集资时可能想到反正有法院对本金和必要利息的保护,使他们认为参与集资风险很小,这在客观上与法院的司法目的存在差异;(3)集资现象的形成复杂,各个企业往往在资金方面存在千丝万缕的联系或者依赖关系,在审理或执行个别

企业时会不可避免地涉及或影响到其他企业的正常生产经营,形成牵一发而动全身的现象,对法院行使审判权也造成一定的压力。

不受理集资案件的不利因素:(1)集资案件的借款人多是企业,出借人多是普通群众,部分未被政府列为非法集资者的企业可能也存在非法集资的行为,若其赖账拒绝或拖延履行到期债务,而法院又不受理,则出借人则会产生上访闹访情绪,不利社会稳定。(2)法院正常审理或执行的普通民间借贷纠纷案件的被告或被执行人往往会以其所涉案件涉嫌非法集资为由要求撤销或中止诉讼,扰乱正常的司法诉讼秩序。

建议:法院审慎受理当事人同一的多起民间借贷纠纷,先由政府牵头法院、公安、人民银行、银监等单位及出借人、借款人等对案件性质进行认定,若确定为普通民间借贷纠纷,可由法院按民事案件立案受理;若认为纠纷涉及刑事犯罪或国家政策因素,不宜按民事诉讼程序审理的,法院不予受理,已经受理的,裁定中止诉讼。

(二)关于担保公司借贷的问题

目前各种担保公司吸收存款、发放贷款现象普遍存在,个别法院对担保公司向公众借贷的性质不明,有的认为其应按普通民间借贷问题处理应受保护,有的则认为担保公司借贷属非法融资。

中国人民银行1996年颁布的《贷款通则》第21条明确规定:"贷款人必须经中国人民银行批准经营贷款业务,持有中国人民银行颁发的《金融机构法人许可证》或《金融机构营业许可证》,并经工商行政管理部门核准登记。"其中第61条也规定:"各级行政部门和企事业单位、供销合作社等合作经济组织、农村合作基金会和其他基金会不得经营存贷款等金融业务。企业之间不得违反国家规定办理借贷或者变相借贷融资业务。"据此贷款人应当是金融机构。另外,最高法院《合同法解释(一)》第10条之规定"当事人超越经营范围订立合同,人民法院不因此认定合同无效。但违反国家限制经营、特许经营以及法律、行政法规禁止经营规定的除外"。中国银监会、国家发展改革委、工业和信息化部、财政部、商务部、中国人民银行和国家工商总局联合发布有《融资性担保公司管理暂行办法》第21条第1款"融资性担保公司不得从事下列活动:吸收存款、发放借贷"及第2款"融资性担保公司从事非法集资活动的,由有关部门依法予以查处"的规定,基于上述规定,担保公司对外吸收存款、发放贷款的借款合同应归于无效。

建议:对担保公司以其自身名义或以公司股东、职工名义吸收存款、发放贷款的,法院应移送有关部门查处,对其吸收存款的本金返还出借人,对约定的利息予以没收。

(三)特殊借据问题

1. 收条与借条的问题。实践中经常出现借款时借款人向出借人书写收条代替借条或欠条,以"收"代"借"的问题。

我们认为,当原告凭收条主张借款关系存在,而被告抗辩的理由是归还先前原告借被告款项,被告先前所持有的借条丢失而出具,致使案件事实无法查明时,应适用"谁主张,谁举证"的证明责任由原告承担不利后果。

2. 落款使用错名、他名、诨名的问题。借据借款人可能故意将其姓名写成错字,使用他人姓名,或只写诨名外号,而拒不承认自己借款的问题。

我们认为,若可以证明借据落款是被告书写,被告的借款人资格即适格。关于借据签名真实性的问题在后面的举证责任问题中予以论述。

3. 文字歧义的问题。借据书写人有意或故意将借据部分内容使用有多音多义的文字予以表述,最常见的是"还"字。

我们认为,考究歧义文字的真实意思应当综合凭证整体表述其他事实予以确定。当无法分辨歧义文字的意思时,可以参照《合同法》第41条"对格式条款有两种以上解释的,应当作出不利于提供格式条款一方的解释"的规定,作出不利于借据歧义文字书写人的解释。

(四)利息问题

1. 利息应否由法院主动审查的问题。有的民间借贷合同中约定的利率超过银行同类借贷利率的四倍,而借款人未应诉答辩,法院依出借人的主张判决支持其请求。

关于利率的规定,是当事人约定的利率是否合法有效的效力性强制规定,不能因借款人未提出异议而不审查。若不审查利率的合法性,将导致法院判决支持非法高利率,使判决内容失去合法性。况且,约定的利率是否超过银行同类贷款利率的四倍是无须经过当事人质证答辩,而可以方便查明的事实,不会增加法院的工作量。

建议:法院应主动审查当事人约定的利率是否符合《借贷意见》第6条的规定,超出部分的利息不予保护。

2. 计算复利的问题。有的法院依据《借贷意见》第7条"出借人不得将利息计入本金谋取高利。审理中发现债权人将利息计入本金计算复利的,只返还本金"的规定对计算复利的仅作支持本金处理。

有的法院则认为，单利与复利仅是计算方法问题，只要当事人自愿采取复利计算方法，又不超过银行同类贷款利率的四倍，是符合合同自由原则的，应当予以支持。

我们认为，这主要是《借贷意见》内容不一致造成的。原《借贷意见》第7条确实是“出借人不得将利息计入本金谋取高利。审理中发现债权人将利息计入本金计算复利的，只返还本金”，但后来最高法院在《最高人民法院公报》上对此条规定作了修改，将“只返还本金”修改为“其利率超出第6条规定的限度时，超出部分的利息不予保护”。理由是：(1)禁止预先扣除利息和高利贷有法律依据，而禁止复利没有依据；(2)《借贷意见》第7条规定的“高利”是认定复利违法的标准，而“高利”的认定应当是超出法定的最高限度，如果还本付息时没有超过法定最高限度，则没有违法；(3)复利仅是计算方法，只要双方当事人自愿采取这种方法计算，又不超过法定最高限度，是符合合同自由原则的。但如果采取复利计算方法致使还本时所支付的利息超过法定最高限度，则是违反《借贷意见》第6条规定的。

关于用包含本金和已产生利息的新借据换旧借据导致计算复利的问题，我们认为依据《借贷意见》第6条、第7条和《关于依法妥善审理民间借贷纠纷案件促进经济发展维护社会稳定的通知》(以下简称《妥善处理民间借贷通知》)“人民法院在审理民间借贷纠纷案件时，要依法保护合法的借贷利息，依法遏制高利贷化倾向”的意见，应在查明事实的基础上，如果确实复利的计算超过银行同类借贷利率的四倍，则超出部分的利息不予保护。

建议：重新公布《借贷意见》第7条“出借人不得将利息计入本金谋取高利，审理中发现债权人将利息计入本金计算复利的，其利率超出银行同类贷款利率四倍限度的，超出部分的利息不予保护”的规定。

3. 预扣利息的问题。预先扣除利息，俗称“抽头”，即出借人在出借款项时，预告扣除一定期间的利息，使实质的借款本金少于约定的借款金额。

分析认为，产生此问题的重要原因是出借人为了谋取高利和规避风险。《合同法》第200条、《妥善处理民间借贷通知》中规定“出借人将利息预先在本金中扣除的，应当按照实际借款数额返还借款并计算利息”。

建议：经查明确实存在预扣利息的，应当按照实际借款数额返还借款并计算利息。

4. 对利息与利率认识不清的问题。有的借贷双方对借款的利息与利率两者认识不清，如将月利率一分写成月利息一分，双方后来对此产生纠纷。

《合同法》第125条规定了合同的解释方法，即按照合同所使用的语句、合同的有关条款、合同的目的、交易习惯以及诚实信用原则，确定合同条款的真实意思。结合到本问题，依所使用的语句“月利率一分”与“月利息一分”，一般认为是约定每个月的利息为本金的1%，若理解为每个月的利息仅为一分钱则显然不合借款协议中约定利息的情理；依合同目的，既然约定了利息，出借人自然不会每月仅收一分钱的利息，借款人也不会每月仅支付一分钱的利息；依交易习惯，正常的民间借贷的月利率基本在1%上下，即为“月利率一分”。故遇到利息与利率的约定纠缠不清时，可依合同解释的方法确定条款的真实意思。

建议：对利息与利率的约定不清时，依合同解释的方法确定条款的真实意思。

5. 关于对逾期还款的利息计算问题。在通常情况下，应当根据《民法通则意见》和《借贷意见》中有关规定比照银行同类贷款的利率来计算。但是，民间借款的情况是复杂多样的，有期借款和无期借款，有息借款和无息借款，有息借款中的利率有低于或高于银行同类贷款利率等多种情况，若按照《借贷意见》中“当事人仅约定借期内利率，未约定逾期利率，出借人以借期内的利率主张逾期还款利息的，依法予以支持。当事人既未约定借期内利率，也未约定逾期利率的，出借人参照中国人民银行同类贷款利率，主张自逾期还款之日起的利息损失的，依法予以支持”，但在有些情况下有违自愿、公平原则。

建议：对逾期利息计算，区分不同情况，分别按银行同类贷款利率和约定利率计算：

第一，在没有约定和约定不明确的情况下，或借款双方当事人对利率的约定低于银行同类贷款利率的情况下，比照银行同类利率计算利息，增加了借款人的负担，这有利于促使借款人按期履行还款义务，减少逾期违约情况的发生。

第二，借款双方当事人对借款利率约定高于银行同类贷款利率，但未超过银行同类贷款利率四倍的，按照约定利率计算逾期利息。如果将高于银行同类贷款利率的约定利率，降至银行同类贷款利率来计算逾期利息，则对违约的借款人有利，不利于合同的依约履行。

(五)借款用途不合法的问题

借款用途不合法，是指借款人借款的目的是用于非法用途，如吸毒贩毒、赌博犯罪等非法活动。出借人明知借款人是为了非法活动而借款的，其借贷关系不受保护。实践中，往往有些借款人借款是为了非法经营或其他非法活动，而出借人牟利心切，未审查借款人的借款用途,或明知其借款用途为非法活动仍盲目出借。

建议:法院应全面客观地审查借款人借款的用途,若借款用于非法活动,则对借贷关系不予保护,并将案件线索移送有关部门查处。当借款用途无法查明或用途合法时,方可按正常的民间借贷关系予以审理。

(六)恶意串通虚假诉讼的问题

民间借贷案件是虚假诉讼的高发类型,出借人为逃避债务、骗取婚姻财产等目的与借款人恶意串通,以民间借贷的形式向法院提起诉讼。

虚假诉讼的民间借贷案件的特点主要有:第一,当事人之间关系的特殊性。调查显示,虚假诉讼案件当事人之间一般存在亲属、朋友等特殊关系。原因是找亲戚或朋友造假进行诉讼,成本较低、操作方便、易于得逞。第二,当事人之间配合默契,查处难度较大。在虚假诉讼案件中,为了避免露出破绽,当事人到庭率较低,大多委托诉讼代理人单独参加诉讼,给法院查清案件事实设置障碍;即使参加诉讼,也不会进行实质性的诉辩对抗,或者假戏真做地辩论一番,且多"自认"。第三,以调解方式结案的比较普遍。当事人为早日得到法院的司法确认,在自认的基础上多同意调解,并以调解形式结案。

建议:法院应审查借款凭证、出借人的支付能力、出借人与借款人之间的关系、出借人出借目的、借款人借款目的等,全面分析借贷关系的真实性。对有虚假诉讼嫌疑的,可请有关部门协助查处;对确属虚假诉讼的,依法惩处。

(七)民间借贷合同约定违约金的问题

有的民间借贷合同中约定了借款人逾期归还借款的违约金,或既约定了逾期利息,又约定了违约金。

依照《合同法》第114条第2款的规定,违约金调整的是守约方的损失。借款合同是一种特殊的合同,其标的物是货币,对于出借人来说,如果借款人不按期归还借款,其所遭受的损失只能是借款利息。那么违约责任的赔偿则应是对利息损失的赔偿。故在民间借贷合同中,违约金与逾期利息就具有相同的属性。关于两者是否可以同时主张,我们认为,违约金相当于约定在借款人未按约定还款时将提高逾期利息,因此两者可以同时主张。但当违约金高于银行同类贷款利率的四倍,或逾期利息与违约金之和高于银行同类贷款利率的四倍时,只能支持其按银行同类贷款利率的四倍计算利息。因为,超过银行同类贷款利率四倍的利息部分,由于违反了法律的禁止性规定,法院应依职权认定无效,只保护银行同类贷款利率四倍以内的利息。因此,民间借贷合同中同时约定了高于银行同类贷款利率四倍的利息和高额的违约金时,对于高于银行同类贷款利率四倍的利息部分法律尚且不保护,举轻明重,法律更不保护高额的违约金。

建议:当民间借贷合同仅约定违约金时,支持银行同类贷款利率四倍以内的违约金;当既约定有违约金又约定有利息时,利息与违约金两项相加之和不能超过银行同类贷款利率的四倍,超过部分不予保护;当约定的利息本身就超过了银行同类贷款利率四倍的,不必要考虑违约金的调整,直接驳回违约金的诉请;当利息与违约金两项相加之和未超过银行同类贷款利率四倍的,应当均予以支持。

(八)借据签名真实性的举证责任分配问题

民间借贷纠纷中,出借人对双方之间存在借贷关系以及已将借款提供给借款人负有举证责任,而借款人对其已履行还款义务负有举证责任。但某些案件中,被告往往对出借人提供的借据不予认可,否认借据签名的真实性。对此,法院通常要组织笔迹司法鉴定,但由哪方来承担鉴定义务则做法不一。

我们认为,应由被告负责对笔迹申请司法鉴定,以举证证明自己对签名真实性的否定。理由是:(1)被告负有否定的举证责任。案件中的认定和否定都建立在相应的事实基础上,事实由证据来支撑,原告主张民间借贷存在并提供借款协议,被告否定借款协议的真实性,这种否定所抗辩的是否定的事实,而不是原告的主张。举证责任应由被告承担,来证明原告提供的签名为假的事实。(2)不宜加重原告的举证责任。原告形式上已经完成举证责任,再要原告承担实质意义上的举证责任是在加重原告的举证责任。(3)司法鉴定的特殊性需要异议人在该借据同一时期书写的相关书面材料进行笔迹比对,而被告则具有掌握此类检材的优势。如果将举证责任分配给被告,当借据签名为真时,则其极可能会放弃鉴定;当借据签名为假时,则其会积极配合鉴定。

建议:当被告否认借据签名是其所署时,法院将借据签名真实性的举证责任分配给被告,更有利于案件的审理及事实的认定。

(九)诉讼时效的问题

实践中,经常遇到出借人持五六年前,甚至十几年前的欠条起诉的问题。关于法院应否主动适用诉讼时效进行裁判的问题,已由最高人民法院《关于审理民事案件适用诉讼时效制度若干问题的规定》第3条予以明确。关于未约定还款期限的借贷,出借人可随时主张还款,自无诉讼时效的限制。但对于约定了还款期限,而借款人又以超过诉讼时效抗辩的借贷,我们认为借贷双方当事人往往是亲朋等特殊关系，出借人主张权利的方式可能存在于日常的电话、短信等通讯方式或平时的见面交流中，主张权利的方式多隐蔽不易举证，再者应当对诉讼时效从宽把握，当不能确定出借人的请求没有超过诉讼时效时，支持出借人的主张；只有当确定出借人的请求超过诉讼时效时，才驳回其诉讼请求。

建议：对民间借贷案件诉讼时效的审查应从宽把握，当不能确定出借人的请求没有超过诉讼时效时，支持出借人的主张；只有当确定出借人的请求超过诉讼时效时，才驳回其诉讼请求。

三、妥善处理民间借贷纠纷的宏观建议

民间借贷是正常金融借贷的补充，但一般仅靠当事人的信用维系交易安全，极易引发债权债务纠纷，具有较高的风险性，影响社会稳定。为妥善处理民间借贷纠纷，维护金融秩序和社会稳定，现从宏观方面提出以下建议：

（一）完善民间借贷的司法解释

《民法通则》、《合同法》、《借贷意见》等虽对民间借贷问题有规定，但都年代久远且不够具体，再者目前投资担保公司将民间借贷关系搞得极为混乱，建议出台司法解释或法规规章对民间借贷的地位、效力、利息、举证责任等进行全面地规范，使民间借贷走上良性科学发展的轨道。

（二）建立民间借贷案件的风险评估机制

目前民间借贷纠纷高发，易引起突发性群众事件，因此法院在审理民间借贷纠纷时进行风险评估，对矛盾激化的案件重点化解。对可预见的风险要在审理过程中及时为当事人分析证据优劣、释明举证责任分配等问题，引导当事人认知法律事实，逐步化解矛盾纠纷。

（三）延伸司法服务，加强法制宣传

民间借贷纠纷高发的一个重要原因是民众的借贷风险意识、自我保护意识、司法救济意识欠缺，法院在立足审判，审理好民间借贷纠纷的同时，要进一步延伸司法服务，加强法制宣传教育，增强民众的诚实信用观念、投资风险观念和法治意识，普及民间借贷相关法律知识的了解和运用。

（四）部门联动，打击犯罪，规范民间借贷秩序

法院在审理民间借贷纠纷时，要注意加强与相关职能部门的沟通协调，对有高利贷、赌博、非法集资、经济诈骗等违法犯罪嫌疑的，应及时向公安、工商、人民银行等部门通报移送查处；对可能引发群体性事件的，应及时向党委政府汇报协调，共同做好化解工作；对可能引发金融风险或有监管漏洞的，应及时向人民银行、银监等部门联络或提出司法建议，完善对民间融资行为的监管。

关于消费者权益纠纷案件的调研报告

河南省高级人民法院民一庭

一、全省法院消费者维权案件的数量、特点及发展趋势

（一）近三年来消费者维权案件数量

2009年以来，全省法院共审理消费者权益纠纷案件4361件，其中食品安全民事诉讼案件为38件。数量上，此类案件未有大幅波动，类型上，主要是买卖合同纠纷，以及旅游合同、电信服务合同等服务类消费产生的纠纷，表现出来的问题主要有：假冒伪劣、交易欺诈、虚假广告、商品价格等问题。需要说明的是，由于消费者权益纠纷并非独立的案由以及对“消费者”定义认识不同等原因，在统计案件类型、数量时可能存在不完整、不统一的问题。

（二）主要特点

消费者维权案件的特点主要是：诉讼标的额一般不大、维权成本高、举证困难。大量的消费属于日常消费，多数为几百元、几千元，有些案件甚至只有几元钱，消费者相对于消费金额来说，诉讼维权所需要的时间、金钱成本过高。在赔偿不确定的情况下，有时消费者为证明损害后果、因果关系等要先支付一定的鉴定、评估费用。而一些小额消费，消费者一般不索要、保留消费凭证，造成消费关系是否存在难以证实。

（三）发展趋势

1. 主张欺诈的事由范围有扩大趋势。消费者主张欺诈事由的范围从最初的价格欺诈、使用性能等常见事由，扩展到产地、包装、描述、成分、功效、免检标示、驰名商标标注超出使用商品类别等多个方面，进而要求双倍赔偿。

2. 因服务合同引发的消费者权益纠纷案件有增多趋势。通讯、旅游、美容、教育培训等许多服务行业存在价格不透明、定价随意以及服务内容、质量不确定等问题,严重侵犯了消费者的知悉权和公平交易权。例如,在健身年卡、美容洗发卡等预付费消费模式中,因消费服务周期较长且大多没有签订正式合同,商家单方变更合同内容、降低服务质量等情形时常发生。

3. 新型交易平台、支付模式下产生的消费纠纷案件有增多趋势。网购、团购、电视购物、海外代购等新型交易模式中,存在许多的问题,如收到的货物与图片上差距很大;收到的货物出现破损;保健品、药品类电视购物中,其洗脑式的重复播放和对效果的夸大宣传,使不少老年消费者降低了对产品的辨识能力而盲目购买;以上邮寄交付的购物消费,都存在退换货困难、售后服务缺失等许多问题,而近年,网络交易的范围已扩展至家具、装修建材等更易产生纠纷的大件物品,由此预见,诉至法院的新型消费纠纷必然会有所增多。

4. 随着公益诉讼被写入民诉法,消费者权益纠纷案件的审理将会发生深刻变化。可以预见,不久将涌现一大批惠及消费者的公益诉讼,在消费者遭遇群体性侵权时,以往消费者人数众多但势单力薄的弱势地位将有极大改变。但是此项制度中的许多具体问题民诉法并没有涉及,仍有待细化,如受理标准、如何认定损害范围、数额,赔偿数额如何落实到具体的消费者手中等。

(四)涉及食品安全案件的情况

1. 涉及食品安全民事诉讼案件数量很少。虽然《食品安全法》规定了十倍价款的惩罚性赔偿,但是由于消费者一般购买食品的金额有限,相比其他消费者权益纠纷案件,其维权成本过高,使鲜以民事诉讼的形式进入法院。另外,由于农村食品消费市场监管薄弱以及农村消费者对假冒伪劣食品鉴别能力相对不足等原因,使农村成为假冒伪劣食品的重灾区。

2. 损害大多不具有即时性,损害结果不显著、不易量化。消费者对添加剂、有害物质残留以及转基因食品等食品安全问题也不具直观辨识能力,在偶尔、少量食用这些食品时,身体也不会立刻出现明显症状,造成消费者难以及时察觉食品存在的质量问题以及对人体造成的危害。

3. 危害范围、受害人数难以准确估量。一旦出现食品安全问题,受害者往往人数众多,受害范围往往是跨省市,乃至覆盖到全国各地,凡是食用该食品的人都可能成为其受害者,而造成的损害也是难以估量。

二、消费者维权案件审理中的热点、难点问题

(一)"消费者"定义不甚清晰

1. 知假买假者能否被认定为消费者。实践中,对此认识并不统一。一种观点认为,知假买假意图牟利的,由于本身目的不是消费,不应当认定为消费者而获得惩罚性赔偿。另一种观点认为,只要购买行为已发生,且不是用于再销售,就不应考虑购买数量多少和是否实际用于个人消费,应该认定是消费者而适用惩罚性赔偿。

2. 法人或单位能否被认定为消费者。对此,《消费者权益保护法》(以下简称消法)并没有明确涉及。一种观点认为,在消法实施后一些地方立法将单位一并认定为消费者,原因在于有些单位既不是生产单位也不以营利为目的,如中小学校,其购买、使用的商品、接受服务显然属于消费资料而不是生产资料,应该由消法来调整。另一种观点认为,消法规定惩罚性赔偿原则是基于个体社会成员处于弱势地位而对其进行的特殊保护,所以,消法只应适用于自然人而不适用于单位或法人,且消法在定义"消费者"时强调了"为生活消费"这一目的。

(二)消费者举证存在较大困难

1. 对消费关系的举证存在困难。除大件的消费品外,消费者在购买一般生活消费品特别是即时消费性的食品或者接受服务时,很少会索要、保存消费凭证,或是经营者出具的消费凭证未加盖印章或未标明经营者的具体名称,而纠纷一旦产生,消费者往往难以证明与经营者之间消费关系的存在。

2. 对产品存在缺陷以及因果关系的证明存在困难。最高法院《关于民事诉讼证据的若干规定》第4条第6款规定:"因缺陷产品致人损害的侵权诉讼,由产品的生产者就法律规定的免责事由承担举证责任。"可见,消费者的举证责任包括:产品存在缺陷以及该缺陷与损害后果之间存在因果关系,这对消费者来说具有一定难度。特别是在食品安全案件中,消费者对食品安全一般难以直观判断,食品对人身健康的损害又是一个相对缓慢的过程,所以消费者在发现食品安全问题时,往往需要借助鉴定来证明食品存在不安全成分及与人身损害之间的因果关系。

3. 预付款消费纠纷中,对消费者与经营者具体权利、义务内容的举证存在困难。预付款消费主要发生在服务行业,如电信服务、美容美发服务、理疗健身服务等。预付款消费中存在的主要问题有:商家收取预付款后失踪,消费者退款难;经营者随意扣费、随意提高价款;消费者提前解除合同时,商家拒

绝退余款；商家自定预付款消费有效期，期满未消费完的不退款；消费者丢失预付款凭证时难补救；商家发行预付费卡时，用语含糊甚至虚假承诺，又不向消费者提供书面条款或承诺，实际消费时优惠承诺难落实等。由于在预付价款时双方对消费关系具体权利义务内容没有书面约定或者约定不明确造成出现纠纷以后消费者难举证。

（三）经营者"欺诈"行为的认定存在难点

经营者主要的价格不诚信行为有：先提高原价再打折促销，超市商品在结算时的价格高于货架上标注的价格，声称在某特定地区、商家范围内是"最低价"等。例如，今年"8.15"电商价格战中，京东、苏宁、国美三家均采取了促销价高于原价、未完全履行"最低价"的承诺、拿自己独有的商品参加比价活动等，发改委对此次价格战初步调查认为涉嫌价格欺诈行为。对于价格欺诈，认定的标准是什么？国家发展计划委员会制定的《禁止价格欺诈行为的规定》第6～8条对"价格欺诈"进行了列举式描述，对"误导性标价行为"进行了定义式描述，但是法院在认定价格欺诈时是否只要经营者的行为符合该规章的描述就认定为价格欺诈，还是需要对经营者的过错程度以及消费者的正常判断能力进行判断进而认定是否构成"价格欺诈"？不仅是价格欺诈，对于经营者所有"欺诈"行为的认定，都涉及经营者的过错程度、消费者正常的辨识能力与认定欺诈的关系问题。经营者轻率地对产品或服务的质量、效果、价格作出描述、承诺，或者过失地未履行有关告知义务是否构成欺诈？例如，商家未告知消费者其销售的产品是样品，汽车销售商售前进行车表面瑕疵处理的车作为新车销售。经营者明显夸张地对质量、效果、价格进行描述，而以消费者正常的判断能力是不会被其误导而进行消费的，是否构成欺诈？采取返还有价赠券方式销售商品或者提供服务时，有价赠券在取得或者使用上有附加条件，但没有在经营场所的显著位置明确标示的，是否构成价格欺诈？这实质上也是法院在认定经营者的"欺诈"行为时如何应用主客观标准的难题。

（四）具体消费领域中的两个热点问题

1. 停车场丢车的问题

在停车场丢车，停车场应否承担赔偿责任？我们来看几个案例：(1)张某每月向某停车场每月支付100元停车费，汽车在停车场停放时丢失，张某诉至西固区法院要求停车场赔偿26万元车辆损失费，法院判决停车场赔付19万余元。(2)卞某每月向某夜间收费的停车场每月支付100元停车费，某日夜晚车辆被盗，法院判决停车场不承担责任。(3)缭某的车在宾馆提供的停车场停放时被盗，法院判决宾馆的责任为20%。(4)郑某将车停放在入住宾馆提供的停车场内，保安对车辆进行了登记，某日车辆被盗形成纠纷，广州中院判决宾馆承担了全部责任。可见，审判实践中对停车场丢车的问题存在裁判尺度不统一的现象。关于停车场丢车的问题，如果是以月、年为单位交付停车费，当事人之间存在签订书面合同的可能，在具体案件中，法官可以依据合同具体分析停车场的责任问题。但是对于单次的、短期的停车，当事人一般不会签订书面的合同，停车场的责任如何？对此，有以下几个疑问：(1)停车费的性质，是保管费还是场地使用费？一种观点认为，停车场收了停车费，与车主之间形成了有偿保管合同，停车场应当承担赔偿责任。另一种观点认为，停车场收取的停车费，从性质上讲应当是场地使用费，即双方形成的是场地租赁关系，停车场不应当承担赔偿责任。(2)到酒店、宾馆等营业场所消费的顾客在经营者提供的"免费"停车位上丢了车，经营者的责任如何？一种观点认为，车主与酒店、宾馆等经营者之间是无偿保管合同，保管人证明自己没有重大过失的，不承担损害赔偿责任。另一种观点认为，替入住客人保管车辆是宾馆对消费者提供的"附随义务"，车辆丢失酒店应当承担责任。还有一种观点认为，酒店、宾馆的保管并非免费的，而是包含在酒店、宾馆的其他消费价款中，属于有偿保管。

与此相关的还有一个问题，不少商场、饭店的停车场入口处张贴有免责告示，如"本停车场只提供车位有偿使用，对车辆安全概不负责"，生活中，饭店、浴堂、宾馆、商场等在厅堂也张贴有很多类似的免责告示，如"随身携带物品请妥善保管，丢失概不负责"、"打折商品，恕不退换"等。这些免责告示是否有效？消法第24条规定"经营者不得以格式合同、通知、声明、店堂告示等方式作出对消费者不公平、不合理的规定，或者减轻、免除其损害消费者合法权益应当承担的民事责任。格式合同、通知、声明、店堂告示等含有前款所列内容的，其内容无效。"可见，免责声明的有效与否是以公平合理为判断标准，但是不同法官对生活中各种习以为常的免责声明的公平合理性进行判断时存在不同的看法，这也是消费者案件审理中存在的一个难题。

2. 商品房惩罚性赔偿的问题

近年来，法院受理的商品房纠纷猛增，其中尤以"一房二卖"、故意隐瞒房地产被抵押、未取得预售许可证明等欺诈销售最为突出。《最高人民法院关于审理商品房买卖合同纠纷案件适用法律若干问题的解释》第8条、第9条明确规定了几种法定的可以适用"不超过已付购房款一倍"的惩罚性赔偿责任的欺诈销售情形,由于商品房买卖合同金额巨大,动辄几十万元、上百万元,而法律的原则性规定使得法官在巨大的弹性空间面前无所适从,惩罚性赔偿金额过高或者过低适用都将导致双方利害关系的严重失衡。实践中,这类案件存在司法尺度混乱、裁判无法预期、裁判理由不足令人难以信服的问题。我们认为,法律要适应复杂变化的社会生活,必然要赋予法官自由裁量的空间,但是司法实践也要树立权威,做到类案类判。法官在对具体的商品房欺诈销售案件裁判时应当综合考虑同地段房价涨幅与当地平均房价涨幅的比较情况、开发商的恶意程度、开发商欺诈销售所获利益相对于守约所获利益所高出的幅度、消费者的经济状况等因素,以选择合适的个案裁判尺度。

三、审理消费者权益纠纷案件的主要经验、做法

1. 发挥调解功能,公正、高效处理纠纷。鉴于消费者权益纠纷案件所存在的维权成本高、举证困难的特点,在处理此类案件时,注重加大调解力度,尽可能以调解的方式化解当事人之间的纠纷。经营者往往注重声誉和社会影响力,而消费者注重损失的补偿以及诉讼的效率、成本,在调解工作中,就需要准确把握两者的想法、意图,通过对证据、法律关系、法律法规的释明,引导当事人正确判断诉讼风险,降低不合理的预期,寻找消费者与经营者之间的利益平衡点。

2. 加强法制宣传,对经营行为发挥引导作用,加强消费风险提示。通过报刊、电视、电台等新闻媒体向社会公布典型案例、风险提示等,引导商家及时发现、正确认识经营中存在的不诚信行为、安全风险所可能产生的法律后果,警示商家规范自身行为,提醒消费者识别消费陷阱以及产品、服务质量问题,引导消费者在纠纷发生后依法维权。

3. 加强与有关部门的合作,构建消费者权益保护联动机制。充分发挥消费者协会、工商局、司法局等有关部门在解决消费者权益纠纷方面的独特优势,及时召开联席会议,研究消费纠纷中的新情况和新问题,加强对消费者协会、人民调解组织等机构调处纠纷工作的指导,通过邀请旁听庭审、法律专题讲座等方式统一法律适用标准,提高调解水平。对办案中发现的普遍、突出问题,梳理成因、探寻对策,向消费者协会、工商、质检、卫生、物价等部门发出司法建议。

二〇一二年九月十三日

湖南法院关于国有土地使用权纠纷、房屋买卖合同纠纷案件审理情况的调研报告

最高人民法院《关于审理涉及国有土地使用权合同纠纷案件适用法律若干问题的解释》(以下简称《土地使用权解释》)和《关于审理商品房买卖合同纠纷案件适用法律若干问题的解释》(以下简称《商品房解释》)为国有土地使用权纠纷和商品房买卖合同纠纷案件的处理提供了统一的司法尺度,有效保障了国有土地流转和房地产市场的健康发展。然而,新的法律问题、新的案件类型不断涌现,加之法律的滞后性,上述两个《解释》与社会经济发展还存在不相适用的地方,迫切需要作出进一步的修改完善。现将我省法院审理上述两类案件的基本情况及审判实践中遇到的问题及建议报告如下。

一、基本情况

(一)国有土地使用权纠纷案件

全省法院受理的国有土地使用权纠纷案件较少。2010年收案51件,2011年收案16件,2012年截至5月1日,收案仅3件。

(二)房屋买卖合同纠纷案件

全省法院受理的商品房买卖合同案件数量较多。2010年收案5912件;2011年收案5015件;2012年截至5月1日已收案1139件。

(三)特点

1. 国有土地使用权纠纷案件数量较少,而房屋买卖合同纠纷案件数量迅速增长。国家调控房地产市场以来,房屋买卖合同纠纷案件激增。以长沙中院为例,2010年收案331件,2011年则达到了756件,2012年案件数量更是迅速增加,截至4月16日已收案489件。其中,90%以上的案件涉及合同违约。从受理的案件来看,涉及的违约行为主要是开发商逾期交房以及逾期备案、逾期办证。少量案件涉及房屋

质量问题。

2. 案件审理难度增大。房屋买卖涉及人民群众生活利益之根本，当事人对立情绪较深，矛盾很难调和。另外，多数案件法律关系复杂，房地产市场新情况、新问题不断涌现，为法律适用带来难题。有的项目建设过程中有民间借贷，涉及非法集资。有的案件还涉及民事和行政交叉，主要表现为国有土地使用权和二手房买卖办证的问题，难以处理。

3. 案件处理敏感性强。主要表现为房地产案件中系列案件较多，一个项目或一个楼盘出了问题，涉及成百上千人的利益。部分房地产开发企业实力不够，资金短缺或擅自改变购房款用途，一旦某个环节出问题就会引起整个企业资金链的断裂，进而导致不能按期交房或"烂尾楼"、"一房两卖"等情形。

二、审判实践中遇到的热点、难点问题及成因分析

（一）审理国有土地使用权纠纷案件遇到的问题

1. 违规获得的土地使用权证，利害关系人是否可以请求撤销的问题。土地使用权证取得程序不合法，但土地使用权已经在市场流通，利害关系人以其程序不合法为由请求撤销使用权证的，该情况涉及行政和民事交叉的问题，应该如何处理。

2. 国有土地使用权抵押存在的问题。私立学校、医院等单位以其取得的国有土地使用抵押融资并申请抵押登记。这些能否办理抵押登记，土地登记机构做法不一。一些国有土地使用权分别抵押登记，人为地将土地按面积分块抵押，在实践中引起许多纠纷，影响了交易安全。

3. 尚未取得土地使用权证而进行转让的效力问题。转让方没有取得土地使用权证、红线图或与国土局签订的土地出让合同，仅有一份土地转让协议或者领导批示，就凭此协议或批示与他人签订土地转让合同。

4. 征收、征用行为引起纠纷的处理问题。由于国家征收集体的土地价格较低，而征收后出让的价格较高，引起一些农民的不满，这些农民索求更多的赔偿引起纠纷。国家征用农村村民的责任田和承包地，占地的村民既想全部得到土地补偿款，又要求村民组重新分配土地，因为补偿款的发放，村民组内部之间引发大量的纠纷。

（二）审理房屋买卖合同纠纷遇到的问题

1. 预约合同的认定及处理。《商品房解释》第4条明确规定了作为订立商品房合同担保定金的处理方式，但审判实践中对该条的理解与适用还是存在一些争议。对于因一方原因造成商品房买卖合同未能签订的，在适用定金条款后，守约方能否再要求对方赔偿损失？根据缔约过失原则，由于出卖人原因导致买受人可得利益的损失，买受人作为守约方有权要求出卖人在合理的范围之内承担赔偿责任。实践中由于房地产升值较快，对损失数额的确定主要的依据是该认购合同中房屋地段类似的房屋销售价格。建议司法解释对守约方可主张的损失予以明确。还有一种情况，对于房屋建筑面积和单价，开发商和买受人约定明确，但是实践中发现公摊面积过大，合同又未作约定，因为公摊面积过大不签订合同，是否认定买受人违约，实践中处理不一。

2. 第三人（行政机关等职权部门）导致逾期办证的处理。如果因第三人（行政机关等职权部门）原因引发了逾期办证，该由谁担责？司法实践中一般认为"非基于买受人"的原因导致逾期办证，均由出卖人担责，但可以适当减轻出卖人的违约责任。

3. 房屋面积误差的处理。《商品房解释》第14条只有面积误差的处理，司法实践中还发现商品房存在层高缩水的问题，对这种层高误差如何处理没有明确规定。还有一种情况，商品房买卖合同中约定采取按套计价方式，同时对房屋面积作出明确规定，当房产证登记面积与合同约定面积发生差异时，法院对于买受人退房的诉讼请求能否依照《商品房解释》第14条处理？对于商品房面积误差的测量机构及标准实践中也存在争议，交付的商品房面积通常以产权登记面积为准，然而由于房屋产权登记部门对于产权面积仅是依据对测绘单位的测绘结果进行形式审查的基础上做出（《房产测绘管理办法》第18条）。如当事人对房屋产权登记上所标示房屋面积提出异议时，要求依据《房产测绘管理办法》第17条重新测绘，法院能否在民事诉讼中依据重审测绘的结论推翻房屋产权证书登记面积也需要明确。

4. 商品房质量问题的处理。商品房通过综合验收但存在质量瑕疵，买受人可否拒绝收房？《商品房解释》第13条明确了出卖人的修复责任，对买受人是否可以因此拒绝收房未作规定。如果买受人有权拒绝收房，商品房质量瑕疵修复后才达到交付条件，那么出卖人逾期交房的概率将大大增加。如果买受人不得因质量瑕疵拒绝收房，那么买受人只能通过请求出卖人承担修复责任来保护自己的合法权益。在实践中，主动承担修复责任的出卖人很少，而且修复往往涉及房屋的主体结构（如房屋梁方面的修复）的安全或者涉及建筑物的整体规划设计（如排水管道方面的修复），出卖人自行修复在实践中缺乏可操作性。司法实践中很难平衡双方利益。

5.《房屋买卖解释》第8条和第9条的理解与适用。《房屋买卖解释》第8条、第9条中关于商品房买卖合同目的不能实现，买受人可以请求"赔偿损

失”,该“赔偿损失”如何理解,是否包括直接损失和间接损失?另外还规定买受人“可以请求出卖人承担不超过已付房款一倍的赔偿责任”应如何理解?此处“赔偿责任”与前面“赔偿损失”的关系是什么,“赔偿责任”与实际损失是否关联?

6.“二手房”买卖问题。“二手房”买卖对于逾期付款、逾期办证的违约金数额约定过高、或者没有约定的情况下,当事人主张违约金或者请求降低违约金数额,是否可以参照最高法院《关于审理商品房屋买卖合同纠纷案件适用法律问题司法解释》的有关规定处理。

7. 房地产调控政策导致纠纷的处理问题。随着中央及地方政府不断出台关于房屋贷款等房地产调控政策,签订合同时的客观条件发生重大变化,继续履行合同对一方明显不利,一方以情势变更为由要求解除合同,法院在认定是否构成情势变更时没有统一标准。

8. 小产权房的问题。国务院及相关部门多次下发通知整治小产权房,但收效不明显。农村宅基地建设的房屋有出卖给城镇居民的,也有出卖给农村村民的,是否对除卖与本集体组织成员的农村房屋买卖合同都认定为有效外,其余合同均以违反强制性规定为由认定无效?实践中很难处理,且涉及政策层面处理不当极易引发不良影响。

9. 其他问题。一是相关政策、法规规定的限制上市交易期限内买卖经济适用房、安置房,买卖合同是否有效的问题?经济适用房、小产权房转让案件中,对于房屋已装修入住,售房者因房价上涨而主张合同无效,在此情况下,违约责任或购房者经济损失的认定问题。二是出卖人擅自将已由国家机关采取了查封等强制措施的房屋转让给他人的,如何处理,合同是否认定无效或者效力待定?三是当事人约定一方以他人名义购买房屋,并将房屋登记在他人名下,借名人实际享有房屋权益,借名人依据合同约定要求登记人办理房屋所有权转移登记,并要求法院确权的,如何处理?四是购房指标转让合同,双方签订指标转让合同,受让方支付指标费,并以转让方的名义与开发商签订合同,交纳购房款,在办理房屋产权过程中,因房价上涨,转让方反悔,案由如何确定,转让合同效力、房屋权利人如何认定。五是农村房屋未办理产权证的情况普遍存在,给审理工作带来极大的困扰。

(三)审判实践中遇到的上述问题的原因分析

司法实践中导致上述问题的原因很复杂,主要有:

1. 房地产行业的相关法律法规不够完善。虽然房地产法对房地产企业的设立规定了多项条件,但对房地产企业运作的各个环节监督制约机制不够完善和健全,许多开发商在不具备商品房预售资格的情况下擅自与买受人订立合同,甚至还存在挂名开发的问题,由于无法完成合同约定的义务,从而导致纠纷的发生。房地产市场主体众多,法律关系错综复杂,这就决定了房地产市场需要法律的严格规制和充分调整,而我国关于商品房买卖方面的法律规定不尽完善,《房屋买卖解释》和《土地使用权解释》的出台,为此类案件的审理提供了法律依据,但仍然不够完善,且新情况新问题不断涌现,需要进一步规范房地产市场。

2. 行政管理部门监管不力。行政监管部门对房地产企业的销售资质审查不严,房地产企业为了追求高额利润而违规操作,导致买受人的利益受损。产权过户手续费用过高,导致当事人不愿意办理产权过户手续。

3. 市场波动等因素的影响。开发商因资金周转困难,延长工期甚至出现停工现象,导致预售房屋无法按约定期限交房,导致买受人要求支付逾期交房违约金。

4. 当事人法律意识淡薄。出卖人在不具备相关资质和办理相应审批手续的情况下,即发布具有欺诈性的广告或做出夸大其词的承诺,最后无法履行约定。一些开发商凭借临时土地使用权证进行开发,没有取得正式的土地使用权证书,因此未能在约定的期限内为买受人办理房屋权属证书,买受人遂起诉要求办理房产证书,并支付逾期办证违约金,或要求解除合同和赔偿损失,从而导致纠纷的发生。

三、对于完善《解释》的建议和意见

(一)《关于审理涉及国有土地使用权合同纠纷案件适用法律若干问题的解释》的建议

1. 合理确定取得土地使用权证的时间点。《土地使用权解释》第9条、第11条、第13条、第16条的时间点起算都为起诉前,从有效维护合同有效性及市场流转稳定性角度出发,建议修改为法庭辩论终结前。

2. 增加有关合作开发房地产合同的当事人请求分配房地产项目利益不予受理的情况。《土地使用权解释》第19条规定了三种情况,但这三种情况尚不能涵盖所有的问题,应该增加一种情况,在合作事宜尚未完毕之前请求分配房地产项目利益的不予受理。

3. 进一步明确补偿性合同的定位。《土地使用权解释》第12条、第13条都提到“补偿性合同”。但是对于什么是补偿性合同不明确,实践中操作不一,对补偿的对象、补偿的方式、补偿的标准等需要最高法院进一步予以明确。

4. 合理解决行民交叉问题。在国有土地使用权转让合同纠纷处理上，由于涉及行政和民事交叉关系，导致司法实践中很难处理，需要进一步明确。

（二）《关于审理商品房买卖合同纠纷适用法律若干问题的解释》的建议

1. 从保护弱势地位的买受人角度出发进一步完善合同解除权的规定。《房屋买卖解释》第2条规定，“出卖人未取得商品房预售许可证明，与买受人订立的商品房预售合同，应当认定无效，但是在起诉前取得商品房预售许可证明的，可以认定有效”。对于在起诉后、一审辩论终结前出卖人取得商品房预售许可证明的，特别是在因房价暴涨，出卖人出于恶意的情况下，认定合同无效明显违背公平及诚实信用原则，应当从保护购房者的角度出发认定合同的效力。《房屋买卖解释》第19条规定对出卖人逾期办证超过一年买受人有权请求解除合同和赔偿损失，关于“期限届满后超过一年”的规定，时间过长，不利于保护买受人合法权益。哪些情形属于“由于出卖人的原因”有时难以界定，而且一些出卖人会将逾期办理登记的事由归咎于相关主管部门，互相推脱、扯皮，为该条款的适用增加不确定性。

2. 明确权属证书包括房屋所有权证书和土地使用证书。《房屋买卖解释》第18条规定出卖人办理房屋权属证书的义务，《城市房地产管理法》第60条、61条及《商品房销售管理办法》第34条规定，开发商不仅要协助买受人办理房屋所有权证书，还应协助买受人办理土地使用权证书。因此有必要在司法解释中明确房屋权属证书包括房屋所有权证书和土地使用证书。

3. 进一步明确逾期办证的违约责任承担。逾期办证的违约责任应区分情况予以考虑。第一种情况，如果在合理期限内仍然能够补办好权属证书的话，那么该商品房买卖合同关系能够实现其终极目的，合同最终得以履行，则无必要解除合同，只需要出卖人承担较小的违约责任。第二种情况，即基于出卖人的原因，买受人不可能办证的情况，合同的根本目的已经落空了，那么买受人请求解除合同和赔偿损失的，应予以支持。《房屋买卖解释》中并没有对如何判定损失进行规定，应结合出卖人的违约程度和买受人的实际损失和间接损失，对赔偿标准进一步细化。

4. 对房屋质量瑕疵责任进一步明确。当前的《房屋买卖解释》规定商品房存在质量瑕疵，出卖人应当承担修复责任。建议应根据具体案件来确定买受人是否有权以商品房质量瑕疵为由拒绝收房。如果该瑕疵不影响正常使用且买受人可以自行修复的，买受人不得以质量瑕疵为由拒绝收房并向开发商主张延期交付的违约责任，但是可以在收房后要求开发商承担维修责任和赔偿损失；如果商品房存在影响正常使用且买受人难以自行修复的瑕疵，买受人有权拒绝收房，并可以此为由向开发商主张延期交房和修复的违约责任。

5. 进一步规范“二手房”市场。当前“二手房”市场越来越发达，房屋买卖合同纠纷的双方当事人为自然人的较为普遍，是否可以明确规定非房地产开发企业或个人因房屋买卖合同发生纠纷的，参照该司法解释规定执行。

6. 进一步明确“网签”的性质。近年来商品房预售（买卖）合同的“网签”大量涌现，由于“网签”行为并不等同于合同的签订，但是“网签”行为涉及房屋买卖合同成立的时间、登记备案等方面法律问题，应当对网签行为的性质、功能和效力予以规范。

7. 明确拆迁安置补偿合同效力。《城市房屋拆迁管理条例》废止后，旧村拆迁改造主要采取协议拆迁补偿形式进行，拆迁方与被拆迁人协议签订拆迁补偿安置合同。没有拆迁许可手续（以后基本不存在拆迁许可了），是否应当认定双方拆迁补偿安置合同的效力，对此，司法解释应当明确。

8. 采取措施防止房屋买卖领域的恶意诉讼。对于司法实践中常常出现的，房屋买卖合同一方当事人自愿签订合同后，由于客观情况出现了对其不利的新情况，或者合同无效比有效能给其带来更大的利益，该方当事人便主动以双方或一方行为违法为由，要求确认合同无效。对于这种主动承认自己或双方违法请求确认合同无效的是否应当在法律上予以肯定？法官只能根据现行法律判决合同无效，无诚信的恶意诉讼人则达到了合同无效而获取更大利益的目的。还有一种名为房屋买卖，实为民间借贷的案件，司法实践中也较多，由于房地产市场价格涨势过快，当事人双方对合同效力认定各执一词，法院往往也很难认定。故建议增加对这类恶意诉讼（抗辩）进行惩戒的相关规定。

关于家事审判合议庭试点工作的调研报告

广东省高级人民法院课题组①

为适应新形势下婚姻家庭案件数量不断增长、案情渐趋复杂的需求,提高审理家事案件的专业化水平,积极落实服判息诉、案结事了的审判目标,促进家庭和谐与社会和谐,广东高院于2010年3月在中山中院、珠海市香洲区法院等1个中院、6个基层法院试点设立家事审判合议庭,专门审理婚姻家庭案件。一年多来,各试点法院在广东高院的指导下,积极探索家事案件审判的新路子,取得了良好的法律效果和社会效果。

一、广东法院试行家事审判合议庭的背景

为破解我省法院审判执行工作中的难题,全面推进我省法院审判执行工作,2008年广东高院出台了《关于广东法院在整体工作上争当全国法院排头兵的指导意见》,提出加大各项法院工作机制改革力度,争当改革创新的排头兵。我省婚姻家庭纠纷案件占民事案件的比重很大,家事是社会的基本组成单位,稳妥处理婚姻家庭关涉整个社会的和谐稳定。为此,广东高院对我省家事纠纷案件进行了全面分析,认为必须以"科学发展、先行先试"为指导,以试点成立家事审判合议庭为载体,全面创新我省婚姻家庭纠纷案件的审理模式。

1. 我省家事案件总量大是设立家事审判合议庭的前提条件。2007年至2010年,我省受理的婚姻家庭纠纷(不含继承纠纷)一审案件分别为41,264件、43,358件、47,765件、50,915件(见图一),均占我省受理的民事案件总量10%以上。而同期我省受理的知识产权纠纷一审案件分别为2918件、4065件、5859件、9683件,但基于知识产权纠纷所具有的特殊性,全国四级法院中许多法院成立了专门的知识产权审判庭。相比知识产权数量而言,家事案件数量更大,更需要成立专门审判合议庭研究此类案件的特点,提高审理水平。

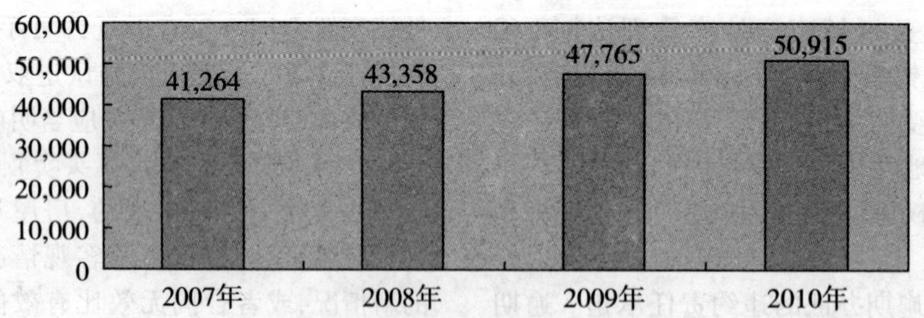

图一:2007～2010年全省法院受理婚姻家庭纠纷一审案件情况表(单位:件)

2. 家事案件的高度人身属性是设立家事审判合议庭的内在需求。家事案件具有强烈的伦理性,特定的亲属之间既存在法律关系,又存在伦理关系,而财产案件的主体之间一般不具有伦理关系。家事案件当事人的心理极为复杂,既要解决纠纷,又不愿意过度公开个人隐私;既要维护自身利益,又要考虑纠纷解决后的亲属之间如何相处、未成年女子的抚养和成长等更深层次、更难处理的问题。然而,司法实践中处理此类案件基本上采取审理财产案件的方法,对家事案件的情感色彩和人伦特点重视不够,简单化、程序化处理的情况比较突出,有些案件审结后的社会效果不佳。

3. 家事案件特殊的处理原则是设立家事审判合议庭的基本要求。家事案件的处理不仅仅追求当事人之间的是非判断,更重要的是调整人际关系,使当事人回复到生活常态。家事案件的处理直接影响社会和谐,为了维护社会公共利益,公权力需要较多的介入家事案件的解决,而家事案件又主要涉及当事人的私人领域。一些家事案件涉及家庭暴力,由于家庭暴力的发生具有连续性、隐蔽性等特点,受害人

① 课题组组长:谭玲;课题组成员:谢文练、杨慧怡、陈吉生、陈志坚、喻静、王红英、秦旺。

收集证据十分困难，因此在举证期限、法院依职权调查取证等方面等应采取与一般财产案件不同的举证规则。

4. 家事案件审判专业化是设立家事审判合议庭的必然趋势。家事案件不仅要通过裁决解决纠纷，更需要鼓励当事人通过协商、和解等方式化解矛盾、解决纠纷。家事案件不仅涉及面广，而且涉及对家庭关系相处的理解、对当事人心理变化的及时捕捉和分析，因此审理此类案件的法官不仅要具备扎实的法律专业知识，而且需要较为丰富的社会阅历和人生经验，具备较为丰富的调解经验和高超的调解技巧，方能赢得当事人信任，最大程度上化解矛盾。同时，家事案件涉及心理学、社会学等方面的知识，还需要具备与其他单位如妇联、基层组织的良好沟通、协调能力。

二、广东法院家事审判合议庭试点工作的基本情况

2010 年 3 月，广东高院下发在部分法院试点成立家事审判合议庭的通知后，各试点法院高度重视，立即设立并全力支持家事合议庭开展工作。各试点法院根据自身行政建制特点和收案基数等实际情况，6 个试点基层人民法院民一庭和佛山市顺德区人民法院容桂法庭、东莞市第二人民法院 4 个派出法庭、中山市第一人民法院 2 个派出法庭和中山市第二人民法院 4 个中心法庭共设立了 17 个家事审判合议庭。

1. 狠抓制度建设，家事审判合议庭的规范化建设取得明显进展。各试点法院制定了《家事审判工作流程》、《人身安全保护裁定实施细则》、《家事纠纷诉讼指引》等工作规范，明确家事审判合议庭的工作职责、立案范围、审理流程，为试点工作取得良好成效夯实基础。中山中院还与中山市公安局、中山市妇联共同下发《关于对家庭暴力受害人实施人身安全保护的会议纪要》，确保人身安全保护裁定得到及时执行。广东高院于 2010 年 12 月下发了《家事审判合议庭工作规范指引》、《人身安全保护裁定适用指引》。同时，各试点法院还积极开展家事纠纷诉调对接机制建设，顺德区人民法院、东莞市第二人民法院、中山市第一人民法院分别与当地妇联联合下发非诉调解与诉讼调解对接的规范性文件，巩固诉调对接成果，推广家事纠纷诉调对接经验。

2. 狠抓调解工作，家事审判合议庭审理的案件呈现“两高一低”（高调解率、高服判率、低改判率）的良好态势。服判息诉、案结事了是审判执行工作的“硬道理”，各试点法院以设立家事审判合议庭为契机，创新制度，深挖潜力，调撤率和服判息诉率得到大幅提升。2010 年 3 月至 2011 年 2 月，各试点法院家事审判合议庭新收一审案件 3279 件，审结案件 2655 件，调解结案 1859 件，平均调撤率达 70.02%，其中广州市黄埔区法院和珠海市香洲区法院的调解率分别为 90.18% 和 91.07%（见图二）。结案率和调解率不仅高于近几年我省基层法院婚姻家庭纠纷案件调解率平均水平，也高于广东高院排头兵指标所设定的 2010 年年底一审民事案件调解率达到 60% 的要求（见图三）。当事人对审结的家事审判案件提出上诉的 154 件，上诉率为 5.59%，其中广州市黄埔区法院的上诉率仅为 0.9%，远低于省法院制定的排头兵指标上诉率不高于 15% 的指标，取得了案结事了、服判息诉的良好效果。

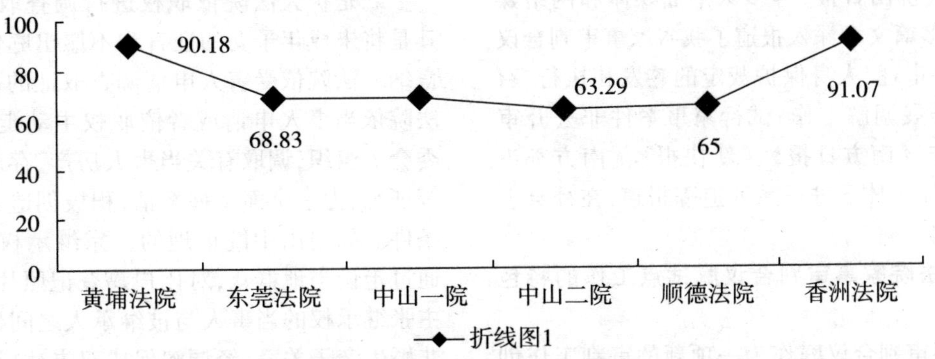

图二：各试点基层法院家事审判合议庭调撤率（单位：%）

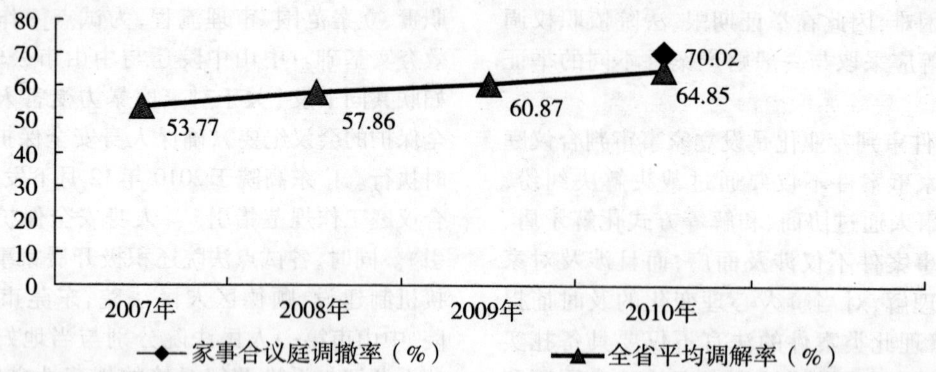

图三:家事审判合议庭调撤率与 2007 ~ 2010 年全省法院婚姻家庭纠纷案件平均水平对照

3. 狠抓调研创新,形成多项重要调研成果。在目前我国家事审判工作实体法不完备、程序法又缺位的情况下,各试点法院积极开展家事审判调研,分析近年来婚姻家庭案件情况、特点和审理变化趋势,研究现代家事审判的新问题,突破现行理论的约束和樊篱。形成《关于审理涉家庭暴力纠纷案件的调研报告》、《我国民事保护令制度的前瞻性研究》、《人身保护令在珠海的探索与实践》、《我国反家庭暴力的法律制度研究》、《对家庭暴力法律认定之探讨》等成果,刊登在《人民司法》、《法庭》等刊物,这些理论研究与探讨为深入开展家事审判活动夯实了理论基础。

4. 狠抓宣传工作,家事审判合议庭的试点工作舆论反响强烈。各试点法院充分认识到司法宣传工作具有隐性司法的功能价值,在抓好审判工作的同时,加大宣传力度,成效十分显著,成为去年我省法院创新工作的一大亮点。《新华社新华网》、《人民法院报》、《南方日报》、《南方都市报》、《广州日报》、《新快报》、《法制日报广东政法专刊》、《羊城晚报》、《珠海商报》、《佛山日报》等多家平面媒体和网络媒体共刊登 30 多篇文章深入报道了我省家事审判合议庭设立及案件审理、人身保护裁定的签发和执行、召开家庭会议开展调解工作、试行家事案件非公开审理等试点工作,《南方日报》、《新快报》、《南方都市报》等本地主流媒体还进行系列追踪报道,在社会上引起强烈反响。

三、广东法院家事审判合议庭试点工作的特色创新

设立家事审判合议庭作为一项新的审判工作创新机制,在国内没有成功模式可以借鉴。为充分发挥各试点法院的创新精神,广东高院在研究试点设立家事审判合议庭之初,就确立了只对试点工作进行原则性规定,支持各试点法院"大胆探索、先行先试"的思路。在一年的试点工作中,各试点法院按照"敢想、敢闯、会干、干成"的指导思想,遵循家事审判的内在规律,在多个方面取得了突破。

1. 大胆探索符合家事案件特点的证据规则,实现"发现客观真实、追求实质公正"的审判目标。家事案件当事人及其利害关系人之间多具有紧密而又复杂的亲缘、血缘关系,亲亲相隐等传统家庭伦理规则,决定了在家事审判中仅依靠"谁主张,谁举证"的举证责任分配原则,难以查明离婚原因、夫妻共同财产范围及家庭暴力事实等私密性、隐蔽性较强的关键事实。为此,各试点法院在"发现客观真实、追求实质公正"价值取向指导下,大胆探索了符合家事案件纠纷特点的证据规则。

一是针对家庭暴力案件,降低证明标准,合理分配举证责任。如针对家庭暴力案件具有连续性和隐蔽性的特点,为解决受害人难以举证证明施暴方存在施暴行为的难题,各试点法院采取合理分配举证责任的方式,即受害方需要举证证明受侵害事实;在受害人完成上述举证的情况下,由对方承担证明其并非侵权行为人的举证责任,如果无法证明的,推定其为侵权行为人。

二是扩大法院依职权进行调查取证的范围,尤其是将未成年子女的证言和不愿出庭作证的证人证言纳入法院依受害人申请调查取证的范围。各试点法院依当事人申请或者依职权主动走访居委会、妇委会等组织,调取有关当事人房产、存款、股票、基金等证据,力求全面掌握案情,积极创造家事案件调解条件。如中山中院审理的一宗继承权纠纷中,法官通过走访当地群众,对比户籍登记照片等方式,查明主张继承权的当事人与被继承人之间极有可能存在非婚生亲子关系,经调解促成双方达成调解协议,避免了机械司法、硬性判决可能引发的不良社会效果。在很多家事案件中,掌握相关家事纠纷案件事实的未成年人和目击家事纠纷的家事案件当事人的亲朋近邻所作证人证言是家事纠纷中的重要证据,但是这些证人因担心出庭作证对日后与当事人之间关系的影响,往往不愿出庭作证,特别是要求身心健康已因家事纠纷受到消极影响的未成年人出庭,就亲身经历的痛苦作证并接受双亲的质询,更不利于他们的健康成长。有些法院如中山市第一法院将未成年人及不愿作证的目击证人所作证言纳入法院依申请调查取证的范围,取得了良好的社会效果。

三是加大释明力度。针对大多数家事纠纷案件当事人为社会弱势群体及诉讼能力偏低的实际情况,家事审判合议庭在审理案件过程中,加大释明力度,以不违背法律为原则,在遇有当事人诉讼请求不明确,需要申请法院依职权调查收集证据,符合申请人身安全保护裁定的当事人不及时行使权利等情形时,口头告知当事人相关权利及其行使条件,向举证能力较低的当事人释明具体案件需要证明的对象、所需证据种类及相关事实的证明程度,弥补当事人在诉讼能力上的不足。

2. 大胆探索适应家事纠纷案件特性的审理制度,明确了"财产申报、不公开审理、当事人亲自到庭"的新原则。一是试行诉前家庭财产申报制度。为打击不诚信的家事诉讼行为,防止当事人隐瞒财产,东莞市第二法院创设诉前家事案件财产申报制度,制作家事案件财产申报表供当事人在正式开庭前填写,明确当事人不准确申报相关财产应承担的诉讼风险,固定庭审争议财产范围,有效提升办案效率。二是试行家事案件不公开审理制度。《民事诉讼法》第120条第2款规定,家事纠纷中的离婚案件当事人申请不公开审理的案件可以不公开审理,确立了家事案件原则上应公开审理的原则。但是现代家庭关系、情感关系的多元化发展导致当代家事纠纷种类增多、案情复杂,家事案件公开审理不利于当事人对涉及个人隐私、家庭隐私的事实开展充分质证,不利于法院全面掌握案情和探求当事人内心真意,也不利于保障参加庭审的未成年人的身心健康。针对家事案件公开审理的前述弊端,中山市两级法院试行家事案件不公开审理制度,除非当事人申请,家事案件一般不公开开庭审理。为防止不公开审理的神秘主义倾向,审判程序对当事人保持高度公开,充分保障当事人的各项程序性权利。三是试行当事人亲自到庭制度。《民事诉讼法》第62条规定,离婚案件当事人有诉讼代理人的,本人除不能表达意志的以外,仍应出庭,确因特殊情况无法出庭的,必须向人民法院递交书面意见。该规定是当事人必须亲自参加家事审判开庭活动的基本法律依据,但将当事人亲自到庭局限于离婚案件。事实上,基于身份关系的特殊性,多数家事案件当事人在诉讼中的作用具有不可替代性,当事人亲自到庭不仅能使法院兼听则明,还有助于牵涉众多感情因素和生活误解的当事人消除误会,恢复感情。中山中院审理的当事人亲自出庭的家事案件调解率高达到80%以上的事实证明,家事案件当事人亲自到庭制度更加符合家事案件审判规律。

3. 大胆探索建立"人身安全保护裁定"制度,加大对家事案件当事人的保护力度。在离婚诉讼中,当事人自述存在家庭暴力的案件大约在10%左右,但当事人的救济途径不畅,难以及时有效保护受害人的人身安全。各试点法院借鉴国内外的先进经验,采取签发人身安全保护裁定的新举措,有力保障了受害人的人身安全。广东法院结合本身实际情况,在人身安全保护裁定的适用中进行了诸多创新:一是证据种类齐全、形式灵活。主要包括结婚证、户籍资料、出生证等身份关系的证据,以及伤情照片、医院病历、接警或者出警记录、带有威胁内容的录音和手机短信等证明家庭暴力存在的证据。其中,加害人所作的悔过书、保证书、受害人报警时的电话记录等可以作为认定家庭暴力事实存在的直接证据,其他重要辅助证明的证据则包括未成年人证言、带有威胁内容的手机短信和录音等。二是重视未成年人证言。重视具备相应的观察能力、记忆能力和表达能力的5周岁以上的未成年人提供的与其年龄、智力和精神状况相当的证言。三是允许法官充分行使自由心证。在证据不足或者没有证据的情况下,只要独任法官或者合议庭成员内心确信家庭暴力存在的可能性或者危险性较大的,就可以发出人身安全保护裁定。试点一年以来,珠海香洲区法院和中山市第一法院共受理人身安全保护裁定申请13起,发出人身安全保护裁定8份,裁定驳回申请5份。其中未经听证程序作出的11份裁定中没有复议后被撤销的,说明法官自由心证对家庭暴力可能性判断的准确性较高,允许法官充分行使自由心证有利于简化人身安全保护裁定的程序,及时保障受害人合法权益。四是完善对受害人居所及联系方式的保密规定。对于受害人已搬离与加害人共同居所的,人民法院不得在人身安全保护裁定书或者其他需要送达加害人的文书中列明申请人现居住地址。五是根据我省信息化程度较高的特点,在送达方式上有所创新;针对家庭暴力中有些施暴方存在暴力倾向的问题,加强对送达人员的安全保护。人身安全保护裁定以及听证通知等相关材料的送达,一般以书面形式直接送达、邮寄送达或者委托送达,拒绝签收的可以留置送达。紧急情况下,也可采取电话、传真、电子邮件、手机短信等方式送达,并将送达情况记录在案。人身安全保护裁定应当在作出后48小时内送达完毕。对被申请人的送达,必要时可在法警协助下进行。

4. 大胆探索契合家事审判特点的调解机制，形成“劝、批、谈、教”的调解新模式。家事案件不宜简单地用“一刀两断式”的判决来处理，而必须把促成当事人之间恢复感情、消除对立、实现和解作为纠纷解决的根本目标和价值取向。因此，调解必须深入细致了解当事人的内心世界，通过“劝、批、谈、教”相结合，达到解开心结，彻底消除矛盾。在此基础上，试点法院主要采取以下调解手段：一是调解不局限于当事人的诉讼请求。探索实行双方当事人同意就一并调解的方式。如珠海市香洲区法院在调解一起离婚案件时，被告要求原告的姐姐到场保证今后不向其追讨债务，征得双方同意后，由原告通知其姐姐到场，法院主持三方对债务进行清结并最终促成双方调解离婚。二是劝离与劝和相结合。调解不预设立场，根据当事人感情状况决定调离还是调和。对于夫妻感情确已破裂的，摒除两次起诉方可判决离婚的成见，尽量促成双方调解离婚。对于原告坚决要求离婚而被告请求给予一次和好机会的案件，创造性地提出“当事人同意在六个月内暂不离婚”的调解方式。三是以家庭(族)会议促调解。中山市第二法院在调解一宗离婚纠纷案件中，充分发挥家庭(族)长辈在解决家事纠纷中的作用，对于涉及家庭甚至家族矛盾，或者家庭家族矛盾多元化的案件，适时召开庭前或者庭后家庭(族)会议，了解当事人的家人及族长对案件的看法，从法制、人情、伦理和习俗等方面探寻当事人矛盾的根源，力促案件合情合理合法和谐地调解结案。

5. 大胆探索家事纠纷案件判后司法延伸服务，创设了“探视抚养档案、登记离婚协议司法确认、心理指导矫治服务、社会帮扶”的新举措。一是建立判后探视抚养档案，解决离婚后子女抚养探视难题。顺德法院创设了离婚案件判后探视抚养档案，在判决生效后合议庭向双方各派发一份《判后探视、抚养情况表》，对判决生效后双方履行抚养、探视义务的情况予以跟踪记录。一方的履行行为需要另一方在表上签名确认，如一方无正当理由，拒不履行抚养、探视义务超过三次，则另一方可以以跟踪表为证据向法院申请变更抚养权。同时为加强监督，合议庭还联动社工对案件进行跟踪回访。二是建立登记离婚协议司法确认机制。广州市黄埔区法院通过调查分析发现，2009～2010年该院受理的52件离婚后财产纠纷，大多数是双方登记离婚后一方不履行离婚协议引发的。由于登记离婚当事人达成的离婚协议没有强制执行力，离婚后一方不履行协议，另一方必须通过诉讼分割共同财产或请求对方支付抚养费，当事人转移财产的情况也比较严重。为减少登记离婚当事人讼累，节省司法资源，该院与黄埔区民政局共同开展离婚协议司法确认工作，便捷高效地对于登记离婚当事人达成的关于财产处理或子女抚养的协议出具民事调解书，有效地解决了“婚离了，事未了”的问题。三是借力专业组织和机构，为当事人提供心理指导矫治服务。婚姻以感情为核心，夫妻从亲密无间到对簿公堂，大多经历了剧烈的内心煎熬和痛苦，当事人心理上或多或少都存在一些问题。对于矛盾十分尖锐的案件，仅仅依靠法官难以解决纠纷。黄埔区法院在此类案件中引入心理疏导机制，在专业机构的协助下，由执业心理医生进行心理干预，帮助当事人解除心理障碍，取得了明显效果。东莞市第二法院不仅通过心理教育培训提升家事审判合议庭成员的心理疏导技能，还与东莞市妇联设立的由20多名社会服务人员组成的白玉兰家庭服务中心建立长效合作机制，邀请该中心的专业心理咨询师参与家事案件处理，对当事人进行心理疏导，帮助他们获取修复或者重建婚姻家庭关系的能力。四是定期回访重大敏感案件，尝试已结案件社会帮扶机制。解开家事案件当事人的心结，帮助他们解决生活困难，是家事审判社会功能延伸的重要内容。顺德区人民法院与当地妇联及社工联手建立针对家事纠纷案件当事人的社会帮扶制度，家事审判合议庭根据在案件审理过程中发现的当事人经济困难、心理创伤、子女入学难等情况，或者根据对当事人回访、对未成年人的探望、辅导情况，向当地妇联、社工、村居委等组织发出《社会帮扶建议函》，为这些当事人争取义工或社工服务，解决他们的实际困难。目前已向容桂妇联、容桂小黄圃居委会、容桂街道社工工作局等部门发出4份《社会帮扶建议函》，为2起案件的2名当事人解决了困难，在为其中一名当事人争取到三次临时救助金并派专人开展心理辅导后，该当事人主动表示息诉服判，不再上访。

广东高院家事审判合议庭的特色创新工作受到了上级领导的高度关注。2010年4月19日，最高法院党组副书记、常务副院长沈德咏在《人民法院报》刊载的《法官除暴——广东试水家事审判合议庭》上批示：“在普通民事案件中，婚姻家庭案件占很大比例，这类案件的审理有一定特殊性，从长远发展看，家事法庭大有可为。”2011年3月25日，中国女法官协会王秀红会长、齐淑奎秘书长赴中山中院就家事审判合议庭的试点工作进行调研，充分肯定了试点工作切合形势要求，对当前社会消除对立、恢复感情、促进和谐具有重要意义和价值，要求广东三级法院继续先行先试，走在全国法院的前列，做全国法院的经验基地。2011年4月12日，全国人大法工委在珠海市香洲区法院召开全国部分法院人身安全保护裁定制度立法工作座谈会，对我省家事审判合议庭试点工作给予了高度评价。

四、广东法院家事审判合议庭试点工作中存在的主要问题

1. 各试点法院家事审判工作发展不平衡。一是试点法院收案、结案数量不平衡。例如就各试点基层法院而言，在一年的试点期间，收案最多的中山市第一法院达到1376件，而收案最少的广州市黄埔区法院只有145件，两者相差近10倍之多(见图四)。在珠三角地区法院普遍存在"案多人少"的情况下，如何保证试点工作顺利开展，又能充分发挥家事审判合议庭的审判功能，值得进一步研究。二是人身安全保护裁定的实施不平衡。7个试点法院设立了17个试点合议庭，仅香洲区法院和中山第一人民法院开展了人身安全保护裁定的司法实践，而且主要集中在香洲区法院，中山第一人民法院仅作出了1份人身安全保护裁定。2009年5月至2011年1月，香洲法院共受理人身安全保护裁定申请20宗，经审理，发出人身安全保护裁定13份，驳回申请4宗，撤回申请3宗。经回复申请人，被申请人在接到法院的人身安全保护裁定后，均停止了暴力，没有一人有违反裁定的行为，说明人身安全保护裁定对制止家庭暴力确实起到了十分重要的作用。但在调研过程中，个别法院家事审判合议庭表现出对人身安全保护裁定的作用信心不足，往往为维护家庭和谐牺牲家庭暴力受害人的利益，难以防止家庭暴力的反复发生。三是家事审判的社会参与制度及部门联动机制建设的不平衡。虽然部分法院与当地公安机关和妇联组织签署了家事案件合作联动规范性文件，尝试在家事审判程序中引入心理辅导和心理培训机制，但有些法院与相关机构的联动机制不强，效果不明显。这既有各地社会经济和公共服务发展不平衡的外因，也有部分试点法院开展家事审判工作思路不够开阔的内因。今后需要加强经验交流，进一步开阔试点法院的工作思路。

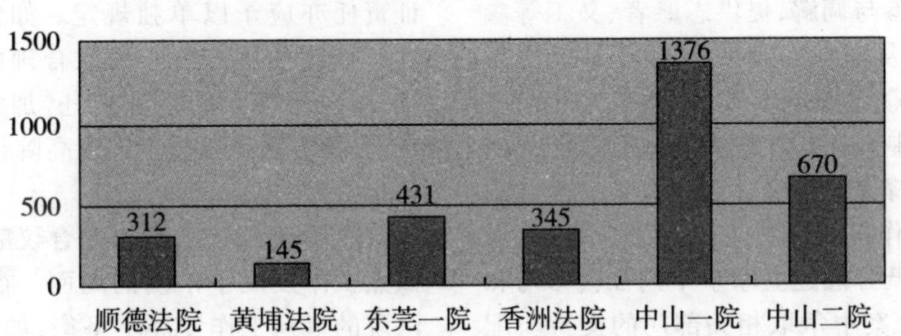

图四：各试点基层法院一审案件收案情况表(单位：件)

2. 法院依职权调查取证的力度难以准确把握。民事诉讼法确定的一般举证规则是"谁主张，谁举证"。针对家事案件纠纷的特殊性，广东高院出台的《家事审判合议庭操作指引》突破前述规定，明确我省家事审判证据制度以发现客观真实、追求实质公正为价值取向。为贯彻这一规定，还原案件客观事实，试点法院的家事审判合议庭普遍增强了法院调查取证的力度，截至目前没有一宗案件因事实问题而被改判或者发回重审，取得了良好的成效。但是，目前家事审判合议庭审理的家事案件主要还是适用普通程序审理的民事案件，法院在审理家事案件过程中应在哪些方面调查取证、在何种程度上突破一般民事案件由当事人提供证据的规则，维护审判者中立地位，成为困扰着家事审判的一大问题。

3. 人身安全保护裁定制度需进一步完善。一是人身安全保护裁定的受理范围有待放宽。人身安全保护裁定依附于普通民事诉讼，目的是确保普通民事诉讼程序正常进行而对受害人采取的保护性措施，如诉前申请人身安全保护裁定的，应当在人民法院签发裁定之日起15日内提出诉讼，否则裁定自动失效。但实践中存在的一些制止家庭暴力而不想解除婚姻家庭关系的受害人，因顾虑申请人身安全保护裁定必须起诉离婚而不提出这项司法保护请求，同时也限制了未成年的家庭暴力受害人申请该项司法保护，导致我省人身安全保护裁定程序启动率不高。二是与普通家事案件管辖权的协调问题。广东高院《人身安全保护裁定适用指引》规定人身安全保护裁定的申请由受害人经常居住地、加害人经常居住地、家庭暴力行为发生地的基层法院受理，两个以上人民法院都有管辖权的，由最初受理的人民法院管辖。但是在当事人申请诉前人身安全保护裁定后提起相关家事诉讼的情况下，就会出现如何协调与普通民事诉讼由被告住所地或者经常居住地人民法院管辖冲突的问题。当事人在诉讼过程中申请人身安全保护裁定的,还存在一个如何协调依据前述规定有管辖权的人民法院与已经受理相关民事诉讼的人民法院之间的管辖权问题。三是人身安全保护裁定的执行问题有待加强。如当事人违反裁定的,申请人可以向人民法院申请强制执行。人民法院可根据《民事诉讼法》第 102 条的相关规定,视被申请人行为的情节轻重,对其作出罚款、拘留的处罚决定。拒不执行裁定情节严重的,依照《刑法》第 313 条的规定追究刑事责任。但家庭暴力大多发生在法院正常工作时间之外,仅靠法院的力量难以使受害人的合法权益得到及时保护。最佳选择是公安机关参与协助执行人身安全保护裁定,但很多公安机关以法律没有规定为由不配合,如何进一步协调公安机关参与裁定的执行十分迫切。

4. 家事审判的长效协作和社会参与机制建设相对滞后。很多家庭问题都有比较复杂的社会背景,家事审判是一项社会性很强的工作,家事审判除承担司法职能外,还承担部分社会职能。如法院在审理涉家庭暴力案件时,往往需要向相关机构了解案情,调取证据,协助参与调解,提供志愿者、义工等参与"心理辅导"。但从审判实践来看,由于缺乏更高级别的机构进行统筹,也缺乏经费保障,各地还没有建立常态的联动机制。在行政机关和政府职能部门之间的职能分配呈条块分割的状态下,家事审判的社会参与和长效协作机制无法可依,仅靠个别试点法院与当地政府协调分散建立家事审判社会参与和长效协作机制,在个案中争取相关部门的支持与配合,无法解决试点法院整体家事审判社会参与和协作机制不完善的问题。

五、进一步推进家事审判合议庭工作的建议和对策

广东法院在家事审判合议庭试点中遇到的问题,既有立法欠缺的原因,也有观念、理念存在偏差的原因。有些问题是法院通过自身努力可以解决的,但很多问题还需要更高层面的机构进行协调,最终还需要通过立法的形式解决实践中存在的问题。

1. 以民事诉讼法修改为契机,将实践中成熟的审判制度纳入法律规定,破解家事审判工作欠缺规范化的难题。从调研的情况来看,现行法律将家事案件纳入普通的民事纠纷之中,没有认识到家事案件纠纷的特殊性,致使试点工作只能采取"摸着石头过河"的方式边试边改,难以达到预期的效果。目前我国民事诉讼法正处于修改阶段,建议对以下问题作出明确规定:一是规定家事案件纠纷采取"三限"原则,即"有限辩论原则、有限处分原则、有限公开原则"。最高法院出台《关于民事诉讼证据的若干规定》后,当事人主义诉讼模式已被广泛应用到民事诉讼之中。如前所述,家事案件纠纷具有很强的特殊性,应在当事人举证的基础上,加强法院依职权调查取证的力度。在统一的民事诉讼程序制度的基本框架内,对不同性质、类型的案件采用不同的诉讼模式,国外立法已有先例。如法国《民事诉讼法典》第三卷"某些案件的特别规定",德国《民事诉讼法典》第六编"家庭案件程序",都对婚姻、亲子、收养等家事案件的诉讼程序作出特别规定。日本还颁布了审理家事案件的《日本家事审判法》。对于确定婚姻是否无效或不成立、否认或认领子女等纠纷中,处分原则就不能适用,因此一些家事案件中处分原则应到限制。家事案件往往涉及个人隐私,关涉未成年人的健康成长,因此,对家事案件的审理应以不公开审理为原则,以公开审理为例外。二是重新审视家事案件的举证责任分配原则。现代民法的基本理念是从形式正义向实质正义转移。现代证明责任理论也呼应了上述转移,对于特殊类型案件实行举证倒置。家事案件纠纷也具有特殊性,法律对此类纠纷的举证责任亦应予以单独规定。如针对家庭暴力连续性、隐蔽性的特点,应采取合理的举证责任分配原则,减轻受害人的举证责任,加大施暴人的举证责任,具体方法可以借鉴广东高院《家事审判合议庭操作指引》之规定。

2. 合理配置家事审判合议庭的审判资源,破解试点工作发展不平衡的局面。在试点期间,各试点法院的审判工作发展不平衡,如何进一步充分发挥家事审判合议庭的功能,推进家事审判工作跨越式发展是十分重要的课题。一是收案较少的试点法院,可以考虑适当扩大收案范围。目前家事审判合议庭受理的案件为离婚纠纷、婚姻关系无效纠纷、撤销婚姻关系纠纷、离婚后损害赔偿纠纷、同居关系析产或者子女抚养纠纷、确认或解除收养关系纠纷等 6 种,其中以离婚纠纷居多。但实际上赡养纠纷、分家析产纠纷、继承纠纷等均是家事案件,收案较少的试点法院将上述案件纳入家事审判合议庭收案的范围,不仅可以进一步提高专业化审理水平,而且为今后的试点工作提供可供借鉴的经验。二是收案过多的试点法院可以考虑增加家事审判合议庭。家事审判合议庭除了完成正常的审判任务之外,还承担了积极探索审判工作新方法、总结审判工作新经验的任务。收案过多,案件压力过大,家事审判合议庭的上述功能无法凸显。三是为家事审判合议庭提供更为充分的支持,充分调动家事审判合议庭的工作主动性、能动性。与经济纠纷比较而言,家事案件涉及的标的一般不大,但案件大多十分琐碎,还需探知当

事人的内心世界,并与各相关职能部门积极联动,方能彻底解决纠纷。家事案件合议庭承受了十分繁重的审判压力,理应在经费保障、评先评优、晋升等方面予以适当倾斜。

3. 全面推进人身安全保护裁定的制度建设,破解裁定申请少、执行难的难题。人身安全保护裁定是20世纪英美法系国家专门为预防和制止家庭暴力而设立的一项法律救济途径。目前,以法院签发保护令的方式为家庭暴力受害人提供法律救济已成为很多国家和地区的一种通常做法。从我省珠海市香洲区法院实施人身安全保护裁定的情况来看,效果十分明显,有必要进一步扩大人身安全保护裁定的实施范围。一是要放宽人身安全保护裁定的申请条件。广东法院出台的《人身安全保护裁定适用指引》规定,诉前提出申请的,当事人应当在人民法院签发人身安全保护裁定之后15日内提出诉讼。逾期没有提起诉讼的,人身安全保护裁定自动失效。上述规定将人身安全保护裁定的适用与离婚诉讼联系起来,可以防止条件太宽松可能会引起大量的人身安全保护裁定申请,法院难以应对的情形,具有一定的合理性。但在现阶段,为了为进一步发挥人身安全保护裁定的作用,还是可以考虑将人身安全保护裁定与提起离婚诉讼脱离开来,即当事人受到家庭暴力侵害时,在提供初步证明材料后即可向人民法院申请核发人身安全保护裁定。二是加强人身安全保护裁定执行的配套法律和硬件支持,如配备安置场所,协调卫生行政主管部门安排被申请人自费接受心理治疗,协调公安机关执行人身安全保护裁定等。三是要充分运用新闻媒体、网络平台宣传人身安全保护裁定。尤其是对人身安全保护裁定的具体规定进行广泛宣传,同时要通过案例的形式提高社会对人身安全保护裁定的感性认识,增强认同感。

4. 积极协调相关行政职能部门建立家事审判工作联席会议制度,破解家事审判联动滞后的难题。家事审判虽然审判的是"家务事",但很多家庭问题都有比较复杂的社会背景,因此家事审判是一项具有很强社会性的工作,只有加强审判工作的社会联动,才能取得更好的社会效果。家事审判工作涉及妇联、公安、医疗卫生及相关社团组织、基层单位等,仅凭法院的力量无法协调各部门相互配合,建议由政法委牵头协调各相关部门建立联席会议。重点要解决公安、妇联参与全省范围内建立反家庭暴力的联动机制。虽然现行法律没有明确规定公安机关、妇联有协助法院执行生效裁决的规定,但鉴于人身保护裁定的特殊性,本着"先行先试"的精神,应在此方面适当突破。对于申请人投诉被申请人违反人身安全保护裁定的,接到相关投诉的部门应及时通知作出裁定的人民法院和协助执行的公安机关,以利于人身安全保护裁定的执行,并确保民事诉讼强制措施和治安管理处罚衔接顺畅,依法、及时保护当事人的权益不受非法侵害。

广东法院开展小额速裁试点工作有关情况的报告

广东省高级人民法院民一庭

最高人民法院民一庭:

自今年4月8日最高人民法院在上海召开小额速裁试点工作座谈会,部署在全国部分基层法院开展小额速裁试点工作以来,我院党组高度重视,及时对工作进行了部署,并指定由民一庭专门负责试点工作。我庭拟定试点方案,选定试点法院,于今年5月1日前全面启动了试点工作。现将半年来我省法院开展小额速裁试点工作的有关情况报告如下:

一、开展小额速裁试点工作基本情况

广东地处改革开放前沿,新情况、新问题不断涌现,新类型案件层出不穷,民事案件每年收案数以年均10%的速度不断增长。据统计,今年前三季度全省共受理各类一审民事案件(不含司法确认和特别程序)406,163宗,同比增长了7.43%,办案压力非常大。我省一直致力于通过诉讼程序的简化以及诉调对接机制减轻法院办案压力。在最高人民法院下发《关于部分基层人民法院开展小额速裁试点工作的指导意见》(法[2011]129号)和召开小额速裁试点工作座谈会部署开展小额速裁试点工作之后,我院及时调研部署,于4月19日制定下发了《广东省高级人民法院关于在部分基层法院开展小额速裁试点工作的通知》(粤高法发[2011]159号),确定广州市番禺区人民法院、深圳市罗湖区人民法院、佛山市禅城区人民法院、东莞市第一人民法院等4个基层法院作为小额速裁试点单位,其中深圳市罗湖区人民法院和东莞市第一人民法院为最高人民法院的试点单位,广州市番禺区人民法院和佛山市禅城区人民法院为省法院的试点单位。4月21日,我院组织试点法院召开小额速裁试点工作座谈会,就小额速裁试点工作的具体问题进行周密安排,要求各试点法院确保于5月1日前正式启动试点工作。8月,经请示最高人民法院同意,又将深圳市的试点工作扩大至全市各基层法院(该市各基层法院试点工作另作专报)。从当前广州番禺法院、深圳罗湖法院、东莞第一法院和佛山禅城法院(以下简称四个试点法院)的工作情况来看,试点工作开展较为顺利,成效显著。据统计,自今年5月1日至9月30日,四个试点法院共受理各类民事一审案件21,179宗,其中适用小额速裁程序的案件有570宗,占同期受理民事一审案件2.69%。具体情况如下:

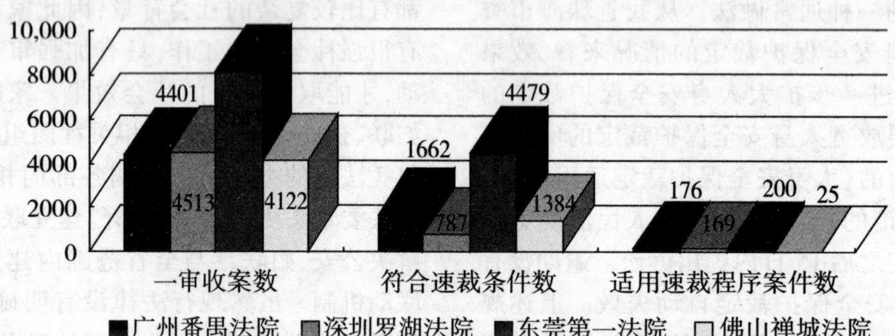

2011年5月1日至9月30日四个试点法院小额速裁案件统计分析表(单位:件)

我省法院开展小额速裁试点工作主要采取了以下几项措施:

一是高度重视,周密组织。随着民事诉讼法对诉讼程序的改革和审级制度的调整,民事审判工作重心已逐步下移,大部分一审民事案件下沉在基层法院及其派出人民法庭。据统计,我省基层法院及其派出人民法庭每年受理的一审民事案件占全省一审民事案件数的80%左右。小额速裁机制有利于及时化解大部分小额民事纠纷,减少民事案件的上诉、申诉和上访,使最高法院和省法院将有更多的精力加强再审案件的审理和审判业务指导。因此,我省法院高度重视试点工作的开展,将小额速裁试点工作作为进一步理顺四级法院职能分工的重要契机,省法院专门成立了以谭玲副院长为组长的领导小组,并要求各试点法院成立专门的协调机构,指定专人负责督促落实。同时要求各试点法院成立专门的速裁小组,指派审判经验丰富的法官、书记员专门负责速裁案件的审理和异议审查工作。

二是适当扩大试点案件收案范围。由于广东经济相对而言比较发达,选定的四个试点法院地处珠三角地区,经充分调研后,我院决定将我省试点法院小额速裁案件限定为诉讼标的"不超过五万元的给付之诉"的案件。

三是制定实施细则,理顺速裁流程。在我院部署开展试点工作后,四个试点法院结合当地实际,分别拟定了试点工作实施方案,出台速裁实施细则。如广州番禺法院制定了《关于开展小额速裁试点的工作方案》、深圳罗湖法院制定了《小额速裁案件审理规程》、东莞第一法院制定了《小额速裁工作规定》、佛山禅城法院制定了《关于审理小额速裁案件的实施细则》等,这些规定涵盖了小额速裁程序的各个环节,理顺了小额速裁程序的流程,方便当事人参与诉讼。

四是开设绿色通道,提高速裁效率。各试点法院结合当地实际,在速裁程序和裁判救济方面开辟绿色通道,保证小额速裁案件的快立、快审、快裁和快执,简化了小额速裁程序,缩短了裁判周期,提高了裁判效率。审理过程中,小额速裁案件庭审过程一般不严格区分法庭调查和法庭辩论,对无争议的事实不作调查,对无争议的案件事实和适用法律无异议的不进行相互辩论,大大简化了庭审程序,缩短了庭审时间。在法律文书方面,试点法院专门制作了程序选择确认书、权利义务告知书、民事调解书等裁判文书的电子模板,用时只需要填写上相应的内容从电脑中打印即可。对于当庭调解或撤诉的案件,可立即制作法律文书并当场向当事人送达。这些举措在提高审判效率的同时也给当事人提供了极大便利,各试点单位小额速裁案件结案周期一般不超过7天,很多案件是当日受理,当日调解结案,当日履行完毕。

五是裁调结合,突出社会矛盾化解。虽然小额速裁案件事实清楚、适用法律相对简单,法院一审终局的结果当事人也易于接受,但我们仍要求各试点法院要高度重视做好小额速裁案件的调解工作,努力实现双方当事人和解,达到案结事了。从实践来看,我省试点法院适用小额速裁程序审理的案件,调解结案率非常高,极大地促进了纠纷的快速化解,防止矛盾的进一步扩大。以深圳罗湖法院为例,今年5月1日至9月30日,该院速裁庭共办理169宗小额速裁案件,其中调解撤诉案件167宗,调撤率达98.82%。另有2宗已依法作出裁判,当事人也已及时履行,快速化解了双方矛盾。

六是加强诉讼引导,凸显司法关怀。各试点法院在立案庭、各人民法庭设立小额速裁立案专门窗口,加强当事人对选择小额速裁程序的引导工作,鼓励当事人积极选择小额速裁,争取当事人对小额速裁试点工作的认同。为彰显小额速裁程序的优越性,节省当事人的诉讼成本,各试点法院还对选择适用小额速裁程序进行审理的民商事案件,一律免于收取诉讼费。这一举措为民众提供了司法便利,受到当事人的欢迎。

七是加强宣传工作,营造良好的试点氛围。小额速裁试点工作具有政策性强、创新性多的特点,属于能动适用现有法律法规而创设的制度,人民群众对该制度还比较陌生。因此,我院以及试点法院均适当开展了试点工作专题宣传活动,通过制作宣传栏、发放小额速裁指南等活动向当事人宣传小额速裁便利当事人诉讼、有利于提高审判效率的优点,以提高人民群众的认同感,营造良好的工作氛围。

二、当前试点工作存在的主要问题及原因分析

因立法层面的限制,小额速裁试点工作仍存在不少困难,主要包括最突出的是小额速裁案件收案总数偏少。据统计,从5月1日至9月30日,我省四个试点法院受理民事一审案件中符合小额速裁条件的案件有8312宗,占所受理民事案件的39.25%,但当事人真正选择适用小额速裁程序的案件仅有570宗,仅占符合适用小额速裁程序案件的6.86%。主要原因有:

一是小额速裁案件的标的金额上限偏低。根据最高法院《关于部分基层人民法院开展小额速裁试点工作的指导意见》的规定,小额速裁的标的金额为1万元以下,最高不超过人民币5万元,但审判实践中很大一部分事实清楚、权利义务明确的债务纠纷案件,例如一些简单的民间借贷、信用卡欠款、买卖合同纠纷等,当事人之间的争议不大,调解意愿也非常明确,但均因标的金额超过人民币5万元而不符合小额速裁收案范围。

二是简单的婚姻家庭类案件未纳入小额速裁范畴。从广东基层法院办理的案件类型看,婚姻家庭类纠纷占有很大比重。据统计,2010年全省基层法院共受理一审婚姻家庭纠纷案件52,851宗,占全省法院受理一审民事案件总数的10.28%。对于一些事实清楚、适用法律简单的婚姻家庭纠纷案件,应当可以纳入小额速裁范围。

三是当事人共同选择适用小额速裁程序的意愿不强。从广东法院试点工作开展的情况来看,当事人选择适用小额速裁程序的案件数量仅占符合小额速裁条件案件总数的6.86%。这说明绝大部分当事人在案件符合小额速裁条件的情况下,不愿选择小额速裁程序,其中主要是被告选择适用小额速裁简易程序的积极性不高。依据最高人民法院《关于部分基层法院开展小额速裁试点工作的指导意见》的规定,适用小额速裁程序均须由原、被告双方同意适用。而被告常常因为小额速裁案件举证期和答辩期较短,又不能上诉,而拒绝选择适用小额速裁简易程序。实践中,被告利用一、二审诉讼程序拖延还债时间的,也不乏其例。此外,即使被告在应诉时同意选择小额速裁,一旦在案件审理过程中发现对己不利,往往会以提出管辖权异议、提出反诉等方式使案件转为普通程序审理。

四是小额速裁试点工作的舆论氛围不足。虽然小额速裁试点工作是经过全国人大和中央政法委批准同意开展的,且有最高人民法院《关于在部分基层法院开展小额速裁试点工作的指导意见》为依据,但对该试点工作并没有国家权威性媒体报道,对这一涉及审级救济根本性问题的相关文件也没有在权威性平台向社会公开发布,影响了社会民众对该制度的知晓度,甚至对试点法院工作产生了不必要的怀疑,在一定程度上也阻碍了试点工作的开展。

三、对进一步开展好小额速裁试点工作的建议

一是建议灵活改变当事人均同意适用的条件。在当前未形成立法对小额速裁案件作出明确规定的前提下,法院适用小额速裁须经得双方当事人的同意,只要有一方当事人不选择适用,人民法院便无法主动适用小额速裁程序。但在当事人法律素质水平参差不齐且不了解小额速裁司法功能的情况下,小额速裁的选择适用率低是难以避免的,进而缩小小额速裁的实践空间,有违小额速裁程序的设立初衷。为提高小额速裁程序的适用率,建议试点期可考虑由法院立案庭在受理案件后对案件进行初步筛选,对符合小额速裁条件的案件向当事人送达适用小额速裁程序审理通知书,并赋予当事人提出异议的权利。如当事人未提出异议的,可直接适用小额速裁程序。

二是适当提高适用小额速裁程序的标的额上限。虽然我省试点法院已将小额速裁案件的标的额提高到5万元,但从广东经济发展的现实情况看,该标的金额上限明显偏低,各试点法院均建议将小额速裁案件的标的额提高到10万元或20万元。

三是建议将简单的婚姻家庭类案件纳入小额速裁范畴。从我省基层法院及其派出人民法庭办理的案件类型看,一些案情简单、争议不大的婚姻家庭类纠纷易于处理,且此类案件当事人彼此存在亲情关系,一般也希望能够快速简便审结。如将此类案件中部分事实清楚、权利义务关系明确的纳入小额速裁范围,将有利于及时解决此类纠纷,增强小额速裁程序的实践效果。

专此报告。

附:1. 广东法院小额速裁案件综合统计表;

2. 广州市番禺区人民法院小额速裁案件统计表

3. 深圳市罗湖区人民法院小额速裁案件统计表

4. 东莞市第一人民法院小额速裁案件统计表

5. 佛山市禅城区人民法院小额速裁案件统计表

广东省高级人民法院民一庭

二〇一一年十月二十五日

广东法院小额速裁案件综合统计表(截至9月30日)

类别	民事一审收案总数	符合小额速裁案件数	小额速裁收案(件)					结案	结案方式			异议审查	
			总数	其中									
				2000元以下	2000元至5000元	5000元至10,000元	10,000元至50,000元	件	判决	调解	撤诉	异议不成立	异议成立转普通程序
广州番禺法院	4401	1662	176	30	59	38	49	107		23	84		
深圳罗湖法院	4513	787	169	38	43	54	34	169	2	66	101		
东莞第一法院	8143	4479	200	16	87	44	53	200	2	190	8		
佛山禅城法院	4122	1384	25	3	0	7	13	24	1	20	3		
合计	21,179	8312	570	87	189	143	149	500	5	299	196		
附项	1. 民事一审收案总数21,179宗。												
	2. 符合小额速裁条件8312宗,占同期民事一审案件总数39.24%。												
	3. 当事人选择适用小额速裁案件数量占符合小额速裁条件案件总数6.86%。												
	4. 转普通程序审理0件,与上期同比0%,占小额速裁案件总数0%,其中超1个月审限转普通程序案件0件,占转普通程序案件的0%。												
	5. 对审理结果有异议的案件0件,占小额速裁案件总数0%;异议不成立维持的案件占异议案件的0%;异议成立转普通程序的案件0件,占异议案件的0%;占转普通程序案件的0%。												
备注	深圳市其他5个基层法院因刚开始试点,暂未列入统计。												

广州市番禺区人民法院小额速裁案件统计表(截至9月30日)

案由	收案					结案	结案方式			异议审查	
	件	诉讼标的金额分档(件)									
		2000元以下	2000元至5000元	5000元至10,000元	10,000元至50,000元	件	判决	调解	撤诉	异议不成立	异议成立转普通程序
物业服务合同	120	23	49	31	17	63			63		
买卖合同	3			1	2	3		1	2		
居间合同	6		1	2	3	5			5		
机动车交通事故责任	15	2	9		4	13		7	6		
机动车交通事故财产损害	2	1		1		1		1			
民间借贷	16	2			14	12		11	1		
金融借款合同	1				1	1			1		
房屋抵押借款合同	7			1	6	4		1	3		
房屋买卖合同	1				1						
劳务雇佣合同	1	1				1			1		
公路货物运输合同	1			1		1			1		

续表

财产保险合同	2			1	1	2		2			
人身损害赔偿纠纷	1	1				1			1		
合计	176	30	59	38	49	107		23	84		
与上期同比(%)											
附项	1. 民事一审收案总数4401件。										
	2. 符合小额速裁条件1662件,占同期民事一审案件总数37.8%。										
	3. 当事人选择适用小额速裁案件数量占符合小额速裁条件案件总数13.8%(230件/1662件)。										
	4. 转普通程序审理0件,与上期同比0%,占小额速裁案件总数0%,其中超1个月审限转普通程序案件0件,占转普通程序案件的0%。										
	5. 对审理结果有异议的案件0件,占小额速裁案件总数 %;异议不成立维持的案件占异议案件的 %;异议成立转普通程序的案件 件,占异议案件的 %;占转普通程序案件的 %。										
备注	附项2的数字为系统查询标的50,000元以下的一审民事案件数字,不区分是否为完全给付之诉。										

深圳市罗湖区人民法院小额速裁案件统计表(截至9月30日)

案由	收案					结案	结案方式			异议审查	
	件	诉讼标的金额分档(件)				件	判决	调解	撤诉	异议不成立	异议成立转普通程序
		2000元以下	2000元至5000元	5000元至10,000元	10,000元至50,000元						
信用卡纠纷	96	12	22	46	16	96			96		
民间借贷	3			1	2	3	2		1		
抚养权纠纷	3	2	1			3		3			
欠款纠纷	1				1	1			1		
确认人民调解协议	61	24	20	5	12	61		61			
医疗事故纠纷	1				1	1		1			
房屋租赁合同纠纷	3			2	1	3		1	2		
房屋买卖合同纠纷	1				1	1			1		
合计	169	38	43	54	34	169	2	66	101		
附项	1. 民事一审收案总数4513件。										
	2. 符合小额速裁条件案件787件。										
	3. 当事人选择适用小额速裁案件数量占符合小额速裁条件案件总数21.47%(1万元以下409宗)。										
	4. 转普通程序审理1件,占小额速裁案件总数0.7%,其中超1个月审限转普通程序案件0件,占转普通程序案件0%。										
	5. 对审理结果有异议的案件0件,占小额速裁案件总数0%,异议不成立维持的案件占异议案件的0%,异议成立转普通程序的案件0件,占异议案件的0%,占转普通程序案件的0%。										

东莞市第一人民法院小额速裁案件统计表(截至9月30日)

案由	收案					结案	结案方式			异议审查	
	件	诉讼标的金额分档(件)				件	判决	调解	撤诉	异议不成立	异议成立转普通程序
		2000元以下	2000元至5000元	5000元至10,000元	10,000元至50,000元						
劳动争议	142	12	82	38	10	142	1	141			
买卖合同	19				19	19		15	4		
民间借贷	6				6	6		5	1		
定金合同	1				1	1			1		
人身损害	1				1	1		1			
医疗服务合同	3				3	3		3			
金融借款合同	3			1	2	3	1	2			
信用卡纠纷	13		2	5	6	13		11	2		

续表

子女抚养	1	1				1					
继承纠纷	2		1		1	2		2			
无因管理	2	1	1			2		2			
物业服务合同	1	1				1		1			
挂靠经营合同	1	1				1		1			
承揽合同	2				2	2		2			
交通事故损害赔偿	3		1		2	3		3			
合计	200	16	87	44	53	200	2	190	8		
与上期同比(%)											
附项	1. 民事一审收案总数8143件。										
	2. 符合小额速裁条件案件4479件,占同期民事一审案件总数55%。										
	3. 当事人选择适用小额速裁案件数量占符合小额速裁条件案件总数0.02%。										
	4. 转普通程序审理0件,与上期同比 %,占小额速裁案件总数 %,其中超1个月审限转普通程序案件 件,占转普通程序案件 %。										
	5. 对审理结果有异议的案件 件,占小额速裁案件总数 %;异议不成立维持的案件占异议案件的 %;异议成立转普通程序的案件 件,占异议案件的 %;占转普通程序案件的 %。										
备注	1. 上述142件劳动争议案件中有110件属于系列案。 2. 在符合小额速裁条件的4479宗案件中,另有290宗案件由原告提出适用小额速裁的申请,但被告不同意适用。										

佛山市禅城区人民法院小额速裁案件统计表(截至9月30日)

案由	收案					结案	结案方式			异议审查	
	件	诉讼标的金额分档(件)				件	判决	调解	撤诉	异议不成立	异议成立转普通程序
		2000元以下	2000元至5000元	5000元至10,000元	10,000元至50,000元						
民间借贷纠纷	11			2	9	11		11			
机动车交通事故责任纠纷	1	1				1		1			
租赁合同纠纷	1			1		1		1			
劳动争议	3	1			2	3	1	1	1		
抚养费纠纷	1	1				1		1			
劳动合同纠纷	2				2	1		1			
物业服务合同纠纷	3			3		3		1	2		
信用卡纠纷	1			1		1		1			
买卖合同纠纷	2				2	2		2			
合计	25	3	0	7	13	24	1	20	3		
与上期同比(%)											
附项	1. 民事一审收案总数4122件,与上期同比 %。										
	2. 符合小额速裁条件案件1384件,与上期同比 %,占同期民事一审案件总数33.57%。										
	3. 当事人选择使用小额速裁案件数量占符合小额速裁条件案件总数1.81%。										
	4. 转普通程序审理 件,与上期同比 %,占小额速裁案件总数 %,其中超1个月审限转普通程序案 件,占转普通程序案件 %。										
	5. 对审理结果有异议的案件1件,占小额速裁案件总数4%;异议不成立维持的案件占异议案件的 %;异议成立转普通程序的案件 件,占异议案件的 %;占转普通程序案件的 %(审理异议阶段调解结案)。										
备注	本院小额速裁试点从5月1日开始启动,但为了与司法统计数据保持同步,本表数据从4月21日起计算。										

《婚姻法解释(三)》实施背景下对离婚纠纷中夫妻共同房产分割界定的调查研究[①]

——以桂林两级法院婚姻纠纷案件为例

一、《婚姻法解释(三)》制定的背景、主要内容和产生的积极意义

(一)背景和主要内容

我国现行《婚姻法》于1980年9月10日第五届全国人民代表大会第三次会议顺利通过,并自1981年1月1日起施行,2001年4月28日,第九届全国人民代表大会常务委员会第二十一次会议对《婚姻法》进行了修正。修正后的《婚姻法》共6章,51条,涵盖了当时社会生活中关于婚姻、家庭关系的方方面面。随着中国经济的飞速发展,作为调整婚姻家庭关系的基本法律,《婚姻法》这为数不多的条文显然不足以具体应对纷繁复杂的婚姻家庭纠纷案件以及不断出现的新情况、新问题。针对日益繁杂的民事审判形势,最高人民法院分别于2001年和2003年通过了《婚姻法解释(一)》和《婚姻法解释(二)》,对《婚姻法》在一些具体疑难问题的适用上作出了相应的规定。

然而,近几年来,婚姻家庭纠纷案件呈现出逐年上升的态势,在民事案件中所占的比例也越来越重,且多集中于财产纠纷,尤其是房产纠纷。实践中,对于一些存有争议的房产纠纷案件,各地法院在处理上不尽相同,以致出现了同案不同判的情形,亟待由最高人民法院通过司法解释予以明确,以统一裁判标准。基于此,最高法在充分论证、广泛征求社会公众意见的基础上,于2011年7月4日在最高人民法院审判委员会第1525次会议通过了《婚姻法解释(三)》,并自2011年8月13日施行。

《婚姻法解释(三)》共19条,条文不多,但内容涉及婚内财产分割、亲子鉴定、婚前个人付首付,婚后夫妻共同还贷的界定,婚前或婚后房产赠与,父母出资为子女购买不动产的权属界定[②]等,其中,大多数是涉及财产问题尤其是房产处理的规定,而有关房产问题的规定,则又以父母出资为子女购买不动产的权属界定和婚前一方购买不动产,婚后共同还贷、第三人善意取得夫妻共有房屋这三个问题所引起的关注与争议为最。

(二)《婚姻法解释(三)》施行后对法制发展、社会生活产生的积极意义

《婚姻法解释(三)》为人民法院现阶段审理婚姻家庭热点、难点问题,保障个人财产在婚姻家庭纠纷处理中不受侵害等方面作出了明确的规定,在解决离婚案件的法律适用方面具有很强的可操作性,可以帮助法官依靠相关的技术性规范通过更细的规则在有限的时间内处理具体的婚姻家庭纠纷使其“案结事了”,更好地树立和维护司法权威。在一个趋向现代法治和财产观念的时代,婚姻家庭财产观因之而变,正好强调了现代婚姻、财产以及法制观,在《婚姻法解释(三)》中从男女平等的原则、照顾个人所有权的原则出发使夫妻财产归属更加具体化,尊重了双方在婚姻家庭关系中的财产独立和经济自由权利。法律意义上的婚姻底线,就是无论在结婚时还是离婚时双方的利益均不受损,为婚姻双方婚后的“经营”行为,确立一个格式化的最低章程,使双方的利益都能得到平等的保障[③]。这有利于打击借婚姻为名骗取对方财产的部分拜金男女,同时堵塞掉了一些通过结婚“致富”的可能性,排除掉了一些通过婚姻形成共同财产的情形,让婚姻的缔结更注重感情基础,对维护善良风俗和道德起到良好的推动作用。

但是在肯定《婚姻法解释(三)》施行后对法制发展、社会生活所起到的积极意义的同时,我们也不能忽视《婚姻法解释(三)》中存在的争议与不足,如针对房产界定的条文实际可操作性不强、法官调解工

① 课题组组长:曾小平;课题组成员:李岷志、吴辉、黄恺、唐艳丽、石燕飞、周妮。

② 孙若军:“离婚时处理按揭房屋的法律问题探析”,载《法学家》2009年第3期。

③ 邓子庆:“婚姻法解释三体现的是平等保护原则”,载《人民法院报》2011年8月16日第2版。

作难度加大等,这也是本文需要探讨的地方。因此,课题组首先从分析我市两级法院婚姻纠纷案件的数据入手,再结合针对民众、委托代理人、法官的调查问卷统计分析,从中找出问题、解决问题。

二、我市两级法院婚姻纠纷案件审理的基本情况及特点

课题组针对《婚姻法解释(三)》实施背景下对离婚纠纷中夫妻共同房产分割界定的调查研究,选取桂林市两级法院2007年~2011年婚姻纠纷案件为研究对象,通过分析桂林市两级法院婚姻纠纷案件审理的相关数据,总结归纳出婚姻纠纷案件审理的基本情况和特点,为课题组撰写本调研报告提供相关的数据参考。

我市两级法院婚姻纠纷案件审理的基本情况及特点体现在以下几个方面:

(一)婚姻案件数量大

随着社会的进一步发展,人民的维权意识也逐步增强,当遇到纠纷的时候,很多群众已经能够运用法律来维护自己的民事权益。2007年~2011年桂林市两级法院受理的婚姻家庭纠纷案件数量呈现逐年增加的趋势。

自2007年以来,截至2011年,桂林市两级法院共受理婚姻家庭纠纷案件19,263件,其中调解结案7434件,平均调解率为38.59%,判决结案8411件,平均判决率为43.66%,撤诉结案3256件,平均撤诉率为16.90%。在审理婚姻家庭纠纷案件的过程中,法院高度重视当事人双方的调解工作,2007年~2011年婚姻家庭纠纷案件中平均调解率达到38.59%,调撤率达到55.49%。(具体见图表一、图表二)

图表一:2007年~2011年桂林市两级法院婚姻家庭纠纷案件审理情况统计表

(单位:件)

	婚姻家庭纠纷	婚姻纠纷	婚姻家庭纠纷案件			婚姻纠纷案件		
	案件数	案件数	判决数	调解数	撤诉数	判决数	调解数	撤诉数
中院	655	546	482	89	47	399	73	41
城区法院	5136	4516	2319	1928	831	2013	1715	373
基层法院	13,472	12,516	5610	5417	2378	5224	5052	2185
合计	19,263	17,578	8411	7434	3256	7636	6840	2963

备注:城区法院包括叠彩、秀峰、七星、雁山、象山五个法院;基层法院包括全州、兴安、临桂、灵川、资源、平乐、恭城、阳朔、灌阳、永福、荔浦、龙胜十二个县法院,中院审理的民事案件均为二审案件,下表同,不再另行注明。

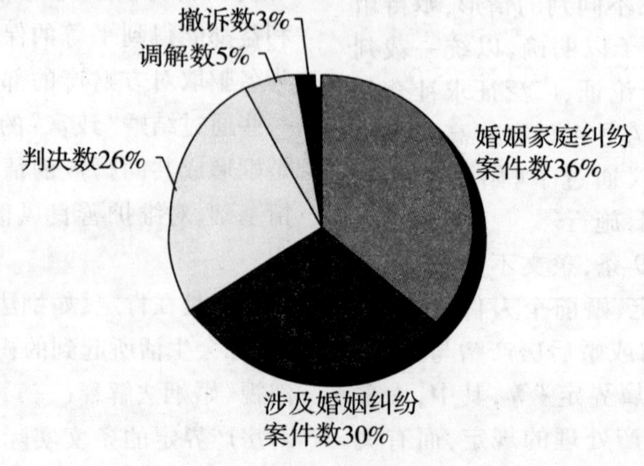

图表二:桂林市两级法院婚姻家庭纠纷案件审理情况分析图

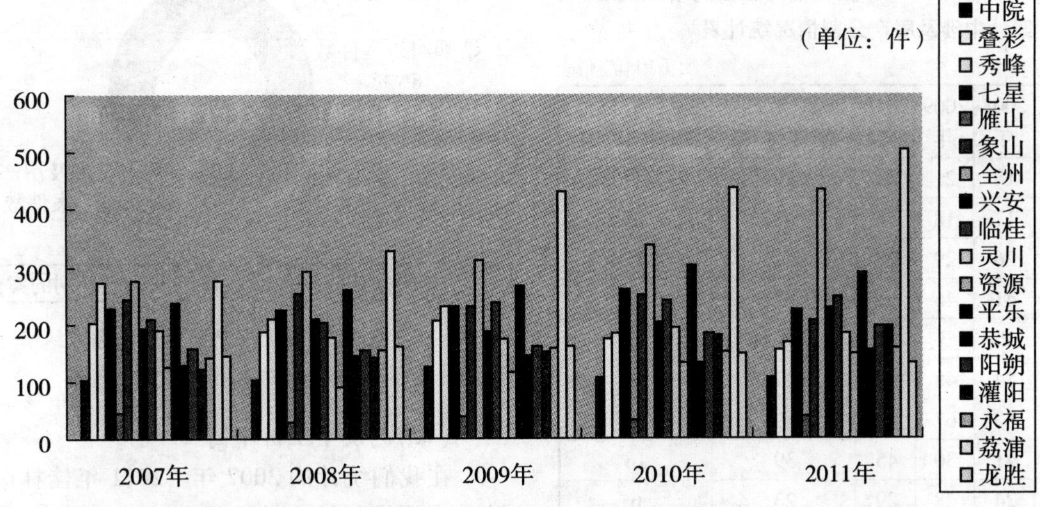

图表三:2007 年～2011 年桂林市两级法院婚姻纠纷案件审理情况统计表

从图表中的数据来看,2007 年～2011 年桂林市两级法院审理婚姻纠纷案件的总收案数量呈现逐年递增的趋势,自 2007 年以来,桂林市两级法院的婚姻纠纷案件 2011 年相比 2010 年增长 3.61%,相比 2007 年增长了 12.60%。(具体见图表三)

(二)婚姻案件调解率低

2007 年～2011 年桂林市两级法院婚姻纠纷案件共收案 17,578 件,审结 17,570 件。其中调解结案的有 6840 件,调解率达到 38.93%。从统计的数据来看,2007 年～2011 年桂林市两级法院受理的婚姻纠纷案件总数呈现逐年增长的趋势,调解率自 2007 年到 2011 年逐年提高,但调解率仍呈现偏低的态势,远远达不到 70% 的调解要求。加上《婚姻法解释(三)》的施行也给婚姻案件的调解工作带来更大的难度。(具体见图表四(一))

图表四:2007 年～2011 年桂林市两级法院婚姻纠纷案件调解情况统计总、分表

图表四(一):桂林市两级法院调解情况统计总表

(单位:件)

	2007 年	2008 年	2009 年	2010 年	2011 年
审理数	3295	3309	3562	3634	3770
调解数	1094	1150	1408	1522	1666
调解率	33.2%	34.7%	39.5%	41.9%	44.2%

从对中院、城区法院、基层法院三个数据进行分析来看,基层法院的调解率和城区法院的调解率均比较低。都未超过 50% 的调解率,这没有达到 70% 的调解要求。中院由于审理的大多数为二审婚姻案件,调解难度更大,调解率远远低于城区和基层法院的比率。这说明桂林市两级法院婚姻纠纷案件比较复杂,涉及的财产分割比较多,调解工作比较难以开展。(具体见图表四(二))

图表四(二):桂林市两级法院调解情况统计分表

(单位:件)

	2007 年		2008 年		2009 年		2010 年		2011 年	
	调解数	调解率	调解数	调解率	调解数	调解率	调解数	调解率	调解数	调解率
中院	10	9.6%	8	7.8%	16	12.7%	22	21.0%	17	16.0%
城区	385	38.8%	335	37.2%	356	37.9%	320	35.7%	319	40.3%
基层	699	31.8%	807	35.0%	1036	41.5%	1180	44.8%	1330	35.3%
合计	1094	33.2%	1150	34.7%	1408	39.5%	1522	41.9%	1666	44.2%

(三)涉及房产案件多

自 2007 年到 2011 年,桂林市两级法院一共受理民事案件 77,875 件,其中婚姻家庭纠纷案件 19,263 件,婚姻案件 17,578 件,婚姻纠纷案件中涉及房产分割的案件 2979 件,涉及房产的案件数在婚姻纠纷案件中占的比例比较高。

其中,象山、七星、全州、兴安、平乐、荔浦法院处理在婚姻纠纷案件中涉及房产分割情况的案件数相对其他法院较多。(具体见图表五)

图表五:2007年~2011年桂林市两级法院婚姻纠纷案件中涉及房产分割情况统计表

(单位:件)

	2007年	2008年	2009年	2010年	2011.1.1至2011.8.13	2011.8.13至2011.12.31
中院	19	18	21	24	19	10
叠彩	22	17	18	15	15	11
秀峰	45	26	29	28	21	13
七星	42	41	46	51	32	12
雁山	3	2	3	4	5	1
象山	52	54	48	42	27	13
全州	53	60	67	75	69	19
兴安	32	41	30	45	39	16
临桂	25	24	28	29	23	6
灵川	21	20	27	30	19	8
资源	20	25	25	30	22	7
平乐	31	45	46	50	47	13
恭城	25	29	32	32	30	7
阳朔	27	28	29	32	30	7
灌阳	21	25	25	30	22	7
永福	25	27	26	25	21	6
荔浦	42	57	60	75	69	21
龙胜	24	26	26	25	19	5
合计	529	555	573	624	521	177

从图表五中可以看到,2011年8月13日~2011年12月31日桂林市两级法院在婚姻纠纷案件中涉及房产分割情况的案件有177件,全州法院有19件,兴安法院有16件,秀峰、象山法院各有13件,七星法院有12件,叠彩法院有11件,审理最多的是荔浦法院,共有21件。

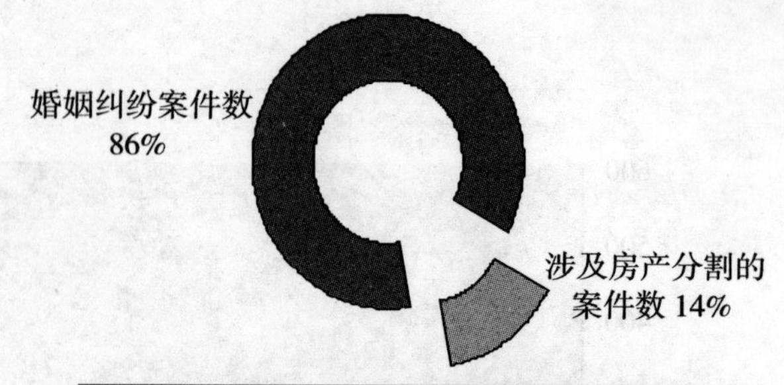

图表六:涉及房产案件数在婚姻纠纷案件中所占比例分布图

(四)判决案上诉率高

在我们统计的2007年~2011年桂林市两级法院一审婚姻纠纷案件情况中,婚姻案件的件数呈上升趋势,判决案件数呈现下降趋势,调撤率比例在上升,但上诉案件在5年期间处于比较均衡状态。从图表八的数据对比率可以看出,在判决率下降的形势下,上诉率却有所提高,这说明判决案件中当事人一方上诉的情况越来越多。详见图表七、图表八:

图表七:2007年~2011年桂林市两级法院一审婚姻纠纷案件情况统计表

(单位:件)

	结案数	判决数	调解数	撤诉数	上诉数
2007年	3295	1666	1094	467	126
2008年	3309	1691	1150	484	132
2009年	3562	1482	1408	650	153
2010年	3634	1454	1522	629	124
2011年	3770	1343	1666	733	118

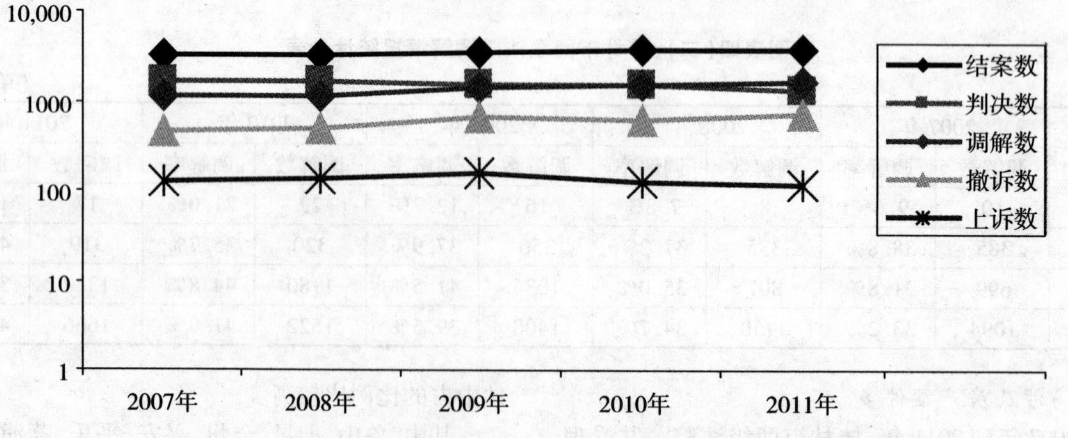

图表八:2007年~2011年桂林市两级法院一审婚姻纠纷案件数量线形图

(五)选取典型法院为例,总结归纳特点

针对以上我市两级法院婚姻纠纷案件审理的基本情况,我们选取兴安县人民法院的详细数据为例,来进一步阐述和归纳桂林市两级法院婚姻纠纷案件审理的特点。

2007 年～2011 年兴安县人民法院婚姻纠纷案件总数除 2009 年数量有略微下降外，大体呈现增长的趋势，婚姻案件受理数量大。其中以调解方式结案的案件数呈现增长的趋势，调解率大致能保持在 40%左右，但比率仍是比较低。在婚姻纠纷案件中涉及房产分割情况的案件数呈上升趋势，所占比例也越来越大。（具体见图表九、图表十）

图表九：2007 年～2011 年兴安县人民法院婚姻纠纷案件审理情况统计表

（单位：件）

兴安县人民法院	2007 年	2008 年	2009 年	2010 年	2011 年
审理数	192	207	187	203	227
调解数	48	75	88	80	95
调解率	25.0%	36.2%	47.0%	39.4%	41.8%
涉及房产分割数	32	41	30	45	51

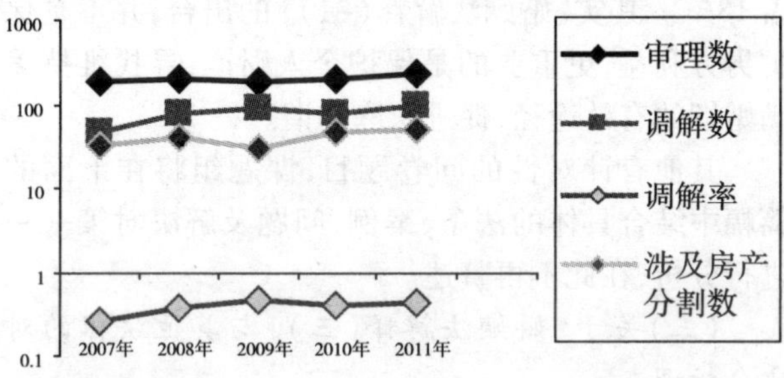

图表十：兴安县人民法院婚姻纠纷案件数量线形图

通过对我市两级法院婚姻纠纷案件审理的相关数据的分析，课题组运用表格、图表和选取典型法院的形式对比、归纳了婚姻纠纷案件审理的基本情况及特点。并以此为参考依据，运用到《婚姻法解释（三）》实施背景下对离婚纠纷中夫妻共同房产分割界定的调查研究中；同时课题组还以调查问卷的方式采访了民众、委托代理人、法官对《婚姻法解释（三）》施行后各方面的态度与看法，为进一步研究离婚纠纷中夫妻共同房产分割提供数据支持。

三、针对民众、委托代理人、法官发放的调查问卷分析

（一）调查问卷的基本情况

2011 年 12 月 25 日至 2012 年 2 月，课题组针对三类人群分别制作了民众、委托代理人及法官三种类型的调查问卷，并组织专人向桂林市两级法院以及社会各界发放，实施统计调查，2011 年 11 月，课题组通过抽样调查的方式，先后到桂林市中级人民法院及临近兄弟法院取经，以座谈会、咨询讨论等方式，深入一线法院审判人员工作现场，了解情况、听取意见，详细了解了桂林市两级法院审理离婚纠纷案件尤其是涉及房产分割的离婚案件的特点。

本次调查共计发放调查问卷 1420 份，回收 1400 份，其中民众问卷发放 520 份，回收 500 份，回收率 96.2%；委托代理人问卷发放 500 份，回收率 500 份，回收率 100%；法官问卷发放 400 份，回收 400 份，回收率 100%，这三份问卷为有效问卷。其中填写调查问卷为男性的有 723 人，比例为 51.65%，填写调查问卷为女性的有 677 人，比例为 48.35%；未婚的为 464 人，占 33.14%；研究生学历的占民众调查人数的 18.75%，本科学历的占了 53.75%；委托代理人的学历分布也集中在本科，占了 77%，其中以律师身份代理的占 71%，公民代理的占 29%。

（二）对《婚姻法解释（三）》出台引发的社会热点关注的调查分析

1. 桂林地区结婚风俗情况

课题组针对桂林市结婚风俗情况的调研如下：（见图表十一），从图中可以看出桂林地区的结婚风俗情况，双方共同出钱购房的占调查比例的 62.5%；男方买房，女方出装修费用、家具的占调查比例 25%；男方买房用于双方共同生活占调查比例 12.5%。桂林的结婚风俗还是夫妻双方共同出钱买房的比较多，说明在桂林地区目前还是处于比较传统的结婚风俗。

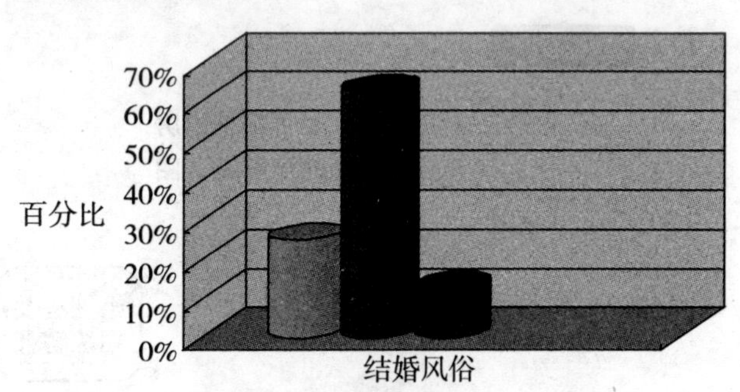

图表十一：桂林地区结婚风俗情况统计

2. 民众对房产权属与择偶标准的看法

在是否了解《婚姻法解释（三）》的内容上，民众认为该法明确了财产归属，避免离婚财产分割纠纷占 52.5%。自《婚姻法解释（三）》颁布以后，社会上流行的观点是“要嫁就嫁潜力股”，在民众的调查问卷中，51.2%的民众不会改变择偶观，33.75%的民众会选择潜力股，一起奋斗买房，15.05%的民众还是想找一个有房子的配偶（见图表十二）这说明房子仍会是男女双方结婚时的关键问题。

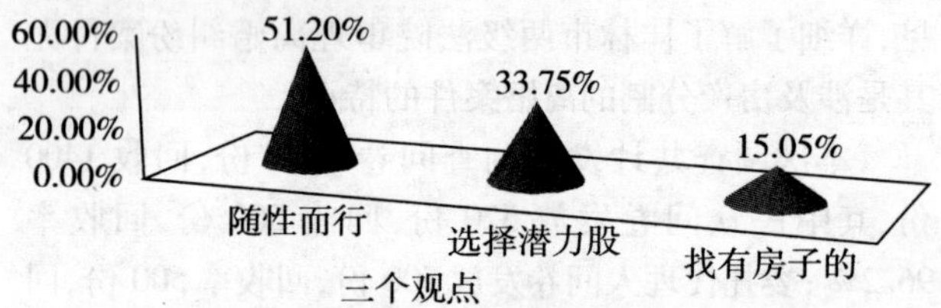

图表十二:民众的择偶标准调查情况

3. 辩护适用新解释的看法

在调查委托代理人是否运用《婚姻法解释(三)》为当事人辩护过涉及房产分割的离婚案件中,有42%的委托代理人还从来没有接触过,有27%的委托代理人接触过比较少,只有15.5%的委托代理人接触过一些。(见图表十三)这个调查现象反应自2011年8月12日最高人民法院公布的《婚姻法解释(三)》,在社会上普及的还是相对比较少,其中370位委托代理人在问卷上反应出,自解释出台以后,对可能分不到房产的当事人辩护工作难度加大,败诉一方当事人情绪激动,调解工作不易开展。

图表十三:委托代理人是否辩护过房产分割问题的情况统计图

4. 法官的判案影响

在《婚姻法解释(三)》出台以后,对法官的判案有何影响的调查中,在法官群体中认为适用法律法规更明确的占66%,认为在一定程度上保护了房产所有者利益的占47.25%,认为能公正指出房产所有者,避免不必要的纠纷的占42%,认为造成离婚双方矛盾冲突升级,调解难度加大,不利于判案的占24.75%,认为明确夫妻财产,避免离婚财产分割纠纷的占15%,认为没有影响的占1.25%。从比例来看,《婚姻法解释(三)》的施行对法官判案还是起到积极的作用。

5. 男方的"福音"看法

在委托代理人的调查问卷12题中,我们针对现在社会流行的所谓《婚姻法解释(三)》的出台是男人的"福音"的看法进行调查,其中认为法律是公平公正的占45%,认为削弱女性的利益,使女性缺少保护占1%,认为促进女性提高自我,有利于实现真正男女平等的占36%,认为肃清了以财产为目的的婚姻占18%。其实《婚姻法解释(三)》的出台,并不是保护男方利益,更重要的是保护个人财产,寻找维持美满婚姻的有效途径,促进家庭和谐。

其他有针对性的问卷题目,课题组将在下面的篇幅中结合具体的法条、案例、问题及解决对策一一进行分析,在此不再赘述。

(三)关于《婚姻法解释(三)》与其他法律的对比分析调查

1. 与《婚姻法》及相关司法解释的对比分析

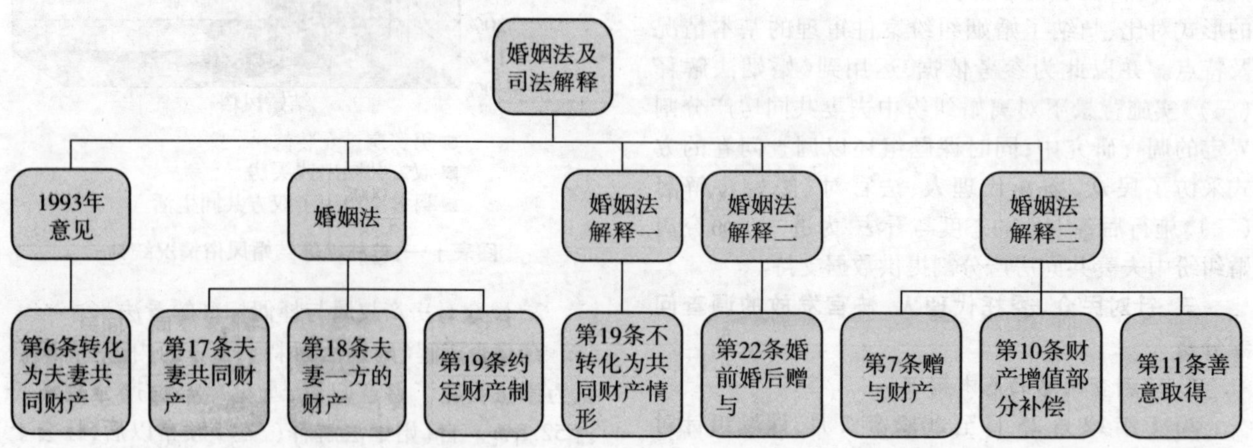

图表十四:《婚姻法》及其司法解释涉及夫妻共同财产的条文柱形图

从新中国第一部《婚姻法》中的"家庭财产",到1980年《婚姻法》中的"夫妻共同财产",2001年修订的《婚姻法》明确个人财产分割制,2003年《婚姻法解释(二)》采用市场竞价的方式确定争议房屋的产权,再到此次《婚姻法解释(三)》将不动产登记效力引入,法律对婚姻中个人利益保护的色彩渐趋浓重,此为立法价值取向之趋异。

对于婚前房产归属问题，最高人民法院曾以司法解释作出过具体规定，根据最高人民法院于1993年颁布的《关于人民法院审理离婚案件处理财产分割问题的若干具体意见》的规定，一方婚前个人所有的财产，婚后由双方共同使用、经营、管理的，房屋和其他价值较大的生产资料经过8年，贵重的生活资料经过4年，可视为夫妻共同财产。然而，这一规定随着2001年《婚姻法》的修正而失去了效力，2001年《婚姻法》用了最多的文字（第17、18、19条）来界定财产归属，这些极大地丰富了有关财产归属的规定，2001年《婚姻法》修订后，最高人民法院很快出台了《婚姻法解释（一）》，其中第19条明确规定，《婚姻法》第18条规定为夫妻一方所有的财产，不因婚姻关系的延续而转化为夫妻共同财产，但当事人另有约定的除外。这条司法解释之所以必要，显然是因为从修订后的《婚姻法》第18条的条文本身，无法确定究竟是否存在转化的可能，新法修订两年后，最高人民法院又出台了《婚姻法解释（二）》，用了相当的篇幅对婚姻关系中的财产问题进行界定，像《婚姻法》文本中开发性的兜底条款"其他应当归共同所有的财产"，在这个解释中得到具体化。近年来，高房价迫使成年子女更加依赖父母资助，造成父母与小夫妻这一关系中的财产纠纷增多，导致司法机关在新形势的冲击下进退失据。当财产纷争发展到愈演愈烈的时候，只有在现有的法律框架下细化规则，发展了《婚姻法解释（三）》的第7条、10条、11条等。

课题组认为，整个婚姻家庭法律规则正在从"家庭财产制"到"个人财产制"的方向发展。三个司法解释的基本精神也都是为了明晰家产归属，减少分割难度，方便法官审理离婚案件。（具体见图表十四）。在对民众、委托代理人、法官三份问卷中，针对《婚姻法解释（三）》与《婚姻法》及相关司法解释的对比来看，在调研中53.75%的民众认为该法具有时代性，是《婚姻法》的更新变革；36%的委托代理人认为是《婚姻法》的进步，促进女性提高自身，有利于实现真正的男女平等；42%的法官认为比前法而言，更能公正指出房产所有者，避免不必要的纠纷。

2. 与《物权法》的对比分析

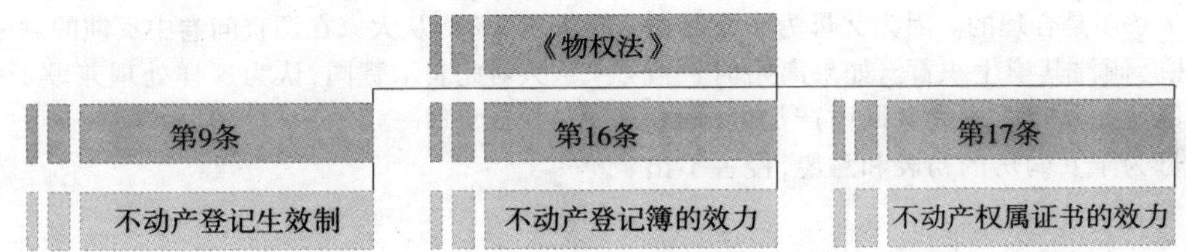

图表十五：《中华人民共和国物权法》第9、16、17条柱形图

《婚姻法》和《物权法》的规定都是原则性规定，且互相不协调，各省高院为了避免本省出现"同案不同判"现象，纷纷发布关于婚姻法司法解释的会议纪要和补充规定①。详见2005年江苏省高级人民法院"关于适用《中华人民共和国婚姻法》及司法解释若干问题的讨论纪要"第13条之规定和2004年上海市高级人民法院"关于适用最高人民法院婚姻法司法解释（二）若干问题的解答"第6条之规定。

我国《物权法》是调整财产关系的基本法，主要调整物的归属和利用关系，但不限于物。《物权法》需反映市场经济的基本要求，以实现和促进市场经济的发展为根本目标，故应坚持平等、自愿、等价有偿等基本原则。《婚姻法》及其司法解释在调整财产关系方面属特别法，调整婚姻家庭领域内以夫妻关系为基础的财产关系。这种财产关系不能脱离夫妻人身关系而独立存在，需依附、从属于婚姻内的人身关系，主要是为满足夫妻共同生活和家庭经济功能的需要。

所以课题组认为，《物权法》与《婚姻法》及其司法解释在调整财产关系方面既可以适用《物权法》，也可以适用《婚姻法》及其司法解释，在《婚姻法》及其司法解释与《物权法》之间存在冲突的领域，依照法律冲突解决规则，应优先适用《婚姻法》及其司法解释的规定，只有当《婚姻法》及其司法解释中规定或规定不明确的情况下，方可适用《物权法》加以补充。

① 陈凌云："离婚诉讼中按揭房屋的权属——评《中华人民共和国婚姻法解释（三）》征求意见稿第十一条"，载《学术交流》2011年第5期。

在对民众、委托代理人、法官三份问卷中,针对《婚姻法解释(三)》与《物权法》是否冲突,课题组进行了专题调研。在调研中76.25%的民众、75%的委托代理人、62%的法官都认为《婚姻法解释(三)》符合《物权法》的相关立法精神,具有时代性,倾向于保护个人的财产制。(见图表十六)

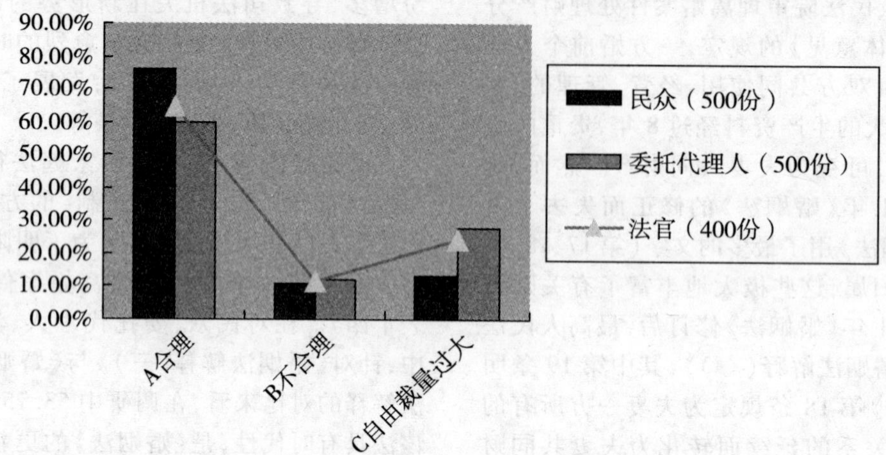

图表十六:三类人群对《婚姻法解释(三)》与《物权法》是否冲突的观点调查

(四)针对《婚姻法解释(三)》中涉及房产的条文的分析

1. 针对《婚姻法解释(三)》第7条的调查分析

在民众的调查问卷中,我们针对《婚姻法解释(三)》第7条进行了调查。在调查中,有61.25%的民众认为第7条还是合理的。因为父母为子女结婚而购房,往往会倾注其毕生积蓄。如果离婚时一概将婚后购买的房屋认定为夫妻共同财产加以分割,势必违背父母为子女购房的初衷和意愿,侵害了出资购房父母的利益①。(见图表十七)

在法官、委托代理人两类调查问卷中,赞同第7条保护个人财产制度的法官占78.75%、委托代理人占75%,认为与其他法律相冲突的法官占9%、委托代理人占9%,认为不合理的法官占7.5%、委托代理人占9%。从大家在调查问卷中反馈的意见来看,多数人对此表示赞同,认为这样处理兼顾了中国国情与社会常理。

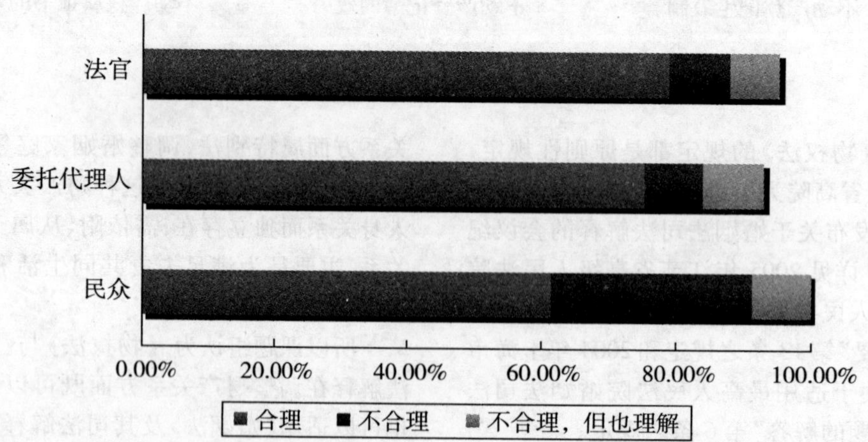

图表十七(一):对《婚姻法解释(三)》第7条的看法的调查分析图

① 刘俊海、尹红强:"《婚姻法解释(三)》体现若干制度创新",载《人民法院报》2011年8月19日。

图表十七（二）：对《婚姻法解释（三）》第7条的看法的调查分析表

题目	对《婚姻法解释（三）》第7条的看法		
指标	合理	不合理	不合理，但也理解
民众	61.25%	30%	8.75%
委托代理人	75%	9%	9%
法官	78.75%	9%	7.5%

2. 针对《婚姻法解释（三）》第10条的调查分析

在对民众、委托代理人、法官三份问卷中，我们专门对第10条进行了调研，在民众中有76.25%认为合理，在委托代理人中有60%认为合理，在法官中有64.5%的认为合理。之所以讲婚前一方贷款购买，婚后共同还贷的房产作为一方的个人财产，主要是根据《物权法》原理及合同相对性原则，一方在婚前已经通过银行贷款的方式向房地产公司支付了全部购房款，买卖房屋的合同义务已经履行完毕，即在婚前就取得了购房合同确认给购房者的全部债权，婚后获得房产的物权只是财产权利的自然转化①，故在离婚中分割财产将按揭房屋认定为一方的个人财产相对比较公平。对于婚后参与还贷的一方来说，婚后共同还贷支付的款项及其相对应财产增值部分，离婚时根据《婚姻法》照顾子女和女方权益的原则，由产权登记一方对另一方进行补偿。

针对此种情况，课题组对"是否愿意将对方的名字加在房产证上"进行调研，对在房产证上加名字的影响大小情况进行了统计，（见图表十八）在民众中有62.5%表示愿意，在委托代理人中有47%的表示愿意，而在法官的调查问卷中，只有28%的表示愿意。从图表中可以看出，愿意度呈现递减的趋势。（见图表十九）这说明大多数民众认为，只有在房产证加上名字，才感觉上了"双保险"，而或许对拥有专业法律知识的法官而言，在房产证上加名字与否影响并不大。

图表十八：对《婚姻法解释（三）》第10条的看法情况统计表

你婚后是否要求对方在房产证上加上你另一半的名字吗？	民众（520份）	委托代理人（500份）	法官（400份）
A会	62.5%	47%	28%
B不会	10%	24%	28%
C看情况	27.5%	29%	44%

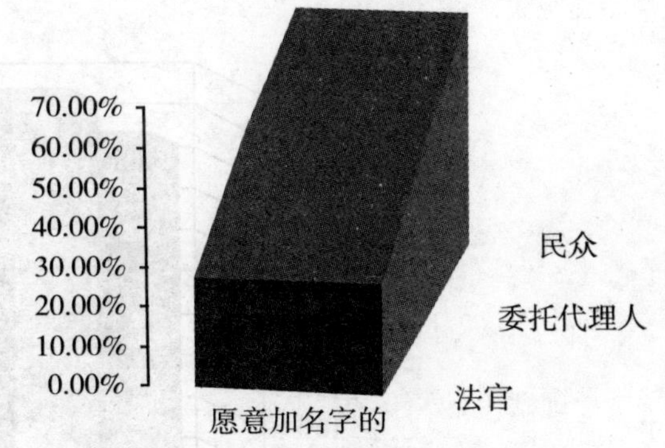

图表十九："是否愿意将对方的名字加在房产证上"的情况统计图

3. 针对《婚姻法解释（三）》第11条的调查分析

在问卷中，我们对保护"善意购买"第三方权益的规定做了调查，在针对民众人群的调查中，始终认为该房屋属夫妻共同财产，未经对方同意，另一方无权分割占35%；认为《婚姻法解释（三）》保护了善意购房人的合法权益，符合《物权法》立法精神占15%；认为若无法要回房产，则对方应赔偿另一方相当于房款70%～80%的价格作为补偿的占50%。在委托代理人、法官调查问卷中，其中感觉操作起来比较困难，自由裁量权过大，不利于调解，离婚双方争议较大的，委托代理人的占43%、法官的占48.25%，其中对另一方适当多补偿，依据双方实际情况，基准为房款的70%～80%为宜，委托代理人占47%、法官占45%；其选择受补偿一方意见较大，对该法条不理解，给律师辩护工作和法官调解工作带来困难，委托代理人占10%、法官占6.75%。（详见图表二十）

这说明第11条的出台给法官的调解工作可能带来一定困难，对其补偿的标准界定实际操作性不易把握，加之民众的不理解也可能给法官的调解工作带来阻碍。

《婚姻法解释（三）》第7、10、11条的施行引发的社会各界关注的热点，课题组针对民众、委托代理人、法官的调查分析可以看出，其涉及夫妻共同房产的归属问题对社会产生的反应热烈，褒贬不一。这表明房产作为当代社会夫妻间的共同财产，关系到双方的切身经济利益，因此《婚姻法解释（三）》如何对夫妻共同房产进行分割成为大家关注的焦点。《婚姻法解释（三）》的施行为夫妻共同房产分割的法律适用方面提供了很强的可操作性，但是也存在一定的争议与不足，本调研报告秉承"发现问题—提出

---

① 王利明：《民商法研究》（第7辑），法律出版社2009年版。

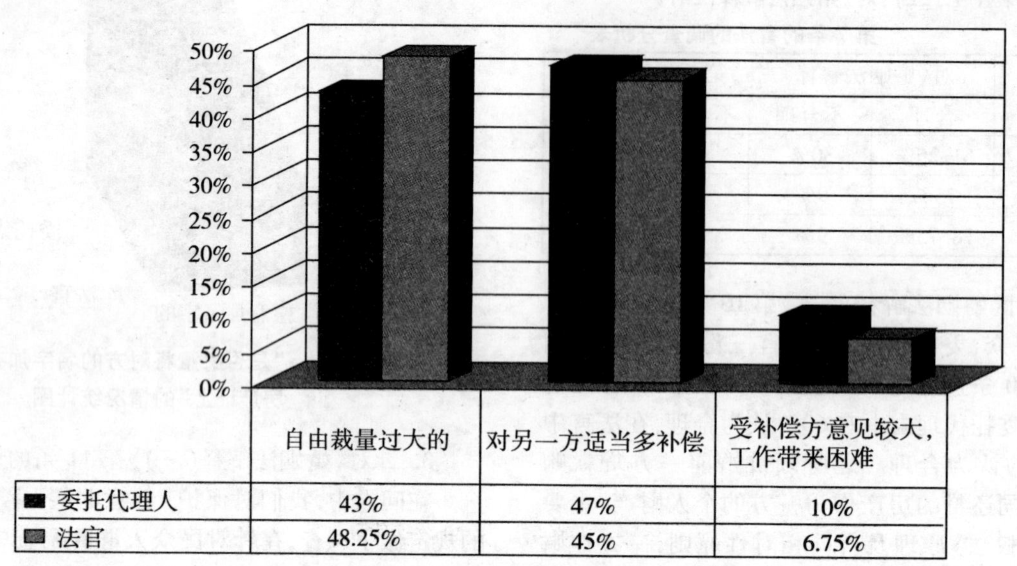

	自由裁量过大的	对另一方适当多补偿	受补偿方意见较大，工作带来困难
委托代理人	43%	47%	10%
法官	48.25%	45%	6.75%

图表二十:对《婚姻法解释(三)》第11条的看法的调查分析图

问题—解决问题—总结归纳”的思路模式,提出以下问题及相关解决对策。

四、《婚姻法解释(三)》施行后对离婚纠纷中夫妻共同房产分割界定存在的问题

课题组通过收集桂林市两级法院婚姻案件情况的数据得出的基本情况及特点的分析,以及针对法官、委托代理人、民众的调查问卷分析,对《婚姻法解释(三)》涉及房产分割条文的仔细解读和与《婚姻法》、《婚姻法解释(一)》、《婚姻法解释(二)》、《物权法》的对比分析,综合桂林市两级法院近年来审判实践中出现的案例,提出《婚姻法解释(三)》施行后对离婚纠纷中夫妻共同房产分割界定存在的问题,现进行一一分析:

(一)“赠与财产”的规定不细化

在如何认定父母赠与的财产是夫妻一方的个人财产的问题上,在实际审理实践中,通过对法官的调查问卷和桂林市两级法院婚姻案件统计分析中发现,民众对《婚姻法解释(三)》第7条的规定大部分还是持赞同态度,法官和委托代理人的意见也以支持该条文保护个人财产制度为主。但是也有16.5%的法官和18%的委托代理人认为其不合理,条文规定的太笼统。

这说明“赠与财产”规定的不细化导致了实践审判的不易操作性,导致部分人群对此产生质疑,也对法官的实际审理带来困惑。针对条文中规定的“婚后由一方父母出资为子女购买的不动产,产权登记在出资人子女名下的”的情况,“赠与财产”可具体分以下三种情况:

1. 婚前由一方父母支付首付款办理按揭为子女购买不动产,产权登记在出资人子女名下,子女结婚后,该房产贷款由出资人继续偿还;

2. 婚后由一方父母出资为子女购买不动产,产权登记在出资人子女名下,另一方出资负责装修,购买家具、电器等生活用品;

3. 婚后由一方父母支付首付为子女购买不动产,产权登记在一方子女名下,另一方父母偿还剩余房款。

针对这三种比较典型且更为细化的“赠与财产”情况,《婚姻法解释(三)》第7条有关“赠与财产”的规定显然不能全面的解释和化解实践审判中遭遇的困惑。如何适用《婚姻法解释(三)》第7条认定更为复杂的情况是亟须解决的问题。

(二)“财产增值部分补偿”的制度不明

离婚案件中,按揭房屋的分割是焦点问题之一。如果仅仅机械地按照房屋产权证书取得的时间作为划分按揭房屋属于婚前个人财产或是婚后夫妻共同财产的标准,则可能出现对一方显失公平的情况。因此在问卷调查中有23.75%的民众、35.5%的法官、40%的委托代理人对第10条的规定表示不认可。也有62.5%的民众表示在《婚姻法解释(三)》施行后更希望能在房产证上加名字。其实这都是“财产增值部分补偿”制度不明引起的误解,导致当事人不理解不支持,法官在审理涉及房产分割的婚姻纠纷案件调解难度增大。

“财产增值部分补偿”制度不明体现在:

首先,在夫妻一方婚前签订不动产买卖合同,以个人财产支付首付款并在银行贷款,婚后用夫妻共同财产还贷,不动产登记于首付款支付方名下的前提下,法官首先依离婚双方协议处理,在不能达成协议时,可以判决该不动产归产权登记一方所有,注意最高院在这里用的是"可以",说明也可能出现认定为夫妻共同财产的特殊情形,法官的自由裁量权比较大,在现实审判中也难以把握,那什么样的情形才会认定为夫妻共同财产呢?

其次,《婚姻法解释(三)》第10条规定:"尚未归还的贷款为产权登记一方的个人债务。双方婚后共同还贷支付的款项及其相对应财产增值部分,离婚时应根据《婚姻法》第三十九条第一款规定的原则,由产权登记一方对另一方进行补偿。"如何对"财产增值部分进行补偿"也是法官在审理案件过程中遇到的棘手的问题。应区分以下几种情况:婚后夫妻共同财产还贷中有双方平等还贷的;有一方出资多、另一方出资少的;婚后夫妻共同财产还贷,离婚时双方共同偿还部分房贷,仍有部分贷款未还清的三种情况,面对如此细化的还贷情形,尚未归还的贷款为产权登记一方的个人债务时,财产增值部分应如何补偿?这都是《婚姻法解释(三)》第10条有关"财产增值部分补偿"的规定在实际审理实践中遭遇的困惑。

(三)"善意取得"的认定情形复杂

课题组制定的调查问卷中,特别对保护"善意购买"第三方权益的规定做了调查,民众、委托代理人、法官的意见均倾向于"善意取得"不那么"善意"。85%的民众表示不理解;在委托代理人、法官调查问卷中,43%的委托代理人、48.25%的法官感觉操作起来比较困难,自由裁量权过大,不利于调解。原因就出现在如何认定"善意取得"的情形上。

《婚姻法解释(三)》第11条对"善意取得"的规定十分严格,必须符合以下三个条件:一是第三人善意购买,二是支付合理对价,三是办理产权登记手续。在这样的规定下,夫妻一方未经另一方同意出售夫妻共同共有的房屋,另一方主张追回该房屋的,人民法院不予支持。可是在实际审判中,如何认定第三人"善意取得"的情形和条件,往往比较复杂,课题组暂且提出以下可能出现的情形:

1. 若第三人系善意购买,并向夫妻一方支付了合理对价且办理了产权登记手续,但所购房屋系夫妻双方唯一居住的小户型住房;

2. 第三人系善意购买,并向夫妻一方支付了合理对价且办理了产权登记手续,但是夫妻卖房一方通过找人伪造签名、冒充配偶造成第三人被"善意购买"的;

3. 若夫妻卖房一方与第三人恶意串通,对外称善意购买,并向夫妻一方支付了合理对价且办理了产权登记手续。

针对这三种更细化的情况,《婚姻法解释(三)》第11条有关"善意购买"的规定显然不能全面化解实际审判中遭遇的困惑。如何适用《婚姻法解释(三)》第11条认定更为复杂的情况是亟须解决的问题。

(四)房产成为离婚双方争议的焦点,不利于调解工作的开展

夫妻离婚案件诉讼中,争议问题最大的就是财产分割问题,而财产分割问题中,房产纠纷尤为突出,这也显现出当前房价飙升和离婚高增长率并存的现状。(见图表二十一)

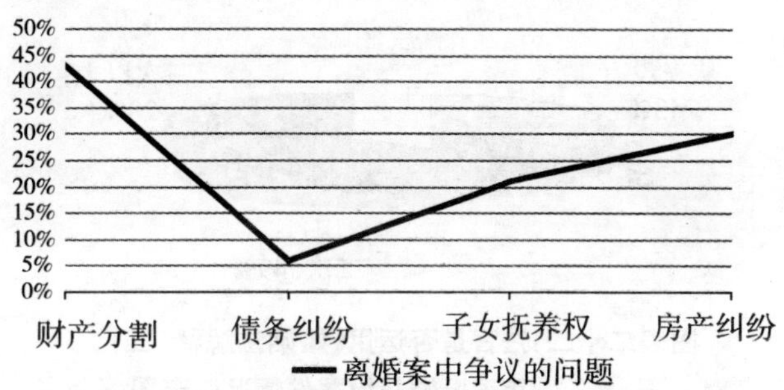

图表二十一:对离婚纠纷中争议的问题情况分析图

课题组通过走访法院的形式,实地采访了几个法院的法官,谈及审理婚姻案件时,很多法官感叹到,审判工作越来越不好做,以前审理离婚案件,夫妻双方好合好散,调解工作容易开展,一年调解率可以达到60%,可现在法庭上夫妻双方为了房产争得面红耳赤,剑拔弩张,谁都不可能让步,原因在于让一步的结果可能就是把房产拱手相让而自己一无所有,当作为居民最大宗消费品之一的房屋,成为婚姻中需要考虑的最大利益之一时,房产成为离婚双方争议的焦点。《婚姻法解释(三)》涉及房产分割的条文在婚内财产分割、婚前个人付首付,婚后夫妻共同还贷、父母出资为子女购买不动产等方面的规定,使原本是夫妻共同财产的房屋一瞬间变为某一方的个人财产,而另一方只能获得经济上的补偿,这对于常人的想法很难短时间接受,一面是新司法解释的适用,另一面是情理上的冲突,给法官的调解工作的开展带来很大的困难。而且当调解协议无法达成,法官的判决送达给各当事人后,未分得房产一方势必上诉,再次争取要回房产的权益,在一定程度上导致婚姻案件的服判息诉率降低,上诉率大大提高。

参见兴安县人民法院(2008)兴民初第503号民

事判决书①和桂林市中级人民法院(2009)桂市民终字第596号民事调解书②的案例,类似因诉争房产的离婚纠纷不服一审判决而提出上诉的案例呈现上升趋势,从一定层面上反映了我市两级法院婚姻纠纷案件上诉率越来越高的原因。

(五)法官运用《婚姻法解释(三)》审理离婚案件的业务能力不强。

我们对法官适用《婚姻法解释(三)》的次数进行调研,其中作为离婚纠纷依据判案三次以上的占28%,只用过一、二次的占49%,从来没有的占43%。这说明《婚姻法解释(三)》颁布时间短,法官运用《婚姻法解释(三)》审理离婚纠纷案件少。(见图表二十二)

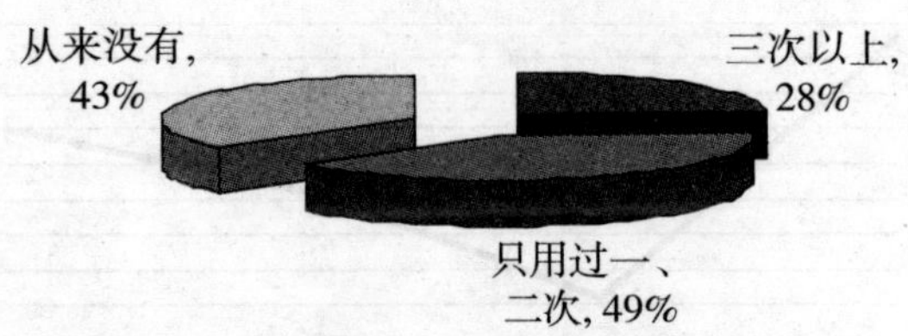

图表二十二:法官是否运用《婚姻法解释(三)》审理离婚纠纷案件情况调查图

日益复杂化的离婚纠纷案件审判形势对法官在运用法律条文、准确审理离婚案件的能力上提出了更高的要求,自《婚姻法》颁布后,涉及婚姻家庭关系的司法解释更新换代、相继颁布,对法官的业务素质和学习能力提出了挑战,只有领悟法律条文的内涵和精髓,才能更好更准确地运用法律审理各类离婚案件,才能成为《婚姻法》中的"专家",审理离婚案件的"能手"。可是现实情况中,由于颁布时间短,适用《婚姻法解释(三)》审理案例还比较少,部分法官认为其为新生事物,没有给予过多的重视和关注,加上平时繁重的工作任务和压力也使法官没有时间静下心来认真学习解读《婚姻法解释(三)》的立法精神,诸多原因造成法官在运用《婚姻法解释(三)》审理离婚纠纷案件的业务能力不高,专业素质不强。随着离婚纠纷案件的日趋增多,在民事案件中越来越呈现上升的趋势,离婚案件中主体双方身份的特殊性和对象的复杂性决定了法官们必须认真学习领会《婚姻法解释(三)》的立法精神和实质内涵,兼顾保护妇女、儿童权益的原则,正确运用法律条文审理相关案件,真正做到让当事人心服口服,案结事了。

参见兴安县人民法院(2005)兴民初第435号民事判决书的案例③。若此案例发生在现在,法官依据《婚姻法解释(三)》进行审理,则应认定为被告一方财产,作为原告的女方则可能分不到房屋。在此情形下,法官应如何在正确运用法条的前提下兼顾保护妇女权益,值得思考。

(六)民众法律意识淡薄,《婚姻法解释(三)》普及性不高

在回收的500份民众调查问卷中,其中调研对象为男性占38.75%,女性占61.25%;未婚的占40%,已婚的占60%;其中研究生以上的文化占18.75%,本科的文化占53.75%,高中以上的文化占18.75%,初中以上的文化占6.26%,其他的占2.5%。该问卷中的第4、6、7、8题,反映出民众对《婚姻法解释(三)》的认识:目前大部分民众了解《婚姻法解释(三)》的途径还是通过新闻、报纸,说明《婚姻法解释(三)》在民众的普及程度目前还是偏低,真正知道《婚姻法解释(三)》的仅占25%。(见图表二十三)

① 兴安县人民法院(2008)兴民初第503号民事判决书的案例:"原告秦某某诉被告樊某某离婚纠纷一案,涉及房产分割的财产有三套房屋,原、被告双方对其中两套房屋为夫妻共同财产没有异议,争议的焦点在于一套涉及父母一方赠与的房屋,主审法官依据该房产的产权证上记载'一半产权继承,一半产权从原告母亲处受赠'和登记房屋所有权人为原、被告双方及其他证据认定该房屋1/2产权属个人财产,1/2产权属夫妻共同财产。"

② 被告樊某某对一审法院作出的判决不服提出上诉,桂林市中级人民法院主持双方进行调解并达成调解协议,中院作出(2009)桂市民终字第596号民事调解书。此案案结事了。

③ 兴安县人民法院(2005)兴民初第435号民事判决书的案例:"原告廖某某(女)诉被告何某某(男)离婚纠纷一案,双方争议的焦点在于面积151平方米的房屋是否为夫妻共同财产,该房屋系被告婚前修建,建设用地许可证、房屋产权证均在双方结婚后以被告名字进行登记,但法官结合该房屋的建设用地许可证、房屋产权证的办理均在夫妻关系存续期间,因此认定为夫妻共同财产。"

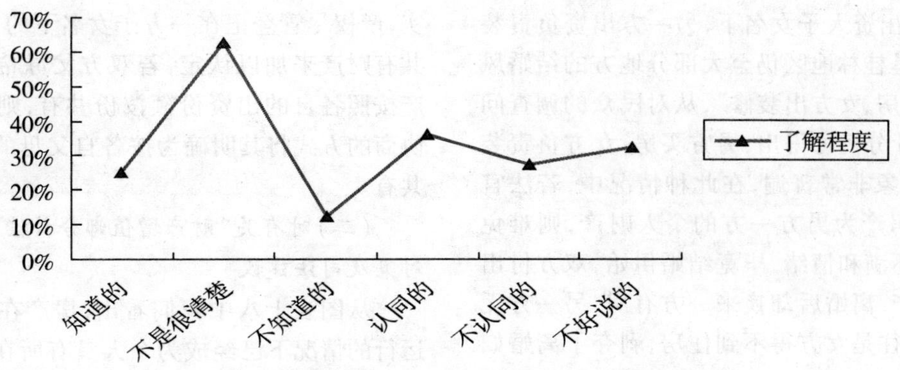

图表二十三:对民众了解《婚姻法解释(三)》的程度调查统计图

国人对婚姻的态度,自来避讳"离婚","百年好合"、"白头到老"是对婚姻的最佳祝福。但是当传统的"中国式婚姻"遭遇倾向于保护个人财产制的《婚姻法解释(三)》时,民众对此的反响十分剧烈,有的发出"父母买房媳妇没戏"的戏谑,有的当上了"失落的丈母娘",有的戏称婚姻由"'房子时代'进入了'AA制时代'",有的发出"干得好不如嫁得好已经过时"的观念,究其原因,其实是民众的法律意识欠缺,误读了《婚姻法解释(三)》的立法精神,从片面的观点单纯认为规定为夫妻一方财产的情形越来越多,与婚姻法中保护妇女的权益相违背,不利于家庭和睦稳定,《婚姻法》变成了"离婚法"等,却忽视了《婚姻法解释(三)》在对个人财产权利的保护和推进社会法制化进程的积极意义,民众的不理解不支持也直接导致了法官在审理离婚纠纷案件调解率不高的原因。因此普法走进社会,走进社区,普及《婚姻法解释(三)》、提高民众的法律意识迫在眉睫。

五、《婚姻法解释(三)》施行后对离婚纠纷中夫妻共同房产分割界定存在的问题的对策及司法建议。

课题组针对《婚姻法解释(三)》施行后对离婚纠纷中夫妻共同房产分割界定可能存在的问题,综合桂林市两级法院近年来审判实践中出现的案例,现一一提出相关的解决对策及司法建议,以期待为《婚姻法》体系中司法解释的更加完善、人性化提供参考依据,为法官在实际审判中提供更多的案例借鉴和操作经验。

(一)对有关"赠与财产"的规定提出的对策及司法建议

从图表六中我们可以看出,桂林市两级法院在审理婚姻纠纷案件中涉及房产分割的案件达2979件,占婚姻纠纷案件的16.5%;在图表十七中,我们也可以得出大部分人对《婚姻法解释(三)》第7条的规定还是持赞同态度,因此若对"赠与财产"中可能出现的情形进行更为细化的规定,会对法官审理涉及房产分割的婚姻纠纷案件提供明确性的指导意见,给审判工作带来便利,提高此类案件的调解率。

针对该条在实际审理实践中遭遇的困惑和可能出现的三种情况,现提出相关解决对策,以供参考:

1. 针对"婚前由一方父母支付首付款办理按揭为子女购买不动产,产权登记在出资人子女名下,子女结婚后,该房产贷款由出资人继续偿还"的情况,课题组认为这是比较简单,能够明确作出认定的,作为买房者的夫妻一方父母已经履行了购房合同中付款这一主要义务,房屋的所有权成为可切实期待的利益,在子女尚未确立婚姻关系期间,一方父母作出产权登记在该子女一方名下的规定,实际上明确表明了自己出资购买的行为是对自己子女一方的赠与,而非对夫妻双方的赠与,这不因婚姻关系的存续改变价值百万元的房产归属,加上子女结婚后,仍由出资人继续偿还房产贷款,实际房产应由该方父母独资购买,产权登记在该子女一方名下是对自己子女一方的赠与的意思表示并未改变,因此此种情况认定为夫妻一方的个人财产为宜。

参见兴安县人民法院(2008)兴民初第369号民事判决书的案例①。这是2008年的案例,当时《婚姻法解释(三)》仍未颁布,法官依据积累的审判经验和法律知识的学习总结,"超前"运用《婚姻法解释(三)》进行审理。

2. 针对"婚后由一方父母出资为子女购买不动

① 兴安县人民法院(2008)兴民初第369号民事判决书的案例。"原告张某(男)诉被告李某(女)离婚纠纷一案,原、被告双方对所居住房屋是否为夫妻共同财产展开激烈争论,主审法官根据该房屋土地系原告父母所有,其所有权证在双方结婚前已登记为原告所有,被告虽提出双方为结婚共同出资购买修建的住房但未提供相应的证据证明的相关事实,判定该房屋为原告的婚前个人财产,不因婚姻关系的延续而转化为夫妻共同财产。"

产,产权登记在出资人子女名下,另一方出资负责装修”的情况,这是桂林地区仍至大部分地方的结婚风俗——“男方出房,女方出装修”,从对民众的调查问卷第 4 条的统计分析可得出,男方买房,女方负责装修、买家具的现象非常普遍,在此种情况中,若法官单纯的认定该房产为男方一方的个人财产,则难免会引起女方的不满和情绪,毕竟结婚伊始,双方付出同等价值的财产,离婚后却换来一方有房,另一方无房的境遇,且往往是女方得不到住房,剥夺了离婚妇女特别是老年家庭主妇及有低龄子女妇女在婚姻中应享有的经济利益,因此法官在认定此种情况时应当考虑非购房一方对房屋增值及共同还贷的贡献,考虑双方的经济能力做出合理的安排,即使将房屋判定为一方个人财产,也要根据当事人的具体情况和实际需要对无房一方适当倾斜做到合理保护,从而通过完善离婚经济补偿制度的方式使弱者权利得到切实保护。像对民众的调查问卷第 14 题分析,50% 的人认为若无法要回房产,则对方应赔偿另一方相当于房款 70% ~80% 的价格作为补偿。

参见资源县人民法院(2006)兴民初第 389 号民事调解书的案例①。若该案例发生在现在,依据《婚姻法解释(三)》第 7 条的规定很可能该房屋判为被告吴某的个人财产,何某有可能净身出户,这对女方是极其不公平的。因此完善离婚经济补偿制度很有必要。

3. 针对“婚后由一方父母支付首付为子女购买不动产,产权登记在一方子女名下,另一方父母偿还剩余房款”的情况,该情况是针对《婚姻法解释(三)》第 7 条第 2 款的规定设定的,该条款,课题组认为是将婚内房产共同共有与按份共有混淆了,动摇了作为特殊身份关系主体的夫妻对婚内所得财产共同共有(约定除外)的法理基础②。毕竟婚姻关系具有很强的身份性,财产关系基于身份关系产生,依附于身份关系之上。因此,在处理夫妻财产问题上,不能完全根据物权法的原理来作出规定,而应根据婚姻法伦理性的特征,体现出其身份法,而非财产法的本质属性;否则,缺少了婚姻伦理基础,将夫妻之间的关系单纯地视为财产契约关系,则无异于将婚姻共同沦为合伙企业,从而影响到婚姻家庭关系的和谐与稳定。尽管双方出资分别在婚姻关系存续前后,但不影响双方父母共同出资购买的不动产的事实,产权尽管登记在一方子女名下的,也应作为夫妻共有财产来加以认定,若双方父母希望夫妻对不动产按照各自的出资份额按份共有,则完全可以通过协商的方式将其明确为按各自父母的出资比例实行共有。

(二)对有关“财产增值部分补偿”的规定提出的对策及司法建议

从图表十八中我们看出,房产在当前房价高位运行的情况下已经成为个人具有所在城市居民身份的一个重要的符号,承载了太多的个人情感。要区分为一方财产和共同财产需要法官在事实的基础上进行仔细认定,并对财产增值部分的补偿问题仔细研究,才能减少法官审理婚姻纠纷案件的难度,促使双方和平化解,提高调解率,降低上诉率。

从该条文中最高法选择“可以”一词说明还是可能会出现判定为夫妻共同财产的特殊情形,法官的自由裁量权比较大,现实中不易操作。课题组经过调查分析、查阅相关资料,结合审判实践,提出以下可能会被判定为夫妻共同财产的学术观点:

1. 夫妻一方婚前签订不动产买卖合同,以个人财产支付首付款并在银行贷款,婚后夫妻另一方全部还贷,但不动产登记于首付款支付方名下的,宜认定为夫妻共同财产,可选择按夫妻出资比例共有。因为虽然夫妻一方系婚前签订的不动产买卖合同并支付了首付,但在婚姻关系存续期间,夫妻另一方用全部还贷的形式完成了从婚前的债权到婚后的物权的形态变化,实际上履行完毕了不动产买卖合同,只要夫妻另一方提出系自己全部缴纳贷款的出资证明或银行明细清单并主张该房产为共有财产,法院宜认定为夫妻共同财产。

2. 夫妻自首付开始即为夫妻双方共同出资,婚后用夫妻共同财产还贷的情形。这也是目前在大城市中,夫妻双方财力均较好时的常见做法,但会出现不动产登记于一方的名下的特殊情况,针对这样的情形,若离婚时另一方可以提出首付时的出资证明、相关银行清单、证人等证据来主张该房产为共同财产,而非一方个人财产,法官则根据实际案情及证据可以判定该房产为夫妻共同财产;若不能提出出资证明等相关证据,则依照登记簿为标准,视该房产为夫妻一方财产,给予另一方增值财产部分补偿。

① 参见资源县人民法院(2006)兴民初第389号民事调解书的案例。“原告何某(女)诉被告吴某(男)离婚纠纷一案,被告于2004年以个人名义购买了一套商品房用与双方结婚所用,原告何某婚后出资装修了该房,后双方因感情不和,诉至法院要求离婚,后主审法官依据《婚姻法》及司法解释一、二的相关法条,判定该房屋双方各占一半,后经法院主持调解,由原告何某获得该房屋,何某补偿被告吴某7万元。”

② 张伟:《应将社会性别意识纳入立法与政策制定中》,载《中国妇女报》2011 年 8 月 24 日。

其次，在如何认定“财产增值部分进行补偿”的问题。应区分一些以下几种情况（均在双方达不成协议的前提下）并逐一进行分析：

1. 婚后用夫妻共同财产还贷，双方平等出资的，例如：房子总值70万元，男方首付20万元，不动产登记于男方名下，双方结婚后，夫妻双方共同还贷，双方离婚时房子增值为100万元，贷款双方平均每人还25万元的情形。针对此类情形，在理论上适用《婚姻法解释（三）》的第10条之规定，可以判定该房产为男方一方所有，剩余的20万元贷款由男方一人承担，如何对女方的财产增值部分进行补偿？本情形中，男方共还贷45万元（首付20万元加25万元），女方还贷25万元，男方出资占9/14，女方出资占5/14，该房产增值30万元，则男方应享受财产增值部分的9/14，即19.28万元，女方享受财产增值部分的5/14，即10.72万元。那么男方总共应返还女方35.72万元。在实际中，法官应依据保护妇女、儿童的合法权益，适当对无房女方的经济倾斜，可以通过对男方的调解工作，可适当提高女方的经济补偿幅度，以40万~45万元左右为宜。

2. 婚后用夫妻共同财产还贷，一方出资多、另一方出资少的，例如男方出资多女方出资少，像房子总值70万元，男方首付20万元，不动产登记于男方名下，双方结婚后，夫妻双方共同还贷，双方离婚时房子增值为100万元，贷款男方还40万元，女方还10万元的情形。在此种情况下，相当于一套房屋的价值男方出资60万元，女方出资10万元，可参考第一种情况进行判决，适当倾斜女方的权益即可；若女方出资多男方出资少，像房子总值70万元，男方首付20万元，不动产登记于男方名下，双方结婚后，夫妻双方共同还贷，双方离婚时房子增值为100万元，贷款男方还10万元，女方还40万元的情形。在此种情况下，相当于一套房屋的价值男方出资30万元，女方出资40万元的情形。虽然不动产登记于男方名下，但实际的出资为女方多，在女方有出资证明、银行明细清单、双方协议等证据的情况下，法院可以在征得男方同意的情况下，将房产判给女方，由女方给男方一定经济补偿或是男方获得房产，但是需依照第一种的计算方式支付大部分房款给女方。

参见龙胜各族自治县人民法院2011年龙民初字第264号民事调解书的案例①。该案中，法院在征得男方的同意下，将房屋判给被告，并由原告再补偿被告一定数额，体现了法官灵活运用调解方式处理涉及房产分割的离婚案件的思路。

3. 还有一种婚后夫妻共同财产还贷，离婚时双方共同偿还部分房贷，仍有部分贷款未还清的情况，例如，房子总值70万元，男方首付20万元，不动产登记于男方名下，双方结婚后，夫妻双方共同还贷，双方离婚时房子增值为100万元，贷款男、女方共同偿还20万元（假设男女各偿还10万元），剩余30万元贷款未还的情形。此情况依法条的处理为，房产归男方所有，未还的30万元贷款为男方一方的个人债务，男方对女方偿还的10万元及其增值部分进行补偿，可按照这样算下来，女方只能拿到解决14万多元的补偿款，相对于一套100万元的房产，几年的夫妻共同还贷，到头来这位女方只拿到10多万元的补偿款就“出户”了。我国著名的婚姻法专家巫昌祯教授曾指出：现在离婚女方70%无房，20%暂住，只有10%有房②，这对女方是很不公平的。针对此种情况，课题组专门咨询了几位长期审理婚姻案件的民事法官，结合他们的意见与看法，提出一种新的处理办法：未还的30万元贷款可以由男女双方协商共同偿还，如双方协商30万元平均偿还，则女方在偿还25万元的贷款后，可拿到11万元的补偿款。男方共返还女方36万元的补偿，也算是对女方权益的一种最大化的保护，当然此种解决办法是基于男方同意的前提下才能实现。

参见桂林市象山区人民法院（2011）象民初字第591号民事判决书的案例③。此案例体现了法官运用《婚姻法解释（三）》对无房一方的增值部分补偿的原则与思路。

（三）对有关“善意取得”的规定提出的解决对策及司法建议

通过调查问卷分析，我们可以看到第11条的规定是引起多数人争论的焦点。高达85%的民众表示不理解；43%的委托代理人、48.25%的法官感觉操作起来比较困难，自由裁量权过大，不利于调解。售房者与第三人之间是“善意购买”，还是“恶意串通”，的

---

① 龙胜各族自治县人民法院2011年龙民初字第264号民事调解书的案例：“原告苏某某（男）诉被告洪某某（女）离婚纠纷一案，财产涉及拖车、越野车、挖掘机三辆和房屋一套，房屋系夫妻共同还贷，但女方出资稍多。在该院的主持调解下，三部车辆归原告所有，房屋及生活用品归被告所有，并由原告补偿被告人民币五万元。”

② 崔丽：“巫昌祯谈婚姻法修改”，载《中国青年报》2001年1月15日。

③ 桂林市象山区人民法院（2011）象民初字第591号民事判决书的案例：“原告冯某与被告唐某某离婚纠纷一案，婚前被告唐某某按揭（10年期限）购买了桂林市某区中山中路某单元某房产，产权登记于唐某某名下，原、被告结婚后，在婚姻存续期间双方每月共同归还贷款××元。主审法官根据《〈中华人民共和国婚姻法〉若干问题的解释（三）》第十条之规定，判定离婚后房产属于被告，被告补偿原告60000元。”

确是司法实践中一个值得探讨的重要问题。

课题组认为,房屋作为人基本生存所需之物,也是法律意义上的特定物,当特定物被无权的人处分后,只要该物还存在,权利人不放弃原物的追回,人民法院作为公平正义的最终底线,就应予以支持。否则可能带来一系列家庭问题,引发出更多的社会矛盾,影响社会安定团结。

因此对"善意取得"的情形和规定应该慎之又慎,应考虑以下方面:

首先,应严格执行《婚姻法解释(三)》第11条关于"善意取得"的三个条件:第三人善意购买、支付合理对价并办理产权登记手续,审判案例中未达到其中任一条件的,另一方主张追回该房屋的,人民法院应予以支持。

其次,有关"善意购买"第三人权益保护的问题,课题组建议要着力于预防环节的制度保护。实际上,中国保护夫妻共有房屋的规则制度正在逐步建立和完善,如买房要出示结婚证,转让夫妻共有房屋的登记须双方同意等,这些都是对夫妻一方侵权行为的"哨所"和"关卡",只要在此基础上进一步建立和完善这些规章制度,严格管理,加大对各个"哨所"和"关卡"工作人员的责任要求,绝大多数问题都能解决在萌芽状态。

然后,增加对出售方和"善意购买"第三人的举证责任的规定,如对结婚一方在出售房屋时,必须出具夫妻另一方授权委托或对该售房屋无产权的证明,购买的第三人若无此类证据,"善意购买"即不成立。这样,就可以有效地防止"善意购买"滥用现象的蔓延,即便出现极个别虚假的"善意购买"情况,受害者也能很快找到与事实不符,恶意串通的证据主张自己的权利。

同时针对该条在实际审理实践中遭遇的困惑,课题组提出可能出现的情况,现一一提出相关解决对策,以供参考:

1. 第三人系善意购买,并向夫妻一方支付了合理对价且办理了产权登记手续,但所购房屋系夫妻双方唯一居住的小户型住房的情况,作为公平正义的最后底线的司法审判机关,首先法官遇上夫妻只有一套房被出售的情况,应尽力做好"善意购买"第三人工作,履行调解职能,看能否做通双方工作,义不容辞地维护持有房屋共用产权人的合法权益,以确保家庭人员财产安全,维护公平正义和社会稳定;其次在双方达不成调解的基础上,对另一方追回房屋的主张不予支持,但是对卖房一方必须合理赔偿另一方的经济损失,并要求切实履行。

参见兴安县人民法院(2007)兴民初第411号民事判决书的案例①。若该案例发生在现在,依据当时被告以办理合理手续卖出的相关证据,很有可能判令原告败诉,卖房合同有效。只能依据《婚姻法解释(三)》第11条的规定对原告进行补偿,补偿的幅度,课题组建议以70%~80%为宜。

2. 第三人系善意购买,并向夫妻一方支付了合理对价且办理了产权登记手续,但是夫妻卖房一方通过找人伪造签名、冒充配偶造成第三人被"善意购买"的情况,我国《物权法》已将不动产纳入到了善意取得制度中,因此基于夫妻一方对另一方的欺骗行为不能对抗善意第三人,若在法官主持调解的基础上,第三人自愿拿回房款返还房屋,那是皆大欢喜的场面,若无法调解,则只能依据《婚姻法解释(三)》第11条的规定,不能支持追回房屋的主张,但是法官在审判中可增加对卖房一方的惩罚性赔偿,视案件情况和实践要求卖房一方多赔偿另一方的经济损失以示惩罚。像对法官的调查分析第14题的分析中,45%的法官认为对另一方适当多补偿,依据双方实际情况,基准为房款的70%~80%。

3. 夫妻卖房一方与第三人恶意串通,对外称善意购买,并向夫妻一方支付了合理对价且办理了产权登记手续的情况不能认定为第三人善意取得房屋,法院应支持夫妻另一方要求追回房屋的主张。因为夫妻卖房一方与第三人恶意串通欺骗卖出房款取得房产证的行为属《合同法》第52条第2款"恶意串通,损害第三人利益"的规定,为无效合同。而无效的合同自始没有法律效力,因此第三人"善意取得"的条件无法达到,另一方主张追回该房屋的,人民法院应予以支持。

参见灌阳县人民法院(2005)兴民初第245号民事判决书的案例②。《婚姻法解释(三)》颁布前后对"恶意串通"的行为在认定上还是一致的,也保护了

---

① 原告李某(女)诉被告覃某(男)财产权属纠纷一案,原、被告婚后于2004年以双方名义购买了一套商品房,后被告未与原告商量擅自将该房以办理合理手续卖出。后原告诉至法院,要求确认被告与他人签订的卖房合同无效。后主审法官依据《婚姻法》及司法解释一、二的相关法条,判定该卖房合同无效。

② 原告张某(女)诉被告蒋某(男)财产权属纠纷一案,原、被告婚后于2001年以双方名义购买了一套商品房,后被告未与原告商量,恶意串通第三人,将该房以低价卖出。后原告诉至法院,要求确认被告与他人签订的卖房合同无效。后主审法官依据《婚姻法》及司法解释一、二和《合同法》的相关法条,夫妻卖房一方与第三人恶意串通欺骗卖出房款取得房产证的行为不构成"善意取得"的条件,判定该卖房合同无效。

夫妻一方的合法权益。

（四）采用多元方式促进调解工作，力求达到化解矛盾最佳效果

实践证明，调解是高质量的审判，调解是高水平的司法。胜败皆服是司法审判的最高境界。皆服，意味着共赢。因此采取多元方式促进婚姻案件调解工作，积极探索调解新思路，可达到化解矛盾的最佳效果。对提高我市两级法院婚姻纠纷案件乃至民事案件审理的调解率，促使当事人案结息诉也有很大的促进作用。

可采取和借鉴的方法有以下几个方面：

1. 引入多元化调解主体，助力法院调解止纠纷。法院调解既可由一般审判业务庭室人员主持，也可由法院内设专门调解机构的人员主持。还可委托村民委员会、居民委员会等组织具有较强调解工作能力和丰富调解经验的人员主持调解，甚至还可以利用说情人、当事人亲戚的关系做离婚夫妻双方工作。法律的条文是冰冷的，运用法律的人员却可以将冰冷的条文运用得更具人性化，充分利用外部社会力量，引入多元化调解主体进行调解可以达到事半功倍的效果。

像临桂县人民法院率先在全市法院大力发展陪审员制度，2009 年任命、培训了王林友、李秋萍等 16 名人民陪审员，积极参与到民事、刑事案件的审理中，发挥人民陪审员"缓冲器"和"稳定剂"的作用。利用陪审员身处基层、了解基层动向、在基层有一定威信、熟悉社情民意的优势。协助法院开展调解工作，在审理离婚案件中取得很好的社会反映与效果。

可借鉴兴安县人民法院在此方面的做法，同司法局联手，通过派遣社会阅历充足，调解经验丰富的司法调解员驻扎法院，设立司法调解室的方式，辅助立案庭长期进行诉前调解工作，替审判业务庭分流部分离婚纠纷案件，达到了良好的调解效果。（详见图表二十四）

图表二十四：兴安县人民法院司法调解室 2009 年～2011 年调解民事案件统计表

（单位：件）

	2009 年	2010 年	2011 年
民事案件受理数	60	65	67
婚姻案件调解数	35	41	50
调解婚姻案件比例	58.3%	63.1%	74.6%

2. 以现代科技辅助办案为依托，积极探索矛盾纠纷解决新模式。充分利用科技设备及多媒体辅助办案，拓展多样化的诉讼调解方式。像远程调解、网上调解、电话调解等方式均可以用到调解中去，并采取灵活多样的方式方法，因案制宜。让彼此在沟通过程中找到利益平衡点。很多法院的法官在审理一方要求离婚，另一方在异地服刑的婚姻案件时，往往采用网络、电话、书信调解的方式，通过谈心析法，做通双方思想工作，达到调解结案的效果，但在采取这些"科技调解"的同时，一定要严格按照诉讼程序流程进行审理，不能丧失法律应有的庄严感和神圣感。使用现代科技辅助办案．既可以提高办事效率，也为用"和谐"方式解决当事人之间的争议创造了条件，开创了调解工作的先河。

全州县人民法院在民事审判一庭设立"巡回法庭"，每年针对涉及偏僻边远山区、弱势群体的案件主动上门进行诉讼服务咨询，并以方便当事人的原则在当地就近开庭，取得了良好的效果。

（五）法官应加强专业理论学习培训，增强调解化解矛盾能力

从图表二十二中我们可以看出，法官适用《婚姻法解释（三）》的次数比较少，我市两级法院审理的各类案件数量又较多，法官工作压力大等，诸多原因造成法官在运用《婚姻法解释（三）》审理离婚纠纷案件的业务能力不高，专业素质。针对此问题，课题组提出以下解决对策：

1. 加强对民事审判法官的各类培训。建议区高院、广西法官学院有针对性的开展《婚姻法解释（三）》司法与实务培训班，可通过网络培训、"法官周末讲坛"、集中培训的方式，不定期、多次对各基层法院的民事审判法官进行培训，为法官学习领悟《婚姻法解释（三）》的立法精神和实质内涵创造出良好的外部学习环境和氛围，中院以及本院应该积极响应上级法院的号召，可通过订购《婚姻法解释（三）》相关专业书籍、《婚姻法解释（三）》解读文件、资料下发到各业务庭和邀请高校专家学者讲学授课辅助本院民事审判法官加强业务学习，提高业务知识，同时也可开展评比"优秀婚姻案件法律文书"竞赛和推选"婚姻案件优秀调解能手"等方式激励法官多学习、多钻研、多提高。

可效仿兴安县人民法院在实际中积极推行鼓励式培训的方法，兴安县人民法院院党组专门开会研究，并制定兴法发[2012]6 号《理论研究与法制宣传报送及奖励办法》，大力鼓励法院干警开展调查研究，每年要求各庭、室、科、队上报课题，经院党组讨论研究确立部分本院重点课题，并给予相应的经费支持和物质保障。对在上级法院获奖的论文、调研报告、案例汇编等进行分级奖励，提高干警创作的积极性，在兴安法院营造了良好的学习氛围。

叠彩区人民法院在各庭室设立“庭长书柜”,及时更新各类法律法规书籍,方便法官们参阅学习;同时正在筹备法院图书室文化建设,从外部资源上保障法官学法、明法、用法的理论依据。

2. 提高法官自身素质修养,增强调解化解矛盾能力。离婚案件中主体双方身份的特殊性和对象的复杂性决定法官在正确运用《婚姻法解释(三)》相关条文审理案件的同时,通过调解的途径化解离婚双方的矛盾显得尤为重要。要想做好调解工作,法官必须提高综合素养。首先,法官应具备高尚的职业道德。始终把“定分止争、胜败皆明、案结事了”作为工作目标,把保护当事人的合法权益作为自己的神圣职责。其次,法官应加强在职学习。坚持法官轮训,及时更新理论学习知识,总结和交流实践经验,还应掌握心理学、社会学等多方面知识。这样才能灵活妥善地处理各种纠纷。最后,要善于总结调解经验。在实践中不断摸索,掌握调解的最佳时机和火候,创新调解方法,增强调解能力,促进司法和谐。

同时法官在审理离婚案件中必须兼顾保护妇女、儿童权益的原则。借鉴其他国家的婚姻法中关于离婚时加大对女性合法权益保护力度的规定,像美国的离婚均半原则①,英国的非财物奉献原则②,法国的“惩罚式”分配原则③等。再结合我国的实际国情,关注性别差异及女性的特殊需求,重视对女性弱势群体合法权益的保护,运用法条审理离婚案件时使其既符合法理又符合情理,平衡好夫妻双方的利益,真正实现男女平等。

资源县人民法院率先设立“妇女儿童岗”,成立“妇女儿童维权岗”创建活动领导小组,建立立、审、执联动长效机制。实行立案“绿色通道”、审理“绿色通道”、执行“绿色通道”。通过设立维权“绿色通道”等有力措施,充分发挥法院审判职能。

参见永福县人民法院(2010)兴民初第61号民事调解书④的案例,该案以圆满调解的方式诠释了平衡好夫妻双方利益,倾斜保护女方权益的原则。

参见兴安县人民法院2012年兴民初第4号民事调解书⑤的案例。在本案中,主审法官秉承保护妇女、儿童权益的原则,灵活运用调解方式方法,使涉及复杂的财产分割的离婚案件简单化,调解结案,收到了良好的社会效果。

(六)普及《婚姻法解释(三)》,多举措提高民众法律意识

针对社会民众对《婚姻法解释(三)》解读中存在的误区,未能深刻领会其精神实质与精髓,课题组建议应大力普及《婚姻法解释(三)》,通过各类举措提高民众的法律意识,具体措施如下:

从社会、政府层面:

1. 采取内容丰富,形式多样的宣传方式开展全民普及教育。普及《婚姻法解释(三)》,任重而道远。应结合当地实际,采取法院、司法局、社区、街道联合,多举措多方式宣传,多管齐下的方式,可以利用“12·4法制宣传日”及重大节假日的契机,在广场或社区设立《婚姻法解释(三)》普法专场,展开现场咨询,向民众发放传单,制定《婚姻法解释(三)》法律知识问题的展板供民众阅读;或与社区、街道联系,设立“社区联络员”,将《婚姻法解释(三)》的条文通过案例形式进行解答并汇编成册发放到社区、街道的住户;并积极用小品、话剧等文艺表演的形式展现《婚姻法解释(三)》的实质内涵,以达到普及民众的目的。

2. 在法院设立“公开庭审开放日”,邀请社会民众观看庭审。选择具有典型性的离婚纠纷案件(注:

---

① 美国:美国法律虽然秉持公平原则,但实际上倾向于保护女性。1983年出台的《统一婚姻财产法》规定:“夫妻婚后,任何一方的经济收入创造的财产都属于夫妻共同财产,在离婚分配财产时,双方都可享有一半的利益。”《统一结婚离婚法》规定:“如果女性收入低于男方,或没有收入,丈夫必须按照结婚年限,支付相同年限的赡养费给妻子。”

② 英国:如果夫妻双方没有签署婚前协议,根据《英国家庭法令》规定,法官首要考虑的是儿童的利益。女性在抚养子女、照顾家庭上的贡献更多,成为她们获得更多分配的砝码。在处置房产方面,英国法律并不仅仅以房产在谁的名下来确定其归属。法官往往会根据房产的价值、双方的收入以及子女状况来做出不同的决定。即便是只有一方提供购买房产的全部费用,法律仍然认可另一方对房产的非财物贡献,并会支持其在分割房产时获得一定的权益。

③ 法国:法国采用“惩罚式”分配原则,法国《民法典》规定的财产分割简单而严苛,如果没有婚前协定,夫妻双方的所有财产都属共同财产。如果两人协议离婚,财产可自行协商分配。倘若一方提起诉讼,两人都必须如实提供财产清单,如果有人妄图瞒报财产,作为惩罚,法庭将没收隐瞒的全部财产。

④ 永福县人民法院(2010)兴民初第61号民事调解书的案例:“原告杨某某(女)诉被告宋某某(男)离婚纠纷一案,在主审法官的调解特别是对男方思想工作的调解下,双方各分得一套房屋,男方自愿承担大多数债务,女方享受债权及分红等。”

⑤ 兴安县人民法院(2012)兴民初第4号民事调解书的案例:原告赵某(男)诉被告朱某(女)离婚纠纷一案,夫妻双方涉及的财产有三套住房、一套商铺和公司及货车,标的达到上百万元,主审法官接手此案后,仔细分析案情,研究《婚姻法解释(三)》最新涉及房产分割的法条,并分别找双方进行谈话、了解情况,动之以情、晓之以理。在主审法官耐心的调解下,双方终于达成协议:商铺及楼上住房归原告所有、公司及货车归原告所有、剩余两套住房归被告所有,其中一套房产按揭的贷款归被告返还。原告一次性补偿被告100,000元。

该案件可公开审理,需双方当事人同意)进行公开庭审,邀请社会民众观摩学习,通过具体的审判程序让民众了解离婚案件中运用《婚姻法解释(三)》的内涵,了解房产是否判定为夫妻共同财产或一方财产的依据,消除民众对《婚姻法解释(三)》的疑虑和顾忌。也有利于社会的稳定和家庭的和睦。

从个人层面:

3. 保存婚姻存续期间所签订的协议、约定,避免事后不必要的纷争。课题组建议民众注重收集证据,因为协议的约定大于法定,保存好相关婚姻存续期间所签订的协议、约定。从调查问卷及课题组对《婚姻法解释(三)》相关法条的分析来看,要注重保存、收集证据,如缴纳房款的银行回执、证明、汇款往来明细记录、双方签订的协议,以及在购买前双方做好协商沟通工作,是否签订协议、房产证添加名字等,这样可以有效避免在真正离婚时,双方不至于吃哑巴亏,无法拿出有力的证据证明自己的出资,损害到自己合法的权益。

4. 加强法律维权意识,注重保护自己的合法权益。平时可加强对日常法律的学习,通过读书、上网、观看法制节目等各形式提高自己的法律水平,在面对突发事件时不至于慌张无助,在婚姻中提出正当的诉求,比如可以要求婚后夫妻共同共有的房产必须登记双方名字。协商好在婚姻关系期间对于大宗财产购买、归属等事宜,可通过协议、见证等形式明确夫妻财产间的归属。注重法律维权意识的培养,保护好自己的合法权益。

六、结语

家庭,自古以来就是中国人的根基,维护婚姻家庭的和谐是我们一贯的主张。在现代社会,人们的婚姻家庭观念发生了很大变化,夫妻感情在维系婚姻关系中起着越来越重要的作用。但是,家庭仍然负担着生育和经济生活的职能。夫妻财产制作为调整夫妻之间财产关系的法律制度,无疑是婚姻家庭法律制度的重要组成部分,而夫妻财产分割制度由于直接关系到了人们的切身经济利益,更成为社会关注的焦点。在离婚率和房价一样节节攀升的时代,《婚姻法解释(三)》的出台所引起的理论界、实务界、社会民众的强烈反应表明处理婚姻矛盾和纠纷,既要坚守基本的婚姻伦理,充分看到婚姻家庭的特殊性,同时也要尊重夫妻在婚姻家庭关系中的自由权利和经济独立性,只有正确把握分寸,找准两者之间公平和谐的"契合点",才是更加务实而科学的做法。

【调研成果转化说明】

一、调研的应用价值

1. 在学理上:通过对《婚姻法解释(三)》条文的认真解读和在审判过程中实际适用,将相关学科的典型案例整理以及学术理念提升,对《婚姻法解释(三)》夫妻共同房产纠纷界定可能出现的问题和解决对策、相关建议进行思考,并为相关立法和实践保护提供思路上的模式选择。

2. 在实务上:通过数据分析和调查研究,为适用《婚姻法解释(三)》夫妻共同房产纠纷界定提供参考,并提供可实际操作的对策性与方法性,从而有利于、法院适用《婚姻法解释(三)》的可操作性和民众的可接受性。

二、调研的转化说明

通过对桂林市两级法院近五年来离婚纠纷中夫妻共同房产分割界定的调查研究,特别是在《婚姻法解释(三)》实施背景下对此方面的研究,课题组受益匪浅。针对《婚姻法解释(三)》施行后对离婚纠纷中夫妻共同房产分割界定存在的问题,为解决实际审判问题,引导婚姻关系健康有序发展,课题组从以下几个方面将本次调研报告转化为调研成果:

1. 课题组通过向院党组建议,我院专门就《婚姻法解释(三)》相关内容召开兴安县人民法院婚姻案件审判工作会议,召集民事审判庭的法官就本报告提出的《婚姻法解释(三)》施行后对离婚纠纷中夫妻共同房产分割界定存在的问题的解决对策及司法建议等方面进行深入探讨和交流,并形成会议纪要,下发给各民事审判部门。(会议纪要见附件一)

2. 以2012年广西政法宣传周为契机,确定《婚姻法解释(三)》为本次普法宣传主题,在广场开设法制宣传专场,选取审判经验丰富的民事法官现场说法、以案释法,并制作《婚姻法解释(三)》知识的宣传单,在宣传时向社会民众发放。加强对公民对《婚姻法解释(三)》的法制教育,增加群众的法律意识,取得了良好的社会效果。

3. 出版了专门针对《婚姻法解释(三)》知识的宣传板报与展板若干,登载相关典型案例及法律法规,设在广场、社区等公共场所,引导民众学习法律知识,普及《婚姻法解释(三)》。

4. 与《广西审判》编辑部联系,争取将本次调研报告发表,与其他法院、社会人士共同商讨,互相借鉴。

海南省高级人民法院关于与海南省台办建立涉台民商事诉讼纠纷沟通协调机制的调研报告

海南省高级人民法院民三庭　林　达

涉台民商事纠纷诉讼案件历来存在敏感、复杂、具有政治意义等特征,人民法院在案件处理中存在众多困难,应加强与地方台办的沟通协调,构建顺畅机制,适应两岸关系新形势发展的需要,充分发挥各自职能和优势,共同探索协调和化解涉台纠纷诉讼,深化社会管理创新,促进社会矛盾化解,维护涉台稳定大局,为台商在国际旅游岛发展创造良好的市场环境和投资环境。

一、近三年海南法院审理涉台案件的基本情况及其主要做法

(一)案件审理情况

2009年～2011年海南法院一审涉台案件统计表

年份	婚姻家庭	合同	权属侵权	收案总数
2009	29	3	0	32
2010	32	3	2	37
2011	13	32	2	47
3年合计	74	40	4	118

2009年～2011年海南法院二审涉台案件统计表

年份	婚姻家庭	合同	权属侵权	收案总数
2009	0	2	2	4
2010	2	3	1	6
2011	0	10	3	13
3年合计	2	15	6	23

海南法院近3年共受理一审涉台案件118宗,二审案件23宗,合计142宗,主要类型主要集中为婚姻家庭和合同纠纷,有少量的权属侵权纠纷。海南法院严格依照相关法律规定,较好地完成了涉台案件审判工作。

(二)主要经验做法

1. 在纠纷解决方式上,海南法院在审理涉台民商事案件中秉持"调解优先,调判结合"的审判原则,加大调解力度,追求案结事了人和。

2. 加强与台办沟通协调,共同化解纠纷。对于涉台案件,海南法院均予以高度重视,在案件处理过程中与台办进行充分沟通,共同寻找解决纠纷最佳途径,取得了良好的效果,但具体规范机制仍有待建立。

3. 规范司法文书格式。根据最高人民法院2010年180号《通知》的要求,经请示最高人民法院涉台办公室,我院经审判委员会讨论决定:涉港澳台司法文书首部标题不再加注中华人民共和国国号。该决定已在全省范围内施行。

4. 规范司法文书文字表述。2012年3月,我院下发了《海南省高级人民法院关于规范涉外(含涉港、澳、台)民商事案件司法文书文字表述的通知》,针对涉外(含涉港澳台)司法文书文字表述存在的问题,提出具体要求:(1)司法文书涉及外国的人名、企业名称、其他组织名称、机关名称、船名、地名及国名、国籍、专用名词等,均应用中文写明,同时除国籍外应括注外文;(2)当事人提交的诉讼材料含有外文内容的,应当要求当事人译成中文,或由人民法院委托翻译,费用由当事人承担。

5. 严格审限管理。涉台案件因为没有规定审限,但我院要求除送达、域外取证等特殊情形外,涉台案件也应遵守《中华人民共和国民事诉讼法》有关审限的规定。在《中华人民共和国民事诉讼法》规定的一般审限内不能结案的,均应将不能结案的事由向主管院领导汇报。

6. 落实司法公开。案件审理尽可能做到当庭确证,当庭确证存在困难的,要求在司法文书中详细写明证据应否采信的理由。在调查取证、审限管理等问题上,均公开向当事人释明,并严格依照法定程序进行处理。

二、涉台案件审理的困境

通过上述举措,海南法院较好地履行了涉台民商事案件审判工作,为台商提供了较好的法律服务和创造了较好的投资环境,但涉台案件的审理仍存在较多困难:

1. 涉台案件敏感,审理难度大。因两岸存在的特殊政治关系,台独势力一直将大陆司法制度作为阻碍两岸关系发展的攻击对象,千方百计寻找大陆司法制度存在不如人意的地方,进一步扭曲和扩大,

例如台湾岛内存在“台湾投资中国受害者协会”，每年均举行“台湾投资大陆十大冤案游行活动”等。这些客观因素的存在，使人民法院在审理涉台案件时均慎之又慎。

2. 台商对大陆司法缺乏必要的信任。台商因对大陆法律制度和相关的司法政策缺少相应的了解，对大陆司法制度存在陌生感和不信任感，过于敏感。在案件审理中，台商一般均通过台办或相关的媒体给地方法院施加压力，影响案件的正常审理，也给法院带来较大的压力。因为此种不信任的存在，对台商不利的判决难以被台商理解和接受。

3. 诉讼时间长。涉台案件作为涉台案件的一种，因存在域外送达、取证等程序问题，最高法院并未规定此类案件做硬性的审限规定。在实际诉讼中，涉台案件的平均审理期限远超国内普通民商事案件，致使台商纠纷未能得到及时化解，在一定程度上也影响了我省台资的投资环境。

4. 执行难。因大陆地区与台湾地区的司法协助和衔接上具有一定的局限性，对判决台商败诉的案件，只能执行台商在大陆地区的财产，或寄希望于台商自行履行法院判决，执行难问题一直未得到有效解决。

三、海南法院与地方台办建立沟通协调机制是化解涉台民商事纠纷的有效途径

（一）必要性研究

1. 我国在立法和司法程序均努力确保台商在大陆地区的合法权益，海南法院应能动司法，主动服务大局。近年来，全国人大、最高法院、国台办等针对涉台案件的审理出具了一系列的相关法律法规。例如人大常委颁发了《台湾同胞投资保护法》；最高法院2005年出台了《最高人民法院关于人民法院受理涉台行政案件的通知》；国台办出台了《台商投诉协调工作办法》；《关于加快化解台商投诉积案及历史遗留问题的通知》。在涉台案件的处理上，最高法院在一定程度上给予了特别对待，海南法院亦应具备一定的政治敏感性，建立健全机制，确保此类案件的妥善管理。

2. 与政府部门建立沟通协调机制，是法院参与社会管理的重要方式。人民法院作为社会矛盾及纠纷的汇集地，受理多宗涉台案件，在案件审理过程中亦发现了很多问题，例如台商对大陆相关政策、法律不了解、存在规避行政审批的问题。但因法院未与其他政府机关建立相关的沟通协调机制，亦很难针对发现的问题向有关部门提出相关的建议及应对措施。建立高院与海南省台办的沟通协调机制有利于海南法院参与社会管理，协助政府机关规范投资环境。

3. 省高院对涉台案件的解决予以了高度重视，有必要建立相应的沟通协调机制。2012年海南省高级人民法院专门成立了以刘诚常务副院长为小组组长，傅勤副院长为副组长的涉港澳台工作指导小组，从架构上进一步健全了涉港澳台案件的处理机制，体现了对涉台案件审理的重视。涉港澳台工作指导小组指导、管理职能的发挥，以及最高法院有关审理涉港澳台的精神、政策及规定的落实，还有待于其他相应机制的建立健全。

4. 建立沟通协调机制是破解法院审理涉台案件难的重要举措。涉台案件牵涉多个部门，诉讼纠纷由人民法院受理外，台办、政府信访部门等均在帮助台商解决在大陆地区的投资困难等问题。海南法院应与政府机关形成合力，共同破解涉台民商事诉讼难题。

（二）可行性研究

1. 建立沟通协调机制符合国家相应的法律法规及相关政策。最高法院2005年下发的《最高人民法院关于人民法院受理涉台行政案件的通知》（法[2005]185）要求“对政治背景复杂、敏感的台湾企业、其他组织或者自然人提起的行政诉讼，或者在接到有关部门关于重要涉台行政案件的通报后，相关法院应当及时向上级法院报告情况，并做好必要的预案。同时应当与当地台湾事务办公室及相关部门进行沟通，使此类案件得以稳妥处理。人民法院处理其他涉台诉讼案件，参照规定办理”。为妥善解决涉台民商事诉讼案件，北京、山东等多个省市的法院均与地方台办建立了相应的沟通协调机制，亦得到了最高人民法院和国台办的肯定。因此我省建立高院与省台办的沟通协调机制符合法律和政策的要求。

2. 海南法院在处理涉台案件过程中，与海南省台办形成了良好的工作协助关系。在以往的审判中，重大、敏感的涉台案件，地方台办与海南法院均在一定程度上进行了沟通。例如2011年的胡小燕房屋买卖合同纠纷案，胡小燕系台湾地区原“司法院长”的外孙女，在台湾地区有很大的影响力，海南台办将此案作为对台工作的重点对象，多次派员与三亚中院和海南高院进行沟通协调，妥善解决了本案纠纷，取得了良好的法律效果和社会效果。法院的案件审理工作亦取得了台办的高度认可，双方在案件调处的基础上加强了了解和认同，形成了良好的工作关系，为建立双方沟通协调机制创建了良好的基础。

3. 海南省台办亦认为有必要与省高院建立涉台民商事纠纷案件的具体沟通协调机制。在2012年5

月天津召开的"涉台民商事纠纷诉讼协调机制经验交流会"上,省台办就做好涉台民商事诉讼案件调处工作提出了几点建议:

(1)建立法院与台办之间受理案件通报制度,形成常态化。包括在法院和台办分别确立具体联系人,法院定期对已立案的涉台案件向台办通报,对有重大影响的案件随时同台办沟通,方便台办派员及时跟进,以免出面涉台冲突事件。同时,台办在接到有关涉台民商事诉讼案件的投诉后,及时向法院通报,引起重视。

(2)建立涉台民商事案件审判工作协作机制。在处理重大疑难涉台民商事诉讼案件时,考虑到案件的重要性和复杂性等因素,台办为法院及时提供相关涉台政策信息,必要时可旁听庭审,提供参考意见。对特别重大疑难案件,法院与台办可共同组织召开案件协调会,实现和谐审判。

(3)建立涉台民商事案件调解员储备库。法院与台办共同选定有威望、责任心强、品德良好并具备一定法律知识和调解经验的台办人员和台商代表,列入法院涉台案件调解员储备库,在具体案件中随机挑选调解员,帮助法院开展涉台民商事案件调解工作,增强台湾当事人对大陆法院审判制度的理解和支持,从源头上减少诉讼案件的发生。

(4)法院与台办共同组织,建立针对不同人群的涉台知识培训制度。一是定期开展对涉台民商事案件调解员储备库内人员的培训;二是定期开展对法院审判人员和台办工作人员的涉台知识培训;三是在法院和台办的宣传媒体上,做好相关涉台法律知识和政策规定的宣传活动,增强台湾同胞对大陆法律的了解和信任。

(5)在省台办设立公职律师,提供诉前的法律咨询、诉中的协调调解和判决后的释法说理工作。

省台办提出的几点意见均与法院工作息息相关,表明了台办与法院建立沟通协调机制,合力共促涉台民商事诉讼纠纷案件解决的良好意愿。

因此,在目的阶段,省高院与省台办建立相应的沟通协调机制具有可行性和必要性,且已经具备比较良好的基础。

四、机制的具体构架

(一)目的和依据

为营造国际旅游岛的和谐司法环境,保护台商在海南的合法权益,维护司法权威,确保司法公正,建立我省省高院与省台办关于涉台民商事诉讼纠纷案件的沟通协调机制,实现法院与台办之间合法、公开、顺畅的沟通交流,形成纠纷解决合力,根据《台湾同胞投资保护法》、《台湾同胞投资保护法实施细则》、《国务院关于鼓励台湾同胞投资的规定》、《最高人民法院关于人民法院受理涉台行政案件的通知》等法律法规、司法解释,结合我省实际,特制定本意见。

(二)基本精神

1. 独立行使职权。法院和台办必须忠实履行宪法和法律赋予的职责,恪守职业道德,严格依法履行各自职能,相互尊重,共同化解诉讼纠纷,维护法律尊严,维护社会公平正义。

2. 公开、合法沟通。台办通过公开、合法渠道或平台向法院咨询相关涉台案件的处理,反映台商诉求,提出台办意见;法院依法独立审理涉台案件;法院应当重视听取台办对法官司法能力、水平、职业道德、公信度以及法院审判执行工作、队伍建设的评价和建议,以规范法官的审判、执行行为。

3. 形成案件化解合力。省高院和省台办在涉台民商事诉讼纠纷案件中加强沟通协调范围,创新沟通协调机制,增进相互理解和支持,形成案件化解合力,促进纠纷解决。

(三)机制的名称和单位

由省高院和省台办牵头建立"涉台民商事诉讼纠纷沟通协调机制",作为各级法院与地方台办的沟通协调的依据和操作模式。

(四)机制的内容(双向交流、信息沟通、联席会议、相互协作)

第一部分:组织机构及联系

1. 确定专门机构和人员联络方式。海南省高级人民法院与海南省台办各自成立涉台民商事诉讼纠纷案件沟通、联系办公室,指定特定联络人员。两部门通过办公室进行的日常沟通和定期沟通。

2. 沟通协调方式:

日常沟通:

(1)法院与台办共享对台政策精神和工作信息。台办及时通过文件交流、刊物交流等形式将相关的对台政策和精神(特别是台办依据台胞来大陆投资的政策、措施、重大台胞投诉案件等涉台方针政策)及时向法院通报;法院亦及时向台办传达相关司法政策信息,确保双方在政策和法律层面达成共识。

(2)定期开展对法院审判人员和台办工作人员的涉台知识培训,主要包括两岸民商事法律制度的异同、两岸民商事裁判文书相互承认和执行的制度现状、大陆对台胞的特殊法律规定和政策规定等。

(3)法院系统和台办系统举办的有关涉台民商事诉讼纠纷案件的会议、讲座,法院或台办均可邀请对方派员参加。

重要案情通报：

(4)法院在司法程序中依法对台胞实施限制人身自由、限制出境等措施的，应当在措施实施后24小时内向同级政府台办通报相关情况。

(5)法院在案件审理中发现重大、敏感的案件，及时通知台办；台办在接到台商对诉讼中的案件的来访或投诉后，发现案件系重大、敏感案件的，亦应及时通知法院。

(6)具有较大影响力的涉台案件，法院可主动邀请台办旁听案件审理，台办亦可直接向法院提出旁听案件审理。

定期交流：

(7)海南高院和省台办每年定期召开一定联席会议，主要相互通报两部门的涉台民商事诉讼纠纷案件的处理情况，存在的问题以及希望对方予以改进的地方等信息；联席会议视情况可邀请市有关部门、有关区市、市台胞投资企业协会及台商代表参加，落实司法公开和消除台胞对司法的陌生和不信任感。

第二部分：合力化解纠纷

3. 调解：

(1)共同做好诉前协调。一是加强情况通报，通过加强案件信息沟通，充分交流案情，全面掌握双方当事人的政治取向、经济情况、性格特点、便于调解案件；二是法院与台办可共同研究案情，根据案件的实际情况提出可行的调解方案。

(2)台办配合法院做好诉中调解。台办配合法院做好台商当事人思想疏导和解释工作，争取达成调解协议。

(3)台办配合法院协调做好诉后解释。因台胞对大陆地区法律存在陌生感和不信任感，对其不利的民事判决难于接受，甚至怀疑司法不公。台办人员在充分了解案情的基础上，应充分发挥其容易赢得台方当事人信任的特点，协助法院向台胞解释做好释法说理的工作。

(4)委托调解。启动司法程序后，对于纠纷双方均为台资企业的，在双方自愿的前提下，可委托台办或委托、指导台胞投资企业予以调解。

(5)人民陪审员。台办可推荐部分台办负责同志担任中基层法院的人民陪审员，依法参加人民法院审判工作，充分发挥陪审员的职能作用，有效提升涉台诉讼案件司法审理的公信力，同时强化台办干部的法律意识。

4. 司法与行政衔接。法院与台办互助协作配合。涉台胞、台资企业民商事纠纷，在启动司法程序后，案件的审理、执行涉及政策性、行政性问题的，以及需要行政协调渠道解决的，法院可委托政府台办先行协调，通过行政协调解决了的，法院应当终止司法程序；通过行政协调不了的，法院应及时恢复司法程序。

贵州省小产权房法律问题解决路径探析

贵州省高级人民法院民一庭

近年来，我省城镇化建设进一步加快，大量农村集体土地进入城乡土地市场，引起的小产权房问题备受社会各界的广泛关注，今年三月，国家住房和城乡建设部更是高调表态，称现正在制定小产权房相关处理方案，年内将开展小产权房的清理工作。在此背景下，贵州省高级人民法院对全省小产权房情况进行了调研，以期为国家相关法律和政策的出台提供相应的参考。

一、小产权房的基本定义

“小产权房”是一个社会生活概念而非法律概念，是一种约定俗称的说法，我国法律上产权房不分大小，只有一种定义，但在社会上由于种种原因，出现了“小产权房”的说法，关于小产权房的内涵，在不同情况下有不同观点，主要有以下几种典型的说法：

第一，在房地产开发过程中，房地产商对于其所开发楼盘的产权证，而在开发商拿到产权证后，购房人才可去办理所购得房屋的产权证，因此，开发商的产权叫大产权，购房人的产权叫小产权，这种叫法是因为购房人的产权是由发展商一个产权分割来的。

第二，国家发产权证的叫大产权，国家不发产权证的，由乡镇政府发证书的叫小产权，也叫做“乡产权房”，这种区分出现在新农村改造中或者城中村建设中，指在农民集体所有的土地上建设的房屋，未经规划、未缴纳土地出让金等费用，向集体经济组织以外的居民销售。

第三,买的房再转让时不用再交土地出让金的称为大产权,再转让时要补缴土地出让金的叫小产权按这种解释普通商品房就是大产权房,经济适用房就是小产权房。

第四,小产权房还出现在我国住房体制改革过程中,是指职工按照国家住房制度改革政策购买的公有住房,即居民将现住公房以标准价或成本价扣除折算后旧住宅还要扣除房屋折算购买的公房,属于部分产权,另外购买房改中的公有住房,在进入市场方面是有限制的,出售给职工的公有住房,一般要在住用若干年以后才可出售。

我们认为,小产权房之所以被冠之以"小",其主要原因是相对于国家主管机关的合法颁证行为并取得法律上的产权效力而言,其产权不能得到法律上的承认,并且不能依照相关法律进行合法的流转。故本文倾向于第二种观点,小产权房应定义应为:在没有建设用地使用权的土地上修建的用于出售的房屋,该类房屋不能获得国家主管机关依法颁发的产权证。

小产权房的主要实质特征包括:

第一,合法占地与否不是小产权房的主要因素。小产权房占地存在合法与不合法两种情况,但这并不是区分小产权房与其他类型房屋的因素,大部分小产权房均是不合法占地,但也不排除部分小产权房属于合法占地的情形,如农村宅基地获批准后修建商品房对外出售的小产权房的情形就属于合法占地。

第二,无法办理国家房管部门颁布的产权证。产权证是国家机关依法颁布的房屋确权证书,由于小产权房缺乏合法的建设用地使用权证,故这类房屋产权不受法律保护,无法获得房管部门颁发的产权证,也无法再法律范围内进行自由的流转和交易。

第三,建房的目的在于对外销售而非自住。小产权房之所以泛滥,很重要的原因在于价格优势的推动。城市商品房的价格普遍较高,而一般小产权房的价格均大幅低于合法商品房的价格,这引得城市中低收入者的青睐,吸引了许多潜在的购房者,如果是在集体土地上修建的房屋在本集体经济组织成员之间流转的房屋不能归类于小产权房。

二、我省部分县市小产权房及该类纠纷案件基本情况

(一)我省小产权房分布情况

为全面了解情况,对于经济较为发达地区,课题组选取了贵阳市、遵义市为代表,对于经济相对欠发达地区,课题组选取了毕节市、黔南州为主要代表。

囿于对小产权房定义理解的多样性和小产权房本身的不合法性,全省小产权房面积目前没有较为准确的数据,但在调研中,各地普遍表示存在不同程度的小产权房问题,通过调研中了解到,遵义市、毕节市、黔南州瓮安县、铜仁市德江县等地违法建房出售活动非常突出。据不完全统计,黔南州瓮安县城区小产权房总量达16万余平方米,销售金额1.28亿元;毕节市七星关区小产权房面积占当地建设面积的50%左右,目前有据可查的达30万余平方米;遵义市红花岗区、桐梓县有关人员介绍,当地小产权房泛滥,甚至存在整条街都是违法建房出售的现象,桐梓县已强拆5万多平方米,但还有10万多平方米因购房人已入住而未能强拆。

从小产权房的分布来看,我省小产权房大多集中在城市的城郊结合部地带,相对偏远的农村及经济不发达地区几乎没有小产权房的存在。由于经济的发展和中心城区建设用地的减少,地价、房价的上涨,经济发达地区的市区房源紧张,许多人选择在城郊结合部购房置地,既避免承受房价较高的代价,又可以享受城市的便利,这是小产权房交易活跃的主要动因之一,同时由于城郊结合部往往面临拆迁,购买价格较低的小产权房,可能在未来的拆迁中获得增值,也是很多人选择小产权房的重要原因。

(二)小产权房纠纷案件基本情况

调研中发现,由于小产权房本身的不合法性,省内法院对于小产权房纠纷案件的受理较为谨慎,但也有部分案件进入司法程序。

表一:选取部分中院近三年小产权房案件收案情况

法院	毕节中院			黔南中院	
	七星关区	赫章县	纳雍县	贵定县	福泉市
收案数(件)	15	16	2	2	23

表二:选取部分中院近三年小产权房案件结案情况

结案方式 地区	调解	撤诉	判决	驳回起诉
毕节	10	8	8	5
黔南	3	16	6	0

从上两表的收结案情况来看,作为当地经济相对发达的区县收案数较多,这体现了小产权房现象与经济发展之间的关系,经济的发展必然带来对土地利用的需要,也就伴随着争议的发生,但由于小产权房本身存在的问题,故人民法院在处理此类型纠纷时较为谨慎,大多以调解或动员撤诉的方式予以处理,这也反映出目前小产权房的法律和政策困境。

(三)纠纷的案件类型、原因及特征

我省的小产权房纠纷主要存在以下几种类型:

1. 建房过程中发生的纠纷。这一类纠纷主要是在小产权房建造过程中发生的各种因建设工程而引发的矛盾纠纷。

2. 小产权房流转过程中发生的纠纷。此类纠纷较为普遍,由于小产权房本身难以过户,故此类纠纷处理面临两难。

3. 因已修建的小产权房屋被拆迁引发的赔偿纠纷。由于小产权房大都位于城郊结合部,经济的快速发展和城镇化建设的加快,许多城郊结合部的土地及房屋被征收和征用,由于涉及的利益较大,许多纠纷由此产生。

从纠纷发生的原因来看,主要有以下几种:第一,在利益的驱使下,原卖房人不满足于原房屋买卖合同带来的利益,希望通过法院确认原交易行为无效而享受当前房屋增值的利益;第二,房屋所在地已经纳入拆迁范围或已经按照原户主发放拆迁款,买卖双方就拆迁款的取得或者分配产生纠纷;第三,由于房屋转让无法办理产权证导致合同无法履行而发生纠纷;第四,双方当事人意图通过法院的判决确认小产权房的产权归属,进而达到小产权房交易合法化的目的。

三、小产权房产生的现实原因

(一)城市化带来的需求与高房价的逼迫

据由国家人口计生委流动人口司编写的《中国流动人口发展报告2010》称,2009年,我国流动人口数量由657万人上升至2.11亿人。流动人口的居住需求催生和支撑了房地产市场。由于土地由国家垄断,国家既是土地的所有者,又是管理者、供给者,地方政府实际代表国家管理土地,因此建设用地的供应量是有限的,加之实行招拍挂制度,地产商的捂盘惜售,房价上涨迅速。据统计,2009年我国中等收入户的房价收入比是8.3,远高于联合国人居中心认定的合理的房价收入比为3到6倍,即购房支出应该相当于每户居民3~6年的平均收入。小产权房的价格低廉,往往只有商品房价格的1/3至1/2。因此在城市工作的购买力有限的群体较为青睐城市周边的小产权房。

(二)利益的驱使

小产权房的利益主体包括:城市居民、农村集体经济组织、村民、开发商、政府。

逐利是人的天性,也是各利益群体的天性。农民不仅要生存,而且要发展,现行的土地承包带来的农业收入远不能给农民带来体面的生活,并且政府征地给予的补偿过少,导致农民生活拮据。“按照规定,土地收益的主要成分是对农民的征地补偿费,应该占到土地收益总额的68.6%,但在实际中农民仅能得到5%~10%,且往往由于征地补偿分配混乱,乡镇、村、组、农民之间缺乏可操作的统一分配方法,导致农民分配进一步减少”,集体产权的不完整性催生了农民的短期经济行为。出于谋利考虑,自建小产权房。农村集体组织在土地征收中获利不多,出于盈利考虑,也有直接开发土地的意愿。自1997年分税制改革以来,土地出让金成为地方财政收入的一大部分,有的城市甚至占到一半多。因此地方政府反对小产权房的流转,因为任其流转,政府的土地出让金减少。拿地的开发商也反对,恐其房价上不去。

中央政府基于严格保护耕地和总体规划的考虑,也是禁止小产权房的开发出售。

(三)住房保障制度不健全

我国的保障性住房建设不足。远不能满足城市低收入群体和进城人员的居住需求。目前,经济适用房开发只占商品住宅总投资的5%。2010年11月17日,审计署发布2010年第22号审计结果公告,调查结果显示,北京、上海、重庆、成都等22个城市,未按规定提取廉租房保障资金,3年共计少提取146.23亿元。更有1.5亿元廉租房保障金被挪用。2132户不符合条件的家庭获得租赁补贴或廉租住房。

即使有了保障性住房供应,严格的准入条件(如须城市户籍、最低收入要求等)和权钱交易的存在也把大量人群挡在保障性住房的门外。

四、小产权房产生的制度原因

我国历史地形成了城乡二元制。根据《中华人民共和国土地管理法》第43条的规定:“任何单位和个人进行建设,需要使用土地的,必须依法申请使用国有土地;但是,兴办乡镇企业和村民建设住宅经依法批准使用本集体经济组织农民集体所有的土地的,或者乡(镇)村公共设施和公益事业建设经依法批准使用农民集体所有的土地除外。”除此之外,农村的土地禁止流转。如果流转,将不予登记保护。出现纠纷,对买受人保护力度也不大。这客观上造成了所有权的不平等,城乡有别、城乡分治。

(一)集体所有权的地位不平等,权能不完整

根据物权法原理,所有权都是平等的,而目前我们的集体所有和国家所有在权能上是不平等的。所有权在法律上有积极权能和消极权能之说。所有权的积极权能为占有、使用、收益、处分,集体所有权也不例外。但集体所有权的使用、处分权能受限。

根据《土地管理法》第43条和第63条,集体所有土地的流转由集体自身决定仅限于以下情况:第

一,集体企业的兼并、破产;第二,本集体经济组织的乡镇企业的兴办;第三,集体公共设施的兴建;第四,农民申请宅基地。而且这四种形式须要经过县级以上政府审批。除上述方式,任何民事主体想利用集体土地,必须先由国家征收变为国有土地后,通过拍卖等方式获得土地使用权。集体土地的收益权同样受到限制,国家在控制、主导集体土地征收、出让的,同时,给予农民的补偿标准是过低的。根据《土地管理法》第47条规定是这样的:"征用土地的,按照被征用土地的原用途给予补偿。征用耕地的补偿费用包括土地补偿费、安置补助费以及地上附着物和青苗的补偿费。"这一补偿标准未将土地视为一项增值的资产,未考虑土地增值带来的收益,也未考虑30年土地承包经营权的损失,因而不能反映土地的真实价值。而且当前地方政府对农地流转的行政干预过多,农地收益分配的主体、比例未有法律明确规定。

因此,集体所有权在面临国家外部干预的情况下,其产权是不完整的。"国家虽然把农地界定给农民集体所有,但是国家各级政府仍然保留了土地征用权、总体规划权、管理权等实际的控制权,也成为实际上的农地产权主体之一。"

(二)集体土地所有权的产权主体不明确

《土地管理法》第10条规定:"农民集体所有的土地依法属于村农民集体所有,由村集体经济组织或者村民委员会经营、管理;已经分别属于村内两个以上村民集体经济组织的农民所有的,由村内各该农村集体经济组织或者村民小组经营、管理;已经属于乡(镇)农民集体所有的,由乡(镇)农民集体经济组织经营、管理。"

由于农民集体仅仅是法律笼统规定的主体,是一抽象的集合群体,在实际的民事法律关系中难以真正作为一种实体享有权利和承担义务,更多的是具有法律象征意义。在理论上,把这种抽象的所有权主体称为"所有者的缺位"。实践中,集体所有往往成为集体组织的代理人所有,如村委会、村小组、村长所有。他们往往是实际权利的享有者。由于制度的漏洞和基层民主实践的缺失,这些代理人可以通过集体产权代理人的身份来攫取自身利益,即所谓的"内部人控制"。如随意调整土地的承包期、承包范围。加之实际中又受到政府干预和控制,他们很难真正代表农民的集体利益。

综上所述,集体产权内容不完整,行使受限制,主体不清晰,政府的征收或征用决定使土地使用权处于不稳定状态,造成了农民集体和农民个体行为的短期化。

五、小产权房中的利益博弈

小产权房产生的原因是深层次的,既有行政机关管理上的原因,也有体制上的缺陷问题,但归结起来,最重要的还是利益的影响,因此,要从根本上解决小产权房的问题,理顺小产权房涉及的利益关系很有必要。

(一)土地收益的分配——地方政府、开发商与农民、村集体经济组织之间的利益分配冲突

在我国现有的土地制度下,集体土地的建设必须经过国家的征收行为使所有权国有,然后通过招拍挂的形式让与使用权人。但作为所有权人的集体经济组织,享受的土地增值收益十分有限。有调研指出,在目前的房屋开发过程中,土地增值部分的收益分配中,只有20%至30%分配给乡一级以下,其中农民获得的补偿款占5%至10%;地方政府分配的增值利益分配的20%至30%,开发商则拿走土地增值收益的大部分,占40%至50%。[①] 从收益情况来看,获得土地增值部分最大的是房开商和地方政府,仅有少部分收益分配给村民和集体经济组织。而现在对于普通的购房者,房价的上涨已经使很多中低收入的购房者不能承受,因此价格成为这部分购房者首要考虑的因素。乡村集体经济组织和村民由于获得的土地增值收益部分较少,需要从其他途径获取土地增值的利益,因此,利用手中的土地进行小产权房开发成为一个很好的方法。小产权房由于省去了招拍挂等各项手续,土地成本大为降低,建设成本也比较低廉,故其价格远远低于同类商品房的市场价格,这迎合了购房者的需要,使购房者愿意铤而走险。而集体经济组织和村民通过开发小产权房行为获得更多的经济收益,也成为小产权房产生的重要动因。

(二)农村集体经济组织与村民之间的利益冲突

集体土地的所有权归属于集体经济组织,按照法律规定,集体土地的建设利用作为村中的重大事项,须经过全体村民会议讨论决定。但现实中,由于市场经济的发展,城郊结合部的村集体经济组织非常松散,许多村民已经外出务工或进入城镇生活,许多承包土地处于闲置状态。在法律上,集体经济组织本身具有一定的空泛性。由于房屋开发的巨大利益,集体土地的开发利用遂成为一些腐败滋生的温床,多数小产权房的开发是在部分乡村干部的操作下开展,收益也被乡村干部占有,作为集体经济组织成员并没有获得相应的收益,引发了群众不满,造成

① 刘彦、谢良兵:"'小产权房'暗战土地收益",载《中国新闻周刊》2007年第27期。

了干群关系紧张，影响社会的稳定。

（三）小产权房的购房者与房屋开发者之间的利益冲突

小产权房相对于普通商品房在价格上有很大优势，多数购房者均为贪图房屋价格便宜而购买此类房屋，但小产权房不能合法办理产权手续，其流转行为因为原权利的不合法而失去国家主管机关的确认和保护，因此，购房者面临一个最大的问题就是购房行为的效力问题，同时，由于小产权房建设方多为无资质的施工队伍，其质量难以保证，后续的物业管理及相应的配套设施也不齐备，从而引发民事纠纷。

（四）集体土地所有权在宪法文本和经济生活中的权能冲突

我国《宪法》中规定了国家和集体两种土地所有权类型，按照《物权法》的规定，所有权属于完全物权，享有占有、使用、收益、处分的完全权能，但在经济生活中，与国家土地所有权不同，集体土地所有权并不能获得完整的权能，其使用和处分都被严格限制，集体土地的转让必须通过国家征收或征用之后才能进入土地市场转让，而征收征用的补偿也不能体现土地的价值，故集体经济组织对于所有权中的收益权能也并不充分行使，从此可见，法律文本上被表述为完全物权的集体土地所有权在现实经济生活中实际上是被限制的，并不是完全物权。

六、小产权房纠纷的司法困境

（一）涉及多头管理和民生问题，案件受理审慎

从调研中来看，省内各级法院对小产权房案件较为谨慎，受理案件多为农房案件或无证房屋分割等案件，对于真正意义上的小产权房多不予立案并协调行政机关进行处理。主要原因在于小产权房面临的管理机关涉及多个行政职能部门，作为行政主管部门，他们对于小产权房的出现及后续处理都具有管理和监督的职责，而司法具有被动性，在行政机关没有依法确认小产权房性质的情况下，人民法院不可能超越职权来对小产权房进行认定并进而确认合同无效。同时，小产权房尽管违反行政管理法律规定，但确实解决了许多弱势群体的居住权问题，如果“一刀切”，将会影响他们的最基本生活保障，激化社会矛盾。所以，多数法院对小产权房案件采取了较为审慎的态度。

（二）审判权无法触及小产权房利益冲突的根本

小产权房产生的根源在于我国农村集体土地使用权地位在法律上的模糊和在现实中的利益失衡，审判结果无法用来进行弥补和引导制度上的欠缺，也无法左右我国土地政策和立法对小产权房的定位和评价，反而审判工作需要立法为裁判提供法律根据。另外，小产权房的交易行为属于双方意思自治，在双方都完全履行的情况下，由于司法的被动性，审判机关是不会介入到双方的自由交易中去的，也就无法通过诉讼来规范相关的交易行为，反而只能坐视由于行政管理的疏漏带来更多的小产权房纠纷隐患。

（三）裁判依据不足，裁判结果无法预期

小产权房交易行为的效力问题是司法审判中一个必须面对的命题。一方面，此类小产权房的买卖体现了当事人的意思自治；另一方面，我国的强制性法律规范是否准许又必须纳入考量的因素。然而，在强制性法律依据尚不充分的情况下，法院往往陷入两难境地，只能采取模糊化处理方式，避免采取判决形式来对交易行为进行定性，或是在其他环节寻找理由来寻找对策，这样的处理方法容易导致当事人申诉、缠访等行为发生，也无法达到案结事了的目的，更无法对其他类似案件提供指导和借鉴意义。

七、关于处理小产权房问题的对策分析

民事司法工作是处理小产权房问题的一种方式，但前文分析过此种方式具有被动性和局限性，要系统、全面地处理小产权房纠纷，课题组认为应从以下几个主要途径展开：

（一）完善土地立法，调整利益分配格局

处理小产权房的困难在于法律依据不足。目前，国家根本性的土地政策和对小产房的限制等政策规定效力位阶较低，不能为司法提供充分的法律依据。小产权房的根源在于我国的土地流转制度，对小产权房的限制其实是对集体土地所有权权能的限制，而从法律文本的宣示来看，通过政策对所有权权能的限制是不合法的，要限制一项权利，就必须要从法律制度上加以明确规定。因此，对小产权房进行制度上的规范，对利益分配格局进行调整，才能从根源上化解小产权房的利益冲突。

（二）充分发挥政府部门的职能作用，加强小产权房监管

政府部门作为土地及房屋建设工作的直接主管部门，应当及时纠正农村集体土地非法进行房地产开发的不法行为，对农村土地的利用做好监督和管理，在土地使用的审批、流转登记、权属登记等环节加大力度，防止新的小产权房问题发生。对于已经存在的小产权房，应及时制定处理措施，统一执法尺度和标准，力求公平合理地解决已经发生的小产权问题。

（三）充分发挥集体经济组织的权能

集体经济组织作为农村集体土地的所有者，在土地管理上存在一定的虚位，这也是小产权房问题产生的一个重要原因，因此，加强农村集体经济组织

的管理,强化集体经济组织的所有权主体地位,对于农村集体土地所有权权能的行使和管理具有不可替代的作用。农村集体经济组织只有从根源上杜绝农村土地的随意利用,才能保证国家的宏观政策得到落实,也就从源头上堵死了小产权房的基本来源。

(四)严格执行宅基地管理制度,强化宅基地的变动管理

应严格执行我国法律关于农村宅基地管理制度,杜绝城镇居民通过非法途径获取农村宅基地,农村宅基地的审批应严格依照身份面积的限制进行,宅基地的变动情况要及时登记造册,以利于管理。概言之,作为小产权房土地来源的源头——农村的各种建设用地的审批和管理应该严格进行。

二〇一二年四月十日

关于农村建房施工合同纠纷的调研报告

贵州省高级人民法院民一庭

贵州省近年来在建设工程合同纠纷案件审判工作中遇到了一个问题:农村建房引发的施工合同纠纷大量涌现。该问题牵涉面广,背景复杂,各种利益盘根错节,处理不当,极易引发群体性事件,产生较大的社会矛盾,已经成为一个复杂的社会问题。因此,必须高度重视,深入调研,细致分析,认真思考,提出妥善的解决方案。

一、现状与特点

近年来发生在农村的建房施工合同纠纷大量涌现,占我省法院受理的建设工程合同纠纷案件的比例较高。这类纠纷在我省共同的特点是:

1. 承包方大部分为自然人,施工质量无法保证。承包方大都是无资质、无图纸、无资金设备,缺乏施工技术的自然人,仅凭经验口头设计或模仿他人住宅进行建造,施工过程中也没有监理,施工人员多为临时组建,为节省人工、赚取最大利润,承包方同一时间承揽多项建房工程,由于工时紧,人手少,导致工人施工粗糙不细致,建房质量问题频发。

2. 承包人、房主提起诉讼的比例基本持平,双方大都倾向于积极诉讼维权。承包人为原告的案件多为起诉要求给付工程欠款,房主通常以承包人不具有相应资质以合同无效对抗承包人请求支付工程价款的主张,或者以修建的工程质量存在问题对抗承包人要求支付工程价款的请求;房主为原告的案件则多为不满意建房质量,要求重修重建。

3. 冲突程度激烈。农村建房被视为家庭乃至家族的大事,发现建成的房屋存在质量问题后,建房人心态焦躁,言行过激,拒不给付工钱,矛盾相对方认为上门强行索要工钱解决问题的有利手段,由此导致矛盾易于激化、扩大,引发群体性事件。

4. 案件处理难度大。一方面,案件事实很难查清。农村建房施工大量的是口头合同,签订书面协议的很少。即使签订有书面合同,也只有几条,很不规范,因缺失书面协议,需要相关证据证明案件事实,然而证据形式多为证人证言,且作证的证人均为与双方当事人有一定关系的利害关系人,因此,发生纠纷后很难查清案件要件事实;另一方面,工程均未经验收及结算,发生争议后很难确定工程质量及支付工程款的情况。

5. 案件调解难度大。房主与承包人在建房期间已积怨较多,承包人通常拒绝修理、返工或者改建,房主则多提出鉴定申请,以工程有质量问题为由拒付或少付工程款,双方分歧较大、互不相让。

二、此类纠纷频繁的原因

经调研,此类纠纷高发的主要有以下几个方面原因:

1. 我省正处于新一轮农村建房高潮期,使此类纠纷发生的概率增大。首先,为切实保障改善民生,贵州省实施了农村危房改造等十大民生工程。贵州是我国首个农村危房改造试点省份,也是全国首个全面推进农村危房改造试点的省份。自2008年启动实施农村危房改造工程以来,截至2012年6月5日,贵州实施危房改造118.9万户,已竣工114.5万户。今后五年,贵州将全面完成192万户的农村危房改造,并新建保障性住房111.77万套。如此大规模的农村危房改造必然会使农村建房施工合同增多;其次,近年来,农民生活水平提高较快,农民纷纷拆旧翻新,改善住房条件;最后,由于政府城乡规划大量

拆迁,为多获取拆迁补偿,跟风建房现象十分普遍,故因建房引发的合同纠纷也呈上升态势。

2. 建房者与施工方未签订合同或合同约定不明。由于法律意识、维权意识不强,建房前很少有人签订建房合同,建房价款或质量要求仅仅靠口头约定,一旦发生纠纷,举证比较困难;有的虽然签订了合同,但约定不明确,为今后纠纷埋下隐患。

3. 施工方多无资质,建房质量得不到保证,易引发安全事故。由于施工者大多没有接受过系统的专业培训,技术水平较低,建造的房屋质量得不到保证。另外施工时没有缺乏相应的安全设备、安全措施不到位、操作程序不规范,容易引发施工人员或他人受到伤害等伤亡事故。

4. 有关农村建房法律法规不完善,农村建房建筑队缺乏有效的管理和规制。政府职能部门对农民建房的管理,主要在于房屋建造的合法性审批,而对房屋设计的安全性、建筑队的资质、技术水平、安全设施是否齐备、施工过程中的操作等缺乏监管建筑队的管理和规制,这也是农村建房合同纠纷频发的主要原因。

三、审理中存在的难点问题及其对策

农村房屋建设的共同特点,反映在审理过程中法律适用难点问题主要如下:一是关于合同定性与效力;二是关于对证据的审查和判断;三是对质量抗辩的排除;四是关于对鉴定申请的审查。

关于合同的定性与效力问题。农村房屋价值不大,建筑高度和强度要求不高,高度一般是两三层,结构通常为砖混结构。这样的建设工程没办法启动招投标程序选择建筑施工方,如果严格按照《最高人民法院关于审理建设工程施工合同纠纷案件适用法律若干问题的解释》(以下简称《解释》)第1条的规定来界定施工合同的效力,那么在我省大量存在的农村房屋建设施工合同都是无效合同,这不利于规范我省农村房屋建设秩序。对此我们认为,认定和界定农村建房合同法律关系方面分以下情况进行处理:

第一,如果发包方即房主提供建筑所需材料而承包方只是以自己的技术和经验按约定完成房屋建设的,我们认定双方之间为劳务合同关系。对该劳务合同关系的效力,参照《解释》第7条的规定,认定为有效。

第二,如果发包方只规定了建筑的高度层数和结构,由承包方按照要求提供的材料进行建筑施工的,实践中有两种做法:一是毕节中院认定为承揽合同。对该承揽合同效力的认定,只要不具备《合同法》第52条规定的合同无效的情形,均认定为有效合同;二是黔南中院认为应当根据建筑的高度层数分别确定合同效力与处理办法。如果建设的是二层及二层以下的房屋,一般视为承揽行为,认定承揽合同有效;如果建设的是两层以上的房屋,其建设活动的规范应适用我国《建筑法》的规定,将农村建房合同定性为建设工程施工合同,此时施工人因没有资质而合同无效,则可以参考司法解释中的规定,即只要质量合格,承包人可以按约定要求工程款,但同时还应当明确,承包人按约定受领工程款,也必须承担对应的约定义务,如保修、按期完工等,以贯彻权利义务相一致的公平原则。分类处理的主要理由如下:对于农村建房的主体问题,目前我国缺乏与国情相符的明确的具体规定。《建筑法》第83条只笼统规定:"……抢险救灾及其他临时性房屋建筑和农民自建低层住宅的建筑活动,不适用本法。"国务院《村庄和集镇规划建设管理条例》第23条规定:"……在村庄和集镇规划区内从事建筑施工的个体工匠,除承担房屋修缮外,须按有关规定办理施工资质审批手续。"建设部《村镇建筑工匠从业资格管理办法》(已废止)第12条规定:"建筑工匠承包村镇建筑工程的范围限于村镇二层及二层以下房屋及实施的建设、修缮和维护。"建设部《房屋建筑工程和市政基础实施工程竣工验收备案管理暂行办法》第14条规定:"抢险救灾工程、临时性房屋建筑工程和农民自建低层住宅工程,不适用本办法。"从以上规定可知:农村工匠依法可以承建二层及二层以下建筑,合同有效。超过二层则因无资质导致合同无效。

另外,实践中承建的工程规模比较小,比如只是一些"铺砖、挖沟、拆除改造、或者零星土建",而并不涉及大的楼房主体建设,也一般认定为属于承揽合同,确认合同有效。

关于对证据的审查和判断。农村建房施工合同纠纷证据的审查和判断的问题主要集中在如何对双方证人证言进行认定。农村房屋的修建基本是口头约定,很少签订书面协议,在发生纠纷时,双方当事人主张的事实的证据通常为证人证言,且该证人都与自己有特殊关系。比如承包方的证人通常是与其一同做工的工友,发包方的证人通常是其家人与朋友。另外,还有的是承包方一人与发包方一家进行协商,承包方只有自己的陈述而发包方提供了家庭成员的陈述的情况。如何对这些陈述或证言进行鉴别,用以发现案件的真实情况,成为困扰承办人的大难题。

我们认为:对双方主张的价格差距不大的,尽量进行协调,让双方在价格方面达成一致意见;对双方主张的价格差距较大而又无法协商的,一是要求承办人到当地了解其他修建房屋的价格情况。二是到建设、规划等部门了解本地建筑市场行情。三是了解当地劳务价格特别是建筑行业的劳务价格情况。综合了解情况对当事人提供的证人证言作出判断。

关于对质量抗辩的排除。农村房屋的修建一般都未经竣工验收环节,发包人通常在房屋完工后即搬进房屋居住,在承包人向其追要工程款时,其以房屋墙壁出现裂隙、房顶漏水等质量问题抗辩。

我们认为:如果房屋仅是出现质量瑕疵,并不存在主体质量问题,不影响正常居住的,对发包人的抗辩可以参照《解释》第13条的规定予以驳斥。但如果确实存在重大质量问题且无法满足居住功能的,同样可根据该条规定要求承包人承担民事责任。

关于对鉴定申请的审查。对房屋质量是否存在重大问题,是否能满足居住,法官不能作出判断,只有依据专业鉴定机构的鉴定意见进行判断。但是专业鉴定机构收取的费用一般较高,有时鉴定费用往往超过需要鉴定的房屋本身价值,在此情况下,如果采取鉴定方式鉴别房屋质量问题,可能会出现旧的问题没解决,又产生新的问题的情况,且可以会加剧双方当事人的矛盾对立情绪。

我们认为:这种情况要求承办人进行现场勘验,同时邀请建设、规划等机构的专业人员一起参加现场勘验,听取他们的意见,对确不需要鉴定的,通过征求当事人的意见,尽量避免启动鉴定程序,以减轻当事人的诉讼负担。

确实需要通过鉴定程序明确质量问题的,在向当事人释明的情况下,通过专业鉴定机构的鉴定程序确定房屋质量问题。在解决建房者与承建人责任划分问题时,应当依据鉴定结论所确定的造成质量问题的双方原因大小和过错程度来确定损失负担。如果司法鉴定给出的结论说明房屋存在质量问题且该质量问题是由施工造成,那么定作人可以要求承揽人承担修理、重做、减少报酬、赔偿损失等违约责任。在确定了承建人的质量瑕疵担保责任的同时,需要考虑以下因素进一步具体确定双方的责任:

1. 建房人是否提供施工图纸以及图纸设计的结构是否合理。建房图纸对于房屋的质量有着很重要的意义,施工图全称是"建筑工程施工图",是表示工程项目总体布局,建筑物的外部形状、内部布置、结构构造、内外装修、材料做法以及设备、施工等要求的图样。设计图纸是否合理直接影响着房屋完工后的质量,现实中多为由建房人提供图纸,承建人按照图纸施工,然而承建人提供的图纸难以符合规范要求,多为简单的勾勒和不规范的数据罗列而形成的设计。我们建议鉴定机构在鉴定时应要求当事人提供施工图纸,首先论证设计的合理性,之后结合鉴定出的质量问题具体分析产生质量问题的原因。倘若产生质量问题是由于设计存在缺陷,那么就应当相应减轻承建人的质量担保责任。

2. 建房人是否参与施工指挥和管理。在没有严格的施工程序规制和分工的情况下,建房人、承建人往往在建房的整个过程中共同发挥着指挥管理作用,甚至在建房中途参照建房人指示临时改变施工计划或初始设计,或任意增加和减少房屋组成部分,或临时更换原料和施工人员等。相对于国家基础设施建设项目,农村建房中建房人的决定权大,对于施工过程的支配力强,以至于从某些表象看,农村建房的基础法律关系甚至符合房主作为雇主承建人作为雇工的雇佣合同法律关系的某些特征,概括地讲,农村建房中承建人对于建房人的依赖性较强,基于此,即使是施工导致的质量问题也很难排除建房人指挥不当造成的可能。另外一种情形是,由于没有明确的施工戒约,建房人需要在整个建房施工过程中对建房施工进行监督,其疏于监督导致房屋出现质量问题,建房人应当承担一定的过失责任,并相应地减轻承建人的赔偿责任。

3. 尊重当事人合同约定。住宅建设之前或建设过程中,建房人与承建人达成关于建房施工价款及其支付、工程进度以及房屋质量等的协议约定,或者是口头的或者是书面的,该约定应认定为对双方都具有法律约束力的有效合同,因为农村建房原本不存在关于建筑质量的国家标准加以规制,所以合同约定成为法官处理此类案件的最重要依据,法律应当尊重当事人的意思自治,仅在该意思自治使当事人间利益显失公平或侵犯到社会及他人利益等情形出现时才主动站出来打抱不平。基于此,倘若建房双方对建筑质量标准约定的较高,则势必建房人要付出与此相应的更高报酬,待建房完工后以较高的质量标准评判该房屋是否存在质量问题亦未尝不可,倘若双方约定的质量标准较低,则法律没有必要对建房人进行过于细致的保护,反映在案件处理上就是即使存在施工造成的质量问题也要适当减轻承建人的赔偿责任。

面对司法鉴定结论,法官很少主动对鉴定结论进行审查,只有在当事人就结论中某项问题提出异议时才会单独进行审查,而审查结果也多是异议不成立,在判决中直接采用鉴定结论。之所以如此,不外乎以下几个原因:第一,法官对涉及房屋质量鉴定的专业问题了解较少,所以对鉴定结论的简略并不敏感,仍"一如既往"的信赖鉴定结论;第二,部分法官在观念上存在误区，认为“术业有专攻”，对于鉴定涉及的专业问题，法官无从理解，也没有义务去理解，因此不重视对司法鉴定结论的审核；第三，部分民事审判法官潜意识里希望转嫁风险，即便发现司法鉴定结论可能会有错误，也不愿去承担否定鉴定结论的责任，因此不积极、仔细地予以审核。我认为在当事人就鉴定结论存在异议时应要求鉴定人出庭就受质询，对于鉴定书存在的分析说明不明确、结论模糊等问题应要求鉴定人给予书面说明。事实上，我国《证据规定》第59条也明确规定“鉴定人应当出庭接受当事人质询。鉴定人确因特殊原因无法出庭的，经人民法院准许，可以书面答复当事人的质询”，《证据规定》第11条则专门规定“当事人对鉴定意见有异议的，鉴定人应当出庭作证”。另外，裁判文书中应当明确法官采用鉴定结论的理由、对于当事人异议的分析以及异议成立与否的原因。对鉴定人是否适格、程序是否合法、鉴定结论的科学性及与案件事实的关联性，裁判文书应作一般性的阐述说明。

对于上述难点，我们认为，应该通过内部的培训，甚至出台相关的指导意见，统一类似案件的审判思路，切实解决我省农村建房施工合同纠纷审判思路不清的局面。

四、审理中发现农村建房过程中存在的问题及其对策

审理此类纠纷中，农民建房过程中主要暴露出以下几个问题：

一是农民自身的法律意识、房屋安全意识淡薄。主要表现在建房施工合同不规范，争议较多，建房质量和安全无保障，质量与安全事故频发；

二是农村建房结构布局不合理，缺乏规划，规划布局缺乏衔接。主要表现许多农民建房不能同时符合土地利用总体规划和村镇建设规划。农民自行无序建房，违法用地和违法建设现象十分突出；

三是农民建房资金短缺突出，2011年贵州省农民年均年纯收入4200元，建房至少要花费农民家庭10~15年的积蓄，农民把建房当做一项重要的“面子工程”，不惜举重债建房，欠债长期无法偿还，引发纠纷；

四是农村建房引发影响各种社会和谐的事件。首先大量引发通行、通风、采光等相邻纠纷以及宅基地权属问题纠纷。其次因对农民建房的审批与管理过程中存在的诸多问题引发干群关系紧张，乃至群体性事件。

解决农村自建房屋存在的相关问题，这是一个系统、长远的工程，操作起来比较复杂，这应引起各级政府及职能部门的重视，建立起一系列的制度。我们认为应从以下几个方面着手：

（一）建房者要增强法律意识与安全意识，选任可靠的施工人

农村建房是一件大事，应该慎重。一是施工前一定要签订建房合同，如果口头约定合同就需要有相关无利害关系的证人在场，对价款、质量要等主要条款要约定明确、详细；二是要选任具有资质、信誉良好的施工人，注意考察施工人高层建筑所必须具备的安全防范知识，施工人进行过必要的培训，有无相关建设经验，强化安全意识。

（二）加强建房政策宣传，合理规划，节约土地使用

1. 要加大土地法律法规的贯彻力度。要按照“不走形式、不走过场”的要求，真正深入到农村一线，与农民面对面地开展法律宣传活动，增进农民对建房的报建、规划、设计、验收等程序的认识，促使其真正重视自己房屋的法律权益、质量安全等。发现有违法行为要及时制止，同时要严肃处理已经发生违章建筑行为，规范农村建设用地行为。

2. 科学合理制定建设规划，破解土地制约因素。一是科学预测，调整村庄布局。按照工业化、城市化进程的客观要求，根据各地不同的经济发展水平等具体情况，通过科学预测，实行并村联组，调整乡镇、村布局，确定城镇、村庄的保留对象、数量以及未来村镇的分布等。二是因地制宜，明确规划思路。要坚持从实际出发和尊重农民意愿两个原则，根据"撤并自然村，整治空心村，建设中心村，改造城中村"的总体思路编制村庄规划。三是精心组织，提高规划质量。在编制村庄规划时，要充分考虑区域现状，结合地形地貌和风土人情，体现"以人为本"理念，坚持节约集约用地要求，强化居住质量，融入周边环境，加强规划的前瞻性和可操作性。

（三）拓宽农村建房融资渠道，为农村建房提供资金保障

1. 金融机构要提供自建房抵押贷款支持。金融机构给城市居民买房提供抵押贷款，也可以给农民自建房提供贷款，以建好的新房做抵押，解决农村自建房资金问题。农民比城市居民更看重房产，对于借贷，他们会竭尽全力还贷，因此这类贷款的风险极低。按一幢房子建筑造价20万计算，他们需要借的钱也就是5万~10万元，5年期需要每月还本息1000~2000元。对大多数农村家庭来说，只要有年轻夫妻二人出去打工就可以承担，把期限延长到10年、20年就更不是问题了。

2. 要将城市的资金引向农村，把知识、文化、技术转移来，促进农村发展，缩小城乡差别，真正实现工业反哺农业。农民引进相对充足的资金后，会更加注重会推动“农家乐”、“观光农业”、“田园生活体验”等服

务业的发展,农村服务行业的发展,会提高农民收入,对生活环境的改造,农村村居环境的改善。

(四)政府职能部门加强管理引导,建设和谐新农村

1. 推行农村建房保险制度。鉴于农村建房事故频发,赔偿较为困难的特点,推行农村建房强制保险制度,建房户或承包人必须为建筑工人投保意外险,以确保事故发生后能得到及时有效的经济赔偿。

2. 完善施工队伍准入制度。免费为农民建房提供必要的技术指导,对建房施工队伍进行必要的上岗培训,并进行考核,对不能通过者,不发给准入证。规范农村建房施工队的资质、施工人员的技术水准、施工队的施工设备,明确施工过程中的安全管理、房屋质量监督及法律责任等。

3. 科学引导建房,减少纠纷。破除封建迷信思想,提倡以人为本、以和为贵、远亲不如近邻的新观念,让邻里认识只有和谐的睦邻关系,才能真正方便生活。主管部门在审批建房时本着公平、公正、合理的原则,对相邻方的权益通盘考虑,书面提醒不要侵害邻里的权益。

4. 发扬民主促管理,村务公开。对宅基地审批、基础设施改造、村财政资金使用等重大事项做到公开、公平,发扬民主。及时全面地搞好村务公开,主动让群众参与监督,使广大农民群众真正拥有知情权、参与权、监督权,自觉地投入到建设和谐新农村中去。

二〇一二年五月八日

关于医疗损害责任纠纷法律适用问题的调研报告

贵州省高级人民法院民一庭

为了深入了解我省法院在审理医疗损害责任纠纷案件中遇到的新情况、新问题,统一认识和执法尺度,合理化解医患纠纷,促进医患关系良性发展,贵州省高级人民法院组织课题组,通过前往贵阳、遵义、铜仁等医疗损害责任纠纷案件高发或有代表性的地区举行座谈,统计全省各地区法院受理的医疗损害责任纠纷案件的包括鉴定在内的相关数据并进行分析,对医疗损害责任纠纷法律适用问题的文献进行整理、分析与利用等方法,进行了深入的调研,现提出调研报告如下:

一、基本情况

2009~2011三年来,全省法院一审共受理的医疗损害责任纠纷案件793件,诉讼标的额55,460,253元,其中:2009年215件,诉讼标的额11,066,158元,同比分别增长10.26%和下降0.69%;2010年243件,诉讼标的额17,225,608元,同比分别增长13.02%和55.66%;2011年335件,诉讼标的额26,368,487元,同比增长37.86%和53.08%。三年来,全省法院一审受理的医疗损害责任纠纷案件数占人身赔偿纠纷案件数2.82%,诉讼标的额占人身损害赔偿纠纷诉讼标的额4.59%,其中:2009年案件数占2.43%,诉讼标的额占3.56%;2010年案件数占2.60%,诉讼标的额占4.38%;2011年案件数占3.26%,诉讼标的额占5.24%。(详见表一)

表一:2009~2011年我省法院医疗与人身损害赔偿纠纷案件一审收案情况统计表

年度	医疗纠纷				人身损害			
	收案件数	升幅	诉讼标的额(万元)	升幅	收案件数	升幅	诉讼标的额(万元)	升幅
2009	215	10.26%	1106.6158	-0.69%	8550	6.57%	31,049.5172	-7.65%
2010	243	13.02%	1722.5608	55.66%	9335	9.18%	39,332.9672	26.68%
2011	335	37.86%	2636.8487	53.08%	10,276	10.08%	50,368.7251	28.06%

三年来,全省一、二审法院共受理的999件医疗损害责任纠纷案件,一审受理793件,其中:遵义243件、黔东南145件、贵阳115件、毕节108件、铜仁61件、黔西南43件、六盘水36件、安顺27件、黔南26件;二审受理206件,其中:遵义59件、黔东南20件、贵阳26件、毕节32件、铜仁19件、黔西南15件、六盘水12件、安顺12件、黔南11。(详见表二)

表二:2009～2011年全省各地区的医疗纠纷一、二审收案情况统计表

地区	一审案件数				二审案件数			
	2009年	2010年	2011年	合计	2009年	2010年	2011年	合计
贵阳	28	37	50	115	10	8	8	26
遵义	73	66	104	243	15	22	22	59
安顺	7	10	10	27	4	5	3	12
六盘水	11	14	11	36	6	1	5	12
铜仁	22	15	24	61	6	6	7	19
毕节	31	38	39	108	7	12	13	32
黔东南	53	49	43	145	12	6	2	20
黔西南	10	22	11	43	6	7	2	15
黔南	9	10	7	26	3	2	6	11
合计	215	243	335	793	69	69	68	206

三年来,全省法院一审结案的医疗损害责任纠纷案件760件,判决结案332件,调解结案299件,撤诉的115件,其他14件,占比分别为43.68%、39.34%、16.98%、1.84%,其中:2009年结案210件,判决结案100件,调解结案82件,撤诉26件,其他2件,占比分别为47.61%、39.05%、12.38%、0.96%;2010年结案247件,判决结案106件,调解结案97件,撤诉40件,其他4件,占比分别为42.91%、39.27%、16.19%、1.63%;2011年结案303件,判决结案126件,调解结案120件,撤诉49件,其他8件,占比分别为41.58%、39.60%、16.17%、2.64%。(详见表三)

表三:2009～2010年我省法院一审医疗纠纷案件审理情况统计表

年度	新收案件数	结案件数				诉讼标的额(万元)
		合计	判决	调解	撤诉	
2009	215	210	100	82	26	1106.6158
2010	243	247	106	97	40	1722.5608
2011	335	303	126	120	49	2636.8487
合计	793	760	332	299	115	5546.0253

三年来,全省医疗损害责任纠纷一审调撤率为53.42%,各地区调撤率依次为黔东南67.59%、毕节58.88%、安顺57.14%、黔西南53.85%、六盘水52.78%、黔南50%、遵义48.56%、贵阳35.82%、铜仁35.59%;全省医疗损害责任纠纷二审上诉率为27.10%,维持率为50%,各地上诉率从低到高依次为黔东南13.79%、贵阳25.24%、遵义25.99%、毕节29.91%、铜仁32.20%、六盘水33.33%、黔西南38.46%、黔南42.31%、安顺42.86%。(详见表四)

表四:2009～2011年全省各地区近三年医疗纠纷案件的上诉率和维持率统计表

	一审案件数					二审案件数			
	新收	结案	判决	调、撤	调撤率	收案	上诉率	维持	维持率
贵阳	115	103	63	37	35.82%	26	25.24%	15	57.69%
遵义	243	227	105	118	48.56%	59	25.99%	19	32.20%
安顺	27	28	12	16	57.14%	12	42.86%	8	66.66%
六盘水	36	36	16	19	52.78%	12	33.33%	6	50%
铜仁	61	59	38	21	35.59%	19	32.20%	6	31.58%
毕节	108	107	44	63	58.88%	32	29.91%	17	53.12%
黔东南	145	145	40	98	67.59%	20	13.79%	16	80%
黔西南	43	39	18	21	53.85%	15	38.46%	9	60%
黔南	26	26	11	13	50%	11	42.31%	7	63.64%
合计	793	760	347	406	53.42%	206	27.10%	103	50%

从我省医疗损害责任纠纷的受理和审理情况来看,有以下几个基本特点:

(一)受理案件数量急剧上升

2009～2011年,我省法院一审受理医疗损害责任纠纷案件数分别为215件、243件和335件,增幅分别为10.26%、13.02%和37.86%。需要说明的是,我省法院一审人身损害赔偿纠纷受理案件数量2009～2011年分别为8850件、9335件和10276件,增幅分别为6.57%、9.18%和10.08%,增幅与我省经济发展水平相适应。因此,自2011年《侵权责任法》施行以来,我省法院一审医疗损害责任纠纷比上年增加了82件,增幅高达37.86%,急剧上升,远远高于往年也高于同类案件的平均水平。这值得关注和研究分析。

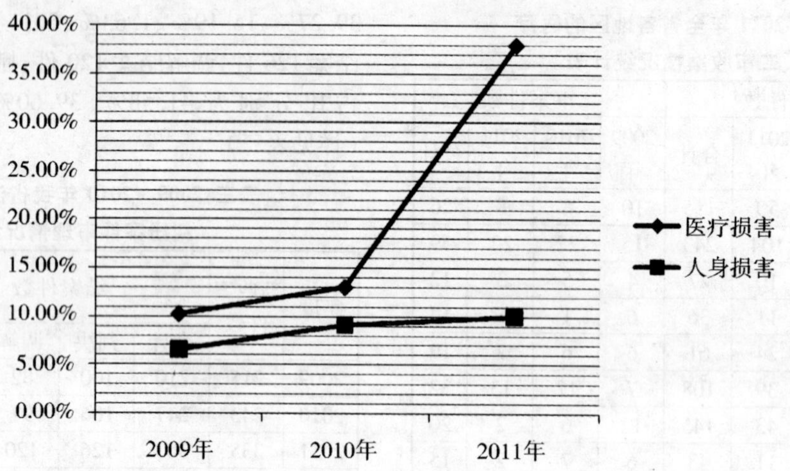

(二)诉讼标的额迅猛增长

医疗损害责任纠纷案件数量的增多,也带来了诉讼标的额的迅猛增长。2009～2011年,我省法院一审受理医疗损害责任纠纷案件诉讼标的额分别为11,066,158元、17,225,608元和26,368,487元,增幅分别为-0.69%、55.66%和53.08%。需要说明的是,我省法院一审人身损害赔偿纠纷诉讼标的额2009～2011年增幅分别为-7.65%、26.68%和28.06%,增幅与我省经济发展水平相适应。因此,自2010年《侵权责任法》颁布以来,我省医疗损害责任纠纷诉讼标的开始迅猛增长,两年增幅均超过达50%,急剧上升,远远高于往年也高于同类案件的平均水平。这也同样值得关注和研究分析。

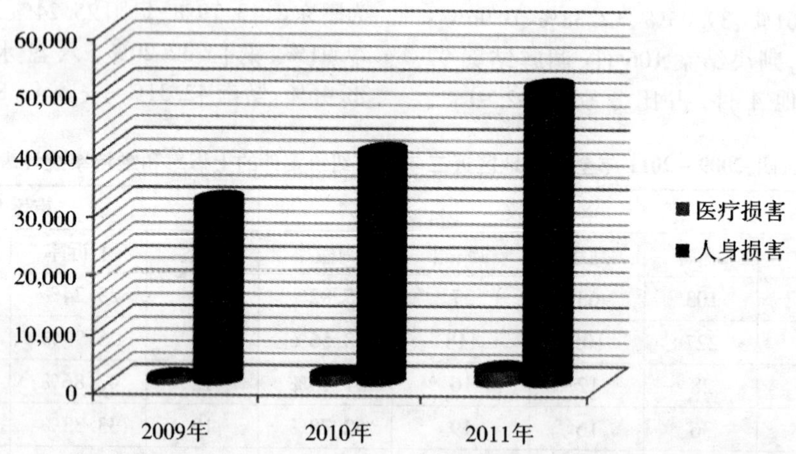

(三)案件调解率低于平均水平

2009年至2011年,全省法院民事案件调解率分别为41.13%、42.71%、41.88%,而医疗损害责任纠纷案件调解率则分别为39.05%、39.27%、39.60%,略均低于每年全省的平均水平。

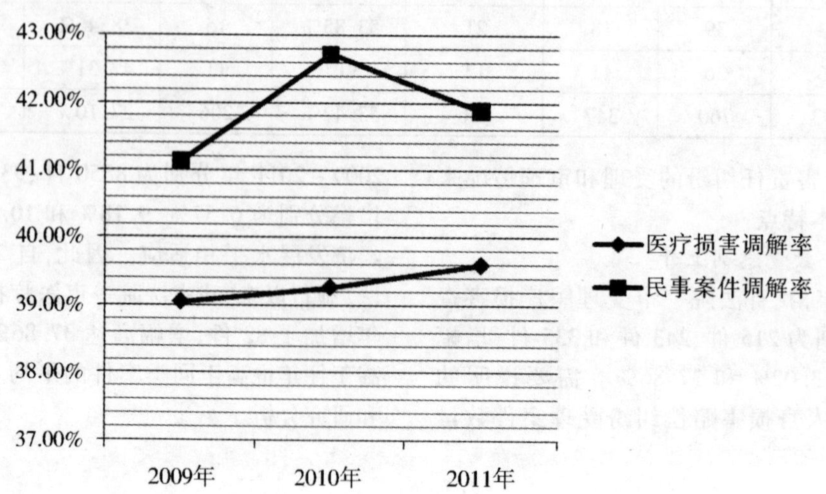

（四）各地受理案件数量等各种数据非常不均衡

三年来，全省各地受理案件数前四位的依次为遵义302件、黔东南205件、贵阳141件、黔西南140件，占总数的78.87%；受理案件数后四位依次为毕节58件、六盘水48件、安顺39件、黔南37件，仅占总数的18.21%。2011年各地受理案件增幅最快的是铜仁、遵义和贵阳，分别为60%、57.58%和35.14%，其他地区均为负增长。此外，各地区医疗损害责任纠纷的调解率、上诉率、维持率也不均衡。

二、我省医疗损害责任纠纷案件的特点

（一）案件处理难度大，医患双方关系紧张

一方面，医疗损害赔偿案件审理的重点是对医疗机构及其医务人员的过错、医疗行为与损害结果之间的因果关系进行审查和认定，涉及专门性问题。而法官缺乏专业知识，对证据的判断存在一定的困难，往往需要通过鉴定加以证明。另一方面，医患之间矛盾极易恶化。根据贵州省卫生厅提供的数据，患者殴打医生、冲砸医院事件平均每年100多件。诉讼中医患双方关系紧张，双方冲突、闹庭的现象时有发生，调解难度大，上诉率、申诉率高。法律适用二元化的问题，也使医患双方各自坚持适用对己有利的法律，客观上增加了调解的难度。医疗损害赔偿纠纷的调撤率明显低于道路交通事故损害赔偿等一般民事侵权案件。

（二）案件审理周期长，高度依赖医疗专业技术鉴定

医学的专业性决定了几乎所有的医疗损害赔偿纠纷案件的事实认定均必须借助一定的医学专业知识，因而鉴定就成为医疗损害赔偿纠纷案件中几近必经的程序。同时，由于上述二元化问题的存在，有的案件还会出现重复鉴定。据遵义市中级人民法院统计，医疗损害鉴定在地区审理的医疗损害赔偿纠纷案件中的运用比例为：约66%的案件进行了一次鉴定，约22%的案件进行了二次以上鉴定，约12%的案件没有委托鉴定。个别案件甚至曾委托两次医疗事故技术鉴定和两次司法鉴定，总共历时3年多。由于上述原因，医疗损害赔偿纠纷案件的审理周期往往较长，而且难以由法官控制。从全省近年来案件审理的情况看，实际审理期间在6个月以上的医疗损害赔偿纠纷案件大约占65%，审理期间在3年以上的案件也占有一定比例。

（三）案由多为侵权纠纷，被告多为较大医院

以侵权为由提起诉讼的占90%以上，合同之诉比重较小。主要原因在于选择侵权之诉对患者更有利，如能够获得误工费、被抚养人生活费、精神损害赔偿等救济。被告多为较大医院，大医院做被告的占到此类纠纷的90%强。其原因主要是大医院面对的病例难度和对人体可能造成的损害风险远大于小医院，医患纠纷发生概率相应也高于小医院。

（四）各医院被诉案件数量比例较小，患者的胜诉率较高

虽然医疗损害赔偿纠纷案件数量连年攀升，案件所反映的医患矛盾也比较激烈，但从医院向社会提供的医疗服务数量上看，每家医院每年被诉至法院的医疗损害赔偿纠纷比例还是非常小的。以铜仁地区为例，铜仁市第一人民医院三年来年门诊人数为635,863人，住院人数为71,059人，手术数量为55,903人，医患纠纷发生24起，被诉至法院的案件数量为4件。铜仁市第二人民医院三年来门诊人数为125,763人，住院人数为18,384人，手术数量为11,437人，医患纠纷发生12起，被诉至法院的案件数量仅为1件。民办铜仁华夏医院三年来门诊人数为76,509人，住院人数为17,162人，手术数量为5680人，医患纠纷发生32起，被诉至法院的案件数量为2件。

《最高人民法院关于民事诉讼证据的若干规定》第4条第1款第8项规定，因医疗行为引起的侵权诉讼，由医疗机构就医疗行为与损害结果之间不存在因果关系及不存在医疗过错承担举证责任。该项关于举证责任倒置的规定，减轻了患者寻求医疗损害赔偿的负担。因此，近年全省法院审理的医疗损害赔偿案件中，虽然涉案病例经鉴定构成医疗事故的比例很低，但是患者的胜诉率较高。许多案件虽经鉴定不构成医疗事故，但因医疗机构存在其他医疗过失行为且造成患者损害，故法院仍然依据《民法通则》及相关司法解释判决医疗机构承担民事赔偿责任。以铜仁地区为例，2009～2011年铜仁市第一人民医院发生医疗诉讼4件，患者胜诉2件；铜仁市第二人民医院发生医疗诉讼1件，患者胜诉1件；铜仁华夏医院发生医疗诉讼2件，患者胜诉2件；患者胜诉率高达71.42%。由于《医疗事故处理条例》规定的医疗事故赔偿与法律、司法解释规定的人身损害赔偿相比项目少、标准低，使得实践中出现了赔偿的倒挂现象，即一些经鉴定不构成医疗事故但医院确实因其过错行为造成患者人身损害后果的，患者获得的赔偿数额反而要高于经鉴定构成医疗事故的患者的获赔数额，造成了较大的反差。

（五）结案方式多元化，注重调解化解矛盾

从结案方式的角度分析，三年来，我省法院共审理793件案件中，调解结案的299件，撤诉115件，占52.21%，取得了较好的社会效果和法律效果。医疗损害赔偿纠纷案件结案方式多元化的原因，主要是

一些当事人在诉至法院之前对医疗损害赔偿纠纷案件的举证责任等问题缺乏必要的了解,在法官释明诉讼风险之后选择了撤诉;一些当事人能够在法院的主持下与医疗机构达成调解或和解;当然还有近半数的当事人之间争议较大,无法通过调解等方式解决。

三、《侵权责任法》实施后审理医疗损害赔偿纠纷案件的若干疑难问题

《侵权责任法》第7章以11个条文来规范医疗损害责任,使得第7章成为《侵权责任法》特殊侵权行为规定中条文最多的一章。此外,最高人民法院也于2010年6月30日下发了《关于适用〈中华人民共和国侵权责任法〉若干问题的通知》(法发[2010]23号,以下简称《通知》),对《侵权责任法》的溯及力、医疗损害鉴定、被扶养人生活费等问题作出了原则规定。但是,由于《医疗事故处理条例》(以下简称《条例》)尚未废止,《最高人民法院关于民事诉讼证据若干规定》(以下简称《证据规定》)的相关规定亦未清理,审判实践中,各法院乃至不同的法官之间对许多问题的认识仍有分歧,尚存在许多疑难问题需要解决,主要有以下几个问题。

(一)关于医疗损害责任纠纷的范围

广义上的医疗损害责任纠纷可以分为医疗纠纷与非医疗纠纷两种类型。医疗纠纷,即狭义上的医疗损害责任纠纷,是指患者与医方基于医疗行为导致损害而产生的纠纷,即患者在接受治疗过程中,因医方的医疗行为造成损害后果而要求医方承担赔偿等民事责任的纠纷。非医疗纠纷中,医患双方对医疗行为本身没有争议,主要涉及其他非医疗行为方面的争议,如医院设施是否完备等。课题组认为,只有医疗行为引发的人身损害赔偿纠纷,才成立医疗纠纷。因此,界定医疗纠纷案件范围的关键因素是关于医疗行为的认定。

一般情况下,医患之间对医疗行为的存在与否不会产生争议,但是在审判实践中首先面临的就是对医疗行为性质的认定问题,也存在当事人以不属于医疗行为作为抗辩的个别情况。关于医疗行为的认定主要涉及两个问题:第一,医疗行为的内涵和外延问题;第二,非法行医是否属于医疗行为的问题。

关于医疗行为的内涵和外延。2002年5月1日实施的《医疗美容服务管理办法》(卫生部令第19号)第2条规定,医疗行为包括医疗机构的医疗美容,但不包括生活美容。参照该规定的精神,课题组认为,认定医疗行为的标准应当是:是治疗性质的行为,包括对身体和肢体缺陷的手术治疗,而不是单纯向当事人提供娱乐、保健或舒适感觉的服务性质的行为。医疗行为不同于其他民事法律行为,不完全适用意思自治的原则,这是因为医疗机构承担的"救死扶伤"的义务客观上限制了它们自愿选择的权利,因此,医疗行为在性质上必然包含了一定的公益性,这是医疗行为的客观属性之一。从医疗行为的内涵界定出发,课题组认为,实践中争议比较大的一般美容、按摩等纯粹满足精神需求的服务行为应认定不属于医疗行为,而医疗美容、针灸、中医推拿、拔罐等针对疾病或伤痛所进行的治疗行为应认定属于医疗行为。此外,医疗行为应当排除医疗机构从事的医疗活动以外的其他行为,如与患者疾病医治活动无关的医院管理活动、医疗机构的安全保卫活动以及药品的采购等行为。

关于非法行医是否属于医疗行为。在审判实践中,未取得医疗营业执照(或已被吊销、注销)的主体所从事的具有疾病诊疗性质的行为能否认定属于医疗行为,存在不同的观点。有观点认为医疗行为的主体必须是具有合法执业资格的医院工作人员和个体医师,因此非法行医不属于医疗行为。在医疗事故技术鉴定过程中,鉴定机构也往往以被鉴定对象不属于医疗机构为由,拒绝对不具备医疗资格的机构的医疗活动做出鉴定。课题组认为,医疗行为的认定并不依赖于行为主体的性质,而应依据行为本身的性质。主体的行为只要具有"治疗"的性质,就应当认定为医疗行为,由此引发的纠纷在审判实践中自然应当认定为医疗纠纷,作为医疗纠纷案件予以审理。因此,以主体是否具备医疗执业资格作为认定是否构成医疗行为的依据显然是不当的,医疗事故技术鉴定机构也不应当拒绝对不具备医疗资格的机构的医疗行为是否属于医疗事故做出鉴定。

(二)关于举证责任

关于《侵权责任法》实施后医疗损害赔偿纠纷案件举证责任应如何分配问题。实务界形成三种不同的看法:第一种意见认为,根据《侵权责任法》第7章的规定,一般的医疗损害赔偿纠纷案件要实行"谁主张,谁举证"的举证责任分配原则,即患者要证明医疗损害责任的四个要件,《侵权责任法》第58条规定的三种情形除外。第二种意见则认为,在《侵权责任法》实施后,医疗损害赔偿纠纷案件仍应坚持举证责任倒置,即还是要适用《证据规定》的有关规定。第三种意见认为,《侵权责任法》明确规定了医疗损害责任适用过错原则,但没有规定因果关系的问题,而目前《证据规定》尚未失效,因此,患者应对医疗机构的过错这一要件承担举证责任,而医疗机构应对不存在因果关系承担举证责任。

《侵权责任法》第7章有3个条文涉及医疗损害

责任的归责原则问题，共同构建了医疗损害责任多元的归责原则体系。这 3 个条文也决定了医疗损害赔偿纠纷案件的举证责任分配。

1.《侵权责任法》第 54 条规定，患者在诊疗活动中受到损害，医疗机构及其医务人员有过错的，由医疗机构承担赔偿责任。立法机关及学者对本条的解释是，医疗损害责任应当适用过错原则的归责原则，而不是过错推定原则。实体法上的改变，也带来了程序上的变化。对于医疗损害赔偿纠纷案件，将不再适用《证据规定》关于举证责任倒置的规定。

2.《侵权责任法》第 58 条规定，患者所受损害，因下列情形之一的，推定医疗机构有过错：(1)违反法律、行政法规、规章以及其他有关诊疗规范的规定；(2)隐匿或者拒绝提供与纠纷有关的病历资料；(3)伪造、篡改或者销毁病历资料。目前，多数人认为，对于本条规定的三种情形，患者负有举证责任。也有少数人认为，患者对此负有举证责任，人民法院必要时应该主动调查取证。课题组认为，患者对上述情形负有举证责任的原则是对的，但是，考虑患者举证的主要形式是申请医疗损害鉴定，因此，为了避免患者因家庭困难等原因无法申请鉴定导致无法完成举证，进而造成司法不公，对于患者难以证明医疗机构有上述情形之一的，人民法院在必要时应依职权调查取证。

3.《侵权责任法》第 59 条规定，由于对医疗机构是否属于销售者以及血液是否属于产品争论极大，因此，本条规定的起草和制定过程颇费周折。但是，在《侵权责任法》颁布后，各界均认可本条规定是关于产品责任的特殊规定，即医疗产品损害责任，也就是说，立法者为了便于患者一方求偿，在立法中将医疗机构视为医疗产品销售者。同时，对于输入不合格的血液造成损害的，也是比照医疗产品责任来适用法律。

既然是产品责任的一种，医疗产品损害责任与《侵权责任法》第 5 章规定的产品责任就应该适用同样的归责原则，即无过错原则。也就是说，对于医疗产品损害赔偿纠纷，患者一方对产品缺陷、损害结果、因果关系承担举证责任，但无须证明医疗产品的生产者、销售者、医疗机构有过错。

(三)关于医疗鉴定

因果关系和医疗过错，因属于医学领域中的专门问题，审判实践中一般都要通过鉴定才能认定，因此，医疗事故技术鉴定和其他司法鉴定成为医疗纠纷案件的重要证据形式，其证明力的认定成为医疗纠纷案件处理的关键问题。据统计，审判实践中以医疗鉴定书作为定案依据的案件数，占全部判决案件数的大多数。审判实践中，主要存在以下争议：

1. 是否区分医疗事故鉴定与非医疗事故鉴定。《侵权责任法》对医疗损害责任的鉴定问题没有作出规定。为此，《通知》第 3 条规定，人民法院适用《侵权责任法》审理民事纠纷案件，根据当事人的申请或者依职权决定进行医疗损害鉴定的，按照《全国人民代表大会常务委员会关于司法鉴定管理问题的决定》、《最高人民法院对外委托鉴定、评估、拍卖等工作管理规定》及国家有关部门的规定组织鉴定。上述规定应该如何操作，急需明确。

《条例》规定了医疗事故的技术鉴定，此外，卫生部还发布了《医疗事故技术鉴定暂行办法》。遗憾的是，《侵权责任法》对医疗损害责任的鉴定问题没有作出规定。我们认为，既然医疗事故责任已不再是医疗损害责任的形态之一，在医疗损害赔偿纠纷案件中申请医疗事故技术鉴定已无必要。如果确实需要保留医疗事故鉴定，可以在需要确定有关主体的行政责任或刑事责任时使用该鉴定，但在民事侵权案件中，不应再委托进行医疗事故技术鉴定。

经最高人民法院调研，医学会所组织的技术鉴定虽然存在鉴定专家不署名、不出庭等问题，但社会各界普遍反映，医学会的医疗事故技术鉴定有专业性、科学性、客观性的特点，且收费相对低廉。因此，最高人民法院的《通知》第 3 条对医疗损害鉴定进行了规定。根据最高人民法院民一庭的法官介绍，该条规定中的"国家有关部门的规定"的意思就是指国务院、卫生部关于医学会组织进行医疗损害责任技术鉴定的有关规定。据悉，有关部门正在讨论修改《条例》，卫生行政部门也准备起草《医疗损害责任技术鉴定办法》。

目前，《条例》虽然还没有修改，《医疗损害责任技术鉴定办法》也未制定，但是，卫生部于 2010 年 6 月 28 日下发的《关于贯彻实施〈侵权责任法〉有关问题的通知》第四部分明确指出：在 2010 年 7 月 1 日之后，对于司法机关或医患双方共同委托的医疗损害责任技术鉴定，医学会应当受理，并可参照《医疗事故技术鉴定暂行办法》等有关规定，依法组织鉴定。医疗损害责任技术鉴定分级参照《医疗事故分级标准(试行)》执行。

课题组认为，根据上述最高人民法院和卫生部的通知，为解决审判实务中的实际问题，对于医疗损害赔偿纠纷案件，在保留原有的司法鉴定机构所作的医疗损害责任过错鉴定的基础上，人民法院虽然不应再委托医学会组织进行医疗事故技术鉴定，但可以委托医学会组织进行医疗损害责任技术鉴定。

2. 二次鉴定问题:

(1)是否允许再次申请医疗鉴定及两次鉴定的证明力的问题。审判实践中,围绕不服医疗鉴定结论的救济途径,存在是否允许不服鉴定结论的一方当事人申请再次鉴定的争议。

课题组认为,当事人对法院委托的鉴定结论有异议申请重新鉴定,人民法院应当根据最高人民法院《证据规定》第27条规定的条件进行审查,不符合条件的,不予支持。在调查中我们发现,当事人往往在诉讼之前申请医疗事故鉴定,此种鉴定结论由于没有经法院委托,性质应属于当事人自行委托的鉴定。对于当事人自行委托的鉴定结论申请重新鉴定的,应当符合最高人民法院《证据规定》第28条规定的条件。对于两次鉴定的证明力的问题,课题组认为应当由法官根据案件实际情况综合判断。前后鉴定机构的医疗鉴定结论,均属于我国《民事诉讼法》规定的证据之一,不存在效力的当然高低。证据的真实性、证明力、证据效力均需要通过庭审质证加以确认。

(2)法院能否在否定医疗鉴定书的证明力的基础上直接认定当事人承担责任的问题。审判实践中,当医疗损害责任鉴定结论存在重大疑点,导致法院认为其证明力不足采信的情况下,法院能否直接认定当事人举证不足,并判令其承担责任,存在不同的观点。一种观点认为,根据《证据规定》第4条第1款第8项规定,应认定当事人举证不充分,推定过错和因果关系存在,并判决医疗机构不承担侵权责任。另一种观点认为,在不采信医疗鉴定书的情况下,法院不能直接认定存在过错和因果关系,而应依职权申请重新鉴定,以判断过错和因果关系是否存在。还有一种观点认为,在不采信医疗鉴定书的情况下,法院不能直接认定存在过错和因果关系,也不能直接依职权重新鉴定,而应向当事人进行释明,告知其是否申请重新鉴定。只有在当事人明确表示不申请重新鉴定的情况下,才能依照《证据规定》第4条第1款第8项的规定,认定存在过错和因果关系,并判决当事人承担侵权责任。

课题组倾向第三种观点,理由主要有:在医疗损害责任鉴定书已经可以证明不存在过错或因果关系的情况下,当事人本来认为其已经履行法律规定的举证义务了,因此,当事人就不会再寻求其他的证据材料来证明不存在过错或因果关系。此时,如果法院不采纳医疗鉴定书的证明力,且不允许当事人提供新的证据,就未免有失公平了。鉴于医疗行为的高度技术性和专业性,新的证据也只能是由专业人士做出的鉴定结论,但法院不宜直接依职权重新进行鉴定。因为过错和因果关系的举证责任在于当事人,是否继续举证是当事人的权利,法院不应直接介入,否则有丧失中立性之嫌。法院应向当事人释明,由其自行决定是否申请司法鉴定,如当事人不申请,则可以认定当事人举证不充分,并判决由其承担侵权责任。

3. 医疗损害责任鉴定书的完善问题。审判实践中,对医疗损害责任鉴定书的证明力存在不同观点:一种观点认为,只要医疗损害责任鉴定书有对是否存在因果关系或是否存在医疗过错做出认定即可。另一种观点认为,应要求当事人依据《条例》第31条规定提供完整的医疗损害责任鉴定书。

课题组认为,人民法院委托医疗损害鉴定的,可根据案件审理需要,要求鉴定机构对涉案医疗行为有无过错、医疗过错行为与损害后果之间是否存在因果关系、医疗过错行为在医疗损害后果中的原因力大小及伤残等级作出明确认定。

医疗损害鉴定结论未明确作出上述认定的,人民法院可以要求其作出补充鉴定或出具相应的意见。

(四)关于赔偿标准

这一直是学界和司法界的热点问题。一般认为,其源于法律规定的不统一。按照《条例》第49条的规定,构成医疗事故,当事人应当承担赔偿责任,不属于医疗事故的,当事人不承担赔偿责任。但按照《最高人民法院关于参照医疗事故处理条例审理医疗纠纷民事案件的通知》的规定,医疗事故引起的医疗赔偿纠纷,参照《条例》有关规定办理;医疗事故以外原因引起的其他医疗赔偿纠纷,适用民法通则的规定。由此发生法律适用二元化问题。更为突出的问题是,构成医疗事故适用《条例》,往往过错程度高、损害严重但赔偿金额低;不构成医疗事故适用民法通则,往往过错程度低、损害较轻而赔偿金额反而高。该问题一方面导致法院对医疗损害赔偿纠纷的处理缺乏统一性,另一方面导致当事人的预期错乱,极大地冲击了社会大众的公平价值观,引发了当事人诉因选择、鉴定种类选择、利益平衡、司法与行政的关系理解等许多连锁问题,给司法实践带来了巨大的困惑。2010年7月1日生效的《侵权责任法》对医疗损害赔偿专章作出了规定。按照通常的理解,医疗损害赔偿应与其他侵权形式一样,具有相同的赔偿项目,适用相同的赔偿标准。但目前的问题在于,《侵权责任法》第5条规定:“其他法律对侵权责任另有特别规定的,依照其规定。”换言之,该条规定使得医疗损害赔偿还能否适用《条例》这一问题,变得模糊起来。相关的权威部门均对此未作明确表态。因此,侵权责任法的规定是否解决了二元化问题,目前态势还不明朗,亟须相关部门予以明确。

课题组认为,立足现实,努力缩小因适用不同标准所导致的赔偿差距。这已经成为司法实践中的一条可行之路。近年来,已有法院作出了有益尝试,如构成医疗事故的,通过参照司法解释的规定,增加一些赔偿项目或提高某些项目的赔偿标准确定赔偿数额,取得了较好的效果。从调研情况看,当事人、医务人员以及医疗行政管理机构对此也比较认同。应该说,从一元化到二元化再到目前赔偿项目和标准的逐步统一,反映了司法在目前法律框架下对"合理"的一个理性认识过程,司法实践的结果越来越起到良好的示范作用。有些医患纠纷,在双方自行解决和诉讼程序中调解、和解的过程中,当事人已经在有意无意间采用了《最高人民法院关于审理人身损害赔偿案件适用法律若干问题的解释》(以下简称《解释》)所规定的部分赔偿标准。目前法院的基本思路是:医疗赔偿的项目和标准尽量往民法通则和《解释》靠,尤其是构成医疗事故的,后续治疗费、出院后的护理费、死亡赔偿金、精神损害抚慰金等费用,要参照适用《解释》,避免出现构成医疗事故的反倒远低于一般过失的赔偿额这一不公平现象。同时也要兼顾医疗科学发展水平、医疗风险、医疗条件、医疗水准、治疗的紧急性、当事人地域性、医疗级别、医疗专门性及患者个体差异等因素,平衡医患利益。如医疗事故造成患者死亡的,按照《解释》的规定赔偿死亡赔偿金,但应酌情在20%的范围内减轻当事人的赔偿责任;医疗行为虽不构成医疗事故但确存在过错的,按照《解释》的规定确定赔偿责任,但一般不应超过医疗事故的赔偿数额。通过这种"拉近、拉平"的方式,平衡医患双方之间的利益。

(五)因医疗产品缺陷(药品、消毒药剂、医疗器械的缺陷或者输入不合格的血液)产生医疗损害时的责任承担问题

1. 在该类案件中,医疗机构承担的是产品治疗责任(无过错责任)还是医疗侵权责任(过错责任)?是否适用《产品质量法》、《消费者权益保护法》规定的"惩罚性赔偿"?

课题组认为,如果是医疗机构向患者提供的诊断、治疗、手术、护理等医疗服务,不属于一般商业服务,对因此产生的医疗损害纠纷,不适用《消费者权益保护法》的规定;对于医疗机构在医疗服务之外单纯提供商品(如出售药品、医疗器械、日用品)和具有医疗辅助性质的商业服务(如提供住宿、餐饮)产生的纠纷,可以适用《产品质量法》、《消费者权益保护法》的规定。

2. 如何适用《侵权责任法》第59条的规定?①

(1)是否区分缺陷医药产品是自行在药店(或医药公司)购买还是按照医务人员的要求到指定地点购买?

课题组认为,适用该规定是有条件,如果导致患者损害的该医疗缺陷产品是患者按照医疗机构的要求在医疗机构购买并使用;如果是患者自行购买的药品、消毒药剂、医疗器械有缺陷导致损害,若医疗机构的诊疗行为不存在过错,就不能要求医疗机构承担责任,若同时医疗机构的诊疗行为也有过错的,应当按照各自的过错和原因力的大小承担相应的责任。

(2)如果适用《侵权责任法》第59条,法院是否向当事人释明申请追加缺陷医药产品的生产者与提供者?

课题组认为,法院可以向当事人释明。

(六)关于医疗机构侵害患者隐私权的问题——即如何确定患者隐私权保护的范围

课题组认为,医疗机构为公共利益而公开患者的疾病资料,不认定构成侵害给患者的隐私权。理由:患者的隐私权并不是不受限制的,一般来说要受到公共利益的限制,比如传染病、职业病以及一些可能涉及刑事犯罪的伤病情,医疗单位不应当以保护隐私的名义帮助患者隐瞒相关病情。而且,为保护社会公共利益和公共安全,国家可以且应当采取干预措施。如《传染病防治法》规定:任何人发现传染病人或者疑似传染病人时,都应当及时报告,不得隐瞒或者授意他人隐瞒;有关卫生行政部门应当及时地如实通报和公布疫情。

(七)关于医疗机构过度检查问题

1. 如何确定是否构成过度检查?

过度检查可以分为两种:一是本来不需要检查,却要求患者检查。二是本来可以采用简单诊疗技术检查,却用复杂、成本高的诊疗技术检查。如本来可以做简单的X光检查,医生却给做了CT,而能做CT却做了核磁共振。

课题组认为,是否构成过度检查,应由专业的医疗鉴定机构予以鉴定确认。主要理由是:因患者病

① 《侵权责任法》第59条规定,因药品、消毒药剂、医疗器械的缺陷,或者输入不合格的血液造成患者损害的,患者可以向生产者或者血液提供机构请求赔偿,也可以向医疗机构请求赔偿。患者向医疗机构请求赔偿的,医疗机构赔偿后,有权向负有责任的生产者或者血液提供机构追偿。

情的不确定性、医生经验及知识水平的差异、治疗方案的多元化等原因，对患者的检查何为过度、何为适度，难有确定划一的标准，适度医疗和过度医疗并没有一个明确的界限，对其认定十分困难。

2. 如何确定过度检查的赔偿数额？

课题组认为，应当将因过度检查增加的患者经济负担和因过度检查行为给患者造成的额外的人身损害与治疗原发疾病的费用区别开来。

（八）如医患双方在达成赔偿协议之后，一方反悔并起诉的应如何处理①

课题组认为，医患纠纷发生后双方自行或在卫生行政治理机构调解下就损害赔偿数额达成协议后已实际履行，一方反悔向人民法院提起诉讼的，人民法院应予以受理；但是，医患双方经卫生行政部门调解或自行协商达成的赔偿协议，具有民事合同的性质，人民法院应当按协议确定赔偿数额，但赔偿协议存在《合同法》第52条和第54条规定情形的除外。

四、我省医疗损害责任纠纷审判对策

（一）关于医疗纠纷的范围

1. 下列诉讼中，符合《民事诉讼法》第108条规定的受理条件的，应作为医疗侵权损害赔偿纠纷案件受理：

（1）原告（指患者，患者死亡时系其配偶、父母、子女、祖父母、外祖父母、孙子女、外孙子女、兄弟姐妹等近亲属，以下同）以医疗机构的医疗行为构成医疗事故导致其生命健康权受到损害向人民法院提起诉讼的。

原告提起前款诉讼不以是否进行医疗事故鉴定或卫生行政治理部分行政处理、调解为前置条件。

（2）原告以医疗机构的医疗行为有过失损害其生命健康权向人民法院提起诉讼的。

（3）原告以医疗机构在医疗活动中使用存在缺陷的医疗设备、医疗器械、假冒伪劣药物、被感染的血液制品等造成其生命健康权损害提起诉讼的。

（4）原告以医疗机构无正当理由拒不收治危急患者造成生命健康权损害为由提起诉讼的。

（5）患者一方与美容医疗机构和非医疗机构开设的医疗美容科室的之间发生的医疗美容损害赔偿纠纷，按医疗损害责任纠纷处理。

（6）实验性医疗行为引起的医疗纠纷，按医疗损害责任纠纷处理。

2. 下列诉讼，不属于医疗侵权损害赔偿纠纷，符合《民事诉讼法》第108条规定的，根据不同情况分别处理：

（1）原告以医疗机构及其医务职员在医疗活动中故意损害其生命健康权为由向人民法院提起民事诉讼，未构成犯罪或原告不提起刑事自诉的，应作为人身损害赔偿案件受理；

（2）非法行医造成患者人身权利损害的，应当作为人身损害赔偿案件受理；

（3）原告以医疗机构及其医务职员在医疗活动中损害其名誉权、人格尊严、隐私权等人身权利为由提起诉讼，应作为侵害名誉权等人身权利案件受理；

（4）医患双方根据医疗服务合同，以人身权利之外的其他权利受到损害为由提起诉讼的，如请求给付或返还医疗用度的，应作为医疗服务合同纠纷受理。

3. 下列损害赔偿纠纷不应视为医疗行为引发的纠纷：

（1）因医疗机构的设施、安全管理瑕疵致患者损害而发生的赔偿纠纷——可能定性为“物件损害责任”或一般侵权责任，前者实行过错推定；

（2）因非医疗机构的医用产品存在质量缺陷按人身损害赔偿纠纷处理；

（3）因医疗机构擅自解剖（留用脏器）、火化尸体产生的损害赔偿纠纷——定性为一般侵权责任纠纷；

（4）因其他非医疗行为产生的损害赔偿纠纷。

4. 是否区分医疗事故和非医疗事故引发的纠纷：

（1）发生医疗损害时，患者可以医疗事故损害赔偿纠纷为由起诉，也可以一般医疗损害赔偿纠纷为由起诉。患者一方起诉时没有明确是要求医疗事故损害赔偿还是一般医疗损害赔偿的，应要求其予以明确。

（2）患者一方起诉要求医疗事故损害赔偿，经鉴定不构成医疗事故的，人民法院应当告知当事人可以变更诉讼请求。患者一方以一般医疗损害赔偿纠纷起诉的，应准许医疗机构以双方争议属于医疗事故损害赔偿纠纷为由提出抗辩。

5. 具有以下情形之一的，认定为非法行医：

（1）医疗机构不具有《医疗机构执业许可证》，或是具有《医疗机构执业许可证》但超出许可的科目范围行医；

（2）医师（生）不具有《医师资格证书》或是《医师执业资格证书》，或是超出法定注册的执业地点、

---

① 例如，因医疗机构的过错行为导致患者死亡或成为无、限制民事行为能力人，患者配偶与医疗机构达成医疗损害赔偿协议，患者的父母或子女不服或反悔，向人民法院提起诉讼，法院应如何处理？

执业类别、执业范围执业;

(3)没有特定专业执业资格证书,从事特定专业医疗活动的;

(4)其他非法行医的情形。

(二)关于医疗纠纷的案由

按照现行的《民事案件案由规定》,因医疗纠纷的案由有三个:一是医疗服务合同纠纷,二是侵害患者知情同意权责任纠纷,三是医疗产品责任纠纷。具体案由可以根据不同情况来确定:

1. 患方认为因医方的诊疗、护理等医疗行为受到损害,不论是以医疗事故损害赔偿为由还是以医疗过错损害赔偿为由起诉,要求医方赔偿损失的,案由均确定为医疗损害赔偿纠纷。

2. 患方与美容医疗机构及开设医疗美容科室的医疗机构之间发生的医疗美容损害赔偿纠纷,案由均确定为医疗损害赔偿纠纷。

3. 患方或医方一方起诉认为对方没有按照医疗合同履行义务,要求对方承担违约责任的,案由确定为医疗服务合同纠纷,适用《合同法》的有关规定。

4. 患方对同一医疗行为,针对相同的赔偿项目,以医疗损害赔偿纠纷和医疗服务合同纠纷中的一种诉因起诉并经人民法院处理后,再以另一种诉因起诉的,人民法院不予受理,但人民法院以患方诉因选择错误为由不予受理或驳回起诉的除外。

5. 医疗机构起诉要求患者出院,终止医疗服务合同或要求患者偿还拖欠医疗费用的,按合同纠纷案件受理;在已经审理的医疗赔偿纠纷案件中,医疗机构将上述请求作为反诉提起的,可以并案处理。

(三)被告的确定——责任主体的确定

1. 赔偿权利人起诉要求医疗机构承担赔偿责任的,区别以下情形确定被告:

(1)医疗机构有执业许可证和法人资格的,该医疗机构为被告;

(2)企业、事业单位、国家机关设立的为内部人员服务的医院、门诊部、卫生室(所),虽领有医疗机构执业许可证,但不具备法人资格的,以设立单位为被告;

(3)依法设立的不具有法人资格的个体、私营诊所,以医疗机构执业许可证或医师执业资格证上登记的单位或个人为被告;

(4)农村村民委员会设立的村卫生室(所)发生医疗纠纷的,以该集体组织为被告;村民委员会将集体性质的村卫生室(所)发包给有医师执业资格的个人的,以该集体组织和个人为共同被告。

2. 患者在不同的医疗机构接受治疗,但赔偿权利人未起诉患者就诊的全部医疗机构以致影响案件审理的,人民法院应当告知赔偿权利人起诉就诊的全部医疗机构;人民法院也可以依据职权追加赔偿权利人未起诉的其他医疗机构作为被告参加诉讼。已经作为被告的医疗机构向人民法院申请追加其他医疗机构为共同被告,经审查申请有理的,人民法院应当书面通知被追加的医疗机构参加诉讼。

3. 在医疗赔偿纠纷案件的诉讼过程中,医疗机构将偿还拖欠医疗费作为反诉请求提起的,人民法院应告知其按照医疗服务合同纠纷另案起诉。

(四)关于举证责任

1. 对于医疗损害责任中医疗机构是否存在过错和是否成立因果关系,《中华人民共和国侵权责任法》(以下简称《侵权责任法》与《最高人民法院关于民事诉讼证据的若干规定》(以下简称《证据规定》)的规定相互冲突,审判实践中如何处理?

课题组认为医疗损害赔偿纠纷诉讼应当按照《侵权责任法》的规定来处理,医疗产品损害责任纠纷适用《证据规定》。具体处理办法如下:

(1)在医疗损害赔偿纠纷诉讼中,患者一方应当首先证明其与医疗机构之间存在医疗关系并发生医疗损害。医疗机构应当提交病历及相关资料说明相应的诊疗过程。交费单、挂号单等诊疗凭证及病历、出院证明等证据可以用于证明医疗关系存在。患者一方提供不出上述证据,但有其他证据能证明医疗行为存在的,人民法院可以认定存在医疗关系。

(2)对于医疗产品损害以外的医疗损害赔偿纠纷案件,患者一方认为医疗机构有医疗过错,以及医疗行为与损害结果之间存在因果关系,应当承担相应的举证责任。医疗机构是否履行了向患者一方说明病情、医疗措施、医疗风险、替代医疗方案等情况的义务,由医疗机构承担举证责任。人民法院应当根据病历记载、知情同意书等证据进行综合认定。

(3)发生医疗损害,患者能够证明医疗机构有下列情形之一的,人民法院应推定医疗机构有过错:

(a)违反法律、行政法规、规章以及其他有关诊疗规范的规定;

(b)隐匿或者拒绝提供与纠纷有关的病历资料;

(c)伪造、篡改或者销毁病历资料。

对于上述情形,人民法院在必要时应依职权调查取证。

(4)医疗产品损害赔偿纠纷案件,由患者一方对产品缺陷、损害结果、因果关系承担举证责任。因输入的血液是否合格引发的损害赔偿纠纷案件,由患者一方对血液不合格、损害结果、因果关系承担举证责任。

(5)医疗损害赔偿纠纷案件,医疗机构对《侵权责任法》第60条规定的免责事由承担举证责任。

2. 关于病历资料:

(1)在医疗损害赔偿纠纷诉讼中,当事人应提交由其保管的所有涉案病历资料。

医疗机构提交的客观性病历资料与主观性病历资料均为证据材料。

(2)当事人对病历资料及其他进行医疗损害鉴定所需的材料的真实性、完整性有异议的,应当由人民法院先行组织双方当事人举证、质证。人民法院应根据举证、质证的具体情况进行审查。

经审查,病历资料存在瑕疵的,人民法院应通过咨询专家、委托文件检验、病历评估或由鉴定专家作初步判断来认定瑕疵病历是否对鉴定有实质性影响。如果没有实质性影响,则仍可继续进行鉴定,但瑕疵病历部分不能作为鉴定依据;如果有实质性影响,造成鉴定无法客观进行的,则应终止鉴定。

(3)当事人遗失、涂改、抢夺病历,或以其他不正当手段改变病历资料的内容,导致医疗行为与损害结果之间的因果关系不明或有无过错无法认定的,应承担不利的法律后果。当事人主张病历的涂改、添补部分并不影响病历实质内容的,应对涂改、添补部分不影响病历实质内容承担举证责任。

(4)一方当事人对对方保存或控制的病历的真实性、完整性有异议的,应当明确提出异议内容,并说明理由。

当事人提出合理质疑的,由保存或控制病历的另一方当事人进行解释证明。

3. 关于尸体检查

(1)患者就医后死亡,医患双方当事人不能确定死因或者对死因有异议,医疗机构未要求患者一方进行尸检,导致无法查明死亡原因,并致使无法认定医疗行为与损害结果之间是否存在因果关系或医疗机构有无过错的,医疗机构应承担不利的法律后果。

(2)医疗机构要求患者一方协助进行尸检,但因患者一方的原因未进行尸检,导致无法查明死亡原因,并致使无法认定医疗行为与损害结果之间是否存在因果关系或医疗机构有无过错的,患者一方应承担不利的法律后果。

4. 医疗机构以患者及其这属不配合治疗导致损害结果发生为由抗辩其不存在医疗过错的,由医疗机构举证。

(五)关于医疗鉴定

1. 人民法院委托进行医疗损害责任过错鉴定的,应当根据相关规定,委托具有相应资质的鉴定机构组织鉴定。在国家有关部门关于医疗损害鉴定的新规定颁布之前,人民法院也可以委托各市、县医学会或贵州省医学会或外地医学会等组织进行医疗损害责任技术鉴定。在委托鉴定的具体操作问题上,应遵循以下原则:

(1)在案件审理中,如果一方当事人申请委托司法鉴定机构组织进行医疗损害责任过错鉴定,另一方当事人申请委托医学会组织进行医疗损害责任技术鉴定,人民法院应当委托司法鉴定机构组织进行医疗损害责任过错鉴定。

(2)当事人同意委托进行医疗损害责任技术鉴定,人民法院也可以委托。如果委托医学会组织进行医疗损害责任技术鉴定,既可以委托省、市医学会,也可以直接委托医学会组织进行医疗损害责任技术鉴定,技术鉴定和过错鉴定一样,一般情况下都只进行一次。

(3)无论是进行医疗损害责任过错鉴定还是医疗损害责任技术鉴定,其鉴定结论的效力都是相同的,它们互相不成为对方的一种救济手段。如果鉴定结论有缺陷,当事人只能根据《证据规定》第27条的规定申请重新鉴定。

2. 对下列医疗专门性问题,当事人双方有权申请进行医疗损害鉴定:

(1)医疗机构的诊疗行为有无过错;

(2)医疗机构是否尽到告知义务;

(3)医疗机构是否违反诊疗规范实施不必要的检查;

(4)医疗过错行为与损害结果之间是否存在因果关系;

(5)医疗过错行为在损害结果中的责任程度;

(6)人体损伤残疾程度;

(7)其他专门性问题。

3. 人民法院委托医疗损害鉴定的,可根据案件审理需要,要求鉴定机构对涉案医疗行为有无过错、医疗过错行为与损害后果之间是否存在因果关系、医疗过错行为在医疗损害后果中的原因力大小及伤残等级作出明确认定。

医疗损害鉴定结论未明确作出上述认定的,人民法院可以要求其作出补充鉴定或出具相应的意见。

4. 人民法院认为需要委托医疗损害鉴定的,一般应要求患者一方申请鉴定。患者一方申请鉴定的,患者一方和医疗机构均应当提交鉴定所需的病历资料。

5. 当事人无正当理由拒不同意、不配合进行医疗损害鉴定的,应承担不利的法律后果。

6. 医疗损害赔偿纠纷案件的审判人员,可以参加涉案医疗鉴定会,并可以就有关问题向鉴定专家询问。

7. 当事人一方申请进行医疗损害鉴定的，鉴定费由该当事人预交；人民法院依职权委托医疗损害鉴定的，鉴定费由双方当事人预交。

8. 人民法院审理医疗损害赔偿纠纷案件，对涉及人体损伤残疾程度鉴定标准的问题，应统一适用道路交通事故人体损伤致残程度鉴定标准

9. 对有缺陷的医疗损害鉴定结论，可以通过补充鉴定、重新质证或者补充质证等方法解决的，不予重新鉴定。

10. 医疗损害鉴定文书应当在法庭上出示，由当事人质证。医疗损害鉴定文书经法庭质证确认后，具有证据效力。

（六）关于医疗损害赔偿责任

1. 确定医疗损害赔偿，应统一适用《侵权责任法》及相关司法解释关于赔偿范围和标准的各项规定。

2. 确定医疗损害赔偿数额，应当综合考虑医疗过错行为在损害结果中的责任程度、损害结果与患者原有疾病状况之间的关系以及医疗科学发展水平、医疗风险状况等因素。

3. 确定医疗损害赔偿费用，如受害人有被扶养人的，应当依据《最高人民法院关于审理人身损害赔偿案件适用法律若干问题的解释》第28条的规定，将被扶养人生活费计入残疾赔偿金或死亡赔偿金。

受害人没有被扶养人的，人民法院应当依据前述司法解释第25条和第29条的规定计算残疾赔偿金或死亡赔偿金。

（七）关于医疗产品损害责任

1. 因药品、消毒药剂、医疗器械的缺陷造成患者损害的，患者一方可以依据《侵权责任法》第43条及第59条的规定同时起诉产品生产者、产品销售者以及医疗机构要求赔偿。患者一方仅起诉部分责任主体，人民法院可以依被诉责任主体的申请追加未被起诉的其他责任主体为案件的当事人。必要时，人民法院也可以依职权追加当事人。

2. 因输入不合格的血液造成患者损害的，患者一方可以依据《侵权责任法》第59条的规定起诉血液提供机构及医疗机构要求赔偿。患者一方仅起诉血液提供机构或者仅起诉医疗机构的，人民法院可以依血液提供机构或医疗机构的申请追加未被起诉的另一方为案件的当事人。必要时，人民法院也可以依职权追加当事人。

3. 对于医疗产品损害赔偿纠纷案件，患者一方同时起诉缺陷产品的生产者、销售者和医疗机构时，如果患者一方的赔偿请求得到支持，人民法院可以判决缺陷产品的生产者、销售者和医疗机构对患者一方承担连带赔偿责任。不负最终责任的当事人在承担了赔偿责任之后，可以依法向承担最终责任的其他当事人进行追偿。

4. 因输入的血液是否合格引发的损害赔偿纠纷案件，患者一方同时起诉血液提供机构和医疗机构时，如果患者一方的赔偿请求得到支持，人民法院可以判决血液提供机构和医疗机构对患者一方承担连带赔偿责任。不负最终责任的当事人在承担了赔偿责任之后，可以依法向承担最终责任的其他当事人进行追偿。

（八）患者隐私权保护的范围

医疗机构为公共利益而公开患者的疾病资料，不认定构成侵害给患者的隐私权。

（九）关于医疗机构过度检查问题

是否构成过度检查，应由专业的医疗鉴定机构予以鉴定确认。对于过度检查的赔偿数额，应当将因过度检查增加的患者经济负担和因过度检查行为给患者造成的额外的人身损害与治疗原发疾病的费用区别开来。

（十）如医患双方在达成赔偿协议之后，一方反悔并起诉的如何处理

医患纠纷发生后双方自行或在卫生行政治理机构调解下就损害赔偿数额达成协议后已实际履行，一方反悔向人民法院提起诉讼的，人民法院应予以受理；但是，医患双方经卫生行政部门调解或自行协商达成的赔偿协议，具有民事合同的性质，人民法院应当按协议确定赔偿数额，但赔偿协议存在《合同法》第52条和第54条规定情形的除外。

二〇一二年十一月十九日

《关于适用〈中华人民共和国婚姻法〉若干问题的解释(三)》的研究报告

——婚姻财产与离婚损害赔偿相关问题研究

云南省高级人民法院课题组

前 言

近年来,随着经济的发展,社会的进步,人们对于婚姻关系中的财产关系关注更加密切,并且现代社会人们观念更加开放,对自由的向往之心也在增加,我国的离婚率逐年上升。数据显示,2008年全国法院一审受理婚姻家庭纠纷案件共计1,286,437件,2009年为1,341,029件,2010年为13,741,36件,呈逐年上升趋势。2010年全国法院一审受理离婚案件1,164,521件,受理抚养、扶养关系纠纷案件50,499件,受理抚育费纠纷案件24,020件,受理婚约财产纠纷案件24,676件。就我省法院受理的婚姻家庭纠纷案件看,2011年全省法院共计受理婚姻家庭纠纷案件37,973件,2012年共计受理40,088件,在案件数量上也呈现上升趋势。案件中相对集中的反映出婚前贷款买房、夫妻之间赠与房产、亲子鉴定等争议较大的问题,亟须进一步明确法律适用标准。新类型案件的不断出现,现有的法律又无法解决这样的矛盾,这个时候就需要最高法院就如何适用法律做出明确的解释。司法解释的最大意义就是对法律没有明确规定的现象而进行明确、具体的解释,从而保证法院判决的统一性、权威性。在当前高房价、高离婚率的特殊背景下,司法解释的出台非常必要,也非常及时。

2011年7月4日,《最高人民法院关于适用〈中华人民共和国婚姻法〉若干问题的解释(三)》(以下简称《婚姻法司法解释(三)》)由最高人民法院审判委员会第1525次会议通过,自2011年8月13日起施行,这一司法解释的公布在社会上引起了轩然大波,新的司法解释,使我国针对婚姻法的具体实施与执行有了更深一步的标准。对于旧婚姻法没有规定到的内容有了明确的规定,尤其是新婚姻法关于夫妻财产分割方面的新规定,在社会上影响颇大,引起了广泛的讨论。《婚姻法司法解释(三)》的颁布与实施,推动了我国婚姻法的影响,对未来婚姻制度的发展产生重大影响。

婚姻法以及《婚姻法司法解释(三)》中涉及的婚姻家庭法律关系多样而复杂,其中的财产关系随着社会经济的发展,被愈加重视,人与人的关系愈加平等,每个人都成为一个独立的个体,对于婚姻关系中个体的财产问题也被重视起来,而伴随着《婚姻法司法解释(三)》的出台,夫妻关系成立前的婚前财产以及婚后的共同财产的划分也愈加明朗。另外,离婚损害赔偿也是近年来在离婚纠纷中所面临的新问题,如何界定损害的发生,如何确定赔偿标准,是司法实践面临的难点。

本课题组通过大量的数据收集、案例分析以及与基层法院沟通交流的方式,选取了《婚姻法司法解释(三)》中所涉及的婚姻财产相关问题和离婚损害赔偿相关问题进行专题调查研究,并对司法实践中遇到的难点、热点问题进行了分析和探讨。期待在通过课题研究对理论问题进一步厘清的基础上,同时达到对审判实践起到实际帮助和指导的目的。

专题一 婚姻财产相关问题研究

婚姻法在众多部门法中应该是与民众日常生活关系最为密切的法律之一,就其基本性质而言是身份法,而不是财产法。在男女因婚姻成立产生的权利义务关系中,财产关系虽然是身份关系的派生物,但在现代社会中,随着男女平等思想的深入人心和个人自主意识的不断加强,婚姻家庭法中关于财产关系的规定发挥着越来越重要的作用,在婚姻家庭关系中占据的地位日益重要。

自1950年我国第一部婚姻法推出以来一直到之前最新的《婚姻法司法解释(三)》的出台,我国的婚姻法先后经过了几次大的变动,但是从这些变动中我们发现,每一次的变动都是在不断促进夫妻平等,注重对家庭弱势一方的保护。《婚姻法司法解释(三)》重新规定了我国现行的婚姻财产制度的一些具体内容和细节，也使越来越多的百姓和媒体将焦点再次对准了新的夫妻共同财产制度。从本次新发布的《婚姻法司法解释（三）》规定的夫妻财产制度来看，其内容十分丰富，为我国此前在过去一些法律空白以及空缺方面弥补了之前《婚姻法司法解释（一）》和《婚姻法司法解释（二）》的一些不足之处，也对老百姓时下非常关心的房屋的归属权的问题做了很好的解释和明确。当然，这次新推出的《婚姻法司法解释（三）》中依然存在许多需要探讨的问题。进一步解决此类问题，对我国的民事审判和社会实践生活，都具有相当重要的意义。

一、婚姻财产制度基本理论

（一）婚姻财产制度的概念

所谓婚姻财产制度，又称为夫妻财产制度，是婚姻财产关系在法律上的一般表现形式，从广义理解，是关于婚姻财产制度的设立、变更、终止，婚前财产和婚后所得财产的归属、管理、使用、收益、处分，家庭各种生活费用的负担，夫妻对外债务的清偿，婚姻关系终止时夫妻之间财产的清算和分割等制度的总和。狭义上讲，仅是规定婚姻关系存续期间夫妻财产关系的相关制度。这里所称的财产，既包括积极的财产，也包括消极的财产，即债务。

（二）婚姻财产制度的特征

婚姻财产制度是婚姻关系的重要内容，这项制度设立的是否完备，是关系男女平等，婚姻生活是否圆满，纠纷能否公平解决，是否符合社会经济的发展等的重大问题。婚姻财产制度有如下几个特征：

1. 婚姻财产所有权的主体只能是具有婚姻关系的夫妻双方。由此决定了夫妻任何一方不能单独成为婚姻共同财产的所有权人，没有合法婚姻关系的男女双方也不能作为夫妻共同财产的所有权人。

2. 婚姻财产所有权的取得时间是婚姻关系存续期间，即合法婚姻从领取结婚证之日起到配偶一方死亡或离婚判决未生效的期间，为婚姻关系存续期间。

3. 婚姻财产的来源包括夫妻双方或一方所得的财产，但另有约定或法律另有规定属于个人特有财产的除外。如果婚前已经取得某项财产所有权，即使该财产在婚后才实际占有，该财产仍不属于夫妻共同财产。相反，如果婚后取得某财产权利，即使婚姻关系终止前未实际占有，该财产也属于夫妻共同财产。

（三）婚姻财产制度的分类

一个国家采取何种婚姻财产制度立法模式与类型既受自身立法传统、风俗习惯及思想文化因素的影响，又与社会发展、家庭结构变化乃至夫妻各自的独立紧密相连。因此，各国在对婚姻财产制度的规定各不相同。按照不同标准，从不同角度出发，婚姻财产制度可以进行多种分类：

1. 按各国关于婚姻财产的立法形式来划分，有法定财产制和约定财产制两种类型。（1）法定财产制，就是指法律明文规定适用婚姻财产制的形式。具体来说，即指在夫妻婚前或婚后均未就夫妻财产关系作出约定，或所作约定无效时，依法律规定而直接适用的婚姻财产制度。如我国台湾地区采用联合财产制为法定财产制，日本采用分别财产制作为法定财产制，德国民法中采用剩余共同制为法定财产制。（2）约定财产制，是相对于法定财产制而言的，是指法律允许夫妻双方以协议的方式确定适用的财产制的形式。现今大多数国家都允许夫妻缔结财产契约，如英国、法国、日本、瑞士等国家，许多国家的立法中都规定了约定财产制具有优先于法定财产制适用的效力。

2. 按婚姻财产制的内容，可分为统一财产制、联合财产制、共同财产制、分别财产制与妆奁制。在各国有关夫妻财产制的立法中，它们有的被作为法定财产制直接适用，有的被作为约定财产制供选择适用。（1）统一财产制，是指建立在夫妻一体主义理论基础上的财产制。即指除特有财产外，将妻子的原有财产估定价额，转归其夫所有，妻子保有对估价金额的返还请求权。这种财产制带有浓厚夫权主义色彩，多为早期资本主义国家民事立法所采用，如1804年拿破仑民法典将其作为约定财产制度的一种予以规定。瑞士民法典也将其附加规定于联合财产制中作为约定财产制的一种。由于统一财产制使已婚妇女丧失其财产的所有权，有悖于男女平等原则，这种制度在今天已经没有存在的价值，因此现代国家和地区已经少有采用，如1996年台湾地区“民法典”修正时删除了统一财产制。（2）联合财产制，又称管理共同制、收益管理制，是指除特有财产外夫妻各保有其财产所有权，但双方财产联合一起由夫管理。这种制度从夫妻别体主义出发，承认丈夫对妻子的财产有管理和收益的权利，已经开始注重妇女权益，将就男女平等，因而较之于统一财产制而言有明显进步，但夫妻财产地位仍然非常不平等。瑞士民法典中称之为夫妻财产合并制，我国台湾地区的“民法”采用其为法定财产制。（3）共同财产制，是指婚后除特有财产外，夫妻的全部财产或部分财产依法合并为夫妻共同共有财产，夫妻共同行使权利与承担义务，婚姻终止时加以分割的财产制度。共同财产制符合婚姻生活共同体的本质特征，有利于保障夫妻中经济能力较弱一方的权益，实现夫妻家庭地位上事实的平等。20 世纪以后,该制度风行全世界,不仅大陆法系多数国家和地区把夫妻共同财产制作为法定夫妻财产制,而且在英美法系国家也在契约财产制中增设了共同财产制。依照共有范围的不同,可分为一般共有制、婚后所得共同制、动产及所得共同制、劳动所得共同制、剩余共同制等多种形式。这些形式被世界上不少国家分别采用,如我国采用婚后所得共同制为法定财产制,德国民法中采用剩余共同制为法定财产制,一般共同制列为约定财产制等。(4)分别财产制,是夫妻独立财产制,即指夫妻双方婚前财产及婚后所得财产全部归各自所有,并各自行使管理、使用、收益和处分权。该制度不排斥夫妻一方将其财产以契约形式交另一方管理,也不排斥双方有共同财产。该制度起源于英国,英美法系的多数国家以及大陆法系的少数国家,以此制度为法定财产制,也有部分国家将其作为约定财产制供选择。此外,日本、我国香港特区和台湾地区也都有此规定。由于这种制度充分肯定了已婚妇女的个人财产权利,对夫妻财产关系的处理,迎合了民法的自由、平等、独立的理念,因而具有积极的意义。然而,就实际情况而言,妇女的经济收入大多低于男子,同时女方在家庭生活中往往承担了较多的义务,而在法律上男方仅仅负有扶养责任,这就可能造成实际上的不平等。所以一些实行分别财产制的国家引入共同财产制的因素,以弥补其缺陷。(5)妆奁制,是关于妆奁的提供、所有、管理、处分、收益及返还等的法律制度。妆奁又称嫁资,即妇女因结婚而陪嫁到夫家的财产。妆奁制影响深远,近现代许多资本主义国家,如法国、德国、巴西、意大利等,曾经或仍在法律中规定妆奁制。

3. 按婚姻财产制的适用情况不同,对婚姻法定财产制可作通常法定财产制与非常法定财产制的分类。(1)通常法定财产制,是指在通常情况下,婚姻当事人双方无约定时依照法律的直接规定而适用的财产制。大多数国家的法定财产制即属于此类,我国的婚姻法中就有此类法定财产制的规定(见《婚姻法》第 19 条第 1 款规定)。(2)非常法定财产制,是指在特殊情况下,当出现法定事由时,依据法律的规定或经夫妻一方的申请由法律宣告,撤销原依照法定或约定设立的共同财产制改设为分别财产制。该制度是对通常法定财产制的必要补充。

二、我国婚姻财产制度的现状

目前,我国处于社会转型时期,我国的法院承担着特殊的社会功能和使命,然而,由于立法的压力和创制能力的严重不足,把法院推到了法律发展甚至创制的前沿,大量亟待解决的涉及利益平衡和价值选择的法律问题,本来应当是由立法者妥善解决,但由于经验不足和事件急迫使立法者往往难以决断,不得不把这些问题委托给司法解释,或者是把相当原则的法律条文留给司法解释进行细则化的填充。由此,在研究婚姻财产制度时,也必须对中华人民共和国最高人民法院出台的相关司法解释进行研究。

我国现行的调整婚姻家庭关系的法律性文件是 2001 年 4 月 28 日通过的《中华人民共和国婚姻法》修正案即我们通常所说的"新婚姻法",其中关于婚姻财产制的规定集中体现在第 17 条、第 18 条、第 19 条以及第 39 条、第 40 条、第 41 条和第 47 条。相关司法解释主要有:2001 年 12 月 24 日最高人民法院颁布施行了《关于适用〈中华人民共和国婚姻法〉若干问题的解释(一)》(以下简称《婚姻法司法解释(一)》);2003 年 12 月 25 日颁布、2004 年 4 月 1 日最高人民法院施行的《关于适用〈中华人民共和国婚姻法〉若干问题的解释(二)》(以下简称《婚姻法司法解释(二)》);自 2011 年 8 月 13 日起施行由最高人民法院审判委员会于 2011 年 7 月 4 日第 1525 次会议通过的《婚姻法司法解释(三)》。这些规范性法律文件中关于各种夫妻财产关系的设立、变更和废止,夫妻婚前财产和婚后所得财产的归属、管理、使用、收益、处分以及实施生活费用的负担,夫妻债务的清偿,婚姻解除时夫妻财产的清算和分割等问题的规定,共同组成了我国现行的婚姻财产制度。在解决某一具体的婚姻财产问题时,必须将上述法律文件结合起来进行考虑。

(一)法定财产制

2001 年《婚姻法》修正案中第 17 条规定实际上体现了我国仍坚持以有限制的婚后所得限定共同制为我国法定财产制的基本模式。我国法定婚姻财产制的选择是合理的。有限制的婚后所得共同制符合我国民众关于婚姻家庭的主流观念意识,与我国现阶段的社会状况基本适应;与其他婚姻财产制度相比,婚后所得共同制更能体现现代社会追求实质正义的价值理念;同时,婚姻财产关系是兼有财产性和人身属性的特殊的社会关系,而婚后所得共同制适应婚姻财产制调整对象即婚姻财产关系的特殊性的要求。可以说,婚后所得共同制既尊重了我国关于婚姻家庭关系的传统,又符合现代社会自由平等的法治理念的要求,是与我国现阶段国情相适应的婚姻财产制,将其作为我国的法定财产制自有其合理性。

夫妻共同财产范围的明确对于实践中适用婚姻财产制度具有重要的意义。我国婚姻财产制度并不是规定在同一的婚姻财产法律中,而是存在于婚姻法及相关司法解释中,《婚姻法》第17条和《婚姻法司法解释(二)》第11条确定夫妻共同财产的范围有:(1)工资、奖金;(2)生产、经营的收益;(3)知识产权的收益;(4)除遗赠或赠与合同中明确声明只归夫或妻一方所有的财产以外的继承或赠与所得的财产;(5)一方以个人财产投资所得的收益;(6)男女双方实际取得或者应当取得的住房补贴、住房公积金;(7)男女双方实际取得或者应当取得的养老保险金、破产安置补偿费。至于《婚姻法司法解释(三)》中更多的关注的是离婚时夫妻共同财产如何分割更加有效,其中第5条规定又将《婚姻法司法解释(二)》中规定的属于夫妻共同财产的范围进一步限定为除"孳息和自然增值外"。

法定财产制明确了夫妻双方对于夫妻共同财产享有平等的处理权。这是夫妻双方在婚后所得共同制的基础上享有的体现男女平等的一项重要权力,虽然《婚姻法》第17条规定的过于笼统,没有明确何为平等的处理权。在《婚姻法司法解释(一)》中有了较为详细的解读。《婚姻法》第17条关于"夫或妻对夫妻共同所有的财产,有平等的处理权"的规定,应当理解为:(1)夫或妻在处理夫妻共同财产上的权利是平等的。因日常生活需要而处理夫妻共同财产的,任何一方均有权决定。(2)夫或妻非因日常生活需要对夫妻共同财产做重要处理决定,夫妻双方应当平等协商,取得一致意见。他人有理由相信其为夫妻双方共同意思表示的,另一方不得以不同意或不知道为由对抗善意第三人。

(二)约定财产制

2001年《婚姻法》修正案中第19条规定体现的是约定财产制的内容。在我国,约定财产制是允许夫妻双方从分别财产制、共同财产制等婚姻财产制中选择适合双方的类型作为处理夫妻财产纠纷的依据,是现代社会当事人意思自治原则的具体贯彻,是对现代社会夫妻双方自由和人权尊重的体现,是值得肯定的进步。约定财产制,是相对法定财产制的称呼,指夫妻双方可以约定婚姻关系存续期间以及婚前财产归各自所有、共同所有或部分各自所有、共同所有。从法律条文的规定来看,我国法律对当事人选择婚姻财产作出限制,也就是说我国婚姻法中规定的约定财产制属于选择式的约定财产制。约定财产制的实现需要以夫妻双方有书面的"夫妻财产约定协议书"为要件,并且协议书符合生效要件后具有排除法定财产制即婚后所得共同制的优先法律地位。

对于"夫妻财产约定协议书"可以涉及的财产的范围我国婚姻法采用概括的列举的方式,将凡属于夫妻双方可以处分的所有财产都囊括在可以约定的范围之内。从时间上看,不仅包括婚姻关系缔结之前,夫妻双方各自享有所有权的所有财产,也包括婚姻关系登记后,婚姻关系存续期间,夫妻双方通过诚实劳动所取得的合法财产;从财产的形式上看,我国婚姻法并没有将可以约定的财产限定为现金形式或者物的形式,民法中无限制即自由的原则告诉我们,夫妻双方约定涉及的财产不仅可以是作为婚姻生活必须的房子、家具等实物形式的财产,不仅可以是工资、奖金等现金形式的财产,也可以是具有现金价值的股票、期货、债券等属于权利性质的有价证券,甚至还可以涉及即将取得的知识产权收益。这种规定不仅从法律上确定了约定财产制的合法地位,而且也给予当事人约定自由的尊重和最大的意思自治权利,可以说,婚姻法对于约定则一产制涉及财产范围的规定是合理的。

我国约定财产制是可选择性的约定财产制,具体的婚姻财产制的种类限定在分别财产制、共同财产制和前两者的混合财产制这三种范围之内。前文在论述约定财产制时,曾经提到过,各国对约定财产制可以选择的婚姻财产制的类型有的限制较为多,有的限制较为少,以此为标准分有可选择的约定财产制和自由的约定财产制两种类型。我国采用前者体现了我国婚姻法中的婚姻财产制度在充分尊重当事人意思自治的基础上实行国家和社会的必要管制。之所以采取这种模式是因为国家管制和公权力对当事人自治与自由行使权利具有保障与补充的作用。夫妻双方在婚姻法规定的约定财产制范围内进行约定,就能保证"夫妻财产约定协议书"的内容符合公共秩序和善良风俗的基本要求,因此,为维护婚姻家庭关系稳定与和谐,在约定婚姻财产制度这个问题上,必须采取有节制的体现意思自治原则和适度的干预相结合的手段。正是基于这个理念,我国关于约定财产制的规定才采取了有选择的约定财产制的模式。我国立法上明确规定分别财产制、一般共同财产制和混合财产制三种作为可供夫妻双方约定选择的婚姻财产制。分别财产制,即婚前财产和婚姻关系存续期间所得的财产,一律归各自所有,双方不存在共同财产;一般共同财产制,即婚前财产和婚后所得财产,全部约定为夫妻共同所有,双方不保留任何的个人所有财产;混合财产制,顾名思义,是前两种形式的混合,即婚前财产和婚姻关系存续期间所得财产,部分归各自所有,部分归共同所有。

此条规定的第三款体现了约定财产制的法律效力。约定婚姻财产制的法律效力主要包括对内效力(夫妻财产约定协议书对于当事人双方也就是夫妻双方的法律效力)和对外效力(因婚姻财产与第三人发生法律关系时约定采用的分别财产制是否可以对抗该第三人的问题)。关于对内效力,夫妻双方基于意思自治的原则,约定特定的婚姻财产制对于自己发生法律上的拘束力,这种选择,不论在任何情况下,对夫妻双方当事人都应当是有效的,这也就是法条第 19 条"夫妻对婚姻关系存续期间所得的财产以及婚前财产的约定,对双方具有约束力"表达的意思。而从法条"夫妻对婚姻关系存续期间所得的财产约定归各自所有的,夫或妻一方所负的债务,第三人知道该约定的,以夫或妻一方所有的财产清偿"的规定来看对第三人是否发生法律效力主要以第三人是否知情为区别界限:第三人知情,则可以作为抗辩的理由,反之,则不能对第三人发生法律效力。之所以将"夫妻财产约定协议书"的对外效力以第三人是否知情作为发生或不发生效力的依据主要是基于理性的社会人应当对自己的行为承担法律责任的法理。假设约定实行分别财产制的夫妻一方与第三人发生财产关系时,第三人明知这对夫妻之间的约定,我们就可以推定,该第三人同意其相对人以自己的财产即分别财产制中属于这个相对人的婚姻财产作为他们之间财产关系的担保,在请求这个相对人履行其义务时,不能涉及该第三人明知的不属责任财产范围内的婚姻财产,这是符合社会常理的推断,否则,就会造成混乱。

约定财产制具有优先于法定财产制的法律地位。夫妻财产约定协议书中选择的具体的婚姻财产制可以排除法定的婚后所得共同制的适用,只有在没有约定或者是约定不具有法律效力的情况下才能适用法定财产制。

(三)个人特有财产

新世纪新形势下,夫妻财产关系多元化、复杂化不可避免,越来越多的财产与人身、身份、生活等不可分割,这些财产有的具有严格人身性质,有的是一方从事工作所专用的,有的价值很小却具有特殊意义,如果将上述财产全部强制性的纳入夫妻共同财产的范围,实行共同所有的制度确有不妥。为使夫妻双方尽量保持个人生活的连续性与完整性,才确定了个人特有财产制。2001 年新《婚姻法》第 18 条规定是我国婚姻法中关于个人特有财产的规定,是在我国的婚姻财产制度中引进了个人特有财产制度的相关规定,填补了一项法律空白即引进个人特有财产制度。将个人特有财产制、法定财产制、约定财产制并列讨论时要强调的是个人特有财产制度并不是与法定和约定财产制并列的一类财产制度,而是因为不论是根据法定产生的共同财产制(具体为婚后所得共同制),还是根据当事人的约定产生共同财产制中,都会发生个人特有财产制的适用,这主要是由个人财产制本身所决定的。

个人特有财产,是指实行个人财产制时依据法律的规定或者夫妻双方的约定,夫妻保有所有权的财产。由上文中讲到的个人特有财产制的定义可以看出,个人特有财产制与共同财产制在调整夫妻财产关系时是相辅相成、共同发挥作用的,后者是前者适用的前提,前者是对后者的必要限制。

关于个人特有财产制需要特别关注的问题是特有财产的范围,根据共同财产制产生的原因不同,相应的个人特有财产的范围也有所不同:夫妻双方当事人因法定适用共同财产制时要实行个人特有财产制的特有财产的范围如下:(1)一方的婚前财产。这是目前世界上多数国家的通常做法,我国的规定与世界潮流相互一致;(2)一方因身体受到伤害获得的医疗赔费、残疾人生活补助等费用。这部分财产之所以属于特有财产的范围,主要是由于其与夫或妻一方身体损伤相关联,且主要是对身体恢复的保障,甚至有些时候,是受损伤的一方以后的生活保障,理应起到其应有的作用而不纳入到夫妻共同财产的范围,只能成为个人特有财产的一部分;(3)遗嘱或赠与合同中确定只归夫或妻一方的财产。以遗嘱确定只归夫或妻一方为例,这主要是对立遗嘱人权利的保护,在我国,具有民事行为能力的人都可以通过遗嘱的方式来确定自己遗产的处理,这是每个中国公民的权利,法律体系的内在逻辑性和一致性决定了婚姻财产制度的规定要尊重立遗嘱人渴望将自己遗产留给夫或妻其中一方的遗愿;(4)一方专用的生活用品,个人专用的生活用品是指满足个人日常生活所需的必要物品,例如化妆品、个人的衣物、提包、残疾人使用的轮椅或其它辅助器械等。这些物品对夫妻另一方而言没有使用的价值;(5)其他。

对于夫妻双方因约定而选用共同财产制时,特有财产的范围就不限于新《婚姻法》第 19 条规定的内容。以第 19 条规定中的第 1 项,即婚前所得财产为例,夫妻双方实行约定财产制时,可以约定婚前所得财产归双方共有,也就是说,在适用约定财产制下的共同财产制时,应当将婚前所得财产排除在个人特有财产范围之外。由此可以看出,在因约定而适用共同财产制时,个人特有财产范围的确定要根据夫妻财产约定协议书中的具体约定,来确定某项财产到底是不是属于个人特有财产的范围。

三、《婚姻法司法解释(三)》对婚姻财产的规定及其评析

随着社会生活不断发生变化,新问题、新情况层出不穷，对婚姻家庭案件纠纷的审理必然会遇到需要解决的新问题。而这次新出台的《婚姻法司法解释（三）》在某种程度上为我们当下最关心的房产归属问题、夫妻之间共有财产的界定作了最新的解释，虽然有些部分与过去的《婚姻法司法解释（一）》和《婚姻法司法解释（二）》有些地方出入较大，但是这次的《婚姻法司法解释（三）》很好地将过去在婚姻法中存在的某些法律上的盲点进行了适当的补充，并且新的司法解释很好地适应了时代的变化，关注了民生民情，对夫妻双方维护婚姻的稳定以及双方个人的合理权益无论是经济上的权益还是人身权益都做了不同程度的完善，对维护社会的稳定、家庭的和谐等方面，有着显著效果。而且《婚姻法司法解释（三）》在很多条例中也很好地与《物权法》、《继承法》以及《合同法》等我国相关法律相融合，避免了各个法律法规之间的矛盾。《婚姻法司法解释（三）》对于具体问题的具体规定也受到了基层民事法官的好评。当然，《婚姻法司法解释（三）》发布至今在有些方面也受到国内外众多学者和妇女同志的批评，但是这也从另一个方面很好地体现了人们现在对于夫妻共同财产方面法律知识的关心，以及对婚后自我财产的保护意识的加强。

（一）明确父母出资购房的产权归属

随着房价的一路上涨，房产的婚后归属权问题越来越成为我们现在结婚新人以及他们父母最关心的问题。相对于过去的《婚姻法司法解释（二）》而言，最新出台的《婚姻法司法解释（三）》又重新做了规定，即夫妻一方父母为出资为夫妻购买的婚房，若没有在产权证上写上另一方的名字，则此房屋归出资方父母的子女所有。也就是说，《婚姻法司法解释（三）》出台后房产在双方离婚时若进行分割，其是以房子的产权证上的名字以及具体出资者（男方父母、女方父母或是双方父母出资）为主要依据，而并非像过去婚后无论哪方父母购置的房屋均为夫妻共同财产。此外，若此房产的购买由夫妻双方各自的父母共同出资购买的，那么房产的最终归属问题则根据双方父母的出资比例来进行等额的分配。同时在夫妻双方离婚后，房产的增值部分也同样根据夫妻双方父母的出资情况进行一个等额的分配。显然，《婚姻法司法解释（三）》很好地保全了出资方的利益，但是同时在某种意义上也损害了另一方的利益。毕竟房产是一个大物件，并且在我国的许多城市中往往是男方出钱买房，而女方则负责房屋的装修、家具以及大型家电的购买，可是一旦双方离婚，很可能让出资购房的一方受到益处，而另一方则可能仅仅是获得少额的补偿，并且可能无家可居。笔者认为，《婚姻法司法解释（三）》很好地考虑到了房产赠与者即结婚当事人的父母的意愿。面对如今的高房价，一般而言，一对刚结婚的年轻夫妻若是想要在我国的一二线城市购买一套地段和面积都处于中档的房子是非常困难的，因此，便出现了很多的父母为子女出资购买房屋这一现象。当一方父母为其子女购买房产时他们的意愿是将房产赠与其子女而非女婿或是媳妇，《婚姻法司法解释（三）》也正是基于这一点，才做了新的规定，这很好地维护了出资者的利益，并且与继承法的精神相一致。

（二）爱情回归理性和纯粹

如今社会上的年轻人流行闪婚族、闪离族、毕婚族等快餐式的婚姻方式，而《婚姻法司法解释（三）》在一定程度上很好地让爱情回归理性，变得更纯粹。当前财产意识正在一点点侵蚀着“两情相悦”的感情空间，新的司法解释彻底打破了这种“自己好不如嫁得好，嫁得好不如傍得好”的迷梦。从今天起，不再为了房子而结婚，《婚姻法司法解释（三）》给被房子挤压得变形的婚恋观，留下了一个喘息的机会。《婚姻法司法解释（三）》始终在强调婚姻法中的一个重要原则，即法律其实在鼓励夫妻双方在婚姻存续期间共同经营婚姻，而且鼓励以一种理性清醒的形式面对结婚和离婚。对拥有婚前财产的人而言，比之财产公证等，结婚时无疑将更有安全感；对那些变相买卖婚姻或视婚姻为筹码的人来说，则彻底丧失了可能性；而只有那种踏实经营婚姻的爱侣型婚姻才能相濡以沫、感情长久。并且《婚姻法司法解释（三）》的颁布将避免婚姻双方除感情以外的其他附加因素，颠覆大部分人没房不结婚的传统观念，对傍大款、分房产等一些畸形的婚恋行为产生冲击，有助于树立正确的婚恋观，力求让现在的年轻人对于自己爱情观的建立能够从感性趋于理性，从过去的更加注重另一方的经济实力转变为更注重另一方的个人因素。只有家安定了，我们的社会才能真正地稳定与和谐，我国的经济建设才能更好地向前发展和推进。

（三）婚内共同财产分割制度

《婚姻法司法解释（三）》第4条“婚姻关系存续期间，夫妻一方请求分割共同财产的，人民法院不予支持，但有下列重大理由且不损害债权人利益的除外：（一）一方有隐藏、转移、变卖、毁损、挥霍夫妻共同财产或者伪造夫妻共同债务等严重损害夫妻共同财产利益行为的；（二）一方负有法定扶养义务的人患重大疾病需要医治，另一方不同意支付相关医疗费用的”。此解释创立了婚姻法的一种新制度——婚内共同财产分割制度。婚内共同财产分割是指在不解除夫妻双方婚姻关系的前提下,对夫妻共同财产进行分割的一项制度,旨在解决婚姻存续期间双方的财产纠纷,以保护在夫妻关系中处于弱势一方的合法权益。因此一旦确立了婚内分割财产制度,在符合一定条件的情况下,弱势方不用以婚姻破裂为代价,在婚内直接起诉要求共同财产分割,从而保护自己的财产不受损失。这个条款可以保护夫妻间在经济上处于弱势的一方,尤其是长年担任家庭主妇的女性面临被动离婚的困境时,有了很好的救济渠道,她们完全可以提起夫妻婚内请求财产分割之诉。

四、婚姻财产相关问题中对《婚姻法司法解释(三)》的法律适用疑难问题研究

(一)按揭房离婚时的归属问题

对于夫妻购买按揭房屋在离婚时的不动产归属问题,在《婚姻法司法解释(三)》出台前,无统一的规定,而各地高院又出台了不同的解释或补充细则,造成了全国同案不同判决的现象。上海高级法院在其《〈婚姻法司法解释(二)〉若干问题的解答》中指出,夫妻一方婚前以个人财产购买房屋,并按揭贷款,产权证登记在自己名下的,该房屋仍为其个人财产。该规定并没有将产权证取得的时间作为判断是否为一方财产的标准。而江苏省高级人民法院在《关于适用〈中华人民共和国婚姻法〉若干问题的讨论纪要征求意见稿》做出了截然不同的规定。其认为对于一方婚前购买又婚后偿还的按揭房,产权证在婚后取得的,无论登记在一方名下或另一方名下,都应当认定为共同财产;产权证在婚前取得的,如果登记在一方名下,应认定为个人财产。对此问题的纷纷争议,《婚姻法司法解释(三)》给出了最高人民法院权威的解答。《婚姻法司法解释(三)》第1条规定,夫妻一方婚前购买不动产,支付首期款并登记在首付方名下,婚后用夫妻共同财产还贷的,离婚时该不动产由双方协议处理。不能达成协议的,人民法院可以判决该不动产归产权登记一方(即首付方),尚未归还的贷款为产权登记一方的个人债务。但《婚姻法司法解释(三)》并未对其他按揭房归属问题做出进一步的规定,笔者将在下文中加以分析论述。

1. 婚后按揭购房的权属确定

婚后夫妻以共同财产按揭购房,办理登记并以婚后所得还贷,这是夫妻不动产分割中最简单的一种情况。根据法定财产制,婚后用共同财产购买不动产即使登记在一个人名下也应当成为夫妻共同财产。《婚姻法司法解释(二)》第19条规定,一方婚前承租、婚后用共同财产购买的房屋,即使房屋权属证书登记在一方名下的,还是认定为夫妻共同财产。本条文的立法精神在于法院确定婚后购置的按揭房在离婚时应先适用婚后置业属夫妻共同财产的司法准则,除非有相反的证据。

夫妻一方以婚前个人财产,婚后按揭购买房屋并登记在个人名下,将婚前动产价值固定为不动产价值,这属于夫妻一方婚前个人财产的价值转化,显然应当归于一方所有。夫妻一方首付后与银行签订按揭合同而负担的还款债务因为是基于购买不动产行为产生,合同主体为不动产登记方且抵押物为个人不动产,所以按揭还款债务应为个人债务由个人负担。一方配偶负担还款的部分在离婚时应按实际金额由不动产所有人一方给予相应的补偿。夫妻一方以婚前个人财产婚后按揭购买房屋并登记在双方名下,可视为出资方对配偶一方的财产的赠与并已通过物权登记行为实际履行,该不动产属于夫妻共同财产,按揭款属于夫妻共同债务,离婚时不动产由夫妻共同所有并均等分割。

2. 婚前购房的权属确定及补偿

(1)婚前夫妻一方以个人财产按揭购房并登记在一人名下

婚前一方签订房屋买卖合同以及贷款合同,领受房屋并将产权登记在自己名下,同时符合《婚姻法》婚前取得财产以及《物权法》物权登记有效的规定,应当认定为该房屋为个人财产。虽然购买人与银行签订按揭贷款合同并办理了抵押登记,但并没有改变不动产的权属关系,银行只是作为借款人与贷款方构成债权债务关系,对该不动产只拥有抵押物权,并无所有权。而该不动产作为该方个人财产的价值自然转化形态,显然应当归于一方所有,按照合同相对性的原则,婚后贷款偿还义务应由购买人负担。《婚姻法司法解释(三)》第10条明确规定,夫妻一方婚前签订不动产买卖合同,以个人财产支付首付款并在银行贷款,婚后用夫妻共同财产还贷,不动产登记于首付款支付方名下的,离婚时不能达成协议的,人民法院可以判决该不动产归产权登记一方,尚未归还的贷款为产权登记一方的个人债务。双方婚后共同还贷支付的款项及其相对应财产增值部分,由产权登记一方对另一方进行补偿。上述规定很好地解决了婚前购买不动产并登记一方名下的不动产归属问题,以物权登记发生效力时间代替房产证取得的时间作为划分按揭不动产归属于婚前个人财产或婚后夫妻共同财产的标准,保护夫妻双方的个人财产权利的实现。一方在婚前已经通过首付款加银行贷款的方式向房地产公司支付了全部购房款,买卖房屋的合同义务已经履行完毕,房地产商交付不动产和购房者交付房款的两个债权行为和该不动产登记在购房者名下的物权行为均已完成，不动产作为不动产所有权的权利客体在婚前婚后并未发生变化，离婚时不能归属于夫妻共同财产予以分割，故离婚时应将按揭不动产认定为一方的个人财产。婚前一方与银行签订抵押贷款合同，银行是在审查其资信及还款能力的基础上才同意贷款的，其属于法律意义上的合同相对人，故离婚后应由其继续承担还款义务。但如果婚后另一方配偶负担部分还款义务，为不动产增值支付相应的对价，应考虑配偶一方参与还贷实际情况，可认定其对相对应不动产增值部分付出了协力或贡献，离婚时在确定不动产归属于产权登记一方的前提下应对另一方作出公平合理的补偿。但从另一个角度看，婚后一方承担了另一方婚前按揭房的还款义务，对于维护房屋的所有权现状具有积极意义，降低了因还贷不力银行就该房屋行使抵押权的风险，而且夫妻一方在家庭分工中做出的贡献应在不动产价值中直接体现。同时夫妻一方还款时意味着还款资金失去了循其他途径增值的机会，所以《婚姻法司法解释（三）》第10条在规定不动产归婚前登记方的同时应确定只要配偶一方为按揭还款支付的物质或非物质的对价就应拥有共享增值的权利，这样既关注物权转移，又重视婚姻的特殊性，无论是从价值导向还是从结果公平的角度看，都更为合理。所以在具体适用中，考虑到婚姻共同生活体的整体利益与作为个体的夫妻各自利益之间的关系，以及非买受人在共同生活过程中对买受人所购置的不动产有形和无形的贡献，对两个利益主体各自的利益都应有所兼顾，所以在确定配偶一方是否负担部分还款义务时应按婚后所得财产共同制推定夫妻双方婚后已负担共同还款义务，并对按揭款占购买总价的不动产份额部分的增值具有直接贡献，可以直接将按揭款的一半份额及按揭款对应增值部分的一半份额归属于登记方一方的配偶所有。不动产登记方如举证证明按揭款是由其一人负担，配偶并未付出协力，则认定房屋的增值是房屋本身的市场价值变化所致，而无其他因素参与，离婚时按揭款份额及增值部分归属于产权登记一方。

（2）婚前夫妻一方以个人财产按揭购房，婚后登记在一人名下

笔者认为，婚前一方签订房屋买卖合同，以个人财产支付房屋首付款并以个人名义签订按揭贷款合同，婚后才取得不动产登记，这种情况与婚后一方以婚前个人财产按揭购房并登记情况是一致的，无论是婚前还是婚后取得登记，购房人为不动产支付的对价来源于个人私有的财产，权利人无论在何时行使处分权都不影响财产的权利归属。正如最高人民法院的法官所言：一方用婚前个人积蓄在婚后购买的有形财产归属问题，由于这只是原有价值形态发生了变化，其价值取得于婚前，即所谓“万变不离其宗”，故应认定为一方的财产。故非产权一方在离婚时无权要求该不动产归属，但如果其参与共同还贷，则可要求适当的补偿。

（3）婚前夫妻双方共同出资按揭购房，登记在一方或双方名下

登记在双方的情况下，因购买不动产并登记事实发生在双方未缔结婚姻身份关系之时，按照《物权法》第103条家庭关系外的共有应视为按份共有，所以该不动产应认定为是夫妻双方按份共有财产。双方对银行贷款负有按份额比例的清偿义务。

登记在一方名下的情况下，因购买不动产发生在双方是一般民事主体关系之时，且其中一方的出资未体现在物权登记上，按照《物权法》的规定应属于登记一方个人财产。从银行作为债权人的角度看，签订贷款合同仅为一方，抵押物也是登记在一方名下的，银行对于购买方拥有全部产权的信任提供贷款，如果将该不动产认定为夫妻共同财产，银行作为贷款人的权益将无法得到全额保障。此外，如果发生“断供”，银行行使抵押权的情况，按照债权清偿顺序，银行有抵押权的债权应得到优先受偿，而未出资方的出资只能在银行债权全额清偿后才能得到进行相应的主张。贷款顺利清偿后双方离婚时，未登记一方也应对该不动产归属共同财产承担较高的举证责任，必须举证证明其对购买行为支付了对价，而且不是借贷及赠与，否则应承担举证不能的不利后果，只能以债权债务关系处理。

（二）产权取得时间影响不动产归属问题

《物权法》规定的不动产登记制度，正在冲击已形成的“夫妻共同财产制”的司法惯势。《物权法》第9条规定，不动产物权的设立、变更、转让和消灭，经依法登记发生效力，未经登记不发生效力，但法律另有规定的除外。据此，除法律另有规定外，不动产未登记，不发生物权变动效力。《物权法》第16条、第17条进一步规定了物权权属人的确定问题，不动产登记簿是物权归属和内容的根据，除有相反证据证明不动产登记簿确有错误时，法律应认定记载于不动产物权登记簿的人是该不动产的权属人。也就是说，在离婚纠纷中确定不动产归属时，不动产登记簿上的记载对于夫妻享有份额多少的确定是一项具有决定性的证据。所以不动产登记原则上是不动产物权的法定公示手段，也是不动产物权依法获得承认和保护的依据。在司法实务中，不动产的产权取得时间直接影响到不

动产归属于夫妻个人财产还是夫妻共同财产,笔者以下就对婚前购买婚内取得产权及离婚时仍未取得产权两种情况不动产归属进行论述。

1. 婚前夫妻购买的不动产婚后取得产权离婚时的归属问题

按照物权法物权登记生效的规定,明确是以登记作为确权的依据,但在这里不动产登记时间显得十分重要。如果婚前购买、婚前登记,那么无论根据那部法律该不动产都应归属为登记方个人财产。如果婚前购买,婚后登记,那么按《物权法》就是属于登记方财产,登记为一人就是个人财产,登记为两人就是共同财产。但婚姻法却不是这样的评价,《婚姻法司法解释(二)》第19条规定夫妻一方婚前财产不因婚姻关系的延续而转化为夫妻共同财产。夫妻一方婚前购买并签订买卖合同的不动产,虽然还没进行产权登记,但该不动产起码可以证明是夫妻一方以其个人财产支付对价获取的,婚后取得产权登记从本质上并未改变该财产权利的载体归属夫妻一方的事实,所以婚前购买无论婚后是登记在一人或两人名下均应视为个人财产。笔者认为应结合《物权法》和《婚姻法》综合分析,离婚时对于婚前一方购房婚后登记在一人名下的情况,不动产的物权实质上在购房时已经确定,登记程序应该同时进行,但实践中由于物权登记涉及政府国土房管部门的行政程序以及银行的审批程序,通常会有滞后登记的情况,法律上不能因此否定购买人物权的实际取得,婚后的物权登记程序可视为对购买方物权婚前取得的法定追认对其物权归属进行补正,所以离婚时该不动产仍应归属为夫妻个人财产。对于婚前一方购房婚后登记在两人名下的情况,出资一方婚前出资购房同意未出资一方进行物权登记应当视为夫妻将个人财产赠与配偶一方,婚后取得物权登记为两人是对婚前不动产处分行为的确认,出资一方通过约定的方式处分其个人财产应受到法律的认可,所以离婚时该不动产应归属为夫妻共同财产。

2. 婚后夫妻购买的不动产离婚时仍未取得产权的归属问题

夫妻在婚姻存续期间内购买并登记的不动产,根据《婚姻法》第17条的规定,一般应推定为夫妻共同所有,除非权属登记人能证明购买房屋的对价是其婚前财产。对于婚姻存续期间夫妻双方均未取得产权登记的不动产,《婚姻法司法解释(二)》第21条规定离婚时双方对尚未取得所有权或者尚未取得完全所有权的房屋有争议且协商不成的,人民法院不宜判决房屋所有权的归属,应当根据实际情况判决由当事人使用。当事人就前款规定的房屋取得完全所有权后,有争议的,可以另行向人民法院提起诉讼。笔者认为,夫妻在婚姻存续期间取得不动产离婚时仍未取得产权的应以购买时实际出资财产的来源以及形式来确定不动产归属为个人财产或夫妻共同财产,《婚姻法司法解释(二)》认为不应在未确定登记权属人时确定归属是避免判决与《物权法》确定的严格物权登记效力制度相冲突,并不等于不处理婚后购买离婚时未取得产权的不动产的归属,而是待产权确定为一人登记或者两人登记进而查明出资事实后进行审理才能保证判决的准确性和权威性。夫妻双方在取得产权证后就权属问题发生纠纷可以起诉并对婚内购买不动产的出资、实际支付按揭还款数额、双方协议等情况进行举证进而对离婚时未处理的不动产进行归属认定。

(三)父母为子女出资购房离婚时的归属问题

我国的房价持续上涨,对于年轻的夫妻来说,一次性付清房款的难度很大,即使选择按揭付款方式,仍然是年轻夫妻沉重的生活负担。这种状况使夫妻双方父母积极参与到年轻夫妻购房的行动之中,由父母全部支付房款或者父母出资首付的情况逐渐增多,这样购房的主体由双方变为三方,甚至四方,因此在父母与子女之间、父母与夫妻之间、父母与父母之间产生的法律关系越来越复杂,在离婚时如何确定父母出资部分的权属问题上产生了许多争议。实际生活中,父母出资为子女结婚购房,可能没有考虑到以后子女婚姻解体的情况。按照国人的习惯,一般也不会与子女签署书面协议,如果离婚时一概将房屋认定为夫妻共同财产,势必违背了父母为子女购房的初衷和意愿,实际上也侵害了出资父母的利益。按照目前我国婚姻家庭法律,《婚姻法》第18条、《婚姻法司法解释(二)》第22条、《婚姻法司法解释(三)》第7条都对父母为子女购房出资后不动产的归属问题做出了规定,但互相之间由存在冲突和不一致的地方,在实务中如何适用更有利于定分止争,维护社会和谐稳定。以下就几个主要争议点进行论述:

1. 父母一方为自己子女购买不动产,登记在夫妻一方或双方名下,离婚时的归属问题

对于婚前父母出资购买不动产,《婚姻法》第18条规定,夫妻获赠财产一般归属为夫妻共同财产,赠与合同明确受赠方的除外。但《婚姻法司法解释(二)》第22条第1款对父母婚前赠与的问题作出相反的解释,规定父母婚前为夫妻购置房屋,出资部分应当认定为对自己子女的个人赠与,属于受赠一方的婚前个人财产。但父母明确表示赠与双方的除外。两者发生了法律上的冲突,按婚姻法规定,父母

婚前出资部分应认为归属于夫妻共同财产,《婚姻法司法解释(二)》规定,父母婚前出资应归属于出资方子女个人财产。笔者认为不能机械适用现有法律,可根据实际情况正确适用法律并运用民事法律行为基本原理加以解决,父母婚前出资购房,登记在自己子女一方的名下,父母的赠与行为显然只是指向特定的民事法律关系主体(自己子女一方),其将自己的财产权利通过出资购房的方式转移到自己子女所有,所以离婚时应归属于夫妻一方所有。此外,父母婚前出资购房登记在夫妻双方名下的行为可视为父母事实的赠与行为,事实的民事法律行为可按照行为人的实际履行的内容推定民事法律关系的内容,父母一方婚前出资的目的在于为子女完成结婚大事并希望夫妻家庭生活和睦、白头偕老。其出资并登记在夫妻名下,虽然没有明确的赠与合同或约定,但仍可以按照父母的实际履行的内容推定出资为对夫妻双方的赠与,离婚时应归属于夫妻共同财产。

对于婚后父母出资购买不动产,《婚姻法司法解释(二)》第22条第2款规定,当事人结婚后,父母为双方购置房屋出资的,该出资应当认定为对夫妻双方的赠与,但父母明确表示赠与一方的除外。《婚姻法司法解释(三)》第7条第1款认为父母婚后赠与的实际登记行为也应视为父母的明确表示,规定婚后由一方父母出资为子女购买的不动产,产权登记在出资人子女名下的,视为只对自己子女一方的赠与,该不动产应认定为夫妻一方的个人财产。结合两个司法解释的规定,婚后父母出资在没有约定的情况下应按婚后所得财产共同制认定该不动产归属于夫妻共有,但如果父母一方出资时将不动产登记为自己子女名下,该事实法律行为属于《婚姻法司法解释(二)》第22条第2款但书规定的明示,出资并登记行为属于父母明确表示赠与一方。《婚姻法司法解释(三)》第7条第1款并未直接否定《婚姻法司法解释(二)》第22条第2款规定,只是扩大解释了父母婚后出资明示行为的表现方式,父母婚后出资后产权登记在自己子女名下,事实上也可推定父母赠与合同的对方为特定的主体(自己子女),并未包括配偶一方。笔者对上述法律适用表示赞同。除此之外,父母婚后出资购房并登记在夫妻双方名下,无论从父母的目的、实际赠与行为分析还是适用《婚姻法司法解释(二)》第22条第2款,父母出资部分应归属于夫妻共同财产并无争议。

2. 夫妻双方父母在婚后皆出资购买不动产,登记在一方或双方名下,离婚时的归属问题

按照婚后所得财产共有制,夫妻婚后取得的不动产应归属于共同财产范围。《婚姻法》第18条规定,夫妻获赠财产一般归属为夫妻共同财产,赠与合同明确受赠方的除外,双方父母在婚后均为夫妻购房出资并登记在夫妻双方名下,证明双方父母对子女的婚姻结合体的认可,该行为明确了不动产受赠方为夫妻,父母的出资购房行为应视为其将自有财产所有权通过赠与的方式让渡给婚姻结合体,所以该出资部分应归属为夫妻共同财产。

双方父母在婚后共同出资只登记在夫妻一人名下,我国《物权法》规定不动产以登记作为确认物权效力的唯一证据,所以其中一方父母的出资在夫妻离婚时很可能因此流失,合法权益无法保障,正所谓"人财两空"。对此《婚姻法司法解释(三)》第7条第1款规定双方父母共同出资购买的不动产并登记在一方子女名下的,该不动产可认定为双方按照各自父母的出资份额按份共有。夫妻不动产的购买可能包括了双方父母的出资、夫妻个人财产出资以及夫妻共有财产的出资部分,夫妻之间是特殊的婚姻家庭民事法律关系,但双方父母之间只是一般意义上的姻亲关系,双方并无法律设定的权利义务关系。按照物权法理论,共同共有在学术上基本有四种形式:夫妻共有、家庭共有、合伙财产和共同继承遗产。共同共有人之间都有某种法律认可的特殊的共同关系,没有特殊的共同关系的共有人之间不能形成共同共有,只能形成分别共有,如果发生纠纷,显然应当认定为按份共有。所以双方父母共同出资购房实际上应由双方父母按照出资比例按份共有该不动产,其将出资产权份额登记在子女名下应视为将个人财产赠与给自己子女,并未改变按份共有的形式,该不动产不能归属为夫妻共同财产。离婚时应分为两种情况确定不动产归属,双方父母全额出资购房的,离婚时该不动产由夫妻双方按自己父母实际出资份额按份共有;双方父母支付首付款购房的,离婚时该不动产首付款份额由夫妻双方按份共有,按揭款部分产权份额按实际支付的情况归属于夫妻个人所有或夫妻共同共有。此外,《婚姻法司法解释(三)》第7条第1款的但书条款规定当事人另有约定的除外,即如果父母双方出资后与子女签订代持协议约定子女代为持有不动产份额的,离婚时应参考"隐名股东"法律规则确定该不动产应归属于父母双方按出资份额按份共有,子女以自己为物权登记人主张否认父母的产权份额不应得到支持。

3. 父母一方或双方在婚前或婚后为夫妻出资购买不动产,并与夫妻双方约定债权债务关系,离婚时的归属问题

如果父母一方或双方在婚前或婚后为夫妻购买不动产登记在夫妻名下,并与夫妻双方签订借款协

议、合作购房协议或其他债权债务协议的,该协议在没有违反公序良俗及不符合《民法通则》规定的民事行为无效情形下,父母出资部分的财产权利已经通过债的方式进行了等价交换,夫妻与父母之间产生了债权债务关系,父母实际出资部分成为夫妻共同生活中为共同延续发展负担的共同债务,该不动产登记在夫妻名下,应归属于夫妻共同共有。此外,当夫妻离婚分割该不动产时,父母除了主张债权请求权外,还主张对该不动产自然增值部分与夫妻双方按份共有,要求分割而引起的争议。笔者认为,父母同意以债的方式处分其财产并签订协议是父母既能实现帮助子女改善生活环境的愿望又能合理保障其出资权益的一种方式。按照债法理论,协议是一种约定之债,没有产生物权的效力。按照物权效力优先于债权效力的原则,父母基于一项债权主张享有夫妻原物权增值部分的新物权的产权份额显然不能成立。但实际归属认定中,考虑到父母为夫妻支付的房款因夫妻离婚而没有获得相应的精神利益以及失去了资金增值的机会,可以适用民法公平原则予以适当补偿,但父母与夫妻就增值部分重新达成分割协议的情形除外。

(四)离婚不动产的孳息及增值归属问题

《婚姻法》第17条第2款规定婚姻存续期间的生产、经营收益属夫妻共同共有财产。《婚姻法司法解释(二)》第11条第1款规定婚姻关系存续期间一方以个人财产投资取得的收益属于《婚姻法》第17条规定的"其他应当归共同所有的财产"。《婚姻法司法解释(三)》第5条规定夫妻一方个人财产在婚后产生的收益,除孳息和自然增值外,应认定为夫妻共同财产。上述均是确定夫妻财产相关的收益、孳息及增值部分的归属的法律规定,确立了个人财产及共有财产在婚姻关系存续期间取得的收益归夫妻共有的原则,符合我国婚后所得法定共有制。但条文中的"生产经营收益"与"投资收益"是否属于同一概念?孳息、自然增值又与"投资收益"有没有关联呢?孳息、投资收益、自然增值、人工增值在离婚时如何归属呢?法律并没有给出准确答案,在司法实践中关于不动产孳息与增值的归属问题因此产生了许多争议,成为一类典型的疑难问题。

1. 不动产孳息离婚时的归属问题

孳息分为天然孳息和法定孳息,天然孳息,是指物依照自然规律而获得的出产物或收获物,如果实、动物仔畜、粮食、养殖水产物等。法定孳息,是原物的所有权人参加租赁、储蓄等民事法律关系依法获得的回报,通常表现为租金、红利和利息。按照《物权法》第116条规定,天然孳息由所有权人取得,即"孳息随原物",当事人另有约定的,按照约定。法定孳息,当事人有约定的,按照约定取得;没有约定或者约定不明确的,按照交易习惯取得。根据这一规定,如果夫妻双方没有约定,作为原物所有人或用益物权人的夫妻一方或双方可以取得孳息物的所有权,这是符合物权法理,普遍地适用于财产法领域。

离婚不动产孳息的归属一般是指不动产法定孳息的归属。法定孳息一般包括银行存款利息以及房屋租金等,根据《物权法》第116条规定,法定孳息的取得按照市场交易习惯确定,利息由债权人取得,即银行利息由存款人取得,租金由出租人即所有权人取得。夫妻个人银行存款收取的利息本质上不属于个人财产投资收益,更不属于生产经营收益,按《婚姻法司法解释(三)》第5条规定归属于个人财产婚后产生的收益合法合理。但笔者认为夫妻个人不动产的另一种法定孳息——租金就因其兼具有生产经营收益及投资收益的特征,应归属于夫妻婚后取得的共同财产。通说认为,夫妻共有财产的法理基础是"夫妻协力",即夫妻一方个人取得的财产,与另一方的"协力"不可分。譬如一方出外工作获得的报酬与从事家事劳动的配偶共同共有,就是基于夫妻分工合作、家务劳动与赚取收入对于家庭具有同等价值的认可。租金的是否取得及取得多少,直接由所有人的管理工作决定,如将个人所有的店铺、住房进行装修、改造后出租收取租金并定期履行出租人的善良管理义务等,这样的工作获得的租金性质等同于不动产所有人外出工作获得的报酬,即具有生产经营收益的特征。因此,如果只将租金归属为法定孳息而否定其生产经营收益的属性,则是对于配偶一方为了财产所有人获取租金所要付出的家庭劳动、时间之事实的忽视,进而也违背了"夫妻协力"的规则。《上海市高级人民法院关于适用最高人民法院婚姻法司法解释(二)若干问题的解答》就认为:当事人将属于个人所有的房屋出租,因对房屋这类重大生活资料,基本上是由夫妻双方共同进行经营管理,包括维护、修缮,所取得的租金事实上是一种夫妻共同经营后的收入,因此,婚姻关系存续期间所得的租金一般认定为共同所有。但若房屋所有人有证据证明事实上房屋出租的经营管理仅由一方进行,则婚姻存续期间的租金收益应归房产所有人个人所有。从另外一个角度看,夫妻双方拥有可收取租金的不动产,必然基于一方或双方拥有超过一套不动产的财产状况。夫妻一方或双方可以选择溢价出售该闲置不动产获取收益,也可选择出租收取租金,无论是出售还是出租都应定义为一种财产投资行为,其收益应视为投资收益范畴,所以不动产租金也可因具有投资收益属性而适用《婚姻法司法解释(二)》第11条的规定归属为夫妻共同财产。

2. 不动产增值离婚时的归属问题

不动产的增值一般包括两种情况:一种是人工增值,主要指房屋的装修、扩建等。在房屋装修、扩建改造情况下,人工增值可以依照民法添附理论进行探讨。民法中的添附是附和、混合和加工的总称,是指不同所有人的物被结合或者混合在一起成为一个新的物或者利用别人的物进行加工而成为新物的事实状态。对添附后的新物进行添附与旧物进行分离分割,事实上不可能或者经济上也不合理,所以在分割时应重新确定添附部分的的权属人。根据一般民法所有权理论,谁添附谁所有。但人工增值通常属婚后经夫妻双方共同努力所得,"有钱出钱,有力出力",究竟人工增值所有权属一方所有还是共同所有呢?目前还没有相关的明确的规定,笔者认为,人工增值一般难以确定谁贡献的多少及贡献的部分,而且相对不动产整体价值来讲人工增殖属于比较小的份额,而且在经济上、财产上协力、互助,本是夫妻家庭关系的题中应有之义。所以离婚确定归属时应按照我国夫妻财产制一般原则,有约定应以约定为先,没有约定的话应一般归属于共有财产为宜,这样处理对夫妻双方利益的平衡,对维持婚后所得共同制具有实务意义。

另一种是自然增值,一般是指基于资产价格的普遍上升、城市规划发展、交通便利程度的增加、人们生活习惯的改变等带来的不动产价格的上涨超过原购置价格的不动产份额,一般意义上将不动产的自然增值归属于投资收益的范畴。投资收益是指投入货币或其他财产以从其使用中获取收益。更准确地说,投资是以盈利为目的对货币或其他财产的处分,所以主观盈利性是投资很重要的特征,俗话称"钱赚钱"。所以基于资金增值或赚取收益为目的对增值可能性大的不动产进行购买本身就是一种投入货币,实现"钱生钱,利滚利"的行为,不动产价格增值带来的收益自然成为投资的回报,该自然增值部分就应属于投资收益。

对于自然增值归属问题,属夫妻共同财产的不动产的自然增值仍然属于夫妻共同财产的认定符合婚后所得共同制,没有任何的争议。但对于原属夫妻一方个人不动产的自然增值是否属于夫妻共同财产以及原属夫妻一方按揭房屋自然增值是否属于夫妻共同财产,上海市高级人民法院认为,只要是一方所得的房屋,另一方有权要求返还的仅仅是婚后双方共同还贷金额的一半。而江苏省高级人民法院认为,纵然是一方所有的房屋,只要这个房屋在婚后发生了增值,另一方也有权要求分割。两个地区最高级别的法院对同一争议问题给出了不同的解释。

笔者对此却有不同的看法,从目前我国住房改革基本完成的背景下,商品房成为房地产市场主要交易对象。我国的不动产买卖一般因居住需求或投资需求而发生,居住型不动产与投资型不动产的房价增值部分因购买目的不同在产权归属中应适用不同的规定。居住型不动产是夫妻双方为达到居住的基本需求("居者有其屋")而购买房屋,该不动产是维持夫妻正常家庭生活、维持婚姻家庭持续发展最基本条件的场所,除离婚析产外,一般不会投入市场变现。作为夫妻个人所有的居住型房屋,其增值部分纯粹出于外因的推动,另一方配偶对此并未付出主观努力及贡献。《婚姻法司法解释(一)》第19条也规定夫妻一方所有的财产,不因婚姻关系的延续而转化为夫妻共同财产。所以居住型不动产自然增值并未改变该不动产原为个人所有的属性,应视为《婚姻法司法解释(三)》第5条规定的自然增值,离婚时仅归属个人财产,配偶不得分割。而投资型不动产是夫妻一方或双方为财产保值增值而进行基于投资需求购买的不动产,该不动产与股票、有价证券、股权等动产收益一样,其增值部分多源于内因的推动,是主观能动性的结果,另一方配偶也对此付出直接的非金钱的投资贡献或付出了家庭劳动的协力。所以投资型不动产自然增值部分应视为个人财产投资的所得,应体现夫妻共同经营,共同付出的价值。《婚姻法司法解释(二)》第11条规定的个人财产投资取得的收益属于其他应当归共同所有的财产,所以投资型不动产自然增值部分在离婚归属时应认定为夫妻共同财产。但这里应注意的是,如果财产所有一方能充分举证该投资性不动产的增值完全排除另一方的贡献或协力,则应遵循"孳息随原物"的法理认定为个人财产。

(五)约定赠与不动产离婚归属问题

夫妻可将夫妻一方个人财产通过赠与的方式将所有权的部分或全部转让给对方。按照我国《合同法》的规定,赠与合同是诺成合同,特别是《合同法》第186条,认为我国立法对赠与合同之性质采诺成性应无任何异议。赠与合同经赠与人与受赠人达成合意即可成立,但在赠与物权利转移前,赠与人可以任意撤回,使赠与合同的效力溯及既往的归于消灭,从而不受赠与合同的约束。可见,其结果与实践合同的效力极为相似,有准要物行为之观。婚姻关系不同于一般的民事法律关系,其所涉及的赠与行为不宜完全与普通的赠与行为一视同仁。如果夫妻之间的赠与行为顺利完成并办理了物权变更登记的话无争议可言,但如赠与一方在权利变更前撤销赠与,将直接导致赠与财产处于权属未明的状态,司法实践中因此产生许多的争议。

虽然夫妻之间的赠与在很大程度上是基于家庭亲属关系的考虑,但赠与行为仍然属于债权行为,不宜适用《物权法》及《婚姻法》进行调整,应适用《民法通则》或《合同法》关于赠与的相关规定。新出台的《婚姻法司法解释(三)》也给出最高人民法院的答案,"婚前或者婚姻关系存续期间,当事人约定将一方所有的房产赠与另一方,赠与方在赠与房产变更登记之前撤销赠与,另一方请求判令继续履行的,人民法院可以按照合同法第一百八十六条的规定处理"。也就是说,法院在判定离婚不动产归属时应先确认赠与行为的有效性或撤销效力后,再确定不动产的权属及分割方式。但笔者认为,夫妻之间的赠与在不动产权利转移之前可以任意撤销的话,无疑会助长婚姻缔结过程中的不诚信行为,违反夫妻间忠诚义务。一方面,在婚姻缔结过程中,占据经济强势的一方可能利用赠与的撤销权,任意做出许诺,之后又随意破坏婚姻而无须承担任何法律责任,这将破坏婚姻关系的严肃性。另一方面,《婚姻法司法解释(三)》可能导致婚姻缔结双方不进行公证就无法保证履行赠与合同的义务,从而削弱了婚姻关系的感情与伦理因素。据此,婚前作出的赠与,如果之后未缔结婚姻关系的,以一般民事主体间赠与合同规定进行规制即可;如果双方之后缔结了婚姻关系,且赠与之约定并不违反公序良俗与禁止性法律规定,则法院一般应判令继续履行,该受赠不动产作为受赠一方婚前所得财产归属为个人财产,除非撤销方有明确证据证明赠与合同应撤销。而对于婚姻关系存续期间夫妻互相的赠与,则可分为两种情况,夫妻赠与的不动产属于一方个人财产的,且赠与之约定并不违反公序良俗与禁止性法律规定,则法院一般应判令继续履行,该受赠不动产作为受赠一方婚后所得财产归属为夫妻共同财产。夫妻赠与的不动产属于双方财产的,因为婚姻关系已成立且婚姻期间财产本身受夫妻共有关系的调整,故此种受赠不动产的归属按我国关于赠与合同的法律规定办理即可。

(六)历史遗留问题未领产权证不动产离婚归属问题

历史遗留问题不动产专指我国房屋制度改革初期,商品房开发项目因开发商资不抵债等情况未能建设完毕或建设完毕,但因未缴纳土地出让金等未能办理产权证的"烂尾楼"。这类不动产的开发商有些已经缴清土地出让金及各种税费,土地使用权及地上未完成建筑的所有权归属于房地产商,但因资不抵债该等原因不动产产权被债权人查封扣押;有些仍未缴清土地出让金及税费,不动产产权处于归属未明状态。实践中,购房人与开发商一般只签订了房屋买卖合同,无论是夫妻个人购买还是共同购买,夫妻双方对争议的不动产按照售房合同只有要求按时交楼、按时办证等债权请求权,对该争议不动产不享有所有权,所以夫妻双方均无权对房屋所有权的归属问题提出请求。按照《婚姻法司法解释(二)》第21条的规定,离婚时双方对尚未取得所有权或者尚未取得完全所有权的房屋有争议且协商不成的,人民法院不宜判决房屋所有权的归属,应当根据实际情况判决由当事人使用。当事人就前款规定的房屋取得完全所有权后,有争议的,可以另行向人民法院提起诉讼。所以夫妻双方离婚时可以对该类不动产居住权、使用权、收益权及可期待的所有权进行协商处理,如果无法协商一致,人民法院也不宜判决所有权归属,只能适当处理不动产的居住、使用等问题。待夫妻一方或双方通过执行生效的要求房地产商履行债权义务的法院判决或经过历史遗留办理产权证问题行政程序,就不动产取得完全所有权后,再按《婚姻法司法解释(三)》第18条的规定另案起诉再行分割。笔者认为,该类不动产如果属夫妻共同购买的,法院确定归属时应视为夫妻共同财产予以分割,但如果属夫妻一人购买的,因为其购买时只享有债权请求权,而该不动产登记又发生在婚姻关系解除之后,法院确定归属时宜认定为个人财产,但如配偶证明其在不动产确权过程提供了协力或承担相关的费用,可按具体情况予以适当的补偿。

(七)房改房产权归属问题

房改房是指职工单位或房管部门依房改政策向单位职工或城镇居民出售公房,购房职工或居民依其工龄、级别或是否已婚等因素享受国家提供的优惠条件,以市场价、标准价或成本价购买,进而享有部分或全部产权的住房。房改房权属确定及分割是离婚案件中争议较大的问题。

享受房改的夫妻一方是基于为单位服务期限、职工身份以及单位给予职工的福利待遇等而获得房改房权益,而且房改房的购买价格通常明显低于同地段不动产市场价格,其差额部分的权属如何确定呢?《最高人民法院关于审理离婚案件中公房使用、承租若干问题的解答》第9条规定,分得房屋"部分产权"的一方,一般应按所得房屋产权的比例,依照离婚时当地政府有关部门公布的同类住房标准价,给予对方一半价值的补偿。这样的规定过于简单,没有将离婚时房改房的价值组成部分进行分别处理，而且不同单位房改房的政策不一致，单位要求员工交付房款占房屋市场价的比例不尽相同，离婚时确定归属时不能按划一的住房价格标准进行处分，所以笔者认为在处理房改房争议时，一般来说，单位出售房改房的对象是本单位职工，如果夫妻一方在婚前购房并办理登记，按《婚姻法》第 18 条第 1 款规定应归属于个人财产。如果夫妻双方都是同一单位职工，那么婚内购买房改房所有权按《婚姻法》第 17 条规定应当归属于夫妻共有。而夫妻不在同一单位的，笔者认为基于公平合理原则、房改房特殊的身份福利属性以及夫妻双方对房改房取得的贡献程度，应将婚内购买房改房所有权分两部分处理：房改房的购房款对应的所有权份额在离婚时一般应视为财产类型的转化，并不改变婚内夫妻共同财产的性质，应归属于夫妻共同财产进行分割；房改房的购房款与购房时市场差价部分对应的所有权份额应视为单位对职工长期服务的奖励和福利政策落实以及基于职工与单位特殊雇佣身份关系而取得的不动产份额，在离婚时应归属于职工个人财产，但可根据婚姻存续期限的长短、职工的工作性质以及配偶对家庭的贡献适当予以补偿。此外，如果离婚时房改房的市场价值高于购房时的市场价值，增值部分应视为夫妻共同购房款等价的不动产份额的自然增值部分归属于夫妻共同财产均等分割。

此外，《婚姻法司法解释（三）》第 12 条规定夫妻婚后已共同财产出资购买房改房屋并登记在一方父母名下，离婚时该出资部分应归属为夫妻共同债务处理。本规定再次明确不动产依登记确定产权人归属，债权人不得以债权对抗物权的法律原理。但笔者对本条款提出值得商榷的地方，认为应将有关出资分情况处理而不应“一刀切”。如果夫妻的出资是完全基于居住需求，父母为了解决住房问题将房改房的购房名额转让给夫妻，由于房改房政策基于个人身份而产生所以不得不将实际出资人登记为权属人，但将房改房归属为夫妻共同财产是符合父母的愿意以及夫妻出资购房的目的，婚姻存续期间该不动产可按父母作为名义登记人以代持方式认定权属，离婚时该不动产应归属于夫妻共同财产进行分割，对于父母为此付出的房改房购房资格的利益损失应在离婚时房改房的市场价格与购房价之间的差价部分予以补偿。如果夫妻的出资是完全基于投资需求，则应按《婚姻法司法解释（三）》第 12 条进行权属确定。

（八）经济适用房产权归属问题

2004 年 4 月 13 日，建设部等颁布的《经济适用住房管理办法》第 2 条明确规定：“经济适用房是指政府提供政策优惠，限定建设标准、供应对象和销售价格，具有保障性质的政策性商品住房。”作为政府住房保障制度的重要不动产类型，经济适用房在离婚时的归属被赋予了法律以外社会民生、社会和谐的政治内容。

经济适用房是由购房人以购房款作为出资，与政府共同按份共有该房屋的产权，其中政府的出资方式是将政府用于经济适用房建设的财政性质的支出转化为对该房屋的投资，这部分投资包括政府所减免的土地出让金、各项税费以及政府预算支出中对于城市中低收入家庭住房保障方面的福利性质的财政补贴部分。在这种共有的形式下，政府和购房者按照各自所占有的比例共同拥有该房屋的产权，但政府只对房屋处分权、收益权进行了限制性的规定，将其共有份额中的占有、使用权能让渡给购房人，以实现经济适用房制度的保障功能。现行经济适用房制度中，两项制度最为重要，一是经济适用房只能由购房人自己及其家庭成员占有、使用，不得出租收益；二是购买房屋五年以后购房者可以行使处分权，将房屋对外交易，但所得收益要缴纳本应该缴纳土地收益或者土地出让金，以保证政府的支出在完成住房保障任务时得到合理的补偿。

对于婚前购买的经济适用房应归属为为夫妻个人财产，离婚时购房者卖出房屋的，所得价款除补偿政府所有权份额后应归个人所有，如有增值部分也应视为居住型需求的自然增值归个人财产范围。对于婚后购买的经济适用房，购房款等价不动产份额部分应归属为夫妻共同财产，笔者认为，离婚分割时可遵循“竞价—补偿—拍卖”分割的方式进行处理。竞价分割及补偿分割不涉及与第三人交易，仅处理房屋份额中属于夫妻共有财产部分的，可并申请政府同意并变更登记资料即可。拍卖分割涉及第三人交易并改变不动产市场属性，所以拍卖首先应得到政府同意，拍卖所得价款应先全额支付属于政府产权份额部分后再行分割。

专题二　离婚损害赔偿相关问题研究

在最高人民法院颁布《婚姻法司法解释（三）》之前，我国的《婚姻法》及相关司法解释已经就离婚损害赔偿制度的建构做出了有益的尝试和探索。在 2001 年修订的《婚姻法》“救助措施与法律责任”一章中首次确立了离婚损害赔偿制度，该制度也是 2001 年修订《婚姻法》时增加的一项法律制度，该法第 46 条规定：“有下列情形之一，导致离婚的，无过错方有权请求损害赔偿：（一）重婚的；（二）有配偶者与他人同居的;(三)实施家庭暴力的;(四)虐待、遗弃家庭成员的。"可以看出,《婚姻法》对离婚损害赔偿制度的设计初衷是一项离因损害赔偿,即因上述特定情形的出现导致离婚后果时,上述特定情形作为一种侵权行为,夫妻关系的另一方方可请求因上述侵权行为而产生的损害赔偿,反之,如果离婚的原因不是法定的侵权行为是,则夫妻关系的另一方不的请求离婚损害赔偿。

时隔十年后,《婚姻法司法解释(三)》颁布实施,该司法解释第17条对已有的离婚损害赔偿制度做出了进一步的完善:"夫妻双方均有婚姻法第四十六条规定的过错情形,一方或者双方向对方提出离婚损害赔偿请求的,人民法院不予支持。"该条实际上是对《婚姻法》第46条的一项限缩解释,自此离婚损害赔偿制度的适用仅限于离婚时无过错的一方向有过错方提起,因此正确理解并适用《婚姻法司法解释(三)》中有关离婚损害赔偿制度的条文还要从《婚姻法》第46条入手。

一、离婚损害赔偿的制度设计

"婚姻既有其自然属性,也有社会属性,婚姻的社会属性是其本质属性。"①婚姻的社会属性,是指它的存在和发展决定于社会的生产关系,同时受社会上层建筑各种因素的影响和制约。② 美国学者康斯坦丝·阿荣斯根据不同的离婚目的和理由把离婚分为良性离婚和非良性离婚,③两种离婚都会在财产和精神上受到损害;但在非良性离婚状态下,两方关系是由有过错的一方而使婚姻走到离婚的,无过错的一方往往在精神及物质上受到打击,在这种情况下应对其在制度上予以帮助。我国现行的离婚损害赔偿制度的确立是在借鉴国外的有关离婚损害赔偿制度的基础上,并结合我国的社会主义婚姻家庭制度演变形成的。我国于1950年颁布了《婚姻法》,之后于1980年、2001年对其进行修订,从而确立并逐步完善了我国婚姻家庭制度方面的法律保护,建立起我国社会主义社会的婚姻家庭制度。

我国台湾地区学者林秀雄将与离婚相关的损害赔偿制度分为两种:一种是离因损害;另一种是离婚损害。离因损害是指夫妻一方之行为是构成离婚原因之侵权行为时,他方可请求因侵权行为所产生的损害赔偿,而离婚损害与离因损害不同,不具备侵权行为之要件,而离婚本身即为构成损害赔偿之直接原因。④

域外法对离婚损害赔偿的界定,很多国家都采用了以上两种。例如,从《法国民法典》第266条规定可以看出,法国将离婚损害界定为因解除婚姻而导致对方的物质或精神受损失。《法国民法典》第1382条是关于侵权责任赔偿的规定,而法国的离因损害赔偿则适用此条的规定。此外,我国台湾地区"民法"第1056条第1款是关于离婚损害赔偿的规定、第184条是关于离因损害赔偿的规定。我国《婚姻法》第46条对离婚过错方的赔偿责任作出了明确的规定,属于法律规定的四种情形之一而导致离婚的,无过错方有权向过错方请求离婚损害赔偿,由此可以看出,我国只规定了离因损害赔偿。

笔者认为,法国和台湾地区的规定比较合理,值得借鉴。在明确离因损害和离婚损害的区别的基础上,笔者在此讨论我国的离婚损害赔偿制度,笔者将我国的离婚损害赔偿制度界定为配偶一方因其过错行为不法侵害配偶他方所享有的配偶权而导致婚姻关系破裂,配偶他方得请求赔偿其精神损失和物质损失的民事法律制度,其性质实质上属于离因损害赔偿。

(一)离婚损害赔偿制度的必要性及法理依据

离婚损害赔偿,是指夫妻一方违背婚姻义务而导致离婚,过错方应当给予受损害对方的赔偿。离婚损害赔偿制度是针对由于单方的过错侵犯了对方的配偶权,为保护无过错方而设立的制度。配偶权是指男女结婚后基于配偶身份负担的特定人身、财产上的权利和义务,从广义上讲,配偶权就是夫妻之间的权利和义务的集合,它基于婚姻关系而产生,存在于婚姻关系存续期间,因夫妻一方死亡或双方离婚而终止,狭义理解,配偶权指配偶身份权和配偶人格权的合成。近代社会以来,基于个人独立和男女平等的价值理念,法律否定了配偶权的性别差异,将配偶财产权归入夫妻财产制度调整。因此,配偶权仅指基于合法婚姻关系而在夫妻双方之间发生的、由夫妻双方平等专属享有的要求对方陪伴生活、钟爱、帮助的基本身份权利。⑤ 它是基于法律规定的夫妻身份地位而产生的权利,具有主体的对偶性、客体的利益性、内容的双重性和权利的排他性等特性,在配偶权中,同居权和贞操权居于核心地位。在法院

① 杨遂全、陈红莹、赵小平、张晓远:《婚姻家庭法新论》,法律出版社2003年版,第11页。
② 吴国平、张影:《婚姻家庭法原理与实务》,中国政法大学出版社2004年版,第4页。
③ 参见[美]康斯坦丝·阿荣斯:《良性离婚》,陈星译,中央编译出版社1997年版,引言。
④ 参见林秀雄:《婚姻家庭法之研究》,中国政法大学出版社2001年版。
⑤ 杨立新:《亲属法专论》,高等教育出版社2005年版,第223页。

已经受理的离婚案件中，因配偶的同居权、贞操权遭受损害而发生争议的情况较为常见。因此，基于配偶权的要求，配偶权的义务相对人在婚姻状态存续中，必须认真落实其责任，履行其义务。这些义务既有积极作为的内容，共同商定住所，义务同居，相互忠实；也有消极不作为的内容，如禁止重婚、排斥婚外性关系或男女性爱感情的外移等。

拉丁法谚有云："有权利就有救济。"既然在婚姻关系中，法律赋予了当事人配偶身份权，当然也需要制定相关条文保护这种权利的实现，当公民的合法权利遭受侵害时，就必须有充分的救济途径来排除这种侵害。当夫妻一方违背这些义务，逃避其婚姻责任时，使婚姻关系破裂，法律在确认其离婚的同时，则应附设相应的违背义务的法律后果，损害赔偿作为侵权行为的救济手段，其功能就是填补无过错方损害，包括受损害人的物质损害赔偿和精神损害赔偿。这些赔偿责任应由过错行为人承担，从而既维护婚姻义务的社会性、严肃性和权威性，又实现对受损害方的必要补偿和救济，体现婚姻义务动态运行中法律规制的正义和公平。[①] 为了保护配偶权免受侵害或者受到侵害后能得到救济，就应当建立相应的离婚损害赔偿制度。

（二）离婚损害赔偿制度的比较法视角

我国的离婚损害赔偿制度始建于2001年修订《婚姻法》时，而域外立法却早在19世纪前就确立了这项制度，[②]这是因为该制度既体现了对过错方的惩罚，也体现了对无过错方的保护与补偿。对于离婚损害赔偿制度的立法，有的国家直接将其写入法典中，例如瑞士、法国等，也有的国家虽未将其写入法典中，但却在司法实务中承认离婚损害赔偿制度，例如德国。此外，我国香港、澳门和台湾地区的法律中对离婚损害赔偿制度也有各自的规定。

从法制史的角度考察，各国（地区）立法中有关离婚损害赔偿制度的规定是随着人类社会的发展和进步，尤其是男女性别社会性差异的差距缩小而不断变化的，最初将破坏婚姻家庭关系的侵权行为仅局限于妻子与其配偶以外的其他男性的通奸行为，严厉地追究其民事和刑事责任；其后，将破坏婚姻家庭关系的侵权行为视为侵犯名誉权的行为，依照已有的名誉权法律制度加以处理，离婚损害赔偿并未作为一项法律制度独立发挥作用；当前，各国（地区）均将破坏婚姻家庭关系的行为认定为侵害配偶权的民事侵权行为，大多实行精神损害和物质损害的双重赔偿模式。

1941年《法国民法典》第266条规定："因一方配偶单方过错而宣告离婚的情况下，该一方对另一方配偶因婚姻解除而受到的物质上与精神上的损失，得受判处负损害赔偿责任。"该条第2款规定，离婚损害赔偿请求权仅能在离婚诉讼之际提起。第271条规定："赔偿金数额的确定依据是受领补偿金的配偶一方的需要及配偶他方的收入情况。"第272条还规定了法官在考虑上述需要与收入时应该考虑的具体因素。可以说离婚损害赔偿在法国的民法体系中规定的较为具体和详尽。

《日本民法典》第709条规定"因故意或过失侵害他人权利者，负因此而产生损害的赔偿责任。"第710条规定"不论是侵害他人身体、自由或名誉情形，还是侵害他人财产权情形，依前条规定应负赔偿责任者，对财产以外的损害亦应赔偿"。由此可以看出，虽然日本没有直接规定离婚损害赔偿制度，但日本将破坏婚姻关系的行为认定为侵权行为，受害人可以请求损害赔偿。此外，受害配偶得以请求的损失包括物质和精神的损失，这对受害方的保护更全面。

1907年《瑞士民法典》第151条规定"因离婚，无过错的配偶一方在财产权或期待权方面遭受侵害的，有过错的一方应支付合理的赔偿金；因导致离婚的情势，配偶一方的人格遭受重大损害的，法官可判与一定金额的赔偿金作为慰抚"。笔者认为，《瑞士民法典》所规定的离婚损害赔偿范围很广泛，包括了期待权方面的损害。

英美法系国家许多判例都将破坏婚姻关系行为认定为侵犯配偶权。从《日本民法典》第752条规定和第770条规定可以看出日本也将离婚损害视为侵权。在德国和瑞士，通说认为干扰他人婚姻关系系侵害人格法益。从上文对离婚损害赔偿的界定来看，台湾地区和法国立法中的离婚损害均为侵权。

我国《婚姻法》第46条对离婚损害赔偿做了规定。从所列举的四项过错行为来看，侵害人侵害的是无过错方的人身权，具体包括配偶权、身体权和健康权。此外，我国的《婚姻法》第46条规定的"损害赔偿"，包括物质损害赔偿和精神损害赔偿。我们知道，侵权责任可以要求精神赔偿，而违约责任则不能请求精神损害赔偿。由此也可以看出，我国的离婚损害赔偿责任的性质为侵权责任。笔者认为将离婚

① 巫昌祯主编：《婚姻与继承法学》，中国政法大学出版社2007年版，第159页。

② 由于大陆法系与英美法系在法律成文化方面存在的差异，故域外立法例的考察着重考察大陆法系国家（地区）。

损害赔偿责任的性质认定为侵权责任是比较合理的。

域外相关立法的规定国外关于离婚损害赔偿的立法体例,大体可分为两种类型:一种为原则性规定的立法模式,另一种则为原则性规定和具体规定相结合的立法模式。

澳门特区和台湾地区离婚损害赔偿发生的情形较为宽泛,只要因一方过错引起离婚,无过错他方就享有离婚损害赔偿请求权,香港特区在《婚姻诉讼条例》中规定:以通奸为由申请离婚的配偶,有向与其配偶通奸的一方要求赔偿的权利。

我国相关立法的规定我国《婚姻法》第46条规定了四种离婚损害赔偿的适用条件即重婚、有配偶者与他人同居、实施家庭暴力和遗弃、虐待家庭成员。对比外国的立法模式,我国离婚损害赔偿制度的适用条件缺乏把原则性规定和具体性规定相结合的意识,即在列举性规定之后增加一个概括性规定:"其他导致离婚的过错",这样可操作性强,也便于公民守法,同时增加兜底条款,可以灵活的保护公民的合法权益。

离婚损害既包括物质损害又包括精神损害,然而精神损害是一种内在损害,是人的内心世界的感受,这种损害大多是无形的损害,具有不确定性和不可计量性,其认定相比物质损害困难得多。如何掌握精神损害赔偿的标准和如何确定其具体数额是一个棘手的问题。对于此问题,美国、西欧等国采用医疗费用参照法,丹麦采取的精神损害日定额法,捷克采用的精神赔偿额的栏目确定法,以及北美、非洲等国家采取的最高数额限制法。在我国,台湾学者王泽鉴最早提出了精神损害赔偿数额的量定必须客观化的观点,即理论界熟知的"评定客观化说"。

(三)离婚损害赔偿制度的法律特征及功能

1. 离婚损害赔偿制度的法律特征

离婚损害赔偿制度具有法定性、救济性和惩罚性的特征。

所谓法定性,指的是离婚损害赔偿的主体、条件和事由均为法定,与法律规定不相符的主体与情形不能适用离婚损害赔偿制度。从主体角度来说,按照《婚姻法》第46条和《婚姻法司法解释(三)》第17条之规定,能够请求离婚损害赔偿的主体只能是婚姻关系中无过错的一方当事人,如果双方均有过错时分别向对方主张离婚损害赔偿或双方均无过错而向对方主张离婚损害赔偿的均不符合主体法定的要求;从适用条件的角度说,离婚损害赔偿只能在向法院诉讼离婚时或离婚后以诉讼的方式提起,在婚姻关系尚未产生或未解除的情况下,即使存在《婚姻法》第46条规定的情形出现,离婚损害赔偿制度也不能够启动;从事由的角度说,离婚损害赔偿的事由只能是《婚姻法》第46条规定的四种情形,对四种情形以外的行为通常是不能请求离婚损害赔偿的。

所谓救济性,指的是离婚损害赔偿制度具有救济功能,通过适当的损害赔偿,无过错方的实际财产损失在离婚时能够得到有效弥补、精神伤害可以得到经济补偿和精神抚慰,其被损害的利益能够依照该制度依法获得救济和恢复。

所谓惩罚性,指的是离婚损害赔偿制度具有惩罚违法行为的功能。目前我国《婚姻法》确立的离婚标准为"感情破裂",有学者也将这一标准成为破裂主义的离婚原则,在这一原则下离婚的原因不再是制约和影响离婚与否的决定因素,再加上离婚本身只是身份关系的解除,其并不具备对违反《婚姻法》行为的惩罚功能。但是如果法律对造成离婚这一后果的有过错的一方的违法行为不加以惩罚,则会造成对有过错一方违法行为的放纵,一方面对无过错方明显不公,另一方面也违背了法律公平和正义的基本价值追求。因此,离婚损害赔偿制度将离婚与离婚原因分割看待,以离婚损害赔偿来惩罚构成离婚原因的特定侵权行为,令有过错的一方为自己的侵权行为付出代价。

2. 离婚损害赔偿制度的功能

离婚损害赔偿制度作为对婚姻当事人权利受到非法侵害时的救济手段,具有以下三方面的功能:

第一,填平功能。按照民事法律制度的基本原理损害赔偿作为侵权行为的民事责任,其最基本的功能就是填平受害人收到的损害,使受害人的权益因救济而得到恢复。婚姻一方当事人存在的特定严重过错行为非法侵害到了无过错配偶方的合法权益,造成了无过错一方的损失,这种损失有可能是物质方面的损失(如一方用夫妻共同财产供养与其有不正当关系的他人),也有可能是精神方面的损失(主要体现在精神痛苦、社会评价降低等方面)。离婚损害赔偿的目的是要就已造成的财产或非财产损害予以填补,因此在对过错方侵权行为的判定方面势必交织着法律与道德两条线索,一方面既要严格按照《婚姻法》第46条规定的四种特定行为把握离婚损害赔偿的刚性条件,另一方面也要按照社会公序良俗与传统道德对行为的侵权性作出判断。

第二,抚慰受害人精神的功能。虽然物质赔偿难以真正弥补人的精神损害,但是一定程度上的物质弥补也能够达到抚慰受害人精神的功能。离婚损害赔偿制度要求离婚时或离婚后有过错的一方当事人向无过错的一方当事人承担支付赔偿金的法律义务,它体现了法律对婚姻当事人特定性为是与非的价值判断,更体现了对无过错当事人无端受损的同情和对其遵守法律及道德要求的肯定与尊重,这无疑是对受害人感情与精神上的有力安慰。

第三,制裁及预防相关违法行为。在侵权法律关系中任何一种损害赔偿都具备制裁与预防相关违法行为的功能,离婚损害赔偿制度责令有过错的行为人对其本人的严重过错行为承担损害赔偿的责任本身就是对过错行为人藐视婚姻家庭行为基本准则的谴责的惩戒,体现了对其过错行为的制裁;另外,该赔偿对其他婚姻当事人也有警示作用,使其能够预知自己若有特定过错行为将要付出的代价,从而减少和避免同类侵权行为的发生,以达到保护合法婚姻关系、促进家庭文明的目的。

二、《婚姻法司法解释(三)》对离婚损害赔偿制度的完善

2011年颁布并实施的《婚姻法司法解释(三)》第17条规定"夫妻双方均有婚姻法第四十六条规定的过错情形,一方或者双方向对方提出离婚损害赔偿请求的,人民法院不予支持"。按照《婚姻法》第46条的规定有离婚损害赔偿请求权的主体为"无过错方",可见,新的婚姻法司法解释针对2001年确立的离婚损害赔偿制度是从离婚损害赔偿请求权的角度加以完善的。

自《婚姻法》确立离婚损害赔偿制度以来,学术界及审判实务界对于何为"无过错方"当事人存在诸多分歧:一种观点认为由于离婚损害赔偿包括了物质方面的赔偿,因此以台湾学者史尚宽先生为代表的许多学者认为在物质损害方面应适用过错相抵的原则,即"仅为过失相抵问题",①大陆也有部分学者支持这一观点。在这种视角下,"无过错方"中的"过错"应做狭义理解,即不问过错方的数量,仅以《婚姻法》第46条规定的四种情形为标准进行界定;另一种观点是审判实务界的主流观点,这种观点认为涉及离婚损害赔偿的诉讼中行使离婚损害赔偿请求权的主体只能是无过错的一方,且另一方在婚姻关系存续期间实施了法定的侵权行为。持这种观点的学者或法官在《婚姻法司法解释(三)》出台前的主要法律依据除了前述《婚姻法》第46条之外主要是《婚姻法司法解释(一)》第29条第1款,②这一条文虽然没有明确规定双方互有过错的情况下双方均不能依照离婚损害赔偿制度的规定行使请求权,但是对离婚损害赔偿责任主体明确表述为与无过错方相对的另一方,这种立法意在限制双方互有过错情况下各自向对方主张离婚损害赔偿的情形。

在司法实践中,以诉讼的方式离婚的案件数量居高不下,因一方出现与他人通奸、同居、重婚以及虐待、遗弃另一方而导致婚姻破裂的情形也呈增长态势。自古以来就有"清官难断家务事"的俗语,可见婚姻生活纷繁复杂及相对隐蔽的特性是人民法院审理此类案件必须要面对的一大难题,笔者认为,如果在夫妻双方互有过错的情况下依然能够启动离婚损害赔偿制度,那么如何划分过错的性质、数量、程度以及上述过错法律意义上的查证都将成为审判中的障碍,基于离婚损害赔偿制度制裁及预防相关违法行为的功能定位,《婚姻法》第46条所规定的"无过错方"就排除了夫妻双方互有过错的情况,而这也正是《婚姻法司法解释(三)》第17条的立法本意。

目前,我国离婚损害赔偿制度的要件主要有以下几个方面:(1)夫妻一方有主观过错从而导致离婚。这是离婚损害赔偿主观方面的要件,该"过错"必须是导致离婚后果的过错,这也是基于前述离婚损害赔偿是一种离因损害赔偿的性质,换句话说,对于夫妻婚姻关系的解除一方在主观上存在故意或者过失;(2)婚姻关系存续期间的夫或妻中有过错的一方存在特定的妨害婚姻家庭关系稳定的违法行为。这是离婚损害赔偿客观方面的要件,即过错方的行为违反了《婚姻法》的规定或基于婚姻关系对其中一方的义务要求,由于《婚姻法》第46条只规定了重婚、有配偶者与他人同居、实施家庭暴力和遗弃虐待家庭成员等四种适用离婚损害赔偿制度的情形,并未有类似"其他损害婚姻家庭关系稳定的情形"的兜底条款,因此从这个角度说,在目前的法律框架下也只有上述四种情形能够成为离婚损害赔偿的法定条件,除此之外的其他过错情形(如隐瞒另一方私自转移财产包养"小三"、与他人通奸等)均不能构成离婚损害赔偿责任;(3)离婚损害赔偿的请求权人确有损害事实的发生。这是离婚损害赔偿客观后果方面的要件,这里的"损害事实"主要包括物质利益和精神利益的减损或丧失,事实上也只有当请求权人确有损害后果的发生才可能享有离婚损害赔偿;(4)过错行为与损害后果间存在法律意义上的因果关系,且该过错行为最终导致了离婚。这是离婚损害赔偿因果关系方面的要件。首先,过错行为与损害后果间

---

① 史尚宽:《亲属法论》,台湾荣泰印书馆股份有限公司1980年版,第463页。

② 《婚姻法司法解释(一)》第29条第1款:承担婚姻法第四十六条规定的损害赔偿责任的主体,为离婚诉讼当事人中无过错方的配偶。

存在法律意义上的因果关系,这实际上是所有民事侵权法律关系都具备的要件之一;其次,由于离婚损害赔偿是一种离因损害赔偿,因此离婚损害赔偿制度的启动必须以离婚为条件,且离婚这一最终后果是与被请求赔偿的过错行为间存在法律意义上因果关系的。

在《婚姻法司法解释(三)》颁布实施后明确了离婚损害赔偿制度是在特定条件下对造成婚姻关系破裂有过错的一方当事人给予法律制裁的制度,享有离婚损害赔偿请求权的只能是无过错的一方当事人,因此,在实践中在认定主体的问题上有以下两方面的实践问题需要注意:

第一,离婚时夫妻双方的子女或其他家庭成员不宜作为离婚损害赔偿请求权的主体。在《婚姻法司法解释(三)》颁布实施之前有许多学者曾经就这一问题展开了讨论,其中部分学者认为由于夫妻关系是家庭法律关系中的一种,尽管离婚损害赔偿制度是由《婚姻法》确立的法律制度,但是按照婚姻关系属于特殊的家庭关系的逻辑种属关系,离婚损害赔偿也应当适用于夫妻之外的其他受到离婚原因侵害的家庭成员,特别是遗弃或实施家庭暴力这种为《婚姻法》第46条囊括的法定情形,其实施的对象亦可能是子女或其他家庭成员,而在国外(尤其是判例法系国家)允许子女或其他家庭成员在上述情形条件下提起离婚损害赔偿,因此应将享有离婚损害赔偿请求权的主体做扩大解释至受到法定情形侵害的子女或其他家庭成员。《婚姻法司法解释(三)》颁布实施后,享有离婚损害赔偿请求权的主体仅限于夫妻中无过错的一方当事人,因此在目前的法律框架下人民法院不宜对享有离婚损害赔偿请求权的主体做扩大解释。笔者认为严格按照《婚姻法司法解释(三)》的规定认定享有离婚损害赔偿请求权的主体是符合当前此类案件的审判实践的,这是因为离婚损害赔偿是在离婚时或离婚后由享有请求权的主体通过诉讼的方式向有过错的一方当事人主张的,因此这一类案件要么归于"离婚纠纷"要么归于"离婚后损害责任纠纷"的案由,从案由的确定可以看出涉及离婚损害赔偿的纠纷属于婚姻类纠纷,人民法院在审理的过程中只应当审理夫妻关系,由于离婚案件大多牵扯其家庭成员间错综复杂的关系,矛盾本身就较为激烈,因此不宜将子女或其他家庭成员引入离婚损害赔偿请求权的主体范畴中,至于上述子女或其他家庭成员遭受家庭暴力或遗弃、虐待等情形可以按照其他法律关系另行主张。

第二,从承担赔偿责任的义务主体看,第三者不宜作为赔偿义务主体。近年来,随着社会经济的发展,一些不良的生活方式和封建思想的糟粕又在婚姻家庭领域复苏,"包二奶"、"养小三"是网络上对于这类违背夫妻相互忠诚义务行为的称呼,这种行为严重的可构成《婚姻法》第46条中提及的"有配偶者与他人同居",由于第三者的出现使得原本稳定的婚姻关系开始产生裂痕,进而有可能导致感情破裂从而离婚,有许多学者认为第三者侵害了婚姻关系中的配偶权,冲击了我国正常的婚姻家庭制度,"赔偿义务主体应包括第三者。对于因重婚,通奸、姘居等过错行为提起离婚损害赔偿,除了有过错的配偶方外,受侵害的配偶一方还可以将涉及的第三人列为义务主体,要求其承担损害赔偿的连带责任。这是因为重婚,通奸,姘居等违法行为侵犯了夫妻忠实义务,而忠实义务的义务主体就包括了配偶以外的第三人。第三人在这类侵权行为中的作用是不容忽视的。同时将第三人同列为离婚损害赔偿的义务主体,可以避免重复诉讼,减少诉讼成本"。[①] 此外,早在2001年修改《婚姻法》之前,我国的广东省就以地方法规的形式惩治第三者插足婚姻的现象。[②] 与上述观点相反的,有学者认为尽管第三者问题有一定的社会危害性,但其终究属于道德领域调控的范畴,"不宜一律用法律加以惩罚",[③]由于离婚损害赔偿制度的基础是离婚,因此承担义务的主体亦只能是夫或妻,受害方要求婚外第三者承担赔偿责任在司法实践中难以操作,还会牵扯滥用诉权、侵害第三者其他合法权益等较为复杂的情形,因此,按照《婚姻法司法解释(三)》第17条的立法精神,第三者不宜作为离婚损害赔偿制度中承担赔偿责任的义务主体。

三、当前司法实践中仍存在的问题及建议

尽管《婚姻法司法解释(三)》颁布实施后为离婚损害赔偿制度在司法实践中主体确认的问题做出了完善性的规定,但有关离婚损害赔偿制度在司法实践中仍存在以下问题:

(一)关于离婚损害赔偿中"过错"的举证责任问题

我国民事诉讼中通常的举证责任原则是"谁主张,谁举证",由于在相关司法解释中并未将离婚损害赔偿归入举证责任倒置的特殊侵权情形,因此按

① 张雨朦:"论离婚损害赔偿制度的完善",载《法制与社会》2012年第1期。

② 2000年5月30日,广东省多部门联合颁布的《关于处理在婚姻关系中违法犯罪行为及财产问题的意见》中,就对"养情妇"、"包二奶"等现象的处罚做出了规定。

③ 陈群峰:《离婚利益协调机制研究》,人民法院出版社2008年版,第183页。

照现有法律规定此类案件在举证责任的分配问题上仍采用上述一般原则。但是，由于离婚损害赔偿都涉及夫妻生活的细节，婚姻关系中的私密性导致此类证据的不易取得，重婚、姘居、家庭暴力、虐待、遗弃的隐蔽性，使受害配偶依靠自己的力量很难取得确凿的证据，又不能提供关键的人证，举证不能，离婚损害赔偿的请求则必然得不到支持和实现。此外，如果要获得确凿证据，则会使法律处于两难境地：要么牺牲配偶另一方的隐私权，要么让举证方承担几乎不可避免的侵犯他人隐私权的风险。为了达到举证目的，受害配偶往往需要采取雇佣私家侦探跟踪、偷拍、捉奸在床等行为，而这些行为往往会在一定程度上侵犯对方及第三者的隐私权，从而影响了证据的合法性，使无过错一方不能顺利举证。另外在举证要证明到什么程度的问题上，条款上并没有加以明确规定。

笔者认为，由于婚姻生活存在私密性与隐蔽性，在现行法制环境及社会法律意识仍有待提高的背景下，从司法实践的角度仍应当坚持对于离婚损害赔偿中过错“谁主张，谁举证”的一般民事举证责任原则，但对于人民法院在认证此类证据的过程中应当充分考虑婚姻生活私密性与隐蔽性的特点，不应当赋予离婚损害赔偿的主张者较高的证明责任，换句话说，只要主张离婚损害赔偿的一方诉讼主体有证据能够初步证明家庭暴力、遗弃、虐待、有配偶者与他人同居等几种情形在夫妻关系存续期间确有发生的，人民法院则可认定离婚损害赔偿制度中关键性的要素——“过错”的成立，即适当降低离婚损害赔偿请求者的证明责任，至于该过错是单方过错还是由于另一方的先过错引发的则由被主张者负担举证责任。

（二）离婚损害赔偿中“过错”的种类与界定问题

前文述及，按照现有法律和司法解释的规定离婚损害赔偿的过错情形有且仅有《婚姻法》第46条规定的重婚、有配偶者与他人同居、实施家庭暴力的和虐待或遗弃家庭成员四种，由于我国现阶段普遍推行婚姻登记制度，因此除重婚这一情形有相对明确的认定标准外，剩余三种情形在司法实践中均存在不同程度的界定困难问题，由此带来各地法院在过错情形认定方面的标准不一、尺度不齐的现象也成为困扰请求权人和法院的一大难题。

首先，有配偶者与他人同居这一情形中，一方当事人是否有配偶可以简单地从是否履行过结婚登记查证，但另一个条件“同居”便较难把握了。按照《婚姻法司法解释（一）》第2条规定的“婚姻法第三条、第三十二条、第四十六条规定的‘有配偶者与他人同居’的情形，是指有配偶者与婚外异性，不以夫妻名义，持续、稳定地共同居住”，同居的认定标准是婚外异性、不以夫妻名义、持续稳定的共同居住，除第一个方面较为明显的标准外，是否以夫妻名义以及何为持续稳定的程度都较难把握。关于是否以夫妻名义的标准，现阶段人民法院的普遍做法是通过证人证言或当地居民委员会（村民委员会）、街道办事处等基层群众自治组织等机关出具的情况说明进行考察，但随着人口流动的日益频繁和自然人居所在空间概念上的日趋分散，上述证明标准很难说就是客观存在的，例如自然人甲户籍在北京、其配偶也居住在北京，但其工作地和长期居住地位于昆明，那么如果甲在昆明与非其配偶的异性自然人乙长期以夫妻名义同居，显然昆明的邻居、朋友或基层组织很难对上述情况有较为清晰准确的了解和把握，故目前对是否以夫妻名义同居的标准较难界定；另外，关于何为持续稳定的程度把握人民法院亦较难统一。现阶段人民法院对这一问题的认识往往是以“时间上持续、状态上稳定”作为标准，但是时间的持续最低要达到什么样的要求、状态的稳定是否不允许这种婚外同居现象的偶然中断（如吵架后短暂分离、一方外出学习等）、是否允许同居在地点上的分散等都是难以把握的问题，在上例中，如果自然人甲频繁的往返昆明与北京，每一次到达昆明后都与乙共同居住，那么这种断断续续但相对稳定的情形是否能够构成同居呢？

其次，有关家庭暴力以及虐待或遗弃家庭成员的界定问题。按照《婚姻法司法解释（一）》第1条之规定“婚姻法第三条、第三十二条、第四十三条、第四十五条、第四十六条所称的‘家庭暴力’，是指行为人以殴打、捆绑、残害、强行限制人身自由或者其他手段，给其家庭成员的身体、精神等方面造成一定伤害后果的行为。持续性、经常性的家庭暴力，构成虐待”。似乎家庭暴力与虐待的界定标准较为明确，殴打等行为当其达到一定严重程度的时候，有可能产生刑事责任，在这种情况下人民法院可以依据施暴者的刑事责任断定其存在家庭暴力的行为，但是当其暴力程度不及刑事责任时，上述殴打等行为也存在一个程度的判断问题，例如笔者曾经遇到过在离婚纠纷中男方向法院主张离婚损害赔偿的理由是女方在每次吵架情绪激动时都会掐其胳膊，他认为女方的上述行为已经构成家庭暴力。显然，尽管在上述案例中女方存在一定程度的“施暴”行为，但笔者认为这种程度尚不及离婚损害赔偿制度中要求的家庭暴力的程度，但这种判断属于法官根据日常生活的经验进行的内心确认，很有可能出现同一行为不同地区的法院甚至是同一法院不同法官认定不一致的问题。另外,随着社会学等学科对于家庭暴力研究的深入,一些学术讨论中的家暴情形也走进了诉讼实践中,例如"冷暴力"、"语言暴力"等,对于这类情形是否能够造成另一方身心伤害以及伤害程度的认定等方面,在司法实践中都存在一定的难度。与此同时,由于对虐待的认定是基于对家庭暴力认定的基础上做出的,因此上述认定家庭暴力方面的实践难点也一并影响着对虐待行为的认定。

最后,对于遗弃家庭成员行为的界定问题。遗弃家庭成员属于《婚姻法》第32条明确规定的离婚理由之一,亦是第46条确认的离婚损害赔偿的条件之一,主要是指对于年老、年幼、患病或者其他没有独立生活能力的家庭成员,负有赡养、抚养、扶养义务而拒不履行法定义务的行为。这里的"没有独立生活能力",是指不具备或丧失劳动能力,无生活来源而需要其他家庭成员给予供养,或虽有一定的经济收入但生活不能自理而需要其他家庭成员照顾的情况。《婚姻法》禁止家庭成员间的遗弃,明确规定遗弃行为的受害人提出请求的,人民法院应当依法作出支付赡养费、抚养费、扶养费的判决;遗弃家庭成员构成犯罪的,受害人可以向人民法院自诉;导致离婚的,无过错方有权请求损害赔偿。遗弃与遗弃罪有相通之处,刑法上的遗弃罪,主要是指遗弃家庭成员,情节恶劣。如父母拒绝抚养没有独立生活能力的子女,子女拒绝赡养已失去独立生活能力的父母。这里所指的"情节恶劣",通常是指被遗弃人因生活无着而被迫到处乞讨,遗弃动机卑鄙,遗弃手段十分恶劣的,由于遗弃造成病、残、死亡后果的等情况。法律还规定,对于由于遗弃而引起被遗弃人精神失常、自杀、死亡后果的,或者基于一贯玩弄女性而遗弃妇女或儿童的应当从重处理。但是遗弃行为的程度也存在界定标准不明的情况,例如婚后男方的母亲常因生活琐事对女方进行侮辱、谩骂,致使夫妻经常争吵,后男方长期不归家,夫妻矛盾不断加深。再后来,男方不再给女方生活费,为此女方将其娘家人带往婆婆家与男方一家进行理论,男方母亲及家人为此与女方发生推搡,两家人有肢体冲突。出所接警后以家务事处理。上述纠纷发生后女方回到两人结婚后的住处,发现自己的钥匙竟然打不开门,并在门卫处找到男方打包好的自己与儿子的衣物。于是,女方以夫妻感情破裂、被告遗弃家庭成员为由,向法院起诉离婚并主张离婚损害赔偿,这种情况是否属于遗弃家庭成员呢?笔者认为,女方在诉讼过程中因男方将其与孩子的衣物打包丢到门卫处的行为并没有使女方及孩子有无法生活下去或危及生命的危险,因此认定男方遗弃家庭成员略显牵强。与上述家庭暴力的程度认定标准一样,这里对于遗弃行为程度的认定也是根据日常生活经验做出的内心判断,同样存在同一行为不同地区的法院甚至是同一法院不同法官认定不一致的问题。

在司法实践中,除了对已有的离婚损害赔偿条件存在界定方面的困难外,对其他破坏婚姻关系的侵权行为也存在是否能够变通适用离婚损害赔偿制度的难题。据笔者了解,在一些法院的司法实践中也将下面两种情况作为离婚损害赔偿的原因:一是长期通奸、卖淫嫖娼的,在婚外性关系上面。不应只将损害赔偿范围限定在重婚、与他人同居上面,这个范围明显过于狭窄。现实生活中,往往其他形式的婚外性行为发生得较多。有些行为给配偶造成的伤害,所带来的精神痛苦并不比重婚、与他人同居所带来的少。例如,因长期通奸导致的离婚,通奸是指已婚人士自愿与配偶以外的异性发生性行为的行为。长期通奸造成的伤害并不比重婚、与他人同居造成的伤害小,且都是对忠实义务这一婚姻法基本原则的违反。由于通奸的隐秘性,决定了它具有很强的欺骗性,有时甚至给对方带来更严重的精神损害;二是有赌博、吸毒等恶习屡教不改的。赌博、吸毒在性质上既是违法行为,是为法律严格禁止的,同时又是严重危害婚姻家庭关系的行为。赌博、吸毒者往往置家庭生活、夫妻关系于不顾。既耗费家庭财产,又破坏夫妻感情。许多家庭就是因为配偶有赌博、吸毒等恶习而离婚甚至酿成悲剧。因而,因赌博、吸毒等恶习而导致离婚的也应当成为离婚损害赔偿的情形之一。

对此问题笔者认为,对于家庭暴力、遗弃、虐待等法定离婚损害赔偿的情节,不应当做扩大解释,仍应按照法理和现行法律法规对上述内容的界定进行把握,这是由于夫妻婚姻关系存续期间的行为一方面存在私密性和隐蔽性,在没有确凿的证据证明家庭暴力等情形确实存在的前提下,如果对上述内容扩大解释容易引发离婚损害赔偿制度的泛化;另一方面,由于家庭生活固有的复杂性,如果不严格按照法律规定认定家庭暴力等情形是否构成,法官很难确信家庭生活的某一个细节是什么性质的行为,在此基础上适用离婚损害赔偿制度很有可能造成对被请求者的不公。

除此之外,对于现有离婚损害赔偿制度的法定情形中未涉及的其他破坏婚姻关系的侵权行为也存在是否能够变通适用离婚损害赔偿制度的问题,笔者认为,离婚损害赔偿制度的设计初衷就是一种离因损害赔偿,其制度功能除了填平损失外,更多地带有一定的惩罚性和教育性,因此从这一角度来说,应在将来的立法中适当拓宽适用离婚损害赔偿制度的法定情形,使该制度更好地发挥其应有的功能和效用。

(三)赔偿数额如何确定的问题

由于离婚损害赔偿制度的目的之一是填平被侵害人在物质、精神方面的损失,因此在此类案件的司法实践中,如何确定具体的赔偿数额就成为了一个关键性的问题。

由于目前我国的法律框架中没有对离婚损害赔偿数额的确定标准作出规范,因此人民法院往往根据不同的情况套用有关人身损害赔偿、精神损害赔偿的标准来确定离婚损害赔偿的具体数额,这不失为现阶段规范离婚损害赔偿数额的权宜之计。但是,在离婚损害赔偿案件中,并不是所有的情况都能够套用上述两种赔偿计算标准,即使是可以套用,上述司法解释所确定的标准也并不一定适应具体案件的特殊情形,此外,当事人在诉讼时法律知识的多寡、经济水平的高低、是否聘请律师等情形也会影响到其主张的赔偿具体数额,因此有的地区曾用地方立法的方式对离婚损害赔偿的"起步价"做出过有益探索,例如广东省就曾对离婚损害赔偿中的精神损害规定赔偿起价为50,000元。笔者认为,由于我国地域广大、各地经济发展水平不一,确立一个全国统一适用的离婚损害赔偿数额计算尺度不太现实,但与此同时这一领域也不应当完全由法官的自由裁量权进行确定,也应对自由裁量权做出一定程度的限制。以家庭暴力为例,在笔者调研的过程中发现,即便是同一地区,不同的法院对于家庭暴力的赔偿数额的处理标准也存在较大差异,例如家庭暴力后有的法院按照家庭暴力的次数计量赔偿数额,以2000元/次的标准计算,有的法院则按照实际产生的医疗费用计算、在没有医疗费产生时以500~1000元的标准确认,除非家庭暴力的次数频繁,还有的法院要求夫妻双方协商赔偿数额,如协商不成又没有产生医疗费用的,则不支持该赔偿请求。

关于该问题,笔者认为,由于我国地域辽阔,各地经济发展水平和生活水平之间存在差异,想要依靠法律法规对离婚损害赔偿的具体数额作出适用于全国的统一的标准是不太实际的,因此在现有情况下,是否可以参照道路交通事故人身损害赔偿标准的统一办法,在充分调研的基础上以省及行政区域为单位制定带有司法指导性质的文件规范一定范围内离婚损害赔偿制度的赔偿数额,该数据可以定期更新以适应于社会经济的快速发展和变化。

关于特殊房屋纠纷法律适用问题的调研报告

重庆市高级人民法院课题组①

引 言

房屋买卖是引起不动产所有权变动的重要民事法律行为,其事关广大人民群众的切身利益,是民事审判中关注民生、保障民生、改善民生的重要内容。随着房地产业的迅猛发展和住房制度改革深化,我国商品房交易规则、市场运行机制以及不动产立法等诸方面问题逐步凸显。对于商品房合同买卖法律行为的规制,《合同法》、《房地产管理法》、《物权法》、《担保法》及《最高人民法院关于审理商品房买卖合同纠纷案件适用法律若干问题的解释》等法律、司法解释均作出了明确规定,为规范房地产交易秩序,统一商品房买卖司法尺度,推进房地产市场平稳健康发展,发挥了重要作用。但目前,除了商品房买卖外,我国房地产市场还存在集资房、经济适用房、小产权房、公租房、廉租房、拆迁安置房等特殊类型房屋的交易,并由此引发的纠纷也呈快速增长趋势。而且在当前国家加大对房地产市场宏观调力度,银行信贷进一步收紧的大背景下,相关案件纠越来越呈现出法律关系复杂、涉案人数众多、审理难度加大、审理周期较长、案件调撤困难、涉诉信访增加、维稳工作压力增大的特征。由于目前特殊类型房屋纠纷的法律规范相对滞后,尤其是集资房、经济适用房

① 课题组组长:陈彬,重庆市高级人民法院副院长。组员:唐亚林,重庆市高级人民法院专职审判委员会委员;黄灿波,重庆市高级人民法院民一庭副庭长;王伯文,重庆市第五中级人民法院民四庭副庭长;林曦,重庆市高级人民法院民一庭助理审判员;李震,重庆市高级人民法院民一庭助理审判员;陈瑜,重庆市第一中级人民法院民四庭审判员;王庆,重庆市江北区人民法院研究室助理审判员。此课题为重庆市高级人民法院2012年优秀重点调研课题。

指标转让,小产权房的出售、产权确认,公租房、廉租房的出售、出租(转租)、转借、继承、受赠、腾退,拆迁安置房的补偿等法律适用问题存在较多争议,且处理难度较大,需要进一步统一执法尺度。因此加强特殊类型房屋法律适用问题的研究具有较强的理论和实践意义。

从目前特殊类型房屋纠纷案件调研的情况看,主要有以下特点:一是涉案主体及法律关系复杂,案件审理难度大;二是相关案件关系群众切实利益,社会影响面较广;三是相关法律规范比较原则,司法尺度有待统一。为此,我们将特殊类型房屋在法律适用方面存在的问题及解决思路,作为此次调研课题的重点进行梳理和归纳,并主要对经济适用房、集资房、廉租房、公租房、小产权房、拆迁安置房这几类特殊类型房屋纠纷进行了调研,现逐一进行探讨。

第一部分　经济适用房法律适用问题研究

一、经济适用房的界定

经济适用住房,是指政府提供政策优惠,限定套型面积和销售价格,按照合理标准建设,面向城市低收入住房困难家庭供应,具有保障性质的政策性住房。[①] 它是根据国家经济适用住房建设计划安排建设的,是由国家统一下达计划、用地实行由地方政府行政划拨方式,免收土地出让金、对各种经批准的收费实行减半征收、出售价格按保微利的原则确定的,具有经济性和适用性的特点。经济性是指住宅价格相对市场价格而言,是适中的,能够适应中低收入家庭的承受能力;适用性是指在住房设计及其建筑标准上强调住房的使用效果,而不是降低建筑标准。它是国家为解决中低收入家庭住房问题而修建的普通住房。这类住宅因减免了工程报建中的部分费用,其成本略低于普通商品房。现阶段,经济适用住房的来源主要有三种:一是由政府提供专项用地,通过统一开发、集中组织建设的经济适用住房;二是将房地产开发企业拟作为商品房开发的部分普通住宅项目调整为经济适用住房;三是单位以自建和联建方式建设的,出售给本单位职工的经济适用住房。需要特别说明的是,对于单位集资建房这种类型,在2004年《经济适用住房管理办法》颁布后,虽然被正式纳入经济适用房范围,但其作为单位对职工的一种福利,侧重的是单位与职工之间的法律关系,社会、他人利益无碍。因此,集资建房的法律特性上与传统意义的经济适用房还是有较大区别,其法律适用问题的探讨,本文将设立单独章节在后面予以探讨。

二、经济适用房法律适用问题的分析

国家从1998年正式推出经济适用房后,全国各地的经济适用房在短短几年内快速发展,开工面积和项目数量都在成倍增加,解决了大批中低收入家庭的住房问题,成效显著。但随着经济适用房的蓬勃发展,与经济适用房有关的纠纷亦不断涌现,其中,经济适用房转让合同的效力问题是该类纠纷的焦点问题。司法实践中,由于有关经济适用房的法律规范层级过低,内容过于原则化的原因,造成法院在处理案件过程中适用法律困难,从而导致各法院甚至各法官之间对类似案件判决结果迥异的情形。妥善解决此类纠纷,既是法院司法为民的需要,也是保障房地产市场健康发展、服务于社会和谐稳定大局的需要。为此,本文试从经济适用房转让合同效力的角度做一些理论上的探索。

(一)经济适用房购房指标转让合同的效力分析

"购房指标"不是法律概念,对其性质的认定,理论界和实务界皆有不同看法,归纳起来主要有两类观点:一是认为购房指标在性质上是一种资格,有了经济适用房的购房指标即意味着满足了购买经济适用房的条件,可以购买经济适用房;二是认为购房指标在本质上是一种权利,购房人通过一定程序获得购房指标后即有要求房屋产权人与其签订房屋买卖合同的权利。笔者认为,购房指标不仅是一种资格,更是一种权利。经济适用房由政府划拨土地、减免税费等政策优惠,具有公益性和保障性,我国对购买经济适用房实行审批制度,对购房人有严格的条件限制。不是每个人都可以购买经济适用房,亦不是每个符合条件的人都能买到经济适用房,只那些满足购房条件并获得批准的购房人才能买得到经济适用房。因此,购房指标首先是一种资格,获得了购房指标就意味着其可以购买选定的经济适用房。其次,购房指标是一种权利。购房人经过法定的程序获得了购房指标,即意味着其有权要求房屋产权人与其签订房屋买卖合同,产权人则负有与购房人签订房屋买卖合同的义务,本质上是一种债权。

由于现行部门规章、地方性法规等规范性文件对购房指标的权利主体进行了严格的限制,使购房指标带有强烈的人身属性,购房指标属于《合同法》第79条第1项"根据合同性质不得转让"的权利。此外,由于经济适用房承担着保障中低收入家庭的居住条件,减少贫富差距,维护社会和谐、稳定的社会任务,具有强烈的公益性和保障性,而转让经济适

---

① 《经济适用住房管理办法》第2条。

用房购房指标的行为，使不符合购买条件的人挤占了本就有限的福利资源，妨碍了其他符合购房条件人的购买权，必将严重影响经济适用房的政策效果，损害公共利益。

所以笔者认为，对经济适用房购房指标的转让合同，应根据《合同法》第52条第4项"有下列情形之一的，合同无效：(四)损害社会公共利益"、第79条第1项"债权人可以将合同的权利全部或者部分转让给第三人，但有下列情形之一的除外：(一)根据合同性质不得转让"的规定，认定该合同无效。由于有关经济适用房的法律规范层级过低，均不符合《合同法》第52条第5项"法律、行政法规"的要求，因此，在司法实践中，不宜直接根据《合同法》第52条第5项以经济适用房购房指标的转让合同违反法律、行政法规的强制性规定为由认定合同无效。

(二)经济适用房转让合同的效力分析

关于经济适用房转让，《国务院关于解决城市低收入家庭住房困难的若干意见》和《经济适用住房管理办法》规定，经济适用住房属于政策性住房，购房人拥有有限产权。购买经济适用住房不满5年，不得直接上市交易，购房人因各种原因确需转让经济适用住房的，由政府按照原价格并考虑折旧和物价水平等因素进行回购。购买经济适用住房满5年，购房人可转让经济适用住房，但应按照届时同地段普通商品住房与经济适用住房差价的一定比例向政府交纳土地收益等价款，具体交纳比例由城市人民政府确定，政府可优先回购；购房人向政府交纳土地收益等价款后，也可以取得完全产权。因此，对经济适用房转让合同的效力应区分不同的情形进行分析。

1. 购房未满5年的经济适用房转让合同的效力分析

《国务院关于解决城市低收入家庭住房困难的若干意见》和《经济适用住房管理办法》对购房未满5年的经济适用房转让进行了明确规定，但因其不是《合同法》第52条规定的判定合同无效的"违反法律、行政法规"的范畴，不能作为法院判决的依据。但如前所述，经济适用房承担着极强的社会保障功能，如允许其自由转让，势必让国家投入巨资建设的经济适用房变成对少数人享有的福利，无法再起到社会保障的功能，将会极大地损害公共利益。笔者认为，对购房未满5年的经济适用房转让的合同，不论在合同中是否有5年内禁止转让的条款，都应按《合同法》第52条第4项"有下列情形之一的，合同无效：(四)损害社会公共利益"的规定，认定该合同无效，以有利于建立行之有效的经济适用房退出机制，使更多的困难家庭能够享受到经济适用房的实惠，最大限度地发挥经济适用房的社会保障功能。

2. 购房满5年的经济适用房转让合同的效力分析

按照《经济适用住房管理办法》的规定，购买经济适用住房满5年，购房人可转让经济适用住房，但应按照届时同地段普通商品住房与经济适用住房差价的一定比例向政府交纳土地收益等价款，具体交纳比例由城市人民政府确定，政府可优先回购；购房人向政府交纳土地收益等价款后，也可以取得完全产权。对购房满5年取得完全产权的经济适用房，因转让人对买卖房屋享受所有权，转让合同当然有效，此自不赘述。

但对购房满5年但履行向政府交纳土地收益等手续的经济适用房转让合同是否有效有待商榷。此种房屋的转让，由于转让人对房屋不享有完全产权，转让不享有完全产权的房屋涉及无权处分的问题。《合同法》第51条规定："无处分权的人处分他人财产，经权利人追认或者无处分权的人订立合同后取得处分权的，该合同有效。"但《合同法》对权利人拒绝追认，无处分权人亦未取得处分权时合同是否有效却未作出明确规定。对此问题，学界和实务界都存在争论。王泽鉴教授认为："处分行为之有效以处分人具有处分权为要件。反之，于负担行为，则不以负担义务者具有处分权为必要。"①具体到买卖合同关系，亦即买卖合同的效力不以处分人对买卖标的有处分权为要件，但要使买卖标的的物权发生变更却以处分人有处分权为要件。笔者同意王泽鉴教授的观点，一为合同法以意思自治为首要原则，处分人明知无处分权仍执意处分他人之物，自应承担相应的法律后果；二为合同法负有促进交易之使命，让无权处分人承担履行不能的违约责任有利于保护善意之第三人。如让善意之第三人冒合同无效之风险自会增加交易成本，危害交易安全，从而阻碍交易的发生。因此，对购房满5年但未履行向政府交纳土地收益等手续的经济适用房转让合同，应为有效合同，如转让人嗣后仍未完善相关手续，或政府主张回购权，从而无法履行合同义务的，由转让人向受让人承担违约责任。

经济适用房转让纠纷是近年来所出现的新类型案件，且案件数量呈增长趋势，审理好此类案件事关社会稳定，亟须最高法院对此类案件涉及的法律法规、理论以及审理标准有个统一的把握。

① 王泽鉴：《民法学说与判例研究》(第五册)，北京大学出版社2009年版，第33页。

第二部分　单位集资建房法律适用问题研究

一、单位集资建房的界定

单位集资建房作为房改初期的重要建房模式，大体上经历了三个阶段:(1)2004年前，国家为了解决住房矛盾，对集资建房并未禁止。集资建房由政府、单位、职工个人三方共同承担，具有福利性质，属于单位对职工的一种福利;(2)2004年《经济适用住房管理办法》颁布后，单位集资房被正式纳入经济适用房范围，但未明确叫停国家机关集资房建设;(3)2007年《经济适用住房管理办法》修订后，国家机关集资房建设被明确叫停，明确规定两类企业经批准可以利用自有土地进行集资房建设，同时严禁任何单位在新征用或新购买的土地上集资建房。①

二、单位集资建房引发的主要纠纷

(一)因单位集资建房指标转让引发的纠纷

随着市场经济的发展和住房制度政策的不断深化实施，单位公有住宅以优惠价出售给职工个人的形式虽然已逐渐离我们而去，但不得不承认的是，这种单位职工享有限产权的住房制度打破了过去一直由单位包建、包分、包管而低房租的不合理住房格局，从而也就改变了反映在住房制度上的行政关系，出现了一系列民事法律关系，由此引起的优惠房纠纷日益增多，需要用法律手段去调整。

在重庆市江北区法院审结的一起集资房指标转让纠纷中，买方起诉卖方请求确认原、被告签订的《购房资格转让协议》有效，并判令被告向原告交付房屋。在本案审理中，被告提出双方签订的《购房资格转让协议》因违反国家法律法规的规定，应当无效;即使合同有效，也是对合同权力、义务的概括转让，按照集资建房单位的文件规定，应当在取得集资建房单位的同意才能生效。在本案中，存在争议的有以下两个问题:

一是转让协议的效力问题。未领取权属证书的房屋转让协议究竟是否有效，是原先争议颇多的一个问题，争议焦点在于对《城市房地产管理法》第37条的规定如何理解适用。随着近年来理论界的认识趋于统一，以及《最高人民法院公报》陆续刊载了一些判例，对此问题的处理思路已十分明确:《城市房地产管理法》虽然规定了未依法登记领取权属证书的房地产不得转让，但这仅仅是对物权行为的限制，而非对债权行为的限制。房屋买卖被分为两道程序:其一是签订房屋买卖合同、债的关系发生，双方均受协议的约束;其二是过户登记，即发生物权变动。第37条所指的"不得转让"，是指不得发生"物权变动"，即房产管理部门不得登记过户，而不是指不得订立债权合同、不能发生债权行为。因此，本案中，双方当事人的房屋买卖行为作为债权行为是成立的，该合同合法有效。

二是单位与职工之间的限制性约定能否对抗集资房买受人的问题。根据《民法通则》与《合同法》的有关规定，民事合同在主体、客体、内容三个方面均具有相对性。对于单位在集资建房中与职工作出不得转卖、转让、出租集资房的约定，只能在合同的当事人之间产生约束力。当职工选择将自己集资所取得的房屋转让给他人时，单位与职工的约定不能约束第三人。即使因职工向第三人转让房屋导致产生相应的违约责任，也应由职工向单位承担，并不能导致职工与第三人的房屋买卖合同无效。因此，对出卖人以其与单位之间有限制性约定为由主张合同无效，是站不住脚的。

(二)因单位内部分房政策导致的纠纷

一些大型的企事业在为经济增长、科技创新做出贡献的同时，还肩负着更多的社会责任。在过去，单位往往采取集资建房的方式来解决职工的住房问题。但关于以前得到分房的职工，下次集资建房还能否继续参加集资，以何种方式参加，这些政策也导致了诸多纠纷的产生。

在重庆市江北区法院审结的一起案件中，某单位组织集资建房，但要求参加本次集资合作建房的职工必须全部退出原住房，已享受单位优惠房的必须将优惠房交单位分配，已有部分产权和租用公房的职工必须配合单位解决原住房的使用权问题，职工甲参加集资建房，而其居住的房屋是其老公乙单位分配的房屋，根据单位的要求，需要将该房屋交给单位分配，甲乙也将房屋产权证交给了单位，单位又将该房屋分配给丙，但甲乙认为房屋不是单位分配的，重新补办了产权证，故单位、丙与甲乙产生纠纷，丙起诉要求甲乙、并将单位列为第三人，请求判决甲乙将房屋过户给丙。在本案中，单位优惠房纠纷，法院是否可以受理在审判实践中有不同的看法。有的意见认为，单位优惠房纠纷法院无权管辖，不应受理。理由是，民法调整的是平等主体间的财产关系，在优惠房纠纷中，不论是职工与单位之间，或职工与职工之间都涉及单位内部建房、分房问题，系单位内部行政管理事务，单位与职工之间是一种领导与被领导的行政隶属关系，其主体地位不平等，不属民法

① 李昭:"集资房买卖探讨"，载《法制与经济》2011年第1期。

调整的范围。再者最高人民法院[1992]38号《关于房地产案件受理问题的通知》指出:因单位内部建房、分房等引起的占房等房地产纠纷均不属人民法院主管工作范围,单位集资建房纠纷人民法院无权管辖。也有观点认为,法院应该受理,不论是从理论上或实践看都应受理,理由则是:在计划经济体制下的住房制度,职工住房由单位包建、包分配、包管,单位具有完全所有权,职工住房的建设、分配、维修纯属单位内部行政事务,是一种行政行为,职工只有租房权,无占有、处分、收益权,单位对住房拥有完全支配权,单位与职工之间的一种行政隶属关系,主体地位完全不平等,因此发生住房纠纷,法院无权管辖。

另外,职工取得集资建房产权后,受到单位侵犯,把单位列为被告理所当然,受到其他人抢占,列抢占人为被告也无异议,关键是被其他人抢占,出售单位是否应列为当事人,在实践中做法不一,有的列为当事人,有的没有列为当事人,列为当事人的,列为何种当事人也不尽相同,有的列为原告,有的列为被告,有的列为第三人。认为不应列为当事人的理由是:集资建房系有限产权,具备物权的特性,可以对抗债权,有限产权的含义就是享有完整的占有权、使用权,只是收益权和处分权受到限制,抢占职工优惠房,侵犯了职工不完全的所有权,侵犯了职工的占有权、使用权、职工有权独立行使起诉权,不必列单位为当事人。

三、集资建房相关问题的法律分析

(一)对职工将集资建房转让合同的思考

1. 集资房转让纠纷的五大特点

(1)涉及的标的多为尚未取得产权的集资房,因集资建房政策本身的特殊性和地方规章条例的限制,职工从出卖房屋到取得产权一般要经过一段过渡时期,有的长达数年。

(2)职工转让集资房主要是出于牟利目的,买受人需向出卖人支付一定数额的"补偿金"。

(3)由于近年来房价持续飞涨,出卖房屋时的价格与取得产权时的房屋价值往往产生较大的落差,导致出卖人反悔,不愿向买受人履行交付房屋及其他的协助义务,且多以合同无效或无权处分为由提出抗辩。

(4)集资房转让协议约定的权利义务多为附条件的,当事人之间一般约定由出卖人在取得房屋产权后向买受人履行交付房屋及协助办理产权手续等义务。

(5)集资建房的单位往往与购房职工作出限制性约定,要求不得转卖、转让、出租集资房。

2. 集资房转让≠集资房"指标"的转让

将分配的集资房指标转让给他人是近年来常见的一种现象,这种行为从根本上违反了国家有关住房政策,原因在于集资房指标与职工个人身份密切相关。根据建设部《经济适用住房管理办法》的规定,参加集资、合作建房的对象,必须限定在本单位无房户和符合市、县人民政府规定的住房困难家庭。若集资房的买受人并非建房单位职工,则不能享有该单位的集资房指标。另外,从法律意义上讲,有关标的的条款是一切合同必备的主要条款,而"指标"并不是一种具体、明确的标的,甚至可以说是不存在的。因此,集资房"指标"的转让协议应属无效合同。

3. 集资房转让合同效力的认定

(1)如果认定集资建房转让合同无效,可依据《城市房地产管理法》第37条第1款第6项规定"未依法登记领取权属证书的"房地产不得转让、《合同法》第52条第1款第5项"违反法律、行政法规的强制性规定"无效和第88条规定"当事人一方经对方同意,可以将自己在合同中的权利义务一并转让给第三人"。因为职工转让集资建房时尚未取得权属证书又未征得集资建房单位的同意,认定为无效是有法律依据的。

(2)如果认定集资建房转让合同有效,可依据《民法通则》第55条规定"民事法律行为应当具备下列条件:(一)行为人具有相应的民事行为能力;(二)意思表示真实;(三)不违反社会或者公共利益"、《最高人民法院关于适用〈中华人民共和国合同法〉若干问题的解释(一)》第4条规定"合同法实施后,人民法院确认合同无效,应当以全国人大及其常委会制定的法律和国务院制定的行政法规为依据,不得以地方性法规、行政规章为依靠"。目前尚无禁止集资建房转让的全国人大及其常委会制定的法律和国务院制定的行政法规。

(3)认定集资建房转让合同无效产生的后果。合同无效必然会产生双方当事人各自承担返还责任的后果。受让人无疑要将使用或准备使用的房屋返还给出让人,出让人又要房价款和房屋装修费返还给受让人。但对于这期间的房屋使用费和出让时的房价和现时的房价差额又怎么处理为妥?

笔者认为,首先,集资建房转让合同按有效认定为妥。《城市房地产管理法》规定的"未依法登记领取权属证书的"房地产不得转让是针对的城市房地产开发一级市场而言,对集资建房转让合同的审查还是应根据民法通则和合同法的相关规定进行处理。这样处理不违背诚实信用原则,也有利于社会稳定。

其次,单位集资建房转让合同的效力不应按照经济适用房转让合同的效力来处理,应根据不同时期国家的不同政策,对单位集资房应加以区别对待。对 2004 年以前的单位集资房,因其是作为单位对职工的一种福利,侧重的是单位与职工之间的法律关系,与他人利益无碍,因此,如职工将其购房指标转让他人并经单位许可,应当认定该指标转让合同有效。2004 年单位集资房纳入经济适用房范畴后,单位集资房本应与经济适用房一样起到社会保障功能,但在实践中,单位在集资建房过程中并不严格按照法律政策的规定设计、出售,实则是以经济适用房之名行发放单位福利之实。因此,对这部分单位集资房,应从集资房的审批、设计、面向人群等方面进行审查,对那些以单位集资房的名义向职工发放福利的集资房,因其并未向单位外困难家庭出售,实际上并未起到社会保障功能,职工转让集资房并未直接对现存的公共利益造成损害,从诚实信用原则出发,对此部分单位集资房应按照实际查明的情况,在单位许可转让的情况下,应认定该购房指标转让合同和房屋转让合同有效。

(二)对单位集资建房、分房的法律思考

1. 关于法院是否应该受理的问题

笔者认为,单位集资建房纠纷法院应当受理。但新的住房制度推行后,单位以优惠价出售公有住宅给职工,职工对公房已拥有部分产权,即占有权、使用权、有限处分权和收益权,这表明对同一住宅,单位和职工同时享有所有权,两种所有制并存于同一客体,住房所有制关系出现了新的法律关系,单位与职工之间的住房行政关系受到冲击和打破,形成了一种民事合同关系,单位与职工之间趋于平等,只要职工交付了优惠房价款,单位接受了房款,优惠房买卖合同即告成立,双方都应遵守合同,履行义务,单位无权依行政手段强行变更,一旦发生纠纷,如果法院不管理,把这些日益增多的纠纷排除在法律调整之外,不仅不利于住房制度的改革和优惠房地产的健康发展,而且会因纠纷得不到正确及时解决激化矛盾影响社会治安。有人提出不通过法律调整,还可以通过行政手段解决,笔者认为,行政手段无疑是一种解决途径,但不是最佳选择,由于行政手段的局限性,很多问题难以得到及时解决。比如,张某在单位购买了集资建房,被职工李某抢占达两年之久,经多方做工作,李某拒不退房,造成张某购了房长期得不到居住,意见很大,并声称如再不解决,自己将采取强行手段。在这种情况下,既不能诉诸法律,又不能得到单位的解决,势必激化职工之间的矛盾,影响安定团结,特别是单位侵犯了职工工优惠房权利时,单位既是侵犯者又是矛盾的解决者,职工的合法权益在很大程序上难以得到及时正确保护,所以把这类案件纳入调整范围,由人民法院管辖为宜。笔者认为,只要有利于保障住房制度改革的顺利进行和优惠房地产的健康发展就要大胆受理、审判这类案件。至于最高人法院关于房地产案件受理问题的司法解释,因单位内部建房、分房等引起的占房等房地产纠纷,不属法院管辖,而优惠房纠纷不属此列。

2. 关于诉讼主体的问题

笔者认为,集资建房系有限产权,实际上也就是部分产权,虽然两种所有权并存于一体,不完全具有共有的特征,但相似于按份共有,单位对处分和收益享有一定的支配权,当单位与职工各自部分所有权共同指向的优惠房遭受他人侵犯时作为部分所有人的单位应列为当事人,否则单位的合法权益难以得到保护。但列为何种当事人,值得研究,有的法院列为第三人当然不妥,第三人分为有独立请求权的第三人和无独立请求的第三人,出售优惠房的单位都不符合这两种第三人的条件,独立请求权的第三人,对原被告诉请的标的具有完全所有权,而出售优惠房的单位对原被告诉争的标的优惠房享有的只是有限产权,所以不具备列为独立请求权第三人的条件。无独立请求权的第三人对标的物不能主张任何权利,只是案件处理结果与其有直接利害关系,只能协助一方诉讼。在优惠房纠纷中,单位不存在协助一方诉讼问题,因为单位对优惠房本身就有享有有限产权。笔者认为,单位要么列为原告,要么列为被告,这要根据不同的具体情况而定,如单位把优惠房已交付职工使用后被他人抢占,只能列侵权人为被告,单位不能列为当事人,因为标的已发生转移,风险责任也随着转移。如果优惠房已分给职工但还没有交付之前,被他人抢占,标的物及风险责任未发生转移,如果单位愿意以原告身份起诉,应列为共同原告,如单位对侵权采取放任不管的态度,应列为共同被告。

第三部分　廉租房法律适用问题研究

房地产企业开发前文所述之商品房、经济适用房的目的在于获取利润,商品住房提供给高收入者,利润水平由市场来决定,经济适用房面向广大中低收入阶层,在土地使用权的取得、税费等方面享受政策优惠。而廉租房不同于商品房和经济适用房,政府建造廉租房是为了满足低收入群体的基本生活需求。但对于廉租房的法律适用问题,由于社会公共利益和秩序的需要,代表公权的行政权的介入其中,相关法律法规亦无明确规定,其法律适用问题亟待解决。

一、廉租房概述

（一）廉租房的概念

《廉租住房保障办法》第2条规定：本办法所称城市低收入住房困难家庭，是指城市和县人民政府所在地的镇范围内，家庭收入、住房状况等符合市、县人民政府规定条件的家庭。第5条规定：廉租住房保障方式实行货币补贴和实物配租等相结合。货币补贴是指县级以上地方人民政府向申请廉租住房保障的城市低收入住房困难家庭发放租赁住房补贴，由其自行承租住房。实物配租是指县级以上地方人民政府向申请廉租住房保障的城市低收入住房困难家庭提供住房，并按照规定标准收取租金。根据前述规定，廉租房是指政府以货币补贴和实物配租等相结合的方式，向城市低收入且无住房的家庭提供的社会保障性住房。

由此可见，廉租房是我国城市中低收入家庭解决住房问题的重要途径，也因此成为我国住房保障体系的核心内容，并和住房公积金制度、经济适用房制度共同构成了目前我国住房保障体系的三大支柱。

（二）我国廉租房现状

随着人类文明的进步，"居者有其屋"已得到普遍认可。在我国，为实现中低收入家庭享有充分住房的权利，廉租房首次出现在《关于进一步深化城镇住房制度改革加快住房建设个通知》（1998年）中。1999年，建设部在总结各地试点经验基础上出台《城镇廉租住房管理办法》，标志着廉租房制度在我国正式建立。2007年12月，建设部等九部门联合颁布的《廉租住房保障办法》，以及财政部颁布的《廉租住房保障资金管理办法》的出台，意味着我国廉租房制度体系逐渐成形。

我国廉租房制度实施起步比较晚，由于不同地区的经济发展水平和人口集中程度的不同，各地探索也各具特色。以在东、西部地区发展得比较早也是发展得比较好的上海、成都为例，在配租方式上，上海市采用"租赁住房补贴为主，实物配租为辅"的方式，成都市采取了"以租金补贴为主、实物配租和租金核减为辅"的方式。在管理机制方面，上海市房地局成立了专门的廉租房办公室，并探索出了一套"政府主导、市场运作各方参与"的工作机制。成都市廉租房申请实行"一电通"。且建立了市房地产管理统一领导、市房委办管理和协调、市住房解困办具体操作的廉租房管理体制，实行市住房保障中心、各城区房管局以及街道办事处"三级审核"制度。

（三）廉租房制度的特征

1. 社会福利性。随着贫富差距的进一步加大，无法通过市场机制解决住房问题的低收入、住房困难家庭必须依靠政府的帮助和救济才能满足其基本住房需求。由此可见，廉租房制度具有明显的社会福利特征，可以适当缓和由于贫富差距导致的社会矛盾，维护社会稳定。

2. 保障对象特定性。廉租房的主要目的是保障低收入群体的基本住房需要。根据《廉租住房保障办法》的规定，只有城市和县人民政府所在地的镇范围内，家庭收入、住房状况等符合市、县人民政府规定条件的家庭，才能成为城市廉租房的承租人。这就决定了保障对象，即廉租房租赁法律关系中的承租人具有特定性。目前，在我国实践中，已实施廉租房制度的城市基本都将保障对象限定在低保户、优抚家庭中的住房困难户中。

3. 政府主导性。政府是廉租房制度实施过程中主要的义务承担者。由于住房弱势群体无法通过自身努力在市场上获取住房资源这一问题，只有国家和政府有能力调动全社会的资源来处理和解决。因此，国家有义务而且只有国家才能承担起主要的住房保障责任，通过各种保障模式为住房困难的最低收入家庭提供房源或发放合理的住房补贴，以尽量满足他们基本的住房需求。

4. 非盈利性。由于政府建造廉租房是为了满足低收入群体的基本生活需求。建设廉租房追求的只能是社会效益，国家为了降低廉租房的开发建设成本，需无偿划拨土地，大幅度减免税费。因此，廉租房的建设管理者不得以盈利为目的，房租以成本租金为限。

二、廉租房法律适用中存在的问题

（一）争议的主要类型

在廉租房运行过程中，所发生的争议主要有以下类型：

1. 廉租房主管部门不正当履行职责或合同义务引发的争议。其主要是指相关主管部门在行使权力时出现违法、违规以及损害相对人合法权益的情况。例如，在廉租房方面，相对人符合申领租金补贴的条件，而廉租房主管部门拒绝给予其应得的待遇；相对人虽有违法或违规行为，但廉租房主管部门对其的处罚超出了规定的幅度和范围；廉租房主管部门违法泄露相对人的隐私（如贫穷及其原因等）以及其他可能侵害相对人合法权益的行为。

2. 廉租房的申请者或者承租人不履行法定义务引发的争议。例如，申请者不接受或不配合相关主管部门的调查；申请者伪造财产和收入证明，或与他人串谋，骗取或企图骗取租金补贴或廉租住房；享受廉租房保障的承租人欠缴房屋、将承租的房屋转借转租、擅自改变房屋用途、一定期限内未在承租房屋内居住,以及其他不履行或恶意履行法定义务的行为,都有可能引发争议。

(二)法律适用中存在的问题

通过对廉租房争议类型的梳理以及审判实践的调研,可以看出在司法实践中因廉租房主管部门不正当履行职责而产生的纠纷系通过行政复议和行政诉讼解决;法律适用中存在的问题主要集中两类租赁合同的性质、因履行租赁合同产生的纠纷是否属于民事案件的受案范围等方面。

1. 廉租房房屋租赁合同的性质是民事合同还是行政合同。主张廉租房房屋租赁合同的性质是民事合同的观点认为:廉租房房屋租赁合同的房屋租金方面较之市场价存在不同程度的优惠,并体现为一定程度的社会福利,但前述合同均以合同双方当事人意思表示一致为前提;同时,我国并无行政合同制度,没有确立区分行政合同与民事合同、经济合同的标准,在理论上和实践中亦未确定行政合同的基本原则,且行政合同纠纷的法律救济不完善,将前述合同确定为行政合同,不利于矛盾纠纷的解决。主张前述合同性质为行政合同的观点认为:前述合同一方当事人为行政机关,双方当事人不是平等民事主体;行政机关签订合同的目的是有效地实施行政管理。持该观点的还主张因履行前述合同而产生的纠纷可以通过行政复议和行政诉讼来解决。

2. 廉租房房屋租赁合同纠纷是否应作为民事案件受理,有两种意见:一种意见认为,民事案件系发生在法律地位平等的民事主体之间的争议。而在廉租房的租赁中,配租对象、租金的确定,以及廉租房、公租房运行营中的管理等,都存在明显的行政行为。当事人间不存在平等协商,故此案件不作为民事案件受理。另一种意见认为,在廉租房、公租房的租赁过程中,配租对象、租金等确实由相关管理局确定,但租金标准低于市场价格,这有利于承租人;出租房与承租人签订了书面租赁合同,应该受合同法调整。故可作为民事案件受理。

三、法律适用问题的思考

廉租房租赁合同的性质是民事合同还是行政合同的问题。

1. 行政合同与民事合同的区别。虽然我国至今未确认行政合同的法律地位,但根据行政合同理论和司法实践,二者存在明显的区别。首先,合同主体不同。行政合同当事人中至少有一方是从事行政管理、执行公务的行政主体,另一方是行政管理相对人,或者是另一行政主体。而民事合同则是平等的自然人、法人或者其他组织之间订立的合同。其次,合同目的不同。行政主体订立行政合同的目的是执行公务,即合理有效地实施行政管理,另一方当事人的目的则为获取利润。而民事合同的目的为实现各方当事人的利益或产生、变更、消灭法律关系。再次,合同的内容不同。行政合同是为履行公法上的权利和义务而签订的,如果合同内容只涉及私法上的权利与义务,则应视为民事合同。由于行政合同的公益性决定其内容必须符合法律、法规的规定,双方都无完全的自由处分权。而民事合同只要合同内容不违反法律、行政法规的强制性规定即合法有效。最后,合同主体地位不同。行政合同中,行政主体作为行政管理者,享有行政优益权,表现为特殊情形下,行政主体对行政合同享有单方解除权,对相对人履行合同的行为进行监督、指导,对于相对人违反合同的行为,依法进行制裁等。而民事合同的相对人系平等地位,权利义务相对等并享有抗辩权。

2. 廉租房租赁合同的性质。《廉租住房管理办法》第 24 条规定"已领取租赁住房补贴或者配租廉租住房的城市低收入住房困难家庭,应当按年度向所在地街道办事处或者镇人民政府如实申报家庭人口、收入及住房等变动情况。街道办事处或者镇人民政府可以对申报情况进行核实、张榜公布,并将申报情况及核实结果报建设(住房保障)主管部门。建设(住房保障)主管部门应当根据城市低收入住房困难家庭人口、收入、住房等变化情况,调整租赁住房补贴额度或实物配租面积、租金等;对不再符合规定条件的,应当停止发放租赁住房补贴,或者由承租人按照合同约定退回廉租住房"。第 25 条规定"城市低收入住房困难家庭不得将所承租的廉租住房转借、转租或者改变用途。城市低收入住房困难家庭违反前款规定或者有下列行为之一的,应当按照合同约定退回廉租住房:(一)无正当理由连续 6 个月以上未在所承租的廉租住房居住的;(二)无正当理由累计 6 个月以上未交纳廉租住房租金的"。第 26 条规定"城市低收入住房困难家庭未按照合同约定退回廉租住房的,建设(住房保障)主管部门应当责令其限期退回;逾期未退回的,可以按照合同约定,采取调整租金等方式处理。城市低收入住房困难家庭拒绝接受前款规定的处理方式的,由建设(住房保障)主管部门或者具体实施机构依照有关法律法规规定处理"。由此可见,作为廉租房租赁合同一方主体的政府主管部门,首先,对城市低收入住房困难家庭人口、收入、住房等情况具有监督权;其次,作为廉租房租赁合同一方主体的政府主管部门在一定情况下即城市低收入住房困难家庭人口、收入、住房发生变化不再应居住廉租房,或者是连续6个月不在该房居住,又或者连续6个月不缴纳租金等情形下,享有单方解除权;最后,对于廉租房承租人的违反规定或者违反合同的行为,作为廉租房租赁合同一方主体的政府主管部门依法有权对其进行行政制裁。据此,廉租房租赁合同的相对人并非平等主体,作为廉租房租赁合同一方主体的政府主管部门享有优益权。除此之外,如前对廉租房特点的论述,廉租房租赁合同是政府与特定对象即城镇低收入群体签订的合同,其合同目的是为实现城镇低收入群体基本居住需要,其合同内容系为履行公法上的权利义务,具有公益性。因此,笔者认为廉租房租赁合同系行政合同;由此引发的纠纷亦应属行政案件,适用行政复议法、行政诉讼法等法律、行政法规。

第四部分　公租房法律问题研究

公租房即公共租赁房屋,是国家针对新就业人群、中低收入人群中没有自有住房,但又无力购置商品房,也无权购买经济适用房或承租廉租房的公众,利用公共资源,向提供暂时性租用的一种公益性或福利性房屋。原本属于私法调整的房屋租赁关系,因为政府利用公权力的介入,使其中相应的法律关系等问题不再那么单纯,尤其在我国大陆,相应的法律规定和研究远没有一个清晰的界定,因此,有必要对此予以深入探究。

一、公租房概述

(一)公租房的界定

在我国大陆,公租房并没有在国家层面上进行明确的法律规定,只是作为一项新型的住房政策在一些省级直辖市或省会所在城市等行政区域内进行试点推进。不过在一些试点行政区域所制定的地方政府规章或地方法规中,关于公租房的界定也各不相同,并且多数继续沿用了我国大陆政府对相关概念模糊化处理的惯例。对比北京、上海、重庆、江苏、广州、贵阳六地关于公租房的概念,相同的要素包括:政府投资者或者政府主导者;租赁的主体是特定人群,即无自主支配权的住房或无力或无法购置其他类型的住房,但有一定收入可支付相应租金的人员或者家庭;限定户型、面积与租金水平,以满足基本生活需求为标准。① 但是对租赁的主体如何更明确的界定,各地的规章或法规不尽相同,甚至很模糊,就是关于如何区分公租房与经济适用房、廉租房适用人群都并非易事。相对而言,重庆市的《公共租赁住房管理办法》可操作性尚可,对公共租赁住房资金筹集、房源性质、房源管理以及申请、退出、出售等方面的管理进行了规定,尤其对适用人群的规定操作性很强,如年龄满18周岁,在主城区工作的本市无住房或家庭人均住房建筑面积低于13平方米的住房困难家庭,大中专院校及职校毕业后就业人员及进城务工、外地来主城区工作的无住房人员。

(二)公租房现状

公租房政策的社会背景。西南财经大学和人民银行发布的《中国家庭金融调查报告》显示,中国当前的"夹心层"人群庞大,并且这一人群恰恰又是正值就业黄金期的人力资源的重要组成部分,他们是维系、补充劳动力市场具有不可替代的作用,对经济发展、社会稳定也不可或缺。但是,由于这部分人群既不可租廉租房或买经济适用房,也买不起商品房,但只要有一份相对稳定的谋生职业,公租房租金的支付、基本生活保障都没有问题。这是我国大陆执行或试行公租房政策的大前提和大背景。当然,由于中国大陆城镇化的不断推进、人口资源过于庞大,而中国传统社会根深蒂固的"安居乐业"文化、意识和精神追求使民众在温饱之后对住房的渴求不断加剧,住房刚需还将维系很长时间。住房刚需是单一化的市场化房价日趋上涨的主因,也是中国政府要大力发展公共租赁住房以完善我国住房保障体系的直接因素。

重庆市的具体做法。重庆市计划3年建设4000万平方米公租房,共计满足全市200万居民住房需求的目标。为此重庆市相继出台了《公共租赁住房管理暂行办法》(简称《暂行办法》)和《公共租赁住房管理实施细则》(简称《实施细则》),除了规范公共租赁住房的申请方式、申请条件、申请要求、审核配租、租赁管理、退出管理、出售管理等方面,重要的是在资金筹集、房源管理、适用人群等做了具体的规定。《暂行办法》第11条规定了公租房建设资金的来源渠道、第14~16条规定了政府对公租房的政策支持,总的原则就是坚持以政府建设为主导、企业自建与社会捐赠为辅的多层次房源筹集体系;房屋建设则均由重庆市国土资源和房屋管理部门负责;至于适用人群,如前所述,规定得还比较符合实际也便于操作。

二、公租房的法律关系

由于公租房不是一般性的市场化住房屋租赁关系,套用一般性的房屋租赁合同来分析公租房的各

---

① 徐良:"公租房统一立法难题与破解——基于六省市现行规定的考察",载《东南大学学报(哲学社会科学版)》2012年6月,第57页。

种法律关系、权利义务可能会遇到不少障碍。因此,有必要先厘清涉及公租房租赁的各种法律关系,尤其是在实体与程序方面。

(一)公租房及其出租人的法律性质

1. 公租房的法律性质。不论是政府投资还是政策支持下的企业自建或捐赠,公租房的最大特点就是公益性。首先,公租房政策目的的公益性。公租房政策的出台本身就是基于公共利益目的,是为了更好地解决"夹心层"这一重要人群的住房问题,是为了实现社会公正、促进社会稳定和谐。其次,公租房资源来源的公益性。不论是政府直接投资兴建,还是政策支持,公租房主要体现的就是公共资源被注入公租房的成本里,换言之,公租房包含了公共利益。最后,公租房管理的公益性。公租房管理并非市场化的运作模式,而是通过政府公权力的介入,或者通过公权力形成特殊的法规制度对公租房的管理予以调控,市场化模式在公租房管理方面只是辅助意义。

2. 公租房出租人的特殊性。任何房屋租赁合同的当事人都是出租人与承租人,公租房租赁合同也不例外。承租人一般比较容易识别,就是符合租赁公租房条件并已经实际租赁的个人或家庭。但是认清公租房的出租人并不那么容易,这首先要搞清楚公租房的产权属性。一般而言,如果属于政府直接投资兴建的公租房,其由国家享有完全的房屋所有权,通常,这类房屋均有国家委托当地政府行使出租管理权,相应的职能部门则代替政府实际行使;如果属于政策性支持由企业自建的公租房,其房屋所有权就比较复杂,通常而言,这类公租房,企业并不享有完全的房屋所有权,企业不得擅自转让,也不得自主确定租金,政府对该公租房依然享有一定的支配权,这类房屋的出租人应当是企业,但政府对相关事务具有审查、监督甚至直接干预的权力。至于捐赠房,其所有权更加复杂,这要取决于捐赠人向谁捐赠,捐赠那些权利,该类房屋的出租人应当在捐赠合同中体现。因此,公租房的出租人比较复杂,需要具体情况具体分析。

(二)公租房当事人的权利义务关系

契约关系。由于公租房租赁合同的法律本质同样是合同关系,只不过是一种特殊的房屋租赁合同关系,但是,出租人与承租人也同样享有一般性的租赁合同权利并承担对应的法律义务。如出租人必须履行提供质量合格、符合合同目的的房屋的义务,同时享有收取合理租金的权利;承租人必须履行按时支付租金的义务,同时有权要求出租人提供的房屋必须满足相关法律法规规定的质量要求、设施要求等。

行政管理关系。(1)资格审查的公权力介入。不论基于何种房源形成的公租房租赁关系,政府部门都有职责(既是权力又是义务)对承租人的资格进行事前、事中和事后审查,并将相关信息向社会公开,满足承租人或潜在出承租人对公租房、承租人等相关事宜的知情权。相应地,承租人不论是在申请过程中、还是在承租过程中,都有义务向出租人提供与公租房租赁相关的个人信息,并有义务配合出租人按照规定进行的合理审查。(2)公租房事务性的公权力介入。首先,公租房房源来源的公权力介入,政府投资也好,政策支持也好,都是公权力进行直接或间接地介入。其次,房屋的设计、面积、租金标准等,都由政府来调控。

三、现实运行中的公租房法律问题

(一)争议的主要类型

在公租房运行过程中,所发生的争议主要有以下类型:

1. 公租房主管部门不正当履行职责或合同义务引发的争议。主要是指相关主管部门在行使权力时出现违法、违规以及损害相对人合法权益的情况。例如,公租房主管部门怠于行使权利,不履行公共管理的职责或维修房屋等义务。

2. 公租房的申请者或者承租人不履行法定义务引发的争议。例如,申请者不接受或不配合相关主管部门的调查;申请者伪造财产和收入证明,或与他人串谋,骗取或企图骗取租金补贴或公租住房;享受廉租房、公租房保障的承租人欠缴房屋、将承租的房屋转借转租、擅自改变房屋用途、一定期限内未在承租房屋内居住,以及其他不履行或恶意履行法定义务的行为,都有可能引发争议。

(二)法律适用中存在的问题

通过对公租房争议类型的梳理以及审判实践的调研,可以看出在司法实践中因廉租房、公租房主管部门不正当履行职责而产生的纠纷系通过行政复议和行政诉讼解决;法律适用中存在的问题主要集中两类租赁合同的性质、因履行租赁合同产生的纠纷是否属于民事案件的受案范围等方面。

1. 公租房房屋租赁合同的性质是民事合同还是行政合同。主张公租房房屋租赁合同的性质是民事合同的观点认为:公租房房屋租赁合同的房屋租金方面较之市场价存在不同程度的优惠,并体现为一定程度的社会福利,但前述合同均以合同双方当事人意思表示一致为前提;同时,我国并无行政合同制度,没有确立区分行政合同与民事合同、经济合同的标准,在理论上和实践中亦未确定行政合同的基本原则,且行政合同纠纷的法律救济不完善,将前述合同确定为行政合同，不利于矛盾纠纷的解决。主张前述合同性质为行政合同的观点认为：前述合同一方当事人为行政机关，双方当事人不是平等民事主体；行政机关签订合同的目的是为有效地实施行政管理。持该观点的还主张因履行前述合同而产生的纠纷可以通过行政复议和行政诉讼来解决。

2. 公租房房屋租赁合同纠纷是否应否作为民事案件受理，有两种意见：一种意见认为，民事案件系发生在法律地位平等的民事主体之间的争议。而在公租房的租赁中，配租对象、租金的确定，以及公租房运行营中的管理等，都存在明显的行政行为。当事人间不存在平等协商。故此案件不作为民事案件受理。另一种意见认为，在公租房的租赁过程中，配租对象、租金等确实由相关管理局确定，但租金标准低于市场价格，这有利于承租人；出租房与承租人签订了书面租赁合同，应该受合同法调整。故可作为民事案件受理。

四、法律适用意见

根据前文论证，公租房租赁合同既具有民事法律关系的特点，又具有行政法律关系的特点，因此，针对不同的法律纠纷，应当适用不同的司法程序。如果因为出租人或其托管单位或部门在履行行政性权力时产生的纠纷，如政府及其工作部门没有或没有正确履行相关职责的，或者承租人或申请人没有或没有正确履行相关行政行为相对人的义务的，可以适用行政诉讼法的相关规定予以司法解决。但是，单纯因为出租人提供的房屋存在质量问题，或者没有履行维修、保护或不能满足基本的合同目的；或者，承租人没有履行按时支付租金等，适用民事诉讼法的相关规定，按照民事诉讼程序解决即可。当然，可以同一个案件可能同时存在行政和民事争议，可以参考知识产权法律纠纷的解决方式，即"第一站"原则，也即最先受理的业务庭对所有行政与民事纠纷一并审理。

第五部分 拆迁安置房屋法律适用问题研究

拆迁安置房屋法律适用问题在审判审判实践中较多，涉及面广，社会关注度高，且处理难度较大。笔者以《民法通则》、《合同法》、《物权法》等法律、行政法规及司法解释为准则，采取统计分析审判信息与重点研究典型案例相结合，听取审判一线法官的司法见解与研究相关案件的法律适用问题相结合等方法，以重庆市第五中级人民法院2008年至2012年间审结的279件房屋征收与补偿纠纷案件为研究对象，对拆迁安置房屋法律适用问题进行了调研。

一、房屋征收与补偿纠纷案件的诉讼特征

1. 二审房屋征收与补偿纠纷案件呈螺旋式上升趋势。在调研的279件案件中，2008年仅收一审3件；2009年收一审4件，二审108件；2010年收一审1件，二审45件；2011年收一审4件，二审66件；2012年收一审2件，二审46件。见图表一：

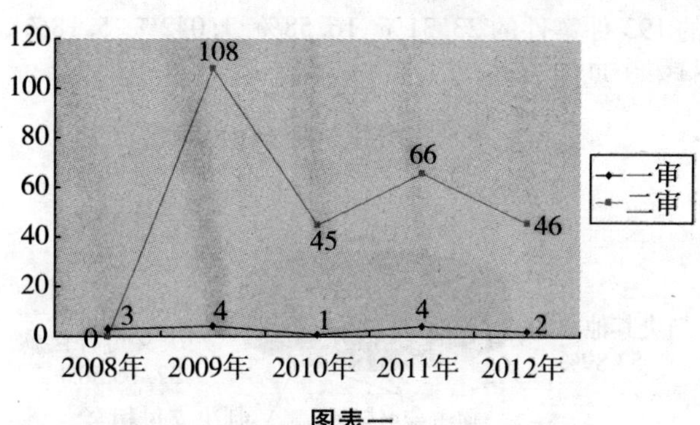

图表一

2. 当事人中原告以公民个人为主，被告以房地产开发商以外的法人居多。在279件案件的原告中，有234件系公民，有44件系法人，有1件系其他组织，分别占调研案件总数的83.87%、15.77%和0.36%。原告成分进一步说，1案1个原告的214件，2个被告的42件，3个被告的17件，5个以上被告的6件。而在在279件案件的被告中，有44件系公民，有254件系法人组织，分别占调研案件总数的15.77%、91.04%。被告成分进一步说，在254个被告中，有房地产开发公司61个，其他法人189个，其他组织4个，分别占被告总人数的24.02%、74.41%、1.57%；1案1个被告的180件，2个被告的65件，3个以上被告的30件、5个以上被告的4件，分别占调研总数的70.87%、25.59%、11.81%和1.57%。数据显示，除前述特征外，此类案件中群体性纠纷较为少见，279件调研案件中系列案件仅6件占2.15%，联合开发在房屋拆迁补偿安置中较为普遍。

3. 房屋拆迁法律关系多角度反映，体现在合同义务的方方面面。从案由看，在279件调研案件中，以拆迁安置补偿纠纷案件出现的153件，以拆迁安置合同纠纷案件出现的50件，以房屋租赁纠纷案件出现的29件，以房屋拆迁纠纷案件出现的24件，以房屋搬迁纠纷案件出现的4件，以房屋买卖合同纠纷案件出现的4件，以财产权属纠纷案件出现的仅1件，分别占54.84%、17.92%、10.39%、8.60%、14.34%、14.34%、0.36%。从被拆迁的房屋性质看，涉及城镇房屋的228件，涉及农村宅基地房屋的49件，分别占81.72%、17.56%。从适用的法律看，适用《民法通则》的37件、适用《合同法》的141件、适用《物权法》的31件、适用《国务院拆迁管理条例》的

90件、适用《民事诉讼法》的164件,适用其他法律法规司法解释的43件,分别占279件调研案件的13.26%、50.54%、11.11%、32.26%、58.78%、15.41%。从裁判主文看,判决交房并办理房屋产权证的45件,判决支付补偿款的32件,判决支付租金的2件,判决解除合同的10件,判决其他104件,分别占判决结案的193件案件的23.31%、16.58%、1.042%、5.18%、54%。见图表二:

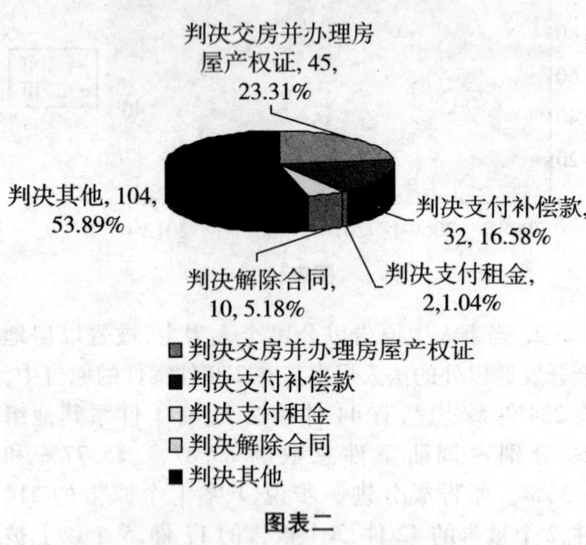

图表二

4. 案件质量不容乐观。在调研的279件案件中,上诉233件,其中维持原判172件,撤回上诉29件,改判11件,发回重审4件,调解6件,撤回起诉11件,分别占上诉案件总数的73.82%、12.45%、4.72%、1.71%、2.58%、4.72%。见图表三:

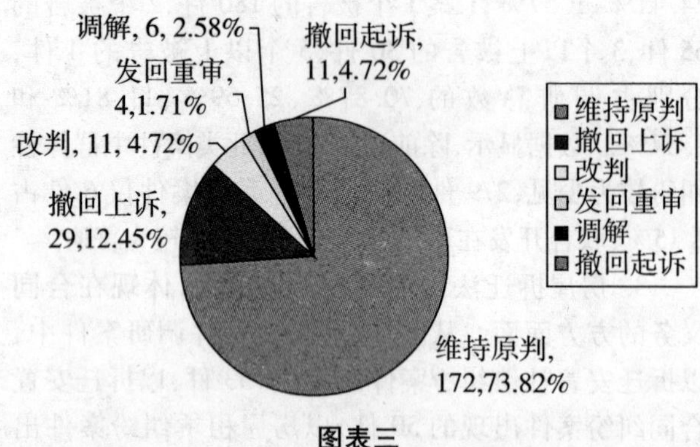

图表三

二、变更一审判决中存在的法律适用问题

笔者对35件调解、撤回起诉、改判以及发回重审等变更一审判决的房屋征收与补偿纠纷进行逐一分析,结果显示:

1. 对格式条款有两种以上解释的,未适用不利于格式条款提供方的解释规则。譬如庆隆公司与李淑英房屋拆迁补偿安置纠纷案,庆隆公司(甲方)与李淑英(乙方)签订《非住宅房屋拆迁补偿安置协议》,约定甲方拆除乙方坐落在朝东路31号经营门面建筑面积19.5平方米……乙方自行(临时)过渡三年后回原地安置,甲方按乙方原门面建筑面积19.5平方米安置在"滨江广场"沿朝东路方向的临街层内。李淑英选房时,认为庆隆公司提供的1A层内的安置房屋不符合拆迁合同约定,遂拒绝选房,起诉请求按照协议约定安置房屋并支付经济补偿费。

一审法院认为,甲方于2005年8月18日提供1A层作为拆迁安置房屋,因该房屋受地形限制,第1层和1A层的楼层地面均不与朝东路街面完全处于同一水平面,其他亦不存在与朝东路街面完全处于同一水平面的楼层,故第1层和1A层均应系临街楼层,而甲方提供的1A楼层安置房屋处于"滨江广场"沿朝东路方向的临街层内,符合双方约定,应认定为临街楼层,甲方的安置行为,应视为已履行其拆迁安置协议约定的义务,由于乙方拒绝选择,造成安置不能的后果,并非甲方过错所致,而系乙方拒绝接受安置房屋所致,故乙方无权要求甲方支付经济补偿费。①

二审法院认为,"临街层内"应当作临街最近的理解,甲方建设的新房受地形条件限制,临街门面建形成了不同类型,既有平街往下走若干步阶梯也有平街往上走若干步阶梯的临街门面,绝对平街的临街门面稀少。双方协议只约定了"临街层内"的字样,该协议属打印填充式格式条款,且由甲方提供,"临街层内"是指平街往上行还是往下行楼层,协议并未明确,甲方也无提示性说明。按照习惯理解"临街层内"应是指临街相对最近的临街门面,而不是相反。从甲方建成的门面看,有一层平面,也有1A层平面,经实地勘察,新鞋城一层门面距临街相对较近,而1A层门面却距临街相对较远。根据《合同法》第41条的规定:"对格式条款有两种以上解释的,应当作出不利于提供格式条款一方的解释。"本案甲乙双方对协议中约定的"临街层内"产生了不同理解,应当作出不利于甲方的解释,即支持乙方对"临街层内"的理解。②

① 重庆市渝中区人民法院(2008)中区民初字第4456号民事判决书。

② 重庆市第五中级人民法院(2011)渝五中法民终字第014号民事判决书。

因上述原因被改判的案件共1件，占此类案件总数的2%。

2. 因拆迁人的责任使自行过渡期延长的，未适用加付临时安置补助费或经济损失补助费的规定。譬如渝昌公司与夏大贵房屋拆迁安置补偿协议纠纷案，1997年9月25日，渝昌公司（甲方）与夏大贵（乙方）签订《拆迁安置补偿协议》，约定甲方拆除乙方承租使用的渝中区临江路72号附1号（非住宅建筑面积38.5平方米）房屋，过渡期限为三年，三年内甲方结合乙方原房位置在代家巷1-3号平街层临街安置乙方建面38.5平方米非住宅营业用房。

乙方按约将该房交渝昌公司拆除后，甲方向乙方提供了代家巷一楼一号临时过渡门面房屋32.4平方米。四年后，该过渡房因项目主体工程需要被拆除，双方又签订《拆迁安置协议》，约定从2002年10月21日起，乙方自行过渡，自行过渡期暂定为二年，甲方每月按2700元给付乙方自行过渡补偿费。甲方按约向乙方发放7个月的过渡补偿费18,900元后未再支付过渡补偿费。2001年5月1日，甲方与兴地公司（丙方）签订《联建合同书》，约定联合开发渝昌大厦"都市方舟"项目。2006年3月起占用了"都市方舟"部分门面，2008年2月起，甲方将"都市方舟"平街第一层附3号非住宅建筑面积38.5平方米门面房屋交乙方使用。

一审法院认为，双方对过渡补偿费有明确约定，根据"有约定从约定"的原则，原告要求按《重庆市城市房屋拆迁管理条例》第44条的规定，按每月5400元双倍支付过渡补偿费的理由不成立。原告于2006年3月起占用被告"都市方舟"部分门面，应视为被告已履行了安置义务，故从2006年3月起已没有义务再向原告支付过渡补偿费。①

二审法院认为，渝昌公司既未按照协议约定在2004年10月21日前向夏大贵履行安置房屋的义务，又未按约向夏大贵支付完毕临时过渡安置补偿费，渝昌公司的行为已构成违约，渝昌公司除按约向上诉人支付临时过渡安置补偿费外，还应承担违约责任。虽然合同未约定违约责任，但根据《重庆市城市房屋拆行管理条例》第44条的规定，因拆迁人的责任使自行过渡期延长的，从逾期之日起，拆迁人应当按原标准的百分之一百加付临时安置补助费或经济损失补助费。②

因上述原因被改判的案件共2件，占此类案件总数的4%。

3. 当事人并非拆迁安置补偿纠纷的适格主体，没有资格在案件中主张权利或者承担义务。譬如晶磊公司与鱼洞制面厂房屋拆迁补偿安置纠纷案，2009年11月17日，晶磊公司作为甲方与程有禄代表的重庆市巴南区鱼洞制面厂（简称鱼洞制面厂）作为乙方签订房屋拆迁补偿安置协议（简称拆迁协议）并加盖了乙方的公章。该协议约定：乙方自愿选择货币安置补偿方式；对座落于巴南区鱼洞新农街42号砖房面积593.29平方米参照其相邻的购销公司房屋评估价3735元的90%补偿1,994,344.33元，对同号砖房面积318平方米参照其相邻的购销公司房屋评估价3170元的90%补偿907,254元，另给搬迁补助费等计3,755,968.45元。乙方搬迁完毕，经甲方验收并出具《交房单》手续后，甲方即付给乙方产权补偿等费用计3,755,968元。协议签订后，乙方将厂房交付晶磊公司拆除。

鱼洞制面厂系集体企业，2005年1月，因其未参加2002年度企业年度检验，被重庆市工商局巴南分局吊销营业执照，由职工（含退休）共计28人，主管单位巴南区粮食局尚未组建清算组对其清算。因其营业执照被吊销，银行账户被冻结，拆迁补偿款至今未支付。曹光毅等十六名职工起诉请求确认晶磊公司和程有禄签订的拆迁协议无效、恢复厂区原状、赔偿损失43,874元。

一审法院认为，程有禄代表鱼洞制面厂与晶磊公司签订拆迁协议，加盖鱼洞制面厂公章，晶磊公司有理由相信其有代理权，程有禄的签约行为符合《合同法》第49条"行为人没有代理权、超越代理权或者代理权终止后以被代理人名义订立合同，相对人有理由相信行为人有代理权的，该代理行为有效"之规定，该拆迁协议合法有效。根据《民法通则》第43条关于"企业法人对它的法定代表人和其他工作人员的经营活动，承担民事责任"的规定，程有禄以鱼洞制面厂名义的签约行为，应由鱼洞制面厂承担。曹光毅等十六名提出的请求，均属于拆迁补偿争议。根据最高人民法院法释[2005]9号《关于当事人达不成拆迁补偿安置协议就补偿安置争议提起民事诉讼人民法院应否受理问题的批复》中"就补偿安置争议向人民法院提起民事诉讼的，人民法院不予受理，并告知当事人可以按《城市房屋拆迁管理条例》第十六条的规定向有关部门申请裁决"之规定，本案不属

---

① 重庆市渝中区人民法院(2010)中区民初字第06007号民事判决书。

② 重庆市第五中级人民法院(2011)渝五中法民终字第4973号民事判决书。

民事案件受案范围。①

二审法院认为,鱼洞制面厂系集体企业,职工人数为 28 人,对 2009 年 11 月 17 日鱼洞制面厂房屋拆迁补偿安置协议的效力作出意思表示以及代表鱼洞制面厂要求恢复原状、赔偿损失等,应以绝大多数职工的意思表示为准。而本案原告总人数为 16 人,并未占到鱼洞制面厂职工人数的绝大多数。该企业被吊销营业执照后,应由清算组代表企业行使民事权利,巴南区商务局已于 2011 年 10 月 9 日下发《关于同意成立资产清算小组的批复》(巴南商发[2011]150 号),有关该企业的诉讼行为,应当由该企业的清算小组征求职工意见后发动,曹光毅等 16 名职工并非本案适格主体,其起诉应予驳回。②

因上述原因被改判或发回重审的案件共 5 件,占此类案件总数的 10%。

4. 对拆迁人不按期支付住房补贴款的情形,未判决罚息利率。譬如宋长惠与大晟公司拆迁安置协议纠纷案,2009 年 5 月 25 日,宋长惠与大晟公司签订《城市住宅拆迁实物安置协议》(简称《协议》),约定拆迁宋长惠的房屋并进行实物安置,于签订拆迁协议并按时腾交旧房后支付住房补贴 800 元/月,半年支付一次,支付至交付新房时止。《协议》签订后,大晟公司支付给宋长惠 15 个月的住房补贴款12,000 元,但未支付 2009 年 5 月 25 日签订拆迁协议至 2011 年 8 月 23 日腾交旧房期间的住房补贴款 12,000 元。宋长惠遂诉讼请求判令大晟公司支付住房补贴款 12,000 元,并赔偿 5 倍的该住房补贴和 5 倍的利息损失。

一审法院认为,大晟公司未按《协议》中的承诺足额支付住房补贴款,已构成违约,应当承担违约责任,支付住房补贴款,赔偿其利息损失。据此,宋长惠要求大晟公司支付 2009 年 5 月 25 日签订拆迁协议日至 2011 年 8 月 23 日腾交旧房期间的住房补贴款 12,000 元及其利息,有事实依据和法律依据,予以支持,但该利息应当自腾交旧房的次日 2011 年 8 月 24 日起至本判决生效日止按中国人民银行规定的商业银行同期贷款利率计算,其要求大晟公司赔偿此住房补贴款 5 倍及其 5 倍利息损失,于法无据,不予以支持。③

二审法院认为,《最高人民法院关于修改逾期付款违约金应当按照何种标准计算问题的批复》(法释[2000]34 号)规定,对于合同当事人没有约定逾期付款违约金标准的,人民法院可以参照中国人民银行规定的金融机构计收逾期贷款利息的标准计算逾期付款违约金;而《中国人民银行关于人民币贷款利率有关问题的通知》(银发[2003]251 号)则规定逾期贷款罚息利率为在贷款利率水平上加收 30% ~ 50%。故一审判决大晟公司按商业银行同期贷款利率计算利息损失不当,大晟公司理应按商业银行同期贷款利率上浮 50% 向宋长惠支付利息。④ 因此原因被改判的案件共 1 件,占此类案件总数的 2%。

5. 拆迁安置补偿纠纷中民事与行政的诉讼界限不明晰。譬如张家成与宋甫玉、巴南区征地办拆迁补偿安置合同纠纷案,张家成一审起诉称,其与被告宋甫玉于 2006 年 10 月 18 日在巴南区民政局登记离婚时,将位于巴南区花溪街道民主村 9 组的两楼一底房屋第三层分割与自己所有,该房屋系集体土地使用权房屋,虽未办理产权登记,但取得规划验收许可。被告巴南区征地办于 2011 年 6 月 8 日仅与宋甫玉签订《征地农转非拆迁补偿安置合同》及《民主村城中村改造住房安置补充协议》(简称拆迁安置补偿协议),造成原告无房居住。遂请求判令二被告签订的前述协议无效。

一审法院认为,巴南区花溪街道民主村 9 社系农村集体土地,其征用和房屋拆迁主体是巴南区人民政府及其职能机构被告巴南区征地办。巴南区人民政府在征地拆迁过程中与张家成并非民事法律关系中的平等主体,其征地拆迁行为带有行政行为性质。现张家成以被告巴南区征地办未经其同意而与宋甫玉签订拆迁安置协议,不应提起民事诉讼。⑤

二审法院认为,巴南区征地办向本院提交的说明表明,其已在安置补偿合同签订后向宋甫玉及其儿子张航支付安置补偿费用 123,064 元,住房安置尚在修建中,暂未安置给宋甫玉及其儿子张航。最高人民法院法释[2005]9 号批复指的是当事人"达不成拆迁补偿安置协议,就补偿安置争议向人民法院提起民事诉讼"的情形,本案虽因政府征地而起,但张家成系以自己对讼争房屋的共有权受到侵害为由,请求确认巴南区征地办与宋甫玉签订的拆迁安置补偿协议无效,并不属于该批复限定的争议。本案巴南区征地办与宋甫玉作为可能侵害张家成财产

① 重庆市巴南区人民法院(2010)巴民初字第 3753 号民事判决书。
② 重庆市第五中级人民法院(2011)渝五中法民终字第 5788 号民事判决书。
③ 重庆市大渡口区人民法院(2011)渡法民初字第 3967 号民事判决书。
④ 重庆市第五中级人民法院(2012)渝五中法民终字第 1174 号民事判决书。
⑤ 重庆市巴南区人民法院(2012)巴民初字第 621 号民事判决书。

权利的一方，与财产权利可能受到侵害的张家成一方形成了民事法律关系中的平等主体，巴南区征地办与宋甫玉的安置行为可能对张家成的民事权益造成侵害，故对张家成的请求应当予以支持。①

因上述原因撤销一审判决指令其继续审理的案件共1件，占此类案件总数的2%。

6. 对当事人变更合同的行为未予认定。譬如重庆港城房地产（集团）有限公司房屋拆迁安置纠纷案，2003年5月28日，原告作为石坪桥五一新村6栋15号房屋的使用人，与重庆港城房地产（集团）有限公司签订《房屋拆迁安置协议书》约定，……拆迁过渡采取自行过渡形式，过渡期限为18个月，过渡补助费为300元/月；双方必须在交房前一次结清所有费用。同日，原告领取7个月的自行过渡补助费2100元。协议履行中，被告为原告安排了6个月的临时周转房居住。

一审法院认为，被告已支付其部分过渡费和为其安排了几个月的临时周转房居住，原告不能再行向被告主张18个月的全部过渡费。原被告在《房屋拆迁安置协议书》中约定18个月的过渡补助费的同时亦约定，双方必须在交房前一次结清所有费用。因此，若被告未足额向原告给付约定过渡补助费，原告应当在交房即2004年11月6日起的2年内主张权利，而原告于2011年7月才主张权利，且未提供诉讼时效中止、中断的依据，原告的该项诉请也已超过诉讼时效。②

二审法院认为，双方签订的《房屋拆迁安置协议书》是双方真实的意思表示，不违反法律、法规的禁止性规定，真实有效，双方均应当按照约定全面履行自己的义务。依照该协议，被上诉人应当支付上诉人18个月自行过渡补助费，并在双方一次结清所有费用后将约定的两室一厅房屋一套交付上诉人。上诉人有义务依据约定支付房款。但在该协议履行中，被上诉人为上诉人安排了6个月的临时周转房居住，该行为系双方对原协议的变更，符合《合同法》第77条"当事人协商一致，可以变更合同"之规定，故被上诉人应向上诉人支付自行过渡补助费的期间变更为12个月。③

因上述原因被改判的案件共1件，占此类案件总数的2%。

7. 对中院已经发生法律效力的终审判决尚未撤销之前，一审法院又作出结论完全相反的判决。④

因此原因撤销一审判决发回重审的案件共1件，占此类案件总数的2%。

8. 调解变更一审判决结果。主要集中在以下问题：明确安置房屋所有权、立即办理房屋所有权证书、补偿拆迁安置的经济损失、赔偿合同不能履行所造成的经济损失、支付房屋使用损失、支付拆迁安置中的财产损失和经营损失等。

因上述原因调解变更一审判决结果的案件共6件，占此类案件总数的12%。

9. 因原告或者反诉原告撤回起诉或者反诉而撤销一审判决。一般是诉讼程序或者实体判决存在严重问题，考虑到相关法院改判和发回重审的指标过高，严重影响相关法院的审判质效，而通过两级法院承办法官的说服工作，当事人也同意息诉或者另案解决的案件。从该角度讲，也是审判质量欠佳的一个重要表现。

因上述原因撤销一审判决，准予原告或反诉原告撤回起诉或反诉的案件共11件，占此类案件总数的22%。

三、法律适用中应当注意的几点建议

1. 案件性质的区分。城市房屋拆迁存在行政和民事两大法律关系，因拆迁涉及被拆迁人房屋所有权和土地所有权转让，其性质为民事法律关系；为保证城市规划和土地利用总体规划的依法进行，土地、建设等行政部门必须代表国家对房屋拆迁活动进行必要管理，因而又形成行政法律关系。因此，房屋征收与补偿纠纷分为民事和行政两大块。一般而言，民事块分为房屋拆迁安置补偿纠纷、房屋拆迁合同纠纷和房屋拆迁赔偿纠纷。⑤ 在民事审判中，受理房屋拆迁案件，属于平等主体之间的纠纷，应当严格执行《民法通则》、《合同法》、《物权法》、《民事诉讼法》和国务院《城市房屋拆迁管理条例》等法律行政法规以及最高人民法院法释［2005］9号《关于当事人达不成拆迁补偿安置协议就补偿安置争议提起民事诉讼人民法院应否受理问题的批复》等规定，区分以下不同情况分别予以处理：

（1）对拆迁双方当事人达成安置补偿协议后产生纠纷诉至法院的，或者非合同当事人以拆迁安置补偿协议可能损害其民事权利提起诉讼的，应当作为民事案件受理。

---

① 重庆市第五中级人民法院（2012）渝五中法民终字第1771号民事判决书。

② 重庆市九龙坡区人民法院（2011）九法民初字第7758号民事判决书。

③ 重庆市第五中级人民法院（2012）渝五中法民终字第00725号民事判决书。

④ 重庆市第五中级人民法院（2009）渝五中法民终字第3368号民事判决书。

⑤ 王振民、吴革主编：《房屋征收与补偿纠纷指导案例与审判依据》，法律出版社2011年版，第6页。

(2)拆迁人与被拆迁人签订的房屋征收与补偿协议,未经同一标的物的全体被拆迁人同意,其他未参与签订协议的被拆迁人起诉请求确认该协议无效的,人民法院应当受理。

(3)拆迁当事人未达成安置补偿协议的,应当告知其申请房屋拆迁管理机关作出裁决,对裁决不服起诉至人民法院的,应当作为行政案件受理;拆迁当事人既未达成安置补偿协议,又未经房屋拆迁管理机关作出裁决,直接向人民法院提起诉讼的,人民法院不予受理。

(4)因行政指令而调整划拨、历史遗留落实政策、机构撤并分合以及单位内部的房屋拆迁纠纷,均不属于人民法院民事案件的受案范围,应告知当事人申请政府有关部门予以解决。

在民事法律关系中,亦存在房屋拆迁安置合同纠纷与商品房买卖合同纠纷、与财产损害纠纷之间的区分。对于前者,可以依据该房屋附着的土地的性质予以判定,如果拆迁人与被拆迁人签订货币安置协议,以货币形式安置被拆迁人的划拨地房屋,被拆迁人作为土地使用权持有者已经按规定缴纳了足额的土地出让金后,应当认定双方签订的合同系商品房买卖合同而非拆迁安置协议。

2. 诉讼主体的认定。拆迁系一项社会性活动,在该活动中独立享有权利并承担义务的公民、法人以及其他组织均为拆迁法律关系主体,包括拆迁人、被拆迁人和房屋拆迁管理部门。依照国务院《城市房屋拆迁管理条例》第4条的规定,拆迁人是指取得房屋拆迁许可证的单位。根据这一规定,拆迁人一般包括:房地产开发公司、城市建设投资公司、经批准可以建房的国家机关和企事业单位、城市建设项目的建设部门、拆迁人自己成立的拆迁公司等等。①

被拆迁人是指被拆除房屋及其附属物的所有权人。应当引起注意的是,集体企业或者股份有限公司、有限责任公司被吊销营业执照后,公司、企业的法定代表人以单位的名义与拆迁人签订房屋征收与补偿协议后,非清算小组、并不足法定人数的少数股东或者企业职工不具有该房屋征收与补偿法律关系的主体资格。

3. 合同效力的确认。房屋征收与补偿合同的效力与其他合同效力一样,均应根据《合同法》的相关规定判定。一般而言,房屋征收与补偿合同系双方当事人的真实意思表示,不违反法律、行政法规对合同的效力性规定,应当认定为有效合同,双方当事人均应全面履行。审判实践中,下列问题应当在确认合同效力时予以重视:

(1)当事人自愿签订的房屋征收与补偿协议,不违反法律行政法规的效力性规定,应当认定为有效合同,各方当事人均应当全面履行。

(2)拆迁人与被拆迁人签订房屋征收与补偿协议后又签订的补充协议,属于双方对主合同内容的变更,后签订的补充协议内容变更之前签订的主合同内容,双方发生争议后,以变更后的合同内容为准。

(3)拆迁人与被拆迁人签订房屋征收与补偿协议后,又协商一致共同为一定行为;或者一方为一定行为另一方并不提出异议,应当认定为双方对前述协议予以了变更。

(4)一栋被拆迁房屋有若干个被拆迁人,拆迁人与其中部分被拆迁人签订的房屋征收与补偿协议,未经同一标的物的其他被拆迁人同意,该协议对未参与签订协议的其他被拆迁人不具有约束力。

(5)经人民政府有关行政部门批准,拆迁人与被拆迁人可以通过房屋征收与补偿协议,以转让方式处置行政划拨地的使用权及其附属房屋。

(6)拆迁人与被拆迁人签订房屋征收与补偿协议后,当合同在客观上无法得以履行时,可以以货币补偿的方式代为履行。

4. 违约责任的判断。

(1)违约责任是法定民事责任而不是约定民事责任,无论当事人是否在房屋征收与补偿协议中约定,只要一方或者双方构成违约,均应承担违约责任。

(2)房屋征收与补偿协议是当事人的真实意思表示,内容不违反法律、行政法规的效力性规定,均属有效合同,对当事人均具有法律约束力。合同约定的违约金条款过分高于造成的损失或者过分低于造成的损失,经当事人申请,人民法院有权予以调整。

调整违约金的高低,不影响该协议其他条款的效力。

(3)双方当事人签订的房屋征收与补偿协议对双方均具有约束力,应当依照协议全面履行相应的义务。合同履行中,一方当事人对另一方当事人因违约造成的损害不予赔偿。

(4)被拆迁人已经完全履行付清安置房屋差价款的义务,并已实际接收使用房屋,按规定也交纳了该安置房屋的大修基金,拆迁人未在约定的期限内为被拆迁人办理房屋产权证书已构成违约,应当支

① 洪学军主编:《房地产法原理精要与实务指南》,人民法院出版社2008年版,第841页。

付相应的违约金。[①]

（5）拆迁人将依照房屋征收与补偿协议约定应当安置给被拆迁人的房屋卖给合同外的其他人构成恶意违约，应当向被拆迁人支付超期过渡费并承担双倍赔偿责任。

第六部分　小产权房法律适用问题研究

一、小产权房概述

（一）世界土地制度

目前，世界上主要有三种土地法律制度：一是私人永久业权，如美国、日本；二是所有权和使用权分离，如英联邦；三是土地国家所有，部门无偿使用制，如前苏联。在美国，土地分为私人、联邦、州及地方政府三种所有制，各种土地均可以进入市场而被买卖或出租，行之有效的房地产交易制度极大程度地推动了土地资源的优化利用。在英国，其全部土地的所有权和发展权均归英王（国家）所有，但是土地持有人或者租借人有着广泛而自由的使用权，土地虽然所有权属于国家，但与使用权分离，并且使用权直接进入市场，对其他国家产生了深远的影响。1947年制定的《城乡规划法》也无非是强调土地获得高强度、高价值的使用权。[②]

（二）中国土地制度

我国的土地制度比较独特，与上面三种都不完全相同。首先我国的土地所有制从形式上看是二元制的，即国家所有和集体所有两种所有制。《中华人民共和国宪法》（简称《宪法》）第10条和《中华人民共和国土地管理法》（简称《土地管理法》）第8条都规定："城市的土地属于国家所有，农村和城市郊区的土地除由法律规定属于国家所有的以外，属于集体所有，宅基地和自留地，自留山也属于集体所有。"《土地管理法实施条例》第3条规定："农村和城市郊区中依法没收、征用、征收、征购收归国有的土地"，"国家未确定为集体所有的林地、草地、山岭、荒地、滩涂、沙漠以及其他土地"属于全民所有即国家所有。

1950年6月颁布《中华人民共和国土地改革法》标志着以农民土地所有制为主体的社会主义土地制度雏形的第一次建立。随着土地改革的完成，农民成了小块私有土地的所有者和耕作者，但是小农经济自身的局限性，农村经济在经过短暂的恢复后，面临着严峻的挑战。农民内部的两极分化和小农经济的农业和工业化的战略矛盾，政府引导农民走向合作化的道路。先后经历了互助组和初级农业合作社，变土地农民私有制为农民私有、集体统一经营使用的土地制度。1956年6月，第一次全国人民代表大会第三次会议通过的《高级农业生产合作社示范章程》标志着私有土地向集体所有制转变。农民私有、集体统一经营使用的土地制度为集体所有、统一经营使用的土地制度。十一届三中全会以后，农村实行集体所有、家庭联产承包经营使用的土地制度，这样农村集体土地所有权与经营权分离。

（三）小产权房的界定

什么是"小产权房"？所谓"小产权房"，本来不是一个法律概念，这与通常意义上所说的商品房相比，由于其是在农民集体土地上建设的房屋，未缴纳土地出让金等费用，其产权证不是由国家房管部门颁发，而是由乡政府或村政府颁发，所以叫作"乡产权房"，又叫"小产权房"。[③] 根据《中华人民共和国城市房地产管理法》（以下简称《城市房地产法》）第8条规定：城市规划区内的集体所有的土地，经依法征用为国有土地后，该幅国有土地的使用权方可有偿出让。第44条规定：商品房预售，应当符合下列条件：（一）已交付全部土地使用权出让金，取得土地使用权证书。《土地管理法》第43条规定：任何单位和个人进行建设，需要使用土地的，必须依法申请使用国有土地。小产权房没有国家颁发的土地使用证和预售许可证，购房合同国土房管局也不会给予备案。其不具有房屋所有、转移、处分、收益、等权利，而且不能办理房屋产区过户手续。因而其所谓产权证在今天的法律环境之中也就不是真正合法有效的产权证。

（四）小产权房现象产生的原因

小产权房现象是中国特有的，小产权房产生的原因有很多，促进小产权房产生的因素是多方面的，主要有以下几个方面：第一，经济利益的驱动。小产权房对于农民可得到比其他利用土地方式更多的利益；对于市民可得到比买大产权房更多的经济利益；对于地方政府也可以促进本地的经济繁荣，做出政绩。第二，农村市场发育不完全。小产权房能够不断做大的一个重要原因就是国家对于农村市场规制的缺位。当前农村市场发育不完全，土地作为市场的重要要素之一，在市场经济中应当有巨大的活力，但是由于我国农村市场发展不完全的制约，土地还

① 《征收拆迁补偿法律适用全书》，中国法制出版社2012年版，第300页。

② 宋宗于、黄锡生主编：《房地产法学》，重庆大学出版社2003年版，第38页。

③ 齐东文、熊昭："从'小产权房'的合法化到土地管理体制改革"，载《西南农业大学学报》2008年第1期。

不能充分发挥其资本作用。第三,国家宏观调控的错位。市场经济的发展需要国家宏观调控,特别是发育还不完全的农村市场更是如此,需要政府予以适当、合理的规制。但是国土资源部等相关宏观调控部门在小产权房问题上没有及时予以控制,而是事后规制。这也是小产权房产生的重要原因之一。① 但是究其根源,有的学者认为是由于城乡二元土地结构。我认为这种说法是不正确的,根本原因是建设用地的城乡二元结构。

(五)小产权房的现状

当前小产权房在法律上和经济上的地位呈现一个相背离的局面。根据《土地管理法》第62条规定:农村村民一户只能拥有一处宅基地。农村村民出卖、出租住房后,再申请宅基地的,不予批准。第43条规定:任何单位和个人进行建设,需要使用土地的,必须依法申请使用国有土地;但是,兴办乡镇企业和村民建设住宅经依法批准使用本集体经济组织农民集体所有的土地的,或者乡(镇)村公共设施和公益事业建设经依法批准使用农民集体所有的土地的除外。第63条规定:农民集体所有的土地的使用权不得出让、转让或者出租用于非农业建设;但是,符合土地利用总体规划并依法取得建设用地的企业,因破产、兼并等情形致使土地使用权依法发生转移的除外。《城市房地产法》第8条规定:城市规划区内的集体所有的土地,经依法征用为国有土地后,该幅国有土地的使用权方可有偿出让。第44条规定:商品房预售,应当符合下列条件:已交付全部土地使用权出让金,取得土地使用权证书。与法律上对小产权房的种种限制和变相禁止不同的是,市场对小产权房有大量的需求。小产权房在全国遍地开花,屡禁不止。网上有数据显示,在2007年北京小产权房交易量占商品房交易总量的20%以上。不管该数据是否准确,但是至少说明一个问题:小产权房有广阔的市场,有稳定的经济地位。如果想要直接用强制的方法来取缔小产权房,恐怕是违背经济规律的。

二、小产权房能否合法化的思考

(一)取缔小产权房的好处

有的学者认为,取缔小产权房主要有以下好处:

1. 保护农业用地。根据《土地管理法》第43条的规定:任何单位和个人进行建设,需要使用土地的,必须依法申请使用国有土地。而农村的宅基地是属于集体所有的。要在农村集体所有的土地上进行房地产开发,必须首先按照法律规定的将农民集体所有的土地征收,给予农民合理的补偿,然后向政府支付土地出让金,取得国有土地使用证。国家可以通过对开发商申请国有土地使用权的过程中实现对农业用地的保护。一般情况下来说,如果完全放开了农村商品房市场,使小产权房合法化,将会使这道监督程序没法发挥作用,其结果将是大量的农业用地将被侵占,18亿亩耕地的底线将无法得到保障。这将直接威胁到我国的粮食安全。

2. 维护社会稳定。土地是农民的根本保障,农民一旦失去土地将出现一种退不可守的地步。取缔小产权房,使农民始终和土地绑在一起,无论如何,农民还有土地可以做最后的保障,这样可以维护社会的稳定。而不至于出现大量失地农民涌到城市,产生很多社会问题。

3. 维护房地产市场秩序。当前我国的房地产市场处在迅猛发展的时候,如果放开让小产权房合法化,将打破政府对一级土地市场的垄断,使土地供给市场受到重大冲击,房价将会出现重大波动。许多房地产企业遭受重大损失,将引发我国房地产市场的混乱。

(二)对取缔小产权房好处的怀疑

其实不然,取缔小产权房是否真的能发挥上述作用,笔者不敢苟同,实践是检验真理的唯一标准,然而就目前来说,取缔小产权房的这些优点尚未能看到。

1. 如果想要靠取缔小产权房来保护农业用地,这是行不通的。首先,中国是一个乡土社会,尤其是在农村。人们的社会关系和社会交往范围都比较固定,而这种关系的基础就是居住关系,试想,同一个村的人会不会去举报同村人侵占耕地违法修建的事情?至少我家及邻居当年用耕地修房的时候没有人举报,直到我们被拆迁,那些房子也是有补偿的。如果随便到乡村走一走,就会发现很多房子是直接修在农田上的。这些房子一看就知道没有经过宅基地批准,因为乡土关系,村委会一般是不会过问的。那政府如何监督,如何管理?其次,小产权房都是经过乡镇政府颁发的产权证。也就是说,小产权房首先是得到乡镇政府认可的,或者默许的。试想,小产权房将耕地的保护者都变成了小产权房的认可主体,还能靠强制取缔小产权房来保护耕地?试问,谁来执行?另外,小产权房也是得到购买者认可的。商品流通性根本上不是由政府的保护程度决定的,而是由市场的接受程度决定的,有市场就有供给,小产

① 李长健、邵江婷、张磊:"'三农'视野下的我国小产权房法律问题研究",载《三峡大学学报》2008年第4期。

权房就是不可能禁止的，因为它有市场的高接受度。这个市场最终将土地的保护者变成了小产权房的参与者。在利益的驱使下，许多的主体都会自发的参与到小产权房市场中去。如果政府强行取缔小产权房，是违背市场经济规律的，必然会出现很多变相的买卖现象。那将会出现更多的问题，如此还不如让其合法化。

2. 土地是农民的根本保障吗？笔者认为不是。那什么是工人的根本保障呢？你能说是机器吗？农民的根本保障和工人一样在于国家的社会保障体系。不能将农民的根本保障局限在土地上。将农民和土地人为的绑在一起，把土地说成是农民的根本保障这本来就是不负责任的。是国家在逃避职责的表现。如果国家完善了农村的社会保障体系，使农民得到了实在的根本保障，那农民还用死死抱住那片土地？所有因为失去土地的问题那是不是基本都可以解决了？而土地使小产权房合法化才是解决农民根本保障的问题。政府可以用土地出让金来完善农村的社会保障体系，而无须动用其他资金。也许有人会说，那后代人怎么办？在解决社会问题上，我们不能指望一劳永逸。不能把所有的希望都寄托在土地上，不然我们将把自己局限在很小的发展空间。后代的问题还是靠社会保障来解决。

3. 当前的房地产市场，政府把自己弄在一个骑虎难下的境地，一方面他不能把土地出让金降低，否则将引起房地产市场的极大波动；另一方面却又需要大量的廉价商品房来满足大量的现实需求。这种情况下，政府依然选择垄断一级土地市场。所谓的对房地产市场的冲击，只不过是打破政府对一级土地市场的绝对垄断，使供地主体二元化，改变房价虚高的境地，将房地产市场的泡沫冲去，更多的是对政府利益的冲击，和对大的房地产暴利企业的冲击而不是损害普通购房者的利益。

（三）小产权房合法化的好处

笔者认为，如果让小产权房合法化，不仅不会发生人们普遍担心的问题，反而会促进这些问题的解决。关键是我们要规范和完善小产权房合法化的制度。笔者认为小产权房的合法化的好处主要有：

1. 扩大土地供给市场，缓解房价压力。当前我国的房价之所以会居高不下，众多的原因中，土地供给紧张和供地源单一都是重要原因。如果小产权房合法化，将大大扩大供地数量和供地源。当前，城市建设用地主要来源有两种：第一种方式是直接在城市中的国有土地上进行房地产开发，因为处在城市，地价普遍很高；第二种方式是直接将城市郊区的农民集体所有的土地通过法定程序转化为国有的，然后开发商通过拍卖等方式取得，由于所处位置都离城市很近，其地价很高，商品房的价格能低吗？如果让小产权房合法化，使农村集体组织也成为土地使用权的出让主体（后面将具体论述），土地使用权的出让主体将由以前唯一的政府，变成农村集体组织与政府。使土地使用权出让市场也形成竞争，这样将使大量价格低廉的土地进入市场，这将大大扩大一级土地供给市场，大大降低房地产开发的成本缓解房价压力。

2. 加强对耕地的保护。也许有的人会认为小产权房合法化会使一部分人侵占归属不明确的土地，从而使大量耕地被占用，其实这种担心确实是多余的。当农村小产权房合法化以后，它将取得与一般商品房一样的法律地位。那么其产权的取得就必定和一般商品房一样。因为小产权房合法化，开发商进行房地产开发必须具有建设用地使用证（后面将具体论述）。建设用地使用证书上的土地的范围是确定的，在建设用地使用证记载之外的其他地方开发房地产必然违法，其将无法取得房屋产权。这样就可以避免对耕地的侵占。

3. 改善农村居住条件。农民具有宅基地使用权，可以通过向开发商转让土地使用权，来分配固定利益，最直接的方式就是房产。这样农民不用自己出钱来修房，反而能住进现代化的商品房。而且，现在进行的社会主义新农村建设主张将农民集中居住，如果让小产权房合法化，取得与一般商品房一样的法律地位，以此来调动开发商开发农村房地产的积极性，政府将大大省去对农民的补助。

4. 明确所有权，利于物的保护。当前农村的建筑都是没有合法的权属证书的，农村不动产的取得更多是基于事实行为——修建。其权利的归属更多是对习惯的默认，一旦所有权人与其他人就不动产归属发生纠纷时，将很难对权利人进行保护，尤其是在处理农村邻里关于不动产归属的问题时，更难处理。另外还有一个问题。当前我国的农村宅基地都是没有规定使用年限的。这样在继承上会产生与法律相冲突的地方。根据《中华人民共和国继承法》（以下简称《继承法》）第3条第2款的规定：遗产是公民死亡时遗留的个人合法财产，包括：公民的房屋、储蓄和生活用品。可见在农村修建于宅基地之上的房屋也是可以继承的。但是，当被继承人与继承人分属与农村和城市不同的户籍时问题就出来了。按照《继承法》的规定，继承人可以取得房屋继承权，但是因为其属于城市户籍，但是按照《土地管理法》的规定，其无法取得该房屋所在宅基地的使用权。这必然造成继承人的尴尬境地。如果让小产权房合法化,统一农村和城市建设用地市场,使其获得同等的法律地位,这种尴尬境地不是就迎刃而解了吗?

5. 有利于改善农村基础设施建设。如果规范小产权房市场,有限度的开放农村房地产市场,将有利于促进农村基础设施的建设。开发商在农村开发房地产,必须进行相关的基础设施建设,首先是交通。利用市场来刺激资本向农村基础设施投入,而不是政府直接用行政的方式,这更符合市场经济的一般规律。政府将可以用本应投入基础设施的这笔钱去完善相应地区的社会保障体系,从而解决一些征地带来的社会问题。

三、小产权房如何合法化的理论探讨

(一)合法化的法律基础

在理论和实践中,小产权房合法化是得到一定认可的。北京理工大学胡星斗教授认为:"'小产权房'是现实情况下,老百姓寻找自救的一种办法,笔者认为,政府应该鼓励'小产权房'走向合法化。""小产权房"可以通过政府的合理规划、有效管理,避免占用大量的集体土地走向合法化。经济评论员叶檀文称,以非法之身在市场热销的小产权房无意间挑开了高房价真相,只有增加土地与房屋供应、少收甚至不收税费,房价才有可能会下降。"因此,堵不如疏。政府不如顺势而为,让这些住房尽快合法化。"三农问题专家曹锦清认为,对农村来说,大多地方唯一的资源就是土地。在现有法律法规框架下,把村里原来的宅基地进行统一规划、集中建房,不损失耕地总数又实现招商引资,应该是一个很实际的发展思路。①

当前,我国的集体土地所有权不仅范围较窄,其所有权权能除占有、使用、收益权外,农村集体对土地之处分权受到国家所有权的严格限制,一定程度而言,农村集体所有权仅仅是国家所有权之补充或附庸。② 其产生并非是国家平均地权的结果而是国家进行社会控制的一种手段。详言之,农村集体土地所有权仅具形式而缺乏实际权利内涵,集体行使所有权必须遵循国家行政命令或者政策,集体土地所有权仅是国家进行社会控制的中介并与国家基层政权相始终,是国家的收税人和土地资源管理人,其相关权利包括所有权随时可能被国家"征收"或"收回"。因此,我国农村地权结构表面上存在国家、集体两种所有权,实则起决定性作用的仍是国家所有权。无论从形式上还是实质上看,都应该给农村建设用地与城市建设用地同样的法律地位,这是物的平等性所要求的。《物权法》进一步确认了我国基本土地制度,即国有土地所有权和集体土地所有权。《物权法》同时在第4条明确了国家集体私人等不同物权主体享有平等的权利。这就是平等保护原则。在平等原则下,作为土地所有权者的农村集体与国家一样享有土地的所有权,也应该和国家一样享有对自己所有土地在合法范围内与国家对国有土地所有权一样完全平等的占有、使用、收益、处分和支配的权利。换句话说,既然都是所有权人,大家理所当然的应当享有同样内容的所有权,而不应该因为所有权主体的身份不同而具有不同的所有权内容。③不管是国家所有的还是集体所有的土地,土地的价值是由其使用价值决定的而不是其权利归属主体决定的,这也是有违民法的平等原则的。日本学者渡边三洋认为:就土地而言,法律应该保护的不是所有者,而是真正对土地投入并使其产生实际效益利用者即用益权人。在所有与利用关系中,用益权应优于所有权。虽然农村建设用地与城市建设用地从形式上归属于不同的主体,但是其使用价值却是相同的,如果过分强调归属主体的不同而给与不同的法律地位,那将使农村建设用地远离市场在资源配置中的作用,从而得不到充分的利用,这是与法律促进物尽其用的原则相背离的。

(二)改革我国土地制度

小产权房面临的最大风险是制度缺失。④ 当前我国实行的是城乡二元土地所有权结构。首先,我总体上对这种制度是肯定的,总体上是与我国国情相适应的。要使小产权房合法化并不需要对城乡二元的土地制度做根本的变革。而只需要重新确立法律的保护标准,改变相同用途的土地在经济上和法律上相背离的地位。当前,确立我国土地在法律上和经济上地位的标准主要有两个:第一个标准是以所有权归属为标准:即国家所有和集体所有。不同的所有权主体,取得不同的法律地位。国家所有的土地可以进行出让使用权,进行房地产开发。而集体所有的土地却只能进行有严格限制的流转。第二个标准才是按照土地的用途。在农村将土地分为建设用地和农业用地等。法律根据第一个标准给予不同主体相同用途的土地不同的法律地位,而市场却按照第二个标准给予不同主体相同用途的土地相同

---

① 牛建宏:"风险提示未能抑制交易专家建议合法化",载《中国经济周刊》2007年,www.xici.net/b6835/d54583469.htm。

② 宋宗宇、黄锡生主编:《房地产法学》,重庆大学出版社2003年版,第37页。

③ 齐东文、熊昭:"从'小产权房'的合法化到土地管理体制改革",载《西南农业大学学报》2008年第1期。

④ 齐东文、熊昭:"从'小产权房'的合法化到土地管理体制改革",载《西南农业大学学报》2008年第1期。

的经济地位，经济上的需求不但得不到法律上的支持与保护反而受到限制，法律地位与经济地位的背离最终造成了目前小产权房的尴尬境地。法律应当为经济服务，所以应该将法律的保护标准都改成按土地用途，即建设用地与非建设用地。改革我国的土地制度，让小产权房合法化具体的方式是：对于建设用地，无论其是农村集体所有还是国有，都使用统一的建设用地使用证。对于相同用途的土地应该给予其相同的法律地位，以保障其得到充分利用，对于不同用途的土地给予其不同的法律地位，这样才能使得不同用途的土地得到不同的保护，对于归属于不同主体但相同用途的土地给予相同的法律地位，对于农村的农业用地使用权仍然限制其流通，从而使土地的保护与利用相协调。对于建设用地，不论其是国家所有的还是农村集体所有的，都应该赋予其平等的法律地位，农村土地集体所有和城市土地国家所有只有制度意义上的所有权，它承担特定的制度目的。国有土地的所有权归属主体是国家，集体土地所有权归属主体是集体，而这两个主体都不是一般法律意义上的主体，而是虚拟主体。过分强调这种虚拟主体的所有权而忽视用益权主体的用益权，这本来就是不合理的。所以将土地的法律保护标准改为用途，赋予相同用途的土地以相同的法律地位，实现法律地位与经济地位相统一，就可以解决小产权房的尴尬境地。

（三）已存小产权房的合法化

对于已交易的小产权房的合法化，笔者认为不能一概而论的，要区别对待，不同的小产权房要给予不同的法律地位、经济地位。首先应该要严格审查小产权房所利用的土地。对于那些严重侵占农业用地的，破坏环境的，应该依法予以拆除，或者让相关责任主体消除因修建小产权房而带来的不利影响，并追究相关责任主体的法律责任。而对于那些确实是利用农村建设用地修建的小产权房，应该给予其与城市商品房相同法律地位，只是要经过一个法律授权的过程。具体的法律程序是：由小产权房的所有权主体补交土地出让金，取得建设用地使用权，再由其到相关部门去办理房屋权属证明。

（四）如何维护小产权房合法化中的公平问题

小产权房合法化并不是只有好处没有问题。小产权房合法化解决问题的同时，也产生了一些问题。对于小产权房合法化产生的问题，我们不能回避，而应该面对这些问题，从理论和实践中去解决问题。小产权房合法化需要解决的最大一个问题就是如何解决公平问题。主要有两方面的问题：一个是农村与城市的公平问题。另一个是地价高的农村与地价低的农村。笔者认为，既然赋予小产权房与一般商品房平等的法律地位，那么，小产权房开发商就应当与一般城市房地产的开发商一样向出让主体缴纳土地出让金。通过对土地出让金的科学合理分配来实现公平问题。另外还有一个措施就是通过税收来调节。《城市房地产法》第5条规定：房地产权利人应当遵守法律和行政法规，依法纳税。可见，有关部门可以通过设立新的税种，完善税收制度来维护小产权房合法化中的公平问题。通过土地出让金与税收的双轨调节最终是能实现小产权房合法化中的公平的。

甘肃省民间借贷案件调研

甘肃省高级人民法院民一庭

一、我省审理民间借贷案件中经常遇到的问题

1. 借贷手续不规范。民间借贷的双方大多是亲戚朋友或邻里关系，一般基于相互信任或碍于情面都不写借条，或者还款时不及时收回借条，为以后纠纷的产生留下隐患。发生纠纷后出借人只能提供证人来证明与借款人存在借贷关系的事实。民间借款中口头形式居多，采用书面形式的也较为简单，多以“收条”或“借条”形式，且内容也较为简单，无借款时间、还款时间、借款利率、违约责任的约定。由于口头形式引起纷争时，多为“君子协议”，难以举证，亦难以认定，书面形式过于简单，合同当事人的权利义务亦难以认定。有些案件虽有借据但缺少款项交付凭证，出借人称借条中写明的款项已经交付借款人，借款人以该款项未实际交付为由抗辩。有的当事人对担保方式、违约责任等条款约定不明确，如仅将其作为借据中的一项条款来处理，但借贷双方只让保证人签个字，也不注明是保证人，出现纠纷时致使法院无法确定是保证人还是见证人，主体不明。

2. 当事人到庭应诉率低。一些借款纠纷当事人借贷关系明确,被告往往认为是否到庭,不影响案件的审判结果,不积极到庭应诉,造成这类案件缺席判决率较高,影响案件的调解率。

3. 借款内容约定不明确。对借款用途、有无利息、偿还时间、支付方式等内容不约定或约定不明确,存在借款瑕疵。如在借款主体上,有些法定代表人或合伙负责人以自己的名义签订借条或者借款合同,导致认定属于公司债务还是个人债务困难。有相当数量的案件当事人在借款时没有约定借款期限或者还款期限,造成计算利息的起止时间无法确定。有的计算至起诉之日,有的计算至开庭之日,有的计算至判决之日,有的计算至判决生效之日。造成各地区裁判不统一。

4. 举证责任分配问题。有些案件中常常发生被告对原告所提供的借据不予认可,否认借据上的签名系自己所签的情况。对由此产生的申请鉴定义务承担问题,司法实践中做法不一。有的让被告承担,也有的让原告承担。在借据上的签名无法鉴定或鉴定不出真伪的情况下,就极有可能将不利后果不适当地分配给不应承担举证不能后果的一方当事人。有人认为,原告提出了主张,并提交了有被告签名的借条,就已完成了举证责任,被告称非本人书写和签名,相当于其提出了"该证据系原告伪造"的主张,那么被告就应就其主张提供相应的证据,这时候应由被告就借条上的签名及书写内容与被告本人的签名及书写习惯是否一致申请司法鉴定。

5. 对借款利息认定的法律适用问题。自然人之间的借款,很多对借款利息没有约定或约定不明确,而出借人在还款时一并要求支付利息。《合同法》第211条规定:"自然人之间的借款合同对支付利息没有约定或约定不明确的,视为不支付利息。"而《最高人民法院关于贯彻执行〈中华人民共和国民法通则〉若干问题的意见(试行)》(以下简称《民通意见》)第124条规定:"借款双方因利率发生争议,如果约定不明,又不能证明的,可以比照银行同类贷款利率计息。"如何适用认识不一,导致实践中出现"同案不同判"的结果。

6. 同时约定利息和违约金时的处理。有的大额民间借贷案件,借条很完备,除了利息,还约定了逾期还款时每天加收一定数额的违约金。按照合同意思自治原则,既然约定了就从约定,还是以利息和违约金相加的总额不超过银行同期贷款利率的四倍的原则处理,审判实践中存在争议。

7. 相当部分民间借贷案件涉嫌高利贷。预先扣除利息,俗称"抽头",是贷款人预先从本金中扣除利息的行为,借据金额与实际借款金额不符,仅凭借据内容无法认定高利贷。民间借贷中将利息转为本金再计息的方法称为"计复利",俗称"驴打滚",结果是导致在基础贷款额不变的情况下贷款额急剧增加。在现实生活中,对"抽头"、"计复利"性质的认识,利转本计息是否有效,在审判实务中存在不同认识。

8.《最高人民法院关于人民法院审理借贷案件若干意见》(以下简称《借贷意见》)关于民间借贷的利率最高不得超过银行同类贷款四倍利率的规定是否符合《合同法》的立法精神。《合同法》提倡合同自由,积极发展市场经济。从合同自由的角度考虑,从银行借不出款来,肯定是其信誉不佳或没有偿还能力,贷款人出于自身的风险考虑,收取高于四倍的利息,与可能导致血本无归的风险是相符的。如果借款人是被贷款人欺诈、胁迫或乘人之危高于四倍利息借款,依据《合同法》第54条,借款人在除斥期间内可以申请撤销或变更。但借款人应提供证据证明自己系被贷款人欺诈、胁迫或乘人之危的事实。

9. 特殊类型的"借贷"保护问题。一方以帮助另一方招工、上学、当兵等需要请客送礼托关系花钱为由,收取另一方一定数额的金钱,后来事情没办成而起诉的,能否予以保护,如何适用法律,认识不一。

二、民间借贷案件审理中有关问题的处理建议

1. 完善民间借贷的相关政策。有针对性地制定一系列完整的、便于操作的指导民间借贷的司法政策,合理引导民间借贷规范有序运行,为当事人拓宽融资渠道,从源头上抵制"问题借贷"案件的发生,促进经济健康、快速、稳定发展。

2. 建立民间融资的监管体系。把民间借贷纳入金融监管体系,明确民间借贷的管理主体、职责和内容。充分发挥工商、公证等部门的合力,倡导民间借贷签订格式相对统一的规范性书面合同;建议规定大额民间借贷必须通过银行转账交易或有第三方在场见证,减少现金交易的随意性和不可监控的弊端。

3. 建立非正常借贷案件协查制度。法院在审理和执行案件中,对有证据证明有高利贷、赌债或者非法吸收公众存款嫌疑的案件,及时向公安、工商等部门通报移送,由相关部门调查处理;对发现有引发金融系统风险可能性的,做好与金融监管部门的沟通联络,统筹协调相关案件的处理和风险防范;对有可能引发社会稳定隐患的群体性纠纷,及时向当地党委政府通报,请求相关部门出面协助做工作;加强司法建议工作,促进社会征信制度和民间融资监管等相关制度的建立和完善。最大限度净化民间借贷环境,有效防止合法形式掩盖下的非法利益得到法律保护。

4. 借款事实的认定问题。根据《最高人民法院关于民事诉讼证据的若干规定》的有关规定，在民间借贷纠纷中，出借方对双方之间存在的借贷关系、借贷内容、借款人是己方以及出借方已将借款提供给借款人负有举证责任，而借款人则对于其已履行还款义务负有举证责任。诉讼时，原告无书面借据或无法提供的，应提供必要的事实根据或与自己无利害关系的两人以上的证人证言，支持自己的请求。否则，当事人之间的借款事实不应当确认。民间借贷合同的成立，除当事人的借贷合意外，还要有交付钱款的事实。因此，在民间借贷纠纷案件中应审查合同的履行及钱款交付的情况。对于小额借款，出借人具有支付能力，如果当事人主张是现金交付，除了借条又没有其他证据的，按照交易习惯，出借人提供借条的，一般可视为其已完成了举证责任，可以认定交付借款事实存在。而对大额借款，涉及几十万元甚至几百万元的金额，当事人也主张是现金交付，除了借条没有其他相关证据的，则还需要通过审查债权人自己的经济实力、债权债务人之间的关系，交易习惯及相关证人证言等来判断当事人的这种主张是否能够成立，仅凭借条还不足以证明交付钱款的事实。

5. 借款协议不可认定为借款凭证。案件审理中遇到过名为借款协议实为借条的案例。即协议约定的是借款已实际履行的内容，如："某某借与某某款项多少元，期限多少，利息多少等。"我们认为，借款协议是当事人对双方各自权利义务的一种约定，不是合同的履行内容，因而它与证明借款实际交付的"借款凭证"存在本质区别，不可混淆。

6. 被告对借款的事实不认可，否认借据上的签名系自己所签，应由谁申请鉴定问题。我们认为，在民间借贷纠纷中，出借方对双方存在借贷关系以及出借方已将借款提供给借款人负有举证责任。出借方不仅要对借贷关系的存在及其内容负有举证责任，同时还应对借款人是谁负举证责任。因此，在被告否认借款事实且无其他证据印证，借据的真实性存在合理怀疑的情况下，应由原告申请鉴定并承担由此引起的相应法律后果为宜。债务人应提供笔迹比对样本。反之，债权人提供的借据以及其他证据材料具备一定的可信性，债务人对借据的真实性提出异议，但未提供反驳证据的，应由债务人申请鉴定。

7. 借款合同或借据对是否支付利息没有约定或约定不明确，逾期还款应否支付利息。在约定还款期限内，借款人不负支付利息义务。但若借款人不按期限还款时，出借人要求借款人偿付逾期利息的，应按《民通意见》第123条规定支付逾期利息，未约定还款期限的，但出借人进行了催告，并且要求借款人支付逾期还款利息的，对逾期还款利息应予支持。

8. 对合同中既约定利息，又约定逾期还款违约金时的处理。有人认为，借款逾期后，违约金和利息两项合计也不得超过银行同期贷款利率的4倍。我们认为，这种观点与《合同法》的规定不符，《合同法》第207条规定，借款人未按照约定的借款期限返还借款的，应当按照约定或者国家有关规定支付逾期利息。依该规定，逾期利息是指约定逾期还款之后应计算的利息（包括违约金在内），而不是合同约定的借款期间的利息。如果对借款逾期后的利息如何计算未作约定，则参照中国人民银行规定的金融机构计收逾期贷款利息的标准计算逾期利息。

9. 利息记人本金计算时复利的保护问题。《民通意见》第125条规定："公民之间，出借人将利息记入本金计算复利的，不予保护。"《借贷意见》第7条规定：出借人不得将利息计入本金谋取高利。审理中发现债权人将利息计入本金计算复利的，其利率超出第6条规定的限度时，超出部分的利息不予保护。我们认为，借款到期后借款人无法支付利息，因此将利息及本金一并借用，形成新的借贷关系。这实际上应理解为正常的借款计息。以何种方式计算利息，属契约自由的范畴，只要合同不违反法律或行政法规强行性效力性规定，法院不应过多地加以干涉。

10. 借贷纠纷案中的债务属于夫妻共同债务还是个人债务的认定。婚姻关系存续期间夫妻一方以个人名义所负债务，原则上按照夫妻共同债务处理。如果有足以证明夫妻双方没有共同举债的合意或该债务不用于夫妻共同生活的证据，则可以认定为夫妻一方的个人债务。

审理案件时，对当事人追加债务人配偶为案件当事人的申请应予准许，并对债务是否属于共同债务作出认定处理。债权人仅以债务人为被告起诉并胜诉后，又诉请债务人配偶或原配偶承担连带责任的，审判部门应对债务是否属于共同债务作出认定、处理。

11. 非法借贷的认定。《借贷意见》第11条规定：出借人明知道借款人是为了进行非法活动而借款的，借贷关系不予保护。由于赌博、吸毒等非法行为产生的"债务"，即使采用借条等形式出现，对此类借贷关系也不予保护。法院经过审理查明事实后应驳回起诉。债务人从事吸毒贩毒、赌博、黑社会讨债性质等非法行为的，法院对该借贷关系是否保护，关键是看债权人对债务人从事非法行为是否明知。如果债务人不能证明债权人明知自己从事非法活动，则该借贷关系受法律保护。

第六部分　全国法院民事审判系统对外交流情况

赴美国法院考察报告(一)

山西省高级人民法院 方剑锋

为学习借鉴国外法律制度,应美国美中国际交流中心的邀请,经最高人民法院、国家外专局、山西省人民政府外事办批准,山西省高级人民法院研究决定,派出由省法院方剑锋同志担任团长的山西省高级法官代表团一行19人,于2012年12月末赴美执行培训任务。本次培训的主要任务和目的:培训国际司法协助业务,了解美国司法制度和司法交流活动。通过境外培训提高对国际司法协助的理解和提升审判业务水平,特别是深入美国具体学习美国的法律制度,探讨美国法院的管理,结合我省的实际情况,具体操作相关业务,发挥审判职能,更好地服务于全省转型发展。培训团赴美国乔治梅森大学学习期间,分别到华盛顿最高法院、弗吉尼亚州费郡法院参观、交流、旁听庭审,考察学习法律制度和法院工作体系。通过这次考察学习,加深了我们对美国基本法律制的理解和认识,检验了与法律界人士进行沟通和交流的能力,也对美国人民的生活有了切实的感受。美国法官和律师精深的专业法律知识,严谨的工作作风和强烈的社会责任感都给我们留下了深刻的印象。我们的培训采取多种形式的培训方式在华盛顿乔治梅森大学举行开课式课堂培训的当天,上午DaVidSaybolt培训课程介绍了美国司法系统和法院的作用,下午研讨华盛顿凶杀案的审判实践。第二天全天由环球文化对文化中心安排,上午参观弗吉尼亚州费郡法院,下午70多岁的斯巴特博士讲课,他是克林顿总统的同学,在白宫工作7年,讲了人生感悟,极富有思辨和哲理。第三天,上午在华盛顿最高法院法庭观摩凶杀案的审理,下午讨论哥伦比亚特区高级法院刑事庭庭长JudgeCanan讲授的"媒体和法院在伦理上的思考"。接下来,上午在华盛顿最高法院法庭观摩,下午听课和讨论,Canan法官就如何进行判断和寻找真相讲了自己的经验。之后的每一天都有新的内容,针对一个法官在对抗性和纠问式系统中的作用进行研讨,就法官在治疗法理学中的作用进行研讨,随后举行毕业仪式和招待会,并拜访纽约市民事法院哈莱姆社区司法中心和美国律师协会。培训内容丰富、形式多样,针对性强,互动的授课方式,活泼的课堂氛围、务实的培训风格,使大家对美国的司法制度有了深入了解;就少年审判,多元化解决纠纷、调解等进行了广泛深入的交流,看到了美国在精神疾病法庭,社区法庭等方面的司法改革创新成果。

考察学习期间,所有代表团成员都能够严格遵守外事纪律,无论是上课还是参观都能做到守时有序,正装规范。在互动交流活动中,大家都踊跃提问、辩论,在友好、热烈的气氛中进行学术交流、增进互相了解。在文化对文化的交流中,团员们热情洋溢的发言和精辟独到的见解受到主席的良好评价。一位博士在互动交流后,向团长赠送了自己关于清朝法官故事的专著,表达了他对交流成果的满意。在交流过程中,双方坦诚面对一些具体法律问题,也使我们深深感到中美双方在法律制度、司法观念等问题上存在的重大差异。例如对待死刑制度和再审制度等问题上,中美双方的观点差异就较大,但是当我们学习了美国最高法院有关审理、上网查询了有关资料并对此类问题进行了辩论后,对美方观点产生的历史背景、社会环境有了充分的了解。在此基础上,我们再向美国老师介绍中国对此类问题的看法、观点形成与产生的历史背景、社会环境等背景知识,使得美国老师对我们的观点也有了正确的认识。由此,我们双方能够在这类问题上做到彼此沟通,消除误解。代表团成员严谨钻研的学习态度和睿智得体的交流互动,充分体现了中国法官良好的素质修养和精神风貌,也给外方接待、交流人员留下良好印象。

一、美国的法官制度

(一)美国法官的选任与罢免制度

美国的法官制度很完备,也很复杂。在美国,联邦法院法官由总统提名经参议院表决通过;州法院法官则兼用任命制与选举制。美国联邦法院的法官必须由总统提名,经过参议院的审议和认可,再由总统正式任命。在美国历史上,总统对法官的任命权一直被行政部门当作控制司法部门的一个重要手段。美国历届总统在任命法官,尤其是在任命最高法院法官时,几乎无一例外地偏向本党党员或至少在意识形态上接近自己的人。如果说对法官的任命权主要掌握在行政部门手中,那么对法官的罢免权则由立法部门所执掌。对联邦法官的弹劾权属于国会,众议院弹劾一名法官,必须是由于他犯有或涉嫌犯有叛国、贿赂或其他重罪与轻罪。在美国200年的历史上,有13位联邦法官因为收受贿赂或其他严重的司法不当行为而被弹劾、定罪并撤销职务。

(二)美国法官保障制度

法官在美国体制中是独立的,美国宪法对法官独立所实施的保障,主要是通过三个方面的制度来实现的:一是终身任职制度;二是薪金不得减少制度;三是司法豁免权制度。终身任职制度是美国联邦宪法对美国联邦法官所提供的制度性保障,法官只要通过宪法所规定的正式的弹劾程序。《美国联邦宪法》第3条第1款中有所规定:"最高法院和下级法院的法官如果行为端正,得继续任职。"如果法官年龄达到65岁并且达到一定工作年限时,他们可以自愿退休,领取金额工资。

美国法官工资的特点,不仅表现在它的数额较高上,尤其还表现在其不得减少的规定上。除终身制和高薪制外,美国法律对美国法官独立性的保障还体现在法官所享有的司法豁免权上。所谓司法豁免权,就是指法官在根据法官的职权而实施行为时,应当豁免因此而造成的任何司法责任。也就是说,除极狭窄的限制外,法官对于根据其职务上的权能所做的任何事情都可不受控诉。在美国,只要法官对案件享有管辖权,那么,无论他所作出的判决是正确还是错误,其在审判过程中的一切言行皆免受法律追究。当然,如果法官的行为属于应受弹劾的情形,则另当别论。

(三)美国法官助理制度

为了保证法官的质量及其尊崇地位,美国法官职位的数量相当少。为了使法官能够专心审判,美国设立了法官助理制度。联邦法院和州法院的每一位法官都有自己的法官助理。法官助理首先必须获得法律博士学位,他们在法官的督导下工作,主要负责审阅诉状,复核引用的法律资料,审查当事人的辩论意见,起草备忘录供法官概览案件事实并提出判决建议,或编辑校对法官的判决和裁定等。此外,还要协助法官进行法律研究,使法官及时掌握理论动向,以便在判决中更为完美地阐述法律观点。在案件处理过程中,法官助理要协助法官工作,维护法官的公信力,法官则保留对案件的控制权和决策权。

美国法院的法官助理是由法官个人录用的助手,通常任期为一至两年。传统上的法官助理是名牌法学院的优秀毕业生。现在,法官倾向于雇佣有执业经验的年轻律师来担任自己的助手。法官助理通过参与法官的判案过程,得到了他们在法学院无法获得的实务经验,得到了接受特殊职业训练的机会,许多优秀的法学院毕业生在毕业时往往以进入法院担任法官助理为第一志愿,以便在一二年以后成为执业律师或者进入大学法学院执教时,有优于他人的条件。正因为这点,法官助理们都非常珍惜在法院的任职期,工作极为尽力。

二、通过考察学习引发的思考和建议

这次赴美考察学习的代表团成员有许多来自基层审判一线,原本对国际司法协助和国际公约制度了解较少,通过考察学习,开阔了视野,增长了知识,提升了素养。大家首先深切感受到这次组团赴美培训学习非常必要,充分体现了山西省高级人民法院对基层法院干部的重视和关心。

在美国短暂的学习和交流中,切实加深了我们对普通法法律理念和法律原则的认识,为今后继续学习研究国外的法律制度奠定了基础。我们要辩证地学习美国的法律制度,借他山之石,攻己之玉,以完善我国的法律制度。

(一)加快我国法治建设,提高国民法律素养

美国的法律体系相当完备,法律制度严密至事无巨细,基本上做到了大事小情都有章可循。在美国,任何争议都可以通过诉讼解决。经济基础决定上层建筑,美国法律制度的先进与美国高度的工业文明和雄厚的物质经济基础是分不开的。美国是崇尚精英的社会,具有良好的教育科研体系,并且吸纳了世界各国的文化技术精英,聚集了世界顶级科技文化人才,国家均富程度很高,80%为中产阶层。"仓廪实而知礼节,衣食足而知荣辱",美国经济发达和国民素质整体较高,决定了美国民众法律意识和法律素养也比较高。美国政府比较注重法制宣传,政府不断向民众灌输他们的法治精神和理念,美国民众对国家法治建设参与热情也很高。美国国民的维权意识也相当高,很擅长运用诉权不滥诉。

相比于美国,我国国民的文化素质和法律素养平均水平不高,我国的法治建设起步也晚得多,但我国已初步建立了社会主义法律体系,有了一定的法治建设基础。中国与美国的政治经济体制和法律文化均不同,我们不能照搬美国的法律制度,但我们可以借鉴部分美国经验,一方面要完善我国法律体系,提高立法水平和技术;另一方面要加大法治教育和法律宣传力度,增强国民法律意识,提高国民法律素质。

此外,现代经济是市场经济,而市场经济本质是

法治经济，市场经济的健康发展要靠健全的法治来保障。我国建立健全市场经济要素是规则和机制，而规则和机制的形成靠的是法律。只有建立起与市场经济相适应的法律制度，才能保证和促进社会主义市场经济的稳定、有序、健康发展。因此，我们必须进一步健全和完善社会主义市场经济体制，大力推进社会主义法治建设，按照市场经济要求调整政府职能，合理界定中央与地方、政府部门间的职责权限，避免多头执法、多层执法，切实提高行政管理水平和效率，逐步建立市场经济条件下的有限政府、法治政府和服务型政府。

（二）借鉴美国法官选任制度，提高我国法官准入门槛

美国是一个非常精英主义的社会，在美国法官堪称为人师表，备受尊敬，这主要不是因为他们个人操守，而是因为他们的专业素质。美国法官是美国社会的精英，美国法官这个职位对专业素质的要求，绝非一般人能够达到的。法官权威性的形成，首先与他们的选任机制有关，在美国，选任法官的机制有多种，但都有一个共同点，就是能够将社会上最优秀、最杰出、最能干的人选拔到法官的位置上。法官的高大形象来自于良好的职业素质和严格的职业道德。美国法官一般产生于美国律师，许多法官在获得法官职位之前是执业多年的优秀律师。美国的律师一旦成为法官，便迅速成为律师们的崇拜和恭维的对象。

如果法律是公正的，而法官不公正，那公正的法律只能成为偏私的工具和借口；反过来，如果法官是公正的而法律不公正，那也不是一种理想的公正。法官的选任制度直接决定法官的整体水平，从而影响国家法律的公信力和执行力。美国法官选任制度对我国法官选任制度的改革有很强的启示作用，我国国民法律素质普遍较低，法官整体水平也不高，但随着我国文化教育水平的提高和国民法律素养的增强，我国应当逐步提高法官准入门槛，逐步提高法官整体素质，这对深化我国司法体制改革，特别是法官制度的改革具有深远影响。

（三）学习借鉴美国的判例法制度

美国法律继受于英国法，作为普通法系的判例法国家，在美国，诉讼讨程同时也是立法过程，判例一旦被确认，就立即被大家所遵守和引用。无论是联邦法院还是各州法院的书面事实认定与结论或裁决意见书，都被汇编并供将来案件中作为判例被引用。美国法官相当重视法律文书的制作，美国判决书的结构与我国相近，通常分为三部分，首先对案件所涉及的重要事实做客观的描述与总结；其次评介原告与被告的主要论点和论据；再次根据有关法律、判决先例等，对具体案情和法律条文进行分析和论证；最后做出判决。

中美两国分属成文法和判例法国家，有着不同的法律文化和法律渊源，成文法具有稳定性和滞后性，而判例的灵活性和适时性能弥补成文法的不足。随着世界经济的不断发展和国际文化交流的不断增进，成文法系和判例法系之间也由相互排斥转变为相互学习借鉴，判例越来越受到大陆法系国家的重视。就我国而言，应当逐步创设指导性案例，承认判例的法源地位，并发挥其指导性作用。

（四）学习借鉴美国的立法听证制度

“听证”一词最早始于普通法系，原为西方国家立法程序中的一个重要内容，其基本精神是以程序公正保证实体公正。美国在实行阳光立法、提高立法透明度方面有很多值得我们学习和借鉴之处。美国议会在组织立法听证中，设有完备的立法反馈机制。在美国，如果公众认为规章制定部门没有遵循公开的要求，或者拒绝采纳合理建议，都可以向法院提起相应诉讼。一旦法院查明被诉规章确实存在上述情形，就会裁决被诉规章无效。

我国人大和政府立法机构立法听证过程中，应当完善立法听证程序，真正实现立法为民；应当完善听证程序，增加听证会的论辩性，将参加听证会的陈述人对法律法规和政府规章草案的提出的修改意见予以公布，并明确是否为立法机关的处理意见，只有这样，立法才能反映民意，从根本上提高法律的公信力和执行力。

（五）提高政治素质，坚定理想信念，牢记职责使命

我们在整个考察活动中始终清醒地认识到，这次赴美学习并不仅仅是对司法业务知识的学习，也是对美国社会政治、经济、文化等领域的考察；更是一次接受集体主义、爱国主义和社会主义教育，树立正确的世界观、人生观和价值观的难得机会。我们认为：美国社会中存在着形形色色的意识形态、文化观念、宗教信仰和理论思潮，身处其中，对自己的思想观念是一次冲击，也是一次对自己理想信念的考验和锻炼。我们在学习期间始终保持坚定的政治立场、清醒的政治头脑，认真阅读和研究有关的理论文章和报告，对中美司法之间的体制、机制、观念、文化等方面的差异有了客观的认识和判断，在吸收有益经验的同时，也认识到我们在体制、观念、文化和组织管理等方面的优势，进一步坚定了走中国特色社会主义道路的理想信念。

赴美国法院考察报告(二)

山西省平定县人民法院　黄计生

为加强中美间的交流,借鉴先进的法律制度,山西省法院系统20名高级法官应美国国际司法学会主席 James. G. Apple 先生的邀请,经最高人民法院、国家外事专家局及山西省外事办公室审核批准,赴美国纽约、华盛顿、旧金山进行为期21天培训学习,参观访问新泽西州的地区法院、第三巡回法院、高等法院,和纽约东区联邦高等法院、民事法院、上诉法院以及华盛顿旧金山的一部分法院,并访问美国法院行政管理局,接受美国国际司法学会、联邦司法中心的培训。

一、美国的政治制度

美国全名为"美利坚合众国"(The United States of America),1776年建国,美国共有50个州,面积962万平方公里,人口3.087亿,是世界上经济第一强国。其政权组织形式采用总统制,实行三权分立,总统为国家元首和政府首脑,立法、行政、司法三种权力分别由国会、总统和法院掌管,立法权、行政权和司法权相互独立、互相制衡。

概言之,美国法院组织分为联邦和地方两大系统,联邦最高法院享有特殊的司法审查权。联邦法院和州法院两大系统适用各自的宪法和法律,管辖不同的案件和地域。美国没有统一的行政法院;行政纠纷案件除由普通法院审理外,各独立机构也有权受理和裁决。此外,还有国会根据需要通过有关法令建立的特别法院,如联邦权利申诉法院等。美国与中国、德国、法国等大陆法系国家不同,美国是实行判例法的英美法系国家。美国司法制度体现了贯彻三权分立的原则,实行司法独立,法院组织体系复杂。

美国法院诸诉讼都实行"三审终审制",不同于我国的二审终审制。联邦法院系统有三个等级的法院,即联邦最高法院(U. S. Supreme Court)、联邦巡回法院(U. S. Circuit Court)、联邦地区法院(U. S. District Court)。其中,巡回法院亦称上诉法院,相当于国内的中级法院,但不直接审理一审案件。联邦地区法院则作为联邦系统的基层法院。美国五十个州划分十三个审判区域设有十三个巡回法院,一个巡回法院往往下辖数个地区法院。所有联邦法院的经费直接来源于联邦政府。与联邦法院系统相比,州法院系统的情况相对复杂。原因在于美国是联邦制国家,各州有自己的宪法,有各自的法院系统,自成体系。但州法院系统一般分为三个层次:州最高法院(State Supreme Court),州上诉法院(Superior Court of Appellate Division),及初审法院(County or Municipal Court)。

联邦系统法院管辖的案件主要是:(1)因联邦法律、条约或州宪法而系争的所谓"联邦问题案件",包括宪法规定由最高法院初审或终审的案件,以及联邦法律规定由联邦系统的法院专属管辖的案件,如破产案件等。(2)双方当事人为不同国籍或州籍而且系争数额达一万美元的案件,可由当事人自行决定由联邦法院或州法院审理,但离婚案件除外。(3)联邦其他法院移送的案件,以及原属联邦与州双重管辖而双方当事人自愿转由联邦法院审理的案件。不属联邦法院专属管辖的案件,州法院均可管辖。至于各州之间的管辖,由于法律规定各异,与适用何州法律的冲突法问题密切相关,是美国法中争执较多、解决较难的问题。

美国的法律体系都是由制定法和判例法两部分组成的。制定法包括以下内容:(1)联邦宪法和州宪法。联邦宪法包括1787年通过的《美利坚合众国宪法》和后来通过的宪法正案。各州都有自己的宪法,同联邦宪法大同小异。(2)法律。是狭义的"法律"指联邦、州或地方立法机关颁布的规范性文件。一般来说,立法机关通过的法案要得到相应的行政部门的"批准",才能成为"法律"。(3)条约。条约是由美国总统与其他国家签订的双边或多边的法律文件,正式条约要经过联邦参议院批准才能生效。在美国的法律体系中,条约都具有其他联邦法律具有相同效力。(4)法院规则。是规范诉讼活动的重要文件,也是重要的法律渊源,联邦法院规则则是由"美国司法会"负责制定的,交由最高法院审查修订。如果国会不介入,该规则就生效为法律,效力等同于联邦法律。各州也有法院规则,多数由最高法院制定。(5)行政机关的规章和决议。行政机关颁布行政规章、决议,犹如法院的“判例”。在当代美国的法律体系中,判例法是重要的组成部分,又称为“不成文法”。在各种判例中,最重要的是具有上诉审判功能的法院的判决,包括美国联邦和各州的上诉法院和最高法院作出的判决。判例法指所有由法官通关过判例制定出来的法律,其内容不局限在普通法的范畴。一般分为“普通法的判例法”、“衡平法的判例法”、“制定法的判例法”。在美国当代法律体系中,不同种类的法律之间可能发生冲突,确定法律权力的基本原则:制定法高于普通法;联邦法高于各州的法律;宪法高于其他法律;立法机关制定的法律高于行政机关颁布的法律。当不同层次的法律制度之间发生冲突时,高层次法律的效力优于低层次的法律效力;当同一层次的法律之间发生冲突时,后制定法律的效力优于先制定法律的效力。

二、美国法律制度

(一)法律教育

美国有其著名的判例教学法。所有进入美国法学院的学生均已获得了本科专业,具备了一定的社会科学和人文知识,法学院的教学实际上就是培养律师的职业教育。而所谓的判例教学法,据说是19世纪70年代哈佛大学法学院院长兰达尔所首创的,内容主要是注重通过对判例的研究,使学生掌握法律的基本原则;上课时用苏格拉底式讨论问题的方法来代替传统的系统讲授。这种教学方法既不同于大陆法系国家实行的系统理论教学法,也不同于同样实行判例法制度的英国。

教授的任务并非解答疑惑,而是连续提出问题,一个问题接着一个地要求你回答,这种不断追问的结果是期待为学生打开思维的局限,找到各种可能性,实际上并不会告诉你答案是什么,往往也没有对一个问题的标准答案,所以通常在下课之后,大家觉得疑问似乎更深了。而这,正是美国法学院中每天运用的教育方式,教授们也不觉得他是在讲授一门学科,在传授一套标准的理论体系,而是在训练学生们创造性的思维习惯,和去发现新的可能性的能力。美国的法学院普遍认为,面对浩如烟海的法律,教学目的并非要学生知道某种法律,而主要是培养他们的分析能力,让他们懂得法律制度的运转方式,似乎这种模式天生就隐含着要塑造学生们与艺术领域相类似的灵感和创造力。

(二)律师的实践

美国的法学院之所以以这样的模式教育学生,可能因为这种思维方式正是美国执业律师的一种必需技能,法学院毕业后通过律师考试的人大都会从事律师工作,据说在西方国家中,美国律师占总人口的比例是最多的。

对美国律师来说,法律并非理论化或科学化的律例,而是一门实践的法律艺术。当美国律师接到案子后,首先做的工作是寻找先前的判例,不仅是要找到判例的结论,关键是要找到为什么适用或不适用本案的理由。律师向法官递交的长篇代理意见大多就围绕分析诸多相关案例对本案的适用性展开。因此,判例才是律师寻找的法律依据而非法条;即使在有成文法的情况下,对条文本身如何适用,往往仍旧需要案例来说明。由于判例自身不断否定、改变和演进的特点以及普通法分散、不完全性的特征,每一争议案件的裁决结果对于律师来说也存在很大的不可预见性,从某种程度上说,一切结果似乎皆有可能,因此,律师更有通过自己创造性工作为当事人获得利益的高度热情。

此外,鉴于美国的诉讼程序采纳当事人主义,即控辩双方对抗式辩论,原被告双方律师以及刑事案件中公诉人(检察官)与被告辩护律师相互对抗,双方都承担着说服法官采纳己方意见的义务,律师必须扮演着最为活跃的角色,而案件的结果很大程度上也取决于律师作用发挥得是否出色。因此,美国律师倾向于将法律理解为一场对弈,一个展示自己的才华技能来实现相互竞争的利益的竞技场。这种状态下,人们更容易看到在激烈竞争的碰撞中不时进射出闪烁着自由和灵感的火花,也就不难理解为什么看似必须机械精细、严谨的律师工作竟能如此地贴近艺术的境地。

(三)法官制度

与律师相反,美国法官在法庭上扮演着消极仲裁人的角色,庭审不主动进行调查,甚至也不提问,看上去似乎只是做些维持庭审程序的简单工作,然而,法官的核心工作还在于庭后独立、公正地做出判决。从法律适用传统来看,普通法系法官在确定事实之后,首先考虑的是以往类似案件的判例,将本案与判例加以比较,从中找到本案的法律规则或原则,而且,比较重要的一点是,普通法制度相信法官有积极的创新能力,并给予他们在审理个案时排除适用过时的制定法的权力,以促使整个法律体系不断地更新演进。这是与大陆法系有着明显区别的一点,大陆法系的法官在确定事实以后首先考虑制定法的规定,而且十分重视法律解释,以求制定法的完整性和适用性,但法官没有权利通过法律适用来改变制定法本身,只有立法机关享有此种权利。相比较可见,普通法系的法官有着更多裁决上自主自由的空间,这种裁决的自主独立也为每一位参加审判的法官所珍惜，于是在长篇累牍的判决书的最后部分，往往也记录了审理此案的其他法官的不同意见及理由，这些持少数意见的法官从不放弃表明自己观点的权利，从一个侧面也反映了法律体制对法官必须保持自由心证、独立裁判的基本要求。由于法官拥有彻底司法独立的环境，他是可以把伟大的博爱精神和追求正义的激情以专业化的、理性而又艺术的方式表现为精彩传世的判决，这种自由的境界与正美学原则恰恰是相吻合的。

美国的法官，大都是律师中成长和遴选出来的精英，法官的社会地位很高，声誉良好、受人尊敬，这也是源自法官的司法独立性的表现。在美国，法官是一个能够对这个社会有所影响人，尤其是联邦法院的法官，往往能够通过自己卓越的判决来影响法律制度的发展从而影响社会的变革，并名垂青史。例如，提到马伯里诉麦迪逊案，人们就会自然地想起做出该判决的美国联邦最高法院的马歇尔大法官，他通过该案的判决奠定了最高法院宪法地位，历史性地确立了司法审查，特别是违宪审查制度，可谓是具有里程碑意义著名判决。至今，他的塑像仍矗立在美国联邦最高法院中，他的名字也永远会被美国人民纪念。

（四）美国联邦法院的行政管理

联邦法院系统除了行使审判职能外，还有如下一些负责内部事务的行政职能的机构及组织：

1. 联邦司法议会。每年至少召开一次，会议由联邦最高法院首席大法官召集，其组成人员由联邦上诉法院首席法官、国际贸易法院首席法官，以及每个巡回区在巡回区司法议会年会上选出的任期三年的一名地区法院法官。其职能解决所有关于巡回区法院的行政管理问题，向国会提出涉计联邦司法制度的立法建议。普遍检查联邦司法法官系统的工作情况。还对联邦法院法官进行司法培训。

2. 巡回区司法委员会。由巡回区内的上诉法院法官和地方法院法官组成司法委员会。每年必须举行一次会议，其职责包括向联邦司法委员会推荐新法官人选，审核联邦地区法院的规则，监督法院的工作量及批准法院工作人员的雇佣。还负责审核所属法官不良行为报告、建议处分。

3. 美国联邦法院行政管理局。该局成立于 1993 年，负责联邦法院的行政管理工作。局长由联邦最高法院任命。

4. 联邦司法中心。它成立于 1967 年，主要从事美国司法程序。法院管理等有关司法问题的学术研究。对联邦法官和联邦法院工作人员提供在职培训，撰写和出版有关司法制度的研究报告和培训材料。联邦司法中心由一个理事会进行管理。

5. 最高法院大法官行政助理。国会于 1972 年为联邦最高法院首席大法官配备了一名行政助理，以便作为整个联邦法院系统的首脑的首席大法官顺利实现其行政管理职责。

三周的培训学习，我初步了解了美国联邦政体和三权分立原则、司法独立原则，以及美国当代的法律制度，美国联邦法院、州法院的配置与体系等。美国一个州从六个方面对法官的能力进行评价。信仰，法律信仰是法官最基本的价值观；公正，严格依法办事；学识，能够准确理解法律的含义，正确地适用法律；礼貌，具有优雅的司法礼仪；气质，法官在审判活动中所展示出来的风度；勤勉，具有高度的司法敬业精神。对于这些人类司法文明的共同财富，我愿以此为鉴，并以有幸能到美国亲身了解异域先进的法律体系为契机，进一步提升法院管理、队伍建设的能力和水平。

泥上偶然留指爪，飞鸿归来记西东

——香港城市大学法学硕士项目学习汇报

浙江省高级人民法院民一庭　沈　妙

香港城市大学法学硕士（LLM）培训项目是最高院、香港城市大学和美国哥伦比亚大学联合举办的一个培训项目，旨在通过学员系统的学习英美普通法（LLM 专业就是 Common Law），以促进各法域之间的相互交流和学习。项目每年从中国内地的法院挑选约 30 名法官到香港城市大学修习 LLM 学位，期间到哥伦比亚大学学习一个月，至今已举办四届。在庭领导的支持下，经院里批准，我有幸成为了第三届的培训学员。我在开学典礼上与上一届的姜裕峰胜利交接，又在毕业典礼上与张玉环成功会合，可谓是“承前启后”。我也是最幸运的一届学员，学习期间我们被安排去了美国、韩国，还去了欧洲的瑞士和奥地利参观访问，个人学识和人生阅历得到了极大的丰富和增长。

学习篇

回顾这一年的学习历程，深有“衣带渐宽终不悔”之感。在香港城市大学，我们都是百分百的学生，与城大其他的 LLM 学生坐同一个教室，听同一个课程。同样的作业，同样的考卷，同样的评分标准。城大采用全英文教学，虽然有之前在国家法官学院的英语恶补，但是临阵磨枪终究不够锋利。首先碰到的问题是“听”。特别是第一学期的普通法基础课着实让我们抓狂了一阵。因为授课老师来自美国乡村，口音浓重，每个音似乎都是从鼻子里蹦出来，每个词都要吞掉后半截。刚开始上课的时候，老师偶讲一笑话，全班唯一笑的就是他自己。为了能跟上老师，大家十八般兵器都用上了。每逢上课，讲台上齐刷刷一排录音笔，录了回去反复听。听多了，连做梦听的说的都是英语。直到有一天，忽然发现自己可以不怎么费神就可以听明白不知从哪里飘来的一句英语，才猛然发现听力关已经被抛在了身后。

其次碰到的难题是“写”。LLM 的每一门课程都有自己的课程作业（coursework），一般是一篇字数要求不等的论文。老师往往在学期的开始几周就布置下来要求在学期结束的最后几周前交。每门课的作业周期似乎很长，但是几门课程交织在一起就疲于应付了。比如下半学期，我们有四门课程，感觉是马不停蹄地赶了一通作业，然后就该准备考试了。作业的首要和基本要求就是写自己的东西。学术是一个非常严肃认真的事情，容不得半点虚假。每个学生都需要签署学术诚信协议（Academic Honesty Declaration），每一篇提交的作业都需要输入系统自动检查相似度（Similarity）。经系统检查的文章，每一句与他人文章相同和相似的内容都会被标注出来，如果缺少相应的注解有可能被认定为抄袭。然而要写出自己的东西却绝非易事。

一是要搜集大量的材料。不仅是图书馆，还有各个英文数据库，需要摸索数据库的检索方式；二是要阅读，有了材料还需要会看。看材料，尤其是看案例也是门学问。老师要求论文中任何观点都需要有相应权威（authority）的支持，而在普通法中最重要的 authority 就是判例。普通法又叫判例法，每一份判决书都引经据典，洋洋洒洒，动辄超百页。要从茫茫文海中找到自己需要的内容，有时只是可予引用的一句话，刚开始时直觉得晕。看多了就慢慢的了解了判决书的条理和逻辑，知道了如何不需要看一整篇文书就直接找到自己需要的内容；三是要注解。注解有分牛津标准和剑桥标准，对注解的字体、写法甚至句读都有不同要求，而不同的老师有不同的标准要求，必须小心加以区分；最后是语言。记得在法官学院培训时，写作课老师就教我们如何区分书面语和非书面语，如何选择大词汇和特征词汇，如何在写作过程中转承启合。到了学校才发现这些还远远不够，我们不仅需要书面语，还需要法言法语。什么“ratio”（判决的主要意见），“dictum”（附带意见），“jurisdiction ratione personae”（对人管辖权），这些看得都懵的拉丁词汇不但要懂还要会用。一开始只能生搬硬套，慢慢的，读得多了，会用的也多了，写出来的东西也越来越像样子，越来越有味道。印象中，最大的写作挑战就是第二学期的国际投资法的“take home”考试（就是允许在家里完成的考试，但必须在指定时间内完成）。老师要求我们在 48 小时内就所提供案例写一份仲裁的裁决书（award）和就指定议题写一篇小论文。事实上是将我们平时至少一周内完成的课程作业强制在 48 小时内完成，而且还是两篇。这 48 小时我们几乎是不眠不休，从案例分析到检索资料，到布局写作，到完善注解，不到规定时间的最后一刻不敢点击“enter”提交。不过，功夫不负有心人，我的国投成绩被我们以严格著称的外籍老师评定为“excellent”（优秀），而我在城大整年学习的总成绩则被评定为“Credit”（优等）。

我们学习的主要内容是普通法，因为来自于传统的大陆法体系，我们很自然地会在学习中进行比较。以前我有个想当然的观点，认为普通法和我们的法律制度差异很大，但随着学习的深入，我发现更多的是共同点。首先，法律内容本身差异并不明显，尤其是私法领域。随着市场经济在我们国家的深入发展，私法领域的制度性应当说已经比较完善。就算有内容上的差异，很多也是基于各自的国情。改革开放至今我们的确已经建立了一个相对完整的私法体系。其次，从一个裁判官的角度，法官在个案裁量上的考虑也有许多相似。比如法官会考虑到诉讼效应问题而拒绝给予某一些救济；又如法官在处理涉及公共机构的案件中会更倾向于机构，诸如此类被称之为“policy consideration”（政策考量）。这些都让我进一步理解到法律是社会的法，法官从来都不能离开社会大环境本身来谈论所谓的“rule of law”（法治）。

我所感受到的两大司法体系最大不同在于法律方法。判例法系是典型的归纳法,而成文法系则是演绎法。普通法以案例分析为出发点,即使有相应的法律明文规定,也会引用案例来诠释该法律的具体适用。判例法中最大的技巧在于“辨析”(distinguish),就是要区别所处理案件和之前判例的共同点和不同点,发现共同之处以适用在先判例,或者鉴别不同之处以避免在先判例的约束。普通法还有一个比较特别的法律方法就是解释。普通法有非常完善的解释体系,用于解释合同及法律。香港回归之后有一系列很著名的居留权案件,其终审法院连着作出了三份不同的判决书:第一份判决简单依据基本法文字意思判决:香港人内地所生子女如能证明父或母是香港永久居民,便享有居港权,无须经内地有关机关批准,即可进入香港特区定居。该判决不仅受到了大陆方面的批评也让香港特区政府备感压力,于是后者申请人大对基本法进行解释。在人大给予解释之后,终审法院作出了第二份判决,完全按照人大解释作出了与第一份截然相反的判决,受到了香港地方的指责,认为没有坚持香港司法的独立性。于是有了第三份判决。第三份判决系统地阐述了普通法中的解释方法,通过普通法的解释方法分析了基本法对法条解释权限的规定,进而确认了人大解释的效力。该判决既坚持了普通法的裁判方法,又尊重了人大的解释意见,得到了普通的认可。有分析认为,香港司法一直保持着完好的独立性很大程度上归功于普通法独特的法律方法。或许这种法律方法论也是我们应该学习和借鉴的地方。国家法官学院郝银钟副院长在我们的毕业典礼中就提出,我们还应该学习普通法的法律方法,并能够学以致用。

还有一个学习中有趣的发现是,虽然在我们的观念中美国是典型的普通法国家,英美法和普通法往往在同一含义上使用。但是在香港的司法系统中,似乎并不认可美国的普通法地位。一个香港高等法院的法官就和我说他们从不认为美国是传统的普通法国家,也从不将美国判例作为“authority”予以借鉴。我们老师讲课中提到的判例中也鲜有美国判例。香港作为传统的普通法地区,现在仍会引用英国的判例,有时还会借鉴澳大利亚,甚至南非的判例,却无美国的判例。这和我们动辄提美国法律形成鲜明对比,值得思考。

交流篇

本项目除了学习之外,还安排我们到美国、韩国、瑞士和奥地利参观访问。此外,我们在香港期间,还和当地司法界进行了交流和沟通。

在香港,我们于暑期被安排到高等法院实习。我们在实习过程中旁听各类案件,体验案件的主要流程,与主审法官交流对案件的观点。我印象最深刻的是香港法院的“松”与“严”。“松”在于几乎任何人士都可以随时旁听任何公开审理的案件。法院一楼大厅的公告栏里有当日的开庭安排,当事人、案由和主审法官都明列其上。旁听人士无须任何登记就可入内旁听。我甚至碰到过老师带着一帮身着校服的学生中途进来旁听案件。“严”在于任何进入法庭人员对法庭的敬畏。每个进入法庭的旁听人员都会自动对法官鞠躬后才入座,鞠躬后才离开。旁听人士不得谈论或饮水,甚至对坐姿都有要求。曾有一个旁听人士坐姿略有不正,呈后仰的姿势,法官就认为这是对法庭的不尊重,当众予以批评。虽然普通话、粤语和英语都是香港官方语言,但是香港法院庭审仍基本上使用英语,香港法律界希望借此来保持其所谓普通法的传统。虽然特别行政区司法独立,却也让我作为一个中国人心中有些不是滋味。

在美国,我们参观了各级法院,从纽约的刑事法院、纽约州高院到美国联邦法院,还和各院的法官进行了座谈交流。美国法院,除了联邦法院高高在上之外,其他法院给人的感觉是亲和多于严肃。法庭更像一个大的办公室,除了常设的诉讼区域外,还有事务性人员的办公桌。记得在刑事法院,一边是法官逐个第一次简单询问被告人是否认罪,是否需要陪审团等程序性问题;另一边有工作人员在自己的办公区域接待客人,轻声寒暄,看得我们瞠目结舌。纽约法官的案件任务也不轻松。我们碰到一个纽约高等法院的华人女法官,她一年也需接办近七百件一审案件。但是因美国诉讼费用高,为降低成本,大部分案件当事人会自行和解。法官除了开庭几乎不用和当事人直接接触,一般都是通过助手进行程序性指导,比如确定什么时候应该提交证据,逾期提交的后果等等,法官的助理是当事人与法官之间沟通的桥梁。这个女法官有两个正式助手,两个实习人员。美国的法官选拔有两类:一类是选举产生,另一类是推荐提拔。比如这个华人女法官就是纽约州选举产生的第一个华人法官。因此这位女法官还热衷于华人社区服务。她组织翻译了很多诉讼手册,分发给华人社区民众,鼓励大家进入法院打官司。

在韩国,我们除了参观法院之外,还参观了韩国著名的司法研究和培训学院。韩国几乎所有的法官、检察官出自该学院。在韩国凡是通过司法考试的都需要进入该学院培训两年,然后根据培训的成绩和个人意愿确定做法官、检察官或律师。一般是成绩最好的才有资格去做法官。但是这一制度最大的弊端在于法官和律师往往都是同学,无法保证法官的中立。因此，韩国也在着手改革这一制度，逐渐允许指定大学法律专业的学生毕业后就能进行法律执业，而不必通过学院的培训。

在奥地利，我们参观了奥地利最高法院。我们被法院的建筑和文化底蕴所深深吸引。法院大楼本身是一栋古老的建筑，外表是一个典型的西式宫殿。一进入大门，持阶而上，就可以仰望正义女神，两边是幽深的大理石走廊。浅黄色的地面散发着淡淡的肃穆。走廊边上不经意的地方摆放着一些小石像。虽然看不懂他的寓意，却可以让人感受到一种宁静与平和。推开走廊两边厚重的木门，里面是一个个法庭。法庭本身的布置非常简单，但一抬头却另一番天地。整个顶都是一幅壁画，讲述着神与法的故事，告诉你这是一个多么古老的法院。参观的过程中，我一直问自己，我们的法院是否有可能有这种历史感？就算现代司法对于近代中国是一个完全的舶来品，那一百年，两百年以后呢，是否也可以留下如此丰富的历史文化遗产呢？

游历篇

在学习和参观访问之余，我们有幸过了一把游历瘾。亚洲、美洲和欧洲，都有我们的"到此一游"。在香港的一年更是深入体验了一把港人生活。

在作为香港临时居民的一年中，身临国际大都市的繁华，感受最多的却是小市民的艰辛，脑海里经常浮现的是小学政治课本中的一句话"资本主义社会的人们生活在水深火热之中"。因为香港资源缺乏，居民较多，因此一般的普通老百姓日子并不好过。比如他们只能挤在"鸽子笼"大的居室里，地产商鼓吹的千尺豪宅其使用面积不过七八十平方米；香港的最低工资标准是每小时 28 元港币，也还是 2011 年 5 月 1 日才开始实行的新标准。因为新工资标准的实施导致香港的物价上涨，比如我们学校的食堂就平均涨了 10%。可想而知，之前香港一般劳工的工资收入。这几年，香港特区政府收入增加明显，但是普通老百姓却感觉不到明显的生活改善，导致特区政府曾班子的民望日益降低。虽然香港居民有很多社会福利保障，比如居民看病不需要花钱，但却需要付出大量的等候时间。普通看门诊，没有一两个小时是轮不到号的。社会公共供给和一般民众的需求矛盾突出，这也让内地孕妇来港产子问题显得尤为抢眼。另外，资源问题也反衬出香港社会管理的水平。管理几乎把每一份可以利用的资源都充分利用了起来。比如楼层的建设，底下几层是停车场，顶上则建立屋顶花园，交错的人行道，既分离了人与车也让行人几乎出门不用打伞。我曾听一个来港的高级法官形容，如果北京的土地能像香港这么利用，估计可以多出两个北京来。

在美国，我们利用课余时间暴走了纽约。我们乘坐免费轮渡遥望了美国的标志性雕像——自由女神；在帝国大厦上站了足足四个小时，只为感受喧嚣的都市渐渐沉寂下来，又忽然借着跳跃的霓虹呈现另一番景象；坐在中央公园茵茵的草地上感慨纽约人民如此奢侈，在城市中心养着如此大的一块绿地；徜徉在第五大道进行 window shopping；在梅西百货兜兜转转，看着低廉的价格标签和全球的产地标识，感慨美国大佬是怎样剥削第三世界人民。

在韩国，我们虽然没有什么时间游览，但也意外感受到了韩国人的素质。我们从纽约直飞韩国首尔，在首尔机场我们每个人都是一大堆的行李，也未仔细检查。其中一个同学回到酒店打开行李箱时傻了，发现一模一样的行李箱里居然是完全不同的东西，原来是拿错了箱子。顺便提一下，在境外机场，行李都各自提取，根本没有人来检查你是否拿对了行李，所以一旦碰到两个一模一样的行李箱就可能碰到这种情况。幸运的是，错提的行李中居然还留着一部手机。按照手机找到了主人，是一个韩国老太太，刚从美国看了女儿回家。他们住在首尔的一个乡下，需要坐火车才能到首尔。老太太第二天就把箱子拿了来换，还一个劲地道歉说是她不小心拿错了。我同学行李中的贵重物品也是一件不少。

当然，旅途中碰到的外国人并不都是如此高素质。我们在欧洲就碰到了盗贼。一个同学的电脑在酒店被偷；还碰到有人偷打房间电话和偷吃房间小酒吧的东西；更不可思议的是，我们从欧洲回香港时在机场发现我们所有托运行李都被撬了，有同学托运的名牌香水和水晶都不翼而飞。

虽然有此不愉快的小插曲，脑海里更多的是欧洲的旖旎风光。纯净的日内瓦湖，倒映着蓝蓝的天，纯白的云，飘着几只悠闲的天鹅。之前在网上看到过日内瓦湖可以喂天鹅，我也试着伸手送去一片面包，一不小心整个手都被天鹅吞了进去，幸好天鹅没有牙齿！吃了面包的天鹅，直愣愣地跟着我，几乎跟了半个日内瓦湖，弄得手头空空的我颇有些内疚，后悔没多带些吃的。更难忘的是维也纳乡村满天的星斗。从乡间酒吧出来，不经意的抬头，整个夜空缀满了闪烁的星星。我们不约而同地惊叹起来，感觉是几个世纪久违了的星空。脑海中浮现出康德的名言：世界上有两件东西能够深深地震撼人们的心灵，一件是我们心中崇高的道德准则，另一件是我们头顶上灿烂的星空。

在欧洲我们还争取到了四天的自由活动时间，我选择了临近的捷克布拉格进行自由行。布拉格整座城市都被列入了联合国历史文化遗产,不管是旧城区还是城堡区都颇具特色。据说捷克在各次大战中基本上都是不战而降,因此才得以保存了其古建筑的完好。我想象着当时捷克当权者战时面临抉择时的痛苦和压力,也许还承受着千古的骂名,但是如今的捷克人民似乎又从另一角度来审视这样的抉择,忽然间我领悟到这也许就是历史的辩证法。

这一年的学习、参观和游历,还有无数的风景、故事和感触,每一个都是我记忆中闪亮的珍珠,串联成璀璨的项链,成为我人生中最宝贵的财富。在此撷取最闪亮的几颗与大家分享,亦为记。

浙江法官培训团赴意大利培训考察报告

浙江省高级人民法院　骆苏英

应欧中教育培训中心的邀请,2012年9月7日至27日,以省高院司法鉴定处处长饶文军为团长的浙江法官代表团(民一庭王红根随团培训考察)一行19人,赴意大利进行了为期21天的以"民事审判机制"为主题的培训和交流考察。现将有关情况报告如下:

一、基本情况

培训团成员来自全省三级法院。其中高院4人(其中包括民一庭王红根同志),中院6人,宁波海事法院1人,基层法院8人。

在意大利期间,培训团通过走访、参观、上课等形式,深入了解意大利的司法体制。在罗马期间,培训团访问了意大利司法官最高委员会,受到该委员会常务副主席(主席由总统兼任)以及第六小组成员的热情接待。常务副主席及部分委员向我们介绍了委员会的设立宗旨及对法官管理上的积极作用,以及当前意大利司法改革的难点与热点问题。饶文军团长也介绍了中国法官检察官的基本管理情况。双方进行了友好交流并互赠了纪念品。在罗马地方民事法院,培训团不仅与工业产权庭的庭长和副庭长就民事案件审理、法官工作状况等进行了交流和座谈,还旁听了庭审。另外培训团还参观了意大利最高法院,并在意大利最高法院与罗马律师协会的理事进行了交流。在罗马第二大学,培训团不仅进行了培训,还参观了罗马第二大学的校园。罗马第二大学以及佛罗伦萨大学的多位资深教授为培训团介绍了意大利的法律体系、非诉讼纠纷解决方式(ADR)、中意两国在法学方面的合作以及集体诉讼等方面的内容。到佛罗伦萨以后,培训团参观了佛罗伦萨高等法院,并旁听了民事以及刑事案件的庭审。在米兰期间,培训团不仅拜访了米兰大学法律系、米兰ADR调解中心和米兰地方仲裁法院,交流了意大利商事仲裁、民事审判、民事纠纷多元化调解机制以及民事案件的调解与仲裁,还利用培训间隙,参加了文成法院在意大利米兰举行的海外调解联络员聘任仪式。尽管因为培训方对培训内容的组织协调不到位,导致培训内容重复、未扣主题,以及因翻译人员的法律素养问题,使培训团成员未能系统地了解相关情况和理解相关内容,但是通过此次培训、学习和交流,仍使我们对意大利的社会、经济、文化有了直接的感受,对意大利的司法体系以及民事诉讼制度有了进一步的了解和体会。

二、意大利司法体系及民事诉讼制度等考察情况

意大利为古罗马帝国的发祥地,也是罗马法的故乡。从中世纪开始,罗马法的法学观念就对大陆法系国家产生着不可估量的影响。但随着拿破仑时代的到来和拿破仑法典的问世,这个国家的法学观念就一落千丈,在欧洲乃至世界上不再占有主导地位,其法律制度也不再具有典型性和代表性。因此学者们研究大陆法系国家法律制度时,对意大利的关注和研究程度相对于德国和法国来说少了许多。也正因如此,我们对意大利的司法制度知之甚少。根据此次培训考察所了解的情况及相关资料的反映,对意大利的司法体系及民事诉讼制度等作以下简单的介绍:

(一)司法体系概况

意大利实行的大体是四级(最高法院、上诉法院、区法院和地方法院)三审的司法制度。司法体系包括刑事、民事和行政三大诉讼。刑事法庭和民事法庭在普通审判权上基本上是统一的。区法院和地方法院均受理一审民事案件,一定数额以下的财产纠纷由区法院管辖并由独任法官进行审理,超出一定数额或者除财产权以外的其他民事纠纷则由地方法院管辖并由3名法官组成合议庭进行审理。但由于案件数量过多,目前由地方法院审理的一审案件除少数案件外通常也实行独任审判。对区法院判决不服的可以上诉至地方法院;对地方法院的判决不服的则可以上诉至上诉法院,并由5名法官组成的合议庭进行审理。刑事一审案件由1名独任法官组成的裁判庭和由3位法官组成的合议庭和巡回法庭审判,每类法庭的管辖权按案件的不同类型划分。不服一审判决的可以上诉至上诉法院。上诉法院实行合议制,审理当事人第二次提出的上诉案件,极少数情况下也作为一审法院。

在区法院系统,还设立了专门解决小额财产纠纷的调解官制度。调解官任职于各地方公共团体,他们不是职业法官,只是作为名誉法官而活动,其任务是调解和审判。审判是通过简易而非正式程序进行。90年代初,调解官制度已为新创设的治安法官制度所取代。

最高法院是普通法院体系中最高一级的法院,设在意大利首都罗马。作为最高司法机关,其主要功能是确保全国法律的统一适用和统一解释以及法律的切实遵循,考虑各种管辖权限,解决管辖争议并决定管辖权属,因此其仅审查案件的法律问题而不审理事实问题。最高法院主管刑事和民事案件。根据宪法规定,作为一个原则,所有的案件都有向最高法院上诉的权利。只要符合条件,最高法院就必须进行审理而不能选择受理。但是,最高法院并不是根据事实对案件进行审判,也不能直接改变下级法院的判决结果。它只是基于对法律的解释权,以下级法院在案件的审判中对法律的解释错误为由推翻其判决,并且将案件移交到与原审法院同级别的法院重新进行审判。所以,意大利最高法院对案件的审理并不起终审作用,也不直接干涉下级法院的审判,它只是维护法律的尊严。

意大利的行政审判体系具有二元性和双轨制的特点。对公民的权利和其"正当利益"保护是加以区别的,行政行为合法性审查由两个部门进行:因权利受到损害的由普通法院审判,因"正当利益"受到损害的由行政法院进行审判,但在特别领域特别是公共职务领域则由行政法院专属管辖。普通法院只保障公民获得经济上的赔偿,而不能撤销或者变更行政行为,也无法让行政部门遵守对违法行政行为的判决,甚至无权让该行政行为的作用在诉讼程序进行期间停止。这就导致行政诉讼在理论和实践中遇到了很大困难。

为了保证宪法的稳定实施,意大利还设置了宪法法院。宪法法院是以宪法为基础,对法律进行合宪性审查的专门机构。当普通法院或者行政法院在诉讼中使用了其合宪性应被审查的法律时,也就是说当某种法律在诉讼中有可能对当事人所主张的权利或权益造成损害时,就可以向宪法法院申请对该法律进行合宪性审查。申请既可以由审理案件的法官根据职权提出,也可以由当事人或者检察厅提出。当法官认为被提出的违宪异议有明确的理由时还可以向宪法法院提起诉讼。由于法官可以根据正在起诉的程序的范围对法律的合宪性进行审查和判断,并且有权利和义务就宪法问题向宪法法院提交只需有大概理由的公文,所以法官实际上被赋予了更大的权力,在违宪审查中的作用很大,他们实际上行使着让法律暂时停止的权力。

(二)意大利司法体制中的司法官最高委员会

根据1907年第511号"奥尔兰多"法律,意大利建立了历史上第一个司法官最高委员会。这一组织在成立之初由两个法定成员(最高法院首席大法官,他同时也是这一委员会的主席,另外一个是驻最高法院的意大利总检察官)和18个选举的成员所组成。在通过选举而产生的成员中,有6个最高法院法官和3个驻最高法院的代理总检察官,另外9个成员则来自于不低于上诉法院的首席司法官级别的司法官。这一机构的设立被看作是意大利司法体制迈向保障司法官独立的制度化努力的第一步。

1948年开始生效的意大利共和国新宪法在司法体制方面所确立的最为核心的原则就是司法官独立原则。而体现司法官独立原则的最重要的制度上的变革就是将先前由政府的司法部长行使的对从事司法工作的人员的管理的职能转由司法官最高委员会来行使。经过重新设计之后的司法官最高委员会,性质上属于具有独立的宪法地位的机构,虽然系管理性质的机构,但它的主要功能是保障整个司法阶层和单个的司法官具有"外部独立性",也即不受外部力量的不当干预。

根据1948年意大利新宪法的规定,司法官最高委员会由共和国总统担任主席,最高法院首席大法官和驻最高法院的首席检察官是其法定成员,其他成员的2/3由来自所有不同审级的普通司法官通过选举产生,另外的1/3由意大利众议院和参议院联席会议从大学法律系法学正教授以及那些执业超过15年以上的律师中选举产生。司法官最高委员会共有27个成员(包括3个法定成员),任职期为4年,并且不能无间隔地连任。司法官最高委员会的成员在行使其职能的时候表达的观点以及所讨论的问题,不受任何法律责任的追究。这一规则是为了保证其行使职能的时候不受其他因素的干扰。

虽然意大利总统事实上参与司法官最高委员会的活动很少,但其在司法官最高委员会担任的主席这一角色并非只是象征性的。司法官最高委员会在由议会选举出来的,来自非职业司法官阶层的成员中选举一个副主席,在主席不出席或者不能出席委员会会议的时候,代主席行使职权,并可以行使由主席委托其行使的职权。司法官最高委员会内部依法设立了一个主席团,由副主席主持,协助主席开展工作,其成员包括副主席、最高法院首席大法官和驻最高法院总检察官。司法官最高委员会内部分成11个小组,每个小组各有其职能。此次参与接待培训团的为该委员会第六小组的委员,委员们的身份除了法官、检察官之外,还有议员、律师以及大学刑法和民法方面的教授。

司法官最高委员会是对法官和检察官进行管理的最高管理机构。其有权决定司法官的任用、职务的分配、调动、升迁以及对司法官的惩戒。司法官最高委员会仅保障司法官的独立性,对于司法官本身的司法行为不干预。要在意大利担任司法官,必须要通过一个公开的,具有选拔性质的考试,该考试每年由司法官最高委员会来组织,而要通过这一考试必须首先要获得大学法律系的毕业文凭,另外还需要一个进一步的学历。(依照2005年第150号法律的规定,这种性质的学历可以是:从司法职业进修学校获得的文凭,法学博士文凭,从事法庭职业的资格证书,在公共行政机构担任主管职务3年以上的时间,担任荣誉性质的司法官职务超过4年等。)在参加选拔考试之前,参加者必须明确地表达他是想担任法官职务还是检察官职务。司法官职位的竞争者除了要通过选拔的笔试和面试之外,还必须进行一次称为“权衡是否具备从事司法官职业的心理和智力”的谈话。获得司法官任职的人,在开始其职业生涯之前必须经过一段至少为期两年的实习期。在开始履行法官或检察官职责的3年之内,经过选拔之后,可以在先前的司法辖区之外从事不同的职位(即原先担任法官的,可以选择变为担任检察官,原先担任检察官的,可以选择变为担任法官)。

(三)意大利民事诉讼制度及相关司法改革

根据意大利1940年《民事诉讼法典》的规定,通常的诉讼程序分三个阶段展开。这三个阶段是:引导阶段、取证阶段和裁决阶段。

引导阶段是意大利民事诉讼的启动阶段。该阶段以向被告送达起诉通知状而拉开序幕。起诉通知状一经送达,诉讼即正式开始,当事人一般都必须亲自到庭,到书记官办公室呈交各自的诉状;然后是相互间交换起诉状和答辩状,各自陈述本诉请求、反诉请求、抗辩以及所依据的事实和证据。引导阶段以主持取证的准备法官的指定而告结束。

取证阶段可以说是意大利民事诉讼的展开和重心阶段。这一阶段虽称为取证阶段,实际上却包含两项任务:一是取证,二是为合议庭裁决案件作其他准备。这一阶段的最大特征是上述两项工作均由准备法官负责。取证阶段旨在通过在准备法官面前进行的一系列不定期听审(这些听审彼此间往往可以相隔数月)中收集到案件裁决所需的证据。取证的原则是除非《民事诉讼法典》明确授权法官得依职权收集证据,否则法庭只能依据当事人提出的依据。当准备法官认为案件已达到裁决程度时,即可签发命令,将案件提交给合议庭。

在准备法官将案件提交给合议庭后,裁决阶段即开始。口头辩论于准备法官确定的日期进行。通常是由准备法官就案件情况向合议庭作一报告后,即开始辩论。虽说是口头辩论,但律师通常是根据取证阶段业已写好的“辩论意见书”的结论发表辩论意见,或者干脆逐字照读该结论。只有在极个别情况下,他们才发表完整的辩论意见。辩论由原告律师先发言,然后由各方律师辩论。经审判长决定,各方律师可反驳一次。裁决在关闭的审判室里以合议庭的多数投票而形成,并于数日后签发,但正式裁决不允许不同意见。

尽管诉讼迟延在一定程度上已成为当今世界大多数国家的顽疾,但此“疾”在意大利之严重却仍然让世人结舌。意大利法律对案件审理期限没有作明确规定。据介绍,一般认为初审法院的合理审理时间为3年,上诉法院的合理审理时间为2年,最高法院的合理审理时间为1年。而事实上,初审法院的案件一般都能在3年内审结,但上诉法院的案件审结需要3~4年时间,最高法院的案件也要2年左右才能审结。所以经过三审的民事案件,其实际的审理期间往往需要10年左右的时间,真可以称得上是“马拉松”和“老牛拉破车”式的诉讼。据说实践当中出现过超过30年未审结的案件,有的刑事案件因为审限过长都超过了追诉期。

“延误正义就是扼杀正义”。意大利民事诉讼中严重的诉讼迟延情形,不仅使其国人不堪忍受,而且也因此违反了其加入的《欧洲保护人权及基本自由公约》。意大利属于欧盟成员国,所以要遵守欧盟的指令。因为审限过长,欧盟已经对意大利提出了批评,认为过长的审限是对人权的侵害。正因为诉讼迟延现象严重,已经到了不得不解决的程度,所以近十年来,意大利陆陆续续采取了一些解决诉讼迟延问题的司法改革措施。此次培训考察期间，培训团几乎每到一处都会听到关于目前意大利正在进行的司法改革的情况介绍。

意大利诉讼案件很多，其数量大概是法国的2倍。法官的工作量也特别大，相当于法国法官工作量的4倍。据介绍，一个初审法院的法官一般每年要办1000个案件，一个上诉法院的法官在手的未结案件可高达700多件。诉讼案件过多的原因在于：现代社会公民强调以个人为中心，容易为一些小事而诉讼。虽然在意大利法官审判案件的速度很慢，但是意大利人仍然十分信任法官，相信法官会给予公正。意大利人对法官的信任度远远高于对政府的信任度，所以意大利人喜欢通过诉讼解决问题。另外，案件诉讼费用不高也是导致诉讼案件过多的原因之一。

造成意大利诉讼迟延现象严重的因素很多，除了诉讼案件数量较多这一客观原因以外，其中最主要的原因是传统诉讼体制中程序结构不合理。普通诉讼中书面优于口头，合议庭与取证之间的非直接性以及诉讼程序推进的凌乱等在实质上造成了诉讼的无限拖延。导致诉讼迟延的加剧还在于上诉期间一审判决不具强制执行力以及上诉本身并非仅对案件的法律问题进行审理，而是允许当事人提出新的抗辩和证据，并据此作出有别于对一审判决进行复查的全新判决。这就导致了对一审判决以拖延诉讼为目的的大量上诉。

除程序结构不科学以外，审判力量的长期不足也是导致意大利诉讼迟延的又一重要因素。审判力量不足又得归因于两个方面：一是审判力量本身整体不足；二是近年来日益上升的刑事案件又占去一大部分审判力量。

诉讼拖延造成的后果之一是大多数民事案件以当事人放弃诉讼请求或和解而告终，只有少数案件以实体裁决终结，因为众多当事人宁愿接受不利或不公正的和解，这样起码比无尽的等待和无限的支出要好得多。后果之二是案件积压严重。后果之三是公众开始对司法采取一种拒绝的态度，因为如此漫长的诉讼足以让人心灰意冷，使资力不雄厚的当事人在司法大门前望而却步。后果之四是诉讼过分迟延甚至促成一种新的专业律师出现，他们专事向欧洲人权法院起诉意大利政府违反《欧洲人权公约》，未保障在合理期限进行司法裁判。但因类似案件过多，欧洲人权法院也无法在合理期间审结。

意大利民事诉讼领域的改革主要包括以下措施：

1. 扩大适用简易裁决以替代普通诉讼程序。

2. 对劳资纠纷进行改革。主要措施是：赋予法院作出强制裁判的权力以及审理案件时适用口头、集中和直接原则；并强制规定一些关键程序步骤的截止日期。此外，为促成和解，还规定当事人必须亲自到庭；法官享有相对广泛的收集证据的权力；对诉讼中当事人无争执的支付数额法官可以命令义务方支付；法官有义务在听审结束时即刻作出裁决；对于应当支付工人报酬的一审裁决书，法官可以赋予其立即执行力，以及上诉中限制当事人提出新的抗辩和证据等。

3. 增设治安法官。以治安法官替代原有的调解法官，目的是减轻职业法官的负担。治安法官是最基础的、非正式的法官。治安法官任期为4年，由上级司法委员会任命，条件必须是在大学受过法律教育的人。治安法官拥有广泛的管辖权，其不仅仅解决轻微案件，其地域管辖范围与区法院法官相同。意大利的治安法官在雇用条件、任命方式上类似于职业法官。他必须学习法学，并由最高司法会议任命；履行职务是他的工作，同时他得到相应的报酬。

治安法官所起的主要作用不在于对纠纷的调解，而在于对纠纷的裁决，其受案范围是2500欧元以下的财产纠。治安法官处理案件的程序是地方法院诉讼程序的一种子程序，因此意大利法律没有对其作出详细的规定。但法律规定超过一定金额的案件律师必须介入。当事人如不服治安法官所作的裁决，可以上诉至初审法院。不过只有经济价值较高的案件，治安法官才允许当事人上诉，但是可以作出衡平裁判的案件的上诉受到严格限制。

4. 在地方法院确立独任法官制度。由独任法官进行裁判的长处在于诉讼程序快速，纷争能够得到迅速处理。而合议庭的长处则在于其判决的均衡性与高质量。长期以来，意大利的立法者认为合议制优于独任法官制。但自20世纪70年代开始，由于案件数量激增，独任法官制的优点逐渐被发现，并且渐渐被司法改革所采纳。从20世纪90年代初开始，在地方法院设置独任法官。相应地，地方法院的诉讼程序不再是专门的民事程序，还包括拥有判决权的独任法官的程序。修改后的法院构成法将地方法院处理的诉讼案件分成了两部分，即由独任法官处理的诉讼案件和由合议庭解决的诉讼案件。

5. 对一审诉讼程序重新评价。主要包括以下措施：(1)将引导阶段与取证阶段明确分离。(2)完全改变第一审判决生效的传统规定，赋予一审判决强制执行力。规定对于在上诉法院中可能基于利害关系人的申请而赋予强制执行力的一审判决，一审法院也可以赋予其强制执行力。(3)在某种程度上限制了上诉的范围。规定除涉及利息、租金、红利等外,其余案件均不得在上诉中提出新的请求。无论何种案件,上诉中均不允许提出新的抗辩和证据。不过,如果新的抗辩依职权可以提出,则当事人可提出。同样,若新证据系法庭认为裁决案件必不可少,或者当事人能够证明在下级法院中由于存在不可归责于其本人原因而未能提出的,当事人亦可在上诉中提出。(4)改变管辖异议程序,除非法官认为管辖毫无根据或不可能被允许,否则诉讼程序不因当事人提出管辖权异议而自动中止,而改革之前,此类管辖异议通常可以将诉讼拖延2~3年。(5)对一些重要的诉讼行为,如当事人提出最后攻击和防御辩论意见以及法官作出裁决等均规定了十分严格的时限。(6)规定普通诉讼程序在某些环节可以简化。基于当事人的申请,法官可以制作一系列命令对请求的一部分而非全部作出裁决。参照劳资争议诉讼的相关规定,对于当事人间无争议的金钱数额,法官可以签发命令立即支付。此外,如果权利人的请求被满足,法官也可以命令立即支付已确定的金钱数额或交付已明确的货物。取证阶段结束后,法官也可以在其认为诉讼请求已被证明的限度内命令支付一定数额的金钱或交付货物。

6. 扩大简易程序和强调临时救济措施的适用。

7. 改革最高法院诉讼程序。原判因违反或错误适用法律规则应予推翻时,如无须查明其他事实,则最高法院可以径直对案件作出裁决而无需发回下级法院重审。

据介绍,针对案件数量过多问题,意大利近段时间采取了两项改革措施,其中之一是限制部分案件进入二审程序。法律对一审起诉案件不设限制性条件,但对上诉案件采取了限制性措施,不是所有提出上诉的案件均能进入二审审理程序。当事人提出上诉以后,第一次庭审只审查上诉本身有无依据,而不直接审查事实认定与法律适用。经审查法官认为不可上诉的,以法官令的形式作出,当事人对法官令不能提出上诉。只有经过审查认为可以上诉的,才能真正进入二审审查程序。而经审查认为可以上诉的,也并不意味着上诉理由最终能被支持。由于上述改革措施今年9月刚刚在意大利实施,因此具体的效果尚不可知。

第二项改革措施是促进采用ADR方式。ADR(Alternative Dispute Resolution)被译为替代性纠纷解决方式或非诉讼纠纷解决方式,是指20世纪逐步发展起来的各种诉讼外纠纷解决方式的总称。为了分流部分案件,目前意大利正积极采取措施,推进ADR方式的应用。

培训团在培训期间拜访了米兰ADR调解中心。据介绍,米兰调解中心有130多名调解员,在意大利的17处工作点工作,犹如一个"私人法院"。调解中心属于公司性质,类似米兰调解中心这样的调解机构在意大利有1000多家。调解机构按照公司法的要求成立后再向司法部门备案。大学毕业三年以上,再加上50个小时的培训,即有资格担任调解员。法院退休人员以及律师均可担任调解员。法律对调解中心的调解员人数没有限制。ADR在意大利的一大特点就是强制性。2008年意大利出台法令规定,某些案件必须经过第三方的调解。只有经过第三方调解以后仍不能解决的,才能诉至法院。法律规定必须经过第三方调解的案件有:所有公民与银行、保险机构之间的合同纠纷、医疗纠纷、新闻名誉权纠纷、产权纠纷、房屋租赁纠纷等。调解成功的,需要签订一份调解协议,由当事人各方签字。调解不成功的,当事人也要在调解文件上签字,当事人需要凭借该文件向法院起诉。调解结论需要到法院备案,法院收到以后不再审查,而是直接盖章确认。从米兰调解中心的调解情况看,尽管有近三分之一的案件被告不出现,还有部分案件的被告拒绝调解,但是在接受调解的案件当中,还是有一半以上的案件得以调解成功,并且调解协议得以全部履行。因此,尽管没有确切数据表明每年有多少案件以ADR方式解决,但是其在缓解法院工作压力方面所起的作用显然不容忽视。由于欧盟法令没有规定必须进行调解,而是鼓励调解,而意大利国内法律规定必须进行调解,所以尽管多数人对此表示支持,但也有人对此提出质疑,认为此举违宪。今年10月23日意大利宪法法院将对此进行裁决。

针对审限过长问题目前采取的改革措施是:超过合理审限的,当事人可以向上一级法院提出索赔,而不需要提供具体受到损失的证据。赔偿的款项不是由法官个人承担,而是由国家承担。以前对索赔的金额没有上限。去年一年承担的赔偿款大概为2亿欧元。但从去年开始对索赔金额作出了新的规定,大概每个案件为1500~2000欧元。

三、其他培训考察情况

9月21日晚,培训团参加了文成县人民法院(以下简称文成法院)在意大利米兰举行的海外调解联络员聘任仪式。此次活动中,文成法院聘请了李一立、周慧等15位分布在罗马、都灵、威尼斯等六大文成籍华侨较为集中城市的侨领和热心公益事业的人士担任海外调解联络员,负责协助解答华人华侨的法律咨询、协助寻找当事人住所和送达法律文书、协助调解矛盾纠纷、协助送达法律文书、协助督促当事人履行裁判确定的义务、帮助华人华侨联络海外调解员或法院等事宜。

中国驻意大利米兰使领馆总领事梁慧等领导应邀出席仪式并作重要讲话，梁慧总领事充分肯定了文成法院的特邀海外调解员制度，认为“海外调解员‘从群众中来，到群众中去’，变刚性裁判为情理互动，既解‘法结’又解‘心结’，以其特有优势大量化解和缓解了双方当事人之间的对抗，使司法活动更加温情，司法成本更加低廉，司法结果更加和谐。”

据培训团成员、文成法院院长周虹介绍，文成法院于2009年11月推出特邀海外调解员制度，在涉侨案件当事人比较集中的意大利米兰市聘请胡建金和吴步双两位侨领作为该院的特邀海外调解员，负责协助法院送达法律文书、调解或督促执行等工作。他们在担任调解员期间，做了大量富有成效的工作，为法院破解效率难题及方便华侨诉讼提供了一条有效途径和载体。文成法院涉侨案件的办案效率大大得到提高，平均个案审理天数从2008年的140天缩短至今年的90天。2012年，该院共受理涉侨案件296件，审结249件，同期结案率84.12%，和2008年相比提升了近10个百分点，其中有109件案件实现当天立案当天开庭当天结案。

仪式结束后，培训团成员与梁慧总领事、特邀海外调解员等进行了交流，并于9月24日下午拜访了中国驻米兰使领馆商务司李滨参赞等领导。在交流中，培训团成员发现，文成法院在意大利已经初步构建了以民商事调解委员会为核心（2011年4月经文成法院建议指导成立）、特邀海外调解员为支撑、海外调解联络员为补充的三位一体的人民调解网络，覆盖了半数文成籍华侨旅居地方，大家对该项制度都给予了高度评价，认为在便利华侨诉讼，保障在外华侨诉权等方面做了很好的尝试。同时，培训团成员也发现，该项制度还有很多需要完善的地方：一是可以进一步拓展特邀调解员制度的适用范围，目前文成法院只限于对简单的涉外民事案件适用该项制度，而随着在外侨民各类经营、投资活动日趋频繁，考虑到最高院已授予文成法院涉外商事管辖权，该项制度应继续向涉外商事案件拓展。二是可以进一步拓展特邀调解员制度的地域范围，特邀调解员制度推出时，仅限于对米兰地区的华侨开展，其他地区的华侨要求拓展这项工作的呼声很高，这次文成法院在其他六大城市聘请调解联络员是对地域辐射的一个很好尝试，等条件成熟时建议该项制度覆盖至意大利全境。三是可以进一步推广特邀调解员制度在其他法院的适用，浙江省是著名侨乡，文成法院针对侨民开展海外司法服务开创了先河，我们可以对该项制度加以完善并在各侨乡法院推广，以便利我省其他地区侨民的诉讼。

为更加直观地了解特邀海外调解员制度的实施过程，9月25日下午，培训团来到位于我国驻意大利米兰使领馆附近的米兰朝霞服务公司，这里是文成法院远程视频开庭的海外临时场所，办公室设在朝霞服务公司二楼一个六七平方米的简陋的房间内。在这里，培训团现场观摩了原告朱某与被告高某，原告蒋某与被告胡某两件离婚纠纷的开庭审理过程。在特邀海外调解员吴步双、米兰文成同乡会民商事调解委员会调解员周慧的见证下，当事人通过网络实现远程立案、授权委托，开庭调解，整个过程全程录音录像并作数据保存，一气呵成，用时不足两小时。在场的当事人及家属纷纷表示，以前在外华侨发生纠纷，若想通过司法途径解决，周期很长，普通的一个婚姻纠纷案件，从起诉到收到判决书最快的也要近一年，时间长的更是要两三年之久，且平时在外工作繁忙，回国参加的诉讼的成本很高，往往难以保障诉权，文成法院的特邀调解员制度从立案到结案往往只需1个小时，极大地便利了华侨诉讼，深受海外侨胞欢迎。

四、学习考察体会

（一）法典上的法律和实践中的法律是有差距的

随着法治的推进和发展，近些年我们对国外的法律制度研究得很多，也介绍和引进了不少，应当说这对我国法律制度的改革和发展起到了非常重要的作用。但遗憾的是，我们之前对国外法律制度和司法制度的了解及研究很大程度上局限于书面的资料和学者的介绍，对某个国家具体的司法状况特别是一些法律外现象、司法现状、运作细节和存在不足及问题等更是知之甚少。从此次赴意大利培训考察所了解的情况看，法典上的法律和实践中的法律是有差距的。法律规定看似完善，实际操作起来仍会产生许多的问题。就如意大利的民事诉讼法典，仅看法律条文，厚厚的一大本，似乎已经规定的无懈可击，殊不知实践当中存在如此之多的弊病。所以我们不能单凭书面资料和学者的介绍，盲目地崇拜和学习国外的司法制度，照搬照抄，而应当加强与国外司法界的沟通与交流，多作考察。这种交流和考察不仅要在学者和高层之间展开，也要注重法院和法官之间的交流。

（二）建立诉讼外纠纷解决机制是缓解法院工作压力、促进社会和谐的一条可行途径

进入新世纪以来，随着中国经济社会的急剧转型、利益格局的重大调整，构建和谐社会已成为广大

国民的真情向往和当今的时代主题,这种空前的社会变革,给我国发展带来巨大动力,也必然带来这样那样的矛盾和问题,如何解决激增的民事纠纷,有效化解由此引发的社会失和,就成为我国现代纠纷解决机制最重要的历史课题。ADR较之于诉讼,不仅能更加便捷、灵活、高效地解决纠纷,且更重视结果公正、双赢和利益平衡,这对于当前中国来说还是具有一定的现实必要性。意大利在20世纪90年代由调解法官制度演变而来的治安法官制度虽然存在很大争议,但其在减轻法院工作压力方面所起的作用是不容置疑的,对我们也是有启发的。实际上,意大利面临的案件日益增加以至于法官不堪重负的状况在中国近年来也是很严重的,发达城市尤为突出。以浙江为例,浙江全省法官的人均办案量是全国人均的2倍。为了减轻法院工作压力、缓解社会矛盾,我们认为,在现代ADR蓬勃发展的形势下,我们有必要借鉴国外ADR运用的经验以及ADR研究的最新成果,在原有的人民调解和仲裁制度的基础上,积极探索构建中国ADR机制的合理内涵和运作机制。

(三)关于特邀海外调解员制度的一些思考

这次考察中,文成法院的特邀海外调解员制度给了培训团成员很大的启发,但在考察中也发现,该项制度的正常运行还存在一些客观困难,主要表现在:

1. 缺乏固定的专用的工作场所。特邀海外调解员在意大利没有固定的工作场所。据了解,该项制度自推出以来,意大利视频开庭的地点即调解场所一直临时选在特邀海外调解员胡建金开办的米兰朝霞服务公司内,目前,米兰朝霞服务公司将二楼一六七平方米的房间用作文成法院的视频开庭办公场所,不利于开展工作,除了空间小外还存在两方面的弊端:一方面,因该公司日常事务较多,常常和视频开庭或调解产生时间上的冲突,每周只能选择半天时间,用于网上开庭调解。另一方面,频繁地开展网上开庭调解在一定程度上影响该公司的正常营业。因此,需要在我国驻意大利米兰使领馆附近租赁一个合适固定的场所,专用于特邀海外调解员制度的运行。

2. 欠缺专门处理日常事务的工作人员。各位特邀海外调解员和调解联络员在意大利主要目的是干实业,目前还没有固定的专职人员处理接受法院委托等日常事务,国内外沟通联系不是很顺畅。因此,需要就地聘请1～2名人员,专职从事日常事务。

3. 工作经费缺乏保障。租用固定视频开庭场所、聘用专职人员,以及保障特邀海外调解员工作运行,包括特邀海外调解员、调解联络员的误工补贴和设备的更新与维护等,每年需要一笔较大的开支。文成是个欠发达县,据了解,当地财政只能保障文成法院日常公用经费,经多方沟通协调,该县财政也只同意每年追加10万元该项费用,根本无法满足文成法院探索实践特邀海外调解员这项举措的需求。因此,正常运行特邀海外调解员制度需要建立专项经费保障机制,该专项经费可以由文成法院及当地财政自筹一部分,上级单位资助一部分。

“刀叉”与“筷子”的感想

——访美学习心得体会

南平市中级人民法院民一庭庭长　林东波

2012年12月1日至12月20日,我参加了省法院赴美国培训团到美国学习培训、参观访问。在美期间,除了在密西根州立大学听课学习外,还走马观花式地参观访问了纽约联合国总部、密西根州立大学所在地州首府兰辛市的市政府、市警察局、地区法院、州最高法院、州议会大厦、州大检察官办公室,途经纽约、费城、华盛顿、旧金山、洛杉矶时,参观访问了美国联邦最高法院以及当地的一些地区法院和法庭。参观访问期间与市长、法官、检察官、警官等进行了面对面交流,并多次观摩了地区法官开庭。

这里谈一些见闻与感想,不当之处敬请赐教。

一、岗位没有特权

年轻帅气的兰辛市市长工作似乎很轻松,专门安排时间接待我们,并任由我们提问,让我们在他办公室合影拍照。兰辛市和三明市还是友好城市。市长介绍说他的第一要务是维护安全，包括要在市区增设消防设施，争取议会批准拨款增设更多的消防点，同时他兼任警察局的最高领导，负责“维稳”。下班后他得开自己的车回家，路上有违章被巡警开了罚单，要自己到法院去排队缴纳罚款，这是很正常的事。市民看到他与他们一样在排队交钱，下次选举时就还会选他当市长，如果罚单不去交，市民知道后就肯定不会再选他担任市长了。听了介绍大家都笑了。在美国，“当官”只是个岗位，没有任何特权，老百姓也用不着找关系办事。依法治国，官民平等，大家活得都很轻松。

二、法院也会停业

洛杉矶市法院的一个分院共有三名法官，在旁听完M法官开庭后，他非常热情地接待了我们。最后审理的这个保险理赔案件的双方当事人和律师在庭审结束时，都面带微笑向法官反复表示感谢并平静地离开法庭，而法官也向他们反复表示感谢！美国人真的好“和谐”。这是他今天第10个案子开庭，M法官向我们这些远道而来的中国同行介绍说，明天还安排了24件案子开庭。这个法庭就是他的办公室，他有一名比他年长的助理，还配有一名警察和一名书记官。这里当法官要本科之后再读法学院毕业、从事律师工作10年、经历过法官助理，才有资格被提名选举为法官。相比之下当了法官收入比当律师时少了，但工作稳定，感觉有更高的尊严，很受民众尊重。“10年的律师职业还得选举成功，一定是德高望重热爱审判事业的尊者！当然受人敬重”我想。他的任期是6年，没有与联邦最高法院法官一样的终身制。我看到他身上旧法袍的两边袖子都已磨破了，整洁陈旧的法庭审判台桌上种着一盆绿油油的绿萝，还摆设着各种各样中国法官赠送的礼物。当他问我们是否终身制听到我们回答说我们60岁就退休时，笑着说，如在中国他和他的助理还有本院其他两位法官都要退休不能再担任法官了，因为他们全部是60岁以上。M法官介绍说，他到过中国三次，每次到中国的法院，都会看到法院都盖了更大更好的新楼，而他这个法院几十年都没有改变过，没有钱维修也越来越旧了。为了节约开支，最近还裁减了一些工作人员，有的工作人员一周只允许上4天班。再没有拨款来，过三个月这个法院就要关门停业了，案件将由另外没有关门的法院审理。法院也可以关门停业！？华人翻译告诉我，在美国，政府没有办企业，航天飞机都是私营企业制造的，国家机关主要靠纳税人的纳税收入运转，没有税收就可能破产。没有钱不管是法院还是政府都得关门，由有钱的来接管。怪不得我们在美国期间每一次大小开支的小票都明明白白记录了我们向美国政府交纳的税款。

三、调解师为专门职业

在美国，法官每天开庭审理大量的案件，但他却从不做当事人的调解工作，调解的事有专业的调解师。调解师就像仲裁师一样，既不是法官也不是律师，当事人发生纠纷可以选择调解师调解也可以选择仲裁师仲裁。调解与仲裁相对于起诉到法院审判，成本代价都要低得多。一位资深的调解师介绍说，在美国，解决纠纷的方式除了和解协商与起诉到法庭之外，还有三种方式：仲裁、调解、仲裁调解的混合。双方当事人通过调解师的劝解沟通达成谅解，能迅速解决纠纷，达到双方满意的双赢结果。调解成功的案例也会成为有效的行业先例。调解师有的受雇于公司，有的受雇于政府，美国联邦政府调解委员会设有专门的调解师。这位调解师说，他在一个公司任调解师一年调解2.5万件纠纷，大多数矛盾不是案件问题本身，而是由于双方其他问题造成，他给出一个对双方都有好处的意见，往往都能得到接受，使矛盾调解解决。

四、警察罚单没有数额

美国警察开出的交通违章罚单都只记载违章案情，警察自己也不知道该罚单罚款的数额，数额要当事人自己拿罚单到法院窗口由法官对照规定确定，交了这单罚款窗口法官也就算结了一个案件。如当事人不服警察罚单，可以要求法官开庭审判。在法官确定的开庭时间里，警察如没有到庭应诉，罚单就一定被撤销；当事人如没有到庭，则要承担更为严重的法律制裁。据介绍，这种罚单案件数量很大，要么当事人交款认罚，要么警察没有到庭撤案，都能案结事了，谁都不想纠缠到让法官开庭审判。在那里，无论案件大小，百分九十以上的刑事案件都是在公诉到法庭之前，由代表国家一方的检察官和代理被告人一方的辩护律师进行“诉辩交易”结案，到不了法院。法庭上指控证据不足就一定得放人，根本不存在我们有的人认为的对证据不足事实含糊的案件，法院可以组织双方进行“诉辩交易”结案的惨状。

五、文明发达很值得思考借鉴

在美国，当你走进一个建筑，不管是老房子还是新房子还是临时场地，处处都体现着以人为本的文化氛围。在单位走廊和办公室里，总是有展示以个人或集体为主体的历史、荣誉甚至家庭生活的照片或实物、油画或雕塑，就连这房子的设计师或建筑师都成了展示的主体故事内容。那里的街道即使是纽约时报广场或华尔街都并不笔直平坦，道路街道、高低建筑总是依山傍水而建，他们从不把山头推平变成街道。除了高速路上边远处的农场,我就再没有看到裸露的泥土。蓝天白云、青山绿水,好像一尘不染。那里已经没有城市与农村的差别,天空总能看到飞机,路上到处都是汽车,八车道的高速公路基本都是免费,开一两个小时的车上班或购物是生活的一个部分。各种发动机的声音不绝于耳,远离道路山头上的小房子是最值钱的住所。那里的食品全都是有机的,尽可以放心大胆地享用。人与人之间很有礼貌,笑声也特别爽朗。打照面就问好打招呼,甚至老是当着你的面旁若无人地拥抱、亲吻,真让人受不了。那里的小车总是先让人,路口见人就停,听不到喇叭声,也看不到抢道的车。道路都有无障碍通道,红绿灯杆的边上设有一个按钮,想让车行道红灯亮、人行道绿灯亮,只要按按这个按钮。那里绝大部分生活用品是中国制造或各国制造,工艺精细,明码标价,真正的货真价实、物美价廉。那里的人不会随手扔垃圾,好像非常习惯自己的垃圾都由自己收拾带走。接受服务要自觉付小费,多少随意,因为老板没有给服务员发工资,服务员是靠小费生存。当然不付小费也可以照样得到热情服务,有时没有给小费,服务员还会让你提意见,说明服务不够周到。自来水龙头打开都有冷热水,冷水都是直接饮用水。即使是大冬天,当地人都喝加冰的冷水与各种加冰碳酸饮料。没有人喝开水,我们在宾馆要悄悄地用咖啡壶烧开水泡茶。由于电源插头中美标准不同,国内带去的手机、电动剃须刀等小电器充电将成困难问题。出国之前组织单位特地送了我们每人一个美标电源转换插头,但到了美国却发现这东西根本用不上,人家早就把电源插座设计成了能插入各种标准插头的国际通用插座。那里的居民人均一支枪,3亿美国人拥有3亿支枪。华人翻译告诉我们,他一人就有长的短的3支枪,还从钱包里搜出一张他的持枪证以示证明。居民住的房子大都是木头搭盖的2层别墅,看不到有围墙或防盗网。那是一个没有祖宗的地方,大家都是外来人口,什么人种都有。可以拥有双重国籍,五湖四海,包容多元。

到了美国,我发现学校所学的英语基本都还给了老师,几乎成了会发音的哑巴,离开了翻译就根本无法用语言与他们交流。好在离开翻译的时候都是集体行动,大家可以一个单词一个发音边喊边比划着互相帮忙,偶尔也会遇到会汉语的老外或非常热心的华侨华人。由于基本的政治、经济与社会制度以及司法运行机制和人文历史环境等的巨大不同,有中国特色的社会主义新中国与老牌的最发达的资本主义美国有太多的区别与差距。美国是个伟大的国家,中国也是个伟大的国家。我们选择的发展道路与美国不同,从根本上没有可比性。但他们有许多人类共同的文明智慧很值得我们学习和借鉴,还有许多机制法制设计值得我们思考。我想:刀叉与筷子,应无谁好谁不好之分,能将食物送到嘴里应当都是好家伙!

关于赴台进行家事审判及反家庭暴力考察的报告

应台湾地区韩忠谟教授法学基金会的邀请,广东省女法官协会谭玲会长率省女法官协会考察团一行11人,于8月6日至13日对台湾地区家事"审判"和反家庭暴力的"立法"情况、"司法"实践进行了考察。在台期间,考察团会见了台湾地区"司法"界及"立法"、监察、法律援助等有关方面的人士,双方着重对"家事事件法"的实施情况、法院相关裁决的具体执行方式,以及台湾地区法院的组织架构、法官的分类管理、女法官协会组织情况等问题进行了探讨。考察团还对台北地方法院组织架构和人员管理等进行了考察。谭玲会长代表考察团向与会代表介绍了广东省反家庭暴力的司法现状及大陆反家庭暴力立法计划。现将本次考察的有关情况和建议报告如下:

一、台湾地区家事审判及反家庭暴力的基本情况

(一)台湾地区家事审判的基本概况及主要特点

20世纪70年代,台湾地区针对家事案件急剧增多的现状,颁布了"家事事件处理办法",将非讼事件法中的部分民事非讼事件和人事诉讼事件纳入统一的家事审判程序中,在地方法院设立家事法庭专门负责家事案件的审理,以此缓解民庭的压力。2012年6月1日,台湾地区颁行了统一的"家事事件法",对家事案件的审理范围、审理法院、实体依据和程序规则进行了全面规定,在推动家事案件专业化审理方面积累了众多先进经验。

台湾地区家事审判的主要特点是:(1)程序法与实体法、诉讼与非诉讼案件合并一册。台湾家事案

件审判的受案范围包括诉讼事项和非诉讼事项。诉讼事项主要是指三类:以身份关系存在与否而当事人无权处分的案件;请求形成一定身份关系的案件;与身份关系有牵连的财产权案件。非诉讼事项主要是指无处分权的非诉案件;赡养、扶养费案件、同居案件等。(2)不公开审理原则。为保护家庭成员的隐私及名誉、发现真实,家事案件无论于法庭内外,均采用不公开审理。如法官允许旁听时,应让当事人和关系人有陈述意见的机会。如询问未成年子女和受监护人,得于非上学时间或夜间、休息日进行。(3)确立了家事调查官制度。家事调查官是依照少年及家事法院组织法所设立的法院人员,法官可依申请或依职权任命家事调查官,以其专业社工、教育、心理、辅导等学识就特定事项进行调查,并提出调查报告、并协助法官分析家事案件个案的专业辅助。(4)引进程序监理人、社工陪同及儿童心理专家制度。为确保未成年人的权利及意思表达清楚,减少出庭对其身心造成的负面影响,法律规定如果未成年人本身就是家事诉讼案件的当事人或家事非诉讼案件的关系人,依法可以出庭,法院为其选定程序监理人协助处理程序事项。假如未成年人不是当事人或关系人,但又有必要到庭陈述意见,法院可视必要通知社政主管机关派社工或儿童心理专家等人陪同未成年人到场以稳定、安抚其情绪,为使未成年人意愿表达清楚真实,法院还可酌情令未成年人与当事人隔离询问。(5)台湾家事案件审判组织专业化。"家事事件法"颁布之前,台湾地区的家事案件依照"家事事件处理办法"第3条规定,地方法院设家事法庭办理家事事件。2012年6月1日颁布"家事事件法"后,台湾地区在6月底成立了高雄少年及家事法院,从此建立了专业的审判机构。

(二)台湾地区反家庭暴力的基本概况及主要特点

台湾地区于1987年6月24日颁布"家庭暴力防治法",成为亚洲第一个有家庭暴力防治法的地区。此后台湾相继通过了"家庭暴力防治法实施细则"、"法院、检察机关、警察机关处理家庭暴力注意事项"、"家庭暴力加害人处遇计划规范"、"家庭暴力罪或违反保护令罪受刑人处遇计划"、"家庭暴力电子资料库建立管理及使用办法"、"家庭暴力被害人创业贷款补助办法"等相关法令,包涵了司法、警察、社政、教育等相关体系的整体运作系统,从民事、刑事、家事及防治、社会服务等方面全面整治家庭暴力问题。1996年,在民间团体"家庭暴力防治法修法联盟"的不懈努力和"内政部"推动下,"家庭暴力防治法"于1998年4月29日完成了大范围的修订,而今年6月1日颁行"家事事件法"也为保护令设置了专篇,使台湾地区的反家庭暴力法律规定更为完备和先进,成为全球反家庭暴力"立法"的典范。

台湾地区反家庭暴力的主要特点是:(1)着力构建综合性的防治家庭暴力体系。台湾地区"家庭暴力防治法"是一部综合性"立法",内容包含了"民法"、"刑法"、"民事诉讼法"、"刑事诉讼法"、"亲属法"、"强制执行法"、"社会服务法"等相关法律,其目的在于建立一套整合司法体系、警政体系、医疗体系、教育体系及社政体系至整体救助与服务网络,其目的鲜明并加强对家庭暴力案件的规范。"中央机关"设置有家庭暴力及性侵害防治基金,其收支保管及运用由行政院确定。法律鼓励及扶持民间团体为家庭暴力及性暴力被害人提供各种救援和服务,建构绵密完整的防治网络。(2)强调警察处理家庭暴力中的作用。1999年台湾地区通过"警察机关执行保护令及处理家庭暴力案件办法"作为明确警察反家暴执法的具体规范。台湾地区警察处理家庭暴力的权责主要有:声请及执行保护令、协助取得紧急保护令、保护受害者、逮捕施暴者、通报及协助义务等。作为一线反家暴力量,台湾地区在很大程度上借鉴了美国警察的先进做法,一方面扩大了警察处理家庭暴力事件的权力,另一方面加重了警察的责任,如其怠于执行法律而导致受害者受伤或死亡,则除负行政责任外,还可能承担过失伤害或过失致人死亡的刑事责任和民事责任。(3)细化司法部门处理家庭暴力的职责。台湾地区"法务部"、"司法院"通过的"检察机关办理家庭暴力案件注意事项"、"法院办理家庭暴力案件应行注意事项"等作为司法部门的执法准则。司法部门的反家暴作用受到社会的广泛重视,在"家庭暴力防治法"制定的最初几年,相关部门一直出台司法部门干预家暴的调研报告。其职责主要体现在:核发和执行民事保护令、拘捕、侦讯或起诉权、释放或缓刑的自由裁量权、确定探视方式或禁止探视权、可禁止调解或和解权等等方面。"家庭暴力防治法"要求司法严格按照程序执行,但是在具体情形下也体现了人道主义和尊重受害人的观念,如当受害妇女有智障时,法官或检察官可依声请或依职权在法庭外进行讯问,或采取适当的隔离措施,在这种情况下,受害妇女所作的陈述可以作为证据,此即法庭外隔离讯问。(4)广泛发展反家暴宣传和教育网络。台湾地区"家庭暴力防治法"规定,家庭暴力防治委员会应拟定、审查及更新减少家庭暴力的公共卫生计划,其内容应包括大众教育,广为利用媒体推广家庭暴力之防治观念。各直辖市及县(市)政府应制作家庭暴力相关防治资料,供执业医师及医疗机构、户政机关提供受害人及一般大众参考。同时社工人员、保育人员、警察人员、医护人员、学校辅导及行政人员、教师等应接受防治家庭暴力的在职教育。在学校教育方面,则规定各级中小学每学年应有四小时以上的家庭暴力防治课程。大众宣传教育在许多地区都很常见,但是用“立法”确立这些宣传、教育形式体现了台湾整治家暴的特色。台湾“家庭暴力防治法”意味着公权力对家庭暴力的介入,表明了台湾地区坚决反对家庭暴力的态度和决心,从而吸引整个社会重视家庭暴力问题。

二、台湾地区家事审判和反家庭暴力经验的借鉴

(一)广东省开展家事审判和反家庭暴力的基本情况

2010年3月,广东法院家事审判合议庭试点工作启动以来,各试点法院积极发挥人民法院在审理婚姻、家庭等家事案件中的能动作用,提高审理家事案件的专业化水平,促进辖区内的家庭和谐与社会和谐,得到了最高人民法院和省委政法委的肯定。目前,试点法院已由最初的7个增加到15个、试点合议庭由17个增加到28个,试点受案范围由10类增加到13类。各试点法院制定了《家事审判工作流程》、《人身安全保护裁定实施细则》、《家事纠纷诉讼指引》等工作规范,明确家事审判合议庭的工作职责、立案范围、审理流程,为试点工作取得良好成效夯实基础。中山中院还与中山市公安局、中山市妇联共同下发《关于对家庭暴力受害人实施人身安全保护的会议纪要》,确保人身安全保护裁定得到及时执行。广东高院于2010年12月下发了《家事审判合议庭工作规范指引》、《人身安全保护裁定适用指引》。从试点情况来看,家事审判合议庭试点工作走上了“两高两低”(高结案率、高调撤率,低上诉率、低发改率)的良性发展轨道。

2010年至今,各试点法院已经相继发出了75份人身保护裁定,取得了较好的效果,受到了媒体和社会的广泛关注。除了最高人民法院应用法学研究所反家庭暴力试点和广东法院家事审判合议庭试点的双试点单位珠海市香洲区法院外,广州市白云区法院、广州市黄埔区法院、东莞市第二法院、中山市第一法院、惠州市惠城区法院均开展了人身安全保护裁定的司法实践,试点初期人身安全保护裁定实施不平衡的状况有所改善。各试点单位在司法实践中,逐渐确立起了“严、阻、慎”的人身安全保护裁定新理念,即坚持周严保护原则,向施暴人发出远离令与其他人身保护措施合并进行;坚持有效保护原则,对受害人个人信息采取保密措施,尝试发出财产令保护妇女、儿童合法权益;坚持谨慎签发原则,力争个案当事人利益最大化。

经过近两年的试点,广东省家事审判及反家庭暴力取得了较大成果,在全国取得了较为广泛的影响,全国人大法工委专程到珠海香洲区法院调研人身保护裁定,直接推动《民事诉讼法》修改中增加规定了行为保全的内容。当然广东省试点工作尚面临很多困难,主要表现在:家事案件实体裁判标准不统一的问题;人身安全保护裁定制度需进一步完善;家事审判的长效协作和社会参与机制建设相对滞后;家事审判专业化司法需求大与司法资源少的矛盾等突出问题。

(二)如何借鉴台湾地区经验开展广东省家事审判及反家庭暴力的工作

1. 细化家事审判专业化的标准,提高家事法官选任的条件

家事案件的特色及复杂度,不同于民事财产案件。家事案件当事人的心理极为复杂,既要解决纠纷,又不愿意过度公开个人隐私;既要维护自身利益,又要考虑纠纷解决后的亲属之间如何相处、未成年子女的抚养和成长等更深层次、更难处理的问题。因此,家事案件的特点决定了我们必须走专业化的路子。台湾地区法律要求处理该类案件的人员(包括法官和调解官)必须具有性别平等意思、了解权控议题、尊重多元化文化等专业素质。从事家事审判还要取得“司法院”核发有效期间的家事类专业证书;完成“司法院”举办的少年及家事法院家事庭法官培训课程并结业;曾参加在职研习课程或有相当经验足认有办理家事事务的学识、经验、热忱等要件,并且资深者充任,候补法官及未曾结婚的法官,原则上不得承办。广东省在对家事审判法官的配置上,考虑到家事案件的受害人不仅包括女性,也包括男性,而且男、女法官思考问题的方式有差异但女性更为耐心、细致等特点,要求从事家事审判的合议庭以女法官为主,尽可能安排具有婚姻家庭经验和人生阅历较为丰富的法官,但其他方面如对家事法官的学历、资历以及是否接受了家事专业培训等方面我们可向台湾地区学习,对家事法官的选任条件进一步细化并创造培训条件,为大规模开展全省家事审判提供坚实的基础。

2. 加强警察在处理家庭暴力中的作用,提高人身保护裁定的处罚力度和威慑作用

我国新修订的《民事诉讼法》第100条明确规定了行为保全,为我们开展人身保护裁定提供了法律依据,但如何在实践中提高执行力度,尚缺乏具体实施细则。1999年台湾地区通过“警察机关执行保护令及处理家庭暴力案件办法”作为具体明确警察反家暴执法的具体规范。台湾地区警察处理家庭暴力

的权责主要有：声请及执行保护令、协助取得紧急保护令、保护受害者、逮捕施暴者、通报及协助义务等。作为一线反家暴力量，台湾地区在很大程度上借鉴了美国警察的先进做法，一方面扩大了警察处理家庭暴力事件的权力，另一方面加重了警察的责任，如其怠于执行法律而导致受害者受伤或死亡，则除负行政责任外，还可能承担过失伤害或过失致人死亡的刑事责任和民事责任。警察在反家庭暴力中承担着不能替代的重要角色，直接决定了人身保护裁定的执行力度和威慑作用。我们可以请求政法委协调公安机关联合制定细则，参与到反家庭暴力工作中来，积极迅速的处理违反人身保护裁定的致害人，提高人身保护裁定的效果。

3. 加大反家庭暴力相关部门的协调，建立反家庭暴力的整体防治网络

广东省部分地区已初步建立了反家庭暴力的网络体系，相关部门也积极参与到该项工作，但相互沟通、协助尚比较缺乏，极大地影响了反家庭暴力的效果。台湾地区早期也存在这种情况，当被害人积极向外求援时，医疗、警察、司法及社工人员是最常见的求助对象，这些人员通常只作消极、被动的服务，且各自为政，缺乏互动与联系，所产生的效果较为有限。台湾地区为根本解决这个问题，提供被害人的确实保护，已建立各相关单位携手合作的整体防治网络。只要被害人愿意向外求助，相关单位即应以主动积极处理方式，透过彼此的联系，让加害人依法受到应有的惩罚，或得到适当的辅导与治疗，以消除或减少家庭暴力的发生，让受害人及其子女得到适当的扶助与保障。广东省在反家庭暴力的推进过程中，必须着力构建防治整体协作体系。以法院工作为例，我们在处理反家暴案件中应当以案件审理为平台，注重多方力量的配合，综合处理反家暴案件。法院可以依托具体的反家暴措施，建立常态化的部门协作机制。法院认为施暴方需要进行必要的强制教育引导，则交由固定的教育疏导机构进行必要的教育。广东省广州白云法院、佛山顺德法院已经进行了先行探索。上述经验值得进一步总结和推广。

三、进一步推动广东省家事审判及反家庭暴力的建议

（一）从建设和谐社会、幸福广东的高度认识家庭暴力的社会危害性和防治的紧迫性

家庭暴力普遍存在于世界各地，其所造成的伤害超过一般的暴力犯罪。家庭暴力包括婚姻暴力、儿童虐待及老人虐待，婚姻暴力的被害人大多为女性，儿童虐待及老人虐待的被害人大致男女各半，因此，家庭暴力中影响儿童及男性亦为数众多，家庭暴力的影响层面极为广泛。但传统上家庭暴力一贯不受大众关注，其报案率非常低。20世纪中叶以来，世界各地逐渐认识到家庭暴力的社会危害性，如果被害人不能得到及时救援，无法摆脱暴力的纠缠，往往最终会造成被杀或杀人的惨剧。更为严重的是，生活在家庭暴力环境中的儿童成年后，往往也带有暴力倾向，对社会的和谐、稳定构成重大威胁。但不可否认的是，社会大众对家庭暴力的危害性和防止的紧迫性缺乏必要的认识，很多人还停留在“法不入家门”的传统理念中，纵容家庭暴力的发生和蔓延。近几年，我国家庭暴力事件呈快速增长趋势，作为经济发展起步早、矛盾凸显的广东，此类情况更加普遍，亟需我们认真研究，提出对策。通过提高认识，在全社会形成反家庭暴力的意识和氛围，鼓励受害人运用法律维护自身合法权益，并合法地表达诉求，促进社会和谐。

（二）加强调研、总结经验，积极推进反家庭暴力法的制定工作

在我国现有的规制家庭暴力的条文中，实体法占据的比例较大，缺少相关的程序法。我国《婚姻法》（修正案）实际上只是将原有的有关法律规定综合在一起重新进行了一番宣示而已。其规定除了有宣传上的意义外，并不具有实际的操作价值。例如《治安管理处罚法》、《治安管理处罚条例》等都没有明确规定如何救济家庭暴力，按照哪种方式救济等问题，因此警察受理家庭暴力案件时经常会出现不予处理或敷衍塞责等行为。我国反家庭暴力立法呈现出地方立法先行的态势，至今尚未制定防治家庭暴力的全国性专门法律，反家庭暴力机制尚在摸索之中。随着广东省反家庭暴力机制的逐步完善，完全可以在总结经验的基础上制定反家庭暴力的地方性法规，为全国反家庭暴力立法提供素材和样本。在将来的反家庭暴力法的制定中，可借鉴台湾地区的刑事干预机制，一是制定专门的家庭暴力罪和违反保护令罪。为加强民事保护令的执行力，加害人若违反了以下五种保护令：禁止实施家庭暴力；禁止对被害人骚扰、接触、跟踪、通话、通信或其他必要联络行为；迁出被害人住居所地；远离被害人住居所地、工作场所、学校或其他被害人及其特定家庭成员经常出入之特定场所；完成加害人处遇计划保护令的就构成违反保护令罪，应给予适当刑事处罚。二是赋予家事法官自由裁量权限。家庭暴力罪或违反保护令罪的被告经法院讯问后，认为无羁押之必要，而迳命具保、责付、限制居住或释放者，应附民事保护令内容的相关限制，如禁止施暴令、禁止联络令、远离令、迁出令及加害人处遇计划令等。三是建立

有限制的缓刑制度。犯上述两罪被宣告缓刑的,应附民事保护令内容的有关限制,若违反则撤销缓刑。如我们将来制定的反家庭暴力法能借鉴台湾地区的刑事干预机制,将加强对违反人身保护令的刑事追诉的功能,民事保护令的社会威慑作用将大大加强。

(三)以家事审判合议庭试点为契机,大力加强家事审判诉讼程序的研究

家事案件的裁判,不单纯以追求当事人孰是孰非为目的,而是重在调整人际关系,使当事人回复到生活常态。为了维护公共利益,公权会较多地干涉家事案件的解决,提供指导服务。在广东省的试点工作中,对婚姻无效等凡涉及公共利益的家事争议,不限于当事人举证,法院依职权主动调查当事人未主张或提出的事项。而在一般民事诉讼中,法院严守不告不理原则。受理家事案件的法官承担着为当事人提供指导和服务的职责,引导当事人相互谅解,尽可能促成当事人保留原有法律关系。通常需要同时适用诉讼程序与非诉讼手段。过多的举证、质证、辩论等攻防性诉讼活动容易激化当事人及利害关系人之间的人际关系,不利于争议的解决。下一步广东省家事审判诉讼程序的建构应包括以下内容:一是设立预先和解制度。在法官向当事人送达开庭传票之前,提请当事人尝试经法官的简单劝解和指导,实行和解。当事人未经开庭举证与质证,矛盾未经法庭对抗性程序激化,更有可能促成和解。二是设立强制调解制度。凡家事案件,除被告缺席的以外,原则上均应先行调解;唯调解不成,才能裁判。家事争议解决,不能单纯追求双方当事人的权利与义务非此即彼的裁判,而是通过法官的指导和专业帮助,找出婚姻家庭生活争议的原因,消除对立,使当事人的感情和心理得到平复,消除引发冲突的因素。三是规范争讼程序。家事案件审理,因全程涉及个人隐私,应将不公开审理作为基本原则。只有当事人合意公开的,才能公开审理。如此,可以避免当事人双方将各自亲友团叫到法庭旁听,在法庭内外相互指责对峙,进一步恶化社会关系的情形发生。四是设立非讼案件程序。当事人依法提出的请求,虽无争议,但须接受司法监督或须经司法裁定的,可以采用非讼程序予以解决。例如宣告失踪案件、宣告死告案件、确认亲子关系案件等情形,虽然也存在潜在的争讼可能,但是,被告缺席,争议尚未出现的,适用非讼程序处理,会比适用普通民事诉讼程序处理更简洁明了,效果也不会受到影响。五是设立专业咨询和辅导机构,协助家事案件审理。家事案件的审理涉及心理、社会学等多方面专业知识,家事法官一方面要增长自己的知识面,另一方面需要其他专业人士予以配合与协助。可考虑借鉴台湾地区设立的程序监理人、社工陪同及儿童心理专家、家事调解官等制度,设立或指定若干相应公益性服务机构,及时为当事人提供相关专业服务,配合法院审理家事案件,使家事案件的和解、调解和裁判更有效益。

(四)加强反家庭暴力宣传教育工作,整合全社会反家庭暴力的资源

教育水平高低对家庭暴力产生具有重要影响。这一方面是因为教育水平低下,导致解决家庭矛盾的手段简单化,很容易诉诸家庭暴力;另一方面,教育的问题也影响了受害人对于自己合法权益的认识。很多受害人并不知道刑法关于家庭暴力的惩罚条款,不知道家庭暴力也是一种犯罪行为。因此应建立专门的机构,配合新闻媒体,进行反对家庭暴力的宣传。这种宣传不能流于形式上的发放法律读本,进行一两次普法教育。家庭暴力是对大多数家庭潜在或者现实的威胁,因此对于反家庭暴力的宣传,应包括尊重公民权利的意识、对家庭暴力处罚的案例、国家的相关政策、重点家庭暴力的报道、家庭教育的方法等,从而使全社会都能关心家庭暴力、关心家庭暴力的受害者。台湾地区的反家庭暴力宣传教育机构极其发达,为其防治家庭暴力贡献了重要力量。广东省人身安全保护裁定试点工作提高了广东省家事案件当事人的法律意识,构建完善的反家庭暴力教育渠道,法院不仅可以定期分片进社区、进学校进行防治家庭暴力的讲座,还可以对有代表性的反家庭暴力案件与媒体合作制作宣传片等方式进行。

海南省高级人民法院
关于省法官协会代表团赴台考察报告

海南省高级人民法院

经省委、最高人民法院、国务院台湾事务办公室批准，我院董治良院长作为海南省法官协会会长率海南省法官协会代表团一行九人于8月14日至21日赴台湾地区进行了交流考察。现将交流考察情况报告如下：

一、基本情况

代表团董治良会长为团长，成员包括海南省第一中级人民法院陈启明院长、海口海事法院彭晓敏院长及海南省高中两级法院部分资深法官。此次交流考察主要有以下特点：

1. 交流考察的期间不长，行程紧凑。包括往返时间在内在台共八天，全部安排了交流考察活动，代表团到达台北当天，不顾旅途劳顿，即与台湾海峡两岸“法律”扶助协会的同仁进行了交流。通过交流，初步了解了台湾地区特别是法律界的一些情况，增进了友谊。

2. 交流考察的地域较广，特色明显。代表团风尘仆仆，环岛考察一周。从台北出发沿西线的桃园、南投、嘉义、台南到高雄，再沿东线的屏东、台东、花莲、宜兰到基隆，最后回到台北。期间除座谈外，还参观了日月潭、垦丁、太鲁阁、野柳等风景名胜区和自然保护区，考察各地的生态建设和环境保护情况。

3. 交流考察的界别较多，内涵丰富。在台期间，代表团除了重点考察“台湾高等法院”、“基隆地方法院”、台湾海峡两岸“法律”扶助协会外，还考察了基层农会组织、渔会组织，按国台办和最高法院建议考察了基层政权行政组织、基层调解组织，并与这些组织的负责人、代表或委员等台湾社会各界人士进行了广泛交流。通过交流考察，初步了解了台湾地区社会管理和服务情况。

4. 交流考察的重点突出，收获颇丰。代表团重点考察了台湾高等法院、基隆地方法院、台湾海峡两岸“法律”扶助协会，参观了相关法院的办公设施、管理和服务情况，旁听了法院开庭，并与法官、检察官、律师、当事人和志工代表进行了深入交流。通过这些交流，详细了解了台湾地区法院体系和运行、环境司法保护、少年司法和矫正、基层调解、司法便民利民情况。

通过各层次的交流考察，开阔了视野，学到了经验，收获很大，取得了成功。代表团所到之处，无不受到热烈欢迎，深深感到台湾同胞对大陆人民的深情厚谊。

二、台湾地区法院体制及管辖、职能

台湾地区法院包括各级“普通法院”、“行政法院”及“专门法院”。

（一）“普通法院”分为“地方法院”、“高等法院”、“最高法院”

（1）地方法院：目前台湾地区设有台北、士林、板桥、桃园、新竹、苗栗、台中、南投、彰化、云林、嘉义、台南、高雄、屏东、台东、花莲、宜兰、基隆及澎湖“地方法院”及高雄“少年法院”20所“地方法院”。“地方法院”是民、刑事诉讼案件、选举、公职人员罢免诉讼案件、交通违规事件、社会秩序维护事件及国家赔偿事件等的第一审法院。（2）“高等法院”：目前台湾地区设有台湾“高等法院”1所，并分设台中、台南、高雄及花莲4所“高等法院”分院。“高等法院”为一般民事、刑事案件的第二审法院，受理不服“地方法院”第一审判决、裁定而上诉或抗告的案件。（3）“最高法院”：受理的案件包括不服“高等法院”及其分院第一审判决而上诉的民事案件、刑事案件、不服“高等法院”及其分院第二审判决而上诉的民、刑事案件、不服高等法院及其分院裁定而抗告的案件，以及非常上诉案件和其他法律规定的案件。“最高法院”是最后一审法院，是法律审，并不调查事实。

（二）“行政法院”分为“高等行政法院”、“最高行政法院”

（1）“高等行政法院”：目前台湾地区共有3所“高等行政法院”，依辖区区分为台北“高等行政法院”、台中“高等行政法院”及高雄“高等行政法院”。除法律另有规定外，“高等行政法院”受理有关在公法意义上有争议的第一审行政诉讼案件。（2）“最高行政法院”：受理不服“高等行政法院”裁判而上诉或抗告的行政诉讼事件。

(三)"智慧财产法院"

于2008年在新北市板桥区设立"智慧财产法院",专门负责相关智慧财产案件,为集合民事、刑事与行政诉讼事件于一法院审理的专业法院,掌理与智慧财产有关之第一、二审民事案件、第二审刑事案件、第一审行政诉讼及强制执行事件,以及其他依法律规定或经司法指定由智慧财产法院管辖之案件。其层级定位为高等法院层级。

(四)"少年法院"

"少年法院"则是少年保护事件及少年刑事案件的第一审法院(于未设少年法院地区,由地方法院少年法庭审理)。目前,台湾地区只在高雄设立一家少年法院。

(五)不服法院的判决,可以上诉救济

民事、刑事案件由普通法院审理,普通法院采三级三审制。所谓三级,是将法院区分为"地方法院"、"高等法院"、"最高法院"三级。所谓三审,是指一般民事、刑事案件,先由"地方法院"审理,是为第一审;如不服"地方法院"裁判,可以向"高等法院"上诉或抗告,是为第二审;如不服第二审裁判,可以向"最高法院"上诉或抗告,是为第三审,也就是最后一审。

(六)审判庭的组成

法院在审理案件的时候是依据案件的性质以及审级的不同分别由法官1人、3人或5人组成"独任制"或"合议制"来行使审判权。

(七)相关实例

台湾"高等法院"设置民事庭(含国家赔偿、选举诉讼、公平交易、证券期货、劳工、医疗等专业法庭)、刑事庭(含贪渎、重大、少年、公平交易、医疗等专业法庭)暨民、刑事纪录科及其他行政科室。员额编制九百余人,2008年审判案件受理件数,民事近一万一千余件、刑事约二万六千余件。台湾"高等法院"直接受"司法院"监督,并监督所属各分院与各地方法院及高雄少年法院的司法行政业务。

基隆"地方法院"的主要业务是受理基隆市暨新北市部分地区的第一审民、刑诉讼案件、其他法律所规定的诉讼案件、非诉事件。主要包括民事诉讼案件、刑事诉讼案件、其他法律所规定的诉讼案件、非讼事件(本票裁定强制执行事件、抵押物拍卖事件、发支付命令事件、公示催告事件、民事强制执行事件)、公证事件、提存(领、取回)事件和登记事件。

三、几项重要制度和运行情况

(一)环境"立法"与环境审判情况

1. 台湾地区生态环境特点及现状。台湾地区3.6万平方公里的陆地面积,比海南省略大一些,但人口近2300万,几乎是海南的三倍;其中山地面积占2/3,可利用土地比2/3为平原的海南要少得多。经多年开发,产业较为成熟,对生态的影响亦较深,故台湾同行自认台湾生态有五大危机:水资源不足,生态系统改变,空气污染,洪水加剧,干旱恶化;此外,还有地震与台风,及其导致的泥石流。主要原因为超抽地下水导致地层下陷,过度开发导致生态破坏。

2. 环境保护法律法规较为齐全完整:台湾地区"环境基本法"第2条规定:"本法"所称环境,系指影响人类生存与发展之各种天然资源及经过人为影响之自然因素统称,包括阳光、空气、水、土壤、陆地、矿产、森林、野生生物、景观及游憩、社会经济、文化、人文史迹、自然遗迹及自然生态系统等。这方面的"法律"包括"环境基本法"、"环境影响评估法"、"空气污染防制法"、"水污染防制法"、"废弃物清理法"、"资源回收再利用法"、"土壤及地下水污染整治法"、"毒性化学物质管理法"、"海洋污染防制法"、"饮用水管理条列"、"噪音管制法"、"环境用药管理法"和"公害纠纷处理法"。

3. 环保公益诉讼的规定:台湾地区"民事诉讼法"第44条之3规定:以公益为目的之社团法人或财团法人,经其目的事业主管机关许可,于章程所定目的范围内,得对侵害多数人利益之行为人,提起不作为之诉。该规定虽为公益法人提起不作为之诉,但亦符合民事公益诉讼理念,可以适用环境法领域。

"环境基本法"第34条规定各级"政府"疏于执行时,人民或公益团体得依法律规定以主管机关为被告,向"行政法院"提起诉讼。"行政法院"为判决时,得依职权判令被告机关支付适当律师费用、监测鉴定费用或其他诉讼费用予对维护环境品质有具体贡献之原告。此条为环境行政公益诉讼条款。

"环境基本法"第14条规定:法院为审理环境保护纠纷案件,得设立专庭或指定专人办理。但台湾至今未设环境保护法庭。

4. 环境纠纷现行处理管道:向各级环境保护机关陈情,向法院起诉,请求民事损害赔偿,"民法"上之和解,依公害纠纷处理法进行调处及裁决。

5. 台湾地区"公害纠纷处理法"及实施。1992年2月1日公布施行的"公害纠纷处理法"第2条第1项规定,公害系指因人为因素,致破坏生存环境,损害人民健康或有危害之虞。其范围包括水污染、空气污染、土壤污染、噪音、震动、恶臭、废弃物、毒性物质污染、地盘下陷、辐射公害及其他经"中央主管机关"制定公告为公害者。公害纠纷处理法亦规定,公害纠纷指因公害或发生公害之虞所造成之民事纠纷。

公害纠纷处理机构分为直辖市、县(市)调处委员会及“环保署”的裁决委员会。直辖市及县(市)政府各设公害纠纷调处委员会调处公害纠纷;“行政院环保署”设公害纠纷裁决委员会,裁决经调处或在调处不成立之公害纠纷损害赔偿事件。

调处之意义:调处者,指基于纠纷当事人一方或双方之申请,由调处委员会委员1/3以上出席,对当事人为适当之劝导,达成协议;或请求有关机关协助调查证据、鉴定等,调查事实获得结论后,作成调处方案,并定45日以下期间劝导双方当事人同意,当事人于所定期间内未为不同意之表示者,视为双方当事人依调处方案调处成立,以解决纷争。

调处成立及其效力:(1)调处成立之方式:①协议成立。②因同意调处方案而成立。多数具有共同利益之一方当事人,其中一人或数人,于指定期间内为不同意之表示者,调处方案仅对表示之人失其效力,对同意或未表示不同意之当事人,仍视为调处成立;但为表示不同意之当事人超过该全体之半数时,因调处解决已失其意义,故此时调处方案即失其效力,视为调处不成立。(2)调处书之效力:调处成立者,应制作调处书,于调处成立之日起7日内,将调处书送请管辖法院审核。调处(书)经法院核定后,与民事确定判决有同一效力;当事人就该事件,不得再行起诉;其调处书得为强制执行。唯调处有无效或得撤销之原因者,当事人得于法院核定调处书送达后30日内,向原核定法院提起宣告调处无效或撤销调处之诉。

裁决之意义:调处事件经直辖市、县(市)调处委员会调处或再调处不成立者,其属于因公害纠纷所生之损害赔偿事件者,当事人得就同一事件申请裁决。裁决之成立及其效力:(1)裁决之成立方式:裁决委员会应于当事人申请裁决后3个月内,作成具备应记载事项之裁决书,并于作成后10日内,以正本送达当事人。当事人于裁决书正本送达后20日内,未就同一事件向法院提起民事诉讼,或经撤回其诉者,视为双方当事人依裁决书达成合意。(2)裁决书之效力:裁决书经视为双方当事人达成合议者,裁决委员会应于法定期间内送交管辖法院审核。裁决书准用调处书法院审核程序,与民事确定判决有同一效力,得提起宣告无效或撤销之诉。

因公害纠纷处理法为一诉讼外之救济方法,其并不排除当事人寻求诉讼内的管道来解决纠纷,除非调处书、裁决书经法院核定后,因与民事确定判决有同一效力,受到既判力效力之问题,不得就该法律关系更行起诉外。诉讼内与诉讼外之二管道乃是立于平行之制度,由纷争当事人自行选择解决之途径。

6. 环境公民诉讼,是指在一般民事以个人法律上权利受侵害,对特定的对象起诉之外,允许在环境污染事件发生时,由受害民众或环保公益团体对主管机关或污染行为人起诉,通常是以行政机关为主。“环境基本法”第34条规定:各级“政府”疏于执行时,人民或公益团体得依法律规定以主管机关为被告,向行政法院提起诉讼。“行政法院”为判决时,得依职权判令被告机关支付适当律师费用、监测鉴定费用或其他诉讼费用予对维护环境品质有具体贡献之原告。

环境公民诉讼的实施:在1987年“净水法之修正案”通过后,民众并得进一步请求法院针对业者之污染行为课以罚金。实质上,已扩大环境公民诉讼的效力,从要求行政机关采取作为的功能,导向可对污染行为人之污染行为课以金钱的处罚。此一公民诉讼制度亦于“废弃物清理法”及“水污染防治法”于2000年同时修正时,一并增订于其中,现行二法均于第72条规定,公私场所违反本法或依本法授权订定之相关命令而主管机关疏于执行时,受害人民或公益团体得叙明执行之具体内容,以书面告知主管机关。主管机关于书面告知送达之日起60日内仍未依法执行者,受害人民得以该主管机关为被告,对其怠于执行职务之行为直接向“行政法院”提起诉讼,请求判令其执行。又“行政法院”为前项判决时,得依职权判命被告机关支付适当律师费用、侦测鉴定费用或其他诉讼费用予对有效清除、处理废弃物有具体贡献之原告。

(二)台湾地区少年审判的审判程序

“少年法院”(地方法院少年法庭)审理少年事件是依据“少年事件处理法”,处理的事件类型包括下列三类:(1)儿童保护事件,指儿童有触犯刑罚法律之行为者。(2)少年保护事件:①触法行为:即少年有触犯刑罚法律之行为者。②虞犯行为:少年有下列情形之一,依其性格及环境,而有触犯刑罚法律之虞者;经常与犯罪习性之人交往者;经常出入少年不当进入之场所者;经常逃学或逃家者;参加不良组织者;无正当理由经常携带刀械者;吸食或施打烟毒或麻醉药品以外之迷幻物品者;有预备犯罪或犯罪未遂而为法所不罚之行为者。(3)少年刑事案件:①犯最轻本刑为5年以上有期徒刑之罪;②事件系属后已满20岁;③少年法院依调查之结果,认为犯罪情节重大,参酌其品行、性格、经历等情状,以受刑事处分为适当者,得以裁定移送于有管辖权之法院检察署检察官。

1. 少年保护事件处理程序

在检察官或司法警察官等在执行职务时发现少

年犯罪或虞犯事件移送“少年法院”后,“少年法院”即命少年调查官对少年的性格、经历、教育程度、家庭情形、社会环境等情况进行调查,然后根据不同情形作出不同处理:(1)移送检察官:“少年法院”发现少年触犯“刑法”之犯罪最轻为5年以上有期徒刑,或触犯刑法且事件系属后少年已满20岁,或虽不符合前两个条件但犯罪情节严重,依照其品格经历等适宜给予刑事处分的,则裁定移送检察官审查起诉;(2)不付审理:若“少年法院”认为无保护处分之原因,应当裁定不付审理,若认为少年情节轻微,可以不付审理,但同时可以将少年转介至福利或教养机构进行辅导,或交其法定代理人等严加管教,或加以告诫;(3)开始审理。按照“少年事件处理法”的规定,少年保护事件的调查与审理均不公开,但少年的亲属、教师或其他合适的人可以在场旁听;少年法官应当以“和蔼恳切”的态度进行审理,考虑事件性质与少年身心、环境状态等,也可以不在法庭内审理。

根据审理情况,少年法官分别作出如下处理:(1)移送检察官:少年法官审理后发现少年应当移送检察官做刑事案件起诉,此时仍然可以裁定移送检察官;(2)不付保护处分:若少年法官认为不应或不宜作保护处分,则裁定不付保护处分;(3)保护处分之缓科:少年法官若对是否进行保护处分或给予何种保护处分而犹豫时,可以裁定将少年交付少年调查官进行6个月以内的观察,根据少年调查官的观察结果作进一步的决定;(4)保护处分及禁戒治疗:若少年法官认为应当给予少年保护处分的,则做出训诫、交付保护管束、交付福利教养机构安置辅导或命令少年入感化教育所进行感化教育。

2. 少年刑事案件处理程序

少年法院依照“先议权”移送检察官的少年案件、违反儿童与少年福利法的行为构成犯罪的成人案件以及违反“儿童与少年性交易防制条例”对未成年人实施侵害的成人案件,均属于“少年处理法”规定的应由检察官侦查并向少年法院起诉的案件。检察官受理刑事案件后,应当进行侦查,认为应起诉者,应当向法院提起公诉。不过根据“少年保护优先”原则,检察官对于少年犯最重刑为5年以下有期徒刑之罪的案件,可以参酌情况作出不起诉处分,并移送少年法院作保护事件处理。但是依照“少年事件处理法”,对于违反“儿童与少年福利法”的行为构成犯罪的成人案件以及违反“儿童与少年性交易防制条例”对未成年人实施侵害的成人案件,检察官必须向少年法院提起公诉,不得裁量作不起诉处理。检察官起诉后,少年法院应当进行审理并判决。审理后,少年法院对于犯最重刑10年以下有期徒刑之罪的少年,认为罪有可恕,可以免除刑罚处罚而给予保护处分;同时对于少年犯罪受3年以下有期徒刑、拘役或罚金处罚的,可以宣告缓刑。

3. 少年矫正与更生制度

根据“少年事件处理法”,台湾未成年人的矫正主要包括:(1)进行训诫和假日生活辅导:前者由少年法官对少年指明不良行为,告知应遵守事项,命令少年立书悔过;后者则由少年保护官利用假日对少年进行品德、学业、劳动服务、守法精神等方面的教育辅导。(2)进行保护管束:由少年保护官直接或指导福利、教养机构或慈善团体等与少年保持接触,注意并随时指示其行动,同时就少年的品格教养、疾病治疗、职业谋求及环境改善等,予以辅导。(3)进行感化教育或安置辅导:少年法院对于不良习性较深的少年,依其行为性质、身体状况、学业程度及其他必要事项,交付适当的福利、教养机构或感化教育机构进行矫正辅导。(4)命令实施劳动服务:劳动服务多作为保护管束矫正方式的一部分进行,由少年保护官执行,目的在于培养其勤勉习惯和良好的社会态度。

(三)法庭现代化及司法便民利民措施(以台湾高等法院为例)

开庭时以公开审理为原则,除依法不公开审理的案件外,任何人都可到法庭旁听。

1. 法庭科技化方面的措施

(1)法庭笔录电脑化,记录书记官制作笔录,全面以电脑记载方式作出,当事人及律师并得于开庭同时,浏览设置于座位前液晶荧幕上的内容,笔录电子档上传网路后,依相关规定之程序,可自网路上调阅笔录。(2)法庭设置数位录音设备,于开庭时连续录音,保存法庭活动的完整,俾弥补笔录记载可能的疏漏。依法可以申请阅卷的当事人,需要付费申请法院交付法庭录音光碟。(3)因为法庭旁听席位有限,该院于审理重大或社会瞩目等案件时,利用电视墙于延伸区同步显示法庭活动。(4)法庭开庭号次显示设备,该院于民刑事法庭门口上方、当事人休息区、鉴定人证人休息室、律师休息室及阅卷室,设有电子号次显示设备,显示目前各法庭之间开庭庭次;另于法庭门口左(或右)侧,设有液晶荧幕,显示每一案件进行情形,并于本院网站提供线上“开庭进度查询”服务。(5)远距视讯法庭,该院庭长、法官及公设辩护人,可透过影音互相传送之视讯设备,与各法院或法务部所属各监、所连线,在法庭内进行远距讯问及办理接见等业务。(6)指认室、谈话室暨变音设备,为保护秘密证人、性侵害案件被害人及其他应予保密其身份之人,该院设有双向电视系统、单面镜指认墙、谈话室及变音等设备,供讯问使用。

2. 调解业务方面的措施

法院就双方当事人诉讼上之争执,评估有和解之可能性,于双方有调解意愿时,提供该院调解委员名册供参考选任后,在与法庭肃穆气氛有别之调解室进行调解,借由调解委员之学经历及专长,为当事人做详尽的事实分析和法律上的判断,在双方自愿情况下进行协商,就诉讼上之争执互相让步而成立和议。调解室及协商室备有联外网路,供调解过程搜集资料或相关表单之用,并配置电脑、传真机、列表机,可由书记官当场制作双方均可接受调解方案之调解或协议笔录。该院院内网站已增设调解服务专区,并置有调解委员名册、移付调解管理程序书、调解相关法令、函文及各式例稿等。

3. 便民高效的司法措施

该院为提供快速、便捷、人性化的服务品质,期与人民建立亲切、信赖关系,落实便民、礼民的司法政策,除设立单一窗口联合服务中心、证人鉴定人休息室、哺乳室等便民设施外,还通过 ISO9001 国际品质验证,在汲取管理、服务之经验后,建置该院行政绩效之目标与规范,并订定实施方案和执行要点,以自主、自律之检测机制,追求更高的行政效率及更优的服务品质,以实现司法为民的理念。(1)单一窗口联合服务中心,将民众接触频繁之业务单位集中在同一办公场所,全区采开放空间、明亮的设计,以低柜台化单一窗口服务,民众洽办时,可与服务人员温馨对谈,结合法院人员及司法志工,以专业、亲切、诚恳的态度,提供各项服务,让民众充分感受法院对其尊重,获得“一处交件,全程服务”之便利,以节省查询、奔走、排队、等候等时间。该中心内另备有书状范例、例稿、法律宣导资料、传真、茶水、轮椅、娃娃车、老花眼镜、放大镜及其他文具等,供民众参考取用。民刑事大厦入口处设置触控式电脑查询机,供民众查询裁判主文、开庭日期、法庭位置及诉讼须知等资讯。(2)行政绩效之目标与规范,订定“无私的奉献,效率一等一;热忱的服务,满意百分百”的绩效目标,持续以“司法为民”的理念,强化行政效能,期能构建温馨而有效率的司法环境。

(四)基层调解制度

1. 相关法律制度

(1)调解委员会组成及成员资格制度:根据台湾地区“乡镇市调解条例”规定:乡、镇、市公所应设调解委员会,办理下列调解事件:民事事件、告诉乃论之刑事事件。

调解委员会由委员 7 人至 15 人组成,并互选一人为主席。乡、镇、市行政区域辽阔、人口众多或事务较繁者,其委员名额得由县政府酌增之,但最多不得超过 25 人。调解委员会委员,由乡、镇、市长遴选乡、镇、市内具有法律或其他专业知识及信望素孚之公正人士,分别函请管辖地方法院或其分院及地方法院或其分院检察署共同审查,遴选符合资格之规定名额,报县政府备查后聘任之,任期 4 年。连任续聘时亦同。调解委员中妇女名额不得少于 1/4。有下列情形之一者,不得为调解委员:曾犯贪污罪,经判刑确定者、曾犯组织犯罪防制条例之罪,经提起公诉者、曾犯前两款以外之罪,受有期徒刑以上刑之裁判确定者,但过失犯罪或受缓刑宣告者,不在此限,曾受保安处分或感训处分之裁判确定者、受破产宣告,尚未复权者、受禁治产宣告,尚未撤销者,乡、镇、市长及民意代表均不得兼任调解委员。

(2)调解委员会运行制度:调解委员会调解时,应有调解委员 3 人以上出席。但经双方当事人同意,得由调解委员一人迳行调解。调解委员会开会时,主席因故不能出席者,由调解委员互推一人为临时主席。调解分为声请调解和法院移付之调解事件。

声请调解,由当事人向调解委员会以书面或言词为之。调解事件已在第一审法院辩论终结者,不得声请调解。民事事件应得当事人之同意;告诉乃论之刑事事件应得被害人之同意,始得进行调解。

声请调解事件之管辖如下:双方均在同一乡、镇、市居住者,由该乡、镇、市调解委员会调解。双方不在同一乡、镇、市居住者,民事事件由他方住、居所、营业所、事务所所在地,刑事事件由他方住、居所所在地或犯罪地之乡、镇、市调解委员会调解。经双方同意,并经接受声请之乡、镇、市调解委员会同意者,得由该乡、镇、市调解委员会调解,不受前二款之限制。

法院移付之调解事件,由被告住、居所、营业所、事务所所在地之调解委员会调解。但经双方同意由其他调解委员会调解,并经该调解委员会同意者,不在此限。调解委员对于调解事项涉及本身或其同居家属时,经当事人声请,应行回避。当事人双方各得推举 1 人至 3 人列席协同调解。就调解事件有利害关系之第三人,经调解委员会之许可,得参加调解程序。

调解程序不公开。但当事人另有约定者,不在此限。调解委员、列席协同调解人及经办调解事务之人,对于调解事件,除已公开之事项外,应保守秘密。当事人无正当理由,于调解期日不到场者,视为调解不成立。但调解委员会认为有成立调解之望者,得另定调解期日。

调解应审究事实真相及双方争议之所在;并得为必要之调查。调解委员会处理调解事件,得商请有关机关协助。调解委员应本和平、恳切之态度,对当事人双方为适当之劝导,并征询列席协同调解人之意见,就调解事件,酌拟公正合理办法,力谋双方之协和。调解事件,对于当事人不得为任何处罚。

调解,除勘验费应由当事人核实开支外,不得征收任何费用,或以任何名义收受报酬。调解委员或列席协同调解之人,有以强暴、胁迫或诈术进行调解,阻止起诉、告诉或自诉,或其他涉嫌犯罪之行为,当事人得依法诉究。

调解成立时,调解委员会应作成调解书,并由当事人及出席调解委员签名、盖章或按指印。

(3)调解书的司法审查和法律效力:乡、镇、市公所应于调解成立之日起10日内,将调解书及卷证送请移付管辖之法院审核。前项调解书,法院应尽速审核,认其应予核定者,应由法官签名并盖法院印信,除抽存一份外,并调解事件卷证发还乡、镇、市公所送达当事人。法院移付调解者,乡、镇、市公所应将送达证书影本函送移付之法院。

法院因调解内容抵触法令、违背公共秩序或善良风俗或不能强制执行而未予核定者,应将其理由通知乡、镇、市公所。法院移付调解者,并应续行诉讼程序。调解经法院核定后,当事人就该事件不得再行起诉、告诉或自诉。

经法院核定之民事调解,与民事确定判决有同一之效力;经法院核定之刑事调解,以给付金钱或其他代替物或有价证券之一定数量为标的者,其调解书得为执行名义。

民事事件已系属于法院,在判决确定前,调解成立,并经法院核定者,诉讼终结。

告诉乃论之刑事事件于侦查中或第一审法院辩论终结前,调解成立,并于调解书上记载当事人同意撤回意旨,经法院核定者,视为于调解成立时撤回告诉或自诉。

因当事人声请而成立之民事调解,经法院核定后有无效或得撤销之原因者,当事人得向原核定法院提起宣告调解无效或撤销调解之诉。法院移付而成立之民事调解,经核定后,有无效或得撤销之原因者,当事人得请求续行诉讼程序。

(4)其他调解制度:调解不成立者,当事人得声请调解委员会给予调解不成立之证明书。法院移付调解之事件,经调解不成立者,调解委员会应即陈报移付之法院,并检还该事件之全部卷证。

告诉乃论之刑事事件由有告诉权之人声请调解者,经调解不成立时,乡、镇、市公所依其向调解委员会提出之声请,将调解事件移请该管检察官侦查,并视为于声请调解时已经告诉。

调解委员会之经费,应由乡、镇、市公所就实际需要,编入乡、镇、市自治预算。但法院裁定移付调解事件之经费,由法院负担。

2. 相关实例:嘉义市西区调解委员会及调解案件情况

1990年,嘉义市成立东、西区区公所,又同年西区调解业务开始运作,第一届调解委员会正式诞生。目前本区调解委员会,置委员19人,女性委员5人,男性委员14人。据统计:该调解委员会2011年总调解案件:883件;成立为778件,不成立为105件,成立比例达88%。2011年民事调解案件:成立为232件,不成立为23件,成立比例达90%。2011年刑事调解案件:成立为546件,不成立为82件,成立比例达86%。此外,还其他服务:免费法律咨询,每周三早上9:30~12:00,计有24位律师轮流免费提供民众法律咨询服务。

(五)台湾农业及农会渔会制度

1. 农业概况

台湾地区陆地面积3.6万平方公里,但耕地仅有96万公顷,人口近2300万,但农业人口仅有400多万,占台湾总人口的20%。农业在台湾经济发展中曾经占有重要地位,为工业发展提供了大量资金、劳动力与市场,奠定了台湾经济起飞的基础。60年代末期后,农业"功成身退",逐步进入停滞期,成为三大产业中最小的部门。台湾农业包括种植业、畜牧业、渔业与林业四大部门。台湾农业生产结构已逐渐由以种植业为主的单一的传统农业,逐渐转变为农林牧渔综合发展的多元化农业与商业性农业。80年代以来,台湾当局采取了一系列重大政策措施,调整农业发展方向,台湾农业迈向一个新的发展阶段。一是调整农业生产结构,提高农产品质;二是推动农业生产企业化、自动化与科技化,以提高农业生产力,促进农业升级;三是发展森林、海洋游乐与休闲农业;四是培养核心农民,增加农民福利;五是将部分不具竞争力或污染性的农牧业生产移向海外与祖国大陆。

2. 农会概况

台湾地区农业经济属于海岛型经济,更是农会经济。台湾地区农会是具有经济性、教育性、社会性、政治性四大功能非营利社团法人组织,自1900年于台北三峡镇成立第一个农会以来,至今已超过100年。其主要特点是:(1)有健全的机构。农会组织为省、县(市)、乡镇市农会三级制,共有290个单位,其中设有省农会1个单位,县市农会21个单位,乡镇市农会268个单位。会员每户以一人为限,由于成为会员才可以在农民强制保险等方面享受优惠待遇,因此,台湾绝大多数农民都是农会会员。(2)有完善的制度。台湾农会有一系列法规，有“农会法”、“农会法施行细则”、“农会选举罢免办法”、“基层农会章程范例”等法律法规，其基本制度是会员制，会员代表大会为最高权力机构。（3）有明确的宗旨。农会为法人，其宗旨为“保障农民权益，提高农民知识技能，促进农业现代化，增加收益，改善农民生活，发展农村经济”，农会根据农会法确定的宗旨，将供销、信用、推广、保险等业务融于一个组织内，是一个多目标功能、综合经营的整体。（4）有充足的经费。农会的经费，除会费收入外，还来源于农会募集的事业资金、农业推广经费收入、农业金融机构年度所获纯利的提取收益和政府预算编列的农会农业推广事业补助费。

台湾农会推动农业经济实现了小农制到大农制的转变，广泛教育向专业教育的转变，政府服务向行业服务的转变，一产向二、三产业的转变。但是，台湾农会存在一些不足：一是农会权力过大，削弱了台湾当局的一些职能；二是工作人员过多，增加了农会的运转开支，靠农民会员出资和盈利收入供给压力很大；三是对农会的多头管理，造成混乱。新农会法规定农会的主管机关为农委会，但其他事业仍“受各该事业之主管机关指导、监督”，结果形成一个单位，多头领导，意见不易协调，矛盾丛生。

3. 渔会概况

台湾省渔会前身在日本非法占领时期原名称为水产业会。1945年台湾省光复后将水产业会改组为“台湾省渔会联合会”及“台湾省渔业生产合作社联合社”两单位，1950年再合并为“台湾省渔会”，1955年依照台湾省各级渔会改进实施方案，将省、县（市）、乡（镇）、地区三级制渔会改组为省、区二级级制渔会，以迄于今。

台湾省渔会为渔民组织之团体，以本省23个区渔会，新北市5个区渔会，台南市2个区渔会，高雄市7个区渔会及福建省2个区渔会，共计39个区渔会会员组成。依照渔会法规定，渔会采行权责划分制度，分为议事机构及执行机构。议事机构为渔会权力部门，包括会员代表大会、理事会及监事会。渔会以会员代表大会为最高权力机构，每年召开一次会员代表大会，会员代表大会休会期间由理事会依会员代表大会决议策划业务、监事会监察业务及财务。执行机构为渔会行政部门，总干事为渔会行政主管，秉承理事会决议执行渔会任务向理事会负责：下设秘书及会务、业务、推广、辅导、财务五组，暨三重示范鱼市市场等6个单位。

渔会以保障渔民权益，提高渔民知识、技能，增加渔民生产收益，改善渔民生活，促进渔业现代化并谋其发展为宗旨。目前渔会经营事业项目有经济事业、服务事业及金融事业等三大部门，本会没有信用部，经营事业只有经济事业及服务事业两大部门。经济事业如下：（1）经营三重示范鱼市场：基地面积共六千坪，拍卖场、冷藏库等主要建筑，面积七千平方公尺，场地宽敞、设备完善，实施拍卖、分货处理一贯作业，缩短作业时间，保持鱼介鲜度，调节供销，确保鱼价平稳，维护生产者与消费者双方利益。（2）与各区渔会策略联盟办理生鲜鱼货或加工渔产品网路行销，协助渔民促销鱼货、增加渔民收益。（3）与台北、台中、嘉义等三个市政府共同投资经营台北渔产运销公司、台中鱼市场股份有限公司及嘉义市鱼市场股份有限公司，办理渔产品之收购、运销及鱼货批发等。（4）与各区渔会办理渔业生态休闲旅游，一方面将渔村、渔港等优美的景观介绍国人了解，让居住在城市居民亦能体验渔村生活；另一方面带动地方繁荣、增加渔民收入、改善渔民生活。服务事业如下：（1）渔船海难救助、渔民服务：设立渔民海难救助基金，用于渔民因海难事故死亡、失踪、伤残并办理遭难子女奖助学金。设立渔船海难救护互助基金，便于海上接获渔船之求救讯息或接受渔会调派前往救助，由渔船海难救护互助基金给予奖励或补偿其损失。提供渔业通讯渔船航行安全服务，设立渔业通讯电台，配置高功率之无线电话机及电报机、对讲机；随时收听海上船舶之求救讯息，使遇难渔船能获得最迅速有效之支援，及海上通联服务、鱼市场行情、渔业气象等资讯。（2）渔业推广，主要包括：渔事推广教育、四健作业组织、家政推广教育、渔村产业文化推广，发展渔村产业文化，传承当地文化特色，凝聚渔民社区意识，重建渔村伦理秩序，借由文化活动推展当地渔产特色、促进产业发展，并筹设渔业文物馆，展示渔村文物发扬地方文化。（3）融通渔业资金服务，设置渔会互助基金，各渔会在年度决算盈余项下，提拨2%作为互助金，由本会统一保管，对组织规模较小或财务困难渔会，遇有天然灾害引起之灾损或发展服务经济及金融事业时，可给予补助或无息贷款，以发挥互助精神。设立生产建设基金：由本会代管之渔会生产建设基金贷放给需要之渔会，到期收回循环运用，以促进各区渔会经济发展。（4）其他服务：办理新进人员或升等人员考试服务，办理政府委办事项服务，反映民情调解纠纷、协助解决渔业困难问题及办理两岸渔业交流与处理两岸渔民海上纠纷等事项。

四、几点体会

1. 台湾地区经济发展水平较高，值得我们学习。近年来，虽然台湾地区投资大幅衰退，消费持续走低，工业增速放缓，进出口增速逐步放慢，股市交易量萎缩,就业压力增大,经济形势不容乐观;但台湾地区2011年的GDP总额为4672.63亿美元,截至2011年12月末,台湾地区的外汇储备额为3855.47亿美元,全球排名第四位,仅次于中国大陆、日本及俄罗斯,台湾地区仍属发达经济体,有许多成功经验值得我们学习。

2. 台湾地区社会管理和服务水平较高,值得我们借鉴。台湾地区社会管理和服务有一整套健全的制度和措施,除政府管理部门外,各种社会组织发挥不可替代的重要作用,在社会服务方面,如基层农会,为农村、农业、农民提供广泛周到的服务,提供农资、农药,实现家庭农业科技创新,支持农产品推销,帮助农民实行农业风险防控,甚至提供金融服务。还有渔业、林业等各种协会社团,在现代社会管理和社会服务方面,发挥越来越重要的作用。从城市公共交通到市容市貌、环境卫生,从机场、车站、港口码头到夜市的各种饮食摊点,无不井然有序。市民彬彬有礼,热情好客,体现出了较高的文明素质,没有发现随地吐痰、乱丢乱扔垃圾的现象,无人闯红灯、不走斑马线,公共场合也没有听到有人大声喧哗。

3. 台湾地区"司法"领域可资借鉴的经验:(1)顺应民意,时时处处彰显司法的人文关怀。在参访的各个台湾地区法院"单一窗口联合服务中心",墙上都挂有"亲切热诚、服务至上、专业效率、追求卓越"十六字工作原则。服务中心除了在环境布置上明亮、温馨外,更将柜台高度降低,使民众有和服务人员平起平坐的感觉。服务中心的每一个工作人员以及司法志愿人员工作热情、主动,态度亲切,普通民众满意度高。(2)注重细节,硬件设置顺应民众需求。法院的"单一窗口联合服务中心",做到了服务流程标识清晰、指示明确。同时,为了满足各类民众的需要,也有针对性地提供相关服务。如为孕妇和儿童提供专门休息室,为了方便民众了解诉讼的相关知识和流程,专门设置资料栏供民众取阅;为了方面老年人或身体不适者,专门提供血压计轮椅和老花镜等。(3)注重实效,工作流程便捷。服务中心倡导"一处交件,全程服务"工作要求,资讯、起诉、交费等可以一次完成。司法志愿者在民众一进入服务中心时即会进行诉讼引导,协助民众到适当的窗口。

4. 不可否认,台湾经济社会也存在许多问题。如上所述,近年来投资大幅衰退,消费持续走低,工业增速放缓,股市交易量萎缩,就业形势严峻,基础设施过时等。主要原因:一是纠结政治,陷入党争,错失发展机遇,表现在产业空洞,有钱买武器,无力建设投资;二是意识形态断裂,为社会的长远发展和建设埋下隐患;三是社会伦理,是非混淆,为社会正义建设留下恶果;四是生态恶化,人口资源环境压力大,规划落后,基础设施陈旧,城建水平不高。

5. 若干建议:在农业方面,实行农业采购制度化;在两岸交流方面,实现交流民间化,内容广泛化,深耕民间,不要满足于高层应酬;重点在民间、经贸、理论、媒体、司法交流,形成对台积极影响。一是在海峡两岸司法协助方面,应加强两岸司法协商交流,以适应两岸人民往来。经济交往扩大加深的形势要求,保护两岸当事人的合法权益,增进理解互信。二是大陆开放对台旅游,鉴于台湾地区面积狭小,应常态化,集群式的集中团访会带来环境和社会压力,时间长了会出现香港目前出现的民间不同声音,效果不佳。三是对台农产品采购应依市场规律,常态化,救急式的大手笔不可持续,效果堪忧。四是台湾农会、渔会对培育产业支柱,推广科技创新,建立名特产品品牌,提供农业金融服务,抵御农业自然风险卓有成效,其工作模式和经验,值得大陆在承包到户的农业发展中研究借鉴。五是两岸交流不仅仅是高层交流,民间经济往来需要立足中华文化做整合研究,以民族、传统公认的思维凝聚共识,深植人心,减少离心力,才能形成遏制"台独",匡扶正义的前瞻局面。

关于参加2012年海峡两岸民法论坛第十届民法典学术研讨会的考察报告

贵州省高级人民法院民一庭副庭长　余　波

2012年5月7日至13日,应台湾东吴大学邀请,贵州法院李汉宇、黄建中等一行六人,赴台湾参加了"2012年海峡两岸民法论坛—第十届民法典学术研讨会"。短短七天,考察团一行与台湾学者、与会代表建立了深厚的友谊，具体考察情况如下：

一、参加研讨会的基本情况

本届研讨会是由中国法学会民法学研究会、中国人民大学民商法法律科学研究中心、台湾东吴大学主办，台湾东吴大学法学院承办的"2012 海峡两岸民法论坛—第十届民法典学术研讨会"，吸引了海峡两岸众多著名的法学家、知名学者、大法官参加，其中：台湾方面包括东吴大学校长潘维大、法学院院长杨奕华，台湾前"大法官"孙森众、谢在全，著名法学教授黄阳寿、林诚二等；大陆方面包括中国人民大学民商事法律科学研究中心主任杨立新、山东大学教授郭明瑞、武汉大学法学院教授温世扬等大陆代表30人。

大会研讨时间为2012年5月8日至5月9日上午，历时一天半，确定了23位发言人，采取主题发言、解答提问以及最后综述的方式进行研讨，涉及民法总则、侵权法、合同法、物权法以及身份法五大主题。其中：我院李汉宇副院长、余波副庭长分别做了题为《机动车交通事故责任强制保险的赔付序位研讨》、《浅谈可得利益损失在大陆地区司法实践中的适用》的专题发言，并与与会代表就上述专题内容进行了深入研讨和交流。黄阳寿、黄和新、刘明生、张红四位教授，王竹副教授分别做了五大主体的主题总结报告。

1. 关于"民法总则立法方向与原则之探讨"专场。温世扬、黄阳寿等五位教授分别从民法典总则的内容构造、民法总则立法若干问题、两岸民事主体制度立法比较研究等方向进行了研讨。学者们建议我国及早制定统一的民法典，并建议其内容分为：一般规定（包括立法目的、调整物件、基本原则）、权利主体（包括自然人、法人、非法人社团）、权利客体（物、其他权利客体）、法律事实（一般规定、法律行为与代理、诉讼时效、期间）、权利保护（私力救济、公力救济）等五大部分。其中，关于诉讼时效期间的起算，诉讼时效的中止、中断和延长的讨论，对司法实践中如何正确理解和适用诉讼时效制度具有重要的借鉴意义。

2. 关于"合同法立法方向与原则之探讨"专场。詹森林、朱柏松等四位教授以及我院余波副庭长分别从台湾契约法实务、信赖利益损害赔偿、可得利益损害赔偿、物权性强制性规范与债权合同的效力等方面进行了研讨。其中，关于合同效力认定、损害赔偿责任的认定以及适用原则、可得利益损失司法实践中的适用原则等内容与审判实际密议，因此引起了与会学者的广泛关注，讨论也最为激烈。

3. 关于"侵权法立法方向与原则之探讨"专场。杨立新、陈聪富等三位教授以及我院李汉宇副院长分别从竞合的侵权行为、共同侵权行为与过失相抵、交强险赔付序位等方面进行了探讨。李汉宇副院长关于在道路交通事故损害赔偿案件中，如何理解交强险赔偿原则以及分项责任限额制度，交强险分项赔偿原则应如何进行调整的发言，因是本届两会期间的热门话题，也是当前人民法院司法实践中的疑难问题，与公众利益密切相关，而引起与会学者的高度关注。

4. 关于"物权法立法方向与原则之探讨"专场。董学立、陈荣隆等三位教授分别从最高限额抵押权之使用、典权的价值与依据、浮动抵押相关制度等方面进行了研讨。由于物权法、担保法、最高人民法院关于担保的相关司法解释的规定存在差异，所以在司法实践中也存在因理解不同而导致的执法尺度不一的问题。上述学者的发言对于我们在司法实践中如何正确认定抵押的效力，如何有效保护债权人合法权益提出了很好的意见和建议。

5. 关于"身份法以外民法其他相关领域立法方向与原则之探讨"专场。郭明瑞、陈荣隆等五位教授从人格权基本问题、身份立法若干问题等角度进行了研讨，对我国在制定和完善民法典过程中，人格权、身份权如何认定并予以保护具有很好的参考价值。

二、参加研讨会的收获

1. 与海峡两岸学者之间建立了深厚的友谊。这次会议是台湾东吴大学法学院承办的第五次民法典研讨会，也是该院杨奕华院长、院长秘书王玉梅卸任前的最后一次研讨会。因此，东吴大学法学院为此次会议作了周密的安排，投入了大量的心血，以期将该次会议办成一次海峡两岸学者之间最浓烈的一次法学盛会、情感盛会。一天半的研讨时间里，两岸学者就相关法律问题进行了广泛的交流、互动和激辩。通过法学理论研究与审判实务的激烈碰撞，让我们品尝了一顿精神大餐。三天同游澎湖列岛的时间，两岸学者吟诗作文，把酒欢歌，共同分享台湾优美的自然风光，淳朴的地方风情。与会代表对去年贵州法院举办的第九届民法典研讨会高度赞赏，对贵州法院一行6人能参加本次研讨会表示热烈的欢迎。黄阳寿、林诚二教授抱病参加会议，陪游澎湖，并私人宴请与会代表。大家在短短几天的时间里结下了深厚的友情，也成为了很好的朋友，并相约在2013年在黑龙江大学承办的"海峡两岸民法论坛—第十一届民法典研讨会"上再会。海峡两岸同胞血脉相连、文脉相同、法源相通，处处体现着浓浓的亲情。通过这次研讨会，大家以法为媒、以心为桥、以情为舟，共同构建起海峡两岸法律人之间友谊的桥梁,也为今后我院继续依托海峡两岸高校平台,深入开展法学理论研究与交流创造了条件。

2. 探讨了法学理论和司法实践中的一些疑难问题。虽然目前大陆法律体系已经形成,民事立法也有了很大的发展,《合同法》、《物权法》、《侵权法》已经制定并实施,但是加快制订统一的民法典一直是海峡两岸法律人共同的心愿。也正是因为这样,两岸学者在大陆民法典第一次草案提交全国人大审议后,就召开了民法典论坛,给学者与司法界创造了这个对民法典制订中的热点、难点问题进行切磋和交流的平台。这次研讨会内容丰富,涉及的合同法、物权法等五大主题涵盖当前民商事审判多个方面,与司法实践紧密相连。因此,一方面,作为司法实践者,我们通过这个平台将目前审判实践中急需通过立法或者司法解释加以明确和解决的疑难问题反映给两岸民法理论研究的专家学者,希望通过他们的研究和呼吁,能将司法实践结果传递到立法层面加以肯定。另一方面,学者也提出了自己最新的理论研究成果,希望通过研讨让自己的理论能得到司法界的认可,并最终通过裁判方式予以确认。其中:温世扬教授所作的关于大陆民法总则立法若干问题的发言、杨立新教授所作的关于竞合的侵权行为的发言、苏惠卿教授所作的关于共同侵权与过失相抵的发言,对于准确理解民法典总则的构架设计,正确认定侵权行为及侵权责任形态,合理分配共同侵权人责任,有效解决民商事案件中的此类疑难案件提供了新鲜的理论思考。

三、考察体会

在台北期间,我们以普通游客的身份参观了台北"地方法院",并旁听了一个民事准备程序开庭和一个刑事审判开庭。台北"地方法院",是台湾地区的三级法院之一,审级设置上类似我们的基层人民法院。因其管辖台北市中山、大安等7个区,且管辖区域是诸多"中央机关"及公司的所在地,也是大部分涉外契约约定的管辖地,故该院管辖着全台湾最繁杂的案件。通过参观该法院接待大厅以及旁听庭审,我们有以下感受:(1)该院受理案件数量大,审判工作非常繁忙。20多个法庭均有案件在排期开庭,且每个法庭当日都预排了6至7个庭审。(2)法院设施齐备,且设计人性化。一是设立了专门的接待大厅,由义工负责引导工作,由法院工作人员负责接件、咨询等工作。二是法庭电子化程度高。每一个法庭外均配备了电子显示屏,以便当事人及时了解正在和即将开庭的案件的案号、排列开庭顺序、审判人员姓名、案由以及庭审进程等信息。法庭内配备了专门的证据演示系统,审判人员、书记员、通译人员、原被告双方以及证人席上均配备了电脑,审判人员以及诉讼当事人均可以同步看到书记员记录的笔录,并及时进行修正,确保及时、准确、有效地固定庭审内容。三是配备了专门的律师休息室,确保律师有一个相对舒适安静的环境开展工作。为了保证司法的公正,该休息室由律师工会统一进行管理。(3)注重证据质证程序。在旁听中我们发现,台湾"法院"在审理民事案件时,非常注重准备程序的审理。该程序类似我们的庭前交换证据以及质证程序。通过准备程序,固定相关证据,明确双方争议焦点和案件基本事实,为双方在开庭程序中主张权利、进行诉辩奠定了坚实的事实基础。而我们在审理民事案件时,原则上是将质证程序放在庭审程序中一并进行审理。除疑难复杂、证据多的案件外,一般不另行开质证庭。(4)合议庭分工清晰,审判效率颇高。准备法官类似我们的承办法官,在准备程序中完成了开庭前的准备工作;审判长主导审判显得轻松有序;陪审法官实质上承担了监督的职能。审判长在庭审中的主导职能和准备法官在准备程序中的事务职能使人印象深刻,不无启迪。

在台期间,我们还参观了台湾"高等法院"刑事审判大楼。台湾"高等法院"是台湾地区的二级法院(上诉法院)之一。因管辖人口几乎占了台湾总人口的一半,故是台湾最重要的法院之一。其在审级设置上类似于我们的中级人民法院,主要审理下级审法院上诉案件、抗告案件、"最高法院"发回重审案件以及部分再审案件,其上诉法院为台湾"最高法院"。其民事和刑事审判工作分为两个独立区域,彼此互不影响。

四、考察台湾的其他心得

1. 台湾文化特色。台湾地区的文化深受祖国大陆"国语文化"(即随国民党迁台形成的官方文化)及闽南文化的影响。首先体现在语言上,台湾地区除了普通话(台湾称"国语")以外,最为通行的是闽南话,台湾人称之为"台语"。现在的年轻人普遍说普通话,因此,大陆访客在台湾基本没有语言障碍。其次体现在文字上,虽然台湾使用的是繁体字,但是对于习惯简体字的大陆访客而言,从简到繁比从繁到简,更容易理解和领悟。在和台湾学者的交流中,笔者发现,台湾民众对简体字的困惑大大高于大陆民众对繁体字的困惑,因为很多简体字他们不知道是怎样简化过来的,就像拿到题目却不知道解题思路。可见,台湾地区领导人马英九倡导的"识繁用简"不无道理。再次体现在饮食上,台湾因为四面环海、海产品资源丰富,又在日治期间受到日本菜的影响,因此在烹调时讲究"清、淡、鲜、醇"，尽量保留原材料的本味。最后体现在宗教信仰上，佛教和道教是台湾两大宗教，而且很多台湾民众同时信仰佛教和道教。澎湖列岛的"王爷信仰"非常盛行。

2. 台湾风土人情。台湾民众素质较高，基本上没有乱扔垃圾、乱闯红灯、公众场合高声喧哗的情况。即使是问路这种小事，台湾民众也往往会不计辛苦亲自带路，甚至亲自把你送至目的地。而且，由于近几年来大陆地区对台湾地区支持力度很大，提振了台湾经济恢复和发展，加之两岸同宗同源、同气连枝、血浓于水的亲情，台湾政要、学者和普通民众对我们一行都非常友好，也非常热情。研讨会期间，台湾"行政院陆委会"官员应东吴大学之邀参加欢迎宴会。澎湖县县长、建设处处长亲自设宴招待我们一行，并表示欢迎包括大陆企业在内的海内外投资者参与澎湖开发。而且杨奕华院长、成永裕教授都以六十开外的高龄全程陪同大陆的专家、学者、法官游览澎湖、阳明山等。台湾学者对大陆同行的尊重和热忱、东吴大学行政学院几位助理对与会代表无微不至的关怀和照顾，让大陆学者深受感动。

咫尺宝岛终得行，半是骄阳半是云。
台胞温良多礼让，陆客豪放吵不停。
蒋比齐桓暂屠莒，毛称共宾笑秦君。
澎湖县令共我醉，一海碧水煮亲情。

虽然这次参加第十届民法典研讨会的时间很短暂，但却让我们与海峡两岸的学者交流了思想，建立了友谊，也让我们对台湾地区法院的职能和工作有了初步的了解，对台湾朴实的民风有了切身的感受，受益匪浅。

第七部分　民事审判大要案及新类型案件

一、北京市法院2012年度大要案及新类型案件

（一）物权类

北京金环房地产开发公司与鲍桂娥、金晶返还原物纠纷案

北京市高级人民法院　邹　治

一、案件基本信息

1. 判决书字号

二审判决书：北京市高级人民法院（2013）高民终字第510号

2. 案由：返还原物纠纷

3. 当事人

原告（上诉人）北京金环房地产开发有限公司，住所地北京市昌平区沙河镇丰善村。

被告（被上诉人）鲍桂娥，女，1950年11月15日出生，汉族，无业，住北京市东城区东交民巷32号6门607号。

被告（被上诉人）金晶，女，1974年3月16日出生，汉族，无业，住北京市海淀区双榆树知春里25楼1门301号。

二、基本案情

2011年1月14日，北京市第一中级人民法院作出（2011）一中民破字第226－1号民事裁定，受理了山东菏建建筑集团有限公司申请金环公司破产清算一案，同时指定北京市宏威律师事务所为金环公司的破产管理人。破产管理人开展破产工作后接收了金环公司的财产、账簿、文书等资料，在核对金环公司账簿时发现，金环公司的待摊费用明细账（印花税）中有金额为85，588.00元的印花税票尚未领用的记载。因鲍桂娥系金环公司当时的会计，金晶系金环公司当时的出纳，故破产管理人认为鲍桂娥、金晶作为金环公司当时的财务人员，负有保管印花税等票证的义务，故于2011年8月31日向鲍桂娥、金晶分别发出要求其二人就未交的金环公司未领用的印花税票予以交回或者进行说明的《通知函》。鲍桂娥认可收到了该《通知函》，但否认持有过公司购买的印花税票。金晶称其没有收到过破产管理人寄送的上述《通知函》，但称其同意返还其持有的金环公司的剩余印花税票。

金环公司称根据公司的待摊明细账的记载显示，有总计85，588.00元的印花税票尚未领用，因此鲍桂娥、金晶作为公司当时的财务人员，负有返还义务。金晶认可其持有总额为26，920元的印花税票原件，其余未在待摊明细账中记载的部分，也已被公司人员领用，并提交了由吴岫签字确认的领用记录以及有“孙媛”签字字样的两份领用单予以证实。而鲍桂娥称其作为当时金环公司的会计，并不具有保管印花税票的职责，仅负责进行相应的会计账目的制作。

一审庭审中，吴岫作为证人出庭作证，其对于金晶所提交的所有由其签字的印花税票领用记录均予以认可。其中，打印件领用记录所显示的吴岫已领取印花税金额为60，445元。

三、案件焦点

本案争议焦点为非法占有的事实是否存在以及占有的具体数额。

四、法院裁判要旨

2012年7月，金环公司起诉至原审法院称：2011年1月14日，北京市第一中级人民法院作出（2011）一中民破字第226－1号民事裁定，受理山东菏建建筑集团有限公司申请金环公司破产清算一案，同时指定北京市宏威律师事务所为金环公司的破产管理人。

破产管理人开展破产工作后接收了金环公司的

财产、账簿、文书等资料,破产管理人在核对金环公司账簿时发现,金环公司的待摊费用明细账中有金额为 85,588.00 元的印花税票尚未领用的记载,但破产管理人在交接时并未接收到相应的印花税原票或剩余印花税票使用情况说明。

2011 年 8 月 31 日,破产管理人向负有保管义务的金环公司的财务人员鲍桂娥、金晶分别发出要求其二人就未交的金环公司未领用的印花税票予以交回或者进行说明的《通知函》,而二人既不交回也不答复。破产管理人认为,二人作为相关责任人员应当依法返还上述印花税原票,或对剩余印花税票使用情况进行说明,否则应当依法承担相应的赔偿责任以维护金环公司的合法权益。

基于以上理由,请求法院依法判决:1. 判令鲍桂娥、金晶向金环公司返还未使用、未划销的票面金额共计人民币 85,588.00 元(捌万伍仟伍佰捌拾捌元整)的印花税票;2. 本案诉讼费由鲍桂娥、金晶承担。

鲍桂娥答辩称:我当时担任金环公司的会计职务,负责相关账目的记载。印花税票的保管不是由我负责,我也从来没有持有公司的印花税票。会计记账都是按照公司的制度进行,即按照相应的领用单进行记载。而且,从金环公司所提交的待摊费用明细账来看,这个账目记载肯定是不全面的。至于印花税票具体的领用情况,后续还有一些领用的记录及单据,故金环公司诉讼请求所主张的印花税票的数额肯定是不成立的。基于以上理由,我不同意金环公司要求我返还印花税票的请求,请法院予以驳回。

金晶答辩称:我不同意金环公司的诉讼请求,理由如下:首先,金环公司所主张的金额我不认可。我是 2006 年到金环公司担任出纳职务,2007 年年底就下岗了,到 2008 年 6 月又重新回到金环公司担任出纳职务。所以,在我不在岗期间,对于购买或领用的印花税票,我不清楚。其次,因为我是作为金环公司的出纳,我没有权利记录相关的会计账目,至于为什么账面上显示还剩余 8 万多元的印花税票,这个应当由会计来负责解释。我现在手里持有剩余的共计金额为 26,920 元的印花税票,我同意交还金环公司。最后,当时公司管理比较混乱,我作为公司的员工,我只是听领导安排,我现持有的印花税票不是我主观上不想交还,如果知道这个必须交的话,我早就交出了。另外,关于诉讼费的问题,我认为不应由我承担,金环公司尚欠我的工资未付,我生活也比较困难,印花税票不是我故意占有不交还,我没有过错。基于以上理由,请求法院依据事实作出判决。

原审法院经审理认为:根据《最高人民法院关于民事诉讼证据的若干规定》第 2 条之规定,当事人对自己提出的诉讼请求所依据的事实或者反驳对方诉讼请求所依据的事实有责任提供证据加以证明。没有证据或者证据不足以证明当事人的事实主张的,由负有举证责任的当事人承担不利后果。

本案中,金环公司主张根据公司的待摊明细账的记载显示,有总计 85,588.00 元的印花税票尚未领用,并要求鲍桂娥、金晶予以返还。金环公司就该事实主张,主要提交了金环公司的《待摊明细账》予以证明,根据该明细账的记载,确有总计金额为 85,588.00 元的印花税票未有支出记录。但对于金环公司的主张,鲍桂娥称其并不负有保管公司印花税票据的职责义务,故不同意金环公司的诉讼请求。而金晶承认其持有金环公司剩余的总计金额为 26,920 元的印花税票原件,并同意返还其持有的印花税票,对于其他未在《待摊明细账》上显示支出的部分,其也提交了相关的领用记录予以证明,并请求证人吴頔出庭作证,就相关证据进行了解释说明。

根据双方当事人的主张、抗辩及举证、质证的情况,法院认为,金环公司要求鲍桂娥、金晶返还共计金额为 85,588.00 元的印花税票,金晶承认其持有共计金额为 26,920 元的印花税票原件,并同意返还,对此法院不持异议。而对于金环公司的其他诉讼请求,其虽然提交了《待摊明细账》予以证明,但金晶亦提交了相关的领用记录用于支持其抗辩主张。鲍桂娥也同时认为金环公司所提交的《待摊明细账》记载并不全面,不能全面客观地反映印花税票的实际领用情况。另外,结合证人吴頔的相关证言及对相关情况的解释说明,法院认为,金环公司所提交的证据无法证明其全部事实主张,法院对其诉讼请求,无法全部予以支持,对于金晶所持有并同意予以返还的印花税票,法院予以支持。

原审法院判决:一、金晶于判决生效后七日内向北京金环房地产开发有限公司返还总计票面金额为二万六千九百二十元的印花税票原件;二、驳回北京金环房地产开发有限公司的其他诉讼请求。

一审判决后,金环公司不服,以原审法院认定事实不清、适用法律错误为由,向本院提起上诉。请求依法撤销原判,改判支持金环公司的全部诉讼请求。鲍桂娥、金晶同意原判。

二审法院经审理认为,当事人对自己提出的诉讼请求所依据的事实或者反驳对方诉讼请求所依据的事实有责任提供证据加以证明。没有证据或者证据不足以证明当事人的事实主张的,由负有举证责任的当事人承担不利后果。

本案中,金环公司依其截至 2009 年的待摊费用明细账记载内容，认为鲍桂娥、金晶作为金环公司当时的财务人员，负有返还数额为85,588元印花税票原物之责任。金晶则提交手写以及吴頔签字的印花税领用记录，并由证人吴頔出庭作证，以证明存在账外领用情形。根据本院查明，金环公司实际经营至2011年1月14日，但2009年后至经营截止日期间的印花税待摊费用明细账金环公司无法提供。另外，金环公司对于公司印花税票领用的相关制度，以及是否存在账外领用情形均无法提供相关证据予以证明。

根据双方当事人的举证、质证的情况，法院认为，金环公司请求鲍桂娥、金晶返还共计金额为85,588.00元的印花税票，但其提供的账目并不能涵盖全部经营期间，且无法核实是否存在账外领用情形，故其现有证据难以证实主张的印花税票返还数额，亦难以证明应返还的印花税票在鲍桂娥、金晶手中。现金晶承认其持有共计金额为26,920元的印花税票原件，并同意返还，对此法院不持异议。而对于金环公司的其他诉讼请求，因证据不足，法院不予支持。

二审法院依照《中华人民共和国民事诉讼法》第170条第一款第（一）项之规定，判决：驳回上诉，维持原判。

五、解说

本案案由系返还原物纠纷，依证据规则，当事人对自己提出的诉讼请求所依据的事实或者反驳对方诉讼请求所依据的事实有责任提供证据加以证明。没有证据或者证据不足以证明当事人的事实主张的，由负有举证责任的当事人承担不利后果。

本案中，金环公司主张鲍桂娥、金晶占有了公司的印花税票应返还。金环公司就非法占有的事实和占有的具体数额负有举证责任。经查，金环公司实际经营至2011年1月14日，但2009年后至经营截止日期间的印花税待摊费用明细账金环公司无法提供；另外，金环公司对于公司印花税票领用的相关制度，以及是否存在账外领用情形均无法提供相关证据予以证明。因此，金环公司现有证据无法证明非法占有的事实和占有的具体数额。故法院判决驳回了金环公司的诉讼请求。

综上，一、二审判决是正确的。

（二）合同类

案例1：

北京紫霞房地产开发有限公司与北京远洋一品房地产开发有限公司合资、合作开发房地产合同纠纷案

——转让房地产时，《城市房地产管理法》第39条规定对合同效力的影响

北京市高级人民法院　金　曦

一、案件基本信息

1. 判决书字号

二审判决书：北京市高级人民法院（2009）高民终字第3925号民事判决书。

2. 案由：合资、合作开发房地产合同纠纷

3. 当事人

原告（上诉人）北京紫霞房地产开发有限公司

被告（被上诉人）北京远洋一品房地产开发有限公司

二、基本案情

北京远洋一品房地产开发有限公司原名称为北京京明苑房地产开发有限公司（以下简称京明苑

公司)

2006 年 9 月 1 日,京明苑公司作为甲方与作为乙方的紫霞房地产开发有限公司(以下简称紫霞公司)签订《联合开发建设慧忠庵住宅项目合同》,甲方负责提供真实、合法、有效的建设用地,做到建设场地的“六通一平”以及开工许可证取得以前发生的全部费用。工程施工由乙方确定施工单位。1 号楼的产权归甲方所有,建安费、设备费、税由甲方承担;2 号楼产权及售楼款归乙方所有。乙方投入该项目的费用总额为 9500 万元包干使用。乙方不再承担其他任何费用。同时约定,协议签订生效之日,乙方即支付甲方 3500 万元,后十个工作日内再支付 3000 万元。甲方拆迁完毕把该项目交付乙方时,乙方支付甲方 1000 万元。余款用于 1 号楼建设费用,其费用不足时由甲方拨付,待竣工验收后双方进行结算。签约后,紫霞公司向京明苑公司支付“项目合作预收款”500 万元。

2006 年 9 月 16 日,紫霞公司与京明苑公司签订《联合开发建设慧忠庵住宅项补充合同》,双方约定:一、因款额数量大,时间紧,组织该款额需要时间过程,因此双方商定,同意乙方付款时间放宽后移,给乙方一个宽松的融资过程。二、双方同意,任何一方可以该项目对外融资或以该项目抵押贷款,甲方应协助乙方办理有关手续。三、因乙方资金困难,甲方同意乙方另寻合作伙伴进行合作开发建设其资金可以冲抵乙方支付甲方的项目转让款。四、乙方融资及合作后,资金未能到位时,甲方不予追究乙方违约责任。但乙方融资时间不得影响项目开发进度和施工安排。五、甲方开发建设过程中,因政府政策变化造成合作难以进行时,双方另行协商解决。六、乙方应全力配合甲方办理相关事宜,并给予资金支持。七、为保证项目转让手续的顺利进行,甲方在现场做到“七通一平”时,项目转让款一次性付清。八、乙方付清款项的同时,甲方负责将 2 号楼及土地一并转到乙方名下,但办理手续发生的一切税费由乙方负责。2007 年 11 月 2 日,紫霞公司向京明苑公司支付 200 万元。

京明苑公司于 2004 年 2 月 25 日取得慧忠庵住宅项目国有土地使用证,2007 年 4 月 2 日取得慧忠庵住宅项目房屋拆迁许可证。慧忠庵住宅项目拆迁工作尚未完成。诉争项目包括 1 号楼、2 号楼和地下部分三项,其中 1 号楼建设规划为配套楼,2 号楼建设规划为住宅楼,地下部分包括人防面积。

另查:2006 年 12 月 8 日,北京恒晨伟业房地产开发有限公司(以下简称恒晨伟业公司)与京明苑公司签订《联合开发建设慧忠庵住宅项目基本原则协议》,协议约定,甲(京明苑公司)乙(恒晨伟业公司)双方联合开发北京市朝阳区北土城东路慧忠庵住宅项目(包含 1 号楼和 2 号楼)。甲方负责提供真实、合法、有效,与其他方无争议的建设用地,做到建设场地的“六通一平”,并向乙方明示全部审批文件原件、办理建设工程规划许可证并承担此前办理各项手续(甲方在签约时已取得了京朝国用[2004 出]字第 0037 号土地证)所发生的一切费用;负责办理拆迁事宜;提供 2 号楼住宅项目给乙方建设。乙方为得到 2 号楼项目,应支付甲方 8500 万元的前期补偿费,并负责 2 号楼的招投标、施工管理、销售方式、物业管理及建设资金,并获取 2 号楼的经营收益,其收益所得的税费由乙方缴纳。协议签订后,恒晨伟业公司向京明苑公司支付了约定的 8500 万元。恒晨伟业公司多次要求京明苑公司办理项目转让手续,京明苑公司不予以办理。恒晨伟业公司于 2008 年 4 月诉至北京市第二中级人民法院,要求判令:1. 京明苑公司履行与恒晨伟业公司签订的《联合开发建设慧忠庵住宅项目基本原则协议》和《补充协议》;2. 京明苑公司为恒晨伟业公司办理北京市朝阳区北土城路北侧慧忠庵住宅项目(京朝国用[2004 出]字第 0037 号,编号 No:016270023)项下的慧忠庵 2 号楼国有土地使用权的转让手续;3. 判令京明苑公司支付恒晨伟业公司违约金 512.29 万元。京明苑公司反诉,请求判令:京明苑公司与恒晨伟业公司签订的《联合开发建设慧忠庵住宅项目基本原则协议》和《补充协议》无效。北京市第二中级人民法院审理中,双方于 2009 年 2 月达成调解,北京市第二中级人民法院于 2009 年 2 月 23 日作出(2008)二中民初字第 07965 号民事调解书,内容为:一、北京京明苑房地产开发有限公司同意将其名下的北京市朝阳区北土城路北侧慧忠庵的住宅、配套项目(含 1 号楼、2 号楼等),全部按现状转让到北京恒晨伟业房地产开发有限公司名下,归恒晨伟业公司所有。二、恒晨伟业公司同意向北京京明苑房地产开发有限公司支付项目转让费三千六百七十一万元。于调解协议生效之日起六个月内一次性付清。上述转让费由北京京明苑房地产开发有限公司的大股东北京京德苑房地产开发有限公司代收,作为其本金的返还。三、调解协议生效后五个工作日内,北京京明苑房地产开发有限公司协助恒晨伟业公司办理京朝国用[2004 出]字第 0037 号(编号 No:016270023)国有土地使用权转让手续。2010 年 11 月 5 日,北京市第二中级人民法院以(2010)二中民监字第 18333 号民事裁定书裁定:一、本案由北京市第二中级人民法院另行组成合议庭再审;二、再审期间,中止原调解书的执行。2010 年 11 月 17 日,京明苑公司更名为北京远洋一品房地产开发有限公司。2011 年 8 月 19 日,北京市第二中级人民法院以(2011)二中民再初字第 12849 号民事判决书判决:一、撤销(2008)二中民初字第 07965 号民事调解书;二、驳回恒晨伟业公司的诉讼请求;三、驳回北京远洋一品房地产开发有限公司的反诉请求。2011 年 12 月 13 日,北京市高级人民法院以(2011)高民再终字第 3351 号民事判决书判决维持(2011)二中民再初字第 12849 号民事判决结果。

三、案件焦点

本案的争议焦点在于京明苑公司与紫霞公司签订的协议不具备法律规定的项目转让条件,是否违反了法律、行政法规的强行性规定,是否属于无效合同。

四、法院裁判要旨

紫霞公司于 2008 年 8 月向原审法院起诉称:2006 年 9 月 1 日,我公司与京明苑公司签订《联合开发建设慧忠庵住宅项目合同》,双方联合开发北京市朝阳区北土城路慧忠庵住宅项目。京明苑公司负责提供合法的建设用地,我公司提供投资金额。我公司向项目投入资金 9500 万元,项目的 2 号楼产权归我公司所有。协议签署后,我公司于 2006 年 9 月 10 日向京明苑公司支付了"项目合作预收款"500 万元。2006 年 9 月 16 日,双方签署《联合开发建设慧忠庵住宅项目补充合同》,同意我公司将付款时间放宽后移,由我公司在配合项目开发进度和施工安排的情况下进行融资。同时约定,京明苑公司在现场做到"七通一平"时,我公司一次性付清项目转让款。在我公司付清款项的同时,京明苑公司将 2 号楼及土地一并转移到我公司名下。此后,我公司又于 2007 年 10 月 2 日向京明苑公司支付了 200 万元合同款。京明苑公司于 2006 年 9 月 9 日与北京恒晨伟业房地产开发有限公司(以下简称恒晨伟业公司)签署了《联合开发建设慧忠庵住宅项目基本原则协议》,将 2 号楼的有关产权转让给恒晨伟业公司。我公司认为,京明苑公司未经我公司同意,又与第三方签署了合作开发项目的合同,严重侵犯了我公司的合法权益。故请求判令:京明苑公司继续履行与我公司签署的《联合开发建设慧忠庵住宅项目合同》。

北京远洋一品房地产开发有限公司(原名称为京明苑公司)辩称:我公司与紫霞公司签订的协议不具备法律规定的项目转让条件,违反了法律、行政法规的强行性规定,属于无效合同。另外,慧忠庵住宅项目无法分割,"联合协议"的合同目的无法实现。请求依法驳回紫霞公司的诉讼请求。

北京市第二人民法院经审理认为:根据查明事实,就涉诉的慧忠庵住宅项目的开发建设,京明苑公司分别与紫霞公司及恒晨伟业公司签订合资、合作合同,紫霞公司与恒晨伟业公司均起诉要求继续履行合同。而京明苑公司已与恒晨伟业公司达成调解,将涉诉的慧忠庵住宅项目全部转让给恒晨伟业公司。紫霞公司要求京明苑公司与其继续履行合同已无事实上的可能。如紫霞公司主张因此遭受损失,可与京明苑公司另行解决。

一审法院依据《中华人民共和国合同法》第 110 条第一款之规定判决:驳回北京紫霞房地产开发有限公司的诉讼请求。

原审判决后,紫霞公司不服,向北京市高级人民法院提起上诉。紫霞公司上诉认为,一审法院在合并审理同一标的物所发生的两起纠纷案件时,单独就其中一个案件主持调解,并确认将争议中的标的物转让给主张权利的主体之一,即恒晨伟业公司,不但程序不妥而且内容违法。请求撤销一审判决,判令京明苑公司继续履行与紫霞公司签署的《联合开发建设慧忠庵住宅项目合同》。京明苑公司未提出上诉。

北京市高级人民法院经审理认为:北京远洋一品房地产开发有限公司(原京明苑公司)与紫霞公司签订的《联合开发建设慧忠庵住宅项目合同》、《联合开发建设慧忠庵住宅项目补充合同》意思表示真实,不违反法律、行政法规强制性规定,合法有效。《联合开发建设慧忠庵住宅项目补充合同》系《联合开发建设慧忠庵住宅项目合同》重要组成部分。双方在《联合开发建设慧忠庵住宅项目补充合同》中约定:为保证项目转让手续的顺利进行,京明苑公司在现场做到"七通一平"时,项目转让款一次性付清。紫霞公司付清款项的同时,京明苑公司负责将 2 号楼及土地一并转到紫霞公司名下。本院认为,本案所涉建设项目作为一个整体项目立项于京明苑公司名下,京明苑公司持有该项目的国有土地使用证、建设用地规划许可证、建设工程规划许可证等项目手续,且 1 号楼、2 号楼根据规划用途存在功能互补性,双方约定的履行内容与行政主管部门的有关规定存在矛盾,加之现京明苑公司一方明确拒绝配合继续履行《联合开发建设慧忠庵住宅项目合同》及《联合开发建设慧忠庵住宅项目补充合同》,故紫霞公司要求继续履行协议,事实上没有履行的可能,本院无法支持。京明苑公司与紫霞公司作为专业房地产开发公司,均应明知,作为一个整体项目立项的涉案项目在京明苑公司仅在现场做到"七通一平"时,无法将 2

号楼的开发手续及相应土地使用权一并转移到紫霞公司名下。京明苑公司与紫霞公司对《联合开发建设慧忠庵住宅项目合同》及《联合开发建设慧忠庵住宅项目补充合同》的履行不能,均负有责任。紫霞公司因无法继续履行联合开发合同而产生损失,可与北京远洋一品房地产开发有限公司(原京明苑公司)另行解决。

二审法院依照《中华人民共和国民事诉讼法》第153条第一款第(一)项之规定,判决如下:

驳回上诉,维持原判。

五、解说

北京远洋一品房地产开发有限公司(原名称为京明苑公司)在诉讼中强调其与紫霞公司签订的协议不具备法律规定的项目转让条件,违反了法律、行政法规的强行性规定,依据《合同法》第52条规定,《联合开发建设慧忠庵住宅项目合同》属于无效合同。考量《联合开发建设慧忠庵住宅项目合同》是否有效,除《合同法》相关规定外,对是否违反了法律、行政法规的强行性规定,主要还应根据《城市房地产管理法》相关规定进行。

《城市房地产管理法》第37条规定:房地产转让,是指房地产权利人通过买卖、赠与或者其他合法方式将其房地产转移给他人的行为。

第38条规定:下列房地产,不得转让:

(一)以出让方式取得土地使用权的,不符合本法第三十九条规定的条件的;

(二)司法机关和行政机关依法裁定、决定查封或者以其他形式限制房地产权利的;

(三)依法收回土地使用权的;

(四)共有房地产,未经其他共有人书面同意的;

(五)权属有争议的;

(六)未依法登记领取权属证书的;

(七)法律、行政法规规定禁止转让的其他情形。

第39条规定:以出让方式取得土地使用权的,转让房地产时,应当符合下列条件:

(一)按照出让合同约定已经支付全部土地使用权出让金,并取得土地使用权证书;

(二)按照出让合同约定进行投资开发,属于房屋建设工程的,完成开发投资总额的百分之二十五以上,属于成片开发土地的,形成工业用地或者其他建设用地条件。

转让房地产时房屋已经建成的,还应当持有房屋所有权证书。

我们认为,房地产转让中不符合《城市房地产管理法》第39条第一个转让条件的,应按照无权处分的原则对合同效力进行认定。本案所涉建设项目作为一个整体项目立项于京明苑公司名下,京明苑公司持有该项目的国有土地使用证、建设用地规划许可证、建设工程规划许可证等项目手续。现可认定京明苑公司转让所涉建设项目符合《城市房地产管理法》第39条第一个转让条件。对是否符合《城市房地产管理法》第39条第二个转让条件,即转让的土地没有达到法定投资开发条件不得转让,仅为行政管理部门对不符合法定投资开发条件的土地在办理土地使用权权属变更登记问题上所作的限制性规定,而非认定合同效力的要件。本案所涉建设项目不符合《城市房地产管理法》第39条第二个转让条件。双方约定的履行内容与行政主管部门的有关规定存在矛盾,加之现京明苑公司一方明确拒绝配合继续履行《联合开发建设慧忠庵住宅项目合同》及《联合开发建设慧忠庵住宅项目补充合同》,故紫霞公司要求继续履行协议,事实上没有履行的可能,法院无法支持。

本案中,一审法院的处理理由欠妥。二审法院处理是正确的。

案例 2：

江苏省金陵建工集团有限公司与北京力迈科工贸企业集团、北京新力迈教育投资管理有限公司、北京北辰实业股份有限公司建设工程施工合同纠纷案

——数方当事人签订新协议推翻备案合同的处理

北京市高级人民法院　张稚侠

一、案件基本信息

1. 判决书字号

二审调解书：北京市高级人民法院（2012）高民终字第 666 号民事调解书。

2. 案由：建设工程施工合同纠纷

3. 当事人

原告（上诉人）江苏省金陵建工集团有限公司

被告（被上诉人）北京力迈科工贸企业集团

被告（被上诉人）北京新力迈教育投资管理有限公司

被告（被上诉人）北京北辰实业股份有限公司

二、基本案情

2001 年 12 月 25 日，力迈集团（甲方）与北辰公司（乙方）签订《协议书》，约定双方通过本协议项下学校基本建设的合作，甲方在乙方开发的北京北苑北辰居住区项目内兴办集幼教、大、中、小学教学优势于一体的精品学校。乙方负责本款规定的学校基本建设资金，其他所有费用均由甲方承担。学校建成并经有关部门验收合格、批准使用后，乙方按北京市规划局批准的乙方申报规划指标中校舍建筑面积为限，以每建筑平方米不超过 1500 元计算，与甲方结算学校建设的基本建设资金。庭审中，力迈集团与北辰公司均称双方已对学校建设的基本建设资金进行结算并全额支付。

2002 年 11 月 28 日，金陵公司与力迈集团签订《建设工程施工合同》，约定金陵公司承建力迈集团发包的北京亚奥国际学校一部、二部、幼教中心工程，工程内容为土建、安装、装修，承包范围为一部、二部、幼教中心、在建幼儿园装修及配套工程，合同价款为 8320 万元。开工日期为 2003 年 2 月 18 日，竣工日期为同年 10 月 30 日。同日，金陵公司与力迈集团签订《补充协议》，约定力迈集团将自己投资在北辰绿色家园兴建的亚奥国际学校一部、二部、幼教中心及在建幼儿园装饰、配套工程的土建安装、装修全部工程发包给金陵公司，该五项工程合计约 5.2 万平方米，工程造价 8320 万元左右。付款方式为：在工程交付使用后一个半月内付预算总价工程款的 60%，余款在工程竣工一年内付到 90%，十八个月内工程尾款全部付清。验收合格三个月后，力迈集团向金陵公司支付 100 万元作为垫资工程利息补偿。上述合同签订后，金陵公司进场进行施工。

2003 年 6 月，北辰公司向金陵公司发出中标通知书，确定金陵公司为北苑北辰居住区 B2 区学校、B3 区幼儿园的中标单位。同年 6 月 18 日，金陵公司、力迈集团与新力迈公司、监理公司共同发表声明，载明：以北辰公司名义签订的 B2 学校、B3 区幼儿园工程承包合同、工程监理合同仅为到政府有关部门备案完善手续使用，该两份合同不实际履行。北辰公司不必承担上述两合同（且不限于两合同）发包方的任何义务及与之相关的任何经济责任、法律责任。同年 6 月 20 日，金陵公司与北辰公司分别签订北苑北辰居住区 B2 区学校、B3 区幼儿园《建设工程施工合同》。合同约定承包范围为土建工程、采暖工程、电气工程、给排水工程，开工日期为 2003 年 6 月，竣工日期为 2004 年 6 月。其中 B2 区学校工程价款为 1810 万元，B3 区幼儿园工程价款为 942 万元。同年 7 月，北辰公司取得北苑北辰居住区 B2 区学校、B3 区幼儿园的建设工程施工许可证。

2003 年 6 月 23 日，金陵公司与新力迈公司签订《补充协议》，约定对金陵公司承建的 B2 区学校、B3

区幼儿园工程的结算工作仍然依据2002年11月28日金陵公司与力迈集团的施工合同及补充协议进行结算。本补充协议与2002年11月28日金陵公司与力迈集团的施工合同及补充协议具有同等法律效力。同年12月30日,金陵公司与新力迈公司签订《谅解备忘录》,约定:2004年9月底前,新力迈公司将工程款按双方审定的结算总价款付至80%,剩余总价的20%尾款在2005年3月前支付。2003年11月20日,金陵公司向力迈集团出具《北京亚奥学校工程交接书》,其附件中列明北京亚奥学校未完成工程和甩项工程。监理公司人员在该文件上签名。

2004年7月5日,金陵公司与新力迈公司签订《协议书》,载明:双方本着友好合作的原则,就北苑北辰居住B2区小学、B3区幼儿园在现有工程竣工的基础上结算及A东区工程施工事宜达成如下协议,即原由北辰公司和新力迈公司共同发包给金陵公司的北苑北辰居住B2区小学、B3区幼儿园工程,根据现有工程量,双方确定总价款4000万元;A东区中学部工程项目由金陵公司施工,在签订施工合同完毕后,B2区小学、B3区幼儿园所欠工程款可分三次支付,2004年7月10~15日前付1000万元,2004年10月15日前付600万元,余款1000万元在2004年12月31日前全部付清;A东区中学工程项目如由于新力迈公司原因造成金陵公司放弃施工权利,则B2区小学、B3区幼儿园所欠工程款一次性付清。新力迈公司如不能按协议约定及时足额支付任一批款项,新力迈公司承担到期未付金额银行同期贷款利息,并支付金陵公司到期未付金额每日万分之四的违约金,直至新力迈公司履约完成止。该协议上加盖新力迈公司与金陵公司的公章,同时黄磊在协议上签名。此后,A东区中学工程项目未由金陵公司进行施工。

2003年11月,北苑北辰居住区B2区学校竣工。2004年2月,北苑北辰居住区B3区幼儿园竣工。2004年8月24日,力迈集团与金陵公司进行B3区幼儿园交接工作,双方签订了《B3区幼儿园交接清单》。

2003年11月28日至2005年5月19日期间,力迈集团、新力迈公司共计支付金陵公司1880万元。

2005年4月19日,金陵公司以北辰公司为被申请人向北京仲裁委员会申请仲裁,要求裁决北辰公司支付北苑北辰居住区B2区小学、B3区幼儿园工程款。同年11月28日,北京仲裁委员会裁决:驳回金陵公司的仲裁请求。金陵公司不服,向法院申请撤销仲裁裁决。2006年7月,北京市第二中级人民法院裁定驳回了金陵公司要求撤销仲裁的申请。

另查,力迈集团、新力迈公司的法定代表人曾同为黄磊。

三、案件焦点

本案的争议焦点在于,2003年6月18日,金陵公司、力迈集团与新力迈公司、监理公司共同发表声明,载明:以北辰公司名义签订的B2学校、B3区幼儿园工程承包合同、工程监理合同仅为到政府有关部门备案完善手续使用,该两份合同不实际履行。北辰公司不必承担上述两合同(且不限于两合同)发包方的任何义务及与之相关的任何经济责任、法律责任。该声明是否有效。

四、法院裁判要旨

金陵公司诉称:2003年4月17日,北辰公司向我公司发出投标邀请函,我公司通过招投标程序中标,承建北辰公司开发的北苑北辰居住区B2区学校、B3区幼儿园工程。同年6月20日,我公司与北辰公司签订北苑北辰居住区B2区学校、B3区幼儿园的《建设工程施工合同》,并办理了备案登记手续。因诉争工程为力迈集团与北辰公司合作开发的项目,力迈集团与北辰公司于2002年8月签订了合作办学协议,约定力迈集团在北辰公司开发的北苑北辰居住区项目内兴办集幼教、大、中、小学教学优势于一体的精品学校,北辰公司负责学校的基本建设资金,其他费用均由力迈集团承担。2002年11月28日,作为工程项目开发建设的合作方力迈集团与我公司就同一工程另行签订《建设工程施工合同》和《补充协议》,约定力迈集团发包给我公司的施工工程为北京亚奥国际学校一部、二部、幼教中心、在建幼儿园装修及配套工程的土建安装工程,建筑面积约5.2万平方米,合同价款8320万元,合同价款按北京市1996年概算定额及相关收费标准,以施工图加签证按实结算。新力迈公司作为本案工程的另一方实际合作人与我公司于2003年6月23日签订《补充协议》,同年12月30日签订《谅解备忘录》。《补充协议》和《谅解备忘录》约定了力迈集团、新力迈公司的付款义务及付款方式。上述合同签订后,我公司依约履行了施工义务,工程竣工后即交付北辰公司使用。2003年12月25日,我公司将上述两项工程的竣工结算书及相关资料报送北辰公司,工程项目部负责人彭国华签收了结算书,新力迈公司加盖了公章,该工程总价款为54,657,938.10元。2004年7月5日,新力迈公司与我公司就工程款结算事项签订协议,确定工程总价款4000万元。力迈集团、新力迈公司已支付我公司工程款1880万元,尚欠2120万元。我公司诉请法院判令:1. 力迈集团、新力迈公司、北辰公司支付拖欠工程款2120万元;2. 力迈集团、新力迈公司、北辰公司给付该款利息(按中国人民银行同期贷款利率支付,自2004年7月15日起计算至付清时止);3. 力迈集团、新力迈公司、北辰公司赔偿因违约造成的经济损失1900.52万元;4. 本案诉讼费由力迈集团、新力迈公司、北辰公司承担。

力迈集团辩称:1. 我公司最后一次向金陵公司付款时间是2005年5月19日,并曾于2005年8月26日向北京市仲裁委提交《关于建议贵委尽快制止金陵公司恶意缠诉的意见》,表示有关工程的全部经济责任已由我公司承担并承诺积极处理。之后金陵公司一直坚持只向北辰公司追索工程款,没有再向我公司或新力迈公司追索过。因此,金陵公司在2008年4月起诉时,距离上次向我公司主张权利超过两年,超过了诉讼时效。2. 新力迈公司不是工程发包方,我公司未授权新力迈公司进行结算,新力迈公司与金陵公司于2004年7月5日签订的4000万元结算协议没有依据,诉争工程应按照备案合同通过造价鉴定来确定工程款数额。同时因金陵公司未完成全部施工,我公司对其未完成工程已委托其他单位施工,该部分工程款应予扣减。3. 因未支付工程款是由于金陵公司自身造成的,由此产生的利息和经济损失不应由我公司承担。综上,我公司不同意金陵公司的诉讼请求。

新力迈公司辩称:我公司不是涉案工程的"另一方实际合作人",但我公司的上述参与签署这些文书的行为,并不能说明或等同我公司就是涉案工程的权利人,而真正的权利人或相关人力迈集团和北辰公司,也从未认可我公司与涉案工程有权利关系。我公司与金陵公司签订其中涉及4000万元付款的协议是附条件的协议,所附条件未成就,我公司不应付款。我公司最后一次向金陵公司付款是2004年9月2日,此后,金陵公司未向我公司主张工程款,直至其2008年起诉,其起诉超过了2年的诉讼时效,依法丧失了胜诉权。

北辰公司辩称:该工程只是立项验收在北辰公司名下,北辰公司不是实际发包方,并未实际履行合同。2003年6月18日,金陵公司、力迈集团、新力迈公司、监理公司共同发表声明,载明以北辰公司名义签订的B2区学校、B3区幼儿园工程承包合同仅为到政府有关部门办理手续使用,该两份合同不实际履行,北辰公司不必承担发包方的任何义务及责任。同时北辰公司不是该工程的受益人,故不应承担任何责任。

北京市第二人民法院经审理认为:金陵公司与力迈集团签订的《建设工程施工合同》及相关协议均系双方当事人的真实意思表示,亦为双方实际履行的合同,对双方均具有约束力。合同签订后,金陵公司进行了施工,所施工程已经竣工并已投入使用,故其有权主张工程款。新力迈公司与力迈集团系关联企业,为工程的实际使用人,新力迈公司单独与金陵公司签订《补充协议》、《谅解备忘录》并向金陵公司支付工程款,实际加入到合同履行中,故其应与力迈集团共同承担合同责任。金陵公司与新力迈公司签订的《协议书》是对工程款的最终确认,该协议系双方的真实意思表示,对力迈集团、新力迈公司均具有约束力。新力迈公司称此协议系在金陵公司收买新力迈公司负责结算人员的情况下签署的,但未就此提供证据,本院不予采信。因双方已就工程结算达成一致意见,故对力迈集团要求进行造价鉴定来确定工程款的请求,本院不予支持。依据上述《协议书》,该工程总价款为4000万元,除已付工程款1880万元外,力迈集团、新力迈公司尚应支付金陵公司工程款2120万元。金陵公司要求力迈集团、新力迈公司给付工程款2120万元及利息的诉讼请求,理由正当,本院予以支持。金陵公司要求力迈集团、新力迈公司、北辰公司赔偿因逾期付款给其造成的经济损失的诉讼请求,证据不足,本院不予支持。金陵公司于2005年4月以北辰公司为被申请人向北京仲裁委员会申请仲裁,要求北辰公司支付北苑北辰居住区B2区小学、B3区幼儿园工程款,表明其自2005年4月起以申请仲裁裁决的方式主张工程款。金陵公司在北京仲裁委员会驳回其仲裁请求后向本院申请撤销仲裁裁决,本院于2006年7月驳回其要求撤销仲裁的申请,金陵公司于2008年4月提起诉讼。金陵公司的起诉未超过法定诉讼时效,力迈集团、新力迈公司就此提出的抗辩理由不成立,本院不予支持。北辰公司为诉争工程的项目所有人,负责诉争工程的基本建设资金,根据其与力迈集团签订的《协议书》,可以认定双方在该项目建设中已形成内部合作关系,故其应对力迈集团、新力迈公司欠付的工程款承担连带责任。金陵公司、力迈集团、新力迈公司、监理公司虽出具北辰公司不承担B2区学校、B3区幼儿园工程承包合同任何义务及责任的声明,仍不能免除北辰公司的法律责任,故该声明对各方均不具有约束力。北辰公司关于不承担给付责任的抗辩意见,缺乏法律依据,本院不予支持。综上,依据《中华人民共和国合同法》第6条、第107条、第109条之规定,本院判决如下:

一、被告北京力迈科工贸企业集团、北京新力迈教育投资管理有限公司于本判决生效后十五日内给付原告江苏省金陵建工集团有限公司工程款二千一百二十万元。

二、被告北京力迈科工贸企业集团、北京新力迈教育投资管理有限公司于本判决生效后十五日内给付原告江苏省金陵建工集团有限公司工程款的利息(以二千一百二十万元为本金,按中国人民银行同期贷款基准利率计算,自二〇〇四年八月二十四日起至判决给付之日止)。

三、被告北京北辰实业股份有限公司对被告北京力迈科工贸企业集团、北京新力迈教育投资管理有限公司给付原告江苏省金陵建工集团有限公司工程款的义务承担连带责任。

四、驳回原告江苏省金陵建工集团有限公司的其他诉讼请求。

原审判决后,金陵公司、力迈集团、新力迈公司、北辰公司均不服,分别向本院提起上诉。金陵公司上诉认为,力迈集团、新力迈公司、北辰公司除支付工程款本金及利息外,还应赔偿经济损失。故上诉请求维持一审判决第一、二、三项,撤销一审判决第四项,判令力迈集团、新力迈公司、北辰公司赔偿因违约造成的经济损失费 1900.52 万元。

力迈集团、新力迈公司上诉认为,金陵公司诉讼请求超过诉讼时效,应予驳回。金陵公司与力迈集团签订的《建设工程施工合同》及相关协议为无效合同,根本不是实际履行的合同,实际履行的是备案合同约定的工程范围。金陵公司、新力迈公司签订的4000 万元协议书为无效合同,不应成为力迈集团付款依据。备案的中标合同为结算工程款的根据。力迈集团、新力迈公司上诉请求撤销一审判决,依法改判或发回重审。

北辰公司上诉认为,金陵公司与北辰公司之间的纠纷已经仲裁裁决,法院不能处理该纠纷。2003年6月18日,金陵公司、力迈集团与新力迈公司、监理公司共同发表声明,对各方当事人均有约束力。北辰公司虽于2001 年12月25日与力迈集团签订了《协议书》,但不能据此推导出北辰公司对金陵公司有连带付款责任。涉案项目的所有人是朝阳区教委,一审判决错误认定项目所有人是北辰公司。一审判决认定工程款的依据是金陵公司与新力迈公司之间签订的协议,该协议与北辰公司无关,北辰公司不应承担该协议项下的责任。北辰公司上诉请求二审改判北辰公司不承担相关连带责任。

北京市高级人民法院审理中经调解,金陵公司、力迈集团、新力迈公司自愿达成如下协议:

一、北京力迈科工贸企业集团、北京新力迈教育投资管理有限公司给付江苏省金陵建工集团有限公司工程款二千三百万元,其中一千五百万元于收到本调解书当日支付(已执行),八百万元于二〇一三年三月三十一日前支付,如未能全额按时支付,则自二〇一三年四月一日起,北京力迈科工贸企业集团、北京新力迈教育投资管理有限公司每逾期一日给付江苏省金陵建工集团有限公司违约金一万元,至全部款项足额支付时止;

二、一审案件受理费二十二万五千四百二十六元,由江苏省金陵建工集团有限公司负担(已交纳)。二审案件受理费三十六万零八百五十元,由江苏省金陵建工集团有限公司负担六万七千九百元(已交纳)、由北京力迈科工贸企业集团负担九万七千六百五十元(已交纳)、由北京新力迈教育投资管理有限公司负担十九万五千三百元(已交纳)。

五、解说

2003 年 6 月 18 日,金陵公司、力迈集团与新力迈公司、监理公司共同发表声明,载明:以北辰公司名义签订的 B2 学校、B3 区幼儿园工程承包合同、工程监理合同仅为到政府有关部门备案完善手续使用,该两份合同不实际履行。北辰公司不必承担上述两合同(且不限于两合同)发包方的任何义务及与之相关的任何经济责任、法律责任。该声明是否有效,对各方当事人是否均有约束力。

就此问题一审法院分析认为:北辰公司为诉争工程的项目所有人,负责诉争工程的基本建设资金,根据其与力迈集团签订的《协议书》,可以认定双方在该项目建设中已形成内部合作关系,故其应对力迈集团、新力迈公司欠付的工程款承担连带责任。金陵公司、力迈集团、新力迈公司、监理公司虽出具北辰公司不承担 B2 区学校、B3 区幼儿园工程承包合同任何义务及责任的声明,仍不能免除北辰公司的法律责任,故该声明对各方均不具有约束力。

我们认为,在本案中,北辰公司作为该项目的立项人和发包人,在经过招投标程序与承包人金陵公司签订施工合同后,又将其发包人的地位转让给力迈公司、新力迈公司,约定由力迈公司、新力迈公司承担债务,对于该约定是否有效,主要有两种不同意见。第一种意见认为,北辰公司将其在施工合同中的权利义务概括让与给力迈公司、新力迈公司,违反了法律的强制性规定,应属无效,故北辰公司应向金陵公司承担偿还工程款的责任。第二种意见认为,北辰公司将其权利义务转让给力迈公司、新力迈公司,取得了债权人金陵公司的同意,是当事人意思自治的体现,合同管理机关备案程序并不是合同的生效要件,故转让行为有效,北辰公司不再承担偿还工程款的责任。

我们认为第一种意见正确。北辰公司与金陵

公司签订的建设工程施工合同经过了法定的招投标程序,并已依法向合同管理机关备案。依据《中华人民共和国招标投标法》第46条之规定,招标人和中标人在根据招投标文件签订书面合同后,不得再行订立背离合同实质性内容的其他协议。该规定属于法律的强制性规定,违反该规定的行为无效。在本案中,北辰公司在施工合同中的发包人地位转让给力迈公司、新力迈公司,换言之,该约定属于施工合同的主体变更,而关于主体的约定当然属于合同的实质性条款,因此该变更系属对经招投标程序签订的建设工程施工合同实质性内容的变更,应为无效。即施工合同的合法发包人仍为北辰公司,其应承担支付工程款及赔偿其他损失的法律责任。

同时,需要指出的是,正如第二种意见所言,北辰公司与金陵公司签订的建设工程施工合同自双方意思表示达成一致时即生效,合同管理机关的备案程序并不是施工合同的生效要件,而是行政机关对建筑市场进行管理的一种手段。相关协议中关于北辰公司免责的约定之所以无效,并不是因为其未在合同管理机关进行备案,而是因为其违反了招标投标法的强制性规定。招标投标法的强制性规定与合同管理机关的备案程序,作为民事和行政两种不同的调控手段相互衔接,规范的目的就在于建筑市场具有其特殊性,其竞争是否公平有序与公民的切身利益密切相关,因此,需要对当事人的意思自治进行必要的限制和干预,对经招投标程序签订的合同进行实质性变更的协议,一般也无法在合同管理机关进行备案。

关于力迈公司、新力迈公司的责任问题。我们认为,由于北辰公司将发包人的主体资格转让给力迈公司、新力迈公司的行为,违反了法律的强制性规定而无效,但对于力迈公司、新力迈公司在相关协议中同意对金陵公司承担付款义务的约定应如何认定,有两种不同的意见。第一种意见认为,力迈公司、新力迈公司与北辰公司系属并存的债务承担。所谓并存的债务负担,是指由第三人加入既存债之关系而成为新债务人,与原债务人并负同一债务,仍与债权人继续维持原有债之关系。在本案中,北辰公司仍应作为施工合同的发包人承担偿还责任,而力迈公司、新力迈公司虽无法替代北辰公司成为施工合同的一方,但其在协议书中承诺对金陵公司承担付款义务,该承诺不违反法律的强制性规定,亦为债权人金陵公司所认可,应视为加入到北辰公司与金陵公司的债权债务关系中,而成为新债务人,故应视为并存的债务承担。因此力迈公司、新力迈公司与北辰公司应承担连带偿还责任。第二种意见认为,力迈公司、新力迈公司在本案中应视为履行承担人。所谓履行承担,是指承担人立于既存的债务关系之外,而以第三人之地位,负有履行债务人之债务之义务。其与并存的债务承担区别在于,后者乃承担人加入到既存的债务关系之内,自己与原债务人均居于债务人之地位,而前者承担人仅对于债务人负有清偿其债务之义务,对于债权人并不直接承担任何义务。在本案中,力迈公司、新力迈公司与北辰公司的真实意思表示只是通过免责的债务承担,使力迈公司、新力迈公司成为合同的债务人,并无两者共同承担债务之合意。因此,当免责的约定因违反法律强制性规定而无效时,法律亦不应将其意思表示拟制为并存的债务承担。但是,这并不意味着力迈公司、新力迈公司不承担任何履行义务,力迈公司、新力迈公司同意为北辰公司承担履行之约定,仍应具有拘束力,这类似于英美法上"允诺后不可否认原则"。换言之,力迈公司、新力迈公司仍应居于第三方的地位,负有履行债务人北辰公司债务之义务,但在力迈公司、新力迈公司不履行时,仍应由北辰公司向金陵公司承担债务,并有权向力迈公司、新力迈公司追偿。

上述两种意见均有一定的合理性,就保护债权人利益而言,第一种意见更具合理性,而第二种意见似更符合法理。为更充分的保护债权人利益,并简化法律关系,且考虑到力迈公司、新力迈公司在一审诉讼中亦不否认其应向金陵公司承担责任,故最终采纳了第一种意见。

综上,北辰公司将其在施工合同中的主体地位转让给力迈公司、新力迈公司的约定无效,北辰公司与力迈公司、新力迈公司应对金陵公司共同承担连带偿还责任。

综上,法院的处理是正确的。

案例3：

中国云南国际经济技术合作公司与中国冶金科工集团有限公司建设工程转包合同纠纷案

北京市高级人民法院 王 成

一、案件基本信息

1. 判决书字号

二审判决书：北京市高级人民法院(2012)高民终字第881号民事判决书。

2. 案由：建设工程转包合同纠纷

3. 当事人

原告(上诉人)中国云南国际经济技术合作公司

被告(被上诉人)中国冶金科工集团有限公司

二、基本案情

1985年8月1日，中国冶金建设公司(1994年10月更名为中国冶金建设集团公司，2006年3月更名为中国冶金科工集团公司，2009年4月更名为中国冶金科工集团有限公司，以下均简称中冶公司)与伊方业主签订了19座33/11kv变电站土建工程。1986年3月20日，中国冶金建设公司(甲方)与云南国际公司(乙方)签订了《关于伊拉克小型项目农村电气化工程局19个33/11kv变电站土建工程内部转包合同》，将该项目转包给了云南国际公司，合同中约定：19个变电站的总标价为2,757,499.298伊拉克第纳尔，折合8,848,509.165美元；甲方根据乙方按月提交驻地工程师签字的工程结算书，负责向业主结算收取工程款直至将工程应收款收齐交给乙方；乙方按月编制工程结算书，提交驻地工程师确认后交甲方驻伊办事处向业主结算。工程按合同总价60%为延期美元付款，40%为第纳尔现金付款。延期付款利率为延期付款的5.5%，延期付款时间按每一个变电站从取得完工证明书之日起延期三年(包括维修期一年)付款。双方还就风险约定：在工程执行合同期间(包括施工维修期间)由于政治的和经济的风险或者工程质量、工期拖延造成的罚款扣减保留金等风险，均由乙方承担。

合同签订后，云南国际公司进行了施工。1990年6月14日，云南国际公司与中冶公司签署了《应收伊拉克19变电站项目延期付款和应收1988年、1989年延期付款利息文件的备忘录》，确认云南国际公司已经对伊拉克履行完毕变电站项目，工程已于1989年11月15日获取伊拉克颁发的全部最终验收证书。

2010年3月3日，云南国际公司与中冶公司签订《伊拉克19座变电站项目国内债权债务确认表》，双方确认截止2004年12月31日，中冶公司共拖欠云南国际公司工程款本金223.9万美元，利息241.6万美元，合计465.5万美元。

另查，2009年12月4日，财政部向中冶公司等公司发出通知，要求统计上报伊拉克项目国内债务并提供国内债务情况说明和国内债务相关证明文件。云南国际公司与中冶公司签订《伊拉克19座变电站项目国内债权债务确认表》后，云南国际公司于2010年3月4日向财政部金融司发出了《关于报送伊拉克相关国内债务的核对函》，确认了其对中冶公司的债权数额。2010年11月19日，财政部发出通知并附伊拉克相关国内债务处置方案，明确伊拉克相关国内债务的处理原则，要求按照对伊减债原则进行处理，债务减免比例参照对伊减债比例确定，以经核对确认的债务金额(债务利息全部本金化)为基准，免除债务人80%的还款责任。通知强调在方案执行过程中如出现纠纷，可由债权债务双方按照法律法规有关规定处理。

再查，中冶公司尚未收到伊方业主还款。

三、案件焦点

本案二审尽管判决维持了一审判决，但就工程款本息部分债权却明确给云南国际公司留有诉权，待付款条款成就后可另行解决。

四、法院裁判要旨

2011年1月，云南国际公司诉至原审法院称，1986年3月20日，我公司与中冶公司(原名为中国冶金建设公司)签订了《关于伊拉克小型项目农村电气化工程局19个33/11kv变电站土建工程内部转包合同》，约定中冶公司将其承包的伊拉克工矿部电力总结构小型项目农村电气化工程局(以下简称伊方业主)19座33/11kv变电站土建工程转包给我公司施工(1987年12月14日经中冶公司伊办代表与伊方业主代表协商取消了其中五个电站)。合同签订后,我公司克服重重困难,认真组织施工。工程竣工后已经伊方业主验收合格。至此,我公司已全部履行完毕与中冶公司的工程转包合同义务。我公司一直在向中冶公司讨要工程款并经过几次对账。2010年2月,双方再次对账确认截至2004年12月31日,中冶公司共欠合同工程款本息465.5万美元。我公司多次催要该款,但中冶公司不予理睬,故诉至法院,请求判令中冶公司:1. 立即支付工程款465.5万美元及自2005年1月1日起至付款之日止的利息(按同期银行贷款利率计算);2. 支付我公司因实现债权支付的律师代理费35万元;3. 承担本案诉讼费用。

中冶公司辩称,根据合同关于付款条件的约定,云南国际公司要向我公司提交经驻地工程师签字确认的工程结算书,我公司向伊方业主收取工程款后再在约定时间内转交给云南国际公司,故双方虽然对涉案合同余额没有争议,但因合同约定的付款条件尚未成就,故云南国际公司无权要求我公司履行付款义务。涉案工程债务事宜系基于国家行为做出处理,我公司与云南国际公司时隔24年后再次对账的原因也是缘于国家行为的要求,双方均知晓此事。对账仅是对合同余额的确认,不影响转包合同中关于付款方式的约定。律师费不能作为损失。故云南国际公司的诉讼请求无事实和法律依据,请求依法驳回。

北京市第二中级人民法院经审理认为:中国冶金建设公司与云南国际公司签订的《关于伊拉克小型项目农村电气化工程局19个33/11kv变电站土建工程内部转包合同》合法有效,对双方均具有约束力。合同签订后,云南国际公司进行了施工,并于工程完工后通过了伊方验收,依约履行了合同义务,双方对此均予以确认。云南国际公司与中冶公司签订《伊拉克19座变电站项目国内债权债务确认表》为双方的真实意思表示,本院依据该确认表对中冶公司尚欠云南国际公司工程款本息的数额予以认定。中冶公司称其与云南国际公司进行债务核对系以债务减免为前提,云南国际公司对此不予认可,因中冶公司未能提供相应证据,本院不予采信。内部转包合同约定"甲方根据乙方按月提交驻地工程师签字的工程结算书,负责向业主结算收取工程款直至将工程应收款收齐交给乙方",经查中冶公司至今未收到伊方还款,云南国际公司要求中冶公司给付工程款本息的的条件尚未成就,故对其要求给付工程款本息的诉讼请求,本院不予支持。综上,判决如下:

驳回中国云南国际经济技术合作公司的诉讼请求。

案件受理费十九万六千七百二十三元,由中国云南国际经济技术合作公司负担(已交纳)。

原审宣判后,云南国际公司不服一审判决,上诉至北京市高级人民法院。云南国际公司上诉认为,在工程执行合同期内不存在由其承担的政治或经济风险,中冶公司理应承担工程款给付义务;中冶公司不可能从伊方业主收到还款,且其已经得到相应债务减免,请求撤销原判,在查清事实的基础上依法改判,支持其原诉请求。中冶公司同意原判。

北京市高级人民法院经审理认为:中冶公司与云南国际公司签订的《关于伊拉克小型项目农村电气化工程局19个33/11kv变电站土建工程内部转包合同》合法有效,对双方均具有约束力。合同签订后,云南国际公司进行了施工,并于工程完工后通过了伊方业主验收,依约履行了合同义务,双方对此均予以认可。云南国际公司与中冶公司签订《伊拉克19座变电站项目国内债权债务确认表》为双方的真实意思表示,本院予以确认。就付款而言,双方所签转包合同明确约定"甲方根据乙方按月提交驻地工程师签字的工程结算书,负责向业主结算收取工程款直至将工程应收款收齐交给乙方",经查中冶公司至今尚未收到伊方业主还款,云南国际公司要求中冶公司给付工程款本息的条件尚未成就,故对其要求给付工程款本息之诉请,因尚不具备起诉条件,本案不予处理,云南国际公司可待条件成就后另行解决。原判对双方其他诉求事项的处理正确,本院予以维持。依照《中华人民共和国民事诉讼法》第153条第一款第(一)项之规定,判决如下:驳回上诉,维持原判。一、二审案件受理费各六千五百五十元,均由中国云南国际经济技术合作公司负担(已交纳)。

五、解说

本案中,云南国际公司提出了二项诉求:1. 立即支付工程款465.5万美元及自2005年1月1日起至付款之日止的利息(按同期银行贷款利率计算);2. 支付因实现债权支付的律师代理费35万元。针对云南国际公司的第二项诉求,一、二审法院的处理意见是相同的,即因缺乏合同依据,做实体驳回处理。但就工程款的处理问题,虽在二审主文表现为驳回上诉,维持原判。但从二审判决理由部分可以看出,就这一问题的处理一、二审有本质不同。一审以付款条件未成就进行了实体驳回处理,而二审在本院认为中明确付款条件未成就,尚不具备起诉条件,本案不予处理,并明确告知云南国际公司可待条件成就后另行解决。一审判决理由实质上也是这一意见,但做实体驳回处理显然不妥。一审判决并未从法律上否定云南国际公司对中冶公司所享债权的合法性,只是不具备付款条件而已,言外之意,一旦条件成就,该债权可以得到支持并获得实现。但实体驳回的结果却给实现过程设置了程序性的障碍。条件成就时,云南国际公司是另诉解决还是通过申诉程序解决呢?会不会受申诉期限的限制等问题。

从这一点来看,二审在维持原判的基础上为云南国际公司保留付款条件成就时的诉权是正确的。

案例4:

北京燕谷房地产开发公司、北京天全咨询服务有限责任公司与北京地杰昌盛置业投资有限公司、北京韩建集团有限公司、北京韩建房地产开发有限公司居间合同纠纷案

北京市高级人民法院　邹　治

一、案件基本信息

1. 判决书字号

二审判决书:北京市高级人民法院(2012)高民终字第24号。

2. 案由:居间合同纠纷

3. 当事人

原告(上诉人)北京燕谷房地产开发公司,住所地北京市平谷区平谷镇新平东路18号。

原告(上诉人)北京天全咨询服务有限责任公司,住所地北京市昌平区回龙观镇龙泽苑小区A区2号楼2单元501室。

被告(被上诉人)北京地杰昌盛置业投资有限公司,住所地北京市房山区韩村河镇韩村河山庄6号院1室。

被告(被上诉人)北京韩建集团有限公司,住所地北京市房山区韩村河山庄。

被告(被上诉人)北京韩建房地产开发有限公司(原北京韩建新鹿置业有限公司),住所地北京市房山区韩村河山庄。

二、基本案情

2006年5月10日,地杰公司向燕谷公司和天全公司出具《委托承诺书》,载明:"贵公司向我方推荐的本市西城区西直门外大街'华正大厦'项目,经研究,我方有意操作此项目,有关前期洽谈核实等工作均委托贵公司代为办理,若能以不高于9.35亿元人民币,与对方达成股权转让协议,我公司同意提供人民币叁仟万元(3000万元)作为咨询费交由贵公司包干使用,咨询费的付给时间在我公司与对方签署转让协议及付对方第一笔资金时一次付清。若不能签订股权转让和合作协议,此承诺书自动作废。"同时,地杰公司还出具了给华正大厦项目的股东兴地公司和华正公司的《致函》,内容为有关"华正大厦"的项目洽商谈判条件,交天全公司转交。

2006年6月16日,韩建集团下属公司韩建房地产公司与兴地公司和华正公司签订了项目转让合同。转让费为9.4亿元人民币。该项目转让合同现已履行完毕。对此,燕谷公司和天全公司称因其做了大量的工作,促成了华正大厦项目转让合同的签订,认为地杰公司、韩建集团、韩建房地产公司应按约定给付三千万元咨询费。地杰公司、韩建集团、韩建房地产公司认为燕谷公司和天全公司并未对华正大厦项目转让提供任何服务,故不应给付两公司任何报酬。

原审庭审中,燕谷公司和天全公司为证明其在涉案项目转让中提供服务,提供盖有兴地公司公章的书面证明一份,内容为:"一、2006年5月10日原地杰公司给我方出具的《致函》,是天全公司徐争先生在2006年5月12日交给我方的。二、2006年华正大厦转让项目的资料是我方提供给你们(指燕谷公司、天全公司)的,当时好多家帮我方引资,我方都是口头委托的。结果是经过你们的介绍和努力,促成了华正大厦项目的转让。于2006年6月16日我们

与北京韩建集团在西外中仪大厦正式签订转让合同。三、事先我们向中介方明确两点:其一是鉴于出让方的实际情况,给不了中介费(我们可以帮你们与对方说一说);其二是出让方有两个,有关事宜只对兴地公司就行了。四、关于转让价格:当时让你们(指燕谷公司、天全公司)对外报价人民币9.5亿元,保底价9.35亿元,当时合同成交价为9.4亿元,高于保底价。这与中介方无关,这是谈判双方协商而成的。五、按照合同的约定,首付款日期是2006年8月31日之前。"对此证据真实性,地杰公司、韩建集团、韩建房地产公司不予认可。二审中,燕谷公司和天全公司表示兴地公司有关负责人无法到庭作证。燕谷公司和天全公司另提交刘勇成书面证明一份,内容为:"2006年5月10日原地杰公司出具的《委托承诺书》、《致函》是我交给燕谷公司洪德利的。地杰公司隶属韩建集团,我是代表韩建集团与对方洽谈华正大厦转让事宜的。2006年5月15日徐争先生陪我和老洪一起到出让方兴地公司见到王延庆总经理一起商谈此事,一直到转让协议签订,从头到尾我都参加了。这件事,是燕谷公司和天全公司促成的。据我所知,地杰公司因给韩建集团介绍成功华正大厦项目,田雄已给地杰公司5000万元"。燕谷公司和天全公司称刘勇成是地杰公司下属的北京丹阳房地产开发有限公司总经理,联系涉案项目时代表地杰公司。地杰公司、韩建集团、韩建房地产公司均否认刘勇成是其公司员工。

三、案件焦点

本案主要涉及焦点是双方之间居间服务法律关系是否成立,以及居间服务工作是否实际提供。

四、法院裁判要旨

2010年8月,燕谷公司及天全公司起诉至原审法院称:2006年5月10日,地杰公司(原为北京地杰房地产开发有限责任公司)向燕谷公司和天全公司出具《委托承诺书》,载明:"贵公司向我方推荐的本市西城区西直门外大街'华正大厦'项目,经研究,我方有意操作此项目,有关前期洽谈核实等工作均委托贵公司代为办理,若能以不高于9.35亿元人民币,与对方达成股权转让协议,我公司同意提供人民币叁仟万元(3000万元)作为咨询费交由贵公司包干使用,咨询费的付给时间在我公司与对方签署转让协议及付对方第一笔资金时一次付清。若不能签订股权转让和合作协议,此承诺书自动作废。"同时还出具了给华正大厦项目的股东北京兴地房地产经营公司(以下简称兴地公司)和北京华正房地产开发有限公司(以下简称华正公司)的《致函》,洽商谈判条件,交天全公司转交。为此,燕谷公司和天全公司做了大量的工作,促成了此笔交易。事后,华正大厦项目的股东兴地公司证明:一、2006年5月10日原地杰公司给我方出具的《致函》,是天全公司徐争先生在2006年5月12日交给我方的。二、2006年华正大厦转让项目的资料是我方提供给你们(指燕谷公司、天全公司)的,当时好多家帮我方引资,我方都是口头委托的。结果是经过你们的介绍和努力,促成了华正大厦项目的转让。于2006年6月16日我们与北京韩建集团在西外中仪大厦正式签订转让合同。三、事先我们向中介方明确两点:其一是鉴于出让方的实际情况,给不了中介费(我们可以帮你们与对方说一说);其二是出让方有两个,有关事宜只对兴地公司就行了。四、关于转让价格:当时让你们(指燕谷公司、天全公司)对外报价人民币9.5亿元,保底价9.35亿元,当时合同成交价为9.4亿元,高于保底价。这与中介方无关,这是谈判双方协商而成的。五、按照合同的约定,首付款日期是2006年8月31日之前。当时韩建集团的代表人刘勇成事后证明:"一、2006年5月10日原地杰公司出具的《委托承诺书》和《致函》是我交给燕谷公司洪德利的。地杰公司隶属韩建集团,我是代表韩建集团与对方洽谈华正大厦转让事宜的。二、2006年5月15日徐争先生陪我和老洪一起到出让方兴地公司见到王延庆总经理一起商谈此事,一直到转让协议签订,从头到尾我都参加了。这件事,是燕谷公司和天全公司促成的。三、据我所知,地杰公司因给韩建集团介绍成功华正大厦项目,田雄已给地杰公司5000万元"。从2006年5月10日至6月16日一个月零五天的时间里,韩建集团又让其下属公司韩建新鹿置业有限公司(即此后的韩建房地产公司)与兴地公司和华正公司签订了转让合同,按理应该付给我方3000万元中介费的,地杰公司一再推拖,最后同意给付400万元,我方不同意,遂于2006年、2007年、2008年及2009年派人或致函不停地向地杰公司或其上级公司韩建集团催款。而地杰公司和其上级公司韩建集团拒不付款。我方无奈诉至法院。请法院依法判令地杰公司、韩建集团、韩建房地产公司:1. 支付3000万元中介费;2. 支付2006年8月至2010年4月的利息7,405,245元;3. 承担本案的诉讼费用。

地杰公司辩称:一、燕谷公司的营业执照已经被吊销,其不具备当事人资格,法院应当驳回其起诉。燕谷公司在取得委托书后,并没有履行其承诺的条件,不久后就失去诉讼主体资格。二、天全公司并没有实现承诺书中的条件,不应当获得相关报酬。三、两公司未向我公司提供任何服务,我公司不应当承担任何报酬。四、两公司伪造相关证据,要求我公司承担居间报酬没有任何依据。五、两公司曾起诉过一次,因证据不足而撤诉。六、我公司与韩建集团等都是独立的公司,不存在母子公司关系。请求驳回两公司的诉讼请求。

韩建集团辩称:关于燕谷公司的主体资格问题,与地杰公司的答辩一致。两公司向我公司索要三千万元中介费,没有任何理由。一、我公司获得华正大厦项目,与两公司无关。首先,两公司与我公司没有什么关系,其所提交的证据不能证明其主张;其次,我公司在诉讼前,根本就不知道两公司的存在,没有任何往来,没有收到两公司提供的任何资料。二、我公司与地杰公司是彼此独立的法人,不存在母子公司和隶属关系。三、关于华正项目,我方与地杰公司没有关系。两公司与地杰公司的授权书,与我公司没有关系。四、我公司再次申明,我公司根本就没有刘勇成、梁晨等人,与我公司没有关系。五、两公司以田杰在我公司任职,推断田杰的行为就代表我公司,没有任何法律依据。田杰与我公司法人代表田雄是亲兄弟关系,但两人都有自己的公司,亲属关系与公司关系是不同的。如果仅是凭推断,请求法院不予支持。另外,田杰是韩建集团第二分公司的经理,但地杰公司与我公司没有关系。地杰公司从事的行为,没有我公司盖章,没有田雄的授权,根本不能代表我公司。两公司以授权委托书为依据,该委托书没有我公司的盖章及田雄的签字,对我公司没有效力。另外,以网上查证田杰是我公司的党委副书记,没有任何依据。此外,从合同法上来说,授权委托书根本构不成表见代理,地杰公司没有任何代表我公司的意思。两公司根本没有给我们做任何工作。请求驳回两公司的诉讼请求。

韩建房地产公司辩称:我公司没有委托两公司的任何工作人员为华正项目进行工作。我公司与地杰公司也没有任何隶属关系。地杰公司也没有为我公司做任何事情,我公司亦没有委托地杰公司。我方再次申明,我公司没有刘勇成和梁晨这两个人,不可能委托他俩做任何事。两公司推断田杰的行为与我公司有关系,没有任何依据。另外,华正项目部分股权转让到我公司,是我公司与出让人协商,没有任何中间人介入。两公司对我公司的诉讼请求早已超过诉讼时效,请求法院驳回两公司的诉讼请求。

原审法院经审理认为:本案有两个争议焦点:一是燕谷公司、天全公司起诉地杰公司、韩建集团、韩建房地产公司主体是否适格;二是燕谷公司、天全公司要求地杰公司、韩建集团、韩建房地产公司给付咨询费3000万元是否有依据。首先,本案燕谷公司、天全公司起诉的主要依据是地杰公司向其出具的《委托承诺书》。该承诺书从合同的性质上看应当属于委托合同。从签订的主体上看,应当是燕谷公司、天全公司与地杰公司之间确立合同关系。因此,从合同相对性原理看,燕谷公司、天全公司起诉韩建集团、韩建房地产公司均不适格。虽然燕谷公司、天全公司提出了地杰公司的法定代表人与韩建集团的法定代表人是亲兄弟关系,但不能否认的事实是地杰公司、韩建集团与韩建房地产公司均是独立的法人。因此,燕谷公司、天全公司起诉韩建集团、韩建房地产公司依据不足,法院不能支持其对上述韩建集团、韩建房地产公司的诉讼主张。其次,地杰公司出具的承诺是要求燕谷公司、天全公司以9.35亿元促成华正大厦项目转让,地杰公司同意给付3000万元咨询费。但是:第一,收购华正大厦的并非是地杰公司;第二,燕谷公司、天全公司未能提供充分证据证明其如何为促成华正大厦项目转让提供了何种服务;第三,项目转让最终的价款是9.4亿元超出地杰公司承诺的条件。因此,燕谷公司、天全公司起诉地杰公司、韩建集团、韩建房地产公司索要3000万元缺乏事实依据。尽管燕谷公司、天全公司出具了一些关联证据,但均不能直接证明其索要3000万元咨询费的主张成立。综上,燕谷公司、天全公司的诉讼请求因缺乏事实与法律依据,法院不予支持。

原审法院判决驳回北京燕谷房地产开发公司及北京天全咨询服务有限责任公司的诉讼请求。

判决后,燕谷公司、天全公司均不服,共同向本院提起上诉,以原审法院认定事实不清、适用法律错误为由,请求依法撤销原判,改判支持燕谷公司、天全公司的全部诉讼请求。地杰公司、韩建集团、韩建房地产公司同意原判。

二审法院认为,本案系居间服务纠纷,主张居间费的一方有责任举证证明双方之居间服务法律关系的成立,以及居间服务工作的实际提供。关于居间服务法律关系存在与否的问题。现燕谷公司、天全公司能提供的有效证据有地杰公司向其出具的《委托承诺书》、《致函》。而本案最后签约的主体是韩建房地产公司而非两份证据中显示的地杰公司。虽然燕谷公司、天全公司认为上述两个公司控制人存在亲属关系、两个公司有关联关系,但并没有举出有效证据对主体的不同或变化作出解释,而其所提出的能证明本案事实过程的证人均既无法到庭亦无法有效确定身份。故其现有证明居间服务法律关系存在的证据不足。关于是否实际提供居间服务工作。燕谷公司、天全公司未能提供有效证据证明居间服务的过程。而转让合同中没有提及燕谷公司、天全公司,涉案项目转让合同签约时燕谷公司、天全公司亦并不在场。故是否实际提供居间服务工作本院依现有证据难以认定。

二审法院认为：燕谷公司与天全公司的上诉请求，事实与证据不足，法院不予支持。原审判决结果并无不当，法院予以维持。依照《中华人民共和国民事诉讼法》第153条第一款第（一）项之规定，判决如下：驳回上诉，维持原判。

五、解说

本案案由系居间合同纠纷，依证据规则，当事人对自己提出的诉讼请求所依据的事实或者反驳对方诉讼请求所依据的事实有责任提供证据加以证明。没有证据或者证据不足以证明当事人的事实主张的，由负有举证责任的当事人承担不利后果。

本案中，原告公司向地被告主张促成项目的居间中介费，对于该主张，原告需举证证明两方面内容，即双方之居间服务法律关系的成立，以及居间服务工作的实际提供。现燕谷公司、天全公司能提供的有效证据有地杰公司向其出具的《委托承诺书》、《致函》。而本案最后签约的主体是韩建房地产公司而非两份证据中显示的地杰公司。原告没有举出有效证据对主体的不同或变化作出解释，而其所提出的能证明本案事实过程的证人均既无法到庭亦无法有效确定身份。故其现有证明居间服务法律关系存在的证据不足。而是否实际提供居间服务工作原告也没有提供证据予以证明。故原告的主张难以成立。

综上，一、二审判决是正确的。

案例5：

北京龙海通冠工贸有限公司与万朋汇投资（集团）有限公司项目转让合同纠纷案

北京市高级人民法院 邹 治

一、案件基本信息

1. 判决书字号

二审判决书：北京市高级人民法院（2012）高民终字第860号。

2. 案由：项目转让合同纠纷

3. 当事人

原告（被上诉人）：北京龙海通冠工贸有限公司，住所地北京市东城区安乐林路85号3、4层。

法定代表人姜勋，董事长。

被告（上诉人）：万朋汇投资（集团）有限公司，住所地北京市东城区永定门外大街128号。

法定代表人黄岳川，董事长。

二、基本案情

龙海通冠公司原名称为北京龙海实业公司。万朋汇公司原名称为北京万朋汇投资有限公司。

北京市东城区（原崇文区）永定门外大街128号永外综合商业楼的建设单位是龙海通冠公司。2003年4月16日，龙海通冠公司与万朋汇公司签订《北京市崇文区永外沙子口综合商业楼项目转让合同书》，约定龙海通冠公司以卖断方式将永外综合商业楼项目以3600万元（其中包括土地出让金1829.32万元）转让给万朋汇公司；双方约定上述转让费用分期支付，万朋汇公司如迟延支付应当给付违约金，如最后期限转让金不能付齐，龙海通冠公司将按照所差金额折合的比例拥有该商业大楼的面积，（计算公式：（1）18，338平方米×20%＝3667.6平方米；（2）1500万元÷3667.6平方米＝4089.87元；（3）所差金额除以4089.87元龙海通冠公司拥有的商业大楼的面积）；如龙海通冠公司在办理转让手续的过程中不及时出具有关手续，每逾期一日应当支付已收款项的万分之二点一作为违约金，如万朋汇公司在约定的时间内未支付项目转让金，每逾期一日应当支付该笔逾期款项万分之二点一作为违约金。

2003年6月10日，原北京市发展计划委员会和北京市建设委员会颁发《关于崇文区永外综合商业楼变更有关内容的函》，同意永外综合商业楼转为房地产开发项目，建设单位变更为万朋汇公司。2003年12月13日，龙海通冠公司出具证明，称其开发的永外综合商业楼项目已依法取得国有土地使用权，目前要转让给万朋汇公司的规划土地5230平方米、规划建筑面积 18,180 平方米未被法院查封,未作过预售登记,未作抵押。

因龙海通冠公司与他人存在纠纷,一审法院曾在执行程序中于 2002 年 9 月 5 日查封永外大街 128 号大龙雁童装商厦(即永外综合商业楼)。2004 年 3 月 18 日,一审法院继续查封该商厦二层的房产,并解除二层以外的查封。查封期间,万朋汇公司曾提出执行异议,以其已受让该项目享有永外综合商业楼的所有权为由,申请解除对永外综合商业楼二层房产的查封。经审查,一审法院于 2004 年 11 月 28 日作出(2004)二中执字第 543－3 号民事裁定,以龙海通冠公司作为永外综合商业楼项目的建设单位享有永外综合商业楼房产的所有权,该楼二层房产于 2002 年 9 月 5 日起一直查封,在查封期间龙海通冠公司向万朋汇公司转让该楼二层房产的行为是无效的等理由,裁定驳回万朋汇公司对该案执行的异议。2005 年 6 月 7 日,一审法院作出(2004)二中执字第 543－3 号民事裁定书,因该案已执行完毕,裁定解除对永外大街 128 号大龙雁童装商厦二层的查封。2005 年 6 月 14 日,一审法院发出(2005)二中执字第 484 号协助执行通知书,要求查封永外大街 128 号大龙雁童装商厦第二层的全部房产,并注明本查封由 2005 年 5 月 13 日轮候查封转为第一位查封。诉讼中双方确认,截至目前永外综合商业楼二层仍处于查封状态。

一审诉讼中,双方确认永外综合商业楼的土地出让金实际由万朋汇公司支付,此外龙海通冠公司认可万朋汇公司已支付转让款 2,945,000 元。除龙海通冠公司认可的数额外,万朋汇公司还主张其曾于 2003 年 6 月 9 日支付 200,000 元,于 2003 年 6 月 25 日支付 300,000 元,于 2003 年 10 月 31 日代龙海通冠公司垫付车辆保险费 7176.58 元。对于万朋汇公司曾经支出上述费用龙海通冠公司未持异议,但主张均不属于转让款。

《北京市崇文区永外沙子口综合商业楼项目转让合同书》签订后,永外综合商业楼已交由万朋汇公司占有。该楼总共地上五层地下一层,据当事人陈述该楼第四、五层已转由他人使用,第二层部分商铺已由万朋汇公司出售给耿某某等 54 户小业主,现第二层剩余面积为 2381.48 平方米。

2004 年 8 月 6 日,原北京市建设委员会向万朋汇公司核发了京房权证崇股字第 00252 号房屋所有权证(以下简称 2004 年第 00252 号所有权证),确认座落于原北京市崇文区永定门外大街 128 号的房产系万朋汇公司所有。此后万朋汇公司曾将该房产抵押给华夏银行。2006 年 3 月 3 日,原北京市建设委员会就上述房产办理了房屋所有权初始登记,并于当日向万朋汇公司颁发京房权证崇股字第 00252 号房屋所有权证(以下简称 2006 年第 00252 号所有权证)。2010 年国泰君安投资管理股份有限公司(以下简称国泰君安公司)向原北京市崇文区人民法院提起行政诉讼,请求确认原北京市建设委员会将永外综合商业楼第二层部分房屋(扣除已向耿某某等 54 人出售的部分)产权登记在万朋汇公司名下的行政行为违法,并撤销房屋所有权证中对应部分的产权登记。经一审、二审,最终一审法院以(2011)二中行终字第 496 号行政判决确认原北京市建设委员会 2004 年 8 月 6 日颁发的京房权证崇股字第 00252 号房屋所有权证中关于原北京市崇文区永定门外大街 128 号综合商业楼第二层房屋产权的登记(扣除已向耿某某等 54 人出售的部分)违法;并撤销原北京市建设委员会 2006 年 3 月 3 日将原北京市崇文区永定门外大街 128 号综合商业楼第二层房屋产权登记在万朋汇公司名下的行政行为(扣除已向耿某某等 54 人出售的部分),同时一并撤销京房权证崇股字第 00252 号房屋所有权证中对应部分的产权登记。

三、案件焦点

本案焦点为转让处于查封状态房产的买卖合同是否有效。

四、法院裁判要旨

2010 年 4 月,龙海通冠公司向一审法院起诉称:1992 年,我公司经政府审批依法建设位于北京市崇文区(现东城区)永定门外大街 128 号的永外综合商业楼项目,且我公司已依法办理了项目立项批复、建设用地规划许可证、建设工程规划许可证等手续。1995 年 1 月 17 日,北京市人民政府作出《关于对北京龙海实业总公司申请划拨崇文区永定门外大街沙子口国有土地使用权的批复》(京政房地字[1995]第 05 号),并于 1995 年 1 月 12 日向我公司核发了《北京市城镇建设用地批准书》。根据《中华人民共和国物权法》第 9 条、第 28 条、第 137 条之规定,我公司依据政府的行政行为依法取得该规划用地使用权,且自行政行为生效时而产生物权效力,而不以物权登记为发生效力依据。故涉案土地使用权属于我公司所有,且我公司应为该地块划拨建设用地使用权的合法使用人。此外,2003 年 4 月 24 日,我公司与北京市国土资源和房屋管理局依法签订了《北京市国有土地使用权出让合同》,并交纳了全部土地出让金及相关费用,我公司以变更出让方式取得该涉案国有土地使用权。2003 年 4 月 16 日,我公司与万朋汇公司就整体转让该项目签订了《北京市崇文区永外沙子口综合商业楼项目转让合同书》,约定万朋汇公司向我公司支付项目转让费3600万元，并负责该项目前期拆迁、建楼工作中的遗留问题，以及承担该项目的全部债务。此外，合同约定如万朋汇公司未能按照合同期限付款，应按日万分之二点一支付违约金。2004年2月，双方向北京市国土资源和房屋管理局申请办理土地转让手续。2004年3月30日，北京市国土资源和房屋管理局向万朋汇公司核发了《国有土地使用证》。2002年9月5日，北京市第二中级人民法院将我公司所有的上述涉案土地及房产予以查封，2004年3月18日，法院继续查封永外综合商业楼的二层房产，对该楼的其他部分房产予以解除查封。2004年10月28日，北京市第二中级人民法院作出(2004)二中执字第543-3号民事裁定书，认定我公司作为永外综合商业楼的建设单位，享有该楼房产的所有权。在法院查封期间，我公司将该楼的二层房产转让给万朋汇公司的行为无效，其不能取得上述房产的所有权。根据《中华人民共和国城市房地产管理法》第38条第二款、《中华人民共和国合同法》第52条第五款、第56条、第58条等规定，我公司与万朋汇公司签订的《北京市崇文区永外沙子口综合商业楼项目转让合同书》中有关转让该楼二层房产约定无效，因此该楼二层房产应属于我公司所有，且万朋汇公司因该合同取得的财产应当依法返还我公司，并向我公司支付实际使用期间的房屋使用费。此外，自转让合同签订后，万朋汇公司仅向我公司支付了转让费294.5万元，至今尚欠付我公司转让金(扣除二层无效部分房产转让金4,675,178.64元)本金10,086,621.36元。故万朋汇公司应向我公司支付所欠转让费本息并按照合同支付逾期付款违约金。现我公司起诉请求：1. 确认我公司与万朋汇公司于2003年4月16日所签订的《北京市崇文区永外沙子口综合商业楼项目转让合同书》中有关转让第二层部分房产(具体房号详见《万朋大厦二层未出售房号》，建筑面积2381.48平方米)及其分摊的国有土地使用权无效，并确认该房产及分摊土地归我公司所有；2. 判令万朋汇公司向我公司支付项目转让款10,086,621.36元，并自应付款之日起至实际还款之日止支付贷款利息及按日向我公司支付万分之二点一的逾期付款违约金；3. 如万朋汇公司逾期支付上述款项超过60日，请求确认我公司按照其所欠转让费本息及违约金数额除以4089.87元折合拥有北京市东城区(原崇文区)永定门外大街128号第一、三层以及地下一层未售的房产；4. 判令万朋汇公司向我公司腾退并交付上述房产。

万朋汇公司辩称：一、《北京市崇文区永外沙子口综合商业楼项目转让合同书》是经政府审批的，合法有效。2003年4月16日，我公司与龙海通冠公司签订《北京市崇文区永外沙子口综合商业楼项目转让合同书》，此后北京市崇文区计委将该项目开发主体变更报北京市发展计划委员会和北京市建设委员会审批，2003年6月10日，北京市发展计划委员会和北京市建设委员会联合发函，同意永外综合商业楼项目的开发主体变更为我公司。至此，我公司正式成为永外综合商业楼项目的开发主体。因此，我公司取得永外综合商业楼项目完全合法有效。并且需要特别指出的是，我公司与龙海通冠公司之间是项目转让，而不是房产转让，因此龙海通冠公司的主张无效诉讼请求没有事实依据。二、由于龙海通冠公司向我公司转让的项目存在严重瑕疵，致使我公司无法拥有整个项目。《北京市崇文区永外沙子口综合商业楼项目转让合同书》签订前，龙海通冠公司向我公司承诺项目不存在查封、抵押等情况。合同签订后，龙海通冠公司又向我公司出具证明，书面承诺项目未被法院查封。但事实上永外综合商业楼项目存在巨大的瑕疵，由于龙海通冠公司自身债务问题致使永外综合商业楼二层一直处于查封状态，我公司无法为业主办理分户产权。由此可知，我公司从未真正获得永外综合商业楼二层产权，因此到目前为止龙海通冠公司还未完成项目转让的义务，我公司有理由不向其支付剩余转让款。也正是由于这一原因，从2006年年底龙海通冠公司从未要求我公司支付项目转让款。三、龙海通冠公司的诉讼请求没有依据。由于其自身原因造成至今无法向我公司交付永外综合商业楼二层，其严重违反合同约定及其单方承诺。如上所述，龙海通冠公司与我公司进行的项目转让是经相关行政部门批准的，合法有效，龙海通冠公司要求其中部分转让无效毫无依据。双方进行的是项目转让而不是房产转让，项目不可能分层。如果龙海通冠公司认为土地使用权和房屋所有权有关二层的权利登记存在问题，应当通过行政诉讼主张，而不应通过项目转让合同纠纷的民事诉讼程序主张。四、龙海通冠公司的违约行为给我公司造成巨大损失。由于永外综合商业楼二层一直处于查封状态，造成业主纷纷起诉我公司要求办理分户产权并支付违约金。经原北京市崇文区人民法院调解与判决，我公司需向小业主支付巨额的违约金及滞纳金，这些损失都是由于龙海通冠公司违约行为造成的。由于永外综合商业楼二层无法出售，我公司需要自行承担二层除已售54户业主以外其他面积的养护工作，支付相应的物业费、维修费等，这些损失也应由龙海通冠公司承担。如果永外综合商业楼二层未被查封，我公司早能将其全部售出，收回前期投资,但因二层查封一直未解除致使我公司投资至今未能收回,损失同样无法估量。五、龙海通冠公司自2006年至2010年从未向我公司主张权利,其诉讼请求已超过诉讼时效。综上,我公司不同意其全部诉讼请求。

一审法院经审理认为,当事人对自己提出的诉讼请求所依据的事实或者反驳对方诉讼请求所依据的事实有责任提供证据加以证明。没有证据或者证据不足以证明当事人的事实主张的,由负有举证责任的当事人承担不利后果。本案中证据显示,万朋汇公司与龙海通冠公司于2003年4月16日签订《北京市崇文区永外沙子口综合商业楼项目转让合同书》,此后虽然经原北京市发展计划委员会和北京市建设委员会审批,其建设单位变更为万朋汇公司,但签约前永外综合商业楼已经被人民法院依法查封,之后虽然解除了部分查封但二层部分始终处于查封状态,且法院于2004年11月28日作出的(2004)二中执字第543-3号民事裁定书中已经认定查封期间龙海通冠公司向万朋汇公司转让该楼二层房产的行为无效。截至本案一审法庭辩论终结前,永外综合商业楼二层仍处于查封状态。故此,龙海通冠公司主张《北京市崇文区永外沙子口综合商业楼项目转让合同书》中涉及转让二层目前未售出房产(建筑面积2381.48平方米)及其分摊的国有土地使用权无效的诉讼请求具有法律依据,对其该项诉讼请求应予支持。无效合同自始无效,依据无效合同取得的财产应予以返还,故该部分房产仍应归龙海通冠公司所有,万朋汇公司应腾退该部分房产并返还龙海通冠公司。同时,万朋汇公司没有义务就二层无效部分支付转让费用。依据《中华人民共和国土地管理法》之规定,土地使用权争议不属于人民法院民事诉讼审查范围,故本案中对龙海通冠公司主张二层部分房产分摊土地归其所有的诉讼请求不予审查,当事人应当通过合法途径主张权利。永外综合商业楼除二层始终被查封外,其余部分在双方签订《北京市崇文区永外沙子口综合商业楼项目转让合同书》时虽然处于查封状态,但此后已解除查封,否定合同效力的因素已经消除,故此该部分合同应属有效。但在扣除二层无效部分的转让费用后,万朋汇公司已支付的金额仍不足其应当承担的转让费用,差额部分其应当继续承担给付责任,并应给付相应利息。因双方在发生争议后并未进行结算,相关事项始终处于未确定状态,故法院对万朋汇公司主张龙海通冠公司起诉已超过诉讼时效的抗辩意见不予采信。双方对万朋汇公司已支付的转让费金额存在争议,法院将依据双方各自陈述以及举证情况综合认定万朋汇公司已支付的金额。同时,鉴于永外综合商业楼在签约前已经被查封,且二层始终处于查封状态,显然影响合同履行,故法院对龙海通冠公司要求万朋汇公司承担违约金的诉讼请求不予支持。双方签订的《北京市崇文区永外沙子口综合商业楼项目转让合同书》中约定,如最后期限转让金不能付齐,龙海通冠公司将按照所差金额折合的比例拥有该商业大楼的面积,计算公式为所差金额除以4089.87元折合面积。该项约定不属于无效范围,故法院对龙海通冠公司该部分诉讼请求予以支持。一审法院判决:一、北京龙海通冠工贸有限公司与万朋汇投资(集团)有限公司于二〇〇三年四月十六日签订的《北京市崇文区永外沙子口综合商业楼项目转让合同书》中有关转让北京市东城区(原崇文区)永外大街沙子口128号第二层房产(扣除已向耿某某等五十四人出售的部分)无效,该部分房产归北京龙海通冠工贸有限公司所有;二、万朋汇投资(集团)有限公司于判决生效后三十日内给付北京龙海通冠工贸有限公司剩余转让款九百五十八万六千六百二十一元三角六分及利息(利息以上述款项为本金,自二〇〇六年一月一日起至判决给付之日止,按中国人民银行同期贷款基准利率计算);三、万朋汇投资(集团)有限公司于判决生效后三十日内从北京市东城区(原崇文区)永外大街沙子口128号第二层房产(扣除已向耿某某等五十四人出售的部分)腾退并将上述房屋交付北京龙海通冠工贸有限公司;四、如果万朋汇投资(集团)有限公司未足额支付判决第二项所确认的款项逾期超过六十日,北京龙海通冠工贸有限公司可按照所差金额除以四千零八十九元八角七分折合拥有北京市东城区(原崇文区)永外大街沙子口128号第一层、第三层、地下一层未售的房产;五、驳回北京龙海通冠工贸有限公司其他诉讼请求。

一审判决后,万朋汇公司不服,以永外综合商业楼二层被查封不能成为项目转让合同部分无效的理由、转让的项目存在严重瑕疵,故万朋汇公司有权暂不支付剩余转让款及将永外综合商业楼二层判决腾退缺乏依据为由,向二审法院提出上诉,请求依法撤销原判一、二、三、四项,改判驳回龙海通冠公司的诉讼请求。龙海通冠公司同意原判。

二审法院经审理认为,万朋汇公司与龙海通冠公司签订的《北京市崇文区永外沙子口综合商业楼项目转让合同书》,系双方当事人的真实意思表示,此后经原北京市发展计划委员会和北京市建设委员会审批建设单位变更为万朋汇公司。但双方签约前永外综合商业楼已经被人民法院依法查封。现永外综合商业楼除二层始终被查封外，其余部分已解封，否定合同效力的因素已经消除，故原审判决认定该部分合同有效是正确的。因永外综合商业楼二层部分始终处于查封状态，且法院于 2004 年 11 月 28 日作出的(2004)二中执字第 543 - 3 号生效民事裁定已经认定查封期间龙海通冠公司向万朋汇公司转让该楼二层房产的行为无效，截至目前永外综合商业楼二层仍处于查封状态，故一审法院依法支持龙海通冠公司主张《北京市崇文区永外沙子口综合商业楼项目转让合同书》中涉及转让二层目前未售出房产(建筑面积 2381.48 平方米)无效的诉讼请求并无不当，同时据此判决万朋汇公司腾退该部分房产并返还龙海通冠公司亦无不妥。万朋汇公司以原审判决认定永外综合商业楼二层被查封是项目转让合同部分无效的理由、转让的项目存在严重瑕疵故万朋汇公司有权暂不支付剩余转让款及将永外综合商业楼二层判决腾退缺乏依据之上诉理由不能成立，对其上诉请求，二审法院不予支持。一审法院根据双方各自陈述以及举证情况综合认定万朋汇公司已支付转让款的金额等其他内容的处理并无不当。综上，原审判决认定事实清楚，适用法律正确，二审法院予以维持。根据《中华人民共和国民事诉讼法》第 153 条第一款第(一)项之规定，判决如下：驳回上诉，维持原判。

五、解说

本案涉及的问题主要为被有权国家机关采取查封等强制措施的房屋买卖合同的效力问题。我们认为，从维护司法的权威和强制措施的效力，简化纠纷处理方式的角度出发，审判实践中应当根据强制措施和房屋买卖合同签订的先后顺序，区分情况分别处理。如果强制措施在先，则出卖人处分房屋的权利受到限制，该房屋也属于限制流通物，故房屋买卖合同一般认定为无效；如果签订合同在先，则有权国家机关采取的强制措施不影响已成立的房屋买卖合同的效力。本案中情况即为强制措施在先，买卖合同在后情形，且一审辩论终结前仍处于查封状态，应当认定合同无效。

案例 6：

“黑白合同”中如何结算工程价款

——北京城建二建设工程有限公司诉北京西友瑞海房地产开发有限公司建设工程合同施工案

北京市高级人民法院　汪　明

一、案件基本信息

1. 裁判文书字号

北京市高级人民法院(2011)高民终字第 2800 号民事判决书。

2. 案由：建设工程施工合同纠纷

3. 当事人

原告、反诉被告(上诉人)：北京城建二建设工程有限公司。

被告、反诉原告(被上诉人)：北京西友瑞海房地产开发有限公司。

二、基本案情

城建二公司和西友瑞海公司于 2006 年 2 月 17 日签订《建设工程施工合同(瑞海大厦)》，于同年 2 月 22 日完成合同备案。双方约定由城建二公司承建瑞海大厦工程，合同价款为 159,571,360 元，采用可调总价合同方式确定；合同工期为 810 日历天等内容。在此之前，双方还曾于 2005 年 12 月 15 日订立了《施工总承包协议书》，约定总工期为 680 天，工程进度到结构封顶时，西友瑞海公司付到工程款 4000 万元，城建二公司向西友瑞海公司在总价的基础上让利 2.5%，保修金返还以双方签订的保修合同为准，双方按国家规定的保修办法办理。随后，城建二公司于 2005 年 12 月 18 日出具《承诺书》，同意在总价的基础上让利 2.5%。2006 年 2 月 28 日，双方又签订一份《瑞海大厦补充协议书》，约定双方于 2006 年 2 月 17 日签订的合同仅用于备案，不作为工程实际执行、工程款支付及办理竣工结算的依据。2008 年 6 月 1 日，城建二公司与西友瑞海公司签订《瑞海大厦合同精装修部分补充协议书》,约定西友瑞海公司将瑞海大厦精装修工程交由城建二公司承包,实行总价包干,除新增项目和洽商外,其他不予调整,合同总价为 4,947,995.82 元。

双方签订合同后,城建二公司即开始就本案所涉瑞海大厦工程进行施工。2009 年 1 月 16 日,经质检站最终认可,瑞海大厦于 2009 年 1 月 15 日完成了整体竣工验收,于 2009 年 1 月 20 日完成了工程竣工验收备案。后双方因工程结算等问题发生争议,向北京市第一中级人民法院(以下简称市一中院)提起本案诉讼。

三、案件焦点

本案的争议焦点在于:城建二公司和西友瑞海公司在备案的《建设工程施工合同(瑞海大厦)》之外,另行签订的《施工总承包协议书》、《承诺书》和《瑞海大厦合同精装修部分补充协议书》,能否作为结算工程价款的依据?

四、法院裁判要旨

市一中院经审理认为:根据最高人民法院《关于审理建设工程施工合同纠纷案件适用法律问题的解释》第 21 条规定:"当事人就同一建设工程另行订立的建设工程施工合同与经过备案的中标合同实质性内容不一致的,应当以备案的中标合同作为结算工程价款的根据"。城建二公司与西友瑞海公司签订的《建设工程施工合同(瑞海大厦)》、《施工总承包协议书》、《补充协议书》虽均系双方真实意思表示,但《建设工程施工合同(瑞海大厦)》订立在后,且业经行政主管部门备案,故应以此备案合同作为确定合同造价和结算工程价款的根据,对于西友瑞海公司依据《施工总承包协议书》主张城建二公司按工程总价款让利 2.5% 的反诉请求,因与备案合同约定内容不一致,法院不予支持。同时,市一中院对应付工程款数额、逾期付款利息及优先受偿权问题一并作了处理。

据此,市一中院依据《中华人民共和国合同法》第 8 条、第 60 条第一款、第 113 条、最高人民法院《关于审理建设工程施工合同纠纷案件适用法律问题的解释》第 17 条、第 18 条、第 21 条,最高人民法院《关于建设工程价款优先受偿权问题的批复》第一条、第四条,《房屋建筑工程质量保修办法》第七条的规定,作出如下判决:

1. 本判决生效后七日内,西友瑞海公司给付城建二公司工程款五千四百五十二万七千三百七十元八角二分,并自二〇〇九年一月二十一日起按中国人民银行同期同类贷款利率支付上述工程款的逾期付款利息至判决生效之日止。

2. 本判决生效后七日内,城建二公司给付西友瑞海公司延期竣工违约金四百七十八万七千一百四十元八角。

3. 本判决生效后七日内,城建二公司赔偿西友瑞海公司占房经济损失一百九十二万三千元。

4. 本判决生效后三个月内,城建二公司对瑞海大厦地下室防水工程进行维修,解决渗水问题,如城建二公司未能按期履行上述维修义务,则西友瑞海公司可自行进行维修,由此产生的维修费用由城建二公司承担。

5. 驳回城建二公司的其他诉讼请求。

6. 驳回西友瑞海公司的其他反诉请求。

城建二公司、西友瑞海公司均不服,持原审意见向北京市高级人民法院(以下简称市高院)提起上诉。市高院经审理认为:城建二公司与西友瑞海公司在平等基础上签订的《建设工程施工合同(瑞海大厦)》系双方当事人真实意思表示,不违反法律规定,且该合同在有关部门进行了备案,属有效合同,双方均应遵照履行。虽然双方在履行《建设工程施工合同(瑞海大厦)》之前签订了若干份《施工总承包协议书》、《补充协议书》,但上述协议未在有关主管部门登记备案,不能作为双方工程结算的依据。且西友瑞海公司在本院审理期间亦不再坚持以上述合同作为结算工程款的依据及要求确认为有效合同,故一审法院关于合同效力的认定及依照备案合同作为工程款结算的基础依据的判决并无不当,应予确认。一审法院对其他问题的处理并无不当。

市高院依照《民事诉讼法》第 154 条的规定,裁定如下:

驳回上诉,维持原判。

五、解说

在建设工程施工合同纠纷案件中,承包方和发包方出于各种目的考虑,经常就同一建设工程签订实质性内容不一样的两份或者多份建设工程施工合同,俗称"黑白合同"。"白合同"用于招投标备案,应付行政监管;"黑合同"用于私下结算,便于承接工程,获取折扣。那么,"黑白合同"中如何结算工程价款呢?

为了规范建设工程施工合同的签订,建立正常的社会主义市场经济竞争秩序,同时为了统一法院对"黑白合同"的审理尺度,最高人民法院《关于审理建设工程施工合同纠纷案件适用法律问题的解释》第 21 条规定:"当事人就同一建设工程另行订立的建设工程施工合同与经过备案的中标合同实质性内容不一致的,应当以备案的中标合同作为结算工程价款的根据。"

对于最高人民法院上述司法解释的规定,应作如下理解:

1. 法律、行政法规规定必须进行招标的建设工程,或者未规定必须进行招标的建设工程,但依法经过招标投标程序并进行了备案，当事人实际履行的施工合同与备案的中标合同实质性内容不一致的，应当以备案的中标合同作为结算工程价款的依据。

法律、行政法规规定不是必须进行招标的建设工程，实际也未依法进行招投标，当事人将签订的建设工程施工合同在当地建设行政管理部门进行了备案，备案的合同与实际履行的合同实质性内容不一致的，应当以当事人实际履行的合同作为结算工程价款的依据。

备案的中标合同与当事人实际履行的施工合同均因违反法律、行政法规的强制性规定被认定为无效的，可以参照当事人实际履行的合同结算工程价款。

2. 招投标双方在同一工程范围下另行签订的变更工程价款、计价方式、施工工期、质量标准等中标结果的协议，应当认定为上述规定的实质性内容变更。中标人作出的以明显高于市场价格购买承建房产、无偿建设住房配套设施、让利、向建设方捐款等承诺，亦应认定为变更中标合同的实质性内容。

备案的中标合同实际履行过程中，工程因设计变更、规划调整等客观原因导致工程量增减、质量标准或施工工期发生变化，当事人签订补充协议、会谈纪要等书面文件对中标合同的实质性内容进行变更和补充的，属于正常的合同变更，应以上述文件作为确定当事人权利义务的依据。

本案中，城建二公司和西友瑞海公司在签订备案的《建设工程施工合同（瑞海大厦）》前后期间，在同一工程范围下另行签订了《施工总承包协议书》、《承诺书》和《瑞海大厦合同精装修部分补充协议书》，且不属于备案的中标合同实际履行过程中，因工程设计变更、规划调整等客观原因导致工程量增减、质量标准或施工工期发生变化而必须对中标合同的实质性内容进行变更和补充的情况，因此，双方当事人另行签订的上述文件不应作为确定当事人权利义务的依据。

因此，本案应以城建二公司与西友瑞海公司签订的《建设工程施工合同（瑞海大厦）》作为结算工程价款的依据，一、二审法院的认定意见正确。同时，结合对案件其他问题的审理，一、二审法院所作出的判决结果也是正确的。

案例7：

合同隐形缔约方的认定

——北京市通州区永顺镇王家场村村民委员会诉北京顺开房地产开发有限公司所有权案

北京市高级人民法院　汪　明

一、案件基本信息

1. 裁判文书字号

北京市高级人民法院（2010）高民终字第1689号民事判决书。

2. 案由：所有权纠纷

3. 当事人

被告、反诉原告（上诉人）北京顺开房地产开发有限公司。

原告、反诉被告（被上诉人）北京市通州区永顺镇王家场村村民委员会。

第三人（原审第三人）北京凯瑞房地产开发有限公司

二、基本案情

2000年6月16日，村委会（甲方）与东润公司（乙方）签订《土地使用权租赁协议》，约定主要内容为：甲方所属运河东堤外永顺地区毛线厂前136.4亩土地，甲方愿将此所属土地136.4亩使用权交于乙方使用30年，不得干预乙方的正常使用，不得将使用权转与他人使用等。

2001年9月26日，村委会与顺开公司签订《土地征用协议书》，约定：顺开公司（乙方）征用村委会（甲方）拥有的土地150.79亩，其中建设用地99.13亩，代征城市用地51.66亩（以上面积以实地测量为准）；土地补偿费总计6162.82万元。此后，在办理土地转让手续过程中,顺开公司发现受让的部分土地已由东润公司租赁使用。

至此,三方就土地使用权问题产生纠纷。经协商达成协议,确定由顺开公司(甲方)与北京东润工贸有限公司的关联单位凯瑞公司(乙方)签订协议书。约定该地块划分为南北两个区域(规划路以南为南区,以北为北区),南区由甲方开发,北区由乙方开发;北区地块占地61.5亩,其中建设用地53.1亩,代征地面积8.4亩;土地转让费总计3711.6万元等。目前,凯瑞公司已付顺开公司转让款500万元。

根据顺开公司与凯瑞公司的协议,北京市通州区国土资源和房屋管理局(现为北京市国土资源局通州分局)分别于2003年12月向凯瑞公司及顺开公司颁发了国有土地使用证。

此后,顺开公司继续向村委会支付转让款。截至诉前,顺开公司累计向村委会付款2951.22万元。

三、案件焦点

本案的争议焦点在于:顺开公司与凯瑞公司签订的土地转让协议的内容是否体现了村委会的意思表示,村委会是否属于该协议的隐形缔约方。

四、法院裁判要旨

北京市第二中级人民法院(以下简称市二中院)经审理认为:根据本案查明的事实及现有证据,虽协议签订后,顺开公司发现其在与村委会签订协议之前,村委会已经将转让中的部分土地出租给东润公司,为此就土地使用权问题三方产生纠纷,但根据事后顺开公司与东润公司的关联单位凯瑞公司所签订的协议内容,可以认定顺开公司将其依据协议享有的合同权利即受让土地后,又将部分土地通过协议的方式转让给了凯瑞公司的事实。至此,村委会已经履行了与顺开公司的约定义务。此后,顺开公司与凯瑞公司分别经过征地程序取得了国有土地,并各自取得国有土地使用权证。现村委会起诉要求顺开公司支付尚欠土地补偿款,理由成立,法院予以支持。因村委会与凯瑞公司之间并不存在土地转让关系,且顺开公司未能提供充分证据证明凯瑞公司承诺由其直接向村委会支付补偿费,故凯瑞公司取得的土地完全是基于与顺开公司的转让合同,与村委会无关。顺开公司应当向村委会承担给付补偿费义务,顺开公司关于其不应再承担给付义务的抗辩意见缺乏事实及法律依据,法院不予采信。至于顺开公司与凯瑞公司因履行合同产生的纠纷,双方可另行解决。

据此,市二中院依据《中华人民共和国民法通则》第4条、第6条之规定,作出如下判决:

(1)顺开公司于本判决生效后七日内支付村委会土地补偿费三千二百一十一万六千元。

(2)顺开公司于本判决生效后七日内支付村委会土地补偿费之利息。

(3)驳回村委会的其他诉讼请求。

(4)驳回顺开公司的全部反诉请求。

顺开公司不服,持原审意见向北京市高级人民法院(以下简称市高院)提起上诉。市高院经审理认为:村委会与顺开公司在平等基础上签订的《土地征用协议书》系双方真实意思体现。村委会通过出让土地而获取相应的补偿费用,顺开公司以每亩58万元的对价以获取对土地的使用权。协议签订后,顺开公司在履行该协议过程中发现村委会在此之前已将部分涉案土地以租赁的形式出租给东润公司。依照本案的事实,由于东润公司占用部分涉案土地,故顺开公司要顺利取得该地块的使用权,必须首先要解决村委会与东润公司之间的租赁纠纷问题。由于东润公司不同意解除与村委会之间的租赁合同,村委会不能按约定全部交付土地。为了尽快解决纠纷,尽早实现合同目的,顺开公司与东润公司的关联公司凯瑞公司于2003年12月12日签订了相关土地转让的协议书。在该协议书中,双方明确以与上述价位基本相当价格,取得了其所租用的村委会的土地使用权。至此,可以确认村委会、顺开公司、凯瑞公司之间是为了解决三方之间因为土地出让产生的矛盾而签订了上述协议书。应当指出,虽然村委会至今仍表示其对于顺开公司与凯瑞公司之间签订的土地补偿协议不知情,不认可其与凯瑞公司之间存有合同关系,也没有直接参与顺开公司与凯瑞公司之间所签订的协议书。但综观整个案件事实,根据涉案土地的性质及土地变性的程序要求,村委会作为土地的原始所有权人,在该土地的所有权没有转至顺开公司名下的情况下,如果没有土地所有权人的同意或者认可,任何人没有权利作为土地方与其他公司签订有关涉及土地划分及改变权属的协议的。相同的理由,顺开公司也没有权利作为土地方出让方与凯瑞公司在土地管理部门签订土地出让协议。通过三方在履行协议过程中各自应当承担的义务,以及村委会在与顺开公司签订合同后,在顺开公司没有完全向其支付补偿款的情况下,配合土地部门为顺开公司、凯瑞公司办理了相关的土地权属转让手续的事实,可以确认村委会是明知或者是默认顺开公司与凯瑞公司签订上述协议。

市高院依照《中华人民共和国民事诉讼法》第153条第一款第(三)项之规定,作出如下判决:

1. 维持一审判决第三项、第四项;
2. 撤销一审判决第一项、第二项;

3. 凯瑞公司于本判决生效后七日内支付村委会土地补偿费三千二百一十一万六千元;

4. 凯瑞公司于本判决生效后七日内支付村委会土地补偿费(三千二百一十一万六千元)之利息(支付自二〇〇九年三月二十日起至支付日止,按照中国人民银行同期定期存款利率计算);

5. 驳回顺开公司其他上诉请求。

五、解说

村委会与顺开公司签订《土地征用协议书》前,村委会已将部分涉案土地以租赁的形式出租给东润公司。由于东润公司不同意解除与村委会之间的租赁合同,依据"买卖不破租赁"的原则和相关法律规定,在该土地租赁关系存续期间,村委会出让土地,而东润公司不同意解除原租赁协议的,顺开公司应代替村委会承继原租赁关系中的权利义务。故而,在此情况之下,顺开公司无法实现其签订合同目的,其必须首先要解决村委会与东润公司之间的租赁纠纷问题。可见,顺开公司之所以与东润公司的关联单位凯瑞公司签订土地转让协议,实属出于无奈。

虽然村委会表示其对于顺开公司与凯瑞公司之间签订的土地补偿协议不知情,不认可其与凯瑞公司之间存有合同关系,也没有直接参与顺开公司与凯瑞公司之间所签订的协议书。但是,由于我国实行严格的土地监管体制,《中华人民共和国土地管理法》第3条规定,十分珍惜、合理利用土地和切实保护耕地是我国的基本国策。各级人民政府应当采取措施,全面规划,严格管理,保护、开发土地资源,制止非法占用土地的行为。第11条规定,农民集体所有的土地,由县级人民政府登记造册,核发证书,确认所有权。农民集体所有的土地依法用于非农业建设的,由县级人民政府登记造册,核发证书,确认建设用地使用权。第12条亦规定,依法改变土地权属和用途的,应当办理土地变更登记手续。因此,综观整个案件事实,根据涉案土地的性质及土地性质变更的程序要求,村委会作为涉案土地的原始所有权人,在该土地的所有权没有转至顺开公司名下的情况下,如果没有土地所有权人的同意或者认可,任何人没有权利作为土地方出让方与凯瑞公司签订有关涉及土地划分及改变权属协议。同理,顺开公司也没有权利作为土地方出让方与凯瑞公司在土地管理部门签订土地出让协议。通过村委会、顺开公司和凯瑞公司三方在履行协议过程中各自应当承担的义务,以及村委会在与顺开公司签订合同后,在顺开公司没有完全向其支付补偿款的情况下,配合土地部门为顺开公司、凯瑞公司办理了相关的土地权属转让手续的事实,可以确认村委会是明知或者是默认顺开公司与凯瑞公司签订上述协议。因此,可以认定,虽然土地转让协议是由顺开公司与凯瑞公司签订的,但该协议内容体现了村委会的意思表示,村委会以其实际行动促成了该协议的签订和内容的实现,村委会属于该协议的隐形缔约方。

综上,村委会否认顺开公司与凯瑞公司之间签订的合同与其有关联,不向凯瑞公司主张权利,坚持由顺开公司向其支付由凯瑞公司享有权利并获取利益的土地补偿款,既不符合常理,也有违案件事实,二审法院依法予以纠正,所作出的二审判决正确。

案例8:

承租人优先购买权的行使条件

——北京兴北艺贸易有限责任公司诉北京东长安(集团)有限公司房屋租赁合同案

北京市高级人民法院 汪 明

一、案件基本信息

1. 裁判文书字号

北京市高级人民法院(2011)高民终字第3611号民事判决书。

2. 案由:房屋租赁合同纠纷

3. 当事人

原告(上诉人)北京兴北艺贸易有限责任公司。

被告(被上诉人)北京东长安(集团)有限公司。

二、基本案情

工艺公司(甲方)与北京东长安饭店有限公司[乙方,于2005年6月17日更名为北京东长安(集团)有限公司]签订《房屋租赁合同》,合同约定:甲方将其自有产权的北京市朝阳区建国门外大街10号"北京工艺进出口有限责任公司办公大楼"的部分楼层出租给乙方,甲方承诺给乙方的租赁期限为20年。合同还约定了其他权利与义务。

合同签订后,双方正式对租赁标的物进行交接。

2004年1月16日的兴北艺公司章程显示,兴北艺公司的股东共有三个:一为外经贸控股公司,以土地使用权投资方式;二为工艺公司,以房产投资方式;三为北京来可利贸易有限责任公司,以货币投资方式。

2004年4月23日,北京市朝阳区建国门外大街10号的房屋所有权人登记在兴北艺公司名下。

2005年12月12日,工艺公司向东长安公司发出付款说明,称《房屋租赁合同》的出租方已于2004年年初变更为兴北艺公司,对这一变更我司已多次书面通知贵司,并要求进行租赁合同变更,但因多种原因,至今尚未完成书面租赁合同中出租方的变更工作,要求东长安公司将2005年部分房屋租金100万元支付给兴北艺公司,并由兴北艺公司出具正式发票。2005年12月14日起,东长安公司陆续支付给兴北艺公司房租若干。后双方因租金支付等事宜发生纠纷,向北京市第二中级人民法院(以下简称市二中院)提起本案诉讼。

另查明:第一,2006年11月30日,市二中院作出(2006)二中民破字第17764号决定书,决定成立北京工艺进出口有限责任公司破产清算组。第二,2008年7月,东长安公司起诉工艺公司、兴北艺公司至北京市朝阳区人民法院,要求确认东长安公司对《房屋租赁合同》项下位于北京市朝阳区建国门外大街10号的工艺公司办公楼、配楼及地下室享有优先购买权。北京市朝阳区人民法院经审理后认为,工艺公司是以自有房产进行出资,与另外两个股东成立兴北艺公司,并同时成为兴北艺公司的股东之一,虽然现在租赁标的物的产权登记在兴北艺公司名下,但此只是工艺公司的一种投资经营行为,并非买卖,该行为未违反合同约定及法律规定。故东长安公司的诉讼请求于法无据,不予支持。据此判决驳回东长安公司之诉讼请求。判决后,东长安公司不服,上诉至市二中院,市二中院判决驳回上诉,维持原判。

三、案件焦点

本案的争议焦点在于:在兴北艺公司取得涉诉房屋所有权的过程中,是否侵害了作为承租人东长安公司对于涉诉房屋的"承租人优先购买权"?

四、法院裁判要旨

市二中院经审理认为:《房屋租赁合同》签订后,工艺公司向东长安公司交付了涉诉房屋,东长安公司对涉诉房屋进行了经营使用并向工艺公司交纳房租,双方开始履行租赁合同。后工艺公司以涉诉房产作价出资与其他股东成立兴北艺公司,并向东长安公司发出付款说明要求其向兴北艺公司交纳租金,但是工艺公司至今没有将《房屋租赁合同》的出租方予以变更,而与承租人就租赁问题进行了进一步协商。其后东长安公司向兴北艺公司支付了部分租金,但并不认可兴北艺公司的出租人地位,其认为兴北艺公司仅是代工艺公司收取租金,合同的相对方仍是工艺公司。且生效判决也确认虽然现在涉诉房屋的产权登记在兴北艺公司名下,但只是工艺公司的一种投资经营行为,东长安公司不享有优先购买权。至2006年11月工艺公司开始进入破产清算程序。因此,原《房屋租赁合同》项下的权利义务,仍应由工艺公司与东长安公司履行。兴北艺公司以东长安公司欠付租金为由要求解除《房屋租赁合同》、要求东长安公司返还涉诉房屋、支付租金、滞纳金及违约金,无事实与法律依据,不予支持。

据此,市二中院依据《中华人民共和国民事诉讼法》第64条之规定,作出如下判决:

驳回兴北艺公司的全部诉讼请求。

兴北艺公司不服,持原审意见向北京市高级人民法院(以下简称市高院)提起上诉。市高院经审理认为:东长安公司未按合同约定的时间和金额履行承租人的合同义务,违背诚信原则,违约事实存在,应承担违约责任。东长安公司辩称,双方有以租代购和由其购房的约定,没有证据支持,法院不予采信。2004年因工艺公司进行资产重组,涉诉房屋的所有权由兴北艺公司取得。根据查明的事实和证据,房屋产权人变化情况已告知承租人东长安公司,东长安公司遂向兴北艺公司直接支付过部分租金。事实表明东长安公司对兴北艺公司产权人身份和行使出租人权利是认可的。兴北艺公司取得房屋产权后,依法律规定有权继续行使出租人的权利,租赁合同对其与承租人具有拘束力。当房屋产权人的合法权益受到损害时,其有权请求法律保护。因此,房屋所有权人兴北艺公司要求承租人东长安公司支付拖欠的租金,承担违约责任,诉讼主体适格,并无不妥。一审判决认定,合同相对方仍是工艺公司,租赁合同项下的权利义务，应由工艺公司与东长安公司履行，既与事实不符亦与法律规定相悖，是不当的。二审法院应依法予以纠正。

市高院依照《中华人民共和国物权法》第39条、《中华人民共和国合同法》第107条、第114条、第227条、第229条及《中华人民共和国民事诉讼法》第153条第一款第（二）项、第（三）项之规定，作出如下判决：

1. 撤销一审判决；

2. 涉案《房屋租赁合同》自本判决生效之日解除；东长安公司于《房屋租赁合同》解除之日起六十日内将承租房屋交还给兴北艺公司；

3. 东长安公司于本判决生效后十日内，向兴北艺公司支付自2005年起至房屋租赁合同解除之日欠付的租金；

4. 东长安公司在交还租赁房屋十日内向兴北艺公司支付自《房屋租赁合同》解除次日起至房屋实际交还之日止的房屋使用费，按实际天数以每日14931.5元计算给付；

5. 东长安公司于本判决生效后十日内，向兴北艺公司支付滞纳金二百万元；

6. 东长安公司于本判决生效后十日内，向兴北艺公司支付违约金五百万元。

五、解说

承租人优先购买权，是指承租人依法律规定而享有的于房屋所有人出卖房屋于第三人时，得以同等条件优先于他人而购买的权利。最高人民法院《关于贯彻执行〈中华人民共和国民法通则〉若干问题的意见（试行）》（以下简称《民通意见》）第118条规定："出租人出卖出租房屋，应提前三个月通知承租人，承租人在同等条件下，享有优先购买权；出租人未按此规定出卖房屋的，承租人可以请求人民法院宣告该房屋买卖无效。"《中华人民共和国合同法》（以下简称《合同法》）第230条规定："出租人出卖租赁房屋的，应当在出卖之前的合理期限内通知承租人，承租人享有以同等条件优先购买的权利。"对于房屋承租人优先购买权的权利性质，通说认为是形成权，即只要房屋承租人接受与第三人同等的购买条件，仅凭其单方面的意思表示，便能形成务人（出卖人）出卖与第三人同等条件为内容之契约，无须义务人之承诺。

房屋承租人在行使其优先购买权时，必须具备以下几个要件：1. 出租人在租赁期内出卖租赁房屋，这是房屋承租人优先购买权得以行使的基础条件。2. 房屋承租人与出租人之间必须存在合法有效的租赁关系，这样承租人才有可能享有优先购买权。3. 房屋承租人必须在一定期限内行使优先购买权。依据《民通意见》第118条的规定，房屋承租人只能在出租人通知后的三个月内行使优先购买权。4. 房屋承租人如行使优先购买权，必须以明示的方式作出。一旦期限届满，承租人不作购买的意思表示，则视为放弃。5. 承租人只能在与第三人同等的条件下行使优先购买权，一般认为，"同等条件"是以出租人与第三人订立的买卖合同中约定的条件为准。

由此可见，出租人对租赁房屋的"出卖"是承租人行使优先购买权的最基础条件。《合同法》第130条的规定，"买卖合同是出卖人转移标的物的所有权于买受人，买受人支付价款的合同"，据此，"出卖租赁房屋"应理解为出租人与第三人的房屋买卖合同已经成立，即房屋承租人优先购买权只在租赁房屋作为买卖合同法律关系的标的物时发生，在赠与、公司改制、资产重组及因公用征收等法律关系中则不得行使。

本案中，涉诉房屋的所有权由工艺公司转移至兴北艺公司名下，起因于工艺公司资产重组，而并非由工艺公司将涉诉房屋出卖于兴北艺公司。因此，东长安公司关于其在承租期间对涉诉房屋享有优先购买权的主张，缺乏事实和法律依据。

兴北艺公司取得涉诉房屋产权后，有权继续行使出租人的权利，当其合法权益受到损害时，有权请求法律保护。因此，结合本案案情，兴北艺公司要求东长安公司支付拖欠的租金，承担违约责任的诉讼请求应得到支持。东长安公司的诉讼主张缺乏事实和法律依据。

(三)执行异议类

案例1:

陈友勇、北京城乡建设集团有限责任公司、广东粤财投资控股有限公司、北京盛和发房地产开发有限公司案外人执行异议之诉案

——特定抵押物与普通债权并存涉及的执行异议问题

北京市高级人民法院　范　清

一、案件基本信息

1. 判决书字号

二审裁定书:北京市高级人民法院(2012)高民终字第1260号民事裁定书。

2. 案由:特定抵押物涉及的执行异议问题

3. 当事人

原告(上诉人)陈友勇。

被告(被上诉人)北京城乡建设集团有限责任公司。

被告(被上诉人)广东粤财投资控股有限公司。

原审被告北京盛和发房地产开发有限公司。

二、基本案情

盛和发公司系盛和家园项目的开发商,在开发建设过程中,其向广东发展银行股份有限公司北京分行(以下简称广发行)贷款,并将盛和家园2号楼部分房产抵押给广发行作为借款担保。城乡集团系盛和家园项目建筑商。

因盛和发公司欠付工程款,城乡集团于2004年年初在二中院起诉盛和发公司,诉讼中,城乡集团申请财产保全,2004年3月4日,二中院根据城乡集团的申请,保全查封盛和发公司所有的位于北京市朝阳区安慧东里2号院盛和家园尚未销售的所有房产及土地。后二中院于2004年7月作出(2004)二中民初字第623号民事判决书,判决主文为:一、盛和发公司于判决生效后十日内给付城乡集团工程款人民币三千一百三十九万三千六百元;二、盛和发公司于判决生效后十日内给付城乡集团逾期付款违约金(以三千一百三十九万三千六百元为本金,按每日万分之五计算,自2003年1月1日起至实际给付之日止);三、驳回城乡集团其他诉讼请求。该判决已生效。

因盛和发公司未能及时偿还欠付广发行的贷款,广发行亦于2004年初起诉盛和发公司。诉讼中,广发行提出财产保全申请,2004年6月1日,二中院根据广发行的申请,保全查封盛和发公司所有的位于北京市朝阳区安慧东里盛和家园2号楼的60套房产(即抵押物)。2004年6月2日,二中院作出(2004)二中民初字第4276号民事判决书,判决主文为:一、广发行与盛和发公司签订的借款合同和抵押合同有效;二、盛和发公司于判决生效后十日内向广发行偿付借款本金人民币一千七百四十八万元及利息(自二〇〇三年十二月二十一日起至二〇〇四年四月十七日止,按年利率百分之六点一零六五计算,按月结息,计收复利;自二〇〇四年四月十八日起至款付清之日止,按日利率万分之二点一计算,按月结息,计收复利);三、盛和发公司于判决生效后十日内向广发行偿付律师费人民币五十三万一千三百三十八元;四、广发行对盛和发公司抵押的房产享有优先受偿权。该判决亦已生效。

上述两份判决生效后,城乡集团及广发行均申请二中院执行。后,广发行将债权转让给粤财公司。二中院于2008年7月18日做出(2008)二中执异字第829号民事裁定书,裁定债权转让给粤财公司。

执行中,案外人陈友勇主张其已向盛和发公司购买北京市朝阳区安慧东里2号院盛和家园2号楼22层B1号房屋(以下简称争议房屋),并已支付全部购房款,且实际入住,法院不应当再执行争议房屋。为证明其主张,其向法庭提交其与盛和发公司于2007年5月23日所签《商品房买卖合同》、盛和发公司为其开具的购房款发票、燃气费发票、物业费发票等证据材料。

另查,本案争议房屋包含于盛和发公司抵押给广发行的抵押房产中,亦包含于二中院(2004)二中民初字第4276号民事判决主文第四项广发行享有优先受偿权的房产中。该房产于2004年3月4日被二中院查封。

三、案件焦点

本案的争议焦点在于特定抵押物与普通债权并存涉及的执行异议,不能在一个程序中解决。特定抵押物的执行异议问题应在审判监督程序中主张权利。普通债权执行异议问题可在执行异议之诉中解决。

四、法院裁判要旨

2011年8月,陈友勇向原审法院起诉称:2007年5月,我与北京盛和发房地产开发有限公司(以下简称盛和发公司)签订了《商品房买卖合同》,购买了位于北京市朝阳区安慧东里2号院盛和家园2号楼22-B1号房屋,并于2007年6月按当时合理的市场价格将全部购房款通过银行转账的方式支付给盛和发公司,盛和发公司为我出具了付款发票。2010年6月8日北京市第二中级人民法院(以下简称二中院)执行庭发出(2004)二中执字865、907号公告,告知我居住的诉争房屋在2010年3月24日被二中院查封。我随后即对此提出执行异议,二中院对此进行了开庭审理。2011年8月1日我收到了二中院驳回我执行异议的执行裁定书。我认为,虽因盛和发公司原因导致我无法及时取得诉争房屋物权登记,但我没有任何过错,我支付了全部的购房款、物业费、水电费,且在房屋内已居住四年,享有对诉争房屋行使占有、使用、收益、处分的权利。根据相关法律规定,北京城乡建设集团有限责任公司(以下简称城乡集团)的建设工程款不得对抗支付了全款的买受人,而建设工程款又优先于广东粤财投资控股有限公司(以下简称粤财公司)的抵押权,所以粤财公司的抵押权也不能对抗我的权利。因此,我在诉争房屋上享有优先于城乡集团和粤财公司的权利,二中院对房屋的执行措施侵害了我的合法权益,应当停止。故我依据法律规定提起停止执行之诉。请求判令:对北京市朝阳区安慧东里2号院盛和家园2号楼22-B1号房屋停止执行。

城乡集团辩称:第一,二中院于2004年3月4日即保全查封了涉案房产,该房一直处于查封状态,查封期间不得转让,因此盛和发公司与购房业主签订的买卖合同是无效的。第二,异议人作为房屋买受人,没有尽到必要的注意义务,且该房的成交价格偏低,异议人并非善意第三人。第三,异议人提到的最高级人民法院的规定,是适用于买卖行为在前,查封行为在后的,但异议人的买卖行为发生在查封之后,不能适用最高法院的司法解释。另外,盛和发公司与宋宇等人之间的买卖合同纠纷案件的标的物与本案争议的标的物重合,我们有理由认为,这极有可能是盛和发公司虚构的虚假买卖合同关系,因此,异议人诉讼请求应予驳回。

粤财公司辩称:已有生效判决确认我公司就抵押物拍卖、变卖所得价款享有优先受偿权,本案争议的标的物即为我公司享有抵押权的房屋,执行部门拍卖本案争议的房屋以实现我公司的债权,是生效判决确认的事实,案外人无权以执行异议之诉的方式否定生效判决的内容。且案外人陈友勇与盛和发公司签订买卖合同是在我公司抵押权成立后、亦在我公司查封后,依据法律规定,买卖合同应当是无效的,故请求驳回陈友勇的诉讼请求。

诉讼中,盛和发公司下落不明,经北京市第二人民法院多方查找,均无法送达起诉书等材料,遂采取公告方式向其送达法律文书。

北京市第二人民法院经审理认为:当事人不服法院执行异议裁定书,可以依法主张权利。《中华人民共和国民事诉讼法》第204条规定,案外人、当事人对裁定不服,认为原判决、裁定错误的,依照审判监督程序办理;与原判决裁定无关的,可以自裁定送达之日起十五日内向人民法院提起诉讼。依据上述规定,如果本案争议标的物系作为执行依据的生效法律文书中明确指向的执行标的物,案外人、当事人不能选择以提起执行异议之诉的方式保护权利,案外人应当依照审判监督程序主张权利。

就本案而言,生效法律文书已经认定广发行与盛和发公司之间签订的抵押合同有效,并且判决主文中明确写明广发行就包含本案争议房屋在内的抵押物享有优先受偿权。则本案争议房屋已由生效法律文书确定为特定的执行标的物,陈友勇如认为其为争议房屋的购买人,法院生效法律文书确认广发行就争议房屋享有优先受偿权有错误,应当依审判监督程序主张权利。

一审法院依据《中华人民共和国民事诉讼法》第204条原审判决后,陈友勇上诉认为:原审法院适用法律错误,审判程序错误。故上诉请求撤销原审裁定,依法将案件发回重审。

北京市高级人民法院经审理认为:依据《中华人民共和国民事诉讼法》第 204 条规定,案外人、当事人对裁定不服,认为原判决、裁定错误的,依照审判监督程序办理;与原判决裁定无关的,可以自裁定送达之日起十五日内向人民法院提起诉讼。本案中,诉争房屋系作为执行依据的生效判决(二中院(2004)二中民初字第 4276 号民事判决)明确指向的执行标的物,案外人陈友勇主张诉争房屋归其所有,实质上认为作为执行依据的生效判决存在错误,由此发生的纠纷,不属于执行异议之诉的受理范围,而应当按照审判监督程序处理。本案上诉人陈友勇可在再审诉讼中主张权利寻求救济,法院将通过再审程序对生效判决重新进行审查,以最终确定生效判决对诉争房屋的处理正确与否以及能否得到执行。综上,原审法院以本案不属于执行异议之诉的受理范围为由,裁定驳回陈友勇的起诉,于法有据,应予维持。同时应当指出,争议房屋并非(2004)二中民初字第 623 号民事判决主文所指对象,若针对该判决的执行异议裁定不服,上诉人有权通过执行异议之诉进行救济,上诉人所享有的该程序性权利应予明确肯定。但该执行异议之诉与前述法律关系并非同一法律关系,不宜在同一程序中处理,故本案对该诉不予处理,当事人可另诉解决。

二审法院依照《中华人民共和国民事诉讼法》第 154 条之规定,判决如下:

驳回上诉,维持原裁定。

五、解说

本案争议房屋包含于盛和发公司抵押给广发行的抵押房产中,亦包含于二中院(2004)二中民初字第 4276 号民事判决主文第四项广发行享有优先受偿权的房产中。粤财公司涉诉财产属《民事诉讼法》第 204 条的规定"特定物"。城乡集团涉诉财产属"普通债权"。

依据《民事诉讼法》第 204 条的规定,生效判决明确指向特定物,案外人针对执行标的物提出异议,执行审查部门经审查认为异议理由不成立的,裁定驳回案外人的异议,案外人对裁定不服,认为原判决存在错误,可以申请再审依照审判监督程序处理。如果执行审查部门经审查认为异议理由成立的,应当裁定中止对该标的物的执行,申请执行人对裁定不服的,应当如何救济?

我们认为对"特定物"执行过程中,案外人认为其对作为执行依据的生效裁判确定的执行标的物享有实体权利,并提出执行异议的,法院执行审查部门应当以裁定驳回案外人的执行异议,并告知案外人可以按照审判监督程序申请再审为原则。如果执行审查部门经审查认为案外人的异议理由成立,生效裁判确实存在错误,需要裁定中止执行的,应当依职权报请有权机关依法对生效裁判提起再审,而不应让申请执行人提起执行异议之诉。

本案中,粤财公司涉诉财产与城乡集团涉诉财产指向虽然同一,但二者的权利来源不同。粤财公司取得的判决主文第四项为:"四、广发行对盛和发公司抵押的房产享有优先受偿权。"即为对"特定物"的执行。城乡集团取得的判决主文为:"一、盛和发公司给付城乡集团工程款三千一百三十九万三千六百元;二、盛和发公司给付城乡集团逾期付款违约金(以三千一百三十九万三千六百元为本金,按每日万分之五计算,自 2003 年 1 月 1 日起至实际给付之日止)。"为对"普通债权"的执行。如有执行异议,前者应当通过审判监督程序处理,后者可提出执行异议之诉。两程序有重大差别,不能仅因涉诉财产指向同一而合并审理。本案在驳回起诉后可重新立案。将陈友勇与北京城乡建设集团有限责任公司、北京盛和发房地产开发有限公司间因执行引起的纠纷立为执行异议之诉案件。将陈友勇与广东粤财投资控股有限公司、北京盛和发房地产开发有限公司间因执行引起的纠纷通过审判监督程序处理。

综上,二审处理的结果正确。

案例2：

中铁航空港建设集团北京有限公司与北京昊润房地产开发有限公司、北京市天工房地产开发有限责任公司案外人执行异议之诉案

——借名账户中涉及的执行异议问题

北京市高级人民法院　金　曦

一、案件基本信息

1. 判决书字号

二审裁定书：北京市高级人民法院（2012）高民终字第679号民事裁定书。

2. 案由：案外人执行异议之诉

3. 当事人

被告（上诉人）中铁航空港建设集团北京有限公司。

原告（被上诉人）北京昊润房地产开发有限公司。

被告（被上诉人）北京市天工房地产开发有限责任公司。

二、基本案情

天工房地产公司是核桃园小区住宅楼工程的建设方。

天工房地产公司与昊润公司于2007年4月18日签订《核桃园小区住宅楼工程合作合同》，双方约定天工房地产公司将其名下的主体结构已封顶的核桃园小区住宅楼工程（推广名为锦上国际公寓）交由昊润公司以天工房地产公司的名义进行后期建设、销售及物业管理。标的楼座交付昊润公司后，昊润公司负责后期资金运作，并向天工房地产公司支付项目前期费用。天工房地产公司同意昊润公司以天工房地产公司名义进行项目后期工程建设、销售及物业管理的招标及管理工作。天工房地产公司应配合昊润公司设立专用账号，由昊润公司独立核算。昊润公司根据合同约定向天工房地产公司支付项目前期费用后，取得项目全部销售收入和未销售房屋的全部权益。昊润公司向天工房地产公司应支付前期费用为177,860,480元。关于费用支付方式，双方约定：合同签订后10日内支付7300万元（前期已支付2300万元），2007年4月底前支付1000万元，2007年5月底前支付1500万元，2007年12月1日前支付5000万元（用于偿还银行贷款），办理预售许可证后一个月内支付1000万元，办理完楼座大产权时，支付剩余合同价款。诉讼中，昊润公司提供了天工房地产公司出具的12张收据，分别是：1. 2006年8月24日收到项目合作款1000万元；2. 2006年8月30日收到项目合作款100万元；3. 2006年12月19日收到项目合作款1200万元；4. 2007年4月18日收到项目合作款2000万元；5. 2007年4月20日收到项目合作款3000万元；6. 2007年4月30日收到项目合作款1000万元；7. 2007年8月16日收到项目合作款2000万元；8. 2007年11月8日收到项目合作款（还贷）670万元；9. 2007年11月23日收到还贷款5,5091,465元；10. 2007年11月23日收到项目合作款（现金）9826.54元；11. 2007年11月28日收到项目合作款600万元；12. 2007年11月30日收到项目合作款400万元。中铁建工公司12张收据真实性提出异议。

2007年11月22日，昊润公司以天工房地产公司（乙方）名义与光大银行礼士路支行（甲方）签订《个人房屋按揭贷款合作协议书》，协议约定：为促进锦上国际公寓的房产销售，甲方同意为该楼盘购房人提供个人房屋按揭贷款，乙方为楼盘房产的所有购房人向甲方申请的个人房屋按揭贷款提供担保，乙方保证在甲方处开立“担保保证金专户”，乙方同意甲方在发放个人按揭贷款时将按照借款人的房屋贷款金额的5%提取担保保证金，逐笔划入“担保保证金专户”内，资金专项用于履行乙方的保证责任。

协议签订后,昊润公司以天工房地产公司名义在光大银行礼士路支行开立了“担保保证金专户”即36251账户。协议签订后,光大银行礼士路支行按照协议约定提取了相应的担保保证金并划入36251账户。

中铁建工公司依据已生效的(2007)一中民初字第193号民事调解书在北京市第一中级人民法院对天工房地产公司的550万元债权申请强制执行,为此申请保全了天工房地产公司名下的甜心家园10号塔楼地下一层车库和上述36251账户。北京市第一中级人民法院依据(2011)一中执字第267-1号执行裁定书,冻结了36251账户。因36251账户被冻结,光大银行礼士路支行曾提出执行行为异议,已被法院驳回。此后,昊润公司作为案外人,提出书面异议。北京市第一中级人民法院作出(2011)一中执异字第1069号执行裁定书,裁定驳回昊润公司提出的案外人异议。昊润公司不服该裁定,提起本案诉讼,请求对执行标的物36251账户内的资金停止执行,并要求确认36251账户内的全部资金归其所有。

三、案件焦点

本案的争议焦点在于借名账户中,因出借人债务关系,借名账户被出借人的债权人申请查封,该查封中资金归属的认定。

四、法院裁判要旨

2011年10月,北京昊润房地产开发有限公司(以下简称昊润公司)向原审法院起诉称:昊润公司于2007年4月18日与北京市天工房地产开发有限责任公司(以下简称天工房地产公司)签订《核桃园小区住宅楼工程合作合同》,昊润公司买断位于北京市宣武区(现西城区,下同)核桃园西街36号的核桃园小区住宅楼,约定由昊润公司自行开发并销售。昊润公司与天工房地产公司系合作开发,所有与项目相关的银行账户、财务印章、预留印鉴等均由昊润公司管理,其中昊润公司以天工房地产公司名义在中国光大银行北京分行礼士路支行(以下简称光大银行礼士路支行)开设了担保保证金账户,账户内资金系售楼收益,归昊润公司所有。中铁建工公司以天工房地产公司为被申请人申请强制执行时,申请法院查封了上述担保保证金账户。昊润公司虽提出执行异议,但被驳回。故起诉到法院,请求:1. 对昊润公司以天工房地产公司名义在光大银行礼士路支行开设的7501018800036251账户(以下简称36251账户)内的存款停止执行;2. 确认天工房地产公司名下36251账户内的全部存款归昊润公司所有。

中铁建工公司辩称:1. 法院调解书确认天工房地产公司应承担550万元及利息的给付义务,(2011)一中执字第267-1号执行裁定将天工房地产公司作为执行对象具有明确的司法依据;2. 从签署主体看,《个人房屋按揭贷款合作协议书》与昊润公司毫无关联;3. 天工房地产公司对其36251账户内的资金享有物权;4. 天工房地产公司对涉案的楼盘享有物权,卖房所得当然归天工房地产公司所有,物权优于债权,况且昊润公司对天工房地产公司是否享有债权并未经司法判定;5. 昊润公司所说的从天工房地产公司项目买断不受国家法律保护,且昊润公司实际未付清款项;6. 从《核桃园小区住宅楼工程合作合同》的实际条款看,昊润公司与天工房地产公司实际是挂靠关系,昊润公司以天工房地产公司名义进行的法律行为,法律责任应由天工房地产公司承担。

天工房地产公司经原审法院依法传唤,无故未到庭参加诉讼,亦未提交书面答辩意见。

北京市第一人民法院经审理认为:法人的合法的民事权益受法律保护。天工房地产公司基于与昊润公司于2007年4月18日签订的《核桃园小区住宅楼工程合作合同》,将其名下的主体结构已封顶的核桃园小区住宅楼工程交由昊润公司以天工房地产公司的名义进行后期建设、销售及物业管理,昊润公司按照合作合同履行了相应义务,因此取得了项目全部销售收入和未销售房屋的全部权益,昊润公司享有的核桃园小区住宅楼工程的销售收入等合法的民事权益受法律保护。根据《个人房屋按揭贷款合作协议书》的约定可知,36251账户内的资金是从核桃园小区住宅楼工程的销售收入中提取的担保保证金,性质是核桃园小区住宅楼工程的销售收入,根据《核桃园小区住宅楼工程合作合同》的相关规定应归昊润公司所有,昊润公司起诉要求确认36251账户内的全部资金归其所有,事实清楚,理由正当,予以支持。中铁建工公司以天工房地产公司为被执行人申请强制执行,并查封了36251账户,该账户虽在天工房地产公司名下,但因该账户内资金并非归天工房地产公司所有,故属于查封错误,昊润公司作为该执行标的的所有权人,起诉要求对该执行标的停止执行,符合法律规定,法院予以支持。中铁建工公司有关天工房地产公司对36251账户内的资金享有物权的答辩理由,与事实不符,不予支持。中铁建工公司有关昊润公司与天工房地产公司之间的合作关系不受法律保护的答辩理由,缺乏法律依据,不予支持。中铁建工公司有关昊润公司与天工房地产公司之间是挂靠关系的答辩理由,没有事实根据,不予支持。中铁建工公司虽对昊润公司提供的12张收据的真实性予以否认,但12张收据反映的付款时间、金额、款项用途等与《核桃园小区住宅楼工程合作合同》对费用支付方式的约定大致吻合，故法院对该12张收据的真实性予以确认。天工房地产公司经传票传唤，无任何理由拒不到庭参加诉讼，法院依法缺席判决。

原审法院依据《中华人民共和国民法通则》第5条、《中华人民共和国民事诉讼法》第130条、最高人民法院《关于适用〈中华人民共和国民事诉讼法〉执行程序若干问题的解释》第19条的规定，判决如下：一、对北京昊润房地产开发有限公司以北京市天工房地产开发有限责任公司名义在中国光大银行北京分行礼士路支行开设的75010188000036251账户内的存款停止执行；二、北京市天工房地产开发有限责任公司名下在中国光大银行北京分行礼士路支行的75010188000036251账户内的全部存款归北京昊润房地产开发有限公司所有。

判决后，中铁建工公司不服，向本院提起上诉。中铁建工公司上诉认为，被执行账户内的资金属于天工房地产公司所有，上诉请求：许可对以天工房地产公司名义在光大银行礼士路支行开设的75010188000036251账户内的存款执行。昊润公司同意原判。天工房地产公司未提出上诉。

北京市高级人民法院审理中，上诉人中铁航空港建设集团北京有限公司以与北京昊润房地产开发有限公司达成和解为由，申请撤回上诉。

北京市高级人民法院经审查认为，中铁航空港建设集团北京有限公司撤回上诉的申请符合法律规定，应予准许。依照《中华人民共和国民事诉讼法》第154条之规定，裁定如下：

准许中铁航空港建设集团北京有限公司撤回上诉。

五、解说

最高法院《查封、扣押、冻结规定》第2条规定："人民法院可以查封、扣押、冻结被执行人占有的动产、登记在被执行人名下的不动产、特定动产及其他财产权。"依该规定，法院在执行过程中判断某项财产的权属是否属于被执行人采用的是表面证据标准，即被执行人占有的动产推定为其所有，登记在被执行人名下的不动产、特定动产和其他财产权推定为其所有，法院可以查封、扣押、冻结。实践中，确实存在被执行人占有的动产或者登记在被执行人名下的不动产实际归案外人所有的情形，而法院强制执行的必须是被执行人的财产，而不能执行案外人的财产。对于本案中这种名实不符的账户资金应如何确定权利归属？

本案中经查，天工房地产公司是核桃园小区住宅楼工程的建设方。天工房地产公司与昊润公司签订《核桃园小区住宅楼工程合作合同》，双方是合同关系。涉案的36251账户是以天工房地产公司名义在光大银行礼士路支行开立的专户，昊润公司借用天工房地产公司该36251账户，依据《核桃园小区住宅楼工程合作合同》约定进行房地产开发建设。依据中国人民银行《银行账户管理办法》规定，昊润公司借用天工房地产公司账户的行为违反了中国人民银行《银行账户管理办法》。依据《银行账户管理办法》规定，36251账户对外显示为天工房地产公司开设，账户内资金亦应为天工房地产公司所有。依据《核桃园小区住宅楼工程合作合同》约定，昊润公司可在其与天工房地产公司之间主张其是36251账户资金权利人。但《核桃园小区住宅楼工程合作合同》仅约束昊润公司及天工房地产公司，不对中铁建工公司等合同外第三人产生约束。现昊润公司依据与天工房地产公司签订的《核桃园小区住宅楼工程合作合同》，对36251账户中资金主张归其所有，我们认为该权利属于依据合同主张的债权。中铁建工公司依据已生效的(2007)一中民初字第193号民事调解书对天工房地产公司享有合法债权。本案中，昊润公司依据合同主张的债权不优于中铁建工公司债权。执行程序中，可将36251账户中资金视为天工房地产公司执行给中铁建工公司，在36251账户中资金被法院强制执行给中铁建工公司后，如天工房地产公司不能及时补齐账户内资金，昊润公司可就由此产生的损失依据《核桃园小区住宅楼工程合作合同》向天工房地产公司另行主张损失。

一审法院处理错误。二审经法院主持，昊润公司另行给予中铁建工公司一定补偿后，当事人达成和解，作为交换条件，中铁建工公司撤回上诉。

案例3:

倪岩林与华润置地(北京)股份有限公司、北京光大高登房地产有限公司案外人执行异议之诉案

——最高法院《查封、扣押、冻结规定》第17条规定在执行异议之诉案件中应当如何适用

北京市高级人民法院　张稚侠

一、案件基本信息

1. 判决书字号

一审判决书:北京市高级人民法院(2011)高民初字第430号民事判决书。

2. 案由:案外人执行异议之诉

3. 当事人

原告倪岩林。

被告华润置地(北京)股份有限公司。

被告北京光大高登房地产有限公司。

二、基本案情

1995年12月1日,光大高登公司(甲方)与倪岩林(乙方)签订《北京市外销商品房预售契约》(编号:013362),乙方自愿购买甲方的光大购物城首层1018号的房屋,房屋用途为商业。甲方已于1995年11月15日收到乙方预购房屋的定金USD31036.20元。双方经友好协商,就上述房屋的预售预购事项,订立本契约。约定:1. 光大购物城1018号房屋,建筑面积为196.86平方米(含共有共用面积,房屋状况详见附件),土地使用期限自房屋产权过户之日起至二〇四四年十二月三十日止。2. 双方同意上述预售房屋售价为每建筑平方米美币3153.12元,价款合计为美币620,724元。3. 甲方须于一九九六年十二月三十日前,将房屋交付给乙方。4. 本契约由双方签字,并在办理房屋预售预购登记后生效。预售预购登记于本契约签定之日起三十日内,由双方共同到北京市房地产市场管理处办理。5. 双方同意房屋交付后三十日内共同到北京市房地产市场管理处办理房屋买卖过户手续,并按有关规定申领房屋所有权证。该预售契约办理了公证手续。合同签订后,倪岩林于1995年12月14日支付了全部购房款5,168,148元人民币,光大高登公司出具了购房款发票。

1997年6月25日,光大高登公司(甲方)与倪岩林(乙方)签订《补充协议》,甲乙双方于1995年12月1日就乙方购买甲方建设的光大购物城1018号铺位,签订了(编号为013362)《北京市外销商品房预售契约》。今就乙方提出产权调换一事,双方达成如下协议:1. 甲方同意乙方提出的产权调换的请求。即将乙方原购的光大购物城1018号(建筑面积198.96平方米)铺位,换为2016号(建筑面积149.10平方米)和3006号(建筑面积49.86平方米)两个铺位。因所调换铺位的建筑面积相等,故双方不再调整售房价款。2. 本协议双方签字后,须经北京市房屋土地管理局市场处确认后方生效。3. 本协议生效后,乙方不再持有光大购物城1018号的产权,而改为持有2016号和3006号铺位的产权。前述预售契约及补充协议均在房屋管理部门办理了商品房预售预购登记手续。

1998年8月19日,光大高登公司将2016号和3006号房屋交付给倪岩林。自光大高登公司交付房屋至今,倪岩林一直委托光大高登公司统一对外出租,光大高登公司从出租所得中按双方约定租金标准向倪岩林支付租金。倪岩林提交了多份《委托租赁协议》、租金发放表、支票存根等证据予以证明。华润公司、光大高登公司对此均予以认可。

2006年11月15日,光大高登公司(甲方)与倪岩林(乙方)签订《补充协议书》,鉴于:1. 甲乙双方就乙方所购光大购物城(现高登大厦)铺位的产权调换事宜曾于1997年6月25日签订《补充协议》;2. 乙方后认为甲方当时的经办人在处理此《补充协议》时存

在不当，而造成乙方长期的心情不愉快，由此对1997年6月25日双方所签的《补充协议书》约定的产权调换的处理结果提出异议。为保证高登大厦的统一经营，维护高登大厦的对外形象和全体业主的共同利益，甲乙双方经友好协商，再次达成如下补充协议：1.甲方于本协议签订同时向乙方一次性支付补偿金人民币伍拾万元整。2.乙方同意将其铺位委托由甲方指定的商业经营公司北京西单世纪明珠百货有限公司经营（双方另行签署协议）。3.双方确认，本协议为产权调换及其相关事宜的最终解决方案，乙方对此不再提出其他任何异议或要求。

倪岩林还提交了其于2008年11月3日给光大高登公司的职员丁振宇出具的《授权委托书》，委托丁振宇全权代理办理高登大厦2016号和3006号房屋的房地产买卖过户、产权登记手续等相关事宜。倪岩林还提交了其所属公司职员凌旭东、吴思忠出具的证人证言，证明两人受倪岩林的指派，多次与光大高登公司联系，催办房屋产权证事宜。光大高登公司对此均予以认可。华润公司认为上述证据及光大高登公司的认可均是与本案存在利害关系的人作出的，不具有证明力。

另查，1997年9月1日，光大高登公司取得了包括2016号和3006号房屋在内的高登大厦的房屋所有权证。1997年12月8日，光大高登公司与中国银行北京分行签订《抵押合同》，光大高登公司将高登大厦地上二层（除去2023、2028、2037、2038四户）及地上三层3022号抵押给中国银行北京分行，并于1997年12月23日在北京市房屋土地管理局办理了抵押登记。1998年，北京市房屋土地管理局根据抵押登记申请人的申请，将抵押房屋部位调整为：地上二层（除去2023、2028、2016、2038四户）及地上三层3022、3005号房屋，并重新核发了《房屋所有权抵押登记证明》，但对光大高登公司持有的房屋所有权证上的抵押权记载未予更正。2009年，光大高登公司和抵押权人中国信达资产管理公司北京办事处到西城区房屋管理局办理房屋抵押权注销登记时发现档案中的房号与抵押登记证明的房号不符。光大高登公司于2009年5月27日向北京市建委提交了《关于纠正房屋抵押档案材料中房号错误的请求》，请求纠正抵押合同附件中的错误，尽早办理解押手续。2009年6月25日，北京市房屋权属登记事务中心向西城区房屋管理局出具《说明》，请该局依据抵押登记人的申请为其办理抵押部位调整后的抵押房屋部位为：地上二层（除去2023、2028、2016、2038四户）及地上三层3022、3005号的房屋解押手续。房屋抵押权注销登记时间为2009年8月26日。2009年9月，光大高登公司与中国信达资产管理公司北京办事处共同向北京市西城区国土资源局出具《关于抵押房屋具体位置的说明》，请求将相应土地部分的抵押登记一并注销。其后，西城区国土资源局办理了土地解押手续。

倪岩林认为诉争2016号房屋自1997年至2009年事实上一直处于抵押状态，客观上无法办理房屋产权过户登记，光大高登公司也未告知上述抵押事实，因此责任在光大高登公司。光大高登公司对此予以认可。华润公司则认为，2016号房屋在1998年调整之后已不在抵押范围之内，虽然存在房号不符等问题，但只要倪岩林积极主张权利，房号的错误是可以及时纠正的，并不影响为其办理房屋过户登记。

再查，本院在另案执行华润公司与光大高登公司项目转让合同纠纷中，于2010年6月3日作出（2006）高执字第171号执行裁定书，查封了登记在被执行人光大高登公司名下的高登大厦2016号房屋。案外人倪岩林以其是2016号房屋的所有权人为由向本院提出执行异议，请求解除对2016号房屋的查封。本院于2010年12月2日作出（2010）高执异字第94号执行裁定书，裁定：驳回案外人倪岩林提出的异议。倪岩林遂提起本案诉讼。

三、案件焦点

本案争议焦点在于最高法院《查封、扣押、冻结规定》第17条规定在执行异议之诉案件中应当如何适用的问题。

四、法院裁判要旨

倪岩林诉称：1995年12月1日，其与光大高登公司签订《北京市外销商品房预售契约》，预购了光大高登公司开发建设的光大购物城位于一层的1018号房屋，支付了全部购房款5,168,148元人民币。房屋交付前，因光大购物城整体经营的需要，光大高登公司又将倪岩林购买的1018号房屋调换为2016号和3006号房屋。光大购物城（后改名为高登大厦）于1998年8月19日竣工交付后，倪岩林即按光大高登公司的承诺一直将所购买的房屋委托光大高登公司对外进行租赁经营。光大高登公司将倪岩林购买的1018号房屋调换为2016号和3006号房屋，因商业用楼楼层的不同，必然会影响经营和效益，倪岩林一直持有异议，为此双方于2006年11月15日再次签订补充协议，由光大高登公司一次性向倪岩林支付补偿金50万元人民币。其后，倪岩林一直督促光大高登公司尽快办理产权过户登记手续，但光大高登公司以负责办理产权过户登记手续的人员退休、离职、需办交接等原因，一直拖延，未能为倪岩林办理产权过户登记手续。华润公司明知高登大厦2016

号房屋已为倪岩林所购买,并已长期实际占有、使用的情况下,以该房屋还登记在光大高登公司名下为由,向北京市高级人民法院申请查封该房屋。2010年6月3日,北京市高级人民法院依据华润公司的申请作出裁定,查封了倪岩林已购买并已长期使用的2016号房屋。为此,倪岩林作为案外人向北京市高级人民法院提出执行异议申请,北京市高级人民法院于2010年12月2日作出执行裁定书,该裁定书没有查明事实,错误地驳回了倪岩林作为案外人提出的异议。

倪岩林认为,光大高登公司向倪岩林出售高登大厦房屋,收取了全部房价款并已将房屋交付给倪岩林,自交房之日起光大高登公司对该房屋的所有权已经转移给倪岩林,倪岩林即取得了该房屋的所有权。如果说前期由于房屋调换所引起的争议以及房屋面积测绘等原因光大高登公司不能为倪岩林办理产权证是可以理解的话,那么后期光大高登公司推诿、拖延为倪岩林办理产权证则是不能容忍的。而华润公司不顾事实,以高登大厦2016号房屋还登记在光大高登公司名下为由申请查封该房屋,则是对倪岩林民事权利的侵犯。以倪岩林的房屋替光大高登公司偿还所欠华润公司的债务于法无据,于理不合。为此,倪岩林依法提出诉讼,请求人民法院依法维护倪岩林的合法权益。诉讼请求:1. 确认倪岩林对高登大厦2016号房屋享有所有权;2. 停止对高登大厦2016号房屋的执行,确认查封不当,解除对高登大厦2016号房屋的查封。

华润公司辩称:倪岩林的诉讼请求没有事实及法律依据。首先,依据我国物权法的相关规定,不动产物权的取得、变更以登记为准,未经登记,不发生法律效力。诉争房屋目前仍登记在光大高登公司名下,倪岩林并未取得该房屋的所有权;其次,倪岩林主张高登大厦2016号房屋被抵押的事实已被纠正;最后,诉争房屋至今未能办理过户登记是由于倪岩林的自身原因造成的,倪岩林对此存在过错,执行法院对该房屋进行查封并无不当。故要求驳回倪岩林的全部诉讼请求。

光大高登公司同意倪岩林的诉讼请求。

法院认为,根据我国物权法的相关规定,不动产物权的设立、变更、转让和消灭,经依法登记,发生效力;未经登记,不发生效力。因此,当事人签订房屋买卖合同转移房屋所有权,买受人在办理房屋过户登记手续后,才能取得该房屋的所有权。本案中,倪岩林与光大高登公司签订了商品房预售契约,已经支付了购房款,并实际占有该诉争房屋,但尚未办理房屋所有权过户登记,买受人依据买卖合同仅享有请求光大高登公司办理房屋过户登记的债权请求权,但对诉争房屋并不享有所有权,故倪岩林要求确认诉争房屋归其所有的诉讼请求,于法无据,本院不予支持。

关于倪岩林要求停止对诉争房屋执行一节,本院认为,依据最高人民法院《关于人民法院民事执行中查封、扣押、冻结财产的规定》第17条的规定,被执行人将其所有的需要办理过户登记的财产出卖给第三人,第三人已经支付部分或者全部价款并实际占有该财产,但尚未办理产权过户登记手续的,人民法院可以查封、扣押、冻结;第三人已经支付全部价款并实际占有,但未办理过户登记手续的,如果第三人对此没有过错,人民法院不得查封、扣押、冻结。本案中,各方当事人对倪岩林已经支付全部购房款并实际占有诉争房屋不存在争议,但就倪岩林对未办理房屋过户登记手续是否存在过错有争议。依据合同约定,双方应当于房屋交付后三十日内办理房屋过户登记手续。光大高登公司实际于1998年8月19日将2016号房屋交付给倪岩林,双方应于9月19日前办理房屋过户登记手续,但房屋至今仍登记在光大高登公司名下。关于房屋未能办理过户的原因,依据现有证据,首先,本案诉争房屋的预售契约签订于1995年,而我国的物权法颁布施行于2007年,虽然在此之前我国也有关于房屋产权登记的法律法规,但当时公民的产权登记意识比较淡薄,简单依据物权法关于房屋产权登记的标准衡量当事人在物权法施行前是否积极行使权利是不符合客观实际的,因此,在判断倪岩林对于未办理房屋过户登记是否存在过错时应当采取尊重历史、实事求是的态度。其次,光大高登公司于1997年12月因自身原因错误将诉争2016号房屋抵押给中国银行北京分行,虽然其后也申请房屋登记机关予以纠正,但由于各种原因客观上导致该房屋直至2009年8月26日才办理了抵押权注销登记,相应土地部分更是迟至2009年年底才办理注销登记,依据房屋登记的相关规定,在抵押权存续期间房屋是不能办理过户登记手续的,光大高登公司也未将上述抵押的情况告知倪岩林,因此在此期间房屋未办理过户的责任在光大高登公司,而不在倪岩林。再次,双方就房屋调换事宜一直存在争议也是导致房屋未能办理过户的原因之一,本案中双方于2006年11月签订补充协议,光大高登公司向倪岩林支付补偿金,双方就此产生的争议才最终解决,房屋在此期间未能办理过户的责任也不应简单归咎于倪岩林。最后,倪岩林提交了授权委托书等证据证明其向光大高登公司主张权利,光大高登公司也予以认可,并称是由于自身工作人员变动等原因一直未给倪岩林办理房屋过户登记手续。综上,倪岩林与光大高登公司签订了商品房预售契约及补充协议,在房屋管理部门办理了预售预购登记手续,已经支付了全部购房款,并以产权人的名义将房屋委托出租获取收益已达十几年之久,房屋至今未办理过户登记是由于光大高登公司将诉争房屋错误抵押、房屋调换存在争议、公司工作人员变动等原因造成的,是倪岩林作为买受人所无法控制和克服的,由此造成的不利后果不应由倪岩林承担。因此,倪岩林要求停止对诉争房屋继续执行,有事实及法律依据,本院予以支持。

据此,依照《中华人民共和国物权法》第9条第一款、第14条,最高人民法院《关于人民法院民事执行中查封、扣押、冻结财产的规定》第17条之规定,法院判决如下:一、停止对登记在北京光大高登房地产有限公司名下的高登大厦2016号房屋的执行。二、驳回倪岩林的其他诉讼请求。

当事人均同意一审判决,均未提出上诉。

五、解说

本案二审中争议焦点在于最高人民法院《查封、扣押、冻结规定》第17条规定在执行异议之诉案件中应当如何适用的问题。

最高人民法院《查封、扣押、冻结规定》第17条规定的理解与适用

最高人民法院《查封、扣押、冻结规定》第17条规定,买受人在符合已经支付全款、实际占有财产,对未办理财产过户不存在过错三个构成要件的情况下,法院不得查封,已经查封的,应予解封。关于无过错房屋买受人权利的属性,有观点认为,符合前述司法解释规定三个要件的买受人对房屋享有的是物权,或者是事实上的物权。我们不同意这种观点,依据我国《物权法》第9条第一款的规定,不动产物权变动经登记才发生法律效力,尚未办理房屋登记的,买受人享有的仍是债权,而不是物权,前述观点显然与物权法的规定相冲突,因此无过错的房屋买受人要求确认房屋归其所有的,不应当得到支持。但是,由于我国房屋登记不完善、登记时限较长、出卖人不配合等原因,严格依据前述物权变动原则执行确实客观上会存在对无过错的买受人保护不周的情形,因此,该司法解释规定适当引入了过错原则,赋予了无过错的房屋买受人一种特殊的债权,该债权可以优先于其他普通金钱债权获得保护,因此,房屋买受人作为案外人提起执行异议之诉,经审查符合司法解释规定的三个构成要件的,应当判决停止对房屋的执行。关于该解释规定的构成要件,实践中以本案涉诉房屋为例,应做如下理解:

1. 买受人(案外人)与被执行人之间应当存在真实有效的房屋买卖关系,案外人在法院针对房屋采取查封等强制执行措施开始前,已经支付全部房屋价款并实际占有该房屋。如果双方的房屋买卖合同由于存在无权代理、无权处分等违反法律效力性强制性规定的情形而被认定为无效,当然不符合前述规定的构成要件。并且,案外人虽然在法院查封之前签订房屋买卖合同,但明知或应当知道法院已经查封房屋仍然继续支付购房款或占有房屋的,也不符合前述规定。判断"实际占有"房屋的标准是出卖人已将房屋交付给案外人,案外人既可以直接占有房屋用于自己居住,也可以间接占有将房屋对外出租,当然案外人占有应当是合法占有,而不是非法占有。需要注意的是,前述规定中的"已经支付全部价款并实际占有"房屋是指一种客观的事实状态,与买受人是否存在过错无关。例如,房屋买卖合同约定待办理房屋过户时买受人再支付剩余10%的购房款,由于房屋至今未办理过户,买受人对于未支付剩余房款不存在任何过错,但是在执行异议之诉案件审理中,应当认为买受人并不符合前述规定的"已经支付全部价款"的要件,不能停止对房屋的执行。

2. 前述规定中的"第三人对此没有过错"是指案外人对于房屋没有办理过户登记不存在过错,具体包括以下情形:(1)因登记机关原因未能办理房屋过户的,如案外人已向房屋登记机关提出登记申请,但因登记机关原因办理迟延导致未核准登记等。(2)因被执行人原因未能办理房屋过户的,包括被执行人下落不明、被执行人开发的房地产项目行政手续不齐全、被执行人以该房屋作为抵押为其债务提供担保、有证据证明案外人要求办理房屋过户,但被执行人不予协助等。(3)因其他案外人不能控制的原因未能办理房屋过户的,如房屋被其他法院等有权部门查封等。

实践中认定案外人对于房屋没有办理过户登记存在过错的,主要包括以下情形:(1)被执行人通知案外人房屋具备办理过户的条件,因案外人未依照合同约定或法律规定提交办理过户所需材料或交纳相关费用等原因导致房屋迟延未能过户。(2)案外人为规避法律、行政法规及相关政策规定或逃避债务,故意不办理房屋过户的。(3)在房屋不存在过户障碍的情况下,案外人明显怠于主张权利,在相当长时间内不要求办理过户的。至于何谓案外人明显怠于主张权利?有观点认为,依据《城市房地产开发经营管理条例》第33条的规定:"预售商品房的购买人应当自商品房交付使用之日起90日内,办理土地使用权变更和房屋所有权登记手续;现售商品房的购

买人应当自销售合同签订之日起90日内,办理土地使用权变更和房屋所有权登记手续。”因此,商品房的购买人未在前述规定期限内要求办理房屋过户的,应当认定其有过错。也有观点认为,如果被执行人不履行协助过户义务的,案外人应当通过诉讼或仲裁的方式积极主张权利强制被执行人履行过户义务,案外人未积极主张的,视为有过错。我们认为,前述条例规定不属于强制性规定,90日期限也明显过短,并且,案外人主张权利的方式有多种,不仅限于诉讼或仲裁,案外人有权进行选择,因此,上述要求对案外人过于严苛,也不符合中国目前房地产市场不规范及公民法律素养不高的客观现实。例如,黑龙江高院《执行异议之诉解答》第9条第(九)项规定:“案外人已依据其与被执行人的买卖合同支付全部价款并实际占有需要办理权属变更登记的执行标的,虽然未办理变更登记,但其没有不依据合同约定或者法律规定提供手续、支付费用和其他拖延办理登记等过错行为的”,可以判决停止强制执行特定执行标的物。

3. 在举证责任分配上,案外人应当就其符合前述规定的构成要件承担举证责任。为证明双方存在房屋买卖关系,案外人应当提交房屋买卖合同、预售合同备案登记证明、网签手续等证据。为证明已支付全部房屋价款,案外人应当提交付款发票、收据、资金银行转账证明、支付凭证等证据。为证明实际占有房屋,案外人应当提交房屋交接记录、物业服务合同、物业费缴费凭证、水电费缴费凭证、出租合同等证据,法院也可以采取现场查看的方式。为证明无过错,案外人应当提交向房屋登记机关提出登记的申请、要求被执行人办理房屋过户通知、房屋存在抵押登记、查封、行政手续不全等客观障碍的证据等。另外,被执行人也应当提交相应证据对上述事实予以证明,如房款入账的财务账簿等。为防止案外人与被执行人恶意串通对抗申请执行人的情形发生,法院应当严格审查,综合上述证据予以认定。

本案中,倪岩林提交证据能够证明其已于法院查封涉案房屋前支付了全部购房款并实际占有涉案房屋,其对涉案房屋未办理房屋产权过户登记没有过错,符合最高人民法院《查封、扣押、冻结规定》第17条规定,法院判决正确。

案例4:

韩成冰与张晖等案外人执行异议之诉案

——涉及赠与合同的执行异议问题

北京市高级人民法院　范　清

一、案件基本信息

1. 判决书字号

二审判决书:北京市高级人民法院(2012)高民终字第317号民事判决书。

2. 案由:案外人执行异议之诉

3. 当事人

原告(上诉人)韩成冰。

被告(被上诉人)张晖。

被告(被上诉人)张鑫。

被告(被上诉人)张建生。

原审第三人韩令文。

二、基本案情

韩成冰系韩令文之子。本案争议的北京市东城区(原崇文区)草厂四条45号房产中东侧一间房屋产权登记在韩令文名下。1999年12月10日,韩令文与韩成冰签订《赠与合同》约定:韩令文自愿将北京市崇文区草厂四条45号房产中东侧一间赠与韩成冰,受赠人韩成冰表示同意接受,赠与合同所涉房产所有权的转移以到房管部门办理相关手续为准。同年12月21日,北京市崇文区公证处出具(99)崇证字第2880号《公证书》,证明赠与人韩令文与受赠人韩成冰于1999年12月10日来到该处自愿签订上述赠与合同。赠与合同签订后,该房屋一直未办理房屋权属变更登记手续。

2009年6月22日,北京市人民检察院第二分院以韩令文犯故意杀人罪、故意伤害罪向本审法院提起公诉。张晖、张建生、张鑫在该案诉讼过程中提起附带民事诉讼。2009年9月18日，本院作出(2009)二中刑初字第1535号刑事附带民事判决书，判决：一、被告人韩令文犯故意杀人罪，死刑，缓期二年执行，剥夺政治权利终身；犯故意伤害罪，判处有期徒刑三年，决定执行死刑，缓期二年执行(死刑缓期执行的期间，从北京市高级人民法院核准之日起计算)，剥夺政治权利终身。二、被告人韩令文赔偿附带民事诉讼原告人张晖医疗费、丧葬费、死亡赔偿金、交通费等经济损失共计人民币五十一万九千零三十六元一角二分(限判决生效后一个月内给付)。三、被告人韩令文赔偿附带民事诉讼原告人张建生医疗费、误工费、护理费、住院伙食补助费、营养费、交通费等经济损失共计人民币十万二千零五十六元八角九分(限判决生效后一个月内给付)。四、被告人韩令文赔偿附带民事诉讼原告人张鑫医疗费、营养费、交通费等经济损失共计人民币五千三百零六元九角七分(限判决生效后一个月内给付)。五、随案移送物品予以没收(清单附后)。

上述判决生效并经复核后，张晖、张建生、张鑫向原审法院申请执行。本院于2010年2月2日作出(2010)二中执字第384号执行裁定书，裁定冻结、划拨韩令文的银行存款人民币六十二万六千三百九十九元九角八分；采取以上措施后仍不足以履行生效法律文书所确定的义务，则依法查封、扣押、拍卖、变卖被执行人韩令文应当履行义务部分的其他财产。2010年4月19日，本院查封了韩令文名下的位于北京市东城区(原崇文区)草厂四条45号的房产(包括韩令文赠与韩成冰的东侧一间)，产权证号：崇私04368号。

2010年9月3日，韩成冰以韩令文犯罪事发前房屋实际权属已变更为由，向本院提出执行异议申请，请求解除对诉争房屋的查封措施。同年9月15日，本院作出(2010)二中执异字第01476号执行裁定，裁定驳回案外人韩成冰的异议请求。

2010年9月25日，东城区法院受理了韩成冰诉韩令文赠与合同纠纷一案，双方在审理过程中达成了调解协议。东城区法院据此作出(2010)东民初字第9210号民事调解书，内容为：韩令文于调解生效之日起十五日内将位于北京市崇文区草厂四条45号四东侧一间房屋过户韩成冰。

2011年1月4日，韩成冰以韩令文犯罪事发前房屋实际权属已变更，且涉案房屋经法院调解书确认过户给韩成冰为由再次向本院提出执行异议申请。同年6月16日，本院作出(2011)二中执异字第00639号执行裁定，裁定驳回案外人韩成冰的异议请求。

本案审理中，韩令文委托其前妻郭秀兰作为其委托代理人出庭应诉。韩令文称：韩成冰所述情况属实，确认上述《公证书》及民事调解书的真实性，同意韩成冰的诉讼请求。经法院询问，郭秀兰称：韩令文与韩成冰之间的赠与合同系在其与韩令文婚姻存续期间订立的，其对于该赠与行为是知情且同意的。

三、案件焦点

本案的争议焦点在于韩令文与韩成冰签订的《赠与合同》能否发生房屋所有权变动的效力。在案件执行过程中案外人就执行标的物另行提起诉讼应如何处理。

四、法院裁判要旨

2011年6月，韩成冰起诉至原审法院称：我系韩令文之子。1999年12月10日，经公证处公证，韩令文将位于北京市东城区(原崇文区)草厂四条45号房屋东侧一间赠与我所有。后韩令文于2008年11月17日犯故意杀人罪被法院判决附带民事赔偿，但事发之前该房屋的实际权属已经变更。2010年11月1日，北京市东城区人民法院(以下简称东城区法院)(2010)东民初字第9210号民事调解书确认，韩令文将上述房屋过户给韩成冰。综上，我认为三被告申请法院冻结查封上述房屋的行为是错误的，故诉至法院，请求：1. 解除北京市第二中级人民法院2010年4月19日依据(2010)二中执字第384号裁定书作出的对北京市东城区草厂四条45号房屋东侧一间的查封；2. 诉讼费由三被告负担。

张晖、张建生、张鑫辩称：不同意韩成冰的诉讼请求。第一，讼争房屋的产权一直登记在韩令文名下，韩成冰第一次提出执行异议时，法院已经对该房屋的权属做出了确认，认为应以登记为准，目前该房屋权属没有发生变化；第二，韩令文犯故意杀人罪，被判决赔偿62万余元，这些赔偿他至今未付，除讼争房屋外，韩令文已无其他财产，故请求驳回韩成冰的诉讼请求。

第三人韩令文述称：韩成冰所述情况属实，同意韩成冰的诉讼请求。

北京市第二人民法院经审理认为：赠与的财产依法需要办理登记等手续的，应当办理有关手续。不动产物权采取登记生效的原则，即不动产物权的设立、变更、转让和消灭，经依法登记发生效力，除法律另有规定外，未经登记不发生效力。本案中，韩令文与韩成冰虽已就讼争房屋签订《赠与合同》，但并未就讼争房屋的权属进行变更登记，故讼争房屋现仍属韩令文所有。韩成冰所提诉讼请求，缺乏事实及法律依据，本院不予支持。本院对讼争房屋的执行行为，于法有据，不应停止执行。

一审法院依据《中华人民共和国合同法》第 187 条、《中华人民共和国物权法》第 9 条之规定,判决如下:驳回韩成冰的诉讼请求。

原审宣判后,韩成冰上诉称:诉争房屋已在 1999 年经过公证赠与给我,房屋亦被生效法律文书确定归我所有,在韩令文犯罪之前,房屋的实际权属已经变更,故请求二审法院撤销原判,发回重审或依法改判支持我的诉讼请求。

北京市高级人民法院经审理认为:依据法律规定,赠与的财产依法需要办理登记等手续的,应当办理有关手续。不动产物权采取登记生效的原则,即不动产物权的设立、变更、转让和消灭,经依法登记发生效力,除法律另有规定外,未经登记不发生效力。本案中,韩令文与韩成冰虽就涉案房屋签订了《赠与合同》,但并未依法律规定及合同约定办理房屋权属变更登记,该房屋所有权并未发生转移,涉案房屋仍归韩令文所有。故原审法院依生效判决对涉案房屋予以执行,于法有据。原审判决驳回韩成冰的诉讼请求并无不当,韩成冰的上诉请求没有事实及法律依据,不应予以支持。

二审法院依照《中华人民共和国民事诉讼法》第 153 条第一款第(一)项之规定,判决如下:驳回上诉,维持原判。

五、解说

本案的争议焦点在于韩令文与韩成冰签订的《赠与合同》能否发生房屋所有权变动的效力。本案中韩令文与韩成冰签订了《赠与合同》,且是真实自愿的,韩成冰据此主张房屋应归其所有并提出执行异议之诉。现实中也有很多当事人依据房屋买卖合同,以物抵债合同等请求确认房屋所有权。但房屋属于不动产物权,我国不动产物权设立采取登记生效主义,登记才产生物权转移的法律效力。物权变动合同与物权变动本身是两个法律事实。因此,当事人依据赠与合同、房屋买卖合同、以物抵债合同等方式转移物权,应当在所有权转移登记手续完成后,才取得了诉争不动产的所有权,在尚未完成产权过户手续之前,仅依据合同而主张确权,应当驳回其诉讼请求。依据上述原则,本案房屋未办理权属变更登记,房屋所有权并未发生转移,涉案房屋仍归韩令文所有,故法院对该房屋予以执行并无不当。

本案还涉及的一个问题,就是在案件执行过程中案外人就执行标的物另行提起诉讼应如何处理?实践中,案外人就执行标的物另行提起确权之诉的情形十分普遍. 我们认为在法院针对执行标的物的强制执行过程中,该标的物即处于非正常状态,此时针对标的物的争议,应当通过《民事诉讼法》规定的案外人异议之诉制度予以解决,而不应允许案外人另行提起确权之诉。并且,案外人以被执行人为被告在非执行法院提起确权之诉,由于申请执行人并非该案的当事人,极易出现案外人与被执行人恶意串通逃避执行的情况出现。因此,对案外人就执行标的物另行提起确权之诉的,法院应当不予受理,已经受理的,应当裁定驳回起诉,并告之其可依据《民事诉讼法》第 204 条的规定主张权利,对于审判中未发现并已做出的生效判决,应当通过审判监督程序予以撤销。本案中韩成冰就赠与合同另案起诉了韩令文,双方虽达成了过户的调解协议,但韩成冰认为房屋被生效法律文书确定归其所有并要求法院停止执行,没有依据,不应予以支持。

本案中,两审法院的处理是正确的。

案例 5:

郭莉与北京城乡建设集团有限责任公司、广东粤财投资控股有限公司案外人执行异议纠纷

北京市高级人民法院 王 成

一、案件基本信息

1. 判决书字号

二审裁定书:北京市高级人民法院(2012)高民终字第 1240 号民事裁定书。

2. 案由:案外人执行异议纠纷

3. 当事人

原告(上诉人)郭莉。

被告(被上诉人)北京城乡建设集团有限责任公司。

被告(被上诉人)广东粤财投资控股有限公司。

被告(被上诉人)北京盛和发房地产开发有限公司。

二、基本案情

盛和发公司系盛和家园项目的开发商,在开发建设过程中,其向广东发展银行股份有限公司北京分行(以下简称广发行)贷款,并将盛和家园2号楼部分房产抵押给广发行作为借款担保。城乡集团系盛和家园项目建筑商。

因盛和发公司欠付工程款,城乡集团于2004年年初在本院起诉盛和发公司,诉讼中,城乡集团申请财产保全,2004年3月4日,本院根据城乡集团的申请,保全查封盛和发公司所有的位于北京市朝阳区安慧东里2号院盛和家园尚未销售的所有房产及土地。后本院于2004年7月作出(2004)二中民初字第623号民事判决书,判决主文为:一、盛和发公司于本判决生效后十日内给付城乡集团工程款人民币三千一百三十九万三千六百元;二、盛和发公司于本判决生效后十日内给付城乡集团逾期付款违约金(以三千一百三十九万三千六百元为本金,按每日万分之五计算,自2003年1月1日起至实际给付之日止);三、驳回城乡集团其他诉讼请求。该判决已生效。

因盛和发公司未能及时偿还欠付广发行的贷款,广发行亦于2004年年初起诉盛和发公司。诉讼中,广发行提出财产保全申请,2004年6月1日,本院根据广发行的申请,保全查封盛和发公司所有的位于北京市朝阳区安慧东里盛和家园2号楼的60套房产(即抵押物)。2004年6月2日,本院作出(2004)二中民初字第4276号民事判决书,判决主文为:一、广发行与盛和发公司签订的借款合同和抵押合同有效;二、盛和发公司于本判决生效后十日内向广发行偿付借款本金人民币一千七百四十八万元及利息(自二〇〇三年十二月二十一日起至二〇〇四年四月十七日止,按年利率百分之六点一零六五计算,按月结息,计收复利;自二〇〇四年四月十八日起至款付清之日止,按日利率万分之二点一计算,按月结息,计收复利);三、盛和发公司于本判决生效后十日内向广发行偿付律师费人民币五十三万一千三百三十八元;四、广发行对盛和发公司抵押的房产享有优先受偿权。该判决亦已生效。

上述两份判决生效后,城乡集团及广发行均申请本院执行。其后,广发行将债权转让给粤财公司。本院于2008年7月18日作出(2008)二中执异字第829号民事裁定书,裁定债权转让给粤财公司。

执行中,案外人郭莉主张其已向盛和发公司购买北京市朝阳区安慧东里2号院盛和家园2号楼2层D1号房屋(以下简称争议房屋),并已支付全部购房款,且实际入住,法院不应当再执行争议房屋。为证明其主张,其向法院提交了其与盛和发公司于2001年12月20日签订的《商品房买卖合同》、盛和发公司为其开具的购房款发票、其与北京盛东方物业管理有限公司所签《物业管理服务协议》、物业费交费收据、供暖费交费收据、其与北京盛东方物业管理有限公司所签《北京市居民供热采暖合同》等证据材料。

另查,本案争议房屋包含于盛和发公司抵押给广发行的抵押房产中,亦包含于本院(2004)二中民初字第4276号民事判决主文第四项广发行享有优先受偿权的房产中。该房产于2004年3月4日被本院查封。

三、案件焦点

本案二审尽管裁定维持了一审裁定,但二审是在肯定了一审裁定处理的部分外,告知当事人对一审裁定没有处理的部分可以另诉解决,切实维护了当事人本应享有的诉权。

四、法院裁判要旨

2011年8月,郭莉起诉至原审法院称:1. 我购买房屋及付清房款均早于城乡集团和粤财公司,并已实际占有房屋多年。我于2001年12月20日向盛和发公司购买了北京市朝阳区安慧东里2号院盛和家园2号楼2-D1号,我与盛和发公司当日签订了《商品房买卖合同》,并向盛和发公司依约分期支付了全部购房款。2003年5月,我办理了入住手续,实际占有并使用该房至今,入住后,我如数缴纳物业管理费。(2011)二中执字第00801号裁定查明:城乡集团在2004年3月4日保全查封了我的房屋;另查广东发展银行股份有限公司北京分行(以下简称广发行)于2004年6月1日保全查封了我的房屋;2003年9月15日广发行和盛和发公司办理了抵押物登记,我购买房屋和付清房款的时间均早于城乡集团、粤财公司办理查封和抵押的时间。因此,我不可能预料到购房后城乡集团和粤财公司的保全查封等措施。2. 执行异议审查机构避重就轻,对我已交纳的证据未进行认定和表述。在执行异议之中我提交了5份票据,其中一份2003年5月18日物业单位向我收取入住费用的票据在(2011)二中执字第00801号裁定书中未提及,我认为遗漏了重要事实证据,以裁定形式驳回我要求解除查封的申请,显系事实不清、证据不足。基于上述事实,请求判令:1. 解除对北京市朝阳区安慧东里2号院盛和家园2号楼2-D1号房屋的查封措施;2. 确认我为北京市朝阳区安慧东里2号院盛和家园2号楼2-D1号房屋的业主;3. 诉讼费用由被告负担。

城乡集团辩称:第一,二中院于2004年3月4日即保全查封了涉案房产,该房一直处于查封状态,查封期间不得转让,因此盛和发公司与购房业主签订的买卖合同是无效的。第二,异议人作为房屋买受人,没有尽到必要的注意义务,且该房的成交价格偏低,异议人并非善意第三人。第三,异议人提到的最高院的规定,是适用于买卖行为在前,查封行为在后的,但异议人的买卖行为发生在查封之后,不能适用最高院的规定。另外,盛和发公司与宋宇等人之间的买卖合同纠纷案件的标的物与本案争议的标的物重合,我们有理由认为,这极有可能是盛和发公司虚构的虚假买卖合同关系,因此,异议人诉讼请求应予驳回。

粤财公司辩称:已有生效判决确认我公司就抵押物拍卖、变卖所得价款享有优先受偿权,本案争议的标的物即为我公司享有抵押权的房屋,执行部门拍卖本案争议的房屋以实现我公司的债权,是生效判决确认的事实,案外人无权以执行异议之诉的方式否定生效判决的内容。且案外人郭莉与盛和发公司签订买卖合同是在我公司抵押权成立后、亦在我公司查封后,依据法律规定,买卖合同应当是无效的,故请求驳回郭莉的诉讼请求。

盛和发公司未答辩。

北京市第二中级人民法院经审理认为:当事人不服法院执行异议裁定书,可以依法主张权利。《中华人民共和国民事诉讼法》第204条规定,案外人、当事人对裁定不服,认为原判决、裁定错误的,依照审判监督程序办理;与原判决裁定无关的,可以自裁定送达之日起十五日内向人民法院提起诉讼。依据上述规定,如果争议标的物系作为执行依据的生效法律文书中明确指向的执行标的物,案外人、当事人不能选择以提起执行异议之诉的方式保护权利,案外人应当依照审判监督程序主张权利。

就本案而言,生效法律文书已经认定广发行与盛和发公司之间签订的抵押合同有效,并且判决主文中明确写明广发行就包含本案争议房屋在内的抵押物享有优先受偿权。则本案争议房屋已由生效法律文书确定为特定的执行标的物,郭莉如认为其为争议房屋的购买人,法院生效法律文书确认广发行就争议房屋享有优先受偿权有错误,应当依审判监督程序主张权利。

综上所述,依据《中华人民共和国民事诉讼法》第204条之规定,裁定如下:

驳回郭莉的起诉。

原审宣判后,郭莉不服一审裁定,上诉至北京市高级人民法院。郭莉上诉称,上诉人购房行为在先,且已经支付全部价款并实际占有房屋,被上诉人抵押权发生在后,其抵押权不能对抗上诉人基于购房合同对房屋所享准所有权的占有、使用、收益及处分权利;被上诉人粤财公司基于债权享有的债权优先受偿权,并非原审裁定所称生效判决指定交付的"特定标的物";原审法院未将上诉人针对两份判决所提异议进行区分即裁定驳回,属程序错误;原审裁定所指抵押系在建工程抵押,抵押权范围不应及于争议房产;裁定指出由案外人对生效多年的民事判决通过审判监督程序解决不公平,且已超过法定期限,请求撤销原审裁定,发回原审法院重新审理,或查清事实后依法改判,支持其原诉请求,诉讼费用由被上诉人负担。城乡集团、粤财公司同意原审裁定。盛和发公司未提起上诉。

北京市高级人民法院经审理认为:《中华人民共和国民事诉讼法》第204条规定:执行过程中,案外人对执行标的提出书面异议的,人民法院应当自收到书面异议之日起十五日内审查,理由成立的,裁定中止对该标的的执行;理由不成立的,裁定驳回。案外人、当事人对裁定不服,认为原判决、裁定错误的,依照审判监督程序办理;与原判决、裁定无关的,可以自裁定送达之日起十五日内向人民法院提起诉讼。依据上述规定,如果异议标的物系执行所依据的生效法律文书指向的标的物,案外人应当依照审判监督程序主张权利,此外,案外人得以提起执行异议之诉的方式进行救济。

就本案而言,上诉人提出的异议并非仅针对(2004)二中民初字第4276号民事判决的执行行为,同时,还对(2004)二中民初字第623号民事判决的执行行为提出了异议。原审法院以(2004)二中民初字第4276号民事判决书已明确广发行就包含本案争议房屋在内的抵押物享有优先受偿权为由,认为针对该判决之异议应当通过审判监督程序进行救济,进而做出裁定驳回起诉的处理是正确的,本院予以维持。同时应当指出,争议房屋并非(2004)二中民初字第623号民事判决主文所指对象,若针对该判决的执行异议裁定不服,上诉人有权通过执行异议之诉进行救济,上诉人所享有的该程序性权利应予明确肯定。但该执行异议之诉与前述法律关系并非同一法律关系,不宜在同一程序中处理,故本案对该诉不予处理,当事人可另诉解决。综上,依照《中华人民共和国民事诉讼法》第154条之规定,裁定如下:

驳回上诉,维持原裁定。

五、解说

本案从表面上看,二审尽管裁定维持了原审裁定,但理由有所不同。原因就在于事实上郭莉作为异议人,针对(2004)二中民初字第4276号民事判决书及(2004)二中民初字第623号民事判决书的执行均提出了异议。一审裁定只针对郭莉对(2004)二中民初字第4276号民事判决书的执行异议进行了处理,而对郭莉针对(2004)二中民初字第623号民事判决书提出的执行异议未做任何处理。之所以出现这种情形,是由于执行机构就郭莉依据不同的民事判决书就同一执行标的提出的二份异议只做出了一份执行异议裁定进行处理,在形式上只有一份裁定,而且在实质上,裁定的理由和结果也没有对两份异议给出完全的答复。规范地说,执行机构应针对异议人的不同异议出具不同的执行异议裁定,或者至少对每一执行异议都有给予答复,这样才能更有效地维护当事人的诉权。此案中,二审法院考虑到了这一点,在维持原裁定的基础上,同时告知当事人针对另一民事判决书的执行异议裁定可另诉解决。

综上,二审法院的考虑和处理是正确的。

案例6:

审判监督程序和案外人执行异议之诉程序的关系

——北京首地恒瑞房地产开发有限公司诉刘晓利案外人执行异议案

北京市高级人民法院 汪 明

一、案件基本信息

1. 裁判文书字号

北京市高级人民法院(2012)高民终字第1021号民事判决书。

2. 案由:案外人执行异议之诉

3. 当事人

原告(上诉人)北京首地恒瑞房地产开发有限公司。

被告(被上诉人)刘晓利。

第三人(一审第三人)北京天亚物业开发有限公司。

二、基本案情

刘晓利与天亚公司曾因借款合同纠纷在北京仲裁委员会进行仲裁,北京仲裁委员会于2010年11月19日作出(2010)京仲裁字第0752号裁决书,裁决:天亚公司于裁决书送达之日起15日内将位于北京市朝阳区关东店南街旺座中心主体商务楼北侧3349平方米的土地交付刘晓利使用。后天亚公司未履行上述仲裁裁决所确定的义务,刘晓利向北京市第二中级人民法院(以下简称市二中院)申请强制执行。该院于2011年2月10日立案执行,于同年2月15日作出(2011)二中执字第383号执行裁定。

首地恒瑞公司系旺座中心的业主。其与旺座中心业主委员会曾分别以执行标的部分属于旺座中心全体业主等理由向市二中院执行部门提出异议申请,要求停止对(2011)二中执字第383号执行裁定第一项即"被执行人天亚公司立即将位于北京市朝阳区关东店南街旺座中心主体商务楼北侧3349平方米的土地交付申请执行人刘晓利使用"的执行。市二中院经审查,分别以执行措施未对异议人实体权利造成损害为由裁定驳回首地恒瑞公司与旺座中心业主委员会的异议请求。首地恒瑞公司遂依据《中华人民共和国民事诉讼法》第204条之规定提起本案诉讼。

三、案件焦点

本案的争议焦点在于:案外人认为其对作为执行依据的生效判决、裁定、调解书等法律文书确定的执行标的物享有足以阻止其转让、交付的实体权利,并提出执行异议,被裁定驳回后,案外人不服提起执行异议之诉的,法院应该如何处理?

四、法院裁判要旨

市二中院经审理认为:本案系因执行程序引发

的诉讼,而执行所依据的生效法律文书是北京仲裁委员会裁决书,相应裁决结果是天亚公司限期将旺座中心北侧3349平方米土地交付刘晓利使用。根据诉讼中首地恒瑞公司的陈述以及其诉讼请求,显然其根本主张在于仲裁裁决中指向的土地使用权并不属于仲裁当事人,进而认为仲裁裁决本身存在错误故不应予以执行。但本案作为执行异议之诉,无权对仲裁裁决正确与否进行审查,在此情况下本案中对首地恒瑞公司要求停止执行的诉讼请求难以支持。首地恒瑞公司的相应主张是否成立,应当通过其他合法途径进行审查。首地恒瑞公司要求确认冷却塔所有权及该冷却塔所占土地使用权归全体业主共同共有、确认旺座中心北侧3349平方米土地范围南端的小区道路和人防出入口归全体业主共有的诉讼请求,不属于本案审查事项。

据此,市二中院依照最高人民法院《关于适用〈中华人民共和国民事诉讼法〉执行程序若干问题的解释》第19条之规定,作出如下判决:

驳回首地恒瑞公司的诉讼请求。

首地恒瑞公司不服,持原审意见向北京市高级人民法院(以下简称市高院)提起上诉。市高院经审理认为:首地恒瑞公司对已生效的北京仲裁委员会的裁决书存有异议,要求将裁决书所指向的具体权益确权给自己及全体业主停止对裁决的执行。由于该案件系属于案外人对执行提出异议,且在仲裁期间异议当事人并未提出相关权益的主张。故一审法院认为首地恒瑞公司实际上是对于仲裁裁决有异议,该异议无法在本案程序中应予以解决为由,判决驳回首地恒瑞公司的诉讼请求并无不当。首地恒瑞公司在无其他证据支持其相关诉求的情况下,坚持要求支持其实体请求,缺乏法律依据,法院不予支持。

市高院依照《中华人民共和国民事诉讼法》第153条第一款第(一)项之规定,作出如下判决:

驳回上诉,维持原判。

五、解说

《民事诉讼法》第204条规定:执行过程中,案外人对执行标的提出书面异议的,人民法院应当自收到书面异议之日起十五日内审查,理由成立的,裁定中止对该标的的执行;理由不成立的,裁定驳回。案外人、当事人对裁定不服,认为原判决、裁定错误的,依照审判监督程序办理;与原判决、裁定无关的,可以自裁定送达之日起十五日内向人民法院提起诉讼。

依据上述规定,案外人对执行标的提出执行异议,人民法院作出裁定后,案外人仍然不服的,视具体情况不同分别按照以下两种程序处理:

一种程序是审判监督程序:即案外人对驳回其异议的执行裁定不服,且认为其对作为执行依据的生效判决、裁定、调解书等法律文书确定的执行标的物享有足以阻止其转让、交付的实体权利的,并据此要求停止对该标的物的执行。这实际上涉及作为执行依据的生效法律文书本身是否存在错误的问题,生效法律文书具有约束力和执行力,另案诉讼无权对生效法律文书是否正确作出再次认定,故应当通过审判监督程序重新进行审查,最终确定能否对该标的物继续执行。

另一种程序是案外人执行异议之诉程序:即案外人对驳回其异议的执行裁定不服,请求对执行标的物停止执行,而提起的与原判决、裁定、调解书等生效法律文书无关的诉讼。所谓的"与原判决、裁定、调解书无关",通常是指作为执行依据的生效法律文书确定的是金钱债权,在执行该金钱债权过程中,法院针对被执行人名下特定标的物实施强制执行,案外人对该标的物主张实体权利难以阻却强制执行,又因作为执行依据的生效法律文书本身不存在错误,案外人对人民法院执行异议裁定不服的,只能通过执行异议之诉程序,最终确定能否对该标的物继续执行。

本案中,首地恒瑞公司对已生效的北京仲裁委员会的裁决书存有异议,要求将裁决书所指向的具体权益确权给自己及全体业主停止对裁决的执行。由于该案件系属于案外人对执行提出异议,且在仲裁期间异议当事人并未提出相关权益的主张。对于该点理由,应认为首地恒瑞公司实际上是对于仲裁裁决有异议,该问题无法在本案案外人执行异议之诉程序中予以解决,应裁定驳回首地恒瑞公司的起诉。同时,针对首地恒瑞公司提起案外人执行异议之诉依据的与生效法律文书无关的其他理由,因缺乏无相关证据支持,缺乏法律依据,法院应不予支持。综上,"判决吸收裁定",应一并判决驳回首地恒瑞公司的诉讼请求。

故而,两审法院的处理都是正确的。

案例7：

案外人不能通过执行异议之诉程序要求停止对指向特定抵押物的生效法律文书的执行

——程荣玲诉广东粤财投资控股有限公司等案外人执行异议案

北京市高级人民法院　汪　明

一、案件基本信息

1. 裁判文书字号

北京市高级人民法院(2012)高民终字第1248号民事裁定书。

2. 案由：案外人执行异议之诉

3. 当事人

原告(上诉人)：程荣玲。

被告(被上诉人)：北京城乡建设集团有限责任公司、广东粤财投资控股有限公司。

被告(一审被告)：北京盛和发房地产开发有限公司。

二、基本案情

北京盛和发房地产开发有限公司(以下简称盛和发公司)系北京市朝阳区安慧东里2号院盛和家园(以下简称盛和家园)项目的开发商，在开发建设过程中，其向广东发展银行股份有限公司北京分行(以下简称广发行北京分行)贷款，并将盛和家园2号楼部分房产抵押给广发行北京分行作为借款担保。北京城乡建设集团有限责任公司(以下简称城乡集团)系盛和家园项目建筑商。

因盛和发公司欠付工程款，城乡集团于2004年年初在北京市第二中级人民法院(以下简称市二中院)起诉盛和发公司并申请财产保全，市二中院依其申请保全查封盛和发公司所有的位于盛和家园尚未销售的所有房产及土地，并于其后作出(2004)二中民初字第623号民事判决，判令盛和发公司给付城乡集团所欠工程款。

因盛和发公司未能及时偿还欠付广发行北京分行的贷款，广发行北京分行亦于2004年年初向市二中院起诉盛和发公司并提出财产保全申请，市二中院依其申请保全查封了盛和发公司所有的盛和家园2号楼的60套房产(即抵押物，包含本案涉及的争议房屋)。2004年6月2日，市二中院作出(2004)二中民初字第4276号民事判决书，判决广发行北京分行与盛和发公司签订的借款合同和抵押合同有效；盛和发公司向广发行北京分行偿付借款本金及利息；广发行北京分行对盛和发公司抵押的房产享有优先受偿权。

该两份判决生效后，城乡集团及广发行北京分行均申请市二中院执行。其后，广发行北京分行将债权转让给广东粤财投资控股有限公司(以下简称粤财公司)。市二中院于2008年7月18日作出(2008)二中执异字第829号民事裁定书，裁定债权转让给粤财公司。

执行中，案外人程荣玲以其已向盛和发公司购买争议房屋，并已支付全部购房款，且实际入住，法院不应当再执行争议房屋为由，向市二中院提出执行异议。经审查，市二中院裁定驳回了该异议请求。

程荣玲不服该裁定，向市二中院提起案外人执行异议之诉，请求停止对争议房屋的强制执行行为。

三、案件焦点

本案的争议焦点在于生效法律文书指向特定抵押物，案外人要求对抵押财产停止执行，应当通过审判监督程序处理还是案外人执行异议之诉程序处理。

四、法院裁判要旨

市二中院经审理认为：当事人不服法院执行异议裁定书，可以依法主张权利。《中华人民共和国民事诉讼法》(以下简称《民事诉讼法》)第204条规定：案外人、当事人对裁定不服，认为原判决、裁定错误的,依照审判监督程序办理;与原判决裁定无关的,可以自裁定送达之日起十五日内向人民法院提起诉讼。依据上述规定,如果本案争议标的物系作为执行依据的生效法律文书中明确指向的执行标的物,案外人、当事人不能选择以提起执行异议之诉的方式保护权利,案外人应当依照审判监督程序主张权利。

就本案而言,生效法律文书已经认定广发行北京分行与盛和发公司之间签订的抵押合同有效,并且判决主文中明确写明广发行就包含本案争议房屋在内的抵押物享有优先受偿权。则本案争议房屋已由生效法律文书确定为特定的执行标的物,程荣玲如认为其为争议房屋的购买人,市二中院生效法律文书确认广发行北京分行就争议房屋享有优先受偿权有错误,应当依审判监督程序主张权利。

市二中院依据《民事诉讼法》第204条之规定,裁定如下:

驳回程荣玲的起诉。

程荣玲持原审意见向北京市高级人民法院(以下简称市高院)提起上诉。市高院经审理认为:依据《民事诉讼法》第204条的规定,如果异议标的物系执行所依据的生效法律文书指向的标的物,案外人应当依照审判监督程序主张权利,此外,案外人得以提起执行异议之诉的方式进行救济。

程荣玲提出异议的指向并非仅针对(2004)二中民初字第4276号民事判决的执行行为,同时,还对(2004)二中民初字第623号民事判决的执行行为提出了异议。市二中院以(2004)二中民初字第4276号民事判决书已明确广发行北京分行就包含本案争议房屋在内的抵押物享有优先受偿权为由,认为针对该判决之异议应当通过审判监督程序进行救济,进而作出裁定驳回起诉的处理是正确的,法院予以维持。同时应当指出,争议房屋并非(2004)二中民初字第623号民事判决主文所指对象,若针对该判决的执行异议裁定不服,程荣玲有权通过执行异议之诉进行救济,程荣玲所享有的该程序性权利应予明确肯定。但该执行异议之诉与前述法律关系并非同一法律关系,不宜在同一程序中处理,故本案对该诉不予处理,程荣玲可另诉解决。

市高院依照《民事诉讼法》第154条的规定,裁定如下:

驳回上诉,维持原裁定。

五、解说

《民事诉讼法》第204条规定:执行过程中,案外人对执行标的提出书面异议的,人民法院应当自收到书面异议之日起十五日内审查,理由成立的,裁定中止对该标的的执行;理由不成立的,裁定驳回。案外人、当事人对裁定不服,认为原判决、裁定错误的,依照审判监督程序办理;与原判决、裁定无关的,可以自裁定送达之日起十五日内向人民法院提起诉讼。

依据上述规定,案外人对执行标的提出执行异议,人民法院作出裁定后,案外人仍然不服的,视具体情况不同分别按照以下两种程序处理:

一种程序是审判监督程序:即案外人案外人对驳回其异议的执行裁定不服,且认为其对作为执行依据的生效判决、裁定、调解书确定的执行标的物享有足以阻止其转让、交付的实体权利的,并据此要求停止对该标的物的执行。这实际上涉及作为执行依据的生效裁判本身是否存在错误的问题,生效裁判具有约束力和执行力,另案诉讼无权对生效裁判是否正确作出认定,故应当通过审判监督程序重新进行审查,最终确定能否对该标的物继续执行。

另一种程序是案外人执行异议之诉程序:即案外人对驳回其异议的执行裁定不服,请求对执行标的物停止执行,而提起的与原判决、裁定、调解书等生效法律文书无关的诉讼。所谓的"与原判决、裁定、调解书无关",通常是指作为执行依据的生效裁判确定的是金钱债权,在执行该金钱债权过程中,法院针对被执行人名下特定标的物实施强制执行,案外人对该标的物主张实体权利难以阻却强制执行,又因作为执行依据的生效裁判本身不存在错误,案外人对人民法院执行异议裁定不服的,只能通过执行异议之诉程序,最终确定能否对该标的物继续执行。

本案中,生效的(2004)二中民初字第4276号民事判决书已明确广发行北京分行就包含本案争议房屋在内的抵押物享有优先受偿权,也就是说,生效判决已经确认抵押权人有权就程荣玲购买的争议房屋行使抵押权,程荣玲主张该房屋归其所有,实质上是认为抵押权人无权就该房屋行使抵押权,生效判决的处理是错误的,不应执行。依据上文对《民事诉讼法》第204条规定的分析,如果法院根据程荣玲的请求,在案外人执行异议之诉程序对生效判决是否正确进行实体审查,则违反了诉讼法定程序原则,损害了生效裁判的约束力和执行力。因此,程荣玲认为原判决有错误,请求对争议房屋停止执行,应当通过审判监督程序处理。

案例8：

最高人民法院《关于人民法院民事执行中查封、扣押、冻结财产的规定》第十七条规定的适用

——曲雪梅诉北京融金智强投资管理有限公司等案外人执行异议案

北京市高级人民法院　汪　明

一、案件基本信息

1. 判决书字号

北京市高级人民法院(2012)高民终字第671号民事判决书。

2. 案由：案外人执行异议之诉

3. 当事人

原告(上诉人)：曲雪梅。

被告(被上诉人)：北京华达联行房地产经纪有限公司、北京融金智强投资管理有限公司。

二、基本案情

2007年12月31日，曲雪梅与哈尔滨时代亿强集团有限责任公司(以下简称时代亿强公司)签订《商品房职工内部认购书》(以下简称《认购书》)，约定曲雪梅认购北京市东城区幸福中街路北侧都心公馆住宅楼(公寓)304号，建筑面积75.67平方米，总价605,360元。后曲雪梅向时代亿强公司交纳了房款，该公司为其出具了收据。

2008年5月31日，曲雪梅与北京融金智强投资管理有限公司(以下简称融金智强公司)签订《北京市商品房预售合同》(以下简称《预售合同》)，约定曲雪梅购买北京市东城区新中街乙12号都心公馆住宅楼(公寓)3层506号房屋，套内建筑面积为53.59平方米，总价1,569,691元。2009年2月21日，曲雪梅与北京市北宇物业服务公司签订《入住协议》并交纳房款价差1757元，融金智强公司为曲雪梅出具了收据。

北京华达联行房地产经纪有限公司(以下简称华达联行公司)与融金智强公司商品房委托代理销售合同纠纷一案，北京市第二中级人民法院(以下简称市二中院)于2009年1月20日在诉讼中程序中保全查封了包括涉诉房屋在内的11套房屋。后北京市高级人民法院(以下简称市高院)作出民事终审判决，判决融金智强公司向华达联行公司退还定金并赔偿损失共计1520万元。因融金智强公司未按该生效判决履行还款义务，2010年8月，市二中院裁定执行上述生效判决并继续查封上述11套房屋。曲雪梅向市二中院提起执行异议申请，被市二中院裁定驳回。

曲雪梅不服该裁定，向市二中院提起案外人执行异议之诉，其诉称，融金智强公司与时代亿强公司的法定代表人同是刘毅。《认购书》与《预售合同》项下的房屋是同一房屋，房屋坐落仅系表述问题，地址相同；房号由于融金智强公司编号方法中去掉3、4两号，房屋本身的楼层与位置并未变更；房屋面积在签《认购书》时并未确定，不能就此认定房屋不一致。时代亿强公司的收据虽不是正式发票，但此种行为在商业往来中较多，只有收到款项的收据才能真实的反映是否有交付钱款的行为，且收据中明确写明交的是北京的房款。故请求法院确认涉诉房屋归其所有；停止对该房屋的强制执行，解除对该房屋的查封。

市二中院到涉诉房屋进行现场勘查，结论为：该小区楼层及房号编号中均无3、4两号，曲雪梅实际居住使用了涉诉房屋。曲雪梅称其实际于2008年12月30日入住，但并未就此提交书面证据。另查，在他案审理中，融金智强公司在庭审中述称：因其缺少相应手续，涉诉房屋所在小区尚未办理大产权证；涉诉房屋所在小区整体存在逾期交房情况。

三、案件焦点

本案争议焦点在于在执行异议之诉案件审理中，如何适用最高人民法院《关于人民法院民事执行

中查封、扣押、冻结财产的规定》(以下简称《规定》)第 17 条规定的问题。

四、法院裁判要旨

市二中院经审理认为:曲雪梅与融金智强公司间签订的《预售合同》合法有效,该合同使曲雪梅与融金智强公司间形成债的法律关系。在合同履行中,双方未能完成标的物的权属转移手续,涉诉房屋的所有权尚未发生转移。曲雪梅仅依据合同径行主张确认其对涉诉房屋享有所有权,缺乏法律依据,法院对其该项诉讼请求不予支持。

曲雪梅、时代亿强公司签订的《认购书》所认购房屋与曲雪梅、融金智强公司签订《预售合同》所购买房屋虽在面积、单价、总价、出卖人等方面存在不一致之处,但根据现场勘查结论及收据等相关证据,可以确认两合同之标的系指同一房屋。关于该房屋价款的支付问题,曲雪梅的付款凭证仅为收据,且并未按照预售合同约定交纳全部房款。曲雪梅与融金智强公司在《预售合同》中的约定并不能作为曲雪梅已向融金智强公司全部交纳房屋价款的依据。故曲雪梅关于其已向融金智强公司支付全部购房款的主张不成立,曲雪梅停止对涉诉房屋强制执行的诉讼请求,缺乏法律依据,法院亦不予支持。

市二中院依照《规定》第 17 条之规定,作出如下判决:

驳回曲雪梅的诉讼请求。

曲雪梅持原审意见向市高院提起上诉。市高院经审理认为:依查明的事实,曲雪梅虽与融金智强公司签订的《预售合同》真实有效,但由于其是在涉诉房屋被市二中院查封后入住的,且涉诉房屋未办理所有权转移手续。不属于《规定》第 17 条规定的应当解除查封的情形。曲雪梅的上诉请求,缺乏依据,法院不予支持。一审判决认定事实及适用法律并无不妥,应予维持。

市高院依照《中华人民共和国民事诉讼法》第 153 条第一款第(一)项之规定,作出如下判决:

驳回上诉,维持原判。

五、解说

《规定》第 17 条规定:被执行人将其所有的需要办理过户登记的财产出卖给第三人,第三人已经支付部分或者全部价款并实际占有该财产,但尚未办理产权过户登记手续的,人民法院可以查封、扣押、冻结;第三人已经支付全部价款并实际占有,但未办理过户登记手续的,如果第三人对此没有过错,人民法院不得查封、扣押、冻结。该规定是从我国实际国情出发,对无过错的财产买受人提供的特殊保护,符合上述规定三个要件的买受人享有一种特殊的债权,可以优先于其他普通金钱债权获得保护。在执行异议诉讼程序中,法院经审查符合条件的,应当判决停止对财产的执行。

以本案涉诉房屋为例,在适用该规定上应作如下理解:

1. 案外人(第三人)与被执行人之间应当存在真实有效的房屋买卖关系,案外人在法院针对房屋的强制执行程序开始前,已经支付全部房屋价款。如果双方的房屋买卖合同由于存在无权代理、无权处分等违反法律效力性强制性规定的情形而被认定为无效,不适用该条规定的构成要件。并且,案外人虽然在法院查封之前签订房屋买卖合同,但明知或应当知道法院已经查封房屋仍然继续支付购房款或占有房屋的,也不符合前述规定。法院在判断双方是否存在真实有效的房屋买卖关系时,应当根据当事人提交的买卖合同、付款发票、付款收据、物业服务合同、物业费缴费发票等证据予以综合判断。

2. 判断“实际占有”房屋的标准是出卖人已将房屋交付给案外人(第三人),对于占有的形式,既可以直接占有房屋用于自己居住,也可以间接占有将房屋对外出租,但无论是何种形式的占有,都必须是合法占有,而不能是非法占有。

3. “第三人对此没有过错”,是指案外人(第三人)未办理产权过户登记手续是由于被执行人不予协助、办理登记存在客观障碍、登记机关原因等案外人意志以外的原因造成的。案外人为规避法律、行政法规规定或逃避债务,故意将财产登记在被执行人名下的,应当认定其具有过错。

综上,在适用上述规定时,对案外人与被执行人之间是否存在真实的买卖关系、案外人是否已经支付全部价款并实际居住等事实,法院应当严格审查;在判断案外人是否存在过错时,法院不宜过于严苛;在利益冲突的权衡时,法院应当在依法审判的前提下,兼顾购房业主(案外人)的生存利益与银行、企业(申请执行人)之间的经营利益。

本案中,依据查明的事实,曲雪梅虽与融金智强公司签订的《预售合同》真实有效,但由于其是在涉诉房屋被市二中院查封后入住的,且涉诉房屋未办理所有权转移手续。故而,不属于《规定》第 17 条规定的应当解除查封的情形。

二、天津市

天津市劳动人事争议典型案例

天津市高级人民法院民一庭

一、市劳动争议四方联动机制联动化解某公司群体性劳动争议

（一）案情简介

2006年9月，某公司与案外人合资成立A公司，A公司与某公司签订劳务合作协议，约定某公司将曳引机车间工人借调到A公司提供劳务服务，工人的工资、社保、福利和其他薪金收入均由某公司承担，A公司需要向某公司支付相应的管理费用，某公司实际履行了上述劳动合同和劳务合作协议。2011年下半年，曳引机车间的170多名劳动者发现上述问题，认为其在不知情的情况下，被安排到A公司工作，被某公司单方解除了劳动合同但未得到相应补偿，其与A公司存在事实劳动关系却没有签订书面合同，其合法权益受到损害。为此，上述170多名劳动者聘请了外埠律师，准备向法院提起集体诉讼。

某公司工会组织得知上述情况后迅速将情况汇报给所属某集团，某集团十分重视此次大规模的群体性劳动争议事件，于第一时间将情况向市总工会做了汇报。经过初步评估，总工会将事件情况向市人社局、市司法局和市高级法院做了通报，天津市劳动争议四方联动调解机制迅速启动。联动四方派出精干力量多次深入企业了解事件的来龙去脉，并经过反复商讨研究，制订了完善的调解方案和紧急情况预案，在此基础上对劳动者和用人单位方面做了大量明法释理工作，还协助单位分析了本次事件的深层次原因，提出了相关建议。经过艰苦周密的工作，A公司与劳动者重新签订书面劳动合同，使绝大多数的劳动争议得以化解，仅剩余十几名劳动者仍存异议，均引导其通过劳动仲裁和诉讼，理性主张权利。后经过仲裁机构和法院层层化解和释明，最终由法院作出判决，当事人均未提出异议。一场规模较大、影响较大的群体性劳动争议事件最终得以圆满化解。

（二）法律解读

群体性劳动人事争议的发生，在劳动者和用人单位各自提出的诉求和理由之外，均有着更为深层次的原因。导致这些原因形成的因素复杂多样，包含了法律、经济发展、社会环境、政府监管、企业管理方式、历史沿革等诸多方面，处理起来需要照顾到方方面面，难度较大。越是复杂纠纷的处理，越要根据纠纷形成原因的多样性选择不同的化解方式。上述纠纷的圆满化解，可以给我们以下启示：第一，需要发挥各个职能部门的力量，各取所长，形成调解合力；第二，及时预警，提高联动化解效率，把矛盾纠纷化解在萌芽状态；第三，对于纠纷化解要坚守法律底线，在析法明理的基础上进行调解；第四，化解纠纷既要治标，更要治本。纠纷化解不能仅停留在对表面矛盾的处理上，更要分析深层次原因，规范用人单位依法用工，引导劳动者理性维权。

二、政府主导的企业改制引发的劳动争议不属于人民法院民事案件受理范围

（一）裁判要旨

政府主导下的企业改制所引发的劳动争议，本质上不属于民事纠纷性质，此类劳动争议不属于人民法院民事案件受理范围，劳动者应当向政府有关部门申请解决。

（二）案情简介

原告李某自1984年开始在某镇粮油公司工作。2008年，被告某县粮油公司根据县政府《关于本县困难企业整体分流安置职工和依法退出市场的实施意见》，对镇粮油公司进行资产整合，一切债权债务均归县粮油公司负责。对于安置分流职工采取两种方式：一是由被告所属的某米业公司进行择优选聘上岗，重新订立劳动合同；二是本人自谋职业，对于解除劳动合同的职工享受相关待遇。改制期间，李某未到某米业公司选聘上岗，也未与某镇粮油公司解除劳动合同。现镇粮油公司已经整体退出市场，被告某县粮油公司接收某镇粮油公司后，也未与李某重新订立劳动合同。李某给某县粮油公司书面发函要求上班、待岗发放生活费，或者解除劳动合同，双方遂经劳动仲裁后诉至法院。法院认为，某镇粮油公司系国有企业，因长期经营困难，为适应市场经济发展需要，在县政府文件的指令下，对某镇粮油公司进行资产整合，由某县粮油公司承接其一切债权债务。原被告之间的争议，属于政府主导的企业改制所引发的，其应当向政府及其相关部门申请解决，不属于人民法院民事案件受理范围，故依法裁定驳回原告李某的起诉。

(三)法律解读

企业改制是指改变企业原有的资本结构、组织形式、经营管理模式或体制，使其客观上适应企业发展的需要。企业改制可以分为企业自主改制和政府主导下的改制两个类型。企业自主改制是企业根据其自身经营情况，自主做出的决定，属于正常的商事活动，遵循等价有偿原则，改制各方当事人在法律地位上是平等的；政府主导的企业改制中，企业的权利义务转移等事项不是企业自身可以决定的，政府与企业和职工之间，在法律地位上是不平等的，且带有行政性、服从性特点。基于以上特点，企业自主改制引发的劳动争议，本质上属于平等主体之间发生的民事纠纷，属于人民法院民事案件的受理范围。而政府主导的企业改制则政策性强，改制措施带有极大的行政色彩。此过程引发的劳动争议，不属于平等主体之间因签订、履行或者终止、解除劳动合同所引发的争议，故不属于人民法院民事案件受理范围，当事人应当向政府有关部门申请解决。

三、劳动关系应结合劳动关系构成要件进行认定并确定享受相应的工伤待遇

(一)裁判要旨

劳动者与单位之间签订的虽名为劳务工合同书，但双方在存在财产关系和人身关系，劳动者要接受单位的安排管理，并遵守其规章制度，故应认定双方为劳动关系。劳动者在工作期间因工负伤的，应当享受工伤保险待遇。

(二)案情简介

原告潘某与被告某公司于2006年2月23日签订为期半年的《劳务工合同书》，合同约定："用工性质属临时用工；潘某同意公司的工作安排，担任电力工作岗位，公司根据工作需要可临时调换潘某的工作岗位；公司按支付规定支付潘某基本工资、加班工资和生活补助，效益工资由公司根据实际完成任务情况核定；潘某在合同期内必须服从公司管理和教育，自觉遵守劳动纪律……"2006年7月26日，潘某因工负伤，住院治疗105天，定残九级，后经劳动能力鉴定部门认定旧伤复发，确定2011年1月14日为停工留薪期满之日并定残六级。原被告双方经劳动仲裁后，均不服仲裁结果，向法院提起诉讼。

法院认为，潘某与某公司之间签订的合同虽然名为劳务工合同书，但双方在存在财产关系和人身关系，潘某在工作期间要接受公司的安排管理，并遵守其规章制度，故认定双方实为劳动关系。潘某在工作期间因工负伤并经劳动能力鉴定部门鉴定伤残六级，故其应当享受工伤保险待遇。并根据相关证据支持了潘某医疗费、住院伙食补助费、住院期间护理费、残疾辅助器具费等。关于停工留薪期工资问题，根据《工伤保险条例》规定，停工留薪期内，原工资福利待遇不变，由用人单位按月支付。关于一次性伤残补助金的问题，法院根据《工伤保险条例》的规定，根据六级伤残的标准，依法支持其16个月的本人工资标准的伤残补助金。关于潘某主张保留双方劳动关系的问题，法院根据《工伤保险条例》第33条规定，应劳动者请求，判决单位应当保留与潘某的劳动关系。

(三)法律解读

劳动关系和劳务关系如何区分，历来是困扰劳动法律实践的一个问题。一般而言，两者存在以下区别：第一，主体条件不同。劳动关系中，资方必须是有用工主体资格的国家机关、事业单位、社会团体、企业、个体经济组织。劳方则必须为具有劳动行为能力的自然人。而在劳务关系中，对于主体条件则无此限制，其可以发生在自然人之间、法人之间、法人和自然人之间。第二，主体地位不同。劳动关系中，劳动者与用人单位双方地位不平等，不仅存在财产关系，还存在领导与被领导的人身隶属关系。劳动者作为用人单位的成员，除提供劳动之外，还要接受用人单位的管理，遵守其规章制度，从事用人单位分配的工作和服从用人单位的人事安排等。其反映的是一种稳定、持续的生产资料、劳动者与劳动对象相结合的关系；而劳务关系中，双方是平等的民事权利义务关系，劳动者需要遵照单位的条件或者指令提供劳务服务，单位支付劳务报酬，彼此之间只体现财产关系，不存在人身隶属关系。第三，权利义务关系不同。劳动关系中，用人单位要在支付工资等劳动报酬之外，承担福利待遇、社会保险、同工同酬等诸多义务。国家对于上述义务往往通过制定各类劳动基准对最低标准予以明确，以公法的形式限制双方意思自治的范围，如最低工资、社保缴费等。但在劳务关系中，双方地位平等，劳务报酬由双方协商确定。对于如何确定劳动关系，原劳动和社会保障部"劳社部发[2005]12号"《关于确立劳动关系有关事项的通知》作出了较为明确的规定。根据该通知，具备下列情形的，劳动关系成立：第一，用人单位和劳动者符合法律、法规规定的主体资格；第二，用人单位依法制定的各项劳动规章制度适用于劳动者，劳动者受用人单位的劳动管理，从事用人单位安排的有报酬的劳动；第三，劳动者提供的劳动是用人单位业务的组成部分。

被认定为劳动关系后，劳动者在工作过程中因工负伤的，根据《工伤保险条例》的规定，应通过法定程序由劳动行政部门认定为工伤，造成伤残的，需经劳动能力鉴定委员会确定伤残等级。劳动者依《工伤保险条例》规定的项目、标准、期间等享受工伤保险待遇。

四、不签订书面劳动合同应当支付二倍工资的请求适用一年的时效规定

（一）裁判要旨

用人单位自用工之日起超过一个月不满一年未与劳动者订立书面劳动合同的，应当向劳动者每月支付二倍的工资。该请求适用《劳动争议调解仲裁法》规定的一年仲裁时效，仲裁时效自侵权状态结束之日起计算。

（二）案情简介

原告王某于2010年3月11日开始在被告公司工作。双方于2011年1月日订立书面劳动合同，约定合同期限为2011年1月1日至2011年12月31日。2011年7月1日某公司通知王某待岗。2011年11月15日，王某申请劳动仲裁。后不服仲裁裁决诉至法院，要求某公司支付2010年4月12日至2010年12月31日期间未订立书面劳动合同的二倍工资。某公司辩称，王某2011年11月才提起诉请超过仲裁时效，法院不应支持。法院认为，用人单位与劳动者建立劳动关系，应当订立书面劳动合同。某公司自用工之日起满一个月未与劳动者订立书面劳动合同的，应当向王某支付自用工满一个月次日起至签订书面劳动合同前期间的二倍工资。某公司未签订书面劳动合同的侵犯原告王某合法权益的行为一直持续到2010年12月31日，故仲裁时效应当从此日起算，王某申请仲裁并未超过仲裁时效。

（三）法律解读

《劳动合同法》为了促使用人单位与劳动者订立书面劳动合同，以便明确双方权利义务关系，专门设立了不签订书面劳动合同应当支付二倍工资的制度。该法第10条规定，建立劳动关系，应当订立书面劳动合同。已建立劳动关系，未同时订立书面劳动合同的，应当自用工之日起一个月内订立书面劳动合同。第82条规定，用人单位自用工之日起超过一个月不满一年未与劳动者订立书面劳动合同的，应当向劳动者每月支付二倍的工资。正确理解该项制度，应当注意以下几点：第一，不签订劳动合同的过错在单位，是适用此项制度的前提条件。如果是劳动者原因导致无法订立书面劳动合同的，用人单位不承担未订立书面劳动合同应支付二倍工资的法律责任。第二，二倍工资最长支持十一个月，起点为用工之日起满一个月的次日，终点为用人单位不签订书面劳动合同的违法行为结束之日即订立书面劳动合同的前一日；始终没有订立书面劳动合同的，终点最长到用工之日满一年的当日。用人单位自用工之日起满一年不与劳动者订立书面劳动合同的，视为用人单位与劳动者已订立无固定期限劳动合同，自此不再发生未订立书面劳动合同应当二倍工资的问题。第三，该二倍工资适用《劳动争议调解仲裁法》规定的一年的仲裁时效。由于用人单位未订立书面劳动合同的侵权行为呈现持续状态，故劳动者仲裁时效从用人单位与劳动者订立书面劳动合同之日，也就是侵权状态结束之日开始计算一年；如劳动者在用人单位工作已经满一年的，劳动者申请仲裁的时效从一年届满之次日起计算一年。

五、虽符合订立无固定期限劳动合同的条件但已自愿签订固定期限劳动合同不予补偿

（一）裁判要旨

当符合订立无固定期限劳动合同的时候，不必然会产生订立无固定期限劳动合同的结果。最终是否订立无固定期限劳动合同，关键要看掌握缔约主动权的劳动者是否同意订立无固定期限劳动合同。

（二）案情简介

刘某于2008年入职某公司工作，截至2010年年底该公司已与申请人连续两次签订了劳动合同。2011年1月，双方再次续订了3年期劳动合同，2011年8月，刘某以双方2011年1月应当续订无固定期限劳动合同为由提出劳动仲裁申请，要求公司支付2011年1月至2011年8月的二倍工资。该公司辩称：刘某在双方续订劳动合同时并未提出与公司签订无固定期限劳动合同，且双方已续订完固定期限劳动合同，该合同合法有效，请求驳回刘某的二倍工资请求。仲裁庭经审理后认为，刘某在2011年1月续订劳动合同时应当知晓其是否符合无固定期限劳动合同，但刘某未能向公司提出签订无固定期限劳动合同的主张，而与某公司签订固定期限劳动合同。加之刘某无证据证明在签署固定期限劳动合同时，某公司存在欺诈、胁迫等导致劳动合同无效的法定情形。因此根据平等自愿、协商一致的原则，应当视为刘某在签订固定期限劳动合同时已放弃签订无固定期限劳动合同的权利，双方续订的固定期限劳动合同是双方协商一致的意思表示，应当具有法律效力,刘某的二倍工资主张不应得到支持。仲裁庭最后裁决:驳回刘某提出的二倍工资主张。

(三)法律解读

根据劳动合同法的规定,劳动者和用人单位协商一致的,可以订立无固定期限劳动合同。当劳动者符合一定法定条件的时候,只要劳动者提出或者同意续订、订立劳动合同的,用人单位就应当与劳动者订立无固定期限劳动合同。这些法定条件为:1. 劳动者在该用人单位连续工作满十年的;2. 用人单位初次实行劳动合同制度或者国有企业改制重新订立劳动合同时,劳动者在该用人单位连续工作满十年且距法定退休年龄不足十年的;3. 连续订立二次固定期限劳动合同,且劳动者不符合《劳动合同法》第 39 条"过失性辞退"情形和第 40 条第一项、第二项"经济性裁员"情形,续订劳动合同的。但是,如果在符合订立无固定期限劳动合同的条件下,劳动者同意与用人单位订立固定期限劳动合同的,遵其约定。劳动者再主张未订立无固定期限的劳动合同的双倍工资,没有法律依据。

六、劳务派遣单位未及时支付劳动报酬应当承担相应的法律责任

(一)裁判要旨

劳务派遣关系中,各方当事人应当依法依约承担各自的义务。劳务派遣单位未及时支付劳动者劳动报酬的,导致解除劳动合同,应当承担违法解除劳动合同的经济补偿金。

(二)案情简介

某劳务派遣公司与某石化公司签订有劳务派遣协议,李某于 2011 年 2 月 14 日由某劳务派遣公司招聘,同日被派遣到某石化公司工作。2011 年 5 月 15 日某劳务派遣公司与李某订立期限自 2011 年 5 月 15 日至 2013 年 5 月 14 日的劳动合同,合同中约定李某工资中包含 400 元社会保险保费。某劳务派遣公司 2012 年 2 月前未给李某缴纳社会保险。2012 年 5 月,李某提出解除劳动合同。李某在某石化公司工作期间,由该石化公司记录考勤,该石化公司将李某的工资及加班费均按照派遣协议约定划至某劳务派遣公司处,由某劳务派遣公司为李某发放工资。根据考勤记录,李某有节假日加班 6 天。某劳务派遣公司未支付李某加班费。2012 年 5 月 25 日,李某以不发加班费和夜班费、未缴纳社保而造成离职为由,将某劳务派遣公司和某石化公司作为被申请人提起劳动仲裁。劳动仲裁认为李某系自行辞职,不应支付解除劳动合同的经济补偿金,仅裁决某劳务派遣公司为李某补缴社会保险,支付节假日加班 6 天的加班费。某劳务派遣公司不服仲裁裁决,向法院提起诉讼,要求不支付社会保险和加班工资。李某则坚持仲裁请求,要求由某劳务派遣公司支付解除合同的经济补偿金。法院认为,关于加班费问题,李某在被派遣期间节假日加班 6 天,某石化公司已经向某劳务派遣公司支付了加班费,但是某劳务派遣公司未向李某支付,违反了法律规定,故某劳务派遣公司应当支付节假日加班 6 天的加班费。关于经济补偿金问题,《劳动合同法》规定当用人单位未及时足额支付劳动报酬,未依法为劳动者缴纳社会保险费的,劳动者可以解除劳动合同,用人单位应当向劳动者支付经济补偿金。某劳务派遣公司扣发李某的加班费,造成李某解除劳动合同,某劳务派遣公司应当按照李某解除劳动合同前 12 个月平均工资的标准支付 1.5 个月的解除劳动合同的经济补偿金。关于补缴社会保险的问题,不属于人民法院受理案件范围,人民法院不予审理。某石化公司已经依约依法履行全部义务,不承担责任。

(三)法律解读

在劳务派遣法律关系中有三方当事人,劳动者、用人单位(即劳务派遣公司)和用工单位(接受以劳务派遣形式用工的单位),形成三重关系。第一,劳动者与劳务派遣单位有劳动关系,与用工单位没有劳动关系。劳动者的工资、福利等由劳务派遣公司发放,社会保险由劳务派遣公司缴纳。劳务派遣单位应当与劳动者订立 2 年以上固定期限劳动合同,按月支付劳动报酬;被派遣劳动者在无工作期间,劳务派遣单位应当按照所在地人民政府规定的最低工资标准,向其按月支付报酬。第二,劳务派遣单位与用工单位之间通过订立劳务派遣协议,形成合同关系。根据《劳动合同法》的规定,在劳务派遣协议中需要约定派遣岗位、人员数量、派遣期限、劳动报酬、社会保险费的数额和支付方式以及违反协议的责任。劳务派遣单位不得克扣用工单位按照劳务派遣协议支付给被派遣劳动者的劳动报酬。第三,劳动者与用工单位之间形成基于实际用工而形成的用工关系。用工单位要承担诸如《劳动合同法》第 62 条规定的义务,如提供劳动条件和劳动保护,告知劳动者工作要求和劳动报酬,支付加班费、奖金、福利待遇,提供培训等。劳动者要遵守用工单位的相关规章制度和劳动纪律。在上述三重关系中,劳动者与派遣机构之间的劳动合同关系以及劳动者与用工单位之间的实际用工关系适用《劳动合同法》调整;而派遣机构和要派机构之间属于平等主体之间的法律关系,主要适用民法来调整。所以,当用工单位依约依法足额支付劳动报酬,但劳务派遣单位没有足额支付给劳动者时,派遣单位应当承担支付工资、加班费等责任,用工单位不承担责任。

劳动者主动辞职的,用人单位是否需要支付经济补偿金。如果用人单位没有《劳动合同法》第38条规定的违法情形的,劳动者主动辞职,则用人单位无须支付经济补偿金;相反,则需要支付经济补偿金。本案中,劳动者主动解除劳动合同的原因是用人单位不及时足额支付劳动报酬,未依法为劳动者缴纳社会保险费,所以用人单位依然需要支付经济补偿金。

七、经民主程序制定并公示的企业规章制度对劳动者具有约束力,劳动者不能随意违反

(一)裁判要旨

企业规章制度对劳动纪律的规定,对劳动者有约束力。企业依据法律和规章制度对劳动者进行管理和处罚,如果该规章制度已经民主程序通过并公示,法院对此予以尊重。

(二)案情简介

王某2002年进入某公司工作,签订了多期书面劳动合同,最后一期劳动合同期限为2008年1月至2011年2月。某公司2007年11月经过职工代表大会讨论通过了《员工基本遵守守则》,守则规定不服从领导业务命令、业务调动的,给予记大过处分;对公司员工施加威胁或侵害行为的,给予解除劳动合同处分。王某领取了该守则并接受相关教育。

某公司自2002年起对公司管理人员实行年薪制。王某作为管理人员在2002年到2008年之间与某公司签订了年薪制协议书,约定了年薪制的具体构成方式,包含了加班费、夜勤、特勤等为完成工作或者为做工作关联需要时间的补偿。某公司按照年薪制协议书足额向王某发放了每月的工资及工资单。

2009年12月,王某所在部门的领导多次要求其完成某项工作,王某接到工作计划后拒不完成,同时还拒绝参加本部门会议,表示其领导无权管理本人。某公司针对王某的上述行为提起调查,并召开人事委员会,王某在会上搅闹会场并殴打委员会成员。某公司给予王某记大过惩戒,并针对王某多次不服从管理、值班空岗、殴打人事委员会成员等行为,做出解除与王某劳动合同的决定。

双方成讼后,王某起诉要求某公司撤销惩戒决定,继续履行劳动合同;要求某公司支付克扣的工资、奖金,并支付赔偿金等。法院认为,《员工基本遵守守则》经过了公司职代会的讨论通过,并告知了王某,王某的行为违反了守则规定,某公司据此对王某记大过并解除劳动合同合法有据。关于工资、奖金、加班费问题,双方约定实行年薪制,明确约定年薪中包含加班费等在内的各项工资,在核定年薪的过程中,公司已将王某作为管理人员可能产生的加班费涵盖在内,王某亦签字确认,故王某提出的欠付加班费的主张不能成立。

(三)法律解读

第一,规章制度是用人单位依法制定的、在本企业内部实施的、关于如何组织劳动过程和进行劳动管理的规则和制度,是用人单位和劳动者在劳动过程中的行为准则和内部劳动规则。其必须通过职工代表大会等民主程序制定,并对劳动者公示,同时还不能与法律、行政法规的强制性规定相抵触。在劳动合同履行过程中,劳动者应当自觉遵守用人单位规章制度。一旦违反,用人单位有权依照规章制度进行处理。因此,上述案例中的企业对劳动者进行的惩处是适当的、符合劳动合同法规定的。第二,加班费纠纷是劳动争议案件中常见的纠纷类型,在年薪制的条件下,劳资双方通过协议的方式,将加班费通过一定方式核算在年薪工资中,只要用人单位及时足额发放工资,就不存在欠付加班费的问题。

八、用人单位与劳动者为规避社会保险费缴纳签订的协议无效。用人单位因劳动者拒不协助转入社会保险关系,据此解除劳动合同并不违法

(一)裁判要旨

社会保险的缴纳具有强制性,劳动者和用人单位以任何形式的协议对其进行规避的约定均属无效。用人单位在要求劳动者将社保关系转移至本单位以便缴纳社会保险,但劳动者予以拒绝的,用人单位据此解除劳动合同不属于违法解除劳动合同。

(二)案情简介

高某与某公司于2008年1月1日签订固定期限劳动合同,约定高某在公司从事客服工作,合同期限自2008年1月1日至2010年12月31日。同时约定高某的保险关系在其原单位某电机公司清算后转入。高某于2009年12月31日与原单位解除劳动合同,并自2010年3月1日至2012年2月29日享受失业保险待遇,领取了24个月的失业保险金。2010年12月3日高某与某公司续订劳动合同至2012年12月31日,同时约定“关系在街道,暂不办理保险”。2011年7月5日,某公司通知高某于2011年7月20日前将养老保险关系转移至公司,并协助办理养老保险缴纳手续,如逾期未办理,将不能在公司继续工作。2011年8月10日某公司再次向高某下发通知,称因高某仍未办理人事关系转移,通知其于8月20日前交接工作,解除劳动关系。后高某以公司违法解除劳动合同为由申请仲裁,要求某公司支付违法解除合同赔偿金44,919元。仲裁裁决后高某不服提起诉讼。法院认为,社会保险具有强制性,用人单位和劳动者必须依法参加,不得自行协商逃避社会保险义务。高某与某公司在劳动合同中约定"暂不办理保险",违反法律的强制性规定,且规避了失业人员重新就业即不应再享受失业保险待遇的法律规定。对此,双方有责任予以纠正。劳动关系存续期间,某文化公司要求高某将保险关系转入公司,符合法律规定。高某在接到公司通知后,仍不办理相关手续,既违背诚实信用原则,又有继续规避法律之嫌。某公司在双方的劳动关系无法继续维系的情况下解除劳动合同,不属于违法解除。高某要求某公司支付违法解除劳动合同的赔偿金,没有依据。

(三)法律解读

及时足额缴纳社会保险费具有强制性,既是指用人单位必须依法为劳动者开立社保账户、缴纳社会保险费,又是指劳动者必须依法缴纳社会保险费。依法缴纳社会保险费,不仅仅关系到劳动者个人的利益,更关系到整个社会基金的安全,具有公共利益的性质。所以,用人单位与劳动者通过协议的方式逃避缴纳社会保险费义务的,该协议为无效协议,社保征缴机构依法可以进行追缴并处罚。由于用人单位原因拒缴、少缴社会保险费的,劳动者可以请求解除劳动合同,并依法获得由用人单位支付的经济补偿金。由于劳动者原因,导致社会保险费迟迟不能缴纳的,其过错不在用人单位。但用人单位可能面临社保征缴机构的追缴和处罚。因此用人单位在要求劳动者配合办理缴纳社会保险费相关手续未果的情况下,解除与劳动者订立的劳动合同,并不违反法律规定。

九、用人单位有权依照劳动合同对职工岗位和工资进行调整,职工享受带薪年休假需满足法定条件

(一)裁判要旨

劳动合同约定用人单位可以根据单位状况和劳动者工作状况对劳动者岗位和工资进行调整的,遵其约定。享受带薪年假需要满足连续工作满12个月的前提。

(二)案情简介

2010年10月8日,王某与某公司签订了期限为3年的劳动合同,担任公司综合管理中心主任,负责人力与行政工作,包括为公司员工办理社会保险事宜,月薪5000元。合同约定:公司有权根据企业状况及员工的工作状况,对员工岗位进行调整。王某在担任综合管理中心主任期间,由于其未给公司员工缴纳社会保险,造成公司损失。公司于2011年2月23日向王某发出"任免通知":免去王某综合管理中心主任职务,改任人力资源部人力资源专员。王某认为此属被迫降薪降职,拒绝接受。2011年3月28日,公司向王某送达了《解除劳动合同通知书》,以王某未能履行工作职责且不服从工作调动为由,根据《劳动合同法》第39条及被告《奖励和惩罚制度》的规定,解除了双方订立的劳动合同。王某为此提起劳动仲裁,后不服仲裁裁决向法院起诉,要求撤销某公司降职降薪的决定和解除劳动合同的决定,继续履行原劳动合同,并支付2010年带薪年假工资等。

法院认为,关于调岗降薪问题,劳动合同中约定了用人单位可以根据企业状况和员工工作状况进行岗位调整,还约定员工薪资可根据企业客观变化、企业结构调整、岗位调整及考核情况进行浮动。故某公司根据工作实际对王某的工作岗位进行调整且根据调整后的职务对其工资基数进行下调,均符合劳动合同约定。由于王某对此拒不接受,公司因此解除与王某的劳动合同不违反法律规定。关于带薪年假工资问题,王某2009年即入职案外人某房地产公司,后因工作需要,王某被调入被告公司工作,故其工龄可以连续计算。根据社保缴费记录,王某养老保险由单位与个人共同缴纳的时间可作为认定其累计工作年限的依据,该期间为12年8个月,故王某依法享有带薪年休假的天数为10天。某公司应当支付王某2010年度10天的带薪年假工资。

(三)法律解读

劳动合同对用人单位与劳动者在劳动关系存续期间的权利义务进行了约定,双方均应遵照履行。如果劳动合同对于工资、岗位等有明确约定的同时,还约定了用人单位可以根据企业状况和劳动者工作表现进行工资、岗位调整的,这种约定不违反法律规定,亦应得到遵行。除非当事人举证证明上述调整明显存在排除一方合法权利的情形。这主要是因为在依法维护劳动者合法权利的同时,还必须在法律框架下为用人单位保留必要的、合理的经营自主权。否则,僵化的用人体制最终会导致劳资双方两败俱伤的结果。关于享受带薪年假条件的问题,根据国务院《职工带薪年休假条例》的规定,享受带薪年假的前提是连续工作满12个月。根据《企业职工带薪年休假实施办法》第4条的规定:"年休假天数根据职工累计工作时间确定。职工在同一或者不同用人单位工作期间,以及依照法律、行政法规或者国务院规定视同工作期间,应当计为累计工作时间。"因此,所谓"连续工作满12个月",是指劳动者不论其是否在同一单位工作,只要劳动者呈现连续工作状态,就可以将其在不同用人单位工作的期间连续计算。当工作时间连续计算满12个月时,劳动者就满足了享受带薪年休假的条件。

十、劳动者违反服务期约定"跳槽"，应当依约向用人单位支付培训费

（一）裁判要旨

劳动合同约定由用人单位为劳动者提供专项培训费用，劳动者违反服务期约定的，由劳动者赔偿培训费用。

（二）案情简介

赵某于1996年高中毕业被某航空公司招录，并在中国民航飞行学院进行为期四年的本科学习。在赵某学习期间，某航空公司向学院支付了飞行培训费。2000年7月，赵某与某航空公司签订了无固定期限的劳动合同。劳动合同中约定，赵某实行综合工时制，赵某在职期间由公司对其进行技术培训，赵某在约定的服务年限内要求解除本合同时，公司可以向赵某收取培训费（包括培训期间的工资）和招接收费用。2010年2月23日，赵某以某航空公司多处违反合同约定及存在多处违法行为为由，向其递交了《解除劳动合同通知书》。2010年3月16日，赵某申请劳动仲裁。后双方均不服裁决提起诉讼。赵某诉讼请求为：解除劳动合同；判决某航空公司办理赵某的劳动人事档案、社会保险档案、公积金、空勤人员体检档案、飞行技术履历档案等相关手续的移交；判决某航空公司补发拖欠的加班费、节油奖及经济补偿金等。某航空公司诉讼请求为：请求判决其与赵某继续履行劳动合同；如果判决解除劳动合同，依法判决赵某返还培训费201.6万元；判决赵某退还《驾驶员飞行记录簿》、《飞行记录本》、《登机证》等。

本案一审法院判决双方解除劳动合同，驳回双方其他诉讼请求。双方均不服，提起上诉。在二审审理阶段，经法院主持调解，双方自愿达成调解协议：一、双方自愿解除劳动关系；二、第三人某地方航空公司向赵某原属某航空公司一次性支付培训费200万元，并同意接收赵某到某地方航空公司工作；三、赵某与某航空公司办理离职后的移交手续；四、某航空公司自收到某地方航空公司支付的培训费、赵某办理离职手续完毕后十五个工作日内，将赵某的人事档案、驾驶员飞行簿、飞行技术档案、空勤人员体检档案等，移交某地方航空公司。

（三）法律解读

《劳动合同法》第22条规定，用人单位为劳动者提供专项培训费用，对其进行专业技术培训的，可以与该劳动者订立协议，约定服务期。如果用人单位与劳动者在劳动合同中约定了服务期内解除劳动合同的违约金的，那么劳动者在服务期内提出解除劳动合同的，应当向用人单位支付违约金。但是违约金的数额不得超过用人单位提供的培训费用，也不得超过服务期尚未履行部分所应分摊的培训费用。上述案例中，因飞行员属于特殊职业，培养周期长，支出费用高，一方自行提出解除劳动合同将会给对方造成巨大经济损失。因此，用人单位与飞行员在签订劳动合同时往往对此进行明确规定，虽然本案中用人单位与劳动者在劳动合同中约定的是"收取培训费（包括培训期间的工资）和招接收费用"，但这种培训费和招接收费用的性质应当属于违约金。由于劳动者在劳动合同约定服务期内主动解除劳动合同，故劳动者应当支付约定的违约金。最终，本案经调解，欲接收飞行员的案外人愿意代替其向原用人单位支付上述违约金，不违反法律强制性规定，法院予以确认，使本案得以妥善解决。

劳动合同订立过程中劳动者说明义务的认定

——评姚某与某大学劳动争议纠纷案

天津市高级人民法院民一庭①

一、裁判要旨

劳动合同订立过程中，劳动者根据《劳动合同法》第8条的规定负有如实说明义务。一般情况下，劳动者履行该义务应当以用人单位询问为前提，但是在涉及对订立合同有重大影响的因素上，根据诚实信用原则，劳动者负有主动如实说明义务。正确

① 撰稿人：吴彬。

把握劳动者说明义务,应当综合其性质、范围、内容、时间等要件进行认定。

二、案情简介

当事人基本情况:

一审原告、二审上诉人:姚某,男,某年某月某日出生,汉族,无职业,住天津市某区某路某号。

委托代理人:于某,北京市某律师事务所律师。

一审被告、二审被上诉人:某大学,住所地天津市某区某路某号。

法定代表人:李某,该校校长。

委托代理人:刘某,该校人事处高层次人才办公室主任。

委托代理人:王某,天津某律师事务所律师。

原告姚某入职被告某大学前,曾在美国北伊利诺伊大学工作,任该校化学和生物化学教授。2009年6月,原告姚某通过被告某大学平台申报天津市"千人计划"(时称"百人计划")。2010年3月,经天津市人才工作领导小组组织专家评审,确定原告姚某作为引进人才入选该计划。原、被告遂于2010年8月23日签订《某大学与姚某教授的工作合同》一份,该工作合同约定,原告姚某于被告某大学处从事有机化学及相关领域的教学、科研工作,合同期限为三年,自2010年9月15日起至2013年9月14日止。后原、被告又于2010年9月13日签订《天津市用人单位劳动合同书》一份,并将原、被告于2010年8月23日签订的工作合同作为该劳动合同书的附则。

被告某大学自述其于2011年3月通过互联网得知,原告姚某曾于2006年10月因在美涉嫌侵犯未成年女性被美国警方立案调查,原告原所在单位美国北伊利诺伊大学据此对原告姚某做出行政停职的决定,并于2010年5月将原告姚某解聘。后被告某大学就此情况进行了调查核实,原告姚某亦于2011年4月两次向被告某大学提交了相关情况说明。为此,被告某大学认为上述情况基本属实。2011年4月14日,被告某大学校长办公会讨论并研究了关于原告姚某的人事处理意见并同意对其解聘,后被告亦征询了该校工会的意见,该校工会对解聘意见亦表示同意。据此,被告某大学认为在原、被告签订劳动合同时,原告姚某隐瞒了上述重要事实,违背了《劳动合同法》第26条第1款第1项、第39条第5项之规定,其行为构成欺诈,故决定自2011年4月22日解除双方劳动关系。被告某大学于同日向原告送达了《解除劳动合同通知书》及《解除劳动合同证明书》。

原告姚某自述,2006年10月其在美期间,美国警方在网络上假扮未成年女性与原告进行聊天。在聊天过程中,原告未能对其聊天语言进行理智的约束,从而被美国警方诱导,在聊天过程中涉及性方面的内容,为此原告开车外出时被警方截拦、拘留,后被保释。警方指控原告涉嫌对未成年女性寻求严重的性侵犯,2006年10月至2009年8月间,该案件一直在审理过程中。美国有关部门及法院对原告进行了事实及背景调查,认为警方对原告的上述指控不成立。遂于2009年8月11日作出判决书,就原告聊天内容本身的不健康性质对原告作出了处罚。2006年10月,美国北伊利诺伊大学因上述情况对原告作出"行政休假"决定,至此原告不再从事教学工作,但原告仍为该校教授。2010年5月,因原告被被告某大学聘为天津市"千人计划"教授,美国北伊利诺伊大学对原告做出单方解除雇佣关系的决定,对于该决定原告不服,双方正在诉讼过程中。

一审庭审中,原告向法院提交了上述案件的指控书及美国伊利诺伊州坎卡基县司法巡回法院第21法庭判决书。该指控书指控原告在明知M. M是未成年人的情况下,故意向M. M展示有害材料,并使用因特网信息以清晰、详细的语言描述了性行为。该判决书判决原告12个月的有条件假释并支付1000美元罚款。

原告姚某于2009年6月提交的《天津市重点学科重点实验室引进海外高层次人才申报书》中有如下表述:"本人自从1998年担任北伊利诺伊大学化学和生物化学系副教授职务以来,一直在有机化学领域内从事着非常活跃的科学研究和教学工作。"

原告姚某于2010年9月15日填写的《干部履历表》中填写的工作经历一栏中,工作的起止时间为1998年8月至2010年10月,何时、何处、何原因受过何种处分及其他需要说明的情况一栏均填写"无"。

原告姚某于2010年12月14日填写的《某大学人员信息采集表中》填写的工作经历一栏中,其在北伊利诺伊大学工作的起止时间为1998年8月至2010年9月,该表中有如下条款:"本人保证以上所填信息完全属实,如有虚假,愿意承担学校视情节轻重做出的党纪、政纪处分,直至解除劳动关系或开除。"原告姚某在上述保证条款下,亲笔署名。

原告姚某于2011年6月8日因本案诉讼请求以被告某大学为被申请人,向天津市南开区劳动争议仲裁委员会申请仲裁。该仲裁委员会于2011年6月21日作出劳仲不字(2011)第173号不予受理案件通知书,理由为:"因申请人的请求事项不属于本委受案范围,故本委不予受理"。原告姚某对上述不予受理案件通知书不服诉至天津市南开区人民法院。

三、审判

天津市某区人民法院认为:

《劳动合同法》第8条规定:"用人单位招用劳动者时,应当如实告知劳动者工作内容、工作条件、工作地点、职业危害、安全生产状况、劳动报酬,以及劳动者要求了解的其他基本情况;用人单位有权了解劳动者与劳动合同直接相关的基本情况,劳动者应当如实说明。"依据上述规定,劳动者应就与其应聘的工作岗位、职责存在直接、实质的关联性的事实履行如实说明的义务。同时,由于劳动者与用人单位在缔结劳动合同时,双方由于各种条件的限制,无法完全掌握对方与缔结劳动合同直接、实质关联的相关信息,故依诚实信用原则,劳动者应就上述信息进行主动说明。

一审庭审中,原告姚某对其曾与美警方假扮的未成年女性网络聊天,在聊天过程中言语涉及性方面的内容,从而被美国当地法院处罚的事实不持异议。同时,其对于上述事件发生后美国北伊利诺伊大学对原告作出"行政休假"的决定,停止原告从事教学工作一节亦不持异议。对于上述事实,原告姚某在原、被告缔结劳动合同之初至被告某大学对上述情况调查核实前,均未向被告进行如实说明。原告姚某因上述情况被美司法机关处理,其原工作单位亦因此停止了原告的教学工作,上述事实对于其应聘教授并进行教学科研工作而言,属于与其应聘的工作岗位、职责存在直接、实质的关联性的事实,且上述事实对于双方劳动合同缔结存在重大影响,故原告姚某在双方缔约之初未就上述事实对被告某大学进行如实说明,违反了《劳动合同法》第8条之规定,致使被告单位产生错误认识而做出与之签订劳动合同的意思表示,因此,该劳动合同依法应当认定无效。同时,被告某大学在与原告姚某解除劳动合同的过程中,对原告姚某进行了调查核实,亦征询了该校工会的意见,并对原告合法送达了《解除劳动合同通知书》及《解除劳动合同证明书》。综上,被告某大学与原告姚某解除劳动合同的行为,符合相关法律规定且履行了必要的程序,应为合法、有效,故对于原告姚某主张的诸项诉讼请求,依法应予驳回。据上情,天津市南开区人民法院判决:驳回原告姚某的诉讼请求。

上诉人姚某不服一审法院判决,认为其无法定义务在被上诉人某大学没有了解情况时而告知己方相关情况,因而不存在欺诈的问题,请求依法改判,支持所请。被上诉人某大学则同意一审法院所作判决。经二审法院审理查明,一审法院查明认定的事实无误,二审法院予以确认。

天津市某中级人民法院认为:

上诉人姚某虽主张其无法定义务在被上诉人某大学没有了解情况时而告知己方相关情况,因而不存在欺诈的问题,但被上诉人某大学作为用人单位有权了解劳动者与劳动合同直接相关的基本情况。本案中上诉人姚某应聘教授并进行教学科研工作,而其受到美国当地法

院处罚和被受雇学校停止从事教学工作的情况,属于与劳动合同直接相关的基本情况,上诉人姚某未就此节如实告知被上诉人某大学,即应承担相应的法律后果。因此,上诉人上诉请求,理由依据不足,二审法院不予支持,一审法院判决并无不妥,应予维持。综上,天津市第一中级人民法院判决驳回上诉,维持原判。

姚某不服二审判决,向天津市高级人民法院申请再审称:一、原一、二审法院对于《劳动合同法》第8条的理解和适用存在错误。不论从字面、文义还是逻辑分析看,《劳动合同法》第8条规定的劳动者的告知义务是被动的告知,只有在用人单位要了解的情况下,劳动者才发生告知义务。姚某已经按照"千人计划"的要求,如实申报材料,履行了劳动者如实告知义务,某大学也没有询问姚某是否受过处罚,姚某不存在欺诈的问题。二、原审法院认为依据诚实信用原则,劳动者有对双方由于各种条件,无法全面掌握对方与缔结劳动合同直接、实质关联的相关信息,有主动告知义务,属于适用法律错误。而本案不存在适用诚实信用原则的问题,也不存在"由于各种条件,无法全面掌握对方与缔结劳动合同直接、实质关联的相关信息"的问题,原审法院认为劳动者应当主动告知上述信息,与《劳动合同法》立法宗旨相悖。三、原审法院认定姚某欺诈,没有事实依据。四、原审法院没有对有争议的无效合同是否应经仲裁机构或法院确认后,某大学才有权解除合同的问题进行裁判。五、原审法院超出了审理范围。姚某一审起诉时认为,某大学在没有经人民法院对合同效力进行认定的情况下就解除合同,于法无据,应当撤销。姚某并没有请求人民法院对合同效力进行确认,原一、二审法院不应当审理。综上,依据《中华人民共和国民事诉讼法》第179条第一款第(二)项、第(六)项、第(十二)项的规定申请再审。

某大学提交意见认为,二审判决认定事实清楚,适用法律正确,姚某的再审申请缺乏事实与法律依据,请求予以驳回。

天津市高级人民法院认为:

《劳动合同法》第3条规定的诚实信用原则是劳动者与用人单位在订立劳动合同时需要遵循的基本原则。《劳动合同法》第8条的目的是在保护劳动者隐私的前提下,最大限度减少劳动合同订立过程中

劳动者与用人单位信息不对称的问题,促使缔约双方能够诚实信用地向对方陈述与订立合同有关的信息,保障缔约双方能够在意思表示真实的情况下订立劳动合同。

姚某与某大学在缔结劳动合同过程中,某大学通过《天津市重点学科重点实验室引进海外高层次人才申报书》明确询问了姚某的工作经历,但是姚某并未将其已经被美国北伊利诺伊大学"行政休假"、不再进行教学工作的事实向某大学进行告知。根据某大学与姚某订立的劳动合同和工作合同,姚某的本质身份为高等院校的教师,其工作岗位为教学科研岗位,其工作任务为在教学、科研、学科建设、人才培养以及参与化学学科实验室建设和开展国际交流等其他方面发挥高层次人才的积极作用。姚某的身份性质和工作岗位性质决定了姚某需要在教学岗位上有丰富经验,在学术上有较高造诣,并且在道德上要高于社会平均道德标准,这些要求均属于与订立和履行劳动合同有直接的、本质的关系,属于对姚某最核心、最本质的要求,而且这些要求是显而易见和不言自明的。在这些方面,即使某大学没有特别地、单独地进行询问,姚某也应当依照诚实信用原则主动向某大学如实告知,以便双方当事人能够最大限度实现信息对称,保障双方真实意思表示。况且,姚某受到美国警方指控、美国法院处罚和北伊利诺伊州大学处罚的事实,均是公开的,不属于姚某的个人隐私,要求姚某对此事实进行告知并不侵犯其个人隐私。但是,姚某并未将上述情况向某大学进行告知,有违诚实信用原则,也违反了《劳动合同法》第 8 条的规定。

综上,天津市高级人民法院依照《民事诉讼法》第 181 条第一款的规定,裁定驳回姚某的再审申请。

四、法律解读

《劳动合同法》第 8 条规定了劳动合同订立过程中,用人单位和劳动者均负有如实告知和说明义务。用人单位应当在订立劳动合同时向劳动者如实告知工作内容、工作条件、工作地点、职业危害、安全生产状况、劳动报酬,以及劳动者要求了解的其他情况。毫无疑问,用人单位的告知义务应为主动性义务,即使劳动者不询问,用人单位也要如实告知。对于劳动者而言,用人单位有权了解劳动者与劳动合同直接相关的基本情况,劳动者应当如实说明。但是,劳动者的此项说明义务其性质究竟为主动性义务还是被动性义务,说明义务的范围究竟有多大,说明的内容是否必须真实,则成为本案争议的焦点。

就此问题,我国现行法律法规和司法解释均无明确规定,理论界和实务界也有不同观点和不同案例,尚未形成通说。笔者认为,就性质而言,劳动者的说明义务主要是被动性义务,但是在涉及劳动合同本质目的或本质属性的因素(或者叫作对订立劳动合同具有重大影响的因素)上,劳动者负有主动说明义务;就范围而言,劳动者说明义务的范围只能限于与订立劳动合同直接相关的情况,这一范围应当被严格限制和解释,不允许随意放大,而且以确保劳动者隐私不受侵犯为前提条件;就内容而言,只要用人单位询问的内容是订立劳动合同所必需的、直接相关的,那么劳动者就负有如实说明义务。反之,则劳动者可以拒绝说明,或者即使说明的内容是虚假的,劳动者也不承担责任;就时间而言,劳动者此处的说明义务应当限于劳动合同订立过程中。一旦双方订立了劳动合同,那么劳动者根据《劳动合同法》第 8 条所负有的说明义务即告结束。具体分析如下:

(一)《劳动合同法》第 8 条的立法目的决定了劳动者说明义务为被动性义务

《劳动合同法》第 8 条的立法目的是在保护劳动者隐私的前提下,最大限度减少劳动合同订立过程中劳资双方信息不对称的问题,督促缔约双方都能够诚实信用地向对方陈述与订立合同有关的信息,促使缔约双方能够在意思表示真实的情况下订立劳动合同。由于用人单位在绝大多数情况下均处于优势地位,所以法律规定用人单位的告知义务为主动性义务。而劳动者相对处于劣势地位,实践中用人单位也常常以各种方式获取劳动者各方面的信息,其中有很多信息并非订立和履行劳动合同所必需。仅从此方面分析,劳动者的说明义务也应当为被动性义务。更进一步讲,确立劳动者说明义务为被动性义务的意义还在于可以避免用人单位在劳动合同履行过程中对于自己在招聘过程中没有询问劳动者的情况,借口劳动者在订立合同时没有如实说明为由随意解除劳动合同,侵害劳动者合法权利。

(二)劳动者说明义务不是绝对的被动性义务

劳动者说明义务的被动性不是绝对的,在涉及劳动合同本质目的或本质属性的因素(或者叫作对订立劳动合同具有重大影响的因素)上,劳动者负有主动说明义务。上述因素的确定应当考察劳动合同订立的本质目的,应当考察劳动合同对劳动者最核心、最本质的属性的要求,而且这种"目的"和"要求"应当是尽人皆知,并符合社会规范和社会心理的一般性要求,以至于可以认为是"显而易见"和"不言自明"的,无须用人单位单独特别询问。就此问题,国外的立法例有类似规定。例如,德国劳动法对劳资双方在雇佣的初期阶段,认为雇主和雇员之间的准备关系就像每一个先合同信任关系一样,在双方之间会产生带有劳动法特点的特定义务。雇员必须在没有要求的情况下，在未来劳动关系中，对劳动合同中与劳动给付义务的履行相关联的有实质意义的所有情况，有进行真实地陈述公开的义务。如应聘舞蹈演员的女性求职者有义务告知其是否已怀孕，或应聘卡车司机的求职者告知是否处于吊销驾照期间或是否已很长时间没有从事该项工作了。劳动者对与劳动合同的成立具有重要意义的情况的主动披露，应作为劳动者的一项法定义务。①

（三）劳动者主动说明的范围应受严格限制

认定劳动者的主动说明义务还应当严格限定范围，尤其不能与保护劳动者隐私相冲突。如果两者相互冲突，那么劳动者即不负担说明义务，不论是主动说明还是被动说明。劳动者履行说明义务，其目的只是为了获取劳动的岗位和机会，实现自身的生存和发展，其本质可以归入行使劳动权的范畴。劳动者隐私则属于人格权范畴，属于与人身须臾不可分离的固有的核心人格利益。两者在权利位阶上不但是平等的，而且是可以同时实现的，不存在不相容的情形。如果需要劳动者通过揭示隐私的方式来实现劳动权，则明显与法律的基本精神相悖。所以，讨论劳动者说明义务是主动性还是被动性的问题，应当以不侵犯劳动者隐私权为前提条件。

（四）劳动者说明义务是诚实信用原则的具体体现

《劳动合同法》第3条规定诚实信用原则是订立劳动合同需要遵循的基本原则。该法第8条规定的用人单位和劳动者的说明义务即为诚信原则的具体体现。对于劳动者而言，这种诚信原则体现在三个方面：第一，对于用人单位询问的与订立劳动合同直接相关的问题，劳动者应当如实说明；第二，涉及劳动合同本质目的或本质属性的因素，即使用人单位没有单独特别询问，劳动者也应当主动如实说明；第三，对于用人单位没有询问，而且也不属于涉及劳动合同本质目的或本质属性的因素，劳动者如果自愿主动向用人单位说明的，应当保证说明的内容是真实的。对于用人单位而言，诚信原则体现为不论劳动者是否询问，都应当如实向劳动者告知工作内容、工作条件、工作地点、职业危害、安全生产状况、劳动报酬，以及劳动者要求了解的其他情况。只有两者同时具备，才能实现《劳动合同法》第8条的立法目的。

（五）劳动者说明义务的履行时间应当限定在订立劳动合同过程中

《劳动合同法》第8条规定的劳动者说明义务的履行时间应限定在劳动合同缔约过程中，一旦劳动合同成立，则该条规定的劳动者说明义务即不复存在。这是因为法律规定劳动者负担此项义务的目的在于确保劳资双方在订立劳动合同过程中尽量如实披露各自对于订立劳动合同直接相关的信息，最大限度确保信息对称，促使双方在意思真实情况下订立劳动合同。合同成立后，对于劳动者和用人单位是否彼此匹配的问题，已经基本不需要再通过口述（面试）或者提供其他书面说明的方式来证明，履行劳动合同本身即为试验双方是否匹配的试金石。在此，法律通过试用期制度给予双方调整的机会，用以弥补订立合同过程中信息披露不充分、有瑕疵等问题。所以，判断劳动者说明义务是否履行，应当考察劳动合同成立之前的缔约阶段。

就本案而言，2009年6月，姚某通过某大学平台申报天津市“千人计划”，填写并提交了《天津市重点学科重点实验室引进海外高层次人才申报书》。2010年3月，姚某作为引进人才入选该计划。2010年八九月间，某大学将其作为高层次人才、学科带头人，与其订立工作合同和劳动合同，姚某的工作内容包含教学、科研、学科建设、人才培养和其他。劳动合同于2010年9月15日生效，同日，姚某填写了《干部履历表》。2010年12月14日，姚某填写了《某大学人员信息采集表》，并承诺填写信息属实，如有虚假，愿意承担包括解除劳动合同在内的责任。在以上的过程中，姚某在两个方面没有如实陈述自己的真实情况：第一，2006年10月姚某在美国因网聊被警方拘留、保释和指控涉嫌对未成年女性寻求严重性侵犯。2009年8月11日美国伊利诺伊州坎卡基县司法巡回法院第21法庭判决姚某12个月有条件假释并支付1000美元罚款。姚某在订立合同过程中没有对此做任何说明；第二，姚某所在的北伊利诺伊大学于2006年10月对其作出“行政休假”决定，姚某不再从事教学工作。2010年5月，北伊利诺伊大学单方解除了与姚某的雇佣关系。对于行政休假的事实，姚某在缔约过程中没有做任何说明。对于美国大学单方解除雇佣关系的事实，姚某在缔约前没有做任何说明。在其入职后填写的《干部履历表》和《某大学人员信息采集表》中，均没有填写真实的工作经历终止时间点。

姚某是否违反了《劳动合同法》第8条规定的义务，只需要分析2010年9月13日双方订立劳动合同前的缔约状况即可。通过考察某大学引进姚某并与之订立劳动合同的目的可知，某大学需要姚某在教

① 何小勇：“如何认定劳动合同订立时劳动者的说明义务”，载《法治论丛》2011年7月（第26卷第4期）。

学、科研、学科建设、人才培养和其他方面(实验室建设和国际交流)发挥高层次人才和学科带头人的作用,姚某的身份是一名高等院校的教师和科研人员。这种岗位性质和身份性质决定了姚某需要在教学岗位上有丰富经验,在学术上有较高造诣,在师德和私德上要高于一般人的道德标准,这些要求均属于与订立和履行合同有着直接的、本质的关系,属于劳动合同对姚某最核心、最本质的要求,而且这些要求显然是"显而易见"和"不言自明"的。在这些方面,即使某大学没有特别地、单独地进行询问,姚某也应当依照诚实信用原则主动向某大学如实说明,以便双方能够最大限度实现信息对称,保障真实意思表示。况且,姚某受到警方指控、法院处罚和北伊利诺伊州大学处罚的事实,在美国均是公开的,不属于姚某的个人隐私范畴,故姚某对此不予说明也不能以个人隐私为由进行抗辩。事实上,姚某不但没有将其在美国被法院处罚的事实进行说明,也没有将其已经离开教学岗位进行"行政休假"的事实予以说明,更没有将美国大学已经将其解聘的事实予以说明,而这些事实均属于劳动合同对姚某最核心、最本质的要求范畴。所以,姚某的这些做法,有违诚信原则,也违反了《劳动合同法》第8条的规定。故,姚某的再审请求不能成立,依法应予驳回。

五、相关法条

《中华人民共和国劳动合同法》(2008)

第三条 订立劳动合同,应当遵循合法、公平、平等自愿、协商一致、诚实信用的原则。

第八条 用人单位招用劳动者时,应当如实告知劳动者工作内容、工作条件、工作地点、职业危害、安全生产状况、劳动报酬,以及劳动者要求了解的其他情况;用人单位有权了解劳动者与劳动合同直接相关的基本情况,劳动者应当如实说明。

被告认可原告诉讼请求的大额民间借贷纠纷,法院仍需严格审查借贷关系的真实性

——石某诉金某民间借贷纠纷案

天津市高级人民法院民一庭①

一、判决要旨

在大额民间借贷纠纷案件中,即使被告完全认可原告的诉讼请求,为了确保审理认定案件事实的客观真实性,排除虚假债务,防止当事人利用诉讼规避法定义务,损害案外人权益,人民法院仍需对当事人双方是否存在真实借贷关系进行严格审查。

二、案情简介

原告(二审上诉人):石某

被告(二审被上诉人):金某

石某主张,其与金某系朋友关系,金某因经营所需多次向石某借款未予偿还,故金某于2010年8月12日向石某出具总借条一张,载明:今有金某向石某借款1100万元整,因金某做挖掘机需要资金,向石某借款,每两个月还本金100万元整,利息每月12日付,期限10个月还清。对于1100万元的由来,石某表示不是一次形成的,而是金某多次借款未还累加而来的,这其中既包括直接借给金某本人的,也包括替金某偿还欠他人借款的。具体借款构成包括三部分:一是有借条证明的借款,共260万元,包括金某向石某出具的5张借条共240万元,及金某向案外人出具借条的20万元;二是有银行汇款记录的借款,共664.5万元,包括以石某担任法定代表人的公司为汇款人,以金某及4名案外人为收款人的共计524.5万元、以石某及案外人的银行卡向另一案外人银行卡内转账的共计140万元;三是没有借条及相关凭据的借款,共175.5万元,石某主张该部分借条在出具1100万元总借条时已销毁。

原告石某诉称:

请求判令:1. 被告偿还原告欠款1100万元,并按中国人民银行同期贷款利率支付自2010年8月

---

① 撰稿人:方哲。

13日至2011年5月23日的利息；2. 被告承担本案诉讼费及保全费。

被告金某辩称：

认可原告陈述的案件事实，并同意原告的诉讼请求。

三、审判

天津市第二中级人民法院经审理认为：

当事人对自己提出的诉讼请求所依据的事实有责任提供证据加以证明，否则将承担不利后果。依据《中华人民共和国合同法》第210条“自然人之间的借款合同，自贷款人提供借款时生效”的规定，石某应对其提供借款的事实承担举证责任。对于有金某出具了6张借条共260万元款项的问题，虽金某出具了借条，但石某未能提供充分证据证明其将借款提供给金某，因此，石某的该部分主张证据不足，不予支持。对于有银行汇款记录的共664.5万元款项问题，金某虽不表异议，但因该部分款项涉及案外人，双方均未提供证据证明石某、金某间形成借款关系，对石某该部分请求不予支持，当事人可另行解决。对于石某主张的1100万元中没有借条的175.5万元款项问题，虽金某对该部分借款无异议，但双方均未提供充分证据证明该部分借款事实存在，故石某该部分主张证据不足，不予支持。

据此，天津市第二中级人民法院依照《中华人民共和国民事诉讼法》第64条第一款的规定，判决：

驳回石某的诉讼请求。

石某不服一审判决，提起上诉，认为一审法院在石某提供了借款单、借据等证据材料，且金某对于借款事实亦表示承认的情况下，对双方的借款事实不予认定，属于认定事实错误，请求二审法院改判支持石某在一审期间的全部诉讼请求。

金某答辩表示认可石某主张的诉讼请求及事实。

天津市高级人民法院认为：

本案系大额民间借贷纠纷案件，人民法院在审理此类案件过程中，要依法全面、客观地审核双方当事人提交的全部证据。对借贷关系的认定，要根据交付凭证、支付能力、交易习惯、借贷金额的大小、当事人间关系以及当事人陈述的交易细节经过等因素综合判断。本案中，石某作为原审原告，主张金某向其借款1100万元，对此主张，虽然金某不持异议，但人民法院为了确保审理认定案件事实的客观真实性，防止当事人通过诉讼手段规避法定义务，损害案外人权益，仍需对双方是否存在真实借贷关系进行严格审查。

就本案而言，石某主张1100万元借款由三部分构成，第一部分是有借条的共260万元，包括有金某向石某出具借条的240万元，及金某向案外人出具借条的20万元，对此部分，因石某未能进一步提供资金交付的凭据，无法证实双方存在真实的借贷关系，故一审法院未予支持并无不当；第二部分是有银行汇款记录的664.5万元，包括石某作为法定代表人的公司向金某及4名案外人汇款的524.5万元，及以石某和案外人的银行卡向另一案外人银行卡内转账的140万元，虽石某主张其系通过自己所有的公司及公司会计进行的汇款，但该部分主张仅有汇款记录，缺乏双方达成借款合意方面的证据，且该部分款项无论汇款人及收款人均涉及案外人，石某亦未能进一步举证证明该部分汇款记录与本案当事人间的关联性，故对于该部分款项的主张，当事人可另行解决，一审法院不予支持并无不当；第三部分是没有借条的175.5万元，对此因石某未能提供证据证实该部分借款事实的存在，故一审法院以证据不足为由未予支持并无不当，综上，石某的上诉理由不能成立。

据此，天津市高级人民法院依照《中华人民共和国民事诉讼法》第153条第一款第（一）项的规定，判决：

驳回上诉，维持原判。

四、法律解读

本案处理的关键点在于当被告认可原告诉讼请求时，人民法院对于双方是否存在真实的借贷关系的审查标准和审查范围问题，这也是民间借贷纠纷案件审理中经常遇到的一个棘手问题。目前，在司法实践中存在两种不同的认识和处理方式：一种观点认为，最高人民法院《关于民事诉讼证据的若干规定》（以下简称《证据规则》）第8条规定：“诉讼过程中，一方当事人对另一方当事人陈述的案件事实明确表示承认的，另一方当事人无需举证。但涉及身份关系的案件除外。”由于民间借贷纠纷案件并未涉及身份关系，因此只要有双方当事人认可的借据，当事人就无须再进行其他举证，法院也无须调查取证。另一种观点认为，由于民间借贷案件具有当事人较少（一般不涉及第三人）、法律关系简单、证据单一等特点，在认定借贷关系的真实性时尤其需要谨慎。目前，民间借贷纠纷案件已经成为虚假诉讼的重灾区，许多当事人以诉讼为手段，虚构借贷事实，达到规避法律、逃避债务的目的。因而在此类诉讼中，即使被告认可原告主张的借款关系及借款数额，人民法院也应要求原告进一步举证，以便核实借贷事实本身的真伪。

笔者认为，对于民间借贷纠纷案件，特别是大额民间借贷纠纷案件，即使被告认可原告的全部诉讼主张，人民法院也应对双方是否存在真实借贷关系进行严格审查，理由如下：

第一,人民法院进一步审查借贷关系的真实性具有法律依据。首先,《合同法》第210条的规定:"自然人之间的借款合同,自贷款人提供借款时生效",这清楚地表明此类合同为实践合同,当事人仅提供借据或借款合同书尚不足以证明借贷合同生效,还需就借款的实际给付情况提供相应的证据。其次,《诉讼规则》中虽然就当事人的自认做出了规定,但是这无法避免诉讼中当事人将不利于双方的事实通过自认来达到规避法律的目的。为此,《证据规则》第13条同时规定:"对双方当事人无争议但涉及国家利益、社会公共利益或者其他人合法权益的事实,人民法院可以责令当事人提供有关证据。"该条规定可以看作自认规则的例外,也为人民法院审查当事人诉讼中无争议事实的合法性、真实性提供了具体操作上的法律依据。这就要求人民法院在审理案件时应当顾及当事人个人利益与案外人利益及社会公共利益的相互协调和平衡,使审理查明的法律真实更加接近客观真实。

第二,此类案件在客观上需要人民法院依职权采取调查。一方面,案件涉诉标的额较大,判决结果往往会对当事人双方甚至案外人造成巨大影响,且此类案件涉案人数少、证据单一,极易被不法当事人利用,构成虚假诉讼,因此人民法院在审理此类案件时尤其要细致甄别。另一方面,在诉讼过程中,由于原、被告之间不能形成有效的诉、辩对抗,导致对案件事实的审查认定更多地依赖于人民法院的依职权调查。

关于对此类案件的审查方法,笔者认为,更多地要依赖于法官对日常生活知识及经验法则的运用。根据我国《合同法》的相关规定,民间借贷合同属于实践性合同,款项的实际交付系此类借款合同的生效要件。根据《证据规则》第5条规定:"在合同纠纷案件中,主张合同关系成立并生效的一方当事人对合同订立和生效的事实承担举证责任。"故而原告主张自己权利时,除证明与被告间有借款合意之外,尚需证明该款项已经实际交付,这样才能形成一个有效的民间借贷债权。具体而言,原告需对实际交付款项的时间、地点、方式、批次进一步举证,如是否有银行汇款单、银行卡转账凭条等。如原告辩称以现金交付,则人民法院还应查证现金交付的具体情况,看是否有违日常生活经验之处。此外,人民法院还应对原告是否具有相应借款能力进行审查,从其从事职业、收入情况等入手,查明原告的经济能力,加强对借贷事实真伪的内心确认。

具体到本案中,对于1100万元大额借贷行为,石某无法举证证明与金某间借贷事宜发生的时间、款项交付情况,亦无法对相关情况进行合理解释,达到令人确信的程度,故石某的诉讼请求不能得到法院的支持。

五、相关法条

《中华人民共和国合同法》(1999)

第二百一十条　自然人之间的借款合同,自贷款人提供借款时生效。

最高人民法院《关于民事诉讼证据的若干规定》(2001)

第五条　在合同纠纷案件中,主张合同关系成立并生效的一方当事人对合同订立和生效的事实承担举证责任;主张合同关系变更、解除、终止、撤销的一方当事人对引起合同关系变动的事实承担举证责任。

对合同是否履行发生争议的,由负有履行义务的当事人承担举证责任。

对代理权发生争议的,由主张有代理权一方当事人承担举证责任。

三、山西省

杜美莲等诉中国农业银行忻州分行迎新支行借贷纠纷案

——以存单为表现形式的借贷纠纷的认定及处理

一、基本案情

(一)首部

1. 判决书字号(或裁判书字号)

一审判决书:忻州市中级人民法院(2009)忻中民初字第00032号判决书。

二审判决书:山西省高级人民法院(2010)晋民终字第102号判决书。

2. 案由:以存单为表现形式的借贷纠纷

3. 诉讼双方

原告(被上诉人):杜美莲,女,汉族,住山西省清徐县王达乡大寨村。

一审委托代理人张建毅,山西龙盛律师事务所律师。

原告(上诉人):张元友,男,汉族,住山西省清徐县王达乡同戈站村。

一审委托代理人张建毅,山西龙盛律师事务所律师。

二审委托代理人:刘大军,山西元升律师事务所律师。

肖勇,男,汉族,太原市委办公厅干部。

被告(上诉人):中国农业银行忻州分行迎新支行。

住所地:忻州市七一南路35号。

负责人:孙富怀,支行行长。

一审委托代理人:关志清,山西鼎和律师事务所律师。

二审委托代理人:关志清,山西鼎和律师事务所律师。

马海明,山西鼎和律师事务所律师。

4. 审级:二审

5. 审判机关和审判组织

一审法院:忻州市中级人民法院。

合议庭组成人员:审判长:陈爱萍;审判员:张剑平、田青苗。

二审法院:山西省高级人民法院。

合议庭组成人员:审判长:李德荣;审判员:赵斌、张丽雅。

6. 审结时间:

一审审结时间:2010年3月3日。

二审审结时间:2010年6月29日。

(二)一审情况

1. 一审诉辩主张

原告杜美莲诉称,被告为本人办理了活期存折,本人共存入250万元,被告营业部未经本人同意从本人账户上将该款划走,请求追回存款本息,依法维护本人合法权益。

原告张元友诉称,本人是250万元存款的所有人,但在与银行建立存款关系时杜美莲具体办理,杜美莲了解案情,请求依法追回存款本息。

被告辩称,原告与实际用资人张柱槐(因犯信用卡诈骗罪被判刑)事先有联系并写有借条还有担保人刘振伟(因犯信用卡诈骗罪被判刑)签字。因此,这个用资人是出资人指定的,依法只能承担不超过本金40%的部分赔偿责任,又且原告张元友已收回120万元本金,故请求驳回原告诉求,依法承担应承担的民事责任。

2. 一审事实和证据

2005年9月,张柱槐因搞房地产需大量资金,经人介绍结识了自称可引进大量资金的太原新型铸管厂法定代表人张培仁,张培仁表示引回资金后可以给张柱槐使用。此后,张培仁又以引资需前期投入为借口,与刘二生、张柱槐共谋了以额外支付储户高利、吸引有钱人到其有关系的银行内存款,然后以储户名义办理借记卡支用该存款的筹款办法。之后,刘二生联系了清徐县同翔金属镁有限公司经理张元友,并以在银行内存款无风险,只需要在半年内不查账不支取就可获取7%的高利等条件,说服张元友同意了往指定银行存大额资金的要求。与此同时,张柱槐也与在迎新支行工作的刘振伟取得了联系,刘振伟同意帮助张柱槐办理银行借记卡支取储户存款。2006年2月14日,刘二生先向张元友委托的代理人员杜美莲支付了105,000元利息款,第二天杜美莲等人便携带150万元现金到忻州准备办理存款开户手续,张柱槐便按照刘振伟的要求,先让刘二生将杜美莲的身份证交给刘振伟,刘振伟即找到在忻州农业银行迎新支行4号台工作的来俊林,让来俊林提前以杜美莲的名义办理了一支2万元的空存折并自设了密码。随后刘二生又安排杜美莲到来俊林所在柜台让杜美莲履行了存款2万元的开户手续,来俊林将提前办好的存折给了杜美莲。同日,杜美莲持此活期存折在农行长征支行、七一支行分两次存入148万元,存款余额计150万元。在杜美莲离开迎新支行后,刘振伟用已掌握的杜美莲身份证复印件及存折密码,以杜美莲的名义填写了一张办卡申请,并让来俊林补办了一张银行借记卡,然后将此卡交给张柱槐,张柱槐遂用此卡分别于同年2月16日、18日、19日、21日分七次将杜美莲存入的存款取出1,499,340元交给了张培仁。同年3月5日,张柱槐又让刘二生提前向杜美莲支付了7万元利息,次日杜美莲到徐沟农行存入100万元,张柱槐于同年3月6日、18日分两次将杜美莲的存款取出1,000,442.55元,该款给刘振伟汇款10万元,余额由张培仁妻子取出。

3. 一审判案理由

忻州市中级人民法院认为:本案所涉存款的出资人是张元友、杜美莲,金融机构是迎新支行,首位用资人是张柱槐。在出资人通过金融机构将款项交予用资人使用时,该金融机构向出资人出具了存单,出资人从用资人处取得了7%的高额利差175,000元,该存单纠纷依法应认定为以存单为表现形式的借贷纠纷。以存单为表现形式的借贷,属于违法借贷,出资人收取的高额利差应依法充抵本金。出资人将款项交付了金融机构后,该金融机构将资金自行转给了用资人,依照有关司法解释的规定,金融机构和用资人对偿还出资人本金利息承担连带责任。关于追加第三人张柱槐的问题,法院在重审时虽依法定程序下发了追加张柱槐为第三人参加诉讼的通知书,并送达了当事人,但由于张柱槐已在监狱服刑等特殊原因,该通知书对张柱槐送达不能,且张柱槐并非有独立请求权的第三人,故法院在本案中不将其列为第三人,待本案依法终审后,相对于张柱槐的相关权利人或利害关系人可以依法另行主张权利。关于迎新支行所诉张元友与用资人事前有联系并写有借条、用资人是张元友指定的之抗辩,经审查,首先在生效的刑事判决中并未明确认定迎新支行所诉之事。在民事诉讼中迎新支行也无相应书证予以佐证;其次,即使是刑事判决中所列举的张柱槐供述,其供认的也是在取款完毕后写的借条。因此,迎新支行陈述理由及提供的有关证明材料不足以认定张元友曾向金融机构发出指令,让迎新支行存款转给特定的用资人,故对该抗辩不予支持。关于迎新支行所诉张元友已收回了120万元之事,经审查,张元友虽然曾收到120万元汇款,但因该款的汇入涉及了信用卡诈骗案的另一受害人,故早在公安机关介入后就已退出,且该120万元属于张元友在刑事诉讼中司法机关介入后退出的款项,该行为并非是张元友在民事行为中按自己的真实意思表示而为,而且该款已经进入了刑事诉讼程序,故该款不能认定为张元友已收还款。

4. 一审定案结论

忻州市中级人民法院依照最高人民法院《关于审理存单纠纷案件的若干规定》第6条第(一)项、第(二)项(1)、第(三)项和《中华人民共和国民事诉讼法》第十二章之规定,判决:

中国农业银行忻州分行迎新支行在判决生效后十日内偿还杜美莲、张元友本金2,325,000元及利息,利息按中国农业银行同期同类存款利率计算到给付之日。

案件受理费及其他诉讼费33,864元(2006年12月1日预收),由被告农行忻州迎新支行负担93%即31,494元,原告杜美莲、张元友负担2370元。

(三)二审诉辩主张

上诉人(原审被告迎新支行)诉称:1. 原审程序错误,应追加用资人张柱槐为第三人;2. 杜美莲不是本案适格原告,应驳回起诉;3. 事实错误,张柱槐向张元友打了借条,张柱槐还了张元友120万;4. 张元友发现150万元被支取,仍贪图高息,又存入100万元,致使损失扩大,应承担责任。

上诉人(原审原告张元友)诉称:1. 案由错误,是存单纠纷;2. 不应将17.5万元高息抵本金。

(四)二审事实和证据

山西省高级人民法院经审理,确定一审法院认定的事实和证据。二审法院除一审法院查明事实外,还查明张元友、杜美莲在2006年3月6日存入100万元时发现之前存入的150万元被支取后,与刘二生打电话联系,刘二生答复不用操心,半年后取就行。到同年8月杜美莲找刘二生,刘二生让找刘振伟,刘振伟答复这几天钱紧张,过几天再说。同年8月底,张柱槐往张元友卡上打入120万元,后被公安机关冻结转走。

(五)二审判案理由

山西省高级人民法院认为:本案主要有以下几个争议焦点:(一)关于本案案由。最高人民法院《关于审理存单纠纷案件的若干规定》第6条第(一)项中规定:"在出资人直接将款项交予用资人使用,或通过金融机构将款项交与用资人使用,金融机构向出资人出具存单或进账单、对账单或与出资人签订存款合同,出资人从用资人或从金融机构取得或约定取得高额利差的行为中发生的存单纠纷案件,为以存单为表现形式的借贷纠纷案件。"本案存在出资人张元友、金融机构迎新支行、用资人张柱槐,出资人张元友从用资人张柱槐处取得了高息17.5万元,资金通过金融机构迎新支行从出资人张元友处流入了用资人张柱槐处,故本案完全符合以存单为表现形式的借贷纠纷案件的构成要件,案由应为以存单为表现形式的借贷纠纷,根据最高人民法院《关于审理存单纠纷案件的若干规定》第6条第(二)项的规定,迎新支行应承担还款责任。原审法院对此认定正确,对张元友的此项上诉请求不予支付。(二)关于高息是否应充抵本金。最高人民法院《关于审理存单纠纷案件的若干规定》第6条规定,以存单为表现形式的借贷,属于违法借贷,出资人收取的高额利差应充抵本金。故张元友收取的17.5万元利息应充抵本金,原审法院对此认定亦正确。对张元友的此项上诉请求本院亦不予支持。(三)关于先存入的150万元的责任承担。迎新支行上诉称150万元是出资人张元友指定了用资人。根据最高人民法院的观点,在没有相反的证据予以证明的情况下,谁占有资金,谁应当首先被推定是资金的"指定"者,如出资人将资金已经交付给了金融机构,金融机构成为资金的占有者,资金从金融机构转到用资人手中,除非有出资人指定金融机构转款的证据,否则金融机构应当被认为是资金的处分者。本案中张元友将款存入迎新支行，迎新支行没有充分证据证明张元友指定其将款转给用资人张柱槐，故本案应认定为迎新支行自行将资金转给了用资人张柱槐。原审法院对此认定亦正确。对迎新支行的此项请求，本院亦不予支持。(四)关于后存入的100万元，张元友是否存在过错的问题。首先，根据最高人民法院《关于审理存单纠纷案件的若干规定》，以存单为表现形式的借贷纠纷，属于违法借贷，出资人、金融机构、用资人因参与违法借贷均应承担相应的民事责任。其次，张元友、杜美莲贪图高息，2006年3月6日又存入100万元，本身存在过错。再次，张元友、杜美莲存入100万元后，发现先前存入的150万元被取走，此时张元友若选择及时报案，查封账户，则此100万元不可能被犯罪分子取走。但张元友、杜美莲并未采取此种措施，致使损失扩大。最后，张元友、杜美莲发现存款被取走，经和刘二生联系，已知存款已被他人支取使用，对存在用款人已构成明知。因此，对这100万元，张元友、杜美莲应承担40%的过错责任。(五)关于主体问题。迎新支行上诉称杜美莲不是适格原告，应追加张柱槐为第三人等主体问题，原审已作出认定，对迎新支行该项上诉请求不予支持。(六)关于返还款120万元能否认定的问题。该款是另一诈骗案所涉的赃款，公安机关已追回，故不应认定为已还款，原审法院对此认定亦正确，对迎新支行的此项上诉请求亦不予支持。

(六)二审定案结论

二审法院依照《中华人民共和国民事诉讼法》第153条第一款第(二)项、《中华人民共和国民法通则》第106条、《最高人民法院关于审理存单纠纷案件的若干规定》第6条之规定，判决：

一、撤销山西省忻州市中级人民法院(2009)忻中民初字第00032号民事判决；

二、中国农业银行忻州分行迎新支行在本判决生效后十日内偿还张元友、杜美莲本金1,925,000元及利息，利息按中国农业银行同期活期存款利率从存款之日计算至给付之日。

二、法律解读

本案涉及的是以存款单为表现形式的借贷纠纷案件的认定和处理。

(一)如何区分一般存单纠纷案件和以存单为表现形式的借贷纠纷案件

根据最高人民法院《关于审理存单纠纷案件的若干规定》，所谓一般存单纠纷案件，是指当事人以存单或进账单、对账单、存款合同等凭证为主要证据向人民法院提起诉讼的存单纠纷案件和金融机构向人民法院提起的确认存单或进账单、对账单、存款合同等凭证无效的存单纠纷案件；所谓以存单为表现形式的借贷纠纷案件，是指在出资人直接将款项交于用资人使用，或通过金融机构将款项交于用资人使用，金融机构向出资人出具存单或进账单、对账单或与出具人签订存款合同，出资人从用资人或从金融机构取得或约定取得高额利差的行为中发生的借贷纠纷案件。

从以上两种纠纷的概念可以看出，两种纠纷的区别主要有三点：第一，一般存单纠纷案件只有两方当事人，即存单等凭证的持有人和金融机构；而以存单为表现形式的借贷纠纷案件有三方当事人，即出资人、金融机构和用资人。第二，一般存单纠纷案件中不存在利差；而以存单为表现形式的借贷纠纷案件中出资人从用资人或从金融机构取得或约定取得高额利差。第三，一般存单纠纷中除存单等凭证持有人和金融机构外部存在资金流动；而以存单为表现形式的借贷纠纷案件中存在资金通过或不通过金融机构从出资人处流向用资人处的流动。判断一个案件是一般存单纠纷还是以存单为表现形式的借贷纠纷，应针对这三个方面加以区分。

(二)以存单为表现形式的借贷纠纷案件如何处理

此类案件处理总的原则是：以存单为表现形式的借贷，属于违法借贷，出资人收取的是高额利差应冲抵本金，出资人、用金融机构和用资人因参与违法借贷均应当承担相应的民事责任。

具体地，根据出资人、金融机构、用资人的过错大小，最高人民法院《关于审理存单纠纷案件的若干规定》第6条规定了四种不同的处理方式：

1. 出资人将款项或票据(以下统称资金)交付给金融机构，金融机构给出资人出具存单或进账单、对账单或出资人签订存款合同，并将资金自行转给用资人的，金融机构与用资人对偿还出资人本金及利息承担连带责任；利息按人民银行同期存款利率计算至给付之日。

2. 出资人未将资金交付给金融机构，而是依照金融机构的指定将资金直接转给用资人，金融机构给出具存单或进账单、对账单与出资人签订存款合同的，首先由用资人偿还出资人本金及利息，金融机构对用资人不能偿还出资人本金及利息部分承担补充赔偿责任；利息按人民银行同期存款利率计算至给付之日。

3. 出资人将资金交付给金融机构，金融机构给出资人出具存单或进账单、对账单或与出资人签订存款合同，出资人再指定金融机构将资金转给用资人的，首先由用资人返还出资人本金和利息。利息按人民银行同期存款利率计算至给付之日。若机构因其帮助违法借贷的过错,应当对用资人不能偿还出资人本金部分承担赔偿责任,但不超过不能偿还本金部分的40%。

4. 出资人未将资金交付给金融机构,而是自行将资金直接转给用资人,金融机构给出资人出具存单或进账单、对账单或与出资人签订存款合同的,首先由用资人返还出资人本金和利息。利息按人民银行同期存款利率计算至给付之日。金融机构因其帮助违法借贷的过错,应当对用资人不能偿还出资人本金部分承担赔偿责任,但不超过不能偿还本金部分的20%。

(三)此类案件处理中对"交付"和"指定"的认定

最高人民法院《关于审理存单纠纷案件的若干规定》第6条中使用了"交付"和"指定"两个概念,准确认定"交付"和"指定",对正确处理此类案件意义重大。

对于交付最高人民法院《关于审理存单纠纷案件的若干规定》第6条中规定:"本案中所称交付,指出资人向金融机构转移现金的占有或出资人向金融机构交付注明出资人或金融机构(包括金融机构的下属部门)为收款人的票据。出资人向金融机构交付有资金数额但未注明收款人的票据的,亦属于本条中所称交付。"该规定中之所以明确规定了"交付"的法律含义,主要是针对审判实践中金融机构"入账"的主张而言的。因为此类案件往往涉及金融机构工作人员的犯罪行为,存款人将款交给金融机构工作人员,金融机构工作人员有时不将该款入金融机构的账,而直接将款转走,这样,金融机构常常抗辩称该款未入账,与存款人从未建立存款关系,金融机构不应承担责任。最高人民法院《关于审理存单纠纷案件的若干规定》明确规定"交付"的概念以后,只要存款人向金融机构包括金融机构的下属部门交付款项后,即应认定存款人与金融机构的存单关系成立。

对于指定最高人民法院《关于审理存单纠纷案件的若干规定》中没有明确规定其法律含义。而"指定"的认定对于处理此类案件至关重要,谁指定将资金转给用资人,谁就应承担主要责任。在此类纠纷的审判实践中,当事人对谁指定往往说法不一,此时,首先要对证据进行分析认定,如没有证据证明,一般情况下谁占有资金,可推定谁是资金的指定者。比如出资人已将资金交付给了金融机构,金融机构又将资金转给了用资人,此时如金融机构不能提供充分证据证明有出资人的指定,则应推定金融机构是指定者;如果出资人未将资金交付金融机构而转给了用资人,此时如出资人不能提供充分证据证明有金融机构的指定,则应推定出资人是将资金自行转给了用资人。

(四)此类案件当事人的确定

根据最高人民法院《关于审理存单纠纷案件的若干规定》的规定,此类案件如果是出资人起诉金融机构的,人民法院应通知用资人作为第三人参加诉讼;出资人起诉用资人的,人民法院应通知金融机构作为第三人参加诉讼;出款私存的,人民法院在查明款项的真实所有人基础上,应通知款项的真实所有人为权利人参加诉讼,与存单记载的个人为共同诉讼人。但若该个人申请退出诉讼的,人民法院可予准许。

本案中杜美莲是存单记载人,张元友是实际出资人,故二人作为共同原告参加诉讼。本案存在出资人、金融机构、用资人三方主体,且出资人从用资人处收取了高息,资金通过金融机构从出资人处流入用资人处,故完全符合以存单为表现形式的借贷纠纷的构成要件。定性为以存单为表现形式的借贷纠纷后,出资人收取的高息自然应充抵本金。金融机构在没有充分证据证明出资人指定了用资人时,应认定是金融机构自行将款项转给了用资人。本案二审突破了最高人民法院《关于审理存单纠纷案件的若干规定》,对出资人明知是存在用资人的情形下的参与违法借贷明确了过错责任。

四、上海市

实际占有但未过户房屋作为执行标的物时的查封处理

——上海时乐建设发展有限公司诉沈凤丽、张雄波执行异议之诉纠纷案

马　红　张心全①

一、基本案情

原告上海时乐建设发展有限公司,以下简称"时乐公司"。

被告沈凤丽、张雄波,以下简称"沈凤丽等"。

第三人上海宏南房地产开发有限公司,以下简称"宏南公司"。

2007年3月,时乐公司与宏南公司因建设工程施工合同纠纷,经法院主持达成(2007)沪一中民二(民)初字第8号调解书,确定宏南公司支付时乐公司工程款2000万余元。后法院冻结、划拨了宏南公司银行存款700余万元,且于2008年12月10日轮候查封了宏南公司名下的多套房屋(其中包括下述的系争房屋)。

被告沈凤丽等与宏南公司于2008年9月,签订了《商品房出售合同》约定:宏南公司将系争房屋出售给被告沈凤丽等,房款总价为230余万元,当日首付200余万元,同年12月31日支付余款23余万元,宏南公司在收清全部房款后的当日交付该房屋。

签约后,沈凤丽等按约分二期支付了全部房款,并于2008年12月31日办理了系争房屋交接手续。2009年1月,被告沈凤丽等与案外人某贸易公司签订《房屋租赁合同》,将系争房屋出租。因系争房屋被法院查封致无法办理产权过户手续,沈凤丽等遂向法院提出执行异议,请求法院解除对系争房屋查封执行。受诉法院作出(2008)沪一中执字第863-1号执行裁定书,认定系争房屋虽登记于宏南公司名下,但是沈凤丽等已支付了全部购房款并实际占有使用,对房屋未办理过户登记手续没有过错,依照最高人民法院《关于人民法院民事执行中查封、扣押、冻结财产的规定》(下称《查封规定》)第17条的规定,裁定中止对系争房屋的执行。

时乐公司遂提起诉讼认为:沈凤丽等与宏南公司的《商品房出售合同》虽签订于2008年9月,但剩余购房款23万余元是在2008年12月31日才支付的,也就是在系争房屋因时乐公司申请保全而被受诉法院查封之后。受诉法院作出中止执行的《执行裁定书》属于认定事实不清,理解法律错误,要求撤销(2008)沪一中执字第863-1号执行裁定书,请求法院依法对系争房屋许可执行。

法院另查明,系争房屋性质属于商务办公楼,沈凤丽等在2008年12月31日支付购房余款时不知道房屋已被查封的事实,直至2009年3月其要求办理小产证时宏南公司才告知系争房屋已被查封。

以时间为序的案情图表如下:

① 马红,上海市高级人民法院民一庭审判员;张心全,上海市高级人民法院民一庭助理审判员。

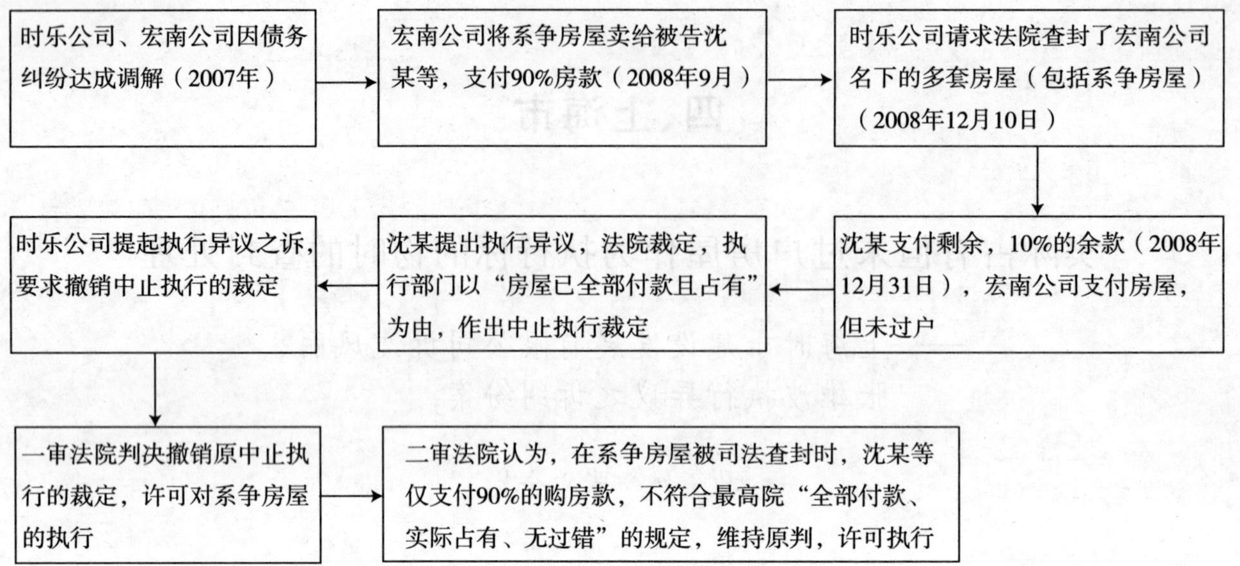

二、法院裁判

一审法院认为，根据最高人民法院《查封规定》第 17 条的规定：“被执行人将其所有的需要办理过户登记的财产出卖给第三人，第三人已经支付部分或者全部价款并实际占有该财产，但尚未办理产权过户登记手续的，人民法院可以查封、扣押、冻结；第三人已经支付全部价款并实际占有，但未办理过户登记手续的，如果第三人对此没有过错，人民法院不得查封、扣押、冻结”，现系争房屋在 2008 年 12 月 10 日被查封冻结前，两被告只是支付了大部分房款，并未付清全部价款，更未实际占有房屋，故不符合上述规定之条件。因此，两被告针对系争房屋的查封所提出的执行异议不能成立，(2008)沪一中执字第 863 - 1 号执行裁定适用法律错误，应予撤销，许可对系争房屋的执行。

沈凤丽等不服一审判决，上诉称：其与宏南公司签订商品房出售合同，并按照约定支付了购房款，现已实际占用系争房屋。在整个购房过程中其并无过错，请求撤销一审判决，维持(2008)沪执字第 863 - 1 号执行裁定。

二审法院认为，根据最高人民法院《查封规定》，执行法院不得查封被执行人已经出卖给第三人的不动产必须同时满足以下条件，即被执行人与第三人已就不动产买卖达成协议；第三人已经支付买卖不动产所应付的全部价款；第三人已经实际占有所买受的不动产；第三人对未办理不动产产权过户手续没有过错。从时间上分析，以上条件应发生在执行法院司法查封之前，从内容上分析，以上条件必须同时满足，缺一不可。

就本案而言，在系争房屋被司法查封时，沈凤丽等履行了支付 90% 购房款的合同义务，即使在系争房屋被司法查封之后付清了全部购房款，占有使用了系争房屋，但仍与法律规定的不得查封被执行人出卖给第三人的不动产的条件不符，因此本院就沈凤丽等要求解除对系争房屋查封的意见难以支持。终审判决驳回被告上诉，维持原判。

三、法律解读

(一)三种争议观点的归纳

《物权法》出台前，2004 年 11 月，《查封规定》的第 17 条规定：“被执行人将其所有的需要办理过户登记的财产出卖给第三人，第三人已经支付部分或者全部价款并实际占有该财产的，但尚未办理产权过户登记手续的，人民法院可以查封、扣押、冻结；第三人已经支付全部价款并实际占有，但未办理过户登记手续的，如果第三人对此没有过错，人民法院不得查封、扣押、冻结。”按照此条后段的规定，第三人只要符合以下的三个要件，即使未办理产权过户登记手续，人民法院仍不得执行：第一，第三人已经支付全部价款；第二，第三人已经实际占有；第三，未办理过户登记手续的，第三人对此没有过错。

但是，《物权法》第 9 条规定，不动产物权的设立、变更、转让和消灭，经依法登记，发生效力；未经登记，不发生效力，但法律另有规定的除外。按照《物权法》的规定，物权转让、变更的唯一要件就是登记。也就是说，即使支付全部价款、实际占有，但未过户的，第三人对不动产仍无法享有物权，只享有对相对人的债权，不动产仍为相对人的财产，相对人因债务纠纷时，对该不动产法院可予查封。

由于《查封规定》与《物权法》规定的差异，导致实践中也产生诸多争议。这正如上述案例所反映出的主要问题，在债权人时乐公司请求司法查封前，债务人宏南公司将系争房屋出卖给沈凤丽等人,而沈凤丽等在查封前支付了绝大部分房款,查封后又按约支付全部余款,此时在债权人时乐公司、买受人沈凤丽等之间如何平衡,何者应得到优先保护,在实践处理时产生了极大的分歧。

第一种观点认为,最高人民法院《查封规定》第17条后段已失效,沈凤丽等不能据此规定,阻却时乐公司对系争房屋的执行。理由是,虽然最高院《查封规定》第17条后段规定"……第三人已经支付全部价款并实际占有,但未办理过户登记手续的,如果第三人对此没有过错,人民法院不得查封、扣押、冻结",但是《物权法》第9条明确规定了不动产物权变动原则上采登记生效主义,未经登记物权不变动,登记是不动产的法定公示方式,基于物权法定原则,占有并不发生不动产的公示效力,因此物权法实施以后,《查封规定》第17条这一规定违反了物权法定原则,与物权法相矛盾,故不应该再适用。

第二种观点认为,《查封规定》第17条后段仍然有效,本案沈某虽然"实际占有、没有过错",但是在查封前未能支付全部价款,不符合规定条件,故时乐公司可以就系争房屋申请执行,这一观点实际上与上述一、二审法院的判决观点相同。另外,"实际占有"应当是买受人自己居住使用,而非出租给他进行商业经营。

第三种观点认为,《查封规定》第17条后段仍然有效,沈某即使未在查封前支付全部价款,但已支付了绝大部分价款,为了保护买受人的利益,应当参照《查封规定》,赋予沈某对抗时乐公司的执行申请。

(二)最高人民法院《查封规定》第17条的效力问题

如第一种观点所列明,实践中确实不少人会认为《查封规定》颁布在前,《物权法》出台在后,根据法律上位法优于下位法、新法优于旧法的位阶、时序处理原则,二者冲突时应以《物权法》的规定为准。第三人虽然支付全部价款并实际占有房屋,但未过户前对房屋仍不享有物权,此时如果赋予其阻止他人查封或执行的权利,则实际上确认了其享有相应物权,违反了《物权法》规定的不动产物权变动的登记公示原则。由此,有人得出结论认为《查封规定》第17条后段已失效。我们认为,要判断《查封规定》第17条后段是否仍然有效,需要结合该规定的制定目的、背景,以及现实情况综合判断。依我们的观点,在最高人民法院未明确废除的情形下,该规定仍然有效,主要理由如下:

1.《查封规定》第17条适用的语境未变

当初,最高人民法院《查封规定》第17条后段,在制定之初时,便产生不少争议。一种意见认为,根据物权变动登记理论,原则上未办理过户登记手续的,第三人不能取得所有权,因为从权属上讲,此时该财产仍属被执行人所有,人民法院可以查封、扣押、冻结。另一种意见认为,由于我国尚无完备的物权登记制度,目前有关部门的登记仅是行政管理的手段,因此不宜将之作为认定所有权转移的标准。第三人已经支付全部价款并实际占有的,即使尚未办理登记手续,也应当认定其已取得该财产的所有权,人民法院不应当查封、扣押、冻结。

由此看出,本案中的争议问题,即已付清价款并实际占有的财产,是否可以查封,如何与不动产登记制度协调,在《查封规定》制定之时即便已有人提出。

在对待这种争议时,最高人民法院认为,我国现行法律如《城市房地产管理法》、《土地管理法》等已明确规定了不动产登记制度。虽然对管理部门登记的性质尚有很大争议,究竟是物权登记主义还是行政管理主义不甚明了,但是可以认为这种登记具有物权登记的性质,在民事活动中也基本上是以登记作为认定所有权的标准。因此,应当坚持不动产物权的设立、移转、变更以登记为准的原则。尽管如此,出于从实际出发,从维护交易秩序和善意一方的利益出发,还是应确认已经支付全部价款并实际占有、无过错的第三人享有相应的民事权利,对抗法院的查封。简言之,不动产变动的登记公示为原则,但并否认一定的未过户特殊情形下,债权人对不动产所享有的一定权利。

可以说,《物权法》的出台虽然进一步明确了不动产物权变动的登记规则,但《物权法》的相关规定也只是对之前一贯做法的肯定和制度化固定,在《物权法》出台前,无论是我国的理论界,还是实务界,主流的观点或做法也是一直承认和坚持不动产物权变动的登记生效之原则。也就是说,《查封规定》制定之时的制度语境,与当今的语境也是基本相同,其适用语境仍未发生变化,所具有的人文关怀的司法政策价值,仍具有重要的功能作用和现实意义。

2.《查封规定》第17条符合基本的公平原则

对于系争房屋,第三人与执行申请人的目的具有同质性,第三人是要获得房屋的产权,执行申请人是要通过查封拍卖的方式,以拍卖款抵偿债权,两者之间在目的实现上相互冲突,在优先保护的选择上,则要依据民事最基本的诚信、公平原则进行判断。

申请司法查封固然是进行债权保全的重要手段,但是第三人支付房款后,享有请求转移房屋产权的债权请求权,对房屋进行实际占有,从某种意义上讲,其实也属于该债的保全形式之一,以占有方式向外宣示对房屋享有的相应权利,防止出卖人再将房屋交付给他人,从而使自己获得产权的目的落空。无非司法查封是利用公权力的手段,而第三人的实际占有是利用自力的手段,但并不能由此得出公权力查封更优越于自力保全的效力,因为法律毕竟未对此作出明确的规定,通常在判断二者优越序位时,更多的是考虑二者的先后顺序,最明显的莫过于常见的先抵押后查封的情况。因此可以说,在一定条件下,承认先行占有的买受人对抗查封的权利,还是比较公平的。

3.《查封规定》第17条能够促进实质正义的实现

任何法律制度的设计,都要考虑各种运作过程中的各种变量,否则仅仅追求形式逻辑上的完美,而放弃实际层面的运行效果,则背离了法律制度维护秩序、促进自由的目的。《查封规定》第17条之明确全额付款、实际占有且无过错第三人对抗查封执行的权利,具有重要的现实意义,特别是登记本身难免疏漏或出错,需要对全额付款、实际占有且无过错第三人进行当保护,实现实质正义。

从全国层面看,虽然建立基本的不动产登记制度,但是在一定程度上还仍存在登记制度较为混乱和不规范的现象,登记的程序和审查制度也尚待改进,并且无论现代登记制度多么独立、完善,仍不能完全避免登记权利内容与实际权利状态不一致的情况发生,故登记中的错漏在所难免。如果仅以登记为准,则有可能损害实际买受人的利益,至此司法过程仅实现形式正义,而忽视了实质正义。

亚里士多德曾经指出,规则的一般性并不是说,每一种个别的情况都能够被预料,或作适当的规定,于是形式上的正义在个别的案例中,就可能丧失。①也就是说,当严格执行既定法律规则时,虽然符合了形式理性或形式正义,但可能会引起个案中的不公正与不合理,导致具体案件的实质正义无法实现。包括特别注重形式正义的西方法治发达国家,也尽力确保实质正义在个案中的实现,最著名的莫过于1882年的埃尔默继承案,法院创造性地以"任何人都不得从其错误行为中获得利益"为依据,认定杀害立遗嘱者之人,无权从死者处继承遗产。可以说,赋予全额付款、实际占有且无过错第三人对抗查封执行的权利,是符合司法的实质正义需求的。

4.《查封规定》第17条有利于稳定交易秩序和法律关系

现实中,存在不少买房后因各种原因未及时过户的情况,特别是诸如买卖拆迁安置房,往往无法过户,但巨大的市场需求使得交易大量存在,如果在过户前出卖人有被执行案件而使得房屋被查封并强制执行,不利于对第三人合法权益的保护,也不利于交易安全和社会稳定,法院强制执行时,也会遇到巨大阻力。一般来讲,第三人实际占有房屋后,要么会对房屋进行装修装饰,要么对房屋进行再次出租或出卖,很少会对房屋进行空置,在装修自住或出租经营过程中,必然会形成既定的各类事实或法律关系,如果对该类房屋进行查封,定然涉及一系列事实或法律关系的打破与恢复问题,造成交易极不稳定,并且法律关系的恢复成本往往较高,因为不动产本身的交易或装修成本就很高,特别是涉及商业经营装修等情况,动辄几百万元、几千万元的金额,出于整体诉讼成本、社会成本的考量,也应尽量维护现存既定的各类交易秩序和既存关系。

(三)《查封规定》第17条的适用条件

既然承认《查封规定》的第17条后段的规定仍然有效,那么其适用条件为何。是从宽还是从严予以理解。对此实践中掌握标准亦不尽统一。我们认为根据该条规定的内容,在具体适用时应,第三人如要对抗因被执行人债务纠纷产生的查封执行,应当符合如下三个方面的条件:

1. 第三人已经支付全部价款

实践中,对于第三人未支付全部价款,仅已支付了大部分价款并实际占有的,是否可参照《查封规定》的第17条后段的规定执行,存在两种观点。第一种观点认为,不可以参照执行,因为只有第三人支付了全部价款,才具备了过户登记的现实条件,方可在情理上对抗第三人的查封请求,并能避免又在被执行人与第三人之间产生新的纠纷。第二种观点认为,可以根据个案情况参照执行,如第三人仅有极少部分价款未能支付,对其占有的房屋仍不查封,否则执行中存在困难,也利于保护第三人的居住权益,造成新的社会矛盾。

我们认为,第三人的付款金额应严格限定于"全部价款",理由有三点:

第一,从债权确定性角度看,未付清房款的第三

① [英]Dennis Lloyd:《法律的理念》,台湾:联经出版公司出版,第113页。转引自孙笑侠:"法的形式正义与实质正义",载《浙江大学学报》(人文社会科学版)1999年第5期,第9页。

人,其涉关房屋的请求权尚不确定,不能对抗债权已经确定的执行申请人。从一般实践的角度看,房屋买卖双方交易通常约定房款付清后,方就房屋产权进行过户登记,如果作为买受方的第三人未支付全部价款,由于其自身合同义务尚未履行完毕,其要求产权过户的条件还具备,也就是说,第三人要求人转移房屋产权的请求权,其本质亦是一种债权,能否得到支持,还处于不确定状态,一旦第三人拒绝支付余款,对方可以先履行抗辩权为由,拒绝过户登记。然而,与之相反的是,执行申请人对被执行人债权,则经过了法院或仲裁机关的裁判,其债权已经确定。在抉择这两种债权保护的优先顺序时,如果优先保护仅支付部分价款的第三人,使其可以对抗他人的执行申请,则实质上赋予了未确定债权比确定债权更为优先的顺序,这既不符合基本法理,又有违社会群众的基本认知。相反,只有付清了全部房款,第三人债权请求权才处于确定状态,具有相对稳固、对抗他人的权利基础,此时方可赋予其对抗执行申请的权利。

第二,从诉讼经济性看,未付清房款的第三人存在违约可能,可能导致执行申请人讼累和风险增加。如果赋予未付清房款的第三人对抗法院查封执行的权利,则存在这样一种可能,即第三人在后续履行过程中,拒绝支付余款而违约,作为出卖方的被执行人会拒绝过户给第三人,此时执行申请人则需要再次提出对房屋的查封和执行申请,无故导致申请人的讼累,造成诉讼的繁冗和不经济;同时,在第三人违约后,还会对执行申请人造成风险窗口期,即在此期间,有可能被其他债权人抢先对房屋提出查封执行申请,从而对原执行申请人造成实质损害。

第三,从文义解释的角度看,未付清房款的第三人不得对抗他人的查封执行申请。《查封规定》第17条前段规定:"被执行人将其所有的需要办理过户登记的财产出卖给第三人,第三人已经支付部分或者全部价款并实际占有该财产的,但尚未办理产权过户登记手续的,人民法院可以查封、扣押、冻结。"根据此前段规定,第三人支付部分价款,即使占有的,法院亦可以查封执行;并且第十七条后段也只是规定了支付全部价款、实际占有且无过错的第三人,才可以对抗法院的查封执行。

2. 第三人已经实际占有不动产

已支付全部价款的第三人占有使用房屋,虽然不能发生所有权变动的法律效果,但这种事实上的占有状态,说明买卖合同已得到了近乎全面的履行,如果再因出卖方即被执行人的债务纠纷而对其查封执行,则必然会让涉案房屋逆转到之前未履行的初始状态,从而会增加履行费用和交易成本,不符合效益最大化的经济原则。同时,房屋交付后,买受人通常要占有和使用,在该房屋上形成诸多人身与财产关系,查封、拍卖后的腾房、退房则推翻业已形成的诸多关系,造成秩序紊乱,特别是在已进行装修的情况下,拆除将造成巨大资源浪费,势必引起第三人与出卖人,甚至是出卖人的债权人、强制拍卖的买受人等之间的纠纷,导致新的纠纷产生,非常不利于及时稳定财产关系。反之,如果第三人并未实际占有房屋,即使对房屋进行查封执行,也不会存在对事实形成的法律关系打破,不影响交易秩序的稳定。

(1)"实际占有"的形式

实践有疑问的是,如何理解"实际占有",从性质上讲是指居住之用,还是指商业之用?从形式上讲,是直接占有,还是间接占有?有观点认为,所谓"实际占有",应当是指居住之用、直接占有,即第三将房屋作为自己的居住用房,而不是出租或用作商业经营,其理由是《查封规定》之所以优先保护实际占有房屋的第三人,其背后理念主要应是保障居住者的生存权,而出租或商业经营之用的,只是涉及生存权之外的经营发展问题,与一般债权无异,没必要给予特别保护。

我们认为,"实际占有"还是应当从宽理解为宜,主要理由有三点:一是从现实层面分析,第三人即使将系争房屋作为自己居住之用,亦并不排斥第三人还有其他房产的可能,并且实践中一户家庭拥有多套房屋也并非罕见,而《查封规定》又未对此类情形作出明确的拆除性规定,故坚持第三人自己居住之用的观点,对该问题无法解释。二是从制度精神层面分析,无论第三人将房屋自己居住,还是出租或用作商业经营,都会在客观上形成诸多纷繁的法律关系,如果因用途不同而作不同处理,将导致后一情形下现有法律关系的破坏,严重影响稳定的交易秩序,这与《查封规定》第17条制定"维护交易秩序"的目的明显背离。三是从文本体系解释的层面分析,在同一规范文件内,在对相同或类似事项作出规定时,条款之间应保持统一性、衔接性,《查封规定》第5条在规定八种不得查封的财产时,对于生活必需物品、必需费用、完成义务教育必需品等标的,明确规定以"所必需"为前提;同样在第6条,规定对居住房屋只得查封、不得拍卖、变卖或者抵债时,也是明确以"所必需"为必备条件;而反观第17条对第三人所购房屋的条款,并没有规定以生活"所必需"为适用基础,这显然不是最高人民法院制定时的遗漏,而是有意为之,其目的应当是为了平衡“申请执行人和第三人利益的问题”,维护“善意一方的利益”。

(2)“实际占有”的合法性

这里的“实际占有”,我们认为还应当以“合法占有”为基础前提,否则第三人在客观上违法、主观上恶意,如果再对其予以优先保护,明显有悖法律的公平正义。

所谓“合法占有”,首先,应当强调买卖双方交付的合意性,即第三人的占有,系基于出卖人即被执行人正常交付后占有,并非未经被执行人交付,而强行破门而主的自主占有。其次,应当强调买卖双方交付合意的善意性,即第三人的占有主观不能具有恶意,如被执行人知晓自己的房屋马上要被法院查封时,便双方串通,提前履行合同中约定的交付义务,阻挠法院查封,这种情形就很难称之为善意的占有。

3. 第三人没有过错

法律是一种利益平衡器,对任何一种权利的保护都是有限度、有条件的。如果第三人支付全部房款并占有房屋后,能够及时进行过户登记,但由于自己过错而延缓登记,导致房屋被查封的,这说明第三人连自己的权利都不重视,那么法院也就没必要保护这种“躺在权利簿上睡大觉者”,否则会对执行申请人造成不公。关键是,在司法实践中如何判断“没有过错”,我们认为可以从如下三个方面进行判断:

第一,未过户登记,是否因合同约定的条件尚未成就。实践中,不排除当事人约定在房款支付后,并不立即进行产权过户登记,而以办理大产权证等因素,延缓过户时间,如果在此延缓期间,未过户登记并非第三人原因所造成,而是双方约定的过户条件未具备,当然不宜由第三人承担相应的风险责任。相反,如果已具备过户条件,第三人怠于办理的,法院仍可查封执行。

第二,未过户登记,是否由于被执行人的原因导致无法登记。登记过户往往需要出卖人即被执行人的配合,如果其拒绝配合的,第三人往往难以顺利地实现过户登记,由于造成的不利风险,不应由无过错的第三人承担。但是,如果被执行人不配合或者下落不明导致无法在法定期限内办理过户登记,第三人应当依法向人民法院起诉或者向仲裁机构申请仲裁,要求出让人配合办理产权过户手续,主动主张其权利,否则也应属于怠于主张权利,主观具有过错。

第三,未过户登记,或登记错误,是否由于被执行人的原因所导致。如果第三人确实到登记机关进行过户登记,但是因为登记人员非法拒绝办理,或登记错误,误将房屋登记至他人名下,那么相应的责任就不在于第三人,而在于登记机关的过失,相应的责任不宜由第三人承担。

(四)结语

根据《查封规定》第17条后段的规定,被执行人将房屋出卖给第三人的,房屋虽未过户,第三人仍可在一定条件下可以对抗法院的查封,在适用该规定时,需要同时满足如下三个必要条件:一是第三人必须在人民法院采取查封、扣押、冻结措施前,就已经支付了全部价款;二是第三人必须是在人民法院采取查封、扣押、冻结措施前就已经实际合法占有该财产;三是第三人对未办理过户登记手续必须没有过错。只有完全符合这三点,人民法院才不得查封、扣押、冻结和执行这类财产。

综观本文所引案例的事实经过,沈凤丽等在签订及履行《商品房出售合同》的过程中,虽然严格履行了合同约定的义务,且实际占有了系争房屋,未过户的事实亦是合同约定条件未具备所至,但是在法院查封前,沈凤丽等并未付清全部价款,因此不符合《查封规定》第17条后段的规定条件,无法对抗他人的执行申请。沈某如要保护自己的权利,可以通过违约救济的途径,向作为出卖方的被执行人主张违约责任。可以说,本则案例为我们处理类似纠纷,提供了较好的参考作用。

五、江苏省

泰州市碧桂园房地产开发有限公司与泰州市海洋建筑安装工程有限公司建设工程施工合同纠纷案

江苏省高级人民法院

一、基本案情

上诉人(原审原告)泰州市碧桂园房地产开发有限公司,住所地江苏省泰州市海陵区城东街道唐甸村村委会办公楼二层。

法定代表人杨文杰,该公司董事长。

委托代理人于跃江,男,汉族,1957 年 3 月 20 日生,该公司职员,住广东省广州市越秀区仓边路 127 号。

委托代理人王增瑞,男,汉族,1982 年 4 月 23 日生,该公司职员,住广东省广州市天河区天河路 104 号中国南方人才市场。

被上诉人(原审被告)泰州市海洋建筑安装工程有限公司,住所地江苏省泰州市海陵区夹河路 88 号一楼。

法定代表人戚荣发,该公司董事长。

委托代理人金凡,江苏强联律师事务所律师。

委托代理人史进,江苏国安泰律师事务所律师。

上诉人泰州市碧桂园房地产开发有限公司(以下简称碧桂园公司)因与被上诉人泰州市海洋建筑安装工程有限公司(以下简称海洋公司)建设工程施工合同纠纷一案,不服江苏省泰州市中级人民法院(2009)泰民一初字第 6 号民事判决,向本院提起上诉。本院于 2011 年 8 月 1 日受理后,依法组成合议庭,于同年 10 月 9 日公开开庭审理了本案,上诉人碧桂园公司委托代理人于跃江、王增瑞,被上诉人海洋公司委托代理人金凡、史进,到庭参加诉讼。本案现已审理终结。

原审法院经审理查明:2007 年 7 月 28 日,碧桂园公司与海洋公司签订一份建设工程施工合同(43 号合同),约定泰州碧桂园一期西片 5#－7#楼、13#－16#楼、21#－24#楼、29#－31#楼工程,由海洋公司施工总承包,总建筑面积 17,656.77 平方米,合同价款 2522.119623 万元(未含室内块料、石材铺贴的工程造价,该部分的工程造价待发包人、承包人结合相关图纸另行协商),承包方式为固定价格合同(大包干形式),即在承包范围内,承包人包工、包料(本合同约定由发包人供料除外)、包质量、包工期、包安全,如不涉及设计变更或发包人要求增加工作内容的,本合同价款已包括完成发包人提供的招标图纸范围内工程内容和本合同约定的工作内容的一切费用。合同工期开工暂定 2007 年 8 月 4 日(实际开工时间以发包人的书面通知为准)。竣工日期 2008 年 4 月 10 日,合同工期 8 个月。合同约定因承包人原因不能按合同约定的工期竣工,每逾期一天按 5 万元/天向发包人支付违约金,并赔偿发包人因此遭受的实际损失;逾期超过 30 天的,承包人除必须支付违约金和赔偿损失外,发包人有权单方面解除未完成部分工程的合同。合同附件廉洁合作协议、工程质量保修书、施工现场安全文明管理制度中载明的合同签订日期亦为 2007 年 7 月 28 日。该合同于同年 8 月 8 日经泰州市建设局备案。合同的专用条款部分同时约定,泰州市兴泰建设工程监理有限公司(以下简称兴泰监理公司)对本工程实施全过程施工监理。就工期延误,承包人在约定的情形发生后 2 天内,应就工期以书面形式向发包人提出报告由发包人确认。对发包人指定品牌及材料单价的材料设备,该合同专用条款第 27.3 条约定,发包人指定品牌及材料单价的材料设备是指由发包人根据选定的样板、品牌及市场情况,在施工过程中根据实际需要进行品牌及价格的确认,而由承包人负责采购。为确保发包人指定品牌供应商收到材料款,承包人的材料款支付情况作为发包人支付进度款的必要条件。同年 8 月 1 日,海洋公司根据碧桂园公司的招标文件发出投标函,就上述 14 幢别墅的土建、水电工程,愿以 2522.119623 万元投标报价,工期保证 240 日历天,质量标准达到合格。同年 8 月 3 日,碧桂园公司发出中标通知书,确定海洋公司为中标人。中标通知书载明的工程名称、建筑面积、工期、价格及质量标准等均与双方此前订立的43号合同一致。2007年8月28日,海洋公司进场开工。

2007年8月29日,海洋公司以价格5915.300646万元、建筑面积55,352平方米、工期301天中标碧桂园的2#、3#楼及A型地下车库土建、水电工程。工程量清单报价表中载明:2#公寓工程费为2785.480044万元,3#公寓工程费为2129.820602万元,A型地下车库工程费为1000万元。2008年1月9日,双方签订一份建设工程施工合同补充协议(43号补充合同),就43号合同约定的内容予以变更和补充:工程范围增加2#、3#楼及A型地下车库,增加面积55,534.47平方米,合同总价款变更为9582.420268万元,除43号合同约定的价款外,增加的2#楼单体工程合同包干价为2785.480044万元,3#楼单体工程合同包干价(不含给排水、化粪池的工程造价)为2129.820602万元,A#地下车库工程合同包干价为2145万元(含土建、机电安装工程、基坑支付费用及井点降水费用)。工程量清单中载明:A#地下车库土建工程1844万元,安装工程207万元,基坑支付及井点降水费用为94万元。以上增加的工程价款为7060.300646万元。该补充协议约定的2#、3#楼的总工期为330个日历天(含法定节假日),封顶日期为自开工之日起第200个日历天;A#地下车库的总工期为150个日历天。该合同还载明:除本补充协议约定外,发包人、承包人双方的权利和义务均按原合同约定的条款予以履行。其后,海洋公司于2007年10月2日进场施工。

2007年9月11日,海洋公司以价格3599.81145万元、工期190天中标碧桂园的32#－34#、39#－42#、45#－52#楼土建、水电工程。2008年1月4日,双方签订建设工程施工合同(59号合同),约定泰州碧桂园一期西片的上述15幢别墅工程由海洋公司施工总承包,总建筑面积26,665.27平方米。承包方式为固定价格合同(大包干形式,具体与43号合同相同)。合同价款暂定3279.050479万元,含土建及机电安装工程,未含室内块料、石材铺贴工程造价。该合同载明的合同工期为:开工日期以现场具备开工条件,发包人发出的开工通知书内的开工日期为准,竣工日期由开工之日起第200个日历天,总工期200个日历天(含法定节假日)。该合同的专用条款部分同时约定,兴泰监理公司对本工程实施全过程施工监理。关于工期延误的确认及发包人指定品牌材料的结算等,与43号合同约定相同。59号合同中承包人原因迟延竣工的违约金约定为5000元/天。海洋公司于2007年10月1日进场施工。

2008年10月16日,双方当事人在碧桂园公司形成会议纪要,就最高限价、漏项、少量的以及材料差价的调整方法进行了磋商,一致确认29幢低层住宅工程适用该纪要明确的调整方法。

2008年11月3日,碧桂园公司和海洋公司在泰州市海陵区建筑业管理局(以下简称区建管局)的见证下签订一份协议书,约定:双方签订的43号合同、43号补充合同和59号合同自2008年10月29日终止履行,已完成的工程量及工程款结算由区建管局指定的中介机构进行审计决算。双方并约定,终止合同的相关事宜由区建管局协调解决。双方当事人及见证单位均在该份协议书上签章。

2008年11月17日,泰州市海陵区人民政府(以下简称区政府)召开由双方当事人、兴泰监理公司、江苏华强工程投资管理咨询有限公司(以下简称华强公司)、泰州市海陵区建设局、区建管局等相关部门参加的,协调处理海洋公司与碧桂园公司终止建设工程施工合同相关事宜的专题会议,并于同年11月19日形成会议纪要(以下简称区政府32号会议纪要)。该会议纪要载明:一、海洋公司在碧桂园公司前期施工建设完成的工程量,由华强公司、兴泰监理公司、碧桂园公司、海洋公司四方签字盖章确认后生效,华强公司依据相关规定负责审核。二、工程造价按照江苏省2004年定额标准结算,取消最高限价。决算审计单位依据监理单位记载资料确定的工程每月形象进度,计算每月材料使用量,按照政府当月指导价,确定材料综合单价,作为结算审核依据。甲供(控)材税金按照政府文件规定执行,人员工资单价2008年4月1日之前的按照原标准执行,4月1日之后的按照新标准调整。工程下浮标准按照新核定的工程造价和合同规定,别墅、高层建筑分别按7%、4%执行,地下车库不作下浮。三、碧桂园公司须在11月21日前筹措准备金1000万元,待海洋公司提出支付意见,报区建管局审核确认后拨付。海洋公司须在纪要印发后10日内交付工程施工资料,别墅和高层建筑分别于5日和10日内将机械、脚手和材料撤离现场。四、区建管局牵头组织建设、监理和施工单位对前期工程质量进行验收,对存在质量缺陷的部位列出计价清单,经三方签字盖章认可后,由碧桂园公司在拨付工程款时予以扣减缺陷整改金。该会议纪要还对前后施工单位的对接及矛盾调处等提出了意见。海洋公司与碧桂园公司都在专题会议纪要底稿上签字盖章予以确认。

之后,海洋公司与碧桂园公司在兴泰监理公司和华强公司的参与下对已完工程量进行勘验并书面签字确认,海洋公司按照会议要求撤离了施工现场。碧桂园公司另委托广东腾越建筑工程有限公司(以下简称广东腾跃公司)和江苏省建工集团有限公司(以下简称建工集团)完成了后续工程的施工。华强公司于2009年1月就已完工程作出了工程结算书的征求意见稿,工程造价结算价为11,925.535192万元。

2009年1月12日,区建管局发出“关于加快泰州碧桂园相关工程终止承包合同后决算进度的函”,要求碧桂园公司按照区政府32号会议纪要确定的结算方式加快与鉴定部门的对接,促成最终决算结果的出具。

此后,双方当事人均对华强公司关于工程结算的征求意见稿提出了书面意见。因双方分歧较大,碧桂园公司对华强公司出具的结算书不予以认可,于2009年3月4日向泰州市中级人民法院提起本案诉讼,以碧桂园公司超付工程款、海洋公司施工质量不合格且拖延工期为由,请求判令海洋公司:1. 在3日内返还超付工程款1583.249971万元;2. 支付工程质量整改费用(暂定461.42万元,以最终鉴定结果为准);3. 赔偿逾期完工违约金1439.5万元(43号合同、43号补充合同按5万元/天的标准计算184天、94天,59号合同按5000元/天计算99天);4. 在3日内移交全部竣工验收资料原件。后碧桂园公司于一审审理期间自愿撤回上述第4项诉讼请求。

海洋公司答辩称:与碧桂园公司签订的三份施工合同在招投标活动中双方进行了串标,且后两份合同对中标工程价款作重大变更,三份合同因违反招投标法的规定应属无效,违约责任约定也属无效。碧桂园公司既未在合理期限内通知海洋公司整改,也未按约由建设、施工、监理三方列出质量缺陷部位计价清单,其主张赔偿整改费用没有依据。工期延误的责任不在海洋公司,海洋公司无须承担逾期完工违约金或损失。同时,海洋公司向原审法院提起另案诉讼,要求碧桂园公司支付三份施工合同项下工程款762.29万元、2963.02万元。

在本案一审审理中,双方当事人一致确认碧桂园公司已付工程款9279.769535万元。碧桂园公司为主张其向海洋公司超付工程款的事实,向原审法院提供2009年4月13日碧桂园公司与兴泰监理公司审计确认编制的工程结算书,载明海洋公司已完工程造价为7848.78万元。海洋公司对此不予认可。

因双方对工程造价不能协商一致,原审法院依法委托江苏经纬工程投资造价咨询事务所有限公司(以下简称经纬事务所)对涉案工程造价进行司法鉴定。经纬事务所就工程造价分别按照合同标准和会议纪要的标准进行鉴定,作出了工程造价咨询报告书。结论为:按合同标准鉴定价9285.288056万元,按会议纪要鉴定价11,216.09185万元。该咨询报告同时说明:工程造价已考虑下浮;按32号会议纪要造价鉴定时工程量除土方外双方均已经确认,土方工程量系按图纸计算,碧桂园公司认为实际深度与图纸相差60厘米,海洋公司认为没有;甲控材料已经计算在工程造价中,下浮时未考虑。按会议纪要计算时,碧桂园公司认为材料价格要考虑10%的价差风险,应扣减445.580387万元,海洋公司认为不应考虑价差等。

对原审鉴定报告,海洋公司质证认为,对其真实性、合法性、关联性均无异议,主张应当采用会议纪要的鉴定价。另外,在原审审理过程中,碧桂园公司曾委托普华永道中天会计师事务所有限公司对该公司2010年12月31日前的年度及期间财务报表进行审计,于2011年1月10日向海洋公司寄发企业征询函,确认欠海洋公司2367.5329万元,对此金额海洋公司予以确认,证明碧桂园公司本身也是按照会议纪要的精神进行结算的。由于海洋公司人员变动、资料流失的原因,导致鉴定价格少于实际造价。

碧桂园公司质证认为:海洋公司提供的企业询征函和邮件详情单是复印件,碧桂园公司并未委托有关会计师事务所发出该函件,而且该函件中明确注明了“属暂估工程款,不作为结算依据”,故对函件不予确认。对于鉴定报告,质证意见如下:

1. 合同经过招投标,且已经实际履行,合法有效。合同约定按照固定价格进行结算,依法无须进行工程造价鉴定。即便法院决定进行鉴定,也应按照碧桂园公司的结算意见进行。该鉴定报告按合同结算部分相差465.62879万元,为土建工程,安装工程无差异,待扣材料款相差68.396155万元。具体是:1. 部分工程量重复计算,有些工程量非海洋公司施工完成,设计变更增加的项目综合单价未经审核,多计353.48万元。2. 根据合同专用条款,钢筋和发包人指定品牌材料应按投标时期与施工时期材料价对比调整,按合同约定范围调整,调整后按合同约定下浮。鉴定报告直接将材料价计入综合单价且没有下浮,不正确,此部分多计约140.5万元。3. 签证工程计价错误,多套用定额子目,多计57.6万元。4. 措施费多计约87万元。

2. 政府会议纪要不能作为工程造价的结算依据。即便按会议纪要内容进行计价,“2004年定额标准”无法执行。在该会议纪要部分内容无法执行的情况下,应按照政府建设部门发布的调价文件苏建价[2008]66号、67号文件调整施工期人工、材料价。按会议纪要结算部分相差1224.564339万元,其中土建工程多计算1196.363096万元,安装工程多计算

28.201243万元,待扣材料款相差68.395155万元。具体如下:

1. 土建部分。(1)材料价调差方式错误。会议纪要所述“材料综合单价”系自创名词,在技术上根本无法执行,在工程预算决算中只有“材料价”。故应按2004年江苏省建设工程计价表及计价规则,以投标时期为基准期计价,施工期调价差再根据苏建价[2008]66号、苏建价[2008]67号文件调整。(2)征求意见稿中没有列明模板、脚手架的工程量,正式报告中直接列入,未经双方核对,计算方式不当,应当统一按面积计算,多计约340.3万元。(3)签证工程计价错误,多套用定额子目,多计57.6万元。(4)结算价应当扣除10%的材料价差风险445.580387万元。

2. 安装部分。(1)部分项目未完成定额子目规定工序,应予扣除,多计约5万元。包括:防水套管安装,该子目包括主管安装后需填补防水材料等工序,而施工单位未完成填补材料,应参考套管安装子目并扣除未完成工序的材料、机械及人工消耗量。(2)信息价中未列明价格的主材部分,鉴定报告套价远高于市场价,多计约12.5万元,包括:未列明A#车库所使用的桥架规格、不锈钢套管、卫生间等电位盒、雨水弯头、别墅区PVC16塑料线管等。(3)部分定额套价错误,多计约2.5万元,包括:避雷短针安装套价应套用一般铁构件安装子目,卫生间等电位盒安装应套用暗装接线盒安装子目。(4)因鉴定报告不详细,其他无法进行详细比对,造成约8万元差距。

鉴定机构对碧桂园的质证意见答复如下:

一是按合同标准鉴定时是根据碧桂园公司提供的资料,由海洋公司确认之后进行核算的。工程量不应存在问题。调整材料价格下浮的问题,是根据双方在2008年10月16日的补充协议的约定计算的。签证部分在双方核对时碧桂园公司并未提出异议。措施费也是按照比例进行测算的。

二是“2004年定额标准”为2004年江苏省《建筑与装饰工程计价表》、《安装工程计价表》。这两个计价表在建筑行业内习惯统称为2004年定额。材料价调差方式是根据会议纪要,“依据监理单位记载资料确定的每月形象进度,计算每月材料使用量,按政府当月指导价,确定材料综合单价”。模板是按照定额含量进行测算的,脚手架的工程量是根据江苏省的文件按照建筑投影面积计算的。签证部分工程已经双方核对无异议。关于10%的材料价差风险的问题,根据会议纪要的约定,按照施工期的政府指导价进行结算,并未约定要扣除10%的材料价差风险。

三是根据江苏省的定额解释,对于碧桂园公司所述情形,定额系数不作调整。主材部分的价格是综合考虑的,当时施工期的政府指导价比实际套用的价格还要高。定额套价的问题,当时也是经过双方核定的。

关于甲方指定品牌材料款的结算问题,碧桂园公司提供9组凭证,包含三方订立的买卖合同(买卖双方分别为海洋公司和材料商,碧桂园公司为受托人)、代支付货款申请单、报价确认单以及发货单等,合计188.206367万元。其中中华制漆(深圳)有限公司广州分公司供应的涂料款76.1746万元,碧桂园公司已于2008年11月15日代为支付。佛山市元正有限公司供应的7字筒瓦合计16.7281万元,佛山市禅城区加宝兴建材经营部供应的马赛克合计3.5712万元,济南旭泰开关设备有限公司作为甲方指定的配电箱的供应商,供货合计8.105242万元,佛山市南海区爱欧瑙装饰工艺厂供应的文化石合计26.66724万元,供货商虽向碧桂园公司出具了代支付货款申请单,但碧桂园公司尚未支付。

另碧桂园公司、海洋公司还与巢湖市鸿业水泥制品有限公司(以下简称巢湖鸿业水泥公司)订立一份买卖合同,约定由巢湖鸿业水泥公司向碧桂园一期西片工程供应水泥瓦、7字筒瓦,结算方式也为海洋公司直接结算,如不按约支付,由巢湖鸿业水泥公司向碧桂园公司递交《代支付货款申请单》,碧桂园公司代为支付后,在海洋公司的下期工程进度款中扣除。其后,佛山市顺德区鸿业水泥制品有限公司供货56.959985万元。碧桂园公司陈述已经向供货单位付款48.256165万元,供货单位与巢湖鸿业水泥公司为关联企业,并当庭提交一份2010年12月15日电汇给“佛山市顺德区鸿业水泥制品有限公司”的凭证及附件材料,证明其已经付款的事实。

就上述材料款的结算,海洋公司提供了2008年11月到12月间三方确认退货凭证,证明海洋公司向碧桂园公司退货77.098975万元。

一审审理中,对于三份施工合同的效力问题,碧桂园公司陈述,43号合同的签订日期应当在2007年8月8日,2007年7月28日是合同文本上打印的日期,故应当是先招投标,后签订合同。43号补充合同比招投标时价格增加是由于增加了机电安装、基坑支付和井点降水工程。59号合同之所以与招投标文件不相一致,是因为双方在订立合同时,经协商一致,取消了原投标报价清单中的部分工程量,包括石材墙面、水泥饰线(件)、水泥花盆及石材饰线(件)、细石楼地面(地坪)、坡道、砂浆防水(潮)(立面)、变形缝等。海洋公司则认为,碧桂园公司事先透露标底,确保海洋公司中标,之后再变更工程价款。

由于双方对合同效力各执一词，经原审法院释明后，碧桂园公司提供下列证据，证明海洋公司逾期完工给其造成的损失大于其主张的违约金1439.5万元：

1. 逾期竣工造成碧桂园公司向业主逾期交楼违约的损失。海洋公司逾期竣工94～184天，截至合同解除之日仅完成工程承包范围的70%左右，且还遗留了大量的工程质量问题，使后续施工单位一方面要花费大量的时间进行工程质量整改，另一方面还要承建未完工程，拖延了施工期限，造成碧桂园公司在2008年10月29日前签订的房屋买卖合同涉及182套房屋，未能如期向业主交楼。根据房屋买卖合同的约定，每逾期一天交房应当向购房人支付已付房款的万分之五或万分之三的违约金。其中，(1)应于2009年3月30日交房的44户，有40户未能按期交付，至2009年9月25日，逾期178天，按合同约定万分之五违约金的有39户，房款总额7622.4218万元，违约金678.39554万元；按合同约定万分之三违约金的1户，房款143.8977万元，违约金7.683785万元。(2)应于2009年3月30日后交房的43号补充合同项下的138套，海洋公司逾期竣工94天，按合同约定万分之三违约金的有74户，房款总额3336.5290万元，违约金94.092118万元，按合同约定万分之五违约金的64户，房款3638.0272万元，违约金170.987278万元。以上逾期交房违约金951.158721万元。

2. 逾期竣工导致碧桂园公司后续工程造价成本上升的损失。海洋公司逾期竣工并拖延退场，造成碧桂园公司被迫将未完工程另行发包给其他施工单位继续施工。在其他单位施工期间，材料、人工费用上涨，以及支付赶工费用等原因，另行发包的工程价款高于海洋公司承建价款。其中：(1)2#、3#楼工程，投标时报价合计4915.300646万元，已完工程结算价2504.88万元，未完部分预算价为2410.420646万元；而后续工程施工单位价款为2751.37506万元，差价为340.954414万元。(2)别墅区工程，未完部分预算价1849.217202万元，因尚未与施工单位结算，最终造价将在2500万元以上，造成损失600万元以上。

3. 逾期竣工导致监理费用、人力成本费用、财务费用的增加损失。海洋公司承建的工程最早应当于2008年4月28日完工，而直至合同解除之日同年10月29日仍未完工，海洋公司逾期竣工的期限，导致碧桂园公司额外支付工资及行政管理费用。碧桂园公司在2008年5～10月工资支出341.4122万元，行政管理支出662.915603万元，海洋公司承建工程的面积占碧桂园公司一期项目总建筑面积的17.5%，故损失175.757366万元。

4. 逾期竣工造成碧桂园公司的销售业绩和市场品牌的损失。海洋公司逾期竣工6个月，工程质量极差，严重损害了碧桂园公司的品牌形象，导致碧桂园公司在泰州市场销售状况极不理想，造成明显的损失，销售额同比下降83%，销售损失约8000万元。

综上，海洋公司认为逾期竣工造成碧桂园公司实际损失1452.452988万元，远远超过碧桂园公司主张的违约金1439.5万元。

经原审法院审查，碧桂园公司所提交的上述商品房买卖合同中，约定于2009年3月30日前交房的44户，2009年10月30日前交房的65户，2010年3月15日前交房的73户。

另，海洋公司承建的碧桂园一期工程中，29幢别墅已经于2009年3月由广东腾越公司施工完毕，并出具工程竣工报告和单位工程竣工验收证明书，送交泰州市城建档案馆存档。2#、3#公寓楼、A#地下车库分别于2008年12月5日出具主体结构分部工程质量验收报告，除建设单位外，设计单位、监理单位和施工单位海洋公司均在验收报告中盖章。另外，2#、3#公寓楼工程于2009年10月30日由建工集团公司施工完毕，出具施工总结、竣工报告和单位工程竣工验收证明书，亦已由泰州市城建档案馆存档。

原审法院认为：

(一)关于施工合同的效力

1. 43号合同。《中华人民共和国招标投标法》(以下简称《招标投标法》)第43条规定，在确定中标人前，招标人不得与投标人就投标价格、投标方案等实质性内容进行谈判。第55条规定，依法必须进行招标的项目，招标人违反本法规定，与投标人就投标价格、方案等实质性内容进行谈判的，给予警告。前款行为影响中标结果的，中标无效。43号合同项下为住宅小区商品房，依法属于必须进行招标的项目。该合同于2007年7月28日签订，同年8月1日进行招投标，同年8月3日中标，中标通知书载明的工程名称、工期和价款与此前双方签订的施工合同内容相同。从合同文本及招投标文件载明的时间看，43号合同系先订立合同后进行招标，明显违反了《招标投标法》的强制性规定，应认定中标无效。根据最高人民法院《关于审理建设工程施工合同纠纷案件适用法律若干问题的解释》(以下简称《施工合同司法解释》)第1条的规定，建设工程必须进行招标而未招标或中标无效的，应认定建设工程合同无效。碧桂园公司陈述的2007年7月28日是合同文本上打印的日期，实际时间为同年8月8日，首先，合同订立的时间双方不能陈述一致，应以书面文本为依据，双方订立的书面合同正本及附件的订立日期均打印为

2007 年 7 月 28 日;其次,碧桂园公司所述 8 月 8 日的日期系泰州市建设局备案的时间,根据有关招投标文件的规定,双方应在施工合同订立后 7 日内,将合同送市建设局招投标管理机构备案。故备案的日期不能作为合同订立的时间依据。综上,双方签订的 43 号合同应认定为无效。

2. 43 号补充合同。《招标投标法》第 46 条规定,招标人和中标人应当自中标通知书发出之日起 30 日内,按照招标文件和中标人的投标文件订立书面合同。招标人和中标人不得再行订立背离合同实质性内容的其他协议。43 号补充合同双方于 2008 年 1 月 9 日订立,其中包含了 43 号合同项下的工程,扣除 43 号合同项下的工程价款后,约定的工程价款为 7060.3 万元。而此前的中标通知载明的工程价款为 5915.3 万元,增加了 1145 万元。经核对前后两次工程量清单报价表,增加部分为 A 型地下车库工程。投标时仅列明 1000 万元,无明细;合同所附清单中土建工程 1844 万元,安装工程 207 万元,基坑支付及井点降水费用为 94 万元。碧桂园公司所述由于增加了机电安装工程、基坑支付、井点降水,故提高了工程价款与事实不符。另合同约定的工期与中标通知也不相符。碧桂园公司与海洋公司以订立补充协议的方式增加了工程范围和价款及工期,对招投标文件进行了变更,违反了法律的强制性规定,工程价款和工期作为建设工程合同最基本的要素,合同约定与招投标文件不相一致,根据《中华人民共和国合同法》第 52 条的规定,应确认合同无效。

3. 59 号合同。中标通知书中载明的工程价款为 3599.81 万元,工期 190 天;而事后订立的书面合同中,约定价款为 3279.05 万元,工期 200 天。前后不一,该合同的约定亦背离了招投标文件的实质性内容,违反了法律的强制性规定,故 59 号合同依法亦应确认为无效。碧桂园所述双方协商一致减少部分工程量没有事实依据。

(二)关于工程款的数额

1. 关于企业征询函的效力

根据海洋公司提供的企业询征函和邮件详情单,可以认定碧桂园公司曾委托普华永道中天会计师事务所有限公司对该公司 2010 年 12 月 31 日前的年度及期间财务报表进行审计的事实,该份函件虽确认碧桂园公司欠海洋公司工程款 2367.5329 万元,但由于该函件中备注栏明确载明“属暂估工程款,不作为结算依据”,故不能作为碧桂园公司欠款的依据。

2. 关于工程结算书和鉴定结论的采信

碧桂园公司所提供的工程结算书,系自行根据三份合同的约定,结合设计变更、工程签证等所编制。该结算书虽然由工程的监理单位兴泰监理公司盖章确认,但由于监理单位并非工程造价审核的专业部门,该结算书也未能得到施工单位海洋公司的认可,而且,根据双方事后订立的协议及会议纪要的内容,结算方式已经进行了变更,故碧桂园公司要求按照此结算书确定工程价款,不应予以支持。

海洋公司向碧桂园公司主张工程款的依据是华强公司于 2009 年 1 月出具的工程结算书的征求意见稿,根据 2008 年 11 月 19 日的区政府 32 号会议纪要及双方于 2008 年 11 月 3 日订立的协议书,华强公司应为区政府 32 号会议纪要确定的审计决算单位,亦为双方终止合同协议中区建管局指定的中介机构。但截至诉讼之时,华强公司未能形成正式审计结论,双方对征求意见稿亦各执一词;且华强公司时为乙级资质,涉讼后除非当事人协商一致,否则不能作为有权单位对 5000 万元以上的工程造价进行鉴定。故华强公司的工程决算书的征求意见稿依法亦不能作为案涉工程造价的依据。

本案中三份合同均为无效,但涉案工程已经验收合格,根据《施工合同司法解释》第 2 条的规定,承包人可要求参照合同约定支付工程价款。一审审理中,原审法院虽委托经纬事务所就工程造价分别按照合同标准和会议纪要的标准作出了两种鉴定结论,但由于在合同订立之后,建筑材料的市场价格大幅上涨,双方亦形成了 2008 年 10 月 16 日的会议纪要,调整材料差价,继而于同年 11 月 3 日达成了终止合同的协议,并在区政府的协调下就终止合同相关事宜形成了同年 11 月 19 日的区政府 32 号会议纪要,明确了工程造价的结算方式,对此,应当视为双方对合同结算方式的重新约定,是合同的变更。故原审法院认为,采用会议纪要确定的结算方式进行工程造价的鉴定,更加公平和符合当事人的真实意思表示。对于鉴定结论,双方当事人已经进行多次质证,鉴定单位也就相关情况进行了补充和说明,并根据质证情况对鉴定结论作出了相应的调整,有关鉴定结论可以作为定案的依据。

就鉴定结论中所揭示的几点问题,原审法院作如下认定:土方工程量的问题,碧桂园公司虽认为实际深度与图纸相差 60 厘米,但并不能提供证据加以证明,且建筑工程系按步按序进行施工,涉案工程已经分部分项验收合格,碧桂园现主张实际深度不足,没有事实依据。10% 的材料价差风险问题,由于会议纪要中并未说明另行扣除材料价差,只是要求按江苏省 2004 年定额标准结算,会议纪要作为双方在政府主持下举行的协调会所形成的纪要文件,应视为双方的真实意思表示,故不应予以扣减。

3. 关于甲方指定品牌材料款的确定

碧桂园公司所提供的甲方指定品牌材料款的凭证合计188.206367万元,已由经纬事务所审核确认,应予认可。其中已经支付的76.1746万元双方无争议。另碧桂园公司主张的已经向巢湖鸿业水泥公司支付48.256165万元,经审查,碧桂园公司提供的电汇凭证系由碧桂园公司付款给佛山市顺德区鸿业水泥制品有限公司,尽管合同中载明的卖方为"巢湖鸿业水泥公司",但实际向海洋公司供货的单位为"佛山市顺德区鸿业水泥制品有限公司",碧桂园公司现主张已经支付了相应的材料款,故可以从工程款中予以扣除。以上碧桂园公司代付款合计124.430765万元,尚余63.775602万元尚未支付。

根据双方订立的建设工程施工合同以及发包人、承包人与材料供应商订立的三方合同的约定,发包人指定品牌的材料由承包人根据发包人的要求进行采购,由承包人直接与材料供应商进行结算,在承包人不能按要求支付的情况下,材料供应商提出申请,由发包人先行垫付,后在承包人的当月进度款中予以扣除。故除碧桂园公司已经支付的款项之外,应由海洋公司直接与材料供应商结算。但考虑到本案涉及工程款的结算,碧桂园公司现主张从应付工程款中扣除该部分的材料款,海洋公司亦表示只要材料供应商不再向海洋公司主张该款,即同意一并结算。故为避免当事人的讼累,将上述材料款188.206367万元扣除退货77.098975万元后为111.107392万元从工程欠款中扣除。材料款中尚未支付的部分由碧桂园公司直接向材料供应商支付。

综上,碧桂园公司应向海洋公司支付工程款1825.214923万元。碧桂园公司主张的超付工程款没有事实依据,原审法院予以驳回。

(三)关于质量整改费用

碧桂园公司所提供的整改费用清单系自行制作,虽加盖了监理单位兴泰监理公司的印章,但未得到施工单位海洋公司的确认。根据政府会议纪要的约定,在双方终止履行合同后,应当由区建管局牵头组织建设、监理和施工单位一并对前期工程质量进行验收,对存在质量缺陷的部位列出计价清单,经三方签字盖章认可后,由碧桂园公司在拨付工程款时予以扣减缺陷整改金。而事实上,双方并未能对质量缺陷部位列出具体清单,只是列出了"在建工程情况统计表",对已完工程量进行了核对和确认。故碧桂园公司现以该份清单主张质量整改费用依据不足。关于其所提供的与广东腾越公司签订的房屋质量修缮工程施工合同,以及施工现场签证单,从合同文本看,虽然是对海洋公司承建的29幢别墅进行修缮整改,但由于本身修缮的标的为未完工程,从合同内容上并不能区分哪些部分是后续工程,哪些部分是对前期工序进行的整改;至于其与建工集团的施工现场签证和投标书,也只能证明在海洋公司依照协议撤场后,碧桂园公司另行委托建工集团完成了后续工程,并不能反映是对于前期工程存在的质量问题进行的整改。事实上,由于工程已经完工交付,亦无法对前期质量问题加以确认。故碧桂园公司所主张的要求通过鉴定确定质量整改的费用,不具备基础条件。现工程已经全部验收合格,碧桂园公司所述海洋公司承建的工程存在质量问题证据不足,原审法院不予采信。

(四)违约责任或损失的认定

由于涉讼的三份施工合同均应确认为无效,故合同中约定的违约责任条款对双方当事人均不发生法律约束力。而碧桂园公司所主张的损失均系基于海洋公司逾期竣工的情形。诚然,根据双方订立的三份建筑工程施工合同,海洋公司截至撤场之时未能按约定完工(封顶),确实存在工期延误的情形,但是,由于合同均应认定为无效,且根据《建设工程质量管理条例》的规定,建设工程发包单位不得任意压缩合理工期,对照建设部发布的《全国统一建筑安装工程工期定额》的相关标准,双方在合同中约定的工程工期并不合理;再者,涉案工程本身是未完工程,海洋公司撤场时是否已经超过合理工期也无法确定;综合双方当事人提供的证据分析,造成工期延误的原因也是多方面的,既存在工程工期约定的合理性问题,也有双方在合作中没有充分进行协调配合的原因,加之天气的影响等,双方均应对工程逾期完工承担一定的责任。故对碧桂园公司主张的逾期竣工既缺乏事实依据,也缺乏法律依据。就损失的认定而言,根据碧桂园公司与业主订立的商品房买卖合同的有关情况,碧桂园公司逾期交房系违约行为,按约定应向业主支付违约金;但双方终止合同在2008年10月29日,而交房时间分别在2009年3月30日、2009年10月30日和2010年3月15日,海洋公司延误工期并不必然导致碧桂园公司逾期交房,还存在后续施工的诸多因素,故与业主约定的违约金并不必然发生;且事实上,至一审法庭辩论终结前,碧桂园公司亦未能提供已经实际向业主支付合同约定的违约金的相关证据,故此项损失并未实际发生,原审法院不予采信。关于后续工程造价成本上升的损失,尽管由于海洋公司中途撤出,对未完工程继续施工,可能会导致后续工程造价成本上升,但双方系协商终止了合同的履行,对合同的终止均存在一定的责任,而且在一审审理中,碧桂园公司仅提供了其中2#、3#楼工程与建工集团的建筑工程施工合同,只能证明其与建工集团之间就后续工程施工约定的合同价款,不能证明实际造成其损失,故亦不予采信。关于第三部分人力成本、监理费、行政管理费用增加的问题,碧桂园公司所提供的财务凭证只是反映其在2008年5~10月支出了相关的费用,是否由于海洋公司延误工期而造成其损失也无法确认。至于碧桂园公司的销售业绩和市场品牌的损失,由于碧桂园公司并未主张具体的数额,且该部分损失的发生也不必然因海洋公司延误工期所致,故亦不予采信。综上,对碧桂园公司主张的由海洋公司赔偿损失1439.5万元的请求,没有事实和法律依据,原审法院予以驳回。

综上,依照《中华人民共和国合同法》第52条、第269条、第279条,《中华人民共和国招标投标法》第43条、第46条、第55条,最高人民法院《关于审理建设工程施工合同纠纷案件适用法律若干问题的解释》第1条第一款第(三)项、第2条之规定,判决:驳回碧桂园公司的诉讼请求。一审案件受理费216,300元,由碧桂园公司负担。

一审宣判后,碧桂园公司不服,向本院上诉,请求撤销原审判决,改判海洋公司在三日内返还超付工程款1583.249971万元,赔偿工程质量整改费用461.42万元(此为暂估数,最终以法院委托有资质的鉴定机构的鉴定结果为准),并赔偿逾期完工违约金1439.5万元。理由如下:

1. 原审认定三份施工合同均无效缺乏事实依据。涉案工程的三份施工合同都在泰州市建设局主持和监督下办理了招投标手续,只是在办理过程中存在些许细节瑕疵,不影响合同实质性条款,三份施工合同应属有效。(1)43号合同实际签订日期是2007年8月8日,签约当天即办理备案手续。合同封面及第十条所称订立时间2007年7月28日只是拟定合同条款时的打印日期,在正式缔约时未能及时更正。原审认定先订立合同后进行招标缺乏事实依据。(2)43号补充合同价款高于中标通知书,是在双方协商一致同意增加部分工程量的基础上增加了部分工程价款,工期也是基于工程量增加而进行了延长。增加的工程包括机电安装工程、基坑支护费用以及井点降水费用(见43号补充合同第6页第二条第二款)。(3)59号合同价款少于中标通知书,是因为海洋公司提出"不愿承建在投标报价清单中已经投标的石材、铺贴等工程",后经双方协商,遂在合同中减少石材墙面、水泥饰线(件)、水泥花盆及石材饰线(件)、细石砼楼地面(地坪)、坡道、砂浆防水(立面)、变形缝等工程,并相应减少了合同价款。

2. 区政府32号会议纪要草稿与正文不一致,碧桂园公司在一审开庭前没见过会议纪要正文,不知其内容。据碧桂园公司了解,该会议纪要一直未正式行文,碧桂园公司没有在该纪要正文上签章认可,该纪要对碧桂园公司不具备法律效力。该纪要也没有送达给碧桂园公司,只是政府内部工作草稿,不具备对外法律效力,不能视为民事协议。而且,区政府32号会议纪要第二条工程造价测算方式表述含糊,无法得出确定理解,远远超出江苏省建设厅苏建价[2008]66号、苏建价[2008]67号文规定的调价原则,有违行业规范和公平合理计价原则,不能作为双方工程结算依据。

3. 双方合同明确以固定价格结算,依法无须进行工程造价鉴定。即便鉴定也应以施工合同、双方确认的《在建工程情况统计表》作为工程量依据,海洋公司投标报价清单作为计价依据进行鉴定依据。以区政府32号会议纪要作为依据作出的鉴定结论不能作为定案依据。

4. 在会议纪要约定不明确、无法执行,且双方没有补充约定的情况下,应参照江苏省建设厅发布的调价文件进行人工、材料调差,并按调价文件的规定仅对材料上涨幅度在10%以上的部分进行调差。原审鉴定报告第六项第4点所称的10%价差风险4,455,803.87元,应在工程结算款中扣除。

5. 原审法院选定鉴定机构程序不当,选定鉴定机构时没有碧桂园公司在场,没有采取随机方式确定鉴定机构,也没有在江苏省高级人民法院或最高人民法院确定的鉴定人名册内选择鉴定机构,而是直接以通知形式指定鉴定机构。

6. 海洋公司遗留的质量问题及所发生的整改费用,均有大量事实依据及书面证据,原审法院不对质量整改费用进行审查、鉴定,导致判决有误。应组织有资质的鉴定机构,根据现有书面证据对质量整改费用进行鉴定,并在工程款结算中扣除。海洋公司退场时,监理单位对海洋公司已完工程所存在质量问题进行书面确认,形成《工程质量遗留事项及整改费用》,作为质量问题存在及具体部位、暂估整改费用的凭证。

7. 海洋公司逾期完工造成碧桂园公司须向业主承担逾期交楼违约责任、后续工程成本增加、监理费用和人力成本以及财务费用增加等,直接经济损失在2000万元以上,应由海洋公司承担逾期完工违约责任。海洋公司施工期间,未发生工期顺延,也没有提交任何工期顺延签证单,应当视为工期不受影响,涉案工程的工期不应顺延。如果海洋公司认为合同工期不合理,应申请法院对工期进行鉴定。

8. 碧桂园公司已按施工许可证面积代缴劳动保险费1,189,497.64元,按照泰州市的规定,此款应由施工单位海洋公司承担,故此款应从工程总价中扣除。

海洋公司答辩称:1. 原审法院对三份施工合同效力的认定是正确的。43号合同签订于中标之前,系双方串标而订立,依法应属无效,碧桂园上诉所称合同上签约时间系打印错误的说法缺乏证据支持。43号补充合同、59号合同与中标文件的价款、工期不一致,违反《招标投标法》效力性强制规定,也属无效。2. 区政府32号会议纪要是双方当事人在终止施工合同后对相关民事权利义务进行的重新约定,是双方真实意思表示,合法有效。3. 三份施工合同无效,碧桂园公司依据施工合同主张海洋公司承担逾期完工的违约金缺乏依据。而且碧桂园公司利用发包人优势地位严重压缩工期,压缩后的工期均不足国家建设部规定的定额工期的一半,施工合同关于工期的约定是无效的。43号合同约定工期240天,定额工期应为400天;43号补充合同约定工期330天,定额工期应为656天;59号合同约定工期200天,定额工期为435天。4. 关于工程质量整改费用,碧桂园公司在一审中提交的主要证据是其自制的整改费用清单,加盖证明单位兴泰监理公司的公章。由于兴泰监理公司与碧桂园公司存在一定利害关系,故该证据证明力较弱。同时,海洋公司的已完工程已被后续施工覆盖,且全部工程现已竣工验收合格并交付使用,因此碧桂园公司所主张的海洋公司施工质量存在问题毫无证据。况且,碧桂园公司和海洋公司在海陵区政府召开的专题会议上,对工程质量缺陷部位的确认有过约定,即由区建管局牵头,组织双方及有关部门到场验收进行书面确认。但碧桂园公司在参加四方对海洋公司已完工程量进行验收确认时,未曾提出质量缺陷问题。5. 碧桂园公司一审未提及劳保费问题,且海洋公司不应承担未完工程对应的劳保费。

针对碧桂园公司对区政府32号会议纪要真实性提出的质疑,海洋公司在二审中向本院申请调查令,申请调取泰州市海陵区人民政府第32号会议纪要所对应的会议记录原件(有参会者签名的文本),本院准许并发出调查令。后海洋公司在二审庭审中陈述,因区政府未保存会议记录,海洋公司未取得申请调取材料。除此之外,双方当事人对原审查明事实没有异议,本院予以确认。

本院二审另查明以下事实:1. 根据碧桂园公司、海洋公司、兴泰监理公司、华强公司四方盖章的《在建工程情况统计表》,2008年11月14日、11月19日四方共同对海洋公司已完工程量进行了核对和确认。2. 泰州市海陵区人民政府32号会议纪要底稿共3页,首页最后一行文字为"达成如下意见:",最后一页列有与会人员及记录人员名单。底稿首页无文号、具体日期,标题中"解除"二字被手写修改成"终止",其修改后的标题及正文内容与区政府32号会议纪要正本完全一致。底稿首页上方有海洋公司法定代表人戚荣发、碧桂园公司宋军的签名并加盖双方单位公章,签名落款时间均为2008年11月18日。戚荣发、宋军参加了2008年11月17日下午区政府召开的本次协调会。

在海洋公司诉请碧桂园公司给付工程款的另案二审过程中,应海洋公司申请,本院于2012年1月12日作出(2011)苏民终字第138、139号民事裁定书,先予执行碧桂园公司工程款800万元。原审法院受本院委托于2012年1月18日将该笔款项全额执行到位。

经双方当事人确认,本案二审争议焦点为:一、43号、43号补充、59号合同效力如何认定;二、海洋公司已完工程的工程价款如何确定;三、碧桂园公司主张的质量整改费用能否支持;四、碧桂园公司主张的违约金能否支持。

本院认为:关于焦点一,即施工合同效力问题。1. 43号合同。碧桂园公司主张43号合同书面文本上签约时间2007年7月28日系打印错误,实际签约时间在备案同日(2007年8月8日),但海洋公司对此不认可,坚持以合同文本时间为准。因碧桂园的主张除其陈述之外无任何证据佐证,本案只能依据合同书面文本及其附件载明时间确定签约时间为2007年7月28日。该合同签订时间早于招投标和中标,印证了海洋公司主张双方先订立合同后招投标的事实,违反《招标投标法》禁止性规定,故原审认定43号合同及其中标无效并无不妥。2. 43号补充合同(扣除43号合同项下工程)。该合同约定的工程价款比中标通知载明的工程价款增加1145万元,合同增加部分是A型地下车库工程。因投标时该部分无图纸,暂列1000万元且无明细,中标后双方签订合同前对该部分工程量按图纸进行细化调整,导致该合同中A型地下车库的工程价款、工期较中标文件有所增加,属正常的合同变更。3. 59号合同。中标通知书中载明的工程价款为3599.81万元,工期190天;事后订立的书面合同中,约定价款为3279.05万元,工期200天。碧桂园公司主张合同与中标的差异是中标后双方取消了原投标报价清单中石材墙面、水泥饰线等部分工程量所致。经本院核对投标工程量清单报价表与合同所附工程量清单报价表,碧桂园公司所述签约时减少部分工程量属实,合同与中标文件内容不同亦属正常的合同变更。

关于焦点二,即工程价款的确定。

1. 关于区政府32号会议纪要。在上述施工合同履行过程中,双方当事人经协商一致同意终止履行合同,于2008年11月3日达成终止合同的协议,并在海陵区政府主持协调下就终止合同的相关事宜形成区政府32号会议纪要。本院认为,政府协调会议纪要是政府派员参与双方当事人之间经济利益的协调,对双方之间的民事纠纷提出的一种协调意见,在此情况下形成的政府会议纪要,并非政府行政命令或决定,其对当事人是否具有法律约束力,要视具体情况而定。政府会议纪要只是一种载体,无论以何种形式出现,关键看双方当事人是否通过会议纪要等载体,明确表达出双方已达成一致的意思表示,该意思表示必须是明示的、确定的、可执行的,且会议纪要必须经双方当事人签收或者双方当事人在会议纪要上签字认可,即会议纪要已具备有效民事合同所具备的要件,在此情况下可以认定会议纪要对双方当事人具有法律约束力。本案中,海洋公司法定代表人戚荣发、碧桂园公司宋军于区政府协调会之次日在区政府会议纪要底稿首页上签字并加盖各自单位公章,碧桂园公司上诉提出盖章只为确认出席了会议、盖章时未见会议纪要后两页内容等上诉意见,无证据证实,故本院难以采信。鉴于双方当事人在会议纪要底稿上签章认可,底稿正文内容与区政府32号会议纪要正本内容完全一致,其内容明确且可执行,本院有理由相信区政府32号会议纪要系双方当事人真实意思表示,其具备有效民事合同的要件,对双方当事人有约束力。其中载明的工程造价的结算方式,可以视为双方对施工合同结算方式的变更。2009年1月12日,区建管局发出"关于加快泰州碧桂园相关工程终止承包合同后决算进度的函",要求碧桂园公司按照区政府32号会议纪要确定的工程造价结算方式尽快与华强公司对接,该函后附了区政府32号会议纪要。碧桂园公司在诉讼中承认收到该函。由此可见,碧桂园公司上诉所称该会议纪要从未送达、对其中内容毫不知情、直到一审诉讼中才初次看到内容等意见,均与事实不符。因此,原审法院采纳会议纪要确定的结算方式进行鉴定符合双方当事人约定,本院对碧桂园公司提出按照原合同约定进行结算的上诉意见不予支持。

2. 关于原审鉴定机构。经审查,因泰州市只有经纬事务所一家资质为甲级,其余均为乙级,而本案工程造价超过5000万元,泰州市范围内唯有经纬事务所具备资质从事本案工程造价鉴定工作。为便于鉴定和审理工作,缩短办案时间,提高工作效率,及时妥善处理双方复杂的纠纷,原审法院司法鉴定处依据江苏省高级人民法院苏高法[2008]117号《江苏省人民法院委托鉴定、拍卖工作补充规定(试行)》,报经审判委员会决定指定经纬事务所为本案鉴定机构,审批手续齐备,程序并不违法。碧桂园公司提出原审鉴定机构选定程序不合法、必须摇号重新选择泰州市以外的鉴定机构等上诉意见,本院不予采纳。

3. 关于劳保费。碧桂园公司在一审中未就劳保费问题提出任何异议,也未主张扣减劳保费。二审中,碧桂园公司向本院提交其预缴劳保费的相应凭证,以及泰州市人民政府泰政发(1998)217号文件,主张根据泰州市有关规定,劳保费由建设单位预缴,结算时从工程价款中扣除,土建每平方米10元,水电每平方米2元,请求在本案工程款中按施工许可证载明面积扣除海洋公司应承担的劳保费1,189,497.64元。因海洋公司在二审庭审结束后书面认可按估算完成工程量比例从工程款中扣除劳保费1,070,547.88元,碧桂园公司对此亦书面同意,故本院准许碧桂园公司已预缴的劳保费1,070,547.88元从其应付工程款中扣减。

4. 关于10%的材料价差风险等。鉴定人在二审中当庭答复,区政府32号会议纪要确定的工程总价中没有扣减材料价差费用,根据该纪要第2条按实结算就不存在调整材差问题。本院采纳鉴定人意见,维持原审法院不扣减材料价差的处理意见。碧桂园公司二审中对鉴定报告内容提出的其他异议,一审中均已提过,鉴定机构一审已作过答复,异议均不能成立,本院对碧桂园公司二审重复异议不予采纳。

综上所述,原审将区政府32号会议纪要作为本案工程款结算依据、对10%的材料价差风险不予扣减并无不当,因双方二审中就劳保费问题达成合意,原审认定的工程总价款中还应扣除碧桂园公司已预缴的劳保费107.054788万元,因此碧桂园公司应付工程款为1718.160135万元。碧桂园公司上诉主张的超付工程款事实不成立。

关于焦点三,即质量整改费用。

二审中,碧桂园公司向本院提交广州市鲁班建筑防水补强有限公司(以下简称鲁班防水公司)的防水修补费用一览表、《建筑防水堵漏工程施工合同》、施工现场签证单、支付凭证及发票,欲证明因海洋公司施工的涉案工程存在严重质量问题,多处出现漏水,屡次维修不能彻底解决,碧桂园公司与鲁班防水公司先后签订四份施工合同[合同编号为:苏项(泰州)2009-029号、2009-048号、2010-009号、2010-

024 号],对涉案工程进行防水堵漏,经与鲁班防水公司现场签证,A#地下车库所产生的防水堵漏费用共计956,480.1 元。其中苏项(泰州)2009－029 号、2009－048 号两份合同项下签证结算价合计 560,326.3 元,碧桂园公司已实际支付给鲁班防水公司并取得相应发票。其余两份合同项下现场签证单尚未结算完毕。经质证,海洋公司对上述证据不予认可。

二审庭审结束后,海洋公司向本院书面表示自愿一次性承担地下车库防水堵漏整改费用 70 万元,碧桂园公司亦书面同意只要求海洋公司承担 A#地下车库防水堵漏整改费用 70 万元。

本院认为,根据区政府 32 号会议纪要第四条,双方终止合同后应由区建管局牵头组织碧桂园公司、兴泰监理公司、海洋公司对前期工程质量进行验收,对存在质量缺陷部位列出计价清单,经三方签字盖章认可后,由碧桂园公司在拨付工程款时予以扣减缺陷整改金。本案一审中,碧桂园公司提供的整改费用清单由其于 2008 年 12 月 9 日自行制作完成,有兴泰监理公司盖章确认,但未得到海洋公司的确认。碧桂园公司提供的其与后续施工单位广东腾越公司签订的房屋质量修缮工程施工合同及施工现场签证单,因标的本身是未完工程,从这些证据材料难以区分后续工程和对海洋公司前期工序的整改。同理,碧桂园公司一审提供的其与建工集团的施工现场签证和投标书,也难以区分哪些是对海洋公司前期存在质量问题进行的整改。本案的实际情况是,碧桂园公司的整改费用清单未经海洋公司认可,碧桂园公司也未在后续施工单位进场前对海洋公司前期质量问题作必要的证据保全,在全部工程已竣工验收合格并交付后,仅凭本案现有证据资料,客观上难以对前期施工质量问题进行甄别确认,因而原审法院向经纬事务所咨询后以不具备鉴定基础条件为由,拒绝碧桂园公司就质量整改费用进行鉴定的申请并无不当。碧桂园公司所称原审法院拒绝质量整改费用鉴定申请不当的上诉理由不成立。至于碧桂园公司二审举证主张的防水堵漏费用 95 万余元,双方当事人在二审中一致同意海洋公司只承担 70 万元,本院照准。

关于焦点四,碧桂园公司主张的违约责任或损失。

碧桂园公司上诉要求海洋公司支付逾期完工违约金 1439.5 万元(其中,43 号及其补充合同的逾期完工违约金按每日 5 万元计,59 号合同的逾期完工违约金按每日 5000 元计,自合同约定完工之日起计算到合同解除之日 2008 年 10 月 29 日止),如果法院认定合同无效,则主张赔偿相同金额的损失。碧桂园公司在二审中称,海洋公司逾期完工造成碧桂园公司的损失主要有三部分:一是需向购房业主赔付逾期交楼的违约金;二是后续工程成本增加;三是监理费用、人力成本及财务费用增加;碧桂园公司就第一部分、第三部分损失二审中未举新证据,就第二部分损失向本院提交以下三组新证据:

1. 建工集团《工程结算审核书》,证明建工集团承建海洋公司未完工的 2#、3#楼及 A#地下车库工程(土建装饰及安装工程)现已完工,经碧桂园公司与建工集团共同审核,确认该部分未完工程造价为 3188.528897 万元,其中土建装饰工程 2652.432212 万元、安装工程 536.096685 万元。原 43 号补充合同中海洋公司以 7060.300645 万元承接碧桂园公司上述工程,故碧桂园公司工程成本增加情况如下:(1)按照碧桂园公司一审补充证据二《工程结算书》,海洋公司上述已完工程造价仅为 4085.0340 万元,未完工程造价为 7060.300645 万元－4085.0340 万元＝2975.266645 万元。碧桂园公司工程造价成本增加:3188.528897 万元－2975.266645 万元＝213.262252 万元。(2)即便假设按经纬事务所鉴定报告中按合同鉴定价,海洋公司已完该部分工程造价为 4597.709176 万元,未完工程造价为:7060.300645 万元－4597.709176 万元＝2462.591469 万元。碧桂园公司工程造价成本增加:3188.528897 万元－2462.591469 万元＝725.937428 万元。

2. 广东腾越公司《工程结算书》,证明该公司承建海洋公司未完工的 43 号、59 号合同工程,经广东腾越公司与碧桂园公司共同审核,确认该部分未完工程造价为 4488.746518 万元。海洋公司在 43 号、59 号合同中以总价 5801.170202 万元承建工程,碧桂园公司工程成本增加情况如下:(1)按碧桂园公司一审补充证据二《工程结算书》,海洋公司上述已完别墅区工程造价为 3951.953 万元,海洋公司别墅区未完工程造价为:5801.170202 万元－3951.953 万元＝1849.217202 万元。碧桂园公司工程造价成本增加 4488.746518 万元－1849.217202 万元＝2639.529268 万元。(2)即便假设按经纬事务所鉴定报告,海洋公司已完该部分工程造价为 4687.57888 万元,未完工程造价为:5801.170202 万元－4687.57888 万元＝1113.591322 万元。碧桂园公司工程造价成本增加:4488.746518 万元－1113.591322 万元＝3375.155196 万元。

3.《泰州碧桂园一期 1#～4#楼室外及 A#车库、2#、3#楼室内消防、通风工程施工合同》,证明泰州碧桂园一期 A#车库室内消防给水、报警系统、通风系统,2#、3#楼室内消火栓系统、自动报警系统、通风系统,属于海洋公司承建的工程范围。海洋公司未完成该部分工程施工即退场,另由宜昌市三河消防安全工程有限责任公司泰州分公司承建该部分工程。该部分工程预算(见合同第4页第4.1款)为233.367397万元。该部分费用属于海洋公司未完工即退场造成的工程造价成本上升费用。

经质证,海洋公司认为无法核实证据真实性,不予认可,并且碧桂园公司关于违约责任或损失的上诉请求都不成立,主要理由是:1. 三份施工合同无效,且碧桂园公司严重压缩工期,约定工期无效,碧桂园公司无权依据合同主张违约金或损失。2. 影响工期的诸多原因不能归责于海洋公司,工地例会会议纪要和工作联系单上有反映。(1)"三通一平"不到位,如用电负荷不够,整个施工过程没有接通自来水,靠施工单位打深井来维持施工和购买纯净水来解决施工人员生活用水。(2)2008年年初冰雪灾害天气。(3)甲供材屋面瓦不到位、配电箱型号不确定导致不能砌墙体,大部分楼房封顶后配电箱迟迟不到位。(4)在材料价格大幅上涨的背景下,碧桂园公司承诺要调整材料价差,却迟迟不兑现,导致施工不能顺利进行。3. 虽然碧桂园公司声称后续施工多支出了工程造价成本,但房价也比以前提高了将近一倍,碧桂园公司没有经济损失。

本院认为:如前所述,既然43号合同无效,碧桂园公司依据该合同向海洋公司主张违约责任缺乏依据。至于43号补充合同(扣除43号合同项下工程)、59号合同,单凭双方合同约定的工期来看,海洋公司至撤场时未按约定完工似存在工期延误,但对照建设部《全国统一建筑安装工程工期定额》,合同严重压缩国家定额工期,故以合同约定工期来判断海洋公司是否延误明显不合理,况且涉案工程是未完工程,海洋公司撤场时是否超过合理工期也难以确定。加之综合本案工作联系单等证据分析,造成工期延误的原因是多方面的,除合同约定工期不合理外,还存在双方合作衔接配合不充分、天气等原因,并不能归责于海洋公司一方。因此碧桂园公司上诉主张海洋公司承担工期迟延的违约责任依据不足。

关于碧桂园公司主张的第一部分损失,碧桂园公司与海洋公司终止合同在2008年10月29日,约定交房给业主的时间在2009年3月30日、2009年10月30日、2010年3月15日,由于存在后续施工,即便海洋公司延误工期并不必然导致碧桂园公司逾期交房,加上还有后续施工的介入,碧桂园公司该部分损失并不必然发生。关于碧桂园公司主张的第二部分损失,虽然本案双方当事人终止合同后,他人继续施工可能导致碧桂园公司工程造价上升,但双方系协商终止合同履行,对合同终止都有责任。况且,本案应根据区政府32号会议纪要结算工程款,而不再按原合同约定固定价格结算,碧桂园公司以原合同约定价格来计算和主张增加的后续成本依据并不充分。关于碧桂园公司主张的第三部分损失,碧桂园公司在二审中未提供新证据,其一审中提供的财务凭证只反映其支出情况,无法确定是否由海洋公司原因造成。因此,本院二审难以支持碧桂园公司主张海洋公司承担损失1439.5万元的上诉请求。

综上所述,原审认定43号合同及其中标无效是正确的,原审认定43号补充合同(扣除43号合同项下工程)、59号合同无效不当,本院二审予以纠正。本案应按区政府32号会议纪要结算工程款。鉴于双方当事人在二审中就劳保费、防水堵漏费用的承担达成一致意见,碧桂园公司已预缴的劳保费107.054788万元应从原审认定的应付工程款1825.214923万元中扣减,扣除二审先予执行到位的800万元,碧桂园公司至今尚欠海洋公司工程款918.160135万元,碧桂园公司主张的超付工程款无事实依据;此外海洋公司还应承担70万元防水堵漏费用。碧桂园公司的其他上诉请求均不成立,本院予以驳回。依据《中华人民共和国民事诉讼法》第153条第一款第(二)项以及最高人民法院《关于民事诉讼证据的若干规定》第46条之规定,判决如下:

一、撤销江苏省泰州市中级人民法院(2009)泰民一初字第6号民事判决;

二、泰州市海洋建筑安装工程有限公司于本判决生效之日起10日内支付泰州市碧桂园房地产开发有限公司质量整改费用(防水堵漏费用)70万元;

三、驳回泰州市碧桂园房地产开发有限公司的其他上诉请求。

一审案件受理费216,300元(碧桂园公司预交),由碧桂园公司负担211,954元,海洋公司负担4346元。二审案件受理费216,300元(碧桂园公司预交),由碧桂园公司负担211,954元,海洋公司负担4346元。

如果未按本判决指定的期间履行给付金钱义务,应当依照《中华人民共和国民事诉讼法》第229条的规定,加倍支付迟延履行期间的债务利息。

本判决为终审判决。

合议庭成员:王蔚、侍婧、秦岸东

二、评析

本案是施工单位中途退场引发的建设工程施工合同纠纷,其中反映的问题均为建设工程案件中的典型问题。备案合同订立在招投标之前,招投标"走过场"。合同履行过程中,施工单位海洋公司因拖欠民工工资，发生民工围攻泰州碧桂园售楼处、围堵泰州市火车站公路等严重群体事件。后在当地政府出面干预调停后，双方商定终止合同。在后续施工单位接手完成施工并经验收后，泰州碧桂园公司发现房屋地下室渗水，认为是海洋公司前期施工所致，遂与海洋公司就工程价款结算、工期迟延、维修费用等事宜诉诸法院。

本案涉及的虚假招投标（先订合同后补招标）的认定、提前终止合同情况下对工期迟延及违约责任如何认定、后续施工单位接手施工完工后出现质量问题如何确定责任主体及如何承担维修费用等典型问题，一直是建设工程司法实践中的审理难点。诉讼中，双方当事人争议的工程技术性异议上百条，证据材料庞杂，审理难度较大。

该二审判决行文2万余字，文书格式规范，布局层次分明，语言精练流畅，对当事人诉讼主张、抗辩意见、举证和质证意见归纳准确，查明事实均有印证证据一一对应。将当事人对鉴定报告的上百条异议准确归类，专业术语精准。在裁判说理方面，从多角度充分阐述理由，逻辑严谨，该二审判决从证据出发，分析深入细致，同时充分考虑平衡双方利益，二审改判海洋公司承担防水维修费用70万元，判后当事人服判息诉，判决结果呈现法律效果与社会效果的有机统一，对建设工程司法实践处理同类问题具有参考价值。

徐友胜诉上海苏置郡实业有限公司民间借贷纠纷案

（2012）浙舟民终字第115号

一、裁判要旨

在审理民间借贷纠纷案件中，对有可能涉及高利贷的民间借贷案件，应严格甄别，加强对借贷事实的审查，不能仅凭借条上出现的本金数额作为认定实际出借金额的唯一依据，而应对借贷关系产生的背景、借贷双方的交易习惯、借贷双方的亲疏关系等诸多因素进行细致了解和调查，并结合当事人陈述及其他间接证据，依民事诉讼高度盖然性的证明标准，运用逻辑推理、系统解释等方法，综合分析判断并最终确定实际发生的借贷本金数额。

二、案件基本信息

原告：徐友胜，男，1967年4月26日生，住江苏省盐城市亭湖区通榆新村七区10幢402室。

被告：上海苏置郡实业有限公司，住所地上海市松江区车墩镇南乐路288号10幢二楼B155室。

被告：上海苏置郡商业投资管理有限公司，住所地上海市松江区车墩镇南乐路288号10幢二楼B155室。

被告：苗友兆，男，1955年2月25日生，住江苏省盐城市亭湖区体西路158号106室。

原告徐友胜因与被告上海苏置郡实业有限公司（以下简称苏置郡公司）、上海苏置郡商业投资管理有限公司（以下简称苏置郡投资公司）、苗友兆民间借贷纠纷一案，向江苏省盐城市中级人民法院提起诉讼。

原告徐友胜诉称：被告苏置郡公司向徐友胜借款186万元，有借据、“借贷担保协议”等为证。但苏置郡公司仅于2011年1月1日归还借款40万元。根据“借贷担保协议”，被告苏置郡投资公司及苗友兆履行担保责任。故请求：1. 苏置郡公司偿还借款146万元，逾期付款违约金994，500元（从约定还款之日起暂算至2011年6月20日止），律师费98，180元，合计2，552，680元；2. 苏置郡公司承担2011年6月20日至借款实际偿还之日的日3‰的违约金；3. 苏置郡投资公司、苗友兆对苏置郡公司应偿还的本金、逾期付款违约金、律师费用承担连带偿还责任。

被告苏置郡公司、苏置郡投资公司、苗友兆答辩称：1. 苏置郡公司没有收到徐友胜借款186万元。于洪联个人先后收到徐友胜50万元、40万元、56万元合计146万元，但该款项系于洪联个人与徐友胜之间的往来，与苏置郡公司无关。2. “借贷担保协议”中约定的违约金过高，应予以调整。3. 律师费存在重复计算，不应支持。综上，请求驳回原告徐友胜的诉讼请求。

江苏省盐城市中级人民法院一审审理查明：

2010年3月1日，苏置郡公司向徐友胜出具借据一份，载明“今借到徐友胜人民币陆拾贰万元正，借期为六个月，特立此据”，于洪联（当时系苏置郡公司股东)在该借据上签注“已收到此款。于洪联。6/27”。

2010年6月26日,苏置郡公司(甲方)、徐友胜(乙方)、苏置郡投资公司(丙方1,担保方)及苗友兆(丙方2,担保方)签订“借贷担保协议”,协议载明“经甲乙双方平等协商,甲方二次共计向乙方借款人民币(大写)壹佰捌拾陆万元,有关事项协议如下:一、甲方在2010年3月1日向乙方借款人民币陆拾贰万元整,借款时间为6个月,还款日期为2010年8月30日止到时还清。如到期不还按协议中第4条和第5条规定执行。(2010年3月1日于洪联、苗友兆向乙方出具借条人民币陆拾贰万元,在此协议三方签字后作废)。二、甲方向乙方借款人民币(大写)壹佰贰拾肆万元,借款期限半年,自2010年6月27日起至2010年12月26日止……四、如甲方到期不能还本给乙方时,愿将在松江区中山东路东外街18号甲方和丙方投资的金盛国际家居松江店作为质押,并承诺以店铺面租金优先偿还。如铺面租金收缴发生困难不能及时归还时,则由苏置郡公司的部分股权经评估后转让作还本给乙方。五、甲方借乙方人民币逾期不还则每天处违约金按总金额的3‰计算给乙方,同时乙方有权单方终止本合同、有权提前收回借款。甲方并且要承担乙方因收回借款所发生的诉讼费、执行费、催收费、律师费(按诉讼费标的4%计算)、交通费等所涉及的全部费用。六、丙方1和丙方2都自愿为甲方以上借款作连带责任担保,甲方违约则两担保方承担连带责任,并承担甲方为实现债权而产生的各项费用……”甲方和丙方的全体股东、乙方(即徐友胜)及丙方2(即苗友兆)均在该协议上签名,并加盖了甲方及丙方1的单位印章。2010年6月27日,苏置郡公司向徐友胜出具借据一份,载明“今借到徐友胜人民币壹佰贰拾肆万元正,借期为六个月,特立此据”,于洪联在该借据上签注“已收到此款。于洪联。6/27”。借款到期限后,经徐友胜多次催要,苏置郡公司于2011年1月1日偿还徐友胜借款40万元。

原审另查明,2010年3月1日,徐友胜带62万元现金到上海交付给苏置郡公司;2010年6月26日,徐友胜在上海将28万元现金交付给苏置郡公司,并按照协议分别于2010年6月27日及2010年7月1日通过现金存款及银行卡转账方式向苏置郡公司支付40万元及56万元。

2011年6月20日,徐友胜(甲方)与江苏万衡律师事务所(乙方)签订委托合同一份,合同约定甲方向乙方支付律师代理费98,180元。

本案的争议焦点为:(1)原告徐友胜出借的本金总额如何确定;(2)逾期还款的违约金如何确定;(3)三被告是否应支付原告徐友胜发生的律师代理费。

江苏省盐城市中级人民法院一审认为:合法的借贷关系应受法律保护。徐友胜与苏置郡公司之间前后共发生两笔借款,涉及本金合计186万元,有苏置郡公司向徐友胜出具的两张借据为证,双方签订的借贷担保协议对借款总额、还款期限、违约责任及担保责任等事项均进行了明确约定。借款到期后经徐友胜多次催要,苏置郡公司仅归还40万元,余款至今未还,故对徐友胜要求苏置郡公司偿还146万元本金的诉讼请求依法应予支持,苏置郡投资公司、苗友兆自愿为案涉借款承担连带责任担保,故对苏置郡公司的借款依法承担连带偿还责任。苏置郡公司辩称认为苏置郡公司没有收到徐友胜出借的款项,对此,苏置郡公司未能提供证据加以证明,且与本案查明的事实不符,故对其辩称的理由不予采信。

关于逾期付款违约金。借款到期后,苏置郡公司未依约还款,在徐友胜多次催要下仅偿还了部分借款,已构成违约,依法应承担违约责任。但协议约定的逾期不还按每日按总金额的3‰支付违约金过高,依苏置郡公司申请,予以调整,逾期付款违约金按中国人民银行同期同类贷款利率的四倍计算。

关于律师代理费。徐友胜、苏置郡公司在签订的借贷担保协议中明确约定按诉讼标的4%计算,该约定不违反法律、法规的强制性规定,对合同双方具有约束力。苏置郡公司辩称律师费用也属于违约金,既主张违约金又主张律师费属于重复计算,该辩称没有法律依据,不予支持。

综上,江苏省盐城市中级人民法院依照《中华人民共和国民法通则》第4条、第84条、第89条第(一)项、第90条、第108条,《中华人民共和国合同法》第114条,最高人民法院《关于人民法院审理借贷案件的若干意见》第6条及《中华人民共和国民事诉讼法》第128条之规定,于2011年9月26日作出(2011)盐民初字第0040号民事判决:

(一)苏置郡公司偿还徐友胜借款本金1,460,000元,律师代理费98,180元,合计1,558,180元,并承担逾期付款违约金(以620,000元为本金、自2010年9月1日至2010年12月31日按中国人民银行同期同类贷款利率的四倍计算的违约金;以220,000元为本金、自2011年1月1日至判决确定的履行之日按中国人民银行同期同类贷款利率的四倍计算的违约金;以1,240,000元为本金、自2010年12月27日至判决确定的履行之日按中国人民银行同期同类贷款利率的四倍计算的违约金)。

(二)苏置郡投资公司及苗友兆对上述第一项判

决内容承担连带偿还责任。

（三）驳回徐友胜的其他诉讼请求。

苏置郡公司不服一审判决，向江苏省高级人民法院提起上诉，理由如下：（1）徐友胜所称的借贷关系发生在徐友胜与于洪联个人之间，于洪联只收到徐友胜146万元，该款项与苏置郡公司无关，苏置郡公司从未收到徐友胜任何借贷款项。（2）徐友胜为此案支付的律师费过高。请求撤销原判，改判驳回徐友胜全部诉讼请求或发回重审。

被上诉人徐友胜答辩称：原审法院认定事实清楚，适用法律正确，应予维持。请求驳回上诉，维持原判。

原审被告苏置郡投资公司、苗友兆未发表书面意见。

江苏省高级人民法院经审理查明：对于原审查明的事实，苏置郡公司、苏置郡投资公司、苗友兆有以下异议：徐友胜没有现金交付62万元，62万元中50万元是本金，12万元是利息。徐友胜是将50万元打到于洪联个人账上的。徐友胜也没有现金交付过28万元，124万元中徐友胜以转账、现金存款方式合计给付于洪联96万元。对原审查明的其他事实，各方当事人均无异议，依法予以确认。

二审庭审后，苏置郡公司通过特快专递邮寄给法院两份书面材料：1. 于洪联账号为6227001215060188378的“银行卡交易明细”，该交易明细单上反映：2010年3月4日转账存入50万元，对方账号名称为苗友兆。2. 于洪联“情况说明”，内容反映：于洪联通过电话向苗友兆求证获悉，2010年3月4日于洪联6227001215060188378的银行卡转账存入的50万元是徐友胜用苗友兆的卡汇的。苏置郡公司欲以该两份证据再次证明款项发生在徐友胜与于洪联个人之间，此50万元就是62万元中实际发生的50万元本金。徐友胜对上述“银行卡交易明细”的客观性、真实性不持异议，但认为该笔明细显示的是苗友兆与于洪联的资金往来，与本案无关。徐友胜对于洪联的“情况说明”不予认可。为核实苏置郡公司庭后提供的于洪联“情况说明”中所涉事实，江苏省高级人民法院电话调查苗友兆，苗友兆表示，2010年3月4日的钱不是他汇的，其为徐友胜的借款作过担保，其没有为其他借款行为作过中间人或提供担保。

江苏省高级人民法院二审认为：

（一）本案借贷关系发生的主体问题。首先，两张借据上均有苏置郡公司的盖章，有法定代表人苏荣和的签名，借贷担保协议上有苏置郡公司的盖章，并有全体股东签名。从形式上看，本案借贷关系发生在苏置郡公司与徐友胜之间。其次，借贷担保协议上提到的借贷事实已真实发生（具体分析见后）。虽然收款人是于洪联，但于洪联当时系苏置郡公司副董事长、股东，且其在盖有苏置郡公司公章的借据上签字表明其已收到此款。更何况，苏置郡公司也没有提供其他证据证明于洪联与徐友胜个人之间存在其他债权债务关系。综合以上事实，本院认定于洪联个人收取的徐友胜之款项即系苏置郡公司向徐友胜所借之款项。

（二）借贷数额问题。涉案第一张借据上提到的62万元，苏置郡公司、苏置郡投资公司、苗友兆均提出，此62万中50万元是本金，另12万元是利息。徐友胜提出，其是将62万元现金带到上海直接交给于洪联的。本院综合分析现有证据、当事人陈述、借贷关系产生的背景、借贷双方交易习惯等因素后认为：该笔借款实际发生的数额为50万元。理由如下：（1）综观全案，现金交付非徐友胜与苏置郡公司之间的交易习惯，62万元并非小额，徐友胜陈述其将62万元从南京携带至上海进行现金交付，在苏置郡公司不予认可且已提供反证足以对徐友胜关于现金交付的陈述产生合理怀疑的情况下，徐友胜负有进一步举证的义务，但本案中徐友胜未能进一步举证证明该事实的发生。（2）苏置郡公司庭后提供了于洪联账号为6227001215060188378的“银行卡交易明细”，该明细上反映，2010年3月4日苗友兆流转给于洪联50万元。基于以上分析，本院认为该50万元即系本案第一张借据上所涉的实际发生的借贷数额。首先，徐友胜、苏置郡公司及苗友兆一致陈述的事实是：徐友胜与于洪联本不认识，是通过苗友兆才开始发生借贷行为的。因此，徐友胜通过苗友兆（或通过苗友兆卡）汇款给于洪联存在可能性。其次，从时间上看，该行为发生于2010年3月4日，系“借贷担保协议”上确认的第一笔借款之日期2010年3月1日后的第三天，时间上存在衔接点。最后，苗友兆本人亲自向本院表示，其没有给于洪联汇过钱，其仅为徐友胜的借款提供担保，除此以外，没有为其他人介绍过借款或提供担保。综上，本院认为，徐友胜主张62万元现金交付的事实证据不足，徐友胜通过苗友兆汇款给于洪联存在合理性。根据民事诉讼优势证据规则，本院认定2010年3月4日于洪联账号为6227001215060188378的转账存入的50万元即为本案第一张借据上所提的62万元中实际发生的借贷数额。

涉案第二张借据上提到的124万元，苏置郡公司提出，于洪联实际只收到现金存款、转账合计96万元，徐友胜则陈述，另外28万元是现金交付给于洪联的。本院分析后认为，124万元中实际发生的借贷数额为96万元。理由如下：（1）综观全案，现金交付非徐友胜与苏置郡公司之间的交易习惯,28万元虽不算太大金额,但仅将124万元中的28万元从南京携带至上海进行现金交付,在苏置郡公司不予认可,且有关证据足以对徐友胜关于现金交付的陈述产生合理怀疑的情况下,徐友胜需提供其他证据予以佐证,但本案中徐友胜并无其他证据足以证明该事实的发生。(2)徐友胜与苏置郡公司法定代表人于洪联本不认识,是通过中间人苗友兆才发生借贷关系,无偿借贷的可能性较小。而2010年6月26日借贷担保协议第二条、第三条、第四条约定,借款124万元,借款期限6个月;到期还款,并每月先还4万;如到期不能还本,以相关店铺作质押。对以上约定作文义理解、系统解释可以发现,双方既约定到期还本,同时又约定每月先还4万元,二者之间存在一定的矛盾和歧义,不能确定每月先还的4万元是双方约定的利息还是本金。对124万元中究竟是否包含利息的问题,二审审理过程中,徐友胜陈述,124万元全部是本金,当时未约定利息的理由是,他是通过苗友兆才借钱给苏置郡公司的,苗友兆是徐友胜公司的员工,看在苗友兆面上,又因为借期6个月时间不长,所以就没有约定利息。本院经审查认为,借贷担保协议中对6个月到期不还的制约性约定很具体,甚至还考虑到了律师费用的问题,徐友胜对当时未约定利息的解释与这些约定之详细、周全不相匹配。徐友胜主张124万元全部是本金缺乏合理性。因此,本院认为124万元应含本含息。(3)结合借贷担保协议借期内先每月还4万元的约定以及民间借贷的惯例可知:借贷担保协议中约定每月4万元应是双方对第二张借据中所涉款项的月利息的约定,6个月借期的利息即为24万元。依此推算,124万元中的本金应为100万元。而现有证据证明徐友胜以存款或转账的方式给于洪联的款项为96万元,此实际发生的数额与100万元相比,差额为4万元,此与前述分析后得出的本金与月利息之间的关系相吻合。综上,本院认定借贷担保协议第二条所涉的借贷款项实际发生的本金数额为96万元,而非124万元。

综上,苏置郡公司与徐友胜之间发生了真实的借贷关系,实际发生的借贷数额为146万元,扣除徐友胜在一审中自认的2011年1月1日已还款40万元外,苏置郡公司尚应返还徐友胜本金106万元。同时,根据双方约定,苏置郡公司应支付相应利息或相应违约金(按中国人民银行同期同类贷款利率的四倍计算)。

关于苏置郡公司提出律师费过高的问题。徐友胜为实现本案债权,支付的律师费98,180元已真实发生,且该费用符合《律师法》相关规定,并不存在过高情形。依借贷担保协议的约定,苏置郡公司理当支付该笔费用。苏置郡公司该项上诉请求不能成立。

综上,江苏省高级人民法院依照《中华人民共和国民事诉讼法》第153条第一款第(三)项之规定,于2012年4月25日作出(2012)苏民终字第0011号判决:

(一)变更江苏省盐城市中级人民法院(2011)盐民初字第0040号判决第一项为:苏置郡公司偿还徐友胜借款本金1,060,000元,律师代理费98,180元,合计1,158,180元,并承担利息或逾期付款违约金(以500,000元为本金,自2010年3月1日至2010年8月30日按中国人民银行同期同类贷款利率的四倍计算利息;以400,000元为本金,自2010年9月1日至2011年1月1日按中国人民银行同期同类贷款利率的四倍计算违约金;以100,000为本金,自2010年9月1日至判决确定的履行之日按中国人民银行同期同类贷款利率的四倍计算违约金;以960,000元为本金,自2010年6月27至2010年12月26日按中国人民银行同期同类贷款利率的四倍计算利息、自2010年12月27日至判决确定的履行之日按中国人民银行同期同类贷款利率的四倍计算违约金);

(二)维持江苏省盐城市中级人民法院(2011)盐民初字第0040号判决第二项,即苏置郡投资公司及苗友兆对上述第一项判决内容承担连带偿还责任;

(三)维持江苏省盐城市中级人民法院(2011)盐民初字第0040号判决第三项,即驳回徐友胜其他诉讼请求;

(四)驳回苏置郡公司其他上诉请求。

本判决为终审判决。

六、安徽省

彭军、彭利与桓谭社居委、城里社居委及原审被告姚建军、原审第三人濉溪县农村信用联社物权保护纠纷案例分析报告

安徽省高级人民法院民四庭

案号:(2012)皖民四终字第00185号、(2012)皖民四终字第00186号

合议庭成员:严慧勇　杨　华　孔　蓉

案件基本情况

(一)当事人基本情况

上诉人(原审被告):彭军,男,1985年7月28日出生,汉族,居民。

被上诉人(原审原告):淮北市相山区相南街道办事处桓谭社区居民委员会,住所地安徽省淮北市相山区长山路立交桥南200米西侧,组织机构代码77499253-3。

负责人:赵淑娴,该居委会副主任。

被上诉人(原审原告):淮北市相山区相南街道办事处城里社区居民委员会,住所地安徽省淮北市相山区长山路,组织机构代码77497698-X。

原审被告:姚建军,男,1957年8月1日出生,汉族,居民,住安徽省淮北市相山区林业处宿舍1栋103号。

原审第三人:濉溪县农村信用联社,住所地安徽省濉溪县淮海南路77号,组织机构代码74894512-7。

(二)一审查明的事实

1989年,淮北市相山区渠沟镇蔬菜乡城里村(以下简称城里村)利用村集体土地在该市闸河路东、古城路北建成大世界商场。1994年8月10日,城里村将该商场占用的土地使用权转移到姚建军名下,国有土地使用权证为相渠城里国用(94)字第0203031709002号。1994年10月10日,城里村与姚建军签订大世界商场及附属工程的《房屋转让协议书》,并于1995年7月10日为姚建军办理了淮私产字第001011号房屋所有权证。

1998年,城里村依法变更为淮北市相山区相南街道办事处铁东居民委员会等四个居委会。同年,四居委会诉至法院,请求确认城里村与姚建军签订的房屋转让协议无效。案经淮北市中级人民法院判决、姚建军申诉、安徽省人民检察院抗诉以及两级法院再审,最终由本院于2002年12月25日作出(2002)皖民一再终字第14号民事判决,维持原审确认合同无效的认定。诉讼期间,四居委会依法变更为淮北市相山区相南街道办事处桓谭社区居民委员会、淮北市相山区相南街道办事处城里社区居民委员会(以下简称桓谭居委会、城里居委会或合并简称两居委会)。判决生效后,两居委会一直管理使用该房产,但未申请撤销姚建军持有的相关权属证书。2003年6月,两居委会的主管单位淮北市相山区相南街道办事处就涉案地块另行办理了国有土地使用权证。

2007年7月10日,因刑事犯罪尚在服刑的姚建军公证委托妹妹姚静处理其名下的涉案房产,以归还此房产的抵押贷款40万元本息。2007年8月27日,姚静代表姚建军与彭军签订《房地产买卖契约》,以2,064,920元的价格将大世界商场一层出售给彭军。彭军支付购房款后,于2007年8月28日办理了房地权淮私产字第045650号房地产权证,但该房产仍由两居委会对外出租。2009年,彭军以其名下的大世界商场一层及彭利名下的二层房产作为抵押担保,向濉溪县农村信用联社(以下简称濉溪信用联社)借款600万元。

另查明:2009年年初,桓谭居委会和城里居委会就姚建军房产行政登记纠纷一案将淮北市房地产管理局诉至淮北市相山区人民法院,后又申请撤回起诉。该院经审查于2009年3月2日作出(2009)相行初字第08号行政裁定,准许两居委会撤回起诉。

(三)一审诉辩

桓谭居委会、城里居委会诉称:1994年10月10日,城里村与姚建军签订《房屋转让协议书》,以235万元的价格将大世界商场商业大楼及附属二层房屋转让给姚建军。因该协议已由法院终审确认无效,故姚建军持有的淮私产字第001011号房屋所有权证也已无效。彭军在2007年8月28日取得案涉房屋所有权证后,从未向实际管理该房屋的两居委会提出过任何异议,表明其受让房产的行为并非善意。因此,两居委会于2010年诉至原审法院,请求判令:姚建军与彭军签订的房屋买卖合同无效,确认两居委会为案涉房产的合法所有权人,并对相关权属进行变更登记。

姚建军辩称:大世界商场占用的土地1992年即被依法征收,其所持相渠城里国用(94)字第0203031709002号国有土地使用证系由相山区人民政府颁发。因错误认定土地性质,法院确认《房屋转让协议书》无效的判决错误。且合同无效,并不导致由此产生的物权必然无效。至今无任何生效法律文书认定淮私产第001011号房屋所有权证为无效,其依法有权处分名下房产,而且已经实际履行完毕。两居委会非法占有使用和收益,只能证明其侵权的客观事实,请求依法驳回两居委会的诉讼请求。

彭军辩称:两居委会的原告主体不适格,两居委会不能证明其是或者曾经是涉案房屋的所有权人。虽然其主管部门办理了涉案土地使用权证,但并不代表两居委会是合法的土地使用权人。两居委会故意隐瞒土地的性质导致法院误判。彭军与姚建军签订的房屋买卖合同合法有效,彭军是涉案房屋合法的所有权人,且一直在寻求权利救济。两居委会主张合同无效没有事实和法律依据,且违背了合同相对性的原则,超出了法院的受理范围,请求驳回两居委会的诉讼请求。

濉溪信用联社辩称:两居委会的原告主体不适格,其无权提起物权保护诉讼。姚建军出售房屋时有合法的房地产权证,其与彭军之间签订的合同合法有效。濉溪信用联社在该房产上已经合法设定抵押。请求驳回两居委会的诉讼请求,保护濉溪信用联社的合法权利。

(四)一审定案理由及结论

一审法院审理认为:本案产生的原因在于,城里村与姚建军签订的案涉大世界商场买卖合同经该院及安徽省高级人民法院多次审理,终审确认合同无效。但两居委会作为城里村的分立单位,一直未就涉案房地产向房管部门和土管部门主张变更登记,致使姚建军以房屋登记所有权人和国有土地使用权人的名义擅自处分案涉房产。两居委会因怠于行使自己的权利,对于本案纠纷的发生负有不可推卸的责任。经查,案涉房产占用的土地存在两个国有土地使用权证,即以姚建军为使用权人的相渠城里国用(94)字第0203031709002号国有土地使用证以及以淮北市相山区相南街道办事处为使用权人的淮划国用(2003)第14号国有土地使用证。其是否存在权利冲突属于具体行政行为范畴,不予审查。

1. 关于两居委会的诉讼主体是否适格的问题。案涉房屋为城里村所建,占用的土地也属城里村使用。在城里村与姚建军签订的相关房地产转让合同被法院生效判决确认无效后,姚建军将案涉房地产转让给彭军,两居委会作为城里村的权利继受人,与本案有直接的利害关系,具备原告的诉讼主体资格。

2. 关于2007年7月18日姚建军委托姚静与彭军签订的房地产买卖合同是否有效的问题。在城里村与姚建军签订的相关房地产转让合同被法院生效判决确认无效情况下,姚建军仍委托其妹妹姚静与彭军签订房地产转让合同,显系无权处分。至于彭军就涉案房屋是否构成善意取得的问题。由于彭军在购买涉案房屋时未尽到一般购买人注意义务,也未支付合理对价,不构成善意取得。同时,该房屋的合法权利人桓谭居委会、城里居委会不认可姚建军的处分行为。因此,姚建军委托姚静与彭军签订的房地产买卖合同无效。

3. 关于涉案房地产所有权的归属。物权登记属于相关行政部门的行政职责,其登记行为属于具体行政行为,不属于民事案件的审理范围。因此,两居委会请求将登记在彭军名下的涉案房产变更登记在其名下的请求,属于行政权的行使范畴,两居委会可以另行主张。至于两居委会要求确认其为涉案房地产合法所有权人的主张,因案涉房产已登记在彭军名下,如终审判决确认彭军受让房产无效,两居委会可向登记部门主张变更登记或者以提起行政诉讼的方式申请撤销或变更登记。至于彭军因合同无效受到的损失,其可另行主张。综上,淮北市中级人民法院于2010年10月9日作出(2010)淮民一初字第00013号民事判决:一、姚建军与彭军于2007年8月27日签订的房地产买卖合同无效;二、驳回桓谭居委会、城里居委会的其他诉讼请求。

(五)二审诉辩

彭军不服上述判决,上诉称:1. 姚建军与彭军签订房屋转让合同时系房产所有权人,原审判决认定其无权处分错误;2. 即使姚建军无权处分,也因彭军系善意取得且已合法取得案涉房屋的所有权,涉案房地产买卖合同有效;3. 本案为物权保护纠纷,两居委会既无土地使用权证又无房屋所有权证，其不能主张相关物权，不是本案的适格原告。综上，请求二审法院撤销原审判决，改判驳回两居委会的全部诉讼请求。

桓谭居委会、城里居委会答辩称：1. 两居委会至今仍然是涉案房产的合法所有权人，且一直实际占有、使用和收益，彭军认为姚建军是涉案房屋所有权人明显错误；2. 彭军虽然将案涉房屋登记在其名下，但该行为并不符合善意取得的法定条件，不是涉案房屋的合法所有权人；3. 两居委会作为城里村的权利继受人，依法有权向彭军提起本案诉讼。彭军与姚建军签订的房地产买卖合同应属无效，请求二审法院依法驳回彭军的上诉请求。

姚建军同意彭军的上诉意见。同时认为，涉案土地已于1992年依法被国家征用，其受让的是国有土地使用权，相关权证系淮北市相山区人民政府颁发。两居委会并非其据以主张物权的土地使用权证所载权利人，且案外人相南街道办事处取得该权证明显违法，两居委会的原告主体资格不适格。

濉溪信用联社认为，姚建军作为登记权利人对涉案房产并非无权处分，其与彭军签订的房地产买卖合同应为有效。即使合同无效，彭军基于善意取得而对该房产合法享有所有权。两居委会并非涉案房屋的合法产权人，其原告的主体资格不适格。

（六）二审查明的事实

二审法院另查明：1985 年 2 月，城里村利用本村四队的菜地兴建了大世界商场。经淮北市人民政府同意，该地块于 1990 年 6 月 30 日补办了征收手续，由集体所有土地转变为国有土地。

再查明：淮北市税务及房管部门出具的完税凭证和专用发票显示：彭军的购房款为 249 万元、实缴契税 99,600 元，姚建军缴纳营业税、个人所得税等计 187,995 元；彭利的购房款为 1,141,660 元、实缴契税 45,666.40 元，姚建军缴纳营业税、个人所得税等计 86,195.33 元。房地权淮私产字第 045650 号房地产权证载明：房地产权利人彭军、房号 101、结构钢混、建筑面积 607.33 平方米、设计用途商业。房地权淮私产字第 001011 号房地产权证载明：房地产权利人彭利、房号 201、结构钢混、建筑面积 845.68 平方米、设计用途商业。

此外，二审法院在淮北市房地产管理局调取的案涉房产最相近地段同期同类商业用房的成交价格信息如下：1. 2007 年 11 月 7 日申请转移登记的淮私产 008691 号房产，面积 36.81 平方米，房屋总价 154,602 元（折合每平方米 4200 元）；2. 2007 年 11 月 14 日申请转移登记的淮私产 042415 号房产，面积 76.03 平方米，房屋总价 304,120 元（折合每平方米 4000 元）。二层商业用房同期无成交记录。

（七）二审定案理由及结论

二审法院认为：原审法院以姚建军对案涉房产无处分权为由，依照《中华人民共和国合同法》第 51 条和善意取得制度，确认姚建军与彭军签订房屋买卖合同无效，同时判决驳回两居委会的确权诉请。两居委会未提出上诉，是意图依据合同无效的判决结果及《合同法》第 58 条实现其返还财产的诉讼请求。二审期间，最高人民法院颁布实施的《关于审理买卖合同纠纷案件适用法律问题的解释》第 3 条第一款明确规定，当事人一方以出卖人在缔约时对标的物没有所有权或者处分权为由主张合同无效的，人民法院不予支持。该条款改变了以处分人不具所有权或者处分权为由否定物权转让合同效力的处理方式。因此，原审法院关于姚建军与彭军所签房屋买卖合同无效的判断与上述司法解释相悖，两居委会据此取得房产所有权的诉讼目的显然无法实现。同时，根据一、二审查明的事实，涉案大世界商场一层房屋所有权及土地使用权登记权利人，1995 年 7 月 10 日至 2007 年 8 月 28 日为姚建军，2007 年 8 月 28 日至今为彭军。2003 年 6 月，两居委会的主管单位淮北市相山区相南街道办事处就同一地块又另行办理了国有土地使用权证。由于两居委会的主张与上述权属证书存在冲突，而就涉案地块分别向两个主体颁发土地使用权证的行为，属于行政主管机关审查和处理的范畴，却非人民法院民事诉讼的受理范围，故两居委会或淮北市相山区相南街道办事处应通过行政途径对涉案土地使用权及房屋所有权的登记行为之效力进行确认后，再行民事诉讼的救济途径。

综上，安徽省高级人民法院依照《中华人民共和国物权法》第 15 条、最高人民法院《关于审理买卖合同纠纷案件适用法律问题的解释》第 3 条第一款、《中华人民共和国民事诉讼法》第 108 条第一款第（四）项、第 140 条第一款第（三）项、第 158 条以及最高人民法院《关于适用〈中华人民共和国民事诉讼法〉若干问题的意见》第 186 条之规定，裁定：（1）撤销淮北市中级人民法院（2011）淮民一初字第 00031 号民事判决；（2）驳回桓谭居委会、城里居委会的起诉。

（八）解说

本案虽以驳回起诉结案，但案件本身所涉及的几个问题值得探讨。

1. 关于两居委会的原告主体资格问题。经查，涉案房屋所有权证登记权利人，1995 年 7 月 10 日至2007年8月28日为姚建军,2007年8月28日至今为彭军。至于涉案土地使用权,虽然两居委会的主管单位淮北市相山区相南街道办事处于2003年6月以划拨名义另行办理了国有土地使用证,但姚建军就该地块持有的相渠城里国用(94)字第0203031709002号国有土地使用证并未被撤销,其仍为登记权利人。虽然本院于2002年12月25日作出的(2002)皖民一再终字第14号民事判决,确认城里村与姚建军签订的房屋转让协议无效,但两居委会作为原城里村的权利继受人,并未向案涉房产所在地的登记机构申请撤销以姚建军为登记权利人的相关权属证书。2009年两居委会又申请撤回对淮北市房地产管理局提起的关于姚建军房产行政登记纠纷的诉讼。一种意见认为:依据《中华人民共和国物权法》第17条关于"不动产权属证书是权利人享有该不动产物权的证明"的规定,两居委会既不是案涉房产的所有权人,又不是相关土地的使用权人。其要追回房产所有权,应当依据本院的生效判决提起行政诉讼,以动摇姚建军对案涉房产处分权,并以此为前提,依据第106条的规定作为权利人就涉案房产提起确权之诉。至于相关土地使用权的权属问题,淮北市相山区相南街道办事处虽然可以依据其持有的土地使用权证,直接提起确权之诉,但是由于姚建军就同一地块亦持有土地使用权证,因此,该确权之诉仍然因民事审判无法审查具体行政行为的正当与否,而无法进行。也就是说,由于涉案房产占用的土地实际存在两个国有土地使用证,故涉案土地使用权人的确认,前提是行政登记机关对两者的取舍,进而通过行政诉讼对行政机关的决定作出判断。另一种意见认为:本案系两居委会以姚建军与彭军、彭利签订的房屋买卖合同侵犯其权益为由诉请确认合同无效,其作为本案侵权法律关系的一方主体提起诉讼,符合《民事诉讼法》第108条第(一)项关于"原告与本案有直接利害关系"的起诉条件,是本案适格的原告。

从法律层面考虑,我们倾向第一种意见,否则物权法关于物权公示原则的规定就失去了现实意义。具体到本案,如果原审法院在受理案件之初能严格审查、充分释明,本案二审所提出的问题就可能在先期予以解决,应是从根本上对当事人权益的保护。

2. 关于姚建军与彭军签订的房屋买卖合同的效力问题。原审法院以姚建军与城里村签订的房屋转让协议无效为由,认定姚建军对涉案房产无处分权,并依据《中华人民共和国合同法》第51条和善意取得制度,确认姚建军与彭军、彭利签订房屋买卖合同无效。但最高人民法院《关于审理买卖合同纠纷案件适用法律问题的解释》第3条第一款关于"当事人一方以出卖人在缔约时对标的物没有所有权或者处分权为由主张合同无效的,人民法院不予支持"的规定,排除了以处分人不具所有权或者处分权为由否定物权转让合同效力的情形。也就是说,除非存在法定无效的情形,该处分合同是确定有效的。因此,原审法院对姚建军与彭军所签房屋买卖合同效力的认定,明显错误。但二审直接改判合同有效,对纠纷的最终解决并无实际意义。根据《中华人民共和国物权法》第106条的规定,该合同是否有效,与两居委会能否取得案涉房产并无关联。两居委会要追回房产所有权应当证明其为真正权利人,且彭军、彭利受让房产不属善意取得,而无须过问姚建军与彭军、彭利的房屋买卖合同有效与否。至于彭军、彭利受让案涉房产是否属于善意取得,在两居委会未被确认为真正权利人的情况下,尚无须涉及。

淮北育才房地产开发有限公司与浙江省二建建设集团有限公司建设工程施工合同纠纷案例分析报告

安徽省高级人民法院民四庭

案号:(2012)皖民四终字第00118号

合议庭成员:杨 华 程 敏 孔 蓉

案件基本情况

(一)当事人基本情况

上诉人(原审原告、反诉被告):淮北育才房地产开发有限公司,住所地安徽省淮北市经济技术开发区南黎路96号,组织机构代码76476410-7。

上诉人(原审被告、反诉原告):浙江省二建建设集团有限公司，住所地浙江省宁波市镇海区城关车站路256号，组织机构代码72049720－3。

（二）一审查明的事实

2005年8月，淮北育才房地产开发有限公司（简称淮北育才公司）就淮北市名仕花园工程的建设施工进行公开招标，浙江省二建建设集团有限公司（以下简称浙江二建公司）以25,851,343元（950元/平方米×27,211.94平方米）的报价中标。2005年9月28日，双方签订一份《建设工程施工合同》，并在建设行政主管部门备案。该合同约定：由浙江二建公司承建"名仕花园1、2号楼"工程，合同工期280天，合同价款25,851,343元。同年10月1日，双方签订《补充合同》约定：该建设工程承包范围不包括电梯及系统动力阀、暖气系统、消防系统分支管道及配件等；工程总承包价每平方米950元（发包方不支付市场因素所造成的材料价差费用，变更项目除外）；总工期从开工（以开工报告为准）至完工280天，遇不可抗力、现场变更签证所增加的工期另计，变更部分的费用及工期需在变更前由双方约定；合同生效后7日内，淮北育才公司支付浙江二建公司进场费20万元；地下室施工完毕，经淮北育才公司、监理方验收合格后5日内，淮北育才公司支付浙江二建公司地下室工程量的80%～85%工程进度款；±0.00米以上主体大楼按每层完成工程量，经淮北育才公司、监理方验收合格后7日内支付每层完成工程量80%～85%的进度款；工程竣工验收合格后一个月内，淮北育才公司支付工程尾款至工程款总额的97%，余下3%作为工程质量保证金，一年后无质量问题全额返还浙江二建公司；浙江二建公司延误总工期，10日内每天罚2万元，超过10日每天罚5万元；淮北育才公司如不能按时向浙江二建公司支付工程款及工程进度款，则以相应进度款的0.1%按日承担罚款，工期相应顺延。2005年10月14日，浙江二建公司书面申请淮北育才公司从其工程款中代付主材料款。

2005年10月28日涉案工程开工，2006年5月20日土建第十九层封顶，尚余水电安装、内粉、外粉、门窗安装、防水防漏等后期分项工程。主体工程施工期间，淮北育才公司支付工程进度款存在逾期情形，具体为：地下室工程延迟付款939,946元9天，第16层工程延迟付款1356元4天，第17、18层工程延迟付款90,501元14天，第19层工程延迟付款591,164元5天，合计延迟32天，按"日罚相应进度款0.1%"的约定，淮北育才公司应承担违约金12,687.76元。此外，因气候及工程部分设计修改等原因，经浙江二建公司三次申请，淮北育才公司同意顺延工期35天。2006年6月5日，浙江二建公司向淮北育才公司提交的《关于后期工程款支付报告》载明，淮北育才公司按约应在竣工前付至合同总价款的85%，扣除门窗工程款及已付工程款尚欠455万元，淮北育才公司应在每月15日至20日前支付150万元，三个月内付清。淮北育才公司法定代表人赵平在该报告上签字同意，同时要求其财务人员注意浙江二建公司税收的连带责任风险、支付计划的可兑现性和质保金因素等问题。后淮北育才公司分别于2006年6月20日、6月26日、7月25日、9月7日、9月28日、10月23日支付浙江二建公司工程款30万元、140万元、150万元、50万元、50万元和30万元，合计450万元。其间，浙江二建公司于2006年9月26日向淮北育才公司发出《询证函》，确认淮北育才公司向其支付工程款1845万元，同时注明蒋祖跃的私人借款50万元并未包括在内。

2006年12月31日，淮北育才公司与浙江二建公司签署《"名仕花园"竣工验收前结算单》。该结算单确认，主体工程总款25,851,343元，质保金775540.30元，共付工程款1997万元（其中包括主体工程1925万元、主体外工程22万元、蒋祖跃借款50万元），代扣项目塑钢窗款240万元、王运启40万元、徐斌17.6万元、借现金50万元，尚欠工程款1,629,802.70元。2007年五六月间，淮北育才公司发函要求浙江二建公司重新编制决算书，浙江二建公司回函要求确认送审的工程决算金额26,690,681.81元，但未补充任何资料。

另查明：2007年1月3日，浙江二建公司向淮北育才公司提交《交工报告》。2007年1月16日，淮北育才公司又支付浙江二建公司工程款90万元。2007年2月1日，涉案工程通过勘察、设计、监理、建设单位的验收。涉案工程施工期间，根据淮北育才公司的安排，"辉煌太阳能供热"、"迪森小松鼠"、"永安消防"、"德州亚太"等单位参与热水、消防、通风等项目施工。淮北育才公司将原属于浙江二建公司承包范围的门窗工程另行发包他人施工。

再查明：案涉2号楼于2008年10月21日通过规划竣工验收，案涉1号楼至2009年11月24日尚未报规划竣工验收。

（三）一审诉辩

淮北育才公司诉称：2005年9月28日，淮北育才公司将淮北市相山北路西"名仕花园1#、2#楼"工程交由浙江二建公司承建。根据双方2005年10月1日签订的《补充合同》约定，工程总承包工期为280天。该工程自2005年10月28日开工至2007年1月31日完工，历时460天，拖延工期180天。扣除签证认可的延期34天，合计延误工期146天。因该工程逾期竣工,且至今未经竣工验收备案,导致淮北育才公司向房屋买受人支付逾期交房违约金。根据双方合同中关于“逾期十日内每天罚2万元,超过十日,每天罚5万元”的约定,请求判令浙江二建公司向淮北育才公司即时交付施工资料及竣工备案资料;赔付逾期完工违约金550万元,及因浙江二建公司拒不交付施工资料及竣工备案资料给淮北育才公司造成的损失150万元。

浙江二建公司答辩称:工期延误系淮北育才公司逾期付款所致,加之案涉工程增加造价8.8%,淮北育才公司自行分包部分工程影响工期。按双方合同约定计算,总工期应当顺延323天,浙江二建公司实际提前竣工183天,不应承担工程延期完工的责任,且合同中约定每延误工期一天罚款5万元过高,应为无效。此外,淮北育才公司没有提供证据证明施工资料仍在浙江二建公司。请求法院驳回淮北育才公司的诉讼请求。

浙江二建公司反诉称:浙江二建公司已按照双方签订的《建设工程施工合同》和《补充合同》,于2007年1月3日履行了合同全部义务。2007年1月31日,案涉工程通过了淮北育才公司及相关单位的验收。浙江二建公司按合同约定报送了工程决算文件,但淮北育才公司未予答复。据此,请求判令淮北育才公司支付浙江二建公司工程款3,915,962元及逾期付款违约金1,137,063元(从2007年2月3日起暂计算至2008年3月1日止,计393天),拖欠工程款的违约金计算至款清之日;支付工程进度款的逾期付款违约金174,000元;支付机械设备闲置费、周转材料摊销费、管理人员工资、工人生活费等1,043,000元,合计6,270,025元。

淮北育才公司答辩称:淮北育才公司已经付款26,085,590元,超过合同总价款的97%。对浙江二建公司报送的决算文件及决算金额26,690,681元,淮北育才公司当时就反馈了明确的书面异议。淮北育才公司认可逾期支付工程进度款的天数为9天,但大部分工程进度款是如约支付或超付的。浙江二建公司主张逾期付款违约金没有法律依据。请求法院驳回其诉讼请求。

(四)一审定案理由及结论

一审法院审理认为:淮北育才公司与浙江二建公司签订的《建设工程施工合同》及《补充合同》是双方真实意思表示,不违反法律规定,应为有效合同。

1. 关于浙江二建公司应否承担逾期完工违约责任的问题。经查,淮北育才公司签证顺延的35天、逾期支付工程进度款顺延的32天、因法定节假日延期付款顺延的4天、延期支付后期工程款顺延的74天(2006年6月26日付至170万元,较约定的6月20日迟延6天;7月25日付至320万元,较约定的7月20日迟延5天;10月23日付至450万元,较约定的8月20日迟延63天,共延迟付款74天),合计应顺延工期145天。浙江二建公司从2005年10月28日开工,至2007年1月3日提交完工报告,历时433天,扣除应当顺延的145天,使用工期288天,比合同约定的280天多用8天,按每日2万元计算,浙江二建公司应当向淮北育才公司支付逾期完工违约金16万元。

2. 关于浙江二建公司应否承担配合淮北育才公司办理备案手续、提交相应的竣工资料的义务。涉案工程已于2007年2月1日经勘察、设计、监理等单位验收,浙江二建公司向淮北育才公司交付施工及竣工资料系其应当履行的合同附随义务,由于浙江二建公司未举证证明其已交付上述资料,故对淮北育才公司的该项诉讼请求予以支持。至于淮北育才公司依据其向案涉房屋买受人赔付逾期交房违约金的相关证据主张浙江二建公司赔付150万元损失的问题,因淮北育才公司逾期支付工程进度款和工程款导致工期顺延145天,应承担工程未如期完工的主要责任。同时浙江二建公司已就其逾期完工承担违约金,故对淮北育才公司该项诉讼请求,不予支持。

3. 关于淮北育才公司应否承担逾期付款违约金的问题。双方的《补充合同》约定,如淮北育才公司不能按时支付工程款和工程进度款,则“日罚相应进度款0.1%罚款,工期相应顺延”。经查,淮北育才公司逾期支付工程进度款应承担违约金12,687.76元。对于后期工程款的逾期支付,由于《关于后期工程款支付报告》既是对前期工程进度款的补充支付,也包括对后期工程款的预付,且至报告载明的2006年8月20日,浙江二建公司并未使案涉工程达到竣工条件,淮北育才公司也因其逾期付款顺延了浙江二建公司的施工工期,故不应再让淮北育才公司按迟延支付工程进度款的约定承担逾期支付后期工程款的违约金。

4. 关于工程款问题。对于已付工程款,双方就代扣王运启的材料款存在争议,虽然浙江二建公司蒋祖跃签字认可代扣数额为40万元,但是淮北育才公司仅能证明其向王运启付款25.4万元,故代扣王运启材料款应按25.4万元而非40万元计入已付款,即淮北育才公司已支付浙江二建公司工程款22,774,719元。根据浙江二建公司完成的工程造价,淮北育才公司尚欠工程款2,063,386.44元(24,838,105.44元－22,774,719元)。根据合同约定,质保金为合同总价款的3%,扣除质保金后的工程款1,232,252.83元

(2,063,386.44 元－27704453.64 元×3%元)应自竣工后 1 个月,即 2007 年 3 月 1 日支付。该工程竣工验收已逾五年未发现质量问题,淮北育才公司应于 2008 年 2 月 1 日返还剩余质保金,但双方约定每日 0.1%的逾期付款违约金显然过高,原审法院调整按照同期银行贷款利率的标准计算。

5. 关于浙江二建公司反诉主张的机械设备闲置费、周转材料摊销费、管理人员工资及工人生活费等 1,043,000 元应否予以支持的问题。因浙江二建公司提供的证据为单方证据,不能证明其实际存在的损失数额,也不能证明系淮北育才公司的原因所致,故该反诉请求,不予支持。

综上,淮北市中级人民法院于 2012 年 2 月 1 日作出(2011)淮民一初字第 00017 号民事判决:一、浙江二建公司向淮北育才公司支付逾期完工违约金 16 万元;二、淮北育才公司向浙江二建公司支付逾期支付工程进度款违约金 12,687.76 元;三、淮北育才公司向浙江二建公司支付剩余工程款 2,063,386.44 元及其利息(自 2007 年 3 月 1 日起至 2008 年 1 月 31 日止,以 1,232,252.83 元为基数,按照同期银行贷款利率的标准计算;自 2008 年 2 月 1 日起至判决确定的履行期限届满之日止,以 2,063,386.44 元为基数,按照同期银行贷款利率的标准计算);四、浙江二建公司向淮北育才公司补充提供完整的"名仕花园 1 号、2 号楼"竣工资料,并协助办理备案手续;五、驳回淮北育才公司的其他诉讼请求;六、驳回浙江二建公司的其他反诉请求。上述第一项至第四项判决内容,限于判决生效后十日内履行完毕。

(五)二审诉辩

淮北育才公司不服判决,上诉称:1. 原审法院对于代付王运启款项仅认定 25.4 万元是错误的。浙江二建公司申请淮北育才公司代付王运启 40 万元材料款,在三方达成债权债务转移合意后,淮北育才公司与王运启如何结算与浙江二建公司并无关联,该 40 万元应全额计入已付工程款。2. 原审漏算了 2006 年 12 月 6 日浙江二建公司现金借款 40 万元。3. 原审驳回淮北育才公司要求浙江二建公司支付工期延误违约金的诉讼请求是错误的。《关于后期工程款支付报告》不是对工程进度款支付的申请,而是浙江二建公司根据其对工程完工时间的预判断发出的预支付要约,淮北育才公司并未完全同意;未按此付款不应适用双方合同中关于延付工程进度款相应顺延工期的约定,浙江二建公司应承担工期延误违约责任。4. 原审法院没有根据淮北育才公司变更后的诉讼请求核减诉讼费。请求二审法院改判:1. 淮北育才公司向浙江二建公司支付剩余工程款 1,517,386.44 元;2. 浙江二建公司向淮北育才公司支付逾期完工违约金 176 万元;3. 浙江二建公司承担未交付施工备案资料给淮北育才公司造成的经济损失 150 万元。

浙江二建公司答辩称:1. 淮北育才公司主张代付王运启 40 万元材料款及漏算现金借款 40 万元的理由与原审期间双方的对账结果不一致,不能成立。2. 淮北育才公司要求浙江二建公司支付工期延误违约金的诉讼请求,没有事实和法律依据。同时其提出上诉称:1. 原审认定浙江二建公司工期延误 8 天无事实依据,逾期完工违约金按每日 2 万元计算显失公平,应予纠正。后期工程款直至 2007 年 1 月 16 日付清延期 158 天、工程量增加 8.8%及其他分包单位迟延进场等均应相应延长工期,故浙江二建公司因此提前 76 天交工。2. 原审判令淮北育才公司向浙江二建公司承担的逾期支付工程进度款违约金过少,结合双方对账,淮北育才公司共延期支付工程款和工程进度款 229 天(签证延期 35 天＋进度款延期 32 天＋法定假日延期 4 天＋后期工程款延期 158 天),违约金按约计算应为 81,137 元,延迟支付工程尾款的违约金截至 2012 年 3 月为 2,250,092 元,合计 2,331,229 元。3. 原审未认定浙江二建公司的机械闲置费等损失错误。4. 原审判令浙江二建公司承担诉讼费用不合理。请求二审法院撤销原判第一、二项,改判淮北育才公司向浙江二建公司支付逾期付款违约金 2,331,229 元及机械闲置费等 1,043,000 元。

淮北育才公司答辩称:1. 原审认定浙江二建公司逾期完工是正确的,但后期工程款逾期违约责任计算错误;变更增加的工程量只占总工程量的 4%,且合同价款上淮北育才公司并无延期支付的情形。2. 原审关于机械闲置费的认定正确,浙江二建公司不存在因淮北育才公司延付工程款而停工的情形。请求二审法院驳回浙江二建公司的上诉。

(六)二审查明的事实

二审法院另查明:2009 年 12 月,淮北市相山区人民法院就名仕花园房屋买受人庄淮英、贺玲、傅巍、金学武等诉淮北育才公司商品房销售合同纠纷案分别作出(2009)相民一初字第 0237、0238、0239、0240 号民事判决,认定淮北育才公司向庄淮英、贺玲、傅巍交付房屋分别逾期 70 天、97 天和 170 天,且未如期为该四户办理房屋产权证,并据此判令淮北育才公司支付违约金共计 28,472.85 元,其中逾期交房违约金 24,543.81 元、逾期办理产权证违约金 3929.04 元。上诉期间,各方因达成和解协议而撤回上诉。

再查明:淮北育才公司于 2007 年 10 月 15 日诉

至淮北市中级人民法院,请求依法判令浙江二建公司向其支付逾期完工违约金810万元,原审法院收取案件受理费68,500元。2008年4月1日,淮北育才公司提交书面申请,增加请求判令浙江二建公司即时交付施工资料及竣工备案资料。本案重审期间,淮北育才公司于2011年5月10日再次提交《诉讼请求变更申请书》,请求判令浙江二建公司向淮北育才公司即时交付施工资料及竣工备案资料;赔付逾期完工违约金550万元;因浙江二建公司拒不交付施工资料及竣工备案资料给淮北育才公司造成的损失150万元。

(七)二审定案理由及结论

二审法院认为:1. 关于淮北育才公司在后期工程款支付中是否存在逾期,浙江二建公司主张顺延工期有无依据。经查,浙江二建公司2006年6月5日的《关于后期工程款支付报告》载明:"根据协议内容业主(淮北育才公司)在工程竣工前应支付合同总价款的85%,即2585万元扣除门窗220万元,剩余2365万元的85%即2010万元减去已付款1505万元,应付505万元。去掉19层50万元,应付455万元。"同时要求淮北育才公司"应在每月15日至20日前支付150万元工程款,三个月内付清"。淮北育才公司法定代表人赵平签字同意,并"请财务制定支付计划书并注意以下事项:1. 乙方(浙江二建公司)税收的连带责任风险;2. 支付计划的可兑现性,并考虑支付周期安排;3. 应考虑质保金因素的款项扣除。"对此,原审法院一方面认为浙江二建公司的报告事项与双方合同关于工程款支付的约定不符,且浙江二建公司在提交报告后三个月内并未满足案涉工程已经竣工的付款条件,另一方面却按该报告的落款时间认定淮北育才公司应在2006年6月20日、7月20日及8月20日各支付浙江二建公司工程款150万元,并依据淮北育才公司的实际付款时间顺延了浙江二建公司的施工工期74天。本院认为,双方合同约定:"±0.00米以上主体大楼按每层完成工程量,经淮北育才公司、监理方验收合格后7日内支付每层完成工程量的80%~85%进度款;工程竣工验收合格后一个月内,淮北育才公司支付工程尾款至工程款的97%",对工程主体完工后至竣工验收前未作付款要求。《关于后期工程款支付报告》是浙江二建公司就提前支付部分工程款向淮北育才公司提交的申请,系其请求变更工程款支付方式的要约。根据报告的内容及落款时间,可推定浙江二建公司预计工程竣工时间为2006年8月20日前,淮北育才公司应在此时按"合同总价款的85%"支付工程款。而案涉工程竣工验收时间是2007年2月1日,淮北育才公司至2006年10月23日已向浙江二建公司支付后期工程款450万元,加上2007年1月16日支付的90万元,已超额履行了"在工程竣工前应支付合同总价款的85%"的约定,故淮北育才公司在后期工程款支付中不存在违约。浙江二建公司在未提交后期分项工程交验申请,且延迟兑现预计竣工时间164天的同时,以淮北育才公司未在2006年8月20日前付清455万元后期工程款为由,主张按淮北育才公司付足最后5万元的2007年1月16日顺延施工工期158天,并承担逾期付款责任,没有事实依据。原审法院未审查浙江二建公司的施工情况,在浙江二建公司逾期完工的情形下,要求淮北育才公司仍按浙江二建公司承诺的完工日期付款,并相应顺延工期,不符合当事人的约定,显失公允,应予纠正。对浙江二建公司请求顺延工期158天的上诉请求,本院不予采纳。

2. 关于浙江二建公司工期违约责任的认定。案涉工程2005年10月28日开工,2007年1月3日完工。根据《补充合同》第3条"总工期从开工(以开工报告为准)至完工280天,遇不可抗力、现场变更签证所增加的部分工期另计,变更部分需在变更前双方约定相关费用及工期"的约定,计入淮北育才公司签证顺延的35天、逾期支付进度款顺延的32天及因法定节假日逾期付款顺延的4天,涉案工程应于2006年10月14日竣工。浙江二建公司上诉提出因工程量增加8.8%应相应顺延工期,而淮北育才公司仅认可工程量增加4%。经查,涉案工程(含门窗工程)合同总价款为25,851,343元,实际造价27,704,453.64元,工程量增加7%。虽然浙江二建公司提交的变更工程量签证中均没有明确记载工期变更的内容,但是有"按定额计算"等字样,故对浙江二建公司要求按增加工程量顺延工期的意见,据实予以支持。按合同工期280天的7%计算,浙江二建公司可顺延工期20天。至于淮北育才公司自行发包配套工程对工期的影响,因浙江二建公司未提交相关签证,且上诉亦未有明确请求,故本院不予采纳。综上,涉案工程的合理完工时间为2006年11月3日,浙江二建公司应承担逾期竣工61天的违约责任。双方《补充合同》约定浙江二建公司延误工期10日内每天罚2万元,超过10日每天罚5万元。考虑工期逾期超过10日每天5万元的违约金计算标准偏高,浙江二建公司上诉亦提出调整请求,故本院根据本案实际情况,酌定统一按每日2万元计算,浙江二建公司应承担工期违约金122万元(2万元/天×61天)。

3. 关于原审认定淮北育才公司的已付工程款数额是否正确。双方争议主要在于对浙江二建公司

2006年12月6日《借条》的认定。淮北育才公司认为该借条系蒋祖跃领取40万元现金的收据，与代付王运启材料款无关。经查，淮北育才公司在原审提交的《付浙江二建工程款明细表》中，对2007年1月1日40万元款项标注的凭证号为"2007.1.1#"，所附相应编号的凭证就是该《借条》。在原审法院组织双方对账确认的淮北育才公司付款明细表中，双方均认可该借条系指2006年12月31日《"名仕花园"竣工验收前结算单》中代扣"王运启40万元"款项，故应认定浙江二建公司未另行向淮北育才公司借款40万元。淮北育才公司关于原审法院漏算该借条所涉40万元已付款的上诉请求，与其自行提交及确认的证据相悖，不予采信。至于代付王运启材料款应如何抵扣问题，因淮北育才公司所举证据不能证明各方已就此达成债权债务转让的合意，且浙江二建公司和王运启于2007年2月11日共同向淮北育才公司确认代扣材料款25.4万元，故原审法院按淮北育才公司提交的相关财务凭证认定已付款为25.4万元，并无不当。淮北育才公司上诉要求按40万元计算，依据不足，不予采信。原审法院对淮北育才公司已付工程款数额的认定正确，应予维持。由于双方合同关于逾期付款违约金仅约定"以相应进度款的0.1%按日承担"，对工程结算款的逾期支付并无明确约定，且双方就工程结算始终未达成一致意见，故原审法院按同期银行贷款利率计算欠付工程款的违约金，符合最高人民法院《关于审理建设工程施工合同纠纷案件适用法律问题的解释》第17条的规定。浙江二建公司要求淮北育才公司以工程尾款的0.1%按日承担逾期支付违约金的主张，没有合同依据，应予驳回。

4. 关于原审未认定浙江二建公司主张的相关机械设备闲置费、周转材料摊销费、管理人员工资及工人生活费等104.3万元是否正确。浙江二建公司所举相关费用的单据，无其他证据佐证其真实性，且淮北育才公司已就其延期付款承担了违约责任，故原审法院以浙江二建公司提交的单方证据未能完成举证责任为由，驳回该反诉请求，并无不当。

5. 关于淮北育才公司主张浙江二建公司承担未交付施工备案资料给其造成的经济损失150万元有无依据。淮北育才公司据以主张相关损失的证据是淮北市相山区人民法院的四份判决书及和解协议，涉及赔付案涉房屋买受人逾期交房违约金及逾期办理产权证违约金28,472.85元。经查，淮北育才公司无法如期为案涉房屋买受人办理产权证的原因，一方面是浙江二建公司未交付备案所需的施工资料，另一方面系因案涉房屋未通过规划验收，尚不具备竣工备案的条件，故对导致逾期交房和逾期办证，双方当事人均负有一定责任。鉴于浙江二建公司已就其延误工期向淮北育才公司承担了相应的违约责任，淮北育才公司要求浙江二建公司另行赔付其150万元经济损失的上诉请求，依据不足，不予支持。

综上，安徽省高级人民法院依照《中华人民共和国合同法》第114条，最高人民法院《关于适用〈中华人民共和国合同法〉若干问题的解释(二)》第27条、第29条以及《中华人民共和国民事诉讼法》第153条第一款第(三)项、第158条，最高人民法院《关于民事诉讼证据的若干规定》第2条、第74条，《诉讼费用交纳办法》第21条第(二)项、第29条第二款及第30条之规定，判决：一、维持淮北市中级人民法院(2011)淮民一初字第00017号民事判决主文第二、三、四、六项，即：淮北育才房地产开发有限公司向浙江省二建建设集团有限公司支付逾期支付工程进度款违约金12,687.76元；淮北育才房地产开发有限公司向浙江省二建建设集团有限公司支付剩余工程款2,063,386.44元及其利息(自2007年3月1日起至2008年1月31日止，以1,232,252.83元为基数，按照同期银行贷款利率的标准计算；自2008年2月1日起至本判决确定的履行期限届满之日止，以2,063,386.44元为基数，按照同期银行贷款利率的标准计算)；浙江省二建建设集团有限公司向淮北育才房地产开发有限公司补充提供完整的"名仕花园1#、2#楼"竣工资料，并协助办理备案手续；驳回浙江省二建建设集团有限公司的其他反诉请求。二、撤销淮北市中级人民法院(2011)淮民一初字第00017号民事判决主文第五项，即驳回淮北育才房地产开发有限公司的其他诉讼请求。三、变更淮北市中级人民法院(2011)淮民一初字第00017号民事判决主文第一项，即"浙江省二建建设集团有限公司向淮北育才房地产开发有限公司支付逾期完工违约金160,000元"为：浙江省二建建设集团有限公司向淮北育才房地产开发有限公司给付逾期完工违约金122万元。四、驳回淮北育才房地产开发有限公司的其他诉讼请求。

(八)解说

在建设工程施工合同纠纷的审判实践中，发包人主张承包人逾期完工、承包人主张发包人逾期支付工程进度款和结算款，是最为常见的违约责任内容。然因建设工程普遍存在施工周期长、施工环节多、付款方式杂、签证不规范以及配套工程施工的影响等因素，及至诉讼时，法院往往难以从现有证据中获取明确的认定依据。

本案中，双方当事人的争议及两审法院对双方违约责任的认定的主要依据就是浙江二建公司于2006年6月5日向淮北育才公司提交的《关于后期工程款支付报告》。该报告载明:"根据协议内容业主(淮北育才公司)在工程竣工前应支付合同总价款的85%,即……455万元。"同时要求淮北育才公司"应在每月15日至20日前支付150万元工程款,三个月内付清"。原审法院认定浙江二建公司并未在报告载明的2006年8月20日使案涉工程达到竣工条件,同时又认为,淮北育才公司2006年6月26日付至170万元,较约定的6月20日迟延6天;7月25日付至320万元,较约定的7月20日迟延5天;10月23日付至450万元,较约定的8月20日迟延63天,共延迟付款74天,浙江二建公司据此可相应顺延工期。

从性质上看,由于双方合同并未就工程主体完工后至竣工验收前的工程款支付作出约定,故该报告应是浙江二建公司请求提前支付部分工程款的要约,其请求淮北育才公司付款的时间和数额,均与其承诺的施工进度相对应。淮北育才公司的承诺也是在此基础上作出的、有条件的承诺。从浙江二建公司的实际施工进度分析,涉案工程竣工验收时间是2007年2月1日,此时距该报告的提交时间为240天,距其承诺的竣工时间迟延164天,距淮北育才公司第二期付款时间为170天。由此可见,淮北育才公司未如期支付第三期款项,与工程显然无法于2006年8月20日竣工的实际情况存在因果关系。从法律层面上说,淮北育才公司迟延付款是依法行使其同时履行抗辩权。浙江二建公司在延迟兑现预计竣工时间164天的同时,以淮北育才公司未在2006年8月20日前付清455万元后期工程款为由,主张按淮北育才公司付足最后5万元的2007年1月16日顺延施工工期158天,并承担逾期付款责任,没有法律依据。原审法院未审查浙江二建公司的施工情况,在浙江二建公司施工进度严重滞后的情形下,要求淮北育才公司仍按浙江二建公司报告要求的时间支付工程款,并相应顺延工期,是对是非因果的颠倒,有悖当事人约定的初衷,显失公允,应予纠正。因此,二审法院对浙江二建公司请求顺延工期158天的上诉请求,予以驳回。

中建四局第六建筑工程有限公司与芜湖兄弟实业有限责任公司建设工程施工合同纠纷案例分析报告

安徽省高级人民法院民四庭

案号:(2012)皖民四终字第00136号

合议庭成员:王晓峰　李家宏　王依胜

一、基本案情

(一)当事人基本情况

上诉人(原审原告):中建四局第六建筑工程有限公司,住所地安徽省淮南市洞山中路22号中建大厦,组织机构代码15022046-3。

被上诉人(原审被告):芜湖兄弟实业有限责任公司,住所地安徽省繁昌县经济开发区,组织机构代码6144800-5。

(二)一审查明的事实

2007年6月,兄弟实业公司就其位于安徽省繁昌县经济开发区内的傻子食品工业园工程对外招标,中建四局六公司以投标价9,962,340元中标,并承诺在收到兄弟实业公司发出的书面开工令后立即组织施工,按期完工,保证本工程质量"合格"。2007年7月11日,兄弟实业公司与中建四局六公司签订了承建傻子食品工业园成品库房、1#生产车间、1#、2#包装车间、锅炉房建设工程的四份《建设工程施工合同》(已备案),前三份合同内容为土建、轻钢屋面、水电安装等,锅炉房还包括装饰和消防工程。双方在成品库房《建设工程施工合同》中约定采用固定价格,承包人向发包人提供履约担保,履约保证金为10万元整。1#生产车间、1#、2#包装车间、锅炉房的《建设工程施工合同》约定的内容与成品库房合同基本相同。中建四局六公司按约缴纳了20万元履约保证金,连同投标时缴纳的20万元投标保证金,合计缴纳履约保证金40万元。2007年7月13日,兄弟实业公司发出进场通知书,要求中建四局六公司于7月14日进场。中建四局六公司进场施工后,出现了工期滞后的情形。2008年1月22日,经双方核对,依据合同约定应付的工程款为2,508,620元,兄弟实业公司实际支付工程款2,709,812元,多付工程款201,192元。2008年3月3日,兄弟实业公司以中建四局六公司迟迟无法按照合同约定的工期完工,也未能就工期问题提出实质性解决方案,已经构成根本性违约为由,向中建四局六公司发出《关于解除〈施工合同〉的通知》,中建四局六公司同意解除合同。

由于双方对已完工程的造价及1#生产车间、成品库房钢结构工程的质量发生争议,原审法院根据当事人的申请,依法委托中国建设银行安徽省分行建设工程咨询审价中心芜湖分中心(简称建行审价中心)对芜湖傻子食品工业园已完工程的造价进行鉴定,委托安徽省建设工程质量第二监督检测站(简称质检二站)对1#生产车间和成品库房钢结构工程质量进行鉴定。2008年9月,建行审价中心出具《工程鉴定书》,其中1#生产车间钢结构工程造价为311,762.22元,成品库房钢结构工程造价为244,904.98元。2008年11月13日,质检二站出具了两份钢结构工程施工质量鉴定报告,其中1#生产车间检测结论为:1. 被测工程钢梁平面布置、构件截面尺寸及板厚与原设计图纸基本相符。2. 被测工程钢结构焊缝伤结果满足GB50205－2001规范二级焊缝要求。3. 被测钢梁腹板力学性能试验检测结果满足Q345标准要求,檩条力学性能试验检测结果满足Q235标准要求。4. 被测工程屋面檩条规格满足设计要求,其与檩托板的连接不能满足施工验收规范要求。5. 系杆实测材料厚度不能满足设计要求。6. 高强度螺栓连接部位螺栓规格、数量、垫片及连接板叠合面积满足验收规范要求,但存在螺栓未拧紧现象;地脚螺栓规格数量与设计相符,但少数螺栓存在偏位倾斜现象,部分垫片设置不全,少数钢梁连接板上存在气割扩孔现象。高强度螺栓及地脚螺栓均存在锈蚀现象。7. 被测构件覆层厚度实测值基本满足施工验收规范要求。8. 对原设计图纸复核,该工程主体结构构件承载力满足规范要求。成品库房的检测结论与1#生产车间基本相同,其结论4:被测屋面檩条的数量及檩条规格满足设计要求,其与檩托板的连接不能满足施工验收规范要求。结论5:系杆、水平支撑、隅撑、拉条数量的设置与原设计图纸基本相符,但隅撑、系杆实测材料厚度不能满足设计要求。两份鉴定报告均建议有关单位根据该站报告对工程提出具体处理意见。对质检二站的上述两份鉴定报告,双方当事人均无异议,中建四局六公司书面表示同意对钢结构工程进行整改。根据上述报告的建议,钢结构工程的设计单位芜湖鸠源建筑设计有限公司提出了两份整改意见。2009年3月30日,中建四局六公司答复称鉴定报告中所列的问题已经整改完毕,要求兄弟实业公司进行验收。兄弟实业公司随后提交了设计单位与监理单位4月16日出具的两份工作联系单,函告现场检查情况并称需要继续整改。根据两份工作联系单记载,成品库房整改后情况如下:1. 钢梁已经吊装完毕,但基础螺栓有未拧紧现象,大梁已经开始腐蚀,需要现场补刷表面涂装;2. 檩条已布置安装完毕,需重新固定安装(有焊接现象),并已严重生锈,需要重新涂装;3. 隅撑、系杆厚度不够,需要重新制作并安装;4. 拉条已安装的已经生锈坏死,并未调节到位,其中有B～D轴交②～③轴拉条未安装需增加;5. 水平支撑已生锈坏死,无法调节需要重新配置;6. 天沟为钢板天沟已严重生锈,无法使用;7. 维护系统现场均未见材料。1#生产车间整改后的情况如下:1. 缺少⑩轴1根钢架,G～H轴大梁,有四根未吊装,吊装部分未校正,基础螺栓有未拧紧现象,部分基础螺栓已经生锈坏死,无法安装;2. 屋面檩条已安装106根,并已开始生锈,需重新涂装,其余均未见;3. 系杆不符合要求;4. 天沟、水平支撑、隅撑均没有;5. 22～26轴、大梁已到现场,均未安装且未做面漆;6. 除以上材料其余均未见,需重新加工制作。中建四局六公司则认为两份联系单所记载的整改内容与质检二站鉴定报告内容不一,其已经按照鉴定报告内容全部整改完毕,不同意继续整改。

(三)一审定案理由及结论

原审法院认为:1. 1#生产车间和成品库的钢结构工程款556,667.2元应否支付。根据双方一致认可的两份钢结构工程施工质量鉴定报告,1#生产车间和成品库的钢结构主体结构是合格的,但并没有对整体工程合格与否作出评价,不能认定为合格。根据省质检二站的质量鉴定报告,成品库的隅撑、系杆实测厚度不能满足设计要求,设计单位芜湖鸠源建筑设计有限公司也提出了相应的整改意见。虽然中建四局六公司也进行了整改,但根据设计单位和监理单位2009年4月16日出具的两份工作联系单记载的现场检查情况,隅撑、系杆厚度在整改后仍然不够,故中建四局六公司主张其已经整改完毕且已合格的意见,不能成立。一方面涉案工程没有被鉴定为合格工程,另一方面中建四局六公司又不能证明其已经整改到位,故不能认定该两项工程属于合格工程,中建四局六公司要求支付工程款的前提不成立,该院对其要求支付工程款556,667.2元的诉请不予支持。2. 关于中建四局六公司诉请的未安装钢结构材料价值103,908元。虽然该部分工程材料是为钢结构工程所备,但由于没有安装至钢结构工程,不属于钢结构工程的一部分,不能作为工程款予以支付,故对该部分诉讼请求不予支持。但中建四局六公司可以将该部分材料自行取回。3. 履约保证金返还问题。履约保证金是为合同的履行提供的一种金钱担保,并在合同到期或者解除抑或约定的返还条件成就时,予以返还。虽然双方曾约定以工程主体完工作为返还履约保证金的条件,但由于双方已经解除了合同关系,且安徽省高级人民法院(2010)皖民四终字第00004号已针对中建四局六公司的违约责任作出了生效判决,履约保证金已无担保合同履行及违约责任的必要,返还条件已成立,故中建四局六公司关于返还履约保证金20万元的诉讼请求,该院予以支持。综上,原审法院根据相关法律规定,判决:一、兄弟实业公司于判决生效之日起十五日内支付中建四局六公司履约保证金人民币20万元;二、驳回中建四局六公司的其他诉讼请求。

(四)二审诉辩

中建四局六公司不服上述判决,向本院提起上诉,请求撤销原审判决第二项,改判兄弟实业公司支付钢结构工程款660,575.2元。主要理由为:1. 两份钢结构工程施工质量鉴定报告证实涉案的1#生产车间和成品库房的钢结构工程质量合格;兄弟实业公司在整个诉讼阶段均未提供涉案钢结构工程质量不合格的证据,应当承担举证不能的法律后果;涉案钢结构工程为未完工程,不可能对整体工程是否合格作出评价。原判既认定涉案钢结构工程主体结构合格,又以质量鉴定报告没有对整体工程合格与否作出评价为由,否定工程合格,认定事实错误。兄弟实业公司提出的质量问题属于维修范畴,不是涉案钢结构工程质量不合格的证据。2. 兄弟实业公司应当支付涉案钢结构工程款556,667.2元。另外,堆放在现场的钢材和铝箔保温棉虽未安装,但已发生材料和人工费用,扣除安装费后造价为103,908元,对该款兄弟实业公司应当支付。

兄弟实业公司在二审庭审中辩称:1. 关于涉案的1#生产车间和成品库房的钢结构工程。第一,中建四局六公司对整改投入严重不足,未完成整改且未达到合格标准。第二,中建四局六公司在原二审期间仅提供钢结构主梁的合格证,其他部件包括现场堆放材料均无合格证,主梁合格和钢结构工程合格并非同一概念。第三,中建四局六公司至今没有向兄弟实业公司移交涉案的钢结构工程。2. 中建四局六公司未提供任何证据证明堆放在现场的材料价值103,908元,且该材料在未安装的情况下不能计入工程款。中建四局六公司主张合计660,575.2元的工程价款无任何依据。请求驳回上诉,维持原判。

(五)二审查明的事实

二审期间,中建四局六公司与兄弟实业公司于2012年8月20日达成《协议书》,内容如下:一、双方共同委托质检二站对涉案1#生产车间、成品库房钢结构工程的质量进行安全性鉴定,对存在的质量问题提出建议性整改方案。双方对质检二站正式出具的安全性鉴定报告和建议性整改方案无条件接受。二、鉴定费用10万元由中建四局六公司于2012年8月30日之前预交至质检二站账户,如果中建四局六公司未按规定时间预交,则放弃对涉案钢结构工程款的主张。现场检测所需设施、条件由兄弟实业公司根据质检二站的要求提供,发生的费用由兄弟实业公司预付,如果兄弟实业公司未按质检二站要求提供并预付费用,则放弃对涉案工程质量问题的抗辩,无条件支付涉案工程款556,667.2元。三、涉案钢结构工程款根据安全性鉴定的不同结果确定:1. 如果涉案工程达到国家A级标准,满足国家规范规定的安全使用要求,兄弟实业公司应当支付全部工程款556,667.2元。2. 如果涉案工程达到国家B级或者C级,需进行局部处理,由质检二站确定原因在于施工单位还是后期维护。3. 如果涉案工程属于国家D级标准,严重不满足国家规范规定的安全使用要求,中建四局六公司放弃对全部556,667.2元工程款的主张,其应当在安全性鉴定报告送达之日起40日内自行拆除,取回涉案已安装钢结构的全部部件。如果中建四局未按期拆除,则由兄弟实业公司拆除,拆除的钢结构部件抵扣拆除费用。四、如果涉案工程达到国家B级或者C级,由质检二站确定原因,并提出具体明确的建议性整改方案。双方在收到质检二站的安全性鉴定报告和建议性整改方案后10日内,共同委托建行审价中心对整改费用进行鉴定,双方对建行审价中心正式出具的鉴定报告无条件接受。鉴定费用由兄弟实业公司根据建行审价中心确定的时间预交,如果兄弟实业公司未按时间预交鉴定费用,则放弃对涉案工程质量问题的抗辩,无条件支付涉案工程款556,667.2元。五、根据质检二站的安全性鉴定报告(包括建议性整改方案)和建行审价中心的费用鉴定报告,如果因为施工单位的原因造成,整改费用由中建四局六公司承担,从涉案工程款中扣除。如果因为后期维护原因造成,整改费用的承担由安徽省高级人民法院确定。扣除上述整改费用后,兄弟实业公司应当将剩余工程款支付给中建四局六公司。六、中建四局六公司主张的未安装价值103,908元的钢结构材料,由其在收到安全性鉴定报告之日起60日内自行处理。七、安全性鉴定报告(包括建议性整改方案)和费用鉴定报告出具后，由安徽省高级人民法院据此制作二审民事判决书。八、在安徽省高级人民法院二审民事判决生效之日，中建四局六公司将涉案工程交付给兄弟实业公司。九、涉案的1#生产车间、成品库房土建工程资料的交付由双方另行签订协议书。十、上述各项鉴定费用和本案诉讼费用的负担由安徽省高级人民法院确定。十一、双方当事人就涉案工程再无其他争议。

经双方共同委托，质检二站于2012年10月22日分别出具了《1#生产车间钢结构工程施工质量及安全性鉴定报告》和《成品库钢结构工程施工质量及安全性鉴定报告》。1#生产车间钢结构工程检测结论为：1. 被测工程钢梁平面布置、构件截面尺寸及板厚与原设计图纸基本相符，但钢梁与柱连接部位底板存在扩孔现象。2. 钢梁高强度螺栓连接部位螺栓规格、数量、垫片、外露丝口满足验收规范要求，螺栓实物机械性能试验检测结果符合10.9S级性能等级要求。3. 被测工程屋面檩条规格满足设计要求，檩条实际安装数量不满足设计要求，其与檩托板的连接不能满足施工验收规范要求，檩条锈蚀严重，力学性能试验检测结果不满足Q235标准要求。4. 本工程仅安装了4根系杆，其余次构件未见安装。5. 按现场实测结果复核验算：该工程主钢梁承载力满足规范要求。综合以上检测结果，依据《工业建筑可靠性鉴定标准》（GB50144－2008）规范相关规定，本工程结构安全等级可评为C级，不能满足正常使用条件下安全要求，应进行整改或加固处理。本工程钢梁底板扩孔、檩条与托板的连接及螺栓无外露丝口的质量问题均为施工制作及安装的原因造成；构件（包括檩条、钢梁、系杆、高强度螺栓、预埋螺栓）的锈蚀是由于无后期的养护或维护造成，并导致檩条力学性能试验检测结果不满足Q235标准要求。

对于造成1#生产车间钢结构工程上述质量问题的原因，质检二站于2012年11月13日出具《说明》进一步明确：1. 检测结论1中"钢梁与柱连接部位底板存在扩孔现象"是由于施工原因造成。2. 检测结论3中"檩托板的连接不能满足施工验收规范要求"系由于施工原因造成；"檩条锈蚀严重，力学性能试验检测结果不满足Q235标准要求"是由于无后期的养护或维护造成。3. 检测结论4中"本工程仅安装了4根系杆，其余次构件未见安装"是由于施工原因造成。4. 综述中"预埋螺栓外露部分倾斜及螺栓无外露丝口的质量问题"是由于施工原因造成。5. 综述中"构件（包括檩条、钢梁、系杆、高强度螺栓、预埋螺栓）的锈蚀"是由于无后期的养护或维护造成。

对于1#生产车间钢结构工程存在的质量问题，质检二站《1#生产车间钢结构工程施工质量及安全性鉴定报告》建议：1. 由于檩条锈蚀严重，力学性能试验检测结果不满足Q235标准要求，本工程屋面檩条应进行全面更换，与其相连接的隅撑、拉条及普通螺栓也一并进行更换，系杆数量较少，可一并拆除。2. 螺栓实物机械性能试验检测结果符合10.9S级性能等级要求，但存在表面锈蚀，应进行全面除锈，并做防腐处理。3. 将钢梁位置校正后，采用填焊的方法将钢梁底板扩孔部位的多余孔洞填满，考虑施工因素，焊接时可将预埋螺栓（沿螺栓四周）与底板连接部位一并焊满，手工除锈后，进行二次灌浆；外露部分无外露丝口的螺栓应沿螺栓（螺母）四周与底板连接部位满焊。4. 钢梁应重新进行全面的防腐处理。

质检二站《成品库钢结构工程施工质量及安全性鉴定报告》与《1#生产车间钢结构工程施工质量及安全性鉴定报告》基本相同。第4点结论为：系杆、水平支撑、隅撑、拉条数量的设置与原设计图纸基本相符，但隅撑、系杆实测材料厚度不能满足设计要求；少数系杆长度不足，部分次构件的安装不能满足施工验收规范要求。

对于造成成品库房钢结构工程质量问题的原因，质检二站于2012年11月13日出具的《说明》与关于1#生产车间钢结构工程质量问题的《说明》基本相同。其第3点结论为：检测报告结论4中"隅撑、系杆实测材料厚度不能满足设计要求；少数系杆长度不足，部分次构件的安装不能满足施工验收规范要求"是由于施工原因造成。

对于成品库房钢结构工程存在的质量问题，质检二站《成品库钢结构工程施工质量及安全性鉴定报告》所提建议与《1#生产车间钢结构工程施工质量及安全性鉴定报告》的建议基本相同。其第三点为：长度不足及安装不规范的系杆，应将其端头连接板割除后，根据现场实测情况重新焊接连接板并开孔安装。第5点结论为：钢梁及系杆应重新进行全面的防腐处理。

经双方共同委托，建行审价中心根据质检二站的鉴定报告，对1#生产车间和成品库房钢结构工程的整改费用进行鉴定，于2012年11月27日作出建鉴定字WH（2012）004号《鉴定报告》，结论为241，080.56元。其中定额直接费为240，489.93元，具体为：1#生产车间整改费用：1. 屋架钢支撑制、安：18，236.65元；2. 型钢檩条制、安：50，978.93元；3. 螺栓除锈及防腐处理：1266元；4. 钢梁纠正：4121元；5. 钢梁除锈，中锈：12，058.05元；6. 一般钢结构涂环氧酚醛树脂漆底漆两遍：23，098.21元。合计109，758.84元。成品库房整改费用:1. 屋架钢支撑制、安:30,848.06元;2. 型钢檩条制、安:78,689.07元;3. 螺栓除锈及防腐处理:4143元;4. 钢梁纠正:1789元;5. 钢梁除锈,中锈:5234.61元;6. 一般钢结构涂环氧酚醛树脂漆底漆两遍:10,027.35元。合计130,731.09元。

(六)二审定案理由及结论

综合双方举证、质证及诉辩意见,本案二审的争议焦点是:1. 兄弟实业公司应否支付中建四局六公司1#生产车间和成品库房的钢结构工程款556667.2元;2. 中建四局六公司主张的价值103908元钢结构材料是否应当列入工程款,由兄弟实业公司支付。

1. 关于兄弟实业公司应否支付中建四局六公司1#生产车间和成品库房的钢结构工程款556,667.2元。经双方共同委托,质检二站出具的《1#生产车间钢结构工程施工质量及安全性鉴定报告》和《成品库钢结构工程施工质量及安全性鉴定报告》对涉案工程存在的质量问题和原因作出了认定,并提出了具体的建议性整改方案,建行审价中心对整改费用也出具了《鉴定报告》。根据双方于2012年8月20日达成的《协议书》确定的处理原则,经审查认为:1. 屋架钢支撑制、安和钢梁纠正费用的产生是由于施工原因造成,涉案工程该两项整改直接费合计54,994.71元(18,236.65元+4121元+30,848.06元+1789元)由中建四局六公司承担。2. 型钢檩条制、安费用的产生既有施工原因,又有无后期维护原因,涉案工程该项整改直接费合计129,668元(50,978.93元+78,689.07元),应由中建四局六公司承担77,800.8元,兄弟实业公司承担51867.2元。3. 螺栓除锈及防腐处理、钢梁除锈和中锈、一般钢结构涂环氧酚醛树脂漆底漆两遍费用的产生是由于无后期维护原因造成,涉案工程该3项整改直接费合计55,827.22元(1266元+12,058.05元+23,098.21元+4143元+5234.61元+10,027.35元),应由中建四局六公司和兄弟实业公司各自承担27,913.61元。综上,涉案工程整改直接费240,489.93元,由中建四局六公司承担160,709.12元,兄弟实业公司承担79780.81元。涉案工程整改费用合计241,080.56元,由中建四局六公司承担161,103.81元,兄弟实业公司承担79,976.75元。涉案1#生产车间和成品库房的钢结构工程款556,667.2元,扣除中建四局六公司应当承担的整改费用161,103.81元,剩余工程款395,563.39元,兄弟实业公司应当支付给中建四局六公司。中建四局六公司要求兄弟实业公司支付涉案钢结构工程款的上诉理由部分成立,本院予以采纳。

2. 关于中建四局六公司主张的价值103,908元钢结构材料是否应当列入工程款,由兄弟实业公司支付。双方2012年8月20日《协议书》中约定,中建四局六公司主张的价值103,908元钢结构材料,由其在收到质检二站鉴定报告之日起60日内自行处理。因此,对中建四局六公司要求支付该款项的上诉请求不予采纳。

综上,依照《中华人民共和国合同法》第60条第一款、第93条第一款、《最高人民法院关于审理建设工程施工合同纠纷案件适用法律问题的解释》第10条第一款、《中华人民共和国民事诉讼法》第153条第一款第(三)项、第158条之规定,判决:一、维持安徽省芜湖市中级人民法院(2010)芜中民一初字第0050号民事判决第一项,即芜湖兄弟实业有限责任公司于判决生效之日起十五日内支付中建四局第六建筑工程有限公司履约保证金人民币20万元。二、撤销安徽省芜湖市中级人民法院(2010)芜中民一初字第0050号民事判决第二项,即驳回中建四局第六建筑工程有限公司的其他诉讼请求。三、芜湖兄弟实业有限责任公司于本判决生效之日起十五日内支付中建四局第六建筑工程有限公司1#生产车间和成品库房的钢结构工程款395563.39元。四、驳回中建四局第六建筑工程有限公司的其他诉讼请求。

二、法律解读

本案主要涉及案件审理中对钢结构工程质量是否合格,发包人支付工程价款的前提是否成立的认定。

根据最高人民法院《关于审理建设工程施工合同纠纷案件适用法律问题的解释》第2条、第3条的规定,建设工程经竣工验收合格是发包人支付工程价款的必要条件。建设工程施工合同纠纷案件中,承包人主张工程款,发包人经常以工程存在质量问题抗辩,钢结构工程也不例外。双方对钢结构工程质量问题存在争议,司法实践中一般委托质量检测机构进行质量鉴定。但质量检测机构的鉴定属于技术性鉴定,鉴定结论只对各分项工程是否合格,存在什么问题作出认定,不会出具整个工程是否合格的明确结论(整个工程是否合格的认定属于建设行政主管部门或受委托的工程质量监督机构的职权)。如果所有分项工程全部合格,不存在质量问题,或建设单位和原设计单位认可施工单位的整改到位,则可以据此认定整个工程质量合格。否则,人民法院就无法判断整个工程是否合格,发包人是否应当支付工程价款。因此,质量鉴定结论仍然无法满足审判需要。

针对上述情形,可通过委托法定检测机构对工程进行安全性鉴定的方式解决质量鉴定的不足。安全性鉴定的范围包括但大于质量鉴定的范围，通过鉴定确定整个钢结构工程属于质量等级A、B、C、D四级中的哪个等级，是否满足国家规范规定的安全使用要求。如果属于A级或D级，可据此直接认定整个工程是否合格。如果属于B级或C级，根据对《〈建设工程质量管理条例〉释义》中对《条例》第24条的解释，原则上由建设单位优先委托原设计单位出具整改方案，由施工单位负责整改合格。如果整改合格，发包人应当支付工程价款；如果整改后达不到设计要求，但经原设计单位核算仍能满足结构安全和使用功能，可视为整改合格；如果整改后经法定检测单位鉴定仍达不到国家规范的相应要求，参考《建筑工程施工质量验收统一标准》(GB50300－2001)5.0.7，可根据最高人民法院《关于审理建设工程施工合同纠纷案件适用法律问题的解释》第3条第一款第(二)项的规定，对承包人支付工程价款的请求不予支持。

具体到本案，涉案工程系未完工的钢结构工程，原审法院委托进行质量鉴定，原设计单位出具整改意见，双方当事人就整改是否合格发生争议，工程质量是否合格无法认定。发回重新审理后此问题仍未解决。二审法院经协调，双方当事人达成委托进行安全性鉴定，并分别鉴定的不同结论进行相应处理的协议。由于涉案工程已经停工数年，为尽快处理纠纷，双方同意如果工程质量达到国家B级或者C级，由鉴定机构确定原因，并提出具体明确的建议性整改方案。又因为施工单位不在涉案工程所在地，早已撤场，由其进行整改难度较大且不经济，双方同意对整改费用进行鉴定，根据协议约定的原则确定整改费用的承担。根据双方达成的协议的约定，本案纠纷得以顺利解决。需要说明的是，相关行业规范关于优先由原设计单位出具整改方案并由施工单位进行整改的规定并非强制性规范，鉴于涉案工程的特殊情况，本案的处理并没有按照行业规范的规定进行。但这种处理方式需要经过双方当事人的同意。

七、福建省

杨关首诉吴思琳、林荣达房屋买卖合同纠纷案

一、裁判要旨

根据法律规定违约金的数额应当与违约方给对方造成的损失相当，本案双方约定的违约金为购房款的30%，明显高于损失，故酌情调整为参照合同约定逾期办证的违约金标准以购房款为基数按日千分之三计算本案违约金，较为公平合理。

二、基本案情

上诉人(原审被告)吴思琳，女，1976年8月9日出生，汉族，住所地厦门市思明区湖滨西路11号，现住厦门市思明区龙虎南路78号。

委托代理人龚晓洪，福建重宇合众律师事务所律师。

委托代理人赖寿辉，男，1963年7月28日出生，汉族，住福建省上杭县临江镇杭小路54号。

上诉人(原审被告)林荣达，男，1954年1月24日出生，汉族，住所地福建省上杭县临江镇振兴路89号，现住厦门市思明区龙虎南路78号。

委托代理人杜爱英，福建重宇合众律师事务所律师。

委托代理人赖寿辉，自然情况同上。

被上诉人(原审原告)杨关首，男，1972年6月8日出生，汉族，住所地福建省福州市鼓楼区白马北路169号11座103单元，现住厦门市思明区北路篔筜A栋2304室。

委托代理人林飞翔，福建建昌律师事务所律师。

上诉人吴思琳、林荣达因与被上诉人杨关首房屋买卖合同纠纷一案，不服厦门市中级人民法院(2010)厦民初字第290号民事判决，向本院提起上诉。本院依法组成合议庭，公开开庭进行了审理。上诉人吴思琳的委托代理人龚晓洪、赖寿辉，上诉人林荣达的委托代理人杜爱英、赖寿辉，被上诉人杨关首的委托代理人林飞翔到庭参加了诉讼。本案现已审理终结。

原审判决查明：2010年5月17日，吴思琳、林荣达作为委托人与受托人张冰烨签订一份《委托书》，约定吴思琳、林荣达将坐落于厦门市思明区厦禾路银聚祥邸14跃15层1598单元房产及银聚祥邸－3层213号车库，特委托受托人张冰烨全权代理出售等

相关事宜,具体代理权限及范围如下:1.(略)。2. 代为办理房产出售手续,包括与房屋买受人商定房产交易价格、房款支付方式、房屋交付等合同的各项条款并代为签署房屋买卖合同及相关协议、文件,代为收取售房款(含银行贷款)。委托期限:2010 年 6 月 23 日起至委托事项办理完毕之日止。该份《委托书》于当日办理了公证手续。

2010 年 7 月 15 日,杨关首与吴思琳、林荣达的代理人张冰烨签订一份《房产买卖合同》,约定杨关首向吴思琳购买位于厦门市思明区厦禾路银聚祥邸 14 跃 15 层 1598 单元房产及银聚祥邸 -3 层 213 号车库,交易价格为 1400 万元,合同第三条付款时间与办法约定:杨关首应当于本合同签订之日起一周内,将全部购房款转账支付到吴思琳指定的张佛彬个人账户。合同第四条房屋的交付约定:吴思琳应于杨关首支付全额购房款的当日,将上述房产清空移交给杨关首。房屋内遗留物品视同吴思琳废弃物,杨关首接受房产后,可以自由处置。同时,吴思琳应当于同日协同杨关首到厦门市国土资源与房产管理局办理过户登记手续。合同第五条违约责任约定:杨关首必须按期向吴思琳付款,如逾期,每逾期一天,应向吴思琳偿付相当于违约部分购房款千分之三的违约金,超过十天没有付款,吴思琳有权解除买卖合同并要求杨关首支付相当于购房款 30% 的违约金。吴思琳必须按期将房产交付杨关首使用并办理过户登记手续,否则,每逾期一天,应向杨关首偿付相当于杨关首支付购房款千分之三的违约金。吴思琳超过约定期限 5 天尚未实质性办理房产过户登记手续,视同吴思琳毁约,吴思琳应当向杨关首支付相当于购房款 30% 的违约金。合同签订后,杨关首于 2010 年 7 月 22 日根据吴思琳指定的账户支付了全部购房款 1400 万元。

后因吴思琳未按期办理房产的过户登记手续双方产生纠纷,杨关首遂起诉至原审法院,请求判令:1. 吴思琳、林荣达立即将厦门市思明区厦禾路 585 号 1598 室及厦门市思明区厦禾路 583 号地下 3 层 213 车库过户到杨关首名下;2. 吴思琳、林荣达向杨关首支付违约金 420 万元。

原审法院审理期间,经主持调解,双方当事人就讼争房产过户达成了协议,并一同前往厦门市国土资源与房产管理局办理厦门市思明区厦禾路银聚祥邸 14 跃 15 层 1598 单元房产及银聚祥邸 -3 层 213 车库过户给杨关首的变更登记手续,杨关首取得了讼争房产的土地房屋权证。嗣后,杨关首表示不再主张第一项诉讼请求。

原审判决认为,杨关首与吴思琳、林荣达授权的代理人张冰烨签订的《房产买卖合同》是双方当事人的真实意思表示,应认定合法有效,双方应当按照合同约定全面履行自己的义务。合同签订后,杨关首依约支付了全额购房款,但吴思琳、林荣达在收取全额购房款后,未在约定的时间内将房产过户到杨关首名下,已构成根本违约,应当承担违约责任。鉴于讼争房屋系吴思琳、林荣达夫妻共同财产,因此,林荣达、吴思琳应共同向杨关首承担违约责任。当事人依法可以委托代理人订立合同,被代理人对代理人的代理行为,承担民事责任。吴思琳、林荣达经公证授权代理人张冰烨出售讼争房屋,所产生的法律后果应由吴思琳、林荣达共同承担。双方约定的违约金数额是否过分高于造成的经济损失,根据谁主张、谁举证的原则,违约方认为违约金过高提出调整的主张必须负有举证的责任。在杨关首举证证明因吴思琳、林荣达的违约,致其与第三方袁艺签订的房屋买卖合同违约,导致签订讼争房屋再转让合同的目的落空,用以证明违约金约定合理的情况下,吴思琳、林荣达虽对杨关首提供的损失证据持有异议,但又不提供反驳证据,应承担不利的法律后果。现吴思琳、林荣达以其没有授权代理人签订违约金条款及违约金过高为由,要求撤销违约金条款或确认违约金条款无效,没有事实和法律依据,不予采纳。本案诉讼中,鉴于杨关首表示不再主张诉讼请求第一项,即办理讼争房屋的过户手续,且杨关首也取得讼争房屋的土地房屋权证,对此不作审查。依照《中华人民共和国民法通则》第 63 条,《中华人民共和国合同法》第 8 条、第 60 条、第 107 条,《中华人民共和国民事诉讼法》第 64 条第一款,最高人民法院《关于适用〈中华人民共和国合同法〉若干问题的解释(二)》第 29 条,最高人民法院《关于民事诉讼证据的若干规定》第 2 条的规定,判决:吴思琳、林荣达应于判决生效之日起十日内支付给杨关首违约金 420 万元。

宣判后,吴思琳、林荣达不服,向本院提起上诉。

吴思琳、林荣达上诉称,一、杨关首与张冰烨签署的房产买卖合同系恶意串通,属于无效。上诉人因被迫与张佛彬签署了还款协议书,才授权给张冰烨出售讼争房屋,将出售款直接给张佛彬。张冰烨与杨关首订立的房屋买卖合同低于市场价格几百万元,并约定了巨额违约金,而且根据委托书受托人本身有权办理房产的清贷、过户手续却有意不办,也不告知上诉人,故意造成上诉人违约。二、即使买卖合同有效,原审判决认定的事实也存在重大错误。1. 原审判决认定上诉人根本违约错误。上诉人一接到被上诉人的起诉状,立即同意办理过户,并同意在审判人员的协调下以最快的方式办理房屋产权过户手续，原审判决认定上诉人存在根本违约与事实不符，也与法律相悖。2. 原审判决认定由于上诉人的违约，导致被上诉人与第三方袁艺签订的房屋买卖合同目的落空，也属认定事实错误。杨关首与上诉人的授权人签订的房产买卖合同时间是2010年7月15日，而与袁艺签订合同的时间为2010年7月22日，其时杨关首根本就不拥有讼争房屋的处分权，而在2010年8月15日办理讼争房屋产权过户后，杨关首又与袁艺解除房产买卖合同，根本就不是因为上诉人违约而导致杨关首房屋再转让合同目的落空。3. 上诉人的违约并没有给杨关首造成经济损失，违约金明显过高。按照合同约定的期限，上诉人办理过户手续总共只延期21天，且还有法院审理迟延3天的原因，却判决高达420万元的违约金，显然不公。三、本案案外人袁艺汇至杨关首的钱款名目不清，解除合同后也未要求杨关首返还1750万元巨款令人怀疑。请求撤销一审判决，驳回杨关首的全部诉讼请求或依法改判。

被上诉人杨关首辩称：一、被上诉人并不清楚上诉人与张佛彬、张冰烨之间的关系，上诉人仅以杨关首在张佛彬公司担任监事为由，推断杨关首与张冰烨恶意串通，缺乏证据证实。二、讼争的房屋买卖合同系双方在平等协商的基础上签订，属合法有效，该合同并非格式条款，双方的权利义务对等，合同约定上诉人违约应当按购房款的总额承担30%的违约金，并没有不公平。三、上诉人存在违约的事实，且主观上有不履约的故意，只有在被上诉人提起诉讼后，其才同意办理过户手续，应当承担违约责任。

经审理查明，对原审判决查明的事实，除上诉人吴思琳、林荣达认为有部分事实存在遗漏外，其余事实双方没有异议，本院对双方没有异议的事实予以确认。

本院另查明，上诉人吴思琳、林荣达针对一审判决遗漏的事实，二审提供以下证据：

1. 2010年8月9日《律师函》和8月10日的《特快专递再投邮件批条》及《邮件详情单》，主张该《律师函》系上诉人的委托律师龚晓洪2010年8月9日出具，并于2010年8月10日用特快专递方式邮寄给杨关首在福州的住所地，因杨关首迁址，故无法送达。《律师函》的主要内容为：本律师审阅了吴思琳女士提供的有关资料并听取陈述，吴思琳女士是在收到阁下提交的诉讼文书之后才知道阁下购买其名下的银聚祥邸14跃15层1598单元房屋，吴思琳女士委托本律师告知阁下，双方可以立即将该房屋过户，时间由阁下确定，具体事宜请尽速联系吴思琳女士，或者联系其委托律师龚晓洪律师。并提供《特快专递再投邮件批条》，该批条载明“收件人迁址，新地址待查”。《邮件详情单》在内件物品上载明：律师函（关于吴思琳同意将厦门银聚祥邸14跃15层1598单元房屋过户至杨关首名下告知书）。

2. 2010年8月10日上诉人的委托律师杜爱英提交给原审法院关于《吴思琳同意房产过户确认书》，确认书内容为：本律师受吴思琳委托，就贵庭受理的杨关首诉吴思琳房屋买卖纠纷一案向法庭确认，吴思琳是在收到诉讼文书之后才知道杨关首购买其名下的银聚祥邸14跃15层1598单元房屋。吴思琳同意立即将该房屋过户，时间由法庭确定。

3. 厦门市房地产转让及权属登记《申请表》，该申请表载明双方于2010年8月13日办理了交件手续。

上诉人提供以上三部分证据，以证明上诉人知道房屋过户事宜后立即积极通知对方和法院办理过户，并于2010年8月13日办妥了房屋过户交件手续。

被上诉人对以上证据的形式上的真实性不持异议，但认为《律师函》其没有收到，《确认书》系提交给法院的，对内容的真实性无法确认，对《申请表》的内容有异议。

由于上诉人提交的《律师函》内容与提交给原审法院的《确认书》内容一致，且也与2011年8月13日在原审法院主持下办理了讼争房屋产权过户交件手续行为相一致，故本院对上述证据的真实性及其内容予以确认。上述证据可以证明上诉人在杨关首起诉之后知道其授权的委托代理人张冰烨与杨关首签订房屋买卖合同时，即主动表示愿意履行办理过户手续的义务，且事实上也于2011年8月13日办理了交件手续。

上诉人还提供其与张佛彬签订的抵债协议、张佛彬为杨关首查封上诉人讼争房屋提供担保的民事裁定书、张佛彬的工商登记材料，报警回执等证据。以证明张佛彬系厦门鑫舜投资有限公司的法定代表人，杨关首系厦门鑫舜投资有限公司的监事，张佛彬以厦门鑫舜投资有限公司无偿为杨关首申请对上诉人的财产保全提供担保，张冰烨系张佛彬指定的上诉人的授权委托人，杨关首与张佛彬恶意串通，故意造成上诉人低价出卖房屋并承担巨额的违约责任，且限制上诉人的人身自由，不告知讼争房出售之事，有意造成上诉人违约，以图谋取巨额违约金，杨关首与张冰烨签订的房屋买卖合同应属无效。被上诉人杨关首对上述证据质证认为，上诉人与张佛彬之间的抵债协议其不知道，且依据抵债协议第三条约定，如果出让房屋价格过低应由张佛彬补足。对工商登记材料的真实性无异议,但认为不能因为杨关首与张佛彬之间的关系,就推定其二人是恶意串通,且杨关首是与张冰烨签订合同,而不是与张佛彬签订合同。报警回执只是报警记录,是否属实有待于公安机关确认,且是上诉人与张佛彬之间的纠纷与被上诉人无关。

经查,以吴思琳、林荣达等为委托人、张冰烨为受托人、张佛彬为第三人曾签订一份协议书(时间不详),内容为:一、委托人因为向张佛彬先生借款,逾期无力偿还本金、利息及违约金,委托张冰烨全权代为处理以下事项:1. 与香港集友银行、上杭农村信用社协商提前偿还借款事宜并代为筹款用于偿还贷款;2. 寻找买家,转让厦门市思明区湖滨西路 15 号整幢房产,转让湖里区兴湖路 27 号整幢房产,转让厦门市思明区厦禾路银聚祥邸 1598 单元房产;3. 委托方同时授权受托方办理与上述两委托事项相关的一切行为。二、受托人转让厦门市思明区湖滨西路各层房产总价不得低于 6000 万元;转让湖里区兴湖路 27 号整幢房产价格不得低于 2500 万元;转让银聚祥邸 1598 单元房产价格不得低于 1400 万元。第三人承诺,如果受托人低于上述价格出让房产,由第三人补足。三、受托人有权决定收取售房款的方式,但收取售房款落空或不足的风险由第三人承担。四、本委托书自 2010 年 6 月 23 日生效等。

本院认为,虽然被上诉人对林荣达、吴思琳与张佛彬签订的以房抵债协议表示不知情,但该以房抵债协议与 2010 年 5 月 17 日吴思琳、林荣达与张冰烨签订的委托书的内容相一致,故本院对其真实性予以确认。鉴于被上诉人对上诉人提供的其他证据的真实性不持异议,本院对上诉人提供的其他证据的真实性予以确认。上述以房抵债协议可以证明林荣达、吴思琳因欠张佛彬的借款,双方签订以房抵债协议,并由张佛彬指定张冰烨作为吴思琳、林荣达的委托人,代理销售林荣达、吴思琳房产的事实。上诉人提供的张佛彬为杨关首申请诉讼保全提供担保的民事裁定书、张佛彬的工商登记材料,报警回执等证据可以证明张佛彬系厦门鑫舜投资有限公司的法定代表人,杨关首系厦门鑫舜投资有限公司的监事,张佛彬以厦门鑫舜投资有限公司无偿为杨关首申请对上诉人的财产保全提供担保,吴思琳、林荣达与张佛彬之间因债权债务发生纠纷曾经向公安部门报警的事实。虽然上诉人与张佛彬之间存在以房抵债协议,张冰烨系张佛彬指定作为上诉人出售房产的委托代理人,张佛彬为杨关首申请诉讼保全提供担保,但吴思琳、林荣达与张冰烨签订的委托书系其双方的真实意思表示,讼争房屋出售的价款 1400 万元并不低于以房抵债协议的约定,且吴思琳、林荣达在知道张冰烨与杨关首签订房屋买卖合同后,也表示愿意履行该合同,视为对代理人代理行为的确认,故上述证据不能证明张佛彬与杨关首恶意串通损害林荣达、吴思琳利益的事实。

另查明,被上诉人杨关首(甲方)提供其与案外人袁艺(乙方)2010 年 7 月 22 日签订的《房屋买卖合同》,该买卖合同约定:杨关首将银聚祥邸 1598 单元房产即车位以 1650 万元出卖给袁艺,其中定金 330 万元。乙方与本合同签订当日,一次性将购房款支付给甲方指定的银行账户,甲方应于 8 月 1 日将该房屋交付乙方。乙方如未按规定的时间付款,自本合同规定的应付款期限之第二天起至实际付款之日止,每逾期一天,乙方按累计应付款的千分之三向甲方支付违约金,逾期超过七日,则视为乙方不履行合同,应赔偿甲方总购房款 30% 的违约金。除不可抗力的自然灾害外,甲方如未按本合同第四条规定的期限将该房屋交付乙方使用,乙方有权按已付的房价款向甲方追究违约责任。每逾期一天,甲方按累计已付款的千分之三向乙方支付的违约金。逾期超过七日,则视为甲方违约,应支付乙方总购房款 30% 的违约金。提供袁艺为付款人的电子银行交易凭证,载明袁艺于 2010 年 7 月 22 日分四次汇给杨关首 1650 万元款项。

被上诉人还提供其与袁艺于 2010 年 9 月 1 日签订的《解除购房合同协议》,该协议内容为:一、双方同意解除在 2010 年 7 月 22 日签订的厦禾路银聚祥邸 14 跃 15 层 1598 单元房产及车库购房合同。二、双方在签署本协议后,原签订的购房合同随之作废。三、双方确认,在签订本协议时,甲方已支付乙方违约金 200 万元,尚欠 100 万元违约金未归还。四、双方确定,加上违约金甲方共欠乙方 1750 万元未归还,利息为月两分五厘,从 2010 年 7 月 22 日起开始计算。

被上诉人提供上述证据主张,其与案外人袁艺签订了讼争房屋的转让合同,并收取袁艺的 1650 万元转让款,因上诉人违约,被上诉人不得不支付给袁艺违约金 200 万元及 1750 万元银行利息,该损失上诉人应予赔偿。

上诉人对上述证据的真实性不予确认,并认为被上诉人在房屋还不属于自己的情况下与袁艺签订买卖合同,由此造成的损失应由其自行承担。袁艺于 1988 年出生,不可能有这么多款项,请求法院调查收集袁艺的资金来源。讼争房屋于 2010 年 8 月 13 日就办理了过户手续,而杨关首与袁艺于 2010 年 9 月 1 日签订解除购房协议书,显然不合常理。同时还认为袁艺在解除合同之后既没有要求返还购房款,杨关首支付违约金也没有凭据，上述证据明显是伪造的。

本院认为，虽然上诉人对上述证据的真实性提出质疑，但未能提供证据加以推翻，故本院对上述证据形式上的真实性予以确认。上述证据虽然证明杨关首在转让讼争房屋时有收取袁艺1650万元购房款，解除合同时，约定杨关首应赔偿袁艺300万元违约金，但杨关首在转让讼争房屋时并未取得房屋所有权证，属于无权处分，故其与袁艺解除合同所造成的损失与上诉人吴思琳、林荣达无关。

还查明，2010年5月17日，林荣达、吴思琳作为委托人与受托人张冰烨签订的《委托书》还约定，由张冰烨代为到厦门市国土资源与房产管理局办理房地产权属过户登记手续并代为签署与房产交易相关的法律文件，代为缴交相应税费；代为与购房人办理房屋交接事宜并代为办理水、电、有线电视、电话等过户手续。本委托书未能穷尽且为受托人办理委托事项所必需之代理权限，应本着促成委托事项完成之本意，视为已得到委托人之充分授权。委托人在办理委托事项时所为的一切行为，视同委托人本人亲为，因此所签署的相关文件及支付的相应费用，委托人均予以承认。

综上，本院认为，上诉人吴思琳、林荣达授权的代理人张冰烨与被上诉人杨关首签订的《房产买卖合同》是双方当事人的真实意思表示，合同内容不违反国家法律和行政法规规定，应属合法有效。吴思琳、林荣达认为该合同系杨关首与张佛彬、张冰烨恶意串通，损害其利益，应属无效的理由，缺乏充分有效的证据证实，本院不予采信。合同签订后，杨关首依约支付了全额购房款，但吴思琳、林荣达在收取全额购房款后，未在约定的时间内将房产过户到杨关首名下，已构成违约，应当承担相应的违约责任。由于本案讼争房屋的买卖合同并非由吴思琳、林荣达与杨关首直接签订，而是林荣达、吴思琳因欠张佛彬的借款，双方签订以房抵债协议，并由张佛彬指定张冰烨作为吴思琳、林荣达的受托人，代理销售吴思琳、林荣达的房产，购房款系由张佛彬直接收取，在吴思琳、林荣达知晓讼争房屋的买卖事实后，及时向杨关首及原审法院书面表示愿意尽快履行办理过户手续的义务，且在本案一审审理期间实际也履行了办理过户手续的义务，故吴思琳、林荣达的行为并不构成根本违约，原审判决认定吴思琳、林荣达的行为构成根本违约不当。虽然讼争合同约定吴思琳、林荣达在收到购房款后超过5天未办理房产过户登记手续，应向杨关首支付相当于购房款30%的违约金，但根据《中华人民共和国合同法》第114条第二款的规定：约定的违约金低于造成的损失的，当事人可以请求人民法院或者仲裁机构予以增加；约定的违约金过分高于造成的损失的，当事人可以请求人民法院或者仲裁机构予以适当减少。根据违约金与损失相当的原则，本案双方约定的违约金明显过高，吴思琳、林荣达请求予以调整，本院予以支持。虽然杨关首提供了其与案外人袁艺签订的买卖合同，袁艺的付款凭证以及解除购房合同的协议，主张其因与袁艺解除合同应支付违约金300万元及返还购房款的利息损失，本案约定的违约金与其损失相当，不存在过高的问题，但其在未取得讼争房屋所有权证的情况下，将讼争房屋转让给袁艺，所造成的损失与本案不具有关联性，本院不予采信。鉴于讼争合同约定了逾期在5天内办理房产过户登记手续，应按已付购房款的日千分之三支付违约金，故本院酌情将本案上诉人应承担的违约金标准调整为按已支付的购房款1400万元的日千分之三，自2010年7月22日起计算至办理交件手续2010年8月13日止，共计966,000元。原审判决林荣达、吴思琳应按杨关首已付购房款的30%计算违约金共计420万元，明显不当，本院予以纠正。综上，依照《中华人民共和国民法通则》第63条，《中华人民共和国合同法》第8条、第60条第一款、第114条，《中华人民共和国民事诉讼法》第153条第一款第（二）、（三）项之规定，判决如下：

变更厦门市中级人民法院（2010）厦民初字第290号民事判决为：吴思琳、林荣达应于本判决生效之日起十日内支付给杨关首违约金966,000元。

如果当事人未按本判决指定的期间履行给付金钱义务，应当依照《中华人民共和国民事诉讼法》第229条之规定，加倍支付迟延履行期间的债务利息。

本案一、二审案件受理费各40,400元，由上诉人吴思琳、林荣达各负担13,460元，由被上诉人杨关首各负担26,940元。诉讼保全费按一审判决执行。

本判决为终审判决。

附：本案所适用法律条文、司法解释

《中华人民共和国民法通则》

第六十三条 公民、法人可以通过代理人实施民事法律行为。

代理人在代理权限内，以被代理人的名义实施民事法律行为。被代理人对代理人的代理行为，承担民事责任。

依照法律规定或者按照双方当事人约定，应当由本人实施的民事法律行为，不得代理。

《中华人民共和国合同法》

第八条 依法成立的合同，对当事人具有法律约束力。当事人应当按照约定履行自己的义务,不得擅自变更或者解除合同。

依法成立的合同,受法律保护。

第六十条 当事人应当按照约定全面履行自己的义务。

当事人应当遵循诚实信用原则,根据合同的性质、目的和交易习惯履行通知、协助、保密等义务。

第一百一十四条 当事人可以约定一方违约时应当根据违约情况向对方支付一定数额的违约金,也可以约定因违约产生的损失赔偿额的计算方法。

约定的违约金低于造成的损失的,当事人可以请求人民法院或者仲裁机构予以增加;约定的违约金过分高于造成的损失的,当事人可以请求人民法院或者仲裁机构予以适当减少。

当事人就迟延履行约定违约金的,违约方支付违约金后,还应当履行债务。

《中华人民共和国民事诉讼法》

第一百五十三条 第二审人民法院对上诉案件,经过审理,按照下列情形,分别处理:

(一)原判决认定事实清楚,适用法律正确的,判决驳回上诉,维持原判决;

(二)原判决适用法律错误的,依法改判;

(三)原判决认定事实错误,或者原判决认定事实不清,证据不足,裁定撤销原判决,发回原审人民法院重审,或者查清事实后改判;

(四)原判决违反法定程序,可能影响案件正确判决的,裁定撤销原判决,发回原审人民法院重审。

当事人对重审案件的判决、裁定,可以上诉。

福建华星建设工程有限公司诉林绪增、杨国栋侵害企业名称权纠纷案

一、裁判要旨

"刑民交叉"案件只有在刑事案件的处理结果对民事案件的处理结果足以产生实质性影响的前提下,才应当优先处理刑事案件,然后再处理民事纠纷,即"先刑后民",否则,则没有必要"先刑后民"。本案中由于侵害企业名称权的认定无须以认定伪造企业印章的事实为前提,而是以认定是否有假冒、盗用他人的企业名称的事实为前提,故一审法院以伪造企业印章的行为应由其他机关处理为由,认为本案不属人民法院主管是不当的。

二、基本案情

原告:福建华星建设工程有限公司,住所地福建省福鼎市前店一号交通大楼四层。

法定代表人宋显贵,董事长。

委托代理人吴家林,福建华巍律师事务所律师。

被告:林绪增,男,1970年2月21日出生,汉族,住福建省福清市沙浦镇江下村杭下4-2号。

被告:杨国栋,男,1973年7月24日出生,汉族,住福建省武夷山市安平路5-1号。

上述二被上诉人的共同委托代理人张健超、何军助,福建枫桦律师事务所律师。

原告福建华星建设工程有限公司(以下简称华星公司)诉称:2010年12月16日,林绪增、杨国栋伪造华星公司公章,以华星公司的名义(即乙方)与中铁十三局一公司沈海复线高速公路漳州段A11标项目经理部(即甲方)签订《施工承包协议书》,甲方把其承包的福建天宝到诏安段A11标的工程项目转包给乙方。合同签订后林绪增、杨国栋即投入施工。2011年6月23日,中铁十三局第一工程有限公司法律事务部向华星公司发出《关于解除与贵公司签订的〈施工承包协议〉并限期撤出施工现场的通知函》,华星公司才发现林绪增、杨国栋私刻公章以华星公司的名义与他人签订合同的情况。华星公司认为,林绪增、杨国栋的行为严重侵犯了华星公司的名称权,且给华星公司造成重大名誉损害和其他经济损失。请求判令林绪增、杨国栋立即停止侵害,恢复名誉,并赔偿经济损失250万元。

三、法院裁判

漳州市中级人民法院一审认为,原告华星公司认为被告林绪增、杨国栋伪造其公章,依照法律规定,属应当由其他机关处理的争议,原告华星公司应向有关机关申请解决。依照《中华人民共和国民事诉讼法》第111条第(三)项、第140条第一款第(三)项的规定,作出裁定:驳回原告华星公司的起诉。

华星公司不服一审裁定,向福建省高级人民法院提起上诉。

上诉人华星公司上诉称:一、本案属人民法院的受案范围。首先,本案不属先刑后民的情形。如果

行为人对他人财产或人身进行侵害，构成犯罪的，刑事民事不可分，应先刑后民，或在刑事诉讼中直接提起附带民事诉讼进行处理，但本案不属此种情况，刑事民事完全可以分开。其次，根据原审庭审证据显示，林绪增、杨国栋并没有私刻华星公司的印章，是其他人私刻公章，林绪增、杨国栋利用他人私刻的公章冒用华星公司企业名称进行民事活动，因此其侵犯的是华星公司的名称权，不属刑法规定的伪造公司、企业印章罪的行为。原审裁定以本案应由其他机关处理为由，裁定驳回华星公司的起诉是错误的。二、本案应属侵犯企业名称权纠纷，不应是侵犯名誉权纠纷。根据传统的民法理论，名称权和名誉权都属于人格权，但两者的性质、侵权形态不同。侵犯名称权是指盗用、假冒他人企业名称进行民事活动的行为。而侵犯名誉权是指对他人（包括自然人和法人）的名誉进行侵犯，毁坏他人名誉的行为，其侵权形态主要包括侮辱和诽谤。侵犯企业名称权可能对他人企业名誉造成损害，但两者属不同范畴。本案林绪增、杨国栋只是假冒华星公司的名称进行民事活动，虽然在冒用期间也可能对华星公司的企业声誉造成损害，但并没有对华星公司进行侮辱和诽谤，因此案由应是侵犯企业名称权纠纷。综上，请求：撤销一审裁定，指令一审法院继续审理本案。

被上诉人林绪增、杨国栋答辩称：一、华星公司认为本案属人民法院受案范围缺乏事实和法律依据。最高人民法院《关于在审理经济案件中涉及经济犯罪嫌疑若干问题的规定》表明，只有在因不同法律事实或法律关系分别涉及经济纠纷和经济犯罪嫌疑时才分开审理；如果是基于同一法律关系而涉及的经济纠纷和经济犯罪嫌疑的则应当根据最高人民法院、最高人民检察院、公安部的规定移送侦查、起诉。此外，《中华人民共和国刑事诉讼法》第78条和最高人民法院《关于执行〈中华人民共和国刑事诉讼法〉若干问题的解释》第99条规定，同样确定了“刑事优先”的原则。因此，华星公司若认为本案中有人私刻企业公章，侵犯了其企业的名称权，应当向公安机关报案。二、从本案的事实来看，林绪增、杨国栋并不存在侵犯华星公司名称权的行为，因此华星公司起诉称林绪增、杨国栋侵犯其企业名称权，严重损害其声誉，给其造成重大经济损失，缺乏事实及法律依据。综上，请求驳回华星公司的上诉请求。

福建省高级人民法院二审认为：华星公司起诉主张林绪增、杨国栋侵犯其企业名称权，给其造成重大的名誉损害和其他经济损失，请求判令林绪增、杨国栋立即停止侵害，恢复名誉，并赔偿其经济损失。因华星公司认为受到侵害的是企业名称权，名誉损害只是企业名称权被侵害所产生的后果，故本案案由应为侵害企业名称权纠纷，一审法院将案由确定为名誉权纠纷不当。根据《中华人民共和国民法通则》第120条关于“公民的姓名权、肖像权、名誉权、荣誉权受到侵害的，有权要求停止侵害，恢复名誉，消除影响，赔礼道歉，并可以要求赔偿损失。法人的名称权、名誉权、荣誉权受到侵害的，适用前款规定”的规定，以他人侵害企业名称权为由起诉的案件应属人民法院受理民事案件的范围。由于侵害企业名称权的认定无须以认定伪造企业印章的事实为前提，而是以认定是否有假冒、盗用他人的企业名称的事实为前提，故一审法院以伪造企业印章的行为应由其他机关处理为由，认为本案不属人民法院主管不当。

据此，华星公司的起诉符合《中华人民共和国民事诉讼法》第108条规定的起诉条件，应予受理。福建省高级人民法院依照《中华人民共和国民事诉讼法》第108条、第154条之规定，于2012年2月20日裁定：一、撤销漳州市中级人民法院（2011）漳民初字第191号民事裁定；二、指令漳州市中级人民法院对本案进行审理。

附：本案适用的法律条文

《中华人民共和国民事诉讼法》

第一百零八条　起诉必须符合下列条件：

（一）原告是与本案有直接利害关系的公民、法人和其他组织；

（二）有明确的被告；

（三）有具体的诉讼请求和事实、理由；

（四）属于人民法院受理民事诉讼的范围和受诉人民法院管辖。

第一百五十四条　第二审人民法院对不服第一审人民法院裁定的上诉案件的处理，一律使用裁定。

八、山东省

保证责任免除中的利益衡量

——上诉人山东华耀医药有限公司与被上诉人凌志忠、李振虎民间借贷纠纷上诉案

张 豪①

一、裁判要旨

《中华人民共和国担保法》第24条规定:“债权人与债务人协议变更主合同的,应当取得保证人书面同意,未经保证人书面同意的,保证人不再承担保证责任。”据此是否可以得出结论,认为只要是债权人与债务人协议变更主合同内容、未经保证人书面同意的,皆可免除保证人的保证责任。对此,需要法官在审判实践中具体问题具体分析,而不可机械、片面地理解和适用法律。法官在个案裁判中应进行利益衡量,对案件的处理结果进行价值判断,以实现实质正义为目标,做出令人信服的认定。

二、基本案情

上诉人(原审被告)山东华耀医药有限公司(以下简称华耀公司),住所地:济南市市中区建新路39号。

法定代表人左光军,总经理。

委托代理人梅立海,男,1963年7月19日出生,汉族,山东华耀医药有限公司法律顾问,住济南市历下区山大路176号。

被上诉人(原审原告)凌志忠,男,1961年3月14日出生,汉族,山东天银投资担保有限公司事长,住济南市天桥区车站街7号。

委托代理人李斌,男,1968年3月15日出生,汉族,山东天银投资担保有限公司法律顾问,住济南市历下区转山西路7号13号楼3－302室外。

委托代理人马晓慧,女,1968年3月15日出生,汉族,山东天银投资担保有限公司法律顾问,住济南市历下区东圩根街17号。

被上诉人(原审被告)李振虎,男,1978年1月18日出生,汉族,无业,住济南市中区王官庄小区10区13号楼3－401。

(一)济南铁路运输中级法院查明的事实

济南铁路运输中级法院一审经审理查明,2009年4月13日,凌志忠与被告李振虎签订了借款合同,约定:借款金额150万元,借款期限自2009年4月13日起至2009年4月20日止,共8天;借款利率为每日千分之一,借款人如未按合同约定的期限归还借款本金及利息的,按每日千分之四向出借人支付违约金。2009年4月13日、14日,凌志忠分别存入华耀公司法定代表人左光军的个人结算账户100万元、45.4万元。同日,被告李振虎分别向凌志忠出具收到汇款100万元、汇款45.4万元和现金4.6万元的收条。2010年1月28日,凌志忠与被告李振虎签订了一份借款对账确认书,内容为:据2009年4月13日签订的《借款协议书》所示,与借款人李振虎对账核算确认,截至2010年1月28日,借款人共欠出借人本金人民币150万元,利息及违约金120万元,合计270万元。借款人须在本确认书双方签字盖章后,承诺具体的还款期限,自2010年1月28日至2010年2月10日前归还完毕。以上事实由凌志忠提供的借款合同、收条、对账确认书为佐。

原、被告双方对以下事实有异议:一、保证合同中的公章是否是李振虎偷盖的。二、签订借款合同后,李振虎收到的款项是多少。三、2009年9月27日,李振虎是否归还了40万元借款。

关于保证合同上公章是否是偷盖的问题,李振虎在原审庭审中述称保证合同是其偷盖的华耀公司公章,华耀公司对此并不知情。华耀公司对签订合

① 张豪,女,山东省高级人民法院民一庭法官。

同一事亦予以否认。但李振虎在原审庭审中对此笔借款到账后流转情况的陈述与原审法院经凌志忠申请向银行调取的流水情况并不相符,其关于左光军个人结算账户是其偷拿左光军身份证开立的陈述与银行出具的左光军个人结算账户系其本人持身份证于2008年6月2日开立的证明亦不相符,因此对于李振虎关于保证合同是李振虎偷盖华耀公司公章签订的这一事实,仅凭李振虎的陈述,并无其他证据所佐证,原审法院不予确认。

关于李振虎收到的款项问题,李振虎称其只收到了凌志忠通过银行存入的145.4万元,对于4.6万元的现金其称凌志忠作为利息先行扣除。但李振虎在2009年4月14日的收条中,明确记载了收到现金4.6万元,因此,对于李振虎的这一抗辩理由,由于没有证据支持,原审法院不予采信。

关于李振虎是否归还了40万元借款的问题,李振虎为此提交了一份齐鲁银行的活期存入凭证,证明其于2009年9月27日,其向凌志忠的妻子马晓林的账户中存入40万元作为还款。对此证据,凌志忠认为被告李振虎提交的这份存入证明是复印件,无法确认其真实性,并且在此凭证上无法看出是李振虎存入的。并且针对此问题还提交了先前的几笔借款合同,证明原与被告李振虎之前还存在借款关系,即使存在这40万元的事实,也不能说明这40万元就是归还涉案的这笔借款。原审法院对于凌志忠的质证意见予以支持,被告李振虎所提交的证据不能对抗其于2010年1月28日签认的对账确认书,在此确认书中,李振虎明确确认借款本金是150万元。因此,对于主张李振虎已归还40万元的事实不予确认。

综上,原审法院确认的事实是:借款合同签订后,凌志忠通过汇款支付了145.4万元并交给李振虎现金4.6万元。2009年4月13日,凌志忠与被告李振虎、华耀公司签订了保证合同约定:一、被保证的借款数额为150万元。二、保证担保的范围包括合同项下的本金、利息、罚息、违约金、损害赔偿金以及诉讼费、律师费等债权人实现债务的一切费用。三、保证方式为连带责任保证。四、保证期间为主合同约定的债务人履行债务期限届满之日起二年。145.4万元的借款到达左光军个人结算账户后,其中的90万元转入到被告华耀公司的账上,其余的款项由左光军委托他人转走或提取现金。被告李振虎未履行还款义务,凌志忠遂起诉至法院。

(二)当事人一审起诉与答辩

2010年5月5日,凌志忠起诉称,原告与被告李振虎于2009年4月13日签订《借款合同》,约定:被告李振虎向原告借款150万元,借款期限自2009年4月13日至2009年4月20日,利息为每日千分之一,逾期还款利息为每日千分之四。同日,原告还与第二被告华耀公司签订《保证合同》,约定:华耀公司对被告李振虎的还款义务承担保证责任。上述二份合同生效后,原告如约向李振虎出借了全部款项,但被告未能按期还款。为此,原告特向法院提起诉讼,请求法院判令二被告连带承担向原告偿还307万元及违约金的还款责任。

被告李振虎口头答辩称,其与原告2009年签订的借款合同中约定的借款150万元其实际只收到了145.4万元,原告已扣除4.6万元的利息;2009年9月27日,其通过齐鲁银行打给原告妻子马晓林40万元作为还款;另外,担保合同是其偷盖的华耀公司的公章。双方签订的借款合同约定的利息、违约金过高,应予以调整。

被告华耀公司口头答辩称,一、保证合同是李振虎偷拿我公司公章签订的。二、2010年1月28日,原告与李振虎签订的"借款对账确认书",已经形成了新的债权债务关系。三、根据保证合同第五条第三款的约定,在展期协议签订后,原告与华耀公司没有签订新的保证合同。综上,华耀公司不再承担保证责任。

(三)济南铁路运输中级法院一审审理与认定

一审法院认为,本案是一起民间借贷纠纷。原告依约履行了出借义务,被告应及时履行还款义务。原告要求被告李振虎承担偿还借款本息及违约金的诉讼请求应予以支持。由于150万元的借款分两次支付给被告李振虎,因此,计息日期分别为100万元自2009年4月13日开始计取,50万元自2009年4月14日开始计取。同时,由于原、被告双方签订的借款合同中约定的利息、违约金过高,应予以调整为银行同类贷款利率的四倍。

关于华耀公司是否承担连带保证责任的问题,原审法院认为,2010年1月28日的借款对账确认书明确写明了依据2009年4月13日签订的《借款协议》,本金是150万元,利息及违约金120万元。还款期限为2010年1月28日至2010年2月10日,原告凌志忠、被告李振虎均签字确认。因此,此份确认书不能认为是新的债权债务关系的确立,而应认定为是对原借款合同借款期限作出的展期。另外,《保证合同》第5条第三款"债权人与债务人就主合同债务履行期限达成展期协议的,重新签订新的保证合同"与"保证期间自展期协议约定的债务履行期限届满之日起二年"之间是用了标点逗号,从文意上应理解此条是为了着重强调签订新的保证合同的保证期限问题,而不是对不签订新的保证合同就不再承担保证责任的特别约定,并且2010年1月28日原告与李振虎签订的借款对账确认书也未实际履行。因此,保证人华耀公司仍应承担保证责任。判决:一、被告李振虎于本判决生效之日起十日内向原告支付借款150万元及利息6480元,合计1,506,480元。二、被告李振虎于本判决生效之日起十日内向原告支付违约金。(其中1,004,320元自2009年4月21日起至本判决生效之日止,按中国人民银行同类贷款利率的四倍支付;502,160元自2009年4月22日起至本判决生效之日止,按中国人民银行同类贷款利率的四倍支付)。三、被告山东华耀医药有限公司对上述债务承担连带保证责任。山东华耀医药有限公司承担保证责任后,有权向李振虎追偿。

(四)当事人的上诉请求与答辩情况

华耀公司不服判决上诉称,一、保证合同上的公章是被上诉人李振虎偷盖的,被上诉人凌志忠对此是明知的。就本案诉争的保证合同,上诉人从未作出过任何意思表示。二、原审法院不予采信4.6万元是预先扣除的利息是错误的。三、原审法院对被上诉人李振虎归还本案诉争的借款40万元不予认定错误。四、"借款对账确认书"已形成确立为新的债权债务关系,上诉人不应再承担保证责任。

凌志忠答辩称,原审判决认定事实清楚,适用法律正确,程序合法,上诉人应承担本案担保责任。

(五)山东省高级人民法院二审查明的事实

山东省高级人民法院二审查明的事实与一审查明的事实一致。

(六)山东省高级人民法院二审的认定与处理

山东省高级人民法院二审认为,本案二审争议的焦点问题是:一、上诉人应否承担保证责任。二、4.6万元应否认定为预先扣除的利息。三、应否认定李振虎已归还本案诉争的借款40万元。四、"借款对账确认书"是否已形成确立为新的债权债务关系,是否达成展期协议。

关于第一个焦点问题,原审法院认定并无不当。上诉人主张凌志忠对李振虎偷盖公章是知道的,但没有相应的证据证明,对此不应予以采信。对于上诉人应否承担保证责任问题,涉及对保证合同条款的理解。即《保证合同》第5条第三款:"债权人与债务人就主合同债务履行期限达成展期协议的,重新签订新的保证合同,保证期间自展期协议约定的债务履行期限届满之日起二年。"本院认为,仅从字面上来看,对此条约定可作两种理解:1. 如果双方对主债务达成展期协议的话要重新签订保证合同,否则保证人不承担保证责任。2. 虽然合同中有"重新签订新的保证合同"这样的表述,但整句话的意思是,强调主合同债务履行期限展期时,保证期间自展期协议约定的债务履行期限届满之日起二年计算。并没有若是不签订新的保证合同,则保证责任免除的意思。且从另一个侧面来看,若是当事人的真实意思表示是强调必须签订新的保证合同,否则保证人不再承担保证责任,则后面一句关于保证期间从何时计算就成为不必要的表述了。如果按照这样的理解,他们完全可以也应当在签订新的保证合同时再对保证期间问题做出约定,根本没有必要在此处指出来。按照《中华人民共和国合同法》第125条的规定:"当事人对合同条款的理解有争议的,应当按照合同所使用的词句、合同的有关条款、合同的目的、交易习惯以及诚实信用原则,确定该条款的真实意思。"在对上述保证合同条款的理解上,应结合案情和合同目的予以解释。当事人双方签订该保证合同的目的就是保护债权人利益,以免债权落空而达成的,所以,在此应做出有利于债权人利益的解释方为公平合理。根据最高人民法院《关于适用〈中华人民共和国担保法〉若干问题的解释》第30条第二项、第三项之规定:"债权人与债务人对主合同履行期限作了变动,未经保证人书面同意的,保证期间为原合同约定的或者法律规定的期间。""债权人与债务人协议变动主合同内容,但并未实际履行的,保证人仍应当承担保证责任。"本案中,当事人签订的借款对账确认书并未实际履行,原合同约定的期间中也有主合同债务履行期限展期时,保证期间自展期协议约定的债务履行期限届满之日起二年计算的约定,本院认为,原审法院认定保证人仍应当承担保证责任并无不当。

关于第二个焦点问题,上诉人主张没有收到4.6万元,是预扣的利息,对此本院认为,在借款单据中明确记载的借款金额是150万元,且李振虎出具了收到现金4.6万元的收条。上诉人对其这一主张没有提交相应的证据证明。从证据优势上来说,借款合同和李振虎收据的证明力更强。原审判决认定并无不当。

关于第三个焦点问题,在借款对账确认书中,双方仍确认借款本金为150万元。由于双方当事人以前也存在业务往来,所以,上诉人没有证据证明这40万元就是用于归还本案借款。上诉人的这一上诉理由证据不足,不予支持。

关于第四个焦点问题,从借款对账确认书的内容可以看出,它是对2009年4月13日借款150万元及相应利息的一次对账确认,主要是约定了新的还款期限。这份借款对账确认书不能认定为形成确立了新的债权债务关系,只是对原借款合同债务履行期限作出的展期。原审法院认为是原合同借款期限的展期并无不当。

判决:驳回上诉,维持原判。

三、法律解读

(一)本案保证人的保证责任应否免除

按照《中华人民共和国担保法》第 24 条的规定:"债权人与债务人协议变更主合同的,应当取得保证人书面同意,未经保证人书面同意的,保证人不再承担保证责任。保证合同另有约定的,按照约定。"本案中双方当事人达成新的展期协议,对原合同约定的还款期限作了变更。是否应适用上述规定,以"未经保证人书面同意的,保证人不再承担保证责任"为由,据此作出认定,免除保证人的保证责任。对此应结合合同的约定,综合衡量双方的利益,而不可机械、片面地理解和适用法律。应考虑立法本质。

通常情况下,保证人固然是根据主合同的内容及债务人的实际情况,对其是否提供担保作出判断,因而主合同内容的变更往往对保证人的利益有着较大的影响。所以法律规定债权人与债务人协议变更主合同,应当经过保证人同意。但这不等于说,主合同内容的任何变更,只要没有经过保证人同意,保证人皆可免责。对于主合同变更的内容应当作具体分析,有些变更对保证人并不产生不利影响。因此,主合同发生变更对于保证人所承担保证责任的影响,重点应在于是否加重了保证人的责任。如果对保证人的保证责任无不利影响,则仍应遵从原合同约定的保证责任期间,而不应仅仅因为未经过保证人同意对主合同作了变更,就免除保证人的责任。主合同的变更,只有加重保证人的责任的情形下,保证人可对加重其责任的部分不承担保证责任。

具体到本案中,由于当事人签订的借款对账确认书并未实际履行,且债权人主张权利的时间并未超出原合同约定的保证责任期间。所以,据此作出认定,应按照原合同约定的期间,计算保证人应承担保证责任的期间,即保证人仍应当承担保证责任。本案结合最高人民法院的有关司法解释,同时适用合同法关于合同解释的理论,对这一问题作出了公平合理的认定。

在决定如何处理该案时,同时还考虑到一个因素,即公平和诚实信用原则。可以说,最高法院的上述司法解释目的就是避免保证合同履行过程中保证责任免除时,容易存在损害债权人利益的情形。若是机械理解和适用《中华人民共和国担保法》第 24 条的规定,认为只要是债权人与债务人未经保证人书面同意协议变更主合同内容、即可免除保证人的保证责任,无疑对债权人利益的保护是不利的。按照最高人民法院的上述司法解释规定精神,主合同当事人协商延长主合同履行期,不应当对保证责任产生期间影响,保证责任期间的计算,仍然应当以原合同约定的或者法律规定的期间为准。这样的认识不但对债权人,对保证人也是有利的。因为保证责任期间的起算,是从主合同履行届满之次日开始计算的,如果主合同双方当事人协商延长主合同履行期,没有经过保证人的同意,并且延长后的主合同履行期届满日,接近或者超过保证责任期间的,若从延长后的主合同履行期届满后,开始计算保证责任期间,无异于同时延长了保证责任期间,从而加重了保证人的风险责任。所以,主合同当事人协商延长主合同履行期的,保证责任期间仍应以原合同约定为准,这一认识无论是对债权人,还是对保证人,都是公平的。

(二)诉讼中的利益衡量

在本案的处理中,法官适当引入了利益衡量的考量因素,即认为,作出不予免除保证人保证责任的认定,更能体现法律的公平正义精神和实质正义的要求,符合社会利益。利益衡量理论要求法官在处理案件时追求法律效果与社会效果的有机统一,在法律适用过程中进行价值判断,以使案件的处理结果更为公允、合理,更具有可实现性和高公认度。

在本案的处理中,公平因素、诚实信用因素、公序良俗原则等,皆予以适当考量,然后结合案情和法律规定,对符合以上因素的利益,予以保护。而对不符合以上因素的利益,予以适当抑制。由于这一利益衡量的结果,具有合法性和正当性,也就必然具有很强的令人信服和接受的力量。不但能产生当事人服判息诉的良好法律效果和社会效果,而且由于维护了法律尊严,维护了正义与公理,还能起到较好的社会引导作用。本案二审判决做出以后,华耀公司当即自动履行判决义务——当即自动履行判决反映了当事人对判决的信服和接受度。

在对案件事实与证据的认定上,则注重以实质正义作为判断案情的重要标准。在本案的情况下,无论是李振虎承认偷盖公章也好,其与凌志忠达成展期协议华耀公司以此为由主张免除保证责任也好,都存在这样一种情形,即有可能会损害债权人利益。从形式上看,保证责任免除后,由李振虎偿还债务,并无不妥。借钱还债,天经地义。李振虎作为借款人,债务当然也应当由其偿还。但试想,当初若无华耀公司提供担保,凌志忠是否还会借钱给李振虎。作为一个自然人,信用和履行能力都是要打个问号的。再者,在凌志忠与李振虎就还款期限作出展期的约定时,若是凌志忠预料到这一延长还款期限的举动会导致保证人保证责任免除的后果,他会对此视而不见吗?何以见得他会随意免除保证人的保证责任。所以,在对合同进行解释时,法官也是从公平和诚实信用原则的角度,对合同约定做出了既有利于保护债权人利益同时又公平合理的解释。这是对双方的利益进行衡量以后,做出的合理认定。

在利益衡量过程中对处于弱势地位者一方予以特别关注并非违反了民法的平等原则。民法中的平等是强调一种同等情况、同等性质下的平等。如在本案中,债权人在将款项出借以后,相对于债务人来说,其权利就处于一种很容易受侵犯的境地。对于自己权利的保护来说,显然,债权人处于一种弱势地位,其权利很容易受侵犯。相反,债务人拿到钱以后,就处于一种优势地位,债务人的权利客观上不容易受侵犯。在这种情况下,注重保护债权人的利益不受侵害,正体现了一种实质上的公正,而不是形式上的。

建设工程款争议之认定规则

——中建五局建筑装饰有限公司与淄博万豪饮食服务有限公司装饰装修合同纠纷上诉案

丁国红[①]

一、裁判要旨

最高人民法院《关于审理建设工程施工合同纠纷案件适用法律问题的解释》第16条第一款规定,当事人对建设工程的计价标准或者计价方法有约定的,按照约定结算工程价款。第22条规定,当事人约定按照固定价结算工程价款,一方当事人请求对建设工程造价进行鉴定的,不予支持。在审理建设工程施工合同纠纷案件中,经常会遇到当事人在合同中对于计价标准或者计价方法有特别约定,有的约定明显高于或低于定额计价标准或市场价格,但只要当事人的约定不违反法律和行政法规的强制性规定,不管双方签订的合同或具体条款是否合理,均应遵从当事人自己的约定,这亦符合《合同法》的自愿和诚实信用原则。

二、基本案情

上诉人(原审原告):中建五局建筑装饰有限公司。住所地:湖南省长沙市井湾子。经常住所地:湖南省长沙市中意1路158号中建大厦17楼。

法定代表人:王爱卿,总经理。

委托代理人:于冠魁,山东诚功(北京)律师事务所律师。

委托代理人:王勇,男,1984年11月30日出生,汉族,住安徽省合肥市包河区屯溪路334号,系该公司助理工程师。

被上诉人(原审被告):淄博万豪饮食服务有限公司。住所地:山东省淄博市临淄区人民大道782号。

法定代表人:赵玉伟,经理。

委托代理人:贾清波,山东春辉律师事务所律师。

(一)淄博市中级人民法院一审查明的事实

2007年2月5日,中建五局建筑装饰有限公司(以下简称中建五局建筑公司)与淄博万豪饮食服务有限公司(以下简称万豪公司)签订淄博万豪大酒店装饰工程合同书(以下简称主合同),约定由中建五局建筑公司承包淄博万豪大酒店第七、八层装饰工程;承包方式包工包料包设计;开竣工时间分别为2007年3月7日、2007年7月7日;质量等级为优良;工程价款结算按双方签字认可的预算价格每平方米1478.00元按实结算;工程量据实结算;如有增加工程量,以补充合同的形式增加,合同主条款不变;双方还对竣工验收、付款方式、保修期、违约责任等内容进行了约定。

此后双方又签订装饰工程补充合同五份:

1. 第十二层标准客房装饰工程合同:总造价为1692平方米(装饰建筑面积)×每平方米1478.00元=

① 丁国红,女,山东省高级人民法院民一庭法官。

2,500,776.00元。

2. 客房走道及候梯厅装饰工程合同:第七、八、十二层客房候梯厅部分装饰工程的总造价为105平方米(装饰建筑面积)×每平方米1700.00元=178,500.00元;走道部分总造价为895平方米×每平方米840.00元=751,800.00元;第七、八、十二层总造价合计为178,500.00元+751,800.00元=930,300.00元。

3. 十二层总统套房装饰工程合同:总造价为326平方米(装饰建筑面积)×每平方米2000.00元=652,000.00元。

4. 第三层餐厅装饰工程合同:总造价为2224平方米(装饰建筑面积)×每平方米1470.00元=3,269,280.00元。

5. 负一层装饰工程合同:总造价为2107平方米(装饰建筑面积)×每平方米1500.00元=3,160,500.00元。

上述五份补充合同均约定,合同条款按照主合同的条款执行。

上述合同签订后,中建五局建筑公司完成了施工任务。因双方对工程造价、已付款、甲方供材等问题存在争议,未能结算清楚,中建五局建筑公司遂向法院提起诉讼。经万豪公司申请,原审法院依法委托山东齐鲁工程审计监理有限公司对实际装修面积作出鉴定,鉴定结论为:一、主合同约定按实结算装饰面积为主墙间净空面积,面积为3286.48平方米,工程造价为4,857,417.44元。依据是主合同签订平方米单价,面积按实结算附预算书,预算书造价70,213.23/47.5=1478.17元/平方米,而47.5平方米正是天棚轻钢龙骨吊顶基层面积及水电预埋面积,根据《山东省建筑工程消耗量定额淄博市价目表》工程量计算规则,各种吊顶顶棚龙骨按主墙间净空面积计算,故由此得出主合同约定按实结算装饰面积为主墙间净空面积;二、补充合同1~5均签订平方米单价,合同主要条款均执行主合同有关规定,主合同根据预算为主墙间净空面积,故补充合同装饰面积同样为主墙间净空面积。据此,鉴定机构得出的五份补充合同的装饰面积鉴定结果,均低于各补充合同约定的面积,工程造价亦低于各补充合同约定的数额。最终,原审法院结合鉴定结论与合同约定,认定工程实际总造价为13,366,906.09元。

(二)当事人一审起诉与答辩情况

中建五局建筑公司诉称:2007年2月5日,双方当事人签订装饰工程合同书一份,约定由中建五局建筑公司承包万豪公司开办的淄博万豪大酒店客房第七、八层的装饰工程,此后双方又先后签订补充合同五份,由中建五局建筑公司增加承包该酒店12层标准客房、第七、八、十二层候梯厅、走道、总统套房、餐厅、负一层的装饰工程,万豪公司支付了部分款项,尚欠工程款3,457,149.00元未付,请求法院判决万豪公司支付该工程款及利息183,574.00元。

万豪公司辩称:万豪公司实际装修面积小于合同约定面积,应当据实结算;中建五局建筑公司在诉状中未扣除万豪公司垫付的材料款,经核算,万豪公司已不欠中建五局建筑公司任何工程款,请求法院驳回其诉讼请求。

(三)淄博市中级人民法院一审认定与处理

原审法院认为,中建五局建筑公司与万豪公司签订的淄博万豪大酒店装饰工程合同书及五份补充合同是双方真实意思的表示,且不违反法律规定,合法有效,该合同对双方当事人均有拘束力。装饰工程合同约定据实结算,应依其约定。五份补充合同均按平方单价乘以装饰面积计算出工程造价,故不能认定为固定价合同,各项具体面积应以鉴定结论为准。结合鉴定结论与合同约定,原审法院依法确认工程实际造价为13,366,906.09元。经过对双方有争议的和无争议的付款和甲方供材的相关证据进行审查,原审法院认定万豪公司付款总计14,478,358.07元,已经超出工程总造价13,366,906.09元,中建五局建筑公司主张剩余工程款不成立,原审法院不予支持。据此,依照《中华人民共和国民法通则》第108条、第111条之规定,判决驳回中建五局建筑装饰有限公司的诉讼请求。

(四)当事人上诉与答辩情况

中建五局建筑公司不服原审判决提出上诉称,原审判决依据鉴定结论,将主合同(客房第七、八层装饰工程)及五份补充合同约定的装饰面积均按照主墙间净空面积计算,从而得出工程造价为13,366,906.09元,是错误的。主合同约定"按双方当事人签字认可的预算价格1478元/平方米,据实结算。"对此部分装饰工程造价,双方计算的数额相差不大,中建五局建筑公司同意按照万豪公司主张的主合同工程造价5,612,453.74元计算。但五份补充合同均明确约定了装饰建筑面积和平方米单价,故应按合同约定计算,即五份补充合同的工程造价为10,512,856元,两者相加涉案工程的总造价为16,125,309.74元。鉴定机构所作的鉴定结论依据不足,不能作为本案的定案依据。原审法院根据鉴定结论认定万豪公司超付工程款,属于认定事实不清,请求二审法院依法改判。

万豪公司答辩认为,对于中建五局建筑公司提出的涉案工程总造价,万豪公司不予认可。主合同(客房第七、八层装饰工程)工程造价应按鉴定结论计算。五份补充合同虽然约定了装饰建筑面积及单价,但双方签订的五份补充合同约定的建筑面积不能作为装饰工程的工程量计算依据,该面积不准确,五份补充合同中明确约定执行主合同条款,即据实结算。故原审法院依法对涉案工程造价进行了司法鉴定,鉴定机构通过现场勘验测量,按照山东省建筑工程消耗量定额计算规则进行鉴定,依据充分,鉴定结论应作为本案的定案依据。请求二审法院驳回中建五局建筑公司的上诉,维持原判。

(五)山东省高级人民法院二审审理情况

二审查明的事实与原审判决认定的事实一致。

(六)山东省高级人民法院二审认定与处理

山东省高级人民法院认为,本案争议的焦点问题是涉案装饰装修工程的总造价应如何认定。

双方当事人签订的淄博万豪大酒店客房第七、八层装饰工程合同书,明确约定合同价款按固定单价,每平方米 1478.00 元据实结算,因此,原审法院委托鉴定机构进行鉴定,按净空面积 3286.48 平方米计算工程量,确定工程造价为 4,857,417.44 元,并无不当。但五份补充合同是区别于上述合同的五份独立的协议,其对于各承包工程范围内装饰建筑面积、单价、总造价均做出了明确的约定,是双方当事人的真实意思表示,不违反法律、行政法规的强制性规定,合法有效,对双方当事人均具有约束力。该五份补充合同应认定为固定价格合同,现合同已履行完毕,且涉案工程已交付万豪公司投入使用,对该五份补充合同约定的工程造价,应依照双方当事人的约定计算,共计 10,512,856 元。原审判决按照鉴定结论计算不当,应予纠正。

综上,中建五局建筑公司部分上诉理由成立,应予支持。涉案工程造价总计 15,370,273.44 元(4,857,417.44元+10,512,856 元)。万豪公司已付工程款(包括甲供材)14,478,358.07 元,剩余工程款 891,915.37 元,应由万豪公司向中建五局建筑公司支付。由于双方均无证据证明涉案工程的实际交付或提交竣工结算资料的时间,故工程欠款的利息应以中建五局建筑公司提起本案诉讼之日(2009 年 11 月 17 日)起至付清之日止,按中国人民银行同期贷款利率计算。

本案经山东省高级人民法院审判委员会研究,依照《中华人民共和国民事诉讼法》第 152 条、第 153 条第一款第(三)项、第 158 条之规定,判决如下:一、撤销山东省淄博市中级人民法院(2009)淄民一初字第 37 号民事判决;二、淄博万豪饮食服务有限公司于本判决生效之日起三十日内向中建五局建筑装饰有限公司支付工程欠款 891915.37 元及利息,利息自 2009 年 11 月 17 日起至付清之日止按中国人民银行同期贷款利率计算;三、驳回中建五局建筑装饰有限公司的其他诉讼请求。

三、法律解读

根据 2001 年建设部发布的《建筑工程施工发包与承包计价管理办法》第 2 条第三款规定,房屋建筑工程,是指各类房屋建筑及其附属设施和与其配套的线路、管道、设备安装工程及室内外装饰装修工程。即房屋建筑工程可以大致区分为建筑安装工程和装饰装修工程两类。该办法第 12 条规定,合同价可以采用以下方式:(一)固定价。合同总价或者单价在合同约定的风险范围内不可调整。(二)可调价。合同总价或者单价在合同实施期内,根据合同约定的办法调整。(三)成本加酬金。下面就这三种价格的认定规则分述如下:

(一)固定价的认定规则。固定价,即双方当事人在合同中约定合同价款包含的风险范围和风险费用的计算方法,在约定的风险范围内合同价款不再调整。最高人民法院《关于审理建设工程施工合同纠纷案件适用法律问题的解释》第 22 条规定,当事人约定按照固定价结算工程价款,一方当事人请求对建设工程造价进行鉴定的,不予支持。审判实践中,当事人往往在诉讼中提出,基于种种原因和情况,当初签订建设工程施工合同时约定的固定价格的条件已发生重大变化,据此结算工程价款,明显不公,请求法院按照工程定额标准进行结算。对此,人民法院应不予支持。因为建设工程定额标准是各地建设主管部门根据本地建筑市场建安成本的平均值确定的,属于政府指导价范畴,也是任意性规范而非强制性规范,应当允许合同当事人随行就市订立与定额标准不一致的工程结算价格,同理,当事人订立低于承包人企业类别、资质等级定额标准的建设工程施工合同也属市场经营行为,合同有效,应按合同约定进行结算。即如果当事人因此发生争议,则合同约定的固定价格就是认定工程价款的依据。

(二)可调价的认定规则。可调价,即双方当事人在合同中约定价格调整的方法,根据该价格调整方法来认定工程价款。最高人民法院《关于审理建设工程施工合同纠纷案件适用法律问题的解释》第 16 条第一款规定,当事人对建设工程的计价标准或者计价方法有约定的,按照约定结算工程价款。如果当事人在履行合同中对原约定已通过补充协议、会议纪要、工程对账签证、技术联系单等形式予以变更的,以变更后的约定作为结算标准。因工程变更导致建设工程的工程量或者质量标准发生变化的情况在实践中非常普遍,对工程量的变更一般比较容易理解,而质量标准变化指的是因设计变更致使建设工程的质量标准与原合同的约定不一样,这时,如果当事人之间对工程价款不能协商一致，可以参照签订建设工程施工合同时当地建设行政主管部门发布的计价方法或者计价标准结算工程价款，即最高人民法院《关于审理建设工程施工合同纠纷案件适用法律问题的解释》第16条第2款的规定。需要注意的是，由于原合同体现了当事人最初签订合同的真实意思表示，所以，可以参照的时间标准是签订原合同时，而不是发生争议时。

（三）成本加酬金的认定规则。工程价款包括成本和酬金两个部分，成本一般包括直接费和间接费两个部分，酬金一般指利润。由双方当事人在合同具体约定。如果双方因此发生争议，合同中的约定就是认定工程价款的依据。如果没有约定或者约定不明，可以按照上述可调整价格的认定规则。

本案中，涉案装饰装修工程的总造价分为两部分：一是主合同造价；二是五份补充合同的造价。主合同对工程价款的计价标准和计价方法作出约定，即按双方签字认可的预算价格每平方米1478.00元，按工程量据实结算。主合同约定了固定单价，原审法院依法委托鉴定机构对装饰工程面积进行了鉴定，鉴定机构按照相应的定额工程量计算规则，认定据实结算应按主墙间净空面积计算，主合同工程造价为4,857,417.44元。该鉴定值低于万豪公司自行核算的数额5,612,453.74元。双方当事人对主合同结算价款争议不大。但对于五份补充协议约定的工程，应如何计算工程价款，成了双方当事人争议的焦点问题。

关于五份补充合同，通过审查，该五份补充合同从形式到内容均是区别于主合同的独立的五份协议，五份补充合同均载明装饰建筑面积、单价和总造价，共计10,512,856元，合同内容具体、明确，应认定为固定价格合同，这是双方当事人的真实意思表示，也是认定工程价款的依据，尤其是作为发包方的万豪公司，其对五份补充合同约定的各工程的实际情况是最清楚的，其应当按照合同约定向中建五局建筑公司支付工程款，现其上诉主张不按合同约定的装饰建筑面积，而是依据鉴定机构根据定额工程量计算规则得出的净空面积计算工程造价，与合同约定相悖。根据最高人民法院《关于审理建设工程施工合同纠纷案件适用法律问题的解释》第22条的规定，当事人约定按照固定价结算工程价款，一方当事人请求对建设工程造价进行鉴定的，不予支持。根据本案的实际情况，法院仅对双方争议的主合同工程造价进行鉴定即可，无须对五份补充合同涉及的装饰工程造价委托鉴定。

根据法律规定，鉴定结论只是一种形式的证据，是鉴定人利用其专业知识、技能、经验对有关专门性问题分析论证所作出的推论，鉴定结论本身并不必然等同于案件的客观事实，仅仅是查明案件事实的证据手段之一，其可靠性、客观性、真实性必须在法庭上通过质证、认证予以采信和取舍，采信与否应由法官根据具体的案件事实和法律的相关规定去决定。对于合同的效力、内容进行审查，亦是法律赋予法官的职责，鉴定人没有权利违背当事人的意愿，擅自对合同约定进行更改。本案中鉴定人以补充合同均签订平方米单价，约定主要条款均执行主合同有关规定为由，认为主合同根据预算为主墙间净空面积，故补充合同装饰面积同样为主墙间净空面积，依据不足，亦忽视了补充合同已明确约定了总造价的事实。虽然，双方当事人在五份补充合同中均约定了工程总造价，还约定合同条款按照主合同的条款执行，但是，其目的在于约束双方当事人履行该补充合同的验收、付款等义务，以及如果有一方违约，应承担的违约责任等按照主合同条款执行，而非对工程造价的计算与主合同一致；否则，就与补充合同中约定的固定价条款相互矛盾。

本案经过山东省高级人民法院审判委员会研究，最终作出二审判决。

合同以外的第三人无权要求确认他人之间订立的合同无效

李玉国

一、裁判要旨

合同相对性原则即合同项下的权利义务、法律责任及其法律效力不能及于合同之外的第三人，即"无契约即无责任"根据合同相对性原理，本案所涉合同以外的第三人无权要求确认他人之间订立的合同无效，不应享有诉权，应驳回合同以外第三人的起诉。

二、基本案情

上诉人(原审原告)山东省丝绸集团有限公司,住所地济南市永庆街2号。

法定代表人姬德武,总经理。

委托代理人张晓明,德衡律师集团事务所律师。

委托代理人赵霞,德衡律师集团事务所律师。

被上诉人(原审被告)山东省丝绸总公司,住所地济南市永庆街2号。

法定代表人李汉润,总经理。

委托代理人赵坤龙,男,1959 年 3 月 22 日出生,汉族,大学文化,莱芜市丝绸公司职工,现住莱芜市莱城区鹏泉西大街87号1号楼2单元301室。

被上诉人(原审被告)莱芜市莱城区丝绸公司,住所地莱芜市莱城区胜利南路8号。

法定代表人陈秀菊,经理。

被上诉人(原审被告)于耕农,男,1970 年 6 月 3 日出生,汉族,大专文化,个体工商户,现住莱芜市莱城区市委第二生活区8号楼1单元1号。

委托代理人刘健,山东鲁浩律师事务所律师。

委托代理人罗文熙,山东文瀚律师事务所律师。

(一)山东省莱芜市中级人民法院一审查明的事实

2004 年 4 月 24 日,莱城区丝绸公司与于耕农签订合同书,合同第一条约定,将甲方(莱城区丝绸公司)办公所在地营业楼一栋(房产证面积 1109.74 平方米)及地上平房建筑面积 733.09 平方米(平房建筑地上部分为甲方所有),办公院内土地一宗(土地面积 3832 平方米),全部转让给乙方(于耕农),由乙方支付甲方职工安置补偿费 232 万元,合同第二条约定,甲乙双方签订合同后,乙方支付给甲方定金 10 万元,在甲方过户给乙方手续办理完毕之日,乙方一次性付给甲方余额 222 万元,同时甲方将过户手续交给乙方,否则甲方不给乙方办理过户手续。

2004 年 4 月 22 日,莱芜圣信有限责任公司会计师事务所出具丝绸总公司、莱城区丝绸公司部分资产评估报告,截至评估基准日 2004 年 3 月 30 日评估价值 2,312,616.25 元,其中固定资产——房屋建筑物 387,955.93 元,无形资产——土地使用权 1,924,660.32 元。

2004 年 4 月 20 日,丝绸总公司分别给莱芜市房管处、莱芜市国土资源局出具授权委托书:“我公司在你市胜利南路 8 号有土地一宗,面积 3832 平方米,土地证号:莱芜市国用(2003)字第 0234 号,鉴于丝绸系统改革改制的需要和为了妥善解决职工安置问题,特授权莱芜市莱城区丝绸公司全权办理此宗土地的转让出售手续”。

2004 年 4 月 27 日,山东省丝绸总公司(甲方)与于耕农(乙方)签订国有土地使用权转让合同中,合同第二条约定,甲方转让的地块位于胜利南路 8 号,面积 3677.8 平方米,原土地证面积 3832 平方米,用途为商业用地,批准年限 40 年,终止日期 2043 年 5 月 6 日,已使用 1 年,剩余使用年限 39 年。第三条约定,甲方转让乙方地产总额为 198.23 万元,土地使用权标定地价为 539 元/平方米,甲方委托代理人邹光华签字并加盖莱城区丝绸公司印章。

2004 年 4 月 30 日,莱城区丝绸公司(甲方)与于耕农(乙方)签订房地产买卖契约:一、甲方自愿将坐落在莱城区胜利南路 8 号房地产(房屋面积 1842.83 平方米)出售给乙方。二、甲乙双方经评估后,确定上述房地产成交价格为人民币 388,000 元,乙方在 2004 年 7 月 1 日前一次性付给甲方。三、双方同意于 2004 年 7 月 1 日由甲方将上述房地产正常交付给乙方。

2004 年 4 月 23 日在资产评估项目基本情况表上,申报备案单位莱城区丝绸公司加盖印章,同意转报备案单位丝绸集团公司加盖印章,备案单位加盖山东省财政厅国有资产评估项目备案专用章。该表载明经济行为类型为资产转让。评估价值为 231.26 万元。

2004 年 4 月 30 日莱芜市房地产管理局给于耕农办理了房权证莱房字第 0637088 - 1、0637088 - 2 号房地产证,房屋坐落为莱城区胜利南路 8 号。

2004 年 5 月 18 日莱芜市国土资源局给于耕农办理莱芜市国有(2004)字第 0197 号国有土地使用权证,坐落胜利南路 8 号,用途为商业用地,使用权类型为出让。

2007 年 2 月 13 日原莱城区丝绸公司法定代表人邹光华因受贿罪被莱芜市莱城区人民法院判处有期徒刑一年,宣告缓刑一年,该刑事判决认定于耕农为顺利购买莱城区丝绸公司房地产,给邹光华现金 10,000 元,后于耕农和莱城区丝绸公司签署了房地产买卖合同。

丝绸集团公司是 2004 年 1 月设立的国有独资有限责任公司,股东为山东省人民政府国有资产监督管理委员会,丝绸总公司、莱城区丝绸公司为山东省丝绸集团有限公司的全资子公司。

2003 年 5 月 6 日山东省国土资源厅关于山东省丝绸总公司企业改制土地资产评估与处置批复中,涉及本案土地评估结果显示,本宗土地总地价为 195.05 万元。

2008 年 3 月 9 日济南道勤恒基资产评估有限公司受丝绸集团公司委托对位于莱芜市莱城区胜利南路 8 号房地产进行价值核定,评估基准日:2004 年 3

月30日，评估值为4,325,689.00元。

2004年6月30日于耕农将房款388,000元交至莱城区丝绸公司银行账户。土地转让款于耕农交付丝绸总公司时，因莱城区丝绸公司提起另案诉讼，丝绸总公司拒收。

（二）当事人一审起诉与答辩情况

原告丝绸集团公司诉称，原告为山东省人民政府出资设立的国有独资公司，被告丝绸总公司、莱城区丝绸公司为原告下属的二级子公司，依据《企业国有资产监督管理暂行条例》的规定，监督、管理其国有资产是原告的职责。2004年4月22日，原告批复同意莱城区丝绸公司将办公驻地的营业楼及土地出售，用于解决职工安置问题。后莱城区丝绸公司将公司驻地的营业楼及土地出售给被告于耕农，并签订《合同书》。之后，为办理过户手续，以及鉴于转让的土地使用权登记在丝绸总公司名下，丝绸总公司与于耕农于2004年4月27日补签了《国有土地使用权转让合同》，莱城区丝绸公司与于耕农于2004年4月30日补签了《房地产买卖契约》。同年5月18日房地产过户到于耕农名下。经原告核查，莱城区丝绸公司在转让公司驻地房产及接受丝绸总公司委托转让公司驻地土地使用权的过程中，转让程序违法，转让价格过低，致使国有资产流失。请求依法确认被告之间转让房地产的交易行为无效，签订的《合同书》、《国有土地使用权转让合同》、《房地产买卖契约》为无效合同。于耕农应当将相应的国有资产返还给丝绸总公司及莱城区丝绸公司。

被告丝绸总公司及莱城区丝绸公司答辩称：同意原告的意见。

被告于耕农答辩称：本案所涉房地产的交易价格是依据评估价格，而不是双方串通的结果。原告主体不适格，本被告所签合同是与山东省丝绸总公司及莱城区丝绸公司所签，山东省丝绸总公司及莱城区丝绸公司均是独立的法人单位，原告无权提起诉讼。

（三）山东省莱芜市中级人民法院一审认定与处理

一审法院认为，依照《企业国有资产监督管理暂行条例》第28条第二款："被授权的国有独资企业、国有独资公司对其全资控股、参股企业中国家投资形成的国有资产依法进行经营、管理和监督"的规定，原告丝绸集团公司作为被告丝绸总公司、莱城区丝绸公司的出资人，对其享有股权和国有资产的监管权，因此作为利害关系人，原告丝绸集团公司享有诉权，提起本案诉讼并无不当。

2004年4月24日莱城区丝绸公司与于耕农签订的合同书和根据房产及国土部门要求签订的契约，是双方当事人真实意思表示，协议中双方对于土地及地上建筑物交易价格，是在莱芜圣信有限责任会计师事务所对涉案房地产进行评估后，在高于评估价格的基础上与被告于耕农签订的，该交易价格，高于2003年5月6日省丝绸总公司因改制组建山东省丝绸集团有限公司时，省国土资源厅对该土地评估价格，该交易价格已经原告认可，并报省财政厅国有资产管理部门备案，因此可以认定，双方对于涉案房地产交易价格是适当和公平的；该资产的转让程序经过原告的批准、中介机构的评估、国有资产管理部门备案，并通过房产及国土部门办理了登记，是符合有关规定和要求的，因此双方签订的协议是合法有效的。依照《中华人民共和国民事诉讼法》第64条的规定，作出以下判决：驳回原告山东省丝绸集团有限公司的诉讼请求。

（四）当事人上诉情况

丝绸集团公司不服一审判决，上诉认为，被上诉人之间的转让行为和签订的合同，因存在低价转让国有资产、违反关于国有产权转让的强制性规定等情形而无效。

（五）山东省高级人民法院二审认定与处理

山东省高级人民法院认为，本案所涉合同系莱城区丝绸公司、丝绸总公司与于耕农签订，丝绸集团公司并非该合同的当事人，根据合同相对性原理，丝绸集团公司对本案所涉合同不应享有诉权，应驳回起诉。经本院审判委员会研究决定，依照最高人民法院关于适用《中华人民共和国民事诉讼法》若干问题的意见第139条之规定，裁定：驳回原告山东省丝绸集团公司的起诉。

三、法律解读

本案的焦点问题是：丝绸集团公司有无诉权。

在司法实践中，由合同关系以外的第三人以起诉的方式要求确认他人之间订立的合同为无效的案件比较常见，本案作为很有代表性的案例之一，对于合同关系以外的第三人有无诉权的问题，二审时，该院存在以下三种不同的观点。

第一种观点认为，理论界和实务界的许多人士认为任何人发现合同包含有无效因数均可以向法院起诉或向仲裁机关申请仲裁，只有这样，才能真正贯彻无效合同的国家干预原则。任何人可以主张是指合同当事人可以主张、利害关系人可以主张、其他人可以主张三种类型。①

第二种观点认为,只有合同相对人可以就合同起诉和被诉,由于合同通常被界定为"(对同一权利或财产)有合法利益的人之间的关系",因此"合同权利只对合同的当事人才有约束力,而且,只有他们才能行使合同规定的权利"。②

第三种观点认为,合同以外的第三人以起诉的方式请求法院确认合同无效,第三人必须是与本案有直接利害关系的公民、法人和其他组织。与无效合同无直接利害关系的第三人可以依照《合同法》第127条的规定,向有关合同的管理机关举报无效合同,由其对无效合同进行处理。实践中,除了法院、仲裁机关有权对民事诉讼或仲裁中发现的违法合同进行无效处理外,对于未进入民事诉讼程序或仲裁程序的无效合同,有关行政部门可以处理。即工商行政管理部门和其他有关行政主管部门在各自的职权范围内,依照法律、行政法规的规定,对利用合同危害国家利益、社会公共利益的违法行为也可监督处理,构成犯罪的,依法追究刑事责任。

我们认为,比较而言,第三种观点更具有合理性。主要理由如下:

第一,英美法中合同相对性的基本内容是:合同项下的权利义务只能赋予当事人或加在当事人身上,合同只能对合同当事人产生拘束力,而非合同不能诉请强制执行合同。③ 合同是当事人之间设立、变更或终止民事权利义务关系的协议。是当事人对自己财产权利的一种处分,是双方当事人的一种合意,一种契约,主要体现当事人意思自治。合同相对性的特征主要是,主体的相对性,内容的相对性,责任的相对性,因此,合同关系只能发生在特定主体之间,只有合同当事人一方能够向合同的另一方当事人基于合同提出请求或提出诉讼。

第二,合同的相对性,在大陆法中称为"债的相对性",债的本质是当事人之间一方请求他方为一定给付的法律关系,合同法律关系之外第三人无权主张该合同无效。假如允许没有利害关系的第三人任意介入到他人的合同中去,则可能会为一些人寻衅滋事、恶意诉讼、滥用诉权提供机会,不仅会扰乱正常的交易秩序和合同自由,还会导致法院增加诉累,不堪重负。④ 或许有些学者认为,如果不允许第三人以起诉的方式请求确认合同无效,如果合同当事人不提起起诉请求确认合同无效,那么,现实生活中将会有大量的无效合同存在。合同当事人之外的第三人将对无效合同无能为力,这将使大量的无效合同放任自流。鉴于此,在未来修订《民事诉讼法》时,可以考虑增加公益诉讼的方式。所谓公益诉讼是与私益诉讼相对而言,是"以促进公共利益为建制目的和诉讼条件,案件的利害关系人甚至任何人均得提起之,诉讼目的往往不是为了个案的救济,而是为了督促政府机构或其管理相对人采取某些促进公益的法定行为,履行法定义务,且判决的效力也未必仅限于个人。"⑤

第三,除了合同相对人之外的利害关系人或者法律规定的享有诉权或优先权的人应当享有诉权。例如,法律规定房屋承租人对租赁物享有优先购买权,出租人在未通知承租人的情况下,将租赁物转让,承租人作为利害关系人可以提起诉讼。该诉请符合《民事诉讼法》第108条起诉实质要件的规定,应予受理。

就本案而言,丝绸总公司、莱城区丝绸公司作为独立的法人有权处置公司资产,丝绸集团公司虽作为丝绸总公司、莱城区丝绸公司出资人,但是并非该合同的当事人,丝绸集团公司对丝绸总公司、莱城区丝绸公司与于耕农之间签订的合同书,没有法律上的利害关系,根据合同相对性原理,其不应享有诉权,应驳回起诉。

① 崔建元:"合同效力瑕疵探微",载《政治与法律》2007年第2期。

② [英]P.S.阿蒂亚:《合同法概论》,法律出版社1980年版,第262页。

③ 沈明达编著:《英美合同法引论》,对外贸易出版社1993年版,第205页。

④ 王洪亮:《合同法难点热点疑点理论研究》,中国人民公安大学出版社2000年版,第153页。

⑤ 王明远:"论环境行政诉讼与环境侵害的排除",载《环境导报》2001年第1、2期。

九、河南省

新乡市金环文化发展有限责任公司与新乡副食品大厦房屋买卖合同纠纷一案案例分析

河南省高级人民法院民一庭

一、推荐意见和理由

公司法定代表人在签订合同的过程中存在违法犯罪行为，相应民事合同的效力如何认定的问题，是实践中存在的一个热点、难点问题。我们的观点是，不能一概而论，涉及刑事犯罪时相应的民事合同不能一律被认定为无效，而是应当结合案情，具体分析是否符合合同无效的几种情形。案例具有一定的复杂性，予以推荐。

二、裁判要点

公司法定代表人在签订合同过程中存在滥用职权等违法犯罪行为，但是合同相对方在合同签订过程中基于诚实信用原则已尽到了充分的注意义务，且没有证据证明合同相对方与公司法定代表人等存在恶意串通的行为的，公司存在对犯罪行为防范不周的过错，但不影响双方所签合同的效力。

三、关于裁判要点的说明

公司法定代表人在签订合同的过程中存在违法犯罪行为，是否影响其所签订的合同的效力，是否必然导致合同无效。对此，实践中存在一种观点认为，涉及违法犯罪的民事合同必然无效。我们认为，判断合同的效力还是要审查合同是否符合法律规定的合同无效的几种情形，合同本身是否违反了法律、行政法规的效力性强制规定。本案例中，公司法定代表人因滥用职权等被追究刑事责任，而合同相对方在签订合同时不存在与其恶意串通的行为，二审法院认为，虽然公司法定代表人被刑事判决认定构成国有企业人员滥用职权罪和挪用公款罪，但合同相对方在合同签订过程中基于诚实信用原则已经尽到了充分的注意义务，没有证据证明合同相对方存在与公司法定代表人等恶意串通的行为。公司存在对犯罪行为防范不周的过错，但并不影响其与善意的相对方签订的合同的效力。

洛阳市水利工程局与偃师市邙岭乡古路沟村民委员会、韩现章、偃师市农村信用合作联社、偃师市财政局侵权赔偿纠纷一案案例分析

河南省高级人民法院民一庭

一、推荐意见和理由

本案例涉及的问题：公司财产不足以清偿债务时，公司的开办单位以及为债务人出具验资材料的金融机构、会计师事务所等应承担责任的范围问题。该问题具有一定的代表性和典型性，予以推荐。

二、裁判要点

公司财产不足以清偿债务时，公司的开办单位应在出资不实的范围内对公司债务承担连带赔偿责任。会计师事务所出具虚假验资证明而损害当事人合法权益的，应当在其证明金额的范围内对债务人不足清偿的部分承担赔偿责任。会计师事务所脱钩

改制的,应由其开办单位在所接收的会计师事务所的剩余财产和风险基金范围内承担清算责任。但如开办单位将会计师事务所的剩余财产和风险基金留给脱钩改制后的新会计师事务所的,则应当由新会计师事务所在所接收的资产范围内对原会计师事务所的债务承担民事责任。

三、关于裁判要点的说明

本案一、二审法院处理结果之所以不同,关键是因为一审法院在适用揭开公司面纱制度时存在认识错误。

揭开公司面纱制度,又称公司人格否定制度。本案一审法院认为三荒公司的开办单位以及为其出具资金证明的金融机构、会计师事务所等不应当对三荒公司所负债务承当连带责任的理由,是三荒公司被吊销营业执照属于工商行政处罚,而其法人资格并未丧失。事实上,在公司已被吊销营业执照而未清算的情况下,公司并未丧失法人人格,但是由于存在虚假出资等法定的否认公司人格的情形,所以要揭开公司面纱,突破公司股东的有限责任,由相应的责任主体承担责任。一审法院将公司具有法人人格作为不予适用公司人格否定制度的理由,是对公司人格否定制度的错误理解。

十、广西壮族自治区

法院在审理不动产转让合同纠纷中支持守约方要求继续履行合同时裁判主文应当如何表达

——凭祥市华清鳄鱼养殖场、黄山与巫佩宁、滕树平土地使用权转让合同纠纷一案

广西高级人民法院民一庭 林 立 谢素恒

一、案件基本信息

一审案号:(2009)崇民初字第56号

二审案号:(2010)桂民一终字第94号

法院在审理不动产转让合同纠纷中支持守约方要求继续履行合同时,应当认真审查原告的诉讼请求,制作裁判主文时应全面考虑其可执行性,尤其是守约方尚未完全支付完毕转让款的前提下,无论在诉请中是否提及支付余款事项,法院都应当在最后的裁判中予以明确。

巫佩宁、滕树平与黄山2009年5月16日签订了一份"土地转让合同",合同中约定:"一、甲方将凭祥市华清鳄鱼养殖场(以下简称华清养殖场)、土地注册号:01－35－43－2土地一宗20亩分割给巫佩宁、滕树平,经双方协商价为人民币8.8万元一亩,待甲方办理好转让给乙方的建设用地规划许可证及国有土地使用证后,一次性付给甲方土地转让全额费共计:壹佰柒拾陆万元整(176万元)。二、在合同签订以后,乙方应给甲方的买地定金:140万元,待甲方办好给乙方两证手续后,乙方应付完全余款。三、经甲、乙双方协商,乙方应给甲方3个月至6个月的时间办理两证手续。四、在转让过程中,由甲方负责帮助乙方办理转让及过户手续(即建设用地规划许可证,国有土地使用证)两证,所产生的税费以及土地转让费等产生的费用按国家政策由双方负责。五、上述土地权属清楚,发生与经济有关的产权纠纷或债权债务与乙方无关。六、甲方地点大道年内修好,修路大道到乙方地界,大道永久提给乙方出入使用。七、协议同意后签字即产生法律效力,任何一方不得反悔,如有一方违约按交付80%的金额赔偿20%的违约金。八、以上条款需共同遵守执行,未尽事宜双方协商解决。九、本合同在履行中若发生争议,双方应采取协商办法解决,协商不成,任何一方可向履行地的人民法院起诉。十、本合同签字后生效,一式三份,甲、乙双方、国土局各执一份。"巫佩宁已依合同约定于2009年5月16日、2009年5月15日、2009年5月19日分别通过银行卡转入和现金给付方式支付黄山买地定金共计140万元,并另预付了4万元办证费用给黄山。《土地转让合同》所涉及的土地使用权类型为

出让,合同标的符合法定的转让条件。双方约定的办证期限已届满,黄山仍没有为巫佩宁、滕树平办理任何过户手续,也未修建合同所约定的大道。

为此,巫佩宁、滕树平向崇左市中级人民法院起诉,请求:1. 判令华清养殖场、黄山继续履行其与巫佩宁、滕树平于2009年5月16日所签订的土地转让合同规定的义务,将华清养殖场内的20亩土地使用权交付给巫佩宁、滕树平,并为巫佩宁、滕树平办理该20亩土地使用权变更登记手续,按规定应当由黄山负担的税金等相关办证费用由黄山另行支付或从土地转让总价款中扣除。2. 判令华清养殖场、黄山于2009年12月31日前修建一条连接凭祥民族希望实验学校门前市政路至巫佩宁、滕树平地块的道路永久提供给巫佩宁、滕树平作为货运通道,道路宽度不低于11米,水泥砼路面。上述货运通道不占用巫佩宁、滕树平土地。3. 判令华清养殖场、黄山赔偿从起诉之日起至本案判决生效之日止因黄山迟延履行给巫佩宁、滕树平造成的经济损失。赔偿标准按每月35,000元人民币计算。4. 本案一切诉讼费用由华清养殖场、黄山承担。

黄山、华清养殖场在一审中未出庭答辩。

二、审判

一审崇左市中级人民法院认为:巫佩宁、滕树平与黄山签订的"土地转让合同"是双方真实意思表示,没有违反法律强制性规定,该合同合法有效。因此,巫佩宁、滕树平请求华清养殖场、黄山继续履行合同约定土地转让及修建大道义务的主张有事实和法律依据,一审法院予以支持。华清养殖场、黄山不履行合同约定的办理转让及过户手续(即建设用地规划许可证、国有土地使用证)两证义务,是造成本案的根本性违约,应按合同的约定支付违约金,因巫佩宁、滕树平不主张,根据《中华人民共和国民事诉讼法》不告不理的规定,一审法院不予审理。巫佩宁、滕树平请求华清养殖场、黄山支付迟延履行给其造成的经济损失的主张,因巫佩宁、滕树平请求的赔偿标准及数额超出了双方所签订的土地转让合同中约定的履行义务,故一审法院不予支持。巫佩宁、滕树平已支付给华清养殖场、黄山买地定金140万元,因华清养殖场、黄山迟延履行合同,给巫佩宁、滕树平造成了经济损失,巫佩宁、滕树平应获得定金140万元和预付4万元办证费的利息作为赔偿。综上所述,依照《中华人民共和国合同法》第一百零七条、第一百一十三条、《中华人民共和国民事诉讼法》第九条的规定,判决:一、凭祥市华清鳄鱼养殖场、黄山继续履行其与巫佩宁、滕树平于2009年5月16日所签订的土地转让合同,即为巫佩宁、滕树平办理建设用地规划许可证及国有土地使用证、修建一条连接凭祥民族希望实验学校门前市政路至巫佩宁、滕树平地块的道路;二、凭祥市华清鳄鱼养殖场、黄山赔偿巫佩宁、滕树平144万元和预付4万元办证费的利息的经济损失,利息计算按中国人民银行规定的同期贷款利率(利息计算:从签订的土地转让合同条款中规定办理两证手续6个月时间届满之次日起至本判决生效之日止);三、驳回巫佩宁、滕树平其他诉讼请求。一审案件案件受理费20,640元,由凭祥市华清鳄鱼养殖场、黄山负担。

上诉人华清养殖场、黄山不服一审判决,向广西区高级人民法院提起上诉,请求:1. 撤销一审判决,改判确认2009年5月16日双方签订的土地使用权转让合同无效,并驳回巫佩宁、滕树平的诉讼请求。2. 本案全部诉讼费由巫佩宁、滕树平承担。

上诉的主要理由:一、一审判决认定本案双方签订的合同合法有效错误。黄山收取巫佩宁、滕树平支付的140万元土地转让价款及4万元办证费用后,在办理土地使用权转让变更手续时已被国土部门告知该转让合同不符合法律规定,没有达到转让条件,且黄山已将这一情况电话告知巫佩宁、滕树平,表示愿意退还所收取的款项,但其不同意,为此黄山无法退款。根据《土地管理法》的相关规定,黄山与巫佩宁、滕树平于2009年5月16日签订的土地使用权转让合同因不符合法律规定的转让条件而无效。故一审法院认定合同合法有效错误。二、巫佩宁、滕树平的诉请没有法律依据,应当予以驳回。转让合同因违反法律的规定而无效,无效合同所约定的违约责任亦无效,巫佩宁、滕树平的诉请应被驳回。

二审广西区高级人民法院认为,本案二审争议的焦点是:双方签订的土地使用权转让合同是否有效,该合同能否继续履行。

关于双方签订的土地使用权转让合同是否有效,该合同能否继续履行的问题。二审法院认为,黄山与巫佩宁、滕树平签订的《土地转让合同》符合意思自治原则,无违反法律法规禁止情形,为合法有效合同。华清养殖场、黄山上诉主张办理本案讼争土地使用权转让变更手续时被国土部门告知该转让合同不符合法律规定,没有达到转让条件。二审法院经查实,凭祥市国土资源规划局并未做出过上述认定,华清养殖场、黄山的上诉缺乏事实和法律依据,一审判决对合同定性正确,应当予以维持。《土地转让合同》签订后,巫佩宁、滕树平已经依约履行了大部分付款义务,黄山以国土部门不予办理土地使用权转让变更登记为由拒绝履行负责办理转让及过户手续的合同义务已构成违约,二审法院认为,在本案并未出现导致合同无法继续履行的客观障碍情况下,一审法院判决黄山应当继续履行合同义务正确,对办理相关过户手续所产生的费用则由双方按有关规定各自负担。同时,巫佩宁、滕树平亦应当在黄山履行完相关过户手续义务后将土地转让款余款36万元及时向黄山支付。对于巫佩宁、滕树平预付的4万元办证费用则应当在上述办理相关过户手续产生的费用中折抵。由于双方在《土地转让合同》中对黄山应当承担的修路义务约定不明,且与本案审理的土地使用权转让合同纠纷不存在实质性关联,巫佩宁、滕树平在二审中亦提出要求撤回对修路事宜的诉讼请求,二审法院认为,当事人对一审起诉状中列明的诉讼请求有撤回的权利,对巫佩宁、滕树平撤回一审起诉时的修路诉请并保留诉权的申请不影响本案纠纷的处理,予以准许。关于巫佩宁、滕树平在一审中提出赔偿经济损失的问题,二审法院认为,根据《中华人民共和国合同法》第一百一十三条的规定:"当事人不履行合同义务或履行合同义务不符合约定,给对方造成损失的,损失赔偿额应当相当于因违约所造成的损失。"巫佩宁、滕树平在本案中提出的经济损失赔偿请求不能证明是因黄山违约所造成,巫佩宁、滕树平对自己的主张依法应当承担举证不能的责任,一审法院径行按照定金140万元和预付办证费4万元的利息损失判决华清养殖场、黄山承担赔偿责任,既无当事人主张也没有法律依据,明显不妥,二审法院予以纠正。综上所述,一审判决认定事实清楚,适用法律部分有误。依照《中华人民共和国合同法》第一百一十三条、《中华人民共和国民事诉讼法》第一百五十三条第一款第(二)项的规定,判决如下:一、撤销(2009)崇民初字第56号民事判决;二、凭祥市华清鳄鱼养殖场、黄山在本判决送达之日起30日内按照《土地转让合同》约定到有关部门为巫佩宁、滕树平办理有关过户手续;三、巫佩宁、滕树平在凭祥市华清鳄鱼养殖场、黄山办理过户手续完毕7日内向凭祥市华清鳄鱼养殖场、黄山支付土地转让款余款36万元;四、驳回巫佩宁、滕树平其他诉讼请求。一审案件受理费20,640元,由巫佩宁、滕树平负担4128元,华清养殖场、黄山负担16,512元;二审案件受理费20,640元,由巫佩宁、滕树平负担4128元,华清养殖场、黄山负担16,512元。

涉及不当得利诉讼中的基础法律关系问题认定

——王洪、巫赏翠、陈荣生委托合同纠纷一案

广西高级人民法院民一庭 谢素恒

一、基本案情

一审案号:(2010)防市民一初字第3号

二审案号:(2010)桂民一终字第119号

当事人以不当得利为由进行诉讼时法院首先应当注意审查是否存在有先决性的基础法律关系,如存在,则应回归到基础法律关系的审理思路上来,以避免出现当事人为了举证的便利而试图通过不当得利的诉讼理由避开对基础法律关系的举证困难而将基础法律关系隐匿,造成不当得利诉讼的滥用。

2009年4月23日,防城港市恒信房地产有限公司以工程款的名义从其在防城港市区农村信用合作联社(以下简称市区信用社)账号为892612010100049483账户转账840万元到王洪在市区信用社账号为6229920500013953810账户。2009年4月24日,王洪以钢材款名义从其市区信用社账号为6229920500013953810账户转账840万元到巫赏翠在市区信用社4367423492110161061账户。2010年3月11日,王洪以委托巫赏翠购买钢材,巫赏翠没有向王洪提供钢材为由,起诉要求巫赏翠偿还840万元,并从2009年4月24日起至本案生效判决确定的履行期间按中国人民银行规定的同期贷款利率计算利息。另,本案第三人陈荣生是防城港市恒信房地产有限公司的法定代表人,其与巫赏翠曾经恋爱,巫赏翠于2008年2月15日在香港生育女儿陈紫轩。

巫赏翠答辩称:虽然收到王洪转账的840万元属实,但其与王洪从未有过委托代购钢材约定,该款项与王洪无关,实为陈荣生在同居期间对巫赏翠的赠与,王洪既非该款项的所有人且基于赠与行为也已经履行完毕,故无权要求巫赏翠返还840万元。

陈荣生否认该840万元是其赠与巫赏翠，认为该款项与其无关。

二、法院裁判

一审防城港市中级人民法院认为：王洪通过转账方式付款840万元给巫赏翠，巫赏翠对此予以认可，一审法院予以确认。王洪诉称该款是委托巫赏翠购买钢材的钢材款，巫赏翠抗辩主张双方不存在委托购买钢材的关系，该款是陈荣生赠与给巫赏翠的。王洪在庭审时陈述双方口头约定钢材的价格按照信息价下浮15%，规格由王洪指定，交货时间按照王洪指令15天内交货，巫赏翠对此予以否认，王洪又没有提供有效证据证明。因此，对王洪主张与巫赏翠存在委托合同关系，一审法院不予采信。巫赏翠抗辩主张该款是陈荣生赠与，虽然该款是从陈荣生担任法定代表人的防城港市恒信房地产有限公司转给王洪，又从王洪的账户上转给巫赏翠。但陈荣生否认该款是其赠与巫赏翠的，巫赏翠又没有提供有效证据予以证实其主张。因此，对巫赏翠的抗辩主张，一审法院不予采信。根据《中华人民共和国民事诉讼法》第六十四条第一款的规定，当事人对自己提出的主张，有责任提供证据。最高人民法院《关于民事诉讼证据的若干规定》第2条的规定，当事人对自己提出的诉讼请求所依据的事实或反驳对方诉讼请求所依据的事实有责任提供证据加以证明。没有证据或者证据不足以证明当事人的事实主张的，由负有举证责任的当事人承担不利后果。因此，王洪以委托合同关系主张要求巫赏翠返还财产840万元及利息，证据不足，理由不能成立，一审法院不予支持。王洪在庭审中主张依据不当得利要求返还840万元，与其主张的双方存在委托关系相矛盾，一审法院不予采信。依照《中华人民共和国民事诉讼法》第六十四条第一款和最高人民法院《关于民事诉讼证据的若干规定》第2条的规定，判决：驳回王洪的诉讼请求。案件受理费73,889元，财产保全费5000元，合计78,889元，由王洪负担。

上诉人王洪不服一审判决，向广西区高级人民法院提起上诉，认为王洪只要提出证据证明其确实给过巫赏翠840万元，即已经完成举证责任。至于该款项是因为合同不成立或双方解除合同，还是不当得利，都不能改变巫赏翠应当返还财产的结果，王洪都有权要求将双方法律关系恢复到转账前的状态。只要该840万元款项不是巫赏翠应得的财产，其都应当将财产返还给王洪。请求撤销一审判决，改判支持其在一审提出的诉讼请求，本案诉讼费用由巫赏翠承担。

二审广西区高级人民法院认为，本案二审争议的焦点是：巫赏翠是否应当向王洪返还840万元并支付利息。

二审法院认为，人民法院审理民事诉讼案件时应当根据当事人的讼争焦点并对照最高人民法院《民事案件案由规定》确定案由。本案中王洪起诉主张其基于与巫赏翠达成的口头委托代购钢材合同故转账840万元至巫赏翠名下，由于巫赏翠没有为王洪购买钢材，所以应将该840万元款项返还给王洪。巫赏翠承认收到该840万元款项，但辩称其与王洪之间没有经济往来和财产法律关系，亦不存在委托代购钢材事实。故，根据王洪的主张，其与巫赏翠之间是否存在委托合同关系，存在何种委托合同关系属于本案的基础法律关系，只有通过明晰基础法律关系才能够判断王洪要求巫赏翠返还财产的理由能否成立，因此，本案实质上应当定性为委托合同关系，一审法院将本案定性为返还财产纠纷不属于案由规定范围亦未能准确反映案件属性，应当予以纠正。

关于巫赏翠是否应当向王洪返还840万元并支付利息的问题。本案中，双方当事人对王洪已经给付巫赏翠840万元无异议，即双方均认可不存在给付对象错误或金额错误的情形。当事人对自己提出的诉讼请求所依据的事实或者反驳对方诉讼请求所依据的事实有责任提供证据加以证明。没有证据或者证据不足以证明当事人的事实主张的，由负有举证责任的当事人承担不利后果。本案的基础法律关系为委托合同纠纷，只有经过对基础法律关系的审理后才能确定王洪是否有权按照委托合同关系要求巫赏翠承担合同责任，因此王洪应当负有对委托合同包括合同的成立、生效、权利义务及违约责任等事实进行举证的义务。王洪仅凭向巫赏翠转款840万元的银行凭证上注明的款项来源为“钢材款”即主张双方存在委托代购钢材关系，而双方当事人仅通过口头委托即达成840万元的大宗交易不尽然符合商业惯例，且该银行凭证为王洪单方填写，在王洪的主张仅有其陈述无其他客观证据证实又被对方当事人否认的情况下，本院对王洪的主张不予支持。另外，有关巫赏翠在本案中抗辩理由如何理解问题，二审法院认为，从巫赏翠与陈荣生共同生育了女儿陈紫轩及陈荣生作为本案中王洪申请财产保全的担保人的事实来看，巫赏翠与陈荣生有存在感情纠纷的可能性，虽然巫赏翠主张的赠与关系被陈荣生否认，由于陈荣生与巫赏翠存在利害关系，故，在陈荣生与巫赏翠可能存在感情纠纷情况下陈荣生在本案中的意见不能当然采信，巫赏翠的抗辩理由可能有一定的合理性，由于巫赏翠可能具有合理性的抗辩使得王洪主张的委托事实继续限于真伪不明状态，如前所述，王洪对其诉讼主张应当进一步承担举证义务,如不能证明则应当依法承担举证不能的不利后果。综上,二审法院认为,王洪主张与巫赏翠存在委托合同法律关系没有事实依据,由于基础法律关系不存在,王洪要求巫赏翠承担合同责任返还财产的理由不成立。至于王洪在二审中认为或者基于其与巫赏翠之间的委托代购钢材合同关系不成立、或者基于双方解除合同、或者基于不当得利,只要巫赏翠已经实际收到 840 万元款项但没有证据证明其有权利获得该款项,则应当承担返还财产的后果问题,本院认为,基于特定基础法律关系而产生的纠纷,当事人必须就其基础关系展开诉讼,而不能避开基础法律关系直接提起不当得利诉讼,王洪二审中实际是为了举证的便利而试图通过更换诉讼理由为不当得利以避开其所主张与巫赏翠之间的基础法律关系的举证困难,对王洪的该上诉理由二审法院亦不予采信。综上所述,一审判决认定事实清楚,适用法律基本正确。依照《中华人民共和国民事诉讼法》第一百五十三条第一款第(一)项的规定,判决:驳回上诉,维持原判。二审案件受理费 73889 元,由上诉人王洪负担。

十一、贵州省

湖北稻花香集团、湖北稻花香酒业股份有限公司、宜昌宏信商贸有限责任公司与贵州天源实业有限公司、沈承美、沈正平、马会理、贵州中联信有限公司、第三人秦波煤矿转让合同纠纷案

贵州省高级人民法院民一庭

一、裁判要旨

一、对于合同主体的认定,不能仅仅从书面合同载明的甲乙方来判断,应以合同的权利义务内容的归属和实际履行情况来判断合同的主体。

二、在判断签约人是否具备民事主体资格时,应当按照"法无禁止即自由"的原则,慎重否定签约人的民事主体资格。对于不具备法人资格的"企业集团",只要其满足"依法成立"、"有一定的组织机构和财产"、"能够独立承担民事责任"等条件,应当认定其属于具有民事主体资格的"其他组织"。

三、依法应经批准才生效的合同,在相关部门作出审批之前,若不存在其他法定无效的事由,该合同属于成立未生效的合同,对当事人具有一定的约束力。

二、相关法条

《合同法》第 44 条、《探矿权采矿权转让管理办法》第 10 条第 3 款和最高人民法院《关于适用〈中华人民共和国合同法〉若干问题的解释(二)》第 8 条

三、基本案情

原告湖北稻花香集团(以下简称稻花香集团)、湖北稻花香酒股份有限公司(以下简称酒业业公司)、宜昌宏信商贸有限责任公司(以下简称宏信公司)诉称:与贵州天源实业有限公司(以下简称天源公司)签订转让杨家湾煤矿采矿权及大海塘煤矿采矿权的协议后,其按约支付了前期转让款 2000 万元,后因被告拒不履行义务,也未约定全额退还投资款;天源公司注册资金为 2000 万元,但公司股东沈承美、沈正平、马会理出资并没有实际到位,贵州中联信有限公司(以下简称中联信公司)验资不实,给原告造成损失,故诉请判令天源公司退还原告投资款、支付资金占用费及定金、违约金等共计 21,656,916 元;判令沈承美、沈正平和马会理承担连带赔偿责任;判令中联信公司在验资不实的范围内承担连带责任。

天源公司未作答辩。

沈承美辩称:一、酒业公司、宏信公司不是涉案合同的当事人,不是本案的适格原告。二、稻花香集团与沈承美以森源公司的名义订立的煤矿转让合同及补充协议均为无效合同,故合同中约定的定金、违约金条款、资金占用费及差旅费等均没有法律约束力。三、沈承美取得原告的转让费共计 2000 万元,已

退还1491万元,余款仅为509万元。按补充协议约定,余款要待原告将杨家湾煤矿的所有设备及资产退还给被告后才予支付,现该前提条件尚未成就,故稻花香集团要求退还全额投资款的主张不能成立。

沈正平辩称:一、森源公司订立合同时未获得工商登记,无签约主体资格;同时,合同约定转让的煤矿"采矿权"、"探矿权"均未获得国家批准,合同应为无效,故稻花香集团主张被告方承担违约金、定金、资金占用费无法律根据。二、天源公司不是相关合同的当事人,不属于本案责任主体。三、酒业公司、宏信公司不是涉案合同的当事人,不具有本案"原告"资格。

马会理辩称:同意沈正平的答辩意见。

中联信公司辩称:中联信公司在办理天源公司验资之前对出资人提供的资产依法进行了必要的审计程序,验资报告对相关事项如实披露,没有虚假记载或误导性陈述,没有重大遗漏,不构成报告不实,不应承担责任。

沈承美一审提出反诉称:在杨家湾煤矿转让合同终止后,反诉被告一直不履行返还煤矿设备、资产、资料的义务,导致反诉原告未能进一步办理相关手续,参加整合成为合法煤矿。现煤矿设备、资产、资料的返还对反诉原告已无价值,反诉被告应对造成反诉原告的损失承担违约赔偿责任,故诉请判令稻花香集团支付其违约金600万元。

法院经审理查明:2005年7月1日,甲方贵州森源矿产有限责任公司(以下简称森源公司)和乙方稻花香集团分别签订了转让杨家湾煤矿的《煤矿转让合同书》和大海塘煤矿的《煤矿探矿权转让合同书》,约定:一、甲方将毕节市杨家湾煤矿采矿权及现有的生产设备、生活设施等一切财产全部转让给乙方,转让价格为1588万元,分三次付清,定金为500万元;二、甲方将其所拥有的毕节市大海塘煤田24.7平方公里的矿界探矿权和11.6平方公里的探矿详查报告以及资料等权属、权益全部转让给乙方,转让价格为2500万元整,分三次付清,定金为500万元;三、两份转让合同均约定:违约方除赔偿守约方所有经济损失外,另向守约方支付违约金500万元,守约方有权选择继续履行合同或解除合同。同日,经沈承美、沈正平签字同意,天源公司发函通知稻花香集团,要求向其支付前述合同约定的定金。稻花香集团按该函的要求,由其下属的酒业公司与宏信公司向天源公司汇款共计1000万元。2005年7月5日,沈承美作为移交人,将"杨家湾森源煤矿"的开发利用方案、勘察地质报告、矿山分布图等资料移交(未有生产设备、生活设施)给了稻花香集团指定的接收人秦波。同月1日和11日,天源公司再次发函,要求稻花香集团向其指定的贵州百花野生花卉研究开发有限责任公司(以下简称"花卉公司")和贵州省毕节地区玉龙房地产开发有限责任公司(以下简称"玉龙公司")分别汇款400万元、600万元,款项性质均为:"杨家湾森源煤矿投资款"。同月12日,稻花香集团按天源公司要求分别向花卉公司、玉龙公司汇款共计1000万元。后因森源公司未能按约定办理杨家湾煤矿采矿权,经协商,双方决定终止杨家湾森源煤矿的转让合同,签订的《煤矿转让合同书补充协议书》约定:甲方森源公司退还稻花香集团前期支付的投资款1500万元;若违约,违约方将向守约方支付总金额的20%的违约金;本合同所称的赔偿责任均为股东之间连带赔偿责任。甲方天源公司(原森源公司)与乙方稻花香集团于2005年12月31日再次签订《补充协议》约定:一、天源公司除按《煤矿转让合同补充协议书》的约定退还尚欠的600万元投资款及其他承诺义务外,还应支付年息10%的资金占用费;二、将双方在大海塘煤矿《煤矿探矿权转让合同书》中约定办证期限推迟到2006年4月30日,转让价格变更为1500万元;若甲方到期仍不能办理好探矿权证,天源公司应积极组织还款,并履行《探矿权转让合同书》中的其他义务和承担年息10%的资金占用费;三、甲方自愿用本公司的资产天工宾馆、毕节市撒拉溪沪黔煤矿作为担保;四、甲方应支付乙方欠款期间差旅费。之后,天源公司以退还投资款的名义先后向宏信公司汇款共计900万元,邹大刚以稻花香集团的名义出具了收到900万元的收款《收条》;沈承美先后四次向秦波个人账户汇款131万元,秦波向沈承美个人出具了收到20万元的还款收据和退还稻花香投资款100万元的收款收条;诉讼中,稻花香集团认可收到秦波归还沈承美返还的投资款130万元。

另查明,天源公司是沈承美、沈正平和马会理共同发起设立的,该三人的投资均为非货币投资,中联信公司在《验资报告》中,对毕节市天工酒店的房地产和沈承美投入资产承诺六个月内过户到天源公司名下作了披露。森源公司于2004年6月14日森源公司取得了企业名称预先核准,但之后并未完成工商登记。稻花香集团于2004年3月3日取得了《企业集团登记证》,注册资金为7195.9万元。酒业公司于1997年8月18日取得《企业法人营业执照》,注册资本8800万元。

再查明,前述四份合同上均无森源公司(或天源公司)与稻花香集团的盖章,仅仅有天源公司(及森源公司)的法定代表人沈承美及稻花香集团的代表邹大刚的签字;在双方签订转让合同时,杨家湾煤矿与大海塘煤矿均未成立,也未取得政府的任何批准文件和探矿证、采矿证。在一、二审中,双方当事人均未提交移交杨家湾煤矿资产及设备的证据。

四、裁判结果

贵州省毕节地区中级人民法院于2009年12月8日以(2008)黔毕中民初字第65号民事判决,判令:一、沈承美支付宏信公司、酒业公司849万元,天源公司对上述款项中的509万元承担沈承美不能清偿部分的连带责任;二、秦波支付宏信公司121万元;三、驳回稻花香集团、宏信公司、酒业公司的其余诉讼请求及沈承美的反诉请求。宣判后,稻花香集团、酒业公司、宏信公司与天源公司、沈承美均不服该判决,提起上诉。贵州省高级人民法院于2010年11月12日以(2010)黔高民一终字第61号民事判决,撤销一审判决,依法改判为:一、天源公司返还稻花香集团杨家湾煤矿转让款470万元,并支付违约金300万元;二、天源公司返还稻花香集团大海塘煤矿定金500万元,并支付年息10%资金占用费;三、沈承美、沈正平、马会理等三人对天源公司应支付的上述款项承担连带偿还责任;四、驳回酒业公司、宏信公司的诉讼请求及沈承美的反诉请求。

五、裁判理由

法院生效裁判认为:

一、关于四份合同的主体问题。首先,在《中华人民共和国民法通则》对民事主体资格的规定中也没有排除"其他组织"订立合同的资格。本案中,稻花香集团已经取得工商管理部门颁发的《企业集团登记证》,并有国家技术监督总局颁发的《组织机构代码证》,有经工商部门核准的注册资金,固定的经营场所和组织机构,能够对外独立承担民事责任,应当认定其属于《中华人民共和国民事诉讼法》规定的"其他组织"的范畴,可以作为一方当事人订立合同。其次,在订立合同时,森源公司已超过企业名称预先核准的六个月仍未办理工商登记手续,公司未成立,不具有主体资格,故不能以森源公司的名义签订合同。第三,案涉四份协议上均未加盖森源公司、天源公司和稻花香集团的印章,仅有沈承美和邹大刚在代表人处签名,故不能仅从两份转让合同和两份补充协议的甲乙方来判断合同的主体,而应以两份转让合同和两份补充协议约定的权利义务内容的归属和实际履行情况来判断合同的主体。第四,在诉讼中,稻花香集团认可邹大刚是其代理人,邹大刚的行为应归属于稻花香集团,故稻花香集团是四份合同的一方主体;酒业公司与宏信公司参与款项的收付只是稻花香集团内部组织利用资金的一种方式,故酒业公司与宏信公司不是涉案合同的主体。第五,四份合同的另一方签字人是沈承美,沈承美既是森源公司的法定代表人,也是天源公司的法定代表人,且在签订转让合同的当天,天源公司即发函要求稻花香集团汇付转让合同约定的定金和转让款,在稻花香集团付款后,出具收款收据的也是天源公司而非森源公司或沈承美个人。同时,《补充协议》上明确记载天源公司为"原森源公司",且天源公司也按照补充协议约定退还了部分投资款。综上,沈承美的行为应归属于天源公司而非森源公司,故天源公司是上述四份合同的一方主体。

二、关于四份合同的效力问题。首先,从两份转让合同的内容看,两份转让合同中明确约定转让标的是杨家湾煤矿的"矿产权、采矿权、经营权、收益权及现有的生产设备、生活设施等一切财产"和大海塘煤矿的"探矿权和探矿详查报告以及资料等权属、权益",稻花香集团支付转让款后获得的是杨家湾煤矿的采矿权和大海塘煤矿的探矿权,而非投资后所获得的收益,故《煤矿转让合同书》、《煤矿探矿权转让合同书》的性质应为煤矿转让合同的性质。其次,由于双方当事人签订两份转让合同时,杨家湾煤矿、大海塘煤矿均没有取得采矿许可证和探矿许可证,故转让标的并不存在,且按照《探矿权采矿权转让管理办法》第十条第三款的规定:探矿权、采矿权的转让需经国土资源部门审批生效,本案中双方当事人签订的两份转让合同未经行政部门审批,故两份转让合同均属于成立未生效的合同。第三,从《煤矿转让合同书补充协议书》(下称"《补充协议书》")约定的内容:一是终止2005年7月1日双方当事人签订的《煤矿转让合同书》,即终止杨家湾煤矿的转让;二是对双方之间已经存在的债权债务如何处理进行约定。由于煤矿转让合同未生效,故不发生终止杨家湾煤矿转让的情形;但对债权债务的约定是双方当事人的真实意思表示,未违反法律禁止性规定,该部分应为有效。第四,对《补充协议》中约定如何返还转让款的部分也是有效的,但涉及办理大海塘煤矿探矿权证的约定,如前所述,应处于未生效状态。

三、关于天源公司是否已经履行全部退还稻花香集团转让款的义务以及天源公司应否承担双倍返还定金、支付违约金、资金占用费及差旅费损失的问题。首先,对于稻花香集团向天源公司共支付了2000万元的投资款和天源公司已退款900万元的事实,双方当事人也没有异议,对退还款项的主要争议集中在秦波以稻花香集团的名义实际收到的退款金额上。本案中,秦波以稻花香集团的名义出具了三张收条:第一张为秦波于2007年8月19日出具的收到沈承美归还稻花香集团270万元的《收条》,但由于双方没有实际发生该笔款项的收付，且稻花香集团不认可此笔款项，故不能认定秦波已经代稻花香集团收到了该笔款；第二张为以林肯车抵债折价70万元的收条，但因双方没有办理该车的移交手续，该车仍由沈承美控制，天源公司没有提交移交给稻花香集团或秦波的证据，仅有沈承美的个人陈述，且稻花香集团也不认可收到该车，故不能认定天源公司已经向稻花香集团退还了该车的折价款70万元；第三张收条为：承美先后分四次向秦波个人汇款共计131万元后，秦波出具了"收到沈承美还稻花香集团100万元"的《收条》，因稻花香集团认可收到秦波的退款为130万元，故法院确认秦波代收的沈承美退还稻花香集团转让款为130万元。综上，截至2007年11月2日，天源公司实际退还稻花香集团的杨家湾煤矿转让款为1030万元。其次，因合同未生效，故转让合同中定金500万元的约定对双方当事人均没有约束力。第三，因天源公司未按《补充协议书》的约定在2005年12月10日前将杨家湾煤矿的转让款1500万元全部退还完毕，故应按约定向稻花香集团承担"合同总金额20%的违约金"300万元。第四，因沈承美等人未能提供证据证明其已经将《补充协议书》中所陈述的杨家湾煤矿的资产与设备移交给了稻花香集团，其依据《补充协议书》第二条"乙方将原移交杨家湾煤矿资产及设备的证据，甲方在7天内再付给乙方300万元"所享有的先履行抗辩权没有事实基础，故沈承美所主张的违约金600万元不能成立。第五，对于转让杨家湾煤矿采矿权的合同，由于按补充协议已适用了违约金法则，故不再适用资金占用费条款；对于转让大海塘煤矿探矿权的合同，按照《补充协议》的约定，天源公司应当承担年息10%的资金占用费（该资金为转让大海塘煤矿探矿权所支付的500万元定金），由于该约定没有违反法律法规的强制性规定应为有效，法院应予以支持。第六，关于差旅费损失。稻花香集团主张的差旅费损失的内容为：金钟煤矿垫支的费用、接管杨家湾煤矿进行的建设及维护费用、专家考察论证费用、诉讼费用和财产保全担保费用等。其中，为金钟煤矿垫支的费用与本案无关；接管杨家湾煤矿进行的建设及维护费用、专家考察论证费用等均产生于双方订立转让合同之前，产生的时间不属于《补充协议》所确定的天源公司的"欠款期间"，不属于交易相对方应当为对方承担的"差旅费"；诉讼费用和财产保全担保费用也不属于"差旅费"的范围。

四、关于沈承美、沈正平、马会理、中联信公司是否应与天源公司承担连带责任的问题。第一，中联信公司出具的毕兴会验［2005］20号《验资报告》如实披露了沈承美、沈正平与马会理尚未将其出资的资产过户到天源公司名下，且沈承美、沈正平与马会理于2005年5月26日向中联信公司出具了《财产权转移手续承诺函》（以下简称《承诺函》），保证在验资报告截至日起6个月之内办理完毕其投资的资产的过户手续。在2005年修订后的《中华人民共和国公司法》生效以前，依据当时实施的《公司注册资本登记管理规定》第十一条第一款第（五）项"股东或者发起人实际缴纳出资情况。以货币出资的说明股东或者发起人出资时间、出资额、开户银行和临时账户及账号；以非货币出资的说明其权属情况、转移或者承诺情况"之规定，公司设立登记时，如果股东以非货币资产出资，但没有办理过户手续的，以出具的《承诺函》方式向注册会计师保证其出资真实是为当时的法律法规所允许的，注册会计师可以凭借《承诺函》认定股东的出资金额。因此，中联信公司出具的验资报告是符合相关规定的，不存在虚假验资的行为，不应对天源公司的债务承担补充连带责任。第二，关于沈承美、沈正平、马会理等人是否应与天源公司承担连带责任的问题。一方面，在《煤矿探矿权转让合同书》和《补充协议书》中均明确约定"本合同所称的赔偿责任均为股东之间的连带责任"；该约定股东对公司承担的一种担保责任。另一方面，在2005年12月31日签订的《补充协议》中双方再次重申了这一约定，故沈承美、沈正平、马会理应当对涉案债务承担连带偿还责任。

综上所述，稻花香集团具有民事主体资格；天源公司作为实际的合同主体，其存在违约行为，依法应当向稻花香集团承担返还投资款、支付违约金及资金占用费等责任。二审法院从规范民事主体的交易行为、保护市场交易秩序、促进市场经济健康有序发展的角度出发，依法作出了上述判决。

平坝县人民政府建设项目管理中心诉贵州建工集团第四建筑工程公司建设工程施工合同纠纷案

贵州省高级人民法院民一庭

一、基本案情

上诉人(一审原告、反诉被告)平坝县人民政府建设项目管理中心。住所地:贵州省平坝县人民政府院内。

被上诉人(一审被告、反诉原告)贵州建工集团第四建筑工程公司。住所地:贵州省贵阳市望城路4号。

一审案号:(2010)安市民二初字第26号

二审案号:(2011)黔高民终字第54号

二、裁判要旨

本案的裁判意义在于:建设工程竣工验收合格后,发包方在没有足够证据情况下,不能否定验收合格后的工程质量,应按照双方合同的约定及合同法的相关规定履行付款义务。但按照民法的相关规定,施工方在验收合格后应按照合同履行工程保修的义务,如未为履行相关义务导致发包方因工程维修支出费用,则施工方也应承担相应的责任。

三、案件事实

2008年5月,平坝县人民政府建设项目管理中心(以下简称平坝县项目中心)通过招标方式与贵州建工集团第四建筑工程公司(以下简称建工四公司)签订了《建设工程施工合同》,将平坝县中山大道沥青砼罩面工程发包给建工四公司承建。合同约定了工程路面面积为43,000平方米、厚度为3厘米,合同价款为2,665,252.13元,工程质量保修金为合同总价款的5%,合同中还约定了工程质量、质量保修期、合同价款、工程款(进度款)支付的时间和方式。

建工四公司在施工中发现中山大道路面横坡度达不到设计要求,于是建设方、施工方及监理单位三方对中山大道沥青砼罩面砼量的计量及费用有关事宜进行协商形成了《会议纪要》,一致同意增加调平层1厘米,并约定按合同、招标文件、投标文件要求,对加铺调平层所铺设的量按合同规定进行结算,总的沥青砼量责任主体三方,每日对沥青砼运输车辆进行登记并计量,对送来的沥青砼进行现场签字认可。根据计量结果,超出的沥青砼按增加量计算,增加的费用由建设方支付。支付方式、支付时间同合同约定工程款的结算方式、结算时间。并约定了具体的金额计算标准。

工程施工完毕后,双方签证资料显示,建工四公司共摊铺细粒式沥青混凝土4763.31吨,设计单位、监理单位及平坝县项目中心于2008年10月15日对该工程进行了验收,验收合格后办理了竣工验收备案,平坝县项目中心支付了2,531,989.4元工程款。

2009年元月12日,建工四公司将工程结算书送达给平坝县项目中心签收,结算书载明工程总造价为3,877,198.39元,其中工程造价2,714,719.70元、沥青砼调平层1,134,585.32元。平坝县项目中心收到结算书后致函建工四公司表示结算书多处与竣工文件不符。要求建工四公司速联系办理结算手续。随后,平坝县项目中心致函建工四公司要求其对出现问题的路面进行维修。建工四公司回函表示对出现质量问题的路面会及时维修,并提出请求支付工程款以支付人工工资和对出现问题的路面进行维修。2009年6月9日,建工四公司再次向平坝县项目中心发函表示如平坝县项目中心在收函后10日内支付工程款,建工四公司放弃该笔款项的违约金及利息,5日内不予答复即提起诉讼。

另查明,平坝县项目中心于2009年3月20日至12月25日雇佣平坝县顺林维修工程队对中山大道沥青路面进行维修,共支付维修费用282,669.93元。2010年6月2日,平坝县项目中心向安顺市中级人民法院提起诉讼。

四、一审双方诉请及判决结果

平坝县项目中心的一审诉请为:(一)建工四公司立即对平坝县中山大道沥青砼罩面裂缝、凹陷、起皮等质量问题处进行整改,达到质量符合合同约定;否则退还已经支付的2,531,989.4元工程款;(二)支付已发生的整改费用310,497元;(三)建工四公司承担诉讼费用。

建工四公司答辩认为:(一)平坝县中山大道沥青砼罩面工程已于2008年10月15日经各方竣工验收合格并进行了竣工验收备案,该工程质量合格。

(二)平坝县项目中心诉称的整改费用实属维修费用,根据双方签订的《建设工程施工合同》,该费用应由其自行承担。同时,该工程已经竣工验收合格,建工四公司不应再承担整改义务。建工四公司仅仅负责沥青路面,工程路面处发生裂缝、凹陷等现象,完全可能是因为路基基础、主体结构、排水等原因所致,也可能是由于平坝县项目中心后期管理不善所致,没有证据证明路面问题是建工四公司的原因。平坝县项目中心在工程已经组织验收合格都快两年时间后又主张该工程质量存在问题,并诉至法院,没有依据。要求依法驳回原告的诉讼请求。

建工四公司提出反诉,请求:(一)判决平坝县项目中心依法向建工四公司支付拖欠的工程款、工程款的利息、违约金共计人民币3,304,371.45元;(二)判令平坝县项目中心退还工程质量保修金133,262.6元;(三)本案诉讼费用由平坝县项目中心承担。

一审认为:平坝县项目中心与建工四公司签订的《建设工程施工合同》是当事人之间真实意思表示,合同有效,应受法律保护。建工四公司通过招投标方式取得平坝县中山大道沥青砼罩面工程后组织施工,工程竣工验收为合格并交付使用,应视为双方对工程质量合格的认可,根据《合同法》第279条的相关规定,平坝县项目中心应当依照合同约定支付建工四公司工程款。故平坝县项目中心诉请建工四公司对平坝县中山大道沥青砼罩面裂缝、凹陷、起皮等质量问题处进行整改,达到质量符合合同约定的请求,不予支持。

关于平坝县项目中心请求建工四公司支付已经发生的整改费用310,497元的诉请。由于建工四公司承建的工程出现质量问题后平坝县项目中心通知了建工四公司,平坝县项目中心已经履行了告知义务,故其为维修工程路面支付的282,669.93元维修费用根据双方的合同约定应予支持。

关于建工四公司请求判决平坝县项目中心支付拖欠的工程款1,211,946.26元及利息92,713.88元、违约金1,999,711.316元,共计3,304,371.45元的诉请。2008年7月23日,各方对中山大道沥青砼罩面砼量的计量及费用有关事宜达成一致意见,约定超出的沥青砼按增加量计算,增加的费用由建设方支付。建工四公司出具的结算报告增加的工程量价款为1,134,585.32元,一审组织双方核实计算,平坝县项目中心更正为1,079,722.52元,但对计算方式不认可,同时也未提出证据加以反驳。故本案双方所涉工程款应为原签订合同价款2,665,252.13元加上增加工程量价款1,079,722.52元合计为3,744,974.65元,扣除已经支付工程款2,513,989.4元,平坝县项目中心应当支付尚欠建工四公司工程款1,230,985.25元。对于建工四公司所提出的拖欠工程款产生的利息以及违约金的请求,由于平坝县项目中心在收到建工四公司的结算书后已经对结算报告进行答复、通知了合理的期限,建工四公司没有提供证据证实其与平坝县项目中心进行结算,故对建工四公司此项请求,不予支持。

关于建工四公司请求判令平坝县项目中心退还工程质量保修金133,262.6元的诉请。案涉平坝县中山大道沥青砼罩面工程经过验收合格交付使用,但在保修期内出现质量问题,根据《建筑法》第六十二条第一款"建筑工程实行质量保修制度"之规定,建工四公司应当依照合同约定履行保修义务。但建工四公司以平坝县项目中心尚欠工程款而迟迟不履行保修义务,导致平坝县项目中心委托他人进行维修,支付维修费用282,669.93元,建工四公司根据合同约定预留在平坝县项目中心处的保修金为133,262.6元,支付维修费用后尚差149,407.33元,此款应从平坝县项目中心支付给建工四公司的工程款中予以扣减,故对建工四公司要求退还保证金的诉讼请求,一审法院不予支持。

综上,一审判决:(一)平坝县项目中心在判决生效后15日内支付建工四公司工程款1,081,577.92元。(二)驳回平坝县项目中心的其他诉讼请求。(三)驳回建工四公司的其他诉讼请求。

五、上诉与答辩

一审宣判后,平坝县项目中心不服一审判决,提起上诉。

平坝县项目中心上诉认为:(一)一审判决建工四公司不承担保修责任错误。本案涉诉合同中双方明确约定了工程质量保修期及保修责任。保修期为工程竣工后一年,保修期自竣工验收合格之日起起算。(二)一审判决自相矛盾。平坝县项目中心一审第一个诉请为"建工四公司立即对平坝县中山大道沥青砼照面裂缝、凹陷、起皮等质量问题处进行整改维修,达到质量符合合同约定。"第二个诉请为"支付前面发生的整改费用310,497元",两个诉请为相互关联,一审判决支持了第二个诉请,却不支持第一个诉请,自相矛盾,应予改判。(三)一审对增加工程量价款的判决错误。一审判决对路面平整度鉴定结论表述"部分合格"不符合客观事实。同时,对于增加工程量价款,平坝县项目中心没有与建工四公司进行结算,也没有签字认可,且该结算中没有扣除建工四公司未进行刨铣部分的取费49万元。(四)一审判决判相混乱。一审法院判决建工四公司承担整改费28万余元,但又将预留的质保金在判决中进行扣减,属于重复处理。(五)建工四公司已经在《回复函》中明确承认出现了质量问题,并承诺将进行修复。但是法院拒不判决其承担维修责任,实属错误。故请求:(一)撤销一审判决;(二)改判建工四公司立即对平坝县中山大道沥青砼照面裂缝、凹陷、起皮等质量问题处进行整改维修,达到质量符合合同约定,支付已发生的整改费用 310,497 元;(三)建工四公司承担所有诉讼费用。

建工四公司提出答辩称:(一)建工四公司无须对工程进行整改。1. 因该工程已经竣工验收并在建设主管部门备案后交付使用,平坝县项目中心没有任何证据证明相关单位在竣工验收时有故意隐瞒弄虚作假的情况,故工程质量合格不容否定。2. 一审中未采纳贵州省交通建设工程检测中心的鉴定报告正确。因该检测报告是在交付使用后两年才作出的检测,不能反映施工完工时的准确情况。3. 该路段工程在验收后虽然发生了裂缝、起皮等现象,但平坝县项目中心未提交证据证明质量缺陷是建工四公司方原因所致,故建工四公司不应承担维修费用。(二)平坝县项目中心应支付增加工程量价款。因路面工程质量已合格,对于增加的工程量,平坝县项目中心应按照三方会议纪要的规定支付增加工程量价款。(三)一审对增加工程量价款认定合理有据,应予维持。据此要求驳回上诉,维持原判。

六、二审判决和结果

二审认为,依照合同法及相关司法解释的规定,建设工程经竣工验收合格后,建设单位在没有足够相反证据证明已经竣工验收合格的工程存在质量问题的情况下,无权要求施工单位承担返修的义务,但依法享有请求施工单位进行保修的权利,施工单位因拖延不履行维修义务的,应承担已经发生的维修费用并承担相应的责任。故综合案件情况在二审审理中将案件争议焦点归纳为:(一)平坝县项目中心是否应承担平坝县中山大道沥青砼罩面工程增加工程量价款。(二)如何确定平坝县项目中心应负担的增加工程量价款。(三)本案所涉工程验收合格后建工四公司应否同时承担整改和保修义务。(四)建工四公司应承担的保修费用数额如何确定。

第一个争议焦点,二审认为:平坝县项目中心通过招标方式与建工四公司签订的《建设工程施工合同》及三方签署的《会议纪要》系各方真实意思表示,内容不违反法律法规强制性规定,依法应为有效。按照双方两份合同中的约定,建工四公司应承担的义务为两项:一是按合同约定按时按质完成工程施工的义务;二是对已完工工程进行保修的义务,平坝县项目中心应承担的义务为:竣工验收后支付相应工程款的义务。合同生效后,建工四公司履行了施工义务,设计单位、监理单位及平坝县项目中心对工程进行了验收并办理了竣工验收备案登记。该工程质量经各方验收认定为合格,故建工四公司的施工义务已经完成。依照《合同法》第 279 条第一款、第二款:“建设工程竣工后,发包人应当根据施工图纸及说明书、国家颁发的施工验收规范和质量检验标准及时进行验收。验收合格的,发包人应当按照约定支付价款,并接收该建设工程。建设工程竣工经验收合格后,方可交付使用;未经验收或者验收不合格的,不得交付使用”之规定,本案所涉工程已经竣工验收合格并交付使用,双方均认可平坝县项目中心已付工程款为 2,513,989.4 元,对于增加工程量部分未支付任何工程款。平坝县项目中心应当按照原合同及会议纪要约定负担增加工程量价款。

对于第二个争议焦点,二审认为:三方的《会议纪要》中第二条规定:按合同、招标文件、投标文件要求,所铺设的量按合同规定进行结算,总的沥青砼量责任主体三方,每日对沥青砼运输车辆进行登记并计量,对送来的沥青砼进行现场签字认可。根据计量结果,超出的沥青砼按增加量计算,增加的费用由建设方支付。支付方式、支付时间同合同约定工程款的结算方式、结算时间;第三条规定:增加的沥青砼量单价按照施工方与拌合站的进料价格,加上税金。进料价为 600 元/吨(含运费),税金为 5.27%;第五条规定:对质量要求为“在调平层加量以后,施工方必须保证路面的平整度和横坡度达到要求,如达不到要求,所增加的量由施工方自己承担”,该工程整体已经经过竣工验收,故应按该《会议纪要》的第二条及第三条计算增加工程量及价款。由于沥青砼施工是一并铺洒,并不是区分原合同工程量和会议纪要工程量分步进行,双方对沥青砼施工总量 4763.31 吨均无异议,按照双方《建设工程施工合同》中关于工程路面和沥青铺设厚度的约定,则该第一份合同中所涉公路工程的总方量应为:43,000 平方米 $\times 0.03\mathrm{m}=1290\mathrm{m}^3$,同时按照《2004 年贵州省政工程计价定额》,沥青混凝土的密度为 2.3 吨/m^3,人工摊铺细粒式沥青混凝土路面的沥青损耗为 3%/m^3,则第一份合同中所涉工程量应为:$1290\mathrm{m}^3\times 2.3$ 吨/$\mathrm{m}^3\times 1.03=3056.01$ 吨,由于建工四公司自愿放弃 4.8 吨的差额,主张按照 3060.81 吨计算第一份合同所涉工程量,二审予以认可。故案涉增加部分工程量应为 4763.31 吨 - 3060.81 吨 = 1702.5 吨,二审中平坝县项目中心提出的计算方法没有合同依据。据此,按照双方《会议纪要》第 3 条中的工程款计算标准,本案所涉增加工程量部分的工程款应为:1702.5 吨×600 元/吨×(1+5.27%)=1,075,333.05 元。

对于第三个争议焦点,二审认为:建工四公司已完全履行施工义务,涉案工程业已完成竣工验收并交付使用,工程质量经各方验收认定为合格,平坝县项目中心要求建工四公司立即对平坝县中山大道沥青砼罩面裂缝、凹陷、起皮等质量问题处进行整改以达到质量符合合同约定的主张,无合同约定,也不符合法律规定,二审不予支持。但其要求建工四公司履行后期保修义务符合双方合同约定和法律规定,依法应予支持。

对于第四个争议焦点,二审认为:依照《城市道路管理条例》第十八条"城市道路实行工程质量保修制度。城市道路的保修期为一年,自交付使用之日起计算。保修期内出现工程质量问题,由有关责任单位负责保修"之规定,结合双方于 2008 年 5 月签订的《建设工程施工合同》附件 3《工程质量保修书》之规定,平坝县中山大道沥青罩面工程竣工验收后一年内,路面出现质量问题的,施工方有负责保修的义务。本案中,所涉公路工程在保修期内出现路面翻砂、起皮等现象,在平坝县项目中心书面通知施工方建工四公司之后,建工四公司未能及时到场修缮,致平坝县项目中心另行委托其他单位修理并发生维修费用 282,669.93 元,故建工四公司未能履行合同约定的保修义务,发生的维修费用 282,669.93 元应由其承担。同时,因本案所涉工程确实存在部分的翻砂、起皮等情况,平坝县项目中心主张建工四公司应对案涉工程进行保修,但其提交的路面照片、建工四公司《关于维修平坝县中山大道并请求支付拖欠工程款的回复函》等证据未能充分证明路面工程出现质量问题的原因及建工四公司在保修期内应承担的维修面积。同时,贵州省交通建设工程检测中心的检测报告检测时间在 2010 年 12 月 3 日,距离工程竣工验收交付使用时间 2008 年 10 月 15 日已经过去两年,其检测结论只能反映检测时的路面平整度情况,无法确认该路面工程在竣工验收时的平整度,故一审法院对于该检测报告结论不予采信并无不当。综上,依照最高人民法院《关于民事诉讼证据的若干规定》第 2 条"当事人对自己提出的诉讼请求所依据的事实或者反驳对方诉讼请求所依据的事实有责任提供证据加以证明。没有证据或者证据不足以证明当事人的事实主张的,由负有举证责任的当事人承担不利后果"之规定,平坝县项目中心应承担举证不能的责任。鉴于本案所涉工程确实存在保修期内需要保修的事项,按照双方《工程质量保修书》中的明确约定:属于保修范围、内容的项目,承包人应在接到通知之日起 24 小时内到现场检查分析原因,7 天内派人保修。承包人不在约定的期限内派人保修的,发包人可以委托他人修理,保修费用从质保金内扣除。在平坝县项目中心书面通知建工四公司之后,建工四公司违反合同约定未能及时到场修缮,致平坝县项目中心支出保修费 282,669.93 元。同时,由于建工四公司没有对案涉工程进行及时保修,客观造成了案涉工程在超出保修期后需要进一步维修,故质量保证金部分 133,262.6 元在总工程款中予以扣除,不再退还建工四公司。

综上,二审认定平坝县项目中心应支付建工四公司的工程款数额为:2,665,252.13 元+1,075,333.05 元=3,740,585.18 元,扣除已经支付的工程款 2,531,989.4元、已发生的维修费用 282,669.93 元及质量保证金 133,262.6 元,平坝县项目中心应支付的剩余工程款为 792,663.25 元。故判决:一、维持原审判决第二项,即驳回平坝县政府建设项目管理中心的其他诉讼请求。二、维持原审判决第三项,即驳回贵州建工集团第四建筑工程公司的其他诉讼请求。三、撤销原审判决第一项,即平坝县人民政府建设项目管理中心在判决生效后 15 日内支付贵州建工集团第四建筑工程公司工程款 1,081,577.92 元。四、平坝县人民政府建设项目管理中心在本判决生效后 15 日内支付贵州建工集团第四建筑工程公司工程款 792,663.25 元。五、驳回平坝县人民政府建设项目管理中心的其他上诉请求。一审本诉案件受理费 29,455.92 元,由平坝县人民政府建设项目管理中心负担 25,130 元,由贵州建工集团第四建筑工程公司负担 4325.92 元,一审反诉案件受理费 34,301.72 元,减半收取 17,150.86 元,由平坝县人民政府建设项目管理中心负担 3954.7 元,贵州建工集团第四建筑工程公司负担 13,196.2 元。二审案件受理费 46,606.78 元,由平坝县人民政府建设项目管理中心负担 23,303.39 元,由贵州建工集团第四建筑工程公司负担 23,303.39 元。

七、评析

此案一审裁判存在的失误看似不那么明显,容易被审判人员忽略,但这些失误的存在,却影响了裁判的公正性。二审对一审存在的这些失误加以纠正,值得肯定。一、二审裁判的差异,主要涉及以下几个方面的问题:

(一)法律概念与生活概念相互混淆时,如何正确判断案涉法律关系并作出正确裁判

两种类似概念在发生混淆时,容易造成当事人对双方权利义务的错误认识,并可能影响裁判机关对法律关系的准确认定及对双方权利义务的准确判断。本案中,整改义务不是一个法律概念,而是一个

生活中的概念,其内涵是对不合格的部分承担整修、完善的义务。保修义务的内涵则是在已合格基础上对后续发生的相关问题进行后续维护的一种义务。两种概念有一定的重合之处。平坝县项目中心对两种义务有一定的混淆和错误认识,实际上其主张是因案涉工程质量不合格,故建工四公司应承担返修义务,如建工四公司拒不履行,则应退还已付的工程款。故二审中对整改义务与保修义务进行了区分,依法明确了因工程已经竣工验收,施工方不存在整改义务,只负有在保修期内进行工程保修的义务,平坝县项目中心应依约支付相应工程价款。通过对两种易混淆的概念进行明确,二审准确厘清了双方的法律关系,判断了当事人诉讼请求的实质内容,有利于消除当事人的错误认识,理解裁判机关的裁判思路,提升裁判文书的公信力和执行力,有效实现定分止争,稳定了社会秩序,也有利于当事人服判息诉。

(二)合同双方对约定内容有不同理解时,如何认定双方合同约定的内容并判断双方的权利义务

在案件审理过程中,时常发生当事人对合同部分条款理解不一致的情况,在此情况下,法院在审理中要善于运用解释的方法来确定双方的真实意思表示。解释的最基本方法就是文义解释,但由于合同条款存在约定不明或不同理解的情况,就需要法官进一步采取目的解释、整体解释等解释方法对双方真实意思表示进行叙明。本案中,由于双方在签署合同时对案涉工程量并未进行明确的约定,导致在增加工程量及价款计算上存在较大分歧,因此二审中采取了目的解释的方法,按照双方合同约定的工程面积和双方认可的工程总量,结合双方中合同关于价款的约定,从双方两份合同的整体一致性判断双方合同中的真实意思表示,并通过对行业习惯的参照,对争议的工程增加量和价款问题进行了判断,较为客观地反映了当事人的真实意思表示。

(三)案件事实因客观原因无法查明的情况下,如何分配举证责任并采纳相关证据

案件事实是已经发生的并被证据证明的事实,它本质上是客观事实。由于案件事实具有不可复制性,法官只能在现有的证据上认定案件事实,但由于各种各样的原因证明案件事实的证据不能取得或已经灭失,在此情况下,裁判机关在依法穷尽了其他认知案件事实的方法后,原则上依据"谁主张,谁举证"的证据规则由应当承担证明责任的当事人承担举证不能的不利后果。本案中,平坝县项目中心虽主张建工四公司对案涉工程进行全部维修,其提交证据未能充分证明工程质量问题的原因及建工四公司在保修期内应承担的维修面积。委托机构的检测报告也是在工程竣工验收交付使用后两年才作出,其检测结论只能反映检测时情况,无法反映该路面工程在竣工验收时的平整度,与其主张的事实不具有因果关系的必然性,故平坝县项目中心对其诉请应承担举证不能的责任。

(四)如何发挥民事裁判在社会经济生活中的引导作用

民事裁判结果体现了社会经济活动的价值取向,对市场经济中的民事行为具有导向和指引作用,对于鼓励诚实守信、维护社会经济的正常秩序具有积极的倡导作用。本案中,确有建工四公司在保修期内未按时保修的行为并导致超出保修期还需要进一步维修的实际情况,但其在保修期内进一步维修的各方面费用和面积因时过境迁已无法查明。如果仅对平坝县项目中心已经支付的保修费用进行支持,对其他的保修请求一概因举证不能予以驳回,实际上肯定了违反约定不履行保修义务的不诚信行为,为发挥民事裁判的指引作用,惩戒违约行为,二审从建工四公司应得工程款中对工程质量保证金进行了扣除,从而对双方权利义务失衡的地方进行了一定的平衡,体现了法律效果与社会效果的统一。

十二、甘肃省

甘肃省高级人民法院
关于薛某诉刘某否认婚生子亲子关系纠纷案

甘肃省高级人民法院民事审判第一庭

一、基本案情

原告(上诉人):薛某(化名),男。

被告(被上诉人):刘某(化名),女。

原、被告于2005年年底登记结婚,于2006年年底协议离婚,2007年年底登记复婚。从2007年春节后至复婚登记前,双方有过多次性生活,复婚时原告知晓被告已怀孕,被告于2008年6月生一女孩。双方为复婚签过协议,约定在孩子出生前必须做亲子鉴定,如果孩子不是男方的,女方给男方赔偿精神损失费等事宜。复婚后,刘某拒绝做亲子鉴定。2010年刘某将薛某诉至法院请求离婚,双方在法院主持下自愿达成如下调解协议:一、原告刘某与被告薛某离婚;二、婚生女由刘某抚养,薛某暂不承担抚养费;三、夫妻共同财产归薛某所有,薛某给付刘某财产补偿款及之前孩子抚育费20,000元;四、薛某返还刘某婚前财产5000元。法院根据该协议制作并送达了调解书。现原告起诉至法院请求判令:1. 被告刘某所生孩子与原告不存在亲子关系;2. 刘某赔偿原告精神损失费100,000元。

二、审理过程、裁判结果

一审甘肃矿区人民法院经审理后认为:关于亲子关系的确认问题,根据最高人民法院《关于适用〈中华人民共和国婚姻法〉若干问题的解释(三)》第2条第一款"夫妻一方向人民法院起诉请求确认亲子关系不存在,并已提供必要证据予以证明,另一方没有相反证据又拒绝做鉴定的,人民法院可以推定请求确认亲子关系不存在一方的主张成立。"的规定,原告薛某需向人民法院提供必要证据予以证明亲子关系不存在。原告薛某仅以采取了避孕措施不可能怀孕的推断来否认亲子关系的存在,缺乏证明力,不符合最高人民法院《关于适用〈中华人民共和国婚姻法〉若干问题的解释(三)》第2条"并已提供必要证据予以证明"的法定证明标准。故其否认亲子关系存在的证据不充分,对其主张不予支持。关于精神损害赔偿问题,鉴于原告薛某没有向法院提供否认亲子关系存在的必要证据。其以双方签有协议、约定女方在孩子出生前必须作亲子鉴定,并以被告刘某拒绝作亲子鉴定,不能证明孩子与原告的亲子关系为由,要求被告刘某赔偿其精神损失100,000元的诉讼请求,违背了亲子鉴定的自愿原则,是变相的强迫作亲子关系鉴定的行为,没有法律依据,对其主张不予支持。依照《中华人民共和国民事诉讼法》第64条、最高人民法院《关于民事诉讼证据的若干规定》第2条、最高人民法院《关于适用〈中华人民共和国婚姻法〉若干问题的解释(三)》第2条第一款的规定,于2011年11月25日作出判决:驳回原告薛某的诉讼请求。

宣判后,原告薛某不服提起上诉。

甘肃省高级人民法院经审理后认为:在薛某一审起诉之前,薛某和刘某已经在法院的主持下调解解除了婚姻关系。在法院民事调解书中,法院认定薛某与刘某"婚后于2008年6月生育一女",且薛某在庭审中也陈述"孩子是我的…"该调解书现已经生效,据此,生效的法律文书已经确认刘某所生孩子是其和薛某的婚生子。根据最高人民法院《关于适用〈中华人民共和国婚姻法〉若干问题的解释(三)》第2条第一款的规定,薛某向法院提起婚生子女否认之诉,则其所举证据对于其主张所依据的事实应当是必要的,即其所举的证据必须能够形成合理的证据链条证明其与孩子之间不存在亲子关系,其申请亲子鉴定只是对所举证据的一种补充。而薛某在本案中除依据其和刘某在复婚后签订的协议申请法院作亲子鉴定之外,并未举出其他足以使人产生合理怀疑的证据来否定其和刘某所生孩子之间的亲子关系,其在二审中提到刘某与其他已成家男人在非工作时间打电话、发短信,以此证明刘某与该男人之间有过异常行为并进而证明其与孩子不具有亲子关系的主张,不符合日常生活经验和逻辑推理,因此,薛某在一、二审所举全部证据并未形成合理的证据链条,其否认亲子关系的主张不能成立。从而其据此要求刘某向其赔偿精神损失的主张亦不能成立。综上,甘肃省高级人民法院于 2012 年 2 月 29 日作出(2012)甘民一终字第 57 号民事判决:驳回上诉,维持原判。

三、裁判理由

本案主要涉及对 2011 年 8 月 13 日起开始施行的《婚姻法司法解释(三)》第 2 条的理解和适用,案件焦点主要有两个:一是薛某的主体资格,即其在与刘某离婚后是否可以作为原告提起诉讼;二是亲子关系是否不存在,因为被告刘某不同意做亲子鉴定,实际上就是本案能否推定薛某与刘某所生孩子之间不存在亲子关系。

(一)关于薛某原告主体资格的确认

由于我国至今没有亲属法,现行法律中也没有关于婚生子女否认之诉的诉讼主体的规定。而《婚姻法司法解释(三)》是针对适用婚姻法所产生的问题所作,故其第二条对提起婚生子女否认之诉的主体的表述为“夫妻一方”。但在现实生活中,确实存在原来具有夫妻关系的一方在离婚后提起婚生子女否认之诉的情形。因此,对婚生子女否认之诉的主体不应机械地理解为提起诉讼的权利主体只能是夫妻一方,当事人离婚后或者子女成年后仍然有权利提起婚生子女否认之诉。所以薛某在与刘某离婚后仍然可以作为原告提起诉讼。

(二)推定亲子关系存在与否的标准的把握

亲子关系是由血缘关系而形成的人的身份关系,不能在没有科学依据的情况下随便推定,法院对亲子关系存在与否的推定应当是慎之又慎的,要考虑到整个社会秩序、家庭和谐、子女利益等因素推定。在《婚姻法司法解释(三)》施行以前,法院对亲子关系案件主要是依据最高人民法院《关于民事诉讼证据的若干规定》第 75 条的规定,即“一方当事人持有证据无正当理由拒不提供,如果对方当事人主张该证据的内容不利于证据持有人,可以推定该主张成立。”无论确认或否认亲子关系,都要有推断的基础事实与推定事实之间的逻辑关系上的证据,才可适用推定,否则不适用推定。在亲子关系之诉中,如果原告已经提供了具有相应逻辑关系的证据,被告仍然拒绝进行亲子鉴定,则被告应当承担相应的不利后果,即可以根据证据规则及已有的证据推定被告与孩子之间存在或不存在亲子关系。

在《婚姻法司法解释(三)》施行后,对亲子关系存在与否的推定应当以《婚姻法司法解释(三)》第 2 条的规定为标准。即夫妻一方向人民法院起诉请求确认亲子关系存在或不存在,并已提供必要证据予以证明,另一方没有相反证据又拒绝做亲子鉴定的,人民法院可以推定请求确认亲子关系存在或不存在一方的主张成立。而《婚姻法司法解释(三)》第 2 条第一款的适用包括以下几点:第一,夫妻一方向人民法院提起婚生子女否认之诉,负有举证证明其主张的责任。第二,提起婚生子女否认之诉的当事人所举证据对于其主张所依据的事实是必要的。“必要”是原告举证所要达到的一种证明程度,即原告的证据如果不足以使裁判者相信可能确有其事的程度,只是怀疑或者臆想而没有证据支持,那么就不具备举证责任向被告转移的条件,原告的诉讼请求可能直接被驳回,同时其提出进行亲子鉴定的申请也不会得到支持。第三,另一方当事人虽然反驳否认婚生子女的诉讼请求,但没有证据或者证据不足以支持其观点,并且拒绝做亲子鉴定。第四,在满足上述条件的情况下,法院可以推定主张亲子关系不存在一方的请求成立。关键在于,对提起亲子关系诉讼的一方当事人来说,其提供的证据可能不够充分,但必须能够形成合理证据链条证明当事人之间可能存在或者不存在亲子关系。其申请亲子鉴定只是对所举证据的一种补充或补强,而不是作为其主张的唯一证据。

本案中薛某除依据其和刘某在复婚后签订的协议申请法院作亲子鉴定之外,并未举出其他足以使一个具有正常思维的人产生合理怀疑的证据来否定其和刘某所生孩子之间的亲子关系。其在庭审中以刘某与其他男人在非工作时间打电话、发短信,来证明刘某与其他男人之间有过异常行为并进而证明其与孩子不具有亲子关系不符合日常生活经验和逻辑推理,其主张只是怀疑而没有证据支持。另外,薛某和刘某在诉讼中均承认复婚前有过多次性生活,并确认最后一次的时间和地点。薛某仅以“采取了避孕措施,不可能怀孕”的推断来否认亲子关系的存在,缺乏证明力。由此,薛某在一、二审所举全部证据并未形成合理的证据链条,不能令人相信其否认亲子关系的主张可能成立,其只是希望通过亲子鉴定证实其和孩子不具有亲子关系的怀疑,不具备举证责任向刘某转移的条件,未能达到《婚姻法司法解释(三)》第 2 条第一款规定的可推定其主张成立的前提条件,因此其否认和刘某所生孩子不具有亲子关系的诉讼主张因缺乏必要的证据证明,不能成立。

四、法官点评

亲子关系作为一种血缘关系,在没有科学依据的情况下不宜随意推定，只有在一方提供了必要的证据，即其所举的证据必须能够形成合理的证据链条证明其与孩子之间存在或不存在亲子关系，而另一方仍拒绝进行亲子鉴定的情况下，方可慎重推定亲子关系存在或不存在，以保护婚生或非婚生子女的合法权益。

甘肃省高级人民法院关于段某诉沈某、上海星裕置业有限公司民间借贷纠纷案

甘肃省高级人民法院民事审判第一庭

一、案情介绍

原告：段某（化名），男。

被告：沈某（化名），男。

被告：上海星裕置业有限公司。

被告沈某先后于2011年3月22日向段某借款1800万元，5月23日借162万元，6月23日借162万元，7月15日借60万元，7月23日借162万元，共计借款2346万元。其中1800万元借款约定于2011年6月22日归还，如未按约定日期归还，则沈某应承担每天的违约金、服务费、使用费分别为借款本金的2%，直到还清为止。被告上海星裕置业有限公司承诺对以上1800万元借款及服务费、使用费、违约金提供全额担保，承担连带责任，并向段某出具了星裕公司的企业法人营业执照、组织机构代码证和星裕公司所有的位于上海市嘉定工业区回城南路1128号建筑面积为14644.47平方米的房产证作为担保凭证，但并未办理抵押登记。上述五笔借款，沈某均向原告段某出具了借条，但除1800万元借款外，其余借款均未约定还款时间和违约责任。另除借款60万元的借条外，其余借条均注明："本借条履行地在兰州，同意兰州管辖。"原告段某分别于2011年3月23日、24日通过网络向沈某在建行浙江分行庆春支行开立的账户跨行汇款900万元，合计1800万元，并提供了两份浦发银行个人跨行汇款电子回单予以证明，沈某实际也收到了这笔款项。段某还主张其余546万元均是由其本人或委托其在杭州的朋友高某在杭州的万华国际酒店通过现金方式借给沈某的。后因沈某未按期还款，段某诉至法院，请求：1. 判令沈某立即偿还借款2346万元，并承担1800万元借款自2011年10月1日起每日6‰的违约责任，至借款还清为止，星裕公司对此还款义务承担连带责任；2. 本案诉讼费由被告承担。

二、审理过程

甘肃省高级人民法院一审受理本案后，被告沈某、星裕公司经依法传唤后未到庭参加诉讼，法院依法缺席审理。

三、裁判结果及理由

甘肃省高级人民法院经审理后认为：

1. 沈某向段某的借款行为是借贷双方真实的意思表示，没有违反法律法规的强制性规定，依法应受法律保护，借贷双方应当按照约定全面履行自己的义务。原告段某已按约定通过上网汇款方式提供了借款本金1800万元，被告沈某应当依诚实信用原则按约定履行还款义务。但被告沈某未按照约定日期还款实属违约，原告段某要求被告沈某偿还1800万元借款的诉讼请求，依法有据，应予以支持。对其余的546万元借款，段某虽提供了借条和其给高某汇款或转账的相关凭证，但上述凭证只能证明段某与其在杭州的朋友高某之间有经济往来以及其有钱存在高某处的事实，并不能直接证明段某借给沈某的546万元是由高某通过现金交付给沈某的。段某所提其以现金方式将借款546万元交给沈某的事实不仅与之前其本人通过上网给沈某跨行汇款1800万元、给高某等人多次通过银行转账汇款的交易习惯不符，而且其所陈述的交付细节仅有其本人陈述，再无其他证据相印证，不能证明其将借款546万元现金实际交付给沈某的事实，故其要求沈某偿还借款546万元的主张证据不足，应承担举证不能的法律责任。

2. 第二被告星裕公司的法定代表人是沈永培。在1800万元的借条上，星裕公司承诺同意对借款本金、服务费、使用费、违约金提供全额担保，承担连带责任，直到以上款项还清为止，并自愿放弃抗辩权，沈某作为法定代表人签了字，星裕公司作为担保人在该借条上加盖了印章。段某提交的星裕公司所有的位于上海嘉定工业区回城南路1128号房产的《房地产权证》证明星裕公司以该证记载的房地产对沈某的1800万元借款提供了担保。根据《中华人民共

和国担保法》第四十一条的规定:“当事人以本法第四十二条规定的财产抵押的,应当办理抵押物登记,抵押合同自登记之日起生效。”星裕公司《房地产权证》上记载的房屋和土地属于《中华人民共和国担保法》第四十二条规定的城市房地产,但星裕公司和段某并未对担保债务的房地产办理抵押登记,故原告段某以星裕公司的《房地产权证》证明其对星裕公司所有房产享有担保物权无事实及法律依据。另根据《中华人民共和国公司法》第十六条第一款的规定:“公司向其他企业投资或者为他人提供担保,按照公司章程的规定,由董事会或者股东会、股东大会决议……”由于星裕公司未出庭参加庭审,无法查证该公司在为沈某的1800万元借款提供担保时是否按照公司法的规定履行了法定程序,但结合其在借条上出具承诺意见并加盖公司印章的行为,可以认定星裕公司对沈某借段某1800万元承担连带保证责任属于公司行为,其保证担保应属有效。如果星裕公司为沈某担保未按照公司法的规定履行相应的程序,也属于星裕公司的内部事务,不能对抗第三人段某所持借条中星裕公司承诺担保该笔债务并加盖公司印章的效力。根据《中华人民共和国担保法》第十八条的规定:“当事人在保证合同中约定保证人与债务人对债务承担连带责任的,为连带责任保证。连带责任保证的债务人在主合同规定的债务履行期间届满没有履行债务的,债权人可以要求债务人履行债务,也可以要求保证人在其保证范围内承担保证责任。”当事人应当按照约定全面履行自己的义务,现沈某未按1800万元借条中约定的期限、金额履行还款义务,段某要求担保人星裕公司按借条中还款保证的约定内容承担连带保证责任,应予支持。故星裕公司应当承担保证责任的范围是1800万元借款及逾期还款的违约责任。

3. 原告段某与被告沈某在借条中约定的逾期还款的违约金、服务费、使用费及计算比例系双方的真实意思表示,应属有效,但如果按照原告所提1800万元借款每日6‰的违约责任比例计算,则一年的违约责任比例为365天×6‰=219%,其所主张的违约金数额远远超出了同期银行贷款年利率的四倍,根据最高人民法院《关于人民法院审理借贷案件的若干意见》第六条的规定,“民间借贷的利率可以适当高于银行的利率,各地人民法院可根据本地区的实际情况具体掌握,但最高不得超过银行同类贷款利率的四倍(包括利率本数)。超出此限度的,超出部分的利息不予保护。”又根据最高法院对民间借贷纠纷案件中高利贷的处理原则,“民间借贷既约定利息又约定违约金的,当事人同时请求支付利息和违约金的,可予以支持,但二者之和不能超过依据《关于人民法院审理借贷案件的若干意见》第六条规定利率限度所计算的数额;对超出的部分,一般不予保护。”因此,对原告段某所提违约金比例为每日6‰的请求不予支持,对被告沈某逾期未偿还1800万元借款的违约金最高只能按照中国人民银行公布的同期同类银行贷款利率的四倍计算,承担违约责任的期限为自2011年10月1日起至1800万元借款还清之日止。

综上,甘肃省高级人民法院依照《中华人民共和国民法通则》第84条、第90条、第108条,《中华人民共和国合同法》第60条、第114条、第206条,《中华人民共和国担保法》第6条、第7条、第18条、第21条,最高人民法院《关于人民法院审理借贷案件的若干意见》第6条、第13条,《中华人民共和国民事诉讼法》第25条、第84条、第130条之规定,于2012年9月10日作出(2011)甘民一初字第7号民事判决:一、被告沈某于本判决生效之日起十日内偿还原告段某借款人民币18,000,000元,并承担18,000,000元借款自2011年10月1日起至还清之日止的违约金,违约金数额按照中国人民银行同期同类贷款利率的四倍计算。被告上海星裕置业有限公司对上述借款及违约金承担连带清偿责任。二、驳回原告段某要求被告沈某偿还5,460,000元借款的诉讼请求。三、驳回原告段某要求被告上海星裕置业有限公司对5,460,000元借款承担连带清偿责任的诉讼请求。判决作出后,原告段某未向最高人民法院提出上诉,该判决现已生效。

四、分歧意见

本案在评议过程中还有另一种处理意见,即认为原告段某主张的2346万元借款中的其余546万元借款,原告段某有借条为证,已经完成了出借人应当承担的举证责任,借款人沈某作为被告经公告送达开庭传票仍未出庭应诉,故无证据反驳原告段某要求偿还借款546万元的诉讼主张,理应承担不利的后果,因此对546万元的借款也应支持原告的诉讼请求。

五、法官点评

我国《民事诉讼法》规定,当事人有答辩并对对方当事人提交的证据进行质证的权利,本案被告沈某、星裕公司经法院依法传唤无正当理由拒不出庭参加诉讼,视为其放弃了答辩和质证的权利,法院缺席审理符合法律规定。合法的民间借贷关系应受法律保护,原告段某与被告沈某之间以借条形式体现的借款1800万元的民间借贷合同系在平等、自愿的基础上达成的,其内容不违反国家有关法律规定,依法有效，双方当事人均应履行相应的义务。原告段某按约定交付了1800万元借款，被告沈某未按期还款，其行为已经构成违约，侵害了原告的合法权益，应当承担相应的还款责任。故原告段某所提要求被告沈某偿还借款2346万元的诉讼请求中，对偿还1800万元借款的主张于法有据，应予以支持，对被告沈某应承担的违约金按照同期同类银行贷款利率的四倍计算。被告星裕公司在1800万元的借条上签章承担保证担保的连带责任，该担保合法有效，其应对1800万元借款本金及违约金承担相应的担保责任。另外，最高人民法院（法[2011]336号）《关于依法妥善审理民间借贷纠纷案件促进经济发展维护社会稳定的通知》第七部分“注意防范、制裁虚假诉讼”中规定“人民法院在审理民间借贷纠纷案件过程中，要依法全面、客观地审核双方当事人提交的全部证据，从各证据与案件事实的关联程度、各证据之间的联系等方面进行综合审查判断。对现金交付的借贷，可根据交付凭证、支付能力、交易习惯、借贷金额的大小、当事人间关系以及当事人陈述的交易细节经过等因素综合判断。”根据以上规定，对原告段某要求被告沈某偿还546万元借款的主张，因只有借条和其本人陈述，无其他证据印证，故认定原被告之间实际发生了546万元借贷关系的证据不够充分，原告段某可在取得给被告沈某实际交付546万元借款的其他有效证据后再行主张。

第八部分　民事审判工作大事记

最高人民法院2012年民事审判工作大事记

1. 最高人民法院于1月5日下发了《关于充分发挥审判职能作用进一步公正高效审理拖欠农民工工资纠纷案件的紧急通知》，要求各级人民法院充分发挥审判职能作用，依法维护农民工合法权益，维护社会稳定大局。

2. 1月12日，最高人民法院党组书记、院长王胜俊同志在最高人民法院民一庭2011年工作总结上作出重要批示："去年，民一庭紧紧围绕'为大局服务、为人民司法'工作主题，正确把握经济社会发展新形势，正确把握人民群众对民事审判的新期待，正确把握新时期社会矛盾发生、发展、化解的新特点，克服困难，挖掘潜力，充分发挥审判职能，为促进发展、维护稳定、保障民生作出了重要贡献！望总结经验，发扬成绩，再接再厉，继续坚持'三个正确把握'，提高新水平，作出新贡献，以更大的成绩迎接党的十八大胜利召开！"

3. 2月12日，最高人民法院下发《关于当前形势下加强民事审判切实保障民生若干问题的通知》，要求各级人民法院全面提升民事审判工作水平，加强民生保障，促进经济社会平稳较快发展。

4. 2月17日，全国高级法院民一庭庭长座谈会在福建省厦门市召开，最高人民法院副院长奚晓明出席会议并讲话。福建省高级人民法院院长马新岚出席会议并致辞，最高人民法院审判委员会委员、民一庭庭长杜万华作了总结讲话。最高人民法院民一庭负责同志出席会议。全国各高级人民法院、新疆维吾尔自治区高级人民法院生产建设兵团分院民一庭庭长，解放军军事法院民庭庭长以及计划单列市分管民事审判工作的副院长参加会议。

5. 2月28日，最高人民法院印发了《关于充分发挥民事审判职能依法维护妇女、儿童和老年人合法权益的通知》，要求各级人民法院充分发挥民事审判职能，依法保护妇女、儿童和老年人的合法权益。

6. 为正确审理道路交通事故损害赔偿案件，最高人民法院于3月21日就《关于审理道路交通事故损害赔偿案件适用法律若干问题的解释（征求意见稿）》，向社会公开征求意见和建议。在征求意见期间，社会各界人士踊跃参与，最高人民法院共计收到信件、电子邮件等600余件，提出意见和建议1000余条。

7. 5月2日，全国人大常委会残疾人保障法执法检查组召开第一次全体会议，听取了最高人民法院副院长奚晓明就最高人民法院贯彻实施残疾人保障法的情况所作的汇报。

8. 8月9日至10日，人民法庭调解工作经验交流座谈会在江苏省无锡市召开。最高人民法院审判委员会专职委员杜万华作了题为《全面提升调解工作水平、推动人民法庭审判工作再上新台阶》的讲话。江苏省高级人民法院院长公丕祥出席会议并致辞。最高人民法院民一庭副庭长程新文、部分高院民一庭庭长、人民法庭指导办主任以及部分人民法庭庭长共计50人参加会议。

9. 8月初，最高人民法院在山东省威海市召开了全国部分法院民间借贷司法解释研讨会，专题研究最高人民法院民间借贷司法解释起草小组起草的征求意见稿。最高人民法院审判委员会专职委员、民一庭庭长杜万华出席会议。

10. 8月14日至19日，8月22日至31日，按照《最高人民法院开展庭审评查暨裁判文书评查工作方案》要求，最高人民法院审判委员会专职委员、民一庭庭长杜万华率评查小组赴湖南和广东两省进行庭审评查。评查小组在湖南高院与深圳中院召开了关于两省开展评查工作的座谈会，并深入到两省的基层法院观摩庭审。

11. 8月28日，最高人民法院发布《关于军事法院管辖民事案件若干问题的规定》，明确规定四类民事案件由军事法院管辖，并进一步健全了管辖争议解决机制，完善了管辖异议救济制度等，最大限度地保障当事人的程序自主权，切实维护司法公正、提高司法效率。

12. 9月25日至26日，最高人民法院与全国妇联在宁夏回族自治区银川市联合召开妇女维权合议庭工作经验交流会。最高人民法院审判委员会专职委员杜万华，全国妇联副主席、书记处书记甄砚出席会议并讲话。宁夏回族自治区党委、人大、政府、高院的有关领导同志出席会议。11个省（区、市）高级人民法院民一庭的负责人和31个省（区、市）及新疆生产建设兵团的妇联分管副主席及权益部部长参加会议。中国女法官协会、女检察官协会、女律师协会的负责人应邀参加会议。

13. 9月25日至26日,最高人民法院审判委员会专职委员杜万华在宁夏回族自治区调研,对如何进一步做好小额诉讼制度实施准备工作进行了强调,并对此次民事诉讼法修改所涉及的公益诉讼、第三人撤销之诉、证据失权等制度的实施准备工作提出了具体要求。

14. 11月13日,全国法院新民事诉讼法培训班(第一期)在北京开班。最高人民法院审判委员会专职委员、民一庭庭长杜万华出席开班式并讲话,他对举办新民事诉讼法培训班的背景作了全面深入的介绍,就人民法院在新民事诉讼法实施后,如何贯彻好、落实好新民事诉讼法提出了具体的要求。最高人民法院审判委员会专职委员、国家法官学院院长高憬宏出席并主持开班式。本期培训班为期三天,共有来自全国各级法院从事民商事审判的法官482人参加培训。

15. 12月20日,为正确审理道路交通事故损害赔偿案件,根据有关法律规定,结合审判实践,最高人民法院公布了《关于审理道路交通事故损害赔偿案件适用法律若干问题的解释》,自2012年12月21日起施行。

北京市人民法院2012年民事审判工作大事记

1. 2月9日、10日,为筹划全年工作,北京市高级人民法院民一庭分别召开东片、西片"北京法院2012年民事审判重点工作征求意见会"。北京市高级人民法院副院长周继军出席会议并讲话。

2. 2月14日,北京铁路运输中级法院民庭2011年度调研课题《关于审理铁路运输人身损害赔偿纠纷案件的情况报告》的部分成果被新华社《首都参考》采用。

3. 2月24日,法制日报社的全国首个"走转改"基层联络点在怀柔区法院汤河口法庭挂牌。法制日报社党委委员、副社长周秉键,怀柔区法院党组书记、院长辛尚民等出席挂牌仪式。

4. 2月28日,北京市高级人民法院制定发布《关于完善民事案件审理程序中信访工作机制的意见》。

5. 3月2日,朝阳区法院针对保险公司在交通事故理赔及参加诉讼活动时存在的问题向中国保监会发出的司法建议得到积极回应。保监会复函表示,将针对司法建议指出的问题加强监管工作。

6. 海淀区法院法官李红星作为基层法院代表参加最高人民法院组织的"四个必须、五项制度"全国巡讲活动开班仪式,并做了首场报告,介绍从源头化解社会矛盾、调解民事案件的经验和技巧。

7. 3月6日,北京市高级人民法院副院长周继军到东城区法院听取中政委挂账案件办理情况汇报。周继军要求把维护稳定作为头等大事抓紧抓好,特别要做好重点人的稳控工作,确保两会和十八大期间的安全稳定。

8. 3月6日,朝阳区法院王四营法庭被全国妇联授予"全国三八红旗集体"光荣称号。

9. 3月7日,延庆县法院针对重复骗婚现象的司法建议引起民政部高度重视,该部根据建议积极整改婚姻登记工作和跨区联网信息化建设。

10. 3月8日,北京市高级人民法院副院长周继军出席全市法院小额速裁案件试点工作座谈会。他要求按照最高人民法院的要求,以提高息诉服判率为重心,把小额速裁工作与提高息诉服判率相结合,积极稳妥地推进小额速裁试点工作。

11. 3月14日,北京市高级人民法院民一庭、鉴拍办联合召开涉鉴定长期未结民事案件协调会,扎实推进"长期未结民事案件专项清理活动"。

12. 3月15日,市第二中级法院召开新闻发布会通报消费者权益保护十大典型案件。新华社、人民日报、中央电视台、法制日报、人民法院报等30余家媒体到会采访。

13. 3月26日,西城区法院与区劳动社会保障局、区工会建立"三点一线"劳动争议联动对接机制。

14. 4月5日,大兴区法院黄村法庭副庭长刘瑾在市妇联组织的"我在平凡的岗位上"征文演讲比赛活动中被市妇联和市人力资源和社会保障局联合授予"首都巾帼爱岗敬业之星"荣誉称号。

15. 4月9日,市第一中级法院民二庭受到最高人民法院表彰,荣获全国法院先进集体荣誉称号。

16. 4月19日至20日,北京市法院2012年民事审判工作座谈会召开。北京市高级人民法院副院长周继军出席并作了题为《提升民事审判质效，促进社会矛盾化解，为十八大胜利召开营造和谐稳定社会环境》工作报告。

17. 4月25日，海淀区法院劳动争议庭庭长李盛荣荣获北京市总工会颁发的首都劳动奖章。

18. 4月25日至26日，市第二中级法院召开2012年东片辖区法院民事审判工作座谈会。

19. 5月23日，《人民日报》海外版总编室副主任胡继鸿、经济部主编孙少峰到平谷区法院就基层法庭建设问题进行座谈。

20. 5月29日至31日，北京市高级人民法院民一庭、教培处在国家法官学院北京分院联合举办房地产案件审判实务培训班。全市法院从事房地产案件审判工作的人员共220余名参加培训。

21. 6月4日起，北京市高级人民法院民一庭联合市第一、第二中级法院在全市法院开展十八大之前重大敏感民事案件摸底排查工作。

22. 6月26日，海淀区法院法官李红星在北京市创先争优表彰大会上，被授予"北京市创先争优优秀共产党员"称号。

23. 7月6日，最高人民法院审委会专职委员、民一庭庭长杜万华到丰台区法院调研小额速裁试点工作。北京市高级人民法院副院长吉罗洪参加调研座谈会。

24. 7月10日至12日，北京市高级人民法院民一庭、教培处在国家法官学院北京分院联合举办合同类案件审判实务培训班。全市法院从事合同类案件审判工作的人员共170余名参加培训。

25. 8月6日，北京市高级人民法院印发《关于审理建设工程施工合同纠纷案件若干疑难问题的解答》。

26. 8月11日，市第二中级法院举办婚姻法司法解释三实施一周年暨民事诉讼法修改中热点难点问题研讨会。全国人大法工委、最高人民法院、中国婚姻家庭法学研究会、中国人民大学律师学院、朝阳区律协和广东高院、江苏高院等地的学者、法官、律师180余人参加会议。

27. 8月17日，市第一中级人民法院公开审理阿根廷足球明星马拉多纳诉北京新浪互联信息服务有限公司、上海第九城市信息技术有限公司、第九城市计算机技术咨询（上海）有限公司侵犯肖像权、姓名权案。

28. 9月14日，北京市高级人民法院民一庭、教培处联合举办"民事案件调解能力专项培训视频讲座"。全市三级法院从事民事案件审理的法官、在编书记员、参加2012年预备法官培训选择民事专业的预备法官参加培训。

29. 9月18日至20日，北京市高级人民法院民一庭、教培处在国家法官学院北京分院联合举办"2012年度侵权类案件审判实务培训班"，全市三级法院的150余名民事法官参加了培训。

30. 9月20日至22日，由北京市劳动和社会保障法学会主办、市高级人民法院民一庭协办的北京市第十四届劳动人事争议案例研讨会成功举行。

31. 9月26日，在全国妇联权益部与最高人民法院民一庭联合举办的全国妇女维权合议庭工作经验交流会上，市高级人民法院民一庭庭长朱春涛作了题为"积极联动合作、维护妇女权利"的经验介绍。

32. 9月28日起，北京市高级人民法院民一庭、教培处联合举办三期民事诉讼法专题培训，邀请全国人大法工委民法室主任姚红、最高人民法院研究室处长吴兆祥、清华大学教授张卫平等就相关问题进行了深入讲解。

33. 10月8日，市第一中级法院召开西片辖区法院民事审判工作座谈会。

34. 10月16日，北京市高级人民法院民一庭、鉴拍办再次联合召开涉鉴定长期未结民事案件协调会。

35. 12月3日，备受社会关注的"冰心墓碑涂字案"在延庆县法院公开开庭审理。中国人民广播电台、中国新闻网、法制晚报、北京电视台以及新京报等多家在京媒体对此案进行跟踪报道。

36. 12月6日，北京市高级人民法院民一庭组织召开"北京市法院贯彻实施民事诉讼法专题工作会"。市高级人民法院副院长周继军出席并作了题为《准确把握立法精神、确保法律贯彻执行，推进首都法院民事审判工作稳步向前发展》的讲话。

37. 12月24日，北京市高级人民法院《关于在民事审判工作中贯彻执行〈民事诉讼法〉的参考意见》、《关于审理人民调解协议司法确认案件若干问题的意见》、《关于适用小额诉讼程序审理民事案件若干问题的意见（试行）》经北京市高级人民法院审委会讨论通过，并印发全市法院执行。

天津市人民法院 2012 年民事审判工作大事记

1. 1月14日，天津市东丽区人民法院联合东丽区总工会、区人力资源和社会保障局、区司法局、区政府信访办公室建立劳动争议“五方联动调解机制”。

2. 1月19日，天津市第一中级人民法院对在全国有重大影响的许云鹤与王秀芝道路交通事故人身损害赔偿纠纷一案进行二审公开宣判，法院认定王秀芝腿伤系许云鹤驾车行为所导致，判决驳回许云鹤上诉，维持原审判决。

3. 2月9日，天津市高级人民法院(以下简称市高院)召集全市法院系统小额速裁试点单位的主管院长和部门负责人召开工作座谈会，会议总结了开展小额速裁试点工作以来的进展情况，并就今后一个时期小额速裁试点工作提出要求。

4. 2月13日，天津市蓟县人民法院院长周振怀参加最高人民法院召开的全国模范法院、全国模范法官表彰大会。会议在北京人民大会堂举行。天津市蓟县人民法院被授予全国模范法院荣誉称号。

5. 2月29日，市高院与天津市司法局、天津市律协召开座谈会，就如何发挥律师在诉讼调解中的作用，构建法官与律师良性互动机制进行研讨，市高院张勉副院长、市司法局刘烨副局长、付丽英副局长、市律协韩刚会长及相关法官和律师代表30余人出席会议。

6. 3月3日，市高院举办第三期民事审判实务论坛，邀请天津市第二中级人民法院民三庭狄建庆法官主讲交通事故损害赔偿案件的审理思路，与会人员就交通事故损害赔偿案件审理疑难问题相关问题进行了探讨。

7. 3月6日，市高院召开全市民事审判工作座谈会，传达全国法院民一庭庭长座谈会精神，对2011年度全市民事审判工作进行总结，部署2012年度全市民事审判工作，下发《2012年全市法院民事审判工作要点》、《当前民事审判部分疑难问题解答意见》，就民事审判重点法律适用问题统一执法尺度。

8. 3月16日，市高院召开全市法院审理建设工程施工合同纠纷案件工作座谈会，总结归纳建设工程施工合同相关的合同纠纷案件审理中法律适用的难点问题。

9. 4月5日，市高院组织召开服务发展楼宇经济座谈会，了解楼宇经营活动中存在的法律问题和司法需求。

10. 4月6日，市高院组织召开全市法院提高民商事审判质量与效率工作座谈会，市高院张勉副院长讲话，总结了2011年全市法院民商事审判工作取得的成绩、存在的问题，提出进一步提高民商事审判水平的具体要求和目标。

11. 4月16日，市高院与天津市卫生局、天津市医学会共同组织召开医疗损害鉴定相关问题研讨会，征求《关于医疗损害鉴定若干问题的指导意见(试行)》意见稿的意见和建议。

12. 5月4日，市高院举办以医疗损害赔偿纠纷案件审理为主题的第四期民事审判实务论坛，邀请天津市河北区人民法院张凌志法官主讲医疗纠纷案件审理思路和调解经验。与会人员就促进医疗纠纷案件审理规范化、调解纠纷技巧化、止争主体多元化等方面进行了充分研讨。

13. 5月8日，市高院对全市交通事故巡回法庭基本情况进行调研，对全市交通事故巡回法庭成立以来的工作成绩和经验进行总结，以进一步完善交通事故纠纷联动解决机制，在此基础上编写工作简报在《天津法院工作》刊载，被最高人民法院转发并受到市高院李少平院长的批示肯定。

14. 5月31日，市高院第9次审判委员会讨论通过《关于审理医疗损害纠纷案件委托鉴定程序问题的通知(试行)》，对全市法院审理医疗损害委托鉴定中遇到的疑难问题进行规范，统一执法尺度。

15. 6月11日，市高院与天津市妇联研讨建立婚姻家庭纠纷联动调解机制，起草《关于建立婚姻家庭纠纷联动调解工作机制的若干意见》。

16. 6月7日、12日、10日，市高院针对部分法院在案件审理中遇到的人身损害赔偿纠纷案件中如何确定农民误工费等有关问题，三次召开专题座谈会进行研究。最终起草并下发《关于人身损害赔偿案件确定误工费标准的通知》，统一全市各级法院的执法尺度。

17. 7月16日，经多次研讨修改，市高院与天津市司法局会签《充分发挥调解作用，建立法官与律师良性互动机制》，下发全市法院执行。

18. 7月23日，市高院完成《2010～2011年天津市法院劳动争议纠纷案件审判情况报告》，在《天津政法》刊发，其中相关内容分别四次被最高人民法院、市委办公厅以信息转发。

19. 7月26日，最高人民法院审判委员会专职委员杜万华来津召开座谈会，对于房地产调控政策实施后审理国有土地使用权及房屋买卖合同纠纷案件出现的新、难、热点问题进行调研。

20. 8月8日，市高院与天津市人力资源和社会保障局组织全市部分法院和区县人社局召开座谈会，就劳动争议仲裁和审判工作中的疑难问题进行研讨，统一裁审执法尺度。

21. 8月12日至15日，市高院民一庭庭长刘莉随天津高院讲师团赴新疆和田中院为和田地区法院民事法官讲授民事审判疑难问题。

22. 9月6日，市高院总结天津法院妇女维权合议庭工作经验，参加最高人民法院、全国妇联组织的全国妇女维权合议庭工作经验交流会，并代表天津法院在大会作经验介绍。

23. 9月7日，市高院组织参加最高人民法院、司法部在津召开的关于审理公证损害责任纠纷案件适用法律问题研讨会，介绍天津做法并提出相关建议。

24. 9月11日，市高院总结小额速裁试点一年以来工作的进展情况，撰写工作简报，被最高人民法院采用，得到李少平院长批示。

25. 9月20日，市高院针对新形势下民间借贷纠纷案件出现的新情况新问题，就审理民间借贷案件过程中遇到的突出问题和建议对策进行调研，总结此类案件在事实认定和法律适用中亟待解决的问题和初步对策，该课题被评为天津市重点司法统计优秀课题。

26. 10月10日，市高院组织召开天津市劳动争议四方联动调解机制工作例会，总结分析了本年度前三季度劳动人事争议的情况，并就建立群体性劳动人事争议纠纷应急协调处理机制、聘请工会干部担任劳动人事争议特邀调解员、建立劳动人事争议巡回法庭工作进行了深入的探讨和审议。

27. 10月18日，为指导全市法院正确理解和准确把握新民诉法的立法精神和条文内涵，市高院邀请最高人民法院参加民事诉讼法修改工作的民一庭宋春雨法官来津，为全市法院进行专题培训。

28. 10月20日，天津市和平区人民法院民一庭审理了原告杨学伶等44位农民工起诉被告天津市创辉建业建筑工程有限公司公司及魏文岩的劳务合同纠纷案件。44件劳务纠纷案件全部调解结案，取得良好的法律效果和社会效果。

29. 10月27日，天津市西青区人民法院审理的罗彩霞诉王佳俊等姓名权纠纷案（[2009]青民一初字1820号）被最高人民法院评为“全国法院优秀调解案例”。

30. 10月30日，市高院组织召开全市法院贯彻落实民事诉讼法修改决定会议，市高院张勉副院长对贯彻落实民事诉讼法修改决定进行部署并围绕民事诉讼法修改主要条文进行讲解释义。

31. 11月8日，市高院与天津市民政局研究建立关于婚姻案件信息联网工作机制，并向全市法院下发通知对婚姻案件需录入的信息内容进行要求和部署。

32. 11月12日，天津法院人民陪审员现场推动会在天津市滨海新区人民法院汉沽审判区召开。

33. 11月29日，市高院与天津市总工会、天津市人力资源和社会保障局、天津市司法局会签市高院民一庭起草的《关于建立群体性劳动人事争议纠纷应急协调处理机制的若干意见》、《关于聘请工会干部担任劳动人事争议特邀调解员的意见》、《关于开展建立劳动人事争议巡回法庭试点工作的意见》等文件，继续推进劳动争议四方联动调解机制建设。

34. 11月29日，天津市西青区人民法院审理的泰兴典当行有限责任公司诉天津市摩力达置业有限公司、齐莹典当纠纷案（[2009]青民二初字第244号）被最高人民法院评为“全国法院践行能动司法理念优秀案例”。

35. 12月7日，天津市蓟县人民法院上仓人民法庭副庭长石玉波同志在办案过程中，因突发脑梗，经全力抢救医治无效不幸逝世，享年37岁。他在平凡的岗位上创造出了不平凡的业绩，在审判工作中作出了突出的贡献，曾荣获全国法院办案标兵、天津市政法系统“十大优秀法官”和天津市第六届杰出青年卫士称号，并两次荣立个人二等功。

36. 12月8日，天津市北辰区人民法院天穆法庭首次利用远程视频技术，开庭审理了一起原告在天津北辰、被告在澳大利亚的越洋离婚案件。

37. 12月27日，市高院为全面总结全市交通事故巡回法庭工作情况，与天津市交通管理局、天津市司法局、天津市保监局召开交通事故损害赔偿纠纷调处联动机制联席会议，研究进一步推动全市交通事故损害赔偿纠纷调处联动机制深入发展举措。

38. 12月31日，为全面贯彻落实新修改的民事诉讼法，进一步规范天津法院小额诉讼审判工作和调解协议司法确认工作,市高院制定下发《天津市高级人民法院关于适用小额诉讼程序审理民事案件相关问题的实施意见(试行)》、《天津市高级人民法院关于适用调解协议司法确认程序相关问题的实施意见(试行)》。

河北省高级人民法院2012年民事审判工作大事记

1. 1月1日起,为及时掌握全省各地民事审判工作动态,加强对下指导与交流,省高院民一庭专门下发通知决定建立民事审判信息月报制度,第一期《民事审判信息》于2月顺利刊发。

2. 1月5日,为加强法院与人大代表的联络、沟通,省高院民一庭庭长胡华军走访了杨建立、孟翠珍等多位省人大代表,向代表介绍法院的工作情况,并听取代表对法院工作的意见和建议。

3. 1月30日,为了加强全省法院民事审判部门司法的统一性,在广泛调研和征求意见的基础上起草制定了《关于在民事审判中严格司法切实维护食品安全的指导意见》和《关于审理我省涉矿纠纷案件若干问题的指导意见》,经审委会研究通过已下发全省执行。

4. 10月10日,省高院贯彻实施民事诉讼法修改决定领导小组及办公室成员单位召开第一次调度会议。党委副书记、常务副院长穆思山发表重要讲话,对贯彻落实新民诉法的各项应对准备工作进行了全面安排和部署。

5. 10月17日和19日上午,为进一步加强对法院工作的监督指导,省人大常委会副主任马兰翠,省人大常委、内司工委主任游江率部分省人大常委、代表、内司委委员一行13人莅临省高院旁听了民一庭审理的两起民事案件。审判法官用语规范、文明得体,展现了较强的庭审驾驭能力和配合协调能力,赢得了旁听代表的一致好评。

6. 10月18日上午,省高院召开全省法院贯彻落实民事诉讼法修改决定电视电话会,穆思山常务副院长、甄树清副院长分别在会上做重要讲话。

7. 11月16日至19日,全省法院新民事诉讼法培训班在龙凤湖法官培训中心顺利举办,来自全省各中级、基层法院的219名审判执行业务骨干参加了本次培训班。17日上午,开班仪式在省法院大审判庭举行,省法院副院长甄树清出席并作动员讲话。

8. 11月30日,在各部门全力配合下,通过耐心细致的工作,省高院民一庭成功调解天主教保定教区与保定建业公司拖欠工程款一案。双方签署了调解书,并将涉案工程款当场全部履行完毕,一起双方上访的敏感案件彻底得以圆满解决。

山西省人民法院2012年民事审判工作大事记

1. 2月10日,省法院按照院党组"围绕审判工作第一要务,全面加强全省法院队伍建设,不断提高办案能力和水平"的要求,组织召开全省法院裁判文书制作竞赛活动表彰大会。省委常委、政法委书记王建明、省法院党组书记、院长左世忠、省总工会副主席王兴旺及省法院的领导们为获奖人员颁了奖。同时,号召全省各级法院广大干警向受表彰的先进个人学习,在提高审判质量和效率的同时,不断提高裁判文书的制作水平,着力构建和谐的诉讼关系,为建设和谐三晋,促进我省转型跨越发展、再造一个新山西提供坚强有力的司法保障。

2. 6月14日,省法院党组副书记、副院长朱明参加了民一庭党支部召开的保持党的纯洁性学习教育活动专题民主生活会。会上,支部全体党员结合自身情况和工作实际,围绕党的纯洁性学习教育"六查六看"和政法干警核心价值观教育实践活动突出对照检查的八个重点方面进行了热烈发言,开展了深刻的批评与自我批评。朱明副院长强调指出,党的纯洁性教育的成效最终应落实到敬业履职中,高标准,严要求,爱岗敬业、加强学习,提高工作效能和审判质量。

3. 6月27日，扩大诉讼与非诉讼相衔接矛盾纠纷解决机制改革试点工作推进会在怀仁县法院召开。省高院党组成员、副院长吴秋霞出席会议并做了重要讲话。吴秋霞指出，建立多元化矛盾纠纷调解机制，是建立社会和谐的有效方式，能够有效节约社会资源和司法资源，是满足人民群众对矛盾纠纷解决选择路径多元化的需求。扩大诉讼与非诉讼相衔接的矛盾纠纷解决机制，对于推进“社会矛盾化解、社会管理创新、公正廉洁执法”三项重点工作，维护社会和谐稳定，具有十分重要的现实意义和历史意义。

4. 8月2日至3日，全省法院工作20次会议在太原晋祠宾馆召开，来自全省各市和各县区及铁路法院的负责人，省法院各部门领导参加了大会，省委书记、省人大主任袁纯清，省委常委、副省长高建民，省委常委、省政法委书记王建明，省委常委、省委秘书长杜善学，省人大副主任王雅安，省政协副主任张茂才到会祝贺和出席会议。会议由朱明副院长主持，张学俊主任宣读表彰决定，刘冀民副院长传达全国法院大法官研讨班神，左世忠院长做大会专题报告，王建明书记做重要讲话。

5. 8月20日至30日，应澳大利亚新南威尔士州地区法院首席大法官布朗奇先生和新西兰司法部法院局的邀请，以山西省高级人民法院院长、大法官左世忠为团长的山西省法官代表团，经中共中央批准，对澳、新进行了访问。通过访问更加增进了相互了解，促进了友谊，使山西法官在国际舞台上又上了一个新的台阶，让世界了解中国，了解山西，更了解了山西的法官。

6. 8月27日至28日，省高院党组副书记、副院长朱明先后到临汾、运城调研指导法院工作，他深入临汾中院及洪洞县法院、洪洞县华夏司法博物馆，运城中院及运城市盐湖区法院、闻喜县法院郭家庄法庭详细了解情况。临汾中院院长关中翔、运城中院院长何振科陪同调研。朱明对两地法院工作给予充分肯定并指出，法院工作要适应新形势需要，围绕工作中的共性问题积极探索破解方法，创造性地、富有特色地、卓有成效地贯彻好全省法院二十次会议精神，协力稳护社会和谐稳定，为服务大局做出更大贡献。

7. 9月18日至20日，吴秋霞副院长到上海参加全国法院贯彻实施民事诉讼法修改决定座谈会。吴秋霞根据最高院会议通知精神组织本院及太原中院相关部门，对贯彻实施民事诉讼法修改决定中的重要问题进行讨论，集思广益，形成共识，切实做好贯彻实施民事诉讼法修改决定的准备。

8. 9月17日，以省法院执行局冯强局长为团长的山西省高级法官代表团一行，应美国弗吉尼亚州第十九司法区费尔法斯郡总法院和加拿大不列颠哥伦比亚省立法院议员HARRYBLOY邀请，经最高人民法院和省人民政府批准出访美国和加拿大进行司法交流，临行前左世忠院长亲切接见代表团成员，并做重要讲话。刘冀民副院长代表党组召开行前外事纪律、廉政教育、出访培训会议。

9. 11月26日，省法院在十楼会议室召开2012年山西省高级法官赴美国培训2团行前教育和任务布置会，左世忠院长、朱明副院长、刘冀民副院长、巡视员罗锁堂亲切接见全体团员，左世忠院长作重要讲话并提出要求和预祝圆满成功。朱明副院长就外事纪律、廉政教育、安全教育做了重要讲话；刘冀民副院长就如何搞好境外业务培训做了专题辅导。

10. 12月6日至7日，全省法院民事调解工作会议暨贯彻新民事诉讼法座谈会在迎泽宾馆召开，会议由朱明副院长主持，张学俊主任宣读全省法院民事审判调解工作先进集体、先进个人表彰决定，省委常委、政法委书记王建明到会并做重要讲话，省政协副主席张茂才出席会议，民事调解标兵单位和调解能手代表发言，吴秋霞副院长传达最高院会议精神，左世忠院长做重要讲话。省院院领导、全省各中级法院分管民一庭的副院长和省院相关部门负责人及受表彰代表参加了大会，会后印发了《全省法院贯彻民事诉讼法修改决定座谈会会议纪要》和《关于加强全省法院民事调解工作的指导意见》两个重要文件。

11. 12月25日，省法院在全面贯彻十八大精神和学习贯彻执行新民事诉讼法的形势下，组织审判业务庭的审判业务骨干就最高人民法院《关于无效合同所涉诉讼时效问题的规定》（征求意见稿）进行了专题研讨。吴秋霞副院长参会同时强调，省法院机关要加强审判理论的学习与交流，通过这次理论研讨会，并借助人民法院全面贯彻新民事诉讼法和十八大精神的大好形势，掀起一场重视理论、学习理论的热潮，不断提高专业素养和综合素质。

内蒙古自治区高级人民法院2012年民事审判工作大事记

1. 3月22日,自治区高院举行全区法院民事审判工作会议暨民事审判业务培训班,高院党组书记、院长胡毅峰、党组成员、巡视员于雪峰在开班典礼上,分别作了重要讲话,党组成员、政治部主任刘文文主持会议。

2. 6月28日,最高人民法院理论研究工作小组公布最高人民法院2012年度重大课题中标结果。自治区高院党组书记、院长胡毅峰主持申报的《关于民间借贷纠纷案件法律规制问题的调研——以内蒙古鄂尔多斯市为例》调研课题中标,成为2012年度最高人民法院15项司法调研重大课题之一。

3. 7月20日,最高人民法院民一庭调研组莅临自治区高院,调研医疗事故损害赔偿纠纷案件审理情况。

4. 8月14日,最高人民法院调研组莅临自治区高院就民间借贷纠纷案件审理情况进行调研,并就民间借贷司法解释内容征求意见。

5. 11月13~16日,自治区高院举办全区法院人民陪审员培训班,来自全区各基层法院的73名人民陪审员参加培训。

辽宁省人民法院2012年民事审判工作大事记

1月

1. 6日,省法院党组理论中心组集中学习了中央经济工作会议文件,并强调了近期年终总结、评先选优、机关表彰等几项重点工作。

2. 7日,葫芦岛市委书记孙兆林作出向方程学习的重要批示。

3. 10日,省法院召开党组扩大会议。会议听取了省委巡视组反馈巡视意见,学习了《辽宁省消防条例》,审定了《2012年全省法院政工部门工作要点》、省法院《关于2012年"人民法官为人民"主题实践活动实施方案》、《辽宁省法院系统首届文化节实施方案》、《关于开展全省法院文化建设先进单位和先进个人评选活动的方案》、省法院《关于开展向方程同志学习活动的决定》、省法院《关于开展"万名法官走基层"活动的实施方案》和《关于开展"调解年"活动的实施方案》、《关于2012年春节前走访慰问老干部、举行迎新春茶话会的安排意见》,听取了关于省法院档案管理工作晋升档案管理特级单位的汇报、关于全国法院司法警察岗位练兵活动总结表彰会概况及落实意见的报告,传达了最高人民法院下发的《人民法院审务督查工作暂行规定》的通知精神、学习沈阳市驻京维稳工作现场会议精神和全国司法行政工作会议精神及贯彻落实情况的汇报。

4. 14日,王振华同志在省十一届人民代表大会第五次会议上作辽宁省高级人民法院工作报告。

5. 16日,辽宁省第十一届人民代表大会第五次会议闭幕。辽宁省高级人民法院的工作报告获得高票通过,赞成率达96.37%。

同日,省法院召开党组扩大会议。会议研究审议了全省法院院长会议上的工作报告,听取了全省法院院长会议日程安排,审定了《辽宁省高级人民法院贯彻〈辽宁省消防条例〉实施方案》。

6. 17日,省法院召开党组扩大会议。会议传达了省委巡视组反馈意见,并强调要按照省委巡视组提出的建议和意见,在提高审判质量和效率、提高法官素质、加大对下级法院监督指导的力度三个方面进行整改。会议还听取了省"两会"审议省法院工作报告情况的汇报、关于确定全省法院院长会议上经验介绍单位的汇报。

7. 18日,省法院召开机关2011年度总结表彰暨春节团拜会,对过去一年的机关工作进行了总结,对部分干警和集体进行了表彰。

8. 30日,省法院召开院长办公会。会议听取了院领导班子成员就分管部门1月份工作情况及2月份工作计划的汇报,并对省法院机关近期重点工作进行了安排和部署。

9. 31日，省法院召开全省法院院长会议。会议回顾总结了全省法院2011年工作，部署了2012年工作任务，表彰了一批先进集体和先进个人。省委常委、政法委书记苏宏章出席会议并作重要讲话。

2月

10. 3日，葫芦岛市委书记孙兆林肯定法院工作并作出批示：市法院围绕"沿海经济强市"建设，主动提供司法服务，值得全市各部门学习借鉴。请以市委文件转发。

11. 7日，省法院党组理论中心组集中学习了胡锦涛同志在第十七届中央纪委第七次全会上的讲话，并对近期的工作进行了安排和部署。

12. 16日，省委书记王珉作出批示，要求宣传表彰方程同志：该同志的事迹感人，应该予以宣传表彰。

13. 22日，省法院召开党组扩大会议。会议听取了关于省纪委第十一届第二次全会和全国法院2012年反腐倡廉建设工作会议主要精神传达及贯彻落实意见的汇报，关于落实王胜俊院长、王珉书记重要批示精神，推报方程同志为全省全国重大典型意见汇报，关于2011年度审判专家巡回授课情况及2012年巡回授课安排的意见汇报，审定了全省法院关于践行政法干警核心价值观争做人民满意政法干警教育实践活动的实施方案。

14. 23日，省法院召开全省法院涉诉信访经验交流现场会。会议总结了2011年全省法院涉诉信访工作，安排部署了2012年全省法院涉诉信访工作，并重点推广了盘锦中院涉诉信访工作经验。

3月

15. 2日，省法院召开党组会。会议听取了全省惩防体系建设工作会议精神传达及贯彻意见的汇报、关于开展"万名法官走基层"活动情况的汇报。

同日，省法院召开全省法院司法警务工作暨岗位大练兵总结表彰电视电话会议，总结了2011年全省法院警务工作，部署2012年工作任务，表彰了司法警察岗位大练兵先进集体及参加最高法院特殊警务保障人员。

16. 16日，省法院召开党组会。会议传达了全国"两会"精神，听取了关于编印《法官调解手册》和2011年度全省法院涉执行申诉信访工作情况的汇报，审定了《辽宁省高级人民法院推进廉政风险防控工作实施方案》。

17. 21日，省法院召开全省法院反腐倡廉建设工作电视电话会议，总结了全省法院2011年反腐倡廉建设工作，部署了2012年反腐倡廉建设工作任务。

18. 27日，省法院党组理论中心组集中学习了习近平同志在中央党校春季学期开学典礼上的讲话——《扎实做好保持党的纯洁性各项工作》。

19. 31日，省法院召开院长办公会。会议听取了院领导班子成员就分管部门2、3月份工作情况及4月份工作计划的汇报，并对省法院机关近期重点工作进行了安排和部署。

同日，省法院召开干警民主对话会，会议对机关干警代表在上次对话会所提意见和建议的办理及落实情况进行了反馈，并认真听取了干警代表提出的意见和建议。

4月

20. 5日，省法院召开党组会。会议传达了国务院第五次廉政工作会议及省政府廉政工作会议精神，听取了关于举办"千山杯"法官原创诗文品评朗诵会的汇报，审定了《省法院关于在全员岗位大培训中开展庭审评查和裁判文书评查活动的实施方案》和《关于省法院2012年深入开展创先争优活动的实施意见》。

21. 12日，省法院党组理论中心组集中学习了《人民日报》四篇评论员文章《集中精力把两会精神贯彻好》、《牢牢把握稳中求进的总基调》、《满怀信心迎接党的十八大》、《坚决拥护党中央的正确决定》，以及最高人民法院《关于认真贯彻中央有关文件精神切实做好当前工作的通知》、省维稳办《关于迅速贯彻中央通报精神全力做好当前维护我省社会政治稳定工作的通知》。

22. 13、14日，省法院召开全省法院行政审判工作座谈会。最高人民法院江必新副院长到会并作了题为《行政主体违法的几个问题》的专场讲座。会议还传达了最高人民法院相关会议精神，对行政审判工作进行了部署，部分中院做了经验介绍。

23. 16日，省法院召开党组会。会议传达了省直单位提高选人用人公信度座谈会精神，审定了《省法院关于进一步提高选人用人公信度的实施方案》。

24. 17日，王振华院长到丹东市进行工作调研。

25. 18日，省法院院召开全省法院开展庭审评查和裁判文书评查活动电视电话会议。会议对全省法院开展"两评查"活动进行了安排和部署，部分中院介绍了在审判管理中开展裁判文书评查和庭审评查的经验。

26. 26日，省法院召开知识产权新闻发布会，发布了2011年我省法院知识产权司法保护状况，宣读了全省法院2011年十大知识产权典型案例，16家媒体参加了此次新闻发布会。

5月

27. 15日，省法院召开全省法院执行工作会议。

会议对前一阶段执行工作进行了总结,对今后一个时期全省法院执行工作进行了安排。会议还讨论审定了执行工作相关文件,部分法院就开展分段集约执行工作做了经验介绍。

28. 18日,省法院召开全省法院深入推进"四个必须、五项制度"电视电话会议。会议分析了当前全省法院涉诉信访形势,并就进一步落实"四个必须、五项制度",巩固全省法院涉诉信访工作取得的成绩进行了部署。

29. 22日,省法院召开全省法院文化建设推进会。会议回顾总结了全省法院文化建设经验,部署了下一阶段文化建设目标任务及文化节相关工作,部分基层法院作经验交流。

30. 22日、23日,省法院召开全省法院审务督察工作经验交流现场会。会议总结推广了部分中院开展审务督察工作的经验,观摩了网上审务督察演示和刑事庭审示范庭督察点评演示,并采取以会代训的形式听取了审务督察业务讲座。

31. 24日,省法院党组理论中心组集中学习了周永康同志在全国政法委书记首期培训班上的讲话——《努力开创政法事业科学发展新局面》。

32. 24日、25日,省法院召开全省法院减刑、假释审判工作座谈会。会议回顾总结了近年来全省法院减刑、假释审判工作基本情况,部署了当前和今后一定时期减刑假释审判工作主要任务,讨论制定了相关规则并形成会议纪要。部分中院在会议上交流了经验。

33. 28日,最高人民法院"四个必须、五项制度"巡讲团来我省进行巡讲。省法院设立主会场,各中级、基层法院设立分会场,全省三级法院领导班子成员和全体干警通过视频观看了巡讲。

34. 30日,省法院召开全省法院立案工作会议。会议回顾总结了2011年立案工作,部署了2012年立案工作任务并对特邀调解员等相关工作提出了明确要求。部分中院、基层院在会议上作了经验交流。

35. 31日,省法院召开党组会。会议听取了关于编印《辽宁法官健康手册》的意见、关于学习推广本溪法院司法协理工作经验的意见等。

同日,省法院召开院长办公会。会议听取了院领导班子成员就分管部门4月、5月份工作情况及6月份工作计划的汇报,并对省法院机关近期重点工作进行了安排和部署。

6月

36. 8日、9日,省法院召开全省法院民事审判工作会议暨调解经验交流会。会议总结了民事审判工作取得的成绩,部署了下一阶段工作目标及任务,推广了相关法院及个人的调解工作经验,并对与会人员进行了业务培训,最高人民法院民一庭庭长杜万华到会并发表重要讲话。

37. 12日,王振华同志主持召开省法院党组扩大会议。会议听取了关于对沈阳中院处置闹访工作情况的考察报告、关于全国法院系统审判管理工作座谈会情况汇报、关于落实最高人民法院《关于报送案件信息管理系统选用情况通知》的建议汇报、关于开展司法巡查工作的报告以及关于省财政厅加强预算管理会议精神的汇报,审定了《辽宁省法院系统执行工作考核办法》。

38. 16日,2012年6月在宁夏银川召开的全国妇儿维权合议庭建设工作经验交流会上,民一庭做了经验介绍,得到了最高法院和全国妇联的高度认可。

39. 20日,省法院召开全省法院学习推广本溪司法协理工作经验现场会,向全省法院推广本溪构建司法协理网络的经验,本溪市相关单位及个人做了经验介绍。

40. 21日,辽宁省铁路法院、检察院移交签字仪式在沈阳举行,沈阳铁路运输中级法院、检察分院,以及所属的辽宁省境内沈阳、大连、锦州、丹东铁路运输法院和铁路运输检察院正式移交地方实行属地管理。

41. 26日,省法院党组理论中心组集中学习了周永康同志在全国政法委书记首期培训班上的讲话。

7月

42. 2日,王振华同志主持召开省法院党组扩大会议。会议审定了关于加强机关安保工作的实施方案、关于省法院机关成立警卫科的意见、立案二庭处置闹访工作办法,听取了关于最高人民法院领导来我省法院调研的情况汇报,关于确定在全省法院院长会上经验交流单位的意见以及关于审监部类审判工作运行情况的报告。

43. 5日,省法院召开院长办公会。会议听取了院领导班子成员就分管部门6月份工作情况及7月份工作计划的汇报,并对省法院机关近期重点工作进行了安排和部署。

同日,省法院召开干警民主对话会,会议对机关干警代表在上次对话会所提意见和建议的办理及落实情况进行了反馈,并认真听取了干警代表提出的意见和建议。

44. 6日,王振华院长到沈北新区尹家街道新农社区的对接基层党组织进行调研,并再次探望了结对帮扶的困难家庭。

45. 10日,按照院党组的统一部署,民一庭全体同志赴本溪钢铁集团进行了调研和走访,进一步了解企业的司法需求和具体困难，并有针对性地为其提供了司法帮助和法律服务，取得了良好的法律效果和社会效果，得到了企业领导的大力支持和高度赞誉。

46. 19日、20日，省法院在营口召开全省法院院长会议。会议回顾总结了上半年全省法院各项工作，并对下半年工作进行了安排和部署。

47. 24日，省法院党组理论中心组集中学习了周永康同志在政法干警核心价值观教育实践活动汇报会暨《政法干警核心价值观教育读本》首发式上的讲话。

48. 30日，省法院召开院长办公会。会议听取了院领导班子成员就分管部门7月份工作情况及8月份工作计划的汇报，并对省法院机关近期重点工作进行了安排和部署。

49. 31日，省法院举办全省法院特邀调解员培训班，全省近3000名特邀调解员分别在省法院现场培训或通过视频方式在各中级法院、基层法院培训。

8月

50. 6日，王振华同志主持召开省法院党组扩大会议。会议传达了中共辽宁省委第十一届委员会第四次全体会议精神，听取了全国法院刑事审判工作座谈会情况及贯彻意见的汇报、中央政法委交办涉诉信访案件化解工作情况的汇报，审定了《全省法院启动"护城河工程"的实施方案》、《关于加强全省法院微博客管理工作的意见》和《关于进一步扎实推进政法干警核心价值观教育实践活动的意见》。

51. 7日，最高人民法院在浙江无锡组织召开了全国人民法院调解工作经验交流座谈会，民一庭代表辽宁法院系统做了主题发言和经验介绍，得到了最高法院及与会兄弟法院的一致好评。

52. 10日，中国女法官协会第四届理事会第四次会议在辽宁营口举行。会议通过了任免中国女法官协会理事的决议草案，并就女法官协会如何为女法官提供优质服务，更好地发挥女法官在审判执行工作中的作用，进一步促进女法官的成才成长和创新女法官协会工作进行了广泛探讨。

53. 10日至13日，省法院领导分赴全省各地因第10号台风"达维"过境而受灾严重的基层法院和人民法庭，转达最高人民法院和省法院对受灾干警及其家属的亲切慰问，查看受损情况，详细了解灾情，商讨解决方案。

54. 14日，王振华同志主持召开省法院党组扩大会议。会议听取了关于辽宁地区法院系统在洪涝灾害中财产损失情况的汇报、全国法院援藏工作经验交流会相关情况及我省对口援藏落实工作的报告，审定了辽宁省高级人民法院《拍卖信息网上发布管理暂行办法》、《关于委托评估、拍卖工作实施细则》、《关于完善司法拍卖工作机制的若干意见》、《确定司法拍卖网络交易机构实施方案》和《遴选司法拍卖网络交易机构的公告》，研究了关于调整省法院少年法庭指导工作职能的建议。

55. 17日，最高人民法院与中共辽宁省委共同召开大会，追授葫芦岛市连山区人民法院审判委员会委员、民事审判第一庭庭长方程同志"全国模范法官"和"辽宁省优秀共产党员"荣誉称号。

56. 21日，葫芦岛市都本伟市长在《关于青山水库移民动迁案件处理情况的报告》上对葫芦岛市中级人民法院的工作作出批示：很好！市法院服务大局意识、执行力强，应予以表扬！

57. 22日，省法院召开"方程同志先进事迹报告会"。报告会采取视频方式，在省法院设主会场，各中级、基层法院设分会场，全省三级法院一万余名干警参加会议，聆听了报告团成员对方程同志生前事迹的精彩诠释。

58. 29日，王振华同志主持召开省法院党组扩大会议。会议传达了最高人民法院王胜俊院长在辽宁法院调研时的讲话和接见全国法院系统劳模时的讲话精神，听取了关于最高人民法院周泽民主任在辽宁法院调研的情况汇报、关于全国法院文化建设推进会主要精神和贯彻落实意见的汇报、关于全省深入推进廉政风险防控转段调度工作会议精神及我院开展廉政风险防控工作情况的报告以及关于在院领导班子和领导干部中开展政德教育的情况汇报。

同日，省法院召开院长办公会。会议听取了院领导班子成员就分管部门8月份工作情况及9月份工作计划的汇报，并对省法院机关近期重点工作进行了安排和部署。

59. 30日，省法院党组理论中心组集中学习了胡锦涛总书记在省部级主要领导干部专题研讨班开班式上的重要讲话。

9月

60. 7日，省法院召开领导班子民主生活会。会议通报了2011年领导班子民主生活会征求群众意见和建议的落实情况，听取了2012年领导班子征求群众意见和建议的情况汇总。各位党组成员按照省委关于重温党章的要求，学习了党章，并以"加强政德修养、保持党的先进性和纯洁性"为主题发言，进行批评和自我批评。

61. 11日，省法院召开全省法院援藏援疆工作座谈会。会议认真贯彻落实中央和最高法院关于援藏援疆工作精神，通报了我省法院援藏援疆工作的落实情况,并对下一阶段工作任务进行了安排和部署。

62. 21日,省法院召开辽宁省女法官协会第三届理事会第三次会议。会议传达了中国女法官协会第四届理事会第四次会议精神,研究部署了女法官协会今后一段时间的工作。部分单位和个人在会上作了经验交流。

63. 25日,王振华同志主持召开省法院党组扩大会议。会议传达了全国法院援疆工作经验交流会精神,听取了关于对大连市中级人民法院司法巡查工作的汇报、关于对铁岭市中级人民法院司法巡查工作的汇报以及全国法院涉港澳台工作座谈会和全国法院贯彻落实民事诉讼法修改决定座谈会情况的汇报。

同日,省法院党组理论中心组集中学习了最高法院王胜俊院长在《求是》杂志上发表的文章《加强司法公信建设、提升人民法院司法公信力》。

64. 26日,省法院召开院长办公会。会议听取了院领导班子成员就分管部门9月份工作情况及10月份工作计划的汇报,并对省法院机关近期重点工作进行了安排和部署。

同日,省法院召开干警民主对话会,会议对机关干警代表在上次对话会所提意见和建议的办理及落实情况进行了反馈,并认真听取了干警代表提出的意见和建议。

10月

65. 9日、10日,省法院召开2012年度ISO国际标准管理体系监督审核会议,配合北京世标认证中心的专家,经过规定程序和项目审核,顺利通过年度监督审核。

66. 11日,王振华同志主持召开省法院党组扩大会议。会议听取了关于贯彻落实全国法院"着力解决行政审判突出问题积极回应人民群众司法需求"视频会议的情况汇报、关于落实最高法院《关于行政审判申诉复查和再审工作分工的通知》的汇报、十八大前的信访稳定工作情况汇报、关于全国部分法院打拐审判工作座谈会情况的汇报,审定了《辽宁省高级人民法院领导干部接待群众来访工作细则》。

67. 24日,王振华同志主持召开省法院党组扩大会议。会议传达了省委常委、政法委书记苏宏章同志在全省进一步做好党的十八大安保维稳工作电视电话会议上的讲话精神,传达了全国法院集中解决越级进京访问题暨十八大信访维稳工作座谈会精神,并提出了落实省委部署应做好的几项工作。

68. 25日,省法院召开全省法院涉诉信访暨十八大维稳工作电视电话会议,对十八大期间安保维稳工作进行了安排和部署。

69. 26～29日,省法院举办"全省法院科学发展成果展",回顾全省法院十七大以来奋发进取、创新发展所取得的成绩,展示全体干警努力拼搏、无私奉献的成果,喜迎党的十八大胜利召开。

11月

70. 1日,省法院召开院长办公会。会议听取了院领导班子成员就分管部门10月份工作情况及11月份工作计划的汇报,并对省法院机关近期重点工作进行了安排和部署。

71. 8日,省法院组织全院干警集中收看了十八大开幕,500余名干警认真聆听了胡锦涛总书记代表中共中央所作的工作报告。

72. 13日,王振华同志主持召开省法院党组扩大会议。会议听取了关于全省法院开展庭审和裁判文书评查活动有关情况的汇报、参加全国法院开展视频提讯推进会的情况报告、关于看守所远程讯问室建设等事项的汇报、关于全省绩效管理监察工作座谈会情况的汇报、最高法院召开"点对点"网络执行查控机制建设经验交流视频会议及最高法院执行局张根大副局长来辽宁调研执行指挥中心建设情况汇报、关于向省人大内司委报告深入贯彻落实《决议》及办理督办案件情况的汇报、关于对"万名法官走基层""调解年"两项活动进行总结验收的报告、关于全国法院研究室工作暨调研能力建设会议情况汇报、关于全国法院案例工作会议情况汇报、关于全国法院第六次少年法庭工作会议情况的汇报、关于中国审判理论研究会2012年年会情况汇报、关于全国铁路运输法院工作座谈会的情况汇报。

73. 19日,王振华同志主持召开省法院党组扩大会议。会议对全省法院学习、贯彻党的十八大精神工作提出了要求,听取了关于党的十八大安保维稳工作情况的汇报。

74. 21日,省法院党组理论中心组集中学习了胡锦涛同志在中国共产党第十八次全国代表大会上的报告《坚定不移沿着中国特色社会主义道路前进、为全面建成小康社会而奋斗》。

75. 26日,省法院召开全省法院党的十八大安保维稳工作总结表彰电视电话会议,对十八大期间做出突出贡献的先进集体和个人进行表彰。省法院全体干警、全省法院受到表彰的先进集体和个人在主会场参加会议,各中级法院、大连海事法院、各基层法院干警分别在各地分会场参加了会议。

76. 29日,省法院召开院长办公会。会议听取了院领导班子成员就分管部门11月份工作情况及12月份工作计划的汇报,并对省法院机关近期重点工作进行了安排和部署。

同日,王振华同志主持召开省法院党组扩大会议。会议审定了《全省法院开展“五项教育”、加强政治生态建设活动实施方案》和《省法院机关开展“五项教育”、加强政治生态建设活动实施方案》。

77. 30日,省法院召开全省法院“两评查”活动总结表彰电视电话会议,表彰在庭审评查和裁判文书评查活动中涌现出的先进集体和个人。省法院全体干警、全省法院受到表彰的先进集体及个人在主会场参加会议,各中级法院、大连海事法院、各基层法院干警分别在各地分会场参加了会议。

12月

78. 11日,王振华同志主持召开省法院党组扩大会议。会议审定了《辽宁省高级人民法院工作报告》,听取了全国法院纪检监察工作座谈会精神汇报,研究了关于迎接省检查组对我院贯彻落实党风廉政建设责任制和惩防体系建设情况集中检查工作方案。

79. 12日,省法院党组理论中心组集中学习了习近平同志在十八届中共中央政治局第一次集体学习时的讲话《紧紧围绕坚持和发展中国特色社会主义学习宣传贯彻党的十八大精神》和《广泛开展向全国优秀共产党员罗阳同志学习的通知》。

80. 14日,王振华同志主持召开省法院党组扩大会议。会议审定了《全省法院2013年省“两会”期间涉诉信访安保维稳工作方案》、《关于进一步加强全省法院司法警察干部队伍管理的意见》,听取了“万名法官走基层”、“调解年”两项活动检查考核工作情况的汇报。

81. 19日,省法院召开“万名法官走基层”、“调解年”两项活动总结表彰电视电话会议。省法院全体干警、全省法院受到表彰的先进集体代表及个人在主会场参加了会议,各中级法院、大连海事法院、各基层法院干警分别在各地分会场参加了会议。

吉林省人民法院2012年民事审判工作大事记

1. 2012年3月至5月,吉林省高级人民法院民事审判第一庭(以下简称省高院民一庭)就全省法院适用最高人民法院《关于审理建设工程施工合同纠纷案件适用法律问题的解释》、最高人民法院《关于审理涉及国有土地使用权合同纠纷案件适用法律问题的解释》和最高人民法院《关于审理商品房买卖合同纠纷案件适用法律若干问题的解释》的情况开展调研,并形成调研报告。

2. 2012年3月8日,吉林省高级人民法院(以下简称省高院)民一庭等部门被省妇女儿童权益协调小组授予“优秀妇女儿童权益维权岗”荣誉称号。

3. 2012年3月15日,省高院民一庭应邀参加吉林省消费者协会组织的“纪念3.15国际消费者权益日”纪念活动,并在活动现场进行普法宣传、提供法律咨询。

4. 2012年4月,省高院民一庭对延吉市人民法院、长春市宽城区人民法院适用小额速裁程序审理案件的情况进行调研,并形成调研报告。

5. 4月25日,四平市中级人民法院召开聘任司法咨询专家会议,聘请四平市公安交警支队事故科科长李军英等11人为司法咨询专家。

6. 2012年5月11日,省高院召开全省法院民事审判工作座谈会,于兵副院长在会上做了重要讲话,对全省法院2008年以来的民事审判工作情况进行了总结,分析了当前工作面临的形势,并就如何进一步做好民事审判工作提出了具体要求。各中级法院的参会同志对于兵副院长的讲话和当前民事审判工作面临的问题进行了热烈讨论。

7. 2012年5月30日,受省委政法委委托,省高院于兵副院长带领调研组到四平市,就四平市政法机关支持全民创业、服务小微企业发展的情况进行专题调研。先后与四平市委政法委、四平市中级人民法院、四平市铁西区委政法委、四平市梨树县委政法委的部分领导同志及十一名小微企业代表进行了交流。省高院民一庭形成《关于四平政法机关“进一步支持全民创业、服务小微企业发展”的专题调研报告》,及时报送省委政法委。省高院民一庭还参与拟定关于全省法院系统服务小微企业发展的实施意见等文件。

8. 2012年6月,通化市中级人民法院组织精干力量,开展了房地产案件调研工作,整理出80项常见法律问题的解答和法律风险的防范,编印了《关于房地产开发涉法问题解答及风险防范80条》2000册,赠送给全市房地产开发企业及行政监管部门,启动了为房地产企业专项司法服务活动。

9. 2012年7月,白城市中级人民法院出台了《关于依法服务和保障小微企业发展的指导意见》,确保服务工作经常化、规范化。

10. 2012年8月,省高院民一庭分别与长春大正博凯汽车设备有限公司、吉林省鑫华亿木业有限责任公司等小微企业联系点取得联系,并进行走访调研。

11. 2012年8月14日,省高院民一庭负责印发了《吉林省高级人民法院关于二〇一二年度人身损害赔偿执行标准的通知》。

12. 2012年8月15日,省高院民一庭负责印发了《关于转发〈最高人民法院关于进一步支持军事法院工作的通知〉的通知》。

13. 2012年9月12日,省高院民一庭与吉林省金融办公室就"土地流转收益保证贷款试点工作中法律问题"开展研讨活动,并形成书面意见。

14. 9月27~28日,四平市中级人民法院全体民商事审判人员及立案庭人员在四平宾馆参加全省法院民商事审判业务轮训班。

15. 2012年10月30日,省高院民一庭作为妇女儿童权益维权岗参与吉林省社会管理综合治理委员会召开的省综治委维护妇女儿童权益专项会议,并负责传达落实会议精神。

16. 2012年12月4日,省高院民一庭在"公众开放日"活动中,组织一起二审案件公开开庭,邀请人大代表、在校学生、社会各界人士旁听庭审活动。

17. 2012年12月28日,根据新民事诉讼法的有关规定,省高院民一庭负责印发了《关于确定适用小额诉讼程序审理民事案件的标的额的通知》。

黑龙江省高级人民法院2012年民事审判工作大事记

1. 3月28日,省法院组织召开了全省法院民事审判工作座谈会,副院长王树江作了《准确把握形势 科学谋划发展努力推动全省民事审判工作再上新台阶》的重要讲话,会上分组讨论《关于审理涉农纠纷案件若干问题的解答》(征求意见稿),并参观了乘风、卧里屯法庭,对婚姻法解释三进行培训,邓克庭长作了总结讲话。

2. 10月25日,省法院为统一司法标准、提高涉农案件审理质量,对审判实践中亟待解决的问题进行了调查研究,制定下发了《黑龙江省高级人民法院关于审理民事涉农纠纷案件若干问题的解答》。

3. 10月30日和11月2日,省法院民一庭分别在鸡西和哈尔滨召开了部分中院参加的民事审判调研工作会议,李晓晔庭长听取了各中院关于民事审判工作中存在的疑难问题和如何扎实有效地开展对基层法院的调研指导,提高基层民事审判工作的质效,并对省法院民一庭加强对下监督指导提出意见和建议。

4. 11月,省法院民一庭荣获"全省老年维权示范岗"荣誉称号。

5. 12月28日,省法院组织召开了全省法院民商事审判、再审审查座谈会,全省各中院分管民商事审判工作、再审审查工作的副院长和各庭庭长参加了会议,副院长王树江作了《深化改革、谋划发展,合力开创民商事审判、再审审查工作新局面》的重要讲话,与会代表就民商事和民事再审审查实务中的具体问题进行了充分讨论及交流,副厅级审判员侯铁男同志作了总结讲话。

6. 12月底,省法院表彰了一批先进个人,办案标兵和调解能手,其中省法院民一庭王剑、王洋同志获年度优秀公务员,张静姝同志获办案标兵称号,王洋同志记三等功一次。

上海市高级人民法院2012年民事审判工作大事记

1. 1月10日,高院民一庭组织召开全市法院民事审判工作座谈会,听取民事条线相关人员对全市民事审判工作的意见和建议。

2. 2月15日,高院召开2012年上海法院民事审判工作会议，高院盛勇强副院长出席会议并讲话，中院及各基层法院的分管院长、民庭庭长、法庭庭长、诉调对接中心负责人等130余人参加会议。

3. 2月23日，时任上海市市委书记的俞正声同志视察了上海市长宁区人民法院诉调对接中心，并在“平安上海”建设推进大会上对法院的诉调对接作出重要指示。

4. 3月6日，高院召开专题会议，传达上海市市委书记俞正声同志在视察上海市长宁区人民法院诉调对接中心和“平安上海”建设推进大会上对法院诉调对接作出重要指示精神，并下发《关于进一步加强和创新社会管理，推进上海法院诉调对接工作的通知》。高院应勇院长要求全市法院加强和推进诉调对接中心建设，注重源头预防，化解社会矛盾，加强和创新社会管理，维护社会和谐稳定。

5. 5月10日，上海市政协高小玫副主席率部分市政协委员视察上海市长宁区人民法院、上海市黄浦区人民法院诉调对接中心，并就市政协“进一步推进诉调对接工作”调研课题召开座谈会。

6. 5月29日、30日，高院召开相邻相关纠纷研讨会，就相邻纠纷的民事受理范围、不同类型不动产相邻纠纷的处理原则等九大类的问题进行研讨，对大部分争议问题达成共识。

7. 6月18日，高院下发了《关于进一步加强基层人民法院大标的民商事案件审判管理工作的通知》，对大标的民事案件的审判程序、内控机制、流程管理、考核评查等进一步予以规范。

8. 6月28日，由高院召开网络名誉侵权纠纷研讨会，对网络名誉侵权案件的管辖、诉讼时效、侵权行为的认定等问题展开讨论。

9. 7月10日，高院下发了《关于统一上海法院诉调对接案件收费标准的通知》，就经诉调对接中心诉前调解成功后，当事人请求人民法院出具法律文书案件的收费标准予以规范。

10. 7月30日，高院召开2012年上海法院民事审判年中工作会议，高院盛勇强副院长对2012年上半年民事审判工作进行了回顾总结，并对做好下半年的民事审判工作提出四点要求。

11. 7～8月，高院组织开展全市法院民事审判条线庭审和裁判文书“两评查”活动，对全市法院民事审判条线的庭审质量和裁判文书进行了抽查和自查，使全市法院民事审判的庭审规范化水平和裁判文书质量得以进一步提升。

12. 9月5日至7日，高院组织全市法院人民法庭的庭长开展专题业务轮训，进一步提升人民法院庭长的业务能力和管理水平。

13. 9月19日，全国法院贯彻实施民事诉讼法修改决定座谈会在上海召开。会议由最高法院审判委员会专职委员贺荣、杜万华分别主持，上海高院院长应勇到会致辞，最高法院副院长奚晓明出席会议并讲话。最高法院有关部门负责人、全国各高院有关负责人以及民事审判、执行部门法官近130余人参加了座谈讨论，贺荣作总结讲话。

14. 9月20日，最高法院审判委员会专委杜万华一行专程至上海市浦东新区人民法院对上海四家法院的小额速裁试点工作进行调研，并对小额诉讼下一步工作提出具体要求。

15. 9月24日至9月27日，高院对全市法院诉调对接中心调解员开展业务培训，以进一步提升调解员的调解水平和能力。

16. 11月19日，高院召开职务侵权疑难问题研讨会，就《侵权责任法》第34条和35条的理解和适用、劳动关系、雇佣关系、承揽关系与承包关系的判定等问题展开讨论。

17. 12月19日，高院下发了《上海法院开展小额诉讼审判工作实施细则（试行）》、《小额诉讼案件金额标准的通知》以及小额诉讼文书格式，对全市法院开展小额诉讼工作予以进一步规范。

江苏省高级人民法院2012年民事审判工作大事记

1. 1月13日，江苏省高级人民法院（以下简称省法院）民一庭下发了《全省法院民事审判系统司法公开十项规定》，从公开开庭、庭审直播、对外联络、巡回审判、文书说理、文书上网等多个方面进行了规定，不断推进全省法院民事审判系统司法公开工作。

2. 2月1日下午，省法院民一庭召开全庭会议，组织全体庭领导、审判长（助理）、审判人员及书记员签订党风廉政建设承诺书，明确了全庭人员的党风廉政建设职责和庭领导、审判长（助理）的工作职责，为做好2012年民一庭党风廉政建设奠定了坚实的思想和组织基础。

3. 2月4日,省法院举办全省法院民事审判系统全员视频春训,邀请最高人民法院民一庭仲伟珩法官解读民事审判中的疑难问题,邀请省法院纪检监察室负责人进行了廉政教育主题辅导。全省122家法院以及274个人民法庭的3049名民事法官参加了春训。

4. 2月29日,省法院民一庭推出"五项举措"认真贯彻落实全省法院涉诉矛盾纠纷集中化解工作巩固提高年动员大会精神2012年民事涉诉矛盾纠纷集中化解巩固提高工作提出了五个方面的具体要求。

5. 3月1日,省法院召开新闻发布会,通报了江苏法院民生权益司法保护状况,并发布了江苏法院2011年度十大民生案例。省法院党组成员、审判委员会专职委员谢国伟,民一庭夏正芳庭长、杨晓蓉副庭长,宣传处张志平副处长出席了发布会,新华日报、江苏电视台、江苏法制报、南京日报、南京电视台等省市二十多家媒体参加了本次发布会。

6. 3月3日,省法院民一庭的15位女法官们以巾帼志愿者身份来到南京市雨花台区西善桥街道古遗井社区,与古遗井社区维权工作站的同志们一起为社区百姓群众进行以案释法、法律咨询,以此拉开"岗站对接,联动维权"活动的序幕。她们以这种特殊方式响应向雷锋同志学习的号召,提前过一个有意义"三·八妇女节"。

7. 3月8日,无锡市崇安区人民法院"家事案件合议庭"正式运行。家事案件合议庭将专门审理家事类民事案件,从审判员、人民陪审员到书记员,全部由女干警组成。

8. 3月30日,苏州市中级人民法院与苏州市社会管理综合治理委员会办公室、苏州人力资源和社会保障局、苏州劳动人事争议仲裁委员会、苏州司法局、苏州总工会联合出台《关于建立劳动人事争议联动化解机制的意见》,建立劳动人事争议联动化解机制。

9. 4月12日,省法院下发了《关于在全省部分法院开展环境保护案件集中化审判试点工作的通知》,启动环境保护案件集中化审判试点工作,积极为生态文明建设提供优质高效的司法保障与服务,公正高效地审理好环境保护案件。《人民法院报》头版头条予以报道。

10. 4月27日,省法院民一庭协助省委政法委成功协调化解了一起省委政法委朱光远副书记亲自接访的疑难复杂涉诉信访案件,江苏省涉法涉诉联合接访中心编报的《涉法涉诉来访情况专报》专门对该起信访案件进行了详细的报道。

11. 5月3日,省法院召开新闻发布会,通报了《江苏法院劳动争议案件审判工作报告(2011年)》(以下简称《工作报告》),并发布了江苏法院2011年度劳动争议十大典型案例。《工作报告》全面总结了江苏劳动争议案件的基本情况特点和法院加强劳动争议审判工作的经验做法,同时对劳动争议案件审判工作中反映出劳动用工领域存在的突出问题进行了分析,并提出相应的对策和建议。公布的十大案例是从2011年全省法院审结的劳动争议案件中精选出来的,内容涵盖劳动关系的确认、工作岗位的调整、劳动报酬的变更、工资的计算、劳动关系的解除、档案与社会保险关系的转移接续、竞业限制、工伤"私了"协议的效力认定等诸多问题,具有典型性和广泛影响力。

12. 5月4日～5日,由中国民法学研究会主办,省法院和南京师范大学法学院承办的中国民法学研究会第一次全国会员代表大会暨2012年民法理论研讨会在南京召开。省委常委、政法委书记李小敏,最高人民检察院副检察长姜建初,中国法学会副会长胡忠,省人大常委会常务副主任、党组副书记、省法学会会长林祥国,省法院院长公丕祥,中国民法学研究会会长、中国人民大学党委副书记兼副校长王利明,南京师范大学校长宋永忠等出席开幕式。来自中国社会科学院、中国人民大学、北京大学等知名院校及最高人民法院、最高人民检察院等实务部门的专家学者、领导共计250余人参加了会议。会议选举产生了中国民法学研究会第一届理事会,省法院党组成员、副院长褚红军,省法院党组成员、审判委员会专职委员谢国伟当选为第一届理事。

13. 5月23日至26日,省法院民一庭在江苏法官培训学院举办了全省法院民事审判业务培训班。省法院民一庭全体法官、省法院审监一庭、审监二庭部分法官,各市中级人民法院、基层人民法院民事审判业务庭庭长及部分审判人员,南京、徐州铁路运输法院民庭审判人员共计247人参加了培训。本次培训课时紧凑、覆盖面广、信息量大、针对性强,对于帮助全省民事法官尽快适应民事审判新形势的需要、促进全省民事法官队伍建设、提高民事法官司法能力具有重要的作用。

14. 6月8日,全省法院民事审判工作座谈会在南京召开,省法院党组书记、院长公丕祥对会议作出重要批示,省法院党组成员、审判委员会专职委员谢国伟出席会议并发表讲话。省法院民一庭全体人员、各市中院分管院领导、民事审判业务庭庭长,部分调解工作经验交流单位代表共80余人参加会议。会议中,扬州市中级人民法院、南京市白下区人民法院、东台市人民法院时堰法庭就调解工作进行了经验交流发言；南京市中级人民法院、无锡市中级人民法院、徐州市中级人民法院三家法院汇报了环境保护案件集中化审判工作情况；省法院相关部门通报了全省法院开展环境保护案件集中化审判试点工作的推进情况。

15. 7月9日至10日，全省维护农村妇女土地权益工作经验交流会在连云港召开。此次会议由省妇联、省法院、省民政厅、省农委共同主办。全国妇联副主席甄砚同志、省政府副省长、省妇女儿童工作委员会主任许津荣同志、省妇联主席张京霞同志、省法院党组成员、审判委员会专职委员谢国伟同志等领导参加会议并作重要讲话。甄砚副主席在讲话中对江苏在维护农村妇女土地权益保护方面加强多部门合作的工作经验给予了充分肯定。许津荣副省长对此次会议召开给予高度评价。谢国伟专委在讲话中介绍了全省法院维护农村妇女土地权益案件的审判工作情况，并对全面推动全省法院维护农村妇女土地权益工作新发展提出三点要求：一是要进一步加强农村妇女土地权益案件审判工作的组织领导，二是要进一步创新农村妇女土地权益司法保障机制，三是要进一步提升农村妇女土地权益案件化解效果。

16. 7月11日，省法院民一庭在徐州贾汪区法院召开了全省法院婚姻家庭类案件调研座谈会。各中院及部分区、县法院从事婚姻家庭类案件审判工作的民事审判业务庭负责人参加了座谈会。华东政法大学、南京师范大学的专家学者也应邀莅临座谈会。与会人员参观了徐州贾汪区法院家事审判庭，无锡崇安区法院、启东市法院、海门市法院、赣榆县法院就婚姻家庭案件审判工作进行了经验交流发言，与会人员围绕婚姻家庭、老年人权益保护、反家暴、继承案件的审理情况、基本特点、审判工作中的热点难点问题及对策建议进行了热烈研讨。

17. 7月25日，省法院与省军区政治部联合召开涉军维权工作新闻发布会，通报了近年来全省法院开展涉军维权工作的基本情况，同时对今年全省法院开展“法官进军营”活动进行了部署。省法院党组副书记、副院长周继业同志、省法院党组成员、审判委员会专职委员谢国伟同志，省军区政治部吕先景主任，省军区政治部保卫处陈靖副处长，民一庭杨晓蓉副庭长、专职副书记李亚林同志，宣传处张志平副处长出席了发布会，江苏电视台、江苏教育电视台、新华日报、江苏法制报、人民网等省市二十多家媒体参加了本次新闻发布会。省法院周继业副院长和省军区政治部吕先景主任分别作了讲话。

18. 8月17日，省法院民一庭王蔚合议庭公开开庭审理一起建设工程施工合同纠纷二审案件。为加大评查效果，民一庭开门纳谏，邀请了部分省人大代表、政协委员、特邀审判监督员旁听庭审，本院审管办也派出两位同志听庭。历时两个多小时庭审结束后，代表们对庭审情况进行了评议并认真填写了《庭审作风征询意见表》。

19. 8月31日，省法院民一庭于溧阳召开调研会，为全面了解全省法院环保案件集中化审判工作情况，调研当前环保案件审判工作中存在的问题，各中院及部分区、县法院从事环保案件集中化审判工作的民事、行政审判业务庭负责人、法官参加了调研会。

20. 10月11日，江苏省法学会承办的“第九届长三角法学论坛”在徐州召开。此次论坛以“经济转型中的民间金融与法制保护”为主题，来自两省一市的法学学者、金融界专业人士及公检法司实务部门的代表共100余人参加了会议。省法院民一庭共有两篇论文获奖，其中由谢国伟专委任项目负责人、民一庭课题组撰写的《关于当前全省法院民间借贷纠纷案件审理中的突出问题及对策建议的调研报告》获二等奖，潘军锋同志撰写的《民间借贷关联案件法律问题研究》获优秀奖。

21. 10月27日，江苏省法学会民法学研究会2012年年会在南京大学召开。省法院党组成员、审判委员会专职委员、江苏省法学会民法学研究会会长谢国伟，民法学研究会副会长沈国新、王腊生、高建新、邵建东、李国华、许同禄、焦富民、张淳、黄和新、眭鸿明、施建辉、董学立、胡吕银、史浩明出席会议。来自南京大学、南京师范大学、东南大学等十余所大学和全省各级行政机关、检察院、法院的代表和部分律师代表共140余人参加了会议。会议共收到论文107篇，与会代表围绕民商事审判中较为热点的合同法总则、民间借贷、房地产法、保险法、环境法等疑难问题，从理论和实践紧密结合的角度进行了热烈而深入的研讨。

22. 10月31日上午，省法院民一庭公开开庭审理上诉人陕西建工集团公司与被上诉人泰州三福船舶工程公司建设工程施工合同一案。该案系因工程施工迟延引发的违约金索赔纠纷，一方当事人是陕西省具有一级资质的大型建筑企业；另一方则是我省知名的船舶制造民营企业。考虑到该案系跨省的民事案件，双方争议巨大，社会关注度很高，为充分展现案件审理的公平、公正，民一庭主动开门纳谏，邀请南京市和泰州市的部分省人大代表旁听庭审。人大代表们对此次庭审予以高度评价。

23. 11月1日，省法院民一庭在南京组织召开公益诉讼座谈会,省法院党组成员、审判委员会专职委员谢国伟出席座谈会,南京师范大学民诉法专家李浩教授、刘敏教授、省检察院民行处俞大军处长、省消协童天武秘书长、省环保厅法规处乔继安科长、无锡中院顾铮铮副院长等20余人参加了座谈会。与会代表就公益诉讼制度的原告资格、案件范围、受理标准、诉讼保全、调查取证、裁判效力及结案标准等问题进行了研讨。

24. 12月25日下午,省法院民一庭正式启动“审判业务集中学习月”活动,谢国伟专委出席并对民一庭贯彻落实修改后的民事诉讼法以及做好2013年工作提出了新的要求。夏正芳庭长率先垂范,给全庭同志讲授了“民事诉讼法修改及实务中应注意的问题”。民一庭开展的“审判业务集中学习月”活动目的在于提高民一庭法官的司法能力,不断满足党和人民群众对推进公正司法、提高司法公信力的要求。

浙江省人民法院2012年民事审判工作大事记

1. 2月15日,在省高院机关党委书记陈中平的主持下,“机关党建工作示范点”民一庭党支部与西溪街道及相关社区进行座谈,探讨支部与街道结对共建和谐社区的可行性及相关事宜。

2. 2月25日至26日,叶向阳副庭长参加南京大学举办的劳务派遣的发展与法律规制学术研讨会。

3. 2012年4月5日下午,民一庭以省高院名义召开新闻发布会,公布我庭制定的《关于审理建设工程施工合同纠纷案件若干疑难问题的解答》和3个典型案例,庭负责人蒋卫宇向媒体记者介绍了出台该《解答》的背景、制定经过以及《解答》的有关内容,会后接受了媒体记者采访。新华社、中新社、法制日报、文汇报、浙江日报、浙江法制报、浙江卫视、浙江人民广播电台等30家中央及省内媒体的40余名记者应邀参加,当晚及次日,多家广播电视媒体、网络媒体、平面媒体、网络媒体都对此作了深度报道和转载,取得了较好的宣传效果。

4. 5月15日至16日,省高院在杭州召开全省人民法庭工作会议。省委副书记、省长夏宝龙看望会议代表并讲话,最高法院副院长奚晓明,省委副书记、政法委书记李强,省高院院长齐奇出席并讲话。全省各级法院院长、人民法庭庭长和有关部门代表共450余人参加会议。

5. 6月15日下午,民一庭与浙江省劳动仲裁院联合举办“劳动争议裁审衔接疑难问题研讨会”,讨论目前劳动争议中存在的相关法律问题,统一裁审尺度,加强裁审衔接。

6. 8月23日至24日,省高院民一庭在湖州德清召开第二次全省民事审判工作例会,省高院民一庭审判长以上干部,各中院分管副院长、民一庭庭长参加会议,林一副院长出席会议并做重要讲话。会议还就审理涉“农嫁女”农村集体土地征用费分配纠纷案件若干问题的解答等3个审判指导意见征求了修改意见,并对今年以来省高院民一庭二审、再审改判发回重审的案件进行了讲评。

7. 10月29日下午,青岛市中级人民法院涉房产新政民事审判调研组来省高院进行调研,并与全省三级法院民事审判一线法官就我省有关房产新政的民事审判实践和良好经验进行座谈交流。

8. 12月26日上午,省高院与省劳动仲裁院联合召开《浙江劳动争议仲裁与审判白皮书》新闻发布会。

杭州

1. 2012年7月5日至6日,杭州市法院民事审判工作例会在富阳召开。许米副院长出席会议并讲话。省高院民一庭副庭长亓述伟莅会指导。

2. 2012年7月27日,杭州中院民一庭组织召开杭州市两级法院民事审判质效实务研讨会。许米副院长出席会议并讲话。

3. 2013年8月17日,杭州中院民一庭特邀请省保监局、市仲裁委、市交警支队及部分保险公司的代表举行道路交通事故责任纠纷疑难问题座谈会。

4. 2012年8月30日,杭州中院民一庭在本院十二号法庭组织法庭突发情况专题应对研讨会,邀请院办公室、物业公司安保部门的相关技术人员对改造后的数字法庭监控配置情况,紧急报警按钮的使用、数字法庭及门禁的使用注意事项等进行了介绍说明,全庭干警实地模拟演示了发生突发事件后安防设备的正确使用方法,并就庭审中突发情况的具体应对、处置方式进行了交流、分析。

5. 2012年9月4日至5日,为进一步推动本辖区内省级模范五好法庭建设,迎接省高院组织的各地区人民法庭集中检查回访活动，杭州中院民一庭庭长张巧薇、法庭指导小组组长傅东红一行暗访了恢复建制的富阳龙羊法庭和临安昌北法庭，并对临安於潜法庭进行了明察。

6. 2012年9月7日上午，杭州中院民一庭老审判员、资深审判长俞建明法官在民一庭会议室为全庭干警开展了一次别开生面的“故事会”，“故事”是俞法官亲身办结的一起离婚诉讼。

7. 杭州中院民一庭成功调解王有土等诉邵逸夫医院医疗损害赔偿责任纠纷一案，2012年11月6日当事人特地登门向承办法官石清荣赠送锦旗。

8. 2012年11月19日，杭州中院民一庭邀请杭州市仲裁委、杭州市司法局律管处、杭州市律师协会的相关负责人就目前审理的法律服务合同纠纷存在的相关疑难问题召开座谈会。

9. 2012年12月5日，杭州中院民一庭王亮、余江中两篇裁判文书获评杭州市法院民事类优秀裁判文书。

10. 2012年12月17日，杭州中院民一庭下发《关于涉及婚姻家庭纠纷案件若干疑难问题的解答》和《关于道路交通事故责任纠纷案件相关疑难问题解答》，促进本辖区内相关案件裁判尺度的统一。

11. 2012年4月12日，人民法院报、浙江法制报报导淳安县人民法院民商事专业化审判制度。

12. 2012年11月14日，在淳安县公安局交通警察大队办公大楼，举行“淳安县人民法院交通事故巡回审判法庭启用揭牌仪式”。

宁波

1. 2012年9月20日，在余姚市召开全市法院民事审判工作会议。

2. 2012年11月1日，宁波中院民一庭下发《婚姻家庭类案件若干疑难问题解答》。

3. 2012年12月10日，宁波中院民一庭下发《侵权类纠纷若干疑难问题解答》。

4. 2012年5月3日，在(2012)甬北民初字第365号宁波海通疏浚有限公司诉林伟君房屋合同纠纷一案中，江北区法院对闹法庭打法警的案外人甫玉仙予以拘留15天处理。

5. 2012年5月30日，江北区人民法院向宁波市人民政府国有资产监督管理委员会发出关于规范国有资产管理的司法建议。

6. 2012年12月12日，江北区政法委组织到公安局就辖区市场经营户间经营权纠纷进行协调。

7. 鄞州区人民法院民一庭于2012年8月以白皮书的形式出台了《道路交通事故损害赔偿案件审理情况报告(2009～2011)》，并于11月1日在鄞州法院四楼会议室召开了新闻发布会，浙江法制报、宁波电视台、鄞州电视台等9家省、市、区级新闻媒体参加了新闻发布会，郑贤达副院长介绍了三年来法院审理的案件呈现出数量多、标的大、调解难、主体杂、“涉电动车”交通事故多发等五大特点，还通报了包括机动车连环买卖案、出借机动车发生事故的责任承担、购车当晚发生交通事故保险拒赔案等典型案例。此外还向媒体通报了在道路交通案件增多而办案资源紧张的情况下，调判结合，统一裁判尺度，提高办案效率的做法。

8. 2012年3月20日，慈溪市人民法院民一庭下发《关于民商事案件庭外和解、继续调解审限扣除工作的规定(试行)》。

9. 2012年3月20日，慈溪市人民法院民一庭下发《关于民商事案件诉讼文书送达问题的若干规定(试行)》。

10. 2012年4月27日下午，慈溪市人民法院召开了民事审判培训会议，民事审判条线全体工作人员参加了会议。

11. 2012年8月9日，慈溪市人民法院民一庭下发《关于做好涉房地产调控纠纷司法应对工作的若干意见》。

12. 2012年11月1日，慈溪市人民法院民一庭下发《关于试行诉前鉴定工作的通知》。

温州

1. 2012年2月3日，苍南县人民法院召开2012年首次民商事工作例会。副院长郑海燕主持会议。

2. 2012年4月5日，苍南县人民法院龙港人民法庭成立反家庭暴力合议庭，将反家暴审判工作深入基层。

3. 2012年5月31日，苍南县人民法院民三庭开庭审理吴小亥等443名置信名都商铺业主与置信房地产开发有限公司商品房预售合同纠纷共同诉讼一案，该案系苍南法院迄今受理的人数最多的共同诉讼案件。

4. 2012年6月14日，苍南县人民法院龙港人民法庭依托互联网平台，利用人民调解工作室和大调解网络资源，通过运用电子邮件、聊天室、可视视频等工具，探索建立网上调解平台。

5. 2012年6月30日，苍南县人民法院在矾山人民法庭召开2012年上半年民商事审判工作分析会。

6. 2012年7月6日，苍南县人民法院民一庭依靠党委政府妥善化解我县代课教师劳动争议案。

7. 2012年9月26日，苍南县人民法院龙港人民法庭根据一涉家暴离婚案件原告的申请，发出我院第一道人身安全保护令。

8. 2012年11月,苍南县人民法院民一庭发布《劳动争议审判情况白皮书》并召开新闻发布会。

9. 2012年11月26日,苍南县人民法院受理一起诉讼标的达1.028亿元的建设工程施工合同纠纷案,该案系级别管辖新标准实施后该院受理的首起超亿元一审民事案件。

10. 2012年12月5日,苍南县人民法院民三庭发布《商品房合同纠纷审判情况白皮书》并召开新闻发布会。

11. 2012年11月20日,洞头县人民法院派员参加洞头县妇联组织的反对家庭暴力工作座谈会,对反家庭暴力工作提出相应的意见和措施。

12. 2012年11月22日,洞头县人民法院派员参加洞头县人力资源和社会保障局组织的全县防范、处置企业拖欠工资暨推进"双爱"活动工作会议,就企业拖欠工资的防范、案件审理等问题进行发言。

嘉兴

1. 2012年3月2日,嘉兴中院民一庭在本院召开全市民事审判工作例会。对全市法院民事审判工作先进集体个人和全市法院人民法庭先进个人进行颁奖;各基层法院民一庭庭长推荐并介绍人民法庭优秀资深法官和优秀青年法官的先进事迹,并介绍所在法院如何抓好法庭工作的经验;各法庭庭长介绍五年来所在法庭工作的基本情况、工作经验、工作亮点,工作中存在的问题及下一步发展计划、意见和建议。

2. 2012年5月9日,嘉兴中院民一庭在南湖区人民法院新丰法庭召开法庭文化建设现场会。各法庭庭长交流法庭文化建设的经验、体会,并参观新丰法庭。新丰法庭庭长介绍如何加强法庭文化建设的经验。

3. 2012年5月16日,嘉兴中院民一庭发布《2012年民事审判疑难问题解答》。对机动车交通事故责任纠纷、一般侵权纠纷、婚姻家庭纠纷、建设工程施工合同纠纷、房屋租赁合同纠纷、物业服务合同纠纷、人身意外伤害保险合同纠纷等作解答。

4. 2012年11月14日,嘉兴中院民一庭在嘉兴市秀洲区人民法院召开全市人民法庭考核工作会议。总结全市人民法庭的工作经验;讲解人民法庭考核评分办法;通报嘉兴市中级人民法院内网"法庭之窗"栏目中"法庭动态"的录用情况。

5. 2012年9月14日,海宁市人民法院妥善调处首起环境保护公益诉讼案件。海宁法院妥善调解了海宁检察院诉海宁於氏龙电雕制版有限公司环境保护公益诉讼案,双方达成如下调解协议:被告立即停止排放电镀清洗废水,拆除私设管道,并对污染源进行处理,消除偷排废水对外河水体的危害,并将处理情况报海宁市环保局备案。

湖州

1. 2012年4月6日,全市法院民事审判工作例会在长兴召开。

2. 2012年5月,乾元人民法庭、新市人民法庭被浙江省高级人民法院授予"省级模范五好法庭(2010~2011年度)"称号。

3. 2012年7月23日,湖州中院授予德清县人民法院乾元人民法庭等11个人民法庭"市级优秀人民法庭"称号。

4. 2012年9月7日,湖州中院出台《书记员工作规程》进一步规范审判事务工作。

5. 2012年9月,湖州中院积极探索民事案件类型化调解方法,编印了《民事案件类型化调解方法探索暨全市优秀民事调解案例选编》。

6. 2012年11月1日,湖州市第二次民事审判工作例会召开。同日举行全市民事审判业务培训。

7. 2012年11月22日,湖州中院组织开展了房地产纠纷专题"公众开放日"活动。

8. 2012年12月4日,湖州中院组织全市两级法院开展了以"维护农民工权益"为主题的公众开放日活动。

9. 2012年12月5日,湖州中院何新专委一行到德清法院专题调研民工欠薪类案件处理情况。

10. 2012年12月,吴兴区人民法院增设民三庭、民四庭全面发挥审判职能作用。

11. 2012年12月21日,吴兴区人民法院发布〔湖吴法[2012]42号〕《关于民商事案件受理范围划分的规定》,建筑工程类纠纷案件统一由民一庭归口审理。

12. 2012年11月3日,德清县人民法院利用双休日组织民事审判庭负责人和业务骨干集中学习修改后的民事诉讼法。

绍兴

1. 绍兴中院"以房抵款"妥处政府拆迁安置房工程系列案件。2010年10至2011年1月期间,绍兴中院一审受理了多起商品住宅买卖合同纠纷,7家房产公司起诉绍兴中心城建设投资开发有限公司,认为其对安置小区的回购价格不一,要求补齐回购款,涉案标的达2亿余元,涉及绍兴县8个政府拆迁安置小区。经庭前调查,该院发现此案涉及面广,涉案标的巨大,若就案办案,不仅给当地财政带来极大的压力,也妨碍房屋交付,影响群众的安居生活和社会稳定,为此,绍兴中院创新调解方法,先后多次往返安置小区和房产公司,核实回购款项,成功将该批案件诉争金额的调解方案降至7500万元，并采取“以房抵款”的方式，由政府从其所有的安置房小区余留房屋中拿出部分房屋，法院委托第三方评估机构对该部分房屋进行价格鉴定，以评估价上浮一定比例作为抵款房基准价，最终实现以房抵充补偿款。2012年11月22日，历时两年左右的上述7起案件达成调解协议，当地县政府和房产公司对此结果均表示非常满意。

2. 2012年4月17日，绍兴县人民法院一原告家属专程来院赠送锦旗感谢平水法庭的陈新业法官。因原告为被告安装玻璃房时摔成半身不遂，向被告索赔未成后诉至我院。陈新业法官多次登门调解，双方最终以10万元赔款达成谅解。

3. 2012年4月11日，绍兴县人民法院民一庭利用午休时间召开庭务会，传达院务会议精神，落实各项整改措施。要求全庭人员增强责任心，加强节点管理，务必在工作中注意规范着装，并落实专人负责督促跟进2010年以来所审结案件的回访工作。

4. 2012年5月15日，绍兴县人民法院钱清、齐贤、平水三个法庭均被授予第四批“省级模范五号法庭”荣誉称号，实现满堂红。

5. 2012年6月1日，绍兴县人民法院民一庭屠国均副庭长受县司法局之邀，以“人民调解协议之司法确认”为主题开展讲座。

6. 2012年6月4日，绍兴县人民法院开展第三届学术研讨会，钟丽丹、申宁的《“反差”背后的思考——在理性应对舆情中构建司法公信力》；沈海晓、张明的《司法公信力的理性重塑——以阳光司法评估体系的构建为视角》；周华、樊文彬的《刑事审判中控审关系研究——以法院改变检察院指控罪名为视角》获得优秀论文称号。

7. 2012年10月8日，绍兴县人民法院民一庭召开庭务会议，设立专门合议庭四个，其中交通事故调解合议庭对接县交警大队，应对调处机动车交通事故案件；消费者权益保护合议庭对接县工商管理局消保会，应对调处涉消费者权益案件；维护国防权益合议庭对接县人武部，应对调处涉军利益的相关案件；维护妇女儿童权益合议庭对接县妇联，应对调处婚姻家庭纠纷案件。专门合议庭在审理相关案件时，积极做好与对接单位的交流沟通工作，主动邀请这些单位参与案件的调解工作，以整合多方力量有效化解社会矛盾。

8. 2012年12月4日，绍兴县人民法院在柯桥步行街开展“12.4”全国法制宣传日活动，结合“弘扬法治精神，服务科学发展”主题，我庭干警参加了此次活动。共发放宣传资料200余份，现场答疑30余人次，受到群众欢迎。

金华

1. 2012年4月，金华中院民一庭建立民事案件改判、发回重审情况分析通报制度，对每季度中院二审的案件的发改情况进行分析，并定期通报各基层法院。

2. 2012年上半年，金华中院民一庭对法庭进行全面走访调研，重点了解法庭案件质效情况、便民利民举措落实情况、诉调对接工作开展情况和法庭物质装备和队伍建设发展状况，制作并下发了《对全市人民法庭走访调研情况的通报》。走访结束后，根据走访情况，在肯定法庭成绩的同时，针对法庭立案、诉讼费收退费、数字法庭使用、司法确认、人员非本土化、人员配备和物质装备等问题与不足，提出相应解决意见。

3. 2012年7月，金华中院出台《人民法庭工作指导小组工作制度》，由分管院领导担任组长，由民一庭牵头，会同民二庭、审管办、人事处、司法行政装备处、监察室等部门作为成员单位，共同指导法庭工作。

4. 2012年10月，金华中院民一庭成立“综合组”和“民事审判专项调研组”，整合全市民事审判人才资源，加强民事审判和调研工作合力，着力研究新案件和疑难民事案件的法律适用问题，并配合省高院民事审判专项调研组工作。

5. 2012年12月，金华中院完成磐安县法院安文法庭更名新渥法庭的报批工作。

衢州

1. 2012年9月25～26日，全市法院民事审判工作会议在开化召开。各基层法院分管领导和全市法院民一庭庭长、法庭庭长参加会议。

2. 2012年11月1日，衢州市中级人民法院（以下简称衢州中院）召开交通事故疑难案件研讨会。全市交通巡回法庭庭长、保险行业协会、12家保险公司负责人参加会议。

3. 2012年11月1日，池淮巡回审判点揭牌仪式在池淮镇举行，开化县人民法院祝菊红院长与池淮镇综治办姚志伟主任一起为池淮巡回审判点进行揭牌。

4. 2012年5月，开化县人民法院与开化县妇联联合出台《关于建立诉调对接机制妥善处理涉及妇女儿童权益保护纠纷的意见》。

台州

1. 2012年1月，台州中院民一庭组织精干力量对基层法院上报的拟参加“第四批省级模范五好法庭”评选的八个人民法庭逐一进行考核，经过严格筛选，拟定将椒北等七个人民法庭上报省高院参评。最后，经过省高院检查验收，我市上报的七个人民法庭全部荣获“第四批省级模范五好法庭”称号。

2. 2012年4月26日台州中院民一庭召开了全市民事审判工作会议，会后出台了《民事审判调研与指导》、《关于规范民事案件请示汇报的规定》等文件，并对前一年度全市法院发改案件进行了逐案评析解剖，对几类案件审理的法律适用及裁判尺度进行了统一与规范，为今后的全市民事审判工作指明了方向。

3. 2012年5月，为贯彻落实全省人民法庭工作会议精神，台州中院民一庭于会议结束的当天起草了《关于贯彻落实全省人民法庭工作会议精神的若干意见》，提出了七项举措力促人民法庭工作更上层楼。

4. 黄岩法院民一庭王文荣被评为台州市十佳法官，市政法书记肖培生在其先进事迹上签字褒奖。

5. 路桥法院民一庭王军宇被最高人民法院授予“全国法院办案标兵”称号。

6. 2012年5月30日，我院民一庭联合临海市劳动争议仲裁委员会、临海市社保局等单位在东部园区管委会举办第四期劳动争议疑难问题研讨会。仙琚制药等23家企业代表参加会议。通过送法调研，提示企业经营风险，解释劳动争议、工伤赔偿等法律疑难。会后，该院与临海市人力资源和社会保障局就劳企社保纠纷仲裁、诉讼的受理，劳动仲裁与诉讼衔接等问题进行交流并达成倾向性意见。

7. 2012年6月，台州中院民一庭与三门法院速裁庭成功调处一批商品房合同纠纷的连案，三门新场小区178名业主与该小区的房产开发商就逾期办理产权证违约金、小区绿地率、门楼补建、后续正常维修、诉讼费承担等问题达成一揽子协议。7月14日上午，各业主在小区业委会办公室全额领取了各自的赔偿款。

8. 2012年11月9日，台州中院常务副院长林萍一行在张兴军院长、郑有努副院长的陪同下到健跳法庭开展司法巡查工作。林萍常务副院长一行先后视察了健跳中心法庭新址，法庭的办公室、调解室、审判庭、食堂，并与法庭全体干警亲切座谈。

丽水

1. 2012年6月，丽水中院民一庭发布《审判节点管理办法》。

2. 2012年6月，丽水中院民一庭发布《民事调解案件履行跟踪管理制度》。

3. 2012年10月24～25日，全市法院民事审判工作会议在景宁召开。

4. 2012年10月，丽水中院民一庭发布《民事审判若干问题解答（一）》。

舟山

1. 2012年7月12日，舟山中院民一庭组织召开全市法院民事审判工作例会，就当前民事审判工作疑难问题进行研讨并达成初步共识。

2. 2012年7月26日，舟山中院印发《舟山市中级人民法院关于涉军维权工作的实施意见》，规范全市法院涉军维权工作。

3. 2012年9月26～27日，舟山中院民一庭组织召开全市法院民事审判工作会议，就1～3季度全市基层法院民事审判工作情况和二审改判发回原因进行分析和讨论，并邀请省高院民一庭副庭长亓述伟就建设工程施工合同纠纷、机动车交通事故责任纠纷、劳动争议三大类案件审判疑难问题进行授课。

4. 2012年9月27日，舟山中院民一庭主持召开了全市法院涉军维权工作会议。会议除全市两级法院涉军维权工作指导小组及维护国防利益巡回法庭部分成员参加外，还邀请了市政法委、司法局、舟山警备区、东海舰队驻舟部队、定海区人武部等单位代表参加。会议就法院涉军维权工作的开展和各单位相互之间如何协作进行了深入探讨。

5. 2012年11月22日，舟山中院民一庭审结（2012）浙舟民终字第115号赵骏澜诉罗奇炯离婚纠纷一案。

6. 2012年12月26日，定海法院驻舟山海洋产业集聚区巡回审判点在挂牌成立，该巡回审判点由定海法院民一庭、民二庭、行政庭及白泉法庭的资深法官组成。

安徽省高级人民法院2012年民事审判工作大事记

1. 2月9日，安徽省高级人民法院（以下简称安徽高院）举行化解和处理房地产矛盾纠纷咨询专家聘任仪式，副院长汪沪平参加仪式并讲话。

2. 5月17日上午，全国妇联权益部兰青副部长、安徽省妇联高莉副主席一行六人来到安徽高院，召开安徽省妇女土地权益保护情况座谈会。汪沪平副院长出席了座谈会，省高院民一庭、芜湖中院、南陵县法院、繁昌县法院、桐城市法院及合肥市包河区法院的分管院长及民一庭法官参加了会议。

3. 2012年6月30日，芜湖市中级人民法院党组书记、院长杨良胜应邀出席由最高人民法院研究室、中国应用法学研究所和中国政法大学证据科学研究院联合举行的国家社科基金重大项目《诉讼证据规定研究》开题报告会，并被聘请为课题子项目负责人。

4. 7月9日至12日，安徽高院汪沪平副院长陪同省人大常委会副主任陈先森一行赴淮北、铜陵，徐致平主任陪同省人大内司工委主任苏泽泉一行赴六安、阜阳，分别开展"法院、检察院加强基层建设，促进公正司法工作情况"调研，安徽高院民一庭庭长杨悍东、研究室副主任庞梅和有关工作人员参加了调研。

5. 7月27日，安徽高院民四庭应邀参加安徽省律协建筑房地产法律专业委员会2012年工作座谈会。

6. 8月24日，省直机关妇女工作委员会来安徽高院考评民一庭"维护妇女、儿童、老人合法权益合议庭"、民四庭争创"巾帼文明岗"创建工作，汪沪平副院长出席接待了工作组一行。

7. 9月6日，在安徽高院第二法庭，副院长汪沪平、执行局局长周榕、部分副厅级审判员和审委会委员及院"两评查"领导小组成员现场评查了民一庭公开开庭审理的上诉人夏多保、安徽省瑞佳房地产开发有限责任公司与被上诉人张涛民间借贷纠纷一案。

8. 9月13日，安徽高院网络直播庭审一无权保护纠纷上诉案。副院长汪沪平、汪利民及部分审委会委员对案件审理进行了现场评查，诸多网友在线观看。

9. 12月，在充分征求相关部门意见的基础上，安徽高院民一庭起草了《法院基层建设存在的问题与解决方案》、《关于〈省人大常委会审议省法院省检察院加强基层建设促进公正司法公正执法工作情况报告的意见〉贯彻落实情况的报告》，经院党组讨论通过报送省人大常委会。

福建省人民法院2012年民事审判工作大事记

1. 1月，省法院民一庭就建设工程施工合同纠纷问题开展专项调研活动，于3月底形成《关于建设工程施工合同纠纷案件审理相关问题调研报告》，进一步统一了此类案件的司法标准。

2. 1月12日，莆田城厢法院发出全国首份涉及离婚留守儿童的"人身保护令"。

3. 2月17日，全国高级法院民一庭庭长座谈会议在厦门召开，最高人民法院副院长奚晓明，时任最高人民法院民一庭庭长杜万华，省法院院长马新岚等领导在会上作重要讲话，全国高级法院民一庭庭长、计划单列市中院分管副院长参加会议。

4. 2月20日至21日，时任最高人民法院民一庭庭长杜万华先后到厦门、泉州、莆田、福州有关法院的人民法庭调研指导民事审判工作。

5. 2月20日，省法院印发闽高法[2012]66号《2012年全省人民法庭工作意见》，指导和规范2012年全省人民法庭建设。

6. 3月，省法院民一庭针对审判实践中民间借贷纠纷案件适用法律疑难问题展开深入调查研究，并形成调研报告指导审判工作。

7. 3月1日，省法院举行新闻发布会，向妇女代表及媒体记者介绍近年来全省法院维护妇女儿童合法权益工作情况，发布婚姻家庭典型案例。最高人民法院审理反家庭暴力婚姻案件试点法院莆田城厢法院和三明永安法院在会上介绍"反家暴"试点工作情况。

8. 3月1日，省委常委、政法委书记苏增添到福州台江法院设在台江区房管局的物业纠纷法律服务中心法官工作点调研考察物业纠纷法律服务工作。

9. 3月5日，省法院联合福州、鼓楼两级法院、妇联，在福州五一广场开展"迎接党的十八大　巾帼送法促和谐"主题法制宣传活动，宣传普及《婚姻法司法解释(三)》内容，发放宣传材料500余份，接待群众咨询百余人次。

10. 3月7日，省人大常委会内务司法工作委员会、省公务员局、省妇女联合会联合对"福建省第二届维护妇女儿童合法权益工作先进集体"、"福建省第二届维护妇女儿童合法权益工作先进个人"作出表彰决定,全省民一庭系统共有三个集体、十名个人受到表彰。

11. 3月8日,省法院下发闽法明传[2012]68号《关于加强小额速裁试点工作的通知》,要求全省各中院在本辖区内确定两个基层法院作为省法院小额速裁试点单位,其他基层法院均应同步试行。

12. 4月6日,省委政法委副书记李晋闽到福州福清法院宏路交通巡回审判点调研指导交通事故纠纷多元化调解工作。

13. 4月10日,为进一步加强全省人民法庭建设,省法院下发闽高法[2012]149号《福建省高级人民法院关于全省人民法庭2011年度工作情况的通报》,将全省人民法庭2011年度审判工作、队伍建设、物质装备建设等情况分解成十八个方面,以各中院为单位进行通报。

14. 4月11日,福州中院正式成立民商事案件速裁合议庭,对事实清楚、法律关系明确的案件按照快速程序进行专业化审理,确保在公正司法的基础上最大限度地提高诉讼效率。时任省法院审委会专委王成全和福州中院院长许先丛共同为合议庭揭牌并讲话。

15. 4月17日,福州中院联合福州市人力资源和社会保障局和市总工会,共同出台《关于建立劳动争议调解工作联动机制的若干意见》,进一步发挥各职能部门在处理劳动争议工作中的作用,构建劳动争议处理化解新机制。

16. 4月18日,省法院批复同意厦门中院设立海沧区人民法院涉台法庭,以深化两岸交流,推进一国两制进程。该涉台法庭系福建省首个专门审理涉台案件的法庭。

17. 5月,省法院民一庭就全省法院的小额速裁工作展开调研,形成《关于开展小额速裁工作情况的总结报告》,全面总结推进全省小额速裁工作。

18. 5月,南平建阳法院水吉法庭审结范淑梅、雷春凤、李丽娟与龙泉市福仙食品贸易有限公司产品责任纠纷系列案件。促成建阳市漳墩中学70余名食物中毒学生与龙泉市福仙食品贸易有限公司达成和解协议。

19. 5月3日,省法院举办以劳动者权益保护为主题的开放日活动。受邀代表参观了省法院法苑广场、诉讼服务中心、科技法庭等,听取了全省法院近年来维护劳动者权益工作情况通报,就劳动者合法权益保护、劳动争议案件审理等热点问题与省法院民一庭法官进行互动交流。

20. 5月23日,省法院民一庭段思明庭长和法庭办同志到福州中院进行调研,传达省法院马新岚院长对开展巡回法庭进社区工作的指示精神和省法院向部分省人大代表反馈建议办理的情况。

21. 5月25日至28日,省法院民一庭联合院法培处,组织全省法院民一庭庭长、副庭长举办全省法院民事审判业务培训班。邀请最高人民法院民一庭三名博士授课,进一步提升全省民事审判队伍素质,以适应民事审判工作不断发展的新形势新任务。

22. 6月,南平中院与南平市人力资源和社会保障局、司法局、总工会联合下文,建立"三员一代理"劳动争议处理制度。

23. 6月起,南平中院指导各基层法院设立"片区责任法官",建立法官联系社区制度,建立社区调解法庭,利用"巡回审判点"和"法官工作室"等加强与社区沟通联络,深入社区化解纠纷。

24. 6月6日,省法院、省总工会、省人力资源和社会保障厅到福州中院调研福州市贯彻落实《关于构建劳动争议处理新机制的指导意见》的情况。

25. 7月23日,省法院联合福建军事法院、福州中院走访中国人民解放军驻福州某基地,开展"送法进军营"系列拥军活动。各地法院也在第85个建军节前夕,结合工作实际开展了各具特色的拥军共建和涉军维权活动。

26. 7月24日,福州连江法院在驻地部队首设"连江县人民法院维军法官工作室",并设置"司法维军信箱",公布维军法官联系方式。

27. 7月24日至26日,中国人民大学民商事法律科学研究中心与人民法院出版社主办的"第三届国际民法论坛暨第九届法官与学者对话论坛"在南平召开。本届论坛的主题是"继承法的现代化"。

28. 8月7日,龙岩中院成立"维护职工权益合议庭",相关市领导和中院院长林玫瑰共同参加揭牌仪式。这标志着该市广大职工的合法权益得到更加优质的司法保障,维护职工权益工作迈上新台阶。

29. 8月8日,龙岩中院、龙岩市总工会、龙岩新罗法院、新罗区总工会举行"一庭一室四制度"维护职工权益新机制推进会。

30. 8月16日,由中国法官协会、中国审判理论研究会海峡两岸审判理论专业委员会和海峡两岸法学交流协会(台湾)联合主办,福建省法官协会与海峡两岸法学交流协会(台湾)共同承办的"2012年海峡两岸司法实务研讨会"在台北隆重举行。本次研讨会顺应了两岸关系新形势和司法实践新需求,围绕"民事诉讼与司法为民"、"两岸投资保障热点问题"和"两岸司法互助难点问题"等议题展开研讨,主题鲜明、务实进取、成果丰硕。

31. 8月17日,最高人民法院与中国保监会联合到厦门同安法院调研指导交通事故纠纷调处一体化工作，实地观摩该法院交通法庭运行情况并听取相关汇报。

32. 9月，厦门中院会同厦门市公安局、司法局、保监局，联合出台《关于建设道路交通事故一体化调处中心的实施办法（试行）》，进一步推进道路交通事故纠纷案件的处理，切实化解社会矛盾，营造和谐的社会氛围。

33. 9月29日，莆田城厢法院发出全国首份由家暴受害者单独申请的"人身保护令"。

34. 9～10月，福州中院司法拥军维权小组与海军东海舰队"福州舰"官兵进行互访，开展军民座谈及法律咨询服务活动。

35. 10月5日，莆田城厢法院与莆田市姓氏源流研究会吴氏委员会签订合作共建协议，在全国率先创立"宗亲调解"。

36. 10月10日，省法院下发闽高法［2012］428号《关于成立福建省高级人民法院维护职工权益合议庭的通知》，决定成立福建省高级人民法院维护职工权益合议庭，成员由民一庭五位审判人员组成，以加强对全省维护职工权益合议庭的工作指导。

37. 10月11日，省法院马新岚院长、王穗丰专委等领导到福州晋安法院新店法庭调研指导工作，亲切看望、慰问新店法庭全体干警。

38. 10月24日，厦门中院制定出台《厦门市法院道路交通法庭工作的若干意见》，进一步规范道路交通法庭工作，维护当事人合法权益，促进社会和谐稳定。

39. 10月31日，省双拥办、省法院、省司法厅和省军区政治部在三明永安市联合召开全省司法拥军工作座谈会，总结交流涉军维权经验，推动司法拥军工作创新发展。省委常委、省军区朱生岭政委和省法院马新岚院长分别在会上作重要讲话，福州中院、三明永安法院等四个单位介绍了司法拥军工作经验。

40. 10月31日，省委常委、福州市委书记杨岳率该市社会稳定暨社会管理创新工作调研组，到福州台江法院物业纠纷法律服务中心设在区房管局的法官工作点，就社会管理创新工作进行调研并作重要指示。

41. 11月15日，泉州中院联合市人力资源和社会保障局、公安局、住建局、经贸委、国资委、总工会、工商联、企业与企业家联合会等9个部门（单位），共同建立泉州市企业重大集体性劳动争议协调处理机制，主要用于指导企业克扣、拖欠劳动者工资，企业关闭、破产等引发的损害劳动者合法权益而产生的重大集体性劳动争议案件。

42. 12月14日，省法院下发闽高法［2012］500号《关于全面推进巡回法庭进社区工作的意见》，进一步部署指导巡回法庭进社区工作。

江西省高级人民法院2012年民事审判工作大事记

1. 3月19日至21日，全省法院民事审判工作会议在南昌召开，省法院副院长郭兵出席会议并做工作报告。会议采用了现场会议与视频会议相结合的形式，全省各中院分管民事审判工作的副院长、民一庭庭长和相关业务庭庭长、省法院民一庭全体人员在省法院三楼视频会议室参加现场会议，全省中基层法院相关民事业务庭法官和人民法庭法官在各自法院的分会场参加视频会议。会议全面回顾总结了2009年以来全省法院民事审判工作成绩和经验，提出了今后一段时期全省各级法院围绕主要工作任务，传达了2011年全国民事审判工作会议、2012年全国高级法院民一庭庭长座谈会精神。

2. 7月5日，省法院下发了《江西省高级人民法院关于加强社会矛盾化解工作，维护社会和谐稳定的若干意见》，《意见》针对当前社会矛盾多发、易发的审判领域如何化解社会矛盾提出了指导性原则和具体方法，并从法院化解社会矛盾的内部机制和完善多元社会矛盾化解机制方面提出了具体意见。

3. 7月25日，省法院民一庭根据院里统一部署牵头制定了《民商事案件庭审评查办法和评查标准》和《民商事裁判文书评查办法和评查标准》，正式启动民商事庭审评查和裁判文书评查。

4. 10月28日至11月2日，省法院民一庭在南昌举办全省法院民事审判业务培训班，对全省各级法院民事审判法官120余人进行了培训，主要培训内容包括房地产及物权纠纷、民间借贷纠纷、建设工程施工合同纠纷、婚姻家庭纠纷、侵权纠纷、劳动争议纠纷等案件审判实践中的问题和新民事诉讼法有关修改内容等。

5. 12月6日,江西政法委头版头条报道江西法院小额速裁试点工作成绩,试点期间,四个试点法院共受理小额速裁案件1137件,审结1040件,其中1029件通过调解撤诉方式结案,调解撤诉率达98.9%。

山东省高级人民法院2012年民事审判工作大事记

1. 2013年5~10月,省法院开展民事审判专题调研。

2. 2013年5月30日~5月31日,省法院在济南召开全省民事审判座谈会。

3. 2013年6月13日,省法院济南军区军事法院"法官送法进军营"法律服务活动启动仪式在潍坊举行。

4. 2013年9月25~27日,省法院在泰安开展全省道路交通事故赔偿纠纷案件评查工作。

5. 2013年9月26日,省法院党组书记、院长白泉民向省人大常委会作民事审判专题报告。

6. 2013年11月,省法院与省司法厅联合召开全省人民调解会议。

河南省高级人民法院2012年民事审判工作大事记

1. 1月10日,河南省高级人民法院(以下简称省高院)召开新闻发布会通报第三次"拖欠进城务工人员工资案件集中办理"活动开展情况并向社会公布十大典型案例。

2. 1月12日,54集团军副军长谭民一行10人、20集团军副政委李振领一行2人来省高院慰问。省高院谢德安副院长、年万红副院长带办公室、政治部、民一庭人员一起接待部队慰问人员。

3. 2月15日,省高院在郑州召开全省部分法院劳动者权益保护审判庭试点工作座谈会,对劳动者权益保护审判庭试点工作进行安排部署。决定在郑州、平顶山、鹤壁、焦作、周口5个中级法院及郑州二七区法院等十个基层法院开展劳动者权益保护试点工作,积极探索劳动争议案件审理新模式,切实保护劳动者合法权益。

4. 2012年3月1日,省高院下发《关于在全省法院成立妇女儿童维权合议庭的通知》,要求全省各级法院在2012年6月30日前成立妇女儿童维权合议庭。截至2012年10月,河南法院共建立妇女儿童维权合议庭180个。

5. 3月6日至7日,省高院副院长年万红带领省高院涉军维权工作办公室人员赴鹤壁、新乡,采取"请进来、走出去"的方式,分别在鹤壁中院和驻新乡某集团军组织召开军地座谈会,征求对法院涉军维权工作的意见和建议。鹤壁、新乡军分区、人武部门及驻地部队的官兵代表应邀参加座谈。鹤壁、新乡两市中院院长及主管涉军维权工作的副院长和民庭庭长参加座谈。

6. 2012年3月6日,全国"双拥"工作领导小组授予汤阴县法院"全国爱国拥军模范单位"称号,汤阴县委、县政府领导向汤阴县法院颁发20万元奖金。

7. 3月30日,南阳中院开展首次人大代表"百案观摩"活动,通过观摩旁听让代表们更加关心、理解、支持法院的工作,增加司法透明度。

8. 3月31日,省高院在焦作召开全省部分法院民事审判调解工作座谈会,深入研究探讨民事调解工作的经验和做法。

9. 4月20日,省高院与郑州中院共同组织召开"劳动者权益保护暨劳动争议审判实务研讨会",深入探讨劳动者权益保护案件审判实务中的疑难问题。

10. 5月7日,由副省长王铁主持在驻马店召开全省医患纠纷调处工作经验交流会,省高院谢德安副院长就全省法院医患纠纷案件审理情况以及审判实践中遇到的热点、难点问题进行了介绍。

11. 5月8日,省高院年万红副院长赴全国首家保障军人军属合法权益社会法庭——金水区保障军人军属合法权益社会法庭调研。

12. 5月9日，省高院组织召开全省部分法院国有土地使用权合同及房屋买卖合同纠纷调研座谈会。

13. 5月11日、5月16日，省高院应邀为省军区机关及直属单位官兵作法律知识辅导报告，并与会官兵进行了互动交流，回答官兵的法律咨询。

14. 5月15日、16日，平顶山中院开展送法进企业、进学校活动，中院民一庭组织法官分别到中平能化(集团)党校、平顶山学院讲授法制课。

15. 5月23日，省高院组织驻军较多的郑州、开封、洛阳、安阳、新乡、许昌等市中院在郑州市金水区召开维军社会法庭观摩座谈会，部署维军社会法庭试点推广工作。

16. 5月31日，汤阴县人民法院举行维护军人军属合法权益社会法庭揭牌仪式。省高院副院长年万红出席并讲话。

17. 6月8日，省高院与洛阳中院在洛阳共同举办全省部分法院民事审判疑难问题研讨会，同时为全省民事审判工作座谈会的召开进行前期调研。

18. 6月28日，济南军区政治部和河南省高院联合在安阳市召开深入学习宣传推广“汤阴经验”工作部署会暨“汤阴经验荣誉室”揭牌仪式。

19. 6月底前，郑州全市两级法院相继成立保护妇女儿童合法权益专门合议庭，现全市两级法院共设立妇女儿童权益保护专项合议庭14个，加强对妇女儿童权益保护力度，提高维权水平。

20. 7月，省高院与河南军事法院联合编印《河南省涉军维权工作资料汇编》，收录了“汤阴经验”创立以来各级领导首长的批示、重要讲话、政策规定、经验做法、媒体报道和维权实例。

21. 7月25日，省高院院长张立勇和副院长谢德安、史小红、年万红，带领机关各部门负责人赴71,320部队驻地，举行“法院开放日送法进军营”活动。

22. 8月20～24日，最高法院民事庭审评查活动检查组来河南对全省法院民事审判部门开展的庭审评查活动进行督促、检查。

23. 9月26日，河南高院召开全省法院民事审判工作座谈会，深入学习贯彻最高法院民一庭庭长座谈会和全国法院贯彻实施民事诉讼法修改决定座谈会会议精神，安排部署当前及今后一段时期民事审判工作的主要任务。

24. 10月26日，河南高院在郑州市二七区法院召开了全省劳动者权益保护审判庭试点工作座谈会，认真总结劳动者权益保护审判庭试点工作取得的成绩，深入交流各地好的经验和做法，推进试点工作进一步扎实深入开展。

25. 11月2日，河南高院、河南省妇联、共青团河南团委、郑州中院联合举办“维护妇女儿童合法权益暨婚姻家庭纠纷案件审判实务研讨会”，对婚姻家庭纠纷案件中的疑难问题深入进行研讨，统一裁判尺度。

26. 11月5日，全省首家具有独立编制的劳动者权益保护审判庭在焦作中院率先成立。

27. 2012年11月15日～2013年1月20日，全省法院开展了第四次“拖欠进城务工人员工资案件集中办理”活动。活动期间，共办结相关案件3268件，为7454名进城务工人员当事人追回劳动报酬1.97亿元。活动被省委政法委和河南法制报联合评选为“2012年度河南十大政法新闻”之一，并受到省政府李克常务副省长的充分肯定。

28. 11月20日，河南省高级人民法院联合山东省高级人民法院、中国人民解放军济南军区军事法院在全国法院系统第一家出台支持军事法院工作的意见。

湖北省高级人民法院2012年民事审判工作大事记

1. 1月7日，湖北省民法学研究会2011年年会暨学术讨论会在湖北省高级人民法院成功召开。中南财经政法大学校长、湖北省民法学研究会会长吴汉东、省法院党组副书记、副院长、湖北省民法学研究会副会长张传读、省检察院党组副书记、常务副检察长湖北省法学会副会长徐汉明、省法院副院长周佳念、湖北省法学会民法学研究会名誉会长余能斌教授、李静堂教授、省法院审判委员会专职委员、副巡视员官昌恒、湖北省民法学研究会常务副会长温世扬教授出席了会议。省高院相关业务庭室庭长、副庭长、各中级法院分管领导、业务庭长以及省检察院相关负责人和来自武汉大学、中南财经政法大学、华中科技大学、华中师范大学、中南民族大学、武汉理工大学、武汉工程大学的民法学教授、专家以及学生近百名会议代表齐聚一堂,就民法典的制定、《侵权责任法》与《合同法》实施中的疑难问题以及人格权立法问题进行了研讨。

2. 1月9日,全省平安医院创建活动工作会议召开。省平安医院创建活动协调小组组长、省政法委副书记、省综治办主任鲁志宏、省卫生厅党组书记杨有旺、省综治办副主任万学斌、省法院审判委员会委员、副巡视员官昌恒出席了会议,省综治办、省高院、省司法厅等15个省平安医院创建活动协调小组成员单位及其负责人参加了会议。会议学习了省委常委、省政法委书记吴永文对此次会议的重要批示及书面讲话,并对全省平安医院创建活动的工作进行了全面总结和经验交流。省法院民一庭在妥善处理医患纠纷、创建多元化医患纠纷化解机制等方面做出了突出贡献,被授予先进集体荣誉称号,王婷被评为先进个人。

3. 1月19日,省法院举行2011年度先进单位和先进个人表彰大会,省法院党组书记、院长郑少三出席会议并作重要讲话,党组副书记、常务副院长张坚主持会议,党组副书记、副院长张传读宣读省法院机关2011年度表彰奖励决定,党组成员、副院长崔正军、胡兴儒、覃文萍,副院长周佳念,党组成员、政治部主任彭方明,党组成员、执行局局长陈平安,党组成员、纪检组长柯文胜,党组成员田昌兵出席会议并为获奖单位和个人颁奖,院专职审委会委员肖廷杰、王秋山和副巡视员杨明坤、李国清出席会议。省法院此次表彰了一批先进单位和个人,省法院司法行政处、审判管理办公室2个单位荣立集体三等功,办公室、政治部人事处、立案一庭等12个单位被评为先进单位,张炎同志荣立个人一等功,田红星、周常芳2名同志荣立个人二等功,武星、张惠江、邹磊等13名同志荣立个人三等功,同时决定对董孝生、董伟威、钟莉等70名同志予以嘉奖。省法院还对评选出的10件精品案件、10份优秀裁判文书、20名办案能手进行了表彰。

4. 1月30日,鄂州市中级人民法院召开年初集训活动动员大会。

5. 2月6日,十堰市中级人民法院出台《严禁本院领导干部违规过问案件暂行规定》,严格规范本院领导干部日常行为。

6. 2月7日,武汉市江夏区人民法院党组书记、院长叶伟平带领民一庭庭长等一行赴江夏区新型工业示范园核心区,为企业提供法律服务。

7. 2月20日,荆州中院杨耀杰副院长带领青年委员会干警,来到荆州区城南街办新风社区进行法制宣传教育等活动,青年法官主讲了婚姻法新的司法解释精神。

8. 2月21日至23日,咸宁市中级人民法院开展部分典型民事案件巡回评析活动,面对面对基层法官开展业务指导。各基层法院分管院长、全体民事审判法官共一百余人参加了评析活动。

9. 2月23日,武汉市江汉区人民法院围绕"求真务实、争创一流"的目标,大力推进工作机制创新,探索建立审判委员会案件质询制度,切实加强审委会对案件质量的把关职责。

10. 2月27日,武汉市中级人民法院报送的《寻找从现实生活出发的民商事审判办法》获最高法院第二十二届学术讨论会一等奖。

11. 3月5日,最高人民法院作出决定,对近年来全国法院系统涌现出来的一批业绩突出、事迹感人的先进集体和个人进行表彰,武汉市新洲区人民法院双柳人民法庭喜获"全国法院先进集体"荣誉称号。

12. 3月6日,咸宁市法院组织部分干警开展迎"三八"妇女维权周法律咨询活动。咸宁市市委常委、政法委书记、公安局局长董国祥莅临活动现场,对活动给予充分肯定。

13. 3月,荆州中院出台荆中法[2012]37号《关于认真履行服务大局职责为实施"壮腰工程"加快荆州振兴提供司法保障的意见》,以21条具体举措,助力荆州市科学和跨越式发展。荆州中院王健院长带领各审判庭主要负责人走访荆州开发区重点企业。

14. 3月,湖北省高级人民法院会同湖北军事法院,分赴省军区各建制旅团部队开展军地法官"送法下基层"专项活动,省法院涉军维权合议庭在广州军区驻汉75310部队、75709部队、省军区司训大队举办了现场咨询会,向驻汉基层部队官兵讲授法律知识,解答涉法疑难问题,听取意见建议。

15. 3月,湖北省高级人民法院在全省范围内部署"三项评查"主攻瑕疵案活动,下发《关于在全省法院开展"三项评查"主攻瑕疵案活动的实施方案》,全面提升案件审判质量。

16. 3月15日,荆州市人大常委会易法新主任等一行到荆州中院视察,荆州中院王健院汇报工作。

17. 4月,石首市人民法院制定石法通[2012]8号《关于人民法庭参与"大调解"工作的若干意见》。

18. 4月9日,为进一步加强理论研究,为"十二五"规划提供有力司法保障,最高人民法院2011年审判理论重大课题中期检查汇报会在湖北武汉召开。

19. 4月10日，湖北省高院崔正军副院长一行到荆州市中院检查涉诉信访案件、庭审和裁判文书“三评查”活动。

20. 4月11日，武汉市洪山区人民法院邀请洪山区总工会劳动争议调解中心、洪山区劳动人事争议仲裁委员会工作人员旁听民一庭劳动争议案件的公开庭审，庭后双方就处理劳动争议案件的新思路进行了探讨。

21. 4月13日，武汉市江夏区人大常委会副主任朱定呈、内司委主任曹天国、内司委委员孙艳霞等到武汉市江夏区人民法院调研近三年民商事审判工作。

22. 4月23日，洪湖法院到市实验中学开展“送法进校园”活动，民三庭庭长文东平对师生进行了以“成长路上，与法同行”为主题的法律知识讲座。

23. 4月24日，随州市中级人民法院组织召开的全市法院司法确认工作推进会在广水市召开。

24. 4月24日，湖北省高级人民法院作出决定，为武汉市江汉区人民法院“讨薪法官”李靖同志荣记个人二等功。同时，号召全省法院干警向李靖同志学习。

25. 4月28日，荆州中院民二庭、民三庭青年法官郭莉、欧阳庆、盛千、潘川川到沙市区东区联校，为该校300多名师生举办法制教育知识讲座。

26. 5月，孝感中院被省委、省政府、省军区联合授予湖北省“拥军优属先进单位”荣誉称号。

27. 5月3日，湖北省高级人民法院在机关审判大楼举行了年度第三次新闻发布会。会议的主题是发布2009～2011年湖北法院民事（民生案件）审判工作蓝皮书，通报全省法院审理涉民生领域民事案件的工作情况，并公布十起典型案件。省法院新闻发言人、院党组成员、副院长崔正军，省法院民一庭庭长李涛出席会议。人民日报湖北记者站、新华社湖北分社、法制日报湖北记者站、人民法院报湖北记者站、湖北日报、荆楚网等二十多家媒体的新闻记者参加发布会。

28. 5月3日，武汉市硚口区人民法院党组成员、副院长沈革非、民一庭庭长高万兵等一行前往武汉市医药卫生学会联合办公室，双方就医疗纠纷中的医疗鉴定问题交换了意见。

29. 5月7日，随州市中级人民法院与随州市劳动人事争议仲裁委员会联合下发《关于审理劳动人事争议案件若干问题的会议纪要》，统一了劳动争议案件仲裁与裁判的法律适用。

30. 5月9日，全国妇联副主席甄砚莅临武汉市硚口区人民法院仁寿法庭视察指导工作，勉励硚口区人民法院利用好武汉市首个“家事审判法庭”，继续探索妇女儿童维权特色之路。

31. 5月10日，咸宁市中级人民法院党组决定从即日起在全市法院系统开展为期半年的“四比”（比调撤率、比结案率、比文书质量、比庭审水平）办案竞赛活动，掀起“喜迎十八大、争创新业绩”活动热潮。

32. 5月11日，荆州中院召开全市法院院长会议，会议要求全力维护稳定，认真服务大局，深化审判管理，强化队伍建设，以优异业绩迎接党的十八大胜利召开。

33. 5月12日，最高人民法院民一庭仲伟珩博士应邀到武汉市洪山区人民法院作“加强民事审判，切实保障民生”专题辅导讲座。

34. 5月22日，湖北省高级人民法院组织召开全省法院“深化审判质量管理，主攻瑕疵案件”电视电话会议。

35. 5月22日，鄂州市中级人民法院普法宣讲团到鄂州电厂举办法制讲座，围绕企业职工关注的消费者权益保护和婚姻家庭等热点问题，开展法官进企业巡回演讲第一讲。

36. 5月25日至26日，武汉市法院民（商）事审判工作暨业务培训会在武汉市江夏区人民法院召开，会议就当前全市法院民（商）事审判实践中亟待解决的热点、难点以及认识不一致的问题，逐一进行了探讨。张卓立副院长在会上做《提高和谐司法能力，发挥民商事审判职能作用》的发言。

37. 5月28日，江夏法院山坡法庭被团市委命名为“武汉市青年文明号”；蔡甸法院被区委、区政府评为“蔡甸区‘三合一’场所整治工作先进集体”。

38. 5月28日，武汉市中级人民法院与武汉农村商业银行召开联席会，围绕加强金融债权司法保护、服务金融企业发展等进行深入研讨并达成共识。

39. 6月4日，十堰市中级人民法院举办征求意见座谈会，向50余名当事人、代理人发放测评表，征求对法官庭审纪律、司法礼仪及法庭环境等方面的意见，并进行现场测评。

40. 6月6日，武汉市洪山区人民法院组织召开联系服务企业座谈会，中建三局总承包公司、保利武汉房地产开发公司、武汉紫菘地产公司、华科后勤集团、湖北省建五公司等12家企业代表参加会议。

41. 6月12日至14日，荆州中院对来自全市各县市区党政机关、农村及社区的132名人民陪审员进行了婚姻法、继承法等方面的集中培训。

42. 6月15日，武汉市洪山区人民法院召开辖区医疗机构共同化解医疗纠纷座谈会。省、市医学会，广州军区武汉总医院、湖北省妇幼保健院等十余家医疗机构代表参加会议。

43. 6月15日,武汉市江夏区人民法院召开联系服务企业座谈会,来自全区二十余家重点企业代表应邀参加会议。

44. 6月20日,为及时总结经验、统一法律适用、提升办案能力、推动审判工作科学发展,《湖北审判案例参考》编辑工作会议在孝感市召开。

45. 6月20日,湖北省首个"水上巡回法庭"成立揭牌仪式在荆州市洪湖湿地自然保护区湖边举行。"水上巡回法庭"由荆州市洪湖市人民法院抽调6名工作人员组成,配备巡回审判船1只,管辖洪湖湿地湖区周边7个村、5个渔场,辖区面积414.12平方公里,近10万人口,主要承接湖区渔民有关养殖权、承包合同等方面的法律纠纷。

46. 6月28日,武汉市中级人民法院党组成员、副院长张卓立、硚口区委政法委书记严学彬等一行人到硚口区人民法院调研指导医疗纠纷专业合议庭工作。

47. 7月3日,由武汉市中级人民法院联合武汉晚报举办的"周二之约"栏目走进武汉市江夏区人民法院山坡法庭"特色法庭",报道了江夏区人民法院聆听群众司法诉求,直接将法庭设到老百姓家门口的司法便民工作举措。

48. 7月18日,黄冈市中院组织召开了全市法院院长暨人民法庭建设现场会,市中院党组书记、院长贾石松同志在会上发表了重要讲话。

49. 7月19日,十堰市中级人民法院按照《开展"三项评查"活动的实施方案》要求,组织开展了业务庭之间的庭审互评活动。

50. 7月23日,按照湖北省高级人民法院《关于在全省法院开展"三项评查"主攻瑕疵案活动的实施方案》的要求,民一庭公开开庭审理了上诉人十堰市劳动就业训练中心与被上诉人四川星星建设集团有限公司、四川星星建设集团有限公司十堰分公司建设工程施工合同纠纷一案。省高院党组副书记、副院长张传读,副巡视员官昌恒到场听庭;院政治部、研究室、宣传处、机关党委、审管办以及相关民事审判业务庭室的负责人受邀到场对庭审进行了观摩评查和指导。

51. 7月,荆州市中级人民法院开展"三项评查"工作,邀请部分省市两级人大代表、政协委员、检察院、公安局的百余名干警旁听庭审,全市法院共组织民事庭审评查563次,评查民事裁判文书20,760份。

52. 8月1日,省高院党组副书记、副院长张传读主持召开院第23次民事行政专委会,专题讨论我院民行专委会笔录工作存在的突出问题,并研究提出改进意见。民事行政专委会委员覃文萍、周佳念、陈平安、王秋山、官昌恒、姚智明、武星、钟莉、李玉高、艾军以及部分业务庭负责人参加了会议。

53. 8月15日至17日,鄂州市法院召开全市民商事审判工作暨培训会议。

54. 8月17日,荆州市中级人民法院举行民事案件执行资产专场拍卖会,首次引入湖北省产权交易中心荆州分中心作为第三方参与拍卖活动。

55. 8月27日至9月5日,咸宁市中级人民法院在全市法院开展了医疗损害责任纠纷案件的专题调研,并形成专题调研报告,指导审判实践。

56. 8月28日,武汉市东西湖区人民法院出台《关于表彰"两评查""三评比"及书记员录入比赛活动的表彰决定》。

57. 8月30日,武汉市硚口区人民法院在同济医院学术交流中心召开硚口区医疗纠纷审判工作会议。会议特邀北京法源司法科学证据鉴定中心何颂跃博士为与会人员作《〈侵权责任法〉实施后医疗损害鉴定的法律要求》专题讲座。

58. 8月31日,由最高法院研究室、中国应用法学研究所和中国政法大学证据科学研究院共同承担的国家社科基金重大项目——《诉讼证据规定研究》项目正式开题。在开题报告会上,武汉市中级人民法院被最高法院确定为该项目全国五家合作研究试点中级法院之一。

59. 9月1日,鄂州市中级人民法院审结一起涉中国驰名商标"多佳"的商标许可纠纷案件,促成当事人双方达成和解协议并及时履行。

60. 9月20日至27日,为贯彻落实全市法院工作会精神,有效提升第四季度民(商)事审判质效,努力实现"求真务实、争创一流"年度目标,武汉市民(商)事审判工作座谈片会分别在武汉市江汉区、东湖区和经济技术开发区人民法院召开。

61. 9月24日,湖北省总工会宣教文体部部长王华虎率全省职工职业道德建设考核工作组,湖北省妇联权益部部长赵少凡率全省"妇女儿童维权岗"考评验收工作组,分别到武汉市汉阳区、武昌区人民法院检查指导工作。

62. 9月25日,全国妇联权益部与最高人民法院民一庭在宁夏回族自治区银川市联合召开了全国妇女维权合议庭工作经验交流会。湖北省高级人民法院民一庭作为全国妇联、最高人民法院推选的先进典型之一,在会上做了《夯实职能基础,创新维权思路,全力构筑新时期妇女权益的司法屏障》的报告。

63. 10月,湖北省高院检查组分赴十五个中级人民法院验收"三项评查"活动实施情况。

64. 10月10日，市委常委、政法委书记夏卫东，中院党组书记、院长夏明权到曾都区法院何店法庭调研“三调合一”大调解工作。曾都区委副书记杨河意、区委政法委书记黄建平等陪同调研。夏卫东书记、夏明权院长一行实地察看了何店法庭审判庭、人民调解室、诉调对接室等场所，翻阅了法庭司法确认案卷档案，听取了何店法庭的工作情况汇报。

65. 10月11日，十堰首届“十大女杰”颁奖仪式在东风工人俱乐部举行，十堰中院民三庭副庭长张妍获十堰首届“十大女杰”提名奖。

66. 10月18日，湖北省高级人民法院邀请最高人民法院民一庭审判长吴晓芳就《婚姻法司法解释（三）》的理解与适用进行了为期一天的案件审判实务培训，全省3500多名法官以同步视频的方式参加了培训。

67. 10月30日，为贯彻落实市长专题会精神，武汉市中级人民法院与武汉市国土局召开座谈会，研究解决当前土地纠纷中涉及国有土地使用权收储、出让等相关问题，以切实保护国家利益和当事人合法权益。

68. 10月30日，武汉市江夏区人民法院召开服务金融企业座谈会，通报近三年涉及金融企业案件审执情况，听取金融企业对法院工作的意见和建议，介绍法院下步服务金融企业举措。中行、工行、建行、农行、农商行及邮政储蓄银行江夏支行负责人应邀参会。

69. 11月6日，随州市中级人民法院民一庭对随州市唯一一家外资企业“随州市力丰针织有限公司”与24名职工劳动争议纠纷案件进行宣判，取得良好的法律效果和社会效果。

70. 11月28日，咸宁市中级人民法院邀请中南财经政法大学蔡虹教授为全市法院干警就新《民事诉讼法》进行专题授课。全市法院共近二百人参加听课。

71. 11月28日，武汉市硚口区人民法院仁寿法庭被授予武汉市“妇女儿童维权示范岗”荣誉称号。

72. 11月29日，武汉市汉南区人民法院民一庭荣获武汉市“妇女儿童维权示范岗”荣誉称号。

73. 11月30日，武汉市硚口区人民法院与中国人民财产保险公司武汉分公司就双方共建道路交通事故绿色调解机制举行签约仪式。

74. 12月4日，武汉市硚口区人民法院党组成员、副院长沈革非受邀参加由湖北省人民政府法制办和湖北省卫生厅联合举行的《湖北省医疗纠纷预防与处置暂行办法（征求意见稿）》座谈会。

75. 12月8日，湖北省民法学研究会2012年年会暨学术研讨会在武汉市洪山区人民法院召开。湖北省法学会党组书记、常务副会长胡兴儒、湖北省高级人民法院副院长周佳念、湖北省法学会民法学研究会名誉会长、中南财经政法大学李静堂教授、湖北省法学会民法学研究会常务副会长、武汉大学温世扬教授等政法系统、高校领导出席会议。

76. 12月10日，鄂州市中级人民法院出台《关于加快推进鄂州市农村产权制度改革提供服务和保障的意见（试行）》。

77. 12月24日，荆门市法学会民法学研究会成立，同日，荆门市中级人民法院组织召开了第一次会员代表大会。该大会选举产生了民法学研究会第一届理事会理事，理事会选举产生了民法学研究会第一届常务理事、会长、常务副会长、副会长、秘书长。

湖南省高级人民法院2012年民事审判工作大事记

1. 5月21日，湖南省高级人民法院下发关于印发《民事、行政案件庭审评查指导意见》的通知。

2. 7月18～20日，院党组成员、副院长宋凯楚与民一庭庭长吴文华深入益阳中院及益阳市赫山区法院进行调研指导民事案件“两评查”（“庭审评查”和“裁判文书评查”）活动。

3. 8月14日，最高人民法院审判委员会专职委员、民一庭庭长杜万华，民一庭廉政监察员沈秋媛一行六人来湘检查指导湖南法院民事案件庭审评查活动。省法院党组成员、副院长宋凯楚出席座谈会并汇报了全省法院民事审判部门开展庭审评查活动的有关情况，党组成员、副院长李微主持会议，副院长杨翔出席会议。省法院民一庭、民二庭、民三庭、审判管理办公室主要负责同志参加座谈会，长沙、株洲、岳阳、常德、益阳、娄底等六个中院负责民事庭审评查工作的相关同志介绍了本院及辖区内基层法院开展民事庭审评查活动的相关情况。

4. 12月24日，湖南省高级人民法院下发《关于确定我省小额诉讼程序标的额的通知》,经审判委员会讨论决定,我省适用小额诉讼程序审理案件的标的额暂定为8000元人民币以下(含本数)。

广东省高级人民法院2012年民事审判工作大事记

1. 2月16日,首次公开开庭试行"一案一承诺一提示制度",由审判长代表合议庭进行廉政承诺,通过强化法官对职业责任的内心认知,并对双方当事人进行诚信提示,以引导诉讼双方尊重事实,诚信参与诉讼。

2. 4月25日至27日,谭玲副院长代表广东法院出席中南五省(区)涉军维权工作协作中心第三次联席会议并在会上介绍广东法院开展涉军审判的基本情况及经验做法。

3. 4月23日至25日,召开全省民事审判工作会议,重点学习、贯彻去年全国民事审判工作会议和今年全国高级法院民一庭庭长座谈会精神,回顾和分析广东民事审判工作情况,部署今后一段时期民事审判工作任务。

4. 6月28日至30日,召开广东省首次家事审判经验交流暨培训会议,以强化各试点法院的业务培训,提高司法水平,同时提供了经验交流平台,有力地推动了试点工作向纵深发展。

5. 6月28日至30日,采用视频培训方式举办全省民事审判业务培训班,进一步提高全省法院民事审判队伍的业务素质和司法水平。

6. 6月21日,省高院与省劳动人事争议仲裁委员会在佛山联合召开劳动人事争议案件实务研讨会。

7. 8月6日至13日,民一庭杨慧怡副庭长陪同谭玲副院长赴台湾地区,对台湾地区家事审判和反家庭暴力的立法情况、司法实践进行了考察。

8. 9月28日,省委汪洋书记、明国副书记对省法院成功调解"9·21"事件损害赔偿纠纷系列案作出重要批示,该案是在民一庭直接指导下成功调解。10月23日,最高法院沈德咏常务副院长、奚晓明副院长和杜万华专委对我院成功指导调解的"9·21"事件损害赔偿纠纷系列案件作出重要批示。

9. 9月13日,召开全省人民法庭审判工作会暨民事审判庭审评查推进会,同时举办了庭审技能培训班。

10. 12月17日,民一庭召开小额诉讼实施意见座谈会,广州、深圳、佛山、珠海、东莞、惠州、中山、江门、肇庆等中院民一庭和部分辖区基层法院民一庭负责人参加了座谈。

11. 12月25日至26日,成功举办了全省法院新民诉法视频培训班。

广西壮族自治区高级人民法院2012年民事审判工作大事记

1. 1月17日,广西壮族自治区高级人民法院(以下简称区高院)与广西人力资源和社会保障厅(以下简称区人社厅)联合印发《建立劳动人事争议仲裁与审判衔接工作机制的意见》,进一步细化裁审联席会议的相关机制,并增加了建立案件追踪制度、通报交流制度以及案例旁听制度等内容。

2. 3月15日,区高院召开了2012年全区民事审判工作会议,会议回顾了过去五年来全区民事审判工作取得的经验和成绩,传达了全国民事审判工作会议和全国高级人民法院民一庭庭长会议的有关精神,听取和讨论了下级法院反映的民事审判工作有关问题。对当前及今后一段时期的全区法院民事审判工作发展起到了促进作用。

3. 4月9日至11日,区高院民一庭与中国保险监督管理委员会广西监管局(以下简称广西保监局)在梧州召开了保险纠纷案件研讨工作会,集中研究讨论了我区保险合同纠纷案件审理的若干问题,并就与保险监管部门加强调判对接达成若干共识。

4. 5月18日,区高院召开全区法院小额速裁试点工作座谈会,对小额速裁实施一年来的工作情况进行了小结，并向最高人民法院做了书面汇报。

5. 5月23日下午，区高院与广西保监局、广西保险行业协会、南宁市中级人民法院召开了保险纠纷“诉调对接”南宁试点工作碰头会，南宁市部分基层法院及人民财产保险公司、太平洋保险公司等部分保险公司代表参加了会议。会议就加强人民法院与保险行业的沟通协作，做好保险合同纠纷案件调解与司法审判之间的对接，提高信息交流时效、依法、公正、及时化解矛盾纠纷，促进广西建设提出了意见。

6. 5月30日至7月5日，桂林市中院在全市17个基层法院开展“深入基层、破解难题”月活动，由主管院长带领各民事审判庭庭长就各庭分管的民事审判业务进行授课，重点解读民事审判工作中出现的新情况新问题，详细分析各基层法院被二审改判、发回重审案件中的原因，并对案件审理实体、程序及法律适用等方面提出明确要求。

7. 7月12日下午，区高院召集召开了“物业管理纠纷案件专题调研座谈会”，南宁中院、柳州中院及两市部分基层法院代表参加了会议。会议就当前我区审理物业纠纷案件的现状和遇到的问题进行了研讨，并对下一步专项调研工作进行了部署，此次会议标志着今年我区法院正式启动对物业管理纠纷案件的调研工作。

8. 7月17日上午，区高院人民法庭办公室召开法庭检查工作动员会，戴红兵副院长出席会议并做了动员发言。

9. 7月20日至8月20日，区高院对全区人民法庭的规范化法庭建设工作情况进行了检查、调研，进一步摸清了全区人民法庭的设置及案件审理情况。

10. 8月10日，区高院与区人社厅启动“案件处理沟通机制”，就区高院民一庭审理的桂林晶盛玻璃有限责任公司与黄忠明劳动争议案件法律适用问题进行了沟通。

11. 8月22日，区高院组织广西壮族自治区司法厅、卫生厅有关部门召开联席座谈会，就《侵权责任法》颁布后如何开展司法鉴定问题展开讨论，并在调研基础上向区人民政府提出《司法建议书》，建议在我区逐步进行医疗事故司法鉴定制度改革。

12. 9月6日，区高院与南宁中院、柳州中院业务骨干组成的调研课题组，赴桂林市中院召开座谈会，就劳动争议纠纷案件及物业纠纷案件审理工作开展调研工作。

13. 10月18日，区高院物业纠纷案件调研组前往南宁市青秀区人民法院与南宁市两级法院有关业务庭、南宁市房产局南宁市物价局、南宁市规划局、南宁市国土局、南宁市物业行业协会及南宁市部分物业公司，就物业纠纷问题召开座谈会。

14. 11月30日、12月20日，区高院与区人社厅两次召开“劳动人事争议仲裁与审判联席工作会议”，筹备召开新一届裁审联席会议，并以印发《会议纪要》的形式进一步统一裁审执法尺度。

15. 12月11日，区高院与广西壮族自治区工商局召开了联动建立多元化解决纠纷机制的座谈会，双方自此开始合作，共同研讨建立联合调解机制，并参照劳动、保险部门的联动模式建立调判对接机制、联席会议机制、案件通报交流机制、建议书机制以及联系人制度。

16. 12月28日，在原有《合作备忘录》基础上，区高院与广西保监局、广西保险行业协会会签了《关于建立保险合同纠纷调判对接工作机制的意见》，进一步确立了构建调解司法确认、联席会议、通报交流、建议书等调判对接工作机制。

海南省高级人民法院2012年民事审判工作大事记

1. 2012年1月19日上午，海南省委常委、政法委书记肖若海一行到澄迈县人民法院老城法庭慰问，与法庭干警进行了亲切交谈，并对老城法庭的工作给予充分肯定。

2. 2012年3月8日，海口市琼山区法院云龙法庭在琼山区云龙镇司法所挂牌办公。

3. 2012年4月19日，海南省高级人民法院召开知识产权司法保护新闻发布会。

4. 2012年5月24日，召开全省法院环境保护审判庭、海口海事法院海事庭庭长座谈会，研究和探讨新形势下全省法院做好环境审判工作的对策。

5. 2012年6月5日，海南省高院环境保护审判庭联合机关团委组织部分青年法官，在海口市明珠广场开展义务环境法治宣传和咨询。

6. 2012年6月7日至8日,全省民商事审判工作会议在海口召开。原海南省政府副省长、现海南省人大副主任符跃兰出席会议并讲话。海南高院党组书记、院长董治良代表省高院党组作了工作总结部署。

7. 2012年6月21日上午,海口市琼山区人民法院审判大楼内隆重举行环境保护审判庭揭牌仪式,海南省首家基层法院环境保护审判庭挂牌成立。

8. 2012年8月15日至16日,海南省高院组织开展全省法院民事、环保审判庭审观摩示范庭活动。全省法院分管民事及环保审判工作的副院长及各民庭、环保庭等参加示范庭观摩。

9. 2012年8月30日,海南省高级人民法院召开新闻发布会,由张家慧副院长向新闻媒体公布并解读了出台的《关于加强环境审判工作服务和保障海南绿色崛起的若干意见(试行)》等5个业务文件。

10. 2012年9月7日海南省首例环境公益诉讼案件在海口中院于庭前达成调解协议,该案实现了海南环境公益诉讼案件零的突破。

11. 2012年9月下旬,海南省高院对民事审判第一庭、环境保护审判庭、行政审判庭的受案范围作出调整,将原由民事审判第一庭受理的建设工程合同纠纷案件调整为环境保护审判庭受理;将原由行政审判庭受理的收回国有土地使用权纠纷案件调整为环境保护审判庭受理。

四川省高级人民法院2012年民事审判工作大事记

1. 1月20日上午,最高人民法院民一庭杜万华庭长到四川省调研小额速裁试点工作,四川省高级人民法院(以下简称省高院)民一庭组织全省各试点法院及相关中级法院的负责同志在蓉召开四川省小额速裁试点工作座谈会,总结省小额速裁试点工作开展情况,部署下一步工作方案。

2. 2月22日、23日,民一庭召开交强险裁判尺度座谈会,分别邀请省人大代表、省司法厅、省交警总队、保监局行业、专家学者、人民调解员、律师及部分中、基层法院法官参加会议,对如何统一交强险裁判尺度进行了深入研讨。

3. 4月6日,省高院组织对全省200多名民事审判法官进行审理劳动争议纠纷案件法律适用疑难问题专题培训。

4. 4月27日,省高院召开全省法院民商事审判工作视频会议,回顾2011年全省民商事审判工作,分析当前全省民商事审判工作面临的形势与任务,部署对下一阶段工作,并分析民商事审判中需要注意的几个法律适用问题。

5. 5月18日,省高院下发《四川省高级人民法院关于进一步开展小额速裁试点工作的通知》,并下发工作方案。

6. 5月23日,民一庭下发《四川省高级人民法院民一庭关于贯彻全省法院民商事审判工作视频会议精神和推进争创"两个一流"的意见》,并对由民一庭牵头的"四项重点工作"作出部署。

7. 8月9日至10日,最高人民法院民一庭在江苏省无锡市召开了东、西部地区部分法院人民法庭调解工作经验交流座谈会。省高院民一庭王用才副庭长代表省高院作了题为《"多措并举"促调解、打造"一流法庭"》的经验交流发言。

8. 9月8日,省高院举办全省三级法院民商事审判骨干法官买卖合同司法解释专题培训班,邀请最高人民法院民三庭副庭长、买卖合同司法解释起草人王闯博士授课。

9. 10月25日至26日,省高院党组书记、院长王海萍到眉山两级法院调研考察诉讼与非诉讼相衔接的矛盾纠纷解决机制试点工作情况,先后视察了眉山市东坡区人民法院、洪雅县人民法院,听取了工作汇报,实地考察了东坡区大石桥街道办、市交警支队二大队以及洪雅县矛盾纠纷排查调解中心开展"诉非衔接"试点工作的情况。

10. 12月6日,省高院开展全省法院新民事诉讼法培训,邀请最高人民法院审委会专职委员、最高人民法院贯彻实施修改后民事诉讼法领导小组副组长、民一庭庭长杜万华专题授课。

贵州省高级人民法院2012年民事审判工作大事记

1. 1月6日，孙华璞院长在收阅省委办公厅印发《栗战书、赵克志分别对调整结构、发展特色产业作出的批示和王富玉、禄智明在全省调整农业结构发展特色产业经验交流会上的讲话》、《栗战书、赵克志分别对推进农村产权制度改革作出的批示和王富玉、禄智明在全省农村产权制度改革试验工作暨诚信农民建设现场会上的讲话》后批示："邹伟、温杰、汉宇、张建同志：请安排研究室、民一庭、民二庭、行政庭、立案庭高度关注我省农村产权改革过程中发生的涉及法律适用的问题，并切实加强审判指导，适时视情况制定指导性文件。"贵州省高级人民法院民一庭按照批示精神，在分管院领导的安排部署下成立相关调研组展开专项调研。

2. 2月3日，为全面了解和掌握人民法院长期未结诉讼案件基本情况，找准案件久拖不决的主要症结，促进积案化解，贵州高级人民法院（以下简称省高院）印发《关于在全省继续开展长期未结诉讼案件专项清理活动的通知》（黔高法办［2012］2号），省高院民一庭对全省法院民事审判部门长期未结民事案件开展对口清理。

3. 2月24日，孙华璞院长在收阅最高人民法院《关于当前形势下加强民事审判切实保障民生若干问题的通知》后批示："送请各位院领导并审判委员会委员阅，并请温杰同志会同张建、唐林同志抓好最高法院通知精神落实，切实依法妥善处理好涉及民生的案件，保障好、维护好广大人民的合法权益。"

4. 2月28日，省高院印发《省委王富玉副书记在〈国内动态清样（178期）——贵州榕江"民歌法庭"以山歌普法化解矛盾〉上重要批示的通知》（黔高法办［2012］6号），要求各级法院认真学习，努力结合本地实际，大胆探索、积极创新调解方法，因地、因时制宜，将司法为民、便民利民落到实处，更好地化解社会矛盾纠纷。

5. 3月12日，省高院印发《努力创新调解方式妥善化解社会矛盾——榕江县法院"民歌法庭"经验》（黔高法［2012］51号），要求各级法院为进一步认真学习"民歌法庭"经验，为深入化解社会矛盾纠纷，实现社会和谐稳定，努力构建符合省情民意的大调解工作格局做出贡献。

6. 3月15日，省高院印发《关于落实王富玉副书记重要批示深入学习、推广榕江县"民歌法庭"工作经验的情况报告》（黔高法办［2012］9号）。

7. 3月20日，孙华璞院长在收阅贵阳市中级法院《关于成功处置伍云刚自残事件的情况报告》后批示："送请张建同志阅。贵阳市中级法院不仅高度重视伍云刚自残事件，及时予以救治，而且多方做协调工作，解决当事人的正当利益诉求，并且通过此案认真总结了妥善处理因社保纠纷引发的劳动争议案件的基本原则。请你们认真研究，加强对此类案件的指导。"

8. 3月26日，省高院转发《最高法院关于充分发挥民事审判职能作用依法维护妇女、儿童和老年人合法权益的通知》（黔高法［2012］59号），要求各级法院认真组织学习，切实遵照执行。

9. 3月28日，孙华璞院长在收阅省高院民一庭、民二庭《关于到安顺中院、黔南州中院开展诊所式案件指导工作的情况报告》后批示："很好，完全同意。望你们继续把这项工作做好，特别是要注重发掘那些弥补法律漏洞，释明法律要旨的案例，努力创新我省案例指导的形式，促进我省法官理论水平和司法能力的全面提升。"

10. 3月28日，孙华璞院长在收阅最高法院《关于切实加强审判及涉诉信访安全防范工作的通知》后批示："二、请张建同志安排民一庭切实加强对审理婚姻家庭纠纷案件指导，充分发挥对离婚案件当事人'社会关爱'机制的作用，帮助婚姻案件当事人度过心理特殊期。"

11. 4月9日，省法院印发《关于为引导和扶持百万农民工、百万青年、百万妇女创业、带动就业和为开展百万职工奋勇当先活动提供司法保障的意见》（黔高法［2012］64号），要求各级法院认真组织学习，抓好贯彻落实。

12. 4月10日，孙华璞院长在收阅最高法院《关于印发〈人民法庭统一标识设置规范〉的通知》后批示："一、送请邹伟同志并各位院领导阅。二、请正荣同志安排司法行政处抓好落实，实施方案报请人民法庭领导小组审定。"

13. 4月17日，孙华璞院长在收阅省政府《关于研究部署全省清理规范各类交易所有关工作的会议纪要》后批示:"张建同志:望高度关注清理规范各类交易场所可能引起的相关纠纷,对可能出现的案件要早有预测,早有应对。特别是要提醒领导小组,不仅要负责吊销注销,而且更要妥善处理好相关民事纠纷,确保交易所规范地退出市场。"

14. 4月26日,孙华璞院长在收阅省法院《舆情简报(34)〈贵州施秉219件涉农群体性案件96%调撤结案〉》后批示:"张建同志:请让王四新同志安排专人将施秉县法院处理涉农群体性案件的材料整理一下报来。"省高院民一庭根据分管院领导安排,按照孙华璞院长批示要求,会同中基层法院就该涉农群体性案件化解纠纷经验进行认真总结,并形成文字材料。

15. 6月11日,省高院印发《〈贵州省高级人民法院机关开展庭审和裁判文书"两评查"活动实施方案〉和〈贵州省高级人民法院开展"两评查"工作阶段目标任务实施细化方案〉及相关评查标准的通知》(黔高法办发[2012]7号),省高院民一庭严格按照方案要求,组织示范庭开庭和裁判文书自查。

16. 7月27日,省法院印发《贵州省高级人民法院关于劳动争议案件若干问题的会议纪要的通知》(黔高法[2012]136号),围绕贵州省当前劳动争议案件的热点难点问题进行分析研究,并对如何理解和适用法律若干问题与贵州省人力资源和社会保障厅达成共识。

17. 8月10日,党组成员、副院长唐林在省委出席黔东南州锐红房地产开发公司民间借贷引发不稳定问题协调会。

18. 8月23日,党组成员、副院长唐林在省法院机关主持讨论黔东南州锐红房地产开发有限公司系列案件。

19. 9月11日上午,党组副书记、常务副院长邹伟,党组成员、副院长李建在院机关出席最高法院组织召开的全国法院贯彻落实民事诉讼法修改决定的电视电话会议。

20. 11月27日,孙华璞院长在收阅《省法院重要信息(2)〈我省民间借贷中存在的问题应引起重视〉》后批示:"邹伟并唐林同志:此调研报告写得很好,不知有关数据是否翔实可信,请你们再核实一下。此外对目前民间借贷市场的无序、风险要研究透,并就如何规范民间借贷,化解可能出现的风险,引导民间借贷市场规范健康发展形成一些建议或者对策,如写得好可报省委领导阅参。"省高院民一庭、民二庭在分管院领导的安排部署下,按照孙华璞院长批示要求成立专项调研组就相关问题开展调研,并形成调研报告。

重庆市高级人民法院2012年民事审判工作大事记

1. 2012年2月27日,市高院民一庭牵头下发《中基层人民法院"其他民商事审判工作"考核办法》,扩充条线考核指标,初步建立起业务条线考核制度。

2. 2012年3月14日,市高院民一庭下发了《2012年重庆法院民事审判工作要点》,分析重庆法院民事审判工作面临的新形势,统一部署2012年民事审判工作任务,明确全年工作的具体要求。

3. 2012年3月,重庆市巴南区人民法院审理的雷敏平工伤保险待遇纠纷一案,在最高人民法院组织的首届全国法院优秀调解案例评选活动中,入选"全国法院十大调解案例",这是西南地区法院唯一入选十大调解案例的案件。

4. 2012年3月16日,市高院民一庭承办的课题《建筑物区分所有权的法律适用》被评为院重点调研课题优秀奖。

5. 2012年3月31日,市高院民一庭下发《关于民事审判调研任务分类分解的实施意见》,明确类型案件调研方向、调研重点、调研任务及组织分工,在三级法院民事审判部门形成调研联动。

6. 2012年4月,市高院民一庭下发《关于进一步健全处理劳动争议案件诉讼与非诉讼衔接机制的意见》,并组织召开全市法院劳动争议诉讼与非诉讼衔接机制推进会,总结、固化经验,推进劳动争议纠纷诉调对接工作开展。

7. 2012年4月,市高院民一庭组织专题会议,对最高法院2011年《全国民事审判工作会议纪要》和《当前形势下加强民事审判切实保障民生若干问题的通知》进行了解读,要求全市法院民事审判部门认真学习并贯彻执行。

8. 2012年6月7日，市高院及部分中院民一庭受聘成为重庆市汽车消费维权委员成员单位。通过加强与专业消费维权单位的工作联系，加强对消费者权益的保护。

9. 2012年7月16日，由《人民法院报》、《人民司法》杂志社与市四中法院联合主办的涉农土地案件审判实务与理论研讨会在重庆黔江举行。会议围绕涉农土地案件审理程序、土地承包权保护及土地流转等问题进行了深入研讨。

10. 2012年7月，市高法院民一庭第二合议庭被表彰为重庆市实施妇女儿童发展纲要（规划）先进集体。

11. 2012年8月，沙坪坝区法院、铜梁县法院、丰都县法院办理的三件案件被最高人民法院评为“全国法院践行能动司法理念优秀案例”。

12. 2012年9月，在全市社会管理综合治理工作会上，市高院就便民诉讼网络建设情况作了经验交流发言。重庆晚报、重庆商报等市内主要媒体对重便民诉讼网络建设情况做了专题采访和报道。

13. 2012年9月，市高院民一庭结合便民诉讼网络工作实际，组织人员编写《便民诉讼知识读本》，并统一印制下发。《读本》根据便民诉讼联络工作的实际需要，以问答的方式重点对“户婚、田土、钱债”纠纷进行了解答，既是联络员的工作手册，也可作为联络员的培训教册。

14. 2012年10月，市高院民一庭在垫江组织召开全市法院涉农民事审判工作座谈会，陈彬副院长对推进新一轮便民诉讼网络建设的指导思想、主要内容提出了明确要求。会上集中研讨了农村土地承包等涉农案件中的诸多疑难问题，形成《当前涉农民事案件若干法律适用问题的解答》，进一步统一涉农案件裁判尺度。《人民法院报》头版、《最高法院民事审判工作简讯》对此作了报道。

15. 2012年第三季度，市高院民一庭牵头组织对辖区五个中院庭审情况进行了抽查，督促辖区两级法院开展示范庭审107件、庭审评查268件，评查法律文书1800篇，评选全市法院优秀庭审12个，全市法院优秀裁判文书12篇。

16. 2012年10月、11月，市高院民一庭先后与重庆市仲裁委员会等单位联合，组织了两次较大规模的新民诉法培训，邀请全国人大、最高法院相关人员对新民诉法进行解读，三级法院约400余人次参加了培训。

17. 2012年11月2日，为组织全市法院深入学习民事诉讼法修改决定，向社会广泛宣传民事诉讼法修改条款，市高院民一庭下发了《关于深入学习宣传民事诉讼法修改决定为施行决定做好充分准备的通知》，并与其他部门合编了《2012年民事诉讼法修改内容理解与适用指南》。

18. 2012年11月，由陈彬副院长带队，分别召开了五个中院及辖区部分基层法院民事条线审判质效推进会，明确提出了要强化民事审判条线质效管理机制建设，进一步建立健全分庭统计、定案负责、沟通协调、人才保障、奖惩激励机制，促进民事审判条线指导作用的发挥。

19. 2012年11月9日，市高院与市工商行政管理局、市消费者权益保护委员会联合下发《关于健全消费者权益诉调衔接机制的意见》，建立、健全处理消费者权益保护纠纷案件的诉讼与非诉讼衔接机制。

20. 2012年12月，全市法院26个人民法庭顺利通过第三批民生法庭验收。通过民生法庭创建活动的开展，全市法院共计117个法庭通过验收，民生法庭创建工作目标基本实现。

21. 2012年12月12日，市高院民一庭牵头组织了宣传民事诉讼法修改决定的新闻发布会，重庆电视台、重庆日报、晚报、晨报、商报、华龙网、大渝网等市内主要媒体对新闻发布会及民诉法的修改情况进行了报道。

22. 2012年重庆法院民事审判部门荣获全国法院第24届学术讨论会论文二等奖1篇，三等奖2篇。

陕西省高级人民法院2012年民事审判工作大事记

1. 2012年2月13日，省法院、陕西省军区政治部、武警陕西省总队政治部经过多次座谈，形成了涉军维权纠纷案件沟通协调机制，向全省军地县团以上单位下发涉军维权协调工作会议纪要。

2. 2012年3月，省法院民一庭被全国妇联评为“全国妇女创先争优先进集体”。

3. 2012年3月，对全省民间借贷问题、建设工程施工合同纠纷案件审判工作进行调研。

4. 2012年3月28日至30日,举办了全省民事审判业务培训班。来自全省中级、基层法院100多名庭长参加了培训。本期培训班为了提高培训的针对性和实效性,确保质量,在课目安排和师资选择方面进行了认真的酝酿与筛选,开设了《合同法》、《民事审判实务》、《婚姻关系中的财产纠纷》等课程,授课教师由西北政法大学理论功底深厚的教授担任。

5. 2012年3月30日,为切实落实省法院《关于开展"三级法院院长大接访大下访"和"三问三解"活动的实施意见》的要求,省法院民一庭赴灞桥区红旗街办赵庄村了解基层实际情况、体验群众生活、听取群众意见、为群众提供法律咨询,积极开展"三问三解"活动。

6. 2012年4月,对全省贯彻实施残疾人保障法情况进行调研。

7. 2012年5月,对全省国有土地使用权合同纠纷、房屋买卖合同纠纷案件的相关问题进行调研。

8. 2012年5月8日至10日,陕西省法院与兰州军区陕西军事法院、渭南中院、合阳法院等一行八人赴河南省安阳市汤阴县人武部、人民法院考察学习涉军维权"汤阴经验"。通过考察学习,军地法院一致认为全省各级法院要认真借鉴"汤阴经验",创新思维,充分发挥主观能动性,健全维权组织机构、完善维权长效机制、延伸维权工作范围、拓展维权工作途径,认真做好新形势下的拥军优属工作,促进涉军维权工作不断走上制度化、规范化、常态化轨道,满足部队和军人军属多层次、多样化的维权需求,努力当好部队的坚强后盾,谱写新时期司法拥军新篇章,为巩固和发展军政军民团结的大好局面、促进部队与社会的和谐稳定作出新的更大贡献。

9. 2012年9月,对全省消费者权益纠纷案件进行专项调研。

10. 2012年10月31日,根据省法院"两联一包"扶贫包户任务分解,省法院民一庭承担周至县集贤镇兴隆村3个贫困家庭共13人的扶贫任务,全庭法官在与3个贫困户代表集中座谈后,又来到贫困户家中,了解各户生活状况,具体困难,致贫原因,探讨脱贫致富方法。

11. 2012年12月13日至14日,省法院在商洛召开了全省民事审判工作座谈会。会议专题分析研究了民事审判诉调对接工作,丹凤县法院作了诉调对接工作经验介绍,与会代表赴丹凤县法院和龙驹法庭进行了参观学习并就诉调对接工作进行了广泛深入的讨论。诉调对接工作机制在有效化解婚姻家庭纠纷、农村土地承包纠纷、村民宅基地纠纷、医患纠纷、劳动关系纠纷、道路交通事故纠纷等方面呈现出良好的社会效果。

甘肃省高级人民法院2012年民事审判工作大事记

1. 2012年2月13日,最高法院全国模范法院、全国模范法官表彰大会在京举行。甘肃省金昌市永昌县人民法院民事审判第一庭庭长张世栋同志荣获"全国模范法官"荣誉称号,并参加颁奖大会,受到中共中央政治局常委、中央政法委书记周永康同志、中共中央政治局委员、中央政法委副书记王乐泉、孟建柱和最高人民法院院长王胜俊等领导同志的亲切接见。

2. 2月15日,省法院副院长杨丽萍到天水中院对中央政法委第二批交办的信访案件化解情况进行督查督办,并就民事审判工作中存在的问题进行调研。

3. 4月10日,为切实做好维护妇女儿童权益工作,及时有效地审理涉及妇女儿童权益的诉讼案件,甘肃省嘉峪关市人民法院在民事审判第一庭设立妇女儿童维权合议庭。

4. 4月15日,为进一步破解社会矛盾化解难题,更好服务大局,为全市经济社会发展提供有力司法保障。经省高院批准,最高人民法院备案,嘉峪关市人民法院设立了"小额速裁庭",对法律关系单一、事实清楚、争议标的额不足5万元的民事案件试行诉讼简易化速裁工作,既减少了群众诉累,也节约了司法资源。

5. 5月1日,甘肃省天水市中级人民法院民一庭发出的《关于完善农地管理制度、依法确认土地承包经营权》的司法建议被最高人民法院评为全国法院优秀司法建议。

6. 5月8~9日,全省民事商事知识产权审判工作会议在天水召开。会议全面总结了2008年以来全省法院民事商事审判工作的成绩和经验,认真分析了"十二五"规划实施和全面建设小康社会对民事审判工作的新挑战。要求全省各级法院要主动适应形势变化,大力加强民事、商事、知识产权审判工作,为服务转型跨越、建设幸福美好新甘肃提供有力的司法保障。

7. 5月10日，以《关于建立健全诉讼与非诉讼相衔接的矛盾纠纷解决机制的若干意见》为指导，推动多元矛盾纠纷解决机制建设，甘肃省平凉市中级人民法院被最高人民法院确立为“诉讼与非诉讼相衔接的矛盾纠纷解决机制”改革试点法院。

8. 5月10日，甘肃省平凉市中级人民院被最高人民法院确定为“诉讼与非诉讼相衔接的矛盾纠纷解决机制”改革试点法院。

9. 5月20日，与省消协会商制定了《关于消费者权益保护的消协——法院联动调解机制实施意见》。

10. 为切实做好维护妇女儿童权益工作，及时有效地审理涉及妇女儿童权益的诉讼案件，与省妇联联合制定《维护妇女、儿童合法权益实施意见》。

11. 8月5日～10月26日，给甘肃省高级人民法院民一庭给最高人民法院撰写了《关于民事审判疑难问题的调研报告》、《关于“积极推进民事案件审理全程调解”工作的情况总结》、《关于涉港澳台民事审判调研工作的报告》、《甘肃省家庭暴力案件审理的相关调研汇报材料》、《审理医疗损害纠纷案件相关情况的报告》、《基层法院工作情况调研报告》、《劳动合同法执行情况报告》、《关于贯彻落实农村土地承包法、农村土地承包经营纠纷调解仲裁法情况的报告》等8份高质量的专题调研报告。

12. 11月17日，甘肃省天水市中级人民法院民二庭审理的西安鑫海投资有限公司与宁夏天鑫房地产开发有限公司房地产项目转让合同纠纷案被评为“全国法院践行能动司法理念优秀案例”。

13. 12月30日，鉴于甘肃省高级人民法院民一庭在维护妇女儿童权益方面工作突出，成绩显著，被全国妇女联合会授予“全国维护妇女儿童权益先进集体”。

14. 民一庭被甘肃省妇女联合会授予三八红旗集体称号。

宁夏回族自治区高级人民法院2012年民事审判工作大事记

1. 1月10日，印发《关于民商事上诉案件改判和发回重审若干问题的意见(试行)》。

2. 3月19日至31日，自治区高级人民法院案件质效评查组对全区五市中院、五个基层法院2011年度案件进行评查。

3. 3月20日，印发《宁夏回族自治区高级人民法院关于开展“下基层、解民忧、帮发展、促和谐”活动实施方案》。

4. 3月29日，宁夏回族自治区第十届人民代表大会常务委员会第二十九次会议通过，任命王兆元为自治区高级人民法院审判员、审判委员会委员、副院长。

5. 4月9日至15日，自治区高级人民法院召开全区法院民商事审判工作会议暨民商事审判培训班，马文庆常务副院长主持，王兆元副院长讲话，侯玉琦专委作了总结讲话，全区三级法院300名法官参加了培训。

6. 6月14日，发布《2011年度全区法院审判质效评估情况通报》。

7. 12月25～26日，全区各级法院从事民商事审判的法官参加了自治区高级人民法院举办的全区新民事诉讼法培训班。

西藏自治区高级人民法院2012年民事审判工作大事记

1. 2012年6月25日起，为进一步改善法治环境，确保经济社会又好又快发展，西藏高院民一庭先后派出数名同志参加“法律七进”活动，先后多次赴拉萨、昌都等地区，深入社区、企业、学校、机关、寺庙等地开展法治宣讲工作。

2. 2012年8月10日，拉萨市中级人民法院组织召开了拉萨三级法院民事审判工作座谈会，就当前民事审判工作中存在的问题、面临的挑战，深入进行总结交流，认真开展对策研判，为今后进一步做好审判工作夯实了基础。

第九部分　全国各高级人民法院分管领导负责人名单

北京市高级人民法院
分管民事审判工作负责人及相关审判庭负责人名单

党组副书记、副院长　周继军

审判委员会委员、民事审判第一庭庭长　朱春涛

民事审判第一庭副庭长　马　军

天津市高级人民法院
分管民事审判工作负责人及相关审判庭负责人名单

主管副院长　张　勉

民事审判第一庭庭长　刘　莉

民事审判第一庭副庭长　景　鸿　张跃民

民事审判第二庭庭长　咸胜强

民事审判第二庭副庭长　李　杰　李　萍

民事审判第三庭庭长　钱海玲

民事审判第三庭副庭长　王屹松

民事审判第四庭庭长　翟　红

民事审判第四庭副庭长　安文杰　耿小宁

山西省高级人民法院
分管民事审判工作负责人及相关审判庭负责人名单

民事审判第一庭

分管领导　党组副书记、副院长　朱　明

庭　长　吉瑞田

副庭长　卜文礼　牛向宏

民事审判第二庭

分管领导　党组成员、副院长　吴秋霞

庭　长　方剑锋

副庭长　韩德荣、张建康

民事审判第三庭

分管领导　党组成员、副院长　张　炜

庭　长　白险峰

副庭长　宁和平、凌　宇

民事审判第四庭

分管领导　副院长　王文娅

庭　长　邓一峰

副庭长　宋政富、赵斌、王永胜

内蒙古自治区高级人民法院
分管民事审判工作负责人及相关审判庭负责人名单

党组成员、巡视员　于雪峰

党民事审判第一庭庭长　麻新铎

党民事审判第一庭副庭长　王丽英

党民事审判第一庭副庭长　杨丽云

辽宁省高级人民法院
分管民事审判工作及相关审判庭负责人名单

院领导

党组副书记、副院长　彭生富

审判委员会专职委员　于沈洲

民事审判第一庭

民事审判第一庭庭长　王玉砚

民事审判第一庭副庭长　胡光甲

民事审判第一庭副庭长　唐学峰

民事审判第一庭副庭长　孙维良

吉林省高级人民法院
分管民事审判工作负责人及相关审判庭负责人名单

副院长　于　兵

民事审判第一庭庭长　张临伟

民事审判第一庭副庭长　姜　涛

民事审判第一庭副庭长　王　红

民事审判第一庭副庭长　虞大江

黑龙江省高级人民法院
分管民事审判工作负责人及相关审判庭负责人名单

分管民事审判副院长　王树江
民事审判第一庭庭长　邓　克(2012年1至9月)
　　　　　　　　　　李晓晔(2012年9月至今)
民事审判第一庭副庭长　赵铁、王广厚、李维东

上海市高级人民法院
分管民事审判工作负责人及相关审判庭负责人名单

分管民事审判工作的副院长　盛勇强
民事审判第一庭庭长　陈雪明
民事审判第一庭副庭长　宋向今
民事审判第一庭副庭长(2012年12月26日任命)　赵明华

江苏省高级人民法院
分管民事审判工作负责人及相关审判庭负责人名单

分管民事审判工作负责人　党组成员、审判委员会专职委员　谢国伟
民事审判第一庭庭长　夏正芳
民事审判第一庭副庭长　王政勇
民事审判第一庭副庭长　杨晓蓉
民事审判第一庭副庭长　李亚林
民事审判第一庭专职副书记　王　蔚

浙江省高级人民法院
分管民事审判工作负责人及相关审判庭负责人

副院长　林　一
民事审判第一庭庭长　蒋卫宇
民事审判第一庭副庭长　俞少春
民事审判第一庭副庭长　叶向阳
民事审判第一庭副庭长　张俊斌
基层工作处副处长兼民事审判第一庭副庭长　亓述伟

安徽省高级人民法院
分管民事审判工作负责人及相关审判庭负责人名单

副院长　汪沪平
民事审判第一庭庭长　杨悍东
民事审判第一庭副庭长　高仁宝
民事审判第一庭副庭长　杨佳华
民事审判第四庭庭长　沈建红
民事审判第四庭副庭长　严慧勇
民事审判第四庭副庭长　贾晓芸

福建省高级人民法院
分管民事审判工作负责人及民事审判第一庭负责人名单

分管民事审判第一庭副院长(按分管时间先后顺序)　黄国强　周瑞春　谢开红
民事审判第一庭庭长　段思明
民事审判第一庭副庭长　董碧仙　林国新

江西省高级人民法院
分管民事审判负责人及相关审判庭负责人名单

分管副院长　郭　兵
民事审判第一庭庭长　胡国运
民事审判第一庭副庭长　汪少华
民事审判第一庭副庭长(2012年5月前任职)　蒋凤英
民事审判第一庭副庭长(2012年7月任职)　彭海鹏

山东省高级人民法院
分管民事审判负责人及相关审判庭负责人名单

党组副书记、副院长　刘爱卿
党组副书记、审判委员会专职委员　刘　平
民事审判第一庭庭长　王永起
民事审判第一庭副庭长　栾建德
民事审判第一庭副庭长　颜振贞

河南省高级人民法院
分管民事审判工作负责人及相关审判庭负责人名单

党组副书记、副院长　谢德安
副院长　史小红
民事审判第一庭庭长　司晓森
民事审判第一庭副庭长　张宗敏
民事审判第一庭副庭长　仝雯聘
民事审判第一庭副庭长　卢红丽
民事审判第二庭庭长　袁荷刚
民事审判第二庭副庭长　卜发中
民事审判第二庭副庭长　李　红
民事审判第三庭庭长　刘冠华
民事审判第三庭副庭长　王玉宏
民事审判第三庭副庭长　宋旺兴

湖北省高级人民法院
分管民事审判工作负责人及相关审判庭负责人名单

分管副院长、院党组副书记　张传读
民事审判第一庭庭长　李　涛
民事审判第一庭副庭长　张　竞

湖南省高级人民法院
分管民事审判工作负责人及相关审判庭负责人名单

党组成员、副院长，分管民事审判第一庭　宋凯楚
党组成员、副院长，分管民事审判第二庭　李　微
党组成员、副院长，分管民事审判第三庭　杨　翔
民事审判第一庭庭长　吴文华
民事审判第一庭副庭长　陈坚　王　鹏　唐　慧
民事审判第二庭庭长　曾新田
民事审判第二庭副庭长　黄兴东　李武松
民事审判第三庭庭长　曹道成
民事审判第三庭副庭长　曾志红　陈小珍

广东省高级人民法院
分管民事审判工作负责人及相关审判庭负责人名单

副院长　谭　玲
庭　长　戴佛明
副庭长　杨慧怡　陈吉生　佘琼圣
廉政监督员　陈志坚

广西壮族自治区高级人民法院
分管民事审判工作负责人及相关审判庭负责人名单

副院长　戴红兵
民事审判第一庭庭长　林　立
民事审判第一庭副庭长　莫宗艳
民事审判第一庭副庭长　孙宝林
民事审判第一庭副庭长　覃　龙

海南省高级人民法院
分管民事审判工作负责人及相关审判庭负责人名单

副院长（分管民事审判工作至7月）　傅　勤
副院长（7月起分管民事审判工作）　张家慧
民事审判第一庭庭长　范　忠
民事审判第一庭副庭长　王志刚
民事审判第一庭副庭长　宋长清
民事审判第二庭庭长（任职至9月）　赵　立
民事审判第二庭部门负责人（10月起主持工作）　吴素琼
民事审判第二庭副庭长（任职至3月）　刘振勇
民事审判第二庭副庭长（3月任职）　吴　雄
民事审判第二庭副庭长（11月任职）　郭龙滨
民事审判第三庭庭长（任职至9月）　李　庆
民事审判第三庭副庭长（9月起主持工作）　李　戈
民事审判第三庭副庭长（3月任职）　赵英华
环境保护审判庭庭长　曲永生
环境保护审判庭副庭长　凌杰泉

贵州省高级人民法院
分管民事审判工作负责人及相关审判庭负责人名单

副院长　分管民事审判工作（2012年6月前）　张　建
副院长　分管民事审判工作（2012年6月后）　唐　林

民事审判第一庭庭长　彭方艾
民事审判第一庭副庭长　张金辉
民事审判第一庭副庭长(2012 年 6 月前)　余　波

云南省高级人民法院
分管民事审判工作负责人及相关审判庭负责人名单

分管民事审判工作副院长　李思明
民事审判第一庭庭长　凌　云
民事审判第一庭副庭长　赵　锐　马艳玲　贺　茭　王　颖
民事审判第二庭庭长　张　祥
民事审判第二庭副庭长　鲁　军　龚　睿　黎泰军
民事审判第三庭庭长　杜瑞芳
民事审判第三庭副庭长　孔　斌　邓　玲

重庆市高级人民法院
分管民事审判工作负责人及相关审判庭负责人名单

2012 年 1 月 ~ 12 月　分管民事审判副院长　陈　彬
2012 年 1 月 ~ 9 月　民事审判第一庭庭长　唐亚林
2012 年 9 月 ~ 12 月　协助负责民事审判工作专职审判委员会委员　唐亚林
2012 年 9 月 ~ 12 月　民事审判第一庭庭长　喻志强
2012 年 1 月 ~ 12 月　民事审判第一庭副庭长　黄灿波
2012 年 1 月 ~ 12 月　民事审判第一庭副庭长　陈　屹

陕西省高级人民法院
分管民事审判工作负责人及民事审判第一庭负责人名单

分管民事审判第一庭副院长(按分管时间先后顺序)　顾德镰　张其富
民事审判第一庭庭长　张译允
民事审判第一庭副庭长　程翠萍　刘　雁

甘肃省高级人民法院
分管民事审判工作负责人及相关审判庭负责人名单

分管民事审判工作副院长　杨丽萍

民事审判第一庭庭长　李　明

民事审判第一庭副庭长　史　莉

宁夏回族自治区高级人民法院
分管民事审判工作负责人及相关审判庭负责人名单

分管民事审判工作负责人　王兆元(副院长)

民事审判第一庭庭长　张　仁

民事审判第一庭副庭长　王利芬

西藏自治区高级人民法院
分管民事审判工作负责人及相关审判庭负责人名单

党组成员、副院长　达　瓦

民事审判第一庭庭长　赵桂英

民事审判第一庭副庭长　方金刚

民事审判第一庭副庭长　罗色江措

第十部分　各级法院受表彰的民事审判工作先进集体和个人

北京市法院2012年受表彰的民事审判工作先进集体和先进个人

北京市高级人民法院

先进集体：

民一庭　被中共北京市委政法委授予"北京市涉法涉诉信访工先进集体"称号

先进个人：

金　曦　被北京市高级人民法院评为"双优法官"

张凯军　被北京市高级人民法院授予"优秀共产党员"称号

潘振东　被北京市高级人民法院授予"优秀共产党员"称号

北京市第一中级人民法院

先进集体：

民二庭　被最高人民法院授予"全国法院先进集体"称号

民一庭　被共青团北京市委授予"青年文明号"

先进个人：

刘正韬　被北京市高级人民法院授予"双先法官"

汤　平　被北京市第一中级人民法院记三等功

唐兴华　被北京市第一中级人民法院记三等功

王　磊　被北京市第一中级人民法院记三等功

肖　斌　被北京市第一中级人民法院记三等功

郭　嘉　被北京市第一中级人民法院记三等功

周明珠　被北京市第一中级人民法院记三等功

李　军　被北京市第一中级人民法院记三等功

王　坤　被北京市第一中级人民法院记三等功

北京市第二中级人民法院

先进集体：

民二庭　被中共北京市委政法委授予"北京市涉法涉诉信访工作先进集体"称号

先进个人：

屠　育　被北京市妇女联合会授予"首都巾帼之星志愿者"称号

王　东　被北京市高级人民法院评为"双优法官"

白　松　被北京市第二中级人民法院记三等功

周梦峰　被北京市第二中级人民法院记三等功

李　馨　被北京市第二中级人民法院记三等功

李亚男　被北京市第二中级人民法院记三等功

陈广辉　被北京市第二中级人民法院记三等功

胡建勇　被北京市第二中级人民法院记三等功

高　英　被北京市第二中级人民法院记三等功

李明磊　被北京市第二中级人民法院记三等功

北京铁路运输中级法院

先进集体：

民　庭　被北京市高级人民法院授予"北京市法院先进集体"称号

北京市东城区人民法院

先进个人：

岳秀玲　被最高人民法院授予"全国法院办案标兵"称号、被最高人民法院评为"全国法院优秀廉政监督员"、被北京市高级人民法院评为"双优法官"

赵世浩　被北京市高级人民法院评为"双优法官"

王　宏　被北京市高级人民法院评为"双优法官"

韩晓东　被北京市高级人民法院评为"双优法官"

全玉海　被北京市高级人民法院评为"百天百件骨头案"化解活动先进个人

杨文起　被首都文明办授予"身边雷锋"称号

北京市西城区人民法院

先进个人：

杨平胜　被北京市人民政府记一等功

王　辉　被北京市西城区人民法院记三等功

杨淑云　被北京市西城区人民法院记三等功

张　达　被北京市西城区人民法院记三等功

赵长新　被北京市西城区人民法院记三等功

张　涛　被北京市西城区人民法院记三等功

甄　红　被北京市西城区人民法院记三等功

北京市朝阳区人民法院

先进集体：

双桥人民法庭　被北京市朝阳区人民法院记三等功

先进个人:

夏　莉　被北京市朝阳区人民法院记三等功

鲁　娜　被北京市朝阳区人民法院记三等功

黄　岚　被北京市朝阳区人民法院记三等功

童雪霏　被北京市朝阳区人民法院记三等功

李永一　被北京市朝阳区人民法院记三等功

张逢春　被北京市朝阳区人民法院记三等功

李　刚　被北京市朝阳区人民法院记三等功

王　姝　被北京市朝阳区人民法院记三等功

吴　薇　被北京市朝阳区人民法院记三等功

臧　雷　被北京市朝阳区人民法院记三等功

刘　黎　被北京市朝阳区人民法院记三等功

宋培海　被北京市朝阳区人民法院记三等功

北京市海淀区人民法院

先进集体:

山后人民法庭　被首都文明办授予"首都文明单位"称号、被北京市海淀区人民法院记三等功

先进个人:

李红星　被最高人民法院授予"全国优秀法官"称号、被中共北京市委评为"北京市创先争优优秀共产党员"

李盛荣　被北京市总工会授予"首都劳动奖章"、被中共北京市委政法委评为"北京市政法系统优秀共产党员"

姚　琳　被北京市海淀区人民法院记三等功

游晓飞　被北京市海淀区人民法院记三等功

周德胜　被北京市海淀区人民法院记三等功

温　勇　被北京市海淀区人民法院记三等功

唐　铸　被北京市海淀区人民法院记三等功

曲育京　被北京市海淀区人民法院记三等功

陆　军　被北京市海淀区人民法院记三等功

黎　健　被北京市海淀区人民法院记三等功

唐盈盈　被北京市海淀区人民法院记三等功

李　鹏　被北京市海淀区人民法院记三等功

胡高崇　被北京市海淀区人民法院记三等功

庞　松　被北京市海淀区人民法院记三等功

刘　娜　被北京市海淀区人民法院记三等功

北京市丰台区人民法院

先进集体:

方庄人民法庭　被中共丰台区委评为"创先争优优秀基层党组织"、被北京市丰台区人民法院记三等功

先进个人:

周海平　被北京市高级人民法院、北京市人力资源和社会保障局评为"北京市先进法官"

李振宇　被北京市高级人民法院评为"双优法官"

史金霞　被北京市高级人民法院评为"双优法官"

曹　静　被北京市高级人民法院评为"双优法官"、被北京市丰台区人民法院记三等功

袁艳玲　被北京市丰台区人民法院记三等功

周生辉　被北京市丰台区人民法院记三等功

王景春　被北京市丰台区人民法院记三等功

杨　筝　被北京市丰台区人民法院记三等功

谢占林　被北京市丰台区人民法院记三等功

张　宁　被北京市丰台区人民法院记三等功

李　岩　被北京市丰台区人民法院记三等功

北京市石景山区人民法院

先进集体:

民一庭　被中共石景山区委政法委评为"执法为民先进窗口单位"、授予"五好党支部"称号

民二庭　被中共石景山区委政法委评为"人民满意的政法单位"

先进个人:

梁　爽　被中共北京市委政法委授予"群众心目中的好党员"称号

施舟骏　被北京市妇联评为"北京市妇女儿童工作先进个人"、被共青团北京市石景山区委评为"五四优秀团干部"

张　鹏　被北京市高级人民法院评为"涉法涉诉信访工作先进个人"

吴海涛　被中共石景山区委政法委评为"人民满意的政法干警"

陈星宇　被北京市石景山区人民法院记三等功

北京市门头沟区人民法院

先进集体:

民一庭　被北京市高级人民法院授予"北京市法院先进集体"称号、被门头沟区妇联评为"巾帼文明示范岗"

斋堂人民法庭　被中共门头沟区委评为"先进基层党组织"

民三庭　被门头沟区妇联评为"巾帼文明示范岗"

先进个人:

胡　羽　被北京市高级人民法院评为"百天百件骨头案"化解活动先进个人、被中共门头沟区委评为"创先争优优秀共产

党员”

韩晓飞　被北京市高级人民法院评为“双优法官”

唐　晶　被中共门头沟区委宣传部授予百姓宣讲“双十佳”宣讲员评选一等奖

毕芳芳　被北京市门头沟区人民法院记三等功

北京市房山区人民法院

先进个人：

赵洪波　被中共北京市委政法委授予“北京市政法系统优秀共产党员”称号、被北京市高级人民法院、北京市人力资源和社会保障局授予“北京市先进法官”称号、被北京市高级人民法院评为“双优法官”、被中共房山区委政法委授予“政法系统优秀共产党员”称号、被北京市房山区人民法院记三等功

冯永良　被北京市高级人民法院、北京市人力资源和社会保障局授予“北京市先进法官”称号、被北京市高级人民法院评为“双优法官”

陈秀清　被北京市高级人民法院评为“双优法官”

张仲健　被北京市房山区人民法院记三等功

陈　增　被北京市房山区人民法院记三等功

赵鹏杰　被北京市房山区人民法院记三等功

冯永良　被北京市房山区人民法院记三等功

罗建忠　被北京市房山区人民法院记三等功

王　健　被北京市房山区人民法院记三等功

闻海鹏　被北京市房山区人民法院记三等功

庞立新　被北京市房山区人民法院记三等功

刘　新　被北京市房山区人民法院记三等功

北京市通州区人民法院

先进集体：

民二庭　被通州区妇联评为“通州区巾帼文明岗”

先进个人：

张　静　被北京市妇联、北京市总工会、北京市人力资源和社会保障局授予北京市“三八”红旗奖章

陈汉东　被中共北京市委政法委评为“涉法涉诉信访工作先进个人”

孙之智　被北京市高级人民法院、北京市人力资源和社会保障局评为“北京市先进法官”

张连峰　被北京市高级人民法院评为“双优法官”

原海涛　被北京市高级人民法院评为“双优法官”

张宗伟　被北京市高级人民法院评为“双优法官”

钱　笑　被北京市通州区人民法院记三等功

孙之智　被北京市通州区人民法院记三等功

段德俊　被北京市通州区人民法院记三等功

北京市大兴区人民法院

先进集体：

民三庭　被共青团北京市大兴区委授予“青年文明号”称号

先进个人：

刘　瑾　被中共北京市委政法委授予北京市“人民满意的政法干警”称号、被北京市妇联、市人力资源和社会保障局授予“首都巾帼爱岗敬业之星”称号

董　皓　被北京市高级人民法院评为“双优法官”

尹　雯　被北京市高级人民法院评为“双优法官”

齐伟龙　被北京市高级人民法院评为“双优法官”

康临芳　被北京市大兴区双拥工作领导小组授予“双拥工作先进个人”称号

张小龙　被北京市大兴区人民法院记三等功

张立鹏　被北京市大兴区人民法院记三等功

齐伟龙　被北京市大兴区人民法院记三等功

杨会芳　被北京市大兴区人民法院记三等功

杨　怡　被北京市大兴区人民法院记三等功

北京市顺义区人民法院

先进个人：

牛佳雯　被北京市顺义区人民法院记三等功

孙立忠　被北京市顺义区人民法院记三等功

杨　旭　被北京市顺义区人民法院记三等功

王　斌　被北京市顺义区人民法院记三等功

李　建　被北京市顺义区人民法院记三等功

李起元　被北京市顺义区人民法院记三等功

北京市昌平区人民法院

先进个人：

曹松清　被北京市高级人民法院、北京市人力资源和社会保障局授予“北京市先进法官”称号

冯自华　被北京市高级人民法院评为“双优法官”、被北京市高级人民法院评为“百天百件骨头案”化解活动先进个人

李雪莲　被北京市高级人民法院评为“双优

法官"

王　磊　被北京市高级人民法院评为"双优法官"

尤文静　被北京市高级人民法院评为"双优法官"

北京市怀柔区人民法院

先进集体:

汤河口人民法庭　被中共北京市委政法委评为"人民满意的政法单位"、"五好党支部"、被中共北京市怀柔区委授予"创先争优先进基层党组织"称号

民一庭　被中共北京市怀柔区委评为"怀柔区十佳政法单位"

先进个人:

王燕军　被北京市高级人民法院评为"双优法官"、被北京市怀柔区人民法院记三等功

杨菲菲　被北京市高级人民法院评为"双优法官"

北京市平谷区人民法院

先进集体:

金海湖人民法庭　被中共北京市委政法委授予"人民满意的政法单位"争创奖、被北京市高级人民法院授予"涉诉信访工作先进集体"称号

民一庭　被平谷区妇联授予"巾帼建功明星集体"、"巾帼文明岗"称号

民三庭　被平谷区妇联授予"巾帼文明岗"称号

先进个人:

李千千　被北京市平谷区人民法院记三等功

北京市密云县人民法院

先进集体:

太师屯人民法庭　被北京市高级人民法院授予"北京市法院先进集体"称号、被北京市密云县人民法院记三等功

先进个人:

马士来　被北京市密云县人民法院记三等功

王　宁　被北京市密云县人民法院记三等功

马振军　被北京市密云县人民法院记三等功

相　颖　被北京市密云县人民法院记三等功

孟　娜　被北京市密云县人民法院记三等功

周凤兴　被北京市密云县人民法院记三等功

北京市延庆县人民法院

先进集体:

沈家营人民法庭　被中共北京市延庆县委政法委授予"人民满意的政法单位"称号

八达岭人民法庭　被北京市延庆县人民法院记三等功

先进个人:

宋维明　被中共北京市延庆县委政法委授予"人民满意的政法干警"称号

郑永强　被北京市延庆县人民法院记三等功

北京铁路运输法院

先进个人:

丁晓云　被北京铁路局授予"优秀政法干警"称号、被北京铁路运输法院记三等功

天津市法院2012年受表彰的民事审判工作先进集体和先进个人

天津市高级人民法院

先进集体:

民一庭　被天津市妇联授予市级"妇女儿童维权岗"称号

先进个人:

王会君　被最高人民法院授予全国法院民事再审审查工作先进个人称号、天津市高级人民法院授予天津市法院系统优秀法官称号并记二等功

杨　宇　被天津市委政法委、天津市社会管理综合治理委员会授予天津市指导人民调解工作先进个人称号

天津市第一中级人民法院

先进集体:

民一庭　被天津市高级人民法院授予天津市法院系统先进集体称号并记一等功、天

津市市级机关工委授予市级机关创先争优先进基层党组织称号

民四庭　被天津市高级人民法院授予天津市法院系统先进集体称号并记二等功

先进个人：

王　岩　被天津市高级人民法院授予天津市法院系统优秀法官称号并记二等功

齐万久　被天津市高级人民法院授予天津市法院系统先进个人称号并记三等功

董丽莲　被天津市市级机关工委授予市级机关创先争优优秀共产党员称号

天津市第二中级人民法院

先进集体：

速裁庭　被天津市高级人民法院授予天津市法院系统先进集体称号并记一等功、天津市总工会授予天津市“五一”劳动奖章

驻保税区审判庭　被天津市精神文明建设委员会授予天津市文明单位称号

先进个人：

韩　萍　被天津市高级人民法院授予天津市法院系统优秀法官称号并记二等功

哈　欣　被天津市高级人民法院授予天津市法院系统先进个人称号并记三等功

姚增途　被天津市高级人民法院授予天津市法院系统先进个人称号并记三等功

邱　健　被天津市高级人民法院授予天津市法院系统先进个人称号并记三等功、天津市市级机关工委授予“市级机关2011年服务中心增活力，干事创业上水平”主题实践活动先进个人称号

陈　健　被天津市市级机关工委授予市级机关创先争优先进个人称号

天津市和平区人民法院

先进集体：

民三庭　被天津市高级人民法院授予天津市法院系统先进集体称号并记三等功

先进个人：

陈亚洁　被最高人民法院授予全国优秀法院称号

刘　健　被天津市高级人民法院授予天津市法院系统先进个人称号并记三等功

天津市河东区人民法院

先进集体：

民一庭　被天津市高级人民法院授予天津市法院系统先进集体称号并记三等功

先进个人：

徐建刚　被天津市高级人民法院授予天津市法院系统优秀法官称号并记二等功

李　茜　被天津市高级人民法院授予天津市法院系统先进个人称号并记二等功

张东良　被天津市高级人民法院授予天津市法院系统先进个人称号并记三等功

天津市河西区人民法院

先进个人：

孙　政　被天津市高级人民法院授予天津市法院系统先进个人称号并记二等功

天津市河北区人民法院

先进个人：

于丽英　被天津市高级人民法院授予天津市法院系统先进个人称号并记二等功

张凌志　被天津市高级人民法院授予天津市法院系统先进个人称号并记三等功

天津市南开区人民法院

先进集体：

民二庭　被天津市高级人民法院授予天津市法院系统先进集体称号并记二等功

先进个人：

马鸿莹　被天津市高级人民法院授予天津市法院系统先进个人称号并记三等功、天津市总工会授予天津市“五一”劳动奖章先进个人称号

张洪泉　被天津市高级人民法院授予天津市法院系统先进个人称号并记三等功

郝春杰　被天津市高级人民法院授予天津市法院系统先进个人称号并记三等功

张建辉　被天津市妇联授予天津市“三八”红旗手称号

天津市红桥区人民法院

先进个人：

张彦海　被天津市高级人民法院授予天津市法院系统先进个人称号并记三等功

天津市东丽区人民法院

先进集体：

民一庭　被天津市高级人民法院授予天津市法院系统先进集体称号并记二等功

先进个人：

储柏森　被天津市高级人民法院授予天津市法院系统先进个人称号并记二等功

天津市西青区人民法院

先进集体：

民三庭　被天津市高级人民法院授予天津市法

院系统先进集体称号并记三等功

先进个人:

方文鹏　被天津市高级人民法院授予天津市法院系统优秀法官称号并记二等功、天津市总工会授予天津市"五一"劳动奖章先进个人称号

时晓晶　被天津市高级人民法院授予天津市法院系统先进个人称号并记三等功

天津市津南区人民法院

先进个人:

魏丽彤　被最高人民法院授予全国法院办案标兵称号

王伟红　被天津市高级人民法院授予天津市法院系统先进个人称号并记二等功

翟洪凤　被天津市高级人民法院授予天津市法院系统先进个人称号并记三等功

天津市北辰区人民法院

先进个人:

裴忠贺　被天津市高级人民法院授予天津市法院系统优秀法官称号并记一等功

刘红芸　被天津市高级人民法院授予天津市法院系统先进个人称号并记三等功

天津市宝坻区人民法院

先进集体:

民一庭　被天津市高级人民法院授予天津市法院系统先进集体称号并记二等功

先进个人:

李晨明　被最高人民法院授予全国法院办案标兵称号、天津市高级人民法院授予天津市法院系统优秀法官称号并记一等功

张凤霞　被天津市高级人民法院授予天津市法院系统先进个人称号并记三等功

马凯荣　被天津市总工会授予天津市"五一"劳动奖章先进个人称号

天津市滨海新区人民法院

先进集体:

民一庭　被天津市高级人民法院授予天津市法院系统先进集体称号

功能区审判管理委员会民三庭　被天津市高级人民法院授予天津市法院系统先进集体称号

塘沽审判管理委员会中心人民法庭　被天津市高级人民法院授予天津市法院系统先进集体称号并记一等功

大港审判管理委员会民三庭　被天津市高级人民法院授予天津市法院系统先进集体称号并记三等功

先进个人:

刘永强　被最高人民法院授予全国法院办案标兵称号

崔忻亭　被天津市高级人民法院授予天津市法院系统先进个人称号并记三等功

柳　斌　被天津市高级人民法院授予天津市法院系统先进个人称号并记三等功

天津市武清区人民法院

先进集体:

民三庭　被天津市高级人民法院授予天津市法院系统先进集体称号并记二等功、天津市社会管理综合治理委员会授予天津市社会治安综合治理先进单位称号

先进个人:

吴文山　被天津市高级人民法院授予天津市法院系统优秀法官称号并记二等功

王永起　被天津市高级人民法院授予天津市法院系统先进个人称号并记三等功

天津市静海县人民法院

先进集体:

大邱庄人民法庭　被天津市高级人民法院授予天津市法院系统先进集体称号并记三等功

先进个人:

郑国文　被天津市高级人民法院授予天津市法院系统优秀法官称号并记一等功、天津市人民政府授予天津市人民满意公务员称号、天津市总工会授予天津市"五一"劳动奖章先进个人称号

张明涛　被天津市高级人民法院授予天津市法院系统先进个人称号并记三等功

天津市宁河县人民法院

先进集体:

潘庄人民法庭　被天津市高级人民法院授予天津市法院系统先进集体称号并记三等功

先进个人:

王晓艳　被天津市高级人民法院授予天津市法院系统优秀法官称号并记二等功

张　立　被天津市高级人民法院授予天津市法院系统先进个人称号并记二等功

天津市蓟县人民法院

先进集体:

民一庭　被天津市高级人民法院授予天津市法

院系统先进集体称号并记二等功

先进个人：

井连江　被天津市高级人民法院授予天津市法院系统优秀法官称号并记一等功

温旭东　被天津市高级人民法院授予天津市法院系统先进个人称号并记三等功

张玉良　被天津市高级人民法院授予天津市法院系统先进个人称号并记三等功

河北省法院2012年受表彰的民事审判工作先进集体和个人

河北省高级人民法院

先进集体：

民一庭　被河北省高级人民法院授予“先进大集体”荣誉称号

民一庭　被河北省高级人民法院授予“先进党支部”荣誉称号

第一办案组　被河北省高级人民法院授予“先进小集体”荣誉称号

先进个人：

马艳辉　被河北省高级人民法院授予“十大办案能手”荣誉称号

马艳辉　被河北省高级人民法院授予个人三等功

马艳辉　被河北省高级人民法院评为学习型党员

王福贵　被河北省高级人民法院授予个人三等功

王福贵　被河北省高级人民法院授予“优秀共产党员”荣誉称号

王福贵　被河北省委政法委授予“全省涉法涉诉信访先进个人”荣誉称号

王福贵　被河北省直工委授予“省直青年岗位能手标兵”荣誉称号

宣建新　被河北省高级人民法院予以个人嘉奖

宣建新　被共青团河北省直工委授予“省直优秀团干部”荣誉称号

宣建新　制作的(2012)冀民一终字第67号民事判决书被评为全省法院“两评查”活动优秀裁判文书

叶　密　制作的(2012)冀民一终字第148号民事判决书被评为全省法院“两评查”活动优秀裁判文书

叶　密　制作的(2012)冀民一终字第148号民事判决书被评为全国法院“两评查”活动优秀裁判文书

石家庄市

先进集体：

1. 集体二等功

裕华区人民法院槐底法庭

2. 全市政法系统十佳政法基层单位

井陉县人民法院秀林法庭

3. 集体三等功

市中级人民法院民事审判第二庭

新华区人民法院赵陵铺法庭

高新技术产业开发区人民法院民事审判第二庭

藁城市人民法院张家庄法庭

无极县人民法院民事审判第一庭

晋州市人民法院总十庄法庭

赵县人民法院范庄法庭

新乐市人民法院承安法庭

辛集市人民法院田家庄法庭

行唐县人民法院城关法庭

平山县人民法院城关法庭

4. 集体嘉奖

市中级人民法院民事审判第一庭

5. 全市法院系统十八大维护稳定工作先进集体

市中级人民法院民事审判第一庭

行唐县人民法院城关法庭

6. 优秀党支部

民事审判第一庭

7. 个人二等功

张素珍　市中级人民法院民事审判第一庭审判员

闫振州　长安区人民法院民事审判第二庭副庭长

崔哲峰　鹿泉市人民法院铜冶法庭审判员

8. 全市政法系统十佳政法干警

何亚辉　裕华区人民法院槐底法庭庭长

闫振州　长安区人民法院民事审判第二庭副庭长

9. 个人三等功

秦树军　市中级人民法院民事审判第二庭审判员

徐　震　桥东区人民法院胜利北街法庭副庭长

梁立哲　新华区人民法院民事审判第一庭庭长

孟正军　高新区人民法院民事审判第二庭庭长

文　斌　藁城市人民法院贾市庄法庭副庭长

赵秀霞　平山县人民法院回舍法庭副庭长

刘　洁　平山县人民法院民事审判第二庭庭长

陈风庭　井陉县人民法院秀林法庭庭长

李哲宇　井陉县人民法院民事审判第二庭副庭长

郝军廷　栾城县人民法院栾城镇法庭庭长

刘春玲　行唐县人民法院安香法庭副庭长

王世宁　元氏县人民法院宋曹法庭庭长

王风瑞　赵县人民法院大石桥法庭庭长

李银海　赞皇县人民法院城关法庭庭长

相月卿　新乐市人民法院承安法庭审判员

康晓燕　深泽县人民法院民事审判第二庭副庭长

10. 个人嘉奖

于　英　市中级人民法院民事审判第二庭审判员

刘振阁　市中级人民法院民事审判第一庭审判员

11. 全市法院系统十八大维护稳定工作先进个人

郭占枝　市中级人民法院民事审判第一庭副庭长

李伟市　中级人民法院民事审判第一庭审判员

刘振平　行唐县人民法院民事审判第一庭庭长

12. 全市法院系统十佳办案能手

张　剑　正定县人民法院北贾村法庭副庭长

杨同顺　晋州市人民法院民事审判第一庭庭长

赵丽丽　藁城市人民法院民事审判第一庭副庭长

郭雅丽　桥东区人民法院平安南大街法庭副庭长

13. 全市法院系统十佳调解能手

刘栓羊　无极县人民法院城关法庭副庭长

李立军　深泽县人民法院白庄法庭副庭长

王景林　元氏县人民法院民事审判第一庭副庭长

14. 全市法院系统十佳书记员

王晓娅　安丽萍

15. 市中级人民法院优秀公务员

张素珍　刘振阁

16. 市中级人民法院办案、业务能手

刘春林

17. 市中级人民法院优秀共产党员

王　靖　张　君

唐山市

1. 集体三等功庭

路北区人民法院民事审判第四庭

路北区人民法院河北路人民法庭

丰润区人民法院新军屯人民法庭

丰润区人民法院民事审判第四庭

丰南区人民法院丰南镇人民法庭

古冶区人民法院古冶人民法庭

开平区人民法院开平人民法庭

乐亭县人民法院城关人民法庭

滦南县人民法院长凝人民法庭

滦南县人民法院民事审判第一庭

滦县人民法院榛子镇人民法庭

滦县人民法院民事审判第二庭

迁西县人民法院太平寨人民法庭

迁西县人民法院兴城人民法庭

迁安市人民法院城关人民法庭

玉田县人民法院虹桥人民法庭

玉田县人民法院民事审判第三庭

遵化市人民法院民事审判第二庭

芦台农场人民法庭

2. 先进庭处室队

唐山市海港开发区人民法庭

3. 个人三等功

牛　倩　唐山高新技术产业园区人民法庭副庭长

王永安　唐山市曹妃甸工业区人民法庭副庭长

王　楠　唐山市中级人民法院民事审判第二庭助理审判员

刁学军　唐山市中级人民法院执行局第二分局滦南协调处副处长

梁　怡　路北区人民法院民事审判第二庭副庭长

王军猛　丰润区人民法院民事审判第四庭副庭长

徐俊月　丰润区人民法院丰润镇人民法庭助理

审判员

苏　静　丰南区人民法院民事审判第四庭副庭长

李　佳　古冶区人民法院唐家庄人民法庭书记员

孟维艳　开平区人民法院民事审判第一庭庭长

王凤禄　曹妃甸区人民法院一农场人民法庭庭长

刘　灼　乐亭县人民法院民事审判第二庭副庭长

张庆伟　乐亭县人民法院汤家河人民法庭审判员

陈　栋　滦南县人民法院民事审判第二庭审判员

王学军　滦县人民法院响堂人民法庭庭长

林立华　迁安市人民法院建昌营人民法庭副庭长

司伟伟　迁安市人民法院婚姻家庭法庭助理审判员

郭福军　玉田县人民法院交通法庭庭长

张静波　遵化市人民法院民事审判第一庭庭长

苏宁安　芦台农场人民法庭副庭长

翟晓玉　汉沽农场人民法庭助理审判员

秦皇岛市

1. 集体三等功

中院民三庭

海港区法院民二庭

2. 集体嘉奖

中院民二庭

民四庭

3. 个人三等功

刘艳红　海港区人民法院东港法庭庭长

迟卫东　海港区人民法院海港法庭书记员

裴秋红　秦皇岛经济技术开发区人民法院民二庭审判员

周志玮　昌黎县人民法院城关法庭副庭长

单连柱　抚宁县人民法院榆关法庭审判员

胡秀春　卢龙县人民法院民事审判第二庭庭长

刘殿喜　卢龙县人民法院刘田各庄人民法庭庭长

陈永柱　青龙满族自治县人民法院肖营子人民法庭庭长

权金伶　中院民一庭助理审判员

刘子明　中院民三庭审判员

4. 个人嘉奖

刘秋丽　李德权　鲍成新　李　楠　张新华　杨连升　李　篷

邯郸市

先进集体：

邯郸市中级人民法院　2012年荣获全国法院“两评查”活动先进法院

峰峰矿区人民法院彭城人民法庭　2012年被省高院荣记集体二等功

邯郸市中级人民法院民事审判第一庭　2012年荣立集体三等功

广平镇人民法庭　2012年荣立集体三等功

临漳县人民法院城关法庭　2012年荣立集体三等功

武安市人民法院民事第一审判庭　2012年荣立集体三等功

成安县人民法院民事第二审判庭　2012年荣立集体三等功

曲周县人民法院民事第一审判庭　2012年荣立集体三等功

先进个人：

梁国华，邯郸市中级人民法院民事第一审判庭审判员，2012年被省高院授予“全省优秀法官”荣誉称号

李利东（原武安市人民法院康二城法庭庭长、现任武安市人民法院政治处主任），2012年被省高院授予“全省优秀法官”荣誉称号

周世芳，女，大名县人民法院民事审判第一庭庭长，被省高院授予“全省优秀法官”荣誉称号

陈宏峰，磁县人民法院岳城人民法庭庭长，2012年被省高院授予“全省法院办案标兵”荣誉称号

李秀红，女，涉县人民法院涉城镇人民法庭庭长，2012年被省高院授予“全省法院办案标兵”荣誉称号

刘永会，峰峰矿区人民法院彭城人民法庭庭长，2012年被省高院授予“全省法院办案标兵”荣誉称号

李玉明，复兴区人民法院民事审判第二庭副庭长，2012年被省高院授予“全省法院办案标兵”荣誉称号

王延峰，丛台区人民法院民事审判第一庭副庭长，2012年被省高院荣记个人二等功

王敬坤，大名县人民法院龙王庙法庭庭长，2012年被省高院荣记个人二等功

郝俊杰，女，永年县人民法院临名关法庭副庭

长,2012 年被省高院荣记个人二等功

李东兴,广平县人民法院民事审判庭庭长,2012 年荣立个人三等功

崔华杰,成安县人民法院商城人民法庭庭长,2012 年荣立个人三等功

王有田,涉县人民法院索堡人民法庭庭长,2012 年荣立个人三等功

常善明,峰峰矿区法院临水人民法庭庭长,2012 年荣立个人三等功

张志勇,鸡泽县人民法院小寨人民法庭副庭长,2012 年荣立个人三等功

牛艳梅,女,魏县人民法院民事审判第二庭助理审判员,2012 年荣立个人三等功

栗运会,魏县人民法院车往人民法庭副庭长,2012 年荣立个人三等功

张慎,复兴区人民法院民事审判第一庭副庭长,2012 年荣立个人三等功

杨东风,磁县人民法院林坦人民法庭助理审判员,2012 年荣立个人三等功

邯郸市中级人民法院民事审判第一庭[武志红、张增民、陈建英,冯雪(书记员)](2012)邯市民一初字第 20 号案件,荣获全国法院“两评查”活动优秀庭审

邯郸市中级人民法院民事第二审判庭助理审判员马静撰写(2012)邯市民二终字第 351 号裁判文书荣获全国法院“两评查”活动优秀裁判文书

邯郸市丛台区人民法院民事第二审判庭[吕江涛、叶军华、孟伟彬,冀红(书记员)](2012)丛民初字第 1973 号案件,荣获河北省法院“两评查”活动优秀庭审

邯郸市中级人民法院民事第一审判庭助理审判员郭晓丽撰写(2012)邯市民一终字第 51 号裁判文书荣获河北省法院“两评查”活动优秀裁判文书

邯郸市丛台区人民法院高开区人民法庭庭长马树林撰写(2012)丛民初字第 375 号裁判文书荣获河北省法院“两评查”活动优秀裁判文书

邯郸市邯郸县人民法院李瑞敏撰写(2011)邯县民初字第 1757 号裁判文书荣获河北省法院“两评查”活动优秀裁判文书

邢台市

先进集体:

邢台市中级人民法院驻高开区法庭　被河北省高级人民法院记集体二等功

邢台市桥西区人民法院南小汪法庭　被河北省高级人民法院记集体二等功

先进个人:

以下 3 名同志被河北省高级人民法院记个人二等功

闫海燕　邢台市中级人民法院民一庭助理审判员

梁春平　平乡县人民法院油召法庭庭长

贾元强　南宫市人民法院苏村法庭庭长

以下 3 名同志被河北省高级人民法院授予“全省法院办案标兵”称号

信深谦　邢台市中级人民法院民四庭副庭长

张利娟　柏乡县人民法院民二庭副庭长

马佳麟　威县人民法院民一庭审判员

保定市

先进集体:

保定市中级人民法院民一庭被最高人民法院评为“全国法院先进集体”

保定市中级人民法院民一庭被河北省高级人民法院荣记集体二等功

先进个人:

郭菡、赵岚、霍丽芳、祁峰、赵鹏壮等人被保定市中级人民法院授予“办案能手”、“调解能手”称号

赵岚获保定市“十佳调解员”称号

郭菡、霍丽芳获保定市“优秀调解员”荣誉称号

(2012)保民一终字第 727 号民事案件获“全国法院优秀庭审”、“全省法院十佳庭审”(合议庭:郭菡　赵鹏壮　徐超)

郭菡、赵岚、张晓静所书写的裁判文书获“全省法院优秀裁判文书”

张家口市

先进集体:

张家口市中级人民法民事审判第一庭院被中华全国妇女联合会、全国维护妇女儿童权益协调组授予“全国维护妇女儿童合法权益先进集体”

先进个人:

以下 3 名同志被河北省高级人民法院记个人二等功

王少博　市中级人民法院民事审判第一庭副庭长

汤　俊　赤城县人民法院东万口法庭庭长

董　耀　尚义县人民法院民事审判庭庭长

承德市

先进集体：

鹰手营子矿区人民法院民二庭河北省高级人民法院记集体二等功

先进个人：

以下4名同志被河北省高级人民法院记个人二等功

长常江　兴隆县人民法院民二庭庭

王玉华　隆化县人民法院民二庭庭长

石　刚　滦平县人民法院虎什哈人民法庭庭长

高银山　双滦区人民法院双塔山人民法庭庭长

沧州市

沧州市中级人民法院：

个人二等功　付　毅　沧州市中级人民法院民事审判第一庭审判员

个人三等功　沈　强　沧州市中级人民法院民事审判第三庭副庭长

任丘市人民法院：

个人一等功　付冬辉　任丘市人民法院鄚州法庭副庭长

集体三等功　任丘市人民法院石门桥人民法庭

青县人民法院：

集体二等功　青县人民法院民事审判第一庭

吴桥县人民法院：

个人二等功　史江涛　吴桥人民法院铁城人民法庭庭长

运河区人民法院：

集体三等功　运河区人民法院民事审判第二庭

个人三等功　杨桂玲　运河区人民法院民事审判第二庭庭长

黄骅市人民法院：

集体三等功　黄骅市人民法院南大港人民法庭　黄骅市人民法院民事审判一庭

个人三等功　戴　军　黄骅市人民法院吕桥人民法庭审判员

海兴县人民法院：

集体三等功　海兴县人民法院民事审判庭

沧县人民法院：

集体三等功　沧县人民法院旧州人民法庭

个人三等功　苏文艺　沧县人民法院民事审判第三庭庭长

泊头市人民法院：

集体三等功　泊头市人民法院郝村人民法庭

新华区人民法院：

集体三等功　新华区人民法院开发区人民法庭

肃宁县人民法院：

个人三等功　李京华　肃宁县人民法院城关法庭副庭长

调解标兵　马久利　肃宁县法院梁村法庭副庭长

调解能手　盛丽君　肃宁县法院民二庭副庭长

政法工作先进集体（肃宁县县委县政府表彰）城关法庭

十佳干警（肃宁县县委县政府表彰）　李素平同志　肃宁县法院民一庭副庭长

嘉奖（本院）　郭宗波（肃宁法院民一庭庭长）、田艳茹（梁村法庭庭长）、李孔山（尚村法庭庭长）。

办案能手（本院）　李京华、李素平

调解能手（本院）　马久利、盛丽君

河间市人民法院：

个人三等功　杨　光　河间市人民法院瀛洲人民法庭庭长

薛连海　河间市人民法院米各庄人民法庭庭长

孟村人民法院：

个人三等功　刘和群　孟村人民法院民事审判第一庭庭长

调解能手　刘和群

调解标兵　魏国林

先进个人（县级法院）　吕　建　庞国钊　张　敏

院长特别奖（县级法院）　李　霞

三八红旗手（孟村县妇联）　李　霞

沧州市十佳女卫士（中共沧州市委宣传部　沧州市妇联）　李　霞

先进集体（县级法院）　城关人民法庭

南皮县人民法院：

个人三等功　杨建垒　南皮县人民法院寨子法庭助理审判员

东光县人民法院：

个人三等功　邢若才　东光县人民法院民事审判第一庭庭长

献县人民法院：

个人三等功　郭汝娜　献县人民法院民事审判第三庭审判员

2012年被市中院评为诉讼调解先进集体

2012年被献县县委评为矛盾纠纷排查调处先进单位

韩志琴、刘占营、郑文贵被市中院评为调解标兵

盐山县人民法院:

个人三等功　孙书通　盐山县人民法院民事审判第二庭庭长

廊坊市

先进集体:

廊坊市中院民事审判第一庭　被河北省高院荣记集体一等功

三河市人民法院皇庄法庭　被廊坊市中院荣记集体三等功

大厂县人民法院未成年人案件综合审判庭　被廊坊市中院荣记集体三等功

廊坊市广阳区法院万庄法庭　被廊坊市中院荣记集体三等功

霸州市人民法院胜芳法庭　被廊坊市中院荣记集体三等功

文安县人民法院调解速裁庭　被廊坊市中院荣记集体三等功

大城县人民法院旺村法庭　被廊坊市中院荣记集体三等功

廊坊市中院民事审判第二庭　被廊坊市中院荣记集体三等功

廊坊市中院民事审判第三庭　被廊坊市中院荣记集体嘉奖

廊坊市中院未成年人案件综合审判庭　被廊坊市中院荣记集体嘉奖

先进个人:

曹　怡　坊市中级人民法院民事审判第二庭副庭长,被最高人民法院评为全国法院办案标兵

陈连友　北省大厂县人民法院祁各庄法庭审判员,被河北省高院荣记个人二等功

刘　军　北省固安县人民法院牛驼法庭庭长,被河北省高院荣记个人二等功

李晓芳　坊市安次区人民法院调解庭庭长,被河北省高院评为全省优秀法官

张宝云　大厂县人民法院民事审判第二庭庭长,被廊坊市委表彰为“创先争优优秀共产党员”

张　欣　廊坊市中级人民法院民一庭副庭长　被廊坊市中院授予“办案标兵”荣誉称号

柴秋芬　廊坊市中级人民法院民一庭审判员　被廊坊市中院授予“办案标兵”荣誉称号

杨　莉　廊坊市中级人民法院民一庭审判员　被廊坊市中院授予“办案标兵”荣誉称号

李成佳　廊坊市中级人民法院民一庭审判员　被廊坊市中院授予“办案标兵”荣誉称号

刘建伟　廊坊市中级人民法院民一庭审判员　被廊坊市中院授予“办案标兵”荣誉称号

丁宗发　廊坊市中级人民法院民一庭审判员　被廊坊市中院授予“办案标兵”荣誉称号

杨立军　廊坊市中级人民法院民二庭审判员　被廊坊市中院授予“办案标兵”荣誉称号

刘建刚　廊坊市中级人民法院民二庭审判员　被廊坊市中院授予“办案标兵”荣誉称号

刘德璋　廊坊市中级人民法院民三庭审判员　被廊坊市中院授予“办案标兵”荣誉称号

张海霞　廊坊市中级人民法院未成年人案件综合审判庭副庭长　被廊坊市中院授予“办案标兵”荣誉称号

赵洪亮　廊坊市中级人民法院民一庭审判员　被廊坊市中院荣记个人嘉奖

杨　莉　廊坊市中级人民法院民一庭审判员　被廊坊市中院荣记个人嘉奖

曹　怡　廊坊市中级人民法院民一庭审判员　被廊坊市中院荣记个人嘉奖

蔺迎春　廊坊市中级人民法院民一庭审判员　被廊坊市中院荣记个人嘉奖

马　兰　廊坊市中级人民法院民一庭审判员　被廊坊市中院荣记个人嘉奖

盖秀红　廊坊市中级人民法院民一庭审判员　被廊坊市中院荣记个人嘉奖

严晓东　廊坊市中级人民法院未成年人案件综合审判庭副庭长　被廊坊市中院荣记个人嘉奖

张建民　廊坊市中级人民法院民一庭审判员　被廊坊市中院授予“优秀法官”荣誉称号

李孝雷　三河市人民法院民一庭庭长　被廊坊市中院授予“优秀法官”荣誉称号

陈连友　大厂县人民法院祁各庄法庭审判员　被廊坊市中院授予“优秀法官”荣誉称号

穆乃效　永清县人民法院永清法庭副庭长　被廊坊市中院授予“优秀法官”荣誉称号

温少波　霸州市人民法院民一庭副庭长　被廊坊市中院授予“优秀法官”荣誉称号

李　伟　文安县人民法院新镇法庭副庭长　被廊坊市中院授予“优秀法官”荣誉称号

衡水市

先进集体:

1. 衡水市中级人民法院民事审判第一庭:被最高人民法院授予“全国法院先进集体”

被河北省高级人民法院荣记集体一等功

被河北省妇女联合会评为“维护妇女儿童权益先进集体”

被衡水市巾帼建功活动领导小组评为“巾帼文明岗”

2. 安平县人民法院民事审判一庭：

被衡水市中级人民法院荣记“集体三等功”

3. 深州市人民法院：

被衡水市中级人民法院荣记“集体三等功”

4. 深州市人民法院民事审判一庭：

被衡水市中级人民法院荣记“集体三等功”

5. 武邑县人民法院民事二庭、圈头法庭：

被武邑县人民法院评为先进集体

6. 枣强县人民法院民事审判一庭：

被衡水市中级人民法院荣记集体三等功

7. 景县人民法院：

被衡水市中级人民法院荣记集体二等功

8. 景县人民法院法警大队：

被河北省高级人民法院评为全省法院司法警察安全保卫工作先进集体

先进个人：

衡水市中级人民法院：

1. 张晓燕（衡水市中级人民法院民事审判第一庭庭长）被最高人民法院评为全国法院办案标兵

2. 许晓芬（衡水市中级人民法院民事审判第一庭副庭长）被河北省高级人民法院评为“全省法院办案标兵”；河北省妇女联合会评为“省三八红旗手”；被衡水市中级人民法院评为“全市法院调解能手”

3. 高树峰（衡水市中级人民法院民事审判第一庭副庭长）荣获衡水市中级人民法院“嘉奖”

4. 李永玮（衡水市中级人民法院民事审判第一庭副庭长）荣获衡水市中级人民法院“嘉奖”；被衡水市中级人民法院评为“全市法院调解能手”

5. 刘万斌被衡水市中级人民法院评为“优秀公务员”

6. 李淑华被衡水市中级人民法院评为“优秀公务员”；被衡水市中级人民法院评为“优秀廉政监督员”

7. 蒋宝霞被衡水市中级人民法院评为“优秀共产党员”

8. 关春富被衡水市中级人民法院评为“全市法院优秀信息员”

9. 张海燕（安平县人民法院党组成员、专职审委会委员、民一庭庭长）被衡水市中级人民法院荣记“个人三等功”

深州市人民法院：

1. 李建勇同志被河北省高级人民法院评为全省法院优秀法官

2. 张久栓同志被衡水市中级人民法院评为先进个人

3. 赵爱学同志被衡水市中级人民法院评为先进个人

4. 郑乃嘉同志被衡水市中级人民法院评为先进个人

5. 杨娅同志被衡水市中级人民法院评为调解能手

6. 魏连静同志被衡水市中级人民法院评为办案能手

武邑县人民法院：

1. 胡国平（圈头法庭庭长）衡水市政法系统公正司法先进个人

2. 韩根花（民二庭庭长）衡水市政法系统政法干警核心价值观教育实践活动先进个人

3. 贾谊（审监一庭庭长）全市政法系统执法监督先进个人

4. 苏富军、刘晓霞被衡水市中级人民法院荣记个人三等功

5. 刘盼新（民事一庭庭长）衡水市全市法院系统办案能手

6. 付俊领、张玉群被武邑县人民法院评为先进个人

枣强县人民法院：

1. 马健同志被河北省高级人民法院评为“办案能手”

2. 郑凌霄同志被衡水市中级人民法院荣记个人三等功

3. 马树峰同志被衡水市中级人民法院荣记个人三等功

饶阳县人民法院：

1. 李东胜（饶阳法院尹村法庭庭长）被衡水市中级人民法院评为先进个人

2. 张天任（饶阳法院留楚法庭庭长）被衡水市中级人民法院评为办案能手

景县人民法院：

1. 贾春栋被河北省高级人民法院评为全省法院办案标兵

2. 执行局被衡水市中级人民法院荣记集体三等功

3. 梁集人民法庭被衡水市中级人民法院荣记集体三等功

4. 刘智华被衡水市中级人民法院荣记个人三等功

5. 贾春栋被衡水市中级人民法院荣记个人三

等功

6. 田建华被衡水市中级人民法院荣记个人三等功

7. 代宪友被衡水市中级人民法院荣记个人三等功

8. 赵海燕被衡水市中级人民法院荣记信访工作三等功

9. 孙铁锁被衡水市中级人民法院评为办案能手

山西省法院2012年受表彰的民事审判工作先进集体和先进个人

山西省高级人民法院

先进集体:

1. 民一庭被授予"全国维护妇女儿童权益先进集体"、"维护国防利益和军队军人军属合法权益先进单位"

2. 民二庭党支部被授予"省直机关创先争优先进基层党组织"

先进个人:

1. 牛向宏被省法院授予"民事审判调解能手",被山西省劳动竞赛委员会记二等功

2. 王迪在山西省法院裁判文书评比活动中获一等奖并被山西省劳动竞赛委员会记一等功

3. 刘英在山西省法院裁判文书评比活动中获三等奖被山西省劳动竞赛委员会记三等功,被山西省高级人民法院授予党风廉政建设先进个人荣誉称号

4. 苏星君被评为2012年度山西省高级人民法院先进工作者

5. 李宛地被评为2012年度山西省高级人民法院先进工作者

6. 方剑锋被评为2012年度山西省高级人民法院先进工作者

7. 马振国被评为省直机关"2011年度山西干部在线学习优秀学员"

8. 韩德荣被评为2012年度山西省高级人民法院先进工作者

9. 张建康被评为"省直机关五一劳动奖章"、全省法院"民事审判调解能手",被山西省劳动竞赛委员会记二等功

10. 郭民贞在山西省法院裁判文书评比活动中获二等奖并被山西省劳动竞赛委员会记二等功,被评为"全省法院优秀法官"并被山西省劳动竞赛委员会记二等功

11. 宋霞被评为2012年度山西省高级人民法院先进工作者

12. 籍拴梅被山西省人民政府记二等功

13. 吴捷慧被山西省高级人民法院记三等功

14. 谢红雯被省法院授予"调解先进工作者"、被山西省劳动竞赛委员会记三等功

大同市

大同市中级人民法院

先进集体:

民一庭被山西省高级人民法院授予全省法院民事审判调解工作先进集体称号

先进个人:

1. 马剑峰被山西省高级人民法院授予全省法院民事审判工作调解能手称号

2. 柴涛被山西省高级人民法院授予全省优秀法官称号并记二等功

3. 柴涛被山西省高级人民法院授予全省法院法律裁判文书评比竞赛民事类判决书一等奖,并被山西省劳动竞赛委员会记二等功

4. 侯慧文被山西省高级人民法院授予全省法院法律裁判文书评比竞赛民事类判决书一等奖,并被山西省劳动竞赛委员会记二等功

下属各区县人民法院

城区

先进个人:

刘璟被山西省高级人民法院授予全省法院民事审判调解工作先进个人称号

矿区

先进个人:

柳贡余被山西省高级人民法院授予全省法院民事审判工作调解能手称号

南郊区

先进集体:

西韩岭人民法庭被山西省高级人民法院授予全

省法院民事审判调解工作标兵单位

先进个人：

郑久红被山西省高级人民法院授予全省法院民事审判调解工作先进个人称号

新荣区

先进个人：

赵丽媛被山西省高级人民法院授予全省法院民事审判调解工作先进个人称号

大同县

先进集体：

大同县人民法院被山西省高级人民法院授予全省法院民事审判调解工作先进集体

先进个人：

周振宇被山西省高级人民法院授予全省法院民事审判工作调解能手称号

阳高县

先进个人：

顾永清被山西省高级人民法院授予全省法院民事审判调解工作先进个人称号

天镇县

先进个人：

吴良被山西省高级人民法院授予全省法院民事审判工作调解能手称号

浑源县

先进个人：

薄宏伟被山西省高级人民法院授予全省法院民事审判调解工作先进个人称号

灵丘县

先进个人：

1. 何云霞被山西省政法委授予山西省杰出政法干警称号

2. 何云霞被最高人民法院授予全国模范法官称号

3. 何云霞被山西省高级人民法院授予全省法院民事审判工作调解能手称号

广灵县

先进个人：

韩广平被山西省高级人民法院授予全省法院民事审判调解工作先进个人称号

左云县

先进个人：

郑守军被山西省高级人民法院授予全省法院民事审判工作调解能手称号

阳泉市

阳泉市中级人民法院

先进集体：

1. 阳泉市中级人民法院民事审判二庭被山西省高级人民法院授予工作标兵单位称号

2. 阳泉市中级人民法院民事审判二庭被山西省高级人民法院记二等功

先进个人：

1. 胡旭辉被山西省劳动竞赛委员会记三等功

2. 李日月被阳泉市劳动竞赛委员会授予阳泉市五一劳动奖章称号

3. 李日月被阳泉市市委政法委授予2012年度阳泉市十佳干警称号

4. 李日月被山西省高级人民法院授予2012年度民事调解先进个人称号

5. 张卫华获得阳泉市中级人民法院优秀公务员称号

6. 郭丽丽获得阳泉市中级人民法院优秀公务员称号

7. 聂士洲获得阳泉市中级人民法院先进个人称号

8. 王宝才获得阳泉市中级人民法院先进个人称号

下属各区县人民法院

城区

先进集体：

民一庭、民二庭、民三庭被阳泉市城区人民法院授予2012年度先进集体称号

先进个人：

1. 邓捷被山西省法官协会、省劳动竞赛委员会授予全省法院裁判文书竞赛优秀奖称号

2. 邓捷被山西省民事调解调工作会议授予山西省民事审判调解工作先进个人称号

3. 邓捷被阳泉市妇女儿童工作委员会授予阳泉市实施“十一五”妇女儿童发展规划先进个人称号

4. 邓捷获得阳泉市城区人民法院2012年度办案标兵和调解能手称号

5. 王兰萍获得阳泉市城区人民法院2012年度办案标兵和调解能手称号

6. 郝丽、胡倩倩、赵燕被获得阳泉市城区人民法院2012年度先进个人称号

平定县

先进集体：

1. 巨城法庭被山西省高级人民法院授予“全省

青年文明法庭"、"全省审判调解工作先进集体"称号

2. 民事审判第一庭被阳泉市平定县人民法院授予"先进集体"称号

3. 民事审判第二庭被阳泉市平定县人民法院授予"先进集体"称号

4. 巨城法庭被阳泉市平定县人民法院授予"先进集体"称号

先进个人:

1. 王忠强被阳泉市委政法委员会授予"十佳干警"称号、被阳泉市劳动竞赛委员会授予"五一劳动奖章"称号

2. 王科义被山西省高级人民法院荣记"个人三等功"、被平定县人民法院授予"办案能手"称号

3. 周志军被山西省高级人民法院授予"优秀法官"称号

4. 贾力被山西省高级人民法院授予"民事审判工作调解能手"称号、被山西省高级人民法院荣记"二等功"、被平定县人民法院授予"办案能手"称号

5. 张文平获得阳泉市平定县人民法院"优秀庭室负责人"称号

6. 王朝阳获得阳泉市平定县人民法院"优秀庭室负责人"、"办案能手"称号

7. 李月平获得阳泉市平定县人民法院"优秀庭室负责人"称号

8. 张志勇获得阳泉市平定县人民法院"办案能手"称号

9. 赵志强获得阳泉市平定县人民法院"办案能手"、"先进个人"称号

10. 王忠海获得阳泉市平定县人民法院"办案能手"、"先进个人"称号

11. 王建宏获得阳泉市平定县人民法院"先进个人"称号

12. 贡会如获得阳泉市平定县人民法院"先进个人"称号

13. 程米全获得阳泉市平定县人民法院"先进个人"称号

14. 卢万昌获得阳泉市平定县人民法院"先进个人"称号

郊区

先进集体:

1. 民事审判二庭被阳泉市郊区人民法院授予2012年度先进集体称号

2. 民事审判三庭被阳泉市郊区人民法院授予2012年度先进集体称号

先进个人:

1. 王利军被山西省高级人民法院授予民事审判调解工作先进个人称号

2. 王志宏获得阳泉市郊区人民法院2012年度优秀庭长称号

3. 要文洁获得阳泉市郊区人民法院2012年度院先进个人称号

4. 刘健获得阳泉市郊区人民法院2012年度院先进个人称号

5. 任怀玉获得阳泉市郊区人民法院2012年度维稳工作先进个人称号

6. 刘佳获得阳泉市郊区人民法院2012年度院先进个人称号

7. 赵建军因诉前调解工作成绩突出,发挥了带头作用,被阳泉市郊区人民法院记嘉奖一次

8. 赵建军被阳泉市委政法委授予2012年度阳泉市政法(综治)先进个人称号

9. 赵宝庆获得阳泉市郊区人民法院2012年度院先进个人称号

10. 葛晓广被团区委授予第四届"信合杯""阳泉市郊区十大优秀青年"称号

11. 杜军因诉前调解工作成绩突出,发挥了带头作用,被阳泉市郊区人民法院记嘉奖一次

12. 杜军被郊区区委授予优秀共产党员称号

13. 刘波获得阳泉市郊区人民法院2012年度院先进个人称号

14. 王恕因诉前调解工作成绩突出,发挥了带头作用,被阳泉市郊区人民法院记嘉奖一次

15. 蔺志慧获得阳泉市郊区人民法院2012年度院先进个人称号

16. 张小军获得阳泉市郊区人民法院2012年度维稳工作先进个人称号

矿区

先进集体:

民事审判二庭被阳泉市矿区人民法院授予先进集体称号

先进个人:

1. 曹喜才被山西省高级人民法院授予"民事审判工作调解能手"称号,被山西省高级人民法院记二等功

2. 仇怀俊被山西省高级人民法院授予"全省优秀法官"称号,被山西省高级人民法院记二等功

3. 仇怀俊被中共阳泉市矿区委员会、阳泉市矿区人民政府授予"2010—2011年度劳动模范"称号

4. 李满意获得阳泉市矿区人民法院先进个人称号

5. 杜燕娜获得阳泉市矿区人民法院先进个人称号

盂县

先进集体：

民二庭被阳泉市盂县人民法院授予2012年先进集体称号

先进个人：

1. 王建勇被山西省高级人民法院授予全省优秀法官称号，被山西省高级人民法院记二等功

2. 齐慧瑛被阳泉市市委政法委授予先进个人称号，获得盂县人民法院2012年办案标兵称号

3. 李瑞英被山西省高级人民法院授予民事审判调解能手称号，被山西省高级人民法院记二等功，获得盂县人民法院2012年先进个人和办案标兵称号

4. 李玲被阳泉市盂县政法委授予先进个人称号，获得盂县人民法院2012年先进个人称号

5. 陈丹蓉被阳泉市盂县政法委授予先进个人称号，获得盂县人民法院2012年办案标兵称号

6. 荣峰获得阳泉市盂县人民法院2012年先进个人和办案标兵称号

7. 张素芳获得阳泉市盂县人民法院2012年先进个人和办案标兵称号

8. 孙逊获得阳泉市盂县人民法院2012年先进个人和办案标兵称号

9. 王娟获得阳泉市盂县人民法院2012年先进个人称号

10. 武雪琴获得阳泉市盂县人民法院2012年办案标兵称号

11. 段爱萍获得阳泉市盂县人民法院2012年办案标兵称号

晋中市

晋中市中级人民法院

先进集体：

1. 2012年6月，介休市人民法院被介休市委、市政府评为“信访工作先进集体”

2. 2012年2月，晋中市委、市政府授予介休市人民法院“规范执法先进集体”

3. 2012年3月，介休市人民法院被晋中市中级人民法院评为“审判质量先进集体”

4. 2012年3月，介休市人民法院被晋中市中级人民法院评为“信访工作先进集体”

5. 2012年2月，介休市人民法院被介休市委社会管理综合治理委员会评为“化解社会矛盾先进集体”

先进个人：

1. 2012年6月，介休市人民法院立案庭信访办副主任刘云娥被介休市委市政府评为“信访工作先进个人”

2. 2012年2月，介休市人民法院民事审判一庭、女子法庭庭长邢育红被晋中市妇联评为“晋中优秀执法卫士”

3. 2012年2月，介休市人民法院民事审判一庭庭长邢育红被介休市委政法委评为“政法工作先进个人”

4. 2012年2月，介休市人民法院义安人民法庭庭长宋晓军被介休市委政法委评为“政法工作先进个人”

5. 2012年4月，介休市人民法院民事审判一庭杨姣瑞同志被共青团介休市委评为“优秀团员”

6. 2012年3月，介休市人民法院民事审判二庭副庭长杨学武被晋中市中级人民法院评为“全市法院办案能手”

下属各区县人民法院

灵石县

先进个人：

1. 陈楷被省政法委授予全省践行政法干警核心价值观优秀干警称号

2. 王永强被山西省高级人民法院授予民事审判工作调解能手称号并荣立二等功

3. 张华被市政法委授予晋中市政法系统办案能手称号

4. 陈永灵被市政法委授予服务重点工程项目“保障护航”先进个人称号

5. 杨青林、王永强、陈永灵被授予晋中市中级人民法院授予办案能手称号

6. 董光亮、张云海被晋中市中级人民法院授予调解能手称号

7. 张力勤、李军军被县政法委授予办案能手称号

8. 李军军被县团委授予杰出(优秀)青年卫士称号

祁县

先进个人：

1. 王志洪2008、2009年被县政法系统授予办案能手、2010年被晋中市政法委授予办案能手并记一等功、2011年被祁县县委授予“优秀党员”、2012年被晋中市中院授予办案能手、2012年被山西省高院授予优秀法官并二等功、2013年被晋中中院评为办案能手

2. 李怀平被晋中市中院授予办案能手

3. 温学东2011年被晋中市中院授予调解能手并记三等功、2012年晋中市中院授予办案能手、2013

年被山西省政法委授予全省践行政法干警核心价值观优秀干警、2013年被祁县县委授予五一劳动奖章

寿阳县

先进个人:

1. 要志斌被晋中市中级人民法院授予“2012年度办案能手”

2. 李国清被晋中市中级人民法院授予“2012年度办案能手”

3. 王思芳被晋中市中级人民法院授予“2012年度办案能手”

4. 董丽花被晋中市中级人民法院授予“2012年度调解能手”

5. 李云兰被晋中市中级人民法院授予“2012年度调解能手”

6. 吴志彪被晋中市中级人民法院授予“2012年度调解能手”

太谷县

先进集体:

民二庭被市委授予党员先锋岗称号

先进个人:

1. 胡金保被山西省高级人民法院授予调解能手称号

2. 赵国胜被市委政法委授予办案能手称号

3. 杨萍被市委政法委授予全市践行政法干警核心价值观优秀干警称号;被市妇联授予优秀执法卫士称号

4. 吕小宁被市委政法委授予办案能手称号

左权县

先进集体:

巡回法庭被左权县人民法院授予办案绩效考核先进集体称号

先进个人:

1. 李慧被左权县人民法院授予办案能手称号

2. 赵志军被左权县人民法院授予优秀书记员称号

3. 袁杰被左权县人民法院授予优秀书记员称号

长治市

长治市中级人民法院:

先进集体:

1. 民事审判第一庭被山西省长治市妇女联合会评为“维权先进集体”

2. 民事审判第三庭被山西省长治市中级人民法院评为“2012年先进集体”

3. 民事审判第四庭被山西省长治市政法委评为“长治市政法系统执法为民先进集体”

4. 民事审判第四庭被共青团长治市委评为“青年文明号”

先进个人:

1. 李艳军被最高人民法院授予“全国法院先进个人”称号

2. 王瑾被中共长治市委政法委员会表彰为全市政法系统“执法为民”优秀政法干警

3. 崔志萍在山西省长治市中级人民法院举办的“学习十八大精神,立足岗位做贡献”演讲比赛中获得二等奖

4. 景连法被山西省高级人民法院授予“全省法院民事审判调解工作调解能手”荣誉称号,并记个人二等功

5. 王瑾被山西省长治市中级人民法院授予“先进工作者”称号

6. 郭庆菊在最高人民法院关于全国法院“两评查”活动先进单位和优秀庭审、优秀裁判文书评选活动中获得优秀奖

7. 王栓成被山西省长治市中级人民法院授予“先进工作者”称号

下属各区县人民法院

城区

先进集体:

五马人民法庭被山西省高级人民法院授予“全省法院民事审判调解工作先进集体”称号

先进个人:

李艳琴被山西省高级人民法院授予“全省法院民事审判调解工作调解能手”荣誉称号,并记个人二等功

郊区

先进个人:

李薇被山西省高级人民法院授予“全省法院民事审判调解工作调解能手”荣誉称号,并记个人二等功

沁县

先进集体:

沁县人民法院被山西省高级人民法院授予“全省法院民事审判调解工作先进集体”称号

先进个人:

陈强被山西省高级人民法院授予“全省法院民事审判调解工作先进个人”荣誉称号

长治县

先进个人:

刘翠萍被山西省高级人民法院授予“全省法院民事审判调解工作调解能手”荣誉称号,并记个人二等功

潞城市

先进个人：

高宇被山西省高级人民法院授予“全省法院民事审判调解工作调解能手”荣誉称号，并记个人二等功

壶关县

先进个人：

李冬青被山西省高级人民法院授予“全省法院民事审判调解工作调解能手”荣誉称号，并记个人二等功

平顺县

先进个人：

张帆被山西省高级人民法院授予“全省法院民事审判调解工作调解能手”荣誉称号，并记个人二等功

黎城县

先进个人：

王敏被山西省高级人民法院授予“全省法院民事审判调解工作先进个人”荣誉称号

襄垣县

先进个人：

孙科被山西省高级人民法院授予“全省法院民事审判调解工作先进个人”荣誉称号

长子县

先进个人：

赵福顺被山西省高级人民法院授予“全省法院民事审判调解工作先进个人”荣誉称号

沁源县

先进个人：

史艳霞被山西省高级人民法院授予“全省法院民事审判调解工作先进个人”荣誉称号

屯留县

先进个人：

贾春芳被山西省高级人民法院授予“全省法院民事审判调解工作先进个人”荣誉称号

武乡县

先进个人：

陈锐被山西省高级人民法院授予“全省法院民事审判调解工作先进个人”荣誉称号

晋城市中级人民法院

先进集体：

晋城中院被山西省高院授予“全省法院涉诉信访工作新近集体”荣誉称号

先进个人：

1. 段新娥法官被晋城市总工会授予“五一劳动模范”荣誉称号

2. 杨丽珍法官被山西省高院授予“全省法院民事审判工作调解能手”荣誉称号

3. 马晋法官被山西省高院授予“优秀法官”荣誉称号

4. 梁卉法官被山西省高院授予“全省法院民事审判调解工作先进个人”荣誉称号

5. 郭淑娟法官被山西省高院授予“全省法院民事审判调解工作先进个人”荣誉称号

下属各区县人民法院

城区

先进集体：

城区人民法院民一庭被晋城中院授予“先进集体”荣誉称号

先进个人：

1. 宋金莲法官（民二庭）被城区妇女联合会授予“三八红旗手”称号

2. 王和平法官（北石店人民法庭）被晋城市城区区委评为“先进党员”

3. 时小强法官（钟家庄人民法庭）被晋城市中级人民法院授予“晋城市法院系统2012年度先进个人”称号

高平市

先进集体：

1. 寺庄法庭被高平市委、市政府授予化解社会矛盾先进集体的称号

2. 米山法庭被高平市委、市政府授予执法为民先进集体的称号

先进个人：

1. 李志强法官被晋城市中级人民法院授予先进人工的称号

2. 王晚平法官被晋城市中级人民法院授予先进人工的称号

3. 明振国被高平市委、市政府授予化解纠纷矛盾先进个人的称号

4. 段书菊法官被高平市委、市政府授予劳动模范行进个人的称号

5. 李志强法官被高平市委、市政府授予劳动模范行进个人的称号

6. 范永红、申占鳌、牛长安、李治国、高铁五名法官被高平市人民法院授予调解能手的称号

泽州县

先进个人：

王志新法官被山西省高院授予“全省法院民事

审判工作调解能手”荣誉称号

阳城县

先进集体：

1. 北留人民法庭被山西省高级人民法院授予民事审判调解工作标兵单位称号，并被记集体二等功

2. 民一庭被中共阳城县委、阳城县人民政府授予2012年度政法工作先进集体

先进个人：

1. 田素勤法官获得山西省高级人民法院民事审判调解工作先进个人称号

2. 田素勤法官获得阳城县人民法院2012年调解能手称号

3. 马谭胜法官获得晋城市中级人民法院2012年度先进个人称号

4. 马谭胜法官获得阳城县人民法院2012年度办案能手、优秀审判长称号

沁水县

先进个人：

何宇峰法官被山西省高院授予“全省法院民事审判工作调解能手”荣誉称号

陵川县

先进集体：

1. 陵川县人民法院被山西省高院授予“全省法院民事审判调解工作先进集体”称号

2. 陵川县人民法院民一庭被晋城中院授予“先进集体”荣誉称号

3. 礼义人民法庭被陵川县精神文明委员会授予文明单位称号

先进个人：

1. 董红书法官被晋城市中级人民法院授予先进个人称号

2. 董红书法官被陵川县人民法院授予办案能手称号

3. 魏贵成法官被陵川县人民法院授予调解能手称号

4. 郭永发法官被陵川县人民法院授予调解能手称号

5. 董海忠法官被陵川县人民法院授予办案能手称号

6. 赵连珍法官被陵川县人民法院授予先进法官称号

7. 程伟法官被陵川县人民法院授予优秀法官称号

吕梁市

吕梁市中级人民法院

先进集体：

吕梁市中级人民法院民事审判第一庭被吕梁市中级人民法院授予“先进集体”称号

先进个人：

1. 吕梁市中级人民法院民事审判第一庭审判员郭一璠被山西省高级人民法院授予“全省优秀法官”称号，并记个人二等功；被山西省高级人民法院授予“全省法院民事审判调解工作先进个人”称号；被吕梁市中级人民法院记个人三等功。

2. 吕梁市中级人民法院民事审判第一庭副庭长马兴华被中共吕梁市委政法委员会授予2012年度政法工作先进工作者称号

3. 吕梁市中级人民法院民事审判第二庭副科级审判员薛昊获得吕梁市中级人民法院2012年先进工作者称号

4. 吕梁市中级人民法院民事审判第三庭审判员潘文获得吕梁市中级人民法院2012年先进工作者称号

柳林县

先进集体：

柳林县人民法院被山西省高级人民法院授予“全省民事审判调解工作标兵单位”称号，并记集体二等功。

先进个人：

1. 柳林县人民法院民事审判第一庭庭长葛晓琴被山西省高级人民法院授予“全省法院民事审判调解工作先进个人”称号

2. 柳林县人民法院穆村人民法庭庭长常荣富被吕梁市中级人民法院记个人三等功

交口县

先进集体：

交口县人民法院被山西省高级人民法院授予“全省法院民事审判调解工作先进集体”称号

先进个人：

交口县人民法院水头人民法庭庭长段晓云被山西省高级人民法院授予“全省法院民事审判调解工作调解能手”称号，并记个人二等功

离石区

先进集体：

吕梁市离石区人民法院民事审判第一庭被山西省高级人民法院授予“全省法院民事审判调解工作先进集体”称号

先进个人：

吕梁市离石区人民法院田家会人民法庭庭长郭永平被山西省高级人民法院授予“全省法院民事审判调解工作调解能手”称号，并记个人三等功

方山县

先进个人：

方山县人民法院马坊人民法庭庭长冯俊保被山西省高级人民法院授予“全省法院民事审判调解工作调解能手”称号，并记个人二等功

汾阳市

先进个人：

汾阳市人民法院杏花人民法庭庭长马海峰被山西省高级人民法院授予“全省法院民事审判调解工作调解能手”称号，并记个人二等功

临县

先进个人：

1. 临县人民法院榆林人民法庭庭长秦晋彪被山西省高级人民法院授予“全省法院民事审判调解工作调解能手”称号；被山西省高级人民法院记个人二等功

2. 临县人民法院雷家碛人民法庭庭长徐国斌获“全省法院法律裁判文书评比竞赛民事类审判判决书三等奖”

3. 临县人民法院榆林人民法庭庭长闫春旺被吕梁市中级人民法院记个人三等功

兴县

先进个人：

兴县人民法院民事审判第一庭庭长张彦被山西省高级人民法院授予“全省法院民事审判调解工作调解能手”称号

石楼县

先进集体：

1. 石楼县人民法院民事审判庭被石楼县人民法院授予先进集体称号

2. 义牒人民法庭民事审判庭被石楼县人民法院授予先进集体称号

先进个人：

1. 石楼县人民法院小蒜人民法庭庭长白玉生被山西省高级人民法院授予“全省法院民事审判调解工作调解能手”称号，并记个人二等功

2. 石楼县人民法院民事审判庭庭长温虎应被石楼县人民法院授予先进个人称号

3. 石楼县人民法院民事审判员许亚丽被石楼县人民法院授予先进个人称号

4. 石楼县人民法院民事审判庭副庭长温艳萍被石楼县人民政府授予先进个人称号

孝义市

先进个人：

孝义市人民法院民事审判第一庭庭长马月萍被山西省高级人民法院授予“全省法院民事审判调解工作先进个人”称号

文水县

先进个人：

文水县人民法院民事审判第一庭庭长张丽华被吕梁市中级人民法院记个人三等功

岚县

先进个人：

岚县人民法院岚城人民法庭庭长杨鲁军被山西省高级人民法院授予“全省法院民事审判调解工作先进个人”称号

中阳县

先进个人：

1. 中阳县人民法院民事审判第二庭庭长杨瑞明被山西省高级人民法院授予“全省法院民事审判调解工作先进个人”称号

2. 中阳县人民法院民事审判员张映泰获山西省高级人民法院“优秀裁判文书奖”

交城县

先进个人：

交城县人民法院义望人民法庭庭长张明顺被山西省高级人民法院授予“全省法院民事审判调解工作先进个人”称号

忻州市

忻州市中级人民法院

先进集体：

1. 忻州市中级人民法院民一庭被山西省高级人民法院授予“民事审判调解工作先进集体”

2. 民二庭党小组被忻州中院机关党委评为“优秀党小组”

先进个人：

1. 孙建新、田青苗、樊永生、王茂田、张亮、张效良被忻州中院机关党委评为“2012年度优秀共产党员”称号

2. 吕建文在全市创先争优活动中被市委评为优秀党员

3. 张剑平、梁晓峰、王婵英、潘爱萍、张亮王旭

瑞、张效良被忻州中院评为“2012 年度先进工作者”称号

4. 樊永生、梁晓峰、连林梅、冯慧波被山西高院授予“全省民事审判调解工作先进个人”称号

5. 吕建文被忻州中院荣记“三等功”一次

朔州市

朔州市中级人民法院

先进集体:

1. 民一庭被中共朔州市委、朔州市人民政府评为“全市政法工作先进集体”、“妇女维权先进集体”、被朔州市中级人民法院评为“先进集体”、“先进基层党组织”等荣誉称号

2. 民三庭被朔州市人民法院授予“先进集体”荣誉称号

先进个人:

1. 郭振义获得全省法院文书评选二等奖、被山西省劳动竞赛委员会记二等功

2. 殷莉被朔州市中级人民法院授予“先进个人”、“党员五个带头”的称号

3. 郭洪福被山西省高级人民授予“全省法院调解先进个人”、被朔州市中级人民法院授予“全市法院调解能手”、被朔州市中级人民法院记三等功

4. 齐海燕被朔州市中级人民法院授予“先进个人”的称号

5. 刘英被山西省高级人民法院授予“全省优秀法官”、被朔州市中级人民法院记二等功

6. 张平被朔州市中级人民法院授予“先进个人”的称号

下属各区县人民法院

怀仁县

先进集体:

怀仁县人民法院被最高人民法院评为“诉讼与非诉讼相衔接的纠纷解决机制改革的试点法院”、山西省高级人民法院“民事审判调解工作标兵单位“、被朔州市中级人民法院评为“全市法院民事调解工作的先进法院”

先进个人:

杨宝春被山西省高级人民法院评为“民事审判调解工作先进个人”

平鲁区

先进个人:

1. 赵第东北山西省高级人民法院评为“民事审判调解能手”并记二等功。被朔州市中级人民法院评为“全市法院民事审判调解能手”

2. 巩文军被最高人民法院评为“全国优秀法官”

右玉县

先进集体:

民二庭被右玉县委、县政府评为“先进集体”

先进个人:

杨月清被朔州市中级人民法院评为“先进个人”并记三等功、被朔州市中级人民法院评为“民事调解能手”并记三等功、被山西省高级人民法院评为“先进调解能手”

应县

先进集体:

民事审判一庭被朔州中级人民法院评为“全市法院先进集体”

先进个人:

苏子峰被山西省高级人民法院评为“民事审判工作调解能手”并记二等功、被朔州市中级人民法院记三等功

山阴县

先进集体:

民一庭被山阴县委、县政府评为“全县政法工作先进集体”

先进个人:

1. 郝玉月被朔州市中级人民法院评为“先进个人”

2. 陈晓龙被山阴县政府评为“全县先进个人”

3. 张兴录被山阴县政府评为“全县先进个人”

朔城区

先进集体:

1. 朔城区人民法院被朔州市中级人民法院评为“全市法院民事调解先进法院”

2. 开发区人民法庭被山西省高级人民法院、共青团省委授予“全省法院青年文明法庭”

3. 神电中心人民法庭被省高院授予“民事调解工作先进集体”、被朔城区人民法院评为“先进集体”

4. 下团堡人民法庭被朔城区人民法院评为“先进集体”

先进个人:

1. 孟刚被山西省高级人民法院授予“民事审判调解能手”并记二等功、被朔州市中级人民法院评为“民事调解能手”并记二等功

2. 孔庆艳被山西省高级人民法院评为“全省优秀法官”

3. 郭玉龙被朔州市中级人民法院授予“先进个人”并记二等功

内蒙古自治区法院2012年受表彰的民事审判工作先进集体和先进个人

内蒙古自治区高级人民法院

先进集体：

民一庭被内蒙古自治区高级人民法院授予清理积案突出贡献奖

先进个人：

孙晓磊获得内蒙古自治区高级人民法院2012年先进工作者称号

张国婷获得内蒙古自治区高级人民法院2012年先进工作者称号

王喜荣获得内蒙古自治区高级人民法院2012年先进工作者称号

呼和浩特市

先进集体：

知识产权庭被最高人民法院评为“全国打击侵犯知识产权和制售假冒伪劣商品专项行动”先进集体

先进个人：

胡雪莹被最高人民法院授予“全国打击侵犯知识产权和制售假冒伪劣商品专项行动”先进个人

马学英被内蒙古自治区高级人民法院授予“办案标兵”

呼和浩特铁路运输中级法院

先进集体：

民事审判庭被内蒙古自治区高级人民法院评为全区法院先进集体

先进个人：

张璐被内蒙古自治区高级人民法院授予全区法院政法干警核心价值观暨社会主义法治理念知识竞赛优秀选手荣誉称号，同时，被呼和浩特铁路运输中级法院记三等功

通辽市

通辽市中级人民法院

先进集体：

民事审判一庭被通辽市中级人民法院授予2012年度先进集体称号

刘娟被内蒙古自治区高级人民法院授予全区优秀法官称号

锡林郭勒盟

先进集体：

民一庭在锡林郭勒盟中级人民法院2012年度目标管理考核中被评为二等奖

先进个人：

杨树平获得锡林郭勒盟中级人民法院2012年度先进工作者称号

朝勒获得锡林郭勒盟中级人民法院2012年度先进工作者称号

景超获得锡林郭勒盟中级人民法院2012年度先进工作者称号

乌兰察布市

先进个人：

周原被内蒙古自治区高级人民法院授予全区优秀法官称号

巴彦淖尔市

先进集体：

民事审判第二庭被内蒙古自治区高级人民法院授予全区法院先进集体称号

先进个人：

杜彬被内蒙古自治区高级人民法院授予全区法院办案标兵称号

鄂尔多斯市

先进集体：

民事审判第二庭被鄂尔多斯市中级人民法院授予先进集体称号

民事审判第三庭被鄂尔多斯市中级人民法院授

予全市法院先进集体称号

民事审判第二庭被鄂尔多斯市中级人民法院记集体三等功

先进个人:

韩绎玄被鄂尔多斯市中级人民法院授予先进工作者称号

魏敬乾被鄂尔多斯市中级人民法院授予先进工作者称号

苗繁盛被鄂尔多斯市中级人民法院授予先进工作者称号

张玉平被鄂尔多斯市中级人民法院授予先进工作者称号

图雅被鄂尔多斯市中级人民法院授予先进工作者称号

黄图雅被鄂尔多斯市中级人民法院授予全市法院办案标兵称号

罗月新被鄂尔多斯市中级人民法院授予全市法院办案标兵称号

程伟被鄂尔多斯市中级人民法院授予全市优秀法官称号

下属各区县人民法院

东胜区

先进集体:

民事审判第一庭被鄂尔多斯市中级人民法院授予全市法院先进集体称号

民事审判第二庭被鄂尔多斯市中级人民法院记集体三等功

先进个人:

王辉东鄂尔多斯市中级人民法院授予全市法院办案标兵称号

乌审旗

先进集体:

民事审判第三庭被鄂尔多斯市中级人民法院授予全市法院先进集体称号

先进个人:

杨平鄂尔多斯市中级人民法院授予全市法院办案标兵称号

其其格鄂尔多斯市中级人民法院授予全市法院办案标兵称号

达拉特旗

先进个人:

高白玲鄂尔多斯市中级人民法院授予全市法院办案标兵称号

杭锦旗

先进个人:

齐富在鄂尔多斯市中级人民法院授予全市法院办案标兵称号

鄂托克前旗

先进个人:

边子仙鄂尔多斯市中级人民法院授予全市法院办案标兵称号

伊金霍洛旗

先进集体:

民事审判第一庭被鄂尔多斯市中级人民法院授予全市法院先进集体称号

乌海市

乌海市中级人民法院

先进个人:

刘原被乌海市中级人民法院授予先进个人称号

田浩被乌海市中级人民法院授予先进个人称号

梁鑫被乌海市中级人民法院授予先进个人称号

下属各区县人民法院

海勃湾区

先进个人:

赵卫被内蒙古自治区高级人民法院授予全区法院先进个人称号

丛军被内蒙古自治区高级人民法院授予全区法院办案标兵称号

乌达区

刘晓东被内蒙古自治区高级人民法院授予全区优秀法官称号

海南区

李刚被内蒙古自治区高级人民法院授予全区法院办案标兵称号

辽宁省法院2012年受表彰的民事审判工作先进集体和先进个人

辽宁省高级人民法院

先进集体：

民一庭　被辽宁省农民工工作联席会议评为2012年度辽宁省农民工工作先进集体

民一庭　杨群英、王隽、赵碧涛合议庭报送的庭审被评为"全省法院优秀庭审"

先进个人：

杨群英　被辽宁省高级人民法院授予办案标兵称号并记个人二等功

唐学峰　被辽宁省高级人民法院记个人三等功

王　隽　被辽宁省高级人民法院记个人三等功

王维鑫　被辽宁省高级人民法院给予嘉奖

下列人员被辽宁省高级人民法院授予"四无"法官称号并给予嘉奖：

王玉砚、胡光甲、唐学峰、孙维良、黄立君、潘志斌、郭玉兰、刘　军、杨群英、许建时、张宝华、赵碧涛、唐云涛、赵士群

沈阳市中级人民法院

先进集体：

民二庭　被沈阳市中级人民法院记集体三等功

民三庭　被沈阳市中级人民法院给予集体嘉奖

先进个人：

周廷昌　被沈阳市中级人民法院记个人三等功

田依立　被沈阳市中级人民法院授予"优秀法官"称号

阎俊兰　被沈阳市中级人民法院授予"优秀法官"称号

年芳芳　被沈阳市中级人民法院授予"优秀法官"称号

刘青山　被沈阳市中级人民法院给予个人嘉奖

戴春荣　被沈阳市中级人民法院给予个人嘉奖

李　航　被沈阳市中级人民法院给予个人嘉奖

王　莹　被沈阳市中级人民法院给予个人嘉奖

杨慧云　被沈阳市中级人民法院给予个人嘉奖

范红岩　被沈阳市中级人民法院给予个人嘉奖

下属各区县人民法院

先进集体：

民一庭　被皇姑区人民法院授予"先进集体"称号

先进个人：

周廷昌　被皇姑区人民法院授予创先争优先锋人物称号

铁岭市中级法院

先进集体：

民三庭　被辽宁省高级人民法院授予"万名法官走基层先进集体"称号

先进个人：

王贵林　被辽宁省高级人民法院授予"全国法院信息化先进个人"称号

姜　军　被辽宁省高级人民法院授予"调解年先进个人"称号

王建鹏　被辽宁省高级人民法院授予"万名法官走基层先进个人"称号

下属各区县人民法院县区法院

先进个人：

昌图县法院三江口法庭庭长李晓龙，获全国总工会颁发的"全国五一劳动奖章"

开原市法院纪广宇，被辽宁省高级人民法院授予"省法院系统调解先进个人"

西丰县法院翁宪章，被辽宁省高级人民法院授予"省法院系统调解先进个人"

葫芦岛市中级人民法院

先进集体：

葫芦岛市中级人民法院　被辽宁省高级人民法评选为全省法院涉诉信访工作先进集体

先进个人：

曹宝泉　被葫芦岛市中级人民法院记个人二等功

孔凡义　被葫芦岛市中级人民法院记个人二等功

边玉臣　被葫芦岛市中级人民法院记个人三等功

王瑞英　被辽宁省高级人民法评选为全省优秀法官

下属各区县人民法院县区法院

先进集体：

龙港法院　被辽宁省高级人民法评选为全省优秀法院

建昌法院　被葫芦岛市中级人民法院评选为四无竞赛活动先进单位

建昌法院大屯法庭　被辽宁省高级人民法评选为全省优秀人民法庭

兴城法院东辛庄法庭　被辽宁省高级人民法评选为全省优秀人民法庭

先进个人:

李　林　被辽宁省高级人民法评选为全省法院办案标兵

辽河中级人民法院

先进集体:

民一庭　被辽河石油勘探局授予"先进集体"称号

先进个人:

王冬梅　被辽河中级人民法院记个人三等功

裴　舟　被辽河中级人民法院记个人三等功

李旭彪　获得辽河中级人民法院嘉奖

下属辽河人民法院

先进集体:

曙光人民法庭　被辽宁省高级人民法院评为"调解年"活动先进集体

欢喜岭人民法庭　被辽宁省高级人民法院评为"调解年"活动先进集体

先进个人:

赵建峰　被辽宁省高级人民法院评为"调解年"活动先进个人

罗　红　被辽宁省高级人民法院评为"调解年"活动先进个人

许培民　被辽宁省高级人民法院评为"调解年"活动先进个人

吉林省法院2012年受表彰的民事审判工作先进集体和先进个人

吉林省高级人民法院

先进集体:

民事审判第一庭　被吉林省维护妇女儿童权益协调组授予"优秀妇女儿童维权岗"荣誉称号

先进个人:

1. 王　红　被吉林省高级人民法院记个人三等功
2. 虞大江　被吉林省高级人民法院记个人三等功
3. 吴　梅　被吉林省高级人民法院授予"办案标兵"荣誉称号
4. 陈常志　被吉林省高级人民法院授予"办案标兵"荣誉称号
5. 许家娟　获得吉林省高级人民法院2012年先进个人称号

长春市

长春市中级人民法院

下属各县市区人民法院

朝阳区

先进个人:

罗玉霞　被吉林省高级人民法院记个人二等功

南关区

先进个人:

王　复　被吉林省高级人民法院记个人二等功

宽城区

先进集体:

民事审判第一庭　被吉林省维护妇女儿童权益协调组授予"优秀妇女儿童维权岗"荣誉称号

先进个人:

王　钥　被长春市委政法委授予长春市第一批"政法杰出英才"荣誉称号

李洪武　被长春市中级人民法院记个人三等功

李晓东　被长春市中级人民法院记个人三等功

经济技术开发区

先进个人:

史永举　被长春市中级人民法院记个人三等功

汽车产业开发区

先进个人:

李忠秀　被吉林省高级人民法院记个人二等功

农安县

先进个人:

翟树全　被中央电视台等多家媒体评为全国"年度十大法治人物"特殊贡献奖;被吉林省委吉林省政府授予"公正爱民法官"

荣誉称号；被吉林吉林省高级法院评为“首届吉林省十杰法官”；被中共长春市委评为“创先争优优秀共产党员”

黄　蒙　被长春市中级人民法院记个人三等功

赵泽新　被长春市中级人民法院记个人三等功

吉林市

吉林市中级人民法院

下属各县市区人民法院

船营区

先进集体：

民事审判第一庭　被吉林市中级人民法院记集体三等功

永吉县

先进集体：

岔路河人民法庭　被吉林省高级人民法院记集体二等功

延边朝鲜族自治州

延边朝鲜族自治州中级人民法院

先进集体：

民事审判一庭　被全国妇联授予“全国维护妇女儿童权益先进集体”荣誉称号

民事审判四庭　被中共延边州委政法委员会评委“2012 年度延边政法工作先进集体”；被延边州直机关工作委员会授予“五星级党支部”荣誉称号

先进个人：

太　熹　被延边州中级人民法院记个人三等功；被中共延边州委政法委授予“全州政法工作先进个人”荣誉称号

下属各县市区人民法院

汪清县

先进个人：

朴明烈　被吉林省高级人民法院记个人二等功

安图县

先进集体：

民事审判第一庭　被延边州中级人民法院记集体三等功

二道人民法庭　被延边州中级人民法院记集体三等功

先进个人：

张海波　被吉林省高级人民法院记个人二等功

四平市

四平市中级人民法院

下属各县市区人民法院

公主岭市

先进个人：

马俊娟　被最高人民法院授予“全国法院办案标兵”荣誉称号

尹通满族自治县

先进个人：

计　奎　被吉林省高级人民法院记二等功

通化市

通化市中级人民法院

先进集体：

民事审判第一庭　被吉林省维护妇女儿童权益协调组授予“优秀妇女儿童维权岗”荣誉称号；被通化市中级人民法院授予集体三等功；被中共通化市委授予“平安建设先进基层单位”、“党建先进集体”荣誉称号

民事审判第二庭　被吉林省高级人民法院授予“优秀党建单位”荣誉称号；被吉林省高级人民法院记集体二等功

先进个人：

杜康君　被吉林省高级人民法院记个人二等功

孙海波　被吉林省高级人民法院授予“人民满意公务员”称号；被吉林省高级人民法院授予“优秀党务工作者”称号

下属各县市区人民法院

东昌区

先进集体：

江东人民法庭　被通化市中级人民法院记集体三等功

先进个人：

崔明华　被通化市中级人民法院记个人三等功

梅河口市

先进个人：

张大勋　被吉林省高级人民法院授予“全省法院十杰法官”荣誉称号

郭海莹　被最高人民法院授予全国法院系统优秀裁判文书作者;被通化市中级人民法院记个人三等功

通化县

先进个人:

吴敬波　被通化市中级人民法院记个人三等功

辽源市

辽源市中级人民法院

先进集体:

民事审判第一庭　被辽源市中级人民法院授予"调解先进集体标兵"荣誉称号;被辽源市中级法院记集体三等功

先进个人:

陈传东　被辽源市中级人民法院记三等功

肖海波　被辽源市中级人民法院记三等功

下属各县市区人民法院

龙山区

先进集体:

民事审判第一庭　被辽源市中级法院记集体三等功

民事审判第二庭　被辽源市中级法院记集体三等功

先进个人:

沙天远　被辽源市中级法院记个人三等功

李长生　被辽源市中级法院记个人三等功

西安区

先进集体:

民事审判第二庭　被辽源市中级法院记集体三等功

灯塔人民法庭　被辽源市中级法院授予"先进集体标兵"荣誉称号

西安人民法庭　被辽源市中级法院记集体三等功

先进个人:

李志坤　被辽源市中级法院记个人三等功

东丰县

先进集体:

城郊人民法庭　被辽源市中级法院记集体三等功

先进个人:

陈亚荣　被辽源市中级法院记三等功

朱晓艳　被辽源市中级法院记三等功

东辽县

先进集体:

白泉人民法庭　被辽源市中级法院记集体三等功

先进个人:

王芝第　被辽源市中级法院记个人三等功

刘　军　被辽源市中级法院记个人三等功

白城市

白城市中级人民法院

下属各县市区人民法院

洮南市

先进个人:

崔伟东　被吉林省高级人民法院记个人二等功

松原市

松原市中级人民法院

下属各县市区人民法院

宁江区

先进个人:

杨　静　被最高人民法院授予"全国办案标兵"荣誉称号

前郭尔罗斯蒙古族自治县

先进个人:

白长荣　被吉林省高级人民法院记个人二等功

白山市

白山市中级人民法院

先进个人:

李晓伟　被吉林省高级人民法院记个人二等功

王淑艳　被吉林省高级人民法院记个人二等功

黑龙江省法院2012年受表彰的民事审判工作先进集体和先进个人

黑龙江省高级人民法院

先进集体：

民一庭综合组被黑龙江省高级人民法院授予先进科组称号

先进个人：

1. 王洋被黑龙江省高级人民法院记个人三等功

2. 张静姝被黑龙江省高级人民法院授予院机关“办案标兵”称号

3. 王剑被黑龙江省高级人民法院授予院机关“办案标兵”称号

哈尔滨市

哈尔滨市中级人民法院

先进集体：

民一庭被黑龙江省老龄委、黑龙江省高级人民法院、黑龙江省公安厅、黑龙江省司法厅授予全省老年维权示范岗

先进个人：

1. 刘晖被中共哈尔滨市委、哈尔滨市人民政府授予全市政法干警核心价值观教育实践活动先进个人称号

2. 端木繁辉被黑龙江省高级人民法院授予调解能手称号

3. 端木繁辉被哈尔滨市人民政府嘉奖

4. 端木繁辉被哈尔滨市中级人民法院记个人三等功

5. 端木繁辉被黑龙江省人民政府授予维护老年人合法权益先进个人称号

6. 周力平被哈尔滨市中级人民法院授予先进个人称号

7. 刘松涛被哈尔滨市中级人民法院授予先进个人称号

8. 冯媞被哈尔滨市中级人民法院授予先进个人称号

9. 郑兴华被哈尔滨市中级人民法院授予先进个人称号

10. 满丽霞被哈尔滨市中级人民法院授予先进个人称号

黑河市

黑河市中级人民法院

先进集体：

民一庭被黑河市中级人民法院记集体三等功

先进个人：

1. 付艳被黑龙江省妇联授予“维护妇女儿童合法权益先进个人”称号

2. 于卫平被黑龙江省高级人民法院授予“全省法院优秀法官”称号

3. 代柳怡被黑河市妇联授予“巾帼建功活动标兵”称号

鹤岗市

鹤岗市中级人民法院

先进个人：

1. 李德厚被中共鹤岗市委政法委授予“全市政法系统先进个人”荣誉称号

2. 李德厚被黑龙江省高级人民法院授予“全省法院系统优秀党员干警”荣誉称号

3. 高红娟被黑龙江省妇女联合会授予“黑龙江省维护妇女儿童权益十佳法官”荣誉称号

下属各区县人民法院

南山区

潘英华被最高人民法院授予“全国优秀法官”荣誉称号

佳木斯市

佳木斯市中级人民法院

先进集体：

民一庭被佳木斯市中级人民法院授予“2012年先进庭科”称号

先进个人：

王刚被最高人民法院授予“全国优秀法官”称号

下属各区县人民法院

抚远县

先进个人:

1. 王忠升被黑龙江省高级人民法院授予"全省老年维权工作先进个人"称号

2. 庞鑫宇被黑龙江省高级人民法院授予"全省法院调解能手"称号

双鸭山市

双鸭山市中级人民法院

先进集体:

民一庭被双鸭山市委政法委授予"2011～2012年度全市政法系统先进集体"称号

下属各区县人民法院

尖山区

先进个人:

1. 刘君被双鸭山市中级人民法院授予"优秀审判员"称号

2. 田佳莹被双鸭山市中级人民法院授予"优秀审判员"称号

四方台区

先进个人:

许占林被双鸭山市中级人民法院授予"优秀审判员"称号

宝山区

先进个人:

柴中华被黑龙江省高级人民法院记个人三等功

宝清县

先进个人:

1. 刘希刚被黑龙江省高级人民法院记个人三等功

2. 甄大伟被双鸭山市中级人民法院授予"优秀审判员"称号

3. 高秀梅被双鸭山市中级人民法院授予"优秀审判员"称号

4. 白春生被双鸭山市中级人民法院授予"优秀审判员"称号

集贤县

先进个人:

翟世进被双鸭山市中级人民法院授予"优秀审判员"称号

友谊县

先进集体:

友谊县人民法院被双鸭山市中级人民法院授予"先进集体"称号

先进个人:

张仁海被双鸭山市中级人民法院授予"优秀审判员"称号

饶河县

先进集体:

饶河县人民法院被双鸭山市中级人民法院授予"先进集体"称号

七台河市

七台河市中级人民法院

先进个人:

1. 石军被黑龙江省高级人民法院授予"全省法院办案标兵"称号

2. 潘伟被黑龙江省高级人民法院授予"全省法院调解能手"称号

3. 董树全被黑龙江省高级人民法院授予"全省法院办案标兵"称号

牡丹江市

牡丹江市中级人民法院

先进个人:

1. 姚波被黑龙江省高级人民法院授予"全省法院优秀共产党员"称号

2. 姚波被牡丹江市人民政府授予"牡丹江市五一劳动奖章"

3. 姚波被黑龙江省高级人民法院授予"2012年度涉诉信访先进个人"称号

4. 周晓光被牡丹江市政法委授予"牡丹江市政法系统十佳公正执法干警"称号

5. 周晓光被黑龙江省高级人民法院授予"2012年度全省法院办案标兵"称号

下辖各区县人民法院

东安区

先进个人:

许永被黑龙江省政法委授予"全省政法系统先进个人"称号

绥芬河市

1. 姜广峰被黑龙江省高级人民法院授予"2012年获全省法院办案标兵"称号

2. 姜广峰获得"2010～2012年度绥芬河市劳动模范"称号

3. 杨家宝获得"2012年度绥芬河市政法工作先

进个人”称号

大兴安岭地区

大兴安岭地区中级人民法院

先进集体：

1. 民一庭被中共大兴安岭地委政法委员会、大兴安岭地区行署人力资源和社会保障局授予“2011年度大兴安岭地区政法战线先进集体”称号

2. 民一庭被大兴安岭地区中级人民法院评为“2011年度先进庭室”

3. 民一庭被大兴安岭地区中级人民法院记集体三等功

先进个人：

1. 张甲平被黑龙江省高级人民法院授予2012年度全省法院“调解能手”称号

2. 张甲平、谢显才、郭志川组成的合议庭被授予“全国法院优秀庭审”

农垦

黑龙江省农垦中级法院

先进集体：

1. 民一庭被黑龙江省高级人民法院授予“全省老年维权示范岗”称号

2. 民一庭被黑龙江省农垦中级法院授予“先进庭室”称号

先进个人：

1. 李波被农垦总局授予“优秀公务员”称号

2. 李波被农垦中级法院授予“三年发展规划先进个人”称号

3. 苏倡被中共黑龙江省委政法委授予“先进个人”称号

4. 苏倡被黑龙江省高级人民法院记个人三等功

下辖各区县人民法院

宝泉岭

先进个人：

姜波被黑龙江省高级人民法院授予“优秀共产党员”称号

红兴隆

先进个人：

刘丹同志被黑龙江省妇联授予维护妇女儿童权益十佳法官

林　区

黑龙江省林区中级人民法院

先进个人：

1. 刘春被黑龙江省林区中级人民法院授予2012年度全省林区法院系统“办案标兵”称号

2. 董春香被黑龙江省林区中级人民法院授予2012年度全省林区法院“调解能手”称号

3. 董春香被黑龙江省高级人民法院授予全省法院“调解能手”称号

下辖各区县人民法院

清河林区

刘磊被黑龙江省林区中级人民法院授予2012年度全省林区法院系统“办案标兵”称号

双鸭山林区

颜勇被黑龙江省林区中级人民法院授予2012年度全省林区法院系统“办案标兵”称号

沾河林区

姜秋杰被黑龙江省林区中级人民法院授予2012年度全省林区法院系统“办案标兵”称号

迎春林区

1. 李忠被黑龙江省林区中级人民法院授予2012年度全省林区法院系统“调解能手”称号

2. 李忠被黑龙江省高级人民法院授予全省法院“调解能手”称号

东方红林区

1. 王金锋被黑龙江省林区中级人民法院授予2012年度全省林区法院系统“调解能手”称号

2. 王金锋被黑龙江省高级人民法院授予全省法院“调解能手”称号

苇河林区

1. 孙兰晶被黑龙江省林区中级人民法院授予2012年度全省林区法院系统“调解能手”称号

2. 李云荣被黑龙江省高级人民法院授予“全省法院系统优秀党员干警”称号

柴河林区

王成利被黑龙江省林区中级人民法院授予2012年度全省林区法院系统“调解能手”称号

绥阳林区

王加民被黑龙江省林区中级人民法院授予2012年度全省林区法院系统“调解能手”称号

亚布力林区

1. 陈延伟被黑龙江省林区中级人民法院授予2012年度全省林区法院系统“调解能手”称号

2. 陈延伟被黑龙江省高级人民法院记个人一等功

海林林区

陈天龙被黑龙江省林区中级人民法院授予2012年度全省林区法院系统“调解能手”称号

绥棱林区

辛忠海被黑龙江省林区中级人民法院授予2012年度全省林区法院系统“调解能手”称号

山河屯林区

李树峰被黑龙江省林区中级人民法院授予2012

年度全省林区法院系统"调解能手"称号

桦南林区

王振武被黑龙江省林区中级人民法院授予2012年度全省林区法院系统"调解能手"称号

兴隆林区

柴军被黑龙江省林区中级人民法院授予2012年度全省林区法院系统"调解能手"称号

鹤北林区

1. 金玉龙被黑龙江省林区中级人民法院授予2012年度全省林区法院系统"调解能手"称号

2. 张成江荣获全省森工系统第四届"森工优秀青年卫士"称号

方正林区

赵竟明荣获全省森工系统"信访工作优秀信访干部"称号

上海市法院2012年受表彰的民事审判工作先进集体和先进个人

上海市高级人民法院

先进集体:

民一庭　被上海市高级人民法院记三等功

先进个人:

1. 陈雪明　被上海市高级人民法院记二等功
2. 张心全　被上海市高级人民法院记三等功

上海市第一中级人民法院

先进集体:

民一庭　被上海市高级人民法院记一等功

民二庭庞闻淙合议庭　被上海市高级人民法院记一等功

民三庭蒋克勤合议庭　被上海市高级人民法院记二等功

先进个人:

1. 黄　蓓　被上海市高级人民法院记二等功
2. 王剑平　被上海市高级人民法院授予优秀法官称号

上海市第二中级人民法院

先进集体:

民二庭卢薇薇合议庭　被上海市高级人民法院记一等功

民三庭竺常赟合议庭　被上海市高级人民法院记二等功

民一庭高中伟合议庭　被上海市高级人民法院记三等功

先进个人:

1. 乔蓓华　被最高人民法院授予"全国办案标兵"称号,被上海市高级人民法院记一等功,被上海市妇联授予"上海市三八红旗手"称号
2. 卢薇薇　被上海市高级人民法院授予优秀法官称号
3. 赵　俊　被上海市高级人民法院记三等功
4. 张　松　被上海市高级人民法院记二等功
5. 虞恒龄　被上海市高级人民法院记三等功

上海市浦东新区人民法院

先进集体:

陆家嘴法庭　被上海市高级人民法院记一等功

民一庭　被上海市高级人民法院记二等功

周浦法庭　被上海市高级人民法院记三等功

先进个人:

1. 史一峰　被最高人民法院授予全国法院办案标兵称号
2. 俞　波　被上海市高级人民法院记一等功
3. 傅胤胤　被上海市高级人民法院记二等功
4. 张卓郁　被上海市高级人民法院记二等功
5. 童　蕾　被上海市高级人民法院记三等功
6. 姚学勇　被上海市高级人民法院记三等功
7. 冯　静　被上海市高级人民法院记三等功
8. 韩　伶　被上海市高级人民法院记三等功
9. 沈永妍　被上海市高级人民法院记三等功
10. 孙　杨　被上海市高级人民法院记三等功
11. 谢辉东　被上海市高级人民法院记三等功

上海市徐汇区人民法院

先进集体:

诉调对接中心　被上海市高级人民法院记一等功

民一庭　被上海市高级人民法院记三等功

先进个人:

1. 王仪蔚　被上海市高级人民法院记二等功

2. 金　毅　被上海市高级人民法院记三等功
3. 胡　艳　被上海市高级人民法院记三等功
4. 汪海燕　被上海市高级人民法院记三等功

上海市闵行区人民法院

先进集体：

民事审判第一庭　被上海市高级人民法院记一等功

颛桥法庭　被上海市高级人民法院记二等功

先进个人：

1. 彭雄辉　被上海市高级人民法院记一等功
2. 何　刚　被上海市高级人民法院记三等功
3. 陈春芳　被上海市高级人民法院记三等功
4. 乔财权　被上海市高级人民法院记三等功

上海市长宁区人民法院

先进集体：

诉调对接中心　被上海市高级人民法院记二等功

诉调对接中心　被共青团上海市委员会、上海市人力资源和社会保障局、上海市公务员局授予“上海市青年五四奖章(集体)”

先进个人：

1. 胡培莉　被上海市高级人民法院记二等功
2. 叶其成　被上海市高级人民法院记三等功
3. 陆长庆　被上海市高级人民法院记三等功

上海市闸北区人民法院

先进集体：

民三庭　被上海市高级人民法院记二等功

民一庭　被上海市高级人民法院记三等功

先进个人：

1. 金　晶　被上海市高级人民法院记二等功
2. 朱一心　被上海市高级人民法院记三等功
3. 王登戈　被上海市高级人民法院记三等功

上海市金山区人民法院

先进集体：

朱泾法庭　被上海市高级人民法院记二等功

先进个人：

1. 董永强　被上海市高级人民法院记二等功
2. 褚红梅　被上海市高级人民法院记二等功
3. 陈宝勇　被上海市高级人民法院记三等功

上海市普陀区人民法院

先进集体：

民一庭　被上海市高级人民法院记二等功

先进个人：

1. 吴大成　被上海市高级人民法院记二等功
2. 俞建平　被上海市高级人民法院记二等功
3. 袁　澍　被上海市高级人民法院记三等功
4. 董庆波　被上海市高级人民法院记三等功

上海市嘉定区人民法院

先进集体：

南翔法庭　被上海市高级人民法院记二等功

先进个人：

1. 江爱国　被上海市高级人民法院记二等功
2. 肖美华　被上海市高级人民法院记三等功
3. 庄羽凤　被上海市高级人民法院记三等功
4. 周逸敏　被上海市高级人民法院记三等功
5. 吴红兰　被上海市高级人民法院记三等功
6. 邹　敏　被上海市高级人民法院记三等功

上海市宝山区人民法院

先进集体：

民三庭　被上海市高级人民法院记二等功

先进个人：

1. 周余三　被上海市高级人民法院记三等功
2. 金敏浩　被上海市高级人民法院记三等功
3. 施丽妍　被上海市高级人民法院记三等功
4. 顾华忠　被上海市高级人民法院记三等功
5. 郎文艳　被上海市高级人民法院记三等功

上海市青浦区人民法院

先进集体：

朱家角法庭　被上海市高级人民法院记二等功

民四庭　被上海市妇联授予上海市三八红旗集体称号

被上海市高级人民法院记三等功

先进个人：

1. 刘　静　被上海市高级人民法院记二等功
2. 徐冬梅　被上海市高级人民法院记三等功
3. 周惠平　被上海市高级人民法院记三等功
4. 王　滢　被上海市高级人民法院记三等功
5. 王美芳　被上海市高级人民法院记三等功

上海市崇明县人民法院

先进集体：

长兴法庭　被上海市高级人民法院记二等功

先进个人：

1. 董　晔　被上海市高级人民法院记二等功
2. 范雄凯　被上海市高级人民法院记三等功
3. 周　健　被上海市高级人民法院记三等功
4. 赵国华　被上海市高级人民法院记三等功

上海市松江区人民法院

先进集体：

泗泾法庭　被上海市高级人民法院记一等功

民一庭　被上海市高级人民法院记三等功

被上海市妇联授予“上海市巾帼文明

岗”称号

先进个人:

1. 徐晓枫　被上海市高级人民法院记二等功

2. 张　利　被上海市高级人民法院记二等功

3. 姚伟勇　被上海市高级人民法院记三等功

4. 洪　飞　被上海市高级人民法院记三等功

5. 陈建英　被上海市高级人民法院记三等功

上海市静安区人民法院

先进集体:

民一庭　被上海市高级人民法院记三等功

民三庭　被上海市妇女联合会授予“上海市巾帼文明岗”称号

民三庭　被上海市老年人法律服务中心、上海市法律援助中心等授予“上海市敬老模范单位”称号

先进个人:

1. 李　彦　被上海市高级人民法院记三等功

2. 桑　斐　被上海市高级人民法院记三等功

3. 姚晓菁　被上海市老年人法律服务中心、上海市法律援助中心等授予“上海市老年维权先进个人”称号

4. 刘　薏　被上海市妇女联合会、上海市人力资源和社会保障局授予“上海市三八红旗手”称号

上海市奉贤区人民法院

先进个人:

1. 夏丹凤　被上海市高级人民法院记二等功

2. 张晓燕　被上海市高级人民法院记三等功

3. 管继余　被上海市高级人民法院记三等功

上海市黄浦区人民法院

先进个人:

1. 刘　军　被上海市高级人民法院记二等功

2. 许　慧　被上海市高级人民法院记三等功

3. 钱伟侠　被上海市高级人民法院记三等功

4. 黄　啸　被上海市高级人民法院记三等功

上海市杨浦区人民法院

先进个人:

1. 周　萍　被上海市高级人民法院记二等功

2. 黄　伟　被上海市高级人民法院记三等功

上海市虹口区人民法院

先进个人:

1. 周　伟　被上海市高级人民法院记三等功

2. 牛新虹　被上海市高级人民法院记三等功

上海市嘉定区人民法院

先进集体:

南翔法庭　被上海市高级人民法院记二等功

先进个人:

1. 江爱国　被上海市高级人民法院记二等功

2. 肖美华　被上海市高级人民法院记三等功

3. 庄羽凤　被上海市高级人民法院记三等功

4. 周逸敏　被上海市高级人民法院记三等功

5. 吴红兰　被上海市高级人民法院记三等功

6. 诸建英　被上海市高级人民法院记三等功

7. 邹　敏　被上海市高级人民法院记三等功

江苏省法院2012年
受表彰的民事审判工作先进集体和先进个人

江苏省高级人民法院

先进集体:

民一庭　被江苏省高级人民法院授予先进集体称号

被江苏省高级人民法院授予“化解涉诉进京访工作先进集体”

先进个人:

1. 夏正芳　被江苏省高级人民法院评为优秀公务员

2. 王政勇　被江苏省高级人民法院评为先进工作者

3. 李亚林　被江苏省高级人民法院评为先进工作者

4. 杨晓蓉　被江苏省高级人民法院评为优秀公务员

5. 张晓岚　被江苏省高级人民法院评为2012年度办案标兵一等奖

6. 葛晓明　被江苏省高级人民法院评为2012年度办案标兵三等奖

7. 王　欣　被江苏省高级人民法院评为2012年度办案标兵二等奖

8. 高　洪　被江苏省高级人民法院评为优秀公

务员

9. 潘军锋　被江苏省高级人民法院评为先进工作者

10. 薛爱娟　被江苏省高级人民法院评为优秀公务员
被江苏省高级人民法院记个人三等功
被江苏省高级人民法院评为调解能手

11. 陈　丽　被江苏省高级人民法院评为先进工作者

12. 张丽华　被江苏省高级人民法院评为先进工作者

13. 施建红　被江苏省高级人民法院评为优秀公务员

14. 杭　涛　被江苏省高级人民法院评为2012年度办案标兵二等奖

15. 杨　雷　被江苏省高级人民法院评为2012年度办案标兵二等奖

16. 侍　婧　被江苏省高级人民法院评为先进工作者

17. 吴晓玲　被江苏省高级人民法院评为优秀公务员
被江苏省高级人民法院授予“涉诉矛盾纠纷化解工作先进个人”

18. 刘海平　被江苏省高级人民法院评为2012年度办案标兵二等奖

19. 陈　皓　被江苏省高级人民法院评为优秀公务员

20. 王　锴　被江苏省高级人民法院评为先进工作者

21. 王婷婷　被江苏省高级人民法院评为2012年度书记员标兵

22. 戚亦萍　被江苏省高级人民法院评为2012年度书记员标兵

23. 徐　璩　被江苏省高级人民法院评为2012年度学习标兵

南京市

南京市中级人民法院

先进集体：

1. 民一庭　被南京市中级人民法院授予“2012年度绩效进步集体”

2. 民五庭　被南京市中级人民法院授予“2012年度绩效进步集体”

先进个人：

1. 王剑飞　被南京市中级人民法院荣记2012年度个人三等功

2. 赵珺珉　被江苏省高级人民法院评为2012年度全省调解能手

3. 汤　雷　被江苏省高级人民法院评为全省先进个人

4. 杨　文　被南京市中级人民法院荣记个人三等功

5. 李飞鸽　被南京市中级人民法院评为优秀法官

6. 孙　军　被江苏省高级人民法院荣记个人二等功

下属各区县法院

建邺区

先进集体：

南湖法庭　被南京市中级人民法院荣记集体三等功

先进个人：

1. 张革联　被南京市中级人民法院荣记2012年度个人三等功

2. 陶道荣　被南京市中级人民法院荣记2012年度个人三等功

3. 徐年美　被江苏省高级人民法院评为2012年度全省优秀法官

玄武区

先进个人：

查宣东　被南京市中级人民法院评为2012年度全市优秀法官

鼓楼区

先进个人：

嵇　娟　被南京市中级人民法院评为2012年度全市优秀法官

下关区

先进集体：

民三庭　被南京市中级人民法院荣记集体三等功

秦淮区

先进个人：

高宏伟　被南京市中级人民法院评为2012年度全市优秀法官

浦口区

先进个人：

1. 何　明　被江苏省高级人民法院评为2012年度全省办案标兵
被南京市中级人民法院评为2012

年度全市优秀法官

2. 陈　飚　被南京市中级人民法院荣记2012年度个人三等功

3. 徐小虎　被南京市中级人民法院荣记2012年度个人三等功

六合区

先进个人:

王　丽　被南京市中级人民法院评为2012年度全市优秀法官

无锡市

无锡市中级人民法院

先进集体:

民一庭　被江苏省高级人民法院"授予2010~2011年度指导人民法庭工作先进单位"

被江苏省高级人民法院记集体三等功

被无锡市妇女联合会授予"无锡市维护妇女权益示范岗"

先进个人:

1. 薛　崴　被江苏省高级人民法院评为"调解能手"

2. 潘志江　被无锡市中级人民法院记个人三等功

3. 任　华　被无锡市中级人民法院评为审判能手

4. 潘华明　被无锡市中级人民法院评为读书调研(信息宣传)能手

被无锡市法学会评为2007~2012年度无锡市优秀法学研究工作者

5. 刘晓伟　被无锡市中级人民法院评为调解能手

6. 吕杰明　被无锡市中级人民法院评为疑难复杂矛盾化解能手

7. 林中辉　被无锡市中级人民法院评为司法服务标兵

8. 景　鑫　被无锡市法学会评为2007~2012年度无锡市优秀法学研究工作者

下属各区县法院

南长区

先进集体:

民一庭　被江苏省高级人民法院授予"全省法院廉洁司法示范庭"

被无锡市中级人民法院授予"优质绩效奖"

被共青团无锡市委授予"青年文明号创先争优行动先进集体"

先进个人:

倪天石　被无锡市中级人民法院记个人三等功

江阴市

先进集体:

1. 滨江法庭　被江阴市委深入开展创先争优活动领导小组授予"江阴市百佳创先争优责任先锋区"

被无锡市市政府纠正行业不正之风办公室授予"无锡市人民满意基层站所"

2. 长泾法庭　被共青团无锡市委员会无锡市社会综合治理委员会办公室授予"优秀青少年维权岗"

3. 青阳法庭　被江苏省高级人民法院授予"全省司法公开示范法庭"

被江苏省高级人民法院授予"全省规范化管理示范法庭"

先进个人:

1. 张　政　被江苏省高级人民法院评为"2010~2011年度优秀人民法庭庭长"

2. 钱宇穗　被江苏省高级人民法院授予"优秀带教法官"

3. 张　勇　被江苏省委政法委授予"江苏省政法系统公正廉洁执法先进个人"

宜兴市

先进集体:

1. 民一庭　被宜兴市妇女联合会授予"维护妇女儿童权益示范岗"

2. 徐舍法庭　被宜兴市委、市政府授予"宜兴市社会管理综合治理先进集体"

被无锡市中级人民法院记集体三等功

3. 简审庭　被无锡市中级人民法院评为"创新争优"优胜集体、创新创优奖

4. 丁蜀法庭　被无锡市中级人民法院评为"创新争优"优胜集体优质绩效奖

5. 民三庭　被无锡市中级人民法院评为"创新争优"优胜集体:优质绩效奖

6. 张渚法庭　被无锡市人民政府纠风办授予"无锡市人民满意基层站所"

先进个人：

1. 鲁军华　被江苏省高级人民法院评为涉诉矛盾纠纷化解工作先进个人
2. 张　祎　被江苏省高级人民法院评为调解能手
3. 徐燕伟　被江苏省高级人民法院评为全省优秀人民法庭庭长
4. 许贝丽　被宜兴市妇女联合会授予"三八"红旗手称号

惠山区

先进集体：

民一庭　被无锡市中级人民法院授予"优质绩效奖"

被中共江苏省委政法委员会授予"江苏省政法系统公正廉洁执法先进集体"

被江苏省高级人民法院授予"涉诉矛盾纠纷化解工作先进集体"

先进个人：

沈　强　被中共无锡市委、无锡市人民政府授予无锡市"人民满意的公务员"

滨湖区

先进个人：

1. 徐　贞　被无锡市中级人民法院评为全市法院"创先争优"办案能手

   被无锡市中级人民法院记个人二等功
2. 尤曦红　被江苏省妇联、江苏省维护妇女儿童合法权益联席会议暨"平安家庭"创建活动领导小组评为"省婚姻家庭纠纷调解工作先进个人"

开发区

先进个人：

郁卿峰　被江苏省高级人民法院记个人二等功

北塘区

先进个人：

1. 高　鑫　被无锡市中级人民法院记个人三等功

   被江苏省高级人民法院评为全省法院涉诉矛盾纠纷化解工作先进个人
2. 曹　芸　被无锡市中级人民法院记个人三等功

   被无锡市中级人民法院评为年度办案能手

常州市

常州市中级人民法院

先进个人：

1. 裴国伟　被常州市中级人民法院记三等功
2. 印乐佳　被常州市中级人民法院记三等功

下属各区县人民法院

戚墅堰区

先进集体：

民事审判庭　被常州市中级人民法院记集体三等功

先进个人：

黄冬梅　被常州市中级人民法院记三等功

溧阳市

先进个人：

李子默　被江苏省高级人民法院评为全省法院系统先进工作者

武进区

先进个人：

吴中和　被常州市中级人民法院记三等功

新北区

先进个人：

1. 崔明辉　被江苏省高级人民法院记二等功
2. 崔明辉　被江苏省高级人民法院评为全省法院涉诉矛盾纠纷化解工作先进个人
3. 朱志道　被常州市中级人民法院记三等功

天宁区

先进个人：

苍松被常州市中级人民法院记三等功

泰州市

泰州市中级人民法院

先进集体：

民一庭　被江苏省高级人民法院记集体三等功

先进个人：

1. 朱冬霞　被江苏省高级人民法院授予办案标兵称号
2. 王　珏　被泰州市中级人民法院授予办案标兵称号

   被泰州市中级人民法院授予调解能手称号
3. 高继林　被泰州市中级人民法院授予办案标

兵称号

4. 王　梅　被泰州市中级人民法院授予优秀书记员称号

5. 季　萍　被泰州市中级人民法院授予优秀书记员称号

下属各区县人民法院

靖江市

先进个人:

缪培红　被泰州市中级人民法院记个人三等功

泰兴市

先进个人:

戴红星　被泰州市中级人民法院记个人三等功

兴化市

先进个人:

1. 苏胜忠　被江苏省高级人民法院授予调解能手称号
2. 包同英　被泰州市中级人民法院记个人三等功

姜堰市

先进个人:

江学道　被江苏省高级人民法院授予调解能手称号

海陵区

先进个人:

1. 徐文君　被江苏省高级人民法院授予办案标兵称号
2. 李　虹　被泰州市中级人民法院记个人三等功

南通市

南通市中级人民法院

先进个人:

1. 顾晓威　被江苏省高级人民法院授予全省“2011年度优秀法官”称号
2. 王蔚静　被江苏省总工会授予“江苏省五一劳动奖章”
3. 吴亮亮　被南通市中级人民法院记个人三等功
4. 陆炜炜　被南通市中级人民法院授予2012年度全市法院信息工作先进个人称号

   被南通市中级人民法院授予2012年度全市法院重点调研课题二等奖

下属各区县人民法院

海门市

先进集体:

1. 速裁中心　被江苏省高级人民法院授予全省法院涉诉矛盾纠纷化解工作先进集体称号
2. 民一庭　被南通市中级人民法院授予涉诉矛盾纠纷化解工作先进集体称号
3. 四甲法庭　被南通市中级人民法院授予2011年度五星级人民法庭称号
4. 三厂法庭　被南通市妇联授予“南通市巾帼文明岗”称号

   被南通市中级人民法院授予2011年度最佳创新贡献奖称号
5. 工业园区法庭　被南通市中级人民法院授予2011年度最佳创新贡献奖称号

先进个人:

1. 顾洪健　被江苏省高级人民法院授予优秀人民法庭庭长称号
2. 王　坚　被江苏省高级人民法院授予调解能手称号

   被南通市中级人民法院授予调解能手称号
3. 吴晓华　被江苏省高级人民法院授予优秀法官称号

   被中共南通市委政法委员会、南通市依法治市领导小组办公室评为授予全市政法系统“公正廉洁执法”先进个人称号

   被南通市中级人民法院授予办案标兵称号
4. 沈　娟　被江苏省委妇联授予“江苏省婚姻家庭纠纷调解工作先进个人”称号
5. 鲁建春　被南通市中级人民法院授予涉诉矛盾纠纷化解工作先进个人称号

   被南通市中级人民法院授予个人三等功
6. 杜开宇　被南通市中级人民法院授予2011年度五星级人民法官称号

7. 孔大鹏　被南通市中级人民法院授予2011年度五星级人民法官称号

港闸区

先进个人：

1. 黄立威　被江苏省高级人民法院授予全省法院涉诉矛盾纠纷化解工作先进个人称号
被江苏省高级人民法院记个人二等功

2. 张亚松　被南通市中级人民法院记个人三等功

3. 肖红波　被南通市中级人民法院授予诚信标兵称号

海安县

先进集体：

1. 墩头法庭　被江苏省高级人民法院授予全省优秀人民法庭称号被南通市中级人民法院授予全市法院涉诉矛盾纠纷化解工作基层部门先进集体称号
被南通市中级人民法院授予社会管理创新奖最佳创新贡献奖称号

2. 李堡法庭　被江苏省高级人民法院授予全省法院廉洁司法示范庭称号
被南通市中级人民法院授予全市法院五星级人民法庭称号

3. 开发区法庭　被南通市中级人民法院记集体三等功

4. 曲塘法庭　被南通市中级人民法院授予社会管理创新奖最佳创新贡献奖称号

先进个人：

丁培培　被江苏省高级人民法院授予全省法院调解能手称号
被江苏省高级人民法院授予全省法院涉诉矛盾纠纷化解工作先进个人称号
被江苏省高级人民法院记个人二等功

通州区

先进集体：

1. 兴仁法庭　被确定为全省政法系统首批“公正执法示范点”被南通中院表彰为2011年度“五星级人民法庭”
被南通市中级人民法院授予“全市法院2011年度社会管理创新奖最佳创新贡献奖”称号

2. 张芝山法庭　被江苏省高级人民法院授予涉诉矛盾纠纷化解工作先进集体称号
被南通市中级人民法院、共青团南通市委授予“青年文明号争创集体”称号
被南通市妇联授予“南通市维护妇女权益示范岗”称号

3. 三余法庭　被南通市中级人民法院授予“全市法院2011年度社会管理创新奖最佳创新贡献奖”称号

先进个人：

1. 顾慧华　被江苏省高级人民法院授予2011年度全省法院办案标兵称号
被江苏省高级人民法院记个人二等功
被南通市中级人民法院授予全市法院办案标兵称号被南通市中级人民法院授予2011年度“五星级人民法官”称号

2. 吴克宏　被江苏省高级人民法院授予2011年度全省法院调解标兵称号
被南通市中级人民法院授予全市法院调解能手称号

3. 吴晓萍　被南通市中级人民法院授予全市法院调解能手称号
被南通市中级人民法院记个人三等功
被南通市中级人民法院授予2011年度“五星级人民法官”称号

如东县

先进个人：

陈楚新　被江苏省高级人民法院授予记个人二等功

崇川区：

先进集体：

1. 观音山法庭　被南通市中级人民法院授予全市政法系统公正廉洁执法先进集体

2. 南通港法庭　被南通市妇联授予南通市维护妇女权益示范岗称号

先进个人：

1. 张达军　被省高院2010～2011年度全省优秀法庭庭长

2. 张正辉　被南通市委政法委授予全市政法系统公正廉洁执法先进个人称号
被南通市中级人民法院授予全市法院先进集体和先进个人称号

被南通市中级人民法院授予全市法院诚信标兵称号

3. 顾婷婷　被南通市中级人民法院授予全市法院涉诉矛盾纠纷化解工作先进个人称号

被南通市中级人民法院授予全市法院调解能手称号

4. 严永宏　被南通市中级人民法院授予全市法院调解能手称号

5. 王明华　被南通市中级人民法院授予五星级人民法官称号

经济技术开发区

先进集体:

民一庭　被南通市中级人民法院授予2012年全市法院先进集体

如皋市

先进集体:

1. 开发区法庭　被江苏省高级人民法院授予全省优秀人民法庭称号

被江苏省高级人民法院授予涉诉矛盾纠纷化解工作先进集体称号

被南通市委政法委授予南通市首批"公正司法示范点"称号

被南通市中级人民法院授予2012年度"五星级人民法庭"称号

2. 港区法庭　被江苏省高级人民法院授予全省司法公开示范法庭称号

被江苏省高级人民法院授予全省首批"规范管理示范法庭"称号

被南通市中级人民法院记集体三等功

被南通市中级人民法院授予2012年度"五星级人民法庭"称号

3. 石庄法庭　被江苏省高级人民法院授予2012年度全省法院推进社会管理创新和维护稳定先进集体

4. 民一庭　被南通市委政法委授予全市政法系统"公正廉洁执法先进集体"称号

5. 搬经法庭　被南通市中级人民法院授予全2012年度"五星级人民法庭"称号

先进个人:

1. 顾雪红　被最高人民法院授予2012年全国法院优秀法官称号

被南通市中级人民法院授予全市法院2012年度"五星级人民法官"

被南通市中级人民法院授予2012年度全市法院"调解能手"称号

2. 常雪萍　被江苏省高级人民法院授予全省涉诉矛盾纠纷化解工作先进个人称号

被江苏省高级人民法院授予2012年度全省法院办案标兵称号

被南通市中级人民法院授予2012年度全市法院"办案标兵"称号

3. 左建明　被南通市委政法委授予全市政法系统"公正廉洁执法先进个人"称号

被南通市中级人民法院授予2012年度全市法院"调解能手"称号

被南通市中级人民法院授予2012年度"五星级人民法官"称号

4. 陈　璇　被南通市委政法委授予全市政法系统"公正廉洁执法先进个人"称号

被南通市妇联授予南通市维护妇女权益先进个人称号

5. 司荣华　被南通市中级人民法院授予2012年度"五星级人民法官"称号

6. 宗卫明　被南通市中级人民法院记2012年度个人三等功

7. 黄爱平　被南通市中级人民法院记2012年度个人三等功

8. 洪　宇　被南通市中级人民法院授予"政法干警核心价值观"主题教育实践活动辩论赛最佳风采奖称号

盐城市

盐城市中级人民法院

先进集体:

民一庭　被全国妇联表彰为"全国维护妇女儿童权益先进集体"

先进个人:

周联联　被盐城市人民政府授予市劳动模范称号

下属各区县人民法院

响水县

先进个人:

1. 沈　利　被江苏省高级人民法院记个人二等功

2. 顾启东　被江苏省高级人民法院授予涉诉矛盾纠纷化解先进个人称号

滨海县

先进集体：

1. 民一庭 被江苏省高级人民法院评为涉诉矛盾纠纷化解工作先进集体
2. 开发区人民法庭 被江苏省高级人民法院授予首批"规范化管理示范法庭"称号
3. 正红人民法庭 被江苏省高级人民法院评为优秀人民法庭

先进个人：

1. 陆 林 被江苏省高级人民法院评为优秀法官
2. 王卫东 被江苏省高级人民法院评为优秀人民法庭庭长

大丰市

先进集体：

大丰港人民法庭 被省法院命名为全省首批"规范化管理示范庭"

先进个人：

1. 陈祚宏 被江苏省高级人民法院表彰为调解能手
2. 蔡树祥 被江苏省高级人民法院表彰为办案标兵
3. 褚保平 被江苏省高级人民法院表彰为调解能手

射阳县

先进个人：

胡井文 被江苏省高级人民法院表彰为"调解能手"

阜宁县

先进个人：

1. 张 益 被江苏省高级人民法院表彰为"江苏省优秀法官"
2. 陈红霞 被江苏省高级人民法院、江苏省人社厅、江苏省公务员局联合表彰为"全省法院系统先进工作者"
3. 吴菊兰 被江苏省高级人民法院表彰为"江苏省调解能手"

建湖县

先进集体：

高作人民法庭 被江苏省高级人民法院表彰为全省法院推进社会管理创新先进集体

先进个人：

1. 管维文 被江苏省高级人民法院评为全省法院优秀法官称号
2. 钱文祥 被江苏省高级人民法院表彰为全省法院调解能手

东台市

先进个人：

王如平 被江苏省高级人民法院记个人一等功

亭湖区

先进个人：

马立国 被江苏省高级人民法院评为"2011年度全省法院调解能手"与"优秀先进工作者"

宿迁市

宿迁市中级人民法院

先进集体：

民一庭 被省法院授予2012年度集体三等功

下属各区县人民法院

宿城区

先进个人：

左林林 被省高院授予2012年度调解能手称号

徐州市

徐州市中级人民法院

先进集体：

民一庭 被江苏省高级人民法院记集体一等功

被江苏省高级人民法院授予涉诉矛盾纠纷化解工作先进集体称号

被中共江苏省委政治委员会、江苏省依法治省领导小组办公室授予公正司法示范点称号

被江苏省妇女联合会授予江苏省婚姻家庭纠纷调解工作先进集体称号

被中共徐州市委徐州市人民政府授予2012年度政法标兵单位称号

先进个人：

1. 蔡裕华 被最高人民法院授予全国模范法官称号
2. 王 松 被最高人民法院授予全国法院第23届学术讨论会论文一等奖、全国法院长安杯司法公开征文优秀奖

被江苏省高级人民法院授予全省法院第23届学术讨论会特等奖、省民法学研究会2012年年会优秀论文二等奖、全省法院两评查优秀裁判文书二等奖、被省高院记三等功
被徐州市中级人民法院授予优秀法官、优秀审判长称号

3. 祝　杰　被江苏省高级人民法院授予全省法院优秀调解能手称号
被徐州市中级人民法院授予优秀法官、优秀公务员称号

4. 袁长伟　被徐州市人民政府授予　徐州市第十届哲学社会科学优秀成果奖
被徐州市中级人民法院授予优秀中层干部称号

5. 褚红艳　被共青团徐州市委、徐州市中级人民法院授予2012年度徐州市法院系统首届"优秀青年干警"称号

6. 邱德祥　被徐州市中级人民法院授予优秀法官称号、记个人三等功

下属各区县人民法院

鼓楼区

先进个人:

1. 王　敏　被徐州市中院授予涉诉矛盾纠纷化解工作先进个人称号
2. 纵兆斌　被徐州市中院记三等功
3. 郭良峰　被徐州市中院授予"十佳调解标兵"称号
4. 王成林　被徐州市中院授予"十佳办案标兵"称号

睢宁县

先进集体:

民一庭　被徐州市中院授予"涉诉矛盾纠纷化解先进集体"称号
被睢宁县委授予"十佳政法标兵单位"称号

先进个人:

1. 李向飞　被徐州市中院记三等功
2. 姚秀金　被徐州市中院记三等功
被徐州市总工会授予"徐州市劳动模范"称号
被省高院授予"先进工作者"称号
3. 梁　云　被徐州市中院评为优秀法官、获得睢宁法院2012年优秀法官称号
4. 陈云福　被徐州市中院评为优秀法官、获得睢宁法院2012年优秀法官称号
5. 厉　玲　被徐州市中院授予"涉诉矛盾纠纷化解先进个人"称号

云龙区

先进集体:

民一庭　被徐州市中院授予2011年度先进集体称号
被云龙区委直属机关工委授予"2010~2012年创选争优五好党支部"称号

先进个人:

1. 陆东海　被江苏省高级人民法院授予2012年度全省法院涉诉矛盾化解工作先进个人称号
被徐州市中院授予"优秀青年干警"称号
被鼓楼区委、区政府授予2012年度平安法治创建工作"十佳政法干警"称号
2. 王永毅　被江苏省高级人民法院授予全省法院2011年度先进个人称号、记二等功
3. 姜方平　被鼓楼区政府授予2006年~2010年度区实施妇女儿童发展规划先进个人称号
4. 康　磊　被鼓楼区委、区政府评选平安法治创建"十佳政法干警"称号
5. 贺秀风　被徐州市中院授予"2011年度全徐州市法院系统信息工作先进个人"称号

丰县

先进集体:

民一庭　被江苏省高级人民法院评为涉诉矛盾纠纷化解工作先进集体
徐州市中院评为涉诉矛盾纠纷化解工作先进集体

先进个人:

1. 史宝光　被省高院评为涉诉矛盾纠纷化解工作先进个人
2. 韩　艳　被徐州市中院评为"十佳调解能手"

邳州

先进集体:

民一庭　被徐州中院记集体三等功

先进个人:

吴树渠　被省高院记二等功

贾汪区

先进集体:

民一庭　被省高院记"集体二等功"
被省高院授予"全省法院廉洁司法示

范庭"

被中共徐州市委徐州市人民政府授予2012年度政法标兵单位称号

先进个人：

阚　伟　被徐州市中院授予2012年度全徐州市十大调解能手称号

新沂市

先进集体：

民一庭　被徐州市中级人民法院评为2012年"先进集体"

先进个人：

1. 郁允录　被江苏省高级人民法院授予2012年"全省优秀法官"称号
2. 张　骞　被徐州市中级人民法院授予2012年全徐州市"十佳法官"称号

连云港市

连云港市中级人民法院

先进个人：

1. 卢　澄　被江苏省高级人民法院授予个人二等功

   被江苏省高级人民法院评为办案标兵
2. 乙　斌　被江苏省高级人民法院授予个人二等功

   被江苏省高级人民法院评为涉诉矛盾纠纷化解先进个人
3. 周文博　被连云港市委政法委、市依法治市领导小组授予全市政法系统公正廉洁执法先进个人

下属各区县人民法院

赣榆县

先进个人：

姜霜菊　被全国妇联授予全国妇女创先争优先进个人

被最高人民法院授予全国优秀法官

被江苏省妇联授予江苏省十大女杰

被江苏省高级人民法院授予个人一等功

被江苏省高级人民法院授予办案标兵

东海县

先进个人：

1. 龚淑芳　被江苏省高级人民法院授予调解能手称号
2. 王士平　被江苏省妇女联合会授予婚姻家庭纠纷调解工作先进个人

灌云县

先进个人：

黄正华　被连云港市政法委、是依法治市领导小组授予全市政法系统公正廉洁执法先进个人

灌南县

先进个人：

1. 陈德明　被连云港市政法委授予全市"法律下乡工程"先进个人
2. 顾桂芹　被江苏省高级人民法院授予办案标兵
3. 浦汉清　被江苏省高级人民法院评为涉诉矛盾纠纷化解先进个人
4. 武向阳　被江苏省高级人民法院授予调解能手

新浦区

先进集体：

民一庭　被江苏省高级人民法院授予

先进个人：

1. 李正美　被江苏省高级人民法院授予涉诉矛盾纠纷化解工作先进个人
2. 梁秀萍　被连云港市委政法委、市依法治市领导小组授予全市政法系统公正廉洁执法先进个人
3. 乔　红　被江苏省高级人民法院授予个人二等功

连云区

先进个人：

杨如君　被江苏省高级人民法院授予调解能手

海州区

先进个人：

1. 李秀芬　被江苏省高级人民法院授予调解能手
2. 张　海　被江苏省高级人民法院授予优秀法官、优秀工作者

浙江省法院2012年受表彰的民事审判工作先进集体和先进个人

浙江省高级人民法院

先进集体:

民一庭　被浙江省高级人民法院授予集体嘉奖荣誉

民一庭　被浙江省直机关工委评为省直机关党建工作示范点

先进个人:

民一庭孙　奕　被浙江省高级人民法院记个人三等功

民一庭沈　妙　被浙江省高级人民法院授予十佳办案能手称号

杭州市

杭州市中级人民法院

先进集体:

民一庭　被杭州市中级人民法院授予集体嘉奖荣誉

先进个人:

民一庭张巧薇　被杭州市中级人民法院授予嘉奖称号

民一庭余江中　被杭州市中级人民法院授予嘉奖称号

民一庭傅东红　被杭州市中级人民法院授予嘉奖称号

民一庭王　亮　被杭州市中级人民法院授予嘉奖称号

民一庭刘晓辉　被杭州市中级人民法院记个人三等功

民五庭陈　晨　被最高人民法院授予全国优秀法官称号、被浙江省高级人民法院授予全省十佳优秀青年法官、被杭州市中级人民法院授予全市十佳优秀青年法官

民五庭盛　峰　被杭州市中级人民法院记个人二等功

下属各区县人民法院

西湖区

先进个人:

民一庭倪　泓　被杭州市中级人民法院授予个人三等功

民一庭赵玲玲　被西湖区人民法院授予先进个人称号

民一庭任　波　被西湖区人民法院授予先进个人称号

民三庭庞邦彩　被杭州市中级人民法院授予个人三等功

民三庭李玉梅　被西湖区人民法院授予先进个人称号

民三庭谢心心　被西湖区人民法院授予先进个人称号

上泗人民法庭陈　清　被西湖区人民政府授予西湖区人民调解工作先进个人称号

上泗人民法庭徐　菁　被西湖区人民法院授予先进个人称号

上城区

先进集体:

民三庭　被浙江省高级人民法院记集体二等功

先进个人:

民三庭程煜峰　被中共浙江省委政法委、浙江省社会管理综合治理委员会授予全省政法综治系统“百佳调解能手”称号

民三庭张　毅　被杭州市中级人民法院授予全市法院“十佳优秀青年法官”称号

下城区

先进集体:

民一庭　被浙江省维护国防利益法律保障工作指导小组授予维护国防利益和军人军属合法权益工作先进单位称号、被浙江省妇女联合会授予妇女维权示范岗荣誉称号、被下城区人民法院授予先

进集体称号

民三庭　被浙江省维护国防利益法律保障工作指导小组授予维护国防利益和军人军属合法权益工作先进单位称号、被浙江省妇女联合会授予妇女维权示范岗荣誉称号

先进个人：

民一庭叶东晓　被下城区人民法院授予先进个人称号

民一庭王忠可　被下城区人民法院授予先进个人称号

民一庭戴晓阳　被中共杭州市委、杭州市人民政府授予社会管理综合治理工作先进个人称号

民一庭章幼戎　被中共下城区委授予信访和区长公开电话工作先进个人称号

民一庭朱伟英　被中共下城区委政法委授予区优秀政法干警称号

民三庭周菁晖　被下城区人民法院授予先进个人称号、被中共下城区委政法委授予区优秀政法干警称号

民三庭王晓芳主持的庭审　被下城区人民法院评为优秀庭审示范庭

民三庭周菁晖主持的庭审　被下城区人民法院评为优秀庭审示范庭

江干区

先进集体：

民一庭　被杭州市中级人民法院记集体三等功

先进个人：

预备审判庭朱学军　被中共浙江省委办公厅、浙江省人民政府授予全省指导人民调解工作先进个人称号

预备审判庭许新霞　被杭州市中级人民法院授予杭州市十佳优秀青年法官

九堡人民法庭叶志忠　被中共江干区委、江干区人民政府授予江干区社会管理综合治理工作先进个人称号

民一庭张妍妍　被中共江干区委、江干区人民政府授予江干区劳动纠纷调解先进个人称号

拱墅区

先进集体：

民一庭　被浙江省妇女联合会授予“浙江省妇女维权示范岗”称号、被拱墅区人民政府授予区“三八红旗集体”称号

半山人民法庭　被拱墅区人民法院授予集体嘉奖荣誉

先进个人：

民一庭周　蓓　被中共拱墅区委授予区指导人民调解工作先进个人称号、被拱墅区人民法院授予个人嘉奖荣誉

半山人民法庭周建利　被杭州市中级人民法院记个人三等功

半山人民法庭陈国荣　被拱墅区人民法院授予个人嘉奖荣誉

滨江区

行政庭倪晓花　被滨江区人民法院授予个人嘉奖荣誉

注：滨江区人民法院行政庭办理民事案件

萧山区

先进集体：

速裁庭　被杭州市中级人民法院记集体三等功

临浦人民法庭　被萧山区人民法院授予集体嘉奖荣誉

先进个人：

民一庭戴永梅　被萧山区人民法院授予优秀法官称号、个人嘉奖荣誉

民一庭施娓玮　被萧山区人民法院授予个人嘉奖荣誉

民一庭富美芳　被萧山区人民法院授予优秀书记员称号

民三庭鲍桂兰　被杭州市中级人民法院记个人三等功

民三庭殷小娟　被萧山区人民法院授予优秀法官称号

速裁庭王银燕　被杭州市中级人民法院记个人三等功

速裁庭崔白洁　被萧山区人民法院授予优秀法官称号

速裁庭傅成祥　被萧山区人民法院授予优秀法官称号

速裁庭周迪明　被萧山区人民法院授予个人嘉奖荣誉

速裁庭陈丽英　被萧山区人民法院授予个人嘉奖荣誉

速裁庭孔伟芳　被萧山区人民法院授予优秀书记员称号

义蓬人民法庭苏　勇　被杭州市中级人民法院记个人三等功

义蓬人民法庭王　强　被萧山区人民法院授予个人嘉奖荣誉

临浦人民法庭李乐音　被杭州市中级人民法院授予全市"十佳优秀青年法官"称号、被萧山区人民法院授予优秀法官称号

临浦人民法庭谭忠良　被萧山区人民法院授予个人嘉奖荣誉

临浦人民法庭郭宸光　被萧山区人民法院授予个人嘉奖荣誉

临浦人民法庭赵国琴　被萧山区人民法院授予优秀书记员称号

瓜沥人民法庭郑卜训　被萧山区人民法院授予优秀法官称号、个人嘉奖荣誉

瓜沥人民法庭郑洪良　被萧山区人民法院授予个人嘉奖荣誉

瓜沥人民法庭施一丹　被萧山区人民法院授予优秀书记员称号

余杭区

先进集体:

民三庭　被余杭区人民法院授予集体嘉奖荣誉

余杭人民法庭　被余杭区巾帼建功活动协调小组授予余杭区"巾帼文明岗"称号

塘栖人民法庭　被余杭区巾帼建功活动协调小组授予余杭区"巾帼文明岗"称号、被余杭区人民法院授予集体嘉奖荣誉

良渚人民法庭　被中共余杭区委政法委授予全区政法系统人民满意政法单位称号

先进个人:

民一庭唐云珍　在政法干警核心价值观教育实践活动中被余杭区人民法院授予成绩突出的优秀中层干部

民三庭廖建胜　在政法干警核心价值观教育实践活动中被余杭区人民法院授予成绩突出的优秀法官

民三庭楼德卫　被中共余杭区委政法委授予人民满意政法干警

塘栖人民法庭赵美芳　被全国妇女联合会授予全国妇女创先争优先进个人、被浙江省妇女联合会授予省三八红旗手称号

余杭人民法庭胡其芬　被杭州市中级人民法院记个人三等功、被中共余杭区委办公室、余杭区人民政府办公室授予区平安建设、社会管理综合治理和维护社会稳定工作先进个人

余杭人民法庭叶文娟　被余杭区依法治区办公室评委优秀普法志愿者

余杭人民法庭许峰　在政法干警核心价值观教育实践活动中被余杭区人民法院授予成绩突出的优秀书记员

瓶窑人民法庭杨春海　被中共余杭区委政法委授予人民满意政法干警

良渚人民法庭阮志坤　在政法干警核心价值观教育实践活动中被余杭区人民法院授予成绩突出的优秀法官

富阳市

先进集体:

民一庭　被中共富阳市委政法委授予"富阳市优秀政法单位"称号

民三庭　被共青团富阳市委授予"富阳市青年文明号"称号

场口人民法庭　被杭州市中级人民法院记集体三等功

新登人民法庭　被富阳市总工会、富阳市妇女联合会授予"富阳市巾帼文明岗"称号

新登人民法庭　被中共富阳市委政法委员会授予"富阳市人民满意政法单位"称号

龙羊人民法庭　被富阳市人民法院授予"先进集体"称号

先进个人:

民一庭戚利尧　被中共富阳市委组织部、富阳市人事局授予个人嘉奖荣誉

民一庭傅红盛　被富阳市人民法院授予"优秀

法官”称号

民一庭吴贤祥　被富阳市人民法院授予“优秀法官”称号

民一庭徐　琪　被富阳市人民法院授予“优秀书记员”称号

民三庭汪军平　被中共富阳市委组织部、富阳市人事局授予个人嘉奖荣誉

民三庭何建胜　被中共富阳市委组织部、富阳市人事局授予个人嘉奖荣誉

民三庭陈健椿　被中共富阳市委组织部、富阳市人事局授予个人嘉奖荣誉

民三庭熊永义　被中共富阳市委、富阳市人民政府授予人民满意政法干警称号

民三庭顾炳木　被中共浙江省委政法委授予全省政法体统“百佳办案能手”称号

民三庭黄韦卿　被富阳市人民法院授予“优秀中层干部”称号

民三庭陈亚伟　被富阳市人民法院授予个人嘉奖荣誉

民三庭李　蕾　被富阳市人民法院授予个人嘉奖荣誉

民三庭盛幼奋　被富阳市人民法院授予“优秀书记员”称号

龙羊人民法庭董月霞　被富阳市人民法院授予个人嘉奖荣誉

城南人民法庭俞　菲　被富阳市人民法院授予个人嘉奖荣誉

城南人民法庭高开封　被富阳市人民法院授予个人嘉奖荣誉

场口人民法庭方　悦　被富阳市人民法院授予个人嘉奖荣誉

场口人民法庭马　骏　被富阳市人民法院授予“优秀法官”称号

场口人民法庭何成科　被富阳市人民法院授予“优秀书记员”称号

新登人民法庭孙　娇　被富阳市人民法院授予“优秀书记员”称号

新登人民法庭潘剑丽　被富阳市人民法院授予个人嘉奖荣誉

淳安县

先进集体：

民一庭　被中共淳安县委授予人民满意政法单位称号

先进个人：

民一庭余秀玲　被中共淳安县委授予人民满意政法干警称号

民一庭丁水平　被杭州市中级人民法院记个人三等功

建德市

先进集体：

梅城人民法庭　被浙江省高级人民法院记集体二等功

先进个人：

民一庭刘道平　被建德市人民法院授予个人嘉奖荣誉

民一庭刘爱萍　被建德市人民法院授予记录标兵称号

立案庭速裁组赖梅君　被建德市人民法院授予个人嘉奖荣誉

立案庭速裁组花林昌　被建德市人民法院授予个人嘉奖荣誉

立案庭速裁组宋　珊　被建德市人民法院授予个人嘉奖荣誉

立案庭速裁组卢志荣　被建德市人民法院授予办案标兵称号

立案庭速裁组骆　鼎　被建德市人民法院授予记录标兵称号

寿昌人民法庭黎　明　被杭州市中级人民法院授予杭州市十佳优秀书记员称号、被建德市人民法院授予个人嘉奖荣誉

寿昌人民法庭程顺龙　被建德市人民法院授予个人嘉奖荣誉

寿昌人民法庭周　泉　被建德市人民法院授予办案标兵称号

寿昌人民法庭张　庆　被建德市人民法院授予办案标兵称号

梅城人民法庭方雪莲　被建德市人民法院授予个人嘉奖荣誉

梅城人民法庭姚　芳　被建德市人民法院授予个人嘉奖荣誉

梅城人民法庭张少锋　被建德市人民法院授予办案标兵称号

桐庐县

先进集体：

民一庭　被浙江省妇女联合会授予浙江省妇女维权示范岗称号

分水人民法庭　被桐庐县人民法院授予先进集体称号

先进个人：

民一庭郑　琼　被桐庐县人民法院授予先进个人称号

分水人民法庭缪新森　被桐庐县人民法院授予先进个人称号

横村人民法庭王　杰　被桐庐县人民法院授予先进个人称号

江南人民法庭徐　杰　被桐庐县人民法院授予先进个人称号

江南人民法庭高柳萍　被浙江省高级人民法院授予“省十佳优秀书记员”称号、被杭州市中级人民法院授予“杭州市十佳优秀书记员”称号

临安市

先进集体：

民一庭　被临安市人民法院授予集体嘉奖荣誉

先进个人：

民一庭陈广智　被杭州市中级人民法院授予“十佳优秀青年法官”称号；被中共临安市委、临安市人民政府授予临安市“十佳办案能手”称号；被临安市人民法院授予“十佳办案能手”称号、个人嘉奖荣誉

民三庭石　磊　被中共临安市委、临安市人民政府授予临安市“十佳调解能手”称号

民三庭陈艳菊　被临安市人民法院授予个人嘉奖荣誉

昌北人民法庭陶祖法　被杭州市中级人民法院记三等功

於潜人民法庭喻丽林　被中共临安市委、临安市人民政府授予临安市“十佳调解能手”称号、被临安市人民法院授予个人嘉奖荣誉

昌化人民法庭张琼华　被临安市人民法院授予个人嘉奖荣誉

宁波市

宁波市中级人民法院

先进集体：

民一庭　被浙江省妇女联合会授予“妇女维权示范岗”称号

民五庭　被宁波市中级人民法院集体嘉奖荣誉

先进个人：

民一庭吕伟东　被浙江省维护国防利益法律保障工作指导小组授予“维护国防利益先进个人”称号

民一庭张　华　被宁波市中级人民法院记个人三等功

民二庭张宏亮　被宁波市中级人民法院授予嘉奖、“办案之星”称号

民二庭朱亚君　被宁波市中级人民法院授予嘉奖、“办案之星”称号

民二庭蔡惠娜　被宁波市中级人民法院授予优秀共产党员称号

民二庭黄永森　被宁波市中级人民法院授予“学习型党员干部”称号

民五庭梅亚琴　被宁波市中级人民法院授予全市法院“十佳优秀青年法官”称号

下属各区县人民法院

江东区

先进集体：

民一庭　被省巾帼建功和双学双比活动协调小组授予“省级巾帼文明岗”荣誉称号

先进个人：

民一庭何继红　被江东区人民法院记个人三等功

民一庭谢　琼　被中共江东区委、江东区人民政府评为“江东区关心下一代工作先进个人”称号

民一庭杨锦晶　被中共江东区委宣传部、共青团江东区委、江东区人社局、江东区青年联合会授予“江东区十大优秀青年”称号

江北区

先进集体：

民一庭　被中共江北区委政法委授予“人民满意基层政法单位”称号

先进个人：

民一庭周进军　被北仑区人民政府授予“优秀公务员”称号、被北仑区人民法院授予先进个人称号

民一庭邹　娟　被宁波市中级人民法院记个人三等功、被北仑区人民法院授予先进个人称号

海曙区

先进个人：

西郊法庭张频波　被宁波市中级人民法院授予“为全市人民法庭建设作出突出贡献”称号

民一庭朱淑君　被浙江省高级人民法院记个人二等功

民一庭张静霞　被宁波市中级人民法院记个人三等功

北仑区

先进集体：

民一庭　被宁波市中级人民法院记集体三等功

先进个人：

民一庭方指挥　被浙江省政法委授予浙江省“百家调解能手”

民一庭蒋益芬　被中共宁波市委政法委授予宁波市政法综治系统办案能手称号

民一庭朱宗游　被中共北仑区委政法委授予“2012年度港城卫士”称号

镇海区

先进个人：

民一庭刘光明　被中共宁波市委政法委、宁波市社会管理综合治理委员会办公室授予宁波市政法综合系统办案能手称号

民一庭张发生　被镇海区人民法院授予调研先进个人称号

民一庭毛益波　被中共镇海区委政法委授予区“十佳办案能手”称号

民一庭张凯月　被镇海区人民法院授予优秀宣传员称号、办案能手称号

鄞州区

先进集体：

民一庭　被鄞州区人民法院授予宣传、调研、信息先进集体、被浙江省妇女联合会授予“妇女维权示范维权岗”光荣称号

先进个人：

民一庭谢华波　被宁波市中级人民法院授予“优秀十佳法官”称号

民一庭缪　苗　被鄞州区人民政府授予优秀公务员称号

余姚市

先进集体：

民一庭　被余姚市消费者保护委员会授予消保维权先进集体称号、被余姚市妇女儿童工作委员会授予余姚市妇女儿童权益保障工作先进单位

先进个人：

民一庭吴盈华　被余姚市人民政府授予优秀个人称号

民一庭高立群　被余姚市人民政府授予优秀个人称号、被余姚市人民法院授予优秀民商事法官称号

民一庭丁金琴　余姚市人民政府授予优秀个人称号、被余姚市人民法院授予优秀民商事法官称号

民一庭严联江　被余姚市人民法院授予优秀业务部门负责人称号

民一庭吴盈华　被余姚市人民法院授予办案质量奖荣誉

民一庭禹伯森　被余姚市人民法院授予办案效果奖荣誉

慈溪市

先进集体：

浒山人民法庭　被宁波市中级人民法院记集体三等功

先进个人：

浒山法庭张琪琦　被宁波市中级人民法院记个人三等功、被慈溪市人民法院授予“办案之星称号”

范市法庭顾保军　被慈溪市人民法院授予“办案之星”称号

观城法庭袁　齐　被慈溪市人民法院授予“办案之星”称号

浒山法庭洪　逸　被慈溪市人民法院授予“办案之星”称号

逍林法庭叶海慧　被慈溪市人民法院授予“办案之星”称号

民四庭许琴　被浙江省委政法委授予“百佳办案能手”称号

民四庭徐文源　被中共宁波市委政法委、社会管理综合治理委员会授予“宁波市政法综治系统调解能手”称号

奉化市

先进个人：

民一庭陈欢桃　被宁波市中级人民法院记个人

三等功

民一庭单宏洁　被宁波市中级人民法院记个人三等功

民一庭王华华　被中共浙江省委政法委、浙江省社会管理综合治理委员会授予全省政法综治系统"百佳调解能手"称号

民一庭邬剑红　被浙江省巾帼建功和双学双比活动协调小组办公室授予浙江省"百名岗位建功标兵"称号

民一庭王佩岚　被浙江省高级人民法院授予全省法院人民法庭工作先进个人称号

象山县

先进个人:

民一庭奚巧群　被宁波市中级人民法院授予十佳优秀书记员称号、记个人三等功

民一庭刘晓丽　被象山县人民法院授予个人嘉奖荣誉

民一庭方宇强　被象山县人民法院授予服务标兵称号

宁海县

先进集体:

民一庭　被宁海县委办公室、宁海县人民政府办公室授予"满意科室"、"满意基层站所"称号

先进个人:

民一庭刘巧丽　被宁波市中级人民法院记个人三等功

温州市

温州市中级人民法院

先进集体:

民一庭　被温州市中级人民法院授予"先进集体"称号

先进个人:

民一庭管建平　被共青团温州市委员会授予"温州市青年岗位能手"称号、被温州市中级人民法院授予个人嘉奖荣誉

民一庭吴跃玲　被温州市中级人民法院授予"办案能手"称号

民一庭张美权　被温州市中级人民法院授予"办案能手"称号

民一庭刘伟达　被温州市中级人民法院授予个人嘉奖荣誉

民一庭王　蕾　被中共温州市委组织部授予"优秀公务员"称号

民一庭柯丽梦　被温州市中级人民法院授予"优秀共产党员"称号

下属各区县人民法院

鹿城区

先进个人:

民一庭陈　琼　被鹿城区人民法院授予"优秀共产党员"称号

民一庭王　衔　被鹿城区人民法院授予"办案能手"称号

民一庭孙晓琳　被鹿城区人民法院授予个人嘉奖荣誉

民一庭张万星　被鹿城区人民法院授予"优秀公务员"称号

民三庭韩若冰　被鹿城区人民法院授予"优秀公务员"称号

民三庭吕福权　被鹿城区人民法院授予"办案能手"、"优秀公务员"称号

民三庭庄千千　被鹿城区人民法院授予个人嘉奖荣誉

龙湾区

先进集体:

民一庭　被中共龙湾区委、龙湾区人民政府授予"龙湾区预防和制止家庭暴力工作先进集体"称号、被龙湾区人民法院授予先进集体称号、被龙湾区人民政府授予"2011 ~ 2012 年度温州市模范集体"称号

先进个人:

民一庭郑国友　被温州市中级人民法院授予个人三等功

民一庭周小凤　被龙湾区人民法院授予"先进工作者"称号

民一庭郑国友　被龙湾区人民法院授予"先进工作者"称号

民一庭叶玉婷　被龙湾区人民法院授予"优秀书记员"称号

民一庭王梅玉　被温州市中级人民法院授予"温州市十佳优秀书记员"称号

瓯海区

先进集体:

梧田人民法庭　被浙江省妇女联合会办授予"妇女维权先进集体"称号

三溪人民法庭　被浙江省高级人民法院记集体二等功

先进个人：

民一庭章　豪　被瓯海区人民政府授予“2012年度维护社会稳定工作先进个人”

民一庭陈伟克　被瓯海区人民法院授予个人嘉奖荣誉

民一庭郑　冠　被瓯海区人民法院授予个人嘉奖荣誉

民一庭罗策荷　被瓯海区人民法院授予“优秀书记员”称号

民一庭任　宁　被温州市中级人民法院授予“全市法庭亮点创建工作先进个人”称号、记个人三等功

民一庭周　冕　被温州市中级人民法院授予“全市人民法庭十佳优秀书记员”称号

平阳市

先进集体：

民一庭　被中共平阳县政法委授予“政法系统设法涉诉信访积案清理工作先进集体”

先进个人：

民一庭黄孙荣　被温州市中级人民法院授予全市十佳优秀青年法官

民一庭董跃绵　被中共平阳县委授予“平阳县维护稳定工作先进个人”

民一庭杨建粮　被浙江省维护国防利益法律保障工作指导小组授予维护国防利益和军人军属合法权益工作先进个人称号

瑞安市

先进个人：

民一庭曾怀莘　被浙江省高级人民法院授予“十佳书记员”称号

民一庭周昕昕　被温州市中级人民法院记个人三等功

乐清市

先进集体：

民一庭　被浙江省维护国防利益法律保障工作指导小组授予维护国防利益权益工作先进单位称号和军人军属合法、被乐清市妇女联合会授予妇女工作先进集体荣誉称号

先进个人：

民一庭刘忠敏　被温州市中级人民法院授予市十佳青年法官称号、被乐清市人民法院授予先进个人称号

民一庭包婉莹　被乐清市人民法院授予先进个人称号

民一庭郑　剑　被乐清市政协评为市优秀政协委员、授予市政协社情民意信息工作先进个人称号；被乐清市市委、乐清市市府办公室授予市工业企业服务先进个人称号

苍南县

先进集体：

龙港人民法庭　被苍南县人民法院授予“百日攻坚”先进集体称号

先进个人：

民三庭黄兆针　被苍南县人民法院记个人三等功

龙港人民法庭陈德广　被温州市中级人民法院记个人三等功

文成县

先进集体：

民一庭　被文成县人民法院授予先进集体称号

先进个人：

民一庭吴正德　被文成县人民法院授予“先进工作者”称号、被中共文成县委、文成县人民政府授予“十佳政法干警”称号、县优秀公务员称号

民一庭刘烨烨　被文成县人民法院授予“先进工作者”称号

民一庭林津津　被文成县人民法院授予“先进工作者”称号

洞头县

先进个人：

民一庭吕绍熙　被洞头县人民法院记个人三等功

民一庭王芳草　被洞头县人民法院授予个人嘉奖荣誉

嘉兴市

嘉兴市中级人民法院

先进集体：

民一庭　被嘉兴市中级人民法院授予先进党支部称号

维护国防利益巡回人民法庭　被浙江省维护国防利益法律保障工作指导小组授予维护国防利益和军人军属合法权益工作先进单位称号

先进个人：

民一庭徐元芬　被嘉兴市中级人民法院授予优秀公务员称号

民一庭谭　灿　被嘉兴市中级人民法院授予优秀公务员称号

民一庭褚　翔　被嘉兴市中级人民法院授予优秀公务员称号

民一庭毛　彦　被嘉兴市中级人民法院授予个人嘉奖荣誉

民一庭陈　远　被嘉兴市中级人民法院授予个人嘉奖荣誉

民一庭帅国珍　被嘉兴市中级人民法院授予个人嘉奖荣誉

下属各区县人民法院

南湖区

先进集体：

民一庭　被南湖区人民法院授予先进集体嘉奖

新丰人民法庭　被浙江省高级人民法院记集体二等功

凤桥人民法庭巡回审判站　被南湖区凤桥镇政府授予“十佳窗口服务单位”称号

先进个人：

民一庭成剑斌　被嘉兴市中级人民法院授予“十佳优秀青年法官”

新丰人民法庭沈文清　被嘉兴市中级人民法院授予“十佳优秀书记员”称号

简案庭吴妹英　被嘉兴市中级人民法院授予“十佳优秀书记员”称号

简案庭余锦明　被浙江省高级人民法院授予个人二等功

凤桥人民法庭高铁鹰　被嘉兴市政法委授予全市政法系统“十佳政法干警”称号

秀洲区

先进集体：

民一庭　被嘉兴市秀洲区人民法院授予先进集体称号

王江泾法庭　被秀洲区人民法院授予集体嘉奖荣誉

先进个人：

王店人民法庭王　耘　被秀洲区人民政府授予十佳政法干警

王江泾人民法庭沈羽石　被秀洲区人民法院记个人三等功

王江泾人民法庭吴　斌　被嘉兴市中级人民法院授予十佳优秀青年法官、被中共秀洲区委授予优秀公务员称号

王江泾人民法庭李国明　被嘉兴市秀洲区人民法院授予优秀公务员

王江泾人民法庭徐辰丽　被共青团秀洲区委授予年度秀洲区优秀团员

王江泾人民法庭周如庆　被秀洲区人民法院授予个人嘉奖荣誉

民一庭童潇兰　被秀洲区人民法院授予个人嘉奖荣誉

民一庭汝建国　被中共秀洲区委、区政府授予区优秀公务员称号

民一庭刘连明　被秀洲区劳动管理综合监管联席会议授予清理欠薪专项行动先进个人称号

海宁市

先进集体：

盐官人民法庭　被海宁市人民法院授予集体嘉奖荣誉

先进个人：

民一庭章楚熊　被嘉兴市中级人民法院记个人三等功

民一庭夏洲娜　被中共海宁市委、海宁市人民政府授予个人嘉奖荣誉

民一庭周国鑫　被海宁市人民法院授予速录能手称号

巡回人民法庭朱　平　被海宁市人民法院授予

个人嘉奖荣誉

巡回人民法庭朱敏红　被中共海宁市委、海宁市人民政府授予个人嘉奖荣誉

袁花人民法庭顾　凯　被海宁市人民法院授予个人嘉奖荣誉

袁花人民法庭韩国勤　被嘉兴市中级人民法院记个人三等功

盐官人民法庭高　芳　被海宁市人民法院授予个人嘉奖荣誉

盐官人民法庭高苏燕　被海宁市人民法院授予办案能手称号

盐官人民法庭曹利民　被中共海宁市委、海宁市人民政府授予个人嘉奖荣誉

长安人民法庭魏智群　被海宁市人民法院授予个人嘉奖荣誉

长安人民法庭沈甫源　被中共海宁市委、海宁市人民政府授予个人嘉奖荣誉

长安人民法庭吴伟根　被嘉兴市中级人民法院记个人三等功

海盐县

先进集体：

民一庭　被海盐县人民法院授予集体嘉奖荣誉

先进个人：

民一庭许云峰　被海盐县人民法院授予个人嘉奖荣誉

嘉善县

先进集体：

西塘人民法庭　被中共嘉善县政法委授予政法系统践行核心价值观先进基层单位荣誉称号

先进个人：

民一庭黄　丽　被中共嘉善县政法委授予2012年度嘉善县“十大杰出政法干警”荣誉称号

速裁庭范璐璐　被嘉兴市中级人民法院记个人三等功

西塘法庭鄢云峰　被省高级人民法院授予“人民法庭工作二十年”荣誉称号、被嘉善县政法委授予“十大杰出政法干警”荣誉称号

西塘法庭闵芳呈　被嘉兴市中级人民法院授予全市法院十佳“优秀青年法官”荣誉称号

平湖市

先进集体：

民一庭　被浙江省妇女联合会授予“浙江省妇女维权示范岗”称号、被中共平湖市委政法委授予市政法系统先进集体

先进个人：

民一庭万卫忠　被嘉兴市人民政府授予2008～2012年度嘉兴市劳动模范称号、被平湖市人民政府授予平湖市“十一五”妇女儿童工作先进个人称号、被平湖市人民政府授予2008～2012年度平湖市劳动模范称号

民一庭陈丽燕　被浙江省高级人民法院授予全省十佳“优秀书记员”称号、被嘉兴市中级人民法院授予全市法院十佳“优秀书记员”称号

民一庭冯保中　被浙江省高级人民法院记个人二等功

桐乡市

先进集体：

民一庭　被桐乡市人民法院授予宣传、信息、调研工作先进集体称号

民一庭唐　磊、高　庆、陈　娟　被桐乡市人民法院评为优秀合议庭

先进个人：

民一庭陈媛萍　被桐乡市人民法院授予书记员竞赛优胜者称号及宣传、信息、调研工作先进个人称号

民一庭顾建方　被桐乡市直机关党总支部授予先进党员称号

民一庭李永华　被桐乡市政法委授予桐乡市政法系统十佳执法标兵称号

民一庭唐　磊　被桐乡市人民法院授予先进个人称号

湖州市

湖州市中级人民法院

先进集体：

民一庭　被湖州市中级人民法院记集体三等功

先进个人：

民一庭江啸啸 被湖州市中级人民法院授予个人嘉奖荣誉

民一庭徐 晶 被湖州市中级人民法院授予个人嘉奖荣誉

民一庭冯杰民 被湖州市中级人民法院授予文明干警称号

民一庭贾艳红 被湖州市中级人民法院授予文明干警称号

下属各区县人民法院

吴兴区

先进集体：

民一庭 被吴兴区人民法院授予嘉奖集体

埭溪人民法庭 被吴兴区人民法院授予“文明部门”称号

环城人民法庭 被湖州市中级人民法院记个人三等功

织里人民法庭 被吴兴区人民法院授予嘉奖集体

先进个人：

民一庭钱 倩 被吴兴区人民法院授予个人嘉奖荣誉

民一庭蔡 蓉 被吴兴区人民法院授予“文明干警”称号

埭溪人民法庭沈 巍 被浙江省高级人民法院记个人二等功、被吴兴区人民法院授予个人嘉奖荣誉

埭溪人民法庭金建平 被吴兴区人民法院授予“文明干警”称号

织里人民法庭陆学欣 被中共浙江省政法委、浙江省社会管理综合治理委员会授予全省政法系统“百佳办案能手”称号

织里人民法庭李 辉 被中共浙江省政法委授予“全省指导人民调解工作先进个人”

织里法庭朱 河 被吴兴区人民法院授予个人嘉奖荣誉

环城人民法庭邢永华 被湖州市政法委授予“市级社会管理综合治理先进个人”称号、被吴兴区人民法院授予个人嘉奖荣誉、被吴兴区人民法院授予“文明干警”称号

环城人民法庭郑嫣 被吴兴区人民法院授予个人嘉奖荣誉

民三庭黄柏良 被湖州市中级人民法院记个人三等功、被吴兴区人民法院授予嘉奖称号

南浔区

先进个人：

民一庭闵 杰 被湖州市政法委授予全市政法综治系统“人民满意政法干警”、被南浔区人民法院授予个人嘉奖荣誉、被南浔区人民法院授予第一届司法业务能力竞赛“十佳办案能手”称号

民一庭沈建国 被南浔区人民法院授予个人嘉奖荣誉、被南浔区人民法院授予第一届司法业务能力竞赛“十佳办案能手”称号

民一庭徐 燕 被南浔区人民法院授予第一届司法业务能力竞赛“十佳办案能手”称号

德清县

先进集体：

新市人民法庭 被湖州市中级人民法院记集体三等功

先进个人：

沈芳君 被浙江省高级人民法院记个人二等功、被德清县归侨侨眷联合会授予2012年度德清县侨联维权中心先进个人荣誉称号

新市人民法庭杨新良 被浙江省高级人民法院授予“人民法庭工作二十年荣誉证书”

长兴县

先进集体：

民一庭 被浙江省妇女联合会授予“妇女维权示范岗”称号

先进个人：

民一庭潘辉明 被长兴县司法局授予首届“十佳好娘舅”称号、被长兴县人民法院授予先进个人称号

民一庭陈慧娟 被长兴县人民法院授予先进个人称号

安吉县

先进集体：

梅溪人民法庭 被湖州市中级人民法院授予市

级优秀法庭称号、被中共安吉县委政法委授予安吉县人民满意政法单位称号

良朋人民法庭　被湖州市中级人民法院授予市级优秀法庭称号

孝丰人民法庭　被湖州市中级人民法院授予市级优秀法庭称号

递铺人民法庭　被安吉县机关党工委授予县级机关"文明科室"称号

先进个人：

民一庭王文武　被湖州市中级人民法院记个人三等功

民一庭汤珊珊　被中共安吉县委政法委授予安吉县人民满意政法干警称号

梅溪人民法庭彭瑞森　被湖州市中级人民法院记个人三等功

梅溪人民法庭卞子彦　被中共安吉县委政法委授予安吉县十佳办案能手称号、被安吉县机关党工委授予县直属机关优秀党员称号

良朋人民法庭金铭乐　被中共安吉县委政法委授予安吉县十佳调解能手称号

良朋人民法庭毛效龙　被安吉县机关党工委授予县直属机关优秀党员称号

孝丰人民法庭张永生　被安吉县机关党工委授予县直属机关优秀党员称号

绍兴市

绍兴市中级人民法院

先进个人：

民一庭柴凌凌　被浙江省维护国防利益保障工作指导小组授予维护国防利益先进个人

民一庭王安洁　被中共浙江省政法委、浙江省社会管理综合治理委员会授予全省政法系统"百佳办案能手"称号

民一庭丁林阳　被绍兴市中级人民法院记个人三等功

民一庭金湘华　被绍兴市中级人民法院授予绍兴市"十佳青年法官"

民一庭徐燕飞　被绍兴市中级人民法院授予先进工作者

越城区

先进个人：

民一庭吕小丽　被绍兴市中级人民法院授予全市十佳优秀青年法官称号

民一庭张　剑　被绍兴市中级人民法院记个人三等功

民一庭罗国峰　被中共越城区委、越城区人民政府授予越城区十佳优秀政法干警称号

绍兴县

先进集体：

民一庭　被绍兴县人民法院授予基层先进集体称号

先进个人：

民一庭黄关水　被绍兴市中级人民法院记个人三等功

民一庭王　琴　被绍兴市中级人民法院授予"十佳优秀书记员"称号

民一庭傅国兰　被绍兴县人民法院授予基层先进个人称号

民一庭任高翔　被绍兴县人民法院授予基层先进个人称号

民一庭李佩艺　被绍兴县人民法院授予基层先进个人称号

齐贤人民法庭陶国军　被绍兴县人民法院授予基层先进个人称号

钱清人民法庭张　明　被绍兴县人民法院授予基层先进个人称号

平水人民法庭鲁国强　被绍兴县人民法院授予基层先进个人称号

诸暨市

先进集体：

民一庭　被诸暨市人民法院授予干部联系群众先进党组织、优秀党支部

郭　昕　被诸暨市人民法院记个人三等功

上虞市

先进个人：

民一庭吴益清　被中共上虞市委、上虞市人民政府授予先进工作者称号

民一庭李雪燕　被中共上虞市委政法委授予

"十优调解能手"称号、被上虞市人民法院授予调解能手称号

民一庭孙科为 被中共上虞市委政法委授予"十优办案能手"称号

民一庭张培军 被上虞市人民法院授予调解能手称号

民一庭胡　燕 被上虞市人民法院授予调解能手称号

民一庭冯娇雯 被上虞市人民法院授予优秀青年干警称号

民一庭李丽萍 被绍兴市中级人民法院授予"十佳书记员"称号

嵊州市

先进集体:

民一庭 被中共嵊州市委政法委授予先进集体称号

先进个人:

民一庭陶贤兴 被绍兴市中级人民法院记个人三等功、被嵊州市人民法院授予先进个人称号

民一庭吴展宁 被绍兴市中级人民法院记个人三等功

民一庭单　超 被嵊州市人民法院授予先进个人称号

新昌县

先进集体:

民一庭 被中共新昌县委、新昌县人民政府评为"平安新昌"先进集体称号

先进个人:

民一庭陈永华 被新昌县人民法院授予先进个人称号

民一庭陈天国 被新昌县人民法院授予先进个人称号

民一庭王梅昌 被新昌县县级机关党委授予优秀共产党员称号

大市聚人民法庭张　珍 被新昌县人民法院授予先进个人称号

儒岙人民法庭梁利锋 被新昌县人民法院授予先进个人称号

儒岙人民法庭陈丽英 被新昌县人民法院授予先进个人称号

澄潭人民法庭梁　军 被新昌县人民法院授予先进个人称号

金华市

金华市中级人民法院

先进个人:

民一庭丁　胜 被浙江省高级人民法院授予全省法院"十佳优秀青年法官"

民一庭吴　伟 被金华市中级人民法院记个人三等功

民一庭徐　晋 被金华市中级人民法院记个人三等功

下属各区县人民法院

婺城区

先进集体:

简案庭 被金华市中级人民法院记集体三等功

先进个人:

民一庭王正平 被金华市中级人民法院授2012年度"十佳优秀青年法官"

白龙桥人民法庭杜小媛 被中共浙江省委政法委授予全省政法系统"百佳办案能手"称号

汤溪人民法庭刘　敬 被中共浙江省委政法委授予"全省指导人民调解工作先进个人"、被金华市中级人民法院记个人三等功

金东区

先进集体:

孝顺人民法庭 被中共金东区委政法委授予金东区执法为民先进集体称号

先进个人:

民一庭舒增源 被中共金东区委政法委授予金东区执法为民先进个人称号

行政庭方　林 被金华市中级人民法院记个人三等功

行政庭王安琪 被金东区人民法院授予先进工作者称号

曹宅人民法庭徐　磊 被金华市中级人民法院记个人三等功

孝顺人民法庭章城伟 被金华市中级人民法院授予十佳青年法官称号

注:行政庭同时负责机动车交通事故案件的审理

义乌市

先进集体：

民事简易审判第一庭　被金华市中级人民法院记个人三等功

廿三里人民法庭　继续保留金华市文明单位荣誉称号

先进个人：

民一庭陈成建　被浙江省维护国防利益法律保障工作指导小组授予维护国防利益和军人军属合法权益工作先进个人称号

民一庭骆巧梅　被金华市中级人民法院记个人三等功

民一庭吴新辉　被中共义乌市委、义乌市人民政府授予市级先进工作(生产)者称号

民一庭陈成建　被中共义乌市委、义乌市人民政府办公室授予先进信访工作者称号

民三庭黄晓青　被中共金华市委政法委授予金华市政法系统执法为民先进个人称号

简案庭金银花　被金华市中级人民法院记个人三等功

佛堂人民法庭楼煜波　被中共浙江省委政法委授予全省政法系统"百佳办案能手"称号

佛堂人民法庭陈慧军　被中共义乌市委政法委授予政法系统"十佳政法干警"称号

苏溪人民法庭张小燕　被中共义乌市委、义乌市人民政府授予市级先进工作(生产)者称号

东阳市

先进集体：

民一庭　被东阳市人民法院授予先进集体称号

巍山人民法庭　被金华市中级人民法院记集体三等功

先进个人：

简案庭吕小松　被金华市中级人民法院记个人二等功

横店人民法庭厉国智　被金华市中级人民法院记个人三等功

民一庭吴霞林　被金华市中级人民法院记个人三等功

民一庭吴　玻　被东阳市人民政府授予全市打假治劣先进个人称号

民一庭厉晶晶　被东阳市人民法院授予调解能手称号

民一庭杜忠东　被东阳市人民法院授予先进个人称号

民一庭何　秧　被东阳市人民法院授予先进个人称号

永康市

先进集体：

民一庭　被中共永康市委政法委授予政法系统执法为民先进集体称号

行政庭　被永康市人民法院授予先进集体称号

芝英人民法庭　被永康市人民法院授予先进集体称号

先进个人：

民一庭吕建党　被永康市人民法院授予先进个人称号

民一庭徐飞燕　被永康市人民法院授予先进个人称号

芝英法庭胡琦明　被永康市人民法院授予先进个人称号

行政庭朱子云　被永康市人民法院授予办案能手称号

民一庭胡　贤　被永康市人民法院授予办案能手称号

民一庭胡　亮　被永康市人民法院授予办案能手称号

芝英人民法庭卢志峰　被永康市人民法院授予办案能手称号

象珠人民法庭徐廉球　被永康市人民法院授予办案能手称号

石柱人民法庭叶金龙　被永康市人民法院授予办案能手称号

注：永康市人民法院行政庭审理民事案件

兰溪市

先进集体：

马涧人民法庭　被金华市中级人民法院记集体二等功

先进个人：

民一庭吴小敏　被中共兰溪市委政法委授予兰溪市政法系统执法为民先进个人称号

民一庭凌　煊　被兰溪市人民法院授予先进个人称号

民一庭郭　茹　被兰溪市人民法院授予先进个人称号

浦江县

先进集体：

杭坪人民法庭　被浦江县人民法院授予先进集体称号

黄宅人民法庭　被浦江县直属工委授予县级优秀党支部称号

先进个人：

杭坪人民法庭张　炜　被金华市中级人民法院记个人三等功

简案庭黄国振　被金华市中级人民法院记个人三等功

民一庭陈明政　被中共金华市委政法委授予市优秀政法干警称号

黄宅人民法庭蓝照辉　被浦江县人民政府授予县优秀公务员称号

浦东人民法庭朱　鸣　被浦江县人民政府授予县优秀公务员称号

民一庭曹德强　被浦江县人民政府授予县优秀公务员称号

杭坪人民法庭张　炜　被浦江县人民法院授予调解能手称号

黄宅人民法庭蓝照辉　被浦江县人民法院授予调解能手称号

民一庭叶　青　被浦江县人民法院授予调解能手称号、被浦江县人民法院授予办案能手称号

浦东人民法庭王丹萍　被浦江县人民法院授予调解能手称号

杭坪人民法庭应秀萍　被浦江县人民法院授予调解能手称号

黄宅人民法庭张婉君　被浦江县人民法院授予调解能手称号

杭坪人民法庭黄志远　被浦江县人民法院授予调解能手称号

黄宅人民法庭张孟有　被浦江县人民法院授予调解能手称号

杭坪人民法庭张　炜　被浦江县人民法院授予办案能手称号

黄宅人民法庭蓝照辉　被浦江县人民法院授予办案能手称号

浦东人民法庭沈　敏　被浦江县人民法院授予办案能手称号

浦东人民法庭朱　鸣　被浦江县人民法院授予办案能手称号

武义县

先进集体：

民一庭　被武义县妇女联合会授予县级“巾帼文明岗”称号

巡回人民法庭　被浙江省高级人民法院记集体二等功、被武义县人民法院授予清理未结案活动优胜集体称号、被金华市精神文明建设委员会授予金华市文明单位称号

王宅人民法庭　被武义县人民法院授予集体嘉奖荣誉

柳城人民法庭　被中共武义县委政法委授予政法系统“执法为民”先进集体称号、被武义县人民法院授予集体嘉奖荣誉

先进个人：

民一庭陶　维　被金华市中级人民法院授予全市法院“十佳优秀书记员”称号、被武义县人民法院授予先进工作者称号

民一庭陈　伟　被武义县人民法院授予个人嘉奖荣誉

巡回人民法庭徐恒峰　被武义县人民法院授予清理未结案活动先进个人称号

巡回人民法庭章春华　被武义县人民法院授予清理未结案活动先进个人称号

巡回人民法庭颜　婧　被武义县人民法院授予个人嘉奖荣誉

巡回人民法庭邹小杭　被武义县人民法院授予先进工作者称号

东干人民法庭杜松法　被浙江省高级人民法院授予人民法庭工作二十年荣誉证书

东干人民法庭潘星成　被武义县人民法院授予优秀公务员称号、被武义县人民法院授予优秀公务员

东干人民法庭骆　观　被武义县人民法院授予

个人嘉奖

东干人民法庭胡晓红　被武义县人民法院授予调解能手

王宅人民法庭张国成　被县直属机关工作委员会授予优秀党务干部、被武义县人民法院优秀公务员

王宅人民法庭秦　芹　被武义县人民法院个人嘉奖

柳城人民法庭卢永胜　被武义县人民法院个人嘉奖

柳城人民法庭潘祝法　被武义县人民法院优秀公务员

磐安县

先进集体：

安文人民法庭(现已更名为新渥人民法庭)被金华市中级人民法院记集体三等功

先进个人：

玉山人民法庭施江飞　被金华市中级人民法院记个人三等功

衢州市

衢州市中级人民法院

先进集体：

民一庭　被衢州市中级人民法院授予集体嘉奖荣誉、宣传工作先进部门称号

先进个人：

民一庭姚月红　被浙江省高级人民法院授予“全省十佳优秀书记员”称号

民一庭王　勇　被中共浙江省委政法委授予“百佳办案能手”称号、被中共衢州市委授予“2010～2012年创先争优优秀共产党员”称号、被中共衢州市委政法委授予“全市办案能手”称号、被衢州市人民政府授予优秀公务员称号、被衢州市中级人民法院授予个人嘉奖荣誉

民一庭吴超英　被中共衢州市委政法委授予“衢州市十大法治人物”称号

民一庭常东岳　被衢州市中级人民法院授予个人嘉奖荣誉

下属各区县人民法院

柯城区

先进个人：

民一庭童小平　被柯城区政府授予优秀公务员称号

民一庭祝志琴　被柯城区人民法院授予个人嘉奖荣誉

民一庭姚冬琴　被柯城区人民法院授予个人嘉奖荣誉

花园人民法庭魏建明　被衢州市中级人民法院授予个人三等功

衢江区

先进个人：

民一庭郑先礼　被中共衢江区委评为“2010～2012年创先争优优秀共产党员”

民一庭黄甘富　被衢江区人民政府授予优秀公务员称号

民一庭杨　昊　被衢江区人民政府授予优秀公务员称号

民一庭郑荣祥　被衢江区人民法院授予个人嘉奖荣誉

江山市

先进个人：

民一庭郑良刚　被中共衢州市委政法委授予“全市调解能手”称号

民一庭陈力群　被江山市人民政府授予优秀公务员称号

民一庭郑爱华　被江山市人民政府授予优秀公务员称号

民一庭仲　巍　被江山市人民法院授予个人嘉奖荣誉

民一庭章永进　被江山市人民法院授予个人嘉奖荣誉

民一庭陈力群　被江山市人民法院授予“办案能手”、“调解能手”称号

交通事故巡回审判法庭夏士盛　被中共衢州市委政法委授予“全市办案能手”称号

常山县

先进集体：

民一庭　被浙江省妇女联合会授予“妇女维权示范岗”称号

先进个人：

交通巡回人民法庭曹宏　被中共衢州市委政法委评为“衢州市十大法治人物”

红旗岗人民法庭陈　芳　被中共衢州市委政法委授予“全市办案能手”称号

开化县

先进集体：

民一庭　被衢州市中级人民法院记集体三等功、被浙江省妇女联合会授予“妇女维权示范岗”称号

先进个人：

马金人民法庭叶茂　被中共衢州市委政法委授予“全市调解名师”称号

马金人民法庭张旗　被衢州市中级人民法院记个人三等功

民一庭丁益群　被开化县人民政府授予优秀公务员称号、被开化县人民法院授予个人嘉奖荣誉

民一庭王　佳　被开化县人民法院授予“办案能手”称号

民一庭徐东海　被开化县人民法院授予“办案能手”称号

民一庭郭淑婷　被开化县人民法院授予“优秀书记员”称号

龙游县

先进个人：

民一庭孙燕芳　被龙游县人民法院授予“调解能手”称号、个人嘉奖荣誉

溪口法庭吕燕　被衢州市中级人民法院记个人三等功、被龙游县人民政府授予优秀公务员称号

交通事故巡回审判法庭王瑜群　被衢州市中级人民法院记个人三等功、被龙游县人民政府授予优秀公务员称号

小南海人民法庭童　昱　被龙游县人民政府授予优秀公务员称号

台州市

台州市中级人民法院

先进集体：

民一庭　被浙江省维护国防利益法律保障工作指导小组授予维护国防利益和军人军属合法权益工作先进单位称号、被浙江省妇女联合会授予“妇女维权示范岗”荣誉称号、被浙江省高级人民法院记集体二等功

先进个人：

民一庭王文兴　被台州市中级人民法院授予个人嘉奖荣誉

民一庭陈　龙　被台州市中级人民法院授予个人嘉奖荣誉

民一庭赵　勇　被台州市中级人民法院授予个人嘉奖荣誉

下属各区县人民法院

椒江区

先进个人：

民一庭王秀云　被台州市中级人民法院记个人三等功

民一庭郑楚楠　被民建台州市委员会授予“民建台州市委员会参政议政工作先进个人”称号

黄岩区

先进集体：

民一庭　被黄岩区人民法院授予“先进调解集体”称号

宁溪人民法庭　被中共黄岩区委政法委授予“综合治理先进集体”称号

先进个人：

民一庭秦　伟　被台州市中级人民法院记个人三等功

民一庭王文荣　被中共台州市委宣传部授予台州市十佳法官称号

路桥区

先进个人：

民一庭王军宇　被最高人民法院授予“全国法院办案标兵”称号、被路桥区人民政府授予区级优秀共产党员称号

民一庭林日乾　被台州市中级人民法院记个人三等功

民一庭陈海峰　被台州市中级人民法院记个人三等功

民一庭朱　丹　被路桥区人民法院授予个人嘉奖荣誉

民一庭张凯水　被路桥区人民法院授予优秀共产党员称号

金清人民法庭张磊磊　被路桥区人民法院授予优秀共产党员称号

金清人民法庭施通畅　被路桥区人民法院授予个人嘉奖荣誉

临海县

先进个人：

民一庭俞高奇　被临海市人民法院授予先进个人称号、个人嘉奖荣誉

民一庭李　珍　被临海市人民法院授予先进个人称号、个人嘉奖荣誉

民一庭叶再颂　被临海市人民法院授予调研先进个人称号

杜桥人民法庭李叔恒　被浙江省高级人民法院授予"人民法庭工作二十年"荣誉证书

温岭市

先进集体：

民一庭　被中共温岭市委政法委授予全市第二届政法综治系统十佳政法模范单位称号

箬横人民法庭　被中共温岭市委政法委全市第二届政法综治系统十佳政法模范单位称号

大溪人民法庭　被台州市中级人民法院记集体三等功

先进个人：

民一庭赵浚澍　被温岭市人民法院授予个人嘉奖荣誉

民一庭陈泳滨　被台州市中级人民法院记个人三等功、被温岭市人民法院授予个人嘉奖荣誉

民一庭阮蓓蓓　被温岭市人民法院授予个人嘉奖荣誉

民一庭应万荣　被温岭市人民法院授予个人嘉奖荣誉

泽国人民法庭朱友对　被温岭市政法委评为全市第二届政法综治系统十佳政法模范标兵

泽国人民法庭张福友　被省高院授予人民法庭工作二十年荣誉证书

泽国人民法庭吴立信　被台州市中级人民法院记个人三等功、被温岭市人民法院授予个人嘉奖荣誉

大溪人民法庭王晓波　被台州市中级人民法院记个人三等功

泽国人民法庭应昌波　被温岭市人民法院授予个人嘉奖荣誉

箬横人民法庭林子云　被台州市中级人民法院记个人三等功

箬横人民法庭张杰琛　被温岭市人民法院授予个人嘉奖荣誉

箬横人民法庭张　愉　被温岭市人民法院授予个人嘉奖荣誉

大溪人民法庭马招财　被温岭市人民法院授予个人嘉奖荣誉

大溪人民法庭江　波　被温岭市人民法院授予个人嘉奖荣誉

松门人民法庭陈　骏　被温岭市人民法院授予个人嘉奖荣誉

松门人民法庭郭群瑶　被温岭市人民法院授予个人嘉奖荣誉

石陈人民法庭叶宏斌　被温岭市人民法院授予个人嘉奖荣誉

石陈人民法庭周　艺　被温岭市人民法院授予个人嘉奖荣誉

新河人民法庭管英芝　被温岭市人民法院授予个人嘉奖荣誉

玉环县

先进集体：

民一庭　被玉环县人民法院授予调研先进集体称号

速裁庭　被玉环县人民法院授予先进集体称号

港北人民法庭　被玉环县人民法院授予信息先进集体称号

先进个人：

民一庭孙　宾　被台州市中级人民法院记个人三等功

民一庭应雪云　被玉环县人民法院授予先进个人称号

民一庭赵　萃　被玉环县人民法院授予先进个人称号、被玉环县人民法院授予调研先进个人称号

速裁庭叶宝英　被玉环县人民法院授予先进个人称号

港北人民法庭孔蒙蒙　被玉环县人民法院授予先进个人称号、被玉环县人民法院授予调研先进个人称号

仙居县

先进个人：

民一庭泮永锋　被台州市中级人民法院记2012年度个人三等功

民一庭张秋阳　被仙居县人民法院授予个人嘉奖荣誉

三门县

先进集体:

小雄人民法庭　被三门县委、三门县人民政府授予文明单位称号

健跳人民法庭　被三门县委、三门县人民政府授予文明单位称号、被中共台州市委政法委授予全市政法系统“岗位学雷锋”先进集体称号

先进个人:

民一庭郑　舟　被三门县委政法委授予“全县优秀政法干警”称号

小雄人民法庭张凌锋　被中共三门县委授予县优秀党务工作者称号

天台县

先进集体:

速裁庭　被天台县政法委授予十佳优秀基层政法单位称号

苍山人民法庭　被台州市中级人民法院记集体三等功

先进个人:

民一庭陈中云　被台州市中级人民法院记个人三等功

民一庭陈国良　被中共天台县委授予十佳人民调解员称号

民一庭梅明赞　被中共天台县委授予信访工作先进个人称号

速裁庭娄银强　被中共台州市委宣传部、台州市中级人民法院授予台州市十佳法官称号

速裁庭张修峰　被台州市中级人民法院记个人三等功、被中共天台县委授予十佳办案能手称号

丽水市

丽水市中级人民法院

先进个人:

民一庭李　洋　被丽水市中级人民法院记个人二等功

民一庭程允平　被丽水市中级人民法院记个人三等功、授予“先进个人”称号

下属各区县人民法院

莲都区

先进集体:

民一庭　被浙江省高院人民法院记集体二等功

南城人民法庭　被丽水市生态产业集聚(开发区)授予“服务贡献奖”称号

省高院授予魏小云全省法院十佳“优秀书记员”

省政法委授予徐晨璐全省政法系统“百佳调解能手”

丽委办授予韦剑锋市级调解能手

庆元县

先进集体:

民一庭　被庆元县人民法院授予先进集体称号

先进个人:

民一庭吴长文　被丽水市中级人民法院记个人三等功

景宁县

先进个人:

民一庭雷方忠　被中共丽水市委授予丽水市大调解工作调解能手称号、获景宁县人民法院优秀裁判文书荣誉

民一庭叶汝群　被丽水市中级人民法院记个人三等功

民一庭叶俊涛　被景宁县人民法院授予先进个人称号

民一庭邱贵娟　被景宁县人民法院评为优秀观摩庭

民一庭尤姗姗　被景宁县人民法院授予速录能手称号

民一庭吴　晶　被景宁县人民法院授予速录能手称号

龙泉市

先进集体:

民一庭　被龙泉市人民法院授予先进集体称号

先进个人:

民一庭张　玲　被浙江省高级人民法院记个人二等功

民一庭刘　娟　被龙泉市人民法院授予先进个人称号

民一庭林　龙　被龙泉市人民法院授予先进个人称号

民一庭方　靖　被龙泉市人民法院授予先进个人称号

青田县

先进集体:

万山人民法庭　被中共丽水市委组织部、市委政法委、市人力资源与社会保障局授予“丽水市政法系统十

佳政法单位”称号

先进个人：

船寮人民法庭刘益君　被丽水市中级人民法院记个人三等功

章村人民法庭叶灵群　被市丽水中院记个人三等功、被青田县委县政府记个人三等功

民三庭杨艳萍　被市丽水中院记个人三等功、被青田县委县政府记个人三等功

民一庭詹玲莲　被市丽水中院记个人三等功、被青田县委县政府记个人三等功

民三庭季玉微　被浙江省委政法委、浙江省社会管理综治办评为全省政法综治系统“百佳调解能手”、被青田县人民法院授予先进工作者称号

民一庭孙梦俏　被青田县法院授予先进工作者称号

万山人民法庭姚墨雨　被青田县法院授予先进工作者称号

民一庭施宏政　被青田县法院授予先进工作者称号

船寮人民法庭单文林　被青田县法院授予先进工作者称号

民三庭杨锡生　被青田县法院授予先进工作者称号

叶灵群、杨艳萍、詹玲莲被市丽水中院记个人三等功

云和县

先进个人：

民一庭于伟东　被浙江省高级人民法院记个人二等功

民一庭余　洋　被云和县人民政府授予县级优秀公务员称号

遂昌县

先进个人：

民一庭江巧媛　被遂昌县人民法院授予先进工作者称号

民一庭占　媛　被遂昌县人民法院授予先进工作者称号

民一庭汤丽玲　被遂昌县人民法院授予先进工作者称号

松阳县

先进个人：

民一庭张新荣　被丽水市中级人民法院记个人三等功、被松阳县人民法院授予先进个人称号

张　敏　被松阳县法院授予“先进个人”称号

缙云县

先进集体：

壶镇人民法庭　被缙云县人民法院授予先进集体称号

简易审判庭　被丽水市中级人民法院记集体三等功

先进个人：

简易审判庭虞徐彬　被中共浙江省委政法委、省综治委授予全省政法综治系统“百佳调解能手”称号、被浙江省高级人民法院记个人二等功、获得缙云县人民法院办案能手奖称号

巡回审判庭丁敏强　被丽水市中级人民法院记个人三等功、获得缙云县人民法院办案能手奖称号

壶镇人民法庭吕　峰　被缙云县人民法院授予办案能手奖荣誉

民一庭张国琴　被缙云县人民法院授予办案质量奖荣誉

简易审判庭夏　景　被缙云县人民法院授予优秀速录员称号

巡回审判庭陈　蔚　被缙云县人民法院授予优秀速录员称号

巡回审判庭徐步茜　被最高人民法院授予“全国模范法官”称号

壶镇人民法庭卢岩好　被浙江省高级人民法院授予“人民法庭工作二十年荣誉证书”

舟山市

舟山市中级人民法院

先进个人：

民一庭黄建铭　被舟山市中级人民法院授予个人嘉奖荣誉

民一庭毛耕炜　被舟山市中级人民法院授予个人嘉奖荣誉

民一庭高佳侃　被舟山市中级人民法院授予个人嘉奖荣誉

民一庭王丽民　被舟山市中级人民法院授予优秀公务员称号

下属各区县人民法院

定海区

先进集体：

岑港人民法庭　被舟山市中级人民法院记集体三等功

白泉人民法庭　被定海区人民法院授予2012年度先进集体称号

先进个人：

临城人民法庭陈志龙　被中共舟山市委政法委授予市十佳执法爱民政法干警称号、被定海区作风建设领导小组办公室授予区进村入企大走访活动优秀干部称号

临城人民法庭何波娜　被中共定海区委、定海区人民政府授予区先进生产工作者称号

白泉人民法庭徐增学　被定海区人民法院授予先进个人称号

金塘法庭曾宏涛　被中共定海区委政法委、定海区人民政府、中共舟山市委政法委授予区政法综治先进工作个人称号

金塘法庭赵　鹰　被中共舟山市金塘开发建设管理委员会授予优秀共产党员称号

金塘法庭周志明　被中共舟山市金塘开发建设管理委员会授予先进生产个人称号

金塘法庭马钧钧　被定海区人民法院授予先进个人称号

普陀区

先进集体：

六横人民法庭　被舟山市中级人民法院授予集体二等功、被六横管理委员会授予考核优胜单位、先进集体称号

虾峙人民法庭　被普陀区人民法院授予集体嘉奖荣誉、被中共普陀区委、普陀区人民政府授予群众满意基层站所(科室)示范单位称号

先进个人：

虾峙人民法庭周峥傧　被最高人民法院授予“全国优秀法官”称号、被浙江省高级人民法院授予“浙江省优秀法官”称号、记“一等功”、入选人民法院报推出的“2012年度十大亮点人物”、入选“普陀区首届道德模范十大人物”、入选“最美浙江人——2012浙江骄傲年度提名人物”、入选“最美舟山人——舟山魅力2012年度十大最具影响力人物”、被中共舟山市委、舟山市人民政府授予“2010~2012年创先争优优秀党员”称号

六横人民法庭乐海奇　被六横管理委员会授予综治先进个人称号

虾峙人民法庭夏文明　被普陀区人民法院授予个人嘉奖荣誉

岱山县

先进集体：

民一庭　被中共岱山县委政法委授予“2012年度全县政法系统执法爱民先进集体”称号

先进个人：

民一庭石平统　被浙江省高级人民法院记个人二等功

民一庭王渊洁　被岱山县人民法院授予先进工作者称号

民一庭姚　洁　被岱山县人民法院授予先进工作者称号

长涂法庭任世斌　被岱山县人民法院授予先进工作者称号、被中共岱山县委授予“蓬莱先锋”称号

衢山人民法庭金坚儿　被岱山县人民政府授予县级先进个人称号

嵊泗县

先进集体：

民一庭　被舟山市中级人民法院记集体三等功

先进个人：

嵊山人民法庭童新祥　被共青团嵊泗县委授予“创新争优十佳闪亮青年”称号

安徽省法院2012年
受表彰的民事审判工作先进集体和先进个人

安徽省高级人民法院

先进集体：

1. 民一庭　被安徽省省直妇工委授予省直机关巾帼文明岗称号
2. 民一庭　被安徽省妇女联合会授予省级巾帼文明岗称号
3. 民一庭　被全国妇女联合会授予全国维护妇女儿童权益先进集体称号
4. 民一庭　被省高院授予全省法院加强司法能力建设开展庭审评查和裁判文书评查活动先进集体称号
5. 民一庭　(2012)皖民一终字第00012号判决书被省高院授予全省法院加强司法能力建设开展庭审评查和裁判文书评查活动优秀裁判文书称号
6. 民四庭　被安徽省省直妇工委授予省直机关巾帼文明岗称号
7. 民四庭　获得省高院2012年度考核集体嘉奖
8. 民四庭　被省院机关党委会授予先进党支部称号
9. 民四庭　被省高院授予全省法院加强司法能力建设开展庭审评查和裁判文书评查活动先进集体称号
10. 民四庭　(2012)皖高法民四终字第00186号庭审被省高院授予全省“两评查”活动优秀庭审称号

先进个人：

孔　蓉　2012年8月15日被省高院授予全省优秀法官称号

合肥市

先进集体：

1. 合肥中院被最高人民法院授予全国法院涉港澳台司法协助工作先进集体称号

2. 合肥市中级人民法院民事审判三庭被最高人民法院授予先进集体称号

先进个人：

1. 赵生升、项红、朱静被安徽高院授予全省优秀法官称号

2. 王丽、王军被安徽高院授予全省法院办案标兵称号

六安市

先进集体：

六安中院民一庭被安徽高院授予全省法院“两评查”活动先进集体称号

先进个人：

1. 张德兵被安徽高院授予全省法院办案标兵称号

2. 赵应军获得全省法院第二届优秀调研成果一等奖

3. 潘攀、童竹平、周斌获得全省法院第二届优秀调研成果三等奖

淮南市

先进集体：

1. 淮南中院民一庭被评为全市法院先进集体

2. 淮南中院(2012)淮民一终字第00448号案件庭审被安徽高院两评查活动评为优秀庭审

3. 淮南中院(2012)淮民一终字第00097号判决书被安徽高院两评查活动评为优秀裁判文书

先进个人：

1. 时素君被安徽高院评为全省办案标兵

2. 王雪霞被评为全市优秀政法干警

3. 李永被评为个人三等功

福建省法院2012年受表彰的民事审判工作先进集体和先进个人

福建省高级人民法院

先进集体:

1. 民一庭党支部　被福建省高级人民法院授予"全省法院创先争优先进基层党组织"、"全省法院系统先进党支部"荣誉称号
2. 民一庭　被福建省高级人民法院授予"全省法院系统先进集体"荣誉称号

先进个人:

1. 段思明　被福建省高级人民法院授予省法院机关"先进工作者"荣誉称号
2. 董碧仙　被福建省高级人民法院授予省法院机关"创先争优优秀共产党员"荣誉称号、记"个人嘉奖"
3. 李为民　被福建省高级人民法院授予省法院机关"先进工作者"荣誉称号
4. 陈　敏　被福建省高级人民法院授予"全省优秀法官"、省法院机关"创先争优优秀共产党员"、"办案能手"荣誉称号、记"个人嘉奖"
5. 黄卉靓　被福建省高级人民法院授予省法院机关"先进工作者"荣誉称号
6. 陈莉萍　被福建省高级人民法院授予省法院机关"先进工作者"、"调解能手"荣誉称号
7. 程光毅　被福建省高级人民法院授予省法院机关"先进工作者"荣誉称号
8. 林　琳　被福建省高级人民法院记"个人嘉奖"
9. 陈　梁　被福建省高级人民法院记"个人嘉奖"
10. 齐传楠　被福建省高级人民法院授予省法院机关"政法干警核心价值观主题演讲比赛三等奖"、"第一届学术讨论会征文三等奖"

福州市

福州市中级人民法院

先进集体:

1. 民一庭党支部　被福州市直机关工作委员会授予"市直机关创先争优先进基层党组织"荣誉称号
2. 民一庭　被福建省高级人民法院授予"全省法院系统先进集体"荣誉称号
3. 民一庭内勤组　被共青团福建省委、福建省高级人民法院授予"省级青年文明号"荣誉称号

先进个人:

1. 陈　锐　被福建省法学会授予"福建法学会工作先进个人"荣誉称号
2. 黄　颖　被福州市中级人民法院授予院机关"优秀公务员"荣誉称号
3. 吴一萍　被最高人民法院授予"2012年度全国法院办案标兵"荣誉称号、被福州市中级人民法院授予院机关"优秀公务员"荣誉称号
4. 余秋萍　被福州市中级人民法院授予院机关"优秀公务员"、"涉诉信访工作先进个人"荣誉称号
5. 袁文伟　被福州市中级人民法院授予院机关"优秀公务员"、"涉诉信访工作先进个人"荣誉称号
6. 汪　霞　被福州市中级人民法院授予院机关"优秀公务员"、"涉诉信访工作先进个人"荣誉称号
7. 黄　锋　被中共福州市中级人民法院机关委员会授予"2010~2012年创先争优优秀共产党员"荣誉称号
8. 庄彩虹　被中共福州市中级人民法院机关委员会授予"2010~2012年创先争优优秀共产党员"荣誉称号
9. 龚　蓉　被福州市中级人民法院授予"福州

法院系统'践行核心价值观　创先争优当先锋'主题演讲比赛优秀奖"

下属基层人民法院

鼓楼区

先进个人：

张建洪　被福建省高级人民法院授予"全省基层法官办案标兵"、"全省法院系统先进工作者"荣誉称号

台江区

先进集体：

民一庭　被福建省高级人民法院授予"全省法院系统先进集体"荣誉称号

仓山区

先进集体：

1. 金山人民法庭党支部　被福建省高级人民法院授予"全省法院创先争优先进基层党组织"荣誉称号
2. 金山人民法庭　被福州市中级人民法院、共青团福州市委授予"青年文明号"荣誉称号

先进个人：

黄建平　被福建省高级人民法院授予"全省法院系统先进工作者"荣誉称号

晋安区

鼓山人民法庭党支部　被福建省高级人民法院授予"全省法院创先争优先进基层党组织"荣誉称号

先进个人：

周少华　被福建省高级人民法院授予"全省法院系统先进工作者"荣誉称号

马尾区

先进个人：

沈镇友　被福建省高级人民法院授予"全省法院系统先进工作者"荣誉称号

福清市

先进集体：

高山人民法庭　被福建省高级人民法院授予"全省十佳法庭"荣誉称号、"全省法院文化建设示范法庭"荣誉称号、被福建省高级人民法院记"集体二等功"、被福清市直机关党工委授予"福清市党员先锋岗"荣誉称号

先进个人：

1. 薛叶兴　被福建省高级人民法院授予"全省法院系统先进工作者"荣誉称号
2. 郑季胜　被福建省高级人民法院授予"全省法院系统先进工作者"荣誉称号
3. 吴叔凯　被福建省高级人民法院授予"全省法院系统先进工作者"荣誉称号
4. 陈丽云　被福建省高级人民法院授予"全省基层法官办案标兵"荣誉称号
5. 张黎明　被福建省高级人民法院授予"全省基层法官办案标兵"荣誉称号
6. 林武凯　被福建省高级人民法院授予"全省法院优秀书记员"荣誉称号
7. 游爱民　被福州市中级人民法院授予"福州法院系统2012年度办案能手"荣誉称号
8. 谢华春　被福州市中级人民法院授予"福州法院系统2012年度办案能手"荣誉称号
9. 薛繁金　被福州市中级人民法院授予"福州法院系统2012年度办案能手"荣誉称号
10. 姚金清　被福州市中级人民法院授予"福州法院系统2012年度优秀书记员"荣誉称号
11. 郑而华　被福州市中级人民法院授予"福州法院系统2012年度优秀书记员"荣誉称号
12. 翁仁香　被福州市中级人民法院授予"福州法院系统2012年度优秀书记员"荣誉称号
13. 甘　力　因十八大期间驻京接访工作被福州市中级人民法院通报表扬
14. 王　伟　因十八大期间驻京接访工作被福州市中级人民法院通报表扬

长乐市

先进集体：

漳港人民法庭　被福建省精神文明建设指导委员会授予"第七届省级文明行业建设示范点"荣誉称号、被福建省高级人民法院授予"全省十佳法庭"、"全省法院文化建设示范法庭"荣誉称号

先进个人:

刘志峰　被福建省高级人民法院授予"全省法院系统先进工作者"荣誉称号

闽清县

先进集体:

民一庭　被福建省高级人民法院授予"全省法院系统先进集体"荣誉称号

先进个人:

1. 刘巧诗　被福建省高级人民法院授予"全省法院创先争优优秀共产党员"荣誉称号
2. 张婷婷　被福建高级人民法院授予"全省法院优秀书记员"荣誉称号、被福州市中级人民法院授予"福州法院系统'践行核心价值观　创先争优当先锋'主题演讲比赛优秀奖"
3. 任建军　被共青团福州市委授予"福州市优秀共青团员"荣誉称号
4. 叶道伟　被共青团福州市委、市教育局、少先队福州市工作委员会、中共福州市委教育工作委员会授予"2011~2012年度福州市优秀少先队志愿辅导员"荣誉称号

闽侯县

先进个人:

1. 宋剑津　被福建省高级人民法院授予"全省法院创先争优优秀共产党员"荣誉称号
2. 郑义定　被福建省高级人民法院授予"全省法院系统先进工作者"荣誉称号
3. 陈菁菁　被福州市中级人民法院授予"福州法院系统'践行核心价值观　创先争优当先锋'主题演讲比赛优秀奖"

连江县

先进个人:

邱启开　被福建省高级人民法院授予"全省法院创先争优优秀共产党员"、"全省法院系统先进工作者"荣誉称号

罗源县

先进个人:

1. 李孝逸　被福建省高级人民法院授予"全省法院系统先进工作者"荣誉称号
2. 欧俊根　被福建省高级人民法院授予"全省法院系统先进工作者"荣誉称号

永泰县

先进集体:

1. 清凉人民法庭党支部　被福建省高级人民法院授予"全省法院创先争优先进基层党组织"荣誉称号
2. 大洋人民法庭　被福州市中级人民法院、共青团福州市委授予"青年文明号"荣誉称号、被福州市总工会授予"福州市五一先锋岗"荣誉称号

先进个人:

1. 鄢振彬　被福建省高级人民法院授予"全省法院系统先进工作者"荣誉称号、被永泰县委、县政府授予"优秀公务员"荣誉称号
2. 陈小明　被永泰县委、县政府授予"优秀公务员"荣誉称号并获嘉奖
3. 檀卫东　被福州市中级人民法院授予"优秀书记员"荣誉称号
4. 刘冬阳　被福建省高级人民法院授予"全省法院优秀书记员"荣誉称号
5. 林世文　被福建省高级人民法院授予"全省基层法官办案标兵"荣誉称号
6. 林光华　被永泰县委、县政府授予"优秀公务员"荣誉称号并获嘉奖
7. 陈　静　在福州市法院系统第24届学术讨论会论文评选中获优秀奖
8. 岳　脉　在福州市法院系统第24届学术讨论会论文评选中获优秀奖

厦门市

厦门市中级人民法院

民一庭

先进个人:

1. 刘友国　被厦门市政府授予"厦门市双拥工作先进个人"荣誉称号
2. 张南日　被厦门市委、市政府授予"厦门市第三届创建全国文明城市先进个人"荣誉称号

民五庭

先进个人:

1. 王灵石　被厦门市中级人民法院授予"优秀党支部书记"荣誉称号
2. 洪德琨　被厦门市中级人民法院授予"优秀共产党员"、"先进个人"荣誉称号、被厦门市直机关党委授予"优秀共产党员"荣誉称号

3. 章　毅　被厦门市中级人民法院授予“优秀公务员”荣誉称号

4. 王兴胜　被厦门市中级人民法院授予“优秀公务员”荣誉称号

5. 林巧玲　被厦门市中级人民法院授予“先进个人”荣誉称号

6. 黄培芳　被厦门市中级人民法院授予“先进个人”荣誉称号

7. 程　平　被厦门市中级人民法院授予“先进个人”荣誉称号

下属各基层人民法院

思明区

先进集体：

民一庭　被思明区委、区政府授予“军警民共建先进单位”荣誉称号

湖里区

先进个人：

1. 王迎春　被福建省高级人民法院授予“全省法院系统先进工作者”荣誉称

2. 马菡菲　被湖里区委、区政府记“个人三等功”

3. 曾莉侠　被厦门市中级人民法院授予“全市优秀书记员”荣誉称号

同安区

先进个人：

1. 李　强　被福建省高级人民法院授予“全省基层法官办案标兵”、“全省十佳法官”荣誉称号、被福建省高级人民法院记“个人二等功”

2. 林荣堂　被福建省高级人民法院授予“全省法院优秀书记员”荣誉称号、被同安区委、团委授予“同安区优秀志愿者”荣誉称号

漳州市

漳州市中级人民法院

先进集体：

民一庭　被漳州市中级人民法院授予“先进集体”荣誉称号

下属各基层人民法院

芗城区

先进个人：

黄志丽　被福建省高级人民法院授予“全省十佳法官”荣誉称号、被福建省高级人民法院记“个人二等功”

泉州市

泉州市中级人民法院

先进集体：

民一庭　被泉州市中级人民法院授予“先进集体”荣誉称号

先进个人：

1. 黄蕴真　被泉州市人大常委会内务司法委员会、泉州市妇女联合会授予“泉州市维护妇女儿童合法权益先进工作者”荣誉称号

2. 陈灿彬　被泉州市中级人民法院授予“先进工作者”荣誉称号

3. 倪德利　被泉州市中级人民法院授予“先进工作者”荣誉称号

4. 曾晓军　被泉州市中级人民法院授予“先进工作者”荣誉称号

5. 康艳华　被泉州市中级人民法院授予“先进工作者”荣誉称号

6. 蒋武庆　被泉州市中级人民法院授予“先进工作者”荣誉称号

7. 黄双英　被泉州市中级人民法院授予“先进工作者”荣誉称号

8. 林海峰　被泉州市中级人民法院授予“优秀共产党员”荣誉称号

9. 谢火生　被泉州市中级人民法院授予“优秀共产党员”荣誉称号

10. 陈志杰　被泉州市中级人民法院授予“优秀共产党员”荣誉称号

11. 庄丽娜　被泉州市中级人民法院授予“优秀共产党员”荣誉称号

下属各基层人民法院

鲤城区

先进集体：

民一庭　被鲤城区人民法院授予“先进集体”荣誉称号

先进个人：

1. 庄庭钧　被鲤城区人民法院授予“优秀法官”荣誉称号

2. 洪良直　被鲤城区人民法院授予“调解能手”荣誉称号

3. 郑英好　被鲤城区人民法院授予“调解能手”荣誉称号

4. 陈进龙　被鲤城区人民法院授予“优秀书记员”荣誉称号

5. 林孟娴　被鲤城区人民法院授予“优秀书记员”荣誉称号

丰泽区

先进集体：

民一庭　被丰泽区人民法院授予“先进集体”荣誉称号

先进个人：

1. 卢玉婷　被丰泽区人民法院授予“先进工作者”荣誉称号
2. 张文智　被丰泽区人民法院授予“先进工作者”荣誉称号
3. 陈　英　被丰泽区人民法院授予“先进工作者”荣誉称号
4. 刘圣楠　被丰泽区人民法院授予“先进工作者”荣誉称号
5. 陈琼璋　被丰泽区人民法院授予“办案质效标兵”荣誉称号
6. 吕千虹　被丰泽区人民法院授予“办案质效标兵”荣誉称号
7. 郑海东　被丰泽区人民法院授予“调解能手”荣誉称号
8. 卢玉婷　被丰泽区人民法院授予“调解能手”荣誉称号
9. 胡彩云　被丰泽区人民法院授予“优秀书记员”荣誉称号

洛江区

先进个人：

刘斯贵　被洛江区委、区文明办授予“2010～2012年度(第七届)文明建设先进工作者”荣誉称号

泉港区

先进个人：

叶绿萱　被泉港区直党工委授予“区直机关‘党员服务之星’——爱岗服务之星”荣誉称号

晋江市

先进个人：

1. 吴声坛　被晋江市人民法院授予“先进工作者”荣誉称号
2. 李金玲　被晋江市人民法院授予“先进工作者”荣誉称号
3. 李岩芳　被晋江市人民法院授予“先进工作者”荣誉称号
4. 颜文颖　被晋江市人民法院授予“先进工作者”荣誉称号
5. 许海民　被晋江市人民法院授予“先进工作者”荣誉称号
6. 林文晋　被晋江市人民法院授予“先进工作者”荣誉称号
7. 寿华杰　被晋江市人民法院授予“先进工作者”荣誉称号
8. 吴式级　被晋江市人民法院授予“先进工作者”荣誉称号
9. 王美烟　被晋江市人民法院授予“先进工作者”荣誉称号
10. 赖珊珊　被晋江市人民法院授予“先进工作者”荣誉称号
11. 洪贝琪　被晋江市人民法院授予“先进工作者”荣誉称号
12. 吴陈斌　被晋江市人民法院授予“先进工作者”荣誉称号
13. 施艳萍　被晋江市人民法院授予“先进工作者”荣誉称号

石狮市

先进集体：

1. 湖滨人民法庭　被石狮市委、市政府授予“2010～2012年度创建文明行业工作先进单位”荣誉称号
2. 祥芝人民法庭　被石狮市人民法院授予“先进集体”、“优秀庭室”荣誉称号

先进个人：

1. 郭清漂　被石狮市委、市政府授予“石狮市社会管理综合治理和平安建设先进个人”荣誉称号
2. 黄招荣　被石狮市委、市政府授予“石狮市社会管理综合治理和平安建设先进个人”荣誉称号
3. 谢清限　被石狮市委、市政府授予“石狮市第二届十佳政法干警”荣誉称号
4. 曾文龙　被石狮市人民法院授予“先进工作者”荣誉称号
5. 邱于义　被石狮市人民法院授予“先进工作者”荣誉称号
6. 李少雄　被石狮市人民法院授予“先进工作者”荣誉称号
7. 蔡鸳鸯　被石狮市人民法院授予“先进工作

者"荣誉称号

8. 陈伟莲 被石狮市人民法院授予"先进工作者"荣誉称号

惠安县

先进集体：

城关人民法庭 被惠安县人民法院授予"先进集体"荣誉称号

先进个人：

1. 杨伟峰 被惠安县委、县政府授予"2012年政法十佳干警"荣誉称号
2. 王伟煌 被惠安县人民法院授予"先进工作者"荣誉称号
3. 李淑玲 被惠安县人民法院授予"先进工作者"荣誉称号
4. 庄福明 被惠安县人民法院授予"先进工作者"荣誉称号
5. 李熹岚 被惠安县人民法院授予"先进工作者"荣誉称号
6. 邱金海 被惠安县人民法院授予"先进工作者"荣誉称号
7. 张泽鹏 被惠安县人民法院授予"先进工作者"荣誉称号
8. 柳龙超 被惠安县人民法院授予"办案标兵"荣誉称号
9. 朱小强 被惠安县人民法院授予"办案标兵"荣誉称号
10. 何忠平 被惠安县人民法院授予"调解能手"荣誉称号
11. 周泽强 被惠安县人民法院授予"调解能手"荣誉称号
12. 黄桂德 被惠安县人民法院授予"调解能手"荣誉称号

南安市

先进集体：

1. 洪濑人民法庭 被南安市委、市政府授予"南安市2012年度社会管理综合治理和平安建设工作先进单位"、"南安市第四届(2010～2012年度)创建文明行业先进单位"荣誉称号、被南安市人民法院授予"文明庭室"荣誉称号
2. 美林人民法庭 被南安市人民法院授予"先进集体"荣誉称号
3. 诗山人民法庭 被南安市人民法院授予"先进集体"荣誉称号

先进个人：

1. 杨炳源 被南安市委、市政府授予"南安市2012年度社会管理综合治理和平安建设工作先进个人"荣誉称号
2. 何志刚 被南安市人民法院授予"办案能手"荣誉称号
3. 黄文建 被南安市人民法院授予"办案能手"荣誉称号
4. 黄少红 被南安市人民法院授予"办案能手"荣誉称号
5. 王一心 被南安市人民法院授予"办案能手"荣誉称号
6. 薛金御 被南安市人民法院授予"调解能手"荣誉称号
7. 李晓琳 被南安市人民法院授予"优秀书记员"荣誉称号
8. 吴萍瑜 被南安市人民法院授予"优秀书记员"荣誉称号
9. 陈绵绵 被南安市人民法院授予"文明干警"荣誉称号
10. 张良程 被南安市人民法院授予"文明干警"荣誉称号
11. 黄清洁 被南安市人民法院授予"文明干警"荣誉称号
12. 高声远 被南安市人民法院授予"文明干警"荣誉称号

安溪县

先进集体：

1. 城关人民法庭 被安溪县委、县政府授予"2012年度政法综治、平安建设先进集体"荣誉称号
2. 湖头人民法庭 被安溪县人民法院授予"先进集体"荣誉称号
3. 交通巡回法庭 被安溪县人民法院授予"先进集体"荣誉称号

先进个人：

1. 苏荣杰 被安溪县委、县政府授予"2012年度政法综治、平安建设先进工作者"荣誉称号
2. 蔡锦锋 被安溪县人民法院授予"2012年度先进工作者"荣誉称号
3. 叶伟芳 被安溪县人民法院授予"2012年度先进工作者"荣誉称号
4. 李培忠 被安溪县人民法院授予"2012年度

先进工作者”荣誉称号

5. 张晓娟　被安溪县人民法院授予“2012年度先进工作者”荣誉称号

6. 袁玉泉　被安溪县人民法院授予“2012年度先进工作者”荣誉称号

7. 黄田中　被安溪县人民法院授予“2012年度先进工作者”荣誉称号

8. 陈进水　被安溪县人民法院授予“2012年度先进工作者”荣誉称号

9. 谢奕清　被安溪县人民法院授予“2012年度先进工作者”荣誉称号

10. 陈汉文　被安溪县人民法院授予“2012年度先进工作者”荣誉称号

11. 陈义都　被安溪县人民法院授予“2012年度先进工作者”荣誉称号

永春县

先进个人：

洪旗星　被泉州市中级人民法院授予“全市法院办案竞赛活动调解能手”荣誉称号

德化县

先进个人：

1. 颜鸣宙　被德化县人民法院授予“先进工作者”荣誉称号

2. 郑聪养　被德化县人民法院授予“先进工作者”荣誉称号

3. 成盛晟　被德化县人民法院授予“先进工作者”荣誉称号

三明市

三明市中级人民法院

先进集体：

民一庭党支部　被福建省高级人民法院授予“全省法院创先争优先进基层党组织”荣誉称号

先进个人：

白　威　被福建省高级人民法院授予“全省优秀法官”荣誉称号

下属各基层人民法院

梅列区

先进个人：

1. 林　青　被福建省高级人民法院授予“全省法院系统先进工作者”荣誉称号、被三明市中级人民法院授予“全市法院先进工作者”荣誉称号、被梅列区委组织部、区公务员局授予“优秀公务员”荣誉称号

2. 伍南冬　被福建省高级人民法院授予“全省法院系统先进工作者”、“全省基层法官办案标兵”、“全省法院创先争优优秀共产党员”荣誉称号、被三明市中级人民法院授予“全市法院办案标兵”荣誉称号、被梅列区委组织部、区公务员局授予“优秀公务员”荣誉称号

3. 甘峰才　被三明市中级人民法院授予“全市法院先进工作者”荣誉称号、被梅列区委组织部、区公务员局授予“优秀公务员”荣誉称号

4. 秦　榕　被三明市中级人民法院授予“全市法院先进工作者”荣誉称号

三元区

先进集体：

1. 莘口人民法庭党支部　被福建省高级人民法院授予“全省法院创先争优先进基层党组织”荣誉称号、被三明市委授予“全市创先争优先进基层党组织”荣誉称号

2. 莘口人民法庭　被三明市精神文明建设指导委员会授予“第七届文明行业创建工作示范点”荣誉称号、被三明市总工会授予“工人先锋号”荣誉称号

先进个人：

1. 罗新荣　被三明市中级人民法院授予“全市法院先进工作者”荣誉称号、被三元区直机关工作委员会授予“2010~2012年区直机关创先争优优秀共产党员”荣誉称号

2. 蔡章薛　被三明市中级人民法院授予“全市法院办案标兵”荣誉称号

3. 柯月香　被三元区委、区政府记“个人三等功”

永安市

先进集体：

1. 民一庭　被三明市中级人民法院授予“全市法院先进集体”荣誉称号

2. 维军审判庭　被福建省高级人民法院授予“全省法院系统先进集体”荣誉称号

先进个人：

1. 李如浩　被福建省高级人民法院授予“全省优秀法官”荣誉称号、“全省基层法官办案标兵”荣誉称号、被三明市中级人民法院授予“全市法院办案标兵”荣誉称号

2. 饶德松　被永安市委、市政府、市人民武装部授予“创建全国双拥模范城工作先进个人”荣誉称号

泰宁县

先进集体：

民一庭　被三明市中级人民法院授予“全市法院先进集体”荣誉称号

先进个人：

吴　杰　被福建省高级人民法院授予“全省基层法官办案标兵”荣誉称号

清流县

先进集体：

民一庭　被三明市中级人民法院授予“全市法院先进集体”荣誉称号

先进个人：

1. 肖宝玉　被福建省高级人民法院授予“全省法院创先争优优秀共产党员”、“全省基层法官办案标兵”荣誉称号

2. 林　妍　被三明市中级人民法院授予“全市法院审判质效先进个人”荣誉称号、被清流县人民法院授予“先进工作者”荣誉称号

3. 余忠发　被三明市中级人民法院授予“全市法院办案标兵”荣誉称号、被清流县政府授予“优秀公务员”荣誉称号

4. 黄水根　被福建省高级人民法院授予“全省法院系统先进工作者”荣誉称号

尤溪县

先进个人：

1. 罗朝栋　被福建省高级人民法院授予“全省十佳法官”荣誉称号

2. 蒋智强　被福建省高级人民法院授予“全省基层法官办案标兵”荣誉称号

大田县

先进个人：

潘迎冬　被三明市中级人民法院授予“全市法院先进工作者”荣誉称号

将乐县

先进集体：

南口人民法庭　被福建省高级人民法院授予“全省十佳法庭”荣誉称号、记“集体二等功”

先进个人：

1. 傅建峰　被福建省高级人民法院授予“全省基层法官办案标兵”荣誉称号

2. 朱乃麟　被福建省高级人民法院授予“全省法院系统先进工作者”荣誉称号

3. 王有章　被三明市中级人民法院记“个人三等功”

4. 李全华　被将乐县委记“个人三等功”

明溪县

先进个人：

1. 王云琴　被福建省高级人民法院授予“全省法院系统先进工作者”荣誉称号

2. 严乐平　被福建省高级人民法院授予“全省基层法官办案标兵”荣誉称号

3. 洪明群　被福建省高级人民法院授予“全省法院创先争优优秀共产党员”荣誉称号、被三明市中级人民法院授予“全市法院先进个人”荣誉称号

宁化县

先进集体：

1. 安乐人民法庭党支部　被福建省高级人民法院授予“全省法院创先争优先进基层党组织”荣誉称号

2. 安乐人民法庭　被三明市中级人民法院授予“全市法院先进集体”荣誉称号

先进个人：

1. 曾显伍　被福建省高级人民法院授予“全省法院系统先进工作者”荣誉称号、被三明市中级人民法院授予“全市法院审判质效先进个人”荣誉称号

2. 张河勤　被福建省高级人民法院授予“全省基层法官办案标兵”荣誉称号

3. 邱海清　被三明市中级人民法院授予“全市法院办案标兵”荣誉称号

4. 王飞凤　被三明市中级人民法院授予“全市法院办案标兵”荣誉称号

建宁县

先进个人：

杨香梅　被三明市中级人民法院授予“全市法院先进工作者”荣誉称号、被三明市总工会授予“2011～2012年度三明市女职工标兵”荣誉称号、被建宁县人民法院授

予"先进个人"荣誉称号

沙县

先进个人:

魏广明　被福建省高级人民法院授予"全省基层法官办案标兵"荣誉称号

莆田市

莆田市中级人民法院

先进个人:

1. 余金灿　被莆田市中级人民法院记"个人嘉奖"
2. 许秋红　被莆田市中级人民法院记"个人嘉奖"
3. 吴瑞雪　被莆田市中级人民法院记"个人嘉奖"
4. 陈利强　被莆田市人大常委会妇女儿童工作组授予"2012年度莆田市维护妇女儿童合法权益工作先进个人"荣誉称号

下属各基层人民法院

城厢区

先进个人:

1. 陈　静　被全国妇联、全国维护妇女儿童权益暨平安家庭创建协调组联合授予"2012年度全国维护妇女儿童权益先进个人"荣誉称号
2. 陈碧金　被最高人民法院授予"2012年度全国法院办案标兵"荣誉称号
3. 陈钟颖　被莆田市中级人民法院记"个人嘉奖"
4. 林　怡　被莆田市中级人民法院记"个人嘉奖"

荔城区

先进集体:

西天尾人民法庭　被莆田市中级人民法院记"集体三等功"

先进个人:

1. 连森妹　被福建省高级人民法院授予"全省基层法官办案标兵"荣誉称号、被莆田市中级人民法院记"个人三等功"
2. 宋志军　被福建省高级人民法院授予"全省基层法官办案标兵"荣誉称号
3. 林凤忠　被莆田市中级人民法院授予"全市法院系统信访清案个人嘉奖"荣誉称号
4. 黄元招　被莆田市中级人民法院记"个人嘉奖"

秀屿区

先进个人:

1. 方慧敏　被莆田市中级人民法院记"个人嘉奖"
2. 潘丽鑫　被福建省高级人民法院授予"全省法院优秀书记员"荣誉称号、被莆田市妇联授予"莆田市三八红旗手"荣誉称号
3. 林国太　被秀屿区人民法院记"个人嘉奖"
4. 江永忠　被秀屿区人民法院记"个人嘉奖"

涵江区

先进个人:

郑剑伟　被莆田市中级人民法院记"个人嘉奖"

仙游县

先进集体:

1. 郊尾人民法庭　被福建省高级人民法院授予"全省十佳法庭"荣誉称号、记"集体二等功"
2. 交通审判庭　被莆田市中级人民法院记"集体嘉奖"

先进个人:

1. 柯天祥　被福建省高级人民法院授予"全省法院系统先进工作者"、"全省基层法官办案标兵"荣誉称号
2. 张世伟　被福建省高级人民法院授予"全省法院系统先进工作者"、"全省基层法官办案标兵"荣誉称号
3. 林少军　被福建省高级人民法院授予"全省优秀法官"荣誉称号
4. 林金东　被莆田市中级人民法院记"个人嘉奖"
5. 章建育　被莆田市中级人民法院记"个人嘉奖"
6. 王华忠　被莆田市中级人民法院记"个人嘉奖"

南平市

南平市中级人民法院

先进集体:

1. 民一庭党支部　被福建省高级人民法院授予"全省法院创先争优先进基层党组织"荣誉称号、被南平市中级人民法院授予"创先争优先进党组织"荣誉称号

2. 民一庭　被南平市中级人民法院记“集体三等功”

先进个人：

1. 陈志勇　被福建省高级人民法院授予“全省法院系统先进工作者”荣誉称号
2. 朱文如　被共青团南平市委、市青联会授予“新长征突击手”荣誉称号、被南平市中级人民法院记“个人三等功”
3. 黄天智　被南平市中级人民法院授予“优秀共产党员”荣誉称号
4. 陈志勇　被南平市中级人民法院授予“优秀共产党员”荣誉称号、记“个人嘉奖”

下属各基层人民法院

光泽县

先进集体：

民一庭　被南平市创建青年文明号组委会授予“南平市青春建功新农村‘号村结对’互助联动活动先进集体”荣誉称号

先进个人：

1. 黄　静　被福建省高级人民法院授予“全省基层法官办案标兵”荣誉称号、被光泽县委记“个人三等功”
2. 黄志强　被福建省高级人民法院授予“全省法院创先争优优秀共产党员”荣誉称号
3. 章琼华　被福建省高级人民法院授予“全省法院系统先进工作者”荣誉称号、被光泽县公务员局、妇联授予“三八红旗手”荣誉称号
4. 阎　浩　被福建省高级人民法院授予“全省法院系统先进工作者”荣誉称号

建瓯市

先进集体：

1. 民一庭　被建瓯市人民法院评为“院岗位目标绩效考评先进单位”
2. 城区人民法庭　被福建省高级人民法院授予“全省法院系统先进集体”荣誉称号、被建瓯市人民法院评为“院岗位目标绩效考评先进单位”

先进个人：

1. 林桂清　被福建省高级人民法院授予“全省优秀法官”荣誉称号
2. 吴月华　被福建省高级人民法院授予“全省基层法官办案标兵”荣誉称号、被建瓯市人民法院授予“办案能手”荣誉称号
3. 高信仁　被福建省高级人民法院授予“全省法院系统先进工作者”荣誉称号、被建瓯市人民法院授予“办案能手”荣誉称号
4. 刘毓明　被建瓯市人民法院授予“办案能手”荣誉称号
5. 冯东坡　被建瓯市人民法院授予“办案能手”荣誉称号
6. 黄承兵　被建瓯市人民法院授予“办案能手”荣誉称号
7. 梅文侃　被建瓯市人民法院授予“办案能手”荣誉称号
8. 谢乐煜　被建瓯市人民法院授予“办案能手”荣誉称号
9. 陈瑞完　被建瓯市人民法院授予“办案能手”荣誉称号
10. 林　静　被建瓯市人民法院授予“办案能手”、“优秀共产党员”荣誉称号
11. 詹祖丹　被建瓯市人民法院授予“办案能手”荣誉称号
12. 范晓璐　被建瓯市人民法院授予“办案能手”、“先进个人”荣誉称号
13. 陈　慧　被建瓯市人民法院授予“办案能手”、“先进个人”荣誉称号
14. 江建文　被建瓯市人民法院授予“办案能手”、“先进个人”荣誉称号
15. 吴慧艳　被建瓯市人民法院授予“先进个人”荣誉称号
16. 吴玉范　被建瓯市人民法院授予“先进个人”荣誉称号
17. 林宝妹　被建瓯市人民法院授予“先进个人”荣誉称号
18. 陈晓玲　被建瓯市人民法院授予“先进个人”荣誉称号
19. 徐宇杰　被建瓯市人民法院授予“先进个人”荣誉称号
20. 饶祥莺　被建瓯市人民法院授予“先进个人”荣誉称号

邵武市

先进集体：

民一庭　被福建省高级人民法院授予“福建省

巾帼文明岗先进集体”荣誉称号、被南平市中级人民法院记“集体三等功”

先进个人：

1. 彭贻华　被福建省高级人民法院授予“全省优秀法官”荣誉称号
2. 危　艳　被福建省高级人民法院授予“全省基层法官办案标兵”荣誉称号
3. 黄培敏　被南平市中级人民法院记“个人三等功”
4. 熊建安　被南平市中级人民法院记“个人三等功”
5. 张郑萍　被邵武市人民法院授予“先进个人”荣誉称号
6. 胡立韬　被邵武市人民法院授予“先进个人”荣誉称号
7. 郑承惟　被邵武市人民法院授予“先进个人”荣誉称号
8. 兰敏辉　被邵武市人民法院授予“先进个人”荣誉称号
9. 蒋长玉　被邵武市人民法院授予“先进个人”荣誉称号
10. 刘军伟　被邵武市人民法院授予“先进个人”荣誉称号

顺昌县

先进集体：

大干法庭党支部　被福建省高级人民法院授予“全省法院创先争优先进基层党组织”荣誉称号

先进个人：

1. 廖林雄　被福建省高级人民法院授予“全省法院系统先进工作者”荣誉称号
2. 江　舟　被福建省高级人民法院授予“全省基层法官办案标兵”荣誉称号、被南平市中级人民法院记“个人三等功”

松溪县

先进集体：

民一庭　被松溪县人民法院授予“先进集体”荣誉称号

先进个人：

1. 涂斌华　被福建省高级人民法院授予“全省基层法官办案标兵”、“全省法院系统先进工作者”荣誉称号
2. 吴丽芳　被福建省高级人民法院授予“全省基层法官办案标兵”、“全省法院系统先进工作者”荣誉称号、被松溪县人民法院授予“办案标兵”荣誉称号
3. 施发贞　被福建省高级人民法院授予“全省法院优秀书记员”荣誉称号、被松溪县人民法院授予“先进工作者”荣誉称号
4. 陈国旺　被松溪县人民法院授予“调解能手”荣誉称号
5. 艾广辉　被松溪县人民法院授予“办案标兵”荣誉称号
6. 叶　芬　被松溪县人民法院授予“先进工作者”荣誉称号

武夷山市

先进个人：

1. 陈　妃　被福建省高级人民法院授予“全省法院优秀书记员”荣誉称号
2. 余崇斌　被南平市中级人民法院记“个人三等功”

延平区

先进集体：

民一庭　被南平市中级人民法院记“集体三等功”

先进个人：

1. 何立琴　被南平市中级人民法院记“个人三等功”
2. 吴裕生　被南平市中级人民法院记“个人三等功”
3. 夏　雯　被南平市中级人民法院记“个人嘉奖”
4. 陈　泱　在南平市法院系统第十九届学术讨论会论文评选中获三等奖
5. 邱　翠　在南平市法院系统第十九届学术讨论会论文评选中获三等奖

建阳市

先进集体：

麻沙人民法庭党支部　被福建省高级人民法院授予“全省法院创先争优先进基层党组织”荣誉称号

先进个人：

1. 余卫东　被福建省高级人民法院授予“全省法院创先争优优秀共产党员”荣誉称号
2. 戴琳丰　被福建省高级人民法院授予“全省

法院系统先进工作者”荣誉称号、在南平市法院系统第十九届学术讨论会论文评选中获三等奖

3. 李国富　被建阳市委、市政府记“个人嘉奖”、被共青团建阳市委授予“建阳市优秀共青团干部”荣誉称号

4. 郭　升　被建阳市委、市人民政府记“个人嘉奖”

浦城县

先进集体：

水南人民法庭　被福建省高级人民法院授予“法院文化建设示范法庭”、“涉诉矛盾化解工作先进集体”、“全省法院系统先进集体”、“学习陈燕萍工作先进集体”、“司法公开示范法庭”荣誉称号

先进个人：

1. 蔡诗俊　被福建省高级人民法院授予“全省基层法院办案标兵”荣誉称号

2. 吴晓维　被福建省高级人民法院授予“全省法院优秀书记员”荣誉称号

3. 肖　剑　被福建省高级人民法院授予“全省法院优秀服务保障工作者”荣誉称号

政和县

先进个人：

尹文珍　被福建省高级人民法院授予“全省基层法官办案标兵”荣誉称号

龙岩市

龙岩市中级人民法院

先进集体：

民一庭　被龙岩市中级人民法院授予“先进集体”荣誉称号

先进个人：

1. 傅胜荣　被龙岩市中级人民法院授予“优秀公务员”荣誉称号、记“个人三等功”、记“个人嘉奖”

2. 戴景彤　被龙岩市中级人民法院记“个人三等功”

3. 刘彬辉　被龙岩市中级人民法院授予“优秀公务员”荣誉称号、记“个人嘉奖”

4. 李祝才　被龙岩市中级人民法院授予“优秀公务员”荣誉称号、记“个人嘉奖”

5. 黄智勇　被龙岩市中级人民法院授予“2012年度全市法院系统先进工作者”荣誉称号、记“个人嘉奖”

6. 李小东　被龙岩市中级人民法院授予“2012年度全市法院系统调解能手”荣誉称号

7. 林发富　被龙岩市中级人民法院授予“2012年度全市法院系统调解能手”荣誉称号

下属基层人民法院

新罗区

先进集体：

民一庭　被龙岩市中级人民法院授予“2012年度全市法院系统先进集体”荣誉称号

先进个人：

1. 黄达康　被福建省高级人民法院授予“全省优秀法官”荣誉称号、被龙岩市中级人民法院授予“2012年度全市法院系统调解能手”荣誉称号

2. 罗晓颖　被福建省高级人民法院授予“全省基层法官办案标兵”荣誉称号、被龙岩市中级人民法院授予“2012年度全市法院系统先进工作者”荣誉称号

3. 高卫炬　被龙岩市中级人民法院授予“2012年度全市法院系统调解能手”荣誉称号

4. 王晓露　被龙岩市中级人民法院授予“2012年度全市法院系统调解能手”荣誉称号

5. 陈　洋　被福建省高级人民法院授予“全省法院优秀书记员”荣誉称号

上杭县

先进集体：

古田人民法庭　被福建省高级人民法院授予“全省法院系统先进集体”荣誉称号

先进个人：

1. 刘五连　被福建省高级人民法院授予“全省基层法官办案标兵”荣誉称号

2. 温云球　被福建省高级人民法院授予“全省优秀法官”荣誉称号

3. 谢志斌　被福建省高级人民法院授予“全省法院优秀书记员”荣誉称号

连城县

先进个人：

1. 杨映辉　被福建省高级人民法院授予“全省优秀法官”荣誉称号、被龙岩市委政

法委授予“十佳矛盾纠纷化解能手”荣誉称号

2. 邓小凤 被龙岩市中级人民法院授予“2012年度全市法院系统调解能手”荣誉称号

永定县

先进集体:

1. 坎市人民法庭党支部 被福建省高级人民法院授予“全省法院创先争优先进基层党组织”荣誉称号
2. 坎市人民法庭 被福建省高级人民法院授予“全省法院系统先进集体”荣誉称号、被龙岩市中级人民法院授予“先进集体”荣誉称号

先进个人:

1. 胡学华 被龙岩市中级人民法院授予“2012年度全市法院系统调解能手”荣誉称号
2. 林祥贞 被福建省高级人民法院授予“全省基层法官办案标兵”荣誉称号
3. 李 薇 被福建省高级人民法院授予“全省法院优秀书记员”荣誉称号、被龙岩市中级人民法院授予“2012年度全市法院系统十佳书记员”荣誉称号
4. 孔祥村 被龙岩市中级人民法院授予“2012年度全市法院系统优秀法官”荣誉称号

宁德市

宁德市中级人民法院

先进个人:

1. 陈 勇 被宁德市委、市政府授予“优秀公务员”荣誉称号
2. 叶庆兴 被宁德市委、市政府授予“优秀公务员”荣誉称号
3. 陈 峰 被宁德市委、市政府授予“优秀公务员”荣誉称号
4. 陈光华 被宁德市委、市政府授予“优秀公务员”荣誉称号

下属各基层人民法院

蕉城区

先进集体:

霍童人民法庭 被福建省高级人民法院授予“全省法院系统先进集体”荣誉称号

先进个人:

1. 阮 星 被福建省高级人民法院授予“全省法院系统先进工作者”荣誉称号、被蕉城区委、区政府记“个人三等功”、被蕉城区人民法院授予“2012年度先进工作者”荣誉称号
2. 刘永其 被福建省高级人民法院授予“全省基层法官办案标兵”荣誉称号、被蕉城区人民法院授予“2012年度办案能手”荣誉称号
3. 陆学宇 被福建省高级人民法院授予“全省法院优秀书记员”荣誉称号、被蕉城区委、区政府记“个人嘉奖”、被蕉城区人民法院授予“2012年度先进工作者”荣誉称号
4. 庄丹钦 被蕉城区委、区政府记“个人嘉奖”、被蕉城区人民法院授予“2012年度先进工作者”、“2012年度宣传工作先进个人”荣誉称号、在宁德市法院系统第十二届学术讨论会论文评选中获优秀奖
5. 林 炜 被蕉城区委、区政府记“个人嘉奖”、被蕉城区人民法院授予“2012年度先进工作者”荣誉称号
6. 陈 庄 被蕉城区委、区政府记“个人三等功”、被蕉城区人民法院授予“2012年度先进工作者”、“2012年度信息工作先进个人”荣誉称号
7. 卢小洋 被蕉城区委、区政府记“个人嘉奖”、被蕉城区人民法院授予“2012年度先进工作者”荣誉称号
8. 石孟发 被蕉城区人民法院授予“2012年度办案能手”荣誉称号
9. 韦信钱 被蕉城区人民法院授予“2012年度办案能手”荣誉称号
10. 孙长斌 被蕉城区人民法院授予“2012年度优秀书记员”荣誉称号
11. 巫卫娜 被蕉城区人民法院授予“2012年度优秀书记员”荣誉称号

福安市

先进集体:

赛岐人民法庭 被最高人民法院授予“全国法

院先进集体"荣誉称号

先进个人：

1. 王梓安　被福建省高级人民法院授予"全省法院系统先进工作者"荣誉称号
2. 林劲松　被福建省高级人民法院授予"全省法院创先争优优秀共产党员"荣誉称号
3. 陈开廉　被福建省高级人民法院授予"全省十佳法官"荣誉称号、记"个人二等功"

霞浦县

先进个人：

1. 王新宇　被福建省高级人民法院授予"全省基层法官办案标兵"荣誉称号
2. 赵梦静　被福建省高级人民法院授予"全省法院优秀书记员"荣誉称号
3. 林　光　被福建省高级人民法院授予"全省法院系统先进工作者"荣誉称号
4. 黄家华　被福建省高级人民法院授予"全省法院系统先进工作者"荣誉称号

福鼎市

先进集体：

1. 白琳人民法庭党支部　被福建省高级人民法院授予"全省法院创先争优先进基层党组织"荣誉称号
2. 太姥山人民法庭　被福鼎市人民法院授予"先进集体"荣誉称号

先进个人：

1. 李　威　被福建省高级人民法院授予"全省法院系统先进工作者"荣誉称号
2. 兰子君　被福鼎市人民法院授予"办案能手"、"调研先进工作个人"荣誉称号
3. 谢慧卉　被福建省高级人民法院授予"全省法院优秀书记员"荣誉称号、被福鼎市人民法院授予"先进工作者"荣誉称号
4. 周友泉　被福鼎市人民法院授予"先进工作者"荣誉称号
5. 郭益芳　被福鼎市人民法院授予"先进工作者"荣誉称号
6. 谢维芳　被福鼎市人民法院授予"先进工作者"荣誉称号
7. 张开建　被福鼎市人民法院授予"办案能手"、"调解工作能手"、"宣传先进工作个人"荣誉称号
8. 黄常凯　被福鼎市人民法院授予"先进工作者"、"调研先进工作个人"荣誉称号

周宁县

先进集体：

1. 服务域外经济巡回法庭　被宁德市中级人民法院记"集体三等功"
2. 咸村人民法庭　被宁德市中级人民法院记"集体三等功"、被宁德市精神文明建设指导委员会授予"宁德市第七届文明行业示范窗口"荣誉称号

先进个人：

1. 周华长　被福建省高级人民法院授予"全省优秀法官"荣誉称号、被宁德市中级人民法院授予"优秀法官"荣誉称号、被周宁县委、县政府记"个人三等功"
2. 林水华　被宁德市中级人民法院授予"先进工作者"荣誉称号、被共青团周宁县委授予"优秀共青团员"荣誉称号
3. 陈志宏　被宁德市中级人民法院授予"办案标兵"荣誉称号、被周宁县委、县政府记"个人三等功"
4. 徐芳兰　被周宁县委记"个人嘉奖"
5. 林信瑞　被周宁县委记"个人嘉奖"
6. 陈孙秋　被周宁县委授予"社会治安综合治理先进个人"荣誉称号

柘荣县

先进集体：

1. 民一庭　被柘荣县人民法院授予"先进集体"荣誉称号
2. 双城人民法庭　被福建省高级人民法院授予"全省法院系统先进集体"荣誉称号、被宁德市中级人民法院记"集体三等功"、被宁德市精神文明建设指导委员会授予"宁德市第七届文明行业创建工作示范点"荣誉称号
3. 审理"岚锦豪庭"预售商品房纠纷系列案件合议庭　被宁德市中级人民法院记"集体三等功"

先进个人：

薛为民　被福建省高级人民法院授予“全省基层法官办案标兵”、“全省法院系统先进工作者”荣誉称号、被宁德市中级人民法院记“个人三等功”、被柘荣县人民法院授予“2012 年度调解工作先进个人”荣誉称号

江西省法院 2012 年受表彰的民事审判工作先进集体和先进个人

江西省高级人民法院

先进个人：

廖志坚　被江西省高级人民法院评为优秀公务员、给予个人嘉奖

邓相红　被江西省高级人民法院授予全省法院办案标兵称号

龚雪林　被江西省高级人民法院评为优秀公务员、给予个人嘉奖、所撰写的裁判文书被评为全省法院两评查活动优秀裁判文书

刘海山　被江西省高级人民法院评为优秀公务员、给予个人嘉奖

南昌市中级人民法院

先进集体：

民一庭　被南昌市中级人民法院给予机关集体嘉奖、调研工作集体嘉奖、被南昌市政法委授予先进集体称号

先进个人：

张宗华　被南昌市中级人民法院记个人三等功

陈　芳　被南昌市中级人民法院给予机关个人嘉奖

黄　萍　被南昌市中级人民法院给予机关个人嘉奖

胡　朋　被南昌市中级人民法院给予机关个人嘉奖

陈大奎　被南昌市中级人民法院给予机关个人嘉奖

刘　岚　被南昌市中级人民法院给予机关个人嘉奖

刘　娟　被南昌市中级人民法院给予机关个人嘉奖

汪西菲　被南昌市中级人民法院给予机关个人嘉奖

胡　静　被南昌市中级人民法院给予机关个人嘉奖

沈　莉　被被南昌市中级人民法院给予机关个人嘉奖

马　龙　被南昌市中级人民法院给予机关个人嘉奖

沈　杰　被南昌市政法委授予先进个人称号、被南昌市中级人民法院给予机关个人嘉奖

黄　琳　被南昌市政法委授予先进个人称号、被南昌市中级人民法院授予优秀公务员称号

胡　萍　被南昌市中级人民法院授予优秀公务员称号

王革生　被南昌市中级人民法院授予优秀公务员称号

姚永忠　被南昌市中级人民法院授予优秀公务员称号

罗云奇　被南昌市中级人民法院授予优秀公务员称号

吴红龙　被南昌市中级人民法院授予优秀公务员称号

龚　燕　被南昌市中级人民法院授予优秀公务员称号

朱　勇　被南昌市中级人民法院授予优秀公务员称号

胡美保　被南昌市中级人民法院授予优秀公务员称号

黄　萍　被南昌市妇联授予党群共建创先争优先进个人称号

南昌市东湖区人民法院

先进集体：

南昌市东湖区人民法院　被南昌市政法委授予全市政法先进集体称号

先进个人：

傅绍华　被南昌市政法委授予全市政法先进个人称号

黄　勇　被南昌市政法委授予全市政法先进个人称号

南昌市西湖区法院

先进个人：

涂克洪　被南昌市政法委授予全市政法先进个人称号

南昌市青云谱区人民法院

先进集体：

城南人民法庭　被南昌市青云谱区人民法院授予先进集体称号

先进个人：

郭起莲　被南昌市政法委授予全市政法先进个人称号

游　涛　被南昌市中级人民法院记个人三等功

马　悦　被南昌市青云谱区人民法院授予办案能手称号

郭起莲　被南昌市青云谱区人民法院授予办案能手称号

何晓洁　被南昌市青云谱区人民法院授予调解能手称号

程其伟　被南昌市青云谱区人民法院授予调解能手称号

龙　超　被南昌市青云谱区人民法院授予先进工作者称号

南昌市湾里区人民法院

先进个人：

王　倩　被南昌市政法委授予全市政法先进个人称号

南昌市高新技术开发区法院：

先进个人：

廖　宏　被南昌市高新区管委会授予先进个人称号、被南昌市高新区技术开发区法院授予先进个人称号

胡显耀　被南昌市高新区技术开发区法院授予先进个人称号

黄文亮　被南昌市高新区技术开发区法院授予先进个人称号

南昌县人民法院

先进个人：

张俊欣　被南昌县人民法院授予经济社会发展先进个人称号

徐起龙　被南昌县授予南昌县优秀矛盾纠纷调解员称号

新建县人民法院

先进集体：

民一庭　被南昌市政法委授予南昌市政法先进集体称号

先进个人：

熊　军　被南昌市政法委授予全市政法先进个人称号

胡小卫　被江西省高级人民法院授予办案标兵称号

进贤县人民法院

先进集体：

民一庭　被进贤县人民法院授予先进单位称号

先进个人：

姜迪清　被进贤县人民法院授予先进个人称号

付阳春　被进贤县人民法院授予先进个人称号

刘旭华　被进贤县人民法院授予先进个人称号

易　鸣　被进贤县人民法院授予先进个人称号

吴玉婷　被进贤县人民法院授予先进个人称号

吴芳兰　被进贤县人民法院授予先进个人称号

黄　涛　被进贤县人民法院授予先进个人称号

冯云志　被进贤县人民法院授予先进个人称号

刘旭华　被南昌市政法委授予全市政法先进个人称号

安义县人民法院

先进集体：

安义县人民法院　被南昌市中级人民法院授予全市民事审判工作集体嘉奖、记集体三等功

万埠人民法庭　被南昌市中级人民法院记集体三等功

石鼻人民法庭　被南昌市中级人民法院授予优秀人民法庭称号

先进个人：

张宇欣　被江西省高级人民法院授予优秀法官称号

杨邑利　被江西省高级人民法院授予办案标兵称号

陈立龙　被南昌市中级人民法院授予优秀法官称号

胡志华　被南昌市中级人民法院授予优秀法官称号

胡文龙　被南昌市中级人民法院记三等功

熊　珍　被南昌市中级人民法院授予民事审判调解能手称号

胡文龙　被南昌市政法委授予全市政法先进个人称号

刘建强　被南昌市政法委授予全市政法先进个人称号

张新明　被南昌市政法委授予全市政法先进个人称号

九江市中级人民法院

先进个人：

李晓珅　被九江市委、市政府授予全市目标考评先进个人称号

游　勇　被九江市委、市政府授予全市目标考评先进个人称号

瑞昌市人民法院

先进集体：

码头人民法庭　被江西省高级人民法院授予全省优秀法庭称号

星子县人民法院

先进集体：

温泉人民法庭　被江西省高级人民法院授予全省优秀法庭称号

景德镇市中级人民法院

先进个人：

李　锋　被江西省高级人民法院授予全省优秀法官称号

景德镇市昌江区人民法院

先进集体：

鲇鱼山人民法庭　被江西省高级人民法院授予全省优秀法庭称号

先进个人：

吴中椅　被江西省高级人民法院授予全省优秀法官称号

乐平市人民法院

先进集体：

众埠人民法庭　被最高人民法院授予全国法院先进集体称号

先进个人：

左　斌　被中共江西省委授予全省为民服务十佳标兵称号

鹰潭市中级人民法院

先进个人：

张志明　所撰写的裁判文书被江西省高级人民法院评为全省法院两评查活动优秀裁判文书

贵溪市人民法院

先进集体：

贵溪市人民法院　被江西省高级人民法院授予全省法院“两评查”先进单位称号

雷溪人民法庭　被江西省高级人民法院授予全省优秀法庭称号

先进个人：

周淑琴　所撰写的裁判文书被江西省高级人民法院评为全省法院两评查活动优秀裁判文书

蒋孟俊　被江西省高级人民法院授予全省法院办案标兵称号

汪金新　被鹰潭市中级人民法院记个人三等功

新余市中级人民法院

渝水区人民法院

先进个人：

李永刚　被新余市中级人民法院授予全市法院办案标兵称号

廖洪平　被新余市中级人民法院授予先进个人称号

袁　勇　被新余市中级人民法院授予先进个人称号

分宜县人民法院

先进集体：

民一庭　被新余市中级人民法院授予信息工作先进集体称号、被分宜县人民法院授予集体嘉奖

中心法庭　被江西省高级人民法院授予全省优秀法庭称号、被江西省共青团授予省青年文明号称号、被分宜县人民法院授予集体嘉奖

先进个人：

张冬根　被最高人民法院授予全国法院办案标兵称号、被江西省高级人民法院授予全省法院优秀法官称号、被新余市政法委授予全市优秀政法干警称号

管东长　被江西省高级人民法院授予全省法院办案标兵称号

万　琳　被新余市中级人民法院授予全市办案标兵称号、被分宜县人民法院给予个人嘉奖

潘冰心　被新余市中级人民法院授予调研工作先进个人称号、被分宜县人民法院给予个人嘉奖

米　杨　被分宜县人民法院给予个人嘉奖

徐志飞　被分宜县人民法院授予优秀公务员称号、被分宜县人民法院给予个人嘉奖

刘雪婷　被分宜县人民法院授予优秀公务员称号、被分宜县人民法院给予个人嘉奖

钟小魏　被分宜县人民法院给予个人嘉奖

刘新云　被新余市中级人民法院授予全市优秀法官称号

萍乡市中级人民法院

先进个人：

杨发良　被江西省高级人民法院授予全省办案标兵称号

赣州市中级人民法院

先进集体：

民四庭　被赣州市中级人民法院授予2012年度先进集体称号、记集体三等功

先进个人：

郑小兵　被赣州市中级人民法院授予先进工作者、全市法院办案标兵称号

王　佳　被赣州市中级人民法院授予先进工作者称号

蒋桥生　被赣州市中级人民法院授予市优秀法官、全市法院办案标兵称号

胡小娥　被赣州市中级人民法院授予先进工作者称号

胡碧华　被赣州市中级人民法院授予先进工作者称号

李　鸿　被赣州市中级人民法院授予先进工作者称号

施　赛　被赣州市中级人民法院授予先进工作者称号

蓝清文　被赣州市中级人民法院授予先进工作者称号

宋玉玲　被赣州市中级人民法院授予先进工作者称号

董　健　被赣州市中级人民法院授予先进工作者称号和机关嘉奖

刘国平　被赣州市中级人民法院授予先进工作者、全市法院办案标兵称号

温雪岩　被赣州市中级人民法院授予先进工作者、全市法院办案标兵称号和机关嘉奖

张慧珍　被江西省高级人民法院授予办案标兵称号，被赣州市中级人民法院授予先进工作者称号

易志胜　被赣州市中级人民法院授予先进工作者、办案标兵称号

袁　菁　被赣州市中级人民法院授予先进工作者、办案标兵称号

谢茂文　被赣州市中级人民法院授予先进工作者、办案标兵称号

罗　师　被赣州市中级人民法院授予先进工作者称号

朱志梅　被赣州市中级人民法院授予先进工作者称号

赣县人民法院

先进集体：

赣县人民法院　被赣州市政法委授予优秀基层政法单位称号

于都县人民法院

先进集体：

银坑人民法庭　被赣州市中级人民法院授予全市优秀人民法庭称号、被赣县人民法院授予先进集体称号

先进个人：

王　锋　被赣州市中级人民法院授予全市优秀法官、全市法院办案标兵称号、被赣县人民法院授予先进个人、调解能手称号

汤学明　被赣州市中级人民法院授予全市优秀法官称号、被赣县人民法院授予先进个人称号

华继华　被赣县人民法院授予办案能手称号

谢殿臣　被赣州市中级人民法院授予办案标兵称号、被赣县人民法院授予办案能手称号

刘海峰　被赣县人民法院授予调解能手称号

袁志昌　被赣县人民法院授予记录能手称号

谢元九　被赣县人民法院授予记录能手称号

会昌县人民法院

先进集体：

周田人民法庭　被会昌团县委授予青年文明号单位称号

先进个人：

周群勇　被江西省高级人民法院授予全省法院办案标兵称号、被赣州市中级人民法院授予办案标兵称号

郭云生　被赣州市中级人民法院授予办案标兵称号

瑞金市人民法院

先进集体：

民一庭　被赣州市中级人民法院记集体三等功

瑞林人民法庭　被瑞金市政法委授予十佳政法单位称号、被瑞金市人民法院授予零投诉、零信访先进集体称号

城郊人民法庭　被赣州市中级人民法院授予全市优秀法庭称号，被瑞金市人

民法院授予先进集体称号
九堡人民法庭　被瑞金市人民法院授予先进集体称号
谢坊人民法庭　被瑞金市人民法院授予零投诉、零信访先进集体称号
先进个人:
刘国平　被赣州市中级人民法院授予全市优秀法官称号、被瑞金市人民法院授予调解能手称号
刘德泉　被赣州市中级人民法院授予办案标兵称号、被瑞金市人民法院授予先进个人称号
朱皓平　被江西省高级人民法院授予全省法院办案标兵称号、被赣州市中级人民法院授予办案标兵称号
曾小妹　被赣州市中级人民法院授予办案标兵称号
陈　松　被瑞金市政法委授予十佳政法干警称号
李小通　被瑞金市人民法院授予进个人、调解能手称号

安远县人民法院

先进集体:
民一庭　被安远县人民法院授予先进集体称号
版石人民法庭　被赣州市中级人民法院授予全市优秀法庭称号、被安远县人民法院授予先进集体称号
先进个人:
顾春晖　被江西省高级人民法院授予全省优秀法官称号、被赣州市中级人民法院授予全市优秀法官称号
曾宪明　被赣州市中级人民法院授予全市优秀法官称号
钟　旻　被江西省高级人民法院授予全省优秀办案标兵称号

定南县人民法院

先进集体:
民一庭　被定南县人民法院授予先进集体称号
先进个人:
赖阳发　被赣州市中级人民法院授予办案标兵称号、被定南县人民法院授予优秀法官称号

龙南县人民法院

先进个人:
何水长　被赣州市中级人民法院授予办案标兵称号
陈明圣　被赣州市中级人民法院授予优秀法官称号

崇义县人民法院

先进集体:
民一庭　被崇义县人民法院授予先进集体称号
古亭人民法庭　被赣州市中级人民法院授予全市优秀人民法庭称号、被崇义县人民法院授予先进集体称号
先进个人:
钟秀通　被赣州市中级人民法院授予优秀法官称号、被赣州市中级人民法院记个人三等功
曾敏明　被赣州市中级人民法院授予优秀法官称号、被崇义县人民法院授予先进个人称号
魏玉华　被崇义县人民法院授予先进个人称号

寻乌县人民法院

先进个人:
罗云亮　被赣州市中级人民法院授予优秀法官称号
黄琼林　被赣州市中级人民法院授予办案标兵称号

赣州黄金开发区法院

先进个人:
罗美娥　被赣州市中级人民法院授予办案标兵称号

全南县人民法院

先进个人:
何荣香　被中华全国妇女联合会和全国维护妇女权益暨平安家庭创建协调组授予全国维护妇女权益先进个人称号

上饶市中级人民法院

先进个人:
涂巍林　被上饶市中级人民法院记个人三等功、被上饶市中级人民法院授予调解能手称号
傅惠云　被上饶市中级人民法院授予调解能手称号
李少琴　被上饶市中级人民法院授予调解能手称号
熊巧玲　被上饶市中级人民法院授予调解能手称号
赖　晓　被上饶市中级人民法院授予调解能手称号
涂巍林　被上饶市中级人民法院授予调解能手称号

蔡明栋　被上饶市中级人民法院授予调解能手称号

郭　嘉　被上饶市中级人民法院授予调解能手称号

婺源县人民法院

先进集体：

江湾人民法庭　被江西省高级人民法院授予全省优秀法庭称号

赋春人民法庭　被上饶市中级人民法院授予全市优秀法庭称号

清华人民法庭　被上饶市中级人民法院授予全市优秀法庭称号

先进个人：

汪红霞　被江西省高级人民法院授予全省优秀法官称号

许俊峰　被婺源县人民法院记个人三等功

孙建群　被婺源县人民法院授予调解能手称号

德兴市人民法院

先进集体：

泗州人民法庭　被上饶市共青团授予青年文明号称号

先进个人：

舒伟群　被江西省高级人民法院授予全省法院办案标兵称号

徐仁斌　被上饶市中级人民法院记个人三等功

江彦瑾　被上饶市中级人民法院授予调解能手称号

郑　彦　被上饶市政法委授予全市十大优秀政法干警称号

广丰县人民法院

先进集体：

桐畈法庭　被上饶市社会综合管理委员会授予全市综治工作先进集体称号

鄱阳县人民法院

先进个人：

刘　俊　被江西省高级人民法院授予全省法院办案标兵称号

抚州市中院人民法院

先进集体：

民一庭　被抚州市中级人民法院授予目标管理优胜单位称号

先进个人：

武　凌　被江西省高级人民法院授予全省法院办案标兵称号

苏莉梅　被抚州市中级人民法院给予个人嘉奖

王　琳　被抚州市中级人民法院给予个人嘉奖

谢丽萍　被抚州市中级人民法院给予个人嘉奖

周　昊　被抚州市中级人民法院给予个人嘉奖

万燕飞　被抚州市中级人民法院授予全市优秀法官称号

临川区人民法院

先进集体：

民一庭　被共青团江西省委、江西省高级人民法院授予江西省青少年维权岗称号

潭坊人民法庭　被江西省高级人民法院授予全省优秀法庭称号

先进个人：

帅美琴　被中华全国妇女联合会授予全国妇女儿童权益先进个人称号

傅　兵　被江西省高级人民法院授予全省法院优秀法官称号

宜黄县人民法院

先进集体：

潭坊人民法庭　被抚州市中级人民法院授予全市优秀法庭称号

先进个人：

邹永斌　被江西省高级人民法院授予全省法院办案标兵称号

周志峰　被抚州市中级人民法院授予全市优秀法官称号

广昌县人民法院

先进集体：

民三庭　被广昌县人民法院授予先进集体称号

盱江人民法庭　被广昌县人民法院授予先进集体称号

先进个人：

黄长兴　被江西省高级人民法院授予全省法院办案标兵称号

丁吉生　被抚州市中级人民法院记个人三等功

邹文飞　被广昌县人民法院授予先进个人称号

潘建安　被广昌县人民法院授予先进个人称号

金溪县人民法院

先进集体：

浒湾人民法庭　被金溪县委政法委授予人民满意基层政法单位称号

先进个人：

黄建然　被江西省高级人民法院授予全省法院办案标兵称号、被抚州市中级人民法院记个人三等功

陈莎莎　被抚州市中级人民法院授予全市优秀法官称号

徐建民　被抚州市中级人民法院授予全市法院

办案标兵称号

彭靖翔　被金溪县人民法院授予先进个人称号

梁　钰　被金溪县人民法院授予先进个人称号

余道治　被金溪县人民法院授予先进个人称号、被金溪县人民法院授予调解能手称号

胡荣辉　被金溪县人民法院授予先进个人称号

黄国民　被金溪县人民法院授予和谐结案能手称号

黄国民　被金溪县人民法院授予和谐结案能手称号

资溪县人民法院

先进集体：

马头山人民法庭　被抚州市中级人民法院授予全市优秀法庭称号

先进个人：

廖庆福　被江西省高级人民法院授予全省法院办案标兵称号

王海生　被抚州市中级人民法院授予全市优秀法官称号

廖庆福　被资溪县委授予2011年度"为民创满意"政法干警称号

王　露　被资溪县人民法院授予先进个人称号

黎川县人民法院

先进集体：

民一庭　被黎川县政法委授予先进政法基层单位

先进个人：

邓英智　被江西省高级人民法院授予全省法院办案标兵称号

邓　辉　被抚州市中级人民法院授予全市法院办案标兵称号

乐安县人民法院

先进集体：

鳌溪人民法庭　被最高人民法院、共青团中央授予全国青年文明号称号

先进个人：

曾　平　被最高人民法院授予全国法院办案标兵称号

谌　宇　被江西省高级人民法院授予全省法院优秀法官称号

崇仁县人民法院

先进个人：

黄建华　被江西省高级人民法院授予全省法院办案标兵称号

甘志强　被崇仁县政法委授予全县政法系统先进个人称号

朱开平　被崇仁县人民法院授予目标管理先进个人称号

孙晓敏　被崇仁县人民法院授予目标管理先进个人称号

甘志强　被崇仁县人民法院授予目标管理先进个人称号

陈　安　被崇仁县人民法院授予目标管理先进个人称号

南丰县县人民法院

先进集体：

太和人民法庭　被江西省高级人民法院授予全省优秀法庭称号

先进个人：

赵　霞　被江西省高级人民法院授予全省法院优秀法官称号

严尤午　被江西省高级人民法院授予全省法院办案标兵称号

东乡县人民法院

先进集体：

马圩人民法庭　被江西省创建青年文明号活动组委会授予省级青年文明号称号

先进个人：

吴丽平　被江西省高级人民法院授予全省法院优秀法官称号

胡件平　被江西省高级人民法院授予全省法院办案标兵称号

周碧锋　被抚州市中级人民法院授予全市办案标兵称号

宜春市中级人民法院

先进个人：

李纯清　被最高人民法院授予全国法院优秀法官称号、被全国妇联授予全国妇女创先争优先进个人称号、被江西省高级人民法院授予全省法院优秀法官称号

袁州区人民法院

先进个人：

张圣来　被江西省高级人民法院授予全省法院办案标兵称号

张军庆　被宜春市中级人民法院授予全市法院亲民法官称号

杨　春　被宜春市中级人民法院授予全市法院亲民法官称号

万载县人民法院

先进集体：

株潭人民法庭　被最高人民法院授予全国法院

优秀法庭称号、被江西省高级人民法院授予全省优秀法庭称号

先进个人：

王钟敢　被江西省高级人民法院授予全省优秀法官称号

辛平杰　被江西省高级人民法院授予全省法院办案标兵称号、被宜春市中级人民法院授予全市法院亲民法官称号

靖安县人民法院

先进集体：

官庄法庭　被江西省高级人民法院授予全省优秀法庭称号

先进个人：

贾小义　被江西省高级人民法院授予全省法院优秀法官称号

陈小弟　被宜春市中级人民法院授予全市法院亲民法官称号

奉新县人民法院

先进个人：

费　晖　被江西省高级人民法院授予全省法院优秀法官称号

谭　皓　被江西省高级人民法院授予全省法院办案标兵称号

丁圣翔　被宜春市中级人民法院授予全市法院亲民法官称号

樟树市人民法院

先进个人：

涂　睿　被江西省高级人民法院授予全省法院办案标兵称号

叶　玲　被宜春市中级人民法院授予全市法院亲民法官称号

铜鼓县人民法院

先进个人：

杨宪辉　被江西省高级人民法院授予全省法院优秀法官称号

陈先锋　被江西省高级人民法院授予全省法院办案标兵称号

高安市人民法院

先进个人：

梁克诚　被江西省高级人民法院授予全省法院办案标兵称号

朱云霞　被宜春市中级人民法院授予全市法院亲民法官称号

丰城市人民法院

先进个人：

谢文莉　被江西省高级人民法院授予全省法院办案标兵称号

史少华　被宜春市中级人民法院授予全市法院亲民法官称号

上高县人民法院

先进个人：

敖思文　被江西省高级人民法院授予全省法院办案标兵称号

简顺民　被宜春市中级人民法院授予全市法院亲民法官称号

宜丰县人民法院

先进个人：

巢　平　被江西省高级人民法院授予全省法院办案标兵称号

吉安市中级人民法院

先进个人：

宋　平　被最高人民法院授予全国法院办案标兵称号、被吉安市中级人民法院记个人三等功

罗彩萍　被吉安市中级人民法院记个人三等功、被吉安市中级人民法院给予个人嘉奖

施　春　被吉安市妇联授予三八红旗手称号、被吉安市中级人民法院给予个人嘉奖、被吉安市中级人民法院记个人三等功

谌学珺　被江西省高级人民法院授予省两评查活动优秀裁判文书撰稿人

罗良华　被吉安市中级人民法院记个人三等功

肖永兰　被吉安市中级人民法院给予个人嘉奖

郭　琴　被吉安市中级人民法院给予个人嘉奖

吉州区人民法院

先进个人：

李慧兰　被吉安市中级人民法院记个人三等功

孙晓斌　被吉安市中级人民法院给予个人嘉奖

胡柳晨　被吉安市中级人民法院授予十佳亚伟速录能手嘉奖称号

夏　娟　被吉安市中级人民法院授予十佳亚伟速录能手嘉奖称号

青原区人民法院

先进个人：

邱声廷　被吉安市中级人民法院记个人三等功

罗　芳　被吉安市中级人民法院给予个人嘉奖

罗　贞　被吉安市中级人民法院授予十佳亚伟速录能手嘉奖称号

徐　瑾　被青原区政法委授予政法工作先进个人称号

井冈山市人民法院

先进个人:

刘　诠　被吉安市中级人民法院记个人三等功

吉水县人民法院

先进个人:

丁江法　被吉安市中级人民法院授予全市办案能手称号

新干县人民法院

先进集体:

民一庭　被吉安市中级人民法院集体嘉奖、被新干县共青团县委授予青年文明号称号

先进个人:

张志勇　被吉安市中级人民法院授予全市办案能手称号

张春林　被新干县政法委授予全县政法工作先进个人称号

李　娟　被新干县政法委授予全县政法工作先进个人称号

永丰县人民法院

先进集体:

藤田人民法庭　被吉安市中级人民法院授予全市优秀法庭称号

先进个人:

李　斌　被吉安市中级人民法院记个人三等功

谢启达　被吉安市中级人民法院授予十佳调解能手称号

李才民　被吉安市中级人民法院给予个人嘉奖、被永丰县委、县政府记个人三等功、被永丰县政法委授予十佳政法干警称号

胡伍根　被永丰县委、县政府记个人三等功

肖丽华　被永丰县妇联授予三八红旗手称号

峡江县人民法院

先进个人:

刘桃生　被吉安市中级人民法院授予十佳调解能手称号

何云根　被吉安市中级人民法院给予个人嘉奖

吉安县人民法院

先进集体:

永阳人民法庭　被吉安县政法委授予十佳政法基层单位称号

固江人民法庭　被吉安县人民法院授予先进集体称号

敦厚人民法庭　被吉安县人民法院授予先进集体称号

先进个人:

王建荣　被吉安县人民法院授予先进个人称号、被吉安市中级人民法院记个人三等功

龚金财　被吉安县政法委授予综治十佳政法干警称号

彭　忠　被吉安县政法委授予综治十佳调解创新能手称号、被吉安县人民法院授予先进个人称号

曾昭凌　被吉安县人民法院授予先进个人称号

杨云峰　被吉安县人民法院授予办案能手称号

王伟明　被吉安县人民法院授予办案能手称号

肖　伟　被吉安县人民法院授予办案能手称号

万安县人民法院

先进个人:

长曾春明　被吉安市中级人民法院授予十佳调解能手称号

泰和县人民法院

先进个人:

熊红卫　被吉安市中级人民法院授予全市办案能手称号

钟建华　被泰和县政法委授予十佳政法干警称号

肖红珠　被泰和县人民法院授予先进工作者称号

刘苏华　被泰和县人民法院授予先进工作者称号

遂川县人民法院

先进集体:

草林人民法庭　被吉安市中级人民法院授予全市优秀法庭称号

民一庭　被吉安市中级人民法院集体嘉奖

先进个人:

王海涛　被遂川县委、县政府授予十佳政法干警称号

山东省法院2012年受表彰的民事审判工作先进集体和先进个人

济南市

济南市中级人民法院

先进集体：

1. 民事审判第一庭被山东省高级人民法院授予全省法院先进集体称号

2. 民事审判第一庭被济南市中级人民法院授予全市法院"零错案、零投诉、零上访"竞赛活动优秀组织单位

3. 民事审判第一庭被济南市中级人民法院授予全市法院典型案例评选活动优秀组织奖

4. 民事审判第一庭被济南市中级人民法院机关委员会授予先进党支部称号

5. 民事审判第一庭被济南市中级人民法院授予济南法院第一届优秀司法调研和理论研究成果评选活动组织奖

6. 民事审判第一庭被济南市中级人民法院授予第九届全市法院优秀裁判文书评选活动组织奖

先进个人：

1. 民事审判第一庭助理审判员吴松成被济南市中级人民法院记三等功

2. 民事审判第一庭助理审判员孙红岩(女)被济南市中级人民法院嘉奖

3. 民事审判第一庭助理审判员许海涛被济南市中级人民法院嘉奖

4. 民事审判第一庭助理审判员刘继英被济南市中级人民法院授予办案能手

5. 民事审判第一庭助理审判员王立强被济南市中级人民法院授予全市法院"零错案、零投诉、零上访"竞赛活动优秀法官

6. 民事审判第一庭助理审判员王德强被济南市中级人民法院授予全市法院"十佳办案标兵"

河南省法院2012年受表彰的民事审判工作先进集体和先进个人

河南省高级人民法院

先进集体：

1. 河南高院民一庭被济南军区政治部和豫鲁两省法院联合表彰为"2012年度送法进军营先进集体"

2. 河南省高级人民法院民一庭党支部被中共河南省委省直机关工作委员会评选表彰为"省直机关2011～2012年'五好'党支部"

3. 河南高院民一庭绩效考核连续两年受嘉奖，被河南省高级人民法院记"集体三等功"

4. 河南高院民一庭(2012)豫法民一终字第65号民事判决书、(2012)豫法民一终字第148号民事案件的视频庭审在最高法院"两评查"活动中获奖

5. 河南高院民二庭绩效考核连续两年受嘉奖，被河南省高级人民法院记"集体三等功"

6. 河南高院民三庭于2012年6月26日被河南省人民政府妇女儿童工作委员会评为河南省实施妇女儿童发展规划先进集体

先进个人：

1. 张宗敏被济南军区政治部和豫鲁两省法院联合评为"2012年度送法进军营先进个人"

2. 张黎东被河南高院记个人二等功

3. 赵筝被河南省人民政府妇女儿童工作委员会评为河南省实施妇女儿童发展规划先进个人

郑州市

郑州市中级人民法院

先进集体:

民一庭　被河南省高级人民法院记集体二等功

民二庭　被河南省高级人民法院记集体二等功

先进个人:

袁　斌　被河南省高级人民法院授记个人二等功

安　军　被河南省高级人民法院授予河南省优秀法官称号

赵军胜　被河南法制报社授予调解之星称号

李继军　被河南省高级人民法院授予全省优秀法官称号

下属各区县人民法院

郑州市管城回族区人民法院

先进个人:

荆向丽　被河南省高级人民法院记个人二等功

时满良　被河南省高级人民法授予全省优秀法官称号

郑州高新技术产业开发区人民法院

先进个人:

李建涛　被河南省高级人民法院记个人二等功

河南省登封市人民法院

先进个人:

牛文强　被河南省高级人民法院记"个人二等功"

河南省巩义市人民法院

先进集体:

巩义市人民法院民一庭　被河南省高级人民法院记集体二等功

先进个人:

贺金涛　被河南省高级人民法院授予优秀法官称号

赵世英　被河南省高级人民法院授予"河南省法院系统办案调解能手"称号

安阳市

安阳市中级人民法院

先进集体:

民一庭　被河南省高级人民法院、山东省高级人民法院、中国人民解放军济南军区军事法院授予"送法进军营"活动先进单位称号

先进个人:

张　屹　被河南省高级人民法院、山东省高级人民法院、中国人民解放军济南军区军事法院授予"送法进军营"活动先进个人称号

下属各区县人民法院

汤阴县

先进集体:

汤阴县人民法院　被全国"双拥"工作领导小组、民政部、中国人民解放军总政治部授予"全国爱国拥军模范单位"称号,被河南省高级人民法院记集体二等功

汤阴县人民法院　被河南省高级人民法院记集体一等功

滑县

先进集体:

滑县人民法院　被河南省高级人民法院授予"全省优秀法院"称号

龙安区

先进个人:

马小新(民一庭副庭长)　被评选为"全省十佳法官"

文峰区

先进集体:

文峰区人民法院　被最高人民法院授予"全国优秀法院"称号

先进个人:

杜文君　被最高人民法院授予"全国模范法官"

开封市

开封市中级人民法院

先进集体:

开封市中级人民法院　被中华全国妇联全国妇女儿童权益暨全国平安家庭创建协调组授予"全国维护妇女儿童权益先进集体"称号

开封市中级人民法院　被中华全国妇联全国妇女儿童权益暨全国平安家庭创建协调组授予"河南省维护妇女儿童权益示范岗"称号

民三庭　被河南省高级人民法院记集体二等功

民三庭　被河南省高级人民法院授予"全省法院系统维护妇女儿童权益先进集体"称号

先进个人：

韩雪玉　被评为百名优秀政法干警

杨雯蒨　被河南省高级人民法院授予“省优秀法官”称号

王　荟　被评为2011～2012年度河南省维护妇女儿童权益先进个人

下属县区法院

顺河法院

先进个人：

王军华　被河南省高级人民法院记个人一等功

龙亭区法院

先进个人：

韩守华　被河南省高级人民法院记个人二等功

鼓楼区法院

先进个人：

肖立新　被河南省高级人民法院记个人二等功

杞县法院

先进集体：

杞县法院五里河女子法庭　被中华全国妇联全国妇女儿童权益暨全国平安家庭创建协调组授予“河南省维护妇女儿童权益示范岗”称号

先进个人：

李艳云　被河南省高级人民法院记个人二等功

兰考县法院

先进个人：

孙　汐　被河南省高级人民法院记个人二等功

通许法院

先进个人：

渠秀敏　被河南省高级人民法院授予“省优秀法官”称号

南阳市

南阳市中级人民法院

先进个人：

郑荣敏　被省委省政府记个人二等功

刘　涛　被河南省高级人民法院授予“法官送法进军营活动先进个人”称号

下属各县市区人民法院

宛城区

先进集体：

溧河人民法庭　被河南省高级人民法院记集体二等功

镇平县

先进集体：

贾宋人民法庭　被河南省高级人民法院记集体二等功

先进个人：

郭亚海　被河南省高级人民法院记个人二等功

西峡县

先进个人：

姬海潮　被河南省高级人民法院授予全省十大人民满意法官

姬海潮　被河南省高级人民法院记个人一等功

刘　帅　被河南省高级人民法院追记个人一等功

唐河县

先进个人：

贾钟爽　被最高人民法院评为全国法院“办案标兵”

桐柏县

先进个人：

张林璞　被河南省高级人民法院授予全省法院优秀法官

方城县

先进个人：

张红卫　被河南省高级人民法院授予全省法院优秀法官

新野县

先进个人：

法院张　欣被河南省高级人民法院记个人二等功

淅川县

先进个人：

汪新法　被河南省高级人民法院记个人二等功

西峡县

先进个人：

彭中立　被河南省高级人民法院记个人二等功

内乡县

先进个人：

徐宜明　被河南省高级人民法院记个人二等功

新乡市

新乡市中级人民法院

先进集体：

民一庭　被河南省高级人民法院授予集体二等功

先进个人：

沈志勇　被最高人民法院评为全国法院办案标

兵、被河南省高级人民法院授予全省十佳法官

黄远锋 被河南省高级人民法院授予个人二等功

信阳市

信阳市中级人民法院

先进集体:

民三庭 被河南省高级人民法院、河南省妇女联合会授予"2012年河南省维护妇女儿童权益先进集体"称号

下属各区县人民法院

平桥区

先进个人:

马建立 被山东省高级人民法院、河南省高级人民法院、济南军分区军事法院授予"法官送法进军营活动先进个人"称号

陈本兵 被河南省高院荣记二等功

许昌市

许昌市中级人民法院

先进个人:

吕军尚 被河南省高级人民法院记个人一等功

下属各区县人民法院

禹州市

先进个人:

李 华 被河南省高级人民法院授予全省优秀法官称号

长葛市

先进个人:

张平军 被河南省高级人民法院记个人二等功

许昌县

先进个人:

李恒干 被最高人民法院记个人一等功

魏都区

先进个人:

李艳喜 被河南省高级人民法院授予全省优秀法官称号

周口市

周口市中级人民法院

先进个人:

朱记周 被省法院记个人二等功

下属各区县人民法院

太康县

先进集体:

太康县人民法院 被河南省妇联授予"全省维护妇女儿童权益先进单位"荣誉称号

济源市

济源市中级人民法院

先进集体:

民三庭 被河南省妇联授予"全省维护妇女儿童权益先进单位"荣誉称号

先进个人:

商 敏 被河南省高级人民法院记个人二等功、被最高人民法院评为全国法院办案标兵称号

下属区县人民法院

济源市

先进集体:

第二中心人民法院 被河南省高级人民法院记集体二等功

平顶山市

平顶山市中级人民法院

先进集体:

民二庭 被省妇联评为"全省维护妇女儿童合法权益先进集体"

民三庭 被河南法制报、河南省调解之星评选活动评审委员会评为"调解工作先进单位"

先进个人:

韦艳歌 被省高院记个人二等功

三门峡市

三门峡市中级人民法院

先进个人:

刘占军 被河南省高级人民法院记二等功

下属各区县人民法院

义马市

先进个人:

赵淑云 被省妇联评为2012年度河南省保护妇女儿童合法权益先进个人

漯河市

漯河市中级人民法院

先进个人：

刘继伟　被省法院、省军区授与全省“法官送法进军营”活动先进个人

焦作市

焦作市中级人民法院

先进集体：

民一庭　被河南省高级人民法院授予涉军维权工作先进集体

先进个人：

李玉香　被河南省高级人民法院记个人一等功、被最高人民法院授予全国优秀法官称号

杨　柳　被河南省高级人民法院授予全省优秀法官称号

下属各区县人民法院

温县

先进集体：

北冷中心人民法庭　被最高人民法院授予全国法院先进集体称号

先进个人：

王卫东　被最高人民法院授予全国模范法官称号

修武县

先进个人：

丁继东　被河南省高级人民法院记个人二等功

博爱县

先进个人：

闫琳琳　被河南省高级人民法院记个人二等功

孟州市

先进个人：

郑立树　被河南省高级人民法院记个人二等功

湖北省法院2012年受表彰的民事审判工作先进集体和先进个人

湖北省高级人民法院

先进个人：

邵震宇　被湖北省高级法院记三等功、授予办案质量标兵称号

鄂州市

鄂州市中级人民法院

先进集体：

民三庭　被湖北省高级人民法院记集体二等功

民三庭　被鄂州市中级人民法院授予全市法院系统先进单位称号

民二庭　被鄂州市中级人民法院记集体三等功

先进个人：

齐志刚　被湖北省高级人民法院记个人二等功

张　开　被鄂州市中级人民法院授予全市法院系统优秀法官称号

陈　林　被鄂州市中级人民法院授予全市法院系统优秀法官称号

荆门市

荆门市中级人民法院

先进集体：

民一庭　被全国妇联授予全国维护妇女儿童权益先进集体称号

民一庭　被荆门市政法委授予全市政法工作先进单位称号

民一庭　被荆门市中级人民法院授予先进集体称号

先进个人：

周丽红　被荆门市政府授予2012年度劳动模范称号；被荆门市政法委员会授予2012年度全市政法工作先进个人称号；被荆门市中级人民法院授予2012年优秀法官称号

李　伟　被荆门市中级人民法院授予先进个人称号

苏红玲　被荆门市中级人民法院授予先进个人称号
王　冉　被荆门市中级人民法院授予先进个人称号
肖　芃　被荆门市中级人民法院授予办案标兵称号
向华波　被荆门市中级人民法院授予调解能手称号
董菁菁　被荆门市中级人民法院授予优秀党员称号

下属各区县人民法院

东宝区

先进集体：
民一庭　被荆门市中级人民法院授予先进单位称号
栗溪人民法庭　被荆门市中级人民法院授予先进法庭称号
漳河人民法庭　被荆门市中级人民法院记集体三等功

先进个人：
赵香平　被最高人民法院授予全国法院办案标兵称号
王明强　被荆门市中级人民法院授予优秀法官称号
刘淑琴　被荆门市中级人民法院授予办案标兵称号
马晶晶　被荆门市中级人民法院授予调解能手称号

掇刀区

先进集体：
城南人民法庭　被荆门市中级人民法院授予先进法庭称号

先进个人：
杨云瑶　被荆门市中级人民法院授予优秀法官称号
李方秀　被荆门市中级人民法院授予办案标兵称号
何国华　被荆门市中级人民法院授予执行能手称号
邹艳丽　被荆门市中级人民法院授予调解能手称号

钟祥市

先进集体：
民一庭　被荆门市中级人民法院记集体三等功
石牌人民法庭　被荆门市中级人民法院授予先进法庭称号

先进个人：
王凤雨　被荆门市中级人民法院授予优秀法官称号
丁　海　被荆门市中级人民法院授予调解能手称号

沙洋县

先进集体：
沙洋人民法庭　被湖北省高级人民法院授予先进法庭称号
拾桥人民法庭　被荆门市中级人民法院授予先进法庭称号
后港人民法庭　被荆门市中级人民法院记集体三等功

先进个人：
金列成　被湖北省高级人民法院授予全省法院办案标兵称号
刘家福　被荆门市中级人民法院授予优秀法官称号
袁　君　被荆门市中级人民法院授予调解能手称号
孔令云　被荆门市中级人民法院记个人三等功

随州市

随州市中级人民法院

先进个人：
刘　莹　被湖北省高级人民法院记个人二等功

下属各区县人民法院

随县

先进个人：
陈守平　被最高人民法院授予全国法院办案标兵称号

云梦县

先进集体：
云梦县人民法院　被最高人民法院授予全国优秀法院称号

先进个人：
孙毅明　被最高人民法院授予全国优秀法官称号

孝感市

下属各区县人民法院

安陆市

先进集体：
安陆市人民法院　被最高人民法院授予全国优秀法院称号

咸宁市

咸宁市中级人民法院

先进集体：

民一庭　被湖北省高级人民法院授予2011—2012年度湖北省法院先进内设单位称号

民二庭　被咸宁市维护妇女儿童领导小组授予咸宁市优秀妇女儿童维权岗荣誉称号；被咸宁市中级人民法院予以集体嘉奖

先进个人：

孙　兰　被湖北省高级人民法院授予湖北省法院办案标兵称号；被咸宁市妇联评为咸宁市城镇妇女巾帼建功标兵

潘盛礼　被咸宁市委办公室授予维护稳定工作先进个人称号

徐　庆　被咸宁市委、市政府授予咸宁市劳动模范称号；被咸宁市中级人民法院授予调解能手称号

徐金美　被咸宁市中级人民法院予以嘉奖

胡应文　被咸宁市中级人民法院予以嘉奖

下属各区县人民法院

咸安区

先进集体：

民一庭　被咸宁市中级人民法院记集体三等功

先进个人：

张朝武　被咸宁市中级人民法院记个人三等功

周小影　被咸宁市中级人民法院授予办案标兵称号

通城县

先进集体：

北港人民法庭　被湖北省高级人民法院授予2011—2012年度湖北省法院先进法庭称号

先进个人：

游庆武　被湖北省高级人民法院授予湖北省法院办案标兵称号

罗　军　被咸宁市中级人民法院授予调解能手称号

嘉鱼县

先进个人：

张伟建　被最高人民法院授予全国法院办案标兵称号

赵守国　被咸宁市中级人民法院授予办案标兵称号

高幼萍　被咸宁市中级人民法院授予调解能手称号

通山县

先进个人：

高金海　被湖北省高级人民法院、湖北省人力资源与社会保障厅联合授予优秀法官称号

冯磊石　被咸宁市中级人民法院记个人三等功

熊　刚　被咸宁市中级人民法院授予办案标兵称号称号

徐爱华　被咸宁市中级人民法院授予调解能手称号

崇阳县

先进个人：

黄凡明　被咸宁市中级人民法院授予办案标兵称号

赤壁市

先进个人：

葛昊飞　被咸宁市中级人民法院记个人三等功

童仁义　被咸宁市中级人民法院授予调解能手称号

黄石市

下属各区县人民法院

大冶市

先进集体：

大冶市人民法院　被最高人民法院授予全国优秀法院称号

黄冈市

黄冈市中级人民法院

先进个人：

陈孔齐　被湖北省高级人民法院记个人二等功；被湖北省高级人民法院授予全省办案标兵称号

下属各区县人民法院

团风县

先进集体：

团风县人民法院　被最高人民法院授予全国优秀法院称号

先进个人：

魏建平　被最高人民法院授予全国法院办案标兵称号

红安县

先进集体:

杏花人民法庭　被黄冈市中级人民法院记集体三等功

先进个人:

夏晓鹭　被黄冈市中级人民法院记个人三等功

恩施州

下属各区县人民法院

恩施市

先进集体:

恩施市人民法院　被最高人民法院授予全国优秀法院称号

十堰市

十堰市中级人民法院

先进集体:

民一庭　被十堰市中级人民法院授予信访工作先进单位称号;被十堰市中级人民法院授予庭审示范竞赛一等奖

民二庭　被十堰市委政法委授予全市政法系统先进集体称号;被十堰市中级人民法院授予庭审示范竞赛二等奖

民三庭　被十堰市中级人民法院授予先进集体称号;被十堰市中级人民法院授予庭审示范竞赛三等奖

民四庭　被十堰市中级人民法院授予庭审示范竞赛二等奖

审监庭　被十堰市中级人民法院授予信访工作先进单位称号;被十堰市中级人民法院授予庭审示范竞赛三等奖

先进个人:

索明全　被最高人民法院授予全国法院先进个人称号

李　婧　被湖北省高级人民法院记个人二等功;被湖北省高级人民法院授予全省法院办案标兵称号

马勇岗　被十堰市中级人民法院授予十堰市首届十佳法官称号

张　妍　被十堰市中级人民法院授予十堰市首届十佳法官称号;被十堰市委组织部、宣传部、妇联联合授予十堰市首届十大女杰提名奖;被十堰市中级人民法院授予优秀法官称号

王俊卿　被十堰市团委、十堰市人力资源与社会保障局联合授予十堰市青年岗位能手称号

李　君　被十堰市中级人民法院授予优秀法官称号

朱洪涛　被十堰市中级人民法院授予优秀法官称号

王　昭　被十堰市中级人民法院授予优秀法官称号

罗云飞　被十堰市中级人民法院授予优秀法官称号

王　涛　被十堰市中级人民法院授予优秀法官称号

袁　昆　被十堰市委政法委授予全市政法系统先进工作者称号

吴　斌　被十堰市中级人民法院授予信访工作先进个人称号

耿纪和　被十堰市中级人民法院授予信访工作先进个人称号

肖建军　被十堰市中级人民法院授予信访工作先进个人称号

王志刚　被十堰市中级人民法院授予信访工作先进个人称号

下属各区县人民法院

张湾区

先进集体:

民一庭　被十堰市中级人民法院授予庭审示范竞赛三等奖

花果人民法庭　被湖北省高级人民法院授予湖北省法院系统先进法庭称号

黄龙人民法庭　被十堰市中级人民法院授予先进人民法庭称号

先进个人:

钟晓新　被湖北省高级人民法院授予全省法院办案标兵称号

骆红梅　被十堰市中级人民法院授予十堰市首届十佳法官称号

张　珣　被十堰市中级人民法院记个人三等功

张　磊　被十堰市中级人民法院记个人三等功

彭　剑　被十堰市张湾区政法委授予优秀政法干警称号

茅箭区

先进集体:

民一庭　被十堰市中级人民法院授予先进单位称号

燕林人民法庭　被湖北省高级人民法院各记集

体二等功

先进个人：

张守强　被湖北省高级人民法院记个人二等功

傅娟娟　被湖北省高级人民法院授予全省法院办案标兵称号

杨思孝　被最高人民法院授予全国优秀法官称号；被十堰市政府授予劳动模范称号；被十堰市中级人民法院授予十堰市首届十佳法官提名奖

何　源　被十堰市中级人民法院授予先进个人称号；被十堰市中级人民法院授予信访工作先进个人称号

丹江口市

先进集体：

民二庭　被最高人民法院授予全国法院优秀庭审；被十堰市中级人民法院授予庭审示范竞赛一等奖；被十堰市中级人民法院记集体三等功

民一庭　被十堰市中级人民法院授予庭审示范竞赛二等奖

六里坪人民法庭　被十堰市中级人民法院授予先进人民法庭称号

先进个人：

张晓荣　被全国妇联授予全国妇女创先争优先进个人称号

潘如文　被十堰市中级人民法院授予十堰市首届十佳法官提名奖

刘洪波　被十堰市中级人民法院授予先进个人称号

陈　勇　被十堰市中级人民法院记个人三等功

向晶鑫　被十堰市中级人民法院记个人三等功

王义明　被十堰市委政法委授予全市政法系统先进工作者称号

李尚肇　被十堰市丹江口市政法委授予十佳基层政法干警称号

赵晓云　被十堰市丹江口市委政法委授予全市十佳政法干警称号

郧县

先进集体：

鲍峡人民法庭　被湖北省高级人民法院记集体三等功

杨溪人民法庭　被十堰市中级人民法院授予先进人民法庭称号

茶店人民法庭　被十堰市中级人民法院授予庭审示范竞赛三等奖

城关人民法庭　被十堰市中级人民法院授予庭审示范竞赛三等奖

先进个人：

杨子文　被湖北省高级人民法院记个人二等功

肖国清　被十堰市中级人民法院记个人三等功

高　强　被十堰市中级人民法院记个人三等功

康秀深　被十堰市中级人民法院授予十堰市首届十佳法官称号

王　杰　被十堰市中级人民法院授予十堰市首届十佳法官提名奖

庹明霞　被十堰市委政法委授予全市政法系统先进工作者称号

张正军　被十堰市中级人民法院授予信访工作先进个人称号

郧西县

先进集体：

店子人民法庭　被湖北省高级人民法院记集体二等功

民一庭　被十堰市中级人民法院授予庭审示范竞赛三等奖

速裁庭　被十堰市中级人民法院授予庭审示范竞赛三等奖

先进个人：

阮荣明　被十堰市中级人民法院授予十堰市首届十佳法官提名奖

张汉裕　被十堰市中级人民法院授予优秀法官称号

袁真阔　被十堰市中级人民法院记个人三等功

王学林　被十堰市中级人民法院记个人三等功

竹山县

先进集体：

民一庭　被十堰市中级人民法院授予先进单位称号

城关人民法庭　被十堰市中级人民法院记集体三等功

双台人民法庭　被十堰市中级人民法院授予先进人民法庭称号

官渡人民法庭　被十堰市中级人民法院授予庭审示范竞赛二等奖

先进个人：

马　翔　被湖北省高级人民法院记个人二等功

胡　刚　被十堰市中级人民法院记个人三等功

程贤林　被十堰市中级人民法院记个人三等功

袁智禄　被十堰市中级人民法院授予十堰市首届十佳法官称号

万登华　被十堰市中级人民法院授予十堰市首届十佳法官提名奖

胡克文　被十堰市中级人民法院授予优秀法官称号

马　翔　被十堰市中级人民法院授予先进个人称号

竹溪县

先进集体：

民一庭　被十堰市委政法委授予全市政法系统先进集体称号

民二庭　被十堰市中级人民法院授予庭审示范竞赛二等奖

蒋家堰人民法庭　被十堰市中级人民法院授予先进人民法庭称号

水坪人民法庭　被十堰市中级人民法院授予庭审示范竞赛三等奖

先进个人：

王国辉　被十堰市中级人民法院授予十堰市首届十佳法官提名奖

丁友才　被十堰市中级人民法院授予优秀法官称号

贺荣明　被十堰市中级人民法院授予先进个人称号

房县

先进集体：

民一庭　被十堰市中级人民法院授予庭审示范竞赛三等奖

民三庭　被十堰市中级人民法院授予先进单位称号；被十堰市中级人民法院授予庭审示范竞赛二等奖

野人谷法庭　被十堰市中级人民法院授予先进人民法庭称号

青峰人民法庭　被十堰市政法委授予全市政法系统先进集体称号

先进个人：

景大喜　被湖北省高级人民法院记个人二等功；被十堰市中级人民法院授予十堰市首届十佳法官称号

周兆林　被十堰市中级人民法院授予优秀法官称号

襄阳市

襄阳市中级人民法院

先进个人：

苏绍兰　被最高人民法院授予全国法院办案标兵称号

宜昌市

下属各区县人民法院

西陵区

先进个人：

李　敏　被最高人民法院授予全国优秀法官称号

武汉市

武汉市中级人民法院

先进集体：

武汉市中级人民法院　被最高人民法院评为全国法院“两评查”活动先进单位；被评为全国敬老模范单位；荣获全国法院第二十四届学术讨论会组织工作先进奖；在司法理论宣传工作中做出突出成绩被最高人民法院通报表扬；在司法新闻宣传工作中做出突出成绩被最高人民法院通报表扬；被湖北省高级人民法院授予审判绩效综合考评优胜单位称号；被湖北省高级人民法院授予全省法院审判管理年活动先进单位称号；被湖北省高级人民法院授予涉法涉诉信访工作先进集体称号；被评为2011年度全市涉法涉诉信访工作先进集体

民一庭　被评为湖北省巾帼文明岗；被评为全市实施妇女儿童发展十一五规划先进集体；被评为武汉市“妇女儿童维权示范岗”

民二庭　被武汉市中级人民法院授予调研工作先进单位称号；被武汉市中级人民法院授予信息工作先进集体称号

民四庭　被武汉市中级人民法院授予调研工作先进单位称号

先进个人：

李　瑜　被授予武汉市青年岗位能手称号

黄　更　被武汉市中级人民法院授予办案标兵称号

余小乔　被武汉市中级人民法院授予优秀法官称号

塞鹏飞　被武汉市中级人民法院授予优秀法官称号

周　冰　被武汉市中级人民法院授予优秀法官称号

王　勇　被武汉市中级人民法院授予优秀法官称号

黄　浩　被武汉市中级人民法院授予先进个人称号

下属各区县人民法院

江岸区

先进集体：

岸北人民法庭　被武汉市中级人民法院授予先进集体称号

先进个人：

黎　赪　被湖北省高级人民法院记个人二等功

郭　芳　被武汉市中级人民法院记个人三等功

江汉区

先进集体：

民一庭　被武汉市江汉区综合治理办公室授予江汉区社会管理综合治理先进单位称号；被武汉市江汉区妇女联合会授予江汉区维护妇女儿童权益先进集体称号

民意街人民法庭　被最高人民法院和共青团中央委员会授予全国青年文明号称号；被湖北省高级人民法院授予先进法庭称号；被武汉市中级人民法院授予先进法庭称号

万松街人民法庭　被武汉市江汉区妇女联合会授予江汉区巾帼文明岗称号

巡回人民法庭　被武汉市江汉区委区直机关工委授予江汉区先进基层党组织称号

先进个人：

郑小红　被最高人民法院授予全国法院优秀法官称号

李　靖　被湖北省高级人民法院授予办案标兵称号；被湖北省高级人民法院授予优秀法官称号；被湖北省高级人民法院记个人二等功

范正霜　被武汉市中级人民法院授予优秀法官称号

梅小丽　被武汉市中级人民法院授予优秀法官称号

硚口区

先进个人：

胡爱忠　被武汉市硚口区妇女联合会授予硚口区维护妇女儿童权益先进个人称号

张　芹　被武汉市妇女儿童工作委员会授予全市实施妇女儿童发展规划先进个人称号

汉阳区

先进集体：

汉阳区人民法院　荣获“全国法院文化建设示范单位”、“湖北省职工职业道德建设标兵单位”、“武汉市职工职业道德建设十佳单位”、“武汉市五一劳动奖状”

民二庭　被武汉市中级人民法院授予先进集体称号

先进个人：

何俊杰　被最高人民法院授予全国法院优秀裁判文书奖

肖　政　被湖北省高级人民法院授予办案标兵称号

何俊杰　被武汉市中级人民法院记个人三等功

戴　猛　被武汉市中级人民法院记个人三等功

李　峰　被武汉市中级人民法院授予优秀法官称号

祝　玲　被武汉市中级人民法院授予优秀法官称号

王　侃　被武汉市中级人民法院授予优秀法官称号

赵　旭　被武汉市中级人民法院授予办案标兵称号

武昌区

先进集体：

武昌区人民法院　被评为武汉市“维护妇女儿童权益示范岗”

武昌区人民法院　被武汉市中级人民法院授予人民陪审员工作先进集体称号

先进个人：

金　勇　被武汉市中级人民法院记个人二等功

刘　嘉　被武汉市中级人民法院授予信息工作先进个人称号

洪山区

先进集体:

民一庭　被武汉市中级人民法院授予先进集体称号;被武汉市洪山区委政法委授予先进集体称号

民三庭　被武汉市洪山区巾帼建功活动领导小组授予洪山区巾帼文明岗称号

和平人民法庭　被武汉市洪山区委和平街工作委员会、洪山区人民政府和平街办事处联合授予服务经济建设先进单位称号

先进个人:

李　娟　被最高人民法院授予全国法院办案标兵称号

杨庆九　被武汉市中级人民法院授予优秀法官称号

马　晖　被武汉市中级人民法院授予优秀法官称号

郑绍斌　被武汉市中级人民法院授予优秀法官称号

张拥贵　被武汉市中级人民法院授予优秀法官称号

张俊华　被武汉市中级人民法院授予优秀法官称号

青山区

先进集体:

民一庭　被武汉市中级人民法院授予先进集体称号;被授予武汉市维护妇女儿童权益示范岗称号

先进个人:

孙文浩　被评为青山区总工会劳动争议调解中心首席调解员

易慧频　被武汉市中级人民法院授予信息工作先进个人称号

程红丹　被武汉市中级人民法院授予宣传工作先进个人称号

汉南区

先进集体:

湘口人民法庭　被武汉市中级人民法院授予优秀法庭称号

先进个人:

高桂云　被湖北省高级人民法院授予优秀党员称号;被武汉市中级人民法院授予调解能手称号;被武汉市中级人民法院授予办案标兵称号

何炎林　被武汉市中级人民法院授予优秀法官称号

王传平　被武汉市中级人民法院授予优秀法官称号

东西湖区

先进集体:

民一庭　被武汉市东西湖区政法委授予政法先进单位称号

先进个人:

童库生　被武汉市中级人民法院授予优秀法官称号

张　鸿　被武汉市东西湖区政法委授予优秀政法干警称号

李蜀军　被武汉市东西湖区政法委授予优秀政法干警称号

蔡甸区

先进集体:

蔡甸区人民法院　被武汉市市总工会授予武汉市五一劳动奖状;被授予武汉市文明单位称号;被武汉市普法依法治理领导小组授予“五五”普法先进单位称号;被武汉市蔡甸区区委区政府授予全区信访维稳工作先进单位称号;被武汉市蔡甸区区委区政府授予计生工作优秀单位称号;被武汉市蔡甸区总工会授予工会工作先进单位称号

先进个人:

甘　彬　被湖北省高级人民法院记个人二等功;被武汉市中级人民法院、武汉市人力资源与社会保障局联合授予十大公正爱民好法官称号

王念慈　被武汉市中级人民法院授予优秀法官称号

罗　英　被武汉市中级人民法院授予优秀法官称号

蔡建平　被武汉市中级人民法院授予优秀法官称号

王北平　被武汉市中级人民法院授予优秀法官称号

胡　思　被武汉市中级人民法院授予先进个人称号

张　兵　被武汉市中级人民法院授予先进个人称号

袁　晶　获湖北省法学会年会论文三等奖;获

武汉市经济法研究会治庸问责与优化投资发展环境理论研讨会优秀奖

栾天翔　被武汉市中级人民法院授予优秀调研课题二等奖

余　靖　被武汉市中级人民法院授予优秀调研课题二等奖

张　娟　被武汉市中级人民法院授予优秀调研课题三等奖

李　娟　被武汉市妇女儿童工作委员会授予全市实施妇女儿童发湖北省高级人民法院

郑淇匀　被武汉市中级人民法院授予书记员技能竞赛二等奖

黄旭玲　被武汉市中级人民法院授予信息工作先进个人称号

方春初　被武汉市蔡甸区委区政府授予绩效管理先进工作者称号

江夏区

先进集体：

江夏区法院　被湖北省高级人民法院记集体二等功；被湖北省高级人民法院授予审判管理年活动先进单位称号；被评为 2011 度江夏区纪检监察工作先进单位

机关党委　被武汉市委授予创先争优先进基层党组织称号

民一庭　被武汉市江夏区委授予创先争优先进基层党组织称号

山坡人民法庭　被授予市级青年文明号称号

先进个人：

阮　菲　被武汉市中级人民法院记个人二等功；被授予全区创先争优优秀党员称号

李　斌　被授予全区十佳创先争优党员先锋称号

吴宝林　被授予全区创先争优优秀党务工作者称号

刘　波　被授予江夏区首届十佳平安卫士称号

黄陂区

先进集体：

民一庭　被武汉市中级人民法院授予先进集体称号；被武汉市综治委维护妇女儿童权益暨平安家庭创建领导小组授予全市妇女儿童维权示范岗称号

先进个人：

刘　芳　被武汉市中级人民法院授予优秀法官称号

葛位学　被武汉市中级人民法院授予优秀法官称号

李黎嘉　被武汉市中级人民法院授予优秀法官称号

罗守环　被武汉市中级人民法院授予优秀法官称号

宋兴章　被武汉市中级人民法院授予先进个人称号

张　群　被武汉市中级人民法院记个人三等功

罗守俊　被武汉市中级人民法院记个人三等功

徐向阳　获武汉市中级人民法院崇廉·修德大家谈征文二等奖

刘　芳　被武汉市总工会授予全市年度岗位立功女明星称号；被武汉市中级人民法院授予调解能手称号

陈建文　被武汉市委授予全市创先争优优秀共产党员称号

王　飞　获武汉市委政法委全市政法系统抓廉洁自律、促公正执法调研文章优秀奖

吴颖赜　获武汉市委政法委全市政法系统抓廉洁自律、促公正执法调研文章优秀奖

新洲区

先进集体：

民一庭　被武汉市新洲区人民法院授予先进集体称号

双柳人民法庭　被最高人民法院授予先进集体称号；被武汉市新洲区人民法院授予先进法庭称号

邾城人民法庭　被武汉市爱卫会授予先进单位称号；被武汉市新洲区人民法院授予先进法庭称号

辛冲人民法庭　被武汉市爱卫会授予先进单位称号

先进个人：

刘传喜　被湖北省高级人法院记个人二等功

童安林　被武汉市中级人民法院记个人三等功

潘应军　被武汉市中级人民法院授予优秀法官称号

何亚琼　被武汉市中级人民法院授予优秀法官称号

傅益冰　被武汉市中级人民法院授予优秀法官称号

邱国怀　被中国法院网、中国法院报授予全国法院网络宣传先进个人称号

吴芬清　被武汉市新洲区委授予全区勤廉优政典型十佳个人称号；被武汉市新洲区

直机关工委授予十佳优秀共产党员称号

傅国松　被武汉市新洲区委授予优秀政法干警称号;被武汉市新洲区直机关工委授予十佳优秀共产党员称号;被武汉市新洲区公务员局授予优秀公务员称号

东湖新技术开发区

先进集体:

民二庭　被武汉市中级人民法院授予先进集体称号

先进个人:

吴　边　被武汉市中级人民法院授予办案标兵称号

周　琼　被武汉市中级人民法院授予优秀法官称号

经济技术开发区

先进个人:

管　理　被武汉市中级人民法院记个人三等功

刘晓凌　被武汉市中级人民法院记个人三等功

李继钢　被武汉市中级人民法院授予优秀法官称号

赵　焱　被武汉市中级人民法院授予办案标兵称号

湖南省法院2012年受表彰的民事审判工作先进集体和先进个人

先进集体:

民一庭　被湖南省人民政府授予省农民工工作先进集体的荣誉称号

先进个人:

一、湖南受最高人民法院表彰的全国优秀法官(民事部分)

黄杰斌　耒阳市人民法院民一庭庭长

杨　荣(女)　怀化市中级人民法院民一庭副庭长

二、湖南受最高法院表彰的全国法院办案标兵(民事部分)

陈小兵　株洲市天元区人民法院民一庭副庭长

柳春龙　岳阳市中级人民法院民三庭副庭长

三、受湖南高院表彰的全省法院办案标兵名单(民事部分)

熊晓震　长沙市中级人民法院民事审判第四庭助理审判员

钟建林　长沙市芙蓉区人民法院民事审判第一庭副庭长

方　文　长沙市天心区人民法院民事审判第一庭审判员

唐贤茂　长沙市岳麓区人民法院民事审判第一庭副庭长

李庚跃　长沙市开福区人民法院民事审判第一庭副庭长

徐燕青(女)　长沙市望城区人民法院民事审判第一庭副庭长

肖剑星　衡阳市中级人民法院民事审判第一庭副庭长

李志峰　衡阳市蒸湘区人民法院民事审判第一庭审判员

屈建国　衡阳市珠晖区人民法院审判委员会专职委员、民事审判第一庭庭长

李小兵　衡阳市雁峰区人民法院民事审判第一庭副庭长

陈小兵　株洲市天元区人民法院民事审判第一庭副庭长

胡　勇　茶陵县人民法院民事审判第一庭副庭长

张志祥　韶山市人民法院民事审判庭副庭长

赵双石　邵东县人民法院民事审判第一庭审判员

王桂香(女)　城步苗族自治县人民法院民事审判第二庭庭长

陈　芳(女)　临澧县人民法院民事审判第一庭副庭长

聂启明　张家界市中级人民法院民事审判第二庭副庭长

符　军(土家族)　张家界市永定区人民法院民事审判第一庭副庭长

廖祥云　安化县人民法院民事审判第二庭副庭长

傅　杨　益阳市大通湖管理区人民法院民事审判庭副庭长

胡　丹　新田县人民法院民事审判第二庭庭长

罗周革　蓝山县人民法院民事审判第二庭庭长

胡海雄　怀化市中级人民法院民事审判第二庭审判员

曾　兴　娄底市中级人民法院民事审判第一庭副庭长

周　敏　娄底市娄星区人民法院民事审判第一庭副庭长

杨光福（土家族）　湘西自治州中级人民法院民事审判第一庭副庭长

葛康宁（土家族）　保靖县人民法院审判委员会专职委员、民事审判第一庭庭长

刘祖全（土家族）　永顺县人民法院民事审判第一庭庭长

四、受湖南高院表彰的全省优秀法官（民事部分）

刘　凯　长沙市中级人民法院民事审判第一庭副庭长

廖高飞　邵阳市中级人民法院民事审判第一庭副庭长

蒋登忠　武冈市人民法院民事审判第二庭副庭长

柳春龙　岳阳市中级人民法院民事审判第三庭副庭长

方美玉（女）　临湘市人民法院民事审判第一庭庭长

夏　蓉（女）　益阳市中级人民法院民事审判第一庭副庭长

彭艳飞（女）　郴州市中级人民法院民事审判第一庭副庭长

袁　勇　洪江市人民法院民事审判第一庭庭长

广东省法院2012年受表彰的民事审判工作先进集体和先进个人

广东省高级人民法院

先进集体：

民一庭　被最高人民法院记一等功

被广东省高级人民法院记全省法院优秀案例报送工作集体嘉奖

先进个人：

1. 佘琼圣　被最高人民法院记一等功
2. 戴佛明　被广东省高级人民法院记二等功
3. 田　剑　被广东省高级人民法院记二等功
4. 陈吉生、金锦城、贾　密　被广东省高级人民法院记嘉奖
5. 田　剑、申良洪、张　磊　被广东省高级人民法院记嘉奖
6. 王振宏、张　磊、王联坤　被广东省高级人民法院授予先进个人称号

佛山市中级人民法院

先进个人：

1. 徐立伟　被广东省高级人民法院授予全省优秀法官称号
2. 舒　琴　被广东省佛山市中级人民法院记个人三等功

汕头市中级人民法院

先进集体：

1. 民一庭　被广东省政法委员会授予“全省政法系统落实三项重点工作构建和谐广东先进集体”
2. 民一庭　被汕头市中级人民法院授予嘉奖集体

先进个人：

翁汉光　被汕头市委、市政府授予“汕头市精神文明建设先进工作者”称号

下属各区县人民法院

龙湖区

先进集体：

下蓬法庭　被汕头市中级人民法院评为“先进集体”

先进个人：

1. 吴映君　被汕头市中级人民法院评为“优秀法官”
2. 杨自强　被汕头市中级人民法院记“个人三等功”

潮阳区

先进个人:

周昭宏　被汕头市中级人民法院记"个人三等功"

潮南区

先进集体:

诉前联调工作室　被潮南区总工会授予"潮南区工人先锋号"

先进个人:

1. 王创伟　被汕头市中级人民法院授予"优秀法官"
2. 吴炳松　被汕头市中级人民法院授予"优秀法官"

湛江市中级人民法院

先进个人:

1. 陈春丽　被广东省湛江市评为2012年度执法为民先进个人;被广东省湛江市评为2012年度妇联维权先进个人;被广东省湛江评为2012年度十佳政法干警
2. 吴春鸿　被广东省高级人民法院记个人二等功
3. 陈　红　被广东省高级人民法院记个人二等功、被广东省高级人民法院嘉奖
4. 李艳华　被广东省湛江市评为2012年度湛江市实施妇女儿童发展规划先进个人;被湛江市中级人民法院记个人三等功
5. 李尚文　被湛江市中级人民法院记个人三等功
6. 曾庆聪　获得湛江市中级人民法院2012年度先进工作者;被广东省湛江市评为优秀共产党员

下属各区县人民法院

吴川市人民法院

先进个人:

1. 屠　丽　被湛江市中级人民法院记个人三等功
2. 玄月玲　获得2012年度湛江市十优法官

遂溪县人民法院

先进个人:

李哲杰　被广东省高级人民法院授予全省法院办案标兵

茂名市中级人民法院

先进集体:

1. 民三庭　被茂名市中级人民法院评为先进集体
2. 民三庭　被广东省高级人民法院记争当全国法院排头兵工作集体三等功
3. 民四庭　被茂名市中级人民法院记集体三等功
4. 民四庭　被茂名市中级人民法院党风廉政建设责任制领导小组评为"先进集体"
5. 民四庭　被最高人民法院授予"全国法院先进集体"荣誉称号
6. 民四庭　党支部被茂名市中级人民法院机关党委评为"先进党支部"

先进个人:

1. 黎湛红、庞亚文、邓秀芬　被茂名市中级人民法院评为优秀共产党员
2. 庞亚文　被茂名市委组织部记个人三等功
3. 王宇庆　被最高人民法院授予"全国法院办案标兵"荣誉称号
4. 王宇庆　被广东省高级人民法院记个人一等功
5. 莫　挺　被茂名市中级人民法院记个人三等功
6. 莫　挺　被中共茂名市委组织部记三等功
7. 莫　挺　被中共茂名市委、市政府授予"茂名市精神文明建设先进工作者"荣誉称号
8. 莫　挺　被中共茂名市委授予"茂名市创先争优优秀共产党员"荣誉称号
9. 莫　挺　被中共茂名市委政法委授予"茂名市十佳政法干警"荣誉称号
10. 陈朝通、曾玉金　被茂名市中级人民法院给予嘉奖

下属各区县人民法院

茂南区人民法院

先进集体:

1. 民一庭、镇盛法庭被茂南区人民法院评为先进集体,民三庭受到茂南区法院表扬

2. 民一庭党支部被评为茂茂南区人民法院机关委员会先进党支部

先进个人:

1. 陈耀荣、杨美安、颜辉、梁斌、吴嘉怡、陈玲、车燕茹、陈磊、朱忠实被茂南区人民法院评为先进工作者,周理受表扬

2. 余晓芳被茂南区人民法院评为办案标兵

3. 周理、余晓芳、伍岳媚被茂南区人民法院评为调解能手

4. 萧伟权被茂名市中级人民法院记个人三等功

5. 陈耀荣、吴月光、梁斌、梁国锋、陈磊被评为茂南区人民法院优秀共产党员

高州市人民法院

先进集体：

1. 民一庭　被茂名市中级人民法院记集体三等功

2. 石板法庭　被广东省高级人民法院记集体嘉奖

3. 石板法庭　被高州市政法委记 2011 年度政法工作先进集体

4. 新垌法庭　被高州市直工委记先进党支部

先进个人：

1. 罗结权　被茂名市中级人民法院记个人三等功

2. 吴　飞　被中共广东省委政法委员会授予全省政法系统"落实三项重点构建和谐广东"先进个人称号

3. 关玉婵　被高州市团委评为优秀共青团员

4. 邓绍、张斌甫　被高州市直工委评为优秀共产党员

5. 张斌甫　被广东省高级人民法院评为全省法院办案标兵

信宜市人民法院

先进集体：

信宜市人民法院　被广东省高级人民法院评为全省优秀法院

先进个人：

1. 张银清、潘关保、刘尚进　被信宜市政法委评为"2012 年度政法系统先进个人"

2. 张钊平　被信宜市市委、市府评为"信宜市先进工作者"

3. 蔡标荣　被评为"2012 年度信宜市综治维稳先进工作者"

化州市人民法院

先进集体：

民一庭　被化州市人民法院授予"先进集体"称号

先进个人：

1. 李　倩　被广东省高级人民法院记个人二等功

2. 李　倩　被茂名市中级人民法院授予茂名市十佳政法干警称号

3. 李东帅　被茂名市中级人民法院记个人三等功

4. 徐学军、王振、黄国英、张琳、黎小燕、钟林艳被化州市人民法院授予"先进工作者"称号

5. 李东帅　被化州市人民法院评为优秀党员

电白县人民法院

先进集体：

1. 博贺法庭　被茂名市中级人民法院记集体三等功

2. 博贺法庭　被电白县人民法院评为标兵单位

3. 民二庭、博贺法庭、林头法庭被电白县人民法院评为先进单位

先进个人：

1. 杨迪进　被电白县直工委评为优秀共产党员

2. 王维明　获全国法院"政法干警核心价值观"知识竞赛中获优秀个人奖

3. 林文伟　获全市法院核心价值观教育实践征文活动个人优秀奖

4. 石忠玉、苏小龙、黄豪新被电白县人民法院评为办案标兵

5. 杨春辉、欧少红、黄豪新、吴雨键、杨雪贵、何川、苏小龙、石忠玉、黄家峰、李洁梅、谢劝、林权、王维明被电白县人民法院评为先进个人

梅州市中级人民法院

先进集体：

1. 民二庭　被广东省高级人民法院记集体二等功

2. 民一庭　被广东省高级人民法院记集体三等功

先进个人：

1. 余银芳　被中华全国总工会授予"全国五一劳动奖章"

2. 黄洪远　被广东省高级人民法院授予"全省优秀法官"称号

下属各区县人民法院

丰顺县法院

先进个人：

1. 罗仰龙　被广东省高级人民法院记个人一等功

2. 吴铁辉　被广东省高级人民法院授予"全省优秀法官"称号

梅县法院

先进个人：

杨晓东　被广东省高级人民法院记个人二等功

大埔县法院

先进个人：

江启清　被广东省高级人民法院记个人二等功

兴宁市法院

先进个人：

1. 罗国星　被广东省高级人民法院授予"全省

办案标兵”称号

2. 洪　远　被梅州市委市政府授予“梅州市先进工作者”称号

揭阳市中级人民法院

先进集体：

揭阳中院民一庭党支部　被揭阳市直机关工委评为创先争优先进基层党组织

先进个人：

1. 民一庭庭长唐少三同志被广东省高级人民法院评为“全省优秀人民法官”

2. 民一庭庭长唐少三同志被广东省政法委评为落实三项重点工作构建和谐广东“先进个人”

云浮市中级人民法院

下属各区县人民法院

郁南县人民法院

先进集体：

1. 郁南县人民法院被省法院记集体二等功

2. 郁南县人民法院被省法院党组表彰为“争当全国法院排头兵工作嘉奖集体”

3. 郁南县人民法院党总支部被市委授予“云浮市创先争优先进基层党组织”称号

4. 郁南县人民法院被郁南县委、县政府表彰为“县直部门领导班子科学发展评价考核AAA级单位”

先进个人：

1. 郁南县人民法院党组书记、院长吴宏逵同志被中共郁南县委、郁南县人民政府授予“2012年郁南县先进工作者”荣誉称号

2. 郁南县人民法院李亚明同志获云浮市中级人民法院记个人三等功

3. 郁南县人民法院黄伟成被郁南县直工委表彰为“优秀共产党员”

罗定市人民法院

先进集体：

1. 罗定市人民法院被广东省委政法委评为“全省政法系统落实三项重点工作构建和谐广东”先进集体

2. 罗定市人民法院船步法庭被广东省高级人民法院记集体二等功

先进个人：

罗定市人民法院罗镜法庭庭长邓瑞雄被最高人民法院授予“全国优秀法官”称号

广西壮族自治区法院2012年受表彰的民事审判工作先进集体和先进个人

广西壮族自治区高级人民法院

先进个人：

1. 覃　龙　被广西壮族自治区高级人民法院记三等功

2. 陈礼国　被广西壮族自治区高级人民法院记三等功、获得广西壮族自治区高级人民法院2011年先进工作者称号

南宁市

南宁市中级人民法院

先进集体：

民一庭　被广西壮族自治区高级人民法院授予全区法院先进集体称号

先进个人：

1. 邓　杰　被南宁市中级人民法院授予办案能手称号；获得南宁市中级人民法院2012年先进工作者称号

2. 刘　萌　被南宁市中级人民法院授予办案能手称号；被南宁市中级人民法院记个人三等功；获得南宁市中级人民法院2012年先进工作者称号

3. 高翔宇　获得南宁市中级人民法院2012年先进工作者称号

4. 黄敏俊　被南宁市中级人民法院记个人三等功、获得南宁市中级人民法院2012年先进工作者称号

5. 孙泽兵　获得南宁市中级人民法院2012年先进工作者称号

6. 梁志洁　获得南宁市中级人民法院2012年先进工作者称号

7. 骆春利　获得南宁市中级人民法院2012年先进工作者称号

8. 郜俊翔　获得南宁市中级人民法院2012年

先进工作者称号

9. 王瑛瑛　被南宁市中级人民法院记个人三等功

10. 刘　蔚　被南宁市中级人民法院记个人三等功

下属各县区法院

横县

先进个人：

1. 龙如宏　获得南宁市中级人民法院 2012 年先进工作者称号
2. 卢燕华　获得南宁市中级人民法院 2012 年先进工作者称号
3. 玉精伶　被南宁市中级人民法院授予调解能手称号

宾阳县

先进集体：

民一庭　被南宁市中级人民法院授予先进集体称号、被南宁市中级人民法院记集体三等功

先进个人：

周华静　获得南宁市中级人民法院 2012 年先进工作者称号

上林县

先进个人：

蒙焕南　获得南宁市中级人民法院 2012 年先进工作者称号

马山县

先进集体：

民一庭　被南宁市中级人民法院授予先进集体称号

先进个人：

韦惠昌　获得南宁市中级人民法院 2012 年先进工作者称号

兴宁区

先进个人：

1. 刘孙丽　被南宁市中级人民法院授予办案能手称号、获得南宁市中级人民法院 2012 年先进工作者称号
2. 农慧兰　获得南宁市中级人民法院 2012 年先进工作者称号

江南区

先进集体：

民一庭　被南宁市中级人民法院授予先进集体称号

先进个人：

1. 李珊珊　被南宁市中级人民法院授予办案能手称号
2. 张　敏　被南宁市中级人民法院授予办案能手称号
3. 苏灵艳　被南宁市中级人民法院记个人三等功

青秀区

先进个人：

赵　会　被南宁市中级人民法院授予调解能手称号

西乡塘区

先进集体：

民一庭　被南宁市中级人民法院授予先进集体称号

先进个人：

1. 刘春花　被南宁市中级人民法院授予调解能手称号、获得南宁市中级人民法院 2012 年先进工作者称号
2. 李志锋　获得南宁市中级人民法院 2012 年先进工作者称号
3. 郭　轶　获得南宁市中级人民法院 2012 年先进工作者称号

桂林市

桂林市中级人民法院

先进个人：

1. 刘福平　被桂林市中级人民法院记嘉奖
2. 关玉霞　被桂林市中级人民法院授予调解先进个人称号、被桂林市中级人民法院记嘉奖
3. 李　艳　被桂林市中级人民法院记嘉奖
4. 毛雪梅　被桂林市中级人民法院记嘉奖
5. 邹高林　被桂林市中级人民法院记嘉奖
6. 邹国良　被桂林市中级人民法院记嘉奖
7. 张　芳　被桂林市中级人民法院记嘉奖

下属各县市区人民法院

叠彩区

先进个人：

1. 黄长发　被广西壮族自治区高级人民法院授予一百名优秀法官称号、被桂林市中级人民法院记三等功
2. 李　海　被广西壮族自治区高级人民法院授予全区法院系统先进个人称号
3. 陈国先　被叠彩区人民法院授予先进个人称号
4. 唐晓莹　被叠彩区人民法院授予先进个人

称号

5. 陈文馨　被叠彩区人民法院授予先进个人称号

雁山区

先进个人：

黄黎燕　被桂林市中级人民法院记三等功

荔浦县

先进个人：

莫德远　被桂林市中级人民法院授予2011年度全市法院调解工作先进个人称号

灵川县

先进集体：

民一庭　被桂林市中级人民法院记三等功

先进个人：

1. 唐景锋　被广西壮族自治区高级人民法院授予2012年度全区法院办案标兵称号、被灵川县人民法院授予2012年度办案能手称号

2. 赵桂华　被灵川县人民法院授予2012年度调解能手称号

兴安县

先进集体：

1. 民一庭　被广西壮族自治区高级人民法院记三等功

2. 城关人民法庭　被桂林市中级人民法院记三等功

先进个人：

1. 黄　恺　被广西壮族自治区高级人民法院授予全区法院办案标兵称号、被广西壮族自治区高级人民法院记三等功、获得广西壮族自治区高级人民法院先进个人称号

2. 李岷志　被桂林市中级人民法院记嘉奖

柳州市

柳州市中级人民法院

先进集体：

民一庭　被广西壮族自治区高级人民法院授予全区法院先进集体称号

先进个人：

1. 陈　文　被全国妇联授予全国妇女创先争优先进个人称号、被最高人民法院授予全国优秀法官称号、2012年柳州市劳动模范、被广西壮族自治区高级人民法院授予全区优秀法官称号

2. 吴媚媚　被广西壮族自治区妇联授予"三八红旗手"称号

梧州市

梧州市中级人民法院

先进集体：

民一庭　被梧州市中级人民法院授予和谐司法先进集体称号

先进个人：

朱卓慧　被梧州市中级人民法院授予"梧州市法院三零法官"称号；

下属各区县人民法院

万秀区

先进个人：

李棠在　被梧州市中级人民法院授予"梧州市法院三零法官"称号、被梧州市中级人民法院授予全市法院办案能手称号

蝶山区

先进个人：

苏　恒　被广西壮族自治区高级人民法院授予全区法院办案标兵称号

长洲区

先进集体：

民一庭　被广西壮族自治区高级人民法院授予全区法院先进集体称号、被梧州市中级人民法院授予"全市法院先进集体"称号

先进个人：

1. 韦　勇　被广西壮族自治区高级人民法院授予全区法院先进个人称号

2. 黄爱琴　被广西壮族自治区高级人民法院授予全区法院办案标兵称号、被梧州市中级人民法院授予梧州市法院先进个人称号、被梧州市中级人民法院授予全市法院办案能手称号

藤县

先进个人：

1. 叶　丹　被梧州市中级人民法院授予全市法院先进个人称号

2. 黄炳友　被梧州市中级人民法院授予全市法院办案能手称号　被梧州市中级人民法院授予全市法院调撤能手称号

岑溪市

先进个人：

1. 胡光华　被广西壮族自治区高级人民法院授予全区法院办案标兵称号、被梧州

市中级人民法院授予全市法院办案能手称号、被梧州市中级人民法院授予“全市法院调撤能手”称号

2. 刘丽萍 被梧州市中级人民法院授予“梧州市法院三零法官”称号

贵港市

贵港市中级人民法院

先进个人：

陈历南 被贵港市人民政府授予贵港市劳动模范先进工作者称号、获得贵港市中级人民法院2011年先进个人称号、被贵港市中级人民法院授予2011年全市法院办案标兵称号

下属各县市区人民法院

桂平市

先进集体：

民一庭 被贵港市中级人民法院授予全市法院先进集体称号；被中共桂平市委、桂平市人民政府授予2012年全市政法工作先进集体称号

先进个人：

1. 杨 进 获得贵港市中级人民法院2012年先进个人称号
2. 程 飞 被贵港市中级人民法院授予2012年全市法院调解能手称号
3. 唐理荣 被中共桂平市委、桂平市人民政府授予2012年政法工作先进个人称号

平南县

先进集体：

民一庭 被贵港市中级人民法院授予2011年全市法院先进集体称号；被中共平南县委、平南县人民政府授予2011年全县政法工作先进单位称号；被平南县人民法院授予2011年先进集体称号

先进个人：

1. 张奕军 被中共平南县委、平南县人民政府授予2011年全县政法工作先进个人称号
2. 吴 胜 获得平南县人民法院2011年先进个人称号

港北区

先进集体：

民一庭 被港北区人民法院授予2011年度先进集体称号

先进个人：

1. 谭孟常 被港北区人民法院授予2011年优秀法官称号
2. 曾 泽 被港北区人民法院授予2011年优秀法官称号

港南区

先进个人：

邓凤明 被广西壮族自治区高级人民法院授予2012年全区法院办案标兵称号、被贵港市中级人民法院评为2012年全市法院办案标兵、被港南区人民法院授予2012年办案能手称号

覃塘区

先进集体：

民一庭 被贵港市中级人民法院嘉奖一次、被覃塘区人民法院授予2011年度先进集体称号

先进个人：

1. 连家响 被覃塘区人民法院授予2011年度调解能手称号
2. 黄荣恒 被覃塘区人民法院授予2011年度办案标兵称号

玉林市

玉林市中级人民法院

先进个人：

1. 甘伟强 被玉林市中级人民法院记三等功
2. 黄炳才 获得玉林市中级人民法院2011年度机关先进个人称号
3. 梁开路 获得玉林市中级人民法院2011年度机关先进个人称号、获得玉林市中级人民法院2012年度优秀公务员称号
4. 郑燕冰 获得玉林市中级人民法院2011年度机关先进个人称号
5. 韦以欣 获得玉林市中级人民法院2011年度机关先进个人称号
6. 吕海欢 获得玉林市中级人民法院2012年度优秀公务员称号
7. 蒋绍德 获得玉林市中级人民法院2012年度优秀公务员称号
8. 邓 莉 获得玉林市中级人民法院2012年度优秀公务员称号

下属各区县人民法院

玉州区

先进个人:

1. 陈　斌　被中共玉林市委政法委员会、玉林市法学会授予玉林市政法部门十佳办案能手称号
2. 陈小毛　被玉林市中级人民法院记三等功
3. 林广球　获得玉林市中级人民法院 2012 年法院年度工作嘉奖个人
4. 陈　洁　获得玉林市中级人民法院 2012 年法院年度工作嘉奖个人

北流市

先进集体:

1. 平政人民法庭　被玉林市中级人民法院记三等功
2. 隆盛人民法庭　被玉林市中级人民法院记三等功
3. 民一庭　获得玉林市中级人民法院 2012 年法院年度工作嘉奖集体

先进个人:

1. 杨　东　被广西壮族自治区高级人民法院授予 2011 年度全区法院先进个人称号
2. 杜　洪　被广西壮族自治区高级人民法院授予 2011 年度全区法院办案标兵称号
3. 李　盛　被中共玉林市委政法委员会、玉林市法学会授予玉林市政法部门十佳办案能手称号;获得玉林市中级人民法院 2012 年法院年度工作嘉奖个人

博白县

先进集体:

1. 旺茂人民法庭　被玉林市中级人民法院记三等功
2. 民一庭　获得玉林市中级人民法院 2012 年法院年度工作嘉奖集体
3. 英桥人民法庭　被广西壮族自治区高级人民法院授予 2011 年度全区法院开展争创“五个一百”竞赛活动先进集体称号;获得玉林市中级人民法院 2012 年法院年度工作嘉奖集体

先进个人:

1. 谢　凤　获得玉林市中级人民法院 2012 年法院年度工作嘉奖个人
2. 秦家俊　获得玉林市中级人民法院 2012 年法院年度工作嘉奖个人
3. 刘昌广　获得玉林市中级人民法院 2012 年法院年度工作嘉奖个人

兴业县

先进集体:

蒲塘人民法庭　获得玉林市中级人民法院 2012 年法院年度工作嘉奖集体

先进个人:

甘卫勇　获得玉林市中级人民法院 2012 年法院年度工作嘉奖个人

容县

先进集体:

附城人民法庭　获得玉林市中级人民法院 2012 年法院年度工作嘉奖集体

先进个人:

1. 卢粤惠　被广西壮族自治区高级人民法院授予 2011 年度全区法院先进个人称号
2. 李戈元　获得玉林市中级人民法院 2012 年法院年度工作嘉奖个人
3. 梁旺基　获得玉林市中级人民法院 2012 年法院年度工作嘉奖个人
4. 韦世玮　获得玉林市中级人民法院 2012 年法院年度工作嘉奖个人

陆川县

先进集体:

清湖人民法庭　获得玉林市中级人民法院 2012 年法院年度工作嘉奖集体

先进个人:

1. 苏　斌　被广西壮族自治区高级人民法院授予 2011 年度全区法院先进个人称号
2. 肖　春　被广西壮族自治区高级人民法院授予 2011 年度全区法院办案标兵称号、获得玉林市中级人民法院 2012 年法院年度工作嘉奖个人
3. 姚　成　被中共玉林市委政法委员会、玉林市法学会授予玉林市政法部门十佳办案能手称号
4. 陈　静　获得玉林市中级人民法院 2012 年法院年度工作嘉奖个人

钦州市

钦州市中级人民法院

先进个人:

1. 李碧珊　获得 2012 年度全国办案标兵称号、

被钦州市中级人民法院记三等功、获得2011年度广西壮族自治区全区法院办案标兵称号

2. 钟宪林　获得2011年度广西壮族自治区全区法院先进个人称号、被钦州市中级人民法院记三等功

3. 文其谦　获得2011年度钦州市中级人民法院先进个人称号

北海市

北海市中级人民法院

先进集体：

民一庭　被北海市中级人民法院授予全市法院先进集体荣誉称号

先进个人：

汪海敏　被广西壮族自治区高级人民法院授予全区法院办案标兵荣誉称号

下属各区县人民法院

合浦县

先进集体：

星岛湖法庭　被广西壮族自治区高级人民法院授予全区法院先进集体荣誉称号

先进个人：

黄振才　被广西壮族自治区高级人民法院授予全区法院系统办案标兵称号

海城区

先进个人：

1. 廖慧翔　被广西壮族自治区高级人民法院授予2012年全区法院先进个人称号

2. 冯志珍　被北海市中级人民法院授予2012年全市法院办案标兵称号

3. 陈培荣　被北海市中级人民法院授予2012年全市法院办案标兵称号

银海区

先进集体：

民事审判庭　被北海市银海区人民法院授予工作成绩突出嘉奖集体称号、被北海市中级人民法院授予2012年度全市法院先进集体称号

先进个人：

1. 刘　瑞　被北海市银海区人民法院授予2012年度银海法院工作成绩突出嘉奖个人称号、被北海市中级人民法院授予2012年度全市法院办案标兵称号

2. 刘舒霞　被北海市银海区人民法院授予2012年度银海法院工作成绩突出嘉奖个人称号

3. 冯　志　被北海市银海区人民法院授予2012年度银海法院工作成绩突出嘉奖个人称号

铁山港区

先进个人：

李其靖　被北海市中级人民法院授予全市法院办案标兵称号

防城港市

防城港市中级人民法院

先进集体：

民一庭　被广西高级人民法院授予全区法院先进集体称号

先进个人：

1. 黄醒林　被广西高级人民法院授予全区法院先进个人称号

2. 钟　蕾　被防城港市中级人民法院记三等功

3. 宋丞致　被防城港市中级人民法院授予全市法院办案标兵称号

下属各区县人民法院

港口区

先进集体：

民一庭　被广西高级人民法院授予全区法院先进集体称号

先进个人：

李　飞　被最高人民法院授予全国法院先进个人称号

防城区

先进集体：

那良法庭　被广西高级人民法院授予全区法院先进集体称号

先进个人：

1. 刘茂堂　被防城港市中级人民法院授予全市法院办案标兵称号

2. 张健平　被防城区人民政府记政法工作三等功

上思县

先进集体：

思阳法庭　被广西壮族自治区高级人民法院授予全区法院先进集体称号

先进个人：

吴敏滔　被广西壮族自治区高级人民法院授予

全区法院先进个人称号

东兴市:

先进个人:

胡家铭 被防城港市中级人民法院授予全市法院办案标兵称号

崇左市

崇左市中级人民法院

先进集体:

民一庭 被崇左市中级人民法院授予2011年民事审判工作先进集体称号

先进个人:

黄 飞 被崇左市中级人民法院授予2011年全市法院优秀法官称号、被崇左市中级人民法院授予民事审判工作先进个人称号

下属各区县人民法院

江州区

先进集体:

驮卢法庭 被广西壮族自治区高级人民法院授予2012年先进集体称号

先进个人:

1. 黄鹤颖 被广西壮族自治区高级人民法院授予2012年办案标兵称号
2. 马文彪 被崇左市中级人民法院授予2012年办案能手称号

扶绥县

先进集体:

1. 中东人民法庭 被崇左市中级人民法院授予2009年至2011年度全市法院民事审判工作先进集体称号
2. 中东人民法庭 被扶绥县人民法院授予2012年度先进集体称号
3. 民一庭 被扶绥县人民法院授予2012年度先进集体称号

先进个人:

1. 玉汝碧 被崇左市中级人民法院授予2011年度全市法院优秀法官称号、被崇左市中级人民法院授予2009年至2011年度全市法院民事审判工作先进个人称号
2. 李作增 被崇左市中级人民法院授予2012年度全市法院优秀法官称号、被扶绥县人民法院授予先进个人称号、被崇左市中级人民法院授予2009年至2011年度全市法院交通事故巡回法庭工作先进个人称号
3. 黄玉琴 被崇左市妇女联合会授予崇左市三八红旗手称号
4. 黄赵伟 被扶绥县人民法院授予先进个人称号
5. 甘晏全 被扶绥县人民法院授予先进个人称号
6. 谢文斌 被扶绥县人民法院授予先进个人称号
7. 吴丹伟 被扶绥县人民法院授予先进个人称号
8. 李 庆 被扶绥县人民法院授予先进个人称号

大新县

先进个人:

1. 许道晖 被广西壮族自治区高级人民法院授予2011年度全区法院先进个人称号、被广西壮族自治区高级人民法院授予2012年度全区法院办案标兵称号
2. 蒙志华 被广西壮族自治区高级人民法院授予2011年度全区法院办案标兵称号、被广西壮族自治区高级人民法院授予2012年度全区法院先进个人称号

天等县

先进集体:

民一庭 被崇左市中级人民法院授予民事审判先进集体称号

先进个人:

1. 杨寿选 被广西壮族自治区高级人民法院授予全区法院先进个人称号
2. 周贵武 被崇左市中级人民法院授予全市交通事故巡回法庭先进个人称号
3. 赵慧清 被崇左市中级人民法院授予全市民事审判先进个人称号

宁明县

先进集体:

爱店法庭 被崇左市中级人民法院授予2009年至2011年度全市法院民事审判工作先进集体称号

先进个人:

1. 农达恩 被广西壮族自治区高级人民法院授予2011年度全区法院办案标兵称

号、被崇左市中级人民法院授予2011年度全市优秀法官称号

2. 黄方臣　被崇左市中级人民法院授予2009年至2011年度全市法院民事审判工作先进个人称号

3. 黄丽娇　被崇左市中级人民法院授予2011年度全市法院交通事故巡回法庭工作先进个人

龙州县

先进集体：

民一庭　被崇左市中级人民法院授予全市法院民事审判先进集体

先进个人：

1. 黄桂宁　被广西壮族自治区高级人民法院授予全区法院办案标兵称号

2. 谭荣伟　被中国人民解放军崇左市军分区和崇左市中级人民法院授予涉军维权工作（2010～2012年度）先进个人称号

3. 张瑞明　被崇左市中级人民法院授予全市法院民事审判先进工作者称号

4. 岑桂枝　被崇左市中级人民法院授予全市法院审理交通事故先进个人称号

5. 苏立峰　被崇左市中级人民法院授予全市优秀法官称号

6. 农桂强　被崇左市中级人民法院记个人三等功

凭祥市人民法院

先进个人：

1. 吴桂陵　被广西壮族自治区高级人民法院授予全区法院先进个人称号

2. 冯潆予　被广西壮族自治区高级人民法院授予全区法院办案标兵称号

3. 周君和　被崇左市中级人民法院授予2011年度全市法院优秀法官称号

百色市

百色市中级人民法院

先进个人：

1. 黄小萍　被广西壮族自治区高级人民法院授予全区法院办案标兵称号、被百色市中级人民法院授予全市法院办案标兵称号

2. 邓梅君　被广西壮族自治区高级人民法院授予全区法院先进个人称号、被百色市中级人民法院授予全市法院先进个人称号

3. 黄奇智　被广西壮族自治区高级人民法院授予全区法院办案标兵称号、被百色市中级人民法院记三等功

下属各区县人民法院

右江区

先进个人：

韦绍开　被广西壮族自治区高级人民法院授予全区法院办案标兵称号、被百色市中级人民法院授予全市法院办案标兵称号

田阳县

先进个人：

1. 潘少勇　被百色市中级人民法院授予全市法院办案标兵称号、被田阳县人民政府授予全县模范政法办案能手称号

2. 王炳亮　被广西壮族自治区高级人民法院授予全区法院办案标兵称号、被百色市中级人民法院授予全市法院办案标兵称号、被田阳县人民政府授予全县模范政法办案能手称号

隆林县

先进个人：

黄登林　被最高人民法院授予全国模范法官荣誉称号、被百色市中级人民法院授予全市法院先进个人称号

乐业县

先进个人：

1. 王育平　被广西壮族自治区高级人民法院授予全区法院先进个人称号

2. 王若海　被广西壮族自治区高级人民法院授予全区法院办案标兵称号

凌云县

先进集体：

民一庭　被广西壮族自治区高级人民法院授予全区法院先进集体

平果县

先进集体：

民一庭　被广西壮族自治区高级人民法院授予全区法院先进集体称号

德保县

先进个人：

卢凤秋　被广西壮族自治区高级人民法院授予全区法院先进个人称号、被百色市中级人民法院授予全市法院先进个人称号

田东县

先进个人:

1. 李恩光　被百色市中级人民法院授予全市法院先进个人称号、被百色市中级人民法院授予全市法院办案能手称号、被百色市中级人民法院记三等功
2. 莫　丽　被百色市中级人民法院授予全市法院先进个人称号
3. 蒙秋美　被百色市中级人民法院授予全市法院先进个人称号

田林县

先进个人:

1. 黄振忠　被百色市中级人民法院授予全市法院先进个人称号
2. 黄晋峰　被百色市中级人民法院记三等功

河池市

河池市中级人民法院

先进个人:

潘嘉芳　被河池市中级人民法院记三等功、被中共广西河池市委员会记三等功、被广西壮族自治区高级人民法院授予全区法院办案标兵称号

来宾市

来宾市中级人民法院

先进个人:

1. 黄海滨　被来宾市中级人民法院记个人三等功、获得来宾市中级人民法院 2012 年先进个人称号
2. 覃奇明　被来宾市中级人民法院授予全市法院办案标兵称号、被来宾市中级人民法院记三等功
3. 韦远潇　被来宾市中级人民法院记三等功
4. 韦柳林　被来宾市人民政府记事业创业二等功
5. 韦学军　获得来宾市中级人民法院 2012 年先进个人称号

下属各区县人民法院

兴宾区

先进集体:

凤凰人民法庭　被来宾市兴宾区人民法院授予先进集体称号

先进个人:

韦立标　被广西壮族自治区高级人民法院授予全区法院办案标兵称号

忻城县

先进个人:

韦永辉　被来宾市中级人民法院记嘉奖、被广西壮族自治区高级人民法院授予全区法院优秀法官称号

武宣县

先进集体:

1. 民一庭　被武宣县人民法院授予 2012 年度先进集体荣誉称号
2. 三里法庭　被武宣县人民法院授予 2012 年度先进集体荣誉称号

先进个人:

1. 潘金芳　被广西壮族自治区高级法院授予 2012 年度全区法院先进个人称号
2. 廖　逵　被广西壮族自治区高级法院授予 2012 年度全区法院办案标兵称号
3. 黄启锋　被来宾市中级人民法院授予 2012 年度全市法院先进个人称号
4. 陆　杰　被来宾市中级人民法院授予 2012 年度全市法院办案标兵称号
5. 蓝淑君　被来宾市中级人民法院授予 2012 年全市法院优秀书记员称号
6. 卓义林　被武宣县人民法院授予年度先进个人称号
7. 余廷发　被武宣县人民法院授予年度先进个人称号
8. 廖庆丰　被武宣县人民法院授予年度先进个人称号
9. 陆　杰　被武宣县人民法院授予年度先进个人称号
10. 覃荣利　被武宣县人民法院授予年度先进个人称号
11. 刘海洋　被武宣县人民法院授予年度先进个人称号

象州县

先进个人:

1. 覃柳平　被广西壮族自治区高级人民法院授予 2012 年度全区法院先进个人称号
2. 计洪齐　被广西壮族自治区高级人民法院授予 2012 年度全区法院办案标兵称号
3. 覃尉权　被来宾市中级人民法院授予 2012 年度全市法院先进个人称号

4. 苏文科　被来宾市中级人民法院授予 2012 年度全市法院办案标兵称号

金秀县

先进集体：

1. 民一庭　被广西壮族自治区高级人民法院评为维护妇女儿童权益先进集体
2. 桐木人民法庭　被广西壮族自治区高级人民法院评为全区开展“五个一百”活动先进集体

先进个人：

1. 黄通德　被来宾市中级人民法院记三等功
2. 曾秋程　被广西壮族自治区高级人民法院授予全区法院办案标兵称号、被来宾市中级人民法院授予全市法院办案标兵称号、被来宾市人民法院记个人三等功
3. 兰春晖　被来宾市中级人民法院授予先进个人称号

贺州市

贺州市中级人民法院

先进集体：

民一庭　被广西壮族自治区高级人民法院授予全区法院先进集体称号

先进个人：

1. 苏少勋　被广西壮族自治区高级人民法院授予全区法院先进个人称号
2. 吕小莉　被广西壮族自治区高级人民法院授予全区法院办案标兵称号
3. 杨桂明　被贺州市中级人民法院授予贺州市法院系统先进个人称号
4. 谢景泰　被贺州市中级人民法院授予贺州市法院系统办案标兵称号

下属各区县人民法院

八步区

先进集体：

桂岭人民法庭　被贺州市中级人民法院授予先进集体称号

先进个人：

1. 吴国良　被广西壮族自治区高级人民法院授予先进个人称号
2. 黄月岸　被广西壮族自治区高级人民法院授予办案标兵称号
3. 杨　平　被贺州市中级人民法院记个人三等功
4. 陈缓一　被贺州市中级人民法院授予先进个人称号、贺州市中级人民法院授予办案标兵称号

富川县

先进集体：

朝东人民法庭　被贺州市中级人民法院授予先进集体称号

先进个人：

1. 毛献活　被广西壮族自治区高级人民法院授予办案标兵称号
2. 张　勇　被贺州市中级人民法院记个人三等功
3. 薛建华　被贺州市中级人民法院记个人三等功
4. 廖　兴　被贺州市中级人民法院授予办案标兵称号
5. 欧阳家福　被贺州市中级人民法院授予先进个人称号

钟山县

先进集体：

1. 公安法庭　被广西壮族自治区高级人民法院授予先进集体称号
2. 城厢法庭　被贺州市中级人民法院授予先进集体称号

先进个人：

1. 邹智利　被广西壮族自治区高级人民法院授予办案标兵称号
2. 谭舒元　被贺州市中级人民法院授予先进个人称号

昭平县

先进个人：

1. 楼庆春　被广西壮族自治区高级人民法院授予先进个人称号、被贺州市中级人民法院记个人三等功
2. 莫义阳　被广西壮族自治区高级人民法院授予办案标兵称号、被贺州市中级人民法院记个人三等功

南宁铁路运输中级法院

先进集体：

民一庭　被南宁铁路运输法院授予先进集体称号

先进个人：

1. 潘树强　被广西区高级人民法院授予全区法院办案标兵称号
2. 罗秀文　被南宁铁路运输法院授予先进个人称号
3. 秦春洪　被南宁铁路运输法院授予先进个人称号

海南省法院2012年
受表彰的民事审判工作先进集体和先进个人

海南省高级人民法院

先进集体:

1. 民三庭　被海南省高级人民法院记集体三等功
2. 民三庭　被海南省高级人民法院授予特区法坛先进集体称号
3. 民三庭　被海南省高级人民法院授予调研工作先进集体称号

先进个人:

1. 范　忠　被海南省高级人民法院授予优秀党务工作者称号
2. 贺　莺　被海南省高级人民法院授予先进个人称号
3. 詹润红　被海南省高级人民法院授予优秀党员称号
4. 王　娅　被海南省高级人民法院授予先进个人称号
5. 王　娅　被中共海南省直属机关工作委员会授予省直机关创先争优优秀共产党员称号
6. 王芸芸　被海南省高级人民法院授予优秀党员称号
7. 徐正伟　被海南省高级人民法院授予优秀党员称号
8. 高俊华　被海南省高级人民法院授予优秀党员称号
9. 高俊华　被海南省高级人民法院记个人三等功
10. 李文健　被海南省高级人民法院授予先进个人称号
11. 刘彦贵　被海南省高级人民法院授予优秀党员称号

海南省第一中级人民法院

先进集体:

1. 民一庭　被海南省高级人民法院授予先进集体称号
2. 民一庭　被海南省第一中级人民法院给予集体嘉奖
3. 环保庭　被海南省第一中级人民法院给予集体嘉奖

先进个人:

1. 宋　杰　被海南省高级人民法院授予全省优秀法官称号
2. 李雪茹　被中共海南省直属机关工作委员会授予省直机关创先争优优秀共产党员称号
3. 彭志新　被海南省第一中级人民法院记个人三等功
4. 黄声泽　获海南省第一中级人民法院嘉奖
5. 张龙剑　获海南省第一中级人民法院嘉奖
6. 王思霖　获海南省第一中级人民法院嘉奖
7. 昌　盛　获海南省第一中级人民法院嘉奖
8. 蔡于干　获海南省第一中级人民法院嘉奖
9. 吴　美　在2012年度全国“两会”期间宣传工作受最高人民法院表彰

下属辖区基层法院

定安县人民法院

先进集体:

居丁人民法庭　被海南一中记2011年度集体三等功

先进个人:

1. 王　亮　荣获海南省高级法院颁发的人民法院天平荣誉奖
2. 吴紫娟　获得全省法院优秀裁判文书二等奖

琼海市人民法院

先进集体:

塔洋法庭　被海南省高级人民法院授予“司法作风转变年”活动先进单位

先进个人:

1. 王哲博　获得海南省高级人民法院“2009～2011年度全省法院优秀调研成果优秀奖”
2. 周英俊　海南省第一中级法人民院记个人三等功

屯昌县人民法院

先进集体:

民事审判庭　被屯昌县妇女联合委员会评为

"三八红旗集体"

澄迈县人民法院

先进集体：

1. 老城人民法庭　被最高人民法院、团中央授予全国"青年文明号"
2. 老城人民法庭　被海南省高级人民法院授予全省法院先进集体称号
3. 民事审判庭　被海南省第一中级人民法院记集体三等功
4. 民事审判庭　被澄迈县人民法院授予先进集体称号
5. 老城人民法庭　被澄迈县人民法院授予先进集体称号

先进个人：

1. 曾令亲　被澄迈县人民法院授予先进个人称号
2. 夏　琪　被澄迈县人民法院授予先进个人称号
3. 侯芝萍　被澄迈县人民法院授予先进个人称号

五指山市人民法院

先进集体：

1. 民事审判庭　被海南省一中院授予先进集体称号
2. 民事审判庭　被海南省一中院记集体三等功

先进个人：

1. 帅　英　被海南省一中院授予授予先进个人称号
2. 帅　英　被海南省第一中级人民法院记个人三等功

陵水黎族自治县人民法院

先进集体：

1. 新村人民法庭　被最高人民法院授予全国法院先进集体称号
2. 新村人民法庭　被海南省高级人民法院授予全省法院先进集体称号

先进个人：

1. 纪明杰　被海南省高级人民法院记个人一等功
2. 王素芳　被海南省第一中级人民法院记个人三等功

琼中黎族苗族自治县人民法院

先进集体：

长征法庭　被海南省高级人民法院授予"司法作风转变年"活动先进单位

先进个人：

1. 王伟奇　被琼中县人民法院授予先进个人称号
2. 刘慧静　被琼中县人民法院评为年度先进个人称号
3. 何宗霖　被琼中县人民法院评为年度先进个人称号

海南省第二中级人民法院

先进集体：

民二庭党支部　被中共海南省直属机关工作委员会授予海南省创先争优先进基层党组织

先进个人：

符嘉华　被最高人民法院授予全国优秀法官称号

下属辖区基层法院

儋州市人民法院

先进集体：

1. 民二庭　被儋州市人民法院授予先进集体称号
2. 东成法庭　被儋州市人民法院授予先进集体称号

先进个人：

1. 陈永光　被海南省第二中级人民法院授予办案能手称号
2. 林淑芳　被儋州市人民法院授予先进个人称号
3. 赵　刚　被儋州市人民法院授予先进个人称号
4. 林生明　被儋州市人民法院授予办案能手称号
5. 李润红　被儋州市人民法院授予先进个人称号
6. 张晓敏　被儋州市人民法院授予办案能手称号
7. 陈　伟　被儋州市人民法院授予先进个人称号

洋浦开发区人民法院

先进集体：

民事审判庭　被海南省洋浦开发区人民法院授予先进集体称号

临高县人民法院

先进集体：

民一庭　被海南省妇女联合会授予海南省三八红旗集体称号

先进个人：

1. 符嘉华　被最高人民法院授予全高优秀法官称号
2. 赖瑞强　被海南省妇女联合会评为省三八红旗手

乐东黎族自治县人民法院

先进个人：

韦昌平　被海南省高级人民法院授予全省法院优秀法官称号

东方市人民法院

先进集体：

民一庭　被海南省东方市人民法院授予先进集体称号

先进个人：

1. 关远平　被海南省东方市人民法院授予先进个人称号
2. 张学文　被海南省东方市人民法院授予先进个人称号
3. 符壮华　被海南省东方市人民法院授予先进个人称号
4. 文昌干　被海南省东方市人民法院授予先进个人称号
5. 程小梅　被海南省东方市人民法院授予先进个人称号
6. 郑海雄　被海南省东方市人民法院授予办案能手称号、调解能手称号

昌江黎族自治县人民法院

先进集体：

乌烈法庭　被昌江黎族自治县人民法院授予先进集体称号

先进个人：

1. 符家荣　被海南省高级人民法院授予全省优秀法官称号
2. 符　兴　被昌江黎族自治县人民法院授予办案能手称号
3. 符家荣　被昌江黎族自治县人民政府授予创先争优活动优秀共产党员称号

海口市中级人民法院

先进集体：

1. 民一庭　被海口市中级人民法院授予先进集体称号
2. 民二庭　被海口市中级人民法院授予先进集体称号

先进个人：

1. 陈　铭　被海南省高级人民法院授予全省优秀法官称号
2. 符玉梅　被海口市中级人民法院记三等功
3. 韩　芬　被海口市中级人民法院授予2012年度先进个人
4. 陈　铭　被海口市中级人民法院授予2012年度先进个人
5. 李　燕　被海口市中级人民法院授予2012年度先进个人
6. 潘　娜　被海口市中级人民法院授予2012年度先进个人
7. 颜　祺　被海口市中级人民法院授予2012年度先进个人

下属各区人民法院

美兰区人民法院

先进个人：

1. 吴思荣　被海口市中级人民法院记个人三等功
2. 詹海灵　被美兰区政府授予优秀公务员称号
3. 彭豫梅　被美兰区政府授予优秀公务员称号
4. 王　硕　被美兰区政府授予优秀公务员称号
5. 周俊萍　被美兰区政府授予优秀公务员称号
6. 莫　娇　被美兰区政府授予优秀公务员称号
7. 李　佳　被美兰区政府授予优秀公务员称号
8. 彭豫梅　被美兰区政府授予青年岗位能手称号

龙华区人民法院

先进个人：

1. 王国娟　被最高人民法院授予全国法院办案标兵
2. 李晓莉　被海南省高级人民法院记个人三等功
3. 张　萍　被海南省高级人民法院记个人三等功

秀英区人民法院

先进个人：

1. 韩　青　被秀英区人民法院授予先进个人称号
2. 邓文哲　被秀英区人民法院授予先进个人称号
3. 林　林　被秀英区人民法院授予先进个人称号
4. 林　忻　被秀英区人民法院授予先进个人称号
5. 殷　娟　被秀英区人民法院授予优秀党务工作者称号
6. 杨　明　被秀英区人民法院授予优秀党员称号

7. 符晓瓛　被秀英区人民法院授予优秀党员称号

8. 吴松林　被秀英区人民法院授予优秀党员称号

琼山区人民法院

先进集体：

1. 民一庭　被琼山区人民法院授予先进集体称号

2. 民二庭　被海口市妇女联合委员会授予市级“巾帼文明岗”称号

先进个人：

1. 袁艺畅　被海南省高级人民法院授予全省优秀法官称号

2. 钟玉静　获得全省法院优秀法律文书评选三等奖

3. 陈　才　被琼山区人民法院授予先进工作者称号

4. 谭秀文　被琼山区人民法院授予先进工作者称号

5. 林玥希　被琼山区人民法院授予先进工作者称号

6. 朱润生　被琼山区人民法院授予先进工作者称号

7. 曾德奋　被琼山区人民法院授予先进工作者称号

8. 黄小雅　被琼山区人民法院授予先进工作者称号

9. 何　佳　被琼山区人民法院授予先进工作者称号

10. 陈　肖　被琼山区人民法院授予办案能手称号

11. 冯成壮　被琼山区人民法院授予调解能手称号

12. 钟玉静　被琼山区人民法院授予庭审能手称号

13. 杨　新　被琼山区人民法院授予调研先进个人称号

三亚市中级人民法院

先进集体：

1. 民一庭　被海南省高级人民法院授予全省法院先进集体称号

2. 民一庭　被三亚市中级人民法院授予先进集体称号

先进个人：

1. 曾人孝　被海南省高级人民法院授予全省优秀法官称号

2. 曾人孝　被三亚市委市政府授予双拥先进个人称号

3. 傅人导　被海南省高级人民法院给予个人嘉奖

4. 李桂祥　被三亚市中级人民法院院授予先进工作者称号

5. 陈晓明　被三亚市中级人民法院院授予先进工作者称号

6. 何　冰　被三亚市中级人民法院院授予先进工作者称号

7. 吴　璟　被三亚市中级人民法院院授予先进工作者称号

8. 李　祎　被三亚市中级人民法院院授予先进工作者称号

9. 梁　泽　被三亚市中级人民法院院授予先进工作者称号

下属辖区基层人民法院

三亚城郊人民法院

先进集体：

民一庭　被三亚市中级人民法院授予先进集体称号

先进个人：

1. 杜鹏辉　被最高人民法院授予全国法院办案标兵称号

2. 邢增秀　被海南省高级人民法院授予全省优秀法官称号

3. 邢增秀　被三亚市委市政府授予优秀共产党员称号

4. 王　立　被三亚市中级人民法院授予先进工作者称号

5. 符秀柏　被三亚市中级人民法院授予先进工作者称号

6. 吴雄文　被三亚市中级人民法院授予先进工作者称号

7. 陈锦育　被三亚市中级人民法院授予先进工作者称号

8. 谢亚琼　被三亚市中级人民法院授予先进工作者称号

9. 郑海霞　被三亚市中级人民法院授予先进工作者称号

10. 黄春英　被三亚市中级人民法院授予先进工作者称号

11. 吴小慧　被三亚市中级人民法院授予先进工作者称号

12. 陈　怡　被三亚市中级人民法院授予先进工作者称号

13. 董红谦　被三亚市中级人民法院授予先进工作者称号
14. 吕永生　被三亚市中级人民法院授予先进工作者称号
15. 姜　伟　被三亚市中级人民法院授予先进工作者称号
16. 罗朗秋　被三亚市中级人民法院授予先进工作者称号
17. 沈湘法　被三亚市中级人民法院授予先进工作者称号
18. 吉才军　被三亚市中级人民法院授予先进工作者称号

四川省法院2012年受表彰的民事审判工作先进集体和先进个人

四川省高级人民法院

先进集体：

1. 民一庭　获四川省人民政府四川省两纲监测统计工作考核评比一等奖
2. 民一庭　被四川省高级人民法院授予集体嘉奖
3. 民一庭　被四川省高级人民法院授予精神文明先进集体
4. 民一庭　(2012)川民终字第458号案庭审被四川省高级人民法院评为全省法院优秀庭审

先进个人：

1. 汪秀兰　被四川省高级人民法院记个人三等功
2. 辜小惠　获四川省高级人民法院个人嘉奖
3. 陈　敏　获四川省高级人民法院个人嘉奖
4. 陈　敏　制作的(2011)川民终字第207号民事判决书被最高人民法院评为2012年全国法院优秀法律文书

成都市

成都市中级人民法院

先进集体：

1. 民一庭　被四川省人力资源社会保障厅、四川省高级人民法院评为四川省法院系统先进集体
2. 民一庭　被四川省高级人民法院评为全省商事审判百篇司法建议活动先进集体
3. 民一庭　被四川省高级人民法院评为全省法院优秀庭审
4. 民一庭　被成都市中级人民法院评为2012年度先进党支部
5. 民一庭　被成都市中级人民法院评为民商事疑难案件专项审判先进集体

下属各区县人民法院

都江堰市人民法院

先进集体：

1. 都江堰市人民法院　被都江堰市委、市政府评为五五普法先进单位
2. 都江堰市人民法院　被都江堰市委、市政府评为城市重建工作先进单位
3. 都江堰市人民法院　被成都市中级人民法院评为2012年民商事疑难案件专项审判先进集体

先进个人：

1. 刘　泓　被四川省人力资源和社会保障厅、四川省高级人民法院评选为四川省法院系统先进个人
2. 陈　莉　获四川省高级人民法院第十四届学术讨论会论文二等奖
3. 刘　泓　被中共成都市委评选为全市创先争优优秀共产党员
4. 王　凯　获得成都市中级人民法院个人嘉奖
5. 刘　泓　获都江堰市委、市政府嘉奖
6. 陈　晓　红获都江堰市委、市政府嘉奖
7. 王　芳　获得都江堰市委、市政府嘉奖
8. 王　凯　获得都江堰市委市政府城市重建先进个人
9. 陈志农　获都江堰市委市政府评为2011年度大调解工作先进个人，并获都江堰市委市政府嘉奖
10. 张昌福　被都江堰市委市政府评为2011年度优秀政法干警并获嘉奖
11. 吴勇建　获得都江堰市委、市政府嘉奖

12. 丁　文　获得都江堰市委、市政府嘉奖
13. 王凌波　获得都江堰市委、市政府嘉奖
14. 刘忠明　被都江堰市委市政府评为都江堰市创先争优优秀共产党员并立三等功

新津县

先进集体：

1. 新平法庭　被四川省人力资源和社会保障厅、四川省高级人民法院授予四川省法院系统先进集体称号
2. 新平法庭　被四川省委政法委、四川省人力资源和社会保障厅授予四川省政法系统先进集体称号
3. 新平法庭　被四川省委政法委、四川省人力资源和社会保障厅授予我最信任的基层政法单位称号

崇州市

先进集体：

崇州市人民法院　被成都市中级人民法院评为民事审判工作先进集体、民商事疑难案件专项审判活动先进集体

彭州市

先进个人：

1. 陈　军　被成都市中级人民法院授予成都法院审判业务专家称号
2. 祝增巧　被四川省高级人民法院、四川省人力资源和社会保障厅评为四川省法院系统先进个人
3. 曾　艳　被成都市巾帼建功活动领导小组评为成都市巾帼建功先进个人
4. 杨华礼　制作的(2011)彭州民初字第1222号判决书被四川省高级人民法院评为全省法院优秀裁判文书

广元市

广元市中级人民法院

先进集体：

民一庭　被四川省高级人民法院评为全省法院调解先进集体

先进个人：

1. 袁开信　被评为四川省政法系统先进个人
2. 向丽君　被评为广元市群众最满意基层政法干警
3. 魏　巍　获广元市政法系统践行核心价值观做党和人民的忠诚卫士演讲比赛二等奖

绵阳市

绵阳市中级人民法院

先进集体：

1. 民一庭　被绵阳市委、市政府表彰为全市政法系统主题教育实践和警民亲活动先进基层单位
2. 民一庭　被四川省高级人民法院评为全省法院优秀庭审
3. 民二庭　被绵阳市中级人民法院表彰为2011年度先进集体

先进个人：

1. 吴莹迪　被四川省高级人民法院评为优秀裁判文书
2. 高敏、李华峰、于红霞　被绵阳市中级人民法院评为全市法院系统一争创、三争当活动业务标兵
3. 于红霞、罗琴　被绵阳市中级人民法院评为优秀干警

下属各区县人民法院

涪城区

先进集体：

民一庭　被中共绵阳市涪城区委员会、绵阳市涪城区人民政府评为基层政法先进集体

先进个人：

1. 张　英、兰　岚　被四川省高级人民法院评为全省法院两评查活动优秀庭审
2. 李世荣、吴　琳　被中共绵阳市涪城区委员会、绵阳市涪城区人民政府评为政法先进干警
3. 徐海燕、冯安石　被中共绵阳市涪城区委员会、绵阳市涪城区人民政府评为大调解工作先进个人
4. 冯安石　被中共绵阳市涪城区直机关工委评为优秀共产党员
5. 周翠香　被中共绵阳市涪城区直机关工委评为我是岗位一把手，本职工作创一流活动标兵

游仙区

先进集体：

民一庭　被绵阳市游仙区人民法院表彰为先进集体

先进个人:

1. 赵　倩　被评为绵阳市法院系统一争创、三争当活动业务标兵
2. 熊　敏　被绵阳市中级人民法院表彰为先进个人
3. 陈慧芳　被绵阳市游仙区人民法院表彰为调研先进个人
4. 赵　倩　被绵阳市游仙区人民法院表彰为调解能手
5. 熊　敏　被绵阳市游仙区人民法院表彰为办案能手
6. 赵　倩　被绵阳市游仙区人民法院表彰为法制宣传先进个人

高新区

先进集体:

1. 高新区人民法院　被四川省高级人民法院记集体二等功
2. 民事审判庭　被四川省绵阳市中级人民法院表彰为先进集体

先进个人:

1. 王筱莉　2012年《天平下的一株劲草》征文荣获省二等奖,获四川省高级人民法院、四川女法官协会表彰
2. 廖小军、杨伟　被四川省绵阳市中级人民法院表彰为先进个人
3. 杨伟、王筱莉、廖小军　被四川省绵阳市高新技术产业开发区党群部表彰为2012年公务员优秀等次

科学城

先进集体:

1. 民事审判庭　被四川省人民政府科学城办事处党委授予党员先锋示范岗
2. 民事审判庭　被中国工程物理研究院党委授予党员先锋示范岗

先进个人:

1. 雷凤静　被绵阳市中级人民法院授予2012年度全市法院民商事案件审判工作先进个人称号
2. 刘　华　制作的[2012]科民初字第8号民事判决书于2012年11月被四川省高级人民法院评选为全省法院优秀裁判文书

安县

先进集体:

1. 塔水法庭　被四川省人力资源和社会保障厅、四川省高级人民法院评为四川省法院系统先进集体
2. 民二庭　被绵阳市中级人民法院评为先进集体
3. 秀水法庭、桑枣法庭　被中共安县县委办公室、安县人民政府办公室评为优秀基层政法单位

先进个人:

1. 李　强　被四川省人力资源与社会保障厅、四川省高级人民法院评为四川省法院系统先进个人
2. 陈先金　被绵阳市中级人民法院评为全市法院系统一争创、三争当活动业务标兵、被绵阳市中级人民法院评为先进个人
3. 杨宁、陈刚　被中共安县县委办公室、安县人民政府办公室评为优秀政法干警

江油市

先进集体:

民一庭　被绵阳市中级人民法院评为全市法院系统一争创、三争当活动先进集体

先进个人:

王翠翠　获四川省法院学术研讨调研论文优秀奖

平武县

先进集体:

民　庭　被绵阳市委、市政府表彰为全市政法系统主题教育实践和警民亲活动先进基层单位

北川羌族自治县

先进集体:

1. 民　庭　被绵阳市中级人民法院荣记集体三等功
2. 民　庭　被绵阳市中级人民法院评为全市法院系统一争创、三争当活动先进集体
3. 永安法庭　被四川省高级人民法院授予全省优秀人民法庭,被绵阳市中级人民法院授予市法院先进集体称号、记集体三等功,被共青团绵阳市委授予青年文明号

先进个人:

杨厚全　被北川羌族自治县委记三等功

梓潼县

先进集体:

1. 民　庭　被绵阳市中级人民法院评为全市法

院系统一争创、三争当活动先进集体

2. 许州法庭　被绵阳市委评为警民亲活动先进集体

3. 许州法庭　被绵阳市中级人民法院记集体三等功

4. 许州法庭　被梓潼县委评为政法工作先进集体

先进个人：

1. 刘　红　被四川省高院评为先进个人
2. 何　明　被绵阳市委评为警民亲活动先进个人
3. 史晋荣　被绵阳市中级人民法院记三等功
4. 赵加锋　被绵阳市中级人民法院评为业务标兵
5. 任秀国　被梓潼县委评为大调解先进个人

盐亭县

先进集体：

1. 盐亭县人民法院　被绵阳市中级人民法院表彰为民事审判工作先进集体
2. 金孔法庭　被绵阳市中级人民法院记集体三等功

先进个人：

蒲　进　被绵阳市中级人民法院记个人三等功

三台县

先进集体：

1. 塔山法庭、金石法庭　被绵阳市中级人民法院表彰为全市法院先进集体
2. 民一庭、城郊法庭、塔山法庭　被三台县法院表彰为先进集体
3. 民一庭　被三台县法院表彰为先进党支部

先进个人：

1. 李美俊　被表彰为全省政法系统先进个人
2. 张炜、刘兆博、陈影　被绵阳市中级人民法院表彰为全市法院先进个人
3. 刘兆博、张炜、张勇、李美俊、李锋、李同发、高云宝、李建伟、张莉　被三台县法院表彰为先进个人
4. 张　勇　被三台县委、县府表彰为大调解先进个人
5. 兰　斌　被三台县委、县府表彰为优秀政法干警
6. 李美俊　被三台县委、县府表彰为信访维稳工作先进个人

德阳市

德阳市中级人民法院

先进个人：

1. 黄晓宇　被四川省委政法委、四川省人力资源和社会保障厅表彰为四川省政法系统先进个人
2. 周　静　被四川省高级人民法院、四川省人力资源和社会保障厅表彰为四川法院系统先进个人
3. 邓一凡　被德阳市市直机关工委表彰为德阳市创先争优优秀党员

下属各区县人民法院

罗江县

先进集体：

万安法庭　被德阳市中级人民法院记集体三等功

先进个人：

1. 谢晓华　被中共四川省委政法委员会、四川省人力资源和社会保障局授予四川省政法先进个人称号
2. 郑世鹏　获四川省法院系统第十四届学术讨论会论文三等奖
3. 赵宇霏　获罗江县人民法院2012年度先进个人
4. 鲁万千　获2012年度罗江县人民法院审判质效优秀奖

什邡市

先进个人：

张时春　荣立三等功、被什邡市综治委授予大调解先进个人

中江县

先进集体：

民一庭　被四川省中江县人民法院授予2012年度先进集体称号

先进个人：

艾显洪　被四川省中江县人民法院授予2012年度先进个人称号

绵竹市

先进集体：

民一庭　被德阳市中级人民法院记集体三等功

旌阳区

先进集体：

民一庭　被德阳市旌阳区人民法院授予先进集体称号

先进个人:

1. 李 松 被四川省政法委授予四川省政法系统先进个人及我最喜爱的政法干警称号
2. 李 松 被德阳市旌阳区人民法院授予先进个人称号
3. 杨静静 被德阳市旌阳区人民法院授予先进个人称号
4. 刘 军 中共德阳市旌阳区区委、区政府记个人三等功

广汉市

先进集体:

民一庭 被广汉市人民法院评为先进集体

先进个人:

1. 许 建 被四川省人社局、省法院评为四川省法院系统先进个人
2. 黄诗衡 被广汉市人民法院评为办案标兵
3. 吴秀平、林江被广汉市人民法院评为调解能手
4. 彭清、曾小玲被广汉市人民法院评为优秀书记员
5. 曹鑫、卫肖怡、周明、刘国辉、杜天鹏、张燕、杜国涛、朱怡静、袁萍、麦兴才、刘颖、张晶12人被广汉市人民法院评为先进工作者

南充市

南充市中级人民法院

先进集体:

民三庭 被四川省高级人民法院授予2012年全省法院优秀庭审称号

先进个人:

1. 刘荣耀 被四川省高级人民法院授予全省法院优秀裁判文书称号
2. 陈智慧 被南充市妇联授予南充市优秀妇女儿童维权志愿者称号
3. 江春虹 被南充市矛盾纠纷大调解工作领导小组授予2012年度全市矛盾纠纷大调解工作先进个人称号

广安市

广安市中级人民法院

先进集体:

广安市中级人民法院 被四川省高级人民法院评为全省法院优秀庭审

先进个人:

1. 方 龙 (2010)广法民初字第20号委托代理销售合同纠纷案件判决书被最高人民法院评为优秀裁判文书
2. 朱 军 被中国共产党广安市委员会广安市人民政府评为金牌调解专家称号

遂宁市

遂宁市中级人民法院

先进集体:

民一庭 被遂宁市中级人民法院评为先进集体

先进个人:

1. 文晓萍 被四川省委政法委、四川省人力资源和社会保障厅评为四川省政法系统先进个人
2. 文晓萍 被四川省高级人民法院评为先进个人
3. 廖琼英 被四川省人民政府妇女儿童工作委员会评为四川省妇女儿童工作先进个人
4. 廖琼英 被遂宁市中级人民法院嘉奖
5. 李飞鸿 被遂宁市人民政府评为优秀公务员
6. 李飞鸿 被遂宁市中级人民法院评为司法调解先进个人
7. 李飞鸿 被遂宁市中级人民法院记三等功
8. 李飞鸿 被遂宁市中级人民法院嘉奖

下属各区县人民法院

蓬溪县

先进集体:

1. 蓬南法庭 获得四川省高院全省优秀人民法庭称号
2. 大石法庭合议庭 被四川省高院评为全省法院优秀庭审
3. 蓬南法庭 获得遂宁市中院司法调解优秀部门称号
4. 大石法庭 被遂宁市中级人民法院记三等功
5. 民一庭 获得中共蓬溪县委记2012年政法工作集体称号
6. 大石人民法庭 获得蓬溪县法院2012年先进集体称号
7. 蓬南人民法庭 获得蓬溪县法院2012年先进集体称号

先进个人:

1. 张建军 获得四川省人力资源与社会保障厅2012年法院系统先进个人称号
2. 李 斌 获得遂宁市中级人民法院2012年

司法调解工作优秀个人称号
3. 李雪琴　获得遂宁市中级人民法院2012年司法调解工作优秀个人称号
4. 赵海文　获得遂宁市中级人民法院2012年司法调解工作优秀个人称号
5. 任晓东　被遂宁市中级人民法院记三等功
6. 杨桂芳　被遂宁市中级人民法院记三等功
7. 李　斌　被遂宁市中级人民法院记三等功
8. 唐晓鸣　被中共蓬溪县委记三等功
9. 赵海文　获得中共蓬溪县委记2012年先进个人称号
10. 赵海文　获得中共蓬溪县委记2012年政法工作先进个人称号
11. 杜　洋　获得蓬溪县法院2012年先进个人称号
12. 旷国军　获得蓬溪县法院2012年先进个人称号
13. 吴国龙　获得蓬溪县法院2012年先进个人称号
14. 杜　洋　获得遂宁市中级人民法院2012年司法调解工作优秀个人称号

安居区

先进集体：
1. 东禅法庭　遂宁市委、市府表彰的十佳法庭
2. 西眉法庭　遂宁市委、市府表彰的十佳法庭
3. 横山法庭　遂宁市中级人民法院表彰为司法调解工作优秀部门

先进个人：
1. 吴义国　四川省人力资源与社会保障厅、四川省高院表彰的全省政法系统先进工作者
2. 杨和明　遂宁市中级法院表彰的司法调解工作先进个人
3. 刘　静　遂宁市中级法院表彰的司法调解工作先进个人
4. 陈　文　遂宁市中级法院表彰的司法调解工作先进个人

船山区

先进集体：

民一庭　被遂宁市中级人民法院记三等功

先进个人：
1. 吴长鑫　被遂宁市中级人民法院记三等功
2. 王　琴　获得遂宁市中级人民法院2012年司法调解工作优秀个人
3. 邓　敏　获得遂宁市中级人民法院2012年司法调解工作优秀个人

大英县

先进个人：
1. 向孝金　获得大英县人民法院2012年优秀公务员称号
2. 向孝金　获得遂宁市中级人民法院2012年大调解竞赛活动先进个人称号
3. 鲍　徐　获得大英县人民法院2012年先进工作者称号
4. 鲍　徐　被四川省高级人民法院评为优秀裁判文书

射洪县人民法院

先进集体：
1. 民一庭　被遂宁市中级人民法院授予2012年度司法调解工作优秀部门称号
2. 沱牌法庭　被四川省高级人民法院授予先进集体称号

先进个人：
1. 毕　军　被射洪县县委、县府评为维护社会稳定先进个人
2. 何云强　被射洪县县委、县府评为优秀政法干警
3. 宋　兴　制作的(2010)射洪民初字第1501号民事判决书被四川省高级人民法院评为全省法院优秀裁判文书

内江市

内江市中级人民法院

先进个人：
1. 何　骏　被四川省人力资源与社会保障厅评为四川省政法系统先进个人
2. 李清、周利芬、李锋　分获全省法院系统第十四届学术讨论会论文优秀奖

下属各区县人民法院

市中区

先进集体：
1. 民二庭　被市中区人民法院评为先进集体
2. 民二庭　被市中区委区政府司法调解先进集体
3. 壕子口法庭　被内江市中级人民法院记集体三等功
4. 壕子口法庭　被市中区人民法院评为先进集体
5. 壕子口法庭　被市中区委区政府司法调解先进集体
6. 司法调解中心　被市中区委区政府评为司法调解先进集体

7. 临江法庭　被四川省人力资源和社会保障厅、四川省高院评为四川省法院系统先进集体

先进个人:

张弟钦、廖红秋、曾克宇、张义被市中区委区政府评为司法调解先进个人

资中县

先进集体:

1. 资中县人民法院　被内江市中级人民法院评为2012年全市法院民事审判工作二等奖、2012年全市法院人民法庭工作一等奖
2. 鱼溪法庭　被内江市中级人民法院表彰为全市优秀人民法庭
3. 太平法庭　被内江市中级人民法院记集体三等功

先进个人:

1. 邱　东　制作的(2011)资中民初字第1422号裁判文书被内江市中级人民法院评为全市法院优秀裁判文书
2. 王　军　被内江市中级人民法院记个人三等功
3. 朱纪平　被内江市中级人民法院评为全市法院办案标兵
4. 杨雪莲　被内江市中级人民法院评为全市法院调解能手
5. 唐学才　被内江市中级人民法院记个人三等功
6. 王　军　被四川省高级人民法院评为全省法院办案标兵

7. 孙霞、王毅、罗耀雄、高勇、段强、王建雄、胡敏、刘谦被评为2011年度优秀公务员,受到资中县委嘉奖

8. 郑斌、王军因连续三年被评为优秀公务员;被资中县委记个人三等功

9. 胡敏、杨雪莲、陈建、王建雄、荣伟、陈忠、谢萱被评为2012年度优秀公务员,受到资中县委嘉奖

10. 高勇、罗耀雄因连续三年被评为优秀公务员,被资中县委记个人三等功

隆昌县

先进集体:

1. 界市法庭　被内江市中级人民法院评为集体三等功
2. 石碾法庭　被内江市中级人民法院评为全市优秀人民法庭
3. 隆昌法院　被隆昌县委、政府评为六五普法工作、调研工作、人民调解工作先进集体
4. 隆昌法院　被内江市中级人民法院评为大调解工作二等奖
5. 隆昌法院　被内江市中级人民法院评为全市法院民事审判工作一等奖、全市法院人民法庭工作二等奖
6. 隆昌法院　被隆昌县委、政府评为2012年度人民调解工作先进集体
7. 隆昌法院　被隆昌县委、县政府评为2012年度大调解工作先进集体
8. 隆昌法院　被隆昌县委、县政府评为“六五”普法工作先进集体

先进个人:

1. 苏长利　被隆昌县委、县政府评为大调解先进个人
2. 李伯宏　被四川省人力资源和社会保障厅、四川省高级人民法院评为四川省法院系统先进个人
3. 谢建平　被四川省高级人民法院评为全省法院“两评查”活动优秀裁判文书
4. 徐　平　被内江市中级人民法院评为全市法院办案标兵
5. 魏　乔　被内江市中级人民法院评为全市法院调解能手
6. 李洪扬　被评为“六五”普法工作先进个人

乐山市

乐山市中级人民法院

先进集体:

民一庭　被四川省人力资源和社会保障厅、四川省高级人民法院评为四川省法院系统先进集体

先进个人:

宋道君　被四川省人力资源和社会保障厅、四川省高级人民法院评为四川省法院系统先进个人

下属各区县人民法院

市中区

先进集体:

1. 民一庭　被四川省人力资源和社会保障厅、四川省高级人民法院评为四川省法院系统先进集体
2. 海棠法庭　被四川省高级人民法院评为全省

优秀人民法庭

3. 市中区法院　被乐山市中级人民法院评为全市法院民事审判工作先进单位

先进个人:

1. 叶全春　被乐山市中级人民法院评为2012年全市法院先进个人
2. 李传飞　被乐山市中级人民法院评为2012年全市法院民事审判工作先进个人
3. 陈志清、李传飞被市中区区委荣记个人三等功

金口河区

先进个人:

王　娟　被乐山市中院评为民事审判工作先进个人

峨眉山市

先进集体:

1. 峨眉山市人民法院　被乐山市中院评为全市法院民事审判工作先进集体
2. 民一庭　被乐山市中院评为全市法院民事审判工作先进集体

先进个人:

1. 赵　忠　被评为四川省政法系统先进个人
2. 谭　丽　被乐山市中院评为全市法院民事审判工作先进个人

夹江县

先进个人:

钟　锐　被乐山市中院评为全市法院民事审判工作先进个人

沐川县

先进集体:

沐川法院　被乐山中院评为全市法院民事审判先进集体

先进个人:

谭媛媛　被乐山市中级人民法院评为民事审判先进个人

马边彝族自治县

先进集体:

马边法院　被乐山中院评为全市法院民事审判先进集体

先进个人:

1. 王思俊　被四川省人力资源和社会保障厅、四川省高级人民法院评为四川省法院系统先进个人
2. 阿洛挖铁　被马边彝族自治县人民法院评为先进个人
3. 王建蓉　被马边彝族自治县人民法院评为先进个人

峨边彝族自治县

先进个人:

赵　娟　被乐山市中级人民法院记个人三等功

自贡市

自贡市中级人民法院

先进集体:

1. 民一庭　被评为全国维护妇女儿童权益先进集体
2. 民一庭　被评为2001~2010年度自贡市妇女儿童权益保护先进集体,2012年度颁奖

先进个人:

1. 陈品强　被评为四川省法院调解能手
2. 曾昭球　被评为自贡市政法委办案能手

下属各区县人民法院

贡井区

先进集体:

1. 民一庭　被评为贡井区人民法院先进集体
2. 民一庭　被评为自贡市巾帼文明岗

先进个人:

1. 尹红梅　被省人力资源和社会保障厅、省高院评为四川省法院系统先进个人
2. 尹红梅　被自贡市中级人民法院评为全市法院优秀人才
3. 邹　莉　被自贡市大调解工作领导小组评为2011年度矛盾纠纷大调解工作先进个人,2012年度颁奖
4. 聂元春　被自贡市中级人民法院评为全市法院优秀人才

荣县

先进集体:

1. 双石法庭　被评为四川省法院系统先进集体
2. 民一庭　被评为荣县人民法院先进集体

先进个人:

1. 曹作荣　被四川省人力资源和社会保障厅、四川省高院评为四川省法院系统先进个人
2. 刘毅波荣　被自贡市大调解工作领导小组评为2011年度矛盾纠纷大调解工作先进个人(注:2012年度颁奖)
3. 黄　刚　被自贡市中级人民法院评为全市法院优秀人才

4. 张雪敏　被自贡市中级人民法院评为全市法院优秀人才
5. 杨　健　被荣县县委政府授予优秀政法干警称号

自流井

先进个人:

1. 张剑英　被中共自贡市委授予全市创先争优优秀共产党员
2. 王　勇　被自贡市中级人民法院授予2011年度全市法院优秀裁判文书表彰
3. 王　勇　被自贡市自流井区委组织部、人社局授予2011年度考核等次优秀人员
4. 赵　惟　被自贡市自流井区委组织部、人社局授予2011年度考核等次优秀人员
5. 黄雪桃　被自贡市自流井区委组织部、人社局授予2011年度考核等次优秀人员
6. 王　勇　被自贡市自流井区委、区政府嘉奖
7. 赵　惟　被自贡市自流井区委、区政府嘉奖
8. 黄雪桃　被自贡市自流井区委、区政府记三等功
9. 卞　林　被中共自流井区委政法委员会授予2011年度政法工作先进个人
10. 杜　琨　被自贡市中级人民法院授予全市法院网上办案竞赛活动优秀个人表彰

沿滩

先进个人:

甘雨财　被自贡市政法委授予办案能手称号

富顺

先进个人:

1. 郑静春　被自贡市中级人民法院评为全市法院优秀人才
2. 谢　荣　被自贡市中级人民法院评为全市法院优秀人才
3. 彭文波　被自贡市中级人民法院评为全市法院优秀人才
4. 曾永华　被自贡市中级人民法院评为全市法院优秀人才

大安

先进个人:

刘　萍　被自贡市中级人民法院评为全市法院优秀人才

泸州市

泸州市中级人民法院

先进集体:

1. 泸州市中级人民法院　被四川省高院表彰为百篇司法建议活动先进单位
2. 民一庭　被四川省人社厅和四川省高院表彰为四川省法院系统先进集体

下属各区县人民法院

古蔺县

先进集体:

古蔺县人民法院　被四川省高院评为全省法院化解疑难案件竞赛优秀单位

宜宾市

宜宾市中级人民法院

先进集体:

民一庭　被宜宾市中级人民法院记集体三等功

先进个人:

1. 何锡强　获宜宾市中级人民法院2012年先进工作者称号
2. 张问桃　获宜宾市中级人民法院2012年先进工作者称号

下属各区县人民法院

翠屏区

先进个人:

1. 李洪海　被宜宾市中级人民法院记三等功
2. 周健宇　被宜宾市中级人民法院记三等功

宜宾县

先进个人:

1. 游治斌　获宜宾县2012年度政法战线先进个人称号
2. 徐兴江　获宜宾县2012年度政法战线先进个人称号

江安县:

先进个人:

1. 赵生武　被江安县县委、县府记三等功
2. 吕双江　获四川省高级人民法院表彰为四川省法院系统先进个人称号
3. 吴　伟　获江安县县委、县府嘉奖
4. 肖红辉　获江安县县委、县府嘉奖
5. 李小波　获江安县县委、县府嘉奖
6. 郭力瑞　获江安县县委、县府嘉奖

长宁县

先进集体：

古河法庭　被宜宾市中级人民法院记三等功

兴文县

先进集体：

古宋法庭　被宜宾市中级人民法院记三等功

先进个人：

陈　练　分别被宜宾市中级人民法院，兴文县县委、县府记三等功

珙县

先进集体：

巡场法庭　被宜宾市中级人民法院记集体三等功

先进个人：

1. 李剑锋　被宜宾市中级人民法院记三等功
2. 何　峰　被宜宾市中级人民法院嘉奖

攀枝花市

攀枝花市中级人民法院

先进个人：

黄　雷　被四川省高级人民法院授予审理知识产权案件先进个人称号

巴中市

巴中市中级人民法院

先进集体：

民一庭　被评为巴中市法院先进集体、巴中市政法系统先集体

先进个人：

1. 侯　斌　被评为巴中市法院 2012 年度先进个人、巴中市政法警民亲先进个人
2. 彭　科　被评为巴中市法院调研先进个人、四川省法院高新杯优秀奖
3. 吴　全　被评为巴中市法院六大技能办案能手、四川省法院办案标兵
4. 李楠民　被评为巴中市法院六大技能办案能手、巴中市办案能手
5. 朱尚轩　被评为巴中市法院六大技能调解能手
6. 刘　国　被评为巴中市法院六大技能调解能手、2012 年优秀共产党员

巴州区

先进集体：

1. 巴州区人民法院　被评为巴中市维稳先进集体
2. 清江法庭　被评为四川省优秀法庭
3. 花丛法庭　被评为巴中市法院先进集体
4. 民一庭　被评为巴中市法院先进集体

先进个人：

1. 万　明　被评为巴中市法院 2012 年度先进个人
2. 李　平　被评为巴中市法院六大技能调解能手
3. 刘志远　被评为巴中市法院六大技能调解能手
4. 周　斌　被评为巴中市法院庭审标兵、巴中市十佳优秀法官
5. 吴德志　被评为巴中市法院优秀裁判文书
6. 石　静　被评为巴中市法院优秀书记员
7. 唐　力　被评为巴中市法院优秀书记员
8. 陈贵平　被巴中市法院记三等功
9. 吴德志　被巴中市法院记三等功
10. 李晓平　被巴中市法院记三等功
11. 周　兵　被巴中市法院记三等功
12. 王　艳　被巴中市法院记三等功
13. 蒋登银　被评为四川省法院调解能手
14. 张太选　被评为四川省法院调解能手

平昌法院

先进集体：

1. 元山法庭　被评为巴中市法院先进集体
2. 江口法庭　被评为四川省法院优秀法庭

先进个人：

1. 刘　岩　被评为巴中市法院 2012 年度先进个人
2. 牟永军　被评为巴中市法院 2012 年度先进个人
3. 杜　云　被评为巴中市法院十佳优秀法官
4. 何景平　被评为巴中市法院六大技能办案能手
5. 沈　玮　被评为巴中市法院六大技能调解能手
6. 杨鹏飞　被评为巴中市法院六大技能调解能手
7. 胡　华　被评为巴中市法院庭审标兵
8. 荀中亚　被评为巴中市法院优秀裁判文书
9. 马瑞和　被评为巴中市法院优秀书记员
10. 杨志杰　被评为巴中市维稳先进个人
11. 巨　浪　被评为四川省法院调解能手
12. 何柏儒　被评为巴中市政法警民亲先进个人

通江法院

先进集体：

1. 永安法庭　被评为巴中市法院先进集体

2. 广纳法庭　被评为巴中市法院先进集体
3. 民一庭　被评为巴中市维稳先进集体

先进个人:

1. 唐建中　被评为巴中市法院六大技能办案能手
2. 李　军　被评为巴中市法院2012年度先进个人
3. 杨山汝　被评为巴中市十佳优秀法官
4. 杨　波　被评为巴中市十佳优秀法官、巴中市法院六大技能调解能手
5. 张　蛟　被评为巴中市法院六大技能调解能手、巴中市政法警民亲先进个人
6. 唐建中　被评为巴中市法院庭审标兵
7. 向　导　被评为巴中市法院庭审标兵、《四川党建》先进个人
8. 杨　博　被评为巴中市法院优秀书记员
9. 裴茂森　被评为四川省法院调解能手

南江法院

先进集体:

长赤法庭　被评为巴中市法院先进集体

先进个人:

1. 罗永亮　被评为四川省政法系统先进个人
2. 杨　波　被评为巴中市法院2012年度先进个人
3. 刘锐华　被评为巴中市法院2012年度先进个人
4. 杨清泉　被评为巴中市法院2012年度先进个人
5. 康永德　被评为巴中市法院2012年度先进个人
6. 秦劲松　被评为巴中市十佳优秀法官
7. 钟　波　被评为巴中市法院六大技能办案能手
8. 何　涛　被评为巴中市法院六大技能办案能手
9. 蔡盛明　被评为巴中市法院六大技能调解能手
10. 梁显荣　被评为巴中市法院六大技能调解能手
11. 雷　强　被评为巴中市法院庭审标兵
12. 郭兴周　被评为巴中市法院庭审标兵
13. 龚　姣　被评为巴中市法院优秀书记员
14. 黄显虎　被评为巴中市法院优秀书记员
15. 杨清泉　被评为巴中市法院维稳先进个人
16. 雷　强　被评为四川省法院调解能手

达州市

达州市中级人民法院

先进集体:

斌郎煤矿劳动争议纠纷案合议庭(王邦鑫、张爱东、牟春艳)　被达州市中级人民法院记三等功

先进个人:

胡光俊、王邦鑫　被达州市中级人民法院记三等功

资阳市

资阳市中级人民法院

先进集体:

1. 民一庭　被资阳中院提请四川省法院报集体三等功
2. 民二庭　被资阳中院授予集体嘉奖
3. 民二庭　被资阳中院评为文明单位
4. 民三庭　被资阳市中级人民法院表彰为先进集体

先进个人:

1. 林用政　被评为全省政法系统先进个人
2. 刘　彤　被评为资阳市实施妇女儿童发展纲要活动先进个人、资阳市创建平安家庭活动先进个人
3. 唐晓琼　被资阳市中级人民法院表彰嘉奖
4. 黄晓辉　被资阳市中级人民法院表彰优秀公务员
5. 姜　兵　被资阳市中级人民法院表彰个人三等功
6. 苏振宇　被资阳市中级人民法院表彰优秀公务员

下属各区县人民法院

安岳县

先进个人:

1. 梁　山　被最高人民法院评为全国模范法官
2. 杨选荣　被最高人民法院评为全国办案标兵

眉山市

眉山市中级人民法院

先进集体:

民二庭　被眉山市中级人民法院评为审判质效综合之星

先进个人：

1. 陈晓华　被眉山市委、市政府评为眉山市践行政法核心价值观先进个人
2. 李　挺、毕旭齐　被眉山市中级人民法院授予嘉奖
3. 唐　部、廖　敏　被眉山市委、市政府评为2012年度主动作为创一流先进个人
4. 李　挺、毕旭齐　承办的(2012)眉民终字第356号案件、(2012)眉民终字第366号案件获得省法院优秀庭审案件称号
5. 陈晓华、李　迪　承办的(2010)眉民初字第33号案判决书、(2010)眉民初31号案判决书被省法院评为优秀裁判文书
6. 李　迪　被四川省委政法评为四川省政法系统先进个人
7. 李挺、毕旭齐、罗洁　被眉山市委确定为2012年度考核优秀等次
8. 廖敏、罗洁、李迪　被眉山市中级人民法院记2012年度个人三等功
9. 唐　部　被眉山市中级人民法院评为直接联系服务群众工作先进个人
10. 李挺、蒋毅、余林峰、余娟　被眉山市中级人民法院评为先进工作者
11. 廖　敏　被眉山市中级人民法院评为2012年度审判综合质效之星称号

下属各区县人民法院

东坡区

先进个人：

文俊芳　眉山市中级人民法院记2012年度个人三等功

仁寿县

先进个人：

1. 杜同金　被最高人民法院评为全国法院办案标兵
2. 陈　琳　被眉山市委、市政府评为眉山市践行政法核心价值观先进个人

雅安市

雅安市中级人民法院

先进集体：

1. 民一庭　被四川省人力资源和社会保障厅、四川省高级人民法院评为四川省政法系统先进集体
2. 民一庭　被雅安市中级人民法院记集体三等功

先进个人：

刘　琼　被最高人民法院授予全国优秀法官称号

下属各区县人民法院

天全县

先进集体：

交通法庭　被雅安市中级人民法院记集体三等功

先进个人：

1. 郑久英　被四川省高级人民法院评为全省法院先进个人
2. 王　钰　被四川省高级人民法院评为全省法院办案标兵
3. 徐新元　被雅安市中级人民法院评为网上办案先进个人

宝兴县

先进集体：

灵关法庭　被雅安市中级人民法院记集体三等功

先进个人：

1. 陈　敏　被雅安市中级人民法院记个人三等功
2. 李　丽　获雅安市中级人民法院全市调研工作先进个人称号
3. 黄　敏　获得宝兴县委2012年“8·18”特大泥石流抢险救灾工作先进个人称号

荥经县

先进集体：

1. 龙苍沟法庭　被四川省人力资源和社会保障厅、四川省高级人民法院评为四川省政法系统先进集体
2. 新添法庭　被雅安市中级人民法院荣记集体三等功

先进个人：

1. 潘小华　被评为四川省矛盾纠纷大调解工作先进个人
2. 李世香　被雅安市中级人民法院记个人三等功

汉源县人民法院

先进个人：

1. 舒　芊　被四川省人力资源和社会保障厅、四川省高级人民法院授予四川省政法系统先进个人称号
2. 史汉东　被汉源县委政法委授予基层政法先进个人称号
3. 周建平　被汉源县委政法委授予基层政法先进个人称号

4. 赵　军　被汉源县委政法委授予基层政法先进个人称号

5. 刘继萍　被汉源县委政法委授予基层政法先进个人称号

石棉县

先进集体:

1. 民二庭　被四川省人力资源和社会保障厅、四川省高级人民法院评为四川省政法系统先进集体

2. 安顺法庭　被雅安市中级人民法院记集体三等功

先进个人:

1. 吴建军　被雅安市中级人民法院记个人三等功

2. 周祇伽　被石棉县委评为2012年度学习创新石棉好人

阿坝藏族羌族自治州

阿坝藏族羌族自治州中级人民法院

先进集体:

民二庭　被四川省政法委、省人事厅表彰为先进集体

先进个人:

1. 马文静　被四川省高级人民法院授予办案能手称号

2. 郑成香　被四川省高级人民法院授予调解能手称号

3. 杨　嵋　被四川省高级人民法院授予调解能手称号

下属各区县人民法院

马尔康县

先进集体:

白湾法庭　被四川省高级人民法院授予全省优秀基层法庭称号

先进个人:

韩兴美　被四川省高级人民法院授予全省法院办案标兵称号

九寨沟县

先进集体:

1. 民事审判庭　被九寨沟县人民法院授予先进集体称号

2. 双河法庭　被九寨沟县人民法院授予先进集体称号

先进个人:

1. 韩　杰　被四川省政法委、省人事厅表彰为先进个人、被九寨沟县委、县政府表彰为优秀政法干警

2. 周晓云　被九寨沟县委、县政府表彰为优秀政法干警

3. 刘青松　被九寨沟县委、县政府表彰为优秀政法干警

凉山彝族自治州

凉山彝族自治州中级人民法院

先进个人:

袁　荃:被四川省人力资源和社会保障厅、省高院表彰为四川省法院系统先进个人

下属各县市人民法院:

西昌市

先进个人:

1. 徐建军　于2012年12月被最高人民法院评为全国法院办案标兵

2. 兰　林　于2012年2月被中共凉山彝自治州州委、凉山彝族自治州人民政府评为凉山州十大调解能手

3. 周红春　于2012年2月被中共凉山彝自治州州委、凉山彝族自治州人民政府评为大调解先进个人

宁南县

先进集体:

1. 宁南县人民法院　被宁南县委、县政府授予大调解先进集体、五五普法先进集体

2. 白鹤滩法庭　被中共四川省委政法委、四川省人力资源和社会保障厅评为2012年度四川省法院系统先进集体

先进个人:

1. 邹旭东　被四川省人力资源和社会保障厅评为2012年度四川省法院系统先进个人

2. 鲁永洪　被中共四川省委政法委、四川省人力资源和社会保障厅评为2012年度四川省法院系统先进个人

3. 李　燕　被宁南县委、县政府授予大调解先进个人

4. 张　涛　被宁南县委、县政府授予调解能手

会理县

先进集体:

1. 通安法庭　被四川省高院评为全省优秀人民法庭

2. 红旗法庭　被会理县委县政府评为大调解先进集体

先进个人：

1. 罗　文　被省政法委评为政法系统先进个人
2. 王思皓　被四川省高级人民法院评为调解能手
3. 王洪刚　被四川省高级人民法院评为办案标兵

贵州省法院2012年受表彰的民事审判工作先进集体和先进个人

贵州省高级人民法院

先进集体：

民一庭　被最高人民法院授予"全国法院先进集体"称号

民一庭　（2012）黔高民终字第38号庭审和（2012）黔高民终字第94号判决书被最高人民法院分别评选为"优秀裁判文书"和"优秀庭审"

民一庭　被贵州省直属机关工作委员会授予"基层组织建设示范点"称号

贵阳市

下属各区县人民法院

清镇市法院

先进集体：

清镇市法院环保法庭　被最高人民法院授予"全国法院先进集体"称号

黔西南州

黔西南州中级人民法院

先进个人：

1. 民一庭雷　力　被黔西南州中级人民法院记三等功
2. 民一庭尹慧兰　被黔西南州中级人民法院授予"优秀公务员"号

下属各区县人民法院

兴义市人民法院

先进个人：

1. 民四庭陈然明　被最高人民法院授予"全国优秀法官"称号
2. 桔山法庭马厚明　被贵州省高级人民法院记三等功

贞丰县人民法院

先进个人：

民二庭张保国　被贵州省高级人民法院记三等功

册亨县人民法院

先进个人：

民一庭毛国志　被贵州省高级人民法院记三等功

晴隆县人民法院

先进个人：

民一庭王传红　被贵州省高级人民法院记三等功

普安县人民法院

先进个人：

兴中法庭蒋水斌　被贵州省高级人民法院记三等功

毕节市

下属各区县人民法院

七星关区人民法院

先进个人：

1. 李顺康　被毕节市七星关区人民政府评为先进个人；被中共毕节市委评为全市创先争优优秀共产党员
2. 王兴琼　被贵州省高级人民法院评为全省法院办案能手，并授予三等功；被毕节市七星关区人民政府评为优秀共产党员及优秀公务员
3. 聂　健　被毕节市七星关区人民政府评为优秀公务员
4. 魏雪松　被毕节市七星关区人民政府评为优秀公务员

5. 周　松　被毕节市七星关区人民法院评为先进工作者
6. 吴　誉　被毕节市七星关区人民法院评为先进工作者
7. 张春辉　被毕节市七星关区人民法院评为先进工作者

织金县人民法院

先进个人：

2012年向家群被省高院、毕节市中院记三等功各一次，被县院授予优秀审判员一次

大方县人民法院

先进集体：

百纳人民法庭、凤山人民法庭、小屯人民法庭、瓢井人民法庭、双山人民法庭被大方县人民法院授予先进集体称号

先进个人：

1. 曾加学　被贵州省高级人民法院记三等功
2. 刘　洁　被大方县人民法院授予办案能手称号
3. 陈天国、邹刚　被大方县人民法院授予调解能手称号
4. 陈道勋、李健　被大方县人民法院授予先进个人称号

纳雍县人民法院

先进集体：

1. 民一庭　获纳雍县法院评选的"优秀庭审"
2. 阳长法庭　被毕节市中级人民法院授予"优秀人民法庭"称号
3. 阳长法庭　被纳雍县人民法院授予"先进集体"称号
4. 阳长法庭　获纳雍县人民法院评选的"优秀庭审"

先进个人：

1. 郭光祥、陈文学、史大祥被纳雍县人民法院授予"纳雍县法院先进个人"称号

2. 左华兴被纳雍县人民法院授予"纳雍县法院办案能手"称号

3. 何百川、彭大军、史大祥获纳雍县人民法院评选的"优秀裁判文书"

赫章县人民法院

先进集体：

1. 民一庭　被赫章县人民法院评为2012年度先进集体
2. 野马川人民法庭　被赫章县县委赫章县人民政府授予"十佳基层政法单位"称号、被毕节市中级人民法院评为度优秀人民法庭、被赫章县人民法院评为先进集体
3. 财神人民法庭　被赫章县人民法院评为2012年度先进集体

先进个人：

1. 文天朝　被贵州省高级人民法院授予"全省法院办案能手"称号
2. 张　玲　被毕节市中级人民法院记个人三等功

3. 王泽云、孙金丹、朱奕、陈祥军、周绪、顾成奇、路言斌、蔡明贵被赫章县人民法院评为2012年度先进个人

威宁县人民法院

先进集体：

民一庭　被毕节市中级人民法院记三等功

先进个人：

1. 虎贵银　被贵州省高级人民法院授予"全省法院办案能手"称号
2. 蔡国俊、马崇能　被毕节市中级人民法院记三等功

黔西县人民法院

先进个人：

1. 王成龙　被贵州省高级人民授予"全省法院办案能手"称号
2. 汪　霄　被毕节市中级人民法院记三等功

金沙县人民法院

先进集体：

安洛人民法庭　被贵州省高级人民法院授予全省法院先进集体称号

先进个人：

黄明宇　被毕节市中级人民法院记三等功

六盘水市

六盘水市中级人民法院

先进集体：

民一庭　被最高人民法院授予全国法院先进集体称号

云南省法院2012年受表彰的民事审判工作先进集体和先进个人

云南省高级人民法院

先进个人：

1. 邓　玲　被最高人民法院评为“全国打击侵犯知识产权机制售假冒伪劣商品专项行动”先进个人
2. 孔斌、邓玲、沈灵三人就(2012)云高民三终字第51号案的庭审被最高人民法院评为全国法院“两评查”活动优秀庭审
3. 贺　葵　被云南省政协评为政协云南省第十届委员会提案承办先进个人
4. 崔　艳　被云南省高级人民法院评为全省法院调解能手

昆明市

昆明市中级人民法院

先进个人：

1. 吕　强　被最高人民法院评为“全国办案标兵”
2. 蔡　涛　撰写的裁判文书被最高人民法院评为全国法院“两评查”活动优秀裁判文书
3. 杜跃林、王虹、白昱三人就(2012)昆知民初字第248号案的庭审被最高人民法院评为全国法院“两评查”活动优秀庭审
4. 吕　强　被云南省高级人民法院评为“全省优秀法官”
5. 起　俊　被云南省高级人民法院评为“全省法院办案能手”

下属各区县人民法院

五华区

先进个人：

李兴元　被云南省高级人民法院评为全省优秀法官

西山区

先进个人：

1. 蔡　磊　被最高人民法院评为“全国优秀法官”
2. 王会敏　被云南省高级人民法院评为“全省优秀法官”
3. 蔡　磊　被云南省高级人民法院评为“全省法院办案能手”

安宁市

先进个人：

李玉斌　被云南省高级人民法院评为“全省法院调解能手”

晋宁县

先进个人：

何　珍　被云南省高级人民法院评为“全省法院调解能手”

昭通市

昭通市中级人民法院

先进个人：

1. 杨胜洪　撰写的裁判文书被最高人民法院评为全国法院“两评查”活动优秀裁判文书
2. 颜九华　被云南省高级人民法院评为“全省法院办案能手”

下属各区县人民法院

镇雄县

先进个人：

文清龙　被云南省高级人民法院评为全省法院调解能手

彝良县

先进集体：

龙安人民法庭　被云南省高级人民法院评为全省优秀人民法庭

曲靖市

下属各区县人民法院

麒麟区

先进个人：

许宝仓　被云南省高级人民法院评为“全省优秀法官”

陆良县

先进个人：

李永军　被云南省高级人民法院评为“全省法院调解能手”

师宗县

先进个人：

沈小东　被云南省高级人民法院评为“全省法院调解能手”

罗平县

先进集体：

板桥人民法庭　被云南省高级人民法院评为“全省优秀人民法庭”

玉溪市

玉溪市中级人民法院

先进个人：

黄延林、向颖、荆燕三人就(2012)玉中民一初字第1号案的庭审被最高人民法院评为全国法院“两评查”活动优秀庭审

下属各区县人民法院

易门县

先进个人：

李江红　被云南省高级人民法院评为“全省法院调解能手”

保山市

下属各区县人民法院

隆阳区

先进集体：

潞江人民法庭　被云南省高级人民法院评为“全省优秀人民法庭”

昌宁县

先进个人：

禹淑彬　被云南省高级人民法院评为“全省法院调解能手”

楚雄彝族自治州

下属各区县人民法院

楚雄市

先进集体：

洒鸡口人民法庭　被云南省高级人民法院评为“全省优秀人民法庭”

南华县

先进个人：

刘彦华　被云南省高级人民法院评为“全省优秀法官”

永仁县

先进个人：

罗云峡　被云南省高级人民法院评为“全省法院调解能手”

红河哈尼族彝族自治州

红河哈尼族彝族自治州中级人民法院

先进个人：

刘玉芳　被云南省高级人民法院评为“全省优秀法官”

下属各区县人民法院

蒙自市

先进个人：

1. 李全林　被最高人民法院评为“全国办案标兵”
2. 李全林　被云南省高级人民法院评为“全省法院办案能手”

弥勒县

先进个人：

吕存林　被云南省高级人民法院评为“全省法院调解能手”

文山壮族苗族自治州

文山壮族苗族自治州中级人民法院

先进个人：

杨琴、吴会、唐丽三人对(2012)文中民一终字第130号案的庭审被最高人民法院评为全国法院“两评查”活动优秀庭审

下属各区县人民法院

麻栗坡县

先进个人：

余秀琼　被云南省高级人民法院评为“全省优秀法官”

广南县

先进集体：

珠街人民法庭　被云南省高级人民法院评为“全省优秀人民法庭”

先进个人：

1. 李昌纹　被最高人民法院评为“全国办案标兵”
2. 李昌纹　被云南省高级人民法院评为“全省法院调解能手”

普洱市

普洱市中级人民法院

先进个人：

张坤撰写的裁判文书被最高人民法院评为全国法院“两评查”活动优秀裁判文书

下属各区县人民法院

澜沧县

先进集体：

上允人民法庭　被云南省高级人民法院评为“全省优秀人民法庭”

先进个人：

巍云辉　被云南省高级人民法院评为“全省优秀法官”

孟连县

先进个人：

扎　海　被云南省高级人民法院评为“全省法院调解能手”

西双版纳傣族自治州

下属各区县人民法院

景洪市

先进集体：

勐龙人民法庭　被云南省高级人民法院评为“全省优秀人民法庭”

先进个人：

1. 李　昳　被云南省高级人民法院评为“全省优秀法官”
2. 郑成琼　被云南省高级人民法院评为“全省法院办案能手”
3. 陶润仙　被云南省高级人民法院评为“全省法院调解能手”

大理白族自治州

大理白族自治州中级人民法院

先进个人：

陈云红　撰写的裁判文书被最高人民法院评为全国法院“两评查”活动优秀裁判文书

下属各区县人民法院

大理市

先进集体：

喜洲人民法庭　被云南省高级人民法院评为“全省优秀人民法庭”

先进个人：

杨　勇　被云南省高级人民法院评为“全省法院调解能手”

德宏傣族景颇族自治州

德宏傣族景颇族自治州中级人民法院

曹明磊　被云南省高级人民法院评为“全省优秀法官”

下属各区县人民法院

瑞丽市

先进个人：

俸桂仙　被云南省高级人民法院评为“全省法院调解能手”

丽江市

下属各区县人民法院

永胜县

先进个人：

李学明　被云南省高级人民法院评为“全省法院调解能手”

怒江傈僳族自治州

下属各区县人民法院

兰坪县

先进集体：

营盘人民法庭　被云南省高级人民法院评为“全省优秀人民法庭”

先进个人：

和利凡　被云南省高级人民法院评为“全省法院调解能手”

迪庆藏族自治州

下属各区县人民法院

维西县

先进个人：

谢建安　被云南省高级人民法院评为“全省法院调解能手”

临沧市

临沧市中级人民法庭

先进个人：

1. 兰晓滔　被最高人民法院评为“全国办案标兵”

2. 兰晓滔　被云南省高级人民法院评为“全省法院办案能手”

下属各区县人民法院

临翔区

先进个人:

范荣军　被云南省高级人民法院评为“全省法院调解能手”

永德县

先进集体:

永康人民法庭　被云南省高级人民法院评为全省优秀人民法庭

铁路法院

昆明铁路运输中级法院

先进个人:

李　宴　被云南省高级人民法院评为“全省法院调解能手”

重庆市法院2012年受表彰的民事审判工作先进集体和先进个人

先进集体:

市高法院民一庭第二合议庭被重庆市人力资源与社会保障局、重庆市妇女儿童工作委员会表彰为重庆市实施妇女儿童发展纲要(规划)先进集体

市高法院民一庭被市高级人民法院评为2012年度先进集体

长寿区人民法院被重庆市高级人民法院授予“民商事审判案结事了工程建设先进法院”

渝北区人民法院民一庭被重庆市高级人民法院记集体二等功

江北区人民法院被重庆市高级人民法院表彰为全市民事审判工作先进法院

2012年1月16日,丰都县人民法院被重庆市高级人民法院表彰为“民商事审判‘案结事了’工程建设先进法院”

2012年五中院民一庭荣获重庆市“巾帼文明岗”称号

2012年五中院民四庭党支部获重庆市直机关创先争优先进党支部称号

2012年1月,市高院表彰江津区人民法院为“全市法院系统民商事审判‘案结事了’工程建设先进法院”

2012年1月,原万盛区人民法院(现合并为綦江区人民法院)被市高法院评为民事审判工作先进法院

先进个人:

市高法院民一庭徐宾2012年被最高法院评为优秀庭审

重庆市第一中级人民法院审委会委员、民一庭庭长程启华同志荣获“重庆市审判业务专家”称号

江北区人民法院法官陈学军被重庆市高级人民法院授予“全市法院办案标兵”称号

江北区人民法院法官何建群被重庆市高级人民法院授予“全市法院调解能手”称号

三中院贺付琴于2012年3月被市人事局、市妇联评为重庆市三八红旗手

三中院贺付琴于2012年7月被市妇联评为全市创先争优先进个人

2012年垫江法院张慧被重庆市高级人民法院授予全市法院系统调解能手

2012年垫江法院雷启富被重庆市高级人民法院授予全市法院系统办案标兵

2012年1月11日,丰都法院范树林被重庆市高级人民法院授予“全市法院调解能手”称号

2012年南川法院于黄新同志荣获重庆市高级人民法院与共青团重庆市委“优秀青年法官”称号

2012年四中院黄飞被重庆市高级人民法院授予“办案标兵”荣誉称号

2012年四中院何玉被重庆市高级人民法院、市妇联授予“重庆市第三届十佳女法官”荣誉称号

2012年四中院黑小兵在重庆市高级人民法院庭审评查中获得的优秀庭审荣誉称号

2012年四中院何玉在重庆市高级人民法院庭审评查中获得的优秀庭审荣誉称号

五中院民一庭张雪方获2012年重庆市直机关创先争优优秀共产党员称号

2012年1月，江津区法院林杨、漆恒邦为全市法院系统"办案标兵"；江津区法院高永勇、徐驰为全市法院系统"调解能手"；刘泓伟被市高院评为"重庆市审判业务标兵"

2012年1月，綦江法院李星伟被评为全市法院系统办案标兵。2012年1月，綦江法院张翼被评为全市法院系统办案标兵

2012年1月，綦江法院李春梅被评为全市法院系统调解能手

2012年1月，綦江法院王晋涵被评为全市法院系统调解能手

陕西省法院2012年受表彰的民事审判工作先进集体和先进个人

陕西省高级人民法院

先进集体：

民一庭　被陕西省委政法委评为"全省人民满意的政法单位"；被兰州军区政法委员会和陕西省委政法委员会评为"涉军维权工作先进单位"；被中华全国妇女联合会评为"全国妇女创先争优先进集体"

先进个人：

马彦雨　被陕西省委政法委评为"全省人民满意的政法干警"

商洛市

先进集体：

丹凤县人民法院龙驹人民法庭　被陕西省高级人民法院授予集体二等功

先进个人：

1. 游家国　山阳县人民法院郊区法庭副庭长，被陕西省高级人民法院授予个人二等功
2. 金　军　商洛市商州区人民法院民一庭庭长，被陕西省高级人民法院授予个人二等功

铜川市

先进集体：

铜川市中级人民法院民一庭　被陕西省妇联授予妇女儿童权益维权示范岗

先进个人：

1. 胡振华　铜川市印台区人民法院副院长，被最高人民法院评为"全国模范法官"
2. 贺晓华　铜川市中级人民法院民二庭副庭长，被陕西省高级人民法院评为"全省法院办案标兵"
3. 刘延军　宜君县人民法院五里镇人民法庭庭长，被陕西省高级人民法院评为"全省法院办案标兵"

延安市

延安市中级人民法院

先进集体：

民二庭　被陕西省高级人民法院授予"集体三等功"

先进个人：

1. 牛　锐　被最高人民法院评为"全国法院办案标兵"，被陕西省高级人民法院授予"个人二等功"，被陕西省高级人民法院评为"全省法院办案标兵"
2. 冯迎春　被陕西省高级人民法院评为"全省法院调研工作先进个人"
3. 雷　钧　被陕西省高级人民法院评为"全省法院调研工作先进个人"
4. 王玉刚　被陕西省高级人民法院评为"全省法院调研工作先进个人"
5. 刘彩虹　被陕西省高级人民法院评为"全省法院办案标兵"
6. 牛　菲　被陕西省高级人民法院评为"全省法院办案标兵"
7. 周俊杰　被陕西省高级人民法院评为"全省法院办案标兵"

宝塔区

先进个人：

1. 郭维军　被陕西省高级人民法院评为“全省法院办案标兵”
2. 孙　纬　被陕西省高级人民法院评为“全省法院办案标兵”
3. 贺　瑞　被陕西省高级人民法院评为“全省法院办案标兵”
4. 薛建忠　被陕西省高级人民法院评为“全省法院办案标兵”
5. 陈小霞　被陕西省高级人民法院评为“全省法院办案标兵”
6. 黑振燕　被陕西省高级人民法院评为“全省法院办案标兵”
7. 袁　洋　被陕西省高级人民法院评为“全省法院办案标兵”

洛川县

先进个人：

1. 孙明治　被陕西省高级人民法院评为“全省法院办案标兵”
2. 张　晖　被陕西省高级人民法院评为“全省法院办案标兵”
3. 杨　剑　被陕西省高级人民法院评为“全省法院办案标兵”

志丹县

先进个人：

张益萍　被陕西省高级人民法院评为“全省法院调研工作先进个人”

安塞县

先进个人：

1. 赵　帆　被陕西省高级人民法院评为“全省法院调研工作先进个人”
2. 王　鸿　被陕西省高级人民法院评为“全省法院办案标兵”
3. 高振龙　被陕西省高级人民法院评为“全省法院办案标兵”

吴起县

先进个人：

1. 袁景峰　被陕西省高级人民法院评为“全省法院办案标兵”
2. 李研科　被陕西省高级人民法院评为“全省法院办案标兵”
3. 齐国强　被陕西省高级人民法院评为“全省法院办案标兵”
4. 武文明　被陕西省高级人民法院评为“全省法院办案标兵”

延川县

先进个人：

1. 张　勇　被陕西省高级人民法院评为“全省法院办案标兵”
2. 李小兵　被陕西省高级人民法院评为“全省法院办案标兵”
3. 闫耀辉　被陕西省高级人民法院评为“全省法院办案标兵”

延长县

先进个人：

1. 张亚媚　被陕西省高级人民法院评为“全省法院办案标兵”
2. 冯　涛　被陕西省高级人民法院评为“全省法院办案标兵”

子长县

先进个人：

1. 李卫鹏　被陕西省高级人民法院评为“全省法院办案标兵”
2. 张志斌　被陕西省高级人民法院评为“全省法院办案标兵”

甘泉县

先进个人：

乔文博　被陕西省高级人民法院评为“全省法院办案标兵”

富县

先进个人：

1. 任晓刚　被陕西省高级人民法院评为“全省法院办案标兵”
2. 马亮亮　被陕西省高级人民法院评为“全省法院办案标兵”
3. 赵　妮　被陕西省高级人民法院评为“全省法院办案标兵”

黄陵县

先进个人：

贺晓鹏　被陕西省高级人民法院评为“全省法院办案标兵”

宜川县

先进个人：

胡金江　被陕西省高级人民法院评为“全省法院办案标兵”

铁路运输法院

西安铁路运输中级法院

先进个人：

1. 刘秦瑜　被陕西省委组织部表彰为“省直机

关优秀公务员”

2. 孙　毅　被陕西省委组织部表彰为“省直机关优秀公务员”

西安铁路运输法院

先进个人：

1. 杨　光　被陕西省委组织部表彰为“省直机关优秀公务员”

2. 李理时　被陕西省委组织部表彰为“省直机关优秀公务员”

安康铁路运输法院

先进个人：

刘　聪　被陕西省委组织部表彰为“省直机关优秀公务员”

甘肃省法院2012年受表彰的民事审判工作先进集体和先进个人

甘肃省高级人民法院

先进集体：

1. 民一庭　被中华全国妇女联合会、全国维护妇女儿童权益暨平安家庭创建协调组授予全国维护妇女儿童权益先进集体称号

2. 民一庭　被甘肃省妇女联合会授予三八红旗集体称号

先进个人：

1. 刘　恒　被中国人民解放军兰州军区政法委员会、中共甘肃省省政法委员会授予涉军维权工作先进个人

2. 王银伟　获得甘肃省高级人民法院2012年度全院优秀作人员称号

3. 陆　路　获得肃省高级人民法院2012年度全院优秀作人员称号

4. 张　岩　被甘肃省妇女联合会授予甘肃省三八红旗手荣誉称号

5. 刘　恒　制作的(2012)甘民一终字第143号民事判决书被最高人民法院授予全国法院两评查活动优秀裁判文书

6. 王银伟　制作的(2011)甘民一终字第170号民事判决书获得全省法院2011年度优秀裁判文书评比一等奖

7. 刘　恒　制作的(2011)甘民一终字第72号民事判决书获得全省法院2011年度优秀裁判文书评比一等奖

8. 陆　路　制作的(2011)甘民一终字第16号民事裁定书获得全省法院2011年度优秀裁判文书评比一等奖

兰州市

兰州市中级人民法院

先进集体：

1. 民一庭　被兰州市中级人民法院授予先进集体称号

2. 余志红、陶秋文、张秉德、王辉、刘丽丽组被兰州市中级人民法院记三等功

先进个人：

1. 余志红　被甘肃省高级人民法院授予全省优秀法官称号

2. 寇文杰　被兰州市中级人民法院记三等功

下属各区县人民法院

城关区

先进集体：

城关获得人民法院获得全市法院人民陪审员工作先进集体称号

先进个人：

孟定军　被兰州市委政法委授予全市十佳法官称号

安宁区

先进个人：

1. 胡　剑　被兰州市中级人民法院记三等功

2. 胡　剑　被兰州市委政法委授予人民满意法官称号

红古区

先进集体：

红古区人民法院　被兰州市妇女联合会授予维护妇女儿童合法权益先进集体

先进个人：

1. 陈春香　被兰州市妇女联合会授予维护妇女儿童合法权益先进个人称号

2. 张立元　被甘肃省高级人民法院授予全省办案标兵称号

永登县

先进个人：

1. 郭大儒　被甘肃省高级人民法院授予全省法院办案标兵称号

2. 刘　峰　被兰州市市委政法委授予十佳法官称号

皋兰县

先进个人：

魏政荣　被兰州市中级人民法院授予十佳法官称号

天水市

天水市中级人民法院

先进集体：

1. 天水市中级人民法院一案例获得最高人民法院全国法院践行能动司法理念优秀

2. 民二庭一调解案例获得最高人民法院全国法院优秀调解案例

3. 民三庭一调解案例获得最高人民法院全国法院优秀调解案例

4. 民一庭一司法建议获得最高人民法院全国法院优秀司法建议

5. 民三庭　被全国妇女联合会授予全国妇女创先争优先进集体称号

6. 民一庭　被天水市中级人民法院授予全市法院优秀庭室称号

7. 民三庭　被天水市中级人民法院授予先进集体称号

先进个人：

1. 王红岩　撰写的论文获得中国法学会优秀论文三等奖

2. 周昊撰　写的论文获得甘肃省高级人民法院优秀论文三等奖

3. 徐　赟　撰写的论文获得甘肃省高级人民法院论文优秀奖

4. 石岚制　作的裁判文书获得甘肃省高级人民法院优秀裁判文书评比二等奖

5. 李　兰　制作的裁判文书获得甘肃省高级人民法院优秀裁判文书评比三等奖

6. 李　兰　获得天水市中级人民法院2012年全市法院先进个人称号

7. 周　海　被天水市中级人民法院嘉奖

8. 杨宏权　获得天水市中级人民法院2012年度优秀法官称号

9. 包新萍　获得天水市中级人民法院2012年度优秀法官称号

10. 张小莉　获得天水市中级人民法院2012年度优秀法官称号

11. 卢萍萍　获得天水市2012年度优秀公务员称号

12. 周俊英　获得天水市2012年度优秀公务员称号

下属各区县人民法院

秦州区

先进集体：

1. 秦州区人民法院　被天水市中级人民法院授予庭审观摩特别奖

2. 天水郡人民法庭　被天水市中级人民法院记集体三等功

3. 皂郊人民法庭　被天水市中级人民法院授予全市法院优秀庭室称号

4. 民三庭　被天水市秦州区人民法院授予目标管理责任考核先进集体一等奖

5. 民二庭　被天水市秦州区人民法院授予目标管理责任考核先进集体二等奖

6. 小天水人民法庭　被天水市秦州区人民法院授予目标管理责任考核先进集体二等奖

7. 藉口人民法庭　被天水市秦州区人民法院授予专项工作先进集体办理案件突出奖

8. 七里墩人民法庭　被天水市秦州区人民法院授予专项工作先进集体诉调对接突出奖

先进个人：

1. 陈明霞　被甘肃省高级人民法院授予办案标兵称号

2. 王存芳　被天水市中级人民法院授予调解能手称号

3. 赵玉峰　获得天水市中级人民法院2012年全市法院先进个人称号

4. 赵晓荣　被天水市中级人民法院嘉奖

5. 王永利　制作的裁判文书获得天水市中级人民法院优秀裁判文书二等奖

6. 王永利　被天水市秦州区人民法院授予优秀庭长称号

7. 赵生健　被天水市秦州区人民法院授予业务全能称号
8. 马宏伟　被天水市秦州区人民法院授予业务全能称号
9. 王存芳　被天水市秦州区人民法院授予业务全能称号
10. 陈明霞　被天水市秦州区人民法院授予业务全能称号
11. 王永利　被天水市秦州区人民法院授予调解能手称号
12. 夏海平　被天水市秦州区人民法院授予调解能手称号
13. 庞鸿雁　被天水市秦州区人民法院授予调解能手称号
14. 白鞠萍　被天水市秦州区人民法院授予调解能手称号
15. 雷亚红　被天水市秦州区人民法院授予法律文书制作能手称号
16. 徐　强　被天水市秦州区人民法院授予法律文书制作能手称号
17. 王　倩　被天水市秦州区人民法院授予法律文书制作能手称号
18. 杨海波　被天水市秦州区人民法院授予法律文书制作能手称号
19. 赵青霞　被天水市秦州区人民法院授予庭审驾驭能手称号
20. 刘志君　被天水市秦州区人民法院授予庭审驾驭能手称号

麦积区

先进集体：

1. 麦积区人民法院　被天水市中级人民法院授予庭审观摩特别奖
2. 北道埠人民法庭　被天水市中级人民法院授予全市法院优秀庭室称号

先进个人：

1. 台忠义　撰写的论文获得甘肃省高级人民法院优秀论文优秀奖
2. 吴　琳　撰写的论文获得甘肃省高级人民法院优秀论文优秀奖
3. 苏晓斌　被天水市中级人民法院记三等功
4. 颉　娜　被天水市中级人民法院嘉奖
5. 曹　勇　获得天水市中级人民法院2012年全市法院先进个人称号
6. 张晓萍　获得天水市中级人民法院2012年全市法院先进个人称号
7. 张晓萍　制作的裁判文书获得天水市中级人民法院优秀裁判文书一等奖
8. 刘　昕　制作的裁判文书获得天水市中级人民法院优秀裁判文书三等奖
9. 辛朝霞　获得麦积区人民法院2012年先进个人称号
10. 刘　炜　获得麦积区人民法院2012年先进个人称号
11. 张晓萍　获得麦积区人民法院2012年先进个人称号
12. 颉　娜　获得麦积区人民法院2012年先进个人称号
13. 郭　红　获得麦积区人民法院2012年先进个人称号
14. 苏晓斌　获得麦积区人民法院2012年先进个人称号
15. 王喜祯　获得麦积区人民法院2012年先进个人称号

秦安县

先进集体：

1. 秦安县人民法院　被天水市中级人民法院授予庭审观摩优胜奖
2. 民一庭　被天水市中级人民法院授予全市法院优秀庭室称号

先进个人：

1. 颉　娜　被天水市中级人民法院嘉奖
2. 邵平安　获得天水市中级人民法院2012年全市法院先进个人称号
3. 郭桂莲　制作的裁判文书获得天水市中级人民法院优秀裁判文书二等奖
4. 邵平安　制作的裁判文书获得天水市中级人民法院优秀裁判文书三等奖

甘谷县

先进集体：

安远人民法庭　被天水市中级人民法院授予全市法院优秀庭室称号

先进个人：

1. 董雪莉　被最高人民法院授予全国法院办案标兵称号
2. 董雪莉　被甘肃省高级人民法院授予优秀法官称号
3. 王维芳　获得天水市中级人民法院2012年全市法院先进个人称号

武山县

先进集体：

1. 武山县人民法院　被天水市中级人民法院授予庭审观摩优胜奖

2. 民二庭　被天水市中级人民法院授予全市法院优秀庭室称号
3. 民二庭　被武山县人民法院授予优秀庭室称号
4. 鸳鸯法庭　被武山县人民法院授予优秀庭室称号

先进个人:

1. 李文庆　被甘肃省高级人民法院授予办案标兵称号
2. 李　云　被天水市中级人民法院嘉奖
3. 杨宏高　被天水市中级人民法院嘉奖
4. 钱永杰　被武山县人民法院授予优秀庭长称号
5. 车小平　被武山县人民法院授予优秀庭长称号
6. 李　云　被武山县人民法院授予办案能手称号
7. 李文庆　被武山县人民法院授予办案能手称号
8. 杨宏高　被武山县人民法院授予办案能手称号
9. 钱永杰　被武山县人民法院授予调解能手称号
10. 陈喜仲　被武山县人民法院授予调解能手称号
11. 王全武　被武山县人民法院授予调解能手称号

清水县

先进集体:

1. 清水县人民法院　被天水市中级人民法院授予庭审观摩优胜单位一等奖
2. 清水县人民法院　被天水市中级人民法院授予案件质量评比优胜单位一等奖
3. 民一庭　被天水市中级人民法院授予全市法院优秀庭室称号
4. 红堡法庭　被天水市中级人民法院记集体三等功

先进个人:

1. 高　峰　被天水市中级人民法院嘉奖
2. 鲁智荣　撰写的论文获得甘肃省高级人民法院优秀论文优秀奖

张家川回族自治县

先进集体:

1. 民一庭　被张家川回族自治县人民法院授予先进集体称号
2. 马关法庭　被张家川回族自治县人民法院授予先进集体称号

先进个人:

1. 马晓静　被天水市中级人民法院嘉奖
2. 马秀玲　获得天水市中级人民法院2012年全市法院先进个人称号
3. 吴亚丽　制作的裁判文书获得天水市中级人民法院优秀裁判文书三等奖
4. 铁　成　获得张家川回族自治县人民法院先进个人称号
5. 马秀玲　获得张家川回族自治县人民法院先进个人称号
6. 马小红　获得张家川回族自治县人民法院先进个人称号
7. 马晓静　获得张家川回族自治县人民法院先进个人称号
8. 李慕尧　获得张家川回族自治县人民法院先进个人称号
9. 吴亚丽　获得张家川回族自治县人民法院先进个人称号

白银市

白银市中级人民法院

先进集体:

1. 民一庭　获得全市法院先进集体称号
2. 民一庭　被白银市妇女联合会授予全市巾帼文明岗称号

先进个人:

1. 李学成　获得白银市中级人民法院全市法院先进个人称号
2. 刘雪莲　获得白银市中级人民法院评为全市法院办案能手称号
3. 张学丽　被白银市委政法委授予全市十佳政法干警称号
4. 刘雪莲　被白银团市委授予白银市十大杰出青年称号
5. 刘雪莲　被白银市直机关工委授予优秀共产党员称号

白银区

先进个人:

1. 关凌燕　获得全市法院先进个人称号
2. 高晓霞　被白银市中级人民法院授予全市法院调解标兵称号

平川区

先进个人：

1. 张金玲　被白银市中级人民法院授予全市法院办案标兵称号
2. 张金玲　被甘肃省高级人民法院授予全省法院办案标兵称号

景泰县

先进个人：

陈其瑛　被白银市中级人民法院授予全市法院调解标兵称号

武威市

武威市中级人民法院

先进集体：

民二庭　被最高人民法院授予全国法院先进集体称号

先进个人：

王德昌　被最高人民法院授予全国优秀法官称号

下属各区县人民法院

古浪县

先进个人：

顾　迅　被甘肃省高级人民法院授予全省法院办案标兵称号

天祝县

先进个人：

张福才　被甘肃省高级人民法院授予全省法院办案标兵称号

金昌市

金昌市中级人民法院

先进集体：

1. 民一庭　被中华全国妇女联合会、中华全国总工会授权全国巾帼文明岗称号
2. 民一庭　被金昌市中级人民法院授予2012年度先进集体称号

先进个人：

1. 刘　宏　被金昌市中级人民法院授予办案标兵称号
2. 李　静　被金昌市中级人民法院授予优秀共产党员称号
3. 许春梅　被金昌市中级人民法院授予优秀共产党员称号
4. 吴建红　被金昌市中级人民法院授予调解能手称号
5. 吴建红　被中共金昌市委授予全市创先争优活动优秀共产党员称号

金川区

先进个人：

1. 俞志斌　被金昌市中级人民法院授予办案标兵称号
2. 王恩惠　被金昌市中级人民法院授予调解能手称号
3. 马连霞　获得金昌市中级人民法院庭审记录和案卷装订工作优胜者称号
4. 沈勤学　获得金昌市中级人民法院庭审记录和案卷装订工作优胜者称号

永昌县

先进个人：

1. 张世栋　被最高人民法院授予全国模范法官称号
2. 梁尚宏　被金昌市中级人民法院授予办案标兵称号
3. 杜治国　被金昌市中级人民法院授予办案标兵称号
4. 袁广奎　被金昌市中级人民法院授予调解能手称号
5. 刘红萍　获得金昌市中级人民法院庭审记录和案卷装订工作优胜者称号

张掖市

张掖市中级人民法院

先进集体：

1. 民一庭　被最高人民法院授予全国法院先进集体称号
2. 民一庭　被张掖市中级人民法院授予先进集体称号
3. 民二庭　被张掖市中级人民法院授予先进集体称号

先进个人：

1. 岳　瑾　被甘肃省高级人民法院授予全省优秀法官称号
2. 杨海全　被张掖市委授予先进工作者称号

下属各县区人民法院

甘州区

先进集体：

西郊法庭　被张掖市中级人民法院授予先进集体称号

先进个人：

彭　勋　被张掖市中级人民法院记三等功

山丹县

先进集体：

李桥法庭　被张掖市中级人民法院授予先进集体称号

先进个人：

1. 卢殿宏　被甘肃省高级人民法院授予办案标兵称号
2. 马晓丽　被张掖市中级人民法院记三等功

肃南裕固族自治县

先进集体：

民　庭　被张掖市中级人民法院授予先进集体称号

临泽县

先进集体：

1. 民一庭　被张掖市中级人民法院记三等功
2. 鸭暖法庭　被张掖市中级人民法院授予先进集体称号

高台县

先进集体：

宣化法庭　被张掖市中级人民法院授予先进集体称号

先进个人：

邱进福　被张掖市中级人民法院记三等功

民乐县

先进集体：

1. 民一庭　被张掖市中级人民法院记三等功
2. 六坝法庭　被张掖市中级人民法院授予先进集体称号

先进个人：

1. 庞云峰　被甘肃省高级人民法院授予办案标兵称号
2. 费斌学　被张掖市中级人民法院记三等功

酒泉市

酒泉市中级人民法院

先进集体：

行政审判庭　被酒泉中院表彰为全市法院调解工作先进集体

先进个人：

1. 张耀泽　被酒泉中院授予全市法院办案能手称号
2. 刘　平　被酒泉中院授予全市法院办案能手称号
3. 蔺春辉　被甘肃省高级人民法院授予全省法院优秀法官称号
4. 蔺春辉　被酒泉中院授予全市法院办案能手称号
5. 赵　丽　被酒泉中院授予全市法院调解工作先进个人称号
6. 杜金文　被酒泉中院授予全市法院调解工作先进个人称号
7. 徐安全　被酒泉中院授予全市法院调解工作先进个人称号
8. 刘　倩　被酒泉中院授予全市法院调解工作先进个人称号
9. 王振生　被酒泉中院授予全市法院调解工作先进个人称号
10. 张小青　被酒泉中院授予全市法院调解工作先进个人称号
11. 杨　勇　被酒泉中院授予全市法院调解工作先进个人称号
12. 吕万平　被酒泉中院授予全市法院调解工作先进个人称号

下属各区县人民法院

肃州区人民法院

先进集体：

银达法庭　被酒泉市中级人民法院授予全市法院调解工作先进集体称号

先进个人：

1. 胡　瑜　被酒泉中院荣记个人三等功
2. 丁　瑛　被酒泉市中级人民法院授予全市法院办案能手称号
3. 庞春梅　被酒泉市中级人民法院授予全市法院办案能手称号
4. 柴　丽　被酒泉市中级人民法院授予全市法院调解工作先进个人称号
5. 王　哲　被酒泉市中级人民法院授予全市法院调解工作先进个人称号

金塔县人民法院

先进集体：

鼎新法庭　被酒泉市中级人民法院授予全市法院调解工作先进集体称号

先进个人：

1. 王世炯　被甘肃省高级人民法院授予全省法院办案标兵称号
2. 白春江　被酒泉市中级人民法院授予全市法院先进个人称号
3. 王勇军　被酒泉市中级人民法院授予全市法院办案能手称号
4. 李建兵　被酒泉市中级人民法院授予全市法院调解工作先进个人称号

玉门市人民法院

先进集体：

1. 民一庭　被酒泉市中级人民法院记集体三等功
2. 民一庭　被酒泉市中级人民法院授予全市先进集体称号
3. 民一庭　被玉门市人民法院授予先进集体称号
4. 民二庭　被酒泉市中级人民法院授予全市法院调解工作先进集体称号
5. 民二庭　被玉门市人民法院授予先进集体称号
6. 玉门镇法庭　被酒泉市中级人民法院授予全市优秀法庭称号
7. 玉门镇法庭　被酒泉市中级人民法院授予全市法院调解工作先进集体称号
8. 玉门镇法庭　被玉门市人民法院授予先进集体称号
9. 花海法庭　被酒泉市中级人民法院授予全市优秀法庭称号

先进个人：

1. 李应玉　被酒泉市中级人民法院授予全市法院先进个人称号
2. 李玉明　被酒泉市中级人民法院授予全市法院先进个人称号
3. 王玉峰　被酒泉市中级人民法院授予全市法院先进个人称号
4. 魏红荣　被酒泉市中级人民法院授予全市法院调解工作先进个人称号
5. 梁伟民　被甘肃省高级人民法院授予全省法院办案标兵称号
6. 刘向军　被酒泉市中级人民法院授予全市法院办案能手称号

瓜州县人民法院

先进集体：

1. 三道沟法庭　被酒泉市中级人民法院授予全市法院调解工作先进集体称号
2. 三道沟法庭　被酒泉市中级人民法院授予酒泉市法院系统优秀法庭称号
3. 三道沟法庭　被酒泉中院评为酒泉市法院系统先进集体称号
4. 南岔人民法庭　被酒泉市中级人民法院授予酒泉市法院系统先进集体

先进个人：

1. 侯光荣　被甘肃省高级人民法院授予全省优秀法官称号
2. 侯光荣　被酒泉市中级人民法院授予全市法院先进个人称号
3. 程万兵　被酒泉市中级人民法院授予全市法院办案能手称号
4. 闫继东　被酒泉市中级人民法院授予全市法院调解工作先进个人称号

敦煌市法院

先进集体：

1. 敦煌市人民法院　被甘肃省高级人民法院授权全省优秀法院称号
2. 敦煌市人民法院　被酒泉市中级人民法院授予全市先进法院称号
3. 敦煌市人民法院　被酒泉市中级人民法院授予调解工作先进集体称号
4. 敦煌市人民法院审理赵本山肖像权纠纷案合议庭被酒泉市中级人民法院荣记集体三等功
5. 七里镇人民法庭　被酒泉市中级人民法院授予优秀法庭称号
6. 七里镇人民法庭审理新疆皮亚勒玛果品有限公司诉七里镇油田某公司买卖合同纠纷案合议庭被酒泉市中级人民法院荣记集体三等功
7. 民二庭　被酒泉市中级人民法院授予先进集体称号

先进个人：

1. 李　岭　被酒泉中院表彰为全市法院调解工作先进个人称号
2. 李　岭　被酒泉市中级人民法院授予全市法院系统先进个人称号
3. 李　岭　被中共敦煌市委授予和谐先锋称号
4. 李　岭　被甘肃省妇女联合会授予三八红旗手称号
5. 姬振河　被酒泉市中级人民法院授予全市法院系统先进个人称号
6. 杨立国　被酒泉市中级人民法院荣记个人三等功
7. 俞军铎　被酒泉市中级人民法院授予荣记个人三等功
8. 王　军　被酒泉市中级人民法院授予表彰为全市法院办案能手

肃北县人民法院

先进集体：

1. 民事庭　被酒泉中院授予全市法院先进集体称号
2. 民事庭　被肃北县人民法院授予先进集体称号

先进个人:

1. 娜仁格尔力 被酒泉市中级人民法院授予全市法院先进个人称号
2. 胡 娜 被酒泉市中级人民法院授予全市法院办案能手
3. 胡 娜 被肃北县人民法院授予优秀法官称号
4. 杨 扬 被肃北县人民法院授予优秀法官称号

阿克塞县人民法院

先进集体:

民事审判庭 被酒泉市中级人民法院授予全市法院调解工作先进集体称号

先进个人:

1. 哈再拉 被甘肃省高级人民法院授予全省法院办案标兵称号
2. 段晓明 被酒泉市中级人民法院授予全市法院先进个人称号
3. 冯多洋 被酒泉市中级人民法院授予全市法院办案能手称号

嘉峪关市

嘉峪关市人民法院

先进集体:

民事第二审判庭 被嘉峪关市人民法院授予2012年度先进集体

先进个人:

1. 张丽娟 被甘肃省高级人民法院授予2012年全省优秀法官称号
2. 民二庭陈永庆 被嘉峪关市人民法院评为2012年度全院工作者
3. 王兴运 获得嘉峪关市人民法院评为2012年度先进工作者称号
4. 吴 杰 获得嘉峪关市人民法院评为2012年度先进工作者称号
5. 刘 静 获得嘉峪关市人民法院评为2012年度先进工作者称号
6. 王 军 被嘉峪关市人民法院授予2012年度办案标兵称号
7. 张丽娟 被嘉峪关市人民法院授予2012年度办案标兵称号
8. 刘宏伟 被嘉峪关市人民法院授予2012年度调解能手称号
9. 王 丽 被嘉峪关市人民法院授予2012年度调解能手称号
10. 侯晓燕 被嘉峪关市人民法院授予2012年度调解能手称号
11. 王亚娟 被嘉峪关市人民法院授予2012年度办案能手称号
12. 朱继发 被嘉峪关市人民法院授予2012年度办案能手称号

平凉市

平凉市中级人民法院

先进集体:

1. 民一庭 被平凉市中级人民法院授予先进集体称号
2. 民一庭 被平凉市中级人民法院授予创先争优五好集体称号

先进个人:

1. 蒋军平 被甘肃省高级人民法院授予全省法院办案标兵称号
2. 马小钧 被平凉市中级人民法院授予全市优秀法官
3. 马小钧 制作的(2011)平中民一终字第84号民事判决书获得全省法院2011年度优秀裁判文书评比三等奖
4. 赵 雄 制作的(2011)平中民一终字第55号民事判决书获得全省法院2011年度优秀裁判文书评比二等奖

下属各区县人民法院

崆峒区

先进集体:

崆峒法庭 被平凉市中级人民法院授予全市法院创先争优五好集体称号

先进个人:

1. 李孝平 被甘肃省高级人民法院授予全省法院办案标兵称号
2. 薛 红 被平凉市中级人民法院授予全市法院创先争优五好个人称号

华亭县

先进个人:

1. 崔吉敏 被平凉市中级人民法院授予全市优秀法官称号
2. 马万荣 被平凉市中级人民法院授予创先争优五好个人称号
3. 张小彦 被平凉市中级人民法院授予创先争优五好个人称号
4. 张小彦 被中共华亭县委、华亭县人民政府授予先进工作者称号

静宁县

先进个人：

任建民　被平凉市中级人民法院记个人三等功

灵台县

先进个人：

1. 杨斯野　被最高人民法院授予全国办案标兵称号
2. 杨斯野　被平凉市中级人民法院授予创先争优五好个人称号
3. 姚俊石　被平凉市中级人民法院授予全市优秀法官称号

庆阳市

庆阳市中级人民法院

先进集体：

民三庭　被庆阳市中级人民法院记三等功”

先进个人：

1. 吴帅之　被最高人民法院授予办案标兵称号
2. 吴帅之　被甘肃省高级人民法院授予优秀法官称号
3. 吴帅之　被中共庆阳市委、庆阳市人民政府授予全市十佳政法干警称号
4. 吴帅之　被中共庆阳市委、庆阳市人民政府授予庆阳市先进工作者称号

下属各县区人民法院

西峰区

先进个人：

张　璟　被甘肃省高级人民法院授予优秀法官称号

环县

先进个人：

乔维贤　被甘肃省高级人民法院授予办案标兵称号

正宁县

先进个人：

杨会刚　被甘肃省高级人民法院授予办案标兵称号

宁县

先进个人：

张维斌　被甘肃省高级人民法院授予办案标兵称号

临夏回族自治州

先进个人：

苏林春　被甘肃省高级人民法院授予办案标兵称号

下属各县区人民法院

东乡县

先进个人：

马明福　被甘肃省高级人民法院授予优秀法官称号

永靖县

先进个人：

姬良芬　获得甘肃省高级人民法院优秀裁判文书奖称号

定西市

定西市中级人民法院

先进个人：

1. 张亚玲　获得定西市中级人民法院2012年度先进工作者称号
2. 黄　莉　获得定西市中级人民法院2012年度先进工作者称号
3. 武春红　获得定西市中级人民法院2012年度先进工作者称号
4. 康生悌　制作的（2011）定中民三终字第73号民事判决书荣获甘肃省高级人民法院“全省法院2011年度优秀裁判文书评比优秀奖”

下属各县区人民法院

安定区

先进个人：

1. 李宏远　被甘肃省高级人民法院授予全省法院办案标兵称号
2. 李　勇　被中共定西市安定区政法委员会授予创新社会管理工作先进个人称号

临洮

先进个人：

任卫国　被甘肃省高级人民法院授予全省法院办案标兵称号

渭源县

先进集体：

民一庭　被最高人民法院授予全国法院先进集体称号

漳县

先进个人：

任玉林　被定西市中级人民法院记个人三等功

岷县

先进个人：

1. 包喜平　被甘肃省高级人民法院授予全省法院办案标兵称号

2. 王佩武　被定西市中级人民法院记三等功
3. 杜俊峰　被定西市中级人民法院记三等功

陇南市

陇南市中级人民法院

先进集体：

1. 民三庭　被陇南市中级人民法院授予先进集体称号
2. 民一庭　被陇南市中级人民法院记合议庭集体三等功

先进个人：

1. 赵江越　被甘肃省高级级人民法院授予全省法院优秀法官称号
2. 朱晓剑　被陇南市中级人民法院授予 2012 年先进工作者称号并
3. 朱晓剑　被陇南市中级人民法院授予调解能手称号
4. 杨　劼　获得陇南市中级人民法院 2012 年先进工作者称号
5. 贾丽萍　被陇南市中级人民法院授予调解能手称号
6. 尚　燕　获得陇南市中级人民法院 2012 年先进工作者称号
7. 蔡喜平　获得陇南市中级人民法院 2012 年先进工作者称号

下属各县区人民法院

两当县

先进集体：

民事审判第二庭　被两当县人民法院授予先进集体称号

先进个人：

1. 张社社　被两当县人民法院授予办案能手称号
2. 王　中　被两当县人民法院授予调解能手称号

康县

先进集体：

民一庭　被康县人民法院授予先进集体称号

先进个人：

1. 王翔宇　被甘肃省高级人民法院授予全省办案标兵称号
2. 王翔宇　被康县人民法院授予调解能手称号
3. 侯　猛　被康县县委授予优秀干部称号
4. 薛　兵　被康县人民法院授予调解能手称号

青海省法院 2012 年受表彰的民事审判工作先进集体和先进个人

青海省高级人民法院

先进个人：

1. 杜春青　被评为“涉军维权工作先进个人”
2. 索晓春　同志被评为全国法院“办案标兵”
3. 白云辉　被评为 2012 年度省高级人民法院“优秀公务员”
4. 韩　辉　被评为 2012 年度省高级人民法院“优秀公务员”
5. 祝文甲　被评为 2012 年度省高级人民法院“先进工作者”
6. 吉素梅　被评为 2012 年度省高级人民法院“优秀共产党员”
7. 韩　辉　撰写的(2012)青民一终字第 3 号民事判决书被评为“全国法院优秀裁判文书”
8. 祝文甲　撰写的《关于对审理建设工程施工合同纠纷案件适用法律情况的调研报告》获全省法院优秀调研文章三等奖

辖区

先进集体：

1. 海西州中级人民法院被授予西北五省区涉军维权工作先进集体

2. 西宁市中级人民法院民三庭被最高人民法院授予全国法院涉港澳台司法协助工作先进集体

先进个人：

宁市中级人民法院民一庭审判员张磊被授予优秀公务员

宁夏回族自治区法院2012年受表彰的民事审判工作先进集体和先进个人

宁夏回族自治区高级人民法院

先进集体：

民一庭党支部　被自治区高级人民法院表彰为先进党支部、先进集体

先进个人：

1. 王利芬　获得自治区高级人民法院优秀公务员称号
2. 孙泽诚　获得自治区高级人民法院先进工作者称号
3. 雍吉军　获得自治区高级人民法院先进工作者称号

银川市

银川市中级人民法院

先进集体：

1. 银川中院　审理的丁兆祥诉银川市土地储备局等房屋拆迁安置补偿合同纠纷案被评为“全国法院优秀调解案例”
2. 民一庭　被银川市中级人民法院表彰为先进集体、被银川市妇联表彰为银川市巾帼文明岗、被自治区表彰为自治区维护妇女儿童权益先进集体、被银川市表彰为市直机关2012年度“巾帼文明岗”

先进个人：

1. 安　宁　获得银川市中级人民法院优秀公务员称号
2. 黑晓虎、王争春、李玉霞　获得银川市中级人民法院“调解能手”称号

石嘴山市

石嘴山市中级人民法院

先进个人：

1. 马玉兰　所审理的白玉强诉白庆文土地承包经营权转让合同纠纷一案被最高人民法院评为“全国法院践行能动司法理念优秀案例”
2. 韩少华、辛爱丽　被石嘴山市委组织部、市人力资源和社会保障局记个人三等功
3. 吴林海　被自治区高级人民法院记个人二等功、被石嘴山市评为全市优秀法官称号（2013年1月）
4. 黄奉祥　被石嘴山市中级人民法院评为调解能手

吴忠市

吴忠市中级人民法院

先进个人：

1. 韩　芬　获得全国法院办案标兵称号
2. 马　媛　获得全国妇女维权先进个人称号
3. 马克军　被自治区高级人民法院荣记二等功
4. 满丽娟　被吴忠市评为巾帼建功标兵
5. 杨志勤　被吴忠市中级人民法院荣记三等功

下属各区县人民法院

利通区人民法院

先进集体：

金银滩法庭　被吴忠市中级人民法院荣记集体三等功

先进个人：

1. 郭慧萍　获得吴忠市中级人民法院平民法官荣誉称号
2. 马小英　被吴忠市中级人民法院评为先进个人
3. 马存福　被吴忠市中级人民法院评为调解能手

红寺堡区人民法院：

先进集体：

民　庭　被自治区高级人民法院荣记集体二等功

先进个人：

1. 张　甜　被吴忠市中级人民法院评为调解能手

2. 郝金秀　被吴忠市中级人民法院评为2012年度全市法院先进个人
3. 马荣清　被吴忠市中级人民法院授予全市法院"百庭观摩"三等奖

青铜峡市人民法院

先进集体:

青铜峡市法院　获得最高人民法院"诉讼与非诉讼相衔接的纠纷解决机制改革试点法院"

先进个人:

1. 李福娟　被吴忠市中级人民法院评为办案能手
2. 李兴华　被吴忠市中级人民法院记个人三等功
3. 薛伟萍　获得吴忠市中级人民法院调解能手称号

盐池县人民法院

先进个人:

1. 李生国　被吴忠市中级人民法院记个人三等功
2. 李银颜　被吴忠市中级人民法院评为办案能手
3. 张　波　被吴忠市中级人民法院表彰表彰为先进个人

同心县人民法院

先进集体:

1. 王团法庭　被吴忠中级人民法院荣记集体三等功
2. 民二庭　被吴忠中级人民法院记集体三等功

先进个人:

1. 王金国　被评为吴忠市创先争优先进个人、吴忠市法院先进个人
2. 田进武　被评为吴忠市法院系统办案能手
3. 白顺德　被评为吴忠市法院系统调解能手
4. 高　琴　被吴忠市中级人民法院荣记个人三等功
5. 马　朝　被吴忠市中级人民法院荣记个人三等功

固原市

固原市中级人民法院

先进个人:

钱勇智　(2012)固民终字第300号民事判决书,被授予全国法院优秀裁判文书奖

刘秀萍　被固原市中级人民法院记个人三等功

下属各区县人民法院

原州区人民法院

先进个人:

王克权　被固原市中级人民法院授予全市法院系统先进个人

尹　鹏　被固原市中级法院记个人三等功

彭阳县人民法院

先进集体:

草庙法庭　被固原市中级人民法院评为先进集体

先进个人:

郑银花　被固原市中级人民法院评为先进个人

中卫市

中卫市中级人民法院

先进个人:

李　斌　被自治区高级人民法院记个人二等功

下属各区县人民法院

沙坡头区人民法院

先进个人:

马元华　被评为全国办案标兵

中宁县人民法院

先进集体:

鸣沙法庭　被自治区高级人民法院记集体二等功

西藏自治区法院 2012 年受表彰的民事审判工作先进集体和先进个人

西藏自治区高级人民法院

先进集体：

民一庭　被西藏自治区高级人民法院授予先进集体称号

先进个人：

罗色江措同志获得最高人民法院授予的优秀裁判文书奖

罗色江措同志被西藏自治区高级人民法院授予优秀法官称号

刘彬同志被西藏自治区政法委授予西藏自治区维稳工作先进个人

刘彬同志被西藏自治区高级人民法院记“全区政法系统岗位大练兵活动三等功”

拉萨市

拉萨市中级人民法院

先进个人：

贡嘎同志被最高人民法院授予全国优秀法官称号

杨东平同志被拉萨市中级人民法院授予法院系统宣传工作先进个人称号

索朗卓嘎同志被拉萨市政法委授予拉萨市加强和创新社会管理专项工作先进个人

下属各区县人民法院

城关区人民法院

先进集体：

民一庭　被全国妇联授予全国维护妇女儿童权益先进集体称号

民一庭　被授予拉萨市青年文明号

民一庭　被西藏自治区高级人民法院授予民事优秀庭审观摩奖

日喀则地区

日喀则中级人民法院

先进集体：

民一庭　被日喀则地区中级人民法院授予先进集体称号

先进个人：

德吉玉珍同志被日喀则地区中级人民法院授予优秀法官称号

次琼同志被日喀则中级人民法院授予优秀书记员称号

林芝地区

林芝地区中级人民法院

先进集体：

民一庭　被林芝地区中级人民法院授予先进集体称号

先进个人：

孙丹华同志被林芝地区中级人民法院授予优秀法官称号

索珍同志获得林芝地区中级人民法院 2012 年度优秀党员及先进个人称号

松吉卓玛同志获得林芝地区中级人民法院 2012 年度优秀党员及先进个人称号

山南地区

山南地区中级人民法院

先进集体：

民一庭　被西藏自治区高级人民法院授予民事优秀庭审组织奖

先进个人：

次仁罗布同志获得最高人民法院授予的优秀裁判文书奖

次仁罗布同志获得西藏自治区高级人民法院裁判文书制作优秀奖

昌都地区

昌都地区中级人民法院

先进个人：

德西拉珍同志被昌都地区中级人民法院授予优秀法官称号

斯朗央金同志被昌都地区中级人民法院授予先进工作者称号

第十一部分　全国法院民事审判工作统计资料

北京市法院2012年民事审判统计资料

统计时间:2011年12月21日至2012年12月20日

法院	旧存	新收	未结	已结	总计	结案率
北京市高级人民法院	307	4748	511	4544	5055	89.9%
北京市第一中级人民法院	368	15,413	512	15,269	15,781	96.8%
北京市西城区人民法院	1238	26,384	1151	26,471	27,622	95.8%
北京市石景山区人民法院	178	6005	279	5904	6183	95.5%
北京市海淀区人民法院	736	27,676	646	27,766	28,412	97.7%
北京市门头沟区人民法院	57	3653	60	3650	3710	98.4%
北京市房山区人民法院	287	13,852	331	13,808	14,139	97.7%
北京市昌平区人民法院	436	14,999	803	14,632	15,435	94.8%
北京市大兴区人民法院	424	13,402	773	13,053	13,826	94.4%
北京市延庆县人民法院	66	5014	57	5023	5080	98.9%
北京市第二中级人民法院	371	19,400	376	19,395	19,771	98.1%
北京市东城区人民法院	834	13,735	554	14,015	14,569	96.2%
北京市朝阳区人民法院	2120	41,520	3452	40,188	43,640	92.1%
北京市丰台区人民法院	1131	24,132	1179	24,084	25,263	95.3%
北京市顺义区人民法院	624	15,159	1376	14,407	15,783	91.3%
北京市通州区人民法院	185	16,684	195	16,674	16,869	98.8%
北京市平谷区人民法院	102	6392	160	6334	6494	97.5%
北京市怀柔区人民法院	53	5768	71	5750	5821	98.8%
北京市密云县人民法院	178	6491	160	6509	6669	97.6%
北京铁路运输中级法院	3	26	1	28	29	96.6%
北京铁路运输法院	6	68	3	71	74	95.9%
天津铁路运输法院	10	18	10	18	28	64.3%
石家庄铁路运输法院	3	21	5	19	24	79.2%
总计	9717	280,560	12,665	277,612	290,277	95.6%

2012年度民事审判运势统计分析

一、收、结案基本情况统计

关于2012年民事审判工作的运行态势问题。总的来看,全市法院民事案件持续增长,民事案件总量一直保持高位运行,新情况、新问题以及新类型案件层出不穷,民事审判工作压力不断增大,这是当前全市民事审判工作面临的总体态势。2012年,全市法院受理民事案件继续上升,共新收一审、二审、再审民事案件129,761件,同比增加9.5%。其中一审案件继续大幅上升,二审上升幅度不大,申请再审和进入再审的案件下降幅度较大。

具体讲,新收一审民事案件118,864件,同比上升10.3%;新收一审案件继续呈上升趋势的主要原因是:一是转型社会的格局调整。由于我国城乡区域发展不协调,收入分配差距较大,涉及医疗卫生、教育就业、婚姻家庭、食品安全、道路交通、环境保护等社会矛盾明显增多,由此引发的民事纠纷保持持续增长态势。二是宏观经济政策的影响。2011年、2012年国家出台了稳定房地产市场、货币市场、房屋拆迁等方面的较多政策,由于政策变动导致相应案件的产生。三是新法出台的效应。民事诉讼法修改、买卖合同司法解释的出台,对相关社会关系、诉讼程序进行调整和规范,引起社会大众高度重视,导致相关案件数量迅速增长。

新收二审民事案件10,617件,同比上升1.2%;新收民事再审280件,同比下降15.23%;申请再审(含全部)案件2411件,同比下降19.15%。表明全市法院民事审判水平有了较大提高。

全市法院共审结民事案件127,971件,同比上升7.53%。其中一审审结107,565件,同比上升8.79%;二审审结10,638件,同比下降5.06%;审结民事再审311件,同比上升27.46%;审结申诉复查案件2334件,同比下降22.87%。总的结案率92.07%,同比基本持平。

二、新收案件类型情况统计

2012年新收一审案件中,传统案件交通损害赔偿案件、婚姻家庭继承、民间借贷、劳动争议仍然占主要地位。物业服务合同作为市场经济发展产生的与民生密切相关的纠纷类型后来居上,在民事案件中所占比重较大。

(一)交通事故损害赔偿案件数量再创新高

2012年,全市法院新收交通事故损害赔偿案件14,102件,同比上升18.55%。反映了我国机动车消费的快速发展,而相应的道路交通设施完善及管理以及机动车驾驶员的素质都没有同步提高,导致交通事故损害赔偿案件持续增长。

(二)房地产案件收案持续大幅上涨

受房地产调控政策及国内外宏观经济形势趋紧的持续影响,房地产市场出现新的情况和问题,由此引发的涉房地产矛盾纠纷在司法领域有了明显反映,一是商品房销售纠纷大幅上升,全市共新收一审商品房销售纠纷案件4641件,同比上升81.64%。而且呈现群体性、关联性、聚合性案件增多,新老矛盾相互影响、传统案件与新类型案件相互交织等特点。有的是购房户集体要求逾期入住违约金,有的是因房价下跌开发商资金链断裂导致集体退房,等等。二是建设工程案件持续高位上升,新收一审建设工程案件1774件,同比上升31.07%。建设工程合同案件增多的主要原因,建筑市场监管未能及时到位,未取得规划许可证、施工许可证,或者未进行合法的招标程序,或者挂靠资质、非法转包、违法分包等情形仍然较为普遍,一旦建设过程中发生争议,由于当事人法律意识淡薄,前期的种种不规范导致其自身无法妥善解决,双方想把工程量确认因为没有相关变更签证,也难以确定,不得以诉到法院,导致建设工程案件增多。再加上房贷、政策银根紧缩影响,资金链一断工程款给付成了问题,自然产生纠纷诉至法院。

(三)民间借贷标的额急剧增长

受宏观经济形势的影响,导致资金链断裂,民间借贷案件呈小幅上升,全市法院共新收一审民间借贷案件6166件,同比上升9.95%;涉案标的达15.27亿元,上升604%,达到有史以来的最高点。民间借贷加剧了企业和个人债务清偿风险,有待进一步规范化、阳光化。

(四)劳动争议案件三年来首次反弹上升

2012年,全市法院新收一审劳动争议案件4815件,同比上升3.66%,这是继2009年以来四方联动机制建立发挥巨大作用、劳动争议案件持续三年以20%左右比例下降以来的首次反弹,但是从全市劳动就业人口比例来看,案件数量还是较低的。分析原因:一是企业用工不规范现象仍然普遍存在,中小民营企业,建筑企业用工不规范现象仍然较为普遍。二是企业改制、破产等遗留的群体性劳动争议尚未完全解决。三是诉讼成本的过低导致部分劳动者过度维权,一些代理人为了获得代理费用怂恿甚至招揽劳动者提起诉讼。四是判决结案的劳动争议案件的服判息诉率较低,2012年一审以判决结案的劳动争议案件2330件,驳回起诉的案件153件,而同期二审收案1734件,72%的案件上诉。主要原因在于:一是劳动争议案件上诉成本低,当事人不达目的均会将诉讼程序走完。二是裁审衔接不畅,由于仲裁机构和法院在事实认定和法律适用等诸多方面存在差异,以及执法标准和尺度的不统一,许多仲裁结果被法院改判。裁审不一现象的存在,一方面增加了法院的办案压力,造成了对仲裁资源、司法资源和当事人人力、物力和财力的浪费。另一方面也使当事人和社会公众对仲裁裁决、法院裁判产生质疑,导致不断上诉。因此,要处理好仲裁与审判的衔接协调,增强仲裁机构办案水平,提高办案质量,而且能够有效减少人民法院受理案件的数量,有利于从根本上减轻司法负担和压力。三是劳动争议案件一审服判息诉工作尚不到位。

(五)传统的婚姻家庭继承案件案件数量持续居高,并呈小幅攀升趋势

长期以来,婚姻家庭纠纷案件数量一直处于高位,总体呈现出小幅上升趋势。2012年,新收婚姻家庭继承纠纷17,013件,同比上升0.16%,占所有新收一审民事案件的14.5%,仍民事案件中第一多的案件类型。其中新收离婚案件13,112件,同比下降0.76%。财产问题日益成为离婚案件中的核心焦点

问题，离婚案件诉讼标的总额达1.7亿多元。特别是对房屋拆迁后的利益分配，企业产权、股权、经营权、土地承包权等财产的分割成为离婚案件的焦点和难点。反映了现代社会家庭财富的增长和积累对婚姻家庭关系的影响；此外，离婚诉讼中虚假债务现象增多值得注意，一方伪造借条随意主张虚假共同债务，债务数额往往远远超过财产总额，且债务多为亲戚朋友之间的白条，给法院在事实认定上增加难度。另外，新收继承纠纷1390件，同比上升10.8%。

（六）含物业纠纷的服务合同升幅较快

共新收一审案件19,878件，同比上升46.7%。随着我国城市化进程的不断推进和房地产市场的迅猛发展，物业服务作为一种新兴产业，在改善业主生活环境、提高城市生活品质和促进社会管理水平等方面都起到了不可替代的作用，已经成为广大市民日常生活中不可或缺的组成部分。与此同时，与之相关的物业服务合同纠纷也呈快速上升趋势。由于司法统计口径问题，没有物业纠纷的单独统计，但是总体上是大幅上升趋势，主要是过去有些法院认为物业纠纷容易引发群体诉讼、法院执行压力等等原因，没有放开立案限制。后来通过做相关工作各法院都对物业纠纷予以受理，另外新建小区逐步增长，都导致物业纠纷增幅较大。

（七）部分案件收案下降

一是医疗纠纷，2012年新收414件，同比下降20.38%，分析原因：其一是部分法院采取鉴定前置程序，先鉴定后立案，使一部分案件暂缓立案；其二是医疗调解委员会化解部分案件，咱们部分法院通过诉前调解也化解部分纠纷。二是农村承包合同，受理179件，下降56.13%；表明农村集体组织法律意识增强，随意侵犯农村承包经营权的行为日益减少。三是房屋拆迁补偿安置案件下降，受理166件，下降56.08%。这也与去年全市拆迁规模进展减少有很大关系。

以上是天津市民事案件审判的基本运行态势，总的来看，社会转型引发的矛盾纠纷越来越多的进入民事审判领域，民事权利和利益越来越多的纳入民事审判保护范围，这些矛盾纠纷不仅事关经济发展，而且事关社会稳定和保障民生，这表明法院民事审判在化解社会矛盾和创新社会管理方面的责任更加重大，同时民事案件的审判难度也在不断加大。因此，我们广大民事审判法官要准确把握当前民事审判工作的运行态势，根据本辖区民事案件的特点，采取有针对性的措施，妥善处理好各类民事案件。

三、质效情况统计

（一）审判质量和效果逐步提升

2012年，全市法院一审民事案件被改判发回率为10.89%，同比下降1.35%；一审服判息诉率90.91%，同比上升1.33%。审判质效不断提升。

（二）调解撤诉率进一步提高，调多判少的格局全面确立

全市法院民事审判系统大力强化诉讼调解，积极推进“诉调对接”工作，以“案结事了”为目标，民事案件以调解和撤诉结案的案件有不同程度地上升，各类案件的调解撤诉率均有所上升，全市法院民事一审调撤率63.27%，同比上升4.76个百分点；二审调撤率23.46%，同比上升2.34个百分点。类案化解效果显著。其中，商品房销售合同纠纷案件调撤率达56.48%，同比上升12.2个百分点；人身损害赔偿案件调撤率达57.79%，同比上升9.64个百分点；医疗损害赔偿案件调撤率达63.18%，同比上升3.28个百分点。婚姻家庭继承案件调撤率达64.63%，同比基本持平。

河北省法院2012年民事审判统计资料

2012年1月至12月，全省法院共新收各类民事案件45,0211件，同比上升8.52%；共审结案件446,602件，同比上升8.09%；尚有未结案件12,337件，同比上升41.35%。（见图表一）

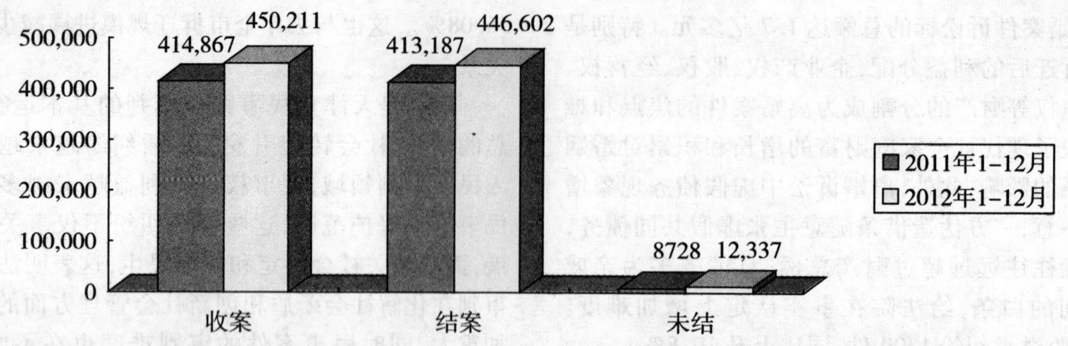

图表一:2012 年 1 月至 12 月与去年同期全省法院民事案件收结情况对比图

一、一审案件情况

2012 年 1 月至 12 月,全省法院共新收一审民事案件 422,463 件,同比上升 9.92%;共审结 418,940 件,同比上升 9.24%;尚有未结案件 9841 件,同比上升 55.76%。(见图表二)

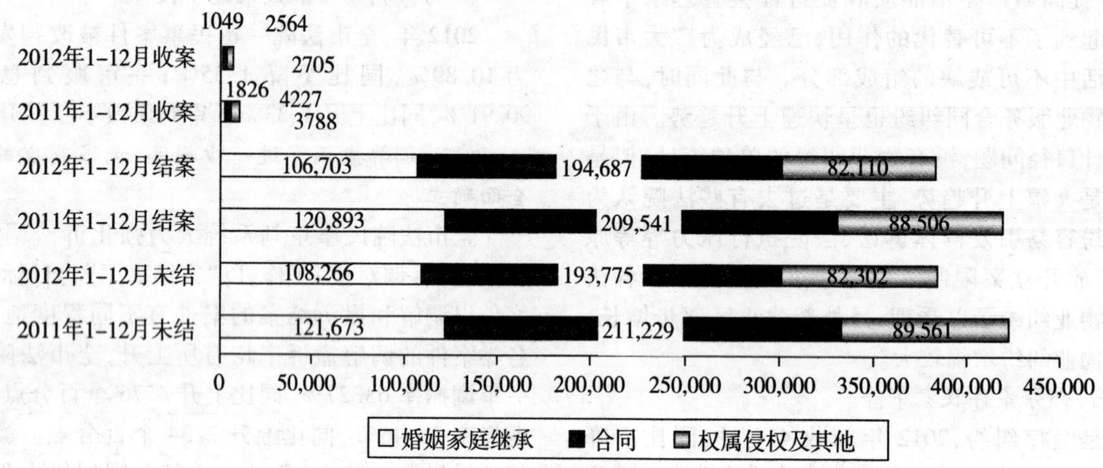

图表二:2012 年 1 月至 12 月与去年同期全省法院一审民事案件收结情况对比图

二、二审案件情况

2012 年 1 月至 12 月,全省法院共新收二审民事案件 25,975 件,同比下降 7.23%;共审结 25,921 件,同比下降 5.13%;尚有未结案件 2007 件,同比上升 2.76%。(见图表三)

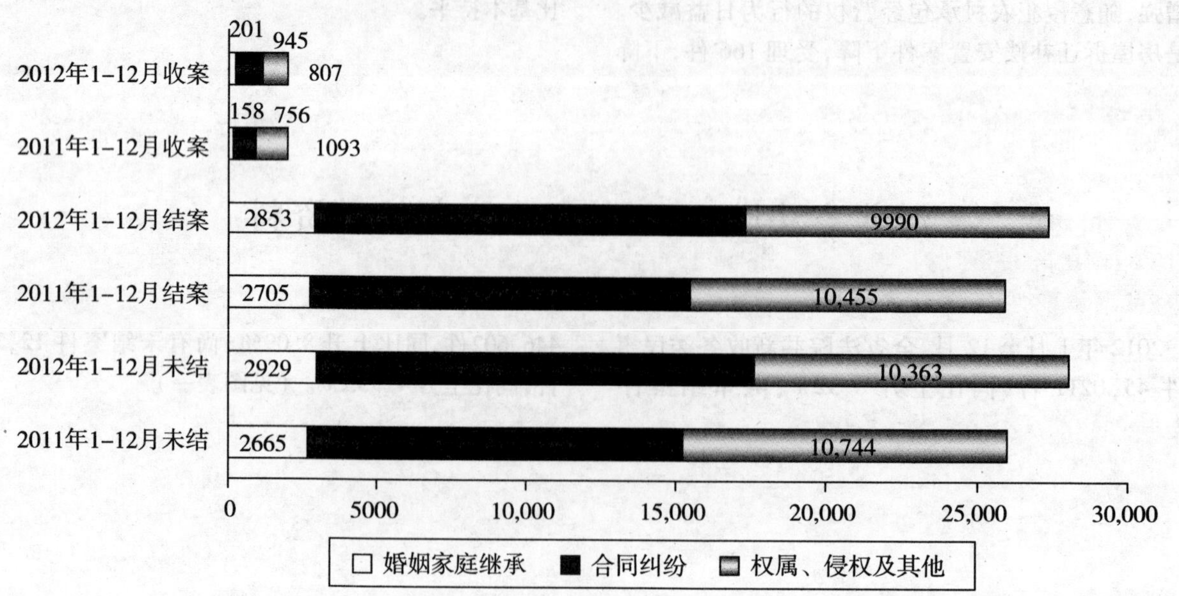

图表三:2012 年 1 月至 12 月与去年同期全省法院二审民事案件收结情况对比图

三、再审案件情况

2012 年 1 月至 12 月，全省法院共新收再审民事案件 1773 件，同比下降 29.78%；共审结 1741 件，同比下降 26.32%；尚有未结案件 489 件，同比上升 7.00%。（见图表四）

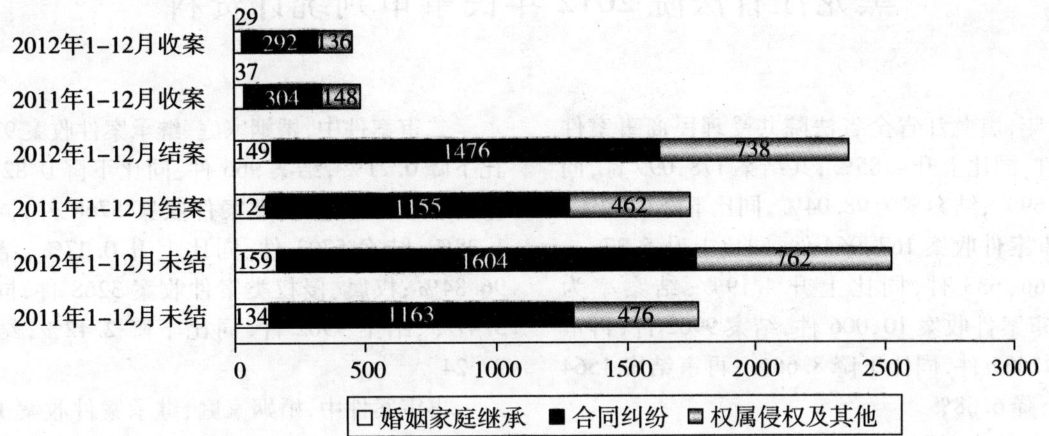

图表四：2012 年 1 月至 12 月与去年同期全省法院再审民事案件收结情况对比图

山西省法院 2012 年民事审判统计资料

据统计，2012 年全省法院受理刑事、民事、行政一审案件 143,520 件，其中民事案件居首位，共计 117,179 件，占 81.65%，同比上升 7.96%。在民事一审案件中，婚姻家庭、继承案件 42,620 件，同比上升 4.25%，结案 41,898 件，同比上升 4.56%，结案率为 98.3%；合同纠纷案件 43,848 件，同比上升 9.53%，结案 41，481 件，同比上升 9.49%，结案率为 94.61%；权属、侵权等其他民事一审案件 30,711 件，同比上升 11.17%，结案 29，016 件，同比上升 11.7%，结案率为 94.48%。民事一审案件共审结 112,395 件，同比上升 8.14%，结案率为 95.92%。

2012 年，全省中、高级法院共受理各类二审案件 19，648 件，其中民事二审案件 13，970 件，占 71.10%，同比上升 2.41%。在民事二审案件中，婚姻家庭、继承案件 1613 件，同比下降 7.61%，结案 1456 件，同比下降 5.76%，结案率为 90.27%；合同纠纷案件 7089 件，同比上升 3.47%，结案 6287 件，同比上升 3.78%，结案率为 88.7%；权属、侵权等其他民事二审案件 5268 件，同比上升 1.18%，结案 4781 件，同比上升 3.91%，结案率为 90.74%。民事二审案件共审结 12,524 件，同比上升 2.62%，结案率为 89.65%。

2012 年，全省法院共受理各类再审案件 933 件，其中民事再审案件 812 件，占 87.03，同比上升 0.25%。在民事再审案件中，婚姻家庭、继承案件 38 件，同比下降 40.43%，结案 29 件，同比下降 30.95%，结案率为 76.32%；合同纠纷案件 505 件，同比上升 17.57%，结案 430 件，同比上升 14.36%，结案率为 85.15%；权属、侵权等其他民事再审案件 269 件，同比下降 17.32%，结案 224 件，同比下降 11.46%，结案率为 83.27%。民事再审案件共审结 683 件，同比上升 1.79%，结案率为 84.11%。

2012 年，全省法院共受理民事再审申诉案件 2343 件（含旧存案件 1364 件），结案 1457 件，结案率为 62.19%。

黑龙江省法院2012年民事审判统计资料

2012年,黑龙江省全省法院共受理民商事案件179,457件,同比上升4.85%;共结案178,099件,同比上升3.69%;结案率为98.04%,同比下降0.69%。其中,一审案件收案167,964件,同比上升5.37;一审结案166,633件,同比上升4.19%;结案率为98.25;二审案件收案10,006件,结案9902件;再审案件收案1487件,同比下降8.66%;再审结案1564件,同比下降6.68%。

一审案件中,婚姻家庭、继承案件收案59,655件,同比上升1.03%,结案59,431件,同比上升0.51%,结案率为99.33%;合同类案件收案82,354件,同比上升11.89%,结案81,529件,同比上升10.15%,结案率为97.96%;权属、侵权类案件收案25,955件,同比下降2.97%,结案25,673件,同比下降4.17%,结案率为96.71。

二审案件中,婚姻家庭、继承案件收案970件,同比下降0.21%,结案966件,同比下降0.82%,结案率为98.98%;合同类案件收案5768件,同比上升1.28%,结案5703件,同比上升0.37%,结案率为96.84%;权属、侵权类案件收案3268件,同比下降5.47%,结案9902件,同比下降2.42%,结案率为97.24。

再审案件中,婚姻家庭、继承案件收案19件,结案19件;合同类案件收案278件,结案366件;权属、侵权类案件收案100件,结案91件。

各类民事案件审结标的金额方面,一审案件审结标的金额为1,683,612.2333万元,同比上升29.94%;二审案件审结标的金额为196,959.2511万元,同比下降5.07%;再审案件审结标的金额为16,454.6508万元,同比上升9.54%。

上海市法院2012年民事审判统计资料

一、审判动态

2012年1-12月全市各级法院共受理一审民事案件218,485件,同比上升1.6%;共审结一审民事案件219,191件,同比上升1.8%;一审民事案件存案共计19,721件,同比下降1.2%。

全市法院2012年1-12月一审民事案件情况分析

	类型 时间	婚姻家庭继承纠纷	物权	合同无因管理不当得利	劳动争议人事争议	侵权	人格权纠纷	特殊程序*	其他**	总计
收案	2012年1-12月	29,714	10,337	109,241	13,367	46,134	4521	2846	2325	218,485
	同比(%)	-1.8	-20.3	3.8	-13.1	7.6	-7.4	43.2	55.5	1.6
结案	2012年1-12月	29,981	10,497	109,096	13,397	46,508	4523	2810	2379	219,191
	同比(%)	-0.3	-21.1	3.6	-15.3	9.4	-6.0	43.6	57.4	1.8
存案	2012年1-12月	3047	2085	7979	1863	3427	725	297	298	19,721
	同比(%)	6.7	-13.7	-1.4	-19.1	11.6	10.3	11.2	-1.6	-1.2

*特殊程序包括特别程序、督促程序、申请撤销仲裁裁决及申请承认和执行外国法院民事判决等。

**其他包括知识产权与竞争纠纷及与公司、证券、保险、票据等有关的民事纠纷。

2012年12月全市法院一审民事案件情况一览表

（12月、1－12月）

	2012年12月				2012年1－12月					
	收案		结案		收案		结案		存案	
	数量	同比（%）	数量	同比（%）	数量	同比（%）	数量	同比（%）	数量	同比（%）
高院										
一中	85	39.3	163	39.3	1397	55.4	1420	66.3	196	30.7
徐汇	1046	16.5	1255	32.2	14,419	11.2	14,400	10.2	1282	-7.0
长宁	1390	1.8	1415	-3.0	13,937	11.7	13,892	11.0	856	-5.2
闵行	1538	21.3	1783	25.9	21,330	1.8	21,342	1.5	2068	-3.2
浦东	3187	-2.2	3226	-22.4	42,970	-8.8	43,361	-8.4	5411	-4.2
奉贤	452	-9.8	792	-16.1	9230	-1.3	9239	-1.0	438	3.5
松江	1080	22.0	968	-21.3	13,315	4.1	13,279	3.3	1439	-4.1
金山	381	19.1	540	-13.3	8471	-9.8	8469	-9.8	553	1.1
二中	14	-17.6	45	2.3	710	76.2	709	68.8	23	-42.5
黄浦	830	39.5	919	13.6	8787	-6.8	8831	-7.4	1247	-7.2
静安	329	17.5	350	-12.3	3823	-5.6	3823	-5.6	395	-0.5
普陀	746	25.2	870	-10.0	10,820	1.4	10,843	1.2	1035	-4.3
闸北	706	-3.0	824	-7.8	8960	-1.8	8977	-1.7	641	-1.8
虹口	852	56.6	831	-6.6	10,915	23.8	10,993	24.6	889	-0.3
杨浦	933	-36.6	1012	-21.4	12,199	0.5	12,333	5.4	969	84.6
宝山	670	59.9	980	-6.0	10,869	-0.3	10,893	-0.2	759	-0.8
嘉定	262	-47.6	305	-62.4	9047	9.4	9107	9.5	663	-7.0
青浦	583	-10.4	843	-22.7	11,180	9.2	11,166	9.2	532	2.7
崇明	327	22.5	540	11.1	6075	20.8	6084	20.4	325	-6.6

2012年1－12月共受理二审民事案件16,933件，同比上升1.5%；共审结二审民事案件16,964件，同比上升1.7%，其中，维持原判10,163件，维持率为59.9%；改判1019件，发回重审233件，二审改判发回率为7.3%；调解1481件，调解率为8.7%；撤诉3013件，撤诉率为17.7%；存案共计1597件，同比无变化。

全市法院2012年1－12月二审民事案件情况分析

收案	结案	维持	改判	发回	撤诉	驳回	终结	撤销原裁定	其他	调解	存案
16,933	16,964	10,163	1019	233	3013	925	2	40	81	1481	1597
同比（%）	同比（%）	占结案总数的（%）									同比（%）
1.5	1.7	59.9	6.0	1.3	17.7	5.4	0.01	0.2	0.4	8.7	0

2012年12月二审民事收案二中院上升幅度较为明显。2012年1－12月二审民事收案一中呈下降趋势。存案同比高院、一中院均呈下降趋势，二中院呈上升趋势。

2012年12月全市法院二审民事案件情况一览表

（12月、1－12月）

	2012年12月				2012年1－12月					
	收案		结案		收案		结案		存案	
	数量	同比（%）	数量	同比（%）	数量	同比（%）	数量	同比（%）	数量	同比（%）
一中	737	-5.9	743	-16.5	9456	-1.0	9488	-1.3	1109	-4.6
二中	501	4.5	747	4.9	7406	4.9	7402	5.7	468	12.7
高院					45	7.1	50	16.3	18	-5.3

二、诉调对接工作情况

2012年全市法院诉调对接中心受理案件149,915件,占全市基层法院一审民事收案数的,71.32%,调解成功85,985件,委托调解成功率达,57.40%,调解成功案件占一审民事结案数的41%。

2012年全市基层法院诉调对接工作情况表

统计日期;2012年1月1日至12月31日

法院	民事案件		中心收案数	委托调解率(%)*	调解成功					
	收案数	结案数			出具调解书	撤诉	不起诉	总计	委托调解成功率(%)**	诉调结案比(%)***
浦东	41,537	41,691	29,451	70.90	4813	8056	215	130,84	44.40	31.4
徐汇	13,899	13,682	13,517	97.30	4581	3268	106	7955	58.90	58.1
长宁	13,745	13,691	14,256	103.70	4554	5820	40	10,414	73	76.1
闵行	20,549	20,318	10,753	52.30	3096	2124	1	5221	48.60	25.7
奉贤	8824	9022	8531	96.70	1059	1498	361	2918	34.20	32.3
金山	8098	7941	4987	61.60	2570	268	79	2917	58.50	36.7
松江	13,017	13,090	5828	44.80	776	1938	53	2767	47.50	21.1
杨浦	11,470	11,777	8318	72.50	2467	3343	20	5830	70.10	49.5
虹口	10,926	10,755	11,826	108.20	2929	3841	406	7176	60.70	66.7
黄浦	8476	8322	6373	75.20	637	939	124	1700	26.70	20.4
静安	3743	3707	2187	58.40	1007	161	808	1976	90.40	53.3
闸北	8718	8649	7767	89.10	1890	3322	136	5348	68.90	61.8
普陀	10,568	10,468	6520	61.70	1942	1163		3105	47.60	29.7
宝山	10,603	10,627	4633	43.70	1692	1778	93	3563	76.90	33.5
嘉定	9010	9072	8496	94.30	2335	3623		5958	70.10	65.7
崇明	6006	5893	2708	45.10	863	1528	183	2574	95.10	43.7
青浦	10,993	11,175	3764	34.20	865	2612	2	3479	92.40	31.1
共计	210,182	209,880	149,915	71.30	38,076	45,282	2627	85,985	57.40	41.0

*委托调解率=中心收案数/民事案件收案数。

**委托调解成功率=中心调解成功数/中心收案数。

***诉调结案比=中心调解成功数/中心结案数(徐汇法院中心收案包括民事案件、简单商事案件等其他案件)。

江苏省法院2012年民事审判统计资料

表一:2012年全省法院民事案件主要审判质效指标情况

项目 / 时间	收结案			案件平均审理天数(天)	"四项"未结案数	18个月以上未结案件数	上诉率(%)	民事案件调解撤诉率(%)	二审开庭审理率(%)
	收案数	结案数	结收案比(%)						
2012年	520,299	502,538	96.59	36.91	5686	37	4.7	71.54	85.14
2011年	500,029	499,639	99.92	38.16	5419	153	5.1	69.46	66.81
同比(%)	4	6.49	-3.33	-1.25	-16.52	-75.82	-0.4	2.08	18.33

表二:2012 年全省法院民事案件各审级收案情况

年度	收案			结案		
	一审	二审	申诉复查	一审	二审	申诉复查
2012 年	492,799	23,867	2442	475,150	23,657	2582
2011 年	471,952	25,341	3037	463,039	25,299	3111
同比(%)	4.42	-5.82	-19.59	2.62	-6.49	-17

表三:2012 年全省法院民事类案调撤情况

案件类型	调撤数	调撤率(%)	同比(%)
婚姻家庭继承	70,319	76.24	2.10
民间借贷	54,737	62.80	-0.50
劳动争议	38,590	81.37	1.81
交通事故损害赔偿	89,743	77.92	2.89

表四:2012 年全省各地区房地产案件新收一审统计表

地区	2012 年	2011 年	同比(%)
无锡	1039	327	217.74
常州	361	147	145.58
镇江	522	250	108.80
南京	975	537	81.56
淮安	1280	718	78.27
徐州	865	499	73.35
苏州	1468	964	52.28
扬州	423	333	27.03
连云港	672	589	14.09
泰州	598	568	5.28
宿迁	802	881	-8.97
盐城	483	573	-15.71
南通	600	1190	-49.58
合计	10,091	7580	33.13

表五:2012 年全省各地区民间借贷案件新收一审统计表

地区	2012 年	2011 年	同比(%)
无锡	7113	4918	44.63
常州	5520	4010	37.66
盐城	11,543	8786	31.38
南京	8389	6507	28.92
泰州	6805	5382	26.44
淮安	5873	4745	23.77
镇江	4067	3354	21.26
徐州	12,550	10,406	20.60
扬州	3944	3281	20.21
苏州	8397	7108	18.13
连云港	9311	8210	13.41
宿迁	7459	6836	9.11
南通	5538	5260	5.29
合计	96,510	78,803	22.47

表六:2012年全省各地区劳动争议案件新收一审统计表

地区	2012年	2011年	同比(%)
淮安	6784	3522	92.62
泰州	4981	2815	76.94
宿迁	1153	734	57.08
无锡	3297	2187	50.75
连云港	1141	812	40.52
徐州	4819	3460	39.28
扬州	2715	1962	38.38
南通	1574	1348	16.77
盐城	4861	4201	15.71
镇江	3332	3158	5.51
苏州	5953	5658	5.21
南京	5666	5537	2.33
常州	1030	1543	-33.25
合计	47,306	36,937	28.07

表七:2012年全省各地区建设工程案件新收一审统计表

地区	2012年	2011年	同比(%)
常州	545	420	29.76
镇江	530	424	25.00
扬州	382	314	21.66
连云港	975	829	17.61
盐城	885	774	14.34
淮安	955	840	13.69
苏州	1388	1223	13.49
无锡	661	626	5.59
南通	865	827	4.59
宿迁	593	591	0.34
南京	1255	1265	-0.79
泰州	396	404	-1.98
徐州	928	965	-3.83
合计	10,364	9506	9.03

表八:2012年全省法院新收一审案件类型统计表

类别	2012年	2011年	同比(%)
婚姻家庭继承纠纷	99,367	99,431	-0.06
房地产开发经营合同纠纷	10,091	7580	33.1
其中:商品房预售合同纠纷	7150	4430	61.40
民间借贷纠纷	96,510	78,803	22.46
建设工程合同纠纷	10,364	9506	9.0
权属纠纷	16,369	22,662	-27.76
人身侵权纠纷	127,248	127,756	-0.30
其中:交通损害赔偿纠纷	110,510	110,637	-0.10
其中:医疗损害赔偿纠纷	1031	1359	-24.13
其中:环境污染损害赔偿	47	91	-48.35
劳动争议	47,306	36,937	28.07
劳务合同	10,528	9876	6.6
农村承包合同	1643	2776	-40.81

浙江省法院2012年民事审判统计资料

浙江省民事一审案件统计一览表

	收案			结案			未结案		
	本期	上年同期	同比升降(%)	本期	上年同期	同比升降(%)	本期	上年同期	同比升降(%)
高院	2	1	100	3	3	0	1	2	-50
杭州	46,779	38,883	20.31	45,018	37,747	19.26	6335	4573	38.53
宁波	33,752	29,753	13.44	33,590	29,717	13.03	3750	3588	4.51
温州	29,850	22,705	31.47	29,430	21,400	37.52	4372	3952	10.63
嘉兴	22,605	20,505	10.24	22,156	20,040	10.56	2013	1564	28.71
湖州	12,509	10,212	22.49	12,643	10,159	24.45	666	800	-16.75
绍兴	22,707	20,833	9	22,387	20,304	10.26	2551	2231	14.34
金华	26,645	23,843	11.75	26,650	23,599	12.93	2586	2592	-0.23
衢州	8758	8432	3.87	8760	8289	5.68	823	825	-0.24
台州	4827	3550	35.97	4670	3431	36.11	455	298	52.68
丽水	25,328	21,813	16.11	25,049	21,261	17.82	3026	2747	10.16
舟山	9281	8596	7.97	9495	8510	11.57	318	531	-40.11
合计	244,491	209,870	16.5	241,283	205,087	17.65	27,083	23,874	13.44

浙江省民事二审案件统计一览表

	收案			结案			未结案		
	本期	上年同期	同比升降(%)	本期	上年同期	同比升降(%)	本期	上年同期	同比升降(%)
高院	439	372	18.01	429	384	11.72	44	33	33.33
杭州	3143	2511	25.17	3116	2508	24.24	366	338	8.28
宁波	1547	1767	-12.45	1563	1823	-14.26	154	170	-9.41
温州	1934	1400	38.14	1843	1436	28.34	296	205	44.39
嘉兴	712	694	2.59	740	660	12.12	41	69	-40.58
湖州	606	552	9.78	618	552	11.96	45	56	-19.64
绍兴	1544	1329	16.18	1472	1342	9.69	160	88	81.82
金华	1847	1860	-0.7	1900	1871	1.55	82	135	-39.26
衢州	518	516	0.39	525	519	1.16	8	15	-46.67
台州	293	274	6.93	286	273	4.76	8	2	300
丽水	983	781	25.86	888	826	7.5	199	104	91.35
舟山	398	373	6.7	395	378	4.5	5	2	150
合计	13,957	12,427	12.31	13,768	12,570	9.53	1404	1215	15.56

福建省法院2012年民事审判统计资料

统计资料:2012年,福建省法院民一庭系统收案88,025件,审结85,830件,结案率达97.5%,调撤案件54,029件,调撤率同比上升6.76个百分点。

江西省法院2012年民事审判统计资料

2012年审理案件统计表

新收案件:115件	一审案件	7件
	二审案件	95件
	请示案件	8件
	申诉复查	4件
旧存案件:10件	一审案件	3件
	二审案件	7件

2012年审结案件统计表

审结案件:114件	一审案件	6件
	二审案件	96件
	请示案件	8件
	申诉复查	4件

2012年新收案件类型统计表

建设工程施工合同	45件	占新收一、二审案件44.1%
民间借贷纠纷	27件	占新收一、二审案件26.5%
其他案件	30件	占新收一、二审案件29.4%

2012年二审案件结案方式统计表

维持原判	34件	占二审审结案件35.4%
改判	32件	占二审审结案件33.3%
发回重审	11件	占二审审结案件11.4%
调解撤诉	19件	占二审审结案件19.7%

山东省法院2012年民事审判统计资料

一、民事一审情况统计表

表一:民事一审收案情况统计表

	新收	收案构成情况													
		婚姻家庭继承			合同纠纷						权属、侵权纠纷			
		离婚	继承	其他	农村承包	劳动争议	房地产	建设工程	赠与	民间借贷	所有权	人身权	特别程序	其他
1-12月	411,003	107,686	4914	15,196	6887	17,580	7294	6988	154	82,872	19,789	109,873	10,553	21,217
上年同期	390,744	104,293	4708	15,610	10,359	16,393	7955	7002	198	65,364	23,437	108,303	8830	18,292
比例(%)	5.2	3.3	4.4	-2.7	-33.5	7.2	-8.3	-0.2	-22.2	26.8	-15.6	1.4	19.5	16.0

表二：民事一审结案情况统计表

	结案	结案中					其中			结案标的额（万元）	未结
		判决	驳回起诉	撤诉	调解	其他	当庭宣判	涉外	涉港澳台		
1－12月	402,296	119,199	2952	81,521	188,481	9947	6829	103	68	42,01,629.562	34,164
上年同期	385,053	104,976	2675	72,943	195,615	8642	5358	166	41	2,957,245.262	25,695
比例（%）	4.5	13.5	10.4	11.8	－3.68	15.1	27.5	－38.0	65.9	42.1	33.0

二、民事二审、再审案件情况统计表

表三：民事二审、再审案件情况统计表

		新收	结案	未结	结案中							标的额（万元）
					维持	改判	发回	撤诉	驳回	调解	其他	
二审	1－12月	25,167	24,573	2262	13,328	1766	1166	3381	710	3756	466	232,675.3038
	上年同期	25,023	24,188	1674	12,571	2192	1210	3294	634	3879	408	317,044.2019
	比例（%）	0.6	1.6	35.1	6.0	－19.4	－3.6	2.6	12.0	－3.2	14.2	－26.6
再审	1－12月	1583	1560	435	663	327	225	83	15	158	89	27,946.307
	上年同期	2108	2131	408	703	424	181	155	161	301	206	2613.703
	比例（%）	－24.9	－26.8	6.6	－5.7	－22.9	24.3	－46.5	－90.7	－47.5	－56.8	969.2

河南省法院2012年民事审判统计资料

1. 共审理各类民事纠纷案件545件，涉案标的总额118,429.92万元。其中，共审结案件496件，结案率91%。审结案件中，以判决方式结案261件；以调解方式结案62件；以裁定准许撤诉方式结案58件；以发回重审方式结案101件；以驳回起诉方式结案5件，其他方式结案的9件；调撤率为24.2%。

2. 2012年全年共审理一审案件13件，结案6件，合同类纠纷13件；共审理二审案件532件，其中，婚姻家庭、继承纠纷1件，物权纠纷16件，合同、无因管理、不当得利纠纷370件，知识产权与竞争纠纷122件，与公司、证券、保险、票据有关的纠纷20件，侵权责任纠纷1件，其他与特殊程序有关民事纠纷2件；在合同、无因管理、不当得利纠纷中，合同纠纷共369件；在合同纠纷中，普通合同纠纷118件，买卖合同纠纷46件，房地产开发经营合同纠纷5件，借款合同纠纷83件，租赁合同纠纷7件，建设工程施工合同纠纷103件，委托合同纠纷1件，农村土地承包合同纠纷2件；在知识产权与竞争纠纷中，知识产权权属、侵权纠纷122件；在与公司、证券、保险、票据有关的纠纷中，与公司有关的纠纷20件。

湖北省法院 2012 年民事审判统计资料

			受理			结案			结案率			诉讼标的额（万元）	未结	
			2012 年	2011 年	升降（%）	2012 年	2011 年	升降（%）	2012 年	2011 年	升降（%）	2012 年	2012 年	2011 年
民商事审判	一审	婚姻家庭、继承	58,630	51,867	13.04	56,527	50,345	12.28	96.41	97.07	−0.65	102,520.1166	2103	1522
		合同	177,597	112,849	57.38	169,475	108,204	56.63	95.43	95.88	−0.46	162,027,167.4	8122	4645
		权属、侵权及其他民事案件	128,999	92,667	39.21	123,506	88,397	39.72	95.74	95.39	0.35	3,876,637,830	5493	4270
		小计	365,226	257,383	41.90	349,508	246,946	41.53	95.70	95.94	−0.25	2,079,102.23	15,718	10,437
	二审	婚姻家庭、继承	1380	1353	2.00	1329	1318	0.83	96.30	97.41	−1.11	76,271.5958	51	35
		合同	10,506	10,187	3.13	10,067	9862	2.08	95.82	96.81	−0.99	185,262.552	439	325
		权属、侵权及其他民事案件	6887	6478	6.31	6503	6100	6.61	94.42	94.16	0.26	227581.9188	384	378
		小计	18,773	18,018	4.19	17,899	17,280	3.58	95.34	95.90	−0.56	489,116.0666	874	738
	再审	婚姻家庭、继承	79	78	1.28	69	58	18.97	87.34	74.36	12.98	124.3806	10	20
		合同	1126	1113	1.17	894	976	−8.40	79.40	87.69	−8.29	6843.9828	232	137
		权属、侵权及其他民事案件	519	553	−6.15	425	469	−9.38	81.89	84.81	−2.92	746.7492	94	84
		小计	1724	1744	−1.15	1388	1503	−7.65	80.51	86.18	−5.67	7715.1126	336	241
	合计		385,723	277,145	39.18	368,795	265,729	38.79	95.61	95.88	−0.27	2,575,933.409	16,928	11,416

湖南省法院 2012 年民事审判统计资料

2012 年，全省法院共受理一审民事案件 214,768 件，同比增加 17,116 件，增幅为 8.66%，审结 187,671 件，结案率为 87.38%；共受理二审民事案件 15,009 件，同比减少 731 件，降幅为 4.64%，审结 12,786 件，结案率为 85.19%。

广东省法院2012年民事审判统计资料

旧存	收案	结案	撤调率(%)	结案率(%)	结案均衡度	服判息诉率(%)
37,180	418,068	420,506	57.83	92.36		83.46

注:不包括司法确认和特别程序案件。

广西壮族自治区法院2012年民事审判统计资料

表一:2012年全区法院审理民事案件基本情况表

单位	旧存	新收	结案		结案率(%)		调解案件		调解率(%)		撤诉案件		撤诉率(%)	
			本期	上年同期	本期	上年同期	本期	上年同期	本期	上年同期	本期	上年同期	本期	上年同期
广西高院	595	2153	2386	2711	86.83	82	21	14	0.88	0.52	16	15	0.67	0.55
南宁市法院	5850	28,322	29,978	16,975	87.73	74.4	8786	4318	29.3	25.45	5012	2818	16.71	16.61
柳州市法院	3346	16,939	16,670	15,786	82.18	82.51	5379	3321	32.27	21.04	3317	2606	19.9	16.51
桂林市法院	2971	18,612	18,714	3872	86.71	56.6	5780	941	30.88	24.32	3209	590	17.15	15.25
梧州市法院	1441	6540	7043	5491	88.25	79.21	2137	1842	30.34	33.55	726	599	10.31	10.91
北海市法院	757	4941	4431	2272	77.76	75.01	1724	418	38.91	18.4	681	323	15.37	14.22
崇左市法院	611	5149	5066	4830	87.95	88.77	3289	3113	64.92	64.45	612	548	12.08	11.35
来宾市法院	716	6498	6311	4755	87.48	86.93	2972	1451	47.09	30.52	942	816	14.93	17.16
贺州市法院	299	2531	1919	692	67.81	69.83	394	88	20.53	12.72	300	60	15.63	8.67
玉林市法院	2465	19,474	19,264	6338	87.81	72	12,469	2283	64.73	36.02	2060	1126	10.69	17.77
百色市法院	2356	15,300	16,558	10,169	93.78	81.19	10,785	6701	65.13	65.9	1841	1030	11.12	10.13
河池市法院	1248	10,042	10,322	5868	91.43	82.51	5832	2753	56.47	46.95	1306	923	12.65	15.74
钦州市法院	760	7809	7683	4484	89.66	85.51	3878	2158	50.48	48.13	883	432	11.49	9.63
宁铁法院	1	23	12	0	50	0	1	0	8.33	0	0	0	0	0
防城港市法院	433	3899	3855	3318	88.99	88.46	1711	1834	44.38	55.27	976	448	25.32	13.5
贵港市法院	1435	15,058	15,320	10,637	92.89	88.11	8397	5314	54.81	49.96	1763	1018	11.51	9.57
北海海事法院	28	166	168	0	86.6	0	54	0	32.14	0	37	0	22.02	0
合计	25,312	163,456	165,700	98,198	87.78	79.52	73,609	36,549	44.42	37.23	23,681	13,352	14.29	13.6

表二:2012年全区法院民事一审结案方式统计表

单位	总数	其中								
		判决	不予受理	驳回起诉	撤诉	按撤诉处理	终结	调解	移送	其他
广西高院	3	1	0	0	1	0	0	1	0	0
南宁市法院	25,808	11,872	8	154	4788	277	28	8565	51	65
柳州市法院	14,129	5437	0	94	3144	0	4	5158	27	265
桂林市法院	15,915	6688	1	88	3079	118	6	5815	70	50
梧州市法院	6099	3155	3	38	707	43	3	2128	11	11

续表

单位	总数	其中								
		判决	不予受理	驳回起诉	撤诉	按撤诉处理	终结	调解	移送	其他
北海市法院	3777	1355	1	28	640	67	0	1677	5	4
崇左市法院	4739	868	1	7	591	21	0	3242	4	5
来宾市法院	5796	1886	9	14	906	36	1	2938	2	4
贺州市法院	1473	814	2	15	254	12	0	368	4	4
玉林市法院	18,209	3313	4	28	1969	135	21	12,379	14	346
百色市法院	15,590	2761	23	45	1810	173	4	10,722	5	47
河池市法院	9318	2141	22	43	1251	66	9	5747	14	25
钦州市法院	7045	2102	12	50	832	211	3	3817	4	14
宁铁法院	8	6	0	1	0	0	0	1	0	0
防城港市法院	3566	855	21	17	952	39	1	1669	7	5
贵港市法院	14,377	4168	3	48	1677	142	1	8291	8	39
北海海事法院	138	41	0	2	37	3	0	54	1	0
合计	145,990	47,463	110	672	22,638	1343	81	72,572	227	884

表三:2012年全区法院民事二审结案方式统计表

单位	总数	其中									
		维持	改判	发回重审	撤销变更原裁定	驳回起诉	撤诉	按撤诉处理	终结	调解	其他
广西高院	198	90	37	28	0	5	12	0	0	26	0
南宁市法院	3720	2770	14	20	0	165	222	0	0	350	179
柳州市法院	1948		447	65	0	13	162	0	0	340	3
桂林市法院	2142	1377	220	73	19	13	131	13	0	242	54
梧州市法院	779	536	65	21	0	9	19	48	0	29	52
北海市法院	571	231	50	19	0	5	39	4	0	197	26
崇左市法院	300	163	25	8	0	0	21	3	0	59	21
来宾市法院	415	276	30	17	0	2	36	6	0	48	0
贺州市法院	439	215	47	14	1	2	46	7	0	107	0
玉林市法院	773	415	87	30	0	1	89	8	0	141	2
百色市法院	749	552	36	22	0	5	31	0	0	82	21
河池市法院	776	365	82	68	8	3	55	3	1	163	28
钦州市法院	557	230	64	40	0	2	50	9	0	91	71
宁铁法院	2	0	1	0	0	0	0	0	0	0	1
防城港市法院	238	101	40	6	0	1	24	2	1	60	3
贵港市法院	848	449	75	36	6	5	85	32	1	135	24
北海海事法院	0	0	0	0	0	0	0	0	0	0	0
合计	14,455	8688	1320	467	34	231	1022	135	3	2070	485

表四:2012年全区法院民事一审案由分析

单位	人格权纠纷	婚姻家庭、继承纠纷	物权纠纷	合同、无因管理、不当得利纠纷	劳动争议、人事争议	侵权责任纠纷
广西高院	0	0	0	0	0	0
南宁市法院	255	4801	407	141	284	3346
柳州市法院	0	1	0	0	0	1
桂林市法院	407	3927	724	125	258	1679
梧州市法院	91	1556	160	3	91	1105
北海市法院	101	864	162	7	51	742

续表

单位	人格权纠纷	婚姻家庭、继承纠纷	物权纠纷	合同、无因管理、不当得利纠纷	劳动争议、人事争议	侵权责任纠纷
崇左市法院	154	1323	172	0	19	978
来宾市法院	157	1767	252	0	40	805
贺州市法院	72	291	88	1	30	151
玉林市法院	245	3003	963	76	96	2803
百色市法院	261	2328	344	1	62	946
河池市法院	271	2518	463	3	54	1512
钦州市法院	141	938	306	0	66	940
宁铁法院	1	0	0	0	0	4
防城港市法院	73	594	149	0	27	291
贵港市法院	99	2477	420	3	50	2024
北海海事法院	0	0	1	0	4	0
合计	2328	26,388	4611	360	1132	17,327

海南省法院2012年民事审判统计资料

表一:2012年全省法院婚姻家庭、继承纠纷一审案件统计表

单位:件(万元)

		旧存	收案	结案	在审结案件中												诉讼标的总金额(万元)	未结	
					判决	裁定				调解	移送	其中						件	其中
						驳回起诉	撤诉	终结	其他			当庭宣判	涉外	涉港	涉澳	涉台			中止
婚姻家庭纠纷案件	离婚	38	5136	5130	1734	15	568	2	19	2768	24	51	4	193	6	15	11051.5514	47	
	解除非法同居关系	1	165	166	38	1	11		2	114			1	1			163.557		
	婚姻无效纠纷		3	2	1		1												
	撤销婚姻纠纷																		
	婚姻自主权纠纷																		
	婚约财产纠纷	1	9	10	7					3							253.5461		
	登记离婚后财产纠纷	5	63	69	28		19		2	18	2	1	1				2367.127		
	夫妻财产约定纠纷		1	1						1									
	抚养、扶养关系纠纷	3	417	416	102	2	53	1	2	255	1	8	1	8			290.227	3	
	抚育费纠纷	1	23	24	6		7			11							20.7		
	扶养费纠纷		39	39	17		9			13							27.83		
	监护权纠纷		8	8	2		2			4							6.23		

续表

		旧存	收案	结案	在审结案件中												诉讼标的总金额(万元)	未结	
					判决	裁定				调解	移送	其中						件	其中
						驳回起诉	撤诉	终结	其他			当庭宣判	涉外	涉港	涉澳	涉台			中止
婚姻家庭纠纷案件	生身父母确认																		
	赡养纠纷		10	10	3		2			5							4.158		
	确认收养关系		1	1						1									
	解除收养关系		4	2	1					1								1	
	探视子女权纠纷		5	5	5														
	分家析产		26	25	9		8			8							132.3555	1	
	其他		24	22	8		4			10							14.04	1	
继承纠纷案件	法定继承	2	55	54	18		8			28				1			307.384	3	
	遗嘱继承		9	7	3		2			2							243.1	2	
	继承权确认纠纷		11	10	2		3			5							600	1	
	被继承人债务清偿纠纷		2	2	2												22		
	遗赠	1	3	4	2	1	1										18		
	遗赠扶养协议		2	2			1			1									
	其他	4	31	30	20	2	4			4							1667.6237	5	
合计		56	6047	6039	2008	21	703	3	25	3252	27	60	7	203	6	15	17,189.4297	64	

表二:2012年全省法院婚姻家庭、继承纠纷二审案件统计表

单位:件(万元)

		旧存	收案	结案	在审结案件中															诉讼标的总金额(万元)	未结	
					判决		裁定						调解	其中							件	其中
					维持	改判	发回重审	撤诉	驳回	终结	撤销原裁定	其他		开庭审理	当庭宣判	涉外	涉港	涉澳	涉台			中止
婚姻家庭纠纷案件	离婚	8	196	200	80	28	9	25	8		1	1	48	18			2	1		1403.9032	5	
	抚养、扶养关系纠纷		16	16	4	5	1	2			1		3	2						8.34		
	抚育费纠纷	1	4	5	4								1	1								
	扶养费纠纷	1	10	11	7			2					2							3.5		
	监护权纠纷		1	1		1																
	赡养纠纷		3	3	1			1					1	1						0.3634		
	确认收养关系																					
	解除收养关系																					
	探视子女权纠纷																					
	其他	2	38	40	24	6		3	2		1		4			1				16,049.4482		
	小计	12	268	276	120	40	10	33	10		3	1	59	22		1	2	1		17,465.5548	5	

续表

		旧存	收案	结案	在审结案件中															诉讼标的总金额（万元）	未结	
					判决		裁定						其中								件	其中
					维持	改判	发回重审	撤诉	驳回	终结	撤销原裁定	其他	调解	开庭审理	当庭宣判	涉外	涉港	涉澳	涉台			中止
继承纠纷案件	法定继承	1	14	14	7	2	1	2					2	1						37.8708	1	
	遗嘱继承		3	3	2		1							1						110		
	继承权确认纠纷		2	2				1	1													
	被继承人债务清偿纠纷		1	1				1														
	其他	3	11	13	4	5	1	2					1	2						9.772	1	
	小计	4	31	33	13	7	3	6	1				3	4						157.6428	2	
合计		16	299	309	133	47	13	39	11		3	1	62	26		1	2	1		17,623.1976	7	
合计中对裁定上诉的案件	驳回起诉																					
	不予受理		3	3				1	1		1											
	管辖异议		8	8					7		1											
	小计		11	11				1	8		2											

表三:2012年全省法院婚姻家庭、继承纠纷再审案件统计表

单位:件(万元)

		旧存	收案	结案	在审结案件中														诉讼标的总金额（万元）	未结	
					判决		裁定					其中								件	其中
					维持	改判	发回重审	撤诉	驳回	终结	其他	调解	开庭审理	当庭宣判	涉外	涉港	涉澳	涉台			中止
婚姻家庭纠纷案件	离婚		4	4	1	2						1	1								
	抚养、扶养关系纠纷																				
	抚育费纠纷																				
	扶养费纠纷																				
	监护权纠纷																				
	赡养																				
	确认收养关系																				
	解除收养关系																				
	探视子女权纠纷																				
	其他																				
	小计		4	4	1	2						1	1								
继承纠纷案件	法定继承																				
	遗嘱继承																				
	继承权确认纠纷																				
	被继承人债务清偿纠纷																				
	其他																				
	小计																				

续表

		旧存	收案	结案	在审结案件中															诉讼标的总金额(万元)	未结	
					判决		裁定					调解	其中								件	其中
					维持	改判	发回重审	撤诉	驳回	终结	其他		开庭审理	当庭宣判	涉外	涉港	涉澳	涉台				中止
合计			4	4	1	2						1	1									
其中	本院决定再审		2	2		1						1										
	提审																					
	指令再审		2	2	1	1							1									
	抗诉																					

表四:2012年全省法院合同纠纷一审案件统计表

单位:件(万元)

	旧存	收案	结案	在审结案件中												诉讼标的总金额(万元)	未结	
				判决	裁定				调解	移送	其中						件	其中
					驳回起诉	撤诉	终结	其他			当庭宣判	涉外	涉港	涉澳	涉台			中止
合同代位权纠纷	1	21	22	11		6			4	1						2381.6776		
合同撤销权纠纷	2	9	10	6		3		1								3.45	1	
悬赏广告纠纷																		
买卖合同纠纷	41	1794	1774	918	27	356		19	438	16	21	1		1		63,171.8504	59	1
房地产开发经营合同纠纷	95	2073	2077	1458	31	289	1	7	274	17	1			1	2	86,385.1854	87	3
供用电、水、气、热力合同纠纷		179	179			1			178							5.5072		
赠与合同纠纷		5	4	2	1				1							144.05	1	
借款合同纠纷	59	6300	6263	1323	25	815	8	16	4065	11	15	4	4		1	156,980.9657	101	1
借用合同纠纷	3	90	92	30		6			56							19		
租赁合同纠纷	25	596	605	311	16	131		1	142	4					2	12,303.8562	17	2
融资租赁合同纠纷		14	14	3		3			8				1			1045.4215		
建设工程合同纠纷	55	460	477	265	6	91		3	102	10	1	1				55,707.9429	43	
承揽合同纠纷	5	111	104	55	1	23		2	21	2						1773.9109	11	
运输合同纠纷		444	440	181	5	140			113	1						766.3856	4	
技术合同纠纷		3	2	2												172	1	
知识产权合同纠纷	1	2	2	1		1											1	
仓储、保管合同纠纷	1	12	12	5		4			3							293.2182	1	
委托合同纠纷	9	98	101	65	2	21			12	1		1				7352.24	6	
行纪合同纠纷																		
居间合同纠纷	1	37	34	22	5	3			4							10,726.379	4	
担保合同纠纷	2	44	46	19	1	15			8	3						4236.7582	2	
典当合同纠纷	1	8	9	6		1			2							118.5862		
保险合同纠纷	1	124	123	82	8	16		3	13	1						1842.4815	2	
海商合同纠纷	14	285	284	100	1	35		3	145			3	5		2	5059.1	15	
储蓄存款合同纠纷	4	14	18	12	2	1			2	1						2931.3824		
信用卡纠纷		187	187	154		13			20		84					292.3169		

续表

	旧存	收案	结案	在审结案件中												诉讼标的总金额（万元）	未结	
				判决	裁定				调解	移送	其中						件	其中
					驳回起诉	撤诉	终结	其他			当庭宣判	涉外	涉港	涉澳	涉台			中止
信用证纠纷	3	1	1	1												225.256	3	3
期货交易纠纷																		
信托纠纷		2	2						2							3592.5278		
证券合同纠纷		2	2		2											100		
经营合同纠纷	13	140	140	78	3	30		1	25	3			2			16,330.0078	16	
中外合作勘探开发自然资源合同		1	1	1														
农村承包合同纠纷	3	406	402	251	14	79	1	4	52	1	1	2				6100.4917	8	
电信合同纠纷		8	8		1				7							0.353		
邮政合同纠纷	1		1	1														
演出合同纠纷		2	1							1						263.6365	1	
服务合同纠纷	10	427	426	201	3	143			76	3	10					4082.0317	11	
劳动争议纠纷	18	2135	2131	1293	62	207		31	525	13						3662.6901	22	
劳务合同纠纷		438	425	157	4	138			113	13						1174.9872	12	
其他	55	561	561	273	12	87		3	178	8		3	4		1	75,332.9877	48	1
合计	423	17,033	16,980	7287	232	2658	10	94	6589	110	133	15	16	2	8	524,578.6353	477	11

表五：2012 年全省法院合同纠纷二审案件统计表

单位：件（万元）

	旧存	收案	结案	在审结案件中															诉讼标的总金额（万元）	未结	
				判决		裁定						调解	其中							件	其中
				维持	改判	发回重审	撤诉	驳回	终结	撤销原裁定	其他		开庭审理	当庭宣判	涉外	涉港	涉澳	涉台			中止
买卖合同	28	422	443	230	44	19	25	32		1	4	88	38						5322.0971	2	
房地产开发经营合同	15	502	509	218	50	13	120	15		2	4	87	169		3	1		1	5562.9263	7	
供用电、水、气、热力合同																					
借款合同	10	201	208	89	34	14	40	10		4		17	15		1	1			2882.239	3	
借用合同		2	2	2																	
租赁合同	6	179	176	78	37	8	21	3				29	32		1				835.53	7	1
融资租赁合同		1	2		1							1							5.5024		
建设工程合同	9	158	164	84	29	17	3	12		2	4	13	36						43,422.9852	1	
承揽合同	3	22	25	12	4		2	5				2	6						501.4011		
运输合同		7	7	4		2		1					1						1		
技术合同		2	2	2																	
知识产权合同		3	2	2																1	
仓储、保管合同	1	5	6	4	1							1							1.2		
委托合同	1	20	19	10	4			1				4	4						78.2984		
担保合同	1	6	7	2	3		1				1		1						10		
保险合同	2	41	42	24	9	2	2					5	7						230.1556	1	
海商合同		6	6	4								2									
信用卡纠纷		4	4	2	1		1												12.3358		

续表

	旧存	收案	结案	在审结案件中																未结	
				判决		裁定						其中							诉讼标的总金额(万元)	件	其中
				维持	改判	发回重审	撤诉	驳回	终结	撤销原裁定	其他	调解	开庭审理	当庭宣判	涉外	涉港	涉澳	涉台			中止
信用证纠纷		1	1				1														
信托纠纷																					
证券合同																					
经营合同	2	36	37	18	9	5	1	1				3	4						7961.13	1	
中外合作勘探开发自然资源合同																					
农村承包合同	2	64	65	36	10	3	8	6				2	6						524.5073	1	
电信合同		1	1	1																	
邮政合同																					
服务合同	3	58	58	21	17	4	7	4				5	15						129.4436	3	1
劳动争议	32	681	709	367	106	8	27	74		23	2	102	70						604.322	3	
劳务合同	1	68	69	16	4	1	1	4				43	3						103.1505		
其他	18	359	376	180	51	26	40	35		5	3	36	45						11,726.103	9	1
合计	134	2849	2940	1406	414	122	300	203		37	18	440	452		5	3		1	79,914.3273	39	3
合计中 驳回起诉		27	26				3	22		1										1	
合计中 不予受理		74	73				1	67		5										1	
合计中 管辖异议		82	82					76		6											
合计中 小计		183	181				4	165		12										2	

表六:2012年全省法院合同纠纷再审案件统计表

单位:件(万元)

	旧存	收案	结案	在审结案件中															未结	
				判决		裁定					其中							诉讼标的总金额(万元)	件	其中
				维持	改判	发回重审	撤诉	驳回	终结	其他	调解	开庭审理	当庭宣判	涉外	涉港	涉澳	涉台			中止
买卖合同	4	25	22	2	14	1				2	3	4						25.4683	2	
房地产开发经营合同	2	12	14	1	5	5	1	1		1		1						44.7	6	
供用电、水、气、热力合同																				
借款合同	1	20	19	2	13	2	1			1		2						1679.86	2	
借用合同																				
租赁合同	1	9	7	2	3	1				1		2							3	
融资租赁合同																				
承揽合同		2	2		2															
建设工程合同	2	11	10	5	5													1356.2768	3	
运输合同																				
技术合同																				
知识产权合同																				
仓储、保管合同																				
委托合同		1	1		1															
担保合同																				
保险合同		3	2			1	1												1	
海商合同																				
经营合同		3	3		1	1		1				1							4	

续表

	旧存	收案	结案	在审结案件中															未结	
				判决		裁定					调解	其中						诉讼标的总金额（万元）	件	其中
				维持	改判	发回重审	撤诉	驳回	终结	其他		开庭审理	当庭宣判	涉外	涉港	涉澳	涉台			中止
中外合作勘探开发自然资源合同																				
农村承包合同		2	1		1														1	
电信合同																				
邮政合同																				
服务合同		2	2			1		1				1		1						
劳动争议		6	6		5					1										
劳务合同																			1	
其他	2	23	17	1	11	2				2	1							10.61	2	
合计	12	119	106	13	61	14	3	3		8	4	11		1				3116.9151	25	
其中 本院决定再审	9	47	43	8	25	1		3		5	1	5						1465.2	13	
其中 提审	1	15	16	2	5	6	1				2	2						256.7451		
其中 指令再审	2	40	30	1	20	4	2			2	1	4		1				960	12	
其中 抗诉		17	17	2	11	3				1								434.97		

表七：2012 年全省法院权属、侵权纠纷及其他民事一审案件统计表

单位：件（万元）

	旧存	收案	结案	在审结案件中												诉讼标的总金额（万元）	未结	
				判决	裁定				调解	移送	其中						件	其中
					驳回起诉	撤诉	终结	其他			当庭宣判	涉外	涉港	涉澳	涉台			中止
所有权及与所有权相关权利纠纷案件	104	3281	3244	2095	80	472	1	26	554	16	11	2	2			91,103.2199	140	13
票据、证券权益纠纷案件																		
股东权纠纷案件	21	110	111	70	1	30	1	1	7	1		1	1			67,651.3393	20	1
知识产权	14	433	432	162	11	143			116							1248.0045	15	
不正当竞争纠纷案件		6	5	2	1			1	1							10	1	
海事侵权纠纷	9	14	21	1		3		1	16			3				74,273	2	
人身权纠纷案件	78	2250	2238	1071	9	290		9	852	7	28	1				247,744.8098	89	1
特殊侵权纠纷案件	20	103	118	62	2	20		2	32			1				1796.1856	5	
其他海事侵权纠纷案件																		
其他	21	380	386	196	4	45			137	4						31,963.1565	17	1
合计	267	6577	6555	3659	108	1003	2	40	1715	28	39	8	3			515,789.7156	289	16
不当得利	6	120	119	74	2	22		2	16	3						2215.9656	7	1
无因管理		3	2	1					1							127.5555		
适用特别程序案件	31	1088	1092	13	33	105	46	836	58	1		1			2	47,324.3833	27	1
总计	304	7788	7768	3747	143	1130	48	878	1790	32	39	9	3		2	565,457.62	323	18

表八:2012 年全省法院权属、侵权纠纷及其他民事二审案件统计表

单位:件(万元)

	旧存	收案	结案	在审结案件中																未结	
				判决		裁定						调解	其中						诉讼标的总金额(万元)	件	其中
				维持	改判	发回重审	撤诉	驳回	终结	撤销原裁定	其他		开庭审理	当庭宣判	涉外	涉港	涉澳	涉台			中止
所有权及与所有权相关权利纠纷	51	1250	1263	758	262	54	59	49	2	23	12	44	281		3			3	11,020.2702	40	1
票据、证券权益		172	172	169			3												3456.037		
股东权纠纷	6	26	32	16	9	1	1	2				3	5						3630.4255		
知识产权		39	39	17	1	1	1					19									
不正当竞争		1	1					1													
海事侵权纠纷	2		2		1							1									
人身权纠纷	23	377	392	184	74	20	29	15		2	4	64	39						2428.7106	8	
特殊侵权纠纷		34	32	6	5	1	1	13				6							73.3163	2	
其他海事侵权纠纷																					
其他		69	64	22	26	2	1	11		1		1	1						11,570.5361	6	
合计	82	1968	1997	1172	378	79	95	91	2	26	16	138	326		3			3	32,179.2957	56	1
不当得利	1	27	25	14	4	1	2	1			1	2	2						500.4782	3	
无因管理		1	1	1																	
对驳回破产申请裁定上诉		6	6					6													
总计	83	2002	2029	1187	382	80	97	98	2	26	17	140	328		3			3	32,679.7739	59	1
其中 驳回起诉		26	25				3	19		2	1									1	
其中 不予受理		33	33				1	24		8											
其中 管辖异议		21	21					19		2											
其中 小计		80	79				4	62		12	1									1	

表九:2012 年全省法院权属、侵权纠纷及其他民事再审案件统计表

单位:件(万元)

	旧存	收案	结案	在审结案件中															未结	
				判决		裁定				调解	其中						诉讼标的总金额(万元)	件	其中
				维持	改判	发回重审	撤诉	驳回	终结	其他		开庭审理	当庭宣判	涉外	涉港	涉澳	涉台			中止
所有权及与所有权相关权利纠纷	2	17	17	3	5	3		1		1	4	4						43.585	3	
票据、证券权益																				
股东权纠纷	1	8	9		5	2	1			1								640		
知识产权																				
不正当竞争																				
海事侵权纠纷																				
人身权纠纷	1	9	9	2	7													147,694.22	1	1
特殊侵权纠纷																				
其他海事侵权纠纷																				
其他	2	14	14		2	2	6				4							90.83	1	
合计	6	48	49	5	19	7	7	1		2	8	4						148,468.635	5	1
不当得利		2	2		1						1	1								
无因管理																				

续表

		旧存	收案	结案	在审结案件中															未结	
					判决		裁定					调解	其中						诉讼标的总金额（万元）	件	其中
					维持	改判	发回重审	撤诉	驳回	终结	其他		开庭审理	当庭宣判	涉外	涉港	涉澳	涉台			中止
适用特别程序案件																					
总计		6	50	51	5	20	7	7	1		2	9	5						148,468.635	5	1
其中	本院决定再审	3	20	21	4	6	1	6	1		1	2	2						713.73	2	
	提审		6	6		1	3					2	1						147,694.22		
	指令再审	3	18	18	1	12	1	1			1	2	2						23.585	3	1
	抗诉		6	6		1	2					3							37.1		

贵州省法院2012年民事审判统计资料

一审案件统计

婚姻家庭、继承纠纷：

旧存291件，收案42,645件，结案42,722件，撤诉10,001件，调解23,231件，诉讼标的总金额48,866.1274万元。

合同纠纷：

旧存1019件，收案45,031件，结案44,827件，撤诉13,306件，调解16,647件，诉讼标的总金额77,9911.3113万元。

权属、侵权纠纷及其他民事一审案件：

旧存1127件，收案23,045件，结案23,380件，撤诉5150件，调解7367件，诉讼标的总金额149,844.4417万元。

二审案件统计

婚姻家庭、继承纠纷：

旧存10件，收案1000件，结案1006件，撤诉11件，调解125件，诉讼标的总金额5770.0518万元。

合同纠纷：

旧存44件，收案5887件，结案5882件，撤诉461件，调解910件，诉讼标的总金额106,389.343万元。

权属、侵权纠纷及其他民事一审案件：

旧存38件，收案3999件，结案4011件，撤诉180件，调解350件，诉讼标的总金额38,573.0327万元。

一、二审总计

旧存2529件，收案121,607件，结案121,828件，结案率98%，撤诉29,109件，调解48,630件，调撤率60%，标的额1,129,354.3079万元。

云南省法院2012年民事审判统计资料

2012年全省各级人民法院新收婚姻家庭、继承，合同，权属侵权纠纷等民事一审、二审、再审案件133,453件，同比上升4.37%，审结134,139件，上升3.82%，结案率91.9%，比上年同期增加0.72个百分点。截至12月底，尚有未结案11,816件，下降5.49%。

一、一审案件

一审收案上升，合同纠纷案件占民事案件的近四成。2012年全省各级法院新收婚姻家庭、继承，合同，权属侵权纠纷等民事一审案件120,055件，同比上升5.25%。占民事案件总数的89.96%。从收案数量看，合同纠纷案件居第一位，婚姻家庭、继承纠纷案件第二位，权属、侵权及其他民事案件第三位（见下图）。

1. 婚姻家庭、继承纠纷案件收案上升，居民事案件第二位。共收婚姻家庭、继承纠纷案件41,147件，同比上升5.62%，占一审民事案件的34.27%，比上年同期增加0.12个百分点。其中，婚姻家庭纠纷案

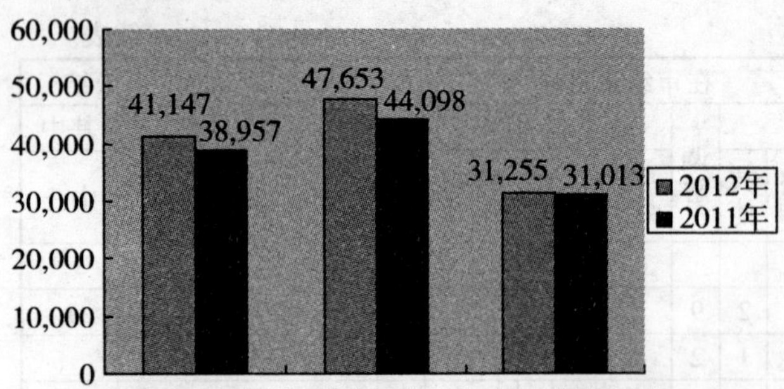

件40,088件,同比上升5.57%;继承纠纷案件1059件,同比上升7.62%。

2. 合同纠纷案件上升,收案总数居民事案件首位。共收合同纠纷案件47,653件,同比上升8.06%,占一审民事案件的39.69%。其中,劳务合同纠纷案件1046件,上升24.42%;劳动争议纠纷案件3290件,上升20.73%;建设工程合同纠纷案件2029件,上升17.83%;借款合同纠纷案件14,954件,上升14.69%;买卖合同纠纷案件上升9.63%。

收案下降的有:农村承包合同纠纷案件329件,下降40.4%;信用卡纠纷案件302件,下降34.49%;担保合同纠纷案件154件,下降24.51%;保险合同纠纷案件652件,下降20.97%;服务合同纠纷案件2089件,下降19.44%。

3. 权属、侵权及其他民事案件收案略升。共收权属、侵权及其他民事案件31,255件,同比上升0.78%,占一审民事案件的26.04%。其中特殊侵权纠纷案件5142件,上升138.83%;知识产权案件586件,上升42.58%;股东权纠纷案件296件,上升8.82%。

收案下降的有:所有权及与所有权相关权利纠纷案件8547件,同比下降14.17%;人身权纠纷案件12,589件,下降11.53%。

4. 一审结案上升,未结案下降,已结案件标的金额增加。全省各级法院共审结民事一审案件120,336件,同比上升4.77%,结案率91.95%,比上年同期增加0.56个百分点。已结案件中,调解结案的45,386件,占37.72%;判决结案的42,520件,占35.33%;驳回起诉2042件,占1.7%;撤诉27,445件,占22.81%;终结、移送等其他方式处理的2943件,占2.44%。在审结的120,336件一审案件中,适用简易程序审理的85,236件,占70.83%;普通程序审理的31,971件,占26.57%;适用特别程序审理的3129件,占2.6%。审限内审结的120,326件,占99.99%;超审限的10件,占0.01%。已结案件标的金额155.15亿元,比上年增加56.84亿元,同比上升57.82%。

截至12月底,尚有民事一审未结案10,535件,同比下降2.6%。

二、二审案件

收案、结案、未结案均下降。全省中级以上法院共收民事二审案件12,814件,同比下降1.76%,占民事案件的9.6%;审结13157件,下降2.81%。结案中,维持原判6281件,占47.74%;改判2524件,占19.18%;发回重审582件,占4.42%;撤诉1090件,占8.29%;调解1601件,占12.17%;驳回及其他处理1079件,占8.2%。已结案件均在审限内审结。

截至12月底,尚有民事二审未结案1136件,同比下降23.19%。

三、再审案件

收案、结案、未结案大幅下降。全省各级法院共收民事再审案件584件,同比下降21.93%,占民事案件的0.44%。收案中,本院决定再审的141件,占24.14%;指令再审108件,占18.49%;提审48件,占8.22%;抗诉287件,占49.15%。审结646件,下降19.55%。其中,维持原判215件,占33.28%;改判143件,占22.14%;发回重审38件,占5.88%;撤诉25件,占3.87%;调解101件,占15.63%;终结及其他处理124件,占19.2%。

截至12月底,尚有民事再审未结案145件,同比下降29.95%。

重庆市法院2012年民事审判统计资料

2012年,全市民事审判部门受理民事案件217,783件,结案196,875件,结案率为90.40%;调解结案75,014件,调解率为38.10%,撤诉结案50,241件,撤诉率为25.52%。

陕西省法院2012年民事审判统计资料

			收案			结案			结案率			诉讼标的额（万元）	未结	
			2012年	2011年	升降（%）	2012年	2011年	升降（%）	2012年	2011年	升降（%）	2012年	2012年	2011年
民商事审判	一审	婚姻家庭、继承	34,309	36,415	-5.78	34,309	37,036	-7.36	97.95	98.06	-0.11	25,387.2523	718	731
		合同	79,149	65,762	20.36	78,839	64,758	21.74	96.16	95.78	0.38	882,760.4556	3150	2856
		权属、侵权及其他民事案件	21,563	23,624	-8.72	21,593	24,327	-11.24	93.86	94.51	-0.65	132,142.6585	1413	1414
		小计	135,021	125,801	7.33	134,741	126,121	6.83	96.23	96.19	0.04	1,040,290.366	5281	5001
	二审	婚姻家庭、继承	543	797	-31.87	526	778	-32.39	89.61	94.65	-5.04	681.8214	61	44
		合同	9642	8570	12.51	9642	8500	13.44	96.80	96.38	0.42	150,324.0323	319	319
		权属、侵权及其他民事案件	2370	2895	-18.13	2218	2855	-22.31	87.74	94.76	-7.02	7738.2469	310	158
		小计	12,555	1,2262	2.39	12,386	12,133	2.09	94.72	95.88	-1.16	158,744.1006	690	521
	再审	婚姻家庭、继承	23	37	-37.84	28	42	-33.33	90.32	84.00	6.32	184.96	3	8
		合同	363	443	-18.06	372	454	-18.06	87.94	88.33	-0.39	5098.0092	51	60
		权属、侵权及其他民事案件	120	160	-25.00	125	185	-32.43	84.46	86.85	-2.39	799.8168	23	28
		小计	506	640	-20.94	525	681	-22.91	87.21	87.64	-0.43	6082.786	77	96
合计			148,082	138,703	6.76	147,652	138,935	6.27	95.80	96.11	-0.32	1,205,117.253	6048	5618

西藏自治区法院2012年民事审判统计资料

2012年，西藏法院共受理案件5808件，结案5300件，综合结案率为91%。其中，受理婚姻家庭、继承类案件1393件，结案1309件；合同纠纷案件3550件，结案3208件；权属纠纷案件865件，结案783件。

2012年，西藏高院民一庭共受理案件21件，全部新收。其中，一审案件5件，二审案件16件。结案20件，1件中止，结案率95%。调撤3件，调撤率15%。标的额216,642,079元。

图书在版编目(CIP)数据

中国民事审判年鉴. 2012～2013／最高人民法院民事审判第一庭编. —北京:法律出版社, 2014.5
ISBN 978－7－5118－5116－1

Ⅰ. ①中… Ⅱ. ①最… Ⅲ. ①民事诉讼—审判—中国—2012—年鉴 Ⅳ. ①D925.118.2－54

中国版本图书馆CIP数据核字(2013)第153267号

《中国民事审判年鉴》(2012～2013年卷)
最高人民法院民事审判第一庭　编

编辑统筹　法律应用出版分社
策划编辑　薛　晗　程　岳
责任编辑　程　岳　慕雪丹
装帧设计　汪奇峰

© 法律出版社·中国

出版 法律出版社
总发行 中国法律图书有限公司
经销 新华书店
印刷 北京北苑印刷有限责任公司
责任印制 翟国磊

开本 A4
印张 73.5
字数 2342千
版本 2014年5月第1版
印次 2014年5月第1次印刷

法律出版社/北京市丰台区莲花池西里7号(100073)
电子邮件/info@lawpress.com.cn
网址/www.lawpress.com.cn
销售热线/010－63939792/9779
咨询电话/010－63939796

中国法律图书有限公司/北京市丰台区莲花池西里7号(100073)
全国各地中法图分、子公司电话:
第一法律书店/010－63939781/9782
西安分公司/029－85388843
重庆公司/023－65382816/2908
上海公司/021－62071010/1636
北京分公司/010－62534456
深圳公司/0755－83072995

书号:ISBN 978－7－5118－5116－1
定价:320.00元
(如有缺页或倒装,中国法律图书有限公司负责退换)

2012年度天津市工作掠影

2012 年 4 月 6 日，天津市高级人民法院副院长张勉在全市法院进一步提高民商事审判质量与效率座谈会上讲话

2012 年 3 月 12 日，天津市滨海新区人民法院副院长、功能区审判区张勇主任、田学新副主任及姚金发庭长赴南港工业区进行调研服务，推进了该区域法治进程的发展

2012 年 6 月，天津市滨海新区人民法院副院长、汉沽街审判区主任李宝平、副主任孙长华参加汉沽河西清园里社区“居民法制宣传教育基地”揭牌仪式

2012 年 7 月 5 日，天津市滨海新区人民法院塘沽审判区与塘沽卫生系统签订涉诉纠纷联动处理备忘录。天津市滨海新区人民法院副院长、塘沽审判区主任刘振清和塘沽卫生局副局长郗瑞代表双方在备忘录上签字

2012 年 8 月 14 日，天津市北辰区人民法院孙勇院长、张国强副院长带领中层骨干走访辖区重点企业雷沃动力（天津）有限公司，与企业负责人针对生产经营环节容易出现的法律问题进行座谈，征求对法院工作的意见、建议

2013 年春节前夕，天津市东丽区人民法院依托劳动争议“五方联动机制”成功处理一起农民工讨薪案件，民一庭庭长佘国栋法官将追回的工资款递到一位农民工手上

2012年度北京市工作掠影

北京市高级人民法院副院长周继军在民事审判工作座谈会上讲话

北京市法院召开2012年民事审判工作座谈会

北京市高级人民法院民一庭组织房地产审判实务培训

北京市高级人民法院民一庭集中进行廉政纪律教育

北京市高级人民法院民一庭组织召开涉“新国五条”民事案件座谈会

北京市第一中级人民法院召开专家论证会对南怀瑾名誉权、姓名权纠纷一案进行研讨

2012年度北京市工作掠影

北京市法院召开贯彻实施民事诉讼法专题工作会

北京市东城区人民法院薛峰副院长亲自调解一起民事案件并当庭执结

北京市西城区人民法院杨平胜庭长（左五）被北京市人民政府记一等功

北京铁路运输法院民庭庭长邢富顺走进小学进行法制安全教育

昌平法院与各基层组织共建了多个巡回审判点，建立以巡回审理点为辐射、以社区联络员为纽带的三位一体便民司法网，图为法官深入农村审理一起相邻关系纠纷

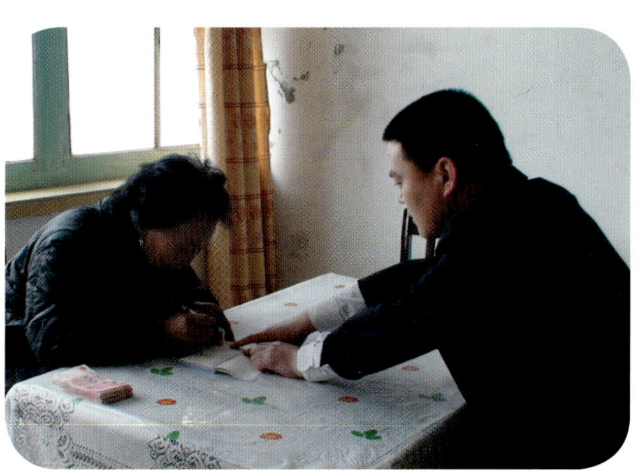

2012年4月23日，永宁法庭袁明法官上门为残疾老太李某发放案款，赢得了当事人的高度赞誉

2012年度北京市工作掠影

朝阳法院党组成员、副院长亓纪。分管朝阳法院亚运村法庭、奥运村法庭、南磨房法庭等七个派出法庭的民事审判工作以及审判管理办公室、审判事务办公室、调解办公室等职能部门的工作。自分管民事审判工作以来，在朝阳法院民事审判部门确立了“一个重心、四个一批”的民事审判工作目标，建立了民事审判部门三级调研工作机制、新闻通报机制等

朝阳法院副院长龙云斌，分管朝阳法院民一庭、民五庭工作以来，严格管理、注重细节、强调规范、创新思路，积极探索实施便民利民措施，狠抓审判质效，带领民一庭、民五庭在大标的案件、医疗纠纷案件、劳动争议等专业化统一方面取得了良好业绩

2012年11月9日，北京市高级人民法院民一庭庭长朱春涛、副庭长马军等一行五人莅临朝阳法院就民事案件的司法鉴定问题进行调研指导。调研会议由该院党组成员、副院长亓纪主持，副院长龙云斌及部分庭室的中层领导代表参会

2012年9月11日，朝阳法院民事审判部门在一层会议室召开民事审判部门庭长会。会议由该院党组成员、副院长亓纪主持，副院长龙云斌，民事审判各庭的庭长、副庭长参会

2012年8月10日，朝阳法院召开2012年下半年民事审判工作动员会，部署下半年民事审判工作。党组书记、院长李瑞翔参加会议并做了重要讲话，党组成员亓纪对下半年民事审判工作进行了部署。会议由副院长龙云斌主持，民事审判各庭干警约200人参加会议

2012年9月7日，朝阳法院举行了民事审判实务中“释明与告知”的专题培训。此次培训由民事审判第一庭庭长陈晓东主讲，副院长亓纪和全体民事审判人员、全院预备法官共计两百余人参加培训，培训由副院长龙云斌主持

2012年度山东省工作掠影

山东省高级人民法院党组书记、院长白泉民赴泰安市中级人民法院视察民事审判工作

山东省高级人民法院党组副书记、副院长刘爱卿参加“法官送法进军营”法律服务活动启动仪式

济南市中级人民法院为了保障劳动争议案件裁判质量，统一裁审标准，提高裁审效率，与市劳动人事争议仲裁委员会多次研讨沟通，创新建立了以“联席会议制度、疑难案例研讨制度、庭审互听制度、信息共享制度、群体性纠纷应急处理制度”等为主要内容的裁审衔接制度

2012年7月27日，青岛涉军维权网开通仪式在青岛市中院举行。青岛市委常委、政法委书记徐学武为青岛涉军维权网题词，中院党组成员、副院长高益民出席仪式并讲话，青岛警备区副政委尹炳伦出席仪式，中院部分法官和青岛警备区部分官兵参加仪式

2012年7月30日，青岛市中院民一庭组织部分优秀法官，深入市、县、区开展“司法为民、共创和谐”--“送法进企业、送法进工地”以及“农民工恳谈日”活动。深入了解企业在劳动用工、建设施工等方面遇到的法律问题，对企业提出的具体法律问题做出详尽的解答

章丘市人民法院自2012年以来，率先开展了上诉案件约请座谈工作，对当事人提出上诉的民商事案件，由院长、副院长或者庭长，约请上诉人进行座谈，了解法官审判纪律作风，向当事人答疑释惑，努力促进当事人和解，一年多来，276件案件经约谈不再上诉

2012年度河北省工作掠影

河北高院党组书记、院长卫彦明到省涉法涉诉联合接访中心进行走访

河北高院党组书记、院长卫彦明到保定中院进行走访调研

部分省人大代表旁听河北高院民一庭审理的一起建设工程施工合同纠纷案件

2012 年 12 月，河北高院民一庭庭长胡华军走访省人大代表、石家庄市文化局副局长左春和（左）和省人大代表、石家庄市动漫协会副秘书长李燕燕

2012 年 11 月 30 日，全国人大代表、江苏省扬州市广陵区公安分局政委陈光岩专程来到省法院，代表十四位江苏籍全国人大代表向河北高院赠送匾额，感谢民一庭法官公平公正地审理了一起跨省建筑合同纠纷案

2012 年 11 月 17 日，河北高院举办“全省法院新民事诉讼法培训班”

2012年度河北省工作掠影

2012 年 3 月，河北高院法官走进河北电台直播间，在“阳光热线”栏中与群众进行直接沟通交流

2012 年 12 月，河北高院民一庭庭长胡华军及部分法官到沧州法院就民事审判工作特别是调解方面的经验做法展开调研

2012 年 8 月，河北高院机关团委和妇联在法制公园举办妇女儿童权益保障法律咨询

2012 年 6 月，河北高院民一庭组织人员到唐山地区就民间借贷纠纷案件开展调研

2012 年 7 月，河北高院民一庭组织人员到邯郸地区就建设工程施工合同纠纷案件开展调研

河北高院民一庭组成五人合议庭审理一起群体性劳动争议案件

2012年度河北省工作掠影

2012 年 6 月，邯郸中院张继红副院长带领民一庭庭长等走访企业，为企业排忧解难，提供法律服务

2012 年 6 月，赵增国院长在邯郸中院信访接待室接待来访群众

2012 年 4 月，邯郸中院赵增国院长及相关业务庭庭长走进邯郸电台直播间，在清晨热线栏目组就法律问题接听热线，与广大听众直接沟通交流

2012 年 3 月，全国省、市、人大代表在邯郸中院民事审判庭旁听案件审理

2012 年 2 月，邯郸中院法官深入田间地头、农家院落现场办案、精心调解，收到较好的社会效果

2012 年邯郸中院出台一系列审判管理细则，规范司法行为、提升司法水平，提高案件质量和效率

2012年度河北省工作掠影

承德中院杨宝森院长接待信访当事人

承德中院刘光辉院长（右三）走访避暑山庄酒业集团公司

承德中院刘光辉院长到宽城县孟子岭村指导民事调解工作

承德中院民一庭在兴隆上旬子村调解民事案纠纷

承德中院刘光辉院长接待民事案件当事人，做当事人的调解工作

承德中院法官在街道给为群众解答民事诉讼有关问题

2012年度河北省工作掠影

2012年春节前，廊坊中院党组书记、院长王越飞到调解志愿者协会夕阳红分会看望慰问会员

廊坊中院党组副书记、副院长赵建亮同志参加民一庭党支部党日活动并就民事审判工作提出要求

2012年7月2日，廊坊中院邀请著名法学家、中国人民大学法学院教授、博士生导师王利明做题为《谈谈裁判的方法》的讲座。中院党组书记、院长王越飞主持讲座。讲座采取视频会议的形式进行，廊坊两级法院共1000多人参加了讲座

2012年6月8日，廊坊市文安县绿源食品有限公司、霸州市兴盛建筑工程有限公司向中院民二庭赠送锦旗

2012年9月27日，廊坊中院召开第五届民商事审判联席会议，中院党组副书记、副院长赵建亮，审判委员会专职委员黄汝端，各基层法院分管民商事审判工作的副院长和民商事审判庭庭长，中院有关民商审判业务庭室负责人参加了会议

2012年9月7日，廊坊中院举办全市法院民商事审判业务培训会，省法院民二庭正处级审判员宋悦来应邀为大家授课

2012年度河北省工作掠影

承德市双桥区法院大石庙法庭庭审被评为全国法院优秀庭审

当事人送锦旗表达对承德市双桥区法院法官的谢意

承德市双桥区法院法官为来访咨询人提供帮助

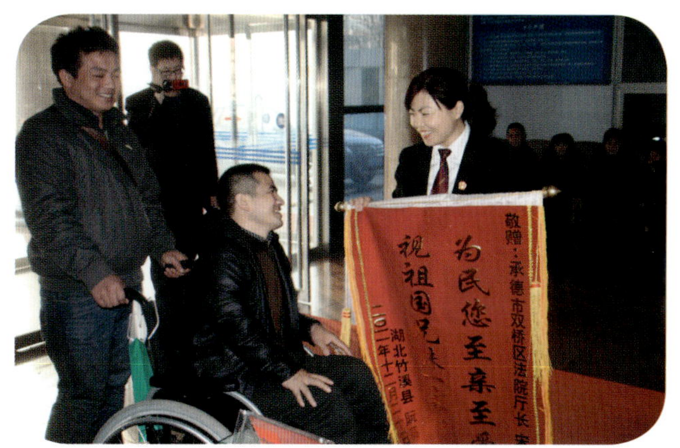

外地农民工为承德市双桥区法院法官送锦旗表达感谢

承德市双桥区法院法官主动约访信访当事人

承德市双桥区法院主审法官将工资如数交到农民工手中

2012年度河北省工作掠影

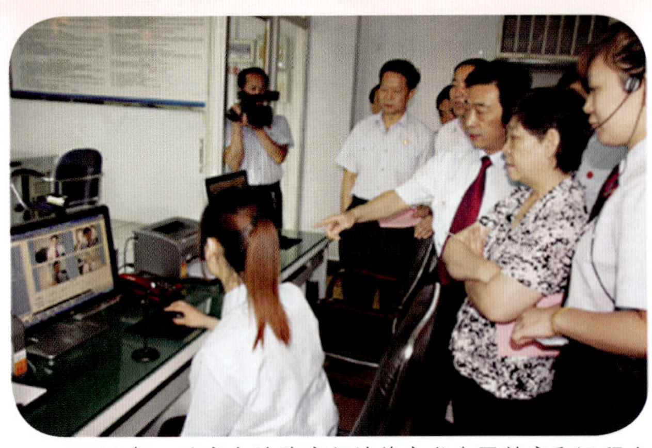

2012 年，武安市法院实行法律文书电子签章和远程立案机制，将立案权赋予基层法庭，解决了山区百姓立案远、立案难，特别是路途遥远、往返劳顿之苦，减轻了群众讼累。图为 2012 年 5 月 24 日院党组书记、院长杨维华向省法院巡视组领导介绍网上远程立案系统

武安市在实施“旅游强市”战略中，武安市法院在本市 10 余个旅游景区建立“旅游纠纷预防调解中心”，把法院职能主动融入党委政府工作大局。图为贺进法庭法官在 4A 级景区“七步沟”对调解人员进行指导

武安市法院以基层法庭为依托在辖区乡村建立矛盾纠纷调处室，构筑诉前调解和诉外调解网络，深入推进社会矛盾化解。图为 2012 年 7 月 14 日阳邑法庭在阳邑镇木作村矛盾纠纷调处室诉外调解一起民事纠纷

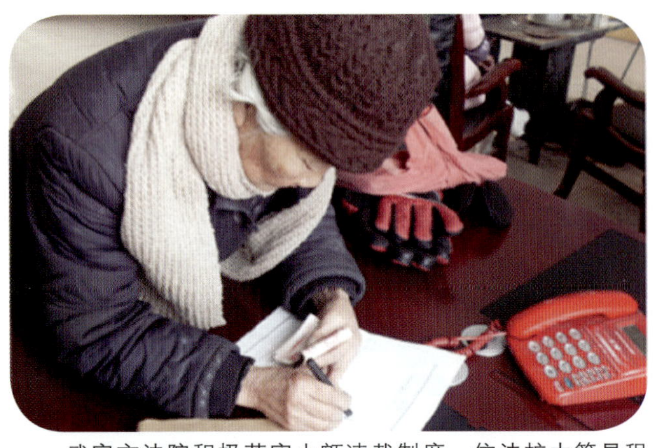

武安市法院积极落实小额速裁制度，依法扩大简易程序适用范围，缩短审理周期，提高审判效率，不断提升司法公信力。图为 2012 年 12 月 5 日武安市法院磁山法庭适用小额速裁程序，依法快速审处一起欠款纠纷案

武安市法院针对大量民事纠纷涌入法院的实际情况，坚持调解优先，调判结合，把调解贯穿于诉前、诉中、诉后的全过程。图为 2012 年 10 月武安市法院康二城法庭调解一起民事案件并当庭履行

武安市法院加大司法救助力度，最大限度地保障残疾人、特困群众等弱势群体的合法权益，努力让经济确有困难的群众打得起官司。2012 年累计救助特困群众 18 人，减缓免诉讼费 100 余万元。图为法官深入当事人家中回访

2012年度河北省工作掠影

河北省高院党组书记院长卫彦民到安平法院视察指导工作

安平法院党组副书记武洪凯带队赴宁波鄞州法院考察文化建设

当事人李某为安平法院民一庭送锦旗

安平法院全体党员到西柏坡重温入党誓词

安平法院法警演练

安平法院执行庭法官给付执行款

2012年度山西省工作掠影

2012年8月2日至3日，全省法院第20次工作会议在太原晋祠宾馆召开。山西省委书记、省人大主任袁纯清，山西省高级人民法院党组书记、院长左世忠等领导亲切会见与会代表

2012年12月6日至7日全省法院民事调解工作会议暨贯彻新民事诉讼法座谈会在山西省太原市迎泽宾馆召开。会议总结交流了民事调解工作的成绩和经验，表彰了先进集体和个人，并对新修订的民事诉讼法的贯彻实施进行了安排部署

2012年2月，太原市中级人民法院院长冯少勇带领相关法院院长一行在阳曲县接待再审申请人

大同市中院民一庭合议庭成员下基层，到当事人家中进行案情调查、开展调解工作

2012年2月，太原市杏花岭区法院法官走进社区民调对接

2012年3月，太原市迎泽区人民法院医疗纠纷人民调解、诉讼调解对接工作现场会

2012年度辽宁省工作掠影

2012 年 6 月 8 日，辽宁省法院民事审判工作会议暨调解经验交流会在沈阳召开。辽宁省高级人民法院党组书记、院长王振华致信与会人员

2012 年 6 月 8 日，辽宁省法院民事审判工作会议暨调解经验交流会在沈阳召开。辽宁省高级人民法院党组副书记、副院长彭生富到会并讲话

2012 年 6 月 8 日，辽宁省法院民事审判工作会议暨调解经验交流会在沈阳召开。辽宁省高级人民法院审委会专职委员于沈洲主持会议

2012 年 6 月 8 日，辽宁省法院民事审判工作会议暨调解经验交流会在沈阳召开。辽宁省高级人民法院民一庭庭长王玉砚到会并总结发言

辽宁省法院民事审判工作会议暨调解经验交流会现场

辽宁省法院民事审判工作座谈会现场

2012年度内蒙古自治区工作掠影

2012年3月22日，内蒙古自治区法院民事审判工作会议暨民事审判业务培训班在呼和浩特市召开，来自全区三级法院的300多名法官参加了会议和培训

2012年3月22日，内蒙古自治区高级人民法院院长胡毅峰出席民事审判工作会议暨民事审判业务培训班开幕式，并做了重要讲话

2012年3月22日，内蒙古自治区高级人民法院副院长于雪峰在民事审判工作会议暨民事审判业务培训班开幕式上讲话

2012年8月28至29日，内蒙古自治区高级人民法院在兴安盟阿尔山市召开全区法院审判执行工作经验交流暨文化建设推进会。自治区高院党组成员、常务副院长王虎出席会议并做重要讲话

2012年12月31日，内蒙古自治区高级人民法院民一庭召开小额诉讼审判工作的实施意见征求意见座谈会，呼和浩特、包头、呼伦贝尔、赤峰、巴彦淖尔、鄂尔多斯中院代表参加会议

2012年12月16日，内蒙古自治区高级人民法院与劳动社会保障厅再次召开联席会议，民一庭全体审判员和劳动社会保障厅仲裁处工作人员参加会议。为了筹备好此次会议，劳动社会保障厅征求三级劳动仲裁部门的意见，形成21个劳动人事争议案件仲裁与劳动争议案件审判工作中存在的问题。自治区高院民一庭经征求呼市、包头、鄂尔多斯、赤峰等地法院的意见，形成讨论稿提交会议讨论

2012年度内蒙古自治区工作掠影

2012年8月14日，最高人民法院民一庭副庭长贺小荣及审判长韩延斌、孙延平，审判员张颖新，助审员王林清、于蒙，书记员唐倩等一行7人来内蒙古自治区高级人民法院调研，就民间借贷纠纷案件审理情况及司法解释内容征求相关庭室的意见。座谈会由最高人民法院民一庭副庭长贺小荣主持。与会代表围绕民间借贷纠纷案件审理中有关热点、难点等方面的内容进行了充分的交流，并结合实践中遇到的问题，对司法解释的修改完善提出了建设性意见

2012年7月20日，最高人民法院民一庭张雅芬正厅级审判员、王毓莹、王楠楠一行三人来内蒙古自治区高级人民法院调研，就医疗事故损害赔偿纠纷案件审理情况及司法解释内容征求该院相关庭室的意见。高院民一庭全体，研究室、审监一庭部分法官代表参加了座谈会。与会代表进行了充分的交流，并结合实践中遇到的问题，对司法解释的修改完善提出了建设性意见

2012年1月16日，内蒙古自治区高级人民法院民一庭与召开建立道路交通事故纠纷处理衔接机制座谈会，民一庭全体审判员和来自公安交通管理部门的工作人员参加会议

内蒙古自治区高级人民法院民一庭在乌海市中级人民法院调研，了解《民事诉讼法》修改以后民事审判工作中出现的新情况、新问题

内蒙古自治区高级人民法院民一庭审判人员合影，2012年民一庭21名工作人员承担了400多件案件的审理任务，并圆满完成了全区法院民事审判工作对下监督指导、司法调研等任务

2012年8月16日，内蒙古自治区高级人民法院民一庭审理的上诉人赤峰华勘置业有限公司与被上诉人赤峰宝昌建筑工程有限公司建设工程施工合同纠纷一案，开庭审理。分管院领导于雪峰正厅级巡视员和高院庭审比赛评委会的评委观摩了庭审

2012年度内蒙古自治区工作掠影

最高人民法院司法巡查组来到巴彦淖尔市中级人民法院参观考察

巴彦淖尔市中级人民法院李建平院长在人代会上

李建平向人大代表汇报巴彦淖尔市法院服务保障“8337”发展思路的情况

内蒙古自治区五原县塔尔湖镇法庭到在巡回办案点的田间地头调解案件

乌后旗法院巡回法庭在牧区巡回审理案件

内蒙古乌拉特前旗法院法官到农家院落进行调解

2012年度内蒙古自治区工作掠影

巴彦淖尔市临河区人民法院党组班子集体，前排正中为院党组书记、院长弓建国

2012 年 7 月，弓建国院长在内蒙古自治区法院审判执行工作经验交流暨文化建设推进会上就“诉调三层对接”机制作经验介绍

临河法院于 2011 年推出“诉调三层对接”机制，即：在农村，与乡镇村社调解组织对接；在城区，与办事处、行业协会对接；在机关，将人民调委会直接引驻法院。这一机制将大量的矛盾纠纷化解在诉前，有效缓解了法院“案多人少”的问题。图为临河法院召开“诉解三层对接”动员培训大会

临河法院于 2009 年成立内蒙古自治区首家常驻交警部门的交通事故专业审判庭，采取诉前指导调解、引导诉讼、尽可能先予执行等措施，专业化解交通事故纠纷，即时履行率达到 95% 以上

临河法院于 2012 年推出“婚姻考验期”制度，针对“闪婚闪离”等“非理性离婚”现象，留出 6 个月考验期，最大限度地挽救和修复面临破裂的家庭，和好率高达 98%。图为法官通过“婚姻考验期”促成一对夫妻和好如初

2012 年开始，临河法院积极推进民事裁判文书简化改革，实行“要素式”、“直判式”简化庭审和裁判文书，实现了裁判文书繁简分流，大大提高了审判质量和效率。图为临河法院召开民事裁判文书简化改革新闻发布会

2012年度黑龙江省工作掠影

哈尔滨市法院坚持院长接待日制度，由院主要领导定期接待上访人化解矛盾纠纷——图为哈尔滨市法院党组书记、院长步延胜接待上访人

哈尔滨市法院主动接受外部监督、不断扩大监督渠道，聘任市人大代表、政协委员等社会各界人士担任市法院特约廉政监督员——图为步延胜院长与特约廉政监督员亲切交谈

哈尔滨市法院重视基层法院司法能力的提高，全年举办基层法院中层领导干部培训班八期——图为基层法院第六期民商事审判战线轮训班开班式

哈尔滨市法院坚持院庭长办案制度，重大疑难案件均由院庭长直接负责——图为市法院党组副书记、副院长吕诚担任审判长开庭审理一起民事纠纷案件

哈尔滨市法院深化从严管理，进一步规范执法，迎接全国人大代表考察团考察——图为吕诚副院长和政治部董彩芳主任为全国人大代表讲解市法院五项机制

哈尔滨市法院举办“大比武、大练兵、大培训”活动，提高干警综合素质——图为哈尔滨市法院机关组织干警进行素质拓展集训

2012年度黑龙江省工作掠影

2012年11月，大庆市中级人民法院两名民事法官(左：赵丹晖、右：程雪飞)参加大庆市首届法官、检察官、律师辩论大赛

2012年7月，大庆市中级人民法院民一庭副庭长臧国燕法官在黑龙江省高级人民法院全省初任法官培训班授课

2012年10月，大庆市中级人民法院党组成员顾双彦副院长(左二：顾双彦副院长)深入企业帮助修改购车按揭贷款合同并发放风险防范须知及几类合同书籍

2012年6月，大庆市中级法院党组书记、院长于大海(右：于大海院长)在院长接待日接待涉诉信访当事人

2012年8月，大庆市中级人民法院民一庭副庭长臧国燕法官深入企业，为企业服务

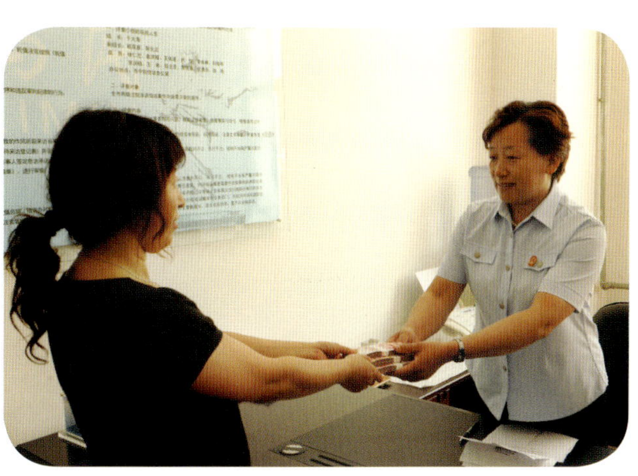

2012年8月，大庆市中级人民法院党组成员顾双彦副院长(右：顾双彦副院长)对当事人进行司法援助

2012年度江苏省工作掠影

江苏省高院发布关于《江苏法院民事审判工作蓝皮书》和《江苏法院 2009 至 2010 年度十大民生案例》新闻发布会

江苏省高级人民法院民事审判工作座谈会暨交通事故赔偿案件联动化解工作现场会在常州市武进区召开

2012 年 3 月 1 日，江苏省高级人民法院召开民生权益司法保护报告新闻发布会

全国法院基层党支部书记示范培训班

2012 年 3 月 3 日，江苏省高级人民法院民一庭的 15 位女法官们来到南京市雨花台区西善桥街道古遗井社区进行以案释法、法律咨询，以此拉开“岗站对接，联动维权”活动

2012 年 5 月 3 日，江苏省高级人民法院召开劳动争议新闻发布会

2012年度江苏省工作掠影

2012 年 5 月 4 日，中国民法学研究会第一次全国会员代表大会暨 2012 年民法理论研讨会在南京召开

2012 年 6 月 7 日，第一届江苏省法院机关青年法官导师聘任仪式在宁波召开

2012 年 6 月 8 日，江苏省法院民事审判工作座谈会在南京召开，省高院党组书记、院长公丕祥对会议作出重要批示，省高院党组成员、审判委员会专职委员谢国伟出席会议并发表讲话

2012 年江苏省法院民事审判工作座谈会

2012 年 1 月 29 日，上班第一天，民一庭召开第六期青年法官主题论坛，深入研讨《婚姻法司法解释（三）》施行后出现的新情况、新问题

2012 年 1 月 12 日，江苏省高级人民法院民一庭收到申请再审人葛德胜送来的锦旗，“公正廉明、执法如山”，感谢民一庭承办人张丽华在处理其与海门市食品厂劳动争议纠纷案过程中耐心细致、真诚为当事人排忧解难的优良作风和工作态度

2012年度江苏省工作掠影

无锡市中院民一庭朱竞艳庭长（左一）至锡山人民医院，就市人大代表、锡山医院许长征院长在市十四届人大五次会议期间提出的“法院应细化工作，化解医疗纠纷矛盾”审议意见进行答复，许代表对法院医疗纠纷专业化审判机制予以肯定

无锡市中院民一庭姚旭斌庭长（右一）至市妇联，向市大人常委夏晓春和市政协委员王健汇报市人大会议代表审议意见、市政协会议委员提案的办理情况，并就离婚后妇女权益保护、反家庭暴力保护令的执行、妇联与法院工作对接等问题作了具体介绍

2012 年 5 月，无锡市中院民一庭召开道交事故损害赔偿审判实务工作研讨会，邀请基层法院及保险公司代表就当前道交赔偿案件的分项赔偿标准调整、《侵权责任法》实施后的法律适用进行讨论，民一庭朱竞艳庭长出席会议并作重要讲话

无锡市中院道交事故专业审判合议庭积极联合基层力量，在社居委的配合下妥善处理了一起道交损害赔偿纠纷，当地居委会干部将一面绣着“勤政执法，人民公仆”的锦旗赠送给主审法官王一川（右一）

2012 年 5 月 14 日，无锡市滨湖区人民法院民一庭积极探索参与社会管理新渠道，推进“家事巡回法庭”走进蠡园社区，在与街道司法所、人民调解委员会、派出所共同努力下，妥善化解一起矛盾激化的家事纠纷

为进一步加强民事审判业务指导，提高全市法院民事审判工作水平，无锡中院于 2012 年 6 月 29 日举办了全市法院民事审判业务培训班。无锡两级法院共计 200 余名民事审判法官参加了此次培训，部分基层法院的分管院领导带头参加学习

2012年度江苏省工作掠影

盐城市中院民一庭荣获“全国维护妇女儿童权益”先进集体称号

盐城市中院业务庭室主要负责同志集体接访群众

盐城市人大代表视察中院法庭工作座谈会

盐城市全市法院深化社会管理创新工作推进大会

盐城市中院法官进社区调解

盐城市中院法官为新农村建设提供司法服务

2012年度江苏省工作掠影

扬州中院蒋惠琴院长深入企业进行司法调研和提供法律服务

扬州中院民一庭法官集体研讨重大疑难案件

扬州中院沈红助理带领民一庭送法进军营

扬州中院民一庭发放劳动争议白皮书

扬州中院民一庭成功化解仪征化纤公司涉3000多人重大群体性纠纷

扬州中院民一庭深入群众，巡回审判

2012年度贵州省工作掠影

2012年10月24日至25日，贵州高院党组成员、副院长唐林（中）率民一庭庭长彭方艾（左）等同志赴毕节市就民事审判工作进行调研指导，并到大方县法院理化人民法庭、黔西县法院钟山人民法庭看望了干警，考察人民法庭的建设情况

2012年2月，贵州高院民一庭赴黔东南州榕江县人民法院寨蒿人民法庭（“民歌法庭”）进行调研

2012年3月，贵州高院党组成员、副院长唐林（中）率民一庭观摩黔南州人民法庭工作

从江县法院巡回法庭掠影

贵州高院民一庭召开民商事审判实务论坛推进会，民一庭干警与全省优秀基层法院法官针对交流材料议题进行讨论

贵州高院民一庭践行群众路线，关爱留守儿童，对罗甸县困难儿童开展结对帮扶活动

2012年度浙江省工作掠影

在2012年5月15日至16日召开的浙江省人民法庭工作会议上，省委书记夏宝龙（时任省委副书记、省长）看望会议代表并讲话，最高法院副院长奚晓明，省长李强（时任省委副书记、政法委书记），省高院院长齐奇出席并讲话

2012年5月15日至16日，浙江高院在杭州召开全省人民法庭工作会议。全省各级法院院长、人民法庭庭长和有关部门代表共450余人参加会议

在2012年5月15日至16日召开的浙江省人民法庭工作会议上，为省级模范五好法庭获得者授牌

在2012年5月15日至16日召开的浙江省人民法庭工作会议上，为在人民法庭工作满二十年的资深法官颁发荣誉证书

2012年2月15日，浙江省高院民一庭在杭州召开第一次全省民事审判工作例会，林一副院长出席会议并讲话。省高院及各中院对2011年民事审判工作进行总结，并就下一步工作作出规划安排

2012年8月23日至24日，浙江省高院民一庭在湖州召开第二次全省民事审判工作例会，林一副院长出席会议并讲话。会议就当前民事审判工作中存在的重大疑难问题进行了研讨

2012年度浙江省工作掠影

2012 年 4 月 5 日，浙江省高院民一庭以省高院名义召开新闻发布会，公布民一庭制定的《关于审理建设工程施工合同纠纷案件若干疑难问题的解答》和 3 个典型案例，庭负责人蒋卫宇会后接受了媒体记者采访

2012 年 12 月 26 日，浙江省高院与省劳动仲裁委联合召开《浙江劳动争议仲裁与审判白皮书》新闻发布会，共同发布《浙江省劳动争议仲裁与审判白皮书（2008-2012）》和典型案例

2012 年 9 月 3 日至 7 日，浙江省高院民一庭与国家法官学院浙江分院举办全省法院法庭业务培训班，全省 220 余名法庭人员参加培训

2012 年 7 月 19 日，浙江省高院民一庭与南京军区浙江军事法院召开涉军审判工作座谈会，就当前涉军审判工作中存在的新情况、新问题进行研讨，并对进一步加强涉军案件审判工作作了部署

2012 年 2 月 28 日，浙江省高院院长齐奇“微服探访”诸暨市人民法院璜山人民法庭

2012 年 3 月 20 日，浙江省高院民一庭党支部派员参加西溪街道举办的“崇尚科学、反对邪教、关爱家庭、共创和谐”普法为民活动，提供法律服务

2012年度浙江省工作掠影

2012年7月27日，杭州中院民一庭组织召开全市两级法院民事审判质效实务研讨会

2012年11月19日，杭州中院民一庭邀请杭州仲裁委、杭州市司法局律管处、杭州市律师协会的相关负责人，就目前审理的法律服务合同纠纷存在的相关疑难问题进行研讨

2012年7月5日至6日，杭州中院召开全市民事审判工作例会，总结上半年工作，研讨民事审判疑难问题

2012年7月25日，杭州中院民五庭组织法官到部队开展"送法进军营活动"，以案讲法并解答官兵提出的法律问题

杭州中院民一庭成功调解一起医疗损害赔偿案，2012年11月6日当事人上门赠送锦旗

2012年9月18日，杭州中院民五庭组织召开"国有土地上非商品房建设项目分割转让纠纷法律适用问题座谈会"，邀请国土、住建、规划等相关部门同志研讨相关问题

2012年度浙江省工作掠影

2012年1月19日，宁波中院民一庭全体人员宣读廉洁司法承诺书

2012年11月5日，宁波中院民一庭与宁波市妇联一同前往温州中院，就“人身安全保护令”的实施情况进行调研

2012年6月11日，宁波中院组织举办全市法院民事审判工作业务培训班

2012年8月5日，宁波中院民五庭组织召开全市法院劳动争议疑难案件研讨会，同时邀请宁波市劳动仲裁委及部分县市区劳动仲裁委参加，就劳动争议案件审判中遇到的疑难问题进行研讨

2012年9月20日，宁波中院组织召开全市法院民事审判工作例会，总结上半年工作，并对下一步工作进行安排部署

2012年“六一”前夕，宁波中院未成年人案件综合审判庭到宁波市鄞州区阳明学校，开展“服务基层——送法进校园”活动，并为全校小学生讲授法制教育课

2012年度浙江省工作掠影

2012 年 4 月 10 日，最高人民法院在浙江嘉兴召开医疗损害司法解释研讨会，讨论《最高人民法院关于审理医疗损害责任纠纷案件适用法律若干问题的解释（稿）》

2012 年 11 月 3 日，嘉兴中院邀请最高人民法院民一庭宋春雨法官讲授修改后的《民事诉讼法》，嘉兴两级法院 200 余名从事民商事审判的法官参加培训

2012 年 10 月 19 日，嘉兴市海盐县人民法院沈荡人民法庭到沈荡镇中钱村巡回审理一起赡养纠纷案件，并邀请镇司法所工作人员共同组织双方当事人进行沟通、协商，当事人当场达成和解

2012 年 3 月 13 日，嘉兴市南湖区人民法院新丰人民法庭举办首次"公众开放日"，邀请辖区各村的基层调解员和驻村干部走进法庭，旁听庭审，互动交流

2012 年 3 月 13 日，桐乡市人民法院洲泉人民法庭向参加法庭公众开放日活动的 20 余名驻村干部介绍人民法庭相关情况

2012 年 3 月 4 日，平湖市人民法院组织干警参加了由共青团平湖市委发起的"学雷锋、树新风"大型便民活动，为市民发放法律宣传资料，并就市民提出的相关法律问题答疑解惑

2012年度浙江省工作掠影

2012年12月21日，绍兴县人民法院齐贤人民法庭到因车祸导致瘫痪不便参加诉讼的当事人家里，开展巡回审判

2012年4月19日，绍兴县人民法院民一庭到行动不便的当事人家中调解，并当场调解成功，双方当事人对法院工作表示满意

2012年4月19日，绍兴县人民法院民一庭针对民事案件逐年增多的情况，做客绍兴广播电台《市民与法律》栏目，通过热线互动形式，为听众答疑解惑，引导公众理性应对矛盾纠纷

绍兴县人民法院民一庭召开每周一次的庭务会，研讨审判疑难复杂问题，统一庭审思路与审判观点

2012年11月30日，绍兴县人民法院齐贤人民法庭走进当地小学进行普法宣传，为该校600余名学生讲授法制教育课

2012年12月4日，绍兴县人民法院民一庭在当地“中国轻纺城”开展法律咨询活动

2012年度福建省工作掠影

在两岸关系不断向好发展的形势下，“海峡两岸司法实务研讨会”已连续成功举办四届，2012 年首次实现入台举办。图为最高人民法院副院长、中国审判理论研究会副会长江必新，福建省高级人民法院院长、福建省法官协会会长、中国审判理论研究会海峡两岸审判理论专业委员会主任马新岚，海峡两岸法学交流协会（台湾）理事长、台湾地区法务主管部门前负责人廖正豪等参加 2012 年海峡两岸司法实务研讨会

2012 年 10 月 31 日，福建省双拥办、省法院、省司法厅和省军区政治部在永安市联合召开福建省司法拥军工作座谈会，交流总结涉军维权经验，推动司法拥军工作创新发展。福建省委常委、省军区朱生岭政委（主席台左六）和福建省高级人民法院马新岚院长（主席台右五）分别在会上作重要讲话

时任最高人民法院民一庭庭长杜万华（正面左四）到福州法院调研指导民事审判工作。福建省高级人民法院时任副院长黄国强（正面右二）陪同参加调研

福建法院涉军维权工作受到中共中央政法委员会和解放军总政治部的充分肯定，并作为“福建经验”在全国推广。在此基础上，全省法院进一步确立了“抓特色、创优势、树品牌”的工作思路，加大探索创新力度，推动涉军司法维权工作不断深化、提升和发展。图为福建省高级人民法院马新岚院长（前排左二）和全省司法拥军工作座谈会的其他参会人员一起参观各地司法拥军工作图片展

福建法院践行司法服务经济发展大局的理念，深入企业为企业提供法律咨询服务，了解企业法律需求，促进企业履行法律义务，提高风险防范能力，为企业健康发展提供司法服务保障。图为福建省高级人民法院周瑞春副院长（前排左二）在南平走访企业

2012 年 5 月 3 日，福建省高级人民法院举办以劳动者权益保护为主题的开放日活动，受邀代表参观了省法院法苑广场、诉讼服务中心、科技法庭等，听取了全省法院近年来维护劳动者权益工作情况通报，就劳动者合法权益保护、劳动争议案件审理等热点问题与省法院民一庭法官进行互动交流

2012年度福建省工作掠影

福建省高级人民法院民一庭荣获“全国维护妇女儿童权益先进集体”等荣誉称号，图为民一庭全体干部进行政治、业务学习

福建省高级人民法院民一庭全体党员在党旗下庄严宣誓，立志做到“五带头”，即带头学习提高、带头争创佳绩、带头服务群众、带头遵纪守法、带头弘扬正气

福建省高级人民法院民一庭充分发挥审判职能作用，深入推进司法拥军工作，依法支持保障国防和军队建设，为推动军地融合发展、增强军政军民团结提供良好司法服务保障，被中共中央政法委员会和解放军总政治部联合授予“全国维护国防利益和军人军属合法权益工作先进单位”荣誉称号。图为福建省高级人民法院民一庭段思明庭长（居中者）、董碧仙副庭长（右一）和福州市中级人民法院民一庭陈锐庭长（左一）接受官兵法律咨询

福建省高级人民法院民一庭党支部是全省法院创先争优先进基层党组织、全省法院系统先进党支部，支部同志利用出差办案、司法调研、党员活动日等时间，对挂钩贫困户开展慰问帮扶活动。图为福建省高级人民法院民一庭林国新副庭长代表民一庭党支部将慰问金送到困难群众手中

福建省高级人民法院民一庭维护妇女儿童合法权益合议庭荣获“全国三八红旗集体”、“女职工建功立业标兵岗”等荣誉称号，被授予集体二等功，图为该合议庭成员在认真细致地研究案件

福建省高级人民法院民一庭女法官参加院机关组织的“六一”儿童节关爱流动儿童活动，在小小的教室里，“爱心妈妈”和孩子们手拉手做游戏，亲切交谈、真情互动，共同庆祝“六一”儿童节

2012年度福建省工作掠影

2012年3月22日，福州中院召开全市民事审判工作会议

2012年5月28日，福州中院在长乐市召开人民法庭建设工作推进会

2012年4月26日，福州中院与市司法局、市公安局、市总工会、市人社局、市房管局、市妇联、市工商局分别签订相关“诉调衔接”协议

2012年4月11日，福州中院正式成立民商事案件速裁合议庭

2012年6月3日，鼓楼区法院法官工作室开展送法进社区活动

2012年4月27日，福州中院与省干休所共同开展法律进社区活动

2012年度福建省工作掠影

2012 年 2 月 22 日，时任最高人民法院审委会委员、民一庭庭长杜万华（左一）莅临福州中院视察指导工作

2012 年 5 月 22 日，福建省妇联王秋梅副主席一行受中华全国妇女联合会、全国维护妇女儿童权益暨平安家庭创建协调组委托，向福州中院民一庭颁发“全国维护妇女儿童权益先进集体”牌匾及荣誉证书

2012 年 7 月 12 日，福州市委常委、福州警备区原政委那兴海，福州警备区王秋宁司令员，洪波政委带领警备区党委班子全体成员到访福州中院

2012 年 10 月 31 日，福建省委常委、市委书记杨岳（前排左二）率市领导莅临台江法院物业纠纷法律服务中心设在区房管局的法官工作点，就社会管理创新工作进行调研

2012 年 11 月 14 日，福州市人大常委会党组副书记、副主任柯有民（前排中）带领部分省、市人大代表、市人大机关负责人等 30 余人莅临福清视察人民法庭工作，中院许先丛院长等陪同视察

2012 年 11 月 16 日，福州中院在台江区法院召开全市法院推进物业纠纷法律服务工作现场经验交流会

2012年度福建省工作掠影

2012 年 7 月 25 日，第九届法官与学者对话论坛在武夷山举办，南平市中级人民法院欧岩峰院长出席开幕式并致欢迎词

2012 年 3 月 8 日，南平市中级人民法院开展妇女节普法宣传活动，民一庭朱文如副庭长回复群众咨询

2012 年 4 月 27 日，南平市中级人民法院在审理一起房屋租赁合同纠纷案中首邀人民陪审员参与案件审理

2012 年 6 月 29 日，“三员一代理”涉劳维权机制推进会会议现场

2012 年 7 月 10 日，南平市中级人民法院民一庭林东波庭长审理杨家俊围墙倒塌案件庭审观摩庭现场

2012年度福建省工作掠影

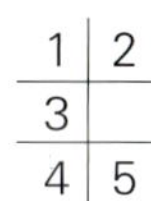

1. 2012 年 7 月 26 日，南平市中级人民法院民一庭林东波庭长调解观摩庭案现场

2. 2012 年 4 月 27 日，南平市中级人民法院副院长吴敏东、民一庭庭长林东波等干警接待来访群众

3. 2012 年 7 月 26 日，南平市中级人民法院林东波庭长主持调解的现场

4. 福建省高级人民法院民一庭庭长段思明、南平市中级人民法院副院长吴敏东、南平市中级人民法院民一庭庭长林东波参加省法院交通法庭专题调研座谈会现场

5. 2012 年 4 月 27 日，福建省妇联到南平市中级人民法院开展妇女儿童维权调研座谈会现场

2012年度福建省工作掠影

2012年10月31日，福建省法院院长马新岚、解放军军事法院民事审判庭庭长刘仁猷、三明中院陈明院长视察永安法院“军人之家”，充分肯定该院“三创四建五共”司法拥军体系。《中国双拥》连续两期刊文称赞“永安法院是福建省司法拥军的一面旗帜”

2012年5月24日，永安法院开展“法院开放日”主题活动，邀请驻永部队官兵来院参观该院审判场所、观摩案件庭审，增强体验式普法实效，增进军民鱼水情

2012年6月19日，永安法院利用网络视频进行远程庭审，成功审结一起一方当事人在国外的离婚案，减轻当事人诉累，体现司法人性化

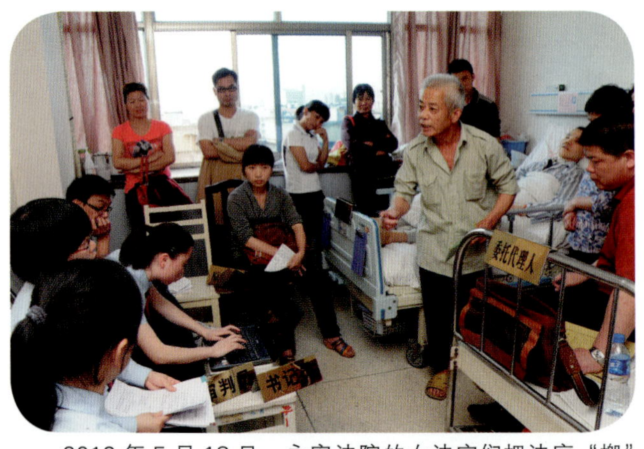

2012年5月18日，永安法院的女法官们把法庭“搬”到了永安市市立医院里，在病房中开庭审理一起特殊的离婚案件，努力践行为民司法

永安法院运用大调解机制合力化解440户业主“房闹”事件，并于2012年4月10日举行了房屋质量补偿款发放仪式，维护了业主们的合法权益。该案例被省法院评为“全省法院化解矛盾纠纷典型案例”

永安法院扎实开展“四百”活动，深入农村、社区、企业等基层一线访民意、汇民智、知民惑、解民忧。2012年2月22日，永安法院的法官们来到槐南乡，现场调处了一起相邻权纠纷

2012年度上海市工作掠影

2012 年 5 月 9 日，宝山区人民法院汪彤院长（左一）与区妇联陆春萍主席共同为“婚姻家庭纠纷调解室”、“妇女儿童维权合议庭”揭牌

2012 年 12 月 6 日，宝山区人民法院汪彤院长约谈接待了涉诉信访人顾某某夫妇，认真听取了信访人诉求，向其进行法律释明工作，引导其提出合理、合法的诉求。该院唐春雷副院长及民一庭、立案庭信访办相关负责人参与接待

2012 年 4 月 25 日，上海互动电视台法制新闻频道到宝山区人民法院采访该院审理的劳动争议案件，民一庭吴隽法官接受采访

为了方便宝山北部地区的群众参加诉讼，宝山区人民法院在最北面的罗泾地区设立了巡回审判站，每周固定派人上门解决法律纠纷。图为宝山法院速裁庭庭长林霞和书记员韩杰一起下乡为一起民事纠纷开庭

2012 年 12 月 24 日，宝山区人民法院举行公众开放日活动，杨行镇东街居民到该院新审判大楼参观。居民们参观了立案、执行信访、诉调对接中心以及法院办公楼，并旁听了民一庭审理一起交通事故案件

2012 年 6 月，宝山区人民法院组织特邀监督员旁听月浦法庭一起生命权纠纷案，并于庭后向特邀监督员征询意见及建议

2012年度河南省工作掠影

2012年7月25日，河南高院院长张立勇和副院长谢德安、史小红、年万红带领机关各部门负责人赴71320部队驻地，举行“法院开放日送法进军营活动”

河南高院张立勇院长、谢德安副院长等一行到郑州某公司走访调研

河南高院张立勇院长亲自为农民工发放执行款

河南高院张立勇院长到驻马店中院旁听拖欠农民工工资案件庭审

2012年1月10日，河南高院召开新闻发布会通报第三次“拖欠进城务工人员工资案件集中办理”活动开展情况

2012年2月15日，河南高院召开全省部分法院劳动者权益保护审判庭试点工作座谈会，省高院民一庭司晓森庭长就试点工作进行了具体的安排部署，谢德安副院长做了重要讲话

2012年度河南省工作掠影

2012 年 9 月 26 日，河南高院召开全省法院民事审判工作座谈会，省高院史小红副院长主持会议，谢德安副院长出席会议并做重要讲话

2012 年 4 月 20 日，省高院与郑州中院共同组织召开“劳动者权益保护暨劳动争议审判实务研讨会”

2012 年 11 月 2 日，河南高院、河南省妇联、团省委、郑州中院联合在郑州召开“维护妇女儿童合法权益暨婚姻家庭纠纷案件审判实务研讨会”，省高院史小红副院长出席会议

2012 年 5 月 23 日，河南高院联合省军区召开了维军社会法庭观摩座谈会。省军区副参谋长刘卫国，省法院党组成员、副院长年万红，省法院专职审委会委员、院长助理王韶华等出席会议

2012 年 11 月 15 日河南高院召开电视电话会议，决定自 2012 年 11 月 15 日至 2013 年 1 月 20 日，在全省法院开展了第四次“拖欠进城务工人员工资案件集中办理活动。”

2012 年 6 月 28 日，深入学习宣传推广“汤阴经验”工作部署会暨“汤阴经验荣誉室”开馆仪式在汤阴县举行。解放军总政治部副主任童世平，济南军区政委杜恒岩、省法院院长张立勇等出席开馆仪式

2012年度河南省工作掠影

2012年2月24日，河南省高级人民法院党组书记、院长张立勇，河南省人力资源和社会保障厅副厅长汤正德共同为郑州市中级人民法院劳动者权益保护审判庭揭牌

2012年11月10日，在郑州市中级人民法院院长王新生、副院长段占青等同志的陪同下，河南省高级人民法院院长张立勇参观、指导郑州市中级人民法院诉讼服务中心建设工作

2012年3月19日，在郑州市中级人民法院常务副院长谢红星、副院长李广湖的陪同下，河南省高级人民法院纪检组组长王宏昌等领导到郑州市中级人民法院民二庭参观、指导廉政文化建设工作

2012年7月13日，为真诚地表达对人民法官公正审案、为人民司法的感激之情，11名劳动者来到了郑州市中级人民法院，给郑州市中级人民法院民二庭庭长赵洪印及全体同志送上锦旗

2012年12月7日，在劳动法律法规宣传、咨询会的现场，郑州市中级人民法院王志民副院长为14名农民工现场发放为他们追讨来的工资款

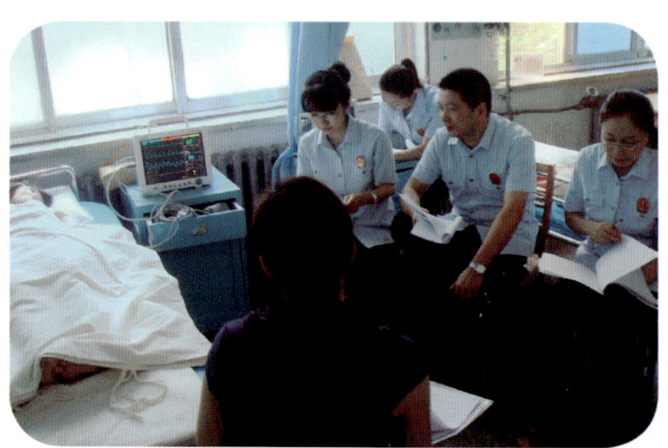

2012年8月30日，为充分保护当事人的合法权益，方便当事人进行诉讼，郑州市中级人民法院民二庭赵军胜审判长带领合议庭成员到郑州大学第四附属医院病床前巡回开庭

2012年度河南省工作掠影

中纪委驻最高人民法院纪检组长张建南（右一）代表最高人民法院为焦作市中级人民法院颁发集体一等功奖牌

2012 年 11 月 2 日，焦作中院党组书记、院长江金贵率队亲自欢送党的十八大代表——市中院民一庭法官李玉香赴京参加党的十八大会议

焦作中院党组书记、院长江金贵率民事审判庭相关人员深入企业走访，了解企业法律需求，帮助企业做好法律风险防范，为企业经营提供司法服务，促进企业又好又快发展

焦作中院深入开展“爱民进万家”大走访活动。图为 2012 年夏，焦作中院党组书记、院长江金贵（中）亲自带领民事法官到温县马家庄走访，倾听群众呼声，听取群众意见，为群众排忧解难

2012 年 3 月 7 日，焦作中院民一庭在庭长苏凯的带领下深入焦作市人民中学进行普法宣传，讲解法律知识，开展未成年人权益保护知识宣传和在校生违法犯罪预防工作

2012 年 3 月 22 日至 10 月 30 日，焦作全市法院开展了“爱民进万家大走访”活动。每名法官走访群众 950 余户，全市近千名法官走访居民 85.7 万户

2012年度河南省工作掠影

2012 年 10 月 23 日，济源市法院院长宫鸣（右一）到该院第四人民法庭调研指导民事审判工作

2012 年 6 月 25 日，济源市人民法院第二法庭庭长李瑞清带领承办法官前往案发现场调解一起养殖纠纷

2012 年 12 月 4 日，济源市人民法院民事法官到街头开展法制宣传，免费提供法律咨询

2012 年 5 月 21 日，济源市法院召开"两评查"动员会，部署开展法官庭审能力评查和法律文书评查工作

2012 年 8 月 24 日，济源市法院民事法官到该市济源钢铁集团有限公司为企业中层干部开展法律服务活动

2012 年 7 月 14 日，济源市法院法官到辖区五龙口镇开展巡回审判活动

2012年度西藏自治区工作掠影

西藏高院党组带领全院法官重温“法官誓词”

西藏高院党组书记、院长索达同志赴雪灾灾区慰问群众，受到当地农牧民群众的热烈欢迎

西藏高院党组书记、院长索达同志在深入西藏高院驻村工作点考察调研期间，向当地困难群众送去慰问金

西藏高院民一庭法官在“西藏高院开展的法律七进活动”中，深入西藏自治区工矿企业开展法律宣讲活动

西藏自治区拉萨市中级人民法院民事审判第一庭庭审现场

西藏自治区各基层法院在审判工作中始终坚持党的群众路线，充分发挥“车载流动法庭”便民作用，不断提升司法服务水平。图为西藏拉萨市当雄县法院民一庭在辽阔羌塘草原上就地开庭审理当地农牧民的婚姻家庭案件

2012年度湖北省工作掠影

2012 年 5 月 22 日，湖北省高级人民法院召开全省法院"深化审判质量管理，主攻瑕疵案件"电视电话会议，省高院党组书记、院长郑少三，党组副书记、常务副院长张坚，党组副书记、副院长张传读，党组成员、副院长崔正军，覃文萍，周佳念，彭方明等领导参加会议

2012 年 10 月 18 日，湖北省高级人民法院组织婚姻家庭案件审判实务培训，邀请最高人民法院民一庭审判长吴晓芳讲授《婚姻法》司法解释（三）的理解与适用。省法院党组成员、副院长覃文萍、彭方明，审委会专委王秋山和全省 3500 多名法官以同步视频的方式参加了培训

2012 年 5 月 3 日，湖北省高级人民法院召开新闻发布会，发布 2009 年—2011 年湖北法院民事审判工作蓝皮书，通报全省法院审理涉民生领域民事案件的工作情况，并公布十起典型案件。省法院新闻发言人、副院长崔正军，省法院民一庭庭长李涛出席会议，省法院新闻发言人、宣传处处长陈旗主持新闻发布会

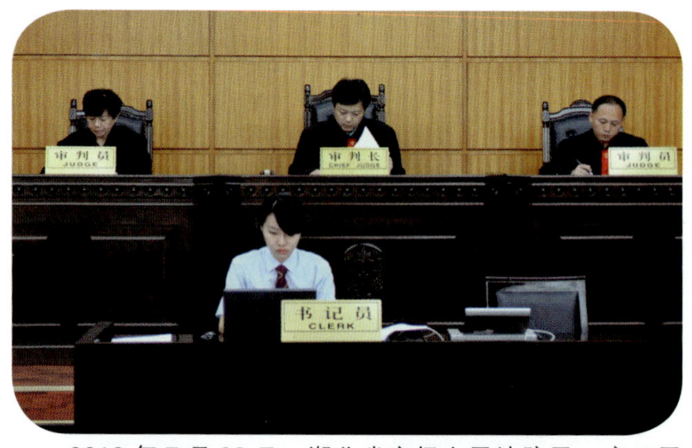

2012 年 7 月 23 日，湖北省高级人民法院民一庭开展庭审评查活动，省高院院政治部、研究室、宣传处、机关党委、审管办以及相关民事审判业务庭室的负责人对庭审进行了观摩和指导。庭审后，该案各方当事人就本案及关联案件达成了调解协议

2012 年 9 月 25 日，全国妇联权益部与最高人民法院民一庭在银川市联合召开了全国妇女维权合议庭工作经验交流会，湖北省高级人民法院民一庭作为全国妇联、最高人民法院推选的先进典型之一，在会上做了"夯实职能基础，创新维权思路，全力构筑新时期妇女权益的司法屏障"的报告

2012 年 3 月，湖北省高级人民法院会同湖北军事法院，分赴省军区各建制旅团部队开展军地法官"送法下基层"专项活动，省法院涉军维权合议庭在广州军区驻汉 75310 部队、75709 部队、省军区司训大队举办了现场咨询会

2012年度湖北省工作掠影

2012年1月7日，湖北省民法学研究会2011年年会暨学术讨论会在武汉召开。省民法学研究会会长吴汉东、省民法学研究会副会长张传读、省法学会副会长徐汉明、省法院副院长周佳念、省法学会民法学研究会名誉会长余能斌教授、省民法学研究会常务副会长温世扬主持会议

2012年4月9日，最高人民法院2011年审判理论重大课题中期检查汇报会在湖北武汉召开。最高人民法院领导以及高校教授出席会议。10个课题组的负责人和主要成员参加了会议。省法院、市委、武汉中院主要领导出席会议

2012年5月9日，全国妇联副主席甄砚在省妇联主席肖菊华、武汉市政协副主席江中联、武汉市妇联主席陈光菊的陪同下，到硚口区法院仁寿法庭考察“家事审判法庭”，深入了解区法院与区妇联联合开展的婚姻家庭案件委托和协助调解工作，区委书记王太晖、硚口法院李军院长全程陪同视察

2012年5月12日，最高人民法院民一庭仲伟珩博士应邀到武汉市洪山区人民法院作“加强民事审判，切实保障民生”专题辅导讲座

2012年5月25日至26日，武汉市法院民（商）事审判工作暨业务培训会在武汉市江夏区人民法院召开，武汉中院张卓立副院长、李双利副院长，江夏法院叶伟平院长出席会议，全市民商事法官数百人参与培训

2012年8月23日，咸宁市全市法院院长座谈会在咸宁市中级人民法院召开。咸宁市市委副书记李建红、咸宁市市委常委、政法委书记董国祥莅临会议，并作重要讲话

2012年度湖北省工作掠影

湖北省民法学研究会 2012 年年会暨学术研讨会在武汉市洪山区人民法院召开。省法学会党组书记、常务副会长胡兴儒、省法院副院长周佳念、省法学会民法学研究会名誉会长李静堂、省法学会民法学研究会常务副会长、武汉大学温世扬教授等政法系统、高校领导出席会议

2012 年 6 月 15 日，武汉市洪山区人民法院召开辖区医疗机构共同化解医疗纠纷座谈会。省、市医学会，广州军区武汉总医院、湖北省妇幼保健院等 10 余家医疗机构代表参加会议

2012 年 6 月 15 日，武汉市江夏区人民法院召开联系服务企业座谈会，来自全区二十余家重点企业代表应邀参加会议

丹江口市法院三官殿人民法庭是十堰法院首个“女子法庭”，图为“女子法庭”带上国徽，在当事人院落里开庭

2012 年 12 月 24 日，荆门市法学会民法学研究会成立大会暨第一次会员代表大会在荆门市中级人民法院召开

2012 年 10 月 30 日，武汉市江夏区人民法院召开服务金融企业座谈会，通报近三年涉及金融企业案件审执情况，听取金融企业对法院工作的意见和建议，介绍法院服务金融企业举措

2012年度湖北省工作掠影

荆州中院实施“壮腰工程”，荆州中院王健院长带领各审判庭主要负责人走访荆州开发区重点企业

咸宁市中级人民法院联合市社会科学联合会开展“咸宁市社科普及高桥行四送活动”，以《农村土地承包法》和《农村土地承包经营权流转管理办法》图片展览、法律咨询、发放普法宣传册等形式，为村民提供面对面的法律服务

2012年7月3日，由武汉市中级人民法院联合武汉晚报举办的“周二之约”栏目走进武汉市江夏区人民法院山坡法庭“特色法庭”，山坡法庭推行将法庭设到老百姓家门口的司法便民工作举措

2012年6月20日，湖北省首个“水上巡回法庭”成立揭牌仪式在洪湖湿地自然保护区湖边举行。法庭共设立7个巡回审判办案联络点，深入湖区了解社情民意、开展送法下湖、巡回审判，让公正司法更加贴近湖区渔民，最大限度维护湖区的和谐稳定

2012年4月28日，荆州中院民事审判庭青年法官郭莉、欧阳庆、盛千、潘川川到沙市区东区联校，为该校300多名师生举办法律知识讲座

2012年2月23日，武汉市江汉区人民法院制定《关于审判委员会案件质询制度的暂行规定》，探索建立审判委员会案件质询制度，对改判发回案件进行质询，切实加强审委会对案件质量的审查职责

2012年度广西壮族自治区工作掠影

2012 年 3 月 15 日，广西区高级人民法院戴红兵副院长（图左二）在 2012 年全区民事审判工作会议上做了重要讲话，审判委员会专职委员、审管办主任刘广新（图右一）、民一庭林立庭长（图左一）分别在主席台就坐

2012 年 6 月 8 日，广西区高级人民法院审判委员会专职委员何艳斌（左一）与广西区妇女联合会副主席田维（左二）到柳州市融水县融水人民法庭调研、指导妇女儿童维权岗创建工作

2012 年 3 月 29 日，上海某公司向广西区高级人民法院民一庭送来锦旗，认为民一庭法官在审理该公司与北海某公司的案件中不偏不倚，保护了当事人的合法权益，盛赞民一庭法官为“秉公办案的好法官”

2012 年 7 月 11 日，时任全国人大常委会副委员长、全国妇联主席陈至立（右二）在时任广西壮族自治区党委书记郭声琨（右一）的陪同下，到南宁市青秀区人民法院调研该院为弱势妇女儿童群体提供法律援助和司法救济的妇女儿童维权岗建设情况

2012 年 8 月 17 日，时任广西区党委书记郭声琨（前右）在玉林市政法委副书记陈家勋（前左）、玉林市玉州区人民法院院长黎汉飞（后右一）等领导的陪同下，深入玉州区人民法院第一交通巡回法庭调研、指导工作

南宁市中院开展“政法干警核心价值观”活动和“司法能力提升年活动”与审判工作实际相结合，院领导通过亲自参与审案，及时发现审判及管理工作中的问题、难点以及薄弱环节，更好地健全和完善各项制度。图为我院周腾院长亲自担任一起民事案件的审判长，当事人当庭握手言和

2012年度广西壮族自治区工作掠影

柳州中院妇女儿童维权岗在维护妇女儿童合法权益、营造妇女儿童良好生存环境方面作出不懈努力，并取得一定成效，被评为全国维护妇儿权益先进集体，受到外国媒体的关注。图为柳州中院梁梅院长接见外国媒体记者团

北海市中院为切实落实“司法为民”政策，民一庭审判员利用周末时间，深入北海市侨港镇海运码头，为渔民当事人送达裁判文书，与当事人进行面对面交流并及时进行判后答疑，引导当事人息诉服判，不断增强司法公信力，获得案结事了人和的良好社会效果和法律效果

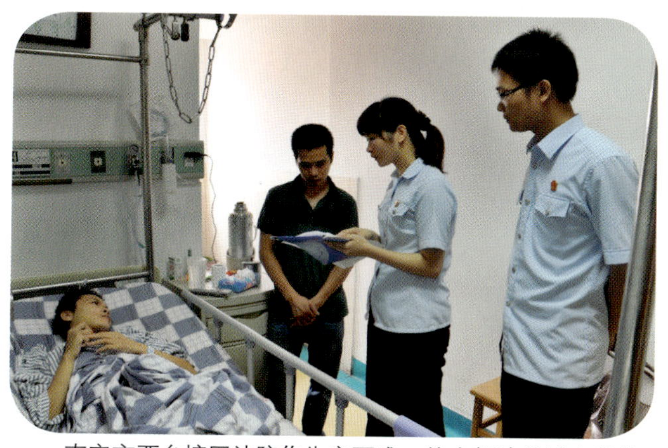

南宁市西乡塘区法院作为广西唯一的小额速裁试点单位，于2011年4月挂牌成立了广西首个小额速裁庭。取得了高收案率、高结案率、高调解率、无异议率的“三高一无”的成效，并实现了成果转化，为建立、健全小额速裁制度提供了参考，为民事诉讼法增设小额诉讼程序提供了鲜活的实践经验

2012年7月10日，柳州市柳北区人民法院的法官们深入柳钢运输社区，向居民宣传普及小额速裁相关法律知识和程序优势。在试点小额速裁期间，该院多次深入社区、企事业单位和乡镇进行广泛宣传，为基层百姓提供便民、利民、高效司法服务，使小额速裁在该院成功试点

2012年2月24日，越南客商黎氏因不熟识中文错将款项343250元汇入四川王某账号而导致不当得利的案件在凭祥市人民法院实现案结事了。图为越南客商黎氏（右一）到法院签领法院为其追回的货款

融水苗族自治县结合当地民族特点，创新“苗乡普法”方式，充分利用民族节日，用人民群众喜闻乐见的方式把党的政策和国家法律宣传到群众中去，积极地促进了少数民族地区经济发展和社会和谐

2012年度海南省工作掠影

2012年6月7日，海南省高级人民法院党组书记、院长董治良在全省法院民商事审判工作会议上发表讲话

2012年4月，海口市龙华区人民法院新坡法庭正式挂牌成立，海南高院党组成员、副院长张光琼出席并作重要讲话

2012年4月19日，海南高院召开知识产权保护新闻发布会，发布会由海南高院傅勤副院长主持

2012年8月30日，海南高院召开新闻发布会，公布并解读了出台的5个民事审判业务文件，发布会由张家慧副院长主持

2012年11月15日，海南高院张家慧副院长一行到临高县人民法院检查指导工作，对当前民商事工作中出现的新问题现场给予耐心细致地指导

2012年7月，海南高院党组成员、海南省第一中级人民法院党组书记、院长陈启明带案到当事人家中协调

2012年度海南省工作掠影

2012 年 8 月 15 日，海南省人民法院民事、环保审判观摩示范庭正在开庭

2012 年 6 月 5 日，海南高院世界环境保护日法制宣传

2012 年 11 月 1 日，海南高院民二庭对海口市美兰区人民法院民一庭进行包点对口业务指导

2012 年 3 月 9 日，在海口市中级人民法院环保庭受理的第一宗环保案件中，承办法官及相关办案人员对原告李某的养鸡场进行现场勘查

2012 年 6 月 19 日，定安县人民法院法院居丁法庭巡回田间地头办案，方便群众诉讼

2012 年 10 月 22 日，海口市龙华区人民法院交通事故巡回法庭在海口市美兰区三江镇潭关东村公开开庭审理一起交通事故赔偿纠纷案件

2012年度重庆市工作掠影

2012 年 6 月 18 日，重庆市高级人民法院副院长陈彬赴重庆市巴南区人民法院一品人民法庭调研便民诉讼网络建设

2012 年 4 月 28 日，重庆市高级人民法院健全劳动争议案件诉讼与非诉讼衔接工作机制推进会在重庆市沙坪坝区人民法院召开。重庆市高级人民法院副院长陈彬、民一庭负责人及部分中、基层人民法院分管劳动争议纠纷案件审判的副院长、相关业务庭庭长参加了会议

2012 年 10 月 10 日，重庆法院涉农民事审判工作座谈会在重庆市垫江县召开。重庆市高级人民法院副院长陈彬，审判委员会专职委员唐亚林出席了会议。全市中、基层法院分管民事审判工作的院领导及中级人民法院民一庭庭长等参加了座谈会

2012 年 11 月 10 日至 11 日，由重庆市高级人民法院、重庆仲裁委联合举办的新修改的《民事诉讼法》暨《仲裁法》司法解释培训会在重庆市政协大礼堂举办，来自全市各级法院 230 多名法官及全市仲裁系统近 200 名仲裁员到会参加了培训

2012 年 6 月 12 日，重庆市高级人民法院民一庭全体同志来到位于重庆市江北区铁山坪的重庆廉政教育基地接受廉政警示教育

2012 年 3 月 21 日，重庆市高级人民法院民一庭第二合议庭赶赴重庆市南岸区就重庆华隆旅游开发有限公司上诉重庆市南山植物园管理处合资、合作开发房地产合同纠纷一案进行实地勘查

2012年度重庆市工作掠影

2012年6月，重庆市第一中级人民法院民一庭受聘担任重庆市消费者权益保护委员会汽车消费维权专业委员会单位会员，重庆市高级人民法院审判委员会专职委员唐亚林、重庆市第一中级人民法院民一庭庭长程启华、副庭长付永雄、审判长张欲晓与重庆市第五中级人民法院民一庭审判长张雪方一道受聘担任该专业委员会个人会员

2012年7月16日，由《人民法院报》、《人民司法》杂志社与重庆市第四中级人民法院联合主办的涉农土地案件审判实务与理论研讨会在重庆市黔江区举行

重庆市第五中级人民法院民一庭法官走入乡镇巡回审理

2012年7月20日，重庆市沙坪坝区人民法院法官何思静在重庆市沙坪坝区歌乐山镇天祠村审理一起赡养纠纷案件

2012年5月16至18日，重庆市江北区人民法院召开“现代广场”房屋买卖纠纷调解兑付大会，原告王玉成等292户业主当场兑付4000元至23000元不等银行定期存单，三天共计成功兑付330万。至此，这起历时十年的“现代广场”购房积怨终于圆满化解

为进一步贯彻司法为民宗旨，延伸诉讼服务，健全巡回审判，加大法治宣传力度，增强执行“快反”能力，重庆市江津区人民法院率先在全国自主研发集诉讼服务、巡回审判、法治宣传、执行指挥等功能为一体的多功能车载法庭

2012年度重庆市工作掠影

2012 年 5 月 9 日，重庆市高级人民法院副院长陈彬一行莅临重庆市垫江县人民法院调研指导便民诉讼网络建设及涉农案件法律适用问题

为了拓展便民渠道，创新社会管理，重庆市垫江县人民法院在 2012 年挂牌成立了昆明便民诉讼联络点

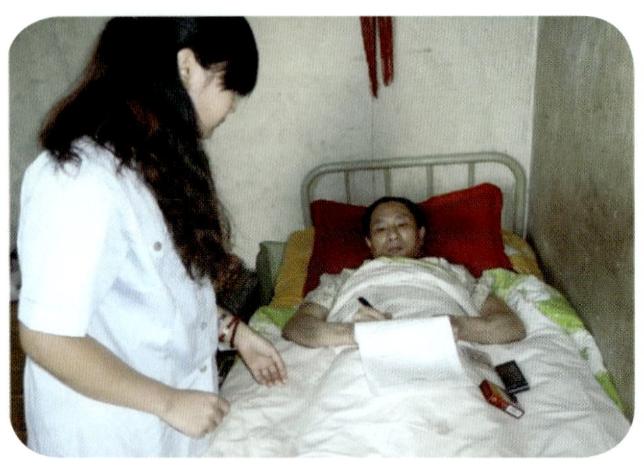

2012 年 6 月 1 日，重庆市铜梁县人民法院第三人民法庭法官王欣与书记员一同来到了一位因车祸造成高位截瘫，无法行走的当事人家中，上门为其办理相关立案手续

重庆市武隆县人民法院青年法官服务队将“法律自助餐”送进农家

2012 年 8 月 23 日，重庆市荣昌县人民法院吴家人民法庭干警到重庆市荣昌县仁义镇巡回审理一起赡养纠纷，经过充分释法说理，未曾开庭便成功促成双方达成一致意见，纠纷成功化解

重庆市南川区人民法院下乡开展巡回审理

2012年度宁夏回族自治区工作掠影

全国妇联副主席甄砚到吴忠中院视察妇女维权合议庭工作

宁夏高级人民法院院长李彦凯（左一）前往银川市永宁县闽宁镇原隆村进行调研

宁夏回族自治区高级人民法院副院长王兆元（右三）在固原市隆德县人民法院进行民事调解工作调研

银川市一建房地产开发有限公司为宁夏高级人民法院民一庭送来“人民法官 维护正义”的锦旗

银川市中级人民法院法官到重点企业宝丰集团提供司法服务

西吉县人民法院震湖法庭辛小强进村回访当事人

2012年度陕西省工作掠影

2012 年 5 月 8 日至 10 日，陕西省高级人民法院与兰州军区陕西军事法院、渭南中院、合阳法院等一行 8 人赴河南省安阳市汤阴县人武部、人民法院考察学习涉军维权“汤阴经验”

2012 年 12 月 13 日至 14 日，陕西高院张其富副院长在商洛主持召开全省民事审判工作座谈会

2012 年 3 月，陕西高院民一庭被全国妇联评为“全国妇女创先争优先进集体”

2012 年 3 月 26 日，陕西高院民一庭组织参观扶眉战役烈士纪念馆，开展政法干警核心价值观教育实践活动

2012 年 3 月 30 日，陕西高院民一庭赴灞桥区红旗街办赵庄村了解基层实际情况、体验群众生活、听取群众意见、为群众提供法律咨询，积极开展“三问三解”活动

2012 年 10 月 31 日，根据陕西高院“两联一包”扶贫包户任务分解，民一庭承担周至县集贤镇兴隆村 3 个贫困家庭共 13 人的扶贫任务，全庭法官在与 3 个贫困户代表集中座谈后，又来到贫困户家中，了解各户生活状况，具体困难，致贫原因，探讨脱贫致富方法

2012年度陕西省工作掠影

延安中院将审判委员会现场办案机制推向常态。图为延安中院院长冯迎春带领审委会委员深入宝塔区李渠镇李渠村查看纠纷现场，并走访当地群众

延安中院积极响应市委号召，扎实开展“包扶低收入村”活动，采取思想引导、产业开发、劳务输出、生活救助等措施促进低收入村全面发展。图为 2012 年 3 月 14 日，延安中院院长冯迎春（左三）与当地干部村民共商包扶大计

延安中院首倡开展“反规避执行反无理缠访反暴力抗法”专项整治活动，着力维护法律尊严，树立司法权威。图为 2012 年 11 月 30 日，延安市召开“三反”活动动员大会，延安中院院长冯迎春（主席台右二）在会上宣读了活动方案

延安中院构建“全域、全程、全员”调解机制。图为延安中院副院长雷钧（右三）耐心向当事人讲法析理做调解工作

延安两级法院与辖区石油、煤炭等企业普遍建立“院企共建”机制，通过法律咨询、法律培训、文化交流、油区治安专项整治等形式，促进企业依法经营管理。图为延安中院民事法官向延长石油管道运输公司干部职工讲授《合同法》与《劳动合同法》知识

延安中院传承和创新“马锡五审判方式”，全面推行“一线审判模式”，实行便民诉讼在一线、查明案情在一线、化解纠纷在一线、改革创新在一线、争创一流在一线，增进了群众对法官的信任，对裁判的认同。图为 2011 年 12 月 24 日，延安中院民事法官深入黄陵县店头镇陈家沟村在田间地头审理一起监护纠纷案件，中央电视台以此为题材播出春节特别节目《田间听案》

2012年度甘肃省工作掠影

甘肃省高级人民法院党组书记、院长梁明远

甘肃省高级人民法院副院长杨丽萍同志接待当事人

民一庭开庭审理案件

民一庭集体学习

在天水市召开全省民事审判工作会

民一庭女法官在建党 92 周年文艺演出中展现风采

2012年度甘肃省工作掠影

兰州市中级人民法院党组书记、院长任建国在民事审判工作会议上讲话

兰州市中级人民法院党组成员、副院长张保利在新民诉法交流座谈会上讲话

兰州市中级人民法院民一庭庭长李兴民同志向记者介绍案情

兰州市中级人民法院新民诉法交流座谈会

春节前夕，兰州市中级人民法院民一庭法官向农民工发放劳务费

兰州市中级人民法院民事审判观摩庭

2012年度甘肃省工作掠影

2012 年 5 月 8 日至 9 日，甘肃省民事商事知识产权审判工作会议在天水召开。甘肃省高级人民法院党组书记、院长梁明远出席会议并讲话。天水市委书记马世忠到会致辞

2012 年 5 月 8 日，甘肃省高院梁明远院长与班子成员集体到天水市中级人民法院进行调研

2012 年 3 月 26 日，天水市中级人民法院党组书记、院长马忠福到当事人家中进行回访

2012 年 3 月 7 日，天水市中级人民法院党组书记、院长马忠福在信访大厅接待案件当事人

2012 年 6 月 10 日，天水市中级人民法院副院长张继民带领案件办案法官查看现场情况，并组织当事人进行调解

2012 年 3 月 16 日，天水市中级人民法院民三庭妥善处理当事人之间排除妨害纠纷，当事人为案件合议庭成员送来锦旗表示感谢

2012年度甘肃省工作掠影

兰州中院党组书记、院长任建国，在兰州中院党组成员、我院院长龚昌明、副院长肖蒙的陪同下，到渭源路法庭视察调研

兰州中院召开以"增强矛盾化解能力，提高调解工作水平"为主题审判业务工作研讨会

2012年12月6日上午，兰州中院少年法庭在审理一起抚养费纠纷案件中首次启用"社会观护员"制度，这是少年法庭长期以来致力于全面保护未成年人利益工作的又一次重要尝试

兰州中院党组大力开展巡回审判和"法律五进"活动，加大就地开庭、就地办案的工作力度，充分发挥人民法庭便民、利民的前沿阵地作用。图为雁滩人民法庭法官走进青白石街道青石湾村，现场解决民事纠纷。

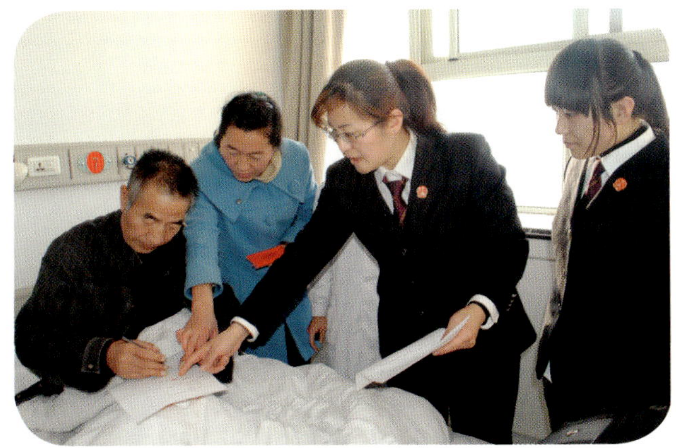

兰州中院渭源路法庭加大与医疗机构的沟通协作，积极开展医患纠纷诉前司法确认，图为法官来到医院，对一起医疗事故损害赔偿纠纷进行司法确认

兰州中院党组在全院开展庭审评查和裁判文书评查"两评查"活动，先后开展了庭审评查、庭审观摩、书记员考核、裁判文书评查等各项活动，认真查找审判工作中存在的薄弱环节，全面提升我院审判队伍综合业务素质。图为一起民事案件的庭审评查现场

2012年度青海省工作掠影

青海省高级法院党组书记、院长董开军在政治部主任罗鹏先及有关部门的陪同下深入到联点的化隆县巴燕镇上加合村调研“党政军企共建示范村”活动开展情况，并与基层党员干部广泛交流，听取意见建议。董开军在调研时强调，要注重实效，注重长效，切实帮助解决上加合村存在的困难，为新农村建设多做贡献

青海省高级法院行装处积极响应《省高级法院关于开展一名党员联系一个帮扶对象，一个党支部联系一个基层单位活动》的通知要求，2012 年 10 月 30 日，省高级法院党组副书记、常务副院长李宁，行装处刘青宁处长及全处党员，来到西宁市城北区星光敬老院，看望慰问老人，并送去价值 1200 元的米、面、油等生活用品

青海省高级人民法院民事审判庭的法官们在副院长李建青的带领下，顶着烈日酷暑，赴青海省贵德县河西镇贺尔加村就地开庭审理案件。这是 2012 年 7 月下旬在全省集中开展为期 100 天的“加强巡回审判，着力化解矛盾”活动以来青海省高级人民法院审理的第一案

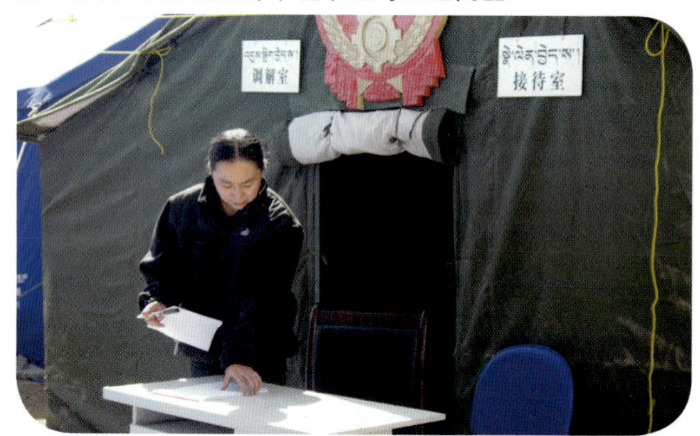

在最高人民法院、青海省高级人民法院及全国、全省各兄弟法院的高度关切和无私援助下，玉树州中级法院凝聚力量，在积极组织抗震救灾的同时，根据省院党组的要求，结合当地现实情况，组织法院干警在结古镇扎起灾后第一个帐蓬法庭，重点处理抗震救灾中发生的各类案件，全力维护玉树灾区社会稳定

尖扎县的 35 名农民，从青海省高级人民法院法官手中领到了拖欠 5 年的血汗钱，齐声感谢法官维护了他们的合法权益。承办该案的法官怀着对人民群众的真挚感情，以人民群众利益为重，设身处地替群众着想，注重调解，及时调解该起群体性纠纷，并将案款执行到位。35 位农民拿到自己的血汗钱，脸上洋溢着喜悦之情

青海省高级人民法院民一庭法官韩辉、书记员扎西措，赴乐都县洪水乡张佐花家中，了解其与钟国英等继承纠纷一案的实际情况

2012年度青海省工作掠影

青海省海东地区中级人民法院民一庭庭长马丽华、法官冯明明、李延萍赴乐都县，处理相邻权纠纷。法官们坚持调解优先、调判结合，极力化解矛盾，最终调解结案，在当地产生了良好的社会效果

青海省法院系统“强体魄、展风采、促公正”第二届干警运动会在青海民族学院体育场举行。经过激烈角逐，海西、西宁、海东法院代表队分获团体总分前三名，省高级法院、西宁、海南法院代表队荣获优秀组织奖，果洛、海北、黄南法院代表队荣获体育道德风尚奖。董开军等领导为荣获团体奖项的集体颁奖

西宁市城北区法院强化”三个至上”指导思想，把审判法庭延伸到远离市区、交通不便、群众打官司比较困难的农村社区，设立便民联系点，每月定期巡回立案、就地开庭、就地调解、指导民间调解工作，调解和审判纠纷等方法，强化诉讼调解机制，及时化解社会矛盾，促进社会和谐

由青海省高级人民法院举办的首期青甘两省藏区法院汉藏双语法官培训班开班。此次培训是按照最高人民法院双语法官培训项目的安排，在最高人民法院的统一安排部署下开展，充分体现了最高人民法院对全国法院双语法官培训工作的高度重视。重点安排了双语案件庭审及诉讼术语翻译、裁判文书翻译等专业知识，还安排了双语庭审观摩、双语模拟法庭、藏语演讲比赛和双语裁判文书评比等活动

申请执行人互助县东沟乡姚马村杜发智等7人与被执行人韵家口镇陈某劳动纠纷一案，在西宁市城东区人民法院主持下达成和解协议。记者跟随西宁市城东区人民法院执行局法官，前往韵家口镇，执行这起劳务纠纷案件，该案申请执行人杜发智、付士良代表其余5位申请执行人全程参与此次执行过程

互助法院收到执行申请后高度重视，立即安排办案人员前往互助县各金融部门，西宁市相关银行查询被申请人存款情况，经过辛勤努力，被拖欠的252万元工资全部执行到位，并将案件款发送到职工手中

2012年度四川省工作掠影

2012 年 3 月，四川省高级人民法院王海萍院长、德阳市市委李向志书记，德阳市中级人民法院赵勇院长等领导视察德阳市旌阳区人民法院小额速裁试点工作

2012 年 12 月 28 日，德阳中院党组书记、院长赵勇率分管民事审判的副院长欧阳丹东及民一庭、民二庭庭长，会同德阳市工商联负责人参加走访德阳市万达重机、思远重工、天元机械、琪达制衣和英杰电气五家民营企业，并召开座谈会议，通过讲解法律知识，和与会人员进行了广泛的交流，为民营企业答疑解惑，促使民营企业提高依法规范经营的意识，提高民营企业抵御市场风险的能力

四川省广汉市法院法官袁国贵于 2012 年 10 月 25 日在市院调解室调解一宗机动车交通事故责任纠纷案件，经调解双方当事人自愿达成协议（并当庭履行）。案件调解结束后，双方当事人握手言和，均表示感谢广汉法院高效、快捷地审结了本案

2012 年 2 月，绵竹市人民法院新成立了剑南、土门、富新和孝德法庭。为提升新成立法庭的庭审驾驭能力，促进司法公开，主动接受监督，民一庭组织了由审监庭、各法庭庭长及人大代表、政协委员参加的庭审观摩，并对庭审中出现的问题进行总结，提出整改意见及建议。图为 2012 年 5 月 10 日在土门法庭的庭审观摩现场

2012 年 11 月 21 日，什邡法院法官廖凯在当事人住所地就一起提供劳务者受害责任纠纷进行开庭审理，经调解无效，判决被告赔偿原告各项损失 135000 元

为方便当事人诉讼，中江人民法院广福法庭于 2011 年 4 月在石龙乡设立了巡回审判法庭，2012 年 6 月 6 日，该法庭在石龙乡巡回审判点开庭